# RÉPERTOIRE

GÉNÉRAL ET RAISONNÉ

# DE L'ENREGISTREMENT

LA LOI CIVILE ET LA LOI DE L'ENREGISTREMENT COMPARÉES
— DOCTRINE ET JURISPRUDENCE —

## NOUVEAU TRAITÉ EN FORME DE DICTIONNAIRE

DES

DROITS D'ENREGISTREMENT, DE TRANSCRIPTION, DE TIMBRE, DE GREFFE, D'HYPOTHÈQUES
ET DES CONTRAVENTIONS DONT LA RÉPRESSION EST CONFIÉE A L'ADMINISTRATION DE L'ENREGISTREMENT

V

Paris. — Imp. Tolmer et Cie, rue du Four-Saint-Germain, 43.

# RÉPERTOIRE

GÉNÉRAL ET RAISONNÉ

# DE L'ENREGISTREMENT

LA LOI CIVILE ET LA LOI DE L'ENREGISTREMENT COMPARÉES
— DOCTRINE ET JURISPRUDENCE —

## NOUVEAU TRAITÉ EN FORME DE DICTIONNAIRE

DES

DROITS D'ENREGISTREMENT, DE TRANSCRIPTION, DE TIMBRE, DE GREFFE, D'HYPOTHÈQUES
ET DES CONTRAVENTIONS DONT LA RÉPRESSION EST CONFIÉE A L'ADMINISTRATION DE L'ENREGISTREMENT

**Par M.-D. GARNIER**

Conseiller-Maître à la Cour des Comptes, ancien Député au Corps législatif,
Ancien Employé supérieur de l'Enregistrement et des Domaines



SIXIÈME ÉDITION REVUE, CORRIGÉE, AUGMENTÉE
MISE AU COURANT DE LA JURISPRUDENCE
Jusqu'au 1er Août 1878

Tome Cinquième
RÉPERTOIRE — VOIRIE

PARIS
DELAMOTTE FILS ET Cie, ÉDITEURS-ADMINISTRATEURS
53, QUAI DES GRANDS-AUGUSTINS

1878

©

# RÉPERTOIRE GÉNÉRAL

**ET RAISONNÉ**

**DE**

# L'ENREGISTREMENT

## NOUVEAU TRAITÉ

EN FORME DE DICTIONNAIRE

**DES DROITS DE L'ENREGISTREMENT, DE TRANSCRIPTION, DE TIMBRE, DE GREFFE, ETC.**

---

## RÉPERTOIRE.

### DIVISION



### SOMMAIRE

## CHAPITRE PREMIER. — DISPOSITIONS GÉNÉRALES

### [14095-14110]

**14095. Définition.** — Le répertoire se dit d'un registre sur lequel certains fonctionnaires ou officiers publics sont tenus d'inscrire sommairement et dans l'ordre chronologique tous les actes qu'ils reçoivent ou qu'ils rédigent.

**14096. Objet du répertoire.** — La tenue des répertoires a pour principal objet d'assurer l'existence légale des actes qui restent en dépôt dans les greffes, d'en faciliter la recherche et d'en assurer la conservation (Cass. 4 janv. 1814 et 4 déc. 1816).

*Arrêt du 4 janvier* 1814 : — « Attendu que la tenue des répertoires, leur vérification et la vérification des actes qui restent en dépôt dans les greffes sont principalement ordonnées dans l'intérêt des citoyens, auxquels il importe que les actes qui règlent et conservent leurs droits soient revêtus des formalités prescrites pour en assurer la validité. »

*Arrêt du 4 décembre* 1816 : — « Attendu qu'il importe que les dispositions sur le répertoire soient fidèlement exécutées, moins encore pour prévenir les fraudes que la Régie redoute, que pour assurer d'une manière invariable la date des actes, et faire ainsi servir une loi fiscale à l'intérêt de tous les citoyens. »

C'est, en outre, un moyen accordé au Trésor pour s'assurer que les actes ont été soumis à l'enregistrement (Toullier t. 8 n° 470, D.N. t. 11 p. 160 n° 6 ; — Amiens 17 déc. 1823 ; — Cass. 17 mars 1825, 5376 J.N.).

**14097. Cote et paraphe.** — Les répertoires doivent être cotés et paraphés, savoir :

1. GREFFIERS. — Ceux des greffiers de la justice de paix, par le juge de paix de leur domicile ; ceux des greffiers des cours et tribunaux, par le président ou le juge qu'il aura commis (L. 22 frim., art. 53).

2. SECRÉTAIRES. — Ceux des secrétaires des administrations, par le président de l'administration (*Idem*).

3. NOTAIRES. — Ceux des notaires, par le président du tribunal de première instance de leur arrondissement (L. 25 vent. an 11 et 22 niv. an 12).

4. HUISSIERS. — Ceux des huissiers audienciers, par le

président de la cour ou du tribunal, ou par le juge qu'il aura commis à cet effet; ceux des huissiers ordinaires qui résident dans les villes où siégent les tribuaux de première instance, par le président du tribunal ou par le juge qu'il aura commis; ceux des autres huissiers, par le juge de paix du canton de leur résidence (A. Cons. d'Ét. des 3-6 juill. 1810, 486 I. G., Déc. 14 juin 1813, 659 I. G.).

5. CHANGEMENT DE TITULAIRE. — Le répertoire d'un ancien notaire peut servir à son successeur (V. 14098) et être continué par celui-ci. Seulement, comme le répertoire continué est coté et paraphé au nom de l'ancien notaire, il serait plus régulier que le nouveau titulaire fît coter et parapher sous son propre nom les feuilles restant à remplir de l'ancien répertoire (Roy n° 191).

6. OBLIGATION DES EMPLOYÉS. — La loi ne prononce pas d'amende pour le défaut de cote et paraphe des répertoires; mais les préposés sont chargés de rendre compte au procureur de la République des irrégularités commises à cet égard (486 I. G., Roy 193).

**14098. Forme.** — Les répertoires sont à colonnes; les officiers publics doivent y inscrire, jour par jour, sans blanc ni interligne, et par ordre de numéros, les articles susceptibles d'y être portés (art. 49 L. 22 frim. an 7).

1. RÉPERTOIRE ANNUEL. — La loi s'étant contentée de prescrire la tenue du répertoire, n'a pas défendu de le tenir séparément pour chaque année (D. N. t. 11 p. 161 n° 12).

2. CHANGEMENT DE TITULAIRE. — Il est cependant d'usage de faire servir le répertoire à l'inscription de tous les actes; et, par suite de cet usage, qui rentre parfaitement dans l'esprit de la loi, dont le but a été de faciliter les recherches, on a pensé que le répertoire d'un ancien notaire peut servir à son successeur et être continué par celui-ci (Roy n° 191, D. N. t. 11 p. 161 n° 12, 508 J. N.).

**14099. Mode d'inscription.** — Chaque article doit contenir : 1° son numéro; — 2° la date de l'acte; — 3° sa nature; — 4° les noms et prénoms des parties et leurs domiciles; — 5° l'indication des biens, leur situation et le prix, lorsqu'il s'agit d'actes qui auront pour objet la propriété, l'usufruit ou la jouissance des biens fonds; — 6° la relation de l'enregistrement (art. 50). Cette forme n'est point changée par la loi du 25 ventôse an 11 (D. m. f. 20 germ. an 12, 1712 J. E., 403 J. N.).

Le répertoire des huissiers doit, en outre, indiquer le coût des actes et des voyages qui leur sont dus, ainsi que le nombre de feuilles de papier spécial employés à la rédaction des copies et leur coût.

V. *Exploit* et *Copie* et n° 14168.

**14100. Chiffres.** — On peut exprimer en chiffres le numéro, la date des actes, celle de l'enregistrement, et les droits perçus (D. m. f. 5 mai 1807 et 10 mai 1808, 363 et 382 I. G.).

**14101. Inscription du numéro du répertoire sur l'acte.** — Les notaires ne sont pas tenus de désigner sur leurs actes, avant de les soumettre à l'enregistrement, le numéro sous lequel chacun de ces actes doit être porté au répertoire. Cette indication n'ayant été prescrite par aucune loi, on n'a pas le droit de l'exiger (Roy n° 172, 5417 J. E.).

**14102. Inscription au jour de la réception des actes.** — Les actes doivent être portés au répertoire le jour de leur date, et non pas seulement après l'enregistrement (Cass. 5 fév. 1811, 3845 J. E., S. 11-1-132; — 4 déc. 1816, 586 J. N., S. 17-1-230).

*Arrêt du 4 décembre* 1816 : — « Considérant que si la loi du 22 frimaire an 7 accorde aux huissiers un délai de quatre jours pour faire enregistrer leurs actes, elle ne leur accorde pas un pareil délai pour les inscrire sur le répertoire; que, suivant l'art. 49 ci-dessus, ces actes doivent être inscrits jour par jour, expression qui annonce clairement que c'est le jour même qu'un acte est signifié qu'il doit être porté sur le répertoire; que ce registre étant à colonnes, dont l'une doit mentionner l'enregistrement, rien ne s'oppose à ce que l'acte soit annoté le jour même de sa date, et la mention de l'enregistrement différée jusqu'au jour où cette formalité a été remplie. »

*Arrêt du 5 février* 1811 : — « Considérant qu'il n'existe aucune contradiction entre l'art. 50 et celui qui explique l'objet de la notice que doit contenir chaque colonne du répertoire; qu'il est facile de laisser en blanc celle de ces notices qui doit contenir la relation de l'enregistement jusqu'au moment où cette relation peut être faite et inscrite; considérant que, d'après l'art. 69 L. 25 ventôse an 11, les articles cités de la loi du 22 frimaire an 7 n'ont pas été abrogés. »

Mais lorsque les actes rédigés par les juges suppléants ne peuvent, à raison des distances ou de la difficulté des communications, surtout dans les mauvais temps, être déposés au greffe qu'après leur date, ce qui s'oppose à l'inscription au répertoire à leur ordre, ils doivent être, le jour de leur remise, visés par le juge de paix et portés au répertoire par le greffier, en ayant soin d'y insérer la date du visa du juge (D. m. f. 31 juill. 1808).

1. COLONNES DESTINÉES A LA RELATION DE L'ENREGISTREMENT. — La nécessité de l'inscription au jour de la rédaction de l'acte s'oppose à ce que le notaire puisse remplir les colonnes destinées à la relation de l'enregistrement; aussi a-t-il été décidé qu'elles restent en blanc pour être remplies ultérieurement (Cass. 4 déc. 1816 *suprà*; Roy n° 171).

**14103. Absence d'acte.** — Les officiers publics et fonctionnaires assujettis à la tenue du répertoire sont tenus, quoiqu'ils n'aient pas fait d'acte, d'en avoir un et de le présenter au visa du receveur de l'enregistrement (D. m. f. 28 juin 1822, 7413 J. E.).

**14104. Actes à deux dates.** — On entend généralement par acte *ayant plusieurs dates* celui qui a été signé par les parties à des jours différents, mais qui n'a été revêtu de la signature du notaire qu'*une seule fois*, alors que le consentement des parties étant intervenu sur toutes leurs conventions, l'acte qui a reçu les signatures de toutes les parties est devenu *parfait*.

L'Administration a beaucoup varié sur la question de savoir à quelle date devait être faite l'inscription.

Une D. m. f. 27 avril-9 mai 1809, insérée dans l'I. G. 432 n° 3, prescrivit d'abord d'inscrire à la première date les actes notariés reçus à des jours différents. Deux Dél. 22 mars 1823 et 29 mars 1831 reconnurent plus tard que, si l'acte n'est devenu parfait qu'à la dernière date, il ne doit pas être répertorié avant cette époque. Mais quelque temps après, on décida que le notaire pouvait inscrire indistinctement à la première ou à la seconde date un acte qu'il avait seulement signé à cette dernière (Dél. 11 nov. 1834, 4625 Roll.). Puis l'Administration revint au principe de ses délibérations de 1823 et 1831, pour soutenir, devant le tribunal de Fontainebleau, que l'inscription ne pouvait avoir lieu avant la dernière date (Jugement 13 août 1838). Et on voit enfin, à l'occasion d'une instance jugée au tribunal de Florac, le 17 août 1847, qu'elle admettait alors la régularité de l'inscription faite à la première date.

Cette dernière opinion paraît avoir définitivement prévalu. Une Sol. 10 août 1865 a reconnu que l'acte à deux dates qui contient une convention unique peut être inscrit sur le répertoire à la première date, quoique la convention soit devenue seulement parfaite à la seconde : « Aucune disposition de la loi n'obligeant les notaires à inscrire un seul et même acte deux fois sur leur répertoire, on ne saurait exiger la double inscription d'un acte à deux dates; il suffit qu'il soit répertorié à l'une de ces deux dates. Or, lorsqu'un acte présente, comme dans l'espèce, une convention unique, il serait sans doute plus régulier de l'inscrire à la dernière date, c'est-à-dire au moment où la convention est devenue parfaite; mais comme, en l'inscrivant à la première date, le notaire a mis, par cela même, l'Administration en mesure de surveiller l'achèvement du contrat et de réclamer les droits qui pourront être dus au Trésor, on ne saurait voir de contravention dans le fait de cette inscription, tout au plus prématurée » (2195 R. P.).

1. ACTE PARFAIT A LA PREMIÈRE DATE. — Mais si la convention était parfaite à la première date, l'acte devrait être alors répertorié, afin que l'Administration fût mise à même de surveiller dès ce moment les droit actuellement exigible. En ce sens on a pu décider que l'original d'un exploit signifié à plusieurs dates à diverses personnes devait être inscrit à la première date (15028-5 J. E.). — *V.* au surplus nos 736, 739.

**14105. Plusieurs actes. — Inscription unique.** — La loi a voulu que chaque acte fût inscrit séparément au répertoire, puisqu'elle exige l'indication de *sa date*, *sa nature*, etc.; elle a, conséquemment, voulu aussi qu'il y eût au répertoire un nombre d'articles égal à celui des actes reçus. Ainsi le notaire ne se conformerait pas à la loi s'il inscrivait en un seul article deux procurations en blanc, données le même jour par deux militaires, à l'effet de toucher l'arriéré de leur solde (Roy n° 168). — *V.* 14126.

**14106. Acte imparfait ou nul.** — La question de savoir si les actes imparfaits ou frappés de nullité soit par l'art. 68 L. 25 ventôse an 11, soit par d'autres dispositions, doivent néanmoins être inscrits au répertoire a été longuement examinée sous le n° 739, nous y renvoyons le lecteur. — V. aussi *Communication* n° 4519 *bis*.

**14107. Certificat de propriété.** — On a vu, au n° 3614, que les certificats de propriété *qui sont exempts d'enregistrement* ne doivent pas être portés sur le répertoire. Tous ces certificats sont relatifs à des rémunérations, secours ou pensions; mais les certificats de propriété délivrés par un officier ou par un fonctionnaire public, et produits au payeur par des héritiers et autres personnes pour justifier de leurs droits, soit pour faire opérer en leur faveur des mutations au grand-livre de la dette publique autres que par des déclarations de transferts, soit pour toucher des valeurs données en payement de l'arriéré, soit enfin pour obtenir le remboursement d'un cautionnement, sont assujettis à la formalité de l'enregistrement dans le délai déterminé par l'art. 20 L. 22 frimaire an 7, et au droit fixe de 1 franc (3 fr.), conformément à l'art. 68 § 1er n° 17 de la même loi.

*Quid* de ces certificats relativement au répertoire? Nous ne doutons pas qu'ils ne doivent être portés au répertoire, dont un des objets, ainsi que nous l'avons fait remarquer n° 14096, est de donner au Trésor un moyen de s'assurer que les actes ont été soumis à l'enregistrement.

**14108. Actes à vacations.** — Les actes qui se rédigent par vacations doivent être portés à la première date. On l'a ainsi décidé pour les inventaires (D. m. f. 18 août 1812, 596 I. G.), — et pour les ventes de meubles (5386 J. E.). — Mais un procès-verbal de remise de vente de meubles doit être inscrit séparément (5678 J. E., Roy n° 327).

Lorsque chaque vacation correspond à un acte complet, comme il arrive souvent, par exemple, en matière d'actes respectueux, l'acte doit être inscrit à chaque vacation. — V. *Actes respectueux*.

**14109. Double emploi.** — La loi ne prononce pas d'amende pour les inscriptions formant un double emploi, à moins que la double inscription n'ait eu pour objet de réparer une omission (5304 J. E.)

**14110. Prescription.** — Un arrêt de cassation en date du 4 janvier 1814 a reconnu que « la présentation du répertoire à la formalité du visa équivaut à la présentation des actes à la formalité de l'enregistrement, pour faire courir la prescription, puisque, par l'une comme par l'autre de ces présentations à la formalité légale, l'Administration est valablement constituée en demeure de faire ce que la loi autorise, et même ce qu'elle lui prescrit de faire pour la perception des droits et des amendes, ainsi que pour la découverte des contraventions. »

Cette décision a été convertie en disposition législative par l'art. 14 L. 16 juin 1824.

D'après cet article, c'est par deux ans, à partir de la date du jour de la présentation du répertoire au visa, que se prescrivent les amendes de contravention à la tenue du répertoire.

## CHAPITRE II. — TIMBRE DES RÉPERTOIRES

[14111-14119]

**14111. Officiers publics.** — Les répertoires des notaires, huissiers, greffiers et secrétaires des préfectures, sous-préfectures et mairies, doivent être en papier timbré, sous peine d'une amende de 100 francs (20 fr.) (art. 12 et 26 L. 13 brum. an 7; — Cass. 19 déc. 1808, S. t. 9 p. 231).

« Considérant, porte ce dernier arrêt, que par l'art. 3 L. 11 février 1791, dont la disposition a été renouvelée par l'art. 12 L. 13 brumaire an 7, les registres et répertoires des notaires devaient être tenus sur papier timbré, et que, par les art. 12 et 13, ils devenaient, comme officiers publics, passibles, en cas de contravention, d'une amende de 100 francs et du droit de timbre en sus, sauf les exceptions mentionnées en l'art. 7, qui règle à 30 francs les seules contraventions y rappelées ; qu'ainsi le jugement attaqué a violé cette disposition et fait une fausse application de l'art. 14, qui ne concerne que les particuliers. »

1. GREFFIERS. — NOMBRE DE LIGNES ET DE SYLLABES. — Les greffiers sont, en outre, assujettis dans la tenue du répertoire à une limitation de lignes et de syllabes par lignes. — V. *Greffe*.

**14112. Police correctionnelle.** — Le répertoire des actes relatifs à la police correctionnelle doit être en papier timbré, puisque la loi du 28 avril 1816 assujettit à l'enregistrement sur la minute tous les actes sans distinction, et que l'art. 12 de celle du 13 brumaire an 7 veut que le répertoire des actes à enregistrer sur minute soit en papier timbré (D. m. f. 25 mai 1827, 8768 J. E.).

**14113. Porteurs de contrainte.** — Les répertoires des porteurs de contrainte doivent êvre visés pour timbre gratis (D. m. f. 19 avr. 1808, 26 août 1820, 382 I. G., 6779 J. E.).

**14114. Compagnies d'assurance et assureurs particuliers.** — Les répertoires que les art. 35, 44 et 45 L. 5 juin 1850 obligent les compagnies d'assurances et assureurs particuliers à tenir ne sont pas sujets au timbre. — V. 14179 et suiv.

**14115. Papier fourni par l'Administration.** — Les officiers publics ne peuvent se servir, pour la formation de leur répertoire, que du timbre débité par l'Administration (Circ. m. f. 28 mars 1808, 403 J. N. et 28 mars 1810; Circ. 19 avr. 1810; D. m. f. 10 juin 1861). — Ceux qui sont dans l'obligation de tenir répertoire sont tenus d'en supporter les frais (Circ. 1566). — Les greffiers reçoivent une indemnité par chaque inscription. — V. *Greffe*.

1. PLURALITÉ. — AMENDE. — On ne peut exiger qu'une seule amende lorsqu'un officier public forme son répertoire de plusieurs feuilles timbrées à l'extraordinaire. L'amende, d'après la loi, est due non pas selon le nombre des feuilles, mais selon le nombre des actes, et le répertoire ne forme qu'un acte ou qu'un document unique (Sol. 11 avr. 1866)

**14116. Quotité du timbre.** — Une circ. m. j. du 28 mars 1810 (403 J. N.) porte:

« Le format au timbre de 1 franc (aujourd'hui 2 fr. 40 cent.) étant d'une dimension plus grande que celui de 75 centimes (1 fr. 80 cent.), laissera plus d'espace pour le colonnes et doit, sous ce rapport, être préféré. L'emploi que les notaires de Paris en font depuis lontemps pour cet usage a démontré que ce format est le plus commode. »

De cette circulaire on avait voulu conclure que les répertoires des notaires devaient être établis sur papier frappé du timbre de 2 fr. 40 cent.; mais il suffit de jeter les yeux sur ce que nous en avons transcrit ci-dessus pour se convaincre qu'elle ne contient pas une injonction, mais un simple conseil. Les notaires, comme tous les officiers ministériels astreints à la tenue d'un répertoire, peuvent donc employer pour leur répertoire du papier timbré de la dimension qui leur paraît la plus convenable. Leur droit à cet égard est fondé sur le silence de la loi, dont le vœu est rempli du moment que le répertoire est dressé sur papier timbré (D. N. t. 11 p. 188 n° 218, 219, 9739 J. N.).

**14117. Empreinte couverte.** — L'art. 21 L. 13 brumaire an 7 défend à peine d'amende de couvrir d'écriture les empreintes du timbre. Mais une exception a été faite en faveur des cadres que les officiers publics sont dans l'usage de faire imprimer pour la tenue de leurs répertoires. Dans ce cas, une D. m. f. 26 mai 1820 (6865 J. E.) porte qu'il n'y a pas contravention lorsque l'impression des colonnes couvre le timbre du papier employé aux répertoires des officiers publics.

1. CHIFFRES. — Il en est de même lorsque les chiffres des colonnes des numéros d'ordre ont été placés sur les timbres (Sol. 3 déc. 1834, 4693 Roll. — *Contrà* Sol. 1er mai 1832, 3717 Roll.).

2. DATE ET NATURE DE L'ACTE. — Il en est de même, encore, lorsque l'on a écrit sur les timbres la date ou la nature de l'acte, parce que l'irrégularité provient de l'arrangement de colonnes et non de l'intention d'altérer les timbres (Sol. 3 avr. 1835, 4786 Roll.).

Il a été rendu en ce sens de nombreuses solutions (Sol. 3 déc. 1834, 10 juin 1859, 1er juin 1864, 31 juillet et 18 nov. 1865).

3. CADRE MANUSCRIT. — Les décisions ci-dessus ont été rendues à l'occasion de cadres imprimés, mais il en serait de

même si les colonnes d'un répertoire tracées à la main traversaient l'empreinte du timbre (Sol. 6 août 1832, 3850 Roll.). On ne voit pas en effet quelle serait la raison de décider autrement.

V. *Timbre.*

**14118. Changement de timbre.** — Quand il intervient un changement de timbre, les répertoires peuvent être continués sur l'ancien (Dél. 19 juill. 1816, 5518 J.E.); encore bien que le répertoire ait été commencé par le prédécesseur du notaire en exercice (Sol. 13 fév. 1851, 16378 § 3 J.E.).

*V.* au surplus le mot *Timbre.*

1. DOUBLE DES RÉPERTOIRES. — Cette décision se fonde sur l'art. 37 L. 13 brumaire an 7, portant: « Les registres timbrés des timbres actuels ne seront pas soumis aux nouveaux timbres pour les feuilles non encore écrites. » Nul doute que cette disposition ne s'applique aux doubles du répertoire (*V.* 14203), de même qu'aux répertoires eux-mêmes. C'est, au surplus, ce que l'Administration a reconnu par une Sol. 3 septembre 1847 (13184 J.N.).

**14119. Nombre de feuilles.** — Cette décision de l'Administration est d'autant plus importante que le nombre des feuilles d'un répertoire peut être très-considérable, attendu que les officiers publics peuvent composer leurs répertoires de tel nombre de feuilles qu'ils jugent convenable (D. m. f. 22 germ. an 7, Circ. 1566).

## CHAPITRE III. — OMISSION. — INTERCALATION INSCRIPTION D'ACTES NON ENREGISTRÉS

[14120-14132]

**14120. Règle.** — On doit inscrire sur le répertoire, jour par jour, sans blanc ni interligne, et par ordre de numéros, savoir :

1. NOTAIRES. — Les notaires, tous les actes et contrats qu'ils recevront, même ceux qui seront passés en brevet, à peine de 10 francs (5 fr.) d'amende pour chaque omission.

2. HUISSIERS. — Les huissiers, tous actes et exploits de leur ministère, sous peine d'une amende de 5 francs pour chaque omission.

3. GREFFIERS. — Les greffiers, tous les actes et jugements qui doivent être enregistrés, à peine d'une amende de 10 francs (5 fr.) pour chaque omission.

4. SECRÉTAIRES. — Et les secrétaires, tous les actes des administrations, qui doivent aussi être enregistrés sur les minutes, à peine d'une amende de 10 francs (5 fr.) pour chaque omission (art. 49 L. 22 frim. an 7).

**14121. Inscription avant des actes antérieurs.** — D'après la disposition ci-dessus, les inscriptions des actes doivent être faites *jour par jour* : ainsi, tout acte fait un jour doit être inscrit avant tout acte fait les jours postérieurs. Il s'ensuit que lorsqu'un acte a été incrit avant d'autres d'une date *antérieure*, il y a preuve suffisante que ces derniers actes n'avaient pas été portés sur le répertoire le jour de leur confection.

1. PLURALITÉ DES AMENDES. — Comme conséquence de ce qui précède, il est évident que le nombre des amendes doit être égal à celui des actes omis, c'est-à-dire de tous les actes antérieurs qui n'ont été inscrits que tardivement. C'est ce qui résulte des décisions ci-après : (D. m. f. 13 août 1823, 7649 J.E.; — D. m. f. 16 déc. 1824, 1156 § 10 I. G.; — Cass. 28 mars 1827, 1210 § 8 I. G., S. 27-1-419; — Rambouillet 29 déc. 1837, 11975 J.E.; — Fontainebleau 13 août 1838, 12123 J.E.; — Rennes 29 août 1842, 13094 J.E.; — Seine 29 déc. 1848, 14636 J.E., 13669 J.N.; — Soissons 31 juill. 1850, 15025 J.E.; — Castel-Sarrasin 4 nov. 1856, 769 R. P.; — Charleroi 14 août 1857, 900 R.P.; — Rouen 20 mars 1862, 17689 J.E., 12423 C., 1599 R. P.; — Lyon 16 juill. 1862).

L'arrêt du 21 mars 1827 porte : « Vu l'art. 49 n° 2 L. 22 frimaire an 7; attendu que cet article impose aux huissiers d'inscrire jour par jour, sur leur répertoire, les actes de leur ministère; que l'inscription de ces actes doit être faite dans l'ordre de leurs dates respectives; qu'ainsi tout acte fait un tel jour doit être inscrit avant tous autres actes des jours postérieurs, et que l'observation de cet ordre, dans l'inscription des actes, constitue l'omission que la loi punit d'une amende de 5 francs; attendu, en fait, qu'il a été constaté, par le procès-verbal dressé par un inspecteur de la Régie, le 15 juin 1824, et qu'il n'a pas été dénié par le jugement attaqué que, sur le répertoire du défendeur, sept actes des 22 et 23 août 1823 avaient été inscrits avant un acte du 16 du même mois, ce qui a été reconnu par la rature même pratiquée sur l'inscription de ces sept actes, suivie de l'inscription de l'acte du 16 et de la réinscription postérieure des actes raturés; attendu que le jugement attaqué n'a pas allégué que cette intervention fût le résultat d'une simple erreur involontairement échappée au défendeur et dénuée de toute intention de contrevenir à la loi; que, dans cet état, le tribunal de Blois ne pouvait se dispenser de lui appliquer l'amende de 5 francs, établie pour cette omission par l'art. 49 précité de la loi du 22 frimaire an 7, et qu'en le déchargeant de cet amende, il a violé ledit article. »

2. RATURE. — Il résulte des décisions que nous venons de citer, et notamment des jugements de Castel-Sarrasin, Charleroi et Lyon, que la contravention n'en serait pas moins constante alors que l'acte inscrit prématurément aurait été biffé pour être reporté à sa date.

Spécialement, si un acte, inscrit au répertoire après des actes du 24 décembre et avant deux autres actes des 24 et 26, y a été bâtonné, que la date en ait été rendue illisible au moyen d'un empâtement et que le même acte ait ensuite été réinscrit après celui du 26, il y a présomption que la date illisible était celle du 27, et l'officier public a commis deux contraventions en n'inscrivant que le 27 ou postérieurenent des actes des 24 et 26 (Charleroi 14 août 1857 *loc. cit.*).

**14122. Inscription après des actes postérieurs.** — Dans ce cas, l'inscription prouve suffisamment l'omission, mais seulement quant à l'acte qui, n'ayant pas été inscrit à sa date, l'a été plus tard après des actes postérieurs. Il n'est donc dû qu'une seule amende.

**14123. Procès-verbal de cote et paraphe.** —Le défaut de cote et paraphe n'est point passible d'amende, car l'art. 53 L. 22 frimaire an 7, qui a prescrit cette formalité, n'a attaché aucune peine à son omission.

L'officier public peut ainsi se servir d'un répertoire non coté ni paraphé, de sorte que la date de la cote et du paraphe ne prouve pas que les actes d'une date antérieure avaient été omis.

« Le procès-verbal de coté et paraphe d'un répertoire, porte une Sol. 3 juillet 1865, peut être d'une date postérieure à celle des premiers actes qui y ont été inscrits, sans qu'on en puisse nécessairement inférer que l'inscription de ces actes n'a eu lieu qu'après ce procès-verbal. En vertu de la maxime que la fraude ne se présume pas, on doit croire que les deux formalités ont été accomplies à la date que porte chacune d'elles, et que le procès-verbal de cote et paraphe n'a été dressé qu'après l'inscription des actes qui sont d'une date antérieure » (2147 R. P.).

Plusieurs autres solutions avaient été rendues dans le même sens (Sol. 24 oct. 1834, 4580 Roll.; — 10 mars 1853, 10 janv. 1860, 6 août 1860).

Cependant il a été reconnu qu'un commissaire priseur qui, ayant fait coter un nouveau répertoire le 6 janvier, y a inscrit le premier 27 actes du 26 octobre précédent et le dernier du 4 janvier suivant a commis 27 contraventions (Sol. 11 avr. 1831, 9992 J. E.; — *Conf.* : Sol. 29 avr. 1809, 1818 J.N.).

1. INSCRIPTION APRÈS LE PROCÈS-VERBAL. — Il en serait autrement si le procès-verbal de cote et paraphe était inscrit dans le corps du répertoire avant des actes antérieurs, ce serait le cas de percevoir autant d'amendes qu'il y a d'actes.

**14124. Nouveau répertoire non présenté au visa.** — De ce que l'officier public qui a commencé un nouveau répertoire le premier jour du trimestre présente seulement l'ancien au visa et néglige d'y soumettre le nouveau, il ne s'ensuit pas qu'on puisse considérer les actes inscrits depuis l'expiration du trimestre précédent jusqu'au jour de sa présentation au visa comme n'ayant pas été inscrits jour par jour.

Dès l'instant que ces actes se trouvent régulièrement inscrits, sans intercalation, et qu'il n'a pas été constaté que leur inscription a été tardive, on doit admettre que l'officier public s'est conformé à la loi, il a seulement encouru une amende pour défaut de présentation de son nouveau répertoire au visa (Sol. 25 juill. 1867, 2576 R.P., 18419-5 J. E.).

**14125. Intercalation.** — Les intercalations ou interlignes prouvent que les actes n'ont pas été inscrits et donnent lieu à la même amende que les omissions (Cass. 19 déc. 1808, 3317, 3587 J. E., 260 et 438 J. N., S. 9-1-231; — Castel-Sarrazin 29 août 1842, 13131 J. E.).

« On ne doit pas, enseigne M. Roy (n° 170), considérer comme intercalation une ligne du répertoire qui ne paraîtrait pas assez espacée; il faut, pour constituer une pareille contravention, que l'intercalation résulte avec évidence soit de la contexture de l'article, soit de l'interruption du numéro d'ordre, ou de tout autre signe non équivoque » (*Conf.* : D.N. t. 11 p. 177 n° 129).

Décidé spécialement qu'il y a intercalation parfaitement caractérisée et, dès lors, contravention à l'art. 49 L. 22 frimaire an 7 lorsqu'un article du répertoire se trouve compris entre deux lignes tracées au crayon à des distances égales dans tout le cours du répertoire (Mortain 9 juin 1847, 14333-2 J. E.).

1. PLURALITÉ. — L'intercalation établissant la preuve d'une omission, il en résulte qu'il est dû autant d'amendes qu'il y a d'intercalations (Sol. 26 germ. an 13).

**14126. Plusieurs actes compris en une seule inscription.** — Lorsque, contrairement à ce que nous avons dit au n° 14105, plusieurs actes ont fait l'objet d'une mention unique, nous pensons qu'il y a infraction formelle aux art. 49 et 50 L. 22 frimaire an 7. Un pareil procédé ne paraît, en effet, avoir d'autre but que de réparer les omissions des actes antérieurs au dernier. Il indique, jusqu'à preuve contraire, que l'officier public avait ménagé pour l'inscription d'un acte une ligne en blanc qu'il a ensuite utilisée pour y comprendre les actes omis. C'est donc le cas de réclamer, selon l'avis de M. Roy, n° 168, l'application de la peine des omissions.

**14127. Signification.** — Un huissier est obligé, sous peine de 5 francs d'amende, d'inscrire sur son répertoire ses significations le jour même qu'il les donne aux parties, de sorte que l'amende est due, comme omission, si l'on prouve qu'un acte n'a été répertorié que quelques jours après sa rédaction (Cass. 4 déc. 1816, 5626 J.E.). — *V.* 14096.

**14128. Foi due aux registres de recette.** — Les mentions existant sur les registres de formalité font foi, jusqu'à preuve contraire, de la date des actes enregistrés et, par suite, des omissions et des transpositions qui peuvent exister sur les répertoires des officiers publics (Cass. 2 oct. 1810, 3769 J. E.; — Rouen 23 août 1845, 13927-6 J. E.; — Oloron 7 mai 1846, 14125-6 J. E.; — Seine 4 fév. 1852, 15414-5 J. E., 14662 J.N.; — Cherbourg 5 mars 1856; — Seine 3 janv. 1855. — *Conf.* : Merlin v° *Enreg.* § 44 et D. N. t. 11 p. 171 n° 92, Roy n° 668).

Nous avons traité ailleurs avec développements la question de savoir quelle était la foi due aux registres de recette (v° *Enregistrement* n° 7699); nous prions le lecteur de s'y reporter.

Par application de ce principe, il a été reconnu que lorsque des actes d'une date antérieure au visa du répertoire par le receveur et à l'enregistrement de ce visa sur le registre, ont été inscrits après ce visa, l'omission est établie (Sol. 1er juin 1878), — à moins qu'il ne soit juridiquement démontré que la date du visa est inexacte (Dijon, 15 août 1878).

**14129. Foi due au répertoire.** — Si un huissier a porté sur son répertoire différents actes avec mention de leur enregistrement, quoique ces actes ne se trouvent pas portés sur les registres de recette, il a encouru l'amende de 5 francs pour défaut d'enregistrement de chaque acte (*Idem*). — *V.* 5419.

**14130. Excuse.** — 1. ABSENCE. — Le notaire qui n'inscrit pas jour par jour ses actes sur son répertoire, ne peut justifier cette omission par une absence prolongée hors de son étude, motivée sur la rédaction des actes qu'il n'a pas inscrits à leur date (Belley 4 avr. 1838, 12051 J. E. — *V.* 15947 J. N., D. N. t. 11 p. 170 n° 80); — ni en général par aucune excuse. (Cass. 5 fév. 1811).

« Vu, porte cet arrêt, les art. 49 et 50 L. 22 frimaire an 7; considérant qu'il résulte évidemment des dispositions du premier de ces deux articles que l'objet principal du législateur, celui auquel il attache la plus grande importance, est l'obligation d'inscrire jour par jour tous les actes que les notaires reçoivent; que c'est pour assurer l'exécution littérale de cette obligation imposée aux notaires qu'il attache une peine à chaque omission, sans admettre aucune excuse pour se garantir de l'amende prononcée. »

2. INCAPACITÉ. — Il en est de même d'une excuse fondée sur un état d'incapacité notoire (Cass. 31 janv. 1814, 1277 J. N., S. 14-1-211; — *Comp.* Cass. 28 mars 1827, *rapporté suprà* n° 14121. — V. *Contravention* et n° 14191).

« Attendu, porte l'arrêt du 31 janvier 1814, qu'il est justifié qu'à partir du 1er juillet 1811, l'huissier Crohet a signifié une quantité assez nombreuse d'actes de son ministère, qu'il a fait enregistrer; que, dès lors, il était astreint, aux termes de l'art. 51 de la loi de frimaire ci-dessus citée, de présenter tous les trois mois son répertoire au receveur de l'enregistrement pour le viser, à peine d'une amende de 10 francs par chaque décade de retard, ce qu'il n'a pas fait; que cependant le tribunal civil de Clermont a déclaré la Régie non recevable dans la contrainte par elle décernée contre ledit Crohet, sous le prétexte qu'il était dans un état d'imbécilité absolue; qu'en jugeant ainsi, ce tribunal a contrevenu audit art. 51 L. 22 frimaire. »

3. MALADIE. — Il a été jugé cependant par un ancien arrêt que la maladie de l'officier public peut être un motif légitime d'excuse pour le défaut de présentation du répertoire au visa (Cass. 14 mess. an 8).

Attendu, a dit la Cour, qu'il a été reconnu par le tribunal dont le jugement est attaqué qu'il était légalement établi que Cabaud, huissier, avait été dans l'impossibilité de présenter son répertoire et de le faire viser par le receveur de l'enregistrement du bureau de Matha; que ce tribunal ne s'est décidé à reconnaître cette impossibilité que d'après un certificat de Petit, officier de santé, en date du 15 frimaire an 8, dûment légalisé, d'après une attestation de plusieurs habitants de la commune de Beauvais, en date du 23 du même mois, aussi dûment légalisée; et, en troisième lieu, d'après une attestation délivrée par l'agent et l'adjoint de la commune de Beauvais; qu'il résulte, en effet, de ces différents certificats que ledit Cabaud, huissier, était, dans la première décade de vendémiaire an 8, et même depuis trois mois, atteint d'une maladie très-dangereuse qui le mettait dans l'impossibilité de se transporter de la commune de Beauvais au bureau de Matha pour faire viser son répertoire; que le tribunal dont le jugement est attaqué a reconnu, en fait, que Cabaud, huissier, avait été même dans l'impossibilité, par l'effet de cette maladie, de faire aucune opération relative à son état; que, conséquemment, le tribunal dont le jugement est attaqué, en se fondant sur cette impossibilité pour décharger Cabaud, huissier, du payement de l'amende demandée par la Régie n'a violé aucune loi. »

Mais cette décision ne doit pas être suivie. Elle est contraire à la jurisprudence depuis lors bien établie, d'après laquelle les contraventions aux lois fiscales ne s'excusent pas par la bonne foi.

V. *Contravention.*

**14131. Doubles emplois. — Ratures, Surcharges.** — Les irrégularités autres que les omissions et les intercalations ne sont passibles d'aucune amende, attendu que les peines ne peuvent être encourues que lorsqu'elles sont expressément prononcées. Ainsi, les doubles emplois, les ratures, les surcharges, les erreurs dans l'ordre des numéros ne doivent pas être considérés comme des contraventions, quand n'impliquent l'existence d'aucune omission (Dél. 6 mars 1824, approuvé par une D. m. f. 8 avr. suivant, 4696 J. N., Roy n° 169).

**14131** *bis.* **Double répertoire.** — Un notaire encourt une peine disciplinaire s'il laisse ses clercs tenir un répertoire sur papier libre, sauf à reporter ensuite les actes sur le répertoire officiel, tous les deux ou trois jours (Châteaudun 5 déc. 1856, 16039 J. N.).

**14132. Registre des protêts.** — L'omission d'un acte sur le registre des protêts est une contravention à l'art. 176 C. com. qui ne tombe pas sous l'application de l'art. 49 L. 22 frimaire an 7, spécial au répertoire.

V. *Protêt* n° 13243.

## CHAPITRE IV. — OBLIGATIONS SPÉCIALES DES OFFICIERS PUBLICS ET ACTES A PORTER SUR LE RÉPERTOIRE

[14133-14187]

### SECTION PREMIÈRE. — NOTAIRES

[14133-14152]

**14133.** — Les notaires doivent inscrire sur leur répertoire tous les actes qu'ils reçoivent, même ceux qui sont passés en brevet, à peine, pour chaque omission, d'une amende de 10 francs (5 fr.) (art. 49 L. 22 frim. an 7, art. 29 de celle du 25 vent. an 11).

**14134. Acte déposé.** — De la jurisprudence qui règle l'inscription au répertoire des testaments olographes déposés (*V.* 14152-1), on doit tirer la conséquence que pareille inscription doit être faite de tout acte qui est déposé, et que cette inscription doit être distincte de celle de l'acte de dépôt qui est dressé.

**14135. Bail.** — Les baux des biens des hospices et autres établissements publics, quoique soumis pour leur perfection à l'approbation des préfets, doivent être portés sur le répertoire *le jour de leur rédaction*, avec cette mention : *soumis à l'approbation du préfet*; et les notaires sont tenus d'indiquer en marge la date du jour où l'approbation du préfet leur est parvenue (386 et 561 I. G.).

**14136. Brevet.** — Un notaire ne peut tenir deux répertoires, l'un pour les actes en brevet, et l'autre pour ceux en minute (Sol. 23 mai 1810). — *V.* 507.

Nul doute, d'ailleurs, que les actes en brevet doivent être répertoriés. — *V.* 507, 3231-4, 14150-1.

Si même le notaire rédige deux actes identiques en brevet, chacun de ces actes est assujetti à l'enregistrement et à l'inscription au répertoire : « Considérant, porte une solution de l'administration belge du 17 juillet 1869, que les deux originaux constituent des actes distincts, assujettis également à la formalité de l'enregistrement et à l'inscription au répertoire ; que le second original ne rentrant pas dans les termes de l'exception consacrée par l'art. 8 L. 22 frimaire an 7, le droit fixe était exigible. »

**14137. Demande d'origine.** — La demande d'origine, n'étant pas un acte notarié, ne doit pas être inscrite sur le répertoire. — *V.* 6179.

**14138. Certificat de dépôt.** — Ne sont pas de nature à être portés sur les répertoires les certificats de dépôt des extraits de demandes et jugements en séparation de biens, et ceux des extraits de contrats de mariage entre commerçants, délivrés par les secrétaires de la chambre des notaires (7541 J. E.).

**14139. Certificat d'identité.** — Lorsque, à défaut d'agent de change, un notaire assiste une partie pour le transfert d'une rente sur l'État, cet acte ne doit pas être répertorié. C'est là un simple certificat d'identité que le notaire délivre en qualité de fonctionnaire public et comme remplaçant les agents particulièrement chargés de ces constatations (D. N. t. 11 p. 166 n° 58). — Il en est de même des certificats d'identité délivrés par les notaires pour l'expédition de dépêches télégraphiques (*loc. cit.* n° 59).

**14140. Certificat de propriété.** — Les certificats de propriété sont assujettis à l'inscription au répertoire, suivant certaines distinctions qui ont été présentées au mot *Certificat de propriété*, n° 3604.

**14141. Certificat de vie.** — Tous les certificats de vie qui sont exempts d'enregistrement, ainsi qu'on l'a vu aux n$^{os}$ 3620 et suivants, ne sont pas susceptibles d'être répertoriés (1021 I.G., 2525, 2967 J.E., 4028 J.N.).

Ainsi, les notaires ne sont pas tenus d'inscrire les certificats qu'ils délivrent aux rentiers viagers et pensionnaires de l'État. Ces certificats ne sont inscrits que sur un registre particulier tenu à cet effet (D. m. f. 2 août 1808, 92 J.N.).

Mais les certificats de vie délivrés par les notaires à l'effet de toucher les arrérages d'une rente ou d'une pension sur une commune, ne sont exempts ni de l'enregistrement ni de l'inscription au répertoire (Saumur 3 août 1850, 15027-1 J. E. ; *Conf.* : M. Roy n° 186).

**14142. Changement. — Contrat de mariage.** — Les changements faits aux contrats de mariages avant la célébration, quoique devant être écrits à la suite de ces contrats, sont des actes distincts susceptibles d'être portés séparément (6212 J. E., 2771 J. N., Roy n° 182).

**14143. Copie collationnée.** — Nous avons, sous le n° 5601, rappelé les autorités qui ont reconnu la nécessité de l'inscription sur le répertoire des copies collationnées délivrées par les notaires.

**14144. Copie figurée.** — La copie figurée est un acte ordinaire sujet à l'inscription au répertoire. — *V.* 5605.

**14145. Decharge.** — La décharge ou quittance donnée personnellement à un notaire, à la suite d'un acte par lui reçu, doit rester en la garde du notaire dont elle opère la libération, quoique signée par un autre notaire; elle sera néanmoins enregistrée au bureau du domicile du notaire qui l'aura reçue et portée sur son répertoire, avec mention de la garde par l'autre notaire, dispensé de l'inscrire sur le sien (D. m. f. et j., 909 I. G.).

1. VENTE DE MEUBLES. — La décharge donnée à la suite d'un procès-verbal de vente de meubles doit être rédigée en forme authentique; elle est enregistrable dans le délai, et elle doit être portée sur le répertoire déterminé, alors même qu'elle serait donnée en la forme sous seing privé. — V. 1716.

**14146. État estimatif.** — Bien que l'état estimatif qui accompagne une donation soit signé par le notaire rédacteur de l'acte, celui-ci n'est pas tenu de l'inscrire sur son répertoire, parce que son existence est suffisamment constatée par l'acte de donation (351 I. G., D. m. f. 24 avr. 1810, 3713, 3798 J. E., D. N. t. 11 p. 166 n° 57, Roy n° 187).

**14147. Expéditions.** — Les extraits et expéditions que délivre un notaire, comme successeur d'un autre notaire décédé, ne sont sujets ni aux droits ni à l'inscription sur le répertoire (D. m. f. 22 juin 1813, D. N. t. 11 p. 164 n° 38).

Il en est de même des grosses qu'ils délivrent des actes déposés aux archives de la préfecture (D. m. f. 18 avr. 1809, D. N. t. 11 p. 164 n° 39).

**14148. Inventaires.** — Les inventaires ne sont pas soumis à une inscription particulière pour chaque vacation (Circ. 1737).

On les porte à leur première date, en indiquant à la suite et dans le même contexte les dates des autres vacations D. m. f. 18 août 1812, 596 I. G., 579 et 885 J.N.). Lorsque l'inventaire a été passé hors de l'arrondissement du bureau où réside le notaire, l'acte doit être porté sur le répertoire, en indiquant les jours qu'il a duré, les divers enregistrements dans chaque bureau, leur date et les noms des bureaux (D. m. f. 12 therm. an 12, 290 § 32 I. G.).

**14149. Notaire commis.** — 1. BIENS DE MINEURS. — Les ventes de biens de mineurs auxquelles procède un notaire en vertu de délégation du tribunal doivent être inscrites sur son répertoire (Circ. 8 prair. an 12).

2. CAHIER DES CHARGES. — En principe, un cahier des charges rédigé séparément, quoiqu'il soit dressé par un notaire seul, sans l'assistance de témoins, constitue un acte de son ministère sujet à l'inscription au répertoire. — En doit-il être de même quand le notaire a dressé un acte de dépôt du cahier des charges? Des jugements de Bourg du 21 janvier 1843 (13684 J. E., 12300 J. N.), — d'Altkirch, du 13 décembre 1843 (13308 J. E., 11932 J. N.), — de Reims du 3 décembre 1845 (12589 J. N., 13887 J. E.), ont reconnu que l'inscription au répertoire de l'acte de dépôt ne peut remplacer celle du cahier des charges. C'est aussi l'opinion du D. N. (t. 13 p. 547 n° 235), qui revient sur l'opinion émise au n° 11147 J. N.

Cependant, le tribunal de Laval s'est prononcé contre cette manière de voir (J. 6 mars 1843, 11623 J. N.). Une Sol. 11 mai 1859 porte également, d'une part, que l'acte de dépôt prouve que le notaire a considéré le cahier des charges comme ayant un caractère purement privé, et, d'autre part, que la loi ayant eu principalement pour objet de faire constater l'existence des actes, ce but se trouve atteint par l'inscription des actes de dépôt qui font connaître l'existence et la date des cahiers des charges (1155 R. P.).

En matière d'adjudication volontaire, le cahier des charges, même signé du notaire et des témoins et mis en tête du procès-verbal, n'est sujet à l'enregistrement et à l'inscription sur le répertoire que s'il est manifeste que le notaire a voulu faire un acte distinct. — V. 1606-4.

3. FOLLE ENCHÈRE. — Lorsqu'après une adjudication faite devant notaire, la folle enchère est poursuivie, le certificat du notaire constatant que l'adjudicataire n'a pas satisfait aux conditions de la vente (964 C. proc.) est un acte notarié qui doit être enregistré et inscrit au répertoire (D. N. t. 11 p. 264 n° 42).

4. FIXATION DU JOUR. — L'acte par lequel un notaire commis fixe les jours et termes d'ouverture des opérations du partage et des liquidations *est parfait* quoique rédigé en l'absence des parties et témoins, et doit être inscrit sur le répertoire (Toul 22 août 1850, 15069-10 J. E.; — Cass. 4 avr. 1854, 101 R. P., 2019 § 8 I. G., D. N. t. 11 p. 166 n° 63, S. 54-1-518). — Même règle pour l'acte par lequel un notaire, requis de recevoir un compte, fixe le jour et l'heure auxquels il procédera à ce compte (Altkirch 24 nov. 1843, 13403-5 J. E.).

5. ORDONNANCE. — Il en est de même pour les ordonnances des notaires commis par justice, ou même par les parties, pour procéder à une liquidation, licitation, etc. (Vesoul 8 déc. 1851, 15388 J. E., 14640 J. N.).

6. PROJET DE LIQUIDATION. — Le procès-verbal dressé en conformité de l'art. 977 C. proc., par un notaire qui, pour un partage judiciaire, a été chargé de faire la liquidation et de composer les masses, est susceptible d'être répertorié, quoiqu'il ne doive être signé que du notaire seul, parce que l'acte n'en est pas moins un acte parfait et tel que le prescrivent les codes (Metz 31 déc. 1827, 8932 J. E.; — Dél. 18 févr. 1834, 10860 J. E., 8432 J. N.; — Évreux 6 fév. 1841, 12751 J. E., 10900 J. N.). — Tel n'est pas cependant l'avis du D. N., qui prétend que c'est la communication aux parties qui seule confère une existence certaine au projet préparé par le notaire (D. N. t. 11 p. 167 n° 66).

7. VISITE DES LIEUX. — Lorsqu'un notaire dresse un procès-verbal de visite de lieux, comme chargé de cette opération par un ordre du tribunal, il doit inscrire ce procès-verbal sur son répertoire (D. m. f. 24 oct. 1817, 5930 J. E., 2405 J. N.).

**14150. Notaire substituant.** — Bien que, par une fiction consacrée par l'usage, le notaire substitué soit censé avoir reçu l'acte que le collègue qui l'a substitué a rédigé pour lui, l'acte n'en est pas moins reçu en réalité par le notaire *substituant* et doit être porté sur son répertoire. Il a été prescrit de porter la minute de l'acte ainsi reçu sur le répertoire du notaire substituant et sur celui du notaire substitué (909 I. G.).

1. BREVET. — L'Administration a décidé que les actes en *brevet* doivent être portés sur le répertoire du notaire substituant *seulement*, attendu que la remise de l'acte en brevet n'ayant pas été faite dans l'étude du notaire substitué, celui-ci n est pas obligé d'en constater le dépôt sur son répertoire (Dél. 16 déc. 1843, 13403 J. E., 12152 J. N., D. N. t. 11 p. 175 nº 118).

2. NOTAIRE COMMIS PAR JUSTICE POUR REMPLACER UN NOTAIRE DÉCÉDÉ. — Ce que nous avons dit du notaire substituant s'applique au notaire commis. L'acte étant en réalité reçu par lui, c'est à son répertoire personnel que l'inscription doit avoir lieu (*Conf.*: D. N. t. 11 p. 164 nº 45). Le tribunal de Valenciennes s'est cependant prononcé en sens contraire par le motif que le notaire commis « n'est pas seulement un collègue officieux, mais un mandataire légal, et que lorsqu'il agit en cette qualité, ce n'est pas lui personnellement, c'est pour ainsi dire le notaire décédé, dont l'étude existe toujours, qui, par une fiction de la loi, est supposé faire les actes » (J. 11 fév. 1857). Comme on pourrait en dire tout autant du notaire substituant, nous persistons à penser qu'il y a analogie dans les deux cas et qu'il faut appliquer au notaire commis ce que nous avons dit du premier.

3. ACTE EN DOUBLE MINUTE. — Chacun des deux notaires a un droit égal à la conservation des minutes, pour en délivrer des expéditions, et est assujetti à toutes les obligations et responsabilités du notaire détenteur; dès lors chacun d'eux doit être considéré isolément et comme ayant instrumenté seul: il est tenu à toutes les prescriptions légales et à l'inscription au répertoire (Pithiviers 26 nov. 1857, 16663 J. E., 16285 J. N., 11241 C., 967 R. P.).

On a décidé la même chose pour les actes à double brevet. — V. *suprà* nº 14136.

4. NOTAIRE EN SECOND. — Mais l'acte auquel un notaire n'a figuré qu'en second ne doit pas être inscrit au répertoire de cet officier public: « Considérant, porte une solution de l'administration belge du 25 mai 1869, que la loi ordonne aux notaires de tenir un répertoire et d'y insérer les *actes par eux reçus*, c'est-à-dire les actes auxquels ils ont concouru *comme notaires*, et nullement ceux auxquels ils sont intervenus pour suppléer les témoins; qu'il est constant dans l'espèce que le pétitionnaire n'a assisté aux actes qu'en qualité de notaire en second. »

**14151. Police d'assurance.** — Les polices d'assurances maritimes rédigées par les notaires doivent être inscrites sur le livre ou sur le répertoire soumis au visa. — V. 2354 et suiv.

**14152. Testament.** — Les testaments reçus par les notaires doivent être portés au répertoire à leur date et avant le décès des testataires (D. m. j. 6 vend. an 13, 1864 J. E.; — Cass. 19 déc. 1808, 3317 J. E., 260 J. N., 318 I. G., S. 9-1-251).

« Attendu, porte cet arrêt, que l'art. 14 L. 19 décembre 1790 imposait formellement aux notaires l'obligation de porter jour par jour, sur leurs répertoires, la mention des testaments et actes de dépôts qu'ils passaient ou recevaient, à peine de 50 francs d'amende pour chaque omission; et que cette disposition n'a point été abrogée par l'art. 73 L. 22 frimaire an 7 pour le passé, puisque, par la seconde partie de cet article, elle en maintient l'exécution à l'égard de tous actes faits avant sa publication; qu'ainsi l'omission sur le répertoire des testaments antérieurs à cette date, ou leur intercalation subséquente, donnait lieu à l'amende fixée; que l'art. 49 L. 22 frimaire an 7 renouvelle cette obligation à la charge des notaires d'inscrire jour par jour, sur leurs répertoires, les actes qu'ils passeront ou recevront, et que, dans cette généralité d'expressions, les testaments et les actes de dépôt qui peuvent être faits sont nécessairement compris, puisque aucune exception n'y est mentionnée; que si les lois de frimaire an 7 et 25 ventôse an 11 exigent aussi la mention de l'enregistrement, elles n'ont point aboli l'obligation de l'inscription des actes jour par jour de leurs dates; c'est une obligation de plus qu'elles imposent pour être remplie à la date de l'accomplissement de cette formalité. »

1. OLOGRAPHE. — D'après la jurisprudence que nous avons fait connaître au mot *Dépôt*, le notaire auquel le président du tribunal remet un testament olographe n'est pas tenu de dresser un acte particulier de ce dépôt. Ce dépôt est suffisamment constaté par la remise mentionnée au procès-verbal d'ouverture du président, et le notaire peut se borner à inscrire sur son répertoire l'expédition de ce procès-verbal qui lui est délivrée par le greffier.

Dans ce cas, l'inscription doit avoir lieu le jour même de la remise (D. N. t. 11 p. 177 nº 123, 16793-2 I. G.). C'est ce qui a été reconnu par une Sol. 19 décembre 1867, conforme sur ce point à une décision du ministre de la justice du 9 septembre 1812.

Cette solution fait connaître que le ministre de la justice a émis l'avis, le 3 octobre 1807, qu'il y avait lieu de poursuivre les notaires contrevenants et de porter la question devant les tribunaux. Elle est motivée sur la doctrine de l'arrêt cité au nº 4824, et sur ce que c'est à partir de la date de la remise du testament par le président du tribunal au notaire que celui-ci est dépositaire du testament et que ce testament fait partie des archives notariales. « Si donc, porte-t-elle, on admettait que l'inscription ne dût pas être alors opérée, on manquerait ensuite de toute base certaine pour déterminer le moment où naîtrait l'obligation de l'inscription. Enfin, il est évident que la rédaction ultérieure, par le notaire seul, d'un acte de dépôt que la cour déclare inutile, ne saurait effacer la contravention commise, ni dispenser du payement de l'amende encourue » (2849 R. P.).

Cette interprétation est généralement acceptée. « Du jour même de l'ordonnance de remise, dit le J. du not., le testament prend rang parmi les minutes du notaire. Par voie de conséquence, l'inscription au répertoire doit avoir lieu à la même date; autrement, il n'y aurait pas de raison de différer indéfiniment cette formalité. En effet, le notaire, dispensé, dans ce cas, de rédiger un acte de dépôt et de constater la remise qui lui a été faite de l'expédition du procès-verbal dressé par le greffier, resterait seul juge de l'époque où il conviendrait de répertorier le testament. Or, cela ne nous semble pas admissible.

Il faut donc reconnaître que le seul moyen de trancher raisonnablement la difficulté et d'écarter l'arbitraire est de décider que la mention au répertoire doit avoir lieu le jour même où le notaire a reçu le dépôt » (*Bull. du not. prat.* avr. 1874, n° 1009).

Le notaire alléguerait sans doute vainement comme excuse l'absence prolongée de son étude motivée par son transport au chef-lieu (*V.* n° 14130), car il pouvait, afin d'exécuter la loi, emporter avec lui son répertoire. On peut consulter en ce sens deux solutions des 2 et 24 septembre 1831 (10145 J.E., 7857 J. N., D. N. t. 4 p. 604 n° 58), et des jugements de la Seine du 1er février 1841 (12879 J. E., 11197 J. N.) et de Lectoure du 23 mars 1877, 4649 R. P.).

Les décisions précédentes supposent que le testament a été remis au notaire lui-même ou à son mandataire ou représentant, comme à un clerc de son étude. C'est en effet ce qui est généralement constaté dans le procès-verbal du juge.

Si le magistrat ordonnait seulement la remise ultérieure à l'officier public par la voie du greffier, on ne pourrait plus faire un grief au notaire de ne pas avoir inscrit le testament le jour même de l'ouverture, puis qu'il ne serait pas constaté qu'il a reçu le testament ce jour-là. Il serait autorisé à faire cette inscription à la date de la remise par le greffier, remise qui est généralement constatée par un acte spécial du notaire.

Dans tous les cas, nous croyons que le notaire n'est pas tenu de faire une inscription séparée pour le testament lui-même, dès l'instant qu'il constate par une inscription la remise de l'expédition du procès-verbal d'ouverture, car cette inscription suffit à révéler l'existence du testament (Sol. 1er déc. 1848, 31 oct. 1859, 17 oct. 1863, D.N. t. 11 p. 176 n° 123).

Il n'est pas interdit au notaire de rédiger un acte spécial de dépôt du testament olographe dont la remise lui est faite par le président. Et cet acte doit alors être inscrit au répertoire en la forme ordinaire. Mais si sa rédaction était postérieure à la remise du testament et de l'expédition du procès-verbal d'ouverture, elle ne saurait exonérer le notaire de l'amende qu'il aurait encourue pour n'avoir point inscrit cette expédition le jour de sa remise (Sol. belge 19 mai 1866, 10286 J. E. belge).

On a soutenu que l'inexécution de l'obligation imposée au notaire d'inscrire le testament olographe sur son répertoire le jour même de sa remise n'était point passible d'amende. L'art. 49 L. 22 frimaire an 7, dit-on, ne parle que des actes reçus par le notaire lui-même. Or le testament olographe n'est pas de ce nombre (J. du not. nos 2355 et 2419).

Il suffit de répondre, pour écarter l'objection, que si le notaire n'a pas écrit le testament, il le reçoit en dépôt en sa qualité d'officier public, et que ce qu'il doit inscrire au répertoire, ce n'est pas le testament lui-même, mais l'acte de sa remise, acte auquel il participe et qui tient lieu, d'après la jurisprudence, de l'acte de dépôt auquel cette remise devrait donner lieu. Ainsi que le fait remarquer la solution du 19 décembre 1867, la jurisprudence considère le procès-verbal de la remise au notaire comme un acte d'une nature mixte qui, par suite du concours et de la signature du notaire, peut être classé au nombre des actes prévus par l'art. 49 L. 22 frimaire an 7, c'est-à-dire des actes reçus par le notaire. Il n'en faut pas davantage pour justifier l'exigibilité de l'amende.

2. MYSTIQUE. — Le testament mystique doit être porté sur le répertoire à la date de l'acte de suscription (D. N. t. 11 p. 163 n° 30). — *V.* 1561.

Mais il n'est plus nécessaire de mentionner de nouveau le dépôt de ce testament lorsque l'ouverture en a lieu après le décès du testateur par une ordonnance du président (Sol. 20 mai 1868, 2706 R. P., 18519 § 2 J. E., 14202 C.).

## SECTION 2. — GREFFIERS

## [14153-14164]

**14153. Greffiers des tribunaux.** — Sont soumis aux obligations imposées aux greffiers en général par l'art. 42 L. 22 frimaire an 7 : 1° Le greffier de la Cour de cassation (D. m. f. 28 déc. 1813, 4793 J. E.);

2° Les officiers publics qui remplissent près les prud'hommes les fonctions de greffiers (437 I. G.);

3° Les greffiers des tribunaux de commerce (D. m. f. 14 déc. 1813, 4802 J. E., Ord. 14 sept. 1814, 5022 J. E.).

1. DEUX RÉPERTOIRES. — Les greffiers des tribunaux de première instance et ceux des cours d'appel sont tenus d'ouvrir, dans la forme et sous les obligations prescrites par la loi de frimaire, deux répertoires distincts, l'un pour les actes et jugements en matière civile, l'autre pour ceux de la police correctionnelle (D. m. f. et j. 1er déc. 1819 920 I. G.).

**14154. Actes de greffe sujets à l'enregistrement.** — Les actes de greffe assujettis à l'enregistrement doivent être inscrits au répertoire (D. m. f. 19 janv. 1824, 7620 J. E. ; — Seine 14 fév. 1838, 11988 J. E.).

1. AFFIRMATION. — C'est ce qui a été spécialement décidé pour les actes d'affirmation de voyage (Dél. 4 nov 1825, 5262 J. E.).

2. EXÉCUTION. — De même encore, le greffier doit inscrire sur son répertoire l'exécutoire de dépens rédigé en minute et qu'il a signé, parce que tout acte rédigé par le greffier, lors même qu'il pourrait n'être considéré que comme la suite ou le complément d'un jugement ou de tout autre acte judiciaire, est un acte du greffe susceptible d'être répertorié (Sol. 5 oct. 1832, 10517 J. E.).

3. CERTIFICATS. — BREVET. — En général, tout acte délivré en brevet par un greffier est nécessairement sujet à l'enregistrement sur ce brevet : donc, tous les actes de cette nature doivent être portés sur les répertoires, d'après la combinaison des art. 7 et 49 n° 3 L. 22 frimaire an 7 et de l'art. 38 L. 28 avril 1816 (D. m. f. 19 janv. 1824, 7620 J.E. ; — Cass. 14 nov. 1837, 11913 J. E. ; 1562 § 26 I. G., S. 38-1-40 ;

— Seine 1er fév. 1838, 11988-2 J. E., D. N. t. 11 p. 165 n° 49. — V. 507).

*Casier judiciaire.* — On a vu, au n° 3566-3, que les certificats à délivrer par les greffiers aux personnes qui veulent profiter des renseignements contenus dans les casiers judiciaires sont exempts de timbre et d'enregistrement lorsqu'ils sont délivrés à des magistrats ou à des administrations publiques, tandis qu'ils sont soumis à cette double formalité lorsqu'ils sont délivrés à des particuliers.

Ces derniers certificats doivent être portés sur le répertoire (1957 I. G.).

**14155. Actes au greffe non sujets à l'enregistrement.** — Mais, par contre, sont dispensés de l'inscription sur le répertoire les actes et certificats exempts d'enregistrement. C'est ce qui a été spécialement décidé :

1. DOUBLE DES RÉPERTOIRES. — Pour les actes de dépôt du double des répertoires des notaires, commissaires-priseurs et courtiers de commerce (7193 J. E.);

2. SIGNATURE ET PARAPHE DES NOTAIRES. — Pour les actes de dépôt de signatures et paraphes des notaires (1008 I. G.);

3. RAPPORTS D'EXPERTS. — Pour les rapports d'experts écrits par les greffiers dans les cas prévus par l'art. 317 C. proc. (5722 J. E.).

**14156. Actes du juge.** — Les greffiers ne sont pas tenus de porter sur leurs répertoires les actes non rédigés ni signés par eux et qui émanent immédiatement des juges. (Dél. 9 août 1817, 5866 J. E.). — V. à cet égard ce que nous avons dit sous le n° 9158.

Ainsi, ils ne sont pas tenus de répertorier une ordonnance d'envoi en possession d'un legs universel (Sol. 7 juill. 1832, 10397 J. E.); — non plus que les ordonnances sur requête. — V. n° 12137.

**14157. Dessins de fabrique.** — Les actes de dépôt de dessins aux conseils de prud'hommes étant exempts du timbre et de l'enregistrement, peuvent n'être pas portés au répertoire; mais les certificats de dépôt, qui sont sujets à la formalité du timbre et de l'enregistrement *gratis*, doivent y être inscrits. Il en est de même lorsque les greffiers des tribunaux civils et de commerce rédigent ces actes à défaut de conseils de prud'hommes (Dél. 8 juill. 1828, 9122 J. E.).

Les marques de fabrique donnent lieu à des dispositions spéciales que nous avons fait connaître au mot *Dépôt* et *Marque de fabrique*.

**14158. Juge de paix délégué.** — Les actes et procès-verbaux des juges de paix désignés par la loi pour remplacer les juges d'un tribunal civil, en cas de prestation de serment, nomination d'experts, etc., étant rédigés avec la participation du greffier, doivent être portés au répertoire D. m. j. et f. 24 déc. 1811 et 7 janv. 1812, 4313 J. E.).

1. ENQUÊTE. — Le procès-verbal d'enquête dressé par le juge de paix doit être porté sur le répertoire du greffier. — V. 7693.

Il en est de même lorsque le juge de paix est commis par le tribunal ou le juge commissaire, quoique l'acte soit déposé au greffe du tribunal (D. m. f. 24 mai 1826, 8453 J. E.).

**14159. Ordonnance.** — Une ordonnance rendue après l'audition du ministère-public, pour l'apurement du compte d'un ancien commissaire aux saisies réelles, est un véritable jugement; elle doit être portée au répertoire (8081 J. E.).

Les ordonnances sur requête étant, par le cinquième alinéa de l'art. 29 L. 22 frimaire an 7, assimilées aux actes sous seing privé pour le payement des droits qui doivent être acquittés par les parties, les greffiers ne sont pas tenus de les inscrire sur leur répertoire; d'où il résulte qu'aucune contravention n'est commise par le greffier qui inscrit une pareille ordonnance à la suite du jugement d'une date postérieure, car cette inscription a été surabondante (Dél. 7 juill. 1832, 10397 J. E.).

**14160. Récépissé.** — Les récépissés donnés par les receveurs de l'enregistrement des extraits de jugements dont les droits n'ont pas été payés doivent être inscrits au répertoire (L. 28 avr. 1816, art. 58). — L'omission de cette formalité n'entraîne aucune peine (D. m. f. 29 mars 1819, 6439 J. E.).

L'inscription de ces extraits ne dispense pas de porter aussi les jugements auxquels ils se rapportent (D. m. f. 18 vend. an 10, 970 J. E.).

**14161. Remise de cause.** — Les jugements de remise de cause qui sont exempts de l'enregistrement ne sont pas susceptibles d'être inscrits sur le répertoire, d'après l'art. 49 L. 22 frimaire an 7 (Sol. 3 juin 1831, 10052 J. E.).

**14162. Saisie immobilière.** — Tous actes et jugements qui interviennent sur saisie immobilière, entre la date du dépôt du cahier des charges et celle de l'adjudication définitive, doivent être portés distinctement sur les répertoires des greffiers (Dél. 6 juill. 1822, 7272 J. E.).

**14163. Scellés.** — Le greffier de la justice de paix est tenu de faire une mention distincte au répertoire du procès-verbal de reconnaissance et de celui de levée de scellés (Sol 15 mars 1816, 5466 J. E.).

**14164. Suppléant de juge de paix.** — Les actes faits par les suppléants des juges de paix sans l'assistance du greffier, à raison des difficultés des communications, sont visés par le juge de paix le jour de leur remise au greffe et portés au répertoire à cette date, sans qu'il puisse y avoir contravention (D. m. f. 31 juill. 1810, 3762 J. E.).

## SECTION 3. — HUISSIERS

[14165-14171]

**14165. Cours criminelles.** — Les huissiers près les cours criminelles sont soumis aux obligations imposées aux huissiers ordinaires (D. m. f. 9 fév. 1808, 388 I. G.).

**14166. Deux répertoires.** — Deux D. m. f., des 29 décembre 1820 et 19 février 1823 (6899 J. E., 1075 I. G.), portent que tous les huissiers audienciers près les cours et tribunaux tiendront chacun deux répertoires : l'un, des actes qu'ils feront comme huissiers audienciers ; l'autre, des actes qu'ils dresseront et signifieront par suite de clientèle et de confiance particulière.

Mais ces deux décisions n'ont rien d'impératif et d'obligatoire. L'art. 49 L. 22 frimaire an 7 ne contient rien dont on puisse inférer que la tenue de deux répertoires par le même fonctionnaire soit de rigueur ; c'est une chose purement facultative, et une Sol. 24 juin 1831 (10156 J. E.) a reconnu que c'est dans ce sens que doivent être entendues les décisions ci-dessus rappelées.

1. NÉCESSITÉ D'UN RÉPERTOIRE D'ACTES EN MATIÈRE CIVILE. — Dans tous les cas, le répertoire tenu en commun par les huissiers audienciers de la police correctionnelle ne dispense pas de la tenue d'un second répertoire pour les actes en matière civile, bien que l'huissier ne soit pas appelé à en faire (Sol. 15 mai 1854).

**14167. Actes en débet et gratis.** — Les huissiers sont obligés de porter les actes sur leur répertoire le jour même de leur signification, et cette obligation existe pour tous les actes de leur ministère sujets à l'enregistrement, que la formalité ait lieu en débet, gratis ou au moyen du payement immédiat des droits (D. m. f. 9 fév. 1808, 388 I. G.).

**14168. Coût des actes.** — Le coût des actes, déboursés, défalqués, doit être porté sur le répertoire des huissiers dans une colonne ajoutée pour cet usage (Déc. 14 juin 1813, art. 47). En cas d'omission, on doit en prévenir le procureur de la République pour qu'il fasse réprimer l'irrégularité (659 I. G.). Cette disposition n'a pas été abrogée par l'art. 8 Ord. 26 juin 1822, d'après lequel chaque huissier doit produire, à l'appui du versement trimestriel au trésorier de la bourse commune, un extrait de son répertoire comprenant le numéro d'ordre, la date des actes, leur nature et le coût de *l'original* (seulement) (Sol. 9 avr. 1832, 10338 J. E.).

Aux termes d'une D. m. f. et j. des 6 novembre 1854 et 23 juin 1855 (2040 I. G.), il doit être ajouté aux répertoires des huissiers une colonne spéciale, dans laquelle ces officiers ministériels doivent inscrire le montant du droit de transport applicable à chaque acte notarié.

**14169. Prud'hommes.** — Les officiers chargés de remplir les fonctions d'huissier auprès des conseils de prud'hommes sont tenus d'avoir un répertoire (D. m. f. et i. 20 juin 1809, 437 I. G.).

**14170. Communication sans objet.** — Les huissiers ne peuvent se dispenser de représenter leur répertoire sous prétexte qu'après deux années cette représentation n'est plus nécessaire ; en cas de refus, il doit être dressé procès-verbal (D. m. f. 16 mai 1819, 6440 J. E., D. N. t. 11 p. 180 n° 152).

**14171. Signification d'avoué à avoué.** — Les significations d'avoué à avoué doivent être inscrites au répertoire, comme les autres actes (D. m. j. et f. 16 pluv. an 13, 19 frim. an 14, 19 janv. et 15 juill. 1806, 1936, 2367 J. E.).

## SECTION 4. — ADMINISTRATIONS PUBLIQUES

[14172-14178]

**14172. Actes translatifs de propriété.** — Les seuls actes dont il doit être tenu répertoire dans les préfectures, sous-préfectures et mairies, sont ceux portant transmission de propriété, d'usufruit et de jouissance, les adjudications ou marchés de toute nature aux enchères, au rabais, ou sur soumissions, et les cautionnements y relatifs (L. 15 mai 1818, art. 82).

**14173. Délégation.** — Les sous-préfets et les maires ont été admis : les premiers, par une D. m. f. et i. 4 décembre 1806 (322 I. G.), et les seconds, par une autre décision du 19 février 1807 (325 I. G.), à déléguer, par un arrêté *spécial*, la tenue de leur répertoire à l'un des employés de leurs bureaux.

Ces décisions portent que l'employé délégué doit accepter par écrit, à la suite de l'arrêté, la délégation qui lui a été faite, et se soumettre à remplir les obligations imposées par la loi ; qu'une expédition de ces deux actes doit être adressée au directeur de l'enregistrement, et une autre au procureur de la République près le tribunal de première instance de l'arrondissement, pour faire connaître à ces fonctionnaires le préposé qui, près de chaque *sous-préfet* ou de chaque *maire*, est soumis aux vérifications et à l'amende établie par la loi.

Il est convenable de prévenir les maires des obligations qu'ils ont à remplir à cet égard (Circ. 16 sept. 1807).

Les secrétaires généraux de préfecture, qui, dans plusieurs départements, remplissaient les fonctions de sous-préfet de l'arrondissement du chef-lieu, avaient été également autorisés à déléguer la tenue de leurs répertoires à l'un des employés de leurs bureaux, qui, lui aussi, était soumis aux vérifications et aux amendes portées par la loi en cas de négligence ou de contravention (D. m. f. 7 fév. 1823, 1069 I. G.).

**14174. Absence d'actes.** — Les maires ou leurs secrétaires qui ne reçoivent pas d'actes sujets à être répertoriés ne peuvent, pour cette raison, se dispenser de tenir des répertoires et de les soumettre au visa du receveur tous les trois mois, parce qu'ils peuvent d'un instant à l'autre passer, à l'aide des centimes additionnels, des marchés et acquérir des biens ou revenus par donation ou autrement (D. m. f. 22 juin 1822, 7413 J. E.).

**14175. — Cote et paraphe.** — Les répertoires des secrétaires généraux de préfecture, et ceux des sous-préfets qui les tiennent eux-mêmes, doivent être cotés et paraphés par le préfet (D. m. f. 9 sept. 1866, 318 I. G.).

Ceux des maires sont cotés et paraphés par les sous-préfets (318 I. G.) ; en cas de délégation d'un employé, le cote et paraphe est fait par le maire (D. m. f. 12 fév. 1807, 325 I. G.).

**14176. Actes sujets à approbation.** — Les actes susceptibles d'être soumis à l'approbation de l'autorité administrative supérieure doivent être portés au répertoire à leur date ; on indique ensuite la date de l'approbation et celle du du jour où cette approbation est parvenue à la mairie, en marge de l'article ou dans une colonne spéciale (D. m. f. 27 frim. an 13, 290 n° 5 I. G.).

**14177. Poursuites à exercer.** — Les secrétaires généraux de préfecture contre lesquels il a été rapporté des procès-verbaux pour défaut de tenue de répertoire ne peuvent prétendre que l'autorisation du conseil d'État est nécessaire pour intenter une action contre eux.

**14178. Renvoi.** — Nous avons examiné, au mot *Acte administratif*, quels actes de l'autorité administrative étaient sujets à l'inscription au répertoire, qui devait faire cette inscription et dans quelle forme elle devait avoir lieu.

## SECTION 5. — DIVERS

### [14179-14187]

**14179. Assurances terrestres.** — Les sociétés, compagnies et assureurs seront tenus d'avoir, au siége de l'établissement, un répertoire sommaire en un ou plusieurs volumes, non sujet au timbre, mais coté, paraphé et visé soit par un des juges du tribunal de commerce, soit par le juge de paix, sur lequel ils porteront, par ordre de numéros, et dans les six mois de leur date, toutes les assurances faites soit directement, soit par leurs agents, ainsi que les conventions qui prolongeront l'assurance, augmenteront la prime ou le capital assuré. — A l'égard des sociétés, compagnies et assureurs actuellement établis, le répertoire ne sera obligatoire que pour les opérations qui seront faites à compter du 1er octobre 1850. Ce répertoire sera soumis au visa des préposés de l'enregistrement, selon le mode indiqué par la loi du 22 frimaire an 7. — Les préposés de l'enregistrement pourront exiger, au siége de l'établissement, la représentation : 1° des polices en cours d'exécution ou renouvelées par tacite reconduction depuis au moins six mois ; — 2° de celles expirées depuis moins de deux mois (art. 35 L. 5 juin 1850).

Chaque contravention aux dispositions de l'article précédent sera passible d'une amende de dix francs (*Idem*, art. 36). — *V.* 2408, 2419.

1. ASSURANCES DIVERSES. — Les dispositions précédentes sont applicables à toutes sortes d'assureurs, notamment aux compagnies d'assurances pour le remplacement militaire (Dél. 20 déc. 1850, 15139 J. E.).

Mais ne doivent être portées sur le répertoire que les polices d'assurances qui précèdent le tirage au sort, et non les traités par lesquels, après le tirage au sort, les compagnies s'engagent à faire remplacer alors que la position des jeunes gens est fixée et qu'il n'y a plus *contrat aléatoire* (15217-6 J. E.).

2. ASSURANCES CONTRE L'INCENDIE. — MENTION. — Les répertoires des assurances contre l'incendie doivent faire mention, pour chaque contrat, du montant des primes ou cotisations exigibles, ainsi que de la taxe payée par les assurés (L. 23 août 1871, art. 7). — *V.* 2366.

**14180. Assurances maritimes.** — Les compagnies d'assurances maritimes seront tenues d'avoir, dans chaque agence, un répertoire non sujet au timbre, mais coté, paraphé et visé soit par un des juges du tribunal de commerce, soit par le juge de paix, sur lequel seront, dans les trois jours de leur date, portées, par ordre de numéros, les assurances qui auront été faites dans ladite agence sans intermédiaire de courtier ou de notaire, ainsi que les conventions qui prolongeront l'assurance, augmenteront la prime ou le capital assuré, ou bien (en cas de police flottante) qui porteront la désignation d'une somme en risque ou d'une prime à payer. — A l'égard des compagnies actuellement existantes, le répertoire ne sera obligatoire que pour les opérations qui seront faites à compter du 1er octobre 1850. Ce répertoire sera soumis au visa des préposés de l'enregistrement, selon le mode indiqué par la loi du 22 frimaire an 7, et, toutes les fois qu'ils le requerront, la représentation des polices pourra être exigée au moment du visa (art. 44 L. 5 juin 1850).

1 NAVIGATION DES RIVIÈRES. — L'article ci-dessus, qui oblige les compagnies d'assurances maritimes à tenir un répertoire dans chaque agence, est applicable aux compagnies d'assurances sur les rivières et canaux navigables (D. m. f. 15249 J. E.).

D'après cette décision, le directeur de la compagnie d'assurances maritimes, dont le siége est à Paris, rue de Richelieu, 87, est autorisé à tenir, soit au siége de l'établissement principal, soit dans ses succursales, au lieu du répertoire unique dont parle l'art. 50 L. 5 juin 1850, deux répertoires : l'un pour les assurances contre les risques de la mer, l'autre pour les assurances contre les risques de la navigation intérieure.

2. MENTION. — Les répertoires doivent faire mention expresse pour chaque contrat, à peine d'une amende de 10 francs, du montant des primes exigibles, ainsi que de la taxe payée par les assurés (L. 23 août 1871, art. 7). — *V.* 2344 § 2.

3. POLICE COMMUNE. — La taxe afférente aux polices concernant plusieurs assureurs est inscrite pour son montant intégral sur le répertoire de l'apériteur, qui en doit compte au Trésor, avec indication de nom des autres assureurs (Déc. 25 nov. 1871, art. 4, 2425 I.G.). — *V.* 2354-1.

4. POLICE D'ALIMENT, AVENANT OU APPLICATION. — En cas de police d'aliment, avenant ou application, relative à une précédente police, provisoire ou flottante, mention de la date et du numéro de cette dernière police et du nom de l'assuré et du navire doit être inscrite sur le livre ou registre des notaires ou courtiers, et sur le répertoire des compagnies et assureurs (Déc. 25 nov. 1871, art. 2, 2425 I.G.). — *V* 2354-2.

5. MENTIONS POUR MÉMOIRE. — On mentionne pour mémoire les polices communes sur le répertoire des assureurs autres que l'apériteur, les polices de réassurances, les polices flottantes ou provisoires — *V.* n° 2354-3.

6. ACTES NOTARIÉS. — Les notaires qui reçoivent des polices d'assurances doivent les inscrire sur leur livre ou répertoire. — *V.* 2356-1.

**14181. Assureurs particuliers.** — Quiconque voudra faire des assurances maritimes autrement que par l'entremise des notaires ou courtiers sera tenu de se conformer à l'art. 43 et au premier paragraphe de l'art. 44 L. 5 juin 1850. — Le répertoire des assureurs particuliers ne donnera lieu qu'au visa prescrit par l'art. 51 L. 22 frimaire an 7. La représentation des polices pourra être exigée lors du visa (*Idem*, art. 45).

Chaque contravention à l'art. 44 et au deuxième paragraphe de l'art. 45 sera passible d'une amende de 10 francs *Idem*, art. 46).

Ces assureurs particuliers sont, en outre, assujettis aux obligations indiquées *suprà* n° 14180.

1. POLICES FAITES PAR LES COURTIERS ET LES NOTAIRES. — La nécessité du répertoire et de la présentation au visa est absolue, et la loi ne souffre pas d'exception : dès lors l'agent de la compagnie ou l'assureur particulier ne pourrait, pour s'y soustraire, prétexter qu'il ne fait aucune assurance sans l'intermédiaire d'un courtier ou d'un notaire (Rouen 15 déc. 1852, 16481 J.E., 16012 J.N., 823 R.P.).

2. ASSUREURS ÉTRANGERS. — Les assureurs étrangers qui font en France des opérations d'assurances soit maritimes, soit contre l'incendie, sont soumis à la loi du 5 juin 1850 sur la tenue des répertoires (L. 23 août 1871, art. 7 § 4, Déc. 25 nov. 1871, 2425 I.G.). — *V.* 2339.

**14182. — Commissaires de la marine.** — Les commissaires de la marine, quoique recevant divers actes assujettis à l'enregistrement, ne sont pas obligés de tenir un répertoire (D. m. f. 8 nov. 1808, 3068, 8634 J.E.). — *V.* 4236.

**14183. — Commissaires-priseurs.** — Les dispositions des lois relatives à la tenue et au dépôt des répertoires sont applicables aux commissaires-priseurs, mais seulement pour les procès-verbaux de ventes de meubles et de marchandises, et pour les actes faits en conséquence de ces ventes (art. 11 L. 16 juin 1824, qui a sanctionné, pour les commissaires-priseurs, les dispositions de l'Ord. 25 juin 1816, 5519 J.E., et dont l'objet a été d'obliger les courtiers de commerce à communiquer aux préposés le registre qu'ils sont assujettis à tenir par l'art. 84 C. com., 1136 I.G.). — *V.* 4059, 4255.

1. RÉQUISITION DE PROCÉDER A UNE VENTE. — Les commissaires-priseurs doivent, sous peine d'amende, inscrire sur leurs répertoires les actes portant réquisition de procéder à une vente de meubles et fixation du jour de cette vente, attendu que la loi les oblige à porter au répertoire tous les actes relatifs aux ventes qu'ils sont chargés de faire (16751-1 J.E.).

**14184. Courtiers de commerce.** — Les mêmes règles sont applicables aux courtiers de commerce. Dans tous les cas, les courtiers de commerce d'une même ville ne peuvent être admis à ne tenir, pour eux tous, qu'un seul répertoire, qui serait confié au syndic de la compagnie, parce que ce ne serait atteindre qu'imparfaitement le but de la loi, qui a eu pour objet d'assurer la date des actes, et parce que, d'ailleurs, l'obligation de la tenue d'un répertoire individuel est imposée par l'art. 49 L. 22 frimaire an 7 (D. m. f. 4 mars 1833, 10563 J.E., D. N. t. 4 p. 209 n° 118).

La loi du 18 juillet 1866 (9e série *Bull.* 1408 n° 14444), en rendant libre la profession de courtier de marchandises, a conféré des attributions spéciales et exclusives, notamment à l'égard des ventes publiques de marchandises en gros (art. 4), aux courtiers qui seront inscrits sur une liste dressée par le tribunal de commerce et qui auront serment en justice (art. 2). On a élevé la question de savoir si les courtiers inscrits et assermentés sont astreints, comme l'étaient les courtiers en général sous l'empire de la législation antérieure, à tenir et à soumettre au visa trimestriel des receveurs le répertoire prescrit par l'art. 11 L. 16 juin 1824 « pour les procès-verbaux de ventes de meubles et de marchandises, et pour les actes faits en conséquence de ces ventes. » Cette question a été résolue affirmativement par une D. m. f. 9 août 1867, portant, en substance, que les courtiers inscrits, auxquels sont dévolues la plupart des attributions dont les courtiers de marchandises jouissaient sous le régime antérieur, sont soumis aux obligations dont ces derniers étaient tenus en matière de timbre et d'enregistrement » (2361 § 7 I. G., 2783-7 R.P.).

**14185. Gardes du commerce.** — Ils étaint assujettis à la tenue d'un répertoire, comme étant assimilés aux huissiers (D. m. f. 20 juin 1809, 3279 J. E.; — Lettre du min. du com. aux préfets, 4718 J. E.).

**14186. Gardes forestiers.** — Quoique les préposés et agents forestiers puissent faire des actes extrajudiciaires, ils ne sont point obligés à la tenue d'un répertoire (D. m. f. 12 déc. 1809, 458 I. G.). Les art. 16 et 26 de l'Ord. 1er août 1827 veulent qu'ils tiennent un registre pour y inscrire leurs procès-verbaux à la suite les uns des autres. Ces registres, objets d'ordre intérieur, sont exempts de timbre.

**14187. Porteurs de contraintes.** — Les porteurs de contraintes, institués par l'arrêté du gouvernement du 16 thermidor an 8, font les fonctions d'huissiers pour les actes relatifs aux contributions directes; ils sont tenus d'avoir un répertoire pour les actes assujettis à l'enregistrement (D. m. f. 13 nov. 1807, 363 I. G.). Leurs répertoires sont visés par les juges de paix (2903 J. E.).

## CHAPITRE V. — VISA TRIMESTRIEL DES RÉPERTOIRES

[14188-14198]

**14188. Dispositions législatives.**—1. OFFICIERS PUBLICS. — Les notaires, huissiers, greffiers et secrétaires des administrations sont obligés de présenter tous les trois mois leurs répertoires aux receveurs de l'enregistrement de leur résidence, qui les visent, et qui énoncent dans leur visa le nombre des actes inscrits; cette présentation doit avoir lieu chaque année, dans les dix premiers jours des mois de janvier, avril, juillet et octobre, à peine d'une amende de 10 francs par chaque décade de retard (art. 51 L. 22 frim. an 7).

2. COMPAGNIES D'ASSURANCES. — Le répertoire des compagnies d'assurances terrestres est soumis au visa des préposés de l'enregistrement, selon le mode indiqué par l'article ci-dessus de l'an 7 (art. 35 L. 5 juin 1850).

Il en est de même du répertoire des compagnies d'assurances maritimes (art. 44 *Idem*). — *V.* 2354, 2366.

3. ASSUREURS PARTICULIERS. — Il en est encore de même du répertoire des assureurs particuliers en matière maritime (*Idem*). — *V.* 2354, 2366.

**14189. Amende pour retard dans le visa.** — 1. RÉDUCTION. — L'amende prononcée par l'art. 51 L. 22 frim. an 7, par chaque décade de retard, a été réduite à 10 francs par la loi du 16 juin 1824, *quelle que soit la durée du retard.*

2. RETARD DE PLUSIEURS TRIMESTRES. — Par ces mots : *quelle que soit la durée du retard*, la loi n'a pas entendu le retard de chaque trimestre, mais tout le temps pendant lequel le répertoire n'a pas été présenté au visa du receveur, et on ne peut en réclamer qu'une seule pour le défaut de visa du répertoire de plusieurs trimestres, lorsque la contravention n'a pas été constatée particulièrement et l'amende exigée à l'échéance de chaque trimestre (Dél. 4 mars 1834, 4413 Roll., D. m. f. 22 même mois, 1458 § 10 I. G.).

3. RETARD D'UN JOUR. — L'amende est aussi bien encourue pour le retard d'un ou de deux jours à présenter le répertoire au visa, que si le retard était de dix jours entiers (C. cass. 31 janv. 1809, 3559 J. E.).

« Vu, porte l'arrêt, l'art. 51 L. 22 frimaire an 7; attendu que le jugement énoncé, en décidant que Pierre Bories n'avait point encouru l'amende prononcée par ledit article, pour n'avoir présenté son répertoire au receveur de l'enregistrement de sa résidence que dans la seconde décade de janvier, a contrevenu formellement audit article, qui veut expressément que la présentation soit faite dans la première décade. »

**14190. Expiration du délai.** — Le délai pour la présentation au visa du receveur expire le dernier jour de la dizaine du commencement de chaque trimestre (Dél. 22 vend. an 8).

1. JOUR FÉRIÉ. — Lorsque le 10 du premier mois d'un trimestre est un jour férié, les répertoires peuvent n'être présentés au visa du receveur que le lendemain (Sol. 2 sept. 1814, 4903 J. E., 30 juill. 1835, 5366 Roll., D. N. t. 11 p. 179 n° 146, 1406 J. N.).

2. PAS D'ACTES INSCRITS. — La présentation du répertoire au visa doit toujours avoir lieu dans le délai prescrit, soit qu'il ait été fait ou non des actes dans le trimestre (Cass. 31 janv. 1814, 4794 J. E., 1277 J.N., S. 14-1-211). — *V.* [illegible] 10.

C[illegible]e règle s'applique même à un nouveau notaire qui a prêté serment, et qui, dans les trois premiers mois de son entrée en fonctions, n'aurait encore fait aucun acte (953 J.N., Roy n° 199).

**14191. La formalité du visa est impérieuse.** — 1. ABSENCE. — MALADIE. — DÉMENCE. — La nécessité de soumettre le répertoire au visa est si absolue que l'huissier qui ne fait pas viser le répertoire de ses actes par le receveur de l'enregistrement est passible de l'amende, encore bien qu'il n'ait plus le libre usage de ses facultés intellectuelles, du moins un tribunal ne peut admettre cette excuse (Cass. 31 janv. 1814, 4794 J. E., 1277 J. N., S. 14-1-211). — *V.* 14130.

A plus forte raison, il en est de même des excuses fondées sur une maladie, une absence; elles seraient d'autant moins admissibles que les officiers publics ne sont pas obligés de présenter eux-mêmes leurs répertoires au visa (Sol. 18 pluv. an 10, Roy n° 199).

2. SCELLÉS. — Toutefois, les juges peuvent admettre comme excuse l'impossibilité réelle où s'est trouvé l'officier

public de satisfaire au vœu de la loi (Cass. 13 prair. an 8, cité par Teste-Lebeau p. 342).

Ainsi décidé que, lorsque les scellés ont été apposés sur les minutes d'un notaire décédé, et qu'il se trouve ensuite que des actes n'ont pas été enregistrés en temps utile, et que le répertoire n'a pas été soumis au visa trimestriel, le nouveau titulaire, en présentant les actes et le répertoire au receveur, aussitôt la remise qui lui en a été faite à lui-même, a fait tout ce qu'il lui était possible de faire, et ne peut être passible de la peine d'un retard qui n'est pas de son fait et relativement à des actes antérieurs à sa nomination (D. m. f. 18 avr., 7 mai 1837, 5277 Roll.). — V. 1005.

3. RÉVOCATION. — De même, l'huissier qui aurait été révoqué avant l'expiration du trimestre et réintégré après les dix premiers jours du nouveau trimestre, n'encourerait aucune amende pour défaut de présentation de son répertoire au visa en temps utile, puisqu'il ne devait ni ne pouvait le faire (Sol. 23 mars 1853). — V. également *supra* n° 14130.

**14192. Répertoire ancien. — Répertoire nouveau.** — Le répertoire qui est présenté au visa du receveur doit contenir l'inscription de tous les actes passés jusqu'à la date de ce visa. Ainsi, un notaire dont le répertoire a été terminé le 31 décembre, et qui en a commencé un autre à la date du 1er janvier suivant, doit les présenter tous les deux au visa du mois de janvier si, au jour de la présentation, des actes ont été inscrits sur le nouveau répertoire (Sol. 25 juill. 1867, 2576 R.P., 18419-5 J.E.).

Une décision contraire a cependant été rendue par un jugement du tribunal de Thionville, le 16 août 1827 (13752 J.N.), auquel le ministre des finances a acquiescé le 20 novembre 1827 (3156 Roll.); mais il paraît, disent le D.N. t. 11 p. 170 n° 151 et 13752 J.N., plus prudent de ne pas suivre ce précédent.

1. CHANGEMENT DE RÉSIDENCE. — Lorsque, dans le cours d'un trimestre, un notaire se trouve placé dans l'arrondissement d'un autre bureau, il doit, à la fin du trimestre, faire viser son répertoire dans les deux bureaux (D.N. t. 11 p. 179 n° 142, Roy n° 201).

**14193. Visa du président du tribunal. — Notaire.** — L'obligation imposée aux notaires de faire viser les répertoires par le président du tribunal civil ne déroge pas aux dispositions de l'art. 51 de la loi de frimaire (318 I. G.; — Cass. 24 avr. 1808, 3237 J.E., S. 9-1-22).

« Vu, porte cet arrêt, les art. 51, 52 et 53 L. 22 frimaire an 7, et les art. 30 et 69 L. 25 ventôse an 11; attendu que la seule contrariété formelle des lois entre elles peut faire présumer l'abrogation implicite de celle de la date la plus ancienne, par le principe général *posteriora derogant prioribus*; rappelé dans l'art. 69 sus-relaté; attendu que cette contrariété n'existe aucunement entre l'art. 51 L. 22 frimaire an 7 et l'art. 30 de celle du 25 ventôse an 11; que, par le premier de ces articles, les répertoires des notaires ont été soumis à une mesure de surveillance périodique, dont l'objet exprimé est la connaissance et l'énumération, par les préposés de la Régie de l'enregistrement, des actes passés dans les divers notariats de leurs arrondissements; que, par le second de ces articles, ces mêmes répertoires doivent être soumis aux visa, cote et paraphe des présidents des tribunaux, mesure qui, ne devant pas se renouveler périodiquement, tend évidemment à assurer, au moment de leur ouverture, l'état et la consistance des registres destinés à recevoir ces répertoires; que la distinction de ces mesures est constatée par la loi de frimaire an 7 elle-même, qui les prescrit simultanément, savoir : le visa périodique des agents de la Régie, par l'art. 51, et la cote et le paraphe d'un juge, par l'art. 53, et que c'est cette dernière mesure qu'on retrouve, à de légères modifications près, dans la loi plus nouvelle de ventôse an 11 art. 30; attendu qu'il résulte des dernières considérations que l'art. 30 L. 25 ventôse an 11 n'a point abrogé la disposition de l'art. 51 L. 22 frimaire an 7. »

**14194. Registre des protêts.** — Les registres des protêts ne sont pas soumis au visa trimestriel des receveurs; l'art. 176 C. com. ne dispense point les officiers publics de porter les protêts sur le répertoire destiné aux actes de leur ministère (420 I. G.).

**14195. Greffiers. — Double répertoire.** — On a vu au n° 14153-1 que les greffiers sont dans l'obligation de tenir deux répertoires; mais ils n'encourent qu'une seule amende pour le défaut de présentation au visa du receveur des *deux* répertoires qu'ils doivent tenir; parce que la loi ne s'explique pas sur ce point, et que les peines ne peuvent être étendues (D. m. f. 25 mai 1827, 8768 J. E.).

**14196. Forme de l'enregistrement du visa.** — Le visa apposé sur les répertoires doit être constaté par un enregistrement dans une case particulière, savoir : sur le registre des actes civils, pour les répertoires des fonctionnaires administratifs et des notaires; sur le registre des actes judiciaires, pour ceux des greffiers; et sur le registre des exploits, pour les huissiers. L'enregistrement doit indiquer le nombre des actes passés, reçus ou faits depuis le dernier visa, les omissions, doubles emplois, renvois, intercalations et ratures, ainsi que la date des procès-verbaux, s'il en a été rapporté; les mêmes mentions sont faites dans le visa qui est apposé au bas du dernier article du répertoire, avec indication du folio et du numéro de la case de l'enregistrement (318 I. G.).

On ne peut consigner sur le répertoire aucune observation relative aux contraventions que la vérification a pu faire découvrir (1537 I. G., D. N. t. 1er p. 365 n° 502).

**14197. Poursuites contre les retardataires.** — Les receveurs doivent, dans le cours de chaque année, à l'époque du 11 des mois de janvier, avril, juillet et octobre, décerner contrainte contre ceux des officiers publics de leur arrondissement qui ne leur ont pas présenté le répertoire des actes qu'ils ont reçus pendant le trimestre précédent, et faire payer les amendes encourues. Pour assurer cette mesure, chacun des receveurs de l'enregistrement, avant d'arrêter son registre de recette, doit enregistrer dans une ou plusieurs des cases qui précèdent celle où il met son arrêté, les noms des officiers publics qui ont satisfait à l'art. 51 L. 22 frimaire an 7, et de ceux qui y ont contrevenu, avec mention des contraintes contre ces derniers (Circ. 1617).

**14198. Temps requis pour viser les répertoires.** — Un receveur peut-il retenir le répertoire d'un officier public soumis à son visa? La réponse à cette question se trouve dans l'art. 49 L. 22 frimaire an 7. D'après cet article, les officiers publics doivent inscrire jour par jour leurs actes sur le répertoire, sous peine d'amende (V. 14120). Or, il est clair qu'un officier public ne pourrait satisfaire à cette obligation, qui est impérieuse, si le répertoire qu'il soumet au visa du receveur ne lui était pas rendu le jour même de sa présentation.

Au surplus, c'est dans cet ordre d'idées qu'a été rendu un arrêt de Cass. 5 février 1812 (3845 J. E.), duquel il résulte que le notaire doit inscrire ses actes au répertoire jour par jour, sauf à laisser en blanc la case destinée à la mention de l'enregistrement, jusqu'à l'accomplissement de cette formalité :

« Attendu qu'il résulte évidemment de l'art. 49 L. 22 frimaire an 7 que l'objet principal du législateur, celui auquel il attache la plus grande importance, est l'obligation d'inscrire jour par jour tous les actes que les notaires reçoivent; que c'est pour assurer l'exécution de cette obligation imposée aux notaires, qu'il attache une peine à chaque omission, sans admettre aucune excuse pour se garantir de l'amende prononcée. »

## CHAPITRE VI. — COMMUNICATION DES RÉPERTOIRES

[14199-14202]

**14199. Communication à toute réquisition.** — Indépendamment de la présentation ordonnée pour le *visa*, les notaires, huissiers, greffiers et secrétaires sont tenus de communiquer leurs répertoires, à toute réquisition, aux préposés de l'enregistrement qui se présenteront chez eux pour les vérifier, à peine d'une amende de 50 francs (10 fr.) en cas de refus. Le préposé, dans ce cas, doit requérir l'assistance du maire ou de l'adjoint pour dresser en sa présence procès-verbal du refus qui lui aura été fait (art. 52 L. 22 frim. an 7).

**14200. Compagnies d'assurances et assureurs particuliers.** — Les art. 35, 44 et 45 L. 5 juin 1850 ayant déclaré que les répertoires des compagnies d'assurances terrestres et maritimes, et des assureurs particuliers seraient soumis au visa des préposés de l'enregistrement, selon le mode indiqué par la loi du 22 frimaire an 7, il faut conclure de là que ces répertoires doivent être communiqués à toute réquisition, et cela avec d'autant plus de raison que les préposés peuvent exiger, à toute réquisition, la communication des polices d'assurances. — V. 2354, 2356.

**14201. Clerc.** — Par une délibération du 1er mai 1829 (9314 J. E.), l'Administration avait décidé que le refus fait par un clerc d'un officier public, en l'absence de celui-ci, de communiquer le répertoire à un vérificateur de l'enregistrement, constitue une infraction à l'art. 52 L. de frimaire, passible d'une amende de 10 francs, et que ce refus est valablement constaté par un procès-verbal qui mentionne que le maire et l'adjoint, requis d'assister le préposé, ont déclaré en être empêchés.

Mais le contraire a été jugé par la Cour de cassation, dont nous avons rappelé l'arrêt sous le n° 4512.

**14202. Testaments.** — Les préposés sont autorisés à faire, sur les répertoires des notaires, la vérification et la recherche des testaments clos qui y sont inscrits; mais ont-ils le droit de provoquer l'ouverture de ces actes? C'est une question dont la solution se trouve au mot *Testament*.

## CHAPITRE VII. — DÉPOT DU DOUBLE DES RÉPERTOIRES

[14203-14214]

**14203. Notaires.** — A compter du 1er janvier 1793, les notaires publics ont été tenus de déposer, dans les deux premiers mois de chaque année, au greffe du tribunal de leur immatriculation, un double par eux certifié, du répertoire des actes qu'ils ont reçus dans le cours de l'année précédente, à peine d'une amende de 100 francs pour chaque mois de retard (L. 29 sept.-6 oct. 1791, tit. 3 art. 16, Circ. 1304, L. 16 flor. an 4 art. 1er, Circ. 1617).

Le procureur de la République près le tribunal civil de chaque département demeure chargé, sous sa responsabilité, de poursuivre les notaires en retard; il les fait condamner à l'amende déterminée par la loi précitée, et cette amende est recouvrée par le receveur des domaines de la résidence du notaire qui l'aura encourue (L. 16 flor. an 4, art. 2).

Le silence de la loi du 25 ventôse an 11 ne les dispense pas de cette obligation (Circ. 22 niv. an 12, 318 I. G.; — Cass. 24 avr. 1809, 3237 J. E.). — V. 14193.

**14204. Réduction de l'amende.** — L'art. 10 de cette dernière loi ayant réduit l'amende à 10 francs, quelle que soit la durée du retard que l'on met à déposer le double du répertoire d'une année, les décisions qui avaient été rendues sur le mode de calculer le retard sont devenues sans objet.

**14205. Divers.** — 1. COMMISSAIRE-PRISEUR. — Les commissaires-priseurs sont tenus de déposer la copie de leur répertoire au greffe du tribunal de première instance dans les deux premiers mois de l'année, à peine de 10 francs d'amende, attendu que l'art. 11 L. 16 juin 1824 a rendu commune aux commissaires-priseurs l'obligation imposée aux notaires de faire ce dépôt (Cass. 7 fév. 1843, 13224 J.E., 11686 J.N., S. 43-1-254).

2. COURTIERS DE COMMERCE. — Il en était de même des courtiers de commerce qui sont rangés dans la même catégorie que les commissaires-priseurs par la loi du 16 juin 1824.

3. HUISSIERS. — Mais les huissiers ne sont pas tenus de déposer aux greffes des tribunaux civils leurs procès-verbaux de ventes mobilières, ni les doubles de leurs répertoires (D. m. f. et j. 11 et 19 oct. 1813, 4795 J.E.).

**14206. Expiration du délai.** — La contravention résultant du défaut de dépôt du double des répertoires des notaires, dans les deux premiers mois de chaque année, existe dès le 1er mars; l'amende est encourue ce jour-là (et, avant la loi du 16 juin 1824, devait être augmentée de pareille somme pour chaque mois de retard ultérieur) (Cass. 6 juin 1809, 3952 J.E., S. 10-1-257, 453 I. G.; — 31 janv. 1816, 5437 J.E.; — 30 juill. 1816, 5573 J.E., S. 17-1-31; — 10 mai 1819, 6447 J.E.; — 4 juill. 1820, 7007 J.E.; — 15 mai 1822, 484 Roll., 289, 1889, 3064 et 3287 J.N.; — Orléans 26 mai 1858, 16425 J.N., D. N. t. 11 p. 185 n°191. — V. aussi arg. de Cass. 1er déc. 1830).

« Vu, porte l'arrêt du 15 mai 1822, l'art. 16 tit. 3 L. 6 octobre 1791; considérant que le jugement attaqué reconnaît qu'il résulte de la disposition de l'article ci-dessus qu'aussitôt que les deux premiers mois sont expirés sans que le dépôt ait eu lieu, c'est-à-dire dès les premiers jours du troisième mois, une amende de 100 francs est encourue pour le fait d'omission du dépôt dans les deux premiers mois; que cet aveu devait nécessairement conduire à reconnaître aussi qu'aussitôt que le troisième mois était écoulé sans que le dépôt eût été effectué, un nouveau retard avait eu lieu, et une seconde amende était encourue faute d'avoir fait le dépôt dans le troisième mois; qu'aucune disposition dans la loi n'autorise à adopter, pour les amendes subséquentes, une base différente de celle qui a été fixée pour la première; qu'étant réglée par mois et non par jour, elle est due dès le premier jour qui suit l'expiration de chaque délai, comme pour tout le mois; que cette interprétation devait ici souffrir d'autant moins de difficulté, que le tribunal avait sous yeux la preuve que le dépôt, ordonné dès les deux premiers mois de l'année, à peine de 100 francs d'amende pour chaque mois de retard, n'avait eu lieu effectivement que le 30 avril, c'est-à-dire le dernier jour du quatrième mois. »

Un notaire n'est point dispensé de l'amende parce qu'il aurait remis ce double à la poste de son domicile dans les délais (Cass. 6 juin 1809, 453 I.G., 259 J.N., S. 10-1-257).

« Vu, porte l'arrêt, l'art. 16 tit. 3 L. 6 octobre 1791 et l'art. 59 L. frimaire an 7; attendu que c'est dans le cours des deux premiers mois que les notaires sont tenus d'effectuer le dépôt ordonné; que, ce délai étant expiré, l'amende est encourue par le seul fait du retard; qu'étant réglée par mois, et non par jour, elle est due le premier jour qui suit l'expiration du mois, comme pour tout le mois; attendu à l'égard du notaire Clapier, que c'était au greffe du tribunal indiqué, et non ailleurs, que la remise du double du répertoire aurait dû être effectuée dans le délai voulu; attendu qu'il n'est permis aux juges ni à la Régie d'accorder de remise ou modération d'aucun des droits d'enregistrement et des peines encourues, ni même d'en suspendre ou faire suspendre le recouvrement. »

1. JOUR FÉRIÉ. — Quand le dernier jour des deux mois est un jour férié, il compte dans le délai. Le législateur n'a point accordé un nombre de jours déterminé, mais deux mois c'est-à-dire un espace de temps comprenant les jours fériés dont il ne pourrait être tenu compte au déposant sans excéder le délai reparti. — Dans les cas d'ailleurs où le législateur a voulu que les jours fériés ne fussent pas comptés, il l'a dit formellement; ce qui n'a pas été fait en l'espèce (C. Orléans 26 mai 1858, 16833 J. E., 16425 J. N., 1084 R. P.).

**14207. Absence d'actes.** — Un officier public n'est pas tenu de déposer un certificat négatif pour tenir lieu du double du répertoire, lorsqu'il n'a reçu aucun acte dans le cours d'une année (D. m. j. et f. 2-14 juill. 1812, 4399 J. E., 986 J. N., Roy n° 650).

**14208. Certificat de dépôt.** — Le certificat du greffier, qui constate le dépôt fait par le fonctionnaire du double de son répertoire, justifie de l'exactitude à déposer quoique la mention de ce dépôt n'existe point sur le registre à ce destiné, attendu que la tenue d'un tel registre n'est ordonnée par aucune loi (Cass. 11 janv. 1816, S. t. 16 p. 366, 1895 J.N., D. N t. 11 p. 185 n° 193).

**14209. Notaire remplacé.** — Suivant une D. m. f. du 12 novembre 1817, le dépôt doit être fait par le successeur, par le motif que le démissionnaire, ayant remis à son successeur ses minutes et son répertoire, n'exerçait plus les fonctions de notaire et n'avait plus aucune espèce de qualité pour effectuer le dépôt. Mais la Cour de cassation n'a pas partagé cet avis; elle a décidé, le 7 décembre 1820 (7062 J.E., 3887 J. N., S. 21-1-343), qu'un notaire n'est pas tenu sous peine d'amende, de déposer le double du répertoire de son prédécesseur, si celui-ci n'a pas rempli cette formalité, parce qu'aucune loi n'a rendu le notaire successeur responsable de l'omission de son prédécesseur.

« Attendu, porte l'arrêt du 7 décembre 1820, que toute amende présuppose un délit ou quasi-délit, dont l'auteur est seul passible, sauf le cas de responsabilité légale; attendu que les lois des 29 septembre 1791 et 16 floréal an 4 ont imposé aux notaires l'obligation de déposer le double du répertoire des actes par eux reçus, sous peine d'amende pour omission ou retard; qu'aucune disposition de ces lois n'a rendu le notaire successeur responsable de l'omission ou retard, pour répertoire d'actes qu'il n'a pas reçus; qu'aucune autre loi n'établit cette responsabilité. »

Un jugement du tribunal de Brives du 8 avril 1862 a également reconnu : « que le dépôt prescrit aux notaires n'a été exigé que pour les répertoires des actes par eux reçus et non pour celui des actes reçus par leurs prédécesseurs » (S. 1863-1-435).

**14210. Acte de dépôt.** — Le dépôt au greffe du double des répertoires doit être constaté par un acte (D. m. j. 27 juin 1808, 390 § 12 I. G.). — Le greffier rédige autant d'actes distincts qu'il y a de notaires déposants (D. m. f. 24 mai et 27 juin 1808, 400 et 563 J. N., 390 § 12 I. G.) ; mais ceux-ci ne peuvent être astreints à lever l'expédition de ces actes (D. m. f. 20 mars 1810, 3777 J. E., 563 J. N., D. m. j. et f. 24 et 30 juin 1812, 590 I. G.).

Les actes de dépôts des répertoires des notaires (D. m. j. et f. 24 et 30 juin 1812, 590 I. G.) et des commissaires-priseurs (Dél. 15 avr. 1817, 5739 J. E.), sont exempts de l'enregistrement, mais sont assujettis au timbre et au droit de greffe de rédaction.

**14211. Timbre.** — Le double des répertoires à déposer chaque année au greffe du tribunal de première instance doit être en papier timbré (Circ. 1401, Roy n° 647).

**14212. Décharge d'amende. — Pourvoi.** — C'est au ministère public qu'il appartient de se pourvoir contre un jugement qui décharge un officier public de l'amende encourue (Cass. 12 juin 1811, 4023 J. E.).

**14213. Prescription.** — L'action pour faire condamner à l'amende sur le dépôt du double des répertoires se prescrit par deux ans, à partir du jour où la contravention a été commise. — V. *Prescription*.

**14214. Obligation du receveur.** — Le receveur près le tribunal civil doit, sous sa responsabilité, s'assurer, le 1er mars de chaque année du dépôt du double des répertoires, et constater par procès-verbal (qu'il remet au procureur de la République chargé de poursuivre (384 I. G.) les contraventions à cette disposition. Les employés supérieurs doivent sous les mêmes peines, vérifier si le receveur a rempli ses obligations à cet égard, et en rendre compte (318 et 453 I. G.).

# REPRÉSENTATION.

DIVISION



## CHAPITRE PREMIER. — DISPOSITIONS GÉNÉRALES

[14215-14222]

**14215. Définition.** — « La représentation, porte l'art. 739 C. C., est une fiction de la loi, dont l'effet est de faire entrer le représentant dans la place, dans le degré et dans les droits du représenté. »

**14216. Effets du droit de représentation.** — L'ordre dans lequel les parents du défunt sont appelés à lui succéder *ab intestat* est déterminé, dans chaque ligne, par la proximité de leurs degrés de parenté avec le défunt, en sorte que le parent qui se trouve au degré le plus propre dans sa ligne, exclut tous les autres parents de la même ligne, qui sont à des degrés plus éloignés.

Le droit de représentation apporte quelques modifications à ce principe, sans cependant contrarier le vœu de la nature, ni violer l'intention du législateur. Ainsi, lorsqu'un homme est décédé avant l'ouverture d'une succession à laquelle il aurait été appelé comme le parent le plus proche, s'il eut survécu, la loi suppose qu'il existe dans ses enfants au moment où la succession s'ouvre; et, en conséquence, elle admet ses enfants à le représenter dans cette succession; elle les met à sa place, et leur confère ainsi tous les droits qu'il aurait, s'il vivait encore. Cette fiction de la loi a donc pour objet de faire succéder les enfants, comme aurait succédé leur père ou leur mère, quoiqu'ils se trouvent personnellement à un degré plus éloigné que d'autres parents qui existent au moment de l'ouverture de la succession (Chabot sur l'art. 739 n° 2).

**14217. Justification du droit de représentation.** — Les motifs qui ont fait adopter le droit de représentation sont les mêmes que ceux qui ont fait adopter la règle sur la proximité des degrés; ce droit est égalemen établi sur l'ordre naturel des affections du défunt, parce qu'on doit présumer que le défunt avait reporté sur les enfants, après la mort du père, toute l'affection qu'il avait pour le père lui-même, et qu'en conséquence il est dans sa volonté que les enfants lui succèdent, comme le père lui aurait succédé s'il eût survécu (Chabot *Idem*, Demolombe t. 13 nº 385).

**14218. Concours du représentant avec des parents d'un degré égal à celui du représenté.** — La représentation ayant pour effet, aux termes de l'art. 739, de faire entrer les représentants dans la place et le degré du représenté, il en résulte que le représentant a le droit, comme l'aurait eu le représenté lui-même, de concourir avec d'autres parents d'un degré égal à celui du représenté. Exemple :

**PAUL**

**Joseph** — **Pierre** décédé
| **Jacques**

Paul a deux enfants, Joseph et Pierre ; sa succession doit se partager entre eux en deux parts égales. Mais si nous supposons que Pierre soit décédé avant son père, il arriverait, si l'on ne consultait que la proximité de la parenté, que Joseph, qui est au premier degré, recueillerait toute la succession, au détriment de Jacques qui, étant fils de Pierre, n'est qu'au second degré. Mais la représentation faisant monter Jacques au degré de Pierre, le mettant à sa place, il en résulte qu'il concourt avec Joseph, comme l'aurait fait Pierre, s'il eût vécu. La succession se divise donc par moitié entre Joseph et Jacques.

**14219. Exclusion d'un parent plus proche par un parent plus éloigné.** — La représentation peut encore produire l'effet de faire exclure, par le représenté, des parents d'un degré plus rapproché que lui.

**PAUL**

**Joseph** — **Pierre** décédé
**Louis** décédé — **Jacques** décédé
| **Émile** décédé
| **Henri**

Louis, fils de Pierre, est décédé ne laissant d'autres parents que Joseph, son oncle, et Henri, son petit-cousin.

L'art. 734 C. C. voulant qu'en succession collatérale la portion déférée à la ligne paternelle ou maternelle appartienne au parent le plus proche de cette ligne, il en résulterait, qu'en règle générale, Joseph devrait exclure Henri de la succession de Louis, car Joseph est parent au troisième degré, tandis que Henri n'est qu'au quatrième degré. Cependant, c'est le contraire qui arrivera, au moyen de la représentation. En effet, en représentant Emile qui représentait lui-même Jacques, Henri se trouve monter au même degré que Jacques, qui était le frère de Louis, c'est-à-dire parent au second degré, qui exclut le troisième degré où reste placé Joseph.

**14220. La représentation est immédiate.** — Le représentant doit trouver vacants tous les degrés intermédiaires qui l'éloignaient du *de cujus*; il faut qu'il puisse les occuper tous successivement. La représentation ne fait point de saut, *non per saltum*, selon l'expression de Lebrun (*Successions* liv. 1er ch. 2 t. 12). Le fils représente le père, le père représente l'aïeul, l'aïeul représente le bisaïeul; mais la représentation ne peut aller directement du petit-fils à l'aïeul, sans passer par le degré du père.

Ainsi, comme le fils représente son père, et que, par la même raison, le père représente l'aïeul, il en résulte que l'arrière-petit-fils arrive, par cette double représentation, à la succession de son bisaïeul. Mais il faut, pour cela, que le père ou l'aïeul puissent être l'un et l'autre légalement représentés.

1. RÈGLE. — « Lorsqu'on veut savoir, dit Demolombe, si une personne prédécédée peut être représentée, il faut supposer qu'elle est encore vivante au moment du décès et se demander ce qui serait arrivé. Si le prédécédé n'aurait pas dû être appelé du tout à la succession, il ne pourra être représenté, car il y a un vice absolu. Si, au contraire, le prédécédé aurait dû être appelé à la succession, s'il y aurait eu pour lui un degré, une place à remplir, il pourra être représenté, lors même qu'il aurait pu être personnellement exclu de la succession ; c'est le cas du vice relatif » (t. 13 nº 410).

2. ON NE REPRÉSENTE PAS UNE PERSONNE VIVANTE. — Aux termes de l'art. 744 C. C., on ne représente pas une personne vivante.

**PAUL**

**Joseph** — **François** qui a renoncé — **Pierre** décédé
**Henri** décédé (fils de François) — **Jacques** indigne de succéder à Paul (fils de Pierre)
**Jules** (fils d'Henri) — **Émile** (fils de Jacques)

Paul ayant une famille descendante composée comme ci-dessus, meurt après Pierre, un de ses fils, et Henri, un de ses petits-fils. Les héritiers présomptifs qui, dans l'ordre de la loi, se présentent *directement* à sa succession sont donc Joseph et François, ses fils, et Jacques, son second petit-fils. Cependant, François renonce et Jacques est déclaré indigne, comment diviser sa succession ?

D'une part, Jules représente Henri, mais comme la représentation doit être immédiate, Henri ne peut arriver à Paul qu'en représentant François ; or, celui-ci ayant renoncé, ne peut être représenté ; d'autre part, Émile ne pouvant représenter Jacques, son père, déclaré indigne, ne peut arriver à représenter Pierre son aïeul. Jules et Émile se trouvant incapables d'arriver à la succession de Paul par la représentation, restent chacun héritier au troisième degré, en cet état ils se trouvent dominés par Joseph, leur grand oncle qui, étant héritier au premier degré, les exclut.

3. ÉTRANGER. — On ne pourrait représenter le Français qui, sans autorisation, se serait fait naturaliser en pays étranger, car d'après le décret du 26 août 1811, ce Français n'est pas mort civilement, et il occupe toujours dans sa famille sa place et son degré. La règle qu'on ne représente pas une personne vivante reçoit donc son application (Demolombe t. 13 n° 403). S'il était décédé, la représentation deviendrait possible, parce que l'extranéité du défunt ne constitue qu'un vice relatif (*Id.* n° 415, Demante t. 3 n° 47 *bis*).

4. ABSENT. — Mais, au contraire, la personne qui serait absente ou même simplement présumée absente au moment de l'ouverture de la succession pourrait être représentée. C'est, en effet, à celui qui veut s'opposer à ce que l'enfant d'une personne qui a disparu sans nouvelles, représente son auteur à prouver que cet auteur existait à l'ouverture de la succession (Demolombe t. 2 n° 208 et 209 et t. 13 n° 405; — Demante t. 3 n° 50 *bis;* — Ducaurroy t. 2 n° 470).

**14221. La représentation ne peut émaner de la volonté.** — Ce n'est pas des mains du représenté, mais de la loi seule, que le représentant peut tenir son droit. Ce principe se trouve implicitement écrit dans l'art. 744 C.C. qui dispose qu'on peut représenter celui à la succession duquel on a renoncé. Si c'était en effet du représenté que l'on pût tenir le droit de représentation, il faudrait évidemment recueillir sa succession, pour user du bénéfice qu'il vous aurait légué (Demolombe t. 13 n°s 394, 395).

On peut aussi, par conséquent, représenter celui lors du décès duquel on n'était pas encore conçu (Demolombe t. 13 n° 396); — où celui de la succession duquel on aurait été exclu comme indigne (Demante t. 3 n° 51 *bis;* Marcadé art. 730 n° 3; Demolombe n° 398).

**14222. Partage par souche.** — L'art. 743 ordonne le partage par souche, dans tous les cas où la représentation est admise. Si une même souche a produit plusieurs branches, la subdivision se fait aussi par souche dans chaque branche, et les membres de la même branche partagent entre eux par tête.

## CHAPITRE II. — REPRÉSENTATION EN LIGNE DIRECTE DESCENDANTE

[14223-14226]

**14223. La représentation est indéfinie en ligne directe descendante.** — Aux termes de l'art. 740 C.C., « la représentation a lieu à l'infini dans la ligne directe descendante. » Elle est admise dans tous les cas, soit que les enfants du défunt concourent avec les descendants d'un enfant prédécédé, soit que tous les enfants du défunt étant morts avant lui, les descendants desdits enfants se trouvent entre eux en degrés égaux ou inégaux. »

C'est ce que des exemples vont rendre tout à fait sensible :

**14224. Enfants prédécédés et enfants survivants.** — Si le défunt a eu plusieurs enfants, dont les uns lui ont survécu, et les autres qui sont morts avant lui ont laissé des descendants, la représentation aura lieu pour sa succession, de telle sorte que les neveux et nièces concourent avec leurs oncles et tantes, les petits-neveux et petites-nièces avec leurs grands-oncles et leurs grand'tantes, et ainsi de suite.

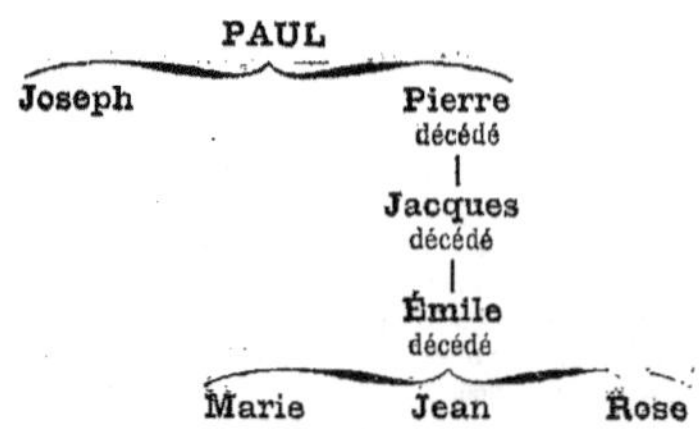


Si Jacques eût survécu à Paul, il concourrait avec Joseph, son oncle; il en eût été de même d'Émile; mais Pierre, Jacques et Émile étant décédés avant Paul, la représentation, dans la succession de celui-ci a lieu en faveur de Marie, Jean et Rose qui, s'étant élevés au même degré que Pierre, par la représentation successive d'Émile et de Jacques, viennent prendre, à eux trois, une moitié de la succession de Paul, concurremment avec Joseph qui, à lui seul, prend l'autre moitié.

**14225. Enfants prédécédés.** — Supposons que tous les enfants du défunt sont morts avant lui, l'inégalité du degré sera sans influence sur les descendants, ils monteront tous au même degré pour venir, par souche, prendre une part égale de la succession.

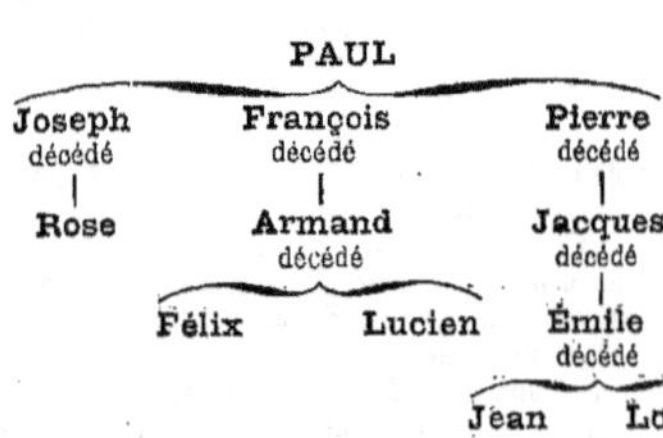


Dans cet exemple, la succession de Paul se divise en trois portions sur les trois têtes de Joseph, François et Pierre : *un*

*tiers* appartiendra à Rose, petite-fille, représentant Joseph, premier des enfants; *un tiers* reviendra à Félix et à Lucien, arrière-petits-enfants, qui représenteront Armand petit-fils, représentant lui-même François, second enfant; enfin, dans cet ordre d'idées, le *troisième tiers* sera recueilli par Jean et Louis, enfants d'un arrière-petit-fils, qui, par représentation successive, viendront prendre la place de Pierre, troisième enfant.

**14226. Adoption.** — Les enfants de l'adopté décédé succèdent-ils par représentation à l'adoptant?

C'est une question qui a été résolue par l'affirmative sous le n° 1827.

## CHAPITRE III. — REPRÉSENTATION EN LIGNE ASCENDANTE

[14227-14228]

**14227. La représentation n'a pas lieu en faveur des ascendants.** — On représente pour monter, jamais pour descendre. « La représentation n'a pas lieu en faveur des ascendants, porte l'art. 741 du C. C.; le plus proche, dans chacune des deux lignes, exclut toujours le plus éloigné. » Ce principe, fort ancien, est fondé sur la nature des choses, car la représentation n'est que le partage par famille; or, les familles sont des individus issus du même père, du dernier auteur commun : *Appellatur familia plurium personarum quæ ab ejusdem ultimi genitoris sanguine proficiscuntur* (L. 195 § 4 ff. *de verbi seq.*). L'ascendant le plus proche, *ultimus*, étant toujours le chef de la famille descendante, l'ascendant supérieur n'en fait point partie, et ne peut réclamer le partage par famille, tandis qu'il existe un chef de la famille descendante. De là, il suit que, s'il existe plusieurs ascendants en degrés inégaux, le plus proche exclut tous les autres

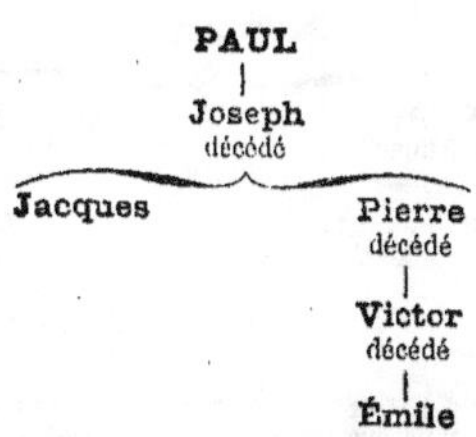


Jacques a survécu à Joseph, son père, et les seuls parents qu'il laisse sont Paul, son aïeul, et Émile, son petit-neveu. Si Joseph eût survécu à Jacques, il aurait recueilli dans sa succession, aux termes des art. 749 et 751 C. C., le quart de sa succession, et Émile n'aurait eu que les trois quarts; mais comme Joseph est mort et que Paul ne peut le représenter dans la succession de Jacques, la succession de ce dernier est entièrement recueillie par Émile, en vertu de l'art. 750 C. C., qui n'admet que les père et mère à concourir avec les frères et sœurs ou leurs descendants.

**14228. Division de la succession par ligne.** — La *Novelle* 118 n'admettait pas non plus la représentation en ligne ascendante; mais elle donnait toute la succession à l'ascendant le plus proche.

Le Code civil, au contraire, veut (art. 733) que toute succession échue à des ascendants se divise en deux parts égales, l'une pour les parents de la ligne paternelle, l'autre pour les parents de la ligne maternelle. De là, résulte que l'art. 741 ne dit pas en termes généraux que l'ascendant le plus proche exclut le plus éloigné; mais il dit que le plus proche, dans chacune des deux lignes, exclut le plus éloigné, *dans chacune des deux lignes.*

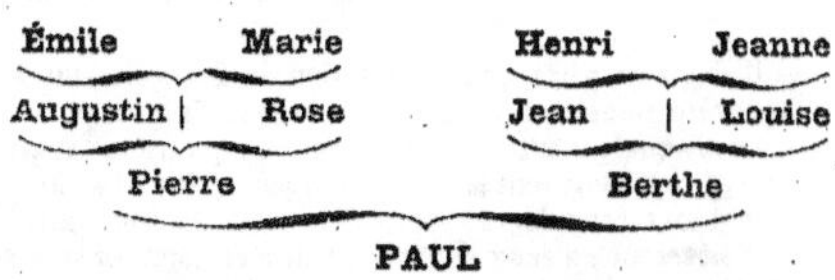


Supposons Paul décédé sans postérité, sans frères, ni sœurs, ni descendants d'eux; si Pierre et Berthe, ses père et mère, lui ont survécu, ils prendront chacun une moitié de la succession à l'exclusion de tous autres. Si Berthe est décédée avant Paul, Pierre prendra la moitié de la succession et l'autre moitié se divisera entre les premiers aïeuls venant au même degré dans la ligne maternelle, qui sont Jean et Louise. Si Berthe et Louise sont décédées avant Paul, Pierre prendra toujours toute la moitié revenant à la ligne paternelle et Jean recueillera l'autre moitié revenant à la ligne maternelle, à l'exclusion de Henri et de Jeanne.

## CHAPITRE IV. — REPRÉSENTATION EN LIGNE COLLATÉRALE

[14229-14235]

**14229. Représentation en ligne collatérale.** — « En ligne collatérale, porte l'art. 742, la représentation est admise en faveur des enfants et descendants de frères ou sœurs du défunt, soit qu'ils viennent à sa succession concurremment avec des oncles et tantes, soit que, tous les frères et sœurs du défunt étant prédécédés, la succession se trouve dévolue à leurs descendants en degrés égaux ou inégaux. »

Cet article prévoit deux cas seulement de représentation : le concours de neveux avec leurs oncles, le concours entre neveux à degrés égaux ou inégaux, lorsque tous les frères et sœurs du défunt sont prédécédés, mais la disposition n'en est pas moins générale. Voici les cas qui peuvent se présenter.

**14230. Frères ou sœurs vivants et descendants de frères ou sœurs prédécédés.** — Si le défunt a eu plusieurs frères ou sœurs, dont les uns lui ont survécu et les autres, prédécédés, ont laissé des descendants, ce sera par le bénéfice de la représentation que les descendants des frères ou sœurs prédécédés viendront prendre part à la succession, concurremment à leurs oncles ou tantes.

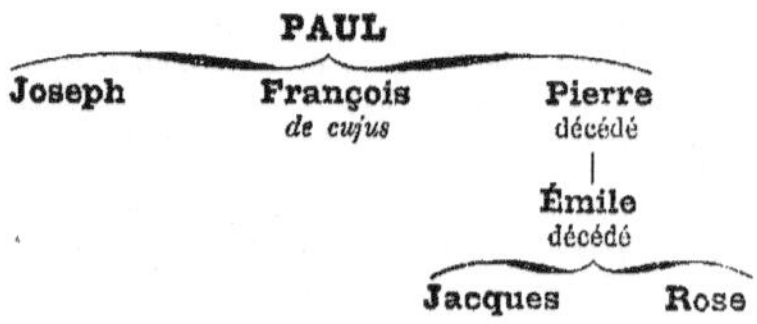


Il s'agit de partager la succession de François, qui laisse son frère Joseph et deux petits-neveux, Jacques et Rose. Ceux-ci, quoique n'étant que parents au quatrième degré de François, partageront sa succession par moitié avec Joseph, parent au second degré; car, par l'effet de la représentation, ils s'élèveront au rang de Pierre, leur aïeul, qui est au même degré que Joseph.

**14231. Frères ou sœurs décédés. — Neveux à degrés inégaux.** — Lorsque tous les frères ou sœurs du défunt sont décédés avant lui, les descendants de ceux-ci sont tous appelés à lui succéder, quoiqu'ils se trouvent à des degrés inégaux.

Ils viennent tous succéder suivant les principes de la représentation.

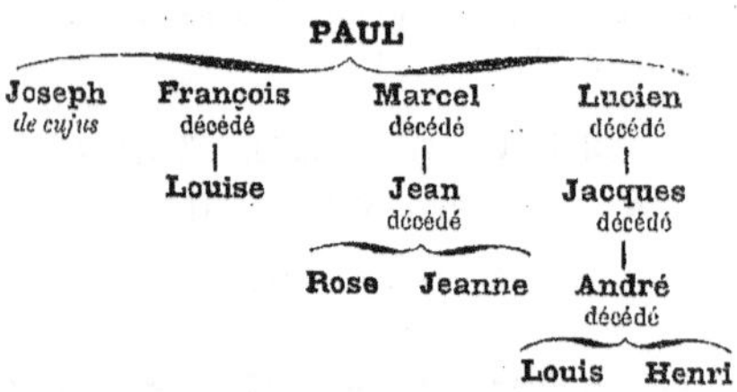


Joseph étant décédé après ses trois frères, François, Marcel et Lucien, sa succession se divisera en trois parts : l'une appartiendra à Louise, sa nièce, qui représente François; l'autre reviendra à Rose et Jeanne, ses petites-nièces qui, par l'intermédiaire de Jean, leur père, représentent Marcel; enfin, la dernière part sera recueillie par Louis et Henri, ses arrière-petits-neveux, venant prendre la place de Lucien.

C'est ainsi que par la fiction de la représentation, des neveux, des petits-neveux et des arrière-petits-neveux, c'est-à-dire des parents au troisième, au quatrième et au cinquième degré, montent tous au rang de leurs auteurs respectifs, qui tous se trouvaient parents au deuxième degré du défunt.

**14232. Descendants de frères et sœurs se trouvant à degrés égaux.** — Le droit romain voulait que tous les parents qui se trouvent personnellement à un degré égal eussent le droit de succéder de leur chef et par tête, et la jurisprudence avait fait passer cette disposition dans les pays de droit coutumier; mais, d'après le Code civil, la representation doit avoir lieu entre tous les parents à degrés égaux, sans cela il n'y aurait plus égalité entre les diverses branche des descendants.

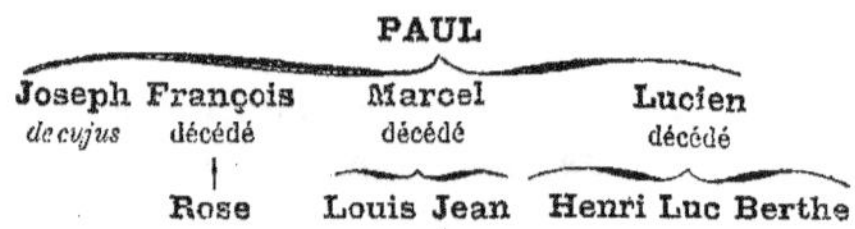


Rose, Louis, Jean, Henri, Luc et Berthe sont tous parents au même degré de Joseph, dont ils ont à partager la succession. Cependant ils prendront une part inégale dans sa succession. Ainsi, Rose prendra le tiers, qui serait revenu à son père s'il eût vécu; Louis et Jean se partageront le second tiers, par représentation de leur père; enfin, Henri, Luc et Berthe n'auront à eux trois que le dernier tiers revenant à leur père.

**14233. Frères et sœurs germains et consanguins.** — L'effet de la représentation admise par l'art. 742 s'applique aux descendants des frères utérins ou consanguins, comme aux descendants des frères germains. sauf à partager d'après l'art. 733 C. C., c'est-à-dire que les consanguins et utérins ne prennent part que dans une ligne, tandis que les germains prennent part dans les deux lignes.

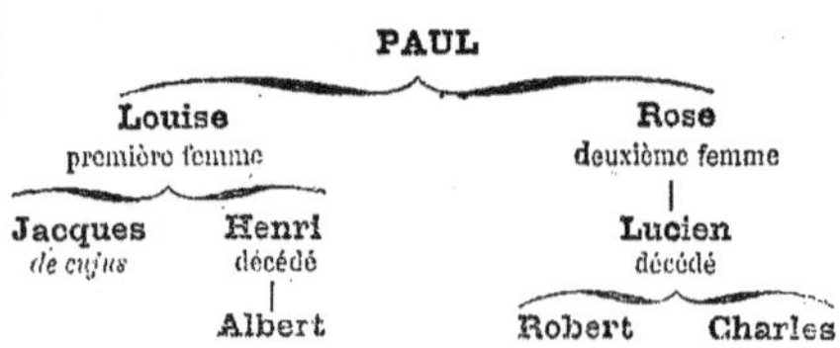


Il s'agit de partager la succession de Jacques, mort sans postérité et sans ascendants; il laisse un neveu germain et deux neveux consanguins. Albert représentant Henri, son père, prend la moitié de la succession, comme seul parent d'Albert dans la ligne maternelle; il prend encore moitié de la moitié revenant à la ligne paternelle, comme représentant Henri, son père, frère germain du défunt; Robert et Charles prennent ensemble l'autre moitié de cette seconde moitié, comme représentant Lucien, leur père, frère consanguin du défunt.

**14234. Les collatéraux autres que les frères et sœurs n'ont pas droit de représentation.** — On a vu que l'art. 742 n'admet pas la représentation en faveur des collatéraux autres que les frères et sœurs.

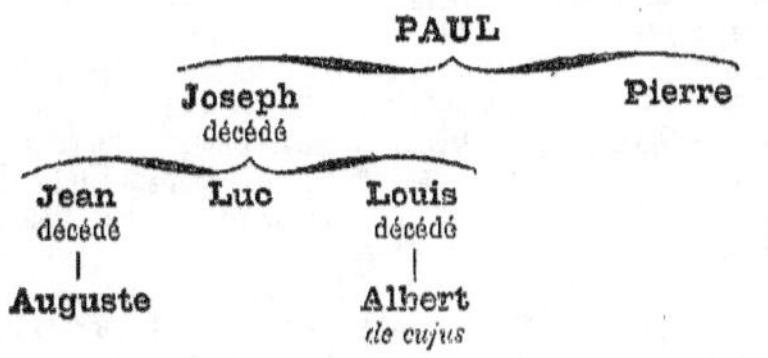


Supposons la succession d'Albert, décédé sans postérité, ni ascendants, ni frères, ni sœurs, ni descendants de frères ou de sœurs. La succession se divisera en deux portions égales, l'une pour la ligne paternelle, l'autre pour la ligne maternelle. Dans cette dernière ligne, lui ont survécu Pierre, son grand-oncle, Luc son oncle, et auguste son cousin germain. Aucun de ces trois parents ne se trouvant dans le cas de représentation, puisqu'il n'est pas frère ou descendant d'un frère ou d'une sœur d'Albert, la plus proche doit exclure tous les autres, d'après la règle générale des successions. Luc est au troisième degré, Auguste et Pierre ne sont qu'au quatrième degré.

Luc recueille donc, à l'exclusion d'Auguste et de Pierre, toute la portion revenant à la ligne paternelle.

**14235. Collatéraux exclus par les descendants des frères et sœurs.** — Disons enfin, pour épuiser ce qu'il importe de savoir en matière de représentation en ligne collatérale, qu'un descendant de frère ou sœur qui se trouve parent à un degré quelconque du défunt exclut *tout autre collatéral* qui serait à un degré plus rapproché.

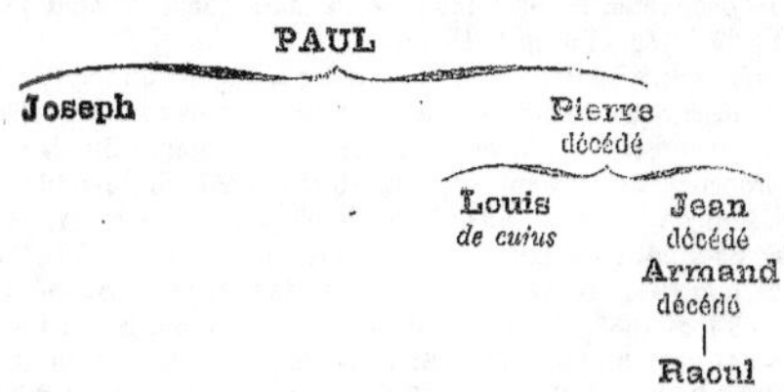


Louis est décédé sans ascendants et sans postérité, il laisse pour tous parents Joseph, son oncle, et Raoul, son petit-neveu. Joseph est parent au troisième degré, tandis que Raoul ne l'est qu'au quatrième, et cependant Raoul exclura Joseph de la succession de Louis ; car, par la fiction de la représentation, il s'élèvera au niveau de Jean, frère de Louis et son parent au *deuxième degré*, tandis que Joseph, n'ayant à sa disposition aucun bénéfice de représentation, ne pourra améliorer son degré de parenté, qui restera toujours *le troisième*.

# REPRISES MATRIMONIALES.

## DIVISION



## SOMMAIRE

**14236. Définition.** — On nomme *reprises matrimoniales* les objets qu'un des époux doit reprendre en nature lors de la dissolution de la communauté, ainsi que les créances qu'il a droit d'exercer soit contre la communauté, soit contre l'autre conjoint.

**14237. Les reprises ont trois objets.** — Les reprises ou prélèvements que chaque époux ou son héritier doit faire sur la masse des biens ont trois objets, d'après l'art. 1470 C. C. : 1° leurs immeubles propres, ce qui comprend les immeubles acquis en remploi de propres aliénés; — 2° les prix non employés mais confondus dans la caisse commune de biens propres aliénés, et aussi tous autres biens meubles qui pourraient être propres; — 3° toutes les créances pouvant exister pour ces époux contre la communauté.

## CHAPITRE PREMIER. — REPRISES EN NATURE

[14238]

**14238. Renvoi.** — L'art. 1470 C. C. dispose que chaque époux reprend en nature ses biens personnels encore existants qui ne sont point entrés en communauté, ou ceux qui ont été acquis en remploi.

Nous avons indiqué avec tous les détails utiles, au mot *Communauté*, les divers biens meubles ou immeubles qui appartiennent personnellement aux époux et doivent leur être restitués en nature lors de la dissolution de la communauté ; nous n'y reviendrons donc pas ici.

## CHAPITRE II. — DES REPRISES EN DENIERS

[14239-14249]

**14239. Nature des reprises.** — On a très-vivement controversé la question de savoir si le droit appartenant aux époux, de prélever sur les biens de la communauté le montant de leurs reprises en deniers, attribuait aux conjoints la copropriété même des valeurs de la masse, ou formait à leur profit une simple créance.

La spécialité de notre ouvrage ne nous permet pas d'entrer ici dans les développements qui seraient nécessaires pour suivre les variations de la jurisprudence au milieu des divers aspects de la difficulté, et dont on trouvera l'indication plus complète au mot *Partage de Communauté* n° 12504 et suiv. Heureusement pour nous, la plupart des questions sont aujourd'hui résolues; et, bien qu'on ne puisse pas les considérer toutes comme également définitives, cependant elles ont actuellement leur autorité et feront la règle tant qu'il ne se sera produit aucun revirement nouveau.

C'est l'état de cette jurisprudence que nous devons exposer.

1. RENONCIATION DE LA FEMME. — Et, d'abord, aucun doute n'existe plus pour le cas de renonciation à la communauté par la femme. Cette renonciation a attribué au mari la propriété exclusive des biens communs, et les droits de la femme se résument en une simple action personnelle essentiellement mobilière. Elle est donc simplement créancière du mari (Amiens 8 mai 1851, S. 51-2-364; — Rennes 17 juin 1853, S. 53-2-529 ; — Paris 13 janv. 1854, S. 54-2-109; — 6 mai 1854, S. 54-2-297; — Rouen 22 juill. 1854, S. 54-2-609 ; — Caen 10 janv. 1855, S. 55-2-273 ; — Nancy 25 janv. 1855, S. 55-2-118 ; — Paris 4 août 1855, S. 55-2-449 ; — Caen 8 déc. 1855, S. 56-2-593 ; — Douai 21 janv. 1856, S. 56-2-261 ; — Amiens 6 mars 1856, S. 56-2-241 ; — Orléans 19 juin 1856, S. 56-2-593 ; — Lyon 25 juill. 1856, *Id.*; — Paris 23 août 1856, *Id.*, 16 déc. 1856, S. 57-2-260 ; — Amiens 3 janv. 1857, *Id.*; — Douai 29 janv. 1857, S. 57-2-260 ; — Cass. ch. réun. 16 janv. 1858, S. 58-1-9 ; — 1er déc. 1858, S. 59-1-113 ; — 15 mars 1859, S. 59-1-193 ; — 23 août 1859, *Id.*; — Metz 10 avr. 1862, S. 62-2-200; — Cass. 15 juill. 1867, S. 68-1-13; — Lyon 12 avr. 1867, S. 68-1-15; — Rodière et Pont t. 1er n° 834, Pont *Rev. crit.* t. 6 p. 398, Valette *le Droit* 25 avr. 1855, Mourlon t. 3 p. 67, Odier t. 2 n° 504, Zachariæ § 511, Bellot nos 3626 et 3627, Delsol t. 3 p. 66, Rouland *Réq. rapporté*, S. 1855-2-449, Massé et Vergé t. 4 § 661 p. 203 note 9).— *V.* en matière fiscale *Partage de communauté*.

2. ACCEPTATION DE LA COMMUNAUTE. — FEMME. — Mais il n'en saurait plus être ainsi en cas d'acceptation de la communauté. Chaque époux ayant un droit égal aux biens qui la composent, on a pensé que la femme recevait, à titre de lotissement et en qualité de copropriétaire, les biens qui représentent le montant des valeurs personnelles tombées dans la masse de son chef pendant le mariage.

Cette conclusion n'a cependant pas été admise à l'égard des créanciers. La Cour de cassation, revenant sur une jurisprudence ancienne, a décidé que dans ses rapports avec les créanciers, la femme n'exerce aucun droit de propriété, que ses reprises lui attribuent un simple droit de créance et lui permettent seulement de venir à la distribution avec eux sans privilége (Cass. ch. réun. 16 janv. 1858; — *suprà* 1er déc. 1858, S. 59-1-113 ; — 15 mars 1859, 23 août 1859, S. 59-1-193 et 6 juill. 1870).

Mais la question est restée entière à l'égard du mari, et ici la jurisprudence présente les solutions les plus contradictoires. Un grand nombre d'arrêts admettent l'existence du droit de propriété de la femme (Cass. 15 fév. 1853, S. 53-1-145 ; — Besançon 20 déc. 1853, S. 54-2-297 ; — Douai 8 avr. 1854, S. 54-2-297 ; — Cass. 11 avr. 1854, S. 54-1-161 ; — Orléans 24 mai 1854, S. 54-2-499 ; — Cass. 2 janv. 1855, S. 55-1-10 ; — 8 mai 1855, S. 55 -1-530 ; — 10 juill. 1855, S. 55-1-530 ; — Angers 30 mai 1855, S. 55-2-749 ; — Metz 12 juin 1855; S. 55-2-321 ; — Bordeaux 27 fév. et 5 mars 1856, S. 56-2-241 ; — 3 juin 1856, S. 56-2-593 ; — Colmar 30 avr. 1857, S. 57-2-260), et on décide, en conséquence, que les biens obtenus par l'exercice de l'action en reprise tombent ou non dans la seconde communauté, selon qu'ils sont meubles ou immeubles (Caen 19 janv. 1832 et 31 déc. 1852 ; — Rouen 10 juill. 1845;— Paris 21 fév. 1846 et 31 mars 1853; — Cass. 28 mars 1849, 8 avr. 1850, S. 41-2-82, 46-2-305, 49-1-353, 50-1-356, 53-2-337, 344;—Bourges 20 avr. 1855, D. 56-2-41 ;—Cass. 30 mai 1850, S. 54-1-386;— 26 fév. 1853, S. 53-1-373;— 2 janv. et 10 juill. 1855; — Metz 10 avr. 1862, S. 62-2-200; — Agen 17 avr. 1868, S. 68-2-4; — Paris 24 juill. 1869, S. 70-1-45).

Mais, en faveur de l'opinion qui ne voit dans l'action en prélèvement que l'exercice d'une simple créance, nous pouvons citer (Bourges 4 déc. 1854, S. 54-2-683 ; — Dijon 3 avr. 1855, S. 55-2-209 ; — Paris 4 août 1855, S. 55-2-449 ; — Douai 14 fév. 1856, S. 56-2-241 ; — Paris 23 fév. 1856, S. 56-2-139 ; — Caen 15 mai 1856, S. 56-2-593 ; — Amiens 3 janv. 1857, S. 57-2-260 ; — Douai 29 janv. 1857, S. 57-2-401 ; — Cass. 1er juin 1862, S. 62-1-829 ; — 15 juin 1867, S. 68-1-19 ; — 6 juill. 1870, S. 77-1-348 ; — Caen 27 juin et 19 juill. 1861, S. 62-2-69 ; — Paris 18 août 1859, S. 63-2-211). C'est également dans ce sens que se sont prononcés les arrêts de Cass. rapportés sous le n° 4320. Et cette jurisprudence a été confirmée par un arrêt de la chambre civile du 6 juillet 1870, ainsi conçu :

« Attendu que l'action en reprise qui appartient à la femme contre la communauté, et, en cas d'insuffisance de celle-ci, sur les biens personnels du mari, dérive d'un droit spécial de créance ; que si, à défaut de payement en argent, elle s'exerce, conformément aux art. 1470 et 1471 précités et dans l'ordre qu'ils déterminent, sur les biens dépendant de la communauté, ce mode d'exercice n'en change ni le principe ni la nature, quels que soient d'ailleurs ses effets comme opération de liquidation et de partage ; que la femme conserve toujours la qualité de créancière et tous les droits qui y sont attachés par le droit commun, notamment celui d'exiger que le remboursement de ses reprises liquidées soit effectué en deniers ; qu'en faisant des biens de la communauté le gage particulier de sa créance, la loi ne lui a pas imposé l'obligation d'accepter en remploi, contrairement à sa convenance et à son intérêt, des choses autres que celles qui lui sont dues ; qu'en jugeant le contraire, l'arrêt attaqué a formellement violé les articles ci-dessus » (3259 R. P.).

Il faut donc reconnaître que la jurisprudence de cassation paraît fixée définitivement en faveur de la doctrine qui ne reconnaît aux époux, même dans leurs rapports entre eux, qu'une simple créance d'une nature essentiellement mobilière, alors même qu'à défaut de mobiliers, ces prélèvements s'exerceront sur les immeubles dépendant de la communauté.

*Mari.* — Les mêmes difficultés n'existent pas au sujet du mari. Il ne peut jamais renoncer à la communauté, et on ne saurait admettre non plus, avec Aubry et Rau t. 4 p. 308 note 25, qu'il ait le droit de forcer les héritiers de la femme à prendre l'actif de la communauté pour lui payer ses reprises en argent. Dès lors, il ne saurait être que copropriétaire des biens communs, et la nature de son action sera déterminée par les biens sur lesquels elle s'exerce. — V. 12505.

Ce point établi, nous allons indiquer les principales causes des reprises des époux.

**14240. Excédant sur la mise en communauté.** — Chaque époux a le droit de prélever, lors de la dissolution de la communauté, la valeur de ce dont le mobilier qu'il a apporté lors du mariage, ou qui lui est échu depuis, excédait sa mise en communauté (1503 C. C.), ce qui comprend la reprise de toutes les sommes que l'époux s'est réservées propres par son contrat de mariage, et de toutes les valeurs mobilières qui lui sont échues par succession, donation ou legs, si la réserve en a été faite par contrat de mariage.

**14241. Sommes donnant action de remploi** — Chaque époux exerce aussi la reprise des sommes pour lesquelles la loi lui donne action de remploi. Ainsi chaque époux reprend les deniers provenus des remboursements des rentes et créances qui lui étaient propres, aux termes de son contrat de mariage. C'est ainsi qu'il a été jugé par la Cour de cassation, le 24 janvier 1826, que, lorsque les titre d'une créance comprise dans l'apport du mari ne se retrouvent pas en sa possession au moment du décès, ses héritiers ont le droit de reprendre cet apport en entier, si la femme survivante ne justifie pas que cette créance n'a pas été acquittée.

**14242. Obligations solidaires contractées par la femme.** — Aux termes de l'art. 1431 C. C., « la femme qui s'oblige solidairement avec son mari n'est réputée à l'égard de celui-ci s'être obligée que comme caution ; elle doit être *indemnisée* de l'obligation qu'elle a contractée. » Il semblerait d'abord que cette indemnité a tous les caractères d'une dette personnelle du mari, et on pourrait croire que, dans aucun cas, elle n'engendre de reprise effective au profit de la femme sur la masse. La femme ayant, en effet, payé la dette de son conjoint, le droit de répétition qui lui appartient ne donne pas lieu à un prélèvement, mais à l'une de ces créances particulières dont s'occupe l'art. 1479 C. C., et qui ne figurent point dans le partage de la communauté. Mais cette appréciation générale du droit de la femme manquerait d'exactitude. Ainsi que cela a été établi avec détails au n° 1732 du *Rép. pér.*, ce droit donne, au contraire, le plus souvent naissance à une véritable reprise. Il faut, à cet égard, distinguer entre le cas où la femme solidairement obligée a été contrainte au payement de la dette avant la dissolution de la communauté, et celui où l'obligation subsiste encore à cette époque.

1. DETTE PAYÉE. — Si la femme s'est libérée durant le mariage, elle a pris sur sa fortune particulière les valeurs données aux créanciers, et elle a fait l'affaire de la communauté qui a profité des valeurs employées au payement. Cette communauté se trouve ainsi, d'après l'art. 1433 C. C., tenue de lui faire compte de la somme payée par elle ; c'est là une véritable reprise (Seine 25 août 1841). Il n'en serait autrement que si la femme, renonçant au droit de poursuivre la communauté, déclarait borner son recours aux biens personnels du mari, conformément à l'art. 2028 C. C.

2. DETTE NON PAYÉE. — Quand la femme n'a pas payé la dette avant la dissolution de la communauté, il est naturel que la masse ne soit point tenue au remboursement des deniers qui n'y ont point été versés. On en partagera les valeurs sans égard à l'obligation de la femme, qui conservera seulement contre le mari le recours accordé à toute caution. — Il est cependant des cas où la femme a le droit d'obtenir le versement *actuel* de son indemnité, quoiqu'elle n'ait pas été contrainte au payement de l'obligation. C'est, selon l'art. 2032 C. C. : 1° quand la femme est poursuivie en justice pour le payement ; — 2° quand le débiteur (le mari) a fait faillite ou est en déconfiture ; — 3° quand le débiteur s'est obligé de lui rapporter sa décharge dans un certain temps ; — 4° lorsque la dette est devenue exigible par l'échéance du terme sous lequel elle avait été constituée ; — 5° au bout de

dix ans, lorsque l'obligation principale n'a pas de terme fixé d'échéance, à moins que l'obligation principale, telle qu'une tutelle, ne soit pas de nature à pouvoir être éteinte avant un temps déterminé. — Aussi est-il reconnu en jurisprudence que, dans le cas où la dette est exigible, la femme peut produire à l'ordre ouvert sur le prix des biens du mari pour réclamer une collocation actuelle, comme si elle l'avait réellement acquittée ; ou bien obtenir, lors de la liquidation de la communauté, une somme égale à la dette sur la part de son conjoint dans la masse (Cass. 25 mars 1834, 2 janv. 1838; — Orléans 19 déc. 1836 et 20 déc. 1837; — Bordeaux 12 mai 1837; — Paris 30 juin 1853; — Metz 22 janv. 1856. — *Conf.*: Troplong *des Priv.* 2-610, Valette *Priv.* p. 266, Coulon *Questions de droit* 2-597, Rodière et Pont 1-608, Dalloz *Contr. de mar.* 1054 et *Hyp.* 2331). Cela a lieu non pas évidemment par la supposition que le payement a été effectué, puisqu'il s'agit d'un engagement non acquitté, mais en considérant l'imminence des poursuites et par conséquent d'une protection immédiate.

Seulement, il faut bien remarquer que, quand il s'agit d'une dette échue, le terme ne suffit pas à lui seul pour établir le droit à la reprise. La présomption de payement résultant de l'exigibilité, tend tout simplement à prouver que la libération a eu lieu dans les termes de l'obligation, c'est-à-dire que la créance a été soldée par la communauté ou par le mari qu'elle concernait personnellement ; elle ne peut établir à elle seule le fait du payement par la femme. C'est pourquoi, dans une hypothèse semblable, le tribunal de Saint-Brieuc, statuant en matière d'enregistrement, a fondé l'exercice du prélèvement non sur le fait de l'exigibilité de la créance, mais sur l'existence d'un transport qui en établissait le payement au moyen des valeurs payées à la femme (25 août 1856, 721 R. P.).

De tout ce qui précède, il faut conclure que, quand la femme se trouve dans les conditions nécessaires pour exercer son droit sur les biens de la communauté, elle agit pour cette reprise comme pour les autres prélèvements, et, si la communauté est acceptée, l'attribution qui lui est consentie en valeurs de la masse ne donne pas lieu au droit proportionnel. — V. *Partage de communauté*, n° 12513.

Mais, en dehors des exceptions précédentes, aucune indemnité n'est due actuellement à la caution. Son action demeure conditionnelle, comme la garantie dont elle dépend ; elle ne peut donner naissance qu'à une créance éventuelle et indéterminée. C'est ce qui résulte virtuellement, mais d'une manière très-claire néanmoins, d'un arrêt de la Cour de cassation rendu entre parties le 24 mai 1869 :

« Attendu, porte-t-il, que, d'après l'art. 1431 C. C., la femme qui s'oblige conjointement avec le mari est réputée, à l'égard de celui-ci, s'être obligée comme caution et doit être indemnisée de l'obligation par elle ainsi contractée; attendu que l'art. 2032 dispose que la caution, même avant d'avoir payé, peut agir contre le débiteur pour être par lui indemnisée *dans les cas qu'il détermine*, et particulièrement en cas de faillite du débiteur; attendu que le droit d'indemnité appartenant à la femme en vertu de cet article, par suite de son engagement comme caution, est un droit actuel et non simplement éventuel, motivé par la nature de l'engagement qui pèse sur elle, et dont le débiteur est tenu de l'affranchir *par cela seul qu'il est tombé en faillite, ou que la dette principale demeure inacquittée dans les autres circonstances énumérées par l'article précité* » (S. 1869-1-347).

Il résulte évidemment de cet arrêt que quand la femme ne se trouve pas dans l'une des hypothèses prévues à l'art. 2032, sa créance n'a rien d'actuel. Elle doit être, au contraire, rangée parmi les droits éventuels ou indéterminés, qui ne peuvent pas revendiquer le bénéfice d'une collocation pure et simple. C'est d'ailleurs l'opinion générale de la doctrine (Gauthier *Subrog.* n° 589, Troplong *Caut.* 415 et *Priv.* 910, Coulon *Quest. de droit* 2 p. 597, Ponsot *Caut.* 277, Pont *Contr. de mar.* t. 2 n° 812, Bertauld *Rev. prat.* t. 10 p. 209, S. 1869-2-225).

Nous ne pouvons accepter l'interprétation contraire, admise en matière de droit de mutation par décès par un jugement de Saint-Brieuc du 31 juillet 1868 (3103 R. P.).

Cette interprétation a été repoussée par une Sol. 25 janvier 1874 en ces termes : « C'est à tort, ainsi que le fait observer Garnier au n° 3103 R. P., que le jugement du tribunal de Saint-Brieuc, du 31 juillet 1868, s'est basé sur ces arrêts pour attribuer, en tout état de cause, à la femme obligée solidairement avec son mari au payement d'une dette, le droit d'exercer de ce chef un prélèvement sur l'actif commun bien que la dette n'ait point encore été payée par elle Les dispositions des art. 2028 et 2032 sont essentiellement limitatives, et en dehors des hypothèses qu'ils ont prévues, il ne saurait être question pour la femme de prélever d'avance une indemnité, et encore moins de faire admettre la déduction de ce prélèvement dans une déclaration de succession. »

Pour écarter l'application des principes que nous venons de rappeler, le tribunal de Gien a cru pouvoir objecter que la femme pouvait, même après l'échéance de la dette, renoncer à son recours lorsqu'elle sera poursuivie et que, par conséquent, la reprise n'est pas actuelle (16 juill. 1872, 3620 R. P. Cette interprétation est contraire au texte précis de l'art. 2032 C. C., d'après lequel la caution, même avant d'avoir payé, peut agir contre le débiteur pour être indemnisée, lorsqu'elle est poursuivie en justice pour le payement. Cette disposition est formelle, et le tribunal ne pouvait pas plus y déroger qu'il ne lui eût été permis d'écarter l'actualité de la créance dans le cas où la dette fût devenue exigible ou dans les autres hypothèses précisées par la loi. La femme peut sans doute toujours renoncer à son action contre le mari ; l'art. 2032 ne lui confère à cet égard qu'une simple faculté dont elle est libre de se srevir. Mais il faut remarquer que cette faculté ne touche pas à l'existence même du droit qui lui est désormais acquis; elle ne se rapporte qu'à l'exercice de ce droit. La femme se trouve, par rapport à sa reprise, dans la situation de tout créancier actuel qui peut ajourner indéfiniment sa poursuite ou même y renoncer : *licet cuique renonciare juri pro se introducto*. Cela n'empêche pas évidemment que la créance existe et qu'elle produise tous ses effets. Par conséquent, de ce que la femme poursuivie par le créancier n'ait pas encore payé la dette ou de ce qu'elle ait consenti à ne pas exercer, quant à présent, contre le mari l'action en indemnité qui lui est accordée par la loi, il ne s'ensuit pas que son action ne soit pas ouverte et que le droit à l'indemnité n'ait pas pris naissance à son profit. Cette interprétation a été confirmée depuis par un arrêt de cassation du 22 août 1876 (4798 R. P.).

3. OBLIGATION PERSONNELLE. — PRÉSOMPTION. — Les développements qui précèdent ne s'appliquent, on le

comprend, qu'à l'obligation souscrite pour les affaires de la communauté. S'il s'agissait d'une dette contractée dans l'intérêt de chacun des conjoints ou pour le profit exclusif du mari, il n'y aurait jamais lieu à aucun prélèvement dans le sens des art. 1433 et 1470 C. C. Le recours de la femme ne s'exercerait que sur les biens du mari et après le partage de l'actif : l'indemnité dont elle serait créancière constituerait une charge non susceptible d'être déduite des valeurs imposables. Seulement, jusqu'à preuve contraire, on doit supposer que l'engagement ainsi souscrit en commun l'a été dans un but d'intérêt commun. Outre l'état de dépendance de la femme, l'expérience a montré que son engagement solidaire a presque toujours pour objet de garantir la dette de la communauté (Marcadé sur l'art. 1431, Troplong n° 1015, Dalloz v° *Contr. de mar.* 1057). « Il suffit, dit la cour de Paris, dans un arrêt du 20 juillet 1833, rendu contre l'Administration de l'enregistrement et confirmé en cassation le 25 mars 1834, il suffit qu'il ne résulte pas de l'obligation que les deniers ont été empruntés dans l'intérêt de la femme et ont tourné à son profit, pour que la présomption contraire doive être nécessairement admise. »

4. DOT. — Mais, ainsi que nous venons de le faire remarquer, ce n'est là qu'une présomption cédant à la preuve contraire, et cette preuve contraire sera la plupart du temps renfermée dans l'acte même d'obligation. Tel est, par exemple, le cas de la dot constituée solidairement par les deux époux à un enfant commun. Ni le mari ni la femme ne sont personnellement astreints à doter leurs enfants ; la communauté n'y est pas tenue davantage (Pothier n° 649, Troplong *Contr. de mar.* n° 1217, Duranton t. 14 n° 285, Toullier t. 12 n° 333, Rodière et Pont t. 1er n° 94). Or, la mère doit s'y intéresser naturellement autant que le père, et on ne peut pas croire, à moins de déclaration formelle, qu'elle entende y demeurer étrangère en la laissant à la charge de son mari. L'art. 1438 C. C. l'indique en termes assez clairs en disant que la dot sera payée, dans ces circonstances, *par chacun des époux pour moitié.* — V. 14257.

5. REMPLACEMENT MILITAIRE. — Les auteurs citent encore, comme exemple d'une dette propre à chacun des conjoints, l'obligation souscrite pour le remplacement militaire d'un fils (Marcadé *loc. cit.*, Troplong n° 1044). La cour de Lyon a décidé, en effet, que rien ne forçant les parents ni la communauté de faire remplacer un enfant, il fallait admettre que c'était le résultat d'un sentiment d'affection personnel à chaque époux, et que le prix n'en pouvait être, dès lors, jamais repris sur la communauté (11 juin 1833. — *Conf.* : Paris 30 déc. 1841, S. 33-2-654).

Cette interprétation ne pouvait être cependant posée en règle. Combien de fois n'arrivait-il pas que le remplacement militaire avait pour but de maintenir au foyer domestique la collaboration de l'enfant ? C'est moins dans son intérêt que pour le profit de la société conjugale qu'on le conservait, et l'obligation des époux devenait alors l'affaire de la communauté. Ces questions étaient livrées aux emba..ras d'une appréciation variant suivant les circonstances.

6. OBLIGATION CONJOINTE. — Ajoutons, en terminant, que l'on appliquerait aussi bien l'art. 1431 C. C. aux obligations souscrites *conjointement* par les deux époux qu'à celles dont ils sont *solidairement* débiteurs. On a dans les deux situations les mêmes motifs de protéger la femme contre l'influence maritale. La seule différence qu'elle présente n'a d'intérêt qu'à l'égard du créancier, dont la poursuite doit, au cas de dette conjointe, se diviser *également* entre les deux époux, au lieu d'atteindre chacun d'eux pour l'intégralité de l'obligation, comme dans l'engagement solidaire (art. 1487 C. C.). — V. 12513.

**14243. Prix de propres aliénés non remployés.** — Aux termes de l'art. 1470, chaque époux reprend le prix de ses immeubles qui ont été aliénés pendant la communauté, et dont il n'a pas été fait remploi. Mais une distinction est à faire ici entre le mari et la femme. Ainsi, tandis que la femme a la reprise de la totalité du prix de son immeuble vendu, tant sur la communauté que sur les biens du mari, en cas d'insuffisance, quoique le mari ait négligé de s'en faire payer ; le mari, qui pendant la communauté a vendu un de ses propres, et qui, par sa négligence ou l'insolvabilité de l'acquéreur, n'a été payé que d'une partie du prix, ne peut exercer la reprise que de cette portion (Toullier t. 12 n° 346).

1. PRIX DÛ. — Excepté dans ce cas, si le prix de l'immeuble propre est encore dû par l'acquéreur, il n'y a pas de reprise en deniers à exercer, soit par l'un soit par l'autre des époux, sur la communauté, qui n'a rien reçu, mais une reprise en nature. La créance que la communauté avait sur l'acquéreur devient propre à l'époux qui était propriétaire de l'immeuble (Duranton t. 14 n° 359, Bellot t. 1er p. 203).

2. C'EST LE PRIX MÊME, ET NON UNE SOMME ÉQUIVALENTE A LA VALEUR DE L'IMMEUBLE QUI DOIT ÊTRE REPRIS. — Dans tous les cas, dit l'art. 1436 C. C., la récompense n'a lieu que sur le pied de la vente, quelque allégation qui soit faite touchant la valeur de l'immeuble aliéné.

Ainsi, le montant de la récompense est le prix net de la vente ; ce n'est ni la valeur de l'immeuble, ni le prix *déclaré* dans le contrat. — V. *Communauté* n° 4482.

3. ACCESSOIRE DU PRIX. — Ce n'est pas seulement du prix principal que doit être faite la reprise, mais encore de tout ce qui y est accessoire, comme de que l'acquéreur a payé pour pot-de-vin et épingles (Pothier n° 587, Bellot t. 2 p. 376). — Il en est de même des charges appréciables à prix d'argent, qui, ayant été supportées par l'acquéreur, ont fait profit à l'acquéreur (Pothier n° 588, Toullier t. 12 n° 349, Bellot t. 2 p. 577). — C'est encore dans cet ordre d'idées qu'il est reconnu que l'époux doit avoir la reprise du prix des charges qu'il a imposées sur son héritage propre en l'aliénant. Ainsi, Pothier enseigne (n° 588) que si le conjoint, en vendant une maison qui lui était propre, l'a chargée d'un droit de servitude envers la maison voisine conquêt de la communauté, il doit avoir la reprise de la somme à laquelle on évaluera ce droit de servitude dont la communauté profite.

4. FRUITS DE L'IMMEUBLE VENDU. — Quant à la question de savoir ce qui doit être repris de la portion du prix qui peut correspondre aux fruits de l'immeuble vendu avec les fruits pendants, il faut distinguer. Si la communauté a duré

au delà de la récolte des fruits et que l'immeuble ait été vendu pour un seul prix avec ses fruits, il faut déduire de ce prix la valeur des fruits dont la communauté eût profité si l'immeuble n'eût pas été vendu. Que si la communauté se trouvait dissoute au moment où auraient été récoltés les fruits, aucune déduction ne devrait être faite, parce que, du moment de la dissolution de la communauté, chaque époux reprend ses immeubles avec les fruits pendants (Bellot t. 2 p. 378).

Ainsi encore Pothier et Duranton (nos 590 et 339) et Bellot (*loc. cit.*), enseignent que si le fonds a été vendu avec la clause que l'acheteur entrerait sur-le-champ en jouissance, mais ne payerait néanmoins le prix qu'au bout de trois ans, sans intérêts, et que la communauté ait duré au delà de ce terme, le conjoint ne peut exercer la reprise du prix que sous la déduction des années de jouissance écoulées jusqu'à l'expiration de ce même terme, car ces jouissances sont entrées dans le prix. — La raison indique que si le prix avait été payé comptant, avec stipulation que l'acheteur n'entrerait en jouissance que dans trois ans, la communauté ayant perçu et l'intérêt du prix et les fruits de l'immeuble, l'époux aurait à prélever une valeur égale, outre les fruits perçus par la communauté.

5. USUFRUIT. — Supposons, dit Pothier (n° 592), qu'un droit d'usufruit dont le revenu était, toutes charges et risques déduits, de 1,000 francs par an ait été vendu pour le prix de 12,000 francs, et que la communauté ait duré dix ans, dans un temps auquel l'intérêt de l'argent était au denier 20, cet usufruit, s'il n'eût pas été vendu, aurait, pendant les dix années courues depuis la vente jusqu'à la dissolution de la communauté, produit par chacun an 400 francs de plus que l'intérêt de 12,000 francs, ce qui fait pour les dix années 4,000 francs. Le conjoint ne doit donc avoir la reprise de la somme de 12,000 francs, pour laquelle son propre a été vendu, que sous la déduction de ladite somme de 4,000 francs (Delvincourt t. 3 p. 60, Toullier t. 12 n° 347, Bellot t. 2 p. 382, Duranton t. 14 n° 340).

Cette doctrine n'a pas prévalu en jurisprudence. Il est admis à peu près généralement aujourd'hui que la totalité du prix perçu forme une reprise au profit de l'époux. On trouvera le développement de la question au mot *Communauté* n° 4424.

**14244. Valeur d'un office.** — On a vu, au n° 12038, que, lorsqu'un office a été acquis pendant la communauté, le titulaire, lorsqu'il survit, doit tenir compte aux héritiers de la femme de la moitié de la valeur qu'avait l'office au jour de la dissolution de la communauté. Les motifs de cette décision sont, d'un côté, que tant que la communauté a duré, c'est pour elle que se sont réalisées les augmentations ou les diminutions de valeur; d'autre part, que c'est la dissolution qui doit être le moment d'arrêt, puisque c'est à la moitié du bien, tel qu'il existait à ce moment, que les héritiers ont droit. — *V.* 4121.

**14245. Dot de l'enfant commun.** — Lorsque la dot constituée conjointement, et en effets de communauté, par les père et mère, a été fournie avec des biens propres de la femme, elle est fondée à prélever (1438 C. C.) la valeur totale de ces biens sur la masse de la communauté, puisque en faisant ce prélèvement, elle ne prend réellement que la moitié de ses biens propres, l'autre moitié se compensant avec ce qui lui revient de droit dans la communauté. Pour le cas où les père et mère ont doté en biens personnels, *V.* 14257.

**14246. Aliénation ayant procuré un bénéfice à la communauté.** — Ce n'est pas seulement, dit Toullier (t. 12 n° 349), la vente des immeubles propres de chaque conjoint qui lui donne le droit d'en reprendre le prix versé dans la communauté. Toute espèce d'aliénation qui a procuré à cette communauté quelque avantage appréciable en argent donne lieu à une reprise en faveur du conjoint dont le propre a été aliéné. Mais aussi, si elle n'a procuré aucun avantage à la communauté, il n'est point dû de récompense. Ainsi, la donation pure et simple que fait un des époux de ses propres ne donne droit à aucune récompense, puisqu'il n'en revient rien à la communauté. Mais s'il a imposé au donataire quelque charge appréciable à prix d'argent, par exemple celle de payer une dette de la communauté, ou d'en faire remise, celle d'une servitude en faveur d'un héritage, conquêt de communauté, il aura droit à récompense du montant de la dette, de la valeur de la servitude, à dire d'experts.

La donation rémunératoire que fait un des conjoints de ses propres, en récompense de services appréciables à prix d'argent, donne encore lieu à une reprise, si la récompense de ces services était due par la communauté.

Il n'y a aucun doute à l'égard de la dation en payement d'une dette de la communauté, puisque la dation en payement tient lieu de vente.

**14247. Immeuble aliéné pour une rente viagère avec ou sans réversion.** — Nous avons examiné, au mot *Communauté* nos 4423 et suiv., la question de savoir si l'aliénation d'un propre ou d'un bien commun faite moyennant une rente viagère réversible ou non sur la tête du survivant donnait lieu à une récompense soit par la communauté, soit à son profit. Nous y renvoyons le lecteur

**14248. Délaissement d'immeuble.** — Pothier enseigne (n° 507) que si l'un des époux a délaissé, par une action de réméré ou de retrait successoral, un immeuble qu'il avait acquis avant le mariage, il a droit d'exercer la reprise du prix qui a été rendu, et cela parce que le conjoint acquéreur a réméré étant véritablement propriétaire de l'immeuble; il importe peu qu'il ait cessé de l'être d'une manière volontaire ou forcée : le prix qu'il reçoit remplaçant, dans la réalité, l'immeuble auquel il avait un titre apparent, il doit exercer la reprise.

**14249. Services fonciers rachetés.** — Si l'on s'est rédimé en argent, porte l'art. 1433 C. C., de services fonciers dus à des héritages propres à l'un des époux, et que le prix en ait été versé dans la communauté sans remploi, il y a lieu au prélèvement de ce prix sur la communauté, au profit de l'époux qui était propriétaire des services rachetés. — Si donc l'un des conjoints a consenti, pour une certaine somme, l'extinction d'une servitude due à l'un de ses immeubles personnels, il exerce la reprise de cette somme lors de la dissolution de la communauté (Duranton n° 349).

## CHAPITRE III. — DU MODE D'EXERCICE DES REPRISES EN DENIERS

[14250-14256]

**14250. Avantage de la femme sur le mari.** — Pendant toute l'existence de la communauté, la position du mari a été privilégiée sur celle de la femme : il a eu l'administration de la communauté, à laquelle la femme a dû rester étrangère. Une compensation était due à la femme pour égaliser les positions : le Code la lui accorde à la dissolution de la communauté. Ainsi, d'après les art. 1471 et 1472, la femme a sur le mari une double préférence : d'abord, ses prélèvements s'exercent avant ceux du mari ; ensuite, si les biens de la communauté sont insuffisants pour la payer de ses reprises, elle peut en poursuivre le payement sur les propres du mari.

**14251. Règle.** — On vient de voir que les prélèvements de la femme s'exercent avant ceux du mari : c'est le vœu de l'art. 1471, qui règle, en outre, le mode de prélèvement lorsque les biens n'existent plus en nature. Ces prélèvements s'exercent d'abord sur l'argent comptant, ensuite sur le mobilier, et subsidiairement sur les immeubles de la communauté. Dans ce dernier cas, le choix des immeubles est déféré à la femme et à ses héritiers.

Les parties peuvent adopter un règlement contraire si elles en expriment l'intention (Troplong t. 3 n° 1627, Rodière et Pont t. 1er n° 80).

1. IMMEUBLES IMPARTAGEABLES. — Le droit de prélèvement en nature accordé à la femme cesse lorsque les immeubles sont impartageables ; le prélèvement ne peut plus alors s'exercer que sur le prix (Cass. 21 avr. 1840, 7 mai 1855, S. 56-1-359).

2. CHOIX DES MEUBLES. — La femme peut choisir entre les meubles aussi bien qu'entre les immeubles (Toullier n° 186, Roll. de Vill. n° 61, Rodière et Pont n° 831, Dalloz n° 831), — quelle que soit la cause des reprises (Caen 19 janv. 1832 ; — Paris 31 déc. 1852, 14865 J.N., Marcadé art. 1470 n° 2, Pont *Rev. crit.* t. 3 p. 619. — *V.* cep. Lyon 3 mars 1841, S. 41-2-347, Troplong n° 1651).

3. DÉFAUT D'INVENTAIRE. — En droit civil, quand le mari n'a pas fait faire inventaire et n'a pas ainsi constaté la consistance du mobilier, les prélèvements de la femme doivent s'exercer nécessairement sur les immeubles, et le mari ne serait pas reçu, pour les faire porter d'abord sur les meubles contre le gré de la femme, à prouver par témoins l'existence et l'importance de ce mobilier (Cass. 1er déc. 1852, S. 53-1-166, 15637-5 J. E.).

**14252. Droit de la femme de faire vendre.** — « La veuve, disait Coquille sur la *Cout. du Nivernais* t. 23 art. 18, ne sera tenue de prendre les meubles en payement, car son debte est en deniers ; l'héritier du mari vendra les meubles si bon lui semble pour faire deniers. » C'est en ce sens que Troplong enseigne (*du Contrat de mariage* n° 1628) que quand, à défaut d'argent, la femme est obligée de se payer sur le mobilier, elle a le droit d'en exiger la vente pour prélever ses reprises sur le prix.

Ce que l'on vient de dire pour les meubles s'applique naturellement aux immeubles de la communauté, lorsque, après épuisement de l'argent et du mobilier, elle ne se trouve pas remplie de ses reprises (Troplong n° 1629).

**14253. Droit des héritiers d'indemniser la femme.** — Mais, comme la vente qui pourrait être provoquée par la femme ne peut avoir d'autre but que de procurer la somme d'argent nécessaire à l'extinction de ses reprises, si les héritiers du mari trouvaient qu'il y eût intérêt pour eux à conserver les meubles ou les immeubles, ils seraient fondés à écarter l'action de la femme par l'offre de la somme dont elle aurait à exercer le prélèvement (Troplong n° 1630 ; — Cass. 13 déc. 1864, 1981 R. P.).

**14254. Le choix des immeubles appartient à la femme.** — Au surplus, toutes les fois que la femme se trouve dans la nécessité de se payer sur les immeubles de la communauté, le choix des immeubles lui appartient, soit qu'elle veuille les conserver, soit qu'elle ait l'intention d'en provoquer la vente. Et, si elle est décédée, ce droit passe à ses héritiers.

**14255. Les reprises de la femme s'exercent sur les propres du mari, en cas d'insuffisance de la communauté.** — Ajoutons ici, pour clore ce que nous avons à dire sur les reprises de la femme, que non-seulement elle exerce ses prélèvements sur les biens de la communauté avant son mari, mais encore, si les biens de la communauté sont insuffisants, elle a son recours sur les biens personnels de son mari. Ce dernier privilége de la femme se justifie par des raisons analogues à celles que nous avons déjà fait valoir sous le n° 14250. La femme étrangère à la gestion des intérêts communs et ayant constitué son mari dépositaire de ses propres a action pour les retrouver dans ses mains ; car le mari, en les recevant, a contracté l'obligation de les rendre (Troplong nos 1060, 1065, 1626). — Mais l'exercice des reprises sur les biens personnels du mari constitue alors une véritable dation en payement (V. *suprà* n° 14239).

**14256. Reprises du mari.** — Tandis que les reprises de la femme peuvent atteindre les propres du mari, en cas d'insuffisance de la communauté (*V.* 14255), le mari ne peut faire ses prélèvements que sur les biens de la communauté (art. 1472 C. C.). Et, en effet, comme il a été administrateur de la communauté, le mari ne peut s'en prendre qu'à lui-même, s'il ne retrouve pas dans la communauté la valeur de ses propres; c'est un fait de sa gestion.

D'un autre côté, le mari ne peut pas, comme la femme, abandonner les valeurs en nature aux héritiers de la femme pour exiger son payement en deniers (*suprà* n° 14239-2).

Mais, à part ces différences, l'exercice des reprises est sujet aux mêmes règles que celles de la femme : l'ordre et le choix du prélèvement lui appartiennent dans les mêmes limites (Caen 19 janv. 1832, S. 41-2-82, Rodière et Pont n° 835, Dalloz n° 2424 *Cont. de mar.*, Marcadé art. 1471, Troplong *Cont. de mar.* t. 3 n° 1650; — Paris 18 août 1859, S. 63-2-212; — Paris 30 mai 1857, S. 63-2-211; — Agen 17 janv. 1868, S. 68-2-4).

## CHAPITRE IV. — DES REPRISES DE L'UN DES ÉPOUX SUR LES BIENS DE L'AUTRE ÉPOUX

[14257-14265]

**14257. Dot de l'enfant commun.** — L'un des cas les plus ordinaires des reprises que l'un des conjoints doit exercer sur l'autre conjoint se présente lorsque le père et la mère ayant doté, conjointement, mais en effets personnels, l'enfant commun, la dot a été fournie en biens personnels à l'un des époux. Dans ce cas, l'époux dont l'immeuble ou l'effet personnel a été constitué en dot, a sur les biens de l'autre une action en indemnité pour la moitié de ladite dot, eu égard à la valeur de l'effet donné au temps de la donation (1438 C. C.).

Ainsi que nous l'avons expliqué au mot *Dot* n°s 6833 et suivants, cette indemnité ne constitue pas une reprise à exercer sur la communauté mais une créance ordinaire sur la succession du mari.

**14258. Donations ordinaires.** — L'art. 1438 érige en présomption légale l'obligation personnelle de chacun des époux à propos de la constitution de dot, parce que, d'après la doctrine et la jurisprudence, la dot a le caractère d'une dette naturelle également imposée au père et à la mère formant pour chacun d'eux une obligation *personnelle distincte l'une de l'autre*, et conservant la même nature, quelle que soit l'origine des biens affectés au payement de cette créance (Pothier *de la Comm.* n° 639, Troplong n° 1217, Duranton 14-285, Toullier 12-333, Pont et Rodière 1-94).

Mais cette présomption légale ne saurait être étendue à tous les cas de donation ordinaire. Les donateurs, en effet, n'acquittent plus alors une dette qui leur soit à chacun personnelle, et la libéralité tombe, *sauf stipulation contraire*, sous l'empire de l'art. 1409 C. C., d'après lequel il faut considérer comme une dette de communauté toute obligation contractée par le mari durant le mariage, ou par la femme du consentement du mari. L'art. 1438, ainsi que le fait très-exactement remarquer Dalloz (v° *Cont. de mar.* n° 1210), n'est qu'une exception au principe général du texte que nous venons de citer. Par conséquent, quand il ne s'agit pas d'une constitution de dot, on doit admettre que la donation faite par deux époux est une opération qui engage la communauté seule et dont les suites peuvent peser exclusivement sur le mari, si la femme vient à renoncer plus tard.

Ce résultat ne se produit toutefois que jusqu'à justification contraire. En effet, quoique l'obligation contractée par la femme soit considérée de plein droit par le Code comme intéressant la communauté, l'art. 1419 C. C. permet cependant au mari de prouver que l'affaire intéressait personnellement sa femme, et alors il oblige cette femme à récompenser le mari du payement qu'il aurait fait pour elle.

**14259. Femme s'obligeant pour le compte de son mari.** — Il y a encore lieu à reprise lorsque la femme s'est obligée, solidairement avec son mari, pour les affaires du mari. On a vu, au n° 14242, que lorsque la femme s'est engagée solidairement pour les affaires de la communauté, son prélèvement s'exerce sur la communauté. Dans le cas qui nous occupe, la reprise ne peut être exercée que sur les biens personnels du mari, puisque c'est pour le compte personnel de celui-ci que, s'étant engagée, elle a payé pour lui.

**14260. Mari contractant une obligation dans l'intérêt de la femme.** — Nous venons de voir la femme exerçant un recours contre le mari en indemnité des dettes contractées pour le compte de celui-ci; l'art. 1432 C. C. nous montre le mari exerçant un recours en indemnité contre la femme pour une obligation par lui contractée dans l'intérêt de cette dernière plutôt que dans le sien.

« Le mari qui garantit solidairement ou autrement, porte cet article, la vente que sa femme a faite d'un immeuble personnel a pareillement un recours contre elle, soit sur sa part dans la communauté, soit sur ses biens personnels s'il est inquiété. »

**14261. Dette personnelle de l'un des époux.** — L'art. 1478 statue en termes généraux : il déclare que lorsque le prix de son bien a été employé, par l'un des époux, à payer une dette personnelle de l'autre époux, il exerce sa créance sur la part qui est échue à cet époux dans la communauté ou sur les biens personnels.

**14262. Créance antérieure au mariage.** — On peut citer encore comme exemple d'une reprise à exercer contre l'un des conjoints, le cas où l'un des époux était, avant le mariage, créancier de l'autre époux d'une certaine somme ou valeur, et où cette dette a été exclue de la communauté, tant de la part de l'époux créancier, par une clause de réalisation de son mobilier, que de la part du conjoint débiteur, par une convention de séparation de dettes. Cette créance donne lieu, lors de la dissolution de la communauté, à une reprise non contre la communauté, mais contre le conjoint, qui est débiteur, ou contre ses héritiers (Pothier *Commun.* n° 667, Troplong n° 1704).

**14263. Deuil de la femme.** — Le deuil que les héritiers du mari sont tenus de fournir à la femme, sans pouvoir l'imputer soit sur la communauté, soit sur la dot à restituer, lorsque la femme a été mariée sous le régime dotal, constitue encore une créance personnelle contre la succession du mari (Pothier n° 678).

**14264. Donation par l'un des époux à l'autre.** — Les donations que l'un des époux a pu faire à l'autre ne s'exécutent que sur la part du donateur dans la communauté et sur ses biens personnels (1480 C. C.). C'est encore là un cas de créance personnelle d'un époux sur l'autre.

**14265. Intérêts.** — Terminons sur cette matière en faisant observer que, aux termes de l'art. 1479, les créances personnelles que les époux ont à exercer l'un contre l'autre ne portent intérêt que du jour de la demande en justice. Ces créances étant personnelles rentrent dans le droit commun et ne jouissent pas de la faveur accordée par la loi aux remplois et récompenses dus aux époux par la communauté, qui, d'après l'art. 1473, comportent les intérêts de plein droit du jour de la dissolution de la communauté.

## CHAPITRE V. — APPLICATION DES DROITS D'ENREGISTREMENT.

[14266]

**14266. Renvoi.** — On trouvera aux mots *Partage de communauté*, *Partage d'ascendants*, *Remploi* et *Succession* la plupart des difficultés auxquelles donnent lieu les reprises en matière d'enregistrement. Nous ne pouvons pas, sans nous exposer à d'inutiles répétitions, réunir ici les développements que nécessite cet important sujet et qui ont leur place naturellement marquée dans le cours des divers chapitres de cet ouvrage.

# REQUÊTE.

**14267.** — Ce terme a plusieurs significations, il se dit :

1° De l'acte par lequel une partie supplie le président d'un tribunal ou un juge-commissaire, soit de lui accorder une permission quelconque, soit d'indiquer un jour pour procéder à certaines opérations ;

2° Des écritures signifiées respectivement par les parties dans les instances ordinaires pour développer leurs moyens et conclusions ;

3° Enfin, de l'acte par lequel certaines demandes doivent être introduites (Bioche v° *Requête*).

**14268. Timbre.** — Les requêtes son assujetties au timbre comme les mémoires, les pétitions, etc. (L. 13 brum. an 7, art. 12).

**14269. Enregistrement.** — Elles ne sont sujettes à l'enregistrement que dans les cas où, prescrites par les lois, elles forment un acte de procédure. Le droit à percevoir est alors celui de 3 francs déterminé pour les actes innomés par les art. 68 § 1er n° 51 L. 22 frimaire an 7, 8 de celle du 18 mai 1850 et 4 L. 28 février 1872. — *V.* 744.

**14270. Actes d'office.** — La requête du procureur de la République et l'ordonnance du juge relative à une dispense d'âge ou de parenté pour mariage doivent être visées pour timbre et enregistrées gratis. — *V.* 827.

**14271. Avocat.** — Les requêtes déposées au conseil du sceau pour les majorats sont sujettes au timbre. — *V.* 2487.

**14272. Ordonnance.** — Les ordonnances qui interviennent sur requête sont assujetties à l'enregistrement. — *V.* 12139, 12148.

# REQUÊTE CIVILE.

**14273.** — C'est une voie extraordinaire pour attaquer et faire rétracter les jugements en dernier ressort dans lesquels on a été partie, ou dûment appelé, et qui, à cause de la nature des moyens sur lesquels elle est fondée, doit s'exercer devant les juges mêmes qui ont rendu le jugement attaqué. — *V.* 9830 et suiv.

# RESCISION.

**14274.** — C'est l'action qui tend à se faire restituer contre une convention ou un acte, pour cause de dol, violence d'erreur ou de lésion. — V. *Nullité*, *Lésion*, *Résolution*, *Rétrocession*.

# RESCRIPTION.

**14275.** — Mandement par écrit pour toucher des fonds sur une caisse ou sur une personne.

**14276. Enregistrement.** — Les rescriptions sur les caisses nationales, leurs endossements et acquits, sont exempts de l'enregistrement (L. 22 frim. an 7, art. 70 § 3 n° 4).

**14277. Timbre.** — Les rescriptions de la caisse de service sur les trésoriers généraux, et *vice versâ*, sont également exemptes du timbre.

Il en était de même de celles des *banquiers* du Trésor (D. m. f. 1er brum. an 11, 1303 J. E.).

## RÉSERVE DE DISPOSER.

**14278.** — « En cas que le donataire se soit réservé la liberté, porte l'art. 946 C. C., de disposer d'un effet compris dans la donation ou d'une somme fixe sur les biens donnés, s'il meurt sans en avoir disposé, ledit effet ou ladite somme appartiendra aux héritiers du donateur, nonobstant toutes clauses et stipulations contraires. »

**14279. La clause est nulle comme contraire à l'irrévocabilité de la donation.** — *Donner et retenir ne vaut*, tel est le principe qui a amené le législateur moderne à édicter l'art. 946 C. C. ci-dessus transcrit. Mais la clause ne vicie pas la donation dans son entier, elle ne fait que la limiter : la donation est valable quant à ce qui a été donné sans réserve, et nulle pour les choses réservées.

Il résulte de là que si le donateur ne dispose pas des objets qu'il s'est réservés, ces objets tombent dans sa succession, au lieu de revenir au donataire du surplus.

1. ENREGISTREMENT. — Toutefois, il ne faut pas conclure de ce que nous venons de dire que si en donnant une maison et ses dépendances d'un revenu de 5,000 francs, au capital de 100,000 francs, le donateur se réservait de disposer d'une somme de 20,000 francs à prélever sur cette maison, le droit de donation ne dût être perçu que sur 80,000 francs ; c'est un point que nous avons établi sous le n° 6502.

Mais il en serait autrement si le donateur se réservait de disposer des dépendances, par exemple, de la maison d'un revenu de 1,000 francs, cette réserve annulant la donation quant aux dépendances, ou mieux faisant qu'il n'y aurait pas donation par rapport à ces dépendances, le droit de donation ne devrait être perçu que sur un capital de 80,000 francs.

**14280. La réserve est nulle nonobstant toute stipulation contraire.** — Remarquez que la réserve ne pourrait produire effet, alors même que le donateur aurait stipulé qu'à défaut d'une autre disposition de sa part, l'objet réservé rentrerait dans la donation dont il avait été séparé. Ce serait là, en effet, un correctif qui ne ferait pas que la disposition ne portât atteinte au principe de l'irrévocabilité de la donation, car le sort de la réserve dépendrait d'une condition purement potestative de la part du donateur, ce qui rendrait toujours la stipulation vicieuse *ab initio* (Vazeille art. 946, Troplong *des Donations* n° 1223). Ainsi donc, dans ce cas encore, l'objet réservé reviendrait à la succession du donateur et non au donataire, s'il n'en avait pas été disposé.

**14281. Disposition de la réserve au profit du donataire.** — Mais rien ne s'oppose à ce que, par une seconde libéralité entre-vifs ou testamentaire, le donateur dispose purement et simplement de l'objet réservé au profit du même donataire comme au profit de toute autre personne (Coin-Delisle sur l'art. 946 n° 3).

**14282. Réserve indépendante de la volonté du donateur.** — Toullier (t. 5 p. 226), Grenier (t. 1er p. 149) enseignent qu'il suffit, pour rendre l'art. 946 inapplicable, qu'il s'agisse d'une réserve purement éventuelle *qui regarde un tiers*. Coin-Delisle va même plus loin ; « il suffit, dit-il (sur l'art. 946 n° 6), que la réserve soit éventuelle et indépendante de la volonté du donateur, même quand elle serait faite dans *son intérêt personnel*, pour que la chose demeure au donataire si l'événement n'arrive pas. Telle serait la donation faite par un armateur, de tous ses immeubles, avec réserve d'en disposer pour moitié, en cas de naufrage de vaisseaux qu'il a en mer. Si les vaisseaux surgissent heureusement au port, la donation est irrévocable pour le tout ; s'ils font naufrage, la donation est déterminée à la moitié des biens ; et cette moitié passe à ses héritiers, à moins de disposition nouvelle. »

**14283. Réserve consistant en une rente viagère.** — Troplong (n° 1226) repousse cette proposition comme contraire au vœu de l'art. 946 qui n'admet pas plus la réserve conditionnelle que la réserve absolue. Mais il n'en serait plus de même du cas où un donateur se réserverait d'établir sur les biens donnés une pension viagère au profit de sa femme, dans le cas où elle lui survivrait. Si la femme prédécédait, les héritiers devraient être repoussés dans la demande qu'ils pourraient former contre le donataire, d'un capital pour représenter la pension que le donateur s'était réservé de créer (Aix 17 therm. an 13, Dalloz § 5-403).

En effet, la réserve d'établir une pension viagère n'est qu'une charge sur les fruits des biens donnés, c'est une réserve du revenu et non du fonds, qui n'empêche pas que la donation ne soit valable pour les biens donnés, de même qu'on peut donner une chose et en détacher l'usufruit, soit à son profit, soit au profit d'un tiers.

Il est vrai que dans le cas qui nous occupe, la réserve est conditionnelle, puis qu'elle se trouve subordonnée à l'événement du décès. Mais la réserve ne portant point sur la nue-propriété, qui fait l'objet de la donation, n'y fait point exception ; le donateur ne retient rien de la nue-propriété qu'il transfère entière. Le domaine utile sur lequel il est stipulé, est à lui ; il ne fait que reculer l'instant où il sera réuni au domaine direct.

**14284. Contrat de mariage.** — Mais ce que nous avons dit dans les précédents numéros ne s'applique nullement aux donations faites par contrat de mariage. Ces contrats, en effet, ainsi que nous l'avons déjà expliqué au mot *Contrat de mariage*, sont susceptibles de toutes les clauses non contraires à l'ordre public et aux bonnes mœurs. Aussi l'art. 1086 C. C. contient-il une dérogation formelle au principe que nous venons de développer. Cet article est ainsi conçu :

« La donation par contrat de mariage en faveur des époux et des enfants à naître de leur mariage pourra encore être faite, à condition de payer indistinctement toutes les dettes et charges de la succession du donateur, ou sous d'autres conditions dont l'exécution dépendrait de sa volonté, par quelque personne que la donation soit faite : le donataire sera tenu d'accomplir ces conditions, s'il n'aime mieux renoncer à la donation, et en cas que le donateur par contrat de mariage, se soit réservé la liberté de disposer d'un effet compris dans la donation de ses biens présents, ou d'une somme fixe à prendre sur ces mêmes biens, l'effet ou la somme, s'il meurt sans en avoir disposé, seront censés compris dans la donation, et appartiendront au donataire ou à ses héritiers. »

## RÉSERVE LÉGALE.

**14285.** — C'est la portion des biens dont la loi défend de disposer à titre gratuit au préjudice de certains héritiers, qui sont les ascendants et les descendants, qu'on appelle pour cela les *héritiers à réserve.*

Nous avons traité de cette matière au mot *Quotité disponible.*

## RÉSERVES COUTUMIÈRES.

**14286.** — On appelait ainsi les biens que les coutumes rendaient indisponibles et réservaient aux héritiers.

## RÉSILIATION. — RÉSILIEMENT.

**14287.** — C'est l'acte par lequel les parties consentent qu'un acte précédent soit considéré comme non avenu.

Nous traitons de cette nature de contrat sous le mot *Résolution.*

## RÉSOLUTION.

DIVISION



SOMMAIRE

# CHAPITRE PREMIER. — DISPOSITIONS GÉNÉRALES

[14288-14324]

## SECTION PREMIÈRE. — CONSIDÉRATIONS PRÉLIMINAIRES

[14288-14308]

**14288. Définition.** — Résoudre un contrat, c'est remettre les choses au point où elles étaient avant la passation de ce contrat.

**14289. Il n'y a pas de résolution sans un contrat à résoudre.** — De cette définition il résulte que, pour qu'il y ait résolution, il faut nécessairement qu'il existe un contrat à résoudre. C'est là une proposition qui découle de l'axiome qu'il n'y a pas d'effet sans cause. Pourquoi, en effet, la loi de l'enregistrement tarife-t-elle au simple droit fixe les abstentions, répudiations et renonciations à succession, legs ou communauté *non acceptées* (L. 22 frim. an 7, art. 68 § 1er nº 1er)? Uniquement parce que, avant l'acceptation des héritiers, des légataires ou de l'époux, il n'y a pas eu lien de droit et pas de contrat formé. C'est dans le même ordre d'idées que nous dirons au nº 14309 qu'une résolution qui interviendrait sur une donation non acceptée ne pourrait revêtir le caractère transmissif, car elle ne produirait d'autre effet que d'anéantir un projet de contrat.

1. DÉLIT ET QUASI-DÉLIT. — Ainsi encore, on a vu au

n° 10601 que les délits et quasi-délits ne permettent jamais la perception du droit de titre, parce que les condamnations qu'ils provoquent sont l'effet d'une obligation légale qui ne puise son origine dans aucune convention susceptible d'être enregistrée. Aussi un jugement ayant déclaré un individu coupable d'escroquerie, et l'ayant condamné à restituer des objets mobiliers qu'il s'était fait livrer, en prétendant qu'un tiers lui avait donné l'ordre de les acheter, la Cour de cassation a repoussé la demande de l'Administration qui, ayant vu tune vente dans le fait d'escroquerie, réclamait un droit de rétrocession sur la condamnation. « Attendu, porte l'arrêt de rejet, qu'il n'y a eu ni vente, ni mutation de propriété entre Marié et Vaudalger » (9 mai 1822) — *V.* 10601.

**14290. — Résolution d'un contrat passé sous une condition suspensive.** — Dans l'ancien droit, la perception à établir sur les résolutions était subordonnée à la question de savoir si les choses étaient encore *entières*. Les choses étaient considérées comme entières, tant que l'engagement des parties était resté sans effet, au lieu qu'elles avaient cessé de l'être par l'exécution partielle ou totale de la convention. « En un mot, dit Fonmaur n° 615, les choses sont entières lorsque les parties ont demeuré dans les termes d'un simple engagement sans effet. »

« Il est certain, ajoute l'annotateur de Boutaric (*Analyse du traité des fiefs* p. 167 à la note) qu'il n'est dû des lods ni pour la résolution, ni pour le contrat, quand même le prix aurait déjà été payé, parce que le contrat de vente ne donne ouverture au droit de lods qu'autant qu'il doit opérer un changement de main; de sorte que n'y ayant pas de changement de main à attendre, lorsque les parties ont résolu le contrat, la cause qui devait produire les lods est éteinte et anéantie. »

« On peut faire le résiliement d'un traité d'office et de la procuration *ad resignandum*, dit également Bosquet (v° *Résiliement* t. 2 p. 493); le droit de contrôle n'en serait dû que sur le pied fixé par l'art. 81 du tarif, pourvu que ce soit avant que le résignataire ait obtenu des provisions, parce que ce sont les provisions qui confèrent le titre et qui attribuent la propriété de l'office : jusque-là, le vendeur peut conserver son office en exerçant le regrès; ainsi le résiliement annulant entièrement une convention qui n'avait pas transféré la propriété, le droit de contrôle n'en est donc dû que suivant l'art. 81 du tarif (droit fixe). »

Ces principes doivent recevoir leur application de nos jours. Tant qu'une convention est tenue en suspens par une condition, elle n'est pas *entière*, et la résolution qui en a lieu avant l'accomplissement de la condition ne doit donner ouverture qu'au droit fixe. Il a été jugé, en ce sens, qu'il n'y a pas rétrocession donnant ouverture au droit proportionnel dans l'acte par lequel un adjudicataire se désiste du bénéfice du contrat qui lui a été consenti sous cette clause suspensive que l'adjudication volontaire ne produira son effet et qu'il n'y aura transmission qu'autant que les frais auront été payés dans un délai déterminé, et que l'adjudicataire aura fourni caution (Cass. 8 juill. 1822, *P. chr.* 2-550; — Dunkerque 11 août 1845, 7155 C., Champ. et Rig. t. 6 n° 418).

1. CONTRAT DE MARIAGE. — C'est en vertu de ce principe que l'on a vu, sous les nos 5309 et suiv., les résiliements de contrats de mariage ne donner ouverture qu'au droit fixe. Une condition suspensive pèse sur le contrat de mariage tant que la célébration n'a pas eu lieu. Ce n'est pas en effet le contrat de mariage, mais l'acte de l'état civil qui donne naissance à la société conjugale; dès lors, si la célébration du mariage n'a pas lieu devant l'officier de l'état civil, le contrat de mariage devient sans effet.

2. VENTE SOUS CONDITION SUSPENSIVE. — Les stipulations qui affectent le terme et le mode de payement du prix ne sont pas une condition suspensive. Dès lors la résolution volontaire avant payement et échéance donne ouverture au droit de rétrocession (Romorantin 27 avr. 1849). — *V.* 4956.

**14291. La résolution conditionnelle n'est passible que du droit fixe.** — L'influence de la condition qui peut tenir en suspens l'exécution du contrat, est aussi décisive en matière de résolution qu'en toute autre matière : elle ne laisse exigible que le seul droit fixe (*V.* 4915) : « Attendu, porte un arrêt de Cass. 27 mai 1823, qu'il résulte clairement des expressions de l'arrêt de la cour royale de Montpellier, du 16 janvier 1821, que cette cour n'a pas entendu prononcer une résolution pure et simple de la vente du 28 juin 1814, et qu'au contraire elle a subordonné cette résolution à la condition expresse que Guiraud, vendeur, rembourserait à Vidal, acquéreur, dans un délai déterminé par ledit arrêt, tant le principal de la vente que tous les frais et loyaux coûts auxquels elle avait donné lieu; d'où il suit que jusqu'à l'accomplissement de cette condition, on ne peut pas dire que la propriété de l'immeuble vendu ait cessé de résider sur la tête de l'acquéreur, ni qu'il y ait eu, par conséquent, ouverture à un droit de mutation; qu'en interprétant ainsi cet arrêt, le jugement attaqué n'a violé aucune des lois invoquées par la Régie » (7664 J. E., S. 24-1-31).

Jugé encore, dans le même ordre d'idées, que le droit proportionnel de rétrocession perçu sur un jugement par défaut, portant condamnation de payer dans un certain délai le prix de la vente, ou résolution de ce dernier acte, à défaut par l'acquéreur de satisfaire à cette obligation, est susceptible de restitution, s'il a été formé opposition à ce jugement et si plus tard il est intervenu un jugement exécutoire qui annule la disposition résolutoire du premier (Cass. 23 fév. 1818, Teste-Lebeau v° *Restitution* n° 20).

On l'a également décidé dans une espèce où un jugement par défaut n'avait déclaré une vente résiliée qu'à défaut par l'acheteur de justifier du payement des arrérages de rentes qui avaient été mis à sa charge, à la suite duquel jugement l'acquéreur avait justifié du payement des charges.

Cet arrêt est ainsi conçu : « Attendu : 1° qu'il résulte du jugement du tribunal d'Évreux, du 2 germinal an 12, que l'envoi en possession et propriété de l'immeuble vendu par Gaudin aux mari et femme Lefrère n'avait été prononcé à son profit qu'à défaut par lesdits mari et femme Lefrère de justifier du payement des arrérages de rente qu'ils s'étaient obligés d'acquitter, à la décharge dudit Gaudin; — 2° que la Régie n'a point dénié, ni devant le tribunal d'Évreux ni en la Cour, que Lefrère et sa femme eussent justifié du payement de ces rentes, et qu'en conséquence ils avaient continué de rester en possession de cet immeuble jusqu'à l'expropriation qui a eu lieu, à défaut de payement des nouveaux arrérages postérieurement échus; — 3° que dans cet état de choses, Lefrère et sa femme ayant satisfait au prononcé du jugement du 2 germinal an 12, l'envoi en possession ne pouvait plus être exercé par Gaudin et devait être réputé comme non avenu; d'où résulte qu'en déboutant la Régie de sa demande, le jugement attaqué n'a contrevenu à aucune des lois par elle invoquées à l'appui de sa réclamation » (Cass. 22 août 1815, 5496 J. E., S. 16-1-341).

Il a été décidé encore: 1° que quand un jugement a prononcé la résiliation d'une vente pour défaut du payement du prix, si mieux n'aime l'acquéreur payer une somme déterminée, l'acte qui règle postérieurement cette somme n'est passible que du droit fixe (Cass. 24 août 1841, 6171 C., S. 41-1-771 ; — Champ. et Rig. t. 6 n° 419.); — 2° que quand la résiliation d'une vente a été prononcée pour le cas où l'acquéreur ne se serait pas libéré dans les quinze jours de la signification, l'Administration doit percevoir un simple droit fixe, sauf, après avoir établi le défaut de payement, à réclamer pendant trente ans les droits exigibles sur la rétrocession (Cass. 15 mai 1866, 2281 R. P., 2349-3 I. G., D. 66-1 216, P. 66-908).

D'après ce dernier principe, il a été jugé que le droit fixe est seul applicable au jugement qui prononce une résolution de vente d'immeubles au cas où le prix ne serait pas payé dans un délai déterminé. Mais du moment qu'il est établi que les vendeurs se sont mis en possession de l'immeuble dont l'acquéreur devait être évincé, au cas où il n'aurait pas soldé son prix dans le délai indiqué, le droit de rétrocession devient exigible (Brives 23 janv. 1850, 15052-2 J. E.; Bayeux 25 août 1855, Saverne 16 avr. 1851, 15245 J. E.). — V. 4957.

**14292. La résolution ne peut intervenir qu'entre les parties contractantes.** — « Il est nécessaire, dit Hervé (t. 3 p. 17), que le désistement intervienne entre le vendeur et l'acheteur, ou entre leurs héritiers; car il n'y a que les personnes mêmes qui ont contracté, ou leurs héritiers, qui puissent se désister du contrat qu'elles ont passé. »

1. CONTRAT DE MARIAGE. — L'Administration et la jurisprudence font une application directe de cette règle lorsqu'elles décident, ainsi qu'on l'a vu au n° 5379, que la résiliation d'un contrat de mariage ne peut autoriser la restitution des droits perçus sur ce contrat, lorsqu'elle n'est pas le résultat du concert unanime des parties contractantes.

2. ACQUISITION A CHARGE DE RATIFICATION. — Le 10 juin 1827, les sieur et dame Delatouche ont vendu une pièce de terre à la demoiselle Fouré, fille majeure non présente, mais représentée par son père acceptant pour elle. Ultérieurement, et par un autre acte notarié, du 31 janvier 1829, les vendeurs ont déclaré, en présence du sieur Fouré, « révoquer le consentement par eux donné à la vente, attendu que ce dernier, en acceptant pour sa fille, ne s'était point porté fort pour elle avec promesse de la faire ratifier; qu'il n'avait aucun mandat de sa part à l'effet d'acquérir, et qu'enfin, la ratification n'avait pas été faite. » Le droit proportionnel perçu sur ce second acte a été restitué, par le motif que la demoiselle Fouré n'ayant pas ratifié, il ne s'était jamais formé de contrat entre elle et les acquéreurs (Dél. 14 avr. 1829, D. N. t. 11 p. 274 n° 15).

**14293. Mais elle peut opérer rétrocession entre les parties qui ont stipulé.** — *Quid* si, dans le dernier exemple ci-dessus, le père, en stipulant au nom de sa fille, s'était porté fort. Dans ce cas, le contrat se serait formé non pas entre le vendeur et la fille du porte-fort, mais entre le vendeur et le porte-fort lui-même. « On peut, sans mandat, dit en effet Toullier (t. 8 n° 170), acquérir au nom d'une tierce personne, en promettant qu'elle ratifiera le contrat; et, si cette personne refuse de tenir l'engagement, celui qui l'avait pris en son nom demeure lui-même personnellement engagé. » Si donc une résolution intervenait entre le porte-fort et le vendeur, il y aurait réellement rétrocession, et le droit proportionnel serait encouru (Champ. et Rig. n° 311).

Il faut, bien entendu, que la rétrocession soit le produit du consentement des deux parties. La déclaration de résiliation émanée de l'une d'elles et suivie d'un refus formel de l'autre laisse subsister le contrat (Cass. 7 juill. 1858 D. 58-1-330).

**14294. La résolution n'a pas été tarifée au droit proportionnel.** — La loi de l'enregistrement n'a nulle part nommé les résolutions de contrat dans le tarif des droits proportionnels, elle les a au contraire déclarées, dans plusieurs circonstances, passibles d'un simple droit fixe (V. 14325, 14404). Cependant, si l'on considère qu'en droit civil, un contrat une fois parfait ne peut être dissous par les événements postérieurs, en ce que les événements, quels qu'ils soient, ne peuvent faire qu'une chose n'ait pas existé (Toullier t. 7 n° 447), on arrive à reconnaître que si le consentement des parties vient à dissoudre un contrat, cette dissolution ne peut s'opérer qu'à la condition de produire un nouveau contrat de même nature que le contrat dissous.

Un exemple va rendre sensible cette double proposition :

Je vous ai livré ma maison contre le payement que vous m'avez fait du prix convenu entre nous; quelque temps après nous convenons de résoudre ce contrat. Cette seconde convention ne peut faire que la première n'ait pas existé. Cette première convention constituait une vente, car elle consistait en l'obligation de livrer une chose, moyennant le payement d'une somme d'argent (1583 C. C.).

La seconde convention constitue également une vente, car elle a pour objet l'obligation que vous contractez de me remettre la maison que je vous avais précédemment livrée, moyennant le payement que je vous fais de la somme que vous m'aviez payée.

**14295. C'est par les principes civils que l'on arrive à appliquer le tarif.** — Ainsi, bien que la loi de l'enregistrement n'ait pas nommément tarifé au droit proportionnel la résolution de contrat, on arrive forcément au tarif qui doit être appliqué, en consultant les effets qui résultent, en droit civil, de la résolution. Toute résolution de contrat produisant en général un autre contrat, c'est à rechercher quelle est la nature du tarif applicable à ce nouveau contrat qu'il faut principalement s'attacher. Tel est le principe général. La loi a cependant apporté à cette règle des exceptions que nous ferons successivement connaître dans le cours de cet article.

**14296. La résolution d'un contrat translatif produit en général un contrat de même nature.** — De l'exemple que nous avons donné sous le n° 14294, il résulte qu'en principe la résolution de tout contrat translatif produit un contrat également translatif. On ne peut, en effet, restituer la chose, après l'avoir acceptée, sans que cette résolution d'acceptation produise une mutation. Ce n'est que par une transmission nouvelle que l'on peut résoudre la transmission qui vous avait été faite, du moment que cette transmission s'était trouvée parfaite par un consentement réciproque. Seulement, cette seconde transmission peut n'être pas de même nature que celle qui a été résolue. — V. 14298 et suiv., 14315.

**14297. Vente. — Rétrocession.** — C'est ainsi que la loi du 22 frimaire an 7 a tarifé la résolution de la vente, sous le nom de *rétrocession*, au même droit que la vente, parce que cette résolution produit une nouvelle mutation, qui n'est autre chose qu'une vente.

IMMEUBLES. — Sont assujetties au droit de 4 pour 100 les *reventes*... *rétrocessions*... et tous autres actes translatifs de propriété ou d'usufruit de biens immeubles à titre onéreux » (L. 22 frim. an 7, art. 69 § 7 n° 1er). — V. 14447 et suiv.

2. MEUBLES. — Sont assujetties au droit de 2 pour 100... les reventes... rétrocessions... et tous autres actes translatifs de propriété à titre onéreux de meubles (L. 22 frim. an 7, art. 69 § 5 n° 1er).

**14298. La résolution d'une obligation, d'une rente produit une quittance.** — Résoudre une cession de créance ou une cession de rente est autre chose qu'opérer la résolution d'un contrat de créance ou d'un contrat de rente. Résoudre la cession, c'est opérer un transport par la voie de la rétrocession; résoudre le contrat même qui est constitutif de la créance ou de la rente, c'est détruire la créance ou la rente. Dans le premier cas, on procède à une transmission qui concerne l'objet transmis ; dans le second cas, on transmet également l'objet, mais c'est pour l'anéantir. On appelle *quittance* ou *remboursement* et *rachat* l'acte par lequel le créancier cède la créance ou la rente au débiteur.

Cependant, sous le prétexte que l'art. 1679 C. C. interdit au débiteur le droit de racheter la rente viagère, on avait voulu percevoir le droit de 2 pour 100, comme rétrocession de rente, sur le contrat par lequel un crédi-rentier avait consenti la résolution de la rente viagère constituée sur sa tête. Mais l'Administration, en se fondant sur le principe ci-dessus, a décidé avec raison, le 19 septembre 1825 (1026 C., 5632 J.N.), qu'il n'était dû que le droit de 50 centimes pour 100 comme remboursement de rente, attendu que s'il résulte de l'art. 1979 que le créancier ne peut recevoir son capital malgré lui, il ne s'ensuit pas qu'il ne puisse l'accepter volontairement, ce qui, alors, constitue un simple rachat.

1. REMPLACEMENT MILITAIRE. — On sait que l'Administration considérait le contrat de remplacement militaire comme une obligation des sommes. Pour être logique, il fallait décider que la résolution de la convention produisait une quittance.

L'acte qui la constatait était donc passible, de ce chef, du droit de quittance sur la somme dont le débiteur se trouve libéré.

**14299. La résolution d'une rente peut produire une obligation.** — Mais si la rente viagère étant résolue, le capital étant stipulé payable à terme au lieu d'être immédiatement remboursé, ce ne serait pas un rachat qu'aurait produit la résolution, mais une obligation (Sol. 8 sept. 1831, 1433 J.N.). — V. *Novation*.

**14300. Novation.** — Au surplus, les résolutions par novation produisent très-souvent un contrat d'une nature différente du contrat résolu. C'est ce qui ressort des nombreux exemples que nous avons passés en revue au mot *Novation*.

**14301. Résolution d'une quittance.** — C'est ainsi que l'Administration avait décidé, le 21 décembre 1837 (11955 J.E.), que la déclaration par un débiteur que la quittance qui lui avait été donnée d'une obligation par lui contractée était simulée et que l'obligation subsiste toujours, donne ouverture au droit d'obligation, car cette déclaration équivaut à une obligation nouvelle, puisque la quittance avait matériellement éteint l'ancienne obligation.

Cependant, des père et mère, après avoir reconnu que la dot par eux constituée à leur fille, et dont la célébration de mariage devait valoir quittance, n'avait pas été payée, et s'étant obligés de l'acquitter dans un délai déterminé en fournissant hypothèque, l'Administration a décidé, le 31 janvier 1850 (13964 J.N.), avec beaucoup plus de raison, à notre avis, que le droit d'obligation n'était pas exigible. Les motifs de cette décision sont que le donateur reconnaissant lui-même que le payement n'a pas eu lieu, la présomption légale de libération qui existait à son profit, aux termes de l'art. 1352 C. C., a disparu et l'aveu de la partie intéressée faisant la loi des contractants, on doit admettre pour constant que la dette n'a réellement jamais été éteinte, ce qui éloigne la perception du droit d'obligation, et ne laisse exigible que le simple droit fixe.

Cependant, si telles circonstances se présentaient que la résolution emportât novation, le droit de la convention nouvelle serait incontestablement exigible. Je déclare que la quittance que nous avons passée de la somme de 10,000 francs que je vous devais a été une quittance de complaisance donnée dans le but d'augmenter fictivement le chiffre de mon actif, et, pour vous tenir compte de cette somme de 10,000 francs, je m'oblige à vous servir une rente viagère de 1,000 francs. Ici ce n'est pas seulement ma libération qui se trouve anéantie, c'est l'ancienne obligation que j'avais contractée envers vous; car, ainsi qu'on l'a vu au n° 11802, la conversion d'un prêt en une rente viagère opère novation. Dès lors, ma déclaration donnera ouverture au droit de la convention nouvelle qui est le droit de 2 pour 100. — V. 11993.

**14302. Résolution d'un acte non translatif.** — Toutes les fois que le contrat résolu n'avait pas un caractère translatif, la résolution ne détermine pas un nouveau contrat translatif. Son effet est d'anéantir le contrat primitif; dès lors le droit proportionnel ne peut être exigible: c'est le tarif déterminé pour les actes innomés qui est applicable.

1. PROMESSE DE FAIRE. — En ce sens, la Cour de cassation a jugé, le 29 janvier 1839, que la résolution prononcée par jugement d'une convention verbale d'après laquelle une partie s'était engagée, moyennant une somme déterminée, à fournir certains objets mobiliers (des garnitures de fusil), n'opère pas une rétrocession de la propriété de ces objets, donnant ouverture à la perception d'un droit proportionnel; une telle convention ne peut être assimilée à une vente, mais à une promesse de faire, dont l'exécution ne pourrait se résoudre qu'en dommages-intérêts, sans que l'arrêt qui le décide ainsi, par l'interprétation des contrats, puisse subir la critique de la Cour de cassation (S. 39-1-109, J. P. 39-1-161).

C'est ce qui a été également décidé au sujet de la résolution judiciaire d'un traité verbal, par lequel un individu s'était interdit de fabriquer certains produits dans son usine (16866 J. E.).

2. MARCHÉ. — Telle est également la solution que nous avons donnée, sous les nos 11202 et 11253, aux résolutions du marché.

Mais il est bien entendu que, s'il s'agissait d'un marché-vente exécuté, le droit de 2 p. 100 serait exigible. — V. 11253.

3. PARTAGE. — Nous avons examiné au mot *Partage*, no 12491, la question de savoir si la résolution d'un partage pur et simple, ou autrement dit la remise des biens dans l'indivision, donnait lieu au droit proportionnel. Nous n'y reviendrons pas ici.

**14303. Antichrèse.** — Lorsque le débiteur qui avait donné un immeuble en antichrèse reprend possession de cet immeuble après s'être libéré, le droit de rétrocession n'est pas dû. — *V.* 2200.

**14304. Apprentissage.** — La résolution d'un contrat d'apprentissage est passible du droit fixe. — *V.* 2227-3.

**14305. Assurances.** — Nous avons examiné au mot *Assurances* de quel droit sont passibles les résiliements de contrats d'assurances.

**14306. Obligation non acceptée.** — Dans la délégation imparfaite, le créancier pouvant toujours renoncer au droit qui lui a été offert et qu'il n'a pas accepté peut se désister sans qu'un nouveau droit soit exigible. — *V.* 6093.

**14307. Gage.** — Le gage ne transférant pas la propriété de l'objet donné en nantissement, la renonciation à ce gage ne donne pas lieu au droit de mutation. — *V.* 9071.

**14308. Le rapport des biens donnés ne constitue pas une résolution.** — Nous avons enseigné au mot *Partage* que le rapport en nature que fait le donataire à la succession du donateur ne donne ouverture à aucun droit de mutation. Cependant un droit de rétrocession avait été perçu à raison du rapport fait par un fils à la succession de sa mère de l'immeuble que celle-ci lui avait vendu; mais l'Administration a décidé, le 30 septembre 1830 (9822 J. E.), que l'acte qui constate le rapport en nature, par l'un des successibles, d'un immeuble qui lui avait été *vendu* par l'auteur de la succession et le partage de cet immeuble sans soulte, n'est pas sujet au droit proportionnel, attendu qu'une donation pouvant être déguisée sous forme de vente, le cohéritier qui a fait le rapport de l'immeuble à lui vendu a reconnu implicitement que la vente déguisait une donation; on ne peut donc voir dans le rapport que l'accomplissement d'une obligation légale.

Cependant le droit proportionnel de rétrocession ayant été perçu dans une affaire de même nature, la Cour de cassation a refusé la restitution des droits par un arrêt du 17 février 1840 (12479 J. E., J. P. 40-1-732, 1618-2 I. G.), motivé sur l'art. 60 L. 22 frimaire an 7 qui interdit la restitution de tout droit régulièrement perçu et conçu en ces termes:

« Attendu que, lorsque la perception d'un droit d'enregistrement a été régulièrement faite sur un jugement rendu en première instance, l'infirmation de ce jugement par arrêt subséquent est un événement ultérieur que la loi ne met point au nombre de ceux qui autorisent la restitution du droit perçu; attendu que le jugement du 22 juillet 1835, sur lequel le droit d'enregistrement a été perçu, a eu pour objet principal, en ce qui concernait les immeubles compris au contrat de vente du 15 septembre 1831 et au procès-verbal d'adjudication du 4 octobre suivant, l'annulation desdits actes, dont la nullité était demandée par les époux Picard; et que ce même jugement, en déclarant ces immeubles partie des biens dépendant des successions des mariés Guillemont, n'a fait autre chose que tirer la conséquence qui dérivait nécessairement de l'annulation par lui prononcée; qu'il suit de là que la Régie de l'enregistrement a été autorisée à considérer le jugement précité comme opérant une annulation des actes de vente, et, par suite, une rétrocession au profit de la succession des époux Guillemont, père et mère; qu'ainsi, le jugement attaqué, en ordonnant la restitution des droits perçus, a formellement violé les articles précités. »

1. PARTAGE ANTICIPÉ. — Le même principe est incontestablement applicable aux rapports faits en matière de partage d'ascendant, et c'est ce que l'Administration a reconnu par deux Dél. 23 février et 1er mai 1827 (8718 et 8805 J. E.), par le motif que le rapport du bien donné devait se faire lors du partage de la succession du donateur, et que le partage anticipé auquel on a procédé en tient lieu. — V. *Partage*.

2. DONATION ORDINAIRE. — *Quid*, si le père, au lieu d'anticiper l'ouverture de sa succession par un partage entre-vifs, faisait une simple donation entre-vifs à l'un de ses enfants, et qu'un autre enfant rapportât à cette donation l'immeuble qui lui aurait été précédemment donné? Il y aurait incontestablement rétrocession du fils au père, car rien dans

la loi n'autorisait celui-ci à demander le rapport de l'immeuble pour en faire donation à un autre autrement que par un partage anticipé.

Si l'on recherche de quelle convention se rapproche le plus la clause litigieuse, on est forcé de reconnaître que c'est d'une libéralité. Elle opère d'abord la rétrocession d'une donation antérieure.

Or, il est de règle en droit fiscal que, sauf de rares exceptions, la résolution d'un contrat opère toujours un contrat de la même nature. D'autre part, les père et mère reçoivent une valeur qu'ils n'avaient pas le droit d'exiger et en compensation de laquelle ils ne cèdent aucun bien à leur enfant, celui-ci n'exécute aucune obligation civile en restituant sa donation.

L'acte est donc bien ce que le droit romain appelait *mera liberalitas nulla jure cogente facta*, un abandon que rien ne forçait à opérer, c'est-à-dire une donation. Pour qu'il y ait lieu simplement au droit de quittance, il faudrait rencontrer la libération d'une dette. Or, l'obligation du rapport n'existe pas tant que les donateurs en avancement d'hoirie ne sont pas décédés. Le bénéficiaire est exposé, sans doute, à voir naître la créance de la succession, mais cette créance n'a encore aucune existence actuelle et elle ne prendra même pas naissance si les donateurs ajoutent à leur libéralité la clause de préciput.

Ce serait donc forcer singulièrement le sens des choses que de soutenir que le donataire se libère par anticipation d'une dette exigible à terme en restituant l'objet de sa libéralité avant le décès du donateur.

D'ailleurs, en supposant même que l'obligation du rapport existe dès à présent comme elle existe après le décès, ce n'est pas le droit de libération qu'il faudrait percevoir. On sait, en effet, que la restitution de l'avant d'hoirie est considérée comme un élément essentiel de la liquidation. Celui qui l'opère n'est pas censé se libérer d'une dette proprement dite et la jurisprudence n'attribue à son agissement aucun caractère translatif passible du droit proportionnel.

Conformément à ces principes, le tribunal de Dreux a décidé, le 28 mai 1862, que, si un enfant doté, afin de rétablir l'égalité entre ses frères et sœurs moins dotés que lui, rembourse une partie de sa dot à ses père et mère donateurs, il en résulte une libéralité passible du droit de donation. Vainement les parties ont objecté qu'il s'agissait d'un rapport anticipé, puisque le rapport *ne se fait qu'à la succession*, n'est dû que *par l'héritier à l'héritier*, et que le donataire peut se dispenser de faire le rapport *en renonçant à la succession* (1628 R. P., 12305 C., 17496 J. E.).

Il y a aussi donation quand le donataire rend au donateur l'objet donné (Nice 5 janv. 1875, 4130 R. P.).

3. RAPPORT APRÈS PARTAGE ANTICIPÉ. — Il faudrait appliquer la même solution à tout rapport qui serait fait des biens compris dans un précédent partage anticipé, que ce rapport fût fait à la succession du donateur ou dans toute autre circonstance.

On a vu, en effet, au n° 12558, que les biens que le père a partagés en vertu de l'art. 1075 sont partagés définitivement et indépendamment de ce qu'il laissera dans sa succession, à laquelle aucun rapport n'est dû par cette catégorie de donataires. — V. *Partage*.

## SECTION 2. — APPLICATIONS DIVERSES

**[14309-14324]**

**14309. Donation.** — Sans acceptation, il n'y a pas de donation parfaite, et dès lors pas de perception à faire du droit proportionnel : c'est ce qui a été établi sous les nos 6577 et suiv. Une résolution qui interviendrait dans cette position ne produirait donc d'autre effet que d'anéantir un projet de contrat, elle ne pourrait revêtir le caractère transmissif (Dél. 5 déc. 1843, S. 45-2-61 ; — Castelnaudary 1er juin 1837, avec acq., du 29 nov. 1837, 5269 C., Dél. 19 nov. 1844, 7081 C.). — V. ci-après n° 14316.

Mais il en est autrement toutes les fois que la donation a été acceptée, elle ne peut plus se résoudre que par une nouvelle donation, à la condition toutefois que cette résolution soit acceptée par le donateur :

« Attendu, porte un arrêt du 9 juin 1806 (S. 6-2-664, 2493 J. E.), rendu en audience solennelle sur les conclusions de Merlin, que toute donation régulièrement faite et acceptée est de sa nature irrévocable ; que, par la tradition, le donataire a été investi de la propriété, et que, par l'acte de répudiation qui a eu lieu postérieurement et qui a tout l'effet d'une rétrocession, cette propriété a repassé au profit du donateur ; que celui-ci n'en pouvait être ressaisi sans cet acte ; que par là il y a eu double mutation de propriété ; attendu que les raisonnements du tribunal d'Auch ne sont applicables qu'à la faculté qu'a le donataire de se dégager des dettes en répudiant la donation, mais qu'il n'en est pas moins constant qu'il y a eu une transmission de propriété par la remise que le donataire a faite de l'immeuble donné après l'avoir accepté, et consommé ainsi la première mutation sur sa tête ; qu'on ne peut confondre le cas d'une répudiation d'un héritier ou d'un légataire, au sujet d'une succession ou d'un legs, avec celui d'une répudiation d'une libéralité acceptée : dans le premier, l'héritier et le légataire n'ont rien recueilli, ils ne cèdent rien ; dans l'autre, au contraire, le donataire a été approprié de son consentement et il s'exproprie par la répudiation ; attendu que la loi citée soumet au droit proportionnel toute transmission de propriété de biens immeubles, et que l'art. 68, qui comprend dans la classe des actes sujets au droit fixe de 1 franc les abstentions et répudiations de successions, legs ou communautés, ne parle pas de répudiations de donations acceptées ; qu'ainsi, en jugeant l'acte dont il s'agit sujet à un droit fixe, au lieu de le déclarer sujet au droit proportionnel, le jugement attaqué a violé l'art. 4 tit. 1er L. 22 frimaire an 7 et fait une fausse application de l'art. 68 tit. 10 § 1er n° 1er de la même loi » (*V.* dans le même sens Cass. 22 frim. an 11, S. 3-2-252, 1420 J. E.).

La même doctrine avait déjà prévalu sous l'ancienne jurisprudence : « A l'égard des rétrocessions volontaires, dit Bosquet, que le donataire fait au donateur, elles n'empêchent pas que le centième denier ne soit exigible pour la donation s'il n'a pas été acquitté, mais encore elles sont sujettes au même droit de centième denier. En effet, l'acceptation saisit le donataire et, dès qu'après avoir accepté il rétrocède, il y a deux mutations de propriété » (Déc. 12 sept. 1721, 15 juill. 1727, 16 sept. 1730, 21 août 1745, 23 nov. 1748, Bosquet t. 2 p. 241).

1. DÉLAISSEMENT. — Lorsque le donateur n'a expressément imposé *aucune charge* spéciale au donataire, il est admis que ce dernier peut toujours renoncer à la donation sans le consentement ni l'acceptation du donateur (*V.* Cass. 29 fév. 1820, S. 6-1-191 ; — Grenoble 28 juin 1823, S. 6-2-235 ; — Grenoble 20 août 1828, S. 29-2-107, Demolombe 20-574-579, Troplong *Donat.* n° 65). — Comme il s'agit alors d'un abandon à titre unilatéral, il y a lieu d'appliquer l'art. 2174 et de décider que le délaissement des biens donnés doit être fait, comme le délaissement par hypothèque, au greffe du tribunal, et qu'il sera nommé un curateur aux biens abandonnés (Demolombe t. 20 p. 579). Ce délaissement est soumis au même droit que le délaissement ordinaire (*V.* n° 6037).

2. QUALIFICATION DE L'ACTE. — L'acte par lequel un individu qui aurait reçu, à titre de donation entre-vifs, un immeuble, à charge de servir une rente viagère au donateur, *vend* et *rétrocède* cet immeuble au donateur, moyennant l'extinction de la rente viagère, ne produit d'autre effet que n'en avait produit l'acte de donation lui-même, et dès lors il est passible du droit de donation, et non de celui de vente (Sol. 20 sept. 1832, 10448 J. E.).

**14310. Renonciation à succession, à legs, à communauté.** — Toute résolution de l'acceptation qui a été faite d'une succession, d'un legs, d'une communauté, produit un effet translatif, c'est-à-dire transmet la part du renonçant à ses cohéritiers ou copropriétaires, et encourt ainsi le droit de mutation.

Si la succession, le legs, la communauté n'avaient pas été acceptés, il n'y aurait pas eu contrat, car le lien de droit aurait manqué ; dès lors, la résolution ne serait pas translative, ce ne serait pas, à proprement parler, une résolution, ce serait une abstention. C'est ce que nous avons démontré au mot *Renonciation.*

**14311. Donation par contrat de mariage.** — 1. BIENS PRÉSENTS. — Il a été jugé par la Cour de cassation, le 28 juillet 1806, que la résolution, acceptée par le donateur, d'une donation faite par contrat de mariage, strictement relative à des biens présents, à la seule charge de payer les dettes existantes à l'époque où elle avait été faite et acceptée, ne peut tomber sous l'empire de l'art. 68 § 1^er n° 1^er L. 22 frimaire an 7 (S. 6-1-384, 2430 J. E.).

« Attendu, porte l'arrêt, 1° que la donation faite par Vincent Guisquet à son fils, par son contrat de mariage du 20 nivôse an 10 et par lui accepté, ne comprenant que les biens présents du donateur, avec charge de payer certaines dettes lors existantes, telles qu'elles étaient spécifiées dans ladite donation, avait transmis au donataire, à titre irrévocable, la propriété exclusive des biens à lui donnés; attendu que la répudiation de celui-ci, par acte remis au greffe du tribunal civil d'arrondissement, le 4 floréal an 12, répudiation acceptée par le père du donateur par autre acte également remis au greffe le même jour, avait opéré en sa faveur une rétrocession des mêmes objets par lui donnés, laquelle emportait à son profit une transmission de propriété ; attendu qu'une pareille donation, strictement relative à des biens présents, à la seule charge de payer les dettes existantes à l'époque où elle avait été faite et acceptée, d'une part, était absolument étrangère à l'exception portée par l'art. 18 de l'Ordonnance de 1731, qui n'excepte de la règle générale de l'irrévocabilité que les donations de biens présents faites par contrat de mariage, à la charge de payer en tout ou en partie les dettes de la succession du donateur, ou sous toutes autres conditions absolument dépendantes de la volonté de celui-ci ; de l'autre, au n° 1^er § 1^er de l'art. 68 L. 22 frimaire an 7, qui ne soumet, à la vérité, qu'au droit fixe de 1 franc les abstentions, répudiations et renonciations à succession, legs ou communauté, mais dont la disposition est évidemment inapplicable au cas de la répudiation d'une donation acceptée, parfaite et consommée, qui, par là même, lorsqu'elle arrive, emporte rétrocession, de la part du donataire, des objets à lui donnés, en faveur du donateur, et, par une conséquence nécessaire, transmission de propriété à son profit. »

La même solution résulte d'une Dél. 15 août 1817 (2622 J. N.).

2. BIENS PRÉSENTS ET A VENIR. — En ce qui concerne les donations de biens présents et à venir, nous renvoyons le lecteur à ce qui est dit sous les n^os 5336 et suiv. Ce sont les distinctions établies dans ces numéros qui fourniront la solution de la question de savoir quand la résolution d'une donation de biens présents et à venir doit donner ouverture à un droit proportionnel ou à un simple droit fixe. Il est clair que la résolution sera translative et, partant, encourra le droit proportionnel de donation, toutes les fois que la donation résolue avait elle-même revêtu un caractère d'actualité qui l'aura rendue translative *ab initio*. Le droit fixe sera, au contraire, le seul exigible, si la réalisation de la donation se trouve subordonnée au décès du donateur.

3. SOMMES PAYABLES AU DÉCÈS DU DONATEUR. — Les mêmes considérations devront dominer la question, en ce qui concerne les donations de sommes payables au décès du donateur. Nous avons fait connaître, sous les n^os 5342 et suiv., les diverses situations dans lesquelles la donation encourt soit le droit proportionnel, soit le droit fixe. Ce sont ces situations qui détermineront la nature du droit applicable à la résolution de cette espèce de donation. Le droit proportionnel devra être perçu toutes les fois qu'il s'agira de la résolution d'une donation qui devra être jugée comme ayant été actuelle. Dans le cas contraire, il ne pourra être exigé qu'un simple droit fixe.

**14312. Donations entre époux pendant le mariage.** — Quant aux donations que peuvent se faire les époux pendant le mariage, nous en avons exposé la théorie complète sous les n^os 6727 et suiv. L'Administration ayant consacré notre doctrine par une Sol. 22 mars 1856 (606 R. P.), elle peut servir de base à la solution des questions relatives à la résolution de ce genre de donation. Ainsi, toutes les fois qu'il s'agira de la résolution d'une donation *entre-vifs de biens présents*, qui aura dû être considérée comme actuelle et encourir le droit proportionnel, comme cette résolution produira nécessairement une nouvelle donation entre-vifs, ce sera le droit proportionnel de donation qui sera exigible. Que si, au contraire, c'est d'une donation de biens à venir qu'il s'est agi, sa résolution n'étant pas translative n'encourra que le droit fixe. — V. 14318 § 3.

**14313. Donation mutuelle.** — La résolution de la donation mutuelle doit être subordonnée aux règles que nous avons posées sous les nos 6856 et suiv. C'est d'après les distinctions qui ressortent de ces règles que le nouveau contrat encourra soit le droit fixe, soit le droit proportionnel, par application des principes que nous venons de développer.

**14314. Donation rémunératoire.** — La théorie de la donation rémunératoire, dans ses rapports avec la loi de l'impôt, a été exposée nos 6751 et suiv. Dans la combinaison de cette théorie avec la théorie que nous venons de développer, de la résolution appliquée à la donation, se trouvera la solution de toutes les difficultés que pourrait présenter la matière qui nous occupe.

**14315. Donation contenant partage anticipé.** — Le partage d'ascendants, lorsqu'il est fait par acte entre-vifs, a un effet présent, il est irrévocable et lie le donateur qui se dépouille de la propriété de ses biens pour la transférer à ses enfants. Nul doute donc, par application des règles ci-dessus, que la résolution d'un partage d'ascendants ne doive être assujettie au droit proportionnel de donation. Mais, il faut le remarquer, ce ne serait plus le droit réduit par l'art. 3 L. 16 juin 1824 qui devrait être exigé, mais bien le droit déterminé pour les donations ordinaires entre-vifs en ligne directe. Dans cette circonstance, en effet, la résolution ne pourrait produire un contrat de même espèce que le contrat résolu, puisque la donation contenant partage ne peut avoir lieu que d'ascendant à descendant.

**14316. L'acceptation de la rétrodonation est nécessaire pour rendre le contrat parfait.** — On a déjà vu, au no 14309, que la résolution de la donation doit, pour encourir le droit proportionnel, être acceptée par le donateur entre les mains de qui reviennent les biens. C'est un point sur lequel nous devons insister. On comprend, en effet, qu'il ne dépendra pas plus de la volonté seule du donataire de faire rentrer les biens donnés dans les mains du donateur qu'il n'avait dépendu du donateur de gratifier le donataire. Le consentement réciproque est aussi nécessaire pour la rétrodonation que pour la donation.

En ce sens, il a été décidé par l'Administration (Sol. 8 oct. 1835) « qu'une simple renonciation à une donation ne pourrait produire l'effet d'une rétrocession ou d'une rétrodonation qu'autant qu'elle serait acceptée. Jusqu'à cette acceptation, la renonciation peut être révoquée comme toute promesse non convertie en contrat synallagmatique. La transmission qui résulterait de la renonciation ne serait parfaite, comme toute autre mutation, que par le consentement des deux parties. Il est de principe que toute donation non acceptée n'est passible que du droit fixe. Il doit en être de même à l'égard d'une renonciation à une donation ; elle ne peut être considérée comme opérant une nouvelle donation que lorsqu'elle est acceptée » (9028 J.N.). — V. *infrà* no 14309.

C'est ce qui a été également décidé au sujet de la renonciation faite dans les mêmes circonstances à un don manuel (Dél. 26 avr. 1830, 7171 J.N., D.N. t. 5 p. 105 no 629, 10806-1 J.E.).

Il est donc nécessaire de se référer, pour cette acceptation, à ce que nous avons dit sous le no 6577.

1. DONATION INDIRECTE, ACCESSOIRE. — Au surplus, il ne faut pas perdre de vue qu'une acceptation expresse n'est pas toujours nécessaire pour parfaire la donation et rendre exigible le droit proportionnel, c'est ce qui a été établi pour les donations indirectes ou accessoires aux nos 6608 et suiv. Ainsi, toute résolution qui se présenterait dans ces conditions devrait être gouvernée par les mêmes règles.

2. MUTATION SECRÈTE. — De même encore, on peut, dans certaines circonstances, supposer le double consentement. C'est ce qui devrait avoir lieu, si la résolution de la donation avait été dissimulée dans le but de la soustraire au payement du droit de mutation.

« Attendu, porte un arrêt de cass. du 26 mai 1836, que, d'après l'art. 12 L. 22 frimaire an 7, la mutation d'un immeuble en propriété ou usufruit est suffisamment établie pour la demande du droit d'enregistrement, soit par des baux passés par le nouveau possesseur, soit par des transactions ou autres actes constatant sa propriété ; et attendu, en fait, que, le 9 octobre 1826, Allut père, demandeur en cassation, a donné, par contrat de mariage, à son fils, la maison dont il s'agit au procès, et qu'ensuite, le 3 février 1834, le même Allut père a vendu cette maison aux frères Rouvière ; attendu que, vis-à-vis de la Régie et pour la demande du droit d'enregistrement, cette vente n'a pu avoir lieu sans qu'auparavant Allut père, donateur, fût rentré dans la propriété de la maison, à l'aide d'une rétrocession qu'il a obtenue de son fils, donataire, qu'il n'a pas présentée à l'enregistrement, et qui, par conséquent, était passible, ainsi que l'a décidé le jugement attaqué, des droits réclamés par la Régie ; que c'est à tort que le demandeur en cassation a prétendu que son fils, loin d'avoir consenti aucun acte de rétrocession, avait ignoré cette vente ; qu'elle avait été faite *à non domino*, et qu'elle avait dû être ratifiée par le même fils dans un acte du 13 octobre 1834 ; qu'en effet on ne s'est étayé devant les juges de la cause que de la prétendue nullité de la donation, pour défaut de transcription, et qu'il n'y a jamais été question ni de la prétendue ignorance du fils du donataire, ni de sa ratification, ni de la vente faite *à non domino* ; qu'ainsi ces exceptions, rentrant toutes dans le fait, ne pouvaient être, pour la première fois, proposées par-devant la Cour de cassation ; attendu en outre, en droit, que la perception du droit d'enregistrement se détermine d'après la substance des actes et leur forme extrinsèque, sans avoir égard aux vues et aux rapports particuliers entre les parties et étrangers à la Régie ; que, d'après cela, le moyen, dans cette partie, est tout à fait non recevable et mal fondé. »

Nous avons, au mot *Mutation secrète*, rapporté plusieurs décisions rendues dans le même sens.

3. RÉVOCATION. — Cependant, comme la révocation d'une donation entre-vifs faite entre époux pendant le mariage est révocable par la volonté seule du donateur, le droit de mutation est dû sans qu'il soit besoin de justifier du consentement du donateur. — *Contrà* : Sol. 27 oct. 1877, 4978 R. P.

**14317. Échange.** — La résolution d'un échange opère un nouvel échange, si elle rétablit les parties dans leurs biens respectivement échangés; elle constitue une vente, si l'un des échangistes, en rentrant en possession de l'objet par lui cédé, conserve la propriété des biens qui lui avaient été attribués en contre-échange.

Dans le premier cas, on procède comme en matière d'échange, on perçoit le droit de 2 fr. 50 cent. pour 100 sur l'une des deux parts échangées; dans le second, le droit de 5 fr. 50 cent. pour 100 doit être perçu sur la valeur de l'objet rétrocédé, en y comprenant le montant des frais, loyaux coûts, réparations et améliorations à rembourser. — V. *Échange* n° 7160.

D'après M. Demante, il faudrait percevoir le droit de 4 pour 100 sur la plus forte part, parce que la résolution d'un échange n'est point un échange (n° 316). Mais ce résultat nous paraît peu admissible, et nous croyons que, si la résolution n'opère pas un échange proprement dit, elle y doit du moins être assimilée pour la perception.

ÉVICTION. — Si l'un des échangistes évincé de l'immeuble par lui reçu rentre en possession des biens cédés au coéchangiste, le droit de vente est dû (Sol. 30 juill. et 17 août 1877).

**14318. Bail.** — L'art. 69 § 3 n° 2 L. 22 frimaire an 7 a prévu la résolution du bail, comme elle a prévu celle de la vente, ainsi que nous l'avons vu au n° 14297. Cette résolution se trouve naturellement, conformément aux principes que nous avons développés, tarifée au même droit que le bail, puisque, par le fait, elle constitue un nouveau bail. Nous nous référons à ce sujet à ce que nous avons dit au mot *Bail*.

**14319. Cession de créance.** — On a vu au n° 3649 que la cession de créance n'est autre chose qu'une véritable vente; aussi, bien que la loi de l'an 7, en tarifant cette nature de contrat par son art. 69 § 3 n° 3, n'ait pas prévu sa rétrocession, comme elle l'a fait pour la vente proprement dite (*V.* 14297), il faut décider, par voie de conséquence directe, que la résolution du contrat de cession, opérant la même convention que la cession elle-même, donne ouverture aux mêmes droits.

C'est au mot *Cession de créances* que l'on trouvera toutes les décisions spéciales aux rétrocessions des contrats de l'espèce.

**14320. Cession d'actions.** — La cession d'actions prévue par l'art. 69 § 2 n° 6 de la loi de frimaire est dans le même cas. Sa résolution opère un droit de convention pareil à celui primitivement perçu; et, en cela, il faut soigneusement s'attacher à suivre les distinctions que nous avons établies au mot *Actions*, entre les diverses natures d'actions, ou mieux entre les diverses quotités de tarif qui leur sont applicables suivant le caractère de l'action. C'est ainsi que la rétrocession d'une action opérera tantôt le droit de 50 centimes pour 100, tantôt le droit de 2 pour 100, tantôt celui de 5 fr. 50 cent. pour 100, selon qu'il s'agira d'une action ou d'une part d'intérêt dans une société, d'une action mobilière ou d'une action immobilière.

**14321. Cession de rente.** — Quant aux rétrocessions de rente, il ne faut pas perdre de vue qu'il n'y a plus de nos jours que des rentes mobilières dont les cessions sont toutes tarifées au droit de 2 pour 100 (V. *Rente*). C'est donc au droit de 2 pour 100 que donnerait ouverture une résolution de cession de rente.

1. CESSION A TITRE GRATUIT. — Nous n'entendons parler que des cessions à titre onéreux, les seules dont s'occupe la loi dans son tarif. Quant aux rentes cédées à titre gratuit, comme le contrat qui les établit rentre dans la catégorie des donations ordinaires, nous renvoyons à ce que nous avons dit au n° 14316.

2. RENTE SUR L'ÉTAT. — S'il s'agissait de la résolution d'un transfert de rente sur l'État, il faudrait se référer aux règles posées au mot *Rente*, pour percevoir soit un simple droit de salaire, soit un droit proportionnel de mutation.

**14322. Retrait de réméré.** — La résolution d'un retrait de réméré forme une nouvelle vente, car l'une des parties s'oblige à livrer une chose et l'autre à payer ou à restituer une somme d'argent. Il y a donc ouverture au droit proportionnel de vente. Si la résolution avait lieu dans le délai stipulé pour le réméré, par le premier contrat de vente, la résolution remettant les choses dans l'état où elles étaient auparavant, le nouveau contrat constituerait une vente à réméré, dont les délais se composeraient du temps qui resterait à courir pour l'accomplissement de ceux qui avaient été stipulés dans la convention primitive.

Je vous avais vendu ma maison sous réserve de réméré pendant cinq ans. Deux ans après j'exerce le rachat, en vous remboursant le prix payé et les loyaux coûts; puis, le retrait opéré, nous convenons de le résoudre moyennant la restitution que vous me faites de la somme que je vous avais remboursée. Cette résolution constitue une véritable vente à réméré; car, par l'exercice de retrait, toute condition de rachat s'était évanouie entre nous, et nous ne pouvons faire revivre cette condition que par une nouvelle vente à laquelle sera attaché le délai qui restait à courir de la première vente.

**14323. Usufruit.** — On verra plus tard que la réunion de l'usufruit à la nue-propriété n'opère qu'un droit fixe. Cette disposition est fondée sur ce que celui qui acquiert la nue-propriété, payant le droit sur la valeur entière de la propriété, acquitte ainsi, par anticipation, le droit de mutation sur l'usufruit qui viendra plus tard se réunir à sa nue-propriété. — *Quid* si le propriétaire, après avoir aliéné l'usufruit, opérait ensuite, de concert avec l'acquéreur, la résolution de cette aliénation? Il ne s'agirait plus ici d'une réunion dans le sens de la loi qui dispense cette réunion du droit proportionnel, parce qu'elle ne la considère plus comme translative, la transmission en ayant été fictivement opérée par le payement anticipé du droit de mutation; celui qui avait détaché l'usufruit de sa propriété l'ayant fait par un contrat translatif, ce ne serait que par un nouveau contrat translatif qu'il pourrait revenir en ses mains.

Il a été décidé en ce sens par l'Administration : 1° que la renonciation à un usufruit par un fils donataire, au profit du donateur, qui procède immédiatement au partage de ses biens, donne ouverture au droit de donation (Dél. 7 oct. 1825); — 2° que le droit exigible, lorsque celui qui a aliéné l'usufruit d'un immeuble rachète cet usufruit, est le droit de 5 fr. 50 cent. pour 100 (Sol. 21 mai 1841, 6537 C.; — *Contrà* Champ. et Rig. t. 6 n° 423).

**14324. Vente. — Excédant de mesure.** — Lorsque, par suite du mesurage d'une propriété rurale, il se trouve une contenance supérieure à celle qu'il avait achetée, l'acquéreur peut renoncer à conserver l'excédant, sans qu'il en résulte une rétrocession au profit du vendeur (Sol. 1er oct. 1825, D. N. t. 11 p. 536 n° 41); — V. *Vente.*

## CHAPITRE II. — RÉSOLUTIONS VOLONTAIRES

[14325-14341]

### SECTION PREMIÈRE. — RÉSOLUTIONS ORDINAIRES.

[14325-14330]

**14325. Principe général. — La résolution volontaire est sujette au droit proportionnel.** — « Il y a deux sortes de résolutions, dit Fonmaur (n° 645) : la résolution purement volontaire et la résolution forcée, soit que celle-ci soit faite d'autorité de justice, ou exécutée de gré à gré. — La résolution volontaire est celle qui se fait par le consentement volontaire et spontané des parties; la résolution nécessaire est celle qui dérive du statut municipal et de la loi. »

Dans cet ordre d'idées, il n'y avait de résolution volontaire que celle qui ne pouvait jamais devenir nécessaire, c'est-à-dire qui émanait de la libre volonté des parties, *nullo jure cogente.* Toutes les fois, au contraire, que la résolution avait lieu en justice, ou que les parties ne la consentaient que pour éviter une action en justice, la résolution était considérée comme forcée.

Nous ne suivrons pas ces distinctions dans leurs rapports avec la perception des droits seigneuriaux, car elles se compliquaient de nombreuses considérations sur la portée desquelles les auteurs étaient loin d'être d'accord. Dans tous les cas, l'Administration de la ferme ne les avait pas admises, et l'art. 6 de la déclaration du roi du 20 mars 1708, ayant assujetti au droit de centième denier les résolutions volontaires des ventes, arrêts, jugements, sentences et généralement tous actes translatifs et rétrocessifs de propriété de biens immeubles, l'on ne comprit sous ces dénominations que les résolutions par jugements contradictoires qui prononçaient sur un vice inhérent, parce que ces résolutions n'opéraient aucune mutation. Quant aux résolutions qui s'opéraient par actes ou civils ou extra-judiciaires, et par jugement d'expédient ou par défaut, on les considérait comme des résolutions volontaires passibles du droit de mutation.

Ces errements ont passé dans la jurisprudence actuelle à la suite de la loi du 22 frimaire an 7, dont les dispositions ne sont pas très-explicites à cet égard. C'est sur les conclusions de Merlin qu'ils furent pour la première fois consacrés par un arrêt de la Cour de cassation du 5 germinal an 13, ainsi conçu (S. 5-2-416, 1347-4 I. G.) :

« Vu l'art. 68 § 3 n° 7 L. 22 frimaire an 7, et l'art. 69 § 7 n° 1er de la même loi ; considérant qu'il résulte des dispositions de l'art. 68 ci-dessus cité, que, pour que la résolution d'un contrat ne donne lieu qu'à la perception d'un droit fixe d'enregistrement, il faut non-seulement que cette résolution soit prononcée par un jugement, mais aussi qu'elle ait pour cause une nullité radicale ; considérant que la résolution du contrat de vente dont il s'agit n'a point été prononcée par jugement, mais qu'elle s'est faite par le consentement volontaire des parties ; que d'ailleurs l'acquisition faite en vertu dudit contrat de vente par les mariés Michaud, au temps de leur minorité, n'était point radicalement nulle, mais seulement sujette à rescision ; qu'ainsi la résiliation de vente qui s'est opérée, dans l'espèce actuelle, ne peut être regardée que comme une nouvelle transmission d'immeuble à titre onéreux, sujette par conséquent au droit proportionnel de 4 pour 100 établi par ledit art. 69 ; d'où il suit qu'en déboutant la Régie de sa demande en payement du droit proportionnel, sur le motif qu'il n'était dû qu'un droit fixe, le tribunal d'arrondissement de Châtillon a faussement appliqué l'art. 68 et a violé en même temps l'art. 69 L. 22 frimaire an 7. »

Les conclusions du célèbre magistrat (V. *Rép.* v° *Enregistrement* § 2) étaient fondées sur deux motifs. Le premier consistait à soutenir que la rescision pour lésion d'un contrat fait en minorité n'avait pas pour cause une nullité radicale. — Le second était ainsi conçu :

« Quand on voudrait, dans l'espèce actuelle, assimiler la lésion à une nullité radicale, Michaud et sa femme n'en seraient pas plus avancés. *Ce n'est point par un jugement que leur contrat a été résolu, il l'a été par des actes extra-judiciaires*; et non-seulement la loi du 22 frimaire an 7 art. 68 § 3 n° 7 n'accorde l'*exemption* du droit proportionnel qu'à un jugement portant résolution, *mais même il était de règle, sous le régime féodal, que les seigneurs perçussent leurs droits de lods et ventes sur les résolutions de contrats qui n'étaient pas prononcées par les tribunaux en connaissance de cause.* »

Championnière et Rigaud, après avoir démontré que cette dernière assertion de Merlin est erronée, s'attachent à établir qu'il devrait en être de nos jours comme sous le régime féodal, c'est-à-dire que la résolution conventionnelle ne devrait pas donner ouverture au droit de rétrocession, lorsqu'il y a véritablement *vice, lésion ou nullité de la vente.*

Sans nous attacher à suivre ces auteurs dans leur habile dissertation, que le lecteur peut d'ailleurs consulter sous les nos 57 et suiv. de leur traité, nous nous contenterons de dire qu'à son premier arrêt, ci-dessus rapporté, la Cour suprême a ajouté, depuis l'an 13 jusqu'à ce jour, une série presque non interrompue de décisions qui forme un faisceau contre lequel viendraient certainement se briser toutes les résistances.

Pour nous, qui n'avons pas l'habitude de nous laisser dominer par la jurisprudence, lorsque nous la croyons assise *contrà rationem juris*, nous avouons que les raisons qui ont déterminé les décisions dans la question actuelle, nous ont touché au point de nous convaincre que, sans le parti qu'elle a pris, il n'y aurait pas de frein possible à la fraude.

Parmi les arrêts qui ont suivi de plus près celui du 5 germinal an 13 et qui ont contribué, par conséquent, à fonder la jurisprudence de la Cour de cassation, nous allons en citer deux motivés sur des considérations que nous ne pouvons qu'approuver.

Le premier, en date du 30 janvier 1815, est ainsi conçu : (S. 15-1-263, 5070 J. E.).

« Attendu que l'art. 69 § 7 n° 1er L. 22 frimaire an 7 porte que toute rétrocession d'immeubles est assujettie au droit proportionnel de 4 pour 100 que l'art. 68 § 3 n° 7 de la même loi *n'excepte* de cette disposition les résolutions de contrat pour cause de nullité radicale que lorsqu'elles ont été prononcées par jugement ; qu'on ne pourrait étendre cette *exception* aux résolutions consenties par transaction, sans entreprendre sur l'autorité et sans exposer le droit de mutation à la fraude et à la collusion des parties ; que la résolution de la vente du 10 floréal an 7 n'a pas été prononcée par le jugement, qu'elle a été seulement consentie par la transaction du 2 juillet 1808, conséquemment par un acte qui, étant *volontaire*, reste soumis à la règle générale établie par le premier desdits articles. »

Le second est plus explicite encore, il est daté du 21 mars 1821 et il porte :

« Attendu que, quelque absolue et radicale que pût être, dans l'opinion des parties contractantes, la nullité de l'acte de vente passé par Carrie à Daveau le 30 fructidor an 10, cette nullité ne pouvait être établie contre la Régie et avoir l'effet de soustraire la rétrocession de l'objet vendu à la perception d'un droit proportionnel de mutation, qu'autant que cette nullité aurait été prononcée par un jugement, parce que la disposition de l'art. 69, qui assujettit à ce droit toute rétrocession d'immeubles, est générale et ne fait aucune exception en faveur des *rétrocessions* volontairement opérées, pour cause même de nullité radicale ; que seulement l'art. 68 *excepte* du droit proportionnel et soumet à un simple droit fixe de 3 francs *les jugements portant annulation de contrat pour cause de nullité radicale*, disposition qui a évidemment pour objet de prévenir les collusions frauduleuses par lesquelles des parties annuleraient volontairement des ventes librement consenties et même exécutées, comme dans l'espèce, sous le prétexte d'une prétendue nullité radicale que la Régie n'est ni obligée ni à portée de discuter, et échapperaient ainsi à la perception du droit proportionnel ; d'où il suit que, hors le cas d'une nullité judiciairement reconnue et prononcée, toute *rétrocession volontaire* rentre dans la disposition de l'art. 69 de la loi ; qu'ainsi, le jugement attaqué, en affranchissant du droit proportionnel établi par cet article la *rétrocession volontaire* de Daveau au profit de son vendeur Carrie de l'immeuble par lui acquis par l'acte du 30 fructidor an 10, a fait, tout à la fois, une fausse application de l'art. 68 et une violation directe de l'art. 69 L. 22 frimaire an 7, aux numéros ci-dessus énoncés. »

Il faut donc tenir pour constant, malgré les protestations de la doctrine, que toutes les résolutions volontaires (sauf les résiliements dans les vingt-quatre heures) sont passibles du droit proportionnel.

**14326. Donation annulée. — Transaction.** — Ainsi, la transaction sur procès, par laquelle l'une des parties reconnaît la nullité d'une donation entre-vifs, qui lui avait été faite et qu'elle avait acceptée, donne ouverture au droit de rétrocession, alors même qu'un jugement postérieur à cette transaction aurait résolu la donation pour cause de nullité radicale. Ce n'est pas en effet du jugement ultérieur que résulte la résolution, mais de la transaction. C'est un droit qui a été définitivement acquis (Sol. 28 sept. 1830, 9923 J. E. ; — Cass. 30 janv. 1815, S. 15-1-163, 5070 J. E.). — *V.* 14325.

**14327. Mineurs.** — Le même raisonnement s'applique aux contrats consentis par des mineurs, contrats qui sont infectés d'une nullité radicale et dont l'annulation par jugement ne donne pas ouverture au droit proportionnel. Aussi le tribunal de Ploërmel a-t-il jugé, le 1er février 1853 (15566 J. E.), conformément à l'arrêt de cass. 5 germinal an 13 (*rapporté* 14325), que, lorsque celui qui, étant encore mineur, a acquis des immeubles consent volontairement la résolution de la vente, le droit de rétrocession est exigible.

La même décision a été rendue par le tribunal de Péronne le 30 janvier 1857 : « Attendu, dit le tribunal, que l'incapacité du mineur n'est pas absolue et que l'acte qu'il contracte n'est pas frappé de nullité radicale, mais seulement susceptible de rescision pour cause de lésion ; que la vente qui lui a été consentie, quoique annulée depuis par la volonté des parties, n'en a pas moins eu pour effet de saisir le mineur de la propriété ; attendu que dès lors l'effet du contrat de résolution a été de transporter de nouveau sur la tête du vendeur la propriété de l'immeuble, ce qui constitue une nouvelle mutation passible du droit proportionnel » (814 R. P. 10801 J. E., 11147 C.).

**14328. Jugement d'expédient.** — C'est par application du même principe qu'on a reconnu l'exigibilité du droit proportionnel sur les résolutions, même pour cause de nullité radicale prononcées par un jugement d'expédient ou résultant d'un simple procès-verbal de conciliation (*infrà* nos 14346). et 14348.

**14329. Rente viagère. — Décès du vendeur.** — Il a été cependant décidé que l'acte par lequel un acquéreur a reconnu que la vente à lui consentie, moyennant une rente viagère, par un individu mort, dans les quatre jours de la date du contrat, de la maladie dont il était atteint au moment de la rédaction de ce contrat, *n'a produit aucun effet*, ne donne pas ouverture au droit de rétrocession, attendu que, dans ce cas, une entente frauduleuse n'a pu exister entre les parties (Sol. 27 mai 1828, 9046 J. E. ; — Angers 29 août 1851, 15362 J. E. ; — 31 déc. 1849, 14485 J. N. ; — *Conf.* : D. N. t. 11 p. 274 n° 14). — Mais cette solution, exacte si la résolution avait été judiciairement prononcée (*V.* n° 14366-2), ne saurait être acceptée pour les résolutions volontaires ; elle est en contradiction absolue avec la jurisprudence (J. du not. n° 2298).

Dans tous les cas, si l'Administration consentait à considérer la vente comme non avenue et s'abstenait dès lors de percevoir le droit de rétrocession, les héritiers du vendeur ne pourraient échapper au droit de mutation par décès (Saint-Omer 19 mai 1866, n° 2471 R.P.).

**14330. Bien d'autrui.** — Nous verrons plus loin que la résolution *judiciaire* de la vente du bien d'autrui est passible du droit fixe, parce qu'il s'agit d'une nullité radicale dans le sens de l'art. 68 § 3 n° 7 L. 22 frimaire an 7. Il y a plus d'embarras à l'égard de l'annulation volontaire.

On ne se trouve plus, en effet, comme pour les jugements, en présence d'un texte qui assujettit formellement au droit fixe les résolutions de contrats radicalement nuls. A s'en tenir aux principes rigoureux du droit, il faudrait donc admettre que les reconnaissances volontaires de nullité sont toutes passibles de l'impôt proportionnel. C'est la conclusion qui a prévalu dans une Sol. 8 juin 1831 et dans deux jugements des tribunaux de Moissac du 5 juin 1838 et de Vassy du 19 décembre 1844. « Si l'art. 68 § 3 n° 7, porte le jugement de Moissac, n'assujettit qu'à un droit fixe de 3 francs les actes contenant résolution de contrat pour cause de nullité radicale, ce n'est que pour le cas où ces résolutions sont rononcées en jugement. Cette restriction a pour objet de prévenir les collusions frauduleuses par lesquelles les parties annuleraient volontairement des ventes librement consenties sous le prétexte d'une nullité radicale, que l'Administration n'est ni obligée ni à portée de discuter et qui échapperaient ainsi à la perception. »

Le jugement de Vassy n'est pas conçu en termes moins catégoriques : « Quelque radicale, dit-il, que puisse être la nullité de la vente, cette nullité ne pouvait être établie contre la Régie et avoir l'effet de soustraire la rétrocession des objets vendus à la perception d'un droit proportionnel de mutation qu'autant que cette nullité aurait été prononcée par jugement, parce que l'art. 69 L. 22 frimaire an 7, qui assujettit à ce droit toute rétrocession d'immeubles, est général et ne fait aucune exception en faveur des rétrocessions volontaires opérées pour cause de nullité radicale ; que seulement l'art. 68 de la même loi excepte du droit proportionnel et soumet à un droit fixe de 3 francs les jugements portant annulation de contrats pour nullité radicale, disposition qui a évidemment pour objet de prévenir les collusions frauduleuses par lesquelles des parties annulent volontairement des ventes librement consenties et même exécutées, sous prétexte de nullité radicale que la Régie n'est obligée ni à portée de discuter. D'où il suit que, hors le cas d'une nullité judiciairement reconnue et prononcée, toute rétrocession volontaire rentre dans les dispositions de l'art. 69 précédent » (A rapprocher de Saint-Dié 23 oct. 1847 ; — V. 11526-3 et 14325).

Ces décisions pourraient peut-être se justifier par les circonstances dans lesquelles elles sont intervenues, car il ne semble pas, surtout à propos du jugement de Moissac, qu'il ait été établi, d'une manière évidente, que les objets vendus appartenaient à autrui. Nous reconnaissons avec ces tribunaux que, s'il reste du doute sur l'existence de la nullité de l'acte et si l'Administration se croit victime d'une collusion frauduleuse, l'application du principe sur les rétrocessions volontaires est un droit rigoureux dont on ne saurait lui contester l'exercice.

Mais en est-il de même encore lorsque l'existence de la nullité est manifeste ?

L'impôt que l'on veut percevoir est un impôt de transmission ; il n'est dû, selon l'art. 4 L. 22 frimaire an 7, que pour le passage de la propriété d'une tête sur une autre. Or, la constatation d'une vente de bien d'autrui n'opère aucune mutation de l'espèce ; l'ancien propriétaire n'a jamais été dessaisi, et la reconnaissance de la nullité n'ajoute rien à ce droit. Comment donc la loi autoriserait-elle l'exigibilité d'un droit de transmission dans un cas où cette transmission ne saurait exister ?

Voici, par exemple, un de mes héritiers qui s'avise de vendre comme siens des immeubles qu'il dit avoir recueillis dans ma succession. Il est clair que mon existence seule suffit à démontrer l'inanité de la vente, et cela d'une manière assez éclatante pour ne laisser place au moindre soupçon de fraude à l'égard du Trésor. Si l'acheteur ainsi abusé par les manœuvres d'un intrigant reconnaît son erreur à l'amiable, pour m'éviter une demande en revendication, est-il possible de frapper notre contrat d'un droit de mutation ? Il ne semble pas que l'Administration soit jamais allée jusque-là. La jurisprudence du moins ne l'y aurait certainement pas suivie ; elle l'a montré en plusieurs occasions.

1° Pierre avait vendu une terre qui appartenait à Jacques, son cohéritier, en vertu d'un partage ayant date certaine. Sur la justification que Jacques fit de ses droits, l'acquéreur remit l'immeuble entre les mains de son propriétaire. On voulut réclamer le droit de résolution, mais la chambre des requêtes confirma, en ces termes, le 8 pluviôse an 13, un jugement de Saint-Gaudens qui avait repoussé la demande du Trésor : « Attendu qu'il est constaté, en fait, que l'immeuble appartenait à C., qu'il ne s'agit pas de la répétition des droits payés sur l'acte de vente privé de B. à D. ; attendu qu'en jugeant que le délaissement de la possession de cette propriété de la part de l'acquéreur au véritable propriétaire n'opérait pas une mutation de propriété et ne donnait pas ouverture, par conséquent, au droit proportionnel, le tribunal n'a pas violé la loi. » — V. *Vente d'immeubles*.

2° Le tribunal de Limoges a décidé, dans le même sens, par un jugement du 10 août 1838, que, si l'acquéreur d'un bien qui n'appartenait pas au vendeur se désiste du bénéfice de la vente, il n'est dû que le droit fixe.

3° La question fut proposée au tribunal de Douai dans un cas où le tuteur avait vendu des immeubles appartenant à son pupille sous la condition expresse qu'à défaut de ratification le tuteur payerait 1,500 francs de dommages-intérêts. Ce n'était pas là, sans doute, la vente du bien d'autrui proprement dite ; mais, l'acheteur ayant été contraint de rendre le bien au mineur qui refusait de ratifier, on voulut percevoir le droit proportionnel, attendu que la résolution n'était pas constatée par jugement. Le débat s'engageait donc sur l'application du même principe qu'en matière de vente de bien d'autrui. Or, voici en quels termes il fut tranché par un jugement du 31 août 1854 :

« Attendu qu'il n'y a pas eu en réalité vente ou aliénation quelconque, ni par suite dessaisissement de la propriété qui n'a cessé de résider sur la tête de la mineure ; qu'en conséquence l'acte par lequel les prétendus acheteurs, reconnaissant, vis-à-vis de la mineure, l'inanité de leur titre, ont déclaré abandonner l'immeuble, ne peut être considéré comme la revente de l'immeuble ; qu'il n'a et ne peut avoir trait qu'à la simple occupation de fait, à laquelle les époux déclarent renoncer comme n'y ayant jamais eu aucun droit; considérant que l'Administration n'établit pas la fraude de l'acte; considérant que la déclaration de se portant fort n'engendrait à la charge du tuteur qu'une obligation personnelle en dommages-intérêts, mais n'ajoutait rien à la valeur du contrat ou de la transmission de la propriété. »

Le conseil d'Administration a acquiescé, par une Dél. 17 novembre 1854 (J. du not. 15509), aux motifs de ce jugement.

Le même principe a été encore appliqué depuis dans une hypothèse semblable par une Sol. 22 janvier 1858 (1294 R. P.).

Nous tenons donc pour établi, en l'état actuel de la jurisprudence, que l'annulation volontaire de la vente du bien d'autrui ne subit pas le droit de mutation, quand il est démontré, sans fraude possible, qu'il s'agissait seulement d'un contrat entaché d'une nullité de l'espèce.

1. RÉSOLUTION ORDINAIRE. — Mais on n'appliquerait pas, bien entendu, ce principe à la partie du contrat qui renfermerait une résolution ordinaire. Dès lors, si le copropriétaire d'un immeuble l'avait intégralement vendu et qu'à défaut de ratification de son communiste le contrat fût anéanti, il faudrait borner le droit fixe à la portion de ce dernier copropriétaire et percevoir le droit proportionnel sur celle du vendeur.

2. MARCHÉ. — Aucun doute ne peut exister, d'ailleurs, sur la non-exigibilité du droit proportionnel, quand la rétrocession s'applique à une vente de marchandises ou de matériaux à livrer. En effet, que les objets appartiennent ou non au vendeur, leur propriété n'est pas transmise à l'acheteur par la seule force du marché. Cet acte contient une simple promesse de faire résoluble en dommages-intérêts; et, si les parties se désistent de leur convention, il n'y a pas de rétrocession, puisqu'il n'y a pas eu de transmission primitive.

C'est ce que la Cour suprême a reconnu par un arrêt du 29 janvier 1839. — V. 14302-1.

Une Sol. 11 juin 1825 a fait l'application de ce principe dans une espèce qui peut servir de type. Pierre avait vendu pour 3,000 francs à Paul une masse de pierre à extraire d'un terrain de 63 ares. L'acheteur ne put exploiter que 10 ares de terrain, parce qu'il fut justifié que le surplus n'appartenait pas au vendeur. Ce dernier consentit alors à l'annulation du contrat et remboursa la totalité du prix de vente en laissant à l'acheteur les matériaux extraits. Le droit de rétrocession à 2 pour 100 ayant été perçu, une Sol. 11 juin 1825 en prescrivit le remboursement : « Attendu que l'objet vendu n'a pas pu être rétrocédé, puisqu'il n'a pas été livré et qu'il n'existait même pas aux mains du vendeur. »

1. VENTE VALIDÉE. — La vente du bien d'autrui se valide quand le vendeur devient, par un moyen quelconque, propriétaire de la chose qu'il a aliénée à un tiers. C'est un point dont le développement est présenté au mot *Vente d'immeubles*. Il en résulte que, si l'acheteur consent à restituer l'immeuble à ce vendeur contre le remboursement du prix, le contrat renferme une rétrocession volontaire passible du droit proportionnel (Bergerac 19 fév. 1868, 2741 R. P.).



## SECTION 2. — DE LA RÉSOLUTION DANS LES VINGT-QUATRE HEURES

[14331-14341]

**14331. Aperçu historique.** — A Rome, il ne suffisait pas, pour transférer la propriété, du consentement sur la chose et sur le prix, il fallait encore la tradition ou mise en possession de l'acquéreur. *Traditionibus et usucapionibus dominia rerum, non nudis pactis, transferuntur.* La vente était cependant parfaite sans la tradition, en ce sens qu'elle produisait une obligation de livrer la chose. Mais cette obligation était purement personnelle; elle ne permettait pas à l'acquéreur d'agir par l'action *rei vindicatione,* comme propriétaire de la chose. Le véritable propriétaire, avant la tradition, c'était le vendeur. *Qui nondum rem emptori tradidit adhuc ipse dominus est* (*Institutes*, *de Empt. vendit.* § 3 *in fine*).

Ces principes étaient ceux de l'ancienne jurisprudence française : « Lorsque le vendeur, dit Pothier (*de la Vente* n° 319), est propriétaire de la chose et capable de l'aliéner, l'effet de la tradition est de faire passer en la personne de l'acheteur la propriété de la chose vendue, pourvu que l'acheteur en ait payé le prix ou que le vendeur ait suivi sa foi. Le contrat de vente ne peut pas produire par lui-même cet effet. Les contrats ne peuvent que former des engagements personnels entre les contractants. Ce n'est que la tradition, faite en conséquence du contrat, qui peut transférer la propriété de la chose qui a fait l'objet du contrat. »

M. Demante expose ces principes dans les termes suivants (n$^{os}$ 151 et suiv. 667 R. P.) : « Tant que les choses sont entières, c'est-à-dire tant qu'il n'y a eu ni tradition, ni payement du prix, les obligations, nées du seul consentement des parties, peuvent être dissoutes par l'accord des mêmes parties en sens contraire. L'accord des parties pour s'obliger est un *contrat*, l'accord des parties pour se libérer est un *distrat;* l'antithèse, devenue classique dans le langage des jurisconsultes modernes, se rencontre déjà dans quelques textes du droit romain. Or, puisque le contrat, non suivi de tradition, n'a opéré aucune translation de propriété, le distrat n'opère aucune retranslation. A l'inverse, si la tradition a suivi, la chose peut, sans doute, par un nouvel accord, revenir aux mains du vendeur; mais alors la seconde convention n'est plus un distrat, c'est un second contrat de vente, *actus priori similis retro agens venditionem*, en un mot, d'après le langage moderne, une rétrocession. La seconde tradition, faite en vertu du second contrat, opère translation de propriété. »

L'application de ces règles à la matière des droits seigneuriaux aurait dû amener cette double conséquence, que : 1° avant la tradition aucune mutation n'était opérée, aucuns lods dus; — 2° après la tradition, au contraire, double mutation, doubles lods. — Mais l'on ne s'entendait pas sur la théorie des distrats, à laquelle la division de la tradition en délivrance réelle et délivrance feinte (s'opérant soit par la volonté du vendeur, soit par un acte symbolique. — V. Pothier *de la Vente* n$^{os}$ 313 et 314) venait ajouter d'inextricables complications, en sorte que la plus complète obscurité régnait dans l'application de ces droits.

Un principe se dégageait cependant de ces dissentiments, c'est que les choses restent entières, lorsque la résolution s'opère dans un bref intervalle. *Non videtur factum quod non durat factum*, telle était la raison que l'on donnait à ce principe (Poquet de Livonnière liv. 3 chap. 6 sect. 3), et il en résultait que la résolution, ayant lieu *rebus integris*, n'engendrait aucun droit. Mais, le principe reconnu, les dissidences se reportaient sur son application. La difficulté consistait à déterminer la longueur de l'intervalle dans lequel le retour devait s'opérer, pour priver le seigneur de ses profits. Les divergences d'opinions arrivèrent à un point tel qu'un esprit judicieux, sentant la nécessité d'établir des règles fixes, rejeta à peu près le principe. Voici, en effet, comment s'exprime Fonmaur dans son *Traité des lods et ventes* n° 626 :

« Dumoulin affranchit des lods même la vente, si les parties s'en départent dans peu de temps, quand même elle serait accompagnée de la délivrance feinte dont nous parlerons dans la section suivante. Ferrière, Guyot et Livonnière sont de même avis, hors que Guyot donne un mois ; Livonnière, huit jours seulement, pourvu, continue-t-il, qu'on n'ait pas pris la possession réelle ; et les *Coutumes de Reims*, art. 157, et de *Vermandois*, art. 138, donnent huit jours pour se départir avec exemption de tous droits, même après la délivrance. Mais cette bigarrure et la nécessité d'établir des points fixes nous déterminent à rejeter cette modification, pour nous en tenir littéralement aux principes du droit romain, dont la théorie est le pur développement des règles du droit naturel. En effet, 1° comment priver les créanciers de l'acheteur de l'hypothèque qu'ils ont acquise sur les biens dont leur débiteur a eu la pleine propriété ? — 2° le moyen de feindre que dans les mains du premier vendeur le bien repris n'est pas un acquêt ? Or, si ces deux prétentions sont mal fondées, pourquoi de prétendues considérations d'une équité fausse et illusoire priveraient-elles le seigneur de son droit ? Si cependant la revente est faite *le même jour*, nous croyons, avec Dumoulin, que la vente et la revente sont exemptes des droits, conséquemment le bien demeurerait propre, et les hypothèques des créanciers de l'acquéreur seraient éteintes par l'extinction de son droit. »

**14332. La loi du 22 frimaire exempte du droit proportionnel la résolution faite dans les vingt-quatre heures.** — Cette revente faite le même jour, comme le voulait Fonmaur, pour que les lods ne fussent pas dus, se traduisait dans les *Coutumes d'Auxerre* (art. 73 et 90) *et Valois* (art. 22), par un délai de vingt-quatre heures. Ce délai a passé dans la loi du 22 frimaire an 7, dont l'art. 68 § 1er n° 40 ne soumet qu'au droit fixe de 1 franc « les résiliements purs et simples faits par acte authentique dans les vingt-quatre heures des actes résiliés. »

Ce droit a été porté à 2 francs par la loi du 28 avril 1816, art. 43 n° 2, et à 3 francs par l'art. 4 L. 28 février 1872.

Cette disposition qui, d'après ce que l'on vient de voir, était la dernière expression de la controverse qui avait si longtemps agité les anciens jurisconsultes, se trouve aujourd'hui en désaccord complet avec la loi civile. Le Code, en effet, attribue aux obligations l'effet de transférer la propriété (art. 711), et il décide, dans l'art. 1583, que l'acquéreur est investi, de droit, de la propriété de la chose vendue, par la seule puissance du consentement, et alors même qu'il n'y a pas eu de tradition ni de payement de prix. Dès lors, il n'y a plus, dans l'espèce, de résolution possible qui n'opère rétrocession, du moment que, loin de s'appuyer sur un vice radical, cette résolution ne prend sa source que dans un changement de volonté des parties.

Nous verrons plus loin (n° 14341) les effets de cette antinomie ; contentons-nous, pour le moment, de prendre la loi pour ce qu'elle est.

**14333. Conditions imposées.** — L'acte de résiliement à bref intervalle, qui nous occupe ici, n'opère rétrocession, en droit fiscal, que s'il réunit trois conditions. Il faut : 1° que le résiliement soit *pur et simple ;* — 2° qu'il soit fait par acte authentique ; — 3° qu'il ait lieu dans les vingt-quatre heures. — La disposition de la loi de l'an 7, étant tout à fait exceptionnelle dans notre droit actuel, doit, comme toute exception, être interprétée rigoureusement ; aussi, toutes les fois que les conditions de la loi ne seront pas strictement accomplies, il faudra voir dans la résolution une rétrocession et non un simple distrat.

**14334. Résiliement pur et simple.** — Le résiliement doit être *pur* et *simple*, c'est-à-dire que les parties ne doivent laisser subsister aucune trace de leur ancien engagement. « Si le vendeur qui rentre, dit Guyot (chap. 12 n° 26) se réserve quelque chose, comme son hypothèque pour le restant de son dû, ou s'il rentre pour un moindre prix et soit payé du surplus, ou se réserve son action pour le surplus, c'est une rétrocession à nouveau prix, qui ouvre de seconds droits. » C'est dans le même ordre d'idées que s'exprime Henrion de Pensey sur Dumoulin (p. 169 à la note) : « Pour donner lieu, dit cet auteur, à l'exemption de seconds lods, il faut que la reprise du fonds soit exactement dans la forme d'une simple résolution, c'est-à-dire que, moyennant cette reprise, l'acquéreur reste quitte du prix et retrouve ce qu'il peut en avoir déjà payé ; car, si le vendeur exige quelque dédommagement pour la reprise de son fief, c'est plutôt alors une acquisition nouvelle qu'une résolution de la première. »

Ces principes ont de nos jours la même force que sous le droit ancien, et ils sont communs à toute résolution qui ne revêt pas le caractère translatif.

**14335. Forme du résiliement.** — La seconde condition exigée par la loi pour que l'acte de résiliement n'encoure pas le droit proportionnel, c'est qu'il soit rédigé par acte authentique. Nous nous sommes déjà occupé d'une disposition de la loi où l'authenticité, ou du moins la date certaine, est exigée pour qu'elle soit applicable, et nous avons plaidé la cause de l'esprit de la loi contre son texte. Mais nous ne saurions entrer ici dans ce système. Nous sommes en présence d'une disposition qui existe *contrà rationem juris ;* aussi pensons-nous que son texte doit être appliqué dans la rigueur de ses termes. Il est vrai que, relativement aux droits seigneuriaux, il importait peu que l'acte de résiliement fût notarié ou sous seing privé, il suffisait qu'il fût certain (Hervé t. 3 p. 56). Il est encore vrai que la loi des 5-19 décembre 1790, qui tarifait également le résiliement à un droit fixe, ne faisait aucune distinction. Mais ces raisons ne sauraient nous toucher. Avant le Code civil, la disposition qui nous occupe pouvait avoir sa raison d'être. Elle est sans justification juridique sous l'empire de la loi moderne; il faut donc la renfermer dans ses plus étroites limites. Cependant Champ. et Rig. (n° 340) s'étonnent d'une distinction aussi absolue, et Dalloz la combat (n° 487).

**14336. Délai du résiliement.** — La troisième et dernière condition exigée par la loi, celle qui caractérise l'espèce de résolution dont nous nous occupons ici, c'est qu'elle soit faite dans les *vingt-quatre heures*. L'interprétation doit être si stricte que ce délai doit se compter *de horâ ad horam*, et non de *die ad diem* (V. 5981). Cependant cette règle ne pourrait s'entendre que des actes qui indiqueraient l'heure où ils auraient reçu la signature des parties. Mais, comme, dans la pratique usuelle, cette heure n'est indiquée que pour certaines natures d'actes, dans la catégorie desquels ne rentrent pas ceux dont la résolution peut entraîner rétrocession, il faut appliquer aux actes de résiliement les règles générales qui ont fait l'objet de nos n°ˢ 5978 et suiv. C'est-à-dire que, si le contrat résilié ne portait pas l'heure à laquelle il a été signé, la résiliation pourrait s'opérer pendant toute la journée du lendemain, sauf ce que nous disons dans le numéro suivant.

**14337. Droit de l'Administration de faire la preuve de l'heure.** — « La Régie, disent Champ. et Rig. (n° 337), pourrait-elle être admise à prouver que les vingt-quatre heures étaient expirées? Si cette preuve résultait d'actes écrits, elle devrait être admise, car la loi ne l'a point interdite. Ce serait une application bien sévère des dispositions de la loi, à laquelle néanmoins il serait difficile de se refuser. » C'est également ce qu'enseigne Dalloz (n° 484), et nous ne pouvons que nous ranger à cette opinion.

**14338. Protestation.** — En présence de cette rigueur d'interprétation qui doit être appliquée à l'art. 68 § 1ᵉʳ n° 40 L. 22 frimaire an 7, nous nous expliquons difficilement qu'on ait pu enseigner (1144 J. E.) que « la protestation faite dans les vingt-quatre heures contre un acte en suspend nécessairement l'effet jusqu'à l'acte de résiliement, qui, étant une suite de la protestation, est censé avoir été fait dans le même délai. » C'est là une doctrine que repoussent avec raison Champ. et Rig. (n° 338) et Dalloz (n° 485), car les protestations ne suspendent l'effet des actes que lorsque la loi leur en attribue formellement le pouvoir. Et nous ne voyons pas pourquoi on n'attribuerait pas le même bénéfice à une protestation qui serait signifiée à un receveur d'enregistrement, à l'effet de proroger le délai pour l'enregistrement d'un acte, sous prétexte de contestations.

**14339. Notification. — Enregistrement.** — Faisons observer, au surplus, qu'il n'en est pas ici comme en matière de command. Il n'est pas nécessaire que l'acte de résiliement soit notifié ou enregistré dans les vingt-quatre heures (V. *Command*). La loi n'exige rien de pareil; que l'acte soit passé dans les vingt-quatre heures dans la forme authentique, et son vœu est rempli.

**14340. Le résiliement affranchit-il du droit proportionnel l'acte résilié?** — Sous l'ancien droit, la question ne souffrait pas de controverse; on admettait que, tant que les choses étaient entières par la non-exécution totale de l'engagement, il pouvait être effacé et anéanti par le concours des volontés qui l'avaient formé, ce qui écartait la perception des lods de la vente et de la revente (Fonmaur n°ˢ 626 et 626 *bis*).

« Il est vrai, disait Sudre, l'annotateur de Boutaric (*des Lods* § 13 n° 5), qu'il n'est dû des lods ni pour la résolution, ni pour le contrat, quand même le prix aurait déjà été payé, parce que le contrat de vente ne donne ouverture au droit de lods qu'autant qu'il doit opérer un changement de main; de sorte que, n'y ayant pas de changement de main à attendre lorsque les parties ont résolu le contrat, la cause qui devait produire les lods est éteinte et anéantie. » C'est aussi ce qu'avait enseigné Dumoulin, ainsi qu'on peut le voir par le passage de Fonmaur transcrit dans notre n° 14331. Henrion de Pansey nous apprend également, dans son analyse du *Traité des fiefs* (p. 167 à la note), que d'Argentré et tous les auteurs qui avaient écrit depuis s'étaient conformés à la décision de Dumoulin.

Cette doctrine n'a pas été acceptée par la jurisprudence.

Dans un interrogatoire sur faits et articles, le sieur Gardère avait déclaré qu'une vente immobilière avait été passée à son profit, mais qu'elle avait été résiliée. L'Administration ayant réclamé le droit de mutation, le sieur Gardère opposa que la vente avait été résiliée dans les vingt-quatre heures, d'où la conséquence que le droit ne pouvait pas être dû. Condamné en première instance, il se pourvoit en cassation; mais, le 5 août 1828, son pourvoi fut rejeté en ces termes : « Attendu que le jugement constate, en fait, qu'il résulte de la déclaration du demandeur qu'il y a eu vente *et qu'il n'est pas justifié que cette vente a été résiliée* » (S. 28-1-424, 1263-2 I. G.).

On a conclu de cet arrêt, par argument *à contrario*, que la Cour aurait décidé que le droit n'était pas dû sur la vente, s'il eût été prouvé qu'elle avait été résiliée dans les vingt-quatre heures. — C'est l'opinion que soutiennent Champ. et Rig. (n° 354 et t. 6 n° 425) et Dalloz (n° 491). M. Demante vient au secours de cette doctrine par une thèse fort ingénieuse : « Doit-on, écrit-il (*loc. cit.* n°ˢ 15 et suiv.), percevoir un droit de vente, de marché, d'obligation, sur une vente, un marché, une obligation qui n'existent plus? Pour régler la perception sur ce point, il faut préalablement nous fixer sur les effets purement civils de la convention du résiliement, spécialement sur la question suivante : En l'absence d'une clause expresse de l'acte, le résiliement, opéré dans les vingt-quatre heures, produit-il un effet rétroactif au préjudice des tiers, par exemple, au préjudice des créanciers hypothécaires de l'acheteur? Pour décider cette question, il faut écarter entièrement l'autorité des textes du droit romain qui ont servi de point de départ à la théorie féodale des distrats. Puisqu'aujourd'hui la propriété est transférée par le seul effet du consentement des parties sur la chose et sur le prix, il n'y a plus un seul moment où les parties puissent discéder *rebus integris*; il n'y a plus lieu de distinguer, avec la loi romaine, le *contrarium voluntatis adminiculum* et l'*actus priori similis retro agens venditionem*. Pour distinguer le résiliement de la rétrocession, il faut recourir à des moyens nouveaux. Voici comment il me semble possible d'établir cette distinction : Les parties pourraient certainement, au moyen d'une clause expresse, se réserver la faculté de résilier le contrat par un accord mutuel. Cette clause devrait être considérée comme une condition résolutoire, opérant un effet rétroactif au préjudice des tiers (art. 1179, 1183, 2125 C. C.). Or, en présence des habitudes de la pratique, alimentées par la disposition de la loi fiscale, je pense qu'on peut aller plus loin et, dans le silence de l'acte, considérer tout résiliement dans les vingt-quatre heures comme opéré en vertu d'une condition résolutoire implicite. C'est une déduction de la règle *Non videtur factum quod non durat factum*. Cette règle, proclamée par notre ancienne jurisprudence, est raisonnable; elle est conforme à l'intention présumée des contractants; il y a lieu de l'appliquer au droit moderne. Pour nous, considérant le résiliement dans les vingt-quatres heures comme procédant d'une condition résolutoire implicite, nous devons faire ici l'application des principes généraux de la théorie des conditions. Nous avons établi ci-dessus : 1° que, lorsqu'à l'événement de la condition résolutoire le droit proportionnel n'est pas encore perçu sur l'acte résolu, il n'y a plus ni cause ni base de perception quant à ce droit; — 2° que tout au moins cette proposition doit être admise lorsque la résolution arrive dans le délai légal de l'enregistrement. Il s'ensuit, dans l'espèce, que l'acte résilié encourt seulement un droit fixe comme acte innomé.

En matière de vente, nous nous trouvons en présence du principe civil qui veut que l'acquéreur soit investi, de droit, de la propriété de la chose vendue, par la seule puissance du consentement. Ainsi, sauf le cas où les parties se désistent avant la signature du contrat, il n'y a, dès que le consentement est donné, de désistement possible que celui qui produit une nouvelle vente au moyen d'un nouveau concours des volontés contractantes. D'où la conséquence que tout résiliement de contrat de vente, opéré dans les vingt-quatre heures de la signature du contrat, pour toute cause autre qu'une des nullités que prévoit la loi, laisse en évidence deux mutations : la vente primitive et sa rétrocession.

D'après les principes généraux de la loi de l'enregistrement, les deux mutations devraient être frappées chacune du droit proportionnel. Il est vrai que, par une disposition exceptionnelle et qui est tout à fait *contrà rationem juris*, car elle ne repose sur aucune condition résolutoire possible, la loi spéciale exempte du droit proportionnel la seconde de ces mutations; mais, là où s'arrête l'exception, le droit commun doit reprendre toute sa force. Or, c'est en vertu de ce droit commun qu'il nous semble impossible de soustraire au tarif proportionnel la première mutation, qui se trouve tout à fait en dehors de l'exception. Car il n'y a réellement pas, dans le cas qui nous occupe, une condition résolutoire qui, en s'accomplissant, résoudrait *ab initio* la mutation primitive, il n'y a qu'une exception au droit commun en faveur de la seconde mutation.

La difficulté a été résolue, en ce sens, par la Cour de cassation, et d'une manière directe, le 9 avril 1844.

Le 5 octobre 1841, il fut procédé, par-devant notaire commis par justice, à la licitation de biens indivis entre majeurs et mineurs; l'adjudication d'une partie de ces biens fut prononcée au profit des époux Verneray, moyennant 10,161 fr.; mais dans les vingt-quatre heures, le 6 octobre, les vendeurs et les acquéreurs passèrent déclaration, devant le notaire qui avait procédé à la vente, que, les biens ayant été évalués par experts à 11,941 francs, l'adjudication n'avait pu, sans autorisation du tribunal, être faite sur des enchères inférieures cette évaluation; qu'il y avait eu erreur de toutes les parties, et qu'elles convenaient que l'adjudication serait considérée comme nulle et non avenue. Ces deux actes ont été présentés simultanément à la formalité de l'enregistrement : le droit de 5 et demi pour 100 a été perçu sur le premier; le second n'a été assujetti qu'à un droit fixe de 2 fr.

Les époux Verneray ont réclamé la restitution du droit proportionnel perçu sur l'adjudication du 5 octobre, en se fondant sur ce que les résiliements purs et simples faits par acte authentique dans les vingt-quatre heures des actes résiliés n'étant tarifés par l'art. 43 cité qu'à un droit fixe de 2 francs le législateur n'a pu entendre que l'acte résilié resterait soumis au droit proportionnel, puisque cet acte est anéanti et qu'il est réputé n'avoir jamais existé. — Le 29 avril 1842, jugement du tribunal de Pontarlier qui, reproduisant ce motif, ordonne la restitution. — Mais, sur le pourvoi de l'Administration, arrêt du 9 avril 1844, ainsi conçu :

« Attendu que l'art. 68 n° 40 L. 22 frimaire an 7 et l'art. 43 n° 20 L. 28 avril 1816 ont soumis à un droit fixe les résiliements purs et simples faits par actes authentiques dans les vingt-quatre heures des actes résiliés, mais qu'ils n'ont point dit que les actes résiliés ne seraient soumis qu'à un simple droit fixe, comme les actes qui les résilient; attendu qu'aucune disposition de la loi n'affranchit du droit proportionnel un acte d'adjudication à raison de l'événement ultérieur de sa résiliation, par le consentement volontaire des parties; attendu que, dans l'espèce, une adjudication a eu lieu, par-devant notaire, le 5 octobre 1841, au profit des époux Verneray; que le jugement attaqué, en refusant de déclarer cet acte passible du droit proportionnel, par le motif que les parties l'ont volontairement résilié par acte du lendemain, a faussement appliqué l'art. 43 n° 20 L. 28 avril 1816, et formellement violé les articles précités, et notamment l'art. 52 L. 28 avril 1816, qui fixe à 5 et demi pour 100 le droit d'enregistrement des ventes d'immeubles » (11968 J.N., 1723 § 6 I. G., 6850 C., S. 44-1-296, P. 44-2-138).

**14341. Conséquences civiles.** — M. Demante semble ne proposer sa thèse que pour fournir les moyens d'échapper à de graves questions qu'il fait ressortir comme les conséquences immédiates du système de la loi civile « Si on l'écarte (le système qu'il propose), dit-il (n° 159), on arrive à des résultats tout à fait contraires à l'utilité pratique. L'acte de résiliement étant considéré comme une pure rétrocession, il s'ensuit, en droit civil, que cet acte doit être transcrit au bureau des hypothèques; que le vendeur, réintégré *ex causâ novâ*, doit procéder à la purge des hypothèques légales; qu'un tuteur, une femme dotale, ne peuvent résilier dans les vingt-quatre heures, etc., etc. N'est-ce pas attribuer des effets très-importants à un contrat qui n'a pas duré un jour? *Momentanea non considerantur?* »

## CHAPITRE III. — RÉSOLUTIONS JUDICIAIRES

[14342-14403]

### SECTION PREMIÈRE. — DISPOSITIONS GÉNÉRALES

[14342-14350]

**14342. Tarif.** — Aux termes de l'art. 68 § 3 n° 7 L. 22 frimaire an 7, sont sujettes au droit fixe de 3 francs les expéditions des jugements des tribunaux civils rendus en première instance ou sur appel portant... résolution de contrat ou de clause de contrat pour cause de nullité radicale (on sait que les jugements s'enregistrent aujourd'hui sur minute et non plus sur expédition).

Ce droit a été élevé à 7 fr. 50 cent. ou à 15 francs pour les jugements rendus en premier ressort, suivant qu'ils émanent des tribunaux de première instance ou des cours d'appel.

**14343. Tribunaux de commerce et d'arbitrage.** — En présence des termes de la loi qui ne parle que des jugements des tribunaux civils rendus en première instance ou sur appel, on s'était demandé si les jugements des tribunaux de commerce et d'arbitrage portant résolution de contrats, pour nullité radicale, doivent également être exemptés du droit proportionnel. La Cour de cassation s'était prononcée pour la négative par un arrêt du 17 décembre 1811 (4114 J.E., S. 12-1-144, 1347-4 I. G.), ainsi conçu :

« Attendu que l'art. 68 § 3 n° 7 contient deux dispositions bien distinctes, l'une relative aux jugements émanés des tribunaux civils, l'autre aux jugements des tribunaux de commerce et d'arbitrage; attendu que ce n'est que dans la disposition particulière aux jugements des tribunaux civils qu'elle soumet simplement au droit fixe de 3 francs les jugements portant résolution de contrat pour cause de nullité radicale, disposition qui ne pouvait être étendue aux tribunaux de commerce et d'arbitrage, puisque la loi ne l'a point généralisée et étendue à ceux-ci; attendu, d'ailleurs, que, dans l'espèce, le jugement arbitral qui a prononcé la résolution du contrat ne l'a point prononcée pour cause de nullité radicale, mais simplement pour cause de lésion, qui n'est qu'un moyen de rescision, et que, jusqu'à l'emploi de ce moyen, le contrat n'en a pas moins eu toute son existence et dû avoir toute son exécution; d'où il suit que le tribunal de Turin a non-seulement appliqué faussement la première disposition du n° 7 § 3 de l'art. 68 L. 22 frimaire an 7, mais encore violé l'art 69 § 7 n° 1er de la même loi. »

Mais cette distinction était sans motif sérieux, car on ne voit pas la raison qui aurait fait refuser aux décisions des tribunaux de commerce et d'arbitrage le privilége accordé à celles des tribunaux civils.

Aussi une D. m. f. 22 novembre 1808 (3090 J. E.) ayant déclaré que par la désignation des *tribunaux civils* la loi n'avait pas entendu excepter les *arbitres*, cette décision a continué de servir de règle malgré ce que paraît contenir de contraire l'arrêt ci-dessus. — *V.* 2252.

**14344. — Procès-verbal de conciliation.** — Mais pourrait-on assimiler aux jugements dont nous venons de parler un procès-verbal de conciliation dressé par le juge de paix et qui constaterait la résolution de contrat demandée par l'une des parties et accordée par l'autre?

La négative résulte de deux arrêts de la Cour de cassation des 1er frimaire an 9 (S. 2-2-435) et 19 germinal an 13, ainsi conçus :

*Arrêt du 1er frimaire an 9* : « Attendu qu'il y a une différence évidemment sensible entre une résolution de contrat prononcée par les tribunaux pour cause légale et déterminée, et celle consentie devant un juge de paix, qui n'a point le droit de prononcer sur le différend des parties, mais seulement de s'occuper de leur conciliation et de leur donner acte de leurs déclarations. »

*Arrêt du 19 germinal an 13* : « Attendu que, par acte reçu de notaire, le 13 messidor an 4, Henri Dejon avait vendu à François Soudan la généralité de ses biens meubles et immeubles, moyennant 20,000 francs, dont 12,000 furent payés comptant, et le surplus fut délégué aux créanciers du vendeur; que cette vente, ainsi faite sans condition résolutoire, réunissait tous les caractères d'une vente pure, qui avait reçu sa perfection et sa consommation définitive à l'instant même de la rédaction du contrat ; attendu que le même Dejon avait fait citer le même Soudan en conciliation par-devant le bureau de paix de La Roche, par acte du 26 ventôse an 9, pour se concilier sur la demande en nullité de ladite vente, comme ne l'ayant consentie qu'en haine de la loi du 17 nivôse an 2; que ledit Soudan avait reconnu, dans le procès-verbal auquel il avait comparu, la sincérité de cette assertion, et avait consenti, en conséquence, à la résolution de ladite vente; que ledit Dejon avait accepté ledit consentement, et que ledit juge de paix avait donné acte aux parties de tout ce qui venait de se passer par-devant lui; attendu que ledit procès-verbal, loin de présenter les caractères d'une véritable résolution, ne pouvait au contraire être considéré que comme une rétrocession faite par l'acquéreur au profit de son vendeur des objets compris dans la première vente, rétrocession qui donnait nécessairement ouverture à l'exigibilité du droit proportionnel ; et attendu encore qu'en la qualifiant de résolution du premier contrat, et, comme telle, en ne la déclarant passible que d'un droit fixe de 3 francs, les juges du tribunal de Bonneville ont fait tout à la fois une fausse application dudit art. 68 et ont également contrevenu au § 7 n° 1er de l'art. 69 de ladite loi du 22 frimaire an 7 » (*V.* dans le même sens Ploërmel 1er fév. 1853, 3804 B.).

**14345. Prorogation de compétence du juge de paix.** — De même encore, on ne pourrait dire que la résolution d'un contrat prononcée par un juge de paix, dont les parties ont prorogé la compétence, constitue la résolution par jugement dont parle la loi de l'an 7. C'est là uniquement une résolution faite par le consentement volontaire des parties. Il a été décidé, en ce sens, que le jugement de juge de paix qui, sur prorogation de compétence, prononce la résolution d'une cession d'actions de la Banque de France pour cause de non-livraison, est passible du droit de rétrocession à 50 centimes pour 100 (Seine 12 juill. 1838. 12121 J. E.). — V. 14344.

**14346. Jugement sur consentement de parties.** — Il a été jugé encore que l'on ne peut voir la résolution dont parle la loi dans le jugement qui prononce purement et simplement la résiliation d'un contrat de vente sur le consentement réciproque des parties : « Attendu, porte un arrêt de cass. du 24 avril 1822 (7260 J. E., 4272 J. N., 22-1-438), que le jugement rendu entre les défendeurs et Ravaud, le 21 août 1819, n'ayant prononcé la résiliation du contrat de vente du 13 mars 1811 que sur le consentement réciproque des parties contractantes, et sans qu'aucune des causes de résiliation alléguées contre cet acte paraisse avoir été vérifiée par les juges, un tel jugement ne peut être considéré, à l'égard du fisc, que comme une rétrocession volontaire des immeubles vendus par ledit acte, rétrocession sujette au droit de mutation réglé par l'art. 69 § 7 n° 1er L. 22 frimaire an 7; d'où il suit que le jugement du 12 juin 1820, qui a déclaré le précédent jugement passible seulement du droit fixe porté en l'art. 68 § 3 n° 7 de la même loi, a fait une fausse application dudit article et violé l'art. 69 précité » (On peut consulter dans le même ordre d'idées : Cass. 11 nov. 1833, 8292 J. N., 10806 J. E., 1461 § 2 I. G. S. 33-1-833 ; — Seine 7 déc. 1848).

**14347. Jugement d'homologation.** — En ce sens il a été également décidé que le jugement qui homologue une transaction entre parties, ne faisant que sanctionner une résolution volontaire, est passible du droit proportionnel (Cass. 16 prair. an 13).

« Considérant, en fait, que le jugement du 26 ventôse an 11 n'avait rien décidé qui fût relatif à une nullité radicale de vente ; qu'il n'avait fait que décréter une transaction résolutive de la vente du 1er pluviôse an 3, transaction consentie à des conditions qui, pour le passé, donnaient effet à cette vente, en laissant à l'acquéreur les fruits qu'il avait perçus depuis ledit jour 1er pluviôse ; qu'en donnant acte aux parties de leurs propositions respectivement faites et consenties à ce sujet, les juges n'avaient fait qu'imprimer à la convention volontaire qui en résultait le caractère de contrat judiciaire, sans changer la nature de cette convention ; ce qui était tout autre chose que prononcer, sur contestation, une résolution de contrat pour cause de nullité radicale ; considérant encore que, par son jugement du 2 frimaire an 12, qui n'a jamais été attaqué, le tribunal de l'arrondissement de Gand avait déclaré, en fait, que celui du 26 ventôse n'avait fait qu'homologuer la transaction des parties, et que, tant d'après cette circonstance que par les autres motifs qui viennent d'être exprimés et qui sortent naturellement des faits constants et avérés dans l'espèce présente, la loi lui imposait l'obligation d'assujettir le jugement dudit jour 26 ventôse au payement du droit proportionnel, pour mutation de propriété d'immeuble. »

**14348. Jugement d'expédient.** — Le jugement *d'expédient* n'étant autre chose qu'un jugement rendu sur le consentement des parties, il était naturel de lui appliquer la jurisprudence ci-dessus. — C'est ce qu'a fait la Cour de cassation le 7 février 1854 (2015 § 6 I. G., 15356 J. N., P. 54-1-472) : « Attendu, en fait, que le jugement attaqué, rendu par le même tribunal et les mêmes juges que ceux qui avaient prononcé la résolution de l'acte du 16 septembre 1843, par une sentence du 23 mars 1853, déclare que cette sentence n'était autre chose qu'un *jugement d'expédient*, passé d'accord entre les parties, avec l'intention de résoudre volontairement, comme atteint de nullité radicale, l'acte de vente du 16 septembre 1843, en le faisant considérer comme une donation que la naissance postérieure d'un enfant a annulée. Qu'en décidant, dans ces circonstances, que la sentence du 23 mars 1853 était translative de propriété et contenait une rétrocession passible du droit proportionnel, le jugement attaqué, loin d'avoir violé la loi, en fait, au contraire, une juste application. »

Une pareille décision a été rendue par la Cour le 9 août 1859 (2163 § 5 I. G.). Elle résultait déjà d'un arrêt antérieur du 9 octobre 1809. C'est également ce qu'a décidé un jugement du tribunal de Lyon du 14 août 1877.

**14349. Ce qu'il faut entendre par nullité radicale.** — Le point capital de toute la matière est de bien distinguer ce qu'il faut entendre par une *résolution* pour cause de *nullité radicale*. Nous avons effleuré déjà le sujet au chapitre des *Nullités*. Il importe d'y revenir ici afin d'insister davantage.

On sait que les vices dont un contrat est entaché produisent deux espèces de nullité très-différentes l'une de l'autre : la nullité *absolue* ou nullité de plein droit qui vicie tellement la convention qu'elle l'empêche d'avoir jamais pu exister; la nullité *relative* qui ne s'attaque pas à la formation même de la convention, mais ouvre seulement au profit de certaines personnes et pendant un temps déterminé une possibilité d'annulation. — V. *Nullité*.

Cette division répond aux résolutions connues dans l'ancienne jurisprudence sous les noms de *ut ex tunc* et *ut ex nunc*. « Il y a, dit Bosquet (v° *Résolution* t. 4 p. 101), deux sortes de causes que l'on appelle primitives et inhérentes dont les effets sont néanmoins différents, les unes résolvent le contrat dès son commencement et le réduisent à un point comme s'il n'y avait jamais eu de vente ; ces résolutions sont dites *ut ex tunc*. Les autres ne résolvent ce contrat que pour l'avenir, *ut ex nunc*, parce qu'il était parfait en soi et pouvait subsister. Les premières causes inhérentes peuvent provenir ou de la qualité des personnes, ou de la nature et condition de la chose ou parce que la vente a été faite par force et violence. Elles proviennent de la qualité des personnes qui ne sont pas propriétaires des biens vendus ou qui n'ont pas la capacité de contracter, comme les insoumis, les furieux, les interdits, les mineurs, les tuteurs et autres semblables. Elles naissent de la nature et conditions de la chose lorsqu'elles ne tombent point dans le commerce et que l'aliénation en est prohibée ou lorsqu'elle est vendue sous un titre qu'elle n'a pas. Enfin, celles qui sont fondées sur le dol ou la violence peuvent être réparées par le temps, mais elles annulent le contrat dans son principe, lorsque, étant invoquées, elles déterminent un jugement rendu dans le temps utile. »

La loi du 22 frimaire an 7 n'a parlé expressément ni de l'une ni de l'autre de ces nullités : l'art. 68 § 3 n° 7 mentionne uniquement la nullité radicale. De graves controverses se sont alors élevées sur le point de savoir si la nullité radicale était seulement la nullité absolue ou la nullité de plein droit, ou bien si elle se référait à la nullité relative.

Tous les auteurs enseignent que par nullité radicale on doit entendre la nullité qui remonte au jour de la formation du contrat pour en détruire les effets *à radice*, de manière à anéantir complètement ce qui en a été la suite. Or, comme toutes les nullités, de quelque nature qu'elles soient, produisent l'effet rétroactif d'annuler la convention *ab initio*, il en résulterait que toutes les nullités sont radicales, sans distinction entre la nullité absolue ou nullité de plein droit et la nullité relative. Aussi en conclut-on que le droit fixe est exigible sur les jugements qui résolvent une convention pour cause de nullité relative, comme sur ceux qui annulent un contrat pour cause de nullité absolue (Champ. et Rig. nos 326 et 384 ; Dalloz n° 2472 ; M. Demante n° 58).

On peut invoquer à l'appui de cette doctrine l'autorité d'un arrêt de cass. du 13 vendémiaire an 9 dans lequel on lit : « Les nullités radicales sont celles qui donnent lieu de supposer qu'il n'y a point eu de contrat entre les parties, telles que l'erreur, le dol, la violence, l'incapacité des parties et autres semblables. » Or, ces faits, l'incapacité notamment, constituent de véritables nullités relatives.

Enfin, on fait remarquer qu'en se servant du mot *résolution* dans l'art. 68 § 3 n° 7 le législateur n'a pu avoir directement en vue la nullité de plein droit, car on ne *résout* pas un contrat qui n'a pas existé. Il a voulu parler des contrats annulables, tels que ceux prévus à l'art. 1117 C. C., lesquels se trouvent entachés d'erreur, de violence ou de dol, portent en eux-mêmes, dans leur racine, la cause de leur annulation. « Dans les ventes annulées ou rescindées, disent Champ. et Rig. n° 326, on suppose que le contrat n'a jamais existé, mais cette inexistence est une fiction ; la fiction est la suite ou l'effet de la résolution, et il y a eu résolution possible, parce que, dans la réalité, il a existé un contrat susceptible d'être résolu. Dans les ventes nulles, au contraire, l'existence du contrat est réelle, elle précède toute convention ou tout jugement postérieur à l'acte nul ; non-seulement elle n'est plus ici l'effet d'une résolution, mais encore elle empêche qu'aucune résolution soit possible ; parce qu'elle ne permet pas même de supposer qu'il ait jamais existé de contrat. »

C'est pourquoi ces savants auteurs enseignent que les nullités susceptibles d'être prononcées par voie d'action doivent seules être comprises sous la dénomination de nullités radicales dont s'est servi l'art. 68 § 3 n° 7 de la loi de frimaire (*loc. cit.*).

Les raisons qui précèdent sont assurément fort graves. Nous persistons à croire cependant, comme nous le disions dans nos éditions précédentes, au mot *Nullité* n° 8993, que la nullité radicale n'est autre chose ici que la nullité de plein droit ou nullité absolue constatée par le juge.

Et d'abord, si l'interprétation de Champ. et Rig. pouvait être acceptée, s'il était vrai que l'art. 68 § 3 n° 7 s'occupe exclusivement des nullités relatives, on ne trouverait aucun texte spécial aux nullités absolues, et il faudrait alors reconnaître avec eux que les jugements prononçant l'annulation de pareils contrats sont des actes judiciaires innomés passibles du droit fixe (n° 326). Un pareil résultat ne saurait être accepté.

En second lieu, le mot résolution employé par le législateur n'exclut pas nécessairement la nullité radicale. On a vu, en effet, par le passage de Bosquet, cité précédemment, que, dans l'ancienne jurisprudence, on appelait également *résolution* les annulations causées par une nullité absolue, *ex tunc*, et les résolutions proprement dites fondées sur un vice relatif, *ex nunc*. C'est d'ailleurs l'observation que font Champ. et Rig. eux-mêmes en divers endroits de leur traité (notamment nos 326 et 355).

Si les mots nullités radicales ne signifiaient pas, dans la pensée du législateur, *nullités absolues*, ils n'auraient aucun sens, car toutes les nullités sont radicales en ce qu'elles remontent toutes à la racine du contrat, et alors il suffirait de dire que les jugements prononçant des résolutions pour cause de nullité sont sujets au droit fixe. L'addition du mot *radicales* révèle chez le législateur une pensée différente. Il a voulu opposer la nullité radicale à une autre nullité dont la constatation judiciaire doit produire un résultat différent. Or, cette autre nullité ne se rencontre que dans la nullité relative.

Il est vrai que la Cour de cassation, dans son arrêt du 13 vendémiaire an 9, préjugeait, par l'un de ses considérants que la nullité relative était également comprise dans la disposition de l'art. 68 § 3 n° 7. Mais elle n'avait point alors décidé catégoriquement la question, et depuis elle l'a jugé en sens contraire dans maintes occasions. Voici en quels termes Merlin, son éminent procureur général, exposait devant elle la théorie de la loi : « Rescinder un contrat, disait-il, ce n'est pas le déclarer *radicalement* nul, c'est au contraire le juger valable dans son principe, c'est juger qu'il a existé légalement. Nous savons bien que, relativement aux droits de mutation qui, sous le régime féodal, étaient perçus par les seigneurs, on ne mettait aucune différence entre la rescision prononcée pour cause de lésion et la résolution ordonnée pour cause de nullité radicale ; que dans un cas comme dans l'autre, le seigneur ne pouvait exiger de lods et ventes pour la rentrée du vendeur dans son bien, et que même il était tenu de restituer ceux qu'il avait touchés sur le prix du contrat rescindé ou résolu depuis. Mais la loi du 22 frimaire an 7 est, à cet égard, plus favorable au fisc que ne l'étaient les seigneurs, les coutumes et la jurisprudence des arrêts. Elle considère comme mutation proprement dite toute résolution de contrat qui n'est pas motivée par une nullité radicale ; et, encore une fois, il n'y a pas de nullité radicale dans un contrat que l'on est réduit à arguer de lésion » (V. Dalloz n° 2500).

Cette doctrine a été nettement consacrée par la chambre civile le 24 décembre 1877. « La nullité radicale, a dit la Cour, dans le sens de la disposition précitée, s'entend de celle qui donne lieu de supposer qu'il n'y a pas eu de contrat, qui affecte la convention dans son essence même et par conséquent dans son caractère obligatoire entre les parties » (4859 R. P.).

La Cour a consacré cette interprétation en autorisant la perception du droit proportionnel, comme on le verra ci-après, sur des jugements, prononçant la résolution de contrats pour incapacité (Arr. 5 germ. an 13, S. 5-2-461, 1347-4 I. G.) ; — ou pour lésion (Arr. 17 déc. 1811, S. 12-1-144, 1347-4 I. G. ; — et 11 nov. 1833, S. 33-1-833, 1451-2 I. G.). — V. *Dissertation* n° 2761 et 5069 R. P.

Il s'en faut bien toutefois que la doctrine précédente soit

uniformément appliquée en pratique. Et le défaut d'uniformité avec lequel on applique la loi rend cette matière extrêmement confuse.

**14350. Division.** — Pour l'ordre de ce travail, nous consacrerons un chapitre spécial aux résolutions prononcées pour : 1° incapacité (1121 C. C.); — 2° erreur (1109 C. C.); — 3° dol ou violence (art. 1109 C. C.); — 4° lésion (1118, 1305, 1313 C. C.); — 5° ou pour des causes diverses ne rentrant dans aucune des catégories précédentes.

## SECTION 2. — DES INCAPACITÉS

[14351-14361]

**14351. Espèces diverses d'incapacités.** — L'art. 1124 C. C. indique quatre classes d'incapables : 1° les mineurs, qui se subdivisent en mineurs ordinaires et mineurs émancipés ; — 2° les interdits qui comprennent les personnes entièrement frappées par l'interdiction judiciaire (489 et suiv. C. C.) ou légale (29 C. pén.), et celles qui sont seulement atteintes d'une demi-interdiction, c'est-à-dire pourvues d'un conseil judiciaire (499 et 513 C. C.) ; — 3° les femmes mariées (217 et suiv. C. C.) ; — 4° enfin, généralement, tous ceux à qui la loi a interdit certains contrats, qui sont les personnes auxquelles des textes spéciaux interdisent certains contrats.

**14352. L'annulation des actes contractés par ces personnes ne donne lieu qu'au droit fixe.** — Cette proposition a été consacrée dans l'I. G. 1354 § 5, par une solution intervenue sur une affaire qui concernait des mineurs. La solution est ainsi conçue :

« La capacité de contracter est une des quatre conditions essentielles déterminées par l'art. 1188 C. C. pour la validité des conventions. Or, aux termes de l'art. 1121 du même Code, les mineurs sont incapables de contracter; l'acte d'acquisition consenti par un individu en état de minorité est donc vicié dans son essence et entaché d'une nullité radicale. Sous l'ancienne législation, le défaut de capacité des parties, telles que les femmes, les interdits, les mineurs, les insensés, était rangé parmi les causes primitives et inhérentes de nullité qui rendaient la résolution de l'acte exempte du droit de centième denier. Le même principe est applicable sous la législation actuelle, à l'égard du droit de rétrocession immobilière, lorsque la résolution du contrat est prononcée en partie » (*Conf.* : M. Demante n° 237).

La règle générale posée, nous allons indiquer quelques applications particulières, car il n'entre pas dans notre plan de faire connaître tous les cas d'incapacités qui peuvent se présenter.

**14353. Mineur.** — Le sieur Ferrand, mineur non émancipé ni autorisé par son tuteur, avait, par acte notarié du 23 février 1826, acquis du sieur Loire un terrain sis à Paris, pour le prix de 26,500 francs. Le sieur Ferrand ayant lui-même fait prononcer la nullité de cette acquisition, par jugement du tribunal de la Seine du 20 février 1830, il fut perçu sur ce jugement le droit de rétrocession. — Mais, les parties ayant réclamé, la restitution de ce droit a été ordonnée et il a été reconnu que le droit fixe de 5 francs (7 fr. 50) était seul exigible : « Attendu que, le mineur s'étant engagé sans autorisation, la nullité était de droit; que le jugement qui, pour cette cause, prononçait la résolution du contrat était dans le cas de l'application de l'art. 68 § 3 n° 7 L. 22 frimaire an 7, qui ne soumet qu'au droit fixe les jugements portant résolution de contrat pour cause de nullité radicale (Dél. 31 déc. 1830, 1354 § 5 I. G.). »

Il avait été cependant décidé qu'il n'y a pas lieu au droit de rétrocession, lorsque la vente est résolue pour inobservation des formalités prescrites pour l'aliénation des biens de mineur, encore que cette nullité ne soit pas textuellement prononcée contre l'acquéreur dépossédé, si elle l'est toutefois contre un individu dont le titre est semblable au sien, et que cet acquéreur ne consent à la résiliation du contrat que pour éviter un procès dont l'issue n'est plus douteuse (Cass. 13 fruct. an 11, Teste-Lebeau v° *Résiliation* n° 1er).

« Considérant, porte cet arrêt, que la résolution de la vente dont il s'agit a eu pour cause une nullité radicale ; que cette nullité a été forcément reconnue devant le bureau de paix, puisqu'elle était fondée et qu'elle avait déjà été reconnue et jugée telle au profit de la même partie contre un autre acquéreur par jugement du tribunal d'appel de Riom du 27 thermidor an 9 ; que, par suite, en n'assujettissant cette résolution qu'au droit fixe, le jugement attaqué n'a fait qu'une juste appplication de l'art. 68 L. 22 frimaire an 7. »

Mais cette jurisprudence ne saurait plus être suivie en présence de celle que nous avons exposée précédemment à propos des résolutions volontaires (nos 14325 et suiv.).

**14354. Interdit.** — Il a été décidé de même que le droit fixe est dû sur le jugement qui prononce la résolution, pour cause de nullité, de la vente faite par un interdit, même avant son interdiction : « Attendu que la cause de la nullité était et devait être notoire (503 C. C.) ; que, dès lors, l'acquéreur ne pouvait pas s'opposer avec succès à la décision judiciaire qui devait en résulter ; que cette nullité était radicale, puisqu'elle ne pouvait être couverte ni par une ratification, ni par aucun autre moyen, dès que cette incapacité, juridiquement déclarée, subsistait toujours; d'où résultait que l'art. 68 § 7 L. 22 frimaire an 7 était applicable, et qu'il n'était dû que le droit fixe » (Dél. 4 nov. 1831, 1398-3 I. G., S. 33-2-224)

**14355. Femme mariée.** — D'apres ces solutions, le défaut d'autorisation de la femme mariée qui contracte constituerait aussi une nullité radicale, en ce qu'elle résulte d'une incapacité. Cette nullité peut être opposée par le mari, par la femme, par leurs héritiers ; le seul défaut d'autorisation rend nuls les contrats passés par la femme. Dès lors, le droit proportionnel ne pourrait être perçu sur l'annulation judiciaire d'un contrat de l'espèce.

**14356. Actes interdits à des personnes capables.** — Les décisions qui ont fait l'objet des numéros précédents ont tranché des questions qui s'appliquent aux trois premières classes d'incapables dont parle l'art. 1124 C. C. La même solution doit évidemment être applicable aux annulations des contrats qui pourraient être faits par des personnes à qui la loi les interdit dans certaines circonstances, puisque les prohibitions accidentellement prononcées contre ces personnes forment la quatrième branche d'incapacités dont parle l'art. 1123.

**14357. Tuteur.** — Ainsi, devrait être frappée du droit fixe l'annulation d'une acquisition ou d'un bail à ferme qui aurait été consentie par le pupille à son tuteur (450 C. C.).

**14358. Vente entre époux.** — Un époux ne pouvant faire à son conjoint une vente que dans trois cas spécifiés par l'art. 1535 C. C., toute annulation par jugement d'une vente consentie dans d'autres circonstances ne devrait encourir que le droit fixe.

**14359. Mandataire. — Tuteur. — Administrateur. — Officier public.** — Aux termes de l'art. 1596 C. C., « ne pourront se rendre adjudicataires, sous peine de nullité, ni par eux-mêmes ni par personnes interposées : les tuteurs, des biens de ceux dont ils ont la tutelle; les mandataires, des biens qu'ils sont chargés de vendre; les administrateurs, de ceux des communes ou des établissements publics confiés à leurs soins; les officiers publics, des biens nationaux dont les ventes se font par leur ministère. » — Il faudrait décider que l'annulation de ces ventes ne pourrait donner ouverture au droit de rétrocession, mais au droit fixe.

**14360. Droits litigieux.** — Le droit proportionnel de rétrocession ne serait pas non plus encouru, si un jugement annulait une cession de procès, de droit et d'actions litigieux passés à des juges, des suppléants, des magistrats remplissant les fonctions du ministère public, des greffiers, huissiers, avoués, défenseurs officieux, notaires, lesquels droits se trouveraient être de la compétence du tribunal dans le ressort duquel ces magistrats ou fonctionnaires exerceraient leurs fonctions. En effet, l'art. 1597 C. C. frappe ces actes de nullité, en déclarant incapables d'acquérir les personnes que nous venons d'énumérer.

**14361. Société universelle.** — On trouve encore dans l'art. 1840 C. C. des exemples d'incapacités. Ainsi, nulle société universelle ne peut avoir lieu qu'entre personnes respectivement capables de se donner ou de recevoir l'une de l'autre et auxquelles il n'est point défendu de s'avantager au préjudice d'autres personnes. Ne pourrait donc donner ouverture qu'au droit fixe la résolution de tout acte de société universelle qui serait contractée entre les personnes désignées par l'art. 1840.

## SECTION 3. — ERREUR

**[14362-14374]**

**14362. L'erreur vicie le contrat.** — « L'erreur surtout, dit Toullier (t. 6 n° 26), est un vice radical qui anéantit le consentement. Il n'y a pas de consentement valable s'il n'a été donné que par erreur, dit l'art. 1109... En effet, lorsque l'erreur a été le motif ou la cause unique qui a déterminé une volonté, ou, comme dit le Code, lorsque le consentement n'a été donné *que par erreur*, j'ai fait ce que je ne voulais pas, et je n'ai pas fait ce que je voulais. »

Le principe est évident, mais le développement et l'application en ont toujours paru difficiles.

**14363. Diverses espèces d'erreurs.** — L'erreur peut porter : 1° ou sur la nature du contrat que l'on doit faire; — 2° ou sur le motif qui me détermine à contracter; — 3° ou sur l'objet du contrat; — 4° ou sur les qualités de cet objet; — 5° ou sur la personne avec laquelle je contracte.

**14364. Erreur sur la nature du contrat.** — L'erreur qui tombe sur la nature du contrat est manifestement exclusive de toute idée de translation. Ainsi, je veux acheter votre maison, vous me faites souscrire un bail. Il n'y a pas de contrat, car nous ne nous sommes pas entendus (Marcadé sur l'art. 1110 n° 1er). Dès lors, si nous recourons au tribunal pour faire briser notre convention, le jugement qui l'annulera ne pourra donner ouverture au droit proportionnel de rétrocession (Dalloz n° 2181).

**14365. Erreur sur le motif du contrat.** — On ne s'oblige pas sans une cause qui détermine la volonté à consentir, c'est-à-dire à vouloir ce qu'un autre veut également. Si cette cause, si le motif que je croyais exister n'existe point ou s'il est faux, il n'y a point de volonté ou de consentement, et par conséquent point d'obligation. C'est ce que le Code civil exprime lorsqu'il dit, dans son art. 1131 : « L'obligation sans cause ou sur une fausse cause ne peut avoir aucun effet » (Pothier *des Obligations* n° 20, Duranton t. 6 nos 110 et 111, Toullier t. 6 n° 37, Delvincourt t. 2 p. 121 et 460 note).

**14366. Motif déterminant.** — Le motif qui a déterminé à passer le contrat est comme une cause inhérente au contrat, sans lequel le consentement n'aurait pas été donné, ni l'obligation contractée (Wolff *Just. nat.* 3e part. § 505 *in fine* et § 867). Mais il faut, pour que l'erreur sur le motif soit une cause de nullité, qu'elle tombe sur la cause déterminante du contrat.

On trouve dans le Code civil plusieurs dispositions fondées sur le principe que l'erreur sur le motif déterminant annule les conventions.

1. TRANSACTION. — Ainsi, la transaction faite sur pièces qui depuis ont été reconnues fausses est entièrement nulle (2055). — La transaction sur un procès terminé par un jugement passé en force de chose jugée, dont les parties ou l'une d'elles n'avaient point connaissance est nulle (2056). — La transaction qui n'aurait qu'un objet sur lequel il serait constaté, par des titres nouvellement découverts, que l'une des parties n'avait aucun droit, serait nulle (2057), quand même ces titres n'auraient pas été retenus par le fait de l'autre partie (Toullier t. 6 nos 43, 44, 45).

L'annihilation de ces divers contrats ne pourrait donner ouverture au droit proportionnel, car elle aurait pour cause une nullité radicale.

2. RENTE VIAGÈRE. — La rente viagère créée sur la tête d'une personne qui était morte au jour du contrat ne produit aucun effet (1974 C. C.). Ce contrat est nul, parce qu'il est évident qu'il n'eût pas eu lieu si cette mort avait été connue. Non-seulement il y a erreur sur le motif de la convention, mais de plus elle se trouve sans cause ou sans motif (Toullier t. 6 no 46). — Ce contrat est encore nul si l'une des parties, ou même toutes les deux ont ignoré que la personne sur la tête de laquelle la rente a été créée était atteinte d'une maladie dont elle est morte dans les vingt jours de la date du contrat (1975 C. C.).

Dans ces diverses hypothèses, le seul droit fixe serait exigible sur le jugement qui déclarerait nuls de pareils contrats. Car la nullité qui les affectait était radicale. — V. 14329.

3. FAUSSE DÉCLARATION DE BAIL. — Si le cahier des charges d'une vente par autorité de justice laisse ignorer un bail de longue durée, en opposition avec la destination que l'acquéreur comptait donner à l'immeuble, la vente est nulle de plein droit par suite d'erreur sur le consentement. C'est en ce sens que, dans une espèce semblable, la cour de Paris a décidé, le 5 février 1852 (15444 J. E.), que le vendeur serait tenu de faire cesser toutes les prétentions du locataire à des droits autres que ceux énoncés dans le cahier des charges: « sinon et faute de le faire dans le délai d'un mois, à partir de l'arrêt, déclare nulle l'adjudication. » Une pareille résolution, si elle vient à s'accomplir (V. 14291), doit donc être considérée comme n'étant pas passible du droit proportionnel.

4. MESURE. — DÉFICIT. — On peut rattacher à cet ordre d'idées un arrêt de la Cour de cassation, du 8 avril 1811 (P. *chr.* no 15, D.N. t. 11 p. 305 no 203), qui a décidé que le jugement qui résilie un contrat pour déficit d'une moitié dans la mesure des biens vendus est censé avoir été prononcé pour une cause existante lors du contrat, ce qui ne le rend passible que du droit fixe. — Mais en principe une simple erreur de contenance n'est pas une cause de nullité radicale dans le sens de la loi (Sol. 5 avr. 1870, 24 janv. et 4 mars 1878).

**14367. Servitude non déclarée.** — De même, la résolution d'une vente prononcée par suite de la révélation d'une servitude occulte inconnue de l'acheteur a lieu pour cause de nullité radicale, et le jugement d'annulation est passible du droit fixe (Dél. 28 nov. 1865, 2249 R. P.). — Il en est ainsi encore de la résolution judiciaire de la vente d'un terrain à bâtir sous lequel existaient des excavations rendant toute construction impossible (Sol. ... juill. 1866, 18341 § 1er J. E.).

Cependant, le tribunal de la Seine avait décidé antérieurement, mais à tort, selon nous, que le droit proportionnel de rétrocession est dû sur le jugement qui prononce la résolution d'une vente pour vice caché, par exemple, pour une servitude inconnue de l'acheteur lors de l'acquisition (8 août 1832, D. N. t. 11 p. 302 no 225).

**14368. Motifs accessoires.** — Mais au motif principal qui a déterminé la formation du contrat se joignent souvent les motifs accessoires qui aident et concourent à fixer la volonté. La fausseté ou la non-existence de ces motifs accessoires, qui n'ont pas été la cause principale de la convention ou du consentement, n'anéantit pas l'obligation, parce qu'il n'est pas certain que sans eux le contrat n'eût pas été passé (Toullier t. 6 no 39). Une résolution qui s'appuierait sur de pareils motifs encourrait nécessairement le droit proportionnel de rétrocession.

**14369. Erreur sur l'objet du contrat.** — Si l'erreur tombait sur l'objet du contrat, *in ipso corpore rei*, si, par exemple, j'avais voulu acheter du diamant et que l'on ne m'eût vendu que du strass, le contrat serait nul, car il n'y aurait pas eu concours de volonté sur le même objet. Dès lors, le jugement qui annulerait un pareil acte ne donnerait ouverture qu'au droit fixe.

**14370. Bien d'autrui.** — Il n'est pas douteux que la vente de la chose d'autrui soit entachée d'un vice radical: ou bien l'acheteur était de bonne foi, ou il savait que l'objet n'appartenait pas au vendeur.

Dans la première hypothèse, son consentement a été surpris, puisqu'il croyait acheter une chose dont son cocontractant était propriétaire, et que cette fausse persuasion a été la cause déterminante de l'acte. Une telle erreur, tombant sur l'un des éléments essentiels de la convention, la vicie sans aucun doute jusque dans sa racine.

Si l'acheteur savait que la chose appartenait à un tiers, la nullité est encore bien plus certaine. Un tel contrat n'est pas même une vente, ce n'en est que l'image. Comme nous l'avons dit précédemment, l'acquéreur n'a jamais pu demander au vendeur la délivrance directe de l'objet, et tout son droit consistait à le poursuivre par voie d'action personnelle, afin qu'il détermine le véritable maître de la chose à en opérer la vente, par un contrat spécial, à l'acheteur désigné, moyennant les conditions convenues. Il est clair que la résiliation d'une convention pareille ne peut produire aucune transmission de propriété. C'est déjà ce qui avait été jugé sous l'empire du centième denier, au témoignage de Bosquet (t. 4 p. 106)

1. VENTE PAR LE MARI SEUL. — On n'a jamais élevé de contestation sur ce dernier point; mais l'Administration a dû se prononcer fréquemment sur la question de savoir si la vente du bien d'autrui faite de bonne foi était radicalement nulle dans le sens de la loi du 22 frimaire an 7.

Un mari avait aliéné les immeubles propres de sa femme sans le consentement de celle-ci. Son opération était une véritable vente du bien d'autrui; la Cour de cassation l'a formellement reconnu par un arrêt du 10 janvier 1844 (11894 J. N.). Devait-on cependant percevoir le droit proportionnel de rétrocession sur le jugement qui annulait la vente à la requête de la femme? La négative a été adoptée par une Sol. 4 janvier 1830, portant « que, la vente de la chose d'autrui étant nulle comme le serait celle de la succession d'une personne vivante, il s'ensuit que la vente consentie aux époux B... était radicalement nulle et qu'aucun droit proportionnel n'était dû sur le jugement de résolution » (9603 J. E.).

Une solution pareille a été rendue le 14 novembre 1868, au sujet de l'acte amiable de résolution passé entre l'acquéreur et le mari. Cet acte ayant pour unique effet de délier le mari de l'obligation personnelle qu'il avait contractée et de le libérer de tout recours qui pourrait être dirigé contre, lui ne peut être considéré comme translatif de propriété à aucun point de vue (3056 R. P.).

2. IMMEUBLE VENDU DEUX FOIS. — On a décidé la même chose pour la vente d'un immeuble faite successivement par le propriétaire et par son mandataire agissant à l'insu l'un de l'autre. Des Dél. 2 juillet 1817 et 18 septembre 1822 ont reconnu que le second contrat renfermait la vente du bien d'autrui et que son annulation judiciaire ne donnait pas ouverture au droit proportionnel (D.N. t. 11 p. 275 n° 16).

Le principe de la solution est parfaitement exact et devra être encore appliqué aujourd'hui. Seulement il faut remarquer que, depuis la loi du 23 mars 1855 sur la transcription, la propriété appartient à celui des deux acquéreurs qui a le premier fait transcrire son titre au bureau des hypothèques. C'est donc la résolution de l'autre contrat qui pourrait seule être exemptée du droit proportionnel; et, si l'acquéreur dont le titre est transcrit se trouvait même judiciairement dépossédé de sa propriété au profit d'un tiers, sous prétexte que son contrat est postérieur en date, une telle décision n'échapperait pas à l'impôt ordinaire de rétrocession.

3. BIENS APPARTENANT POUR PARTIE A UN TIERS. — La nullité radicale qui affecte le consentement de l'acheteur de la chose d'autrui a même été étendue à l'hypothèse où la vente annulée comprenait indivisément des biens dont le vendeur était réellement propriétaire. La résolution intégrale du contrat démontrait, en effet, l'indivisibilité de l'acquisition et prouvait que l'acheteur n'aurait pas consenti à l'acte s'il n'avait cru obtenir la totalité des biens. L'erreur frappait donc sur la transmission entière et la résolution judiciaire de l'acte devenait sujette au droit fixe.

Une Sol. 28 mars 1832 l'a décidé en ces termes : « L'arrêt annule la vente par le motif que le vendeur avait agi comme seul propriétaire de la maison, tandis qu'il n'était effectivement propriétaire indivis que de moitié; de son côté, l'acquéreur n'avait entendu acheter qu'une maison entière et non un droit partiel : dans cet état de choses, la résolution prononcée avait véritablement pour cause une nullité radicale et le droit proportionnel doit être restitué » (10324 J. E.).

Le même principe a été appliqué par une Dél. 24 et 20 mars 1843 : « Attendu que la vente était nulle même à l'égard des biens appartenant au vendeur; que le tribunal l'a annulée dans son entier sans distinction ni réserve; que l'Administration ne serait pas fondée à faire ce que le tribunal n'a pas fait, et que d'ailleurs la nullité est radicale, puisque l'erreur sur la chose vendue et acquise vicie le contrat dans sa source comme dans son essence » (13302-4 J. E.).

4. MANDATAIRE. — La Cour suprême s'est écartée cependant des règles précédentes dans un arrêt du 24 janvier 1844, transmis aux préposés par l'I. G. 1713-7 (11990 J.N., 13513-1 J. E., S. 44-1-381). Il s'agissait d'un mandataire qui avait été chargé de vendre un immeuble et qui s'était permis de l'échanger. Pour tout ce qui dépassait les limites du pouvoir, le mandataire demeurait sans aucun droit de disposition sur le bien; et, lorsqu'il avait consenti à l'échange sans y être autorisé, il avait véritablement aliéné la chose d'autrui. Le propriétaire ayant fait annuler le contrat, la Cour décida que le droit de rétrocession devait être perçu : « Attendu que l'échange n'avait été déclaré nul que par des motifs tirés de la faute des parties et non par suite d'une nullité radicale de l'acte lui-même. »

Mais cet arrêt ne saurait conserver de valeur doctrinale. Il n'est pas contestable que l'acte renfermait une aliénation de la chose d'autrui, c'est-à-dire une cause de nullité radicale. Que ce vice provînt de la faute du vendeur ou de la négligence de l'acheteur, peu importe; cette considération, intéressante sans doute pour le règlement des dommages-intérêts exigibles entre les parties, était absolument sans effet sur la validité absolue de l'acte et sur la nature de la nullité qui l'affectait. Lorsque le véritable propriétaire a fait annuler le contrat, il est évident qu'il est rentré en possession par suite de cette déclaration de nullité et nullement à la suite d'une rétrocession proprement dite. Aussi nous paraît-il certain, comme à tous les auteurs (Dalloz v° *Enregistrement* 8478, Champ. et Rig. *Supp.* n° 428), que le droit fixe était seul exigible.

Il a été spécialement décidé qu'en cas de vente par un mandataire postérieurement à la révocation de son mandat le droit proportionnel de mutation est régulièrement perçu sur le jugement qui prononce la résolution de la vente, non pour défaut de pouvoir du mandataire, mais pour non-payement du prix par l'acquéreur mis en possession (Cass. 14 mars 1849, P. 51-1-136, 1837-12 I. G.).

« Attendu, porte cet arrêt, qu'il est constant, en fait, que le demandeur en cassation, loin d'avoir soutenu la nullité radicale de la vente du 20 septembre 1845, résultant de ce que son prétendu mandataire avait vendu sans pouvoir et postérieurement à la révocation de son mandat, a, au contraire, doublement ratifié cette vente : 1° en défendant à l'action en réduction de prix intentée contre lui et son mandataire par l'acquéreur, — 2° et en déclarant judiciairement qu'il consentait à reconnaître la validité de ladite vente, à la condition que le prix lui en serait payé dans certains délais; attendu qu'il est encore constaté en fait que la vente dont il s'agit a été exécutée par la mise en possession de l'acquéreur, et que, si, plus tard, le déguerpissement de cet acquéreur a été ordonné, c'est par le motif qu'il n'avait pas payé le prix dans les délais fixés; qu'ainsi ce déguerpissement a été prononcé par application des règles du droit commun, déterminées par les art. 1654 et suiv. C. C. »

5. CIRCONSTANCES PARTICULIÈRES. — Cependant, si un jugement, tout en reconnaissant que l'immeuble n'a pas cessé d'appartenir au vendeur et que l'acte de vente est nul, ne déclare pas qu'il s'agit d'une nullité radicale et ne se

fonde pas sur les dispositions du contrat pour en prononcer la résolution, mais sur les circonstances de la cause, le droit proportionnel de transmission est exigible (Lyon 15 mai 1866, 11591 C.).

**14371. Erreur sur les qualités ou la substance du contrat.** — « L'art. 1110 C. C. veut que l'erreur sur la chose ne soit une cause de nullité que lorsqu'elle tombe sur la substance même de la chose qui en est l'objet. » Pothier, dont les rédacteurs du Code ont constamment suivi les idées dans le titre des obligations, nous apprend ce qu'il faut entendre par *la substance d'une chose* au point de vue du droit.

« L'erreur, dit-il n° 18, annule la convention lorsqu'elle tombe sur *la qualité* de la chose que les contractants ont eue *principalement* en vue et qui fait *la substance même* de la chose. »

Ainsi ce sont *les qualités principales* d'une chose qui constituent ce que le Code appelle sa substance. Toute la difficulté consiste donc à ne pas confondre la qualité principale, substantielle, avec la qualité accessoire, accidentelle. En ce sens Marcadé enseigne (sur l'art. 110 n° 2) que la qualité substantielle est toute qualité qui, n'étant pas susceptible de plus ou moins, fait passer l'objet dans telle espèce ou dans telle autre espèce, selon que cette qualité existe ou n'existe pas. Si donc j'ai cru acheter une statue de bronze et qu'elle soit de zinc, une mosaïque romaine et qu'elle ne soit qu'une imitation, le contrat est vicié *à radice*, car une statue est de bronze ou ne l'est pas, il ne peut y avoir entre elle et une statue de zinc une différence de plus ou moins ; il n'y aurait au contraire rien de substantiel dans l'erreur qui pourrait affecter l'acquisition d'un livre que j'aurais faite, le croyant bon alors qu'il ne serait que médiocre. En acquérant ce livre, en effet, j'ai pu savoir que je n'achetais pas une chose parfaite. Je n'ai pu prétendre à une bonté absolue. En un mot, je n'ai pu avoir la pensée d'acheter autre chose qu'un livre plus ou moins bon.

L'Administration a fait une application parfaitement rationnelle de ces principes dans l'espèce suivante : Les sieurs Sires, négociants à Boulogne, avaient vendu au sieur Marin une cargaison de blé de première qualité. Ce blé ayant été reconnu n'être que de troisième qualité par les experts appelés à le visiter, la vente fut résolue par jugement du 27 mai 1828. Le receveur perçut le droit de 2 pour 100 pour rétrocession ; mais, les parties ayant réclamé, il intervint, le 16 décembre 1828, une délibération ainsi conçue :

« Le jugement porte que Marin, en achetant le blé, alors en charge dans un port de Bretagne, a cru acheter des denrées loyales et marchandes, tandis que celles qui sont arrivées étaient défectueuses. Ainsi le jugement établit qu'il y a eu erreur sur la qualité de la chose vendue : or, suivant l'art. 1109 C. C., il n'y a point consentement valable si le consentement a été donné par erreur, et l'art. 1110 porte que l'erreur est une cause de nullité lorsqu'elle tombe sur la substance même de la chose qui fait l'objet de la convention. Ces circonstances se rencontrent dans l'espèce : la vente était donc radicalement nulle, et les jugements qui portent résolution de contrat pour cause de nullité radicale ne sont tarifés qu'au droit fixe. En conséquence, il y avait lieu de restreindre la perception au droit fixe de 5 francs seulement (7 fr. 50 cent. et de restituer le surplus » (9193 J.E., D. N. t. 11 p. 304 n° 192 ; — *Conf.* : Demante n° 237).

Que si, au lieu d'acheter du blé de *première qualité*, le sieur Marin n'eût fait qu'une simple acquisition de blé, il n'y aurait pas eu nullité radicale, et, si la vente avait été résiliée pour une cause quelconque, le droit de rétrocession eût été incontestablement exigible. C'est la conséquence du principe ci-dessus développé.

**14372. Vices rédhibitoires.** — Le Code civil contient les dispositions suivantes : « Le vendeur est tenu de la garantie de la chose à raison des défauts cachés de la chose vendue qui la rendent impropre à l'usage auquel on la destine ou qui diminuent tellement cet usage que l'acheteur ne l'aurait pas acquise ou n'en aurait donné qu'un moindre prix s'il les avait connus » (1641).

« Le vendeur n'est pas tenu des vices apparents et dont l'acheteur a pu se convaincre par lui-même » (1642).

« Il est tenu des vices cachés, quand même il ne les aurait pas connus, à moins que dans ce cas il n'ait stipulé qu'il ne sera obligé à aucune garantie » (1643).

Dans ces trois articles, se trouve le principe de l'annulation du contrat pour les défauts connus sous le nom de *vices rédhibitoires*. Dans l'ancien droit, les vices rédhibitoires annulaient la vente radicalement et laissaient sans exigibilité les droits du seigneur (Henrion *Anc. Répert.* v° *Lods* et *Ventes* p. 697). — Il doit en être de même du droit d'enregistrement (Champ. et Rig. n° 392, Dalloz n° 2486).

1. DÉFAUT CAPITAL D'UNE MANIÈRE ABSOLUE. — La nullité est évidemment radicale lorsque le défaut de la chose est capital d'une manière absolue et qu'il rend la chose impropre à tout service. Dans cette hypothèse, le jugement d'annulation ne peut donner ouverture au droit de rétrocession.

L'Administration a appliqué ce principe par une Sol. 7 juillet 1864 qui peut servir de règle : « L'art. 1641 C. C., porte-t-elle, dispose que le vendeur est tenu de la garantie à raison des défauts cachés de la chose vendue, qui la rendent impropre à l'usage auquel on la destine. Aux termes de l'art. 1110, l'erreur est une cause de nullité de la convention, lorsqu'elle tombe sur la substance même de la chose qui en est l'objet. « Si la chose a des vices, dit Dalloz, qui la rendent impropre à l'usage auquel elle est destinée, la convention est nulle ; le vice, dans ce cas, est connu sous le nom de *vice rédhibitoire*, et la résolution qui est fondée sur leur existence n'a rien de translatif » (V. *Enreg.* 2486). L'art. 1644 donne, il est vrai, à l'acheteur le droit de maintenir la vente en se contentant d'une indemnité; mais cette possibilité ne peut empêcher la nullité d'être radicale, car il peut dépendre de la volonté des parties d'exécuter même une convention qui est nulle. Dans l'espèce, la vente faite par Operman et Strohl avait pour objet des matières textiles d'une certaine nature. La mise en teinture a démontré que ces matières contenaient un mélange de qualité opéré à la filature et inconnu des acheteurs. La convention se trouvait donc viciée dans son principe et la résolution tombait sous l'application de l'art. 68 § 3 n° 7 L. 22 frimaire an 7 » (1947 R.P.)

2. DÉFAUT CAPITAL D'UNE MANIÈRE RELATIVE. — Mais le défaut peut n'être capital que relativement à l'usage auquel on destine la chose. Ce ne sera plus là peut-être un vice rédhibitoire dans la signification absolue du mot, cependant le contrat n'en sera pas moins atteint d'une nullité radicale. Nous en trouvons un exemple dans Troplong (*de la Vente* n° 563) : « Si la qualité de la chose a fait l'objet d'une promesse qui a déterminé l'achat; si cette chose a été payée plus cher parce que le vendeur a formellement promis qu'elle avait telle ou telle qualité, ces conventions ne seront pas des pourparlers sans valeur; il y aura obligation positive, et le vendeur sera tenu de la garantie. Par exemple, un inspecteur des contributions, qui est mauvais écuyer, a besoin d'un cheval doux pour faire ses tournées, et il n'achète celui que le vendeur lui montre que parce que ce dernier lui donne la certitude que le cheval est facile à conduire et n'est pas ombrageux. Dans un tel marché, il est évident que la qualité du cheval a été la condition déterminante. »

Dès lors, l'annulation de la convention ne peut être considérée comme opérant rétrocession. C'est à cet ordre d'idées qu'appartient la délibération transcrite sous le n° 14371.

3. IMMEUBLES. — La garantie pour vices cachés a lieu aussi bien dans les ventes d'immeubles que dans les ventes de meubles. Troplong nous en donne un exemple n° 556 : « La dame Laurent achète de Bélin une maison pour 150,000 francs, la vente est faite telle que la maison se comporte. Huit mois après la vente, la dame Laurent fait constater que la presque totalité des poutres et sommiers qui supportent les planchers sont pourris, et que la maison est menacée d'un écroulement général. Le tribunal de Lyon ordonne la rédhibition de la vente... Appel. Arrêt de la cour de Lyon du 5 août 1824, qui adopte les motifs des premiers juges. »

Cette décision paraît bien fondée au célèbre magistrat. Dès lors, nul doute qu'un pareil jugement de résolution n'ait dû donner ouverture qu'au droit fixe.

**14373. Erreur sur la personne.** — L'erreur sur la personne n'est une cause de nullité, aux termes de l'art. 1110 C. C., que lorsque la considération de cette personne a été la cause principale de la convention. « En effet, si Clément, horloger de la rue de la Paix, est tout aussi obscur que son homonyme de la place Vendôme, peu importe, pour la validité du contrat, que j'achète une montre chez l'un, croyant l'acheter chez l'autre. Mais si, voulant avoir une montre de Bréguet, je m'adresse à un horloger portant le même nom et que je lui paye un prix très-élevé une montre que je croirai sortir des mains du célèbre horloger, mon erreur viciera le contrat. »

La résolution du premier contrat donnerait ouverture au droit de rétrocession, alors que le droit fixe serait seul exigible sur l'annulation du second.

**14374. Erreur de droit.** — Toutes les erreurs que nous venons de passer en revue sont des erreurs de fait, elles ne vicient en général le contrat que suivant les circonstances de la cause que le juge doit toujours apprécier. Mais s'il s'agit d'une erreur de droit, dit Dalloz n° 2480, la solution ne doit souffrir ni distinction ni controverse, il y a nullité radicale. Champ. et Rig. donnent, n° 403, comme exemple de cette proposition, les partages de succession, auxquels des héritiers ont été appelés par erreur et qui peuvent être résolus, sans qu'il y ait lieu au droit proportionnel.

## SECTION 4. — DU DOL ET DE LA VIOLENCE

[14375-14379]

**14375. Violence.** — Dans l'ancien droit et relativement à la perception des droits seigneuriaux, la violence constituait une nullité radicale (d'Argentré *des Droits du prince* note 3 n° 3, Poquet de Livonnières liv. 3 ch. 6 sect. 1re).

Il ne peut en être autrement sous l'empire des lois de l'enregistrement. Tout contrat qui serait annulé pour cause de violence exercée sur l'un ou sur l'autre contractant ne pourrait faire naître l'idée d'une rétrocession. Le droit fixe serait seul exigible (Dél. 19 oct. 1822, D. N. t. 11 p. 304 n° 190).

**14376. Dol.** — Les observations que l'on vient de lire à l'égard de la violence sont parfaitement applicables au dol pratiqué par l'un des contractants: « Le dol, dit l'art. 1116 C. C., est une cause de nullité de la convention, lorsque les manœuvres pratiquées *par l'une des parties* sont telles qu'il est évident que sans ces manœuvres l'autre partie n'aurait pas contracté. » Dans l'économie du Code civil, toutes les fois que le dol émane de l'une des parties contractantes, il engendre l'action en nullité. « Il faut y voir, dit M. Demante, une cause de nullité ancienne et radicale; d'où le droit fixe seulement est exigible sur le jugement qui admet cette nullité » (n° 238). — Aussi le conseil d'administration a-t-il décidé, le 16 février 1825 (7972 J. E.), que le droit proportionnel qui avait été perçu sur un arrêt de la cour de Rouen du 13 janvier 1824, qui rescindait deux ventes pour dol, serait réduit au droit fixe de 10 francs (15 fr.), conformément à l'art. 46 n° 2 L. 28 avril 1816.

La même solution résultait déjà d'un arrêt de Cass. du 13 vendémiaire an 10, ainsi conçu : « Attendu qu'on ne peut entendre sous la dénomination de nullités radicales que celles qui donnent lieu de supposer qu'il n'y a point eu de contrat entre les parties, telles que l'erreur, le dol, la violence, l'incapacité des parties et autres semblables » (S. 2-2-326, 969 J. E.).

1. DOL ÉMANÉ D'UNE PERSONNE ÉTRANGÈRE AU CONTRAT. — Mais ce que nous venons de dire ne doit s'entendre du dol que lorsqu'il est le fait d'une des parties contractantes.

Que si le dol avait été pratiqué par une personne étrangère au contrat, ce contrat ne serait pas frappé de nullité, il y aurait seulement lieu à des dommages-intérêts contre l'étranger; dès lors, le contrat subsistant en principe, l'annulation qui en serait prononcée encourrait le droit proportionnel.

**14377. Simulation. — Fraude.** — Il ne faut pas confondre le dol, qui est l'action de tromper la personne avec laquelle on traite, avec la fraude ou simulation, qui consiste à tromper les magistrats ou les tiers, pour arriver à violer impunément la loi. Le dol constitue éminemment et toujours une nullité radicale, la simulation ne revêt pas toujours ce caractère.

**14378. Cas où il y a nullité radicale.** — La loi prohibe certains actes comme contraires soit à l'ordre public, soit aux bonnes mœurs, soit aux droits des tiers. Il est évident que tout acte qui aurait pour but de se soustraire à ces dispositions de la loi serait entaché d'une nullité radicale. Si, en effet, de pareilles dispositions sont nulles de plein droit, les actes par lesquels on voudrait les faire maintenir frauduleusement doivent, par une conséquence directe, être frappés de nullité. Dès lors, le seul droit qu'ils puissent encourir est le droit fixe. C'est là une proposition qui ressort nettement d'un arrêt de la Cour de cassation, rendu par les chambre réunies. On lit, en effet, dans cet arrêt, ci-après transcrit, n° 14379-2, que « la simulation volontaire, *lorsqu'elle n'est employée ni pour éluder une incapacité établie par la loi, ni pour donner une couleur légale à un acte prohibé, lorsque enfin elle n'est accompagnée d'aucune fraude contre l'ordre public, les bonnes mœurs ou les droits des tiers*, ne forme pas par elle-même un vice emportant la nullité radicale d'un acte que les parties ont voulu et pu consentir qu'il ne dépend pas d'elles de maintenir. »

1. DONATION DÉGUISÉE. — Le tribunal de Draguignan, par un jugement du 19 juin 1833, et l'Administration, par une Dél. 24 janvier 1834 (11825 J. E.), ont fait une application directe de ce principe, en déclarant qu'une donation déguisée sous l'apparence d'une vente, faite au profit d'un successible, sous l'empire de la loi du 17 novembre an 2, est nulle ; d'où la conséquence que le jugement qui en prononce la nullité n'est sujet qu'au droit fixe.

2. DISPOSITION AU PROFIT D'UN INCAPABLE. — L'art. 911 C. C. déclare nulle toute disposition au profit d'un incapable, soit qu'on la déguise sous la forme d'un contrat onéreux, soit qu'on la fasse sous le nom de personnes interposées. Les motifs ci-dessus doivent faire décider que toute déclaration de nullité, par un tribunal, d'une pareille disposition n'encourt que le droit fixe.

3. RÉDUCTION DE DONATION. — Ainsi encore, l'art. 920 déclare réductibles les dispositions soit entre-vifs, soit à cause de mort, qui excéderaient la quotité disponible. Il est évident que tout acte qui aurait pour but de se soustraire à ces dispositions de la loi serait entaché d'une nullité radicale.

*Vente annulée.* — Conformément à ce principe, le tribunal de la Seine a décidé, le 3 juin 1859, que le droit fixe est seul dû sur le jugement qui prononce la nullité d'une vente comme étant de nature à frustrer les héritiers réservataires de tout ou partie de leur légitime : « Attendu que, la réserve étant d'ordre public, tous les actes de nature à y porter atteinte sont prohibés par la loi et dès lors entachés d'un vise radical ; que la vente annulée n'a donc pu produire de transmission et que l'annulation elle-même n'a produit aucune rétrocession passible du droit proportionnel » (1200 R.P., 16654 J.N., 16998 J.E., 11580 C.).

4. ACTES FAITS EN FRAUDE DES DROITS DES CRÉANCIERS. — Les art. 2092 et 2093 accordent aux créanciers, quels qu'ils soient, un droit de gage sur tous les biens de leur débiteur ; mais, bien entendu, c'est seulement tant que ces biens appartiennent au débiteur que le gage existe, et il s'évanouit dès que le bien sort du patrimoine. Aucun texte du Code n'accorde au créancier pur et simple le droit de venir se faire payer sur les biens qui ont appartenu à son débiteur : ce droit de suite, cette faculté de poursuivre le bien du débiteur malgré l'aliénation et dans les mains des tiers acquéreurs, n'existe que dans les cas de privilége ou d'hypothèque.

Cette nature imparfaite du gage des créanciers laissait ceux-ci à la discrétion de leur débiteur, qui, par des aliénations frauduleuses, aurait toujours pu faire disparaître leurs garanties. Le Code civil a porté remède à ce danger, en permettant aux créanciers de faire annuler tous actes faits par leur débiteur en fraude de leurs droits (1167). Une pareille annulation, ayant pour but de réparer une fraude contre *les droits des tiers*, doit être considérée, par application du principe développé plus haut, comme s'appuyant sur une nullité radicale. Dès lors elle n'a rien de translatif et encourt le droit fixe (Dalloz n° 2438, Demante n° 275, Champ. et Rig. n° 405 et *Supp.* n° 429, D. N. t. 11 p. 304 n° 191).

C'est au surplus ce qui résulte de plusieurs décisions (Dél. 14 janv. 1832 ; — 24 août 1834 ; — Draguignan 19 juin 1833, 10543 10825 J.E.), qui doivent être prises pour règle, malgré ce que paraît avoir de contraire un jugement du tribunal de Schelestadt du 22 juillet 1842 (13060 J. E.).

**14379. Cas où la résolution donne ouverture au droit proportionnel.** — Mais, toutes les fois qu'un acte n'est pas fait en vue de porter atteinte à une défense quelconque édictée par la loi, toutes les fois, en un mot, qu'il a été fait dans des circonstances telles qu'il dépend de la volonté des parties de le maintenir, la simulation dont il pourrait être entaché ne constitue pas par elle-même un vice emportant la nullité radicale et absolue. Dès lors la résolution opère une véritable rétrocession et donne ouverture au droit proportionnel.

1. SIMULATION DE PAYEMENT DE PRIX. — Par jugement du 25 août 1821, le tribunal de Verdun avait annulé la vente de la moitié d'un domaine et d'une maison faite par Claude-Victor Duco à Nicolas Duco et deux autres personnes, moyennant 50,000 francs, sous le prétexte qu'il n'y avait pas eu de prix stipulé, ainsi que cela résultait des aveux et des interrogatoires des deux parties. L'Administration perçut sur ce jugement le droit proportionnel comme sur un acte de rétrocession. — Le syndic de la faillite de Nicolas Duco et autres demandèrent la restitution de ce droit, attendu la nullité radicale de l'acte. Le tribunal de Verdun avait ordonné cette restitution par un jugement du 22 août 1832, mais ce jugement a été cassé par arrêt du 12 novembre 1834, portant : « Considérant que l'acte de vente du 7 juillet a été, par le jugement attaqué, validé dans sa forme extérieure ; qu'il

a été reconnu par le jugement qu'il n'y avait eu dol ni fraude dans cet acte; que c'est seulement par des aveux, par les interrogatoires des parties, par une simulation de payement de prix alléguée par elles, que le tribunal s'est décidé à prononcer la nullité de l'acte de vente, ce qui ne peut être opposé à la Régie comme nullité radicale » (1481 § 5 I. G., S. 35-1-194).

2. **VENTE SIMULÉE.** — Devalois avait vendu, par acte sous signature privée du 24 avril 1806, la moitié du domaine de Cognier au sieur Marion, son neveu, pour le prix de 124,000 francs. L'acte portait quittance de la moitié du prix et promesse de la part de l'acquéreur d'aller s'établir sur le domaine acquis. Marion fit enregistrer son acte trois mois après et le déposa chez un notaire au mois de novembre suivant. — Devalois a prétendu que cette vente était simulée, et que, dans la réalité, ce moyen n'avait été employé entre lui et son neveu que pour donner à ce dernier un crédit apparent qui pût servir à lui procurer un emprunt. — Sur ce différend, l'oncle et le neveu nommèrent des arbitres. Ces arbitres décidèrent, par leur sentence arbitrale, qu'en fait il y avait simulation et qu'en droit la vente n'existait pas. — L'Administration ayant demandé le droit de rétrocession sur ce jugement arbitral, une instance s'engagea à la suite de laquelle il intervint, le 5 décembre 1810 (3780 J. E., 2114 J.N., S. 11-1-85), un arrêt ainsi conçu :

« La nullité résultant du fait de la simulation n'est pas une *nullité* proprement dite *radicale* : les parties ont pu, comme elles l'ont fait, faire prononcer que cet acte était *annulé* entre elles; mais elles auraient pu le laisser subsister, sans qu'aucune loi s'opposât à son exécution. Le seul fait de la *rentrée en possession* de la part du vendeur, et celui de l'*abandon* de la part de l'acquéreur qui avait fait enregistrer l'acte du 24 avril 1806 et en avait fait le dépôt aux minutes d'un notaire, caractérisait une *seconde mutation*, qui n'a pu s'opérer *sans rétrocession*; le résultat du jugement arbitral n'a pu être relatif qu'à l'intérêt du gouvernement : par conséquent, le jugement attaqué, en décidant qu'au moyen de la décision des arbitres le droit fixe était le seul qui pût être exigé, a fait une fausse application de la loi. »

L'affaire ayant été renvoyée devant le tribunal civil de Montélimart, ce dernier jugea, contrairement à l'arrêt du 5 décembre, qu'il n'était dû qu'un droit fixe, mais en adoptant un autre motif, tiré de ce que le prix de la vente n'aurait pas été payé. Ce jugement a été cassé par un nouvel arrêt du 23 août 1813 (4682 J. E.), portant :

« Considérant qu'il est évident, en fait, que, dans le cas dont il s'agit, la résolution de la vente n'a été demandée ni prononcée pour défaut de payement; qu'au contraire l'annulation en a été demandée et prononcée sous le seul prétexte qu'elle était feinte et simulée; considérant, au surplus, que les arbitres n'ont même établi le défaut de payement que sur ce qui était convenu devant eux à cet égard par les parties et qu'ils n'ont pu, sur leurs allégations et la faveur d'une prétendue simulation étrangère à l'Administration, et qui ne peut jamais être considérée comme nullité radicale, détruire la preuve réelle, matérielle et toujours subsistante pour l'Administration, du payement de la moitié du prix de la vente, résultant des termes formels du contrat et de la quittance y insérée, à l'effet de priver l'Administration de la perception du droit proportionnel qu'elle était autorisée à exiger en cas de rétrocession, suivant les dispositions de la loi et les circonstances de la cause; d'où il résulte que le tribunal civil de Montélimart, en déchargeant par son jugement le sieur D... de la contrainte contre lui décernée, sous le prétexte que la résolution de la vente avait été prononcée pour faute de payement sur le prix de l'acquisition, a faussement appliqué l'art. 12 L. 27 ventôse an 9, etc. »

Cette affaire donna lieu à un troisième arrêt de la C. cass. du 8 janvier 1817, où la Cour jugea de nouveau que la simulation n'est point une cause de nullité radicale et ne peut être opposée à des tiers (5747 J. E., 4075 J.N., S. 17-1-152). Renvoyée devant un quatrième tribunal, l'instance revint une quatrième fois devant la Cour, qui, toutes chambres réunies, maintint sa jurisprudence en cassant le nouveau jugement, le 29 décembre 1821 (7279 J. E., 4429 J.N., S. 22-1-175, 1354-4 I. G.). — Cet arrêt solennel porte :

« Attendu que la simulation volontaire d'une vente, lors qu'elle n'est employée ni pour éluder une incapacité établi. par la loi, ni pour donner une couleur légale à un acte prohibé, lorsqu'enfin elle n'est accompagnée d'aucune fraude contre l'ordre public, les bonnes mœurs ou les droits des tiers, ne forme pas par elle-même un vice emportant la nullité radicale et absolue d'un acte que les parties ont voulu et pu consentir, et qu'il ne dépend que d'elles de maintenir; et qu'à l'égard des tiers un tel acte transfère légalement sur la tête de l'acquéreur la propriété de l'objet vendu; que si, par un changement spontané de leur volonté, les parties ou l'une d'elles provoquent ultérieurement l'annulation de cet acte, sous prétexte de la simulation qui y est intervenue, le nouvel acte ou le jugement qui prononce cette aliénation, et qui fait repasser la chose vendue dans les mains du vendeur, opère évidemment, au regard des tiers, une nouvelle mutation de propriété sujette au même droit d'enregistrement que la précédente; attendu, en second lieu, que, lorsque cette annulation est prononcée, comme dans l'espèce, par un jugement arbitral motivé sur la reconnaissance faite par les parties devant les arbitres de la simulation intervenue dans l'acte de vente, un tel jugement qui, en droit, ne peut jamais être opposé à des tiers, aux termes de l'art. 1022 C. proc., ne doit être considéré, par rapport à l'Administration de l'enregistrement, que comme l'instrument d'une rétrocession volontaire, acte sujet au même droit que la vente, suivant l'art. 69 § 7 n° 1er L. 22 frimaire an 7; attendu qu'il suit de là que le jugement dénoncé, qui, en considérant le jugement arbitral du 22 juillet 1807 comme une résiliation pour cause de nullité radicale et absolue de l'acte de vente du 24 avril 1806, a déchargé le défendeur de la contrainte décernée contre lui en payement du droit proportionnel auquel ce jugement arbitral donnait ouverture, et a réduit la perception au droit fixe de 3 francs, énoncé en l'art. 68 § 3 n° 7 de ladite loi, à tout à la fois méconnu les principes du droit civil sur la matière des simulations, ceux du code de procédure civile sur l'autorité des jugements arbitraux, faussement appliqué l'art. 68 et directement violé l'art. 69 L. 22 frimaire an 7. »

Devant cette autorité imposante des chambres réunies qui ajoute à l'autorité des précédents arrêts, il faut considérer la jurisprudence comme désormais fixée sur ce point particulier.

Elle a été appliquée depuis par deux jugements de Lyon

du 25 juin 1859 (1201 R.P.) et de la Seine du 27 novembre 1861 : « Attendu, porte ce dernier jugement, que la simulation volontaire d'une vente, lorsqu'elle n'est pas faite pour éluder une incapacité établie par la loi et qu'elle n'est accompagnée d'aucune fraude contre l'ordre public, les bonnes mœurs et les droits des tiers, n'emporte pas une nullité radicale et absolue de l'acte de vente » (1556 R.P, 17442 J.E., 12132 C.). — *Conf.* : Carcassonne, 9 juillet 1877.

C'est ce qu'on a décidé aussi pour la résolution judiciaire déguisée sous la forme d'un cautionnement (16530 § 2 J.E.).

3. VENTE A RÉMÉRÉ. — Le jugement qui déclare qu'un immeuble vendu à réméré et dont le retrait n'a pas été exercé dans le délai stipulé n'a jamais été et ne doit plus être entre les mains de l'acquéreur qu'un gage de sa créance sur le vendeur, gage qui prendra fin avec cette créance, opère en faveur du vendeur à réméré une rétrocession sujette au droit proportionnel (Saint-Dié 24 août 1849, 14853 J.E.).

C'est ce qui résultait déjà de diverses décisions qui ont appliqué la solution dans tous les cas où le jugement déclarait que la vente à réméré déguisait un contrat pignoratif (Cass. 23 nov. 1836, 11686 J.E., 1539 § 5 I.G., S. 37-1-36; — Nogent-le-Rotrou 22 août 1844, 13605 J.E.; — *V.* 1354 § 4 J.E.).

« Attendu, porte l'arrêt du 23 novembre 1836, que le contrat du 18 novembre 1815 était parfait et ne présentait aucun vice radical, ni autre; que le délai de réméré qu'il contenait était entièrement écoulé; que l'action en réméré n'avait point été exercée durant ce délai; que l'acte ne contenait aucun indice de contrat pignoratif; que les parties l'ont elles-mêmes jugé ainsi, puisque: 1° elles ont payé le droit de mutation; — 2° qu'elles ont mis ce contrat à exécution comme contrat de vente, en provoquant l'expertise de délimitation ; — 3° que les acquéreurs ont payé grande partie du prix, soit par compensation, soit par l'acquit d'une partie des délégations faites par le vendeur; attendu que les jugements rendus, après onze ans, entre le vendeur et les acquéreurs, et par lesquels, d'accord entre eux, ils ont converti la vente en un compte entre les parties, ont opéré, de fait, une rétrocession véritable de la part des acquéreurs à leur vendeur; que, lorsqu'on ne verrait dans cette opération qu'une simulation originaire, ce ne serait pas là un moyen opposable à des tiers, et particulièrement à la Régie; que cette simulation ne serait point de la nature des vices radicaux, les seuls qui puissent engendrer la nullité par rapport aux tiers; qu'en définitive, l'opération, telle qu'elle a été consommée, ne pouvait être opposée à la Régie. »

A plus forte raison doit-il en être ainsi, si ce sont les parties seules qui prétendent qu'il n'y a eu entre elles que contrat pignoratif (Cass. 9 juill. 1839, 12342 J.E., 1601 § 17 I.G., S. 39-1-686).

« Attendu, porte cet arrêt, qu'à la vérité les tribunaux peuvent et doivent rechercher si la qualification donnée aux actes, en déguisant une autre nature de convention, n'a pas eu pour but de faire fraude à la loi fiscale ; mais attendu qu'il n'en résulte pas que les parties elles-mêmes puissent opposer la simulation des actes à l'Administration de l'enregistrement qui est fondée à percevoir le droit d'après la substance des actes et leur forme extrinsèque; attendu que l'acte du 17 juin 1829, qualifié à réméré, réunit tous les caractères d'un contrat de cette nature; que celui du 9 juillet 1836 donne lui-même audit acte du 17 juin 1829 la qualification de vente à réméré; qu'il énonce que la faculté de rachat, expirant le 12 mai 1834, ayant été verbalement prorogée au 9 juillet 1836, Gentils et sa fille, par suite du payement constaté, se trouvent rentrés dans la libre propriété et jouissance des biens compris dans la vente du 17 juin 1829; qu'il est donc, d'après sa substance, sa forme extrinsèque et ses termes, un véritable retrait exercé en vertu du réméré. »

Décidé également que, quand un contrat de vente à réméré a été exécuté par les parties et qu'après l'expiration du délai de réméré le vendeur est maintenu en possession de l'immeuble par un jugement qui déclare que la vente, loin d'être sérieuse, déguise un contrat pignoratif, le droit de rétrocession est exigible (Constantine 14 fév. 1865, 2048 R.P.). — *V.* 5400.

## SECTION 5. — DE LA LÉSION

[14380-14387]

**14380. Lésion. — Principe.** — La lésion, dit l'art. 1118 C.C., ne vicie les conventions que dans certains contrats ou à l'égard de certaines personnes. Ces certaines personnes sont les mineurs et à leur égard la simple lésion est une cause de rescision pour tous les contrats; ces certains contrats sont le partage (art. 887 C.C.) et la vente immobilière (art. 1674 C.C.).

Voici en quels termes la doctrine apprécie la nature de cette nullité: « Dans tous les contrats, disait Portalis, orateur du Gouvernement, le dol, l'erreur, une crainte grave, sont, par la disposition précise de nos lois, des moyens légitimes et suffisants pour faire restituer les majeurs. Or, la lésion, telle que le projet de loi la fixe, pour qu'elle puisse devenir un moyen de restitution, *n'équivaut-elle pas au dol?* Les jurisconsultes romains appelaient la lésion ultra-dimidiaire un dol réel, *dolum re ipsa*, c'est-à-dire un dol prouvé non par de simples présomptions, mais par la chose même... Quels sont les effets ordinaires du dol, de l'erreur et de la crainte? En dernière analyse, ces effets aboutissent à une lésion que les lois veulent prévenir ou réparer, en protégeant les citoyens contre les diverses espèces de surprises qui peuvent être pratiquées à leur égard. Comment donc, dans quelque hypothèse que ce soit, les lois pourraient-elles voir avec indifférence un citoyen lésé au delà de toutes les bornes et d'une manière qui constate évidemment quelque fraude ou quelque erreur ? »

« La lésion, dans les cas où le Code l'admet, dit à son tour Troplong (*de la Vente* n° 688), n'est prise en considération par le législateur que parce qu'elle *vicie les conventions*. C'est l'art. 1118 qui le dit en toutes lettres. Or, un vice est une cause de nullité. La convention entachée de lésion est donc nulle, non pas à la vérité d'une nullité de plein droit (ce qui importe peu), mais d'une nullité semblable à celles dont s'occupent les art. 1110 et suiv. Dans toutes les discussions du conseil d'État sur la rescision de la vente pour cause de lésion, il a été reconnu qu'il y avait parité entre le cas de lésion et celui de dol et d'erreur. Tronchet disait que la lésion infecte la vente d'un vice qui en attaque la substance, qu'il n'y a point de consentement, qu'il n'y a pas réellement de contrat. »

C'est également le principe qu'a défendu Toullier (t. 7 n$^{os}$ 543 et suiv.) et tous les auteurs anciens l'avaient consacré (Dumoulin § 33 n$^{os}$ 35, 39, 44, 45, d'Argentré art. 59 *de la Coutume de Bretagne*, not. 3 n° 4, Poquet de Livonières liv. 3 chap. 6 sect. 1$^{re}$, Bretonnier liv. 3 quest. 70 n° 22, Guyot chap. 12 n° 24, Henrion de Pansey *Anc. répert.* v° *Lods et ventes;* Fonmaur n° 608). « La restitution en entier, dit Bourjon (*Droit commun de France* tit. 4 n° 101), est cause ancienne, et, en tel cas, la vente *est censée n'avoir pas été faite*, son effet étant de remettre le restitué au même état qu'il était avant la vente, ce qui l'anéantit jusque *dans sa racine.* »

D'après ces motifs et en considérant l'effet rétroactif de la nullité, l'Administration avait d'abord décidé, par une Sol. du 3 brumaire an 8, que le jugement qui ordonnait la rescision était passible du droit fixe, sauf à exiger le droit de 4 pour 100 sur le supplément que payerait l'acquéreur pour conserver l'immeuble. L'I. G. n° 245 avait prescrit la même perception pour les résolutions de l'espèce postérieures au Code civil, et elle fut consacrée d'abord par la Cour de cassation dans un arrêt du 12 pluviôse an 8. Aujourd'hui encore l'exigibilité du droit fixe est vivement défendue par Dalloz (n° 2498), Champ. et Rig. (n° 445) et Demante (n$^{os}$ 238 et suiv.), fidèles à leur doctrine que la nullité radicale comprend les cas de nullité simplement relative.

Mais la Cour de cassation n'a pas tardé à revenir sur sa jurisprudence. Le procureur général Merlin démontra devant elle, dans les conclusions dont nous avons précédemment reproduit un extrait (14325), que la lésion produit une nullité relative très-différente de la nullité radicale mentionnée par la loi; et la perception du droit proportionnel fut désormais sanctionnée par une série d'arrêts qui doivent faire considérer la question comme définitivement tranchée. Le dernier qui l'a ainsi décidé est motivé avec une netteté remarquable. « L'action en rescision pour cause de lésion, porte-t-il, loin d'impliquer l'idée d'une nullité radicale affectant le contrat dans son essence même et par conséquent dans son caractère obligatoire entre les contractants, suppose, au contraire, la validité et la force obligatoire de la convention jusqu'au jour où le vendeur fait prononcer la rescision ; l'on ne saurait d'ailleurs reconnaître au simple cas de lésion le caractère et les effets d'une nullité radicale, puisqu'il est de la nature d'une telle nullité d'engendrer une action qui ne se prescrirait que par un long laps de temps, tandis que l'action en rescision pour cause de lésion est renfermée par la loi dans un délai très-court, ce qui implique nécessairement de la part du législateur la volonté de protéger le contrat de vente contre toute attaque qui se produirait après ce court délai, et puisque en outre le défendeur à l'action pourrait écarter cette action en payant le supplément du prix[1] » (Cass. 11 janv. 1871, 3216 R. P., 2421-4 I. G., B. C. 2, S. 71-1-23, D. 71-1-9, P. 71-36. — V. dans le même sens Laferrière *Cours de droit pub. et administ.* t. 2 p. 148 5° édit.).

1. « On ne peut pas dire, enseigne le savant professeur, que la vente soit nulle *ab initio*, puisque, lors même que le vendeur voudrait rentrer dans la possession de l'immeuble, il ne le pourrait pas, si l'acquéreur offrait le supplément du prix ; le vendeur rentrant dans la possession de l'immeuble, par suite de son action en lésion, n'y rentre donc que par la rétrocession que lui fait l'acquéreur de l'immeuble, au prix fixé par le premier contrat. Aussi non-seulement l'Administration de l'enregistrement ne doit pas restituer le premier droit, mais elle en exige un second à juste titre, comme en matière de rétrocession. »

**14381. Mineur.** — Il a été jugé, dans cet ordre d'idées, que la nullité résultant de la minorité de l'une des parties, n'est point une *nullité radicale*, mais seulement une cause de rescision du contrat ; que par suite le jugement qui la prononce est passible du droit proportionnel (Cass. 5 germ. an 13, S. 5-2-461, 1347-4 I. G.). Cet arrêt avait été rendu dans le cas de lésion simple donnant lieu, d'après l'art. 1305 C. C., « à la rescision en faveur du mineur non émancipé, contre toutes sortes de conventions ; et, en faveur du mineur émancipé, contre toutes conventions qui excèdent les bornes de sa capacité. »

« Vu, dit la Cour, l'art. 78 § 3 n° 7 L. 22 frimaire an 7 et l'art. 69 § 7 n° 1$^{er}$ de la même loi ; considérant qu'il résulte des dispositions de l'art. 68 ci-dessus cité, que, pour que la résolution d'un contrat ne donne lieu qu'à la perception d'un droit fixe d'enregistrement, il faut non-seulement que cette résolution soit prononcée par un jugement, mais aussi qu'elle ait pour cause une nullité radicale ; considérant que la résolution du contrat de vente dont il s'agit n'a point été prononcée par jugement, mais qu'elle s'est faite par le consentement volontaire des parties; que d'ailleurs l'acquisition faite en vertu dudit contrat de vente par les mariés Michaud, au temps de leur minorité, n'était point radicalement nulle, mais seulement sujette à rescision ; qu'ainsi la résiliation de vente qui s'est opérée, dans l'espèce actuelle, ne peut être regardée que comme une nouvelle transmission d'immeuble à titre onéreux, sujette par conséquent au droit proportionnel de 4 pour 100 établi par ledit art. 69. »

**14382. Majeurs.** — Mais d'autres arrêts ont étendu la règle à divers cas de lésion déterminée qui, aux termes de l'art. 1313, peuvent autoriser la restitution des majeurs. Il a été jugé, dans ce sens, en thèse générale, que la rescision pour lésion ne peut jamais exempter du payement du droit proportionnel, parce que la lésion est un simple moyen de rescision et non une cause de nullité (Cass. 17 déc. 1811, 4114 J. E., S. 12-1-144, 1347-4 I. G.).

« Attendu, porte cet arrêt, que l'art. 68 § 3 n° 7 contient deux dispositions bien distinctes, l'une relative aux jugements émanés des tribunaux civils, l'autre aux jugements des tribunaux de commerce et d'arbitrage; attendu que ce n'est que dans la disposition particulière aux jugements des tribunaux civils qu'elle soumet simplement au droit fixe de 3 francs les jugements portant résolution de contrat pour cause de nullité radicale, disposition qui ne pouvait être étendue aux tribunaux de commerce et d'arbitrage, puisque la loi ne l'a point généralisée et étendue à ceux-ci ; attendu, d'ailleurs, que, dans l'espèce, le jugement arbitral qui a prononcé la résolution du contrat ne l'a point prononcée pour cause de nullité radicale, mais simplement pour cause de lésion, qui n'est qu'un moyen de rescision, et que, jusqu'à l'emploi de ce moyen, le contrat n'en a pas moins eu toute son existence et dû avoir toute son exécution. »

**14383. Renvoi en possession.** — La rescision pour cause de lésion ne pouvant avoir lieu ni en faveur de l'acheteur, ni pour les ventes qui ne peuvent être faites que d'autorité de justice, on doit considérer comme opérant une rétrocession sujette au droit de mutation les jugements portant renvoi en possession des vendeurs ou de leurs ayants cause (245 I. G.).

**14384. Lésion des sept douzièmes.** — Il a été encore décidé que le jugement qui prononce la rescision d'une vente pour cause de lésion des sept douzièmes est passible du droit de rétrocession (D. m. f. 23 sept. 1830, 9768 J. E., 1347 § 4 I. G.; — Cass. 11 nov. 1833, 10806 J. E., 1451 § 2 I. G., S. 33-1-833; — Seine 7 déc. 1848, 14651 J. E., 8675 C.; — Marmande, 28 juill. 1875; — Cass. 11 janv. 1871, *suprà* n° 14380).

Il en est de même à l'égard de la rescision d'une cession de droits successifs pour lésion de plus d'un quart, attendu qu'aux termes de l'art. 891 C. C. l'acquéreur pouvait conserver l'objet de l'acquisition en payant le supplément de valeur (Lyon, 14 août 1839, 12357 J. E., D. N. t. 11 p. 308 n° 216; — Sol. 3 avr. 1878).

On avait voulu soutenir, sur ce dernier point, que la résolution était soumise à la condition suspensive que le cessionnaire refuserait de payer le supplément de sa part héréditaire et qu'elle ne pouvait auparavant donner lieu au droit proportionnel. Mais cette doctrine a été repoussée par un arrêt de Cass. 27 février 1872, et le droit a été reconnu actuellement exigible (3414 R. P., 2447-3 I. G., S. 72-1-139, D. 72-1-83, P. 72-312).

« Attendu, porte cet arrêt, qu'aux termes de l'art. 60 L. 22 frimaire an 7, les droits d'enregistrement régulièrement perçus ne sont pas restituables, quels que soient les événements ultérieurs; que la faculté accordée par l'art. 891 C. C. au défendeur à l'action en rescision d'un partage pour cause de lésion, d'empêcher un nouveau partage, en fournissant au demandeur le supplément de sa portion, soit en nature, soit en argent, n'a pas pour conséquence de suspendre les effets de la rescision prononcée avant qu'aucune offre n'ait été faite; attendu que l'arrêt de la cour de Montpellier du 16 janvier 1868 avait prononcé la rescision pure et simple pour lésion de la cession consentie par Laurent à Jacques Durand, de la part dans les biens qui leur appartenaient par indivis; que cet arrêt avait donc eu pour effet de replacer immédiatement entre les mains de Laurent la propriété des immeubles qu'il avait précédemment aliénés, et d'opérer ainsi une mutation soumise au droit proportionnel de 4 pour 100 par l'art. 69 L. 22 frimaire an 7. »

**14385. Échange.** — Cette doctrine doit être appliquée aux échanges; car, aux termes des art. 1702, 1706 et 1707 C. C., l'échange est un contrat qui ne peut être annulé pour cause de lésion. Aussi résulte-t-il de l'I. G. 245 que le jugement qui prononce la rescision pour cause de lésion dans un contrat d'échange, opère un nouvel échange, si les parties sont respectivement rétablies dans leurs biens, ou une vente si l'un des échangistes, en rentrant dans la possession de l'objet qu'il avait cédé, conserve l'immeuble qui lui avait été attribué en contre-échange, ou un supplément à titre de soulte, si la partie contre laquelle la lésion a été jugée reste propriétaire en payant une plus-value (*Conf.* : D. N. t. 11 p. 308 n° 217).

Il a été jugé que la résolution d'un échange sur la demande du copermutant évincé de son lot résulte d'une nullité radicale (Marseille 12 août 1875, 4573). Mais ce jugement a été annulé par la Cour de cassation le 24 déc. 1877 (4859 R. P.).

V. Dissert. de M. Naquet, R. P. n° 5069.

**14386. Expiration des délais.** — Les nullités que nous venons de passer en revue ne sont attaquables que pendant dix ans, et « ce temps ne court, dans le cas de violence, que du jour où elle a cessé, dans le cas d'erreur ou de dol, du jour où ils ont été découverts, pour les actes passés par les femmes mariées non autorisées, du jour de la dissolution du mariage. Le temps ne court, à l'égard des actes faits par les interdits, que du jour où l'interdiction est levée; et, à l'égard de ceux faits par les mineurs, que du jour de la majorité » (art. 1304 C. C.).

Le délai de dix ans n'est même qu'un minimum qui peut n'être pas atteint. C'est ce que l'article que nous venons de transcrire exprime formellement par ces mots : *n'est pas limitée à un moindre temps.* Ainsi l'annulation pour lésion ne peut être demandée que pendant deux ans, dans le cas de lésion de plus de sept douzièmes dans la vente (1676 C. C.), et elle ne peut l'être que pendant trois mois dans le cas de règlement de parts prévu par l'acte de société.

Quelle que soit l'opinion que l'on adopte sur le caractère radical ou non de ces nullités, il est certain que l'annulation prononcée, après les délais ci-dessus, ne pourrait plus être considérée comme une annulation forcée, dans le sens des règles qui ont fait l'objet du présent paragraphe; ce serait une annulation faite avec le consentement des parties qui, devenant dès lors translative, encourrait le droit proportionnel. Telle est également l'opinion de Champ. et Rig. n° 457 et de Dalloz n° 2503.

**14387. Droits successifs.** — La résolution judiciaire pour cause de lésion d'une cession de droits successifs n'est pas soumise à la condition suspensive que le cessionnaire payera le supplément de sa part héréditaire, et elle donne lieu immédiatement au droit proportionnel (Cass. 27 fév. 1872, *arrêt rapporté* n° 14384).

## SECTION 6. — CAUSES DIVERSES DE NULLITÉ

[14388-14403]

**14388. Donation verbale.** — Supposons qu'un partage d'ascendants sous seing privé soit présenté à l'enregistrement : la convention sera nulle de plein droit, car les art. 931 et 1076 C. C. exigent impérieusement la forme authentique pour ces sortes de contrats; cependant le receveur percevra le droit proportionnel applicable aux partages d'ascendants. — V. *Partage anticipé.*

Il peut toujours se faire, en effet, que la convention s'exécute de bonne foi. Mais si un jugement déclarait la donation nulle, il y aurait erreur à percevoir un droit de rétrocession, car la décision du juge ne peut faire que les prétendus donataires rétrocèdent au donateur des biens qui ne sont jamais sortis des mains, puisque le contrat qui devait les transférer en d'autres mains n'a jamais pris naissance.

**14389. Faillite.** — Aux termes de l'art. 446 C. com., *sont nuls et sans effet*, relativement à la masse, lorsqu'ils auront été faits par le débiteur depuis l'époque déterminée par le tribunal comme étant celle de la cessation de ses payements, ou dans les dix jours qui auront précédé cette époque : Tous actes translatifs de propriétés mobilières ou immobilières à titre gratuit; tous payements, soit en espèces, soit par transport, vente, compensation ou autrement, pour dettes non échues; tous payements faits autrement qu'en espèces ou effets de commerce; toute hypothèque conventionnelle ou judiciaire, et tous droits d'antichrèse ou de nantissement constitués sur les biens du débiteur pour dettes antérieurement contractées.

Cette disposition comprend, comme on le voit, non-seulement les actes à titre gratuit proprement dits, tels que les donations et les testaments, mais encore tous autres qui ont, de la part du failli, un caractère de libéralité, parce qu'il n'a pas reçu l'équivalent de l'obligation à laquelle il s'est lui-même soumis. La nullité de ces actes étant de *plein droit*, il en résulte qu'aucun droit de rétrocession ne peut être perçu lorsque les biens retournent des mains des acquéreurs, des donataires ou légataires en la possession de l'actif de la faillite. « Attendu que le seul effet de cette circonstance (l'état de faillite), par rapport à l'application des droits d'enregistrement, a été d'exempter du droit proportionnel de mutation, l'arrêt qui a raison de cet état de faillite a prononcé la résolution de ladite vente » (Cass. 31 déc. 1823, 7665 J. E.).

C'est ce qui a été reconnu par l'administration belge au sujet d'un jugement qui annulait des payements effectués par failli, comme ayant été faits en fraude des droits de la masse créancière, et qui condamnait le créancier payé à rapporter à cette masse le montant du payement qu'il avait reçu. « Considérant que le jugement annule les payements effectués au défendeur par le failli comme ayant été faits en fraude des droits de la masse créancière et condamne le défendeur à rapporter à cette masse le montant des payements qu'il a reçus; que le vice dont ces payements étaient entachés constitue une cause de nullité radicale; que, dès lors, le jugement n'a pu rendre exigible aucun droit de titre » (Sol. 16 juill. 1873, 12240 J. E. belge).

**14390. Succession future.** — La donation faite par un père à ses enfants de tous ses biens présents dont un quart par préciput, à la charge de payer à ses frères acceptants une somme fixe pour les remplir de leurs droits, est nulle comme constituant un traité sur une succession non ouverte. Donc le jugement qui l'annule par ce motif n'est sujet qu'au droit fixe (Sol. 15 fév. 1832, 10299 J. E., D. N. t. 11 p. 306 n° 206).

**14391. Inaliénabilité de la dot.** — La vente de l'immeuble dotal hors des circonstances et des formalités prévues (art. 1558 C. C.), est nulle de plein droit. Aussi, dans une espèce où une femme, séparée de biens, avait fait donation d'un immeuble dotal, avec autorisation de son mari, l'Administration, considérant que cet immeuble était inaliénable, a décidé que le jugement qui annulait la donation n'était passible que du droit fixe.

« Il a été considéré, porte la solution rendue sur cette question, le 15 avril 1834 (1467 § 3 I. G.), que, d'après les art. 1554 et 1560 C. C., l'immeuble dotal est inaliénable, sauf les cas d'exception expressément déterminés, et que toute aliénation qui en aurait été faite par la femme, même avec le consentement du mari, soit à titre onéreux, soit à titre gratuit, est sujette à révocation; que, dans l'espèce, le jugement établit que l'immeuble cédé par le sieur Costedouat à sa femme pour la remplir de sa dot en numéraire était devenu dotal par l'effet de cette cession; que l'aliénation qui en avait été faite ultérieurement par la femme était nulle, et que cette nullité était radicale et absolue, puisque la loi n'a laissé au donataire aucun moyen de faire maintenir la donation. Le jugement dont il s'agit n'a donc opéré aucune mutation au profit de la femme Costedouat, qui est rentrée de plein droit dans sa propriété. Il n'était sujet, en vertu de l'art. 68 § 3 n° 7 L. 22 frimaire an 7, qu'au droit fixe d'enregistrement. »

Les biens dotaux, quoique l'aliénation en ait été permise par le contrat de mariage, ne peuvent être aliénés qu'à la charge par le mari d'en faire le remploi, la vente est nulle si le remploi n'est point effectué; cette nullité est déterminée par la loi elle-même et elle est tellement absolue que le juge ne peut pas maintenir la vente si le remploi n'a pas eu lieu. L'acquéreur n'a pas même l'option de conserver l'immeuble en payant à la femme le prix du bien dotal. D'où la conséquence que le jugement qui déclare cette nullité radicale n'est assujetti qu'au droit fixe (Dél. 14 sept. 1832, 10457 J. E. — *V.* dans le même ordre d'idées, Sol. 4 janv. 1830, 9663 J. E., Sol. 16 déc. 1831, 10251 J. E., D. N. t. 11 p. 305 n° 201, Sol. 7 nov. 1834, S. 34-2-673; — *Contrà* Sol. 17 janv. 1832, 10252 J. E.).

1. COUTUME DE NORMANDIE. — Sous la *Coutume de Normandie* l'aliénation du bien dotal n'était pas radicalement nulle. C'est pourquoi un arrêt de Cass. du 10 mars 1823 a décidé que le jugement de résolution de cette vente donnait ouverture au droit proportionnel (S. 23-1-440, 7708 J. E.). — *V.* 14397.

« Attendu, porte l'arrêt du 10 mars 1823, que, suivant les articles de la ci-devant *Coutume de Normandie*, l'aliénation de l'immeuble dotal, faite par le mari et la femme conjointement, n'était pas nulle d'une nullité radicale, puisqu'au contraire l'art. 538 de cette *Coutume* déclarait expressément que tels contrats sont bons et valables, et que seulement les art. 539 et 540 accordaient, dans ce cas, à la femme, une action, pour obtenir sa récompense sur les biens de son mari, et subsidiairement l'autorisaient à actionner le détenteur de l'immeuble dotal, lequel avait l'option de lui délaisser cet immeuble ou de lui en payer le juste prix à l'estimation; attendu qu'il suit de là que l'acte par lequel le détenteur actionné par la femme, en vertu de l'art. 540 de la *Coutume*, lui délaisse l'immeuble dotal, n'est pas un acte portant résolution de contrat pour cause de nullité radicale; qu'un tel acte est seulement l'effet d'une cause purement résolutoire et ne rentre pas, par conséquent, dans l'application de l'art. 68 § 3 n° 7 L. 22 frimaire an 7. »

2. PARTAGE. — Le droit proportionnel est dû sur l'annulation judiciaire d'un acte de partage motivée sur ce que l'engagement de la femme dotale de payer une soulte ne pouvait être exécuté que sur sa dot, la femme n'ayant pas de paraphernaux (Montélimar, 30 août 1877, 4900 R. P.).

**14392. Donation. — Inexécution des conditions.** — L'inexécution des conditions imposées au donataire ne peut en rien se rattacher à cette cause de résolution qui prend sa source dans une nullité infectant le contrat, *à radice;* c'est évidemment un vice *ex post facto*, dès lors on ne saurait le ramener à aucune des catégories de résolution que nous venons de passer en revue et que la loi n'assujettit qu'à un simple droit fixe, comme se trouvant purement déclaratives. C'est en se plaçant à ce point de vue que la Cour de cassation a jugé, les 22 mai et 30 décembre 1844 (12036 J. N., 13523 J. E., 1723 § 3 I. G., 12205 J. N., 13646 J. E., 1732 § 4 I. G., S. 44-1-571, 45-1-359) et 24 août 1869, (2977 R. P., 2394-4 I. G.), que « de quelque manière qu'ait lieu la révocation d'une donation pour cause d'inexécution des conditions, soit par acte amiable, soit par jugement, elle produit cet effet, que le donateur qui s'était dessaisi est saisi de nouveau, que la propriété est déplacée en ce sens qu'elle revient des mains du donataire dans celles du donateur, d'où il suit que toute révocation opère mutation. » — *V.* 14396.

La Cour suprême avait rendu un premier arrêt dans ce sens, le 14 novembre 1815 (*V.* également 17777 § 2 J. E. et M. Demante n° 596).

Par application du même principe, on a décidé que, si un jugement annule un legs parce que le légataire n'a pas, suivant les conditions prescrites, fait ajouter son nom à celui du testateur, le droit de rétrocession à 4 pour 100 est exigible, car il s'agit non d'une nullité radicale mais d'un défaut d'exécution des conditions (16615 J.E.).

Mais le jugement qui prononce la résolution d'une donation pour cause d'inexécution des conditions sous lesquelles elle avait été faite n'est pas passible du droit proportionnel, lorsque, antérieurement à cette résolution, un jugement d'adjudication intervenu à la suite d'une saisie pratiquée au préjudice tant du donateur que du donataire a fait passer tous les immeubles sur la tête d'un tiers. La perception du droit de rétrocession ne peut s'appuyer, en effet, que sur le fait d'une transmission, et, au cas particulier, le jugement de résolution ne peut avoir pour effet de faire rentrer le donateur dans la propriété de biens que le jugement d'adjudication a définitivement attribués à un tiers (16613 J. E.). — *V.* 14432.

1. NATURE DU DROIT. — On avait pensé d'abord que la résolution de la libéralité donnait lieu à la perception d'un droit égal à celui qui avait été perçu sur le contrat résolu (Sol. 21 août 1832, 10423 J. E., Sol. 23 juin 1837, 1562 § 14 I. G., Dél. 19 mai, 16 juin 1835, 11221 J. E.; — Saint-Quentin 11 mai 1842, 13020 J. E.). — Mais, dans les arrêts cités au numéro précédent, la Cour a considéré que le donateur ne poursuit la révocation de la libéralité que parce qu'il ressent un préjudice du manque d'accomplissement des conditions qu'il avait imposées au donataire, d'où elle a tiré la conséquence que, comme c'est en réparation de ce dommage que la résolution lui est accordée, le contrat constitue une rétrocession à titre onéreux passible de 4 pour 100, aux termes de l'art. 69 § 7 n° 1er L. 22 frimaire an 7. « A la vérité, porte le dernier de ces arrêts, la résolution a été opérée sans stipulation de prix; mais l'absence d'un prix ne suffit pas pour enlever à la convention le caractère de contrat intéressé que lui imprimaient les concessions réciproques faites par les parties à raison des difficultés auxquelles aurait donné lieu l'exécution de l'acte de partage; par cela même la rétrocession était passible du droit proportionnel de transmission auquel sont tarifés les actes translatifs à titre onéreux » (2977 R. P., 2394-4 I. G.).

**14393. Ingratitude.** — Les donations révoquées pour cause d'ingratitude doivent être assimilées aux libéralités résolues pour inexécution des conditions, car l'ingratitude se résume toujours dans l'inaccomplissement des devoirs qu'imposait la donation. Entre le donateur et le donataire l'effet résolutoire de la révocation remonte au jour de la donation, mais, relativement aux tiers, la donation est considérée comme n'ayant jamais été soumise à une condition résolutoire et comme n'étant pas dès lors résolue (Aubry et Rau t. 6 p. 113, Demante t. 4 n° 101 *bis*, Demolombe t. 20 nos 697 et 707).

Cette révocation n'est donc point une cause ancienne; elle opère une retransmission du donataire au donateur; conséquemment le jugement encourt un droit proportionnel (Demante n° 588).

Cependant il a été décidé que l'annulation d'une donation pour cause d'ingratitude n'opère pas une rétrocession; elle ne fait que remettre les choses dans l'état où elles étaient avant la donation, par l'effet d'une résolution prévue par la loi. Ainsi le jugement qui prononce cette résolution n'est passible que du droit fixe de 5 francs (7 fr. 50 cent.), déterminé pour les jugements portant résolution de contrats pour cause de nullité radicale (Dél. 30 janv. 1829, 9279 J. E.). — Mais il a été reconnu depuis que les résolutions judiciaires de donations immobilières pour cause d'ingratitude provoquées par les donateurs sont passibles du droit proportionnel (Sol. 18 juill. 1876, 4702 R. P.). — *V.* pour le tarif 14445.

**14394. Survenance d'enfants.** — A la différence des résolutions pour inexécution des charges et pour ingratitude, la résolution pour survenance d'enfants n'est ni facultative ni judiciaire.

Elle n'est pas facultative, car elle s'accomplit nécessairement que le donateur le veuille ou non et même à son insu. Elle n'est pas judiciaire, car elle s'accomplit par elle seule, immédiatement, instantanément, sans qu'il soit besoin d'aucune intervention de la justice. Dès l'instant de la survenance des enfants, le donataire n'a plus aucun titre pour retenir les choses données. Aucun événement postérieur, ni la mort de l'enfant, ni la mort du donateur, ni l'exécution volontaire de la donation, ni aucun acte quelconque ne serait susceptible de la confirmer, car on ne confirme pas ce qui n'a pas d'existence (Demolombe t. 20 n° 787). — D'un autre côté, la révocation est opérée avec effet rétroactif à l'égard des tiers; c'est une cause ancienne qui restitue le donateur en entier, comme si la donation n'avait pas été faite (art. 963 C. C.). — Le jugement ou l'acte quelconque qui constate cette réintégration du donateur n'est donc pas passible du droit proportionnel (Demante n° 589, Champ. et Rig. 470, Dalloz 2525). On le décidait déjà ainsi pour la perception du centième denier (Bosquet t. 2 p. 241). Sous la loi de frimaire il a été également reconnu que le droit fixe est seul dû sur l'acte par lequel les parties reconnaissent qu'une donation entre-vifs a été annulée de plein droit pour survenance d'enfants et qu'elle cessera de produire ses effets (Dél. 27 fév. 1827, D. N. t. 5 p. 105 n° 630).

**14395. Cession de créances.** — C'est encore parce que l'inexécution des conditions doit être considérée comme un fait postérieur qui ne constitue pas un vice radical, dans le sens de la loi, que l'Administration a décidé, par une solution du 2 oct. 1833 (10883 J. E.), que le jugement qui ordonne la résolution, pour inexécution des conditions, d'une cession de créance, consentie moyennant le payement d'une rente viagère, donne ouverture au droit de rétrocession de cession passible du droit de 1 pour 100

**14395 *bis*. Condition de passer acte.** — Le jugement qui résout une vente à défaut par l'une des parties d'avoir passé acte authentique de la vente comme elle l'avait promis, statue sur une simple action résolutoire et donne lieu au droit proportionnel (Andelys, 17 avr. 1878).

**14396. Partage anticipé.** — Il avait été décidé que le jugement qui prononce la résolution d'une donation faite en ligne directe, dans les termes des art. 1075 et 1076 C. C., par le motif que le donataire n'a pas satisfait aux charges qui lui étaient imposées, est sujet au droit proportionnel de rétrocession, à raison de 2 fr. 50 cent. pour 100 sur les immeubles, et de 1 fr. 25 cent. pour 100 sur les meubles (Sol. 21 août 1832 ; — Saint-Quentin 11 mai 1849, 10423, 13020 J. E., D. N. t. 9 p. 375 n° 226 ; — Agen 9 juin 1838, D. N. *loc. cit.* n° 227). — *V.* 14445.

Une telle rétrocession donnerait lieu actuellement au droit de mutation à titre onéreux (Cass. 24 août 1869, 2977 R. P. ; 2394-1 I. G.). — V. *suprà* 14392-1.

« Attendu, porte cet arrêt, que le traité du 20 septembre 1866, par lequel Anne Raillet et les deux enfants nés de son premier mariage ont, d'un commun accord, résilié la donation à titre de partage anticipé du 20 février 1865, a été passé dans l'intérêt et pour l'utilité réciproque de chacune des parties ; qu'en effet les donataires ont rétrocédé à la donatrice, leur mère, les meubles et les immeubles, objets de la donation, en vue de s'affranchir de la rente viagère dont le service, à eux imposé comme charge de la donation, était insuffisamment garanti entre eux à raison du mode suivant lequel les lots avaient été composés, et que la rétrocession n'a été acceptée par la donatrice que pour prévenir l'action récursoire que son second mari aurait pu exercer à cause de l'abandon par elle fait, en pleine propriété, d'immeubles sur lesquels ce dernier avait eu un droit d'usufruit aux termes de son contrat de mariage du 12 février 1865 ; attendu que, dans ces circonstances, la rétrocession avait les caractères juridiques d'un contrat intéressé ou commutatif ; qu'à la vérité elle a été opérée sans stipulation de prix, mais que l'absence d'un prix ne suffit pas pour enlever à la convention le caractère de contrat intéressé que lui imprimaient les concessions réciproques faites par les parties à raison des difficultés auxquelles aurait donné lieu l'exécution de l'acte de partage ; que par cela même la rétrocession était passible du droit proportionnel de transmission auquel sont tarifés les actes translatifs à titre onéreux. »

**14397. Coutume de Normandie.** — L'aliénation de l'immeuble dotal faite sous l'empire de la coutume de Normandie n'est pas radicalement nulle, puisque, d'après l'art. 538, *un tel contrat était bon et valable* et que seulement les art. 539 et 540 accordaient à la femme récompense sur les biens de son mari et laissaient à l'acquéreur l'*option* de conserver l'immeuble ou bien payer le prix à la femme. Aussi la Cour de cassation n'a-t-elle décidé que l'annulation d'une pareille aliénation laissait exigible le droit proportionnel (10 mars 1823, 7708 J. E., S. 23-1-340). — V. 14391.

**14398. Mine.** — Le jugement qui résilie, pour inexécution des conditions, la cession du droit d'exploiter une mine concédée pour un temps déterminé, moyennant un prix fixé par hectolitre à extraire, donne ouverture au droit de 2 pour 100 comme rétrocession d'objets mobiliers (Ancenis 25 janv. 1850, 14952 J. E. ; — Montbrison 31 déc. 1855).

**14399. Office.** — Le jugement qui prononce la résiliation d'une cession d'office, parce que l'acquéreur s'est refusé d'exécuter le traité, est sujet au droit proportionnel de rétrocession (Sol. 11 fév. 1832 ; — Nevers 26 fév. 1843, 10401, 10630 J. E.).

La résolution judiciaire d'une cession d'office, pour défaut d'exécution des conditions, opère le droit de 2 francs pour 100, quoique le cessionnaire n'ait pas été nommé (Dél. 7 fév. 1834, 10846 J. E.).

**14400. Rétrocession partielle.** — Lorsqu'un jugement portant résolution de contrat de vente donne acte au poursuivant de ce que, au lieu de rentrer dans tous les biens par lui vendus, il consent le maintien des sous-ventes, à la charge par les sous-acquéreurs de lui payer l'intégralité de leur prix, le droit de rétrocession n'est exigible que sur le prix réel des immeubles rentrés dans ses mains (Dél. 14 juin 1823, 635 Roll., D. N. t. 11 p. 314 n° 256).

**14401. Prescription.** — Quelle que soit la cause de la résolution, on ne peut voir une rétrocession dans le jugement qui prononce contre l'acquéreur la résolution d'une vente avec déclaration, néanmoins, que cette résolution doit se résoudre en dommages-intérêts, attendu que les sous acquéreurs ont prescrit ; car on ne peut voir une translation de propriété dans cette espèce où le vendeur ne peut rentrer en possession de son immeuble (Dél. 23 nov. 1840, 12623 J. E.)

**14402. Résolution non demandée.** — Le jugement qui, sur la demande d'un créancier dirigée simultanément contre l'acquéreur et le vendeur d'un immeuble, condamne ceux-ci au payement de la somme réclamée en déclarant que la vente faite n'était pas sérieuse, ne donne pas ouverture au droit de rétrocession, car l'objet de la demande n'était nullement la résolution de la vente que le tribunal ne prononce pas, puisqu'il se contente d'apprécier la vente (Saint-Lô 16 fév. 1836, 11517 J. E.).

**14403. Vente à la mesure.** — Si l'art. 1585 dispose que, dans le cas où la marchandise est vendue à la mesure, la vente n'est point parfaite jusqu'au mesurage, il explique que c'est en ce sens que la chose vendue est aux risques du vendeur, et il précise que l'acheteur peut demander la délivrance ou des dommages-intérêts faute d'exécution.

Conséquemment, loin de déroger au principe général établi par l'art. 1583, il le confirme en décidant que, même en ce cas, la vente est parfaite à tous autres égards que les risques. La résolution judiciaire dans cette vente est donc passible du droit proportionnel (Carcassonne 9 fév. 1869, 2952 R.P.).

## CHAPITRE IV. — DE LA RÉSOLUTION POUR DÉFAUT DE PAYEMENT DU PRIX

[14404-14432]

### SECTION PREMIÈRE. — DISPOSITIONS GÉNÉRALES

[14404-14408]

**14404. Droit fixe.** — L'art. 12 L. 27 ventôse an 9 est ainsi conçu : « Les jugements portant résolution de contrats de vente pour défaut de payement quelconque sur le prix de l'acquisition, lorsque l'acquéreur ne sera point entré en jouissance, ne seront assujettis qu'au droit *fixe* d'enregistrement, tel qu'il est réglé par l'art. 68 L. 22 frim. an7 § 3 n° 7 pour les jugements portant résolution de contrats pour cause *de nullité radicale.* »

**14405. Observation.** — Nous pourrions, au sujet de cette disposition, entrer dans des développements historiques qui présenteraient un certain intérêt, en ce qu'ils montreraient le rôle qu'est venu jouer l'art. 12 L. 27 ventôse dans le droit antérieur au Code civil, et la pensée qui devrait présider à la solution des questions qui se rattachent aux résolutions pour défaut de payement de prix, aujourd'hui que le Code civil a changé les principes en vue desquels l'art. 12 avait été dirigé.

Mais ces développements nous jetteraient dans des considérations qui risqueraient de compliquer notre sujet au lieu de l'éclairer; nous préférons donc nous en tenir au texte de la loi.

Ce texte, du moment qu'il existe, doit être la règle de conduite, et, tel qu'il est conçu, il est assez clair pour éloigner toutes les difficultés, si l'on veut s'en tenir, comme cela doit être, à son interprétation rigoureuse.

On peut, au surplus, consulter avec fruit l'exposé théorique très-précis que M. Demante a écrit, sur ce point, dans l'art. 697 R.P.

**14406. La disposition n'est pas applicable à la résolution volontaire.** — D'abord faisons observer qu'ici, comme en matière de résolution pour *nullité radicale*, la forme de la résolution est de nature à exercer une influence décisive sur la perception. La loi est formelle, elle n'attribue le bénéfice du droit fixe qu'à la résolution par *jugement*. Ainsi, toute résolution faite dans une autre forme, toute résolution volontaire, en un mot, devant être considérée comme translative, entraînerait la perception du droit proportionnel de rétrocession.

La nullité de la vente n'ayant pas été prononcée par un jugement, la mutation serait tenue pour valable, d'après le principe qu'en France il n'y a pas de nullité de plein droit.

Or, si la rentrée en possession du vendeur ne devait pas être regardée comme étant la conséquence de la nullité de la vente, il faudrait dire, avec un arrêt de la Cour de cassation du 13 germinal an 10 (Champ. et Rig. n° 482), qu'elle a eu lieu pour lui *tenir lieu du prix qui lui était dû*, ce qui occasionnerait la perception du droit de dation en payement.

**14407. A quels actes s'applique l'art. 12 de la loi de ventôse.** — « La loi fiscale, dit M. Demante (n° 181), a statué sous l'empire des principes du droit civil ancien; elle se trouve en désaccord avec les principes du droit civil moderne. Cette considération n'est pas de pure curiosité. Il s'ensuit une conséquence pratique fort grave, c'est que l'art. 12 L. 27 ventôse doit, sans doute, être appliqué dans sa lettre; mais, puisqu'il subsiste aujourd'hui *contrà rationem juris*, il ne saurait jamais tirer à conséquence, il doit être strictement renfermé dans le cas qu'il prévoit. Nous nous garderons donc d'appliquer à la résolution d'une donation, d'un louage, ou de tout autre contrat, une disposition toute spéciale *aux jugements portant résolution du contrat de* VENTE. »

Ces résolutions pourront donner lieu, selon les cas, au droit proportionnel, mais ce ne sera pas en vertu de l'article 12 de la loi de l'an 9.

Quoi qu'il en soit, nous ajouterons à l'observation de M. Demante qu'il faut entendre ici par *vente* tout acte équivalant à une vente, c'est-à-dire gouverné par l'art 1583 C.C., tel que *dation en payement*, *cession*, etc., et tout acte de cette espèce ayant pour objet des immeubles, des meubles, des créances et des rentes, en propriété, usufruit ou jouissance.

**14408. Conditions exigées par la loi.** — Mais il ne suffit pas d'un jugement qui prononce la résolution, il faut encore que cette résolution se présente dans les conditions prévues par la loi. L'art. 12 est impératif à cet égard. Il exige : 1° Qu'il n'y ait aucun payement fait sur le prix de la vente ; — 2° Que l'acquéreur ne soit pas entré en jouissance de l'objet vendu.

Aussi la Cour de cassation subordonne-t-elle très-expressément, dans tous ses arrêts, l'affranchissement du droit proportionnel à la double condition du défaut de payement quelconque sur le prix et à la possession non encore prise par l'acquéreur. Nous devons insister séparément sur chacune de ces conditions.

## SECTION 2. — DU DÉFAUT DE PAYEMENT DU PRIX

[14408-14422]

**14409. Novation.** — Aucun doute ne peut s'élever sur l'application de l'art. 12, lorsque le payement du prix a été matériellement effectué entre les mains du vendeur. Mais la pensée de la loi va plus loin, et il est évident que les choses ne seraient plus entières si un payement d'une valeur quelconque avait été effectué. C'est dans cet ordre d'idées que Fonmaur disait, au n° 633-2 : « En partant de notre opinion, si elle est adoptée, la quittance du prix, donnée par le vendeur dans l'intention de faire novation de la dette, empêcherait les choses d'être entières, parce que la novation éteint l'ancienne dette, et qu'elle y en substitue une nouvelle. » C'est également ce qu'enseignent Champ. et Rig. n° 495 et Dalloz n° 2513. Ce principe est conforme à notre loi actuelle, puisque la novation est une des causes de l'extinction des obligations. Dès lors, la quittance du prix, donnée dans de pareilles circonstances, écarterait le droit fixe.

**14410. Compensation.** — « Il en est de même également, dit Fonmaur n° 633-3, de la compensation qui se fait de plein droit, avec cette différence que si elle était inconnue aux parties, elle n'empêcherait pas les choses d'être entières, parce qu'on n'est pas censé exécuter la vente par une compensation qu'on ne connaît pas. » Cette distinction serait parfaitement fondée et doit encore faire règle de nos jours. On ne peut dire, en effet, qu'il y a eu exécution de la vente dans un payement qui se serait opéré à l'insu de l'acquéreur. Il n'y aurait donc rétrocession que dans le cas où la compensation se serait opérée à la connaissance de l'acquéreur.

**14411. Intérêts.** — « A l'égard des intérêts, dit toujours le même auteur, n° 623-3, nous croyons que le payement qu'en fait l'acheteur tient lieu d'exécution de la vente de sa part, parce qu'il est égal pour le vendeur de jouir du prix ou des intérêts qui en sont le représentatif. » Aucune controverse ne peut s'élever à cet égard. Ainsi donc, tout payement d'intérêts doit être considéré comme exclusif du droit fixe.

**14412. Caution. — Gages.** — « Les choses n'en sont pas moins entières, enseigne encore Fonmaur n$^{os}$ 633-4 et 5, quoique l'acheteur ait donné caution pour le payement du prix, parce que ce bail n'est pas un payement effectif, mais une sûreté pour le payement. Il en est de même si l'acheteur ou le vendeur a remis des gages et par la même raison. » Cette décision, comme les précédentes, est encore susceptible de faire règle aujourd'hui. Ainsi, la dation d'une caution ou d'un gage en garantie du prix laisserait la résolution sous l'empire de l'art. 12 L. 27 ventôse an 9.

**14413. Arrhes. — Denier à Dieu. — Épingles. — Pot-de-vin.** — Fonmaur, qui a traité cette question avec beaucoup de soin, ajoute : « La remise des arrhes n'empêche pas les choses d'être entières, lorsqu'elles sont données comme un gage et une preuve de la vente. Mais si les arrhes ont fait partie du prix, les choses ont cessé d'être entières par cette remise. Or, elles font partie du prix lorsqu'elles sont en argent, et non autrement.

« A l'égard du denier à Dieu, la remise de cette aumône qu'on fait en signe de la vente n'empêche pas les choses d'être entières, et d'anciens jugements ont prononcé l'exemption des ventes résolues par voie d'annihilation, nonobstant cette remise. »

« A l'égard des épingles et pot-de-vin, la remise ou la numération qu'en fait l'acheteur n'empêchent pas les choses d'être entières, parce que cette honnêteté ne fait pas partie du prix de la vente, hors le cas de fraude (n° 634). »

Toutes ces solutions conservent leur actualité.

**14414. A-compte.** — Après ces diverses considérations, aucun doute ne peut s'élever sur la solution à donner dans le cas où un à-compte aurait été payé. La loi s'en est, au surplus, formellement expliquée. Il suffit, pour écarter son bénéfice, d'un payement *quelconque* fait sur le prix. Aussi la Cour de cassation a-t-elle reconnu le droit proportionnel exigible dans une espèce où un à-compte avait été payé. « Attendu que le jugement du tribunal de la Seine, du 9 juillet 1819, qui a prononcé la résolution du contrat de vente du 19 novembre 1818, constate lui-même que Brard, acquéreur du domaine de Saint-Serotin, a payé une partie de son prix, puisqu'il autorise Rose, vendeur, à rentrer en possession dudit domaine, sans aucune restitution de la somme payée à-compte » (Cass. 18 nov. 1822, 7478 J. E., S. 23-1-256. — *Conf.* : Carcassonne 9 fév. 1869, 2953 R. P.).

**14415. Billets remis au vendeur.** — Les billets remis au vendeur à valoir sur le prix de la vente constituent un payement sur ce prix, même lorsqu'ils n'ont pas été acquittés à leur échéance, et il y a lieu de percevoir le droit proportionnel sur le jugement qui a prononcé la résolution du contrat (Cass. 18 nov. 1822, S. 23-1-256 et 31 déc. 1823, 7478, 7603 J. E.).

**14416. Frais du contrat. — Droits d'enregistrement.** — On ne considère pas comme un payement fait sur le prix l'à-compte versé pour les droits d'enregistrement et les frais du contrat ; le jugement prononçant la résolution n'est alors soumis qu'au droit fixe (Sol. 17 nov. 1829 9612 J.E., D. N. t. 11 p. 310 n° 239).

**14417. L'Administration peut faire la preuve du payement.** — La jurisprudence reconnaît à l'Administration le droit de prouver qu'il y a eu payement, alors même que le jugement porterait que la vente est résolue *faute de payement*.

La Cour, en effet, est allée puiser dans le jugement même la preuve qu'une partie du prix avait été payée.

**14418. La preuve n'est plus permise après la consommation du payement.** — Mais la preuve à fournir par l'Administration doit être contemporaine de l'instance. C'est ainsi qu'il a été décidé que le jugement qui prononce la résolution d'une vente, par le motif que le vendeur n'a rien reçu sur le prix, et que le contrat de vente n'avait encore reçu aucune exécution de la part de l'acquéreur, n'est passible que du droit fixe; et l'on ne peut revenir contre cette perception, pour réclamer le droit proportionnel, quand même on découvrirait ultérieurement que l'acquéreur avait fait acte de propriété en affermant les biens (Dél. 2 avr. 1830, 9582 J. E.).

**14419. Le droit est dû nonobstant appel.** — On doit attribuer au jugement de résolution un caractère d'actualité décisif pour l'application des droits. En ce sens, il a été reconnu qu'un jugement qui prononce la résolution de la vente d'un immeuble, pour défaut de payement du prix, et fait ainsi rentrer dans la main du vendeur la propriété dont il n'avait plus la jouissance, est passible du droit proportionnel de mutation, nonobstant l'appel qui peut être interjeté (A. Cons. d'Ét. 1er juin 1807 et 22 juin 1808; — Cass. 21 nov. 1827, 1230 § 6 I. G., S. 28-1-85). — V. 771-9.

**14420. Déclaration de payement.** — 1. CONTRE-LETTRE. — Une contre-lettre ne peut effacer la preuve qui résulte de la déclaration de payement. Cette proposition a été consacrée dans l'espèce suivante : Le 9 août 1807, vente notariée par Dubo à Pierre Brouste, de plusieurs immeubles, moyennant 16,000 francs dont quittance dans l'acte même. En 1812, Dubo forme contre Brouste une demande en résolution de la vente, pour défaut de payement du prix. Il produit une contre-lettre datée du même jour que la vente, mais enregistrée seulement le 8 mai 1810, qui constate que le prix n'a pas été payé, quoiqu'il soit dit le contraire dans le contrat d'aliénation, et par laquelle Brouste consent à laisser son vendeur en possession des biens vendus, jusqu'à l'acquittement du prix. Dubo allègue qu'en effet il ne s'est point dessaisi de sa propriété; qu'il l'a affermée par acte authentique du 24 mars 1809, et que, depuis la vente, les fruits en ont été saisis et vendus par lui, Brouste convient de tous ces faits. — En conséquence, jugement du tribunal civil de Mont-de-Marsan, du 24 juin 1812, qui déclare nulle et non avenue la vente du 9 août 1807. — Le 13 octobre suivant, contrainte contre Dubo en payement des droits de rétrocession opérée par ce jugement à son profit. — Sur l'opposition, jugement du même tribunal du 14 janvier 1813, qui ordonne l'enregistrement du jugement du 24 juin 1812, au simple droit fixe, attendu qu'il n'a prononcé la résolution de la vente que dans les circonstances exceptionnelles de l'art. 12 L. 27 ventôse an 9. — Mais ce jugement a été annulé en ces termes le 11 juillet 1814. — « Vu l'art. 12 L. 27 ventôse an 9 et l'art. 69 § 7 n° 1er L. 22 frimaire an 7; attendu qu'il résulte de l'acte public du 9 août 1807 la preuve que le prix de la vente consentie par cet acte a été payé comptant; que, vis-à-vis de l'Administration de l'enregistrement et des domaines, cette preuve ne peut être détruite par le jugement du 24 juin 1812, qui n'a été rendu qu'entre les parties contractantes, sur leurs simples déclarations et sur une contre-lettre du contrat de vente, qui, outre qu'elle n'a acquis de date certaine que le 8 mai 1810, jour de son enregistrement, ne peut produire aucun effet contre les tiers; que, dès lors, l'Administration de l'enregistrement et des domaines a été bien fondée à considérer la résolution du contrat de vente, prononcée par ledit jugement, comme une rétrocession déguisée, assujettie au droit proportionnel réglé par l'art. 69 § 7 n° 1er L. 22 frimaire an 7, et qu'en écartant la demande en payement de ce droit le tribunal civil de Mont-de-Marsan a fait une fausse application de l'art. 12 L. 27 ventôse an 9, et, par suite, a violé le § 7 n° 1er de l'art. 69 de celle du 22 frimaire an 7 » (11 juill. 1814, 4935 J. E., S. 15-1-248).

2. AVEU DES PARTIES. — Dans cet ordre d'idées, il faudrait décider que tout jugement qui, motivé sur les aveux des parties, déclarerait une vente nulle par la raison que le prix n'aurait pas été payé, alors que l'acte de vente porterait quittance du prix, devrait être assujetti au droit proportionnel de rétrocession par l'Administration aux droits de laquelle ces aveux ne pourraient préjudicier. C'est ce qui résulte d'un arrêt de Cass. du 12 novembre 1834 (11088 J. E., 1481 § 5 I. G., S. 35-1-194, 11088 J. E.).

**14421. Réméré.** — Le jugement qui déclare le vendeur déchu de la faculté de réméré, faute d'avoir payé annuellement à l'acquéreur, suivant les conditions du contrat, les intérêts du prix pour lui tenir lieu de la jouissance jusqu'à l'expiration du délai de réméré, n'est pas translatif de propriété, puisqu'il n'a pour effet que de faire cesser la jouissance réservée, et que cette propriété n'a pas discontinué de résider dans les mains de l'acquéreur; ainsi, il n'est pas sujet au droit de mutation (Sol. 5 janv. 1832, 10236 J. E., D. N. t. 11 p. 313 n° 252).

**14422. Cession de créance.** — Le jugement qui prononce la résolution de la cession d'une créance faite moyennant une rente viagère, à défaut de service de cette rente, est sujet au droit de rétrocession de 1 franc pour 100, et non à celui de 50 centimes pour 100, parce qu'il fait rentrer le cédant dans la chose qu'il avait cédée, et qu'il n'y a pas remboursement (Sol. 2 oct. 1833, 10883 J. E.).

## SECTION 3. — DE L'ENTRÉE EN JOUISSANCE

[14423-14432]

**14423. Que faut-il entendre ici par l'entrée en jouissance.** — L'art. 12 L. 27 ventôse an 9 est ainsi conçu : « Les jugements portant résolution de contrats de vente pour défaut de payement quelconque sur le prix, *lorsque l'acquéreur ne sera point entré en jouissance*, ne seront assujettis qu'au droit fixe d'enregistrement, tel qu'il est réglé par l'art. 68 L. 22 frimaire an 7 § 3 n° 7, pour les jugements portant résolution de contrat pour cause de nullité radicale. »

Quand l'acquéreur est-il réputé entré en jouissance ? Si l'on voulait expliquer le sens de cette condition avec les idées modernes sur la transmission de la propriété, il faudrait dire que la jouissance légale de l'objet aliéné appartient à l'acquéreur dès le jour même du contrat. La vente, en effet, est complète dès que les parties sont d'accord sur la chose et sur le prix. Il n'est besoin d'aucune tradition matérielle ou symbolique pour investir le créancier de la propriété ; cet effet résulte du consentement même (1138 C. C.). A la vérité, le contrat oblige le vendeur à délivrer la chose, c'est-à-dire à la transporter en la puissance réelle de l'acheteur ; et cette obligation, qui naît avec le contrat de vente, s'accomplit séparément par l'un des moyens indiqués aux art. 1605 et 1606 C. C. — Mais presque toujours la délivrance est constatée dans l'acte, soit parce qu'une clause spéciale envoie l'acquéreur en jouissance immédiate de l'objet, soit parce qu'à défaut de stipulation expresse, cette mainmise résulte tacitement du contrat (1583 et 1606 C. C.). Il est extrêmement rare que les parties fassent une vente avec promesse de tradition ou de délivrance ultérieure. Si donc il s'agit dans la loi de l'an 9 de la jouissance incorporelle résultant du contrat, l'art. 12 devient à peu près sans objet, car tous les acheteurs auront eu, à l'époque du jugement, la délivrance de la chose vendue. Il n'est pas, notamment, une seule vente sous réserve d'usufruit qui pût profiter du bénéfice de la loi ; l'acheteur ayant seulement droit à la possession juridique de la nue-propriété, obtient sur l'objet acheté, dès le jour de la vente, la seule jouissance que sa nature comporte, sans qu'il soit nécessaire pour cela d'une stipulation de délivrance dans le contrat (Cass. 27 frim. an 14, S. 6-2-765).

Ce n'est point ainsi que la doctrine a interprété l'art. 12. Elle a fait remarquer que la loi de l'an 9, antérieure au Code civil, était intervenue à une époque où la propriété ne se transmettait pas, comme aujourd'hui, par le seul consentement, mais à la suite d'une tradition indépendante du contrat et dont l'absence arrêtait toute mutation. Or, cette tradition consistait dans la mise en jouissance réelle de l'objet vendu et ne se confondait pas avec le simple envoi en possession stipulé dans l'acte au profit de l'acheteur et qu'on appelait alors la tradition feinte. Leurs effets sur la perception des droits *de lods et vente* étaient bien différents. Tant que la tradition réelle n'avait pas eu lieu, le vendeur n'était point juridiquement dessaisi de sa propriété, et si l'acheteur renonçait alors au bénéfice de l'acte, son désistement paraissait plutôt conserver au vendeur la propriété de l'objet que la lui rétrocéder (*V.* les opinions et les auteurs cités par Pothier *de la Vente* n° 322).

Au contraire, après la tradition réelle, l'acquéreur devenait propriétaire, et les choses n'étant plus entières, il devenait impossible d'apprécier la rétrocession comme un simple distrat. Cette distinction avait donné lieu, entre les feudistes, à une grave controverse pour l'exigibilité des droits seigneuriaux, les uns soutenant que l'envoi en possession ou la tradition feinte suffisait pour motiver la perception du droit de rétrocession (Sudre *des Lods* § 13, Fonmaur n° 629), les autres prétendant que son exigibilité résultait seulement de la tradition réelle ou de l'entrée en jouissance de l'acquéreur (Dumoulin § 78, *Glos.* 1re n° 32, d'Argentré art. 59 note 4 n° 19, Henrion de Pansey *Anc. Rép.* 8 *Lods et ventes* p. 711).

La loi de l'an 9 a été rendue sur ces entrefaites et le législateur avait à se prononcer entre les deux opinions qui divisaient la jurisprudence. « S'il s'était servi, disent très-bien Champ. et Rig. n° 492, des mots *entrée en possession*, sa doctrine eût été douteuse, ou du moins l'on eût pu soutenir qu'il avait en vue la tradition feinte tout aussi bien que la tradition réelle ; mais il a rejeté cette expression dont il venait de se servir dans l'art. 4 pour employer celle d'*entrée en jouissance*, incompatible avec la tradition feinte. Il a donc entendu parler de la prise en possession réelle et matérielle, et non pas seulement de celle qui résulte seulement de la volonté des parties.

La même doctrine a été reprise et nettement discutée par Dalloz, au n° 2517 de son *Traité*. Il croit aussi que le législateur, dans l'intérêt du contribuable, et pour le cas imminent de résolution, a voulu que la vente ne fût censée consommée qu'après des actes d'exécution et une mise en possession réelle de l'objet vendu, c'est-à-dire lorsque l'acheteur aura administré la chose ou qu'il en aura passé un bail à un tiers, ou fait tout autre acte duquel on puisse induire qu'il l'a regardée comme telle. « A nos yeux, dit-il, il reste démontré que *l'entrée en jouissance* dont parle l'art. 12 de la loi de ventôse ne peut raisonnablement s'entendre que d'une mise en possession plus *de fait* que de droit, et que cet article est sans aucune relation avec les principes qui, en matière ordinaire, déterminent les effets du contrat, quant à la tradition, soit par rapport aux tiers, soit par rapport aux parties elles-mêmes. La clause de réserve d'usufruit ne nous semble donc pas un obstacle réel à l'interprétation que nous donnons à ce même art. 12, parce que posséder un immeuble, ce n'est pas seulement en recueillir les fruits, mais en disposer à titre de maître ; conséquemment, l'acquéreur sous réserve d'usufruit, comme tout autre, sera censé être entré en jouissance du moment où il aurait fait un acte qui constatera son intention d'exécuter la vente. »

Cette détermination des effets du contrat n'est plus en harmonie sans doute avec les principes adoptés par le Code civil pour la transmission de la propriété. Puisque aujourd'hui la circulation des biens est tout à fait indépendante du payement d'un à-compte sur le prix et de l'entrée en jouissance de l'acheteur, il est inconséquent de subordonner à l'une de ces circonstances l'exigibilité du droit proportionnel sur le jugement de résolution. Mais la loi existe et n'a pas été modifiée. Pour la bien entendre, il est clair qu'on doit l'interpréter avec le sens qu'elle avait au moment de sa promulgation et qu'elle a conservé depuis, malgré les changements successifs de la législation civile. *L'entrée en jouissance* dont elle s'occupe ne saurait donc être la tradition résultant du contrat même de vente telle qu'elle est organisée par les art. 1138, 1663 et suiv. du Code civil, mais l'occupation en quelque sorte matérielle de l'objet.

Les inductions contraires que l'on pourrait tirer des considérants d'un arrêt de Cass. 31 décembre 1823 (*V.* 14425) nous paraîtraient donc mal fondées.

Il est impossible, on le conçoit sans peine, d'indiquer en quoi consistent les faits d'exécution de cette nature. C'est là une question d'appréciation abandonnée aux lumières des tribunaux et variant selon les circonstances. Les espèces suivantes pourront servir de guide.

**14424. Fonds de commerce.** — Le sieur Marquet avait vendu, en 1835, son fonds de boulangerie au sieur Leveilley, au prix de 12,100 francs, qui ne fut pas payé; celui-ci, deux ans après, le revendità un sieur Ménier, moyennant 8,500 francs; ce nouvel acquéreur étant tombé en faillite, les héritiers Marquet firent prononcer la résolution de la vente, à défaut de payement du prix. L'Administration perçut le droit de vente immobilière sur le prix de 12,100 francs, porté au contrat de 1835. Réclamation des héritiers Marquet, qui prétendent que la perception ne devait être opérée que sur le prix de revente de 8,500 francs. — Jugement du 16 juin 1841, ainsi conçu :

« Attendu qu'il est constant et non méconnu par les demandeurs que la résolution d'une vente, même prononcée en justice, a, dans les principes du droit fiscal, le caractère d'une rétrocession lorsque, comme dans l'espèce, l'acquéreur était entré en possession de l'objet vendu ; attendu que cette rétrocession doit nécessairement être réputée s'opérer aux mêmes conditions que la vente primitive, et moyennant le même prix, déboute les héritiers Marquet. »

C'est ce qui résulte également d'un jugement du tribunal d'Alais du 28 juin 1848 (14530 J.E.) et d'un arrêt de Cass. 14 mars 1849 (14605 J.E., 1837 § 11 I.G.). — V. 14371.

La même solution a été adoptée par un jugement de la Seine du 15 décembre 1865, rendu dans une espèce où il s'était écoulé plus de deux ans entre la vente et le jugement de résolution : « Attendu que, par le contrat de vente intervenu entre Lemoul et les époux Desfeux, ces derniers s'étaient obligés à payer les intérêts de leur prix à compter du 1er octobre 1863, ce qui implique que depuis cette époque ils pouvaient disposer de l'immeuble; que l'obligation du vendeur, quant à la délivrance, n'était subordonnée à aucun délai, et que sur la demande qui a été introduite par lui contre son acquéreur et dans laquelle il alléguait l'inexécution par ce dernier des clauses du contrat, il n'a pas même été prétendu qu'il n'avait pas lui-même satisfait à ses propres obligations » (2445 R.P.).

Le même tribunal a encore motivé l'exigibilité du droit proportionnel sur ce qu'il était constant que l'acquéreur avait pris possession et joui pendant un an du fonds de commerce par lui acheté (26 janv. 1867, 2418 R.P.) ; — ou sur ce que le vendeur avait obtenu l'autorisation de l'expulser des lieux (24 août 1867, 2673 R.P.).

**14425. Bail.** — Le bail consenti par l'acquéreur étant une preuve de la prise de possession des immeubles acquis, la résolution du contrat, pour défaut de payement du prix, donne ouverture au droit de mutation (Cass. 31 déc. 1823, 7005 J.E.; — Nantes 6 juill. 1850, 15052-1 J.E.).

« Attendu, porte l'arrêt du 31 décembre 1823, que, s'il a été reconnu, dans l'espèce, que les sieur et dame Huant, acquéreurs par contrat du 26 novembre 1818 des maisons et terres y énoncées, n'ont payé aucune portion du prix de cette acquisition, il n'est pas moins constant, d'autre part, qu'ils étaient entrés en jouissance des immeubles par eux acquis, puisque, indépendamment de ce qu'aux termes du contrat, cette jouissance leur était acquise pour une partie de ces immeubles du jour même dudit contrat, il est reconnu qu'ils ont depuis baillé à ferme et même vendu à des tiers, par actes authentiques, ces mêmes immeubles, actes qui caractérisent évidemment une possession pleine et entière desdits immeubles. »

**14426. Dévastations.** — Des dévastations commises par l'acquéreur sur l'immeuble dont la vente a été résolue faute de payement du prix ne sont pas une preuve d'entrée en jouissance réelle, et le jugement qui prononce la résolution avec condamnation de l'acquéreur à des dommages-intérêts pour dévastations ne donne pas ouverture au droit proportionnel (Dél. 17 nov. 1829, 9612 J.E.).

**14427. Constatation d'une résolution verbale.** — Le jugement qui constate que la vente d'un immeuble a été volontairement et verbalement résolue, faute de payement du prix et après entrée en jouissance, est passible du droit simple et du double droit de rétrocession, si plus de trois mois se sont écoulés depuis cette résolution (Tarbes 10 juin 1844, 13546 J.E.).

**14428. Vente de meubles.** — Le jugement qui résout la vente d'une entreprise de voitures de places et du brevet de circulation donne ouverture au droit de rétrocession s'il y a eu entrée en jouissance constatée spécialement par cette circonstance, que l'acquéreur avait fait de ces valeurs l'objet de sa mise sociale dans une société créée pour l'exploitation de l'entreprise (Seine 3 mai 1843, 13252 J.E.).

1. COUPES DE BOIS. — Il y a aussi preuve de prise de possession quand l'acheteur d'un bois met en vente des coupes à faire dans la forêt (Cass. 18 nov. 1822, 7478 J.E., S.23-1-256).

« Attendu, porte l'arrêt, que le jugement du tribunal civil de la Seine du 9 juillet 1819, qui a prononcé la résolution du contrat de vente du 19 novembre 1818, constate lui-même que Brard, acquéreur du domaine de Saint-Sérotin, a payé une partie de son prix, puisqu'il autorise Rose, vendeur, à rentrer en possession dudit domaine, sans aucune restitution de la somme payée par à-compte; attendu que ce même jugement constate, d'autre part, que Brard est entré en possession dudit domaine, puisqu'en autorisant Rose à y rentrer, il reconnaît que des coupes de bois ont été vendues par Brard, et que le jugement maintient même ces ventes pour les bois déjà abattus, en ordonnant seulement que les adjudicataires verseront entre les mains de Rose ce qu'ils peuvent devoir sur le prix desdits bois; qu'ainsi aucune des deux circonstances de la réunion desquelles l'art. 12 L. 27 ventôse an 9 fait dépendre la réduction au simple droit fixe de 3 francs, de la perception à faire sur les jugements portant résolution de ventes d'immeubles pour défaut de payement du prix, ne se rencontrait dans l'espèce de la cause. »

2. MARCHÉ-VENTE. — NON-EXÉCUTION. — Mais on doit critiquer une Sol. 9 octobre 1831 (10129 J.E.), déclarant le droit proportionnel exigible sur un jugement qui avait prononcé la résolution d'une vente de charbon par suite de la non-livraison du charbon acheté. Dans cette espèce,

évidemment, il n'y avait pas eu entrée en jouissance de l'objet vendu. Aussi dans une hypothèse semblable, le tribunal de la Seine a-t-il reconnu, le 11 décembre 1854, que le droit fixe était seul exigible.

**14429. Fermier en possession.** — Il arrive parfois que l'acquéreur est le fermier de l'immeuble et qu'il est stipulé qu'il conservera pendant un certain temps la jouissance à titre de fermier. Si la résolution s'opère pendant cette période, peut-on dire que l'acquéreur était entré en jouissance?

Cette clause, qui peut avoir sa raison d'être en ce qui concerne le payement des loyers, semble difficilement opposable à l'Administration pour l'application de la loi de ventôse. On ne saurait, en effet, être le locataire de sa propre chose, et du moment que l'acte constate l'acquisition actuelle du domaine par le fermier, cette acquisition entraîne, par voie de conséquence, la résiliation ou la cessation du bail antérieur, du moins au sujet de la qualité en vertu de laquelle le détenteur possédait l'immeuble. On serait donc fondé à soutenir que, dès le jour de la vente et par l'effet de ce contrat, l'acquéreur a eu la propriété sous la main, qu'il la *possédait matériellement à titre d'acquéreur*, et qu'il a pu y faire, sauf les réserves stipulées dans le contrat, tous les changements ou les appropriations qu'il désirait. Or, la loi de ventôse est applicable dès que le nouveau possesseur a été réellement investi de la possession de l'objet, qu'il y a fait des actes de maître.

**14430. Vente de meubles et d'immeubles.** — Le jugement qui prononce la résolution, pour défaut de payement du prix, de la vente convenue pour des prix distincts d'une maison avec fabrique et d'un matériel réputé immeuble par destination, alors qu'il est reconnu que l'acquéreur n'avait pris possession que du matériel, n'est passible, outre la perception du droit fixe pour ce qui concerne la maison et la fabrique, du droit de 2 pour 100 qu'en ce qui regarde le matériel. « L'art. 12 L. 27 ventôse an 9 suppose une rétrocession conventionnelle qui n'existe pas au regard de la loi civile. D'après le Code, la résolution produit cet effet que le vendeur est censé n'avoir jamais été propriétaire : en l'espèce, cela est vrai en droit fiscal comme en droit civil pour l'immeuble ; il faut donc considérer les ustensiles comme ayant été transmis par une nouvelle convention étrangère à l'immeuble, et par conséquent cette transmission doit être considérée comme mobilière » (Sol. belge 6 juill. 1858, 1113 R. P.).

**14430 *bis*. Réserve d'usufruit.** — En cas de vente avec réserve d'usufruit, il y a preuve de mise en possession quand l'acheteur a été inscrit au rôle et a mis les biens en vente (Neufchâtel 27 août 1874, 4180 R. P.).

**14431. Résolution contre le vendeur.** — Il y a rétrocession passible de 4 pour 100 lorsque l'acquéreur, *étant entré en jouissance*, fait résoudre la vente faute *par le vendeur* d'avoir exécuté les conditions imposées (Metz 8 juin 1849, 14840 J. E.).

**14432. Pacte commissoire.** — La circonstance que la résolution, en cas de non-payement, faisait l'objet d'une clause expresse du contrat ne dispenserait pas d'ailleurs le jugement du droit proportionnel, si l'acquéreur était entré en jouissance ;

« Attendu que le jugement du tribunal de la Seine du 5 janvier 1819 a reconnu, dans le contrat de vente du 13 février 1818, l'existence d'une clause résolutoire, stipulée pour le cas où Heurtault, acquéreur, ne satisferait pas au payement du prix de son acquisition, et que, c'est en exécution de cette clause résolutoire que ledit jugement a résilié la vente et remis la dame Hérisson en possession de l'immeuble vendu ; attendu qu'une telle résolution était passible du droit proportionnel réglé par les articles précités, dès lors qu'elle n'était prononcée dans aucune des hypothèses exceptionnelles prévues soit par l'art. 68 § 3 n° 7 L. 22 frimaire an 7, soit par l'art. 12 L. 27 ventôse an 9, puisque, d'une part, la vente n'a pas été résiliée pour une cause de nullité radicale, et que, d'autre part, le jugement même constate que l'acquéreur était entré en jouissance de l'immeuble, et avait même exercé sur icelui divers actes de propriété ; attendu qu'il suit de là qu'en déclarant ledit jugement passible seulement du droit fixe porté dans ledit art. 68 § 3 n° 7 L. 22 frimaire an 7, et en déchargeant par suite les défendeurs de la contrainte dirigée contre eux en payement du droit proportionnel, le jugement attaqué a fait une fausse application de ce dernier article et violé les art. 69 § 7 n° 1er de la même loi, et 52 de celle du 28 avril 1816 » (Cass. 15 avr. 1823, 7579 J. E., S. 23-339).

Deux autres arrêts, l'un du 26 frimaire an 14 (S. 7-2-938, 2200 J. E.), et le second du 27 du même mois (S. 6-2-765), avaient également reconnu que quand il a été stipulé, dans un contrat de vente, qu'à défaut de payement l'acquéreur serait dépossédé, la rentrée en possession obtenue en justice par le vendeur, en exécution de cette clause, est considérée comme une rétrocession quant aux droits d'enregistrement, si l'acquéreur était déjà entré en jouissance. — V. 14392.

L'arrêt du 27 frimaire an 14 est intervenu dans les circonstances suivantes :

Le 3 thermidor an 3, vente, avec réserve d'usufruit, par la veuve Brousse au sieur Charles d'une maison, moyennant une rente viagère, que l'acquéreur s'engagea à servir exactement aux termes fixés, faute de quoi le contrat demeurerait résolu. Le 2 nivôse an 11, jugement qui prononce cette résolution pour les causes énoncées dans l'acte. Ce jugement fut soumis à un droit proportionnel de 4 pour 100, comme contenant une rétrocession au profit de la veuve Brousse. — Demande en restitution par cette dernière, sur le motif que sa rentrée en possession dans l'immeuble par elle aliéné était moins une rétrocession que l'exécution d'une clause irritante du contrat, laquelle ne pouvait donner lieu qu'au simple droit fixe. — Un jugement conforme à ces prétentions a été annulé en ces termes :

« Vu l'art. 12 L. 27 ventôse an 9 ; attendu que, dans l'espèce, l'acquéreur a été en pleine jouissance des droits que lui donnait l'acte du 3 thermidor an 3, jusqu'au moment où, par le jugement du 2 nivôse an 11, cet acte a été résolu, tellement que, si ladite veuve Brousse fût venue à mourir pendant le temps qui s'est écoulé entre ces deux époques, le sieur Charles se fût mis à l'instant en possession de la maison vendue ; conséquemment, qu'il a été fait une fausse application de l'article ci-dessus cité. »

## CHAPITRE V. — LIQUIDATION DU DROIT

[14433-14442]

**14433. Défaut de payement du prix.** — Quand il s'agit de la résolution d'un contrat de vente pour défaut de payement du prix, on peut dire que la rentrée en possession du vendeur a pour but d'éteindre la créance qu'il avait contre l'acheteur. Cette créance ou ce prix est donc naturellement la somme sur laquelle le droit d'enregistrement doit être perçu. La jurisprudence l'a ainsi décidé plusieurs fois.

Un fonds de commerce avait été vendu pour le prix de 12,500 francs ; la vente ayant été résolue dans des conditions qui devaient déterminer le droit de rétrocession, ce droit fut perçu sur le prix originaire de 12,500 francs. Les parties assignèrent l'Administration, devant le tribunal de la Seine, en restitution d'une partie du droit perçu sur le jugement de résolution. Elles alléguaient, à l'appui de leur demande, la dépréciation qu'avait éprouvée le fonds du jour de la vente à celui de la rétrocession, en offrant d'en faire la preuve. L'Administration répondit que lorsque le tribunal, en prononçant la résolution d'une vente, ne fixe pas la valeur actuelle des objets dans la possession desquels rentre le vendeur, le droit de rétrocession est dû sur le prix intégral de la vente résolue. Ce système a prévalu devant le tribunal de la Seine, qui a jugé, le 16 juin 1841 (12776 J. E., D. N. t. 13 p. 592 n° 269), que la rétrocession doit nécessairement être réputée s'opérer aux mêmes conditions que la vente primitive et moyennant le même prix, quoique l'objet vendu ait été déprécié. — V. 14424.

Il faudrait décider, de même, que si un échange est résolu par défaut de payement de la soulte, le débiteur de la soulte se libère de celle-ci au moyen de l'abandon des immeubles dont la soulte forme le prix, ce qui constitue une nouvelle mutation passible des droits ordinaires (Sol. 22 déc. 1866).

1. CHARGES. — Dans cet ordre d'idées, la Cour de cassation a jugé, le 14 mai 1823 (603 *P. chr.*), qu'un tribunal viole les art. 15 et 69 L. 22 frimaire an 7, en liquidant le droit proportionnel sur un jugement portant résolution sans ajouter au prix les charges exprimées dans le contrat de vente primitif.

« Vu, porte l'arrêt, l'art. 69 § 5 n° 1er L. 22 frimaire an 7; attendu que dans le montant des droits d'enregistrement dont la condamnation a été prononcée par le jugement attaqué ne se trouve pas compris le droit sur les cinquante-quatre pièces d'eau-de-vie formant partie du prix de la vente du 28 juin 1811, et évaluées par cet acte à une somme totale de 8,100 francs, et que le résultat de cette erreur matérielle dans la liquidation du droit auquel cette vente donnait lieu a été de réduire proportionnellement la perception voulue par la loi. »

C'est ce qu'a décidé également le tribunal de Lavaux, le 17 février 1860, au sujet de la résolution pour défaut de payement d'une cession de droits successifs.

Il a été jugé, dans le même sens, que lorsque l'acquéreur en rétrocédant à son vendeur l'immeuble acquis s'oblige, en outre, à lui rembourser une certaine somme pour les frais de la vente, le droit proportionnel doit être également perçu sur cette somme comme faisant partie du prix (Cass. 14 brum. an 10).

Le prix, dit également le tribunal de Clermont, se compose de tous les avantages appréciables à prix d'argent qui sortent du patrimoine du nouveau possesseur en retour des immeubles qui y rentrent (Jugement du 14 déc. 1874, 19712 J. E.).

**14434. Différence de prix.** — Si le vendeur fait remise de l'excédant de prix, le droit de quittance est dû. Si le prix de la rétrocession est supérieur au prix de la première vente, le droit de mutation est exigible sur ce complément de valeur. — V. *Acceptilation* n° 245-13.

**14435. Constructions.** — La résolution de la vente d'un terrain opérée après que l'acquéreur y a fait des constructions donne lieu au droit de cession sur la valeur de ces bâtiments (Seine 1er fév. 1860, 1316 R. P.). — V. *Constructions*.

De même pour les améliorations de toute nature (Narbonne 17 nov. 1874, 4289 R. P.).

**14436. Inexécution des conditions.** — Mais les solutions précédentes ne sauraient être étendues à tous les cas de résolutions. Par exemple, quand une donation est résolue pour inexécution des conditions, la cour décide que la rentrée du donateur en possession des biens a pour objet de réparer le préjudice que lui cause l'inaccomplissement des charges imposées au donataire. Il est manifeste ici que la valeur imposable ou le prix sujet au droit de résolution n'est pas seulement l'estimation de la charge inexécutée. Le droit de mutation est dû sur la valeur vénale des biens au jour de la rétrocession, à déterminer par la déclaration des parties.

Lorsqu'il était admis que les résolutions de l'espèce donnaient lieu au droit de donation, il avait été décidé que le droit se liquidait sur le capital au denier 10 ou 20 du revenu de l'immeuble, selon les règles ordinaires (Sol. 23 juin 1837, 1562 § 14 I.G., Del. 19 mai, 16 juin 1835, 11221 J. E.). — Depuis qu'il a été reconnu que le droit de mutation à titre onéreux est seul exigible, on a décidé que ce droit est dû sur la valeur vénale des biens à déclarer par les parties (Évreux 24 août 1850, 15047 § 4 J. E.; — Saint-Quentin 5 févr. 1851, 15216 § 2 J. E.; — Cass. 24 août 1869, *arrêt rapporté* n° 14396).

**14437. Dol. — Lésion.** — Il nous semble qu'il en doit être de même quand la résolution a lieu pour cause de dol ou de lésion. Le contrat n'est rescindé que parce que le prix est exagéré ou trop faible. On ne peut donc plus prétendre que ce prix représente la créance du vendeur et que la rétrocession a pour but de l'éteindre. Ici, comme dans l'hypothèse précédente, la valeur du préjudice en payement duquel les biens sont restitués au vendeur est indéterminée ; c'est donc le cas de demander aux parties la déclaration de la valeur vénale des biens, sauf à contrôler leur appréciation au moyen de l'expertise (*Conf.* : D. N. t. 11 p. 537 n° 44 et Sol. 19 mars 1832, D. N. *loc. cit.* n° 45).

**14438. Donations mutuelles.** — On controverse la question de savoir si la révocation d'une donation mutuelle entraîne de plein droit la révocation de l'autre. Les auteurs distinguent. L'une des donations est-elle révoquée pour cause de survenance d'enfants, l'autre donation doit être aussi considérée comme révoquée. Mais, au contraire, est-ce pour cause d'inexécution des conditions ou pour ingratitude que l'une d'elles est révoquée, l'autre n'en doit pas moins toujours être maintenue (*V.* Toullier t. 3 n° 308, Grenier t. 2 n° 187 *bis*, Duranton 8-590, Poujol 960-14, Vazeille 960-2, Taulier t. 4 p. 98, Aubry et Rau t. 6 p. 78, Marcadé 953, Dalloz *Don.* 1828, Troplong 3-1319, Demante 4-102 *bis*, Demolombe 20-589). — Lorsque la révocation des deux donations a lieu, comment liquider le droit ? Puisqu'il s'agit d'un droit à titre onéreux, on pourrait être tenté d'appliquer le tarif des échanges, et par conséquent de percevoir un droit de soulte si les biens donnés sont de valeur inégale. Cette liquidation ne paraîtrait pas régulière. Ainsi que nous l'avons dit au n° 6749, l'Administration est ici en présence d'une disposition unique, et si la convention n'a pas été considérée comme un échange pour percevoir le droit, on ne saurait la considérer comme telle aujourd'hui. Il semble qu'il faut alors appliquer au lot le plus fort le droit de 4 pour 100.

**14439. Réserve d'usufruit.** — Le droit proportionnel n'est dû que sur la moitié des biens donnés avec réserve d'usufruit, et dont le donateur reprend ensuite possession. — V. *Usufruit.*

**14440. Jugement par défaut.** — Lorsqu'un jugement de résolution encourt le droit de rétrocession, ce droit est exigible lors même qu'il a été rendu par défaut et sans qu'il soit nécessaire d'attendre la prise de possession réelle de l'immeuble par le vendeur (D. m. f. 6 pluv. an 13, 1960 J. E. ; — Cass. 14 frim. an 14, 2260 J. E. ; — Cass. 7 mai 1806, 2450 J. E., S. 6-2-606).

**14441. Appel.** — L'appel du jugement de résolution ne fait point obstacle à la perception des droits de rétrocession. C'est un point que nous avons établi sous le n° 772-5.

**14442. Droit de rédaction.** — Les adjudications d'immeubles faites en justice sont seules passibles du droit de greffe de rédaction (V. *Greffe*). Dans cet ordre d'idées, il a été reconnu que le jugement portant résolution d'une donation (500 I. G.) ou d'un contrat de vente pour défaut de payement de prix (D. m. f. 21 juill. 1820, 6933, 7173 J. E. ; D. N. t. 11 p. 315 n° 263 ; — Seine 3 mars 1810, 6933 J. E.) ne peut être assujetti à ce droit proportionnel.

## CHAPITRE VI. — DU DROIT DE TRANSCRIPTION

[14443-14448]

**14443. Résolution volontaire.** — Le droit de 4 pour 100 déterminé pour les rétrocessions immobilières par l'art. 69 § 7 n° 1er L. 22 frimaire an 7 est-il susceptible d'être augmenté, comme pour les ventes, du droit de 1 fr. 50 cent. pour 100 pour transcription ? Le doute peut venir de ce que l'art. 52 L. 28 avril 1816, ayant élevé de 4 à 5 fr. 50 cent. pour 100 le tarif des *ventes d'immeubles*, sans parler des rétrocessions qui ont été cependant spécialement dénommées par la loi de l'an 7, on doit supposer que la pensée du législateur a été de ne pas toucher au droit de cette dernière catégorie de contrat. Cela peut être vrai en se plaçant au point de vue de l'art. 52 de la loi de 1816 ; mais ce raisonnement ne peut faire que la rétrocession ne doive, par sa nature, encourir le supplément de droit de 1 fr. 50 cent. pour 100, qui représente le salaire de la transcription. Il est certain, en effet, que la rétrocession est, comme la vente primitive, de nature à être transcrite pour purger les hypothèques consenties par le rétrocédant durant sa possession. Dès lors, son tarif de 4 pour 100 est susceptible de s'augmenter du droit additionnel de 1 fr. 50 cent. pour 100, en vertu de l'art. 54 L. 28 avril 1816, qui prescrit d'ajouter ce droit à tous les contrats de nature à être transcrits, sauf à ne percevoir que le droit fixe au moment de la transcription effective. — *V.* 14444, 14445.

**14444. Résolution dans les vingt-quatre heures.** — Cette solution n'est pas seulement vraie en matière de résolution volontaire se présentant dans les circonstances ordinaires, elle doit encore être appliquée aux résolutions accomplies dans les vingt-quatre heures du contrat. En vain objecte-t-on que, par une faveur spéciale de la loi, le droit fixe de 2 francs (3 fr.) remplace ici intégralement le droit de vente à 5 fr. 50 cent., auquel le résiliement aurait été sujet comme rétrocession d'immeubles, et que ce droit de 5 fr. 50 cent. comprend le droit de transcription (16459 J. N., D. N. t. 11 p. 274 n° 10). Ce raisonnement ne toucherait sans doute pas la jurisprudence. Quand la Cour de cassation a reconnu que la loi exemptait du droit de mutation les cessions d'immeubles de communauté en remploi de biens de la femme, elle a eu soin de réserver au Trésor la perception du droit de transcription, parce que le contrat était de nature à être transcrit (V. *Remploi*). La position est identique.

Par une faveur spéciale de la loi, on n'applique pas le tarif créé pour les ventes d'immeubles par l'art. 52 L. 28 avril 1816 ; mais l'acte n'en demeure pas moins soumis à la formalité de la transcription, et il retombe, par ce côté, sous l'empire de l'art. 54 de la même loi, qui soumet au droit de 1 fr. 50 cent. pour 100 tous les actes de nature à être transcrits.

**14445. Résolution judiciaire.** — Mais cela ne peut être rigoureusement vrai qu'en matière de résolution volontaire, car un pareil contrat ne constitue pas, à proprement parler, une résolution, mais tout simplement une nouvelle vente. Quant à la résolution judiciaire, le tarif qui doit lui être appliqué, lorsqu'elle est de nature à encourir le droit proportionnel, ne peut être que celui de 4 pour 100, sans addition du droit de transcription. L'ancien propriétaire reprenant son bien franc et libre de toutes les charges et hypothèques que l'acquéreur aurait pu consentir, le jugement de résolution n'est pas de nature à être transcrit, en vertu de l'art. 2125 C. C., qui veut que « ceux qui n'ont sur l'immeuble qu'un droit suspendu par une condition, ou résoluble dans certain cas, ou sujet à rescision, ne puissent consentir qu'une hypothèque soumise aux mêmes conditions ou à la même rescision » (Seine 8 mars 1820, Dél. 30 sept. 1820, 28 sept. 1822, D. m. f. 7 nov. 1823, Sol. 31 juill. 1828, 633 Roll. 7780, 9096 J. E.).

Ces décisions, rapprochées de celles qui font l'objet du numéro suivant, ont écarté toute incertitude. Mais le doute serait-il resté possible, qu'il devrait maintenant s'évanouir en présence de la loi du 23 mars 1855, qui veut que le jugement de résolution ne soit pas transcrit, mais simplement mentionné en marge de la transcription. « Tout jugement prononçant la résolution, nullité ou rescision d'un acte transcrit, doit, dans le mois à dater du jour où il a acquis l'autorité de la chose jugée, être mentionné en marge de la transcription faite sur le registre » (art. 4. *Conf.* : M. Demante n$^{os}$ 182, 247, 385, 588 et 596).

Une solution du 18 juillet 1876 (4702 R. P.) a cependant reconnu que le droit de transcription est dû. Mais c'est une erreur que nous croyons avoir complètement réfutée au nº 4702 R. P.

**14446. Cessionnaire du vendeur.** — Mais la Cour de cassation, par un arrêt en date du 26 août 1839 (12373 J. E., 10469 J. N., 1601 § 4 I. G., S. 39-1-769), a établi une distinction entre la résolution de vente au profit du vendeur, qui n'est passible que du droit de 4 pour 100, et celle qui a lieu en faveur d'un cessionnaire des droits du vendeur. Cette distinction est motivée sur ce que le jugement qui prononce, en faveur du vendeur, la résolution d'une vente d'immeubles faute de payement du prix n'est point sujet à transcription, parce que le jugement n'opère en faveur du vendeur aucune translation de propriété, et ne fait que le rétablir dans les droits de propriété qui lui appartenaient avant la vente résolue ; tandis qu'il ne saurait en être de même lorsque la résolution est prononcée au profit du cessionnaire aux droits du vendeur, parce que l'effet de la résolution est de faire passer l'immeuble des mains du vendeur dans celles des tiers qui sont subrogés à ses droits, ce qui opère une véritable mutation de propriété et rend le jugement de résolution de nature à être transcrit. La position est la même que si le vendeur avait d'abord exercé l'action résolutoire et avait ensuite vendu l'immeuble au cessionnaire.

« Attendu, porte cet arrêt, que les actes ou jugements qui opèrent une mutation de propriété sont seuls assujettis à la formalité de la transcription ; qu'il suit de là qu'un jugement qui prononce, en faveur du vendeur, la résolution d'une vente d'immeuble faute de payement du prix n'est point sujet à la transcription, parce que ce jugement n'opère, en faveur du vendeur, aucune translation de propriété et ne fait que le rétablir dans les droits de propriété qui lui appartenaient avant l'acte résolu ; mais qu'il n'en saurait être de même lorsque la résolution est prononcée non au profit du vendeur, mais au profit de créanciers ou cessionnaires subrogés aux droits du vendeurs, parce que l'effet de cette résolution est de faire passer l'immeuble des mains du vendeur dans celles de tiers qui sont subrogés à ses droits, et qu'il opère une véritable mutation de propriété qui rend le jugement de résolution sujet à la transcription. »

C'est ce qui résultait déjà de plusieurs décisions (Sol. 5 sept. 1832, 10434 J. E., Dél. 22 mai 1836, 9401 J. N. ; — Seine 1$^{er}$ juin 1842, 13009 J. E.), et ce qui a été décidé depuis par le tribunal de Mamers, le 3 août 1859 (1256 R. P., 11674, C. — V. *Contrà* D. N. t. 11 p. 312 nº 246.

**14447. Créanciers.** — Par identité de raison, le même droit est applicable au jugement qui prononce la résolution d'une vente, faute de payement du prix, au profit du créancier du vendeur subrogé dans tous les droits de celui-ci. C'est ce qui résulte également de l'arrêt ci-dessus rappelé, et ce qu'a de nouveau décidé la Cour suprême par un arrêt du 6 mars 1855 (355 R. P., 2042 § 11 I. G., 15477 J. N., S. 55-1-379 : « Attendu qu'aux termes de l'art. 54 L. 28 avr. 1816, les actes de nature à être transcrits sont assujettis à un droit de transcription ; qu'un jugement qui prononce la résolution d'une vente d'immeubles non au profit du vendeur seul, mais au profit du vendeur et des créanciers subrogés à ses droits, opère à l'égard de ces derniers une véritable mutation de propriété, qui rend le jugement de résolution sujet à transcription. » — Une même décision a été rendue par le tribunal de Saverne, le 6 mai 1864 (17859 J. E.).

Jugé encore que le créancier hypothécaire qui désintéresse le vendeur demandant la résolution de la vente pour défaut de payement du prix, et qui se fait envoyer en possession de l'immeuble, sauf les droits des créanciers de l'acquéreur évincé, doit le droit de mutation à 5 fr. 50 cent. pour 100, attendu que son acte est de nature à être transcrit, puisque l'immeuble reste soumis à l'exercice des créanciers de l'acquéreur évincé (Cherbourg 29 mai 1833, 10726 J. E.).

**14448. Transcription du jugement. — Amende.** — D'après l'art. 4 L. 23 mars 1855, l'avoué qui a obtenu le jugement de résolution est tenu, sous peine de 100 francs d'amende, de faire opérer la mention du jugement, en marge de la transcription de l'acte résolu, dans le mois à dater duquel le jugement a acquis l'autorité de la chose jugée.

L'avoué qui a omis de faire opérer la mention précédente est passible d'amende lors même qu'il aurait, dans le délai, fait mentionner le jugement sur le registre du conservateur ; cette mention n'est suffisante que quand la vente résolue a été transcrite (Vouziers 11 avr. 1861, S. 61-2-515 : — *Conf.* : Rivière et Huguet *Trans.* nº 424, Lesenne *Id.* nº 150. — *Contrà* Troplong nº 161).

De même, l'avoué qui a négligé de faire opérer, en marge de la transcription d'un l'acte de vente, la mention du jugement prononçant la résolution de cette vente est passible de l'amende, quoiqu'il ait fait transcrire le jugement de résolution (La Flèche 2 juill. 1860, S. 61-2 363).

Lorsqu'un jugement prononçant la résolution d'un acte non transcrit, mais ayant date certaine avant le 1$^{er}$ janvier 1856, n'a pas été transcrit selon le vœu de la loi du 23 mars 1855, l'amende prononcée par cette loi n'est pas encourue, et l'avoué qui a obtenu le jugement n'est pas tenu de faire opérer, dans ce cas, la mention prescrite. Le contraire arriverait s'il y avait eu transcription, car alors il y aurait nécessité d'en paralyser les effets et de détruire l'apparence du droit qu'elle donne (16737-1 J. E.).

En général, l'avoué ne saurait arguer des difficultés qu'il a rencontrées pour l'accomplissement de la loi, notamment de la circonstance que les pièces lui ont été retirées avant que le jugement fût définitif. Ainsi que l'exprime la cour de Bordeaux dans un arrêt du 1er février 1869 : « dans la pratique, les avoués n'éprouvent et ne doivent éprouver aucunes difficultés à se soumettre à ces prescriptions il est inutile de rechercher si, dans certaines hypothèses exceptionnelles et surtout invraisemblables, l'avoué pourrait se trouver dans l'impossibilité absolue de se conformer au vœu de la loi ; dans tous les cas, ce serait à l'avoué à justifier de cette impossibilité » (2979 R. P.).

1. AGRÉÉ. — La loi du 23 mars 1855 a édicté une peine contre l'avoué qui a obtenu ce jugement et qui ne l'a pas fait mentionner dans un délai déterminé, parce que cet avoué est un officier ministériel placé sous la surveillance immédiate des tribunaux, reconnu par la loi et ayant une personnalité distincte de celle de son client. Il en est autrement de l'agréé au tribunal de commerce, qui n'est pas un officier ministériel reconnu par la loi, qui n'est qu'un mandataire ordinaire tenu de se renfermer dans les termes du mandat qu'il a accepté et qu'il aurait pu refuser, et qui, dès lors, n'a pas une personnalité distincte de celle de son mandant. La pénalité édictée par la loi de 1855 n'atteint donc pas l'agréé au tribunal de commerce.

V. *Transcription.*

2. ACTE ANCIEN. — Les jugements de résolution ne doivent être transcrits, sous peine d'amende, que si la vente résiliée non transcrite avait date certaine avant le 1er janvier 1856 (Sol. 15 nov. 1876, 4655 R. P.).

## CHAPITRE VII. — QUESTIONS DIVERSES

### [14449-14450 *bis*]

**14449. Des résolutions opérées en exécution d'une condition résolutoire.** — Les rétrocessions opérées en exécution d'une condition résolutoire, soit par acte civil, soit par jugement, sont-elles passibles du droit proportionnel ?

L'affirmative est évidente quand il s'agit d'une condition résolutoire non exprimée dans le contrat primitif et volontairement reconnue par les parties. En effet, les conditions de l'espèce n'opèrent pas de plein droit et le juge seul peut en constater l'accomplissement, sans quoi il serait par trop facile aux contractants de se soustraire à leurs obligations à l'égard des tiers, soit en simulant une nécessité d'inexécution, soit même en n'exécutant pas leurs obligations. Par conséquent, nul doute qu'un acte conventionnel, contenant la résolution du contrat uniquement basée sur l'inexécution des conventions, ne soit considéré comme une rétrocession passible du droit proportionnel ordinaire (Champ. et Rig. n° 469).

Mais en est-il de même quand l'inexécution est constatée par jugement ou que la résolution volontaire procède de l'accomplissement d'une condition formellement exprimée dans le contrat antérieur.

Cette question est fort délicate.

Voici le raisonnement que l'on fait pour écarter la perception du droit. Il est de règle, dit-on, que les stipulations d'un même contrat ne peuvent pas donner ouverture à plusieurs droits (art. 11 L. 22 frim. an 7). Or, la résolution est stipulée dans le contrat même de vente et comme condition ; pour nous servir des expressions de la loi de l'an 7, elle en dérive nécessairement *quia hic retractus fit ex necessitate primi contractûs.* Cette revente conditionnelle est donc une disposition dépendante de la vente elle-même ; le droit perçu sur celle-ci affranchit l'autre de toute perception (Champ. et Rig. n° 464).

« Arrivant l'événement ultérieur de la condition, dit M. Demante, le contrat est censé non avenu. La condition résolutoire rétroagit même au préjudice des tiers (art. 952, 1673, 2125 C. C.); sauf à l'égard de la restitution des droits perçus, l'effet rétroactif est opposable à l'Administration : conséquemment, le vendeur ou le donateur, restauré dans son domaine, n'y vient pas comme successeur de l'acheteur ou du donataire dont le titre est résolu ; il y rentre par l'énergie d'un droit antérieur, *ex causa primæva et antiqua*, sans acquitter aucun droit de mutation, sauf les règles spéciales de la vente pour défaut de payement du prix » (n° 42).

Dans les législations qui ont précédé la loi de frimaire, les résolutions de l'espèce ont toujours été affranchies des droits de mutations. Les feudistes sont unanimes pour reconnaître qu'on ne percevait pas de droits seigneuriaux (Dumoulin *Gl.* 1re n° 31 § 33, d'Argentré *des Droits du Prince* note 3 n° 12, Guyot *des Lods* ch. 72 nos 8-9, Fonmaur n° 670) Bosquet nous l'atteste lui-même en ces termes : « Les clauses résolutoires *ut ex nunc*, dit-il, peuvent être inhérentes au contrat comme des conditions qui y sont exprimées, auquel cas il n'est point dû de droits seigneuriaux pour la résolution prononcée » (t. 4 p. 101). C'est ce qu'on décidait aussi au sujet du centième denier. Le commentateur anonyme des tarifs de 1790 s'explique d'une manière très-remarquable en ce point : « La résolution, enseigne-t-il, qui arrive par l'effet d'une charge ou condition imposée en l'aliénation, n'est point une nouvelle mutation ; c'est la suite, ou si l'on veut la cessation de la première, *dominium non transfertur, sed potius redit ad antiquam et pristinam causam.* L'ancien maître qui, n'avait aliéné que pour un certain temps ou jusqu'à l'échéance d'une certaine condition, recommence d'être propriétaire en vertu du titre par lequel il avait aliéné. Comme il n'avait aliéné que pour un temps limité ou jusqu'à l'échéance d'une certaine condition, il est vrai de dire qu'il n'avait point aliéné au delà et n'avait fait que demeurer propriétaire pour le temps qui suivrait l'échéance de celui fixé ou de la condition ; en attendant, sa propriété était comme suspendue, et il ne rentre ensuite dans l'héritage que par l'effet d'un titre par lequel il n'avait fait que conserver la propriété. Or, une telle résolution, ne pouvant être regardée proprement comme une aliénation et par conséquent comme une rétrocession, n'est point sujette au centième denier » (*Com. du tarif* n° 337).

Ces raisons conservent aujourd'hui encore toute leur autorité. L'Administration en a fait l'application dans une hypothèse spéciale qui peut servir de type. La stipulation du droit de retour dans le cas de l'art. 951 C. C. est une clause résolutoire. Or, une D. m. f. 29 septembre 1807 porte « qu'on ne doit exiger aucun droit pour les rentrées en possession qui auront lieu au profit de tout donateur en vertu du retrait expressément réservé dans l'acte de donation. »

Le motif qu'en donne l'Administration dans l'I. G. n° 356

§ 18, c'est que quand une telle clause est formellement exprimée dans la donation, le donateur rentre dans le bien donné par une suite nécessaire de la première convention ; ce retour à la propriété est un des cas prévus par l'acte primitif, qui a payé ce qui était dû pour tous les effets qu'il devait produire, et aucun droit nouveau n'est exigible. » On peut dire la même chose de toutes les conditions résolutoires.

M. Demante a fait l'application spéciale de ces principes à la clause résolutoire si fréquemment insérée dans les contrats de vente pour le cas où l'acquéreur ne se libèrerait pas dans le délai convenu (art. 1656 C. C.). « Cette clause résolutoire, dit-il, est encourue par le seul fait de la mise en demeure ; une fois invoquée, elle doit être appliquée à la rigueur, et le juge n'a aucun pouvoir discrétionnaire d'appréciation en cette matière. Cette résolution peut donc avoir lieu sans jugement, et s'il faut en prendre un pour vider les difficultés d'exécution, une rédaction attentive des conclusions et du dispositif peut permettre d'échapper à l'application stricte de l'art. 12 L. 27 ventôse an 9, concernant les jugements portant *résolution* de contrat pour défaut de payement du prix... D'un autre côté, si l'acheteur consent expressément à la résolution, l'acte qui constate ce consentement est un *acquiescement*, non une rétrocession. Il n'est pas au pouvoir de l'acheteur de faire évanouir les *droits réels* conférés de son chef, et tel est pourtant l'effet de la résolution. En acquiesçant à la résolution, il ne confère pas au vendeur un droit nouveau, il se borne à vérifier l'accomplissement de la condition résolutoire ; mais le principe de la restauration du vendeur est dans le contrat originaire de vente, qui a déjà subi l'impôt. A quoi donc sert l'acquiescement de l'acheteur ? A une seule chose : il assure le vendeur contre les querelles que pourrait soulever l'acheteur sur l'accomplissement de la condition résolutoire. Donc, c'est un acquiescement pur et simple, soumis au droit fixe de 2 francs (3 fr.) (art. 68 § 1er n° 4 de la loi de frimaire, et art. 48 n° 1er de la loi de 1816, nos 186 à 188). »

Dans le même sens, il a été décidé :

1° Que si une vente a été consentie sous la condition qu'elle sera résolue de plein droit en cas de surenchère de la vente du domaine contigu, l'acte constatant ce fait ne donne pas ouverture au droit de rétrocession, car la résolution n'engendre aucun droit proportionnel quand elle a lieu de plein droit et dérive des conventions primitives (17752 J.N.) ;

2° Que si le cahier des charges d'une vente de coupe de bois porte qu'à défaut de payement du prix de la vente, celle-ci sera considérée comme résolue, l'acte constatant l'annulation du contrat n'est passible que du droit fixe (16984-2 J.E.).

On ne saurait évidemment méconnaître toute la gravité de l'argumentation précédente. Cependant, les principes de la loi du 22 frimaire an 7 sur les résolutions s'accordent-ils bien avec les résultats qu'elle produit ?

Reconnaissons d'abord que si la résolution convenue s'opérait sans un nouvel acte lors de l'accomplissementt de la condition, l'Administration ne pourrait poursuivre le vendeur comme nouveau possesseur, en vertu de la loi de ventôse an 9. Le vendeur est restauré *ex causa primæva et antiqua ;* il n'est pas le successeur de l'acheteur, il reprend le fonds franc et quitte de toutes charges imposées du chef de cet acheteur; il n'est donc pas un nouveau possesseur. C'est le cas spécial prévu par l'I. G. n° 366 § 18 au sujet du retour conventionnel.

Mais la situation n'est plus tout à fait la même quand la résolution fait l'objet d'un acte ou d'un jugement présenté à la formalité. On n'a plus à examiner si l'on peut appliquer les règles particulières des mutations verbales, mais uniquement si l'acte ou le jugement litigieux ne tombe pas sous l'empire d'un tarif formel de la loi commune. Or, à ce point de vue, la législation actuelle est fort rigoureuse. L'art. 69 § 7 n° 1er tarife au droit proportionnel, en termes généraux, les ventes, reventes, cessions et rétrocessions. Il n'y a d'exceptés que : 1° les résiliements faits dans les vingt-quatre heures (art. 68 § 1er n° 40) ; — 2° les résolutions judiciaires prononcées pour cause de nullité radicale (art. 68 § 3 n° 7) ; — 3° et les jugements de résolution de vente pour défaut de payement de prix, quand l'acquéreur n'est pas entré en jouissance (art. 12 L. 27 vent. an 9). Sauf ces cas limitativement prévus, toutes les résolutions volontaires ou judiciaires sont passibles du droit proportionnel. Ainsi que nous l'avons déjà fait remarquer et que le procureur général Merlin l'expliquait devant la Cour suprême, la loi de frimaire s'est montrée en cette matière plus sévère que les législations antérieures : on ne saurait donc invoquer comme précédent ce qui avait lieu pour la perception des lods ou du centième denier. Il importe peu également que les principes du droit conduisent à l'exemption de l'impôt, s'il est établi que le législateur, par la combinaison de ses textes, a précisément voulu supprimer, en vue de la facilité des abus, cette clause d'exemption. Telle paraît être l'opinion de la Cour suprême.

On lui a soumis la difficulté à l'égard de la constatation judiciaire des clauses résolutoires les plus fréquentes : le pacte commissoire exprès stipulé dans les ventes, et la condition d'inexécution des charges d'une donation.

Elle a décidé que, dans le cas où le défaut de payement est expressément stipulé comme condition résolutoire, le droit proportionnel est néanmoins exigible : « Attendu qu'une telle résolution n'est prononcée dans aucune des hypothèses exceptionnelles prévues soit par l'art. 68 § 3 n° 7 L. 22 frimaire an 7, soit par l'art. 12 L. 27 ventôse an 9 ; qu'il suit de là qu'en déclarant le jugement passible du droit fixe, le tribunal a faussement appliqué la loi » (Cass. 6 déc. 1820, S. 21-1-241, 6922 J.E.; — et 15 avr. 1823, S. 23-1-339, 7579 J.E.). C'est aussi ce qu'enseignent les rédacteurs du J. du not. (12 déc. 1866 n° 2117) et ce qui résulte d'un jugement d'Arlon du 25 juillet 1867 (n° 2715 R. P.).

D'autres arrêts ont consacré la même doctrine dans des cas où la résolution judiciaire avait pour cause l'inexécution des clauses d'un contrat (Cass. 22 mai 1844 et 30 déc. 1844). — V. 14392.

On est autorisé à conclure, d'après cela, que, quelle que soit la nature de la condition résolutoire, la constatation judiciaire ou civile de son accomplissement motive la perception du droit proportionnel de rétrocession sur l'acte ou le jugement.

Cette doctrine a été méconnue, il est vrai, dans un arrêt plus récent du 20 avril 1869, d'après lequel l'échange fait entre cohéritiers des lots que le partage leur avait attribués ne constitue pas une mutation passible du droit proportionnel, mais un simple acte complémentaire, quand cet échange a été prévu dans le partage dont il forme une des conditions.

« Attendu, porte l'arrêt, que si après un partage complet, définitif et sans condition, l'échange fait entre cohéritiers des lots que le partage leur avait attribués constitue une mutation passible du droit proportionnel, il n'en saurait être de même lorsque cet échange a été prévu dans l'acte de partage dont il forme une des conditions, car on ne saurait y voir, en ce cas, qu'une suite ou un complément du partage lui-même » (2921 R.P., S. 69-1-431, P. 69-110).

Mais, ainsi que nous l'avons fait remarquer en rapportant l'arrêt, il est douteux que la Cour ait entendu décider d'une manière définitive et par une voie aussi indirecte un point de droit d'une telle importance. La question ne lui était pas proposée et la défense de l'Administration reposait sur des motifs différents. Nous persistons à croire que la décision de la Cour est sans autorité pour la solution de litige et qu'il doit être tranché par les motifs que nous avons développés.

Nul doute, d'ailleurs, que le droit proportionnel soit dû quand les parties annulent le contrat sans attendre l'échéance de la condition.

Ainsi, il a été jugé que quand une vente d'immeubles a été consentie sous une condition résolutoire, et que, sans attendre la résiliation de cette condition, les parties annulent la vente volontairement, comme si la condition s'était réalisée, le droit de rétrocession est exigible (Romorantin 27 avr. 1849, 14729 J. E.).

V. 14312 et 14316 § 3.

**14450. Acte judiciairement annulé. — Droits exigibles.** — Il nous reste, pour épuiser la matière des résolutions, à traiter ici une question très-grave que nous avons maintes fois rencontrée dans le cours de cet ouvrage et dont il nous a paru utile de réserver la discussion, afin de développer complétement dans une vue d'ensemble les principes sur lesquels elle repose. Il s'agit de savoir si les droits d'enregistrement non perçus sur un acte ou sur un contrat annulé judiciairement sont néanmoins exigibles.

De ce que l'art. 60 L. 22 frimaire an 7 prohibe la restitution des droits régulièrement perçus, on en a conclu souvent qu'il autorisait la poursuite de ceux qui n'ont pas encore été acquittés, parce qu'autrement ce serait une restitution indirecte défendue par la loi. Cette difficulté touche aux théories les plus ardues de la législation, et ne rencontre en jurisprudence que des solutions contradictoires. Nous croyons devoir par cela même l'examiner sous toutes ses faces.

Il n'existait, sous l'empire du droit féodal, aucune prescription semblable à celle de l'art. 60 de la loi de l'an 7. Les feudistes discutaient sur le point de savoir si les actes radicalement nuls motivaient la perception des lods ; mais ils étaient tous d'accord que si les droits avaient été perçus, le seigneur devait les rendre après la déclaration de nullité, et ils enseignaient, par voie de conséquence, que si les droits n'avaient pas été encore acquittés, le seigneur ne pouvait pas les réclamer (Sudre, Boutaric, Henrion de Pansey v° *Lods* p. 694).

Voici quelle était sur ce point la jurisprudence du centième denier. « Il faut distinguer, dit Bosquet, les droits qui sont le salaire d'une formalité à laquelle l'acte est essentiellement soumis dès qu'il est passé (tels sont les droits de contrôle), ou ceux de centième denier qui sont des droits réels dus pour une mutation effective. Ces premiers droits sont dus et acquis sans retour dès le moment de la signature de l'acte, nonobstant toute allégation de nullité; mais les droits réels ne sont exigibles pour un acte que l'on prétend nul que sous la condition de les restituer si la nullité en est poursuivie... Par conséquent, lorsqu'un contrat est déclaré nul et résilié pour nullité absolue, il n'est point dû de droit de centième denier ; le droit ne sera même pas dû pour le contrat, s'il n'a pas été acquitté. Mais lorsque le contrat est simplement résilié pour l'avenir, sans être déclaré nul *ab initio*, le droit de centième denier est dû pour le contrat et il est exigible s'il n'a pas été acquitté, parce qu'il suffit qu'il y ait eu un contrat parfait en soi pour que le droit soit dû » (V. *Retrait* et t. 2 p. 240). — De même, le commentateur anonyme du tarif de 1722 n'hésite pas à décider qu'il est impossible de réclamer le droit quand il n'a pas été acquitté (p. 44 édit. de 1766).

La loi du 22 frimaire an 7 a-t-elle changé sur ce dernier point l'ancienne jurisprudence? Celle-ci avait prévu distinctement les deux hypothèses des droits payés et des droits dus au moment de l'annulation du contrat. En parlant seulement des droits payés, l'art. 60 L. 22 frimaire an 7 implique virtuellement que les droits dus échappent à ses dispositions exceptionnelles. Et même, pour éviter toute équivoque à cet égard, et pour qu'on ne puisse pas étendre le texte aux droits encore dus, le législateur a placé l'art. 60 dans un chapitre distinct de ces derniers. Lors de la confection du projet de loi, en effet, cette disposition suivait immédiatement l'art. 59, qui défend de suspendre ou de modérer le recouvrement des droits dus, et peut-être alors eût-il été possible de croire que l'art. 60 avait les mêmes limites. L'éloignement de ce texte n'a pas eu évidemment d'autre but que de l'isoler de l'art. 59, afin d'écarter toute confusion et de mettre en relief la spécialité du cas auquel s'applique la sévérité de la loi.

Telle fut, d'ailleurs, certainement la pensée du législateur.

Il ne suffirait pas, pour justifier le principe de l'art. 60, de dire avec Merlin que la loi a voulu empêcher les collusions frauduleuses (*Rép.* v° *Restit.*). En effet, quand la justice a déclaré qu'un acte est le résultat d'un faux ou que la signature de l'acquéreur a été violemment extorquée, ou que jamais le vendeur n'a possédé la chose vendue, il est bien évidemment impossible de supposer la fraude, aussi impossible sans nul doute que quand un jugement est annulé par les voies légales (A. Cons. d'Ét. 18 octobre 1808). Le motif principal du législateur se trouve dans un autre ordre d'idées. On sait que la loi du 22 frimaire an 7, votée à une époque où s'organisait la comptabilité publique, fut surtout destinée à rétablir dans la perception une partie des anciennes sévérités fiscales. Il fallait trouver des ressources certaines qui permissent de régulariser la marche encore chancelante du budget (Disc. de M. Duchâtel lors de la présentation de la loi au conseil des Cinq-Cents, V. aussi le réquisit. de M. le procur. génér. Delangle n° 2343 R. P.). Or, il parut qu'il n'y aurait rien de stable en comptabilité si le Trésor était exposé à rendre des droits encaissés de bonne foi et dont il s'était cru autorisé à disposer. Par une prescription extrêmement rigoureuse, le législateur prohiba alors le remboursement de l'impôt régulièrement encaissé. Ce motif de haute administration rend bien compte de la loi et met surtout en lumière la différence capitale qui sépare les droits encore dus de ceux qui ont été réellement versés.

Ces derniers sont entrés dans la circulation des produits de l'impôt : le Trésor a pu les utiliser à une dépense effective ou les assigner à un payement futur. Cette ressource venant à défaillir, il faudrait adopter une combinaison nouvelle qui troublerait la comptabilité. Au contraire, les droits encore dus ne sont pas comptés parmi les ressources de l'État : même l'impôt qui s'applique aux conventions soumises à la formalité dans un délai déterminé ne figure pas, tant qu'il n'est point acquitté, parmi les droits constatés. Le Trésor ne sait qu'elles existent qu'au moment où elles payent le droit ; si ce droit lui échappe, il n'y a plus à craindre aucun des inconvénients qui arrêtent la restitution des droits payés. Rien n'autorisait, par conséquent, le législateur à les soustraire à l'empire du droit commun pour les frapper du principe dont la raison d'État peut seule faire excuser l'application aux droits réellement perçus.

Mais, dit-on, abandonner un droit dû ou restituer un droit perçu n'est-pas la même chose? La première hypothèse ne constitue-t-elle pas une véritable restitution? La réponse paraît aisée. Si le Trésor refuse de rendre l'argent versé dans ses caisses, ce n'est pas parce que cet argent lui était légitimement dû. La convention qui donnait naissance à l'impôt étant rétroanéantie pour nullité radicale par un jugement souverain, il faut bien reconnaître que cet impôt n'a plus de raison d'être, que la dette a cessé d'exister, et que le versement des deniers qui en était la conséquence devrait donner lieu à une action en répétition (art. 1235 C. C.). Le Trésor conserve l'impôt, en vertu d'un droit léonin reposant sur ce seul fait que la somme est entrée dans ses caisses, et que son remboursement, si équitable qu'il paraisse, compromettrait le bien général. C'est parce qu'elle a été payée et non pas parce qu'elle est due que la somme reste à l'État. Dès lors, on ne peut plus objecter que rendre un droit acquis ou abandonner un droit dû soit la même chose, car il n'y a pas, dans l'espèce, de dette légitime, et sans l'art. 60, le contribuable irait, comme autrefois, reprendre celui qu'il a payé mal à propos pour un contrat qui n'existait pas. Les deux hypothèses diffèrent donc essentiellement l'une de l'autre : ce qui les sépare, c'est précisément le motif de l'art. 60, le fait d'une perception accomplie.

On ne peut pas se méprendre, après cela, sur le sens des mots *droits acquis* qui sont placés dans la rubrique du titre. On peut certainement éterniser les discussions sur la portée précise des expressions : *exigible*, *ouvert*, *dus ou acquis*, qui se réfèrent également à l'impôt. Mais quand deux textes se trouvent dans des titres différents, que le premier est, comme l'art. 59, exclusivement consacré au recouvrement des droits non payés, et que l'autre, au contraire, se restreint par la clarté de ses termes aux droits perçus, il semble que cette antinomie détermine parfaitement le sens des mots *droits acquis* et qu'on ne saurait les appliquer à l'impôt encore dû. D'ailleurs, le contrat annulé ne fournit pas en lui-même de cause à la perception. Le Trésor n'y acquiert aucune créance, c'est seulement quand le versement des deniers s'opère que son droit prend naissance à la faveur du privilége de rétention dont le payement est la cause. Il n'y a de droit acquis en cette matière qu'au moment où le droit est acquitté. Nous l'avons déjà fait remarquer au mot *Nullité*; s'il est vrai que l'Administration puisse percevoir le droit lors de la présentation à l'enregistrement d'un acte radicalement nul, il en est autrement quand, avant le payement de l'impôt, la justice a souverainement déclaré l'inexistence du contrat, c'est-à-dire que la tentative de convention porte en elle-même le sceau apparent de son inutilité. Dans ce cas, le droit proportionnel ne saurait être exigé. Cela étant, il faut bien décider que toute cause échappe à la perception quand l'inexistence du contrat est établie à cette époque par une décision souveraine.

On a proposé une autre objection pour couvrir l'injustice du système que nous combattons. Admettre, dit-on, que le Trésor profite ou non de l'impôt, selon qu'il a été payé ou qu'il est encore dû, c'est en laisser pour ainsi dire la disposition au percepteur. Si, par négligence ou par erreur, il n'assure pas le recouvrement du droit avant l'annulation du contrat, si les parties ou les officiers publics retardent jusqu'à cette époque, contrairement à la loi, l'enregistrement de l'acte qu'ils devaient y soumettre dans un délai préfixé, il arrivera que ces erreurs deviendront irréparables et qu'on aura donné une prime à la violation de la loi. Cet argument est sans valeur. Il n'y a rien d'étonnant à ce que l'impôt dépende de la négligence du préposé : c'est le sort de tous les droits d'enregistrement d'être livrés aux hasards d'une interprétation plus ou moins éclairée. Malgré les moyens qui assurent son recouvrement, l'impôt échappe encore souvent au Trésor. La loi le sait et elle abrite le contribuable derrière de courtes prescriptions. On ne crie pas cependant à l'injustice. Or, il semble que la meilleure prescription d'une dette est son annulation régulière. Comment refuserait-on à cette dernière hypothèse un privilége que le législateur a conféré à la prescription? D'ailleurs, quelle faute le contribuable a-t-il commis en négligeant de faire enregistrer, dans les trois mois de sa date, par exemple, une vente pour laquelle on lui avait arraché sa signature? Ce délai n'est imposé qu'aux transmissions de propriété, et l'acquéreur sait pertinemment que son contrat n'en contient aucune. Aujourd'hui que l'acte est annulé, l'Administration ne peut pas soutenir qu'il constatait une vente ou un échange, qu'il tombait, par conséquent, sous l'empire des lois applicables aux mutations d'immeubles. Pour les actes vicieux, rédigés par un officier public, il est vrai qu'il existe une contravention quand ce fonctionnaire ne les fait pas enregistrer dans une certaine période ou avec d'autres actes de son ministère. Mais on ne voit pas pourquoi les parties ne pourraient profiter des avantages que leur procurent ces retards. Ce n'est point le cas d'appliquer la maxime : *Nemo propriam turpitudinem allegans*; car la faute ne leur est pas personnelle, elle constitue seulement à leur égard un événement heureux dont elles recueillent le profit.

L'Administration l'a souvent décidé ainsi :

Une personne, par exemple, décède laissant sa fortune à un légataire étranger dont le titre paraît régulier; après l'envoi en possession il s'empare de tous les biens. Dans la rigueur des principes, l'impôt de transmission, s'étant ouvert avec le décès, est en quelque sorte, depuis lors, la propriété du Trésor, car le délai accordé pour la déclaration n'est qu'un terme de grâce sans action sur le principe de la créance. Voilà bien le droit dû comme on l'entend en législation bursale. Cependant, un parent du défunt attaque le testament, le fait annihiler et rentre en possession de l'hoirie. Quelle influence aura sur l'impôt cet événement postérieur? Si le droit a été acquitté par le légataire, on ne lui restituera pas l'excédant de quotité applicable à son titre d'étranger; mais, s'il en a retardé le payement, l'action du Trésor s'évanouit. Pourquoi cette différence, si c'est la même chose d'abandonner un droit dû ou de restituer un droit perçu? Le légataire, lui aussi, peut avoir, comme le possesseur d'un titre vicieux, contrevenu à la loi en dépassant le délai accordé pour déclarer sa transmission : il va bénéficier de cette faute pendant que l'acquéreur, dont la position est identique, invoquera vainement l'annulation de son contrat. Et l'Administration sera elle-même souvent complice de cette fraude, en accordant les prorogations de délais au légataire pour lui permettre d'attendre le résultat du procès engagé sur son titre!

La jurisprudence a même été beaucoup plus loin dans cette voie. Il est des cas où, quoique l'impôt soit régulièrement exigible depuis une certaine époque, on force le Trésor à en abandonner la demande sur des faits postérieurs laissés à la disposition du contribuable. Telle est notamment l'hypothèse si fréquente des renonciations opposées par des légataires poursuivis en payement de droits de succession. Ces renonciations sont parfois le produit d'un concert frauduleux entre l'héritier et le légataire; on peut du moins facilement le craindre. L'Administration les respecte pourtant quand la fraude n'est point démontrée, et un droit qui ne peut pas être rendu en cas de payement antérieur s'évanouit parce qu'il n'a point été acquitté.

On peut dire la même chose encore de l'effet que produit le partage du prix d'une licitation sur les droits d'enregistrement du contrat. Le partage est-il présenté à la formalité avant ou avec la licitation, il sert de base à la liquidation de l'impôt et peut quelquefois dispenser l'acte du droit proportionnel. N'y est-il soumis, au contraire, qu'après le payement des droits, son influence est stérile, on ne restitue pas. Pourquoi cela, sinon que dans la première hypothèse, il s'agit d'une perception à faire, et, dans la seconde, d'une perception accomplie (1634 § 4 I. G.). — *V.* 8509.

Enfin, c'est toujours en vertu du même principe que la Cour suprême refuse d'autoriser l'Administration à demander par voie d'expertise le payement du supplément de droit exigible sur une adjudication d'immeubles anéantie à la suite d'une surenchère. Les arrêts qui ont statué sur cette importante question font tous ressortir « qu'au moyen de l'effet résolutoire inhérent à la surenchère, la vente volontaire doit être réputée non avenue, qu'elle ne peut plus servir dès lors de base à une action de la Régie, quant à la perception, contre l'acquéreur primitif. »

Nous ne disons pas autre chose pour tous les actes annulés avant le payement des droits; et puisque l'I. G. n° 1920-5 a adopté la doctrine de ces arrêts, il semble qu'on devrait en généraliser l'application.

L'Administration se sent très-embarrassée par cette dernière interprétation de l'art. 60 et elle fait pour s'y soustraire d'inutiles efforts. La vente soumise à la surenchère, dit-elle, ne constate qu'une mutation provisoire dont les effets sont suspendus jusqu'à la surenchère. Alors seulement elle se consolide, et comme il y a une seule mutation, on conçoit que l'impôt soit une seule fois exigible sur le contrat réellement translatif. On veut, en d'autres termes, éviter les arrêts en soutenant, sans oser toutefois l'exprimer clairement, que le droit n'est pas régulièrement perçu sur la vente surenchérie. On cherche à assimiler cette transmission à celles dont parle l'I. G. 7 juin 1808, n° 386 : « Il n'a pu entrer dans le vœu de la loi de considérer comme définitivement acquis au Trésor des droits perçus sur des actes qui sont nécessairement provisoires jusqu'à ce qu'ils aient été suivis des formalités publiques indispensablement prescrites pour que ces actes puissent recevoir leur exécution. » Qui prendra le change? Que les actes soumis à une condition suspensive proprement dite, comme ceux dont la perfection est subordonnée à des formalités ultérieures d'approbation, etc., ne soient point régulièrement frappés de l'impôt avant leur complément, cela est certain et on ne met pas en doute que la restitution des droits mal à propos payés ne doive être faite quand la condition défaillit. Mais que la vente affectée d'une possibilité de surenchère soit un contrat de l'espèce, c'est ce que l'Administration saurait bien réfuter si on lui opposait un pareil argument pour ne pas en payer actuellement les droits. Elle ferait très-facilement remarquer que la surenchère est une condition résolutoire qui ne saurait avoir d'influence sur la perception antérieure de l'impôt et que le Trésor est fondé à en exiger le versement sans attendre l'effet d'une déchéance plus ou moins problématique. Le droit est donc régulièrement perçu dans le sens de l'art. 60; si la jurisprudence le fait abandonner lorsqu'il n'est point encore acquitté, lors de l'annulation de l'acte, c'est précisément parce que cet art. 60 ne prohibe que la restitution des droits réellement payés.

Le sentiment de la doctrine est uniforme sur ce point. Toullier, examinant incidemment la difficulté, enseigne que l'action en nullité doit suspendre la perception du droit si elle est formée avant qu'il soit perçu (t. 7 n° 531). Nous n'entendons pas approuver la doctrine du célèbre professeur au sujet de l'influence que l'action en nullité peut avoir sur la perception. Mais s'il attache à la simple demande d'annulation le pouvoir de suspendre le recouvrement de l'impôt, c'est, de toute évidence, que dans sa pensée cet impôt s'évanouit lorsque le contrat disparaît.

« L'art. 60, écrivent Champ. et Rig., prohibe la restitution de tout droit régulièrement perçu, quels que soient les événements ultérieurs. Or, établir que les parties ne soient pas recevables à se prévaloir contre la Régie d'un événement postérieur à la perception, c'est reconnaître implicitement qu'elles peuvent lui opposer un événement postérieur. Ainsi, lorsqu'il s'agit d'un acte annulé avant le payement du droit, l'art. 60, loin d'être favorable à la Régie, lui est contraire. L'art. 60 ne s'étend pas au cas où les deniers n'ont pas été payés; il suppose une recette effective » (n°s 248, 3954). — « N'allons pas, ajoute M. Demante, renchérir encore sur la sévérité de la loi; et quand l'art. 60 parle des droits effectivement perçus, n'allons pas appliquer la disposition aux droits qui auraient pu être perçus sur l'acte présentement annulé, mais qui, en fait, ne l'ont pas été. Nous soutenons que dans tous les cas où la nullité est rendue manifeste antérieurement soit au payement effectif, soit à la condamnation au payement du droit sur l'acte annulé, il n'existe plus alors, quant à ce droit, ni cause ni base de perception » (n° 50). Le savant professeur a reproduit la même doctrine, en différentes hypothèses, aux n°s 42 à 45, 97, 169 et 258 de son ouvrage.

La jurisprudence présente sur ce point des variations nombreuses qu'il faut renoncer à rattacher à un principe commun. Nous exposerons brièvement d'abord celle qui résulte des arrêts de la Cour de cassation (S. 6-2-708).

Dès le 24 juin 1806, la Cour suprême validait une contrainte décernée en payement d'un droit non perçu sur un acte synallagmatique annulé pour ne point avoir été fait double, et elle motivait sa décision sur ce que l'annulation de l'acte était postérieure à la contrainte.

Par trois arrêts des 3 mai, 27 juin 1809 et 6 juillet 1812, la Cour autorisait l'Administration à requérir l'expertise de la valeur vénale des immeubles surenchéris, déclarant que la résiliation de la première vente ne pouvait arrêter l'action du Trésor (3254, 3707, 4270 J. E., S. 9-1-247, 10-1-249 et 12-1-345).

Le 24 mars 1813, elle reconnut aussi l'exigibilité des droits non perçus sur un partage déclaré nul pour défaut d'authenticité (Champ. et Rig. n° 256).

Mais, revenant sur sa jurisprudence, elle décida, le 23 février 1820, que dans le cas de surenchère, l'acquéreur primitif cessant d'être propriétaire même avant l'expiration du délai accordé pour le payement de l'impôt, n'était passible ni du droit simple ni du droit en sus si l'acte n'était pas enregistré dans le délai (S. 1822-1-195, 6649 J. E.).

Le 12 février 1822, après avoir posé en thèse la règle que les événements ultérieurs ne peuvent influer sur l'exigibilité des droits d'une convention, elle sanctionna la demande de l'impôt applicable à une vente radicalement annulée, en motivant son arrêt sur ce que l'annulation du contrat était postérieure à la contrainte (22-1-421, 377 C., Dalloz 237 § 3, Champ. et Rig. n° 259).

Jugé encore, le 18 février 1829, que la rescision d'une vente pour cause de lésion n'empêche pas le Trésor de réclamer les droits de cette aliénation; — et, le 27 mars 1830, qu'il en est de même d'une vente annulée par contravention à l'art. 692 C. proc. (1282 § 9 et 1401 § 2 I. G., S. 29-1-238).

Un autre arrêt du 9 avril 1844 reconnut également qu'une adjudication d'immeubles résolue dans les vingt-quatre heures pour cause de nullité était passible du droit de 5 fr. 50 cent. pour 100, lors même qu'elle a été présentée à l'enregistrement avec l'acte de résiliation (1723 § 6 I. G., S. 44-1-296). Mais cette solution se justifie parfaitement par le motif qu'il s'agissait d'une résolution volontaire.

La question reparut devant la Cour suprême, le 10 août 1852, à propos d'un testament avec charge de restitution sur lequel on fit réclamer le droit de transcription et auquel le bénéficiaire renonçait. Il fut jugé que le droit était néanmoins exigible (1946 § 5 I. G., S. 52-1-716).

Il faut enfin ajouter à cette jurisprudence les arrêts par lesquels la Cour a reconnu que les droits exigibles sur une licitation ne peuvent plus être réclamés quand on présente à l'enregistrement, avant la licitation un partage, qui attribue au colicitant la totalité de son prix (V. *Licitation*); — et surtout ceux qui refusent d'autoriser l'Administration à requérir, par voie d'expertise, le payement du supplément de droit exigible sur une adjudication d'immeubles anéantie à la suite d'une surenchère (Cass. 10 fév. 1852, 15 mars et 29 août 1854). Nous avons insisté précédemment sur ce point au mot *Licitation.*

Dans une affaire où il s'agissait d'une vente faite sous une condition résolutoire ultérieurement accomplie, la Cour de cassation a refusé le remboursement du droit proportionnel perçu, exprimant dans son arrêt « qu'en supposant que la condition résolutoire fût réalisée au moment de l'enregistrement, la perception n'en avait pas moins été régulière à défaut de toute indication susceptible de faire connaître loyalement la résolution de l'acte soumis à la formalité (Cass. 26 mars 1873, 3590 R. P., B. C. 40, S. 93-1-225, B. 73-534).

D'où l'on pourrait induire, *à contrario*, que si le fait de cette résiliation avait été juridiquement établi, le droit proportionnel n'aurait pas pu être perçu. Mais il ne faut pas exagérer la portée de ce considérant. Il n'a pas été, sans doute, dans l'intention de la Cour de préjuger la solution d'une aussi grave difficulté, alors surtout que, selon la remarque de M. le premier avocat général (3590 R. P.), son examen n'était pas nécessaire pour la solution du litige. Nous pouvons d'autant moins l'admettre que si, comme nous en exprimons l'avis, l'annulation d'un contrat avant son enregistrement ne permet plus de réclamer le droit proportionnel, ce résultat ne se produit toutefois qu'à la suite d'une annulation régulièrement prononcée par la justice. Le résiliement volontaire et, à plus forte raison, la simple résolution qui laisse subsister dans le passé l'exécution du contrat, ne peuvent anéantir la créance du Trésor (Cass. 6 déc. 1820, S. 21-1-241, 6922 J. E.; — 15 avr. 1823, S. 23-339, 7579 J. E.; — 22 mai et 30 déc. 1844, S. 44-1-571 et 45-1-359, 1723-3 et 1732-4 I. G., — 9 avr. 1844, S. 44-1-296, 1273-6 I. G.). Or, dans l'espèce, il s'agissait d'une résolution de cette nature, puisque, d'une part, elle procédait de la volonté des parties, et que, de l'autre, elle n'opérait que pour l'avenir. Ce n'était donc pas le lieu d'invoquer le principe dont nous venons de présenter le développement. L'arrêt du 26 mars 1873 ne saurait avoir une telle signification [1].

Quant aux solutions émanées soit des tribunaux, soit de l'Administration, il serait sans profit et à peu près impossible de les réunir toutes dans une vue d'ensemble. Il nous suffira d'en indiquer ici les principales.

Ainsi, il a été reconnu que l'Administration était autorisée à réclamer le payement des droits ou supplément de droits

---

1. Voici en quels termes l'Administration a résumé, dans son I. G. n° 2468 l'ensemble de la jurisprudence de la Cour sur cette question :

« L'art. 60 L. 22 frimaire an 7 placé sous le titre : *Des Droits acquis*, a pour but unique d'assurer à l'État le recouvrement ou la conservation de ces sortes de créances. Il se rapporte plus spécialement, dans la formule, aux droits perçus, parce que ces droits tombent plus fréquemment que les autres sous l'empire de la règle. Mais aucune équivoque ne peut exister sur le sens de sa rédaction, il s'applique à tous les droits acquis, sans exception.

« Or, les droits sont acquis au Trésor, à l'égard des droits de mutation immobilière, par le seul fait de l'existence d'un acte revêtu de toutes les formalités extérieures propres à constater cette mutation (Cass. civ. 12 fév. 1821, *P. chr.* n° 525, Dalloz v° *Enregistrement* n° 237-3 ; civ. 29 juin 1840, 1630 § 2 I. G., ch. réun. 18 fév. 1854, 2015 § 10 I. G.) ; et, à l'égard des autres conventions, par la présentation des actes à l'enregistrement ou par l'usage qui en est fait en justice ou dans un acte public (Cass. civ. 18 fév. 1839 et 16 mars 1869, 1590 § 3, 1er et 2389 § 2 I. G.).

« Les redevables ne sauraient se soustraire au payement, quelles que soient les causes de nullité des contrats, l'Administration n'étant pas juge de la validité des actes qui lui sont soumis (Cass. civ. 12 fév. 1822, *P. chr.* n° 525, Dalloz v° *Enregistrement* n° 237-3 ; 23 fév. 1824, 1132 § 12 I. G.; ch. réun. 15 nov. 1828, 1498 § 3 I. G.; civ. 15 mai 1861, S. V. 61, 1, 888, D. 61-1-225 ; civ. 20 août 1867, 16 mars et 26 juill. 1869, 2362 § 1er 2389 § 2 et 2393 § 5 3° I. G.).

« Ainsi que le fait remarquer Merlin (*Rép.* v° *Restitution de droits* n° 2), et que l'ont reconnu après lui l'A. Cons. d'Ét. 18-22 oct. 1808 4e série, *Bull.* 211 n° 3831, 429 § 1er I. G.) et la jurisprudence (Cass. ch. réun. 15 nov. 1828 et C. Rouen 11 juin 1835, 1498 § 3 I. G.), le grand motif de l'art. 60 a été d'empêcher

d'une vente d'immeubles annulée (Seine 22 fév. 1838 ; — Bellac 23 août 1843 ; — Saverne 23 août 1845 ; — Autun 7 août 1850, 11999, 13342, 13856 et 15034-1 J. E.); — d'une substitution judiciairement annulée (Seine 15 nov. 1856, 16417 J. E.) ; — du droit de liquidation non perçu sur un jugement par défaut annulé sur appel avant le payement (Seine 31 janv. 1857) ; — du droit d'un acte produit en justice que le créancier savait avoir été annulé comme contraire aux bonnes mœurs (Seine 16 fév. 1861, 1475 R. P., 17260 J. E., 17097 J. N., 11985 C.) — ou que le tribunal a reconnu être sans aucune valeur (Seine 5 juin 1863, 12502 C.); — du droit d'un jugement annulé sur appel (Seine 17 fév. 1866 — V. 14616) ; — ou d'un acte annulé dont l'enregistrement est ordonné par le jugement (Dél. 26 déc. 1821 ; — Seine 12 juill. 1838). — V. 14530.

Au contraire, il a été décidé que l'on ne pouvait faire acquitter les droits non perçus sur une sentence arbitrale annulée depuis la demande (Dél. 7 déc. 1832, 10501 J. E.); — ni le droit de cautionnement omis lors de l'enregistrement d'une vente annulée (9 mars 1855, 11097 C., 16428 J. E.) ; — ou d'un acte quelconque reconnu sans valeur (Lyon 22 nov. 1862) ; — ni le droit d'une contre-lettre sous seing privé portant cession d'immeubles annulée judiciairement (Vassy 17 mars 1857) ; — ou d'une adjudication judiciaire annulée (Condom 8 janv. 1857) ; — d'une cession de brevet d'invention annulée (Seine 27 juin 1857) ; — d'un don manuel réduit en justice (Auxerre 29 août 1857); — d'une vente produite au cours d'instance et déclarée nulle comme concernant un jeu de bourse (Dél. 18 août 1829, 9413 J. E.) ; — d'un jugement annulé sur appel (Dél. 7 déc. 1832) ; — d'une vente annulée comme contraire à l'ordre public (Seine, 29 août 1877, 4822 R. P.). — V. 14616.

que, par des conventions frauduleuses, on ne paralysât, au préjudice du Trésor public, le recouvrement des droits auxquels les contrats donneraient ouverture. Son but a été également, selon l'observation de la Cour de cassation, d'assurer la fixité des ressources du Trésor, afin de lui conserver la disposition des voies et moyens financiers sur lesquels il a dû compter pour le payement des dépenses du budget (Cass. ch. réun. 15 nov. 1828 et C. Rouen 11 juin 1835 *suprà*).

« Ce double motif s'applique également à tous les droits acquis, sans qu'il y ait à distinguer s'ils sont ou non recouvrés. Autrement, il arriverait que, dans l'espèce actuelle, le redevable qui a retardé le payement par suite d'une infraction à la loi fiscale bénéficierait de sa propre fraude.

« La Cour de cassation a repoussé cette prétention par une longue série d'arrêts d'après lesquels l'annulation d'un acte ne met pas obstacle à l'exigibilité des droits acquis au Trésor avant cette annulation (Cass. civ. 19 germ. an 6, req. 24 juin 1806 ; civ. 12 nov. 1811, 24 mars 1813, 12 fév. 1822, 27 mai 1823, Dalloz vº *Enregistrement* nºs 234 note 1re, 216, note 1re, 220, note 2, 233, note 3, 237-3º, note 1re et 2401 note 2, *P. chr.* nºs 62, 144, 525 et 604 ; civ. 18 fév. 1829 et 24 août 1853, nºs 1282 § 11 et 1986 § 2 I. G.). Le même principe a été nettement confirmé par l'arrêt de renvoi de la chambre civile du 16 mars 1869.

« La jurisprudence invoquée au sujet des licitations suivies de partage et de surenchères n'a rien de contradictoire avec ces arrêts. Elle se justifie, dans le premier cas, par la considération que la licitation et le partage sont deux actes connexes dont la combinaison seule détermine les droits dus au Trésor; et, dans le second, par ce motif spécial qu'il s'agit de la constatation éventuelle d'une créance subordonnée à une procédure d'expertise et n'ayant pas, à ce point de vue, le caractère d'un droit définitivement acquis au jour de l'acte. »

1. RÉSUMÉ. — En résumé, l'art. 60 de la loi de l'an 7 est une dérogation complète aux anciens principes d'après lesquels l'annulation d'un contrat autorisait non-seulement l'abandon des droits non perçus, mais encore le remboursement des droits acquittés. Comme dans toutes les matières d'exception, il faut par conséquent l'entendre avec le sens restreint que comporte son texte et son esprit. Or, le législateur n'a parlé que de la prohibition de restituer les droits perçus, et les travaux préparatoires de la loi démontrent que l'article a été isolé intentionnellement dans ce but du chapitre des droits à recouvrer.

Le motif de la disposition nouvelle a été d'ailleurs le régulariser la perception des recettes du Trésor et d'éviter le trouble que cause dans la comptabilité publique la suppression inattendue d'une ressource dont on avait pu se croire en possession définitive. Cette haute considération peut motiver la rétention d'un impôt déjà payé ; elle ne justifie nullement la réclamation du droit non perçu qui s'est anéantie avec la convention même.

Tels sont les motifs sur lesquels nous nous fondons pour penser que la jurisprudence de la Cour suprême s'est engagée dans une voie inexacte en autorisant l'Administration à réclamer les droits proportionnels des actes annulés. Nous les avons exposés avec un développement particulier au nº 3785 R.P.

La question est grave, sinon dans ses résultats financiers, au moins comme application des principes généraux de la perception. Il n'est pas possible qu'un jour ou l'autre elle ne se représente nettement à l'examen de la Cour. Or, il est permis d'espérer qu'alors, et suivant la remarque très-judicieuse des savants arrêtistes d'un grand recueil de jurisprudence, la Cour, mieux informée, se détachera de ses précédents si rigoureux pour consacrer une interprétation qui concilierait le texte de la loi avec son véritable esprit (S. 1873-1-225).

V. notre dissertation au nº 3785 R. P.

**14450 *bis*. Restitution des biens de la famille d'Orléans.** — L'art. 5 L. 21 décembre 1872 n'assujettit qu'au droit fixe tous les actes par lesquels les princes d'Orléans seront mis en possession, soit par suite de restitution de l'État, soit par suite de reventes opérées dans le délai d'un an par les particuliers, des biens dont la vente a été imposée par les décrets de 1852 (3750-17 R. P., 2461 I. G.).

## RESPONSABILITÉ.

**14451.** — C'est l'obligation que la loi impose de répondre des faits des personnes ou des choses qu'on a sous sa garde. En règle générale, les fautes sont personnelles, et personne ne répond du fait d'autrui. Mais cette règle reçoit exception quand il s'agit d'un dommage causé par le fait de personnes dont on doit répondre.

**14452. Sources de la responsabilité.** — Toute responsabilité prend sa source dans la convention ou dans la loi (Toullier t. 11 nº 244).

**14453. Responsabilité conventionnelle.** — On est responsable, en vertu de la convention, lorsqu'on s'est rendu garant ou caution qu'une personne fera ou ne fera point telle chose, qui, si elle était faite ou omise, nous causerait du dommage. Cette convention peut même avoir lieu sans l'intervention de la personne de laquelle on répond; car « on peut se rendre caution sans l'ordre de celui pour lequel on s'oblige, et même à son insu » (2014 C. C.).

**14454. Responsabilité légale.** — Quant aux responsabilités qui viennent de la loi, il faut qu'elles soient établies par une disposition expresse. Elles ne peuvent s'induire par analogie, car il s'agit d'une dérogation au droit commun. Ces diverses responsabilités sont fondées sur ce principe que celui qui peut et doit empêcher un mal et ne l'empêche pas doit être considéré comme l'auteur lui-même du dommage: *Qui occasionem præstat, damnum fecisse videtur* (L. 30 § 3, D. *Ad legem aquil*).

Les divers cas de responsabilité légale sont prévus par les art. 1384 à 1386 C. C. Aux termes de ces articles:

1. PÈRE ET MÈRE. — Le père et la mère, après le décès du mari, sont responsables du dommage causé par leurs enfants mineurs habitant avec eux (1384).

2. MAITRES ET COMMETTANTS. — Les maîtres et les commettants sont responsables du dommage causé par leurs domestiques et préposés dans les fonctions auxquelles il les ont employés (*Idem*).

3. INSTITUTEURS ET ARTISANS. — Les instituteurs et les artisans sont responsables du dommage causé par leurs élèves et apprentis pendant le temps qu'ils sont sous leur surveillance (*Idem*).

4. PROPRIÉTAIRE D'ANIMAL. — Le propriétaire d'un animal ou celui qui s'en sert, pendant qu'il est à son usage, est responsable du dommage que l'animal a causé, soit que l'animal fût sous garde, soit qu'il fût égaré ou échappé (1385 C. C.).

5. PROPRIÉTAIRE D'UN BATIMENT. — Le propriétaire d'un bâtiment est responsable du dommage causé par sa ruine, lorsqu'elle est arrivée par une suite du défaut d'entretien ou par le vice de sa construction.

**14455. Renvoi.** — Quant aux responsabilités qui concernent soit les officiers publics et ministériels, soit les parties, etc., dans leurs rapports avec la perception des droits d'enregistrement, les questions qui s'y rattachent se trouvent traitées çà et là, dans le cours de cet ouvrage, sous les mots auxquels elles se rapportent. — V. not. *Acte notarié*, *Acte judiciaire*, *Acte sous seing privé*, *Greffe*, *Exploit*, etc.

**14456. Receveurs.** — Le comité des finances du conseil d'État avait émis l'avis, le 6 janvier 1840, « qu'il y a lieu d'exiger des receveurs de l'enregistrement les double droit, demi-droit en sus et amende, toutes les fois qu'ils n'ont pas porté sur leurs registres les enregistrements tels qu'ils auraient dû les faire aux termes des lois, nonobstant toutes quittances ou relations d'enregistrement qu'ils auraient pu délivrer aux parties » (1611 I. G.).

Mais depuis, il a été reconnu que le défaut d'enregistrement d'un acte ou d'une déclaration, lorsque le droit simple a été payé dans le délai légal suivant les quittances délivrées par le comptable, constitue une soustraction de recette dont cet agent doit rapporter le montant au Trésor avec les intérêts, à compter du jour où le versement de la somme aurait dû être effectué et sans préjudice des peines disciplinaires et criminelles (D. m. f. 21 mai 1858, 2122 I. G.). Il en est de même quand les receveurs omettent d'enregistrer les actes annexés à des actes notariés, quoiqu'il ait été fait régulièrement mention de l'annexe (2122 I. G.).

1. RELATION INEXACTE. — Si les inexactitudes de la relation d'enregistrement avaient causé du préjudice à quelqu'un, le receveur pourrait être rendu responsable de sa faute.

Mais il est indispensable que la partie n'ait elle-même aucune négligence à se reprocher.

Ainsi, par exemple, l'acquiescement à un jugement par défaut du 29 novembre 1855 donné le 20 décembre suivant n'ayant été enregistré que le 30 janvier 1857, le chiffre du millésime de la relation fut si défectueux que les parties crurent que l'enregistrement avait eu lieu en 1855 et n'opposèrent pas dès lors la péremption. S'étant aperçus de leur erreur, ils voulurent en faire retomber les conséquences sur le receveur; mais un arrêt de Bordeaux, du 9 mai 1866, écarta leur demande, par le motif spécial que l'erreur des parties était en quelque sorte de leur fait, puisque si l'enregistrement avait été du 30 janvier 1855, il aurait précédé l'acte lui-même (18733 J.N.).

## RESSORT.

**14457.** — Ce mot se dit soit de l'étendue des lieux dans lesquels un officier public exerce ses fonctions, soit des degrés de juridiction des tribunaux.

En ce qui concerne les officiers publics, V. 1616, 1619, 9463, 11713.

En ce qui concerne les tribunaux, V. 10271 et suiv.

# RESTITUTION.

## DIVISION



## SOMMAIRE

## CHAPITRE PREMIER. — CONSIDÉRATIONS PRÉLIMINAIRES

### [14458-14461]

**14458. La loi de l'enregistrement s'écarte du droit fiscal ancien et du droit civil moderne.** — Le principe de la restitution, qui fait l'objet de cet article, se rattache à ces deux règles du droit civil, à savoir : que tout payement supposant une dette, ce qui a été payé sans être dû est sujet à répétition (1235 C. C.); et que celui qui reçoit par erreur ou sciemment ce qui ne lui est pas dû s'oblige à le restituer à celui de qui il l'a indûment reçu (1376 C. C.).

Mais ces deux règles sont loin d'être complétement applicables aux matières fiscales, qui ont sur ce point des statuts spéciaux que le besoin de stabilité de l'impôt a dû soustraire à quelques-unes des conséquences du principe civil.

Bien plus, la loi fondamentale de l'impôt de l'enregistrement, dont l'élaboration a eu lieu à cette époque de transition qui a servi de trait d'union entre le droit ancien et le droit moderne, s'est séparée de l'un et de l'autre sur les points principaux de la matière qui va nous occuper. Ainsi, d'un côté, nous la verrons méconnaître, presque à chaque pas, le principe de l'art. 1235 C. C., d'après lequel ce qui a été payé sans être dû est sujet à répétition, tandis que, de l'autre, elle refusera d'appliquer cette règle de l'ancien droit fiscal, qui ordonnait la restitution des droits perçus sur les contrats dont l'annulation avait un effet rétroactif *ab initio*.

« Une innovation aussi rigoureuse, disait M. le procureur général Delangle, n'est pas évidemment le résultat du caprice ou d'une injustice réfléchie. Elle se fonde sur l'intérêt de l'État qui commandait d'assurer la stabilité des revenus publics et d'éviter les troubles que des restitutions imprévues pourraient occasionner dans les services du budget. Ces nécessités politiques expliquent et justifient la rigueur de la décision. On pourrait ajouter que la nullité de l'acte est imputable aux parties, et que c'est leur imprudence qui les oblige à payer des droits pour un contrat postérieurement annulé » (2443 R.P.).

**14459. Les employés doivent s'abstenir de toute perception exagérée.** — Quoi qu'il en soit, c'est parce que la loi est rigoureuse, draconienne même quelquefois dans ses conséquences en la matière qui nous occupe, que les préposés à la perception des droits doivent s'abstenir soigneusement de perceptions exagérées. Ne jamais s'écarter de l'esprit de justice et de modération, c'est entrer dans les vues de l'administration supérieure.

« Les intérêts du Trésor, lit-on en tête de l'I. G. 1498, commandent aux préposés d'exiger tout ce que lui accordent les lois qui régissent les lois d'enregistrement. C'est aussi un devoir pour eux de rester dans cette limite et de ne point léser les contribuables par des perceptions excessives. L'Administration désire que les préposés se pénètrent de cet esprit d'équité. La première règle de toute perception est d'être conforme aux dispositions expresses de la loi, qu'il ne faut ni restreindre ni excéder. »

C'était aussi là une maxime de la ferme. « Le fermier des Domaines, écrit Bosquet (V. *Restitution*), est obligé de restituer les droits que les commis de sa ferme ont excessivement ou mal à propos perçus, par ignorance ou impéritie ; il tâche d'en prévenir les demandes, autant qu'il est possible, en chargeant les employés supérieurs de veiller à ce que ces restitutions soient faites, avec la même attention qui leur est recommandée pour rechercher les droits négligés ; c'est une clause des procurations de ces employés. » Ces observations sont encore de saison.

**14460. Règle générale.** — Cela dit, venons à la loi du 22 frimaire an 7, dont l'art. 60 est ainsi conçu : « Tout droit perçu régulièrement en conformité de la présente ne pourra être restitué, quels que soient les événements ultérieurs, sauf les cas prévus par la présente. »

Telle est, dans son laconisme, la disposition qui gouverne les répétitions de droits que peuvent avoir à faire les contribuables.

Cette disposition est concise, et cependant la trop grande généralité de ses termes a fait naître bien des récriminations, en permettant de retenir les droits perçus même lorsque les événements viennent prouver, jusqu'à l'évidence, que ces droits n'étaient pas dus. Il est vrai que la nécessité politique de mettre la perception de l'impôt à l'abri des éventualités peut, jusqu'à un certain point, commander qu'il en soit ainsi, mais il sera toujours difficile de faire comprendre au débiteur de cet impôt qu'il y a justice à retenir, une fois qu'ils ont été perçus, des droits qui n'auraient jamais eu leur raison d'être si les événements s'étaient produits auparavant.

**14461. Que doit-on entendre par perception régulière ?** — La première question qui soit à examiner après l'énonciation de l'art. 60 L. 22 frimaire an 7 est celle de savoir ce qu'il faut entendre par *perception régulière*.

Tout le système des restitutions repose, en effet, sur le sens que l'on doit attacher à cette expression, puisque, du moment que la perception a été régulière, les événements ultérieurs sont impuissants à la modifier.

Il y a perception régulière toutes les fois que le préposé fait une juste application de la loi à la déclaration qui lui est faite ou à l'acte qui lui est présenté, en le considérant dans les effets que les parties ont voulu attacher à son exécution, et sans se préoccuper des vices inhérents qui pourraient, en cas de contestation, rendre illusoire la volonté des contractants.

La perception est, au contraire, irrégulière lorsque la loi a été faussée dans l'assiette ou dans l'application du droit ; soit parce que sa nature écartait virtuellement le droit perçu, soit parce que les stipulations qu'il renfermait devaient l'y soustraire [1] (Cass. 10 juill. 1860, 1355 R. P., S. 60-1-905, 2185-7 I. G. ; — 12 fév. 1850, S. 50-1-390, 1857-13 I. G. ; — 7 avr. 1840, S. 40-1-479, 1630-7 I. G.).

*Arrêt du* 7 *avril* 1840 : — « Attendu que les perceptions sont régulières, lorsqu'il a été fait une exacte application du tarif aux actes produits et aux déclarations des redevables. »

*Arrêt du* 12 *février* 1850 : — « Attendu qu'une perception est régulièrement faite toutes les fois que le receveur a fait une exacte application du tarif et une juste application de la loi aux actes qui lui sont présentés ou aux déclarations qui lui sont faites par le contribuable. »

*Arrêt du* 10 *juillet* 1860 : « Attendu qu'une perception est régulière quant le receveur a fait une exacte application de la loi aux actes qui lui sont présentés. »

Dans le premier cas, le droit est irrévocablement acquis au Trésor ; dans le second, il doit être restitué à la partie.

Voilà le droit. Il est simple dans son principe, mais ses applications ont présenté plus d'une difficulté. Nous passerons en revue dans cet article toute la jurisprudence qui s'y rattache, en cherchant à grouper ses décisions, trop souvent incohérentes, autour d'un certain nombre de principes généraux.

1. Cette définition de la perception régulière a été littéralement reproduite par M. le procureur général Delangle dans le savant réquisitoire que nous avons inséré au n° 2443 R. P

## CHAPITRE II. — DES DROITS PERÇUS PROVISOIREMENT

[14462-14467]

**14462. La perception provisoire n'est pas une perception régulière.** — Dans certains cas, il est admis que les droits doivent être perçus à titre provisoire, sauf régularisation ultérieure. Cette régularisation amène alors une répétition de droits, soit de la part du Trésor, soit de la part des parties, suivant que la perception provisoire a été insuffisante ou exagérée (*V.* Cass. 14 nov. 1837, S. 37-1-950, 1562-25 I. G., 11903 J. E.; — 11 juin 1839, S. 39-1-594, 1601-10 I. G., 12321 J. E.; — 2 août 1843, S. 43-1-765, 13392 J. E.).

*Arrêt du* 14 *novembre* 1837 : — « Attendu qu'aux termes de l'art. 60 L. 22 frimaire an 7, tout droit d'enregistrement perçu régulièrement en conformité de la loi ne peut être restitué, quels que soient les événements ultérieurs, sauf les cas prévus par ladite loi ; attendu que le droit auquel sont assujetties les parts et portions indivises de biens immeubles acquises par licitation ne se trouve pas au nombre de ceux dont la restitution peut être ordonnée ; attendu que, si l'on ne peut considérer que comme provisoires les perceptions faites dans les cas dans lesquels la restitution est autorisée par la loi, l'on doit nécessairement considérer comme définitives celles qui ont été faites en conformité de la loi, et que l'art. 60 déclare n'être pas sujettes à restitution. »

*Arrêt du* 11 *juin* 1839 : — « Attendu que le droit auquel sont assujetties les parts et portions indivises des biens immeubles acquises par licitation ne se trouve pas au nombre de ceux dont la restitution peut être ordonnée ni dans la loi de frimaire ni dans aucune autre ; attendu que, si l'on peut considérer comme provisoires les perceptions faites dans les cas dans lesquels la loi réserve et autorise la restitution, l'on doit nécessairement regarder comme définitives celles qui ont été régulièrement faites en conformité de la loi, et que l'art. 60 déclare ne pouvoir être restituées. »

*Arrêt du* 2 *août* 1843 : — « Attendu que les jugements rendus postérieurement qui ont annulé la renonciation faite par la femme Béchaud à la communauté de biens qui avait existé entre elle et son mari, et qui ont fixé les droits de cette dernière dans ladite communauté, sont des événements ultérieurs qui ne se trouvent pas compris dans les cas d'exception prévus par la loi, et qui ne peuvent, par conséquent, donner lieu à la restitution d'aucune partie des droits acquis à l'État et dont la perception avait été faite en conformité de la loi ; attendu que les réserves que les héritiers Béchaud ont fait insérer dans la quittance des droits par eux payés ne peuvent avoir pour effet d'introduire en leur faveur une exception qui n'est pas admise par la loi, et de donner à une perception déclarée définitive par la loi le caractère d'une perception provisoire, qui ne peut avoir lieu que dans les cas d'exception admis par la loi. »

On serait dans l'erreur si l'on tirait de ce fait la conséquence que des droits régulièrement perçus peuvent quelquefois être sujets à restitution. Si les droits sont restitués, c'est que la perception était irrégulière, voilà tout. L'usage, la doctrine et même la jurisprudence peuvent bien, dans certains cas, autoriser une perception provisoire, mais cette faculté ne change pas le caractère de la perception. Du moment qu'elle se trouve subordonnée à une régularisation ultérieure, c'est qu'une condition suspensive pèse sur elle ; dès lors, en droit pur, ce contrat n'aurait dû encourir que le droit fixe. S'il a été soumis au droit proportionnel, ç'a été par une dérogation formelle à la règle, et c'est pour y rentrer que l'on autorise la restitution. — *V.* 14481.

Cela dit, voici quelques solutions qui, dans certaines circonstances, ont considéré la perception comme purement provisoire.

**14463. Jugement. — Condamnation.** — Lorsqu'un jugement porte condamnation à payer 100 sacs de farine, sauf à fournir la preuve que 40 sacs seulement ont été livrés, la perception qui est établie sur le pied de 100 sacs ne peut être considérée que comme provisoire, et si un second jugement constate que la preuve offerte a été fournie, la perception doit être réduite d'une somme proportionnelle (Sol. 28 juin 1830, 9941 J. E.).

Même principe au sujet d'un jugement de tribunal de commerce qui, conformément à l'art. 439 C. proc., ordonne, sauf appel, l'exécution provisoire d'une convention. Une partie des droits de titre perçus sur le montant de la convention est restituable si un jugement ultérieur en fixe définitivement l'importance à un chiffre moins élevé (Sol. 30 avr. 1832, 9987 J. E.).

**14464. Cession de biens.** — Si, dans une cession de biens donnant lieu au droit proportionnel, ce droit a été assis sur une valeur provisoire supérieure à la valeur définitive résultant d'une adjudication en justice, le droit perçu sur l'excédant est restituable (Sol. 28 déc. 1831, 10243 J. E.).

**14465. Évaluation pour la perception. — Marché pour fournitures.** — L'Administration a rendu, dans les espèces précédentes, des décisions d'équité ; mais ce ne sont assurément pas des décisions de droit, car aucune condition suspensive ne pesait en réalité sur la convention.

Les données pour établir la perception n'étaient pas complètes, en ce sens qu'il eût été nécessaire d'exiger une déclaration des parties, conformément à l'art 16 L. 22 frimaire an 7, pour connaître la véritable importance des valeurs sur lesquelles la perception devait être établie ; mais cette déclaration faite, la perception devenait régulière, et aucun événement ultérieur ne pouvait plus en motiver la restitution. C'est la solution que nous avons donnée au mot *Acte administratif*, à propos des marchés pour fournitures, lorsque leur véritable importance se trouve subordonnée à des règlements ultérieurs, et nous croyons cette solution exacte.

Il est vrai que l'on peut objecter qu'en refusant la restitution des droits perçus à raison d'une évaluation provisoire, on met la partie dans la presque nécessité de faire une estimation au-dessous de la véritable importance des valeurs qui doivent subir le droit, parce que le contribuable aimera toujours mieux payer un supplément, si sa déclaration est insuffisante, plutôt que de courir le risque de perdre les droits qu'une évaluation consciencieuse lui aurait fait payer si cette évaluation se trouvait exagérée, ce qui conduit, en définitive, à fournir des aliments à l'esprit de fraude.

Non-seulement nous convenons que cette objection est sérieuse, mais nous reconnaissons encore qu'il y a quelque chose de peu moral à réclamer un supplément du droit lorsque l'évaluation provisoire est insuffisante, alors qu'on refuse la restitution lorsqu'elle est exagérée; mais ce n'est pas notre mission de corriger la loi, nous n'avons que le droit de l'interpréter: *dura lex, scripta tamen.* — V. 14495.

**14466. Acte imparfait.** — Les droits perçus sur un acte imparfait par défaut de signature sont restituables. — V. 730 et 14520.

**14467.** — Ces observations nous conduisent naturellement à parler des conditions qui ont pu exister au moment de l'enregistrement des actes qui donnent lieu à une demande en restitution.

## CHAPITRE III. — DES DROITS PERÇUS SOUS L'INFLUENCE D'UNE CONDITION

[14468-14494]

**14468. Observation.** — Les règles de la restitution se lient ici d'une manière tout à fait intime, comme en matière de nullité, aux règles de la perception. Aussi est-il essentiel de se pénétrer des principes développés nº 4915 et suiv., c'est-à-dire de soigneusement distinguer les perceptions qui ont été faites sous l'influence de la condition suspensive de celles sur lesquelles portait une simple condition résolutoire.

### SECTION PREMIÈRE. — DE LA CONDITION RÉSOLUTOIRE

[14469-14480]

**14469. Règle.** — On a vu, sous le nº 4963, que la condition résolutoire, ne suspendant point l'effet de l'obligation, ne met pas obstacle à la perception du droit. D'où la conséquence que le droit ayant été *régulièrement* perçu n'est point sujet à la restitution.

**14470. Prix de vente à fixer par experts.** — D'après l'art. 1592 C.C., lorsque le prix d'une vente a été laissé à l'arbitrage d'un tiers, il n'y a pas vente si ce tiers ne veut ou ne peut pas faire l'estimation. La Cour de cassation a pensé que lorsqu'un prix provisoire a été fixé par les parties, la vente doit être considérée comme parfaite, ce qui fait que si la vente est restée sans effet, par suite du refus des experts de faire la détermination du prix, il faut reconnaître la présence de la condition résolutoire; d'où la conséquence que le droit ayant été régulièrement perçu n'est pas restituable (Cass. 14 juill. 1807, S. 7-1-374, 2691 J.E.; — Dél. 4 avr. 1826, 8451 J. E., V. 6683).

Nous verrons, sous le nº 14494, que cette solution ne doit pas être suivie; mais, comme la Cour a refusé la restitution des droits perçus, par la raison qu'elle a reconnu l'existence de la condition résolutoire, nous croyons pouvoir l'invoquer comme venant à l'appui du principe que nous défendons ici.

**14471. Cession de mines sous la condition qu'elles existeront.** — La cession du droit d'exploiter des mines sous la condition que des experts reconnaîtront l'existence de ces mines est résolutoire et non suspensive, et si la vente est résolue judiciairement par la raison que l'immeuble n'a pas rempli les conditions prévues, le droit n'est pas restituable, attendu que la condition résolutoire qui pesait sur la vente ne l'a pas empêché d'être parfaite et définitive (Cass. 23 juill. 1833, 10699 J.E., 1446 § 11 I. G., S. 33-1-593). — V. 11342 et 14494.

**14472. Remplacement militaire.** — Il y avait condition résolutoire, et les droits perçus sur un traité de remplacement militaire qui devenait nul parce que le remplaçant n'avait pas été admis au service, n'étaient pas restituables, lors même que les mêmes droits avaient été perçus sur un nouvel acte passé avec un autre remplaçant (D. m. f. 4 sept. 1835, 11288 J. E.).

V. aussi 14473, 11238 et suiv.

Aucun rapport de ressemblance n'existe entre notre espèce et celle qui fait l'objet du nº 14484, où la condition ayant été exprimée s'est trouvée incontestablement suspensive.

La même règle était applicable au cas où il y avait eu erreur de la personne du remplaçant dans le premier acte de remplacement, rendu sans effet par un second traité qui constatait l'erreur (Sol. 31 déc. 1841, 12901 J.E.).

**14473. Refus de nomination.** — 1. BREVET DE POSTE. — Le droit de vente de 2 pour 100 perçu sur une sentence arbitrale ayant fixé le prix de la vente d'un brevet de poste et du matériel de son exploitation n'est pas restituable, alors même que la vente serait restée sans effet par une cause indépendante de la volonté des parties, telle que le refus de nomination de la part du Gouvernement (Lyon 4 mars 1844, 13516 J. E.).

Ce refus constitue-t-il une condition résolutoire? La vente, au contraire, n'était-elle pas soumise à la condition suspensive de la nomination?

Nous sommes tenté de nous prononcer en faveur de la seconde proposition, avec d'autant plus de raison que nous trouvons à l'appuyer, par analogie, sur ce qui se passe en la matière des cessions d'office dont nous allons parler. Cette opinion est aussi celle du D.N. t. 11 p. 454 n° 181.

*V.* aussi *Brevet.*

2. BREVET D'IMPRIMEUR. — Les droits perçus sur une cession de brevet d'imprimeur ont été déclarés restituables, parce que le cessionnaire n'avait pas été admis par l'autorité (Dél. 25 mars 1827). — *V.* 9583.

3. OFFICE. — L'art. 14 L. 25 juin 1841 fournit une solution diamétralement opposée, en principe, à celle du tribunal de Lyon, dont nous venons de faire connaître le jugement (14473-1).

Il résulte, en effet, de cet article que les droits perçus sur les traités de cession d'offices sont restituables toutes les fois que la transmission n'a pas été suivie de la nomination du nouveau titulaire.

*V.* 12087 et suiv.

4. GÉRANCE DE DÉBIT DE TABACS. — Par analogie, on devrait décider que la cession de la gérance d'un bureau de tabacs est subordonnée à l'approbation du Gouvernement et que le droit perçu sur le traité non approuvé est restituable.

**14474. Promesse non accomplie.** — Le tribunal de Toulouse a jugé, le 6 juin 1851 (15309-7 J.E.), que lorsque le vendeur d'un immeuble a promis quelque chose à l'acquéreur et que la vente est résolue par suite du non-accomplissement de cette promesse, le droit de mutation n'est pas restituable parce que la condition était résolutoire, et non suspensive.

**14475. Qualité et contenance de l'objet vendu.** — La clause portant qu'une vente sera résolue dans le cas où l'acquéreur reconnaîtrait qu'on l'a induit en erreur sur la qualité ou la contenance de l'objet vendu constitue une condition résolutoire et non suspensive : donc le droit perçu sur cette vente ne peut être restitué, même en vertu de sa résolution judiciaire basée sur cette stipulation (Cass. 23 juill. 1833, 1446 § 11. I. G., 8165 J.N., S. 33-1-593). — *V.* 11342 et 14494.

Dans cet ordre d'idées, le tribunal de Vassy a jugé, le 27 février 1852 (14841, 14735 J.N.), que lorsque l'acte de vente d'un immeuble contient stipulation de garantie de la contenance indiquée, et qu'une expertise ordonnée en justice a postérieurement constaté un déficit de contenance, le droit d'enregistrement perçu sur l'acte de vente ne doit pas être partiellement restitué, en raison de la réduction du prix résultant de cette expertise (*Conf.* : Dél. 16 juill. 1826, D. N. t. 11 p. 451 n° 168).

**14476. Obligation de purger les hypothèques.** — On ne peut considérer comme une condition suspensive l'obligation imposée à l'acquéreur d'acquitter les créances inscrites, de manière que, si elles ne sont pas payées, la vente doit rester sans effet; les droits, dans ce cas, ne sont pas restituables (Cass. 28 août 1815, 5295 J. E., 1714 J. N., S. 15-1-421).

« Attendu, porte l'arrêt, que la rétrocession faite, le 25 octobre 1809, par Jacques Fournier, au profit de Luc Fournier, son frère, et de la dame Férignac, son épouse, des biens ayant appartenu à ceux-ci, dont il avait obtenu l'adjudication sur expropriation forcée, par jugement du 28 prairial an 13, à la charge de payer les dettes hypothécaires dont lesdits biens étaient précédemment grevés, était une vente pure et simple, qui donnait ouverture à la perception du droit d'enregistrement à l'instant même où elle avait été parfaite et consommée; attendu que la revente que ledit Jacques Fournier a faite des mêmes biens, par acte du 21 avril 1812, suppose nécessairement la résolution de la première vente par lui consentie au profit de son dit frère et de sa belle-sœur, faute par ceux-ci d'avoir acquitté les créances hypothécaires dont lesdits biens étaient grevés; d'où il suit que les droits perçus sur ladite première vente l'avaient été valablement et irrévocablement, puisqu'elle était pure et simple de sa nature, quoique sous une condition résolutoire. »

V. *Vente.*

**14477. Payement de prix.** — De même, il n'y a pas lieu à restituer le droit proportionnel perçu sur un jugement qui résilie une vente d'immeubles faute de payement dans la quinzaine si l'acquéreur ne se libère du prix qu'après ce délai (Cass. 8 fév. 1813, 4456 J. E., D. N. t. 11 p. 467 n° 265).

**14478. Événement de force majeure.** — La demande en restitution d'une partie des droits perçus sur une adjudication de travaux ne peut être accueillie d'après ces principes, même lorsque l'exécution d'une partie de ces travaux a été suspendue par suite d'une inondation ou d'autres événements de force majeure, et qu'il a été procédé au décompte des travaux définitifs exécutés pour une somme de beaucoup inférieure à celle faisant l'objet de l'adjudication. — V. *Acte administratif.*

**14479. Survenance d'enfants.—Donation.—** La survenance d'enfants qui, aux termes de l'art. 960 C. C., annule la donation, est une clause résolutoire qui ne peut provoquer la restitution des droits proportionnels régulièrement perçus sur l'acte de donation (Dél. 17 juill. 1824, 7788 J. E., D.N. t. 5 p. 106 n° 633, 4863 J. N.).

Le tribunal de Nîmes a même décidé, le 7 mai 1824, que le donataire ne pouvait exiger que le donateur lui tînt compte des droits payés.

**14480. Nullité.** — C'est encore par l'énergie de la condition résolutoire que sont annulés les contrats entachés d'un vice quelconque.

Ainsi verra-t-on plus loin que la résolution de ces contrats ne rend pas restituables les droits auxquels ils ont été régulièrement soumis.

## SECTION 2. — DE LA CONDITION SUSPENSIVE

[14481-14494]

**14481. Règle.** — La condition suspensive produit un effet tout différent de la condition résolutoire. Le droit fixe est seul exigible toutes les fois qu'elle pèse sur un contrat; d'où la conséquence que si le droit proportionnel a été perçu et que la condition vienne à ne pas s'accomplir, ce droit, ayant été irrégulièrement perçu, doit être restitué.

C'est dans cet ordre d'idées qu'ont été rendues les décisions qui font l'objet des numéros suivants.

**14482. Contrat de mariage.** — Ce qui se passe pour le contrat de mariage nous fournit l'exemple le plus frappant de la vérité de ce principe. Tout contrat de cette nature est évidemment rédigé sous une condition suspensive, celle de la réalisation du mariage devant l'officier de l'état civil. Cependant, la jurisprudence semble avoir consacré la régularité de la perception du droit proportionnel sur cette nature de contrat en l'ayant toujours autorisée. Mais l'énergie de la condition suspensive est telle, que lorsque les conventions civiles des époux ne sont pas suivies de la célébration réelle de leur mariage, la jurisprudence reconnaît que la perception a été irrégulière, puisqu'elle ordonne la restitution des droits perçus. — *V.* 5372 et suiv.

**14483. Saisie immobilière.** — Si l'individu auquel on a dénoncé une saisie immobilière poursuivie contre lui vend de gré à gré les biens saisis, sous la condition expresse que les ventes seront considérées comme non avenues dans le cas où l'expropriation forcée s'effectuerait, le droit proportionnel perçu sur ces mêmes ventes est restituable lorsque l'événement prévu se réalise (D. m. f. 16 janv. 1832, 636 Roll., 4484 J.N.).

**14484. Remplacement militaire.** — Lorsque, dans un acte de remplacement pour le service militaire, il était stipulé que si, par le sort ou autrement, la personne à remplacer était dispensée du service, le prix convenu serait réduit à une somme moindre, et que la perception ait été établie sur la somme la plus élevée, il y avait lieu de la restreindre à la plus faible, et de restituer le surplus, s'il était justifié que l'individu qui devait être remplacé avait été déclaré exempt du service (Dél. 30 avr. 1823, 7435 J. E.; — 16 fév. 1837, 1797 Roll.). — *V.* 14472.

**14485. Réserve d'obtenir consentement.** — Lorsque l'immeuble vendu en totalité n'appartient que pour moitié au vendeur, que l'autre moitié appartient à des tiers, dont l'acquéreur se réserve d'obtenir le consentement dans un délai déterminé, et qu'il est justifié que ce consentement n'a pas été donné, le droit perçu sur la moitié dont la transmission n'est pas réellement effectuée est restituable (Dél. 22 fév. 1826, 8342 J. E.). — *V.* 13593, etc.

De même, s'il a été convenu que la vente ne serait définitive qu'après la ratification du vendeur représenté par un fondé de pouvoir, le droit perçu doit être restitué quand le vendeur au lieu de ratifier, a vendu l'immeuble à un autre (Vesoul 24 juill. 1843, 11747 J.N., *V.* 4930, 4920. — Dél. 12 juill., 25 août 1836, *V.* 4971).

**14486. Promesse de caution.** — S'il est stipulé qu'une vente ne produira son effet qu'autant que l'acquéreur aura fourni une caution, le droit perçu est restituable s'il est justifié que la caution n'a pas été fournie. — *V.* 4915.

**14487. Condamnation alternative.** — Lorsqu'un acquéreur en retard de payer le prix de son acquisition est condamné à délaisser l'immeuble vendu ou à payer le prix dans un délai déterminé, et qu'il a souscrit, pour se libérer avant l'expiration de ce délai, une obligation à terme au profit de son vendeur, il y a lieu de restituer le droit proportionnel de mutation qui a été perçu sur le jugement d'envoi en possession (D. m. f. 5 nov. 1819, 6575 J. E.; — Dél. 6 nov. 1829, 9465 J. E.). — *V.* 14487.

**14488. Objet vendu deux fois.** — Lorsque deux ventes d'un même objet ont été faites simultanément sous condition suspensive, et que l'une d'elles est annulée par des conventions amiables avec toutes les apparences de la bonne foi, le droit d'enregistrement qu'elle a subi est restituable (Dél. 31 juill. 1824, 7900 J. E.).

**14489. Justification de payement.** — Il y a lieu de restituer le droit proportionnel perçu sur un jugement qui condamne l'acquéreur à justifier du payement du prix, faute de quoi prononce la résolution de la vente, lorsque la justification est faite (Dél. 21-27 juin 1836, 11539 J.E., D.N. t. 11 p. 466 n° 259).

Il en est de même du droit perçu sur un jugement portant qu'une vente d'immeubles est résolue si l'acquéreur ne se libère dans quinzaine, lorsque dans ce délai celui-ci justifie que le vendeur a renoncé au bénéfice de ce jugement (Toul 8 juill. 1820, Dél. 18 oct. suiv., 6810 J. E.).

Le droit proportionnel de mutation perçu sur un jugement qui ordonne la résolution d'une vente, dans le cas où le prix exigible ne serait pas payé dans un délai fixé, est sujet à restitution lorsqu'il est justifié que le payement a eu lieu avant l'expiration de ce délai (Dél. 19 déc. 1828, 2405 Roll., 6760 J. N.).

**14490. Condamnation éventuelle.** — Le droit perçu sur une condamnation subordonnée à un événement devient restituable quand, par suite de l'éventualité, la condamnation n'est pas maintenue (Sol. 28 juin 1830, 9941 J. E., D. N. t. 11 p. 466 n° 257; — Sol. 28 avr. 1832, D.N. t. 11 p. 467 n° 264).

**14491. Établissement public. — Donation.** — L'acceptation provisoire d'une donation faite à un établissement public, par les administrateurs de cet établissement, ne rend pas exigible le droit proportionnel d'enregistrement tant que n'a pas été autorisée l'acceptation définitive. — V. 7808. — Si le droit a été perçu, il doit être restitué (Dél. 26 juill. 1837).

**14492. Autorisation du Gouvernement.** — 1. SOCIÉTÉ. — Le droit proportionnel d'enregistrement perçu sur les marchés ou autres stipulations contenues dans un acte constitutif d'une société anonyme doit être restitué lorsqu'il est établi que la société n'a point été autorisée par le Gouvernement (Dél. 29 août 1834, 8646 J.N.; — Bordeaux 13 janv. 1836, D.N. t. 8 p. 24 n° 75). — V. *Société*.

**14493. Partage anticipé postérieur à une donation.** — Lorsqu'une donation entre-vifs d'immeubles ayant été faite par un père à ses enfants acceptant, sous la réserve d'effectuer entre eux le partage dans un délai fixé, le droit de 4 pour 100 est perçu sur la donation, il y a lieu de restituer ce qui a été perçu au delà de 1 pour 100, droit auquel sont soumises les donations d'ascendants, si ce partage a lieu, même après le terme fixé. Le partage, dans ce cas, quoique fait par acte séparé, doit être considéré comme le complément indispensable de la donation (Dél. 1er oct. 1833, 10735 J.E.).

**14494. Vente.** — 1. PRIX A FIXER PAR EXPERTS. — L'Administration, faisant l'application du principe posé par l'art. 1592 C. C., d'après lequel, lorsque le prix d'une vente a été laissé à l'arbitrage d'un tiers, il n'y a pas vente si ce tiers ne veut ou ne peut pas faire l'estimation, a décidé, les 12 décembre 1834 et 15 septembre 1840, que lorsque le refus des experts d'accepter cette mission a été constaté par un acte régulier, le droit de 5 fr. 50 cent. pour 100 perçu sur l'acte de vente, d'après la déclaration d'un prix provisoire, doit être restitué intégralement, alors même que le contrat de vente aurait été soumis à la transcription au bureau des hypothèques, attendu que le droit de 5 fr. 50 cent. pour 100 établi pour les ventes d'immeubles par l'art. 52 L. 28 avril 1816 est un droit un et indivisible (10783 J. N., 12615 J. E., D.N. t. 11 p. 452 n° 169). L'Administration avait cependant décidé le contraire par une Dél. 4 avril 1826 (8451 J. E., 5922 J.N.). Mais la perception ne pouvait être considérée ici que comme purement provisoire, car elle se trouvait soumise, au premier degré, à une condition suspensive.

2. PRIX PROVISOIRE. — Si une vente a été faite pour un prix provisoire, sauf détermination par experts du chiffre définitif, le droit exigible sur le prix provisoire ne devient pas restituable par suite du refus des experts de faire l'estimation. — V. *Vente d'immeubles*.

3. VENTE NON SUIVIE D'EXÉCUTION PAR LE FAIT DES PARTIES. — La solution ne serait plus la même si la vente restait sans effet non par le fait des experts, mais par celui des parties, *qui n'auraient alors à imputer qu'à elles-mêmes la non-exécution de leur contrat*. Les dispositions de l'art. 1592 C. C. seraient ici sans influence. C'est ce qui a été décidé dans des espèces où les parties, sans attendre la fixation du prix par les experts, avaient renoncé à donner suite à la vente. La restitution du droit perçu a été repoussée (Cass. 19 mars 1850, 14920 J.E., 13996 J. N., 1857 § 18 I. G., S. 50-1-289; — Tournon 10 nov. 1847, 14360 J. E.).

« Attendu, porte l'arrêt du 19 mars 1850, que, par contrat de mariage du 25 janvier 1846, les époux Allouis se sont engagés envers les futurs époux Lebret à leur vendre l'hôtel de la Gerbe-d'Or et le mobilier qui le garnit ; que ladite vente a été acceptée par les futurs époux, et que le prix à fixer ultérieurement a été laissé à l'arbitrage non pas de tiers dès à présent déterminés, ce qui est le cas prévu par l'art. 1592 C. C., mais d'experts à nommer soit par les parties, soit, à défaut de celles-ci, par le juge de paix, ce qui donnait toute certitude à une future détermination du prix; attendu que le droit de vente immobilière et mobilière a été perçu régulièrement lors de l'enregistrement de ce contrat sur la valeur déclarée au nom des parties comme étant celle des objets vendus; attendu que c'est par le fait des contractants et par suite d'une renonciation volontaire de leur part au contrat par eux passé, et non dans les conditions de l'art. 1592 C. C., que l'estimation ultérieure du prix n'a pas eu lieu ; que cette renonciation n'a détruit le contrat que pour l'avenir ; attendu que l'art. 60 L. 22 frimaire an 7 défend la restitution d'un droit régulièrement perçu, quels que soient les événements ultérieurs ; qu'en décidant le contraire et en condamnant la Régie de l'enregistrement à la restitution des droits perçus, le jugement attaqué a violé les lois précitées. »

## CHAPITRE IV. — DES PERCEPTIONS QUI ONT ÉTÉ LE RÉSULTAT D'UNE ERREUR DE FAIT

[14495-14518]

**14495. L'erreur ne rend pas le droit restituable.** — Si la perception a été le résultat d'une erreur de fait, les droits sont-ils restituables? Deux solutions diamétralement opposées peuvent être données. Si l'on se place au point de vue de l'équité, il faut répondre affirmativement; si l'on reste sur le terrain de la loi, telle que l'interprète la jurisprudence, on doit admettre la solution contraire.

Une délibération du conseil d'administration du 29 germinal an 7 contient le principe de cette double solution.

Par acte de partage passé antérieurement à la loi du 22 frimaire an 7, des héritiers estiment à 1,000 francs de revenu des biens dont la valeur réelle en capital est au-dessous de cette somme ; l'acte est rédigé sur leur déclaration, et le droit perçu en conséquence ; mais les parties reconnaissent leur erreur, elles la démontrent et réclament contre la perception. Le conseil décide en ces termes :

« La perception est *régulière*, mais *la loi n'a pas deux*

*balances*. Elle exige un supplément de droits de ceux qui, par erreur, ont fait des évaluations de biens au-dessous de leur valeur; par la même raison, elle doit autoriser la restitution des droits perçus pour des évaluations de biens au-dessus de leur valeur. On doit donc revenir sur la perception; et pour cela il doit être fait, à la suite du premier acte, un autre acte déclaratif de la véritable valeur du bien et de l'erreur commise. Ce dernier acte doit être enregistré à raison de 1 franc, et la perception du premier acte doit être rectifiée. »

Si nous étions législateur, nous dirions avec l'Administration : *La loi ne doit pas avoir deux balances*, et nous édicterions des dispositions qui accorderaient toujours aux citoyens, à titre de réciprocité, des privilèges qui balanceraient ceux du Trésor.

Mais nous ne sommes que l'interprète d'une loi de droit étroit, comme toute loi d'exception; or, cette loi veut que tout droit *régulièrement* perçu ne puisse être restitué, *quels que soient les événements ultérieurs*. Dans l'espèce, le droit a été liquidé sur la déclaration des parties, aucune condition suspensive ne pesait sur lui, il a donc été *régulièrement* établi; dès lors il n'est pas restituable.

Il est vrai qu'il semble y avoir sophisme à dire qu'un droit basé sur une erreur a été *régulièrement* perçu, et puisque l'erreur vicie le contrat civil, puisqu'elle le détruit *à radice*, on peut trouver, au premier abord, qu'il y a quelque chose d'inconciliable entre l'idée qui s'attache à l'erreur et celle que fait naître une perception *régulièrement* établie. Mais, après avoir démontré, avec le concours unanime de la jurisprudence (v° *Nullité*), que la nullité du contrat ne met pas obstacle à la perception des droits d'enregistrement, nous établirons plus loin, en nous appuyant encore sur une jurisprudence constante, que l'annulation du contrat pour une cause quelconque de nullité ne peut amener la restitution des droits auxquels le contrat a donné ouverture, parce que ces droits ont été *régulièrement* perçus dans l'esprit de la loi de l'impôt.

On est donc invinciblement amené à conclure de là que l'erreur dans les bases que les parties fournissent elles-mêmes pour asseoir la perception ne peut, en aucun cas, motiver la restitution de ces droits.

Mais, à côté de cette solution, qui est celle du droit fiscal, la seule qu'il soit en notre pouvoir de donner, il y a la solution d'équité, qui dépend toujours du pouvoir discrétionnaire de l'Administration. C'est cette solution qui avait prévalu dans l'espèce ci-dessus. Cette solution a si bien été de pure équité, que l'Administration reconnaissait elle-même que la perception était *régulière*, circonstance qui, en droit pur, est exclusive de toute restitution.

Il s'en faut qu'on soit demeuré dans cette voie de mansuétude. Depuis la délibération de 1807, de nombreuses décisions ont maintenu dans leur rigueur les principes de l'art. 60 de la loi de l'an 7.

L'I. G. n° 1862 a surtout posé à cet égard, et d'une manière officielle, les bases de la perception. Cette instruction déclare que les perceptions faites sur les évaluations des parties étant régulières, ne peuvent être sujettes à répétition de la part des contribuables, alors qu'elles le sont de la part du Trésor. « En effet, dit l'Administration, l'art. 60 L. 22 frimaire an 7 n'interdit que *la restitution* des droits *régulièrement* perçus en conformité de cette loi; il ne s'oppose point *à la demande des suppléments* de droit dont les événements ultérieurs justifient l'exigibilité. » Et le ministre des finances a ratifié cette doctrine par une Déc. 20 mai 1850.

Il faut reconnaître que cette décision est parfaitement juridique, ainsi que toutes celles qui ont refusé la restitution des droits perçus par suite d'erreurs de fait; mais ces décisions sont fâcheuses. Elles alimentent la fraude, en lui fournissant un prétexte. Car, s'il est vrai que le véritable esprit de droiture consiste, de la part du contribuable, à respecter les droits du Trésor à l'égal de ceux des particuliers, les notions du juste les plus élémentaires commandent au Trésor de ne pas faire deux poids et deux mesures en faveur de l'État. Or, c'est ce qui arrive à chaque instant aujourd'hui, avec les dispositions qui nous régissent, lorsqu'on veut les appliquer dans toute la rigueur de leur texte.

Et cependant, quel est le résultat le plus certain de cette application stricte de la loi dans les hypothèses que nous avons ici en vue? C'est de porter une atteinte sérieuse aux droits du Trésor.

Les parties savent que, toutes les fois qu'elles feront une évaluation en vue de la perception, les droits liquidés sur cette évaluation ne leur seront pas restitués, lors même que des circonstances ultérieures viendraient démontrer que l'évaluation a été exagérée; dès lors, au lieu de chercher à faire une estimation qui, étant trop consciencieuse, pourrait se trouver exagérée, elles dissimulent, sauf à payer un supplément de droit lorsque des événements ultérieurs viennent fournir à l'Administration la preuve de l'insuffisance de l'estimation.

Or, comme les cas où l'Administration peut se procurer les renseignements propres à établir l'insuffisance de l'évaluation des parties sont les cas d'exception, il arrive inévitablement que l'interprétation de la loi dans toute la sévérité de ses termes se liquide en une perte réelle pour le Trésor.

Nous croyons donc que toutes les fois que les parties viennent prouver qu'il y a eu erreur à leur préjudice dans un évaluation qu'elles ont faite uniquement pour la perception, il faudrait revenir à l'esprit qui avait inspiré la délibération de 1807, ci-dessus transcrite, et ordonner la restitution. Ce ne serait pas régulier en droit, c'est possible, mais ce serait utile en fait, ce qui vaut mieux, puisque la loi fiscale n'a été, en définitive, édictée que pour la plus grande utilité du Trésor.

Ces réserves faites, nous allons, sans nous livrer à aucun commentaire, faire connaître, dans toute leur incohérence, les solutions diverses que fournit la jurisprudence.

## SECTION PREMIÈRE. — ERREUR SUR LE PRIX OU LE REVENU

[14496-14502]

**14496. Transition.** — L'indication d'un prix ou d'un revenu supérieur au prix et au revenu réels motive-t-elle, lorsque l'erreur est prouvée, la restitution des droits perçus? La question a été résolue en des sens opposés.

**14497. Donation. — Capital indiqué comme revenu.** — Une dél. 9 octobre 1835 a décidé que les droits ne sont pas restituables sur un acte de donation dans lequel la valeur capitale d'un immeuble a été indiquée pour le revenu, alors même que les parties justifient leur erreur en représentant le rôle de la contribution foncière.

Mais, dans un cas pareil, une autre Sol. 9 octobre 1833 (9024 J. N.) avait autorisé le remboursement.

1. IPMOTS COMPRIS DANS L'ÉVALUATION. — Lorsque le revenu d'immeubles donnés a été évalué en bloc, impôts compris, on ne peut prétendre que les impôts ont figuré dans le revenu pour un chiffre supérieur à leur importance réelle, et demander la restitution de partie du droit perçu (Blois 25 juill. 1848, 14618 J. E.).

2. ÉVALUATION D'OFFICE. — En tous cas, lorsqu'il est justifié par la production des extraits que l'évaluation des impôts faite d'office au quart du prix du bail par le receveur est excessive, il y a lieu de restituer les droits perçus en trop, car la perception n'a pas été régulière. — V. *Bail* et *infrà* 14501 § 2.

**14498. Échange. — Revenu exagéré.** — Lorsqu'après l'enregistrement d'un acte d'échange, il est reconnu et constaté que le revenu attribué aux biens a été, par erreur, porté à un taux trop élevé, les parties ne peuvent, même avant l'expiration du délai pour la prescription, demander la réduction de la perception (Dél. 26 juill. 1823, Sol. 25 juill. 1832, 7500, 10376 J. E.).

**14499. Jugement. — Chiffre de la condamnation reconnu erroné.** — Le tribunal ayant condamné à 10,000 francs de dommages-intérêts, sur lesquels le droit a été perçu, reconnaît que son jugement renferme une erreur de calcul, et que la condamnation ne doit être que de 100 francs. Le droit perçu sur l'excédant est restituable (D. m. f. 8 juill. 1813; — L'Argentière 28 août 1846, 13889 § 1er J. E.).

**14500. Partage. — Soulte.** — Jugé par le tribunal de Toulouse, le 30 novembre 1849 (14892-1 J.E., D.N. t. 11 p. 430 n° 18), que le droit perçu sur une soulte stipulée dans un partage n'est pas restituable, encore bien qu'il résulte d'un acte notarié postérieur que c'est par une erreur de copiste que la soulte a été fixée à une somme qui est le double de la soulte véritable, si d'ailleurs cette allégation n'est pas établie.

**14501. Succession.** — 1. BAIL NON COURANT PRIS POUR BASE DE LA PERCEPTION. — Un bail notarié d'un domaine est consenti par le propriétaire pour six années, qui devaient commencer le 1er mars 1832. Le prix fut fixé à 2,940 francs par an, charges comprises. — Le 15 octobre 1835, c'est-à-dire plus de deux ans avant l'expiration de ce bail, le propriétaire fait un second bail, pour six autres années, à partir du 1er mars 1838, moyennant 3,540 francs par an, charges également comprises. — Le 27 novembre 1835, décès du propriétaire. Les héritiers, après avoir fait la déclaration de la succession, acquittent le droit sur un capital formé de vingt fois le prix du dernier bail. — Mais, plus tard, songeant qu'ils auraient dû baser le montant du droit proportionnel par eux payé sur le premier bail encore courant, dont le prix était inférieur au second, ils font une demande en restitution de partie des droits acquittés. Voici comment l'Administration a accueilli leur réclamation (Dél. 21 oct. 1836).

« La règle établie par le n° 7 art. 15 L. 22 frimaire an 7 est obligatoire pour l'Administration comme pour les contribuables. Ni l'une ni les autres ne peuvent invoquer que les baux courants ; ils excluent non-seulement les baux non courants, quel qu'en soit le prix supérieur ou inférieur, mais encore l'expertise. La perception, dans l'espèce, n'était pas régulière, puisqu'elle reposait sur une base que la loi répudie. L'art. 60 de la loi de frimaire n'était donc pas applicable. En conséquence, la restitution doit être ordonnée. » — La même solution avait été admise déjà par une délibération antérieure du 14 avril 1823 (D. N. t. 11 p. 457 n° 201.).

2. IMPOTS. — ÉVALUATION D'OFFICE. — On doit restituer ce qui a été perçu en trop lorsque, à défaut de justification d'un extrait du rôle de la contribution foncière au moment de la déclaration de succession, le receveur a ajouté au prix du bail courant des immeubles le quart pour les impôts à la charge du fermier, et qu'il est ultérieurement justifié que les impôts sont inférieurs (Dél. 15 fév. 1825, 3 sept. 1826 et 19 mai 1829, D. N. t. 11 p. 457 n° 202). — V. *Bail* et 14497.

3. IMPORTANCE DES VALEURS MOBILIÈRES EXAGÉRÉES. — L'erreur commise par les parties dans le chiffre des valeurs mobilières déclarées n'empêche pas la perception d'avoir été régulière, et le droit n'est pas restituable, encore bien que l'erreur provienne d'une erreur de calcul (Lille 5 mars 1859, 1154 R. P.).

Décidé également que de ce qu'un office a été évalué dans l'inventaire à une somme supérieure au prix fixé par le Gouvernement dans la vente de cette charge, il ne s'ensuit pas que les héritiers qui ont fait figurer dans la déclaration l'évaluation portée en l'inventaire soient fondés à réclamer la restitution des droits perçus sur tout ce qui a excédé le prix de la vente (Bordeaux 20 nov. 1848, 14630 J.E.).

Si les héritiers ont compris dans la déclaration de succession des dividendes d'actions échus au décès, ils ne peuvent pas obtenir la restitution des droits perçus, sous le prétexte que ces dividendes avaient été touchés par le défunt avant sa mort (Seine 8 août 1868, 2866 R. P.).

Quand des droits de mutation par décès ont été perçus sur une déclaration faite spontanément par les héritiers, ceux-ci ne sauraient obtenir la restitution d'une portion de ces droits sous le prétexte que plusieurs des valeurs comprises dans l'actif, comme la propriété exclusive du défunt, ne lui appartenaient qu'en partie et dépendaient d'une société formée à l'étranger (Avesnes 17 avr. 1869, 3067 R.P.).

4. REVENU EXAGÉRÉ. — Si les parties fixent dans leur déclaration le revenu des immeubles à un certain chiffre, la perception est régulièrement établie d'après ce chiffre, et elle est définitive (Cass. 1er avr. 1829, S. 29-1-283, 1293 § 4 n° 2 I. G.).

« Attendu, porte cet arrêt, que la loi exige, de la part des héritiers ou autres nouveaux possesseurs, une déclaration qui établisse cette valeur, et que, lorsqu'une telle déclaration a été faite et acceptée par la Régie, elle devient pour celle-ci un titre contre lequel les déclarants ne sont pas recevables à revenir, et que la Régie peut prendre pour base de la perception ; attendu que, dans l'espèce, les défendeurs avaient, par l'organe de leur fondé de pouvoir, évalué dans leur déclaration à une somme de 17,500 francs, le revenu des immeubles à eux échus par le décès du sieur Bréant de la Neuville ; que la perception du droit de mutation a été faite sur cette évaluation, et que le jugement attaqué n'a pu en écarter le résultat et soumettre la perception à celui d'une expertise non réclamée par la Régie, sans violer tout à la fois et l'art. 19 et l'art. 60 L. 22 frimaire an 7. » — *V.* 14507.

**14502. Vente.** — 1. PRIX DE VENTE ERRONÉ. — Quand le prix d'un acte de vente a été porté par erreur à une somme supérieure au prix convenu entre les parties, les droits ne sont pas restituables, bien que l'erreur matérielle ait été prouvée (Dél. 22 août 1834).

2. ACTE RECTIFICATIF. — De même, l'acte rectificatif par lequel les parties reconnaissent qu'il y a erreur dans l'indication du prix de la vente, ne donne pas lieu à restitution, car il est postérieur à la perception et constitue un événement ultérieur (Vitry-le-François 25 août 1860, 17370 J. E.).

3. DÉCLARATION ESTIMATIVE. — Lorsqu'une déclaration a été faite conformément a l'art. 16 L. 22 frimaire an 7, pour asseoir la liquidation de l'impôt applicable à la cession d'une promesse de vente, les parties ne peuvent obtenir la restitution partielle des droits sous le prétexte d'erreurs commises dans cette déclaration (Seine 23 mars 1867, 2491 R.P., 18911 J.N., 13288 C.).

4. MESURE. — Lorsqu'il a été stipulé dans une vente que le moins de mesure donnera lieu à une réduction proportionnelle du prix, et qu'un acte authentique détermine la réduction du droit en raison du moins de mesure reconnu, une partie proportionnelle du droit de vente est restituable (Dél. 27 fév. 1836, 11474-1 J. E. ; — Dél. 11 juin 1833, 10627 J. E., 8814 J.N.). — *V.* 14475.

Le même principe est applicable à une vente de récoltes à tant la mesure, et le droit est restituable lorsqu'un arpentage ultérieur constatant une différence en moins dans la contenance, les parties réduisent le prix (Sol. 16 déc. 1861).

De même encore, en matière de vente de coupes de bois appartenant à l'État, un supplément de droit ou une restitution est à faire, selon que le procès-verbal de récolement fait ressortir un excédant ou une perte dans les mesures indiquées. — V. *Adjudication.*

5. CHARGES. — Une vente de droits successifs ayant eu lieu à la charge de payer des dettes évaluées, le droit fut perçu sur le prix de l'évaluation des dettes.

Plus tard, une liquidation ayant fait connaître que toutes les dettes avaient été payées avant la cession, la restitution des droits perçus sur l'évaluation fut autorisée (Sol. 18 mars 1863).

## SECTION 2. — ERREUR SUR LA PERSONNE

[14503-14505]

**14503. Donation.** — Bien qu'il résulte d'un acte qu'une donation antérieure a été faite par erreur au gendre du donateur au lieu de l'être à sa fille, les droits perçus ne sont pas restituables (Dél. 29 nov. 1836, 11674 J. E.).

L'omission dans un acte de donation, du degré de parenté qui existe entre le donateur et le donataire autorise la perception du droit entre étrangers. Mais la restitution de tout ce qui excède le droit réellement exigible doit être effectué, si dans les deux ans de l'enregistrement on fait la justification du degré de parenté qui existe réellement entre les parties (Les Andelys 2 mai 1837, 5375 Roll., Dél. 10 déc. 1838, 12216-1 J. E.).

**14504. Licitation.** — Le colicitant adjudicataire, qui a trop payé lors de l'enregistrement du jugement, parce qu'il avait négligé de faire connaître, dans le cahier des charges et par l'adjudication, sa qualité de donataire d'une partie des biens licités, peut réclamer la restitution du droit perçu sur la portion qui lui revenait par suite de la donation, parce qu'il s'agit d'une erreur de fait suffisamment constatée par l'acte préexistant de cette donation, et que, dans ce cas particulier, on ne doit pas appliquer les dispositions de l'art. 60 L. 22 frimaire an 7, qui interdit la restitution de tout droit régulièrement perçu, quels que soient les événements ultérieurs (Seine 12 juill. 1838, Dél. 4 sept. suiv., 5577 Roll., D. N. t. 5 p. 80 n° 490 et t. 11 p. 441 n° 99).

**14505. Succession.** — Les droits de succession payés par un héritier sur un immeuble légué à un établissement public sont restituables s'il est établi qu'il y a eu erreur et que les droits n'ont été ainsi payés spontanément que parce que l'héritier a pensé que le legs ne serait pas accepté (Dél. 19 nov. 1840, 12625 J. E.).

## SECTION 3. — ERREUR SUR LA CHOSE

[14506-14508]

**14506. Donation.** — Les biens donnés ayant été évalués en bloc sans distraction d'une partie précédemment donnée par acte entre-vifs et sans que l'acte fit mention de cette donation, le droit fut perçu sur la totalité du revenu ; les parties sollicitèrent la restitution des droits applicables aux biens compris dans la première donation, mais le tribunal d'Auch rejeta leur demande par un jugement du 19 décembre 1855 (15727 J. N., 16192 J. E.). — V. *Partage d'ascendant* n° 12637.

1. DOUBLE DONATION. — Quand le même objet est donné

deux fois, il y a lieu de distinguer si c'est à la même personne ou à une autre. Si c'est à la même personne, il n'y a en réalité qu'une seule mutation et la règle *non bis in idem* s'oppose à une double perception, il y a lieu de restituer le droit exigé sur le second acte par application de l'Avis du conseil d'État 10 septembre 1808 (Sol. 19 mars 1864).

14507. **Succession. — Erreur de fait.** — C'est surtout en matière de déclarations de succession que l'on rencontre le plus d'erreurs de fait portant sur les biens soumis à l'impôt; les héritiers y faisant figurer des valeurs qu'ils croyaient à tort appartenir au défunt. Il est évident que, dans ce cas, le receveur fait une perception régulière en soumettant les biens déclarés à l'impôt. Si l'on s'en tenait, par conséquent, au droit strict de l'art. 60, la restitution ne pourrait être accordée.

Cependant une interprétation aussi rigoureuse n'a pas toujours prévalu. Dès le 12 avril 1808, l'Administration faisait décider par le ministre des finances « que la loi, en exprimant que les parties sont non recevables après deux ans à demander la restitution des droits (art. 61), n'a pu les exclure de la faculté de profiter de ce délai, lorsqu'il s'agirait d'*une erreur de fait*, ou, comme dans l'espèce des héritiers auraient déclaré des biens qui seraient légalement reconnus étrangers à la succession. » Et pour justifier ce que cette décision semblait avoir d'inconciliable avec le texte de l'art. 60 L. 22 frimaire an 7, l'Administration ajoutait, dans son I. G. 7 juin 1808 n° 386 § 30 : « L'art. 61 de la loi de l'an 7, en réservant à l'Administration la faculté de réclamer les suppléments de droits auxquels des perceptions insuffisantes peuvent donner ouverture dans le délai de deux ans à dater de la perception, a également laissé aux parties la liberté de se pourvoir, dans le même délai, en restitution des sommes qu'elles auraient *indûment* payées. » On paraissait donc assimiler alors aux droits indûment perçus dans le sens de l'art. 61 de la loi de frimaire, ceux que l'on exigeait sur les valeurs comprises par erreur dans les déclarations de succession. Depuis cette époque, si le point de vue a changé, la règle n'en a pas moins été maintenue, car l'Administration consent, en maintes occasions, à restituer les droits applicables à des erreurs de fait clairement justifiées. Seulement, comme la restitution n'est pas un droit accordé aux parties, l'Administration peut s'y soustraire quand les circonstances lui semblent défavorables en se retranchant derrière le texte de l'art. 60 L. 22 frimaire an 7.

C'est ce qui explique l'incohérence apparente des solutions rendues sur ce point.

1° La Cour de cassation a décidé, le 4 décembre 1821, que, lorsque les héritiers ont compris dans leur déclaration des immeubles pour la totalité et ont acquitté le droit en conséquence, ils ne peuvent se faire restituer ultérieurement une partie de ce droit comme trop perçue, sous prétexte que ces immeubles n'appartenaient au défunt que pour un tiers, et à eux-mêmes pour les deux tiers restant, si cette allégation n'est justifiée par aucune preuve légale (7129 J. E., *P. chr.* 2-504);

2° C'est encore dans le même ordre d'idées qu'il a été reconnu (15036-11 J. E.) qu'il n'y a pas lieu de restituer les droits de mutation par décès sur des biens compris par erreur dans une déclaration de succession, s'il n'y a preuve suffisante de l'erreur;

3° Jugé également que le légataire universel qui a volontairement payé les droits de mutation par décès sur des meubles vendus à l'enchère, n'est pas fondé à en demander la restitution en alléguant que ces meubles lui auraient été vendus par le défunt par un acte représenté, surtout lorsque, dans le procès-verbal de vente aux enchères, il a agi comme légataire universel et que le prix de cette vente est bien supérieur au prix de la vente antérieure (Dél. 25 juin 1835, 11229 J. E.);

4° Même lorsque l'erreur était établie, on a pu, en droit rigoureux, maintenir néanmoins la perception, puisqu'elle a été régulière dans le sens de la loi. Ainsi, il a été reconnu : 1° que, quand un immeuble a été volontairement compris dans une déclaration de succession, on ne peut demander la restitution des droits perçus en produisant des actes de date postérieure qui établiraient que cet immeuble a été compris par erreur dans la déclaration (Cass. 1er déc. 1835, 9115 J. N., 11389 J. E., 1518 § 4 I. G., *arrêt rapporté* 8476); — 2° qu'il n'y a pas lieu de restituer jusqu'à due concurrence les droits régulièrement perçus sur la déclaration des cohéritiers appelés à une succession, bien qu'en vertu de titres produits ultérieurement, les biens dussent être attribués en totalité à l'un des successibles plus proche en degré, spécialement lorsque la mère survivante, qui, d'après la déclaration, n'aurait eu droit qu'à un quart, aurait dû, par suite d'un droit de retour, recueillir tous les biens composant la succession de son fils, décédé sans postérité (Montargis 22 janv. 1855, 15986 J. E., 15458 J. N.);

5° Décidé également qu'un déclarant ne peut obtenir le remboursement de droits de succession, sous le prétexte qu'il a attribué à un immeuble un revenu supérieur au produit réel, empêché qu'il a été par les circonstances de se bien rendre compte de la valeur locative (Seine 4 août 1866, 2375 R. P.);

6° Si un immeuble avait été mal à propos compris dans une déclaration de succession et si ensuite ce même immeuble était transmis par une donation entre vifs, le droit sur la donation serait dû intégralement et sans imputation du premier droit qui n'est pas restituable (Cass. 5 juill. 1820, 6796 J. E., S. 21-1-140). — *V.* 6788;

7° Les héritiers ne peuvent obtenir le remboursement des droits acquittés d'après leur déclaration sur des dividendes d'actions qui auraient été touchés par le défunt (Seine 8 août 1868, 2866 R. P.); — ou sur des valeurs dont une partie serait située à l'étranger (Avesnes 17 avr. 1869, 3067 R. P.).

8° Une délibération du 12 juin 1835 (11219 J. E.), porte que les droits de mutation par décès ayant été perçus sur le cautionnement d'un fonctionnaire, s'il est justifié dans les deux ans que le cautionnement appartenait à un bailleur de fonds qui avait privilège de second ordre, d'après l'inscription du cautionnement au Trésor, il y a erreur de fait et le droit est restituable;

9° On doit également restituer jusqu'à due concurrence les droits de mutation perçus sur une déclaration de succession dans laquelle on a compris la totalité des biens dont il était prouvé que moitié appartenait à la sœur du défunt (Dél. 17 oct. 1821, D. m. f. 7 nov. 1821, 3964 J. N.);

10° Si des héritiers ont déclaré une créance dont le payement avant le décès est constaté par un acte ayant date certaine, les droits sont restituables (Dél. 24 oct. 1821, D. m. f. 5 déc. 1821, D. N. t. 11 p. 455 n° 85);

11° Les droits payés par un héritier sur un immeuble légué à un tiers sont restituables s'il est établi qu'il y a eu erreur et que les droits n'ont été ainsi payés que parce que l'héritier ignorait l'acceptation du legs (Dél. 19 nov. 1840, 12625 J. E.);

12° Lorsque le testateur a réservé au légataire universel la faculté de remplir, par l'abandon d'une pleine propriété, les légataires particuliers de divers immeubles en nue-propriété, on ne peut, pour demander la restitution des droits de mutation par décès sur la nue-propriété par suite de la délivrance qui en a été effectuée, se fonder sur ce qu'il aurait été fait postérieurement attribution aux légataires particuliers d'immeubles en pleine propriété (Cambrai 26 fév. 1857, 868 R. P., 16534 J. E.).

2. LEGS NON RÉDUIT. — La réduction des donations et legs excédant la quotité disponible n'opère pas de plein droit et dans le silence des parties, le receveur est autorisé à liquider l'impôt sur la valeur intégrale du legs. Mais on a reconnu que si le défaut de réduction était le résultat d'une simple erreur matérielle dûment démontrée, la restitution pouvait être obtenu ; « Attendu, porte une Sol. 28 décembre 1832, que, lorsque dans le cas d'existence d'héritiers à réserve, la disposition entre-vifs ou testamentaire, faite en usufruit, par un époux au profit de son conjoint survivant, excède la quotité disponible également en usufruit, l'époux donataire ou légataire a incontestablement le droit de réduire l'effet de cette disposition à l'usufruit de la moitié des biens, quotité déterminée par l'art. 1094 C. C.; que ce n'est là que l'exercice d'une faculté naturelle, qui ne peut, en aucune manière, dépendre du consentement des héritiers à réserve; qu'il n'y aurait lieu d'appliquer la disposition de l'art. 917 C. C. au legs ou à la donation faite par un époux à l'autre de l'usufruit de tous ses biens, que dans le cas où celui-ci voudrait retenir l'usufruit entier; qu'alors les enfants auraient le droit de lui retenir cet usufruit, en optant pour l'abandon d'un quart en propriété et d'un autre quart en usufruit; mais que cette option serait sans objet du moment que l'époux donataire ou légataire de la totalité de l'usufruit s'est de lui-même réduit à la moitié de l'usufruit, quotité évidemment inférieure à celle d'un quart en propriété et d'un autre quart en usufruit, que les enfants auraient eu à lui délaisser dans le cas d'option prévu par l'art. 917 C. C.; attendu que la réduction du legs n'ayant point été exprimée dans la déclaration faite au bureau de l'enregistrement, par l'effet d'une erreur matérielle commise par le mandataire de M. de Mevolhon, celui-ci pouvait être admis à faire une déclaration rectificative, par suite de laquelle la moitié des droits perçus sur la première déclaration devait lui être restituée. »

V. *Succession.*

3. LEGS CONDITIONNEL. — Le légataire d'usufruit qui, après avoir payé en cette qualité les droits de mutation, recueille la succession en qualité de légataire universel, par suite de la non réalisation de la condition suspensive à laquelle le testateur avait subordonné l'institution d'héritier faite au profit d'un tiers, n'est pas recevable à demander la restitution des droits perçus sur le legs d'usufruit (Cass. 30 juin 1841, S. 41-1-628, 1661-12 I. G., 12813 J. E.). — V. *Usufruit.*

« Vu, porte cet arrêt, l'art. 60 L. 22 frimaire an 7; — Attendu que les dames Gèze et Lacave ont eu la qualité d'usufruitières des biens de la succession du sieur Gaichies, leur neveu, du jour de son décès et qu'elles ont, en cette qualité, payé les droits dus pour mutation; que cette perception est régulière, et qu'aux termes de l'art. 60 L. 22 frimaire an 7, tout droit régulièrement perçu ne peut être restitué, quels que soient les événements ultérieurs; que la loi n'excepte de cette disposition que certains cas prévus dans lesquels ne sont pas compris ceux de la cause. »

4. CONSTRUCTIONS ÉLEVÉES SUR LE SOL D'UN TIERS. — Les héritiers F... ayant compris parmi les immeubles de la succession : « les constructions élevées sur un terrain appartenant à un tiers » et fixé le revenu de l'immeuble à 7,430 francs, on pouvait comprendre que ce revenu s'appliquait à l'ensemble de la propriété, c'est-à-dire, au sol comme aux bâtiments; il en résultait que la perception faite sur la totalité du revenu était irrégulière. Un jugement de la Seine du 13 février 1864 (12777 C., 1988 R. P.), qui a autorisé la restitution, n'a donc pas violé l'art. 60 L. 22 frimaire an 7. — Mais si les parties avaient exclusivement appliqué le revenu de 7,430 francs aux constructions, elles auraient en vain demandé à prouver plus tard, que cette somme comprenait par erreur la valeur locative du sol.

5. DOUBLE PAYEMENT DES DROITS DE SUCCESSION. — Lorsque les mêmes biens sont déclarés deux fois dans des bureaux différents, comme il n'y a qu'une seule mutation, une délibération du 22 août 1811 (D. N. t. 11 p. 445 n° 85) a autorisé la restitution.

6. PAYEMENT DES DROITS DE SUCCESSION MALGRÉ RENONCIATION. — Lorsqu'un légataire universel, après avoir renoncé à son legs par acte authentique, a signé par *erreur* un mandat pour faire la déclaration de succession en *qualité* de légataire universel, mandat qui a été exécuté, et qu'il résulte des actes passés pour liquider la succession que la renonciation a été sincère, les droits payés l'ayant été par erreur et n'étant pas dus, la restitution doit en être faite (Seine 11 fév. 1860, 11772 C.). — Jugé, au contraire, que si les droits d'un legs ont été payés par le légataire sans annoncer sa renonciation, ils ne sont pas restituables (Seine 19 déc. 1874, 4092 R. P.).

7. RENTES SUR L'ÉTAT. — D'après les dispositions formelles de la loi du 18 mai 1850, le droit de mutation par décès exigible sur les rentes sur l'État, doit être liquidé sur le capital déterminé par le cours de la Bourse. Toute autre liquidation est irrégulière et si, par exemple, le receveur avait assis le droit sur un capital supérieur déclaré par les débiteurs, ceux-ci pourraient obtenir la restitution des droits indûment acquittés (Sol. 20 nov. 1866. — V. Cass. 1er avr. 1829, *suprà* n° 14501-4).

**14508. Vente.** — 1. BIENS N'EXISTANT PAS EN NATURE. — Il n'y a pas lieu de restituer les droits perçus sur une vente d'immeubles dont le vendeur se trouvait exproprié pour cause d'utilité publique au moment de la vente, surtout si l'expropriation n'avait pas absorbé la contenance totale des biens vendus (Montpellier 27 août 1849, 14892-2 J. E.).

Jugé cependant, qu'il faut restituer une partie des droits perçus sur une adjudication en justice, lorsque plus tard le prix de la vente est réduit par jugement à une somme moins forte, par la distraction de biens qui avaient été compris par erreur dans cette adjudication (D. m. f. 8 juill. 1813, 4563 J. E.).

Cette solution doit toujours être suivie, malgré un jugement de Tarascon du 26 septembre 1835 (11339 J. E.) qui a jugé que, si une décision judiciaire a distrait de la succession certains immeubles, on ne peut obtenir la restitution des droits régulièrement perçus au moment de la déclaration, alors même que deux ans ne se seraient pas écoulés depuis cette déclaration. Car le principe de la décision ministérielle de 1813 a été de nouveau consacré par une délibération du conseil d'administration du 21 juin 1836 (11553 J. E.), et par un jugement du tribunal de L'Argentière, du 28 août 1844 (13889 J. E., 12512 et 12532 J. N.).

2. OBJET VENDU DEUX FOIS. — Lorqu'une même chose a été vendue simultanément à deux personnes différentes, il n'y a pas lieu de restituer le droit proportionnel perçu sur l'un des deux contrats (Seine 17 août 1807, 2786 J. E.; — Dél. 2 juill. 1817, 17 mars 1819, 5804, 6371 J. E.; — Autre 20 oct. 1824, 4925 J. N., 1053 Roll.; — Cass. 2 févr. 1809, D. N. t. 11 p. 450 n° 158, S. 9-1-226).

De même, les droits perçus sur une vente d'immeubles faite sous seing privé par une personne se portant fort pour le propriétaire ne sont pas restituables, bien que le propriétaire ait lui-même vendu les mêmes biens à une autre personne, par un acte authentique enregistré avant l'acte sous seing privé (Cass. 4 fév. 1839, 12244 J. E., 10283 J. N., S. 39-1-205).

« Vu, porte l'arrêt du 4 février 1839, l'art. 60 L. 22 frimaire an 7; attendu que dans l'espèce, le droit a été régulièrement perçu sur un acte complet, contenant une vente qui a tous les caractères d'une vente parfaite entre les parties; attendu que, quels que soient les événements postérieurs pour lesquels la vente portée en cet acte n'aurait pas eu d'effet, aux termes positifs de la loi, ces événements ne peuvent donner lieu à la restitution du droit régulièrement perçu au moment de la perception. »

Il a été cependant jugé que, dans le cas d'un acte de vente consenti par un copropriétaire, tant en son nom qu'au nom de ses copropriétaires indivis, dont l'un est mineur et l'autre n'a pas donné des pouvoirs suffisants, acte qui est reconnu ne pas constituer une vente parfaite à l'égard de ceux-ci, vis-à-vis desquels l'acquéreur est chargé même de poursuivre la licitation et de se rendre adjudicataire, mais sans pouvoir payer un prix moindre que celui fixé dans l'acte, le droit proportionnel ne peut être perçu que sur le tiers pour lequel il y a vente immédiate; et s'il y a eu perception sur la totalité, le droit doit être restitué à l'égard des deux autres tiers (Cass. 13 juin 1827).

Décidé également que, lorsque la même personne a acquis un immeuble par un acte volontaire postérieur à la dénonciation de la saisie de cet immeuble, et s'en est ensuite rendue adjudicataire en justice, il n'est dû qu'un seul droit de mutation. En conséquence, le droit d'enregistrement perçu sur le jugement d'adjudication doit être intégralement restitué, si le prix de cette adjudication est inférieur à celui de la vente volontaire (Dél. 1er avr. 1842, 11295 J. N.). — V. *Vente d'immeubles*.

## SECTION 4. — PAYEMENT VOLONTAIRE DES DROITS

[14509-14518]

**14509.** — Il faut encore ranger au nombre des erreurs qui restent sans influence sur la restitution, celle qui se produit lorsque la partie vient volontairement payer un droit dont elle pouvait contester l'exigibilité ou même qu'elle ne devait pas.

La jurisprudence considère un payement de cette nature comme rendant la perception régulière.

**14510. Renonciation à prescription.** — Les héritiers qui ont payé, sur simple avertissement, des droits de mutation par décès prescrits, ne sont pas fondés à en demander la restitution, parceque le payement qu'ils ont fait a impliqué renonciation, de leur part, à la prescription qui leur était acquise (D. m. f. 3 janv. 1820, Dél. 3 janv. 1824, 7673 J. E.).

Jugé de même par le tribunal de Bruxelles le 7 février 1829, que le droit d'enregistrement payé depuis la prescription de l'action en payement ne peut être l'objet d'une demande en restitution. Toutefois, il y a lieu dans ce cas d'exiger la restitution de ce qui a été payé à titre de double droit. — V. *Prescription*.

**14511. Enregistrement demandé dans la crainte d'encourir une peine.** — Le tribunal de Marseille a jugé, en principe, dans l'ordre d'idées que nous suivons, par un jugement du 26 août 1851 (15286 J. E., D. N. t. 11 p. 439 n° 82), que le droit perçu sur la présentation d'un acte, *même inutilement faite*, ne peut être sujet à restitution, lors même que l'on alléguerait que cet acte n'a été présenté à l'enregistrement que dans la crainte d'encourir le droit en sus, d'après une consultation officieuse prise auprès du directeur du département. On n'est pas fondé à prétendre que l'enregistrement n'a été demandé que comme contraint et forcé.

**14512. Testament enregistré par erreur.** — De ce que les testaments ne sont enregistrables que dans les trois mois du décès du testateur, il ne s'ensuit pas que si, par erreur, ces actes sont présentés à l'enregistrement avant le décès des donateurs et testateurs, les droits perçus deviennent restituables.

Les notaires n'ont à imputer qu'à eux seuls l'ignorance où ils sont des dispositions législatives (Dél. 4 avr. 1821, 12682-1 J. E.).

Les droits perçus sur un testament volontairement présenté à l'enregistrement ne sont pas restituables bien que les legs qu'il contient soient caducs, ou que le testateur ne soit pas décédé (Dél. 19 sept. 1835, 11307 J.E.).

1. TESTAMENT ENREGISTRÉ DU VIVANT DU TESTATEUR. — Plusieurs décisions ont été cependant rendues en sens contraire. Le 5 juillet 1834, le testament de la dame L... est présenté à l'enregistrement par Me G..., notaire, qui s'aperçoit, peu de jours après, que c'était celui du sieur L... qu'il aurait dû faire enregistrer. Dès qu'il a reconnu sa méprise, il se hâte de soumettre le testament de celui-ci à la formalité, et demande en même temps que le droit perçu sur le premier lui soit restitué.

« La présentation du testament de la dame L... à la formalité, a dit l'Administration, n'a eu lieu que par erreur et sans avoir été requise par la testatrice; d'ailleurs, le testament ne contenait qu'un legs d'usufruit devenu caduc par le prédécès du sieur L..., au profit duquel il était fait. »

En conséquence, la restitution a été ordonnée (Dél. 9 déc. 1834, approuvée le 3 janv. 1835, S. 35-2-76).

2. TESTAMENT CADUC. — Une Sol. 9 décembre 1824 a de même autorisé la restitution du droit perçu sur un testament présenté à l'enregistrement au lieu d'un autre, après le décès du testateur et qui ne contenait qu'une disposition devenue caduque par le prédécès du légataire (D.N. t. 11 p. 445 n° 130).

**14513. Lettre de change.** — Les droits perçus sur une lettre de change ne sont pas restituables, alors qu'elle aurait été enregistrée par erreur et par anticipation. — V. *Effet négociable.*

**14514. Contravention non régulièrement constatée.** — 1. NOTARIAT. — L'amende payée par un notaire pour contravention à la loi sur le notariat n'est pas restituable sous le prétexte que la condamnation n'en a pas été prononcée par jugement (Rennes 13 août 1844, 13598 J.E., 12183 J.N.).

**14515. Timbre inutile.** — Les droits de timbre des papiers employés à un usage pour lequel ce timbre n'était pas exigé ne sont pas restituables (D. m. f. 31 juill. 1828, 9121 J.E.; — Ambert 14 juin 1851, 10059 J.E., 1291 et 1381 § 30 I.G.; — Seine 27 nov. 1869, 3124 R.P.). — V. *Pétition* n° 12736.

2. TIMBRE. — On ne peut réclamer la restitution d'amendes de timbre volontairement payées, sous le prétexte que les contraventions n'auraient pas été régulièrement constatées par la rédaction d'un procès-verbal, attendu que l'aveu des contraventions et le payement des amendes avaient rendu le procès-verbal inutile, puisque les amendes ne devaient pas prendre naissance dans la rédaction du procès-verbal, mais étaient la conséquence directe de la contravention (Foix 9 mai 1837, 11787 J.E.).

**14516. Déclaration de succession inutile.** — Lorsque, dans un partage sous seing privé fait entre des enfants mineurs d'un premier lit et leur beau-père, pour le règlement de la communauté dissoute par la mort de la mère, tous les immeubles de cette communauté ont été abandonnés au mari et que néanmoins, postérieurement à ce partage, on comprend la moitié desdits immeubles dans une déclaration faite, au nom des mineurs, de la succession de leur mère, ce partage, qui manque des formalités nécessaires pour être définitif, doit alors être considéré comme un simple règlement de jouissance provisoire entre les parties, et comme se conciliant ainsi avec la déclaration. Ce partage ne peut donc être une raison de demander la restitution du droit perçu sur la déclaration, sous prétexte que cette déclaration n'avait aucun motif légitime (Cass. 4 juin 1817, D.N. t. 11 p. 456 n° 191, S. 17-1-286, 6863 J.E.).

« Vu, porte l'arrêt, l'art. 60 L. 22 frimaire; considérant que l'acte sous signature privée du 8 mai 1812 ne pouvant être réputé qu'un simple règlement de jouissance provisoire entre les parties, puisqu'il n'était point revêtu des formalités nécessaires pour la validité d'un partage définitif, il s'ensuit que les défendeurs ont pu, par une déclaration postérieure, reconnaître qu'ils étaient devenus, depuis, propriétaires de la moitié des immeubles qui composaient la communauté, et que, par suite, la Régie a été autorisée à percevoir le droit résultant de cette mutation; d'où résulte, pour conséquence ultérieure, que cette perception ayant été légalement faite, la restitution n'a pu en être ordonnée par le jugement attaqué, sans une contravention formelle au texte de la loi ci-dessus citée. »

**14517. Succession vacante.** — Jugé encore que le curateur d'une succession vacante, qui a payé, de ses deniers personnels, les droits de mutation par décès, ne peut en obtenir la restitution, qu'en prouvant l'insuffisance des valeurs de la succession pour l'acquit de ses droits (Cass. 31 déc. 1839, 10570 J.N., 12444 J.E., S. 40-1-183, P. 40-1-119).

« Vu, porte cet arrêt, les art. 60 et 61 n° 1er L. 22 frimaire an 7; attendu que la perception du droit, dont la restitution est demandée, avait été faite régulièrement et acquittée le 5 décembre 1833; qu'aucune demande en restitution n'a été formée contre la Régie pendant les deux années qui ont suivi cette perception; que le 21 mai 1836, Deshaires n'était plus à temps de former une pareille demande contre l'Administration; que l'A. Cons. d'Ét. 18-22 octobre 1808 ne pouvait le relever de cette déchéance et recevoir d'application à l'espèce, cet avis n'ayant pour objet que les jugements d'adjudication sur saisie immobilière; qu'en jugeant au contraire, et en condamnant la Régie à restituer la somme de 3,006 francs, le tribunal de Charolles a fait une fausse application de l'A. Cons. d'Ét. 1808 et violé les art. 60 et 61 L. 22 frimaire an 7. »

1. FAILLITE. — Lorsque les droits de succession dus au décès d'un failli ont été payés par les syndics de leurs deniers personnels, ils ne peuvent, en s'appuyant sur cette considération, réclamer le remboursement (Lyon 15 déc. 1847). — V. 8922.

**14518. Transaction.** — Lorsque les droits d'abord contestés, et dont l'exigibilité a été repoussée par un tribunal contre la décision duquel le pourvoi a été admis, sont acquittés volontairement sur la signification de l'arrêt d'admission de ce pourvoi, on n'est plus fondé à en demander la restitution (Le Havre 17 août 1848, 14547 J. E.).

# CHAPITRE V. — ACTES ANNULÉS POUR CAUSE DE NULLITÉ

[14519-14543]

## SECTION PREMIÈRE. — RÈGLES GÉNÉRALES

[14519-14521]

**14519. Principe.** — Les principes qui gouvernent la perception des droits d'enregistrement en matière de contrats nuls, sont tout à fait contraires à ceux de l'ancien droit, ainsi qu'on l'a vu aux mots *Nullité* et *Résolution*. La même divergence doit également être signalée en ce qui concerne la restitution des droits qui ont été perçus nonobstant ces nullités.

« Nous avons dit, lit-on dans Fonmaur (n° 648), *que d'un contrat nul ne sont dû lods*, et cette exemption est fondée sur deux moyens : 1° sur ce qu'il n'y a eu qu'une vente apparente, puisqu'elle est infectée d'un vice radical dont son exécution est pareillement entachée ; — 2° que la nullité du contrat emporte de plein droit l'exemption des lods, qui sont la suite et le prix de la vente, et qu'étant emportée par un vice ancien et inhérent au contrat, *retro ut ex tunc*, la dette et l'ouverture des lods n'a été qu'apparente tant que le contrat nul a reçu son exécution : l'exemption des lods a été prononcée par un arrêt du 7 septembre 1538, rendu sur les écritures de Dumoulin ; autre du 7 mai 1552 ; autres de 1591 et de 1592 ; autre du 20 février 1586 ; autres de 1588, 1607 et 1628 ; autre du 20 décembre 1660. Si les lods ont été payés, ils sont sujets à la répétition, parce que la restitution envers le contrat étant de justice, et non de grâce, elle a son effet vis-à-vis d'un tiers, comme nous l'avons dit au numéro précédent ; elle emporte donc la même restitution envers le payement des lods, qui sont la suite et l'émolument du contrat, pourvu toutefois qu'elle ait été demandée dans le temps de droit ; conséquemment, il y a lieu à la répétition des lods comme non dus, selon les principes du droit romain, et notamment celui-ci, que si un homme libre, sans le savoir, a payé le prix de sa liberté, il a action pour le répéter. »

Dans la Ferme, les principes étaient un peu différents.

En général, pour les droits seigneuriaux, dans tous les cas de résolution ou d'annulation des actes, on admettait la restitution des droits perçus. Pour les droits royaux, on distinguait entre le contrôle et le centième denier : « Le droit de contrôle, qui n'est que le salaire de la formalité, dit Bosquet, est irrévocablement acquis au fermier, quel que soit le sort de l'acte pour lequel il a été perçu. » — Quant au centième denier, bien qu'attaché en principe, comme les droits seigneuriaux, aux mutations de propriété immobilière, il n'était pas restituable dans tous les cas où ceux-ci pouvaient l'être ; si la cause d'annulation, bien que *primitive et inhérente au contrat*, était de celles qui pouvaient être réparées par le temps (nullités relatives), par exemple en cas d'incapacité de l'un des contractants, en cas de dol ou de violence, le droit, *s'il avait été effectivement perçu*, n'était pas sujet à restitution.

Mais si le vice était de ceux qui ne peuvent être réparés par le temps, le droit, même quand il avait été perçu régulièrement par le fermier sur le contrat, devenait, après la déclaration de la nullité, sujet à restitution. C'est à cette dernière hypothèse que se réfère l'observation suivante de Bosquet : « Le fermier est même quelquefois dans le cas de restituer des droits de centième denier et de lods et vente, *quoiqu'ils* aient été légalement payés, si la cause pour laquelle ils ont été acquittés est ensuite anéantie en la déclarant nulle *ab initio*. »

Sous l'empire de nos lois et de notre jurisprudence, il n'y a aucune différence à faire entre l'annulation prononcée pour cause de nullité radicale, et l'annulation résultant d'une nullité purement relative, soit qu'il s'agisse d'un contrat, soit qu'il s'agisse d'un jugement. Du moment, en effet, que, quelle que soit la nullité d'un contrat, il donne ouverture aux droits qu'il eût rendus exigibles s'il eût été valable, et cela par cette seule considération que, malgré les vices qui l'infectent, ce contrat peut toujours être exécuté, il faut reconnaître que le droit perçu dans ces conditions a été *régulièrement* perçu. Or, comme, aux termes de l'art. 60 L. 22 frimaire, tout droit régulièrement perçu ne peut être restitué *quels que soient les événements ultérieurs*, il s'ensuit : 1° que l'annulation du contrat doit rester sans influence sur la perception, puisque cette annulation est un événement ultérieur ; — 2° que la distinction que faisait l'ancienne jurisprudence entre la nullité absolue et la nullité relative est ici à peu près illusoire.

C'est ainsi que la Cour de cassation, appelée à se prononcer, a rendu, le 29 octobre 1806 (S. 6-1-467, 2465 J. E.), un arrêt dans lequel se trouve nettement établie la règle que nous venons de poser, et formellement indiquée l'exception qui a fait l'objet de l'A. Cons d'Ét. que nous transcrivons ci-après, n° 14589. Cet arrêt, qu'il est bon de connaître dans sa teneur, est ainsi conçu :

« Considérant qu'il est vrai, en thèse générale, que toute convention, que tout jugement, qui renferment transmission de propriété, sont passibles du droit d'enregistrement, et que ce droit doit être acquitté sans espoir de restitution, quand même la convention serait annulée ou le jugement infirmé ; que s'il est onéreux de payer l'enregistrement d'actes caducs dont on ne retire aucun bénéfice, cette rigueur de la loi n'a rien d'injuste, lorsque celui qui en souffre a le tort d'avoir fait des contrats nuls ou provoqué des jugements irréguliers ; en acquittant le droit, il supporte la peine d'un fait qui lui est personnel, et qu'on est toujours plus ou moins fondé à lui reprocher ; considérant que ces principes ne peuvent s'appliquer à un adjudicataire qui ne provoque en aucune manière le jugement d'adjudication, qui n'a aucune part aux poursuites qui le précèdent, qui ne traite directement avec aucune partie, qui contracte avec la justice seule et en reçoit en tous points la loi ; que si on lui faisait payer l'enregistrement d'une adjudication annulée dont il ne profite pas, on le punirait, au mépris de toute justice, d'un fait qui n'est pas le sien, d'erreurs qu'il n'a pu empêcher et de la confiance qu'il a mise dans les tribunaux; considérant qu'un jugement d'adjudication est moins un jugement proprement dit qu'un contrat de vente judiciaire; que nul contrat de vente ne doit être soumis à l'enregistrement que lorsqu'il est parfait par le consentement de toutes les parties; qu'en cas d'appel d'un jugement d'adjudication, la vente qu'il renferme n'est réellement et définitivement consentie que par l'arrêt qui la confirme; qu'ainsi le contrat n'est accompli et parfait qu'au moment où cet arrêt intervient; que la conséquence de ces idées est : 1° que le droit d'enregistrement ne peut être exigé qu'après que cet arrêt est rendu; — 2° que s'il a été perçu pendant la contestation sur l'appel, il ne peut l'être que provisoirement et à charge de restitution, en cas d'un arrêt infirmatif; considérant qu'il suit de là que la condamnation portée contre Guilhot, par le jugement du 13 ventôse an 11, était de sa nature et de plein droit provisoire, quoique le tribunal du Puy ne l'ait pas exprimé dans le dispositif de son jugement; considérant, d'ailleurs, qu'il résulte des questions posées et des motifs déduits dans ce jugement, qu'il était dans l'intention du tribunal de ne rendre qu'une décision provisoire; considérant qu'une décision de ce genre ne pouvait, d'après l'art. 2215 C. C., servir de titre à une expropriation et, par conséquent, que l'arrêt attaqué qui annule l'adjudication dont il s'agit s'est conformé à la disposition du Code civil et n'a violé ni la loi sur l'enregistrement, ni celle relative à l'autorité de la chose jugée, ni celle sur les expropriations. »

Nous avons donné à cette question, au mot *Nullité*, tous les développements qu'elle comporte et réuni tous les monuments judiciaires qui s'y réfèrent.

**14520. Acte nul de nullité absolue apparente.** — Mais si nous admettons le principe de la non-restitution, sur les actes frappés de nullité, dans toute l'étendue que nous avons donnée au principe de la perception sur ces mêmes actes, nous ne saurions aller plus loin. Ainsi, comme nous avons dit, sous les nos 730 et 14466, que le contrat imparfait par suite d'absence de consentement ou de tout autre de ses éléments essentiels ne peut être frappé du droit proportionnel, nous ne saurions, par une conséquence directe de l'ordre d'idées que nous suivons, regarder comme bien fondé un jugement du tribunal de Dijon, en date du 22 mai 1845 (13797 J. E.), qui a décidé que les droits perçus sur un acte sous seing privé déposé chez un notaire ne sont pas restituables bien que la nullité de cet acte ait été ultérieurement prononcée par suite de son état d'imperfection. — Tel est aussi l'avis du D. N. t. 11 p. 447 n° 141.

1. DÉFAUT DE SIGNATURE. — Il s'agissait dans l'espèce d'un simple projet d'acte, par suite de l'absence de signature de plusieurs des parties contractantes; or, comme la nullité se manifestait d'elle-même aux yeux du receveur, la perception du droit proportionnel était évidemment *irrégulière*, par application de la règle posée n° 730; le droit proportionnel perçu était donc sujet à restitution.

2. FAUSSE SIGNATURE. — Mais, par contre, nous regardons comme parfaitement exacte une délibération de l'Administration des 20 avril-18 mai 1839 (12306 J. E.), mal à propos critiquée par le D. N. t. 11 p. 447 n° 140), qui a repoussé la restitution des droits perçus sur une vente d'immeubles par acte sous seing privé alors que la demande s'appuyait sur cette considération que la vente avait été annulée, sur appel, comme étant revêtue de signatures fausses. Ici, en effet, il s'agissait bien d'une nullité absolue, mais comme cette nullité n'était pas apparente, la perception du droit proportionnel avait été faite régulièrement.

**14521. Transition.** — Les principes ainsi posés, nous allons indiquer les décisions qui s'y rattachent.

## SECTION 2. — APPLICATIONS PARTICULIÈRES

[14522-14543]

**14522. Billet annulé.** — Les droits de timbre et d'enregistrement et les amendes de contravention perçus sur un billet présenté à l'enregistrement ne sont pas restituables alors même que ce billet aurait été annulé (Nancy 13 mars 1844, 13465 J. E.).

Décidé, de même, qu'aucun droit d'enregistrement régulièrement perçu n'étant susceptible d'être restitué, quels que soient les événements ultérieurs, lorsqu'un acte portant obligation de somme a été présenté à l'enregistrement et a reçu la formalité, qu'en outre il en a été fait usage en justice, on ne peut demander la restitution du droit perçu, sous prétexte qu'il aurait été jugé ultérieurement que cet acte n'avait pas de valeur obligatoire (Cass. 28 avr. 1856, 654 R. P., 15796 J. N., S. 56-1-610, P. 57-46. — *Cons.* Cass. 13 nov. 1849, P. 50 p. 758; — 12 fév. 1850, P. t. 2 1850 p. 371)

« Vu, porte l'arrêt du 28 avril 1856, l'art. 60 L. 22 frimaire an 7, — « Attendu qu'il résulte du jugement attaqué que, le 23 octobre 1850, le notaire chargé du dépôt du testament de feu Gagnère, ainsi que de l'écrit ci-après, trouvé joint audit testament, a présenté volontairement au timbre et à l'enregistrement ledit écrit signé du défunt et daté du 18 mars 1847, conçu en ces termes: « Je déclare devoir à « Thérèse Bégot, ma domestique, 20,000 francs, payables « dans cinq ans à partir de ce jour; mais, à cette époque jus- « qu'au payement de ladite somme de 20,000 francs, le débi- « teur de ladite somme en devra à ladite Thérèse Bégot l'inté- « rêt annuel à 5 pour 100 l'an. » — Attendu que cet écrit constituait une obligation, c'est-à-dire la reconnaissance d'une dette de 20,000 francs, dûment signée et datée, de la part de celui qui s'en déclarait débiteur; attendu, en conséquence, que le receveur, sur la présentation de cette reconnaissance, a été fondé à percevoir, comme il l'a fait, le droit proportionnel et les droits *accessoires* et le timbre établis par les art. 3 et 4 L. 22 frimaire an 7, L. 6 prairial même année, 18 et 19 de celle du 24 mai 1834; attendu qu'aux termes de l'art. 60 L. 22 frimaire an 7, il ne pouvait y avoir lieu à restitution des droits ainsi régulièrement perçus, quels que fussent les événements ultérieurs, et que par conséquent la nullité de ladite reconnaissance, prononcée au profit des légataires contre Thérèse Bégot par jugement postérieurement rendu le 12 avril 1853, ne pouvait autoriser une demande en restitution de la part desdits légataires. »

1. BILLET ADIRÉ. — La restitution du droit perçu sur un billet adiré devrait être effectuée si, dans les deux ans, il était justifié de l'enregistrement antérieur de l'effet. — V. 1170-5.

**14523. Contrat de mariage.** — Les droits proportionnels perçus sur un contrat de mariage ne peuvent pas être restitués en vertu d'un jugement qui, d'après les discussions nées entre les parties, a ordonné la restitution des sommes payées à compte de la dot.

Il importe peu qu'on justifie, par certificats des maires, que la célébration n'a pas eu lieu (Sol. 8 sept. 1832, 10419 J.E.). Mais voyez sur ce point nos observations au mot *Contrat de mariage.*

**14524. Concordat.** — Il n'y a pas lieu de restituer les droits perçus sur un concordat qui a été annulé judiciairement parce qu'il n'avait pas été consenti et signé par tous les créanciers dans le délai légal (Dél. 28 juill. 1829, 2565 Roll., 9364 J.E., D.N. t. 11 p. 439 n° 85). — V. *Faillite.*

**14525. Délégation.** — Le droit de délégation perçu sur un traité de cession d'office, pour une somme due à un tiers non fondé en titre enregistré, ne devient pas restituable par suite de la résiliation pure et simple du traité opérée par les parties (Dél. 6 oct. 1843, 6856 J.E.). — V. *Office.*

**14526. Dommages-intérêts.** — Lorsqu'un jugement porte condamnation à des dommages-intérêts à régler par état, le droit proportionnel est dû sur la valeur estimative de ces dommages, conformément à l'art. 16 L. 22 frimaire an 7. L'annulation ultérieure de la condamnation ne pourrait rendre ce droit restituable (1562 § 10 I. G.).

**14527. Don manuel.** — Le droit proportionnel perçu sur une déclaration de don manuel postérieurement annulée n'est pas restituable. — V. *Don manuel.*

**14528. Donation. — Témoin instrumentaire étranger.** — Il suffit que les droits d'enregistrement sur un acte de donation entre-vifs revêtu de la forme prescrite par l'art. 931 C.C. aient été régulièrement perçus, pour qu'ils ne soient point restituables, encore bien qu'un jugement postérieur ait annulé la donation par le motif que l'un des témoins instrumentaires n'était point Français... alors surtout que le donataire s'est désisté de l'appel qu'il avait interjeté de ce jugement, à des conditions acceptées par les héritiers du donateur (Cass. 16 juin 1835, 11242 J.E., 8936 J.N., 1498 § 2 I. G., S. 35-1-500).

« Vu, porte cet arrêt, l'art. 60 L. 22 frimaire an 7, et l'A. Cons. d'Ét. des 18-22 octobre 1808 ; attendu que tout droit d'enregistrement régulièrement perçu n'est point restituable, quels que soient les événements ultérieurs ; qu'il n'existe que trois cas où il y ait exception à cette règle posée par l'art. 60 L. 22 frimaire ; que le premier et le second de ces cas prévus dans son art. 48 et son art. 69 § 3 n° 3, sont tout à fait étrangers à celui dont il s'agit dans l'espèce ; que la troisième exception, prévue par l'A. Cons. d'Ét. des 18-22 octobre 1808, n'existe que pour les adjudications faites en justice, et ne peut être étendue aux donations entre-vifs ; que celle du 24 novembre 1830 dont il s'agit, présentée à la formalité de l'enregistrement, était revêtue de la forme prescrite par l'art. 931 C. C., et qu'ainsi le droit perçu sur cet acte, l'ayant été conformément à l'art. 15 n° 7 L. 22 frimaire an 7 et à l'art. 54 de celle du 28 avril 1816, la perception avait été régulièrement faite ; attendu, d'ailleurs, que, si la dame Budin a renoncé au bénéfice de cette donation, en se désistant de son appel du jugement du 7 juillet 1831, c'était à des conditions acceptées ultérieurement par les héritiers de la donatrice, et qui ne pouvaient être opposées à la Régie de l'enregistrement et des domaines ; qu'aussi l'arrêt du 8 novembre 1832, en ordonnant l'exécution de ce jugement en ce qui concernait ladite dame Budin, a déchargé les autres appelants des condamnations contre eux prononcées, et ordonné que, par rapport à eux, ladite donation, serait exécutée ; qu'il résulte de ce qui précède que cette donation existant dans la forme voulue par la loi, quand elle a été présentée à la formalité de l'enregistrement, l'arrêt du 8 novembre 1832 est un des événements ultérieurs mentionnés en l'art. 60 L. 22 frimaire an 7, et qu'ainsi le jugement attaqué, en accueillant la demande en restitution formée par la dame Budin, a violé ledit art. 60 et faussement appliqué l'A. Cons. d'Ét. 18-22 octobre 1808. »

**14529. Droits successifs.** — Les droits perçus sur la vente faite par un cohéritier de ses droits dans une succession immobilière, ne sont pas sujets à restitution, lors même que le seul immeuble qui existait dans la succession est, par suite de licitation, adjugé à l'un des cohéritiers : ici ne s'applique pas l'art. 883 C. C., aux termes duquel l'héritier ou son cessionnaire est censé n'avoir jamais eu la propriété de la part échue à son cohéritier, ou acquise par lui sur licitation (Cass. 6 juill. 1825, 5484 J. N.).

La résolution judiciaire, pour cause de lésion, d'une cession de droits successifs n'est pas soumise à la condition suspensive que le cessionnaire payera le supplément de sa part héréditaire, et elle donne immédiatement lieu au droit proportionnel. Le droit perçu n'est pas restituable à la suite du fournissement de cette part (Cass. 27 fév. 1872, *arrêt rapporté* n° 14384).

**14530. Enregistrement ordonné par les juges.** — Les droits proportionnels perçus sur des actes de vente sous seing privé produits au cours d'une instance, enregistrés après le jugement qui prescrivait cette formalité et qui pourtant en prononçait la nullité, ne sont pas restituables (Dél. 1er-26 déc. 1821, 299 Roll., D. N. t. 11 p. 448 n° 142).

De même encore, il n'y a pas lieu de restituer le double droit perçu sur un acte sous seing privé dont l'enregistrement avait été ordonné par un arrêt d'une cour d'appel qui, par le même arrêt, a annulé cet acte comme entaché de nullité radicale (Seine 12 juill. 1838, 5580 Roll., D.N. *loc. cit.*, — *Conf.* : Champ. t. 6 n° 348).

**14531. Faillite.** — Quoiqu'une cession faite par un mari à sa femme séparée de biens soit annulée par un jugement, les droits de l'acte de cession ne sont pas restituables.

« Attendu, dans l'espèce, que le droit a été perçu régulièrement d'après la substance de l'acte, et nonobstant la cause résolutoire qui pouvait résulter, par la suite, de l'état de faillite dans lequel serait déclarée l'une des parties contractantes ; que le seul effet de cette circonstance, par rapport à l'application des droits d'enregistrement, a été d'exempter du droit proportionnel de mutation l'arrêt qui, à raison de cet état de faillite, a prononcé la résolution de la vente, mais que cet arrêt n'a pu rétroagir sur la perception régulièrement faite pour l'enregistrement de l'acte de vente » (Cass. 31 déc. 1823, 7666 J. E., D.N. t. 11 p. 447 n° 139, S. 24-1-248) ; — *V.* 8826-2.

Déjà, précédemment, un arrêt du 24 novembre 1806 (D. N. t. 11 p. 447 n° 138) avait décidé que le droit proportionnel perçu sur la vente d'un immeuble n'est pas restituable, lorsque cette vente a été annulée en justice comme faite par un failli auquel l'administration de ses biens avait été enlevée. — V. *Faillite.*

**14532. Héritier évincé. — Succession.** — Des héritiers évincés d'une portion des biens héréditaires, après avoir acquitté les droits de mutation sur le tout, par l'effet de l'annulation de la renonciation à communauté postérieurement obtenue par la veuve, et qui a eu pour résultat de la faire déclarer propriétaire d'une forte partie des biens compris dans la succession du mari, ne sont pas fondés à réclamer la restitution des droits afférant à la portion de la veuve. Cette annulation forme un événement ultérieur dans le sens de l'art. 60 L. 22 frimaire an 7, encore bien que l'action à fin de nullité de sa renonciation ait été formée par la veuve contre les héritiers avant le payement des droits de mutation, et que cette action ait motivé, de la part de ceux-ci, des réserves insérées dans la quittance des droits (Cass. 2 août 1843, S. 43-1-765, 13392 J. E., — *Conf.* : Rouen 28 déc. 1864, 2031 R. P.).

« Attendu, porte l'arrêt du 2 août 1843, en fait, que, d'après l'inventaire fait après le décès de Béchaud et la déclaration faite au bureau d'enregistrement par ses héritiers le 3 novembre 1838, les valeurs mobilières dépendant de sa succession se sont élevées à la somme de 111,813 fr. 95 cent., et que c'est sur ces valeurs, dont les héritiers Béchaud se sont trouvés saisis par le fait même du décès dudit Béchaud, que les droits de mutation ont été fixés et perçus en conformité de la loi ; qu'ainsi la perception a été régulièrement faite ; attendu que les jugements rendus postérieurement qui ont annulé la renonciation faite par la femme Béchaud à la communauté de biens qui avait existé entre elle et son mari, et qui ont fixé les droits de la veuve Béchaud dans ladite communauté, sont des événements postérieurs qui ne se trouvent compris dans aucun des cas d'exception prévus par la loi, et qui ne peuvent par conséquent donner lieu à la restitution d'aucune partie des droits acquis à l'état et dont la perception avait été faite en conformité de la loi ; attendu que les réserves que les héritiers Béchaud ont fait insérer dans la quittance des droits par eux payés ne sauraient avoir pour effet d'introduire en leur faveur une exception qui n'est pas admise par la loi, et de donner à une perception déclarée définitive par la loi le caractère de perception provisoire qui ne peut avoir lieu que dans les cas d'exception formellement admis par la loi. »

Jugé, en matière civile, que le légataire évincé par un testament postérieur a droit de réclamer au nouvel appelé le remboursement de l'impôt de mutation par décès qu'il a acquitté, avec l'intérêt à partir du jour du payement (C. Grenoble 4 août 1869, 3510 R. P.).

1. DÉCHÉANCE PAR SUITE DE RECEL. — Lorsque, après avoir acquitté le droit de mutation par décès sur le mobilier dont elle est légataire, une veuve est déclarée en justice déchue de la propriété de certains objets, pour cause de détournement, les droits perçus ne sont pas restituables (Seine 22 juill. 1865, 12944 C., 2174 R. P.)

2. BIENS SORTIS DE L'HÉRÉDITÉ. — Il en est de même pour les droits perçus sur les biens sortis de l'hérédité après le décès par l'effet d'une décision judiciaire (Grasse, 25 juin 1877).

**14533. Incapacité d'acquérir.** — L'incapacité de la femme qui acquiert sans y être autorisée par son mari ou par la justice, ne met point obstacle à la perception du droit proportionnel sur l'acte de vente, et l'annulation de cette vente en justice ne rend point restituable le droit régulièrement perçu (Cass. 23 avr. 1845, 13761 J. E., 1743 § 14 I. G., S. 45-1-333 ; — Moissac 29 avr. 1845, 13971 J. E. ; — Cass. 18 janv. 1854 (ch. réun.), *arrêt rapporté* 14596).

*Arrêt du* 23 *avril* 1845 : — « Vu l'art. 60 L. 22 frimaire an 7 ; Attendu qu'aux termes de cet article tout droit d'enregistrement régulièrement perçu ne peut être restitué, quels que soient les événements ultérieurs ; que, dans l'espèce, le droit proportionnel a été régulièrement perçu, puisque la vente par adjudication passée devant notaire le 21 décembre 1841 était réelle, et que, pour ne pas recevoir son effet, elle a eu besoin d'être annulée ; que le jugement du tribunal de Lyon du 7 mai 1842, qui a prononcé cette annulation, est un événement ultérieur qui ne peut rétroagir sur les circonstances de l'adjudication, de manière à la faire considérer comme n'ayant jamais existé, et, par suite, faire considérer le droit proportionnel alors exigé comme irrégulièrement perçu ; d'où il suit que le tribunal de Lyon, qui a jugé le contraire, a violé l'art. 60 de la loi précitée. »

**14534. Partage d'ascendant.** — De ce qu'une donation d'ascendant serait annulée du consentement de tous les donataires, parce qu'elle n'a été acceptée pour l'un d'eux que par un mandataire qui n'y était pas autorisé, le droit proportionnel perçu ne deviendrait pas restituable (Sol. 18 mai 1832, Dél. 3-8 avr. 1835, 11161 J.E., D.N. t. 11 p. 444 n° 122).

Jugé également par le tribunal d'Autun, le 7 août 1850 (15054-1 J. E.), que les droits perçus sur un partage anticipé entre plusieurs donataires, dont l'un n'a pas accepté, ne sont pas restituables, quand même une sentence arbitrale l'aurait annulé.

Il en serait autrement si la donation avait été expressément subordonnée à l'acceptation de l'enfant non présent, parce qu'alors il y aurait condition suspensive arrêtant la perception du droit, et ce droit serait dès lors restituable comme irrégulièrement perçu (D. N. t. 11 p. 444 n° 122, 8832 J.N.).

**14535. Remplacement militaire.** — L'annulation d'un traité de remplacement, du consentement mutuel des parties, ne rendait pas restituables les droits perçus sur le marché (Sol. 27 janv. 1830, 9546 J.E.).

**14536. Renonciation à communauté.** — Les droits perçus sur la déclaration de la succession d'un individu qui a compris tous les biens ayant fait partie de la communauté qui avait existé entre cet individu et sa femme, qui avait renoncé à la communauté, du vivant de son mari, par suite de séparation de biens, ne sont pas restituables malgré toutes réserves faites dans la déclaration de succession, par suite de l'annulation en justice de cette renonciation qui a fait disparaître de la succession la part que la femme avait dans cette communauté (Cass. 2 août 1843, 11701 J.N., 13392 J.E., *suprà* n° 14532).

**14537. Rente viagère.** — Il n'y a pas lieu non plus de restituer les droits perçus sur une vente faite moyennant une rente viagère, quoique le vendeur soit décédé dans les vingt jours qui ont suivi l'aliénation de la maladie dont il était atteint au moment où l'acte a été passé, et que, par suite de ce décès, la vente ait été annulée par jugement (Cass. 31 déc. 1823, S. 24-1-234, 7657 J.E.; — Dél. 27 mai 1828, 9046 J.E.).

« Vu, porte l'arrêt, l'art. 60 L. 22 frimaire an 7; Attendu que l'acte de constitution de rente viagère, du 13 janvier 1822, était valable dans sa substance, nonobstant la clause résolutoire qui pouvait éventuellement résulter du décès postérieur du sieur de Graimberg, puisqu'il dépendait des héritiers de ce dernier de ne pas faire usage de cette cause de résolution et de laisser subsister leur obligation; d'où il suit que le droit d'enregistrement, ayant été régulièrement perçu sur cet acte, ne pouvait être déclaré restituable, aux termes de l'art. 60 précité; attendu, au surplus, que si la loi du 22 frimaire an 7 exempte du droit proportionnel et ne soumet qu'à un simple droit fixe les jugements portant résolution de contrats pour cause de nullité radicale, il n'en résulte pas qu'elle autorise, pour cela, la restitution des droits perçus sur ces mêmes contrats. »

**14538. Simulation.** — Les droits perçus sur un acte de vente dont la nullité a été prononcée pour cause de simulation ne peuvent être restitués (Seine 25 juill. 1855, 16181 J.E., 15701 J.N.).

Il en serait ainsi alors même que l'acquéreur ne serait jamais entré en possession, car la prohibition établie par l'art. 60 L. 22 frimaire an 7 est absolue (Toulouse 27 mai 1859, 16975 J.E., 1230 R.P.).

1. CONTRAT PIGNORATIF. — Jugé dans le même ordre d'idées que les droits perçus ne sont pas restituables, lorsque l'acte de vente a été annulé comme déguisant un contrat pignoratif (Lisieux 3 janv. 1850, 14892-2 J.E.; — Strasbourg 1er mai 1855). — *V.* 5399.

1. CARACTÈRE DE LA CONVENTION. — Les principes ne sont pas différents quoique le jugement ne statue pas sur la validité même de la convention, mais détermine seulement sa véritable nature. Ainsi, lorsque le tribunal établit qu'une donation dissimule une reconnaissance ordinaire, le droit de donation perçu à l'origine l'a été régulièrement et ne peut être restitué. Au cas inverse d'une reconnaissance dont le caractère gratuit est constaté, il est dû un complément de droit de donation, mais il faut, bien entendu, tenir compte du droit d'obligation antérieurement perçu. Un tribunal a cru pouvoir décider, à cet égard, que si la reconnaissance a été frappée d'une amende de timbre et d'un droit de timbre proportionnel, cette amende et ce droit ne sauraient être imputés sur le droit complémentaire d'enregistrement exigible (Sens 22 mai 1868, 3293 R.P.). Mais cette décision qui n'est d'ailleurs pas motivée nous paraît exagérée. Puisqu'il est établi que l'acte n'était pas une reconnaissance sujette au droit de timbre proportionnel, mais constitue une donation passible du droit spécial aux libéralités, c'est outre-passer la rigueur des déductions que de maintenir la première perception en autorisant le Trésor à réclamer le droit complémentaire exigible.

Malgré la nature différente des impôts du timbre et de l'enregistrement, nous croyons que la première perception devait être imputée sur la seconde.

**14539. Société dissoute.** — De ce qu'une société constituée n'a pas été suivie de réalisation et a été dissoute volontairement avant d'être entrée en fonctions, il n'en résulte pas que les droits régulièrement perçus sur l'acte constitutif soient restituables (Le Mans 23 fév. 1849, 14774-6 J.E.). — *V.* 14573.

**14540. Substitution. — Donation.** — Les droits régulièrement perçus sur une donation portant substitution et annulée pour cause de *nullité radicale*, ne sont pas restituables (Cass. 13 nov. 1849, 14851 J.E., 13921 J.N., 1857 § 11 I.G., S. 50-1-60, *arrêt rapporté* 7714; — Muret 17 avr. 1851, 15188 J.E., D. N. t. 11 p. 441 n° 98).

**14541. Transcription. — Contrat présenté à la formalité.** — Les préposés ne pouvant se rendre juges de l'utilité ou de l'inutilité de la transcription d'un contrat, il suffit qu'un acte ait été présenté à la transcription pour que le droit exigé pour cette formalité ait dû être perçu. En conséquence, la restitution du droit perçu sur la cession ou adjudication de la jouissance emphytéotique d'un bail, pour le temps restant à courir, ne peut être ordonnée sous le prétexte que cette cession, ne constituant qu'un droit mobilier, n'était pas, de sa nature, sujette à être transcrite pour purger les hypothèques (Cass. 11 mars 1829, S. 29-1-163, 1282-1 I.G., 9290 J.E.).

« Attendu, porte cet arrêt, que, sans examiner si le jugement d'adjudication du 11 novembre 1820 était ou non de nature à être transcrit pour purger les hypothèques dont pouvait être grevée la jouissance emphytéotique que ce jugement transférait aux défendeurs, il a suffi que les défendeurs aient, dans leur intérêt, bien ou mal entendu, requis cette transcription, pour que la Régie de l'enregistrement fût autorisée à exiger d'eux le droit que la loi du 21 ventôse an 7 et celle du 28 avril 1816 appliquent à cette formalité, parce que le préposé de la Régie auquel la transcription d'un acte est demandée, loin de pouvoir se permettre d'apprécier les motifs de cette demande, et de se rendre juge de l'utilité ou de l'inutilité de la transcription, est tenu de déférer à cette réquisition, sous les peines portées en l'art. 2199 C.C., ce qu'il ne peut faire sans percevoir le droit que la loi applique à cette formalité ; attendu que la perception de ce droit, ayant ainsi été régulièrement faite, dans l'espèce, sur le jugement d'adjudication du 11 novembre 1820, le jugement attaqué n'a pu en ordonner la restitution. »

Le droit de transcription perçu sur un legs, avec charge de substitution, n'est pas restituable, quoique, par suite de la vente de l'immeuble légué, faite pour l'acquit des charges de la succession, et notamment pour l'exécution de donations de sommes d'argent non existantes dans cette succession, la condition de restitution soit devenue sans objet (Cass. 2 janv. 1850, S. 50-1-143, 1857-17 I. G., 14888 J.E.).

« Attendu, porte cet arrêt, que si les charges dont une institution d'héritier est grevée peuvent déterminer le légataire universel à rendre l'institution caduque en la répudiant, il n'appartient pas aux tribunaux, à défaut de renonciation, de la déclarer caduque et de la considérer comme devant être sans effet ; attendu que la dame Tison-d'Argence a été saisie, comme légataire universelle et à charge de restitution, de la propriété d'un immeuble qui n'était compris ni en totalité ni en partie dans les donations antérieurement consenties par la testatrice ; qu'au lieu de renoncer à son legs elle en a fait au contraire l'objet d'une déclaration au bureau de l'enregistrement pour la fixation des droits dont il était passible, et qu'elle l'a fait transcrire comme elle y était tenue aux termes de l'art. 1069 C.C. ; qu'ainsi le droit de 1 et demi pour 100, prix de cette transcription, a été perçu régulièrement et ne peut dès lors être restitué. »

Jugé, de même, que si une vente soumise à une condition suspensive a été enregistrée par erreur au droit de 5 fr. 50 pour 100, puis transcrite au droit fixe, le droit de mutation seul est restituable : le droit de 1 fr. 50 pour 100 doit être conservé (Carcassonne, 9 juill. 1877, 4763 R. P.).—V. 17427.

Nous avons donné aux principes sur lesquels reposent ces arrêts tous les développements nécessaires au mot *Transcription.*

Le remboursement du droit de transcription est d'ailleurs sujet aux mêmes règles que celui du droit d'enregistrement. — V. *Transcription.*

**14542. Usufruitier devenu légataire en toute propriété.** — Le légataire d'usufruit qui, après avoir payé en cette qualité les droits de mutation, recueille la succession en qualité de légataire universel par suite de la non-réalisation de la condition suspensive à laquelle le testateur avait subordonné l'institution d'héritier qu'il avait faite au profit d'un tiers, n'est pas recevable à demander la restitution des droits perçus sur le legs d'usufruit, son changement de qualité étant un événement ultérieur dans le sens de l'art. 60 L. 22 frimaire an 7 (Cass. 30 juin 1841 *rapporté suprà* 14508).

**14543. Vente.** — Les droits d'enregistrement perçus sur des actes notariés, portant transmission d'immeubles, et qui plus tard ont été annulés en justice, ne sont point sujets à restitution (Cass. 24 juill. 1839, *arrêt rapporté* n° 12998, Sol. 9 fév. 1860, Dél. 10 fév. 1865).

Ceux perçus sur une vente d'immeubles par acte sous seing privé ne deviennent pas restituables, parce que cette vente aurait été annulée comme frauduleuse par un jugement confirmé sur appel, sur le motif que la signature des parties aurait été faite par une main étrangère (Dél. 26 avr.-18 mai 1839, 12306 J. E.).

1. SAISIE. — Si la vente volontaire d'un immeuble est annulée en justice par suite de l'adjudication prononcée en conséquence d'une saisie antérieure à l'acte de vente, le droit n'est pas restituable (Cass. 17 avr. 1833, 1437 § 14 I. G., 8077 J.N., S. 33-1-385 ; — La Châtre 6 mai 1846, 14021 J.E. ; — Saverne 20 nov. 1859, 1317 R.P. ; — Cass. 18 nov. 1863, S. 63-1-547, 1855 R. P. et *infrà* n° 14591-4).

*Arrêt du* 17 *avril* 1833 : « Vu l'art. 60 L. 22 frimaire an 7 ; attendu que la vente consentie devant notaire, par le sieur Boissier à son frère, le 7 mars 1829, a tous les caractères d'un acte translatif de propriété, et ne rentre, d'ailleurs, dans aucun des trois cas d'exception prévus par la loi du 22 frimaire an 7, et par l'Avis du cons. d'État des 18 et 22 octobre 1808 ; d'où il suit qu'en condamnant la Régie à restituer le droit proportionnel de mutation immobilière, légalement perçu, le tribunal civil de Valence a expressément violé l'art. 60 L. 22 frimaire an 7. »

*Arrêt du* 18 *novembre* 1863 : « Vu l'art. 60 L. 22 frimaire an 7 ; Attendu que la vente consentie devant Mᵉ Chauvin, notaire, par Godefroy à Rattier, le 12 juillet 1858, a tous les caractères d'un acte transmissible de propriété, et ne rentre, d'ailleurs, dans aucun des trois cas d'exception prévus par les art. 4 et 69 § 3 n° 3 L. 22 frimaire an 7, et par l'Avis du conseil d'État du 22 octobre 1808, dans lesquels il y a lieu à restitution du droit d'enregistrement régulièrement perçu. »

Il en serait autrement toutefois si le saisi avait vendu à la condition que la vente serait non avenue dans le cas où l'expropriation serait poursuivie. — V. 14483.

2. CRÉANCIERS. — Il n'y a pas lieu à restitution sur la vente annulée comme faite en fraude des droits des créanciers, encore que l'acquéreur évincé ait acquis une seconde fois les mêmes immeubles de la personne qui s'en était rendue adjudicataire en justice à la suite de l'éviction (Saverne 23 août 1848, 13856 J. E., D. N. t. 11 p. 448 n° 147).

Il en serait autrement si le vendeur évincé se rendait lui-même acquéreur à la barre du tribunal, attendu que la même adjudication ne peut donner ouverture à deux droits proportionnels (Dél. 9 avr. 1812, 12094 J. E., 11295 J. N., Dél. 5 sept. 1834, 11030 J.E., 25 mai 1825 et 13 juin 1830, D.N. t. 11 p. 449 n° 153).

3. BIEN D'AUTRUI. — Il n'y a pas lieu de restituer les droits perçus sur une vente d'immeubles, dont partie a été reconnue ne pas appartenir au vendeur (Dél. 16 oct. 1815, 1681 J.N., 5250 J. E., Sol. 31 août 1865). — V. *Vente d'immeubles.*

4. PORTE-FORT. — De même, les droits perçus sur la vente consentie par une personne se portant fort d'une autre ne sont pas restituables alors que cette vente serait annulée par suite du défaut de ratification du propriétaire (Dél. 10 août 1833, 10691 J.E.).

## CHAPITRE VI. — DES ÉVÉNEMENTS ULTÉRIEURS

[14544-14579]

### SECTION PREMIÈRE. — CONSIDÉRATIONS PRÉLIMINAIRES

[14544-14551]

**14544. Transition.** — Jusqu'ici nous avons envisagé la restitution dans les phases diverses sous lesquelles elle se présente lorsqu'elle se rattache soit à des causes contemporaines de la perception des droits, telles que la condition qui a pu peser sur la convention, ou l'erreur qui l'affectait; soit à des causes antérieures, telles que la nullité du contrat. Il nous reste, avant de passer à un autre ordre d'idées, à l'examiner au point de vue des événements ultérieurs dont parle l'art. 60 L. 22 frimaire an 7. Cette partie de l'étude que nous faisons de la restitution, n'est pas de nature à présenter beaucoup de difficultés. L'événement ultérieur se caractérise suffisamment par lui-même, pour que notre rôle ne doive pas se borner à enregistrer les décisions que la jurisprudence fournit à cet égard.

**14545. Règle générale.** — La règle en cette matière est que la régularité de la perception ne peut être appréciée que par l'examen actuel de l'acte soumis à l'enregistrement et non des événements ultérieurs (Cass. 7 fév. 1838, 11977 J.E., 1577 § 11 I.G., S. 38-1-237). — V. 11556.

**14546. Événements survenus entre la date du contrat et celle de son enregistrement.** — Un seul point peut faire naître quelques doutes, c'est la question de savoir quelle influence sont appelés à exercer sur la perception, les événements survenus entre la date du contrat et celle de son enregistrement. Il faut tenir pour constant que la perception peut être modifiée par un fait postérieur à l'acte qui y donne lieu, mais antérieur à son enregistrement. Ce n'est pas là un événement ultérieur dans le sens de la loi, car son art. 60, sur l'irrévocabilité de la perception, ne doit s'entendre que d'un droit perçu, et non d'un droit à percevoir Nous avons établi cette proposition au mot *Résolution* n° 14450.

1. LICITATION. — Par application de ce principe, on a vu, v° *Licitation*, que le droit des parts acquises qui résultait au profit du Trésor, au moment de l'adjudication faite à l'un des cohéritiers, peut être modifié par la liquidation intervenue peu après entre les cohéritiers et qui attribue la plus grande partie du prix à l'adjudicataire, si les deux actes d'adjudication et de liquidation ont été soumis ensemble à l'enregistrement. Ainsi, dans ce cas, ce n'est pas le droit auquel donnerait ouverture le procès-verbal d'adjudication, considéré isolément, qui peut être exigé. La perception doit être établie sur les effets qui résultent de la combinaison de ce procès-verbal avec la liquidation intervenue postérieurement, et présentée à l'enregistrement en même temps que l'acte de licitation.

2. HÉRITIER BÉNÉFICIAIRE. — Ainsi encore, après avoir dit, sous le n° 3069, que le droit de transcription perçu sur l'adjudication d'immeubles d'une succession faite à l'héritier bénéficiaire, ne devient point restituable par l'effet de la renonciation ultérieure de l'adjudicataire au bénéfice d'inventaire, et de son acceptation pure et simple de la succession, attendu que cette renonciation est un événement ultérieur qui ne peut influer sur la perception faite antérieurement, pour l'altérer ou la modifier, nous avons enseigné, sous le n° 3070 suivant que la décision ne devrait plus être la même si la renonciation au bénéfice d'inventaire, au lieu de suivre l'enregistrement de l'adjudication, la précédait, et nous avons étayé cette proposition par plusieurs décisions administratives et judiciaires.

**14547. Événements antérieurs à la passation de l'acte.** — Par une conséquence directe des solutions que nous venons d'analyser, il faut décider qu'on ne peut opposer le principe de l'art. 60 aux réclamations qui sont fondées sur des faits et des droits irrévocablement fixés, non-seulement avant l'enregistrement de l'acte, mais encore avant l'acte même qui les a constatés : « Attendu, porte un arrêt de Cass. de Belgique du 2 décembre 1835 (Dalloz n° 3585), que l'art. 60, qui sert de base au jugement attaqué, n'a d'autre objet, ainsi que cela résulte expressément de l'Avis du conseil d'État des 18-22 octobre 1808, que de mettre les perceptions régulièrement faites à l'abri des collusions frauduleuses des parties qui, par des machinations postérieures à l'acte, voudraient faire sortir des caisses du Trésor des sommes qui y seraient dûment entrées. Que cet article ne peut, par suite, recevoir d'application là où les parties, pour réclamer la restitution du trop perçu, ne se prévalent pas d'événements ultérieurs à l'enregistrement de l'acte, mais n'invoquent que des faits et des droits irrévocablement fixés, non-seulement avant l'enregistrement, mais même avant la passation de l'acte qui a donné lieu à cet enregistrement, savoir, dans l'espèce, leur qualité d'héritier et par suite leur droit incontestable de propriété dans un onzième de toutes les valeurs de la succession. »

Mais il faut bien remarquer que les parties doivent faire connaître ces événements au receveur, lors de l'enregistrement de l'acte ou de la déclaration, car autrement sa perception serait régulière et devrait être maintenue.

**14548. Testament découvert.** — Jugé, dans cet ordre d'idées, que les droits payés de bonne foi par l'héritier présomptif sur les biens de la succession se trouvent restituables, dans les deux ans de la perception, si l'on découvre un testament portant transmission de ces biens à une autre personne. La découverte du testament, en effet, n'est pas un des événements ultérieurs dont parle l'art. 60 L. 22 frimaire an 7; le legs universel institué par ce testament est au contraire un fait *préexistant* qui établit, *ab initio*, les droits du légataire (Dél. 2 oct. 1846, 14116 J. E., 12830 J. N.; — 30 avr. 1825 et 18 août 1826, D. N. t. 11 p. 459 n° 217, 5236 J. N.).

**14549. Inscription de rente.** — Décidé encore que le droit proportionnel perçu sur la donation d'une rente sur l'État, parce qu'elle n'était pas inscrite et désignée par son numéro et sa date dans le contrat, ou qu'elle n'appartenait pas encore au donateur, devient restituable dans le délai légal, lorsqu'il est justifié que, lors du contrat, la rente existait réellement, qu'elle appartenait au donateur, et qu'enfin on indique la date et le numéro de l'inscription (Dél. 18 août 1829 et 18 mai 1838, 2643, 5579 Roll., 9389 J. E.).

**14550. Événements ultérieurs régularisant une perception irrégulière.** — Les événements ultérieurs jouent un rôle différent suivant qu'il s'agit d'une perception irrégulière ou d'une perception régulière. Leur influence est toujours négative dans cette dernière hypothèse; c'est le vœu formel de la loi. Mais l'inverse se produit quelquefois lorsque la perception a été irrégulièrement établie. Il peut se présenter telle circonstance où la perception originairement irrégulière se trouve régularisée par un événement ultérieur, ou du moins se combine avec lui de telle sorte que la restitution qui eût été de droit se trouve tout à fait écartée.

1. TRANSCRIPTION. — Ainsi l'exigibilité du droit de transcription, sur un acte affranchi de cette formalité, ne peut être mise en question, quand le contrat a été volontairement présenté au bureau des hypothèques. — V. *Transcription.*

L'annulation de l'acte ne peut rendre ce droit restituable (Carcassonne, 9 juill. 1877, 4763 R. P.).

2. OUVERTURE DE CRÉDIT. — COMPENSATION. — C'est encore par application du même principe, qu'il a été jugé que le droit mal à propos perçu sur un acte d'ouverture de crédit ne doit pas être restitué lorsqu'il est établi que le crédit a été réalisé, car il s'opère une compensation entre les droits dont l'Administration s'est trouvée débitrice pour les avoir mal à propos perçus sur l'acte d'ouverture, et ceux dont elle est devenue créancière sur l'acte de réalisation (Cass. 29 avr. 1844, 13521 J. E., S. 44-1-545; — Versailles 6 mai 1841, 12768 J. E.). — V. *Crédit.*

**14551. Réserves et protestations.** — La circonstance que les parties, prévoyant un événement ultérieur, auraient fait des réserves, lors de l'enregistrement de leur acte ou de la passation de leur déclaration, pour obtenir restitution des droits qu'elles payaient, au cas où l'événement se réaliserait, ne peut être d'aucune considération. C'est ce qui résulte de la combinaison des diverses dispositions de la loi de l'an 7, qui, après avoir déclaré, par son art. 28, que le payement des droits ne peut être atténué ou différé sous quelque prétexte que ce soit, veut, par son art. 60, que les droits ainsi payés ne puissent être restitués par suite d'événements ultérieurs.

Au surplus, ce point est établi par la jurisprudence et, notamment, par les nombreux arrêts rappelés en matière de licitation. C'est dans cet ordre d'idées que le tribunal de Pont-Audemer a jugé, le 31 août 1849 (14856-6 J. E.), que les droits perçus sur un legs résultant d'un testament ne sont pas restituables, bien que le legs n'ait pas été délivré et que le légataire ait, au moment de sa déclaration, fait des réserves pour demander la restitution (*Conf.*: Lille 5 mars 1859, 1154 R. P.).

Ce qui est vrai contre les parties doit l'être incontestablement contre l'Administration: « Attendu, porte un arrêt de Cass. de Belgique du 2 décembre 1835 (Dalloz n° 5385), que la considération déduite de ce que les héritiers Declercq n'auraient pas prévenu les receveurs de chacun des bureaux de ce que la perception des droits de chaque vente devait avoir de provisoire; et de ce qu'ils auraient payé sans réserve ni protestation, ne peut, alors même qu'elle serait vraie en fait, justifier la décision attaquée par cela même qu'aucune réserve ni protestation ne pouvait ni atténuer ni différer, aux termes de l'art. 28 L. 22 frimaire, la perception du droit, sauf à se pourvoir en restitution, s'il y a lieu; que, par suite, un défaut de réserves ou de protestations qui ne pouvaient opérer aucun effet lors de la liquidation partielle de chaque vente ne peut empêcher la restitution du trop perçu, lorsque l'addition des droits perçus sur la totalité, ainsi qu'il a été constaté en fait par le jugement attaqué, prouve qu'aux termes de l'art. 68 § 3 n° 2 L. 22 frimaire, il a été perçu plus qu'il n'était dû. »

**14551 *bis.* Timbre.** — L'art. 60 de la loi du 22 frimaire an 7 ne s'applique pas aux droits de timbre, même à ceux qui sont perçus par abonnement, conformément aux règles établies par la loi sur l'enregistrement (Cass., 20 août 1877, 4774 R. P.). — V. 114.

## SECTION 2. — APPLICATIONS DIVERSES

**[14552-14579]**

**14552.** — Ces observations générales faites, il ne nous reste plus qu'à signaler sommairement les solutions fournies par la jurisprudence.

**14553. Abandonnement.** — Lorsque les biens abandonnés par le failli sont évalués provisoirement, il y a lieu à restitution, si leur valeur est inférieure. — V. *Abandonnement.*

**14554. Abonnement.** — Quand le droit de timbre d'abonnement est-il sujet à restitution? — V. *Abonnement*

**14555. Affectation hypothécaire.** — Les droits de cautionnement perçus sur une obligation contenant affectation hypothécaire par le débiteur d'immeubles indivis, *du consentement du copropriétaire intervenant*, ne deviennent pas restituables par l'attribution qui serait faite postérieurement, par un acte de partage, de la totalité de ces immeubles au débiteur (Dél. 19 avr. 1836, 11507 J. E.).

**14556. Affiches peintes.** — Lorsque l'autorisation d'afficher a été refusée par l'autorité compétente, les droits de timbre acquittés doivent être restitués. — V. 1933.

**14557. Amende de consignation.** — L'amende de consignation est restituable en matière d'appel, lorsqu'il y a transaction ou désistement avant jugement.

Il n'en est pas de même en matière de recours en cassation : lorsque le pourvoi a été formé, l'amende est acquise au Trésor, à titre de peine, toutes les fois que l'arrêt ou le jugement n'a pas été cassé. — *V.* 5098 et suiv.

**14558. Bail.** — Lorsque dans un bail on a ajouté un quart au prix pour les contributions, il y a lieu à restitution après justification d'extrait du rôle.

Les droits perçus sur un jugement frappé d'appel, sur lequel le droit proportionnel de rétrocession de bail a été perçu, ne sont pas restituables, alors même que la résiliation n'aurait pas eu lieu. — V. *Bail.*

**14559. Cautionnement de personne à représenter en justice.** — Le droit perçu sur un cautionnement de personne à représenter en justice n'est pas sujet à restitution alors qu'un jugement ayant mis hors de toutes poursuites la personne cautionnée, l'acte de cautionnement est resté sans effet (Sol. 27 sept. 1832, 10483 J. E., D. N. t. 11 p. 439 n° 84). — V. *Cautionnement.*

**14560. Command.** — On ne saurait restituer les droits perçus sur une déclaration tardive de command bien qu'elle ait été résolue par une surenchère. — V. *Command* n° 3982.

**14561. Contrat de mariage.** — L'annulation de l'acte de célébration de mariage est un de ces événements ultérieurs qui ne permettent pas de restituer les droits perçus lors de l'enregistrement du contrat de mariage (Cass. 25 mai 1841, 12761 J.E., S. 41-1-525, P. 41-2-91). — *V.* 5375.

**14562. Cours d'instance.** — Les droits perçus à titre de double droit sur l'acte produit en cours d'instance, ne sont pas restituables, alors même que le droit simple le serait. — *V.* 1472.

**14563. Donation.** — Les droits perçus au moment de l'acceptation de la donation sont restituables si la donation vient à être révoquée avant la notification. — *V.* 6592, 6595.

**14564. Droits successifs. — Partage ultérieur.** — On ne peut restituer les droits perçus sur une cession des droits successifs faite par un héritier à ses cohéritiers jusqu'à concurrence d'une somme dont il était débiteur envers la succession, par le motif que cette somme aurait été comprise en moins prenant, dans le lot attribué au cédant dans un partage ultérieur (Dél. 14 juill. 1835, 11245 J. E.). — *V.* 14529.

**14565. Droits litigieux.** — Les droits perçus sur une cession de droits litigieux sont acquis au Trésor, et le désistement ultérieur de l'acquéreur n'autorise pas la restitution (Soissons 4 mai 1859, 16951 J. E., 11646 C., 1194 R. P.).

**14566. Expropriation pour cause d'utilité publique.** — Nous avons examiné aux n°s 8683 et suiv. les principes spéciaux des restitutions en matière d'expropriation pour cause d'utilité publique. Nous ne pouvons que nous y référer.

**14567. Imputation.** — Nous avons examiné au mot *Compensation* dans quels cas l'Administration admettait soit l'imputation, soit la compensation des droits. Nous y renvoyons le lecteur.

**14568. Licitation.** — 1. HÉRITIER BÉNÉFICIAIRE. — Les droits de transcription perçus sur la licitation prononcée au profit d'un héritier bénéficiaire ne sont pas restituables par l'effet de la renonciation ultérieure au bénéfice d'inventaire. — *V.* 3069.

2. PARTAGE ULTÉRIEUR. — Les droits d'enregistrement sur les adjudications d'immeubles au profit de cohéritiers ou copropriétaires ne sont pas restituables par suite de *partages définitifs*, présentés à l'enregistrement *ultérieurement* aux procès-verbaux de licitation, qui attribueraient aux adjudicataires, pour leur part dans la masse, la totalité du prix ou une portion supérieure à celle distraite au moment de l'enregistrement de la licitation. C'est un point qui a été établi au mot *Licitation.*

**14569. Partage annulé.** — Les droits perçus sur une liquidation annulée sur la poursuite d'un créancier au préjudice duquel et malgré son opposition les abandonnements avaient été consentis ne sont pas restituables, car le jugement rendu au profit du créancier et dans son seul intérêt est un événement ultérieur qui, d'après l'art. 60, ne permet pas la restitution (Seine 11 avr. 1862, 17476 J.E., 1693 R. P.).

**14570. Partage testamentaire.** — Si le partage testamentaire ne reçoit pas son exécution, le droit de soulte est restituable. — V. *Partage testamentaire.*

**14571. Perception abandonnée.** — De ce qu'une décision ministérielle porte que les actes antérieurs à une époque déterminée ne seront pas assujettis à la perception d'un droit dont l'exigibilité a été reconnue, il ne s'ensuit pas que la restitution de ce droit doive être faite lorsqu'il a été perçu sur des actes enregistrés antérieurement (Seine 5 déc. 1849, 14859 J. E.).

**14572. Renonciation.** — 1. SUCCESSION. — On doit considérer comme événement ultérieur, dans le sens de la loi, les renonciations faites par les héritiers et légataires postérieurement au payement des droits de mutation par décès (Cass. 10 août 1852, 15489 J.E., 1946 § 5 I.G., 14953 J.N., S. 52-1-716).

« Attendu, porte l'arrêt, que le jugement attaqué constate en fait que, par son testament du 10 février 1832, Jean d'Abzac avait créé une substitution en faveur de l'aîné des enfants de son neveu Adhémar de Ladouze, et qu'en léguant à son frère Alexandre de Ladouze l'usufruit des biens substitués, il l'avait chargé de réaliser en immeubles, et spécialement en immeubles dépendant de la terre de Ladouze, les capitaux compris dans la substitution, et que c'est pour se conformer à cette disposition que, par son testament mystique du 1er février 1846, Alexandre de Ladouze a légué à son fils, pour lui tenir lieu de partie des capitaux substitués, et rester eux-mêmes grevés de substitution, divers immeubles dépendant de la terre de Ladouze; que ce testament a été soumis à l'enregistrement par le fait volontaire des parties; que cet acte, qui avait pour objet de grever de substitution les immeubles qui s'y trouvaient désignés, était de nature à être transcrit, et, par suite, donnait lieu à la perception du droit fixé par l'art. 54 L. 28 avril 1816; que cette perception, faite conformément au tarif et à la teneur de l'acte présenté, était donc régulière; qu'Adhémar de Ladouze n'a pu par un acte ultérieur de renonciation, faire considérer cette perception comme n'ayant pas été régulière dans son origine. »

Les droits perçus au nom d'enfants mineurs, sur des biens de communauté, ne deviennent pas restituables par suite de la renonciation ultérieure de ces enfants à la communauté (Dél.16 juill. 1833, 10670 J. E.).

2. LEGS. — Le droit perçu sur la déclaration de mutation par décès d'un usufruit légué n'est pas restituable par suite de la renonciation à ce legs (Nîmes 16 déc.1839, 12443 J.E., Dél. 4 mai 1825, 8648 J.N.; — 9 août 1826, D.N. t. 11 p. 452 n° 110).

3. COMMUNAUTÉ. — Le droit de 4 pour 100 perçu sur l'acte par lequel un père s'est rendu acquéreur d'un immeuble dépendant de la communauté ayant existé entre lui et sa femme, décédée, laissant des enfants mineurs, n'est pas restituable, bien que la renonciation postérieure de ceux-ci à la communauté rende le père propriétaire de cet immeuble en dehors de son acte d'acquisition (Joigny 2 fév. 1843, 13210 J.E., D.N. t. 11 p. 442 n° 110; Dél. 16 juill. 1836, D.N. t. 11 p. 459 n° 212).

4. PROMESSE DE VENTE. — Lorsque les droits ont été perçus sur une promesse de vente, réunissant toutes les conditions pour valoir vente, le droit perçu n'est pas restituable par la raison que les acquéreurs auraient renoncé à se prévaloir de cette promesse (Cass. 19 mars 1850, 14920 J.E., 1857 § 18 I.G., S. 50-1-289). — V. 14494-3.

5. DOMMAGES-INTÉRÊTS. — Le droit de 2 pour 100 perçu sur un jugement par défaut, qui prononce des dommages-intérêts à défaut d'exécution de la condamnation principale, ne doit pas être restitué, quoique, par un acte particulier, le demandeur ait renoncé à se prévaloir de ce jugement (Dél. 20 fév. 1827, 8666 J.E., D.N. t. 11 p. 467 n° 266).

**14573. Société restée sans effet.** — Les droits régulièrement perçus ne sont pas restituables sur un acte de société, bien que la société ait été frappée de nullité à défaut de publication dans le délai légal et soit restée sans effet (Seine 1er déc. 1841, 12875 J.E.).

**14574. Substitution. — Testament annulé.** — Le droit de transcription perçu lors de l'enregistrement d'un testament contenant substitution n'est pas restituable par suite de l'annulation ultérieure de la substitution (Caen 19 août 1870, 3467 R. P.).

**14575. Succession.** — 1. TESTAMENT ANNULÉ APRÈS LA DÉCLARATION. — Quatre arrêts de la Cour suprême, tous émanés de la chambre civile, ont irrévocablement fixé la jurisprudence sur cette question que les droits de mutation par décès, perçus d'après un testament qui, postérieurement, a été annulé, ne doivent pas être restitués.

Trois de ces arrêts sont intervenus dans des espèces semblables. Il s'agissait de droits payés par les légataires universels évincés de la succession par suite de l'annulation des testaments qui les instituaient (11 mars 1840, 12498 J.E., 10614 J.N., 1618 § 8 I. G., S. 40-1-325; — 7 avr. 1840, 12491 J.E., 10697 J.N., 1630 § 7 I. G., S. 40-1-479; — 1er juill. 1840, 12552 J.E., 10721 J.N., 1634 § 13-1 I. G., S. 40-1-588 — V. cep. Dél. 4 mai 1830, S. 33-7-724, 31-2-210).

*Arrêt du 11 mars* 1840 : « Attendu qu'à l'époque où la perception du droit a eu lieu, c'est-à-dire le 29 juin 1826, le testament de la demoiselle Richard n'était point encore annulé; qu'il constituait un titre apparent, en vertu duquel l'héritier institué qui se présentait pour faire sa déclaration, était essentiellement le redevable du droit; d'où il suit que la perception a été régulière. »

*Arrêt du 7 avril* 1840 : « Attendu qu'il est constaté par le jugement attaqué que les droits dont la restitution a été demandée ont été payés par l'abbé de Rozières, en son nom personnel, pour l'usufruit à lui légué et au nom d'Emmanuel-Charles de Pujol, pour la nue-propriété léguée à ce dernier par le testament du baron de Pujol, et ce qu'est sur le motif de l'annulation de ce testament, prononcée ultérieurement, que la réduction des droits a été demandée; attendu que la perception ayant été régulièrement faite et la demande en restitution n'étant fondée sur aucun des cas d'exception admis par la loi, le jugement attaqué, en ordonnant la restitution demandée, a ouvertement violé l'art. 60 L. 22 frimaire an 7. »

*Arrêt du 1er juillet* 1840 : « Attendu que la perception des droits d'enregistrement faite à raison du legs qui transmettait à Gruchet le quart des biens de Desruelles, a été effectuée régulièrement; attendu que les droits d'enregistrement régulièrement perçus ne peuvent, aux termes de l'art. 60 L. 22 frimaire an 7, être restitués que dans les cas expressément prévus par la loi; et que l'annulation d'un testament en vertu duquel la perception des droits a été opérée, n'est point mise par la loi au nombre des cas de restitution. »

La quatrième espèce présentait cette circonstance particulière que le légataire universel institué était en même temps administrateur provisoire de la succession, mais comme la déclaration avait été faite par lui en sa qualité de légataire universel, et non d'administrateur provisoire, la Cour de cassation lui a appliqué le principe consacré par les précédents arrêts (6 août 1849, 14783 J.E., 13810 J.N., 1844 § 14 I.G., S. 49-1-568; — *Conf.* : Carcassonne 11 janv. 1868, 3271 R.P.).

« Attendu, porte l'arrêt du 6 août 1849, que Gaudissart, à l'époque de la perception des droits, était réputé légataire universel de la dame Baron, ayant en sa faveur le testament de ladite dame; attendu qu'il a pris lui-même cette qualité de légataire, et non celle d'administrateur provisoire de la succession, dans les diverses déclarations qu'il a faites à l'Administration; que c'est sur ses propres déclarations qu'a été liquidé et perçu le droit dont il demande la restitution, et que les réserves qu'il a pu faire lors du payement ne sauraient lui créer un droit de restitution que la loi lui refuse; attendu qu'aux termes de l'art. 60 L. 22 frimaire an 7, tout droit d'enregistrement régulièrement perçu ne peut être restitué, sauf les cas prévus par la loi, et que nulle part la loi ne range au nombre des cas prévus celui de l'annulation, par jugement, du testament sur lequel le droit aurait été perçu; attendu que l'événement du procès qui a annulé le testament de la dame Baron est un fait postérieur qui, aux termes de l'art. 60 de la loi précitée, ne donne pas ouverture au droit de restitution, et que dès lors le jugement attaqué, en ordonnant ladite restitution en ce cas, a formellement violé ledit article. »

2. TESTAMENT ANNULÉ AVANT LA DÉCLARATION. — Il résulte par cela même du principe ci-dessus que si le testament a été annulé antérieurement à la déclaration de succession par un jugement par défaut, la perception n'étant plus régulière, il y a lieu de restituer ce qui excède les droits dus par les héritiers naturels.

3. COMMUNAUTÉ NON AUTORISÉE. — On devrait aussi considérer comme irrégulière la perception des droits sur un legs fait au profit d'une communauté religieuse *non autorisée*, attendu que la personne du légataire n'existe pas aux yeux de la loi. Les droits sont dès lors restituables si le testament est annulé avant la perception biennale (Riom 1er déc. 1865, 2422 R.P., 14002 C.).

**14576. Héritiers dépossédés.** — Lorsque des héritiers collatéraux ont acquitté le droit de mutation par décès sur la totalité des biens de la succession, et que plus tard ils ont été condamnés à délaisser les trois quarts de cette succession à un enfant naturel, ils ne sont point fondés à demander la restitution du montant de la différence entre les droits par eux payés, et ceux qui auraient été exigés de l'enfant naturel (Cass. 15 juill. 1840, 10722 J.N., 12588 J.E., 1634 § 13-2 I.G., S. 40-1-589).

« Attendu, porte l'arrêt du 15 juillet 1840, qu'il est constant, en fait, qu'après le décès de Jean Goity, arrivé le 27 février 1830, les femmes Lacroix et Jaureguiberry, nées Goity, agissant comme seules appelées à sa succession, en ligne collatérale, s'en sont mises en possession, et ont fait, le 10 août de la même année, la déclaration de mutation par décès, au bureau de Saint-Palais; que, dans cette déclaration, les droits ont été perçus, à raison de 5 francs pour 100 francs sur les immeubles, et de 2 fr. 50 cent. sur les meubles pour mutation par décès en ligne collatérale, perception conforme à la loi, et dont la régularité n'a pas été contestée; que c'est postérieurement seulement qu'est survenue, de la part d'une fille naturelle, une réclamation que les collatéraux ont combattue par une inscription de faux et sur laquelle est intervenu un arrêt de la cour royale de Pau, du 2 août 1834, qui les condamne à remettre les trois quarts de la succession à la réclamante; attendu qu'aux termes de l'art. 60 L. 22 frimaire an 7, tout droit d'enregistrement perçu régulièrement, en conformité de la loi, ne peut être restitué, quels que soient les événements ultérieurs, sauf les cas qu'elle prévoit; que l'événement ultérieur, dont il s'agit dans l'espèce, n'est rangé, par aucune disposition de loi, au nombre des cas d'exception qu'il n'est pas permis d'étendre. »

1. IMPUTATION. — Il est généralement admis que, dans ce cas, les droits par les héritiers évincés s'imputent sur ceux que doivent les appelés parce qu'autrement, ainsi que l'a dit un arrêt de Cass. du 13 décembre 1814 (5020, 5395 J.E.), l'Administration « percevrait deux droits pour un seul décès, ce qui serait contraire au vœu de la loi. » (Sol. 6 oct. 1871, 13 nov. 1872, 28 déc. 1875, 11 juin 1877). C'est ce qui résulte aussi de l'arrêt précité du 15 juillet 1840. — V. *Compensation*.

Décidé également que les droits perçus sur des legs annulés depuis sont imputables sur les droits dus par les héritiers auxquels reviennent les objets légués (Sol. 18 août 1877).

**14577. Legs.** — 1. RÉDUCTION AMIABLE. — La réduction volontaire que fait un légataire ou donataire de l'importance de son legs ou donation, alors surtout que ce legs n'excède pas la quotité disponible, ne peut autoriser la restitution de partie des droits de mutation par décès perçus sur ce legs (Montargis 25 fév. 1850, 15036-5 J.E.; — Seine 24 nov. 1848, 14638 J.E.).

2. RÉDUCTION A LA QUOTITÉ DISPONIBLE. — Les droits de succession perçus en vertu d'un testament dont les dispositions ont été ultérieurement modifiées par un jugement comme portant atteinte à la réserve légale ne sont pas restituables (Seine 24 déc. 1858, 16911 J.E., 16521 J.N.; — Le Havre 6 fév. 1867, 18330 J.E.).

La Cour de cassation a rendu, le 10 juillet 1860, un arrêt conforme : elle a reconnu qu'il n'y a pas lieu à restituer les droits payés par le donataire sur la totalité de l'usufruit, quand bien même les héritiers entendraient réduire la donation à la quotité disponible (17165 J.E., 16895 J.N., 11786 C., 2185-7 I.G., 1355 R.P., S. 60-1-905).

« Attendu, porte cet arrêt, qu'en se présentant au bureau de Dormans, soit en son nom personnel, soit comme mandataire des époux Petit, le sieur Huet a pris la qualité de donataire de la totalité de l'usufruit des biens composant la part de la dame Huet, sa défunte épouse, dans la communauté conjugale; qu'à l'appui de sa déclaration, le sieur Huet a produit un acte authentique, reçu par Me Preschez, notaire à Paris, le 1er avril 1829, portant donation en sa faveur de l'usufruit de tous les biens meubles et immeubles qui pourraient échoir à la dame Huet lors du partage de la communauté qui existait entre elle et le sieur Huet son mari; qu'il n'est pas contesté que le receveur de Dormans a basé sa perception sur la déclaration du sieur Huet et sur l'acte prémentionné du 1er avril 1829; que dès lors cette perception est régulière, définitive et à l'abri de toute demande en restitution. »

3. LEGS UNIVERSEL ABSORBÉ PAR LES CHARGES. — Le légataire universel n'est pas fondé à réclamer les droits qu'il a payés à raison de son legs, sous le prétexte que, la succession étant insuffisante pour l'acquit des donations entre-vifs payables au décès, le legs universel est devenu caduc, attendu que, à défaut de renonciation, on ne peut considérer comme caduc et ne pouvant produire d'effet un legs universel grevé de charges (Cass. 2 janv. 1850, 14888 J. E., 1857 § 17 I. G., S. 50-1-143). — V. 14541.

4. LEGS DE LA QUOTITÉ DISPONIBLE ABSORBÉ PAR LA RÉSERVE. — La même règle s'applique, malgré toutes réserves faites dans la déclaration de succession, au legs de la quotité disponible qui par acte postérieur à la déclaration a été reconnu ne pouvoir sortir à effet, parce que la quotité disponible avait été épuisée par des donations entre-vifs (Lille 16 fév. 1850, 15036-6 J. E.).

5. LEGS RÉSOLU PAR L'ACCOMPLISSEMENT D'UNE CONDITION DU TESTAMENT. — L'usufruitier qui, par suite de l'accomplissement d'une condition du testament, recueille la nue-propriété léguée à un tiers et qui est condamné à rembourser aux héritiers de ce tiers les droits de succession payés sur la propriété entière, n'est pas fondé à réclamer la restitution des droits qu'il a payés à raison de son usufruit (Cass. 30 juin 1841, 11601 J. N., 12813 J. E., 1661 § 12 I. G., S. 41-1-628). — V. 14508.

6. ADMINISTRATEUR PROVISOIRE. — Une seule exception à cette double règle de non-restitution et de prescription a été admise. C'est lorsque, à raison du litige pendant sur un testament, un administrateur provisoire a été nommé, qu'il a fait la déclaration de succession au nom des ayants droit, et que le testament ayant été annulé, l'ayant droit à la succession est assujetti, à cause du degré de parenté, à un droit moins élevé que celui payé par le légataire évincé. La différence entre les deux droits est restituable, encore bien que la demande en restitution ait été faite plus de deux ans après la déclaration, mais dans les deux ans de la décision judiciaire (Seine 11 janv. 1838, 10025 J.N.; — Cass. 18 juin 1839, 12324 J.E., 10458 J.N., S. 39-1-592; — Seine 31 janv. 1849, 13644 J.N.).

« Attendu, porte l'arrêt du 18 juin 1839, qu'un administrateur provisoire de la succession Villereau avait été nommé par autorité de justice, à raison du litige élevé sur la validité du testament du défunt; que cet administrateur, après avoir été dûment autorisé à faire les emprunts, déclarations et payements nécessaires, a acquitté les droits de mutation, dans le temps prescrit et dans la proportion imposée par la loi pour les héritiers ou légataires qui ne sont ni parents ni successibles du défunt; que ce payement, fait en 1832, était essentiellement réductible, puisque la liquidation définitive du droit dépendait nécessairement de l'événement du procès, qui devait déterminer quel serait le légitime possesseur de la succession; qu'en cet état de choses, la prescription de deux ans ne pouvait courir contre la demande en réduction du droit et la demande en restitution qui en dépendait, puisque le droit de former ces demandes n'était point actuellement ouvert et ne pouvait l'être que par le jugement définitif à intervenir; que l'arrêt du 14 juillet 1835, qui a fixé irrévocablement la qualité et les droits des parties, a seul autorisé l'exercice de ce droit et de cette action en prononçant l'annulation du testament fait le 1er décembre 1829 par feu Villereau; que ce n'était qu'à partir de ce jour, 14 juillet 1835, que la réduction du droit et la restitution de l'excédant de perception pouvaient être demandés et prononcés; que la demande dont il s'agit a été formée le 19 décembre 1836, et, par conséquent, dans les deux ans qui ont suivi le jugement définitif de la cause. »

7. SUBSTITUTION. — L'annulation d'un legs comme entaché de substitution prohibée ne rend pas les droits de mutation par décès restituables (Seine, 15 mai 1875).

**14578. Sceau.** — Si l'impétrant est décédé avant l'obtention de l'autorisation de résidence qu'il avait sollicitée, les droits de sceau et d'enregistrement perçus sont restituables sous la déduction du droit fixe de 2 francs (3 fr.) (Sol 6 déc. 1852). — V. *Sceau*.

**14579. Valeurs étrangères.** — Lorsque des valeurs étrangères ont été comprises par les héritiers dans une succession qu'ils présentaient comme régie par la loi française, la justification ultérieure qu'il s'agissait d'une succession régie par la loi étrangère rend le droit perçu restituable, parce que, en annonçant qu'il s'agissait de valeurs étrangères, les héritiers se réservaient implicitement ainsi la faculté de demander la restitution en faisant les justifications nécessaires (Seine 8 mai 1858, 1004 R. P., 16325 J. N., 11359 C.). Cette solution serait exacte si, au moment de la déclaration de succession, le receveur avait pu connaître que la succession n'était pas régie par la loi française. Mais, en l'absence de toute justification sur ce point, il avait fait une perception régulière et elle devait être maintenue.

## CHAPITRE VII. — DES EXCEPTIONS AU PRINCIPE DE NON RESTITUTION

[14580-14617]

**14580.** — L'art. 60 L. 22 frimaire an 7 a apporté un tempérament à ce que sa disposition paraît avoir de trop absolu en la terminant par ces mots : « sauf les cas prévus par la présente. »

Ces cas sont fort limités dans la loi de l'an 7, ils se réduisent à deux. Mais la législation ultérieure en a ajouté quelques autres. Nous allons passer toutes ces exceptions en revue.

SECTION PREMIÈRE. — DROIT DE TITRE PERÇU PAR SUITE D'UN DÉFAUT DE JUSTIFICATION DANS UN ACTE

[14581-14585]

**14581. Droit de titre sur un jugement.** — L'art. 48 L. 22 frimaire an 7 constitue la première exception au principe de l'art. 60. D'après cet article, « toutes les fois qu'une condamnation sera rendue ou qu'un arrêté sera pris sur un acte enregistré, le jugement, la sentence arbitrale ou l'arrêté en fera mention, et énoncera le montant du droit payé, la date du payement et le nom du bureau où il aura été acquitté : en cas d'omission, le receveur exigera le droit, si l'acte n'a pas été enregistré dans son bureau; sauf restitution, dans le délai prescrit, s'il est ensuite justifié de l'enregistrement de l'acte sur lequel le jugement aura été prononcé ou l'arrêté pris. »

1. QUITTANCE. — Ainsi, il a été décidé que le droit perçu sur un jugement qui constate une libération est restituable s'il est justifié que cette libération résultait d'un acte antérieur et enregistré (Sol. 5 nov. 1833, 10850 J.E.).

**14582. Défaut de mention. — Justification ultérieure.** — Il a été fait plusieurs applications de cette règle dans des cas où, bien que la lettre de la loi n'eût pas directement prévu l'espèce, son esprit devait nécessairement dominer la question.

1. ACTE ADMINISTRATIF. — *Mention d'approbation.* — Ainsi, lorsque les préfets rédigent des actes sujets à l'enregistrement sur la minute, ils sont tenus d'y faire mention expresse que leur exécution est suspendue jusqu'à l'approbation du ministre, *lorsque cette approbation est nécessaire.* Tout acte sur lequel cette mention n'a pas été exprimée est censé parfait, et, comme tel, doit être présenté à l'enregistrement dans les vingt jours de sa date (D. m. f. 27 frim. an 13, 290 § 5 I. G.). — Il n'appartient pas aux préposés de décider si l'approbation d'un acte administratif est ou non nécessaire. Ils doivent considérer comme passibles du double droit les actes administratifs, non revêtus de cette formalité, qui leur sont presentés après le délai de vingt jours; mais l'Administration a décidé qu'il y aurait lieu à restitution s'il était ultérieurement justifié de leur approbation à une date postérieure à leur enregistrement, ou antérieure de moins de vingt jours à cette formalité (Sol. 26 déc. 1842, Fess. p. 46 n° 110).

Les receveurs doivent, dans l'enregistrement de ces actes, faire la mention de la réserve suspensive de leur exécution jusqu'à l'homologation nécessaire, et indiquer le jour de sa réception à la préfecture où lesdits actes ont été rédigés (290 § 5 I. G.).

2. MENTION D'ENREGISTREMENT. — Dans le même ordre d'idées, il est admis que, toutes les fois qu'un arrêté administratif est pris sur un acte enregistré, l'arrêté doit en faire mention et énoncer le montant du droit payé, la date du payement et le nom du bureau où il a été acquitté. En cas d'omission, le receveur doit exiger le droit si l'acte n'a pas été enregistré dans son bureau, sauf restitution dans le délai prescrit, s'il est ensuite justifié de l'enregistrement de l'acte sur lequel l'arrêté a été pris.

**14583. Doubles d'un acte sous seing privé.** — Il semble que l'on doit appliquer aux doubles d'un acte sous seing privé la règle admise pour les actes notariés faits en double minute; et, quand le droit proportionnel a été perçu sur chacun de ces doubles, il y a lieu de restituer l'un des deux (Sol. 27 avr. 1859).

**14584. Preuve insuffisante.** — Mais il ne faut pas exagérer le principe de la restitution dans l'ordre d'idées que nous suivons; il pourrait arriver en effet que son application, faite dans des conditions trop larges, amenât des inconvénients en donnant accès à la fraude.

1. LETTRE DE CHANGE. — DUPLICATA. — Ainsi, il a été décidé que les droits de timbre et les amendes perçus sur une lettre de change par seconde non timbrée, à laquelle n'a pas été annexée la première, revêtue de la formalité du timbre, ne sont pas restituables alors qu'à l'appui de la réclamation on apporterait la preuve que la première avait été revêtue du timbre proportionnel. Car rien ne peut prouver que cette première n'a pas été écrite sur papier timbré depuis l'enregistrement de la seconde (Dél. 24 janv. 1834, 10868 J. E.).

**14585. Testament. — Reconnaissance de dette.** — Au surplus, l'application de la disposition de la loi d'un cas à un autre ne doit être faite qu'avec une certaine mesure, en dehors de son texte. En ce sens, il a été jugé que le droit d'obligation perçu sur un testament portant reconnaissance de dette n'est pas restituable, bien qu'il soit justifié que la dette n'existait plus au décès du testateur (Seine 3 mars 1847, 14206 J. E., D. N. t. 11 p. 446 n° 131).

V. *Testament.*

SECTION 2. — DÉLÉGATION DE PRIX DANS UN CONTRAT

[14586]

**14586.** — L'un des cas de restitution prévus par loi de l'an 7 se présente en matière de délégations de prix stipulées dans un contrat. Lorsque ces délégations ont lieu pour acquitter des créances à terme envers un tiers sans énonciation de titre enregistré, le droit de titre est exigible à raison des créances dont on n'indique pas l'enregistrement, sauf restitution si, dans le délai prescrit, il est justifié d'un titre précédemment enregistré.

Ce principe n'a jamais soulevé la moindre difficulté dans son application.

V. *Délégation.*

SECTION 3. — DROITS DE MUTATION PAYÉS SUR LES BIENS D'UN ABSENT

[14587]

**14587. Renvoi.** — La loi du 28 avril 1816 a ajouté un cas de restitution à ceux prévus par la loi du 22 frimaire an 7. « En cas de retour de l'absent, porte l'art. 40, les droits payés seront restitués sous la seule déduction de celui auquel aura donné lieu la jouissance des héritiers. » Cette disposition a été étudiée au mot *Absence*. Nous y renvoyons le lecteur.

SECTION 4. — CESSION D'OFFICE. — EXPROPRIATION

[14588]

**14588. Renvoi.** — Aux exceptions ci-dessus, il faut ajouter : 1° la disposition de l'art. 14 L. 25 juin 1841 sur les transmissions d'offices. Cet article est ainsi conçu : « Les droits perçus en vertu des articles qui précèdent seront sujets à la restitution toutes les fois que la transmission n'aura été suivie d'aucun effet. S'il y a lieu à réduction du prix, tout ce qui aura été perçu sur l'excédant sera également restitué. La demande en restitution devra être faite conformément à l'art. 61 L. 22 frimaire an 7, dans le délai de deux ans, à compter du jour de l'enregistrement du traité ou de la déclaration ; »

2° Celle de l'art. 58 L. 3 mai 1841 portant que les droits perçus sur les acquisitions amiables faites antérieurement aux arrêtés du préfet seront restitués, lorsque, dans le délai de deux ans, à partir de la perception, il sera justifié que les immeubles acquis sont compris dans ces arrêtés.

Ces dispositions ont fait l'objet, aux mots *Office* et *Expropriation*, de développements qui nous dispensent d'y revenir.

SECTION 5. — ADJUDICATIONS ET JUGEMENTS ANNULÉS EN JUSTICE

[14589-14617]

**14589. Principe.** — A la suite de l'arrêt qui a fait l'objet du n° 14519, fut pris un Avis du conseil d'État du 22 octobre 1808 ayant force de loi, et d'après lequel le droit perçu sur une adjudication d'immeubles faite en justice doit être restitué, lorsque l'adjudication a été annulée par les voies légales.

Cet avis est ainsi conçu :

« Considérant 1° que l'art. 7 L. 22 frim. an 7 assujettit à l'enregistrement, dans les vingt jours, les jugements portant transmission de propriété d'immeubles ; que la même loi, ni aucune autre, ne contient d'exception pour les jugements dont il est interjeté appel ; et que l'art. 28 dit expressément que le payement des droits ne peut être différé par quelque motif que ce soit, sauf aux parties à se pourvoir en restitution, s'il y a lieu ; que l'art. 60 porte, à la vérité, que tout droit d'enregistrement régulièrement perçu ne peut être restitué, quels que soient les événements ultérieurs, mais que, par ces derniers mots, l'intention de la loi n'a pu être que d'empêcher l'annulation des actes par des collusions frauduleuses, et de tarir dans leur source les abus qui pourraient en résulter pour le Trésor public et pour les particuliers ; que ces motifs cessent d'être applicables à une adjudication légalement annulée, et qu'il est juste alors de restituer le droit ;

« Est d'avis que les adjudications d'immeubles faites en justice doivent être enregistrées dans les vingt jours de leur date et sur la minute, soit qu'on en ait ou non interjeté appel ; que le droit perçu est restituable lorsque l'adjudication est annulée par les voies légales. »

**14590. Interprétation restrictive de l'Avis du conseil d'État.** — De l'esprit qui semblait avoir présidé à la rédaction de cet avis, on s'était autorisé à conclure qu'il devait être appliqué toutes les fois qu'il n'y avait pas à craindre que des collusions frauduleuses eussent provoqué l'annulation des actes, et, partant de cette idée, on avait cherché à en étendre le principe. Cependant Merlin avait enseigné (*Rép.* v° *Restit. de droits indûment perçus*) que la décision contenue dans l'Avis du conseil d'État du 22 octobre 1808 devait être sévèrement restreinte au cas sur lequel il porte précisément, c'est-à-dire au cas où, sur l'appel d'une adjudication forcée, la partie expropriée parvient à la faire déclarer nulle ; que, dans ce cas seul, en effet, il y a impossibilité que l'annulation de l'adjudication soit le résultat de collusions frauduleuses ; que, pour les autres cas, quels qu'ils soient, la décision laisse subsister dans toute sa généralité la disposition de l'art. 60 L. 22 frimaire an 7.

L'Administration, s'étant renfermée dans cet ordre d'idées, a amené la Cour de cassation sur le terrain d'une interprétation si rigoureuse de l'avis de 1808, que le bénéfice de sa disposition ne peut être appliqué aujourd'hui que dans les limites étroites que nous ferons connaître ci-après.

ARTICLE PREMIER. — ADJUDICATION ANNULÉE EN JUSTICE

[14591-14605]

**14591. Notaire commis.** — 1. MINEURS. — Cependant, l'Administration ne s'était pas toujours montrée aussi exclusive. Ainsi, en se fondant sur un arrêt de Cass. du 26 février 1827, 6072 J.N., 8688 J.E., 1210 § 11 I.G., S. 27-1-260), qui assimile aux ventes judiciaires, celles faites devant un notaire commis par le tribunal, elle avait délibéré, le 14 février 1834 (10884 J.E., 8410 J.N., D.N. t. 1er p. 547 n° 150), que les droits d'enregistrement perçus sur une adjudication d'immeubles, faite devant un notaire commis par le tribunal, de biens appartenant à des mineurs, doivent être restitués lorsque l'adjudication est annulée par les voies légales. Cette décision se trouvait, pour ce cas spécial, en opposition avec un arrêt de Cass. du 13 prairial an 9, qui décide que l'annulation d'une adjudication de biens de mineurs, pour défaut d'accomplissement des formalités prescrites, ne rend point restituable le droit perçu sur cette adjudication. Mais, comme cet arrêt était antérieur à l'Avis du conseil d'État sur lequel se fondait l'Administration, elle pouvait passer outre, sans être accusée de méconnaître la jurisprudence de la Cour suprême. Cependant l'Administration ne s'arrêta pas longtemps à cette interprétation, qui n'était pas assez large pour qu'on pût la taxer d'irréfléchie et qui, néanmoins, était de nature à donner pleine satisfaction aux intérêts des contribuables.

2. INTERDIT. — C'est ainsi que la question s'étant reproduite à propos d'un jugement qui avait annulé la vente, devant un notaire commis, d'un immeuble appartenant à un interdit, l'Administration repoussa sa propre doctrine pour adopter celle de Merlin (*V.* 14590), et obtint, le 31 décembre 1839, 10608 J. N., 12642 J. E., 1615 § 7 I. G., S. 40-1-183), un arrêt qui repoussait la demande en restitution des droits perçus.

« Attendu, porte cet arrêt, que la perception du droit, dont la restitution est demandée, avait été faite régulièrement et acquittée le 5 décembre 1833; qu'aucune demande en restitution n'a été formée contre la Régie pendant les deux années qui ont suivi cette perception; que, le 21 mai 1836, Deshaires n'était plus à temps de former une pareille demande contre l'Administration; que l'Avis du conseil d'État des 18-22 octobre 1808 ne pouvait le relever de cette déchéance et recevoir d'application à l'espèce, cet avis n'ayant pour objet que les jugements d'adjudication sur saisie immobilière; qu'en jugeant au contraire, et en condamnant la Régie à restituer la somme de 3,006 francs, le tribunal de Charolles a fait une fausse application de l'Avis du conseil d'État de 1808 et violé les art. 60 et 61 L. 22 frimaire an 7. »

3. CRÉANCIERS. — La Cour a persisté dans sa doctrine en décidant, par un second arrêt du 21 avril 1841 (12732 J. E., 10964 J. N., 1661 § 10 I. G., S. 41-1-431), qu'il n'y a pas lieu à restitution des droits perçus sur une adjudication faite devant notaire commis, avec concours des créanciers du vendeur, lorsque cette adjudication vient à être annulée en justice.

« Attendu, porte l'arrêt, que, du rapprochement et de la combinaison des art. 1er et 2 de l'Avis du conseil d'État du 22 octobre 1808, il résulte que l'exception qu'il a introduite à la disposition de l'art. 60 L. 22 frimaire an 7 n'est relative qu'aux jugements d'adjudication enregistrables dans les vingt jours, susceptibles d'être attaqués par la voie d'appel, et qu'il s'agit dans la cause de la restitution d'un droit perçu sur un acte d'adjudication fait par un notaire, enregistrable dans les dix jours et qui ne pouvait être attaqué que par voie d'action principale, comme tous les actes transmissibles de propriété qui sont du ministère des notaires; Attendu que, bien que cette adjudication ait été faite en vertu d'un jugement rendu entre les copropriétaires et les créanciers opposants, on ne saurait la considérer comme une vente judiciaire, puisque le jugement même, rendu du consentement des parties, a ordonné que la vente serait faite à l'amiable par un notaire de leur choix et sans l'observation d'aucune formalité ; attendu enfin que le droit ayant été perçu légalement, le jugement attaqué n'a pu en ordonner la restitution sans faire une fausse application de l'Avis du conseil d'État précité, et sans violer formellement l'art. 60 L. 22 frimaire an 7. »

4. BIENS SAISIS. — Il a été décidé encore que les droits perçus, sur une adjudication devant un notaire commis, annulée en justice par le motif que les immeubles étaient saisis au moment de cette adjudication, ne sont pas restituables (Sol. 6 mai 1841, 12758-1 J. E.; — Versailles 4 mai 1842, 12977 J. E.; — Cass. 10 fév. 1812, 4150 J. E., D.N. t. 11 p. 463 n° 239, S. 12-1-174; — Cass. 17 avr. 1833, 1437 § 4 I. G., S. 33-1-385; — Lachâtre 6 mai 1846; — Saverne 20 nov. 1859, 1317 R. P., 11755 C., 17092 J. E.; — Cass. 18 nov. 1863, 1855 R.P., 2288 § 6 I. G., 17791 J.E., 12585 C., 17883 J. N., 757 Rev., S. 63-1-547. — *V.* 14543-1.

5. NULLITÉ RADICALE. — Les droits perçus sur l'adjudication, devant notaire commis, d'immeubles appartenant à des mineurs, faite en faveur de leur tuteur, ne sont pas restituables, encore qu'elle ait été annulée comme radicalement nulle aux termes des art. 450 et 1596 C. C. (Charolles 11 déc. 1841, 12893 J. E.).

6. RÈGLE. — Ainsi, il faut admettre comme certain aujourd'hui qu'une adjudication faite devant un notaire commis ne peut, lorsqu'elle est annulée en justice, jouir du bénéfice de restitution accordé, par l'Avis du conseil d'État du 22 octobre 1808, aux adjudications faites à la barre du tribunal.

**14592. Première application de l'Avis du conseil d'État. — Saisie immobilière.** — L'arrêt du 31 décembre 1839, qui a fait l'objet du n° 14591-2 *suprà*, avait renfermé l'Avis du conseil d'État dans ses limites les plus étroites, en déclarant qu'il ne pouvait s'appliquer qu'aux adjudications sur saisie immobilière, ce qui écartait les adjudications concernant les biens des mineurs ou des interdits, qui sont faites en justice ou devant notaire commis, et dont l'annulation postérieure doit être considérée comme un événement qui ne peut motiver une demande en restitution.

Les adjudicataires sur saisie immobilière sont en effet les vraies adjudications judiciaires, ainsi qu'on l'a vu au mot *Adjudication*.

**14593. Deuxième application de l'Avis du conseil d'État. — Adjudications susceptibles d'être attaquées par la voie d'appel.**—Mais l'arrêt du 21 avril 1841, qui a fait l'objet de notre n° 14591-3, a donné à l'Avis du conseil d'État une interprétation moins restreinte. Il a admis au bénéfice de la restitution tous les jugements d'adjudication enregistrables dans les vingt jours, et susceptibles d'être attaqués par la voie de l'appel, « ce qui, porte l'arrêt, ne peut s'appliquer aux adjudications faites devant notaire qui sont enregistrables dans les vingt jours, et qui ne peuven être attaquées que par voie d'action principale, comme tous les actes transmissibles de propriété qui sont du ministère d'un notaire. »

Telle est la seule exception que, d'après une jurisprudence que ses nombreux monuments rendent aujourd'hui inattaquable, l'Avis du conseil d'État du 22 octobre 1808 a introduite au principe général de non-restitution posé par l'art. 60 L. 22 frimaire an 7 (*V.* Seine, 22 juill. 1876, 4720 R. P.).

**14594. Adjudication annulée par voie d'action principale.** — 1. DOL ET FRAUDE. — Ainsi une adjudication ayant été annulée, par jugement du tribunal de la Seine du 23 mars 1844, comme étant le résultat de manœuvres frauduleuses, la Cour de cassation a décidé, le 11 novembre 1846 (12919 J. N., 14179 J. E., 1786 § 5 I. G., S. 47-1-104), que, cette vente ayant été attaquée par le vendeur par voie d'action principale, le jugement qui en a prononcé l'annulation pour cause de dol et de fraude est un événement ultérieur qui ne peut avoir aucune influence sur la perception régulièrement opérée lors de l'enregistrement de l'adjudication.

2. ERREUR. — BIENS COMPRIS A TORT DANS L'ADJUDICATION. — De même, le jugement qui ordonne la réduction du prix d'une adjudication par le motif que des biens qui y auraient été compris avaient été auparavant aliénés par le propriétaire n'autorise pas la restitution.

L'Avis du conseil d'État du 22 octobre 1808, porte un arrêt de Cass. du 26 novembre 1860, a apporté une exception à l'art. 60 en disposant que le droit est restituable lorsque l'adjudication a été annulée par les voies légales ; mais il résulte du préambule de cet avis et des circonstances dans lesquelles il fut demandé et donné que l'exception n'est applicable qu'autant que l'adjudication a été attaquée ou annulée par la voie de l'appel (16993 J. N., 11921 C., 1429 et 1562 R. P., S. 61-1-373, 2190-8 I. G.).

3. TIERS SAISI. — PRÊTE-NOM. — Il a été jugé encore que la restitution n'est pas due des droits perçus sur une adjudication mise au néant, non par suite d'un appel interjeté pour obtenir la réformation du jugement d'adjudication, mais par suite d'une demande principale en nullité de cette adjudication, dirigée tant contre le prétendu adjudicataire que contre celui dont l'adjudicataire prétendu n'avait été que le prête-nom (Cass. 23 avr. 1849, 13723 J. N., 14736 J. E., 1844 § 13 I. G., S. 49-1-447).

Attendu, dit l'arrêt du 23 avril 1849, que la seule question qui alors était posée au conseil d'État par le chef du gouvernement, et la seule par conséquent que le conseil d'État entendait résoudre, était celle de savoir si les adjudications d'immeubles faites en justice, lorsqu'elles étaient attaquées par la voie de l'appel, devaient être enregistrées dans les vingt jours, ou s'il y avait lieu à restitution du droit dans le cas où ces adjudications étaient annulées; qu'ainsi cette question se référait uniquement aux effets et aux conséquences de l'appel interjeté du jugement d'adjudication, et qu'il s'agissait seulement de savoir, d'une part, si l'appel suspendait le payement du droit, et, d'autre part, si, le droit étant payé, la restitution pourrait en avoir lieu suivant le résultat de l'appel; que la solution donnée à la question doit se renfermer dans les limites de la question elle-même; que, si, depuis l'Avis du conseil d'État de 1808, et d'après les dispositions nouvelles introduites par la loi dans l'art. 730 C. proc., les jugements qui, sans statuer sur les incidents, prononcent l'adjudication, soit avant, soit après la surenchère, ne peuvent plus être attaqués par la voie de l'appel, cette disposition, postérieure à l'Avis du conseil d'État, ne peut avoir d'influence sur l'étendue et la portée des règles tracées par cet Avis, et le rendre applicable à des cas auxquels il ne devait pas s'appliquer; qu'il résulte de là que, dans les termes et le sens véritable de l'Avis du conseil d'État de 1808, la restitution du droit ne doit pas avoir lieu quand l'annulation du jugement d'adjudication est le résultat d'une action principale en nullité. »

4. CONDITION. — Il en est de même de l'annulation de la vente pour inexécution des conditions (Sol. 26 juin 1877).

**14595. Adjudication annulée par suite de tierce-opposition ou de requête civile.** — C'est toujours dans ce système d'interprétation restrictive, fondée sur la nécessité de ne pas laisser trop longtemps en suspens les recettes de l'impôt dans la caisse de l'État, qu'un arrêt du 19 novembre 1849 (13905 J. N., 14852 J. E., 1837 § 12 I. G., S. 50-1-62), a jugé que l'Avis de 1808 ne peut s'appliquer aux annulations qui pourraient être le résultat de poursuites en vertu des voies extraordinaires, telles que la tierce-opposition ou la requête civile, autorisées par la loi contre des jugements ayant acquis force de chose jugée.

« Attendu, porte l'arrêt du 12 novembre 1849, qu'aux termes de l'art. 1er de l'Avis du conseil d'État du 22 octobre 1808, tous jugements portant transmission d'immeubles doivent être enregistrés dans les vingt jours, et que le payement des droits ne peut être différé, soit qu'on en ait ou non interjeté appel; attendu que, si l'art. 2 du même Avis décide que le droit perçu est restituable lorsque l'adjudication est annulée par les voies légales, cette décision ne s'applique, d'après ce qui résulte des termes de l'article précédent et des considérations développées dans le préambule dudit avis qu'à l'annulation prononcée sur appel du jugement d'adjudication, et non aux annulations qui pourraient être le résultat des poursuites en vertu des voies extraordinaires, telles que la tierce opposition ou la requête civile autorisées par la loi contre des jugements ayant acquis force de chose jugée, lesquels d'ailleurs, pouvant être intentés longtemps après, laisseraient en suspens indéfiniment les droits du Trésor en compromettant la stabilité de l'impôt, qui est d'intérêt public; attendu en conséquence que, dans ces derniers cas, l'art. 60 précité de la loi du 22 frimaire an 7, qui interdit toute restitution de droits régulièrement perçus, quels que soient les événements ultérieurs, doit recevoir son application. »

**14596. Adjudication à un incapable.** — Le droit perçu sur un acte d'adjudication consenti au profit d'une femme mariée n'est pas susceptible de restitution, lorsque l'acquisition a été ultérieurement annulée pour défaut d'autorisation maritale, attendu que, dans l'espèce, le droit a été régulièrement perçu, puisque la vente par adjudication passée devant notaire était réelle, et que, pour ne pas recevoir son effet, elle a eu besoin d'être annulée (Cass. 23 avr. 1845, 1743 § 14 I. G., 13761 J. E., 13195 J. N.,

S. 45-1-333; — V. 14533; — Cass. ch. réun. 18 fév. 1854, 2015 § 10 I.G., 15360 J.N., S. 54-1-356).

« Vu, porte l'arrêt du 18 février 1854, l'art. 60 L. 22 frimaire an 7; attendu que de l'article précité il résulte que le droit d'enregistrement régulièrement perçu ne peut être restitué, quels que soient les événements ultérieurs; que l'exception apportée à ce principe par l'Avis du conseil d'État du 22 octobre 1808, ne peut, d'après son esprit comme d'après son texte, recevoir d'application qu'au cas d'une adjudication faite en justice et lorsque le jugement qui prononce l'adjudication a été annulé sur appel; Attendu que, dans l'espèce, le droit proportionnel avait été régulièrement perçu sur l'adjudication au profit de ladite dame de Lescure d'immeubles vendus en la chambre des notaires de Lyon le 21 décembre 1841; que ce droit était acquis au Trésor public par le seul fait de l'existence d'un acte revêtu de toutes les formalités extérieures propres à constater une mutation de propriété; que l'Administration de l'enregistrement n'avait point à s'enquérir des vices qui pouvaient plus tard le faire annuler; attendu que l'incapacité de la dame de Lescure, résultant de ce qu'elle n'avait été, lors de l'adjudication, ni assistée ni autorisée de son mari, ne pouvait avoir pour effet de rendre nulle de plein droit la vente à elle faite; qu'elle l'autorisait seulement à en provoquer l'annulation; que cette vente, dans les termes dans lesquels elle avait été réalisée, constituait d'ailleurs un lien de droit à l'égard du vendeur, qui ne pouvait se prévaloir de l'incapacité de la femme mariée; que le jugement qui en a prononcé l'annulation n'a donc pu faire considérer la vente comme n'ayant jamais existé, ni, par suite, rétroagir sur la régularité de la perception; qu'en déclarant l'adjudication radicalement nulle il a pu anéantir ses effets entre les parties contractantes, mais que le principe posé par l'art. 60 de la loi précitée s'oppose formellement à ce que le Trésor soit tenu de restituer un droit dont il a été définitivement saisi par une perception régulière; attendu, au surplus, que, si la loi exempte du droit proportionnel et ne soumet qu'à un droit fixe les jugements portant résolution de contrats pour cause de nullité radicale, il n'en résulte pas qu'elle autorise la restitution des droits perçus sur ces mêmes contrats. »

**14597. Adjudication après dénonciation de saisie.** — La même décision s'applique à l'adjudication faite après dénonciation au vendeur de la saisie immobilière, dans le cas où l'immeuble vendu, par suite de la consignation par l'acquéreur d'une somme suffisante pour acquitter la créance inscrite, a été postérieurement adjugé à un tiers et soumis à un second droit d'adjudication (Cass. 17 avr. 1833, 10616 J.N., 1437 § 14 I.G., S. 33-1-385). — V. 14543-1.

— Ou à l'adjudication annulée comme conséquence de la réformation du jugement qui avait subrogé un tiers dans les poursuites en expropriation (Cass. 27 mars 1876, 4329 R. P.).

**14598. Adjudication annulée par suite d'insolvabilité.** — L'Avis du conseil d'Etat du 22 octobre 1808 ne peut non plus faire ordonner la restitution des droits perçus sur une adjudication dont les créanciers inscrits ont demandé l'annulation, par suite de l'insolvabilité notoire de l'adjudicataire (Lure 8 juill. 1843, 13328 J. E.).

**14599. Adjudication annulée sur les poursuites d'un précédent vendeur.** — Le droit proportionnel perçu lors de l'enregistrement d'une adjudication d'immeubles faite en justice n'est pas restituable, par le motif que cette adjudication est demeurée sans effet par suite de la résolution du contrat, en vertu duquel l'exproprié possédait cet immeuble (Compiègne 9 déc. 1841, 12882 J.E., D.N. t. 11 p. 402 n° 234).

**14600. Adjudication administrative.** — Il ne pouvait en être autrement d'une adjudication de biens domaniaux annulée faute d'exécution des conditions. Aussi, un arrêt du 14 mars 1834 (11742 J.E., 9503 J.N., 1539 § 9 I. G.) porte-t-il « qu'à la vérité, l'Avis du conseil d'État du 22 octobre 1808 a libéré les adjudications faites en justice des droits de mutation acquis au Trésor lorsque les jugements sur lesquels ces droits avaient été perçus ont été *annulés sur l'appel;* mais que cette exception spéciale est inapplicable à la cause, où il s'agit, non d'une annulation par voie d'appel, mais d'une déchéance procédant du fait de l'adjudicataire qui n'a pas payé le prix. »

**14601. Adjudication volontaire.** — Enfin, à plus forte raison, doit-on déduire du même principe qu'il n'y a pas lieu de restituer à l'acquéreur d'un immeuble vendu par adjudication *volontaire* les droits payés à raison de cette vente, lors même que la nullité en a été prononcée par un jugement. L'art. 60 L. 22 frimaire an 7 défend de restituer les droits régulièrement perçus; et, comme l'Avis du conseil d'État du 22 octobre 1808 n'a dérogé à cette disposition que relativement aux ventes judiciaires légalement annulées, et qu'il n'est pas permis d'étendre d'un cas à un autre, même sous prétexte d'identité, une dérogation que le législateur n'a indiquée que pour un seul cas, il y a violation de la loi lorsqu'un tribunal applique à une vente purement *volontaire* la restitution réservée aux seules adjudications faites en justice (Cass. 10 fév. 1812, 4150 J.E., S. 12-1-174; — Toulouse 27 mai 1859, 31 déc. 1860; — Muret 28 juill. 1862 — V. aussi Cass. 18 avr. 1833 et 18 nov. 1863, *suprà* n° 14591-4.

« Vu, porte l'arrêt du 10 février 1812, l'art. 60 L. 22 frimaire an 7 et l'Avis du conseil d'État du 22 octobre 1808. Attendu que l'adjudication faite à Michiels de la maison en question a été volontaire et non faite en justice, que, dès lors, le droit perçu pour raison de cette adjudication l'a été régulièrement; d'où il suit qu'aux termes de l'art. 60 L. 22 frimaire ci-dessus cité, il n'était pas restituable, d'autant mieux qu'il ne se trouve pas dans les exceptions prévues par l'art. 48 et le n° 3 du § 3 de l'art. 68 de la loi précitée; qu'à tort le tribunal de Dunkerque a dit que l'adjudication faite à Michiels était entachée d'une nullité radicale et absolue, puisqu'au contraire cette nullité n'était que purement relative; d'où il suit qu'il a contrevenu formellement à l'art. 60 L. 22 frimaire an 7; attendu que l'Avis du conseil d'État du 22 octobre 1808 n'a dérogé à l'art. 60 précité que pour le cas d'une adjudication judiciaire, et que, dans l'espèce, il s'agissait, non d'une adjudication judiciaire, mais d'une vente volontaire, d'où il suit que le jugement dénoncé a fait encore une fausse application de l'Avis du conseil d'État du 22 octobre 1808. »

**14602. Adjudication annulée par suite de folle enchère.** — Dans le cas où le prix de l'adjudication sur folle enchère n'atteint pas celui de la vente précédente, le droit payé sur l'adjudication primitive ne peut être sujet à réduction. Il est irrévocablement acquis au Trésor, quelle que soit d'ailleurs la supériorité du premier prix sur le second. — V. *Adjudication*.

**14603. Adjudication frappée de surenchère.** — Par suite des rapports qui existent entre la surenchère et la folle enchère, ce que nous venons de dire de ce dernier contrat conduit à décider que lorsque, par suite de surenchère, les immeubles d'une succession ont été adjugés à un cohéritier, et que les droits perçus sur la première adjudication faite à une personne étrangère à la succession sont supérieurs à ceux dont serait passible la seconde adjudication, il n'y a pas lieu de restituer l'excédant. — V. *Adjudication*.

**14604. Adjudication résiliée dans les vingt-quatre heures.** — On a vu v° *Résolution* que la résiliation d'un contrat de vente dans les vingt-quatre heures ne fait pas obstacle à la perception du droit de mutation sur l'acte résilié. En ce sens, la Cour de cassation a jugé, le 9 avril 1844, (13483 J. E., 1823 § 6 I. G., S. 44-1-296), que ces droits ne sont pas restituables, alors même qu'ils auraient été perçus en présence de l'acte de résiliation qui aurait été présenté à l'enregistrement en même temps que l'adjudication résiliée.

« Attendu, porte l'arrêt du 9 avril 1844, que l'art. 68 n° 40 L. 22 frimaire an 7, et l'art. 43 n° 20 L. 28 avril 1816, ont soumis à un droit fixe les résiliements purs et simples faits par actes authentiques dans les vingt-quatre heures des actes résiliés; mais qu'ils n'ont point dit que les actes résiliés ne seraient soumis qu'à un simple droit fixe comme les actes qui les résilient; attendu qu'aucune disposition de la loi n'affranchit du droit proportionnel un acte d'adjudication à raison de l'événement ultérieur de sa résiliation par le consentement volontaire des parties. »

**14605. Droit de greffe.** — Le droit fixe de rédaction et de transcription, étant le salaire de la formalité, ne peut en aucun cas être restitué. Mais lorsque, par suite d'appel, une adjudication est annulée, le droit proportionnel de rédaction est susceptible de restitution. — V. 9247.

**14605 *bis*. Droit de timbre.** — V. 792-2.

## ARTICLE 2. — JUGEMENT ANNULÉ SUR OPPOSITION OU APPEL

[14606-14617]

**14606. Principe.** — Aucune induction n'était à tirer de l'Avis du conseil d'État du 22 octobre 1808, en faveur des jugements annulés sur opposition ou appel, car il n'y a pas d'assimilation à établir entre ces jugements et le cas pour lequel a été édicté cet avis. Aussi, comme ils ne rentrent d'ailleurs dans aucune des exceptions posées par la loi du 22 frimaire an 7, au principe de son art. 60, il a été jugé par une jurisprudence constante que le droit perçu sur un jugement contradictoire ou par défaut n'est pas restituable, lorsqu'il est réformé sur opposition ou sur appel.

Ce point fondamental résulte formellement de l'affaire ci-après, dont nous exposons les péripéties parce qu'elles ont successivement provoqué trois arrêts qui posent, d'une manière irrévocable, un principe que la jurisprudence de la Cour de cassation et celle des tribunaux n'on fait que confirmer, soit avant, soit après la date de ces arrêts.

Le 31 décembre 1784, adjudication, sur licitation entre cohéritiers, au profit d'Hélie de Bonœuil, des immeubles dépendant de la succession du sieur Hélie de Combray père, moyennant une rente de 2,772 livres, que l'acquéreur s'oblige de payer à Hélie de Combray, son frère, avec stipulation qu'à défaut de payement de la rente celui-ci pourrait demander le renvoi en possession. — Le 6 janvier 1808, jugement *par défaut* du tribunal civil de Falaise, au profit d'Hélie de Combray, qui annule le contrat de vente du 31 décembre 1784, pour défaut de payement des arrérages de la rente, remet les parties au même état qu'avant cet acte, et ordonne un nouveau partage des immeubles de la succession. — Ce jugement a été enregistré au droit de 4 francs pour 100 sur le renvoi en possession, et de 50 centimes pour 100 sur la condamnation en payement des arrérages arriérés, le tout montant à 2,484 fr. 79 cent. — En vertu de ce jugement, le sieur de Combray a formé deux lots des biens de la succession, et il les a fait notifier à son frère, avec sommation d'en choisir un. Le sieur de Bonœuil n'ayant point déféré à cette sommation, le sieur de Combray a obtenu, le 16 mars 1808, un second jugement par défaut qui lui adjuge un des lots. — Le 10 mai 1815, appel par Hélie de Bonœuil, des jugements rendus par défaut contre lui les 6 janvier et 16 mars 1808. — Le 24 novembre 1817, arrêt de la cour de Caen, lequel, considérant que de Bonœuil a établi qu'il ne devait aucun arrérage de la rente dont il s'agit, à l'époque des poursuites exercées contre lui, et que ce fait n'est pas contesté par de Combray, infirme les deux jugements par défaut, remet les parties au même état qu'avant ces jugements; ordonne, en conséquence, que, sans avoir égard aux lots, ainsi qu'à l'envoi en possession du sieur de Combray, l'acte de licitation du 31 décembre 1784, sera exécuté, aux offres du sieur de Bonœuil de continuer la rente de 2,772 livres stipulée dans cet acte, *sauf*, est-il ajouté, *au sieur de Combray à se faire rendre, par qui de droit, les sommes qu'il a déboursées pour l'obtention et l'exécution de ces jugements*. — Le 19 novembre 1819, de Combray fait assigner l'Administration en restitution des 2,484 fr. 79 cent. perçus sur le jugement du 6 janvier 1808; — Le 15 mars 1820, jugement du tribunal civil de Falaise, qui, considérant que les jugements des 6 janvier et 16 mars 1808 ont été rendus par défaut; que l'arrêt de la cour de Caen du 24 novembre 1817, sur l'appel du sieur de Combray, a infirmé ces jugements, remis les choses au même état qu'auparavant; qu'ainsi le jugement du 6 janvier 1808, sur lequel a été perçu un droit proportionnel de mutation de 2,484 fr. 79 cent., est anéanti et comme non avenu, et que ce qui est nul ne peut produire aucun effet; que l'art. 60 L. 22 frimaire an 7 n'a pour objet que de prévenir les fraudes et collusions par lesquelles on chercherait à faire rentrer dans le néant des actes réels et sérieux pour obtenir la restitution des droits perçus sur ces actes; mais que, dans l'espèce, aucune fraude ni collusion ne paraît pouvoir être imputée au sieur de Combray ni à son frère; ordonne la restitution des droits perçus sur le jugement du 6 janvier 1808. — Sur le pourvoi est intervenu un arrêt ainsi conçu :

« Attendu que le jugement du 6 janvier 1808, quoique rendu par défaut contre de Bonœuil, n'en contenait pas moins, au profit du sieur de Cambray, une transmission de droits immobiliers sujette au droit proportionnel de 4 pour 100 réglé par l'art. 69 § 7 n° 1er L. 22 frimaire an 7, lequel ne fait aucune distinction entre les jugements par défaut et ceux rendus contradictoirement; qu'ainsi ce droit a été régulièrement perçu sur le jugement dont il s'agit, à l'instant de son enregistrement, aux termes de l'art. 28 de la même loi; attendu qu'aux termes de l'art. 60 aucun droit régulièrement perçu ne peut être restitué, quels que soient les événements ultérieurs, sauf, est-il ajouté, les cas prévus par la présente, et que la rétractation par voie d'opposition, ou l'infirmation par voie d'appel, d'un jugement par défaut, ne sont point au nombre de ces cas; qu'il suit de là qu'en ordonnant, sous le prétexte de l'annulation prononcée par l'arrêt du 24 novembre 1817, du jugement par défaut du 6 janvier 1808, la restitution du droit perçu sur ce jugement, le tribunal civil de Falaise a, par le jugement attaqué, fait une fausse application de l'Avis du conseil d'État du 22 octobre 1808, relatif au seul cas d'un jugement d'adjudication infirmé sur l'appel, et violé directement l'art. 60 L. 22 frimaire an 7, et, par suite, l'art. 69 § 7 n° 1er de la même loi » (7 nov. 1821, 1498 § 3 I. G., 7108 J. E.).

Sur le renvoi prononcé par cet arrêt, le tribunal de Caen a rendu, le 13 avril 1822, un jugement dans le même sens que celui du tribunal de Falaise, qui avait été annulé. — De là, nouveau pourvoi de l'Administration et arrêt portant :

« Attendu que le jugement par défaut, obtenu le 6 janvier 1808, par le défendeur, contre son frère, contenait, au profit du défendeur, une transmission de propriété immobilière, puisqu'il prononçait la résiliation d'une vente d'immeubles et qu'il faisait rentrer le vendeur dans la possession de ces immeubles; qu'ainsi ce jugement était passible, lors de son enregistrement, du droit proportionnel réglé par l'art. 69 § 7 n° 1er L. 22 frimaire an 7, lequel ne fait aucune distinction entre les jugements rendus par défaut et ceux contradictoires, d'où la conséquence que la perception de ce droit a été régulièrement faite; attendu que la régularité de cette perception ne pouvait être subordonnée aux circonstances qui avaient pu motiver, de la part du défendeur, l'obtention dudit jugement, ni à celles qui ont pu motiver, depuis, l'appel de ce jugement et son infirmation par la cour royale de Caen, parce que la perception du droit d'enregistrement s'établit sur les dispositions matérielles des actes judiciaires et sur leur effet légal, indépendamment des motifs qui ont pu déterminer les parties à provoquer ces actes, ou à faire prononcer ultérieurement leur annulation; attendu que l'art. 60 de la loi précitée prohibe expressément toute restitution de droits d'enregistrement régulièrement perçus, quels que soient les événements ultérieurs; qu'à la vérité cet article ajoute sauf les cas prévus par la présente; mais que cette loi ne prévoit que deux cas de restitution, ceux énoncés dans les art. 48 et 69 § 3 n° 3, lesquels sont absolument étrangers à l'espèce de la cause actuelle; attendu que, si le principe général posé dans l'art. 60 a reçu une exception à l'égard des adjudications faites en justice sur saisie immobilière, d'après l'Avis du conseil d'État du 22 octobre 1808, cette exception, dont les motifs ne peuvent s'appliquer à d'autres espèces, doit, par sa nature même, être restreinte à l'objet particulier pour lequel elle a été établie; attendu qu'il suit de là que le tribunal civil de Caen, en ordonnant la restitution du droit d'enregistrement perçu sur le jugement du tribunal civil de Falaise du 6 janvier 1808, a fait à la cause une fausse application de l'Avis du conseil d'État du 22 octobre 1808, et a formellement violé les art. 28, 60 et 69 de la loi du 22 frimaire an 7; par ces motifs, casse;... renvoie la cause et les parties devant la cour royale de Rouen, et toutefois ordonne qu'il en sera référé au roi, pour être procédé par ses ordres à l'interprétation de la loi, en conformité de celle du 30 juillet dernier » (15 nov. 1828, 1498 § 3 I. G., 11200 J. E., S. 28-1-411).

Sur le renvoi prononcé par ce nouvel arrêt, la cour de Rouen, saisie de l'affaire, a suivi la doctrine consacrée dans les deux décisions de la Cour suprême.

« Attendu, porte son arrêt, que le droit de 2,484 fr. 79 cent. a été régulièrement perçu sur le jugement du 6 janvier 1808, ce qui n'est pas contesté; attendu que peu importe que ce jugement ait été rendu par défaut et qu'il ait depuis été infirmé sur l'appel, que la loi n'a poit fait de distinction entre les jugements par défaut ou contradictoires, en premier ou en dernier ressort; qu'elle n'admet que deux cas de restitution, lesquels sont tout à fait étrangers à l'espèce de la cause actuelle; attendu que les principes généraux sur les effets des jugements par défaut sont inapplicables aux matières régies par les lois spéciales, et notamment en matière d'enregistrement; que ces droits, qui constituent un impôt, touchent à des intérêts publics, et sont sous l'influence de principes et considérations distincts; attendu qu'un de ces principes est la stabilité de l'impôt; que des perceptions provisoires, variables suivant les actes ou les jugements (ultérieurs) compromettraient le service public et l'intérêt de l'État; attendu que le décret (l'Avis du cons. d'Ét.) du 22 octobre 1808 a bien admis une exception nouvelle au principe de non-restitution posé dans l'art. 60 L. 22 frimaire an 7; mais que cette exception, faite pour le cas d'une adjudication en justice de biens immeubles, annulée légalement et sur appel, ne s'applique point à un renvoi en possession prononcé par un jugement par défaut, infirmé plus tard, soit sur opposition, soit sur appel; attendu, en effet, ainsi que l'a jugé la Cour de cassation par un arrêt du 29 novembre 1806 (*Rép. de jurisp.* v° *Restitution* et v° *Enregistrement* § 5), qu'entre la position de l'adjudicataire qui a contracté en justice et sur la foi publique, et celle de la partie qui volontairement sollicite de la justice un renvoi en possession injuste qui doit être plus tard rétracté comme nul, il n'y a aucune identité, et que la faveur due au premier est loin d'être méritée par le second; attendu qu'en matière de perception de droits d'enregistrement il ne suffit pas, comme dans les matières civiles, que la fraude ne soit pas prouvée, mais qu'il faut que la fraude soit impossible; qu'autrement on parviendrait facilement, et sous l'apparence d'actes ou de jugements qui en annuleraient d'autres précédents, à anéantir des perceptions de droit régulièrement faites, ce que l'art. 60 de la loi a précisément prévu et prohibé (11 juin 1835, ch. réun. 1498 §13, 11276 J. E.). »

Le principe étant ainsi établi, il ne nous reste qu'à indiquer sommairement les diverses décisions qui l'ont consacré. (V. Dissert. de M. Pont, *Rev. crit.* t. I p. 214).

**14607. Absence de fraude.** — Ainsi, la Cour de cassation, par un arrêt du 17 avril 1826 (8435 J. E., 1200 § 9 I. G.), a jugé que le droit proportionnel perçu sur un jugement contenant transmission de la propriété d'un domaine n'est pas sujet à restitution, quoique ultérieurement ce jugement soit infirmé sur appel, et sans qu'aucune collusion soit imputable aux parties.

« Vu, porte l'arrêt du 17 avril 1826, l'art. 60 L. 22 frimaire an 7; attendu que le droit proportionnel perçu sur le jugement du tribunal de Cambrai du 28 juin 1820 l'avait été régulièrement et en exécution de l'art. 69 § 7 n° 1er L. 22 frimaire an 7, puisque cet article assujettit généralement à ce droit tous les jugements portant transmission de la propriété ou d'usufruit de biens immeubles, sans aucune distinction entre ceux de ces jugements qui sont susceptibles d'appel et ceux rendus en dernier ressort, et que le jugement dont il s'agit contenait, au profit du sieur Berton, une transmission de la propriété du domaine par lui acquis, au nom du sieur Desmoutiers-Rons, par l'acte de vente du 15 septembre 1818; attendu que le droit, ainsi régulièrement perçu, ne pouvait devenir restituable par l'événement ultérieur de l'arrêt rendu par la cour royale de Douai, le 30 août 1821, qui, sur l'appel du sieur Desmoutiers, a annulé ladite vente. »

**14608. Acte à passer.** — Le jugement portant qu'à défaut par l'une des parties d'opérer la passation d'un acte dans un délai déterminé, ce jugement tiendra lieu de vente, emporte mutation de propriété et donne lieu, par suite, à la perception du droit proportionnel. La circonstance qu'un pareil jugement aurait été réformé sur l'opposition de la partie défaillante ne pourrait motiver la restitution du droit de mutation (Cass. 14 janv. 1836, 11407 J. E., 9137 J. N., S. 36-1-93).

« Attendu, porte l'arrêt du 14 janvier 1836, que le jugement du 13 décembre 1830, par défaut, contre Charrier, demandeur en cassation, le condamne à passer contrat de vente au profit de Marie-Catherine Konne, épouse de Perette fils, des immeubles compris dans un contrat antérieur, du 28 juillet 1828, et qu'il ordonne qu'à défaut de passer ce contrat, ledit jugement tiendrait lieu de vente; que ces dispositions opéraient une mutation de propriété passible de droits proportionnels ; que l'événement ultérieur d'une opposition à ce jugement et des conséquences de cette opposition n'a pu changer les effets de la perception régulièrement faite à l'époque dudit jugement par défaut, suivant les dispositions formelles de l'art. 60 de ladite loi de frimaire. »

Il a été jugé encore par la Cour de cassation, le 14 janvier 1824 (24-1-154, 1132-8 I. G., 7675 J. E), que lorsqu'un tribunal, reconnaissant qu'une vente verbale a existé entre les parties et qu'elle a même déjà reçu un commencement d'exécution, ordonne que le vendeur sera tenu d'en passer titre authentique à l'acquéreur, sinon que le jugement lui en tiendra lieu, l'Administration est autorisée à percevoir sur ce jugement le droit proportionnel 5 fr. 50 cent. pour 100, et elle ne peut être condamnée à restituer ce droit, sous le prétexte que les parties ne s'étant pas accordées sur les conditions et le mode de payement, la résolution de la vente a été ultérieurement prononcée par un jugement rendu de leur consentement réciproque (*V.* 11593-1 et encore dans le même sens Sol. 30 sept. 1831, 10131 J. E.).

**14609. Fausse interprétation de la nature d'un acte.** — La circonstance qu'un tribunal aurait faussement apprécié la nature d'un acte ne pourrait rendre restituables les droits perçus par suite de cette fausse interprétation du juge.

Spécialement, il a été jugé que lorsqu'un acte a été enregistré comme donation et qu'un jugement rendu entre parties lui reconnaît le caractère de vente, le droit perçu par complément sur ce jugement n'est pas restituable si, sur l'appel, ce jugement est réformé (Cass. 12 fév. 1850, 13981 J. N., 14904 J. E., 1857 § 13 I. G., P. 50-2-371).

« Attendu, porte cet arrêt, qu'aux termes de l'art. 60, les droits régulièrement perçus ne peuvent être restitués, quels que soient les événements ultérieurs, sauf les cas prévus par la loi; attendu qu'une perception est régulière quand le receveur a fait une exacte application de la loi aux actes qui lui sont présentés ; que le droit proportionnel perçu sur le jugement rendu par le tribunal de Saint-Marcelin, le 24 décembre 1845, l'avait été régulièrement et en exécution des dispositions de l'art. 69 § 7 n° 1er L. 22 frimaire an 7; que la restitution ne pouvait en être ordonnée que dans les cas prévus dans la même loi; que l'infirmation sur appel du jugement en vertu duquel le droit a été perçu n'est pas au nombre des cas pour lesquels la loi du 22 frimaire décide qu'il y aura lieu à restitution ; attendu qu'en ordonnant la restitution demandée, le jugement a formellement violé l'art. 60 L. 22 frimaire an 7. »

**14610. Défaut de payement de prix.** — Loubeau a demandé, contre Carvallo père et fils, la résiliation, faute de payement, d'une vente d'une maison consentie par lui en leur faveur, moyennant une pension viagère de 3,908 francs.

Le 9 août 1822, jugement du tribunal de Bayonne qui prononce cette résiliation. — Sur l'appel, arrêt infirmatif du 5 février 1823.

Loubeau, qui avait payé un droit proportionnel d'enregistrement sur le jugement réformé, a fait signifier, le 7 mai 1824, à l'Administration, une copie de l'arrêt avec assignation en restitution d'une somme de 2,659 francs, pour les droits d'enregistrement perçus sur le jugement.

Le 29 juin 1824, jugement du tribunal de Bayonne qui ordonne cette restitution. Mais le jugement a été cassé par arrêt de la Cour de cassation du 2 août 1826 (1204 § 5 I. G.) ainsi conçu :

« Vu les art. 60 et 69 § 7 n° 1er L. 22 frimaire an 7; attendu qu'aux termes de ce dernier article, le droit proportionnel d'enregistrement résultant de la transmission de propriété immobilière prononcée par le jugement du 9 août 1822 avait été régulièrement perçu ; attendu que, suivant l'art. 60 précité, ce droit ne pouvait être restitué, quels que fussent les événements ultérieurs, dès lors que l'infirmation par voie d'appel d'un jugement de première instance n'est pas au nombre des cas d'exception admis par la loi au précepte général que contient ledit article. »

« Attendu, porte encore un arrêt du 6 décembre 1850, qu'aux termes de l'art. 69 L. 22 frimaire an 7, le jugement du 24 mars 1817, portant résiliation, faute de payement du prix, de la vente consentie à Mourgues, était passible du droit proportionnel déterminé au § 7 n° 1er dudit article, lequel, au surplus, ne fait aucune distinction entre les jugements de rétrocession rendus et ceux rendus contradictoirement; attendu que l'art. 12 L. 27 ventôse an 9 n'excepte du droit proportionnel les jugements portant résiliation de vente faute de payement du prix qu'autant : 1° qu'il n'y a eu aucun payement fait sur le prix de la vente ; — 2° que l'acquéreur n'est pas entré en jouissance de l'objet vendu ; qu'aucune de ces circonstances ne se rencontrait dans l'espèce, puisque Mourgues avait payé une partie de son prix, et qu'il était entré en jouissance de l'objet vendu ; attendu qu'il suit de là que la perception du droit proportionnel avait été légalement faite sur le jugement par défaut du 24 mars 1817, et que la rétractation de ce jugement, prononcée sur l'opposition de Mourgues, n'a pas pu rendre ce droit restituable, d'après la disposition formelle de l'art. 60 de la loi précitée du 22 frimaire an 7. »

Ont encore décidé dans le même sens (Cass. 24 therm. an 13, 2174 J. E., S. 7-2-939; — et 11 avr. 1825, 1173 § 4 I. G., S. 26-1-145).

« Attendu, porte l'arrêt du 11 avril 1825, que le jugement constate l'exécution au moins partielle des conventions par les payements à-compte du prix faits par Largilière et par la jouissance qu'il avait eue de ce domaine depuis lesdites conventions; attendu enfin que le jugement du 6 février 1822 ne déclare la convention résolue et comme n'ayant jamais existé, que faute par Largilière d'avoir entièrement soldé le prix stipulé entre lui et Vernoy; attendu que de semblables dispositions donnaient ouverture aux droits de vente et de rétrocession réclamés par la Régie, et que ces droits ayant été ainsi régulièrement perçus sur ce jugement, ne sont pas devenus restituables par l'événement ultérieur du 20 août 1822, qui a réformé, en ce chef, le jugement. »

La même règle est applicable : 1° si le jugement est devenu sans effet par le payement du prix (Cass. 27 mai 1806, 2430 J. E.) ; — 2° si le vendeur a renoncé à se prévaloir du jugement au moyen d'une indemnité (Dél. 18 nov. 1828, 9239 J. E.) ; — 3° enfin, dans le cas où le jugement a été modifié par un arrêt qui a sursis à la résiliation pendant un délai dont le détenteur a profité pour se libérer (Cass. 19 fév. 1823, 7501 J. E.).

**14611. Droit de titre.** — Le droit de titre perçu sur un jugement de condamnation n'est pas restituable, lors même que ce jugement est rétracté sur l'opposition du défendeur :

« Attendu que la rétractation du jugement par défaut, par le jugement contradictoire rendu sur l'opposition de Gouyer fils, n'empêche pas que le jugement par défaut n'ait dû être enregistré dans le délai et au taux fixé; que, dans ce cas, aucune disposition n'a ordonné la restitution d'un droit légalement perçu; d'où il suit que le jugement attaqué, en rejetant l'opposition du réclamant à la contrainte et sa demande en restitution du droit perçu par le jugement par défaut, loin d'avoir violé ni faussement appliqué les art. 7, 28, 60 et 69 L. 22 frimaire an 7, les a sainement entendus » (Cass. 11 déc. 1821).

La même interprétation a été consacrée par le tribunal du Havre, le 7 juillet 1877.

**14612. Droit de condamnation.** — Dans le même sens, le droit de condamnation régulièrement perçu sur un jugement par *défaut* n'est pas restituable, encore bien que le jugement soit ultérieurement modifié ou réformé (Seine 3 avr. 1850, 14929-6 J. E.; — 17 nov. 1860, 17202 J. E.).

**14613. Modification de jugement.** — Un jugement par défaut, du 3 août 1820, avait prononcé contre la veuve Ruppaley la résolution pure et simple d'un contrat de bail, à défaut de payement des arrérages de deux rentes constituées pour prix de ce bail. — Sur l'appel, la cour de Caen, par arrêt du 11 octobre 1820, a modifié ce jugement et a sursis à la résiliation pendant un délai de quatre mois, qu'elle a accordé à la veuve Ruppaley pour se libérer des arrérages dont elle était débitrice.

Celle-ci, ayant acquitté ces arrérages dans le délai fixé, s'est crue en droit de demander la restitution du droit proportionnel de mutation perçu sur le jugement par défaut du 3 août 1820, et elle y a été admise par un jugement du tribunal civil de Bayeux, du 9 juillet 1821 ; mais ce jugement a été cassé par arrêt du 19 février 1823 (7501 J. E.), qui a déclaré le droit perçu sur le jugement de résolution irrévocablement acquis au Trésor.

On a quelquefois autorisé la restitution des droits perçus à l'occasion d'une erreur matérielle commise dans le jugement et rectifiée dans la minute après l'enregistrement (Sol. 14 janv. 1878).

**14614. Rétrocession.** — Lorsque l'acquéreur d'un immeuble s'est engagé, par convention verbale, à le rétrocéder à un tiers, moyennant un certain prix, que celui-ci a payé des à-comptes et est entré en jouissance, mais qu'ensuite, ne payant plus, la rétrocession a été résolue par jugement pour cette cause; si, lors de l'enregistrement de ce jugement, l'Administration a perçu le droit proportionnel tant pour la vente que pour la rétrocession, ce droit, ainsi régulièrement perçu, n'est pas restituable, encore qu'un arrêt infirmatif du jugement aurait déclaré postérieurement qu'il n'y avait pas eu rétrocession (Cass. 11 avr. 1825, *arrêt rapporté* (n° 14610).

« Attendu, porte un arrêt du 17 février 1840 (12479 J. E., 1618 § 2 I. G., S. 40-1-332), que lorsque la perception d'un droit d'enregistrement a été régulièrement faite sur un jugement rendu en première instance, l'infirmation de ce jugement par arrêt subséquent est un événement ultérieur que la loi ne met point au nombre de ceux qui autorisent la restitution du droit perçu ; attendu que le jugement du 22 juillet 1835, sur lequel le droit d'enregistrement a été perçu, a eu pour objet principal, en ce qui concernait les immeubles compris au contrat de vente du 15 septembre 1831 et au procès-verbal d'adjudication du 4 octobre suivant, l'annulation desdits actes, dont la nullité était demandée par les époux Picard; et que ce même jugement, en déclarant ces immeubles partie des biens dépendant des successions des mariés Guillemont, n'a fait autre chose que tirer la conséquence qui dérivait nécessairement de l'annulation par lui prononcée; qu'il suit de là que la Régie de l'enregistrement a été autorisée à considérer le jugement précité comme opérant une annulation des actes de vente, et, par suite, une rétrocession au profit de la succession des époux Guillemont, père et mère; qu'ainsi, le jugement attaqué, en ordonnant la restitution des droits perçus, a formellement violé les articles précités. »

Un second arrêt, du 2 août 1859, a de nouveau statué, dans le même sens, que le droit de rétrocession était dû sur le jugement, et que sa perception ayant été régulière, l'art. 60 L. 22 frimaire an 7 s'oppose à la restitution, puisque ses prescriptions s'appliquent même au cas d'annulation ou d'infirmation sur opposition ou appel du jugement sur lequel le droit a été perçu (1199 R. P., 2163 § 5 I. G., 16981 J. E., 16690 J.N., 11585 C., S. 59-1-855).

« Attendu, porte cet arrêt, que le droit perçu pour rétrocession sur le jugement du 10 juillet 1854 l'avait été régulièrement, puisque ce jugement constatait non-seulement la déclaration de renonciation de Knodérer fils en présence de toutes les parties en cause, mais ordonnait, contradictoirement avec elles, en conséquence de ladite renonciation, toutes les mesures préparatoires au partage; qu'il décidait implicitement que les donations auxquelles renonçait Knodérer étaient tenues pour résolues et rentraient dans la masse partageable; qu'en effet, ledit jugement déclare que Knodérer n'a été que le détenteur apparent des biens donnés, lesquels rentrent dans la masse commune; qu'après avoir donné acte du désistement de Knodérer, il décide qu'il n'y a pas lieu de statuer sur les immeubles de communauté compris dans les donations, ces immeubles rentrant dans l'actif de la communauté; et qu'enfin il ordonne au notaire commis de procéder au partage de la communauté d'après ces bases, c'est-à-dire en tenant les donations pour résolues, et que, de plus, ledit jugement statue que les droits auxquels donnera lieu ladite renonciation seront supportés par le donataire renonçant, etc.; attendu qu'en présence de ces constatations et dispositions du jugement reconnaissant l'existence d'une véritable rétrocession, la Régie a pu percevoir le droit que la loi y attachait. »

**11614 *bis*. Subrogation aux poursuites.** — La disposition d'après laquelle les droits perçus sur une adjudication judiciaire sont restituables quand cette adjudication est annulée sur appel ne saurait être étendue au cas où la vente est annulée par voie d'action principale, notamment comme conséquence de l'annulation du jugement qui avait subrogé des créanciers à la poursuite du saisissant et ordonné l'adjudication.

« Attendu qu'en cas d'appel d'un jugement d'adjudication, la vente qu'il renferme n'est réellement et définitivement consentie que par l'arrêt qui le confirme; qu'ainsi le contrat n'est accompli et parfait qu'au moment où cet arrêt intervient; attendu que toute autre voie légale pour faire prononcer l'annulation d'une adjudication judiciaire n'ayant pas pour effet, comme l'appel, de rendre l'adjudication imparfaite, jusqu'à ce qu'il ait été statué, est un de ces événements ultérieurs qui, aux termes de l'art. 60 L. 22 frimaire an 7, sont sans influence sur la perception régulièrement acquise des droits » (Corbeil 24 avr. 1873, 3743 R. P.). Ce jugement est actuellement déféré à la Cour de cassation.

**14615. Vente verbale.** — Un jugement du tribunal de Lyon, du 29 juillet 1820, avait reconnu qu'il y avait eu, le 10 mars 1817, vente verbale par Valensot, au profit de Tonnerieu, de plusieurs héritages, moyennant 5,300 francs; en conséquence, ce jugement avait condamné Valensot à passer, dans la quinzaine, contrat de vente à Tonnerieu, sinon que le jugement en tiendrait lieu.

Le jugement ayant été réformé en appel par un arrêt qui déclara qu'il n'y avait jamais eu que simple projet de vente, la restitution des droits perçus par le jugement fut ordonnée par le tribunal de Lyon, le 14 mars 1823; mais, sur le pourvoi de l'Administration, arrêt du 14 juillet 1824, qui casse, en ces termes, le jugement du tribunal de Lyon (7881 J. E., 1150 § 7 I. G.).

« Attendu que le droit perçu sur le jugement du tribunal civil de Lyon, du 29 juillet 1820, l'avait été régulièrement et en conformité de l'art. 69 précité L. 22 frimaire an 7, lequel assujettit généralement au droit proportionnel de mutation tous actes judiciaires portant transmission de propriété immobilière, sans aucune distinction entre les jugements susceptibles d'appel et ceux rendus en dernier ressort; attendu qu'il suit de là que, d'après l'art. 60 de la même loi, les droits perçus ne pouvaient être restitués, quel que fût l'événement de l'appel interjeté de ce jugement, et qu'en ordonnant cette restitution, le jugement attaqué a violé les articles précités. »

**14616. Droit non perçu sur le jugement annulé.** — On a vu, au mot *Résolution*, que du moment qu'une vente a été annulée en justice, aucun autre droit que celui qui a pu être perçu ne peut être réclamé. C'est le même principe qui a présidé à la solution ci-après: — Par suite d'une transaction et d'un compromis faits entre les sieurs Sarrebrousse père et fils, intervint une sentence arbitrale qui attribua aux enfants, pour les remplir de leurs droits, une maison propre au père.

Aucun droit ne fut perçu. Sur l'appel, la sentence a été déclarée nulle par arrêt du 12 avril 1832. Pour réclamer le droit non perçu, on se fondait sur ce que l'art. 28 L. 22 frimaire an 7 veut que tous les droits dont un acte ou jugement est passible soient payés avant l'enregistrement; qu'ainsi, ceux qu'on a omis de percevoir n'en sont pas moins acquis au Trésor et peuvent toujours être réclamés dans les délais; que, d'après la même loi, les droits régulièrement perçus ne peuvent être restitués, et que s'abstenir d'exiger, ce serait en quelque sorte faire la même chose que restituer.

Mais une délibération du conseil d'Administration, du 7 décembre 1832, a rejeté la demande: « Attendu que si, d'après les termes de la loi, on doit se refuser à restituer le droit perçu sur un jugement qui est ensuite annulé, on ne pourrait pas équitablement soutenir qu'un droit non perçu sur une mutation qui ne serait née que d'un jugement anéanti, puisse encore être exigé après l'annulation de ce jugement, et lorsqu'il est constant, comme dans l'espèce, qu'aucune mutation ne s'est opérée, et qu'ainsi il n'existe plus ni cause ni base de perception » (D.N. t. 11 p. 466 n° 256, 10501 J.E.).

Le tribunal de la Seine a cependant décidé, le 17 février 1866, que les droits exigibles sur un jugement par défaut, annulé à la suite d'une opposition, peuvent être réclamés aux parties malgré sa rétractation (2323 R.P.). — Mais nous croyons avoir établi au mot *Résolution* que cette doctrine est mal fondée.

**14617. Faux éléments de perception.** — Dans tous les cas, il faut remarquer que la jurisprudence qui a fait l'objet des numéros précédents ne doit pas être aveugle, en ce sens que si la demande en restitution à raison d'un jugement réformé se fondait sur une erreur, non pas du juge, dont l'Administration ne peut être responsable, ainsi qu'on l'a vu au n° 14609, mais de son préposé, la restitution devrait être ordonnée.

Ainsi, un jugement par défaut condamne à *parfaire* l'exécution d'un marché pour vente de marchandises convenu pour 14,000 francs; sur l'opposition, il est déclaré que la valeur des objets à livrer n'excède pas 6,000 francs.

Si le droit proportionnel a été exigé sur 14,000 francs, il est restituable pour la différence de 14,000 à 6,000 francs, parce que primitivement le receveur aurait dû exiger la déclaration de la valeur des objets à livrer (Sol. 30 avr. 1831, 9987 J.E.).

En ce sens encore, il a été jugé par la Cour de cassation, le 16 mai 1849 (14742 J.E., S. 49-1-526), que pour que les droits perçus sur le jugement infirmé qui avait reconnu l'existence de la mutation ne soient pas restituables, il faut que ce jugement ait sanctionné un titre valable par lui-même. Mais il ne peut en être ainsi si le tribunal a reconnu l'existence d'une mutation qui n'était constatée que par un écrit incomplet, en tant qu'acte de vente, et ne constituant aucun lien de droit (D. N. t. 11 p. 466 n° 255).

« Attendu que, porte l'arrêt du 16 mai 1849, sauf certaines exceptions spécialement prévues par quelques dispositions législatives particulières, le droit perçu sur le jugement qui a été rétracté sur opposition ou réformé en appel n'est pas restituable, parce que ce jugement était un titre complet suffisant par lui-même pour profiter à la partie qui l'avait obtenu, et que le sort qui ensuite a été fait à ce jugement, soit sur l'opposition, soit sur l'appel, est un événement subséquent que, dans l'intérêt général du Trésor et de l'État, qui réclame la fixité des encaissements, l'art. 60 déclare incapable d'exercer aucune influence sur la perception consommée ; or, il n'en est pas ainsi de la perception opérée, comme dans l'espèce, sur un écrit qui, par lui-même incomplet, en tant qu'acte de vente, faute de l'adhésion de l'acheteur, et ne constituant aucun lien de droit, n'a force ni d'obligation ni de titre probant; le jugement n'a rien pu y ajouter, et dès lors ne lui a apporté aucune valeur, en sorte que la propriété n'a pas passé, pas même pendant un instant de raison, de la tête du soi-disant vendeur sur celle du prétendu acheteur. »

Dans le même ordre d'idées, le tribunal de Rennes, se fondant sur ce qu'on ne saurait voir une cession de créance passible du droit de 1 pour 100 dans l'écrit par lequel une personne déclare accepter certaines créances, telles qu'elles sont fixées dans un état dressé entre lui et le prétendu cédant, a décidé que le droit perçu lors du jugement qui a considéré cet acte comme un commencement de preuve par écrit du transport, est restituable après un arrêt qui a infirmé le jugement (J. 14 mars 1865, 12984 C., 2090 R. P.).

## CHAPITRE VIII. — DEMANDES EN RESTITUTION

[14618-14623 *bis*]

**14618. C'est aux parties qu'appartient le droit.** — Toute la matière des restitutions que nous venons d'exposer se trouve résumée dans l'art. 60 L. 22 frimaire an 7; mais il faut recourir à l'art. 61 pour savoir quelles sont les personnes qui ont qualité pour exercer l'action en restitution, car l'art. 60 est muet sur ce point.

C'est aux parties que ce droit incombe naturellement; l'art. 61 dispose, en effet, que *les parties* sont non recevables après le délai de deux ans, pour toute demande en restitution de droits perçus.

1. ACTE SOUS SEING PRIVÉ. — En ce sens, il a été jugé par le tribunal de la Seine, le 31 mai 1838 (12184 J.E.), que la demande en restitution des droits d'enregistrement d'un acte sous seing privé ne peut être faite que par les contractants.

2. VENDEUR. — Mais ce point admis, il n'y a pas de préférence à établir entre les parties contractantes. Ainsi, bien que d'après l'art. 31 L. 22 frimaire an 7, ce soit à l'acquéreur à payer les droits d'une mutation de propriété à titre onéreux, cependant, comme *toutes les parties* sont solidaires pour le payement de ces droits, il faut en conclure que le vendeur aurait action tout comme l'acquéreur pour réclamer la restitution d'un droit indûment perçu sur un acte de vente. C'est ce qu'a reconnu le tribunal du Havre par un jugement du 3 mai 1849 (D. N. t. 11 p. 431 n° 28).

Cependant, le tribunal de la Seine s'est écarté de cette règle, en décidant, le 29 juin 1842, que lorsque, par l'acte de cession, le cessionnaire a été chargé des frais de l'acte, le cédant n'a pas qualité pour demander la restitution des droits indûment perçus sur cet acte.

Il est vrai que, dans l'espèce, la convention des parties mettait, d'une manière expresse, les droits à la charge du cessionnaire, mais comme cette convention eût été impuissante à soustraire le cédant à l'action du Trésor, si le Trésor avait eu une action à exercer par suite de l'acte de cession, il nous semble que, par voie de réciprocité, le cédant doit avoir les mêmes droits que le concessionnaire quant à l'action en restitution.

Le même tribunal a persisté dans sa jurisprudence, en décidant, le 26 août 1871, que quand les droits de la vente ont été mis à la charge de l'acquéreur et payés par lui, le vendeur n'a pas qualité pour en demander la restitution (3494 R. P.).

3. PARTIES NON CONTRACTANTES. — Dans tous les cas, aucun doute ne pourrait s'élever si c'est un individu qui n'a pas été partie à l'acte qui vient demander la restitution des droits perçus sur cet acte. En ce sens, le tribunal de Schlestadt a jugé avec beaucoup de raison, le 20 janvier 1848, que les droits perçus à raison d'un acte déposé chez un notaire étant payés par le déposant, la restitution n'en peut être demandée par ceux qui ont comparu à l'acte déposé. C'est, en effet, le déposant qui seul peut être considéré comme partie à l'acte de dépôt, lequel constitue un acte tout à fait distinct de l'acte déposé.

**14619. Ayants droit.** — 1. CRÉANCIERS. — Ceux qui sont aux droits d'une personne pouvant exercer tous les droits qui compètent à cette personne, il en résulte que les ayants droit des parties peuvent exercer, à leur lieu et place, l'action en restitution.

Ainsi, un arrêt de Cass. du 23 janvier 1849 a jugé que les créanciers qui, aux termes de l'art. 1166 C. C., peuvent exercer les droits de leur débiteur, sont admis à poursuivre la restitution des droits d'enregistrement indûment perçus sur ce dernier, sans avoir besoin même de son consentement ni d'une autorisation de justice (S. 49-1-193, 1837-2 I. G., 14659 I. G.).

« Attendu, porte l'arrêt, qu'aux termes de l'art. 1166 C. C., les créanciers peuvent exercer tous les droits et actions de leur débiteur; que cet article n'excepte que les droits exclusivement attachés à la personne, et qu'aucune disposition de la loi ne subordonne à un consentement émané du débiteur ou à une autorisation de justice l'exercice des actions ainsi ouvertes aux créanciers; attendu que, si la partie assignée juge nécessaire ou utile la présence du débiteur principal, tous droits lui appartiennent pour le mettre en cause; attendu qu'il est constaté par le jugement attaqué que les défendeurs à la cassation étaient créanciers de la succession du sieur Hémar; qu'ainsi, en les déclarant recevables à exercer les droits pouvant appartenir à cette succession, ledit jugement n'a violé aucune loi. »

2. PERSONNE AYANT PRÉSENTÉ UN ACTE A L'ENREGISTREMENT. — Mais on ne pourrait considérer soit comme ayant droit dans le sens que nous disons ici, soit comme partie dans le sens du numéro précédent, la personne qui n'aurait fait que présenter un acte à l'enregistrement en en payant les droits. Il a été décidé, en effet, par le jugement du tribunal de la Seine, ci-dessus rapporté n° 14618-1, que celui qui, sans être partie dans un acte sous seing privé, l'a fait enregistrer et en a payé les droits, n'a pas pour cela capacité suffisante pour demander plus tard, en son nom, la restitution de ces droits; car, n'étant point partie à l'acte qui a donné lieu à la perception, il doit être considéré seulement comme mandataire des parties elles-mêmes, pour le fait du versement des droits, mais non pour plaider.

3. MANDATAIRE. — L'Administration ne peut se prévaloir, pour éviter une demande en restitution, de ce que la demande a été signifiée à la requête du mandataire de la partie, et non à la requête de cette partie elle-même. On ne saurait, en effet, appliquer à une simple interpellation judiciaire la rigueur du principe que nul en France ne plaide par procureur et trouver dans cette irrégularité un motif de nullité (Seine 6 fév. 1856, 15740 J. N.).

Mais il ne suffirait pas au demandeur d'arguer d'un prétendu mandat s'il n'en faisait pas la justification (Seine 26 déc. 1855).

Il faut d'ailleurs que le mandat confère au mandataire le pouvoir de demander la restitution. Ainsi, par exemple, un mandataire chargé d'acquérir, de payer le prix et les frais de l'acte, n'a pas qualité pour demander la restitution d'un droit indûment perçu : l'effet du mandat a cessé et il en faudrait un *autre spécial* (3062 J. N.).

**14620. Notaire.** — Quant au droit des notaires de demander la restitution de ce qui a été perçu sur les actes de leur ministère, il est incontestable, car il découle de la nature même de leurs obligations à l'égard du Trésor. Comme ils sont personnellement obligés au payement des droits, on doit donner comme corollaire à cette obligation le droit de réclamer la restitution de tout ce qu'ils ont indûment payé. C'est ce qu'a formellement consacré la jurisprudence (Cass. 5 fév. 1810 et 1er mars 1825, S. 10-1-137 et 25-1-371, 4786 et 8017 J. E.; — D. m. f. 5 juill. 1830, 1328 I. G.; — *V.* cep. *Contrà* Bruxelles 4 oct. 1817).

« Attendu, porte l'arrêt du 1er mars 1825, que les notaires étant, aux termes de l'art. 29 L. 22 frimaire an 7 obligés d'acquitter, pour les parties, au moment même de l'enregistrement des actes passés devant eux, les droits auxquels ces actes donnent lieu, et ce payement ne pouvant être différé par eux, sous prétexte qu'ils n'auraient pas reçu des parties le montant de ces droits, il suit de cette disposition que la loi considère, à cet égard, les notaires comme les débiteurs directs de ces droits envers la Régie, et que, par une conséquence nécessaire, ils ont action et qualité pour répéter, vis-à-vis d'elle, ce qu'elle a perçu de trop lors de ce payement, parce qu'il est de principe consacré par l'art. 1235 C. C. que tout débiteur a le droit de répéter ce qu'il a payé au délà de son dû. »

Les notaires ne sont pas obligés, pour former une demande en restitution, de justifier qu'ils ont avancé les droits trop perçus sur leurs actes, et qu'ils n'en ont pas été remboursés.

« Attendu, porte un jugement de la Seine du 22 juillet 1829, qu'aux termes de l'art. 29 L. 22 frimaire an 7, tout notaire est tenu d'acquitter les droits d'enregistrement aux quels donnent lieu les actes passés devant lui; que, dès lors, le notaire doit être considéré comme débiteur direct de la Régie; qu'il suit de là que le notaire a qualité pour exercer personnellement l'action en restitution des sommes qui seraient à répéter, en cas de perceptions exagérées qu'imposer au notaire l'obligation de justifier, avant sa demande en restitution, que les droits ont été avancés par lui, et qu'il n'en a pas été remboursé, serait modifier une qualité qui est entière; attendu, d'ailleurs, que l'obligation imposée au notaire par l'article précité établit suffisamment que l'avance des droits a été faite par lui; que contraindre le notaire à justifier qu'il n'a pas été remboursé de ses avances par son client serait lui imposer la preuve d'un fait négatif » (22 juill. 1829, Roll. 3400, D.N. t. 11 p. 431 n° 24). — V. *Acte notarié.*

1. NOTAIRES HORS DE FONCTIONS. — Comme conséquence directe de ce principe, il fau décider que le notaire hors de fonctions ne cesse pas d'avoir qualité pour obtenir la restitution des droits indûment perçus sur les actes de son ministère.

Pour accueillir une réclamation de cette nature, il suffit que le droit soit restituable et que la réclamation soit faite par le notaire qui a reçu l'acte dont la perception est irrégulière, sans qu'on ait à examiner s'il est ou non encore en fonctions (Sol. 6 mai et 13 juin 1833; Roll. 4103). — Mais il nous semble que s'il était justifié que le notaire a rendu ses comptes à la partie, son mandat légal disparaîtrait et il ne pourrait agir sans une nouvelle autorisation.

2. ÉVALUATIONS A FAIRE PAR LA PARTIE. — De même, le notaire cesse d'avoir qualité quand la restitution repose sur une évaluation à faire par la partie; dans ce cas, le tribunal d'Auch a décidé avec raison, le 19 décembre 1855, que c'est la partie seule qui peut demander la restitution.

3. AVIS A DONNER AUX PARTIES. — Pour prévenir tout abus de nature à compromettre les intérêts respectifs des parties et des notaires, le ministre a prescrit aux directeurs d'informer simultanément les uns et les autres des restitutions autorisées (1328 I. G.).

**14621. Avoué.** — Les avoués ne sont pas débiteurs directs des droits exigibles sur les jugements rendus dans les instances où ils ont occupé : ils n'ont donc pas qualité pour réclamer le remboursement sans un mandat spécial de la partie.

1. ORDRE. — Le tribunal de Corbeil a cependant reconnu, le 20 juin 1856, qu'en matière d'ordre, la restitution des droits mal à propos perçus sur le procès-verbal peut être réclamée par l'avoué du créancier sur lequel les fonds ont manqué :

« Attendu que l'avoué poursuivant l'ordre est le mandataire judiciaire et légal des créanciers, qu'il a aussi qualité en son nom personnel pour poursuivre la restitution des droits par lui payés indûment; attendu dès lors que Guichard, mandataire judiciaire et légal, comme avoué poursuivant, et partie à l'ordre, comme créancier colloqué avec privilége pour le montant de ses frais, a doublement qualité pour exercer l'action » (2291 R.P.).

L'Administration avait décidé le contraire par une Sol. 29 août 1865, dont voici les termes :

« Du moment que l'avoué a obtenu un bordereau de collocation pour tous les frais avancés par lui, y compris les droits d'enregistrement dont il s'agit; du moment qu'il est certain que, grâce à ce bordereau de collocation délivré par privilége à son profit sur toutes les sommes en distribution, il sera remboursé de tous ces frais, il se trouve sans droit pour exiger que l'Administration lui restitue une seconde fois une somme dont le remboursement lui est assuré. Le montant de ces droits en trop perçus que le Trésor restitue forme aujourd'hui un supplément des sommes qui étaient en distribution. Le supplément doit revenir soit au dernier créancier sur qui les fonds ont fait défaut, soit à la partie saisie, si les ex-créanciers ont été tous intégralement payés de leurs créances. »

Cette interprétation paraît préférable. Elle a été cependant repoussée très-récemment par le tribunal de Lourdes le 20 juill. 1875 (4276 R. P.).

**14622. Succession.** — Mais aux droits perçus sur les actes de leur ministère s'arrête la faculté qui appartient aux notaires d'intervenir directement dans les demandes en restitution.

Aussi le tribunal de la Seine a-t-il jugé, le 29 mars 1843 (13239 J. E.), qu'un notaire n'a pas qualité pour former personnellement la demande en restitution d'un droit de mutation par décès acquitté par un de ses clients, encore bien qu'il en ait fait l'avance.

Lorsqu'un légataire universel qui a payé le droit de 9 pour 100 sur la totalité de la succession est ensuite partiellement évincé par un enfant naturel, ce dernier n'a pas qualité pour demander, au nom du légataire, la restitution des droits perçus sur la portion dont ce légataire est dépouillé (Le Havre 6 fév. 1867, 18330 J. E.).

1. BUREAU. — La demande en restitution des droits de mutation acquittés pour une succession dans plusieurs arrondissements, doit être portée devant le tribunal de chaque arrondissement, et le tribunal de l'ouverture de la succession n'est point compétent pour statuer sur la restitution des droits perçus dans les autres arrondissements de la situation des biens (Cass. 1er juill. 1840, 1634 § 13 I. G., S. 40-1-588, 12552 J. E.).

2. MANDAT. — Le mandat de restitution des droits peut être délivré au profit de celui des héritiers qui a payé ces droits, sauf à en donner avis aux autres (D. m. f. 28 fév. 1873).

**14623. Prescription.** — La prescription est interrompue par l'ordre de restitution du directeur ou de l'Administration.

V. *Prescription.*

**14623 *bis.* Pays cédés.** — Les droits perçus indûment avant la cession de l'Alsace-Lorraine à la Prusse dans les bureaux incorporés à l'Allemagne par le traité de paix du 11 décembre 1871 doivent être restitués aux parties par le Trésor français, nonobstant les dispositions de ce traité par lesquelles le gouvernement allemand se charge de ces remboursements (Saint-Dié 11 déc. 1873, 3825 R. P.).

La restitution peut en être demandée au tribunal français dans le ressort duquel se trouvait placé le bureau cédé (Saint-Dié 11 déc. 1873, 3825 R. P.).

Si le tribunal lui-même est devenu allemand, la demande en restitution peut-être portée, selon nous, au tribunal le plus voisin ou au tribunal de la Seine près duquel est le siége de l'Administration.

L'Administration allemande a quelquefois répondu aux actions en restitution engagées directement contre elle (Cass. allemande 1er mai 1874, 3862 R. P.).

# RÉTENTION (DROIT DE).

**14624.** — C'est le droit de conserver la possession d'une chose jusqu'au remboursement des avances faites à l'occasion de cette chose.

**14625. Distinction entre ce droit et le privilége et l'hypothèque.** — Le droit de rétention diffère sous plusieurs rapports du privilége et de l'hypothèque, et il est essentiel de ne pas les confondre.

D'abord, il ne donne pas un droit de préférence sur le prix de la chose, mais seulement le droit de la posséder, et de ne s'en dessaisir qu'après payement : ce qui oblige ordinairement les créanciers hypothécaires ou privilégiés à désintéresser le détenteur, afin de pouvoir exercer leurs droits. Sous ce rapport, le droit de rétention l'emporte sur les priviléges et hypothèques; mais il leur est inférieur en ce qu'il ne se maintient que par la possession de la chose, et ne donne pas le droit de suite.

Le droit de rétention n'a pas besoin d'être inscrit : le fait même de la possession sur laquelle il se fonde avertit suffisamment les tiers.

**14626. Distinction entre le droit de rétention et le gage.** — Le droit de rétention se rapproche beaucoup du gage, mais il a moins d'étendue, car le créancier gagiste, outre le droit de *retenir* la chose engagée, a celui de faire ordonner en justice qu'elle lui demeurera en payement et jusqu'à due concurrence, d'après une estimation faite par experts, ou qu'elle sera vendue aux enchères (2078 C. C.).

**14627. Droit du détenteur.** — Le dépositaire peut retenir la chose déposée jusqu'à l'entier payement de ce qui lui est dû à raison du dépôt (1948 C. C.). — Le même droit appartient au commodataire, lorsqu'il a fait, pour la conservation de la chose, des dépenses nécessaires et urgentes (Persil *des Priv. et hypoth.* 2094). Mais il n'aurait pas cette faculté à l'occasion de ce que le prêteur lui doit pour d'autres causes (1885 C. C.).

En matière d'immeubles, le droit de rétention existe dans les cas particuliers prévus par les art. 867, 1673, 1749 C. C. Toullier (nº 130) et Duranton (nº 382) pensent qu'il doit en être de même pour tous les possesseurs de bonne foi. Cette opinion s'appuie sur des motifs d'une évidente équité. Mais, si la créance qui motive la rétention de l'immeuble est encore contestée, le détenteur peut être condamné à la restitution, pourvu que le réclamant fournisse une sûreté équivalente.

Le droit de rétention ne peut s'exercer que dans le cas d'une demande au pétitoire; car le juge de paix, lors d'une action possessoire en réintégrande ou en complainte, n'est appelé à statuer que sur le fait même de la possession et sur les dommages-intérêts réclamés par le trouble. Il ne peut condamner à la restitution de l'immeuble, comme juge du possessoire (Duranton t. 4 nº 382). — V. *Enregistrement.*

# RETOUR.

DIVISION



SOMMAIRE

**14628. Deux espèces de retour.** — On nomme *retour*, dans l'acception spéciale que nous donnons ici à ce mot, l'exercice du *droit de retour* d'après lequel les ascendants donateurs reprennent la chose par eux donnée à leurs descendants, lorsque ceux-ci décèdent sans enfants, ou l'exercice du droit de retour que les donateurs se sont réservé dans les actes de donation. Le premier se nomme *retour légal*, dont le droit dérive de la loi ; le second, *retour conventionnel*, qui n'est que l'effet de la convention.

## CHAPITRE PREMIER. — RETOUR CONVENTIONNEL

[14629-14640]

**14629.** — Le donateur peut, aux termes de l'art. 951 C. C., stipuler le droit de retour des objets composant la donation, pour le cas de prédécès soit du donataire seul, soit du donataire et de ses descendants, mais toujours au profit du donateur seul : c'est ce qu'on appelle le retour conventionnel.

**14630. La stipulation doit être expresse.** — Le droit de retour étant une exception au principe de l'irrévocabilité de la donation, doit être soigneusement renfermé dans les limites tracées par la loi et les conventions. Ainsi il ne peut jamais se présumer; il faut qu'il soit formellement stipulé dans la donation, si ce n'est en termes sacramentels, de façon du moins qu'aucune incertitude ne puisse planer sur la volonté du donateur (Nîmes 26 mars 1827, S. 27-2-211; — Cass. 28 juin 1831, S. 31-1-294; — 7 août 1839, S. 39-1-572, Merlin *Rép.* v° *Réversion* sect. 2 § 1er n° 4, Coin-Delisle art. 953 n° 3, Bayle-Mouillard sur Grenier t. 1er n° 30, Aubry et Rau t. 6 p. 69, Demolombe t. 20 n° 513).

Spécialement, quand les ascendants insèrent une clause de retour dans les donations faites à leurs descendants, ils doivent s'exprimer nettement et sans équivoque, de manière que la clause ne semble pas se référer seulement au retour légal de l'art. 747 C. C., et qu'elle stipule, au contraire, un vrai retour conventionnel (Cass. 7 août 1839, S. 39-1-572, Lebrun *Succ.* liv. 1er ch. 5 sect. 2 n° 12, Demolombe t. 13 n° 472).

**14631. Donataire et ses enfants.** — Le donateur peut stipuler que le retour aura lieu par cela seul que le donataire mourra avant lui, ou ne le stipuler que pour le cas où ce donataire et après lui ses descendants prédécéderaient tous (951 C. C.). Ainsi, il peut dire que la donation sera résolue si le donataire prédécède, ou seulement si le donataire prédécède sans enfants, ou enfin si le donataire et ses enfants prédécèdent (V. Cass. 10 nov. 1875, 4351 R. P.).

1. RETOUR AU PROFIT DU DONATEUR. — La clause par laquelle le donateur aurait stipulé le *retour à son profit*, sans faire mention du prédécès du donataire et de ses enfants, n'opérerait qu'autant que le donateur survivrait au donataire et à sa postérité (Grenier n° 32, Coin-Delisle n° 6, Bayle-Mouillard n° 32 ; *Contrà* Guilhon n° 868. — *V.* aussi Demolombe t. 20 n° 500).

2. PRÉDÉCÈS DU DONATAIRE ET DE SES DESCENDANTS OU DU DONATAIRE SANS ENFANTS. — Il ne faut pas confondre la stipulation du retour « *pour le cas de prédécès du donataire et de ses descendants* » avec le retour « *en cas de prédécès du donataire sans enfants.* » Dans la première hypothèse, le droit du donateur peut encore s'ouvrir après le décès du donataire qui laisse des enfants, si le donateur leur survit; dans la seconde, l'existence d'un enfant au décès du donataire purge le droit de retour qui est comme non avenu (Grenier n° 31, Delvincourt t. 2 p. 77 n° 6, Toullier n° 286, Guilhon n° 873, Duranton t. 8 n° 491, Coin-Delisle n°s 15 et 16, Marcadé n° 2, Troplong t. 3 n° 1275, Zachariæ, Aubry et Rau t. 5 p. 69, Massé et Vergé t. 3 p. 209, Demolombe t. 20 n° 501).

3. ENFANTS RENONÇANTS. — L'existence des enfants suffit pour faire défaillir la condition, lors même qu'ils n'acceptent pas la succession du donataire, leur auteur (Delvincourt t. 2 note 6 p. 77, Coin-Delisle n° 17. — *Contrà* Guilhon n° 874).

4. ENFANT ADOPTIF. — ENFANT NATUREL. — On a vu, au mot *Adoption*, que le retour stipulé pour le cas du prédécès du donataire sans enfants doit produire son effet, nonobstant l'adoption d'un enfant par le donataire. — Il en est de même de la reconnaissance d'un enfant naturel (Toullier t. 5 n° 303, Delvincourt t. 2 p. 290, Duranton t. 8 n° 488, Vazeille n° 5, Coin-Delisle n° 14, Poujol n° 2, Marcadé n° 2, Demolombe t. 20 n° 510; — Seine 12 févr. 1861, 17059 J.N.).

**14632. Donation en avancement d'hoirie.** — Les donations faites à titre d'avancement d'hoirie ne sont pas, de plein droit, réputées faites sous la réserve du droit de retour en faveur du donateur pour le cas de prédécès du donataire et de sa postérité; le droit de retour à l'égard de ces sortes de donations, comme pour toute autre, n'existe qu'autant qu'il a été expressément stipulé dans l'acte (Nîmes 14 juill. 1819, S. 20-2-38; — Grenoble 8 avr. 1829, D. 30-2-64; — Bordeaux 19 juill. 1831, D. 32-2-59 ; — Montpellier 4 déc. 1835, D. 37-2-5; — Limoges 16 janv. 1841, D. 41-2-240, Demolombe t. 13 n° 472 et t. 20 n° 512, Coin-Delisle art. 951 n° 4, Troplong t. 3 n° 1276, Aubry et Rau t. 6 p. 69, Massé et Vergé t. 3 p. 208).

**14633. Le retour ne peut être stipulé qu'en faveur du donateur seul.** — Le Code civil a limité le droit de retour au cas où le donateur l'exercerait en personne, et par conséquent où le donataire prédécéderait. Il ne veut pas que l'héritier puisse l'exercer à sa place, et le pacte de retour est une stipulation purement personnelle, qui ne passe pas à l'héritier; c'est ce qu'exprime l'art. 951 lorsqu'il dit: « Ce droit ne pourra être stipulé qu'au profit du donateur seul. »

**14634. Effets du droit de retour.** — Quand le droit de retour s'accomplit, il entraîne la résolution de toutes les aliénations des immeubles donnés : les charges créées par le donataire sur les immeubles s'évanouissent (952 C. C.) par l'effet de la condition résolutoire : *Resoluto jure dantis resolvitur jus accipientis.*

1. HYPOTHÈQUE LÉGALE. — La loi fait exception en faveur de l'hypothèque destinée à garantir la dot de la femme et les conventions que le contrat de mariage renferme à son profit, mais dans le cas seulement où la donation a été faite au mari par le contrat même duquel résultent les droits de la femme (952 C. C.).

Toutefois, le recours de la femme est purement subsidiaire : il ne s'exerce sur les biens donnés qu'autant que les autres biens du mari ne suffisent pas (952 C. C.).

**14635. Droit de mutation par décès.** — Des développements ci-dessus il résulte que le retour conventionnel, s'opérant par l'effet d'une condition résolutoire, d'une clause inhérente au contrat de donation, les biens qui y sont sujets ne font pas partie de la succession du donataire; d'où la conséquence qu'aucun droit de mutation par décès ne peut être perçu (D. m. f. 20 déc. 1807, 366 § 18 I. G., Dél. 25 juin 1822, 6160 J. N., Demante n° 592).

**14636. Donateur-héritier.** — La circonstance que le donateur est appelé à la succession du donataire reste nécessairement sans influence sur les effets du contrat de libéralité. Le donateur reçoit ainsi à la vérité un double titre pour recueillir les biens; mais celui qui provient de la clause du contrat originaire domine celui qui résulte de la loi des hérédités, tellement que ce dernier ne peut avoir d'effets que si l'autre fait défaut. — Le retour conventionnel offre d'ailleurs au donateur des avantages considérables qu'il ne trouverait pas dans le retour légal et qui ne permettent pas dès lors de confondre les deux qualités. Ainsi, il a le droit de reprendre les biens donnés partout où ils se trouvent, soit dans la succession du donataire, soit entre les mains des tiers. Ces biens lui font retour francs et quittes des hypothèques et servitudes dont ils étaient grevés du chef du donataire; il les reprend sans être obligé de contribuer au payement des dettes de la succession du donataire. Enfin, s'ils n'existent plus en nature par le fait ou la faute de ce donataire, ses héritiers doivent indemniser le donateur.

Il est facile de comprendre après cela que le retour conventionnel peut s'exercer quoique le donateur soit devenu l'unique héritier du donataire, et, comme ce retour s'opère en vertu du contrat même de libéralité dont il n'est que l'exécution, on doit, à moins de justification contraire, admettre que les biens sont revenus au donataire en vertu de cette condition résolutoire.

Par conséquent, il n'y a aucun droit de transmission à payer au Trésor tant que l'Administration ne prouvera pas que le donateur, ayant renoncé à la condition résolutoire, c'est en vertu de sa qualité d'héritier qu'il a recueilli les biens. — V. 14640.

Si l'objet donné est une créance du donateur sur le donataire, la créance ne peut pas être déduite au décès du donataire (Sol. 14 déc. 1871).

**14637. Objets non existant en nature.** — L'application des principes ci-dessus ne souffre aucune difficulté quand les biens donnés existent encore en nature au décès.

Mais quels droits confère le retour quand les objets ne se retrouvent pas *in individuo* dans la succession?

En ce qui concerne les immeubles, la réponse est aisée. L'art. 952 C. C. décide, en effet, que le droit de retour résout toutes les aliénations dont le bien aurait été l'objet, en sorte que le donateur ira les reprendre entre les mains des détenteurs. Mais il y a plus d'embarras à l'occasion des meubles. M. Demolombe pense que le sous-acquéreur est protégé contre la revendication par la maxime : « en fait de meubles, possession vaut titre, » surtout s'il s'agissait de meubles incorporels tels que créances, actions ou rentes pour lesquels le donataire a une sorte de mandat *cum liberâ* (t. 10 n$^{os}$ 522, 523). — Il paraît certain cependant que le donataire ne peut porter atteinte au droit conditionnel du disposant et que ce dernier doit, l'événement arrivé, retrouver la chose ou sa valeur. Le savant auteur que nous venons de citer le reconnaît lui-même à propos des dégradations faites par le donataire à l'immeuble donné (*eod. loc.* n° 521 *in fine*). Or, dans une telle situation, il nous paraît que le retour se borne à attribuer au donateur une créance sur la succession du donataire afin de se faire indemniser de la détérioration des immeubles ou de l'aliénation des meubles dont la reprise est impossible. Cette créance n'a pas une nature différente des dettes ordinaires tombant à la charge de l'hérédité, elle n'autorise pas le donateur à se faire attribuer la propriété de tel ou tel bien, mais seulement à en poursuivre la réalisation pour en recevoir le prix à titre de dation en payement. Dès lors, il semble que c'est là une de ces charges dont l'art. 15 L. 22 frimaire an 7, prohibe la déduction sur l'actif brut à déclarer.

Mais il ne faut pas exagérer le principe que les biens donnés doivent se retrouver *en nature* dans la succession. Ainsi, par exemple, comme les choses fongibles sont toujours représentées par des valeurs de la même espèce, lorsqu'une somme d'argent a été donnée, l'ascendant peut en reprendre une valeur égale dans le numéraire de la succession. Cette solution, admise en matière de retour légal, paraît de tous points applicable au retour conventionnel (v° 14658). Il en serait de même du bien acquis en échange, ou du prix encore dû au décès, du meuble aliéné. Il ne faudrait pas néanmoins pousser trop loin l'application de la règle et prétendre que le prix de vente d'un objet est réputé remplacé dans le patrimoine par des créances, des rentes ou autres valeurs mobilières. Une telle substitution a été jugée impossible pour le retour légal de l'art. 747; nous croyons qu'elle le serait aussi pour le retour conventionnel de l'art. 951. Cependant le tribunal de Lodève a reconnu, le 20 mars 1872, que la somme d'argent peut être déduite du mobilier et des immeubles dépendant de la succession du donataire. Mais cette doctrine n'est pas suivie.

1. INDEMNITÉ D'ASSURANCE. — Il a été jugé, spécialement, que le droit de retour stipulé dans l'acte de donation d'un immeuble ne frappe pas au même titre l'indemnité due en cas d'incendie de cet immeuble par la compagnie d'assurances. L'indemnité ne représente pas la chose assurée (Nîmes 20 juin 1860, S. 61-2-358).

**14638. Renonciation au droit de reprise en nature.** — Rien ne s'oppose à ce que le donateur renonce au droit de reprendre les biens en nature, et en ce que, pour favoriser le donataire, il stipule que son droit de retour s'exercera seulement sur le prix de l'aliénation. Une telle clause n'est pas interdite par la loi, elle est une exécution pure et simple de la faculté de l'impôt par l'art. 951 C. C.

Il n'est pas douteux que le prix encore dû au décès du donataire échapperait alors au droit de mutation par décès.

**14639. Renonciation.** — Si le donateur renonce du vivant du donataire à son droit de retour, il ne fait que compléter la libéralité qui a été assujettie à l'impôt. Le droit fixe de 3 francs est seul exigible.

Il en est autrement lorsque cette renonciation se produit après le décès du donataire, c'est-à-dire quand le retour s'est opéré au profit du donateur. Lorsque, dans ce cas, la renonciation est faite par un acte unilatéral, sans le concours et sans l'acceptation expresse de ceux qui sont appelés à en profiter, cette renonciation ne peut être assujettie qu'au droit fixe d'enregistrement de 3 francs.

En effet, lors même qu'on le considérerait comme opérant une transmission à titre gratuit de la part du renonçant, cette transmission, résultant d'une véritable donation, ne serait parfaite qu'au moyen d'une acceptation expresse ; et comme donation non acceptée, elle ne serait sujette qu'au droit fixe d'enregistrement.

Mais si cette renonciation était contenue dans un acte synallagmatique, auquel concourraient les héritiers du donataire, l'Administration serait fondée à exiger le droit proportionnel de donation sur les biens dont le retour a été réservé, mais serait abandonné.

C'est ainsi qu'il a été décidé par des jugements des tribunaux de Neufchâtel, du 27 août 1857, et de la Seine, du 21 juillet 1866, que la renonciation par des héritiers à exiger le rapport dû par un cohéritier de sommes reçues par lui en avancement d'hoirie constitue une donation particulière au profit de ce dernier et est passible du droit de mutation à titre gratuit (V. *Donation*). Il y aurait même raison de considérer aussi comme une donation particulière la renonciation à exercer la reprise de biens dont le retour conventionnel a été stipulé et à leur abandon aux héritiers du donataire.

Toutefois nous ferons remarquer, avec le J. du not. n° 2612, que le retour conventionnel ne donnant pas ouverture au droit de mutation par décès, en cas de retour au profit d'un ascendant, quand le donataire laisse pour héritiers des frères et sœurs, l'exercice régulier du droit de retour, et la donation faite ensuite par l'ascendant à ses autres enfants des biens qui lui ont fait retour, donneraient lieu à des droits inférieurs à celui qui serait dû à titre de mutation par décès en ligne collatérale.

**14640. Héritiers du donateur.** — Quoique résultant des dispositions du contrat de donation, le retour donne ouverture au droit de mutation par décès s'il a été stipulé au profit des héritiers du donateur, dans les pays où les stipulations étaient autorisées par les coutumes ; ceux-ci, ne rentrant dans les biens que comme héritiers, doivent acquitter les mêmes droits que s'ils les eussent recueillis dans la succession du donateur, et ils sont tenus, sous peine du demi-droit en sus, d'en passer déclaration dans les délais fixés par l'art. 24 L. 22 frimaire an 7, à compter du jour de l'événement du retour (Circ. n° 1089, Dél. 17 avr. 1827). — V. 14636.

## CHAPITRE II. — RETOUR LÉGAL

[14641-14665]

### SECTION PREMIÈRE. — PRÉLIMINAIRES

[14641-14643]

**14641. Définition.** — Le retour légal est ainsi appelé par opposition au retour conventionnel, parce qu'il est accordé par la loi seule, sans qu'il soit besoin de le stipuler.

**14642. Texte de l'article 747.** — « Les ascendants, dit l'art. 747 C. C., succèdent, à l'exclusion de tous autres, aux choses par eux données à leurs enfants ou descendants décédés sans postérité, lorsque les objets donnés se retrouvent en nature dans la succession. — Si les objets ont été aliénés, les ascendants recueillent le prix qui peut en être dû. Ils succèdent aussi à l'action en reprise que pouvait avoir le donataire. »

**14643. Observation.** — C'est là un droit de succession tout spécial, et qui ne dépend en rien du système général des successions, que nous développerons au mot *Succession*. Il ne faut par conséquent pas le confondre avec le droit de succession ordinaire, qui peut aussi appartenir à l'ascendant.

Tout concis que se trouve le texte de l'art. 747, il devient la source de nombreux développements que le cadre de cet ouvrage ne nous permet pas d'épuiser. Nous nous contenterons donc de résumer ici ce qu'il importe le plus à nos lecteurs de savoir, sauf à eux à se reporter aux ouvrages plus spéciaux pour les questions qu'ils ne trouveraient pas présentées ci-après.

### SECTION 2. — NATURE DU DROIT DE RETOUR

[14644-14657]

**14644. Le retour légal constitue un droit de succession.** — C'est à ce titre successif que la chose donnée retourne à l'ascendant. C'est ce qu'enseignent tous les auteurs dont la doctrine a été consacrée par un arrêt de Cass. du 28 décembre 1829, et c'est ce que porte expressément l'art. 747 lorsqu'il dit : « Les ascendants *succèdent* » (*Conf.*: Cass. 17 déc. 1812, S. 1813-1-409 ; — 18 août 1818, S. 1818-1-370 ; — 16 mars 1830, S. 1830-1-121 ; — Bordeaux 15 avr. 1831, S. 1831-2-145, Grenier t. 2 n° 598, Toullier et Duvergier t. 2 n° 234, Duranton t. 6 nos 223 et 227, Chabot sur l'art. 747 n° 29, Malpel n° 130, Marcadé art. 747 n° 1er, Demante t. 3 n° 55 *bis*, Ducaurroy, Bonnier et Roustaing t. 2 n° 478,

Taulier t. 3 p. 151-152, Demolombe t. 13 n° 481, Delvincourt t. 2 p. 18).

1. DROIT DE MUTATION PAR DÉCÈS. — Il résulte de là que l'exercice du retour légal, à la différence du retour conventionnel (*V.* 14635), donne ouverture au droit de mutation par décès (D. m. f. 29 déc. 1807, 366 § 18 I. G.; — Cass. 28 déc. 1829, S. 1829-1-59, *V.* 1834, Demolombe t. 13 n° 483, Dél. 29 juin 1822, 6160 J. N.).

Mais ce droit ne peut être exigé lorsqu'il s'agit d'une donation antérieure au Code, dans la juridiction de l'ancien parlement de Bordeaux, parce que l'art. 747 n'a pas d'effet rétroactif, et que, dans les pays de droit écrit, le retour légal produisait le même effet que le retour conventionnel (Cass. 8 fév. 1814, 4792 J. E.).

2. DROIT DE SUCCESSION DISTINCT. — S'il est vrai que le retour légal est un droit successif, il constitue cependant une succession tout à fait distincte de la succession ordinaire, de telle sorte que les deux droits successifs peuvent se réunir, mais jamais se confondre sur la tête du donateur (Cass. 8 mars 1858, S. 58-1-545, Coin-Delisle *Revue critique*, t. 10 p. 211).

Voici quelques conséquences de ce principe:

**14645. Accroissement.** — Il n'y aurait pas lieu au droit d'accroissement entre l'ascendant héritier quant aux biens par lui donnés, et les autres héritiers quant aux biens de la succession ordinaire (Delvincourt t. 2 p. 18 note 4, Duranton t. 6 n° 208, Aubry et Rau t. 4 p. 548, Demolombe t. 13 n° 485, Demante t. 3 n° 56 *bis*).

**14646. Dettes.** — L'ascendant qui exerce le retour est tenu des dettes de la succession, dans la proportion de la valeur que ces biens représentent, relativement à l'ensemble du patrimoine (Duranton t. 6 n° 209, Marcadé *sur l'art.* 747).

D'autres auteurs soutiennent qu'il est tenu *ultrà vires* (Lebrun liv. 1er chap. 5 sect. 2 n° 67, Toullier t. 2 n° 236, Demante t. 3 n° 552); — et c'est ce qui a été jugé par un arrêt de Cass. du 13 août 1851 (S. 51-1-657).

**14647. Bénéfice d'inventaire.** — Mais, comme tout héritier, il peut accepter sous bénéfice d'inventaire Chabot art. 747, Vazeill art. 747 n° 14, Demante t. 3 n° 55 *bis*, Demolombe t. 13 n° 482 § 8).

**14648. Rapport.** — L'obligation respective du rapport ne saurait exister entre l'ascendant, appelé comme donateur en vertu de l'art. 747 et les héritiers de la succession ordinaire (Demante t. 4 n° 56 *bis*, Demolombe t. 13 n° 486).

**14649. Renonciation.** — 1. VIVANT DU DONATAIRE. — Dans tous les cas il ne pourrait, aux termes de l'art. 791 C. C., renoncer valablement à son droit pendant la vie du donataire, puisque toute renonciation à une succession future est nulle (Chabot *sur l'art.* 747 n° 7, Demolombe t. 13 n° 482).

2. DÉCÈS DU DONATAIRE. — Mais, après le décès du donataire, il peut renoncer au droit de retour de la même manière qu'il pourrait renoncer à la succession.

3. RENONCIATION PARTIELLE. — De ce que la double qualité d'héritier et d'ayant droit au retour peut se réunir sans se confondre sur la tête de l'ascendant (*V.* 14644), il en résulte que si, étant héritier, il renonce à la succession, il peut ne pas renoncer au droit de retour qu'il est libre d'exercer de la même manière que s'il n'avait jamais été héritier (Toullier t. 4 n° 235, Chabot n° 16, Duranton t. 6 n° 210, Marcadé *sur l'art.* 747, Vazeille art. 747 n° 3, Zachariæ, Aubry et Rau t. 4 p. 546, Massé et Vergé t. 2 p. 285, Demante t. 3 n° 56 *bis*, Demolombe t. 13 nos 488, 489, *contrà* Delvincourt t. 2 p. 18 note 4, Coin-Delisle *Revue critique* 1857 t. 11 p. 232 et suiv., Mourlon *Rép. Crit.* t. 3 p. 57).

**14650. Décès antérieur à celui du donataire.** — C'est encore par une conséquence du même principe qu'il faut décider que le droit de retour ne profite pas aux héritiers ou représentants du donateur, s'il vient à décéder avant le donataire (Demolombe t. 6 n° 174 et t. 13 nos 493, 499, Zachariæ, Aubry et Rau t. 4 p. 237 et 548 Duranton t. 6 p. 285 note 2, Benoît *de la Dot* n° 94).

**14651. Décès avant la prise de possession.** — Mais il est bien évident que si l'ascendant donateur qui a survécu au descendant donataire décédait lui-même avant d'avoir exercé son droit de retour, ses héritiers ou représentants, qui trouveraient ce droit dans sa succession, pourraient l'exercer en ses lieu et place (Toullier t. 2 n° 230, Chabot art. 747 n° 7, Aubry et Rau t. 4 p. 229, Demolombe t. 13 n° 493).

**14652. Déclaration d'absence.** — La déclaration d'absence donne ouverture au droit de retour légal des biens donnés à l'absent, de même que s'il était décédé (Nancy 31 janv. 1833, S. 34-2-603, Demolombe t. 13 n° 482 et t. 2 n° 83).

**14653. Incapacité. — Indignité.** — Les ascendants incapables ou indignes de succéder sont privés du droit de retour, de même que pour la succession ordinaire (Chabot sur l'art. 747 n° 15, Marcadé *eod.*).

**14654. Droit personnel.** — Aux termes de l'art. 747 l'ascendant succède aux choses par lui données à l'*exclusion de tous autres*. Ainsi il jouit de son droit soit qu'il hérite du défunt par application des règles générales qui régissent les successions, soit qu'un autre héritier passe avant lui, soit aussi qu'il accepte la succession ou qu'il y renonce (Zachariæ 5e édit. p. 285, Demolombe t. 13 n° 483).

**14655. Réserve.** — 1. DROIT DE RETOUR ET RÉSERVE SUR LA MÊME TÊTE. — Le droit de retour constituant une succession particulière aux biens donnés, distincte de la succession des autres biens, il en résulte que l'ascendant qui a un droit de retour à exercer sur quelques-uns des biens de la succession, et qui est en même temps héritier à réserve sur les autres, commence par prélever les biens soumis au droit de retour, et sa réserve doit être calculée sur le surplus des biens (Grenier *Donations* n° 598, Saintespès-Lescot *Donations* t. 2 n° 458, Vazeille sur l'art. 747 n° 10, Marcadé *eod.* Coin-Delisle art. 922 n° 6, Troplong t. 2 n° 952, Aubry et Rau t. 6 p. 599 et 602, Demolombe t. 19 n° 141; — Cass. 8 mars 1858, S. 58-1-545; — *Contrà* Chabot n° 15, Toullier t. 5 n° 129, Duranton t. 6 n° 228, Delvincourt t. 2 p. 19 note 5, Demante t. 4 n° 52 *bis* n° 5).

*Aliénation.* — En principe, les biens donnés par l'ascendant ne peuvent jouer aucun rôle dans les questions de quotité disponible et de réserve relatives à la succession ordinaire, que ces biens sont aliénés ou qu'ils existent en nature (Demolombe, t. 6 n° 180 et t. 19 n° 125; Marcadé, art. 747-9; Demante, t. 3 n° 57 *bis;* Aubry et Rau, t. 5 p. 125); mais si l'ascendant est héritier du donataire, plusieurs auteurs pensent que les biens donnés doivent être réunis fictivement aux autres biens pour calculer ce disponible (*V.* Demolombe, t. 19 n° 132). L'Administration a adopté cette opinion dans des solutions des 6 avril 1875, 21 avril 1876 et 22 avril 1878.

2. DROIT DE RETOUR ET RÉSERVE SUR DEUX TÊTES. — Il suit encore de là que l'ascendant qui a droit à une réserve, et qui se trouve en présence d'un ascendant ayant un droit de retour, ne peut exercer sa réserve que sur les biens qui ne sont pas soumis au droit de retour (Toullier t. 5 n° 129, Chabot n° 17, Duranton t. 6 n° 229, Marcadé *eod.*, Vazeille art. 747 n° 10, Coin-Delisle art. 922 n° 4, Taulier t. 4 p. 43, Grenier et Bayle-Mouillard t. 2 n° 598 note A, Massé et Vergé t. 3 p. 138, Troplong t. 2 n° 952, Demolombe t. 19 n° 131. — *V.* Cass. 8 mars 1858, S. 58-1-545; — *Contrà* Aubry et Rau t. 5 p. 596, Vernet *Quot. disp.* p. 546, 547).

**14656. Enfant naturel.** — La réversion légale qui a lieu au profit des ascendants donateurs a également lieu pour les père et mère de l'enfant naturel reconnu. C'est un point que nous avons établi, avec tous les développements qu'il comporte au mot *Enfant.*

**14657. Biens donnés.** — Le droit de retour a pour objet les donations entre-vifs faites au défunt par celui au profit duquel existe ce droit de retour.

1. TITRE ONÉREUX. — Mais il n'est pas admissible à l'égard d'objets transmis par l'ascendant au moyen d'actes qui, bien que qualifiés de donation, ne sont en réalité que des contrats à titre onéreux (Nancy 30 janv. 1833, S. 34-2-603; — Seine 6 juill. 1859, D. 59-3-76; — Agen 12 juill. 1836, Dalloz v° *Succ.* n° 228, Demolombe t. 13 n° 513).

2. DONATION CONTRACTUELLE. — TESTAMENT. — Dans tous les cas, il faut qu'il y ait eu dessaisissement de la part du donateur; il ne s'applique pas aux donations contractuelles de biens à venir qui ne saisissent pas le donataire actuellement, il ne s'applique pas non plus, à plus forte raison, aux testaments.

3. PARTAGE D'ASCENDANT. — Une donation contenant partage d'ascendant est assimilée, pour le droit de retour légal, à une donation entre-vifs ordinaire (Merlin *Rép.* v° *Partage d'ascendants* n° 19, Grenier *Donations* t. 1er n° 398, Toullier t. 5 n° 814, Marcadé *sur l'art.* 1078, Toullier t. 5 n° 814, Genty *des Part. d'ascend.* p. 285, Zachariæ, Aubry et Rau t. 5 p. 478, Massé et Vergé t. 2 p. 288, Demolombe t. 13 n° 514).

En ce sens, il a été jugé que lorsque l'un des enfants copartageants décède sans postérité, c'est à l'ascendant que les biens appartiennent, par l'effet du retour légal, et non aux autres enfants copartageants par voie d'accroissement (C. Lyon 2 avr. 1840 et Douai 14 mai 1851, S. 51-2-497; — Orléans 25 juill. 1863, D. 63-2-143). — V. 14658-3.

L'ascendant peut renoncer à son droit de retour quand il s'est ouvert par le prédécès de l'un des donataires comme s'il s'agissait d'une donation entre-vifs ordinaire (Dijon 23 déc. 1868, S. 70-2-16).

4. USUFRUIT. — Si le donateur a légué l'usufruit des biens donnés, l'ascendant ne recueille que la nue propriété (Sol. 24 fév. 1875, 6 mars 1876). — V. 14659-6.

## SECTION 3. — SUR QUELLES CHOSES S'EXERCE LE DROIT DE RETOUR

[14658-14660]

**14658. Biens en nature.** — Marcadé (*sur l'art.* 747 n° 5), enseigne que, pour qu'il y ait lieu à l'exercice du droit de retour, il faut que les objets donnés se trouvent en nature dans la succession; qu'il ne suffit pas qu'il se retrouve dans la succession des choses du même genre, il faut que la chose donnée s'y retrouve *spécifiquement* la même. Mais cette doctrine, tout à fait absolue, est contraire à l'opinion de la plupart des auteurs qui admettent d'une manière plus ou moins limitée la théorie du remplacement et de la subrogation d'une chose par une autre.

1. SOMME D'ARGENT. — Ainsi, nombre d'auteurs, se fondant sur ce que les choses fongibles sont toujours représentées par des choses de même nature, enseignent que, lorsqu'une somme a été donnée sans désignation des espèces, l'ascendant doit reprendre cette somme lorsque la succession renferme une quantité égale ou plus forte de numéraire (Chabot art. 747 n° 21, Toullier t. 5 n° 227, Malleville t. 2 p. 221, Delvincourt t. 2 p. 18 n° 5, Grenier *des Donations* t. 2 n° 598, Vazeille *sur l'art.* 747 n° 26, Merlin *Rép.* v° *Réserve* sect. 2 § 2 n° 3, Malpel n° 135, Taulier t. 3 p. 161, Dalloz *Succ.* n° 34, Favard de Langlade *Rép.* v° *Ret. suc.* sect. 3 § 2 n° 11; — Rouen 11 janv. 1816, S. 16-2-49).

Par application de ce principe il a été jugé, par un arrêt de Cass. du 30 juin 1817, que si des obligations, des billets, des effets publics ont été donnés, et qu'il ne se trouve dans la succession que du numéraire, ou s'il a été donné du numéraire, et qu'il ne se trouve que des obligations, des billets ou des effets publics, l'ascendant qui a donné une somme d'argent peut exercer le retour légal sur des billets, etc., et réciproquement (S. 17-1-313).

La même interprétation résulte d'un arrêt de Lyon du 24 avril 1871 (S. 72-2-124).

Mais cette solution a été vivement attaquée surtout par M. Demolombe. Selon lui, « le législateur exige que les objets donnés se retrouvent en nature; donc il les considère *ut corpora* dans leur individualité et non pas dans leur fongibilité et leur représentation par des choses d'une même nature mais non les mêmes. En effet, l'ascendant ne succède pas au prix payé quoiqu'il soit encore dans la succession (*infrà* 11346); donc il n'est pas dans l'intention du législateur d'admettre les subrogations de l'espèce.

D'ailleurs, dans l'opinion opposée, on ne sait plus où s'arrêter : on remplace l'argent par les billets, les billets par des rentes et des meubles, les meubles par des immeubles, c'est-à-dire qu'on efface l'art. 747 » (t. 13 n° 544 à 547. — V. Cass. 7 fév. 1827, Dalloz 1827-1-134). — Tel est également l'avis de Duranton (t. 6 n[os] 235 à 239). — En ce sens, la cour de Bruxelles a jugé, le 24 juillet 1828, que la disposition de l'art. 747 n'est pas applicable au cas où la chose donnée est une somme d'argent, alors qu'un long espace de temps s'est écoulé entre la donation et le décès du donataire, qui, dans l'intervalle, a fait des acquisitions.

2. BIEN ACQUIS EN ÉCHANGE OU REMPLOI. — Si l'immeuble a été échangé contre un autre immeuble, ou vendu avec remploi du prix, l'ascendant doit-il succéder à l'immeuble reçu en contre-échange ou acquis en remploi? Il nous semble que la solution de la question se trouve dans l'esprit de l'art. 747. En effet, la loi faisant succéder l'ascendant donateur au prix dû (*V.* 14659), il semble naturel de présumer qu'elle a voulu le faire succéder à l'immeuble acquis en échange ou en remploi. Cet immeuble, en effet, étant de même nature que le bien aliéné, le représente bien plus que la créance qui en forme le prix. Le droit de succéder à l'objet acquis en échange ou en remploi était consacré par l'ancien droit français qui refusait cependant la succession au prix dû (*V.* Lebrun ch. 5 sect. 2 n° 46). Or, il n'est pas probable que le Code civil, qui est allé plus loin que l'ancien droit, en accordant le droit de succéder au prix dû, ait entendu refuser le droit, beaucoup plus naturel, de reprendre l'objet qui, par droit de subrogation, est venu prendre la place de la chose aliénée (Chabot n° 22, Delvincourt p. 19 n° 4, Toullier t. 4 n° 227, Duranton t. 6 n° 233, Grenier *des Donat.* t. 2 n° 958, Vazeille art. 747 n° 26, Favard de Langlade *Rép.* v° *Retour* sect. 3 § 2 n° 11, Malpel n° 135, Poujol art. 747 n° 21, Taulier t. 3 p. 160, Mourlon *Rép. écrit.* t. 2 p. 55, Dalloz v° *Succ.* t.12 p. 299 n° 21).

Voici une hypothèse où le résultat contraire serait éminemment injuste. Un père et une mère font le partage anticipé de leurs biens à leurs deux enfants collectivement. Ces enfants procèdent ensuite au partage des biens indivis et il arrive que les immeubles donnés par le père échoient en entier à l'un des enfants et ceux de la mère à l'autre. L'un des enfants meurt sans postérité. Le retour successoral ne s'ouvrirait alors que pour moitié au profit de celui des père et mère qui a donné les immeubles et l'autre qui n'en était pas donateur n'y pourra pas succéder du tout! Malgré cela, Demolombe combat la doctrine des auteurs ci-dessus cités comme contraire au texte de l'art. 747 qui parle des *choses données;* parce que la chose reçue en remplacement n'a pas, comme le prix encore dû, le caractère d'une créance pouvant conduire au recouvrement de l'objet donné; enfin parce que les subrogations d'une chose à une autre n'ont jamais lieu ainsi de plein droit (t. 13 n[os] 540-542).

Son avis est partagé par Belost-Jolimont et Chabot art. 747, Marcadé art. 747 n° 5, Massé et Vergé t. 2 n° 290, Demante t. 3 n° 58 *bis*, Ducaurroy, Bonnier et Roustaing t. 2 n° 483.

Le tribunal de Saint-Amand a consacré cette dernière doctrine, en matière d'enregistrement, le 16 mars 1877 (4791 R. P.).

3. BIENS RENTRÉS A UN AUTRE TITRE. — Les objets qui, après avoir été donnés ou aliénés par le donataire, sont rentrés ultérieurement dans son patrimoine à un autre titre, sont-ils grevés du droit de retour? La négative semble certaine et est enseignée par un grand nombre d'auteurs (Malpel n° 135-6, Chabot n° 21, Favard sect. 3 § 2 n° 9, Marcadé *sur l'article* 747 n° 6, Zachariæ 5e édit. p. 291, et Massé et Vergé *sur Zachariæ* p. 291 n° 15, Lebrun liv. 1er ch. 5 sect. 2 n° 58, Duverger sur Toullier t. 2 n° 233 sect. A, Bravard-Veyières *de l'État du Droit romain* p. 284, Aubry et Rau t. 4. p. 233, Demante t. 3 n° 58 *bis*, Ducaurroy t. 2 n° 483, Demolombe t. 13 n° 536).

« Si le descendant, dit Dalloz (V. *Succession* n° 238), avait disposé des biens au profit d'un autre ascendant, et que celui-ci les eût donnés à son tour, lequel des deux ascendants aurait le droit d'y succéder? Le second, sans doute: c'est lui qui a fait entrer les biens dans la succession; sans sa libéralité, on ne les y trouverait pas. On se rattachera donc ici à la cause immédiate de la propriété. Pourquoi le même principe serait-il sans influence dans les autres cas? »

Ces raisons nous semblent péremptoires (V. Delvincourt t. 2 p. 19 n° 4, Toullier t. 4 n° 215, Duranton t. 6 n° 232, Vazeille n° 23, Belost-Jolimont sur Chabot art. 747 ch. 7, Taulier t. 3 p. 160, Benoît *de la Dot* t. 3 n° 108).

Dans tous les cas, il y aurait lieu au retour, sans que le doute fût possible, si le donataire avait recouvré les biens au même titre, par exemple si l'aliénation était déclarée nulle (Toullier t. 2 n° 234, Duranton t. 6 n° 232, Demolombe t. 13 n° 537).

*Partage anticipé.* — Il a été décidé que, dans le cas où un père a donné ses biens à titre de partage anticipé à ses deux enfants sous la condition que ceux-ci comprendraient dans un seul partage, en deux lots à la fois, les biens donnés et d'autres biens indivis entre eux provenant de la succession de leur mère, si, par suite du partage, l'un des enfants est devenu propriétaire des biens donnés et l'autre des biens maternels, le père donateur qui exerce le retour légal dans la succession de l'enfant propriétaire de biens donnés, ne peut réclamer que la moitié desdits biens, cette moitié réellement se trouvant dans la succession du descendant en vertu de la donation à titre gratuit (Angers 3 mai 1871 S. 71-2-343). *Conf.* : Dunkerque 17 mars 1876, 4489 R. P.

Un arrêt de la cour de Bordeaux a décidé, dans le même ordre d'idées, le 20 mars 1867, que si les biens paternels et maternels ont été confondus en une seule masse, le retour légal peut être exercé par la mère survivante dans la succession de l'enfant donataire, décédé sans postérité, qui n'a été apportionné que des biens provenant du père, dans la proportion des biens par elle abandonnés et en tenant compte des charges qui ont diminué l'émolument de sa libéralité.

M. Demolombe (*des Successions* t. 1er n° 542), indique un autre système. Il suppose les deux ascendants survivants et un échange fait par l'enfant donataire prédécédé de l'immeuble provenant de l'un d'eux dont il a été exclusivement apportionné, il demande comment le retour légal s'exercera, et il répond ainsi :

« D'après la doctrine qui admet l'ascendant à succéder à

l'immeuble reçu en contre-échange de celui qu'il a donné, le retour successoral se serait ouvert dans ce cas, pour la moitié de l'immeuble, au profit de celui des père et mère qui avait donné cette moitié au *de cujus*; et celui des père et mère qui n'était pas donateur de cet immeuble aurait néanmoins succédé à l'autre moitié qui avait été échangée par le *de cujus* contre la moitié d'un immeuble qu'il lui avait donné. D'après notre système, au contraire, le retour successoral ne s'ouvrira, dans ce cas, que pour moitié au profit de celui des père et mère qui a donné cet immeuble, et l'autre, qui n'en était point donateur, n'y pourra pas succéder du tout. »

Décidé, tout à fait spécialement en matière d'enregistrement, que, lorsque, après un partage d'ascendant, l'un des enfants donataires décède sans postérité, les biens auxquels succède l'ascendant donateur ne sont sujets au droit de mutation par décès qu'au taux fixé pour la ligne directe (Bressuire 9 mai 1837, 9756 J. N., Dél. 25 juill. 1837, 11849 J. E., D. N. t. 11 p. 481 n° 4.)

De même, lorsque des père et mère ont fait entre leurs enfants le partage anticipé de tous leurs biens, que l'un de ces enfants a reçu un lot composé exclusivement des biens paternels, puis qu'il décède après son père, mais avant sa mère, cette dernière n'a pas droit au retour légal : « Attendu que, si, malgré les termes précis de l'art. 747 C. C., on pouvait soutenir qu'il y a lieu au retour légal pour les biens parvenant au donataire de l'aliénation des biens donnés faite par voie d'échange, ce raisonnement serait inapplicable à la cause actuelle; qu'en effet les biens composant la succession de G..., lui ayant été attribués par voie de partage, sont censés lui avoir toujours appartenu. » En conséquence, les droits de succession doivent être liquidés sur ces biens comme pour une succession ordinaire (Cholet, 29 avr. 1863, R. P. table de 1864, 17886 J. E., 18066 J. N.).

A l'inverse, si le lot de l'enfant décédé sans postérité comprend l'immeuble donné par la mère survivante, celle-ci succéderait seule à cet immeuble, et par conséquent le droit de mutation par décès ne serait dû sur la valeur dudit immeuble qu'au taux établi pour la transmission en ligne directe (Sol. 3 juill. 1872 et 25 mars 1874).

Le retour légal ne s'applique pas à la totalité des biens qui se trouvent dans la succession du donataire lorsque, par l'effet d'un partage, celui-ci a reçu plus que sa part virile dans la donation (Dunkerque, 17 mars 1876).

4. MISE EN COMMUNAUTÉ OU EN SOCIÉTÉ. — *Quid* du droit de retour, si le donataire a fait, en se mariant, entrer les biens donnés dans la communauté? Le droit de retour doit être exercé lorsque, après la dissolution de la communauté, l'immeuble mis en communauté revient aux mains du donataire, par l'effet du partage; le donateur, au contraire, n'a plus d'affectation sur l'immeuble, si l'immeuble ne rentre pas aux mains du donataire; dans ce cas l'aliénation est irrévocablement consommée (Chabot n° 23, Vazeille *sur l'art.* 747 n° 25, Massé et Vergé *sur Zachariæ* t. 2 p. 291 note 12).

Il faut en dire autant du cas où la chose est mise en société.

5. BIENS DONNÉS ENTRE-VIFS. — Tous les auteurs sont unanimes à reconnaître que la donation entre-vifs que peut avoir faite le donataire des biens donnés enlève tout droit de retour à l'ascendant du donateur (*Suprà* n° 14655).

6. BIENS DONNÉS A CAUSE DE MORT. — Mais la question de savoir si le droit de retour atteint les objets dont le défunt aurait disposé par donation à cause de mort a été controversée. Cependant comme le droit de retour constitue une succession *ab intestat*, nul doute que la succession testamentaire ne doive l'emporter sur la succession légitime. En d'autres termes, le donateur ne peut pas plus exercer son droit de retour sur les choses données par le testament ou par donation à cause de mort, qu'il ne peut l'exercer sur les donations entre-vifs : le testament, comme la donation entre-vifs, faisant sortir la chose donnée ou léguée de la succession du donateur ou du testateur (Chabot n° 20, Toullier t. 4 n° 215, Grenier t. 1er n° 298, Duranton n° 228, Vazeille et Marcadé *sur l'article* 747 nos 7 et 5, Merlin *Rép.* v° *Réversion* sect. 1re § 2 n° 2, Zachariæ, Aubry et Rau t. 4 p. 232, Dalloz v° *Succ.* n° 240, Malpel n° 133, Poujol art. 747 n° 22, Demolombe t. 13 n° 521; — Cass. 28 therm. an 12, 17 déc. 1812, 16 mars 1830; — CC. Agen 13 mars 1817; — Riom 12 fév. 1824; — Montpellier 31 mai 1825; — Besançon 30 juill. 1828; — Grenoble 8 avr. 1829; — Bordeaux 15 avr. 1831; — Lyon 2 avr. 1840; — Cass. 2 janv. 1838, D. 38-1-634; — Bordeaux 23 août 1854, S. 54-2-598; — Cass. 14 fév. 1855, S. 55-1-585; — *Contrà* Agen 13 mars 1817, S. 22-2-300; — Agen 11 déc. 1827, S. 29-2-74 (arrêt cassé); Benoît *de la Dot* t. 2 n° 107; Dissertation insérée au *Moniteur universel* des 12, 13 et 19 août 1830. — V. 14657-4.

7. DROIT RÉEL. — Lorsque l'immeuble donné se trouve, au décès du donataire, grevé d'un droit réel, tel qu'une hypothèque, il fait retour au donateur grevé du droit qui l'affecte.

Que si ce droit constitue un démembrement de la propriété, tel qu'un usufruit, l'ascendant ne prend que ce qui reste, c'est-à-dire la propriété, défalcation faite de l'usufruit (Duranton t. 6 n° 214, Demolombe t. 13 n° 519).

*Dégradations. — Impenses.* — Le donateur n'a droit, par conséquent, à aucune indemnité à raison des dégradations que le donataire aurait pu commettre sur les biens donnés (Delvincourt t. 2 p. 35, Toullier t. 2 n° 232, Duranton t. 3 n° 322 et t. 6 n° 214, Chabot art. 747 n° 25, Demolombe t. 13 n° 557).

Mais en devrait-il être de même pour les impenses faites sur l'immeuble? Cette question est controversée. Demolombe soutient vivement que le donateur n'est tenu à aucune indemnité ni pour frais de labour ou semences, ni pour impenses nécessaires ou utiles et que les héritiers du *de cujus* n'ont même pas le droit d'enlever les objets que ce dernier avait placés sur le fond à perpétuelle demeure (t. 12 nos 559-560, *Conf.* : Toullier t. 2 n° 232. Demante t. 3 n° 57 *bis*). — V. Lebrun *des Successions* liv. 2 chap. 5 sect. 1re *dict.* 2 n° 32, Pothier 81 I. G. et *succ.* ch. 5 art. 2 § 1er).

D'autres auteurs pensent au contraire que l'indemnité est due pour les impenses nécessaires dans tous les cas, pour les impenses utiles, jusqu'à concurrence de l'amélioration et que pour les voluptuaires les héritiers peuvent enlever les objets sans détérioration (Duranton t. 6 n° 46, Chabot art. 747 n° 25, Vazeille art. 747 n° 21, Marcadé art. 747 n° 47, Taulier t. 3 n° 159, Aubry et Rau t. 4 p. 547-548, Massé et Vergé t. 2 p. 289.

Quoiqu'il en soit, M. Demolombe lui-même reconnaît que l'indemnité serait due s'il s'agissait d'un terrain ajouté à l'immeuble (t. 13 n° 560), ou si le donateur laissait des héritiers à réserve (t. 13 n° 561).

**14659. Prix dû.** — Lorsque la chose donnée n'existe plus dans la succession par ce qu'elle a été aliénée par le donataire, l'ascendant peut encore reprendre le prix de la chose, s'il est encore dû. C'est le vœu formel de l'art. 747. L'aliénation n'est, en effet, pas encore consommée, puisque le défaut de payement peut en amener la résolution, *ex antiquâ causâ* (Demolombe t. 13 n° 526, Marcadé t. 2 n° 8).

Mais si la chose a été aliénée moyennant une rente, le donateur n'a pas droit à la rente; car, du moment que le droit de rente est entré dans le patrimoine du donataire, le prix est payé et l'aliénation consommée (Marcadé *sur l'article* 747 n° 8, Dalloz v° *Succession* n° 244. — *Contrà* Chabot n° 18 et Vazeille n° 20, Demolombe t. 9 n^os^ 431, 434 et t. 13 n° 527).

1. PRIX PAYÉ. — Une fois le prix payé, le retour s'évanouit et l'ascendant ne peut, en aucun cas, prétendre qu'il existe encore en espèces dans la succession, ou qu'il est représenté par tel ou tel emploi qu'en aurait fait le défunt (Demolombe t. 13 n° 528; — *Contrà* Malleville art. 747).

**14660. Action en reprise.** — Lorsque le bien donné n'est plus en nature dans la succession et que le prix n'en est plus dû, il y a encore lieu à réversion, s'il existe une action en reprise de ce bien, c'est-à-dire une action de nature à faire rentrer le bien dans le patrimoine, d'après la maxime *qui actionem habet ad rem recuperandam, rem ipsam habere videtur* (Chabot n^os^ 19 et 24, Duranton t. 6 n° 241, Marcadé sur l'art. 747 n° 8).

Telles sont les actions en réméré, en résolution pour défaut de payement de prix ou d'inexécution des conditions, en rescision pour cause de lésion, en nullité ou rescision pour vice de force, incapacité, erreur, dol ou violence, en revendication contre un indû possesseur.

Il faut aussi considérer comme une action en reprise à laquelle succéderait l'ascendant, l'action appartenant soit à la femme contre son mari pour la restitution de sa dot et de ses apports, soit à chacun des époux contre la communauté pour le recouvrement des valeurs réservées propres.

Peu importe que les biens donnés ne se retrouvent plus ici en nature et que l'action fasse obtenir d'autres choses que celles qui ont été livrées. Car, lorsque d'après les conventions matrimoniales, les valeurs données à l'époux doivent être aliénées, c'est à proprement dire la créance en l'action en reprise elle-même qui est donnée (Lebrun liv. 1^er^ chap. 5 sect. 2 n^os^ 49 et 50, Demante t. 3 n° 58 *bis*, Demolombe t. 13 n° 533).

Il suit de là : 1° Que le retour serait éteint si les biens avaient été donnés avant le mariage et autrement que par le contrat anténuptial, parce qu'alors la libéralité aurait eu pour objet les valeurs elles-mêmes et non pas la créance provenant de leur aliénation nécessaire (Delvincourt t. 2 p. 18 note 5, Demolombe t. 13 n° 534);

2° Que même dans le cas précédent, le donateur ne succéderait pas, si l'action en reprise avait été exercée par le donataire après la séparation de biens (Cass. 7 fév. 1827, D. 1827-1-134, Duranton 6-242, Demante t. 3 n° 58 *bis*, Demolombe t. 13 n° 534).

En ce sens, il a été délibéré par l'Administration, le 22 novembre 1839 (10581 J.N., 12474 J.E., 1615 § 5 I. G.), que si une femme qui a été dotée de 30,000 francs, meurt sans enfants, laissant pour héritiers ses père et mère, donateurs, et des frères et sœurs, et que la communauté ayant existé entre elle et son mari, et dans laquelle n'est pas entrée la dot, ne se compose que de 30,000 francs de valeurs mobilières, les père et mère, qui exercent le retour légal, ont droit de prélever ces valeurs pour se remplir de l'objet de leur donation, et le droit de mutation par décès n'est dû qu'en ligne directe.

La même doctrine a été appliquée en ces termes par une Sol. du 2 décembre 1857 : « L'Administration, adoptant la doctrine enseignée par la plupart des auteurs, admet que l'ascendant donateur a le droit de prélever, à titre de retour légal, sur les valeurs de la communauté d'entre le donataire, décédé sans postérité et le conjoint de celui-ci, les prix tombés dans cette communauté de la vente des biens donnés. A ce sujet, Merlin s'exprime ainsi (*Rép. jurisp.* v° *Réserve* sect. 2 § 2) : « l'ascendant peut exercer l'action en reprise qu'aurait le donataire, ce qui arriverait par exemple, si le donataire avait une reprise à exercer sur la communauté d'entre lui et son épouse. »

A plus forte raison, le retour légal résultant de l'art. 747 C. C. doit-il s'exercer aussi sur la créance contre le mari survivant, en cas d'insuffisance de la communauté, pour remplir la succession des prix payés d'immeubles donnés à la femme. Cette doctrine a été encore confirmée par une Sol. du 5 mai 1866 (18289 § 2 J. E.).

**14660 *bis*. Confusion.** — Si l'ascendant a donné au donateur une créance sur lui-même et que cette créance s'éteigne ainsi par confusion, la créance ne revit pas par le droit de retour, et ce droit ne s'exerce pas (Sol. 25 mars 1874 et 22 déc. 1875).

## SECTION 4. — PRÉDÉCÈS DU DONATAIRE SANS POSTÉRITÉ

[14661-14665]

**14661.** — L'art 747 veut que l'ascendant donateur n'exerce son droit que lorsque le donataire prédécède sans laisser de postérité. Les uns ont prétendu qu'il fallait limiter cette expression à la postérité légitime, les autres en ont étendu la signification aux enfants adoptifs et aux enfants naturels reconnus.

**14662. Enfants adoptifs.**—On a vu, au mot *Adoption*, que l'enfant adoptif exclut tout à fait l'ascendant. Aux autorités que nous avons citées sous ce numéro, il faut ajouter les noms de Delvincourt t. 2 p. 19 note 7, Malpel n° 134, Favart sect. 3 § 2 n° 8, Vazeille n° 16, Marcadé n° 3, Massé et Vergé *sur Zachariæ* t. 2 p. 286 note 6.

**14663. Enfant naturel.** — Quant à l'influenc qu'exerce sur le retour légal la présence d'un enfant naturel reconnu, nous l'avons examinée au mot *Enfant* et nous y renvoyons le lecteur.

**14664. Enfants renonçants. — Indignes.** — Le droit de retour étant fondé sur l'idée que le bien doit retourner au donateur à défaut de descendants qui puissen en profiter, il en résulte qu'il ne suffit pas que le donataire laisse des descendants, il faut encore qu'ils recueillent la succession. Si donc les descendants renonçaient à la succession du donataire, ou se trouvaient indignes de l'appréhender, il y aurait lieu au retour légal, car ces descendants n'existeraient pas par rapport à la succession (Chabot n° 11, Toullier t. 4 n° 223, Duranton t. 6 n° 218, Vazeille n° 18, Marcadé n° 3, Demante t. 3 n° 56, Taulier t. 3 p. 157, Demolombe t. 13 n° 505).

**14665. Descendants décédés avant le donateur.** — Une question vivement controversée est celle de savoir si, lorsque le donateur laisse des descendants qui viennent à sa succession, le droit de retour ne peut être invoqué alors même que ces descendants mourraient eux-mêmes sans postérité du vivant du donateur. Cependant la grande majorité des auteurs enseigne qu'il n'y a pas lieu à l'exercice du droit de retour dans la succession des enfants du donataire décédés sans postérité (Chabot n° 12, Grenier *Donat.* t. 2 n° 598, Merlin *Répert.* v° *Succ.* sect. 2 § 1er, Favart sect. 3 § 2, Toullier t. 4 n° 243, Duranton t. 6 n° 216, Malpel n° 133, Poujol n° 22, Zachariæ 5e édit. t. 2 p. 285, Marcadé n° 4, Demante 3 n° 56 *bis*, Taulier t. 3 p. 156, Dalloz v° *Succ.* p. 217-219, Coin-Delisle *Rev. crit.* 1857 p. 209, Demolombe t. 13 n° 512).

Cette doctrine a été consacrée par la jurisprudence (CC. Nîmes 30 mai 1817 ; — Cass. 18 avr. 1818, 30 nov. 1819 ; — Bastia 25 juin 1838 ; — Agen 9 nov. 1847 ; — Bastia 22 août 1848 ; — Cass. 20 mai 1850, S. 47-2-662, 49-2-121, 50-1-390. — *Contrà* Delvincourt t. 2 p. 19 note 7, Malleville t. 2 p. 217, Vazeille art. 747 n° 19, *Revue étrangère* 2e série t. 3 p. 496 ; — Toulouse 16 avr. 1810, S. *Coll. nouv.* 3-2-258).

# RÉTRACTATION.

**14666.** — Ce terme est employé en matière de requête civile pour exprimer l'annulation du jugement attaqué (480 C. proc.).

En matière de faillite, le débiteur a le droit de rétracter la déclaration de faillite qu'il a faite, tant qu'il n'est pas intervenu de jugement déclaratif; et lorsque ce jugement est intervenu d'office, il peut être rétracté sur l'opposition du failli et de tout créancier ou autre partie intéressée.

**14667. Enregistrement.** — Les actes portant rétractation et révocation sont passibles du droit fixe de 3 francs (L. 28 avr. 1816, art. 43 n° 21. — L. 28 fév. 1872 art. 4).

# RETRAIT.

DIVISION



**14668. Définition.** — Le retrait est le droit de reprendre un bien, un droit qu'on avait aliéné.

**14669. Diverses espèces de retraits.** — On distinguait, dans l'ancien droit, vingt-cinq espèces de retraits, dont Merlin nous fait connaître le nom et les règles (*Rép.* v° *Retrait* et suiv.). Les principaux étaient les retraits lignager, féodal, censuel, mi-denier.

Presque tous ces retraits ont été abolis par la loi du 19 juillet 1790; la législation nouvelle n'en a reproduit que quelques-uns qui feront l'objet des paragraphes suivants.

## CHAPITRE PREMIER. — RETRAIT DE DROITS LITIGIEUX

[14670-14677]

**14670. Définition.** — Le retrait de droits litigieux est la faculté qui appartient à celui contre lequel on a cédé un droit litigieux, de s'en faire tenir quitte par le cessionnaire, en lui remboursant le prix de la cession.

**14671. De la loi et de ses motifs.** — Une défaveur marquée s'est toujours attachée aux acheteurs de procès, et déjà, à Rome, on avait voulu mettre un frein à l'avidité des exploiteurs de mauvaises affaires par les lois *Per diversa* et *Ab Anastasio* (C. *Mandati vel contrà* 22 et 23), qui permettaient au débiteur d'une créance vendue à un tiers de la racheter en remboursant le prix réel remboursé. Le principe de ces lois avait passé dans notre ancien droit, qui l'a transmis au droit moderne. Mais il n'y a été admis qu'avec des modifications qui en ont limité la portée.

La loi romaine était applicable aux cessions de droits non contestés, comme aux cessions des droits litigieux; le Code s'est arrêté aux droits litigieux : il aurait craint, en allant plus loin, de tomber dans un excès aussi funeste que celui qu'il voulait réprimer, car il aurait pu entraver le commerce des choses, qui est un des plus grands éléments de la prospérité publique. Ses dispositions à cet égard sont renfermées dans trois articles, ainsi conçus :

« Celui contre lequel on a cédé un droit litigieux peut s'en faire tenir quitte par le cessionnaire, en lui remboursant le prix réel de la cession, avec les frais et loyaux coûts, et avec les intérêts à compter du jour où le cessionnaire a payé le prix de la cession à lui faite (1699). »

« La *chose est censée litigieuse* dès qu'il y a procès et contestation sur le fond du droit (1700).

« La disposition portée en l'art. 1699 cesse : 1° lorsque la cession a été faite à un cohéritier ou copropriétaire du droit cédé; — 2° lorsqu'elle a été faite à un créancier en payement de ce qui lui est dû; — 3° lorsqu'elle a été faite au possesseur de l'héritage sujet au droit litigieux (1701). »

**14672. Que faut-il entendre par droits litigieux.** — Cela posé, l'application du tarif étant subordonnée à la question de savoir quand il y a ou non cession de droits litigieux, il importe de se fixer sur ce que l'on entend par droits litigieux.

De vives discussions s'étaient élevées dans l'ancien droit sur l'étendue qu'il fallait attribuer à ces mots. Pothier les définissait ainsi : « On appelle *créances litigieuses* celles qui sont contestées ou *peuvent* l'être, en total ou en partie, par celui qu'on en prétend débiteur, soit que le procès soit déjà commencé, soit qu'il ne le soit pas encore, mais qu'il y ait lieu de l'appréhender. » Avec de pareilles idées, il était difficile de faire une acquisition de droits quelconques sans être sous le coup du stigmate qu'infligeait la loi aux acheteurs de droits litigieux, car les droits les plus clairs et les plus certains peuvent toujours donner matière à un procès.

Le Code a voulu mettre un terme aux incertitudes de l'ancienne jurisprudence. Ce n'est plus par cela seul qu'un droit peut devenir litigieux, qu'il doit être considéré comme tel; il l'est seulement quand le procès est engagé. C'est ce que porte formellement l'art. 1700, qui dit : *La chose est censée litigieuse dès qu'il y a procès et contestation sur le fond du droit*. Le procès est le signe caractéristique du litige. Ainsi, non-seulement le droit n'est litigieux que quand il y a litige existant au moment de la vente; mais aussi, et réciproquement, le droit est légalement litigieux par cela seul qu'un procès existe, si mal fondé que puisse être ce procès (Duvergier *de la Vente* n° 359, Troplong n° 986, Marcadé sur l'art. 1699-1701; — Cass. 5 juill. 1819, 24 janv. 1827, 9 fév. 1841, 20 mars 1843; — C. Paris 17 juill. 1836; — Riom 11 mai 1839; — Limoges 16 mai 1839, S. 36-2-458, 39-2-483, 40-2-14, 41-1-220, 43-1-542).

**14673. Quand y a-t-il procès?** — Le procès, venons-nous de dire, est le signe caractéristique du litige; il semble donc facile de reconnaître quand il y a cession de droits litigieux; cependant, des incertitudes peuvent encore s'élever.

1. CONCILIATION. — Ainsi, il n'y a pas procès existant par cela même qu'une tentative de conciliation aurait échoué; car ce n'est pas l'imminence du procès, mais sa seule existence qui caractérise le litige (Duranton t. 14 n° 534, Troplong n° 990, Duvergier 361-362, Marcadé *loc. cit.*).

2. APPEL. — POURVOI. — Mais il y a procès non-seulement quand le premier jugement est porté en appel, mais encore lorsqu'il y a pourvoi en cassation (Cass. 5 mai 1835; — Dijon 10 août 1831; — Bordeaux 18 janv. 1839, S. 35-1-627, 32-9-261).

3. EXCEPTION DE CHOSE JUGÉE. — Au contraire, alors même que l'instance serait pendante en fait, il n'y aurait pas procès légalement, si le défendeur opposait une exception de chose jugée et qu'elle fût admise (Cass. 4 mars 1823).

**14674. Le procès doit porter sur le fond du droit.** — Il ne suffit pas qu'il y ait procès pour que le droit soit considéré comme litigieux, il faut encore, d'après l'art. 1700, que le procès porte sur le fond du droit. Mais que doit-on entendre par un litige engagé sur le *fond* du droit?

Le cadre de cet ouvrage ne nous permet pas de donner à cette question les développements qu'elle comporte : on peut consulter à cet égard les ouvrages plus spéciaux, notamment Troplong n° 989 et suiv., Duvergier n° 364, Marcadé *loc. cit.*; nous nous contenterons de dire, en deux mots, qu'il faut entendre par là un procès qui met en question l'existence même du droit.

Ainsi, j'ai des droits certains dans une succession indivise. Je demande le partage; mon copropriétaire y résiste. Ce refus de partage n'affecte pas le fond de mon droit, qui demeure incontestable; il n'y a débat que sur la question secondaire relative à l'indivision.

Si donc je vends mon droit depuis ma demande en partage, je ne vends pas un droit litigieux dans le sens de l'art. 1700 (Cass. 19 août 1806, Troplong n° 991).

Mais s'il s'agit de droits résultant d'une donation, et que cette donation soit arguée de nullité soit pour défaut d'acceptation, soit pour inaccomplissement de telle ou telle autre formalité, il est clair que, quoiqu'il ne s'agisse que d'une question de forme, c'est bien cependant le *fond* du droit qui est mis en question, c'est sur l'existence même de ce droit que porte le procès (Marcadé 1699-1701 n° 1er).

**14675. Remboursement du prix et des frais.** — Celui contre qui les droits litigieux ont été cédés est obligé, s'il veut obtenir le retrait, de payer au cessionnaire tout ce que celui-ci a loyalement déboursé, c'est-à-dire le prix réel de la cession, les frais de contrat, les dépens faits dans l'instance, jusqu'au moment de la demande en retrait, et les intérêts du prix, depuis le jour où le cessionnaire l'a payé jusqu'au jour du remboursement ou des offres réelles.

**14676. Exception au principe du retrait.** — L'art. 1701 C. C. présente trois exceptions au pricipe développé dans les numéros précédents. La première a présenté quelques difficultés. On s'est demandé si elle ne doit pas être admise pour le cas où la cession est faite au copropriétaire par un étranger; mais la jurisprudence a rejeté cette distinction pour s'en tenir au texte de la loi, duquel il résulte virtuellement que l'exception n'est écrite que pour la cession faite par un communiste à son communiste, ayant pour cause le désir de faire cesser l'indivision (Cass. 8 frim. an 12, 18 juill. 1838, 22 juill. 1851, S. 38-1-790, D. 51-1-265).

La seconde exception à l'art. 1699 se présente lorsqu'un créancier se fait céder, par un débiteur, un droit litigieux en payement de ce qui lui est dû, car rien n'est plus légitime que de chercher à pourvoir à la conservation de ses intérêts.

La troisième exception a lieu lorsque la cession est faite au possesseur de l'héritage sujet au droit litigieux.

Ainsi, ne tombent pas sous le coup du retrait :

1° Le détenteur qui se rend cessionnaire de la créance qui hypothèque le bien qu'il détient;

2° Le possesseur qui, pour échapper à une revendication, se fait céder le droit d'un tiers qui invoque des droits de propriété;

3° L'usufruitier qui désintéresse le tiers qui réclame la propriété de l'immeuble; tous ceux, en un mot, qui acquièrent les droits qui peuvent s'exercer sur l'immeuble qu'ils possèdent. On comprend, en effet, le motif qui pousse ces acquéreurs : c'est un intérêt fort légitime de possession paisible; dès lors, le législateur ne pouvait les assimiler à ces avides acheteurs de procès que le sentiment du lucre peut seul guider dans leurs acquisitions.

**14677. Enregistrement.** — La loi n'a pas tarifé le retrait des droits litigieux ; cependant, dans la pratique, on assimile avec raison cette nature de contrat au retrait successoral, qu'une décision ministérielle a elle-même assimilé au retrait de réméré, ainsi qu'on le verra au n° 14708.

Le retrait exercé dans les conditions qui le caractérisent est donc passible du droit de 50 centimes pour 100. Mais le droit ordinaire de cession serait exigible si le contrat, bien que qualifié de retrait de droits litigieux, ne constituait véritablement pas cette nature de convention.

Les développements dans lesquels nous sommes entré sont suffisants pour guider nos lecteurs dans l'appréciation qu'ils ont à faire du véritable caractère du contrat, afin de reconnaître quelle est la nature du droit applicable.

## CHAPITRE II. — RETRAIT D'INDIVISION

[14678]

**14678. Renvoi.** — Dans l'ancien droit, on donnait le nom de retrait d'indivision à la faculté que les copropriétaires par indivis d'un même bien avaient de se faire subroger dans l'achat qu'un étranger avait fait d'une portion de ce bien vendue par un de leurs consorts.

Aujourd'hui, on donne assez souvent ce nom au droit qu'a la femme, lors de la dissolution de la communauté, de retirer l'immeuble dont son mari s'est rendu acquéreur en son nom personnel, et dans lequel la femme avait un droit indivis. Nous en avons parlé au mot *Licitation*, avec des détails qui nous dispensent d'y revenir ici.

## CHAPITRE III. — RETRAIT DE RÉMÉRÉ

[14679]

**14679. Renvoi.** — Le retrait de réméré est l'exercice de la faculté de rachat qu'on s'est réservée en vendant un bien.

Nous avons traité de cette nature de contrat sous les nos 13844 et suiv., auxquels on peut se reporter.

## CHAPITRE IV. — RETRAIT SUCCESSORAL

[14680-14713]

**14680. Définition.** — On donne le nom de *retrait successoral* à la faculté qui est accordée aux héritiers d'écarter du partage l'étranger qui s'est rendu cessionnaire des droits de l'un d'eux, en lui remboursant le prix de la cession.

**14681. Motifs de cette faculté.** — On a vu, au n° 14671, pourquoi, à Rome, les lois *Per diversas* et *Ab Anastasio* avaient autorisé les débiteurs des créances litigieuses cédées à des tiers à se faire subroger à la cession, en remboursant le prix de l'acquisition. Des motifs analogues ont fait admettre la règle par notre jurisprudence et l'ont fait étendre aux cessions des droits successifs. On comprend, en effet, que des passions mauvaises peuvent pousser un étranger à devenir cessionnaire, pour avoir le droit, comme l'héritier qu'il représente, à s'immiscer dans toutes les affaires de la succession, à pénétrer dans les secrets de la famille. « Il y a ordinairement, dit Lebrun, de la vexation ou un extrême intéressement de la part de l'étranger curieux d'apprendre les affaires d'autrui » (Liv. 4 ch. 2 sect. 3 n° 66, *Conf.*: Demolombe t. 15 n° 12). Il importe donc à tous les autres héritiers de pouvoir écarter cet étranger du partage; le Code fournit les moyens d'obtenir ce résultat par son art. 841, ainsi conçu :

« Toute personne, même parente du défunt, qui n'est pas son successible, et à laquelle un cohéritier aurait cédé son droit à la succession, peut être écartée du partage soit par tous les cohéritiers, soit par un seul, en lui remboursant le prix de la cession. »

C'est le droit d'expropriation consacré par cet article que l'on nomme *retrait successoral*.

## SECTION PREMIÈRE. — PAR QUI PEUT ÊTRE EXERCÉ LE RETRAIT SUCCESSORAL

[14682-14694]

**14682. Principe.** — Il résulte de la pensée qui a dicté l'art. 841 que le retrait peut être exercé par toutes les personnes qui doivent concourir au partage *proprio jure;* ainsi les héritiers, soit purs et simples, soit bénéficiaires, les successeurs irréguliers, les légataires ou donataires universels ou à titre universel, peuvent invoquer le bénéfice de l'art. 841 ; c'est ce qui résulte des diverses décisions que nous faisons connaître dans les numéros suivants.

Mais le successible qui a été exclu par les dispositions du défunt n'a pas le droit de venir au partage. Il n'est donc pas successible dans le sens de l'art. 841 C. C. et il ne peut exercer le retrait (Nîmes 3 mai 1827, D. 28-2-218; Vazeille art. 841 n° 9, Duvergier sur Toullier t. 2 n° 441, Dutruc n° 482 Demolombe t. 16 n° 24).

**14683. Héritier bénéficiaire.** — L'héritier bénéficiaire jouissant des mêmes droits que l'héritier pur et simple, l'action en retrait successoral lui appartient comme à tout autre héritier (Toullier t. 4 n° 437, Chabot sur l'art. 841 n° 13, Marcadé sur l'art. 841 ; — CC. Amiens 13 mars 1806 ; — Bordeaux 16 mars 1832 ; — Limoges 13 juill. 1844, S. 6-2-943, D. 32-2-473, 45-2-507 ; — Montpellier 8 juin 1848, S. 49-2-279, Aubry et Rau t. 5 p. 165).—M. Demolombe ajoute que le bénéficiaire ferait prudemment de se faire autoriser en justice, quoique le retrait soit un acte de gestion (t. 15 n° 190).

**14684. Donataire ou légataire universel à titre universel.** — Le retrait successoral peut être exercé par les héritiers institués, c'est-à-dire par les donataires contractuels, les légataires universels ou à titre universel, d'après la maxime *hi qui in universum jus succedunt hæredis loco habentur.* — (C. Bordeaux 19 juill. 1826 ; — Bastia 23 mars 1836 ; — Caen 19 mars 1826, D. 27-2-17, S. 35-2-349, 43-2-96 ; — Grenoble 2 août 1818, S. *coll. nouv.* t. 5-2-370 ;—Cass. 21 mars 1830, S. 30-1-169 ;— Caen 19 mars 1842, S. 43-2-96, Chabot nos 6 et 14, Toullier t. 4 nos 439 et 441, Duranton t. 7 n° 186, Marcadé *loc. cit.*, Merlin *Rép.* v° *Droits succes.* n° 9, Poujol n° 841, Benoît n° 5, Belost-Jolimont sur Chabot art. 841, Vazeille art. 841, Aubry et Rau t. 3 p. 325, Demante t. 3 n° 171, Dutruc n° 503, Demolombe t. 16 n° 40 ; — *Contrà* Zachariæ, Massé et Vergé t. 4 p. 336-337, Levreau *des Enf. natur.* p. 713 ; — Rochefort t. 3 p. 425, Rodière, P. 1862 p. 363 ; — Bourges 27 mai 1812, S. 4-2-120 ; — Toulouse 20 mai 1819, S. 6-2-138) — V. 14695.

1. USUFRUITIER. — Cette règle est-elle applicable à l'usufruitier universel ou à titre universel ? La question est controversée. Cependant la Cour de cassation, considérant que l'usufruit même universel ou à titre universel n'établit aucune indivision entre l'usufruitier et les héritiers nu propriétaires, a déclaré que l'usufruitier, n'étant pas successible dans le sens de l'art. 841 C. C., et n'ayant aucun droit de s'immiscer au partage à faire entre héritiers, peut être écarté de ce partage par le retrait successoral, s'il a acquis les droits de l'un des héritiers (17 juill. 1843, 11707 J. N.; — 24 nov. 1847, D. 47-4-428 ; — CC. Riom 23 avr. 1818 ; — Dijon 8 juill. 1826, D. 29-2-220 ; — Pau 10 juin 1830, S. 31-2-52 ; — Caen 17 juill. 1843, S. 43-1-597 ; — Cass. 24 nov. 1847, S. 48-1-21 ; — Dijon 17 fév. 1854, S. 54-2-424, Proudhon *Usuf.* t. 4 n° 2077, Duranton t. 7 n° 192, Demante t. 3 n° 171 *bis*, Duvergier t. 2 n° 441, Zachariæ, Aubry et Rau t. 3 p. 324, S. 43-1-697, Demolombe t. 16 nos 31, 51, 76).

Ce système est repoussé d'une manière absolue par Vazeille n° 15, Conflans n° 11, Dutruc n° 478, Dalloz n° 1947, qui se fondent sur ce que le législateur a voulu écarter du partage non pas toute personne qui, sans la cession, n'aurait pas eu, à l'égard des héritiers, le droit d'y prendre part, mais ceux-là seulement qui, tout à fait étrangers à la succession, ne viendraient que par esprit de spéculation, ou par curiosité, s'immiscer indiscrètement dans les affaires de famille et entraver les arrangements entre cohéritiers, considérations qui ne s'appliquent pas à un légataire ou donataire soit de l'universalité, soit d'une quotité de l'usufruit des biens héréditaires. Ces motifs ont été adoptés par des arrêts des cours de Nîmes du 30 mars 1830 (7219 J. N.); — de Paris, du 2 août 1821 (S. 22-2-29); — et de Bastia du 23 mai 1835 (S. 35-2-350).

Mais Merlin (*Rép.* v° *Droits successifs* n° 13), Delvincourt (t. 2 p. 137), Poujol (t. 2 p. 100), l'admettent en partie, en ce qu'ils permettent le retrait contre l'usufruitier universel alors qu'ils le refusent à l'usufruitier à titre universel parce que, disent-ils, la division des biens du défunt n'intéresse que ce dernier, qui a droit de venir au partage pour faire déterminer l'assiette de son usufruit (*Conf.:* Angers 13 avr. 1820, S. 21-2-306 ; — Cass. 21 avr. 1830, S. 30-1-169).

**14685. Donataire ou légataire à titre particulier.** — Mais la décision n'est plus la même en ce qui concerne le donataire ou le légataire à titre particulier. — N'ayant pas une quote-part dans l'universalité, il n'a pas droit de venir au partage (Chabot n° 7, Demolombe t. 16 nos 30, 50 ; — Nîmes 3 mai 1827 et Cass. 2 déc. 1829).

Mais le donataire entre-vifs des droits successifs peut exercer le retrait, parce qu'il est l'ayant cause du donateur quant à toutes les actions comprises dans les droits successifs qui font l'objet de la donation (Demolombe t. 16 n° 61).

**14686. Légitime.** — L'enfant réduit à une simple légitime est héritier dans le sens de l'art. 841, et recevable à exercer le retrait (Cass. 3 mai 1830, D. 30-1-232).

**14687. Enfant naturel.** — Cette décision est également applicable aux enfants naturels reconnus, parce qu'ils ont droit à une quote-part des biens, et qu'en conséquence ils sont successeurs, quoiqu'ils n'aient pas le titre et la qualité d'héritiers (Cass. 8 juin 1826, 15 mars 1831, S. 26-1-599, D. 31-1-109 ; — 16 juill. 1861, S. 61-1-817, 1567 R. P.; Merlin

*Rép.* v° *Droits success.* n° 9, Chabot art. 814 n° 13, Toullier et Duvergier t. 2 n° 441, Malpel n° 247, Benoit n° 9, Duranton t. 7 n° 186, Demante t. 3 n° 171 *bis*, Zachariæ, Aubry et Rau t. 3 p. 325, Demolombe t. 16 n° 39).

**14688. Cohéritiers du cédant.** — Le retrait peut être exercé par les cohéritiers du cédant, bien que ce dernier soit décédé depuis la cession, et que ses cohéritiers, se trouvant appelés à lui succéder, aient accepté sa succession. On ne saurait, dans ce cas, repousser l'action en retrait par l'exception de garantie (Cass. 15 mai 1844, S. 44-1-605. — *Contrà* Cass. 27 juin 1832, D. 32-1-241).

**14689. Héritier renonçant.** — L'héritier qui a renoncé n'est plus successible, il a perdu le droit d'assister aux opérations du partage; dès lors, il ne peut valablement exercer le retrait successoral (Cass. 2 déc. 1829, D. 30-1-16; — Bourges 20 janv. 1827, D. 29-1-122, Chabot art. 841 n° 5, Poujol t. 2 n° 418, Marcadé art. 841 n° 2, Demante t. 3 n° 91 *bis*, Aubry et Rau t. 3 p. 324; — *Contrà* Limoges 14 mai 1819, S. *Coll. nouv.* t. 6-2-73, Delvincourt t. 2 p. 43 note 11). — Il en est de même de l'indigne (Demolombe t. 16 n°s 26 et 46, Taulier t. 3 p. 297; — Cass. 2 déc. 1829, D. 30-1-16).

Mais si le successible avait renoncé pour s'en tenir à un don ou à un legs particulier, il faudrait admettre le retrait contre lui (Chabot art. 481 n° 7, Duvergier sur Toullier t. 2 n° 441, Demante t. 3 n° 171 *bis*, Demolombe t. 16 n° 26).

**14690. Héritier cédant.** — La cour de Bastia, le 23 mars 1835 (D. 35-2-88), a jugé que l'héritier qui a cédé une partie de ses droits à un tiers est sans qualité pour exercer le retrait successoral. Cette doctrine n'est pas justifiée, car le cédant conserve la qualité de successible pour une partie et il peut toujours exercer le retrait contre le cessionnaire de l'un de ses cohéritiers (C. Paris 11 mars 1859, de Conflans art. 841 n° 20, Dutruc n° 507, Demolombe t. 16 n° 40). — Mais si la cession comprenait tous les droits successifs, elle aurait fait perdre au cédant, dit M. Demolombe, la qualité à laquelle est essentiellement attaché l'exercice du retrait, c'est-à-dire la qualité de copartageant (Toulouse 22 fév. 1840, S. 40-2-318, Demolombe t. 19 n° 49. — *Contrà* Dalloz *Succ.* 1884).

Il est bien entendu que le cohéritier cédant ne pourrait exercer le retrait contre le cessionnaire lui-même. Cette action serait contraire à la bonne foi, qui ne permet pas au vendeur d'évincer l'acheteur, et à la logique, qui ne permet pas à la même personne d'être tout à la fois à l'égard d'un même marché le vendeur et l'acheteur (Cass. 27 juin 1832, S. 32-1-832; Pothier v° *Vente* n° 600, Demolombe t. 16 n° 48, Dutruc n° 507).

Le cohéritier qui a, de son chef, le droit d'exercer le retrait successoral contre un cessionnaire de droits successifs ne pourrait être déclaré non recevable, quoiqu'il soit devenu l'héritier du cédant, parce qu'il exerce les droits qui lui appartiennent en dehors de la cession (Cass. 27 juin 1832, D. 32-1-241; — 16 décembre 1840, S. 44-1-603; *Comp.* Pothier *des Retraits* n° 155; — Cass. 15 mai 1844, S. 44-1-605; Aubry et Rau t. 3 p. 325). — Bien plus, il faudrait décider que le cédant lui-même pourrait exercer le retrait contre son propre cessionnaire s'il était devenu, depuis la cession, héritier de l'un des cohéritiers qui avait droit de l'exercer. Le cédant, en effet, n'a aliéné que le droit qu'il avait de son chef, *ex propria personna*, comme disait Pothier, et le droit qu'il exerce aujourd'hui lui provient d'un autre (Demolombe t. 16 n° 65).

Le successible cédant ayant obtenu la rétrocession du droit par lui cédé, ne serait pas soumis au retrait parce que la rétrocession remet les choses au même état qu'auparavant. (Orléans 29 fév. 1832, S. 36-2-534; Merlin *Rép. loc. cit.* n° 14, Dutruc n° 484, Rochefort *État des familles* t. 3 n° 435, Demolombe t. 16 n° 28). — Mais *quid* si le successible cédant avait acheté les droits d'un autre successible? Ayant cédé son droit à la succession, il n'avait plus qualité pour venir au partage. Donc, il n'y est qu'en vertu de la cession qui lui a été faite, c'est-à-dire en qualité de cessionnaire. Dès lors, il ne peut exercer le retrait et il doit le subir (Carette, S. 1836-2-535, Demolombe t. 16 n° 29. — *Contrà* Amiens 11 janv. 1839, S. 39-2-384; Duvergier sur Toullier t. 2 n° 441 note A).

**14691. Héritiers de deux lignes.** — Lorsqu'il s'agit d'une succession à partager entre les deux lignes, paternelle et maternelle, la cession faite par l'un des héritiers d'une ligne donne lieu au retrait au profit des héritiers de l'autre ligne, aussi bien que pour ceux de la même ligne.

Soit une succession échue à deux héritiers dans la ligne paternelle et à quatre héritiers dans la ligne maternelle. Si l'un des deux héritiers de la ligne paternelle vend ses droits successifs à un étranger, l'action en retrait appartiendra non-seulement au second héritier de la ligne paternelle, mais encore au quatre héritiers de la ligne paternelle. Tous sont en effet successeurs à titre général, bien qu'ils ne soient successeurs qu'à titre particulier dans l'une ou l'autre ligne. Chabot (n° 17) et Toullier (t. 4 n° 425) enseignent le contraire, mais leur opinion est repoussée par la généralité des auteurs (Delvincourt t. 2 p. 347 n° 2, Duranton t. 7 n° 188, Malpel n° 246, Vazeille n° 23, Marcadé n° 3, Roll. de Vill. v° *Retrait success.* n° 22, Dalloz v° *Succession* n° 1887, Merlin *Rép.* v° *Droit success.* n° 9, Ducaurroy t. 2 p. 182, Demante t. 3 n° 171 *bis*; — Grenoble 3 juill. 1824, D. 25-2-77; — Paris 14 fév. 1834, D. 34-2-56; — Pau 14 fév. 1860, S. 61-2-113, 1378 R. P., 12287 C., confirmé Cass. le 2 juillet 1862, S. 62-1-859, D. 62-1-431).

Si la cession est postérieure au partage qui a opéré la division des biens entre les deux lignes, elle est soumise au retrait. Une fois, en effet, que cette première division a eu lieu, les successibles de chacune des lignes sont devenus étrangers les uns aux autres, et ceux de la ligne paternelle ne peuvent se présenter au partage de la ligne maternelle (Rouen 21 juill. 1807, S. 1808-2-49; — Pau 14 fév. 1860, S. 61-2-113, 1378 R. P., 12287 C.; — Cass. 2 juill. 1862, S. 62-1-859; — Toullier t. 2 n° 44, Vazeille art. 841 n° 24, Chabot art. 841 n° 18, Demante t. 3 n° 171 *bis*, Mourlon *Rép. écr.* t. 3 p. 173, Demolombe t. 16 n°s 34 et 54). — Cette distinction est applicable aux parents des diverses souches ou branches.

**14692. Retour légal.** — De ce que l'ascendant donateur et les héritiers appelés à la succession ordinaire ne sont pas cosuccessibles et qu'il n'y a lieu entre eux à aucun rapport d'indivision et de partage, il faut conclure que l'exercice du retrait successoral, admis entre cohéritiers, ne pourrait être exercé de l'une à l'autre de ces successions distinctes, ni par l'ascendant contre le cessionnnaire de l'héritier, ni réciproquement (Demolombe t. 13 n° 487 *bis*, Zachariæ, Aubry et Rau t. 4 p. 548).

**14693. Ayant droit des successibles.** — La faculté de retrait se transmet héréditairement comme tout autre droit ; ainsi, les héritiers du successible peuvent l'exercer comme il l'aurait exercé lui-même (Duranton n° 193, Zachariæ, Aubry et Rau t. 3 p. 82, Massé et Vergé t. 4 p. 337, Dutruc n° 508, Demolombe t. 16 n° 72 ; — Cass. 8 juin 1826, D. 26-1-101 ; — *Contrà* Bourg 27 mai 1812, S. *Coll. nouv.* 4-2-120 ; — Toulouse 20 août 1829, S. 6-2-138, Dalloz v° *Succession* n° 1874).

On a même jugé que le retrait peut être exercé par le curateur à la succession vacante (Montpellier 8 juin 1848, D. 49-2-279, Demolombe t. 16 n° 63, Aubry et Rau t. 3 n° 325 ; — *V.* Dalloz 48-2-135, Dutruc n° 510 et Tulle 3 août 1842, D. 42-2-390).

Mais cette action n'appartient pas aux créanciers de l'héritier, c'est un droit personnel qui ne peut, par conséquent, être exercé que par la personne ou ceux qui représentent la personne (Troplong *de la Vente* n° 226 ; — Montpellier 16 juin 1853, D. 54-5-662 ; — Cass. 14 juill. 1834, D. 34-1-281 ; — *V.* aussi Cass. 28 juin 1836, D. 36-1-352 ; — Bordeaux 16 mars 1832, S. 32-2-168, Toullier t. 6 n° 375, Belost-Jolimont et Chabot art. 841, Proudhon *Usuf.* t. 5 n° 2345, Aubry et Rau t. 3 p. 82 et 325, Massé et Vergé t. 4 p. 337, Dutruc n° 509, Dalloz V. *Succ.* n° 1888).

**14694. Divisibilité de l'action en retrait.** — L'art. 841 accorde le droit de retrait à tous et aussi à chacun des héritiers. L'action n'est pas divisible dans la proportion des droits héréditaires de chacun ; chaque cohéritier peut demander la subrogation seul et pour le tout. Il suit de là que si un seul des héritiers a exercé le retrait, ses cohéritiers n'ont aucun droit d'exiger que le bénéfice en soit partagé entre eux ; il a usé du droit qu'il avait de l'exercer seul, et c'était aux autres de venir l'exercer avec lui ou avant lui, ainsi que la loi le leur permettait (Besançon 12 janv. 1808, D. 36-2-55 ; — Bruxelles 20 nov. 1820, S. *Coll. nouv.* 6-2-324 ; — Montpellier 7 juill. 1824, S. 25-2-213 ; — Cass 28 juin 1836, S. 36-1-347 ; — Limoges 30 juin 1852, S. 52-2-559 ; Duvergier sur Toullier t. 2 n° 438, Benoît 45-46, Malpel n° 248, Poujol art. 841 n° 7, Marcadé art. 841 n° 3, Ducaurroy t. 2 n° 683, Demante t. 3 n° 171, Dutruc n°s 511, 512, Aubry et Rau t. 3 p. 326, Massé et Vergé t. 4 n° 337, Demolombe t. 16 n° 72. — *V.* en sens divers Toullier t. 2 n° 438, Chabot art 841 n° 16, Toullier t. 3 p. 320, Duranton t. 7 n° 199, Merlin *Quest. de droit, Rét. succ. et addit.* t. 11 *eod.* v°).

Si le retrait est exercé par tous ou par plusieurs, il leur profite dans la proportion de leurs droits héréditaires (Chabot n° 15, Toullier t. 4 n° 437, Duranton t. 7 n° 199, Marcadé n° 3, Vazeille art. 841 n° 20, Toullier t. 3 p. 299, Dutruc n° 511, Demolombe t. 16 n° 70).

Des arrêts ont décidé que si un des cohéritiers, pur et simple ou bénéficiaire, se rend cessionnaire d'une créance contre la succession, il peut être tenu de communiquer à ces cohéritiers le bénéfice de cette cession (Aix 4 mars 1841, S. 41-2-321 ; — Paris 10 mai 1850 S. 54-2-365 ; — *V.* aussi Aubry et Rau t. 5 p. 259, 261, Merlin *Quest. de droit* v° *Rétroc.*). — Mais ces solutions ne sont pas fondées et on ne peut soutenir que le cohéritier en agissant ainsi pour lui seul soit censé avoir agi au nom de la communauté encore indivise (Cass. 11 janv. 1839, S. 39-1-703).

## SECTION 2. — CONTRE QUI PEUT ÊTRE EXERCÉ LE RETRAIT SUCCESSORAL

[14695-14702]

**14695. Principe.** — Le but de l'art. 841 n'étant d'écarter du partage que ceux qui n'y ont pas droit par eux-mêmes, il est évident que tout cessionnaire des droits héréditaires qui, par lui-même, et indépendamment de l'acte de cession, avait qualité pour intervenir au partage, ne peut être contraint à subir le retrait successoral (Demolombe t. 16 n° 16). — Ainsi le retrait ne peut être exercé contre l'héritier légitime (Lebrun *Succ.* liv. 4 ch. 2 sect. 3 n° 68 ; — Riom 21 janv. 1809, S. 13-2-324) ; l'héritier naturel ou même les donateurs et légataires universels ou à titre universel en pleine propriété ou en nue-propriété, car ils sont tous successibles (Lyon 17 juin 1825, D. 25-2-224 ; — Cass. 21 avr. 1830, D. 30-1-214 ; — Douai 6 fév. 1840, D. 40-2-191, Merlin *Rép.* v° *Cess. de droits success.* n° 9, Chabot art. 841 n° 9, Duranton t. 6 n°s 189, 190, Demante t. 3 n° 171 *bis*, Demolombe t. 16 n° 19). — On arriverait autrement à cette contradiction choquante et véritablement impossible que la cession faite par un légataire universel ou par un enfant naturel ne serait pas soumise au retrait, tandis que la cession faite par un héritier légitime y serait soumise.

Cependant il faut renfermer le principe précédent dans certaines limites.

1. ÉPOUX COMMUNS EN BIENS. — Par exemple, si l'on appliquait le principe d'une manière absolue, on pourrait dire que l'époux *commun en biens*, qui s'est fait céder les droits successifs de l'un des cohéritiers de son conjoint, ne peut être soumis à l'action en retrait, parce que le partage de la communauté a initié l'époux cessionnaire aux affaires de la succession, et que la situation est la même que dans le cas où les droits successifs ont été acquis par un héritier n'appartenant pas à la même ligne que le cohéritier vendeur (n° 14691). Cependant, contrairement à cette doctrine, qui est professée par Dutruc (n° 479) et Dalloz (n° 1951), la Cour de cassation a jugé le 24 novembre 1847 (D. 47-4-428), conformément à un arrêt de la cour de Bordeaux du 28 juin 1844 (D. 46-2-123), que le retrait successoral pouvait être exercé, « attendu qu'aussitôt que la part de cet époux dans la communauté a été réglée, il devient étranger à la succession de l'autre époux, dévolue aux seuls héritiers » (*Conf.* : Demolombe t. 16 n°s 33 et 52).

2. MARI. — Ainsi encore, de nombreux arrêts (Pau 10 juin

1830; — Cass. 25 juill. 1844; — Agen 8 avr. 1846; — Riom 9 mars 1845; — Toulouse 31 déc. 1852, D. 45-2-123, 46-2-121, 54-2-226; — Bordeaux 25 mars 1857, D. 57-2-116) ont décidé, contrairement à un jugement de Lyon du 22 juillet 1842 (S. 44-1-615) et à un arrêt de Grenoble du 7 avril 1840 (S. 42-2-5), que le mari cessionnaire des droits de l'un des cohéritiers de la femme est sujet au retrait successoral, bien que en sa qualité d'administrateur des biens de celui-ci, il ait le droit d'assister au partage. On a considéré que la loi, en parlant de successible, a entendu désigner les individus ayant un droit d'immixtion permanente, *jure proprio*, et non des individus qui ne viendraient au partage que comme mandataires et en vertu d'un titre que le décès des représentés peut faire cesser d'un instant à l'autre.

Dans cette position, le retrait successoral prime le retrait d'indivision accordé à la femme par l'art. 1408 C. C. « Attendu que le droit de retrait accordé aux héritiers affecte l'acquisition du moment où elle est faite, tandis que le droit d'option, qui appartient à la femme, se trouvant subordonné à l'acquisition, est par cela même postérieur au droit de retrait successoral » (Cass. 25 mai 1844, 12108 J. N.).

3. SUCCESSIBLE EXCLU. — On décide même que le retrait successoral peut être exercé en cas de cession faite au profit d'un successible exclu de la succession par un testament du défunt (Clermont-Ferrand 26 juill. 1867, S. 68-2-292; Duvergier t. 2 n° 441, Vazeille art. 841, Demolombe *Succ.* 4 n° 23).

3. OBSERVATION GÉNÉRALE. — Mais ces réserves faites, il faut reconnaître que la règle ci-dessus ne souffre guère d'exceptions. Dans cet ordre d'idées, notre chapitre actuel se lie d'une manière intime au chapitre précédent, en ce sens que toutes les personnes que nous avons signalées comme ne pouvant exercer le retrait successoral sont obligées de le subir, si elles se sont rendues cessionnaires d'une part quelconque de l'hérédité. Cette observation générale nous dispense d'entrer dans des détails particuliers, qui ne pourraient que délayer notre matière sans rendre les décisions plus précises.

**14696. Donation.** — L'une des conditions exigées par l'art. 841, pour exercer le retrait, étant le remboursement *du prix*, il en résulte qu'il ne s'applique pas aux donations. Ce texte est d'ailleurs d'accord avec les lois romaines *Per diversas* et *Ab Anastasio*, dont nous avons déjà constaté l'influence, en cette matière, sur notre législation ancienne et moderne.

Ces lois, en effet, exceptaient de leurs dispositions les cessions gratuites : *Si autem per donationem cessio facta est, sciant omnes hujusmodi legi locum non esse.* Le motif de cette disposition est facile à saisir: on ne peut supposer, chez un *donataire* qui intervient par la volonté d'un autre, la cupidité et l'esprit de tracasserie qui peuvent animer un acquéreur, dont l'appât du lucre a pu seul provoquer l'intervention dans des affaires qui ne sont pas les siennes (Pothier *du Retrait* n° 104, *des Fiefs* p. 2 ch. 2 art. 11 sect. 1re, *de la Vente* 591, Demolombe t. 16 n° 93).

1. DONATION ONÉREUSE. — La donation entre-vifs et le legs fait par l'un des cohéritiers de ses droits successifs ne perdrait pas son caractère de libéralité par cela seul que certaines conditions ou charges auraient été imposées au donataire ou légataire, si elles n'étaient pas telles qu'elles dussent être considérées comme le prix de la cession des droits successifs (Cass. 24 nov. 1825, D. 26-1-12; — 1er juin 1834, D. 34-1-272).

2. DONATION POUR PARTIE ET CESSION POUR UNE AUTRE PARTIE. — La circonstance que le donataire d'une quote-part de la succession, serait cessionnaire d'une autre part ne pourrait le faire tomber sous le coup de l'action en retrait; car son titre de donataire suffit pour légitimer son intervention dans l'acte de partage (Toullier t. 4 n° 422, Chabot sur l'art. 841). Il n'en serait autrement qu'au cas de fraude (Troplong *de la Vente* t. 2 n° 1009, Demolombe t. 16 n° 95). — V. 14685.

3. DONATION DÉGUISÉE. — Si les parties avaient déguisé un contrat onéreux sous la forme d'une donation, et que la fraude fût prouvée, ce qui est toujours permis, le prétendu donataire ne pourrait écarter l'exercice du retrait de la part des héritiers (Duranton n° 194, Vazeille n° 13, Demolombe t. 16 n° 102).

Ainsi, le retrait n'est point admis contre l'acte par lequel un tiers s'engage à révéler la succession moyennant la moitié ou le quart de l'hérédité. Le tiers a contracté une obligation de faire et stipulé à titre de prime aléatoire une partie des biens; mais il n'est que créancier, et l'héritier seul aurait qualité pour intervenir au partage : le tiers n'y pourrait comparaître que comme mandataire (Paris 2 avr. 1852, S. 52-2-621, Demolombe t. 16 n° 117).

4. CESSIONNAIRE DU DONATAIRE — Mais le retrait pourrait être exercé contre celui auquel le donataire ou légataire des droits successifs d'un héritier aurait cédé ces mêmes droits à titre onéreux, car il est impossible d'admettre qu'un donataire ou un légataire ait le droit que n'a pas un cohéritier, d'introduire forcément dans le partage un spéculateur étranger (Toullier t. 2 n° 446, Chabot art. 841 n° 10, Vazeille *Lod*, Demante t. 3 n° 171 *bis*. — *V.* Zachariæ, Aubry et Rau t. 3 p. 323, Demolombe t. 16 n° 97). — La même solution paraît applicable au sous-cessionnaire à titre gratuit du cessionnaire à titre onéreux (Merlin *loc. cit.* § 2 n° 3, Demante *loc. cit.*, Demolombe *loc. cit.*).

**14697. Échange.** — Il n'est pas nécessaire que le prix consiste en numéraire pour rendre l'art. 841 applicable. Il suffit que la cession ait eu lieu à titre onéreux. Si donc c'était par voie d'échange que la cession se fût opérée, le cessionnaire devrait accepter, à la place de l'objet qu'il aurait abandonné, sa valeur estimative au dire d'expert et à l'époque de la cession, indépendamment des augmentations ou des diminutions accidentelles qui auraient pu y survenir dans l'intervalle de la cession au retrait (Demolombe t. 16 n° 115; — Limoges 15 janv. 1822, S. *Coll. nouv.* 4-2-14; — Caen 19 oct. 1814, S. 15-1-122; — 19 mars 1842, S. 42-2-96; — Lesparre 30 avr. 1856 et Bordeaux 25 mars 1857, D. 57-2-116, Duranton t. 7 n° 197, Delvincourt t. 2 p. 346 n° 1er, Vazeille n° 29, Belost-Jolimont sur Chabot *Obs.* 13, Marcadé n° 2, Dalloz v° *Succession* n° 1914, Poujol art. 841

n° 12, Dutruc n° 497, Demante t. 3 n° 171 *bis*, Zachariæ, Aubry et Rau t. 3 p. 327, Massé et Vergé t. 4 p. 335).

**14698. Cessionnaire d'une quote-part.** — Le cessionnaire d'une quote-part des droits successifs d'un cohéritier est-il soumis au retrait? Le doute naît de ce que l'art. 841 se sert de cette expression : *son droit à la succession.* Mais cette objection s'évanouit devant cette simple considération, que le cessionnaire partiel, aussi bien que le cessionnaire total, a droit de s'immiscer dans les affaires de la succession, ce qui entraîne la nécessité de le soumettre également au retrait (Chabot n° 8, Toullier t. 4 n° 447, Duranton t. 7 n° 192, Dalloz n° 1918, Merlin *loc. cit.* n° 9, Vazeille art. 841 n° 16, Marcadé art. 841 n° 2, Demante t. 3 n° 171 *bis*, Dutruc n° 487, Zachariæ, Aubry et Rau t. 3 p. 323, Massé et Vergé t. 4 p. 339, Demolombe t. 16 n° 80); — alors même que, comme parent du défunt, il serait venu à la succession (Cass. 2 juill. 1862, S. 62-1-859).

Jugé en ce sens que l'époux survivant qui, en vertu d'une clause de son contrat de mariage, *est resté propriétaire de tous les biens meubles et effets mobiliers* de la communauté, et usufruitier des conquêts et des propres du décédé, est un successible dans le sens de l'art. 841 C. C.; d'où la conséquence que le retrait successoral ne peut être exercé sur lui, à raison de l'acquisition qu'il a faite de la part de l'un des héritiers du prémourant (C. Douai 8 fév. 1840, 10632 J.N.).

**14699. Communauté entre époux.—Société.** — Le retrait ne saurait être exercé ni contre la cession de droits indivis dans une communauté conjugale, ni contre la cession d'une portion indivise dans une société, ni surtout *à fortiori* contre la cession d'un droit indivis dans une chose déterminée commune entre plusieurs. L'art. 841 ne s'applique qu'aux cohéritiers et au droit de succession. Autrefois, on admettait les retraits dans tous les cas (Merlin *Rép.* v° *Retrait*). Or, la loi du 18 juin 1790 les avait tous abrogés et l'art. 841 n'a rétabli que le retrait successoral. En vain dit-on que la communauté conjugale ressemble à la succession et qu'il y a même inconvénient à y laisser pénétrer des étrangers (Riom 23 nov. 1848, S. 49-2-85, Vazeille art. 841 n° 20, Baltier t. 2 n° 796). L'art. 1476 C. C. écarte l'application de l'art. 841, car le retrait successoral ne concerne ni les formes du partage, ni la garantie, ni les soultes. —A plus forte raison en est-il de même de la société dans laquelle la loi admet des croupiers (1861 C. C.; — Cass. 19 août 1806, S. 7-1-74; — Angers 8 août 1808, S. 12-2-219; — Metz 17 août 1820, S. 21-2-205; — Paris 2 août 1821, S. 22-2-29; — Bordeaux 19 juill. 1826, D. 27-2-17; — Bourges 12 juill. 1831, D. 32-2-71; — Cass. 12 mars 1839, D. 39-2-281, Merlin *loc. cit.* 12, Toullier t. 13 n° 204, Odier t. 1er n° 523, Pont et Rodière t. 1er n° 844, Zachariæ, Aubry et Rau t. 3 p. 328, Massé et Vergé t. 6 p. 336, de Vatismenil *Rev. de législ.* 1836 t. 3 p. 432, Troplong *Soc.* 1059, Delangle *Soc.* t. 2 p. 713).

1. MARI. — Le retrait peut être exercé contre le mari de la femme héritière, bien qu'en cette qualité de mari on ne puisse l'empêcher d'assister au partage (Pau 28 déc. 1862, S. 63-2-87, Champ. 24 juillet 1868, S. 68-2-347, Demolombe *Succ.* t. 4 n° 32, Aubry et Rau 3e édit. § 359 *ter* p. 324).

**14700. Dation en payement.** — La cession faite au créancier en payement de ce qui lui est dû est-elle sujette au retrait? Pour la négative on dit: La dation en payement a été exemptée du retrait litigieux par l'art. 1701, conformément aux lois *Per diversas* et *Ab Anastasio*. Or, il serait singulier qu'on se montrât plus difficile pour le retrait successoral. Le créancier ayant le droit d'intervenir au partage, il n'y a pas d'inconvénient à valider la cession. L'opinion contraire doit cependant être préférée. Le texte de l'art. 841 parle généralement de *toute* personne et n'excepte que le successible. Dans le retrait litigieux, si le débiteur n'exerce pas ses droits, le bénéfice en est perdu et on comprend que le créancier les accepte en payement pour courir lui-même la chance. Il est certain que les droits successifs seront liquidés et la dation en payement n'a pas le même caractère de nécessité (Duranton t. 7 n° 201, Demolombe t. 16 n° 99).

**14701. Adjudication.** — Le retrait est admis même contre une adjudication volontaire ou en justice. Sans doute, la possibilité du retrait peut écarter la concurrence et nuire à la vente judiciaire, mais il reste toujours l'inconvénient de voir s'introduire dans la famille, à l'aide de cette vente, un spéculateur intéressé (Lyon 19 juill. 1843, S. 44-1-605; — Paris 11 mars 1859, Dutruc 496. — *Contrà* Paris 16 juin 1834, S. 36-2-113, Duvergier *consult. loc. cit.*, Dalloz v° *Succ.* 1917 Demolombe *loc. cit.* n° 100).

**14702. Cessionnaire d'objet déterminé.** — La question de savoir si l'acquéreur d'objets déterminés de la succession est soumis au retrait n'est pas uniformément résolue.

Les uns pensent que le retrait est toujours possible dans tous les cas (Bourges 19 janv. 1830, D. 30-2-65; — Pau 14 mai 1831, D. 31-2-83; — Cass. 15 mai 1833, D. 33-1-212, Delvincourt t. 2 p. 48 note 10, Demante t. 3 n° 171 *bis*, Taulier t. 3 p. 299; — Riom 13 nov. 1846; — Agen 2 avr. 1851, D. 47-2-85, 51-2-151).

Les autres soutiennent que le retrait ne peut en aucun cas s'exercer et qu'il n'y a pas à distinguer pour cela si la cession est intervenue avant ou après la liquidation, ni si le cessionnair intervient lui-même à cet acte. Le retrait est impossible, disent-ils, parce que l'art. 841 parle de la cession d'un droi *à la succession,* ce qui exclut la cession d'un bien parti culier. En outre, le cessionnaire n'a pas le droit de figurer lui-même au partage, parce qu'il n'est pas copartageant; san doute, il peut y intervenir pour veiller à ses droits, mais tous ceux qui peuvent intervenir au partage comme ayants cause d'un cohéritier ne sont point pour cela passibles du retrait, par exemple le créancier ayant hypothèque sur un immeuble héréditaire (Cass. 9 sept. 1806, D. 6-1-553; — 22 avr. 1808, S. 8-1-525; — Bourges 12 juill. 1831, D. 31-2-71; — Cass. 27 juin 1832, D. 32-1-241; — Lyon 17 mai 1831, D. 33-2-156; — Toulouse 3 juin 1834, D. 35-2-27; — Paris 14 juin 1834, S. 30-2-113; — Cass. 14 août 1840, S. 40-1-753; — Riom 13 nov. 1846, S. 47-2-199; — Agen 2 avr. 1851, S.52-2-307; — Cass. 21 mars 1870, S. 71-1-78, Toullier t. 2 n° 447, Zachariæ, Aubry et Rau t. 3 p. 223, Massé et Vergé t. 4 p. 337, Duvergier *Cons.*, S. 36-2-115, *Revue critique* 1858 p. 540, Demolombe t. 16 n° 83). — Du reste, dans ce système, il est bien entendu que les choses se passeraient autrement et que le retrait serait possible, si, en fait, la cession comprenait tous les biens héréditaires (Cass. 1er déc. 1806, S. 6-2-943; — Bourges 26 déc. 1833, S. 34-2-652; — Pau 19 août 1837, S. 39-2-153; — Caen 16 mai 1848, D. 48-2-388; — Riom 24 nov. 1848, S. 49-2-85; Merlin *loc. cit.* n° 9, Zachariæ, Aubry et Rau t. 3 p. 323, Massé et Vergé t. 4 p. 339, Demolombe t. 16 n° 84).

Quant à nous, il nous a toujours paru que l'interprétation de la loi la plus vraie se trouve dans l'opinion des auteurs qui enseignent que le retrait doit avoir lieu toutes les fois qu'il n'est pas possible de délivrer l'objet cédé sans que le cessionnaire prenne connaissance de toutes les affaires de la succession, sans que son intérêt exige qu'il concoure à toutes les opérations du partage; mais que s'il arrive que la dévolution puisse avoir lieu sans que le cessionnaire soit intéressé à intervenir au partage, le retrait ne doit pas avoir lieu (Malpel n° 249, Chabot sur l'art. 841, Duranton t. 7 n° 102, Poujol n° 4, Marcadé art. 841, Belost-Jolimont sur Chabot *Observ.* 3, Benoît *Retrait success.* nos 63 et 64, Dutruc n° 488, Dalloz n° 1919).

Dans tous les cas, quand le *partage* général de la succession a eu lieu, la cession par l'un des cohéritiers de sa portion indivise dans un ou plusieurs objets indéterminés demeurés indivis n'est pas soumis au retrait, car il n'y a plus à craindre l'immixtion de l'acheteur dans la liquidation, et les objets indivis constituent une simple communauté ordinaire (Paris 21 juin 1813, D. 14-2-97; — Bourges 12 juill. 1831, D. 32-2-71; — Cass. 26 nov. 1861, S. 62-1-1026, Toullier t. 2 n° 447, Duranton t. 7 n° 201, Vazeille art. 841 n° 18, Demante t. 3 n° 171 *bis*, Zachariæ, Aubry et Rau t. 4 p. 323, Demolombe t. 16 nos 65 et 88).

## SECTION 3. — QUAND ET COMMENT S'EXERCE LE RETRAIT SUCCESSORAL. — OBLIGATIONS DE CEUX QUI L'EXERCENT. — EFFETS

[14703-14707]

**14703. Délai.** — Des termes de l'art. 841, qui veut que toute personne étrangère à la succession puisse *être écartée du partage*, il résulte que le retrait successoral peut être exercé jusqu'au partage exclusivement; mais une fois le partage consommé, il n'est plus admissible. L'art. 841 ayant en effet pour objet d'empêcher un étranger de pénétrer les secrets de famille et d'entraver, par sa présence au partage, les opérations auxquelles les liens de famille qui unissent les héritiers font ordinairement présider les bons rapports, l'intervention de l'étranger ne présente plus aucun de ces inconvénients lorsque le partage est consommé (Toullier t. 4 n° 430, Duranton t. 7 n° 203, Chabot t. 5 p. 197, Delvincourt t. 2 p. 345 n° 10, Vazeille art. 841, Demolombe t. 16 n° 129 et le numéro précédent).

Le retrait peut être exercé avant toute demande en partage comme avant toute notification de la cession (Cass. 9 août 1830, D. 35-2-349; — Bastia 23 mars 1835, D. 35-2-58; — Cass. 7 janv. 1857, D. 57-1-369). — Il est imprescriptible comme l'action en partage dont il est une annexe (Cass. 14 juin 1820, S. 20-1-92; — Agen 8 avr. 1845, S. 46-2-189; — Paris 14 fév. 1860, S. 61-2-113; — Nîmes 16 mai 1861, D. 61-2-454, Merlin *loc. cit.* n° 10, Chabot art. 841 n° 21, Marcadé art. 841 n° 4, Dutruc n° 519, Zachariæ, Massé et Vergé t. 4 p. 340, Demolombe t. 16 n° 125).

**14704. Actes préparatoires.** — On a enseigné que les cohéritiers devaient se prononcer dès le début, soit pour écarter, soit pour admettre le cessionnaire, mais que pour peu qu'ils l'admettent au partage, ils ne peuvent plus exercer le retrait (Chabot art. 841 n° 19, Toullier t. 2 p. 448, Marcadé art. 841 n° 4, Zachariæ, Massé et Vergé t. 4 p. 338). — Cette opinion ne doit pas être suivie, car le texte de l'art. 841 est conçu en termes généraux, et d'ailleurs il est possible que la présence du tiers ne soit devenue gênante qu'après les premiers actes (Cass. 14 juin 1820, S. 21-1-92; — Bourges 19 nov. 1830, S. 30-2-146; — Cass. 15 mai 1833, D. 33-1-212; — Bordeaux 28 juin 1844, S. 45-2-407; — Agen 8 avr. 1845, S. 46-2-189; — Toulouse 31 déc. 1852, S. 53-2-23; — Grenoble 16 août 1858, S. 59-2-289; — Pau 14 fév. 1860, S. 61-2-113; Duranton t. 7 n° 203, Duvergier t. 2 n° 448, Zachariæ, Aubry et Rau t. 3 p. 326-327, Toullier t. 3 p. 392, Demolombe t. 16 n° 126).

1. RENONCIATION. — Mais les héritiers pourraient renoncer au droit de retrait même tacitement. Seulement, cette renonciation ne s'admettrait pas aisément et on ne peut pas approuver la cour de Toulouse d'avoir décidé que si le cessionnaire, au lieu de s'arrêter aux actes préparatoires, s'était mêlé aux premières opérations du partage, les héritiers ne pourraient plus invoquer contre lui le bénéfice du retrait (C. Toulouse 22 fév. 1840, S. 40-2-318). — Il a été beaucoup mieux jugé, selon nous, que la renonciation ne résulterait pas de ce que le cessionnaire aurait été *appelé* au partage, aurait figuré à la vérification des qualités, levée de scellés, inventaire, estimation ou vente des biens (Bourges 19 janv. 1830, D. 30-2-65; — Bordeaux 20 juin 1844, D. 45-2-407; — Agen 8 avr. 1845, S. 46-2-187; — Toulouse 31 déc. 1852, D. 53-2-23, 29 avr. 1857, P. 1858 p. 962). Il faudrait qu'à ces actes se joignissent des circonstances caractéristiques (Demolombe t. 16 n° 127).

**14705. Offres réelles.** — L'héritier qui veut exercer le retrait successoral n'est pas tenu d'accompagner la demande d'offres réelles de la somme à rembourser; il suffit qu'il se soumette à l'obligation de rembourser le prix et qu'il satisfasse à cette obligation lorsqu'il en est requis (C. Colmar 11 mars 1807; — Pau 10 juin 1830; — Bourges 16 déc. 1833; — Bastia 23 mars 1835, S. 7-2-281, 31-2-52, 34-2-652, 35-2-349; — Besançon 31 juill. 1809, S. 13-2-362; — Lesparre 3 avr. 1856, D. 57-2-116, Duranton t. 7 n° 200, Zachariæ, Aubry et Rau t. 3 p. 327, Duvergier *de la Vente* t. 2 n° 385, Demolombe t. 16 n° 121). — C'est aux tribunaux de décider en fait à quelle époque et dans quel délai le remboursement doit être effectué.

**14706. Remboursement.** — Pour obtenir le retrait, il faut rembourser au cessionnaire le prix entier de la cession, lequel comprend la somme principale que l'acquéreur a payée, les intérêts depuis le payement, les frais et loyaux coûts de l'acte de cession (Chabot et Vazeille sur l'art. 841 n° 20, Toullier t. 4 nos 450, Duranton t. 7 nos 197 et 202).

Mais le cessionnaire ne peut exiger le payement d'honoraires pour les soins donnés par lui à l'affaire, en sa qualité d'agent d'affaires (Cass. 1er juill. 1835, S. 35-1-843, Demolombe t. 16 n° 109).

Si l'exagération du prix est prouvée, le retrayant ne doit rembourser au cessionnaire que le prix réel et les frais d'enregistrement dus sur ce prix. Les autres frais restent à la charge de l'acheteur. Il demeure alors en perte, mais il n'est pas mal, dit Demolombe, que les artisans de fraude se trouvent parfois pris eux-mêmes dans leurs propres piéges, et nous pensons avec lui que la leçon est excellente (t. 16 n° 106; — *Conf.:* Grenoble 11 juin 1806, D. 1807-2-47; — Aix 5 déc. 1809, S. 12-2-377; — Nîmes 4 déc. 1823, S. *Coll. nouv.* 7-2-273; — Paris 14 fév. 1834, D. 35-2-56; — Cass. 4 juill. 1835, D. 35-1-400; — Bastia 23 mai 1835, D. 35-2-349, Chabot art. 841 n° 22, Toullier t. 2 n° 450, Duranton t. 7 n° 195, Aubry et Rau t. 3 p. 327, Massé et Vergé t. 4 p. 336, Demante t. 3 n° 171 *bis*).

Les intérêts sont toujours dus au cessionnaire, conformément à l'art. 1699 C. C., du jour où il a payé le prix, sauf règlement quant aux fruits, c'est-à-dire sauf à déduire la valeur estimative des fruits qu'il aurait perçus (Bordeaux 25 mars 1857, D. 57-2-116, Benoît 118, Demolombe t. 16 n° 108. — *V.* aussi Cass. 15 janv. 1840, S. 40-1-429).

La Cour de Besançon a jugé, le 5 juin 1857, que si le premier cessionnaire a cédé lui-même ses droits, c'est le prix de la dernière cession que le retrayant doit rembourser (P. 57 p. 1239). Mais on objecte que ce résultat est contraire à l'ancien droit (Pothier *des Retraits* 341, Loysel *Inst. cont.* liv. 3 tit. 5 règle 38, Eugène Coquille *Cout. du Nivern.* t. 3 *Ret. legis*), et que le second cessionnaire n'est que l'ayant-cause du premier, lequel n'a pu lui transmettre ses droits que sous les conditions inhérentes à sa cession : c'est donc le prix de la première cession qui doit être remboursé. Denizart nous apprend que cette question ayant été consultée le 2 décembre 1722, vingt des plus célèbres avocats de Paris l'ont ainsi résolue (t. 4 v° *Ret. lign.* n° 222; — *Conf.* : Demolombe t. 16 n° 110, Merlin *loc. cit.* n° 2 § 2, Labbé *Revue critique* 1855 p. 153 n° 28).

1. RENTE VIAGÈRE. — Si le prix est une rente viagère et que le créancier de cette rente existe encore, le retrayant remboursera au retrayé les arrérages déjà payés par lui et se chargera pour l'avenir de la rente. Si le créancier est mort, il ne sera tenu de rembourser que les arrérages par lui payés jusqu'au jour où elle s'est éteinte. En effet, c'est le retrayant qui est réputé avoir lui-même traité avec le cédant. S'il fallait arbitrer la valeur de la rente au jour de la cession, on dénaturerait le retrait, car ce n'est pas la valeur estimative du risque qui est le prix de la cession faite au retrayé, c'est le risque lui-même, et le retrayant ne doit jamais rembourser au retrayé que le prix, le même prix moyennant lequel il a acheté (Cass. 1er déc. 1806, S. 6-2-948, Merlin *loc. cit.* n° 9, Chabot art. 841 n° 24, Toullier t. 2 n° 451, Vazeille art. 841 n° 31, Dutruc n° 498, Zachariæ, Aubry et Rau t. 3 n° 327, Massé et Vergé t. 4 p. 335, Demolombe t. 16 n° 114; — *Contrà* Pothier *Intr. au tit. des fiefs* n° 246, *des Retraits* n° 29).

**14707. Effets du retrait.** — L'effet du retrait est de mettre les héritiers à la place du cessionnaire. Ils profitent des avantages éventuels qui se sont réalisés après la cession, tout comme s'ils avaient traité directement avec le cédant (Chabot sur l'art. 841 n° 24, Toullier t. 4 n° 451, Duranton t. 7 n° 198, Dutruc n° 522, Zachariæ, Aubry et Rau t. 4 n° 328, Demolombe t. 16 n° 146; — Cass. 1er déc. 1806, S. 1806-2-948).

## SECTION 4. — DROITS D'ENREGISTREMENT

[14708-14713]

**14708. Tarif.** — Tout l'effet du retrait se résume en ce que le retrayant prend la place du retrayé dans le même marché qui a été fait par celui-ci. Voilà pourquoi nos anciens auteurs décidaient unanimement que l'exercice du droit de retrait ne donnait pas ouverture aux *lods et ventes*, ni au centième denier (Décl. 20 mars 1708, art. 7, Tiraqueau § 29 *gl.* 1re n° 1er, Fonmaur n° 228, Pothier *des Retraits* nos 429, 442, Guy-Coquille *Cout. du Nivernais* art. 26). Et c'est aussi parce que le retrait n'opère pas une transmission du retrayé au retrayant, qu'aujourd'hui encore il donne seulement lieu au droit de libération sur les sommes remboursées et au droit d'obligation sur celles que le retrayant s'oblige à payer (Champ. et Rig. n° 2160, Demante n° 717, D. N. t. 11 p. 524 n° 105, D. m. f. 8 vent. et 11 flor. an 12, Circ. 17 mess.).

**14709. Liquidation.** — On a vu, au n° 14706, que, pour obtenir le retrait, l'héritier doit rembourser au cessionnaire non-seulement la somme principale que l'acquéreur a payée, mais encore les intérêts, les frais et loyaux coûts de l'acte. C'est sur ces sommes réunies que doit être liquidé le droit de 50 centimes pour 100.

C'est, au surplus, ce que portent expressément les décisions ci-dessus indiquées.

**14710. Cession ancienne.** — D'après l'I. G. n° 245 § 3, pour jouir du bénéfice du droit de 50 centimes pour 100, il est nécessaire que l'acte de subrogation au profit du non successible ait été passé depuis le 9 floréal an 11, époque de la promulgation du titre 1er livre 3 C. C., dont l'art. 841 fait partie. D'où il faut conclure que le retrait exercé sur l'étranger qui aurait acquis antérieurement serait passible du droit ordinaire de mutation.

**14711. Observation générale.** — Il faut suivre, pour la perception, les principes du droit, mais en ce sens que, toutes les fois que le retrait est légal, c'est-à-dire dans tous les cas où le cessionnaire n'aurait pas eu droit d'intervenir au partage dans l'acte de cession, ou bien encore toutes les fois que le retrait est exercé par une personne qui a le pouvoir de l'exercer, le droit de 50 centimes pour 100 est le seul exigible, tandis que, dans les cas contraires, c'est le droit de mutation qui doit être perçu. Les principes que nous avons exposés dans les précédents chapitres doivent donc être consultés comme de nature à lever les difficultés qui pourraient s'élever.

1. QUOTE-PART DE LA SUCCESSION. — Ainsi, c'est parce que le cessionnaire d'une quote-part de droits successifs peut toujours être écarté du partage par l'exercice du retrait, comme on l'a vu au n° 14698, que les décisions ministérielles qui ont fait l'objet du n° 14708 ont reconnu que le droit de 50 centimes pour 100 était le seul applicable au retrait exercé sur une cession partielle, par laquelle l'un des héritiers aurait cédé son droit aux immeubles de la succession, exclusivement aux objets mobiliers, ou seulement sa portion dans ces derniers biens.

2. USUFRUITIER. — Ainsi encore, l'Administration, adoptant le système des auteurs qui enseignent qu'on ne peut exercer le retrait contre l'usufruitier universel ou à titre universel, ou, ce qui rentre dans le même ordre d'idées, que l'usufruitier universel ou à titre universel est habile à exercer le retrait successoral, a délibéré, le 24 avril 1840 (10738 J. N.), que le retrait successoral exercé par une veuve, légataire à titre universel des biens de son mari, envers l'acquéreur des droits successifs de l'un de ses enfants, n'est passible que du droit de 50 centimes pour 100, alors qu'elle aurait dû frapper un pareil acte du droit de mutation si elle s'était rangée à la jurisprudence de la Cour de cassation que nous avons exposée au n° 14684-1.

3. RETRAIT INDIVIDUEL. — Si l'héritier qui a exercé le retrait successoral en son nom personnel en abandonne en partie le bénéfice à son cohéritier, il y a cession passible du droit proportionnel de mutation; car, ainsi qu'on l'a vu au n° 14694, l'action n'étant pas divisible dans la proportion des droits héréditaires de chacun, les cohéritiers n'ont pas le droit d'exiger que le bénéfice du retrait exercé par le plus diligent soit partagé entre eux.

4. RETRAIT POSTÉRIEUR AU PARTAGE. — De même, par application du principe que nous avons posé au n° 14703, si l'indivision a cessé par un partage ou tout autre acte intervenu entre les héritiers et le cessionnaire, depuis la cession, le retrait devient passible du droit de mutation 245 § 3 I. G.).

Tandis qu'il ne donne ouverture qu'au simple droit de 50 centimes pour 100 lorsqu'il s'opère alors que les biens sont encore indivis (Dél. 15 mai 1840, 12641-5 J. E.).

5. LÉGATAIRE UNIVERSEL OU A TITRE UNIVERSEL. — LÉGATAIRE A TITRE PARTICULIER. — Enfin, si le retrait était exercé par un légataire universel ou à titre universel, le droit de 50 centimes serait seul exigible, parce que, quoique n'étant qu'héritier institué, un tel légataire a droit au retrait (*V.* 14684); — tandis que ce serait le droit de 5 fr. 50 cent. pour 100 qui devrait être perçu, si c'était le légataire particulier, qui n'y a aucun droit (*V.* 14685), qui opérât le retrait.

Par raison inverse, le droit de mutation frapperait le retrait exercé *contre* le légataire universel ou à titre universel, parce que la loi n'autorise pas le retrait dans ce cas, tandis que le seul droit de 50 centimes pour 100 devrait être perçu, si c'était la cession consentie au légataire particulier qui fût retrayée; car un pareil légataire ne puise pas dans la loi son droit d'intervenir au partage, ce qui fait qu'il peut toujours en être écarté par le retrait.

**14712. Remboursement du prix.** — On a vu, au n° 14706, que l'on ne peut obtenir le retrait qu'en remboursant le prix déboursé par le cessionnaire. Or, ce ne serait pas rembourser le prix que d'attribuer à celui-ci des créances dépendant de la succession : ce serait l'admettre virtuellement au partage, au lieu de l'en écarter; dès lors il n'y aurait plus retrait. Aussi l'Administration a-t-elle décidé avec raison, par une Sol. 30 juillet 1831, qu'un pareil acte est passible du droit de 5 francs fixe (aujourd'hui le droit gradué).

**14713. Transcription.** — Faisons remarquer en terminant que le retrait, toutes les fois qu'il ne s'opère pas dans les conditions légales, produisant tous les effets d'une vente, doit être assimilé à la vente pour le tarif. Dès lors, il faut reconnaître, avec une Dél. 7 août 1819 (3037 J. N., 6425 J. E.), que toutes les fois que le droit de mutation est exigible, celui de transcription l'est également.

Quant au retrait opéré régulièrement, il est généralement admis que, ne constituant pas une vente nouvelle au profit du cohéritier qui l'exerce, l'acte qui le contient n'est pas assujetti à la transcription (Flandrin t. 1er n° 237, Rivière et Huguet n° 49, Mourlon *Rev. prat.* t. 3 p. 186 n° 65, Gauthier n° 69. — *V.* cep. Troplong *Transcription* nos 247 et suiv.).

## RÉTROCESSION.

**14714.** — C'est l'acte par lequel on transporte à un autre le droit qu'il nous avait cédé auparavant.

**14715. Renvoi.** — La résolution se liant d'une manière intime à la rétrocession, ou, pour parler plus catégoriquement, la résolution constituant une véritable rétrocession, toutes les fois qu'elle revêt le caractère transmissif, nous avons épuisé sous le mot *Résolution*, auquel nous renvoyons, tout ce que nous avons à dire de la *rétrocession*, au point de vue des principes.

## RÉUNION D'USUFRUIT.

**14716.** — La réunion de l'usufruit à la nue-propriété est l'opération par suite de laquelle le nu-propriétaire acquiert l'usufruit pour constituer la propriété entre ses mains. Nous en parlerons au mot *Usufruit*.

## RÉVOCATION.

**14717.** — C'est la rétractation ou l'anéantissement de ce qui a été fait. Ce mot est employé dans diverses acceptions. Nous n'avons à nous en occuper ici qu'en ce qui concerne le tarif.

**14718. Tarif.** — La loi du 22 frimaire an 7 avait tarifé à 1 franc les actes de révocation. Ce droit a été porté à 2 francs par l'art. 43 n° 21 L. 22 frimaire an 7, et à 3 francs par l'art. 4 L. 28 février 1872.

**14719. Actes auxquels s'applique le tarif.** — La loi ne fait aucune distinction : le droit de 3 francs est dû sur toute révocation volontaire, soit de mandat-procuration, soit de testament, soit de tout autre acte. Mais il ne faut pas perdre de vue que le mot révocation s'entend ici de trois cas d'annulation d'acte par un changement de volonté, qui sont prévus par la loi. Car si l'on révoquait une vente, par exemple, le droit de rétrocession serait exigible, ainsi qu'on l'a vu au mot *Résolution*, sauf le cas où la révocation aurait lieu dans les vingt-quatre heures, ainsi que nous l'avons expliqué *loc. cit.*

**14720. Délai. — Testament.** — « La révocation d'un testament, dit Bosquet, est un acte de dernière volonté qui n'est sujet au contrôle qu'après le décès de la personne qui révoque » (t. 4 p. 150). Conformément à cette opinion, a été décidé que l'acte notarié portant révocation de testament peut n'être enregistré que dans les trois mois du décès du testateur (Sol. 14 niv. an 13, 1622 J.E., D. m. f. belge 28 janv. 1857, n° 7604 J. E. belge) : « Jusqu'au moment du décès du testateur, porte cette dernière décision, la révocation, comme le testament, est moins un acte qu'un projet qui peut être annulé par son auteur, et n'arriver jamais à l'état d'acte accompli ; que, d'un autre côté, une révocation, absolue ou partielle, peut être conçue de façon à faire connaître le testament ou la disposition révoquée, et que, dans ce cas, son enregistrement avant le décès du testateur irait contre le vœu de l'art. 54 L. 22 frimaire an 7, outre que ce vœu semble devoir exclure directement la communication de l'acte de révocation aussi bien que celle du testament. »

**14721. Droit en sus.** — La Sol. 14 nivôse an 13 ajoute que le droit en sus est encouru si l'acte de révocation n'est pas enregistré dans les trois mois du décès. Mais il paraît à l'Administration belge, dans la Déc. 28 janvier 1857, que le droit simple est seul exigible à défaut d'un texte précis qui prononce une pénalité en cas de non présentation de la révocation à la formalité dans les trois mois. — Il n'y a pas plus de texte pour le délai d'enregistrement que pour la peine, car les art. 21 et 38 L. 22 frimaire an 7 ne s'appliquent littéralement qu'aux « *testaments* ». Or, si l'on a cru pouvoir, par une analogie juridique, assimiler les révocations aux testaments pour le délai, il n'y a aucune raison, selon nous, pour ne pas leur faire aussi l'application de la même peine : *ubi eadem ratio, idem jus.*

## ROGATOIRE.

**14722.** — Se dit de la commission qu'un tribunal donne à un juge d'un autre siége pour procéder à quelque acte de l'ordre civil ou criminel. — *V.* 4283 et suiv.

## ROLE.

**14723.** — C'est un feuillet ou deux pages d'écriture.

**14724. Notaires.** — Les expéditions délivrées par les notaires sont payées par rôle. Quelques notaires sont dans l'usage de faire parapher par les parties le *recto* de chaque rôle des minutes composées de plus d'un feuillet, mais la loi ne leur impose pas cette obligation. Ils agissent de même à l'égard des expéditions qu'ils délivrent, lorsqu'elles se composent de plus d'un feuillet.

**14725. Conservateurs des hypothèques.** — Les salaires des conservateurs des hypothèques sont également payés par rôle, quant aux transcriptions qu'ils font et aux copies qu'ils délivrent.

**14726. Receveurs de l'enregistrement.** — Les receveurs de l'enregistrement doivent parapher chaque rôle des actes présentés à cette formalité (Ord. gén. rég. 30).

**14727. Greffe. — Greffier.** — Les registres des rôles et les droits, soit de mise au rôle, soit de rôle d'expédition, ont une importance réelle en matière de greffe. — V. *Greffe.*

## ROLE.

**14728.** — État nominatif des personnes assujetties à une taxe, à une contribution. — V. *Établissement public.*

# S

## SAINT-DOMINGUE.

**14729.** — L'indépendance de Saint-Domingue ayant été déclarée, et une indemnité ayant été promise aux anciens colons, une loi a réglé le sort des actes relatifs au payement de cette indemnité. — V. 1425 et suiv.

## SAISIE.

**14730. Définition.** — La saisie est un moyen légal d'assurer l'exécution des obligations.

C'est un acte par lequel on met sous la main de la justice les biens ou effets d'un débiteur, dans l'intérêt de son créancier.

**14731. Conditions.** — « Il ne peut être procédé à aucune saisie mobilière ou immobilière, porte l'art. 551 C. proc., qu'en vertu d'un titre exécutoire, et pour choses liquides et certaines. Si la dette exigible n'est pas d'une somme en argent, il doit être sursis, après la saisie, à toutes poursuites ultérieures, jusqu'à ce que l'appréciation en ait été faite. »

**14732. Division.** — La saisie prenant un nom particulier et des formes spéciales, à raison de sa nature ou de son objet, nous l'envisagerons dans les principaux de ses modes, qui sont au nombre de dix, savoir :

Saisie-arrêt ou opposition;

Saisie-brandon;

Saisie en matière de contravention ou de délit;

Saisie-exécution;

Saisie-gagerie;

Saisie immobilière;

Saisie de navires et autres bâtiments de mer;

Saisie réelle;

Saisie de rentes sur particuliers;

Saisie-revendication.

## SAISIE-ARRÊT OU OPPOSITION.

DIVISION



**14733. Définition.** — La saisie-arrêt ou opposition est un acte tout à la fois conservatoire et d'exécution par lequel un créancier (le *saisissant*) arrête les sommes ou effets mobiliers de son débiteur (le *saisi*) existant entre les mains d'un tiers (*tiers saisi*), s'oppose à leur remise et les place sous la main de la justice.

Elle a pour objet d'obtenir la délivrance de ces sommes ou du prix des effets mobiliers jusqu'à concurrence du montant de la créance.

### CHAPITRE PREMIER. — DES CHOSES SAISISSABLES ET DES CONDITIONS POUR SAISIR

[14734-14739]

**14734. Droit de saisie.** — Toutes les sommes dues, tous les effets appartenant au débiteur, et qui sont entre les mains d'un tiers, sont en général saisissables (557 C. proc.), et tout créancier a sur eux le droit de saisie-arrêt lorsque sa créance se présente dans les conditions voulues.

Les conditions que doit réunir la créance, pour donner ouverture à l'action en saisie, sont les suivantes. Il faut qu'elle soit : 1° certaine; — 2° liquide; — 3° exigible et, de plus, personnelle contre le saisi (551 C. proc.).

**14735. Certitude de la créance.** — Une créance est certaine, lorsqu'elle ne peut être légitimement contestée; mais c'est au moment de la saisie que la créance doit avoir un caractère de certitude qui soit à l'abri de toute controverse, et non du jugement à intervenir sur le mérite de la saisie.

Ainsi on ne pourrait saisir en vertu de droits contestés en justice (Carré sur l'art. 557, Roger n° 54, Bioche *Dict. proc.* v° *Saisie-arrêt* n° 3), — ou à débattre dans un compte (Limoges 27 nov. 1868, S. 69-2-111; — Cass. 22 juin 1870 et 22 août 1871, S. 71-1-197).

**14736. Liquidation de la créance.**—Une créance est liquide, quand il est certain qu'il est dû et combien il est dû, *cum certum est an et quantum debeatur*. Toutefois, bien que la créance ne soit pas liquide, on peut la saisir, pourvu qu'on la fasse évaluer provisoirement par le juge (559 C. C., Pigeau t. 2 p. 44, Roger n° 100, Bioche n° 4; — Cass. 15 déc. 1868, S. 69-1-84).

Dans tous les cas, bien que la créance ne soit pas complétement liquide, la circonstance que la liquidation peut en être facilement faite la rend saisissable (C. Bordeaux 20 mai 1840).

**14737. Exigibilité de la créance.** — En principe, jusqu'à l'échéance du terme, le débiteur ne doit rien; aussi faut-il que la créance soit exigible pour qu'elle puisse être saisie, car ce serait exiger le payement de ce qui n'est pas dû que d'en autoriser la saisie avant terme (Carré sur l'art. 557, Roger n° 117, Bioche n° 5; — C. Angers 20 juill. 1843).

Toutefois, la saisie serait valable : 1° si le terme avait été stipulé en faveur du débiteur (1187 C. C.); — 2° si le bénéfice du terme avait été perdu par le débiteur (1188 C. C.); — 3° enfin, s'il s'agissait d'un terme de grâce accordé par le tribunal (Toullier t. 6 n°s 673, Bioche n°s 5 et 6).

**14738. Obligation personnelle du saisi.** — Enfin, le saisi doit être personnellement obligé. Ainsi, des créanciers hypothécaires ne peuvent, au préjudice du tiers-détenteur des immeubles affectés à leurs créances, saisir-arrêter les revenus que ces immeubles produisent. S'il ne satisfait pas à ses obligations, la loi leur donne seulement le droit de faire vendre sur lui les biens hypothéqués.

Cependant, la personne qui a cautionné un débiteur, bien que n'étant point personnellement obligée à la dette de celui-ci, ne serait pas fondée à demander la nullité d'une saisie-arrêt pratiquée sur elle, sauf au saisissant à n'y donner suite qu'après qu'il aura justifié de toutes poursuites propres à se faire payer de l'obligé principal (C. Bordeaux 2 juill. 1813).

**14739. Titre nécessaire pour former saisie-arrêt.** — Il faut, en outre, que la créance repose sur un titre authentique ou sous seing privé, ou, à défaut de titre, qu'il y soit suppléé par une permission de saisie émanée du juge.

Dans ce dernier cas, il est laissé à la prudence du magistrat de préjuger l'existence de la dette.

Si la créance n'est pas liquide, l'évaluation provisoire est faite par le président du tribunal ou celui qui le remplace (557, 558 C. proc.).

## CHAPITRE II. — PROCÉDURE DE LA SAISIE-ARRÊT

[14740-14748]

**14740. Observation générale.** — Les formalités prescrites en matière de saisie-arrêt sont de deux sortes : les unes communes à tous les exploits, les autres propres à un acte spécial et différentes de celles des autres actes de saisie. Les formalités spéciales pour les actes de saisie-arrêt peuvent être subdivisées en formalités communes à toute opposition en général, et en formalités particulières aux oppositions pratiquées entre les mains de l'État. Il ne peut entrer dans notre plan de donner le détail de ces formalités : nous renvoyons aux art. 599 et suiv. C. proc., et aux ouvrages spéciaux.

**14741. Assignation en validité.** — Il ne suffit pas de dénoncer la saisie-arrêt au saisi, il faut encore que, dans la huitaine de la saisie, on l'assigne pour en voir prononcer la validité (563 C. proc.); — la demande en validité de la saisie est dispensée du préliminaire de la conciliation (566); — dans un pareil délai de huitaine, outre celui à raison des distances, à compter du jour de la demande en validité, cette demande doit être dénoncée au tiers-saisi (564); — la saisie-arrêt est nulle quand la demande en validité est faite après le délai de huitaine (565); — tant que l'assignation en validité n'est pas dénoncée au tiers-saisi, il n'est tenu de faire aucune déclaration au saisissant (564).

**14742. Obligations du tiers-saisi.** — Le tiers-saisi doit faire et affirmer, au greffe, en personne ou par procuration spéciale, sa déclaration (571, 572 et 573 C. proc.), y joindre un état des effets mobiliers saisis et les pièces justificatives (578 et 574), et en notifier l'acte de dépôt avec constitution d'avoué (574); faute de quoi, le tiers-saisi est réputé débiteur pur et simple des causes de la saisie (577). Si la déclaration n'est pas contestée, il n'est fait aucune autre procédure, ni de sa part, ni contre lui (576). Le tiers-saisi est tenu de dénoncer les saisies subséquentes à l'avoué du premier saisissant (575).

La procuration, pour faire la déclaration affirmative, n'a pas besoin d'être notariée; la loi ne l'exige pas (Bioche n° 105, Roger n° 564. — *Contrà* Pigeau t. 2 p. 70).

**14743. Caissiers du Trésor.** — Les saisies-arrêts ou oppositions formées entre les mains des receveurs ou administrateurs des caisses publiques ne sont pas soumises aux formalités ci-dessus. Ces fonctionnaires ne peuvent point être assignés en déclaration affirmative; mais ils doivent délivrer un certificat constatant s'il est dû à la partie saisie et énonçant la somme, si elle est liquide. Il sont tenus, en outre, de faire mention des saisies-arrêts qui seraient survenues sur la même partie et pour le même objet (19 fév. 1792 et 30 mai 1793; — Déc. 18 août 1807, 569 C. proc.).

**14744. Caissiers des communes et établissements publics.** — Ces dispositions sont applicables non-seulement aux caissiers du Trésor, mais encore à ceux des villes, des communes, des hospices et autres établissements publics.

**14745. Officiers publics.** — Mais on ne peut les étendre aux notaires, commissaires-priseurs, greffiers ou huissiers pour les saisies faites entre leurs mains sur les deniers dont ils seraient détenteurs en raison de leur ministère. Ils ne sont point des fonctionnaires publics (Carré sur l'art. 589, Roger n° 585, Bioche n° 146).

**14746. Administration de l'enregistrement.** — Quant aux saisies-arrêts formées entre les mains des receveurs de l'enregistrement ou pratiquées par l'Administration, nous renvoyons au mot *Instance*, sous lequel nous avons traité de cette matière, nous contentant de faire observer ici que lorsque les saisies-arrêts sont faites sur l'Administration, il faut combiner les lois rappelées dans le n° 14743 avec le décret du 13 pluviôse an 13, qui lui-même a été modifié quant au département de la Seine par celui du 28 floréal suivant.

**14747. Jugement de saisie-arrêt.** — L'instruction de la saisie-arrêt est semblable à celle des autres affaires, mais c'est au tribunal du domicile du saisi que doivent être portées les demandes en validité et en mainlevée (567 C. proc.).

**14748. Effet de la saisie-arrêt.** — L'effet de la saisie-arrêt, même avant le jugement de validité, conserve les droits du saisissant. Ainsi, non-seulement le tiers-saisi ne peut se libérer à son préjudice, mais il n'a pas le droit de compenser avec sa dette la créance qu'il a acquise sur le débiteur saisi postérieurement à la saisie (1248 et 1298 C. C.).

## CHAPITRE III. — DES OBJETS INSAISISSABLES

[14749-14751]

**14749.** Nous avons envisagé, dans les précédents numéros, la saisie-arrêt dans ses rapports avec les objets qui peuvent être saisis. Mais il est des objets que des considérations d'ordre public et d'humanité rendent insaisissables, soit en partie, soit en totalité.

**14750. Choses insaisissables en partie.** — Ne sont saisissables que pour une certaine portion les traitements des fonctionnaires publics et employés civils, savoir : jusqu'à concurrence du cinquième sur les premiers mille francs et toutes les sommes en dessous, du quart sur les cinq mille francs suivants, et du tiers sur les portions excédant 6,000 francs, à quelque somme qu'elles s'élèvent, et ce jusqu'à l'acquittement des créances (L. 21 vent. an 9). Les appointements dus aux officiers de troupes, aux commissaires des guerres et autres employés dans les armées ne peuvent être saisis au delà du cinquième (L. 19 pluv. an 3).

**14751. Choses insaisissables en totalité.** — Sont insaisissables en totalité : les provisions alimentaires adjugées par justice; les sommes et objets disponibles déclarés insaisissables par le testateur ou donateur; la pension pour aliments encore que le testateur ne s'en soit pas expliqué (581 C. proc.).

1. ALIMENTS. — La règle de l'insaisissabilité en matière de provisions alimentaires souffre des exceptions, et, par exemple, lorsque la saisie-arrêt a eu lieu pour cause d'aliments (582 C. proc.). D'après tous les auteurs, on doit entendre par aliments pour lesquels une provision alimentaire peut être adjugée, tout ce qui est nécessaire à la vie, comme vêtements, logement, même les visites et pansements des médecins et chirurgiens et les médicaments (Pigeau t. 11 p. 48, Carré sur l'art. 582).

L'art. 581 dispose qu'on ne peut saisir-arrêter les sommes et pensions données ou léguées pour aliments. — La rente simplement viagère léguée ou donnée à un individu ne serait pas insaisissable.

2. SOMMES DONNÉES OU LÉGUÉES. — L'art. 581 C. proc. déclare encore insaisissables les sommes données et léguées avec condition d'insaisissabilité. Mais il est bien entendu que le testateur ou le donateur ne peut rendre insaisissable que la portion dont il aura le droit de disposer. Quant à la portion réservée par la loi, si elle est comprise dans le legs ou la donation, les créanciers du légataire ou donataire pourront la saisir, parce qu'elle ne lui vient pas de la disposition de l'homme, mais de celle de la loi (Roger n° 350).

On s'est demandé si les objets déclarés insaisissables par le donateur ou le testateur continuaient de l'être dans les mains de l'héritier du donataire ou du légataire, mais cette question a été décidée négativement.

Sont encore insaisissables :

3. RENTES ET PENSIONS DUES PAR L'ÉTAT. — Les rentes et pensions dues par l'État (L. 22 flor. an 7, art. 7). — Les pensions dues par les caisses des diverses administrations de l'État à leurs employés en retraite doivent être considérées comme pensions dues par l'État : à ce titre elles sont insaisissables, de même que les pensions directement payées par le Trésor public, encore qu'elles ne soient pas établies par brevet (Cass. 28 août 1815, S. 16-1-216). — Dans ce sens, une ordonnance du 27 août 1817 a arrêté qu'on ne peut pas saisir-arrêter, même au profit du Trésor, les pensions accordées par l'État ou par les administrations sur les fonds du Trésor ou de la liste civile, même sur les fonds de retenue, excepté les arrérages dus après le décès des pensionnaires (8856 J. E.).

4. TRAITEMENTS ECCLÉSIASTIQUES. — Les traitements des ecclésiastiques (Arr. gouv. 18 niv. an 2).

5. SOLDE DE MILITAIRES. — La solde des militaires en activité de service (Ord. 19 mars 1823), excepté les arrérages qui auraient été convertis en créances.

6. RETRAITES. — RÉFORMES. — LÉGION D'HONNEUR. — Les soldes de retraite, les traitements de réforme, les pensions de la Légion d'honneur (Arr. gouv. 7 therm. an 10, et A. Cons. d'Ét. 2 fév. 1808). — Toutefois, le ministre de la guerre peut ordonner une retenue du tiers, au plus, sur la pension ou solde de retraite de tout militaire qui ne remplirait pas, à l'égard de sa femme ou de ses enfants, les obligations prescrites par les chap. 5 et 6, tit. 5 liv. 1er CC., sauf le recours du mari au conseil d'État (Avis interpr. de l'arr. 7. therm. an 10, en date du 11 janv. 1808).

Les arrérages de traitements échus jusqu'au décès d'un membre de la Légion d'honneur, et non payés, deviennent un capital mobilier de sa succession et peuvent être saisis par les créanciers du défunt ou de ses héritiers.

7. PENSIONS MILITAIRES SPÉCIALES. — Les pensions militaires créées par la loi du 26 juillet 1826. On doit décider de même à l'égard des pensions créées par la loi du 26 juillet 1821, la loi les accordant à titre de secours (Favart v° *Domaine extraordinaire* n° 6).

8. DOTATIONS. — Les biens affectés à des dotations (Déc. 1er mars 1808, art. 40). — Quant aux revenus des majorats, *V.* Décr. 1er mars 1808, art. 51 et 52).

9. EFFETS DE COMMERCE. — Les valeurs transportées par lettres de change et billets à ordre (C. com. 144, 145, 149 et 187).

10. LETTRES A LA POSTE. — Les lettres confiées à la poste: c'est une conséquence de l'inviolabilité des correspondances (L. 10 août 1790).

Mais aucune loi n'ayant déclaré insaisissables les articles d'argent confiés à la poste, les directeurs ne peuvent refuser de recevoir les saisies-arrêts qui en seraient faites entre leurs mains (Favart *Répert.* v° *Poste* p. 350).

Lorsqu'un négociant a été constitué en faillite, les lettres qui lui sont adressées doivent être remises aux agents nommés pour gérer la faillite : ils les ouvrent si le failli est absent; s'il est présent, il assiste à leur ouverture (C. com. 463).

11. SERVICE DES POSTES. — Les chevaux, provisions, ustensiles et équipages, destinés au service de la poste (L. 24 juill. 1793, art. 76, Décr. 25 pluv. an 11).

## CHAPITRE IV. — DROITS D'ENREGISTREMENT ET DE TIMBRE

[14752-14762]

**14752. Tarif.** — L'exploit de saisie-arrêt est, comme tous les autres exploits en matière civile, assujetti au droit fixe de 3 francs (L. 22 frim. an 7, art. 68 § 1er n° 30, 28 avr. 1816, art. 43 n° 13, 19 fév. 1874, art. 2).

**14753. Pluralité.** — Il est dû autant de droits qu'il y a de demandeurs et de défendeurs non intéressés. — *V.* 8604.

La mainlevée d'une saisie-arrêt opérée contre un débiteur entre les mains de plusieurs de ses débiteurs solidaires donne ouverture à la pluralité des droits, si, donnée par exploit, elle est signifiée à chacun des débiteurs saisis; mais si elle a lieu par acte sous seing privé ou devant notaire, un seul droit est exigible (13912-2 J.E.).

**14754. Contributions.** — Quant aux saisies-arrêts qui ont pour objet des sommes ou contributions dues à l'État, le droit à percevoir est de 1 fr. 50 cent. fixe, si les sommes à recouvrer ou le montant de la cote excèdent 100 francs. L'exploit est, au contraire, enregistrable gratis si la somme ou la cote sont au-dessous de 100 francs. — *V.* 882 à 910.

**14755. Déclaration du tiers-saisi.** — La déclaration d'un tiers-saisi dans un exploit de saisie-arrêt portant qu'il doit une somme déterminée, sans énonciation de titre enregistré, n'est pas passible du droit d'obligation (Sol. 13 fév. 1832, 10245 J.E., D.N. t. 5 p. 798 n° 29).

**14756. Dénonciation à la partie saisie.** — La dénonciation de la saisie à la partie saisie, avec assignation en validité, donne ouverture au droit de 3 francs (L. 28 avr. 1816, art. 43 n° 13, 19 févr. 1874, art. 2).

**14757. Consentement de la partie saisie.** — L'acte par lequel la partie saisie déclare consentir à ce que le tiers-saisi verse entre les mains des créanciers saisissants qui acceptent les sommes dont il est redevable envers elles n'est passible que du droit fixe.

**14758. Acquiescement.** — L'acte par lequel, pour éviter un jugement de validité, la partie saisie acquiesce purement et simplement à cette saisie est passible du droit fixe seulement, si la créance du saisissant résulte d'un titre enregistré (14461-2 J.E.).

Mais si cette créance ne repose pas sur un titre enregistré, l'acquiescement de la partie saisie équivalant à une reconnaissance de dette, le droit de titre est exigible, à l'exclusion du droit fixe (14461-2 J.E.).

**14759. État détaillé.** — L'état détaillé à annexer à la déclaration du tiers-saisi est un acte innomé passible du droit fixe. — *V.* 754-3.

**14760. Indication de payement par le saisi.** — La Cour de cassation a jugé, le 9 janvier 1838 (4066 J.N.), que la déclaration faite par le débiteur saisi, au bas de l'exploit de dénonciation d'une saisie-arrêt, qu'il est réellement débiteur et qu'il consent à ce que le tiers-saisi vide ses mains en celles des créanciers saisissants, n'opère ni transport ni délégation parfaite ; qu'elle ne peut être considérée que comme une simple indication de payement, et qu'en conséquence, la signification de ce consentement au tiers-saisi n'empêche pas l'effet des saisies ultérieures pratiquées par d'autres créanciers du débiteur commun.

Il faut conclure de là, contrairement à ce qu'on a enseigné (12621-4 J. E.), qu'en pareille occurrence, le droit de délégation n'est pas exigible.

V. *Délégation*.

**14761. Jugement.** — Quant aux droits, soit fixes, soit proportionnels, auxquels peuvent donner lieu les divers jugements qui peuvent être rendus en matière de saisie-arrêt, nous les avons indiqués au mot *Jugement*.

**14762. Transaction.** — Il n'est dû que le droit fixe de 3 francs (4 fr. 50 cent.) sur une transaction portant consentement par le saisi à ce que le tiers-saisi verse entre les mains du créancier acceptant les sommes dont celui-ci se trouvera débiteur après qu'elles auront été liquidées et déterminées (Dél. 29 janv. 1830, 2882 Roll.).

V. *Transaction*.

## SAISIE-BRANDON.

**14763 Définition.** — La saisie-exécution des fruits pendants par racine prend le nom particulier de *saisie-brandon*.

Ce nom lui vient de l'usage où l'on était, en certains pays, de placer sur les champs dont la récolte était saisie des faisceaux de paille appelés *brandons*, qui étaient suspendus à des pieux fichés en terre.

**14764. Époque où doit être faite la saisie-brandon.** — La saisie-brandon ne peut être faite que dans les six semaines qui précèdent l'époque ordinaire de la maturité (636 C. proc.).

Cette époque dépend des climats et de l'espèce de culture (Carré t. 2 *quest.* 2112).

La saisie faite avant cette époque serait cependant valable, mais le créancier supporterait les frais de garde jusqu'à l'époque fixée par la loi (Carré *quest.* 2114, Berriat p. 544 n° 6, Bioche n° 7 ; — *Contrà* Bourges 24 janv. 1863, S. 63-1-117, Boitard t. 2 n° 877).

**14765. Forme.** — Le procès-verbal de saisie doit contenir l'indication de chaque pièce de terre, sa contenance, au moins approximative, sa situation, deux au moins des tenants et aboutissants, et la nature des fruits saisis (627 C. proc.).

**14766. Établissement de gardien.** — Le garde champêtre est établi gardien, à moins qu'il ne soit dans l'exclusion de l'art. 598 C. proc., ou que les fruits existent sur des pièces de terre situées dans diverses communes voisines (628 C. proc.).

**14767. Préliminaires de la vente.** — La vente doit être précédée de placards apposés une huitaine franche avant le jour où elle doit avoir lieu, et renouvelés, en observant le délai, si la vente n'a pas lieu au jour indiqué (629, 630 C. proc.).

**14768. Vente.** — La vente doit être faite un jour de dimanche ou de marché (632 C. proc.), soit sur les lieux, soit sur la place de la commune où est située la majeure partie du bien, soit sur le marché de cette commune, soit sur le marché le plus voisin (633 C. proc.). L'usage est de vendre sur les lieux (Carré *quest.* 2122).

**14769. Enregistrement.** — Les procès-verbaux de saisie-brandon donnent ouverture au droit de 3 francs (L. 28 avr. 1816, art. 42, et 19 févr. 1874, art. 2).

1. PLURALITÉ. — Il n'est dû qu'un droit, quel que soit le nombre d'heures employées à leur rédaction (Dél. 26 mars 1833, 7435 J. E.).

2. GARDIEN. — Ainsi qu'on le verra au n° 14783 *infrà*, lorsque, dans un procès-verbal de saisie-exécution, il est constaté que copie a été remise au gardien, il est dû un droit particulier pour cette disposition. On avait voulu en conclure qu'il est dû un droit particulier pour l'établissement du garde champêtre, comme gardien de la récolte saisie-brandonnée; mais il n'y a pas similitude entre les deux espèces. Dans le cas de saisie-exécution, le tiers choisi pour être gardien peut refuser la commission qui lui est donnée, en sorte que, s'il accepte, son consentement établit entre lui et le saisissant des obligations réciproques déterminées par l'art. 1962 C. C. La signification au gardien, du procès-verbal de saisie-exécution, formant ainsi un contrat volontaire, il est dû pour cette disposition indépendante un droit particulier.

Ces motifs ne sont pas applicables à la saisie-brandon qui contient établissement du garde champêtre pour gardien. En effet, ainsi qu'on l'a vu au n° 14766, le garde champêtre étant le gardien de droit des récoltes, et n'ayant pas la faculté de refuser cette charge, il en résulte que la remise qui lui est faite de la copie du procès-verbal de saisie-brandon constitue une simple formalité et non une disposition indépendante. Aussi le conseil d'administration a-t-il délibéré, le 14 février 1854 (1995 I. G), qu'il n'est dû aucun droit particulier pour cette disposition.

# SAISIE-EXÉCUTION.

**14770. Définition.** — C'est celle qu'un créancier fait pratiquer sur le mobilier corporel de son débiteur, à l'effet de le vendre, pour le prix en être employé au payement de la dette ou distribué entre les saisissant est les autres créanciers du saisi.

**14771. Nécessité d'un commandement préalable.** — Toute saisie-exécution doit être précédée d'un commandement (583 C. proc.). — La saisie faite sans commandement préalable est nulle (Biret *des Nullités* t. 2 p. 169, Bioche n° 68). — Toutefois, un commandement tendant à saisie immobilière peut tenir lieu de celui qui doit précéder la saisie-exécution, encore qu'il soit périmé quant à l'expropriation forcée, parce qu'il date de plus de trois mois (Cass. 27 mars 1821).

Le commandement doit être fait l'avant-veille de la saisie; c'est ainsi qu'il faut entendre l'art. 583 C. proc. portant que le commandement doit être fait un jour, au moins, avant la saisie (Berriat p. 526, Demiau-Crouzilhac p. 394; — Bourges 2 juill. 1825, Dalloz 26-2-20. — *Contrà* Pigeau t. 1er p. 114, Carré t. 2 n° 1996, qui pensent qu'il suffit que ce commandement soit fait la veille de la saisie).

Le commandement de payer est fait à la personne ou au domicile du débiteur. Il est personnel à chaque saisie et doit contenir la notification du titre, s'il n'a déjà été notifié (583 C. proc.). — Il doit contenir également l'énonciation de la somme liquide pour laquelle il est fait, à peine de nullité (551 C. C.). — Enfin, il doit contenir élection de domicile, jusqu'à la fin de la poursuite, dans la commune où doit se faire l'exécution, si le créancier n'y demeure, et le débiteur peut faire à ce domicile élu toutes significations, même d'offres réelles et d'appel (584 C. proc.).

Toutefois, le défaut d'élection de domicile ne rend pas le commandement nul. L'irrégularité est d'ailleurs couverte par l'élection du domicile contenu dans le procès-verbal de saisie (Carré n° 2005, Berriat p. 526, Bioche nos 65-66; — C. Orléans 10 mai 1810).

**14772. Dispense de commandement.** — Cependant, la saisie-exécution peut avoir lieu sans commandement préalable dans les cas prévus par la loi, spécialement lorsqu'elle est autorisée par le président du tribunal dans les cas qui requièrent célérité (417 C. proc.) et lorsqu'elle a été permise par le juge au porteur d'une lettre de change (172 C. com.).

**14773. Formalités.** — L'huissier est assisté de deux témoins, français, majeurs, non parents ni alliés des parties ou de l'huissier... Les témoins signent l'original et les copies. La partie poursuivante ne peut être présente à la saisie (585 C. proc.). Les formalités des exploits sont observées dans les procès-verbaux de saisie-exécution; ils contiennent itératif commandement, si la saisie est faite en la demeure du saisi (586 *id.*).

**14774. Refus de laisser procéder.** — Si les portes sont fermées, ou si l'ouverture en est refusée, l'huissier peut établir un gardien aux portes pour empêcher le divertissement; il se retire sur-le-champ, sans assignation, devant le juge de paix, ou, à son défaut, devant le commissaire de police, et, dans les communes où il n'y en a pas, devant le maire, et, à son défaut, devant l'adjoint, en présence desquels l'ouverture des portes, même celles des meubles fermants, est faite au fur et à mesure de la saisie. L'officier qui se transporte ne dresse point de procès-verbal; mais il signe celui de l'huissier, lequel ne peut dresser du tout qu'un seul et même procès-verbal (587 *id.*).

Si le saisi est absent et qu'il y ait refus d'ouvrir aucune pièce ou meuble, l'huissier en requière l'ouverture; et, s'il se trouve des papiers, il requiert l'*apposition des scellés* par l'officier appelé pour l'ouverture (591).

**14775. Deniers comptants.** — S'il y a des deniers comptants, il est fait mention du nombre et de la qualité des espèces; l'huissier les dépose au lieu établi pour les consignations, à moins que le saisissant et la partie saisie, ensemble les opposants, s'il y en a, ne conviennent d'un autre dépositaire (590 *id.*).

**14776. Objet d'exploitation rurale.** — En cas de saisie d'animaux et ustensiles servant à l'exploitation des terres, le juge de paix peut, sur la demande du saisissant, le propriétaire et le saisi entendus ou appelés, établir un gérant à l'exploitation (594 *id.*).

**14777. Gardien.** — Le procès-verbal de saisie contient indication du jour de la vente (595 *id.*). Si la partie saisie offre un gardien solvable, et qui se charge volontairement et sur-le-champ, il est établi par l'huissier (596 *id.*). — L'huissier qui procède à une saisie de meubles est responsable des faits du gardien qu'il a choisi et préposé à la garde des objets saisis (C. Paris 20 août 1825, 9051 J. E.). — Le gardien peut demander la décharge, si la vente n'a pas été faite au jour indiqué par le procès-verbal. S'il y a eu empêchement, il peut la demander deux mois après la saisie (605 C. proc.). La décharge est demandée par une assignation en référé. Il est préalablement procédé au récolement des effets saisis (606 *id.*). — Celui qui se prétend propriétaire d'objets saisis peut s'opposer à la vente par exploit signifié au gardien, et dénoncé au saisissant et au saisi, avec assignation (608 *id.*).

**14778. Opposition.** — Les créanciers du saisi, pour quelque cause que ce soit, même pour loyers, ne peuvent former opposition que sur le prix de la vente (609 *id.*). Le saisissant n'est pas obligé de garantir l'exécution des clauses du bail (Cass. 16 août 1814, 4948 J. E.).

**14779. Saisie antérieure.** — L'huissier qui, se présentant pour saisir trouve une saisie déjà faite et un gardien établi ne peut pas saisir de nouveau; mais il peut procéder au récolement des meubles et effets sur le procès-verbal, que le gardien est tenu de lui représenter. Il saisit les effets omis et fait sommation au premier saisissant de vendre le tout dans la huitaine.

Le procès-verbal de récolement vaut opposition sur les deniers de la vente (611 *id.*).

**14780. Récolement.** — Faute par le saisissant de faire vendre dans le délai ci-après fixé, tout opposant ayant titre exécutoire peut, sommation préalablement faite au saisissant, et sans former aucune demande en subrogation, faire procéder au récolement des effets saisis, *sur la copie du procès-verbal de saisie* que le gardien est tenu de représenter, et de suite à la vente (612 *id.*). Il doit y avoir au moins huit jours entre la signification de la saisie au débiteur et la vente (613 *id.*).

Le procès-verbal de récolement qui précède la vente ne contient aucune énonciation des effets saisis, mais seulement ceux en déficit, s'il y en a (616 *id.*).

**14781. Formalités de la vente.** — La vente est faite au plus prochain marché public, aux jour et heure ordinaires des marchés ou un jour de dimanche. Elle est annoncée par quatre placards au moins, affichés l'un au lieu où sont les effets, l'autre à la porte de la maison commune, le troisième au marché du lieu, et, s'il n'y en a pas, au marché voisin, le quatrième à la porte de l'auditoire de la justice de paix; et, si la vente se fait dans un lieu autre que le marché ou le lieu où sont les effets, un cinquième placard est apposé au lieu où doit se faire la vente. La vente est en outre annoncée par la voie des journaux dans les villes où il y en a (617 *id.*). Les placards indiquent les lieu, jour et heure de la vente, et la nature des objets, sans détail particulier (618 *id.*).

L'apposition est constatée par exploit, auquel est annexé un exemplaire du placard (619 *id.*).

S'il s'agit de barques, chaloupes et autres bâtiments de mer du port de dix tonneaux et au-dessous, bacs, galiotes, bateaux et autres bâtiments de rivière, moulins ou autres édifices mobiles, assis sur bateaux ou autrement, il est procédé à leur adjudication sur les ports, gares ou quais où ils se trouvent (*V.* art. 620 *id.*).

La vaisselle d'argent, les bagues et joyaux de la valeur de 300 francs au moins ne peuvent être vendus qu'après placards apposés en la forme ci-dessus et trois expositions, soit au marché, soit dans l'endroit où sont lesdits effets (621 *id.*).

Le procès-verbal de vente constate la présence ou le défaut de comparution de la partie saisie (623 *id.*).

L'adjudication est faite au plus offrant, en payant comptant. Faute de payement, l'effet est revendu sur-le-champ, à la folle enchère de l'adjudicataire (624 *id.*).

Les commissaires-priseurs et huissiers sont personnellement responsables du prix des adjudications et font mention, dans leurs procès-verbaux, des noms et domicile des adjudicataires.

Ils ne peuvent recevoir d'eux aucune somme au-dessus de l'enchère, à peine de concussion (625 *id.*).

**14782. Tarif.** — Les procès-verbaux de saisie-exécution sont passibles du droit fixe de 3 francs, quel que soit le nombre d'heures employées à leur rédaction (L. 28 avr. 1816, art. 43 n° 13, et 19 fév. 1874, art. 2; Dél. 26 mars 1833, 7425 J. E.).

**14783. Gardien.** — Aux termes de l'art. 1962 C. C., l'établissement d'un gardien judiciaire produit, entre le saisissant et ce gardien, des obligations réciproques; le saisissant a contre le gardien une action distincte et indépendante de celle contre le saisi.

Il suit de là que la signification au gardien du procès-verbal de saisie, formant une disposition spéciale et séparée, il est dû pour chacune d'elles un droit particulier, aux termes de l'art. 11 L. 22 frimaire an 7, alors surtout que, d'un autre côté, l'art. 68 § 1er n° 30 de la même loi prescrit de percevoir sur les exploits un droit pour chaque demandeur ou défendeur, et que, dans l'acception reçue, la qualité de demandeur ou défendeur s'applique à toute partie intervenante dans un exploit, avec un intérêt spécial et distinct.

Aussi une D. m. f. 31 mai 1830 (1336 § 7 I. G.) conforme d'ailleurs à une décision précédente, en date du 2 fructidor an 7 (Circ. 1655), a-t-elle reconnu l'exigibilité d'un droit particulier pour la remise au gardien de la copie du procès-verbal de saisie-exécution.

1. DEUX GARDIENS. — Mais qu'il y ait un ou plusieurs gardiens établis par le procès-verbal, comme le but de leur établissement est un intérêt unique, celui de la conservation et de la représentation des objets saisis, il n'est dû qu'un seul droit pour cette disposition, avec d'autant plus de raison que l'art. 68 § 1er n° 30 L. 22 frimaire an 7 veut que les séquestres ne soient comptés que pour une seule personne (Sol. 29 août 1831, 10100 J. E., D.N. t. 11 p. 647 n° 63).

Il n'en était pas ainsi au temps du contrôle. Bosquet nous apprend que l'on percevait autant de droits qu'il y avait de gardiens établis à la conservation des effets, indépendamment de celui relatif à la partie principale pour la saisie (t. 4 p. 156).

2. SOMMES DUES A L'ÉTAT. — D'après l'art. 6 L. 16 juin 1824, il ne serait dû aucun droit si la saisie avait pour but le recouvrement de contributions ou de sommes dues à l'État dont le total n'excéderait pas 100 francs. — *V.* 882 et suiv.

3. SAISI ÉTABLI GARDIEN. — Si le saisi était établi gardien on ne pourrait percevoir un droit particulier pour cette disposition, car le contrat, dont nous avons parlé plus haut, et qui motive un droit particulier, n'existerait plus — (*V.* dans un sens analogue 14769-2 et D.N. t. 11 p. 647 n° 64).

4. SOMMATION AU GARDIEN. — Dans tous les cas, la sommation au gardien de représenter les effets dans un lieu et à un jour indiqués n'opère pas de droit particulier lorsqu'elle est contenue dans le procès-verbal de saisie. On ne peut voir là, en effet, une disposition indépendante (D. N. t. 11 p. 647 n° 65).

**14785. Douanes. — Contributions indirectes.** — Le droit exigible à raison de l'intervention d'un tiers, comme gardien, dans le procès-verbal de saisie opérée à la requête de l'administration des douanes et des contributions indirectes est seulement de 1 fr. 50 cent. (D. m. f. 30 juin 1859, 2155 § 2 I. G., 1207 R. P.). — *V.* 6911.

Si les marchandises saisies sont remises avec cautionnement du saisi, il est dû pour ce cautionnement un droit particulier. —*V.* 6911.

## SAISIE-FORAINE.

**14786.** — C'est celle qui est faite par le créancier sur les meubles trouvés en sa commune appartenant à son débiteur *forain* (822 C. proc.), c'est-à-dire étranger à cette commune.

**14787. But de la saisie-foraine.** — Celui qui contracte avec une personne qui n'a ni domicile ni habitation dans le lieu où elle se trouve accidentellement courrait souvent rieque de perdre le gage de sa créance, si la loi ne lui offrait un moyen de mettre ses intérêts en sûreté. Tel est l'objet de la saisie-foraine, imaginée par la *Coutume de Paris* (art. 175 et suiv.) et consacrée de nouveau par l'art. 822 C. proc. Elle a cela de commun avec la saisie-gagerie, dont nous parlerons nº 14790, que la loi a voulu, dans l'une comme dans l'autre, conserver par des voies promptes et faciles les droits d'un créancier sur un gage mobile qui peut échapper à chaque instant.

**14788. Forme.** — Cette saisie peut être faite sans titre ni commandement, mais avec une permission du juge, et le saisissant est établi gardien des effets, s'il les détient (C. proc. 822 et 823).

La saisie-foraine se fait comme la saisie-exécution (824 C. proc.). On ne peut vendre les effets qu'après jugement de validité. Le saisissant et le gardien, s'il en a été établi, sont alors condamnés par corps à la représentation des effets (824 C. proc.).

**14789. Enregistrement.** — Il est dû le droit fixe de 3 francs sur l'exploit par lequel une telle saisie est pratiquée (L. 28 avr. 1816, art. 43 nº 13, et 19 fév. 1874, art. 2).

## SAISIE-GAGERIE.

**14790.** — C'est un acte conservatoire et d'exécution, par lequel le propriétaire ou principal locataire d'une maison ou d'une ferme fait saisir les objets garnissant la maison louée ou la ferme, et sur lesquels il a un privilège (819 C. proc.).

**14791. Inutilité d'un bail.** — Cette saisie, dont le principe est posé dans l'art. 2102 C. C., portant que le propriétaire peut saisir les meubles qui garnissent sa maison ou sa ferme, peut avoir lieu soit qu'il y ait bail, soit qu'il n'y en ait pas (819 C. proc.).

**14792. Sous-locataires.** — Les meubles des sous-locataires sont soumis à la saisie-gagerie, de même que ceux du principal locataire, mais les sous-locataires peuvent obtenir mainlevée de la saisie, en justifiant qu'ils ont payé sans fraude au principal locataire, au temps voulu par le bail ou l'usage des lieux (820 C. proc.)

**14793. Règles communes avec la saisie-exécution.** — Au surplus, la saisie-gagerie, qui a été réglée par les art. 819-821 C. proc., devant être faite dans les mêmes formes que la saisie-exécution, nous n'avons pas de solution particulière à faire connaître.

**14794. Enregistrement.** — Il suit de là que, de même que la saisie-exécution, l'exploit de la saisie-gagerie est soumis au droit fixe de 3 francs (L. 28 avr. 1816, art. 43 nº 13, et 29 fév. 1874, art. 2).

## SAISIE IMMOBILIÈRE.

### CHAPITRE PREMIER. — RÈGLES GÉNÉRALES

[14795-14818]

**14795.** — La saisie immobilière est pour les immeubles ce que la saisie-exécution est pour les meubles. Le but de l'une et de l'autre est de mettre les biens du débiteur entre les mains de la justice, pour les faire vendre et payer sur le prix.

**14796. Biens saisissables.** — On peut saisir : 1º les biens immeubles et leurs accessoires; — 2º l'usufruit appartenant au débiteur sur les biens de même nature (2204 C. C.).

1. DROITS D'USAGE. — SERVITUDES. — Les droits d'usage et d'habitation sur un immeuble et les servitudes qui ne peuvent être détachées du sol ne sont pas susceptibles de saisie immobilière.

2. PORTION INDIVISE D'UN COHÉRITIER. — La part indivise d'un cohéritier dans les immeubles d'une succession ne peut être mise en vente par ses créanciers personnels avant le partage ou la licitation, qu'ils peuvent provoquer, s'ils le jugent convenable, ou dans lesquels ils ont droit d'intervenir (832, 2205 C. C.). — Mais l'art. 2205 n'empêche pas

le créancier d'un cohéritier de saisir les immeubles indivis de la succession, sauf à surseoir à la vente par adjudication jusqu'après le partage (Cass. 22 juill. 1822).

La prohibition de l'art. 2205 est exclusivement en faveur des cohéritiers et ne s'étend pas à d'autres copropriétaires ou communistes, non plus qu'à leurs créanciers (Thomine-Desmazures t. 2 p. 198).

3. MINEUR. — INTERDIT. — On ne peut faire vendre par expropriation les biens d'un mineur, même émancipé, ou d'un interdit, sans avoir préalablement discuté son mobilier (2206 C. C.).

Il y a exception à l'obligation de discuter préalablement le mobilier : 1° si l'expropriation a été commencée contre un majeur ou avant l'interdiction; — 2° si la dette est commune à un majeur et à un mineur, et que les immeubles à exproprier soient indivis entre eux (2207 C. C.).

4. BIENS NON HYPOTHÉQUÉS. — Le créancier ne peut poursuivre la vente des biens qui ne lui sont pas hypothéqués qu'en cas d'insuffisance de ceux qui lui sont hypothéqués (2209 C. C.).

5. REVENU SUFFISANT AU PAYEMENT DE LA DETTE. — Si la partie saisie justifie, par baux authentiques, que le revenu net et libre de ses immeubles pendant une année suffit pour le payement de la dette en capital, intérêts et frais, et s'il en offre la délégation au créancier, la poursuite en expropriation peut être suspendue par les juges, sauf à être reprise s'il survient quelque opposition ou obstacle au payement (2212 C. C.).

6. CONSTRUCTIONS. — Les constructions élevées par un locataire sur le terrain uni peuvent-elles être saisies immobilièrement? — V. *Constructions.*

**14797. Formalités préalables.** — Le commandement est le préalable obligé de la saisie immobilière; il doit être fait, à la diligence et requête du créancier, à la personne du débiteur ou à son domicile, par le ministère d'un huissier.

En tête du commandement doit être donnée copie du titre en vertu duquel la saisie est faite (673 C. proc.), alors même que le titre aurait déjà été précédemment signifié (Bioche n° 39).

Quant aux autres formalités nécessaires à la validité du commandement, on peut consulter les art. 673 et suiv. C. proc. Il suffit de faire remarquer ici que le commandement doit précéder la saisie au moins de trente jours, et que si le créancier laisse écouler plus de quatre-vingt-dix jours entre le commandement et la saisie, il doit les réitérer dans les formes et avec les délais ci-dessus (674 C. proc.).

L'opposition à un commandement tendant à saisie immobilière a pour effet d'*interrompre,* et non pas seulement de *suspendre*, le délai de trois mois dans lequel il doit être suivi de saisie; en conséquence, le délai ne reprend cours, dans ce cas, qu'à partir du jugement définitif qui a statué sur l'opposition. On ne peut joindre au temps écoulé depuis cette dernière époque jusqu'à la saisie celui qui avait couru antérieurement entre le commandement et l'opposition (Cass. 19 juill. 1837, S. 37-1-675). — Le même arrêt décide que le cohéritier qui possède un immeuble de la succession grevé d'hypothèques n'est pas un *tiers détenteur* dans le sens de l'art. 2169 C. C.; qu'en conséquence, le créancier inscrit qui veut poursuivre l'expropriation de l'immeuble hypothéqué n'est pas tenu de faire à tous les héritiers, comme débiteurs originaires, le commandement, et à l'héritier possesseur la sommation de payer prescrite par cet article; qu'il peut exercer ses poursuites d'expropriation après commandement adressé au seul héritier possesseur.

**14798. Forme du procès-verbal.** — Le procès-verbal de saisie contient, outre les formalités communes à tous les exploits : 1° l'énonciation du titre exécutoire en vertu duquel la saisie est faite; — 2° la mention du transport de l'huissier sur les biens saisis; — 3° l'indication des biens saisis, savoir :

Si c'est une maison, l'arrondissement, la commune, la rue, le numéro s'il y en a, et, dans le cas contraire, deux au moins des tenants et aboutissants; si ce sont des biens ruraux, la désignation des bâtiments quand il y en aura, la nature et la contenance approximative de chaque pièce, le nom du fermier ou du colon, s'il y en a, l'arrondissement et la commune où les biens sont situés;

4° La copie littérale de la matrice du rôle de la contribution foncière pour les articles saisis; — 5° l'indication du tribunal où la saisie sera portée; — 6° et enfin constitution d'avoué, chez lequel le domicile du saisissant sera élu de droit (675 *id.*).

Un procès-verbal de saisie immobilière n'est pas nul pour ne pas mentionner, dans la description de l'immeuble, le nom de l'arrondissement où il est situé, si cette indication se trouve dans l'extrait de la matrice du rôle qui fait partie du procès verbal dans lequel il est situé (Liége 26 mars 1824; — Cass. 3 mars 1864, S. 64-1-172).

Lorsqu'un terrain est la dépendance nécessaire d'un bâtiment saisi, par exemple s'il sert de communication entre ce bâtiment et la grande route, il peut être réputé compris dans la saisie, alors même qu'il n'est pas spécialement désigné sur le procès-verbal et dans le cahier des charges par les tenants et aboutissants, et pendant la prescription de l'art. 675 (Bioche et Goujet n° 82; — Cass. 29 janv. 1838).

**14799. Visa des maires.** — Le procès-verbal de saisie sera visé, avant l'enregistrement, par le maire de la commune dans laquelle sera situé l'immeuble saisi; et, si la saisie comprend des biens situés dans plusieurs communes, le visa sera donné successivement par chacun des maires à la suite de la partie du procès-verbal relative aux biens situés dans sa commune (676 *id.*).

Il n'est pas nécessaire, à peine de nullité, que l'héritier fasse viser le procès-verbal relatif aux immeubles saisis dans une commune avant de continuer la saisie dans une autre commune; il suffit que chaque maire appose son visa à la suite de la partie de son procès-verbal où sont décrits les biens situés dans sa commune (Carré n° 2244).

Le visa peut être valablement donné par le débiteur lui-même, s'il est maire de sa commune (C. Douai 3 janv. 1825).

il peut être apposé à un endroit quelconque du procès-verbal (Cass. 3 mars 1864, S. 64-1-172).

**14800. Dénonciation au saisi.** — La saisie immobilière sera dénoncée au saisi dans les quinze jours qui suivront celui de la clôture du procès-verbal, outre un jour par cinq myriamètres de distance entre le domicile du saisi et le lieu où siège le tribunal qui doit connaître de la saisie. L'original sera visé dans le jour par le maire du lieu où l'acte de dénonciation aura été signifié (677 *id.*).

Le délai de quinzaine fixé par la loi pour la dénonciation au saisi peut être suspendu ou par un cas de force majeure, ou par l'opposition aux poursuites formée par le débiteur (Lyon 22 juill. 1833). — Le délai de quinzaine est d'ailleurs de rigueur pour la dénonciation ; — ce délai n'est pas franc (Carré n° 2249).

**14801. Transcription à la conservation des hypothèques.** — La saisie immobilière et l'exploit de dénonciation seront transcrits, au plus tard, dans les quinze jours qui suivront celui de la dénonciation, sur le registre à ce destiné au bureau des hypothèques de la situation des biens, pour la partie des objets saisis qui se trouvent dans l'arrondissement (678 *id.*).

Si le conservateur ne peut procéder à la transcription de la saisie à l'instant où elle lui est présentée, il fera mention, sur l'original qui lui sera laissé, des heures, jour, mois et an auxquels il aura été remis, et en cas de concurrence, le premier présenté sera transcrit (679 *id.*).

S'il y a eu précédente saisie, le conservateur constatera son refus en marge de la seconde ; il énoncera la date de la précédente saisie, les noms, demeures et professions du saisissant et du saisi, l'indication du tribunal où la saisie est portée, le nom de l'avoué du saisissant et la date de la transcription (680 *id.*).

Si deux saisies étaient présentées en même temps à la transcription, c'est le créancier dont le titre serait le plus ancien qui aurait la préférence ; en cas de titres de même date, l'avoué le plus ancien (Carré n° 2266). — S'il y a difficulté sur la préférence, c'est le président, jugeant en référé, qui doit être saisi (Persil fils *Commentaire* p. 112 n° 133).

**14802. Séquestre. — Vente des fruits.** — Si les immeubles saisis ne sont pas loués ou affermés, le saisi restera en possession jusqu'à la vente, comme séquestre judiciaire, à moins que, sur la demande d'un ou de plusieurs créanciers, il n'en soit autrement ordonné par le président du tribunal, dans la forme des ordonnances sur référé. — Les créanciers pourront néanmoins, après y avoir été autorisés par ordonnance du président rendue dans la même forme, faire procéder à la coupe et à la vente, en tout ou en partie, des fruits pendants par racines.

Les fruits seront vendus aux enchères ou de toute autre manière autorisée par le président, dans le délai qui aura été fixé, et le prix sera déposé à la caisse des dépôts et consignations (681 *id.*).

Lorsque le saisi reste en possession des immeubles saisis à son préjudice, il est contraignable par corps, non-seulement à la représentation de la chose, mais encore à la restitution des fruits, comme séquestre judiciaire, à partir de la transcription de la dénonciation de la saisie (Carré nos 2268, 2269). — La vente des fruits peut avoir lieu aux enchères ou *de toute autre manière*. Le mode de la vente est laissé à l'appréciation du juge du référé (Carré n° 2273).

**14803. Fruits recueillis postérieurement à la transcription.** — Les fruits naturels et industriels recueillis postérieurement à la transcription, ou le prix qui en proviendra, seront immobilisés pour être distribués avec le prix de l'immeuble par ordre d'hypothèque (682 *id.*).

Le saisi ne pourra faire aucune coupe de bois, ni dégradation, à peine de dommages-intérêts auxquels il sera contraint par corps, sans préjudice, s'il y a lieu, des peines portées par les art. 400 et 434 C. pén. (683 *id.*).

Le produit des fruits pendants par racines échu depuis transcription est distribué entre les créanciers hypothécaires, à moins qu'avant la dénonciation un créancier chirographaire ne les ait fait saisir. Dans ce cas, le produit des fruits est distribué entre ce créancier et ceux hypothécaires, au marc le franc de leurs créances ; mais si la saisie mobilière n'avait eu lieu que depuis la transcription de la saisie réelle, elle n'empêcherait pas l'immobilisation d'avoir lieu (Carré n° 2277).

L'art. 683 est applicable aussi bien au cas où la coupe est irrégulière que lorsqu'elle est régulière; ainsi, à partir de la transcription de la saisie, le débiteur ne peut plus faire de coupe dans le bois saisi.

**14804. Baux. — Loyers et fermages.** — Les baux qui n'auront pas acquis date certaine avant le commandement pourront être annulés, si les créanciers ou l'adjudicataire le demandent (684 *id.*).

Les loyers et fermages seront immobilisés à partir de la transcription de la saisie, pour être distribués avec le prix de l'immeuble par ordre d'hypothèque. Un simple acte d'opposition à la requête du poursuivant ou de tout autre créancier vaudra saisie-arrêt entre les mains des fermiers et locataires, qui ne pourront se libérer qu'en exécution de mandements de collocation, ou par le versement de loyers ou fermages à la caisse des consignations ; ce versement aura lieu à leur réquisition, ou sur la simple sommation des créanciers. A défaut d'opposition, les payements faits au débiteur seront valables, et celui-ci sera comptable, comme séquestre judiciaire, des sommes qu'il aura reçues (685 *id.*).

Les loyers et fermages échus depuis la dénonciation, ainsi que les prix des fruits naturels ou industriels recueillis depuis la transcription de la saisie, sont distribués, comme le prix de l'immeuble lui-même, par voie d'ordre, entre les créanciers privilégiés ou hypothécaires.

Quant aux loyers ou fermages échus avant la dénonciation, le montant en doit être distribué, comme chose mobilière, entre les créanciers soit chirographaires, soit hypothécaires (Carré nos 2287 et 2288).

Dans le cas de faillite du débiteur postérieurement à la saisie, les fruits échus après la dénonciation, ainsi que les loyers et fermages, n'en sont pas moins immobilisés comme si l'état du débiteur n'avait pas changé (Carré n° 2294).

**14805. Aliénation des immeubles par le débiteur saisi.** — La partie saisie ne peut, à compter du jour de la transcription de la saisie, aliéner les immeubles saisis à peine de nullité, et sans qu'il soit besoin de la faire prononcer (686). — Néanmoins, l'aliénation ainsi faite aura son exécution si, avant le jour fixé pour l'adjudication, l'acquéreur consigne comme suffisante pour acquitter, en principal, intérêts et frais, ce qui est dû aux créanciers inscrits, ainsi qu'au saisissant, et s'il leur signifie l'acte de consignation (687). — Si les deniers ainsi déposés ont été empruntés, les prêteurs n'auront d'hypothèques que postérieurement aux créanciers inscrits lors de l'aliénation (688). — A défaut de consignation avant l'adjudication, il ne pourra être accordé, sous aucun prétexte, de délai pour l'effectuer (689).

La vente d'un immeuble saisi faite par le débiteur après la dénonciation de la saisie n'est pas frappée d'une nullité tellement absolue et d'ordre public que l'acquéreur lui-même soit recevable à invoquer cette nullité, dans le cas où les créanciers inscrits renoncent à s'en prévaloir (Bioche *Dict. de proc.* vº *Saisie immobilière* nº 195).

**14806. Dépôt du cahier des charges.** — Dans les vingt jours, au plus tard, après la transcription, le poursuivant déposera au greffe du tribunal le cahier des charges, contenant : 1º l'énonciation du titre exécutoire en vertu duquel la saisie a été faite, du commandement, du procès-verbal de saisie, ainsi que des autres actes et jugements intervenus postérieurement ; — 2º la désignation des immeubles, telle qu'elle a été insérée dans le procès-verbal ; — 3º les conditions de la vente ; — 4º une mise à prix de la part du poursuivant (690).

Le délai de vingt jours, à partir de la transcription, dans lequel doit être déposé le cahier des charges n'est pas franc. Ainsi, le jour de l'échéance compte. — Le cahier des charges est rédigé par l'avoué du saisissant et signé de lui, à peine de nullité ; il doit être déposé au greffe (tarif de 1841, art. 11).

Lorsque le cahier des charges annonce que l'adjudication aura lieu en bloc ou par parcelles, la division en deux lots des objets saisis doit être considérée seulement comme une modification au cahier des charges qui doit, à peine de nullité, être annoncée par de nouveaux placards ou affiches, et par une nouvelle insertion dans les journaux (Bioche *Dict. de proc.* vº *Vente sur saisie immobilière* nº 309).

**14807. Sommation de prendre connaissance du cahier des charges.** — Dans les huit jours, au plus tard, après le dépôt au greffe, outre un jour par cinq myriamètres de distance entre le domicile du saisi et le lieu où siège le tribunal, sommation sera faite au saisi, à personne ou à domicile, de prendre communication du cahier des charges, de fournir ses dires et observations, et d'assister à la lecture et publication qui en sera faite, ainsi qu'à la fixation du jour de l'adjudication. Cette sommation indiquera les jour, lieu et heure de la publication (691 *id.*). — Pareille sommation sera faite, dans le même délai de huitaine, aux créanciers inscrits sur les biens saisis, aux domiciles élus dans les inscriptions. Si, parmi les créanciers inscrits, se trouve le vendeur de l'immeuble saisi, la sommation à ce créancier portera qu'à défaut de porter sa demande en résolution et de la notifier au greffe avant l'adjudication, il sera définitivement déchu, à l'égard de l'adjudicataire, du droit de la faire prononcer (692 *id.*).

Mention de la notification prescrite par les deux articles précédents sera faite, dans les huit jours de la date du dernier exploit de notification, en marge de la transcription de la saisie au bureau des hypothèques. Du jour de cette mention, la saisie ne pourra plus être rayée que du consentement des créanciers inscrits, ou en vertu de jugements rendus contre eux (693 *id.*).

Le délai de huit jours n'est pas franc, par la raison que c'est un délai pendant la durée duquel la formalité doit être accomplie. — La sommation qu'on adresse au saisi peut être signifiée aussi bien à son domicile réel qu'au domicile par lui élu. — La sommation doit être faite à tous les créanciers inscrits, d'après l'état qui a dû être délivré par le conservateur au saisissant au moment de la sommation.

**14808. Des publications.** — Trente jours au plus tôt et quarante jours au plus tard après le dépôt du cahier des charges, il sera fait, à l'audience, et au jour indiqué, publication et lecture du cahier des charges. — Trois jours au plus tard avant la publication, le poursuivant, la partie saisie et les créanciers inscrits seront tenus de faire insérer, à la suite de la mise à prix, leurs dires et observations ayant pour objet d'introduire des modifications dans ledit cahier. Passé ce délai, ils ne seront plus recevables à proposer de changements, dires ou observations (694).

Au jour indiqué par la sommation faite au saisi et aux créanciers, le tribunal donnera acte au poursuivant des lecture et publication du cahier des charges, statuera sur les dires et observations qui y auront été insérés, et fixera les jour et heure où il procédera à l'adjudication. Le délai entre la publication et l'adjudication sera de trente jours au moins et de soixante au plus. Le jugement sera porté sur le cahier des charges à la suite de la mise à prix ou des dires des parties (695 *id.*).

Les formalités tracées par les art. 694 et 695 C. proc. sont destinées à remplacer, par une marche plus rapide, les trois publications du cahier des charges et l'adjudication préparatoire prescrites par les art. 699 et 700 de l'ancien code. — Le délai de trois jours, fixé par l'art. 694, pour proposer les nullités est franc, c'est-à-dire qu'il y aurait forclusion si les moyens étaient proposés le 8, par exemple, et que la publication fût annoncée pour le 11 (Carré nºs 2341 et 2343).

**14809. Des insertions.** — Quarante jours au plus tôt et vingt jours au plus tard avant l'adjudication, l'avoué du poursuivant fera insérer, dans un journal publié dans le département où sont situés les biens, un extrait signé de lui et contenant : 1º la date de la saisie et de sa transcription ; — 2º les noms, professions, demeures du saisi, du saisissant et de l'avoué de ce dernier ; — 3º la désignation des immeubles, telle qu'elle a été insérée dans le procès-verbal ; — 4º la mise à prix ; — 5º l'indication du tribunal où la saisie se poursuit et des jour, lieu et heure de l'adjudication. — A cet effet, les cours d'appel, chambres réunies, après un avis motivé des tribunaux de première instance respectifs, et sur les réquisitions écrites du ministère public, désigneront chaque année, dans la première quinzaine de décembre, pour chaque arrondissement de leur ressort, parmi les journaux qui se publient dans le département, un ou plusieurs journaux où devront être insérées les annonces judiciaires. Les cours règleront en même temps le tarif de l'impression de ces annonces. Néanmoins, toutes les annonces judiciaires relatives à la même saisie seront insérées dans le même journal (696 *id.*).

Lorsque, indépendamment des insertions prescrites par l'article précédent, le poursuivant, le saisi, ou l'un des créanciers inscrits, estimera qu'il y aurait lieu de faire d'autres annonces de l'adjudication par la voie des journaux, le président du tribunal devant lequel se poursuit la vente pourra, si l'importance des biens paraît l'exiger, autoriser cette insertion extraordinaire. Les frais n'entreront en taxe que dans le cas où cette autorisation aurait été accordée. L'ordonnance du président ne sera soumise à aucun recours (697 *id.*).

Il sera justifié de l'insertion aux journaux par un exemplaire de la feuille, contenant l'extrait énoncé en l'article précédent; cet exemplaire portera la signature de l'imprimeur, légalisée par le maire (698 *id.*).

Le code de 1807 avait un autre système de publicité. L'art. 682 exigeait que l'extrait de la saisie fût inséré par le greffier dans un tableau placé dans l'auditoire du tribunal, et que pareil extrait fût affiché et inséré dans un journal, trois fois avant l'adjudication.

La loi nouvelle a réduit à une seule affiche et insertion la publicité à donner à l'adjudication.

La légalisation de la signature de l'imprimeur du journal où s'insère l'extrait prescrit par l'art. 696 est exigée pour constater que l'insertion a eu lieu. Cette légalisation est donnée par le maire du domicile de l'imprimeur (Paignon p. 145 nº 81).

**14810. Des placards.** — Extrait pareil à celui qui est prescrit par l'art. 696 sera imprimé en forme de placard et affiché, dans le même délai : 1° à la porte du domicile du saisi ; — 2° à la porte principale des édifices saisis ; — 3° à la principale place de la commune où le saisi est domicilié, ainsi qu'à la principale place de la commune où les biens sont situés, et de celle où siège le tribunal devant lequel se poursuit la vente ; — 4° à la porte extérieure des mairies du domicile du saisi et des communes de la situation des biens ; — 5° au lieu où se tient le principal marché de chacune de ces communes, et, lorsqu'il n'y en a pas, au lieu où se tient le principal marché de chacune des deux communes les plus voisines de l'arrondissement ; — 6° à la porte de l'auditoire du juge de paix de la situation des bâtiments, et, s'il n'y a pas de bâtiments, à la porte de l'auditoire de la justice de paix où se trouve la majeure partie des biens saisis; — 7° aux portes extérieures des tribunaux du domicile du saisi, de la situation des biens et de la vente. — L'huissier attestera, par un procès-verbal rédigé sur un exemplaire du placard, que l'apposition a été faite aux lieux déterminés par la loi, sans les détailler. Le procès-verbal sera visé par le maire de chacune des communes dans lesquelles l'apposition aura été faite (699 *id.*).

Selon la nature et l'importance des biens, il pourra être passé en taxe jusqu'à cinq cents exemplaires des placards, non compris le nombre d'affiches prescrit par l'art. 699 (700 *id.*). — V. *Affiches*.

**14811. De la taxe.** — Les frais de la poursuite seront taxés par le juge, et il ne pourra être rien exigé au delà du montant de la taxe. Toute stipulation contraire, quelle qu'en soit la forme, sera nulle de droit. Le montant de la taxe sera publiquement annoncé avant l'ouverture des enchères, et il en sera fait mention dans le jugement d'adjudication (701 *id.*).

Le montant des frais de la poursuite doit être annoncé avant l'ouverture des enchères. Il faut donc qu'ils soient taxés avant le jour fixé pour l'adjudication ; s'ils ne l'étaient pas, l'adjudication pourrait être remise aux frais de l'avoué poursuivant.

**14812. Adjudication.** — Au jour indiqué pour l'adjudication, il y sera procédé sur la demande du poursuivant, et, à son défaut, sur celle de l'un des créanciers inscrits (702 *id.*).

Néanmoins, l'adjudication pourra être remise sur la demande du poursuivant, ou de l'un des créanciers inscrits, ou de la partie saisie, mais seulement pour causes graves et dûment justifiées. Le jugement qui prononcera la remise fixera de nouveau le jour de l'adjudication, qui ne pourra être éloigné de moins de quinze jours, ni de plus de soixante. Ce jugement ne sera susceptible d'aucun recours (703 *id.*).

Dans ce cas, l'adjudication sera annoncée huit jours au moins à l'avance par des insertions et des placards, conformément aux art. 696 et 699 (704 *id.*).

Les enchères sont faites par le ministère d'avoués et à l'audience. Aussitôt que les enchères seront ouvertes, il sera allumé successivement des bougies préparées de manière que chacune ait une durée d'environ une minute. L'enchérisseur cesse d'être obligé si son enchère est couverte par une autre, lors même que cette dernière serait déclarée nulle (705 *id.*).

L'adjudication ne pourra être faite qu'après l'extinction de trois bougies allumées successivement. S'il ne survient pas d'enchères pendant la durée de ces bougies, le poursuivant sera déclaré adjudicataire pour la mise à prix. Si, pendant la durée d'une des trois premières bougies, il survient des enchères, l'adjudication ne pourra être faite qu'après l'extinction de deux bougies sans nouvelle enchère survenue pendant leur durée (706 *id.*). — V. *Adjudication.*

**14813. Déclaration d'adjudicataire.** — L'avoué dernier enchérisseur sera tenu, dans les trois jours de l'adjudication, de déclarer l'adjudicataire et de fournir son acceptation, sinon de représenter son pouvoir, lequel demeurera annexé à la minute de sa déclaration; faute de ce faire, il sera réputé adjudicataire en son nom, sans préjudice des dispositions de l'art. 711 (707 *id.*). — V. *Command.*

**14814. Surenchère.** — Toute personne pourra, dans les huit jours qui suivront l'adjudication, faire, par le ministère d'un avoué, une surenchère, pourvu qu'elle soit du sixième au moins du prix principal de la vente (708 *id.*). — V. *Adjudication.*

**14815. Prohibitions.** — Les avoués ne pourront enchérir pour les membres du tribunal devant lequel se poursuit la vente, à peine de nullité de l'adjudication ou de la surenchère, et de dommages-intérêts.

Ils ne pourront, sous les mêmes peines, enchérir pour le saisi ni pour les personnes notoirement insolvables. L'avoué poursuivant ne pourra se rendre personnellement adjudicataire ni surenchérisseur, à peine de nullité de l'adjudication ou de la surenchère, et de dommages-intérêts envers toutes les parties (711 *id.*).

**14816. Forme.** — Le jugement d'adjudication ne sera autre que la copie du cahier des charges rédigé ainsi qu'il est dit en l'art. 690 ; il sera revêtu de l'intitulé des jugements et du mandement qui les termine, avec injonction à la partie saisie de délaisser la possession aussitôt après la signification du jugement, sous peine d'y être contrainte par corps (712 *id.*).

**14817. Payement du prix et des frais.** — Le ugement d'adjudication ne sera délivré à l'adjudicataire qu'à la charge par lui de rapporter au greffier quittance des frais ordinaires de poursuite, et la preuve qu'il a satisfait aux conditions du cahier des charges qui doivent être exécutées avant cette délivrance. La quittance et les pièces justificatives demeureront annexées à la minute du jugement et seront copiées à la suite de l'adjudication. Faute par l'adjudicataire de faire ces justifications dans les vingt jours de l'adjudication, il y sera contraint par la voie de la folle enchère, ainsi qu'il sera dit ci-après (733 à 741), sans préjudice des autres voies de droit (713 *id.*).

**14818. Folle enchère.** — Faute par l'adjudicataire d'exécuter les clauses de l'adjudication, l'immeuble sera vendu à sa folle enchère (733 C. C.). — V. *Adjudication.*

## CHAPITRE II. — DROITS D'ENREGISTREMENT

[14819-14822]

**14819. Tarif.** — Les procès-verbaux de saisie immobilière sont assujettis au droit fixe de 3 francs par chaque séance, quel que soit le nombre d'heures dont cette séance se compose (L. 28 avr. 1816, art. 43 n° 13, et 19 févr. 1874, art. 2 ; — Dél. 22 nov. 1817 et 26 mars 1823, 7425 J. E., D. N. t. 5 p. 801 n° 60 et t. 11 p. 670 n° 751).

L'application de ce tarif donne lieu à plusieurs difficultés que nous avons examinées au mot *Exploit.*

**14820. Pluralité.** — Si le procès-verbal de saisie immobilière était sujet à la pluralité des droits, comme étant fait à la requête de plusieurs créanciers solidaires, cette pluralité serait exigible sur chaque vacation du procès-verbal qui devrait donner ouverture au droit, c'est-à-dire qui serait signée de l'officier public.

**14821. Délai.** — Chaque séance doit être enregistrée dans les quatre jours de sa date (390 I. G. : — Châteaulin 29 août 1855).

**14822. Formalités diverses.** — Aux termes de l'I. G. 436 §§ 49, 50, 51 et 52, la transcription au greffe d'une saisie immobilière opère le droit fixe de 3 francs (4 fr. 50 cent.), outre le droit de rédaction de 1 fr. 25 cent. ; le certificat d'insertion au journal, 1 franc (1 fr. 50 cent.) ; le cahier des charges pour la vente, 1 franc (1 fr. 50 cent.) ; et le dépôt au greffe de ce cahier, 3 francs (4 fr. 50 cent.), outre le droit de rédaction de 1 fr. 25 cent.

# SAISINE.

**14823.** — Possession d'une chose. Il y a la saisine *de fait* et la saisine *de droit :* la première suppose une possession réelle de fait ; la seconde a lieu par le seul effet de la loi, comme dans le cas de la maxime : « le mort saisit le vif. » — V. *Succession.*

# SCEAU.

**14824.** — Type sur lequel sont gravés soit les armes d'une personne, soit celles de l'État, soit le titre d'une autorité publique qui doit l'employer.

Le même terme désigne aussi l'empreinte produite par le sceau.

# SCEAU DES TITRES.

**14825.** — Termes de chancellerie, employés pour désigner une espèce de juridiction gracieuse dont l'objet est de statuer sur les demandes relatives aux collations, confirmation, reconnaissance et vérification des titres de noblesse, changements de noms, concessions d'armoiries, érections et annulations de majorats, de dotations, déclarations de naturalité, dispenses d'âge et de parenté pour mariage, autorisation de service chez l'étranger, etc., etc.

**14826. Organisation.** — Avant la Restauration, il y avait le *Conseil du sceau des titres,* qui était composé de sénateurs et de conseillers d'État, et était présidé par l'archichancelier. Il avait été institué par le décret du 1er mars 1808, relatif aux majorats. Depuis la Restauration, une ordonnance royale du 15 juillet 1814 avait remplacé ce conseil par une *commission du sceau des titres*, composée de conseillers d'État et de maîtres de requêtes, et qui était présidée par le chancelier. Enfin, cette commission a été elle-même supprimée, et ses attributions ont été réunies au ministère de la justice, pour former à l'avenir une division nouvelle, sous la dénomination de *division du sceau*, par une ordonnance du 31 octobre 1830.

**14827. Bureau.** — Depuis la réunion de la commission du sceau des titres au ministère de la justice, les droits de sceau sont perçus, comme ceux d'enregistrement, au bureau spécial établi à Paris pour le compte du Trésor (Ord. 31 oct. 1830). — *V.* le tableau *des droits de sceau*, dans la partie des lois en tête de cet ouvrage.

**14828. Indigents.** — Les lettres patentes de dispense d'âge pour un mariage sont exemptes du droit établi par l'art. 55 L. 28 avril 1816, lorsqu'elles sont délivrées aux personnes reconnues indigentes (Ord. 25 juin 1817, L. 15 mai 1818, art. 77, 834 I. G.).

La remise de tout ou partie des droits de sceau pour la délivrance des lettres de naturalité et de dispense d'âge ou de parenté pour mariage, peut être accordée sur la proposition du garde des sceaux ministre de la justice, lorsque les impétrants ont dûment justifié qu'ils sont hors d'état d'acquitter les droits fixés par la loi du 28 avril 1816. Le droit d'enregistrement établi pour lesdites lettres, par la même loi, est réduit proportionnellement à la remise prononcée sur le droit de sceau (L. 21 avr. 1832, art. 1er).

**14829. Réintégration.** — Les lettres patentes portant réintégration dans la qualité de Français sont assimilées en ce qui concerne les droits de sceau et d'enregistrement à percevoir, aux lettres de nationalité. Il est exigé, pour les autorisations relatives aux changements et additions de noms, un droit de sceau fixé à 600 francs. — Néanmoins les droits ci-dessus établis peuvent être remis en tout ou en partie, conformément aux dispositions de la loi du 21 avril 1832. — Ces dispositions sont également étendues aux autorisations de service militaire et d'acceptations de fonctions publiques à l'étranger (L. 20 juill. 1837, art. 12, 1544 I. G.).

**14830. Restitution.** — Si l'impétrant est décédé avant l'obtention de l'autorisation de résidence qu'il avait sollicitée, les droits de sceau et d'enregistrement perçus sont restituables sous la déduction du droit fixe de 2 francs (3 fr.) (Sol. 6 déc. 1852).



# SCELLÉ.

DIVISION



**14831.** — Empreinte de cire faite avec un sceau ou un cachet, par autorité de justice, sur des serrures, des portes, des meubles, pour empêcher qu'on ne les ouvre.

**14832. Des cas où les scellés doivent être apposés.** — L'apposition des scellés doit avoir lieu dans les circonstances suivantes :

En cas d'absence (114 C. C., 591 C. proc.);

Lorsque le conjoint prétend avoir droit à la succession de son conjoint décédé (769 C. C.) ;

En cas de séparation de biens (509 C. proc.);

En cas de demande en séparation de corps (270 et 1445 C. C.).

Les créanciers peuvent requérir l'apposition des scellés sur les meubles de la succession (820 C. C.);

Lorsque l'État prétend à la succession, à défaut d'héritiers (769 C. C.);

En cas de faillite (449 et 450 C. com.);

Lorsque l'ouverture d'un meuble a été refusée en cas de saisie-exécution (591 C. proc.);

Lorsque, dans une succession, il y a des absents, des mineurs ou des interdits (819, 1031 C. C.).

1. HUISSIER. — Il n'y a pas lieu d'apposer les scellés d'office dans une étude d'huissier, après le décès du titulaire, les huissiers n'étant pas des dépositaires publics dans le sens de l'art. 911 C. proc. (Le Havre 10 juill. 1870, S. 71-2-77).

## CHAPITRE PREMIER. — APPOSITION DES SCELLÉS

[14833 - 14843]

**14833. Office du juge de paix.** — Lorsqu'il y aura lieu à l'apposition des scellés après décès, elle est faite par les juges de paix, et, à leur défaut, par leurs suppléants (907 C. proc. civ.). Le scellé ne peut être apposé que par le juge de paix du lieu ou par ses suppléants (912 *Id.*). — Les juges de paix et leurs suppléants se servent d'un sceau particulier, qui reste entre leurs mains, et dont l'empreinte est déposée au greffe du tribunal de première instance (908 *Id.*).

**14834. Des personnes qui peuvent requérir l'apposition.**—L'apposition des scellés peut être requise: — 1o par tous ceux qui prétendent droit dans la succession ou dans la communauté; — 2o par tous créanciers fondés en titre exécutoire, ou autorisés par une permission, soit du président du tribunal de première instance, soit du juge de paix du canton où le scellé doit être apposé; — 3o et en cas d'absence, soit du conjoint, soit des héritiers, ou de l'un d'eux, par les personnes qui demeuraient avec le défunt, et par ses serviteurs et domestiques (909 *Id.*). — Les prétendant droits et les créanciers mineurs émancipés peuvent requérir l'apposition des scellés sans l'assistance de leur curateur. — S'ils sont mineurs non émancipés, et s'ils n'ont pas de tuteur, ou s'il est absent, elle ne peut être requise par un de leurs parents (910 *Id.*). — Le scellé est apposé, soit à la diligence du ministère public, soit sur la déclaration du maire ou adjoint de la commune, et même d'office par le juge de paix: — 1o si le mineur est sans tuteur, et que le scellé ne soit pas requis par un parent; — 2o si le conjoint, ou si les héritiers ou l'un d'eux sont absents; — 3o si le défunt était dépositaire public; auquel cas le scellé n'est apposé que pour raison de ce dépôt et sur les objets qui le composent (911 *Id*).

**14835. Moment de l'apposition.** — Si le scellé n'a pas été apposé avant l'inhumation, le juge constate, par son procès-verbal, le moment où il a été requis de l'apposer, et les causes qui ont retardé, soit la réquisition, soit l'apposition (913 *Id.*).

**14836. Forme.** — Le procès-verbal d'apposition contient: — 1o la date des an, mois, jour et heure; — 2o les motifs de l'apposition; — 3o les noms, profession et demeure du requérant, s'il y en a, et son élection de domicile dans la commune où le scellé est apposé, s'il y demeure; — 4o s'il n'y a pas de partie requérante, le procès-verbal énonce que le scellé a été apposé d'office ou sur le réquisitoire, ou sur la déclaration de l'un des fonctionnaires dénommés dans l'art. 911; — 5o l'ordonnance qui permet le scellé, s'il en a été rendu; — 6o les comparutions et dires des parties; — 7o la désignation des lieux, bureaux, coffres, armoires, sur les ouvertures desquels le scellé a été apposé; — 8o une description sommaire des effets qui ne sont pas mis sous le scellé; — 9o le serment, lors de la clôture de l'apposition, par ceux qui demeurent dans le lieu, qu'ils n'ont rien détourné, vu ni su qu'il ait été rien détourné directement ni indirectement; — 10o l'établissement du gardien présenté, s'il a les qualités requises; sauf, s'il ne les a pas, ou s'il n'en est pas présenté, à en établir un d'office par le juge de paix (914 *Id.*).

**14837. Conservation des clefs.** — Les clefs des serrures, sur lesquelles le scellé a été apposé, restent, jusqu'à sa levée, entre les mains du greffier de la justice de paix, lequel fait mention, sur le procès-verbal, de la remise qui lui en a été faite, et le juge ni le greffier ne peuvent aller, jusqu'à la levée, dans la maison où est le scellé, à peine d'interdiction, à moins qu'ils n'en soient requis, ou que leur transport n'ait été précédé d'une ordonnance motivée (915 *Id.*).

**14838. Paquets cachetés. — Testament.** — Si, lors de l'apposition, il est trouvé un testament ou autres papiers cachetés, le juge de paix en constate la forme extérieure, le sceau et la suscription, s'il y en a, il paraphe l'enveloppe avec les parties présentes, si elles le savent ou le peuvent, et indique les jour et heure où le paquet sera par lui présenté au président du tribunal de première instance: il fait mention du tout sur son procès-verbal, lequel est signé des parties, sinon mention est faite de leur refus (916 *Id.*). — Sur la réquisition de toute partie intéressée, le juge de paix fait, avant l'apposition du scellé, la perquisition du testament dont l'existence a été annoncée; et, s'il le trouve, il procède ainsi qu'il est dit ci-dessus (917 *Id.*). — Aux jour et heure indiqués, sans qu'il soit besoin d'aucune assignation, les paquets trouvés cachetés sont présentés par le juge de paix au président de première instance, lequel en fait l'ouverture, en constatant l'état, et en ordonne le dépôt si le contenu concerne la succession (928 *Id.*). — Si les paquets cachetés paraissent, par leur suscription, ou par quelque autre preuve écrite, appartenir à des tiers, le président du tribunal ordonne que ces tiers soient appelés dans un délai qu'il fixe, pour qu'ils puissent assister à l'ouverture: il la fait au jour indiqué, en leur présence ou à leur défaut, et si les paquets sont étrangers à la succession, il les leur remet sans en faire connaître le contenu ou les cachète de nouveau pour leur être remis à leur première réquisition (919 *Id.*).

**14839. Du référé.** — Si un testament est trouvé ouvert, le juge de paix en constate l'état et observe ce qui est prescrit en l'art. 916 (920 *Id.*).

Si les portes sont fermées, s'il se rencontre des obstacles à l'apposition des scellés, s'il s'élève, soit avant, soit pendant le scellé, des difficultés, il y est statué en référé par le président du tribunal. A cet effet, il est sursis et établi par le juge de paix garnison extérieure, même intérieure si le cas y échet; et il en réfère sur-le-champ au président du tribunal. — Le juge de paix peut néanmoins, s'il y a péril dans le retard, statuer par provision, sauf à en référer ensuite au président du tribunal (921 *Id.*). — Dans tous les cas où il en est référé par le juge de paix au président du tribunal, soit en matière de scellé, soit en autre matière, ce qui sera fait et ordonné est constaté sur le procès-verbal dressé par le juge de paix; le président signe ses ordonnances sur ledit procès-verbal (922 *Id.*).

**14840. Inventaire.** — Lorsque l'inventaire est parachevé, les scellés ne peuvent être apposés, à moins que l'inventaire ne soit attaqué, et qu'il ne soit ainsi ordonné par le président du tribunal. — Si l'apposition des scellés est requise pendant le cours de l'inventaire, les scellés ne sont apposés que sur les objets non inventoriés (923 *Id.*).

**14841. Procès-verbal de carence.** — S'il n'y a aucun effet mobilier, le juge de paix dresse un procès-verbal de carence. — S'il y a des effets mobiliers qui soient nécessaires à l'usage des personnes qui restent dans la maison, ou sur lesquels le scellé ne puisse être mis, le juge de paix fait un procès-verbal contenant description sommaire desdits effets (924 *Id.*).

**14842. Registre d'ordre.** — Dans les communes où la population est de 20,000 âmes et au-dessus, il est tenu, au greffe du tribunal de première instance, un registre d'ordre pour les scellés, sur lequel sont inscrits, d'après la déclaration que les juges de paix de l'arrondissement sont tenus d'y faire parvenir, dans les vingt-quatre heures de l'apposition : 1° les noms et demeures des personnes sur les effets desquelles le scellé a été apposé ; — 2° le nom et la demeure du juge qui a fait l'apposition ; — 3° le jour où elle a été faite (925 *Id.*).

**14843. Oppositions aux scellés.** — Les oppositions aux scellés peuvent être faites, soit par une déclaration sur le procès-verbal de scellé, soit par exploit signifié au greffier du juge de paix (926 *Id.*).

Toutes oppositions à scellé contiennent, à peine de nullité, outre les formalités communes à tout exploit : 1° l'élection de domicile dans la commune ou dans l'arrondissement de la justice de paix où le scellé est apposé, si l'opposant n'y demeure pas ; — 2° l'énonciation précise de la cause de l'opposition (927 *Id.*).

## CHAPITRE II. — LEVÉE DU SCELLÉ

[14844-14851]

**14844. Délai.** — Le scellé ne peut être levé et l'inventaire fait que trois jours après l'inhumation, s'il a été apposé auparavant, et trois jours après l'apposition, si elle a été faite depuis l'inhumation, à peine de nullité des procès-verbaux de levée de scellés et inventaire, et des dommages et intérêts contre ceux qui les ont faits et requis ; le tout, à moins que, pour des causes urgentes et dont il est fait mention dans son ordonnance, il n'en soit autrement ordonné par le président du tribunal de première instance. Dans ce cas, si les parties qui ont droit d'assister à la levée ne sont pas présentes, il est appelé pour elles, tant à la levée qu'à l'inventaire, un notaire nommé d'office par le président (928 *Id.*).

**14845. Héritiers mineurs.** — Si les héritiers ou quelques-uns d'eux sont mineurs non émancipés, il n'est pas procédé à la levée des scellés, qu'ils n'aient été préalablement pourvus de tuteurs ou émancipés (929 *Id.*).

**14846. Droit de requérir la levée des scellés.** — Tous ceux qui ont droit de faire apposer les scellés peuvent en requérir la levée, excepté ceux qui ne les ont fait apposer qu'en exécution de l'art. 909 n° 3 ci-dessus (930 *Id.*).

**14847. Formalités.** — Les formalités pour parvenir à la levée des scellés sont : 1° une réquisition à cet effet consignée sur le procès-verbal du juge de paix ; — 2° une ordonnance du juge, indicative des jour et heure où la levée sera faite ; — 3° une sommation d'assister à cette levée, faite au conjoint survivant, aux présomptifs héritiers, à l'exécuteur testamentaire, aux légataires universels et à titre universel s'ils sont connus et aux opposants. — Il n'est pas besoin d'appeler les intéressés demeurant hors de la distance de cinq myriamètres, mais on appelle pour eux, à la levée et à l'inventaire, un notaire nommé d'office par le président du tribunal de première instance. — Les opposants sont appelés aux domiciles par eux élus (931 *Id.*).

**14848. Des personnes qui peuvent assister à la levée des scellés.** — Le conjoint, l'exécuteur testamentaire, les héritiers, les légataires universels et ceux à titre universel, peuvent assister à toutes les vacations de la levée du scellé et de l'inventaire, en personne ou par un mandataire. — Les opposants ne peuvent assister, soit en personne, soit par un mandataire, qu'à la première vacation. Ils sont tenus de se faire représenter, aux vacations suivantes, par un seul mandataire pour tous, dont ils conviennent; sinon il est nommé d'office par le juge. — Si, parmi ces mandataires, se trouvent des avoués près le tribunal de première instance du ressort, ils justifient de leurs pouvoirs par la représentation du titre de leur partie ; et l'avoué le plus ancien, suivant l'ordre du tableau, des créanciers fondés en titre authentique, assiste de droit pour tous les opposants ; si aucun des créanciers n'est fondé en titre authentique, l'avoué, le plus ancien des opposants fondés en titre privé, assiste. L'ancienneté est définitivement réglée à la première vacation (932 *Id.*).

Si l'un des opposants avait des intérêts différents de ceux des autres ou des intérêts contraires, il peut assister en personne ou par un mandataire particulier à ses frais (933 *Id.*).

Les opposants, pour la conservation des droits de leur débiteur, ne peuvent assister à la première vacation, ni concourir au choix d'un mandataire commun pour les autres vacations (934 *Id.*).

**14849. Nominations des experts.** — Le conjoint commun en biens, les héritiers, l'exécuteur testamentaire, et les légataires universels ou à titre universel, peuvent convenir du choix d'un ou deux notaires, et d'un ou deux commissaires-priseurs ou experts ; s'ils n'en conviennent pas, il est procédé, suivant la nature des objets, par un ou deux notaires, commissaires-priseurs ou experts, nommés d'office par le président du tribunal de première instance. Les experts prêtent serment devant le juge de paix (935 *Id.*).

**14850. Procès-verbal de levée de scellés.** — Le procès-verbal de levée contient : 1° la date ; — 2° les nom, profession, demeure et élection de domicile du requérant; — 3° l'énonciation de l'ordonnance délivrée pour la levée ; — 4° l'énonciation de la sommation prescrite par l'art. 931 ci-dessus; — 5° les comparutions et dires des parties; — 6° la nomination des notaires, commissaires-priseurs et experts qui doivent opérer ; — 7° la reconnaissance des scellés, s'ils sont sains et entiers ; s'ils ne le sont pas, l'état des altérations, sauf à se pourvoir ainsi qu'il appartient pour raison desdites altérations; — 8° les réquisitions à fin de perquisitions, le résultat desdites perquisitions et toutes autres demandes sur lesquelles il y a lieu de statuer (936 *Id.*).

**14851. Inventaire.** — Les scellés sont levés successivement et au fur à mesure de la confection de l'inventaire; ils sont réapposés à la fin de chaque vacation (937 *Id.*). — On peut réunir les objets de même nature, pour être inventoriés successivement, suivant leur ordre ; ils sont, dans ce cas, replacés sous les scellés (938 *Id.*). — S'il est trouvé des objets et papiers étrangers à la succession et réclamés par des tiers, ils sont remis à qui il appartient; s'ils ne peuvent être remis à l'instant, et qu'il soit nécessaire d'en faire la description, elle est faite sur le procès-verbal des scellés, et non sur l'inventaire (939 *Id.*). — Si la cause de l'apposition des scellés cesse avant qu'ils soient levés, ou pendant le cours de leur levée, ils sont levés sans description (940 *Id.*)

## CHAPITRE III. — DROITS D'ENREGISTREMENT ET DE TIMBRE

[14852-14868]

**14852. Tarif.** — Les procès-verbaux d'apposition, de reconnaissance et de levée de scellés avaient été assujettis au droit fixe de 2 francs par chaque vacation. Ce droit a été porté à 4 francs par la loi du 19 juillet 1845, art. 5 (1786 I. G.), et à 6 francs par l'art. 4 L. 28 février 1872.

Les greffiers peuvent faire des vacations de quatre heures en déclarant qu'ils ont procédé par simple vacation (1336-8 I. G., 16615-3 J. E.).

**14853. Faillite.** — Les procès-verbaux d'apposition et de levée de scellés sont assujettis, en matière de faillite, à des règles spéciales ou de faveur que nous avons fait connaître sous les n$^{os}$ 8828 et suivants.

**14854. Comparution personnelle.** — Les oppositions à levée de scellés par comparution personnelle dans le procès-verbal, les ordonnances et mandements d'assigner les opposants à scellés, sont passibles du droit de 1 fr. 50 cent. (L. 22 frim. an 7, art. 68 § 1$^{er}$ n° 46).

**14855. Ordonnance. — Droit particulier.** — Il résulte d'une D. m. f. 17 juillet 1814 (4537 J.E.) que l'ordonnance qui précède la levée de scellés est passible d'un droit particulier (1 fr. 50 cent.)

Mais cette décision ne doit recevoir son application que dans le cas où l'ordonnance n'est pas suivie immédiatement de la levée des scellés, et forme un acte distinct. Il a été décidé à cet égard, par le ministre des finances de Belgique, que quand, sur la réquisition des parties, le juge de paix fixe jour et heure, ou désigne seulement une heure du jour où il reçoit cette réquisition, à l'effet de procéder à une levée de scellés, son ordonnance constitue un acte distinct du procès-verbal de levée de scellés, sujet à un droit particulier; ce n'est que s'il déclare vouloir y procéder immédiatement que sa déclaration doit être réputée simple préambule du procès-verbal de levée de scellés (Déc. 29 sept. 1856, 7507 J. E. belge).

Cette difficulté est avant tout d'appréciation : sa solution dépend du contexte des actes, de leurs termes et des circonstances qui en expliquent la rédaction.

Mais lorsque le procès-verbal d'apposition de scellés contient la mention que, sur l'opposition d'un tiers, le juge de paix s'est transporté devant le président du tribunal pour lui en référer, et renferme l'ordonnance du président portant qu'il sera passé outre à l'apposition des scellés, il est dû un droit particulier pour l'ordonnance du président (D. m. f. belge 24 nov. 1856, 7565 J. E. belge).

Lorsque l'ordonnance du juge de paix est placée en tête du procès-verbal, et que, sans divertir à autres actes, ainsi que l'acte lui-même en fait foi, il est procédé par le juge soit à l'apposition, soit à la levée des scellés, l'ordonnance se confond alors avec le procès-verbal de l'opération du juge, et elle ne peut être considérée que comme une simple formalité prescrite par les art. 914 et 931 C. proc., dès lors il n'est pas dû de droit particulier (D. m. f. 1$^{er}$ juill. 1814 *suprà* et Sol. 13 janv. 1857, 16121 J.N., 11072 C., 16446 J.E., Déc. belge 27 avr. 1862, 9446 J.E. belge).

Il en est de même *à fortiori* de la réquisition placée en tête du procès-verbal (D.N. t. 11 p. 712 n° 107, et D. m. f. 1$^{er}$ juill. 1814, *suprà*).

**14856. Actes d'office.** — Les actes d'apposition ou de levée de scellés faits d'office sont visés et enregistrés en débet. — V. *Acte judiciaire.*

Il a été spécialement décidé que les procès-verbaux constatant soit l'apposition des scellés faite d'office après le décès du titulaire d'une cure, soit la levée de ces scellés, sont passibles des droits ordinaires de timbre, mais doivent être enregistrés gratis (Sol. 8 juill. 1868, 3004 R.P.).

**14857. Acte passé en conséquence.** — Le greffier qui n'a pas fait enregistrer les ordonnances avant ou en même temps que les procès-verbaux d'apposition ou de levée de scellés n'encourt pas l'amende prononcée sur l'art. 41 L. 22 frimaire an 7, quand ces ordonnances ne constituent pas des actes distincts du procès-verbal lui-même (Sol. 13 janv. 1857, 16121 J.N., 11072 C., 16446 J.E.).

Dans le cas contraire, le greffier ne saurait, en principe, se dispenser de faire enregistrer d'abord l'ordonnance. Cependant, par application de la règle que nous avons fait connaître au mot *Acte en conséquence*, il a été reconnu que, lorsqu'il y a une ordonnance distincte impliquant un trait de temps entre la réquisition et le commencement des opérations, l'ordonnance peut être présentée à l'enregistrement avec le procès-verbal d'apposition ou de levée s'il y a urgence, c'est-à-dire si l'opération doit suivre l'ordonnance à un intervalle qui ne permette pas de requérir la formalité (Déc. belge 27 avr. 1862, 9446 J.E. belge).

**14858. Procès-verbal de carence.** — Les procès-verbaux de carence, dressés en exécution de l'art. 924 C. proc., ne sont soumis qu'au droit fixe de 1 fr. 50 cent., quel que soit le temps employé à leur rédaction (D. m. f. 8 oct. 1823, 1104 I. G.).

Pour qu'il y ait lieu de dresser procès-verbal de carence, il n'est pas nécessaire qu'il n'y ait absolument aucun mobilier dépendant de la succession D'après la doctrine des auteurs, la disposition de l'art. 924 C. proc. est applicable lorsque le mobilier est suffisant pour comporter une apposition de scellés et les frais d'un inventaire.

Or, dans ce cas, la description sommaire des objets et l'établissement d'un gardien ne sortent pas de la sphère naturelle du procès-verbal de carence, qui, s'il supplée à l'apposition des scellés et à l'inventaire, constitue néanmoins un acte distinct de ces derniers; dès lors, les procès-verbaux de l'espèce ne donnent ouverture, comme actes innomés, qu'au droit fixe de 2 francs (3 fr.) (Sol. de l'Administration belge 4 mars 1873, 3745 R.P.).

**14859. Absence. — Enquête.** — L'espèce d'enquête que le juge de paix qui appose les scellés au domicile d'un absent fait pour s'assurer des causes de l'absence et dont il consigne le résultat dans le procès-verbal ne donne pas ouverture à un droit particulier d'enregistrement (D. N. t. 11 p. 712 n° 105, 4283 J.E.). — V. *Enquête* n° 7694.

**14860. Procès-verbal descriptif.** — Lorsqu'au lieu d'apposer les scellés sur les meubles et effets d'une succession le juge de paix dresse un procès-verbal descriptif, ce procès-verbal donne lieu au droit fixe de 1 fr. 50 c. (Sol. 5 mars 1875). Il avait été décidé antérieurement que le droit dû était celui de 2 fr. (6 fr.) par vacation (Sol. 10 fév. 1831, 9897 J. E.).

Mais la description qui est faite dans le procès-verbal d'apposition de scellés ne donne ouverture à aucun droit particulier. — V. 6320

**14861. Gardien.** — La nomination de gardien, faite dans le procès-verbal d'apposition de scellés, n'est passible d'aucun droit particulier (D. m. f. 25 avr. 1809, 436 § 72 I. G.).

**14862. Décharge.** — La décharge au gardien contenue dans un inventaire à la suite d'une saisie-exécution ou d'une levée de scellés donne ouverture au droit de décharge. — V. 5824.

**14863. Experts.** — Les procès-verbaux de levée de scellés contenant nomination d'experts et prestation de serment (art. 935 C. proc.), donnent lieu à un droit sur la prestation de serment, plus le droit exigible à raison du nombre des vacations; mais il n'est dû aucun droit pour la nomination (D. m. f. 25 juill. 1810, 3939, 4367 J.E., Sol. 3 août 1852).

**14864. Opposition et remise.** — Lorsque le procès-verbal se borne à constater l'opposition d'un tiers, la remise des opérations auxquelles il devait être procédé, l'établissement d'un gardien et le référé au président du tribunal, on ne saurait y voir le procès-verbal d'apposition de scellés prévu au § 2 n° 3 de l'art. 68 L. 22 frimaire an 7; le serment que le juge ferait prêter surabondamment par l'opposant n'est pas de nature à lui assigner cette qualification. Il n'est donc dû que le droit fixe de 2 francs (3 fr.) (D. m. f. belge 3 fév. 1870, 3212 R.P.).

**14865. Reprise d'opération.** — Le procès-verbal d'apposition de scellés qui contient :

1° La mention que, sur l'opposition d'un intéressé, le juge de paix s'est transporté devant le président du tribunal pour lui en référer;

2° L'ordonnance du président portant qu'il sera passé outre à l'apposition des scellés;

3° A la suite, la reprise des opérations et du procès-verbal ne donne pas lieu à un droit particulier du chef de l'opposition dont la constatation fait partie intégrante des opérations du juge de paix, sujettes au droit par vacation; mais l'ordonnance du président donne ouverture à un autre droit distinct (D. m. f. belge 24 nov. 1856, 7565 J.E. belge).

**14866. Objets appartenant à un tiers.** — Lorsque le juge constate, dans le procès-verbal d'apposition, qu'il n'a pas mis certains objets sous les scellés, parce qu'ils n'appartenaient pas au défunt mais à un tiers, cette disposition est une dépendance nécessaire de l'opération et ne donne ouverture à aucun droit particulier.

On l'a ainsi décidé, notamment, au sujet de la constatation dans ce procès-verbal de la remise d'une somme trouvée dans la maison mortuaire entre les mains de la servante du défunt, laquelle est déclarée, dans les écrits émanés de celui-ci, en avoir la propriété et la possession (D. m. f. belge 29 sept. 1856, 7507 J.E. belge.)

Mais si les objets avaient été placés sous les scellés comme appartenant au défunt, la disposition du procès-verbal de levée, par laquelle ces objets seraient remis à un tiers qui a fait reconnaître ses droits de propriété et donne décharge aux héritiers, serait passible du droit de 3 francs (D. N. t. 11 p. 713 n° 115).

**14867. Dépôt ou mandat.** — On doit également considérer comme une disposition dépendant de l'apposition des scellés la clause par laquelle le juge de paix constate la remise à un tiers, serviteur ou ami du défunt, d'une somme trouvée dans la maison mortuaire et destinée à l'acquit des frais funéraires ou dépenses de maison. On ne peut percevoir ni le mandat ni celui de dépôt de sommes chez un particulier (Sol. 16 janv. 1857).

Décidé, de même, que si le gardien des scellés déclare, lors de leur levée, que le défunt lui avait remis une somme déterminée avant son décès, cette déclaration ayant pour but de faire connaître l'actif héréditaire n'est qu'un élément du procès-verbal (Sol. 15 fév. 1867).

**14868. Acte à la suite.** — Les procès-verbaux de reconnaissance et levée de scellés peuvent être mis à la suite du procès-verbal d'apposition (L. 13 brum. an 7, art. 23). — *V. Acte écrit à la suite d'un autre.*

## SECRÉTAIRE.

**14869.** — Les secrétaires des préfectures, sous-préfectures et mairies, n'ont aucun caractère public, ils ne peuvent rendre authentique aucun acte, aucune expédition, ni aucun extrait des actes des autorités.

**14870. Payement des droits d'enregistrement.** — Les secrétaires des préfectures, sous-préfectures et mairies sont tenus d'acquitter eux-mêmes, entre les mains du receveur de l'enregistrement, les droits des actes de leur ministère sujets à la formalité.

Pour les actes d'adjudication passés en séance publique des administrations, lorsque les parties n'auront pas consigné aux mains des secrétaires, dans le délai prescrit pour l'enregistrement, le montant des droits fixés par la loi, le recouvrement en sera poursuivi contre les parties par les receveurs. A cet effet, les secrétaires fourniront à ceux-ci, dans les dix jours qui suivront l'expiration du délai, des extraits par eux certifiés des actes dont les droits ne leur auront pas été remis par les parties, à peine d'une amende de 10 francs pour chaque acte, et d'être en outre personnellement contraints au payement des doubles droits.

Ces dispositions sont applicables aux actes des autorités administratives et des établissements publics portant transmission de propriété d'usufruit et de jouissance; aux adjudications ou marchés de toute nature, aux enchères au rabais ou sur soumissions et aux cautionnements relatifs à ces actes. (L. 15 mai 1818, art. 78 et 79).

V. *Acte administratif.*

**14871. Timbre.** — Les secrétaires des préfectures, sous-préfectures et mairies encourent une amende de 25 francs (5 fr.) en rédigeant des expéditions contenant plus de 25 lignes par page de moyen papier, et plus de 30 lignes par page de grand papier, et en couvrant le timbre d'écritures; — de 30 francs (5 fr.), en écrivant deux actes à la suite l'un de l'autre; — de 50 francs (10 fr.), en délivrant expédition sur papier d'un format inférieur à celui de 1 fr. 80 cent.; — de 100 francs (20 fr.), en écrivant un acte ou expédition sur papier non timbré (L. 13 brum. an 7, art. 26).

**14872. Acte passé en conséquence.** — Les secrétaires des administrations centrales et municipales ne peuvent délivrer en brevet, copie ou expédition, aucun acte soumis à l'enregistrement, ni faire aucun autre acte en conséquence, avant qu'il ait été enregistré, quand même le délai pour l'enregistrement ne serait pas encore expiré, à peine de 50 francs (10 fr.) d'amende, outre le payement des droits (L. 22 frim. an 7, art. 41).

Ils ne peuvent faire ou rédiger un acte en vertu d'un acte sous seing privé ou passé en pays étranger, l'annexer, le recevoir en dépôt, ni en délivrer extrait, copie ou expédition, s'il n'a été préalablement enregistré, à peine de 50 francs (10 fr.) d'amende, et de répondre personnellement du droit (*Id.* art. 42).

V. *Acte en conséquence.*

**14873. Registres et répertoire.** — Les secrétaires des préfectures, sous-préfectures et mairies sont obligés de tenir divers registres, soit sur papier libre, soit sur papier timbré, et un registre des actes portant mutation.

V. *Registre.*

**14874. Communication.** — Ils doivent communication aux préposés des actes soumis à l'enregistrement et de leurs répertoires.

V. *Communication.*

**14875. Contravention.** — Les sous-préfets et les maires sont personnellement responsables des contraventions aux lois sur l'enregistrement, parce que, s'il existe des secrétaires de leurs administrations, ce sont des agents particuliers de leur choix, et qui n'ont pas le caractère de fonctionnaires publics.

## SÉMINAIRE.

**14876.** — Maison pour élever et instruire les jeunes gens qui se destinent à l'état ecclésiastique.

**14877. Renvoi.** — Les séminaires étant des établissements publics, nous avons fait connaître sous ce mot les règles qui leur sont applicables.

V. *Établissements publics.*

## SENTENCE.

**14878.** — Décision ou jugement des arbitres.

**14879. Renvoi.** — Nous avons traité de ce sujet sous le mot *Arbitre, Arbitrage.*

# SÉPARATION DE BIENS.

DIVISION



## CHAPITRE PREMIER. — DISPOSITIONS GÉNÉRALES

[14880-14885]

**14880. Définition.** — C'est l'état de deux époux dont les biens ne sont pas communs, et dans lequel la femme a l'administration de ceux qui lui appartiennent.

**14881. Deux espèces de séparation de biens.** — On distingue la séparation de biens *contractuelle* et la séparation de biens *judiciaire*.

La séparation de biens contractuelle est celle que les époux stipulent par contrat de mariage: elle est irrévocable (1536, 1593 C. C.).

La séparation de biens judiciaire est celle qui est prononcée par jugement dans l'intérêt de la femme dont la dot est compromise par les mauvaises affaires du mari. Nous allons en dire quelques mots.

**14882. Péril de la dot.** — Aux termes de l'art. 1443 C. C., la séparation de biens ne peut être poursuivie qu'en justice, par la femme dont la dot est mise en péril, et lorsque le désordre des affaires du mari donne lieu de craindre que les biens de celui-ci ne soient point suffisants pour remplir les droits et reprises de la femme. — Toute séparation volontaire est nulle.

Il suffit que la dot soit en péril, pour que la séparation puisse être demandée, quelle que soit, d'ailleurs, la cause du danger. Ainsi la circonstance que le dérangement des affaires du mari aurait été le résultat d'événements malheureux qu'il était impossible de prévoir, ne serait d'aucune considération pour faire écarter la demande en séparation de biens (Pothier *du Contrat de mariage* n° 510, Toullier t. 13 nos 33 et 34, Chardon *Puiss. marit.* n° 310, Merlin *Rép.* v° *Sépar.* sect. 2 n° 5, Delvincourt t. 3 p. 264, Zachariæ t. 3 § 516 n° 10, Odier t. 1er n° 373; — *Contrà* Lebrun *Communauté* liv. 3 chap. 1er n° 39; — Lyon 11 juin 1853, S. 55-2-185).

Il en serait ainsi alors même que la ruine du mari serait la conséquence des dissipations de la femme (C. Agen 22 fév. 1828).

**14883. A la femme seule appartient le droit de demander la séparation.** — Du moment que c'est le péril de la dot de la femme qui motive la séparation de biens, il s'ensuit qu'à elle seule appartient le droit de demander cette séparation, le mari ne peut intenter l'action (Toullier t. 13 n° 317).

1. CRÉANCIERS. — Les créanciers personnels de la femme n'ont pas le droit de demander la séparation sans le consentement de celle-ci. Toutefois, en cas de faillite ou de déconfiture du mari, ils peuvent exercer les droits de leur débitrice jusqu'à concurrence du montant de leur créance (1446 C. C.).

2. HÉRITIERS. — L'action en séparation de biens est personnelle à la femme et meurt avec elle; tellement que si la femme décède avant le payement, ses héritiers ne peuvent reprendre l'instance et prétendre que les droits de la défunte doivent remonter au jour de la demande par elle formée (C. Douai 23 mars 1831).

**14884. Exécution du jugement de séparation.** — Aux termes de l'art. 1444 C. C., la séparation de biens, quoique prononcée en justice, est nulle si elle n'a point été exécutée par le jugement réel des droits et reprises de la femme, effectué par acte authentique, jusqu'à concurrence des biens du mari, et au moins par des poursuites commencées dans la quinzaine qui a suivi le jugement, et non interrompues depuis.

**14885. Effets de la séparation de biens.** — Le principal effet de la séparation de biens est de dissoudre la communauté (1441 C. C.). Cette dissolution remonte au jour de la demande (1445 C. C., Toullier t. 13 n° 95). Lors même qu'elle serait la conséquence de la séparation de corps (Cass. 20 mars 1855, S. 55-1-401; — Paris 18 juin 1855, S. 56-2-169; — Paris 27 déc. 1860, S. 61-2-263; — Cass. 13 mai 1862, S. 62-1-805; — Paris 25 avr. 1863, S. 64-2-131; — Besançon 15 fév. 1864, S. 64-2-131; — Paris 2 avr. 1869, S. 69-2-205; — Dijon 3 déc. 1861, S. 70-2-37; — *V.* aussi Cass. 12 mai 1869, S. 69-1-301, Dutruc n° 283. — *Contrà* Coin-Delisle *Revue critique* 1856 p. 18.

La femme séparée reprend la libre administration de ses biens, tant meubles qu'immeubles. Elle a même le droit de disposer de son mobilier et de l'aliéner (1449 C. C.), sans avoir besoin du consentement de son mari. C'est une suite de la dissolution de la communauté. Il résulte de là que la femme peut passer tous les actes relatifs à cette administration, faire et renouveler les baux, vendre des bois taillis, recevoir le remboursement de ses rentes, faire des emprunts modiques etc. (Toullier n° 506). Elle peut payer ses dettes, acquitter ses obligations; — elle peut, sans l'autorisation de son mari, placer ses capitaux en rente viagère (C. Paris 17 mai 1834, D. 34-2-153); — ou payer les frais d'éducation de ses enfants (Cass. 8 avr. 1851, S. 51-2-720).

Cependant, de cette libre disposition de son mobilier et de son revenu, il ne suit pas qu'elle ait le droit de s'obliger indéfiniment sans le consentement de son mari. Tout engagement qui sortirait des limites d'une administration pure et simple, ou qui n'aurait pas pour objet la disposition de ses revenus et de son mobilier pour les besoins réels de la gestion de son patrimoine devrait être annulé (Duranton t. 2 n° 492, Vazeille *des Prescriptions* n° 318; — Paris 12 mai 1859, S. 59-2-561, Dutruc n° 334, Massé et Vergé t. 4 § 649 p. 145 ; — Poitiers 3 fév. 1858, S. 58-2-620; — Cass. 30 déc. 1862, S. 63-2-257).

Ainsi elle ne peut, sans autorisation, donner à antichrèse l'usufruit d'un immeuble, cet abandon constituant une aliénation immobilière (Cass. 22 nov. 1841, D. 42-1-44); — ni consentir une cession d'antériorité d'hypothèque (Alger 22 janv. 1866, S. 66-2-193).

## CHAPITRE II. — TIMBRE ET ENREGISTREMENT

[14886-14890]

**14886. Extraits.** — Aux termes des art. 1445 C. C., 866, 867 et 868 C. proc., toute demande en séparation de biens doit être accompagnée: 1° de l'insertion d'un extrait de la demande sur un tableau dans l'auditoire du tribunal civil; — 2° de pareilles inscriptions dans l'auditoire du tribunal de commerce et dans les chambres des avoués et des notaires; — 3° d'un pareil extrait dans un journal du département.

D'après deux décisions ministérielles des 19 octobre 1828 et 26 septembre 1829 (1261 et 1293 § 2 I. G.), ces extraits peuvent être écrits sur du papier au timbre de 35 centimes (60 cent.) ou de 70 centimes (1 fr. 20 cent.), et ils doivent être enregistrés au droit de 1 franc (1 fr. 50 cent.) avant leur remise aux greffes et aux secrétariats des chambres.

**14887. Ordonnance.** — L'ordonnance qui autorise la demande en séparation de biens est sujette à l'enregistrement dans les vingt jours (436 § 67 I. G.).

**14888. Jugement.** — Le jugement portant séparation de biens qui ne donnent pas lieu au droit proportionnel, sont passibles du droit fixe de 22 fr. 50 cent.

V. *Jugement.*

**14889. Femme renonçante.** — Lorsque, après la séparation de biens, le mari abandonne à la femme, pour la remplir de ses reprises, des biens provenant de la communauté à laquelle elle renonce, cet abandon est-il passible du droit proportionnel de mutation ?

V. *Partage de communauté.*

**14890. Mobilier.** — Lorsque les époux se sont mariés avec exclusion de communauté, le mari a le droit de percevoir le mobilier apporté en dot par la femme ou à elle échu par le mariage, sauf à le restituer à la dissolution de la communauté ou après une séparation de biens judiciairement prononcée. La restitution qu'en fait alors le mari ne donne ouverture à aucun droit particulier, même dans le cas où, aux termes de l'art. 1532, le mari n'ayant pu en faire usage sans le consommer, la restitution s'en fait en un prix d'après estimation. Dans ce cas, en effet, on ne peut percevoir le droit de vente, car le mari ayant reçu comme administrateur et comme usufruitier, avait le choix dans le mode de restitution.

# SÉPARATION DE CORPS.

**14891.** — C'est le moyen légal de se soustraire à la société conjugale, accordé à celui des époux dont l'honneur et l'existence se trouvent compromis par le fait de l'autre époux.

**14892. Causes de la séparation de corps.** — La séparation de corps peut avoir lieu pour cause d'excès, sévices ou injures graves de l'un des époux envers l'autre; pour cause d'adultère de la femme, et de celui du mari lorsqu'il a tenu sa concubine dans la maison commune; enfin pour cause de la condamnation de l'un des époux à une peine infâmante (261 et 306 C. C.).

**14893. Autorisation.** — La femme n'a pas besoin d'une autorisation de son mari pour intenter sa demande en séparation de corps (Duranton t. 2 p. 540), mais l'autorisation du président lui est nécessaire (875 C. proc.). La femme mineure n'a pas besoin de l'assistance d'un curateur pour demander la séparation, celle de la justice lui suffit (878 C. C.).

**14894. Effets de la séparation de corps.** — L'effet de la séparation de corps, à la différence du divorce, n'est pas de dissoudre le lien du mariage; mais elle dispense les époux du devoir de la cohabitation, et donne à la femme le droit d'avoir un domicile particulier.

La séparation de corps emporte toujours d'ailleurs la séparation de biens (311 C. C.). En conséquence, la femme reprend l'administration de ses biens, et elle se trouve, jusqu'à un certain point, dégagée de l'autorité maritale. — La communauté étant dissoute, les époux doivent procéder à la liquidation de leurs droits. La femme peut accepter la communauté ou y renoncer, mais la séparation ne donne point ouverture aux droits de survie stipulés par le contrat de mariage (1432 C. C.).

1. ALIMENTS. — L'obligation aux aliments continue-t-elle de subsister entre les époux séparés de corps? — V. *Aliments.*

2. GARDE DES ENFANTS. — Les enfants sont, après la séparation de corps, confiés à l'époux qui l'a obtenue, à moins que le tribunal, sur la demande de la famille ou du ministère public, n'ait ordonné que tous ou quelques-uns d'entre eux seraient confiés aux soins de l'autre époux ou d'une tierce personne (302 C. C.). Mais, quelle que soit la personne à laquelle ils sont confiés, les père et mère conservent respectivement l'entretien et l'éducation des enfants, et

sont tenus d'y contribuer à proportion de leurs facultés (303 C. C.).

3. AVANTAGES MATRIMONIAUX. — L'époux contre lequel la séparation de corps a été prononcée perd-il de plein droit tous les avantages que l'autre époux lui avait faits, soit par contrat de mariage, soit depuis? Le doute est né de l'art. 299 C. C.; et la Cour de cassation, après avoir jugé que cet article est inapplicable au cas de séparation de corps et que ces avantages sont maintenus (Cass. 17 juin 1822, 10 août 1823, 30 mai 1836, 11632 J. E.; — 21 mai 1842, 12057 J. N.), a fini par faire prévaloir le principe contraire. Elle a considéré que la révocation de la donation faite par contrat de mariage ou autrement, par l'époux qui a obtenu la séparation de corps à celui qui en est la cause, est la conséquence des torts de celui-ci et procède d'une sorte d'indignité (Cass. 23 mai 1845, 12381 J. N., 12776 J. E.; — 17 juin 1845; 28 avr. 1846, 12481 J. N., 14042-2 J. E.; — 25 avr. 1849, 14780-1 J. E., 30 août 1865, S. 66-1-9. *Conf.* : Pau 8 août 1853, S. 53-2-495; — Paris 20 août 1862, S. 62-2-443; — Lyon 26 janv. 1861, S. 61-2-553; — *V.* en ce sens Vazeille *Don.* art. 959, Marcadé art. 959, Toullier t. 4 n° 99, Demante t. 2 p. 36, Mourlon *Rép. écrites* t. 4 p. 528, Rodière *Revue de législ.* t. 3 p. 237; — *Contrà* Poujol art. 959, Coin-Delisle *id.*, Bayle-Mouillard t. 1er n° 220, Nicias Gaillard *Rev. de lég.* 1850-1 p. 129).

4. LIBÉRALITÉS TESTAMENTAIRES. — Il en est de même des libéralités testamentaires, alors même que l'époux testateur ne les aurait pas révoquées lui-même (Cass. 5 déc. 1849, 14929-9 J. E.; — Nancy 16 fév. 1850, S. 52-2-521).

**14895. Enregistrement et timbre.** — La séparation de corps entraînant séparation de biens, ainsi qu'on vient de le voir, il en résulte que les mêmes questions que nous avons indiquées sous les n°s 14886 et suiv. peuvent se présenter. Nous y renvoyons le lecteur.

## SÉPARATION DES PATRIMOINES.

**14896.** — C'est une opération qui consiste à distinguer, dans les biens que possède un débiteur, ceux qu'il a recueillis dans une succession à laquelle il était appelé de ceux qui lui appartiennent personnellement à d'autres titres. Son but est que les créanciers de la succession, que le débiteur a acceptée, puissent être payés sur les biens de cette succession par préférence aux créanciers personnels de l'héritier : d'où vient qu'on désigne ce droit sous le nom de privilége de la séparation des patrimoines.

V. *Succession.*

## SÉPULTURE.

**14897.** — Les règles à observer en cette matière sont tracées par un Déc. 23 prairial an 12, qui prohibe toutes sépultures dans les temples et dans l'enceinte des villes. Par un second Déc. 4 thermidor an 13, il est défendu à tous maires, adjoints, membres d'administration municipale, de souffrir le transport, présentation, dépôt, inhumation des corps, ni l'ouverture des lieux de sépulture; à toutes fabriques d'églises et consistoires, ou autres ayants droit de faire les fournitures requises pour les funérailles, de livrer lesdites fournitures; à tous curés, desservants et pasteurs, d'aller lever aucun corps, ou de les accompagner hors des églises et temples, qu'il ne leur apparaisse de l'autorisation donnée par l'officier de l'état civil pour inhumation, à peine d'être poursuivis comme contrevenant aux lois.

**14898. Violation de sépulture.** — La violation des tombeaux ou sépultures est punie d'un emprisonnement de trois mois à un an, et de 16 francs à 200 francs d'amende (560 C. proc.).

**14899. Concession pour sépulture.** — Les concessions pour sépulture se divisent en trois classes :

1° Concessions perpétuelles;

2° Concessions trentenaires, renouvelables indéfiniment;

3° Concessions faites pour quinze ans au plus, et ne pouvant être renouvelées.

V. *Concession.*

## SÉQUESTRE.

**14900.** — Se dit : 1° de la consignation d'une chose litigieuse en main tierce pour la conserver à qui elle appartient; — 2° de la personne à laquelle le dépôt est confié.

**14901. Deux espèces de séquestres.** — Le séquestre est *conventionnel* ou *judiciaire* (1955 C. C.).

1. SÉQUESTRE CONVENTIONNEL. — Le séquestre conventionnel est le dépôt fait par une ou plusieurs personnes, d'une chose contentieuse, entre les mains d'un tiers qui s'oblige de la rendre, après la contestation terminée, à la personne qui sera jugée devoir l'obtenir (1956 C. C.). — Le séquestre peut avoir pour objet non-seulement des effets mobiliers, mais même des immeubles (1959 *id.*).

Le séquestre peut n'être pas gratuit sans dégénérer en louage (1957 C. C., Pont *Petits cont.* art. 1956. — *V.* cep. Pothier n° 90, Troplong n° 261, Zachariæ, Aubry et Rau t. 3 p. 455).

Lorsqu'il est gratuit, il est soumis aux règles du dépôt proprement dit (1958 *id.*).

Mais le dépositaire chargé du séquestre ne peut être déchargé, avant la contestation terminée, que du consentement de toutes les parties intéressées, ou pour une cause jugée légitime (1960 *id.*).

2. SÉQUESTRE JUDICIAIRE. — La *justice peut ordonner le séquestre :*

1° Des immeubles saisis sur un débiteur ;

2° D'un immeuble ou d'une chose mobilière dont la propriété ou la possession est litigieuse entre deux ou plusieurs personnes ;

3° Des choses qu'un débiteur offre pour sa libération (1961 *id.*).

L'établissement d'un gardien judiciaire produit, entre le saisissant et le gardien, des obligations réciproques. Le gardien doit apporter, pour la conservation des effets saisis, les soins d'un bon père de famille. Il doit les représenter, soit à la décharge du saisissant pour la vente, soit à la partie contre laquelle les exécutions ont été faites, en cas de mainlevée de la saisie. L'obligation du saisissant consiste à payer au gardien le salaire fixé par la loi (1962 *id.*). — Le séquestre judiciaire est donné soit à une personne dont les parties intéressées sont convenues entre elles, soit à une personne nommée d'office par le juge. Dans l'un et l'autre cas, celui auquel la chose a été confiée est soumis à toutes les obligations qu'emporte le séquestre conventionnel (1963 *id.*). — Le débiteur dont les immeubles ont été saisis peut conserver l'administration des biens à titre de séquestre (688 C. proc.). — Les gardes champêtres et forestiers peuvent mettre au séquestre les choses enlevées en contravention (16 C. inst. crim.).

**14902. Décharge. — Droit fixe. — Droit proportionnel.** — La décharge pure et simple donnée au séquestre est passible du droit fixe de 3 francs.

Il importe peu qu'il s'agisse d'une somme d'argent ou d'un meuble corporel : ce n'est pas le lieu d'appliquer ici la disposition de la loi du 22 frimaire an 7, qui tarife au droit proportionnel les dépôts de sommes chez les particuliers. En effet, l'art. 68 § 1er n° 30 assujettit formellement au droit fixe *les séquestres*, c'est-à-dire les conventions par lesquelles un tiers est constitué dépositaire d'une valeur litigieuse. La loi a considéré sans doute et avec raison que la personne désignée se rapprochait de l'officier public chez lequel les dépôts peuvent avoir lieu sans payement de droit proportionnel (L. 22 frimaire an 7, art. 68 § 1er nos 26-27, L. 28 avr. 1816, art. 43 nos 10 et 11). Nous déciderons donc, avec Champ. et Rig. (t. 6 n° 24) et contrairement à l'avis du J.E. (13663), que la restitution par le séquestre à celui qui est reconnu dépositaire n'est pas sujette au droit de quittance.

Mais, par une délibération du 20 août 1833 (10712 J.E.), l'Administration a décidé que l'acte par lequel les créanciers d'une personne dont les biens ont été saisis donnent quittance de leurs créances au séquestre nommé par le tribunal opère le droit de quittance, et non celui de décharge. La raison de cette décision est que le séquestre possède pour le débiteur, et qu'en payant aux créanciers, il opère la libération de ce dernier. Ce n'est pas à lui que la quittance est donnée, mais au débiteur dont il est le représentant (D. N. t. 11 p. 778 n° 29)

**14903. Jugement.** — Les jugements portant nomination de séquestre sont passibles du droit de 4 fr. 50 cent. ou de 7 fr. 50 cent., selon qu'ils sont rendus en premier ou en dernier ressort. — V. *Jugement.*

# SERMENT.

DIVISION



SOMMAIRE

## CHAPITRE PREMIER. — PRINCIPES GÉNÉRAUX

[14904-14922]

**14904. Définition.** — La prestation de serment est un acte solennel par lequel on jure de remplir avec fidélité et exactitude les fonctions dont on se trouve investi.

**14905. Nécessité du serment.** — L'obligation du serment est impérieuse. Les lois des 25 ventôse an 7, art. 47, et 21 ventôse an 8, art. 1er, ont formellement interdit aux fonctionnaires publics d'entrer en fonctions avant d'avoir prêté serment, et le code pénal est venu donner une sanction à ces dispositions, en prononçant une peine contre tout fonctionnaire qui les viole.

« Tout fonctionnaire public, porte l'art. 196, qui sera entré en exercice de ses fonctions sans avoir prêté le serment pourra être poursuivi et sera puni d'une amende de 16 à 150 francs. »

**14906. Serment politique.** — Il ne faut, d'ailleurs, pas confondre le serment politique que tout fonctionnaire est tenu de prêter, pour donner des garanties de fidélité au gouvernement de son pays, avec le serment de bien remplir les fonctions qui lui sont conférées. Ce dernier seul tombe sous l'application du tarif ; le premier étant d'ordre public, se trouve exempt non-seulement de tout droit à payer à l'État, mais encore de la formalité de l'enregistrement.

**14907. Devant qui doit être prêté le serment.** — Les fonctionnaires prêtent ordinairement serment devant le tribunal de première instance dans le ressort duquel ils doivent exercer leurs fonctions.

Cependant, les employés de l'enregistrement, les gardes forestiers, les experts et tous autres qui, à raison de leurs emplois ou fonctions, sont assujettis par les lois à une prestation préalable de serment, sont autorisés, lorsqu'ils ne résident pas dans la commune où le tribunal civil du département est établi, à prêter leur serment devant le juge de paix du lieu où ils doivent exercer leurs fonctions (L. 16 therm. an 4, art. 1er).

Il est dressé acte de cette prestation ; les employés ou autres en envoient tout de suite l'extrait au greffe du tribunal civil, pour y être enregistré, art. 2 (Circ. 936 et 1500, 2342 § 2 I. G., 2428-16 R. P.).

Quant aux actes reçus par les autorités administratives pour constater la prestation de tout serment n'ayant pas d'objet politique, ils doivent, pour la formalité de l'enregistrement et la perception des droits, être régis par les lois spéciales des 22 frimaire an 7 et 27 ventôse an 9 (D. m. f. 12 therm. an 12, 248 I. G.).

**14908. Serment administratif.** — La loi du 27 ventôse an 9 a assujetti au timbre et à l'enregistrement dans les vingt jours de leur date tous les actes de prestation de serment passés devant l'autorité administrative (art. 14). Ces dispositions avaient paru virtuellement abrogées par les art. 78 et 80 L. 15 mai 1818, d'après lesquels les seuls actes administratifs sujets au timbre et à l'enregistrement sont ceux qui portent transmission de propriété, d'usufruit ou de jouissance, adjudications ou marchés et cautionnements relatifs à ces actes. Mais une D. m. f. 12 décembre 1821 a reconnu que la loi de 1818 n'avait pas sous ce rapport dérogé aux règles antérieures et que toutes les prestations de serment reçues par l'autorité administrative restaient soumises à l'art. 14 L. 27 ventôse an 9. Cette interprétation est contestable, en présence des termes généraux de la loi de 1818 et de l'intention que le législateur a eue alors de limiter étroitement l'application des lois fiscales aux actes administratifs. Nous ne croyons pas qu'elle triompherait devant les tribunaux.

**14909. Cour des comptes** (EMPLOYÉS DIRECTEMENT JUSTICIABLES DE LA). — Les actes de la prestation de serment des payeurs, des caissiers du Trésor, des receveurs généraux, en un mot de tous les comptables directement justiciables de la cour des comptes, prêtée devant la cour, ou reçue par le préfet, pour être envoyée au premier président de la cour des comptes, sont assujettis à l'enregistrement dans les vingt jours de leur date (Ord. 29 juill. et 7 oct. 1814, D. m. f. 18 fév. 1820, 922 I. G.).

**14910. Émoluments des greffiers.** — D'après plusieurs décisions du garde des sceaux et par application du Déc. 8 décembre 1862 (n° 2240 I. G.), il est alloué 50 centimes (60 cent.), à titre de remboursement du papier timbré, aux greffiers des tribunaux civils et aux greffiers des justices de paix, pour chaque acte de prestation de serment porté sur le registre ou la feuille d'audience (art. 1er-2° et 3-4°). Il est alloué en outre 20 centimes (25 cent.) aux greffiers des tribunaux civils, pour chaque mention de prestation de serment sur leur répertoire, et pour chaque mention, sur la feuille d'audience, de la prestation de serment prêté devant un juge de paix (art. 1er-3°). Mais, quel que soit le tribunal qui ait reçu le serment, l'expédition de l'acte de ce serment est délivrée sur du *moyen papier* à 1 fr. 80 cent. la feuille (L. 13 brum. an 7, art. 19, et L. 2 juill. 1862, art. 17). — V. 9162.

Il n'est dû aucun émolument aux greffiers des tribunaux civils, ni pour la mention de la prestation de serment, sur la commission (D. m. 30 mai 1809, n° 438 J. E.) ; — ni pour la constatation sur le registre d'audience du serment prêté devant un autre ressort (Déc. précité 438 I. G., et Déc. du garde des sceaux 16 juin 1855, 2048 I. G.) ; — ni pour la transcription de la commission sur le registre spécial non sujet au timbre (D. m. 21 mai 1864, 2286 § 3 I. G.), qui existe au greffe de quelques tribunaux.

Il n'en est pas de même quant à l'expédition de l'acte de prestation de serment. Toute délivrance d'expédition donne lieu à la perception d'une taxe attribuée en partie au greffier comme *émolument*, et en partie au Trésor comme *droit de greffe*. Cette taxe est fixée à 40 centimes par rôle (sans décime), pour les greffiers des justices de paix (tarif 16 fév. 1807 art. 9) ; et à 1 franc par rôle (décime et demi en plus) pour les greffiers des tribunaux civils (L. 21 vent. an 7, art. 9, 1347 § 8 I. G.). Le rôle d'expédition commencé est compté comme entier (Circ. rég. n° 1537, 2342 § 2 I. G., 2428 § 16 R. P.).

**14911. Versement du cautionnement.** — Aux termes de l'art. 96 L. 28 avril 1816, nul n'est admis à prêter serment et à être installé dans les fonctions auxquelles il a été nommé s'il ne justifie pas préalablement de la quittance de son cautionnement.

**14912. Ancienne législation.** — Sous l'ancienne législation, il était dû, pour la prestation de serment des employés de la ferme, des aides et des fermes générales, un droit de petit-scel qui variait de 6 sous 3 deniers à 12 sous 6 deniers, selon le grade (Déc. cons. 11 juin 1729, 30 juin 1731 et 15 fév. 1738), mais le serment était exempt de tout droit de contrôle.

Les lois des 26-29 avril 1790, et 5-19 décembre 1790 exemptèrent même de toute taxe les prestations de serment. « Les receveurs et autres employés, portait l'art. 15 de cette dernière loi, seront tenus de prêter serment au tribunal du district dans le ressort duquel le receveur sera placé. Cette prestation aura lieu sans autres frais que ceux du timbre de l'expédition qui en sera délivrée. »

**14913. Loi du 22 frimaire an 7.** — La loi du 22 frimaire an 7 renferme, au sujet des prestations de serment, deux dispositions ainsi conçues :

Art. 68 § 3 n° 3. — Actes sujets au droit fixe de 3 francs. Les prestations de serment des greffiers et huissiers, des juges de paix, des gardes des douanes, gardes forestiers et gardes champêtres pour entrer en fonctions.

Art. 68 § 6 n° 4. — Actes sujets à un droit fixe de 15 francs. Les prestations de serment des notaires, greffiers et huissiers des tribunaux civils, criminels, correctionnels et de commerce, et de tous employés salariés par la République, autres que ceux compris sous le § 3 n° 3, pour entrer en fonctions.

Il s'est élevé, sur l'application de ces textes, deux sortes de difficultés.

En premier lieu, la loi ne prévoit que les prestations de serment d'une certaine catégorie d'agents, et elle laisse les autres sous l'empire du tarif des actes innommés. D'où la question de savoir quand un fonctionnaire ou un préposé quelconque rentre dans la catégorie de ceux dont la loi a tarifé le serment.

En second lieu, il s'est élevé de sérieux embarras pour savoir, dans un très-grand nombre de cas, si tel agent payé par l'État était assujetti au tarif de l'art. 68 § 3 n° 3, ou de l'art. 68 § 6 n° 4.

En prenant ces deux tarifs au pied de la lettre, il en résultait que, sauf les gardes des douanes et les gardes forestiers, tous les fonctionnaires salariés par l'État devraient payer 15 francs pour leur prestation de serment ; mais on a reculé devant ce qu'une pareille application de la loi aurait de rigoureux et même d'injuste à l'égard des petits emplois. Diverses décisions ministérielles ont donc reconnu, en principe, que le tarif de 3 francs s'appliquait à tous les traitements audessous de 500 francs, et celui de 15 francs aux traitements excédant cette somme.

Afin d'arriver plus sûrement à l'application de cette règle, la quotité du traitement, calculé d'après le taux auquel il se sera élevé dans l'année précédente, a dû être mentionnée dans la nomination d'emploi et rappelée dans l'acte de prestation de serment (D. m. f. 12 therm. an 12, 25 nov. 1806, 5 juill. 1809, 25 oct. 1816 et 9 mai 1817, 290, 248 et 745 I. G.).

**14914. Loi du 28 février 1872.** — Afin de faire cesser cette dernière nature de difficultés, l'art. 4 L. 28 février 1872 a disposé : « Les actes de prestation de serment des gardes des particuliers et des agents salariés par l'État, les départements et les communes, dont le traitement et ses accessoires n'excèdent pas 1,500 francs ne seront soumis qu'à un droit de 3 francs. »

Il n'y a donc plus aujourd'hui, pour l'application du tarif, que deux catégories de gardes particuliers et de fonctionnaires : 1° ceux qui reçoivent un traitement de 1,500 francs et au-dessous, dont le serment est taxé à 3 francs ; — 2° ceux qui reçoivent un traitement supérieur et qui acquittent l'ancien droit de 15 francs.

Ajoutons, en terminant, qu'à côté des prestations de serment assujetties au tarif, des règlements particuliers en ont spécifié qui doivent être enregistrées gratis, et même qui sont tout à fait exemptes de la formalité. Mais ce sont là des exceptions qui ne peuvent être admises qu'autant qu'elles sont l'objet d'une disposition réglementaire tout à fait directe.

**14915. Surtaxe.** — Les droits de 3 francs et de 15 francs sont, comme ces autres droits fixes, augmentés de moitié par la disposition générale de l'art 4 L. 28 février 1872. Cela a été formellement déclaré dans le rapport de la commission du budget et dans la discussion de la loi. L'I. G. n° 2433 ch. 1er § 2 l'indique en termes également précis (3406 p. 240 R. P.). « Il n'est pas possible, porte une D. m. f. 28 octobre 1873, de conserver de doute à cet égard lorsqu'on se reporte au rapport de la commission du budget, dans lequel on lit ce qui suit : « Il est bien entendu que ces droits subiront néanmoins l'augmentation générale de 50 centimes pour 100, à laquelle tous les droits fixes sont assujettis par la présente loi. » De plus, sur la demande d'un député, le mot *néanmoins*, qui figurait dans le texte du projet du gouvernement et de celui de la commission, et que le rapporteur a reconnu pouvoir prêter à l'ambiguïté, a été supprimé» (Séance 27 fév. 1872 (3738 R. P.).

Ainsi, le droit principal est actuellemment de 4 fr. 50 cent. ou de 22 fr. 50 cent.

**14916. Pluralité.** — Le serment étant individuel, il en résulte évidemment que bien qu'un même procès-verbal réunisse plusieurs prestations, il est dû un droit particulier pour chaque fonctionnaire ayant prêté le serment (D. m. f. 7 pluv. an 8, Circ. 1798, D. N. t. 11 p. 793 n° 62). Cela a été spécialement reconnu pour des notaires ayant prêté serment sur appel nominal (204 I. G.).

**14917. Garde particulier.** — La prestation de serment d'un garde nommé par un propriétaire pour la surveillance de ses bois et de ses terres, moyennant un traitement annuel, est passible d'un droit distinct (D. m. f. 31 juill. 1820, 7175 J.E.), alors même que le garde serait investi d'une commission collective.

**14918. Faillite.** — Il n'y a pas lieu d'appliquer cette règle aux agents provisoires nommés dans les faillites. Ils ne devraient qu'un seul droit s'ils prêtaient serment ensemble et qu'il ne fût rédigé qu'un seul acte (2956 J. E.).

**14919. Experts.** — Même règle pour des experts chargés de procéder collectivement et dont la prestation de serment est attestée par un seul procès-verbal (D. m. f. 25 juill. 1821 ; Dél. 10 oct. 1826 et 22 fév. 1828). — Mais si la prestation avait lieu dans un intérêt individuel et si elle n'était pas relative à une même contestation, on devrait appliquer la pluralité des droits (Sol. 16 nov. 1814). — V. 8389.

**14920. Disposition dépendante.** — Il a été reconnu que la désignation par le juge d'un commis-greffier temporaire n'est qu'une disposition dépendante non sujette à un droit particulier, parce que la prestation de serment concourt à la validité de l'acte lui-même (Sol. 4 oct. 1865, 10068 J. E. belge).

Cette jurisprudence n'est pas suivie chez nous. — V. *infrà* n° 14962-5.

**14921. Délai pour l'enregistrement des prestations de serment.** — SERMENT JUDICIAIRE. — Les actes de *prestation de serment* qui sont reçus à l'audience des cours et tribunaux sont soumis à l'enregistrement dans les vingt jours de leur date, sous les obligations et peines portées aux art. 35 et 37 L. 22 frimaire an 7 (L. 27 vent. an 9, art. 14).

Il résulte de cette disposition que les greffiers sont tenus d'acquitter les droits des actes de prestation de serment, sauf la faculté accordée par l'art 37 L. 22 frimaire an 7, de délivrer un extrait au receveur lorsque les parties n'ont pas consigné entre leurs mains le montant des droits d'enregistrement. Dans tous les cas, le délai de vingt jours pour les actes de prestation de serment en justice est de rigueur, puisqu'il y a pénalité du double droit.

**14922. Douanes.** — L'art. 65 L. 28 avril 1818 sur les douanes, portant que l'acte de prestation de serment des préposés de cette administration sera enregistré dans les cinq jours, n'a pas dérogé, en ce qui concerne ces actes particuliers de prestation de serment, à la règle générale établie dans l'article 14 L. 27 ventôse an 9, qui accorde un délai de vingt jours pour l'enregistrement.

Cette disposition de la loi de 1818 ne doit s'entendre que de l'enregistrement au greffe du tribunal, formalité qui avait été prescrite par la loi du 22 août 1791, mais sans indication d'un délai fixe ; elle ne concerne en aucune façon la formalité au bureau de l'enregistrement, qui, pour les actes de prestation de serment des préposés des douanes, doit toujours avoir lieu dans les vingt jours, comme celle de tous autres fonctionnaires ou employés (830, 1208 I. G.).

## CHAPITRE II. — PRESTATION DE SERMENT

[14923-14952]

**14923. Agents salariés.** La loi du 28 février 1872 s'applique exclusivement aux agents salariés par l'État, les départements et les communes.

Par conséquent, s'il s'agissait d'un employé qui ne fût pas salarié ou qui ne le fût pas par l'État, le département ou la commune, le droit spécial de prestation de serment ne serai pas exigible.

**14924. Surnuméraires.** — De ce nombre sont les surnuméraires. Ils sont bien des agents, mais ils ne reçoivent pas en général de traitement, et les indemnités qui leur sont parfois allouées n'ont pas le caractère d'un émolument dans le sens de la loi. Les actes de prestation de serment qui les concernent restent donc sous l'empire du droit commun. Il n'en serait autrement que si la fonction était rémunérée; et si le traitement dépassait 1,500 francs, on retomberait alors sous l'application de la loi du 28 février 1872.

**14924 *bis*. Accessoires du traitement.** — Mais il a été décidé qu'on doit comprendre dans le traitement, pour le calcul du droit, les sommes allouées à un agent pour frais de tournée et les autres allocations accessoires de la même nature (Sol. 18 juill. 1873) : par exemple, le quart des remises qui représente les frais de bureau, l'allocation d'une indemnité pour l'entretien d'un cheval, pour le logement, etc. — *V*. D. m. f. 13 juill. 1873, *infrà* n° 14988 *bis*.

**14925. Établissements publics.**— La loi ne parle que des agents salariés par les communes. Il est impossible d'admettre qu'elle ait entendu exclure les employés salariés par les établissements publics.

Il y a, en effet, même raison de décider. Car les difficultés que le législateur a voulu supprimer existaient autrefois pour ces agents comme pour les employés de l'État ou des communes. D'ailleurs, ils erait inadmissible que la loi qui applique la règle nouvelle aux gardes particuliers ait laissé de côté des fonctionnaires tels que ceux qui sont attachés aux établissements publics. Nous croyons donc que la loi a parlé des départements et des communes par voie démonstrative et qu'il faut étendre ses dispositions aux établissements publics.

Ces observations faites, nous allons rappeler les différentes fonctions sur lesquelles il s'était autrefois élevé des difficultés et nous indiquerons le tarif qui s'applique aujourd'hui à chacune d'elles.

**14926. Contributions directes.** — Les traitements des employés des contributions directes de tout grade excédant 500 francs, leurs prestations de serment étaient tarifées au droit de 15 francs (D. m. f. 12 therm. an 12, 248 I. G.). C'est ce que déclare spécialement l'I. G. 290 § 54, pour les directeurs, inspecteurs, contrôleurs et percepteurs.

Ce droit est actuellement de 4 fr. 50 cent. pour les agents d'un traitement de 1,500 francs et au-dessous, et de 22 fr. 50 cent. pour les autres.

1. SURNUMÉRAIRES. — Quant aux surnuméraires, comme ils ne sont pas des employés proprement dits, leur prestation de serment (faite devant le juge de paix) n'est passible que de 1 franc (D. m. f. 25 juill. 1809, 3303 J. E., — aujourd'hui 1 r. 50 cent., L. 28 fév. 1872, art. 4).

**14927. Contributions indirectes.** — Autrefois, les prestations de serment des employés des contributions indirectes étaient assujetties au droit de 15 francs ou de 3 francs, selon que le traitement excédait ou non 500 francs (D. m. f. 25 oct. 1816, 754 I. G. à rapp. de D. m. f. 12 therm. an 12, 248 I. G.).

Le droit serait aujourd'hui de 22 fr. 50 cent. ou de 4 fr. 50 cent., selon que le traitement dépasserait ou non 1,500 francs (L. 28 fév. 1872, art. 4).

**14928. Sucres.** — Les prestations de serment des agents secondaires des sucres sont soumises aux mêmes règles; autrefois elles étaient assujetties à un droit invariable de 3 francs (D. m. f. 10 déc. 1869, 3305 R. P., 2400-2 I. G.).

**14929. Débitants de tabacs.** — Les débitants de tabacs n'ont pas de traitement proprement dit, puisque leurs remises sont basées sur l'importance de leur débit, qui constitue une espèce de commerce.

Leur prestation de serment n'est donc pas atteinte par la loi du 28 février 1872.

Il a été cependant jugé que les remises des débitants constituent un traitement proprement dit (Brest 11 janv. 1876).

**14930. Douanes.** — Relativement à l'administration des douanes, le ministre des finances avait divisé les employés en deux catégories, comme pour l'administration des contributions indirectes (*V*. 14187).

D'après la combinaison de deux Déc. 25 octobre 1816 et 7 juin 1833 (754 et 1429 I. G.), pour les prestations de serment des lieutenants d'ordre, lieutenants principaux, capitaines de brigade et tous autres employés non dénommés ci-après, le droit était de 15 francs; tandis qu'il n'était que de 3 francs pour les gardes, lieutenants, emballeurs, priseurs et mesureurs de sel et autres agents inférieurs de la partie active, commissionnés par les directeurs dans les départements et révocables par eux. — *V*. 7156.

Les prestations de serment de ces agents sont aujourd'hui soumises aux droits de 22 fr. 50 cent., ou de 4 fr. 50 cent., selon que le traitement excède 1,500 francs, ou ne dépasse pas ce chiffre (L. 28 fév. 1872, art. 4).

**14931. Enregistrement et Domaines.** — Il en est des employés de l'enregistrement comme de ceux des contributions directes; leur traitement excédant toujours 500 francs, la prestation de serment qu'ils doivent faire avant d'entrer en fonctions était toujours passible du droit de 15 francs (Circ. 1500).

Actuellement, ce droit, augmenté de la surtaxe (22 fr. 50 cent.), n'est dû qu'autant que le traitement excède 1,500 francs, sinon il est de 4 fr. 50 cent.

Ce double tarif établit une inégalité singulière entre des agents du même grade et revêtus de fonctions identiques.

On avait prétendu que la perception doit se compléter d'après le taux de 22 fr. 50 cent. quand l'employé passe à un bureau dont les remises dépassent 1,500 francs. Mais cette opinion a été repoussée par une D. m. f. 13 juillet 1873, *infrà* n° 14988 *bis*.

1. SURNUMÉRAIRE. — La prestation de serment d'un surnuméraire qui est appelé à faire un intérim est passible du droit de 1 franc, sauf à renouveler cette prestation lorsque le surnuméraire est appelé à gérer en qualité de receveur (Sol. 11 nov. 1836, 11652 J. E., 1539 § 8 I. G.).

Ce droit est actuellement de 1 fr. 50 cent. (L. 28 fév. 1872, art. 4).

**14932. Forêts.** — La prestation de serment des agents de l'Administration des forêts suivait la règle générale établie pour les contributions indirectes et les douanes; c'est-à-dire que tous les emplois à traitement au-dessus de 500 francs devaient payer 15 francs et ceux à traitement au-dessous de 500 francs supportaient le tarif de 3 francs. — Actuellement, et d'après l'art. 4 L. 28 fév. 1872, le tarif est de 22 francs 50 cent. si l'agent a plus de 1,500 francs de traitement, et de 4 fr. 50 cent. dans le cas contraire (D. m. f. 22 oct. 1873, 3788 R. P.).

Cependant, des décisions spéciales existent pour quelques catégories des employés de cette administration; nous allons les faire connaître.

1. ARPENTEUR. — Ainsi, il avait été décidé que le droit de 15 francs doit être perçu sur les prestations de serment des arpenteurs forestiers (D. m. f. 10 mess. an 10, 290 n° 59 I. G.).

Ces fonctionnaires sont aujourd'hui supprimés.

2. INSPECTEURS DES CHASSES. — Même droit à l'égard des inspecteurs et sous-inspecteurs établis par le Gouvernement pour la surveillance des chasses (D. m. f. 10 flor. an 13, 290 n° 46 I. G.).

3. GARDE GÉNÉRAL. — On avait émis l'avis que la prestation de serment d'un garde général des forêts n'est passible que du droit de 3 francs, quel que soit son traitement (14753 § 7 J. E.).

Mais cette opinion était évidemment mal fondée. Ayant à examiner la question à propos des gardes généraux stagiaires qui aspirent à l'emploi de garde général, l'Administration s'était prononcée pour le droit de 15 francs (Sol. 21 sept. 1864, 1971 R. P.).

Ces raisons s'appliquent de tous points aux gardes généraux titulaires.

Le droit actuel serait de 22 fr. 50 cent. pour les agents de cette classe ayant plus de 1,500 francs de traitement, et de 4 fr. 50 cent. dans le cas contraire.

4. GARDE A CHEVAL. — La prestation de serment d'un garde à cheval n'était passible que du droit fixe de 3 francs (D. m. f. 18 oct. 1818 et 11 nov. 1818, 6220 J. E., D. N. t. 6 p. 194 n° 306).

Les gardes à cheval sont aujourd'hui remplacés par les gardes généraux adjoints, qui en ont l'uniforme et le traitement, et qui sont classés dans la loi sur les pensions parmi les préposés du service actif. Leur prestation de serment avait donc été reconnue passible du droit fixe de 3 francs (Circ. de l'administration des forêts du 11 avr. 1867 n° 51, Sol. 14 oct. 1867).

Ce droit est actuellement le même que pour les autres agents des forêts.

5. GARDES ET BRIGADIERS. — Il en est de même des gardes et des brigadiers, lesquels leur sont de tous points assimilés.

**14933. Gardes-barrières.** — Les prestations de serment des gardes-barrières avaient été assujetties au droit fixe de 3 francs par l'art. 14 L. 27 ventôse an 9. Elles sont aujourd'hui régies par l'art. 4 L. 28 février 1872.

**14934. Garde champêtre.** — Le garde champêtre est un agent salarié par la commune; il tombe donc directement sous l'application de l'art. 4 L. 28 février 1872 (D. m. f. 22 oct. 1873, 3738 R. P.). — V. 14961

**14935. Garde-mine.** — Il en est de même pour le serment des gardes-mines, c'est-à-dire des employés qui sont préposés par le ministère des travaux publics à la garde des mines (Sol. 30 nov. 1844, 13779-6 J. E., D. m. f. 22 oct. 1873, 3738 R. P.).

**14936. Garde-pêche.** — L'art. 67 L. 15 avril 1829, sur la pêche fluviale, ayant assimilé les gardes-pêche aux gardes forestiers, leur prestation de serment est assujettie aux mêmes règles (63 I. G., 2286 § 3 I. G., D. m. f. 22 oct. 1873, 3738 R. P.). — V. 14961

**14937. Garde du génie et du train.** — Les gardes du génie et du train des équipages ont été assimilés, pour leur prestation de serment aux gardes dénommés en l'art. 68 n° 4 L. 22 frimaire an 7 (2286 § 4 I. G., 1972 R. P., D. m. f. 22 oct. 1873, 3738 R. P.).

**14938. Hospices. Bureaux de bienfaisance.** — Les règles suivantes avaient été adoptées autrefois à l'égard du serment des receveurs des hospices et des bureaux de bienfaisance.

S'ils exercent leurs fonctions gratuitement, l'acte de prestation de serment est sujet au droit fixe de 1 franc; — s'ils sont rétribués et que leur traitement n'excède pas 500 francs, il est dû 3 francs; — s'ils ont plus de 500 francs, le droit exigible est de 15 francs (D. m. f. 22 fév. 1825, 7982 J. E., 1166 § 11 I. G.).

Actuellement, ces actes sont passibles du droit de 22 fr. 50 cent. ou de 4 fr. 50 cent., selon que le traitement de l'employé excède ou non 1,500 francs (L. 28 fév. 1872, art. 4).

**14939. Lazarets.** — Les employés des lazarets sont soumis à la règle générale (V. 14174), c'est-à-dire que lorsque leur traitement excède 1,500 francs, la prestation de leur serment est passible de 22 fr. 50 cent., tandis que ce n'est que 4 fr. 50 cent. qui doivent être exigés lorsque le traitement reste au-dessous de 1,500 francs.

**14940. Marine. — Agents divers.** — Sous l'empire de la loi du 22 frimaire an 7, diverses décisions avaient assujetti au droit fixe de 3 francs les prestations de serment des gardiens de batterie (L. 21 mai 1858 11e série bull. 605 n° 5602, D. m. f. 4 sept. 1858, 1078 R. P., 2132-2 I. G.); — des syndics des gens de mer, gardes maritimes (Déc. 19 mars 1852 art. 7 10e série bull. 519 n° 3951, et Déc. 9 janv. 1852 art. 16 10e série bull. 483 n° 3561; 1949 et 1951 I. G.), — et guetteurs du service électro-sémaphorique (D. 17 mai 1862, *Bull. officiel de la marine* n° 23); — des gardes jurés et des prud'hommes pêcheurs (Déc. préc. 9 janv. 1859, art. 16); — des lieutenants et maîtres de port (D. m. f. 3 mai 1860, 1411, R. P., 2181 § 6 I. G.).

Mais le droit fixe de 15 francs était dû sur les prestations de serment des inspecteurs des pêches (Déc. 9 janv. 1852, art. 16, et 4 juill. 1853, D. m. f. 17 juin 1865, 2342 § 1er I. G., 2428 § 15 R. P.).

La règle posée par l'art. 4 L. 28 février 1872 est aujourd'hui applicable à tous ces agents.

**14941. Maisons de détention.** — Lorsque le traitement des employés des maisons de détention, qui doit être énoncé dans la nomination et l'acte de prestation de serment, n'excède pas 1,500 francs annuellement, le droit de 4 fr. 50 cent. est seul exigible (D. m. f. 9 mai 1817, 785 I. G.).

**14942. Mont-de-piété.** — Il en est de même pour les directeurs, les secrétaires, gardes-magasins, contrôleurs, caissiers, commissaires-priseurs et commissionnaires des monts-de-piété (D. m. f. 20 oct. 1812, 4325 J.E.).

**14943. Octroi.** — Les actes de prestation de serment des receveurs de l'octroi avaient été d'abord assujettis au droit fixe de 15 francs (D. m. f. 26 pluv. an 7, Circ. n° 1500).

Mais un arrêt de cassation avait consacré, en principe, que les receveurs ambulants de l'octroi doivent, quant au droit à percevoir sur l'acte de prestation de serment, être assimilés aux personnes dénommées dans le § 3 n° 3 de l'art. 68 L. 22 frimaire an 7, et, par conséquent, que le n° 4 § 6 du même article ne leur est pas applicable (15 flor. an 11).

Et cette doctrine a été formellement consacrée par le décret du 17 mai 1809, dont l'art. 138, après avoir imposé l'obligation du serment aux préposés de l'octroi, ajoute : « Il sera payé seulement un droit fixe d'enregistrement de 3 francs » (*V.* Ord. 9 déc. 1814, art. 58).

Il en est de même pour les receveurs municipaux chargés de la recette des droits d'octroi (D. m. f. 7 déc. 1813, 4697 J. E.).

Et pour les secrétaires des mairies et les gardes champêtres faisant fonctions de préposés de l'octroi dans les communes rurales (D. m. f. 16 vent. an 14, Circ. 3 brum. an 14).

La loi du 28 février 1872 a ramené ces agents dans la catégorie générale.

S'ils ont un traitement de plus de 1,500 francs ils payent 22 fr. 50 cent. pour l'acte de leur prestation de serment, sinon ils ne doivent que 4 fr. 50 cent.

**14944. Place** (DROIT DE). — Les préposés à la recette des droits de place attribués aux villes doivent prêter serment, et cette prestation était passible du droit fixe de 1 franc (Sol. 19 nov. 1832, 10504 J.E.).

Ces préposés ne sont pas considérés, en général, comme des agents de la commune. La loi du 28 février 1872 ne leur est, par conséquent, pas applicable.

**14945. Ponts et chaussées.** — Des distinctions avaient été faites autrefois en ce qui concerne les agents des ponts et chaussées.

La prestation de serment des ingénieurs des ponts et chaussées était assujettie à 15 francs, comme se rapportant à un traitement excédant 500 francs.

Les prestations de serment des conducteurs des travaux n'étaient passibles que du droit de 3 francs (D. m. f. 4 therm. an 13, 290 n° 60 I. G.).

Il en était de même de tous les agents de cette administration qui, étant préposés soit à la police des routes, soit à la surveillance de la navigation, sont chargés de constater les contraventions (D. m. f. 2 août 1848, 400 § 7 I. G.).

C'est dans cet ordre d'idées qu'il avait été reconnu (D. m. f. 22 mars 1837 et 7 juin 1850, 1835 I. G.) que les prestations de serment des agents voyers étaient passibles de 3 francs, *quel que fût leur traitement*, par assimilation aux gardes champêtres.

Aujourd'hui, ces distinctions ont disparu. La règle générale de l'art. 4 L. 28 février 1872 s'applique à tous les agents des ponts et chaussées sans distinction.

**14946. Porteurs de contraintes.** — C'est au même droit de 3 francs qu'étaient assujetties les prestations de serment des porteurs de contraintes (D. m. f. 3 flor. an 13, 290 § 59 I. G.).

Actuellement, elles seraient soumises au droit de 4 fr. 50 cent. si le traitement du porteur de contraintes ne dépassait pas 1,500 francs, et de 22 fr. 50 cent. dans le cas contraire.

**14947. Portier-consigne.** — Les prestations de serment des portiers-consignes étaient assimilées à celles des gardes forestiers et sujettes au droit de 3 francs (2286-4 I. G., 1978 R.P.).

Elles sont régies actuellement par l'art. 4 L. 28 février 1872.

**14948. Postes.** — Une D. m. f. 22 septembre 1820 (6783 J. E.) avait reconnu que lorsque les receveurs des postes ont des traitements qui n'excèdent pas 500 francs, le droit de 3 francs leur est seul applicable.

Dans le cas contraire, c'est le droit de 15 francs qui devait être perçu.

Aujourd'hui le droit est de 4 fr. 50 cent. quand le traitement ne dépasse pas 1,500 francs, et de 22 fr. 50 cent. dans le cas contraire (L. 28 fév. 1872, art. 4).

1. AIDES. — Les aides des postes sont des agents temporaires rétribués par l'employé au bureau duquel ils sont attachés, et non par l'État. En conséquence, leur prestation de serment n'avait été reconnue passible que du droit fixe de 1 franc, en exécution de l'art. 68 § 1er n° 51 L. 22 frimaire an 7 (Sol. 10 juill. 1852).

Cette solution est encore exacte, sauf l'addition de la surtaxe au droit fixe (L. 28 fév. 1872, art. 4).

2. EMPLOYÉS TEMPORAIRES. — Il en est de même des individus qui sont employés à la journée et chargés d'un service provisoire (D. m. f. 7 fév. 1853). La prestation de ces agents provisoires a été reconnue, en effet, passible du timbre et de l'enregistrement (Sol. 10 août 1864).

3. FACTEURS RURAUX. — Quant aux facteurs ruraux, la même distinction doit être suivie à leur égard. Leur prestation de serment est donc passible du droit de 4 fr. 50 cent., ou de 22 fr. 50 cent., selon que leur traitement est au-dessous ou au-dessus de 1,500 francs (*Comp.* D. m. f. 5 avr. 1830, 336 § 12 I. G.).

4. COURRIER-CONVOYEUR. — Le serment que prêtent les courriers-convoyeurs (employés destinés à transporter les dépêches sur certaines lignes de chemins de fer), lorsqu'ils doivent être employés à la manipulation des lettres, est passible de 1 franc (actuellement 1 fr. 50 cent.), comme acte innomé (D. m. f. 7 fév. 1853, 1960 § 5 I. G.).

5. SURNUMÉRAIRES. — Il en est de même de la prestation de serment des surnuméraires des postes (Sol. 20 déc. 1844, 1732 § 9 I. G.).

**14949. Sels.** — Les préposés au mesurage du sel étaient assujettis au droit de 15 francs (D. m. f. 18 oct. 1808, 3043 J. E.); ce droit est maintenant de 22 fr. 50 cent. quand leur traitement s'élève au-dessus de 1,500 francs (L. 28 fév. 1872, art. 4).

**14950. Télégraphe.** — Les prestations de serment des employés des lignes télégraphiques sont assujetties au droit de 22 fr. 50 cent. quand l'employé a un traitement supérieur à 1,500 francs, et de 4 fr. 50 cent. dans le cas contraire (L. 28 fév. 1872, art. 4.).

Autrefois les prestations de serment des surveillants n'étaient passibles que du droit fixe de 3 francs (D. m. f. 3 fév. 1855, 2025 § 4 I. G.).

**14951. Vérificateur des poids et mesures.** — Même droit pour les vérificateurs des poids et mesures, chargés, par l'art. 7 L. 4 juillet 1837, de constater les contraventions au système des poids et mesures (*V.* D. m. f. 27 oct. 1837, 1562 § 27 I. G., 11930 J. E.).

**14952. Vétérinaires.** — Le décret du 15 janvier 1813 porte qu'il pourra être établi dans chaque chef-lieu de département un médecin vétérinaire qui sera tenu de former un atelier et de faire des élèves, et qui recevra une indemnité annuelle de 1,200 francs sur les fonds du département.

Ces médecins vétérinaires étaient considérés comme des fonctionnaires dont la prestation de serment était assujettie au droit de 15 francs (D. m. f. 23 fév. 1818).

Aujourd'hui ce traitement ne comporterait qu'une perception de 4 fr. 50 cent. (L. 28 fév. 1872, art. 4).

## CHAPITRE III. — AUTRES PRESTATIONS DE SERMENT

[14953-14967]

**14953. Avoués.** — La loi du 22 frimaire an 7 n'avait pas prévu les prestations de serment des avoués. Cette lacune a été comblée par l'art. 14 L. 27 ventôse an 9, qui les a classées parmi celles dénommées en l'art. 68 § 6 n° 4 de la loi de frimaire, ce qui les rend passibles du droit de 22 fr. 50 cent. (L. 28 fév. 1872, art. 4).

**14954. Avocats.** — Quant aux avocats, comme ils avaient été passés sous silence par les lois du 22 frimaire an 7 et 27 ventôse an 9, on avait d'abord prétendu que leur prestation de serment n'était passible d'aucun droit. Mais c'était violer la règle générale posée par l'art. 14 L. 27 ventôse an 9. Aussi un arrêt de Cass. du 19 thermidor an 13 décida-t-il que le juge n'avait pu, sans violer la loi, déclarer d'une manière absolue qu'aucun droit n'était exigible. Puis, un second arrêt du 18 juillet 1808 reconnut que du moment que la loi avait gardé le silence, le droit applicable est celui de 1 franc, établi par l'art. 68 § 1er n° 51 L. 22 frimaire an 7 pour les actes innomés.

C'est en cet état de choses que le décret du 31 mai 1807 (330 I. G.) vint arrêter que les actes de prestation de serment des avocats, avoués et *défenseurs officieux*, seraient passibles de 15 francs (22 fr. 50 cent.), conformément à l'art. 68 § 6 n° 4 L. 22 frimaire an 7 (D. N. t. 2 p. 159 n° 63).

Mais ce droit n'est perçu que pour le serment d'entrée en fonctions : il n'est pas dû pour le serment supplétif exigé par le décret du 6 juillet 1810 (Cass. 17 avr. 1816, D. N. t. 2 p. 159 n° 64, S. 17-1-11).

**14955. Agréé.** — Les agréés, qui remplissent près les tribunaux de commerce les fonctions d'avoués et même celles d'avocats près les tribunaux ordinaires, n'ayant pas été dénommés dans les lois des 22 frimaire an 7 et 27 ventôse an 9, une D. m. f. 17 août 1813 (4760 J. E.) a appliqué à leur prestation de serment la règle que nous avons indiquée n° 14174 *suprà*, c'est-à-dire qu'elle l'a déclarée passible du droit fixe de 1 franc, comme acte innomé. Il semble néanmoins que les mots *défenseur officieux*, employés dans le décret du 31 mai 1807 (*V.* 14954), étant génériques, on peut soutenir que la prestation de serment des agréés encourt le droit de 22 fr. 50 cent.

**14956. Chemins de fer.** — La prestation de serment des commissaires et sous-commissaires des chemins de fer, qui sont des employés ayant un traitement au-dessus de 500 francs, a été reconnue passible du droit de 15 francs (D. m. f. 7 nov. 1850, 15047-5 J. E.).

Ces agents sont des fonctionnaires de l'État payés par les compagnies.

Ils tombent donc aujourd'hui sous l'application de la loi du 28 février 1872. Le droit de 22 fr. 50 cent. n'est dû que si leur traitement excède 1,500 francs.

**14957. Commissaire-priseur.** — Les commissaires-priseurs sont des officiers ministériels qui peuvent être assimilés aux greffiers et huissiers établis près des tribunaux d'arrondissement, puisque leur ministère s'exerce dans tout l'arrondissement du tribunal; leur prestation de serment doit donc être tarifée au droit de 22 fr. 50 cent., comme cela a lieu pour les officiers ministériels dont nous venons de parler. — *V.* 14203 et suiv.

Mais nous pensons que le droit applicable aux commissaires-priseurs qui pourraient être établis pour un canton ne devrait être que de 4 fr. 50 cent., par assimilation aux greffiers et huissiers exerçant auprès des justices de paix.

Par identité de raison, et à cause de l'exercice restreint de leurs fonctions, il faudrait décider que la prestation de serment d'un commissaire-priseur uniquement attaché à un mont-de-piété ne devrait être tarifée qu'au droit de 4 fr. 50 cent. — *V.* 14942.

**14958. Courtier de commerce.** — La prestation de serment des courtiers de commerce n'ayant été prévue par aucune loi, il faut décider, par application de la règle générale, qu'elle n'est passible que du droit des actes innomés, si elle a lieu devant un tribunal, auquel cas il est dû 4 fr. 50 cent. comme jugement d'instruction (14297-7 J. E.).

**14959. Expert.** — La prestation de serment d'un expert rentre dans la catégorie des actes émanés des tribunaux et des cours, tarifés, suivant la juridiction, à 1 franc (1 fr. 50 cent.), 3 francs (4 fr. 50 cent.) et 5 francs (7 fr. 50 cent.) (Sol. 14 mars 1867).

Ainsi les prestations de serment d'experts faites devant le tribunal civil sont considérées comme des actes d'instruction passibles du droit fixe de 3 francs (4 fr. 50 cent.) (Dél. 6-11 août 1852; — Sol. 23 oct. 1852).

Quand la prestation de serment des experts a lieu dans l'acte même de nomination, est-il dû un droit particulier? — V. *Expert* n° 8386.

**14960. Faillite.** — Il a été reconnu que les agents provisoires dans les faillites ne doivent que le droit fixe de 1 franc (1 fr. 50 cent.), à raison de leur prestation de serment, qui est considérée comme acte innomé (Sol. 22 sept. 1832, 10468 J. E.).

Si le serment est prêté au tribunal civil, c'est le droit de 4 fr. 50 cent. qui est exigible, en vertu de l'art. 68 § 3 n° 7 L. 22 frimaire an 7.

**14961. Gardes particuliers.** — L'art. 4 L. 28 février 1872 assimile les gardes particuliers aux agents salariés par l'État ou les communes. Si leur traitement n'excède pas 1,500 francs, l'acte de leur prestation de serment n'est soumis qu'au droit de 4 fr. 50 cent. (D. m. f. 22 oct. 1873, 3738 R. P.; — Sol. 31 juill. 1875, 19897 J. E.).

Cette disposition s'applique à tous les gardes particuliers sans exception, tels que garde-chasse, garde-messier, garde-pêche, garde-vente[1] (Sol. du 5 fév. 1878, spéciale aux gardes-ventes, 20661 J. E.).

L'indication du traitement doit avoir lieu dans l'acte de prestation de serment, ou dans la commission, ou bien être énoncée dans une déclaration faite pour la perception (L. 22 frim. an 7, art. 16).

Des sol. des 1er septembre 1875 et 5 février 1878 ont reconnu cependant que les serments des gardes-messiers sont passibles du droit de 1 fr. 50 cent. (19897 et 20661 J. E.). Mais cette appréciation ne nous paraît pas justifiée.

**14962. Greffier.** — La loi du 28 février 1872 n'a rien innové en ce qui concerne les prestations de serment des greffiers.

La quotité du droit est seulement augmentée de moitié (2433 I. G., 3406 R. P.).

Ce droit est subordonné à la nature des tribunaux auxquels sont attachés les greffiers.

1. GREFFIER DE JUSTICE DE PAIX. — Ainsi, le droit de 4 fr. 50 cent. est seul applicable aux greffiers de justice de paix (L. 22 frim. an 7, art. 68 § 3 n° 3, L. 28 fév. 1872, art. 4).

2. GREFFIERS DES AUTRES TRIBUNAUX. — Tandis que les greffiers établis près les tribunaux civils, correctionnels et de commerce, sont assujettis au droit de 22 fr. 50 c. (L. 22 frim. an 7, art. 68 § 6 n° 4, L. 28 fév. 1872, art. 4).

3. GREFFIERS DES COURS D'APPEL. — Par l'expression greffiers des tribunaux *civils* employée dans la loi de l'an 7, il faut entendre les greffiers des cours d'appel comme ceux des tribunaux de première instance (D. m. f. 10 fruct. an 10).

4. COMMIS-GREFFIERS. — Les prestations de serments des commis-greffiers suivent les mêmes règles que celles des greffiers auxquels ils sont attachés: c'est ainsi que les commis greffiers des tribunaux de première instance, de commerce et des cours d'appel, sont soumis au droit de 15 francs (22 fr. 50 cent.) (D. m. f. 22 vent. an 10, 1039 J. E.; — Cass. 17 fév. 1806, 2278 J. E., S. 20-1-470; D. m. f. 15 et 21 mai 1811, 525 J. E.).

« Vu, porte l'arrêt du 17 février 1806, l'art. 2 tit. 9 L. 24 août 1790, sur l'organisation judiciaire; l'art. 26 L. 19 vendémiaire an 4, l'art. 15 L. 21 ventôse an 7, les art. 3 et 68 § 6 n° 4 L. 22 frimaire an 7, et enfin l'art. 14 L. 27 ventôse an 9; considérant que, d'après les dispositions des lois d'août 1790, vendémiaire an 4 et ventôse an 9, ci-dessus citées, les commis-greffiers sont tenus de prêter serment devant les tribunaux près desquels ils exercent leurs fonctions; que cette prestation de serment est un acte ayant les caractères déter-

1. Autrefois, ces prestations de serment étaient assujetties au droit des actes innomés (D. m. f. sans date, 4946 J. E.; — Déc. belge 8 oct. 1857 et 9 déc. 1861, 7788 et 9048 J. E. belge).

minés par l'art. 3 L. 22 frimaire an 7, pour être soumis à un droit fixe d'enregistrement ; que ce droit est réglé par l'art. 68 § 6 n° 4 de la même loi, qui, relativement aux prestations de serment dont il y est parlé, ne fait aucune distinction entre les greffiers en chef et les greffiers commis. »

Un nouveau droit de 15 francs (22 fr. 50 cent.) serait exigible si le commis-greffier passait greffier en chef (Cass. 21 janv. 1806, 2381 J. E., S. 20-1-470).

Par assimilation aux greffiers des justices de paix, le ministre des finances a décidé (537 et 549 I. G.) que la prestation de serment des personnes proposées par les maires pour exercer les fonctions de greffier dans les affaires de police est passible du droit de 3 francs (4 fr. 50 cent.).

5. COMMIS-GREFFIER TEMPORAIRE. — Si, au moment de l'audience ou d'une opération quelconque, le *juge de paix* se trouve dans la nécessité de faire remplacer le greffier, absent, par un individu auquel il confère à l'instant la qualité nécessaire pour suppléer ce greffier, cette fonction *temporaire* ne peut être assimilée aux fonctions de commis-greffier.

Aussi a-t-il été décidé que la prestation de serment de ce greffier temporaire n'est passible que du droit de 1 franc (1 fr. 50 cent.), à percevoir indépendamment des droits de l'acte ou jugement qui contient la nomination et la prestation de serment (Sol. 8 juill. 1813 et 8 mai 1830, 9628 J. E., D.N. t. 11 p. 792 n° 50).

Le droit serait de 3 francs (4 fr. 50 cent.) s'il s'agissait d'un commis-greffier temporaire devant le tribunal civil (Sol. 8 oct. 1867).

V. *Suprà* n° 14920.

6. COMMIS-GREFFIER ADJOINT. — Il n'en est pas du commis-greffier adjoint comme du commis-greffier temporaire. La prestation de serment d'un commis-greffier adjoint dont la durée d'exercice *n'est pas déterminée* est passible du droit de 15 francs (22 fr. 50 cent.), que ce fonctionnaire reçoive ou non des appointements (Le Mans 31 janv. 1851, 15159-5 J. E.; — Saint-Malo 17 août 1848, 14560 J. E.).

Ces dispositions n'ont pas été modifiées par l'art. 4 L. 28 février 1872, qui n'a trait qu'à l'enregistrement du procès-verbal de serment des employés des départements, de l'État et des communes, dont le traitement est inférieur à 1,500 francs, et non à celui des greffiers, qui sont des officiers publics, et plus spécialement à celui du commis-greffier adjoint, qui ne touche de traitement que du greffier en chef (Angoulême 12 août 1873, 3701 R. P.).

Seulement, s'il s'agit d'un commis-greffier présenté par le greffier d'une justice de paix et agréé pour le remplacer en cas d'empêchement, le droit ne sera que de 3 francs (4 fr. 50 cent.), à cause de la nature du tribunal auprès duquel le commis-greffier doit opérer (Sol. 11 fév. 1831, 9901 J. E.).

**14963. Huissiers.** — La quotité du droit sur les prestations de serment des huissiers est subordonnée à la nature des tribunaux auxquels ils sont attachés. Il n'a été innové en ce qui les concerne, par la loi du 28 février 1872, que pour élever le droit de moitié (art. 4).

1. HUISSIERS DE JUSTICE DE PAIX. — Ainsi le droit de 4 fr. 50 cent. est le seul applicable aux huissiers qui sont attachés aux justices de paix (L. 22 frim. an 7, art. 68 § 3 n° 3, L. 28 fév. 1872, art. 4).

2. HUISSIERS PRÈS LES AUTRES TRIBUNAUX. — Tandis que les huissiers attachés aux tribunaux civils, correctionnels et de commerce, sont assujettis au droit de 22 fr. 50 cent. (L. 22 frim. an 7, art. 68 § 6 n° 4, L. 28 fév. 1872, art. 4).

Ce droit est également dû pour les prestations de serment des huissiers placés près les cours.

3. HUISSIERS CONFIRMÉS DANS LEUR TITRE. — La prestation de serment des huissiers confirmés dans leur titre, qui a eu lieu en vertu de l'art. 7 Déc. 14 juin 1813 (659 I. G.), n'a été sujet qu'au droit fixe de 1 franc, comme salaire de la formalité.

A l'égard des huissiers qui n'exerçaient que comme simplement commis par les tribunaux de commerce et par les juges de paix, ils ont dû acquitter le droit réglé par la loi sur l'acte de leur prestation de serment, attendu que leurs commissions leur ont conféré un titre et un caractère qu'ils n'avaient pas, et qu'ainsi il était juste qu'ils restassent soumis au droit intégral (D. m. f. 3 janv. 1823, 1068 I. G.).

**14964. Imprimeur.** — C'est comme acte innomé que l'acte de prestation de serment d'un imprimeur est passible du droit de 1 franc (3 fr.).

Elle peut être mentionnée sur le brevet (D. m. f. 10 août 1813, 645 I. G.).

Cette prestation de serment fait au tribunal civil donnerait également lieu au droit de 3 francs (L. 22 frim. an 7, art. 68 § 3 n° 7).

**14965. Interprète.** — Par application de la même règle, c'est le droit de 1 franc (3 fr.) qui a été reconnu exigible sur la prestation de serment des interprètes de langues étrangères (D. m. f. 12 therm. an 12, 290 § 24 I. G.).

C'est dans la même catégorie qu'il faut ranger le serment des interprètes jurés près les tribunaux de commerce (Dél. 23 juill. 1830, 1347 § 8 I. G.).

**14966. Librairie.** — La prestation de serment des libraires rentre dans les mêmes conditions que celle des imprimeurs, qui a fait l'objet du n° 14964.

**14967. Notaires.** — Les prestations de serment des notaires ont été nommément spécifiées par la loi du 22 frimaire an 7.

Elles sont passibles, aux termes de l'art. 68 § 6 n° 4, du droit fixe de 15 francs, élevé à 22 fr. 50 cent. par l'art. 4 L. 28 février 1872.

Cette loi n'a pas apporté d'autre innovation à la perception (2433 I. G., 3406 R. P.).

## CHAPITRE IV. — PRESTATION DE SERMENT A ENREGISTRER GRATIS

[14968-14971]

**14968.** — Une exception à la règle qu'un droit doit être prélevé sur toute prestation de serment de fonctionnaire ou d'officier public devait exister pour les emplois et fonctions qui ont pour objet l'intérêt général et qui s'exercent gratuitement ; aussi a-t-il été décidé que cette prestation de serment serait enregistrée *gratis*.

**14969. Inspecteur de travail.** — C'est ce qui a été arrêté pour la prestation de serment des inspecteurs du travail dans les manufactures (L. 22 mars 1841, D. m. f. 14 oct. 1841, 1650 I. G.).

**14970. Jury.** — Même règle à l'égard des membres du jury établi près le ministère de l'intérieur, pour vérifier l'origine des tissus dans toute l'étendue de la France (D. m. f. 27 janv. 1817, 5650 J. E.).

C'est ce qui a lieu également pour les gardes jurés institués à Alençon pour vérifier la qualité et la dimension des toiles exposées en vente (D. m. f. 6 déc. 1824, 7921 J. E.).

**14971. Médecin.** — Même principe pour les médecins nommés pour exercer des fonctions gratuites auprès des conseils de recensement pour la garde nationale (Sol. 5 déc. 1831, 10205 J. E.). — V. 9112.

## CHAPITRE V. — PRESTATION DE SERMENT EXEMPTE D'ENREGISTREMENT

[14972-14979]

**14972. Avocat. — Avoué.** — Est exempt de tout droit le serment prêté par les avoués et avocats de ne rien dire, ni publier, comme défenseurs ou conseils, de contraire aux lois, aux règlements, aux bonnes mœurs et à la sûreté de l'État, et de ne jamais s'écarter du respect dû aux tribunaux et à l'autorité publique. Ce serment est indépendant du serment prêté de remplir leurs fonctions avec exactitude et probité (D. m. f. 3 flor. an 13, 290 § 56 I. G.).

**14973. Commis-greffier.** — Il en est de même du serment prêté par le commis-greffier chargé de remplacer temporairement le greffier en chef le jour où il était de service comme garde national ; la prestation de serment doit faire mention de la cause du remplacement (D. m. f. 19 janv. 1814, 4823 J. E., D. N. t. 11 p. 792 n° 50).

**14974. Commissaire de police.** — Les fonctions des commissaires de police étant d'ordre public, il était naturel que la prestation de serment de ces fonctionnaires fût exempte de la formalité : c'est ce qu'a décidé le ministre des finances, le 4 thermidor an 13 (290 § 8 I. G.).

Cette décision a été étendue, à Paris, aux sergents de ville (Sol. 25 sept. 1864).

**14975. Contributions indirectes.** — Sont encore exemptes de l'enregistrement les prestations de serment des commis et des contrôleurs temporaires, chargés de procéder aux inventaires des vins et autres boissons pendant la durée des vendanges.

Ces employés ne peuvent en effet être assimilés aux employés de l'administration des contributions indirectes jouissant d'un traitement annuel (D. m. f. 10 fruct. et 1er compl. an 13, Circ. 5 fruct. an 12, 290 n° 51 I. G.).

**14976. Gendarmerie.** — Sont nécessairement affranchies de toute formalité, comme actes concernant la police générale et la sûreté publique, les prestations de serment des membres du corps de la gendarmerie (D. m. f. 21 sept. 1821, 995 I. G.).

**14977. Légion d'honneur.** — Les membres de la Légion d'honneur sont également dispensés de toute formalité pour leur prestation de serment (290 § 56 I. G.).

**14978. Médecin délégué.** — La prestation de serment des médecins délégués pour constater l'état d'invalidité ou les infirmités des employés faisant valoir leurs droits à la retraite pour incapacité de servir sont exempts de la formalité de l'enregistrement, qu'elle ait eu lieu soit devant l'autorité administrative, ou devant le juge de paix (D. m. f. 2 fév. 1854, Circ. min. 31 août 1854, 1990, 2013 I. G.).

**14978 *bis*. Ministère public.** — L'exemption s'applique encore à la prestation de serment des juges de paix, des juges et des membres du parquet près les cours et tribunaux, en ce qu'ils tiennent à l'administration publique et à la police intérieure des tribunaux (290 n° 43 I. G.).

**14979. Préfectures.** — Enfin sont exemptes de toute formalité, comme se rattachant à des fonctions d'administration publique, les prestations de serment des préfets, sous-préfets, membres du conseil de préfecture et secrétaires généraux (D. m. f. 8 pluv. an 9, 728 J. E.).

## CHAPITRE VI. — PRESTATION DE SERMENT EN CAS DE CHANGEMENT DE GRADE, D'EXTENSION DE FONCTIONS, DE RÉINTÉGRATION

[14980-14989]

**14980. Principe.** — L'exigibilité d'un nouveau droit à raison d'un nouveau serment, est constante soit que l'on change de résidence pour aller prendre possession d'un grade supérieur à celui dont on était pourvu, soit que l'on se trouve investi de fonctions plus étendues, soit que l'on se trouve réintégré dans des fonctions que l'on avait perdues. Par contre, la non-exigibilité d'un pareil droit se trouve également démontrée lorsque l'on ne fait que renouveler un serment déjà prêté (*V.* D. m. f. 12 déc. 1821, 1025 I. G., 17 avr. 1822, 1034 I. G., 11 déc. 1824, 7904 J. E., Sol. 4 juill. 1830, 9883 J. E.).

**14981. Conservateurs des hypothèques.** — Ainsi, les employés de tout grade qui sont nommés conservateurs des hypothèques doivent, avant d'entrer en fonctions, prêter le serment prescrit par l'art. 4 L. 21 ventôse an 7, sans avoir égard au serment qu'ils ont déjà prêté en leur précédente qualité (D. m. f. 22 oct. 1819, 910 I. G.). Ce serment est assujetti à un droit particulier.

**14982. Contributions indirectes.** — Lorsque les préposés des contributions indirectes qui n'ont payé pour leur serment que 3 francs (4 fr. 50 cent.), comme se trouvant dans la catégorie inférieure (*V.* 14187), passent à un emploi supérieur, ils ne peuvent se dispenser de prêter un nouveau serment et de payer sur cet acte le droit de 15 francs (22 fr. 50 cent.) ; mais ces employés, quelque grade qu'ils obtiennent ensuite, ne doivent plus renouveler cette formalité (D. m. f. 31 mai et 5 juill. 1808, 400 n° 8 I. G.).

L'agent secondaire des contributions indirectes qui a payé 4 fr. 50 cent. pour sa prestation de serment doit acquitter un droit de 22 fr. 50 cent. lorsqu'il est promu à un grade qui assure un traitement supérieur à 1,500 francs (*V.* D. m. f. 10 déc. 1869, 2400-2 I. G., 3305 R.P.).

**14983. Douanes.** — Cependant, les employés de l'Administration des douanes sortent de la règle commune, à laquelle ils avaient été assujettis d'une manière tout à fait directe par une D. m. f. 25 octobre 1816 (754 I. G.).

C'est ainsi que la loi du 21 avril 1818 ayant statué (art. 65) que le serment prêté par un agent des douanes sera valable *pour tout le temps où l'employé sera en exercice,* un avis du comité des finances au conseil d'État, en date du 26 décembre 1832 (1429 I. G.), a reconnu, contrairement à une D. m. f. 18 juillet 1823, que les employés des douanes ne sont pas assujettis à renouveler le serment chaque fois qu'ils changent de grade.

**14984. Forêts.** — L'administration des forêts, elle, reste dans la règle commune. Une lettre ministérielle du 28 ventôse an 10 porte, en effet, que tous les agents de l'administration forestière qui passent à un grade supérieur à celui pour lequel ils sont assermentés doivent prêter un nouveau serment, ce qui emporte nécessairement payement d'un nouveau droit.

**14985. Surnuméraires.** — Nul doute qu'un surnuméraire qui n'a eu à payer que 1 fr. 50 cent. sur l'acte de serment qu'il a prêté lorsqu'il s'est trouvé investi, par intérim, de fonctions quelconques ne doive acquitter le droit de 22 fr. 50 cent. lorsqu'il devient titulaire d'un grade qui lui donne un traitement supérieur à 1,500 francs.— *V.* 14931-1

Cependant, une solution de l'Administration du 29 juillet 1824 a décidé qu'un surnuméraire qui, pour faire l'intérim d'un bureau a prêté serment, et qui est ensuite, sans solution de continuité, nommé receveur à ce même bureau n'est pas tenu de prêter un nouveau serment.

**14986. Extension d'attributions.** — Ce n'est pas seulement un nouveau grade qui peut nécessiter un nouveau serment.

L'extension des attributions de celui qui en est inves est de nature à amener le même résultat.

1. GREFFIERS. — Ainsi, le renouvellement du serment des greffiers et commis-greffiers attachés déjà aux cours et tribunaux nouvellement organisés en 1821 devait être assujetti au droit de 15 francs, par le motif que les fonctions de ces officiers ministériels étaient *étendues*. — *V.* 14990.

De même, le commis-greffier qui passe greffier en chef doit un nouveau droit de 15 francs (22 fr. 50 cent.) (Cass 21 janv. 1806, 2831 J. E., S. 20-1-470).

Mais quoique la prestation de serment d'un commis-greffier temporaire se trouve réitérée dans tous les actes auxquels il concourt en cette qualité, dans la même audience, il ne peut être perçu un droit spécial pour chaque serment prêté.

4. SERVICE SPÉCIAL. — Les tribunaux de commerce n'ayant plus actuellement le droit de nommer des huissiers, ne peuvent plus choisir que parmi les huissiers des tribunaux de première instance ceux qu'ils veulent attacher à leur juridiction.

Ces huissiers, ainsi chargés d'un service spécial, n'acquièrent pas un nouveau caractère, ils ne peuvent être tenus de prêter un nouveau serment en cette qualité, et ces officiers n'ont à payer le droit de 15 francs (22 fr. 50 cent.) que sur la prestation de serment qu'ils font comme huissiers d'un tribunal de première instance (D. m. f. et j. 22 mai 1824, 1133 I. G.).

On avait pensé que les huissiers ordinaires qui obtiennent la nomination d'huissiers audienciers, acquérant par là non-seulement le service de l'audience du tribunal, mais encore le droit exclusif d'appeler les causes et celui de faire certaines significations, devaient payer 15 francs (22 fr. 50 cent.), à raison du serment qu'ils sont tenus de prêter en cette nouvelle qualité.

Mais le droit fixe, comme acte de complément, a été reconnu le seul exigible (Déc. 3 janv. 1822).

3. NOTAIRES. — Quant aux notaires, ils se sont trouvés dans les mêmes conditions que les greffiers, en ce sens que, quoique investis déjà de leurs fonctions, le serment qu'ils ont dû prêter en vertu de la loi du 25 ventôse an 11 les a rendus passibles d'un nouveau droit. — V. 14990.

**14987. Changement de fonctions.** — Le changement de fonctions peut encore nécessiter un nouveau serment et donner ouverture à un nouveau droit.

Si donc un garde particulier était nommé garde d'une forêt communale ou d'une forêt de l'État, il faudrait qu'il prêtât un nouveau serment, sur lequel le droit ordinaire serait exigible (Lett. m. f. 28 vent. an 10).

De même, les gardes forestiers qui ont prêté serment en cette qualité n'en doivent pas moins prêter un nouveau lorsqu'ils obtiennent une commission de garde champêtre, et le droit de 3 francs (aujourd'hui 4 fr. 50 cent. ou 22 fr. 50 cent.) est exigible (2105 J. E.).

**14988. Receveur municipal.** — Un receveur municipal qui, après avoir prêté serment en cette unique qualité, joint à ses fonctions celles de receveur d'un hospice ou d'un bureau de bienfaisance, est tenu de prêter un nouveau serment, dont le tarif est gradué d'après les distinctions du traitement (D. m. f. 22 fév. 1845, 1166-11 I. G.).

**14988 *bis*. Augmentation de traitement.** — Aucun agent salarié par l'État, les départements ou les communes ne devrait arriver à une fonction dont les émoluments dépassent 1,500 francs, sans avoir payé, pour la prestation de serment, le droit fixe maximum.

Il n'en est pas ainsi cependant dans un grand nombre de cas, tantôt parce que les agents à traitement fixe qui ont prêté serment à un moment où ce traitement était inférieur à 1,500 francs passent à un traitement supérieur sans prêter un serment nouveau lorsqu'ils ne changent que de grade; tantôt parce que les agents rétribués au moyen de remises variables n'acquittent à l'origine que le droit de 4 fr. 50 cent., sous prétexte que les remises sont en moyenne inférieures à 1,500 francs et ne payent aucun droit nouveau quand elles augmentent, parce qu'en l'état actuel des choses cette augmentation n'entraîne pas la nécessité de prêter un nouveau serment.

Pour obvier à cet inconvénient, qui est certainement contraire à l'esprit de la loi, on a demandé :

1° Que le droit maximum établi pour les prestations de serment fût perçu lors de l'enregistrement du premier serment prêté par un agent investi d'une fonction susceptible d'être immédiatement ou ultérieurement rétribuée par un salaire supérieur à 1,500 francs ;

2° Ou qu'un nouveau serment fût exigé de tout agent qui, n'ayant supporté que le droit de 4 fr. 50 cent. pour sa première prestation, obtiendrait un traitement excédant 1,500 francs (accessoires compris).

Ces propositions n'ont pas été accueillies. En ne soumettant qu'à un droit minime les prestations de serment des agents peu rétribués, le législateur a voulu ménager les faibles ressources qu'ils tirent de leur premier traitement, les seules qu'ils puissent, en effet, affecter au payement de l'impôt.

Peut être aussi lui a-t-il paru que la présomption qu'un agent devra être appelé à recevoir un jour des émoluments supérieurs à 1,500 francs ne saurait servir de base à une tarification équitable, attendu que les chances d'avenir que présentent les carrières administratives sont empreintes d'une éventualité qui ne se rencontre pas dans les actes ni dans les faits considérés comme matière imposable.

D'un autre côté, l'obligation de prêter un nouveau serment quand on ne change pas de grade n'est pas imposée par la loi.

Enfin, il serait injuste de faire supporter d'abord un droit de 4 fr. 50 cent., puis un second droit de 22 fr. 50 cent. à un agent dont la carrière s'ouvre par un emploi d'un traitement de moins de 1,500 francs, pour ne s'améliorer que lentement, alors qu'un fonctionnaire dont le traitement de début est immédiatement supérieur à ce chiffre n'aurait à acquitter que le second de ces droits (D. m. f. 13 juill. 1873, 3768 R. P.).

**14989. Réintégration.** — Un fonctionnaire public qui, après avoir été destitué, ou après avoir cessé ses fonctions d'une manière quelconque, serait réintégré dans son emploi, devrait prêter un nouveau serment et supporter un nouveau droit.

Le fait de destitution ou de remplacement fait en effet cesser entièrement les fonctions. Le fonctionnaire n'existe plus et s'il reprend son emploi, c'est comme s'il n'avait jamais été fonctionnaire.

Cependant, une D. m. f. 23 juin 1817 porte qu'un greffier qui a été destitué ou remplacé ne doit payer, pour son nouveau serment, s'il est ensuite réintégré dans son emploi, que le droit d'un simple acte judiciaire.

## CHAPITRE VII. — RENOUVELLEMENT DE SERMENT ET PRESTATION DE SERMENT PAR SUITE DE CHANGEMENT DE RÉSIDENCE

[14990-14991]

**14990. Renouvellement de serment.** — On a vu au n° 14986 que le nouveau serment que les notaires et les greffiers ont été obligés de prêter, les premiers en vertu de la loi du 25 ventôse an 11, les seconds lors de la réorganisation des tribunaux en 1811, a été déclaré passible d'un nouveau droit.

Nous admettons cette décision en ce qui concerne les greffiers, car elle s'est basée sur l'extension donnée à leurs fonctions; mais elle ne nous paraît nullement fondée à l'égard des notaires qui ont renouvelé purement et simplement leur serment.

C'est d'ailleurs cette doctrine qui a prévalu devant la Cour de cassation, lorsqu'il s'est agi du renouvellement du serment des avoués et des avocats, en exécution de la loi du 22 ventôse an 12.

La Cour de cassation a reconnu, à l'occasion de ce serment, qu'il ne devait être perçu que le droit fixe établi sur les actes innomés.

« Attendu, porte son arrêt du 24 février 1808, que la prestation de serment soumise au droit fixe de 15 francs, et à laquelle sont assimilées, par la loi du 27 ventôse an 9, les prestations de serment des avoués, sont taxativement les serments prêtés pour entrer en fonctions, ainsi qu'il est dit dans l'art. 68 § 4 n° 4 de la loi de frimaire an 7; attendu que le serment prêté par Frogerays, en exécution de la loi du 22 ventôse an 12, n'avait pas cet objet, puisque le tribunal auprès duquel il exerce avait reçu précédemment son serment d'admission, serment pour lequel avait été payé le droit d'enregistrement auquel était alors soumise la prestation d'un semblable serment; attendu que l'arrêt du 19 thermidor an 13, sur lequel le receveur de l'enregistrement a voulu motiver la contrainte du 3 juin 1806, est intervenu dans une espèce où les juges avaient refusé d'adjuger toute espèce de droit d'enregistrement, même le droit fixe de 1 franc qui est dû pour tout acte judiciaire lorsqu'il n'appartient pas à une classe particulière; tandis que le tribunal de Lorient a fait une exacte application des lois sur la matière, lorsqu'en déchargeant l'opposant de la contrainte pour le droit fixe de 15 francs, il l'a néanmoins condamné à payer le droit fixe de 1 franc, auquel se trouvait soumis l'acte de prestation de serment du 21 floréal an 12, considéré comme simple acte judiciaire » (S. 8-1-259, 2922 J. E.).

Un second arrêt du 31 août 1808 a été rendu dans le même sens (Teste-Lebeau v° *Serment* n° 7).

Le même principe a été appliqué aux avocats, à l'occasion du serment supplétif qu'ils ont été tenus de prêter en exécution du décret réglementaire du 6 juillet 1810 (Cass. 17 juill. 1816, S. 17-1-11).

Quant au renouvellement annuel du serment des avocats à la rentrée des cours et tribunaux, c'est un acte d'ordre et de discipline intérieure, qui, à ce titre, est exempt de la formalité (D. m. f. 2 juin 1812).

**14991. Changement de résidence.** — Dans tous les cas, lorsque l'on ne fait que changer de résidence, il n'est pas dû de nouveau serment, car les fonctions, bien qu'elles soient destinées à s'exercer dans un lieu différent, restent ce qu'elles étaient auparavant; dès lors il n'est dû aucun droit d'enregistrement.

1. EMPLOYÉS DE L'ENREGISTREMENT. — C'est ainsi qu'une décision ministérielle du 6 pluviôse an 13 (269 I. G.) a reconnu que lorsqu'un préposé de l'Administration change de résidence sans passer à un grade supérieur, il n'est pas tenu de prêter un nouveau serment, mais il doit faire enregistrer sa prestation de serment au greffe du tribunal de l'arrondissement de sa nouvelle résidence. Le seul cas où la prestation d'un nouveau serment devient nécessaire est celui où le préposé passe à un grade supérieur à celui dont il était pourvu.

Dans le premier cas, le greffier doit se borner à constater, sur le registre d'audience, à la date courante, le nom du préposé, la nature de ses fonctions, la date de la prestation de serment, ainsi que l'indication du tribunal devant lequel elle a eu lieu; il doit aussi faire, sur la commission, une simple mention de l'enregistrement existant sur le registre. Cette formalité ne donne lieu à aucuns frais (D. m. f. 30 mai 1809, 438 I. G.).

Cette règle peut s'appliquer à tous les fonctionnaires dont la prestation de serment est assujettie à un droit. — *V.* 14910.

2. CHEMIN DE FER. — Le changement de résidence, sans élévation de grade, des commissaires et sous-commissaires de surveillance administrative des chemins de fer ne nécessite pas un nouveau serment (D. m. f. 7 nov 1850, 15047-5 J. E.).

3. NOTAIRES. — Un notaire autorisé à s'établir dans une autre commune du même canton est dispensé de prêter un nouveau serment, et partant d'acquitter un nouveau droit (D. m. f. 28 déc. 1838).

4. GARDE PARTICULIER. — Un garde particulier, une fois nommé, revêt un caractère public que ne peut lui enlever un simple changement dans les propriétés à garder. En ce sens, il a été reconnu que le changement de propriétaire n'annule pas les pouvoirs des gardes des particuliers, qui peuvent dès lors continuer leurs fonctions jusqu'à révocation sans prêter un nouveau serment (1087 J. E.).

5. FORÊTS. — Ainsi encore, les agents et préposés des forêts, dans le cas d'un changement de résidence qui les placerait dans un autre ressort en la même qualité, ne sont pas tenus à prêter un nouveau serment, aux termes de l'art. 5 C. for., ce qui les dispense du payement d'un nouveau droit.

# SERVITUDES.

DIVISION

## CHAPITRE PREMIER. — CONSIDÉRATIONS PRÉLIMINAIRES

[14992-14995]

**14992. Définition.** — La servitude est une charge imposée sur un héritage, pour l'usage ou l'utilité d'un héritage appartenant à un autre propriétaire (637 C. C.). — On appelle *fonds dominant* l'héritage dont le propriétaire a droit à la servitude, et *fonds servant* celui qui est grevé de la servitude ou qui doit la servitude.

Il faut d'ailleurs entendre par le mot *héritage*, employé dans l'art. 637, tout immeuble corporel, comme un fonds de terre, une maison, et non un immeuble fictif.

**14993. Observation.** — La matière des servitudes a une grande importance en matière civile et donne lieu à une foule de difficultés. Nous n'avons pas à nous livrer à l'examen de ces difficultés. Il suffit de donner ici un aperçu général qui permette à nos lecteurs de se former sur ce sujet des idées suffisantes pour les guider dans l'application générale des droits, sauf à eux à consulter les ouvrages spéciaux pour l'étude des questions tout à fait particulières qu'ils pourraient rencontrer dans la pratique.

**14994. Caractère.** — C'est en considérant la servitude par rapport au fonds servant, que l'art. 637 l'appelle une charge; mais elle devient un *droit* quand on la considère par rapport au fonds dominant, et le droit est un droit réel, *jus in re*.

« Aussi, dit Taulier (t. 2 p. 354), ce qu'il y a de caractéristique dans la servitude, c'est que tout se passe d'immeuble à immeuble. Il faut faire abstraction des possesseurs. Ceux-ci n'interviennent que pour la révélation extérieure de la charge, l'un pour la subir, l'autre pour en profiter. De là il résulte que la servitude ne saurait jamais consister à faire. L'immeuble est débiteur ; comment un immeuble pourrait-il agir ? Dès lors, la servitude consiste à ne pas faire ou à laisser faire.

« Propriétaire d'un champ, je puis, au nom du droit de propriété, y planter tels arbres que bon me semble. Cependant, si un voisin, en vertu d'une cause légale, peut s'opposer à l'exercice de mon droit, le champ est asservi : la servitude consiste à ne pas faire.

« Propriétaire d'un champ, je puis, au nom du droit de propriété, empêcher qui que ce soit d'y passer. Cependant, si un voisin, en vertu d'une cause légale, peut s'opposer à l'exercice de mon droit, le champ est asservi : la servitude consiste à laisser faire. »

De quelque manière qu'on envisage les choses, on rencontre toujours cette inévitable vérité, que la servitude ne peut être qu'un obstacle au droit de faire ou au droit d'empêcher. La servitude est, pour celui à qui elle appartient, une véritable propriété, et comme elle s'exerce aux dépens d'une autre propriété principale, elle en est une fraction, une partie détachée, un démembrement.

A l'aide de ces principes, il est facile d'isoler la servitude de l'obligation.

L'obligation est imposée à une personne ; la servitude est imposée à un immeuble.

L'obligation est contractée au profit d'une personne ; la servitude est établie au profit d'un immeuble.

L'obligation consiste surtout à faire ; la servitude consiste essentiellement à ne pas faire ou à laisser faire.

L'obligation est indépendante des biens que possède la personne obligée. La personne doit, ses biens ne sont qu'une garantie, la dette ne les suit pas nécessairement ; au contraire, la servitude est indépendante de la personne qui possède le fonds asservi, elle le suit nécessairement, dans quelques mains qu'il passe.

L'obligation ne peut être réclamée que par la personne au profit de laquelle elle a été contractée, ou par ses représentants légaux ; la servitude peut être exercée par tout possesseur du fonds au profit duquel elle a été établie.

L'obligation peut être mobilière ou immobilière ; la servitude, comme droit et comme charge, est toujours réelle et immobilière.

L'obligation s'éteint par son accomplissement ; la servitude ne s'éteint pas par l'usage qui en est fait, c'est une dette qui s'acquitte et se dépense sans s'épuiser jamais.

L'obligation n'est pas forcée, en ce sens que nul ne peut être contraint à faire, elle se résout en dommages-intérêts ; la servitude est forcée, c'est-à-dire que le possesseur du fonds asservi peut toujours être contraint à souffrir l'exercice de la servitude en ne faisant pas ou en laissant faire.

**14995. Il y a deux espèces de servitudes.** — Les servitudes dérivent ou immédiatement de la loi ou du fait de l'homme.

1. SERVITUDES LÉGALES. — Les premières sont les servitudes légales qui, à proprement parler, ne sont pas des servitudes, puisqu'elles forment le droit commun des héritages qui sont tenus les uns envers les autres des mêmes obligations de voisinage : ce sont, ainsi que le font remarquer Massé et Vergé sur Zachariæ (t. 1er p. 156 art. 3), des restrictions légales imposées à la propriété, dans l'intérêt de tous, et non des droits conférés à certaines propriétés sur d'autres. Elles ne constituent, en aucun cas, un démembrement de la propriété comme cela a lieu pour les servitudes proprement dites.

Faisons remarquer ici que l'art. 639 C. C. établit deux sortes de servitudes qui, à proprement parler, ne forment qu'une seule catégorie ; ce sont les servitudes qui dérivent de la situation naturelle des lieux et se confondent, en effet, avec celles qui sont imposées par la loi, c'est-à-dire les servitudes légales, puisque celles-ci sont fondées sur la situation des lieux à l'égard les uns des autres.

2. SERVITUDES DU FAIT DE L'HOMME. — Les servitudes qui dérivent du fait de l'homme sont les servitudes proprement dites ; elles sont une exception au droit commun et constituent dès lors un démembrement de la propriété du fonds auquel elles sont imposées (639 C. C).

## CHAPITRE II. — SERVITUDES LÉGALES

[14996-15013]

### SECTION PREMIÈRE. — SERVITUDES QUI DÉRIVENT DE LA SITUATION DES LIEUX

[14996-15001]

**14996. Écoulement des eaux.** — Aux termes de l'art. 640 C. C., les fonds inférieurs sont assujettis, envers ceux qui sont plus élevés, à recevoir les eaux qui en découlent *naturellement*, sans que la main de l'homme *y ait contribué*. Le propriétaire inférieur ne peut point élever de digue qui empêche cet écoulement. Le propriétaire supérieur ne peut rien faire qui aggrave la servitude du fonds inférieur.

**14997. Droit du propriétaire d'une source.** — Celui qui a une source dans son fonds peut en user à sa volonté, c'est-à-dire qu'il peut absorber l'eau; mais s'il la laisse couler sur les fonds inférieurs, et que le propriétaire de l'un de ces fonds en jouisse pendant trente ans, à partir de la confection d'ouvrages faits pour en favoriser la distribution, et que le propriétaire de la source a pu voir, celui-ci ne peut plus la lui enlever. Peu importe que les travaux aient été faits sur le fonds même où était la source, ou sur un fonds immédiatement ou médiatement inférieur. Si donc le propriétaire de la source veut empêcher la prescription, il doit avoir soin, avant les trente ans, depuis la confection des travaux, ou de détourner le cours de l'eau, ou d'intenter contre l'auteur des ouvrages, une action qui vienne protester contre les conséquences qui en résulteraient (641-642 C. C.).

**14998. Commune. — Village. — Hameau.** — Par dérogation au principe qui donne au propriétaire d'un fonds la libre disposition de la source qui prend naissance sur ce fonds, le propriétaire d'une source qui fournit aux habitants d'une commune, d'un village ou d'un hameau, l'eau nécessaire à leurs besoins personnels ou à l'exploitation de leurs biens fonds, ne peut en user de manière à gêner les habitants de la commune, du village ou du hameau, dans l'usage de l'eau qui leur est nécessaire; mais si les habitants n'ont pas acquis par titre ou prescription l'usage des eaux de la source, le propriétaire de la source peut réclamer une indemnité proportionnée au dommage qu'il éprouve, et qui est alors réglée par des experts (643 C. C.).

**14999. Usage des rivières.** — L'art. 644 C. C. règle l'usage des rivières qui longent les héritages ou y sont enclavées. D'après les dispositions de cet article, sauf le cas où le cours d'eau est un fleuve ou une rivière navigable ou flottable, qui sont des dépendances du domaine public, celui qui se trouve l'avoir dans son héritage ou seulement contre cet héritage, peut se servir de l'eau, soit pour l'irrigation de ses propriétés, soit pour tout autre usage. Quand l'eau borde seulement son héritage, il doit en prendre sans la dériver de son cours; quand, au contraire, elle passe dans sa propriété, il peut en disposer comme il l'entend, pourvu qu'il la rende à son cours naturel à la sortie du fonds.

**15000. Contestations.** — S'il s'élève une contestation entre propriétaires auxquels les eaux peuvent être utiles, les tribunaux, en prononçant, doivent concilier l'intérêt de l'agriculture avec le respect dû à la propriété; dans tous les cas, les règlements particuliers et locaux sur le cours et l'usage des eaux doivent être observés (645 C. C.).

**15001. Bornage.** — Aux termes des art. 646 à 648, tout propriétaire peut contraindre son voisin au bornage de leurs héritages, par une action qui doit se porter au tribunal de la situation de ces héritages. Le même droit appartient à l'usufruitier et à toute autre personne ayant sur le bien le droit réel de jouissance; mais le voisin peut exiger la mise en cause du propriétaire.

Les frais du bornage, mais non pas ceux du procès qui l'aurait précédé, sont payés pour moitié par chacune des deux parties.

Le droit de parcours que deux communes ont l'une sur l'autre, et le droit de vaine pâture qui existe entre les divers habitants d'une commune, n'empêchent pas les propriétaires de clore leurs héritages, et de les soustraire par là à l'exercice de ces droits; mais, bien entendu, le propriétaire qui enclôt son terrain perd lui-même, en proportion, son droit au parcours ou à la vaine pâture.

Quand le droit de vaine pâture n'existe qu'entre deux particuliers et qu'il est établi par titre, le propriétaire ne peut s'y soustraire pour clore son héritage qu'en payant une indemnité.

### SECTION 2. — SERVITUDES ÉTABLIES PAR LA LOI

[15002-15013]

**15002. Dispositions générales.** — Les servitudes établies par la loi ont pour objet l'utilité publique ou communale, ou l'utilité des particuliers (649 C. C.).

Celles établies pour l'utilité publique ou communale ont pour objet le marche-pied le long des rivières navigables ou flottables, la construction ou réparation des chemins et autres ouvrages publics ou communaux. — Tout ce qui concerne cette espèce de servitude est déterminé par des lois ou des règlements particuliers (650 *Id.*).

La loi assujettit les propriétaires à différentes obligations, l'un à l'égard de l'autre, indépendamment de toute convention (651 *Id.*).

Partie de ces obligations est réglée par les lois sur la police rurale. — Les autres sont relatives au mur et au fossé mitoyens, au cas où il y a lieu à contre-mur, aux vues sur la propriété du voisin, à l'égout des toits, au droit de passage (652 *Id.*).

**15003. De la mitoyenneté.** — La *mitoyenneté* se dit de la copropriété d'une clôture établie entre deux héritages contigus.

La communauté et la mitoyenneté sont deux choses parfaitement distinctes et qu'il faut bien se garder de confondre. — Il y a communauté d'une chose, en général, lorsque cette chose, dans sa totalité, appartient à plusieurs personnes, sans qu'on puisse isoler la partie qui est propre à l'une, de la partie qui est propre à l'autre. — Au contraire, il y a mitoyenneté lorque la clôture est censée divisée par le milieu dans sa longueur et dans sa hauteur ou dans sa profondeur, et qu'une moitié appartient à chacun des propriétaires voisins.

**15004. Mur mitoyen.** — 1. PRÉSOMPTION DE MITOYENNETÉ. — Tout mur servant de séparation, soit entre deux terrains enclos, soit entre deux bâtiments, est présumé mitoyen, d'après l'art. 653 C. C., s'il n'y a titre ou marque du contraire.

Dans tous les cas, le mur séparatif de deux bâtiments n'est présumé mitoyen que jusqu'à la hauteur à laquelle s'étend l'utilité du mur pour les deux bâtiments; au delà il n'appartient qu'à celui dont il protége les propriétés. — S'il n'y a de bâtiment que d'un côté, et que, de l'autre côté, il y ait un immeuble d'une autre nature, il n'y a lieu à aucune mitoyenneté, le mur est une dépendance exclusive du bâtiment.

Le mur entre cours et jardins, ou, selon le véritable esprit de la loi, entre cours seulement, ou seulement entre jardins, ou bien même entre un jardin et un pré, entre une cour et un bois, en un mot, entre toute espèce d'héritages, est réputé mitoyen, quand les deux propriétés séparées par le mur sont closes, parce qu'il clot l'une aussi bien que l'autre. — Si elles ne sont closes ni l'une ni l'autre, il est encore présumé mitoyen, parce qu'il n'y pas plus de raison de l'adjuger à l'une qu'à l'autre. — Mais, si l'une d'elles seulement est close, il est à présumer que le mur en est une dépendance exclusive.

2. PREUVE CONTRAIRE. — Toutefois les présomptions de mitoyenneté qui résultent des circonstances ci-dessus, et d'autres qu'il serait trop long d'énumérer, doivent s'évanouir soit devant la preuve résultant d'un titre, soit devant la présomption plus forte de pleine propriété, résultant au profit d'un des voisins, de l'une de ces trois circonstances : 1° que le dessus du mur, non muni d'un chaperon (ou couverture), n'a d'inclinaison que vers son terrain;

2° Que le chaperon, qu'il ait ou non un larmier, n'est également incliné que de son côté;

3° Que le mur ne présente que de son côté des corbeaux, c'est-à-dire des pierres assises dans l'épaisseur du mur et faisant saillie pour recevoir des poutres au besoin (art. 654).

Si la présomption de non mitoyenneté résultant de ces indices était contredite par un titre qui déclarerait le mur mitoyen, ou même l'attribuerait en entier à l'autre propriétaire, c'est évidemment ce titre qui l'emporterait, une présomption devant toujours tomber devant la preuve contraire (*Ibid.*).

3. RÉPARATION DU MUR. — D'après les art. 655 et 656 du Code civil, la réparation et la reconstruction du mur mitoyen sont à la charge de tous ceux qui y ont droit, et proportionnellement au droit de chacun.

Cependant tout copropriétaire d'un mur mitoyen peut se dispenser de contribuer aux réparations et reconstructions, en abandonnant le droit de mitoyenneté, pourvu que le mur mitoyen ne soutienne pas un bâtiment qui lui appartienne.

4. DROIT DU COPROPRIÉTAIRE POUR SON USAGE. — Le copropriétaire d'un mur mitoyen a le droit de s'en servir, mais de manière à ne préjudicier ni au droit des autres copropriétaires, ni aux servitudes qui grèvent son héritage; il faut, en cette matière, concilier, autant que possible, les intérêts de toutes les parties dans les changements qui sont faits au mur mitoyen par l'un ou par l'autre des copropriétaires.

Dans ces limites, tout copropriétaire d'un mur mitoyen peut bâtir contre ce mur; y appuyer et y faire des constructions ou d'autres travaux; y faire placer des poutres ou des solives dans l'épaisseur déterminée par l'art. 657.

Tout copropriétaire d'un mur mitoyen peut même le faire exhausser; mais, dans ce dernier cas, celui qui a fait faire l'exhaussement doit en payer seul la dépense, ainsi que les réparations d'entretien au-dessus de la hauteur de la clôture commune, et, en outre, l'indemnité de la surcharge, en raison de réparations futures auxquelles peut donner lieu l'exhaussement. Dans la fixation de cette indemnité il faut prendre en considération l'importance de l'exhaussement. Si le mur mitoyen n'est pas en état de supporter la surcharge, celui qui le veut exhausser doit le faire reconstruire en entier à ses frais, et l'excédant d'épaisseur doit se prendre de son côté. Dans tous les cas, celui qui a fait faire l'exhaussement en reste propriétaire (art. 657-659).

Lorsqu'un voisin veut bâtir contre le mur mitoyen, ou y opérer quelque autre changement, il est tenu, avant de commencer les constructions, de demander le consentement de l'autre propriétaire, ou, à son refus, de faire déterminer par experts les moyens nécessaires pour que les travaux ne soient pas nuisibles aux droits de celui-ci (art. 662).

6. ACQUISITION DE MITOYENNETÉ. — Tout propriétaire joignant un mur a la faculté de le rendre mitoyen en tout ou en partie, c'est-à-dire dans toute sa longueur et sa hauteur, ou dans une partie seulement de l'une ou de l'autre, en remboursant au propriétaire exclusif du mur, non pas la moitié de ce qu'il a coûté en tout ou en partie, mais la moitié de toute sa valeur actuelle, ou la moitié de la valeur de la portion qu'il veut rendre mitoyenne; et moitié, enfin, de la valeur du sol sur lequel le mur est bâti (art. 661 C. C.).

Lorsqu'un mur mitoyen a été exhaussé, le voisin qui n'a pas contribué à l'exhaussement peut, dans tous les cas, en acquérir la mitoyenneté en payant non pas seulement la moitié de sa valeur actuelle, mais la moitié de ce qu'il a coûté, et, en outre, la valeur de la moitié du sol fourni pour l'excédant d'épaisseur, si le mur a dû être reconstruit sur une base plus large (art. 660 C. C.).

**15005. Fossé mitoyen.** — Le fossé qui sépare deux héritages clos ou non clos est réputé mitoyen si le contraire ne résulte d'un titre, ou de cet indice que le rejet de la terre se trouve d'un côté seulement du fossé.

La propriété exclusive du fossé s'établit également par la prescription (666-668 C. C.).

Le fossé mitoyen doit être entretenu à frais communs (669).

Il est cependant loisible à chacun des copropriétaires de s'affranchir de cette obligation, en renonçant à son droit de propriété.

**15006. Haie mitoyenne.** — Toute haie séparant deux héritages, pourvu que ces héritages soient clos l'un et l'autre, est présumée mitoyenne. Ici encore, comme pour les murs et les fossés, la présomption de mitoyenneté céderait à l'acte qui établirait le contraire, et l'apparence de la propriété exclusive de celui dont l'héritage est seul clos y céderait également.

Les arbres qui se trouvent dans la haie mitoyenne sont mitoyens comme elle, sans qu'il y ait à considérer s'ils sont plus rapprochés de l'un des héritages que de l'autre. En conséquence, l'ébranchage et la récolte se font à frais communs entre les deux propriétaires, et les produits se partagent entre eux par moitié. Chacun des copropriétaires peut exiger l'abatage de ces arbres mitoyens, quelque âge qu'ils aient (art. 610 et 673).

Il va sans dire que, pour toute espèce de clôture, le droit de mitoyenneté d'un des voisins, comme aussi sa propriété exclusive, se perdraient par prescription et passeraient à l'autre, si celui-ci avait possédé exclusivement cette clôture pendant le temps requis.

Ce dernier pourrait également acquérir par prescription la mitoyenneté de la clôture appartenant d'abord en entier à l'autre propriétaire (art. 670).

**15007. Clôture forcée.** — Dans les villes et les faubourgs où les habitants ont besoin de plus de sécurité, chacun peut contraindre son voisin à établir, à frais communs, une clôture qui sépare les maisons, cours et jardins, en un mot, tout héritage respectif, et à contribuer à la réparation de la clôture, quand elle a été établie (663 C. C.).

**15008. Communauté forcée.** — La communauté forcée qui existe de fait entre les propriétaires des divers étages d'une même maison donne lieu, entre eux, à des obligations dont l'étendue se règle par les titres respectifs, à défaut de titre. La loi (art. 664) déclare que la réparation ou la reconstruction des gros murs et du toit, est à la charge de tous les propriétaires, chacun en proportion de la valeur de l'étage qui lui appartient.

**15009. Plantation des arbres.** — Les art. 671 et 672 C. C., en réglementant la plantation des arbres, consacrent une véritable servitude. Ces articles sont ainsi conçus : « Il n'est permis de planter des arbres de haute tige qu'à la distance prescrite par les règlements particuliers actuellement existants, ou par les usages constants et reconnus ; et, à défaut de règlements et usages, qu'à la distance de deux mètres de la ligne séparative des deux héritages pour les arbres à haute tige, et à la distance d'un demi mètre pour les autres arbres et haies vives » (671).

Le voisin peut exiger que les arbres et haies plantés à une moindre distance soient arrachés. — Celui sur la propriété duquel avancent les branches des arbres du voisin peut contraindre celui-ci à couper ces branches. — Si ce sont les racines qui avancent sur son héritage, il a droit de les y couper lui-même (673).

Les arbres qui se trouvent dans la haie mitoyenne sont mitoyens comme la haie ; et chacun des deux propriétaires a droit de requérir qu'ils soient abattus (673)

**15010. Précautions à prendre pour certains travaux.** — Un propriétaire ne peut faire sur son fonds aucun travail de nature à porter atteinte au droit du voisin, qu'en se soumettant à des mesures de précaution indiquées par les règlements ou usages locaux. Si, faute d'avoir pris assez de précautions, ou nonobstant toutes les précautions possibles, les travaux lèsent les droits du voisin, l'auteur du travail est obligé de réparer le dommage causé, de prendre de nouvelles mesures pour éviter un dommage ultérieur, ou même, si aucune précaution ne peut conjurer ce dommage, de supprimer son travail.

C'est dans cet ordre d'idées qu'est conçu l'art. 674 qui porte que : « celui qui fait creuser un puits ou une fosse d'aisance près d'un mur mitoyen ou non ; — celui qui veut y construire cheminée ou âtre, forge, four ou fourneau ; — y adosser une étable, — ou établir contre ce mur un magasin de sel ou amas de matières corrosives, — est obligé à laisser la distance prescrite par les règlements et usages particuliers sur ces objets, ou à faire les ouvrages prescrits par les mêmes règlements et usages, pour éviter de nuire au voisin. »

**15011. Des vues et des jours sur la propriété du voisin.** — Les fenêtres pratiquées dans un mur sont tout simplement destinées à donner du jour à un bâtiment, et alors on les appelle des *jours* (jours de souffrance, jours de tolérance, jours de coutume), ou destinées en même temps à procurer une vue, et alors on les appelle des *vues*.

Aucune vue ni aucun jour ne peuvent être pratiqués dans un mur mitoyen que du consentement des deux propriétaires (675 C. C.) ; mais le propriétaire exclusif d'un mur peut y avoir des jours ou des vues sous les conditions suivantes :

1. JOURS. — Les simples jours de souffrance peuvent être pris même dans un mur joignant immédiatement l'héritage voisin. Mais il faut que la lumière soit prise au moyen d'un verre fixé sur châssis non mobile. Ces châssis ou fenêtres doivent être garnis d'un treillis de fer, dont les mailles auront 1 décimètre (environ 3 pouces 8 lignes) d'ouverture au plus, et d'un châssis à verre dormant. — Ces fenêtres ou jours ne peuvent être établis qu'à 26 décimètres (8 pieds) au-dessus du plancher ou sol de la chambre qu'on veut éclairer, si c'est à rez-de-chaussée, et à 19 décimètres (6 pieds) au-dessus du plancher pour les étages supérieurs (676, 677 C. C.).

2. VUES. — Les vues, ou ouvertures libres, sont droites ou obliques.

Les vues droites, c'est-à-dire celles par lesquelles on peut regarder la propriété voisine en face, peuvent exister, soit par l'ouverture d'un mur parallèle à la ligne séparative des héritages, soit par une saillie pratiquée ou sur ce mur parallèle, ou même sur un mur perpendiculaire à cette ligne séparative.

Les vues droites ne peuvent exister qu'à 19 décimètres (6 pieds) de la ligne séparative, et les vues obliques à 6 décimètres (23 pouces). Cette règle s'applique partout : pour les héritages clos ou non clos, dans les campagnes comme dans les villes, même au milieu des champs et loin de toute habitation ; mais elle n'a d'application qu'entre héritages, et non aux vues prises sur une voie publique (art. 678-679).

Les 6 pieds exigés pour les vues droites se mesurent 1° dans le cas d'ouverture simple dans un mur parallèle à la ligne séparative, à partir du parement extérieur de ce mur ; — 2° dans le cas de saillie pratiquée sur ce mur parallèle, à partir du parement de la façade de cette saillie ; — 3° dans le cas d'une saillie pratiquée sur un mur perpendiculaire à cette même ligne, à partir du bout de la saillie le plus rapproché de cette ligne (art. 680).

Le voisin peut faire boucher les vues prises à une moindre distance, à moins qu'il ne les ait laissées subsister pendant trente ans. Dans ce cas, en effet, le propriétaire des fenêtres aurait acquis par prescription les servitudes des vues, et le voisin ne pourrait plus ni faire boucher les fenêtres, ni les rendre illusoires en bâtissant contre elles. Que si la maison, au profit de laquelle la servitude existe, venait à tomber, mais qu'elle fût reconstruite avant trente ans, la servitude continuerait. En effet, votre obligation de ne prendre vos vues qu'à telle distance du voisin ne constituant point une servitude imposée à votre fonds, mais bien l'état normal de ce fonds aux yeux de la loi, il s'ensuit que la prescription, accomplie à votre profit, a produit, non pas une extinction de servitude passive, mais bien la création d'une servitude active contre le fonds voisin. Du reste, si le voisin est alors tenu de ne bâtir qu'à 6 pieds, il peut néanmoins avoir des fenêtres à cette même distance, puisqu'il laisse ainsi à l'autre propriétaire le double avantage que la loi entend assurer à chacun : 1° d'avoir 6 pieds d'air devant ses fenêtres ; — et 2° d'avoir aussi 6 pieds de distance entre la limite de sa propriété et les fenêtres de son voisin (art. 679).

**15012. Égout des toits.** — Tout propriétaire d'un bâtiment doit établir ses toits de manière que les eaux pluviales s'écoulent sur son terrain ou sur la voie publique ; il ne peut les faire venir sur le fonds de son voisin, ce fonds fût-il situé plus loin que le sien. Ainsi, il doit ménager une distance convenable entre son bâtiment et le fonds du voisin, sauf le cas où il aurait sur ce fonds un droit de servitude d'égout (681 C. C.).

**15013. Droit de passage.** — Le propriétaire dont les fonds sont enclavés, et qui n'a aucune issue sur la voie publique, peut réclamer un passage sur les fonds de ses voisins pour l'exploitation de son héritage, à la charge d'une indemnité proportionnée au dommage qu'il peut occasionner (682).

Le passage doit régulièrement être pris du côté où le trajet est le plus court du fonds enclavé à la voie publique (683).

Néanmoins il doit être fixé dans l'endroit le moins dommageable à celui sur le fonds duquel il est accordé (684).

L'action en indemnité, dans le cas prévu par l'art. 682, est prescriptible ; et le passage doit être continué, quoique l'action en indemnité ne soit plus recevable (685)

## CHAPITRE III. — SERVITUDES ÉTABLIES PAR LE FAIT DE L'HOMME OU CONVENTIONNELLES

[15014-15018]

**15014. On peut créer toute espèce de servitude.** — Au lieu de faire des servitudes établies par le fait de l'homme, une énumération qui n'eût jamais pu être complète, qui eût répandu des doutes sur celles qu'on eût omises, et qui eût entraîné des longueurs excessives, le Code civil commence par poser un principe qui tranche une foule de difficultés. « Il est permis aux propriétaires, porte l'art. 686, d'établir sur leurs propriétés, ou en faveur de leurs propriétés, telles servitudes que bon leur semble, pourvu néanmoins que les services établis ne soient imposés ni à la personne, ni en faveur de la personne, mais seulement à un fonds et pour un fonds, et pourvu que ces services n'aient d'ailleurs rien de contraire à l'ordre public. L'usage et l'étendue des servitudes ainsi établies se règlent par le titre qui les constitue ; à défaut de titre, par les règles ci-après. »

Ainsi, liberté absolue dans l'établissement des servitudes : toutes celles qui ne sont pas défendues par la loi sont permises ; le Code n'excepte que celles qui sont contraires à l'ordre public.

**15015. Diverses espèces de servitudes.** — Les servitudes sont *continues* ou *discontinues*, *apparentes* ou *non apparentes*.

1. SERVITUDES CONTINUES OU DISCONTINUES. — Les servitudes continues sont celles dont l'usage est ou peut être continuel sans avoir besoin du fait actuel de l'homme : tels sont les conduites d'eau, les égouts, les vues et autres de cette espèce. — Les servitudes discontinues sont celles qui ont besoin du fait actuel de l'homme pour être exercées ; tels sont les droits de passage, puisage, pacage et autres semblables (688 C. C.).

2. SERVITUDES APPARENTES OU NON APPARENTES. — Les servitudes apparentes sont celles qui s'annoncent par des ouvrages extérieurs, tels qu'une porte, une fenêtre, un aqueduc. — Les servitudes non apparentes sont celles qui n'ont pas de signe extérieur de leur existence, comme, par exemple, la prohibition de bâtir sur un fonds, ou de ne bâtir qu'à une hauteur déterminée (689 C. C.).

3. OBSERVATION. — Telles sont, parmi les diverses divi-

sions que peuvent recevoir les servitudes, les seules qui présentent réellement de l'importance. — C'est ainsi que, sans aucune utilité pour la pratique, l'art. 687 C. C. divise encore les servitudes en *urbaines* ou en *rurales*, selon qu'elles sont établies pour l'usage des bâtiments ou pour celui des fonds de terre. — On divise encore, sans utilité aucune, les servitudes en servitudes *négatives* ou *affirmatives*. Les premières sont celles qui obligent le propriétaire du fonds servant à *laisser faire*, les secondes sont celles qui obligent le propriétaire *à ne pas faire*. — V. n° 14994.

**15016. Établissement des servitudes.** — Les servitudes peuvent s'établir de trois manières : 1° par titre ; — 2° par la destination du père de famille ; — 3° par la prescription.

1. TITRE. — Toutes les servitudes peuvent s'établir par titres ; il n'y a nulle distinction à faire à cet égard entre les titres privés et les titres authentiques, entre les titres onéreux et les titres gratuits (690, 691 C. C.). — Si l'acte constitutif d'une servitude a été perdu, il peut être remplacé par un acte recognitif émané du propriétaire actuel du fonds servant, sans qu'il soit nécessaire que cet acte recognitif relate la teneur du titre primordial (695 C. C.).

2. DESTINATION DU PÈRE DE FAMILLE. — Les servitudes continues et apparentes s'établissent valablement par la destination du père de famille (692 C. C.).

Lorsqu'on peut établir que deux héritages appartenant actuellement à deux propriétaires différents n'ont eu, dans l'origine, qu'un seul propriétaire, et que ce propriétaire a fait ou a laissé subsister, sur ces deux héritages, des dispositions qui, si les héritages avaient alors appartenu à des propriétaires différents, eussent été le signe d'une servitude continue et apparente, cet état de choses continue à subsister après la séparation, et devient une servitude, en vertu de la destination du père de famille qui tient lieu de titre. Il en est ainsi, soit que la division des deux héritages provienne de la volonté du propriétaire, soit qu'elle provienne d'un partage, pourvu qu'il n'y ait pas eu de convention contraire au moment de la séparation de ces héritages.

La preuve que les deux héritages n'ont eu qu'un seul propriétaire doit, en général, être faite par titres ; mais la preuve que l'état de choses actuel date de l'époque où les deux héritages étaient dans les mains de ce propriétaire unique peut, en général, aussi être faite par témoins (art. 692, 693).

3. PRESCRIPTION. — Les servitudes continues et apparentes s'établissent encore par prescription ; mais seulement par une prescription de trente ans, sans qu'on puisse jamais invoquer pour elles, au moyen de la bonne foi et d'un titre, la prescription de dix ou de vingt ans (690 C.C.).

**15017. Droit du propriétaire du fonds auquel la servitude est due.** — Celui auquel est due une servitude, a droit de faire tous les ouvrages nécessaires pour en user et pour la conserver. Ces ouvrages sont à ses frais, et non à ceux du propriétaire du fonds assujetti, à moins que le titre d'établissement de la servitude ne dise le contraire. Dans le même cas où le propriétaire du fonds assujetti est chargé par le titre de faire à ses frais les ouvrages nécessaires pour l'usage ou la conservation de la servitude, il peut toujours s'affranchir de la charge, en abandonnant le fonds assujetti au propriétaire du fonds auquel la servitude est due (697-699 C. C.).

Si l'héritage pour lequel la servitude a été établie vient à être divisé, la servitude reste due pour chaque portion, sans néanmoins que la condition du fonds assujetti soit aggravée. Ainsi, par exemple, s'il s'agit d'un droit de passage, tous les propriétaires seront obligés de l'exercer par le même endroit (700 C. C.).

Enfin, d'après l'art. 702, celui qui a un droit de servitude ne peut en user que suivant son titre, sans pouvoir faire, ni dans le fonds que doit la servitude, ni dans le fonds à qui elle est due, de changement qui aggrave la condition du premier.

**15018. Obligations et droits du propriétaire du fonds servant.** — Le propriétaire du fonds débiteur de la servitude ne peut rien faire qui tende à en diminuer l'usage ou à le rendre plus incommode. Ainsi, il ne peut changer l'état des lieux, ni transporter l'exercice de la servitude dans un endroit différent de celui où elle a été primitivement assignée. — Mais, cependant, si cette assignation primitive était devenue plus onéreuse au propriétaire du fonds assujetti, où si elle l'empêchait d'y faire des réparations avantageuses, il pourrait offrir au propriétaire de l'autre fonds un endroit aussi commode pour l'exercice de ses droits, et celui-ci ne pourrait pas le refuser (701 C. C.).

## CHAPITRE IV. — DE L'EXTINCTION DES SERVITUDES

[15019-15023]

**15019.** — Diverses causes peuvent amener l'extinction des servitudes. Chacune d'elles est soumise à des principes particuliers. Nous n'avons pas à entrer ici dans leur développement, il nous suffira de les indiquer.

**15020. Impossibilité d'user de la servitude.** — Les servitudes cessent, porte l'art. 703 C. C., lorsque les choses se trouvent dans un tel état qu'on ne peut plus en user. C'est ce qui a lieu, par exemple, lorsque la maison grevée de la servitude s'écroule, ou lorsque le fonds sur lequel le propriétaire avait un droit de passage à pied ou en voiture est couvert par les eaux ; ou lorsqu'une source grevée de la servitude vient à tarir.

Mais, d'après l'art. 704, « les servitudes revivent si les choses sont rétablies de manière qu'on puisse en user : à moins qu'il ne se soit déjà écoulé un espace de temps suffisant pour faire présumer l'extinction de la servitude, ainsi qu'il est dit à l'art. 707. » L'art. 665 exprime, en ces termes, la même pensée que l'art. 704 : « Lorsqu'on reconstruit un mur mitoyen ou une maison, les servitudes actives et passives se continuent à l'égard du nouveau mur ou de la nouvelle maison. »

Ainsi, lorsque la maison sera réédifiée, lorsque l'inondation cessera, lorsque l'eau reviendra à la source, les servitudes reprendront leur cours, pourvu toutefois que les causes suspensives de la servitude s'évanouissent avant que la prescription soit acquise.

**15021. Confusion ou consolidation de la servitude.** — La servitude s'éteint encore par la confusion ou la consolidation, c'est-à-dire lorsque le fonds à qui elle est due, et celui qui le doit, sont réunis dans la même main (705 C. C.). En effet, celui qui a la propriété entière d'un immeuble ne peut avoir de servitude sur cet immeuble. Le droit qui était une servitude avant la réunion des héritages n'est plus désormais qu'une manifestation du droit même de propriété.

**15022. Non-usage.** — Le non-usage de la servitude contribue également à l'éteindre. Ce non-usage doit durer trente ans. En cas de servitude discontinue, comme elle ne s'exerce que par le fait actuel de l'homme, les trente ans courent du moment même où le propriétaire du fonds dominant n'a plus usé de la servitude; pour les servitudes continues, au contraire, comme elles peuvent s'exercer sans le fait de l'homme, il ne suffit plus que celui-ci n'en ait fait aucun usage, il faut qu'il se soit accompli un fait arrêtant l'exercice de la servitude ; c'est de l'accomplissement de ce fait que partent les trente années. Mais il importe peu comment ce fait s'est accompli, et qu'il provienne du propriétaire du fonds servant, ou du propriétaire du fonds dominant, ou d'un tiers, ou d'un événement fortuit ; il suffit que le maître de la servitude, pouvant faire cesser le non-usage qui résultait de ce fait, ne l'ait pas fait cesser pendant les trente années (art. 707).

Le non-usage peut aussi, sans éteindre la servitude, rendre son mode moins avantageux, c'est-à-dire en restreindre l'étendue (art. 708).

Au reste, le non-usage, pour opérer la prescription, ne doit pas avoir été le résultat de circonstances telles que le propriétaire du fonds dominant n'ait pu le conjurer ni s'en plaindre : ainsi le non-usage provenant de l'inondation du terrain qui me devait un passage, du dessèchement de la source où j'avais un droit de puisage, de l'incendie de la maison dont les toits me donnaient de l'eau, n'empêcherait pas la servitude de continuer si les choses venaient à être rétablies dans leur premier état. La prescription, en effet, ne court pas contre celui qui n'a pas le droit d'agir (art. 703-704).

**15023. Prescription.** — Lorsqu'un tiers acquiert par prescription la propriété de l'immeuble servant, il l'acquiert tout entière et pour les fractions qui en étaient démembrées sous le nom de servitudes, comme pour le reste. Cette prescription, à la différence du non-usage, qui demande toujours trente années, s'accomplit par dix ou vingt ans quand le tiers réunit un titre et la bonne foi (Marcadé sur l'art. 706 nº 3).

I. COPROPRIÉTAIRE INDIVIS. — Les différents copropriétaires d'un bien indivis ayant un droit qui frappe sur le bien tout entier, et les servitudes étant dues à ce bien, non aux personnes, il s'ensuit que la servitude qui serait conservée pour l'un de ces propriétaires (soit parce qu'il aurait continué d'en user, soit parce que sa qualité de mineur ou d'interdit aurait empêché la prescription de courir) se trouverait conservée absolument et pour tous les copropriétaires (art. 709, 710).

Il en serait autrement, bien entendu, une fois que l'immeuble serait partagé ; car, de ce moment, il y aurait autant d'immeubles dominants que de parties distinctes, et la servitude se conserverait bien pour l'un d'eux en s'éteignant pour les autres (*Ibid*).

## CHAPITRE V. — APPLICATION DES DROITS D'ENREGISTREMENT

[15024-15036]

**15024. Principe.** — Du caractère immobilier que nous avons reconnu à la servitude (*V.* 14994), il résulte que les actes et conventions qui établissent des servitudes sur des biens fonds, ou qui contiennent l'abandon de servitudes précédemment créées, sont passibles des droits déterminés pour les transmissions d'immeubles ou de droits réels immobiliers.

Le contraire a été cependant soutenu par Champ. et Rig. sous le prétexte que la loi du 22 frimaire an 7 n'assujettit au droit proportionnel que les transmissions de propriété, d'usufruit ou de jouissance (art. 4). Or, disent-ils, la loi de frimaire qui oppose l'usufruit à la jouissance, prend ce dernier terme dans un sens restreint comprenant seulement la jouissance à titre de ferme, de location et d'engagement. La constitution d'une servitude ne transmettant ni la propriété ni l'usufruit ni même la jouissance du fonds, ces savants auteurs en ont conclu qu'aucun article du tarif proportionnel ne lui était applicable (3582, 3589).

Cette opinion ne saurait être acceptée.

Il est certain, en effet, que, dans l'économie de la loi du 22 frimaire an 7, toute transmission de propriété ou de droits réels est soumise à l'impôt des mutations. S'il est fait mention dans plusieurs textes de l'usufruit et de la jouissance, ce n'est pas avec une intention limitative, mais à cause des règles spéciales sur la liquidation de l'impôt en cette matière.

La servitude constituant sans nul doute un droit réel immobilier tombe naturellement sous l'application de cette règle. On le décidait déjà ainsi dans l'ancienne jurisprudence : « Il est de principe, dit le *Commentaire des tarifs* p. 42, que tous actes portant translation de propriété de biens immeubles réels, soit que ces immeubles consistent en corps d'héritages, *soit que ce soient seulement des droits réels*, doivent payer le centième denier suivant la valeur des biens transmis. » — C'est ce qui a été également reconnu depuis la loi de l'an 7. On a décidé que l'acte par lequel le propriétaire d'un héritage consent, au profit d'une personne tierce et à titre onéreux, à l'établissement d'une servitude perpétuelle sur ce fonds, est passible du droit de 5 fr. 50 cent. pour 100 fixé pour les ventes d'immeubles (Sol. 27 sept. et 4 oct. 1826, 1203 § 13 I. G., 6081 J.N.). — V. *Vente d'immeubles.*

La pratique est uniformément établie en ce sens, et M. Demante la trouve pleinement justifiée (nos 21 et 296).

1. MITOYENNETÉ. — Il a été spécialement reconnu qu'un jugement portant condamnation à payer une certaine somme pour droits de mitoyenneté est passible du droit de 5 fr. 50 cent. pour 100 sur cette somme (Seine 6 déc. 1849, 14909 J. E., 23 nov. 1853, 15116 J. N.).

2. IMMEUBLE ET SES SERVITUDES. — Et que, quand dans une vente d'immeubles il est stipulé un prix pour le fonds et un autre prix pour droits et répétitions que le vendeur a droit d'exercer contre le propriétaire voisin, il faut percevoir le droit de 5 fr. 50 cent. pour 100 sur la totalité du prix, si l'indemnité a pour objet des droits litigieux relatifs aux servitudes des fonds (Dél. 30 déc. 1828, 9213 J. E.).

**15025. Abandon d'immeuble.** — L'abandon, au propriétaire du fonds servant, d'un immeuble grevé de servitude, est passible du droit de mutation.

Il en est de même de l'abandon d'une mitoyenneté. — V. *Abandonnement.*

**15026. Exhaussement d'eau.** — Lorsqu'un décret autorise la surélévation des eaux d'un canal servant à l'alimentation d'une usine, et que les riverains règlent ultérieurement l'indemnité à laquelle ils ont droit pour l'établissement de cette servitude, le droit de 5 fr. 50 cent. pour 100 est exigible sur ce règlement, si on peut considérer qu'il est l'acte constitutif de la servitude. C'est l'avis de M. Demolombe (t. 1er n° 193). — Mais si on décidait avec un arrêt de Douai du 13 juillet 1855 (S. 56-2-337) et avec Dufour (n° 275) et Cotelle (t. 4 n° 1407) que le décret constitue seul la servitude par une sorte d'expropriation spéciale, la fixation de l'indemnité donnerait lieu au droit de 50 centimes pour 100. — La première opinion a prévalu dans une Sol. 13 mars 1867.

**15027. Renonciation.** — La renonciation à une servitude sur un bien fonds, faite moyennant un prix que s'oblige à payer le propriétaire du fonds servant, emporte transmission d'un droit réel immobilier et donne ouverture au droit de 5 fr. 50 cent. pour 100 (Sol. 27 sept. 1826, 4 oct. 1826 et 22 mars 1844, D. N. t. 11 p. 826 n° 272. — Demante n° 291).

**15028. Bail.** — Mais si la servitude n'est établie que pour un temps déterminé, moyennant une redevance annuelle ou autres conditions qui impriment à la convention le caractère de louage, l'acte n'est passible que du droit de 20 centimes pour 100. Il a été jugé dans ce sens que l'acte par lequel le propriétaire d'une maison concède pour vingt-cinq ans au propriétaire d'une maison voisine le droit d'établir des jours et baies de fenêtres dans le mur qui sépare leurs propriétés, moyennant une redevance annuelle de 300 francs, et une somme de 800 francs, une fois payée, n'est sujet, comme bail, qu'au droit de 20 centimes pour 100 (Seine 6 déc. 1843, D.N. t. 11 p. 826 n° 273).

Si la durée n'est pas déterminée et ne doit finir qu'au décès d'une des parties, c'est un bail à vie sujet au droit ordinaire de ces contrats.

Il faut, d'ailleurs, bien distinguer les concessions de servitudes proprement dites des baux à durée plus ou moins longue qui ne confèrent jamais au preneur qu'un droit mobilier et ne sont pas soumis, par conséquent, au même tarif. La jurisprudence civile en a donné quelques exemples au sujet des autorisations d'extraire des matériaux.

Il a été jugé : 1° que le droit cédé par le propriétaire d'un terrain à un tuilier d'extraire de ce terrain tant qu'il plaira au tuilier les terres propres à la fabrication de la tuile constitue une servitude réelle au profit de la tuilerie et non pas une simple obligation personnelle (C. Paris 26 mai 1857, S. 58-2-117, Demolombe t. 2 n° 684, Pardessus t. 11);

2° Que la charge imposée dans le partage d'une succession au propriétaire d'un lot de faire à ses frais les réparations d'entretien pour les prises d'eau servant à l'irrigation des terres d'un autre lot, a le même caractère de réalité que la servitude à laquelle elle est attachée (C. Lyon 24 fév. 1858, S. 59-2-495; — Cass. 7 mars 1859, S. 59-1-904).

Bien que la concession de la servitude soit faite sans expression de durée et puisse se prolonger indéfiniment après le décès des parties, on n'y saurait voir cependant une aliénation immobilière quand les circonstances s'y opposent formellement. C'est ainsi qu'une Sol. 29 octobre 1852 a prescrit de percevoir le droit mobilier sur la concession faite à titre de tolérance d'une servitude sur les biens de l'État. Il est évident ici qu'à la servitude, toujours révocable, n'impute aucune transmission de propriété immobilière au profit du concessionnaire.

**15029. Charge.** — On a vu au n° 14994 que, bien que la servitude soit qualifiée de *charge* par l'art. 637 C. C., elle constitue néanmoins un démembrement de la propriété. Il résulte de là que la servitude, en cas de transmission de l'immeuble à titre onéreux, n'est pas une charge dont la valeur doive être ajoutée au prix pour la liquidation et le payement du droit proportionnel (Sol. 15 mai 1825, 6 sept. 1828 et 11 avr. 1829, Demante n° 288).

**15030. Succession.** — Il résulte du même ordre d'idées que, lorsqu'il s'agit d'acquitter les droits de mutation par décès, sur un immeuble grevé de servitudes, il faut, dans l'évaluation qui est faite de cet immeuble, avoir égard à la diminution de revenu résultant des servitudes (Sol. 15 mai 1844). — V. *Succession.*

**15031. Concession réciproque de passage.** — Il n'est dû aucun droit proportionnel, soit d'échange, soit de vente, sur l'acte par lequel plusieurs copropriétaires se concèdent réciproquement le droit de passer sur les fonds qu'ils possèdent sur le même terroir. C'est une transaction sujette au droit fixe de 3 francs (4 fr. 50) (Sol. 13 sept. 1830, 17 oct. 1843, D.N. t. 11 p. 827 n° 275). — V. *Transaction.*

L'administration belge a décidé, en ce sens, le 17 février 1866, que le droit fixe de 2 francs est seul dû pour l'acte par lequel deux personnes déclarent supprimer certaines servitudes de passage existant sur leurs propriétés enclavées, pour leur en substituer d'autres mieux en rapport avec leurs convenances personnelles, « attendu qu'une pareille convention n'est en réalité que l'exécution d'une obligation légale, et que les stipulations relatives à l'établissement et à l'entretien des haies et autres clôtures et au comblement d'une fosse à fumier ne concernant que des mesures d'exécution du contrat principal, n'engendrent aucun droit particulier » (10153 J.E. belge).

**15032. Eaux pluviales.** — Si l'on consent à recevoir sur son terrain les eaux pluviales provenant des bâtiments de son voisin, il y a création d'une servitude foncière. Le droit de vente est dû sur le prix stipulé (D. m. f. 18 sept. 1811, 3997 J.E.).

Par les mêmes motifs, le droit de 5 fr. 50 cent. pour 100 est dû sur l'acte par lequel un particulier, pour ne plus recevoir sur son terrain les eaux provenant de la maison de son voisin, consent à construire à ses frais, dans la cour de celui-ci, un puisard dont la dépense est évaluée 600 francs (Dél. 22 oct. 1817, 5894 J. E., D.N. t. 11, p. 826 n° 270).

**15033. Réserve d'usufruit.** — Au cas de vente d'une servitude dont le prix est payé comptant, il y a lieu, lorsque le vendeur s'est réservé l'usufruit, d'ajouter la moitié du prix stipulé pour la perception du droit (17945 J. E.). — V. *Vente.*

**15034. Indemnité.** — L'indemnité due pour l'établissement d'une servitude doit être, en général, considérée comme un prix de vente d'immeuble. — V. *Indemnité* n° 9611.

**15035. Transcription.** — L'acte constitutif ou translatif d'une servitude est-il passible du droit de transcription? La question n'a pas d'intérêt pour la vente ou la donation en ligne collatérale, parce que le droit de transcription est compris dans le droit d'enregistrement et se perçoit nécessairement avec lui. Mais elle se présente pour la donation en ligne directe.

Il faut d'abord écarter de la discussion la loi du 23 mars 1855 dont l'art. 11 laisse formellement les donations sous l'empire des principes du Code civil. Or, dans ces principes, l'exigibilité du droit de 1 fr. 50 cent. pour 100 paraît justifiée. « Bien que les servitudes, dit M. Demante, à l'avis duquel nous adhérons, ne soient pas isolément et par elles-mêmes susceptibles d'hypothèques; comme elles amoindrissent le fonds servant, les créanciers ayant hypothèque sur ce fonds antérieurement à la constitution, pouvaient anciennement, en vertu de l'art. 834 du code de procédure, s'inscrire utilement sur le fonds entier et considérer la constitution de servitude comme non-avenue, tant que l'acte de constitution n'était pas transcrit. Par les mêmes motifs, les créanciers du donateur, même postérieurs à la donation, peuvent saisir le fonds servant, sans avoir égard à la servitude, dont l'acte constitutif n'a pas été transcrit (art. 941, 1070 C.C.). Ces considérations amènent à décider que la transcription des actes constitutifs de servitudes n'est point une innovation du législateur de 1855; d'où il suit que le droit proportionnel de transcription doit être perçu, dans les cas mêmes où les deux droits ne sont pas fondus l'un dans l'autre » (n° 290).

Il a été ainsi reconnu, en matière civile, que la clause d'un partage qui établit une servitude pour l'exploitation du fonds d'un des copartageants est sujette à la transcription (C. Paris, 26 janv. 1875, 4674 R. P.).

**15036. Engagement personnel.** — Il ne faut pas confondre la servitude proprement dite, qui est un droit réel, avec certaines obligations personnelles contractées par le propriétaire de l'immeuble. Ces dernières ne donneraient incontestablement pas lieu au droit de cession immobilière. De ce nombre sont, par exemple, les stipulations par lesquelles le propriétaire d'un immeuble permet à un tiers de ne pas exercer telle et telle industrie dans cet immeuble pendant une période convenue, ou de n'en pas faire un usage déterminé par les parties.

Cette convention ne renferme aucune transmission d'objets mobiliers ni d'immeubles, puisque le propriétaire du bâtiment conserve l'intégralité de son immeuble, et que l'autre contractant n'acquiert aucun objet déterminé.

Si la renonciation a lieu sans prix, elle ne donne lieu qu'au droit fixe, d'après l'art. 3 L. 22 frimaire an 7.

Si elle est faite moyennant un prix, la seule cause de l'exigibilité du droit proportionnel se fonde sur la remise de la somme d'argent ou l'obligation de la payer à terme. Cette remise ou cette obligation ne procède pas d'une libéralité et le droit de donation doit être dès lors écarté. Mais il y a lieu de percevoir le droit à titre onéreux de quittance sur l'argent payé et d'obligation à 1 pour 100 sur la somme payable à terme (V. Cass. 8 juill. 1851, S. 51-1-599; — Grenoble 28 mai 1858, S. 59-2-37).

## SIGNATURE.

**15037.** — C'est le nom d'une personne écrit de sa main à la fin d'un acte, pour le certifier.

Nous avons rappelé çà et là, dans le cours de cet ouvrage, sous les mots auxquels les questions se rattachent le plus directement, tous les développements qui peuvent intéresser nos lecteurs en matière de signature.

## SIGNIFICATION.

**15038.** — C'est, en termes de palais, la notification, la connaissance que l'on donne d'un arrêt, d'un jugement, d'un acte quelconque.

On peut consulter à cet égard le mot *Exploit* où nous avons réuni toutes les règles, générales et particulières, qui gouvernent les divers actes extrajudiciaires.

# SOCIÉTÉ.

## DIVISION



## SOMMAIRE

### A

## B



## C



## D



## E

# TITRE PREMIER. — PRINCIPES CIVILS

[15039-15133]

## CHAPITRE PREMIER. — DISPOSITIONS GÉNÉRALES

[15039- 15047]

**15039. Définition.** — La société est un contrat par lequel plusieurs personnes conviennent de mettre quelque chose en commun, dans la vue de partager le bénéfice qui pourra en résulter (1832 C. C.).

**15040. Observation.** — Il y a des sociétés civiles et des sociétés commerciales. Si les opérations auxquelles la société se livre constituent un ensemble d'actes réputés commerciaux par les art. 632 et 633 C. com., la société est commerciale. Dans le cas contraire, elle est purement civile. Ce sont ces distinctions qui font que pour avoir l'ensemble complet des règles qui gouvernent la société, il faut combiner le Code civil avec le Code de commerce. En effet, d'après l'art. 18 de ce dernier code, le contrat de société se règle par le droit civil, par les lois particulières au commerce, et par les conventions des parties.

Les règles de la société universelle et de la société particulière sont tracées par le Code civil et c'est dans le Code de commerce que l'on trouve celles qui régissent la société anonyme, la société en participation, la société en nom collectif et la société en commandite.

Nous allons donner un rapide aperçu sur chacune de ces

sociétés. Il est bien entendu que nous n'avons pas à nous occuper ici de la société qui se forme entre les époux par le mariage. Nous en avons traité au mot *Communauté*, sous les nos 4296 et suiv.

**15041. Caractère.** — De la définition que le Code civil donne du contrat de société, il résulte que son but principal, et même son but unique, est le partage des bénéfices à faire. La loi ne mentionne pas la participation aux pertes. Mais comme le bénéfice est ce qui reste, toutes les pertes déduites, le partage des bénéfices suppose, d'une manière implicite et nécessaire, que les pertes elles-mêmes ont été l'objet d'une répartition préalable. Au surplus, nous n'avons qu'à citer un passage de Doneau (*Com. lib.* 13 c. 15 n° 7) pour faire ressortir d'une manière tout à fait explicite ce que nous avons à dire ici sur le gain et la perte dans tout contrat de société.

« Pourquoi, dit ce jurisconsulte, n'ai-je pas parlé de l'obligation des associés de partager le dommage? deux raisons m'y ont déterminé: la première, c'est que les parties ne s'associent que pour faire un gain ; car si elles prévoyaient que des chances mauvaises les constitueraient en pertes, elles ne s'associeraient pas. La seconde, c'est que la communication de la perte n'est pas de l'essence du contrat de société, tandis que la condition de partager le gain est substantielle. Nulle société ne saurait exister sans communication du gain ; mais on peut convenir que l'un des associés sera affranchi de toute participation au dommage ; car il peut souvent arriver que le travail de l'un des associés est tellement précieux qu'il soit juste de lui faire cette condition. Il n'est donc pas nécessaire de parler de la perte dans la définition de la société ; ce qui n'empêche pas que si les parties ne se sont pas expliquées sur les proportions dans lesquelles elle sera supportée, on ne la partage par moitié ; mais cela se fait, non pas principalement, mais par une conséquence forcée de la règle qui veut que le gain se divise par moitié. Le dommage suit la règle du gain ; c'est un sous-entendu nécessaire, et voilà tout. »

**15042. Toute société forme un être moral.** — La création d'une société donne naissance *à un être moral*, distinct des associés eux-mêmes ; c'est cet être moral qui possède, agit, contracte, pendant toute la durée de l'association ; c'est lui seul qui est propriétaire du fonds commun ; c'est lui seul par conséquent qui reçoit les mises sociales et en est saisi ; c'est envers lui que l'associé s'oblige lorsqu'il promet l'objet de son apport ; c'est à lui qu'il verse les deniers, lorsqu'il opère une mise en argent ; c'est à lui qu'il transmet, lorsqu'il met un corps certain dans l'association. L'existence de cette personne morale est la fiction légale du contrat ; c'est par elle que les actions ou intérêts dans les compagnies de finances, de commerce ou d'industrie, sont meubles, tant que dure la société, encore que des immeubles dépendants de ces entreprises, appartiennent aux compagnies (art. 529 C. C.).

Cette fiction de la loi qui donne à l'action le caractère de meuble quand bien même la société serait propriétaire d'immeubles, n'existe qu'à l'égard des associés et tant que dure la société.

Car les immeubles appartenant à l'entreprise sont toujours immeubles à l'égard des créanciers de ces compagnies ; ils reprennent même leur caractère, avons-nous dit, à l'égard des associés, lorsque, la société étant dissoute, il s'agit d'en opérer le partage.

1. SOCIÉTÉ CIVILE. — C'est une question encore controversée en doctrine que celle de savoir si la société purement civile donne naissance à un être moral. La négative est soutenue par les auteurs suivants (Zachariœ *Cours de droit civ.* § 381 *bis*, Vincens *Législ. com.* 1er p. 297, Toullier t. 6 n° 82, Dalloz *Répert.* v° *Contrat de mariage* n° 604, Rodière et Pont *Du contrat de mariage* nos 296, 342, Pont *Soc. civ. et com.* sur les art. 1832, 1833, Frémery *Etudes de droit com.* chap. 4, Demolombe édit. belge t. 5 n° 415).

L'affirmative est défendue par des commentateurs non moins autorisés (Troplong *des Sociétés* 67, Delangle *Id.* 5 et 14, Delamarre et Lepoitevin *Cont. de com.* 2 p. 468, Dalloz *des Sociétés* 182, Championnière *Traité des droits d'enregistrement* n° 2743, Pardessus *Droit com.* 2, 1089, Thiry *Rev. prat.* t. 5 p. 412, Bravard-Veyrières p. 110, Duranton 17, 334 et 338, Taullier t. 6 p. 382, Duvergier 347, Proudhon *de l'Usufruit* 2064, Molinier *des Sociétés* 236, Alauzet n° 87, Bédarrides n° 9, Favard v° *Société* 2 sect. 4, Demante *Princip. de l'enreg.* n° 518).

Mais la jurisprudence paraît fixée dans le sens de l'existence de l'être moral (Cass. 8 nov. 1836, S. 1836-1-811 ; — 8 avr. 1859, D. 59-434 ; — 6 fév. 1860 ; — 9 mai 1864, S. 64-1-229, 1898 R.P. et 29 mai 1865, S. 65-1-325 ; — C. Paris 6 mars 1849, S. 49-2-427 ; — Orléans 26 août 1869, S. 70-2-113). L'arrêt du 9 mai 18 64 a té rendu en matière d'enregistrement (1898 R.P.).

**15043. Division de fonds social en actions.** — Les apports sociaux réunis composent ce qu'on appelle le fonds social, lequel reste commun pendant la durée de la société.

Néanmoins, il arrive souvent que les associés, conviennent, lors de la formation des sociétés que ce capital sera divisé par actions. Cette combinaison ingénieuse consiste à partager le fonds social en un certain nombre de fractions égales, qui, ajoutées ensemble, donnent le total de ce même fonds.

Chaque associé est investi d'un nombre d'actions correspondant à son intérêt dans l'affaire, et chacune de ces actions représente une part dans le capital de la société. Tandis que la propriété des meubles et immeubles qui forment ce capital répose pendant la durée de la société entre les mains de l'être fictif qu'elle constitue, le droits des associés réduit, en attendant, au partage des bénéfices annuels et à l'expectative du partage final, est formulé dans des titres individuels dont on les rends porteurs, et qui, susceptibles de négociation par vente ou autrement, représentent une valeur mobile et sont sujets à la hausse ou à la baisse qu'engendre la spéculation.

L'un des principaux avantages de cette création de titres négociables, c'est de permettre aux associés de céder leurs droits facilement et sans frais, et de mettre en circulation des valeurs qui autrement resteraient en dehors du mouvement industriel.

**15044. Mise sociale.** — Aux termes de l'art. 1833 C. C., chaque associé doit apporter dans la société de l'argent ou d'autres biens matériels, ou son industrie. La nature de l'apport est laissée au libre arbitre des associés : les uns peuvent apporter des biens d'une nature, les autres des biens d'une nature différente.

Mais l'apport est de rigueur, il constitue le contrat de la même société.

**15045. Le contrat de société doit être rédigé par écrit.** — Toute société doit être rédigée par écrit lorsque son objet est d'une valeur de plus de 150 francs. La preuve testimoniale n'est pas admise contre et outre le contenu en l'acte de société, ni sur ce qui serait allégué avoir été dit avant, lors et depuis cet acte, encore qu'il s'agisse d'une somme ou valeur moindre de 150 francs.

Tel est le texte de l'art. 1834 C. C. qui ne fait d'ailleurs que répéter et confirmer l'art. 1341, ainsi que cela résulte de l'exposé des motifs du titre de la société. « La formalité de l'écriture, dit Treilhard, n'est pas nécessaire pour la substance d'un contrat ; elle est exigée seulement pour la preuve. Le contrat est parfait entre les parties contractantes par le consentement, et indépendamment de tout écrit ; mais les tribunaux n'en peuvent reconnaître l'existence que lorsqu'elle est prouvée, et la prudence ne permet pas d'admettre d'autre preuve que celle qui résulte d'un acte, quand il a été possible d'en faire. Cette disposition n'est pas particulière au contrat de société ; elle s'applique à toute espèce de conventions. »

**15046. Toute société doit avoir un objet licite.** — C'est la proposition que formule l'art. 1833 C. C., et c'est la seule condition que la loi mette au droit qu'a l'homme de s'associer pour rendre plus productifs les efforts de son industrie, soit que cette industrie prenne sa source dans des travaux intellectuels, soit qu'elle n'ait pour base que des travaux purement matériels.

**15047. La société doit être contractée dans l'intérêt commun des parties.** — « Le contrat de société, dit Treilhard *dans l'exposé des motifs*, est de droit naturel ; il se forme et se gouverne par les seules règles de ce droit ; il doit surtout reposer sur la bonne foi. Sans doute, la bonne foi est nécessaire dans tous les contrats, mais elle est plus expressément encore requise dans les contrats de société ; elle devrait être excessive, s'il est permis de le dire, et s'il pouvait y avoir des excès dans la bonne foi. « Si la société n'était formée que pour l'intérêt d'un seul, la bonne foi ne serait-elle pas étrangement violée? Il faut qu'elle ait en vue l'intérêt commun des parties qui contractent. C'est là la première règle, la règle fondamentale de toute société. Il est contre la nature qu'une société de plusieurs, de quelque espèce qu'on la suppose, se forme pour l'intérêt particulier, pour le seul intérêt d'une des parties. On n'a pas pu marquer plus fortement les vices d'une pareille société qu'en la qualifiant de *léonine* ; c'est, d'une part, la force ; de l'autre, la faiblesse : il ne peut y avoir entre elles aucun traité, parce qu'il ne peut exister ni liberté, ni consentement. Or, la société est un contrat consensuel, et la loi ne peut voir de consentement véritable dans un contrat de société, dont un seul recueillerait tout le profit, et dont l'intérêt commun des parties ne serait pas la base. »

La convention qui donnerait à l'un des associés la totalité des bénéfices serait donc nulle. Il en serait de même de la stipulation qui affranchirait de toute contribution aux pertes les sommes ou effets mis dans le fonds de la société par un ou plusieurs des associés (1855 C. C.). — V. 15068.

1. DONATION. — Remarquez que la loi ne peut que désirer et non imposer cette égalité proportionnelle. Si la proportion n'est pas gardée et qu'il y ait eu dol, le contrat doit être rescindé ; — s'il n'y a pas eu de dol, la combinaison stipulée constitue une donation, et c'est le droit applicable à cette nature de contrat qui doit être perçu, le cas échéant

## CHAPITRE II. — DES SOCIÉTÉS UNIVERSELLES

[15048-15052]

**15048. Observation.** — Les sociétés universelles étaient fort en usage à l'époque féodale. A la mort du père de famille, les enfants, continuant l'indivision des biens patrimoniaux, reconnaissaient dans l'aîné un chef auquel appartenait le gouvernement de l'hérédité et l'autorité sur les biens communs. Elles sont devenues de plus en plus rares à mesure que les idées de liberté et la division de la propriété foncière ont développé chez l'homme l'esprit d'individualisme : aussi n'en voit-on plus aujourd'hui que des exemples fort rares.

Nous nous contenterons donc d'en indiquer sommairement les règles telles que les trace le Code civil.

**15049. Deux espèces de sociétés universelles.** — On distingue deux sortes de sociétés universelles, la société de tous biens présents, et la société universelle de gains (1836 C. C.).

**15050. Société de tous biens présents.** — La société *de tous biens présents* est celle par laquelle les parties mettent en commun tous les biens meubles et immeubles qu'elles possèdent actuellement et les profits qu'elles pourront en tirer. Elles peuvent aussi y comprendre toute autre espèce de gains ; *mais les biens qui pourraient leur advenir par succession, donation ou legs*, n'entrent dans cette société que pour la jouissance ; toute stipulation tendant à y faire entrer la propriété de ces biens est prohibée, sauf entre époux, et conformément à ce qui est réglé à leur égard (1037 *Id.*).

**15051. Société de gains.** — La société *universelle de gains* renferme tout ce que les parties acquerront par leur industrie, à quelque titre que ce soit, pendant le cours de la société. Les meubles que chacun des associés possède au temps du contrat y sont aussi compris ; *mais leurs immeubles personnels* n'y entrent que pour la jouissance seulement (1838 *Id.*).

La simple convention de société universelle, faite sans autre explication, n'emporte que la société universelle de gains (1839 *Id.*).

**15052. Capacité des associés.** — Nulle société universelle ne peut avoir lieu qu'entre personnes respectivement capables de se donner ou de recevoir l'une de l'autre, et auxquelles il n'est point défendu de s'avantager au préjudice d'autres personnes (1840 *Id.*).

## CHAPITRE III. — DES SOCIÉTÉS PARTICULIÈRES

[15053-15078]

**15053. Définition.** — La société particulière est celle qui comprend la propriété, la jouissance ou l'usage, d'objets individuellement désignés, ou par laquelle plusieurs personnes se réunissent, soit pour une entreprise déterminée, soit pour l'exercice d'une industrie ou d'une profession (1841, 1842 C. C.).

**15054. Observation.** — Les sociétés particulières présentent une variété infinie et elles sont aussi nombreuses que les sociétés universelles sont rares. C'est à elles que se rapportent de la manière la plus directe tout ce que nous avons à dire, dans cette partie de notre ouvrage, du contrat de société.

Nous allons en exposer les règles générales d'après le Code civil, puis nous passerons en revue les espèces qui ont été prévues et réglementées par le Code de commerce.

Mais il convient de faire remarquer, avant d'aller plus loin, que toutes les règles que les associés peuvent établir sur le mode d'administration doivent être scrupuleusement observées quand elles ont été faites de bonne foi. Les dispositions que présente le Code civil à cet égard ne sont applicables qu'à défaut de convention par les parties : on ne doit y avoir recours que dans le cas où l'acte serait muet. Alors seulement la loi est consultée ; et comme elle supplée la volonté de l'homme dans un contrat du ressort du droit naturel et tout de bonne foi, il faut, en cette matière surtout, que la raison dicte et que le législateur écrive.

C'est ce caractère qui se rencontre dans les dispositions du Code civil.

Elles règlent l'époque où la société doit commencer, la durée qu'elle doit avoir, les engagements des associés, soit pour fournir la mise, soit pour se faire mutuellement raison de leurs frais et avances, soit pour la réparation des dommages qu'ils ont pu causer, soit pour le mode de l'Administration, soit enfin pour tous les incidents qui peuvent survenir dans le cours d'une société.

### SECTION PREMIÈRE. — DES ENGAGEMENTS DES ASSOCIÉS ENTRE EUX

[15055-15070]

**15055. Point de départ et durée de la société.** — La société commence à l'instant même du contrat, si une autre époque n'a pas été fixée (1843 C. C.) et comme il est impossible d'assigner tel terme plutôt que tel autre pour la durée d'une société, lorsqu'il n'y a pas eu convention à ce sujet, elle est, d'après l'art. 1844 C. C., censée contractée pour toute la vie des associés : tel est le cas notamment d'une société constituée pour l'exploitation d'une mine (Cass. 1er juin 1859, S. 61-1-113).

Cependant, comme la liberté naturelle ne peut, en principe, être indéfiniment enchaînée, chaque associé peut se retirer quand bon lui semble pourvu que sa retraite ne puisse être considérée comme inopportune et nuisible aux vrais intérêts de la société ; c'est ce qui résulte de l'esprit des art. 1814, 1865 et 1869 C. C.

Dans tous les cas, s'il s'agit d'une affaire dont la durée soit limitée, les art. 1844 et 1869 veulent que la société soit obligatoire pour tout le temps que doit durer cette affaire.

**15056. La promesse d'une mise sociale constitue une dette envers la société.** — La promesse d'un apport crée un engagement de l'associé, non pas envers ses coassociés, mais envers l'être moral qui représente la société, ce qui fait que si l'associé débiteur de sa mise avait un débiteur parmi ses coassociés, il ne pourrait demander la compensation entre son apport à effectuer et ce qu'il doit à son coassocié. Que si l'apport consistait non pas en une obligation de donner, mais en une obligation de faire, comme serait l'obligation de fournir son industrie à la société, cette obligation pourrait se résoudre en dommages-intérêts, si elle n'était pas remplie.

En effet, l'art. 1138 C. C. déclare que l'obligation de donner rend le créancier propriétaire, tandis que, d'après l'art 1142, l'obligation de faire se résout en dommages-intérêts.

**15057. Garantie de l'apport.** — L'art. 1845 C. C., assimilant le contrat de société à la vente, donne à la société une action ou garantie contre l'associé qui a fait la mise dont elle se trouve frustrée. Ainsi, la loi ne faisant aucune distinction entre la société et la vente, il y aurait lieu à garantir pour défaut de contenance, ou par suite de vices rédhibitoires.

**15058. Intérêts de l'apport en argent.** — L'art. 1846 veut que l'associé, qui devait apporter une somme dans la société et qui ne l'a pas fait, soit de plein droit débiteur des intérêts de cette somme, à compter du jour où elle devait être apportée. Il peut même être condamné à des dommages-intérêts supérieurs à l'intérêt légal de la somme, car son retard a pu mettre la société dans l'impossibilité de se livrer à des opérations qui auraient pu être lucratives.

Par identité de raison, l'associé qui devait apporter soit des meubles, soit des immeubles, soit son industrie, soit les fruits ou revenus que les objets composant sa mise ont produit ou auraient pu produire, est comptable des profits de l'industrie qu'il devait exercer pour le compte commun.

**15059. Fonds pris dans la caisse commune par l'associé.** — Un associé, qui prend des fonds dans la caisse sociale pour ses affaires particulières est également tenu de plein droit des intérêts, ainsi que de plus amples dommages-intérêts, s'il y a lieu (1846 C. C.). Cet associé, en effet, qui s'est servi des fonds de la société pour son propre avantage, peut, en enlevant à la société les fonds qui lui étaient nécessaires, l'avoir privée des bénéfices d'une opération lucrative.

**15060. Gains provenant de l'industrie mise en société.** — Les associés qui se sont soumis à apporter leur industrie à la société, lui doivent compte de tous les gains qu'ils ont faits dans l'espèce d'industrie qui est l'objet de cette société.

L'art. 1847, en édictant cette disposition, indique suffisamment que l'associé dont la mise sociale a consisté en son industrie, ne doit compte des produits que de l'industrie qu'il a spécialement promise. Mais les gains qu'il pourrait faire par une autre industrie, sont sa propriété personnelle. Seulement il ne faudrait pas que, pour rendre plus productive l'industrie qu'il a conservée propre, il négligeât l'industrie qu'il a promise.

**15061. Créance commune à un associé et à la société. — Imputation.** — Aux termes de l'art. 1848, lorsque l'un des associés est, pour son compte particulier, créancier d'une somme exigible envers une personne qui se trouve aussi devoir à la société une somme également exigible, l'imputation de ce qu'il reçoit de ce débiteur doit se faire sur la créance de la société et sur la sienne dans la proportion des deux créances, encore qu'il eût, par sa quittance, dirigé l'imputation intégrale sur sa créance particulière : mais s'il a exprimé dans sa quittance que l'imputation serait faite en entier sur la créance de la société, cette stipulation doit être exécutée.

**15062. Rapport de la somme reçue sur une créance sociale.** — L'associé qui a reçu sa part entière dans une créance sociale est, d'après l'art. 1849, tenu, lorsque le débiteur devient ultérieurement insolvable, de rapporter à la masse commune ce qu'il a reçu, quoiqu'il ait spécialement donné quittance pour sa part.

Remarquez que le rapport pourrait être exigé, lors même que le débiteur ne serait pas devenu insolvable ; car l'associé qui a reçu une portion quelconque de la créance commune doit toujours être censé avoir fait l'affaire de la société. (Troplong de la *Société* n° 561).

**15063. Dommages causés par la faute de l'associé.** — Chaque associé est tenu envers la société, aux termes de l'art. 1850 C.C., des dommages qu'il lui a causés par sa faute, sans pouvoir compenser avec les dommages qu'il a causés par sa faute à la société, les profits que son industrie lui aurait procurés dans d'autres affaires. En effet, si l'associé en faute doit la réparation des torts qu'il a commis, il doit également compte des profits qu'il a pu procurer par son industrie, ce sont deux dettes qui, loin de se neutraliser l'une par l'autre, doivent s'ajouter l'une à l'autre.

**15064. Jouissance mise en société.** — L'art. 1851 veut que si les choses dont la jouissance seulement a été mise dans la société sont des corps certains et déterminés, qui ne se consomment pas par l'usage, elles soient aux risques de l'associé propriétaire. — Que si les choses se consomment, si elles se détériorent en les gardant, si elles sont destinées à être vendues, ou si elles ont été mises dans la société sur une estimation portée par un inventaire, elles sont aux risques de la société. — Enfin, si la chose a été estimée, l'associé ne peut répéter que le montant de son estimation.

**15065. Action de l'associé contre la société par suite de gérance.** — Les créances de l'associé contre la société dont s'est occupé l'art. 1851 ci-dessus, dérivent de la nature de l'apport et des réserves stipulées par le contrat de société. Dans l'art. 1852, la loi s'occupe des créances de l'associé contre la société par suite de sa participation à la gestion des affaires sociales ; il énumère trois causes d'action contre la société : il veut que l'associé ait action contre la société, non-seulement, 1° à raison des sommes qu'il a déboursées pour elle, mais encore, — 2° à raison des obligations qu'il a contractées de bonne foi pour les affaires de la société, et, — 3° par suite des pertes irréparables de la gestion sociale.

**15066. Part dans les bénéfices revenant à chaque associé.** — La question de savoir quelle doit être la distribution légale des bénéfices entre les associés avait fait l'objet de grandes controverses dans l'ancienne jurisprudence, nous n'avons pas à nous en occuper ici ; il doit nous suffire de savoir que le Code a voulu y mettre un terme, et sa solution doit être d'autant plus applaudie qu'elle reste dans les limites de la plus parfaite équité. Il veut que, lorsque l'acte de société ne détermine pas la part de chaque associé, cette part soit proportionnelle à la mise. Son art. 1853 est ainsi conçu : « Lorsque l'acte de société ne détermine point la part de chaque associé dans les bénéfices ou pertes, la perte de chacun est en proportion de sa mise dans le fonds de la société. A l'égard de celui qui n'a apporté que son industrie, sa part dans les bénéfices ou dans les pertes est réglée comme si sa mise eût été égale à celle de l'associé qui a le moins apporté. »

Cette dernière fixation pourrait paraître rigoureuse, mais le législateur a voulu que celui qui apporte son travail et ses bras, ne négligeât pas de faire sa part et d'assurer son sort dans la société. Si on lui eût donné la part la plus forte, on aurait encouragé l'oubli de la précaution la plus facile à prendre (Troplong n° 617). Ce qui revient à dire qu'en tout état de cause, et quelle que soit la position des associés les uns à l'égard des autres, ils agiront tous avec prudence en fixant d'avance, dans l'acte de société, la position qu'ils entendent avoir.

**15067. Règlement des parts à faire par l'un des associés désigné.** — Aux termes de l'art. 1854, si les associés sont convenus de s'en rapporter à l'un d'eux ou à un tiers pour le règlement des parts, ce règlement ne peut être attaqué, à moins qu'il ne soit évidemment contraire à l'équité. — La loi ne précise pas les limites que la lésion doit atteindre, pour qu'il y ait lieu à rescision : elle s'en remet à la sagesse des tribunaux.

D'ailleurs, nulle réclamation n'est admise à ce sujet, s'il s'est écoulé plus de trois mois depuis que la partie qui se prétend lésée a eu connaissance du règlement, ou si ce règlement a reçu de sa part un commencement d'exécution (1854 C. C.).

**15068. De la fixation des parts par la convention.** — On a vu au n° 15042 que la société doit être contractée dans l'intérêt commun des parties. C'est dans cet ordre d'idées que les dispositions du code que nous avons passées en revue dans les précédents numéros, ont donné des règles précises sur la contribution aux pertes et la participation aux bénéfices, pour le cas où les parties n'ont pas réglé elles-mêmes leur position.

Mais les parties étant toujours libres de fixer elles-mêmes leurs droits respectifs, le législateur, sans vouloir enchaîner le libre arbitre, a dû néanmoins se préoccuper des conventions qui pourraient intervenir à cet égard, afin de protéger la partie la plus faible contre les entreprises de l'homme plus puissant et plus astucieux. Aussi, l'art. 1855 est-il venu poser les limites que l'on ne peut dépasser sans qu'il y ait abus.

C'est hors de ces limites que se rencontre la société *léonine* qui attribuant le meilleur lot aux uns et ne laissant quelquefois aux autres aucune part dans les bénéfices, viole l'esprit d'équité qui doit présider à toute association dont le but essentiel est l'intérêt commun des parties.

L'art. 1855 prévoit deux espèces de société léonine.

1. TOTALITÉ DES BÉNÉFICES A L'UN DES ASSOCIÉS. La première consiste à attribuer à l'un des associés la totalité des bénéfices. Cette attribution exclusive à un seul, enlève à la société l'une de ses conditions vitales, à savoir, l'espoir d'une participation au gain fait en commun, aussi une pareille convention est-elle déclarée nulle. Mais il ne faut pas conclure de là que l'art. 1855 exige nécessairement un partage égal de bénéfices. S'il en était ainsi, l'on tomberait inévitablement dans l'excès contraire à celui qu'a voulu réprimer le législateur, car si l'on tient compte de certains faits personnels, de certaines aptitudes, de certaines circonstances de position sous l'influence desquelles s'organise toute société, on doit reconnaître que le pacte social ne doit pas toujours avoir pour base un partage exact des bénéfices. Ce que veut la loi, ce que le juge doit empêcher, c'est que l'inégalité dans la répartition n'aille pas jusqu'à faire à l'un des associés la part du lion.

2. EXEMPTION DE LA CONTRIBUTION AUX PERTES. — La seconde espèce de société léonine a lieu quand il existe dans le contrat de société une stipulation qui affranchit de toute contribution aux pertes les sommes et effets mis dans le fonds de société par l'un ou plusieurs des associés.

Remarquez que la loi défend seulement d'affranchir de toute contribution aux pertes, les *sommes et effets* apportés par un ou plusieurs des associés. On pourrait donc stipuler que l'industrie ne contribuera pas aux pertes.

**15069. Administration de la société.** — L'associé chargé de l'administration par une clause spéciale du contrat de société peut faire, d'après l'art. 1856, nonobstant l'opposition des autres associés, tous les actes qui dépendent de son administration, pourvu que ce soit sans fraude. Ce pouvoir ne peut être révoqué sans cause légitime, tant que la société dure ; mais s'il n'a été donné que par acte postérieur au contrat de société, il est révocable comme un simple mandat.

Lorsque plusieurs associés sont chargés d'administrer sans que leurs fonctions soient déterminées, ou sans qu'il ait été exprimé que l'un ne pourrait agir sans l'autre, ils peuvent faire chacun séparément tous les actes de cette administration (1857 C. C.). — S'il a été stipulé que l'un des administrateurs ne pourra rien faire sans l'autre, un seul ne peut, sans une nouvelle convention, agir en l'absence de l'autre, lors même que celui-ci serait dans l'impossibilité actuelle de concourir aux actes d'administration (1858 C. C.).

A défaut de stipulations spéciales sur le mode d'administration, l'on suit les règles suivantes : 1° les associés sont censés s'être donné réciproquement le pouvoir d'administrer l'un pour l'autre. Ce que chacun fait est valable, même pour la part de ses associés, sans qu'il ait pris leur consentement, sauf le droit qu'ont ces derniers, ou l'un d'eux, de s'opposer à l'opération avant qu'elle soit conclue ; — 2° chaque associé peut se servir des choses appartenant à la société, pourvu qu'il les emploie à la destination fixée par l'usage, et qu'il ne s'en serve pas contre l'intérêt de la société, ou de manière à empêcher ses associés d'en user selon leur droit ; — 3° chaque associé a le droit d'obliger ses associés à faire avec lui les dépenses qui sont nécessaires pour la conservation des choses de la société ; — 4° l'un des associés ne peut faire d'innovations sur les immeubles dépendants de la société, même quand il les soutiendrait avantageuses à cette société, si les autres associés n'y consentent (1859 *Id.*).

L'associé qui n'est point administrateur, ne peut aliéner ni engager les choses même mobilières qui dépendent de la société (1860 *Id.*).

**15070. Sous-associé.** — Celui qui est associé dans une société civile ou commerciale peut se donner un associé dans sa part de sociétaire. Ce sous-associé n'est pas membre de la société première ; son admission dans la part de celui avec qui il a contracté forme une société particulière et distincte. C'est cette idée que le Code civil a rendue lorsqu'il dit, dans son art. 1861 que « chaque associé peut, sans le consentement de ses associés, s'associer une tierce personne relativement à la part qu'il a dans la société : il ne peut pas, sans ce consentement, l'associer à la société, lors même qu'il en aurait l'Administration. » Ce sous-associé est désigné dans la pratique sous le nom de *croupier*.

## SECTION 2. — DES ENGAGEMENTS DES ASSOCIÉS A L'ÉGARD DES TIERS

[15071-15072]

**15071. La dette sociale est divisible par portions égales.** — Dans les sociétés autres que celles de commerce, les associés ne sont pas tenus solidairement des dettes sociales. Tel est le vœu de l'art. 1862 C. C.: la dette se divise entre les associés et ils sont seulement tenus par portions égales. Il importerait peu que l'un des associés fût dans la société pour une portion plus forte que les autres. Ce sont là des arrangements particuliers qui ne peuvent en rien être opposés aux créanciers, que protége la maxime : *Res inter alios acta tertio non nocet.* Pour que la dette se divisât entre les associés, à l'égard du créancier, d'après la répartition qui doit être faite entre eux d'après leurs arrangements privés, il faudrait que l'acte d'obligation en fît une loi au créancier (1862, 1863 C. C.).

**15072. Associé contractant sans pouvoir.** — Un associé qui contracte seul n'engage pas les autres lorsque ceux-ci ne lui en ont pas conféré le pouvoir (1862 C. C.). Cette nécessité d'un mandat exprès s'applique aux actes qui excèdent la capacité d'un administrateur. S'il s'agit de simples actes d'administration, ils sont valables, soit en vertu du mandat conféré par l'acte de société ou par un acte postérieur, soit en vertu du pouvoir d'administrer qui appartient à tous les associés, à défaut d'administrateurs spécialement désignés (1856, 1859 C. C.).

L'engagement contracté par un associé en dehors de ses pouvoirs exprès ou tacites ne lie pas les autres associés, quoiqu'il ait été contracté pour le compte et au nom de la société (1864 C. C.).

Toutefois, si la chose a tourné au profit de la société, les tiers doivent avoir action contre elle (*Id.*).

L'associé qui agit dans les bornes de sa capacité d'administrateur doit néanmoins faire connaître qu'il intervient au nom de la société. S'il contracte en son nom personnel, sans déclarer son titre d'administrateur, il ne lie pas les autres associés envers les tiers. A leur égard, ses engagements lui sont propres ; la société y est étrangère (*Id.*).

## SECTION 3. — DES DIFFÉRENTES MANIÈRES DONT FINIT LA SOCIÉTÉ

[15073-15078]

**15073. Expiration du temps convenu.** — La société finit par l'expiration du temps pour lequel elle a été contractée (1865 C. C.). Si l'opération pour laquelle la société a été formée n'était pas achevée à l'époque fixée, la société n'en serait pas moins dissoute (Troplong n° 870). Le liquidateur dirigerait la suite de l'entreprise.

Si cependant les parties n'avaient indiqué le terme que par approximation, et non pas pour limiter la société d'une manière absolue, on pourrait convenir que la société continuera jusqu'à la consommation de l'affaire.

**15074. Extinction de la chose ou consommation de l'affaire.**—L'art. 1865 donne comme second mode de dissolution de société l'extinction de la chose et la consommation de l'affaire.

1. CONSOMMATION DE L'AFFAIRE. — Il est évident qu'une société ne peut subsister sans une affaire qui en est l'objet; et, quand cette affaire est consommée, la société cesse forcément, car elle est sans cause.

2. EXTINCTION DE LA CHOSE. — Quant à l'extinction de la chose, l'art. 1865 se complète par l'art. 1867. D'après cet article, « lorsque l'un des associés a promis de mettre en commun la propriété d'une chose, la perte survenue avant que la mise en soit effectuée opère la dissolution de la société par rapport à tous les associés. — La société est également dissoute, dans tous les cas, par la perte de la chose, lorsque la jouissance seule a été mise en commun et que la propriété en est restée dans la main de l'associé. — Mais la société n'est pas rompue par la perte de la chose dont la propriété a déjà été apportée à la société. »

Il doit nous suffire de transcrire ici les dispositions du Code sans entrer dans les développements qu'elles pourraient comporter; car, comme l'art. 1867 est un des plus obscurs du titre de la société et qu'il a toujours soulevé les controverses les plus vives, ce que nous dirions ne pourrait ajouter aucune lumière à celle que les discussions des maîtres ont pu jeter sur la matière.

**15075. Mort naturelle de quelqu'un des associés.** — Une troisième cause d'extinction de la société est la mort naturelle de quelqu'un des associés (1865 C. C.). Il doit en être ainsi si l'on considère que la société n'est pas seulement une communauté d'intérêts, mais encore une réunion de personnes, et qu'elle a pu n'être constituée qu'en considération de l'associé qui est mort. Les héritiers ne peuvent donc être substitués à leur auteur; la société ne peut continuer dans leur personne; ils succèdent uniquement aux droits acquis et aux choses existantes.

1. LA SOCIÉTÉ PEUT CONTINUER PAR SUITE DE CONVENTION. — Toutefois, une société peut être valablement constituée sous la condition d'être continuée ou avec les héritiers, ou seulement avec les survivants (1868 C. C.).

*Associés.* — Si la stipulation de continuation n'a eu lieu qu'à l'égard des associés, les héritiers du décédé ont droit au partage de la société, eu égard à la situation de cette société lors du décès, et ils ne participent aux droits ultérieurs qu'autant qu'ils sont une suite nécessaire de ce qui s'est fait avant la mort de leur auteur.

*Héritiers.* — Dans le silence du contrat, la stipulation qui veut que la société se continue avec les héritiers s'applique aux héritiers, soit légitimes, soit testamentaires, quel que soit leur nombre, sans distinction entre les héritiers majeurs ou mineurs.

Remarquez que la convention de continuation doit être antérieure au décès de l'associé. Au cas où elle lui serait postérieure, ce serait une nouvelle société qui se formerait, car, à défaut de stipulation contraire, l'ancienne société aurait été dissoute de plein droit.

Lorsque, dans l'ignorance du décès de l'un d'eux, des associés ont entrepris de nouvelles opérations, elles sont valables pour la société (2008 C. C.). La société est également censée continuer à l'égard des tiers qui sont de bonne foi, c'est-à-dire qui ignorent le décès (2009 C. C.).

**15076. Mort civile. — Interdiction. — Déconfiture.** — La mort civile, avant son abolition, a toujours produit le même effet que la mort naturelle. Il était donc de rigueur que le législateur la rangeât au nombre des causes de dissolution de la société. A cette cause le § 4 de l'art. 1865 C. C. en ajoute deux autres, l'interdiction et la déconfiture de l'un des associés.

Cela se conçoit : l'interdiction enlève à la société la coopération personnelle sur laquelle elle avait compté, pour lui substituer l'action d'un tuteur, c'est-à-dire d'un étranger. Quant à la déconfiture de l'un des associés, elle troublerait évidemment la société par l'intervention des créanciers de l'associé failli (*V.* au sujet des effets de la faillite la dissertation insérée au n° 2000 R. P.).

**15077. Volonté de l'un ou de plusieurs des associés.** — En principe, les contrats ne peuvent être résolus que par le consentement de toutes les parties ; la société présente cette particularité qu'il suffit de la volonté d'un ou de plusieurs des associés pour en opérer la dissolution, c'est là en effet la cinquième cause d'extinction de la société que reconnaît l'art. 1865 C. C.

Cependant, l'art. 1869 sert de commentaire à cette disposition, en venant déclarer que cette cause de dissolution ne s'applique qu'aux sociétés dont la durée est illimitée. Et encore cette renonciation n'arrive-t-elle à effet qu'autant qu'elle a été notifiée à tous les autres associés. Il faut, de plus, qu'elle soit de bonne foi, et non faite à contre-temps.

L'art. 1870 explique ces deux dernières conditions en déclarant : 1° que la renonciation n'est pas de bonne foi lorsque l'associé renonce pour s'approprier à lui seul le profit que tous s'étaient proposés de retirer en commun ; — 2° qu'elle est faite à contre-temps, lorsque les choses ne sont plus entières, et qu'il importe à la société que la dissolution soit différée.

Quant aux sociétés dont la durée est limitée, l'art. 1871 déclare que leur dissolution ne peut être demandée par l'un des associés avant le terme convenu, qu'autant qu'il y a eu de justes motifs ; et ces justes motifs, le même article en donne des exemples lorsqu'il cite : 1° le cas où un autre associé aurait manqué à ses engagements ; — 2° celui où une infirmité habituelle rendrait l'associé renonçant inhabile aux affaires de la société. Quant aux autres cas, la loi laisse à la sagacité et à la sagesse des juges d'en apprécier la légitimité et la gravité.

**15078. Partage du fonds social.** — La société dissoute, il y a lieu d'effectuer le partage du fonds social. L'art. 1872 renvoie à cet égard au partage des successions, en déclarant que « les règles concernant le partage des successions, la forme de ce partage, et les obligations qui en résultent entre cohéritiers s'appliquent au partage entre associés. » — V. *Partage.*

## CHAPITRE IV. — DES SOCIÉTÉS DE COMMERCE

[15079-15133]

**15079. Application des règles du droit civil. — Principe.** — La loi civile étant la loi commune, doit régir toutes les conventions, en ce que les dispositions de la législation spéciale qui peuvent gouverner ces conventions ne présentent rien de contraire. C'est ce que le tribun Bouteville exprimait dans son rapport sur le titre *de la Société.* « Observons, disait-il, que la loi civile ne régira pas les sociétés de commerce dans tous les points où ses dispositions seraient contraires aux lois et aux usages particuliers du commerce ; mais aussi que sur tous ceux où ses dispositions n'y auront rien de contraire, elles conserveront leur empire et n'en contiendront pas moins les règles premières et générales de toute association. »

Ainsi, l'exclusion des principes civils en matière de société commerciale ne constitue qu'une exception à la règle générale qui se trouve écrite dans le Code civil : c'est ce qu'exprime l'art. 1873, ainsi conçu : « Les dispositions du présent titre ne s'appliquent aux sociétés commerciales que dans les points qui n'ont rien de contraire aux lois et usages du commerce. »

**15080. Rapports et dissemblance entre les sociétés civiles et les sociétés commerciales.** — Nous ne pouvons mieux faire, pour faire ressortir les rapports et les dissemblances qui existent entre les sociétés civiles et les sociétés commerciales, que de rapporter ici les explications de Troplong dans son commentaire *du Contrat de société* nos 1072 et suiv. C. C.

« Prenons, dit l'illustre jurisconsulte, une société civile et une société de commerce ordinaires.

« Entre associés, ce sont les mêmes rapports d'égalité et de confraternité ; la même obligation d'en bannir l'usure et les pactes léonins pour faire à chacun la part commandée par l'équité ; la même création d'une personne morale distincte des associés ; le même devoir pour ceux-ci de se dévouer à la chose commune, et de mettre l'intérêt social en avant de l'intérêt privé ; les mêmes principes pour l'administration et pour la responsabilité ; les mêmes causes de dissolution.

enfin la même idée fondamentale, à savoir : qu'un acte social rejaillit sur la société et sur chacun de ses membres.

Mais la diversité existe :

1° Dans les formes constitutives de la société ;

2° Dans l'habitude d'opérer avec les tiers sous une raison sociale ;

3° Dans certaines attributions du gérant ;

4° Dans l'étendue de la responsabilité, qui est solidaire dans les sociétés de commerce et qui ne l'est pas dans les sociétés civiles; solidarité d'où il résulte que la personne morale, quoique distincte des associés, s'incarne en quelque sorte, au regard des tiers, dans chaque associé, et arrive à un plus haut degré d'homogénéité ;

5° Dans les formes de la liquidation ;

6° Dans le jugement des contestations entre associés.

« On s'est persuadé que la division du capital social par actions est une combinaison toute commerciale. Historiquement, c'est une erreur ; dans la pratique, il est jugé que c'est une hérésie.

« On a cru aussi que la constitution de la société sous la forme anonyme est une idée commerciale. Pas plus qu'une idée civile. La jurisprudence est encore fixée sur ce point.

« On a vu, dans la commandite, un contrat particulier au commerce. L'histoire s'élève contre cette assertion. Quoique plus fréquent dans le commerce, ce contrat est de droit commun, la société civile est maîtresse de se l'approprier.

« Si donc la société civile et la société commerciale se séparent quelquefois, elles s'accordent le plus souvent dans les mêmes principes : ce sont deux ruisseaux partis de la même source, et qui, dans leur course à travers différentes régions, se retrouvent et se marient sans cesse. De plus en plus, elles tendront à se rapprocher. Des industries civiles se créent tous les jours, qui ont besoin des secours du crédit ; et ce crédit, elles l'obtiennent plus facilement en faisant aux sociétés commerciales l'emprunt de leurs formes et de leurs moyens ingénieux. »

## SECTION PREMIÈRE. — DE LA SOCIÉTÉ EN NOM COLLECTIF

[15081-15083]

**15081. Définition.** — La société en nom collectif est celle que contractent deux personnes ou un plus grand nombre, et qui a pour objet de faire le commerce sous une raison sociale (20 C. com.).

**15082. Raison sociale.** — La raison sociale est le nom de la société ; elle est à la société ce que le nom de famille est à un simple particulier. La raison sociale se compose ordinairement du nom même d'un ou de plusieurs associés, avec l'addition de ces mots : *et compagnie*. La dénomination de l'entreprise et la raison sociale sont deux choses parfaitement distinctes. Cette dénomination se tire de l'objet même pour lequel la société a été formée.

La raison sociale ne peut se transmettre. Le nom de la société périt avec la société même. Mais la société peut être reprise avec d'autres individus, sous une raison sociale avec la même dénomination. Dans tous les cas, les noms des associés peuvent seuls, aux termes de l'art. 21 C. com., faire partie de la raison sociale : ce sont ces noms, en effet, qui déterminent la confiance du public, et si une société joignait à la raison sociale le nom d'une personne non associée, dans le but de se procurer un crédit imaginaire, il y aurait une véritable escroquerie punie par l'art. 405 C. pén.

**15083. Solidarité.** — Les associés en nom collectif indiqués dans l'acte de société sont solidaires pour tous les engagements de la société, encore qu'un seul des associés ait signé, pourvu que ce soit sous la raison sociale (22 C. com.). Cette solidarité est donc de l'essence du contrat de société en nom collectif, et les conventions des parties, quoique rendues publiques, ne pourraient les en affranchir. En effet, la solidarité augmente le crédit de la société, en offrant pour garantie des dettes sociales la fortune individuelle de chaque associé. — V. Dissertation de M. Pont, n° 4016 R. P.

Il faut distinguer, dans les sociétés en nom collectif, la solidarité qui lie tous les associés envers les tiers pour tous les engagements contractés au nom de la société, de celle qui consiste dans le droit qu'a chacun des créanciers d'exiger le payement intégral de la créance commune. Favard de Langlade (*Répert.* v° *Société en nom collectif* n° 6) appelle la première la solidarité *passive*, et la seconde la solidarité *active*. D'après cet auteur, la solidarité *active* ne peut avoir lieu entre les associés en nom collectif lorsqu'ils ont chargé l'un ou quelques-uns d'entre eux de l'administration de la société. Dans ce cas, ils se sont tous dépouillés du droit de gérer et d'administrer, pour en investir les gérants, qui, par suite, ont seuls le droit d'exiger les sommes dues à la société. Mais, s'il n'a pas été nommé d'administrateurs de la société, chacun des associés est censé avoir reçu de ses coassociés le pouvoir de gérer et administrer, chacun a le droit d'exiger le payement des créances de la société ; alors la solidarité active existe entre les associés.

## SECTION 2. — SOCIÉTÉ EN COMMANDITE

[15084-15102]

**15084. Définition.** — La société en commandite se contracte entre un ou plusieurs associés responsables et solidaires, et un ou plusieurs associés simples bailleurs de fonds, que l'on nomme *commanditaires*, ou associés en commandite (23 C. com.).

**15085. Associé solidaire.** — Lorsqu'il y a plusieurs associés solidaires et en nom, soit que tous gèrent ensemble, soit qu'un ou plusieurs gèrent pour tous, la société est à la fois société en nom collectif à leur égard, et société en commandite à l'égard des simples bailleurs de fonds (24 C. com.).

Ainsi, l'associé responsable ou les associés solidaires sont tenus sur l'universalité de leurs biens.

**15086. Associé commanditaire.** — L'associé commanditaire n'est passible des pertes que jusqu'à concurrence des fonds qu'il a mis ou dû mettre dans la société (26 C. com.). Ainsi, les commanditaires n'apportent réellement que des capitaux et n'exposent que ce qu'ils apportent, leur fortune et leur personne restent entièrement en dehors de la société. C'est en cela que la société en commandite est une institution utile à ceux qui ne veulent courir que des risques limités.

Le commanditaire ne peut faire aucun acte de gestion, ni être employé pour les affaires de la société, même en vertu de procuration (27 C. com.). Cependant, il peut concourir aux délibérations de la société. Il a un capital exposé ; on ne saurait donc le dépouiller du droit de surveiller ; d'ailleurs, l'exercice de ce droit ne le met pas en évidence vis-à-vis des tiers. Néanmoins, les délibérations ne sauraient former de lien qu'entre les associés solidaires et lui. Il ne lui serait pas permis d'attaquer les opérations faites avec les tiers contrairement aux délibérations prises, car ce serait revêtir aux yeux de ceux-ci un rôle actif ; mais il pourrait demander des dommages-intérêts aux associés qui, en méconnaissant les délibérations, auraient compromis son capital.

Le commanditaire qui fait un acte de gestion ou qui sort de la neutralité qui lui est rigoureusement prescrite devient solidairement obligé au payement de toutes les dettes sociales qui ne sont pas encore acquittées au moment de son immixtion, et par conséquent de toutes les dettes postérieures (28 C. com.).

Sous l'empire de la loi du 17 juillet 1856, aujourd'hui remplacée par celle du 24 juillet 1867, il avait été jugé qu'une société en commandite par actions peut exister alors même qu'il n'y aurait qu'un seul commanditaire, bien qu'en un tel cas il ne soit pas possible de constituer le conseil de surveillance (C. Aix 18 nov. 1857, S. 58-2-473).

**15087. Raison sociale.** — La société en commandite est régie sous un nom social qui doit être nécessairement celui d'un ou de plusieurs associés responsables ou solidaires (23 C. com.). Le nom d'un associé commanditaire ne peut faire partie de la raison sociale (26 C. com.) ; ce serait en effet tromper les tiers que de leur présenter comme soumis à une responsabilité indéfinie celui dont le capital seul est responsable.

**15088. Gérant.** — Dans une société en commandite, il peut n'y avoir qu'un gérant ; il n'y a pas alors de société collective mêlée à la commandite. Ce gérant unique est personnellement et seul responsable (Troplong n° 412). Dans tous les cas, des personnes étrangères à une société en commandite ne peuvent en être les gérants. Il faut que les gérants mis en évidence par la raison sociale soient liés au succès de l'opération par un intérêt d'associé ; autrement, il serait trop facile d'emprunter des noms sans valeur et sans responsabilité réelle.

Le gérant d'une société en commandite tient de la loi le pouvoir de faire tous les actes d'administration et toutes les opérations qui sont de la nature de la société. Néanmoins, les associés peuvent, dans les clauses de l'acte de société, apporter à ce pouvoir telles restrictions qu'ils jugent convenables ; mais ces restrictions doivent être légalement publiées pour pouvoir être opposées aux tiers. Le gérant ne peut être assimilé à un simple mandataire. Il a le pouvoir de transiger et de compromettre dans les affaires qui concernent la société (C. Rennes 19 avr. 1841).

**15089. Commandite par actions.** — Quand le capital de la commandite est divisé en actions, c'est-à-dire en fractions aliquotes destinées à une circulation rapide et ayant leur crédit spécial, la société prend le nom de commandite par actions.

Ce genre d'entreprise présente de nombreux avantages, en ce qu'elle pénètre aisément dans le public par la diffusion facile de ses actions ; mais la spéculation y est d'autant plus à craindre et le législateur a plusieurs fois tenté d'y porter remède. Une loi du 17 juillet 1856 avait organisé à cet égard une série de dispositions sévères, qui sont aujourd'hui remplacées par la loi du 27 juillet 1867.

Le commentaire de cette loi ne rentre pas dans le cadre de cet ouvrage, nous devons seulement en indiquer à nos lecteurs les prescriptions essentielles.

**15090. Taux des actions.** — Les sociétés en commandite ne peuvent diviser leur capital en actions ou coupons d'actions de moins de 100 francs lorsque ce capital n'excède pas 200,000 francs, et de moins de 500 francs lorsqu'il est supérieur (art. 1er).

**15091. Formalités antérieures à la constitution de la société.** — Les sociétés en commandite ne peuvent être définitivement constituées qu'après la souscription de la totalité du fonds social et le versement par chaque actionnaire du quart au moins du montant des actions par lui souscrites (L. 27 juill. 1867, art. 1er). Le payement de la totalité du capital social avant la constitution de la société offrirait des dangers, mais la souscription intégrale de ce capital n'en présente aucun ; et c'est vraiment un des signes auxquels on reconnaît qu'une société est sérieuse, et qu'elle ne deviendra pas une déception pour les tiers et pour les souscripteurs.

Cette souscription et ces versements doivent être constatés par une déclaration du gérant dans un acte notarié. A cette déclaration doivent être annexés la liste des souscripteurs, l'état des versements faits par eux et l'acte de société (L. 27 juill. 1867, art. 1er). L'acte sous seing privé, quel que soit le nombre des associés, doit être fait en double original, dont l'un est annexé à la déclaration de souscription du capital et l'autre déposé au siége social (*Idem*).

Un moyen de fraude très-commun, très-dangereux, très-difficile à saisir, consistait dans l'exagération, sur les prospectus, de la valeur de l'apport social et la dissimulation des avantages. Le contrat se formait ainsi sans réflexion et sans contradiction. La nouvelle loi a voulu parer à cet inconvénient par son art. 4, ainsi conçu :

« Lorsqu'un associé fait un apport qui ne consiste pas en numéraire, ou stipule à son profit des avantages particuliers, la première assemblée générale fait apprécier la valeur de l'apport ou la cause des avantages stipulés. La société n'est définitivement constituée qu'après l'approbation de l'apport ou des avantages donnée par une autre assemblée générale, après une nouvelle convocation. La seconde assemblée générale ne pourra statuer sur l'approbation de l'apport ou des avantages qu'après un rapport qui sera imprimé et tenu à la disposition des actionnaires, cinq jours au moins avant la réunion de cette assemblée. Les délibérations sont prises par la majorité des actionnaires présents. Cette majorité doit comprendre le quart des actionnaires et représenter le quart du capital social en numéraire. Les associés qui ont fait l'apport ou stipulé des avantages particuliers soumis à l'appréciation de l'assemblée n'ont pas voix délibérative. A défaut d'approbation, la société reste sans effet à l'égard de toutes les parties. L'approbation ne fait pas obstacle à l'exercice ultérieur de l'action qui peut être intentée pour cause de dol ou de fraude. Les dispositions relatives à la vérification de l'apport qui ne consiste pas en numéraire ne sont pas applicables au cas où la société à laquelle est fait ledit apport est formée entre ceux seulement qui en étaient propriétaires par indivis. »

**15092. Forme des actions.** — Les abus auxquels avait donné lieu le droit de créer des actions au porteur, dès l'origine d'une société, avait fait naître la pensée de prohiber complétement les actions au porteur dans les sociétés en commandite ; mais la nécessité d'adopter une mesure si radicale n'a pas été démontrée au législateur, qui a parfaitement compris que l'action au porteur est entrée dans les habitudes commerciales, et que, renfermée dans de justes bornes, elle est une heureuse conception du crédit. La loi du 27 juillet 1867 a décidé, art. 3 :

« Il peut être stipulé, mais seulement par les statuts constitutifs de la société, que les actions ou coupons d'actions pourront, après avoir été libérés de moitié, être convertis en actions au porteur par délibération de l'assemblée générale. »

**15093. Responsabilité des actionnaires et négociation des actions.** — L'art. 3 L. 17 juillet 1856 voulait que les souscripteurs d'actions dans les sociétés en commandite fussent, nonobstant toute stipulation contraire, responsables du payement du montant intégral des actions par eux souscrites. Cette disposition avait eu pour but d'attacher aux sociétés des commanditaires sérieux vraiment attachés à leurs destinées; cette responsabilité, qui était la conséquence des principes généraux, devait être établie en termes formels, dit l'exposé des motifs, parce qu'elle avait été contestée.

Mais la loi n'aurait pas atteint son but si elle avait laissé une liberté complète pour la négociation des titres. Reproduisant des dispositions analogues, qui sont écrites dans les lois des 15 juillet 1845 et 10 juin 1853, relativement aux actions des chemins de fer, l'art. 3 L. 17 juillet 1856 avait décidé que les actions des commandites ne seraient négociables qu'après le versement des deux premiers cinquièmes.

Ces dispositions ont paru trop sévères au législateur de 1867, et il les a modifiées de la manière suivante :

« Art. 3. Soit que les actions restent nominatives, soit qu'elles aient été converties en actions au porteur, les souscripteurs primitifs qui ont aliéné les actions et ceux auxquels ils les ont cédées avant le versement de moitié restent tenus au payement du montant de leurs actions pendant un délai de deux ans, à partir de la délibération de l'assemblée générale. »

Les actions et coupons d'actions sont d'ailleurs, aux termes de l'art. 2, négociables après le versement du quart.

**15094. Nomination du conseil de surveillance.** — Toute société en commandite par actions doit être pourvue d'un conseil de surveillance ; aussi la loi du 17 juillet 1856 exige-t-elle (art. 5) que chaque société soit pourvue d'un conseil de surveillance, composé de trois actionnaires au moins. Ce conseil est nommé par l'assemblée générale des actionnaires immédiatement après la constitution définitive de la société et avant toute opération sociale. Il est soumis à la réélection aux époques et suivant les conditions déterminées par les statuts. Toutefois, le premier conseil n'est nommé que pour une année.

**15095. Nullité de la société.** — L'art. 6 L. 27 juillet 1867 déclare nulle, à l'égard des intéressés, toute société qui a été constituée contrairement aux dispositions précédentes. Mais cette nullité ne peut être opposée aux tiers par les associés.

Il faut remarquer que le mot *intéressé* emprunté à l'art. 42 C. com. est pris dans l'acception qui lui est donnée par la jurisprudence, qui a décidé que le mot *intéressé* comprenait les associés.

**15096. Fonctions du conseil de surveillance.** — Le premier conseil nommé doit aussitôt vérifier si les dispositions précédentes ont été observées (art. 6 L. 27 juill. 1867).

Ce conseil et ceux qui le remplacent vérifient les livres, la caisse, le portefeuille et les valeurs de la société. Ils font, chaque année, à l'assemblée générale, un rapport dans lequel ils doivent signaler les irrégularités et inexactitudes qu'ils ont reconnues dans les inventaires, et constater, s'il y a lieu, les motifs qui s'opposent aux distributions des dividendes proposés par le gérant (art. 10).

Le rôle du conseil de surveillance est, de cette manière, nettement déterminé. La loi n'entend pas, en effet, que le conseil de surveillance soit partie active dans la confection de l'inventaire, qu'il en puisse changer les bases, qu'il en fasse ce qu'on appelle le règlement. C'est un contrôle qui lui appartient. Si l'inventaire ne lui paraît pas exact, il en appelle, par son rapport, à l'assemblée générale, qui juge.

Le conseil de surveillance peut convoquer l'assemblée générale. Il peut aussi provoquer la dissolution de la société (art. 11 *Id.*).

**15097. Distribution de dividendes. — Répétition.** — Aucune répétition de dividendes ne peut être exercée contre les actionnaires, si ce n'est dans le cas où la distribution en aura été faite en l'absence de tout inventaire ou en dehors des résultats constatés par l'inventaire. L'action en répétition, dans le cas où elle est ouverte, se prescrit par cinq ans, à partir du jour fixé pour la distribution des dividendes. Les prescriptions commencées à l'époque de la promulgation de la présente loi, et pour lesquelles il faudrait encore, suivant les lois anciennes, plus de cinq ans, à partir de la même époque, seront accomplies par ce laps de temps (art. 10).

Quinze jours au moins avant la réunion de l'assemblée générale, tout actionnaire peut prendre, par lui ou par un fondé de pouvoir, au siége social, communication du bilan, des inventaires et du rapport du conseil de surveillance (art. 12).

**15098. Responsabilité du conseil de surveillance.** — Les membres du conseil de surveillance peuvent être, selon les art. 8 et 9 de la loi, soumis à deux sortes de responsabilité. La première, prévue par l'art. 8, découle de l'inobservation des règles prescrites pour la constitution de la société. « Lorsque, porte cet article, la société est annulée, aux termes de l'article précédent, les membres du conseil de surveillance peuvent être déclarés responsables, avec le gérant, du dommage résultant pour la société ou pour les tiers de l'annulation de la société. La même responsabilité peut être prononcée contre ceux des associés dont les rapports ou les avantages n'auraient pas été vérifiés et approuvés conformément à l'art. 4 ci-dessus. »

La seconde espèce de responsabilité qui pèse sur le conseil de surveillance résulte de l'art. 9, ainsi conçu : « Les membres du conseil de surveillance n'encourent aucune responsabilité en raison des actes de la gestion et de leurs résultats. Chaque membre du conseil de surveillance est responsable de ses fautes personnelles dans l'exécution de son mandat, conformément aux règles du droit commun. »

**15099. Pénalités.** — La loi aurait été vaine si, après avoir déterminé la valeur des actions, leur forme et leurs conditions d'émission, elle n'avait pas attaché une sanction pénale à la violation de ces prescriptions. Tel est l'objet des art. 13, 14, 15 et 16 L. 27 juillet 1867 :

« Art. 13. L'émission d'actions ou de coupons d'actions d'une société constituée contrairement aux prescriptions des art. 1er, 2 et 3 de la présente loi est punie d'une amende de 500 à 10,000 francs. Sont punis de la même peine : 1° le gérant qui commence les opérations sociales avant l'entrée en fonctions du conseil de surveillance ; — 2° ceux qui, en se présentant comme propriétaires d'actions ou de coupons d'actions qui ne leur appartiennent pas, ont créé frauduleusement une majorité factice dans une assemblée générale, sans préjudice de tous dommages-intérêts, s'il y a lieu, envers la société ou envers les tiers ; — 3° ceux qui ont remis les actions pour en faire l'usage frauduleux. Dans les cas prévus par les deux paragraphes précédents, la peine de l'emprisonnement de quinze jours à six mois peut, en outre, être prononcée.

« Art. 14. La négociation d'actions ou de coupons d'actions dont la valeur ou la forme serait contraire aux dispositions des art. 1er, 2 et 3 de la présente loi, ou pour lesquels le versement du quart n'aurait pas été effectué, conformément à l'art. 2 ci-dessus, est punie d'une amende de 500 à 10,000 francs. Sont punies de la même peine toute participation à ces négociations et toute publication de la valeur desdites actions.

« Art. 15. Sont punies des peines portées par l'art. 405 C. pén., sans préjudice de l'application de cet article à tous les faits constitutifs du délit d'escroquerie : 1° ceux qui, par simulation de souscriptions ou de versements, ou par publication, faite de mauvaise foi, de souscriptions ou de versements qui n'existent pas, ou de tous autres faits faux, ont obtenu ou tenté d'obtenir des souscriptions ou des versements ; — 2° ceux qui, pour provoquer des souscriptions ou des versements, ont, de mauvaise foi, publié les noms de personnes désignées, contrairement à la vérité, comme étant ou devant être attachées à la société à un titre quelconque ; — 3° les gérants qui, en l'absence d'inventaires ou au moyen d'inventaires frauduleux, ont opéré entre les actionnaires la répartition de dividendes fictifs. Les membres du conseil de surveillance ne sont pas civilement responsables des délits commis par le gérant.

« Art. 16. L'art. 463 C. pén. est applicable aux faits prévus par les trois articles qui précèdent. »

**15100. Instruction des instances.** — Des actionnaires représentant le vingtième au moins du capital social peuvent, dans un intérêt commun, charger à leurs frais un ou plusieurs mandataires de soutenir, tant en demandant qu'en défendant, une action contre les gérants ou contre les membres du conseil de surveillance, et de les représenter, en ce cas, en justice, sans préjudice de l'action que chaque actionnaire peut intenter individuellement en son nom personnel (art. 17).

**15101. Nomination du conseil de surveillance aux sociétés existantes.** — Les sociétés en commandite par actions existantes au moment de la promulgation de la loi du 27 juillet 1856 et qui n'avaient pas de conseils de surveillance ont été tenues, dans le délai de six mois à partir de la promulgation de cette loi, de constituer un conseil de surveillance.

Ce conseil a dû être nommé conformément aux dispositions de l'art. 5 de la loi de 1856.

La loi nouvelle du 27 juillet 1867 a ajouté à cet égard dans son art. 18 :

« Les sociétés antérieures à la loi du 17 juillet 1856, et qui ne se seraient pas conformées à l'art. 15 de cette loi, seront tenues, dans un délai de six mois, de constituer un conseil de surveillance, conformément aux dispositions qui précèdent. A défaut de constitution du conseil de surveillance dans le délai ci-dessus fixé, chaque actionnaire a le droit de faire prononcer la dissolution de la société. »

**15102. Conversion en société anonyme.** — D'après l'art. 19 de la loi de 1867, les sociétés en commandite par actions antérieures à cette loi, dont les statuts permettent la transformation en société anonyme autorisée par le Gouvernement, pourront se convertir en société anonyme dans les termes déterminés par le titre 2 de la présente loi, en se conformant aux conditions stipulées dans les statuts pour la transformation.

## SECTION 3. — DE LA SOCIÉTÉ ANONYME

[15103-15113]

**15103. En quoi la société anonyme diffère de la commandite.** — La société anonyme a quelques rapports avec la commandite; mais elle en diffère en un point essentiel : c'est que les capitaux associés et réalisés n'ont pas de représentants personnellement et indéfiniment responsables : elle n'offre au public qu'un patrimoine pour garantie, et point de personnes obligées. L'être moral est une caisse sociale au delà de laquelle il n'y a pas d'individus débiteurs et contraignables.

**15104. Pas de raison sociale.** — La dénomination de *société anonyme* ne résulte pas de ce que les opérations de ce genre de société doivent rester secrètes, mais uniquement de ce que, d'après les art. 29 et 30 C. com., elle n'existe point sous un nom social ; qu'elle n'est désignée par le nom d'aucun des associés, et qu'elle est seule qualifiée par la désignation de l'objet de son entreprise.

**15105. Formation de la société.** — La loi du 27 juillet 1867 a soumis les sociétés anonymes à des dispositions particulières que nous allons faire brièvement connaître.

D'après l'art. 21 : « A l'avenir, les sociétés anonymes pourront se former sans l'autorisation du Gouvernement. Elles pourront, quel que soit le nombre des associés, être formées par un acte sous seing privé fait en double original. Elles seront soumises aux dispositions des art. 29, 30, 32, 33, 34 et 36 C. com. et aux dispositions contenues dans le présent titre. »

La société ne peut être constituée si le nombre des associés est inférieur à sept (art. 23).

Les dispositions des art. 1er, 2, 3 et 4 de la loi de 1867 sur les commandites (*suprà*) sont applicables aux sociétés anonymes. La déclaration imposée au gérant par l'art. 1er est faite par les fondateurs de la société anonyme ; elle est soumise, avec les pièces à l'appui, à la première assemblée générale, qui en vérifie la sincérité (art. 24).

**15106. Division du capital en actions.** — Le capital général de la société anonyme se compose d'actions (V. 15043), et les actions peuvent se diviser elles-mêmes en coupons d'actions (34 C. com.).

Elles sont nominatives ou au porteur, dans les cas et suivant les conditions indiquées pour les sociétés en commandite.

La propriété des actions peut être établie par une inscription sur les registres de la société. Dans ce cas, la cession s'opère par une déclaration de transfert inscrite sur les registres et signée de celui qui fait le transport ou d'un fondé de pouvoirs (art. 36 C. com.)

**15107. Administration. — Assemblées.** — Les sociétés anonymes sont administrées par un ou plusieurs mandataires à temps, révocables, salariés ou gratuits, pris parmi les associés. Ces mandataires peuvent choisir parmi eux un directeur, ou, si les statuts le permettent, se substituer un mandataire étranger à la société, et dont ils sont responsables envers elle (art. 23 L. 27 juill. 1867).

1. NOMINATION. — Une assemblée générale est, dans tous les cas, convoquée, à la diligence des fondateurs, postérieurement à l'acte qui constate la souscription du capital et le versement du quart du capital qui consiste en numéraire. Cette assemblée nomme les premiers administrateurs ; elle nomme également, pour la première année, les commissaires institués par l'art. 32 ci-après. Ces administrateurs ne peuvent être nommés pour plus de six ans ; ils sont rééligibles, sauf stipulation contraire. Toutefois, ils peuvent être désignés par les statuts, avec stipulation formelle que leur nomination ne sera point soumise à l'approbation de l'assemblée générale. En ce cas, ils ne peuvent être nommés pour plus de trois ans. Le procès-verbal de la séance constate l'acceptation des administrateurs et des commissaires présents à la réunion. La société est constituée à partir de cette acceptation (art. 25 *Id.*).

2. ACTIONS DES ADMINISTRATEURS. — Les administrateurs doivent être propriétaires d'un nombre d'actions déterminé par les statuts. Ces actions sont affectées en totalité à la garantie de tous les actes de la gestion, même de ceux qui seraient exclusivement personnels à l'un des administrateurs. Elles sont nominatives, inaliénables, frappées d'un timbre indiquant l'inaliénabilité et déposées dans la caisse sociale (art. 26).

3. ASSEMBLÉES ANNUELLES. — Il est tenu, chaque année au moins, une assemblée générale à l'époque fixée par les statuts. Les statuts déterminent le nombre d'actions qu'il est nécessaire de posséder, soit à titre de propriétaire, soit à titre de mandataire, pour être admis dans l'assemblée, et le nombre de voix appartenant à chaque actionnaire, eu égard au nombre d'actions dont il est porteur. Néanmoins, dans les assemblées générales, appelées à vérifier les apports, à nommer les premiers administrateurs et à vérifier la sincérité de la déclaration des fondateurs de la société, prescrite par le deuxième paragraphe de l'art. 24, tout actionnaire, quel que soit le nombre des actions dont il est porteur, peut prendre part aux délibérations avec le nombre de voix déterminé par les statuts, sans qu'il puisse être supérieur à dix (art. 27).

4. DÉLIBÉRATIONS. — Dans toutes les assemblées générales, les délibérations sont prises à la majorité des voix. Il est tenu une feuille de présence ; elle contient les noms et domicile des actionnaires et le nombre d'actions dont chacun d'eux est porteur. Cette feuille, certifiée par le bureau de

l'assemblée, est déposée au siége social et doit être communiquée à tout requérant (art. 28).

Les assemblées générales qui ont à délibérer dans des cas autres que ceux qui sont prévus par les deux articles qui suivent doivent être composées d'un nombre d'actionnaires représentant le quart au moins du capital social. Si l'assemblée générale ne réunit pas ce nombre, une nouvelle assemblée est convoquée dans les formes et délais prescrits par les statuts et elle délibère valablement, quelle que soit la portion du capital représentée par les actionnaires présents (art. 29).

Les assemblées qui ont à délibérer sur la vérification des apports, sur la nomination des premiers administrateurs, sur la sincérité de la déclaration faite par les fondateurs aux termes du § 2 de l'art. 24, doivent être composées d'un nombre d'actionnaires représentant la moitié au moins du capital social. Le capital social, dont la moitié doit être représentée pour la vérification de l'apport, se compose seulement des apports non soumis à vérification. Si l'assemblée générale ne réunit pas un nombre d'actionnaires représentant la moitié du capital social, elle ne peut prendre qu'une délibération provisoire. Dans ce cas, une nouvelle assemblée générale est convoquée. Deux avis, publiés à huit jours d'intervalle, au moins un mois à l'avance, dans l'un des journaux désignés pour recevoir les annonces légales, font connaître aux actionnaires les résolutions provisoires adoptées par la première assemblée, et ces résolutions deviennent définitives si elles sont approuvées par la nouvelle assemblée, composée d'un nombre d'actionnaires représentant le cinquième au moins du capital social (art. 30).

5. MODIFICATION DES STATUTS. — Les assemblées qui ont à délibérer sur des modifications aux statuts ou sur des propositions de continuation de la société au-delà du terme fixé pour sa durée, ou de dissolution avant ce terme, ne sont régulièrement constituées et ne délibèrent valablement qu'autant qu'elles sont composées d'un nombre d'actionnaires représentant la moitié au moins du capital social (art. 31).

6. COMMISSAIRES. — L'assemblée générale annuelle désigne un ou plusieurs commissaires, associés ou non, chargés de faire un rapport à l'assemblée générale de l'année suivante sur la situation de la société, sur le bilan et sur les comptes présentés par les administrateurs. La délibération contenant approbation du bilan et des comptes est nulle si elle n'a été précédée du rapport des commissaires. A défaut de nomination des commissaires par l'assemblée générale, ou en cas d'empêchement d'un ou de plusieurs des commissaires nommés, il est procédé à leur nomination ou à leur remplacement par ordonnance du président du tribunal de commerce du siége de la société, à la requête de tout intéressé, les administrateurs dûment appelés (art. 32).

Pendant le trimestre qui précède l'époque fixée par les statuts pour la réunion de l'assemblée générale, les commissaires ont droit, toutes les fois qu'ils le jugent convenable dans l'intérêt social, de prendre communication des livres et d'examiner les opérations de la société. Ils peuvent toujours, en cas d'urgence, convoquer l'assemblée générale (art. 33).

7. ÉTAT DE SITUATION. — Toute société anonyme doit dresser, chaque semestre, un état sommaire de sa situation active et passive. Cet état est mis à la disposition des commissaires. Il est, en outre, établi chaque année, conformément à l'art. 9 C. com., un inventaire contenant l'indication des valeurs mobilières et immobilières et de toutes les dettes actives et passives de la société. L'inventaire, le bilan et le compte des profits et pertes sont mis à la disposition des commissaires le quarantième jour, au plus tard, avant l'assemblée générale. Ils sont présentés à cette assemblée (art. 34).

8. MANDATAIRES. — Des actionnaires représentant le vingtième au moins du capital social peuvent, dans un intérêt commun, charger à leurs frais un ou plusieurs mandataires de soutenir, tant en demandant qu'en défendant, une action contre les gérants ou contre les membres et de les représenter, en ce cas, en justice, sans préjudice de l'action que chaque actionnaire peut intenter individuellement en son nom personnel (art. 39).

9. MARCHÉS. — Il est interdit aux administrateurs de prendre ou de conserver un intérêt direct ou indirect dans une entreprise ou dans un marché fait avec la société ou pour son compte, à moins qu'ils n'y soient autorisés par l'assemblée générale. Il est, chaque année, rendu à l'assemblée générale un compte spécial de l'exécution des marchés ou entreprises par elle autorisés, aux termes du paragraphe précédent (art. 40).

**15108. Dividendes. — Prélèvements. —** Quinze jours au moins avant la réunion de l'assemblée générale, tout actionnaire peut prendre, au siége social, communication de l'inventaire et de la liste des actionnaires, et se faire délivrer copie du bilan résumant l'inventaire et du rapport des commissaires (art. 35).

Il est fait annuellement, sur les bénéfices nets, un prélèvement d'un vingtième au moins, affecté à la formation d'un fonds de réserve. Ce prélèvement cesse d'être obligatoire lorsque le fonds de réserve a atteint le dixième du capital social (art. 36).

**15109. Dissolution. —** En cas de perte des trois quarts du capital social, les administrateurs sont tenus de provoquer la réunion de l'assemblée générale de tous les actionnaires, à l'effet de statuer sur la question de savoir s'il y a lieu de prononcer la dissolution de la société. La résolution de l'assemblée est, dans tous les cas, rendue publique. A défaut par les administrateurs de réunir l'assemblée générale, comme dans le cas où cette assemblée n'aurait pu se constituer régulièrement, tout intéressé peut demander la dissolution de la société devant les tribunaux (art. 37 L. 27 juill. 1867).

La dissolution peut être prononcée sur la demande de toute partie intéressée, lorsqu'un an s'est écoulé depuis l'époque où le nombre des associés est réduit à moins de sept (art. 38).

**15110. Nullité. —** Est nulle et de nul

des intéressés, toute société anonyme pour laquelle n'ont pas été observées les dispositions des art. 22, 23, 24 et 25 ci-dessus (art. 41).

**15111. Responsabilité.** — Lorsque la nullité de la société ou des actes et délibérations a été prononcée aux termes de l'article précédent, les fondateurs auxquels la nullité est imputable et les administrateurs en fonctions au moment où elle a été encourue sont responsables solidairement envers les tiers, sans préjudice des droits des actionnaires (art. 42 L. 27 juill. 1867).

La même responsabilité solidaire peut être prononcée contre ceux des associés dont les apports ou les avantages n'auraient pas été vérifiés et approuvés conformément à l'art. 24.

L'étendue et les effets de la responsabilité des commissaires envers la société sont déterminés d'après les règles générales du mandat (art. 43).

Les administrateurs sont responsables, conformément aux règles du droit commun, individuellement ou solidairement, suivant les cas, envers la société ou envers les tiers, soit des infractions aux dispositions de la présente loi, soit des fautes qu'ils auraient commises dans leur gestion, notamment en distribuant ou en laissant distribuer sans opposition des dividendes fictifs (art. 44).

Les dispositions des art. 13, 14, 15 et 16 de la loi sont applicables en matière de sociétés anonymes, sans distinction entre celles qui sont actuellement existantes et celles qui se constitueront sous l'empire de la présente loi. Les administrateurs qui, en l'absence d'inventaire ou au moyen d'inventaires frauduleux, auront opéré des dividendes fictifs seront punis de la peine qui est prononcée dans ce cas par le n° 3 de l'art. 15 contre les gérants des sociétés en commandite. Sont également applicables en matière de sociétés anonymes les dispositions des trois derniers paragraphes de l'art. 10 (art. 45).

D'après l'art. 32 C. com., qui est déclaré applicable aux sociétés anonymes, les administrateurs ne sont responsables que de l'exécution de leur mandat. Ils ne contractent, à raison de leur gestion, aucune obligation personnelle ni solidaire relativement aux engagements de la société.

**15112. Engagement des associés.** — Dans la société anonyme, les associés ne sont passibles que de la perte du montant de leur intérêt dans la société (art 33 C. com.). Le capital social est seul exposé ; une fois la mise effectuée, il n'y a pas de réflexion possible des faits de la société sur la personne des associés. Tout associé anonyme est commanditaire ; mais, à la différence de la commandite, il n'y a nul mélange possible de commanditaire et d'associé solidaire.

**15113. Dispositions transitoires. — Conversion.** — Les sociétés anonymes actuellement existantes continueront à être soumises, pendant toute leur durée, aux dispositions qui les régissent. Elles pourront se transformer en sociétés anonymes dans les termes de la présente loi, en obtenant l'autorisation du Gouvernement et en observant les formes prescrites pour la modification de leurs statuts (art. 46 L. 27 juill. 1867).

Les sociétés à responsabilité limitée pourront se convertir en sociétés anonymes dans les termes de la présente loi, en se conformant aux conditions stipulées pour la modification de leurs statuts. Sont abrogés les art. 31, 37 et 40 C. com. et la loi du 23 mai 1863 sur les sociétés à responsabilité limitée (art. 47).

## SECTION 4. — SOCIÉTÉS A CAPITAL VARIABLE

[15114]

**15114. Règles générales.** — La loi du 27 juillet 1867 a créé une nouvelle espèce de société appelée société à capital variable, dont voici les règles :

Il peut être stipulé, dans les statuts de toute société, que le capital social sera susceptible d'augmentation par des versements successifs faits par les associés ou l'admission d'associés nouveaux, et de diminution par la reprise totale ou partielle des apports effectués. Les sociétés dont les statuts contiendront la stipulation ci-dessus seront soumises, indépendamment des règles générales qui leur sont propres suivant leur forme spéciale, aux dispositions des articles suivants (art. 48).

1. CAPITAL SOCIAL. — Le capital social ne pourra être porté par les statuts constitutifs de la société au-dessus de la somme de 200,000 francs. Il pourra être augmenté par des délibérations de l'assemblée générale, prises d'année en année ; chacune des augmentations ne pourra être supérieure de 200,000 francs (art. 49).

2. ACTIONS. — Les actions ou coupons d'actions seront nominatifs, même après leur entière libération ; ils ne pourront être inférieurs à 50 francs. Ils ne seront négociables qu'après la constitution définitive de la société. La négociation ne pourra avoir lieu que par voie de transfert et sur les registres de la société, et les statuts pourront donner, soit au conseil d'administration, soit à l'Assemblée générale, le droit de s'opposer au transfert (art. 50).

3. RÉDUCTION DU CAPITAL. — Les statuts détermineront une somme au-dessous de laquelle le capital ne pourra être réduit par les reprises des apports autorisés par l'art. 48. Cette somme ne pourra être inférieure au dixième du capital social. La société ne sera définitivement constituée qu'après le versement du dixième (art. 51).

4. RETRAITE. — Chaque associé pourra se retirer de la société lorsqu'il le jugera convenable, à moins de conventions contraires et sauf l'application du paragraphe 1er de l'article précédent. Il pourra être stipulé que l'assemblée générale aura le droit de décider, à la majorité fixée par la modification des statuts, que l'un ou plusieurs des associés cesseront de faire partie de la société. L'associé qui cessera de faire partie de la société, soit par l'effet de sa volonté, soit par suite de décision de l'assemblée générale, restera tenu pendant cinq ans, envers les associés et envers les tiers, de toutes les obligations existant au moment de sa retraite (art. 52).

5. GÉRANCE. — La société, quelle que soit sa forme, sera valablement représentée en justice par ses administrateurs (art. 53).

6. DISSOLUTION. — La société ne sera point dissoute par la mort, la retraite, l'interdiction, la faillite ou la déconfiture de l'un des associés; elle continuera de plein droit entre les autres associés (art. 54).

7. COOPÉRATION. — Les sociétés coopératives, comme toutes autres sociétés, sont civiles ou commerciales, suivant la nature des opérations auxquelles elles se livrent (Rivière n° 325). Les sociétés coopératives de consommation ont un caractère purement civil quand elles se bornent à acheter des denrées pour les livrer aux assurés, soit en nature, soit en produits fabriqués (Bourges 19 janv. 1869, S. 69-2-323).

## SECTION 5. — DISPOSITIONS GÉNÉRALES AUX TROIS SORTES DE SOCIÉTÉS CI-DESSUS

[15115-15120]

**15115. Manière de constater les sociétés commerciales.** — 1. SOCIÉTÉS EN NOM COLLECTIF ET EN COMMANDITE. — Les sociétés en nom collectif ou en commandite peuvent être constatées par des actes publics ou par des actes sous signatures privées, en se conformant, dans ce dernier cas, à l'art. 1325 C. C. (art. 39 C. com.).

2. SOCIÉTÉS ANONYMES. — Quant aux sociétés anonymes, l'authenticité de l'acte public était impérieusement exigée, pour leur formation, par l'art. 40 C. com. Mais la loi du 27 juillet 1867 a autorisé l'emploi de la forme sous signature privée, comme pour les autres sociétés (art. 1er et 24).

**15116. Preuve testimoniale.** — Dans tous les cas, aucune preuve par témoin ne peut être admise contre tout le contenu dans les actes de société, ni sur ce qui serait allégué avoir été dit avant l'acte, lors de l'acte et depuis, encore qu'il s'agisse d'une somme au-dessous de 150 francs (art. 41 C. com.).

**15117. Publication.** — Dans le mois de la constitution de toute société commerciale, un double de l'acte constitutif, s'il est sous seing privé, ou une expédition, s'il est notarié, est déposé au greffe de la justice de paix et du tribunal de commerce du lieu dans lequel est établie la société. A l'acte constitutif des sociétés en commandite par actions et des sociétés anonymes sont annexées :

1° Une expédition de l'acte notarié constatant la souscription du capital social et le versement du quart;

2° Une copie certifiée des délibérations prises par l'assemblée générale dans les cas prévus par les art. 4 et 24. En outre, lorsque la société est anonyme, on doit annexer à l'acte constitutif la liste nominative, dûment certifiée, des souscripteurs, contenant les noms, prénoms, qualités, demeure et le nombre d'actions de chacun d'eux (art. 55 L. 27 juill. 1867).

Dans le même délai d'un mois, un extrait de l'acte constitutif et des pièces annexées est publié dans l'un des journaux désignés pour recevoir les annonces légales. Il sera justifié de l'insertion par un exemplaire du journal certifié par l'imprimeur, légalisé par le maire et enregistré dans les trois mois de sa date. Les formalités prescrites par l'article précédent et par le présent article seront observées, à peine de nullité, à l'égard des intéressés; mais le défaut d'aucune d'elles ne pourra être opposé aux tiers par les associés (art. 56).

Si la société a plusieurs maisons de commerce situées dans divers arrondissements, le dépôt prescrit par l'art. 55 et la publication prescrite par l'art. 56 ont lieu dans chacun des arrondissements où existent les maisons de commerce. Dans les villes divisées en plusieurs arrondissements, le dépôt sera fait seulement au greffe de la justice de paix du principal établissement (art. 59).

Sont soumis aux formalités et aux pénalités prescrites par les art. 55 et 56 : tous actes et délibérations ayant pour objet la modification des statuts, la continuation de la société au-delà du terme fixé pour sa durée, la dissolution avant ce terme et le mode de liquidation; tout changement ou retraite d'associés et tout changement à la raison sociale. Sont également soumises aux dispositions des art. 55 et 56 les délibérations prises dans les art. 19, 37, 46, 47 et 59 ci-dessus (art. 61).

Ne sont pas assujettis aux formalités de dépôt et de publication les actes constatant les augmentations ou les diminutions du capital social opérées dans les termes de l'art. 48, ou les retraites d'associés autres que les gérants ou administrateurs, qui auraient lieu conformément à l'art. 52 (art. 62).

Dans tous les actes, factures, annonces, publications et autres documents *imprimés* ou *autographiés*, émanés des sociétés anonymes ou des sociétés en commandite par actions, la dénomination sociale doit toujours être précédée ou suivie immédiatement de ces mots, écrits lisiblement en toutes lettres : *Société anonyme* ou *Société en commandite par actions*, et de l'énonciation du montant du capital social. Si la Société a usé de la faculté accordée par l'art. 48, cette circonstance doit être mentionnée par l'addition de ces mots: *à capital variable*. Toute contravention aux dispositions qui précèdent est punie d'une amende de 50 à 1,000 francs (art. 64).

**Les art. 42, 43, 44, 45 et 46 C. com. se trouvent abrogés par les dispositions précédentes.**

**15118. Forme de l'extrait.** — L'extrait doit contenir les noms des associés autres que les actionnaires ou commanditaires; la raison de commerce ou la dénomination adoptée par la société et l'indication du siége social; la désignation des associés autorisés à gérer, administrer et signer pour la société; le montant du capital social et le montant des valeurs fournies ou à fournir par les actionnaires ou commanditaires; l'époque où la société commence, celle où elle doit finir, et la date du dépôt fait aux greffes de la justice de paix et du tribunal de commerce (art. 57 L. 27 juill. 1867). L'extrait doit énoncer que la société est en nom collectif ou en commandite simple, ou en commandite par actions, ou anonyme, ou à capital variable. Si la société est anonyme, l'extrait doit énoncer le montant du capital social en numéraire et en autres objets, la quotité à prélever sur les bénéfices pour composer le fonds de réserve. Enfin, si la société est à capital variable, l'extrait doit contenir l'indication de la somme au-dessous de laquelle le capital social ne peut être réduit (art. 58).

L'extrait des actes et pièces déposés est signé, pour les actes publics, par le notaire, et, pour les actes sous seing privé, par les associés, en nom collectif, par les gérants des sociétés en commandite ou par les administrateurs des sociétés anonymes (art. 60).

**15119. Communication.** — Lorsqu'il s'agit d'une société en commandite par actions ou d'une société anonyme, toute personne a le droit de prendre communication des pièces déposées aux greffes de la justice de paix et du tribunal de commerce, ou même de s'en faire délivrer, à ses frais, expédition ou extrait par le greffier ou par le notaire détenteur de la minute.

Toute personne peut également exiger qu'il lui soit délivré au siége de la société une copie certifiée des statuts moyennant payement d'une somme qui ne pourra excéder un franc. Enfin, les pièces déposées doivent être affichées d'une manière apparente dans les bureaux de la société (art. 63 L. 27 juill. 1867).

**15120. Assurances et tontines. — Autorisation du Gouvernement.** — Les associations de la nature des tontines et les sociétés d'assurances sur la vie, mutuelles ou à primes, restent soumises à l'autorisation et à la surveillance du Gouvernement. Les autres sociétés d'assurances pourront se former sans autorisation. Un règlement d'administration publique déterminera les conditions sous lesquelles elles pourront être constituées (art. 66 L. 27 juill. 1867).

Les sociétés d'assurances désignées dans le paragraphe 2 de l'article précédent, qui existent actuellement, pourront se placer sous le régime qui sera établi par le règlement d'administration publique, sans l'autorisation du Gouvernement, en observant les formes et les conditions prescrites pour la modification de leurs statuts (art. 67).

## SECTION 6. — DES SOCIÉTÉS A RESPONSABILITÉ LIMITÉE

[15121-15128]

**15121. Formation de la société.** — La loi du 23 mai 1863 avait organisé une autre espèce de société, sous le titre de société à responsabilité limitée. Cette loi a été abrogée par la loi du 27 juillet 1867 ; mais comme de nombreux contrats ont été passés sous l'empire de la première loi, il importe d'en faire connaître les dispositions.

Cette société à responsabilité limitée, dans laquelle aucun des associés n'est tenu au-delà de sa mise, peut être formée sans l'autorisation du Gouvernement. Elle est soumise aux dispositions des art. 29, 30, 32, 33, 34, 36 et 40 C. com. (art. 1er).

Les sociétés à responsabilité limitée ne peuvent être définitivement constituées qu'après la souscription de la totalité du capital social et le versement du quart au moins du capital, qui consiste en numéraire. Cette souscription et ces versements sont constatés par une déclaration des fondateurs faite par acte notarié. A cette déclaration, sont annexés la liste des souscripteurs, l'état des versements effectués et l'acte de société. Cette déclaration, avec les pièces à l'appui, est soumise à la première assemblée générale, qui en vérifie la sincérité (art. 4).

Lorsqu'un associé fait un apport qui ne consiste pas en numéraire, ou stipule à son profit des avantages particuliers, la première assemblée générale fait apprécier la valeur de l'apport de la cause des avantages stipulés. La société n'est définitivement constituée qu'après l'approbation dans une autre assemblée générale, après une nouvelle convocation. Les associés qui ont fait l'apport ou stipulé les avantages soumis à l'appréciation et à l'approbation de l'assemblée générale n'ont pas voix délibérative. Cette approbation ne fait pas obstacle à l'exercice ultérieur de l'action qui peut être intentée pour cause de dol ou de fraude (art. 5).

**15122. Division du capital social.** — Le capital social ne peut excéder 20 millions de francs. Il ne peut être divisé en actions ou coupons d'actions de moins de 100 francs, lorsqu'il n'excède pas 200,000 francs, et de moins de 500 francs lorsqu'il est supérieur. Les actions sont nominatives jusqu'à leur entière libération. Les actions ou coupons d'actions ne sont négociables qu'après le versement des deux cinquièmes. Les souscripteurs sont, nonobstant toute stipulation contraire, responsables du montant total des actions par eux souscrites (art. 3).

Le nombre des associés ne peut être inférieur à sept (art. 2).

**15123. Publication de la société.** — Dans la quinzaine de la constitution de la société, les administrateurs sont tenus de déposer au greffe du tribunal de commerce : 1° une expédition de l'acte de société et de l'acte constatant la souscription du capital et du versement du quart; — 2° une copie certifiée des délibérations prises par l'assemblée générale dans les cas prévus par les art. 4, 5 et 6, et de la liste nominative des souscripteurs, contenant les noms, prénoms, qualités, demeure et le nombre d'actions de chacun d'eux. Toute personne a le droit de prendre communication des pièces susmentionnées, et même de s'en faire délivrer une copie à ses frais. Les mêmes documents doivent être affichés d'une manière apparente dans les bureaux de la société (art. 8).

Dans le même délai de quinzaine, un extrait des actes et délibérations énoncés dans l'article précédent est transcrit, publié et affiché suivant le mode prescrit par l'art. 42 C. com. L'extrait doit contenir : les noms, prénoms, qualités et demeures des administrateurs; la désignation de la société, de son objet et du siége social ; la mention qu'elle est à responsabilité limitée; l'énonciation du montant du capital social, tant en numéraire qu'en autres objets ; la quotité à prélever sur les bénéfices pour composer le fonds de réserve; l'époque où la société commence et celle où elle doit finir, et la date du dépôt au greffe du tribunal de commerce prescrit par l'art. 8. L'extrait est signé par les administrateurs de la société (art. 9).

Tous actes et délibérations ayant pour objet la modification des statuts, la continuation de la société au delà du terme fixé pour sa durée, la dissolution avant ce terme et le mode de liquidation, sont soumis aux formalités prescrites par les art. 8 et 9 (art. 10).

Dans tous les actes, factures, annonces, publications et autres documents émanés des sociétés à responsabilité limitée, la dénomination sociale doit toujours être précédée ou suivie immédiatement de ces mots, écrits lisiblement en toutes lettres : *Société à responsabilité limitée* et de l'énonciation du montant du capital social.

**15124. Administration de la société. — Assemblées générales.** — Les sociétés à responsabilité limitée sont administrées par un ou plusieurs mandataires à temps, révocables, salariés ou gratuits, pris parmi les associés (art. 1er).

Une assemblée générale est convoquée à la diligence des fondateurs postérieurement à l'acte qui constate la prescription du capital social et le versement du capital qui consiste en numéraire. Cette assemblée nomme les premiers administrateurs; elle nomme également, pour la première année, les commissaires, institués par l'art. 15 ci-après.

Ces administrateurs ne peuvent être nommés pour plus de six ans; ils sont rééligibles, sauf stipulation contraire. Le procès-verbal de la séance constate l'acceptation des administrateurs et des commissaires présents à la réunion. La société est constituée à partir de cette acceptation (art. 6).

Les administrateurs doivent être propriétaires, par égales parts, d'un vingtième du capital social. Les actions formant ce vingtième sont affectées à la garantie de leur gestion. Elles sont nominatives, inaliénables, frappées d'un timbre indiquant l'inaliénabilité et déposées dans la caisse sociale (art. 7).

Il est tenu, chaque année au moins, une assemblée générale à l'époque fixée par les statuts. Les statuts déterminent le nombre d'actions qu'il est nécessaire de posséder, soit à titre de propriétaire, soit à titre de mandataire, pour être admis dans l'assemblée et le nombre de voix appartenant à chaque actionnaire eu égard au nombre d'actions dont il est porteur. Néanmoins, dans les premières assemblées générales appelées à statuer dans les cas prévus par les art. 4, 5 et 6, tous les actionnaires sont admis avec voix délibérative (art. 12).

Dans toutes les assemblées générales, les délibérations sont prises à la majorité des voix. Il est tenu une feuille de présence : elle contient les noms et domiciles des actionnaires et le nombre d'actions dont chacun d'eux est porteur. Cette feuille, certifiée par le bureau de l'assemblée, est déposée au siége social et doit être communiquée à tout requérant (art. 13).

Les assemblées générales doivent être composées d'un nombre d'actionnaires représentant le quart au moins du capital social. Si l'assemblée générale ne réunit pas ce nombre, une nouvelle assemblée est convoquée, et elle délibère valablement, quelle que soit la portion du capital représentée par les actionnaires présents. Mais les assemblées qui délibèrent sur l'objet indiqué dans l'art. 5, sur les nominations des premiers administrateurs dans le cas prévu par l'art. 6, sur les modifications aux statuts, sur des propositions de continuation de société au delà du terme fixé pour sa durée, ou de dissolution avant ce terme, ne sont régulièrement constituées et ne délibèrent valablement qu'autant qu'elles sont composées d'un nombre d'actionnaires représentant la moitié au moins du capital social. Lorsque l'assemblée délibère sur l'objet indiqué dans l'art. 5, le capital social, dont la moitié doit être représentée, se compose seulement des apports non soumis à vérification (art. 14).

L'assemblée générale annuelle désigne un ou plusieurs commissaires, associés ou non, chargés de faire un rapport à l'assemblée générale de l'année suivante sur la situation de la société, sur le bilan et sur les comptes présentés par les administrateurs. La délibération contenant approbation du bilan et des comptes est nulle si elle n'a été précédée du rapport des commissaires. A défaut de nomination des commissaires par l'assemblée générale, ou en cas d'empêchement ou de refus d'un ou de plusieurs commissaires nommés, il est procédé à leur nomination ou à leur remplacement par ordonnance du président du tribunal de commerce de la société, à la requête de tout intéressé, les administrateurs dûment appelés (art. 15).

Les commissaires ont droit, toutes les fois qu'ils le jugent convenable, dans l'intérêt social, de prendre communication des livres, d'examiner les opérations de la société et de convoquer l'assemblée générale (art. 16).

Toute société à responsabilité limitée doit dresser, chaque trimestre, un état résumant sa situation active et passive. Cet état est mis à la disposition des commissaires. Il est, en outre, établi chaque année un inventaire contenant l'indication des valeurs mobilières et immobilières et de toutes les dettes actives et passives de la société. Cet inventaire est présenté à l'assemblée générale (art. 17).

Quinze jours au moins avant la réunion de l'assemblée générale, une copie du bilan résumant l'inventaire et du rapport des commissaires est adressée à chacun des actionnaires connus et déposée au greffe du tribunal de commerce. Tout actionnaire peut, en outre, prendre, au siége social, communication de l'inventaire et de la liste des actionnaires (art. 18).

Il est fait annuellement sur les bénéfices nets un prélèvement d'un vingtième au moins, affecté à la formation d'un fonds de réserve. Ce prélèvement cesse d'être obligatoire lorsque le fonds de réserve a atteint le dixième du capital social (art. 19).

**15125. Dissolution.** — En cas de perte des trois quarts du capital social, les administrateurs sont tenus de provoquer la réunion de l'assemblée générale de tous les actionnaires, à l'effet de statuer sur la question de savoir s'il y a lieu de prononcer la dissolution de la société. La résolution de l'assemblée est, dans tous les cas, rendue publique dans les formes prescrites par l'art. 8. A défaut par les administrateurs de réunir l'assemblée générale, tout intéressé peut demander la dissolution de la société devant les tribunaux (art. 20).

La dissolution doit être prononcée, sur la demande de

tout intéressé, lorsque six mois se sont écoulés depuis l'époque où le nombre des actionnaires a été réduit à moins de sept (art. 21).

**15126. Nullités.** — Est nulle et de nul effet, à l'égard des intéressés, toute société à responsabilité limitée pour laquelle n'ont pas été observées les dispositions des art. 1, 3, 4, 5, 6, 7, 8 et 9. Sont également nuls les actes et délibérations désignés dans l'art. 10 s'ils n'ont point été déposés et publiés dans les formes prescrites par les art. 8 et 9. Cette nullité ne peut être opposée aux tiers par les associés (art. 24).

**15127. Responsabilité.** — Des associés représentant le vingtième au moins du capital social peuvent, dans un intérêt commun, charger à leur frais un ou plusieurs mandataires d'intenter une action contre les administrateurs à raison de leur gestion, sans préjudice de l'action que chaque associé peut intenter individuellement en son nom personnel (art. 22).

Il est interdit aux administrateurs de prendre ou de conserver un intérêt direct ou indirect dans une opération quelconque faite avec la société ou pour son compte, à moins qu'ils n'y soient autorisés par l'assemblée générale pour certaines opérations spécialement déterminées (art. 23).

Lorsque la nullité de la société ou des actes et délibérations a été prononcée, aux termes de l'art. 24 ci-dessus, les fondateurs auxquels la nullité est imputable et les administrateurs en fonctions au moment où elle a été encourue sont responsables solidairement et par corps envers les tiers, sans préjudice des droits des actionnaires. La même responsabilité solidaire peut être prononcée contre ceux des associés dont les apports ou les avantages n'auraient pas été vérifiés et approuvés conformément à l'art. 5 (art. 25).

L'étendue et les effets de la responsabilité des commissaires envers la société sont déterminés d'après les règles générales du mandat (art. 26).

Les administrateurs sont responsables, conformément aux règles du droit commun, soit envers la société, soit envers les tiers, de tous dommages-intérêts résultant des infractions aux dispositions de la loi et des fautes par eux commises dans leur gestion. Ils sont tenus solidairement du préjudice qu'ils peuvent avoir causé soit aux tiers, soit aux associés, en distribuant on en laissant distribuer sans opposition des dividendes qui, d'après l'état de la société constaté par les inventaires, n'étaient pas réellement acquis (art. 27).

**15128. Pénalités.** — Toute contravention à la prescription de l'art. 17 est punie d'une amende de 50 francs à 1,000 francs (art. 28)

Sont punis d'une amende de 500 francs à 10,000 francs ceux qui, se présentant comme propriétaires d'actions ou de coupons d'actions qui ne leur appartiennent pas, ont créé frauduleusement une majorité factice dans une assemblée générale, sans préjudice de tous dommages-intérêts, s'il y a lieu, envers la société ou envers les tiers. La même peine est applicable à ceux qui ont remis les actions pour en faire l'usage frauduleux (art. 29).

L'émission d'actions faite en contravention à l'art. 3 est punie d'un emprisonnement de huit jours à six mois, et d'une amende de 500 francs à 10,000 francs, ou de l'une de ces peines seulement. La négociation d'actions ou de coupons d'actions faite contrairement aux dispositions du même art. 3 est punie d'une amende de 500 francs à 10,000 francs; sont punies de la même peine toute participation à ces négociations et toute publication de la valeur desdites actions (art. 30).

Sont punis des peines portées par l'art. 405 C. pén., sans préjudice de l'application de cet article à tous les faits constitutifs du délit d'escroquerie : 1° ceux qui, par simulation de souscriptions ou de versements, ou par la publication faite de mauvaise foi de souscription ou de versements qui n'existent pas, ou de tous autres faits faux, ont obtenu ou tenté d'obtenir des souscriptions ou des versements; — 2° ceux qui, pour provoquer des souscriptions ou des versements, ont, de mauvaise foi, publié les noms de personnes désignées, contrairement à la vérité, comme étant ou devant être attachées à la société à un titre quelconque; — 3° les administrateurs qui, en l'absence d'inventaires ou au moyen d'inventaires frauduleux, ont opéré ou laissé opérer, sciemment et sans oposition, la répartition de dividendes non réellement acquis (art. 31).

L'art. 463 C. pén. est applicable aux faits prévus par la loi.

## SECTION 7. — DE LA SOCIÉTÉ EN PARTICIPATION

[15129-15132]

**15129. Aperçu général.** — Indépendamment des espèces de sociétés commerciales que nous venons d'analyser, le code de commerce reconnaît des associations *en participation* (art. 47 C. com.) qui se présentent fréquemment, surtout en matière d'opérations maritimes.

Ces associations sont relatives à une ou plusieurs *opérations de commerce;* elles ont lieu pour les objets, dans les formes, avec les proportions d'intérêt et aux conditions convenues entre les participants (art. 48 *id.*).

Les associations en participation peuvent être constatées par la représentation des livres, de la correspondance, ou par la preuve testimoniale, si le tribunal juge qu'elle peut être admise (art. 49 *id.*).

Les associations commerciales en participation ne sont pas sujettes aux formalités prescrites pour les autres sociétés (art. 50 *id.*).

**15130. Exemples de société en participation.** — La société en participation étant généralement mal connue, nous allons, pour jeter quelque lumière sur sa nature, en citer plusieurs exemples.

1. PREMIÈRE COMBINAISON. — Un navire arrive d'Amérique à Bordeaux, chargé de marchandises. Un négociant de ce port envoie à son correspondant de Bayonne le détail de la cargaison et lui propose d'acheter avec lui une partie de café, qui, suivant toutes les apparences de la place, pourra être revendue avec de grands avantages, le priant de lui faire

connaître, en cas d'affirmative, pour quelle part il désire entrer dans cette spéculation. Le négociant de Bayonne répond qu'il accepte l'affaire pour un tiers, et qu'il entrera dans cette proportion dans les profits et pertes. Là-dessus, le négociant de Bordeaux achète la marchandise en son nom, et par là se forme une association en participation, que l'on appelle aussi *compte en participation*, parce qu'elle se résout en un compte entre les deux négociants.

Dans cette position, il est clair que le négociant bordelais, qui aura acheté du maître du navire la partie de café, sera seul obligé envers lui; le négociant de Bayonne, au contraire, n'aura contracté aucune obligation; et si le Bordelais vient à faire faillite, le vendeur n'aura pas de recours contre son participant. Réciproquement, en cas de faillite du négociant de Bordeaux, le correspondant de Bayonne ne pourra disputer à ses créanciers personnels la marchandise achetée en participation. Il n'aura pas plus de droits que les autres et viendra avec eux au marc le franc.

Comme une telle association n'intéresse pas le public et qu'elle ne forme de lien qu'entre les deux associés, elle n'a pas besoin d'être enregistrée.

2. DEUXIÈME COMBINAISON. — Je me suis rendu adjudicataire de la ferme de l'octroi d'une grande ville; mais, pour me procurer des ressources dont j'ai besoin, j'admets plusieurs capitalistes à participer avec moi aux profits et pertes, moyennant qu'ils me fournissent des fonds jusqu'à une certaine somme convenue. Du reste, cette participation doit demeurer inconnue, je suis seul obligé comme fermier de la ville; tous les actes se font en mon nom.

Une telle société est appelée en participation par les auteurs, et ce n'est pas autre chose.

3. TROISIÈME COMBINAISON. — J'ai un intérêt aux corps et cargaison d'un navire; je vous en cède une partie moyennant 6,000 francs, que vous me payez. L'expédition se fait, d'ailleurs, en mon nom; seulement, je m'oblige à vous faire part du produit net de l'opération, après avoir prélevé toutes dépenses et dettes. Ces sortes d'associations, très-fréquentes dans nos ports, sont des associations en participation; Émerigon leur donne ce nom.

4. QUATRIÈME COMBINAISON. — Deux marchands vont ensemble à une foire, et, pour ne pas se nuire par une concurrence qui les ferait peut-être suracheter, ils conviennent de faire tous leurs achats en commun pour les partager ensuite De fait, chacun d'eux achète séparément ce qu'il trouve d'avantageux; puis, tout est rapporté en une masse, et l'on fait les lots suivant la convention. — Cette manière d'acheter en commun est usuelle parmi les revendeurs de meubles qui se rencontrent fortuitement aux encans. Elle constitue une société en participation, que l'on a coutume d'appeler *momentanée*, parce qu'elle ne dure que le temps nécessaire pour l'achat et pour la vente; elle se contracte verbalement, car elle est trop imprévue et trop rapide pour que l'écriture y trouve place.

5. CINQUIÈME COMBINAISON. — On trouve enfin, et plus fréquemment, la simple participation dans l'espèce suivante: deux ou trois marchands, voyant que le blé est cher en France et à bon marché à Odessa, conviennent que Pierre, l'un d'eux, ira dans cette ville pour faire un achat considérable de tant de sacs de froment, pour envoyer ensuite ces grains dans le port de Marseille à Joseph, autre participant, chargé d'en faire la revente. Comme il ne s'agit que d'une seule affaire déterminée, ces marchands ne prennent pas de raison sociale. Un seul achète ce qui est convenu; un autre revend seul et rend compte à ses associés, anonymes pour le public. Ces derniers ne sont pas engagés envers les vendeurs de froments; ils n'ont pas agi collectivement. Celui-là seul qui a paru a contracté des obligations; les tiers ne connaissent pas les autres et ne peuvent de leur chef les rechercher.

Il a été jugé en ce sens : 1° que la convention faite entre deux négociants à l'effet de revendre pour le compte commun des marchandises consistant en matières premières, qui seront achetées par l'un d'eux, en son nom et avec ses fonds, puis, après avoir été façonnées par l'autre, remises au premier pour être vendues, constitue une société en participation. Ce dernier participant n'étant pas réputé co-propriétaire des marchandises, n'est jamais fondé (lui ou le syndic de sa faillite) à en revendiquer le prix, ou à revendiquer les marchandises elles-mêmes, dans les mains de l'associé gérant, qui a, dans tous les cas, le droit de les vendre et d'appliquer ce prix au remboursement de ses avances; il ne peut que lui demander de rendre compte du résultat de l'opération pour prendre part aux bénéfices, s'il en a été obtenu (Cass. 13 avr. 1864, S. 64-1-173);

2° Que dans une société en participation pour la vente de marchandises, formée entre l'expéditeur de ces marchandises et celui auquel elles sont expédiées pour être vendues, la propriété des marchandises continue de résider entièrement sur la tête de l'associé expéditeur. Du moins, l'arrêt qui le décide ainsi, par interprétation des conventions des parties, échappe à la censure de la Cour de cassation. Par suite, si l'associé chargé d'opérer la vente des marchandises vient à tomber en faillite, l'associé expéditeur est fondé à revendiquer ces marchandises, ou le prix, s'il est encore dû par l'acheteur (Cass. 23 fév. 1864, S. 64-1-63);

3° Que la convention par laquelle deux négociants stipulent que l'un d'eux fera, dans une localité, des achats de commerce, et que l'autre à qui ils seront expédiés les revendra dans une localité différente avec partage de bénéfices ou de pertes, constitue non un mandat, mais une participation, alors surtout que les parties y ont déclaré renoncer à tout droit de commission pour les achats ou les ventes (Cass. 4 juin 1860, S. 61-1-75);

4° Qu'une société formée entre plusieurs personnes pour le commerce des grains, bien qu'elle ait été qualifiée, dans l'acte constitutif, de société en commandite, n'est pas en réalité une commandite, mais une simple participation, si elle n'a pas de raison sociale et si les parties sont convenues de supporter les pertes et de partager les profits par portions égales (Agen 23 nov. 1853, S. 54-2-23);

5° Qu'une association formée sous l'empire des usages de la baie de Saint-Brieuc, pour entreprendre la pêche de la morue à Terre-Neuve, constitue une association en participation dont la durée est nécessairement celle des navires qui en sont l'objet (Rennes 26 fév. 1867, S. 68-1-449);

6° Que la convention par laquelle des négociants chargent

un tiers, moyennant l'attribution de la moitié du bénéfice, de toutes les opérations d'achat et de revente relatives à une spéculation sur certaines marchandises, ne constitue pas une participation, mais un mandat salarié si ces négociants tiennent les écritures, payent directement les achats et les dépenses de l'exploitation, et touchent le prix des reventes (Poitiers 6 juin 1871, S. 71-2-212).

**15131. La participation ne constitue pas une vraie société.** — Ainsi qu'on l'a vu au n° 15129, la loi ne donne pas à la participation le titre de société, mais celui d'*association*. Aussi Troplong enseigne-t-il (nos 490 et 495), qu'elle n'est pas une vraie société, mais une simple nuance de la société, qui se résume à ceci : « La société fait que toute l'affaire réside dans la personne de chaque associé ; que ce qui se fait au nom de l'un est censé fait au nom des autres ; que tout est commun, simultané, de même que dans un corps animé, ce qui touche une des parties agit sur tout l'ensemble. Au contraire, dans la participation, l'affaire est propre à celui qui agit : elle est sienne, elle est individuelle. Seulement quand l'opération est terminée, il y a à rendre un compte des profits et pertes. En un mot, la société forme un corps moral ; la participation ne reconnaît que des individus » (*Conf.*: Bastia 25 avr. 1855, S. 59-1-223 ; — Bordeaux 22 août 1860, S. 61-2-49 ;— Cass. 13 avr. 1864, S. 64-1-173 ;— 17 juill. 1861, S. 62-1-374 ; — 23 fév. 1864, S. 64-1-63, 19 fév. 1868, S. 68-1-296 ; — 13 nov. 1872, 3543 R. P. ;—Caen 18 mai 1864, S. 65-2-103 ; — Aix 16 mai 1868, S. 70-2-332 ; — Cass. 22 déc. 1874, 4168 R. P. ; — 21 mars 1876 4688 R. P.).

**15132. Caractères distinctifs de la participation.** — Un des caractères essentiels de la participation, c'est d'être occulte ; elle se contracte ordinairement verbalement, car elle est souvent trop imprévue et trop rapide pour que l'écriture y trouve place ; — mais soit qu'elle ne soit que momentanée, comme embrassant une opération simple, soit qu'elle doive se prolonger jusqu'à la consommation de plusieurs affaires successives, dès l'instant qu'elle ne reste pas concentrée dans des rapports intérieurs, elle est une société collective.

Il est encore un trait caractéristique, « c'est que la participation ne confond pas la propriété des mises ; c'est que les parties ne se sont pas associées pour former un capital social, un fonds appartenant à la société ; c'est qu'en se réunissant, elles retiennent la propriété de leurs apports ; c'est que leur association ne leur donne de droits respectifs que pour entrer en compte des profits et pertes, et qu'avant ce temps il n'y a pas de fusion d'intérêts, de vie commune, d'action simultanée ; tout est individuel, propriété, industrie » (Troplong n° 500).

Il suit de là que l'association en participation n'a ni nom, ni raison, ni signature sociale, ni siége ; elle n'est pas sujette aux formalités prescrites pour les autres sociétés ; elle est exempte de publicité ; elle se prouve par tout moyen de preuve, même par la preuve testimoniale.

La question de savoir si une association commerciale constitue une simple association ou une société en nom collectif est donc toute d'appréciation (Cass. 8 mai 1867, S. 67-1-313). On a fait résulter, par exemple, l'existence de la société en nom collectif de ce que la société qualifiée de participation agissait sous un nom et avait un siége social (Cass. 29 juill. 1863, S. 63-1-447, V. 15185 ; — Cass. 17 août 1870, 2414-7 I. G.) ; — ou opérait sous une direction unique avec solidarité de la part des associés (Cass. 3 fév. 1869, S. 69-1-217).

« Attendu, porte l'arrêt du 29 juillet 1863, que ce qui caractérise principalement la société en nom collectif et la distingue de la société en participation c'est que, dans la société en nom collectif, la société forme un être moral qui se sépare complétement de chaque associé ; que cet être moral est représenté par la raison sociale ; que les engagements pris sous la raison sociale obligent tous les associés, tandis que, dans la société en participation, il n'existe ni être moral, séparé de chaque associé, ni raison sociale, et les engagements qui sont pris par les associés n'obligent que ceux qui les souscrivent. »

On a, de même, considéré comme une commandite et non comme une participation, une société dans laquelle on trouve un associé personnellement et indéfiniment responsable, un commanditaire dont la responsabilité est limitée au montant de sa commandite, une raison sociale, un gérant ayant seul la signature sociale, et enfin l'établissement du siége social dans l'une des maisons appartenant à la société (Cass. 20 nov. 1861, 1151 R. P., 2223-6 I. G., S. 62-1-94).

## SECTION 8. — DES CONTESTATIONS ENTRE ASSOCIÉS ET DE LA MANIÈRE DE LES DÉCIDER

[15133]

**15133.** — Les contestations entre associés et leur instruction font l'objet des art. 51 à 64 C. com., qui peuvent se résumer ainsi :

Toute contestation qui s'élève entre associés de commerce, à l'occasion de la société, doit être jugée par des arbitres.

On dit alors que l'arbitrage est *forcé*, par opposition à l'arbitrage *volontaire*, qui a lieu en matières civiles et dans les autres matières commerciales, quand les parties croient devoir y recourir.

L'arbitrage forcé est régi par les dispositions du code de commerce, combinées avec celles du code de procédure.

Toute action contre les associés non liquidateurs et leurs veuves, héritiers ou ayants cause, est prescrite cinq ans après la fin ou la dissolution de la société, si l'acte de société qui en énonce la durée ou l'acte de dissolution a été affiché et enregistré selon le mode indiqué précédemment, et si, depuis cette formalité remplie, la prescription n'a été interrompue à leur égard par aucune poursuite judiciaire.

Cette prescription a pour but d'assurer, dans un court espace de temps, la tranquillité du négociant retiré d'une société, et de lui permettre d'entreprendre sans crainte des affaires nouvelles.

L'action contre le liquidateur, associé ou non, dure trente ans ; car il a entre les mains toutes les valeurs sociales qui sont le gage des créanciers, et dont il serait inique de les dépouiller brusquement.

Après cela, il est bien certain que le liquidateur qui aura payé des dettes sociales sur ses biens personnels pourra, même après cinq ans, recourir contre les associés non liquidateurs. Mais le recours ne sera pas solidaire, comme l'aurait été l'action directe des créanciers ; le liquidateur ne pourra demander à chaque associé que sa part dans la dette acquittée.

La prescription n'a pas lieu dans les sociétés qui n'ont pas de liquidateurs, car alors tous les associés sont saisis collectivement de l'actif social.

L'état de faillite de la société exclut encore la prescription de cinq ans ; en pareil cas, l'actif social n'est entre les mains de personne, puisqu'il a disparu.

# TITRE II. — APPLICATION DES DROITS D'ENREGISTREMENT

[15134-15320]

## CHAPITRE PREMIER. — FORMATION DE LA SOCIÉTÉ

[15134-15168 *bis*]

**15134. Tarif.** — La loi des 5-19 déc. 1790 soumettait les actes de société au droit proportionnel sur les objets susceptibles d'évaluations. Afin de favoriser le commerce et aussi, selon l'opinion exprimée par Duchâtel dans son rapport sur la loi du 22 frimaire an 7, parce que l'acte de formation de société n'a pas à proprement dire un caractère attributif, l'art. 68 § 3 n° 4 de cette loi a tarifé au droit fixe de 3 francs les actes de société qui ne portent ni obligation, ni libération, ni transmission de biens meubles ou immeubles, entre les associés ou autres personnes.

Ce droit a été élevé d'abord à 5 francs par l'art. 45 n° 7 L. 28 avril 1816 ; — puis remplacé par un droit gradué, selon l'importance des sommes et valeurs constituant les apports sociaux.

L'art 1er L. 28 février 1872, qui a établi ce droit gradué, est ainsi conçu :

« La quotité du droit fixe d'enregistrement auquel sont assujettis par la loi du 22 frimaire an 7 et par les lois subséquentes, les actes ci-après sera déterminée ainsi qu'il suit, savoir: — 1° les actes de formation et de prorogation de société qui ne contiennent ni obligation, ni libération, ni transmission de biens meubles ou immeubles entre les associés ou autres personnes, par le montant total des apports mobiliers et immobiliers, déduction faite du passif. »

Avant d'entrer dans le commentaire de ce texte, nous avons besoin de présenter quelques observations particulières.

**15135. Principe de l'application du tarif.** — La loi du 22 frimaire an 7 et celle du 28 février 1872, en parlant du contrat de société, ont entendu tarifer la convention qui fait l'objet de l'art. 1832 C. C., c'est-à-dire le contrat qui réunit les élément essentiels à la société, soit civile, soit commerciale. Elles n'ont pas entendu atteindre des simples associations, telles que la participation (V. 15131 et 15372) qui peuvent bien constituer une indivision quelconque, une réunion d'intérêts qui se groupent pour mieux se soutenir, mais dans lesquelles ne se rencontrent pas les caractères qui marquent de leur sceau cette nature de contrat, dont le Code civil et le code de commerce ont tracé les règles dans leurs titres intitulés *de la Société*.

Nous avons donc à faire ressortir ici les traits caractéristiques de la société, pour préparer la saine application du tarif. Ce que nous dirons ne fournira pas seulement d'ailleurs la solution de la question de savoir quand doit être perçu ou ne doit pas être perçu le droit gradué; les règles qui dispensent un objet quelconque du droit proportionnel ou l'y assujettissent, suivant que cet objet fait ou ne fait pas partie d'une société, en découleront par une conséquence directe.

**15136. Les bénéfices à faire sont caractéristiques du contrat de société.** — On a vu, au n° 15041, que le but de toute société est de faire des bénéfices. Et d'abord, que doit-on entendre par *bénéfices?* Telle est la première question à se poser, puisque sans bénéfices en perspective, il n'y a pas de société. Le mot *bénéfices*, tel que l'entend l'art. 1832, répond à l'idée de gain pécuniaire ou appréciable en argent. Il est la traduction du mot *lucrum*, employé dans le titre du Digeste *pro socio;* c'est ce qui fait l'associé plus riche et accroît son bien-être matériel (Troplong *du Contrat de société* n° 12).

1. AVANTAGE MORAL. — Ainsi, un père, voulant conserver sa fille auprès de lui, stipule, en la mariant, que les futurs époux demeureront dans sa maison et auront, à frais communs, la même habitation et la même table. Ce père et les futurs époux obéissent à leurs affections; leur convention, suivant les circonstances qui l'accompagneront, pourra bien donner lieu à un droit particulier, celui de donation, par exemple ; mais comme elle ne constitue pas une société, les règles de perception qui concernent cette nature de contrat ne pourront lui être appliquées (Champ. et Rig. n° 2773). Il est vrai qu'un adage dit que celui-là gagne qui satisfait son désir : *Dicitur lucrari qui explet voluntatem suam.* Mais l'adage n'est pas applicable en matière de société (Troplong *loc. cit.*).

Il en serait autrement si le père et les futurs époux convenaient de vivre à frais communs et de confondre le produit de leurs travaux. L'association ayant pour but d'augmenter le revenu social par une agglomération de forces, tendrait à se procurer un bénéfice, ce qui rendrait le contrat de société parfait et donnerait ouverture au droit fixe gradué. C'est un point que nous avons discuté et établi ou mot *Contrat de mariage*.

2. SOCIÉTÉ D'AGRÉMENT. — Ce que nous disons des avantages moraux s'applique directement à ces réunions qui poursuivent un but d'agrément et de pure satisfaction, telles que certaines sociétés de musique, uniquement destinées à faciliter l'exécution en commun de partitions musicales. « Considérant, porte une D. m. f. belge 23 avril 1859, que, pour qu'il y ait *société* dans l'acception juridique du mot, il faut non-seulement que l'on convienne de mettre quelque chose en commun, mais encore que ce soit en vue d'un bénéfice ; considérant que, comme l'enseigne Tro-

plong n° 12, il ne faut pas, pour déterminer la nature du bénéfice qui doit être le but de la société, faire entrer en ligne de compte les avantages moraux, les jouissances d'affection, les distractions intellectuelles que peut procurer une association; considérant que le but et l'objet de la société de B... sont, aux termes de l'art. 3 dudit acte, d'instruire dans l'art musical ses membres effectifs, de les y perfectionner, de leur procurer, ainsi qu'aux membres honoraires, aux familles des uns et des autres, et aux personnes qu'ils présenteront, tous les amusements qui pourront convenablement avoir lieu dans son local, et qui consisteront principalement en parties de musique, de danse et autres sortes de divertissements » (8345 J. E. belge).

Il en serait de même des cercles ou salons de conversation dont l'institution est complétement étrangère à la pensée d'un bénéfice (Sens 20 mai 1847, D. 47-3-112; — C. Aix 20 mars 1873, 4252 R. P.).

C'est ainsi qu'il a été décidé par la Cour suprême de Belgique, le 14 novembre 1867, que les héritiers d'une personne qui, conjointement avec d'autres, ont fait l'acquisition d'un immeuble au nom d'une société d'agrément dépourvue de personnification civile, sont tenus du droit de mutation pour la part que leur auteur avait dans la propriété acquise par lui. « Attendu qu'en admettant, ainsi que cela est constaté au procès que la société du *Casino* ne formait qu'une réunion de personnes dans un but d'agrément, c'était alors une communauté composée d'individus sur la tête desquels existaient en commun et se divisaient les droits et obligations qui leur étaient attribuées » (10590 J.E. belge).

Mais il faut bien remarquer que le principe ordinaire reprendrait son empire si les associations précédentes avaient un côté spéculatif, s'il s'agissait par exemple, de réunir des cotisations pour acheter des objets communs, donner des concerts non gratuits, etc.

On devra examiner, d'après les circonstances, si ces sociétés poursuivent un but lucratif appréciable en argent, et dans le cas de l'affirmative on les soumettra au tarif des sociétés proprement dites.

Ainsi, il a été jugé, en matière civile, que des particuliers forment une société quand ils se réunissent pour mettre et exploiter en commun le droit de chasse sur leurs terres et sur des terres louées (Cass. 18 nov. 1865, D. 66-1-455).

3. AVANTAGE APPRÉCIABLE A PRIX D'ARGENT. — Que dire de la convention intervenue entre deux personnes, pour acheter ensemble un site pour se conserver la vue dont jouissait leur maison ? Ces deux personnes n'ont voulu que se procurer un plaisir, mais ce plaisir des yeux est appréciable à prix d'argent, car il donne plus de valeur à l'habitation des deux voisins. Une pareille convention est donc une société (L. 52 § 13, D. *Pro socio*).

Pothier (n° 133) qualifie de société la convention de deux voisins qui se sont associés pour acheter en commun un équipage et en jouir chacun à leur tour. En effet, l'agrément ou l'utilité d'une voiture dans une grande ville est un avantage réel et appréciable à prix d'argent. C'est donc en vue d'un bénéfice que les deux voisins ont réuni leur bourse pour faire une acquisition qu'ils n'eussent peut-être pu faire isolément.

Plusieurs personnes stipulent qu'elles entretiendront, chacune pour sa part, un chemin conduisant à leurs propriétés respectives. L'Administration a vu dans cette convention une société et a prescrit la perception du droit de société (Dél. 11 sept. 1822). Champ. et Rig. (n° 2774), Dalloz (n° 3526) et le D. N. t. 11 p. 920 n° 374 critiquent cette perception. Il n'y a là, disent ces auteurs, que le règlement d'une charge, d'une servitude de propriété. Nous ne saurions partager cet avis. Le bien que ces personnes retireront de leurs mise de fonds, destinée à entretenir des voies de communication pour le service de leurs propriétés, se traduit irrécusablement en une augmentation de valeur pour ces propriétés. Il y a donc bénéfice à obtenir, et dès lors société.

4. ASSURANCES MUTUELLES. — Il est dans les principes du contrat d'assurance que l'assuré ne puisse jamais faire de l'assurance l'objet d'un bénéfice, il ne peut y avoir pour lui que réparation d'un dommage, *assecuratus non quærit lucrum, sed agit ne in damno sit*. Il résulte de là que les assurances mutuelles pour la grêle, l'incendie, les épizooties, etc., sont exclusives de toute pensée de bénéfices, puisque chaque assureur est en même temps assuré. La mutualité amène ce résultat remarquable que la qualité d'assuré paralyse le bénéfice de l'assureur. C'est ainsi qu'il est contraire à l'esprit des compagnies d'assurances mutuelles qu'elles deviennent l'occasion d'un gain pour l'associé (Troplong n° 14; — Cass. 4 déc. 1871, S. 72-1-15).

Aussi avons-nous pensé que dans la rigueur des principes, le contrat d'assurances mutuelles ne rentrait pas dans la définition du mot *Société* (Grenoble 9 juill. 1866, S. 67-2-14) et devait être envisagé comme un acte innomé passible du droit de 3 francs. — M. Demante trouvait notre objection fort autorisée et inclinait également vers l'application de ce tarif (n° 525). On peut même citer en ce sens une solution rendue pour le département de la Seine le 3 avril 1849.

Cependant le contraire a longtemps prévalu en pratique. On percevait le droit fixe de 5 francs sur les actes constitutifs de sociétés d'assurances mutuelles par lesquels des personnes exposées au même genre de risques ou de chances se garantissent respectivement les unes envers les autres (D. m. f. 21 déc. 1821; — Provins 4 mars 1847) : on l'a décidé ainsi notamment au sujet des sociétés d'assurances mutuelles contre le recrutement (Dél. 1er juin 1822, Sol. 2 août 1825, Sol. 22 avr. 1863).

On pourrait dire, à l'appui de ce système, qu'en rendant l'assuré indemne, le contrat lui procure un bénéfice qui consiste à diminuer l'effet du sinistre; il n'est pas plus riche que si sa maison n'eût pas brûlé, mais il est plus riche que s'il n'eût pas contracté, et c'est ce bénéfice éventuel que chacun a en vue dans la mutualité.

Mais ce raisonnement était d'une extrême subtilité et l'Administration est revenue en définitive à notre opinion, lorsqu'il s'est agi d'appliquer la perception du droit gradué. La solution du 27 mai 1874 par laquelle elle a consacré cette interprétation est ainsi conçue :

« L'art. 1er n° 1er de la loi du 28 février 1872 a soumis au droit fixe gradué « les actes de formation et de prorogation de sociétés, » en raison « des apports mobiliers et immobiliers, et déduction faite du passif. » Ainsi, la première des conditions requises pour l'application du droit gradué, c'est l'existence d'une société, c'est-à-dire, suivant la définition de l'art. 1832 C. C., d'un contrat par lequel deux ou plusieurs personnes mettent quelque chose en commun, dans la vue de partager le bénéfice qui pourra en résulter. Il n'y a donc société, dans le sens propre et juridique du mot, que lorsqu'il y a intention et possibilité de réaliser des bénéfices. Or, il est de l'essence même des conventions d'assurances mutuelles d'exclure, pour les adhérents, toute chance de bénéfices. D'où il suit que ces conventions n'ont pas le caractère de sociétés, dans l'acception légale de ce mot. C'est là un point de doctrine incontestable (V. Pardessus 4-970, Pont *Société* p. 52 n° 71, Aubry et Rau t. 3 p. 392). Et l'on peut même considérer la question comme tranchée législativement en quelque sorte par les explications, d'une netteté parfaite, contenues dans l'exposé des motifs de la loi du 24 juillet 1867 (V. *Collection* Duvergier 1867 p. 324 note 1-2). Il suit de là que les conventions d'assurance mutuelle échappent, par leur nature, à l'application de l'art. 1er L. 28 février 1872, qui vise les actes de société. Mais, d'un autre côté, on ne saurait faire profiter le contrat qui seul a constitué, dès l'origine, cette convention de la gratuité dont jouissent, moyennant le payement de la taxe de 8 pour 100, les polices d'assurances. La disposition de l'art. 6 L. 23 août 1871 ne peut régir que les adhésions à l'association mutuelle. L'acte qui crée cette association contient autre chose que l'assurance : il fixe les bases d'organisation, le mode d'administration, les statuts; désigne les membres du conseil; contient attribution de juridiction. A ce titre, indépendamment de la taxe de 8 pour 100, qui sera payée sur le montant des cotisations, selon le mode déterminé par le règlement d'administration publique du 25 novembre 1871, cet acte est passible du droit fixe de 3 francs établi pour les actes innomés » (art. 68 § 1er n° 51 L. 22 frim. an 7, 3864 R. P.).

Si la société existait antérieurement et si l'acte était une adhésion pure et simple, il aurait le caractère d'une police à enregistrer gratis (Sol. 30 janv. 1878).

5. ASSURANCES A PRIME. — Mais les compagnies d'assurances à prime sont constituées sur des bases autres que celles d'assurances mutuelles; elles sont toujours formées dans la vue d'un bénéfice pour l'assureur. Aussi le ministre des finances a-t-il décidé avec raison, le 21 décembre 1821 (336 C.), que ces sortes de conventions sont assujetties au droit fixe.

6. SOCIÉTÉS DE CONSERVE. — En temps de guerre, il se forme des sociétés qui réunissent les forces de plusieurs vaisseaux, dans le but de résister aux attaques des corsaires d'abord, et de faire des captures ensuite. Il est vrai que l'objet unique de ces associations n'est pas de faire des bénéfices, et que le besoin de la légitime défense joue un grand rôle dans leur formation. Cependant, comme il y a chance et espérance de profits, le contrat de société se trouve parfaitement caractérisé, et on les appelle *sociétés de conserve* (Pardessus t. 3 n° 656, t. 4 n° 984). De pareilles associations sont donc passibles du droit fixe gradué.

7. SOCIÉTÉS DE DESSÈCHEMENT. — C'est encore dans un double but, celui d'assainissement et de bénéfices à réaliser, que se forment les sociétés de dessèchement. Tout en cherchant à faire disparaître les miasmes qui s'exhalent des eaux croupissantes pour infecter l'air et porter atteinte à la santé publique, elles ont également pour but d'améliorer les terres sur lesquelles elles opèrent, de les rendre plus propres à la culture, et de tirer des bénéfices de leurs travaux de dessèchement et d'assainissement. Ce sont donc là de véritables sociétés.

Il faudrait cependant décider qu'il n'y a pas société, dans le sens légal du mot, si une association se formait dans l'unique but d'assainissement, et non pour arriver à des gains. Une pareille convention ne serait donc passible que du droit fixe de 3 francs.

**15137. Il faut que le bénéfice soit fait en commun.** — L'art. 1832 C. C. ne suppose pas seulement qu'il doit y avoir bénéfice pour caractériser le contrat de société, il entend encore que le bénéfice soit fait *en commun*. C'est ce qui résulte de ces expressions : « dans la vue de *partager* le bénéfice. » Car pour partager un bénéfice, il faut nécessairement qu'il y ait communauté. L'idée de partage ne peut s'allier qu'avec celle d'une indivision préexistante. Un bénéfice qui, bien que fait avec des choses en commun, serait recueilli par les parties individuellement avant tout partage serait donc exclusif du contrat de société. *Sic autem societas contrahi debet, ut lucrum inde fiat et id commune sit* (Doneau sur le code *Pro socio* préface n° 19).

La Cour de cassation a fait une application directe de ce principe, le 4 juillet 1826 (S. 1826-1-380). Deux négociants, les sieurs Lery et Debol, avaient mis en commun une somme de 2,000 francs dont chacun devait jouir à son tour, pendant trois ans, pour les besoins de son commerce particulier. Des contestations s'élevèrent et la Cour de cassation ayant été saisie de l'affaire, rendit l'arrêt suivant :

« Attendu qu'une société de commerce ne peut exister sans qu'il y ait perte à supporter en commun, ou profit à partager entre les associés ; que le résultat de toute association est étranger aux opérations qui avaient eu lieu entre les parties, *puisque la bourse commune n'était jamais employée dans l'intérêt commun des parties, mais qu'elle était alternativement à leur disposition pour leurs affaires particulières*; que pareille opération ne saurait constituer une société commerciale, et, par suite, motiver l'incompétence du tribunal de commerce ; que dès lors, il n'y avait pas lieu de renvoyer les parties devant les arbitres. »

Une pareille convention, et toute convention analogue, ne pourrait donc motiver la perception du droit gradué comme acte de société.

**15138. La communauté n'est nullement caractéristique de la société.** — Ce qui distingue la communauté de la société, c'est que la communauté est un état passif, tandis que la société se sert de la communauté comme moyen de faire des bénéfices et de les partager. Dans la communauté, chacun jouit pour soi, pour sa commodité, pour son bien-être, sans avoir à se préoccuper de la commodité et du bien-être des autres communistes, sans s'inquiéter d'un but commun auquel il faudrait sacrifier son intérêt privé. Dans la société, il n'en est pas de même ; il y a un intérêt commun auquel doit se subordonner l'intérêt particulier des associés ; il y a une jouissance sociale préférable à la jouissance privée des membres de l'association (Troplong n° 22).

« La société, dit Demolombe, se forme toujours par un contrat, tandis que la communauté a le plus souvent pour origine un événement indépendant de la volonté des copropriétaires. Cette différence n'est cependant pas essentielle ; mais le signe caractéristique, c'est que la société est contractée dans la vue de partager un bénéfice, qu'elle forme un être moral actif, tandis que la communauté est un état passif ne constituant aucune individualité, et dans lequel chaque partie conserve son intérêt séparé » (t. 15 n° 477). — C'est ainsi, par exemple que si l'un des communistes est créancier personnel d'un débiteur de la succession, rien ne s'oppose à ce que le cohéritier dirige l'imputation intégrale sur sa créance, contrairement à l'art. 1848 C.C. — De même, si l'un des cohéritiers avait reçu sa part entière de la créance commune et que le débiteur fût devenu insolvable, le cohéritier ne serait pas tenu de rapporter ce qu'il aurait reçu (Dig. L. 38 *famil. erciscundæ*, L. 12 au code *Dép.*, Pothier *Société* n° 122, Duvergier *Idem* n° 33, Troplong *Idem* n°s 22-551-560, Demolombe t. 15 n° 479).

1. ACQUISITION D'UN TERRAIN VAGUE POUR ÊTRE LAISSÉ DANS SON ÉTAT PRIMITIF. — Un terrain vague s'étend en avant de ma maison et de celle de mon voisin; nous l'achetons en commun, avec stipulation que nous n'y changerons rien, sauf à chacun de nous à en user en cet état comme il l'entendra. Une pareille convention constitue tout simplement, entre mon voisin et moi, une création de communauté (D.N. t. 11 p. 920 n° 375).

2. ACQUISITION D'UN TERRAIN VAGUE POUR ÊTRE MIS EN CULTURE. — Mais au lieu de laisser le terrain dans son état improductif, nous convenons de le transformer en jardin, que nous mettrons tous nos soins à cultiver, sauf à vendre les fruits qu'il produira et à partager le prix de la vente. Il y a évidemment contrat de société.

Si cette acquisition n'était pas faite dans la vue de réaliser un bénéfice commun, soit sur l'exploitation, soit sur la revente, il n'y aurait pas contrat de société (Cass. 22 nov. 1852, S. 53-1-73).

3. SYNDICAT POUR L'ARROSEMENT DES TERRES. — Troplong cite (n° 30), comme exemple de société, les syndicats, assez communs dans la Provence, pour l'arrosement des propriétés rurales. Les propriétaires riverains d'un cours d'eau se réunissent, sous l'administration des syndics, pour arrêter la quantité d'eau qui revient à chacun, les jours et heures auxquels chacun peut arroser, le curage du lit, l'entretien des rives, la contribution par tête, etc. Dans une pareille association se révèlent des sacrifices à un intérêt collectif, la vue d'un bénéfice; ce n'est pas là la communauté passive, c'est la société intelligente et fructueuse pour tous.

Aucun doute ne peut plus exister à cet égard, depuis que les associations syndicales ont été organisées par la loi du 21 juin 1865 et qu'on leur a reconnu la capacité d'acquérir, de vendre, d'échanger et d'ester en justice. Ce sont là des sociétés véritables dont la formation serait sujette au droit gradué.

Ainsi, il a été jugé qu'une association syndicale d'irrigation ou d'arrosage, bien que non constituée par l'autorité publique, n'en a pas moins une existence légale et qu'elle peut être régulièrement représentée par ses syndics (Cass. 6 juill. 1864, S. 64-1-327).

Il en est de même, sans aucun doute possible, des syndicats autorisés par la loi du 21 juin 1865. Ces associations constituent des personnes civiles et juridiques.

4. PÊCHE D'UN ÉTANG. — Plusieurs personnes possèdent en commun, depuis de longues années, un étang dont on afferme la pêche. L'intervention des propriétaires se borne à partager annuellement le prix du fermage. C'est la communauté dans sa forme la plus inerte.

5. MINES. — La concession d'une mine, à plusieurs particuliers, ne donne pas naissance à une société proprement dite. Par conséquent, la vente d'une de ces parts est passible du droit immobilier (Cass. 18 juin 1862, 1663 R.P., 2239-1 I.G.).

6. LA SOCIÉTÉ NE SE PRÉSUME PAS. — Une règle qu'il est utile de ne pas perdre de vue, c'est que la société ne se présume pas : *In dubio non videtur societas* (Cujas sur la loi 13, D. *Præscriptis verbis*). Cependant, dans une espèce où il s'agissait de savoir s'il y avait société ou prêt, la Cour d'appel de Paris a décidé que, dans le doute, il fallait se prononcer pour la société (18 août 1800, Dalloz 1re édit. v° *Société* p. 131). Mais Troplong fait remarquer avec raison (n° 28) que la société est un contrat qui porte avec lui des engagements trop sérieux pour qu'on puisse l'admettre sans une intention évidente de la part des contractants.

**15139. Convention de demeurer dans l'indivision.** — Duranton enseigne que la convention de demeurer dans l'indivision pendant cinq ans (art. 815 C.C.) constitue un contrat de société (t. 17 n° 92 et t. 7 n° 79). Mais cet avis du savant professeur ne saurait prévaloir. C'est tout simplement une convention suspensive du partage, dont l'unique effet est de prolonger l'indivision, c'est-à-dire de laisser les parties dans le même état où elles étaient. Il est vrai que Papinien reconnaît un contrat de société dans la stipulation par laquelle des frères sont convenus de garder en commun des successions indivises (L. 52 § 6 Dig. *Pro socio*); mais il suppose que cet accord a été consenti dans la vue de faire des bénéfices. Une simple convention suspensive du partage ne suppose aucune idée de spéculation; et lors même que, comme il arrive presque toujours, elle renfermerait certaines clauses sur le mode d'administration de la communauté indivise, elle ne revêtirait pas pour cela le caractère d'un contrat de société (Demolombe t. 15 n° 508, Demante t. 3 n° 139 *bis*, Troplong *des Sociétés* t. 2 n° 968). Par conséquent, le droit fixe de société ne serait pas exigible (Dél. 26 oct. 1827, D.N t. 9 p. 331 n° 857) et on ne pourrait appliquer que le tarif des actes innommés.

**15140. Admission dans une congrégation religieuse.** — On avait d'abord considéré comme constituant un contrat de société l'acte par lequel une fille est admise dans une communauté religieuse, moyennant une dot payée par ses père et mère (Dél. 24 juill. 1827). Mais l'Administration a abandonné cette doctrine, et elle a reconnu, par une seconde délibération du 4 juin 1841 (1661 § 4 I.G.), que le droit exigible dans cette circonstance est celui du bail à nourriture à vie : 2 pour 100. Ainsi que nous l'avons indiqué au n° 1963, cette doctrine a été sanctionnée par la jurisprudence (Castres 19 août 1853 et 31 août 1854; — Rodez

16 fév. 1854; — Cass. 7 nov. 1855, 533 R. P., 2060 § 1er I. G., 15642 J. N., S. 56-1-74, P. 56-2-401).

C'est celle que nous avions enseignée dans nos éditions précédentes et ce que nous établissons au mot *Bail à nourriture*.

**15141. Le mandat peut quelquefois caractériser la société, lorsque l'intention des parties se révèle.** — On trouve entre le mandat et le contrat de société des analogies qui peuvent faire illusion, jusqu'à un certain point. Mais ces deux contrats diffèrent l'un de l'autre, surtout en ce que la société suppose une ou plusieurs opérations dans un intérêt commun, avec part proportionnelle dans les pertes comme dans les bénéfices, circonstances qui ne se retrouvent pas entières dans le mandat, même lorsqu'il intéresse à la fois le mandant et le mandataire. Ainsi, la convention entre le titulaire d'un bureau de tabac et un autre particulier, portant que celui-ci régira le bureau de tabac, pendant un certain délai, sauf le cas de malversation, moyennant le tiers du produit net de la gestion, et à charge par lui d'avancer les fonds nécessaires pour l'achat des tabacs, constitue, non une société en participation, mais un mandat salarié (C. Bordeaux 7 juin 1836, Dalloz *loc. cit.* n° 18).

Cependant, la volonté des parties clairement exprimée pourrait approprier à la société une convention qui, au premier aperçu, présenterait les caractères du mandat. « Sans doute, dit Troplong (n° 36), cette volonté ne s'établira pas facilement; ce sera à celui qui l'alléguera à la justifier. Mais enfin, si la preuve de l'intention est complètement administrée, le juge ne répugnera pas à déclarer une société. »

Troplong, après Ulpien (L. 44, D. *Pro socio*), cite l'exemple suivant d'une convention de mandat pouvant caractériser une société, si telle a été la volonté des parties contractantes : « Je vous donne une pierre précieuse pour la vendre, et il est convenu entre nous que si vous ne la vendez que mille, vous me compterez cette somme entière; que si, au contraire, vous la vendez davantage, le surplus sera pour vous. »

On pourrait objecter que le partage des bénéfices étant la condition de la société, cette condition manque ici, puisque la personne chargée de vendre peut n'avoir aucun bénéfice ; mais Pothier nous fait observer (n° 13) que l'espérance des bénéfices suffit à la validité du contrat de société. Or les parties ont ici un bénéfice en perspective : le propriétaire en s'assurant un prix, le commissionnaire en stipulant que tout le surplus lui appartiendra. — La jurisprudence administrative reconnaît généralement une toute autre portée à la convention que nous venons d'examiner : elle lui assigne le caractère de la vente, ainsi qu'on peut voir au n° 11137.

**15142. La société peut quelquefois se déguiser sous la forme d'un bail.** — On connaît les discussions qui se sont élevées sur la question de savoir si le bail soit partiaire, soit à cheptel, est une société, ou un contrat innomé, ou un bail (V. *Bail*). On rencontre quelquefois même des analogies assez frappantes entre le bail ordinaire et la société, et les analogies deviennent souvent fort embarrassantes, lorsqu'il s'agit du bail d'industrie.

On peut voir sous le n° 2579 une solution qui a appliqué le tarif fixé pour la société à un contrat qui avait été qualifié de bail. Mais ce sont là généralement des questions de fait que nous n'avons pas à examiner ici, car leur solution ne peut avoir aucune influence sur les principes, au point que les tribunaux les décident même souverainement sans que la censure de la Cour de cassation puisse les atteindre : *Voluntatis quæstio in existimatione judicis est.* C'est aux juges à scruter avec intelligence l'intention des parties, et à faire pencher la balance soit du côté du bail, soit du côté de la société, en s'appuyant sur les présomptions les plus graves, les plus précises, les mieux concordantes. Telle est également la mission des employés.

Ainsi, l'acte par lequel un ouvrier s'engage envers un entrepreneur à exécuter tous les ouvrages de son état faisant partie des travaux que celui-ci aura à faire pendant un temps déterminé, moyennant une remise de tant pour 100 sur le prix convenu avec le propriétaire, est une société en participation et non pas un louage d'industrie (Dél. 10 mai 1842, D. N. t. 11 p. 920 n° 377).

Au contraire, le traité par lequel un inventeur s'engage envers le propriétaire d'une usine, moyennant une rémunération déterminée et une part dans les bénéfices, à fournir les dessins de machines nouvelles et à surveiller la construction de ces machines sous le contrôle de ce dernier, qui avance tous les fonds, constitue non une société, mais un louage d'industrie (Nancy 23 mai 1866, S. 66-2-357).

Mais il a été reconnu, en matière d'enregistrement, que l'on doit considérer comme une société, et non comme un louage d'industrie, l'acte par lequel le gérant d'une entreprise déclare, en vertu d'une clause du pacte social, s'adjoindre un cogérant qui recevra une indemnité annuelle déterminée. Il importe peu que la collaboration du gérant puisse cesser avant la dissolution de l'entreprise et que ses droits ne soient pas transmissibles à ses héritiers (Seine 4 août 1866, 2362 R. P.).

L'acte par lequel un maître pêcheur s'engage à diriger un bateau moyennant un salaire fixe et une part de la pêche est un louage (C. Rouen 2 mai 1874, 4167 R. P.).

**15143. Sous-bail.** — Constitue une société et non un sous-bail, le contrat par lequel un entrepreneur s'associe un tiers dans l'exploitation d'une entreprise, sans autre obligation que de contribuer aux charges de l'entreprise par une mise de fonds et par son industrie, de la même manière que l'entrepreneur originaire et moyennant une part dans le bénéfice (Cass. 24 déc. 1821. — V. *Bail*). Cet arrêt contient une distinction remarquable du sous-bail et de la société ; les considérations sur lesquelles il se fonde peuvent s'appliquer généralement : « Attendu, porte-t-il, que le contrat de sous-bail, comme celui de cession de bail, suppose de la part du sous-bailleur, ou du cédant un abandon, au profit du sous-preneur ou cessionnaire, de la jouissance exclusive de tout ou partie de la chose tenue à bail, moyennant un prix quelconque que celui-ci doit payer au premier, soit annuellement soit une fois pour toute la jouissance ; que B... en associant C... à l'exploitation de la ferme des Jeux, ne se dépouille de rien en faveur de cet associé, puisqu'il demeure coïntéressé avec lui dans tous les bénéfices comme dans toutes les pertes, qu'on ne peut pas dire non plus que B... reçoit de C... un prix dont il doive profiter seul, puisque les fonds doivent être versés dans la caisse commune » (Dalloz n° 3128).—V. 15255 et suiv.

**15144. Le prêt peut quelquefois servir à dissimuler une société et réciproquement.**

— La société et le prêt sont deux contrats trop voisins pour qu'on n'ait pas fréquemment tenté de cacher un prêt sous les apparences d'une société. Il faut, pour distinguer ces deux contrats, rechercher si le bénéfice attribué à la partie pour le versement de ses fonds dans la caisse sociale est d'une somme périodique fixe ou d'une somme variable et proportionnée aux profits réalisés. Dans le premier cas, il y a prêt, et dans le second société (Pont *Petits contrats* art. 1907; — V. Paris 10 août 1807; — Liége 9 juill. 1821; — Caen 17 avr. 1837; — Bordeaux 3 juill. 1860; — Caen 30 juill. 1361, S. 2-2-288, 21-2-246, 37-1-276, 61-2-101, 61-1-789). Voici des exemples de chaque convention.

1. CONVENTION CARACTÉRISANT UN PRÊT ET NON UNE SOCIÉTÉ. — La ville de Saint-Pierre (Martinique), voulant construire un théâtre, émit quatre-vingt actions de 3,000 francs chaque, avec stipulation, au profit de chaque actionnaire: 1° d'hypothèque et de privilége du bailleur de fonds sur l'édifice; — 2° d'un intérêt à 6 pour 100, et, de plus, d'un billet de première loge tous les mois. Des difficultés s'étant élevées, la ville soutint que les bailleurs de fonds étaient des associés et non de simples prêteurs. Les actionnaires, qui prétendaient n'être que des simples prêteurs, eurent successivement gain de cause devant les tribunaux de première instance et d'appel de la Martinique et, en dernier lieu, devant la Cour de cassation (Arr. 10 mai 1837, D. 37-1-338).

Ce qui, dans l'espèce, caractérisait le prêt à l'exclusion de la société, c'est que de la réunion des actionnaires ne naissait pas un être moral, propriétaire du théâtre. La ville de Saint-Pierre conservait cette propriété à l'exclusion soit des associés pris collectivement, soit des actionnaires considérés isolément, et la preuve qu'aucune copropriété ne leur appartenait, c'est que l'immeuble leur était donné comme assiette d'un privilége; et puis, loin que les bailleurs de fonds eussent à encourir aucune de ces chances de perte ou de gain qui sont de l'essence de tout contrat social, l'intérêt que devait produire leur prétendue mise sociale était déterminé à l'avance au taux de 6 pour 100, qui représente l'intérêt légal dans les entreprises commerciales. Quant au droit à un billet de spectacle par mois, ce ne pouvait être là un bénéfice aléatoire, c'était la rémunération réglée à l'avance de ce qui pouvait à la rigueur être considéré comme un acte de patriotisme.

De même, le contrat par lequel l'une des parties fournit à l'autre, pour l'achat d'un fonds de commerce, une somme remboursable à une époque déterminée, avec stipulation, en sus des intérêts, d'une prime fixe payable par année, présente les caractères, non d'un contrat de société, mais d'un prêt, alors même qu'il aurait été dit que la prime était la représentation à forfait du bénéfice que la partie à laquelle elle était due aurait eu le droit de partager (Cass. 16 juin 1863, D. 63-1-295).

Le versement dans un établissement commercial d'une somme remboursable à une époque déterminée constitue un prêt et non une société, encore bien qu'il ait été stipulé que le bailleur de fonds recevrait, indépendamment des intérêts de cette somme, une portion des bénéfices à réaliser, s'il est d'ailleurs demeuré affranchi de toute contribution aux pertes (Grenoble 29 janv. 1870, S. 70-2-217; — Cass. 8 janv. 1872 S. 72-1-36).

L'engagement pris par une personne de verser dans une charge d'agent de change un capital en compte courant remboursable dans un délai déterminé, à la condition d'être employé dans l'agence avec un traitement fixe et une part proportionnelle dans les bénéfices, outre l'intérêt légal du capital versé, doit être considéré comme un simple contrat de prêt par un commis intéressé, et non comme l'apport social d'un bailleur de fonds, qui deviendrait passible des pertes jusqu'à concurrence du capital versé (C. Lyon 18 juin 1868, S. 69-2-20).

2. CONVENTION CARACTÉRISANT UNE SOCIÉTÉ ET NON UN PRÊT. — Un arrêt de la Cour de Paris du 10 avril 1807 (Malpeyre et Jourdain n° 222) fournit l'exemple d'un prêt déguisant un contrat de société. Il avait été convenu : 1° que la somme fournie par le bailleur de fonds lui serait remboursée intégralement à la fin de l'opération; — 2° que l'argent produirait intérêt à 12 p. 100, taux alors permis; — 3° que le prétendu prêteur aurait une part dans les bénéfices.

La Cour décida que bien que le bailleur de fonds eût pris la qualité de simple prêteur, il n'avait réellement eu d'autre intention que de faire une société; non pas une société basée sur le pied d'égalité, mais une société léonine, pour profiter des bénéfices et ne supporter aucune perte.

**15145. La société peut quelquefois servir à dissimuler une vente.** — Par un acte du 18 novembre 1829, le sieur P... mit à la disposition de R. 500,000 pieds de chênes-liéges; de son côté, R... s'engagea à les faire abattre, écorcer, brûler et convertir en potasse. Pour sa part de gain P... se réserva 5 fr. 50 cent., payables au 1er avril de chaque année, pour un nombre de kilogrammes de potasse déterminé à l'avance, et sur ce bénéfice R... avança à P... 25,000 francs à décompter sur les gains des quatre premières années.

L'Administration ayant vu une vente dans un pareil contrat, le tribunal de Sartène, d'abord, et la Cour de cassation ensuite, par arrêt du 7 janvier 1835 (4647 Roll., 8814 J. N., S. 35-1-540) décidèrent qu'il y avait contrat de société.

« Pour moi, dit Troplong, après avoir analysé cette affaire (n° 51), si j'avais été chargé d'interpréter la convention de R... et de P.., j'aurais été plus disposé à y trouver une vente qu'une société; une vente déguisée sous les traits fugitifs de la société, pour éviter des droits d'enregistrement; du côté de R.., j'aurais aperçu tous les bénéfices et toutes les pertes, ainsi qu'il arrive à l'acheteur; du côté de P... un prix déterminé, se composant de 25,000 francs et de 5 fr. 50 cent. par tant de kilogrammes, et payable invariablement, sans règlement de compte, et abstraction faite de toute éventualité. »

C'est ainsi qu'il a été reconnu que la société en participation formée par un individu pour la revente de terrains lui appartenant, avec un tiers qui verse à titre d'apport une somme destinée à représenter une partie des biens, constitue une véritable transmission de cette portion des terrains et donne lieu au droit proportionnel (Seine 3 déc. 1858, 16931 J. E.). — La même question s'est présentée à la Cour suprême au sujet d'un acte par lequel un entrepreneur, chargé du percement d'une rue dans une ville, moyennant l'abandon par la ville des terrains en bordure, était convenu avec un tiers que ce dernier lui verserait une somme déterminée contre la remise d'une partie des terrains. Par un arrêt du 20 août 1867, confirmatif d'un jugement de la Seine du 24 novembre 1865 (2314 R. P.), la Cour a décidé qu'il n'y avait pas de société et que la cession des terrains était assujettie au droit de vente (2525 R. P., 19036 J. N., 2362 I. G., S. 67-1-407, D. 67-1-337, P. 67-1089).

« Attendu, porte l'arrêt du 20 août 1867, qu'il est de l'essence du pacte social de s'appliquer à un objet commun, soumis à une seule et même direction, de donner à chacun des associés, quel que soit son apport, un droit indivis dans la propriété de chacune des choses qui composent le fonds social, d'intéresser par conséquent tous les associés au même titre, sinon dans la même proportion, aux chances de gain et de perte de l'entreprise; de donner lieu enfin, à l'époque de la dissolution de la société, au partage, d'après les bases déterminées de la convention ou par la loi, des valeurs dont se compose alors le fonds social. »

L'acte par lequel deux personnes s'associent pour la construction d'une maison sur le terrain de l'une d'elles avec les fonds de l'autre, en stipulant que la nue-propriété de l'immeuble appartiendra au propriétaire du fonds et l'usufruit à l'autre, n'est pas une société, puisqu'il n'y a rien d'aléatoire : c'est une cession d'usufruit à 5 fr. 50 cent. pour 100 sur la moitié de la somme mise en société (Laval 26 juin 1843, 13297 J.E. — V. *Constructions* 5137).

1. CESSION DE CRÉANCES. — La mise en société de créances actives sur des tiers a tous les caractères et les effets d'un transport; elle n'est donc opposable aux tiers qu'autant qu'elle a été suivie de la signification aux débiteurs ou de leur acceptation (Cass. 28 avr. 1869, S. 69-1-313).

**15146. Sous-société.** — Les dispositions précédentes trouvent surtout leur application au sujet des prétendues sous-sociétés par lesquelles un associé déclare s'adjoindre un tiers appelé *croupier*, pour l'exécution des engagements qu'il a pris envers la société.

Il n'est pas douteux qu'en droit, ces conventions sont très-légitimes. Après avoir souscrit pour une part déterminée dans une entreprise, je puis bien mettre cette part d'intérêt elle-même en société avec des tiers qui compléteront les ressources dont j'ai besoin et participeront, comme moi, aux risques de l'opération. Un tel contrat constitue une véritable société passible du droit fixe, gradué sur l'intégralité des apports, sans imputation du droit perçu sur la mise de celui qui coopère à la formation de la seconde entreprise.

Mais il arrive très-souvent que le sociétaire primitif se borne à céder au tiers une partie de son intérêt, et que ce tiers devient, vis-à-vis de la société, le représentant direct de son cédant. Dans ce cas, c'est le droit de cession d'action qui devient exigible.

Il est impossible, on le comprend, de poser des règles générales sur la manière de distinguer un contrat de l'autre : il faut, pour cela, examiner toutes les circonstances de l'affaire et apprécier l'ensemble des termes de l'acte. Nous devons nous borner à réunir ici les exemples fournis par la jurisprudence :

1° Il a été jugé, en matière civile, que la cession faite par un associé à un tiers d'une partie de ses droits dans la société, peut, malgré la qualification de croupier donnée au cessionnaire, et d'après l'ensemble des clauses de l'acte, être déclarée ne constituer qu'une vente pure et simple d'une part d'intérêt, et non pas une association entre le cédant et le cessionnaire (Metz 24 nov. 1856, S. 57-2-516);

2° En matière fiscale, il a été reconnu que la cession faite par le gérant d'une société, moyennant une certaine somme, d'une part de gérance à un individu qu'il s'adjoint comme cogérant donne lieu au droit de 2 pour 100 (Seine 30 nov. 1861, 12143 C., 17428 J.E.);

3° Que quand, après la constitution d'une société, l'un de ses membres prend l'engagement de payer une partie de l'apport de son coassocié à condition de recevoir une part plus grande dans les bénéfices, cette convention contient une cession d'actions passible du droit de 2 pour 100 sur la somme que l'associé s'oblige à acquitter (Seine 27 janv. 1865, 2102 R.P.);

4° Que lorsqu'un associé contracte avec un tiers une société civile à l'effet de partager les bénéfices et de supporter les pertes afférentes à sa part d'intérêt non libérée, et que le tiers se trouve, au moyen d'une somme d'argent, substitué dans une partie des droits de l'associé, l'acte ne renferme pas une simple sous-société sujette au droit fixe, mais une véritable cession d'intérêt passible du droit proportionnel : « Attendu, quant à l'objet cédé, qu'il devient la propriété personnelle des cessionnaires; que ceux-ci comptent directement avec la compagnie de leur part d'intérêt; que c'est d'elle, et non de la sous-société, qu'ils en touchent les produits; que leur part d'intérêt dans la compagnie, à l'exploitation de laquelle ils demeurent étrangers, ne se confond point avec la part que le cédant s'est réservée, et en reste complétement distincte; attendu, quant au prix stipulé, qu'il a dû être versé, non à la sous-société, mais à la compagnie; qu'ainsi, il n'a pas formé pour la sous-société un actif; que, dans tous les cas, il ne saurait être considéré comme un simple apport social, puisqu'il a été la contre-valeur des 4/84mes dont le cédant cessait d'être propriétaire, et qui devenaient la propriété des cessionnaires » (Cass. 6 déc. 1865, 2230 R. P., 2347 § 3 I. G., S. 66-1-172, D. 66-1-23).

Le droit fixe, ajoute l'I. G. 2347 § 3, ne doit être perçu qu'autant que la part d'intérêt est libérée, et que, dès lors, l'apport de cette part dans la société est pur et simple. Il est dû d'ailleurs sur la totalité du prix stipulé (Cass. 15 mars 1869, 2922 R.P., B.C. 57, S. 69-1-279, D. 69-1-307, P. 69-673);

5° Il a été jugé également que, quand un associé déclare former avec un tiers une sous-société ayant pour objet l'exploitation de sa part dans la première entreprise et que le tiers s'oblige à payer à titre d'apport la moitié de la mise encore due par l'associé, l'acte n'a pas le caractère d'une sous-société passible du droit fixe, mais d'une cession de part sujette au droit proportionnel (Seine 21 juill. 1866, 3280 R. P.);

6° Lorsqu'il est convenu, entre l'un des associés et le cessionnaire de l'autre, que l'apport du premier sera réduit à un certain chiffre, celui du second augmenté d'autant et que les bénéfices seront répartis en conséquence, la convention n'a pas le caractère d'une société nouvelle, mais d'une cession de part d'intérêts passible du droit proportionnel (Seine, 16 mars 1867, 2458 R. P.). — *Conf.* : Le Havre, 21 août 1873.

7° Si un entrepreneur convient avec un tiers que ce dernier fournira le cautionnement et recevra une part de bénéfices, il y a cession d'action et non simple marché sujet au droit de 1 pour 100 (Cass. 14 août 1834, 11835 J. E., 8669 J. N.).

« Attendu, porte cet arrêt, qu'il a été posé, en fait, et reconnu que, par acte de société du 23 septembre 1831, enregistré à Paris le 7 février suivant, les sieurs Jacob et Guenoux s'étaient associés dans le but de se rendre adjudicataires de l'entreprise du nettoiement de la ville de Paris; que c'est par suite de cette société qu'ont été passés les deux actes du même jour (8 mars 1832) entre Jacob et Savalette, l'un passé devant Daloz, notaire à Paris, auquel est intervenu Guenoux pour consentir la substitution de Savalette à Jacob, et lequel a été, lors de son enregistrement, frappé du droit de 2 pour 100, comme contenant cession d'actions; l'autre, sous seing privé, entre Jacob et Savalette, enregistré le 10 mai suivant et frappé seulement d'un droit fixe de 3 francs; attendu que ces deux derniers actes ne contiennent que la cession des simple droits de Jacob; que ce dernier n'a pu rétrocéder la totalité du bail fait par la ville de Paris, auquel il n'avait droit qu'en sa qualité d'associé et dans les formes de l'acte de société susdaté. »

8° Au contraire, il a été reconnu que l'acte par lequel un individu s'engage à faire à une société les avances dont elle a besoin moyennant une part dans les bénéfices, sans pouvoir réclamer le remboursement contre les associés, mais seulement sur les fonds de l'établissement, est un nouveau contrat de société sujet au droit fixe (Dél. 2 mai 1828, D. N. t. 11 p. 920 n° 376).

9° Le droit de cession a été également refusé sur l'acte par lequel un associé forme, avec un tiers, une société ayant pour but la participation du croupier dans les bénéfices de l'associé principal (Lille, 17 juill. 1874; 14 août 1875).

**15147. Donation.** — La société a quelquefois pour but de dissimuler l'existence d'une donation: nous en avons parlé au nos 6617 et suiv.

**15148. Contrat à la grosse aventure** — Le contrat à la grosse aventure est tout à fait distinct de la société. En effet, ainsi qu'on a pu le voir au n° 5169, si le prêteur reçoit quelque chose au-delà des intérêts légaux de son capital, ce n'est pas par suite d'une association, mais uniquement parce qu'il se soumet au risque de tout perdre, dans le cas où le bâtiment viendrait à périr; ce qui constitue plutôt une solidarité de risques qu'une communauté véritable (Troplong n° 53).

Supposons cependant que vous armiez un vaisseau, pour la pêche, pour la course, ou pour le négoce des marchandises; je vous fournis telle somme à condition que, si le vaisseau arrive à bon port, mon capital me sera rendu et que j'aurai en outre une part déterminée dans les profits de la navigation, il y a ici un contrat de société qui domine le contrat à la grosse (Emérigon t. 2 p. 395). En effet, si nous avions fait purement et simplement un contrat à la grosse aventure je n'aurais qu'une seule chance à courir, celle que le navire arrive au port. Dans le contrat que nous arrêtons ici, au contraire, l'argent que je vous ai remis ne sera productif pour moi qu'autant non-seulement que le navire arrivera au port, mais encore que vous ferez des bénéfices. Si nous ne nous étions réglé que sur le contrat à la grosse pour déterminer mon bénéfice, le gain que j'aurais eu à retirer de mon argent, au cas où le navire ne périrait pas, eût été fixé à l'avance d'une manière invariable; tandis que, d'après la convention que nous avons signée, mon gain, au cas même où le navire arrivera au port, est subordonné à toutes les chances heureuses ou malheureuses qui s'attachent à vos opérations.

**15149. Tontines.** — Il faut regarder comme ne constituant pas de véritables sociétés, les tontines ou réunions de rentiers, qui conviennent que les rentes dues au prémourants profiteront aux survivants. Ces associations ne présentent en effet ni travail ni produit. Les capitaux mis en commun restent toujours les mêmes; le temps ne peut ni les augmenter, ni les diminuer; nulle industrie ne s'exerce sur eux. Les revenus mêmes, considérés en bloc, sont invariables; la répartition seule est soumise aux modifications qu'amènent le décès. Les chances aléatoires roulent uniquement sur les parties prenantes, qui peuvent recevoir plus ou moins; mais les capitaux et leurs produits sont étrangers aux chances qui devraient tomber sur eux pour que le contrat fût une société véritable (Troplong n° 54, Pardessus t. 4 n° 970).

Merlin donne cette définition de la tontine : « C'est une société de créanciers de rentes perpétuelles viagères, formées sous la condition que les rentes des prédécédés accroîtront aux survivants soit en totalité soit jusqu'à une certaine part convenue » (*Rép.* v° *Tontine*).

« Dans une tontine, disait M. le comte d'Hauterive, conseiller d'État, dans un rapport fait au conseil d'État en novembre 1808, la somme des capitaux, une fois déterminée, reste toujours la même: ils ne sont sujets à aucune chance, ni susceptibles d'aucune amélioration; et l'industrie, le temps et la fortune ne peuvent rien changer à leur mesure; une tontine ne présente ni travail, ni produit, ni concurrence; c'est une simple convention par laquelle les sociétaires s'engagent à souffrir, au détriment de leurs héritiers naturels, le partage de leur intérêt dans l'association, entre ceux de leurs coassociés qui sont destinés à leur survivre; et ce partage est en même temps la seule opération des personnes qui sont chargées d'administrer l'association. »

M. Delangle (*des Sociétés commerciales* t. 1er n° 3) s'exprime ainsi sur le même sujet : « Encore bien que des dispositions législatives d'une rédaction vicieuse aient qualifié les tontines de sociétés, il n'y a pas en elles l'élément essentiel de la société, *car le capital mis en commun est invariable*, aucune collaboration ne tend à le faire fructifier. L'unique objet de la convention est de profiter des extinctions que le temps amène. »

Ainsi, nul doute que l'acte de constitution d'une tontine ne pourrait donner ouverture au droit gradué déterminé pour les actes de société.

1. CARACTÈRES DISTINCTIFS. — D'après un arrêt de Cass. du 25 février 1873 (ch. réun.), « ce qui caractérise les associations de la nature des tontines, c'est l'organisation d'une opération financière fondée sur des combinaisons aléa-

toires dans lesquelles entrent, comme base principale des chances de mortalité » (S. 1873-1-245).

« Les caractères des associations tontinières, disait au sujet de cet arrêt, M. le premier avocat général Blanche, sont ceux-ci : 1° durée indéterminée, puisqu'elles ne prennent fin que par la mort du dernier des associés ; — 2° but de réunir des fonds destinés à être placés et à produire des intérêts et accroissement à répartir entre les associés ; — 3° profit aléatoire consistant dans l'accroissement de revenus, même de capitaux que les survivants trouvent dans les rentes des prédécédés » (S. *loc. cit.* — *V.* également Seine 18 janv. 1870, 3203 R.P.).

Mais la détermination de ces caractères et la distinction à faire entre la tontine et la société ordinaire sont, en fait, assez difficiles à établir. C'est de l'examen des clauses de chaque contrat et des circonstances dans lesquelles il est intervenu que peut résulter la solution [1].

2. ASSOCIATIONS IMMOBILIÈRES. — Cependant la tontine se disant particulièrement, d'après la définition de Merlin *loc. cit.*, de « l'association de créanciers *de rentes perpétuelles ou viagères*, formées sous la condition que les rentes des prédécédés accroîtront aux survivants, soit en totalité, soit jusqu'à une certaine concurrence, » on pourrait douter qu'on dût considérer comme de véritables tontines, ne réunissant pas les vrais caractères de la société, certaines associations immobilières qui ont pour objet d'assurer au dernier vivant des associés l'immeuble mis ou acquis en commun.

Mais la jurisprudence a reconnu la nature de la tontine à des associations faites par plusieurs personnes pour acheter en commun des immeubles, avec stipulation que leur propriété appartiendrait au dernier vivant des actionnaires associés (Cass. 1er juin 1858, 2150 § 2 I.G., 1009 R.P., 16332 J.N., 11309 C., 16747 J.E., S. 58-1-614).

1. On ne peut se dissimuler que ce contrat original des sociétés tontinières a des caractères tout particuliers qui le séparent absolument des associations ordinaires. Le plus essentiel, à notre avis, réside dans cette circonstance que les apports de chacun restent fixes et invariables, en sorte que le capital social ne s'augmente jamais, et qu'il n'y a jamais de bénéfice dans le sens propre du mot. Aussi est-ce avec raison que d'excellents jurisconsultes refusent de voir là une société et traitent une pareille opération d'agence d'affaires. S'il en est ainsi, tout se ramène dans une telle combinaison à des proportions fort simples : 500 personnes remettent à un mandataire, qui est le directeur de l'agence, une somme déterminée pour être employée et répartie dans des conditions particulières ; le total de ces sommes entre dans la caisse générale que ce mandataire administre et règle comme il a été convenu. Dès lors, la personne et le droit personnel de chacun disparaissent et sont absorbés dans le tout ; ce droit est remplacé pour ainsi dire par un numéro de loterie. C'est donc une chance pure qui est substituée à un droit de copropriété ; le contractant qui survit aux autres a la bonne chance, il gagne ; celui qui prédécède a la mauvaise chance, il perd. Mais dans l'un et l'autre cas il n'y a pas de mutation, parce que le droit personnel s'est évanoui dès l'origine Au contraire, dans les sociétés ordinaires, même dans les sociétés par actions, chaque actionnaire conserve un droit personnel et positif dans l'actif social ; il ne cesse pas d'être considéré comme copropriétaire d'une portion déterminée de cet actif malgré l'existence de l'être moral sur lequel il repose. Quand ce droit se détache de sa personne pour passer sur la tête des survivants, il y a une mutation sérieuse et réelle, et le droit de mutation est encouru (Méline *Revue* n° 3099).

« Attendu, porte cet arrêt, qu'aux termes de l'acte passé le 19 septembre 1786, les acquéreurs de l'immeuble acheté pour la construction et l'exploitation de l'*hôtel de France*, devenus copropriétaires de cet immeuble pour autant de portions qu'ils s'y trouvaient fondés, ont divisé cette propriété en 300 actions ; qu'il a été convenu qu'au décès de chacune des têtes sur lesquelles les actions seraient assises, le droit de chaque actionnaire serait éteint et anéanti, au moyen de quoi ses part et portion, tant dans les revenus à échoir que dans la propriété éventuelle, resterait et demeurerait acquise aux associés survivants ; que cette association a été autorisée comme société tontinière par le décret impérial du 22 septembre 1812 ; qu'une tontine est une association d'une nature particulière, dans laquelle, du moment que l'association se forme, et par l'effet seul de la convention, chaque associé aliène son droit de propriété au profit de la masse et du dernier survivant, en se réservant l'éventualité d'un droit de survie ; que, dès ce moment, par l'effet des conventions sociales, la propriété, avec les chances d'augmentation qui résultent du contrat, réside tout entière dans l'être moral qui compose l'association tontinière ; que le droit aléatoire des actionnaires s'anéantit par l'effet de leur prédécès, mais ne se transmet pas ; que le droit de propriété reste évidemment à l'association par suite de son droit préexistant. »

3. ASSURANCE. — Il a été décidé, de même, que les sociétés d'assurance contre le service militaire sont des tontines lorsque les statuts stipulent des modifications de chances par suite des hasards de la mortalité ou de toute autre circonstance, et qu'il existe des chances d'accroissement aléatoires pour une partie des souscripteurs (Seine 18 janv. 1870, 3203 R.P.).

**15150. Contrat de mariage.** — Les contrats de mariage renferment quelquefois des sociétés donnant lieu à la perception de droits particuliers : il en a été question au mot *Contrat de mariage*.

**15151. Sociétés anonymes. — Autorisation.** — Sous l'empire du code de commerce, les sociétés anonymes ne pouvaient se constituer sans l'autorisation du Gouvernement. Il résultait de là que toute société de l'espèce formée sans autorisation pouvait bien constituer la communauté ou l'indivision dont nous avons parlé au n° 15138, mais elle n'offrait nullement le caractère de la société proprement dite ; d'où la conséquence que toute cession d'action, faite même dans le cours de son existence, donnait ouverture au droit de mutation propre à la nature des choses qui composent le fonds social, c'est-à-dire un droit de 2 francs ou de 5 fr. 50 cent. pour 100, selon que ce sont des meubles ou des immeubles. On peut consulter dans ce sens l'I. G. n° 1967 § 10.

1. PERCEPTION DU DROIT FIXE. — Mais en tarifant expressément au droit fixe les actes de société de l'espèce, bien qu'ils soient soumis à l'approbation de l'autorité, le législateur a clairement indiqué qu'il fixait à ce chiffre le salaire de la formalité. C'est donc le droit de 5 francs et non celui de 2 francs qu'il fallait percevoir sur les contrats ap-

prouvés ou non (Dél. 27 janv. 1836, 11435 J. E.; — Cass. 23 mai 1859, 1181 R.P., 2160 § 5 I. G., 16622 J.N., 11565 C., 16960 J.E., S. 59-1-695, P. 60-276).

« Attendu, porte cet arrêt, sur le premier moyen, fondé sur la fausse application des art. 68 § 3 n° 4 L. 22 frimaire an 7 et 47 § 2 L. 28 avril 1816, en ce que c'est à tort qu'on a perçu le droit fixe de 5 francs sur les statuts du 19 septembre 1855 et 4 décembre même année, rejeté par le conseil d'État; que, si ces deux premiers actes n'ont pas reçu l'approbation du conseil d'État, ils n'en ont pas moins constitué, dans la pensée des parties qui les ont présentés à l'enregistrement, les éléments de la société qu'elles avaient formée; qu'ils ont dû être considérés, lors de leur présentation à l'enregistrement, comme frappés du droit prescrit par la loi; attendu qu'aux termes de l'art. 60, tout droit d'enregistrement ne peut être restitué, quels que soient les événements ultérieurs, sauf les cas légalement prévus. »

Les difficultés précédentes ont disparu, depuis que la loi du 24 juillet 1867, art.21, a affranchi les sociétés anonymes de l'autorisation du Gouvernement.

2. RESTITUTION. — Sous l'empire de l'ancienne législation, le droit proportionnel d'enregistrement perçu sur les stipulations contenues dans un acte de société anonyme devrait être restitué lorsqu'il était établi que la société n'avait pas été autorisée par le Gouvernement (Dél. 29 août 1834; — Bordeaux 13 janv. 1836). — V. *Restitution* 14492. Il en était autrement si la société avait été annulée pour défaut de publication (Seine 1er déc. 1841, 12875 J. E.). — *V.* 14573.

**15152. Commandite. — Condition suspensive.** — L'acte ayant pour objet la formation d'une commandite entre un seul associé dénommé dans l'acte et les commanditaires qui y prendront des actions aux conditions déterminées cesse d'être un simple projet dès que les commanditaires y ont adhéré et pris des actions. En conséquence, cet acte devient aussitôt passible d'un droit d'enregistrement comme acte de société (Cass. 8 juill. 1846, S. 46-1-688, P. 46-2-381, 1786-10 I. G.).

« Attendu, porte cet arrêt, que ledit acte du 8 juillet 1841 avait pour objet la formation d'une société en commandite, telle qu'elle est définie par l'art. 23 C. com., entre le sieur Houël, contractant, et les associés commanditaires qui y prendraient des actions aux conditions déterminées, et qu'il y était établi que ladite société commençait à courir dès le premier dudit mois avec une durée dix années; attendu qu'il est déclaré en fait par le jugement attaqué qu'antérieurement à la contrainte décernée par l'Administration, défenderesse, deux associés commanditaires existaient en vertu de l'acte ci-dessus et étaient propriétaires d'une partie des actions de la société; attendu qu'un acte ainsi formulé et exécuté présentait tous les caractères d'une société définitivement constituée, et devait, en conséquence, donner lieu aux perceptions fiscales que la loi a établies à l'égard des conventions fiscales. »

**15153. Comptoirs et sous-comptoirs d'escompte.** — Les comptoirs et sous-comptoirs d'escompte sont des sociétés dont les actes ont été soumis à des dispositions particulières par plusieurs lois et décrets. Nous en avons traité au mot *Comptoirs d'escompte*, et nous ne pouvons qu'y renvoyer le lecteur.

**15154. Sociétés de secours mutuels.** — L'art. 11 du décret du 26 mars 1852 a exempté des droits de timbre et d'enregistrement tous les actes intéressant les sociétés de secours mutuels approuvées. La question s'est élevée de savoir si l'exemption établie par cet article pour les actes doit être étendue aux transmissions de biens.

Cette question avait déjà été examinée à l'occasion de l'art. 59 L. 28 avril 1816, qui, faisant une distinction entre les mutations et les actes, avait ordonné, d'une part, que les droits de mutation fixés par cette loi ne seraient perçus que sur les mutations postérieures à sa publication, et, d'autre part, que l'on continuerait d'exécuter, quant aux actes, l'art. 1er L. 27 ventôse an 9, portant que les droits seront liquidés et perçus d'après la loi existante lors du payement. Deux arrêts de la Cour de cassation, des 13 janvier et 6 juillet 1818, ont reconnu que la deuxième partie de l'art. 59 L. 28 avril 1816 ne concernait que les actes qui ne constataient pas de mutations, et que les mutations, lors même qu'elles étaient établies par des actes, étaient comprises dans la première disposition du même article.

Une décision du 30 mai 1818 a prescrit aux préposés de se conformer à cette jurisprudence (845 I. G.).

Il était d'autant moins à supposer que l'art. 11 du décret du 26 mars pût être entendu dans un autre sens, qu'il n'existe aucun motif pour exonérer les sociétés de secours mutuels du droit des mutations qui pourront s'opérer à leur profit, alors qu'en vertu de la loi du 18 avril 1831, tous les établissements de bienfaisance supportent les mêmes droits proportionnels d'enregistrement et de transcription que les particuliers.

Aussi le ministre des finances a-t-il décidé, le 6 juillet 1852 (1932 I. G.), que l'exemption des droits de timbre et d'enregistrement prononcée par l'art. 11 Déc. 26 mars 1852 ne s'applique pas aux transmissions de biens, même lorsqu'elles sont constatées par des actes.

Des doutes s'étant élevés sur l'application de cette décision, elle a été maintenue en ces termes par une seconde décision du ministre des finances du 18 octobre 1873 : « On ne peut que maintenir l'interprétation de la décision de 1852, qui doit s'appliquer indistinctement aux mutations mobilières et immobilières.

La loi a voulu favoriser les sociétés de secours mutuels; mais ce qu'elle a eu principalement en vue, c'est leur établissement, leur administration. Aussi paraît-il difficile d'admettre que l'exemption de droit qu'elle a accordée ait d'autre objet que les actes nécessités par l'organisation, la gestion de ces sortes d'établissements. On ne saurait croire que le législateur ait entendu affranchir de l'impôt les transmissions, soit à titre onéreux, soit à titre gratuit, qui les concernent, alors que ces mêmes transmissions supportent les droits ordinaires quand elles intéressent des établissements de bienfaisance et de charité d'une nature différente, mais très-dignes aussi d'intérêt. Il serait, d'ailleurs, illogique de ne pas percevoir le droit de mutation, soit à titre onéreux, soit à titre gratuit, sur les mutations entre-vifs constatées par des actes, tandis que les transmissions par décès, auxquelles ne pourrait profiter l'exemption créée pour les actes, seraient soumises à l'impôt. Il y aurait là une choquante inégalité, et cette considération suffit pour démontrer que la loi doit être interprétée dans le sens des observations qui précèdent » (3747 R.P.).

1. VISA POUR TIMBRE. — Le décret du 26 mars n'a pas dispensé les actes intéressant les sociétés de secours mutuels de la double formalité du timbre de l'enregistrement, puisque l'exemption qu'il prononce n'est relative qu'aux droits. Il s'ensuit que ces actes doivent être visés pour timbre et enregistrés gratis dans les délais et formes prescrits, à moins qu'ils ne constatent des mutations, auquel cas ils donneraient ouverture aux droits proportionnels.

V. *Affiches* 1900 et 1932 *bis*

2. SUCCESSION. — C'est également le droit proportionnel qui doit être payé pour les mutations par décès, à l'égard desquelles il n'existe non plus aucune exception. Le tribunal de Saint-Dié l'a décidé ainsi avec raison au sujet d'un legs de 2,000 francs fait au profit d'une société de secours mutuels (Saint-Dié 24 avr. 1863, 1799 R.P., 17822 J.N., 17725 J.E.).

3. EXPÉDITIONS DES ACTES DE L'ÉTAT CIVIL. — La production aux présidents des commissions de surveillance des sociétés de secours mutuels, dans les différents cas où ils pourraient en avoir besoin, des expéditions d'actes de naissance et de mariage des membres des sociétés de secours mutuels intéressant la société, considérée comme personne morale, plutôt que les sociétaires pris isolément, ces pièces rentrent dans l'exception résultant du décret du 26 mars 1852.

Aussi une D. m. f. 25 février 1854 (2003 § 6 I. G.) porte-t-elle que les expéditions dont il s'agit, lorsqu'elles seront délivrées aux présidents des sociétés, dans l'intérêt des associations, seront visées pour timbre gratis, pourvu qu'elles contiennent la désignation expresse de leur objet et de leur destination spéciale.

4. QUITTANCES. — Les mandats de payement des subventions accordées par les communes aux sociétés de secours mutuels peuvent être quittancés sans être revêtus du timbre (D. m. f. 25 fév. 1857, I. G. 2093-4).

Mais les autres quittances sont en général soumises à la loi du 23 août 1871. — *V.* 13372 § 179-180.

5. MANDATS DE SUBVENTION. — Il a été, de même, reconnu que les mandats de payement des subventions accordées par les communes aux sociétés de secours mutuels rentrent dans les actes intéressant les sociétés de secours mutuels, que l'art. 11 Déc. 26 mars 1852 affranchit des droits de timbre (D. m. f. 25 fév. 1857, 850 R.P., 2093 § 4 I. G., 16106 J.N.).

6. MANDATS D'ARTICLES D'ARGENT. — QUITTANCES DE PENSION. — Mais les mandats au moyen desquels des fonds sont adressés ou reçus par des membres de sociétés de secours mutuels, ou transmis à leurs veuves et aux économes des lycées, de même que les quittances de ceux-ci, concernent bien moins la société que la personne qui envoie ou qui reçoit les fonds, ou celle dans l'intérêt de laquelle le payement est effectué. Aussi les mandats et quittances dont il s'agit ont-ils toujours été considérés comme assujettis aux droits ordinaires de timbre (D. m. f. 8 nov. 1867, 2361 § 9 J.E., 2783-9 R.P.).

7. CERTIFICAT. — Les certificats de médecin sont exemptés des droits de timbre et d'enregistrement (D. m. f. 29 janv. 1874, 4908 R. P.).

**15155. La société est quelquefois l'accessoire d'un autre contrat.** — Le pacte d'association, malgré son importance, se présente quelquefois comme un simple accessoire d'une autre convention. Nous avons étudié, dans le précédent chapitre, l'association lorsqu'elle constitue une convention isolée; il faut que nous jetions ici un coup d'œil sur les questions qu'elle peut faire naître lorsqu'elle se trouve mêlée à une autre convention.

Cette combinaison engendre naturellement deux situations distinctes : dans la première situation, la société se présente comme disposition indépendante; dans la seconde, elle relève d'une disposition principale et n'en est que la conséquence forcée.

**15156. Société découlant forcément d'une convention principale.** — L'association se trouve liée à une disposition principale, de manière à ne pas donner ouverture à un droit particulier, lorsqu'elle est formée au même moment que cette disposition principale, lorsqu'elle en est en même temps et la cause et l'effet.

1. CAS OU IL N'Y A PAS DE SOCIÉTÉ PROPREMENT DITE. — Ainsi, lorsqu'une personne acquiert une chose pour elle et pour un tiers, il en résulte bien une indivision, une communauté entre les deux acquéreurs; mais comme cette communauté coexiste forcément avec l'acquisition, comme elle en a été la cause et l'effet, ainsi que nous l'avons dit, il ne peut être perçu de droit particulier. — Il en est de même lorsque deux personnes présentes acquièrent une chose indivise et en commun. — Il en est de même encore lorsque trois personnes acquièrent conjointement un immeuble avec la clause qu'au décès de la première sa portion accroîtra aux deux autres survivantes, en payant aux héritiers une somme déterminée, et qu'au décès de la seconde, la dernière aura la totalité des immeubles, en acquittant une autre somme déterminée. Telles sont également les espèces sur lesquelles sont intervenus plusieurs des arrêts rappelés dans nos nos 2314 et suivants.

On pourrait faire observer que ces espèces n'ont rien de concluant au point de vue où nous sommes placé, car, en supposant même qu'on pût considérer l'association qu'elles présentent comme formant une disposition indépendante, cette disposition ne donnerait jamais ouverture au droit gradué, puisqu'elle ne constitue pas une véritable société, ainsi que cela a été démontré sous le no 15138. C'est ce qui a échappé à Champ. et Rig. (no 2778) et à Dalloz (no 3536).

2. CAS OU IL Y A SOCIÉTÉ. — Quoi qu'il en soit, nous n'hésitons pas à dire que la même solution s'appliquerait aussi au cas où la convention principale se trouverait mélangée d'une véritable société. Prenons un exemple. L'État met en

vente une forêt considérable; nous convenons, Pierre, Paul et moi, de réunir nos capitaux afin d'en faire l'acquisition en bloc, sauf à la revendre ensuite en détail et à partager, au prorata de notre mise de fonds respective, les bénéfices que procurera inévitablement le morcellement. L'acquisition a effectivement lieu en commun, et, dans notre acte même d'acquisition, nous constatons et le prorata du revient de chacun de nous dans l'acquisition commune, et notre intention de revendre pour partager les bénéfices. Il y a là une société parfaitement caractérisée, puisque tous les éléments du contrat s'y rencontrent : mise en commun de capitaux, bénéfices à faire et à partager, et cependant personne ne voudrait soutenir qu'un droit gradué doit être perçu, indépendamment du droit de mutation. En effet, sans notre mise en commun de capitaux, il n'y aurait pas eu acquisition, l'attribution des parts dans l'indivision est la conséquence forcée de notre acquisition. Ces deux dispositions sont donc tout à fait inhérentes à la mutation qui s'est opérée. Quant à la manifestation de notre volonté de vendre pour partager les bénéfices, elle ne change rien à notre situation : elle ne peut donc faire percevoir un droit auquel ne donne pas ouverture la position que nous avons prise dans le contrat d'acquisition.

**15157. Société n'étant pas la conséquence d'une disposition principale.** — Supposons maintenant qu'ayant fait seul l'acquisition de la forêt dont le prix se trouve trop élevé pour mes forces, j'appelle à mon aide le concours des capitaux de Pierre et de Paul, et que, moyennant le payement qu'ils s'obligent à faire d'une partie du prix, je les élise commands sans désemparer, et que nous convenions incontinent qu'ils recevront une quotité correspondante à leur versement de fonds, et dans le prix de la revente et dans ses bénéfices, il y aura évidemment dans cette convention, qui vient se souder à la convention principale, une disposition qui, constatant une société, sera passible d'un droit particulier de 5 francs (aujourd'hui le droit gradué) car cette disposition est réellement indépendante (Dél. 28 oct. 1825, 5470 J. N.).

**15158. Établissement du droit gradué. — Motifs.** — Le droit gradué est exigible dès que l'acte a le caractère d'une société véritable et que cette société est formée.

Le rapporteur de la loi du 28 février 1872 a justifié dans les termes suivants l'établissement du nouveau tarif :

« La loi s'occupe d'abord des actes de société qui ne contiennent ni obligation, ni libération, ni transmission de biens meubles ou immeubles entre les associés ou autres personnes. D'après la loi actuelle, l'acte de société est assujetti à un droit fixe de 5 francs. Qu'on ait fait dans la société un apport d'une valeur de 100 francs ou d'une valeur de un million, le droit d'enregistrement est toujours de 5 francs. A la rigueur, on aurait pu exiger un droit de mutation mobilière ou immobilière sur le montant des apports sociaux, car l'apport dans une société entraîne, en réalité, si ce n'est au point de vue du droit fiscal, une véritable translation de propriété ; c'est pour favoriser la création des associations que la loi de l'an 7 a accordé cette immunité aux sociétés. La commission pense, comme le Gouvernement, qu'il convient de maintenir les facilités accordées aux associations de capitaux; mais elle est d'avis, néanmoins, qu'il y a lieu de tenir compte, pour la fixation de la taxe, de l'importance des apports. C'est pour répondre à cette double considération que le projet de loi propose d'assujettir ces actes, non à un droit proportionnel, mais à un droit gradué dont la quotité sera déterminée par le montant total des apports sociaux. Il est bien entendu que le droit nouveau n'innove rien en ce qui concerne la liquidation des droits d'enregistrement exigibles au moment de la dissolution de société. Les divers droits fixes ou proportionnels continueront à être perçus dans ce cas comme par le passé. »

1. CRÉANCES. — Le droit gradué est dû sur le capital nominal des créances et non pas sur leur valeur réelle (Sol. 15 nov. 1875).

**15159. Formation de la société. — Apports ultérieurs.** — Il n'est pas besoin d'ajouter que le droit n'est exigible que quand la société est formée entre les parties. Ainsi, pour en donner un exemple, il arrive fréquemment, en matière de commandite par actions, que les fondateurs préparent d'abord les statuts avant de provoquer les souscriptions des actionnaires. La société n'est constituée que plus tard, après cette souscription et l'accomplissement des formalités prescrites, par une délibération de l'assemblée des actionnaires. Le projet de société ne devrait être assujetti qu'au droit fixe de 3 francs, et il n'y aurait lieu de percevoir le droit gradué que lors de l'enregistrement de l'acte ou du dépôt de l'acte constatant la perfection du contrat (*Comp.* Cass. 6 juill. 1846, S. 1846-1-688).

On a pourtant soutenu que, dans cette hypothèse, le droit gradué n'était pas dû sur les apports complémentaires et on en donnait pour raison que la loi du 28 février 1872 vise exclusivement les apports faits dans l'acte constitutif des statuts. Ce motif était sans valeur, puisque l'acte contenant les statuts n'est pas encore le contrat de société tarifé au droit gradué, mais un simple projet d'acte assujetti au droit fixe de 3 francs. La société ne se forme réellement que par les souscriptions ultérieures, et on reste dans le texte de la loi en percevant sur ces actes le droit gradué, applicable aux apports qu'il renferme. La question a été ainsi résolue dans une discussion à l'Assemblée nationale, séance du 5 juin 1873, au sujet d'une proposition qu'un député avait faite pour compléter la loi et qu'il a retirée après les explications du Gouvernement (3636 R. P.).

Par application de ces principes, il a été décidé : 1° que le droit gradué doit être perçu sur l'acte qui constate la constitution définitive d'une société, alors même que l'acte social contenant les statuts avait été rédigé antérieurement à la promulgation de la loi du 28 février 1872 (Sol. 8 août 1872, 11 nov. 1872, 3688 R. P.); 2° que si une assemblée générale d'actionnaires tenue avant la loi du 28 février 1872 sur le droit gradué, a autorisé l'émission d'actions nouvelles, mais que la souscription ait lieu et ait été constatée par acte notarié postérieurement, le nouvel apport est fait sous l'empire de la loi du 28 février 1872, et l'acte notarié donne lieu au droit gradué (Cass. 19 janv. 1876, 4294 R. P.).

1. EXTRAIT D'ACTE. — Le droit gradué est exigible, lorsqu'il est déposé en l'étude d'un notaire en France l'ex-

rait d'un acte de société passé en pays étranger, si cet extrait contient les mentions qui donnent ouverture à ce droit gradué; spécialement, à l'égard d'une société anonyme, les clauses relatives à sa constitution, à sa division en actions et à la constatation des apports : « Attendu, porte un jugement de la Seine du 27 décembre 1873, que vainement, pour échapper à la perception de ce droit, la partie allègue que la loi de 1872 vise uniquement les actes de formation ou de prorogation de sociétés et que le dépôt fait dans les minutes de Dubois, notaire, a eu pour objet non les actes constitutifs de la société, mais de simples extraits partiels destinés moins à prouver son existence en France qu'à lui permettre d'y contracter en justifiant des pouvoirs de son mandataire; que, d'une part, il serait trop facile aux parties d'éluder les charges fiscales, si, pour s'y soustraire, il leur suffisait de ne pas reproduire intégralement la pièce passée à l'étranger dont elles feraient usage en France; que, d'autre part, dans l'espèce, les extraits déposés contiennent les clauses du contrat de société relatives à sa constitution, à sa division en actions, à la constatation des apports, c'est-à-dire les clauses qui constituent dans leur ensemble les éléments principaux du pacte social; que, pour prouver d'ailleurs que les pouvoirs des mandataires français étaient réguliers, il était indispensable de justifier de la constitution de la société » (3849 R. P.). — *Conf.* : Seine 17 avr. 1875, 4137 R. P.

Il en serait autrement si l'extrait ne contenait aucune disposition relative aux apports et à la composition du capital social. La perception des droits dus pour l'enregistrement de cet extrait en France devrait être déterminée uniquement d'après son contenu, sans égard aux dispositions qui n'y seraient pas reproduites; car, c'est la nature même des dispositions contenues dans les pièces enregistrées qui sert de base à l'assiette du droit (*Conf.* : n° 2697 Jour. du not.).

2. JUGEMENT. — Il a été reconnu que le droit gradué n'est pas dû sur le jugement rendu depuis la loi du 28 février 1872 et constatant l'existence d'une société antérieure (Villefranche 31 août 1876, 4525 R. P.). Mais cette décision est contraire à la jurisprudence indiquée n° 5842.

**15160. Condition suspensive. — Restitution.** — Si le contrat, quoique formé, était néanmoins soumis à une condition suspensive, la perception du droit gradué serait-elle également ajournée après l'événement de la condition ?

Dans un cas où il s'agissait d'une société anonyme soumise de plein droit à la condition suspensive de l'autorisation du Gouvernement, la Cour de cassation a décidé que l'acte n'en était pas moins passible du droit fixe de 5 francs (Cass. 23 mai 1859, *arrêt cité* n° 15151-1. Et comme le droit gradué remplace le droit fixe, on serait autorisé à conclure qu'il est exigible dans les mêmes circonstances, de même qu'il est perçu sans difficulté sur les contrats de mariage, qui sont soumis à la condition suspensive de la célébration.

Cette opinion nous paraît cependant difficile à admettre. Elle aurait pour conséquence de faire acquérir au Trésor, sans restitution possible lors de l'événement, un droit souvent considérable qui a été établi pour la formation d'un contrat spécial et que l'on percevrait sur un acte qui n'en produit encore aucun des effets. Ce résultat n'est évidemment pas entré dans les prévisions du législateur.

Malgré les analogies qui existent entre le droit fixe ancien et le droit fixe gradué, l'exigibilité de ce dernier repose sur des motifs particuliers qui excluent dans l'espèce la perception d'un droit immédiat. Ce droit gradué est dû à raison de l'utilité juridique que les parties retirent de l'acte et des énonciations de valeurs qu'il renferme. Or, tant que le contrat de société est encore conditionnel, cette utilité n'existe pas; elle ne commence à se produire qu'à partir du jour où la condition qui arrêtait les effets de la convention s'évanouit. C'est donc aussi à partir de cette époque que l'exigibilité du droit gradué se justifie.

Voilà pourquoi l'Administration a été amenée, au sujet des contrats de mariage, à restituer le droit gradué perçu sur les actes avant la célébration. Si ce droit avait été l'équivalent pur et simple du droit fixe ancien, nul doute qu'il eût été conservé.

Ce que l'on déciderait pour les sociétés conditionnelles s'appliquerait du reste, par identité de motifs, à tous les actes sujets au droit gradué, aux délivrances de legs, aux mainlevées, aux prorogations, etc. Or, il semble absolument contraire à l'esprit de la loi d'avoir voulu frapper immédiatement d'un droit de l'espèce des actes ou des contrats qui, bien que formés matériellement, ne produisent cependant encore aucun de leurs effets.

**15161. Cumul des apports.** — Le droit gradué est dû sur le montant cumulé des apports faits par tous les associés. Il en est ici comme en matière de *Contrat de mariage*. Nous avons donné à cet endroit le motif de cette perception.

**15162. Déduction du passif. — Évaluation.** — Le droit est dû sur le montant total des apports mobiliers et immobiliers, déduction faite du passif. Ce passif ne se compose pas seulement des dettes proprement dites dont les biens apportés seraient grevés, mais des charges de toute nature qui en diminueraient la valeur (Seine, 24 avr. 1875). Ainsi que nous l'avons expliqué à propos des *Contrats de mariage*, les parties n'ont ni justification à produire, ni détails à donner au sujet de leurs évaluations. Elles peuvent se borner à déclarer que le montant net des apports s'élève à une certaine somme, sans rien ajouter de plus. C'est à l'Administration qui veut contredire cette évaluation à en démontrer l'erreur par les moyens spéciaux qui sont mis à sa disposition.

Mais il a été décidé que si l'associé prend l'engagement personnel de payer le passif qui grève un apport, cet apport qui doit arriver net de charges à la société est passible du droit gradué sur sa valeur entière (Sol. 15 mai 1873).

La somme d'argent que la société doit payer à un associé en échange de son apport ne doit pas être déduite de la valeur de cet apport (Seine, 24 avr. 1875, 19850 J. E.; — 28 déc. 1877, 20688 J. E.).

1. APPORT. — COMPTE COURANT. — Dans une société, il est certain qu'on ne peut considérer comme une dette les apports des associés.

Quant aux comptes courants, la question est toute d'appréciation.

Si le compte courant a pour objet les sommes que la société a reçues de l'associé à titre de prêt pur et simple avec promesse de remboursement comme elle les aurait reçues d'un étranger, il y a obligation ordinaire et par suite nécessité de déduction. Si, au contraire, le compte courant se rapporte à de véritables augmentations d'apports participant aux chances de la société et ne conférant à la société aucun droit de créance, il faut leur appliquer les règles des apports proprement dits.

La distinction entre les deux situations est très-nettement tranchée en droit. En fait, elle a donné lieu, au sujet du droit à percevoir sur les contrats de société, à des décisions très-contradictoires rapportées *infrà* n° 15163.

2. APPORTS. — ATTRIBUTIONS. — Quand il est attribué aux fondateurs de la société une valeur déterminée en échange de leurs apports, cette valeur représente l'importance nette du fonds social et devient passible du droit gradué. « Attendu que les fondateurs de la société ayant stipulé, en représentation de leur apport, 5 millions en actions et 500,000 francs en argent, il faut nécessairement en conclure que la valeur nette du fonds social est de 5,500,000 francs, les fondateurs ne pouvant recevoir le prix de ce qu'ils n'auraient pas apporté » (Seine 14 fév. 1874, 3849 R. P.).

3. CRÉANCE DOUTEUSE. — On ne peut pas assimiler une créance douteuse au passif. Le droit gradué est dû sur le capital nominal de la créance apportée (Seine, 29 mars 1878, 4945 R. P.).

**15163. Apports non réalisés.** — Mais il ne faudrait pas comprendre parmi les charges de l'apport les sommes qui resteraient à verser pour en opérer la réalisation. Ainsi, un associé déclare apporter un capital de 100,000 francs, sur lequel il verse 50,000 francs et dont le surplus est stipulé payable à terme. Le montant de l'apport net assuré à la société, et dont elle profitera, est de 100,000 francs. Les 50,000 francs à réaliser ultérieurement sont des apports de la même nature que le numéraire immédiatement versé. Il n'y a donc pas de différence à établir pour la perception.

Cette règle devra s'appliquer fréquemment aux sociétés qui émettent des actions dont une partie seule est appelée. Le droit gradué n'en est pas moins exigible sur la totalité du capital souscrit et dès à présent acquis à la société (Sol... sept. 1873).

Mais si une partie seulement des actions était actuellement émise, ou si la société avait divisé ses actions en deux séries dont la première seule fût émise, il n'y aurait d'apport proprement dit que jusqu'à concurrence des titres souscrits, et la perception du droit gradué ne pourrait être établie sur une somme supérieure (Sol. 12 fév. 1873).

**15164. Meubles et immeubles. — Étranger.** — Il faut comprendre dans l'évaluation des apports sujets au droit gradué tous les biens meubles ou immeubles, de quelque nature qu'ils soient, qui sont mis en commun. On y comprendrait les biens étrangers comme les biens français *Conf.*: J. du not. n° 2697). — C'est une observation déjà faite au sujet des *Contrats de mariage*.

Les immeubles, soit français, soit étrangers, doivent être appréciés en valeur vénale; l'usufruit et la nue-propriété s'estiment pour ce qu'ils valent réellement, et non pas d'après les règles particulières de la loi fiscale.

V. *Contrat de mariage*.

Enfin, on arbitre quelle peut être la valeur actuelle des droits litigieux ou aléatoires dépendant de l'apport.

1. ACTE DE L'ÉTRANGER. — Le droit gradué est dû sur l'acte passé à l'étranger et enregistré, ou dont il est fait usage en France, aussi bien que sur un acte passé en France et relatif à une entreprise française.

Ainsi, la perception en a été autorisée sur le dépôt en l'étude d'un notaire de l'extrait d'un acte de société passé à l'étranger et relatif à une société étrangère, lequel extrait contenait les clauses du contrat de société relatives à sa constitution, à la division du capital en actions, à la constatation des apports, toutes clauses qui, dans leur ensemble, sembleraient les éléments principaux de la société (Seine 27 déc. 1873, 3849 R. P.). — V. 15159-1.

**15165. Industrie.** — L'industrie qui fait l'objet de l'apport d'un des associés doit-elle être évaluée et subit-elle la perception du droit gradué?

L'affirmative résulte d'un arrêt de cassation du 6 juin 1877, portant : « Qu'en l'absence de toute indication sur ce qui constitue l'apport en société pour la perception de l'impôt, la loi fiscale s'en est nécessairement référée aux règles du droit commun sur ce point; qu'ainsi les apports dans le sens de cette loi ne sont autres que ceux qui ont été prévus par l'art. 1833 du Code civil; que, suivant cet article, chaque associé doit apporter dans la société, ou de l'argent, ou d'autres biens, ou son industrie, d'où il résulte que l'industrie mise en commun par un associé a, en droit civil, le caractère d'un apport comme l'argent ou les autres biens; qu'elle est donc, au même titre que l'argent et les autres biens, comprise dans les apports assujettis au droit gradué par la loi du 28 février 1872, laquelle en exprimant que la quotité du droit sera déterminée par le montant total des apports mobiliers et immobiliers a, par une formule générale correspondant à l'art. 1833 du Code civil, virtuellement disposé que pour tous apports, quelle qu'en soit la nature, soit qu'ils consistent en obligation de livrer, soit qu'ils se réduisent à une obligation de faire, le droit gradué serait désormais substitué au droit fixe » (4699 R. P.). — *Conf.* : Boulogne, 25 février 1875, 4069 R. P.; — Reims, 12 mai 1875, 4115 R. P.; — Montpellier, 23 mai 1877, 4733 R. P. — *Contrà* : Lille, 10 avril 1875, 4699 R. P.; — Saint-Étienne, 9 décembre 1874, 4029 R. P.

Si l'apport d'industrie n'est pas évalué dans l'acte, il appartient aux parties de l'estimer par une déclaration (Boulogne, 28 fév. 1875, 4069 R. P.; — Montpellier, 23 mai 1877, 4733 R. P.). A défaut de cette déclaration, l'Administration l'estime comme la mise la plus faible (1853 C. C.; Pont, *Sociétés* 488) et elle peut, en invoquant la présomption tirée de cet article, contrôler l'exactitude des évaluations fournies.

Mais si des indivdus mettaient en société un immeuble ou un fonds de commerce pour l'exploiter en commun, on ne pourrait pas considérer leur industrie individuelle comme faisant l'objet d'un apport proprement dit. Cet apport se borne à l'immeuble ou au fonds de commerce, et le droit gradué n'est pas dû sur une autre valeur.

**15166. Bail partiaire.** — Le bail partiaire ou à mi-fruits donne lieu à une difficulté particulière. Dans les principes de la loi du 22 frimaire an 7 et dans ceux du droit civil, le bail à mi-fruits, malgré certaines affinités qu'il présente avec la société, est un bail ordinaire, et il a toujours été assujetti au droit proportionnel de 20 centimes par 100 francs, comme les baux d'immeubles.

Quand on a préparé la loi sur les baux et les locations verbales du 23 août 1871, l'obligation générale de déclarer les jouissances à titre de ferme s'étendait naturellement aux baux à mi-fruits. Cependant, le Gouvernement, et plus tard l'Administration, ont déclaré qu'ils ne tombaient pas sous l'application de la loi nouvelle, parce qu'ils avaient le caractère d'une société.

Il a paru en résulter directement que le bail partiaire devenait passible du droit fixe gradué applicable aux contrats de société.

L'Administration, après avoir hésité un instant devant cette conséquence (Sol. 18 avr. 1872, 20372 J. N.), a fini par l'accepter (3449 R. P., 3661 § 9 R. P. ; — Brives 12 août 1873, 3675 R. P.). Mais la Cour de cassation, à laquelle il en a été référé, a reconnu, le 8 février 1875, que le bail à colonage continue sous la loi de 1871 à être passible du droit ordinaire de bail à 20 centimes pour 100 (4027 R. P.).

« Attendu, porte l'arrêt, que si des divergences ont pu se produire, au point de vue du droit civil, sur le caractère propre du bail à colonage ou à portion de fruits, spécialement sur le point de savoir si la convention constitue un véritable bail à ferme ou une sorte d'association entre le propriétaire et le colon, ces mêmes divergences ne sauraient exister en droit fiscal ; qu'en effet, aux termes de dispositions précises et positives, le bail à colonage ou à portion de fruits rentre, pour la perception du droit d'enregistrement, dans la catégorie des baux à ferme ou baux ordinaires, et, en conséquence, est soumis au tarif de 20 centimes pour 100 sur les bases déterminées par l'art. 1er de la loi du 16 juin 1824 ; que cela résulte nettement du n° 1 de l'art. 15 de la loi du 22 frimaire an 7, lequel posant la règle de liquidation du droit proportionnel précisément en ce qui concerne les baux à ferme ou à loyer en général, mentionne expressément le bail à portion de fruits, en prescrivant de percevoir le droit d'enregistrement sur la part de fruits revenant au bailleur ; qu'en présence de ces dispositions auxquelles il n'a été dérogé par aucune des lois survenues depuis sur l'enregistrement, il n'est pas possible de considérer les baux de l'espèce, pour l'application de la loi fiscale, comme participant en une manière quelconque du contrat de société ; qu'à la vérité le jugement attaqué s'appuie, pour décider le contraire, sur quelques incidents de la discussion de la loi du 23 août 1871, et spécialement sur les affirmations produites à propos des art. 11 et suivants de ladite loi, mais que ces affirmations, émises à propos de dispositions ayant pour objet d'atteindre les locations verbales, n'ont pu, en tous cas, avoir pour effet de changer, soit la quotité, soit la nature des droits établis par les lois préexistantes sur les baux en général. »

**15167. Dispositions indépendantes.** — L'exigibilité du droit sur les apports ne modifie pas les règles ordinaires au sujet des dispositions indépendantes de l'acte de société. Ces règles sont, au contraire, entièrement maintenues.

Ainsi, dans tous les cas où il était dû autrefois un droit quelconque, soit fixe, soit proportionnel, en outre du droit de société, ce droit, soit fixe, soit proportionnel, continuera à être perçu.

Cette remarque s'applique notamment aux droits de cession exigibles sur les apports faits à titre onéreux. Quand l'associé met en commun un bien quelconque en imposant à la société l'obligation de lui en payer le prix ou de le payer, en son acquit, à ses créanciers, il s'opère une vente jusqu'à concurrence de la somme à payer, et le droit proportionnel de mutation à titre onéreux est exigible. Rien n'est changé à cette situation. Seulement, les biens ou la portion des biens qui ont donné lieu à la transmission assujettie au droit proportionnel, ne peuvent plus figurer parmi les apports passibles du droit gradué. Ce droit n'est exigible que sur l'excédant.

L'I. G. n° 2433 exprime cette idée dans les termes suivants : « Le droit est assis sur le montant total des apports des associés, *déduction faite du passif*. Ces expressions ne s'appliquent qu'à la liquidation du droit fixe gradué, pour laquelle on déduira les dettes et les charges dont pourraient être grevés les apports admis en société ; car si, d'après les stipulations de l'acte, ce passif était mis à la charge de la société, il donnerait lieu à la perception des droits proportionnels exigibles d'après la législation et la jurisprudence en vigueur. »

Un résultat pareil existe à propos des partages.

**15168. Pluralité.** — La loi du 28 février 1872 n'ayant pas changé les principes d'exigibilité du droit gradué et ayant simplement substitué cette taxe nouvelle au droit fixe de 5 francs dans les cas où ce dernier droit était exigible, il en résulte que la pluralité du droit gradué se justifie chaque fois qu'il eût été dû autrefois plusieurs droits de 5 francs.

**15168 *bis*. Acte antérieur à la loi.** — D'après la règle générale, le droit gradué n'est pas exigible sur les actes de société qui ont une date antérieure à la promulgation de la loi.

Mais ce droit serait dû si la société n'avait reçu sa perfection que depuis cette époque.

Ainsi, il a été reconnu que le droit gradué est dû sur l'acte de dépôt d'une délibération postérieure à la loi du 28 février 1872 approuvant des statuts sociaux fixés antérieurement à cette loi, parce que c'est sur cet acte qu'avant la même loi, aurait été perçu le droit fixe que le droit gradué remplace. La délibération fixant les statuts est, avant la délibération approbative, un simple projet qui, en cas d'enregistrement, n'opère que le droit fixe de 3 francs (Sol. 8 août 1872, 3704 n° 31 R. P. ; — Seine 17 avr. 1875, 4137 R. P. ; — Cass. 19 janv. 1876, 4294 R. P.).

De même, un acte sous seing privé de société fait le 26 février 1872, et présenté à l'enregistrement le 9 mars, est passible du droit gradué. Il tombe sous l'application du tarif en vigueur au moment où il est enregistré (Sol. 4 mai et 28 sept. 1872, 3704 n° 31 R. P.). — V. *Décime*.

## CHAPITRE II. — DES MODIFICATIONS DE LA SOCIÉTÉ

[15169-15174]

**15169. Adhésion.** — On entend par adhésion, en thèse générale, l'acte par lequel on se joint à d'autres en se rendant communes avec eux les stipulations d'un contrat auquel on n'a pas concouru. Cet acte n'est pas compris, sous son nom spécial, dans les nomenclatures du tarif de la loi du 22 frimaire an 7. Mais cette loi l'a assujetti au droit fixe soit comme acquiescement (art. 68 § 1er no 4), soit comme acte de complément (art. 68 § 1er no 6), soit enfin comme acte additionnel ou supplétif. La condition fondamentale de la perception du droit fixe est que l'adhésion soit pure et simple, c'est-à-dire qu'elle ne contienne aucun engagement synallagmatique, ni aucune stipulation de clauses modificatives des dispositions des actes auxquels elle se réfère, engagement et clauses qui pourraient la rendre passible du droit proportionnel. D'après ces principes, l'adhésion à une société civile ou commerciale peut, suivant la différence des cas, présenter les caractères et produire les effets juridiques soit d'un acte de complément, soit d'un acte additionnel, soit même d'une acquisition de parts et intérêts sociaux. — *V.* 1591.

1. SOCIÉTÉ DÉFINITIVEMENT ORGANISÉE. — Si la société est définitivement organisée, comme ayant rempli toutes les conditions des statuts, alors les actes d'adhésion qui viennent se produire forment, entre les anciens associés et les nouveaux adhérents, une nouvelle société qui donne ouverture au droit qui lui est propre, c'est-à-dire au droit gradué, indépendamment des droits proportionnels auxquels l'acte devrait être assujetti, s'il contenait obligation, libération ou transmission de biens meubles et immeubles. — *V.* 1199 et 15180.

Ces adhésions peuvent même couvrir tout simplement une cession de part d'intérêt, ainsi que la Cour de cassation l'a reconnu dans les circonstances suivantes :

Une société en nom collectif fut formée pour l'exploitation de constructions mécaniques, au capital de 4 millions, entre neuf personnes, qui s'étaient engagées à le fournir en totalité dans des proportions différentes. Par un acte ultérieur, trois autres personnes ont adhéré au premier et sont entrées dans la société en y apportant une somme de 300,000 francs, qui, répartie entre les anciens membres proportionnellement à leurs mises non encore réalisées, a diminué la part d'intérêt de chacun d'eux, sans augmenter le capital social. En conséquence, un tableau, présentant les mises nouvelles en regard des anciennes, a été dressé, avec stipulation que les douze associés prendraient part aux bénéfices et aux pertes dans la proportion des mises ainsi fixées. Sauf les changements apportés à ces mises et au nombre des associés, aucune modification n'a été faite aux statuts primitifs. Appelée à apprécier la nature du second contrat, la Cour de cassation, confirmant un jugement du tribunal de la Seine du 27 novembre 1863 (1875 R. P., 12690 C.), a décidé, le 7 mars 1866 : « Que cette convention n'a pas eu pour effet de créer une nouvelle société, mais seulement de subroger, dans une certaine mesure, les nouveaux membres dans les droits des anciens, et d'opérer en faveur des premiers une cession de parts d'intérêts dont le prix a consisté dans la somme de 300,000 francs qu'ils se sont obligés à verser dans la société aux lieu et place des seconds ; que cette cession opérant transmission de propriété, a été, avec raison, soumise au droit proportionnel par le jugement attaqué » (S. 66-1-173, B. C. 50, 2355-3 I. G.).

Un arrêt postérieur, du 17 août 1870, a confirmé cette jurisprudence dans une espèce identique : « Attendu que par l'effet de l'adhésion, Vitali et Charles ont perdu une partie de leurs droits dans l'association au profit de Picard et Stévens, qui, pour cette partie, ont été subrogés à leurs obligations ; que dès lors la convention nouvelle constituait une cession de parts sociales passible du droit d'enregistrement ; d'où suit qu'en le décidant ainsi et en refusant de voir dans l'acte des 26-29 juin et 2 juillet 1867 un acte simplement additionnel soumis seulement au droit fixe, le jugement attaqué s'est conformé aux principes de la matière et n'a nullement violé les dispositions de lois invoquées par le pourvoi » (3195 R. P., 14643 C., 20098 J. N., 2414-7 I. G., 2791 Rev., S. 70-1-435, D. 71-1-150). — Le jugement maintenu avait été rendu par le tribunal de la Seine le 29 février 1868 (2535 R. P., 14161 C.).

2. STATUTS PERMETTANT L'ACCÈS DE NOUVEAUX MEMBRES. — Il en serait autrement si les statuts de la société portaient que toutes les personnes qui, dans un délai fixé, donneront leur adhésion à cet acte feront partie de la société. Dans ce cas, les actes d'adhésion passés ultérieurement ne peuvent être considérés que comme le complément et l'exécution de l'acte de société. Les premiers associés, en effet, n'ont qu'une possession provisoire des actions réparties entre eux jusqu'au moment où la société devient complète ; ils ne sont pas propriétaires exclusifs du fonds représentatif des nouvelles actions, puisqu'elles n'existent pas ; l'émission qui en est faite ultérieurement réduit, il est vrai, la valeur des autres, mais elle diminue aussi les charges qui pesaient sur elles. Cette émission n'est donc au fond que le complément de l'acte de société.

S'il n'y a pas augmentation du capital social par des apports complémentaires effectués par les adhérents, l'acte n'est sujet qu'au droit fixe de 3 francs. Mais il n'est pas douteux que si ces adhérents apportent des sommes ou valeurs qui accroissent le fonds commun, cette augmentation est passible d'un droit gradué. Ce résultat a été contesté à la Chambre, par le motif que le droit gradué n'est dû que sur l'acte de société. Mais l'Assemblée a repoussé cette interprétation. Elle a refusé d'accueillir, comme la trouvant inutile, une proposition qui lui était faite d'ajouter à l'art. 1er L. 28 février 1872 une disposition qui visait formellement les apports complémentaires.

L'adhésion est considérée comme un acte additionnel de société, par exemple dans les cas d'assurances mutuelles, où le montant du capital social et le nombre des actionnaires restant indéterminé, un nouveau sociétaire s'aggrége à la société préexistante, en faisant un apport. Dès lors, cet acte additionnel, de même que l'acte constitutif, est sujet au droit fixe gradué ou au droit proportionnel, selon qu'il rentre ou non dans les conditions prévues par le no 4 § 3 art. 68 de la loi de l'an 7, c'est-à-dire selon qu'il renferme ou non des obligations, libérations ou transmissions de biens meubles ou immeubles entre les associés ou autres personnes (*Conf.*: Champ. et Rig. n° 2749, Dalloz n° 3550).

Par application de ce principe, il a été reconnu que quand, en formant une société par actions, il a été convenu que le nombre d'actions pourrait être augmenté, l'émission d'actions nouvelles ne doit pas être considérée comme une cession d'une partie des biens qui appartiennent à la société, et en conséquence qu'il n'est pas dû de droit proportionnel d'enregistrement : « Attendu que par l'effet d'une pareille clause, les parts d'intérêts doivent être considérées comme n'ayant été que provisoirement réparties entre les associés ; que dès lors chacun d'eux n'a qu'une possession provisoire jusqu'au moment où la société sera complétée, et que les premiers actionnaires peuvent d'autant moins être regardés comme propriétaires exclusifs du fonds représentatif des nouvelles actions, qu'elles n'existaient point ; que l'émission qui en est faite ultérieurement réduit, il est vrai, la valeur des autres, mais qu'elle diminue aussi les charges qui pesaient sur elles ; que cette émission est le complément, l'exécution de l'acte de société ; qu'elle fixe irrévocablement les parts d'intérêt de chacun, d'après l'organisation définitive de la société, et qu'il n'en résulte aucune cession particulière des anciens associés aux nouveaux » (Dél. 17 mai 1823, 4596 J. N.).

L'Administration ne dit pas que le droit fixe de société n'est pas exigible, non plus que le droit proportionnel de cession ; mais cela résulte suffisamment des motifs exprimés, en ce que l'inapplicabilité du droit de cession étant fondée sur ce que l'émission de nouvelles actions est le *complément d'exécution de l'acte de société*, le droit fixe de 5 francs (droit gradué), spécial aux actes de société, se trouvait par cela même écarté et faisait place à celui de 2 francs (3 fr.), particulièrement applicable aux actes d'exécution. — *V.* 15136 § 4, 15180 et 15260.

Le tribunal de la Seine a jugé également, le 26 juillet 1854, que dans une société en commandite, l'adhésion des commanditaires effectuée conformément aux prévisions des statuts ne modifie pas la société, mais la complète ; les apports que les associés font, en retour des actions qui leur sont remises, doivent être considérés comme s'ils avaient eu lieu dans l'acte même de société, et ne sauraient autoriser la perception du droit proportionnel (16142 J.N.). Ils ne motiveraient actuellement que la perception du droit gradué.

3. VERSEMENT COMPLÉMENTAIRE. — C'est aussi comme acte complémentaire que l'on doit tarifer au droit fixe la délibération d'une société d'actionnaires qui oblige chacun de ses membres à verser une somme déterminée par action dans la caisse de la société. Une pareille délibération rentre, en effet, dans le cercle des attributions de l'administration de la société (Dél. 5 mai 1814, 4816 J. E.).

4. PLURALITÉ. — Lorsque l'acte d'adhésion doit donner ouverture au droit fixe de société, un seul droit est exigible, quel que soit le nombre des adhérents, attendu que cet acte forme une nouvelle société, qu'il y a maintenant communauté d'intérêts entre les anciens et les nouveaux associés, et que le consentement de tous ne peut être considéré que comme une seule et même disposition. — *V.* 1592, 1593.

Il en est encore ainsi, croyons-nous, lorsque l'acte d'adhésion est un acte simplement complémentaire sujet au droit fixe de 3 francs. Bien que le consentement donné par chaque adhérent lui soit personnel, l'acte qui les réunit ne saurait cependant se diviser, puisque ce consentement collectif est nécessaire pour constituer la société dans les conditions où les parties ont voulu qu'elle le fût, et que l'acte qui les réunit a pour but de confondre leurs intérêts en un seul.

Cette règle est spécialement applicable aux listes de souscriptions qui constatent l'adhésion des actionnaires en exécution des art. 1er et 24 L. 24 juillet 1867. Cette liste, rédigée séparément de l'acte social, intervient avant la constitution de la société et en forme un des éléments essentiels. C'est comme le consentement conditionnel des associés futurs. On ne saurait pas plus l'assujettir à des droits séparés qu'on ne peut percevoir un droit particulier de société par chacune des personnes qui forment la société. Une solution a été rendue dans ce sens pour les actes d'adhésions collectives aux statuts d'une société d'assurances mutuelles (Sol. 3 avr. 1849, 13688 J. N.).

**15170. Continuation de la société.** — La question de savoir s'il y a seulement prorogation d'une ancienne société, ou si, lorsque l'ancienne société s'est trouvée dissoute, la continuation doit être considérée comme une société nouvelle, peut présenter quelques difficultés pour l'application du tarif. Afin d'aider à les lever, nous allons, dans les numéros suivants, donner quelques explications, qui trouveront leur complément naturel dans ce que nous avons dit sous les n°s 15073 et suivants.

**15171. Prorogation. — Tarif.** — La loi du 28 février 1872 soumet au droit gradué les actes de prorogation comme les actes de formation des sociétés. Bien que ce soit la même entreprise qui subsiste, on peut dire cependant qu'elle est assujettie, pour sa continuation, à toutes les formalités de publicité imposées aux entreprises qui se fondent. Le droit serait dû alors, lors de chaque prorogation, sur le montant des apports tels qu'ils sont constatés par la prorogation, et non pas sur les apports de la société ancienne, qui a légalement disparu. Il n'y aurait, bien entendu, aucune imputation à faire pour les droits déjà perçus sur les contrats antérieurs qui sont prorogé

**15172. Quand il y a prorogation.** — Quand y a-t-il prorogation de société? La dissolution d'une société, par l'expiration du terme convenu, peut être prévenue ou arrêtée par la volonté des parties, car les associés sont toujours maîtres de renoncer à un droit émanant d'un contrat qui est leur ouvrage : cependant quelques conditions doivent être remplies pour qu'il y ait vraiment prorogation.

1. CONCOURS DE TOUS LES ASSOCIÉS. — D'abord, tous les associés doivent être unanimes pour demander la prorogation. La majorité est ici sans puissance pour contraindre la minorité. Ce serait une société toute différente que celle qui n'aurait pas pour sa continuation le suffrage de tous les associés sans exception. On a vu, au n° 5379, une solution, dictée par le même esprit, repousser la restitution

des droits perçus sur un contrat de mariage résilié, lorsque la résiliation n'a pas eu lieu entre toutes les parties contractantes.

2. FORME DE PROROGATION. — De plus, le législateur a voulu, pour la prorogation de société, les mêmes formalités que pour la constitution primitive ; ainsi, d'après l'art. 1866 C.C., la prorogation d'une société à temps limité ne peut être prouvée que par un écrit revêtu des mêmes formes que le contrat de société. Il résulte encore de ce principe que si un acte postérieur en date au terme convenu pour l'expiration de la société contenait mention de prorogation de la société, cette mention ne pourrait être prise en considération, pour la perception des droits, qu'autant qu'il serait justifié qu'elle a eu lieu, antérieurement à l'époque fixée pour l'expiration, dans les formes que nous avons indiquées au n° 15045, s'il s'agit d'une société civile, et au n° 15115 s'il s'agit d'une société commerciale.

**15173. Renouvellement de société.** — De ce que nous venons de dire, on doit naturellement conclure que, s'il s'agit d'une société dissoute, l'acte par lequel on déclare la continuer, produisant l'effet d'un nouveau contrat, opère le droit gradué ordinaire. Cette règle, qui ne peut présenter aucune difficulté, comporte néanmoins quelques explications.

1. TERME CONVENU. — On a vu au n° 15073 que, bien que la société finisse par l'expiration du temps convenu, si cependant les parties n'avaient indiqué le terme que par approximation et non pas pour limiter le temps d'une manière absolue, on pourrait, si l'affaire pour laquelle la société a été formée n'était pas consommée, convenir que la société continuerait jusqu'à la consommation de l'affaire. Une pareille convention ne devrait pas évidemment, pour la perception des droits, être considérée comme une nouvelle société.

2. CONSOMMATION DE L'AFFAIRE ET EXTINCTION DE LA CHOSE. — Mais une société, créée pour la consommation d'une affaire, expire forcément avec la fin de cette affaire ; si donc elle était continuée entre les mêmes associés pour la poursuite de nouvelles opérations, il y aurait société nouvelle et, par suite, nouveaux droits.

En ce qui concerne l'extinction de la chose qui, mettant également fin à la société, doit nécessairement exercer une influence sur le renouvellement de la société qui pourrait avoir lieu après que cette extinction serait arrivée, nous ne pouvons que nous en référer à ce que nous avons dit sous le n° 15074-2.

3. MORT NATURELLE DE QUELQU'UN DES ASSOCIÉS. — L'art. 1868 C. C. porte expressément que la société peut continuer, même en cas de mort de l'un des associés, si la stipulation en a été faite. Dans ce cas donc, l'acte qui établirait la continuation, après la réalisation de l'événement, ne pourrait être considéré comme constituant une société nouvelle et donner ouverture aux droits qui s'appliquent à l'acte de société. « Le décès d'un des associés, porte un arrêt de Cass. du 7 décembre 1858 (1245 R. P.) entraîne la dissolution de la société ; mais les associés majeurs peuvent consentir d'un commun accord à la continuation, car ils usent en ce cas d'un droit dont ils ont la libre disposition. Il n'y a pas lieu de distinguer entre le cas où un tiers étranger à la société agit contre elle et celui où les associés eux-mêmes agissent les uns contre les autres. Dans les deux cas, en renonçant à se prévaloir du fait qui entraîne légalement la dissolution de la société, l'associé use d'un droit qui lui appartient, et, du moment où la société continue du consentement de tous, ce droit est au profit et au préjudice de tous » (*Conf.* : Orléans 29 août 1844, D. 44-5-708 ; — Paris 5 janv. 1853, S. 54-2-341, Troplong *Soc.* 906, Pardessus 4-1066, Persil p. 360, Malepeyre et Jourdain p. 296, Dalloz v° *Soc.* 732 art. 2000 n° 11 R. P.).

Seulement il ne faut pas perdre de vue les distinctions que nous avons signalées au n° 15075-1 et 2.

Ainsi, comme ici la continuation de société est un état exceptionnel, puisque la mort de l'associé la dissout de droit, il ne faut pas étendre la convention d'un cas à un autre. Limitée par exemple aux associés, elle ne pourrait se continuer avec les héritiers du défunt et l'introduction de ceux-ci constituerait une nouvelle société. Il en serait de même si elle n'avait été stipulée que pour les héritiers de l'un des associés. La continuation de la société, malgré le décès d'un autre associé, devrait être regardée comme une société nouvelle.

Dans tous les cas, si, au lieu d'être contemporaine de la constitution de la société ou d'une époque antérieure au décès, la stipulation de continuation de la société était postérieure à cet événement, le contrat devrait être considéré comme constituant une société nouvelle.

On peut consulter sur ce point les explications complètes dont il est l'objet (chap. 3 sect. 2 art. 3 n°s 15230 et suiv.).

4. MORT CIVILE. — INTERDICTION. — FAILLITE. — DÉCONFITURE. — Ce que nous venons de dire de la mort naturelle s'appliquait également à la mort civile, qui n'est qu'une imitation de la mort naturelle. — *V.* 15076.

Quant à l'interdiction, il est certain que toute société qui se continuerait avec le tuteur de l'interdit devrait être considérée comme une société nouvelle, puisque l'interdiction de l'un des associés dissout la société de plein droit. — *V.* 15076.

Il arrive souvent que, malgré la déconfiture de l'un des associés, la société continue avec les autres associés après retranchement de l'insolvable qui a entraîné la dissolution (*V.* 15076). On doit voir une nouvelle société dans cette continuation : *Nova videtur incipere societas* (*Institutes, de Societate* § 8). Cependant si, pour prévenir une dissolution, les associés n'excluent pas l'associé déconfit et continuent avec lui la société, c'est la même société qui subsiste (Troplong n° 906).

5. VOLONTÉ DES PARTIES. — Après avoir renvoyé aux explications contenues en notre n° 15077, en ce qui concerne la dissolution de société arrivée par la volonté de l'un ou plusieurs des associés, nous dirons que la société qui aurait été définitivement dissoute par cette cause ne pourrait plus se reconstituer sans encourir les droits auxquels donne ouverture le contrat de société. Nous reviendrons d'ailleurs sur ce point en parlant des effets de la dissolution des sociétés à l'égard de l'exigibilité des droits d'enregistrement.

**15174. Transformations et modifications.** — Si la société éprouvait une transformation assez complète pour en opérer la dissolution, il n'est pas douteux que l'acte de reconstitution donnerait lieu au droit gradué.

Mais si la même société continuait à subsister et que la modification portât seulement sur la forme du contrat, l'acte nouveau ne serait pas assujetti au droit gradué.

C'est là une question à résoudre d'après les circonstances de chaque espèce.

1. COMMANDITE. — SOCIÉTÉ ANONYME. — Ainsi, il a été reconnu que, quand une société en commandite se transforme en société anonyme, il y a société nouvelle soumise aux formalités constitutives ordinaires (C. Lyon 6 fév. 1868, S. 68-2-165).

De même, lorsque, dans un acte constitutif de société en commandite, il a été dit que cette société pourra être convertie en société anonyme, et que plus tard ce n'est pas une conversion pure et simple qui a lieu entre les mêmes sociétaires et avec le même capital, mais bien une reconstitution de société nouvelle, après dissolution de la société ancienne, les apports que l'ancienne société fait dans la nouvelle, si leur valeur doit être remboursée, donnent ouverture au droit de mutation de 2 pour 100 ou de 5 fr. 50 cent. pour 100, selon que les apports sont mobiliers ou immobiliers (Seine 9 avr. 1856, 16270 J. E.).

Jugé également que, quand une société en commandite est transformée en société anonyme embrassant des opérations plus étendues, ayant une durée plus longue et un capital supérieur, la deuxième société n'est pas la continuation pure et simple de la première : elle doit donc acquitter un nouveau droit de timbre pour les titres qu'elle émet (Bordeaux 7 mai 1873). — V. *Abonnement*.

Cependant il a été aussi reconnu qu'une commandite peut se transformer en société anonyme sans que l'être moral primitif soit remplacé par un autre, quand la modification intervient entre les mêmes associés et porte uniquement sur la forme de l'association. Dans ce cas le droit fixe de 3 francs serait seul exigible (D. m. f. 12 juin 1863, S. 63-2-184 ;—Sol. 12 sept. 1876, 4556 R. P.). Et on ne devrait pas considérer comme une transmission sujette au droit proportionnel de vente, la déclaration des parties que les biens de la première société appartiennent dorénavant à la seconde (Sol. 2 sept. 1862).

2. COMMANDITE. — SOCIÉTÉ A RESPONSABILITÉ LIMITÉE. — Il a été reconnu que la transformation d'une commandite en société à responsabilité limitée crée une société nouvelle. « Attendu que les bases des sociétés à responsabilité limitée, où les obligations des gérants sont restreintes à leur mise sociale, ne peuvent, sous aucun rapport, être assimilées à celles des sociétés en commandite, où les obligations des gérants sont indéfinies; que, dès lors, ces deux sortes de sociétés ne peuvent être considérées dans l'espèce comme ne formant qu'une seule et même société. »

Et cette doctrine, appliquée en matière fiscale, a conduit à décider que, dans ce cas, la société nouvelle était privativement soumise aux obligations imposées par la loi pour le timbre de ces titres (Seine 10 avr. 1869, 3144 R. P.).

3. SOCIÉTÉ EN NOM COLLECTIF. — COMMANDITE. — L'acte par lequel, en exécution des statuts, les droits des héritiers d'un associé en nom collectif sont transformés en simple commandite d'un chiffre déterminé, avec la stipulation que les bénéfices futurs seront laissés dans la masse en accroissement de leur mise, n'est passible d'aucun droit proportionnel. « L'associé en commandite a, sur le fonds social, un droit de même nature que l'associé en nom collectif (Seine 9 avr. 1851 ; — Montpellier 15 mars 1854). Il ne s'opère donc aucune modification dans la propriété du fonds social, lorsque l'associé en nom collectif devient associé commanditaire. Dès lors, ce changement dans la qualité de l'associé ne donne pas lieu à la perception d'un droit proportionnel » (Sol. 15 mai 1869, 3118 R. P.).

*Société en nom collectif. — Société anonyme.* — Mais la transformation d'une société en nom collectif en société anonyme engendrera nécessairement sa dissolution et sa liquidation, puisqu'elle cessera désormais d'exister telle qu'elle était auparavant, qu'elle perdra sa personnalité pour en prendre une autre.

4. SOCIÉTÉ A RESPONSABILITÉ LIMITÉE ET SOCIÉTÉ ANONYME. — La transformation d'une société à responsabilité en société anonyme ne donne pas lieu au droit gradué. En effet, la société à responsabilité limitée est une espèce de société anonyme (Rivière *Rép.* 99). Elle en diffère seulement par le mode de nomination des administrateurs (L. 23 mai 1863, art. 1er), le nombre des associés (art. 2) et la limitation du capital social (art. 3). Sous la loi de 1863, elles étaient expressément soumises aux art. 30, 32, 34, 36 et 40 C. C., relatifs aux sociétés anonymes. Les dissemblances ont même tout à fait disparu depuis la loi du 24 juillet 1867, qui ne reconnaît plus qu'une seule espèce de sociétés anonymes et y comprend actuellement les responsabilités limitées (Sol. 20 fév. 1873).

5. MÊME SOCIÉTÉ. — Quoique la société ne change pas de nature, il peut y avoir transformation et exigibilité du droit gradué quand les statuts sont complètement modifiés en ce qui concerne l'objet de la société, la raison sociale, l'administration et les conditions essentielles de son fonctionnement (Lille 15 déc. 1876, 4590 R. P.).

## CHAPITRE III. — DES APPORTS

[15175-15267 *bis*]

### SECTION PREMIÈRE. — DISPOSITIONS GÉNÉRALES

[15175-15182]

**15175. Le tarif embrasse toutes les conventions essentielles à la société.** — La loi, en tarifant au droit fixe (V. 15134), les actes de société qui ne portent ni obligation, ni libération, ni transmission de biens meubles ou immeubles, entre associés ou autres personnes, a renfermé dans quelques expressions d'une concision remarquable toute la théorie des droits à percevoir sur le contrat de société.

En effet, d'un côté, le législateur a soin de mettre en dehors du tarif toutes les conventions comprises en l'acte de société, qui porteraient obligation, libération ou transmission de biens meubles ou immeubles, c'est-à-dire toutes les conventions qui sont indépendantes du contrat de société, pour indiquer clairement que le tarif doit embrasser toutes les conventions qui sont de l'essence et de la nature de la société, en ce sens qu'elle ne pourrait pas exister sans ces conventions.

D'un autre côté, et comme pour mieux faire ressortir encore cette intention, la disposition législative se termine par ces mots : *entre les associés ou autres personnes*; c'est-à-dire que sont exclues du tarif toutes les conventions qui dans l'acte de constitution pourraient intéresser, soit les associés individuellement, soit les personnes étrangères à la société ; d'où la conséquence que sont comprises dans le tarif toutes les obligations contractées par les sociétaires envers la société, dans la limite néanmoins des engagements qu'ils sont tenus de contracter envers elle.

C'est ce qui résulte formellement du passage de l'I. G. n° 290 § 9, transcrit n° 15178.

Notre tâche va donc consister à mettre en relief, pour les séparer les unes des autres, les conventions qui, étant faites dans l'intérêt général de la société, sont de son essence, et celles qui, faites dans l'intérêt individuel des associés ou des personnes étrangères, lui sont complètement étrangères.

**15176. Les apports sont de l'essence du contrat de société.** — De la définition que l'art. 1832 C.C. donne du contrat de société et notamment de ces expressions : « conviennent *de mettre quelque chose en commun,* » il résulte que les stipulations relatives aux apports et aux mises sociales sont tellement de l'essence du contrat, que sans elles il ne pourrait exister. On ne peut, en effet, pas plus concevoir une société sans apports (*argent, autres biens* ou *industrie*), qu'on ne la concevrait sans associés. Car si, d'un côté, il faut des associés pour faire valoir le fonds social, de l'autre, il est indispensable que des apports viennent former le fonds à faire valoir.

Du rapprochement de ce que nous venons de dire avec la règle posée dans le numéro précédent, il faut donc conclure que les mises sociales ne peuvent engendrer aucun droit particulier (Dalloz n° 3556, Champ. et Rig. 2741, Demante n° 320 § 42). — V. Cass. 13 juillet 1840, 12562 J. E., 10713 J.N., 1634 § 14 I. G., S. 40-1-586; — Cass. 20 novembre 1861, 1551 R.P., 2223-6 I.G., S. 62-1-94; — Cass. 28 décembre 1870, 3221 R.P., S. 71-1-36, B.C. 118, D. 71-1-89 ; — 5 janvier 1848, S. 48-1-197, 1614-14 I. G.).

*Arrêt du 5 janvier* 1848 : — « Attendu que le contrat de société ne peut exister sans les clauses relatives aux apports sociaux, et que, si l'enregistrement au droit fixe ne s'appliquait pas à cet ordre de conventions, la disposition sur l'enregistrement des actes de société resterait sans application. »

*Arrêt du* 20 *novembre* 1861 : — « Attendu que les conventions constitutives d'une société, ou qui sont de l'essence de ce contrat, ne sont passibles d'aucun droit particulier; que le droit fixe de 5 francs couvre toutes les stipulations dépendantes de l'acte, quelle que soit la nature de la mise sociale. »

*Arrêt du* 28 *décembre* 1870 : — « Attendu que l'art. 68 § 3 n° 4 L. 22 frimaire an 7, ne soumet qu'à un droit fixe d'enregistrement les actes de société qui ne portent ni obligation, ni libération, ni transmission de biens meubles ou immeubles entre associés ou autres personnes ; que les déclarations d'apports sont évidemment comprises dans cette disposition, parce qu'elles forment un des éléments essentiels du contrat de société tel qu'il est défini par l'art. 1832 C. C. »

**15177. Versement immédiat de l'apport en argent.** — Lorsque l'associé verse immédiatement la somme d'argent qui forme sa mise sociale, il y a bien une transmission de l'associé à la société, mais cette transmission, étant une conséquence forcée de la position respective de l'associé et de l'être moral qui représentera dorénavant l'association, devient une disposition dépendante qui se trouve affranchie de tout droit par la perception que subit l'acte même de société qui constate le versement.

**15178. Promesse de verser ultérieurement l'apport en argent.** — En ce qui concerne l'obligation de payer ultérieurement, la solution est la même : la promesse de verser est dépendante du contrat, comme l'est le versement lui-même. Il est vrai que l'art. 1845 C.C. déclare l'associé débiteur envers la société de ce qu'il a promis d'y apporter, d'où l'on pourrait chercher à conclure que, par son engagement, il contracte véritablement l'obligation que la loi tarife au droit de 1 pour 100, et cela avec d'autant plus de raison que l'art. 1846 veut qu'il soit de plein droit débiteur des intérêts de l'apport du jour où le versement devait être effectué.

Mais cette objection reste sans force devant les principes ci-dessus développés. D'ailleurs, comme l'art. 1845 assimile ici la société à la vente, en ce qu'il rend l'associé garant envers la société, de la même manière qu'un vendeur l'est envers un acheteur, on est fondé à recourir aux principes qui régissent la vente. Or, le droit auquel la vente est soumise embrasse l'obligation corrélative d'en payer le prix, ce qui rentre tout à fait dans notre système.

Au surplus, cette question a été résolue par l'Administration d'une manière toute spéciale, dans son I. G. n° 290 § 9. Il s'agissait d'examiner s'il y avait quelque chose de fondé dans la prétention que l'on élevait d'exiger le droit d'obligation sur la promesse qui était faite d'une mise en argent. « Une semblable prétention, a dit l'Administration, rendrait illusoire la faveur que le législateur a voulu accorder au commerce, en modérant à 3 francs (aujourd'hui droit gradué) le droit d'enregistrement des actes de société (ces actes avaient été soumis au droit proportionnel, jusqu'à la loi de l'an 7, L. 19 déc. 1790 cl 1, sect. 2 n° 7). Cette opinion est donc contraire au vœu de la loi : l'erreur, à cet égard, vient de ce que l'on a confondu les obligations contractées par les sociétaires envers la société entière, avec celles d'un ou plusieurs sociétaires, en faveur d'un associé individuellement; les art. 1845 et 1846 C. C. n'ont rapport qu'aux premières : elles sont de l'essence même des actes de société ; conséquemment elles ne sont point passibles du droit proportionnel ; les secondes constituent ce que l'art. 68 § 3-4° L. 22 frimaire a entendu sous la dénomination d'obligations entre associés, et elles donnent incontestablement ouverture au droit proportionnel. Par toutes ces considérations, le conseil d'administration a délibéré, le 29 thermidor an 12, qu'il n'y a que les transmissions, obligations et quittances, par un ou plusieurs des associés en faveur d'un ou de plusieurs de leurs coassociés individuellement, qui donnent ouverture au droit proportionnel; et que toutes les autres dispositions de cette nature, pour le compte et dans l'intérêt général de la société, soit par l'acte de société même, soit par des actes additionnels et supplétifs, n'opèrent que le droit fixe. »

Le tribunal de la Seine a donc justement reconnu, le 1er juin 1842, que quand une société a été formée pour la construction de maisons sur des terrains appartenant à un tiers et qu'un associé, pour son apport, a pris l'engagement de fournir les fonds utiles aux constructions, le droit d'obligation n'est pas dû sur l'acte postérieur qui constate le montant des sommes fournies successivement par cet associé (D. N. t. 11 p. 925 n° 409).

**15179. Apport consistant en meubles ou en immeubles.** — La règle est exactement la même, alors que les apports consistent en un corps certain, que ce corps certain soit représenté par des meubles ou qu'il consiste en immeubles (Dél. 13 nov. 1838, S. 39-2-399; — Cass. 20 nov. 1861, S. 62-1-94, 2223-6 I. G., 1551 R.P.). — V. 15176.

Seulement ici la solution se dégage quelquefois avec difficulté des apparences que revêt la convention et qui, faisant illusion, peuvent laisser de l'incertitude sur la question de savoir s'il y a purement et simplement mise sociale, ou si cette mise se complique d'une vente à la société.

C'est surtout lorsqu'un associé apporte à la société des meubles ou des immeubles à l'occasion desquels il excerce un prélèvement quelconque, que la difficulté peut devenir sérieuse. Le point important à ne pas perdre de vue dans cette circonstance, c'est qu'il est indifférent que les mises des associés consistent en biens de même nature, ou en biens de nature diverse; et que l'un peut apporter du mobilier, un autre des biens fonds, celui-ci de l'argent, celui-là enfin tout simplement son industrie. — Cette mise en commun a pour objet de faire partager aux associés le gain ou supporter la perte qui en résultera, et on doit considérer qu'au point de vue fiscal, elle n'opère aucune transmission actuelle et réelle, car chaque associé conservant sur la société des droits qui s'étendent à l'universalité et en même temps à chaque portion des biens communs, il se peut qu'il reste propriétaire de l'objet qu'il a mis en communauté; la mutation n'est donc qu'éventuelle.

**15180. Apport fait par un acte postérieur.** — Dans les numéros précédents nous avons considéré l'apport comme fait par l'acte même de constitution de société, mais nous devons faire remarquer que le tarif ne se borne pas à embrasser l'apport fait de cette manière, il s'étend à toute mise sociale dans quelque circonstance qu'elle se produise. C'est ce qui résulte formellement du § 9 de l'I. G., n° 290, où on lit « qu'il n'y a que les transmissions, obligations et quittances, par un ou plusieurs associés, en faveur d'un ou de plusieurs de leurs coassociés individuellement, qui donnent ouverture au droit proportionnel; et que toutes es autres dispositions de cette nature, pour le compte et dans l'intérêt général de la société, soit par l'acte de société même, soit par *des actes additionnels et supplétifs,* n'opèrent que le droit fixe. »

Aussi une Sol. de l'Administration 5 mai 1844, et un jugement du tribunal de la Seine du 2 juin 1842, portent-ils qu'il y a lieu d'étendre le bénéfice de l'exemption de tout droit aux réalisations d'apports qui ont lieu après la formation de la société, soit que les apports aient été éventuellement prévus, soit qu'ils ne l'aient pas été dans l'acte constitutif de la société. C'est ce qui résulte également d'un jugement de Sedan du 10 juillet 1867 (2867 R. P.).

Dans le même ordre d'idées, il faut décider qu'il devrait en être ainsi des apports que pourraient contenir les actes d'adhésion dont nous avons parlé au n° 15169-2.

**15181. Conséquences du principe admis en matière d'apport mobilier ou immobilier.** — Il est certain que le principe que nous venons d'indiquer peut souvent exempter de tout droit une véritable mutation, et faire que celui qui ne peut vendre avantageusement une chose dont il est propriétaire, ait recours, pour s'en défaire, à la voie de la société. Ainsi, un fabricant voulant vendre une usine considérable, ne trouve pas d'acquéreurs, à cause de la somme importante qu'il faudrait débourser pour en payer le prix. Le fabricant forme alors une société en commandite par actions, dans laquelle il se réserve un intérêt, afin de donner garantie et confiance aux actionnaires. Par cet arrangement, il cesse d'être propriétaire; c'est le corps moral qui représente la société qui acquiert l'usine et à qui elle appartient désormais.

Cette combinaison permet donc à un propriétaire d'aliéner son immeuble, sans qu'aucun droit de mutation soit encouru.

Un tel résultat est tout à fait exorbitant, et la législation ancienne ne l'avait pas admis : il n'a été introduit dans la loi de frimaire que par une faveur spéciale et encore verrons-nous plus loin que la jurisprudence y a apporté certaines limites en autorisant la perception du droit lors du partage quand l'immeuble est attribué à celui qui ne l'a pas apporté.

**15182. Règle de perception.** — Quoi qu'il en soit, la règle est que toutes les stipulations ayant le caractère d'apports sont affranchies du droit sur le contrat de société. Or, deux conditions sont essentielles pour qu'une clause rentre dans cette catégorie. Il faut :

1° Que la chose mise en commun, par l'associé, soit abandonnée à la société d'une manière absolue, à titre de mise sociale et sans stipulation d'un retour ou d'un bénéfice indépendant de ce bénéfice commun, auquel lui donne droit sa qualité même d'associé. D'où la conséquence que lorsque la mise sociale est accompagnée d'une stipulation de cette dernière espèce, il y a, en ce point, une convention indépendante assujettie au droit qui lui est propre d'après sa nature.

2° Que toutes les obligations soient contractées par les sociétaires envers la société seulement, dans la limite des engagements que les associés sont tenus de contracter envers la société. D'où il faut conclure qu'il y a ouverture à un droit, lorsque le contrat de société renferme des conventions de sociétaire à sociétaire ou de sociétaire à étranger.

L'application de cette règle aux nombreuses espèces de la pratique soulève de fréquentes difficultés parcequ'il est malaisé de toujours reconnaître si la stipulation ne renferme rien d'étranger à la société même. Il s'est formé à cet égard une jurisprudence dont nous allons essayer de résumer avec exactitude toutes les décisions.

## SECTION 2. — STIPULATIONS INDÉPENDANTES

[15183-15259]

### ARTICLE PREMIER. — OBLIGATION

[15183-15196]

**15183. Principe.** — L'un des caractères essentiels de l'apport c'est l'abandon complet que fait l'associé de la chose qu'il met en commun. Cette chose appartient désormais à l'être moral et subit toutes les chances de l'entreprise. Si la société ne prospère pas et si le fonds social disparaît, l'associé perd entièrement ses droits. On peut ajouter avec Champ. et Rig (n° 2750) que dans le cas même d'une société fructueuse la propriété de la mise est également perdue. Le fonds social, en effet, quand il se composerait encore des apports primitifs, aura alors le caractère de bénéfice, et, par conséquent, la part dévolue à l'associé dans le partage ne sera plus l'équivalent ni la restitution de la mise.

Il s'ensuit que le versement d'une somme à la société, n'a plus le caractère d'un apport, quand la société s'engage a la restituer ou que l'associé se ménage le moyen d'en effectuer la reprise intégrale, qu'elles que soient les pertes de l'entreprise. C'est là évidemment l'obligation tarifée au droit de 1 pour 100 par l'art. 69 § 3 n° 3 L. 22 frimaire an 7 et comprise par l'art. 68 § 3 n° 4 sous la dénomination d'obligation *envers d'autres personnes,* stipulation qui demeure soumise au droit selon son espèce.

**15184. Clause de remboursement.** — Ainsi, en matière civile, il a été reconnu que le versement dans une maison de commerce d'une somme remboursable à une époque déterminée constitue un prêt et non une société, encore bien qu'il ait été stipulé que le bailleur de fonds recevrait pour lui tenir lieu des intérêts de cette somme, une part des bénéfices à réaliser (Bordeaux 3 juill. 1860, S. 61-2-190).

Pour qu'il en soit autrement, il faudrait, comme l'a décidé la Cour de cassation le 11 avril 1849, que la stipulation, du remboursement fût détruite par les autres clauses du contrat et que ces clauses attribuassent clairement à l'auteur de l'apport le caractère d'un associé ordinaire (P. 50-1-604). « Dans ces sortes d'affaires, enseigne Troplong, l'intention des parties et leur bonne foi exercent sur l'esprit des juges une influence dont la théorie doit tenir compte » (*des Sociétés* n° 50).

La question est d'autant plus délicate en matière fiscale que les parties ne manquent pas, pour éviter la perception du droit proportionnel, d'accompagner les clauses de remboursement de déclarations destinées à en dissimuler les véritables effets. Mais ces tentatives demeurent vaines toutes les fois que la mise échappe aux risques de l'entreprise et que l'associé est sûr d'en obtenir le remboursement.

Ainsi, il a été reconnu, en matière fiscale, que la clause d'un acte de société portant qu'outre son apport, l'un des associés fournira à la société un capital remboursable à des époques déterminées avec intérêt à 6 pour 100 jusqu'au remboursement, constitue une obligation actuelle et immédiate passible du droit de 1 pour 100. « L'engagement, dit la Cour, pris par M... de fournir en sus de son apport, une mise de 200,000 francs portant intérêt et remboursable à une époque déterminée, constitue une obligation de sommes distraite de l'apport social non soumise aux risques sociaux et ayant le caractère de prêt » (Cass. 25 nov. 1872, 3563 R. P., 2465-3 I. G., S. 70-1-43, D. 73-1-127, P. 73-68).

Le tribunal de Châtillon a également décidé, en ce sens, le 10 décembre 1861, que le droit d'obligation est exigible sur la clause d'un acte de société portant: « pour aider au crédit de l'entreprise, les commanditaires verseront dans la caisse sociale par cinquièmes une mise de 25,000 francs dont ils auront crédit avec intérêt à 6 pour 100 et à la condition d'en être remboursés moitié dans quatre ans et moitié dans cinq ans à partir de ce jour. » Cette stipulation constituait un véritable prêt d'un capital remis à l'emprunteur qui devait s'en libérer aux époques convenues (1601 R. P., 12426 C.).

Mais l'absence d'époque de remboursement ne caractériserait pas toujours un apport, s'il était établi par ailleurs que la somme l'a été réellement à titre de prêt (Amiens 19 nov. 1869, 3154 § 2 R. P.).

**15185. Remboursement sur les premiers fonds disponibles.** — La Cour suprême a appliqué la même règle à l'apport d'une somme qui devait être remboursée sur les premiers fonds disponibles : son arrêt résume très-clairement les motifs de l'exigibilité de l'impôt: « Attendu que ce qui démontre que les fonds fournis par l'associé constituaient un véritable prêt et non point un apport, c'est que l'apport court les risques de la société, que cet apport s'il fait participer au bénéfice de la société n'est plus productif d'intérêt, tandis que, dans l'espèce, les fonds fournis par Alazard étaient productifs d'intérêts et d'un droit de commission; que les avances devaient être réglées tous les trois mois; que de plus, ce qui mettait les avances à l'abri de tout risque, c'est que le remboursement devait en être fait sur les premiers fonds payés à raison de l'avancement des travaux. » (Cass. 29 juill. 1863, 1818 R. P., 2274 § 10 I. G., 17790 J. N., 17708 J. E., 12525 C., 726 et 733 § 10 Rev., S. 63-1-447, P. 64-302).

**15186. Amortissement.** — Il doit en être de même, comme l'a d'abord reconnu la jurisprudence, quand le remboursement du prétendu apport doit s'opérer au moyen d'un amortissement prélevé sur le fonds social : « Attendu, porte un arrêt de Cass. du 30 juillet 1861, que M. de Morny doit prélever annuellement sur les bénéfices, par préférence aux actionnaires, l'intérêt à 5 pour 100 de son apport, et en outre une somme fixe de 100,000 francs à titre d'amortissement des 6,000 actions à lui attribuées en représentation et qui doivent être amorties au pair ; que cette situation est évidemment celle d'un bailleur de fonds auquel la société qui emprunte assure le payement annuel des intérêts de la somme prêtée et le remboursement de son capital par portions réglées sur la durée de la société ; que le comte de Morny n'est soumis à aucune des chances de gain et de perte qui sont de l'essence de la société.... » (1380 et 1520 R. P., 2223 § 7 I. G., 11879 et 12041 C., 16930 et 17210 J. N., 17189 et 17333 J. E., S. 61-1-789, P. 62-1023).

C'est également ce qui a été décidé par le tribunal de Bruxelles, le 13 août 1868, au sujet d'une clause portant que l'associé, en échange de son apport en argent, recevrait des actions dites privilégiées jouissant d'un intérêt fixe, remboursables au pair par amortissement et constituant les seules créances sociales (3341 R. P.).

*Conf.* Lille, 23 février 1877.

**15187. Forfait.** — En matière civile, il a été de même reconnu d'après ces principes, que la stipulation au profit d'un bailleur de fonds d'une part réglée d'avance, et à forfait, du bénéfice à réaliser dans une société, indépendamment de l'intérêt au taux légal du capital par lui versé, constitue non une convention entre associés, mais un prêt usuraire Cass. 16 juin 1863, S. 63-1-334).

**15188. Clauses diverses.** — Les stipulations d'où résulte la garantie de remboursement du capital prêté peuvent varier indéfiniment. Nous ne pouvons pas les indiquer toutes et cette nomenclature serait d'ailleurs inutile, puisque la règle est invariable. En voici cependant quelques-unes sur lesquelles sont intervenus des jugements. Le droit d'obligation a été reconnu exigible sur la clause d'un acte de société :

1° Par lequel l'un des associés verse indépendamment de sa mise une somme qu'il *se réserve* de retirer en tout ou en partie quand bon lui semblera (Nantes 18 août 1840, 12584-2 J. E);

2° Portant que la somme versée produira intérêt et qu'à tout événement, lorsque l'associé se retirera, il aura droit de retirer son avance (Seine 1er août 1863, 12542 C.);

3° Ou bien que l'associé se réserve la propriété de l'apport et que cet apport produira intérêt à son profit : « Attendu que ces deux conditions excluent toute idée d'apport, puisqu'il est évident que la somme dont il s'agit n'est pas exposée aux risques de la société, et que, lors de la dissolution, Israël aura le droit de la réclamer, non à titre de sociétaire, mais à titre de prêteur (Seine, 21 juill. 1865, 2211 R. P.);

4° Ou que l'associé, outre son apport, a avancé à la société une somme portant intérêt et qui n'est pas comptée dans le capital social, et ce, encore bien qu'il n'ait pas été stipulé de terme de remboursement (Anvers, 19 nov. 1869, 3154 § 2 R. P.).

5° Que le remboursement de l'apport est garanti à l'associé par ses coassociés au moyen d'un transport de créances qu'ils lui consentent (Epinal, 17 janv. 1878).

**15189. Avances antérieures.** — Il n'y a pas à distinguer, pour l'application de ce principe, entre la remise actuelle d'une somme d'argent à la société, ou l'obligation prise par la société de rembourser à l'associé des avances antérieures. — Du moment que l'auteur des avances ne met pas sa créance en commun et en stipule au contraire le remboursement, le droit d'obligation est exigible.

Ainsi, deux personnes ayant acheté un immeuble pour le compte d'une société qui devait se former, il fut convenu, lors de la rédaction des statuts, que la société leur restituerait le prix de l'acquisition. Cette clause fut jugée passible du droit d'obligation : « Attendu qu'il résulte des actes produits que l'immeuble avait été acheté par les sieurs P. et M. pour la société en formation, et que l'obligation de leur faire le remboursement du prix est constatée dans l'acte » (Cass. 23 mai 1859, 1181 R. P., 2160 § 5 I. G. 16622 J. N., 11565 C., 16966 J. E., S. 59-1-695).

Décidé de même que la clause d'un acte de société portant que la société s'oblige à tenir compte à l'un de ses membres des dépenses d'exploitation faites par lui dans l'usine avant la formation de l'entreprise est passible du droit d'obligation (Seine 4 juin 1856).

On opposerait en vain que ces avances ont été faites à titre d'apport, car au moment où elles ont eu lieu, la société n'existait pas encore, et on ne peut considérer la remise de fonds faite à ce moment que comme un prêt ordinaire passible du droit proportionnel (Seine 25 janv. 1861, 1460 R. P., 11944 C., 17266 J. E.). — *Conf.* : Seine, 29 avr. 1876, 4487 R. P. et 29 mars 1878. — V. 15205.

**15190. Emploi des avances.** — Le caractère du prêt peut encore résulter de l'affectation spéciale des deniers versés par l'associé, s'il paraît que ce soit une opération indépendante de la formation même du contrat. Par exemple, un jugement de Briey, du 30 août 1843, a maintenu la perception du droit de 1 pour 100 sur la somme par laquelle plusieurs associés s'engageaient à mettre à la disposition du gérant une somme déterminée qu'il sera tenu d'employer à solder des obligations par lui contractées avant la formation de la société (30 août 1843).

Décidé, de même que si le cautionnement que la société est tenue de fournir au Gouvernement est versé par un associé en dehors de sa mise sociale, et que la société s'oblige à lui payer l'intérêt de cette somme versée, le droit d'obligation est exigible (Dél. 5 juin 1836, 11546 J. E.).

**15191. Intérêt garanti.** — Il arrive fréquemment que la société garantit aux associés le payement de l'intérêt de leurs mises. Mais cette circonstance n'enlève pas à l'apport le caractère d'un apport social, car le risque porte alors sur le capital dont la propriété est mise en commun, la jouissance légale en étant réservée par les actionnaires (Sol. 9 janv. 1829, 6293 J. E., 22 août 1861; — C. Paris, 9 août 1877; *Gazette des tribunaux* du 13 nov. 1877). C'est donc à tort, selon nous, que pour attribuer le caractère du prêt à la clause d'un acte de société portant que chaque associé aurait le droit de verser au delà de sa mise sociale une somme déterminée, le tribunal de Saint-Quentin s'est uniquement fondé sur ce que la somme devait produire des intérêts (12 avril 1865, 2187 R. P.). Il ne faudrait pas objecter qu'au moins, en ce qui concerne cette jouissance, la société contracte un engagement soustrait aux chances de l'entreprise et passible d'un droit proportionnel; car la garantie stipulée par les bailleurs de fonds est purement fictive. Ils ne s'aperçoivent pas, disent très-bien Champ. et Rig., que, leur capital étant devenu commun, et les intérêts se prélevant sur la masse, c'est eux-mêmes qui fourniront les intérêts garantis (n° 2757 note).

Mais il en est autrement dès qu'à la garantie d'intérêt se joint quelqu'autre stipulation de nature à caractériser l'existence de l'obligation. Ainsi, on a pu décider que le prêt actuel résultait suffisamment de ce que l'associé avait son intérêt garanti et pouvait retirer sa mise dans des cas déterminés (Rouen 8 juill. 1869, 3154 R. P.); — ou de ce qu'à la stipulation d'intérêt se joignait une clause de remboursement à époque fixe et l'indication que la somme était promise en sus de l'apport (Cass. 25 nov. 1872, *arrêt cité suprà* n° 15184.) ou que l'associé ne supporterait aucune perte et pourrait, en cas de diminution de l'actif, demander la dissolution et prélever sa mise sur la masse (Seine 29 avr. 1876, 4433 R. P.). — Ou que l'associé ne devant supporter aucune perte, pourrait demander la dissolution de la société pour reprendre son apport quand le tiers du capital social serait perdu (Avesnes, 23 fév. 1877 (4757 R. P.). Ce jugement est déféré à la Cour de cassation.

**15192. Compte courant.** — Les apports des associés prennent souvent la forme du compte courant. On stipule que la mise, ou qu'une partie de la mise, sera laissée en compte courant à la société qui devra en servir les intérêts selon les règles du commerce. Il est impossible de dire *à priori* si un tel engagement renferme une disposition indépendante passible du droit d'obligation. En effet, le compte courant, suivant la définition que nous en avons donnée au mot *Compte courant*, est tout simplement l'état que deux négociants, en relation d'affaires, tiennent de leurs *doit* et *avoir* mutuels, et, en termes de banque, le tableau des lettres de change que les négociants et banquiers tirent les uns sur les autres et des remises qu'ils se font réciproquement. Les éléments de ce compte consistent dans toute somme ou valeur qui est due à n'importe quel titre par l'un des négociants à l'autre. Il n'a pas de règles propres et il reproduit sous une grande variété de formes le caractère de plusieurs contrats, tels que le prêt, le mandat, le dépôt. Il suit de là que la mention dans le compte d'une somme portée au débit d'une des parties ne procède pas nécessairement d'une obligation ou d'un prêt : chaque stipulation doit faire l'objet d'un examen spécial, conformément aux règles que nous avons précédemment indiquées.

Quand la somme versée en compte courant est exposée aux chances de l'entreprise et n'est garantie par aucune disposition sociale, elle participe verbalement de la nature de l'apport et aucun droit n'est exigible.

C'est ce qu'on a décidé ; 1° Au sujet de la clause d'une société en commandite, portant reconnaissance d'une somme déterminée, *en compte courant obligé*, avec intérêt, cette stipulation n'étant que de pure forme, et la somme en compte courant partageant toutes les chances de la commandite, comme les autres sommes stipulées *en compte de fonds morts* (Dél. 9 janv. 1849) ;

2° Pour la stipulation par laquelle un associé versait en sus de sa mise une somme placée en compte courant avec intérêts, alors qu'il résultait des statuts que, malgré le remboursement convenu au profit de l'associé, cette somme demeurait, comme les apports proprement dits, le gage de tous les créanciers de la société et participait dès lors à toutes les chances de l'entreprise (Lyon 25 fév. 1858, 1014 R. P.).

Le droit d'obligation a été jugé exigible, au contraire, quand la somme laissée en compte courant n'est pas exposée aux risques sociaux, mais que son remboursement est garanti à l'associé.

On l'a décidé : 1° Pour l'apport d'une somme en compte courant obligé avec clause de remboursement par fractions et payement des intérêts, par préférence aux créanciers (Lyon 23 mai 1849, 14773-3 J. E.) ;

2° Alors surtout que le remboursement est garanti par une hypothèque spéciale sur les immeubles de la société (Sol. 23 août 1856) ;

3° Au sujet d'une stipulation portant que l'excédant de la mise serait laissé en compte courant, à la société, à titre d'avance moyennant le service des intérêts légaux et à condition que cette somme ne donnerait à l'associé aucun droit aux bénéfices. Le caractère du prêt résultait très-clairement ici de la qualification donnée au compte courant jointe à cette circonstance que la somme remise ne faisait pas comme l'apport ordinaire participer aux profits (Soissons 16 mars 1859, 1156 R. P., 16914 J. E. ; — *V.* égal. Châtillon-sur-Seine 10 déc. 1861, 1601 R. P., 12426 C.) ;

4° A l'occasion d'une clause portant « outre sa mise de fonds, S.... versera, en compte courant libre, une somme de 90,000 francs productive d'intérêts à 5 pour 100 comme le fonds social lui-même » (Lyon, 17 août 1871, 3472 R. P. ; et Saint-Étienne, 20 avr. 1874).

5° D'une stipulation ainsi conçue : l'associé a accusé, outre sa mise sociale à la société, une somme de... qui portera intérêt en sa faveur en compte courant à partir de ce jour » (Anvers 19 nov. 1869, 3154 § 2 R. P.) ;

6° Ou d'une clause portant : « M. D... aura un compte courant obligé de 500,000 francs qui sera fourni en espèces et produiront intérêt à 6 pour 100 payable tous les 6 mois, et, en cas de décès, remboursés à ses héritiers avec l'apport par huitièmes de 3 et 4 mois » (Lyon 15 janv. 1872, 3471 R. P.).

**15193. Crédit. — Obligation à terme.** — L'obligation à terme ressemble à l'ouverture de crédit en ce que dans les deux cas les sommes ne doivent être versées au créancier qu'après un certain temps. Mais tandis que le crédit constitue une simple promesse de prêt, l'obligation à terme donne naissance à une créance actuelle dont le payement seul est retardé. Pour autrement dire, l'engagement est, dans le crédit, soumis à une condition suspensive ; il est, dans l'obligation à terme, tout à fait complet ; le délai touche seulement au mode de libération *luitionis facultati*. C'est pourquoi on assujettit l'obligation à terme au droit proportionnel de 1 pour 100, alors que le crédit, provisoirement soumis au demi droit, ne donne naissance au droit complet qu'après le versement des fonds. Nous en avons déjà parlé au mot *Crédit*.

Il est parfois difficile de discerner ces deux engagements l'un de l'autre, car leurs effets apparents étant identiques, la différence des contrats repose sur l'interprétation de la volonté des parties :

1° Un père, par exemple, associe son fils à son commerce. On déclare que le fonds social de 320,000 francs est fourni en entier par le père, et que la mise du fils est représentée, dans cette masse, par une somme de 80,000 francs dont le père le crédite sans intérêts, à condition que le remboursement sera fait à une époque connue. Est-ce là un prêt actuel de la part du négociant? La Cour suprême ne l'a pas pensé. « Cette mise sociale ainsi formulée, porte un arrêt du 3 avril 1854, se composait d'un capital dont le tiers était crédité, et qui, stipulé purement et simplement remboursable dans un temps donné, attribuait seulement le caractère d'une promesse de prêt à cette ouverture de crédit... l'acte ne donnait lieu, dès lors, lors de l'enregistrement qu'aux droits établis par la loi pour les promesses de prêt » (49 R. P., 15828 J. E., S. 54-1-362, P. 54-1-580) ;

2° Il y a encore ouverture de crédit et non pas obligation actuelle à terme dans la clause portant que la somme promise par l'un des associés ne sera versée par lui qu'au fur et à mesure des besoins de la société ou si ses coassociés l'exigeaient (Seine 16 nov. 1860, 1445 R. P., 17090 J. N., 17282 J. E., 11922 C.);

3° Mais, lorsque la somme promise est immédiatement nécessaire au fonctionnement de l'entreprise, on considère que l'associé a seulement un délai pour en faire le versement et se trouve définitivement obligé. Le droit de 1 pour 100 est donc exigible. Le tribunal de Châtillon-sur-Seine a apprécié en ce sens la clause d'un contrat de société par laquelle trois commanditaires s'étaient obligés à verser dans la caisse, par cinquièmes de mois en mois, une somme de 25,000 francs dont ils devaient avoir crédit en compte courant avec intérêt, et être remboursés dans dans un délai de quatre ans (10 déc. 1860, 1601 R.P., 12426 C.);

4° Décidé, de même, que lorsque l'un des associés s'oblige à verser à la caisse, dans un délai déterminé, le montant de l'apport de son coassocié, à la condition qu'il reprendra la somme dès que ce coassocié aura versé lui-même les fonds, il est dû un droit proportionnel d'obligation. Dans l'espèce, l'engagement de l'associé était présenté comme une obligation ordinaire créant entre les parties un lien de droit actuel, et le délai convenu pour le versement des fonds semblait bien plutôt une facilité accordée au prêteur pour réaliser l'argent, qu'une condition suspensive de sa promesse (Rouen 21 janv. 1864, 2026 R.P.);

5° On ne doit pas, non plus, considérer comme une simple ouverture de crédit, mais comme une obligation actuelle la clause d'un contrat de société par laquelle un prêteur s'engage à verser dans la caisse sociale les sommes nécessaires pour former un fonds de roulement indispensable aux opérations de la société (Seine 23 mars 1867, 2459 R. P., 13265 C.);

6° Il en est ainsi encore de clauses portant : « outre sa mise de fonds, S... versera en compte courant libre une somme de 90,000 francs productive d'intérêt comme le fonds social à 5 pour 100, cet engagement constituant par le seul fait de la réalisation de la société, qui n'est pas contestée, le lien de droit, c'est-à-dire pour Seurre l'obligation pure et simple de verser 90,000 francs, et pour les coassociés le droit d'en exiger le versement intégral et immédiat dans la caisse sociale » (Lyon 17 août 1871, 3472 R. P.);

7° « Le capital social est fixé à 90,000 francs, qui seront fournis par tiers par chacun des associés. La dame Bacholle, l'un d'eux, s'engage à fournir un capital de 50,000 francs, à la société, productif d'intérêts, et elle ne pourra en demander le remboursement que le 30 juin 1881 » (Rouen 25 août 1868, 3154 R. P);

8° « M. S... l'un des associés avancera à M. P... son créancier le montant de sa mise dont les intérêts lui seront payés à 5 pour 100 tant que P... n'aura pas complété son apport Alençon 17 août 1868, 3154 § 3 R.P.);

9° Et plus généralement les promesses de remettre à la société en sus de l'apport une somme remboursable à une époque fixe et avec intérêts « lorsqu'il résulte, d'ailleurs, des mêmes dispositions de l'acte de société, que l'obligationde fournir la somme était actuelle, pure et simple, non subordonnée à la condition d'un usage facultatif par la Société » (Cass. 25 nov. 1872, *arrêt cité* 15184);

10° C'est ce qu'on a reconnu spécialement dans un cas où la société avait pris l'engagement de payer dans un délai convenu les dettes grevant l'apport d'un associé, son obligation ayant paru actuelle et irrévocable (Nantes 20 juin 1860, 1342 R. P., 11776 C., 17156 J. E.);

11° Le tribunal d'Altkirch a même appliqué ce principe à une stipulation portant que les fonds seraient versés en cas d'insuffisance du fonds social (8 déc. 1848, 14646 J. E.). Mais nous avons fait remarquer, dans nos précédentes éditions, que cette solution était contestable, et qu'il ne fallait pas y attacher d'importance doctrinale.

**15194. Prêt à un associé.** — Le droit d'obligation devient exigible *à fortiori* quand il s'agit d'un prêt fait à un associé personnellement; et c'est ce qui se produit surtout au sujet du payement des apports. « Le droit proportionnel serait aussi perçu, disent Champ. et Rig., si l'un des associés versait à la société une somme devant servir de mise sociale à un autre associé qui s'obligerait, envers le premier, au remboursement de cette somme et au payement des intérêts. Cette convention, quoique constatée dans l'acte même de société, constitue une obligation entre associés passible du droit de son espèce. » (n° 2758).

Ce principe a été consacré par la jurisprudence :

1° Lorsque la mise sociale en numéraire est faite par un seul des associés, et que l'autre s'oblige à verser la moitié de cette mise dans la société, au profit de son coassocié, qui prélèvera sur le fonds social de quoi se rembourser de l'avance qu'il fait, le droit d'obligation est exigible (Seine 31 mars 1841, 12710 J. E.).

2° Il en est de même lorsque, dans une société formée de deux personnes, l'une fournit seule le fonds de roulement dont la moitié lui sera restituée avec intérêts, par son coassocié, à des termes convenus (Seine 13 déc. 1843 et 22 janv. 1845, 13407, 13677 J. E.).

3° Il en est encore de même lorsque l'un des associés est dispensé de verser le montant de son apport, attendu que son coassocié est son débiteur d'une somme égale à cet apport (Rennes 25 juin 1845).

4° Deux frères étant associés, l'un d'eux constate avoir versé, en sus de sa mise sociale, une somme déterminée provenant d'un propre de sa femme, et l'autre consent qu'il soit pris hypothèque sur ses biens personnels pour sûreté de la moitié de cette somme. Le droit d'obligation est dû sur cette moitié (Dél. 13 juill. 1835, 11244 J. E.).

5° Si l'apport d'un des associés est fourni par un tiers auquel l'associé devra servir les intérêts, ce tiers qui ne prend aucune part dans les bénéfices est un prêteur ordinaire, bien qu'on l'ait qualifié de commanditaire. En conséquence, la clause donne ouverture au droit d'obligation à 1 pour 100 (Yvetot 28 juin 1864, 2121 R. P.).

6° Il en est de même de la clause par laquelle l'un des associés s'engage à verser la mise de fonds de l'autre, sauf à en obtenir le remboursement par des prélèvements annuels sur la part des bénéfices de ce dernier (Alençon 17 août 1868, 3154 § 3 R. P.; — Seine 29 avr. 1876, 4487 R. P.).

7° La clause d'un acte de société entre un père et son fils par laquelle la mise du fils est représentée par une somme dont ses père et mère le créditent à titre de prêt, sans intérêt, sous la condition que cette somme sera remboursée soit lors de la dissolution de la société, soit lors du décès du prémourant des père et mère, auquel cas le fils tiendra compte de cette somme à la succession du prémourant, constitue un véritable prêt conditionnel (Cass. 3 avr. 1854, S. 54-1-362, P. 54-1-580, 49 R.P., 15828 J.E.).

« Attendu, porte cet arrêt, qu'il est déclaré dans l'acte que le père admet le fils comme associé au commerce qu'il exerçait seul précédemment; que le fonds social, tant en immeubles qu'en mobilier, s'élève à une valeur de 320,000 francs, et que dans ce fonds social, fourni en entier par le père, la mise du fils sera représentée par une somme de 80,000 francs, dont le père, conjointement avec son épouse, déclare le créditer à titre de prêt sans intérêts, sous la condition que ladite avance sera remboursée et exigible soit lors de la dissolution de la société, soit au décès du premier mourant des père et mère, s'il arrive avant cette dissolution, auquel cas ledit Soyer fils tiendra compte de cette somme à la succession dudit premier mourant; attendu que cette mise sociale de Soyer fils, ainsi formulée, ne constituait aucune cession mobilière à titre gratuit ou onéreux de la part du père, mais qu'elle ne se composait que d'un capital dont ses père et mère le créditaient, et qui, stipulé purement et simplement remboursable dans un temps donné, attribuait seulement le caractère d'une promesse de prêt à cette ouverture de crédit; attendu que ce caractère ne recevait aucune altération des autres clauses dudit acte, et notamment de l'art. 14, qui, en cas de décès de l'un des associés, établit que le survivant aura la faculté de garder pour son compte personnel l'établissement entier de la société, ou de liquider et partager le tout dans l'état où il se trouvera, une telle faculté laissée éventuellement à l'un comme à l'autre des associés ne devant d'ailleurs avoir d'effet que lors de la dissolution de la société, époque à laquelle seulement il est de principe que l'attribution du fonds social résultant du partage ou de la licitation convenue entre les parties peut opérer mutation de propriété, à savoir lorsque tout ou partie de ce fonds social passe à un autre associé qu'à celui qui l'avait apporté. »

**15195. Jouissance d'une somme.** — La mise d'un associé peut se composer du revenu ou de la jouissance seule d'un capital. Dans ce cas, la réserve de la nue-propriété, et par suite les garanties stipulées pour le remboursement de la somme lors de la dissolution de l'entreprise ne sont qu'une conséquence de la nature de l'apport et ne caractérisent pas un prêt.

On ne pourrait donc pas percevoir le droit de 1 pour 100 sur l'obligation de remboursement imposée à la société (Sol. 4 déc. 1862).

Ce droit ne deviendrait exigible que si l'intérêt du capital était également garanti à l'associé, car alors il n'y aurait plus d'apport de jouissance et la convention dissimulerait un véritable prêt (Champ. et Rig. n° 2756).

**15196. Reconnaissance de dettes. — Délégation.** — Les actes de formation de société peuvent, comme les autres contrats, renfermer des reconnaissances de dettes passibles du droit d'obligation, quand l'énonciation des créances non enregistrées n'a pas un caractère simplement déclaratif, mais peut servir de titre aux créanciers. Il faut, pour cela, consulter les circonstances dans lesquelles intervient la déclaration.

Par exemple, si un associé, afin de préciser la valeur de son apport, se borne à indiquer le montant du passif dont il est grevé, il paraît certain que cette énonciation a un caractère purement déclaratif, comme celles qui ont lieu dans les inventaires ou dans les apports en mariage: on ne saurait donc l'assujettir au droit proportionnel.

Mais s'il est, en outre, stipulé que la société devra se charger de l'acquit de ce passif, cette clause constitue, ainsi qu'on le verra plus loin, une véritable vente au profit de la masse, et l'obligation de payer les dettes devient une délégation ordinaire passible du droit de 1 pour 100. C'est ce que le tribunal de la Seine a reconnu, le 26 février 1859, dans un cas où un associé apportait en société une concession de chemin de fer, en imposant à la masse l'obligation de payer en son acquit une somme de 1,900,000 francs, qu'il devait sans titre enregistré à des tiers. Il a été jugé qu'indépendamment du droit de vente, il était dû un droit de délégation sur les créances non établies par titres enregistrés, encore bien que les créanciers ne fussent pas présents et n'aient pas accepté la délégation (1235 R.P., 16956 J.E.). Bien que ce jugement ait été cassé le 15 mai 1861, nous croyons cependant sa doctrine exacte. — V. 3782 et 6054.

Le droit de 1 pour 100 a été également reconnu exigible sur la clause d'un acte de société portant que le capital social se compose de 90,000 francs laissés à titre de prêt aux associés par un tiers non présent: cette reconnaissance, conçue en ces termes, impliquant la pensée de conférer un titre au créancier (16511-6 J.E.).

## ARTICLE 2. — VENTE

[15197-15229]

### § 1er. — *Exigibilité du droit proportionnel.*

[15197-15215]

**15197. Principe.** — L'associé qui apporte un immeuble dans la société en transmet immédiatement la propriété à l'être moral qui représente l'entreprise. Il en doit garantie comme un vendeur ordinaire; c'est pour la masse que l'immeuble périt ou s'accroît; en un mot, la transmission est complète, et à ce point de vue l'apport ressemble à la vente. Ce dernier contrat diffère néanmoins de l'apport sur plusieurs points. Il n'est pas douteux, par exemple, que les règles sur la rescision pour cause de lésion en matière de vente ne s'appliqueraient pas à l'apport en société (1674 et suiv. C. C.). D'un autre côté, et à défaut de stipulation contraire, le partage des bénéfices aurait lieu, en cas d'apport, d'après la valeur réelle de l'immeuble, tandis que dans l'hypothèse de la vente, c'est le prix seul, abstraction faite de la valeur du bien, qui devrait servir de base à la répartition. Ces différences, et plusieurs autres qu'on pourrait signaler, suffisent à faire comprendre qu'il est essentiel de ne pas confondre l'apport avec la vente proprement dite (*V.* Cass. 14 janv. 1862, S. 62-1-533).

C'est en droit fiscal surtout qu'il importe de distinguer ces conventions l'une de l'autre, car l'exemption dont profite la mise en société ne saurait, à aucun égard, être étendue à la vente proprement dite. On devra consulter pour cela les stipulations du contrat et des actes qui l'ont précédé, ainsi que les diverses circonstances de nature à caractériser l'intention des parties.

**15198. Intention formellement exprimée.**— Et d'abord, aucun doute ne peut exister sur l'exigibilité du droit de cession quand les parties ont formellement manifesté leur intention de faire une vente. L'Administration n'a pas à examiner si les contractants n'auraient pas atteint le même résultat au moyen d'un simple apport; il suffit que la transmission ait lieu catégoriquement à titre de vente pour justifier l'application du tarif. La Cour de cassation l'a ainsi décidé par un arrêt du 11 mai 1859 : « Attendu que l'acte dont il s'agit a été qualifié de vente par les parties elles-mêmes; que leur intention respective, formellement exprimée, était, en effet, de vendre et d'acheter ; qu'indépendamment de cette dénomination et de cette intention, les clauses de l'acte caractérisent un vrai contrat de vente; qu'en effet, on y lit, plusieurs fois répétés, la stipulation que M... *vend* et que L... *achète*, que le prix de cette vente a été fixée » (1189 R.P., 2160 § 8 I. G., 11545 C., 16960 J. E., S. 59-1-672; — *Cons.:* Cass. 20 nov. 1861, 1551 R. P., 2223-6 I. G., 17286 J. N., 12126 C., 216 Rev., S. 62-1-94).

**15199. La vente ne doit pas être facilement supposée.** — En cas de doute, on ne doit pas facilement présumer la vente, d'après le principe que les termes susceptibles de deux sens se prennent dans le sens qui convient le plus à la matière du contrat (1158 C. C.) ; et que dans un acte de formation de société, la remise d'un objet à la masse paraît plutôt le résultat d'un apport que d'une vente. C'est ainsi qu'en matière civile, la Cour de cassation a reconnu, le 24 décembre 1821, que l'acte par lequel l'adjudicataire d'une entreprise s'associe une ou plusieurs personnes n'opère pas le droit de cession, et spécialement que l'acte par lequel un entrepreneur s'associe un tiers dans l'exploitation d'une régie qu'il a prise à ferme, sans autre obligation que de contribuer aux charges de l'entreprise, par une mise de fonds et par son industrie, de la même manière que l'entrepreneur originaire, et moyennant une part dans les bénéfices, présente tous les caractères d'une véritable société, et n'est, par conséquent, assujetti qu'au droit fixe. — *V.* 2579.

Il est vrai que par trois précédents arrêts, en date des 29 octobre 1806, 23 février 1808 et 27 juillet 1810, la même Cour a décidé que l'acte par lequel la caution, devenue preneur, s'associe une autre personne qui devient responsable et qui n'est tenue que de lui donner une part dans les bénéfices, n'est pas une société, mais une subrogation ou une cession, qui donne lieu à un nouveau bail dès qu'il est convenu que le prétendu associé régit seul, qu'il fera tous les fonds, sans répétition, et que les événements du bail, bénéfices et pertes, resteront pour son compte. — *V.* 2590. — Mais, ainsi que le fait observer Dalloz (n° 3538), ce sont là évidemment des arrêts qui, très-bons dans leur spécialité, ne peuvent être érigés en principe.

La même règle a été appliquée en matière fiscale

1° Dans une espèce où un père avait apporté, dans une société qu'il formait avec son fils, les trois quarts d'un établissement industriel qu'il possédait, l'autre quart devant former la mise sociale de son fils, pour une somme de 80,000 francs, dont le père le créditait, le tribunal de Lille avait jugé, le 2 juillet 1851 (15256 J. E.), qu'il y avait dans cette stipulation vente par le père au fils du quart de l'établissement dont les 80,000 francs ci-dessus représentaient le prix. Mais ce jugement a été cassé par un arrêt de la Cour suprême du 3 avril 1854:

« Attendu que la mise sociale ainsi formulée ne constituait aucune cession mobilière ou immobilière » (15828 J. E., 49 R. P.). — *V.* 15194.

2° De même, il a été reconnu qu'il y avait apport ordinaire et non vente dans la clause par laquelle un associé met une mise en commun à la condition de recevoir un prélèvement sur les bénéfices : « Attendu que l'existence de la vente ne ressort nullement des stipulations de l'acte portant qu'il y aurait cent parts d'actions distribuées, dans des proportions diverses, à ceux qui sont dénommés audit acte, et que chacune de ces parts donnerait à 1/100me de la propriété des valeurs sociales, et de cette clause qui attribue au concessionnaire de la mine, créateur de la société, à titre de prélèvement 1/6me sur les bénéfices nets; qu'en effet, ces clauses n'ont d'autre objet que de fixer les conditions de la société, et d'en régler, pour l'avenir, les conséquences vis-à-vis des associés sans pouvoir réagir, en aucune manière, sur le fait même de sa constitution, spécialement en ce qui concerne l'origine même et l'apport propre et direct de la chose qui lui sert de base » (Cass. 14 fév. 1866, 2258 R. P., 2348-4 I. G., D. 66-1-60).

3° Au contraire, on a considéré comme opérant une vente immédiate, passible du droit proportionnel, la clause de l'acte de société par laquelle un associé déclare faire purement et simplement apport à la société de divers immeubles qu'il allègue avoir achetés en son nom avant la date de sa constitution. L'intention de transférer actuellement la propriété des biens à la société étant manifeste, le droit proportionnel devient exigible (Seine 18 avr. 1874). — *V.* 15210.

Ces décisions, on le comprend, n'ont rien d'absolu et c'est avant tout dans les circonstances de chaque affaire qu'il faut chercher les éléments de solution. On en verra de nombreux exemples dans les monuments de la jurisprudence que nous allons analyser.

**15200. Obligation imposée à la société de payer une somme en échange de l'apport.** — Le cas le plus fréquent est celui où l'associé stipule que la société lui payera une certaine somme, ou, ce qui est identiquement la même chose, la payera en son acquit à ses créanciers. On ne conteste plus que cette clause caractérise une véritable cession passible du droit proportionnel, et il est en effet facile de le justifier. « Ce qui distingue la mise sociale de toute autre transmission, enseignent Champ. et Rig., c'est l'abandon que fait l'associé de la chose qu'il met en commun, sans libéralité et partant sans stipulation d'un équivalent. Toutes les fois donc qu'un des associés recevra soit de l'un des associés, soit de la société elle-même, en échange de ce qu'il apporte au fonds social, un équivalent consistant en autre chose que des droits, actions ou intérêts sociaux, cette transmission n'aura pas le caractère de mise et d'apport et sera passible d'un droit proportionnel déterminé par son espèce. Il y aura mutation entre associés ou entre la société et un étranger. Par exemple, Primus et Secundus contractent une société pour l'exploitation d'une usine estimée 100,000 francs. Primus met en commun cette usine, qui lui appartient, et reçoit de Secundus 50,000 francs. Cette somme est autre chose que des droits sociaux, d'où il suit que, pour une valeur égale, l'immeuble ne constitue pas la mise sociale de Primus. Il y a vente entre associés : car la moitié qui ne forme pas la mise de Primus forme celle de Secundus, ce qui ne peut avoir lieu sans que celui-ci soit devenu propriétaire de cette moitié en l'acquérant de Primus» (no 2750).

Une jurisprudence aujourd'hui bien constante décide, par application de ces principes, que le droit de cession est exigible sur les apports dont la société paye la valeur ou le prix soit à l'associé, soit à ses ayants cause.

C'est ce qui résulte des arrêts et jugements suivants; (Cass. 8 mars 1842, 12965 J. E., 11273 J. N., 1675 § 7 I. G., S. 42-1-201 ; — 8 juill. 1846, 14039 J. E., 12738 J. N., 1786-10 I.G., S. 46-1-688 ; — 30 janv. 1850, 14897 J. E., 1857 § 15 I. G., S. 50-1-191; — 5 janv. 1853, S. 53-1-123, D. 53-1-108, 1967-9 I. G.; — 20 mars 1855, 16045 J. E., 15623 J. N., 2042-9 I. G., S. 55-1-378 ; — 20 nov. 1861, 1551 R. P., 2223-6 I. G., 17286 J. N., 12126 C., 17386 J. E., 216 Rev., S. 62-1-94: — 8 nov. 1864, 2001 R. P., S. 65-1-47, P. 65-76, 2324-2 I. G., B. C. 161. ; — 15 déc. 1868, 2319 R. P., 2384-1 I. G., B. C. 185, S. 69-1-278, D. 69-1-250, P. 69-670 ; — 4 août 1869, 2989 R. P., 2393 § 8 no 1er G., S. 70-1-33 ; — 18 janv. 1871, 3214, 3215 R. P., 2421-5 I. G., B. C. 5, S. 71-1-84, D. 71-1-18, P. 71-217 ; — V. Cass. 30 août 1841, S. 41-1-760 ; — 28 déc. 1870, 3221 R. P., S. 71-1-36, D. 71-1-89, B. C. 118; — Cass. 31 juill. 1876, 4439 R. P. ; — 13 août 1877, 4750 R. P.).

Cambrai 28 juin 1838, 13110 J. E. ; — Seine 1er déc. 1841, 12875 J. N. ; — Nantes 21 août 1843, 13400 J. E. ; — Vervins 1er mars 1844, 13405 § 6 J. E. ; — Seine 6 mars 1844, 13953 J. E. ; — Seine 22 janv. 1845, 13724 J. E. ; — Valenciennes 23 juill. 1846, 14077 J. E. ; — Toulouse 18 fév. 1848, 14455 J. E. ; — Saint-Quentin 30 août 1848, 14601 J. E., 13607 J. N. ; — Altkirch 8 déc. 1848, 14646 J. E. ; — Seine 14 juill. 1850, 15024-3 J. E. ; — Seine 31 juill. 1857, 16094 J. E. ; — Chaumont 7 juill. 1858 ; — Seine 26 fév. 1859, 1235 R. P., 16936 J. E ; — Compiègne 3 juin 1859, 1236 R. P., 16952 J. E. ; — Seine 16 nov. 1860, 1445 R. P., 17090 J. N., 17982 J. E., 11922 C. ; — Avesnes 1er juin 1859, 1186 R. P., 16782 J. N., 10952 J. E., 11615 C. ; — Seine 18 août 1860, 1397 R. P., 11874 C., 17205 J. E. ; — Gannat 24 janv. 1861, 1496 R. P., 17281 J. E., 12144 C. ; — Seine 19 janv. 1861, 1463 R. P., 17273 J. E. ; — Charleville 20 juin 1861, 1549 R. P., 17322 J. E. ; — Meaux 29 août 1861, 17473 J. E. ; — Dôle 31 janv. 1862, 17703 J. E. ; — Seine 14 mars 1862, 17482 J. E. ; — Seine 19 déc. 1863, 1882 R. P. ; — Pontoise 3 mai 1864, 17907 J. E. ; — Marseille 9 mai 1865, 2136 R. P., — Seine 31 juil. 1865, 2214 R. P., 5 août 1865, 12982 C. ; — Seine 16 déc. 1865, 2214 R. P. ; — Seine 23 juin 1866, 2301 R. P., 1228 Rev., 12757 C. ; — Seine 9 fév. 1867, 2536 R. P. ; — Bruxelles 13 août 1868, 3341 R. P., et 29 juill. 1869, 3270 R. P. ; — Seine 23 janv. 1869, 2914 R. P. ; — Nevers 9 nov. 1869, 3000 R. P. ; — Seine 21 nov. 1868, 2913 R. P. ; — Lyon, 15 janv. 1872, 3471 R. P. ; — Blois, 27 janv. 1874 ; — Seine, 14 fév. 1874, 3849 R. P. ; — Valenciennes, 9 juin 1875 ; — Seine, 13 fév. et 24 avr. 1875 ; — Saint-Amand, 31 août 1876, 4523 R. P. ; — Reims, 12 mai 1875, 9 août 1870 et 27 janv. 1877 ; — Saint-Marcellin, 25 mars 1876).

*Arrêt du* 8 *novembre* 1864 : — « Attendu, en droit, que l'art. 68 L. 22 frimaire an 7 ne soumet au droit fixe que les actes de société qui ne contiennent pas transmission de biens, qu'il y a transmission de biens par un associé à la société dont il fait partie, toutes les fois que l'apport en société n'est pas fait purement et simplement moyennant une part des droits sociaux, mais moyennant un équivalent à fournir ou à payer par la société. »

*Arrêt du* 4 *août* 1869 : — « Attendu que les actes de société avec déclaration d'apports ne sont soumis au droit fixe qu'autant que les apports sont purs et simples, et sans équivalent à fournir ou à payer par la société à l'associé ou à ses créanciers. »

*Arrêt du* 18 *janvier* 1871 : — « Attendu que si l'art. 68 L. 22 frimaire an 7 ne soumet qu'au droit fixe les actes de société, c'est à la condition qu'ils ne contiendront pas transmission de biens meubles ou immeubles ; attendu qu'il y a transmission de biens par un associé à la société dont il fait partie lorsque l'apport en société n'est pas fait purement et simplement moyennant une part de droits sociaux, mais moyennant un équivalent à fournir ou à payer par la société ; qu'en effet, dans ce dernier cas, les valeurs fournies par la société ou les engagements pris par elle profitent immédiatement à l'associé et ne sont plus assujetties aux chances de bonne ou de mauvaise fortune que la société peut courir, ce qui enlève à l'apport son caractère de mise sociale pour y substituer celui d'une transmission ordinaire s'ajoutant au contrat de société. »

*Arrêt du* 28 *décembre* 1870 ; — « Attendu que les mises ne sont assujetties à aucun droit particulier, encore bien qu'elles renferment toujours en elles-mêmes une transmission de biens ou valeurs au profit de la société considérée comme personne civile ; qu'elles ne perdent cette immunité que quand elles sont accompagnées de stipulations qui les dénaturent et leur enlèvent le caractère et les effets juridiques d'une simple mise sociale ; que spécialement il n'y a lieu de percevoir le droit proportionnel de vente qu'autant que les apports contiennent à la fois une mutation totale ou partielle de propriété et la stipulation d'un équivalent qui, payable en tout événement sur l'actif social dans le cas même où la société serait en perte, substitue en réalité un prix de vente à une mise sociale. »

La même doctrine a été consacrée par la Cour de cassation belge, le 23 janvier 1864, dans les termes suivants : « Attendu que la stipulation en vertu de laquelle un associé reçoit de la société, en échange de son apport, un équivalent qui consiste en autre chose qu'en droits sociaux ne rentre pas dans les éléments de la société ; que, dans ce cas, l'associé ne met pas en commun, dans la vue de partager le bénéfice qui pourra en résulter, l'objet compris dans son apport, mais que, contractant comme tiers et non comme associé, il livre cet objet à la société, moyennant un prix dont il profite seul en dehors des chances de gain et de perte, convention qui a le caractère du contrat de vente, aux termes de l'art. 1582 C. C. » (1937 R. P.). — Cette jurisprudence a été confirmée par un second arrêt du 28 février 1867 (2514 R. P.).

**15201. Apport représenté par des actions.** — On ne peut pas assimiler à un prix de vente les actions que l'associé reçoit en représentation de son apport. « En effet, dit très-bien le tribunal de Bruxelles, dans un jugement du 30 juin 1837, les actions, soit nominatives, soit au porteur, ne sont que les titres constatant que le propriétaire de chaque action est propriétaire d'une quotité indivise dans tout ce que possède la société, avec le droit de jouir d'une part dans les bénéfices. Ces actions ne sont donc pas le prix du bien apporté par celui qui les reçoit, mais la reconnaissance de sa qualité de copropriétaire dans le fonds social. A la vérité, il est possible que sans payement d'aucun droit proportionnel d'enregistrement, les anciens propriétaires des immeubles apportés dans la société se trouvent dépouillés de tout droit dans ces immeubles, par la tradition manuelle de leurs actions; il est possible aussi que ces actions, et par suite, les immeubles de la société, se réunissent dans une seule main; il est encore possible que de cette manière les immeubles changent successivement de propriétaire sans que l'Administration de l'enregistrement puisse atteindre ces transmissions. Cette possibilité même est le résultat nécessaire de la constitution d'une société anonyme avec apport d'immeubles et actions au porteur. Mais la loi n'a établi les droits d'enregistrement que sur les obligations contractées et sur des transmissions ou mutations effectuées, et nullement sur la possibilité d'une transmission éventuelle. »

C'est par application de ces principes, posés la première fois le 8 décembre 1807 (360 I. G.), que l'Administration a reconnu qu'un associé qui fournissait tout le fonds social pour l'exploitation duquel il était créé un nombre d'actions déterminé, dont la moitié lui était attribuée *en représentation* de son apport, ne donnait ouverture qu'au droit fixe (Dél. 14 sept. et 13 nov. 1838, 10104 J.N.).

La jurisprudence n'a jamais, depuis lors, varié sur ce point. Elle s'est affirmée notamment dans des arrêts de cassation des 8 mars 1842 (1675 § 7 I. G., 12965 J.E., 11273 J. N., S. 42-1-201); — 18 août suivant (13110 J. E., S. 42-1-806, 11437 J.N.); — 30 janvier 1850 (S. 50-1-291, 1857-15 I. G., 13947 J.N.); — 15 décembre 1868 (2819 R.P., 2384-1 I. G., 185 B.C., S. 69-1-278, D. 69-1-250, P. 69-670).

La même doctrine résulte de plusieurs jugements (Châteauroux 10 fév. 1837; — Valenciennes 27 juin 1839, 12330 J. E.; — Seine 28 avr. 1841, 12746 J. E.; — Tours 21 juill. 1843, 13583 J. E. — Bordeaux 11 juin 1845; — Lyon 23 mai 1849, 14773-2 J.E.; — Seine 29 nov. 1854, 15962 J. E.; — Seine 23 janv. 1869, 2914 R.P.).

**15202. Actions non délivrées.** — Les actions appartiennent à l'auteur de l'apport dès qu'elles lui ont été attribuées, et il n'est pas nécessaire que les titres lui aient été effectivement délivrés. Par conséquent, si cet associé, dans le contrat même de société, donnait pouvoir au gérant de réaliser ces valeurs pour son compte, cette circonstance ne modifierait ni la nature de son apport ni l'application de l'impôt. Il serait toujours censé avoir mis en commun des biens dont il a reçu l'équivalent en valeurs soumises à tous les risques de l'entreprise: aucun droit n'est, par conséquent, exigible (Sol. 18 juin 1853).

Jugé, de même, que le droit proportionnel n'est pas dû quand, dans un acte de société, un associé qui a apporté un immeuble consent à ce que les actions qui lui ont été attribuées en représentation de son apport restent à la souche, donnant pouvoir au gérant de les vendre au pair et d'en employer le prix à l'acquit des dettes hypothécaires grevant l'immeuble apporté; on ne saurait même soutenir qu'il y ait transmission des actions à la société (Abbeville 13 août 1858, 1089 R. P., 16831 J. E., 11442 C.).

Mais, lorsqu'il a été stipulé qu'une partie des actions attribuées à un associé pour représentation de son apport ne lui seront délivrées qu'après justification du payement du prix des immeubles apportés, l'obligation prise ultérieurement par la société d'acquitter elle-même le prix de l'acquisition, sous la condition qu'elle conserverait les actions auxquelles l'associé avait droit, constitue une transmission donnant ouverture au droit de vente (Seine 27 août 1859, 17014 J.E., à rapprocher de Cass. 8 nov. 1864, 2001 R. P., 12757 C., 1228 Rev., 2324-1 I. G., B. C. 163).

**15203. Attribution définitive des actions.** — Pour que les actions soient la représentation réelle de l'apport, il faut, bien entendu, qu'elles soient attribuées définitivement à l'associé. S'il était convenu, en effet, que le placement ou la négociation de ces valeurs aura lieu aux *risques et périls* de la société, pour le prix en être remis à l'associé ou à ses créanciers, la position serait la même que si la société s'engageait directement à payer une somme d'argent, et le droit de cession devrait être perçu (Amiens 9 déc. 1852, 15628-2 J. E. — *V.* Seine 20 déc. 1856, 10930 C.).

Il a donc été jugé avec raison que si l'associé commanditaire apporte un moulin sur lequel il redoit 100,000 francs, à la condition que la société payera ce prix avec le produit de ses actions, le droit de vente est exigible, bien que l'associé ait reçu l'équivalent de son apport en valeurs de l'espèce (Gray 27 déc. 1855).

C'est encore par application du même principe que d'après un jugement de la Seine du 16 décembre 1865, l'apport fait à une société civile, à charge de payer les dettes de l'associé, donne lieu au droit de cession sur le montant de ces dettes, lors même que le payement devrait avoir lieu au moyen de la réalisation des valeurs comprises dans l'apport (2214 R. P.).

Pour éviter le droit proportionnel, les parties auraient dû stipuler qu'elles apportaient seulement en société ce qui resterait des biens désignés après le payement de leurs créanciers. Une Sol. du 26 janvier 1856 a reconnu, en effet, que le droit de vente n'était pas exigible quand le contrat de société portait que l'entreprise ne serait constituée qu'après le payement du passif au moyen de la négociation des titres provisoirement émis. — (*V.* aussi l'arrêt précité du 11 mai 1859).

Mais on alléguerait en vain, dans cette circonstance, que la société est restée à l'état de simple projet, si d'ailleurs l'acte social porte que la société commencera *du jour de sa date* (Nîmes 6 mars 1844, 13459 J. E.).

Il faut aussi qu'il ne s'agisse pas d'une simple réserve, ou faculté d'attribution ultérieure d'actions, car, en attendant, le contrat produit tous les effets de la vente et justifie la perception du droit proportionnel. La Cour de cassation l'a décidé ainsi au sujet de la clause d'un acte de société portant que l'un des associés vendait un immeuble à la société moyennant un prix payable en actions libérées. « Attendu qu'il importait peu que le prix fût payable éventuellement en actions d'une société industrielle qui devait se former et que les objets acquis fussent destinés par les acquéreurs à être apportés dans la société projetée ; que la vente n'en subsistait pas moins, qu'elle était pure et simple et nullement subordonnée à la constitution de cette société » (11 mai 1859, 1189 R. P., 2160 § 8 I. G., 11545 C., 16960 J. E., S. 59-1-672, P. 59-552).

Il a été jugé encore par la Cour de cassation, le 30 janvier 1850 (13947 J. N., 14897 J. E., 1857 § 15 I. G., S. 50-1-291), que si l'acte constitutif d'une société en nom collectif et en commandite établit que le fondateur a apporté des immeubles et des valeurs mobilières, qu'en représentation de ces immeubles il lui a été attribué une certaine quantité des actions émises, et que les valeurs mobilières lui seront payées sur les premiers fonds à provenir du placement des actions, le droit de mutation à 2 pour 100 est exigible sur les valeurs mobilières. « Attendu que, si Chollet a reçu en payement des actions de la société aux lieu et place de partie de la somme d'argent exigible d'après les stipulations de l'acte, cette exécution donnée à une réserve faite facultativement dans la convention primitive est un mode de payement du prix de la vente et un événement ultérieur qui, aux termes de l'art. 60 L. 22 frimaire an 7, ne peut servir de fondement à une action en restitution. »

L'espèce soumise à la Cour suprême présentait, comme dans celle de l'arrêt ci-dessus transcrit, cette circonstance particulière que l'associé fondateur avait reçu plus tard, en actions de la société, l'équivalent des valeurs mobilières apportées par lui.

Mais la Cour a décidé que ce fait était un *événement ultérieur*, qui ne pouvait avoir aucune influence sur la perception faite sur l'acte de société, duquel résultait une mutation parfaite.

Déjà par une Dél. 25 octobre 1839 (12408-3 J. E), l'Administration avait consacré ce principe dans une espèce où le fondateur d'un journal ayant établi une société en commandite pour l'exploitation de ce journal, le capital social avait été divisé en cent actions, dont vingt lui avaient été attribuées, en représentation du fonds social qu'il fournissait, et vingt-six devaient être négociées par lui, et le prix payable entre ses mains.

Le droit de mutation perçu sur la valeur des vingt-six actions a été maintenu.

Décidé également que quand il est stipulé dans un acte de société que des associés apportent les avances qu'ils ont faites à la société, moyennant quoi on libère une partie des actions qu'ils ont souscrites et on leur cède une partie de l'actif social, il n'y a apport réel en société que jusqu'à concurrence de la fraction libérée des actions. Le surplus de la convention constitue une cession mobilière sujette au droit de 2 pour 100 (Seine 16 mars 1867, 2537 R. P., 13264 C.). — Comp. Seine 10 avr. 1875, 4309 R. P.

1. RACHAT DES ACTIONS. — On emploie souvent la combinaison suivante pour échapper au droit de vente sur le passif dont l'apport est grevé. L'associé met en commun son apport, tout en demeurant chargé personnellement de le libérer et il reçoit des actions en échange, ce qui ne donne ouverture à aucun droit, d'après ce que nous venons d'expliquer précédemment. Puis une clause des statuts autorise la société à émettre des obligations et à racheter, avec le produit de ces obligations, les actions remises à l'actionnaire jusqu'à concurrence du montant du passif demeuré à la charge de ce dernier. De cette façon, c'est en réalité la société qui paye le passif, puisqu'elle emprunte pour rembourser l'actionnaire qui l'a payé ou qui doit le payer pour elle. Cependant, il ne nous paraît pas qu'en dehors de circonstances particulières dans lesquelles la fraude pourrait être démontrée, cette combinaison soit illicite.

Mais si les actions doivent être libérées avec les fonds sociaux, il n'est pas douteux que le droit proportionnel est dû (Cass. 28 fév. 1876, 4309 R. P.).

Lorsqu'un associé reçoit, en échange de son apport, des actions dont plusieurs sont abandonnées à des tiers sans que l'associé en ait été réellement propriétaire, le droit de vente est dû (Lille, 10 avr. 1876, 4482 R. P. ; — Sol. 17 janv. 1878 ; — Valenciennes, 26 avr. 1877, 4876 R. P. ; — Lille, 22 mars 1878).

**15204. Apport représenté par des obligations.** — Ce que nous venons de dire des actions, ne saurait s'appliquer aux obligations.

« L'intérêt que les obligations confèrent dans la société a dit M. l'avocat général Cloquette dans un de ses réquisitoires, est tout autre que celui que donnent les actions, et il les différencie profondément des actions.

C'est un intérêt dont le chiffre est déterminé, de même nature que l'intérêt des créanciers, et qui s'exerce sur l'avoir social, soit qu'il y ait perte ou bénéfice ; tandis que l'intérêt que donnent les actions est essentiellement aléatoire, ne pouvant s'exercer, tant que la société dure, que sur les bénéfices annuels, lorsqu'il y en a, et quand elle se liquide, que sur ce qui reste de l'avoir social, après le payement intégral des obligations et des créances. Les actionnaires se ressentent du succès ou de l'insuccès de chaque opération sociale ; et quand la société finit, ils ont droit au partage de tout le capital social ; tandis que les porteurs d'obligations n'ont jamais droit qu'à une somme fixe, et qu'il leur importe peu que le capital social augmente ou diminue, pourvu qu'il reste de quoi leur payer cette somme. Il n'y a, d'ailleurs, aucune distinction à faire entre les obligations qui sont créées par les statuts et celles qui le sont en vertu d'actes postérieurs ; toutes sont de même nature » (2514 R. P.).

Aussi la Cour de cassation belge a-t-elle décidé, par un arrêt du 28 février 1867, que quand les membres d'une société civile transforment leur entreprise en société anonyme et reçoivent, en échange des droits qu'ils apportent à la nouvelle société, des obligations de cette société, le droit proportionnel de cession à titre onéreux est exigible :

« Attendu que, suivant les constatations du jugement, les porteurs desdites obligations ne participent ni aux bénéfices ni aux pertes ; qu'ils ont pour gage tous les biens mobiliers et immobiliers de la société, et ont droit à un intérêt annuel fixe ainsi qu'à un remboursement intégral ; que, placés dans de semblables conditions, ces porteurs ne sont pas des associés, mais de véritables créanciers » (2514 R. P., 18349 J. E.).

1. ACTIONS PRIVILÉGIÉES. — Il faut d'ailleurs assimiler aux obligations les titres qualifiés d'actions privilégiées

rapportant un intérêt fixe et remboursables soit à échéance fixe, soit par amortissement. L'attribution de ces prétendues actions en échange d'un apport opère le droit de vente (Bruxelles 13 août 1868, 3341 R. P.; 29 juill. 1869, 3270 R. P.).

**15205. Avances faites à l'occasion de l'apport.** — Quand la société se charge de payer certaines sommes dues par l'associé personnellement, il n'y a pas à considérer, pour la perception du droit de vente, si ce passif a été ou non contracté à l'occasion de l'apport lui-même : il suffit que les dettes aient été exclusivement contractées par l'associé pour que l'obligation de les acquitter prise par l'entreprise ait le caractère d'un prix de vente. C'est ainsi que dans la plupart des affaires tranchées par les jugements rapportés ci-dessus n° 15200, les sommes dont le payement était imposé à la masse représentaient le prix de l'immeuble apporté en société.

Spécialement, il a été reconnu : 1° que la stipulation en vertu de laquelle des associés transmettent à une société, moyennant une somme déterminée, à titre de remboursement de frais d'études et autres, les droits et avantages résultant pour eux d'un arrêté de concession, constitue une cession à titre onéreux de meubles passible du droit proportionnel de 2 p. 100 (Cass. belge 11 déc. 1862, 9328 J. E. belge);

2° Qu'il en est de même de l'apport d'une concession de chemin de fer, moyennant l'obligation de rembourser un emprunt fait à l'occasion de cette concession et pour la mettre en valeur (Seine, 26 fév. 1859, 1235 R. P., 16956 J. N.; — *Contrà* Seine, 29 mars 1878). — V. 15189.

3° Ou encore de l'apport d'une carrière à charge par la société de rembourser à l'associé les avances faites pour frais de recherche de la mine, ou de l'objet apporté (Seine 19 déc. 1863, 1882 R. P.).

Il a été décidé dans le même sens que si les fondateurs d'une compagnie font apport de certaines valeurs mobilières déjà employées dans l'entreprise, et stipulent que le remboursement en aura lieu sur le produit des premiers versements des actions, cette convention, tout à fait indépendante de la société, est une vente mobilière passible du droit proportionnel (Seine 9 fév. 1867, 2536 R. P.).

5° Il a été reconnu, dans le même ordre d'idées, que quand, dans un contrat de société formé entre deux personnes pour une exploitation industrielle, l'une apporte l'immeuble avec le matériel d'exploitation, l'autre une somme d'argent à elle due par le premier associé et qui a été employée à monter l'établissement mis en société, l'Administration peut exiger un droit proportionnel de mutation sur cette somme considérée comme prix de la vente d'une partie des biens apportés par l'autre associé : « L'effet est le même que si la société s'était obligée à acquitter le prix. Il résulte des clauses du contrat de société que chacun des deux associés se trouve investi immédiatement de la propriété de la moitié de l'usine ; et dès lors le droit proportionnel de transmission est dû sur moitié, l'acquisition eût-elle été faite en prévision de la société à former (Cass. 20 mars 1855). Peu importe que le prix soit payé ou à payer, c'est la transmission qui est soumise au droit dès qu'elle est constatée » (Sol. sans date 20748 J. N.).

**15206. Cession implicite.** — L'obligation que la société contracte de payer le passif grevant l'apport peut être implicite. Ainsi, il a été jugé, en matière civile, que quand une société a été formée pour l'exploitation d'un fonds de commerce acquis par un des associés, qui en a fait l'apport, et que le vendeur (non payé) de ce fonds a été inscrit comme créancier sur les livres sociaux et reconnu pour tel dans tous les actes se rattachant à la société, cette créance peut être considérée comme constituant non une dette personnelle de l'associé, mais une dette sociale (Cass. 13 juin 1866, S. 67-1-354).

**15207. Seconde société payant le passif de la première.** — Les règles que nous venons d'exposer au sujet du payement du passif s'appliquent sans difficulté quand ce sont deux sociétés qui se fusionnent et que la première, étant dissoute, les valeurs la composant sont apportées dans la seconde moyennant l'acquit des dettes de la masse, ou le versement à la première société d'une somme représentant le prix d'une partie de l'apport. Le droit proportionnel de cession est exigible (Cass. 23 mai 1859, 2160 § 5 I. G., S. 59-1-695, 1181 R. P.; — Cass. belge 28 fév. 1867 n° 2514 R. P.).

Il a été décidé, en ce sens : 1° que s'il est convenu que la nouvelle société payera les dettes de l'ancienne et deviendra propriétaire des marchandises, créances et ustensiles que les membres de l'ancienne société admis dans la nouvelle déclarent y apporter, une telle mise constitue, jusqu'à concurrence du passif, une cession actuelle et définitive, ayant tous les caractères d'une vente (Seine 16 nov. 1860, 1445 R. P., 17090 J. N., 17282 J. E., 11922 C.);

2° Que si les anciens associés apportent à la nouvelle société l'actif mobilier de leur ancienne entreprise, à charge de payer le passif mobilier, il n'y a pas apport, mais vente. Cela résulte des termes mêmes de l'acte, dans lequel on lit : « La nouvelle société deviendra propriétaire de tout l'actif mobilier de l'ancienne société et elle acquittera le passif. » L'Administration est donc fondée à réclamer le droit de cession selon la nature des biens cédés (Seine 31 juill. 1857, 16634 J. E.);

3° Que lorsque deux sociétés se fusionnent et que l'une d'elles apporte dans la nouvelle entreprise tout son actif et son passif, il y a transmission sujette au droit proportionnel jusqu'à concurrence des dettes que la société nouvelle prend l'engagement de payer aux créanciers de l'ancienne, et dont l'importance résulte du rapport présenté à l'assemblée générale (Seine 23 juin 1866, 2293 R. P.; — *V.* aussi Beauvais 13 mars 1860, 1427 R. P., 17151 J. E., 11864 C.);

4° Que lorsque deux sociétés se fusionnent et que l'une d'elles apporte dans la nouvelle entreprise tout son actif et son passif, il y a transmission sujette au droit proportionnel jusqu'à concurrence des dettes que la société nouvelle prend l'engagement de payer aux créanciers de l'ancienne, et dont l'importance résulte du rapport présenté à l'assemblée générale : « Attendu que la compagnie des ports de Marseille n'a pas fait à la société immobilière un apport pur et simple à la condition d'une part dans les droits sociaux, mais qu'elle y a apporté en bloc son actif, qui s'élevait à environ 36 millions, contre l'obligation prise par la société de lui délivrer trente mille des nouvelles actions, représentant, au prix de 500 francs l'une, un capital de 15 millions, et d'acquitter la totalité de son passif, ce qui opérait en réalité, au profit de la société immobilière, la cession à titre onéreux de l'acti de la compagnie des ports, dans la proportion de l'importance du passif » (Cass. 15 déc. 1868, 2819 R. P., 2384-1 I. G., B. C. 185, S. 69-1-278, D. 69-1-250, P. 69-670).

**15208. Condition suspensive.** — 1. L'ASSOCIÉ DONT LE PASSIF EST PAYÉ S'OBLIGE A REPRENDRE L'IMMEUBLE. — L'exigibilité du droit à percevoir dans le cas où l'apport a lieu, à condition du payement du passif de l'associé, ne saurait être arrêtée par la circonstance que l'auteur de l'apport s'obligerait à reprendre sur estimation, en les imputant sur sa part lors de la dissolution de l'entreprise, les biens par lui cédés à la société. Cette clause ne constitue pas une condition suspensive de la mutation actuellement réalisée (Saint-Quentin 21 juin 1848, 14526 J. E.).

2. PAYEMENT DU PASSIF A TERME. — Mais il y a condition suspensive proprement dite quand il est stipulé que le payement du passif n'incombera à la société que si l'auteur de l'apport ne l'a pas payé de ses deniers avant son décès. Dans ce cas, l'apport entre en société pour sa valeur brute et c'est l'associé qui demeure seul débiteur du passif. Aucun droit de cession ne saurait donc être perçu. Mais il devient exigible dès que le décès de l'associé se produit sans que les dettes aient été antérieurement acquittées (Cass. 8 nov. 1864, 2001 R. P., 12757 C., 1228 *Rev.*, S. 65-1-137, 2324-2 I. G.; — *Comp.* Seine 27 août 1859, 17014 J. E.).

« Attendu, porte l'arrêt du 8 novembre 1864, que la société Clavier et Cie, a reçu l'apport de la dame de Meulencer, à la charge par elle d'acquitter la dette de 73,000 francs si cette dame décédait sans l'avoir acquittée elle-même; que la condition prévue s'étant réalisée, la société n'a reçu l'apport stipulé que moyennant un équivalent en espèces; qu'ainsi la Régie de l'enregistrement, qui n'avait perçu lors de la présentation de l'acte à la formalité qu'un droit fixe, alors que l'accomplissement de la condition était incertain, a été fondée à réclamer le droit proportionnel de mutation de propriété immobilière alors qu'il a été certain, par l'accomplissement de la condition, que la propriété de l'immeuble dont s'agit avait été transférée à la société Clavier et Cie moyennant une somme d'argent à payer à des tiers par ladite société. »

Une décision semblable résulte d'un autre arrêt du 24 mai 1875 (4107 R. P.).

3. CONDITION NON STIPULÉE. — Quand l'auteur de l'apport ne s'est pas réservé le droit de payer lui-même son passif avant une certaine époque, l'obligation contractée par la masse de faire ce payement est définitive et justifie l'exigibilité immédiate du droit proportionnel. Vainement donc, pour en éviter le payement, les parties prouveraient qu'en réalité le passif a été acquitté par l'associé lui-même : cet événement ultérieur ne peut pas détruire la convention définitivement contractée dans l'acte. Le contraire a été cependant décidé par le tribunal de Marseille le 14 septembre 1858; mais nous avons critiqué la doctrine de ce jugement au n° 1111 du R. P., et il ne se soutient, en effet, par aucune raison juridique : *cum in verbis nulla ambiguitas est non debet admitti voluntatis questio.*

**15209. Passif demeurant à la charge des associés. — Bénéfices supérieurs.** — Si, d'après les clauses d'un acte de société, le passif qui grève deux des associés apportant des immeubles, au lieu d'être imposé à la société, reste à la charge de ces deux membres, à qui, par contre, il est attribué plus de bénéfices, ledit apport ne donne pas ouverture au droit de mutation. « En effet, il est de principe que les associés peuvent, selon leur volonté et pour des causes dont ils ont seuls l'appréciation, répartir les bénéfices en attribuant à l'un une part plus considérable qu'aux autres, ou en concédant à un associé un droit de prélèvement sur les bénéfices avant tout partage de ceux-ci entre les associés ; de semblables stipulations ne changent rien au caractère de la mise sociale, et par suite l'Administration n'a rien à y voir » (Le Huy 20 mai 1857, 7661 J. E. belge).

Mais si une partie des bénéfices est déléguée par les associés au créancier d'un d'entre eux pour payer une dette grevant l'immeuble apporté par ce dernier, le droit de vente est dû (Namur 10 juin 1875, 4535 R. P.).

**15210. Immeuble acquis en prévision d'une société constituée postérieurement.** — On ne pourrait d'ailleurs soustraire la société au payement du droit de mutation, dans les hypothèses ci-dessus, en prétendant que l'acquisition a été faite pour le compte de la société, dont les bases étaient déjà convenues entre les parties, si d'ailleurs l'acte de société n'a été rédigé que postérieurement à l'acquisition des immeubles dont elle est chargée de payer le prix et à une époque où toute déclaration de command devait être considérée comme tardive (Seine 16 août 1854, 15911 J. E.; — Cass. 20 mars 1855, 2042 § 9 I. G.). *V.* aussi Cass. 8 juill. 1839, S. 39-1-567, 1405-5 I. G.).

Une Dél. 22 septembre 1826, approuvée par Champ. et Rig. (n° 2779) avait déjà reconnu que si un immeuble a été acquis par un individu avec promesse que dans le cas où il deviendrait adjudicataire, il céderait un douzième de ces biens à des tiers, contre l'obligation de payer une partie de prix et des charges, l'acte constatant la réalisation de cette promesse est passible du droit proportionnel de cession.

Cette jurisprudence a été appliquée par le tribunal de la Seine, le 18 avril 1874, à une espèce dans laquelle un associé apportait purement et simplement à une société, comme étant la propriété de celle-ci, des immeubles qu'il avait acquis personnellement avant sa constitution : « Attendu que, quelle que soit l'origine des deniers ayant servi à acquérir ces biens, l'associé a été, en l'absence de toute déclaration de command ou d'emploi, investi de l'entière propriété de ces biens; que d'ailleurs la prétendue société, tenue secrète au moment de l'achat, n'a commencé que plus tard à avoir une existence légale. »

**15211. Société universelle de gains.** — Dans une société universelle de gains, le passif et l'actif des associés deviennent également communs. — En conséquence, si l'un des membres de l'entreprise fait un apport mobilier supérieur à celui des autres, à la condition de prélever, avant la dissolution de la société, une somme qui paraît représenter le montant du passif à sa charge, il n'y a aucune cession passible du droit proportionnel (La Roche-sur-Yon 22 fév. 1865, 2365 R. P.).

**15212. Clauses diverses.** — 1. VENTE IMPLICITE. — En dehors des conventions relatives au payement du passif, le droit de vente a été reconnu exigible toutes les fois que les clauses du contrat caractérisent la cession implicite de l'apport soit à la société, soit à l'un de ses membres (Metz 11 mars 1839, 12237 J. E.; — Nancy 18 janv. 1848, 14457 J. E.).

2. RÉSERVE DE PROPRIÉTÉ. — Ainsi, il a été jugé qu'il faut percevoir le droit de transmission à titre onéreux, selon la nature des valeurs cédées, quand un associé déclare apporter des valeurs mobilières qui ne doivent pas faire partie du fonds social, et dont l'associé se réserve de reprendre la valeur avec l'intérêt légal (Seine 21 juill. 1865, 2211 R. P.); — ou qu'il est stipulé que l'objet de l'apport sera conservé par la société pour être repris par l'associé lors de la liquidation (Nevers 9 mars 1869, 3000 R. P.).

3. RETRAIT D'UNE SOMME. — Il en est de même de la clause par laquelle, après constitution du fonds social et après convention d'égalité dans le partage entre les associés, il est stipulé que l'un d'eux aura le droit de retirer de la société, quand il le jugera convenable, une somme de 16,000 francs, sans qu'il soit obligé d'en tenir compte à la compagnie. En ce qui concerne cette somme, il n'y a plus mise en commun, mais aliénation passible du droit de vente (Avesnes 1er juin 1859, 1186 R. P., 16782 J. N., 16952 J. E., 11645 C.).

4. RÉSERVE DE JOUISSANCE. — Le tribunal de Compiègne a également décidé, le 3 juin 1859, que la vente existe lorsque, indépendamment de l'obligation de payer le passif, l'associé, tout en transmettant son immeuble, ajoute à son profit particulier des réserves de jouissance pendant la durée de la société et des reprises à sa dissolution, réserves qui sont en contradiction manifeste avec le principe d'une mise sociale en commun (16952 J. E.).

5. VENTE ULTÉRIEURE. — Le droit de 5 fr. 50 cent. pour 100 a encore été jugé exigible sur l'acte qualifié apport par lequel un associé qui avait mis en société la jouissance d'un immeuble abandonne la nue-propriété de ce même immeuble aux administrateurs judiciaires de la société, moyennant la remise de valeurs de la société pour une somme égale à la valeur de l'immeuble (Seine 14 juill. 1850, 15024-3 J. E.).

6. CESSION D'USUFRUIT. — L'acte par lequel deux personnes s'associent pour la construction d'une maison, sur un terrain appartenant à l'une d'elles, avec les fonds de l'autre, en stipulant que la nue-propriété appartiendra au nu-propriétaire du fonds et l'usufruit à l'autre, est sujet au droit de cession à 5 fr. 50 cent. pour 100 sur la moitié de la somme mise en société pour les frais de construction (Laval 26 juin 1843, D. N. t. 11 p. 933 n° 450).

7. CESSION DE CRÉANCES. — Si l'associé apporte un cautionnement à lui dû par la ville, à condition qu'il en touchera le montant sur l'actif social, c'est là une cession ordinaire de créance passible du droit de 1 pour 100 (Seine 16 mars 1867, 2537 R. P., 13264 C.).

Il en est de même s'il déclare ne pas comprendre dans son apport ses créances sur une ville en stipulant qu'elles lui seront remboursées d'après certaines justifications et estimations convenues (Cass. 18 janv. 1871, 3215 R. P., 2421-5 I. G., B. C. 4, S. 71-1-84, D. 71-1-18, P. 71-217).

« Attendu, porte cet arrêt, que Duval a déclaré expressément ne pas comprendre dans son apport ses créances contre l'octroi de Paris et la compagnie du gaz, les bestiaux, les vins et autres marchandises, et qu'il a stipulé que ces créances et marchandises lui seraient payées par la société d'après certaines justifications et estimations convenues; attendu que cette obligation de remboursement ne dérive pas nécessairement du contrat de société; qu'en décidant qu'elle est indépendante de ce contrat et soumise aux droits proportionnels sur les cessions de créances à terme et sur les ventes d'objets mobiliers, le jugement dénoncé n'a ni violé l'art. 11 L. 22 frimaire an 7, ni faussement appliqué l'art. 69 §§ 3 et 5 de la même loi. »

8. APPORT D'UN MARCHÉ. — Lorsqu'un associé fait apport d'une entreprise de fournitures dont il est adjudicataire, et se substitue la société tant *activement* que *passivement* pour l'exécution du marché, l'obligation prise par la société d'acquitter le passif constitue une cession mobilière passible du droit de 2 pour 100 (Cass. 4 août 1869, 2989 R. P., 2393-8 n° 1er I. G., S. 70-1-33, 19818 J. N.).

« Attendu, porte cet arrêt, que, dans l'espèce, l'apport fait activement et passivement par Charles Laffitte à la société, formée le 7 avril 1866, de l'entreprise du service des lits militaires, dont il s'était rendu adjudicataire le 2 octobre 1865, a eu pour objet réel et direct le mobilier de l'entreprise; attendu que Charles Laffitte était propriétaire de ce mobilier dès le 2 octobre 1865, en vertu de l'adjudication et du traité administratif qui, à cette date, lui en avaient transmis la propriété d'une manière définitive; que le règlement intervenu le 28 novembre 1866, entre le précédent concessionnaire de l'entreprise et la compagnie des lits militaires, alors substituée aux droits de Charles Laffitte, n'a été que l'exécution de ces actes; qu'ainsi ladite compagnie a acquis le mobilier non pas directement du précédent concessionnaire et en vertu de ce règlement, mais de Charles Laffitte lui-même, qui lui en a fait l'apport par le contrat de société du 7 avril 1866; et que cet apport fait activement et passivement, et par conséquent à la charge par la société d'acquitter le prix restant dû du mobilier, constituait une vente ou une cession véritable. »

9. BOIS. — L'apport d'une forêt dont la société payera le prix au moyen de la vente des coupes est sujet au droit de vente (Sol. 27 mai 1878).

**15213. Vente à un associé.** — Il n'est pas besoin d'ajouter que toutes les règles précédentes s'appliquent également, et même à plus forte raison, à la convention par le résultat de laquelle c'est l'un des associés qui devient personnellement propriétaire de l'apport de l'autre.

1. FONDS DE COMMERCE. — Par exemple, lorsque, dans une société en nom collectif, l'un des associés apporte un fonds de commerce et que l'autre lui paye une somme qui représente sa mise sociale, le droit de 2 pour 100 est exigible sur cette somme (Seine 14 juin 1838, 12182 J. E.; — Compiègne 8 fév. 1849, 14766 J. E.).

2. ACHALANDAGE. — INDEMNITÉ. — VENTE. — De même, si l'un des associés s'engage à payer à l'autre une somme déterminée pour l'indemnité d'achalandage et de

clientèle dont il doit profiter, à raison de la mise en société par l'autre associé d'un fonds de commerce en pleine exploitation, le droit de 2 pour 100 est exigible (Orléans 28 juill. 1845, 13850 J. E.).

3. ÉTABLISSEMENT INDUSTRIEL. — Il ne peut y avoir doute dans le cas où la mise de l'un des associés provient d'une cession de portion d'établissement à l'instant faite par un autre associé (Rouen 15 janv. 1851, 15219-2 J. E.).

**15214. Biens indivis entre les associés.** — La Cour de cassation a dérogé à la jurisprudence établie par les nombreuses autorités qui précèdent, dans un cas où les biens apportés à la société, moyennant le payement du prix encore dû, appartenaient par indivis à tous les associés. Il lui a paru que la stipulation du payement du passif imposée à la société « ne modifiait, ni activement ni passivement, les engagements préexistants des associés à l'égard de leur vendeur, leur situation respective résultant de l'acte de vente, ni les droits de chacun d'eux dans la copropriété de leur immeuble; qu'elle n'a pas eu pour but et pour résultat de créer un avantage particulier au profit de l'un ou l'autre des associés sur l'actif social, ni de soustraire aucune partie de l'apport aux chances aléatoires de la société » (Cass. 28 déc. 1870, 3221 R. P., B. C. 188, S. 71-1-36, D. 71-1-89, P. 71-67). — V. 15200.

Mais cette doctrine ne doit pas être suivie et il n'y avait aucune raison d'écarter l'application de la jurisprudence.

En effet, la société, être moral, devenait propriétaire pour elle-même de l'usine apportée par les associés. Désormais, aucun d'eux ne pouvait disposer privativement de sa part dans l'immeuble, ni même l'hypothéquer. Ce droit était dévolu à la société.

Au fond des choses, leur intérêt pécuniaire ne variait pas, puisque, étant seuls maîtres de l'entreprise, ils retrouvaient comme associés ce qu'ils abandonnaient comme fondateurs. Mais la nature de leur droit était bien différent. Ils échangeaient la copropriété d'un immeuble contre une action essentiellement mobilière. En d'autres termes, ils aliénaient leur usine. La Cour dit que l'apport de l'usine ne modifie pas les droits de chacun des frères Deblon dans la copropriété de l'usine, qu'il ne crée pas d'avantage particulier à leur profit sur l'actif social, et ne soustrait aucune partie de l'apport aux chances de la société. Mais c'est le contraire qui est évidemment la vérité, puisque les associés, cédant l'usine à l'être moral moyennant un prix déterminé, en perdent privativement la propriété comme tout vendeur d'immeubles. D'autre part, le prix de la cession étant fixé à forfait et devant être payé aux créanciers, quel que soit le sort de l'entreprise, il était impossible de voir dans cette convention une clause sociale proprement dite, c'est-à-dire un mode particulier de répartition des bénéfices. Elle était indépendante de la réalisation de ces bénéfices, et par conséquent formait juridiquement une de ces stipulations extra-sociales que l'art. 68 § 3 n° 4 de la loi de l'an 7 ne couvre pas du droit fixe. L'arrêt du 28 décembre 1870 n'est donc qu'un accident de jurisprudence, inspiré sans doute par le désir de tempérer la rigueur de la perception, mais qui doit demeurer sans influence sur les principes. Il n'a pas été pris pour règle de perception par l'Administration.

1. SOCIÉTÉ ANONYME. — Le tribunal de la Seine a refusé de l'appliquer à une société anonyme dans laquelle les associés apportaient une concession indivise entre eux, en imposant à la société l'obligation de payer les redevances de concession. Un jugement du 14 février 1874 a reconnu l'exigibilité du droit de 2 pour 100. « Attendu que la partie n'est pas fondée à prétendre qu'il n'y a lieu de percevoir le droit de 2 pour 100 sur les redevances annuelles dues pour la mine de Serofano, l'apport de cette mine ayant été fait par tous les associés, et la substitution de la société à leur place ne pouvant être considérée comme une cession passible du droit proportionnel; qu'il est, en effet, de principe que le droit de mutation est exigible sur la valeur des apports qui, au lieu d'être purs et simples, ne sont effectués qu'à la charge par la société d'en payer le prix, et qu'il n'y a d'exception à ce principe que lorsque l'apport à titre onéreux est effectué par les associés dans une société en nom collectif, où ils ont les mêmes droits et les mêmes obligations à l'égard de la valeur apportée qu'avant la formation de la société ; qu'il suffit de remarquer que, dans l'espèce, la société à laquelle l'apport a été fait est anonyme » (3849 R. P.).

La véritable raison, celle qui s'applique, selon nous, aux sociétés en nom collectif comme aux autres, c'est que l'associé, quel qu'il soit, perd la propriété de sa mise en l'apportant à la société, et qu'il y a lieu, dès lors, de traiter la société, à cet égard, comme un nouveau possesseur ordinaire. Dès l'instant qu'en échange de l'apport la société paye une somme à l'associé, il s'opère une transmission à titre onéreux, passible du droit proportionnel.

**15215. Dation en payement.** — Lorsque l'un des associés a promis d'apporter une somme d'argent à la société, celle-ci est devenue créancière de cette valeur et n'a droit de réclamer aucun autre objet. Par conséquent, si, par un acte ultérieur, l'associé, pour se libérer, cède des meubles ou des immeubles déterminés, il s'opère une dation en payement ordinaire passible du droit proportionnel. C'est l'application des principes spéciaux à ce dernier contrat (Sol. belge 27 oct. 1871, 3698 R. P.).

Si la cession dont il s'agit avait lieu dans l'acte même de société, il faudrait distinguer. Ou bien elle se confond avec la clause même de l'apport, de sorte qu'en réalité, l'associé a mis en commun les meubles ou les immeubles eux-mêmes; ou bien les deux stipulations restent indépendantes, et l'apport se limite à la somme d'argent. Dans le premier cas, aucun droit proportionnel n'est exigible.

On a posé la question dans l'hypothèse où s'agissant d'une société en commandite et la mise de chaque associé étant déterminée en numéraire, l'un des commanditaires cède, par le contrat même de société, un immeuble en payement d'une partie de sa mise. L'Administration répondit, le 30 octobre 1822 (7405 J. E.), que, malgré les termes du contrat, il n'y avait pas vente par le commanditaire à la société, mais mise en société de l'immeuble, et qu'il n'était pas dû de droit de mutation.

Dans le second cas, au contraire, le droit est dû comme si la cession avait lieu après la constitution de la société et par un acte distinct. On l'a ainsi décidé à propos d'une société formée entre trois individus dont l'un déclarait apporter 50,000 francs, pour quoi il versait 5,000 francs argent et cédait à la société des immeubles évalués 45,000 francs. Le droit de 5 fr. 50 cent. pour 100 a été reconnu exigible sur cette dernière somme, attendu que les termes du contrat caractérisaient clairement l'intention de faire une cession distincte de l'apport (16672-7 J.E.).

## § 2. — *Liquidation du droit.*

[15216-15229]

**15216. Nature du droit.** — Quand l'apport renferme une cession et donne lieu à l'impôt proportionnel, la nature du droit exigible se détermine d'après la nature même des biens abandonnés. On appliquera donc, selon les cas, le tarif des cessions de créances de meubles ou d'immeubles.

**15217. Brevet.** — Par exemple, lorsque l'objet mis en société est l'exploitation d'un brevet d'invention et que sa valeur ou partie de sa valeur doit être payée à l'inventeur, c'est le droit de 2 pour 100 qui est exigible (Seine 20 juill. 1848, 14545 J.E.).

**15218. Concession d'eaux.** — De même, lorsqu'un associé apporte un privilége de concession d'eaux et qu'il est stipulé qu'il retirera de la société une certaine somme sur les apports en numéraire des autres membres, cette somme représente le prix de la cession à la société d'une partie de l'apport, et le droit proportionnel est exigible. Dans ce cas, le droit ne saurait être calculé au taux des cessions d'actions, puisque la société n'est pas encore constituée quand la transmission s'opère. Il est dû selon la nature des biens compris dans l'apport. — En conséquence, s'il s'agit du privilége accordé pour l'exploitation de la fourniture des eaux à une ville, c'est un transport de valeurs mobilières sujet au droit de 2 pour 100 (Meaux 24 août 1865, 2158 R.P.).

**15219. Actions de société.** — La question peut offrir certains embarras lorsque l'apport s'applique à des valeurs dépendant d'une première société.

Une distinction est nécessaire à cet égard.

Si la société ancienne est dissoute au moment de l'apport ou par le fait même de cet apport, l'être moral ayant disparu, chacun des membres de l'entreprise est devenu copropriétaire du fonds social : le droit de cession est alors exigible d'après la nature même des biens cédés (Seine 31 juill. 1857, 16634 J.E.; — 23 juin 1866, 2293 R.P., — V. Cass. 23 mai 1859, 2160 § 5 I.G., S. 59-1-695, 1181 R.P.).

Mais si l'ancienne société n'est pas dissoute, l'apport s'applique à des actions d'un caractère essentiellement mobilier, et il faut se borner à percevoir le droit de cession d'actions d'après les règles spéciales à ce contrat (Cass. belge 28 fév. 1867, 2514 R.P.).

C'est le principe que nous avons appliqué précédemment aux sous-sociétés qui dissimulent de véritables ventes (15146).

**15220. Le droit n'est dû que sur la partie cédée.** — Il va de soi que si une partie seule de l'apport est transmise à la société à titre de vente, il faut borner à cette partie la perception du droit proportionnel. On avait cependant soutenu, et la jurisprudence avait quelquefois décidé, que bien que l'associé qui apporte l'immeuble ne doive toucher qu'une partie de sa valeur et que le surplus soit représenté par des actions, le droit de vente doit être perçu sur la totalité de l'immeuble apporté, sans qu'il y ait lieu d'en déduire la portion représentant sa mise. Mais des décisions plus rationnelles sont intervenues, qui ont reconnu que lorsque le fonds social est fait par un seul des sociétaires qui prend la moitié des actions pour son compte et doit toucher le montant de celles délivrées aux autres associés, le droit de mutation n'est dû qu'à raison de cette dernière moitié (Cambrai 28 juin 1838; Dél. 15 mai 1840, 12527 J.E.; — Seine 28 avr. 1841, 12746 J.E.; — 11 juin 1845, 13778 J.E.). — Il a été jugé encore en ce sens que s'il est convenu que l'un des associés achète, moyennant 50,000 francs, le fonds de commerce de l'autre, qui forme le fonds social, et qu'en cas de revente moyennant pareille somme, les deux associés partageront, le droit de vente est exigible sur 25,000 francs (Lyon 13 fév. 1847, 14204 J.E.; — Compiègne 8 fév. 1849).

**15221. Prix. — Passif.** — C'est sur le prix de la cession que le droit s'établit, et quand il n'est pas déterminé, il y a lieu de recourir à la déclaration prescrite par l'art. 16 L. 22 frimaire an 7.

Si l'apport a lieu à la charge par la société de payer le passif de l'associé, le prix de la vente est représenté par le montant des dettes que la société payera en l'acquit de l'associé, et c'est ce montant qui sert de base à l'impôt.

1. RENTES VIAGÈRES. — Lorsque ce passif comprend des rentes viagères qui doivent être servies par la société, il y a lieu d'en demander l'évaluation aux parties, conformément aux règles que nous ferons connaître au mot *Vente d'immeubles*.

**15222. Part des associés dans le passif.** — Il faut bien remarquer qu'on ne doit faire aucune déduction pour la part que l'associé supporte, en cette qualité, dans le passif mis à la charge de la masse. La société, en effet, forme un être moral distinct de ses membres : si elle prend l'engagement de payer les dettes personnelles de ceux-ci contre la remise de valeurs particulières, c'est comme si elle traitait avec un étranger, et on ne peut pas dire que les associés payent eux-mêmes une partie de leurs dettes. Le droit est donc exigible sur l'intégralité du passif.

On ne doit pas, non plus, faire déduction des sommes que l'un des associés devait à ses coassociés et qui forment le montant de l'apport de ces derniers, ni des sommes payées par des tiers à valoir sur les travaux faits pour leur compte, non plus que des salaires dus aux ouvriers (Seine 14 mars 1862, 17482 J.E. V. cep. 19 janv. 1861, 1463 R.P., 17273 J.E.).

**15223. Époque de la fixation du passif.** — C'est le passif au jour de la formation de la société qui sert de base à la liquidation du droit. Les associés ne peuvent donc prétendre que les dettes mises à la charge de la masse ayant diminué depuis la confection de l'inventaire jusqu'à la date de l'acte social, elles ne doivent payer le droit proportionnel que sur le passif mis réellement à leur charge lorsqu'elles ont fait remonter la société à la date de l'inventaire (Seine 14 mars 1862, 17482 J. E.).

**15224. Numéraire. — Effets négociables.** — Si l'apport comprend du numéraire, on ne peut pas dire que sa remise à la société, moyennant l'obligation de payer le passif, opère une cession de créance. Ce serait tout au plus un mandat sujet au droit fixe, puisque le passif pourra être immédiatement acquitté avec l'argent apporté. Quoi qu'il en soit, l'exemption du droit proportionnel a été reconnue par deux jugements de la Seine des 19 janvier 1861 (1463 R. P., 17273 J. E.) et 14 mars 1862 (17482 J. E.). — *V.* néanmoins Cass. belge 23 janv. 1864, 1937 R. P.).

Ces jugements ont décidé qu'il en était de même à l'égard des effets négociables compris dans l'apport : « Attendu que les billets négociables par voie d'endos sont exempts du droit de cession par l'art. 70 L. 22 frimaire an 7. » — Mais ce motif ne peut pas être accepté, car l'endossement devient soumis à l'enregistrement dès qu'il est constaté par un acte notarié. Cet endossement donne donc ouverture au droit que nous avons fait connaître précédemment n$^{os}$ 7261 et suiv.

**15225. Meubles. Créances.** — Quand l'apport transmis à titre onéreux se compose de différentes espèces de meubles, telles que actions, créances, marchandises, il est sans difficulté que le prix doit être réparti sur chacune d'elles, afin de percevoir distinctement les droits de 50 centimes, de 1 ou 2 francs pour 100 (*V.* Cass. 18 janv. 1871, 3215 R. P., 2421-5 I. G., B. C. 4, S. 71-1-84, D. 71-1-18). — Si le contrat ne renferme pas les indications nécessaires pour la liquidation de l'impôt, les parties doivent être admises à souscrire les déclarations utiles dans ce but (Seine 21 juill. 1865, 2211 R. P. ; — Seine 19 janv. 1861, 1463 R. P.).

Il faut appliquer, en cette circonstance, les principes qui seront ultérieurement développés au sujet de la vente simultanée de meubles et de créances — *V. Vente d'immeubles.*

**15226. Meubles et immeubles.** — La jurisprudence n'a pas toujours uniformément résolu la question de savoir si l'art. 9 L. 22 frimaire an 7 doit s'appliquer à l'apport de meubles et d'immeubles, c'est-à-dire si le droit immobilier est exigible sur la totalité du prix quand les meubles ne sont pas détaillés et estimés article par article et qu'il n'est pas stipulé à leur égard un prix particulier. Des jugements de Cambrai, du 28 juin 1838 (13110 J. E.) ; — de Valenciennes, du 27 juin 1839 (12330 J. E.) ; — de Lille, du 2 juillet 1851 (15256 J. E.) ; — d'Avesnes, du 1$^{er}$ juin 1859 (1186 R. P., 16782 J. N., 16952 J. E., 11645 C.) ; — de Toulon, du 26 juillet 1864 (1968 R. P. ; — d'Épernay, du 4 janv. 1877 et de Reims, des 27 janv. 1877 (4867 R. P.) et 9 août 1877, 4719 R. P.) ont autorisé cette perception ; tandis que le tribunal de la Seine, devant lequel pourtant ces questions se représentent fréquemment et ont une importance exceptionnelle, a autorisé une société à faire la déclaration des valeurs mobilières pour limiter aux immeubles la perception du droit de 5 fr. 50 p. 100 (Seine, 23 juin 1866, 2293 R. P.).

immeubles la perception du droit de 5 fr. 50 cent. pour 100 (Seine 23 juin 1866, 2293 R. P.).

Dans la rigueur des principes, il serait difficile de justifier cette seconde doctrine. Car, puisque la clause a le caractère d'une vente, il faut bien lui appliquer les règles de ce contrat et notamment les dispositions formelles de l'art. 9 de la loi de frimaire. Aussi la Cour de cassation s'est-elle décidée pour la perception du droit intégral de 5 fr. 50 cent. pour 100 dans un arrêt du 23 mai 1859, ainsi conçu :

« Attendu que les sommes et valeurs sont déterminées et fixées à 9,550,000 francs, comme apports mobiliers et immobiliers que les compagnies fusionnées avaient faites à la nouvelle société ; qu'ainsi cet acte comprenait à la fois des meubles et des immeubles ; que, par conséquent, pour se conformer aux dispositions de la loi, les parties auraient dû déterminer un prix distinct pour les objets mobiliers avec désignation et estimation de chaque article, conformément à l'art. 9 de la loi ; que l'acte ne contient pas cette estimation ; qu'une ventilation tardive ne peut réparer le vice de l'acte » (2160-5 I. G., S. 59-1-695, 1181 R. P.).

La seule considération que l'on pourrait faire valoir contre les résultats sévères de cette jurisprudence, et que nous avons essayé de développer au n° 1937 R. P., c'est, quoi qu'en dise un jugement d'Avesnes, du 1$^{er}$ juin 1859 (1186 R. P., 16782 J. N., 16952 J. E., 11645 C.), qu'il s'agit, en l'espèce, d'une transmission spéciale ayant certaine analogie avec la soulte de partage, affranchie des conditions de l'art. 9 de la loi de l'an 7. « La convention qui donne lieu au droit de mutation, disions-nous alors, n'est pas comme une vente ordinaire, dans laquelle l'ancien propriétaire aliène pour obtenir du numéraire, et où le contrat a un caractère essentiellement spéculatif ; c'est un des éléments de la formation du pacte social et, pour ainsi dire, la première base de l'association. Celui qui apporte son actif et son passif dans une société dont il veut faire partie établit entre lui et ses coassociés des relations qui ressemblent mieux à celles des communistes ordinaires qu'aux rapports du vendeur avec l'acheteur. L'obligation que prend la société de supporter les charges de l'actif dont elle profite peut donc plutôt se comparer à une sorte de soulte de partage qu'à un prix de vente véritable. Or, quoique la soulte de partage acquitte le droit proportionnel au même titre que le prix de vente, cependant on n'a point songé à invoquer contre elle l'art. 9 de la loi de l'an 7, et à percevoir le droit le plus élevé quand un cohéritier se trouve loti, en sus de sa part, de créances de meubles ou d'immeubles dont il paye la valeur à ses copartageants. On considère sans doute que, dans de telles conventions, il n'y a pas à proprement dire de prix. Les objets étant cédés pour leur estimation, cette estimation même en représente le prix, et quand elle est fixée par nature des biens, le prix lui-même se trouve ainsi virtuellement déterminé. »

En Belgique, le fractionnement de la perception est autorisé par un arrêt de Cass. 2 janvier 1864 (1937 R. P.). On peut également consulter dans le même sens une dissertation du J. du not. n° 1675. — *V.* 15243, 15309-2.

**15227. Le droit est immédiatement exigible.** — Le droit de vente, dans les diverses hypothèses que nous venons de passer en revue, est exigible au moment même de la mise en société, tellement que si ce droit n'était pas perçu à ce moment, on ne pourrait plus l'exiger sur l'acte de liquidation qui interviendrait après la dissolution de la société. C'est ce qu'a reconnu la Cour de cassation par un arrêt du 5 janvier 1853 (14878 J. N., 15599 J. E., S. 53-1-123, 1967-9 I. G., 15599 J. E.), qui a cassé un jugement du tribunal de la Seine du 21 août 1850 (15024-2 J. E.). — V. 15228.

« Attendu, porte cet arrêt, qu'il résulte de l'acte notarié du 23 octobre 1834 que de Montburon, adjudicataire du bazar Montesquieu, s'est associé Antoine Bernard et la dame de Prémorvant pour l'exploitation de ces immeubles, avec condition expresse que chacun des trois payera son tiers dans le prix de 253,200 francs, condition qui se trouvait remplie pour un tiers par chacun d'eux, jusqu'à concurrence de 103,200 francs, quand ils ont rompu et liquidé la société par l'acte du 14 juin 1848 ; qu'il suit de cette stipulation que de Montburon a eu la volonté d'investir et a investi en effet ses deux associés de chacun un tiers de la propriété, dont, comme il le déclare luimême, il ne pouvait seul supporter les chances commerciales ; que la volonté conforme des deux associés que de Montburon s'est donnés à reçu son exécution par le payement qu'ils ont fait d'une portion du prix, selon les quittances authentiques rappelées dans l'acte de liquidation, desquelles il résulte que la dette de ce prix est réduite à 150,000 francs ; que ces faits et ces actes ont le caractère de mutation de propriété, non en faveur de la société qui se forme, mais en faveur des deux associés eux-mêmes que se donne l'acquéreur de l'immeuble ; que, la mutation des deux tiers résultant ainsi de l'acte du 23 octobre 1834, qui constitue la société, et non pas de l'acte de liquidation du 14 juin 1848, le jugement attaqué, qui a déclaré bien fondée la contrainte tendant au payement du droit proportionnel du second tiers, comme si la transmission de propriété des deux tiers avait été opérée par l'acte de liquidation, a faussement appliqué l'art. 69 § 7 n° 1er L. 22 frimaire an 7 et l'art. 52 L. 28 avril 1816, et violé l'art. 68 § 3 n° 2, à son début, de ladite loi de frimaire, et faussement appliqué la fin du même n° 2. »

**15228. Droit non exigé sur le contrat de la société. — Prescription au moment de la dissolution.** — Suivant acte notarié du 23 novembre 1834, M. de Montburon a formé, avec Mme de Prémorvant et avec le sieur Bernard, une société civile en participation pour l'exploitation d'une maison sise à Paris, rue Montesquieu, et dont il s'était rendu adjudicataire le 28 avril précédent, moyennant 253,200 francs.

L'art. 4 du contrat de société portait que l'actif social se composait, entre autres choses, *de la propriété* de la maison sise rue Montesquieu, et que le passif se composait aussi, entre autres choses, de la somme principale de 253,200 francs, montant du prix de l'adjudication faite au sieur de Montburon, et qui est encore dû.

Il résultait évidemment de ces énonciations une cession par M. de Montburon à ses associés des deux tiers de la maison par lui acquise le 28 avril 1854, puisque c'était la société qui demeurait dorénavant débitrice du prix de l'immeuble. Cependant le contrat de société du 23 novembre 1834 ne fut assujetti qu'au droit fixe.

Ultérieurement, la société ayant été dissoute d'un commun accord, un acte du 14 juin 1848 établit qu'une somme de 103,200 francs avait été payée par les associés à-compte du prix de l'adjudication, et qu'il était encore dû 150,000 francs. Dans cet état de choses, le sieur Bernard cédait à Mme de Prémorvant tous les droits dans l'actif social, moyennant 34,400 francs (montant du tiers des 103,200 francs payés), et à la charge d'acquitter pour le cédant le tiers du passif de la société, composé de 150,000 francs restant dus sur le prix de l'adjudication. Le sieur de Montburon et la dame de Prémorvant ont partagé entre eux la maison de la rue Montesquieu, en attribuant le tiers de cet immeuble au sieur de Montburon et les deux autres tiers à la dame de Prémorvant, tant de son chef que comme cessionnaire de la part du sieur Bernard.

Il fut perçu sur cet acte, le 17 juin 1848, un droit de vente à 5 fr. 50 pour 100 sur 84,400 francs, formant le prix du tiers cédé par le sieur Bernard à Mme de Prémorvant. Une contrainte ayant été décernée pour obtenir le payement d'un supplément du droit de vente sur le tiers de l'immeuble dont Mme de Prémorvant se trouvait saisie par suite du partage arrêté entre elle et le sieur de Montburon, le tribunal de la Seine en ordonna l'exécution par jugement du 21 août 1850 (15024-2 J. E.). Mais ce jugement a été cassé par arrêt de la chambre civile du 5 janvier 1853 (*arrêt rapporté* n° 15227), portant pour motifs que l'acte de société du 23 novembre 1834 avait le caractère de mutation de propriété non en faveur de la société qui se formait, mais en faveur des deux associés eux-mêmes que se donnait l'acquéreur de l'immeuble. D'où la conséquence que l'acte de partage qui attribuait à Mme de Prémorvant, de son chef, un tiers de la maison était simplement déclaratif à l'égard de ce tiers.

**15229. Imputation.** — Il faudrait, si l'idée que nous avons émise au n° 15226 de la soulte de partage triomphait, appliquer la doctrine de l'I. G. n° 342 sur l'imputation dans le sens le plus favorable aux parties, lorsque le caractère onéreux se restreint à une partie seulement de l'apport. Ainsi, quand l'associé met en commun des créances, des marchandises et des immeubles, contre l'obligation prise par la société de payer des dettes inférieures à la valeur totale de ces biens, on devrait d'abord imputer ce prix sur les créances, puis sur les meubles, et en dernier lieu sur les immeubles. Mais en l'état de la jurisprudence, ce mode d'opérer aurait peu de chances de succès. Il a été repoussé par une solution de l'administration belge du 27 novembre 1872, motivée sur ce qu'il n'y avait pas ici de partage, mais une vente ordinaire (11988 J.E. belge).

1. DÉCLARATION. — Cependant l'Administration a admis, par une Sol. 5 novembre 1858, que si les parties déclarent dans le contrat et avant l'enregistrement que le passif doit s'imputer exclusivement sur les meubles, la perception se règle en conséquence.

Si, au contraire, le passif est formellement imputé sur les immeubles, c'est le droit immobilier qui est dû (Sol. 24 avr. 1878).

### ARTICLE 3. — CESSION CONDITIONNELLE

[15230-15248]

**15230. Principe.** — Il est fréquemment stipulé, dans les actes de société, que lors du décès de l'un des associés, les survivants auront la propriété exclusive des biens composant ce fonds social, à la charge de payer aux héritiers la valeur de la part du défunt selon le dernier inventaire. La même stipulation peut exister pour le cas d'interdiction, de mariage, etc. On avait prétendu que cette clause était un élément constitutif de la société échappant à la perception d'un droit particulier; mais cette doctrine n'a pas été admise par la jurisprudence. Il est aujourd'hui souverainement reconnu qu'une telle clause n'est point nécessaire à l'établissement de la société, qu'elle en forme une disposition purement accessoire dont le résultat est d'accroître, moyennant une somme d'argent, les droits des survivants; qu'en d'autres termes, c'est une vente soumise à la condition suspensive du prédécès. Par conséquent, lorsque ce décès se réalise, la vente s'accomplit en dehors de la volonté des parties et le droit de transmission à titre onéreux devient exigible (Cass. 20 mars 1849, 14697 J.E., 15004 J.N., 1837 § 13 I.G., P. 1851 p. 137; — 7 janv. 1850, S. 50-1-142, 1857-4 I. G, 14882 J. E; — 18 avr. et 8 juin 1859, 1169, 1187 R.P., 2160 § 6 I.G., 16571 et 16650 J.N., 16027 et 16972 J.E., 11530 et 11564 C., S. 59-1-501; — 9 mai 1864, 1898 R.P., 12668 C., 17844 J.E., 993 Rev., S. 64-1-239; — 7 fév. 1866, 2257 R.P., 2348-3 I.G., S. 66-1-263, D. 66-1-329; — 5 déc. 1866, 2391 R.P., 2356 § 4 I.G., 18659 J.N., 1873 Rev., 13205 C., S. 67-1-87, D. 67-1-127; — 19 mai 1868, 2695 R.P., 19271 J.N., 18536 J.E., 14176 C., S. 68-1-345, D. 68-1-305, — 24 nov. 1869, 3029 R.P., 2397-5 I.G., S. 70-1-85, D. 70-1-269; — 14 fév. 1870, 3085 R.P., B.C. 99, S. 68-1-345, D. 68-1-305; — 27 juill. 1870, 3186 R.P., B.C. 153, S. 70-1-401, D. 70-1-413; — 7 fév. 1872, 3413 R.P., 2434-7 I.G., S. 72-1-87, D. 72-1-109; — 6 mars 1872, 3416 R.P., 2447-5 I.G., B.C. 52, S. 72-1-246, D. 72-1-202; — 15 avr. 1872, 3420 et 3421 R.P., 2449-5 I.G., S. 72-1-247, D. 72-1-323; — 11 janv. 1875, 4026 R. P. — 1er mars 1875, 4105 R. P.; — 16 août 1875, 4214 R. P.).

« Attendu, portent les arrêts des 18 avril et 8 juin 1859, qu'on ne peut considérer la stipulation ci-dessus comme dérivant nécessairement de la société elle-même; que la transmission de propriété ci-dessus constatée n'était pas un fait général par rapport à l'être moral de la société, mais un fait privé et personnel du prémourant envers ses associés individuellement, puisqu'il en est résulté pour chacun d'eux une part plus considérable dans les affaires de la société; que cette stipulation, qui, il est vrai, n'était pas nécessaire à l'établissement de la société, avait pour objet d'en déterminer la durée et la continuation, de fixer le prix d'acquisition des droits de l'associé décédé et de régler l'augmentation des parts des associés survivants; que dès lors la conséquence de cette clause devait être le payement du droit proportionnel. »

Il n'y a d'exception à cette règle que pour les tontines et les sociétés conjugales.

Quand une clause semblable a été insérée dans un contrat de mariage, on décide que sa réalisation ultérieure est affranchie du droit de mutation (Cass. 6 avr. 1856, *rappelé au mot Contrat de mariage* n° 5240). Mais la solution se fonde alors sur ce que l'art. 1525 C.C. confère expressément à la stipulation le caractère d'une convention de mariage; et comme ce motif est spécial à la communauté, il s'ensuit que les sociétés ordinaires restent soumises à l'application du droit proportionnel.

Quant aux tontines, « il est de leur essence, a dit la Cour suprême, que le décès de leurs membres, jusqu'à ce qu'il n'en reste plus qu'un seul, anéantisse tous leurs droits sans opérer de transmission sujette au droit de mutation » (Cass. 1er juin 1858; *arrêt rapporté* v° *Association*). — Un pareil résultat n'est point conforme à la nature des sociétés ordinaires et ne saurait se concilier avec leurs stipulations (Cass. 19 mai 1868, 2695 R.P., B.C. 99, S. 68-1-345, D. 68-1-305).

L'exigibilité du droit de cession a donc été reconnue par un très-grand nombre de jugements (Tours 10 juin 1848, 14509 J.E.; — 14 janv. 1850, 15024 J.E.; — Seine 19 mars 1850, 15003 J.N; — Saint-Dié 18 janv. 1851, 15219-3 J.E; — Bordeaux 26 août 1856, 842 R.P., 16485 J.E., 11036 C.; — Seine 1er mai 1857, 16547 J.E.; — 13 fév. 1858, 11345 C.; — 17 juill. 1858, 11496 C.; — Aix 18 mai 1858, 1008 R.P., 16781 J.E.; — Seine 27 août 1858, 16844 J.E.; — Langres 4 août 1859; — Seine 5 août 1859, 11693 C.; — 23 déc. 1859, 11673 C.; — 3 mars 1860, 1341 R.P., 17158 J.E, 11766 C.; — 5 janv. 1861, 1474 R.P., 11928 C.; — 17 janv. 1862, 17450 J.E.; — 21 fév. 1862, 1683 R. P., 12200 C., 17415 J.N., 378 Rev.; — 9 août 1862, 17567 J.E., 378 Rev.; — Rouen 25 nov. 1863, 1878 R.P., 12706 C., 17829 J.E.; — Verviers 2 déc. 1863, 2213 R.P; — Seine 22 janv. 1864, 1910 R.P., 18105 J.N.; — Yvetot 25 avr. 1865, 2142 R.P., 1308 Rev.; — Seine 5 mai 1865, 2132 R.P.; — 11 nov. 1865, 2212 R. P.; — Louvain 28 nov. 1865, 10039 J.E. belge; — Seine 27 janv. 1866, 2280 R. P.; — Bruxelles 15 juin 1867, 10492 J.E. belge; — Angers 20 juill. 1866, 3155 R.P.; — Château-Thierry 19 janv. 1867, 2662 R.P.; — Seine 2 févr. 1867, 21 déc. 1867, 2504 R.P.; — 9 mai 1868, 2745 R. P.; — 6 juill. 1867, 3186 R. P.; — Saint-Quentin, 11 déc. 1868, 2630 R. P.; — Seine, 22 janv. 1869, 3017 R. P.; — Privas, 9 juin 1869, 3019 R. P.; — Chartres, 30 juill. 1869, 3137 R. P.; — Sarreguemines, 30 juill. 1870, 3327 R. P.; — Bordeaux, 4 janv. 1871, 3327 R. P.; — Nantes, 17 janv. 1871, 3413 R. P.; — Seine, 1er juill. 1871, 3394 R. P.; — Sédan, 26 juin 1872, 3679 R. P.; — Seine, 6 déc. 1873, 3954 R. P.; — Dunkerque, 22 mai 1874, 4105 R. P.; — Seine, 17 juin 1876, 4440 R. P.; — Rouen, 10 avr. 1873; — Marseille, 23 août 1877; — Dreux, 19 janv. 1875; — St-Marcellin, 31 déc. 1873; — Brest, 13 janv. 1875; — Rouen, 21 janv. 1875 et 28 déc. 1876; — Lille, 20 janv. 1877; 23 nov. 1877, 4877 R. P.; — Rouen, 7 fév. et 7 mars 1878; — Valenciennes, 29 mai 1878).

**15231. Compte courant.** — Le tribunal de la Seine avait cru pouvoir écarter l'application de cette jurisprudence dans un cas où il avait été stipulé que chaque associé aurait un compte courant des sommes et valeurs par lui fournies à la maison, et qu'à son décès ses héritiers auraient droit au remboursement de ce compte: « Attendu que la succession n'avait droit qu'à la reprise des sommes dont celui-ci se trouvait créditeur au moment du décès, et que par l'effet d'une clause aléatoire, le fonds social était attribué sans indemnité aux survivants » (7 avr. 1866, 2345 R.P.). — Mais nous avons critiqué cette décision. D'une part, la stipulation d'un prix en argent n'est pas la condition essentielle de la perception du droit de vente. Ce prix peut très-bien être remplacé pour chaque associé par l'espérance que le contrat lui ménage de recueillir la part du prémourant. L'aléa réciproque qui résulte de la convention représente ainsi, dans la pensée des sociétaires, la valeur de leur copropriété et suffit pour caractériser la mutation. La Cour suprême l'a maintes fois décidé à propos d'associations religieuses dont les statuts accordaient aux survivants le droit de recueillir sans indemnité la part des prédécédés (n° 2314). D'un autre côté, le tribunal s'est trompé en refusant de reconnaître à la somme payée par les survivants le caractère d'une indemnité ou d'un prix de vente. Quand la société s'est conclue, chacun de ses membres avait un droit égal aux valeurs composant le fonds commun. On ne peut contester que, jusqu'à son décès, le défunt n'ait eu une part d'intérêt absolument semblable à la part d'intérêt de ses coassociés, et la preuve en est que si la société s'était dissoute avant ce décès, cet associé aurait dû recevoir en nature sa portion dans les biens indivis. Lorsqu'il est mort, ses droits ont à l'instant changé de nature, il est vrai; ils se sont transformés en une créance sur les survivants, mais ça été par l'effet exclusif de la condition insérée dans ce contrat, et parce qu'il avait été convenu que les survivants conserveraient la part du défunt en en payant la valeur à ses héritiers. Une telle clause n'était pas autre chose qu'une cession conditionnelle de droits sociaux. La Cour suprême a confirmé nos prévisions en cassant le jugement de la Seine par un arrêt du 19 mai 1868 (2695 R.P., 10271 J.N., 14176 C., S. 68-1-345, D. 68-1-305).

Seulement il est bien entendu que si l'associé défunt avait, outre ses droits sociaux, un compte courant de créancier avec la société pour des avances personnelles faites à la masse, la restitution de ces avances constituerait une simple quittance. A ce point de vue, il faudrait le traiter comme un prêteur ordinaire recevant son payement.

**15232. Déplacement du fonds de commerce.** — Il importe peu aussi que pendant l'existence de la société, l'établissement où s'exploitait l'entreprise ait été reporté dans un autre lieu, pourvu que le fonds de commerce ne fût pas de nature à périr par suite du déplacement (Seine 11 nov. 1865, 2212 R.P.).

**15233. Commanditaire.** — Aucune différence n'est à faire sur ce point entre les associés commanditaires ou les autres. Le commanditaire possède des actions, c'est-à-dire plusieurs de ces fractions égales dont la réunion représente le fonds social dans son ensemble. L'action donne droit de participer, pendant la durée de l'entreprise, aux bénéfices réalisés, et, en outre, de prendre part lors de la dissolution au partage du fonds. C'est, en d'autres termes, une portion indivise de tous les biens composant l'actif social : elle ne diffère de la copropriété ordinaire qu'en ce que la loi lui imprime, pendant la durée de l'association, un caractère mobilier (529 C.C.; — Cass. 23 mai 1853, S. 53-1-537, 1981-7 I.G., 15717 J.E.).

« Attendu, porte l'arrêt du 23 mai 1853, qu'aux termes de deux actes des 10 mai 1844 et 15 décembre 1845, Oppenheim était intéressé, comme associé commanditaire, par suite d'une mise de 50,000 francs, dans la société Dubois, Marthe et C$^{ie}$ que, par l'acte litigieux du 2 mars 1846, Oppenheim a déclaré attribuer à la dame David la moitié de ses droits commanditaires dans la société, en capitaux, intérêts et bénéfices, à partir du 15 décembre 1845, promettant faire valoir à la dame David l'exercice des droits résultant du présent acte; que, pour prix de cette attribution de droits à elle faite, la dame David a promis, par le même acte, payer à Oppenheim une somme de 25,000 francs; attendu que ces stipulations contiennent, de la part d'Oppenheim, en faveur de la femme David, une vente ou cession, moyennant un prix de 25,000 francs, de la moitié de l'intérêt ou capital de 50,000 francs que ledit Oppenheim possédait dans la commandite du commerce Dubois, Marthe et C$^{ie}$; que vainement cette convention a reçu des parties, dans l'art. 2 de l'acte, la dénomination de simple société en participation, et qu'en restituant à ladite convention la qualification qui lui appartenait en réalité, et ce de manière à assurer la perception des droits qu'elle comportait, le jugement attaqué, bien loin d'avoir violé les lois de la matière, en a fait une saine application. »

Le tribunal de Rouen a donc jugé avec raison, le 25 novembre 1863, que la clause du pacte social par lequel la part du *commanditaire* défunt appartient aux survivants, moyennant indemnité, constitue une cession conditionnelle de droits sociaux (1878 R.P., 12706 C., 17820 J.E. — *Conf.* : Seine 20 avr. 1856, 10911 C., et 9 avr. 1851, 15170 J.E., 14359 J.N. — V. *infrà Dissolution*.

**15234. Société civile. — Indivision.** — Il n'y a pas à distinguer non plus entre les sociétés commerciales ou civiles : la condition produit son effet dans les unes comme dans les autres (Cass. 9 mai 1864, 24 nov. 1869 et 7 févr. 1872, *suprà* n° 15230). — L'arrêt du 9 mai 1864 a même étendu ce principe aux simples indivisions, qui ne donnent naissance à aucun être moral distinct des communistes (*Comp.* : Cass. 14 fév. 1870, *suprà* 15230).

**15234 *bis*. Cession à un tiers.** — Des clauses de l'espèce peuvent être stipulées non-seulement au profit des associés survivants, mais encore au profit de tiers étrangers à la société. S'il est convenu qu'au décès d'un de ces associés, il sera remplacé par telle ou telle personne, il s'opère, lors du décès, une cession soumise aux mêmes règles que les cessions stipulées au profit des associés.

C'est ce qui a été reconnu spécialement au sujet de la cession stipulée au profit du fils aîné du défunt. Le tribunal de Saint-Marcellin a décidé, le 31 décembre 1873, que le fils devenait, au décès de son père, cessionnaire de son intérêt dans la société et que la cession donnait ouverture à un droit de 50 centimes pour 100, distinct et indépendant du droit de mutation par décès, acquitté par les héritiers sur la valeur de cet intérêt. —V. *Succession*.

**15235. Cession facultative.** — La clause dont nous venons de parler constitue une vente soumise à la condition suspensive du prédécès de l'un des associés et non pas une simple promesse de vente; d'où il suit que la transmission s'opère de plein droit au décès sans qu'il soit besoin d'un nouvel acte ni d'un nouveau consentement des associés survivants (Lille, 23 nov. 1877, 4877 R. P.; — Rouen, 7 fév. 1878 et les autorités citées au n° 15200). — La situation serait différente, on le comprend, si la stipulation, au lieu d'obliger, *hic et nunc*, ces associés à acquérir, leur en laissait seulement la faculté. Dans ce cas, la convention renfermée dans le statut social équivaudrait à une simple promesse unilatérale de vente, et la mutation ne se réaliserait que si les survivants manifestaient, lors de l'événement prévu, la volonté de devenir propriétaires. Alors, pour réclamer le droit proportionnel, il faudrait établir en la forme ordinaire l'existence de ce consentement, et on ne le pourrait à l'égard des meubles ordinaires qu'au moyen d'un acte.

Dans cet ordre d'idées, ont été rendues les décisions suivantes :

1° Si l'acte de société réserve aux survivants la simple faculté de conserver l'établissement social lors du prédécès de l'un des associés, à charge de rembourser aux héritiers la part de leur auteur, le droit de mutation n'est exigible que lors de la preuve de la réalisation de la vente (Seine 21 fév. 1862, 1683 R.P., 12200 C., 17415 J.N., 378 Rev.; — Rouen 11 fév. 1864, 12981 C., 18181 J.N.);

2° Lorsque, dans un acte de société entre un père et ses enfants, il a été stipulé qu'à l'égard du père commanditaire, les autres associés pourraient à son décès user du droit de retrait en remboursant sa part dans l'actif, cette disposition est toute facultative, et dès lors l'Administration doit prouver que le droit de retrait a été exercé. Si dans l'inventaire après le décès du père il est dit que G... père étant décédé dans la première année de la société, sa part dans l'actif qui doit lui être remboursé ne pourrait être déterminée par le dernier inventaire et qu'elle devait être fixée à son apport et au prorata de ses bénéfices, on ne saurait voir une preuve de l'exécution de la clause sociale dans cette vague déclaration (Seine 20 avr. 1856, 10911 C.);

3° Il était stipulé dans un contrat de société que le survivant aurait le droit de conserver le fonds de commerce social en en payant le prix à dire d'expert aux héritiers du prédécédé. Le droit de vente à 2 pour 100 a été reconnu exigible sur le procès-verbal de levé de scellés par lequel le survivant a déclaré user de la faculté réservée, attendu qu'au consentement donné dans l'acte constitutif, est venue se joindre l'option, et que les héritiers du prédécédé ne peuvent plus disposer du fonds (Seine 1er mai 1857, 16547 J.E.);

4° La stipulation dans un acte de société que l'un des associés sera, en cas de décès, remplacé de plein droit par tel de ses enfants n'est pas obligatoire pour celui-ci, alors qu'il y est demeuré étranger et quand même il aurait accepté purement et simplement la succession de son père (Cass. 10 nov. 1857, S. 59-2-31);

5° S'il a été stipulé, dans un contrat de société, que lors du décès d'un des membres de l'entreprise, les survivants pourront, si cela leur convient, conserver la part de l'associé défunt dans les valeurs communes, c'est à l'Administration à prouver la réalisation de la cession (Angers 20 juillet 1866, 3155 R.P.).

1. CESSION EN CAS DE MARIAGE. — Un acte de société universelle renfermait la clause suivante: « Si l'un des associés venait à se marier pendant la durée de la société, il sera censé, par ce seul fait, avoir renoncé, au profit de ses coassociés, à tous les droits et actions qu'il avait dans la société, et il ne pourra exiger que le quart en argent de l'actif net de la société. En effectuant ce payement, les trois autres associés deviendront de plein droit propriétaires incommutables de tous les biens meubles et immeubles de la société. » Il a été jugé que, par le simple fait du mariage de l'un des associés, les autres sont devenus propriétaires de sa part dans les biens de la société, et qu'il y a lieu à perception du droit de mutation (Nivelles, 18 juin 1873, 12117 J. E. belge).

2. RENONCIATION. — Il importe peu que les survivants aient eu la faculté de renoncer pendant un certain délai, s'ils n'ont pas usé de ce droit (Sol. 10 juill. 1878).

**15236. Cession dans des cas non prévus.** — On conçoit facilement que des clauses renfermant la cession conditionnelle de la part d'un des coassociés ne sauraient être étendues au delà des cas qu'elles prévoient.

Ainsi, par exemple, il n'y aurait pas lieu à la continuation de la société, ni conséquemment à la réalisation de la vente, si, étant stipulé qu'en cas de décès de *tel* des associés elle continuera avec son cohéritier ou entre les associés survivants, la mort venait frapper un autre associé que celui désigné dans la stipulation (Duranton t. 17 p. 473, Duvergier 439, Troplong n° 955).

De même, si un sociétaire avait promis de céder sa part pour le cas où il se retirerait volontairement, il ne serait pas tenu d'exécuter cet engagement dans l'hypothèse d'une retraite forcée ou d'une dissolution produite par les causes ordinaires. La condition prévue ne s'étant point réalisée, il va de soi que la promesse demeure sans effet.

La jurisprudence s'est plusieurs fois prononcée en ce sens :

1° Des associés avaient stipulé, en formant leur entreprise, que si Valin, l'un d'eux, mourait ou abandonnait volontairement l'association, sa part appartiendrait aux autres moyennant indemnité. Valin ne mourut ni ne se retira de la société, mais il devint fou, et on fut forcé de faire prononcer son exclusion. Ce n'était point là l'un des deux événements prévus dans le statut social, et le tribunal de la Seine décida très-justement que le droit proportionnel n'était pas exigible (Seine 5 mai 1865, 2132 R. P.);

2° De même, lorsque dans un acte de société passé entre un père et ses deux fils, il est dit que la société est formée pour un certain temps et que si, à l'expiration de la société, elle n'est pas renouvelée, les deux fils continueront seuls l'exploitation de la maison de commerce, sans rien payer à leur père pour les ustensiles, le fonds et l'achalandage, l'Administration n'est fondée à exiger ni le droit de donation, ni le droit de vente si, la société ayant été dissoute *avant le délai fixé*, les fils ont apporté dans une nouvelle société le fonds de commerce et la part ayant appartenu à leur père dans l'ancienne société, parcequ'il est possible que les fils soient propriétaires de la part de leur père en vertu d'un titre nouveau qu'ils ne font pas connaître et non en vertu de l'acte de société ancienne (Seine 23 août 1863, 12561 C., 7938 J.N.).

3° Mais il a été reconnu, en matière civile, que la clause de continuation est obligatoire pour les héritiers mineurs aussi bien que pour les héritiers majeurs (Bordeaux 29 juill. 1862, S. 63-2-31, Duranton t. 17 n° 473, Troplong 954, Massé et Vergé t. 4 § 720 p. 448, Delangle *Soc. com.* n° 651), sans même qu'il soit besoin de l'autorisation du tuteur (Aix 16 déc. 1868, S. 70-2-240).

**15237. Bénéfices.** — Tout en admettant l'exigibilité du droit de vente, on paraît le restreindre aux biens apportés, et on enseigne que l'attribution des bénéfices ou de la part du prémourant dans les bénéfices est affranchie de toute perception. On ne considère cette attribution que comme l'exercice du droit appartenant aux associés de répartir entre eux les profits de l'entreprise (17659 J. N.). Mais cette opinion est contraire aux termes généraux des arrêts précités (15230), qui ont consacré l'exigibilité du droit de vente sans distinguer entre la portion des biens sociaux provenant des apports et celle qui résulte des bénéfices. Dans un cas comme dans l'autre, le survivant recueille les biens en vertu d'une clause qui n'était pas essentielle à la formation de l'entreprise, qui est même, on peut le dire, exorbitante des effets du partage. Cette clause ne peut pas être scindée; et puisqu'on la considère comme une vente conditionnelle à l'égard des apports, il paraît impossible d'y voir un simple statut social à l'égard des bénéfices.

**15238. Quotité du droit.** — Il n'était pas sans difficulté de savoir quelle était la nature et la quotité du droit exigible lors de la réalisation de la cession.

Trois hypothèses peuvent se présenter:

Ou le prédécès d'un associé dissout complétement la société, aussi bien à l'égard des survivants qu'à l'égard des héritiers du défunt;

Ou il la laisse subsister complétement, aussi entre tous les membres restant et les héritiers du défunt;

Ou enfin ce prédécès n'opère la dissolution qu'à l'égard des héritiers en laissant l'entreprise continuer entre les autres associés.

Il n'y a pas de difficultés sur les deux premiers points.

Lorsque la société est complétement dissoute, l'être moral auquel appartenait provisoirement la propriété du fonds commun disparaît, et le droit des associés s'appliquant alors directement aux objets qui formaient l'actif social devient meuble ou immeuble, suivant qu'il a pour objet des meubles ou des immeubles, Dès lors, la cession éventuelle stipulée au profit des survivants est passible du droit mobilier ou immobilier.— Deux arrêts ont été rendus en ce sens par la Cour de cassation, les 6 août 1845 (S. 45-1-663, 1755-14 I. G.) et 7 février 1853 (S. 53-1-284, 1967-13 I. G., 15612 J. E.).

*Arrêt du 6 août* 1845 : « Attendu que le tribunal civil de Rennes reconnaît dans le jugement attaqué: 1° que la société des forges de Paimpont n'avait pas une durée illimitée; — 2° que le marquis d'Andigné de la Chasse (qui figure comme *vendeur* dans l'acte du 3 novembre 1841 soumis aux droits litigieux) avait dès 1839 notifié à ses coassociés sa volonté de faire cesser la société, aux termes de l'art. 1865 C. C.; — 3° que, loin qu'aucun desdits coassociés eût soutenu que cette renonciation fût faite de mauvaise foi ou à contre-temps, ils y avaient unanimement adhéré; — 4° enfin, que les actions objets de ladite vente du 3 novembre 1841 s'appliquaient à des valeurs immobilières; attendu que, dans de pareilles circonstances de fait souverainement constatées, le tribunal civil de Rennes, en décidant que la société des forges de Paimpont était *dissoute* au moment de la vente du 3 novembre 1841 ; que, par suite de cette dissolution, les actions vendues et dépendantes de ladite société avaient perdu le caractère de meubles que leur conférait exceptionnellement l'art. 529 C. C. *tant que dure la société*, et que dès lors c'était l'art. 52 L. 28 avril 1816 et le droit de 5 fr. 50 cent. pour 100 qui leur étaient applicables, a fait de la loi précitée et des principes sur la matière une juste application. »

*Arrêt du 7 février* 1853: « Attendu qu'en supposant que les parts indivises appartenant aux communistes aient pu avoir le caractère de meubles, ce caractère que leur aurait conféré exceptionnellement l'art. 529 C. C. aurait disparu avec l'acte qui a mis fin à la société; qu'ainsi, en décidant que les parties de l'immeuble commun achetées par le demandeur devaient payer le droit de mutation exigible pour les transmissions immobilières, le jugement attaqué n'a fait qu'une juste application de la loi. »

C'est ce qui arrive notamment quand il ne reste plus que deux associés et que la cession se réalise au profit de l'un par le décès de l'autre. Sauf le cas où la société serait réputée en liquidation (V. *infrà* n° 15275), ce décès dissout l'association, puisqu'il ne reste plus qu'un associé. La cession a donc pour objet la copropriété du défunt dans la masse et le droit est dû d'après la nature des objets qui la composent (Seine 23 janv. 1869, 3017 R. P.; — Cass. 7 fév. 1872, 3413 R. P. 2434-7 I. G., S. 72-1-87, D. 72-1-109;—Sedan 26 juin 1872, 3679 R. P.; — Seine 6 déc. 1873; — Rouen 21 août 1874; — Cass. 11 janv. 1875, 4026 R. P.;— 1er mars 1875, 4065 R. P.;— 16 août 1875, 4214 R. P.; — Lille, 23 nov. 1877, 4877 R. P.; — Rouen, 7 mars 1878; — Valenciennes, 29 mai 1878). — V. 15278.

« Attendu, porte l'arrêt du 1er mars 1875, qu'il s'agit, dans la cause actuelle, d'une société formée entre deux associés seulement; qu'il a été formellement stipulé, dans la convention des parties, que le décès de l'un des associés dissoudrait la société de plein droit, et que tout l'actif social appartiendrait au survivant, à la charge par lui de payer le passif et de rembourser aux héritiers du prédécédé la somme lui revenant d'après la balance du dernier inventaire de la société, sans qu'il puisse demander ni nouvel inventaire, ni apposition de scellés, ni partage; que, dans ces circonstances et en présence de cette stipulation, l'accomplissement de la condition convenue, réalisée par le décès du prémourant, avait eu pour effet de transformer l'ancien droit de copropriété de celui-ci en une simple créance, de constituer l'unique associé survivant seul maître de tout l'actif social, et d'opérer non-seulement la dissolution de la société, mais encore l'extinction immédiate de l'être social; qu'il s'était ainsi opéré, au profit de l'associé survivant, une cession à titre onéreux, qui comprenait, dans son objet et dans son esprit, la mise sociale du prédécédé comme sa part dans les bénéfices communs, et qui rendait dès lors exigible le droit proportionnel de 2 pour 100 sur l'une et l'autre de ces valeurs. »

Si, au contraire, le prédécès laisse subsister l'entreprise entre tous les associés et les représentants du défunt, il est clair que la propriété des biens communs continue à reposer sur l'être moral derrière lequel disparaît la personnalité des actionnaires. Le décès de l'associé n'a modifié en aucune façon la nature de ses droits dans la masse, et son hérédité reste toujours, comme il l'était lui-même, créancière d'une action. Donc, si cette action est transmise, c'est le droit mobilier qui peut seul être perçu. La Cour de cassation l'a encore décidé ainsi par un arrêt du 11 février 1833 (1146 § 6 I. G.).

La troisième hypothèse présente plus de difficultés: c'est celle qui suppose la société subsistant entre les associés survivants et dissoute à l'égard des héritiers du défunt. L'art. 1868 C. C., qui prévoit la combinaison, en règle les résultats de la manière suivante: « S'il a été stipulé qu'en cas de mort de l'un des associés, la société continuerait seulement entre les associés survivants, l'héritier du décédé n'a droit qu'au partage de la société, eu égard à la situation de cette société lors du décès, et ne participe aux droits ultérieurs qu'autant qu'ils sont une suite nécessaire de ce qui s'est fait avant la mort de l'associé auquel il succède. » — Nous avons toujours pensé que les héritiers de l'associé défunt devenaient alors des communistes ordinaires ayant une fraction réelle du patrimoine commun, et non plus un simple intérêt mobilier dans l'entreprise. Nous nous fondions, pour le croire, sur l'art. 1868 C. C., qui accorde dans ce cas aux héritiers une action en partage de la masse ce qui suppose l'existence d'un droit de copropriété, puis sur la jurisprudence qui autorise les héritiers à exiger leur part non en argent, mais en valeurs d'inventaire (Cass. 18 avr. 1854, S. 55-1-672 ; — C. Caen 10 nov. 1857, S. 59-2-31).

Mais ce sentiment n'a pas prévalu.

La jurisprudence considère que quand la société continue entre les associés survivants, la part du défunt dans la masse a été cédée à ceux-ci en tant qu'action mobilière et elle applique alors le droit mobilier de cession d'action sociale [1] (Cass. 7 fév. 1866, 2257 R. P., 2348-3 I. G., S. 66-1-263, D. 66-1-329 ; — 24 nov. 1869 et 27 juill. 1870, *suprà* n° 15230).

L'arrêt du 7 février 1866 porte : « Sur la deuxième branche prise de la fausse application de l'art. 69 § 5 n° 1er L. 22 frimaire an 7, et de la violation des art. 68 § 3 nos 2, 4 et 69, § 2 n° 6 et § 5 même loi, ainsi que des art. 1868, 1134 et 1218 C. C.; attendu que la société n'a pas été dissoute par le décès de Maurer; que, par suite, les associés survivants sont devenus cessionnaires de la part de leur associé et non de valeurs distinctes tarifées par la loi de l'impôt. »

Nous avons examiné aux nos 15363 et suiv. si ce droit était celui de 2 pour 100 ou de 50 centimes pour 100 francs.

Il est à peine besoin d'ajouter que s'il ne s'agissait pas d'une société donnant naissance à un être moral, mais d'une simple indivision entre communistes, la question ne se présenterait pas. Il deviendrait évident que chacun des copropriétaires a une part dans les biens de la masse et que la cession s'applique à cette part elle-même. Le droit serait par conséquent exigible d'après la nature des biens cédés (Cass. 9 mai 1864 et 14 fév. 1870, *suprà* n° 15230).

**15239. Tarif.** — La condition suspensive accomplie rétroagit au jour même de la convention et c'est depuis cette époque que la transmission est censée avoir eu lieu. Il en résulte que la perception est soumise au tarif en vigueur à l'époque de l'acte de société renfermant la vente conditionnelle (Sol. 20 août 1859 ; — Seine 27 janv. 1866, 2280 R. P.); — et que si, par exemple, la convention a été conclue sous l'empire du simple décime, ce simple décime est seul exigible quoique la réalisation s'opère sous l'empire de la loi du double décime (Seine 3 mars 1860, 1341 R. P., 11766 C.; — Gap, 4 mars 1867; — Sol. 2 oct. 1877). — Ce n'est là qu'une application des principes de la condition suspensive. — V. *Décime*.

**15240. Héritiers associés.** — Si les associés survivants appelés à recueillir le bénéfice de la vente conditionnelle sont les héritiers du défunt, devront-ils néanmoins le droit de mutation à titre onéreux ? Pour la négative, on objecte que dans cette hypothèse la condition ne s'accomplit pas, puisqu'au moment du décès de l'associé tous ses biens passent à ses héritiers non à titre onéreux, en vertu de la clause insérée dans l'acte de société, mais à titre successif ; qu'ils ne peuvent pas devenir acquéreurs d'une part qui leur appartenait déjà au moment même où la condition suspensive s'est réalisée (Seine 20 août 1856). — Mais ce moyen n'a pas prévalu. En effet, par suite de la rétroactivité de la condition, ce n'est pas seulement au décès que les coassociés deviennent propriétaires des droits de leur auteur ; ils sont censés l'être devenus dès le jour même de l'acte de société, c'est-à-dire à une époque antérieure à l'ouverture de l'hérédité. Quand cette succession s'ouvre, ils recueillent par confusion ou autrement l'indemnité représentative de la part du défunt dans la masse et ils doivent acquitter sur cette valeur l'impôt des mutations par décès. Mais cette transmission est distincte de la transmission à titre onéreux renfermée dans le contrat originaire et elle n'empêche pas de réclamer de ce chef le droit proportionnel de vente (Yvetot 25 avr. 1865, 2142 R. P., 1308 Rev.; — Cass. 5 déc. 1866, 2391 R. P., 2356-4 I. G., S. 67-1-87, D. 67-1-127 ; — Saint-Quentin 11 déc. 1868; — Cass. 11 janv. 1875, 4026 R. P.; — Dunkerque 22 mai 1874, 4105 R. P. ; — Saint-Marcellin, 31 déc. 1873 ; — Rouen, 21 janv. 1875 ; 7 mars 1878 ; — *Cons. :* Cass. 7 janv. 1850, S. 50-1-142, P. 50-2-574, 1857-4 I. G.). — *V.* 2315 et 15242.

**15241. Preuve de réalisation.** — Du moment qu'il s'agit uniquement de prouver l'échéance de la condition suspensive apposée à la vente, l'Administration n'a pas besoin de produire un nouveau contrat passé entre les parties, il lui suffit de trouver la preuve de cet accomplissement dans une déclaration opposable aux débiteurs. C'est le même principe qu'au sujet de la réalisation d'un crédit ; la jurisprudence l'a maintes fois consacré.

Elle a décidé, notamment, que quand la cession est subordonnée au prédécès d'un associé, la déclaration faite par les héritiers dans l'inventaire que la part de leur auteur dans la société s'est transformée en une somme déterminée, autorise la réclamation du droit de cession sur cette somme (Seine 3 mars 1860, 1341 R. P., 17158 J. E., 11766 C. ; — Aix 18 mai 1858, 1008 R. P., 16781 J. E. ; — Seine 27 août 1858, 16844 J. E. ; — Seine 5 août 1859, 11693 J. E. ; — Yvetot 25 avr. 1865, 2142 R. P., 1308 Rev. ; — Cass. 5 déc. 1866, 2391 R. P., 2356-4 I. G., S. 67-1-87, D. 67-1-127 ; — Seine 23 janv. 1869, 3017 R. P. ; — Cass. 27 juill. 1870, 3186 R. P., S. 70-1-401, D. 70-1-413, B. C. 153 ; — Cass. 16 août 1875, 4214 R. P.).

Il en est ainsi de la même déclaration consignée dans un acte de liquidation ou de partage (Seine 17 juill. 1858, 11496 C. ; — 5 janv. 1861, 1474 R. P., 11918 C.) ; — ou simplement dans la déclaration de succession (Seine 6 déc. 1873) ; — dans un procès-verbal de levée de scellés (Seine 1er mai 1857, 16547 J. E. ; — un compte de tutelle (Seine 27 janv. 1866, 2280 R. P.) ; — une demande en délivrance formée par les légataires de la part de l'associé défunt (Cass. 7 janv. 1850, S. 50-1-142, 1857-4 I. G.) ; — une signification extrajudiciaire (Seine 2 fév. 1867, 2504 R. P., etc.), — une cession des marchandises faite à un tiers par le survivant (Saint-Marcellin, 25 mars 1876) ; — une liquidation et une déclaration de succession (Brest, 13 janv. 1875).

1. En matière civile, il a été également décidé que c'est la même société qui continue et qu'elle portera dès lors son nom social (Cass. 10 janv. 1870, S. 70-1-157).

**15242. Production de l'inventaire. — Acte en conséquence.** — Quand il a été stipulé, dans le contrat de société, que la part du prémourant sera déterminée dans le dernier inventaire social, et que l'existence de cet inventaire est constante, les parties ne sauraient être admises à faire une déclaration de l'importance de cette part; elles doivent représenter l'inventaire au receveur : « Attendu, porte un jugement d'Yvetot du 25 avril 1865 (2142 R. P.), confirmé en cassation le 5 décembre 1866 (2391 R. P., 2356 § 4 I. G., 18659 J. N., 1873 Rev., 13205 C., S. 67-1-87, D. 67-1-127), que si l'art. 16 de la loi de frimaire dispose que, dans le cas où la valeur n'est pas exprimée dans l'acte donnant lieu au droit proportionnel, les parties seront tenues d'y suppléer avant l'enregistrement par une déclaration affirmative, certifiée et signée au bas de l'acte, c'est parce que le législateur suppose qu'à l'époque de la déclaration, il n'existe pas d'autre moyen de connaître la valeur des objets déclarés, mais que, toutes les fois qu'il existe un acte qui détermine cette valeur d'une manière certaine, il est évident que c'est cet acte qui doit servir de base à la perception du droit, que, dans l'espèce, l'existence de l'inventaire est constante et que du moment que Lefebvre fils et Durosey refusent de produire cet inventaire, la Régie n'a fait qu'user de son droit en évaluant elle-même, par la contrainte décernée contre eux, le chiffre de la perception devenue exigible par le décès de Lefebvre père » (*Conf.* : Château-Thierry 19 janv. 1867, 2662 R. P.; — Verviers 2 déc. 1863, 2213 R. P.; — Seine 21 déc. 1867; — Rouen, 21 août 1873, 21 janv. 1875, 4214 R. P. et 7 fév. 1878 (4906 R. P.); — Saint-Marcellin, 25 mars 1876; — Chartres, 26 août 1876).

Si l'existence de l'inventaire n'est pas constante, les parties doivent y suppléer par une déclaration estimative conforme à l'art. 16 de la loi du 22 frimaire an 7 et, à défaut, l'Administration est fondée à puiser ses éléments d'appréciation dans le partage intervenu entre les parties (Cass. 16 août 1875, 4214 R. P.).

C'est d'après le même principe que, pour l'enregistrement des actes sous seing privé mentionnés dans un acte public, la Cour suprême oblige les parties à produire les écrits eux-mêmes ou à payer les droits fixés provisoirement par la contrainte (Cass. 26 août 1859, 2160 § 1er I. G., 1220 R. P.). — V. *Acte en conséquence.*

Quant à l'amende encourue par le notaire qui aurait reçu la déclaration de la partie sans faire enregistrer l'inventaire, il faut distinguer. La défense insérée dans l'art. 42 L. 22 frimaire an 7 ne s'applique qu'aux écrits ayant le caractère d'actes sous seing privé. Or, les registres ne sont pas, en général, des actes dans le sens juridique du mot. Ils ne sont pas signés et n'ont d'autre but que de conserver trace des renseignements particuliers à la tenue d'une maison ou d'un établissement. Bien que la loi attribue quelquefois à ces notes certaine force probante, il n'en est pas moins certain qu'elles échappent à l'application de l'art. 42 dès qu'elles ne forment pas, selon les prévisions du texte, des actes sous seing privé (V. 13734).

Mais la conclusion serait différente si les parties signaient sur le registre une déclaration destinée à justifier un fait ou une convention. Dans cette hypothèse, il ne paraît pas douteux que l'écrit forme un acte spécial dont un officier public ne peut faire usage sans le faire enregistrer (Verviers 2 déc. 1863, 2213 R. P.). — V. *Acte en conséquence.*

**15243. Cession actuelle à terme.** — Il ne faut d'ailleurs pas confondre la cession conditionnelle dont nous venons de parler avec la vente consentie actuellement lors de la formation de la société, et dont le prix a été seulement stipulé payable à terme. Dans cette dernière hypothèse, les principes ordinaires reprennent leur empire, et le droit est exigible sur le contrat même de société. C'est dans l'examen des termes de chaque stipulation et des circonstances de l'affaire, que l'on trouvera la solution de la difficulté.

Ainsi, pour en donner un exemple, le tribunal de la Seine a jugé, le 24 mars 1860, que quand on stipule que, le moment de l'expiration de la société arrivé, l'un des associés désignés restera propriétaire du fonds social, à la condition de rembourser à l'autre le montant de sa mise, sauf l'hypothèse où l'associé ainsi désigné pour rester acquéreur viendrait à décéder avant le terme indiqué, auquel cas la société serait liquidée, il y a vente à terme et le droit proportionnel est immédiatement exigible (1349 R. P., 17115 J. E., 11768 C.).

Il a été reconnu, dans le même ordre d'idées, par la Cour de cassation, le 3 mars 1868, que la clause d'un contrat de société par laquelle il est convenu que, lors de la dissolution, tout l'actif social appartiendra à l'un des associés moyennant une somme d'argent à remettre aux autres, constitue un partage fait moyennant une soulte payable à terme, et que le droit proportionnel de cession est immédiatement exigible (2624 R. P., 19221 J. N., 14131 C., S. 68-1-231, 2367-2 I. G., D. 68-1-231). — V. *infrà* 15303.

« Attendu, porte cet arrêt, qu'il y a soulte ou retour passible du droit de vente, aux termes de l'art. 69 § 7 L. 22 frimaire an 7, lorsque l'un des associés reste seul propriétaire de la totalité de l'actif social moyennant une somme d'argent qu'il s'oblige à payer à son coassocié pour lui tenir lieu de la valeur de la moitié de cet actif; que telle était précisément la situation des parties d'après la stipulation portant que, moyennant une somme de 100,000 francs à payer par Dinet fils à son père, le premier resterait seul propriétaire de la raison sociale, de la clientèle, de la maison et en général de toutes les valeurs sociales; qu'il importe peu d'ailleurs que cet arrangement n'arrive que postérieurement à la dissolution de la société ou qu'il ait été convenu dès l'origine dans l'acte social lui-même, et qu'en le jugeant ainsi, le tribunal d'Épernay n'a fait qu'une application des principes de la matière. »

**15244. Liquidation du droit.** — Comme il s'agit ici d'une transmission à titre onéreux, le droit est dû sur le prix stipulé ou sur l'équivalent qui en tient lieu. Or, ce prix correspond à la part du défunt dans la société, c'est-à-dire à la valeur des apports et des bénéfices. La Cour de cassation a cependant décidé, dans deux arrêts des 19 mai 1868 et 27 juillet 1870 (*Suprà* n° 15230), « que le remboursement à faire par les survivants à la succession du prémourant devant comprendre les sommes dont ce dernier pouvait être créancier à titre de remboursement d'apport et d'attributions de bénéfices, de telles sommes ne peuvent être considérées comme le prix de la transmission de sa part. » Elle ajoute qu'il y a lieu alors de rechercher s'il existe un prix en dehors de ces éléments et de le déterminer soit par une déclaration estimative, soit par une liquidation.

Il semble résulter de cette rédaction que la Cour veut

exempter du droit de cession toute la portion du prix qui correspond aux apports de l'associé prémourant et à sa quote-part dans les bénéfices. Mais si c'est là la pensée de la Cour, elle ne nous paraît pas acceptable. Les savants annotateurs du recueil de Sirey l'ont fait remarquer avec raison au sujet de l'arrêt du 19 mai 1868 : « Les apports constituent précisément l'importance du fonds social et forment dès lors l'objet des cessions consenties par les associés de leur intérêt mobilier dans l'entreprise subsistante. On concevrait que cette restitution eût le caractère d'un simple lotissement si la société pouvait être considérée comme dissoute, au moins à l'égard des héritiers du défunt. Mais la Cour de cassation a elle-même repoussé cette conséquence dans son arrêt du 7 février 1866, en décidant que la cession aux survivants s'appliquait à un droit incorporel mobilier appartenant à l'associé et non pas à sa portion dans les valeurs en nature composant le fonds social. Dès lors, la transmission du droit d'obtenir le remboursement se confond avec la cession de la part d'intérêt du prémourant et tombe sous l'empire du même tarif » (S. 1868, 1-345). — Ce qu'on dit des apports, il faut le dire aussi des bénéfices, qui constituent une partie du fonds social et servent à accroître l'objet de la cession consentie aux survivants.

L'erreur de la Cour paraît provenir, comme l'ont fait remarquer plus tard les arrêtistes précédents, de ce qu'elle semble admettre que le droit de mutation se rapporte à la cession par les héritiers de l'intérêt social qu'ils auraient acquis dans la période écoulée depuis le décès. C'est du moins l'idée exprimée par l'un des magistrats qui ont dirigé les délibérations de la Cour (S. 70-1-408). Mais rien n'est moins exact. Ce qui a été cédé par les héritiers du défunt, c'est la part même de leur auteur dans la société, telle qu'elle lui appartenait au jour de sa mort. Ce que l'Administration réclame, c'est donc le droit de cession mobilière sur cette part d'intérêt et non pas celle que les héritiers auraient acquise personnellement depuis leur exclusion des affaires.

Quoi qu'il en soit, la doctrine des arrêts des 19 mai 1868 et 27 juillet 1870 n'est pas prise pour règle de perception. L'Administration continue à faire réclamer le droit de cession d'actions sur la part du défunt représentée par le montant de ces apports et des bénéfices qu'il a laissés dans la cession sociale. Elle a succombé devant les tribunaux de Grenoble le 21 mars 1874 et d'Abbeville le 31 août 1875 (4372 R. P.); mais elle a obtenu des jugements favorables des tribunaux de Sarreguemines du 20 juillet 1870, de Bordeaux du 4 janvier 1871 et de la Seine du 17 juin 1876 (4440 et 4372 R. P.).

La question est actuellement soumise à la Cour de cass. *

1. IMPUTATION. — La cession ne s'opère pas à titre de partage et il n'y a pas lieu d'appliquer les règles d'imputation admises en matière de soulte de partage (Sol. 22 août 1877). Cette question est controversée (V. Seine, 8 fév. 1878 et Compiègne, 30 janv. 1878, 4914 R. P.); nous l'avons examinée avec soin au n° 4914 R. P. — V. 7015-1, 10847 et 12401.

**15245. Délai.** — Lorsqu'il s'agit d'une part d'intérêt dans une société subsistante, la cession s'applique à un objet mobilier et aucun délai n'est imposé aux parties pour acquitter les droits de mutation. C'est à l'Administration à en constater et à poursuivre le recouvrement.

Mais lorsque les droits cédés consistent dans une copropriété immobilière, soit qu'il n'y ait pas d'être moral, soit que la vente soit dissoute, les nouveaux possesseurs sont tenus, à peine d'un droit en sus, de passer la déclaration de la transmission dans les trois mois du décès qui les réalise. — Il en est de même lorsqu'il s'agit d'un fonds de commerce (Cass. 16 août 1875, 4214 R. P.; — Lille, 23 nov. 1877, 4877 R. P.).

C'est un point qui a été établi au mot *Condition*.

**15246. Prescription.** — Le droit de cession exigible dans les circonstances précédentes n'est soumis qu'à la prescription trentenaire. Ce point est établi au mot *Prescription*, n° 12972 § 1.

**15247. Quittance.** — L'indemnité due aux héritiers du prémourant étant le prix de la cession de leur part dans le fonds commun, il en résulte, comme l'a jugé avec raison le tribunal de Lyon, le 12 avril 1862, qu'il faudrait percevoir le droit de quittance et non celui de décharge sur l'acte ultérieur par lequel cette indemnité serait payée aux héritiers.

**15248. Droit particulier sur l'acte de société.** — Nous croyons aussi que la clause de cession conditionnelle étant indépendante de la formation de la société donnerait, lors de l'enregistrement du contrat, ouverture au droit fixe de 3 francs (Boulogne 12 juin 1874, 3948 R. P.). La pratique n'est pas cependant uniforme sur ce point.

## ARTICLE 4. — DU DROIT DE TRANSCRIPTION

[15249-15251]

**15249. Principe.** — Bien que les apports d'immeubles en société diffèrent de la vente proprement dite (15197), un tel apport a cependant pour effet de mettre l'immeuble en commun et d'obliger l'associé propriétaire à en garantir à la société la libre disposition. Il avait paru que cette circonstance rendait le contrat de nature à être transcrit; et pendant longtemps l'Administration a fait percevoir le droit de 1 fr. 50 cent. pour 100 sur la valeur des immeubles compris dans l'apport (1686 I. G.).

Mais, ainsi que nous l'avons fait remarquer dans nos éditions précédentes, cette perception n'était pas conforme au principe de l'art. 68 § 5 n° 4 L. 22 frimaire an 7. D'une part, en effet, l'art. 25 L. 21 ventôse an 7 n'a établi le droit de transcription qu'à l'égard des actes emportant mutation de propriétés immobilières, et, de l'autre, l'art 68 § 5 n° 4 L. 22 frimaire an 7, en matière d'acte de société, ne considère comme mutation donnant ouverture à des droits proportionnels que les stipulations relatives à un ou plusieurs associés entre eux ou autres personnes et non pas aux associés à l'égard de la société.

Les dispositions concernant la perception du droit proportionnel de transcription ne sauraient donc s'appliquer à la clause d'apport en société d'immeubles qui, par l'effet du partage, s'ils tombent dans le lot de l'associé qui les a apportés, sont réputés n'avoir jamais été la propriété de celui-ci.

Déterminée par ces motifs, la Cour de cassation, par une série d'arrêts qui consacrent les principes d'une manière inattaquable, a décidé que le droit de transcription n'est pas dû au moment de l'enregistrement des actes de société qui constatent purement et simplement des apports d'immeubles (Cinq arrêts du 23 mars 1846, 12642 J.N., 13966 J.E., 1767 § 10 I. G., S. 46-1-312; — Cass. 8 juill. 1846, 12738 J.N., 14039 J.E., 1786 § 10 I. G., S. 46-1-688; — Cass. 5 janv. 1848,

13269 J. N., 14417 J. E., 1841 § 14 I. G., S. 48-1-370 et 197). Cette jurisprudence a été admise par l'Administration.

« Attendu, porte l'arrêt du 5 janvier 1848, que les dispositions législatives qui établissent la perception d'un droit de transcription pour les ventes immobilières ne sauraient s'appliquer à la clause d'apport d'un immeuble dans un acte de société; qu'en effet, cette clause ne constitue pas une vente; que, bien que pendant la durée de la société, l'immeuble apporté par un associé comme mise sociale puisse être vendu par la société, si l'acte social le permet, il reste toujours que, si, par l'effet du partage de l'actif social, ce même immeuble tombe dans le lot de l'associé qui l'avait apporté, il est censé, d'après les art. 883 et 1872 C. C., n'avoir jamais cessé d'être sa propriété, ce qui est incompatible avec l'idée que la convention de mise sociale constituerait une vente parfaite au profit de la société; attendu dès lors que le jugement attaqué, en appliquant le droit de transcription à la clause de l'apport d'un immeuble en société, a faussement appliqué et par suite violé l'art. 52 L. 28 avril 1816, et les art. 69 § 7 n° 1er, 68 § 3 n° 4 L. 22 frimaire an 7. »

C'est dans le même sens qu'ont été rendues les décisions ci-après des tribunaux secondaires (Chalons-sur-Marne 19 mai 1843, 11849 J. N.; — Montpellier 29 mai 1843, 11799 J. N.; — Bar-le-Duc 20 mars 1844, 11988 J. N.; — Prades 23 déc. 1844, 12264 J. N.; — Lyon 26 mars 1844, 12441 J. N.; — Foix 13 août 1844, 12263 J. N.; — Lille 23 août 1844, 12227 J. N.; — Sedan 6 fév. 1845, 12312 J. N.; — Privas 16 août 1847, 13721 J. N.).

**15250. Condition de faire purger.** — On avait pensé d'abord que pour rendre cette jurisprudence applicable, il fallait que l'apport fût fait sans condition. Quand l'obligation de faire transcrire l'acte de société a été l'objet d'une clause formelle entre les parties contractantes, l'acte semblait de nature à être transcrit à cause des hypothèques dont la purge était promise, et le droit de 1 fr. 50 cent. était exigé au moment de l'enregistrement de l'acte. Cette interprétation fut consacrée par la chambre des requêtes (Arrêts des 13 déc. 1843, S. 44-1-239; — 3 et 4 janv. 1848, 13296 J. N., 14404 J. E., 1814 § 18 I. G., S. 48-1-156; — 3 janv. et 4 déc. 1849, 13927 J. N., 14897 et 14853 J. E., 1857 § 16 I. G., S. 50-1-145). Autour de cette jurisprudence étaient venues se grouper les décisions des tribunaux secondaires (Seine 1er déc. 1841, 12875 J. E.; — Seine 12 et 17 mars 1847, 14238 J. E.; — Lyon 2 avr. 1849, 14809-2 J. E.; — Châtillon-sur-Seine 23 juin 1847, 14773-2 J. E.).

Mais la question, déférée à l'examen de la chambre civile, y a reçu, dans un arrêt du 5 février 1850, une solution contraire : « Attendu, porte l'arrêt, que la stipulation expresse de garantie en général ou l'obligation formelle de justifier de l'affranchissement des priviléges et hypothèques et de les purger n'ajoutent rien aux obligations légales soit de celui qui a apporté l'immeuble en société, soit de la société dans laquelle il est apporté; qu'en effet, en l'absence de stipulations particulières à cet égard, la loi stipule, pour celui qui a fait un apport immobilier, qu'il doit garantir à la société la libre disposition de cet apport et par suite de la propriété de l'immeuble mis en commun et sa libération des priviléges et hypothèques; que c'est ce qui résulte de la nature du contrat de société et du texte précis de l'art. 1845 C. C., portant que l'associé est garant envers la société du corps certain par lui mis en société, de la même manière que le vendeur l'est envers son acheteur; que la nécessité ou l'utilité pour la société de purger les priviléges et hypothèques est la même, soit qu'elle résulte de la loi, soit qu'elle ait été rappelée par les conventions sociales; que l'intérêt des tiers à l'affranchissement des priviléges et hypothèques est le même, soit lorsque la société a référé aux priviléges généraux du droit, soit lorsque cet acte contient des stipulations expresses, relativement à la purge » (13970 J. N., 2163 § 6 I. G., S. 50-1-145, P. 50-1-113).

Cet arrêt n'avait pas déterminé l'Administration à abandonner sa première doctrine et trois jugements de la Seine, en date des 26 juillet 1854, 27 juillet 1855 et 7 janvier 1859 (1238 R. P., 16508 J. N., 16898 J. E., 11607 C.) lui avaient donné gain de cause. Mais le dernier de ces jugements ayant été attaqué devant la Cour de cassation, la chambre des requêtes, s'écartant de sa jurisprudence, a admis le pourvoi. Alors, afin d'éviter un nouvel échec devant la chambre civile, l'Administration a autorisé, par une Sol. 16 septembre 1859, la restitution du droit proportionnel. Elle a en même temps décidé, en règle générale, que les préposés cesseraient à l'avenir de percevoir le droit de 1 fr. 50 cent. *au moment de l'enregistrement* des contrats de société constatant des apports d'immeubles avec conditions de purge ou de transcription (2163 § 6 I. G.).

**15251. Présentation à la transcription.** — Mais lorsque l'acte de société contenant des apports d'immeubles avec ou sans condition de purge est présenté à la formalité de la transcription au bureau des hypothèques, le conservateur est pleinement autorisé à percevoir le droit de 1 fr. 50 cent. pour 100. Ce point recevra son développement au mot *Transcription*.

### ARTICLE 5. — MARCHÉ

[15252-15254]

**15252. Principe.** — Il en est du marché comme de toutes les conventions que nous avons passées en revue dans les précédents numéros. L'obligation de faire des travaux pourrait constituer une mise sociale comme toute autre espèce de chose, mais du moment que ces travaux sont payés par la société, il n'y a plus apport, mais convention indépendante donnant ouverture au droit qui lui est propre.

**15252 bis. Construction.** — Ainsi, si l'acte de société constate l'apport d'un immeuble et l'engagement par celui qui l'apporte d'achever des travaux commencés, à charge par la société de laisser prélever, sur le premier versement des actions, par cet associé, une somme représentant la valeur des travaux exécutés et à exécuter et celle de l'immeuble apporté, le droit de mutation et celui de marché sont exigibles, encore bien qu'il ait été justifié, par un acte postérieur, que cet associé a tout simplement pris des actions pour représenter la valeur de sa mise sociale (Cass. 8 mars 1842, 12965 J. E., 11273 J. N., 1675 § 7 I. G., S. 42-1-201).

« Attendu, porte l'arrêt, que de Massin, propriétaire de l'étang de Citis et dépendances, a déclaré, par l'acte du 27 septembre 1837, qu'il mettait en société en commandite cette propriété moyennant trois mille deux cents actions de 1,000 francs chacune, ce qui n'établissait point de mutation, puisqu'il restait propriétaire; qu'il en a été autrement lorsque, par l'acte subséquent du 30 novembre 1837, il a été stipulé que la valeur des immeubles mis par lui en société et les travaux exécutés, ainsi que ceux à exécuter encore, montant ensemble à la somme de 1,495,000 francs lui seraient payés en argent par la société, ce qui a été exécuté conformément à l'art. 14 dudit acte; qu'en effet, il résulte de cette stipulation la volonté, de la part de Massin, de soustraire cette valeur de 1,495,000 francs aux chances commerciales de la société, et qu'au moment où cette somme lui a été payée il a réellement reçu le prix de la propriété par lui cédé à la société et devenue la propriété particulière de cette société; attendu qu'il est impossible de ne pas reconnaître à ces traits tous les caractères de la mutation de propriété faite par un sociétaire à la société, ce qui soustrait cette convention au simple droit fixe établi par l'art. 68 § 3 nº 4 L. 22 frimaire an 7, puisqu'il y a transmission d'immeubles entre les associés. »

Dans ce sens, il a été reconnu que la clause d'un acte de société, pour l'exploitation d'une usine à gaz, par laquelle deux associés s'obligent à construire l'usine, à charge d'un prélèvement sur le fonds social d'une somme de 750,000 francs donne ouverture au droit de 1 pour 100, comme marché (Lyon 10 fév. 1847, 14196-2 J. E.; — Cass. 17 mai 1848, 14501 J. E., 1825 § 12 I. G., 13402 J. N., P. 49-1-259; — Montreuil 24 mars 1876, 4331 R. P.; — Trévoux 10 janv. 1876, 4448 R. P.; — Senlis 29 août 1876, 4507 R. P.).

« Attendu, porte l'arrêt du 17 mai 1848, qu'il est constaté en fait que, dans l'acte de société passé à Lyon le 9 juin 1844, pour l'établissement et l'exploitation d'une usine à gaz à Trieste (États autrichiens) les demandeurs se sont engagés à opérer la construction de cette usine à leurs frais et moyennant une indemnité déterminée; attendu, en droit, que par cette stipulation, les demandeurs se sont constitués entrepreneurs envers la société, et que cette convention, distincte et indépendante de l'acte social lui-même, est passible des droits d'enregistrement exigés pour ces sortes d'obligations par l'art. 69 L. 22 frimaire an 7, et que pour l'avoir ainsi décidé le jugement attaqué, loin d'avoir violé la loi, en a fait une juste application. »

Il a été décidé, de même, que la stipulation en vertu de laquelle des associés se chargent à forfait, comme entrepreneurs, moyennant un prix à payer en argent par la société, de l'exécution des travaux faisant l'objet de la concession, constitue un marché passible du droit proportionnel de 1 pour 100; il n'y a pas lieu, dans ce dernier cas, de retrancher du prix total du forfait, le montant des actions prises dans la société par les associés entrepreneurs, ceux-ci étant tiers vis-à-vis de la société (Cass. belge 11 déc. 1862, 9328 J.E. belge).

Donne également lieu à la perception du droit de marché, la clause d'un acte de société civile pour l'exploitation d'une forêt, aux termes de laquelle des personnes non actuellement sociétaires se chargent de l'administration de la société moyennant un salaire annuel fixe, en qualité de gérant et de commissaire, bien que ces personnes puissent éventuellement, à titre de rémunération supplémentaire, recevoir des actions de la société, et qu'elles soient obligées par le contrat à posséder un certain nombre d'actions à moins qu'elles ne préfèrent fournir un cautionnement (Sol. belge 12 mai 1862, 9159 J. E. belge).

Quand, en faisant l'apport d'une concession de chemin de fer à une société formée pour l'exécution et l'exploitation de cette voie ferrée, les concessionnaires prennent l'engagement, dans les statuts sociaux, comme condition expresse et comme conséquence de leur apport, d'exécuter ce chemin de fer et de fournir le matériel nécessaire à son exploitation, si la société l'exige, moyennant un prix déterminé par ces statuts, cet engagement constitue une promesse unilatérale de louage d'ouvrage, et le contrat de marché devient parfait par l'acceptation pure et simple de la société.

En conséquence, le droit de marché est exigible lorsqu'il résulte d'un acte présenté volontairement à l'enregistrement et notamment d'un acte contenant une modification des statuts, que cette promesse a été régulièrement acceptée par la société et que les promettants sont définitivement engagés envers elle (Bruxelles 29 juill. 1870, 11335 J.E.; — confirmé par la cour d'appel de cette ville le 22 déc. 1873, 12259 J. E. belge).

De même, lorsqu'il est convenu, dans un acte de société relatif à l'exploitation d'un journal, que ce journal sera imprimé par l'un des associés, moyennant un prix à fixer par experts, la stipulation a le caractère d'un marché indépendant de la formation de la société et elle donne ouverture au droit de 1 pour 100 (Pau, 11 mai 1877, 4829 R. P.).

**15253. Fournitures.** — La Cour de cassation a cependant décidé, le 18 novembre 1857, qu'on ne saurait voir une disposition indépendante du contrat de société dans la clause par laquelle l'un des associés s'engage à fournir à une usine à sucre, moyennant un prix déterminé à l'avance, la quantité de betteraves nécessaire à son alimentation. Mais la Cour s'est fondée, pour le décider ainsi, sur ce que : « l'obligation prise par le sociétaire, loin de se séparer pour son exécution des chances de l'entreprise, se liait au contraire avec l'affaire sociale, de manière que les droits et les engagements de l'associé, comme fournisseur de ces matières, étaient confondus avec ses droits et engagements comme associé » (938 R. P., 16214 J. N., 16652 J. E., 11189 C., S. 58-1-319). Ainsi justifié, l'arrêt est conforme aux principes, car il est de règle que les apports de chaque sociétaire sont un élément essentiel du contrat dispensé d'un droit particulier; et cette dispense doit profiter à la promesse de fourniture comme à tout autre engagement dès qu'elle a le caractère d'une mise sociale. Mais si l'engagement de l'associé n'est pas soumis aux éventualités de l'entreprise, il constitue un marché tout à fait indépendant de la société et passible du droit que comporte sa nature.

C'est ce que la Cour a reconnu depuis, à propos de la clause d'un contrat de société par laquelle des planteurs, associés ou non, s'engagent envers la société à lui fournir pendant dix ans, pour l'alimentation de l'usine, toutes les cannes à sucre à récolter sur leurs terres, moyennant un prix déterminé (Cass. 20 avr. 1870, 3125 R. P.; — *Conf.* : Saint-Pierre-de-Martinique, 15 mai 1866, 2468 R. P.; — Martinique, 23 juill. 1866, 3125 R. P., D. m. f. belge 4 sept. 1872, 11943 J. E. belge).

Cette dernière jurisprudence a été confirmée par des arrêts du 21 février 1876 (4311 R. P.) et 14 janvier 1878 (4865 R. P.), ce dernier rendu dans un cas où le prix des récoltes devait être fixé par le gérant d'après le cours des marchés voisins.

*Conf.* : Péronne, 5 août 1874; — Cambrai, 30 juin 1876.

1. SOCIÉTÉ EN NOM COLLECTIF. — Mais il a été jugé que lorsque des associés en nom collectif s'engagent à fournir des récoltes à la Société dans la proportion de leur intérêt social, et moyennant un prix à payer par la Société, cet engagement a le caractère d'un apport et ne donne pas lieu au droit de 2 pour 100, parce que les associés étant indéfiniment tenus, dans la même proportion, des engagements sociaux, c'est comme si chacun était à la fois acheteur et vendeur de ses récoltes. Mais il en est différemment des fournitures excédant la part sociale des associés (Valenciennes, 15 nov. 1877, 4866 R. P.). — Si rien ne démontre que la proportion n'a pas été observée, le droit ne peut être réclamé (Cambrai, 30 juin 1876, acq. le 17 juill. 1878).

**15254. Traitement.**—On a controversé beaucoup la question de savoir quand on peut considérer comme un bail d'industrie passible du droit de 1 pour 100 la clause qui attribue un traitement au gérant de la société.

1. GÉRANT ÉTRANGER. — D'abord, si le gérant ne participe pas à l'entreprise, mais se borne à la diriger pour le compte des sociétaires, sans répondre personnellement des pertes ni acquérir de droit aux profits communs, il est dans la situation d'un étranger qui loue ses services à un tiers moyennant une rétribution annuelle. Ce louage d'industrie est une convention distincte de la société même : quelles que soient les valeurs affectées au payement du salaire, et qu'il doive être prélevé sur les bénéfices, sur le fonds social, ou sur les biens personnels des associés, la perception du droit de 1 pour 100 est toujours justifiée.

2. GÉRANT ASSOCIÉ. — BÉNÉFICES. — La situation change quand la gérance échoit à un des membres de l'entreprise. Le sociétaire travaille alors dans son intérêt, puisqu'il doit recueillir une portion des gains que la société se propose de faire. Son industrie devient une sorte de complément de mise qui entre dans la masse au même titre que le reste de ses apports et qui augmente l'émolument auquel il a droit dans les bénéfices. Par conséquent, si les statuts lui attribuent, pour le rémunérer de ses soins, une certaine somme à prélever sur les produits, la clause n'est, en réalité, qu'un mode de répartition établi selon l'importance des mises (1853 C. C.): c'est une dépendance intime du contrat, et on ne saurait l'assujettir à un droit particulier.

Cette doctrine a été consacrée par deux jugements de la Seine, l'un du 20 avril 1858, portant : « Attendu qu'on peut stipuler au profit du gérant une quote-part des bénéfices, bien qu'il ait apporté seulement son temps et son industrie et se soit exonéré des pertes » (1074 R. P., 16380 J. N., 16823 J. E., 11445 C.); — l'autre du 4 août 1866, ainsi conçu : « Attendu qu'il peut être assuré à l'un des associés un traitement représentant ses bénéfices au moyen d'un pacte accessoire qui n'est autre qu'une cession de droits incertains moyennant le payement d'une somme fixe » (2362 R. P.). — Elle est appliquée journellement par l'Administration. On considère comme dispensée du droit la clause qui attribue à l'associé gérant un prélèvement sur les bénéfices sociaux pour le rémunérer de ses soins (*V.* Sol. 26 janv. 1866, 2362 R. P.).

*Actions.* — La doctrine précédente a reçu son application dans un cas où l'associé gérant, au lieu de stipuler un traitement fixe à prélever sur le fonds social, obtenait la remise d'actions de sa société en échange de son industrie. Comme les actions ne sont que le droit à la répartition des bénéfices, la clause devient un élément de la société. La Cour de cassation a jugé en ce sens, le 30 août 1811, qu'aucun droit particulier n'est exigible lorsque, en outre des actions représentant la valeur des immeubles qu'il apporte, l'un des associés reçoit encore le produit des actions restantes prises par d'autres associés, pour l'indemniser de son industrie qu'il emploiera à l'avantage de la société et des fonctions de principal gérant (D. N. t. 11 p. 933 n° 454, 11101 J. N.).

3. GÉRANT ASSOCIÉ. — FRAIS GÉNÉRAUX. — En serait-il de même si l'associé gérant était autorisé à prélever son traitement sur le fonds social en l'absence de tous profits?

On ne peut plus ici considérer la convention comme un règlement proportionnel des profits, puisque le gérant sera payé de son travail lors même qu'il n'y aurait pas de gains. A cet égard l'associé ne s'expose à aucune chance de perte et *l'aléa* qui est l'élément caractéristique de la société fait défaut. Aussi avons-nous pensé, avec la doctrine, que cette clause constituait un louage distinct du contrat d'association (*Conf.* : Troplong *des Soc.* n°s 649 et 650, Rousseau-Lacombe v° *Soc.* part. 2e sect. 2e n° 3, Duvergier n° 263, Dalloz v° *Soc.* n° 424, Demante n° 329 § 14 et 367 *bis*). Nous avons longuement discuté cette proposition au n° 2362 R. P. Elle avait été consacrée par l'Administration et par la jurisprudence (Seine 20 avr. 1858, 1074 R. P., Sol. 26 janv. 1866, 2362 R. P.; — Sedan 11 déc. 1867, 2586 R. P., 19129 J. N.; — Seine 29 fév. 1868, 2635 R. P., 14161 C.). — Cass. belge 15 avr. 1869, 2931 R. P. — *Comp.* Cass. 18 déc. 1867, S. 67-1-145).

Mais elle n'a pas prévalu devant la Cour de cassation. Deux arrêts des 29 novembre 1869 et 17 août 1870 ont reconnu, en termes identiques : «Que la clause de l'acte de société qui attribue la gérance à l'un ou à plusieurs des associés a moins pour effet de leur donner un droit que de l'enlever aux autres; qu'il suit delà que la rétribution qui est allouée aux associés gérants, en cette qualité, a son principe non dans un louage de services distincts des obligations sociales qui leur incombent et des droits qui leur appartiennent, mais dans les services que les gérants rendent à la société en leur qualité d'associés et à raison de cette même qualité ; qu'il importe peu que l'allocation soit fixe et doive être prélevée sur l'actif avant tout partage de bénéfices, ce prélèvement n'enlevant pas leur qualité d'associés aux gérants, qui restent, comme associés, tenus des pertes et des dettes sociales, et ne changeant pas dès lors la nature de leurs fonctions; qu'il suit de ce qui précède que les clauses d'un acte de société relatives au traitement des gérants constituent des dispositions dépendantes affranchies d'un droit particulier » (3030 et 3195 R.P., 2456-I. G., B. C. 208, S. 70-1-37, D. 70-1-270, 2414-7 I. G., S. 70-1-435, D. 71-1-150).

C'est également ce qu'ont décidé les tribunaux devant lesquels l'Administration a suivi sur renvoi les deux instances jugées par les arrêts précédents (Versailles 19 déc. 1871, 3378 R. P.; — Vouziers 10 mai 1872, 3425 R. P.; *Conf.* : Dél. 26 janv. 1825, 7978 J. E., 4992 J. N., 842 C., Champ. 2784 ; — *V.* Sol. 15 mai 1827, 7 fév. 1843, 11 juin 1844, D. N. t. 11 p. 926-415, 15749 J. N. ; — 4 avr. 1856, 18125 J. E.).

Il est difficile d'espérer que la jurisprudence revienne sur cette appréciation. Nous persistons cependant à la croire contraire aux vrais principes. Elle se fonde, en effet, sur deux propositions qui paraissent inexactes,

D'abord, dit-elle, la gestion de l'entreprise appartient également à tous les associés. Celui qui s'en charge exclusivement ne reçoit donc aucune attribution nouvelle, et c'est toujours en sa qualité indivisible d'associé qu'il agit.

Il n'y aurait rien à répondre si l'associé gérant venait simplement comme les autres, bien que pour une proportion plus forte, au partage des bénéfices. On resterait alors dans les limites de la loi et le gérant demeurerait un associé ordinaire, puisqu'il n'aurait que les droits d'un associé. Mais quand les statuts lui attribuent un salaire indépendant des profits, la gestion dont il est investi n'est plus uniquement l'administration légale telle que le Code l'organise. Il s'y est mêlé un élément nouveau absolument incompatible avec l'essence même de la société : la certitude du payement. Une telle clause, la cour de cassation belge l'avait très-bien reconnu dans son arrêt du 15 avril 1869, « sort des éléments constitutifs du contrat de société et enlève en toute hypothèse le caractère de bénéfice à la somme fixe dont elle garantit le payement » (nº 2931 R. P.).

La Cour ajoute que l'allocation fixe n'enlève pas au gérant sa qualité d'associé, parce qu'il reste, comme tel, tenu des pertes sociales.

Cette idée repose, croyons-nous, sur une confusion.

Quand le gérant est un associé en nom collectif, il est bien vrai que tous ses biens, d'où qu'ils proviennent, répondent indéfiniment des pertes de la société. Mais, qu'on y prenne garde ! cette responsabilité indirecte n'est point du tout celle dont parle la loi lorsqu'elle déclare que tout apport ou toute convention, pour conserver le caractère social, doit être soumis à des chances communes de pertes. Il s'agit ici de la répartition des pertes ou des profits *entre les associés*. L'un d'entre eux s'est-il assuré un bénéfice particulier affranchi de toute contribution au passif ? C'est là une convention extra-sociale. Peu importe après cela que ce bénéfice, une fois entré dans son patrimoine personnel, y soit atteint par l'action de ses propres créanciers, ou, ce qui est la même chose, rejoint par celle des créanciers sociaux devenus les siens, le prélèvement antérieur n'en aura pas moins été opéré lors du partage de la masse au préjudice des autres associés. Il aura produit ses effets définitifs à l'égard de ceux-ci.—L'objection que l'on propose pour le traitement du gérant s'applique d'ailleurs à toutes les autres conventions intervenues entre l'associé et la société.

Si cet associé apporte des immeubles dont la société doive lui payer la valeur, le prix de la vente va tomber, comme son salaire, comme ses autres biens personnels, sous le coup de l'action des créanciers sociaux. Est-ce une raison pour dire que le vendeur ne perd pas cependant, à l'égard de l'opération, sa qualité d'associé, parce qu'il reste comme tel tenu des pertes sociales, et pour prétendre que la convention est affranchie du droit de mutation ? Evidemment non. On sait bien que la responsabilité à laquelle l'associé demeure soumis vis-à-vis des tiers n'influe pas plus sur le caractère de la convention intervenue entre la société et l'un de ses membres qu'entre ce dernier et un étranger. La situation est absolument la même pour le traitement soustrait aux chances de pertes; la conclusion doit être identique : *ubi eadem ratio idem jus*.

L'arrêt du 17 août 1870 n'a pas convaincu la jurisprudence belge qui continue à se décider en faveur de l'exigibilité du droit proportionnel (Anvers 19 avr. 1872, 11756 J. E. belge; — Mons 20 fév. 1873, 11972 J. E. belge; — Cass. belge 13 nov. 1873, 12227 J. E. belge; — V. Cass. allem. 1er mai 1874, 3862 R. P.).

4. LOGEMENT. — La même jurisprudence s'applique au logement accordé à l'associé gérant dans les bâtiments sociaux ou à l'indemnité pécuniaire qui en tient lieu. La clause qui la réglerait, même en dehors des bénéfices, ne serait passible d'aucun droit particulier (Cass. 29 nov. 1869; — Vouziers 10 mai 1872, 3030 et 3425 R. P.).

5. NOURRITURE. — Il en serait ainsi également de l'obligation de nourrir, qui a les mêmes caractères.

6. REMBOURSEMENT D'AVANCES. — Si le gérant associé obtient le remboursement des avances qu'il a faites avant la constitution de la société et dans l'intérêt de sa formation, il est clair qu'aucune des raisons sur lesquelles la jurisprudence se fonde pour exempter le traitement du gérant d'un droit particulier n'existe plus. Cette clause constitue une disposition essentiellement dépendante de l'acte de société. Elle est passible du droit d'indemnité à 50 centimes pour 100 (Cass. 29 nov. 1869, 3030 R. P.).

**15254** *bis*. **Promesse.** — Si la société s'est réservé le droit d'accepter ou de refuser le marché, le droit n'est pas dû (Mons 11 juill. 1874, 4512 R. P.).

## ARTICLE 6. — BAIL.

**[15255-15259]**

**15255. Apport.** — Lorsque la mise sociale consiste dans une jouissance, on peut aisément la confondre avec le bail que l'associé fait à la société.

Si l'associé abandonne à la société la jouissance temporaire de son immeuble, ainsi que le permet l'art. 1851 C. C., il n'y aura pas de mutation dans le sens de la loi fiscale quand cet abandon aura le caractère de l'apport, c'est-à-dire de la mise en commun d'une chose avec la pensée de partager le bénéfice pouvant en résulter. En vain objecterait-on que l'associé stipule comme condition de sa mise un prélèvement annuel qui représente le loyer de l'immeuble. Lorsque ce prélèvement doit s'exercer sur les bénéfices, ce n'est là qu'un mode prévu d'avance du partage des profits (1853 C. C.); et on n'y saurait voir, malgré les termes de l'acte, un prix de bail affectant les capitaux mêmes de l'entreprise en dehors de toutes éventualités de bénéfices. C'est ce que l'I. G. nº 1156 § 1er a enseigné en ces termes : « Si le contrat de bail, dit-elle, a eu lieu lors de l'établissement de la société et s'il a fait partie des conditions qui l'ont constituée, une telle stipulation n'a d'autre effet que d'apporter ou de mettre en commun une jouissance sur laquelle le droit proportionnel n'est pas plus exigible que sur toute autre mise en société, soit de sommes d'argent, soit de meubles ou d'immeubles. »

Ces principes ont été consacrés par une Dél. 6 novembre 1840 (12614-8 J. E.), et par des jugements de Tours du 22 mars 1844 (13472-3 J. E., D. N. t. 11 p. 927 nº 421), et de la Seine du 23 août 1873 (3975 R. P.).

**15256. Quand il n'y a pas apport.** — La dispense du droit cesse dès que l'abandon de la jouissance perd le caractère d'un apport et se présente comme le résultat d'une convention synallagmatique conclue entre la société et l'associé individuellement. Il n'y a plus ici d'objet mis en commun avec les chances bonnes ou mauvaises de l'entreprise et la possibilité de ne tirer aucun profit de l'apport; il y a bail ordinaire consenti à la société qui devra en payer le prix même en l'absence de bénéfices. Aucune raison ne commandait évidemment d'exempter une telle stipulation du droit proportionnel de bail : « Attendu, porte un arrêt de la C. cass. du 3 janvier 1827, que le sieur Tayher, quoique membre de la société formée pour l'exploitation des moulins américains, n'a cependant agi, dans l'acte du 7 septembre 1822, qu'en sa qualité de propriétaire de l'immeuble qu'il a donné à bail à la société; que cet immeuble n'est point entré dans les éléments du fonds social, et qu'il est resté la propriété exclusive du sieur Thayer; que si ce dernier peut, en sa qualité d'associé, être passible pour sa part, du payement du loyer de l'immeuble loué à la société, cette obligation qu'il n'a contractée que comme sociétaire et au nom de la société est indépendante de sa qualité de propriétaire et ne peut opérer de confusion dans sa personne » (5995 J.N., 8667 J.E., 1210-1 I. G., S. 27-1-231).

Le principe est constant : seulement la détermination du caractère de la convention rencontre des difficultés variant selon les espèces.

D'abord, nul doute ne saurait exister sur l'exigibilité du droit quand les termes du contrat révèlent l'intention formelle des parties de faire une stipulation distincte de l'entreprise elle-même. Le tribunal de la Seine l'a ainsi décidé avec raison les 26 juin 1850 et 31 juillet 1857.

« Attendu, porte le jugement de 1850, que l'acte de la société établie entre V... et S... contient d'abord toutes les clauses et conditions spécialement relatives à la constitution de ladite société, dont ledit V... doit être seul gérant, tandis que S... n'est qu'associé commanditaire, quoique obligé à un apport égal et appelé au partage des bénéfices et des pertes, mais à ce dernier égard, jusqu'à concurrence seulement de sa mise sociale; que ledit acte contient ensuite, à l'occasion de la société constituée, mais non pour la constitution en elle-même, la stipulation d'un bail fait en dehors de tout apport par S..., non pas comme associé, mais comme propriétaire à la société, être moral représenté par V..., son gérant, d'un immeuble à lui appartenant, moyennant un loyer qui sera payé annuellement à lui seul, non pour entrer en compte dans la caisse commune, mais au contraire devant sortir de cette caisse pour profiter uniquement au bailleur considéré comme un tiers complétement étranger; qu'en présence de conventions aussi claires et aussi précises, on ne saurait avec quelqu'apparence de raison soutenir que l'acte dont il s'agit, visiblement destiné à constater deux contrats d'un ordre différent, et se divisant dès lors en deux parties parfaitement distinctes, ne doit à l'impôt qu'un simple droit fixe. »

Celui du 31 juillet 1857 est ainsi conçu : « Attendu que l'acte avait une disposition portant : MM. G... et P... apportent à la société la jouissance pendant sa durée de la fabrique dans laquelle ils exercent leur exploitation. La société tiendra compte à MM. G... et P..., à raison de ladite jouissance, d'une somme de 6,550 francs; les charges de la société seront les loyers de la fabrique; attendu que ce n'est point un apport pur et simple, mais véritablement un bail établissant entre G... et P..., d'une part, et la société, être moral dont ils font partie, d'autre part, les relations de propriétaire à locataire; que ces relations sont d'autant plus nettement marquées que G... et P... s'obligeaient à faire seuls divers travaux et que la société devait leur payer le prix de leurs dépenses annuelles» (16634 J. E.).

La solution contraire a été cependant appliquée par l'Administration à la clause d'un acte de société par laquelle l'un des associés, après la constitution de l'entreprise et le règlement des bénéfices, s'obligeait à fournir annuellement à la société, moyennant 240 francs par an, une certaine quantité de terrain propre à la culture de la betterave. Il a paru que le bail formait encore ici une partie intégrante de la société; qu'à la vérité, l'associé recevait pour prix de fermage une somme en sus de sa part dans les bénéfices, mais que cette stipulation, dérivant de la mise en commun de la jouissance d'immeubles appartenant au sociétaire, n'avait rien de contraire à la nature de la société (Sol. 25 oct. 1825 et 7 mai 1830, 1336 § 3 I. G.).

Mais il nous a paru que la stipulation n'avait pas été exactement appréciée. La jouissance des terres à fournir par l'associé ne pourrait être considérée comme un élément du contrat de société et ne devrait, par suite, être affranchie de tout droit qu'autant que l'associé n'aurait à en retirer d'autre avantage que le profit éventuel que pourraient lui fournir les bénéfices de la société. Mais du moment que cette jouissance est mise à l'abri de toute chance, du moment, en un mot, que le propriétaire en perçoit la valeur indépendamment de cet *alea* qui accompagne nécessairement toute convention se rattachant réellement à un contrat de société, il y a disposition indépendante passible du droit qui lui est propre.

Nous préférons donc la doctrine d'une solution plus récente du 23 février 1867 qui a reconnu l'exigibilité du droit de bail au sujet de la clause ci-après : « Il y aura société entre A... et B... pour l'exploitation des moulins de Brebières. Et, à l'instant A... accorde à bail à loyer, pour 9 ans, à la société les moulins susdits. Ce bail est fait au charges, clauses et conditions suivantes, que la société devra exécuter et accomplir sous peine de résiliation, savoir : 1° de payer au bailleur un loyer trimestriel de 10,500 francs; — 2° d'acquitter annuellement en sus de ce loyer les contributions de toute nature; — 3° de ne pouvoir céder sont droit en tout ou en partie; — 4° de faire auxdits bâtiments et matériel loués toutes les réparations grosses et menues; — 5° en cas de dissolution de la société, le bail sera résilié à partir du jour où la liquidation sera terminée. » L'Administration a statué en ces termes : « La Cour de cassation a décidé par de nombreux arrêts que, pour que le droit fixe soit seul exigible sur un acte de société, il faut que cet acte ne constate, de la part des sociétaires, que des apports purs et simples, c'est-à-dire des apports à raison desquels les associés ne reçoivent qu'une part du fonds social, et qui restent soumis à toutes les chances de la société. Or, M. A... ne cède pas à la société la jouissance de ses moulins à titre d'apport pur et simple, puisqu'il touchera les loyers de ses usines, avant tout partage de bénéfices, et qu'il pourra, pour assurer le recouvremnt de ce loyer, qui forme une charge de la société, invoquer les privilèges accordés par le Code aux propriétaires » (2435 R. P.).

Il a été jugé, de même, qu'il faut voir un bail sujet au droit proportionnel ordinaire, et non un apport, dans la clause d'un acte de société d'après laquelle un des associés fournit le local pour l'entreprise, et moyennant une redevance déterminée, des timents qu'il se réserve le droit de vendre à son gré : « Attendu que le cas de vente est prévu dans l'acte de société ; que, dans ce cas, la jouissance doit cesser ainsi que la redevance, et que la société doit se pourvoir d'un autre local ; que cette clause à la suite de la fixation de la redevance au profit du propriétaire et rapprochée d'elle prouve encore davantage qu'il ne s'agit point d'un apport fait sous condition résolutoire, mais d'un véritable bail passé au profit de la société ; qu'ainsi l'immeuble d'Amarguin père, par lui cédé en jouissance, n'a jamais fait partie du fonds social, qu'il en est resté exclusif propriétaire et que ce n'est qu'en cette qualité qu'il a stipulé une redevance à son profit » (Lyon 21 août 1866, 2503 R. P., 18839 J.N. — *Contrà* Dissert. J. du not. n° 2150).

Il en est de même d'une clause ainsi conçue : « Vuillerme fait bail et concède la jouissance à la société pour sa durée, fixée à dix ans, des objets suivants lui appartenant et dont il se réserve la propriété : 1° du fonds de commerce qu'il exploite rue Saint-Sébastien ; — 2° du matériel servant à l'exploitation de ce fonds ; — 3° des lieux où il est établi, — 4° et de 30,000 kilogrammes de modèles. Lesdites location et jouissance auront lieu aux conditions ordinaires et d'usage, et, en outre, moyennant le loyer annuel de 25,000 francs, payables chaque trimestre, pour l'extinction du passif de Vuillerme. » Cette clause constate un bail actuel passible du droit de 20 centimes pour 100 sur le montant cumulé des loyers (Seine 8 juill. 1871, 3731 R. P. — V. Boulogne 12 juin 1874, 3948 R. P.). — *Conf.* Saint-Amand, 22 mai 1874.

1. CONDITION SUSPENSIVE — Lorsqu'un acte de vente porte que les associés ont mis en commun des capitaux et la jouissance de certains immeubles, à la condition qu'avant le partage des bénéfices il sera prélevé : 1° une somme de 5 pour 100 représentant les intérêts des capitaux apportés et à remettre aux associés suivant leurs apports ; — 2° une somme de 40,000 francs représentant la valeur locative des immeubles, qui sera touchée par les propriétaires de ces immeubles à proportion de leur droit de copropriété ; cette clause constitue, dans son ensemble, une stipulation sociale relative aux apports et au partage des bénéfices, et elle ne donne pas ouverture au droit de bail sur la partie relative à la cession de jouissance des immeubles.

Mais s'il est convenu, en outre, que cette jouissance continuera à appartenir à la société au décès des propriétaires des immeubles, sans que leurs héritiers soient associés, le décès réalise un véritable bail, qui donne ouverture au droit proportionnel (Seine 23 août 1873, 3975 R. P.).

**15257. Charge de payer les loyers à un tiers.** — L'hypothèse qui a donné lieu à la controverse la plus vive est celle de l'apport du bail à la charge par la société d'en acquitter le prix annuel. Pour affranchir cette clause de toute perception, on invoquait deux motifs. L'apport du droit de bail, dit-on, est un élément essentiel de la formation de la société, et souvent, en effet, l'entreprise ne se constituerait pas sans cela. On ne peut donc y voir une stipulation particulière dans le sens de l'art. 11 L. 22 frimaire an 7. Quant à la charge des loyers, c'est la conséquence nécessaire de l'apport de la jouissance, puisque le payement de ce loyer est une condition nécessaire de la conservation de la chose, et que, d'après l'art. 1859-3 C. C., les dépenses de cette nature incombent de plein droit à la société.

Nous avons, dans nos éditions précédentes, constamment défendu l'opinion contraire.

Il nous paraissait impossible d'écarter l'application au bail de la jurisprudence si fermement établie au sujet des apports faits à charge de payer le passif qui les grève (*Suprà* n° 15200).

En vain dit-on que ce droit de bail forme l'objet même de l'association, et que le payement du loyer est indispensable à la conservation de l'objet. L'immeuble grevé mis en commun est bien, lui aussi, l'un des objets de la société, et il est certain que le défaut de payement du solde du prix amènerait la dépossession de la société. Cependant, la jurisprudence ne s'est point arrêtée à ces considérations. Pourquoi? parce que la dette du prix est personnelle à l'associé, qu'elle n'entre pas de plein droit dans la masse, et que, si le défaut de payement enlève à la société un apport sur lequel elle comptait, l'associé sera responsable envers elle des conséquences de l'éviction (art. 1845 C. C.). On ne peut pas dire du fermage que c'est là une dépense d'entretien dont la société se trouve chargée comme conséquence naturelle de la jouissance. Le droit à un bail constitue une valeur incorporelle qui ne peut figurer comme apport que pour sa valeur nette, sans égard aux obligations contractées par l'associé pour l'obtenir. La circonstance que ces obligations consistent en prestations annuelles au lieu de former un capital fixe, comme il aurait pu être convenu, ne change rien à la nature de la dette : il s'agit toujours d'une prestation personnelle à l'associé dont il se trouve déchargé par un tiers.

Notre opinion avait été consacrée par la jurisprudence des tribunaux secondaires (Rethel 9 juin 1854, 15913 J.E. ; — Beauvais 13 mars 1860, 1427 R.P. ; — Seine 30 avr. 1866, 966 R. P. ; — 28 mars 1868, 2634 R.P. ; — 8 mai 1869, 2999 R.P. ; — 21 nov. 1868, 2913 R. P.). — Elle a définitivement prévalu devant la Cour de cassation. Deux arrêts du 18 janvier 1871 ont reconnu que l'apport en société d'un bail, à la charge par la société de payer les loyers à échoir, constitue une véritable cession de bail passible du droit proportionnel : « Attendu qu'il y a transmission de biens par un associé à la société dont il fait partie lorsque l'apport en société n'est pas fait purement et simplement moyennant une part de droits sociaux, mais moyennant un équivalent à fournir ou à payer par la société ; qu'en effet, dans ce dernier cas, les valeurs fournies par la société ou les engagements pris par elle profitent immédiatement à l'associé, et ne sont plus assujettis aux chances de bonne ou mauvaise fortune que la société peut courir ; attendu que par l'acte du 30 juin 1865, Palotte déclare apporter à la société son droit au bail à lui consenti des usines de Sainte-Marie, à la charge par la société d'acquitter les loyers et d'exécuter toutes les conditions du bail ; que cet engagement pris par la société de décharger Palotte des obligations par lui contractées vis-à-vis de son bailleur et de les exécuter en son lieu et place donne à la convention le caractère d'une transmission s'ajoutant au contrat de société, et non celui d'une véritable mise sociale ne conférant à l'apporteur qu'une quote-part dans les profits et risques de la société » (3214 et 3215 R. P., 2421-5 et 6 I. G., B. 3 et 4, S. 71-1-84, D. 71-1-18 et 20, P. 71-217 et 219).

1. BIENS INDIVIS ENTRE LES ASSOCIÉS. — Contrairement à cette jurisprudence, il a été reconnu que si deux associés apportent à la société dont ils sont seuls membres un bail qu'ils

avaient indivisément et à la charge par la société de payer les loyers, cette stipulation ne donne lieu à la perception d'aucun droit proportionnel : « Attendu que cette stipulation n'a déchargé aucun des associés de leurs engagements préexistants à l'égard de leurs bailleurs, ni modifié leur situation respective résultant des baux, ni changé d'une manière quelconque les droits de chacun d'eux dans la jouissance des lieux loués ; qu'elle n'a pas eu pour but et pour résultat de créer un avantage particulier au profit de l'un ou l'autre des associés sur l'actif social, ni de soustraire aucune partie de l'apport aux chances aléatoires de la société » (Seine 18 janv. 1873, 3696 R. P.). — Cette décision n'est qu'une application de la doctrine qui a prévalu au sujet du droit de vente dans un arrêt de la Cour de cassation du 28 décembre 1870, que nous avons rapporté au nº 15214 précédent ; mais une telle interprétation de la loi ne nous a pas paru fondée et nous nous référons aux réserves que nous avons faites à l'occasion de cet arrêt.

**15258. Bail à un associé.** — Quand le bail est consenti par la société au profit d'un des associés, il faut distinguer :

Si cet associé agit en un nom personnel et non pas à raison de sa participation aux affaires sociales, il n'est pas douteux que la stipulation est indépendante et donne lieu à un droit particulier de bail. L'associé doit être alors traité comme un étranger.

Il a été ainsi décidé : 1º que la clause de l'acte d'une société instituée pour la continuation des affaires d'une personne décédée, portant que l'un des associés habitera la partie de maison actuellement occupée par la veuve du défunt et sa famille (étrangère à la société), moyennant le prix annuel de 1,500 francs à payer à la société, constitue une disposition indépendante, passible du droit de bail, à liquider sur la somme de 1,500 francs, sans distraction de la quotité afférente à la part sociale du locataire (Déc. belge 25 janv. 1862, 9226 J. E. belge);

2º Que s'il est convenu que l'un des associés sera logé dans la maison apportée par l'autre associé, en payant annuellement 200 francs à celui-ci, le droit de bail est exigible (Dél. 15 mai 1844, D. N. t. 11 p. 928 nº 425) ;

3º De même, lorsque l'acte de société porte que l'un des associés sera logé indéfiniment dans une maison de la société, il y a disposition indépendante, car une semblable convention est tout à fait en dehors des éléments du contrat de société, dès lors il est dû le droit de bail à vie (Dél. 25 oct. 1823, 7791 J. E.).

Mais si le logement est fourni à l'associé en échange des soins qu'il donne aux affaires sociales, c'est, d'après la jurisprudence que nous avons fait connaître au sujet du traitement du gérant, une convention sociale affranchie d'un droit particulier.

**15259. Liquidation du droit.** — Quand la convention a le caractère d'un bail, soit qu'il ait lieu au profit de la société, soit qu'il doive profiter à l'associé personnellement, le droit est exigible sur la totalité du prix, et on ne doit faire aucune déduction pour la part que l'associé supporte en cette qualité dans le prix du bail. C'est un principe dont nous avons fait déjà l'application au sujet des apports dont le prix tombe à la charge de la masse (15200).

La jurisprudence l'a ici formellement consacré.

Ainsi, des membres d'une société dissoute ayant apporté à leur nouvelle société des baux consentis au profit de la première, en imposant à la société nouvelle l'obligation d'en payer le prix, les parties élevèrent la prétention de ne payer le droit de 20 centimes pour 100 que sur la portion excédant leur part dans le bail. Mais un arrêt de Cass. du 3 janvier 1827 (5995 J.N., 8667 J. E., 1210 § 1er I. G.) décida : « que si le bailleur peut, en qualité d'associé, être passible pour sa part du payement du loyer, cette obligation qu'il n'a contractée que comme sociétaire et au nom de la société est indépendante de sa qualité de propriétaire de l'immeuble et ne peut opérer dans sa personne une confusion des deux qualités de créancier et de débiteur, puisque c'est à des titres différents qu'il réunit ces deux qualités et que les obligations ou les droits qui résultent de l'une et de l'autre n'ont ni la même source ni les mêmes effets. »

C'est ce qui a été reconnu également dans l'hypothèse contraire d'un bail fait par la société au profit d'un associé personnellement (Sol. belge 25 janv. 1862).

Enfin, dans les affaires sur lesquelles sont intervenus les arrêts du 18 janvier 1871 cités ci-dessus, le droit de bail a été perçu sur l'intégralité du prix.

Il n'est pas besoin d'ajouter qu'il est perçu, conformément aux règles ordinaires, sur le prix cumulé des années pendant lesquelles la société ou l'associé profitera de la jouissance, sauf la faculté de fractionnement résultant de la loi du 23 août 1871. — V. *Bail.*

## SECTION 5. — CLAUSES DIVERSES

### [15260-15267 *bis*]

**15260. Apports inégaux.** — 1. ÉGALISATION AU MOYEN DES BÉNÉFICES FUTURS. — Est-il dû un droit proportionnel de vente ou d'obligation quand il est stipulé que les apports des associés étant inégaux, les bénéfices de l'entreprise seront employés à amortir le compte de fonds de l'un des associés jusqu'à ce que son compte soit mêlé avec celui de l'autre? Deux situations peuvent se présenter, qui comportent des solutions différentes :

La clause peut avoir pour effet de laisser à la masse les bénéfices revenant aux deux associés et de faire en sorte que l'auteur de l'apport plus considérable prélève sa portion en déduction de son apport, tandis que l'autre laisse la sienne afin d'augmenter sa mise. Dans ce cas, il n'y a là qu'un mode de répartition des profits, puisque chacun reçoit ce qui lui revient, et il ne saurait être question de percevoir aucun droit proportionnel (17472 J. E.).

Il en est autrement quand l'un des associés est autorisé par la stipulation à recevoir tous les bénéfices ou du moins une partie des bénéfices revenant à l'autre associé. Ces bénéfices, qui appartenaient personnellement au sociétaire, sont le prix moyennant lequel ce dernier devient propriétaire d'une partie des biens apportés par l'autre, ou ils constituent un moyen de remboursement de la somme qui lui avait été prêtée. Dans une hypothèse comme dans l'autre, la clause n'est pas un élément de la société même. Seulement, il faut remarquer qu'en l'absence de bénéfices, l'apport supérieur conserverait pour le tout son caractère de mise, puisque c'est seulement l'existence future de ces profits qui en changera le caractère.

Dès lors, le droit de vente ou d'obligation ne devient exigible que quand il est démontré que la société a produit des bénéfices, c'est-à-dire que la condition suspensive apposée à la réalisation de la vente ou du prêt s'est réalisée.

Le contraire n'aurait lieu que si, comme cela a été jugé par le tribunal de Versailles, le 14 août 1873, les termes du contrat témoignaient de l'intention de faire une vente immédiate; s'il était stipulé, par exemple, qu'à la dissolution, l'associé qui n'a pas fait l'apport devra compléter le remboursement que l'absence de bénéfices n'aurait pas permis de faire durant la société.

2. PRÉLÈVEMENT SUR LE FONDS SOCIAL. — Mais si l'excédant d'apport doit être prélevé sur le fonds social lui-même avant tout partage de bénéfices, il n'est pas douteux que la clause équivaut à une véritable vente et que le droit proportionnel est immédiatement exigible (Seine 17 mars 1847, 14233 J.E.; — Saint-Quentin 21 juin 1848, 14520 J.E.; — Rouen 8 mai 1850, 15219 J.E.; — Seine 25 avr. 1851, 15190 J.E., 14669 J.N.; — Avesnes 1er juin 1859, 1186 R.P., 16782 J.N., 16952 J.E., 11645 C.; — Valenciennes 23 juill. 1846, 14077 J.E.; — Toulouse 18 fév. 1848, 14455 J.E.).

Ainsi, il a été jugé que l'acte de société par lequel l'un des associés fournit pour son apport la totalité de l'actif social, consistant en un fonds de commerce, et reçoit un tiers des bénéfices pour les intérêts de son apport, les deux autres tiers pour amortir le capital apporté, avec stipulation qu'à l'expiration de la société les autres associés resteront propriétaires du fonds social; sauf à rembourser le surplus de la valeur au premier associé, donne ouverture au droit de 2 pour 100 (Pontoise 14 août 1873).

3. PRIX PRODUISANT INTÉRÊT. — La même règle serait applicable encore, bien que le prix de la cession de celui qui fait la mise la plus forte ne soit pas déterminé, s'il est dit que la différence entre les deux apports sera considérée comme une avance qui produira des intérêts (14938-6 J.E.).

**15261. Répartition des bénéfices.** — Les clauses relatives à la répartition des bénéfices entre les associés sont de l'essence du contrat de société. Elles ne donnent lieu à aucun droit particulier, même lorsque la répartition est faite irrégulièrement à titre de prélèvement pour indemnité, traitement ou autre cause (D. m. f. 30 juill. 1819, D.N. t. 11 p. 923 n° 400).

Il a été décidé spécialement qu'aucun droit n'est exigible sur la clause d'un acte de société d'après laquelle chacun des associés prendra de la caisse commune une somme fixe pour subvenir à ses dépenses personnelles et à celles de sa famille, lorsque, d'après les diverses clauses du contrat, il est constant que les associés n'ont eu pour but que de faire un partage anticipé des bénéfices qui leur permettent de subvenir à leurs besoins et à ceux de leur famille jusqu'au moment du partage définitif (Malines 12 mars 1872, 12043 J.E. belge)

**15262. Cautionnement.** — Les actes de société donnent lieu à plusieurs difficultés au sujet de la perception du droit de cautionnement sur les garanties promises par la société elle-même ou par ses membres. Nous les avons examinées au mot *Cautionnement.*

Spécialement, lorsque, dans un acte de société, une des parties contractantes, en s'engageant à verser dans la société qu'elle établit, une somme déterminée pour garantir l'exécution d'une obligation personnelle, consent à ce qu'elle y soit employée pour les besoins et entreprises communes, mais à la condition qu'en cas de perte, ce capital lui sera remboursé sans aucune déduction, un pareil acte doit être considéré, sous ce rapport, comme ayant pour objet un nantissement, et non une mise de fonds sociale, et il donne, à ce titre, ouverture au droit proportionnel de 50 centimes (Cass. 26 déc. 1832, 10537 J.E.).

« Attendu, porte cet arrêt, qu'il est stipulé par l'art. 7 de l'acte de société du 12 septembre 1827, relatif à la division des bénéfices et des pertes qui doit être faite entre les associés dans la proportion de leur mise de fonds, que Sauvage aura 30 pour 100, à raison de la location qu'il a cédée gratis; et dans l'art. 6, que le bail est cédé à la maison Montgolfier pour tout le temps de sa durée, et, par suite, que les capitaux (106,500 fr.) de Sauvage resteront ce même temps entre les mains de la maison Montgolfier, pour sûreté de la caution dudit bail qu'elle a donnée; attendu que ces dispositions sont inconciliables avec la supposition que les capitaux de Sauvage auraient été remis par lui comme supplément ou faisant partie de sa mise de fonds, et que cette supposition est d'autant moins admissible, que lesdits capitaux ne doivent rester entre les mains de la maison Montgolfier que jusqu'à la fin du bail, et doivent être restitués à l'abbé Sauvage sans aucune déduction convenue pour le cas où la société aurait éprouvé des pertes. »

**15263. Clause pénale.** — Il n'est pas dû de droit particulier pour la stipulation d'indemnité faite entre les contractants dans un acte de société, en cas de l'inexécution des clauses et sans l'intervention d'un tiers (548 § 6 I. G.). Cette solution n'est que l'application du principe d'après lequel la stipulation d'une indemnité sous la condition que le préjudice sera causé ne donne pas actuellement ouverture au droit proportionnel. Mais ce droit est dû lors de l'arrivée de l'événement, car, ainsi que l'enseignent Champ. et Rig. (n° 2765), la stipulation d'une clause pénale n'est pas plus de l'essence des contrats de société que de tout autre, et toute convention de dommages-intérêts donne ouverture au droit proportionnel, le cas échéant, quoique cette convention soit le plus souvent accessoire à un autre contrat.

**15263 *bis*. Dation en payement.** — Lorsque l'un des associés déclare apporter une somme d'argent qui lui est due par son coassocié et pour le payement de laquelle ce dernier lui attribue une valeur égale à prendre sur les biens qu'il met lui-même en société, il s'opère une cession passible du droit proportionnel à titre onéreux (Cass. 6 fév. 1878, 4867 R. P.).

**15264. Donation.** — On a vu, au n° 15044, que l'apport, constituant l'acte même de société, est de rigueur, bien que sa nature soit laissée au libre arbitre des associés. Il faut conclure de là que si un contractant n'apporte rien, et que néanmoins la convention lui attribue une part d'intérêt, ce contractant n'est pas un associé, mais un donataire (Duranton t. 9 n° 326, Champ. et Rig. n° 2768). Une libéralité faite de la sorte ne serait pas nulle, comme s'appliquant à des biens à venir. Elle constituerait une véritable donation de biens présents, et, sans aucune contestation possible, une pareille convention donnerait ouverture au droit de donation sur la portion dès à présent attribuée au sociétaire dans le fonds social, sauf à compléter la perception s'il était ultérieurement établi que la société a fait des bénéfices.

Il faut décider de même, en principe, à l'égard des attributions de parts hors de la proportion des mises; car celui qui n'apporte qu'un quart du fonds social et reçoit les trois quarts des bénéfices est donataire de moitié de la mise totale (Pothier *de la Société* n° 8, Pardessus *Droit commercial* t. 4 n° 983). Seulement, cette appréciation peut être modifiée par les circonstances, car celui qui paraît le moins apporter donne quelquefois le plus en réalité, soit par son crédit, son industrie, sa position, etc., tellement que la disproportion entre les apports et la quotité des intérêts attribués ne saurait être une règle sûre dans la considération du contrat, ni la preuve d'une donation (Champ. et Rig. n° 2768).

**15265. Mandat.** — Lorsque l'associé stipule qu'il conserve la propriété d'une partie de son apport, afin de l'employer au payement de son passif, et charge le gérant de la société de faire cet emploi, il n'y a pas de transmission au profit de la masse, puisque la propriété continue à appartenir à l'associé. La clause renferme un simple mandat passible du droit fixe (Seine 23 juin 1866, 2293 R. P.).

**15266. Mutation secrète.** — La mise en société par une personne de la propriété d'un immeuble est un acte de propriétaire, et si le titre de ce propriétaire n'est pas enregistré, il y a lieu, par application de l'art. 12 L. 22 frimaire an 7, d'exiger le droit de mutation (Cass. 5 janv. 1848, 14417 J. E., 1814 § 14 I. G., S. 68-1-197). — V. *Mutation secrète.*

**15267. Extraits.** — Les extraits d'actes relatifs aux sociétés doivent être enregistrés au droit fixe de 1 franc (3 fr.) (D. m. f. 31 janv. 1824, 1132-1 I. G.).

**15267** *bis*. **Vente aux associés.** — Lorsque, avant la dissolution d'une société, les immeubles en dépendant sont mis en adjudication et acquis conjointement par un associé en nom collectif et un commanditaire, il s'opère de la société, être moral et unique propriétaire, aux associés ayant seulement droit à des actions mobilières ou parts d'intérêt, une mutation passible du droit de 5 fr. 50 cent. pour 100 sur l'intégralité du prix: «Attendu que la société n'étant pas dissoute était, à l'exclusion des associés, seule propriétaire des immeubles et des meubles formant l'actif social, et que, par suite, ces objets n'ont pu être acquis par deux associés à titre de licitation, mais à titre de vente ordinaire» (Vervins 7 mars 1873, 3761 R.P.).

C'est également ce qui résulte d'un arrêt de Cass. du 5 avril 1854, portant : « Attendu, en droit, que pour transformer les membres d'une société commerciale ne possédant que des droits mobiliers en *communistes* ayant des droits indivis mobiliers et immobiliers, il faut une dissolution *réelle* de la société faisant succéder à l'être moral disparu une réunion d'intéressés jouissant indivisément et devant recourir à un partage ou à une licitation pour faire cesser l'indivision; attendu que, d'un autre côté, lorsqu'il s'agit d'une société à terme, la dissolution ne peut être demandée par un seul des associés, à moins que cette dissolution ne soit justifiée par de sérieux motifs; et attendu, en fait, que dans l'espèce il n'y a point eu de dissolution, puisque la société a continué de subsister et subsiste encore; que la retraite volontaire de N... n'a eu d'autre objet que d'amener un semblant d'indivision, *pour se soustraire, au moyen d'une prétendue licitation, au payement des droits de mutation* dus au Trésor à raison de la vente des immeubles de la société consentie à N...pour le remplir de sa créance sur la société; et qu'en décidant, dans ces circonstances, que les droits de mutation pour transmission immobilière étaient dus, le jugement du tribunal du Havre du 15 juillet 1853, loin d'avoir violé la loi, en a fait une juste application » (2019 § 10 I. G., D. 1854 1-282, P. 55-1-35).

L'exigibilité du droit est surtout incontestable lorsque l'adjudication a lieu au profit des associés qui n'ont pas apporté les biens (Péronne, 5 août 1874).

1. PARTAGE. — Il en serait autrement s'il s'agissait, non plus d'une licitation, mais de l'attribution à titre de partage provisoire des immeubles aux associés. Que ce partage, intervenu avant l'époque fixée pour la dissolution de la société, soit plus ou moins régulier, que son effet soit ou non subordonné en droit à cette dissolution, la question est sans importance au sujet de la perception du droit proportionnel. Il n'en est pas moins constant que c'est un partage, et non pas une vente. C'est donc comme partage qu'il doit être tarifé. D'ailleurs, aucun texte de loi ne défend aux indivisaires de préparer le partage de leurs droits pour l'époque à laquelle cessera l'indivision. Les associés, comme les autres, peuvent, avant l'expiration de la société, opérer dans la même forme le règlement de leurs intérêts. S'il est convenu que les lotissements produiront dès ce moment leurs effets, il se peut, nous le répétons, qu'en droit cette clause soit contraire au statut social et puisse être annulée. Mais la possibilité d'annulation n'est d'aucune considération pour la perception du droit d'enregistrement. L'Administration n'est pas juge de la validité des actes soumis à la formalité. Un tel partage pourrait seulement servir à prouver une mutation secrète. — V. 11585 § 3 *bis*.

**15267** *ter*. **Reconnaissance de dette.** — Si le gérant d'une société énonce, dans une assemblée générale, l'existence d'une dette verbale au profit d'un tiers non partie en indiquant les garanties à offrir, le droit d'obligation n'est pas dû (Saint-Quentin, 13 juin 1877, 4935 R. P.). — *V.* 11955.

## CHAPITRE IV. — DES DISSOLUTIONS DE SOCIÉTÉ

[15268-15305 *bis*]

### SECTION PREMIÈRE. — DISPOSITIONS GÉNÉRALES

[15268 - 15274 *bis*]

**15268. Tarif.** — La loi du 22 frimaire an 7 (art. 68 § 3 n° 4) a assujetti au droit fixe de 3 francs les actes de dissolution de société, lorsqu'ils se trouvent *dans les mêmes cas* que les actes de formation, c'est-à-dire lorsqu'ils ne contiennent ni obligation, ni libération, ni transmission de biens meubles ou immeubles entre les associés ou autres personnes.

Ce droit a été élevé à 5 francs par l'art. 45 n° 7 L. 28 avril 1816. Il n'a pas été remplacé, par la loi du 28 février 1872, par le droit gradué. C'est donc l'ancien droit fixe de 5 francs, augmenté de moitié par l'art. 4 de cette loi (7 fr. 50 cent.), qui est exigible (2433 I. G.).

Il suit de là que les règles que nous avons développées sur les dispositions dépendantes et indépendantes du contrat de société sont parfaitement applicables au contrat de dissolution, en ce sens que tout ce qui n'aura pas engendré de droit en passant de la main de l'associé dans celle de l'être moral qui représentait l'association, lorsque s'est formé le contrat, ne pourra donner ouverture à aucun droit lorsque la dissolution de la société viendra remettre les choses dans leur état primitif. La perception du droit fixe de 7 fr. 50 cent. couvre toutes ces dispositions.

**15269. Remboursement de l'apport.** — Ainsi, de même que l'apport d'une chose dans la société avait été affranchi du droit, comme élément essentiel de l'entreprise, de même sa restitution à l'associé est exonérée de l'impôt, comme conséquence nécessaire de la dissolution.

Il a été jugé en ce sens : 1° que l'acte contenant la dissolution de la société et le remboursement par l'un des associés, au sociétaire sortant, de l'apport de ce dernier ne donne pas ouverture au droit de 2 pour 100 (Saint-Quentin 6 août 1856);

2° Que l'acte de dissolution de société par lequel un associé se déclare rempli de ses droits, moyennant une somme d'argent, est sujet au droit fixe de 7 fr. 50 cent., s'il ressort des termes et de l'ensemble de l'acte que cette somme a été prélevée sur l'actif social (Seine 21 fév. 1855).

**15270. Remboursement d'avances.** — Mais s'il s'agissait, par exemple, d'avances ordinaires faites à la société par l'associé, il est clair que le remboursement opérerait une libération ordinaire passible du droit proportionnel.

En ce sens, le tribunal de la Seine a jugé, les 1er mars 1843 (13220 J. E.) et 29 juillet 1876, que l'acte de dissolution de société qui constate le remboursement fait à un associé de diverses avances qu'il avait faites à la société en compte courant, rend exigible le droit de 50 centimes pour 100.

Le droit de quittance est également dû lorsque l'associé compense ses avances avec une indemnité dont il est débiteur envers la société (Ruffec, 25 août 1873).

Si l'associé créancier recevait en payement des meubles ou des immeubles dépendant de la masse, le droit de cession deviendrait exigible selon les règles ordinaires (Lyon, 26 avr. 1861; — Beauvais, 13 mars 1860, 1427 R. P., 17151 J. E., 11864 C.; — Ruffec, 25 août 1873).

**15271. Droit proportionnel absorbant le droit fixe.** — Il peut arriver que le droit proportionnel auquel donne ouverture la convention particulière qui se présente dans la dissolution absorbe le droit fixe exigible à raison de cette dissolution.

Le cas a lieu lorsque cette convention particulière est elle-même la cause déterminante de la dissolution. Elle est alors la cause qui absorbe l'effet.

Ainsi, lorsque la dissolution d'une société a lieu par la cession, de la part de l'un des associés à l'autre, de tous ses droits dans la société, le droit fixe de dissolution n'est pas exigible indépendamment de celui de cession (Sol. 30 déc. 1844).

La dissolution du contrat est alors une dépendance nécessaire du transfert; les tarifer séparément ce serait donc percevoir un double impôt à l'occasion du même fait: c'est comme si, après avoir exigé sur une vente immobilière le droit de transmission, on voulait encore atteindre distinctement l'obligation de l'acquéreur de payer le prix.

Nous ne pouvons, par conséquent, admettre avec un jugement non motivé d'ailleurs du tribunal de Toulon, du 26 juillet 1864, que quand une société se dissout par la cession simultanée de toutes les actions au même individu, le droit fixe de dissolution soit dû indépendamment du droit proportionnel (1968 R. P.; — *Conf.*: 3201 J. N., D.N. t. 11 p. 939 n° 486).

Le tribunal de la Seine a cependant exagéré l'application des vrais principes en décidant, le 31 juillet 1857, que si une ancienne société est dissoute, puis remplacée par une nouvelle société formée entre les associés et un commanditaire, le droit fixe de dissolution n'est pas dû, attendu que la dissolution résulte de la formation de la nouvelle société (16634 J. E.). Ici, les deux faits sont distincts l'un de l'autre et la dissolution de la société n'entraînerait pas comme conséquence nécessaire la formation de l'entreprise nouvelle : il n'en faut pas davantage pour justifier la perception d'un droit particulier.

**15272. Assurance mutuelle.** — L'acte de renonciation à une société d'assurances mutuelles n'est sujet qu'au droit fixe de 5 francs (7 fr. 50 cent.), quel que soit le nombre des renonçants (D. m. f. 9 fév. 1830, 7173 J. N.).

**15273. Retraite d'un associé.** — 1. SOCIÉTÉ A TEMPS LIMITÉ. — La retraite d'un associé avant la fin de l'entreprise produit des effets différents selon qu'il s'agit d'une société à temps limité ou d'une société dont la durée est indéfinie.

Lorsque la société doit prendre fin à une époque déterminée, la volonté d'un seul ou de plusieurs des associés ne peut la dissoudre. Il faut, pour produire cet effet, que la dissolution soit convenue entre tous les associés (1869 C. C.). Par conséquent, si la société continue, la retraite de l'associé opérée moyennant la restitution de son apport ou l'attribution de certaines valeurs sociales et en dehors de la prévision des statuts produit une véritable mutation, passible du droit proportionnel.

La jurisprudence est maintenant fixée sur ce point (Cass 5 avr. 1854, 2019-10 I. G., P. 55-1-35; — 15 avr. 1872; quatre arrêts, 2449-4 I. G., S. 72-1-247, D. 72-1-322; — Cass. belge 10 déc. 1863 et 31 mai 1866, 2483 R. P.; — *Conf.*: Seine 13 avr. 1867, 2504 R. P.; — 7 mars 1868, 2654 R. P.; — Versailles 9 juin 1869, 2984 R. P.; — Grenoble 21 mars 1874).

Si l'associé qui se retire reçoit une somme d'argent en échange de sa part, il s'opère une cession d'actions passible du droit mobilier ordinaire (Cass. belge 10 déc. 1863 et 31 mai 1866; — Cass. 15 avr. 1872 *suprà ;* — Grenoble 21 mars 1874).

Mais, si l'associé recevait des immeubles sociaux en échange de ses actions, c'est la cession des immeubles qui deviendrait la disposition dominante du contrat et motiverait l'application du tarif. Ainsi, dans une espèce où, après la constitution d'une société pour quatre-vingt-quatorze ans, par acte des 13 et 23 novembre 1846, était intervenu, à la date du 25 janvier 1851, un prétendu acte de dissolution occasionné par la retraite d'un associé, à qui il était attribué des immeubles sociaux en payement de ses actions, la Cour de cassation a vu dans un pareil acte non pas une attribution de part sociale, mais une véritable dation en payement passible du droit de 5 fr. 50 cent. pour 100 sur le montant des actions (Cass. 5 avr. 1854, 2019 § 10 I. G., P. 55-1-35 D. 54-1-282, *arrêt rapporté* 15267 *bis*).

Les principes sont différents quand, à l'occasion de la retraite d'un associé, tous les membres de l'entreprise conviennent de dissoudre le contrat pour le remplacer par un autre. Dans ce cas, la société prend régulièrement fin et la restitution à l'associé sortant de son apport et de sa part de bénéfices n'est qu'un lotissement ordinaire dispensé du droit proportionnel (Sol. 15 sept. 1865, 2356 R. P.), mais assujetti au droit gradué établi pour les partages et liquidé sur la valeur des biens repris par l'associé (Sol. 10 oct. 1872). — V. *Partage*.

Seulement cette dérogation aux statuts sociaux ne s'admettrait pas facilement. En tout cas, c'est une question de fait dépendant des circonstances. On en trouvera plusieurs exemples au n° 15145.

Une décision du ministre des finances de Belgique a reconnu, à cet égard, que quand il s'agit d'une société en nom collectif, la cession que l'un des membres composant la société fait au profit des autres de tous ses droits dans l'avoir social implique le consentement préalable de ses coassociés de rompre le contrat de société qui les liait réciproquement, d'où l'on conclut que si la cession est faite à prix d'argent il s'opère une mutation à titre onéreux passible du droit proportionnel réglé d'après la nature des biens sociaux (D. m. f. 4 août 1871, 3646 R. P.).

*Société à capital variable.* — Il existe aujourd'hui certaines sociétés à temps limité dans lesquelles chaque associé a le droit de se retirer lorsqu'il le juge convenable en reprenant son apport : ce sont les sociétés à capital variable organisées par les art. 48 à 54 L. 24 juillet 1867. Dans ce cas, il est clair que la restitution de l'apport a le même caractère que si la société était dissoute et doit être régie par les mêmes principes.

2. SOCIÉTÉ A DURÉE ILLIMITÉE. — La société à durée illimitée finit par la volonté qu'un seul ou plusieurs expriment de n'être plus en société (art. 1865 et 1869 C. C.). La retraite opérée dans ces conditions dissout donc l'entreprise et transforme l'intérêt mobilier de l'associé en un droit de copropriété sur les valeurs de la masse : s'il reçoit en échange de son apport et de sa part dans les bénéfices des valeurs en nature du fonds social, l'opération ne constitue qu'un partage sujet au droit fixe.

Les statuts des sociétés à durée illimitée offrent la plupart du temps aux associés un moyen de se retirer sans que leur départ rompe le contrat : ils leur permettent de céder leur part d'intérêt à un tiers. Quand cette faculté existe, on peut stipuler dans le pacte social que les parties n'auront pas le droit de provoquer la dissolution de l'entreprise ; et, en effet, le transfert de l'intérêt d'un des membres peut s'opérer sans dissoudre le contrat, bien que ce transfert manifeste clairement l'intention de l'associé de se retirer de la société (Cass. 6 déc. 1843, 1er juin 1859, S. 44-1-22, 61-1-113, D. 44-1-111, Troplong *Sociétés* n° 971 ; — Cass. 7 juin 1850, Dalloz v° *Mines* n° 194 et notre dissertation au n° 1968 R. P.). C'est alors d'après les règles spéciales aux cessions d'actions mobilières qu'il faut régler la perception du droit exigible sur ces transferts.

3. FAILLITE. — DÉCONFITURE. — D'après l'art. 1868 C. C., il peut être stipulé qu'en cas de mort d'un des associés la société continuera avec son héritier ou seulement entre les associés survivants ; au second cas, l'héritier du décédé n'a droit qu'au partage de la société eu égard à la situation de cette société lors du décès, et ne participe aux droits ultérieurs qu'autant qu'ils sont une suite nécessaire de ce qui s'est fait avant la mort de l'associé auquel il succède.

Nous avons examiné précédemment (14482) la question de savoir si l'héritier de l'associé défunt avait un droit de copropriété dans la masse et quel tarif il fallait par conséquent appliquer à la cession de ses droits.

Nous ajouterons seulement ici que la règle qui gouverne le cas prévu par l'art. 1868 C. C. de la retraite d'un sociétaire défunt s'applique à toutes les hypothèses dans lesquelles l'associé cesse de son vivant de faire réellement partie de l'entreprise, soit que la retraite s'opère à la suite d'un événement malheureux tel qu'une faillite ou une déconfiture, soit qu'elle résulte de sa simple volonté. La Cour suprême l'a catégoriquement décidé par un arrêt du 18 avril 1854, ainsi conçu :

« Attendu que l'associé qui se retire lorsque la société n'est pas encore dissoute n'a droit au partage qu'en ayant égard à l'état des affaires sociales au moment de sa retraite ; que l'art. 1868 contient à cet égard une disposition formelle relativement aux héritiers de l'associé défunt ; que cette règle est, par la même raison, applicable *dans tous les cas* où l'un des associés cesse de son vivant de faire partie de la société dans laquelle il s'était engagé et dont les opérations ont commencé » (S. 1855-1-672 et la note).

4. PREUVE. — La dissolution arrivée avant l'expiration du terme convenu n'est opposable à l'Administration qu'à partir de l'enregistrement de l'acte qui l'opère (Vannes 31 août 1871, 3938 R. P.). — V. *Abonnement*.

**15274. Rachat.** — Le rachat par une compagnie des actions de l'un de ses associés peut aussi constituer un simple retrait, passible de 50 centimes pour 100 (Cass. 27 juin 1827, S. 27-1-381, 8746 J. E.). — *V.* 13905 et 15380.

**15274** *bis*. **Cession de bail.** — Si une clause de l'acte de dissolution porte que l'un des associés sera tenu d'exécuter seul les baux consentis à la société, à charge de payer les loyers à courir, cette disposition, indépendante du partage, donne lieu au droit de cession de bail (Mirecourt 11 déc. 1858, 1141 R. P., 16871 J. E., 11489 C. ; — Angoulême 24 mars 1862, S. 37-1-381, 8746 J. E.).

## SECTION 2. — SOCIÉTÉS EN LIQUIDATION

[15275-15280]

**15275. Survie de l'être moral.** — Quand la société prend fin, il semblerait que l'être moral doivent immédiatement disparaître et que les associés duivent aussitôt devenir copropriétaires du fonds commun. Mais les usages commerciaux ont fait admettre une règle différente pour les sociétés en liquidation. « On prolonge, dit M. Troplong, la fiction de la personne civile; on suppose que c'est plutôt la société qui possède que les associés. A l'égard des tiers, le liquidateur est une continuation de la personne civile dans tout ce qui tient à la conclusion des affaires commencées et à l'accomplissement de ces obligations que les jurisconsultes représentent comme sociales, malgré la dissolution de la société, dans ce qui reste de ses engagements et de ses ressources. Il a en mains toutes les valeurs sociales et c'est à lui que s'adressent naturellement ceux qui veulent être payés sur ces valeurs. A quelques égards ces valeurs ne sont pas encore la chose des associés pris individuellement. La personne sociale se soutient jusqu'au partage. » (*des Sociétés, passim. not.* 1007 et 1043). — Quelque singularité que présente la position d'une société qui est tout à la fois dissoute pour certains points et encore subsistante pour d'autres, il faut l'accepter. Tous les auteurs le reconnaissent (Favre L. 65 *Dig. Pro. socio.*, Duranton *de la Société* n° 334, Delangle *id.* n° 14, Pardessus *Droit commercial* n°s 965, 1089 et 1207, Delamarre et Lepoitevin *de la Commiss.* p. 474, Duvergier *Société* 381, Frémery *Droit comm.* p. 69 à la note, Massé *Droit comm.* 2e édit. t. 3 n° 1061, Vincens p. 365, Taulier t. 6 p. 383, Malepeyre et Jourdain *Soc. comm.* n° 534, Dalloz v° *Société* n° 1014). M. Bédarride justifie même cette fiction, au point de vue des principes, en faisant remarquer que la dissolution d'une société s'opère par la volonté des associés, qu'ils sont donc maîtres de rompre seulement une partie des liens qui les unissent de manière à arriver par degrés à la dissolution complète, et qu'une telle convention résulte légalement de la clause du pacte social stipulant que la dissolution donnera lieu à une liquidation (n° 181). L'existence de la personne morale survit donc à la mise en liquidation de la société et elle ne s'éteint qu'à la fin de cette opération. « C'est là, a dit M. l'avocat général Blanche dans un de ses savants réquisitoires, *une vérité qu'on ne conteste plus aujourd'hui* » (*Rép.* n° 1898 à rapp. du n° 1912 § 4).

L'embarras est de préciser les limites dans lesquelles doit demeurer la fiction.

Il est bien certain que la société ne pourrait plus rien entreprendre de ce qu'elle faisait autrefois (Cass. 11 vend. an 7, S. t. 1 p. 106); à ce point vue, l'être moral a complètement disparu. Elle subsiste seulement pour la liquidation, c'est-à-dire jusqu'à l'apurement complet des opérations commencées ou des comptes qui en résultent, et dans la mesure de ce qui est nécessaire à leur règlement : *societatis effectus durat*, dit très-bien Straccha, *extincta societate, donec pertinentia sint exacta*. A cet égard, les rapports des associés entre eux ou avec les tiers sont gouvernés par les mêmes règles qu'avant la dissolution du contrat. L'un des associés, par exemple, ne peut contraindre ses coassociés à partager un objet dépendant du fonds social avant la fin de la liquidation (Bordeaux 25 avr. 1831, S. 1831-2-314); le gérant d'une société qui, après sa dissolution, s'en est constitué le liquidateur, doit compte des bénéfices d'une transaction avec un créancier de cette société, bien qu'il l'ait souscrite en son nom personnel (Cass. 25 août 1835, S. 1835-1-673, *Adde* : Cass. 19 nov. 1835, S. 1836-1-132). Enfin, la propriété des valeurs communes continue tellement à reposer sur la tête de la société jusqu'au partage, qu'un associé ne pourrait même proportionnellement à sa part, toucher le montant d'une créance sociale (Cass. 27 juill. 1863, S. 1863-1-467, P. 1864-171); — ni conférer dans les mêmes limites une hypothèque sur les immeubles indivis (Cass. 29 mai 1865, S. 1865-1-325). « Attendu, porte ce dernier arrêt, que l'immeuble vendu par le liquidateur de la société n'avait pas cessé d'être une propriété sociale, *que jamais H..., sociétaire, n'a eu sur cet immeuble un droit indivis et privatif de copropriété, mais seulement un intérêt constituant un droit de nature purement mobilière;* que dès lors cet immeuble n'a pu être affecté de l'hypothèque légale de la dame H... »

**15276. Déduction du passif.** — La survivance de l'être moral après la dissolution de l'entreprise se fonde donc sur les nécessités de la liquidation et sur l'embarras où jetterait la division des intérêts pour la réalisation de l'actif ou le payement des dettes. Mais, quel que soit le motif de cette fiction, elle opère aussi bien dans les relations des associés entre eux que dans les rapports de la société avec les tiers : les arrêts qui précèdent le démontrent manifestement. Or, quelle est la nature de l'opération par laquelle on fixe avant le partage les droits respectifs de chaque associé au sujet du passif? Il est clair que c'est là un résultat direct de la liquidation, car liquider une société n'est point seulement en payer les dettes à ses créanciers, mais encore régler les comptes de chaque intéressé. Par conséquent, si la société est réputée subsistante à cette époque, il faut nécessairement reconnaître que la part du sociétaire devra, comme avant la dissolution de l'entreprise, se composer du reliquat *net* de l'actif, déduction faite des dettes. Dès lors, le droit exigible sur la transmission à titre gratuit ou à titre onéreux de la part des sociétaires ne pourra se liquider sur une autre valeur. C'est ce que la Cour suprême a décidé à propos du droit de succession, par un arrêt du 3 mars 1820; — V. *Succession;* et au sujet du droit de cession à titre onéreux par un autre arrêt du 9 mai 1864 (n° 1898, 12668 C., 993 Rev., S. 64-1-239), ainsi conçu :

« Attendu que si, pour la perception des droits, la part d'un héritier dans une succession doit être évaluée sans déduction des charges dont cet héritier est personnellement tenu par l'effet de la saisine et de la division des dettes opérée de plein droit par la loi, la même règle n'est point applicable lorsqu'il s'agit d'évaluer la part d'un associé qui se retire de la société ; que pendant sa durée, la société, personne morale, est, comme propriétaire du fonds social, créancière ou débitrice soit envers les tiers, soit même envers les associés, qui ne sont point tenus personnellement des dettes tant que l'actif commun est suffisant pour les acquitter; que ce principe, qui domine les sociétés civiles, continue de subsister durant leur liquidation ; qu'en conséquence la part de l'associé qui se retire de la société se compose de son émolument tel qu'il est déterminé par le résultat de la liquidation, déduction faite du passif sur l'actif, et qu'ainsi le droit à percevoir doit être calculé sur la part de l'associé non dans l'actif brut de la société, mais dans le reliquat net fixé par cette opération. »

La même solution résulte d'une manière plus précise encore d'un arrêt du 3 février 1868, dans lequel on lit :

« Attendu qu'une société qui, quoique ayant pour objet des opérations civiles, est organisée et fonctionne sous une forme commerciale constitue, de même qu'une société commerciale proprement dite, une personne morale distincte des membres qui la composent ; que ceux-ci ne sauraient donc être considérés comme de simples communistes investis d'un droit de copropriété indivise sur le fonds social ; que leurs actions ou parts d'intérêt sont, aux termes de l'art. 529 C. C., d'une nature purement mobilière, dans l'hypothèse même d'un actif social immobilier ; que le droit des associés ne se convertit pas, par la mise en liquidation de la société, en une copropriété indivise de l'actif social ; que jusqu'au partage, résultat final de la liquidation, ce droit conserve sa nature mobilière, et la société persiste avec son existence propre » (2600 R.P., S. 68-1-185, 19179 J.N., D. 68-1-225, 2156 Rev., 2366 § 5 I. G.).

On remarquera, sur ce dernier arrêt, que, pour consacrer la persistance de l'être moral dans l'espèce qui lui était soumise, la Cour a relevé cette circonstance qu'il s'agissait d'une société civile fonctionnant sous une forme commerciale. Mais il ne s'ensuit pas que le même résultat ne serait point applicable aux sociétés civiles ordinaires. Il est décidé aujourd'hui que les entreprises de l'espèce donnent, aussi bien que les sociétés commerciales, naissance à un être moral dont l'extinction est soumise à des règles identiques. Nous avons examiné ce point au n° 15042.

Les décisions précédentes doivent fixer la jurisprudence et on doit abandonner la doctrine contraire d'un arrêt du 6 août 1845, portant que, s'il est vrai qu'une société, même après sa dissolution juridique, continue « de subsister entre les ci-devant associés, sous certains rapports, pendant sa liquidation et jusqu'au partage des valeurs de cette société, que représente alors le liquidateur, ce principe ne pourrait être opposé à l'Administration de l'enregistrement, qui, pour la perception de ses droits, se règle sur la déclaration des parties et sur la forme extérieure des actes » (1775 § 6 I. G., *Comp.* Cass. 22 déc. 1868, 2821 R.P., 2384-2 I. G., B. C. 190, S. 69-1-279, D. 69-1-156, P. 69-672 ; — 17 fév. 1869, 2875 R.P., 2385-4 I. G., S. 69-1-180, D. 69-1-156 ; — 23 mai 1870, 3149 R.P., 2405-3 I. G., S. 71-1-106, D. 71-1-413 ; — 8 août 1870, 3194 R.P., S. 70-1-434, D. 71-1-129 ; — 6 mars 1872, 3418 R.P., 2447-6 I. G., S. 72-1-88, D. 72-1-169).

**15277. Quotité du droit.** — Une autre conséquence de la survie de l'être moral, c'est que les droits des associés continuent à être représentés par des actions mobilières dans le sens de l'art. 529 C. C., en sorte que la cession de leur intérêt serait assujettie au tarif des cessions d'actions (Cass. 6 mars 1872, 3418 R. P., 2447-6 I. G., S. 72-1-88, D. 72-1-169) ; — tandis qu'elle acquitterait, s'il n'y avait pas de liquidation, le droit d'après la nature des bons sociaux (Cass. 22 déc. 1868, 2821 R. P., 2384-2 I. G., S. 69-1-279, D. 69-1-156 ; — 17 fév. 1869, 2875 R.P., 2385-4 I. G., S. 69-1-180, D. 69-1-358 ; — 23 mai 1870, 3149 R.P., 2405-3 I. G., S. 71-1 106, D. 71-1-413 ; — 11 janv. 1875, 4026 R. P. ; — 1er mars 1875, 4065 R. P. ; — 16 août 1875, 4214 R. P.).

**15278. Quand il y a liquidation.** — Il peut être difficile de toujours préciser exactement quand il y a liquidation d'une société dans le sens juridique du mot. « La liquidation, dit M. Pont (*Sociétés* n° 775), a essentiellement pour objet de terminer les affaires communes, de libérer la société vis-à-vis de ses créanciers, de recouvrer les créances et d'arriver ainsi, en dégageant l'actif brut des dettes qui le grèvent, à la constitution de l'actif net que les ayants droit auront à se partager. » Cette situation peut donc se poursuivre, selon l'expression de l'arrêt du 3 février 1868, cité au n° 15276, jusqu'au partage, résultat final de la liquidation. Mais elle ne comporte pas nécessairement la nomination d'un liquidateur spécial, puisque les associés peuvent s'occuper eux-mêmes de leurs affaires, et l'absence de ce mandataire ne serait pas un motif suffisant de méconnaître la réalité de la liquidation. D'un autre côté, assez souvent cet état transitoire n'existe pas, et c'est ce qui a lieu notamment lorsque l'on procède de suite au partage. On ne peut poser aucune règle sur ce point. Ainsi que l'a reconnu M. l'avocat général Blanche (2821 R. P.), « c'est une pure question de fait dont la solution dépend des circonstances. »

Les espèces sur lesquelles sont intervenus les arrêts de la Cour peuvent servir d'exemples.

1° Il s'était formé en 1829, entre divers propriétaires, une société civile divisée en 310 parts et ayant pour objet l'exploitation d'un théâtre. Cette entreprise, arrivée à son terme, fut mise en liquidation à partir du 1er avril 1859, et le liquidateur fut chargé de poursuivre la vente de l'immeuble. Les anciens associés ayant apporté leurs droits dans l'ancienne société à une société nouvelle qui s'était rendue acquéreur du théâtre, il fut reconnu que la première société étant encore en liquidation, l'apport des associés dans la seconde entreprise était purement mobilier et n'autorisait aucune déduction sur le prix (Cass. 3 fév. 1868, 2600 R. P., 2366-5 I. G., 19179 J. N., S. 68-1-185, D. 68-1-225, 2156 Rev.).

2° Des entrepreneurs s'étaient associés pour la construction de divers immeubles. Quand les constructions furent terminées, les associés liquidèrent leurs comptes. Il ne restait plus qu'à partager les biens entre eux. Cependant, la Cour a décidé que la société demeurait encore en liquidation : « l'apurement des comptes sociaux n'impliquant en aucune manière, dans l'espèce, l'extinction de l'être moral, lequel continuait d'exister pour les besoins de la liquidation, et tant qu'il restait à déterminer la proportion dans laquelle chaque associé participerait au partage » (Cass. 6 mars 1872, 3418 R. P., 2447-6 I. G., S. 72-1-88, D. 72-1-169).

3° Une société ne saurait être considérée comme en liquidation quand la liquidation des biens sociaux a été judiciairement ordonnée et que les associés ont pris le titre de copropriétaires : « Attendu qu'il s'induit des documents et actes relevés par le jugement attaqué qu'à l'expiration du terme fixé pour la durée de la Société, les anciens associés agissaient individuellement, se donnaient ou recevaient, dans les actes, les qualifications de copropriétaires et de coïntéressés, montrant par là que la société n'existait plus, même en liquidation, et que, par leur volonté, l'état de société avait cessé pour faire place à l'état de copropriété et d'indivision » (Cass. 22 déc. 1868, 2821 R. P., 2384-2 I. G., B. C. 190, S. 69-1-279, D. 69-1-156, P. 69-672).

4° De même pour une société formée pour l'exploitation d'un canal, alors que ce canal a été racheté par l'État et qu'il ne reste plus à partager que les annuités du rachat : « Attendu que la société formée le 19 janvier 1820, pour l'exploitation du canal de la Sensée, a été dissoute par l'effet des lois qui ont ordonné le rachat du canal et fixé le prix du rachat à une annuité acquise à la compagnie pendant trente ans, à partir du 1er septembre 1861 ; attendu que la société dissoute a été mise immédiatement en liquidation, et que des constatations du jugement attaqué il résulte que les opérations de la liquidation proprement dite étaient terminées dès le mois d'août 1865, l'actif étant alors complétement dégagé du passif, les créances recouvrées, le fonds de réserve réalisé, le matériel lui-même vendu ou remis à l'État, en sorte que tout se bornait pour l'avenir à toucher de l'État les annuités trentenaires de l'indemnité pour les répartir, sans retenue et dans des proportions dès lors certaines, entre les anciens associés » (Cass. 23 mai 1870, 3150 R. P., 2405-3 I. G., S. 71-1-106, D. 71-1-413).

5° Il a été également jugé qu'il n'y avait pas non plus liquidation dans des cas où, par l'effet de la clause de réversion stipulée dans un acte de société civile, le dernier survivant de deux associés recueillait au décès de son coassocié la totalité des valeurs sociales. Il a paru, en conséquence, que la cession avait pour objet des biens en nature (Cass. 9 mai 1864, 1898 R. P., 12668 C., 993 Rev., S. 64-1-239 ; — 7 fév. 1872, rapporté *suprà* n° 15238 ; — Sedan 26 juin 1872, 3679 R. P. ; — Cass. 11 janv. 1875, 4026 R. P. ; — 1er mars 1875, 4065 R. P. ; — 16 août 1875, 4214 R. P. ; — Rouen, 21 août 1873 ; — Seine, 6 déc. 1873, 3954 R. P. ; — Lille, 23 nov. 1877, 4877 R. P.). — V. 15238.

**15279. Pouvoirs du liquidateur.** — Lorsqu'il y a un liquidateur nommé, il devient le mandataire forcé des parties. C'est à lui seul, et non aux associés, qu'appartient l'exercice des actions à intenter dans l'intérêt de la société (Cass. 16 janv. 1867, S. 67-1-73), — le droit de toucher les créances (Cass. 27 juill. 1863, S. 63-1-457), — de vendre les immeubles sociaux (Cass. 24 juill. 1871, S. 71-1-47).

Par conséquent, si les associés faisaient eux-mêmes des opérations de l'espèce, on serait en droit d'en inférer que la liquidation a pris fin et que la société a disparu pour faire place à une simple indivision.

**15280. Licitation. — Déduction de part.** — Pendant la liquidation d'une société, on attribue la totalité des immeubles communs à l'un des associés moyennant un prix convenu.

Quel est le caractère de l'acte ?

Si l'on voulait appliquer ici le principe de la survie de l'être moral, il faudrait décider que l'acquéreur n'a aucun droit de copropriété personnelle dans les biens acquis, et qu'il faut percevoir l'impôt à 5 fr. 50 cent. pour 100 sur l'intégralité du prix.

Mais cette conclusion paraît exagérée.

L'être moral subsiste, à la vérité, pendant la liquidation ; mais il s'évanouit dès qu'il s'agit d'une des opérations du partage lui-même entre les associés. Autrement, les lotissements partiels deviendraient impossibles, puisqu'ils interviennent toujours avant la liquidation complète de l'entreprise et pour la faciliter. Or, dans l'espèce, il s'agit uniquement d'un mode de partage du fonds commun : l'immeuble est amiablement licité entre deux associés, et l'un d'eux le reçoit moyennant un prix convenu. Cette opération a un caractère déclaratif, au regard des tiers comme des parties elles-mêmes (art. 883 C. C.). Sur ce point, il n'y a plus d'être moral entre les anciens membres de l'entreprise et l'immeuble : la situation est la même que si, après une liquidation laborieuse, les biens restant libres étaient divisés en nature entre les associés. La fiction qui subsistait pendant la liquidation s'arrête au seuil du partage, et du partage partiel (ou de la licitation en tenant lieu) comme du partage définitif. Par conséquent, le droit est exigible seulement sur les parts acquises. L'opinion contraire émise par un recueil (18331 J. E.) a été justement condamnée par une Sol. 30 juin 1867 (2578 R. P.).

## SECTION 3. — DU PARTAGE DES SOCIÉTÉS

### [15281-15305 *bis*]

**15281. Principe.** — Le partage constitue un acte tout à fait distinct de la dissolution, puisque, la liquidation terminée, les anciens sociétaires pourraient demeurer en indivision comme des communistes ordinaires. D'après l'art. 1872 C. C., les règles concernant ce partage, sa forme et les obligations qui en résultent entre cohéritiers, sont les mêmes que celles des partages de successions. En matière fiscale, les deux opérations sont aussi gouvernées par des principes semblables, et tout ce que nous avons dit du partage en général (V. *Partage*) s'applique au partage des sociétés. Cet acte serait donc assujetti au droit gradué (L. 28 fév. 1872), et la liquidation devrait en être opérée comme en matière de partage ordinaire (Sol. 9 janv. 1875, 4226 R. P.).

Les partages de société présentent néanmoins une particularité très-remarquable dont l'influence est capitale pour la liquidation de l'impôt.

**15282. Attribution d'un objet à celui qui n'en a pas fait l'apport.** — En effet, le partage étant essentiellement déclaratif de propriété, il s'ensuivrait que chaque associé devrait être censé avoir été propriétaire des choses comprises dans son lot, depuis qu'elles sont entrées dans la société, d'où la conséquence que, tenant de la société directement la part qui lui serait attribuée, comme l'héritier la tient directement du défunt ou de la succession, le droit fixe devrait seul être perçu, du moment que l'associé ne recevrait rien au delà de sa part, quelle que fût d'ailleurs l'origine des objets composant cette part. Telle serait la perception à faire si on la fondait sur les principes du droit civil.

Cette perception est parfaitement rationnelle lorsque l'associé reçoit dans son lot les objets qu'il a lui-même mis en société ou ceux qui ont été acquis durant la société. Car alors si, d'un côté, les objets apportés par l'associé sont censés n'avoir jamais cessé de lui appartenir, de l'autre, il est présumé avoir acquis en entier, dès le temps de l'achat, les objets achetés par la société, qui, elle, est toujours censée acquérir les objets qu'elle achète durant le temps de son existence, pour le compte de ceux des associés dans le lot desquels ils tomberont plus tard.

Mais, dans le cas où l'un des associés est rempli de sa part en objets qui avaient été mis dans la société par un autre que par lui, des considérations particulières conduisent à une solution différente.

L'application rigoureuse du principe du droit fiscal posé par l'art. 4 L. 22 frimaire an 7, qui veut que toute transmission de propriété de biens meubles et immeubles soit assujettie au droit proportionnel, autoriserait la perception du droit de mutation sur les valeurs mobilières et immobilières qui sont apportées dans la société. On ne peut contester, en effet, que la société ne devienne propriétaire de l'apport de chaque associé. Car cet apport est à ses risques : s'il périt, il périt pour elle ; s'il obtient une augmentation de valeur, cette augmentation lui appartient. Aussi ce ne peut être que par une faveur toute spéciale de la loi que le droit n'est pas perçu à cet instant, puisque cette faveur offre la possibilité à tout individu de se défaire de son bien sans que la mutation soit atteinte par la loi au moment où elle s'opère.

Dans tous les cas, cette indulgence de la loi doit être renfermée dans des limites.

Tant qu'elle se borne à permettre à l'associé qui a fait l'apport de le reprendre en nature à la dissolution de la société, sans être assujetti à aucun droit, on peut l'admettre ; car, comme ce n'était en définitive que par une fiction légale que l'objet de l'apport était devenu la propriété de l'être moral, qui est la société, on peut dire qu'aucune mutation n'a jamais existé du moment que cet objet rentre dans les mains dont il n'était sorti que par une fiction.

Mais il n'en est plus ainsi lorsque, à la suite de la liquidation de la société, l'immeuble est attribué à un associé autre que l'ancien propriétaire. Il est impossible de ne pas voir une mutation effective dans ce passage de l'immeuble des mains de l'ancien propriétaire dans celles du nouveau, mutation que ne peut couvrir un être moral qui n'existe plus. Or, c'est cette mutation que la loi de l'impôt, par son art. 4, frappe d'un droit proportionnel.

On ne peut, pour repousser l'application de l'art. 4 L. 22 frimaire an 7, prétendre que, même dans le cas qui nous occupe, une liquidation de société doit être, pour la perception, assimilée à un partage de succession purement déclaratif, car le partage de succession qui attribue à l'héritier l'immeuble de l'auteur est toujours accompagné, soit avant, soit après sa confection, du droit propre à la mutation qui s'est opérée de l'auteur à l'héritier. L'analogie ne serait complète que si la société avait payé le droit de mutation sur l'immeuble apporté. D'ailleurs, en fin de cause, la perception aboutit toujours au même résultat. Seulement l'application de la thèse que nous soutenons fait qu'elle se trouve souvent renversée. En matière de succession, on commence très-souvent par le droit proportionnel et l'on finit par le droit fixe ; en matière de société, comme l'on commence toujours par le droit fixe, on doit finir par le droit proportionnel.

On a objecté que la loi dispensant par faveur du droit de mutation l'apport en société, bien qu'il opère une véritable vente au profit de l'être moral, cette exemption équivaut au payement et crée une exception à l'art. 4 de la loi de l'an 7 ; réclamer l'impôt lors du partage, c'est anéantir l'effet de la dispense et reprendre d'une main ce que l'on a accordé de l'autre (Champ. et Rig. n[os] 2789 et suiv., Dalloz n° 3594 ; — Cass. belge 28 nov. 1844).

Cette argumentation ne demeure pas sans réponse. Il n'est pas complétement exact, d'abord, de soutenir que l'apport en société équivaut à une véritable vente. Il y a entre les deux contrats des différences sensibles que nous avons indiquées précédemment. L'apport opère bien mutation, mais on peut faire remarquer, avec Pothier, que c'est une mutation soumise à l'événement du partage : la transmission étant provisoirement suspendue par une condition, il est conforme aux principes généraux de suspendre aussi la perception du droit proportionnel (*V.* Demante n° 735).

Quoi qu'il en soit, la jurisprudence est aujourd'hui fixée d'une façon tellement invariable sur ce point qu'il serait téméraire de l'attaquer encore.

**15283. Immeubles.** — C'est surtout à l'occasion des immeubles que le principe a été le plus fréquemment affirmé. Il a notamment donné lieu à un arrêt célèbre des chambres réunies de la Cour de cassation rendu, le 6 juin 1842, sur les conclusions de M. le procureur général Dupin et dans les circonstances suivantes :

Par acte sous seing privé du 12 mai 1837, enregistré le lendemain au droit fixe, les sieurs Porée, Véron et Guilbert formèrent une société en nom collectif pour l'exploitation d'une usine mue par une machine à vapeur et destinée à la fabrication des huiles de graines. L'acte fixait le fonds social à 120,000 francs, et il exprimait que, dans la mise du sieur Porée, entrait pour 25,150 francs, montant de l'estimation convenue entre les parties, sa propriété de la rue de l'Équerre, à Saint-Servan, où l'usine devait être établie. Sept mois après, cette société a été dissoute d'un commun accord. Par l'acte de dissolution, en date du 13 décembre 1837, les associés ont fait entre eux le partage de l'actif social, s'élevant en tout à 165,496 francs. Ce partage a attribué entièrement au lot de Véron l'immeuble apporté par Porée, avec le matériel de l'établissement, pour une somme de 50,000 francs. — Lors de l'enregistrement de ce dernier acte, le receveur n'avait perçu qu'un droit fixe. Mais, par contrainte du 8 juin 1838, l'Administration a réclamé contre Véron le payement du droit proportionnel de vente, à raison de l'attribution qui lui avait été faite de l'immeuble apporté par Porée. — Un arrêt du 29 janvier 1840 (12453 J. E., 10643 J. N., 1618 § 9 I. G., S. 40-1-539) a cassé le jugement du tribunal de Saint-Malo, du 30 août 1838, qui avait repoussé la demande de l'Administration.

L'affaire ayant été renvoyée devant les juges de Fougères, le tribunal rendit, le 24 juillet 1840, un jugement contraire à la doctrine de la Cour de cassation, et ce jugement ayant été de nouveau déféré à la Cour suprême, fut annulé par un arrêt rendu, chambres réunies, le 6 juin 1842 (13018 J. E., 11340 J. N., 1683 § 8 I. G., S. 42-1-484) et conçu en ces termes :

« Attendu, en droit, que toute mutation de propriété d'immeubles est soumise au droit proportionnel ; attendu que c'est par une faveur spéciale que la loi de l'enregistrement, en cas de société, comme en quelques autres cas exceptionnels, permet que, lorsqu'un associé apporte dans la société, comme mise sociale, la propriété d'un immeuble, il ne soit perçu qu'un droit fixe ; attendu que si, à la suite de la dissolution et de la liquidation de la société, la propriété de cet immeuble est attribuée à un associé autre que l'ancien propriétaire, la mutation définitive arrivant, et nul droit proportionnel n'ayant été encore payé, on doit le payer à l'occasion de cette mutation, etc. »

C'est ce qui résulte aussi d'une D. m. f. du 3 octobre 1828 (1272 § 3 I. G.) et des arrêts de Cass. des 26 décembre 1832 (S. 33-1-573) ; — 25 avril 1833 (10618 J.E., 1437 § 13 I.G., S. 33-1-469); — 12 août 1839 (12369 J. E., 14077 J. N., S. 39-1-673, 1601 § 12 I. G.); — et 13 juillet 1840 (12562 J. E., 10713 J. N., 1634 § 14 I. G., S. 40-1-586).

Depuis lors, cette jurisprudence a été maintes fois confirmée dans les espèces particulières sur lesquelles nous allons nous arrêter.

Le principe en a été très-nettement résumé en ces termes dans un arrêt du 3 février 1868 (2600 R. P., 2366-5 I. G., B. C. 25, S. 68-1-185, D. 68-1-226, 19179 J. N.) :

« Attendu que l'acte constitutif d'un société dans laquelle certains associés apportent des immeubles, certains autres de l'argent, ou dans laquelle, comme dans l'espèce, le fondateur de l'association met en société la propriété et l'exploitation d'un immeuble pour une valeur divisée en actions, n'opère point mutation de propriété envers les actionnaires, lesquels ne deviennent pas copropriétaires de l'immeuble social, mais restent dans les conditions de tout actionnaire n'ayant dans la société qu'un intérêt de nature mobilière ; que, à la vérité, la transmission de propriété s'opère alors de l'associé qui a fait l'apport de l'immeuble à la personne morale de la société, transmission qui, dans la rigueur des principes, pourrait donner ouverture à des droits proportionnels de mutation ; que toutefois, par une faveur spéciale, la loi fiscale affranchit, en pareil cas, l'acte constitutif de la société du droit de mutation et le soumet seulement à un droit fixe ; mais que si, après la dissolution et la liquidation de la société, la propriété de l'immeuble est attribuée, par un partage ou une licitation, à des associés autres que ceux qui avaient apporté et mis en société l'immeuble dont il s'agit, il s'opère alors une mutation définitive qui donne ouverture, sur la valeur intégrale de l'immeuble, à un droit proportionnel non perçu jusqu'alors. »

**15284. Actionnaire recevant l'immeuble du fondateur.** — La société constituée par actions ne peut faire que les actionnaires, autres que ceux qui fournissent le fonds social, puissent acquérir sur ce fonds des titres de propriété qui les dispensent de tout payement de droit de mutation. En conséquence, lorsque, à la dissolution de la société, des portions du fonds social sont abandonnées à des actionnaires pour les remplir de la valeur de leurs actions, il est dû un droit de mutation.

Par acte passé devant Me Janvier, notaire à Paris, le 13 septembre 1827, et enregistré au simple droit fixe de 5 francs, les sieurs Moisson-Devaux, Baron et Desasars avaient formé entre eux et les personnes qui prendraient des actions une société civile et particulière pour l'exploitation et la vente d'un grand terrain, dit du clos Saint-Charles, leur appartenant indivisément, savoir au sieur Moisson-Devaux pour deux tiers, et aux sieurs Baron et Desasars pour le tiers restant. La valeur de ce terrain, estimé à 605,000 francs, et une somme de 100,000 francs en espèces que s'engageaient à verser, à mesure des besoins, les trois associés fondateurs, formaient le fonds social, qui fut divisé par la suite en cent quarante et une actions de capital, susceptibles de transfert par voie d'endossement. Chacune de ces actions donnait droit à un cent quarante et unième dans l'actif social et aux intérêts de 5 pour 100 par an, jusqu'au remboursement. — Il paraît que cette mise en actions était encore la seule opération de la société, lorsque les actionnaires se sont réunis dans l'étude de Me Janvier, les 8, 9 et 10 février 1836, et sont convenus de dissoudre l'association, et de se partager le fonds social, dans la proportion du nombre de leurs actions. — Par ce partage, les divers actionnaires ont reçu chacun une parcelle du terrain du clos Saint-Charles, qui n'était alors estimé que 120,000 francs. Les associés fondateurs ont pris part à cette division d'une manière égale et d'après le nombre des actions qu'ils représentaient.

Soumis à l'enregistrement, l'acte contenant ces conventions a été considéré comme un partage relativement aux associés fondateurs, et, par suite, il n'a été perçu sur leurs lots que le droit fixe de 5 francs. Mais, relativement aux autres actionnaires, simples bailleurs de fonds, le préposé de l'Administration, considérant le même acte comme translatif de propriété à leur égard, a exigé, sur la valeur des lots à eux abandonnés, le droit proportionnel de vente. Le tribunal ayant ordonné la restitution de ce dernier droit, son jugement, en date du 6 mai 1837, a été annulé par un arrêt de Cass. du 12 août 1839 (12369 J.E., 10477 J.N., 1601 § 12 I. G.), ainsi conçu :

« Attendu que la mise en commun du terrain de la part des associés fondateurs ne constituait pas une mutation de propriété en faveur des actionnaires appelés à partager les bénéfices de l'opération projetée ; qu'ainsi l'acte par lequel cette mise en commun a été effectuée n'a été soumis qu'au droit fixe ; attendu que la seule transmission réelle et effective qui ait eu lieu dans l'espèce est celle qui est résultée de l'abandonnement fait aux actionnaires, lors de la dissolution de la société, de divers lots du terrain susmentionné pour les remplir de leurs droits à raison des actions dont ils étaient porteurs ; que ce sont ces abandonnements qui seuls ont constitué, comme dation en payement, la véritable translation de la propriété ; que les actionnaires n'avaient eu droit jusque-là qu'à une part éventuelle déterminée dans l'actif de la société à la fin de l'opération projetée, ainsi qu'à un intérêt de 5 pour 100 par an jusqu'à leur entier remboursement ; mais qu'ils n'ont pu acquérir la portion de propriété qui leur a été transmise lors du prétendu partage qu'en acquittant les charges imposées par la loi fiscale à toute transmission de propriété. »

On peut consulter dans le même ordre d'idées des arrêts de Cass. des 9 novembre 1842 (S. 43-1-336) ; — 8 novembre 1853 (1999 § 9 I. G., 15098 J.N., S. 53-1-757);—14 avril 1847 (S. 47-1-378) ; — et 21 février 1853 (S. 53-1-206). — V. *infrà* 15296.

Ces principes ont été appliqués plus récemment dans l'espèce suivante. Un concessionnaire de mine avait mis l'immeuble en commun moyennant le prélèvement d'une partie des bénéfices futurs et en stipulant que la propriété appartiendrait à chacun des actionnaires ou coassociés. Après la dissolution de l'entreprise, l'un de ceux-ci reçut la mine entière à titre de licitation et prétendit ne devoir aucun droit proportionnel. Sa prétention fut accueillie par un jugement de Lure du 19 mars 1862, sous le prétexte que la mutation s'était opérée lors de la formation de l'entreprise. Mais la Cour décida, le 14 février 1866 : « d'une part, que l'apport direct des biens meubles ou immeubles par l'un des associés, à titre de mise sociale, bien qu'il implique à son égard le dessaisissement de la propriété, ne constitue pas néanmoins, vis-à-vis des autres associés, une transmission soumise au droit proportionnel ; et, d'autre part, que si, à la dissolution de la société, et par l'effet de la liquidation, des biens ainsi mis en société sont attribués à un autre qu'à celui qui les avait apportés, la mutation s'opérant alors à son profit, et nul droit proportionnel n'ayant été perçu jusque-là, il y a lieu de les percevoir sur cette mutation » (2258 R.P., 2348 § 4 I. G., D. 66-1-60. — *Conf.* : Cass. 3 fév. 1868, S. 68-1-185, 2600 R.P., 19179 J.N., 18478 J.E.; — Seine 19 fév. 1870, 3235 R. P.).

1. TRANSCRIPTION. — Dans toutes ces hypothèses, c'est e droit de vente à 5 fr. 50 cent. pour 100, c'est-à-dire le droit de mutation, augmenté du droit de transcription, qui a été perçu. Ainsi que le reconnaît, en effet, le tribunal de la Seine dans son jugement du 19 février 1870 : « un acte d'acquisition est de nature à être transcrit lorsque l'acquéreur, n'étant pas personnellement tenu des dettes garanties par l'immeuble vendu, remplit les conditions voulues pour purger cet immeuble des hypothèques dont il est grevé; or, le simple porteur d'actions dans la société en commandite dont il faisait partie n'est aucunement responsable des dettes et charges de cette société et a tout intérêt à remplir à l'égard des immeubles dont il est cessionnaire les formalités de purge dont la transcription est le point de départ » (3235 R.P.).

**15285. Prorogation.** — La prorogation ne dissout pas la société, elle en assure la continuation. Dès lors, s'il est constaté dans l'acte de prorogation que le fondateur qui a apporté l'immeuble devient simple commanditaire, il n'en résulte pas pour cela que cet immeuble soit dès à présent transmis aux autres associés. Il demeure au contraire dans la masse, puisque l'ancienne société subsiste. C'est seulement à la dissolution, et si à ce moment l'immeuble n'est pas attribué au fondateur, que le droit de mutation sera exigible (Sol. 14 juill. 1873).

**15286. Attribution à l'associé cessionnaire des actions de l'auteur de l'apport.** — Il importe peu que l'associé auquel l'apport est attribué ait acquis pendant l'existence de la société les droits de l'auteur de l'apport. Cette acquisition, en effet, a eu pour objet l'action purement mobilière du cédant, tandis que le partage opère la mutation d'un objet déterminé. Ces deux transmissions sont indépendantes l'une de l'autre et le droit perçu pour la première ne dispense pas la seconde de l'impôt exigible selon la nature des biens transmis (Cass. 8 nov. 1864, 2000 R.P., 12758 C., 1201 Rev., 2324 § 4 I. G.; — Seine 9 mai 1868, 2745 R. P. ; — Cass. 2 déc. 1873, 3788 R. P. ; — Vannes, 7 mars 1878).

« Attendu, porte l'arrêt de 1873, qu'au moment de la dissolution de la société fondée en 1841, et par l'effet de cette dissolution, la propriété des mines de houille d'Ahun (Sud) a cessé de reposer sur la tête de l'être moral, pour passer aux mains non de ceux qui en avaient fait l'apport, mais de Donon et consorts, tiers acquéreurs ; que, dès lors, une mutation s'était définitivement opérée au profit de ces derniers et avait rendu le droit proportionnel exigible; que le payement de ce droit ne pouvait être éludé, sous prétexte que les demandeurs, investis de la propriété des mines, avaient acquis, au cours de la société dissoute, la part sociale de ceux qui en avaient fait l'apport; que ces acquisitions purement mobilières, suivant ce qui résulte des termes de l'art. 529 C. C., et assujetties comme telles au droit de vente mobilière, dont elles ont été justement frappées, sont absolument indépendantes de la transmission immobilière qui a eu lieu à la dissolution de la société, et que c'est après cette dissolution que les acquéreurs des parts et actions sont devenus pour la première fois personnellement propriétaires de ce qui, à l'origine, appartenait à leurs coassociés et avait formé l'apport de ces derniers dans la société dissoute ; que la mutation étant certaine, c'est à juste titre que le jugement attaqué a ordonné le payement du droit auquel elle donnait lieu. »

1. DROIT EN SUS. — Quant à la question de savoir si le droit en sus est exigible à défaut de déclaration de la mutation dans un délai légal, l'affirmative a été enseignée aux mots *Association* et *Condition*.

**15287. Jouissance.** — Ce que nous venons de dire des immeubles s'étend par identité de motifs à l'apport d'une simple jouissance immobilière ou même d'un droit de bail. Si, par exemple, le bail *apporté* par l'un des associés était attribué à un autre qui demeurerait chargé de servir les loyers, cette convention donnerait naissance au droit de cession à 20 centimes pour 100 (Mont-de-Marsan 21 déc. 1860).

**15288. Meubles.** — Plus généralement, il faut dire que les mêmes principes s'appliquent aux objets mobiliers dont l'individualité peut être constatée, et notamment aux meubles à l'égard desquels le partage fait titre de transmission (*V.* Demante n° 736).

Ainsi, dans une espèce où le fonds de commerce apporté par un associé se trouvait, à la dissolution, attribué à un autre, l'exigibilité du droit de 2 pour 100 a été consacrée par des jugements de Pontoise du 25 juin 1846 (14040 J. E.) et 24 août 1875, 4203 R. P.), de Toulouse du 24 mai 1844 (13519-3 J. E.) et de Cosne, le 4 juillet 1876 (4730 R. P.).

C'est ce qu'a reconnu également le tribunal de Rouen : « Attendu que le mobilier et la clientèle (apportée par l'associé qui n'en fait pas la reprise), tout en se trouvant par suite de l'apport aux risques de la société, n'ont pas cessé d'être des corps certains et déterminés ne se consommant pas par l'usage, mais soumis seulement, sans perdre leur individualité, aux changements et aux variations pouvant résulter du temps et des circonstances » (10 avr. 1873, 3897 R. P.). — *Conf.* : Seine, 17 juill. 1875.

D'ailleurs, les arrêts qui ont été rendus au sujet des immeubles sont conçus en termes généraux, et on peut même voir dans celui du 14 février 1866, rapporté ci-dessus (15284), que la Cour assimile formellement les meubles aux immeubles pour la perception du droit lors du partage.

Mais le droit n'est pas dû pour l'attribution de numéraire à un associé qui a apporté des marchandises vendues pendant la société (Cosne, 6 juill. 1876, 4730 R. P.).

**15289. Accroissement de valeur acquis par l'immeuble durant l'existence de la société. — Achalandage.** — Lorsqu'un immeuble mis en société a été, pendant la durée de la société, augmenté ou amélioré par des constructions ou autrement, s'il est attribué à un associé autre que celui qui l'a apporté, le droit de mutation est exigible sur la valeur seulement pour laquelle il a formé la mise en société, car dès le moment de l'apport il avait été aliéné au profit de la société, qui, dès lors, est devenue propriétaire directe des améliorations. Aussi un pareil droit n'est-il exigible sur les améliorations qu'autant que la valeur de ces améliorations excédant la part sociale de l'associé, il y avait soulte à payer par lui (Dél. 3 nov. 1842, 13117 J.E., D.N t. 11 p. 944 n° 515).

En ce sens, la Cour de cassation a jugé, le 17 décembre 1838 (10228 J.N., 12207 J.E., S. 39-1-539), que l'associé qui reprend l'immeuble par lui mis en société doit payer le droit de soulte à raison de la plus-value que son immeuble a acquis, sur tout ce qui excède sa part dans cette plus-value.

« Attendu, porte cet arrêt, dans l'espèce, qu'il est constaté d'une part, que l'immeuble apporté par les demandeurs en société pour une valeur de 46,000 francs est rentré dans leurs mains sur l'estimation de 82,000 francs, provenant, est-il dit entre les parties, d'augmentations faites avec les fonds de l'association; d'autre part, que le jugement attaqué n'a alloué le droit proportionnel que sur l'accroissement de valeur de l'immeuble et déduction faite de la part sociale qui afférait aux demandeurs dans cette plus-value; d'où il suit qu'aucun texte n'a été violé; attendu, au surplus, qu'il demeure clairement établi : 1° que la valeur de l'immeuble repris par les demandeurs était fixée invariablement à 82,000 francs, quels que fussent les événements ultérieurs; — 2° que la perception accordée par le jugement attaqué est celle du droit de soulte tel qu'il est fixé par la loi. »

Il a été jugé encore que l'achalandage étant le produit de la collaboration commune des associés, ils y ont une égale part; la transmission qui en est faite ne peut donc donner ouverture au droit proportionnel que défalcation faite de la part de l'acquéreur dans cet achalandage (Cass. 13 juill. 1840, 12562 J.E., 10713 J.N., 1634 § 14 I. G., S. 40-1-586). — V. 279.

Cette jurisprudence sert aujourd'hui de règle à l'Administration. Dans une affaire récente, où le partage attribuait à l'un des associés une usine apportée par un autre, le droit de mutation n'a été réclamé que sur la valeur de l'usine au moment de l'apport et sur la part des autres associés dans la plus-value résultant de la collaboration commune. On a déduit la portion de cette plus-value revenant à l'acquéreur, et le mode d'opérer a été approuvé par un arrêt du 8 novembre 1864 (2000 R.P., 12758 C., 1201 Rev.).

**15290. Le droit est dû sur la totalité de l'objet.** — Mais, en dehors de cette hypothèse, le droit est exigible sur la valeur totale de l'objet cédé, sans qu'il y ait lieu de distraire la portion revenant à l'acquéreur en sa qualité de communiste. L'impôt qui se perçoit alors est celui qui aurait dû être acquitté lors de l'apport en société, à un moment où l'associé cédant était propriétaire exclusif de l'objet; par conséquent, la transmission s'applique à la totalité des biens et la liquidation du droit doit s'opérer sur les mêmes bases. Le tribunal de Pontoise a donc mal jugé en décidant, le 25 juin 1846 (14040 J.E.), que le droit était seulement exigible sur la part du cédant. Cette solution est contraire à la jurisprudence et ne doit pas être suivie.

**15291. Transcription.** — Quand l'immeuble attribué à un autre qu'au sociétaire dont il provient a été amélioré, on ne perçoit le droit de mutation que déduction faite de la part du cessionnaire dans cette plus-value. Mais comme le droit de transcription est indivisible, il faudrait l'exiger sur la valeur totale de l'immeuble, et par conséquent sur la plus-value entière (Saint-Quentin 25 avr. 1860, 1485 R.P., 17397 J.E., 12048 C.).

**15292. Échange.** — Ce n'est pas d'ailleurs toujours le droit de vente qui est exigible sur l'attribution dont il s'agit. Il a été reconnu que quand, à la dissolution d'une société composée d'immeubles, le partage attribue à l'un des associés des immeubles apportés par un autre qui reçoit dans son lot des immeubles acquis dans l'indivision, c'est à titre d'échange et non de vente que la mutation s'opère: le droit d'échange est seul dû (Dél. 27 oct. 1835, 9154 J.N.; Sol. 2 mai 1851).

**15293. Immeubles indivis avant la société.** — La jurisprudence a poussé très-loin l'application du principe qui autorise la perception du droit de mutation quand l'un des associés reçoit lors du partage un immeuble apporté par un autre. Elle décide, en effet, que si plusieurs personnes copropriétaires d'un objet le mettent en société, le partage ultérieur de cette société ne peut faire passer l'immeuble entier sur la tête d'un des anciens communistes sans donner ouverture au droit de mutation sur la part de l'autre.

Le tribunal de la Seine, par jugement du 18 mai 1836, avait cependant décidé d'abord que lorsque deux associés ont apporté, lors de la formation de la société, un immeuble indivis entre eux, et que, par le partage, cet immeuble est attribué en totalité à l'un des associés, à l'effet de le remplir de ses droits, sans soulte ni retour, ce partage n'est point passible du droit de soulte sur la valeur de la moitié de l'immeuble. L'Administration avait acquiescé à ce jugement par une délibération du 6 mars 1837. Mais la Cour de cassation n'a pas admis une pareille transaction; elle a jugé, le 14 avril 1847 (14224 J.E., 13017 J.N., 1796 § 23 I.G., S. 47-1-378), que le droit de 4 pour 100 est exigible sur la moitié de l'immeuble.

« Attendu, en fait, porte cet arrêt, que par l'acte de société contracté entre Martin et Cousin, ils ont apporté dans leur association un établissement de produits chimiques, situé au vallon de Notre-Dame, commune de Systèmes, en déclarant que l'immeuble leur appartenait *indivisément par moitié* et provenait d'une ancienne société dont ils avaient fait partie, et qui était dissoute; et que, par suite de la dissolution et liquidation de cette société, cette propriété a été attribuée en totalité à Cousin : d'où il suit que, la mutation définitive s'étant opérée à raison de la moitié qui appartenait précédemment à Martin, un droit proportionnel est dû sur cette même moitié. »

Un jugement a été rendu dans le même sens par le tribunal de Belfort, le 5 décembre 1849 (14869 J. E.), et le pourvoi contre ce jugement a été rejeté par arrêt de Cass. du 21 février 1853 (1967 § 8 I. G., 14896 J. N., S. 53-1-206).

D'autres décisions ont également consacré l'exigibilité du droit. Ainsi : 1° le tribunal d'Altkirch a jugé, le 6 décembre 1843 (13414 J. E.), que l'acte par lequel, après dissolution d'une société dont le fonds social a été composé d'immeubles indivis entre les associés dans des proportions inégales, on attribue ces immeubles aux associés dans des proportions autres que celles qui existaient au moment de la formation de la société donne ouverture au droit de 5 fr. 50 cent. pour 100 sur les différences qui existent entre cette attribution et la mise sociale, encore que les associés qui reçoivent moins que leurs mises immobilières en soient dédommagés au moyen d'immeubles par destination ayant fait partie du fonds social.

2° Si un immeuble acheté en commun et par moitié avant la société est apporté dans la masse par les deux coacquéreurs, puis attribué exclusivement à l'un d'eux lors du partage de la société, le droit de mutation est exigible sur la part de l'autre : « Attendu que les parties ne peuvent prétendre qu'au moment de l'acquisition, la société pour le compte de qui elle était faite existait déjà » (Mirecourt 11 déc. 1858, 1141 R. P., 16871 J. E., 11489 C.; — Rennes 15 mai 1861, 1820 R. P.; — Lure 19 juin 1861).

3° Lorsque, dans le partage, on comprend un immeuble indivis entre les associés, mais à un autre titre que celui de membre de la société dont l'immeuble ne faisait pas partie, et que cet immeuble est attribué à un seul des associés, le droit de soulte est exigible sur la part des autres copropriétaires, lors même qu'aucune soulte ne serait stipulée (Limoges 19 juin 1850, 15024-6 J. E.).

D'autres jugements ont été rendus depuis dans le même sens au sujet d'un fonds de commerce (Pontoise, 24 août 1875; Seine, 17 juill. 1875).

Nous ne pouvons pas approuver cette jurisprudence. Les arrêts qui l'ont établie et les jugements qui l'ont appliquée ont uniquement considéré ce principe spécial aux sociétés que l'apport de l'un ne peut être attribué à l'autre sans acquitter le droit de mutation. A ce point de vue exclusif, leur solution est parfaitement juridique. Mais l'hypothèse actuelle est gouvernée aussi par une autre règle qui paraît avoir échappé à l'attention de la Cour : c'est qu'on peut comprendre dans un même partage des biens de diverses origines sans que la répartition inégale de chacun de ces biens donne lieu au droit de soulte. Nous avons amplement développé ce sujet au mot *Partage*.

Or, l'immeuble indivis apporté dans une société par les copropriétaires reste indivis entre eux au moment de la dissolution ; par conséquent l'acte qui fait cesser cette indivision est soumis aux règles du partage et en produit tous les effets. Si l'on suppose qu'à cette époque, la masse indivise entre les copropriétaires associés se compose, outre l'immeuble apporté dans la société, d'autres biens acquis depuis en commun, tous ces biens étant réellement indivis, peuvent se diviser entre les copropriétaires, par la voie d'un partage, sans qu'il y ait lieu de distinguer entre les biens dont la copropriété est antérieure à la formation de la société et qui ont été apportés dans cette société, et ceux qui ont été acquis en commun depuis cette époque. Pourvu que le partage soit fait sans soulte et que tous les biens soient réellement indivis entre les parties, le droit fixe est seul exigible. Nous croyons que, si la question était de nouveau présentée à la Cour sous cet aspect, elle y recevrait une solution conforme à notre avis.

Il a donc été bien jugé que si un immeuble dont l'apport à titre onéreux a donné lieu au droit de vente est attribué à un autre qu'à son auteur, ce n'est là qu'un lotissement à titre de partage (Épinal 11 mai 1874, 3933 R. P.).

**15294. Associé héritier.** — Si l'associé reçoit, en qualité d'héritier de son coassocié défunt, l'objet apporté par celui-ci, on ne peut plus dire qu'il s'opère à son profit une mutation à titre onéreux passible du droit de vente, puisque c'est comme représentant de l'associé et continuateur de sa personne qu'il reprend l'apport. Cette attribution n'est donc qu'un élément du partage.

**15295. Abandon de l'actif moyennant payement du passif.** — Par application des règles générales en matière de partage, il a été reconnu que lorsque, par l'acte de dissolution d'une société, il est fait abandon de tout l'actif à l'un des associés, à la charge d'acquitter le passif, le droit de cession est exigible sur ce qui excède la part de ce dernier dans les valeurs composant l'actif, d'après estimation et ventilation à faire par les parties (Montpellier 22 déc. 1851 ; — Seine 21 mars 1843 et 23 mars 1852, 14881 J. N.; — Montpellier 15 mars 1854).

« Attendu, porte aussi un jugement de Reims du 31 mars 1860, rendu en matière de partage de société, qu'il importe peu que la soulte se paye directement aux copartageants ou qu'elle se paye en leur acquit aux créanciers ; que cette soulte n'en est pas moins le prix de la transmission ; attendu que celui qui se charge personnellement des dettes supérieures à sa part virile et reçoit comme équivalent des biens communs au delà de ses droits fait une véritable acquisition qui donne ouverture au droit proportionnel de soulte » (1371 R. P., 11861 C., 17162 J. E.).

**15296. Sociétaire admis dans la société postérieurement à sa formation.** — Si un sociétaire, admis dans la société postérieurement à sa formation, moyennant le versement d'une somme d'argent, devient, à la dissolution de cette société, propriétaire de tous les immeubles de la société, à la charge de payer les dettes le droit de mutation est exigible sur la totalité de ces dettes, et non pas sur la portion restante, défalcation faite de ce qui incombe au sociétaire acquéreur (Saint-Étienne 12 juill. 1843, 13364 J. E.).

La même solution résulte d'un arrêt de Cass. du 12 février 1834 (10873 J.E., S. 34-1-199), d'après lequel le sociétaire admis dans la société après sa formation et qui lors de la dissolution reste propriétaire des biens qu'il n'a pas apportés, doit un droit de mutation. La Cour ajoute que si un jugement de dissolution de la société constate cette transmission au profit de l'associé, la prescription biennale commence à courir à partir de cette époque pour le recouvrement du droit. — V. *Prescription*.

« Attendu, porte cet arrêt, que par suite de son admission

dans la société Boursault et Cie, Puteaux était redevenu propriétaire d'un cinquième desdites huit cent trente toises de terrain, sises aux Batignolles, qu'il avait vendues à la société Boursault et Cie, par acte passé devant notaire, le 29 mars 1826 ; que la Régie, suffisamment avertie de cette admission de Puteaux dans la société Boursault et Cie, par un jugement du tribunal civil de la Seine du 3 octobre 1829, qui en prononça la dissolution, ne perçut cependant pas, sur cette disposition dudit jugement, enregistré le 12 du même mois, le droit proportionnel auquel la mutation de propriété opérée au profit du sieur Puteaux donnait ouverture ; et que n'ayant pas, dans les deux années qui ont suivi cet enregistrement du 12 octobre 1829, fait décerner contre ledit Puteaux une contrainte à fin de payement du droit qu'elle avait négligé de percevoir, le sieur Puteaux, s'il avait été en cause, aurait été fondé à opposer à la Régie la prescription biennale prononcée par l'art. 61 L. 22 frimaire an 7. »

**15297. Commanditaire.** — Nous avons vu précédemment (15233) que bien que le commanditaire fasse une simple mise de fonds, son droit dans la société est de la même nature que celui des autres associés et lui confère, lors de la dissolution, un droit égal de copropriété dans les valeurs de la masse (*V.* Cass. 23 mai 1853, S. 53-1-537).

C'est pourquoi il a été décidé avec raison par le tribunal de Montpellier, le 15 mars 1854, que la stipulation, dans un acte de dissolution de société en nom collectif entre deux des associés et en commandite à l'égard du troisième qui avait seul fait une mise de fonds, que la société se reconstituera par acte séparé, sans l'intervention de ce dernier, et demeurera seule chargée à ses risques et périls de l'actif et du passif de la société dissoute, donne ouverture au droit de vente sur le tiers de l'actif social : « Attendu qu'il est constant en droit que l'associé commanditaire est copropriétaire, dans la proportion de sa mise, de tout l'avoir de la société ; attendu que, d'après l'art. 1872 C. C., les règles concernant le partage des successions s'appliquent aux partages de société ; qu'ainsi chaque associé devait prendre dans l'actif une part équivalente à ses droits, et que, si l'un d'eux reçoit au delà, il s'opère, au point de vue du droit fiscal, une transmission réelle de propriété tombant sous l'application de l'art. 4 L. 22 frimaire an 7 ; attendu qu'il est peu important que le prix de cette transmission ou soulte soit payé directement au coassocié ou, à sa décharge, aux créanciers, et qu'on ne doit pas, d'après le principe posé par la loi de frimaire, notamment par l'art. 15, tenir compte du passif pour la perception du droit d'enregistrement ; attendu qu'il s'est opéré la cession, du chef d'Audemar, commanditaire, au profit de Lebrun et Euzet, associés en nom collectif, d'une portion de l'actif de la société d'une valeur de 28,055 fr. 55 cent., d'après la déclaration de ces derniers, moyennant pareille somme de 28,055 fr. 55 cent., payée soit au sieur Audemar directement, soit, à sa décharge, aux créanciers de la société. »

Cette doctrine que le commanditaire est copropriétaire du fonds social a été également consacrée par le tribunal de la Seine, qui a décidé que l'abandon à une veuve d'une somme de 300,000 francs, montant de la commandite de son mari dans une société, est passible du droit de 2 pour 100, et non du droit *de cession de créance*, par le motif que l'associé commanditaire se trouve propriétaire d'un droit, d'un intérêt dans la société, et non simple créancier (9 avr. 1851, 15179 J. E., 14359 I. N.). — C'est aussi ce qui résulte d'un jugement du tribunal de Chartres du 26 août 1876.

**15298. Mari sociétaire. — Décès. — Veuve adjudicataire.** — Lorsque, pendant le mariage contracté sous le régime de la communauté, un immeuble a été acquis *par une société* dont le mari faisait partie ; qu'après la dissolution de la société survenue par le décès du mari, la veuve devient adjudicataire d'une portion de l'immeuble, on ne doit pas déduire, pour la perception du droit de mutation, la part à laquelle celle-ci aurait eu droit, comme commune en biens avec son mari, dans l'immeuble acquis par la société. La société, en effet, a des droits distincts et indépendants de ceux des associés, et l'acquisition faite par elle ne peut pas être censée faite par le mari sociétaire, jusqu'à concurrence de ses droits dans la société, ce qui exclut toute idée de conquêt à attacher à cette acquisition, jusqu'à concurrence des droits du mari. C'est ce qui résulte formellement d'un arrêt de Cass. du 22 novembre 1853 (15778 J. E., 1999 § 5 I. G., S. 53-1-17). — V. *Licitation.*

Il a été décidé de même, en matière civile, qu'au cas d'une société contractée sous le régime de la communauté par le mari avec un tiers, la femme n'a pas la qualité d'associée : cette qualité n'appartient qu'au mari. Le mari peut donc seul procéder à la liquidation de cette société (Cass. 18 déc. 1860, S. 61-1-884).

**15299. Justification de copropriété.** — Pour que le partage de la société soit passible du droit fixe, il faut, selon la règle générale, que les objets soient réellement indivis entre les parties et que l'on justifie de cette copropriété.

Ainsi, le tribunal de la Seine a jugé, le 30 juin 1841 (12786 J. E.), qu'alors même qu'il serait dit, dans l'acte de société, que les biens apportés par l'un des associés proviennent d'une acquisition antérieure faite des deniers communs, le droit de mutation est exigible si cet immeuble est attribué à l'associé qui n'a pas fait l'apport, par la raison que l'associé qui a fait l'apport est le seul propriétaire apparent de cet immeuble.

De même lorsque, par un partage, l'immeuble acquis par la société est attribué à deux associés et que le lot du troisième est formé avec des valeurs mobilières *dont il n'est pas justifié*, le droit de mutation est exigible sur le tiers de l'immeuble (Saint-Quentin 7 juin 1848, 14500 J. E.).

Il a été jugé également : 1° que le partage de la société doit être opéré d'après les indications de l'acte social, sans égard à de prétendues égalisations d'apports faites pendant l'existence de l'entreprise et non justifiées. En conséquence, si l'un des associés reçoit une part supérieure à son apport réel augmenté de sa portion dans les bénéfices, le droit de soulte est exigible : « Attendu que, s'il est tenu pour certain que, pour qu'un partage entre copropriétaires puisse être enregistré au droit fixe, il est nécessaire que les parties justifient de leur copropriété, il doit en être de même pour l'associé prétendant que les apports originairement inégaux ont été égalisés depuis » (Saint-Quentin 12 avr. 1865, 2187 R. P.) ;

2° Que l'acte de dissolution d'une société en commandite par lequel l'un des associés retire la somme de 15,000 francs ayant été son apport, tout ce qui fait l'objet de l'association restant pour le compte particulier de l'autre associé, lequel se porte garant qu'il n'existe aucun passif à charge de la société, est passible du droit de cession sur 15,000 francs alors que rien n'établit que la somme de 15,000 francs faisait partie de l'actif social (Liége 6 mars 1858, 7940 J.E. belge).

1. SOCIÉTÉ VERBALE. — Si l'existence de la société n'était pas établie, on ne pourrait pas prétendre que les acquisitions faites en son nom par chacun des associés individuellement ont profité aux autres et que lors de la dissolution ils ont un droit égal à la propriété des biens. L'acheteur apparent serait au contraire le possesseur exclusif de l'objet de son acquisition et cet objet ne pourrait passer d'une tête sur une autre sans acquitter le droit de mutation. C'est un principe que nous avons exposé au mot *Mutation secrète* et qui a été consacré par la jurisprudence

Il a été appliqué par la Cour en matière de société à une époque où l'exigibilité du droit proportionnel sur les attributions des apports d'un associé à l'autre n'était point encore catégoriquement établie. Un arrêt du 3 janvier 1832 (8442 J.N., 10344 J.E., 14001 § 5 I. G., S. 33-1-573), a reconnu que si un associé a fait entrer un immeuble à lui propre dans une société constituée verbalement, et si, par un partage opéré après la dissolution de la société, la moitié de cet immeuble échoit à un autre associé, un droit de mutation est exigible sur cette moitié.

« Attendu, porte l'arrêt, qu'un acte authentique du 21 juillet 1822 constate que la propriété du bois l'Abbé avait été acquise en totalité par Bontemps exclusivement; qu'il ne résulte d'aucun acte, public ou enregistré, que ce bois ait été transmis par moitié au sieur Davenne, et qu'il ait été acquitté aucun droit proportionnel pour cette mutation; que si elle a eu lieu de fait et sans acte patent, elle ne peut échapper aux droits et doubles droits proportionnels établis par les art. 4 et 68 de ladite loi de frimaire an 7; que l'exception tirée, de la part du défendeur présumé, de l'existence d'une société verbale et d'un partage de cette société ne peut être admise comme cause d'affranchissement des droits proportionnels, puisque ces faits eux-mêmes constateraient un dessaisissement de la propriété de Bontemps au profit de Davenne pour moitié. »

De même, dans des cas où les attributaires de l'apport invoquaient comme titre de copropriété l'existence d'une société verbale dans laquelle cet apport aurait été placé, plusieurs tribunaux ont décidé que la société ne pouvait pas être opposée à l'Administration pour échapper au droit de mutation (Mirecourt 11 déc. 1858, 1141 R.P., 16871 J.E., 11489 C.; — Rennes 15 mai 1861, 1820 R.P.).

Il a été jugé également que quand une personne a acquis et payé un terrain au nom d'une société en participation, verbalement établie entre elle et une autre personne; que plus tard, par acte notarié, cette société est déclarée dissoute, avec mention qu'il n'y a lieu à la liquidation, l'autre associé n'ayant pas fourni de fonds, le droit de mutation est exigible sur moitié du terrain et des constructions attribuée à l'acquéreur du terrain (Seine 7 mars 1851, 15155 J.E.).

Seulement, l'Administration admet quelquefois la réalité des sociétés constatées sans écrit, quand les circonstances lui paraissent exclusives de toute fraude; en cette hypothèse, le partage retomberait sous l'empire des principes ordinaires (Cass. 9 mars 1831, 9978 J.E. — V. également Cass. 6 mars 1872, 2447-6 I. G., 3418 R.P., S. 72-1-88, D. 72-1-169).— V. 15373.

*Arrêt du 9 mars* 1831 : — « Attendu que la Régie n'a pas contesté devant les premiers juges qu'il existât une société pour le commerce de vins entre les trois frères Bouchard, ni que la maison acquise par eux en commun, par l'acte notarié du 25 octobre 1825, l'eût été pour le compte de leur société; qu'il suit de là que le tribunal civil de Beaune, qui, d'après les débats respectifs, a, dans l'un des motifs de son jugement, déclaré constant, en fait, que les trois frères Bouchard étaient seuls et uniques propriétaires tant des vins que de la maison, a pu considérer comme un partage entre associés l'acte dans lequel la Régie n'a vu qu'une licitation de la maison, et qu'en jugeant ainsi, il n'a violé aucune loi. »

*Arrêt du 6 mars* 1872 : — « Attendu qu'il résulte des faits et qu'il est constaté par le jugement attaqué que les conventions intervenues entre Armand, Dechaux et Arnaud ont constitué une association ayant pour objet à la fois les terrains acquis à la date du 5 juillet 1853 et la construction à élever sur ces terrains, et que dès l'origine le défendeur a été compris pour un sixième dans cette association, sur la demande d'Armand, et en vertu de l'art. 13 de l'acte du 20 février 1851, aux termes duquel le défendeur et Armand ne pouvaient ni l'un ni l'autre faire un marché de construction séparément ou chacun pour son compte particulier; attendu que l'Administration de l'enregistrement a reconnu l'existence de cette association, puisqu'elle a pris pour base de la perception la plus-value ajoutée aux terrains par les travaux exécutés en commun par les associés. »

Il en est de même de la justification des droits des copartageants. L'arrêt du 9 mars précédent a reconnu que le droit fixe était exigible bien que le partage n'eût pas été fait avec un individu dont le nom figure dans la raison sociale, s'il est constant qu'en réalité cet individu n'avait aucun intérêt dans la société. Nous renvoyons d'ailleurs aux développements que la question a reçus au mot *Partage*.

2. INDIVISION. — SOL ET SUPERFICIE. — On ne peut voir aucune indivision entre le propriétaire du sol et le propriétaire de la superficie d'un immeuble, lorsque chacun d'eux fait entrer la propriété dans une société. En conséquence, l'acte par lequel l'associé dont l'apport consistait en la superficie d'un domaine se rend adjudicataire du fonds du même domaine apporté en société par son coassocié donne ouverture au droit de 5 fr. 50 cent. pour 100 (Seine 30 août 1854, 15953 J.E., confirmé en Cass. le 17 nov. 1857, 16245 J.N., 973 R.P., 2118-3 I.G., 16646 J.E., 11200 C.).

**15300. Immeubles acquis pendant la société.** — Mais quand l'existence de la société est établie, la copropriété de tous les biens acquis par elle se trouve justifiée. Il faut donc reconnaître qu'aucun droit de mutation n'est exigible sur l'attribution faite à chaque associé, suivant ses droits dans la société, du fonds social consistant en immeubles qui ont tous été acquis pendant l'existence de la société, encore bien que quelques actionnaires n'aient pas concouru à la fondation de la société.

Il a été décidé en ce sens par la Cour de cassation, le 9 mars 1831, même dans une espèce où aucune société écrite n'existait entre les associés, mais où, cependant, l'Administration avait admis en fait l'existence de la société (*Arrêt rapporté* n° 15299).

**15301. Bénéfices laissés en compte courant.** — En règle générale, les bénéfices réalisés pendant le cours de l'entreprise restent dans la caisse commune et ne sauraient être actuellement répartis entre les associés (Straccha, Déc. 173 n° 16, Pardessus t. 4 n° 1000, Duvergier n°s 220 et 221, Dalloz v° *Société* 386).

C'est par une sorte de tolérance qu'on autorise les associés à les prélever annuellement soit en totalité, soit en partie : nous l'avons établi au n° 2236 R. P.

Les bénéfices demeurés dans la masse contribuent donc à augmenter le fonds à partager et les droits de l'associé. Par conséquent, quand cet associé est loti de sa portion dans le fonds social, il reçoit réellement les bénéfices auxquels il avait droit et on ne peut pas soutenir que l'attribution de valeurs représentatives des profits soit le résultat d'une dation en payement passible du droit proportionnel (Reims 29 janv. 1865, 2236 R. P., S. 65-2-81. P. 65-365).

Il en est autrement, bien entendu, si les bénéfices sont laissés à la société à titre de prêt (Dôle, 24 mai 1876, 4477 R. P. ; — Seine, 20 juin 1874).

**15302. Cessions implicites.** — 1. DISSOLUTION. — On emploie quelquefois la forme de la dissolution et du partage de la société pour couvrir de véritables cessions consenties par les associés qui se retirent.

Tantôt, quand l'associé à temps veut se retirer avant la fin de l'entreprise, on feint une dissolution de la société bientôt suivie d'une reconstitution entre les associés restant.

Ainsi, il a été jugé 1° que quand, en exécution d'une clause portant qu'une société sera dissoute par la mort d'un des associés sauf la faculté pour les autres de reprendre sa part, un acte constate la dissolution prévue, mais que par un second acte du même jour il est formé entre les associés survivants, une société nouvelle dans laquelle ces derniers prennent la place de l'associé décédé en ajoutant à leur part d'intérêt la part de l'associé défunt et en versant en sus de leur apport primitif la somme représentant la valeur de cette part, il s'opère une véritable cession d'actions passible du droit proportionnel (Cass. 15 avr. 1872, 3420 R. P., 2449-4 I. G., S. 72-1-247, D. 72-1-322);

2° Que quand, par suite de la retraite volontaire d'un des associés, la société est déclarée dissoute, puis immédiatement reconstituée entre les anciens associés et un étranger prenant la place de celui qui s'est retiré, sans qu'il y ait aucune modification ni dans la durée de l'entreprise ni dans la constitution du capital social, ces actes divers réalisent, sous forme de dissolution, une cession de parts d'intérêts passible du droit proportionnel (Cass. 15 avr. 1872, 3421 R. P., 2449-5. I. G., S. 72-1-247, D. 72-323; — *Conf.* : Seine 2 fév. 1867, 2504 R. P.; 13 avr. 1867, 2538 R. P., 7 mars 1868, 2654 R. P.);

3° Que si les membres d'une première société arrivée à terme déclarent continuer l'entreprise en s'adjoignant un tiers qui apporte la moitié des valeurs mobilières provenant de l'un des associés dans la première société et à la condition que la commandite de ce dernier sera proportionnellement réduite, cette clause équivaut à la cession par le commanditaire d'une portion des valeurs indivises dépendant de la première société, et donne ouverture au droit de 2 francs par 100 francs. (Cass. 17 fév. 1869, 2875 R. P., 2385-4 I. G., B. C. 39, S. 69-1-580, D. 69-1-358, P. 69-427).

2. LIQUIDATION. — Tantôt on emploie la forme de la liquidation et on imagine de charger l'associé cessionnaire de la liquidation des biens communs moyennant l'obligation de tenir compte à ses coassociés de leur part en argent.

C'est ce qui a lieu notamment quand l'un des associés conserve tout l'actif à la condition de régler le passif et de payer aux autres une somme égale à leurs droits.

S'il n'est pas justifié que cette somme existe en numéraire dans la masse le droit de cession est exigible (Liége 6 mars 1858, 7940 J. E. belge.).

La circonstance que l'associé investi de tout le fonds social serait nommé liquidateur de la société, ne pourrait exercer aucune influence sur la décision à prendre. Ainsi, le droit de mutation sur moitié des valeurs de la société est dû sur l'acte qui, contenant dissolution de la société porte que l'un des associés est nommé liquidateur, et qu'en cette qualité toutes les valeurs de la société, lui resteront, à la charge par lui de payer à son associé une somme égale à la moitié de ces valeurs (Saint-Etienne 10 avr. 1850, 14956 § 7 J. E.; — Saint-Pol, 23 nov. 1844, 13625 J. E.), — ou de liquider le passif à ses risques (Saint-Etienne, 4 avr. 1876).

Même règle lorsque c'est l'associé survivant qui, institué liquidateur de la société par l'acte constitutif, paye aux héritiers de l'associé prédécédé une somme pour leur part dans la société (Rouen 29 juill. 1848, 14534 J. E.; — Seine 17 juill 1858, 11496 C.).

3. SOUS-SOCIÉTÉ. — Tantôt, enfin, on emploie la forme de la société et celui des associés qui veut céder une portion de ses droits à un tiers feint de contracter avec lui une sous-société. — V. 15146.

**15303. Partage opéré dans l'acte de société. — Soulte.** — La clause d'un contrat de société, par laquelle il est convenu que, lors de la dissolution, tout l'actif social appartiendra à l'un des associés moyennant une somme d'argent à remettre aux autres, constitue un partage fait moyennant une soulte payable à terme, et le droit proportionnel de cession est immédiatement exigible. « Attendu, a dit la Cour de cassation, qu'il y a soulte ou retour passible du droit de vente, aux termes de l'art. 69 § 7 L. 22 frimaire an 7, lorsque l'un des associés reste seul propriétaire de la totalité de l'actif social moyennant une somme d'argent qu'il s'oblige à payer à son coassocié pour lui tenir lieu de la valeur de la moitié de cet actif ; que telle était précisément la situation des parties d'après la stipulation portant que, moyennant une somme de 100,000 fr. à payer par Dinet fils à son père, le premier resterait seul propriétaire de la raison sociale, de la clientèle, de la maison et en général de toutes les valeurs sociales; qu'il importe peu que cet arrangement n'arrive que postérieurement à la dissolution de la société ou qu'il ait été convenu dès l'origine dans l'acte social lui-même » (Cass. 3 mars 1868, 2624 R. P., 19221 J. N., S. 68-1-231, D. 68-1-482, 14131 C.). — Cette décision a été critiquée et non sans raison peut-être. Il est difficile de comprendre, en effet, comment il est possible de percevoir à la fois, sur le même acte, le droit pour constitution de société et le droit de partage avec soulte : l'un semble exclure l'autre. En second lieu, la promesse de cession étant faite à terme ne transmet la propriété à l'acheteur qu'au moment de la réalisation. Ce terme est donc par la nature des choses une véritable condition suspensive. Enfin comment est-il possible de déterminer au moment de l'entrée en société la nature des biens qui en dépendront lors du partage et qui font en réalité l'objet de la mutation? Ces objections sont sérieuses et nous n'y voyons, quant à nous, rien de bien péremptoire à opposer. La Cour eût donc mieux fait d'ajourner la perception à la dissolution de la société.

**15304. Liquidation du droit.** — Quand le partage dissimule une cession ordinaire, ce sont les règles de la vente et non celles des soultes en retours de lot qu'il faut appliquer. Par conséquent, le droit immobilier serait dû sur la totalité du prix afférent à des meubles et des immeubles, si les meubles n'étaient pas détaillés et estimés article par article avec stipulation d'un prix particulier (Bruxelles 6 juill. 1859, 8339 J. E. belge).

**15305. Partage ajourné.** — La clause d'un acte de société qui, pour le cas de décès d'un des associés prescrit, non point la continuation de la société entre l'associé survivant et les héritiers du prédécédé mais seulement l'ajournement de la liquidation à une époque déterminée, l'établissement devant jusque-là continuer ses opérations sous le même nom et avec le même capital par le survivant qui profitera seul des bénéfices et supportera les pertes n'a rien de contraire aux principes de la société. Il n'importerait même pas que les héritiers du prédécédé fussent exposés à l'action du tiers à raison des actes du survivant, cet engagement constituant seulement un cautionnement (Cass. 17 août 1868, S. 69-1-22).

**15305 *bis*. Quittance. — Compensation.** — Lorsqu'un partage de société constate la compensation qui s'est opérée entre une créance due à un associé pour avances faites à la masse et la dette dont il est redevable envers la société pour réparations à ses immeubles personnels, cette disposition est indépendante du partage ; elle donne lieu au droit de quittance sur la partie de la dette qui n'est pas éteinte par la confusion en la personne de l'héritier de la qualité de créancier et de débiteur (Ruffec 25 août 1873).

Il en est de même du remboursement à un associé des avances faites pour un autre associé (Seine 29 avr. 1876, 4487 R. P.). — V. 12463.

## CHAPITRE V. — DES CESSIONS

[15306-15320]

**15306. Société subsistante.** — Toute société commerciale ou civile forme un être moral distinct des associés et auquel appartiennent privativement tous les biens mis en commun ou achetés avec les profits. Tant que la société n'a pas pris fin, les membres qui la composent n'ont que des droits mobiliers que l'art. 529 C. C. qualifie d'action et qui ne leur attribue aucune copropriété actuelle des valeurs possédées par la société.

La cession de ces droits mobiliers, qu'elle s'opère en faveur d'un tiers ou d'un associé, n'est donc jamais assujettie qu'au tarif des cessions de meubles. Nous avons établi ce principe avec tous ses développements en parlant des *Actions*. Il est inutile d'y revenir ici.

**15307. Société en liquidation.** — Nous avons également expliqué ci-dessus que la jurisprudence prolongeait la survie de l'être moral au delà de la dissolution et jusqu'à la fin de la liquidation ; que, dès lors, tout transfert des droits des associés opéré pendant cet intervalle était soumis aux mêmes règles que s'il avait eu lieu avant la dissolution (n° 15275, etc.).

**15308. Loi du 5 juin 1850.** — On ne pourrait pas d'ailleurs argumenter raisonnablement de la loi du 5 juin 1850 qui a assujetti à un droit proportionnel de timbre chaque titre ou certificat d'actions, pour en conclure que les transmissions des biens sociaux faites par vente ou licitation sont affranchies du droit de mutation. En effet, cet impôt exclusivement établi en vue des titres des actions et de leurs transmissions de mains en mains n'a aucun rapport avec les droits de mutation immobilière et ne saurait en emporter l'exemption. (Seine, 30 avr. 1856, 2118 § 1er I. G., 966 R. P., 16282, J. N., 11201 C., 16664 J. E.)

**15309. Société dissoute.** — 1. VENTE. — Mais dès que l'être moral a complétement disparu par la fin de la liquidation, les associés deviennent copropriétaires de chacun des objets composant le fonds commun. La cession qu'ils feraient de leurs droits à un tiers, serait donc une vente donnant lieu au droit proportionnel, d'après la nature des valeurs transmises. Et s'il dépendait des immeubles de la société, le tarif de 5 fr. 50 cent. pour 100 serait applicable. — C'est ce que la Cour de cassation a jugé, le 6 août 1845, 12458 J. N., 13815 J. E., 1755 § 14 I. G., S. 45-1-663) dans une espèce où, dans une société illimitée, l'un des associés avait provoqué la dissolution et fait nommer, avec l'assentiment de ses coassociés, des experts pour la licitation des immeubles et un notaire pour la liquidation des comptes. La vente des actions de cette société a été reconnue donner ouverture au droit de 5 fr. 50 cent. pour 100. — On peut encore consulter dans le même sens les arrêts du 7 février 1853 (1967 § 10 I. G., S. 53-1-284), V. 15238 ; — 22 décembre 1868 (2821 R. P., 2384-2 I. G., S. 69-1-279, D. 69-1-136) ; — 17 février 1869 (2875 R. P., 2385-4 I. G., S. 69-1-180, D. 69-1-358), — et 3 mai 1870 (3149 R. P., 2405-3 I. G., S. 71-1-106, D. 70-1-413).

2. MEUBLES ET IMMEUBLES. — De ce que la cession faite dans ces circonstances à un tiers, constitue une vente ordinaire, il faut en conclure qu'on doit appliquer les dispositions de l'art. 9 L. 22 frimaire an 7, quand la cession est faite pour un prix unique ou qu'elle renferme des immeubles et des meubles non détaillés et estimés (Demante, n° 517 ; — Seine, 23 mars 1877, 4708 R. P.). — V. 15226.

A cet égard, il a été décidé que le vœu de l'art. 9 était suffisamment rempli, quand le cahier des charges évaluait en bloc le mobilier industriel de l'usine et portait que le prix de l'adjudication s'appliquerait à ce mobilier pour moitié (Seine 30 juill. 1858, 1063 R. P., 11447 C., 16792 J. E.). Mais ce jugement fondé sur les faits particuliers de la cause, ne saurait être pris pour règle : on peut voir plus loin au mot *Vente d'immeubles,* dans quel sens il faut entendre l'art. 9 L. 22 frimaire an 7.

3. EXPROPRIATION. — Lorsque la durée d'une société formée pour la revente d'immeubles a été limitée à l'époque où cette opération sera terminée, l'expropriation des immeubles formant le fonds social dissout la société. En conséquence, l'adjudication faite au profit de plusieurs des associés, a le caractère d'une licitation sujette au droit de mutation, seulement sur la portion du prix applicable aux parties indivises des associés non adjudicataires (Cass. 17 août 1836, 1528-13 I. G., S. 36-1-834, 11619 J. E.). — V. *Licitation* 10841.

**15310. Licitation.** — Il n'y a pas à considérer, pour apprécier la nature des droits des associés après la dissolution de l'entreprise, si ces droits sont cédés à un des associés ou à un tiers : les effets de la dissolution sont les mêmes dans les deux cas, et les associés restent toujours propriétaires à titre de communistes. Dès lors, l'adjudication à un ou plusieurs d'entre eux des immeubles de la société présente tous les caractères de la licitation et les règles de perception applicables à cette nature de contrat lui sont applicables (Cass. 17 août 1836, 11619 J. E., 1528 § 13 I. G., S. 36-1-834). — — V. 10821.

Ainsi le droit est dû seulement sur les portions acquises, c'est-à-dire sur tout ce qui excède la part de l'adjudicataire dans le fonds social (Valenciennes, 24 mars 1875) ; et la quotité de ce droit est de 4 pour 100, sans addition du droit de transcription.

On avait voulu soutenir que dans cette hypothèse le droit exigible était celui de cession d'actions mobilières. Mais cette doctrine a été repoussée avec raison par un arrêt de Cass. du 3 janvier 1865, portant : « Attendu que, si les actions et intérêts dans une société ou entreprise pour l'exploitation d'une mine sont réputés meubles à l'égard de chaque associé, c'est à la condition qu'il existe une société, c'est-à-dire une personne morale sur laquelle repose la propriété de la mine, immeuble de sa nature ; attendu qu'en l'absence d'une société régulièrement constatée *ou lorsque la société a été dissoute*, les parts indivises afférentes à chacun des cointéressés dans la mine sont immeubles comme la mine elle-même ; qu'après la dissolution, les parts afférentes aux dames de Villers et Mel, cédées à leurs coïntéressés par l'adjudication suivie de la déclaration de command, n'étaient plus des parts d'intérêts dans une société, puisque toute société avait cessé d'exister, mais bien des droits indivis dans la propriété d'une mine et conséquemment des droits immobiliers » (2035 R. P., 12802 C., S. 65-1-139, D. 65-1-31, 2325-1 I. G.).

1. MEUBLES ET IMMEUBLES. — Seulement, quand la cession a lieu au profit d'un associé, l'acte a le caractère d'une licitation et échappe à l'application de l'art. 9 L. 22 frimaire an 7. — V. *Licitation* n° 10847.

Si même l'actif se compose de créances et de biens meubles, le droit proportionnel doit être assis, comme en matière de partage, en l'imputant d'abord sur les créances, ensuite sur les biens meubles quand la licitation est un partage réel avec soulte. C'est ce qui résulte d'un jugement du tribunal de Mirecourt du 20 juin 1851 (15282 J. E.).

**15311. Société nouvelle composée des anciens actionnaires** — Lorsque l'acquisition a lieu par une société nouvelle composée de tout ou partie des anciens membres de la société dissoute, il faut distinguer : Si la société nouvelle a été constituée à une époque où la première n'était pas liquidée et où, par conséquent, l'être moral existait encore, les associés n'ont pu y apporter que des droits mobiliers et non pas la copropriété de valeurs qui ne leur appartenaient point encore. Quand la seconde société se rend adjudicataire, elle est donc dans la même position qu'un étranger ne possédant aucune fraction des biens, puisque son individualité est distincte de l'ancienne société et on ne saurait dès lors déduire aucune somme pour la prétendue portion des associés dans le prix. De même, le tarif exigible est celui de la vente et non de la licitation. C'est ce qu'ont décidé des arrêts de Cass. des 30 avril 1855 (2042-2 I. G., 15523 J. N., 16051 J. E., S. 56-1-76) ; — 15 décembre 1857 (966 R. P., 2188 § 1er I. G., 16282 J. N., 11201 C., S. 58-1-555) ; — et 3 février 1868 (2600 R. P., 19179 J. N., S. 68-1-185, 2366 § 5 I. G., D. 68-1-225, P. 68-421, B. C. 25).

*Arrêt 30 du avril* 1855 : — « Attendu qu'il est constant en fait que la société hypothécaire, propriétaire de l'immeuble *la Marseillette*, a été dissoute en 1847, et qu'un jugement du 8 mai 1852 a ordonné la vente par adjudication aux enchères de cet immeuble qu'elle avait acquis ; attendu qu'une société nouvelle s'est formée pour acquérir *la Marseillette* et pour l'exploiter ; que, si, dans cette société nouvelle, figuraient des actionnaires de la Compagnie hypothécaire, il s'y rencontrait aussi des membres étrangers à cette compagnie, et que, dès lors, il est certain que la nouvelle société a eu son existence propre et indépendante ; attendu que cette association, en se rendant adjudicataire, le 28 août 1852, de la propriété *la Marseillette*, a fait passer cet immeuble sur sa tête, et que le droit de mutation est dû pour la totalité de la transmission, soit que l'on considère les anciens actionnaires de la caisse hypothécaire comme ayant apporté à la société nouvelle leur droit individuel sur le prix en proportion de leurs actions, soit comme ayant apporté leur part indivise dans l'immeuble vendu, parce que, dans ces deux cas, la transmission complète de l'immeuble ayant été consommée par l'adjudication du 8 août 1852, le droit de mutation était dû sur la totalité de la propriété. »

*Arrêt du* 3 *février* 1868 : — « Attendu que dans l'hypothèse même où les actionnaires de la société formée en 1829, auraient été déclarés personnellement adjudicataires du fonds social par le jugement intervenu au cours de la liquidation de ladite société, ce jugement leur aurait transmis un droit de propriété qui ne reposait pas sur leur tête au jour de la formation de la société, et qu'il en résulterait, par conséquent, une mutation passible du droit proportionnel ; qu'il en est de même à plus forte raison, alors que, comme dans l'espèce, l'adjudication a été prononcée, non au profit individuel des actionnaires de la société en liquidation, mais au profit de la société nouvelle constituée dans la même forme que la première : qu'il importe peu que la nouvelle société, adjudicataire du fonds social de la société en liquidation, se trouve composée presque entièrement des précédents associés, puisque, par sa constitution même, elle existe à l'état de personne juridique ayant acquis pour son propre compte, non pour le compte personnel des individus qui la composent. »

Mais la situation n'est plus la même si la seconde société a été constituée après la dissolution complète de la première et si les associés ont apporté dans la seconde leurs droits indivis de copropriété sur les biens en nature du fonds commun. En effet, cet apport a rendu la seconde société copropriétaire indivise des immeubles dépendant de l'entreprise dissoute ; et quand elle se rend adjudicataire du surplus, elle est dans la position d'un cessionnaire d'un cohéritier acquérant la part des autres cohéritiers. Le droit n'est exigible que sur cette portion (*V.* J. du not. n° 2147). — Mais le droit de transcription devrait être perçu sur le tout, parce qu'il n'y a pas titre commun de propriété entre les vendeurs et la société qui a succédé à titre onéreux aux droits de quelques-uns d'entre eux (*Contrà* 12816 C.).

Pour que la déduction soit possible, il faut, bien entendu, que l'apport s'applique aux biens eux-mêmes et non pas à leur équivalent.

Ainsi, il a été jugé avec raison que lorsque plusieurs des copropriétaires d'un domaine forment une société civile pour l'achat et l'exploitation de la propriété en apportant à la masse leur portion dans le prix de la vente ultérieure de l'immeuble, l'acte par lequel cette société se rend adjudicataire du domaine doit être considéré comme une vente ordinaire passible du droit de 5 pour 100 sur la totalité du prix, et non pas comme une licitation tranchée au profit des colicitants.

« Attendu que chacun des associés apportant à la société, non la part dont il était propriétaire antérieurement, mais le tiers du prix, moyennant lequel la totalité de l'immeuble devait être acquise, la société ne peut être considérée comme s'étant rendue adjudicataire sur licitation d'un immeuble qui eût été indivis entre elle et la veuve Mariotte; attendu dès lors que l'adjudication a été tranchée, non au profit de plusieurs des colicitants, mais au profit d'un tiers, et que c'est par suite avec raison que le droit de 5 fr. 50 cent. pour 100 a été réclamé sur l'intégralité du prix » (Seine 7 août 1866 2312 R.P.).

**15312. Cession après partage.** — Il est à peine besoin d'ajouter que quand le partage des biens de la société dissoute a eu lieu et que l'indivision a cessé entre les associés ; toute cession intervenue postérieurement a le caractère d'une vente ordinaire. Ainsi, il a pu être jugé par un arrêt de Cass. du 17 août 1865 que quand, après la dissolution d'une société, un commanditaire rempli de ses droits dans l'actif net au moyen d'attribution de valeurs sociales, achète les immeubles qui ont été laissés à l'autre associé en vertu d'une clause du contrat de société, tant pour le remplir de sa part dans l'actif que pour acquitter les dettes, cette acquisition opère une transmission de propriété passible du droit sur la totalité du prix (2138 R.P., 18350 J.N., 2326-6 I.G., S. 65-1-422, D. 66-1-10, P. 65-1272).

« Attendu, porte l'arrêt, qu'il résulte du jugement attaqué que par l'acte sous seing privé du 13 septembre 1861, déposé aux minutes de Me Lefort, notaire à Paris, les droits du demandeur en cassation dans la société en commandite entre lui et Amondru avaient été liquidés à la somme de 876,000 francs dont il avait été rempli au moyen de l'abandon de valeurs sociales mobilières et immobilières; que, par le même acte il avait été formellement stipulé que le surplus des valeurs sociales serait employé, par Amondru liquidateur, à payer les dettes de la société, et que ces payements effectués, Amondru demeurerait libre propriétaire en son propre et privé nom, de tout l'actif mobilier et immobilier encore existant après la liquidation réalisée; attendu que l'adjudication au profit de Perdriau de divers immeubles dépendant de la liquidation non encore terminée ayant eu lieu après ces conventions, alors qu'il se trouvait rempli de l'intégralité de sa part dans l'actif social, c'est à bon droit que le jugement a considéré qu'il ne pouvait prétendre aucun droit de copropriété sur les immeubles restés dans les mains d'Amondru, et qui devaient demeurer sa propriété exclusive à charge de payer les dettes sociales ; que par l'effet de cette adjudication il y a donc eu mutation pour le tout à son profit, dès lors, le droit proportionnel a dû être perçu sur la totalité du prix. »

**15313. Immeuble adjugé à celui qui l'a apporté.** — Si, après la dissolution de la société, l'immeuble est adjugé sur licitation à celui qui l'avait apporté, il résulte des principes développés dans les précédents numéros, qu'aucun droit de mutation ne sera exigible (Dél. 11 fév. 1834, 10844 J.E.).

Mais ce droit devrait être perçu sur la portion appartenant aux associés vendeurs dans la plus-value ou les améliorations résultant de la collaboration commune, car ces additions constituent une propriété ordinaire de la société, ainsi que nous l'avons vu précédemment n° 15289.

Il semble qu'il n'y a pas à considérer, pour l'application de la règle ci-dessus, si l'associé est encore propriétaire ou non des actions qui lui avaient été attribuées en représentation de son apport. Dès l'instant que l'immeuble ne change pas de mains, il n'y a pas de cause à la perception du droit proportionnel (Dijon 18 juill. 1853). C'est alors le prix de l'adjudication qui remplacera l'immeuble dans la masse et qui servira aux attributions à faire aux autres associés.

**15314. Immeuble adjugé à celui qui a apporté des meubles.** — Mais le droit de 5 fr. 50 cent. pour 100 est exigible sur la totalité du prix, lorsque, après la dissolution de la société, les immeubles qui en dépendaient sont adjugés, par licitation, à celui des associés dont la mise sociale s'était composée de valeurs mobilières; le droit de mutation à 5 fr. 50 cent. pour 100 est exigible sur le prix intégral de l'adjudication, et non pas seulement sur la somme excédant la part indivise de l'adjudicataire dans les immeubles licités. — C'est l'application pure et simple de la règle générale que nous avons développée ci-dessus, d'après laquelle l'objet apporté par l'un des membres de l'entreprise ne peut être attribué à un autre sans donner ouverture au droit de mutation. Toutes les décisions que nous avons alors fait connaître gouvernent les licitations comme les partages ; il serait sans intérêt d'y revenir ici.

**15315. Cession de toutes les actions à un tiers.** — La dissolution de société n'a pas besoin d'être catégoriquement établie pour que la cession des actions donne ouverture au droit immobilier. Il suffit que cette dissolution résulte des faits. Ainsi, si tous les sociétaires vendent leurs actions à un tiers, la société disparaît puisqu'il n'y a plus qu'un seul associé et la convention doit être considérée comme une vente de fonds social dont le caractère est mobilier ou immobilier, suivant la nature de biens qui le composent (Cass. 5 janv. 1848, 1814 § 14 I. G, 14417 J. E, 13269 J. N, 8068 C. — *Conf.* : Dalloz n° 1796, Champ. et Rig. n° 3689 et *Suppl.* 116, 13269 J. N., Demante, n° 519; — Roanne, 27 déc. 1877). — V. cep. Saint-Étienne, 10 fév. 1840, 13174 J. E.).

**15316. Cession à un associé de toutes les actions.** — Il en serait de même si un actionnaire achetait la part de tous ses cosociétaires, parce que, par l'effet de cet acte, la société se trouvant dissoute[1], il en résulterait une transmission immobilière des portions acquises par le cessionnaire (1685 J. E., Dalloz n° 1795, Demante n° 519) Le tribunal de la Seine avait cependant décidé le contraire le 24 février 1841 (5994 C.); mais il est revenu sur sa jurisprudence en reconnaissant, le 4 août 1865, que l'adjudication au profit de l'un des associés des droits de tous les autres ne doit pas être considérée comme une cession d'intérêt social, mais comme une vente de ce qui compose l'actif de la société et donne lieu au droit proportionnel, selon la nature des valeurs cédées. Le notaire ne peut pas prétendre qu'il n'est tenu au payement que du droit de cession d'intérêts sociaux, sauf à l'Administration à réclamer le surplus aux parties (12983 C.).

En vain, Champ. et Rig. objectent-ils que les actions perdent seulement leur caractère mobilier par l'effet de la vente, et que l'immobilisation suit nécessairement le contrat (n° 3688 et *Suppl.* n° 117). L'acte dans son ensemble est une vente du fonds social puisque celui qui achète toutes les actions entend devenir, par ce moyen et à l'instant même, propriétaire des valeurs communes : c'est évidemment aller contre l'intention des parties que de voir dans le contrat une double opération, d'abord l'achat des droits mobiliers des actionnaires, puis la transformation de ces droits en copropriété par la réunion de tous les intérêts dans la même main.

**15317. Cession successive des actions à un associé.** — Il faut cependant distinguer le cas où un associé acquerrait, par actes successifs, et à des dates différentes, les parts de tous ses associés. Il est évident que dans ce cas le dernier acte faisant seul cesser la société, donnerait ouverture au droit immobilier, tandis que ceux qui l'auraient précédé n'auraient été passibles que du droit mobilier (*V.* Cass. 7 fév. 1872, *suprà* 15238).

On a émis l'avis que le droit est exigible, lors de la dernière cession, sur le prix total des transmissions successives et d'après la nature des biens composant le fonds social. On a même soutenu qu'on ne doit pas imputer le droit mobilier perçu sur les transferts d'actions. Ce paraît être aussi l'opinion de M. Demante (n° 519).

1. En matière civile, il a été décidé que lorsqu'un des membres d'une société commerciale a réuni dans ses mains toutes les actions représentant le capital social, cette société peut être réputée avoir cessé d'exister, bien qu'elle n'ait été dissoute ni par l'expiration du terme pour lequel elle avait été faite, ni par un acte exprès de dissolution (Cass. 10 avr. 1867, 2577 R. P.).

Nous ne pouvons cependant nous y associer.

Sans doute, la dernière cession rend l'acquéreur propriétaire de tout l'actif commun et cela a lieu ainsi parce qu'il avait acquis les droits des coassociés. Nous comprenons qu'on lui fasse acquitter alors le droit de vente sur les objets apportés par ces vendeurs, puisque c'est un principe général applicable à toutes les situations; et c'est ce qu'à décidé très-justement le tribunal de la Seine le 5 août 1859 (11642 C.). Mais il nous semble qu'on ne saurait décider de même pour la dévolution des biens acquis en commun par la société pendant son existence. La position du cessionnaire est la même à cet égard que si la société prenait fin par l'expiration du terme et donnait lieu à un partage ordinaire. Le cessionnaire recevrait alors en valeurs communes une part égale à ses droits personnels et à ceux dont il a fait l'acquisition. Penserait-on, néanmoins, qu'il faut lui faire acquitter l'impôt proportionnel de ce dernier chef? Pas le moins du monde, car en achetant au cours de la société les droits alors mobiliers de son coassocié, et en payant pour cela le droit que comportait la nature des biens, il a acquis aussi la perspective de voir les droits mobiliers se transformer en une copropriété lors du partage. Cette transformation était implicitement contenue dans le contrat et elle a payé à cette époque tout ce qu'elle devait au Trésor.

Le tribunal de la Seine a néanmoins décidé que le droit était exigible d'après la nature des biens sur le prix de toutes les cessions successives (30 août, 1854 15385 J.N., 15921 J. E.); mais il faut remarquer que dans l'espèce il y avait eu fraude et que les cessions successives n'avaient été imaginées que pour éviter le droit proportionnel, alors qu'en réalité la société se trouvait dissoute dès le premier contrat.

On ne pourrait pas non plus invoquer la doctrine de l'arrêt de Cass. du 24 janvier 1854, qui a accueilli la demande des droits simples et en sus de mutation pour la transmission secrète du fonds social dont un certain nombre d'actions avait été cédées par actes enregistrés (2010-10 I. G., 15797 J. E., 10172 C., S. 55-1-58). La question proposée à la Cour portait uniquement sur l'application de la prescription et l'exigibilité du droit lui-même n'y a pas, sans doute à cause des circonstances, été discutée.

**15318. Cession faite le même jour que la dissolution.** — Le tribunal de Laon a pleinement consacré ce principe, le 21 juin 1845 (12452 J. N.) en décidant que si la cession d'actions est faite le jour même où la société a été dissoute, le droit mobilier est seul exigible si l'on fournit la preuve que l'acte de cession a précédé l'acte de dissolution.

1. OBJET DÉTERMINÉ. — Lorsqu'un associé, par acte passé trois jours avant l'époque fixée pour la dissolution de la Société, déclare céder à ses associés sa part d'intérêt sur des immeubles et sur des valeurs mobilières déterminées dépendant du fonds social, cet acte est passible du droit proportionnel d'après la nature des biens transmis, et non pas du droit mobilier de cession d'actions (Cherbourg, 21 janv. 1877, 4630 R. P.).

**15319. Droit de transcription.** — Il en est des licitations qui interviennent, à la suite des dissolutions de société, entre les cosociétaires, comme de celles qui ont lieu, après l'ouverture des successions, entre les cohéritiers. Le droit de transcription est dû lorsque l'adjudication ne fait pas entièrement cesser l'indivision, et ce droit frappe non-seulement les parts et portions acquises par les colicitants, mais encore l'intégralité du prix de l'adjudication, sans avoir égard à cette considération que la portion du prix que les adjudicataires confondent en eux-mêmes, comme propriétaires d'une partie des biens acquis, n'a pas à supporter le droit proportionnel d'enregistrement établi pour les mutations. C'est ce qui résulte de la véritable interprétation des principes, et ce que la Cour de cassation a formellement consacré par un arrêt du 22 novembre 1853 (15778 J. E., 1999 § 5 I. G., S. 53-1-756). — V. *Licitation.*

« Attendu, porte cet arrêt, que les actes portant transmission de propriété doivent être transcrits en entier et que le droit de transcription doit être perçu sur le prix total énoncé au contrat; que ce droit est indépendant du droit dû par la mutation de propriété et peut être exigé séparément; que, si les copropriétaires qui se rendent adjudicataires d'une chose commune n'ont pas à payer le droit de mutation sur les parts qui leur appartenaient avant l'adjudication, parce qu'à cet égard il n'y a pas mutation de propriété, ils n'en doivent pas moins le droit de transcription sur la totalité du prix, parce que la transcription est indivisible comme l'hypothèque dont la transcription est destinée à préparer la purge; qu'en décidant le contraire le jugement attaqué a formellement violé les art. 25 L. 21 ventôse an 7 et 54 L. 28 avril 1816. »

**15320. Cession.—Usufruit.**—L'acte par lequel une ville qui a cédé l'usufruit d'un terrain à une société à charge d'y construire un théâtre qui appartiendra à la ville au décès des constructeurs, rachète les actions de plusieurs actionnaires, n'opère pas une réunion d'usufruit mais une cession d'actions (Sol. 21 avr. 1842). — *V.* n° 15379

**15320** *bis.* **Indemnité.** — Lorsqu'il est stipulé, à titre de transaction, que le cessionnaire payera à ses coassociés une indemnité représentant le préjudice qu'il leur a causé pour la dissolution anticipée de la société, cette indemnité ne peut pas être considérée comme une partie du prix de la cession, et elle n'est passible que du droit de 50 centimes pour 100 francs (Seine, 23 mars 1877, 4708 R. P.).

# TITRE III. — DES ACTIONS DANS LES SOCIÉTÉS

[15321-15400]

## CHAPITRE PREMIER. — TIMBRE

[15321-15362]

### SECTION PREMIÈRE. — ACTIONS ÉMISES DEPUIS LE 1er JANVIER 1851

[15321-15353]

**15321. Transition.** — Nous avons eu, dans les développements qui précèdent, l'occasion de parler souvent déjà des actions dans les sociétés et de leur transmission; mais nous ne l'avons fait pour ainsi dire qu'incidemment et à propos de l'application des droits d'enregistrement au contrat même de société ou aux clauses qui en dérivent.

Il est essentiel de revenir sur ce sujet d'une façon particulière. Il a, dans ces derniers temps surtout, singulièrement occupé la jurisprudence et avec le développement continu de l'esprit d'association, il prendra une part de plus en plus large dans la pratique.

Nous nous occuperons des actions dans les sociétés au point de vue du timbre puis de l'enregistrement. Nous aurons, en parlant du timbre, à régler également ce qui concerne les obligations.

**15322. Ancienne législation.** — L'action, telle qu'on l'entend ici, n'est pas simplement le droit incorporel appartenant au sociétaire dans les biens de l'entreprise. Cette expression s'applique au certificat qui représente la copropriété du souscripteur et forme le titre de sa créance sur la masse. Quelle que soit sa forme, le certificat d'action n'est pas autre chose qu'une reconnaissance de l'apport constaté dans l'acte de société même. C'est donc, à proprement dire, un extrait de ce contrat. Aussi, était-il généralement admis que les certificats d'actions tombaient sous l'application de l'art. 12 L. 13 brumaire an 7, qui soumet au timbre de dimension les extraits copies ou expéditions pouvant être produits pour obligation, décharge, justification, demande ou défense (D. m. f. 10 août et 7 oct. 1814, 5032 J. E.; — *V.* 6473, 6610 et 8382 J. E.).

**15323. Loi du 5 juin 1850.** — Presque toutes ces pièces échappaient à l'impôt à défaut de mesures répressives. Le Gouvernement s'émut de la situation, et dès le 24 octobre 1848, il proposa à l'Assemblée nationale d'élever à 50 francs l'amende encourue pour rédaction sur papier, non timbré d'un titre ou certificat d'action (art. 5 du projet Goudchaux). La commission de l'Assemblée trouva le remède insuffisant, et fut amenée à proposer des mesures générales pour assurer l'exécution de la loi. Elle se préoccupa d'abord de savoir si le timbre des actions devait être de dimension ou proportionnel. Voici comment la question fut résolue dans les rapports présentés par M. Émile Leroux aux séances des 27 janvier 1849 et 31 janvier 1850. « Cette question, disait-il, paraît à la commission résolue pour le principe général qui domine l'impôt du timbre. S'il est vrai que cet impôt devra frapper tous les capitaux et qu'il devra être proportionné à leur mutation, pourquoi les actions des sociétés seraient-elles affranchies de cette proportion? Ne représentent-elles pas un capital déterminé comme l'effet de commerce? Ce capital n'a-t-il pas une affectation? Ne doit-il pas produire des revenus? N'est-il pas destiné à circuler sous la forme d'une action au porteur ou nominative, comme le capital commercial circule sous la forme d'une lettre de change ou d'un billet à ordre? Pourquoi établirait-on une différence entre eux? Aucune raison ne pourrait la justifier. » Cette assimilation entre les actions et les effets négociables conduisit naturellement le législateur à la proportionnalité du droit de timbre.

1. CARACTÈRE DES TITRES. — Le rapporteur de la loi du 5 juin 1850, en indique ainsi l'économie : « L'art. 14, dit-il, pose en principe la proportionnalité dans le droit de timbre. La commission a pensé que c'était une conséquence logique des points de similitude admis par les lois existantes, entre les actions dans les sociétés et les effets de commerce.

En effet, les actions ne représentent-elles pas un capital comme l'effet de commerce? Ce capital n'a-t-il pas un affectation, ne doit-il pas produire des revenus? N'est-il pas destiné à circuler, sous la forme d'une action au porteur, à ordre ou nominative, comme le capital commercial circule sous la forme d'une lettre de change? L'action ne jouit-elle pas de certains avantages spéciaux comme les billets à ordre? »

Ces explications donnent clairement la pensée de la loi. On a voulu imposer tout titre représentant un capital productif et quel qu'en soit le nom. Si l'art. 14 de la loi de 1850 a spécialement prévu les actions et les obligations, c'est que ces titres comprenaient tout ce qui avait, dans les sociétés existant alors, le caractère d'une coopération sociale ou d'un prêt fait à la compagnie. C'est dans ce sens très-compréhensif que l'art. 10 Déc. 17 juillet 1857 parle des « titres » des sociétés. Il est évident que le législateur ne pouvait pas prévoir toutes les combinaisons à l'aide desquelles le crédit ferait appel aux capitaux. Il lui suffisait de poser le principe et de dire que l'impôt atteignait tout titre représentant un capital productif engagé dans l'association.

Il a donc pu être décidé que des titres qualifiés délégations et émis par une compagnie en représentation de coupons détachés de ses actions « ayant eu pour objet de négocier la valeur des coupons détachés des actions appartenant au vice-roi, dont les produits sont répartis entre les délégataires, sous la forme d'intérêt, d'amortissement et de dividende, procurent aux délégataires les mêmes avantages que les actions et sont destinés à en tenir lieu pendant un temps déterminé; que ces délégations participent ainsi de la nature des actions et constituent de véritables actions de jouissance temporaire soumises, comme telles, aux droits de timbre et de transmission établis par l'art. 9 de la loi de 1857» (Cass. 10 juin 1874, 3858 R. P.).

**15324. Quotité du droit.** — Pour la fixation du droit, le législateur a pensé que comme on voulait atteindre la *circulabilité* du titre, il était juste de calculer la quotité du tarif sur l'importance de la somme et sur la durée du titre, puisque pendant trente ans, par exemple, il est présumable qu'il y aura plus de transmissions que dans l'intervalle de dix années. L'art. 14 dispose, en effet, que, « chaque titre ou certificat d'action dans une société, compagnie ou entreprise quelconque, financière, commerciale, industrielle ou civile, que l'action soit d'une somme fixe ou d'une quotité, qu'elle soit libérée ou non libérée, émise à partir du 1er janvier 1851, sera assujettie au timbre proportionnel de 50 centimes pour 100 francs pour les sociétés compagnies ou entreprises dont la durée n'excédera pas dix ans, et à 1 franc pour 100 pour celles dont la durée dépassera dix années. »

1. DÉCIMES. — Ces droits sont assujettis à la surtaxe de deux décimes (L. 23 août 1871 art. 2).

**15325. Émission.** — C'est l'émission du titre qui donne naissance à l'impôt. Certaines difficultés se sont produites sur le sens de ce mot *émission*; mais nous les avons déjà examinées et résolues au sujet des droits d'*abonnement* (no 47). Il nous a paru qu'une action était émise dans le sens de la loi, non pas seulement quand elle avait été matériellement délivrée au souscripteur, mais quand le certificat ayant été rédigé, les statuts donnaient à l'associé le droit d'en réclamer à tout instant la délivrance. Nous ne pouvons que nous référer à nos précédentes explications.

**15326. Certificats provisoires.** — En attendant la délivrance des titres d'actions ou d'obligations, les sociétés remettent souvent aux souscripteurs des récépissés particuliers appelés promesses d'actions ou d'obligations, certificats provisoires, etc. qui sont destinés à tenir lieu pendant une période plus ou moins longue de titres définitifs.

Lorsque tel est le caractère de l'écrit, c'est-à-dire quand le certificat provisoire constate que l'action ou l'obligation a été émise et attribuée, il n'y a aucune raison de ne pas l'assujettir au timbre proportionnel comme le titre dont il tient lieu (Seine, 11 août 1859, D. m. f. 11 juin 1856; — Sol. 5 janv. 1878; — Seine, 17 mai 1878, 4969 R. P.), (sauf en cas d'abonnement. *V.* 55 § 3,) sauf à timbrer gratis ces derniers titres en qualité de renouvellement (L. 5 juin 1850, art. 17). — *V.* 15335, 15336.

Il n'en serait autrement que si le certificat ou le récépissé n'avait aucun des caractères de l'action, s'il ne prouvait pas par lui-même l'émission du titre et ne pouvait pas en tenir lieu. Dans ce cas, les certificats ayant un objet distinct de l'action ou de l'obligation qui demeure le seul titre du souscripteur, sont soumis au timbre de dimension.

On devrait décider de même pour les promesses d'actions délivrées par les fondateurs de la société avant la continuation de l'entreprise. — *V.* 15335 et 15336.

Il existe une disposition différente pour les certificats provisoires des titres étrangers souscrits en France.

*V. Étranger.*

**15327. Assiette du droit.** — C'est sur le capital nominal que l'art. 14 veut que le droit soit établi, et, à défaut de capital nominal, le droit doit se calculer sur le capital réel, dont la valeur est déterminée d'après les règles établies par les lois sur l'enregistrement, c'est-à-dire sur le cours moyen de la Bourse, pour les valeurs cotées à la Bourse, et pour les autres valeurs, par la déclaration estimative des parties. — *V.* 15384, 15385.

Il a été spécialement décidé à cet égard, que quand une société étrangère a obtenu l'admission de ses titres à la Bourse de Paris ou dans les bourses départementales, les droits de timbre et de transmission sont exigibles sur tous ces titres, tant que la compagnie n'a pas renoncé à l'autorisation qui lui a été accordée de négocier ces titres en France et quoique, en fait, une partie des titres aient cessé d'être négociés depuis une certaine époque. Dans ce dernier cas, la valeur vénale qui doit servir de base à la liquidation du droit de transmission s'établit par le cours moyen des autres actions négociées, et, à défaut du cours moyen, par la déclaration estimative des parties (Cass. 10 juin 1874, 3858 R. P.).

L'avance du droit doit d'ailleurs être faite par la partie, quels que soient les statuts de la société.

1. FRACTION DE SOMME. — Enfin, le même article porte que la perception du droit proportionnel doit suivre les sommes et valeurs de 20 francs en 20 francs inclusivement et sans fractions, comme cela est établi par l'art. 2

L. 27 ventôse an 9, pour la perception du droit proportionnel d'enregistrement.

On peut voir encore sur le mode de liquidation du droit de timbre les développements qui ont été donnés au sujet de l'abonnement. — V. *Abonnement*.

2. CERTIFICATS COLLECTIFS. — Le droit de timbre étant exigible sur le titre, il en résulte que la perception ne saurait être établie séparément sur chacune des actions qu'il renferme mais sur le total de ces valeurs.

3. INSUFFISANCE D'ÉVALUATION. — Aucune pénalité n'est applicable aux insuffisances d'évaluations du capital réel des actions, lorsque ce capital doit servir de base à la perception du droit de timbre. Le contraire semblerait résulter de l'I. G. nº 1873 qui renvoie à l'art. 39 L. 22 frimaire an 7. Mais cet art. 39 ne renferme ni amende, ni droit en sus pour les inexactitudes commises dans les déclarations estimatives fournies en exécution de l'art. 16 de la même loi.

La preuve des insuffisances peut résulter, comme en matière de droit de transmission, des énonciations renfermées dans les actes opposables aux parties et parvenues régulièrement à la connaissance de l'Administration.

**15328. Déduction du passif.** — Le droit étant exigible sur le capital nominal ou à défaut sur le capital réel, il n'y a pas lieu, pour en établir la perception, de déduire le passif dont ce capital est grevé.

**15329. Capital exprimé.** — L'art. 14 porte que « chaque titre ou certificat d'action, que l'action soit d'une somme fixe ou d'une quotité, qu'elle soit ou non libérée, sera assujetti au timbre proportionnel à raison de 50 centimes à 1 franc pour 100 du capital *nominal.* » L'art. 22, qui ouvre aux sociétés la faculté de convertir cette taxe unique en un abonnement annuel, répète que le droit ainsi transformé sera perçu sur le capital *nominal* de chaque action émise. C'est seulement quand il n'y a pas ce capital nominal exprimé que le droit est perçu, soit au comptant, soit par abonnement, sur le capital réel déterminé par la déclaration des parties (art. 14 et 22).

Le législateur a eu ses raisons pour préférer le capital nominal au capital réel. Le rapporteur de la loi du 5 juin 1850 les a fait connaître en ces termes : « Comme c'est la circulabilité, a-t-il dit, que l'on veut atteindre indirectement, il n'y a aucun inconvénient à admettre, en cette matière, le système anglais, qui consiste à calculer le droit sur l'importance de la *somme portée au titre* et sur la durée de ce titre. Le droit portera-t-il sur le capital nominal ou sur le capital réel? La commission préfère le capital nominal. Ce mode rendra plus facile la perception du droit et se renfermera davantage dans les règles relatives à l'enregistrement. On a fait remarquer que souvent le capital n'était pas réalisé au moment de l'émission de l'action et qu'alors on percevait un droit sur un capital qui n'était pas réel et qui ne se transmettait pas par la cession de cette action. A cela deux réponses. La première est puisée dans les lois existantes. En principe, le droit d'enregistrement est perçu sur l'obligation quoique la somme ne soit pas versée. Il suffit qu'il y ait promesse de la remettre à une époque déterminée. La deuxième découle des principes généraux de la cession : sans doute, on ne cède pas le capital qui n'est pas versé, mais on cède les droits qui y sont attachés et qui se calculent en raison de ce capital. » La valeur imposable c'est donc la valeur mise en circulation.

Ainsi il a été jugé que des actions émises à 270 francs et remboursables à 500 francs par voie d'amortissement sont sujettes au droit sur 500 francs : « Attendu, que le remboursement auquel a droit chaque délégataire, constitue le capital nominal de son titre, devant servir de base à la perception du droit de timbre; que le mode de ce remboursement et ses chances aléatoires sont sans importance pour la perception de ce droit de timbre » (Cass. 10 juin 1874, 3858 R.P.).

Il a été aussi jugé que si des actions amorties sont reconstituées au capital de 500 francs chacune moyennant le versement de 350 francs par titre, le droit est dû sur 500 francs par action et non pas sur le capital seul, puisque le capital seul est exprimé (Seine 27 déc. 1861, 17465 J.E.).

**15330. Payement du droit.** — L'avance des droits de timbre est faite par la compagnie, quels que soient les statuts (L. 5 juin 1850, art. 14).

Le payement est effectué au bureau du timbre extraordinaire placé au chef-lieu du département, sauf lorsque l'application du timbre est remplacée par une insertion au *Journal officiel* et que le siége de la société n'est pas au chef-lieu du département, auquel cas on admet la société à se libérer au bureau dans le ressort duquel est le siége social.

**15331. Actions étrangères.** — La loi du 5 juin 1850 n'avait pas parlé des actions émises par les sociétés étrangères. Mais un décret du 14 mars 1851 (1877 I. G., 14336 J. N.), décida que les titres ou certificats d'actions émis en pays étranger par des sociétés ou compagnies créées et gérées à l'étranger pourraient, jusqu'au 1er juillet 1851, être admis au timbre extraordinaire à Paris et au visa pour timbre dans les départements sans amende, d'après le droit fixé par l'art. 1er L. 5 juin 1850, c'est-à-dire à raison de 5 centimes par 100 francs.

Cette disposition a été reproduite dans l'art. 9 L. du 23 juin 1857 portant que « les actions et obligations émises par les sociétés ou compagnies étrangères seraient soumises à des droits équivalents à ceux qui sont établis par la loi du 5 juin 1850 sur les valeurs françaises, et ne pourraient être cotées ou négociées en France qu'en se soumettant à l'acquit de ces droits ». (2104 J.E., 852 et 909 R. P.).

D'après l'art. 11 du décret du 17 juillet 1857, l'abonnement est obligatoire pour ces formules.

On trouvera donc au mot *Abonnement* les règles relatives à la perception de l'impôt.

Les actions étrangères ont été en outre assujetties aux droits de transmission et à la taxe sur le revenu.

Cette matière est régie par une législation spéciale que nous avons exposée au mot *Étranger*.

1. NATIONALITÉ. — Quant à la question de savoir à quels caractères on distingue la société française de la société

étrangère, elle a été discutée et résolue au mot *Droit de transmission*.

**15332. Sociétés dissoutes ou en liquidation.** — Les titres d'une société dissoute ou mise en liquidation avant la loi de 1850 ont cessé d'avoir le caractère négociable, puisqu'elles ne s'appliquent même plus à un droit incorporel. Elles cessent donc d'être régies par le tit. 2 L. 5 juin, sauf l'application, s'il y a lieu, des lois antérieures ou des principes généraux de l'impôt du timbre, lorsqu'il est fait usage de ces titres (Dél. 17-24 déc. 1850, 15094-4 J.E.).

**15333. Renouvellement de titre.** — L'art. 17 dispose que le titre ou certificat d'action délivré par suite de transfert ou de renouvellement doit être timbré à l'extraordinaire, ou visé pour timbre *gratis*, s'il est justifié que le titre ou certificat primitif a été timbré. Il va de soi qu'il s'agit ici du certificat primitif timbré conformément à la nouvelle loi, car le renouvellement d'une action timbrée d'après les lois antérieures n'est pas dispensé du droit, ainsi que nous le verrons ci-après.

« Le renouvellement, a dit le rapporteur de la loi du 5 juin 1850, c'est la représentation du titre ancien, la délivrance d'un nouveau coupon portant le même numéro que l'action » (S. 1850 p. 37). Ainsi que l'Administration l'a reconnu plusieurs fois, le renouvellement a lieu quand on remplace par une autre formule semblable un titre détruit altéré ou hors d'usage. Il faut qu'il y ait identité de forme et de valeur entre le titre remplacé et celui qui est donné en échange, de telle sorte que le second soit la représentation du premier. S'il en est autrement, si le nouveau titre contient des conventions, des stipulations qui ne se trouvent pas dans l'ancien, il n'y a pas de renouvellement, il y a substitution d'un titre à un autre, et par conséquent, création d'un nouveau titre.

« Le renouvellement, porte un jugement du tribunal de Rouen, du 29 janvier 1872, est la confection d'un titre nouveau que la société doit donner en échange d'un ancien titre, soit que cet ancien titre ait été perdu, lacéré ou mis hors de service pour cause de maculation, de vétusté ou autre motif » (29 janv. 1862, 2288-7 I. G.).

Ainsi, il a été reconnu que le renouvellement consiste dans la délivrance d'un titre nouveau que la même société donne en échange d'un ancien titre hors d'usage. Le titre nouveau doit être de même forme et de même valeur que celui qu'il est destiné à remplacer (D. m. f. 13 août 1851, 15249-3 J. E.).

Par conséquent, si une compagnie émet des titres particuliers en représentation de coupons d'actions détachées des titres d'actions et qu'elle a reçu en payement, ces titres nouveaux ayant leur forme spéciale et leur valeur particulière ne sont pas des renouvellements dans le sens de la loi du timbre (Cass. 10 juin 1874, 3858 R. P.).

1. ACTIONS DE JOUISSANCE. — Il a été décidé à cet égard, contrairement à l'avis du J. E. (15870-2), que les actions de jouissance délivrées en remplacement d'actions de capital amorties et frappées du droit de timbre ne donnaient pas lieu à un nouvel impôt (Sol. 29 juill. 1858 et 21 mars 1862). On a considéré sans doute que ce changement affecte seulement la forme du titre et laisse subsister dans leur intégrité les droits des souscripteurs; en d'autres termes, il n'y a pas création d'une valeur nouvelle.

Mais si les actions de jouissance étaient reconstituées en actions de capital moyennant le versement d'une somme, il y aurait création sur titre nouveau passible d'un nouveau droit de timbre.

2. TRANSFERT. — L'art. 17 L. 5 juin 1850 est encore applicable au cas où une action déclarée au nom d'un individu passe à un autre, et au cas où une action nominative est convertie en action au porteur et réciproquement.

3. ACTIONS PROVISOIRES. — Il en est de même lorsque les actions provisoires assujetties au timbre proportionnel sont remplacées par des actions définitives.

4. MODIFICATIONS DE STATUTS. — Ou lorsque le changement a pour cause la modification des statuts sociaux sans qu'il y ait d'ailleurs aucun changement dans le capital du titre.

5. CHANGEMENT DE VALEUR. — Mais le droit devient exigible dès que le renouvellement change la valeur même de l'action, parce qu'alors l'ancien capital disparaît et se trouve remplacé par un nouveau qui n'a pas encore acquitté l'impôt. C'est ce qui a lieu d'abord quand une société se dissout pour se reconstituer immédiatement sur de nouvelles bases. Il n'y a aucune identité légale entre les personnalités des deux entreprises et le droit payé pour la première n'en dispense pas la seconde (Sol. 24 sept. 1863).

**15334. Transformation de société.** — Il en est de même lorsque la société change complétement de nature, par exemple qu'une société en nom collectif ou en commandite se transforme en société anonyme. — V. *Abonnement* et *suprà* n° 15174.

**15335. Souscription. — Délivrance.** — Il a été jugé que le certificat remis au souscripteur d'actions ou d'obligations pour lui permettre de se faire délivrer ultérieurement les titres attribués n'est pas un renouvellement de ces titres déjà timbrés et doit acquitter un droit de timbre particulier (Seine 31 août 1872, 3602 R. P.; — Cass. 11 avr. 1876, 4368 R. P.). — *V.* 15326.

Mais on ne peut pas assimiler à un certificat de l'espèce le bordereau dressé, soit par le chef d'une gare soit par l'acheteur d'obligations à émettre, à l'appui du versement des fonds. La demande d'achat est une pièce d'ordre et le reçu est passible du droit de 10 cent. (Sol. 22 oct. 1877, 20610 J. E.).

**15336. Conversion. — Titre remplacé.** — Mais on a décidé que les certificats remis aux détenteurs de titres qui les déposent pour en obtenir la conversion ou pour réclamer la délivrance d'une nouvelle feuille de coupons sont la représentation des titres déposés et sont exempts du timbre (Seine 31 août 1872, 3602 R. P.; — Cass. 11 avr. 1876, 4368 R. P.).

**15337. Prorogation de société.** — Lorsqu'une société qui a continué ses opérations après l'époque fixée pour sa dissolution déclare ensuite se proroger et renouvelle alors les titres de ses actionnaires, on pouvait soutenir qu'il se forme alors une société nouvelle distincte de la première et que les prétendus renouvellements sont des titres nouveaux sujets à un droit particulier.

C'est l'idée qui avait été d'abord exprimée dans la préparation de la loi (Rapport des 27 janv. et 1er oct. 1849). Mais il n'y a pas été donné suite et le seul cas où le renouvellement de la société motive l'application d'un nouveau droit est celui qui a été prévu par l'art. 26 L. 5 juin 1850.

Dans le cas de renouvellement d'une société ou compagnie constituée pour une durée n'excédant pas dix ans, et dont les actions n'auraient subi, par ce motif, que le droit de 50 centimes pour 100, au lieu du droit de 1 pour 100 fixé par l'art. 14 pour les sociétés dont la durée doit dépasser dix ans, les certificats d'actions doivent être de nouveau soumis à la formalité du timbre.

Par conséquent le renouvellement de toute société créée pour plus de dix ans ne donne lieu à aucun droit.

**15338. Extension de capital.** — Si la société, sans émettre des actions nouvelles, augmente son ancien capital, de façon que les titres remis aux souscripteurs représentent une valeur plus considérable que celle sur laquelle le droit a été primitivement liquidé, il est dû un droit supplémentaire exigible d'après la loi en vigueur au moment où l'action a été augmentée (Sol. 12 oct. 1853).

e même, si le capital d'une société fixé d'abord à 30 millions s'est ensuite trouvé réduit à 24 millions, puis est porté à 40 millions, le droit supplémentaire n'est dû que sur 10 millions, sans tenir compte de la réduction temporaire éprouvée par le capital (Sol. 7 oct. 1862).

e tribunal de la Seine a reconnu, dans cet ordre d'idées, le 2 décembre 1861 (17465 J. E.) que quand des actions amorties ont été reconstituées au profit d'actionnaires moyennant un versement inférieur au capital nominal, c'est cependant sur ce capital et non sur le montant du versement que le droit de timbre doit être perçu, attendu que, d'après l'art. 14 le droit se calcule en effet, non sur le capital réel, mais sur le capital nominal.

Nous ne pouvons, sur ce point encore, que renvoyer aux explications données au sujet de la perception des droits d'abonnement, — V. *Abonnement*.

**15339. Distinction entre l'action et l'obligation.** — Il ne faut pas confondre les *actions* dans les sociétés ou compagnies avec les *obligations* que ces compagnies émettent dans certains cas pour se procurer les fonds dont elles ont besoin. Ces obligations sont les titres d'emprunt faits à des tiers étrangers à la société. Ce sont de véritables billets ou obligations, soit nominatives, soit au porteur, dont le capital est déterminé, et qui obligent la société qui les a émises à en rembourser le montant intégral, aux époques et aux conditions stipulées dans l'acte portant émission de l'emprunt. Cette distinction entre les actions proprement dites et les obligations des compagnies ou sociétés d'actionnaires est importante pour l'appréciation des difficultés auxquelles la perception des droits sur ces actes peut donner lieu.

Les obligations souscrites à partir du 1er janvier 1851, sous quelque dénomination que ce soit, dont la cession pour être parfaite à l'égard des tiers n'est pas soumise aux dispositions de l'art. 1690 C. C., sont assujetties au timbre proportionnel de 1 pour 100 du montant du titre. L'avance en est faite par les compagnies et la perception suit les sommes et valeurs de 20 francs en 20 francs inclusivement sans fraction (art. 27 L. 25 juin 1850).

Les titres sont tirés d'un registre à souche. Le dépositaire est tenu de les communiquer aux préposés de l'enregistrement selon le mode prescrit par l'art 54 L. 22 frimaire an 7. et sous peines y énoncées (art. 28 *Ibid.*).

Toute contravention à l'art. 27 et au premier paragraphe de l'art. 28 est passible d'une amende de 10 pour 100 du montant du titre contre les sociétés (art. 29).

La plupart des règles applicables aux actions gouvernent aussi le timbre des obligations. On trouvera sous les nos 7383 et suiv. les dispositions particulières que présente cette perception.

**15340. Registre à souche.** — Les titres et certificats d'actions doivent être, sous l'empire de la nouvelle loi, tirés d'un registre à souche; et le timbre doit être apposé sur la souche et le talon (art. 16). « On a pensé, dit le rapporteur de la loi, que cette mesure donnerait à la loi une véritable efficacité et au Trésor une garantie contre la fraude » (1873, 15355-1 I. G.).

Les actions délivrées en renouvellement de titres émis avant le premier janvier 1851 doivent être, comme les autres, tirées d'un registre à souche. La raison est, en effet, la même: c'est le seul moyen de permettre à l'Administration de s'assurer de l'exécution de la loi (D. m. f. 13 mars 1852).

**15341. Plusieurs registres.** — Il ne paraît d'ailleurs qu'une société puisse avoir plusieurs registres à souche destinés chacun à une catégorie particulière de titres et contenant plus de formules que celles dont l'émission doit avoir lieu. Les titres timbrés ne doivent jamais, en effet, excéder le capital émis.

**15342. Absence d'émission.** — Il n'est pas besoin d'ajouter que si la société n'émet pas de titres négociables, elle est affranchie de l'obligation du registre à souche.

**15343. Communication.** — Le dépositaire du registre à souche est tenu de le communiquer aux préposés de l'Administration, selon le mode prescrit par l'art. 54 L. 22 frimaire an 7 (L. 5 juin 1850, art. 16).

Cette disposition a été reproduite et complétée par le règlement d'Administration publique du 17 juillet 1857 rendu pour l'exécution de la loi du 23 juin précédent sur le droit de transfert. La communication s'étend aujourd'hui au registre et à tous autres documents relatifs aux transferts ou conversions. Le refus de la compagnie est puni d'une amende de 100 à 5,000 francs. — V. *Droit de transmission*.

Ce droit de communication s'applique aux registres à souche des actions émises en renouvellement de titres antérieurs au 1er janvier 1851. L'intérêt de l'Administration à contrôler la perception est le même qu'à l'égard des actions ordinaires.

Mais il ne s'étend pas au registre à souche duquel ont pu être extraites les actions émises avant le 1er janvier 1851. En décidant que le droit sera perçu, dans ce cas, sur la représentation du registre à souche, l'art. 20 L. 5 juin 1850 ordonne une simple mesure de perception qui peut être suppléée par des équipollents et dont l'inobservation n'est d'ailleurs punie par aucune amende.

Il ne s'étend pas non plus au *livre-journal* et autres registres de la même nature tenus par la société.

**15344. Application du timbre.** — Le mode d'application du timbre varie selon qu'il s'agit de droit au comptant ou de droit par abonnement.

Les actions et les obligations pour lesquelles le droit est payé au comptant sont timbrées à l'atelier général à Paris et reçoivent l'empreinte d'un timbre noir et d'un timbre sec employé pour les effets de commerce et les lettres de voiture (Déc. 27 juill. 1856, rendu pour l'exécution de la loi du 5 juin 1850).

Les formules à timbre sont remises en feuilles détachées contre payement du droit au receveur du timbre extraordinaire du chef-lieu de département qui les transmet par la poste de l'atelier du timbre et les reçoit par la même voie (*Idem.* art. 4).

1. MODE DE PERCEPTION. — Le droit de timbre est donc payé d'avance par la société au moment où elle requiert la formalité du timbrage par le dépôt des titres au receveur du timbre.

La liquidation de ce préposé est soumise à la révision des agents de contrôle de l'atelier général et s'il est reconnu qu'elle a été insuffisante, la société doit acquitter le supplément de droit avant de reprendre ces titres. Elle ne pourrait même pas déclarer qu'elle renonce au timbrage; car, dès sa réquisition, le droit a été définitivement acquis au Trésor (Cass. 13 juin 1864, 2288-7 I. G., 1922 R. P., S. 64-1-364).

« Attendu, porte cet arrêt, que la présentation au timbre des actions d'une société, en exécution de la loi du 5 juin 1850, implique l'obligation d'acquitter intégralement l'impôt proportionnel auquel cette formalité donnera lieu ; qu'après la réquisition de cette formalité et le versement en la caisse du préposé des droits inexactement liquidés par celui-ci, on ne peut, sous le prétexte d'une réquisition tacitement conditionnelle et subordonnée à la suffisance de la perception, exiger la restitution ni des formules d'actions non encore revêtues du timbre, ni des droits alors perçus ; que, d'une part, en effet, la restitution d'un impôt régulièrement perçu et porté en recette ne saurait être ordonnée qu'en vertu d'une disposition de loi, qui n'existe pas dans l'espèce ; que, d'autre part, d'après les dispositions des art. 1er, 3 et 4 Déc. 23 juillet 1850, combinées avec celles de la loi du 5 juin précédent, le timbre à apposer est toujours indicatif du droit légalement dû et ne doit être apposé qu'à la condition de payement préalable de l'intégralité de ces droits. »

**15345. Abonnement.** — Lorsque les titres acquittent le droit par abonnement, ils sont frappés au chef-lieu du département où l'abonnement a été souscrit et, après cet abonnement, d'un timbre portant : « action-abonnement » ou « obligation-abonnement. » Le timbre est placé sur la souche et sur le talon. Dans l'exergue du timbre d'abonnement de la Seine on place le mot « Seine. » Pour les autres départements, la griffe portant le nom du département continue d'être appliquée, conformément à l'art. 10 de l'arrêté du Gouvernement du 7 fructidor an 10 (Déc. réglement. 27 juill. 1856, art. 5 et 6).

La griffe ayant été supprimée dans les départements (Déc. 8 oct. 1864) et remplacée par un numéro ou signe particulier (2296 I. G.), la disposition dont il s'agit ne s'exécute plus.

1. SOUCHE ET TALON. — Le timbre doit être apposé sur la souche et sur le talon (L. 5 juin 1850, art. 16). Cette disposition est spéciale aux actions. Cependant il n'est pas douteux qu'elle s'applique aussi aux obligations (Déc. 27 juill. 1860, art. 4).

**15346. Renouvellement. — Timbrage gratis.** — Les titres en renouvellement qui sont dispensés d'un nouveau droit de timbre doivent cependant être revêtus du timbre extraordinaire ou du visa gratis. C'est le seul moyen d'éviter que l'on mette en circulation des titres qui n'auraient pas été assujettis au timbre et de reconnaître ceux qui seraient en contravention (*Moniteur* du 5 juin 1850, p. 1931).

Le visa gratis a lieu si le titre primitif a été revêtu du timbre de 50 centimes ou de 1 pour 100 établi par l'art. 14. Si ce titre primitif a été timbré par abonnement ou si, pour tenir lieu de l'empreinte du timbre, ce titre a été l'objet d'une mention d'abonnement au *Journal officiel*, c'est le timbre d'abonnement sans frais qui est apposé (1873 I. G.).

Le visa gratis peut avoir lieu dans tous les bureaux (Sol. 29 oct. 1863).

Les empreintes apposées sur les formules d'actions remplacées par des titres émis en renouvellement doivent être maculées (L. 5 juin 1850, art. 17, Sol. 26 avr. 1864).

**15347. Visa pour timbre.** — Lorsque des actions émises en contravention depuis le 1er janvier 1851 sont présentées dans un bureau de canton, elles peuvent y être revêtues du visa pour timbre, lequel doit être alors placé sur la souche et sur le talon, s'il existe un registre à souche représenté au receveur.

**15348. Cessions réglées par l'article 1690 du Code civil.** — Comme c'est sur la facilité et les avantages de la négociation et sur une assimilation complète entre le billet à ordre et l'action, que la loi du 5 juin 1850 a fondé la proportionnalité dans le nouvel impôt du timbre pour l'action, impôt auquel doit se lier d'une manière intime celui de l'enregistrement, tout ce que nous avons à dire ci-après sur cette loi, par rapport aux actions, ne s'applique nullement aux actions dont la cession n'est parfaite, à l'égard des tiers, qu'au moyen de la signification de la cession au débiteur, ou qu'après son acceptation donnée par acte authentique, ainsi que l'exige l'art. 1690 C. C. C'est ce que porte expressément l'art. 25 de la loi de 1850. Ainsi, ces titres restent soumis, comme par le passé, au timbre de dimension (art. 12 L. 13 brum. an 7), et au droit d'enregistrement établi par l'art. 69 § 2 n° 6 L. 22 frimaire an 7.

1. ACTIONS TRANSMISSIBLES PAR ACTE NOTARIÉ. — Dans cet ordre d'idées, il a été reconnu par le tribunal de Valenciennes, le 11 juin 1862, que, quand les actions d'une société civile sont stipulées transmissibles par acte authentique ou par acte sous seing privé déposé en l'étude d'un notaire, le droit de timbre exigible est celui de dimension : « Attendu qu'une société ainsi constituée n'est soumise ni aux prescriptions, ni aux pénalités de la loi de 1850 » (1639 R. P.).

**15349. Actions dispensées du timbre.** — L'art. 25 veut encore que les dispositions de la nouvelle loi ne s'appliquent pas aux actions qui ont été dispensées du timbre par une disposition de loi.

**15350. Contravention.** — Après avoir, dans l'art. 16, prescrit des mesures préventives de la fraude, le législateur devait établir des mesures répressives. Elles ont fait l'objet des art. 18 et suiv. D'après l'art. 18, toute société, compagnie ou entreprise qui sera convaincue d'avoir émis une action en contravention à l'art. 14, ou non tirée d'un registre à souche revêtu du timbre, est passible d'une amende de 12 pour 100 du montant de cette action.

Si des documents découverts par l'Administration prouvent que des actions ont été émises sans qu'on puisse justifier par leur représentation qu'elles n'ont pas été timbrées, l'amende encourue est celle qui s'applique à l'émission de titres non tirés d'un registre à souche.

1. AGENT DE CHANGE. — COURTIER. — D'après l'art. 19, tout agent de change ou courtier qui a concouru à la cession ou au transfert d'un titre ou certificat d'action non timbré est passible d'une amende de 10 pour 100.

Il ne semble pas qu'il y ait de distinction à faire, pour l'application de cet article, entre les titres émis depuis le 1er janvier 1851 et ceux qui ont été émis antérieurement.

2. APPLICATION DU TIMBRE. — Chaque contravention aux dispositions du règlement d'administration publique qui détermine le mode d'application du timbre sur les titres donne lieu à une amende de 50 francs (L. 5 juin 1850, art. 23). — Cette amende ne saurait être étendue au retard de payement du droit de timbre des actions (Vannes 31 août 1874, 3938 R. P.).

**15351. Communication.** — La loi a donné à l'Administration plusieurs moyens de s'assurer l'exécution de ses prescriptions. Ainsi, le dépositaire du registre à souche d'où sont tirées les actions doit le communiquer au préposé de l'enregistrement selon le mode prescrit par l'art. 54 L. 22 frimaire an 7 et sous les peines y énoncées (art. 16 L. 5 juin 1850). Ces dispositions ont été complétées depuis par la loi du 23 juin 1857. — V. *Droit de transmission.*

**15352. Restitutions. — Prescriptions.** — Nous avons exposé, au mot *Abonnement*, les principes qui gouvernent la restitution et la prescription des droits établis par la loi du 5 juin 1850.

Le lecteur voudra bien s'y reporter.

**15353. Actions non soumises à la loi de 1850.** — Les pénalités applicables aux actions non régies par la loi du 5 juin 1850 sont celles du droit commun.

Les actions étant considérées comme assujetties au timbre de dimension, l'amende pour défaut de timbre serait aujourd'hui de 50 francs par titre (L. 2 juill. 1862, art. 22, 2225 I. G.).

## SECTION 2. — ACTIONS ÉMISES AVANT LE 1er JANVIER 1851 [15354-15362]

**15354. Délai et quotité du droit.** — L'art. 20 L. 5 juin 1850 a accordé un délai de six mois pour faire timbrer à l'extraordinaire ou viser pour timbre sans amende les titres ou certificats d'actions qui avaient été délivrés antérieurement au 1er janvier 1851, en contravention aux lois existantes.

Le droit proportionnel à percevoir sur les titres soumis à la formalité a été de 5 centimes par 100 francs, et ce droit a dû être calculé, d'après une D. m. f. 13 décembre 1850 (15094-3 J. E., 14375 J. N.), sur le capital nominal et non sur la valeur actuelle.

A défaut de capital nominal, le droit est dû sur le capital réel dont la valeur est déterminée par les lois sur l'enregistrement (arg. des art. 14, 20 et 21).

Le droit de 5 centimes par 100 francs ne doit pas être calculé sur le capital réuni de toutes les actions délivrées par une compagnie, mais sur le capital de chaque action prise isolément (Sol. 25 fév. et 7 juill. 1851).

On ne doit pas avoir égard aux réductions qui n'ont pas été régulièrement opérées dans le nombre et le capital des titres (D. m. f. 13 déc. 1850, 15094-3 J. E.).

**15355. Renouvellement.** — L'art. 21 prévoit le cas où les titres et certificats d'action émis en contravention antérieurement au 1er janvier 1851 viendraient à être renouvelés, et il veut que les renouvellements restent assujettis au droit de timbre, tel qu'il a été déterminé par l'art. 20, c'est-à-dire de 5 centimes par 100 francs. — V. 15387.

« Ainsi, porte l'I. G. 1873 n° 3, pour ces actions, le droit de timbre soit proportionnel, soit de dimension, qui aurait été perçu, en vertu de la législation antérieure, sur le titre primitif, ou le droit de timbre proportionnel qui aurait été payé en exécution de l'art. 20 de la nouvelle loi, ne dispensera pas les compagnies de l'obligation de faire timbrer le titre ou certificat délivré en renouvellement du titre d'une action émise antérieurement au 1er janvier 1851, ni d'acquitter le droit de 5 centimes pour 100 (V. *Contrà*. Champ. et Rig. *Suppl.* 131). L'exemption des droits de timbre accordée par l'art. 17 de la loi aux renouvellements de titres primitivement *timbrés* ne peut s'appliquer aux actions qui ont acquitté des droits inférieurs à ceux de la loi nouvelle » (1873-2 I. G., D. m. f. 18 nov. 1850, 15069-2 J. E.).

1. SURTAXE.—L'art. 20 ayant assujetti les renouvellements dont il s'agit au droit de 5 centimes par 100 francs, conformément à l'art. 1er de cette loi (qui a rapport aux effets de commerce), on a prétendu qu'au point de vue du tarif il y avait lieu d'assimiler à ces effets les titres renouvelés et de leur appliquer l'augmentation du droit établi pour les effets de commerce par la loi des 23 août 1871 et 19 février 1874. Cette prétention a été repoussée par le tribunal de la Seine le 24 janvier 1874 : « Attendu qu'il résulte de la discussion de la loi de 1850 que les mots « conformément à la loi » n'ont été introduits dans l'art. 20 que dans l'unique but de soumettre au timbre de 5 centimes les titres de 100 francs à 1,000 francs; qu'au point de vue de l'impôt, il existe entre les actions et les effets de commerce des différences essentielles; enfin que la loi de 1850 a également frappé du timbre proportionnel de 5 centimes pour 100 les effets de commerce et les actions anciennes, elle n'a pas décidé qu'à l'avenir toute modification apportée à ce tarif à l'égard des effets de commerce serait de plein droit et sans une disposition expresse qui n'existe pas dans la loi de 1871, applicable aux actions » (3895 R. P.).

Ces titres renouvelés ne sont donc assujettis qu'au double décime.

2. AUGMENTATION DE CAPITAL.—Ici encore, il ne faut pas confondre le renouvellement proprement dit, c'est-à-dire la remise d'un titre destiné à remplacer celui qui est perdu ou est devenu hors d'usage, avec le renouvellement qui provient d'une transformation de la société ou d'une novation dans son capital. Ce que nous avons dit précédemment pour les actions émises après le 1er janvier 1851 trouve son application directe aux titres émis antérieurement. Ces prétendus renouvellements constituent des actions nouvelles sujettes au droit ordinaire de 50 centimes ou de 1 pour 100 et non pas seulement de 5 centimes pour 100. Sur ce point, une D. m. f. 17 septembre 1852 a reconnu que le droit de timbre des titres que la Compagnie du chemin de fer de Paris à Orléans s'était obligée de délivrer aux anciens actionnaires des Compagnies fusionnées du Centre, d'Orléans à Bordeaux, de Tours à Nantes, en échange de leurs titres primitifs émis avant le 1er janvier 1851, était celui de 5 centimes par 100 francs. Mais le droit ordinaire serait incontestablement exigible s'il y avait une augmentation de capital.

**15356. Société dissoute.** — Les actions perdent, à la dissolution de la société, le caractère de meubles que leur confère exceptionnellement l'art. 529 C. C., *tant que dure la société*. Par conséquent, ces actions cessant d'avoir le caractère négociable ou d'effet de commerce, lorsque la société est dissoute, on n'a pu, si cette dissolution était arrivée antérieurement à la promulgation de la loi du 5 juin 1850, les assujettir au droit de timbre déterminé par cette loi (Sol. 17 déc. 1850, 15094-4 J. E., 14375 J. N.).

**15357. Actions amorties, etc.** — Mais il n'en est pas de même des actions créées avant la loi de 1850 et qui sont amorties ou qui rentrent dans le portefeuille de la société après cette époque. Ces causes d'extinction des titres n'empêchent pas les actions d'avoir existé sous l'empire de la loi nouvelle. Or, au moment ou cette loi est devenue exécutoire, les titres aujourd'hui éteints sont tombés sous l'application du droit de timbre, et, comme l'exigibilité de cet impôt ne dépend pas des réductions du capital ou de la mutation postérieure du certificat, rien ne peut dispenser les titres amortis ou recouvrés de la taxe ordinaire (D. m. f. 13 déc. 1850, Sol. 23 déc. 1850). Le même principe a été appliqué à la perception du droit d'abonnement.

**15358. Comptoir d'escompte.** — Les comptoirs d'escompte, malgré leur caractère d'utilité générale, ne constituent pas des établissements publics de bienfaisance dont les titres ne seraient pas sujets au droit de timbre fixé par les art. 20 et 22 de la loi de 1850. Ce sont de véritables compagnies, et on ne peut induire de l'exception des droits d'enregistrement accordée à leur acte de société par le décret du 5 juin 1850, que les titres et certificats de ces comptoirs soient dispensés du timbre (Sol. 5 avr. 1851).

**15359. Banque de France.** — Un règlement du ministre des finances du 9 octobre 1851 a arrêté, pour le renouvellement des titres de la Banque : 1° que la Banque de France payerait, sur un état certifié au bureau de timbre à Paris, le droit proportionnel des certificats délivrés aux nouveaux possesseurs par suite de mutations, de transferts au taux fixé par les art. 20 et 21 L. 5 juin 1850 et dont chacun d'eux serait revêtu de la mention *compte courant avec le Trésor*; — 2° que les nouveaux certificats délivrés aux anciens possesseurs constatant le nombre des actions provenant d'un d'un titre antérieur et conservées par eux resteraient, comme par le passé, assujettis au timbre de dimension et qu'il en serait de même pour les actions qui ne changent pas de propriétaires, mais qui sont transférées des registres de la Banque de France sur ceux d'une succursale et réciproquement.

D'après le même principe, le ministre des finances a décidé que les certificats de transfert d'ordre d'actions de la Banque délivrés aux agents de change ne devaient être assujettis qu'au droit de timbre de dimension. La cession d'une action de la Banque donnant lieu à deux transferts, le premier au nom de l'agent de change et le dernier au nom de l'acheteur, il a paru que la délivrance du premier certificat était une simple mesure d'ordre (D. m. f. 27 janv. 1852).

Lorsque la Banque a doublé ses actions en 1857 (L. 9 juin 1857) elle a souscrit un abonnement pour les actions nouvelles. Mais les anciennes continuent à être régies par l'ancienne décision et elles ne peuvent être transférées d'un titulaire à un autre sans payement d'un droit de timbre de 50 centimes pour la nouvelle formule. Comme les transferts comprennent souvent des actions des deux origines et que la liquidation du droit donnait lieu à des difficultés, le ministre des finances a décidé, de concert avec la Banque, que le droit serait payé dans tous les cas sur la moitié des actions sans distinction d'origine et qu'en cas de nombre impair le droit sera payé pour deux titres (D. m. f. 14 oct. 1857).

**15360. Apposition du timbre.** — On comprend que pour les actions émises avant le 1er janvier 1851, il eut été matériellement impossible d'en exiger la représentation de tous les détenteurs afin d'y apposer le timbre dans le délai de six mois imparti pour l'accomplissement de cette formalité. L'art. 20 L. 5 juin 1850 a décidé alors que le droit serait perçu sur la représentation du registre à souche constatant la délivrance du certificat et que l'avis officiel de l'acquittement du droit, inséré au *Journal officiel*, équivaudrait à l'apposition du titre.

L'article précédent n'avait statué qu'à l'égard des actions à timbrer au comptant, et l'art. 22 réservait au règlement d'administration publique le soin de faire connaître le mode de timbrage applicable aux actions dont le droit pouvait être payé par abonnement. Mais le court délai pendant lequel cet abonnement devait être souscrit ne permettait pas au règlement d'intervenir et l'Administration a reconnu qu'il convenait d'adopter la mesure prescrite pour les titres à timbrer au comptant c'est-à-dire de percevoir le droit sur la déclaration d'abonnement, puis de mentionner le payement au *Journal officiel*.

L'indication des sociétés abonnées ou autres dont les titres ont reçu le timbrage par l'insertion au *Journal officiel* se trouve dans une série de circulaires adressées par l'Administration à ses agents les 10 octobre et 10 décembre 1850, 16 janvier, 21 et 31 mars, 15 avril, 6 juin, 4 septembre et 20 décembre 1851 et 25 novembre 1853.

Les insertions qui ont eu lieu pour les titres des sociétés étrangères, conformément à l'art. 11 Déc. 17 juillet 1857, ont été notifiées par les circulaires des 9 juillet 1860 et 16 novembre 1865.

1. RENOUVELLEMENT. — Les dispositions qui précèdent, nécessitées par les circonstances, ne sauraient être étendues au delà des hypothèses formellement prévues par la loi. Ainsi, on ne pourrait en invoquer le bénéfice pour les renouvellements de titres émis avant le 1er janvier 1851 et auxquels s'est appliqué le timbrage par l'insertion au *Journal officiel*. Ces renouvellements, ayant eu lieu depuis la mise à exécution de la loi du 5 juin 1850, doivent être soumis au timbrage sur le titre même et sur le talon (D. m. f. 5 mai 1851, 15279-6 J. E., Dél. 23 fév. 1852).

**15361. Contravention.** — La société, compagnie ou entreprise qui n'a pas fait timbrer ses actions dans le délai de six mois se trouve, d'après le même art. 20, aujourd'hui passible de l'amende de 12 pour 100 déterminée par l'art. 18, et l'agent de change ou le courtier qui concourt à la cession ou au transfert d'un titre ainsi non timbré encourt, aux termes de l'art. 19, une amende de 10 pour 100.

**15362. Conversion.** — Les conversions de titres donnent lieu à la délivrance de nouveaux certificats d'actions ou d'obligations. La question de savoir si ces nouveaux certificats sont dispensés du droit de timbre a été agitée à l'occasion de l'application de la loi du 23 juin 1857 sur le droit de transfert. On en trouvera la solution au mot *Droit de transmission*.

# CHAPITRE II. — ENREGISTREMENT

[15363-15400]

## SECTION PREMIÈRE. — DES SOCIÉTÉS ORDINAIRES

[15363-15389]

**15363. Transition.** — La société donne naissance à un être moral qui possède personnellement la propriété des biens de la masse. Tant que cet être moral subsiste, les associés n'ont qu'un droit incorporel mobilier, auquel on donne le nom d'intérêt ou d'action.

Ces valeurs spéciales se classent dans deux catégories très-différentes : ou bien elles sont représentées par des titres spéciaux émis par les sociétés et connus sous le nom *d'actions* ; ou bien elles n'ont donné lieu à aucune délivrance de l'espèce et elles consistent uniquement dans le droit incorporel résultant des stipulations du contrat.

Nous avons exposé ailleurs, en parlant du *droit de transmission*, la nature et le caractère de ces deux sortes d'actions. Nous nous sommes occupé alors tout spécialement des *titres* d'actions au point de vue de l'enregistrement et du droit de transmission auquel ils sont soumis depuis la loi du 23 juin 1857. Il nous reste à parler maintenant des parts d'intérêt ou des actions ordinaires pour indiquer les règles qui gouvernent la perception des droits d'enregistrement auxquels leur cession donne ouverture.

**15364. Tarif.** — La loi du 23 juin 1857, il ne faut pas le perdre de vue, s'applique exclusivement aux actions qui sont représentées par des titres ou des certificats émis en exécution de ses dispositions. Quand il n'y a pas eu émission de titres, les cessions ou transports des droits de l'associé retombent sur l'application des principes du droit commun.

L'art. 69 § 5 n° 1er L. 22 frimaire an 7 soumet au droit de 2 pour 100 les adjudications, ventes, cessions de meubles, récoltes sur pied, coupes de bois et autres objets mobiliers généralement quelconques.

Les actions ou intérêts dans les sociétés, constituant des biens mobiliers (art. 529 C. C.), tomberaient directement, et dans tous les cas, sous l'application de ce tarif si la loi de l'an 7 ne renfermait la disposition suivante : « Sont sujets au droit de 50 centimes pour 100 les billets à ordre, les cessions d'actions et coupons d'actions mobilières des compagnies et sociétés d'actionnaires et tous autres effets négociables de particuliers ou de compagnies » (art. 69 § 2 n° 6).

La combinaison de ces deux textes a beaucoup embarrassé l'Administration et elle a produit dans la jurisprudence une controverse qui est à peine terminée.

**15365. Cession à des tiers.** — L'Administration avait pensé, dans le principe, que le bénéfice de l'art. 529, qui veut que les actions dans les sociétés possédant des immeubles soient meubles, ne devait s'appliquer qu'aux *associés*, et qu'à l'égard des tiers ces actions conservaient un caractère immobilier. Mais la Cour de cassation, par deux arrêts des 7 et 14 avril 1824 (4780 J.N., 7717 J.E., 1146 § 2 I.G., S. 25-1-18), a déclaré que la cession de ces actions, même à des tiers, n'est passible que du droit de 2 pour 100. — C'est ce qui avait également été reconnu antérieurement (5473 J.E., D. m. f. 18 déc. 1818, 7047 J.E.).

**15366. L'action diffère de l'intérêt.** — Faisant ensuite une distinction entre les cessions *d'actions* ne donnant droit qu'à un dividende et les cessions *d'intérêts* conférant un droit de copropriété dans le fonds social, l'Administration, en s'appuyant sur l'I. G. 290 § 15, avait appliqué le droit de 2 pour 100 aux dernières, réservant le droit de 50 centimes pour 100 pour les premières seulement (4951 J. E., Dél. 7 sept. 1821, 7055 J.E., Dél. 4 oct. 1826, 1205 § 2 I. G., 6075 J.N., 8592 J.E.).

Mais cette distinction n'avait rien de juridique. Elle fut nettement condamnée par un arrêt de Cass. du 8 février 1837 (1539 § 2 I. G., 3523 J.N., 11726 J.E., S. 37-1-113) que l'Administration prit aussitôt pour règle.

**15367. Actions négociables.** — Cette thèse abandonnée, on en reprit une autre qui réussit plus longtemps. L'Administration soutint que l'art. 69 § 2 n° 6, parlant dans le même contexte des actions, des billets à ordre et de tous autres effets négociables, ne s'appliquait qu'aux cessions d'actions assimilables aux effets négociables, c'est-à-dire soumis aux voies de transferts commerciaux. D'où l'on concluait que toutes les cessions ordinaires restaient soumises au droit ordinaire de 2 pour 100.

La nouvelle doctrine de l'Administration n'a jamais triomphé davantage devant la Cour suprême. Dans les deux premières affaires qui lui ont été soumises, le droit de 50 centimes pour 100 a été maintenu quoique les actions ne fussent pas négociables: « Attendu que les transferts faits par actes particuliers étaient comme les actions négociables ou transmissibles par endossements passibles de ce seul droit » (Arr. des 6 juin et 21 août 1837, 1539-2 et 1562-3 I.G., S. 37-1-489 et 1035, 9692 et 9791 J. N.). L'Administration obtint ensuite d'autres arrêts dont les considérants furent plus ou moins favorables à sa prétention (1643-1 I.G., 10807 J. N.; — 12 juill. 1842, 1683-1 I.G., 11402 J.N., S. 42-1-595); — 14 décembre 1842 (1693-1 I.G., 11530 J.N., S. 43-1-79); — et 11 janvier 1843 (1697-6 I.G., 11558 J.N., S. 43-1-317). — Mais la Cour affirma catégoriquement sa première jurisprudence dans un arrêt du 16 juillet 1845 (1755-3 I.G., 12425 J.N., S. 45-1-664) et plus tard dans celui du 3 mai 1864, ainsi conçu sur ce point : « Attendu que si le n° 1er § 5 de l'art. 69 déclare passibles du droit de 2 pour 100 les cessions de meubles et autres objets mobiliers généralement quelconques, le n° 6 § 2 du même article ne soumet qu'au droit de 50 centimes pour 100 les cessions d'actions et coupons d'actions des compagnies et sociétés d'actionnaires; qu'il est vrai que ces derniers mots sont suivis de ceux-ci : *et tous autres effets négociables de particuliers ou de compagnies*; mais qu'on ne peut en conclure qu'on ne doive appliquer le droit de 50 centimes pour 100 qu'aux actions ou coupons d'actions qui sont transmissibles par la voie de l'endossement» (1907 R.P., 12652 C., 911 Rev., S. 64-1-293).

C'est ce que nous avions enseigné nous-même en ces termes dans nos précédentes éditions : « Peu importe que ce transport s'opère par la tradition du titre, par une déclaration de transfert sur les registres de la société, ou par tout autre mode licite, sans qu'il *soit nécessaire* surtout que les actions *soient négociables* et *transmissibles par la voie de l'endossement* » (*Conf.* : Seine 19 nov. et 2 juill. 1834, 10951 et 11316 J.E.; — 6 déc. 1862, 1729 R.P., 12384 C., 540 Rev.).

**15368. Division du capital en actions.** — A quel signe fallait-il donc s'arrêter pour savoir lequel des deux tarifs il convient d'appliquer? Dans une opinion qui s'était fort accréditée en jurisprudence, on soutenait que le droit de 2 pour 100 n'est pas fait pour les cessions d'intérêts ou d'actions, mais que ces transferts, quelle que soit la nature de la forme de la valeur cédée, étaient toujours et exclusivement soumis au droit de 50 centimes pour 100. « Dès que les actions, disent Champ. et Rig., consistent dans des droits sociaux, mobiliers et cessibles, leur cession est sujette au droit de 50 centimes pour 100. Toute distinction sur ce point est arbitraire » (*Suppl.* t. 6 n° 115 [1]). Cette doctrine soulevait de sérieuses objections. On pourrait penser qu'en réduisant par voie d'exception le tarif des cessions mobilières, le législateur avait eu exclusivement en vue les actions proprement dites ou les parts d'intérêts qui y sont assimilables. Ces valeurs, à raison même de leur forme, sont appelées à une circulation bien autrement rapide que les parts d'intérêts ordinaires, et l'activité de cette circulation est la cause principale du crédit de l'entreprise. On comprend donc que la loi ait eu pour abaisser le tarif des motifs qui n'existaient pas à l'égard des parts d'intérêts, car la transmission de ces derniers s'opère difficilement, elle est même contraire à la loi primitive de l'association. D'ailleurs, la preuve que l'abaissement d'impôt se fonde sur la *circulabilité* des valeurs paraissait résulter de ce que le législateur leur applique, par voie d'analogie, le tarif des effets négociables et que la réduction du droit pour ces effets résulte incontestablement du désir d'en favoriser le transfert. Enfin, lors de la publication de la loi du 22 frimaire an 7, les sociétés par actions étaient fort rares. Comment donc admettre qu'elle ait entendu désigner par ces mots : *actions, sociétés d'actionnaires*, tous les droits sociaux et toutes les compagnies existant à cette époque? « La réduction du tarif, disait l'Administration, est limitée aux actions et coupons d'actions, en d'autres termes à ce droit incorporel des associés qui, pour employer les expressions d'un savant jurisconsulte (Troplong *Sociétés* t. 1er n° 128), est formulé dans des titres individuels dont on les rend porteurs et qui, susceptibles de négociation par vente ou autrement, représentent une valeur mobile et sont sujets à la hausse ou à la baisse qu'engendre la spéculation. Par voie de conséquence, si le même droit incorporel se rattache à un fonds social non divisé en actions, s'il se traduit sous forme de parts d'intérêts non assimilables à des actions, si, en outre, il ne peut être transmis que par les voies lentes et protectrices du

1. Cette thèse est soutenue par le *Journal des notaires* dans de nombreux articles : 7292, 8422, 8950, 10811, 10946, 11002, 12455, 13020, 13896, 18480.

Code civil, les cessions de ces parts d'intérêts rentrent dans la classe ordinaire des cessions de biens incorporels, et elles doivent être assujetties au droit proportionnel de 2 pour 100, qui est le tarif commun et général des biens meubles de toute nature » (2837 R. P.). C'est à peu près la même idée qu'exprimait en ces termes M. Demante : « Puisque le caractère distinctif de l'action est dans la facilité de la circulation, ou, comme on l'a dit, dans la *circulabilité*, on comprend pourquoi la loi fiscale a modéré le tarif, en ce qui concerne seulement *les cessions d'actions et coupons d'actions des compagnies et sociétés d'actionnaires*. Dans toute autre société, la cession d'un intérêt subit le tarif ordinaire des transmissions » (*Principes* n° 510).

La Cour de cassation a hésité quelque temps entre ces deux doctrines. Sans parler des arrêts anciens, dont nous présenterons tout à l'heure les variations, ceux qu'elle rendit sous l'impression directe de la thèse de l'Administration accusaient des divergences réelles. En effet, tandis que les uns proclamaient l'exigibilité du droit de 50 centimes pour 100 (Cass. 3 mai 1864, 1907 R.P., 12652 C., 911 Rev., S. 64-1-293 ; — 7 mars 1866, 2254 R.P., S. 66-1-173, 2355-3 I.G. ; — 6 fév. 1867, 2408 R. P., 18757 J.N., 18348 J.E., 1874 Rev., S. 67-1-135) ; — les autres consacraient, au contraire, celle du droit de 2 pour 100 (Cass. 23 mai 1863, 1082-7 I. G. ; — 8 nov. 1864, 2000 R. P., 2324-1 I. G., B. C. 163, S. 65-1-137 ; — 6 déc. 1865, 2347 § 3 I. G., 2230 R. P., B. C. 183, S. 66-1-172 ; — 7 fév. 1866, 2348 § 3 I. G., 2257 R. P., S. 66-1-263 ; — 5 déc. 1866, 2356 § 4 I. G., 2391 R. P., S. 67-1-87 ; — et 19 mai 1868, 2695 R.P., B. C. 99, S. 68-1-345).

Les mêmes incertitudes se produisent nécessairement dans les décisions des tribunaux (*V.* not. Seine 24 janv. 1865, 2103 R. P.; — et 7 avr. 1866, 2279 R. P.; — Seine 26 fév. 1864, 1961 R. P.; — 26 fév. 1864, 1077 Rev.; — Seine 27 nov. 1863, 1875 R. P.; — Draguignan 24 mai 1866, 18476 J.N.; — Lyon 20 août 1859; — Le Havre 23 janv. 1867, 2450 R. P., 18348 J. E.; — Brest 6 déc. 1865; — Gap 5 mars 1867; — Marseille 5 août 1867, 2837 p. 113 R. P., et les autres citées nos 14474 et suiv.

La question vint enfin devant les chambres réunies, sur le pourvoi formé contre un jugement de Versailles du 3 janvier 1867 (2450 R. P.), qui avait adopté un avis opposé à celui de l'arrêt de la chambre civile du 7 mars 1866 (2254 R. P., 2384-4 I. G., B. C. 50, S. 66-1-173, D. 66-1-110). Elle y fut résolue contre l'Administration par un arrêt ainsi conçu, rendu sur les conclusions conformes de M. le procureur général Delangle : « Attendu que le § 2 n° 6 de l'art. 69 a apporté une exception à la règle qui frappe de 2 francs par 100 francs les ventes ou cessions d'objets mobiliers ; qu'il a été évidemment édicté en vue de favoriser le commerce et l'industrie en facilitant la circulation des capitaux qui y sont engagés, et que, dès lors, en se pénétrant de son esprit, on doit reconnaître qu'il s'applique d'une manière générale à toutes les divisions d'un capital social, quelle qu'en soit la dénomination, pourvu que leur transmission puisse avoir lieu en faisant abstraction des meubles et des immeubles appartenant aux sociétés ou compagnies ; que peu importe, d'ailleurs, dans cet ordre d'idées, que la propriété dont la cession est ainsi favorisée ne soit point constatée au profit de chacun des associés par des titres distincts, séparés de l'acte social, nominatifs ou au porteur, et ne puisse être cédée que par des *actes particuliers*, au lieu de pouvoir l'être soit par la voie d'endossement ou de transfert, soit par une simple tradition manuelle ; qu'il suffit, pour l'application de la modération du droit, qu'elle résulte de l'acte constitutif de la société, qu'elle soit meuble dans le sens de l'art. 529 du Code civil et qu'elle soit négociable à un titre quelconque ; attendu, enfin, que la disposition du n° 6 du § 2 s'applique à toutes les sociétés, sous quelques formes qu'elles soient constituées, la loi n'ayant fait à cet égard aucune distinction » (Cass. 29 déc. 1868, 2837 et 2854 R.P., 2384-4 I. G., B. C. 194, S. 69-1-133, D. 69-1-73, P. 69-302, 19450 J. N.).

C'est également ce qui résulte d'autres arrêts postérieurs (Cass. 15 mars 1869, 2922 R. P., B. C. 57, S. 69-1-270, D. 60-1-507, P. 60-673, 18793 J. E., 2599 Rev. ; — Cass 16 nov. 1868, 2805 R. P., 2384-4 I. G., B. C. 170, S. 68-1-456, D. 69-1-76, P. 68-1206 ; — 14 fév. 1870, 3085 R. P., 18924 J. E., 2402-1 I. G., B. C. 34, S. 70-1-136, D. 70-1-394 ; — 27 juill. 1870, 3186 R. P., 14628 C., 18946 J. E., 2882 Rev., B. C. 153, S. 70-1-401 ; — 17 août 1870, 3195 R. P., 14643 C., 20098 J. N., 18953 J. E., 2791 Rev., S. 70-1-435 ; — 4 déc. 1871, 2447-2 I. G., S. 71-1-245, D. 71-1-339, B. C. 48 ; — 6 mars 1872, 3418 R. P., 2447-6 I. G., S. 72-1-88, D. 72-1-169, P. 72-178).

La jurisprudence peut donc être considérée aujourd'hu comme définitivement fixée sur ce point. Elle a été acceptée par l'Administration dans son I. G. 2384 § 4. L'indication des espèces jugées antérieurement n'aurait donc plus d'intérêt actuel. Nous la présentons en note d'une façon sommaire [1].

---

1. Le droit de 50 centimes pour 100 avait été reconnu exigible sur :

1. MINES D'ANZIN ET DE DOUCHY. — Des cessions de deniers d'intérêt et douzième d'action des mines de houille d'Anzin et de Douchy, dont le capital social est divisé en un très-grand nombre de fractions appelées *deniers d'intérêts* (Cass. 8 fév. 1837, 3523 J. N., 11726 J. E., 1539 § 2 I. G., S. 37-1-113 ; — Cass. 21 août 1837, 9791 J. N., 11888 J. E., 1562 § 3 I. G., S. 37-1-1035 ; — Cass. 27 janv. 1841, 12677 J. E., 10807 J. N., 1643 § 1er I. G., S. 41-1-170 ; — Cass. 16 juill. 1845, 12425 J. N., 13795 J. E., 1755 § 3 I. G., 12544 J. E., S. 45-1-164 ; — alors que le tribunal de la Seine avait décidé que le droit de 2 pour 100 était exigible, les 19 nov. 1834, 6 mars 1843, 0 mars, 19 juin et 17 juill. 1844, 11816, 13391, 13472-2, 13553-7, 13565-7 J. E.).

2. MINES DU BOUSQUET DE SAINT-ZACHARIE. — Des cessions d'actions dans les mines du Bousquet et de Boussagnes, dont l'intérêt est divisé en actions plus ou moins nombreuses (Montpellier 22 juin 1852, 15628-1 J. E. ; — Seine 29 nov. 1854, 278 R. P.).

3. CANAL DE BRIARE. — Sur la cession de parts dans l'exploitation du canal de Briare qui est divisée en trente parts subdivisées elles-mêmes en un nombre indéfini de fractions (Briare, Seine 0 janv. 1840, 12544 J. E., 10811 J. N.).

4. CANAL DES ÉTANGS. — Sur la cession des actions d'une concession temporaire de péage sur le pont d'un canal (Cass. 6 juin 1837, 9692 J. N., 11822 J. E., 1539 § 2 I. G., S. 37-1-489).

5. PÊCHERIES D'HYÈRES. — Sur la cession des actions des pêcheries d'Hyères, stipulées transmissibles en se conformant aux dispositions de l'art. 1690 C. C., et avec l'agrément de la société (Cass. 3 mai 1864, 1907 R. P., 12652 C., 911 Rev., S. 64-1-293).

6. BANQUE DE FRANCE. — Sur celle des actions de la Banque de France (D. m. f. 31 janv. 1815, 5309 J. E.).

7. JOURNAL. — Sur la cession des vingt-quatrièmes formant les parts entre lesquelles est divisée la propriété du *Journal général*

Quant à la portée de la nouvelle jurisprudence, elle ressortira suffisamment de l'examen rapide des différentes affaires sur lesquelles elle est intervenue.

**15369. Règle de perception.** — Le principe sur lequel elle repose est fort clairement énoncé dans l'arrêt solennel du 29 décembre 1868. Le droit de 50 centimes est exigible toutes les fois que la cession a pour objet un droit incorporel mobilier dans le sens de l'art. 529 C. C., c'est-à-dire dont la transmission s'opère abstraction faite des meubles et des immeubles de la société. Peu importe les noms donnés aux fractions du capital, peu importe qu'elles soient représentées par des titres particuliers, c'est toujours le tarif réduit qui est applicable. Cette théorie très-radicale est plus nettement exprimée encore dans l'un des arrêts postérieurs de la chambre civile, dans celui du 15 mars 1869. Voici en quels termes il l'expose : « Le paragraphe 2 n° 6 de l'art. 69 a été évidemment édicté en vue de favoriser le commerce et l'industrie, en facilitant la circulation des capitaux qui y sont engagés, et, dès lors, en se pénétrant de son esprit, on doit reconnaître qu'il s'applique d'une manière générale à toutes les divisions d'un capital social, quelle qu'en soit la dénomination, pourvu que leur transmission puisse avoir lieu en faisant abstraction des meubles et des immeubles appartenant aux sociétés ou compagnies; peu importe, d'ailleurs, dans cet ordre d'idées, que la propriété dont la cession est ainsi favorisée ne soit point constatée au profit de chacun des associés par des titres distincts, séparés de l'acte social, nominatifs ou au porteur, et ne puisse être cédée que par des *actes particuliers*, au lieu de pouvoir l'être soit par la voie d'endossement ou de transfert, soit par une simple tradition manuelle; il suffit, pour l'application de la modération du droit, qu'elle résulte de l'acte constitutif de la société, qu'elle soit meuble dans le sens de l'art. 529 C. C., et qu'elle soit négociable à un titre quelconque. La disposition du n° 6 du § 2 s'applique à toutes les sociétés, sous quelque forme qu'elles soient constituées, la loi n'ayant fait à cet égard aucune distinction » (2922 R. P., B. C. 57, S. 69-1-270, D. 60-1-507, P. 60-673 2384-4 I. G., 2509 Rev.). Il n'y a pas de société proprement dite qui puisse échapper à l'application stricte de cette règle, puisque dans tous les cas où il existe un être moral, la propriété des biens lui appartient et les associés n'ont, pendant toute son existence, qu'un droit mobilier transmissible, abstraction faite des valeurs en nature de la masse.

Aussi la perception du droit de 50 centimes pour 100 a-t-elle été consacrée dans les cas les plus divers.

**15370. Société en nom collectif.** — On l'a appliqué à des sociétés en nom collectif dont le capital avait été réparti entre les associés d'une façon inégale, sans qu'il ait été délivré de titres d'actions ou de parts d'intérêts (Cass. 29 déc. 1868, 2837 et 2854 R. P., 2384-4 I. G., B. C. 194, S. 69-1-133, D. 69-1-73, P. 69-302; — 16 nov. 1868, 2805 R. P., 2384-4 I. G., B. C. 170, S. 68-1-456, D. 69-1-76, P. 68-1206);

Alors même que la cession avait pour objet une portion seulement de la part de l'associé dans la société (Cass. 15 mars 1869, 2922 R. P., B. C. 57, S. 69-1-270, D. 60-1-507, P. 60-673);

Ou qu'il s'agissait d'une cession conditionnelle convenue dans le contrat de société au profit des associés survivants, et réalisée par le décès des prémourants (Cass. 27 juill. 1870, 3186 R. P., 14628 C., 18946 J. E., 2882 Rev., B. C. 153, S. 70-1-401, D. 70-1-143).

Cette extension de la jurisprudence aux sociétés en nom collectif a été cependant critiquée par M. Pont. Le but du législateur ayant été de favoriser la circulation rapide des actions, il lui paraît qu'il n'a pas songé aux sociétés par inté-

---

*des affiches*, et ce nonobstant la faculté de préemption appartenant à la société (Seine 6 déc. 1862, 1729 R. P., 12384 C., 540 Rev.).

*Droit à 2 pour 100.* — Tandis que le droit à 2 pour 100 a été maintenu sur les cessions :

1. SOCIÉTÉ EN NOM COLLECTIF. — Du douzième du fonds d'une société en nom collectif, non divisée en actions, pour l'exploitation d'un journal (D. m. f. 17 mars 1810, 4531 J. E.; — Cass. 27 janv. 1841, 10867 J. N., 12677 J. E., 1643 § 1er I. G., S. 41-1-170); — ou de mines de houille (11 janv. 1843, 11558 J. N., 13174 J. E., 1697 § 6 I. G., S. 43-1-317; — Seine 22 déc. 1848, 14687 J. E.; — Seine 27 nov. 1863, 1875 R. P.; — 26 fév. 1864, 1961 R. P.; — 7 avr. 1866, 2279 R. P.; — Cass. 8 nov. 1864, 2000 R. P., 2324-1 I. G., B. C. 163, S. 65-1-137, D. 64-1-473; — 7 fév. 1866, 2257 R. P., 2348-3 I. G., S. 66-1-263, D. 66-1-329. — *V.* cep. Seine 6 déc. 1862, 1729 R. P., 12384 C., 580 Rev.; — Cass. 7 avr. 1866 2254 R. P.).

2. SOCIÉTÉ EN PARTICIPATION. — De parts d'intérêt dans une société dite en participation ayant pour objet l'achat de terrains e qui, régie par les art. 48, 49 et 50 C. com., ne pouvait être divisée en actions (Cass. 12 juill. 1842, 11402 J. N., 13037 J. E., 1683-1 I. G., S. 42-1-595).

3. SOCIÉTÉ EN COMMANDITE. — D'une part d'intérêt dans une société en commandite formée par deux associés pour l'exploitation d'une minoterie et non divisée en actions (Rennes 3 fév. 1847, 14260 J. E.; — Cass. 23 mai 1853, 1982-7 I. G., S. 52-1-537).

4. SOCIÉTÉ CIVILE. — D'intérêts d'une société purement civile et non divisée par actions négociables, formée pour l'exploitation d'un droit de péage (Nîmes 3 juill. 1850, 14987 J. E.; — Lyon 26 août 1844, 13602 J. E.).

5. ACTIONS NON DESTINÉES A CIRCULER. — De parts dans une société pour le blutage des graines, dont la création n'avait eu nullement pour but une circulation d'actions sur la place (Seine 22 nov. 1849, 14875 J. E.).

6. MINES. — USINES. — De parts du fonds social de sociétés industrielles non divisées en actions (Seine 10 fév. 1841, 12740 J. E.; — Cass. 22 juin 1841, 12851 J. E.; — Alençon 10 mai 1842, 13030 J. E.; — Cass. 14 déc. 1842, 11539 J. N., 13144 J. E., 1693 § 1er I. G.), et des actions dans diverses exploitations (Evreux 3 août 1843, 13353 J. E.; — Seine 4 déc. 1844, 13637 J. E.; — Boulogne 3 déc. 1841, 12885 J. E.; — Seine 22 mars 1849, 14773-4 J. E., 13896 J. N.; — Seine 22 nov. 1849, 14875 J. E.).

7. CESSIONS CONDITIONNELLES. — Sur les cessions conditionnelles contenues dans un contrat de société au profit des survivants, réalisées par le décès des prémourants et portant sur les parts d'intérêt des prédécédés (Cass. 6 déc. 1865, 2347 § 3 I. G., B. C. 183, S. 66-1-172; — 7 fév. 1866, 2348-3 I. G., 2257 R. P., S. 66-1-263, D. 66-1-329; — 5 déc. 1866, 2356-4 I. G., 2392 R. P., S. 67-1-87, D. 67-1-127; — et 19 mai 1868, 3695 R. P., B. C. 99, S. 68-1-345, D. 68-1-305, 19271 J. N.; — et les nombreux jugements cités *suprà* n° 15368 et *infrà* nos 15230 et suiv.

rêt, par la raison décisive que les parts des associés y étant incessibles de leur nature, il ne pouvait pas être question d'en faciliter ou d'en favoriser la transmission (nº 3078 Rev. — V. aussi 3099 Rev.). Mais la distinction du savant magistrat, présentée par lui à la Cour dans une affaire où il s'agissait d'une société en nom collectif, n'a pas été accueillie. Un arrêt du 4 décembre 1871 a maintenu la jurisprudence antérieure (3375 R.P., 2447-2 I.G., S. 71-1-245, D. 71-1-339, B. C. 48.).

Voici en quels termes M. l'avocat général Blanche répondait à l'objection:

« Aurait-on pu cependant, comme votre rapporteur incline à le penser, prétendre que cette jurisprudence est étrangère à l'espèce, par le motif que le statut social interdit expressément aux associés toute cession de leurs droits dans la société? N'aurait-on pas pu soutenir, en outre, avec le jugement, que la transmission opérée de Blin père à ses coassociés comprenait tout l'avoir social du cédant, et ne pouvait s'effectuer en faisant abstraction des valeurs en nature de la masse? Je ne pense pas qu'aucune de ces considérations soit de nature à écarter l'application de votre jurisprudence. Et, d'abord, il importe peu que l'art. 4 des statuts sociaux ait interdit expressément la cession des parts d'intérêt. Il s'agit ici, en effet, d'une société en nom collectif. Or, dans ces sociétés, l'interdiction de céder ses droits est en quelque sorte une condition essentielle de leur existence. Elles sont formées *intuitu personæ*, et, par suite, aucun associé ne peut, sans le consentement des autres, soit se retirer de l'entreprise, soit y faire entrer une autre personne à sa place. En d'autres termes, les parts d'intérêt, à moins d'une réserve inscrite dans l'acte de société, ne sont ni cessibles ni transmissibles. Les art. 1861 et 1865 C.C. le décident formellement ainsi. D'ailleurs, la Cour de cassation, dans ses arrêts précédents et notamment dans son arrêt des chambres réunies, a accordé la diminution du droit aux parts d'intérêt dans les sociétés en nom collectif comme dans les sociétés d'actionnaires: « La disposition du nº 6 du § 2, a-t-elle dit, s'applique à toutes les sociétés, sous quelque forme qu'elles aient été constituées » (3375 R.P.).

Cette jurisprudence a été confirmée depuis par un arrêt du 6 mars 1872 (3418 R. P., 2447-6 I. G., S. 72-1-88, D. 72-1-169, P. 72-178).

**15371. Société en commandite et en nom collectif.** — La réduction a été appliquée à une société en nom collectif et en commandite pour une cession qui s'opérait au moyen d'une adhésion non prévue aux statuts et ayant pour effet de substituer un tiers à un associé primitif (Cass. 17 août 1870, 3195 R.P., 14643 C., 20098 J.N., 18953 J.E., 2791 Rev., 2414-7 I. G., S. 70-1-435, D. 71-1-150, P. 70-1136).

**15372. Société en participation.** — Mais il ne faudrait pas étendre la jurisprudence aux sociétés en participation. Ces associations, en effet, ne donnent pas naissance à un être moral auquel appartiennent, pendant la durée de l'entreprise, les biens de la société (Cass. 2 juin 1834 et 19 mars 1838). — V. 15131.

*Arrêt du 2 juin 1834*: — « Attendu, en droit, que si les sociétés commerciales proprement dites, c'est-à-dire les sociétés en nom collectif, les sociétés en commandite et les sociétés anonymes, peuvent être considérées comme des êtres moraux, il n'en peut être de même pour les associations commerciales en participation, dont il ne faut pas confondre les effets avec ceux des sociétés ordinaires; qu'en effet, d'après les usages du commerce et la jurisprudence existant sur l'ordonnance de 1673, auxquels il n'a pas été innové par le Code civil et par le code de commerce, l'entière propriété des objets mis dans l'association en participation est légalement censée résider sur la tête de l'associé administrateur, qui doit rendre compte à ses associés des profits et pertes. »

*Arrêt du 19 mars 1838*: — « Attendu que, si l'on peut considérer comme des êtres moraux les sociétés commerciales comprises dans l'art. 19 C. com. sous le nom de sociétés en nom collectif, en commandite et anonymes, c'est parce qu'elles sont accompagnées de formalités qui les font connaître au public et sont représentées par une raison sociale, au nom et pour le compte de laquelle se font tous les actes; qu'il n'en peut être de même des associations en participation, qui, d'après les usages du commerce et l'ordonnance de 1673, auxquels il n'a pas été innové, n'ont aucune publicité, et dont la chose sociale, relativement aux tiers, est légalement la propriété de l'associé administrateur; qu'en effet il résulte de l'ensemble des dispositions législatives ayant cette espèce d'association pour objet qu'elle est essentiellement représentée vis-à-vis des tiers par l'associé administrateur, qui traite avec eux en son propre et privé nom et devient leur débiteur direct. »

La propriété des biens continue donc de résider sur la tête de l'acheteur apparent. Lors donc qu'il cède ses droits dans l'association, il ne transmet pas une simple créance incorporelle et mobilière ayant une existence abstraite des valeurs en nature de la masse, mais il cède la propriété même de ces valeurs. Aussi le droit est-il dû, dans ce cas, d'après la nature de ses biens.

Cette thèse, que nous avons soutenue au nº 3229 R.P., a été consacrée depuis par un jugement de Pontoise du 9 décembre 1869, maintenu en cassation le 13 novembre 1872: « Attendu qu'en droit, porte l'arrêt, l'association en participation ne constitue pas vis-à-vis des tiers une personne morale distincte de la personne des associés; que les choses mises en commun, loin d'y être mises en société, restent la propriété de celui qui les a apportées ou qui les a acquises en son nom personnel durant l'association; qu'ainsi Teisserenc, dont l'apport consistait en argent, n'avait, en l'absence d'une stipulation formelle, acquis aucune portion indivise de l'actif dont Lazard s'était rendu propriétaire en son nom personnel; que dès lors la transmission de cet actif n'avait pu s'effectuer à son profit sans opérer une mutation et par suite sans donner ouverture à un droit proportionnel » (3543 R.P., 2465-2 I. G., S. 73-1-41, D. 73-1-126, P. 73-65). — *Conf.*: Seine, 22 janvier et 22 avril 1876, 4490 R. P.

1. CONSTRUCTIONS. — Il a été jugé spécialement que quand un associé en participation met à la disposition de ses créanciers un terrain sur lequel ils édifient à frais communs des constructions, mais dont cet associé se réserve le domaine, les constructions, demeurent sa propriété par le fait de l'incorporation et ses coassociés n'en ont que la jouissance, droit personnel et mobilier (La Flèche 24 mars 1874).

On ne peut donc percevoir aucun droit lorsque la société ayant pris fin, les constructions sont retenues par le propriétaire du terrain — V. *Constructions.*

Ou lorsqu'il n'est pas établi que les constructions aient appartenu à la société (Seine 22 avr. 1876, 4490 R. P.).

**15373. Société de fait.** — C'est ce qu'il faut décider également à propos des sociétés tacites ou de fait dont l'existence n'est pas constatée par un acte enregistré. Encore bien que ces associations soient reconnues entre les parties, elles ne créent cependant, à l'égard du Trésor, qu'un simple état d'indivision; et la cession par un associé de sa part d'intérêt dans l'entreprise a pour objet réel sa copropriété même dans les biens en nature qui dépendent de la société. Il faut donc appliquer à la cession le tarif de la cession de ces valeurs (Seine 10 févr. 1841, 12678 J. E; — St-Etienne 6 janv. 1842, 12908 J. E.; — Cass. 30 mars 1842, 1675-9 I. G., 11310 J. N., 12995 J. E., V. 11336; — Seine 31 mars 1865, 2183 R. P., 12886 C.; — Mirecourt 11 déc. 1858, 1141 R. P.; — Montpellier 4 fév. 1861, 1494 R. P.; — Cass. 18 juin 1862, 2239-5 I. G., 1663 R. P., 12252 C., 17456 J. N., 17510 J. E., 361 Rev., S. 62-1-878; — 14 fév. 1870, 3085 R. P., 2402-1 I. G., B. C. 34, S. 70-1-136, D. 70-1-394, P. 70-307.

*Arrêt du* 18 *juin* 1862 : — « Attendu que d'après les principes du droit commun, toute société doit être rédigée par écrit lorsque son objet est d'une valeur de plus de 150 francs; attendu qu'il résulte des constatations du jugement attaqué que Carcassonne, mis en demeure de justifier de l'existence, au jour de la cession, d'un acte quelconque de société, n'a pu satisfaire à cette obligation; attendu qu'en l'absence d'un acte constituant régulièrement une société entre les parties, la cession faite à Carcassonne n'a créé qu'une situation qui ne suffit pas pour imprimer aux droits qui lui ont cédé le caractère mobilier; »

*Arrêt du* 14 *février* 1870 : — « Attendu que l'acte du 21 mars 1833 a créé entre les six enfants Tamboise gratifiés par leur père, non une société universelle de tous biens présents (art. 1839 C. C.), mais une société particulière (art. 1841 du même Code) s'appliquant aux biens qui s'y trouvent déterminés et aux fruits à en provenir; que cette société ne s'appliquait donc point aux acquisitions immobilières faites conjointement par les enfants Tamboise avant l'époque de la formation et postérieurement à cette époque; qu'à défaut de la preuve écrite de la mise en société de ces acquisitions (art. 1834 C. C.), il n'en est résulté pour les enfants Tamboise, acquéreurs conjoints, qu'un état d'indivision ou de communauté. »

C'est ce qui a été spécialement décidé au sujet de la cession par un associé de sa part d'intérêt dans une mine mise verbalement en société[1] (Cass. 18 juin 1862 *suprà*).

Il a été reconnu, dans le même sens, que quand un immeuble est acheté par plusieurs personnes au nom d'une société verbale existant entre eux, l'immeuble devient une propriété simplement indivise, et non pas une valeur sociale ; en sorte que sa cession ultérieure entre copropriétaires donne lieu au droit immobilier ordinaire (Cass. 8 juill. 1839, *arrêt rapporté* 3878 ; — Cass. 4 déc. 1865, 2198 R. P., B. 181, S. 66-1-31, D. 66-1-135).

« Attendu, porte l'arrêt du 4 décembre 1865, en fait, qu'à la suite d'une convention de société entre deux personnes pour l'achat en commun et l'exploitation d'un immeuble, sous la réserve de déterminer ultérieurement par une clause additionnelle leurs parts respectives dans la société, l'un des deux associés, déclaré adjudicataire avec faculté d'élire command, a, par acte au greffe, précédé de l'enregistrement du pacte social, annoncé avoir acquis pour la société, laquelle a accepté l'élection de command suivant déclaration immédiatement signée des deux associés, et que, par acte sous signatures privées, enregistré, ceux-ci ont complété leur pacte social en fixant leurs parts respectives dans la société; attendu, en droit, que la faculté d'élire command n'implique pas nécessairement un mandat de la personne au profit de laquelle cette faculté est exercée; qu'il suffit qu'au moment où elle adhère à l'élection de command, elle ait capacité légale pour accepter et s'engager; qu'ainsi, celui des deux associés qui s'est rendu personnellement adjudicataire, mais sous la réserve expresse d'élire command, a pu, dans les vingt-quatre heures, se substituer, par l'exercice de cette faculté, la société dont l'existence se manifestait à ce moment d'une manière certaine et qui a accepté la déclaration de command; que la société, en conséquence, est devenue, du jour même de l'adjudication, propriétaire de l'immeuble adjugé; que ce résultat n'a pas été modifié par l'acte complémentaire de la convention sociale, lequel n'a fait que régler les rapports des associés vis-à-vis de la société, en déterminant leurs parts sociales sans apporter aucun changement dans la propriété de l'immeuble qui a continué à appartenir à la société, comme il lui appartenait auparavant, en vertu d'une adjudication suivie d'élection de command en sa faveur. »

*Comp.* : Cass. 22 nov. 1875, 4290 R. P.

Mais si l'existence de la société avait été une fois reconnue par l'Administration, elle ne pourrait plus la repousser, par exemple pour l'application du tarif mobilier, et la cession des droits des associés serait passible du droit créé pour les

---

1. En Belgique, où cette jurisprudence reçoit de fréquentes applications, le contraire a été décidé par un arrêt de Cass. du 4 mars 1858, réformant en ces termes un jugement de Liége du 18 décembre 1856 :

« Attendu que le législateur de 1810 n'ignorait pas qu'il existait un grand nombre de mines exploitées par des réunions de personnes entre lesquelles il n'était jamais intervenu de contrat de société ; que, d'autre part, l'intérêt général exigeait que les capitaux fussent attirés vers l'exploitation des richesses minérales ; que le moyen le plus efficace d'atteindre ce but était d'étendre le principe de la mobilisation des actions ou intérêts aux simples associations de fait, à toute entreprise par plusieurs, de faciliter ainsi la division et la transmission de ces actions et intérêts, et d'empêcher que l'un des intéressés ou ses créanciers personnels ne pussent entraver l'exploitation en provoquant la vente de la mine ; que l'esprit de la loi prouve donc, comme son texte, que le jugement attaqué a méconnu le caractère qu'elle attribue aux faits constatés au procès ; attendu qu'en admettant que les héritiers Beco aient cru vendre des parts d'immeubles, leur erreur sur ce point n'a pu changer la nature mobilière du droit qui appartenait à chacun d'eux, et qui seul pouvait faire l'objet des ventes successives consenties en faveur de la société demanderesse ; attendu que si, lorsqu'il existe une société régulièrement constituée, la propriété de la mine, qui est immeuble, repose sur l'être moral que la loi appelle société, cette propriété, lorsqu'il y a entreprise, repose sur l'association de fait, sur la réunion d'exploitants. »

actions (Cass. 6 mars 1872; — Cass. 9 mars 1831, *arrêts rapportés* 15299).

V. *Abonnement* et *Succession* nos 16055-3 et 16704.

**15374. Société en liquidation.** — On rappelle que les sociétés en liquidation sont de tous points assimilables, pour l'application de l'art. 69 § 2 n° 6, aux sociétés subsistantes. La jurisprudence décide, en effet, que tant que la liquidation n'a pas pris fin, l'être moral survit et demeure propriétaire exclusif des biens sociaux. Il en résulte que toute cession intervenue pendant cette période a pour objet un droit incorporel mobilier et doit profiter de la réduction du tarif.

Cette matière a été développée dans une section particulière *suprà* n° 15275.

**15375. Société civile. — Cession conditionnelle.** — Le droit réduit de 50 centimes pour 100 est-il dû, à l'exclusion de celui de 2 pour 100, sur la réalisation de la clause d'un contrat de société civile régulièrement constituée portant que la part des associés prémourants dans les biens de la société appartiendra aux survivants ? Il est évident que dans cette hypothèse la cession, qu'il y ait ou non un prix stipulé, s'opère à titre onéreux et a pour objet un droit mobilier, puisque l'être moral continue de subsister (V. *Société*). Cependant, la chambre des requêtes de la Cour de cassation a décidé, le 24 novembre 1869, que le tarif applicable est celui de 2 pour 100 : « Attendu que dans les actes publics des 28 août 1840, 20 mai 1848, 9 septembre 1851 et 19 octobre 1857, établissant entre les diverses personnes qui y contractent une société civile sans terme déterminé pour l'établissement et la gestion d'un hospice d'aliénés, il est dit : « la société est à vie pour chaque associé et continuera d'exister entre les survivants sans que, ni en cas de mort, ni en cas de retraite volontaire ou d'exclusion, le membre qui cessera d'en faire partie ni ses héritiers puissent rien prétendre ni de ses apports, ni de ses profits dans la société. En cas de dissolution, ce fonds social sera partagé par portions égales entre les associés survivants; attendu que la transmission résultant des combinaisons de l'acte social ci-dessus analysées ne saurait être, à aucun point de vue, assimilée à la cession d'actions ou de parts négociables dans les sociétés de commerce ou d'industrie, que, pour faciliter la circulation de ce genre de valeurs, l'art. 69 § 2 n° 6 L. 22 frimaire an 7 soumet seulement au droit proportionnel de 50 centimes pour 100; que c'est donc à bon droit qu'il a été décidé que le droit applicable était celui de 2 pour 100 » (3029 R. P.; 19759 J. N. 2395-5 I. G., S. 70-1-85, D. 70-1-269, 2644 Rev.). — Nous avons constamment combattu cette interprétation qui nous paraissait contraire au texte comme à l'esprit de l'arrêt solennel du 29 déc. 1868 (4025, 4095, 4124, 4785 et 4838 R. P.) Après une lutte devant les tribunaux qui s'étaient partagés sur la question (50 cent. 0/0, Dreux, 19 janv. 1875; — Seine, 13 mars 1875, 4025 et 4095 R. P.; — 2 p. 0/0, Lyon, 12 août 1874, 4025 R. P.; — Châteaubriand, 15 juin 1875, 4124 R. P.; — Avignon, 18 avr. 1877, 4785 R. P. et Marseille, 24 août 1877, 4838 R. P.), notre opinion a fini par triompher devant la chambre civile.

« Attendu, porte un arrêt du 14 novembre 1877, que le tarif ordinaire de 2 pour 100 applicable aux cessions à titre onéreux des valeurs mobilières a été réduit, par le n° 6 § 2 de l'art. 69 de la loi du 22 frimaire an 7, à 50 centimes pour 100 francs pour les cessions d'actions ou coupons d'actions mobilières des compagnies et sociétés d'actionnaires; que si le législateur a pu avoir principalement en vue et pour objet les sociétés commerciales, il a néanmoins statué en termes dont la généralité ne permet pas de refuser le bénéfice de la disposition dont il s'agit aux sociétés civiles; que d'un autre côté, s'il a visé spécialement les cessions d'actions ou de coupons d'actions dans les compagnies ou sociétés d'actionnaires et s'il a compris dans la même disposition lesdits actions ou coupons d'actions, les billets à ordre et les effets négociables des particuliers, il ne s'ensuit en aucune manière ni qu'il ait entendu exclure les autres divisions d'un capital social, ni que sa pensée ne soit arrêtée uniquement et exclusivement aux actions transmissibles par les mêmes voies que les billets à ordre et autres effets négociables; qu'il résulte, au contraire, des termes dans lesquels est établie la modération du tarif par la disposition précitée que cette disposition peut être invoquée par toutes les sociétés en quelque forme qu'elles soient constituées et doit profiter à toutes les divisions du capital social quelle qu'en soit la dénomination, pourvu que la transmission puisse avoir lieu en faisant abstraction des meubles et immeubles appartenant à la société; qu'il y avait lieu, par suite, d'en faire l'application dans l'espèce, bien que l'intérêt représentant la part de chaque associé dans la société universelle de Meilleray ne fût cessible que par voie d'accroissement, dès qu'il n'apparaît ni du texte ni de l'esprit de la loi aucune raison de distinguer entre les cessions opérées moyennant un prix et celles qui s'opèrent en vertu d'un pacte aléatoire par la réalisation d'un événement prévu dans l'acte de société, pour les soumettre à des tarifs différents » (4841 R. P.).

Cet arrêt a été pris pour règle par l'Administration. — *Conf.* : Rouen, 7 mars 1878; — Valenciennes, 29 mai 1878.

La chambre civile l'avait déjà ainsi décidé au sujet d'une société civile constituée pour l'exploitation d'immeubles et à propos d'une cession réalisée par suite de la retraite, prévue aux statuts, d'un associé qui recevait sa part en argent (Cass. 14 fév. 1870, 3085 R. P., 2402-1 I. G., S. 70-1-136, D. 70-1-394; — V. 15373). — L'arrêt du 15 mars 1869 (*suprà* n° 15370) ajoute même expressément que la disposition du n° 6 § 2 s'applique à toutes les sociétés, sous quelque forme qu'elles soient constituées, la loi n'ayant fait à cet égard aucune distinction. — V. égal. Cass. 11 janv. 1875; 4026 R. P.

**15376. Dettes. — Charges.** — Il a été jugé que le cessionnaire d'actions dans une société commerciale doit supporter toutes les charges, de sorte qu'aucune des dettes de la société n'incombe au cédant, on doit faire une déclaration des dettes et charges applicables aux actions cédées, et les ajouter au prix de la cession pour la perception du droit (Valenciennes 18 juin 1847, 14303-5 J. E.).

Le principe de cette décision ne nous paraît pas acceptable. Le cessionnaire est, à la vérité, substitué au cédant et peut se trouver exposé plus tard, à proportion de ses droits, au payement des dettes sociales (C. Paris 22 mai 1852, S. 52-2-577). Mais cette obligation n'existe pas au jour de la cession, puisque le passif repose *exclusivement* sur la tête de l'être moral. Par l'effet de la cession, il n'y a eu ni mutation dans les valeurs actives dont la société était propriétaire, ni modification dans les engagements dont elle était tenue envers les tiers. Aucune partie des dettes de la société n'est donc passée sur la tête du cessionnaire. Sa position diffère entièrement de celle d'un acquéreur de droits successifs, qui se trouve tenu de plein droit de la part du cédant dans les dettes héréditaires (*Conf.* : D. m. f. belge 12 janv. 1865, 9866 J.E. belge). — V. 15384-1.

**15376 bis. Objet déterminé.** — C'est le droit mobilier et non le droit immobilier qui est dû, quoique l'un des associés cède aux autres sa part dans un immeuble déterminé de la société, sauf le cas de fraude (V. Cherbourg, 2 janv. 1877, 4030 R. P.). — V. 15318.

**15377. Actions non libérées.** — Il est à remarquer d'ailleurs qu'en cas de cession d'une action, la valeur transmise est celle du droit social que l'action représente dans ses relations avec les ressources actuelles de la société, abstractivement des versements non encore effectués sur l'action, et qui d'ailleurs peuvent ne pas devoir l'être; le système contraire conduirait à percevoir le droit de cession sur la valeur nominale de l'action, au mépris des principes sur la matière (Sol. belge 25 janv. 1857). L'obligation prise par le cessionnaire de compléter la libération des parts par lui acquises est inhérente à la propriété même de ces parts et ne constitue pas une charge spéciale du contrat passé entre lui et son cédant.

Il existait une règle contraire au sujet de la loi du 23 juin 1857 sur le droit de transmission. Mais l'art. 1er L. 30 mars 1872 a modifié cette interprétation en statuant que le droit de transmission serait désormais perçu sur la valeur négociée, déduction faite des versements restant à faire sur les titres non libérés. — V. *Droit de transmission*.

**15378. Marché.** — Lorsqu'il a été convenu entre deux personnes, par acte sous seing privé, que l'une d'elles se rendra adjudicataire d'une entreprise, celle du nettoyage de la ville de Paris, par exemple, et que l'autre fournira le cautionnement, et qu'une clause de cet acte stipule la manière dont se diviseront les bénéfices de l'entreprise, le droit de 2 pour 100, comme cession d'actions dans une société, et non celui de 1 pour 100, comme cession de marché, est exigible sur le prix moyennant lequel l'un des deux cède son droit aux bénéfices de l'entreprise, car l'acte antérieur à l'adjudication doit être considéré comme ayant constitué une société (Cass. 14 août 1834, 11035 J.E., 8069 J.N.). — V. 15146-5.

**15379. Cession. — Usufruit.** — L'acte par lequel une ville, qui a cédé l'usufruit d'un terrain, réversible sur la tête du survivant, à une société d'actionnaires, à la charge d'y faire construire un théâtre qui appartiendra à la ville au décès du dernier des sociétaires, rachète, moyennant une rente viagère, les actions de sept des sociétaires sur huit qui survivent n'opère pas une réunion d'usufruit à la nue-propriété, mais constitue une cession d'actions passible du droit de 2 pour 100 (50 cent. pour 100) (Sol. 21 avr. 1842, 13004-4 J.E., D.N. t. 11 p. 938 n° 478).

**15380. Retrait.** — Lorsque le cessionnaire d'un intérêt cède cet intérêt à la société, par suite de la préférence qui est due à cette dernière, d'après son acte d'association, l'acte de cession n'est plus qu'un simple retrait passible seulement du droit de 50 centimes pour 100 (Cass. 27 juin 1827, 8746 J.E., S. 27-1-381). — V. 13905.

**15381. Transmission entre-vifs à titre gratuit.** — L'art. 69 § 2 n° 6 L. 22 frimaire an 7 ne distingue point entre la cession à titre onéreux et celle à titre gratuit. Dalloz (n° 1792) et Champ. et Rig. (n° 3691 et Suppl. 119) en ont conclu qu'on doit faire l'application de cet article à l'une et à l'autre espèce de transports, et percevoir, suivant les distinctions qui viennent d'être établies, soit 50 centimes, soit 2 pour 100. Cette opinion, avons-nous dit dans nos éditions précédentes, ne peut être partagée. La loi a tarifé les transmissions à titre gratuit de biens *meubles*. Elle n'a fait aucune distinction. Toutes les valeurs mobilières transmises à titre gratuit, quel que soit leur objet et quelle que soit leur nature, tombent sous l'application de cette règle commune, et aucune exception légale n'existe en faveur des actions dans les sociétés. C'est donc le tarif ordinaire qui leur est applicable. Notre opinion a été confirmée depuis par un jugement de Valenciennes du 16 juin 1857 (859 R. P., 16143 J.N.), et par un arrêt de Cass. du 23 mai 1859 (2160-7 I.G., 1177 R. P., 16591 J.N., 16962 J.E., 11546 C., S. 59-1-693, Demante n° 522).

« Attendu, porte cet arrêt, que le § 2 de l'art. 69, et notamment le n° 6 de ce paragraphe, ne comprennent que des contrats intéressés au nombre desquels figurent les cessions d'actions mobilières des compagnies et sociétés d'actionnaires; que le sens du mot *cession*, en supposant qu'employé seul il pût quelquefois s'appliquer à un acte purement gratuit, se trouve donc, par la place qu'il occupe dans la disposition dont il s'agit, limité aux cessions à titre onéreux; que les doutes seraient, au besoin, levés par les art. 7 et 10 L. 10 mai 1850, aux termes desquels le droit de transmission à titre gratuit est étendu même aux transmissions par décès ou donations entre-vifs d'actions des compagnies ou sociétés d'industrie ou de finance étrangères, et toutes les transmissions à titre gratuit de biens meubles sont assujetties, sans aucune exception, aux diverses quotités de droits établies pour les transmissions d'immeubles. »

**15382. Mutation par décès.** — La loi de l'an 7 est également muette sur les transmissions d'actions qui s'opèrent par décès. Mais un arrêt de Cass. a décidé, le 14 août 1833 (10707 J.E., 1446 § 6 I.G., S. 33-1-780), conformément aux règles posées par l'I.G. 360, que, bien qu'une société comprenant des immeubles ait été fondée sans création d'actions, et que le fonds social n'ait été divisé qu'en portions d'intérêts revenant à chaque associé, le droit n'est exigible qu'au taux mobilier, pour la mutation par décès des portions appartenant à un associé décédé, *s'il a été stipulé* dans l'acte constitutif que la société était constituée pour un temps déterminé, et que *le décès* des associés doive être *sans influence* sur la dissolution de la société, attendu que tant que dure la société les actions et intérêts dans la société sont meubles à l'égard de chaque associé.

1. CONTINUATION DE FAIT. — Mais si l'acte constitutif ne contient aucune dérogation à l'art. 1865 C. C., portant que la société *finit* par la mort naturelle de l'un des associés, le droit de mutation par décès est dû au taux immobilier sur les actions ou intérêts d'une société contenant des immeubles, bien qu'il soit allégué que la société a continué de fait entre les héritiers de l'associé décédé et les autres associés (Dél. 19 juin 1837, 11802 J.E., 1562 § 20 I.G.).

2. COMMUNAUTÉ CONJUGALE. — La femme commune en biens avec son mari n'est point pour cela partie contractante et nécessaire dans les actes de société passés par celui-ci. La mort de la femme ne rompt point l'association, comme cela aurait lieu, d'après l'art. 1865 C. C., si elle était sociétaire. La communauté conjugale, quoiqu'elle soit aussi une association, n'a que l'effet prévu par l'art. 1681, qui est de faire participer la femme aux droits que le mari exerce dans la société de commerce, mais sans l'y introduire elle-même. Ainsi, elle n'est pas propriétaire des immeubles acquis par la société, et n'a droit qu'aux bénéfices pour la portion qui résulte de l'association distincte qu'elle a contractée avec son mari (Sol. 19 mai 1824, 1146 § 10 I. G.).

Par conséquent, si elle se rend adjudicataire d'un immeuble social, on ne doit pas déduire, pour percevoir le droit de mutation, la part à laquelle elle aurait eu droit comme commune en biens (Cass. 22 nov. 1853, 1999-3 I. G., 15778 J. E., S. 53-1-746).

« Attendu, porte l'arrêt du 22 novembre 1853, que le jugement attaqué constate en fait que, par acte authentique du 6 juillet 1843, deux des copropriétaires de la filature de Dornach ont cédé leurs parts indivises dans cet immeuble à la maison de commerce établie à Mulhouse sous la raison Blech, Steinbach et Mautz, et dont Maurice-Frédéric Blech faisait partie ; que, cette acquisition ayant été faite par la société, qui avait des droits distincts et indépendants de ceux des associés, et non par Maurice-Frédéric Blech personnellement, les dispositions de l'art. 1408 C. C. sont entièrement étrangères à l'espèce ; attendu qu'après la dissolution de la société, survenue par le décès de Maurice-Frédéric Blech, il a été procédé à la licitation de la filature ; que, suivant acte du 30 avril 1849, cette filature a été adjugée indivisément à Steinbach, aux époux Mautz et à la veuve Blech, chacun pour un tiers ; que par cet acte la veuve Blech est devenue propriétaire du tiers de l'établissement qui appartenait antérieurement à la société; qu'en ordonnant qu'elle payerait les droits dus à raison de cette mutation de propriété, le jugement attaqué n'a pas violé l'art. 1408 C. C., et a fait une juste application des dispositions de la loi du 22 frimaire an 7. »

C'est par application du même principe que l'hypothèque légale de la femme ne frappe pas les immeubles dépendant d'une société dont son mari fait partie (Paris 25 mars 1811; — Cass. 10 mai 1831 ; — Toulouse 31 juill. 1820; — Nancy 24 janv. 1842; — Lyon 5 janv. 1844; — D. N. V. *Hyp.* 189).

Jugé de même que le mari ayant seul la qualité d'associé, a seul aussi le droit de provoquer la dissolution de la société (Cass. 18 déc. 1860, S. 61-1-684).

*Observation.* — La loi du 18 mai 1850 ayant assimilé, quant à la *quotité du droit*, les meubles aux immeubles pour les transmissions à titre gratuit, entre-vifs et par décès, ces distinctions n'offrent plus d'intérêt qu'au point de vue de la *liquidation du droit*, dont les bases varient suivant que l'action est considérée comme mobilière ou immobilière, ainsi qu'on le verra plus loin.

**15383. Taxe de mainmorte.** — La taxe imposée sur les biens de mainmorte ne dispense pas d'ailleurs les actions de la société qui y est soumise du payement des droits de mutation entre-vifs, à titre gratuit ou par décès. En effet, la taxe de biens de mainmorte ne frappe que sur les immeubles réels et ne modifie pas les perceptions existantes sur les autres valeurs immobilières, notamment sur les actions. A la vérité, depuis la loi du 15 mai 1850, il semble peu équitable que la société anonyme, après avoir, au moyen de la taxe annuelle de mainmorte, acquitté ou racheté le droit de mutation, y soit en quelque sorte soumise une seconde fois, dans la personne des associés ou des actionnaires, au décès de chacun d'eux par la perception du droit de mutation sur la valeur des actions dont l'ensemble comprend tout l'actif de la société; mais en l'absence d'une disposition contraire et expresse, il n'est pas permis, même sous prétexte d'équité, de distinguer, surtout en matière fiscale, là ou la loi ne distingue pas (Carcassonne 10 janv. 1860, 1432 R. P., 16824 J. N., 17095 J. E., 17308 J. E., 11767 C.).

**15384. Liquidation.** — Les règles de la liquidation des droits varient suivant qu'il s'agit d'une transmission à titre onéreux ou à titre gratuit, entre-vifs et par décès.

1. CESSION A TITRE ONÉREUX. — Pour la cession à titre onéreux, le droit est liquidé *sur le prix de la cession*, en y ajoutant les charges, conformément à l'art. 14 n° 5 L. 22 frimaire an 7, et non sur la *valeur nominale* de l'action. C'est ce qui résulte expressément d'un arrêt de Cass. 8 février 1837 (9523 J. N., 11726 J. E., 1539 § 2 I. G., S. 37-1-113).

« Attendu, porte cet arrêt, qu'après avoir soumis à un droit de 2 pour 100 toutes les ventes d'objets mobiliers, la loi du 22 frimaire an 7 n'assujettit les cessions d'actions et autres effets négociables qu'à un droit de 50 centimes pour 100 ; que cette disposition est conçue en termes absolus; que la perception, en ce cas, doit se faire sur le prix de la cession et non sur la valeur nominale de l'action. »

L'action, en effet, ne constitue pas une créance, une somme d'argent à prendre sur le fonds social; c'est la représentation de la quotité déterminée de la part d'intérêt de l'actionnaire dans le fonds social. Dès lors, le droit n'est pas dû sur le capital nominal ou le capital versé, puisque le n° 2 de l'art. 14 de la loi de l'an 7, qui concerne les cessions de créances et qui porte que le droit sera perçu sur le capital transporté, est sans application aux cessions d'actions mobilières assimilées aux ventes de meubles. — *V.* 15377.

Des difficultés sérieuses se sont élevées au sujet de la liquidation du droit applicable aux cessions conditionnelles d'actions ou de parts d'intérêts renfermées dans les contrats de société et réalisées par le décès ou la retraite d'un des associés. On en trouvera le développement ci-dessus.

2. TRANSMISSION A TITRE GRATUIT ENTRE-VIFS ET PAR DÉCÈS. — La loi du 18 juin 1850, en soumettant (art. 7) au droit ordinaire les actions des compagnies ou sociétés d'industrie et de finance étrangères dépendant d'une succession régie par la loi française, et les transmissions entre-vifs à titre gratuit de ces mêmes valeurs au profit d'un Français, a voulu que le capital servant à la liquidation du droit d'enregistrement fût déterminé par le cours moyen de la Bourse au jour de la transmission. Par identité de raison, cette règle doit être appliquée à toutes les actions dépendant

des sociétés françaises. On conçoit que ce cours doit être pris pour base de la perception, puisque les parties ou l'Administration pourraient toujours s'en prévaloir pour établir la valeur réelle sur laquelle le droit est assis en définitive (*V.* observation, à la note *in fine*). C'est d'ailleurs ce qu'a établi en thèse générale un jugement de Lyon du 29 août 1843 (13146 J. E., 11902 J. N., 6638 C.), qui a décidé que lorsque les actions d'une société commerciale sont cotées à la Bourse, les droits de mutation par décès doivent être assis non sur la valeur nominale de ces actions, mais sur leur valeur réelle au cours de la Bourse au moment du décès[1].

En ce sens, la question a également été résolue par une Dél. 5 novembre 1850 (14210 J. N.), d'après laquelle les obligations créées par les compagnies des chemins de fer doivent, pour le payement des droits de mutation par décès, être déclarées non d'après leur valeur nominale, mais suivant le cours de la Bourse au jour du décès. Cette règle était suivie pour les actions de la Banque de France depuis le 4 octobre 1816 (747 I. G.), et l'usage l'avait appliquée à toutes les actions (6100 J. E.), sans qu'il fût permis de l'écarter lorsque le cours des actions venait à se trouver au-dessous de la valeur de création (Lyon 28 fév. 1832, 2724 C.) — C'est justice, car le droit proportionnel étant un impôt de quotité, c'est sur les valeurs *réelles*, et non sur les valeurs *fictives*, qu'il doit être liquidé et perçu.

S'il n'y a pas eu de Bourse le jour du décès ou de la donation, on prend le cours de la veille (747 I. G., D. N. t. 1 p. 498 n° 27.)

*Actions non cotées à la Bourse.* — S'il s'agit de valeurs non cotées à la Bourse, c'est-à-dire à défaut de fixation officielle, on doit admettre comme seule base de perception la déclaration des parties. En effet, d'après l'art. 14 n° 8 L. 22 frimaire an 7, la valeur des biens meubles, pour les transmissions qui s'opèrent par décès, est déterminée par la déclaration estimative des parties. Une action dans une société de commerce et d'industrie, bien qu'elle ait une *valeur nominale*, ne constitue pas une *créance* dont le chiffre est certain et déterminé ; c'est une part, un intérêt dans le fonds social ; la valeur de cette part dépend du plus ou moins de succès de l'entreprise. Or, les actions dans les sociétés *existantes* étant meubles dans tous les cas, il s'ensuit que, par application de l'art. 14 n° 8 L. 22 frimaire an 7, leur valeur, ou, en d'autres termes, la valeur de la part de l'actionnaire doit être déterminée, pour la perception des droits de mutation par décès, par la déclaration estimative des parties, sauf à faire l'application de l'art. 39 de la même loi, si l'estimation est reconnue insuffisante. C'est ainsi d'ailleurs que l'a décidé l'Administration par une Sol. 6 septembre 1850 (377 Bull. 2e partie), et c'est dans ce sens que la question avait été jugée par le tribunal de la Seine, le 22 mars 1848 (13360 J. N.), en matière de donation entre-vifs.

*Actions immobilisées et immobilières.* — Lorsque les actions sont immobilisées, ce n'est plus l'art. 14 n° 8 de la loi de l'an 7 qui régit l'évaluation des parties, mais l'art. 15 n° 7. Ainsi, cette évaluation doit se faire en revenu. On peut en voir un exemple dans l'affaire tranchée par l'arrêt de Cass. du 10 mai 1865 (2112 R. P.), et dans laquelle il s'agissait de l'échange d'un immeuble contre des actions immobilisées de la Banque. C'est d'ailleurs ce qui résulte formellement d'une Sol. du 12 janvier 1867 rendue au sujet des actions de la Banque de France : « Les actions immobilières de la Banque de France, porte-t-elle, sont sujettes aux règles établies pour les propriétés foncières (Déc. 16 janv. 1808). Il faut donc les évaluer comme s'il s'agissait d'immeubles proprement dits, c'est-à-dire déclarer leur produit et le capitaliser par vingt. Les parties sont libres de fixer le revenu comme elles l'entendent, sauf le contrôle de l'Administration (art. 19 et 39 de la même loi), et l'on ne comprendrait pas qu'elles fussent forcées de prendre pour base de l'évaluation le produit de l'année antérieure au décès » (2506 R. P., 18401 § 3 J. E., 14012 C. — *V.* 1539).

Il est inutile de dire qu'il en est de même lorsque la transmission a lieu après dissolution de société et que la fiction légale ayant cessé, les actions ont repris un caractère immobilier si des immeubles dépendent de la société.

**15385. Insuffisance d'évaluation.** — Nous venons de voir que la loi du 18 mai 1850 (art. 7) accorde à l'Administration le droit de se prévaloir de l'art. 39 L. 22 frimaire an 7, si l'estimation donnée par les parties aux actions étrangères est insuffisante. La Cour de cassation a posé le même principe, en thèse générale, le 24 mars 1846 (12656 J. N., 13894 J. E., 1767 § 8 I. G., S. 46-1-317), au sujet d'une cession d'intérêt dans les mines d'Anzin. Elle a jugé que puisque la loi de frimaire ne contient aucune disposition pour constater les insuffisances dans les déclarations estimatives des valeurs mobilières, c'est à la règle commune qu'il faut recourir, c'est-à-dire aux présomptions (1353 C. C.), ou aux faits et actes de nature à établir l'insuffisance. Nous avons exposé l'état de la jurisprudence sur ce point à propos du droit spécial créé par la loi du 23 juin 1857. — V. *Droit de transmission.*

**15386. Exemption de droits.** — De ce que la loi du 5 août 1821 a exempté de tous droits les actions de cer-

1. « C'est là une de ces décisions, disent Champ. et Rig. (Supp. n° 119), au sujet du tribunal de Lyon que nous avons rapporté, dans lesquelles la spécialité de la loi de l'an 7 est considérée comme un obstacle insurmontable à l'application du droit commun. Toutes les fois que cette loi a disposé dans l'espèce actuelle, il existe un texte formel et qui ne comporte aucune distinction ; le législateur, sans doute, n'ignorait pas que, parmi les valeurs mobilières, il s'en trouvait dont la vente se faisait à la Bourse et qui recevaient une estimation commerciale : cependant il a remis à la déclaration des parties l'évaluation de tous les meubles autres que les créances. Il n'a point excepté les valeurs cotées à la Bourse et avec raison, car le cours constaté ne prouve qu'une chose, c'est que telles ou telles actions ont été vendues pour tel prix, mais il n'établit pas que celui qui voudrait vendre le lendemain, ou qui eût voulu vendre le même jour, eût trouvé également un acheteur et le même prix. En matière de succession mobilière, non-seulement la loi s'en rapporte à l'évaluation des contribuables, mais encore elle refuse à la Régie tout moyen de contrôle. » Il est certain que le mode d'évaluation que nous avons indiqué ne peut faire obstacle à la faculté qu'ont les parties, d'après l'art. 14 n° 8 L. 22 frimaire an 7, de déclarer la valeur des biens meubles et par conséquent des actions mobilières ; mais, d'un autre côté, ainsi que nous l'avons également fait observer, le cours de la Bourse étant officiel, l'Administration, malgré l'opinion contraire émise par Champ. et Rig., peut s'en prévaloir pour établir l'insuffisance de l'évaluation des parties.

tains canaux et ponts (canaux de la Somme et des Ardennes, ponts de Montrejeau, de la Roche de Gluz, etc.), il n'en résulte pas que les mutations de ces actions soient exemptes de tout droit. Cette exemption ne s'applique qu'aux *émissions* de ces actions, car si la loi de 1821 eut voulu l'appliquer à leur *mutation*, elle l'eût spécifié, comme l'a fait l'art. 70 L. 22 frimaire an 7, pour les inscriptions sur le grand-livre. Ainsi, soit qu'elle s'opère entre-vifs, soit qu'elle ait lieu par décès, la mutation de ces actions est sujette au droit proportionnel (Seine 10 mars 1836, 8794-11479 J.E.).

**15387. Renouvellement des actions.** — L'art. 21 L. 5 juin 1850 prévoit le cas où des titres et certificats d'actions, émis antérieurement au 1er janvier 1851, viendraient à être renouvelés, et il porte que les cessions des titres ainsi renouvelés resteront assujettis au droit d'enregistrement fixé par les lois anciennes.

**15388. Endossement.** — Les cessions d'actions qui s'opèrent par voie d'endossement sont affranchies de l'enregistrement (art. 70 § 3 n° 15, L. 22 frim. an 7; — Cass. 8 fév. 1837, 3523 J.N., 11726 J.E., 1539 § 2 I. G., S. 37-1-113).

**15389. Cession de copropriété. — Dissolution.** — Il n'est pas toujours facile de distinguer la cession d'actions ou de parts d'intérêts de la cession qui a pour objet la propriété même des biens de la société. L'embarras existe surtout à propos des cessions qui accompagnent ou produisent la dissolution de la société. C'est un point dont nous avons présenté le développement n° 15306.

## SECTION 2. — DE QUELQUES SOCIÉTÉS ET COMPAGNIES PARTICULIÈRES

[15390-15621]

**15390. Actions immobilisées.** — Aux termes d'un décret du 16 janvier 1808, sur les statuts de la Banque de France (art. 7) : « Les actionnaires qui voudront donner à leurs actions la qualité d'immeubles en auront la faculté; et, dans ce cas, ils en feront la déclaration dans la forme prescrite pour les transferts. Cette déclaration une fois inscrite sur le registre, les actions immobilisées resteront soumises au Code civil et aux lois de privilége et d'hypothèque, comme les propriétés foncières; elles ne pourront être aliénées, et les priviléges et hypothèques être purgés qu'en se conformant au Code civil et aux lois relatives aux priviléges et hypothèques sur les propriétés foncières. » Cette disposition a été étendue aux actions du canal du Midi, par décret du 10 mars 1810 (art. 13), et aux actions des canaux d'Orléans et du Loing, par décret du 16 mars 1810 (art. 13).

1. TARIF. — Il résulte de ces dispositions, aux termes de la jurisprudence (*V.* n° suiv.), que les actions immobilisées de la sorte sont passibles du droit établi pour les transmissions immobilières (10028 J.E.), et que pour que la transmission soit mobilière, il faut que la partie qui acquiert manifeste, *dans l'acte même d'acquisition*, son intention de les mobiliser de nouveau.

2. ÉVALUATION. — Les actions immobilisées doivent être évaluées d'après le capital au denier 20 du revenu lorsqu'il s'agit de transmissions entre-vifs à titre gratuit ou par décès, ou d'échange. — *V.* 15384 et 15391.

**15391. Banque de France.** — C'est ce qui a été décidé spécialement pour les actions de la Banque de France (Seine 19 déc. 1832, 1422 § 2 I. G.; — Cass. 22 mai 1833, 10616 J.E., 1437 § 2 I. G., 8794 J. E., S. 33-517; — Demolombe t. 9 n° 388).

On avait pensé que ces actions ne conservaient pas leur caractère immobilier entre les mains d'un nouveau possesseur, à moins qu'il n'ait personnellement renouvelé la déclaration prescrite. Par conséquent, si ces valeurs étaient vendues pour meubles, le droit de mutation immobilière n'était pas exigible. C'est ce qu'on pouvait induire des motifs de l'arrêt du 22 mai 1833, par lequel la Cour suprême avait maintenu le droit de 5 fr. 50 cent. pour 100, en se fondant sur ce que « les clauses du cahier des charges de l'adjudication n'établissaient pas que les actions de la Banque aient été adjugées pour devenir meubles par l'effet de l'adjudication. » Mais, ainsi que le fait remarquer M. Demante (n° 301), la loi du 17 mai 1834 art. 5 a coupé court à cette controverse par la disposition suivante : « Les propriétaires d'actions immobilisées de la Banque de France qui voudront rendre à ces actions leur qualité première d'effets mobiliers seront tenus d'en faire la déclaration à la Banque. Cette déclaration, qui devra contenir l'établissement de la propriété des actions en la personne du réclamant, sera transcrite au bureau des hypothèques de Paris et soumise, s'il y a lieu, aux formalités de purge légale auxquelles les contrats de vente immobilière sont assujettis. Le transfert de ces actions ne pourra être opéré qu'après avoir justifié à la Banque de l'accomplissement des formalités voulues par la loi pour purger les hypothèques de toute nature et d'un certificat de non inscription. »

Aussi le conseil d'Administration a-t-il reconnu, le 24 juillet 1863, qu'une déclaration faite sur les registres de la Banque de France, conformément à l'art. 5 L. 17 mai 1834, aura seule l'efficacité nécessaire pour rendre aux actions leur qualité première d'objets mobiliers; que jusque-là les actions conservent leur caractère d'immeubles (1962 R. P.).

1. DÉCLARATION DE MOBILISATION. — DROIT DE TRANSCRIPTION. — La déclaration faite par le possesseur d'une action de la Banque de France immobilisée, pour lui rendre sa qualité première d'effet mobilier, donne ouverture au droit proportionnel de transcription, parce que cette déclaration est de nature à être transcrite (11057 J. E.). Cette opinion trouve sa justification dans la loi du 17 mai 1834 (10937 J. E.), qui veut que le transfert des actions, ainsi de nouveau mobilisées, ne puisse s'opérer qu'après justification à la Banque de l'accomplissement des formalités voulues par la loi pour purger les hypothèques de toute nature, et d'un certificat de non inscription.

2. CESSION MOBILIÈRE. — Si, après le décès d'une personne qui avait déposé des actions de la Banque de France, il est déclaré dans un acte notarié, par sa veuve et sa fille et unique héritière, que ces actions étaient la propriété du mari de celle-ci, et que la succession n'y a aucun droit, le droit de cession à 50 centimes pour 100 est exigible comme cession d'actions; car, même en admettant que la transmission n'avait été que fictive entre le gendre et le beau-père, elle n'en a pas moins un caractère définitif aux yeux de l'Administration, ce qui suffit pour autoriser la perception du droit de rétrocession (Seine 28 juin 1849, 14825 J. E.).

3. INTÉRÊTS. — Un père a placé, pour le compte de sa fille mineure, une somme de 10,000 francs en valeur d'actions de la Banque de France. Les actions ayant baissé lors de la reddition de son compte, le père rend à la fille les 10,000 francs et redevient propriétaire des actions. Il est dû un droit de cession de la fille au père à raison de 50 centimes pour 100 sur le capital et les intérêts indistinctement, par le motif que l'intérêt des actionnaires de la Banque ne consiste que dans le produit annuel des actions (D. m. f. 31 janv. 1815, 5309 J. E.).

4. RÉCÉPISSÉ DE DÉPOT. — Les récépissés de dépôt que délivre la Banque de France ne sont assujettis qu'au timbre de dimension et ne sont pas transférables par voie d'endossement (D. m. f. 16 janv. 1808, 4930 J. E., D. N. t. 2 p. 428 n° 29). Leur assujettissement au timbre de dimension a été consacré de nouveau par une D. m. f. 14 janvier 1865, attendu que ces récépissés peuvent faire titre aux déposants ou contre eux. — V. *Banque de France*.

5. CERTIFICATS DE PROPRIÉTÉ. — Les certificats de propriété des actions de la Banque de France sont assujettis au timbre (D. m. f. 7 oct. 1814, 5032 J. E.).

Depuis la loi du 5 juin 1850, les certificats d'actions délivrés par suite de transferts aux nouveaux possesseurs, sont soumis au droit proportionnel de 5 centimes pour 100 francs, d'après le capital nominal.

La Banque paye à Paris, sur état certifié, le droit de timbre de ces certificats. Chaque titre porte l'inscription : « timbre au compte courant avec le Trésor. » Les nouveaux certificats délivrés aux anciens possesseurs constatant le nombre des actions provenant d'un titre antérieur et conservées par eux, restent sujets au timbre de dimension. Il en est de même des certificats pour les actions qui ne changent pas de propriétaire, mais qui sont transférées du registre de la Banque sur telle ou telle succursale, et réciproquement (D. m. f. 16 oct. 1851, D. N. t. 1er p. 498 n° 29).

De même, les certificats de transfert d'ordre délivrés aux agents de change ne sont sujets qu'au timbre de dimension. Pour distinguer ces titres, on les rédige sur papier de couleur (D. m. f. 29 janv. 1852, D. N. t. 1er p. 498 n° 30).

6. MANDATS. — Les mandats tirés sur la Banque de France, et qui ne sont point *négociables*, sont assujettis au droit de 1 pour 100 (50 cent. pour 100) (Dél. 15 mai 1822).

7. VALEUR. — La valeur des actions de la Banque de France se compose du capital primitif de 1,000 francs et de l'accroissement du droit accordé à chaque action sur les *fonds de réserve* (Déc. 16 janv. 1808, art. 1er, D. m. f. 25 sept. 1810, 520 I. G.). — *V.* 15384-2.

8. FONDS DE RÉSERVE. — L'usufruitier n'est pas propriétaire du fonds de réserve formé pendant la durée de son usufruit; ce fonds appartient aux nus-propriétaires, et s'il a servi à acheter d'autres actions, elles reviennent à ces derniers au décès de l'usufruitier (C. Paris 27 avr. 1827, 9129 J. E.).

9. ÉVALUATION. Les actions immobilières de la Banque de France étant assimilées à des immeubles, doivent être évaluées d'après le revenu multiplié par 10 ou par 20 pour la perception du droit de succession (Sol. 12 janv. 1867, n° 2506 R. P.).

Il en est de même évidemment pour les donations et les échanges. — *V.* 15384-3.

**15392. Caisse Lafarge.** — Les mutations des actions de la caisse Lafarge sont exemptes d'enregistrement (D. m. f. 27 pluv. an 10, 1108 J. E.; — D. m. f. 6 oct. 1812, 604 I. G.).

Le motif de cette décision est que les fonds de cette caisse étant placés en rentes sur l'État reposent sur des inscriptions au grand-livre de la dette publique, ce qui les fait tomber aujourd'hui sous l'application de l'art. 7 L. 18 mai 1850, sinon en ce qui concerne les mutations par décès, puisqu'elles sont viagères, du moins relativement aux mutations entre-vifs à titre gratuit.

**15393. Canaux.** — Il avait été décidé que le revenu des actions des canaux d'Orléans, de Loing et du Midi doit être calculé sur le produit des dividendes de l'année qui a précédé le décès. La jouissance du titulaire ne s'étendant jamais au compte d'accroissement et se bornant au produit de l'inscription principale, le revenu de cette inscription est le seul susceptible d'être déclaré (D. m. f. 4 oct. 1825, 8905 J. E.).

Mais on a reconnu depuis que la partie de la décision d'après laquelle le droit est perçu sur un capital formé par la multiplication de la somme que l'action a produite dans l'année immédiatement antérieure au décès ne paraît pas conforme aux principes sur la matière.

Ici, comme pour les actions immobilières ordinaires (*suprà* n° 15384), le capital se détermine d'après le revenu à déclarer par les parties (Sol. 12 janv. 1867, 2506 R. P., 18401 § 3 J. E., 14012 C.).

**15394. Réversion.** — Un recueil consacré au notariat a émis l'avis que quand les actions précédentes font l'objet d'une dotation transmissible au fils aîné dans la descendance directe, il n'est dû, lors du décès des titulaires successifs, aucun droit de succession par l'héritier appelé à recueillir les actions (n° 1695 J. N.). La raison qu'il en donne c'est que le fils aîné ne reçoit pas la dotation de son père, mais bien du souverain, et que cette transmission secondaire est exempte du droit.

Aucun de ces deux motifs ne paraît exact. Nous démontrons au mot, *Contrat de mariage* que quand une rente est donnée à une personne avec clause de réversion au profit d'un tiers, le droit de succession est exigible lorsque la réversion s'opère. En second lieu, il semble difficile d'admettre que le fils aîné ne reçoive pas la dotation en sa qualité d'héritier. La seule différence, c'est que la transmission des actions de l'espèce est soumise à des règles particulières, semblables en certains points aux substitutions, mais l'appelé exerce, en les recevant, un veritable droit héréditaire.

**15395. Moulin de bascule à Toulouse.** — La cession des parts ou *uchaus* dans cette usine qui donnent droit à la propriété et aux produits de l'usine, gérée d'une manière particulière, est passible du droit de 5 fr. 50 centimes pour 100 (Sol. 29 janv. 1830, 9553 J. E. — V. *Contrà* Champ. et Rig. n° 3687).

**15396. Navire en course.** — Les cessions d'actions sur les navires armés en course sont sujettes au droit de 50 centimes pour 100 (Circ. 1678).

**15397. Salines de l'Est.** — Les actions dans les salines de l'Est sont exemptes de l'enregistrement lors des transferts seulement; et si le transfert a lieu par acte public ou notarié, il n'est passible que du droit fixe (D. m. f. 17 mars 1810, 4531 J. E.).

1. SUCCESSION. — Mais l'exemption est spéciale pour les transferts et ne s'étend pas aux mutations par décès ou par donation, qui restent assujetties aux droits dus pour toute transmission ordinaire d'objets mobiliers (D. m. f. 8 juin 1813, 4531 J. E.).

**15398. Tontine d'épargne.** — Les actions des tontines d'*épargnes et des employés et artisans*, ainsi que leurs cessions, sont exemptes de la formalité et du droit d'enregistrement, attendu que ces actions reposent sur des inscriptions au grand-livre de la dette publique (D. m. f. 27 pluv. an 10, 1108 J. E.). — V. 15392.

**15399. Tontine d'amortissement.** — Les cessions d'actions de la tontine perpétuelle d'amortissement ne sont pas dispensées de l'enregistrement (Dél. 31 juill. 1819, 31 janv. 1820, 7941 J.E.), et elles sont sujettes au timbre (Dél. 31 juill. 1829, D. m. f. 31 janv. 1820, 6473, 6610 J.E.).

**15400. Caisse de survivance.** — Les actions de la caisse de survivance et d'accroissement distribuées aux indigents sont exemptes des droits de timbre, si, dans le corps des transcriptions, il est fait mention de leur destination et de leur délivrance gratuite (D. m. f. 9 juin 1820, 6767 J. E.).

# SOLIDARITÉ.

**15401.** — C'est, relativement à plusieurs créanciers d'une même chose, le droit qu'a chacun d'eux de se la faire payer en totalité; et, relativement à plusieurs débiteurs, l'obligation imposée à chacun de payer intégralement la somme qu'ils doivent en commun.

**15402. Effet des obligations solidaires relativement à la perception.** — Nous avons mis en relief, au mot *Cautionnement*, l'effet de l'obligation solidaire, relativement à la perception du droit de cautionnement; nous y renvoyons le lecteur. On trouvera d'ailleurs, çà et là, sous les divers mots auxquelles elles peuvent se rapporter, toutes les questions auxquelles la solidarité peut donner lieu en matière de perception.

**15403. Pluralité des droits.** — La solidarité exerce une influence souveraine sur la perception des droits; en ce sens qu'elle écarte la pluralité toutes les fois qu'elle se rencontre. C'est une règle dont les effets peuvent être signalés presque à chaque page de cet ouvrage.

**15404. Payement des droits sur les actes.** — En ce qui concerne le payement des droits d'enregistrement, la jurisprudence établit la solidarité entre toutes les parties contractantes, relativement aux actes qui sont soumis à la formalité (V. *Acte judiciaire, Acte sous seing privé, etc.*).

**15405. Payement des droits de timbre.** — En matière de timbre, les principes qui découlent de la solidarité seront posés au mot *Timbre*, n° 15405.

**15406. Payement des droits de succession.** — Tous les héritiers sont solidaires pour le payement des droits de succession; c'est un principe qui sera développé au mot *Succession*.

# SOLUTION.

**15407.** — C'est la décision d'une difficulté, d'une question.

**15408. Enregistrement.** — Aux termes de l'art. 63 L. 22 frimaire an 7, la solution des difficultés qui s'élèvent relativement à la perception des droits d'enregistrement, avant l'introduction des instances, appartient à l'Administration supérieure.

*Les solutions* de l'Administration sont les décisions qui émanent du directeur général, à la différence *des délibérations* qui sont l'œuvre des administrateurs et du directeur général réunis en conseil d'administration.

Les solutions, comme les circulaires ou les décisions ministérielles, n'ont aucune autorité législative, et ne lient pas les tribunaux. — V. *Instance.*

## SOMMAIRES (CAUSES).

**15409.** — On appelle ainsi certaines contestations qui, par leur nature, leur modicité ou leur urgence nécessitent une procédure simple, peu dispendieuse et une prompte décision. Nous en avons traité avec tous les développements que comporte ce sujet, assez important en matière d'enregistrement, au mot *Jugement.*

**15410. Greffe.** — Aux termes de l'art. 3 L. 21 ventôse an 7, les causes sommaires sont assujetties à un droit de mise au rôle de 1 fr. 50 cent. lorsqu'elles se présentent devant les tribunaux civils de première instance et devant les tribunaux de commerce. — V. *Greffe.*

**15411. Enregistrement.** — Quant au droit d'enregistrement, il n'y a aucune différence entre les jugements en matière sommaire et les jugements rendus après l'accomplissement de toutes les formalités. — V. *Jugement.*

## SOMMATION.

**15412.** — C'est un acte par lequel on somme quelqu'un de déclarer ou de faire quelque chose.

La sommation diffère du commandement: 1° en ce qu'elle n'a pas besoin d'être faite en vertu d'un titre exécutoire; — 2° en ce qu'elle n'interrompt pas la prescription.

**15413. Enregistrement.** — Les exploits contenant sommation sont passibles du droit de 3 francs fixe.
V. *Exploit.*

## SOMMES.

**15414.** — Aux termes de l'art. 13 L. 25 ventôse an 11, les sommes doivent être écrites en toutes lettres dans les actes des notaires, à peine de 20 francs d'amende; mais il est d'usage toléré d'écrire en chiffres les sommes qui ont été énoncées en toutes lettres.

Les sommes formant le prix des objets adjugés dans les procès-verbaux de vente publique de meubles doivent également être écrites en toutes lettres, à peine de 5 francs d'amende par chaque article dont le prix n'est pas écrit en toutes lettres. — V. *Adjudication.*

## SOU POUR LIVRE.

**15415.** — On donnait anciennement ce nom à des droits additionnels imposés sur divers objets par différentes lois. Il est encore employé, avec la même acception, dans le langage usuel.

Dans la langue juridique, on l'emploie encore quelquefois pour exprimer une répartition au marc le franc.

## SOUCHE.

**15416.** — Terme de généalogie qui indique l'auteur d'une génération, le premier d'une suite de descendants. On dit succéder par *souche* quand plusieurs enfants ou descendants ne recueillent que la portion qu'aurait eue leur auteur.

## SOUHAITAGE.

**15417.** — En certain pays, ce mot sert à désigner une convention entre laboureurs, par laquelle ils s'aident de leurs chevaux à tour de rôle.

**15418. Enregistrement.** — La convention par laquelle on accorde la jouissance d'un objet, moyennant celle d'un autre objet, a le caractère d'un double bail, dont l'un forme le prix de l'autre. C'est dans cette catégorie qu'il faut ranger le contrat que nous avons ici en vue, et si, par exception, il était rédigé par écrit, et qu'il fût présenté à la formalité, il faudrait appliquer la règle de perception que nous avons posée au n° 7139.

## SOULTE.

**15419.** — Ce qui est donné pour compenser, dans un partage, l'inégalité des lots, et, dans un échange, l'inégalité des objets échangés. — V. *Échange, Partage, Partage anticipé.*

## SOUMISSION.

**15420.** — Ce mot a différentes acceptions.

## CHAPITRE PREMIER. — MARCHÉ

[15421-15427]

**15421.** — Il sert à désigner l'offre de prendre un marché moyennant une somme déterminée, qui tantôt est une enchère, tantôt un rabais.

**15422. Approbation.** — En principe, une soumission acceptée par l'autorité supérieure constitue un acte administratif qui devient sujet à l'enregistrement. — V. *Acte administratif*.

Ainsi, la soumission souscrite par un entrepreneur pour des fournitures à faire à un établissement public constitue un marché passible du droit de 1 pour 100, attendu que cette soumission, du moment où elle a été acceptée, a constitué pour l'entrepreneur une obligation écrite (Évreux 21 janv. 1837, 11770 J. E.).

De même, la soumission d'un entrepreneur qui s'engage à faire des travaux dans les bois de l'État devient sujette à l'enregistrement dès qu'elle est revêtue de l'approbation de l'autorité, parce que la réunion de ces deux actes constitue le marché (D. m. f. 1er déc. 1856, 2089 I. G., 793 R. P.).

**15423. Acte unique.** — Les marchés administratifs ont lieu soit aux enchères publiques, soit sur soumissions cachetées. Dans ce dernier cas, l'offre contenue dans la soumission et son acceptation par l'autorité constituent deux opérations distinctes, il est vrai, et cependant, quoiqu'elles soient souvent de dates différentes, elles ne sont point des actes séparés. Elles ne forment qu'un seul tout. C'est leur réunion qui constitue le contrat tarifé par la loi. Aussi un droit unique est-il exigible (D. m. f. 2 mai 1848, 6291 J. E.). Il doit en être de même de celles pour fournitures à faire au Gouvernement (Dél. 5 août 1819, 6468 J. E.).

**15424. Réunion de divers actes constituant un marché au moyen de la soumission.** — Par application de ce principe, il a été reconnu que lorsqu'une délibération d'un conseil municipal a autorisé la construction d'un autel dans l'église de la commune, que le plan et le devis de construction ont été dressés par l'architecte du département, et la dépense estimée par lui, que d'après cette estimation un particulier s'est obligé à construire l'autel, conformément aux plan et conditions qui lui ont été communiqués, et moyennant la somme fixée, et qu'enfin la délibération du conseil municipal et la soumission de construire ont été approuvées par arrêté du préfet, on ne peut s'empêcher de voir, dans la réunion de ces divers actes, un marché sujet à l'enregistrement dans les vingt jours, à compter de celui où l'approbation de la soumission par le préfet est parvenue à la mairie (Dél. 22 mai 1824, 7779 J. E.).

Nous avons rappelé au mot *Acte administratif* plusieurs espèces dans lesquelles ce principe a reçu son application.

Le tribunal de la Seine a consacré la même interprétation en ces termes : « Attendu que le sieur Petit a, par une soumission en forme de lettre du 30 juin 1863, offert au préfet de la Seine d'exécuter les travaux en question, moyennant une indemnité de 833,000 francs, que cette offre a été acceptée par une délibération du conseil municipal du 20 mai 1870, approuvée par un arrêté préfectoral du 4 juin courant ; que, dans ces circonstances, Petit ne saurait soutenir qu'il n'y a pas eu de convention formulée par écrit contre la ville et lui » (J. 2 mai 1874).

**15425. Délai.** — Une soumission, avons-nous dit au n° 15422, dès qu'elle est approuvée par l'autorité supérieure, prend le caractère d'acte administratif ; dès lors, elle doit être enregistrée dans les vingt jours de la date. C'est ce qui a été décidé par le tribunal de Valenciennes (8 mai 1850, 14964-5 J. E.) à l'occasion d'une soumission par acte sous seing privé, approuvée par le maire et par le préfet, de fournir une pompe à incendie.

De même encore, une soumission mise à la suite d'une délibération du conseil municipal, approuvée par le préfet, par laquelle un entrepreneur s'engage à fournir le gaz nécessaire à l'éclairage d'une ville, est enregistrable dans les vingt jours de l'approbation, et passible du droit de marché, comme s'il y avait eu adjudication (Cas. 22 janv. 1845, 12260 J. N., 13653 J. E., 1743 § 6 I. G., S. 45-1-103).

**15426. Acte écrit à la suite.** — La soumission d'exécuter les travaux prévus dans un devis ne peut, sans contravention, être écrite à la suite de ce devis (D. m. f. 5 nov. 1830, 9824 J. E.).

Mais l'approbation de la soumission peut être écrite à la suite de cette pièce (V. 2089 I. G., 793 R. P.).

**15427. Timbre.** — Toutes les soumissions, même celles qui sont déposées devant les autorités administratives, relativement à des marchés, doivent être écrites sur papier timbré.

C'est un principe que l'on a appliqué notamment aux soumissions à fournir par les entrepreneurs de travaux dans les forêts de l'État (D. m. f. 1er déc. 1856, 2089 I. G., 793 R. P.).

## CHAPITRE II. — INSUFFISANCE

[15428-15435]

**15428.** — On donne également le nom de soumission aux engagements contractés par les contribuables de payer une certaine somme pour désintéresser le Trésor, à raison d'une insuffisance qui pourrait exister dans une déclaration de prix ou de revenu.

**15429. Expertise.** — Ainsi, d'après l'I. G. n° 1624, les parties contre lesquelles l'Administration a requis ou veut requérir une expertise, à l'effet de constater l'insuffisance du prix ou de l'évaluation en revenu des immeubles transmis, peuvent faire des offres et se soumettre à payer les droits sur un supplément débattu entre elles et les préposés de l'Administration. Ces soumissions n'engagent les redevables qu'autant que les droits qu'elles ont pour objet sont réellement dus ; car, s'il y avait erreur démontrée, l'engagement serait nul : dans tous les cas, ces soumissions n'engagent les contribuables qu'autant qu'elles ont été acceptées par l'Administration.

*Forme.* — La soumission est, par essence, un engagement unilatéral par lequel le débiteur prend l'obligation de payer une somme d'argent pour arrêter une poursuite dont il est menacé. Cette offre dûment accceptée a bien le caractère transactionnel, mais elle n'en constitue pas moins par elle-même une simple promesse de payer, affranchie de la formalité du double écrit (1326 C. C.)

On peut ajouter, avec un jugement du trib. de la Seine du 11 juill. 1874 (4141 R. P.) et avec une sol. du 4 mai 1878, que la soumission équivaut à une déclaration supplémentaire ou rectification que le redevable ferait sur un registre pour asseoir la perception, et qu'à ce titre elle échappe à l'obligation du double.

**15430. Refus de réalisation.** — Le nouveau propriétaire qui refuse de réaliser la soumission qu'il a souscrite pour éviter une action en expertise ne peut plus invoquer l'expertise ; c'est par voie de contrainte qu'il doit être poursuivi en payement des droits exigibles pour l'insuffisance qu'il a reconnue (Coulommiers 3 août 1849, 14798-4 J.E., 13893 J.N. ; — Colmar 4 nov. 1844, 13612-5 J.E. ; — Bourgoing 5 déc. 1846, 14168-6 J.E. ; — Pont-l'Évêque 8 nov. 1844, 13640 J.E., 12217 J.N. ; — Besançon 27 mars 1846, 13970 J. E. ; — Avignon 21 mai 1855 ; — Bagnères 28 mai 1860 ; — Toulouse, 31 déc. 1860 ; — Seine, 11 juill. 1874, 4141 R. P. et 13 juill. 1877).

**15431. Demande ultérieure.** — Par une conséquence de ce principe, l'Administration qui a approuvé une soumission ne peut plus s'appuyer sur une expertise entre parties qui aurait porté le revenu des biens à un taux supérieur à celui soumissionné, pour réclamer un supplément de droits sur cette soumission.

Elle ne peut pas plus se prévaloir pour cela de l'existence d'un bail écrit courant au décès et constaté par un jugement : « Attendu que la soumission constitue une transaction entre la partie et l'Administration, et que cette transaction qui est la loi des parties leur interdit toute réclamation (Marseille 26 août 1873, 3771 R. P.). »

Cette solution est évidemment bien fondée. On pourrait discuter la question de savoir si, dans la rigueur du droit, l'Administration est autorisée à accepter ces transactions. Quoique l'usage le plus ancien soit établi en ce sens, il n'est pas certain que le procédé soit légal et qu'il ne dépasse pas les limites de la compétence de l'Administration en matière de recouvrement d'impôt.

Mais du moment que la soumission a été acceptée au nom du Trésor et que l'État n'invoque pas la nullité des engagements pris en son nom, le contrat produit ses effets transactionnels. Il met fin définitivement à toute réclamation fondée sur le même objet.

Si le débat portait sur un objet différent, par exemple, sur le caractère de l'acte, la soumission ne pourrait être alors opposée à l'Administration (Châlons 10 déc. 1875, 4378 R. P.).

1. FRAUDE. — On a cependant soutenu, au sujet de l'instance sur laquelle est intervenu le jugement de Marseille du 26 août 1873, que la transaction n'est pas opposable à l'Administration quand elle repose sur des faits dont l'inexactitude était connue des parties ou que la valeur des biens était établie par un acte tenu secret, tel qu'un bail courant. Mais cette prétention n'est pas fondée.

En effet, les contestations soulevées journellement entre les parties de l'Administration, au sujet des évaluations immobilières, se rapportent non-seulement à la détermination de la valeur véritable des biens en dehors de toute réticence frauduleuse ou de toute dissimulation de la part des contribuables, mais encore à la découverte des fraudes qui sont intentionnellement commises. Les soumissions par lesquelles ces contestations se terminent, au moyen de concessions réciproques, ont donc le caractère transactionnel à l'égard des faits de fraude comme à l'égard de la simple insuffisance.

Or, les faits de fraude comprennent toutes les combinaisons imaginées par les contribuables pour cacher la vente, la rétention de titres secrets, les déclarations inexactes, les simulations d'actes fictifs, etc. Les conséquences de ces faits tombent donc directement sous l'effet de la transaction. Le débiteur en est affranchi dès que ses offres ont été acceptées.

L'art. 2055 C. C. décide, à la vérité, que la transaction faite sur pièces qui depuis ont été reconnues *fausses* est entièrement nulle.

Mais c'est le détourner de son sens que de l'appliquer aux déclarations ou aux actes simplement simulés. Le faux dont il s'agit ici a rapport exclusivement au faux criminel, c'est-à-dire à l'acte par lequel une pièce d'écriture est fabriquée par un faussaire. D'ailleurs, même en matière de faux, la transaction est inattaquable quand il a été transigé sur le faux lui-même (Paul Pont *Petits Contrats* art. 2052-2057 n° 716).

Or, dans l'espèce, l'acte sur lequel on a transigé n'est pas un faux dans l'acception juridique du mot, et, y fût-il assimilable, c'est justement sur l'existence de ce faux que la transaction est intervenue. A ce double point de vue le contrat est donc valable.

Dira-t-on que la soumission portait une évaluation faite dans un titre dolosivement retenu par le débiteur ; qu'elle doit être déclarée nulle, d'après le principe posé dans l'art. 2057 C. C. ?

Il suffira de répondre que la rétention du titre constatant la véritable valeur est l'un des faits de fraude sur lesquels il a été transigé, et que, d'après la jurisprudence comme d'après la doctrine, une transaction est valable quand elle est intervenue directement sur le dol résultant de la dissimulation du titre (Cass. 18 mai 1836, S. 36-1-457, Pont *loc. cit.* 728).

2. TITRE DE CONVENTION. — Mais quand l'insuffisance résulte d'un acte faisant titre entre les parties et présenté à la formalité, elle ne s'oppose pas à ce que le droit soit perçu sur l'excédant de valeur.

Et c'est ainsi que le tribunal de la Seine a autorisé, le 10 août 1855, le recouvrement des droits dus sur une contre-lettre révélée dans un jugement après l'acceptation d'une soumission de l'acquéreur

3. DISSIMULATION. — Il a été également reconnu, par une Sol. 13 mars 1874, que la soumission souscrite par l'acquéreur pour reconnaître la dissimulation ne le met pas à l'abri de réclamations ultérieures pour le cas où l'Administration viendrait à découvrir que la dissimulation réelle est supérieure à celle reconnue par la soumission. L'Administration ne peut pas renoncer, par voie de transaction, aux droits que lui confèrent les art. 12 et 13 L. 23 août 1871.

V. *Expertise.*

**15432. Solidarité.** — La soumission souscrite par un héritier, pour éviter l'action en expertise de l'Administration, n'engage que ce cohéritier pour sa part dans l'augmentation stipulée, s'il ne s'est pas porté fort pour ses cohéritiers (Briançon 26 mars 1847, 13970 J. E., D. N. t. 12 p. 38 nº 12).

**15433. Surenchère.** — Lors même que l'acquéreur qui avait souscrit une soumission aurait été dépossédé par une surenchère, il n'en devrait pas moins payer le montant de sa soumission; et s'il s'était rendu adjudicataire moyennant une surenchère supérieure au supplément porté dans sa soumission, il devrait payer le droit en sus porté dans la soumission, dont le droit simple se compenserait avec celui exigible sur la surenchère (Lyon 25 mars 1846, 13982 J. E.).

**15434. Quotité du droit d'enregistrement.** — On a voulu prétendre qu'une soumission souscrite pour éviter l'action en expertise de l'Administration est, comme obligation ordinaire, passible du droit proportionnel lorsqu'on la soumet à l'enregistrement, et qu'elle ne peut tomber sous l'application de l'art. 6 L. 16 juin 1824, relatif aux actes en matière de contributions (13404-5 J.E.).

Nous ne pouvons admettre une pareille doctrine, car elle est contraire aux principes les plus élémentaires; ce serait violer ouvertement la règle *non bis in idem* et percevoir impôt sur impôt. On a vu, en effet, au nº 10444, qu'il n'est pas dû de droit de titre sur le jugement qui condamne à une amende envers l'État.

Dans un autre ordre d'idées, nous avons également enseigné au mot *Novation* qu'il n'est dû qu'un droit fixe lorsqu'une obligation ne fait qu'augmenter une obligation préexistante, indéterminée et fondée sur un titre enregistré. Or ici le titre de l'Administration, pour exiger le supplément de droit qui fait l'objet de la soumission, est dans l'acte ou la déclaration enregistrée présentant une insuffisance de prix ou d'évaluation.

Tel est aussi l'avis du D. N. (t. 12 p. 38 nº 10).

1. GREFFE. — Le droit de rédaction n'est pas dû, outre celui d'enregistrement, sur l'insuffisance reconnue par soumission dans le prix d'une adjudication judiciaire (Sol. 11 déc. 1840, 1634-17 I. G.) — V. 9371.

**15435. Prescription.** — Une soumission souscrite avant le délai de la prescription interrompt cette prescription, bien qu'elle n'ait été approuvée qu'après.

V. *Prescription.*

## CHAPITRE III. — SOUMISSIONS DIVERSES

[15436-15438]

**15436. Places de guerre.** — Les soumissions faites pour obtenir l'autorisation de construire dans le rayon déterminé pour la place de guerre doivent être sur papier timbré et enregistrées au droit de 1 franc (1 fr. 50) (Ord. 1er août 1821, art. 10, 6460 J. E.).

Cette disposition s'applique aux soumissions faites par les établissements publics (998 I. G.).

**15437. Cautionnement.** — L'acceptation d'un cautionnement résultant d'une soumission sur laquelle le droit proportionnel a été perçu, n'est passible que du droit fixe de 3 francs, comme acte de complément (L. 22 frim. an 7, art. 68 § 1er nº 6; L. 18 mai 1850, art. 8; L. 22 fév. 1872, art. 4).

Si elle est faite au greffe, il est dû 4 fr. 50 cent.

Mais si la soumission a été enregistrée au droit fixe, le droit proportionnel de cautionnement est dû sur l'acceptation, à moins qu'il ne s'agisse d'un cautionnement qui ne serait lui-même assujetti qu'au droit fixe.

**15438. Caution judiciaire.** — Les soumissions de caution doivent être enregistrées en même temps que les rapports de police les constatant.

V. *Cautionnement.*

# SOUMISSION DE JURIDICTION.

**15439.** — La soumission de juridiction consiste à soumettre par avance à un tribunal qui ne serait pas le juge naturel des parties contractantes toutes contestations qui pourraient s'élever par rapport au contrat qu'elles passent.

**15440. Caractère.** — Les soumissions de juridiction sont une véritable prorogation volontaire. Elles ont les mêmes motifs et les mêmes résultats.

Seulement la soumission de juridiction se fait dans la prévoyance d'une contestation possible, tandis que la prorogation n'a lieu qu'à l'occasion d'une contestation née (Carré *Compétence* t. 1er p. 600).

**15441. Enregistrement.** — Le jugement qui interviendrait sur une soumission de juridiction serait donc assujetti aux mêmes règles de perception que le jugement sur prorogation de compétence, dont nous avons parlé sous le nº 4598, auquel il faut se reporter.

## SOUS-BAIL.

**15442.** — Acte par lequel le locataire principal cède à un tiers l'effet de la location qui lui a été consentie, ce qu'il a le droit de faire lorsque cette faculté ne lui a pas été interdite. — V. *Bail.*

## SOUSCRIPTION.

**15443.** — C'est la soumission écrite par laquelle on s'engage à contribuer ou qui constate qu'on a contribué à une entreprise ou une opération d'utilité publique ou privée, telle que la construction d'un monument, le soulagement d'un individu, etc.

**15444. Caractère.** — Les souscriptions peuvent être considérées tantôt comme des contrats intéressés, tantôt comme des contrats de bienfaisance.

Un arrêt de Cass. du 7 avr. 1829 (9625 J.E.) nous fournit un exemple d'un contrat intéressé. Lorsque, dans une souscription ouverte par un maire pour la construction d'un édifice public, l'un des habitants souscrit pour une somme payable à diverses époques, on peut considérer cette soumission volontaire comme un contrat intéressé ou commutatif, ce qui lui enlève le caractère de donation et laisse sans application les art. 932 et 937 C. C.

De même, la stipulation par laquelle un tiers, intervenant à un marché de travaux fait entre un entrepreneur et une fabrique, s'oblige envers cette fabrique, dans un intérêt de caprice ou de vanité et en lui imposant des conditions onéreuses, à payer tout ou partie des travaux, constitue non une donation, mais un contrat commutatif : la satisfaction que ce tiers retirera de l'exécution des travaux pouvant être considérée comme l'équivalent de la somme par lui promise (Cass. 14 avr. 1863, S. 63-1-362).

Cette interprétation est approuvée par les auteurs (Bayle-Mouillard sur Grenier t. 2 n° 179 note *a*, Saintespès-Lescot t. 3 n° 594, Demolombe t. 20 n°s 52 et 59).

En matière d'enregistrement, il a été également reconnu que l'acte par lequel une communauté religieuse souscrit pour une somme déterminée aux dépenses à faire dans une commune pour la construction d'une église, suivi du versement de cette somme dans la caisse municipale, ne constitue pas une libéralité ; c'est un contrat intéressé, chaque souscripteur ne payant que pour profiter de la chose commune (Sol. 8 oct. 1858, 16457 J. N. ;—Mamers 2 fév. 1875, 4059 R. P.).

Mais si les souscriptions sont faites purement et simplement dans l'intérêt d'un tiers, elles constituent de véritables libéralités.

La souscription pourrait également revêtir le caractère du contrat de société si les intéressés se réunissaient réellement pour suivre en commun la réalisation du but proposé et en retirer les bénéfices qu'il comporte. Mais cette dernière combinaison est très-peu pratique : on ne devrait pas en supposer facilement l'existence.

**15445. Droits applicables à ces différentes espèces.** — Il résulte de ces distinctions que toutes les fois que la souscription revêt le caractère de don, c'est le droit de donation qui doit être perçu, s'il est nécessaire de faire enregistrer la reconnaissance de souscription. Tandis que si la souscription doit être considérée comme un contrat commutatif, la reconnaissance devra être assujettie au droit de 50 centimes pour 100, comme quittance, et si c'est de la souscription elle-même qu'il s'agit, c'est-à-dire de la promesse de payer, on devra percevoir le droit de 1 pour 100 comme obligation. Nous ne croyons pas qu'on puisse exiger ici le droit d'indemnité mobilière, car le bénéficiaire des souscriptions n'avait contracté aucun engagement pour lequel il ait droit de demander un dédommagement.

Si la souscription n'est pas acceptée, le droit fixe de 3 francs est seul exigible, et il nous semble, avec le J. du not. (n° 2091), que la pluralité n'est pas applicable, car tous les souscripteurs, bien qu'engagés individuellement, agissent dans un intérêt commun.

Il n'est pas besoin d'ajouter que si les souscripteurs ont réellement formé un contrat de société, c'est le droit applicable à cette convention qui devient exigible.

**15446. Souscription à des œuvres littéraires.** — Un genre d'opération qui est assez fréquent en librairie, c'est la souscription à des œuvres littéraires, c'est-à dire la vente en diverses portions successives d'un ouvrage de littérature ou de science, moyennant un prix à payer ordinairement au fur et à mesure des livraisons faites.

**15447. Enregistrement.** — *Quid* du droit d'enregistrement exigible sur ce genre de souscription ? Il faut distinguer :

Si la souscription a eu lieu par un contrat synallagmatique, le droit de 2 pour 100 est incontestablement exigible. Il y a vente d'une chose mobilière rendue parfaite par un double consentement.

Mais si, comme cela a lieu le plus fréquemment, la souscription a été faite au moyen d'un simple bulletin signé du souscripteur, par lequel il s'est engagé à acheter l'ouvrage au prix et aux conditions indiquées, il ne peut être perçu qu'un simple droit fixe de 3 francs, car un acte unilatéral ne peut former le contrat de vente qui, aux termes de l'art. 1583 C. C., n'est parfait que par le consentement réciproque.

Cela est si vrai que, par un arrêt du 8 novembre 1843 (S. 43-1-853), la Cour de cassation a jugé qu'une souscription à un ouvrage de librairie par un particulier n'a effet à l'égard de ce particulier pour prouver la vente de cet ouvrage et les conditions de cette vente qu'autant qu'elle est faite en double original, conformément aux règles prescrites par l'art. 1325 C. C. pour la validité des conventions synallagmatiques sous seing privé.

Il est vrai que cette nécessité du double original ne peut exercer aucune influence sur la perception, mais le double consentement n'en reste pas moins indispensable, pour parfaire la vente, et sans lui le droit proportionnel devient impossible. C'est pourquoi il a été décidé, en matière civile, que la souscription à des ouvrages de librairie n'est obligatoire pour e souscripteur qu'autant qu'elle a été acceptée par l'éditeur (Bordeaux 13 juin 1853, D. 55-2-322).

Quant à l'éditeur, il prend bien, en publiant le prospectus, l'engagement de livrer l'ouvrage aux souscripteurs et ce à peine de dommages-intérêts (Grenoble 12 janvier 1872 S. 72-2-82). Mais ce n'est là qu'un engagement unilatéral qui ne donnerait ouverture au droit de vente qu'après l'acceptation écrite du souscripteur.

**15448. Timbre.** — Quant au timbre, un bulletin de souscription formant un titre de nature à être produit en justice, nul doute qu'il ne doive être écrit sur papier timbré.

Mais quelle est la nature de timbre applicable? On ne saurait prétendre que c'est le timbre proportionnel, car, ainsi que nous l'avons démontré dans notre précédent numéro, les bulletins de souscription, loin d'avoir les caractères d'une obligation de somme, ne présentent qu'un contrat de vente imparfait, une promesse d'acquisition. Le bulletin de souscription est donc soumis au timbre de dimension.

Dans tous les cas, le timbre ne devient de rigueur que lorsque le bulletin est signé; jusque-là les formules que l'on fait circuler en pareil cas peuvent être dressées sur papier libre.

**15449. Chemin vicinal.** — Les listes de souscriptions pour les dépenses des chemins vicinaux sont affranchies du timbre et de l'enregistrement — *V.* 3810.

## SPÉCIMEN.

**15450.** — Le mot *spécimen*, dans le langage usuel, signifie un modèle d'une écriture ou d'un livre quelconque, mais dans sa véritable acception, il sert à désigner le modèle de caractères d'imprimés.

**15451. Timbre.** — C'est dans cette dernière acception qu'une D. m. f. 26 février 1825 (7984 J. E.) a exempté du timbre les spécimens ou feuilles imprimées pour modèles de caractères d'imprimerie.

## STATUT.

**15452.** — Ce terme s'applique en général à toutes sortes de lois et de règlements. Quoique les lois ne commandent qu'aux personnes, néanmoins, si l'on considère leur objet principal, on distingue celles qui ne sont relatives qu'à l'état et à la qualité des individus de celles qui règlent la transmission des biens. De là, les lois ou les statuts personnels et les lois ou statuts réels. — *V.* 8218 et suivants.

## STELLIONAT.

**15453.** — C'est un quasi-délit dont se rend coupable celui qui vend ou hypothèque un immeuble dont il sait n'être pas propriétaire, qui présente comme libres des biens hypothéqués, ou qui déclare des hypothèques moindres que celles dont les biens sont chargés (2057 C. C.).

**15454. Cas où il y a stellionat.** — En thèse générale, il n'y a point de stellionat s'il n'y a mauvaise foi; à cet égard, il n'y a pas à distinguer entre les cas où l'on vend ou hypothèque un immeuble dont on n'est pas propriétaire, et le cas où l'on présente comme libre des biens hypothéqués : l'exception de bonne foi peut toujours être invoquée.

Ainsi, les maris et les tuteurs qui, ayant manqué de requérir et de faire faire des inscriptions ordonnées par l'art. 2136 C. C., auraient consenti ou laissé prendre des privilèges ou des hypothèques sur leurs immeubles sans déclarer expressément que lesdits immeubles étaient affectés à l'hypothèque légale des femmes et des mineurs sont reputés stellionataires. Cependant la Cour de cassation a jugé, le 21 février 1827 (S. 27-1-336), qu'il n'y avait point eu stellionat dans une espèce où le mari avait pu croire à l'anéantissement de l'hypothèque légale, par suite du consentement donné à la vente par sa femme.

**15455. Effets du stellionat.** — Le stellionataire était soumis à la contrainte par corps (2061 C. C.) avant l'abolition de cette mesure de coërcition. — Les stellionataires ne peuvent être reçus au bénéfice de la cession, ni être réhabilités après la faillite (906 C. proc. 575, 612 C. com.).

## STIPULATION POUR AUTRUI.

**15456.** — Les conventions ne peuvent, en principe, ni profiter ni nuire aux tiers, elles n'ont d'effet qu'entre les parties contractantes. L'art. 1165 C. C., qui pose ce principe, trouve son corollaire dans l'art. 1129, d'après lequel on ne peut s'engager, ni stipuler en son propre nom que pour soi-même. Ces principes donnent lieu aux développements suivants, qui présentent soit des exceptions, soit des modifications.

**15457. Condition d'une convention.** — L'art. 1121 permet de faire, comme condition d'une donation ou d'une convention quelconque, une stipulation au profit d'une personne autre que les parties contractantes, stipulation qui ne peut plus être révoquée quand cette personne a déclaré vouloir en profiter.

La stipulation faite au nom d'un tiers, notamment comme condition d'une donation, peut être valablement acceptée par ce tiers, même après le décès du stipulant, si elle n'a pas été révoquée par celui-ci ou par ses héritiers (Cass. 22 juin 1859, S. 61-1-151, Duranton t. 10 n° 248, Roll. de Vill. *Rép.* v° *Stipulation pour autrui* n° 53, Troplong *Don. et Test.* t. 3 n° 1107, Massé et Vergé t. 3 § 617, Larombière *Oblig.* art. 1121-5). — V. *Donation.*

**15458. Stipulation en qualité de tuteur ou de mandataire.** — Lorsque l'on dit que l'on ne peut rien stipuler ni promettre pour autrui, cela ne s'entend que lorsque l'on contracte en son nom, et non lorsque l'on ne fait que prêter son ministère à une autre personne, en qualité ou de tuteur ou de mandataire. C'est alors la personne pour laquelle nous stipulons qui est partie dans l'acte, c'est elle qui contracte réellement (Pothier n° 62, Taulier t. 6 n° 64). L'acte est donc valable tant que la nullité n'en est pas prononcée. — V. 16513.

Décidé spécialement que si l'acheteur a été représenté au moment de l'achat par la personne qui est devenue son héritier, et qui a agi comme son mandataire, cette personne ne peut revenir sur sa déclaration pour prétendre qu'à défaut de justification de son mandat, elle est réputée avoir agi en qualité de porte fort du défunt, et que ce dernier, n'ayant pas ratifié l'acquisition avant son décès, n'est pas devenu propriétaire de l'immeuble (Cass. 11 avr. 1877, 4682 R. P.).

1. EXCÈS DE POUVOIR. — Cependant pour être obligé par un tuteur ou par un mandataire qui a stipulé pour vous, il faut qu'il n'y ait pas eu excès de pouvoir de leur part. Ainsi, si mon mandataire à qui j'ai donné pouvoir d'acheter une maison 40,000 francs, conclut le marché sur le pied de 50,000 francs je ne serai pas obligé. De même encore, si mon tuteur a vendu mon bien sans observer les formalités préalables, je ne serai pas censé avoir contracté par son ministère.

**15459. Stipulation en qualité de négotiorum gestor.** — Si j'ai agi sans procuration je suis ce qu'on appelle, en droit, *negotiorum gestor.* Le contrat conserve toute sa force, si la personne au nom de laquelle j'ai contracté le ratifie, car la ratification équivaut à une procuration (Pothier n° 75). — Si elle ne ratifie pas, comme je n'ai pu l'engager sans son consentement, le contrat est nul et ne produit aucun effet contre elle. Il n'en produit également aucun contre moi, si je me suis borné à prendre la qualité de faisant et agissant, sans prendre celle de mandataire, sans me porter fort pour la personne au nom de laquelle j'agissais. Si j'ai eu tort d'agir sans pouvoirs, l'autre partie n'a pas eu moins de tort de contracter sciemment avec une personne sans pouvoir : la faute est égale de part et d'autre (Toullier t. 6 n° 155).

**15460. Stipulation en qualité de porte-fort.** — Aux termes de l'art. 1120 du Code civil on peut se porter fort pour un tiers en promettant le fait de celui-ci. Dans ce cas, si l'on a promis que la personne pour laquelle on a stipulé ratifierait, si on a pris la qualité de faisant et garantissant le fait valable pour elle, cette promesse de garantie ou de ratification fournit titre à la personne avec laquelle on a contracté, et l'on doit ou rapporter la ratification promise ou l'indemniser.

Dans tous les cas, l'obligation se trouve formée, puisque le promettant sera tenu d'exécuter lui-même si le tiers refuse de ratifier, et le droit proportionnel est immédiatement exigible. — V. 13589.

L'opinion contraire de M. Demante (n° 255) ne nous paraît pas devoir être acceptée. Le savant professeur croit que le droit proportionnel est seulement exigible sur la ratification parce qu'il considère l'engagement du porte-fort comme *un acte imparfait.* Mais il n'a pas remarqué, peut-être, que si l'engagement est imparfait à l'égard du tiers au nom duquel on a agi, il est définitif pour le porte-fort et assure à l'autre partie dans certaines limites l'exécution de la convention (*Conf.* : Toullier t. 8 n° 170, Champ. et Rig. t. 1^er^ n° 213 et suiv., Bastiné n° 83 et notre dissertation sur les effets de la vente du bien d'autrui au mot *Vente d'immeubles*). — « Les droits d'enregistrement, dit très-bien la Cour suprême, dans un arrêt du 9 novembre 1847, ne peuvent être suspendus par la circonstance que la vente n'est pas faite par le propriétaire lui-même, mais seulement par un porte-fort, sauf aux parties à procéder ultérieurement entre elles si la ratification était refusée » (Dalloz v° *Enreg.* 2352 et n° 2670 R. P.).

1. HYPOTHÈQUE. — L'hypothèque constituée par un porte-fort prend date du jour de l'inscription, dès qu'elle est ratifiée par le propriétaire (Cass. 3 août 1859, S. 59-1-802 ; 13 déc. 1875, 4463 R. P.).

**15461. Stipulation pour soi quoiqu'il soit fait mention d'un tiers.** — Dans certains cas, bien que la convention fasse mention d'un tiers, la stipulation est réellement personnelle. Pothier prévoit trois cas à cet égard 1° celui où l'on a un intérêt personnel à la stipulation ; — 2° celui où les tiers nommés sont des héritiers ou ayants cause ; — 3° celui où le tiers nommé n'est qu'un mandataire.

1. INTÉRÊT PERSONNEL. — Bien que l'on stipule que l'on fera quelque chose pour un tiers, c'est stipuler pour soi et non pour un autre, si l'on a un intérêt personnel et appréciable à prix d'argent à ce que cela se fasse.

Par exemple, si m'étant obligé envers Jacques à lui reconstruire, dans l'espace d'un certain temps, sa maison qui menace ruine, et ayant d'autres ouvrages à faire, je fais marché avec un maçon pour qu'il construise dans le dit temps la maison de Jacques, je suis censé stipuler plutôt pour moi que pour Jacques, et la convention est valable ; car étant obligé envers Jacques à cette construction, et tenu de ses dommages-intérêts, j'ai un intérêt personnel à ce qu'elle se fasse ; c'est pourquoi, en stipulant pour qu'on reconstruise la maison de Jacques, ce n'est que *verbo tenus* (Pothier n° 59).

2. HÉRITIERS. — Stipuler pour ses héritiers, c'est stipuler pour soi, puisque nos héritiers sont en quelque sorte la continuation de nous-mêmes (1122 C. C.). Toutefois il faut, pour la validité du contrat, que l'on stipule pour ses héritiers, en tant qu'héritiers. L'on ne ferait évidemment pas un contrat valable, si l'on stipulait pour un tel, quand même ce tel deviendrait par la suite notre héritier (Pothier n° 62, Toullier t. 6 n° 154).

3. MANDATAIRE. — Ce n'est pas stipuler pour un autre, que de dire que la chose ou la somme que je stipule sera délivrée ou payée à un tiers désigné par la convention. Par exemple si, par le contrat, je vous vends un tel héritage pour la somme de 1,000 francs que vous payerez à Pierre, je ne stipule point pour un autre ; c'est pour moi et non pour Pierre que je stipule. Pierre n'est dans la convention que comme une personne à qui je donne pouvoir de la recevoir pour moi et en mon nom. Ce n'est pas en sa personne, mais en la mienne que réside la créance ; c'est de ma part et en mon

nom qu'il la reçoit; il se forme alors, entre lui et moi, ou un contrat de mandat, si mon intention était qu'il m'en rendît compte, ou une donation, si mon intention était de la lui donner (Pothier n° 58).

**15462. Enregistrement.** — L'acte qui serait présenté à l'enregistrement sans offrir le consentement qui est indispensable pour la formation de toute obligation, ne donnerait pas ouverture au droit propre à la prétendue convention dont cet acte serait censé réunir les éléments. Ainsi, comme il résulte de ce que nous avons dit dans les précédents numéros, que celui qui stipule pour autrui peut quelquefois n'engager personne, par suite de l'absence de tout consentement juridique, on doit décider que, dans ce cas, il n'y a pas lieu au droit proportionnel.

C'est ce qu'a reconnu le tribunal de Cahors par un jugement du 30 août 1854 dont la doctrine a été depuis lors appliquée plusieurs fois.

1. STIPULATION EN QUALITÉ DE NEGOTIORUM GESTOR. — Comme le mandataire, le gérant peut agir d'une double façon :

1° Soit en déclarant ouvertement le nom du maître ;

2° Soit en son propre nom en gardant le silence sur le nom du tiers qu'il veut choisir pour le maître de l'affaire.

Chacune de ces situations produit des effets distincts qui ont été très-bien analysés par M. Demante (n° 215).

« 1° Dans le premier cas, dit-il, le gérant diffère grandement du mandataire, en ce qu'il ne peut nouer aucune affaire, sans s'engager de sa personne au cas où le maître ne ratifierait pas, autrement tout demeure à l'état de simples pourparlers. Si, par exemple, Pierre sans mandat achète un fonds pour le compte de Paul, il faut, pour qu'il y ait vente actuelle, que dès à présent Pierre achète en son nom propre, si Paul ne ratifie pas l'opération. La ratification ultérieure ou le refus de Paul déterminera rétroactivement lequel des deux est l'acquéreur, mais dès à présent il y a une mutation certaine, dont le principe est dans le premier acte, celui où figure le gérant *porte-fort*. Donc ce premier acte encourt le droit proportionnel de 5 fr. 50 cent. pour 100 et l'acte de ratification, s'il a lieu, n'est passible que d'un droit fixe (3 fr., art. 68 § 1er n° 38 L. de frim.). Ainsi, dans ce cas, il n'y a à tout événement qu'une seule mutation, car si le maître ne ratifie pas, il est évident qu'il demeure entièrement étranger à toutes les conséquences de l'acte passé par le gérant, et ce gérant reste propriétaire incommutable; s'il ratifie, l'effet rétroactif de la ratification fait entièrement disparaître la personne du gérant, et le premier acte devient le titre de la propriété du maître ;

« 2° Lorsque le gérant a acquis en son nom propre, sans désignation actuelle du maître qu'il se réserve de choisir, la désignation ultérieure et la ratification de ce maître ne peuvent, vis-à-vis des tiers, opérer aucun effet rétroactif. Le maître ne peut trouver un titre de propriété dans un acte où il n'est aucunement désigné. Les effets de la gestion sont limités à des rapports obligatoires purement personnels entre le maître et le gérant. Quant à la propriété, ayant une fois reposé *purement* sur la tête du gérant, elle repasse au maître par un second acte translatif. Deux droits de mutation sont donc encourus dans l'espèce. »

2. STIPULATION EN QUALITÉ DE PORTE-FORT. — Lorsque, stipulant pour autrui, l'on se porte fort personnellement, comme il y a engagement personnel de la part du porte-fort, le contrat se trouve formé, ce qui rend exigible le droit qui lui est propre. Ainsi, l'acquisition faite par une personne qui se porte fort pour une autre donne lieu au droit de mutation, attendu que, en supposant même que la personne pour laquelle on s'est porté fort ne ratifiât pas, le porte-fort n'en resterait pas moins acquéreur pour son propre compte.

*Cautionnement.* — Le porte-fort stipule si bien pour son compte personnel que l'on a vu au mot *Cautionnement* la jurisprudence décider que la garantie personnelle fournie par le porte-fort ne peut donner ouverture au droit de cautionnement.

*Condition suspensive.* — *Quid* si celui qui se porte fort stipule néanmoins qu'à défaut de ratification de la part de celui pour lequel il agit, la vente sera non avenue ? Le droit de la convention ne peut être perçu, attendu qu'elle se trouve subordonnée à une condition suspensive (Dél. 12 juill. 1836, 9384 J.N., *Conf.* : Bastiné n° 82).

# STYLE.

**15463.** — Les Grecs appelaient *stylos* un poinçon ou forte aiguille avec laquelle ils traçaient les lettres sur des tablettes de cire. C'est de là que nous est venu le mot *style* qui, par métonymie, signifie la manière dont les pensées sont exprimées par écrit.

Dans la matière spéciale qui fait l'objet de cet ouvrage, *style* se dit de la manière dont sont rédigés les actes : ainsi on dit que les notaires ont leur style, c'est-à-dire une certaine forme de rédaction, certaines expressions qui leur sont propres.

**15464. Expressions inutiles ou vicieuses.** — En principe, la rédaction d'un acte est propre au notaire qui le reçoit, la forme lui appartient, car c'est sous sa responsabilité qu'il le rédige. Cependant, l'uniformité en cette matière est fort désirable; c'est un moyen d'éviter des erreurs, des retards, des recherches qu'il faudrait faire souvent pour chaque acte. Aussi, les auteurs qui écrivent spécialement pour le notariat, ont-ils toujours eu l'habitude d'étayer leurs préceptes par des formules d'actes qui ont commencé par accréditer des formes et des protocoles que l'usage a fini par consacrer.

Malgré ces formules qui sont généralement correctes et précises, il est encore des notaires, dans les campagnes surtout, qui mettent dans leurs actes des expressions qui les déparent par d'inutiles répétitions. « Dans un contrat de vente, par exemple, dit Hennequin (*Thémis* t. 7 p. 162), les parties *vendent, cèdent et transportent* (quatre mots pour un ! ); puis garantissent de *troubles, empêchements, douaires, évictions, surenchères*, etc. (que de pléonasmes authentiques ! ), généralement *quelconques*.

Cependant, de tout temps, il a été défendu aux notaires d'allonger les actes par des clauses ou termes inutiles, et il n'est peut-être pas superflu de rappeler ici les prescriptions contenues dans les anciennes ordonnances :

« Pour ce que lesdits notaires ès lettres de contrats et obligations, passés par-devant eux, insèrent aucunes fois plusieurs clauses dont lesdites parties ne furent oncques advertiés expressément, et longues escritures superflues, avec grande multiplication de termes synonymes, et, à cause de ce, exigent et prennent salaires excessifs, au préjudice et à la charge de nosdits sujets : nous avons défendu et défendons que doresnavant ne le facent, sur peine d'amende arbitraire.» (Ord. d'oct. 1485, art. 3).

« Et ne mettront choses superflues, ne grande multiplication de termes synonymes, à peine de l'amende arbitraire » (Ord. d'oct. 1535, art. 3).

« Leur défendons toutefois (aux notaires) de ne mettre auxdites minutes clauses ne paroles superflues » (Lettres pat. du 11 déc. 1543).

« Ecriront bien au long les volontés des contractants, sans y ajouter quoi que ce soit » (Ord. de Lorraine du 27 juin 1232).

« Avons inhibé et défendu, inhibons et défendons auxdits notaires de mettre aucune chose aux instruments, outre ce qu'ils auront ouy et entendu des parties, et qu'ils ne mettent choses qui ne soient esté dites et proférées ou déclarées par lesdites parties, ou le notaire en présence des témoings » (Ord. d'oct. 1535, art. 3).

« Ordonne que inhibitions et défenses seront faictes à tous notaires... ne faire aucune extension de clause abrégée qui soit substantielle, sans la faire entendre auxdites parties et l'effet dicelle... ; déclaire les contrats qui ci-après seront aultrement faicts, nuls et de nul effet; réserve aux parties leur recours de dommaige et intérêts contre lesdits notaires » (Arr. de réglem. du 19 août 1551).

M. Troplong, dans son *Commentaire de la prescription* n° 62, s'est également préoccupé du style des notaires. « On sait, écrit le célèbre magistrat, que les officiers ministériels ont introduit dans le langage des actes une multitude de mots parasites, accumulés machinalement les uns sur les autres, et dont on peut dire : *sine mente sonum*. Dans quelques provinces où l'instruction est moins généralement répandue que dans le nord et l'est de la France, il y a des notaires qui suivent des protocoles bizarres, hérissés de mots scientifiques, inintelligibles pour les parties comme pour eux-mêmes. Le cardinal de Luca (*de Renunt.*, disc. 2 n° 8) se moque, par exemple, des renonciations et protestations qu'ils glissent en langue latine dans les actes où figurent des femmes et des personnes rustiques. Grenier (*Hypothèques* t. 2 p. 35), dit avoir vu des actes anciens où les notaires faisaient renoncer *à l'empereur Adrien*, au lieu de dire au *bénéfice de l'épître de l'empereur Adrien*. Froland (*des Statuts* p. 51) raconte que, dans un contrat qui passa sous ses yeux, le notaire avait déclaré que la femme avait renoncé au *bénéfice accordé par l'empereur Vellejen !* Quoique les notaires soient plus éclairés qu'ils ne l'étaient jadis, néanmoins il y a encore des exemples de pareilles erreurs, et surtout de ces clauses oiseuses privées de sens et d'intention. »

Pour nous, qui avons eu à lire, dans notre pratique d'employé, une multitude presque innombrable d'actes de notaires, nous pensons que les exemples puisés par Troplong dans le cardinal Luca, par exemple, sont des anachronismes aujourd'hui; mais nous reconnaissons néanmoins que, bien que le style notarial ait beaucoup perdu de la rouille barbare qui le déparait autrefois, il s'en faut, dans certaines contrées de la France surtout, qu'il soit arrivé à cette précision de langage, à cette pureté d'expressions qui devrait être le propre d'hommes généralement instruits.

*V. Convention* n° 5551 § 2.

## SUBDIVISION.

**15465.** — C'est la division d'une partie d'un tout divisé. Par exemple, lorsque dans un partage, des biens ont été abandonnés à de petits enfants comme représentant leur père, le partage qu'ils font ensuite de ces biens entre eux, soit par le même acte, soit par un acte séparé, est une subdivision.

## SUBRÉCARGUE.

**15466.** — C'est le nom que l'on donne à un préposé que les armateurs établissent pour veiller à la conservation et à la vente des marchandises d'un navire, pour en acheter d'autres destinées au retour et recevoir le fret (Pardessus n° 646).

## SUBROGATION.

DIVISION

SOMMAIRE



# TITRE PREMIER. — PRINCIPES CIVILS

[15467-15481]

## CHAPITRE PREMIER. — CONSIDÉRATIONS PRÉLIMINAIRES

[15467-15469]

**15467. Définition.** — Subrogation signifie substitution, succession d'une personne à une autre personne, ou d'une chose à une autre chose.

**15468. Ce qu'il faut entendre par payement avec subrogation.** — L'effet ordinaire du payement est d'éteindre l'obligation et de délier le débiteur. Lorsque le payement est fait par le débiteur, sa libération est absolue, car il y a extinction de la créance et de tous ses accessoires. Mais qu'arrive-t-il lorsque c'est un tiers qui fait ce payement, alors qu'il n'y est pas intéressé, comme l'art. 1236 reconnaît que peut le faire tout tiers? Il faut distinguer :

1. PAYEMENT SANS SUBROGATION. — Si le tiers n'est pas subrogé, la créance est éteinte avec tous ses accessoires, et le débiteur se trouve libéré envers le créancier, de la même manière que s'il eût payé lui-même. Mais le débiteur ne se trouve pas quitte envers le tiers, le payement que celui-ci a fait a constitué un quasi-contrat de gestion d'affaires, ce qui met le débiteur libéré dans l'obligation d'indemniser celui qui a payé pour lui. Il y a extinction de l'ancienne dette et naissance d'une dette nouvelle (Duranton t. 12 n° 117).

2. PAYEMENT AVEC SUBROGATION. — Les auteurs ne sont généralement pas d'accord sur l'idée fondamentale du payement avec subrogation. Tous s'accordent à dire que la subrogation n'est pas une cession de la créance (Merlin *Rép. et Quest.* v° *Subrogation*, Favard de Langlade *Ibid*, Toullier t. 7 n° 140, Duranton t. 12 n° 108, 114, Troplong *Priv. et Hyp.* nos 349 et suiv., Marcadé sur l'art. 1236). Mais là s'arrête l'entente, car les uns veulent que, bien que la subrogation et la cession soient des choses parfaitement distinctes, la créance soit néanmoins transmise par la subrogation, comme elle l'est par la cession. Massé et Vergé sur Zachariæ (t. 3 p. 431 n° 1er), s'expriment d'une manière qui résume parfaitement cette doctrine.

« On peut, disent ces auteurs, encore définir la subrogation : une fiction juridique par suite de laquelle une obligation *éteinte au moyen du payement effectué* par un tiers est regardée comme continuant de subsister au profit de ce dernier, qui est censé ne faire qu'une seule et même personne avec le créancier. Il suit de là, d'une part, que la subrogation, tout en ayant certains rapports avec la cession, s'en distingue cependant, puisque la cession ne fait que substituer le cessionnaire au cédant, sans toucher à l'existence de la créance, tandis que, dans la subrogation, la créance que le payement aurait dû éteindre, ne continue de subsister que par l'effet la subrogation. »

Nous avouons que cette doctrine ne satisfait guère notre esprit. Presque tous les auteurs s'accordent à dire, comme Massé et Vergé, que le payement avec subrogation *éteint* l'obligation. Si donc l'obligation est éteinte, nous ne voyons pas qu'elle puisse être transmise et, par suite, continuer à subsister sur la tête d'un tiers, car éteindre et transmettre sont deux choses parfaitement incompatibles. L'extinction d'une chose conduit au néant, et le néant est une solution de continuité.

Il nous semble bien plus rationnel de dire que le payement *ayant éteint* la dette, — l'idée *d'extinction* est la seule qui puisse s'allier avec celle *de payement*, — le débiteur se trouve libéré envers son ancien créancier, mais que l'agissement du tiers qui a fait le payement a pour effet naturel de créer en sa faveur une dette nouvelle, dette sur laquelle la subrogation transporte toutes les garanties de la première.

Telle est l'idée qui se dégage de ce que dit Merlin dans son *Répertoire* v° *Subrogation* p. 25, et que Marcadé a mise en relief avec beaucoup de netteté, sur l'art. 1236.

On peut consulter dans le même sens Champ. et Rig. t. 6 n° 198 et une dissertation de la *Revue de droit français*, année 1844.

**15469. Deux espèces de subrogation.** — Cela posé, il y a deux espèces de subrogation, la subrogation conventionnelle et la subrogation légale (1249 C. C.).

## CHAPITRE II. — SUBROGATION CONVENTIONNELLE

**[15470-15472]**

**15470.** — La subrogation conventionnelle se présente sous deux espèces, elle peut avoir lieu :

1° Entre le créancier et un tiers, sans le concours du débiteur;

2° Entre le tiers et le débiteur, sans le concours du créancier.

**15471. Subrogation consentie par le créancier.** — Lorsque, porte l'art. 1250 C. C. le créancier recevant son payement d'une tierce personne, la subroge dans ses droits, actions, privilèges ou hypothèques contre le débiteur, cette subrogation doit être expresse et faite en même temps que le payement.

1. SUBROGATION EXPRESSE. — Quoique la subrogation doive être expresse, elle n'exige pas des termes sacramentels. Ainsi, il suffit que le créancier dise, par exemple, qu'il met celui qui lui fait le payement *à son lieu et place*, ou bien qu'il *le substitue à ses* droits, qu'il les lui *cède et transporte* (Toullier t. 7 n° 120-121, Duranton n° 118). — Il n'est pas nécessaire non plus que le créancier fasse l'énumération portée en l'art. 1250, c'est-à-dire qu'il déclare subroger *dans tous ses droits, actions et privilèges* (Toullier et Duranton *Ibid.*, Marcadé sur l'art. 1250 n° 1er, Massé et Vergé sur Zachariæ t. 3 p. 432 note 4).

2. SIMULTANÉITÉ DE LA SUBROGATION. — La seconde condition exigée par le premier paragraphe de l'art. 1250 ci-dessus transcrit, c'est que la subrogation soit faite en même temps que le payement. Cela doit s'entendre en ce sens que, lorsque la quittance constate à la fois le payement et la subrogation, il importe peu que le payement ait été antérieur, s'il n'a été fait que dans la vue de la subrogation : il y a alors une simultanéité d'intention qui suffit aussi bien qu'une simultanéité de fait, pour la validité de la subrogation que la quittance postérieure ne fait que constater (Gauthier *de la Subrogation* nos 110 et suiv., Mourlon *Ibid.* p. 224, Massé et Vergé sur Zachariæ t. 3 p. 432 note 5, Marcadé sur l'art. 1250 n° 1er).

En ce sens, la Cour de cassation a jugé, les 31 mai 1848 et 6 novembre 1854 (S. 48-1-427, 54-1-756), que le payement et la subrogation ne laissent pas d'être simultanés, par cela seul que la quittance qui constate à la fois le payement et la subrogation énonce que les espèces ont été versées hors la présence du notaire et des témoins.

Dans ce cas, cependant, les juges pourraient prononcer la nullité de la subrogation d'après l'interprétation de l'intention des parties, et leur décision, qui ne serait qu'une appréciation d'acte, échapperait à la censure de la Cour de cassation (Cass. 28 janv. 1845, 13 août 1855, S. 45-1-456, 55-1-769 ; — 14 déc. 1858, S. 60-1-987; — 20 juill. 1865, D. 65-1-469).

Décidé, dans le même ordre d'idées, que la subrogation consentie par un emprunteur au profit du prêteur peut être déclarée valable, bien que l'acte notarié qui la renferme et qui contient obligation de la part de l'emprunteur mentionne que l'emprunt a eu lieu à une date antérieure, s'il est d'ailleurs constant que l'emprunt et l'obligation ne forment qu'un seul et même contrat; et, à cet égard, l'appréciation des juges du fonds est souveraine (Cass. 14 fév. 1865, S. 1865-1-190)

De même, le payement et la subrogation ne cessent pas d'être simultanés, par cela seul que les fonds ont été mis antérieurement à la disposition du créancier dans l'étude d'un notaire pour le moment où le payement avec subrogation pourrait s'effectuer avec sécurité (Cass. 20 nov. 1865, S. 66-1-201, D. 66-1-161).

**15472. Subrogation consentie par le débiteur.** — La subrogation conventionnelle peut être opérée en second lieu, sans la participation du créancier, par le débiteur qui emprunte une somme pour se libérer. « Lorsque, porte le 2e paragraphe de l'art. 1250, le débiteur emprunte une somme à l'effet de payer sa dette et de subroger le prêteur dans les droits du créancier, il faut, pour que cette subrogation soit valable, que l'acte d'emprunt et la quittance soient passés devant notaires; que, dans l'acte d'emprunt, il soit déclaré que le payement a été fait des deniers fournis à cet effet par le nouveau créancier. Cette subrogation s'opère sans le concours de la volonté du créancier. »

## CHAPITRE III. — SUBROGATION LÉGALE

[15473-15478]

**15473.** — La subrogation se réalise de plein droit et par la seule force des dispositions de la loi, lorsque quelqu'un paye une dette au payement de laquelle il était intéressé, ce qui se présente dans les quatre cas indiqués par l'art. 1251 du Code civil, que nous allons faire connaître.

**15474. Créancier payant un autre créancier.** — Ainsi la subrogation légale est admise lorsqu'un créancier paye un autre créancier qui lui est préférable à raison de ses priviléges ou hypothèques.

1. CRÉANCIERS CHIROGRAPHAIRES. — Dans l'ancien droit, on avait généralement adopté l'opinion que le créancier chirographaire qui paye le créancier hypothécaire de son débiteur ne se trouve pas de plein droit subrogé dans l'hypothèque de ce second créancier; mais cette opinion a perdu toute son autorité sous le Code civil qui, dans cette circonstance, ne fait aucune distinction entre le créancier chirographaire et le créancier hypothécaire (Merlin *Rép.* v° *Subrogation*, Toullier t. 7 n° 141, Delvincourt sur l'art. 1251, Duranton t. 12 n° 153, Troplong *Priv. et hypoth.* n° 356, Mourlon p. 356, Marcadé sur l'art. 1251, Gauthier n° 223, Massé et Vergé sur Zachariæ t. 3 p. 434 note 13; — Caen 26 nov. 1870, S. 71-2-263).

2. CRÉANCIER ANTÉRIEUR. — Il en est de même d'un créancier hypothécaire qui paye un autre créancier hypothécaire ou privilégié qui le prime, en un mot de tout créancier qui paye un créancier qui avait sur lui un motif de préférence quelconque. C'est la préférence à obtenir qui est le motif juridique de la subrogation légale. Par conséquent, un créancier antérieur n'obtiendrait pas cette subrogation s'il voulait payer un créancier qui lui serait postérieur, parce que, hors de la préférence à écarter, la loi ne se préoccupe pas de l'intérêt qu'un créancier pourrait avoir à se mettre au lieu et place d'un autre (Grenier n° 91, Toullier t. 7 n° 141, Duranton t. 12 n° 152, Troplong *Priv. et Hypot.* n° 337, Mourlon p. 355, Gauthier n° 221, Massé et Vergé sur Zachariæ t. 3 p. 435 note 13).

3. CRÉANCIER D'UNE RENTE FONCIÈRE. — La subrogation consentie par le créancier d'une rente foncière, en faveur d'un créancier inscrit, qui le paye des *arrérages* à lui dus, profite à tous les autres créanciers inscrits, sauf remboursement des sommes payées. Le créancier subrogé n'est pas fondé à prétendre que la subrogation lui donne le droit, comme au créancier même de la rente, de se mettre en possession des biens affectés à la rente, sans tenir compte des hypothèques qui le grèvent (C. Rouen 29 mars 1824, S. 28-2-172).

4. ACTION SOLIDAIRE. — Le créancier auquel un coacquéreur solidaire a donné hypothèque sur les biens par lui acquis, biens frappés d'hypothèques antérieures du chef du vendeur, acquiert, en payant ces créanciers, la subrogation légale établie par l'art. 1251, et peut en conséquence exercer, en vertu de cette subrogation, l'action solidaire qui compétait aux créanciers contre les autres coacquéreurs; il n'est pas tenu de diviser ses droits contre chacun de ces coacquéreurs, comme aurait dû le faire son débiteur, si celui-ci eût payé lui-même (Cass. 24 nov. 1836, S. 37-1-59).

5. PLUSIEURS CRÉANCES. — Le créancier qui veut obtenir la subrogation légale dans les priviléges et hypothèques d'un créancier qui lui est préférable, n'est pas tenu de rembourser intégralement, lorsque ce créancier préférable est un prêteur dont les fonds ont servi à acquitter différentes créances dans l'effet desquelles il s'est lui-même fait subroger. Le remboursement, dans ce cas, peut être offert jusqu'à concurrence de l'une ou de quelques-unes seulement des créances originaires (C. Paris 21 déc. 1836, S. 37-2-210).

6. INTÉRÊTS. — Le créancier qui a payé, est subrogé pour les intérêts qu'il a payés comme pour le capital; mais il n'a pas le droit de réclamer les intérêts des intérêts par lui payés au créancier (Duranton t. 12 n° 154).

**15475. Acquéreur payant son prix.** — Le second cas de subrogation légale se présente lorsque l'acquéreur d'un immeuble emploie le prix de son acquisition au payement des créanciers auxquels l'immeuble était hypothéqué, jusqu'à concurrence du montant du prix de vente par lui dû à son vendeur.

L'intérêt de l'acquéreur à faire ce payement provient de ce qu'en payant les premiers créanciers hypothécaires jusqu'à concurrence d'une somme égale à la valeur du bien, il n'a plus de poursuite à craindre ni de la part des créanciers payés, ni de la part des créanciers postérieurs, qui n'auraient aucun intérêt à poursuivre une expropriation dont le produit serait absorbé par les hypothèques antérieures appartenant aujourd'hui à l'acquéreur.

1. PAYEMENT PAR L'INTERMÉDIAIRE DU VENDEUR. — Pour que l'acquéreur soit subrogé légalement aux droits des créanciers hypothécaires, il n'est pas nécessaire qu'il leur ait payé *directement* son prix.

La subrogation a lieu quoique les créanciers aient été payés par le vendeur lui-même, qui avait reçu le prix, mais sous l'obligation expresse de l'employer à l'acquittement des créances inscrites.

En ce cas, le vendeur doit être considéré comme mandataire de l'acquéreur (C. Colmar 17 déc. 1825, S. 27-2-90; — Cass. 11 août 1852, S. 53-1-299; — Bordeaux 30 août 1854, D. 55-5-424).

2. PAYEMENT PAR SUITE D'UNE CONDITION. — L'acquéreur d'un immeuble qui paye les créanciers inscrits sur cet immeuble, est subrogé légalement dans leurs droits, alors même que son acte d'acquisition lui impose l'obligation de payer son prix aux créanciers inscrits sur l'immeuble (Cass. 28 déc. 1853, 7 nov. 1854, S. 54-1-715 et 719). En effet, l'acquéreur n'a pas contracté avec les créanciers inscrits, mais seulement avec le vendeur; il n'est pas leur débiteur person-

nel, mais seulement le débiteur du vendeur, et, en payant son prix aux créanciers, ce n'est pas sa dette qu'il paye, mais celle du vendeur. Rien ne s'oppose donc à ce que la subrogation légale s'opère en sa faveur (*Contrà* C. Amiens 13 août 1824, S. 26-1-375).

3. PAYEMENT ANTÉRIEUR A L'ACQUISITION. — Il est nécessaire, pour opérer la subrogation légale, que l'acquéreur ait payé les acquéreurs depuis l'acquisition, ou au moins par le contrat même de son acquisition. S'il les avait payés auparavant, quand même ce fait serait énoncé dans le contrat, et que l'acquéreur eût fait lui-même le payement, il ne pourrait invoquer la subrogation légale; car, aux termes de l'art. 1251, elle n'est accordée qu'*à l'acquéreur* qui emploie *le prix de son acquisition* au payement des créanciers auxquels l'héritage était hypothéqué. Et il en serait ainsi, encore bien qu'il y eût déclaration d'emploi dans l'acte de vente, et qu'il fût dit, dans cet acte, que cette déclaration est faite pour procurer la subrogation à l'acheteur (Renusson chap. 5 nos 19 et 20, Toullier t. 7 n° 143, Duranton n° 158, Mourlon p. 384, Gauthier n° 287, Massé et Vergé sur Zachariæ t. 3. p. 435 note 14).

4. CORRÉLATION D'ÉPOQUES. — EMPLOI PRESCRIT. — Quoi qu'il en soit, la Cour de cassation a jugé, le 11 août 1852 (S. 53 1-209) que, pour que l'acquéreur soit subrogé légalement aux droits des créanciers hypothécaires, il n'est pas nécessaire qu'il leur ait payé directement son prix, ni que l'emploi de ce prix à l'acquittement des créances inscrites soit expressément constaté par la quittance donnée par le vendeur à l'acquéreur, ou par les quittances données au vendeur par les créanciers inscrits.

Il suffit que cet emploi résulte de la corrélation entre l'époque de ces diverses quittances et de la simultanéité des payements faits par l'acquéreur au vendeur, et par le vendeur aux créanciers, alors surtout que cet emploi était prescrit par le cahier des charges.

5. ÉTENDUE DE LA SUBROGATION. — L'opinion généralement suivie dans l'ancien droit, c'est que la subrogation établie au profit de l'acquéreur qui paye un créancier inscrit, est limitée à l'immeuble vendu, et qu'elle ne s'étend pas aux droits et actions du créancier sur les autres biens du vendeur, quoique hypothéqués à la même dette. Cette doctrine, qui était enseignée par Renusson nos 51 et suiv., Rousseau-Lacombe v° *Subrogation* n° 8, Pothier *Obligation* n° 521, a été acceptée de nos jours, par les cours de Bourges et de Paris, les 10 juillet 1829 et 10 juin 1833 (S. 30-2 19-33-2-451).

Mais elle ne peut prévaloir sous le Code civil, car la généralité des termes de l'art. 1251 donne à l'acquéreur tous les droits de celui dont il prend la place. Aussi l'opinion qui généralise l'effet de la subrogation est enseignée par tous les auteurs (Grenier t. 2 n° 496, Delvincourt sur l'art. 1251, Troplong *Priv. et Hyp.* n° 359, Toullier t. 7 n° 145, Duranton t. 12 n° 161, Marcadé, sur l'art. 1251, Mourlon p. 388, Gauthier n° 270, Massé et Vergé sur Zachariæ t. 3 p. 436 n° 15), et la Cour de cassation l'a consacrée par de nombreux arrêts, en date des 15 janvier 1833, 21 décembre 1836, 15 avril 1844, 7 novembre 1854, S. 33-1-81, 37-1-54, 44-1-489, 54-1-715).

6. RADIATION D'INSCRIPTION. — DATE CERTAINE. — L'acquéreur éteint la dette qu'il paye et ne peut se prétendre subrogé au créancier, lorsque par suite du payement, il y a eu radiation de l'inscription hypothécaire, et que le payement par lui fait n'a pas de date certaine antérieure à la radiation (C. Paris 29 août 1811, S. 12-2-21; — Cass. 14 juill. 1813, S. 14-1-38). — *V.* en ce sens Toullier t. 7, n° 168).

Décidé cependant que lorsque l'acquéreur d'un immeuble a payé volontairement un des créanciers inscrits, et que par suite l'inscription a été radiée, si un autre créancier provoque l'ouverture d'un ordre, l'acquéreur a droit de s'y présenter comme subrogé à l'hypothèque du créancier qu'il a payé (Cass 22 avr. 1818, S. 18-1-265, Troplong *Hyp.* t. 1er n° 358).

7. PAYEMENT AU DELA DU PRIX. — L'acquéreur qui paye au delà de son prix n'en est pas moins subrogé légalement pour toute la somme qu'il a payée (Delvincourt t. 2 p. 775).

8. PAYEMENT FAIT UNE SECONDE FOIS. — Si l'acquéreur avait déjà payé son prix et se trouvait obligé de payer une seconde fois, la subrogation légale aurait également lieu (Grenier t. 1er n° 332).

9. DÉPOT DE PRIX POUR PAYEMENT. — Elle aurait encore lieu au profit de l'acquéreur qui, en revendant les biens au créancier hypothécaire, laisse en ses mains de quoi payer sa créance (C. Bourges 6 déc. 1839, S. 40-2-311) ou dépose le prix à la caisse des consignations (Cass. 29 août 1865, D. 65-1-331), ou quand, à la suite d'une expropriation, le prix de la revente sert à payer les créanciers (Cass. 24 janv. 1876, 4669 R. P.).

**15476. Payement par celui qui était tenu avec d'autres ou pour d'autres.** — En troisième lieu, il y a subrogation légale, aux termes de l'art. 1251, lorsque celui qui était tenu avec d'autres ou pour d'autres au payement d'une dette, paye cette dette qu'il avait intérêt à acquitter.

1. DÉBITEUR SOLIDAIRE. — Ainsi, quand l'un des débiteurs solidaires paye en entier la dette, il est subrogé dans tous les droits du créancier contre ses codébiteurs, avec lesquels il était tenu au payement.

2. DÉBITEUR CONJOINT. — Lorsque deux individus se sont obligés conjointement, mais sans solidarité, et ont affecté chacun un fonds différent à la sûreté du payement de leur dette, celui des deux qui paye la part de l'autre n'est pas subrogé de plein droit à l'hypothèque du créancier qu'il paye (Toullier t. 7 nos 149 et suiv., Duranton t. 11 n° 176).

3. AGENT DE CHANGE. — L'agent de change qui désintéresse le client pour lequel il a acheté des rentes est subrogé aux droits de ce dernier, et peut dès lors agir en son nom personnel contre le vendeur en retard de livrer (C. Paris, 20 mess. an 12, S. 14-2-152).

4. ASSOCIÉ. — L'associé qui, sur les poursuites dirigées contre lui, en vertu d'un titre exécutoire, par un créancier de

la société, paye la totalité de la dette, n'est pas, par le fait seul de ce payement, subrogé aux droits du créancier contre ses coassociés, en ce sens du moins qu'il puisse les poursuivre par voie d'exécution passée en vertu du seul titre de créance (Cass. 14 nov. 1838, S. 39-1-65).

Mais le sous-entrepreneur qui a payé les ouvriers par lui employés n'est point subrogé dans l'action en payement que ceux-ci auraient eue, aux termes de l'art. 1798 C. C., contre le maître de l'ouvrage auquel ils ont travaillé (Cass. 12 fév. 1866, S. 66-1-94).

5. ASSURANCES (*Compagnies d'*). — La compagnie d'assurance qui paye la valeur d'un édifice incendié qu'elle avait assuré, n'est pas subrogée de plein droit à l'action du propriétaire de l'édifice contre le fermier de cet édifice; en conséquence, si elle veut exercer une action en dommages-intérêts contre le fermier, il faut qu'elle établisse que l'incendie a été causé par la faute de celui-ci (Cass. 2 mars 1829, S. 29-1-95), Duranton t. 12 n° 181, Grun et Joliat *Assur. terr.* n° 294, Devilleneuve et Massé *Dict. du cont. comm.* v° *Assur. terr.* n° 91. — *Contrà* Toullier t. 11 n° 175).

6. CAUTION. — Quand le payement est fait par une caution, celle-ci est subrogée aux droits du créancier contre le débiteur principal pour lequel elle était tenue.

Ainsi la caution de l'acquéreur qui paye le vendeur, succède non-seulement à son privilége, mais encore à son droit de demander la résolution du contrat (Troplong *Priv. et Hypoth.* n° 349).

7. COMMISSIONNAIRE. — Le commissionnaire qui, argé d'acheter les marchandises pour le compte de son ommettant, les paye de ses propres deniers, est subrogé de plein droit aux lieu et place du vendeur.

En conséquence il peut, comme le vendeur lui-même, revendiquer ces marchandises, dans les cas prévus par le C. com. (Cass. 14 nov. 1810, S. 11-1-37; — Rouen 4 janv. 1825, S. 25-2-179, Merlin *Rép.* v° *Revendication,* Favard v° *Faillite* § 13 n° 2).

8. DÉBITEUR D'UN TIERS. — Lorsqu'un débiteur est tenu hypothécairement envers les créanciers personnels d'un tiers, dont les créances priment, sur son immeuble, celles de ses propres créanciers, et que, dans l'ordre ouvert sur le prix de cet immeuble, les créanciers de ce tiers sont colloqués en premier ordre, à la charge par leur débiteur personnel de rembourser au débiteur hypothécaire une somme égale à celle qu'ils ont touchée au préjudice des propres créanciers de ce dernier, ces créanciers ne peuvent prétendre ensuite à aucune subrogation aux lieu et place de ceux qui ont été désintéressés; la somme remboursée par le tiers, débiteur personnel, ne doit pas être affectée aux créanciers personnels du débiteur hypothécaire, dans l'ordre de leurs inscriptions, mais distribuée entre tous indistinctement au marc le franc de leurs créances (Cass. 1er août 1839, S. 39-1-970).

9. DÉLÉGATAIRE.—La subrogation légale n'étant accordée qu'à celui qui paye de *suâ pecuniâ* un autre créancier, il s'ensuit que celui à qui son débiteur à délégué les fermages qui lui sont dus, ne peut prétendre à être subrogé au privilége du Trésor public pour le montant des impôts que les fermiers ont acquittés à la décharge du propriétaire, et en déduction de leurs fermages (Cass. 15 juin 1820, S. 21-1-28).

10. TUTEUR. — De même le tuteur qui a payé de ses deniers la dette du pupille, sans s'être fait préalablement autoriser, n'étest pas légalement subrogé aux droits du créancier. — *V.* cependant les nos 15476-17 et 15493.

11. DOUANES. — Lorsque le chargeur a payé les droits de douanes sur un déficit dans le chargement provenant d'avaries, et qu'il a été remboursé par le capitaine, le capitaine, comme subrogé aux droits du chargeur, a qualité pour demander la restitution des droits indûment perçus sur le déficit dans le chargement, surtout si, dans la quittance donnée par le chargeur, il est dit: *sauf au capitaine à agir contre la douane, en restitution du droit payé, s'il croit qu'il a été indûment perçu* (Cass. 16 juin 1823, S. 23-1-408).

12. FEMME. — La femme qui a été colloquée à raison de sa dot et de ses reprises dans un ordre ouvert sur son mari, et dont la collocation a servi à payer en sous-ordre des créanciers inscrits de son mari, envers lesquels elle s'était obligée solidairement, se trouve par là légalement subrogée dans l'effet de l'inscription de ces créanciers, et doit obtenir sa collocation au rang de leur hypothèque conventionnelle sur les autres biens du mari (Cass. 30 déc. 1844, S. 45-1-367).

Il faut assimiler à ce cas, pour accorder la subrogation, celui ou une femme mariée se trouve obligée de supporter le payement d'une dette au préjudice de ses reprises matrimoniales (C. Lyon 4 août 1853, S. 55-2-30; — C. Lyon 11 août 1855, S. 55-2-687, Mourlon *Subrog.* p. 401, Gauthier n° 310).

13. HUISSIER. — L'huissier qui, détenteur du produit d'une vente d'effets mobiliers à laquelle il a procédé, a payé des créanciers privilégiés, est subrogé au privilége de ces créanciers (C. Rouen 2 fév. 1827, S. 27-2-113).

14. LÉGATAIRE. — Le légataire qui solde une dette dont l'immeuble légué était grevé, est subrogé aux droits du créancier, non-seulement contre les héritiers qui devaient acquitter la dette, mais encore vis-à-vis des autres créanciers hypothécaires postérieurs au créancier désintéressé (Duranton t. 12 n° 160).

Le colégataire d'un immeuble qui paye de ses deniers personnels la somme restant due sur le prix de cet immeuble est, de plein droit, subrogé au vendeur contre son colégataire, dans la mesure de ses droits, non seulement pour le capital, mais encore pour les intérêts (Cass. 30 mars 1869, S. 69-1-244).

15. MANDATAIRE. — Le sous-traitant ou mandataire d'une entreprise pour voiturage, ne peut se considérer comme obligé solidaire ou caution de l'entrepreneur principal; et, par suite, il ne peut prétendre à la subrogation légale établie par le n° 3 de l'art. 1251 (Cass. 18 mai 1831, S. 31-1-220).

16. PARTAGE. — Lorsque, après le partage de la communauté, le mari a payé, sur les immeubles à lui échus, des créances hypothécaires qui avaient été mises à la charge des héritiers de la femme, il ne peut exercer, comme subrogé aux droits des créanciers payés, et par préférence aux autres

créanciers de la communauté, un recours sur les biens attribués aux héritiers (C. Rouen 15 janv. 1839, S. 39-2-235).

De même, le cohéritier qui paye, après le partage opéré et sans être tenu hypothécairement au payement de la dette, n'est pas subrogé aux droits du créancier contre ses cohéritiers (Toullier t. 9 n° 151).

Le cohéritier qui a raison de l'hypothèque générale consentie par l'auteur commun sur tous ses biens, à titre de garantie de la dette d'un autre cohéritier, se trouve supporter, sur le prix de la vente de son lot, le payement de cette dette, est subrogé de plein droit, en vertu du § 3 de l'art. 1251 C. C., à l'hypothèque existant au profit du créancier désintéressé sur le lot du cohéritier débiteur (Bordeaux 14 mars 1865, S. 65-2-256, Duranton t. 12 n° 176, Massé et Vergé t. 3 § 563 note 17, Aubry et Rau t. 4 § 321 p. 184, Larombière t. 3 sur l'art. 1251 n° 61).

17. TIERS SAISI. — Le tiers saisi qui, faute de faire sa déclaration affirmative, a été déclaré débiteur pur et simple des causes de la saisie (577 C. proc.), et a été contraint par suite d'en payer le montant, n'est pas subrogé légalement aux droits du saisissant, notamment dans ses droits hypothécaires. Il ne peut, dès lors, se prévaloir de l'hypothèque du saisissant, pour former surenchère, au cas de vente des biens hypothéqués à la créance par lui payée (C. Metz 8 mars 1826, S. 29-2-271).

18. TUTEUR. — Le tuteur qui a payé de ses propres deniers la dette du pupille, sans s'être fait préalablement autoriser par le conseil de famille, n'est pas subrogé dans les droits du créancier contre le pupille (Duranton t. 3 n° 602).

Jugé cependant qu'on doit admettre que la subrogation s'est opérée quand les deniers employés au payement étaient la propriété du tuteur et qu'il a déclaré, dans la quittance, agir tant pour lui qu'en sa qualité de tuteur. « Attendu qu'il serait trop rigoureux de prétendre que la qualité de tutrice de sa fille prise par la veuve dût l'emporter, et empêcher la subrogation légale de s'être opérée à son profit; que l'on peut au contraire soutenir avec raison, que, du moment qu'elle a figuré en même temps dans la quittance comme payant en son nom personnel, elle a acquis le bénéfice de la subrogation pour la totalité du payement; que cette interprétation est d'autant plus raisonnable que le payement a eu lieu, est-il dit, avec des revenus dont elle avait l'usufruit légal pour les deux tiers, le dernier tiers ayant été abandonné par elle à sa fille, qu'elle payait ainsi avec ses propres deniers des créances hypothécaires antérieures et qu'elle se trouvait dans toutes les conditions exigées par l'art. 1251 C. C., pour acquérir la subrogation légale » (Seine 13 janv. 1865, 2093 R. P., 12824 C.).

19. USUFRUITIER. — L'usufruitier qui avance le capital des dettes à la charge de l'immeuble dans le cas de l'art. 612 C. C. est subrogé de plein droit. — *V.* 15494.

**15477. Payement par l'héritier bénéficiaire.** — Enfin, et comme quatrième cas de subrogation légale prévu par l'art. 1251, cette subrogation a lieu au profit de l'héritier bénéficiaire qui paye de ses deniers les dettes de la succession. Cet héritier, lorsque la succession ne présente pas d'argent comptant avec lequel on puisse acquitter les dettes bénéficiaires, a, en effet, grand intérêt à les acquitter de ses deniers, afin que les créanciers ne fassent pas vendre, en temps inopportun peut-être, des biens dont toute la valeur au-dessus du passif de la succession doit lui rester.

**15478. Payement par le curateur à une succession vacante.** — Le curateur à la succession vacante qui paye de ses deniers une dette de la succession, est, de même que l'héritier bénéficiaire, subrogé aux droits du créancier (Renusson ch. 7 n° 77, Duparc Poullain t. 7 p. 236, Toullier t. 7 n° 155 et t. 3 n° 351, Champ. et Rig. t. 2 n° 1272, Roll. v° *Subrog.* n° 55).

## CHAPITRE IV. — EFFETS DE LA SUBROGATION

[15479-15481]

**15479. Priviléges et caution.** — La subrogation, qu'elle soit conventionnelle ou légale, a pour effet de mettre le créancier subrogé à la place de l'ancien créancier, non pas, comme nous l'avons expliqué au n° 15468-2, quant à la créance même, mais quant aux garanties qui, de l'ancienne créance, passent sur la nouvelle. Le subrogé peut donc, aux termes de l'art. 1252 C. C., exercer les droits du créancier contre les cautions du débiteur, de même que les droits de privilége et d'hypothèque attachés à la créance.

**15480. Action résolutoire.** — L'art. 1251 § 1er semble limiter les effets de la subrogation légale aux priviléges et hypothèques du créancier payé par un autre créancier, puisque c'est à raison de la préférence qui résulte de ces priviléges et hypothèques que la subrogation est accordée. Aussi la Cour de cassation a-t-elle jugé, le 3 juillet 1854 (S. 54-1-423), que la subrogation légale qui s'opère au profit du créancier qui paye un autre créancier ayant contre le débiteur commun une action résolutoire, ne comprend pas cette action résolutoire, laquelle ne passe pas au créancier subrogé.

L'action résolutoire pourrait être cédée par l'effet d'une subrogation conventionnelle; c'est ce que la cour de Paris a jugé le 30 juin 1853 (S. 53-2-481).

**15481. Créancier payé en partie seulement.** — Dans tous les cas, la subrogation ne peut, d'après l'art. 1252, nuire au créancier lorsqu'il n'a été payé qu'en partie, et en ce cas il peut exercer ses droits, pour ce qui lui reste dû, par préférence à celui dont il n'a reçu qu'un payement partiel. Mais ce principe doit s'entendre uniquement de ce qui reste dû au créancier sur la créance même acquittée en partie, et non de ce qui peut lui être dû par le même débiteur pour toute autre créance (Toullier t. 7 n° 169, Duranton t. 12 n° 184).

1. FEMME. — HYPOTHÈQUE LÉGALE. — Ainsi, la femme mariée et séparée de biens, qui, ayant reçu d'un tiers un payement partiel sur l'une des créances qu'elle a à répéter contre son mari, a subrogé ce tiers dans l'effet de son hypothèque légale, ne peut prétendre préférence au tiers subrogé que pour ce qui lui reste dû sur la créance acquittée partiellement, et non pour ses autres créances d'une date postérieure en hypothèque (Cass. 27 nov. 1832, S. 33-1-115).

2. CESSIONNAIRE. — Mais le *cessionnaire* de partie d'une créance, subrogé aux droits du créancier pour cette partie de créance, vient en concours avec le cédant ; en cas de cession, celui-ci ne peut prétendre à un droit de préférence (Duranton t. 12 n° 187).

3. CAUTION. — Celui qui s'étant rendu caution solidaire du payement des intérêts d'une créance garantie par diverses inscriptions hypothécaires de rangs différents, a payé ces intérêts au défaut du débiteur principal, n'est pas subrogé au créancier, en ce sens qu'il ait droit à être colloqué à l'ordre ouvert sur le prix de vente des immeubles grevés, concurremment avec lui dans chacun de ses divers rangs de collocations partielles, au prorata de la portion d'intérêts afférente à la partie de la créance garantie par chacune des inscriptions : il n'a droit à être colloqué que sur les deniers restant après le payement intégral de la créance principale (Bordeaux 28 août 1844, S. 45-2-497).

4. NATURE DU DROIT DE PRÉFÉRENCE. — Le droit de préférence que le créancier subrogeant pour une partie seulement de sa créance conserve sur le subrogé, n'est pas un droit personnel qu'il ne puisse transmettre à un cessionnaire du surplus de la créance. Ce cessionnaire doit donc être colloqué, par préférence au subrogé, comme le cédant l'aurait été lui-même (Paris 18 mars 1837, S. 37-2-243, Duranton t. 12 n° 188, Troplong *Hypot.* n° 379).

## TITRE II. — APPLICATION DES DROITS D'ENREGISTREMENT

[15482-15510]

## CHAPITRE PREMIER. — CONSIDÉRATIONS PRÉLIMINAIRES

[15482-15486]

**15482. La subrogation n'a pas été tarifée.** — La loi de l'enregistrement n'a pas nommément tarifé la subrogation. Ce silence n'est certainement pas le résultat d'un oubli, mais la conséquence de ce que, à quelque point de vue qu'on se place, au point de vue de la subrogation légale comme au point de vue de la subrogation conventionnelle, la subrogation présente toujours les caractères d'un autre contrat tarifé par la loi.

**15483. A quel tarif faut-il rapporter la subrogation.** — En présence du silence de la loi, la question de savoir à quel tarif il faut soumettre la subrogation dépend essentiellement du parti à prendre sur les effets qu'elle produit. La solution ne présenterait aucune difficulté si l'on devait adopter le système que nous avons cherché à faire prévaloir dans notre n° 15468-2, c'est-à-dire si l'on considérait le payement avec subrogation comme éteignant la créance, ainsi que doit le faire tout payement, et comme ne transportant que les garanties qui environnaient la créance éteinte. Le droit de quittance serait alors le seul exigible. Le droit de cession de créance ne pourrait être perçu, parce que les hypothèques et autres accessoires transmis ne sont pas des créances, et que la cession ne porte que sur ces objets. Mais la doctrine administrative, d'accord en cela, avec la majorité des interprétateurs du Code, veut que toutes les fois qu'il s'agit d'une subrogation conventionnelle il n'y ait pas extinction, mais transport de la créance, ce qui rend le droit de 1 pour 100 exigible.

Donc, en l'état de la doctrine administrative, qui, d'ailleurs, a prévalu devant les tribunaux, la subrogation peut être assujettie tantôt au droit de 1 pour 100, tantôt au droit de 50 centimes pour 100, selon qu'on la considère comme transportant la créance ou comme l'éteignant.

**15484. Payement sans subrogation.** — On a vu au n° 15468-2 que, dans l'esprit du Code, le payement d'une dette peut être fait, non pas seulement par le débiteur, mais encore par toute autre personne, même par celle qui n'a aucun intérêt à l'acquitter, et que, dans le cas où le payement est fait par un tiers étranger à la dette, la créance est éteinte avec tous ses accessoires, si le tiers n'est pas subrogé. Il résulte de là que le créancier ne transmettant rien à celui qui le paye, — car on ne peut éteindre quelque chose et le transmettre ensuite, — le droit de cession ne peut être perçu. Le droit exigible est le droit de 50 centimes pour 100 déterminé pour les quittances, car le payement produit, à l'égard de la dette, le même effet que s'il était effectué par le débiteur lui-même, c'est-à-dire qu'il l'éteint entièrement, ce qui emporte la libération du débiteur.

La dame Daniran avait, sur la demoiselle de Biré, une créance de 18,000 francs; le sieur de Biré se présente et verse cette somme entre les mains de la créancière. Ce payement, est-il dit dans l'acte, est fait des deniers du sieur de Biré, *mais, conformément à l'art.* 1236 *C. C. au nom et en l'acquit de la demoiselle de Biré, sa sœur*. La déclaration de M. de Biré qu'il payait de ses deniers pour sa sœur, créait en sa faveur ainsi que nous l'avons dit au n° 15468-2 le quasi-contrat *negotiorum gestor* et lui donnait, dès lors, quoique sa sœur n'eût pas comparu, le droit de se faire rembourser par elle. Aussi voulut-on percevoir le droit de 1 pour 100 pour la substitution de la dette nouvelle à la dette ancienne. Mais il fut considéré que la dette de la demoiselle de Biré s'était formée sans aucun engagement de sa part, que dès lors elle ne pouvait être atteinte par le droit d'enregistrement, qui n'est établi que sur les obligations résultant du consentement des parties. Aussi une décision du ministre des finances, en date du 2 février 1821, porte-t-elle que le droit de quittance est le seul exigible. Une décision semblable a été prise par le ministre des finances le 19 avril 1822 (D. N. t. 12 p. 128 n° 233).

« Le débiteur, dit également M. Demante, libéré envers le créancier primitif, commence d'être tenu envers le tiers d'une obligation nouvelle, entièrement distincte de la première.

Cette obligation nouvellle, procédant du quasi-contrat de gestion d'affaires, a son titre dans la loi, non dans la quittance. Il y a donc lieu seulement au droit proportionnel de libération » (n° 544).

C'est aussi l'avis de Champ. et Rig. (n° 1610 et *suppl.* t. 6 n° 313).

1. PRÉSENCE DU DÉBITEUR. — Mais lorsque le débiteur est présent à l'acte et qu'il est expliqué que c'est à sa demande que le payement est effectué, il s'établit entre lui et le bailleur de fonds une convention véritable par suite de laquelle une nouvelle dette étant substituée à l'ancienne, le droit d'obligation est exigible. Il importe peu que l'acte n'exprime pas l'obligation de rembourser : « la saine interprétation de la convention n'en amène pas moins ce résultat, parce qu'on ne pourrait la comprendre autrement qu'en admettant une libéralité de la part du bailleur de fonds; si ce bailleur, en n'exigeant pas l'expression de l'obligation de lui rembourser s'est mis dans le cas de ne pouvoir contraindre au payement par voie d'exécution parée, cela ne détruit pas le principe et le véritable sens de la convention » (Béziers 11 mai 1858, 1069 R.P., 16446 et 16466 J.N., 11392 C., 16740 J.E.).

Décidé, de même, que quand un contrat de mariage constate que la mère du futur, agissant avec l'autorisation de son mari, qui le reconnaît, a versé un à-compte sur la portion à la charge de ce dernier dans la dot constituée conjointement au futur par ses père et mère, ces déclarations et reconnaissances constituent un prêt passible du droit de 1 franc pour 100 (Pamiers 21 fév. 1866, 2344 R.P.).

Si le frère du futur paye la dot constituée à celui-ci en présence du père qui l'a constituée, le droit d'obligation à 1 pour 100 est exigible, lors même que la subrogation ne serait pas exprimée : « Attendu que le consentement du débiteur est suffisamment constaté par sa présence; qu'il ne fait aucune observation lorsqu'il voit son fils payer en son acquit la somme de 4,000 francs; que son silence donne droit de supposer qu'il y avait eu accord préalable entre lui et son fils et que son consentement, bien que tacite, n'en vaut pas moins un consentement nettement formulé » (Auch 19 août 1873).

2. PRÉSOMPTION. — Au surplus, bien que, en matière de subrogation, l'interprétation joue un rôle sérieux comme en toute espèce de contrat, il ne faut néanmoins pas facilement la supposer lorsqu'elle ne dérive pas de la loi, car une des conditions qui dominent la subrogation, c'est qu'elle soit expresse, ainsi qu'on l'a vu au n° 15471-1.

**15485. Payement avec subrogation.** — Nous avons dit, au n° 15468-2, que l'opinion la plus généralement accréditée parmi les commentateurs de nos lois civiles, veut que la subrogation soit une fiction juridique par suite de laquelle une obligation éteinte, au moyen du payement effectué par un tiers, soit regardée comme continuant de subsister au profit de ce dernier, qui est censé ne faire qu'une seule et même personne avec le créancier.

Il suit de là que s'il n'y a pas transport de la créance, dans le sens juridique du mot, il se produit quelque chose qui lui ressemble fort.

Dominée par cette idée, l'Administration, que le silence de la loi laissait sans tarif spécial, a été amenée à décider, par voie d'analogie directe, que la subrogation doit être considérée, en principe, comme une cession de créance passible du droit de 1 franc pour 100 déterminé par l'art. 69 § 3 n° 3 L. 22 frimaire an 7.

**15486. Théorie générale de l'Administration.** — Toutefois, il ne faut pas trop généraliser cette idée. Des distinctions essentielles sont à faire, c'est ce qui ressort de la délibération ci-après :

Les époux Bomgraff s'étaient reconnus débiteurs, en 1831, d'une somme de 6,000 francs envers le sieur Rauch, et de pareille somme envers la dame Massu. Le sieur Baradère est intervenu et a déclaré qu'il avait reçu la somme de 10,000 francs provenant d'une obligation à son profit. Il a subrogé les prêteurs dans tous ses droits jusqu'à concurrence des 10,000 francs.

Sur cette somme, le receveur a perçu un droit de quittance et un droit de transport.

La restitution du premier droit a été ordonnée : « Attendu que le droit de quittance est seul exigible lorsqu'un tiers paye pour le débiteur, en son absence et sans subrogation, ou lorsqu'un tiers intéressé dans la dette s'acquitte et se trouve ainsi subrogé par la seule force de la loi ; que toutes les fois, au contraire, qu'un tiers intéressé paye et se fait subroger aux droits du créancier, du consentement du débiteur, le droit de transport devient exigible, mais non celui de quittance, parce que, dans ce cas, la libération est la conséquence de la subrogation; que ce principe a déjà été appliqué par une délibération du 10 juin 1828 (6639 J. N.) et par une Sol. 6 octobre 1832; mais la doctrine contraire ayant été soutenue, le conseil d'administration a cru devoir, pour rétablir l'uniformité du principe, ordonner dans l'espèce, la restitution demandée du droit de quittance » (Dél. 28 déc. 1832, 3917 Roll.).

De cette délibération, qui peut être considérée comme contenant la théorie administrative de la subrogation, il résulte donc :

1° Que le droit de quittance est le seul exigible lorsqu'un tiers paye pour le débiteur, en son absence et sans subrogation. C'est ce que nous avons établi sous le n° 15484;

2° Que c'est encore le même droit de quittance qui, seul, doit être perçu lorsqu'un tiers intéressé dans la dette s'acquitte et se trouve ainsi subrogé par la seule force de la loi. C'est ce qui ressortira des nᵒˢ 15503 et suiv., relatifs à la subrogation légale;

3° Enfin que toutes les fois qu'un tiers paye et se fait subroger aux droits du créancier, du consentement du débiteur, le droit de transport devient exigible, mais non celui de quittance, parce que, dans ce cas, la libération est la conséquence de la subrogation.

C'est ce qu'établissent les décisions réunies sous les nᵒˢ 15487 et suiv., et ayant toutes trait à des questions de subrogation conventionnelle.

## CHAPITRE II. — SUBROGATION CONVENTIONNELLE

[15487-15502]

**15487. Règle.** — L'Administrationn considère que lorsque le créancier payé par le tiers, qui n'y était pas directement intéressé, comme cela a lieu dans toute subrogation conventionnelle, subroge ce tiers, il y a non-seulement transport sur la tête de ce tiers des priviléges et hypothèques attachés à la créance payée, mais encore cession de la créance elle-même, ce qui entraîne inévitablement la perception du droit de 1 pour 100, ainsi qu'on l'a vu au n° 15485.

Tel est aussi l'avis de Dalloz n° 1858. Quant à Champ. et Rig. après avoir accepté le droit d'obligation au n° 1253 de leur traité, ils ont changé d'avis au n° 198 de leur supplément et, déterminés par les motifs que nous avons fait valoir au n° 15468 ci-dessus, ils enseignent que la perception du droit de quittance leur paraît seule régulière.

Cette opinion n'a jamais été acceptée en pratique : elle est contredite par les décisions suivantes :

**15488. Assurances** (COMPAGNIES D'). — Le payement fait avec subrogation par la compagnie d'assurances à des créanciers hypothécaires des assurés, est sujet au droit de transport de 1 franc pour 100, et non à celui de quittance (Seine 4 déc. 1834, 4742 Roll.).

**15489. Bailleur de fonds.** — Le droit proportionnel de 1 franc pour 100 est exigible sur l'acte par lequel le créancier d'une somme prêtée pour fournir au cautionnement de son débiteur, reconnaît avoir reçu cette même somme d'un tiers, qu'il subroge dans le privilége du second ordre qu'il avait acquis comme bailleur de fonds (Dél. 29 janv. 1823, 400 Roll., D.N. t. 12 p. 128 n° 232).

**15490. Caisse des dépôts et consignations.** — Lors même que la somme consignée a été prêtée, la reconnaissance donnée, soit au débiteur qui consigne, soit à son prêteur, ne peut, quoiqu'elle contienne subrogation, constituer une cession de créance, car le débiteur ne peut pas céder ce qu'il doit : il ne peut y avoir qu'obligation. — *V.* 3300.

**15491. Mari.** — Si une dot est constituée par la mère sur ses biens personnels et que le père la paye de ses deniers avec subrogation, la subrogation doit être considérée comme conventionnelle et le droit proportionnel auquel elle donne ouverture est exigible (Dél. 27 août 1833, 10708 J.E., 8218 J.N.).

La délibération ci-contre étend ce principe au mari qui s'est rendu caution du payement de la dot. Mais, dans ce cas particulier, l'exigibilité du droit de transport nous semble douteuse ; car, comme *caution solidaire*, le mari avait intérêt à acquitter la dette et il profitait ainsi de la subrogation légale (*Conf.* : D.N. t. 2 p. 729 n° 168 et t. 12 p. 132 n° 251).

Le régime dotal avec société d'acquêts est un régime mixte tout différent, quant à ses conséquences, des clauses qui établissent la communauté : il permet à l'époux de posséder *des deniers propres et personnels*, et si le mari paye de *ses deniers personnels*, le montant des acquisitions faites par sa femme, en remploi de ses biens dotaux aliénés, et qu'il soit *subrogé aux droits de sa femme* contre les acquéreurs de *biens dotaux*, le droit de subrogation est dû, car ce n'est ni comme administrateur des biens de sa femme, ni comme administrateur de la société d'acquêts, mais en son nom personnel et comme propriétaire de *ses propres deniers* qu'il a fait ce payement. C'est ce qui résulte d'un arrêt de Cass. du 16 juillet 1849 (14816 J.E., 13840 J.N., 1844 § 5 I.G., S. 49-1-564).

**15492. Séparation de biens.** — La femme séparée de biens a des intérêts distincts de ceux de son mari, et la subrogation au profit d'un tiers, emportant novation du titre du créancier, à l'effet d'une cession de créance (D. m. f. 23 oct. 1826, 1205 § 11 I.G., Dél. 27-31 oct. 1835, 11378 J.E., 9132 J.N.).

**15493. Tuteur. — Acte d'administration.** — L'acte par lequel un père, tuteur de son fils mineur, paye, avec subrogation, les dettes de la succession de sa femme, échue à son fils mineur, ne donne ouverture qu'au droit de libération, attendu qu'en faisant ce payement, le tuteur n'a pu devenir propriétaire d'une créance sur son pupille, il n'a fait qu'un acte d'administration (Dél. 31 oct. 1835, 11378 J.E. ; — Sol. 23 août 1810, D.N. t. 10 p. 389, n° 112 ; — Dél. 27 oct. 1822, 9132 J.N.). — V. *Usufruit.*

Il en est autrement, comme l'a décidé le tribunal de la Seine dans le jugement rapporté n° 15476-18, quand il est démontré par les circonstances que les deniers appartenaient personnellement au tuteur.

**15494. Usufruitier.** — Mais si l'enfant, à la décharge duquel le père paye, avec subrogation, la dette de la mère, est majeur, le droit de subrogation conventionnelle est exigible, encore bien que le père soit usufruitier des biens de sa femme ; car, en cette qualité, il n'était obligé que de tenir compte des intérêts de la dette (Dél. 31 oct. 1835, 11378 J.E.).

Ce dernier point ne nous paraît pas exact. D'après l'art. 612 C.C. : « Si l'usufruitier veut *avancer* la somme pour laquelle le fonds doit contribuer, le capital lui en est restitué à la fin de l'usufruit sans intérêt. » La loi considère donc les dettes de la succession comme communes à l'usufruitier universel et à l'héritier : cet usufruitier peut avoir surtout un intérêt capital au paiement de la dette afin d'éviter de changer de nu-propriétaire, et voilà pourqoi l'art. 612 lui donne la faculté de faire les avances nécessaires dans ce but. Il y a donc subrogation légale donnant ouverture au droit de 50 centimes pour 100 (*Conf.* : 9132 J.N., D.N. t. 12 p. 133 n° 253).

**15495. Rente.** — Du moment que l'on assimile la subrogation à une cession, il faut que le droit de 2 pour 100 soit perçu, comme cession de rente, sur l'acte par lequel un tiers rembourse une rente au créancier qui le subroge expressément dans tous ses droits d'hypothèque résultant du contrat de constitution passé à son profit par le débiteur (D. m. f. 24 nov. 1820, 6885 J.E., Sol. 17 mai 1858).

**15496. Interprétation.** — Les exemples de perception que nous venons de donner s'appliquent tous à des cas où la cession de la créance devait être présumée par suite de l'effet propre que la jurisprudence attribue à la subrogation. Mais, il faut le remarquer, il est quelquefois facile de confondre le genre de subrogation conventionnelle dont nous venons de nous occuper (qui est celle consentie par le créancier), avec la subrogation légale. Aussi y a-t-il là une question de fait et d'appréciation qui présente un intérêt pratique très-réel, à cause de la différence qui existe entre le tarif qui gouverne la subrogation conventionnelle et qui régit la subrogation légale, ainsi que nous le verrons dans le chapitre suivant; il convient donc de se pénétrer de l'esprit de l'acte qui est soumis à la formalité.

**15497. Les parties peuvent restreindre l'étendue de la subrogation.** — Au surplus, comme rien n'interdit aux parties de renfermer dans les limites précisées à l'avance l'étendue de la subrogation, une pareille clause pourrait exercer une influence décisive sur la perception.

En ce sens, la Cour de cassation a jugé, le 21 mars 1810 (Dalloz n° 1863), que lorsqu'un créancier recevant le remboursement d'une rente garantie par hypothèque, d'un autre que son débiteur, déclare subroger celui qui le paye à tous ses droits, priviléges et hypothèques, et néanmoins *décharge le débiteur*, il n'y a pas ouverture à cassation contre l'arrêt qui, interprétant la quittance, a décidé que, loin que ce débiteur puisse être contraint à continuer le service de la rente, la subrogation accordée à celui qui a désintéressé le créancier originaire doit être restreinte au droit de poursuivre son recouvrement sur les biens qui avaient été hypothéqués. Dans un semblable cas, il faudrait décider que l'acte ne pourrait donner ouverture au droit de cession, mais à un simple droit de quittance, puisque le créancier déclare lui-même la créance éteinte.

**15498. Disposition indépendante. — Quittance.** — Du moment que l'on attribue à la subrogation la caractère de la cession de créance, on doit décider que le droit de quittance n'est pas exigible, indépendamment de celui de 1 pour 100, car il n'y a pas extinction, mais simple transport de la créance. Aussi l'Administration avait-elle reconnu, par deux délibérations des 28 décembre 1832 et 5 novembre 1833 (10666 J. E., 4305 Roll.), que l'acte par lequel un particulier emprunte d'un tiers une somme qui est immédiatement payée à un créancier antérieur aux droits duquel le prêteur est subrogé, n'est passible que du droit de 1 pour 100.

Mais elle revint sur cette doctrine et fit décider par plusieurs tribunaux que quand le débiteur emprunte une somme à l'effet de payer sa dette et de subroger le prêteur dans les droits du créancier, l'acte qui constate cette double opération donne ouverture au droit de quittance à raison de la libération du débiteur à l'égard de son ancien créancier, et au droit d'obligation par suite de l'emprunt (Seine 16 fév. 1855, 615 R.P.; — Pau 6 juin 1856, 726 R.P.; — Seine 24 janv. 1857, 16473 J.E.; — 29 août 1857, 16173 J.N., 16628 J. E., 903 R.P.). — On pouvait soutenir cette double perception en se plaçant au point de vue que nous avons indiqué *suprà* n° 15468-2; mais elle était incompréhensible avec le système défendu par l'Administration, à savoir que la subrogation conventionnelle produit l'effet d'une cession de créance. Dans cette hypothèse, en effet, comme il n'y a pas libération du débiteur, comme c'est seulement un nouveau créancier qui est substitué à l'ancien, il ne peut y avoir de droit de quittance.

Aussi, les derniers jugements de la Seine qui précèdent, ayant été déférés à la Cour suprême, y furent réformés en ces termes par deux arrêts du 19 janvier 1858 : « Vu les art. 4, 10, 11 L. 22 frimaire an 7; attendu, en droit, que quand la subrogation s'opère dans les conditions prévues par le n° 1<sup>er</sup> de l'art. 1250 C. C., il n'est dû qu'un droit proportionnel d'enregistrement; qu'il n'est pas dû de droits de quittance indépendamment du droit d'obligation ou de transport; qu'il ne peut en être autrement quand la subrogation a lieu dans les conditions déterminées par le n° 2 du même article et au moyen d'un seul acte. Qu'en effet dans l'un et dans l'autre cas, le créancier ou la loi pour lui est censé faire la cession de la créance à celui dont les fonds servent à le désintéresser; que cette créance est transmise à ce dernier avec les hypothèques et autres garanties qui y sont attachées; que le débiteur n'est pas libéré, qu'il ne fait que changer de créancier; qu'on rentre ainsi dans les termes de l'art. 10 L. 22 frimaire an 7, d'après lequel en cas de transmission de biens la quittance donnée pour tout ou partie du prix entre les contractants n'est pas sujette à un droit particulier d'enregistrement » (16234 J.N., 11220 C., 16674 J.E., 962 R.P., S. 58-1-219).

Précédemment, le tribunal de Lyon par un jugement du 11 janvier 1857 (15909 J.N., 10951 C., 803 R.P.) s'était prononcé contre l'exigibilité du droit de quittance et le tribunal de Bourg avait décidé, le 9 décembre 1856 « que c'est méconnaître le véritable esprit de l'art. 11 précité que de voir deux dispositions indépendantes et distinctes dans un acte d'emprunt subrogatif, alors que le payement par subrogation est la condition essentielle du prêt et forme avec lui un tout indivisible; qu'un tel contrat ne constitue en définitive qu'un transport de créance reconnu affranchi de tout droit particulier de libération, comme dans le cas où la subrogation est consentie par le créancier seul conformément au § 1<sup>er</sup> de l'art. 1250. »

Les arrêts de la Cour de cassation ont aujourd'hui mis fin à la controverse, et l'Administration, en les transmettant par l'I. G. 2118 § 9, a invité les préposés à s'abstenir de la perception du droit de quittance, lorsque la subrogation s'opère dans les conditions prévues par l'art. 1250 § 2 C. C. et au moyen d'un seul et même acte.

1. QUITTANCE PAR ACTE POSTÉRIEUR. — ORIGINE DES DENIERS. — Aucun doute ne peut s'élever sur l'exigibilité du droit de quittance, lorsque, dans l'acte de prêt, on se

contentera de dire que la somme empruntée servira au payement d'une dette, et que, plus tard, on constatera le payement de la dette en reproduisant la mention faite dans l'acte de prêt.

« Considérant que, relativement à la somme de 800 francs, la quittance donnée par la veuve D... et consorts n'a pas accompagné le prêt fait par A... dans le sens d'une disposition unique emportant novation; que le prêt ayant fait l'objet d'un premier acte distinct de celui qui a constaté la quittance, celle-ci forme incontestablement une disposition principale passible du droit établi pour les quittances » (Dél. de l'Adm. belge du 9 déc. 1853, 2003 Rec. gén. de M. Robyns).

C'est ce qu'avait déjà reconnu l'Administration française, par une Dél. 24 septembre 1833 (10744 J. E.) et la Cour de cassation par un arrêt du 12 mars 1844 (11960 J. N., 13484 J.E., 1713 § 6 I. G., S. 44-1-276), en décidant, contrairement à un jugement du tribunal de la Seine du 9 juillet 1834 (11667 J. E.), que bien que dans un acte de quittance il soit dit que les deniers servant à la libération proviennent d'un emprunt fait par acte authentique dans lequel il a été stipulé que l'origine des deniers serait indiquée dans l'acte de quittance afin de procurer la subrogation au prêteur, le droit de quittance est exigible. L'Administration, en transmettant aux employés l'arrêt du 19 janvier 1858, leur a enjoint de maintenir dans ce cas la perception du droit proportionnel de libération (2118 § 8 I. G.).

Seulement, dans ce cas, il n'est pas dû de droit fixe pour la déclaration d'origine des deniers (Sol. 26 juin 1830, 9943 J.E., D.N. t. 10 p. 393 n° 144). — *V.* 5907.

2. DÉCLARATION DE SUBROGATION. — Dans le même cas d'emprunt précédant le remboursement, la déclaration de subrogation insérée dans la quittance que donne le créancier, n'opère aucun droit particulier, car la subrogation dans l'espèce n'est que l'effet de l'acte d'emprunt, d'une part, et du payement fait au créancier de l'autre (Dél. 26 juin 1830, 7275 J.N.).

**15499. Command.** — Si, pour se décharger de l'obligation solidaire qu'il s'était engagé à contracter, l'acquéreur paye dans l'acte même de vente le prix au vendeur pour être subrogé à tous ses droits sur le command élu qui accepte, le droit de subrogation est exigible.

*V. Command.*

**15500. Créance verbale.** — La subrogation, en présence du débiteur, à une créance verbale, donne ouverture au droit de titre. — *V.* 3661.

**15501. Déclaration d'origine.** — La déclaration d'origine de deniers, pour donner subrogation, faite dans une quittance ne donne pas ouverture à un droit particulier. — *V.* 5907, 15498-1.

**15502. Acceptation. — Droit fixe.** — Est-il dû un droit particulier, pour acceptation, sur le consentement du débiteur donné dans l'acte de subrogation? L'affirmative trouve à se fonder sur la doctrine de quelques auteurs (Toullier t. 7 n° 127, Delvincourt t. 2 p. 559, Duvergier v° *Vente* t. 2 n° 237), qui veulent que, par application de l'art. 1690 C. C., il y ait à faire au débiteur la signification de l'acte de subrogation, à défaut par ce débiteur de fournir son acceptation par un acte authentique.

Mais la subrogation n'étant pas une cession, ainsi qu'on l'a vu au n° 15468-2, et l'art. 1250 n'exigeant pas la signification au débiteur de l'acte duquel résulte la subrogation, il n'y a pas lieu d'appliquer à la subrogation l'art. 1690, qui subordonne l'effet de la cession à une notification au débiteur cédé.

C'est ce qu'enseignent Duranton t. 12 n°s 125 et 127, Roll. de Vill. v° *Subrogation* n° 21, Marcadé sur l'art. 1250, Massé et Vergé *sur Zachariæ* t. 3 p. 432 note 3.

On pourrait donc, en s'appuyant sur cette dernière doctrine, soutenir que l'acceptation du débiteur n'étant pas nécessaire à la validité de la subrogation, elle ne peut donner ouverture à un droit particulier lorsqu'elle se trouve constatée par l'acte de subrogation.

Mais nous ferons remarquer que s'il est vrai qu'il n'y a pas de nécessité légale, le subrogé n'en a pas moins intérêt à se mettre en garde contre la mauvaise foi du créancier subrogeant, qui pourrait se faire payer par le débiteur ignorant la subrogation; dès lors, la déclaration par le débiteur qu'il connaît le payement qui a été fait pour lui, et qu'il accepte celui qui a fait ce payement pour son nouveau créancier, donne réellement un titre au subrogé et la reconnaissance de ce titre, formant une disposition indépendante dans l'acte de subrogation, nous a paru justifier la perception d'un droit particulier.

Cette opinion a été toutefois abandonnée par l'Administration.

Assimilant de tous points la subrogation au transport de créances, elle a étendu à ce premier contrat la jurisprudence d'après laquelle l'acceptation du débiteur a été dans un transport ne donne pas lieu au droit fixe, et elle a prescrit de ne l'exiger dans aucun des deux cas. Nous avons développé cette question au mot *Acceptation*.

## CHAPITRE III. — SUBROGATION LÉGALE

[15503-15510]

**15503. Règle.** — En ce qui concerne la subrogation légale, le système que nous avons développé sous le n° 15468 a toujours été adopté (sauf pendant un instant de controverse que nous signalerons dans le numéro suivant) par la doctrine et par la jurisprudence, c'est-à-dire que l'on a considéré que cette espèce de subrogation n'a pas pour effet de transporter la créance, mais seulement les priviléges et hypothèques qui y sont attachés, ce qui ne peut laisser exigible que le simple droit de quittance (Dél. 2 janv. 1827, D.N. t. 12 p. 130 n° 240). — V. 15510.

Cela posé, il ne nous reste plus qu'à comparer les diverses solutions administratives rendues en cette matière avec les principes que nous avons exposés aux n°s 15473 et suiv.

**15504. Créancier payant un autre créancier.** — L'Administration a longtemps tergiversé sur la question de savoir quelle était la nature du droit applicable au premier cas de subrogation légale prévu par l'art. 1251 C. C., qui a lieu lorsqu'un créancier paye un autre créancier qui lui est préférable, à raison de ses privilèges et hypothèques.

Elle a d'abord perçu le droit de 1 pour 100 (Dél. 12 mars 1823, 7416 J. E., Sol. 25 nov. 1828, 1272 § 2 I. G., Dél. 1er juill. 1834, 10988 J. E.; — Orléans 1er août 1837, 9834 J. N., 11861 J. E.; — Seine 14 mars 1839, 10474 J. N., 12270 J. E.), et voici comment elle motivait cette perception :

« L'acte par lequel un créancier inscrit en paye un autre qui lui est préférable et lui est subrogé, aux termes de l'art. 1251 n° 1er, n'éteint point la dette du débiteur; il ne peut donc être considéré comme une quittance. Au contraire, il met un créancier à la place d'un autre; donc il constitue une véritable cession de créance. Dans le plus grand nombre des cas de subrogation légale prévus par l'art. 1251 C. C., il y a réellement libération de la part de celui qui paye la dette d'autrui, parce qu'il est lui-même obligé en partie à cette dette; mais dans celui où un créancier en désintéresse un autre, il n'y a pas extinction de la créance, car le débiteur reste le même, et sa position n'est pas changée; de plus, le créancier qui désintéresse le fait volontairement, puisqu'il n'est pas tenu de l'obligation.

« La loi de frimaire ne fait pas de distinction entre les divers transports de créance; il suffit que ce transport existe, soit par subrogation légale, soit autrement, pour que le droit de 1 pour 100 soit exigible. »

Puis elle a abandonné cette doctrine en décidant, le 26 décembre 1834, que l'acte constatant le payement fait par un créancier hypothécaire à un autre créancier dont le rang était préférable, sans stipulation de transport ni de délégation, n'est passible que du droit de quittance à 50 centimes pour 100 francs.

Enfin elle a reproduit son premier système devant la Cour de cassation. Mais la Cour a jugé, avec raison, que l'acte par lequel un créancier hypothécaire paye à un autre créancier qui le prime le montant de sa créance pour obtenir la subrogation légale, déterminée par l'art. 1251 n° 1er C. C., doit être considéré non comme un transport de créance, mais comme une simple quittance passible du droit de 50 centimes pour 100 (Cass. 24 déc. 1839, 10563 J. N., 12436 J. E., 1615 § 8 I. G., S. 40-1-180; — 27 juin 1842, 11386 J. N., 13046 J. E., 1683 § 9 I. G.).

« Attendu, porte l'arrêt du 27 juin 1842, qu'aux termes de l'art. 1251 C. C., les payements faits par Seillière aux créanciers par lui désintéressés, emportaient de plein droit subrogation à son profit dans les droits desdits créanciers; que cette subrogation n'étant, par elle-même, passible d'aucun droit d'enregistrement, il faut, pour reconnaître à quels droits sont soumis les actes desquels elle résulte, s'attacher à la nature de ces actes; attendu qu'un transport de créance est un contrat synallagmatique qui ne peut exister qu'autant qu'il y a volonté et convention de transporter; que tel n'est point le caractère de l'acte par lequel un créancier hypothécaire se borne à donner quittance du payement à lui fait, par un autre créancier, et que l'on n'a pas même le droit de refuser; qu'en attribuant, dans les circonstances de la cause aux actes des 5, 7 et 14 mars 1838, les caractères d'actes de libération, soumis aux droits de quittance et en ne les qualifiant pas de transports des créances y portées, le jugement attaqué n'a ni violé l'art. 69 § 3 n° 3 de la loi du 22 frimaire an 7, ni faussement appliqué aucun des articles de ladite loi. »

Les difficultés soulevées par l'Administration ne se sont plus reproduites depuis ces deux arrêts.

1. JUSTIFICATION DE TITRE. — Le tribunal de la Seine a jugé, le 28 novembre 1842 (13143 J. E., D. N. t. 12 p. 130 n° 242), que si le tiers qui paye les créanciers inscrits du débiteur aux droits auxquels il est subrogé, n'établit pas qu'il était lui-même porteur d'une créance *primée* par les créanciers désintéressés, il y a subrogation conventionnelle, passible du droit de 1 pour 100. Cette décision se fonde évidemment sur le principe qui a fait l'objet du n° 15474-2, à savoir qu'un créancier antérieur ne saurait obtenir la subrogation légale s'il payait un créancier qui lui serait postérieur.

2. CRÉANCIER CHIROGRAPHAIRE. — La Cour de Douai ayant jugé, le 24 décembre 1839 (12614-9 J. E.), que la subrogation légale accordée au créancier par le n° 1er de l'art. 1251 C. C., n'est pas restreinte au créancier hypothécaire, qu'elle a lieu aussi de plein droit au profit du créancier chirographaire qui désintéresse un créancier hypothécaire, et cette décision étant conforme à la doctrine des auteurs (*V.* 15474-1), il faut en conclure que tout créancier chirographaire qui paye un créancier hypothécaire doit jouir du bénéfice du droit de 50 centimes pour 100.

3. CESSIONNAIRE DE PARTIE DE CRÉANCE. — Faisons remarquer ici que le § 1er de l'art. 1251 C. C. a en vue le cas où des titres d'une valeur différente donnent à ceux qui en sont porteurs des garanties inégales; il ne s'appliquerait donc pas dans les espèces où le créancier payerait un autre créancier qui n'aurait sur lui aucun motif de préférence. Jugé en ce sens par le tribunal de la Seine, le 15 mars 1843 (13235 J. E., 6634 C.), que si le cessionnaire de portion d'une créance hypothécaire paye, par un acte postérieur à l'acte de cession, le surplus de cette créance au cédant, avec réserve d'antériorité, le droit de 1 pour 100 est exigible, attendu que pour qu'il y ait subrogation légale au profit du tiers, payant la dette du débiteur, il faut que ce tiers ait une créance distincte de celle qu'il acquitte, tandis que, dans l'espèce, il n'existe qu'une seule créance divisée (*V.* aussi Seine 5 juill. 1843, 13287-3 J. E. — *Conf.* : Champ. et Rig. t. 6 n° 197).

Cette solution, ajoute le D. N., pourrait être contestée, spécialement si, dans l'acte de cession, le créancier avait réservé l'antériorité pour la portion non cédée de la créance (t. 12 p. 131 n° 243).

4. CHANGEMENT DANS LES CONDITIONS DE L'ANCIENNE CRÉANCE. — De même encore, pour que le droit de cession de créance ne soit pas exigible, il faut que la subrogation s'accomplisse sans que des changements dans le titre de la créance puissent la faire considérer comme novée. Le tribunal de Saint-Omer a voulu faire l'application de ce principe lorsque, le 23 janvier 1847 (14251 J. E.), il a jugé que si après avoir prêté une somme de 1500 francs par un acte notarié, le prêteur, par un acte passé le lendemain, paye

un créancier de son emprunteur, avec subrogation dans les droits du créancier, et accorde en même temps une prorogation de délai, avec une diminution d'intérêts à son débiteur, qui accepte la subrogation, le droit de 1 pour 100 est exigible, car la subrogation n'est pas légale, mais conventionnelle, par suite de la novation que les changements opérés ont fait subir à la créance.

Nous nous contenterons de faire remarquer que le tribunal de Saint-Omer a fait une fausse application de notre principe en ce que, pour qu'il y ait novation, il faut que le changement porte sur le titre de l'obligation et non sur les accessoires, et c'est ce qui n'avait pas eu lieu dans l'espèce, puisque les modifications introduites ne se rapportaient qu'aux intérêts et au terme d'exigibilité de la créance, ce qui n'est pas de nature à nover une obligation.

**15505. Acquéreur payant les créanciers inscrits.** — Dans la seconde hypothèse, prévue par le § 2 de l'art. 1251 C. C., et qui a fait l'objet de notre n° 15475, l'Administration a nettement établi le principe de la perception à 50 centimes pour 100, par une de ses Instructions générales, et dans l'espèce suivante :

1. REMBOURSEMENT DE RENTE VIAGÈRE. — Le sieur Desarbres, acquéreur, sur saisie immobilière, des immeubles dépendant de la succession du sieur Deschamps, avait été chargé par l'adjudication de servir à la veuve de ce dernier une rente viagère de 2,962 fr. 96 cent. : il conservait à cet effet un capital de 59,259 fr. 20 cent., qui devait être distribué, après l'extinction de la rente viagère, aux créanciers inscrits après la veuve. Par un acte du 30 septembre 1826, passé devant notaire, la dame Deschamps lui donna quittance, moyennant 26,125 francs payés comptant, des arrérages échus et à échoir de sa rente viagère, et elle le subrogea dans son hypothèque et dans la priorité qui en résultait vis-à-vis des autres créanciers.

« Cette subrogation, a dit l'Administration, est de plein droit, et n'a rien de conventionnel. L'acte lui-même ne contient point cession, mais simple remboursement. Le sieur Desarbres était débiteur de la dame Deschamps, qui avait une action directe contre lui, en vertu des clauses de l'adjudication, pour le service de la rente viagère. Il effectue le rachat de cette rente. Le droit de quittance est le seul exigible, en le liquidant, non point d'après le prix stipulé pour ce rachat, mais conformément au n° 9 de l'art. 14 de la loi, sur le capital formé de dix fois la rente viagère, sauf à y ajouter les arrérages échus, et dont il est donné quittance expresse » (Dél. 15 déc. 1827, 1229 § 10 I. G.).

2. PRIX PAYÉ UNE SECONDE FOIS. — On a vu au n° 15475-8 que la subrogation a lieu de plein droit dans le cas où l'acquéreur, ayant déjà payé son prix, se trouverait obligé de le payer une seconde fois. L'Administration a fait l'application de ce principe par une Sol. 22 mai 1827 (1229 § 10 I. G.), de laquelle il résulte qu'il n'est dû qu'un droit de quittance sur l'acte par lequel un acquéreur, suivant acte authentique, paye à la femme séparée de biens de son vendeur, une somme égale à ses reprises, pour satisfaire à l'hypothèque légale qui grevait les biens vendus, attendu que c'est alors en qualité de débiteur personnel, aux termes des art. 2166 et suiv. C. C., que le tiers acquéreur est considéré comme tenu d'acquitter les créances hypothécaires venant en ordre utile, ou de délaisser ces biens ; ce qui fait que, dans ce cas, la subrogation est de plein droit.

3. PAYEMENT AU DELA DU PRIX. — De même encore, nous avons dit au n° 15475-7, que l'acquéreur qui paye au delà de son prix n'en est pas mions subrogé légalement pour toute la somme qu'il a payée. Dès lors, d'après un jugement du tribunal d'Épernay, du 22 août 1834 (5435 Roll.), lorsqu'un acquéreur, qui a acquis moyennant 24,000 francs, est obligé de payer 30,000 francs à un précédent vendeur, on ne peut percevoir le droit de 1 pour 100 sur la différence de 6,000 francs, encore bien que la subrogation ait été formellement consentie en sa faveur, car la subrogation est de droit même pour les 6,000 francs.

Cependant, dans une espèce particulière, qui peut sans doute justifier la perception, le tribunal de Valognes a jugé, le 3 février 1832 (3786 Roll.), que lorsque l'acquéreur du quart de plusieurs immeubles hypothéqués à la garantie d'une rente s'est chargé de payer le quart de cette rente, et que plus tard il rembourse la totalité au créancier qui le subroge dans tous ses droits, on doit percevoir 50 centimes pour 100 sur le quart du capital de la rente, et 2 francs pour 100 sur les trois quarts.

4. ABSENCE DE DÉLÉGATION. — La subrogation étant de droit pour l'acquéreur qui paye son prix à des créanciers hypothécaires, la circonstance que le prix n'aurait pas été délégué ne peut avoir aucune influence sur la perception du droit de quittance.

En ce sens il a été décidé par l'Administration : 1° qu'on ne doit exiger que le droit de quittance, lorsque l'acquéreur d'un immeuble paye avec subrogation, sans délégation préalable, le prix dû par un précédent acquéreur sur le même bien (Dél. 2 janv. 1827, 1782 Roll.);

2° Qu'il n'est dû que le droit de quittance sur l'acte par lequel, en vertu d'une délégation qui ne désigne point les créanciers, l'acquéreur d'un immeuble paye une partie du prix de son acquisition à un créancier hypothécaire (Dél. 11 avr. 1818, 6035 J. E., D.N. t. 12 p. 131 n° 245).

5. ABSENCE DU VENDEUR. — De même encore la subrogation, trouvant son principe dans la loi, n'a pas besoin, pour se parfaire, de la présence du vendeur. — Décidé, dans ce sens, par l'Administration, le 17 décembre 1817, que le droit de 50 centimes pour 100 est le seul exigible, aussi bien dans le cas du payement fait par l'acquéreur en la présence du vendeur, que dans celui du payement fait en l'absence de ce dernier, attendu que, dans l'une et l'autre hypothèses, la subrogation a la même origine, la même nature et les mêmes effets relativement à la perception.

6. PAYEMENT ANTÉRIEUR A L'ACQUISITION. — Dans tous les cas, comme il est nécessaire, ainsi qu'on la vu au n° 15475-3, pour opérer la subrogation légale, que l'acquéreur ait payé les créanciers depuis l'acquisition, ou au moins par le contrat même de son acquisition, on ne pourrait voir autre chose qu'une subrogation conventionnelle, passible du

droit de 1 pour 100, dans un payement antérieur à l'acquisition, alors qu'il serait dit qu'il est fait par imputation sur le prix d'une acquisition à réaliser des biens du débiteur.

**15506. Payement par celui qui était tenu avec d'autres ou pour d'autres.** — Le troisième cas de subrogation légale prévu par l'art 1251 C. C., d'après lequel elle s'opère « au profit de celui qui, étant tenu avec d'autres ou pour d'autres au payement de la dette, avait intérêt à l'acquitter, » fait naître la question de savoir quand une personne est tenue avec d'autres au payement de la dette. Nous avons donné de nombreux exemples de cette obligation dans notre n° 15476, qu'il faut consulter. Ces exemples ont tous été puisés dans la jurisprudence civile, mais nous en trouvons également quelques-uns dans la jurisprudence fiscale que nous recueillons ici.

1. CAUTION. — Ainsi l'art. 2029 C. C., voulant qu'il y ait subrogation de plein droit en faveur de la caution qui a payé pour l'obligé principal, une délibération du 20 octobre 1829 (9451 J. E., 7939 J. N.), a reconnu que l'acte par lequel la caution paye la dette du débiteur principal, en se faisant subroger dans les droits du créancier, n'est passible que du droit de quittance, et non de celui de cession de créance (D. N. t. 10 p. 744 n° 115 et t. 12 p. 131 n° 248).

*Rente.* — S'il s'agit d'une rente, et que la caution du débiteur rembourse *volontairement* le capital au créancier, le droit de transport est dû, et non celui de libération, parce que la subrogation ne rend pas la dette exigible, et que la caution devient propriétaire de la rente (D. m. f. 17 nov. 1807, 2785 J. E.).

Si le payement n'avait lieu que sur les poursuites du créancier, pour défaut de payement des arrérages, on ne pourrait y voir un transport, et il ne serait dû que 50 centimes pour 100 francs (Caen 16 fév. 1837 et 21 mars 1839; — Nantes 7 mars 1837, D. N. t. 10 p. 744 n° 116).

*Dot.* — Une future s'est constituée en dot sur la succession indivise de son père une somme dont son frère s'est rendu caution.

L'acte qui constate le payement fait par le frère ne donne ouverture qu'au droit de quittance, car la caution qui paye le créancier lui est subrogée de plein droit et est censée se libérer de sa propre dette (16487-7 J. E).

2. DÉBITEUR SOLIDAIRE. — De même encore, comme il y a subrogation légale quand l'un des débiteurs solidaires paye en entier la dette, l'Administration a délibéré, le 21 juillet 1821 (160 Roll.), que dans ce cas la subrogation ne donne ouverture qu'au droit de 50 centimes pour 100.

Il en serait ainsi alors même que le débiteur solidaire payerait volontairement (Dél. 20 oct. 1829, 9451 J. E., D. N. t. 12 p. 131 n° 249).

3. DÉBITEUR CONJOINT. — Mais il ne faut pas confondre le débiteur conjoint avec le débiteur solidaire. Si donc deux individus s'étaient obligés conjointement, mais sans solidarité, et avaient affecté chacun un fonds différent à la sûreté du payement de leur dette, le droit de 1 pour 100 serait exigible sur le payement de la portion de l'autre que ferait l'un d'eux; car, ainsi qu'on l'a vu au n° 15476-2, il n'y aurait pas, dans ce cas, de subrogation légale.

*Époux.* — Le tribunal de Laval a spécialement reconnu, en matière d'enregistrement, que lorsqu'un acte constate la cession au profit d'une femme mariée sous le régime dotal avec société d'acquêts et acquérant en remploi de ses propres, de diverses créances dues aux cédants par la société d'acquêts, la convention a le caractère d'un transport de créances passible du droit de 1 pour 100, et non pas d'une simple quittance ou d'une subrogation légale assujettie au droit de 50 centimes pour 100.

« Attendu qu'il résulte de la qualification des actes et de leur forme extérieure, comme aussi de la volonté des parties clairement exprimée, qu'elles ont entendu céder et acquérir des créances; que la perception des droits d'enregistrement est réglée d'après la nature des contrats et non à raison des effets qu'ils peuvent produire accidentellement; qu'il n'y a pas lieu de se préoccuper de la question de savoir si la subrogation légale aurait produit des effets analogues à ceux de la cession; qu'enfin il est impossible de modifier la nature et le caractère des actes que leur ont assignés les parties intéressées » (3843 R. P.).

4. DOT CONSTITUÉE PAR L'UN DES ÉPOUX. — PAYEMENT PAR L'AUTRE. — C'est dans cet ordre d'idées que l'on a vu, au n° 15491, que si une dot est constituée par la mère sur ses biens personnels et que le père la paye de ses deniers, le droit de 1 pour 100 est exigible, car il n'y a, dans ce cas, aucune solidarité entre le père et la mère.

5. COHÉRITIERS. — D'après l'art. 1220 C. C., l'obligation est divisible entre les héritiers qui ne sont tenus de la payer que pour les parts et portions dont ils sont saisis, ou dont ils sont tenus, comme représentant le créancier ou le débiteur.

En ce sens, l'Administration a décidé, le 27 octobre 1835, que, lorsqu'avant le partage d'une succession dévolue au conjoint et au fils de la femme décédée, l'époux survivant, séparé de biens et donataire d'un quart en usufruit, paye de ses deniers personnels des créanciers chirographaires de la succession qui le subrogent dans leurs droits, l'acte constatant ce payement doit être soumis au droit de 1 pour 100, comme transport de créance, pour la portion de son cohéritier.

A plus forte raison en serait-il ainsi si le cohéritier payait après le partage de la succession; car, si quelques auteurs (Toullier t. 7 n° 151, Duranton t. 12 n° 175) pensent qu'il y a subrogation légale, à raison du payement fait par le cohéritier, tant que la succession est indivise, il n'en est plus ainsi après partage opéré. — *V.* 15476-1.

*Exceptions.* — Cependant des exceptions à la règle de divisibilité de l'obligation entre les cohéritiers existent dans les cas prévus par l'art. 1221, savoir :

1° Dans le cas où la dette est hypothécaire;

2° Lorsqu'elle est d'un corps certain;

3° Lorsqu'il s'agit de la dette alternative de choses au choix du créancier, dont l'une est indivisible;

4° Lorsque l'un des héritiers est chargé seul, par le titre, de l'exécution de l'obligation;

5° Lorsqu'il résulte, soit de la nature de l'engagement, soit de la chose qui en fait l'objet, soit de la fin qu'on s'est proposée dans le contrat, que l'intention des contractants a été que la dette ne pût s'acquitter partiellement.

Dans les trois premiers cas, l'héritier qui possède la chose due ou le fonds hypothéqué à la dette, peut être poursuivi pour le tout sur la chose due ou sur le fonds hypothéqué, sauf le recours contre ses cohéritiers. Dans le quatrième cas, l'héritier seul chargé de la dette, et dans le cinquième cas, chaque héritier peut aussi être poursuivi pour le tout, sauf son recours contre ses cohéritiers.

Dans ces divers cas donc, le payement fait par le cohéritier au delà de sa part virile ne donnerait lieu qu'au droit de quittance.

6. CONSERVATEUR DES HYPOTHÈQUES. — Le conservateur des hypothèques qui, par suite de la responsabilité qui pèse sur sa gestion, paye un créancier inscrit auquel il se trouve subrogé, ne fait que subir une nécessité, et dès lors le droit de quittance est seul exigible sur l'acte qui constate le payement.

7. TRÉSOR PUBLIC. — C'est dans le même ordre d'idées que, les trésoriers généraux étant responsables des débets des receveurs particuliers envers le Trésor (Déc. 4 janv. 1808), on doit décider que si, par suite de cette responsabilité, le Trésor subroge le trésorier général aux droits de l'État contre le receveur particulier à la place duquel il paye, la subrogation étant de droit, il n'est dû que le droit fixe. Décidé même par le ministre des finances, le 19 mai 1812 (6650 J. E.), qu'il ne devrait encore être perçu qu'un simple droit fixe, alors même que le trésorier général ou le payeur subrogé ne se trouverait pas coobligé envers le Trésor.

8. TIERS SAISI. — Le tiers saisi qui, faute de faire sa déclaration affirmative, a été déclaré débiteur pur et simple des causes de la saisie, et a été contraint d'en payer le montant, n'étant pas légalement subrogé aux droits du saisissant (*V.* 15476-1), ne peut invoquer le bénéfice du droit de quittance.

9. USUFRUITIER.—L'usufruitier qui paye les dettes dont se trouve grevé l'immeuble affecté de son usufruit, est subrogé légalement aux droits du créancier, et le droit de quittance est seul exigible, malgré toute stipulation de subrogation. — *V.* en ce sens 15476-19 et 15494.

**15507. Payement par l'héritier bénéficiaire.** — Le quatrième et dernier cas de subrogation légale prévu par l'art. 1251, se présente lorsque l'héritier bénéficiaire paye de ses deniers les dettes de la succession.

Dans cette hypothèse donc, le seul droit exigible est celui de quittance.

**15508. Payement par le curateur à une succession vacante.** — Les auteurs enseignant (*V.* 15478) que le curateur à la succession vacante qui paye de ses deniers une dette de la succession, est, de même que l'héritier bénéficiaire, légalement subrogé aux droits du créancier, il faut en conclure que, dans ce cas encore, le seul droit exigible serait celui de quittance.

**15509. Subrogation surabondamment exprimée.** — Dans tous les cas de subrogation légale que nous venons de passer en revue, et dans tous les autres cas qui pourraient se présenter, la déclation même très-expresse du créancier payé qu'il subroge celui qui le paye à ses droits, ne modifie pas le caractère de l'acte, car une pareille déclaration est surabondante, puisque la subrogation est la conséquence forcée du payement (*V.* 15474).

Dans ce cas, le droit de cession de créance ne pourrait être perçu, car il est de principe que les dispositions d'un acte qui sont le résultat des dispositions de la loi, ne peuvent donner lieu à un droit particulier d'enregistrement (Seine 29 nov. 1838).

C'est au surplus ce qui résulte formellement des motifs des arrêts des 24 décembre 1839 et 27 juin 1842, que nous avons cités au n° 15504.

**15510. La subrogation légale est de droit strict.** — Faisons remarquer, en terminant, qu'encore bien que le principe fondamental de la subrogation légale soit qu'elle doit avoir lieu au profit de celui qui paye une dette, au payement de laquelle il est intéressé, il ne faut pas conclure qu'elle doit avoir lieu au profit de toute personne intéressée au payement qu'elle a fait : la subrogation est de droit strict; c'est une exception et elle ne peut avoir lieu, dès lors, en dehors des cas prévus par la loi.

C'est une règle qu'il ne faut pas perdre de vue, pour ne pas multiplier outre mesure les hypothèses de subrogation légale. Seulement, comme les cas que prévoit la loi, loin d'être spécialisés, sont tous génériques, il est clair que la règle existera pour toutes les espèces qui pourront rentrer dans les genres indiqués par la loi. Ce sera la plupart du temps une affaire d'interprétation.

## SUBROGÉ-TUTEUR.

**15511.** — C'est celui qui est nommé pour veiller à la conservation des droits des mineurs, quand ils sont opposés à ceux de leurs tuteurs.

**15512. Nomination.** — « Dans toute tutelle, porte l'art. 420 C. C., il y aura un subrogé-tuteur nommé par le conseil de famille. Ses fonctions consisteront à agir pour les intérêts du mineur, lorsqu'ils seront en opposition avec ceux du tuteur. »

Le tuteur ne doit pas entrer en fonctions avant d'avoir fait nommer un subrogé-tuteur. La violation de cette défense peut être punie par la destitution (421 *id.*).

Le subrogé-tuteur ne doit jamais être pris dans la même

ligne que le tuteur, hors le cas de frères germains (423 C. C.). Mais s'il n'existe de parents que dans une seule ligne, ou si les parents de l'autre ligne ont de justes motifs pour refuser la subrogée-tutelle, s'ils sont frappés d'incapacité ou d'exclusion (426), on doit nommer un des amis appelés au conseil pour représenter cette ligne.

**15513. Fonctions.** — La mission du subrogé-tuteur est principalement d'agir pour les intérêts du mineur lorsqu'ils sont en opposition avec ceux du tuteur, ce qui arrive fréquemment. Mais là ne se bornent pas les devoirs du subrogé-tuteur. D'après l'art. 424, lorsque la tutelle devient vacante ou qu'elle est abandonnée par absence, il doit, sous peine des dommages-intérêts qui pourraient en résulter pour le mineur provoquer la nomination d'un nouveau tuteur. — De même, toutes les fois que le tuteur a encouru la destitution, le subrogé-tuteur doit provoquer la convocation du conseil de famille pour le faire délibérer à ce sujet (446).

C'est le subrogé tuteur qui est chargé de passer bail au tuteur des biens du mineur, avec l'autorisation du conseil de famille (450) ; c'est lui qui reçoit du tuteur les états de situation de sa gestion, quand le conseil de famille l'a soumis à l'obligation d'en fournir (470). — Il assiste à l'inventaire des meubles du mineur, et à la vente aux enchères de ceux que le conseil de famille n'a point autorisé le tuteur à conserver en nature (451 et 452). — Il nomme l'expert qui doit faire l'estimation des objets mobiliers que les père et mère, tant qu'ils ont la jouissance légale des biens de leur enfant, sont dispensés de vendre (453).

Lorsque la vente d'un immeuble appartenant au mineur a été autorisée par délibération du conseil de famille, dûment homologuée, cette vente se fait publiquement, en présence du subrogé-tuteur, aux enchères qui sont reçues par un membre du tribunal ou par un notaire à ce commis (459).

En cas de dissolution de la communauté par la mort naturelle ou civile, le subrogé-tuteur doit obliger l'époux survivant à faire inventaire des biens qui la composaient. Faute de s'être conformé à cette prescription, il est solidairement tenu avec lui de toutes les condamnations qui pourraient être prononcées au profit du mineur (1442 C. C.).

Le subrogé-tuteur est tenu, sous sa responsabilité personnelle, et sous peine de tous dommages-intérêts, de veiller à ce que les inscriptions soient prises sans délai sur les biens du tuteur, pour raison de sa gestion, même de faire faire lesdites inscriptions (2187).

Lorsque l'hypothèque légale qu'a le mineur sur les biens de son tuteur n'a pas été restreinte dans l'acte de nomination, celui-ci peut, dans le cas où cette hypothèque excéderait notoirement les sûretés suffisantes pour sa gestion, demander qu'elle soit restreinte aux immeubles suffisants pour opérer une pleine garantie en faveur du mineur ; cette demande doit être formée contre le subrogé-tuteur, et précédée d'un avis de famille (2143).

V. *Avis de parents.*

# SUBSTITUTION.

DIVISION



SOMMAIRE

# TITRE PREMIER. — PRINCIPES CIVILS

[15514-15607]

## CHAPITRE PREMIER. — DISPOSITIONS GÉNÉRALES

[15514-15518]

**15514. Définition.** — On appelle *substitution,* ou *substitution fidéicommissaire,* la clause par laquelle des donateurs ou testateurs imposent à celui qu'ils gratifient la charge de conserver, jusqu'à son décès, la chose donnée, pour la transmettre alors à une ou plusieurs personnes qui se trouvent ainsi gratifiées en second ordre.

Celui qui reçoit, à charge de substitution, se nomme *grevé:* celui à qui il doit rendre se dit *appelé* ou *substitué.*

**15515. But et abolition de la substitution.** — Bien que les dispositions que l'art. 896 C. C. prohibe ne soient précisément pas celles qui portaient ce nom à Rome, c'est cependant au droit romain que remonte l'origine de ces substitutions fidéicommissaires que le principe de l'aristocratie foncière introduisit dans notre droit français dont elles devinrent une des plus grandes difficultés. Destinées à conserver le patrimoine des familles et à permettre à la noblesse de soutenir l'éclat de son rang, elles fournirent de puissants moyens de consolidation à l'élément féodal. Mais le danger ne tarda pas à naître de l'abus même que l'on en fit.

Créées, dans le principe, dans le but de réserver ce que l'on donnait à une personne, à une autre personne venant après elle, elles finirent par s'étendre non-seulement à plusieurs personnes appelées les unes après les autres, mais encore à une longue suite de générations, ce qui frappait le sol d'inaliénabilité entre les mains des familles nobles.

Une inaliénabilité si contraire à la fortune publique qui est toujours fécondée par le mouvement, devait frapper ceux qui tenaient en main les rênes de l'État; aussi, en 1560, l'ordonnance d'Orléans, par son art. 59, ne permit-elle pour l'avenir que deux degrés de substitution. Comme cette ordonnance ne s'était point occupée des substitutions antérieurement faites, une nouvelle ordonnance rendue à Moulins, en 1656, les limita à quatre degrés de substitution. Mais, des difficultés s'étant élevées sur l'interprétation des ordonnances de 1560 et 1656, une dernière ordonnance de 1746 vint fixer l'état de la jurisprudence en bornant, par son art. 30, toute substitution à deux degrés, sans compter la première disposition.

Quoique désormais réglementées, les substitutions continuèrent d'être l'objet de sérieuses controverses entre les jurisconsultes. Vivement attaquées par les uns, non moins vigoureusement défendues par les autres (*V.* Troplong *des Donations et testaments* n° 87), elles marchèrent insensiblement vers le terme qui leur était assigné par la chute de la féodalité qu'elles avaient contribué à fonder. En 1792, la loi du 14 novembre prohiba entièrement les substitutions à venir et celles qui n'étaient pas encore ouvertes.

L'Assemblée constituante ayant proclamé l'égalité devant la loi, toute distinction entre les biens nobles et les biens roturiers s'effaça, il n'y eut plus de fiefs, plus de censives, plus de servitudes féodales; il ne resta que des terres libres. En présence de cet ordre de choses, le Code civil ne pouvait que confirmer les dispositions de la loi du 14 novembre 1792, et c'est ce qu'il fit, par son art. 896, en déclarant que « les substitutions sont prohibées et que toute disposition par laquelle le donataire, l'héritier institué ou légataire, sera chargé de conserver et de rendre à un tiers, sera nulle, même à l'égard du donataire, de l'héritier institué ou du légataire. »

**15516. Exception à la règle de la nullité de toute substitution.** — Immédiatement après ces dispositions, le législateur avait créé une première exception à la règle de la prohibition qui était ainsi conçue : « Néanmoins les biens libres formant la dotation d'un titre héréditaire que le chef de l'État aurait érigé en faveur d'un prince ou d'un chef de famille, pourront être transmis héréditairement, ainsi qu'il est réglé par l'acte du 30 mars 1806 et par celui du 14 août suivant. » Ce texte fait allusion aux majorats, mais les majorats ayant été abolis par la loi des 12 mai 1835 et 11 mai 1849, l'exception qu'il avait créée à la règle de prohibition générale, portée par les §§ 1er et 2 de l'art. 896 s'est évanouie.

Cependant à côté de cette exception, qui n'a eu que quelques années d'existence, le Code en a mis une autre qui subsiste dans les art. 897, 1048 et 1049 C. C., d'après lesquels un père ou une mère peuvent donner à un de leurs enfants (et un frère et une sœur sans enfants, à leur frère ou à leur sœur), avec charge pour le bénéficiaire de rendre la chose donnée à tous ses enfants.

Enfin, une dernière exception se trouvait écrite dans l'article unique de la loi du 17 mai 1826, ainsi conçu : « Les biens dont il est permis de disposer aux termes des art. 913, 915, 916 C. C., pourront être donnés en tout ou en partie, par acte entre-vifs ou testamentaire, avec la charge de le rendre à un ou plusieurs enfants du donataire, nés ou à naître, jusqu'au deuxième degré inclusivement. Seront observés, pour l'exécution de cette disposition, les art. 1051 et suivants C. C., jusques et y compris l'art. 1074 » : cette loi ayant été abrogée par la loi du 7 mai 1849 (Troplong n° 171), nous n'en parlons ici que pour mémoire.

**15517. Substitution vulgaire.** — « La disposition par laquelle, porte l'art. 898 C. C. un tiers serait appelé à recueillir le don, l'hérédité ou le legs, dans le cas où le donataire, l'héritier institué ou le légataire, ne le recueillerait pas, ne sera pas regardée comme une substitution et sera valable. »

Ainsi « je lègue ma maison à Jacques, et dans le cas où, par une cause quelconque, Jacques ne recueillerait pas ce legs, j'entends que Pierre le recueille en son lieu et place. » Il n'y a pas, dans une pareille stipulation, la substitution que le Code a voulu prohiber. On peut donc dire de cette substitution qu'elle comprend les dispositions des testateurs qui, ayant institué un héritier, et craignant qu'il ne puisse ou ne veuille l'être, en nomment un autre qui, à son défaut, recueillera l'héritage.

Cette disposition est la *substitution vulgaire* des Romains. On l'appelle encore *directe*, parce que le second appelé reçoit directement, et sans intermédiaire, du testateur ou du donateur lui-même. La substitution fidéicommissaire, aujourd'hui prohibée, s'appelle, au contraire, *oblique*, parce que le second appelé ne reçoit que de seconde main, *obliquo modo*, et après que l'autre institué a reçu en premier ordre et a conservé.

**15518. Usufruit à l'un, nue-propriété à l'autre.** — L'art. 899 C. C. a appelé l'attention sur une hypothèse qui aurait pu quelquefois donner le change. Il déclare qu'il n'y a pas substitution dans la disposition entre-vifs ou testamentaire par laquelle l'usufruit est donné à l'un et la nue-propriété à l'autre. Le doute pourrait naître de cette circonstance que l'usufruit, avant d'arriver au donataire de la propriété, passe sur la tête d'une personne intermédiaire; mais il faut remarquer que le donataire de la nue-propriété ne reçoit pas cet usufruit de la main du donataire de l'usufruit : condition essentielle pour constituer le fidéicommis prohibé. — *V.* 15561, 15563.

## CHAPITRE II. — SUBSTITUTION PROHIBÉE ET SUBSTITUTION VULGAIRE

[15519-15583]

### SECTION PREMIÈRE — RÈGLES GÉNÉRALES

[15519-15549]

**15519. Observation.** — Nous avons, dans le précédent paragraphe, jeté un coup d'œil général sur la matière des substitutions. C'est un sujet hérissé de difficultés. Mais comme l'interprétation y joue très-souvent un rôle presque souverain, ce que nous croyons avoir de mieux à faire, c'est d'accumuler les espèces, afin de fournir à la pratique le plus grand nombre d'exemples possible, pour servir de jalons dans l'application des droits d'enregistrement, avec lesquels les questions de substitution ont une corrélation intime. Cependant, avant de passer aux citations d'espèces, nous nous livrerons à un aperçu des principes qui gouvernent la substitution.

**15520. Substitution vulgaire.** — Nous disons *la substitution*, bien que l'intitulé de notre paragraphe paraisse complexe, puisqu'il a trait à la substitution prohibée et à la substitution vulgaire. C'est qu'en effet, d'après le texte de l'art. 898 C. C., l'acte que l'on appelle ordinairement substitution vulgaire, loin d'être une espèce de substitution, n'est que la négation de toute substitution. Nous n'avons donc rien à en dire de particulier, sinon que, dans toute question de substitution, la difficulté consiste généralement à savoir si la disposition attaquée a ou n'a pas les caractères de la substitution prohibée; d'où la conséquence, que lorsqu'on se prononce pour la négative, c'est ordinairement parce que l'institution, objet de la difficulté, n'était autre chose qu'une substitution vulgaire. Il y a donc nécessité pour nous de confondre, comme nous allons le faire, tout ce que nous avons à dire ici et de la substitution prohibée, et de la substitution vulgaire.

**15521. Conditions pour qu'il y ait substitution prohibée.** — La substitution prohibée par l'art. 896 C. C. peut être ainsi définie : « une disposition par laquelle une personne en premier ordre est chargée de conserver pendant sa vie et de rendre après sa mort à une autre personne, gratifiée en second ordre, sous la condition que celle-ci lui survivra. » Il y a dans une telle clause quatre caractères : 1° une double disposition ; — 2° un trait de temps entre l'un et l'autre ; — 3° l'éventualité de la vocation de la personne gratifiée en second ordre ; — 4° l'ordre successif établi de façon à ce que le second gratifié succède, en effet, au premier gratifié après sa mort.

**15522. Conservation de la chose.** — 1. CHARGE DE RENDRE UNE AUTRE CHOSE. — La première des conditions est de conserver la chose. Si donc je vous donne mon champ avec charge de remettre 1,000 francs à mon cousin, sur votre succession, vous n'êtes pas tenu de conserver la maison que je vous ai donnée. Votre succession se trouvera seulement débitrice d'une somme de 1,000 francs. Ainsi, comme il n'y a pas obligation de conserver dans la charge de remettre une chose à la place de celle qu'on reçoit, il n'y a pas substitution.

2. CHOSES FONGIBLES. — D'où la conséquence que le legs d'une chose fongible à la charge de rendre une chose de même valeur, qualité et quantité, ne peut constituer une substitution, car il n'y a pas obligation de conserver (Marcadé *Sur l'art.* 896 n° 1er, Troplong t. 1er n° 127, Aubry et Rau t. 6 p. 21, Demolombe t. 18 p. 127 ; — Paris 21 déc. 1824, S. 25-2-74 ; — 7 déc. 1835, S. 36-2-86 ; — Nîmes 18 janv. 1858, S. 58-2-168).

3. CE QUI RESTERA. — 1° *De eo quod supererit*. — De même encore la donation, à la charge de rendre *ce qui restera* des biens à la mort du donataire, *de eo quod supererit*, ne constitue pas une substitution prohibée dans le Code, quoiqu'elle le fût dans le droit romain. Ainsi, je donne mes biens à Paul, et lorsqu'il mourra, je le charge de rendre à Pierre ce qui restera de ma succession : *quidquid ex hæreditate mea supererit, rogo instituas* (L. 54, D. *ad.* S. C. *Trebell.*, L. 70 § 3 *Dig.*, *de Leg.*, Novelle 48). — Plusieurs auteurs ont pensé qu'il s'agissait là d'une substitution (Roll. de Vill. n° 268, Dalloz v° *Subst.* p. 170 n° 9, Demante t. 3 n° 8) et on trouve, en effet, cette expression dans quelques arrêts (*V.* not. le rapport et l'arrêt de Cass. 28 nov. 1849, S. 50-1-90-91). Mais nous avons enseigné dans nos éditions antérieures qu'il ne pouvait pas en être ainsi, car le premier gratifié est libre de faire qu'il ne reste rien, en sorte que la charge de conserver n'existe pas pour lui, puisqu'il peut tout aliéner. « Si la disposition, dit Demolombe, était une substitution même non prohibée elle serait nulle ; il s'ensuivrait, en effet, qu'il ne serait pas nécessaire que le second gratifié, qui jouerait le rôle de substitué, fût conçu à l'époque de la donation entre-vifs ou au décès du testateur ; car c'est en matière de substitution un axiome que le substitué recevant du disposant par l'intermédiaire du grevé, n'a besoin, pour recueillir, d'être conçu que lors du décès de celui-ci. Or, une telle déduction nous paraît impossible ! Nous croyons nous-même que la disposition *de eo quod supererit* au profit du second gratifié, ainsi considérée, devrait être déclarée nulle ; car nous admettons la vérité de ce principe, invoqué par le second système, que le disposant ne peut pas régler jusque dans la succession de son donataire ou légataire, le sort du bien par lui donné ou légué. En conséquence, si la disposition *de eo quod supererit* nous paraît valable, ce n'est point parce qu'elle ne serait qu'une substitution non prohibée, c'est parce qu'elle n'est pas du tout une substitution. Elle n'est qu'une donation entre-vifs ou un *legs ordinaire* ; et dès lors elle ne peut être valable qu'autant que le gratifié est conçu lors de la donation, s'il s'agit d'une donation entre-vifs, ou lors du décès du testateur, s'il s'agit d'un legs » (t. 18 n° 184). — Tel est également l'avis de Merlin *Quest.* v° *Subtit. fid.* § 13, Grenier n° 7, Toullier t. 5 n° 38, Roll. de Vill. *des Substitutions* n° 268, Duranton t. 8 n° 74, Marcadé n° 1er, Troplong *Donations et testaments* n° 129, Delvincourt t. 2 p. 392, Saintespès-Lescot t. 1er n° 89, Coin-Delisle art. 896 § 17, Zachariæ, Aubry et Rau t. 6 p. 19, Massé et Vergé t. 3 p. 187.

Dans ce système, il faut donc écarter l'application des règles particulières aux substitutions et cesser de dire que le second institué reçoit les biens du grevé. Puisqu'il est le donataire ou le légataire direct du disposant, c'est de lui qu'il les tient ; seulement sa libéralité était affectée d'une condition suspensive puisqu'il ne devait recueillir les biens que si le premier donataire ne les aliénait pas. Mais, une fois la condition accomplie, la disposition devient une donation ou un legs ordinaire.

C'est pourquoi il a été décidé, en matière d'enregistrement, comme on le verra plus loin (n° 15610), que le droit proportionnel de mutation est perçu pour la seconde transmission d'après le degré de parenté existant entre le testateur et le second institué.

2° *Si quid supererit*. — A plus forte raison en est-il de même de la disposition connue dans le droit romain sous le nom de *si quid supererit, si quelque chose reste* (Sirey 1846, 2-399, Massé et Vergé t. 1er p. 187, Demolombe t. 18 n° 140). Ainsi il n'y a pas substitution prohibée dans la donation faite sous la condition que les biens donnés retourneront après le décès du donataire aux héritiers naturels du donateur, mais pour le cas seulement où il *n'en aurait pas disposé*. — *V.* 15553 et 15564.

3° *De residuo*. — Toujours, dans le même ordre d'idées, le Code ne prohibe pas l'espèce de substitution que les Romains appelaient *de residuo*. En effet, la disposition par laquelle le testateur donne ses biens, avec faculté au légataire de les aliéner ou changer, et d'en faire comme de son bien personnel et propre, sans en donner à qui que ce soit, état, inventaire ou inspection, n'est pas vicié par une disposition subséquente, suivant laquelle les biens ainsi donnés, et qui se trouveraient dans la succession du légataire, devraient retourner aux héritiers légitimes du testateur existant au décès du légataire. — *V.* 15553 et 15556.

4° *Autorisation d'aliéner.* — *Quid* si le disposant avait seulement autorisé le donataire à aliéner *en cas de besoin ?* Il n'y aurait pas substitution s'il était constant que le testateur a entendu constituer le premier gratifié seul juge de ses besoins et l'affranchir de tout contrôle comme de toute justification à faire pour l'exercice de cette faculté (Merlin *loc. cit.* § 13, Vazeille art. 896 § 31, Dalloz *Subst.* p. 170, Roll. de Vill. n° 207, Zachariæ, Aubry et Rau t. 6 p. 20, Demolombe t. 18 n° 128). — Mais il en serait autrement si l'aliénation n'était permise qu'en cas de nécessité dûment justifiée (Cass. 24 avr. 1860, S. 60-1-514, 1351 R.P. — *V.* en sens divers : Metz 16 fév. 1815, S. 19-2-58, Grenier *Observ. prél.* 7, Marcadé art. 896, Boissard *Subst.* p. 232).

**15523. Conservation jusqu'à la mort.** — L'art. 896, en se servant de cette simple expression *à charge de rendre,* laisse de l'incertitude sur la question de savoir si elle signifie qu'il faut rendre tout de suite, ou dans un certain délai, ou à la mort du grevé. Cependant, il suffit de se pénétrer des motifs qui ont fait abolir les substitutions pour se convaincre que le Code n'a voulu parler que de la charge de rendre à la mort du grevé (Toullier t. 5 n° 22, Roll. de Vill. n^os 54 et 55, Marcadé n° 3, Troplong n° 102). Ainsi la substitution n'existerait pas dans la charge imposée à un donataire ou légataire de conserver la chose donnée pour la remettre à une autre personne dans dix ans, par exemple, ou à sa majorité, ou à tel moment que ce soit autre que la mort du grevé. En un mot, le signe qui caractérise la substitution prohibée, c'est qu'elle met à la place de l'ordre successoral réglé par la loi, un ordre successif par lequel le disposant règle pour plusieurs degrés la transmission de ses biens (Demolombe t. 18 n° 103). Aussi la cour de Colmar a-t-elle jugé, par deux arrêts des 8 août 1819 et 25 août 1825 (S. 20-2-34, 26-2-45), que, pour qu'il y ait substitution, il faut qu'il y ait *ordre successif* créé. — *V.* 15553, 15569.

Décidé de même qu'il n'y a pas substitution quand la charge de conserver et rendre est à durée limitée, mais qu'il n'est pas nécessaire que le jour du décès soit expressément déterminé pour l'exécution de la charge de rendre si ce terme se trouve impliqué par la nature de la donation (Cass. 15 juill. 1857, 969 R.P., 11274 C.).

**15524. Charge de rendre.** — Il ne suffit pas que le grevé soit tenu de conserver jusqu'à la mort, il faut encore qu'il *rende* à la personne désignée par le testateur. On peut comprendre la nécessité de cette prescription de la loi, lorsque l'on réfléchit que si le législateur s'était arrêté à la défense d'aliéner par acte entre-vifs, et qu'il n'eût pas interdit d'aliéner pour l'époque postérieure à sa mort, c'est-à-dire par testament, il serait arrivé ceci, que le grevé, obligé de conserver jusqu'à sa mort, mais n'étant pas tenu *de rendre,* aurait pu disposer de l'objet, par acte de dernière volonté, ce qui serait allé contre le but qu'on se propose par la substitution, qui est de créer un ordre successif déterminé à l'avance par celui qui fonde l'institution.

**15525. Caractère de la substitution.** — Des développements ci-dessus, il résulte donc qu'il faut, pour caractériser la substitution prohibée, la double condition de conserver pendant toute sa vie, et de rendre à sa mort à la personne désignée. C'est en effet cette espèce de fidéicommis qui seule peut conduire à ce dérangement de l'ordre des successions que le législateur a voulu faire disparaître, et c'est elle seule que le législateur a eue en vue en édictant la prohibition qui a fait l'objet de l'art. 896 C.C. Ce qui prouve d'ailleurs surabondamment cette assertion, ce sont les expressions mêmes de l'*Exposé des motifs.* « Il était impossible, disait l'orateur du Gouvernement (Fenet t. 12 p. 516), de concilier avec l'intérêt général de la société, cette faculté d'établir un ordre de succession perpétuel particulier à chaque famille, et même un ordre particulier à chaque propriété qui était l'objet des substitutions. Chaque grevé, n'étant qu'un simple usufruitier, avait un intérêt contraire à toute amélioration. » — *V.* 15534.

**15526. Tout fidéicommis n'est pas une substitution prohibée.** — D'où la conséquence que tous les fidéicommis ne sont pas des substitutions (Merlin *Rép.* v° *Inst. contract.* p. 299, Toullier t. 5-28). C'est ainsi qu'après avoir supprimé l'espèce de fidéicommis que l'on appelle proprement substitution, le Code nous fournit, dans son art. 1121, un exemple de fidéicommis autorisé. « On peut pareillement, porte cet article, stipuler au profit d'un tiers, lorsque telle est la condition d'une stipulation que l'on fait pour soi-même, ou d'une donation que l'on fait à un autre. Celui qui a fait cette stipulation ne peut plus la révoquer, si le tiers a déclaré vouloir en profiter. » Il y a dans cet article une charge de donner opposée à une disposition qui se trouve légalement autorisée. Dès lors rien ne peut empêcher le donateur de différer par un terme le service de la charge, ou de la soumettre à une condition. Par exemple, je vous donne ma maison, à charge d'en abandonner un étage à Jacques à sa majorité, ou à charge d'en abandonner un étage à Jacques, s'il revient d'Amérique.

Dans ces fidéicommis se trouve bien la charge de conserver et de rendre, et, cependant ce ne sont pas des substitutions prohibées, car il n'y a pas la charge de rendre *à la mort* du grevé, condition qui seule engendre cet ordre successif arbitraire et en dehors de la loi que le législateur a voulu anéantir. — *V.* encore sous les n^os 15550 et suiv. de nombreuses espèces où le fidéicommis ne caractérise pas la substitution.

**15527. La substitution est nulle, même lorsque l'héritier légitime est appelé ou grevé.** — Delvincourt enseigne (t. 2 p. 103 note 3), que si le chargé de rendre ou de recevoir tenait sa vocation de la loi, comme serait par exemple un héritier légitime, il n'y aurait pas substitution. Cette opinion se fonde : 1° en ce qui concerne le grevé, sur les termes mêmes de l'art. 896 qui, ne parlant que de l'*héritier institué,* du *donataire* et du *légataire,* excluent par là même l'héritier institué ; — 2° en ce qui concerne l'appelé, sur ce qu'il doit être gratifié par des disposants, ce qui ne peut avoir lieu en la personne de l'héritier légitime, qui tient sa position de la loi même (*V.* en ce sens Duranton t. 8 nos 67, 68, Toullier t. 3 no 47, Roll. de Vill. nos 93 et 146, Dalloz vo *Subst.* no 15, Demante *Thémis* t. 2 no 57). — Mais cette opinion est combattue avec juste raison par Marcadé no 4 et Troplong no 107, car l'héritier devient simple légataire pour les biens qu'il reçoit, soit comme grevé, soit comme appelé. La charge de substitution peut, en effet, dans cette circonstance, se formuler par cette proposition : « Comme j'ai la faculté de régler ma succession à mon gré, dans la limite de la portion des biens dont je puis disposer, je déclare soustraire ma maison à l'ordre légal des successions, et je la donne à Pierre, à charge de la conserver pour qu'au moment de son décès elle revienne à mon fils, » ou bien : « Je donne ma maison à mon fils, à charge de la conserver jusqu'à sa mort et de la rendre alors à Pierre. » N'est-il pas vrai que mon fils n'est ici qu'un simple légataire dans le sens de l'art. 896 ? (Angers 7 mai 1822, S. 22-2-180 ; — Cass. 13 août 1856, S. 56-1-893 ; — 11 déc. 1860, S. 61-1-185, Grenier et Bayle-Mouillard t. 1er p. 222, Coin-Delisle art. 896 no 12, Troplong t. 1er no 107, Zachariæ, Aubry et Rau t. 6 p. 14, Demolombe t. 18 no 91).

**15528. Bien que la substitution soit éventuelle, la nullité est actuelle.** — Une substitution est nécessairement conditionnelle, car elle est toujours subordonnée à la survie de l'appelé. Il est évident, en effet, que lorsque je donne mon champ à Jacques pour le conserver et le rendre à Jean, je sous-entends la condition de la survivance de Jean, car si Jean venait à mourir avant Jacques, il est certain que la substitution s'effacerait. Mais cette possibilité d'anéantissement de la charge de rendre reste sans influence sur la clause de substitution en elle-même. Elle est nulle, d'une nullité actuelle, tellement que si Jean, l'appelé, mourait avant Jacques, le grevé, on pourrait provoquer l'annulation de la substitution après le décès de Jean, qui la laisserait sans objet, comme on aurait pu la provoquer de son vivant, alors qu'elle était appelée à produire l'effet prévu par le testateur. — *V.* 15541.

**15529. Nullité de la disposition principale.** — Toute disposition qui contient une substitution prohibée est nulle, c'est le vœu formel de l'art. 896 ; ce qui veut dire qu'il y a nullité de la disposition entière, c'est-à-dire du legs au profit du grevé aussi bien que de celui fait au substitué (Cass. 18 janv. 1808, S. 1808-1-234 ; — Bruxelles 20 fév. 1809, S. 10-2-546 ; — Cass. 7 nov. 1810, S. 13-1-456 ; — Toulouse 10 août 1820, S. 20-2-320, Merlin *Rép.* vo *Subst.* t. 1er § 14 no 2, Toullier t. 3 no 13, Duranton t. 8 no 90, Grenier *Obs. prél.* no 3, Roll. de Vill. no 114, Demante t. 3 no 7 *bis*, Saintespès-Lescot t. 1er no 61, Troplong t. 1er no 164, Coin-Delisle art. 896 no 42, Massé et Vergé t. 3 p. 187, Demolombe t. 18 no 173).

Mais il y a nullité de cette disposition seulement.

Si donc, par un même acte, je lègue mon champ à Jacques à charge de le rendre, à sa mort, à Jean, et ma maison à Joseph purement et simplement, le legs fait à Jacques sera nul, tandis que celui fait à Joseph subsistera, bien que ces deux legs soient contenus dans le même acte. La loi, en effet, annule la disposition qui contient la substitution, et non l'acte qui contient la disposition (Demolombe t. 18 no 178, Troplong t. 1er nos 165, 166, Bayle-Mouillard t. 1er p. 183, Toullier t. 3 no 14, Duranton t. 8 no 91, Aubry et Rau t. 6 p. 20 ; — Cass. 6 janv. 1863, S. 63-1-233 ; — 23 juill. 1867, S. 67-1-379).

Il y aurait nullité de la disposition principale, alors même que la substitution serait faite par un acte distinct de celui qui contient l'institution principale, par exemple, par un codicille annexé à un testament, si d'ailleurs des termes dont s'est servi le disposant, il résulte que le tout forme une seule et même disposition (Cass. 21 juin 1841, S. 41-1-603, Roll. de Vill. no 319, Dalloz *Subst.* no 7, Coin-Delisle art. 896 no 15, Demolombe t. 18 no 177 ; — Cass. 4 déc. 1865, S. 66-1-70).

En ce sens, il a été jugé que la disposition que fait une personne au profit d'un individu, à la charge par celui-ci de rendre les biens donnés, partie à ses enfants et partie à d'autres, est nulle pour le tout : le vice résultant de la substitution partielle faite au profit de ces derniers, annule la substitution faite au profit des enfants de l'institué, quoique valable en elle-même (Cass. 27 juin 1811, S. 11-1-316). Telle est la doctrine de Merlin *Rép.* vo *Subst. fidéic.* sect. 1re § 14 no 3, Favard chap. 2 sect. 2 § 1er nos 13 et 14, Duranton t. 9 no 524, Vazeille art. 1049 no 5. — *Contrà* Toullier t. 5 no 729.

Ainsi, à la différence des autres conditions contraires aux lois qui sont seulement réputées non écrites, la charge de conserver et de rendre opère la nullité de la donation, de l'institution ou du legs auquel elle est imposée.

D'ailleurs, si l'héritier, *ab intestat*, jouait un rôle dans la substitution, la nullité de la clause ne frapperait pas sa vocation ordinaire et il n'en recueillerait pas moins les biens. Ce résultat est inévitable : où iraient alors, en effet, les biens s'ils n'allaient pas dans la succession et à l'héritier *ab intestat* ? Aussi l'art. 896 annonce-t-il que la nullité frappe seulement le donataire, l'héritier institué ou le légataire (Delvincourt t. 2 p. 103, Coin-Delisle art. 896 no 6, Demante t. 4 no 10, Demolombe t. 18 no 175).

**15530. Validité de la disposition indépendante.** — La nullité de la substitution n'entraînerait pas la nullité des legs purs et simples que contiendrait le testament s'il était en bonne forme ; et si le donataire, l'héritier institué ou légataire n'était chargé de rendre qu'une partie des biens donnés ou légués, la nullité ne porterait que sur cette partie et ne s'étendrait pas aux biens non substitués. On avait voulu prétendre le contraire ; mais cette opinion, combattue par Toullier t. 5 no 14, Roll. de Vill. nos 319, 321, Duranton t. 8 no 91, Merlin *Rép.* vo *Subst. fidéic.* sect. 1er § 14 no 3, Vazeille nos 12 et 13, Poujol no 33, a été proscrite par arrêts de la Cour de cassation des 8 janvier 1808, 7 septembre 1810 et 3 avril 1814 (S. 15-1-7), et par les cours de Rouen 24 août 1812 (S. 14-2-1), Angers 7 mars 1822 (S. 22-2180), et Paris 25 mars 1859 (S. 59-2-499).

Marcadé nous paraît préciser parfaitement la position en s'exprimant ainsi *sur l'art.* 896 no 8. « On conçoit, au surplus, que la règle qui nous occupe donnera lieu à des interprétations abandonnées à la lumière du juge. Tout ce qu'il faut dire, c'est que, quand il n'existera qu'une disposition unique, elle tombera avec la substitution prohibée ; quand il en existera plusieurs, celle-là seulement sera nulle sur laquelle porte cette substitution. » — *V.* 15575.

Ainsi, il a été jugé spécialement que la nullité d'un testament pour cause de substitution prohibée ne peut, s'il est d'ailleurs régulier en la forme, vicier les autres dispositions, notamment la clause de révocation d'un testament antérieur (Cass. 23 juill. 1867, S. 67-1-379). A moins que les dispositions ne soient indivisibles dans l'intention du testateur (Cass. 4 déc. 1865, S. 66-1-70; — 31 mai 1865, S. 65-1-353).

**15531. La substitution doit être expresse.** — Il n'est nul besoin d'employer des termes sacramentels pour formuler la substitution : la loi n'en exige pas. Mais il est indispensable que les expressions dont se sert le disposant, ne laissent planer aucune incertitude sur la disposition, car toute interprétation conjecturale doit être sévèrement bannie de cette matière. Il est de règle, en effet, que les tribunaux ne doivent annuler une disposition qu'autant qu'elle présente nécessairement une substitution, et qu'elle ne peut être soutenue, ni interprétée d'aucune autre manière (Toullier t. 5 n° 44).

**15532. Interprétation.** — Aussi, toutes les fois que l'esprit hésite sur la question de savoir s'il y a substitution prohibée ou absence de substitution, il faut adopter l'interprétation qui aboutit à l'absence de substitution, parce que le testateur n'est pas censé avoir voulu faire ce que la loi défend, et encore moins ce qui entraînerait l'anéantissement de sa volonté : *In ambiguis decidi oportet ut magis valeat quam pereat dispositio* (L. 12 D. *rebus dubiis*). Ce principe du droit romain, qui est traduit dans l'art. 1157 C. C., a été déclaré éminemment applicable aux substitutions par tous les interprètes du Code (MM. Rolland de Villargues n° 123 et suiv., Duranton t. 8 nos 42 à 48, Coin-Delisle *sur l'art.* 896 n° 41, Marcadé *idem* n° 7, Troplong nos 117 et suiv., Thévenat n° 248, Merlin *Rép.* v° *Subst.* sect. 8 n° 7, Saintespès-Lescot t. 1er n° 82, Massé et Vergé t. 3 p. 183, Aubry et Rau t. 6 p. 27, *Rev. crit.* 1856 t. 9 p. 39, Demolombe t. 18 nos 154-159; — Cass. 13 juin 1865, S. 66-1-59; — 4 déc. 1865, S. 66-1-70; — 21 août 1866, S. 66-1-438; — Rennes 12 mars 1866, S. 67-2-118; — Cass. 26 avr. 1875; S. 75-1-416). — V. 15550, 15551.

Pour décider que le testateur n'a pas voulu créer une substitution, les juges peuvent prendre en considération l'exécution volontaire du testament (Cass. 14 juin 1865, S. 66-1-59).

1. SUBSTITUTION EN CAS DE DÉCÈS SANS ENFANTS. — En ce sens, la Cour de cassation a jugé, le 23 juillet 1834 (S. 34-1-577), que la disposition par laquelle un testateur, après avoir institué un légataire universel, déclare lui substituer un tiers, pour recueillir l'entier effet du legs dans le cas où son légataire universel décéderait sans enfant mâle, ne contenant pas d'une manière expresse la charge de conserver et de rendre, peut être réputée ne pas renfermer une substitution prohibée (Roll. de Vill. *des Substitutions* n° 239; — Cass. 11 juill. 1817, S. 18-1-294; — 10 janv. 1821, S. 21-1-384, Aubry et Rau t. 6 p. 26, Massé et Vergé t. 3 p. 183, Troplong t. 1er n° 123, Demolombe t. 18 n° 163).

2. CLAUSE DE RÉVERSIBILITÉ. — Jugé encore (Cass. 24 mars 1829, D. 29-1-196) que le legs fait par un testateur sous condition que la chose léguée sera réversible sur la femme du légataire et sur ses enfants, pouvant être interprété en deux sens, comme contenant une substitution prohibée ou comme ne contenant qu'une substitution permise, pour le cas où le légataire décéderait avant le testateur, doit être entendu dans ce dernier sens, selon lequel il peut avoir effet; du moins les juges, en le décidant ainsi, ne violent aucune loi.

Il en est de même de l'arrêt qui, par interprétation des clauses d'un testament, décide qu'en cas de décès sans postérité de l'un ou de l'autre des trois neveux ou nièces du testateur, institués ses légataires universels, la portion du prédécédé doit profiter à celui ou à ceux qui survivront, n'est pas, sous ce rapport, susceptible de cassation (Cass. 19 juill. 1814, S. 15-1-14). — V. 15567, 15582.

3. PRINCIPE GÉNÉRAL. — Enfin, il a été jugé, en thèse générale, que, dans une clause attaquée comme renfermant une substitution prohibée, si l'obligation de conserver et de rendre n'est pas littéralement exprimée, le doute doit s'interpréter en faveur de la disposition (Cass. 24 mars 1829, 9 juill. 1832, 23 juill. 1834, S. 29-1-293, 32-1-430, 34-1-577). Vainement on alléguerait que le légataire est une personne intéressée, chargée de transmettre à une autre les objets légués (Lyon 21 août 1818, S. 42-2-229); aussi Toullier t. 5 n° 27, Coin-Delisle art. 896 nos 35 et 36, enseignent-ils que des conjectures ne sont plus admissibles aujourd'hui pour établir l'existence d'une substitution.

Mais il ne faudrait pas exagérer le principe développé dans l'article précédent. Il y a substitution dès que la volonté du disposant est établie, quoiqu'il n'ait employé aucun des termes usités dans la substitution (Cass. 9 juill. 1851, S. 51-1-605 · — 20 janv. 1852, S. 52-1-169).

Telle serait, pour en donner un seul exemple, la clause par laquelle le testateur lègue ses biens à Primus, et après lui à Secundus, ou déclare qu'ils lui soient réversibles (Cass. 23 nov. 1840, D. 1841-1-42; — Toulouse 18 janv. 1841, D. 41-2-145; — Poitiers 6 mai 1847, S. 47-2-353; — Cass. 11 déc. 1860, S. 61-1-185). — Ou encore déclare que si Primus meurt sans enfants, le legs sera résolu (Cass. 3 nov. 1824, S. 24-1-399; — 11 déc. 1860, S. 61-1-185, D. 7 mai 1862, S. 62-1-463).

**15533. Vœu du testateur.** — Dans le droit romain, on donnait, en matière de fidéicommis, un sens impératif aux mots *je prie, je désire,* parce qu'un testateur qui rédige ses dernières volontés est censé n'y rien écrire d'inutile (D'Aguesseau 37e plaidoyer). Mais la portée de ces expressions est neutralisée parmi nous par ce grand principe que, dans le doute sur le sens d'une clause, l'interprétation qui tend à valider l'acte dont cette clause fait partie, doit être préférée à l'interprétation qui tendrait à la faire annuler. Aussi la cour de Bruxelles a-t-elle jugé, le 4 avril 1807, que les expressions qui, suivant ces lois, caractérisaient une substitution fidéicommissaire. « *Je prie* mon héritier de rendre mes biens à tels, » ne sont plus suffisantes aujourd'hui pour caractériser une substitution prohibée, parce que, n'étant point conçues en termes impératifs, elles ne confèrent aucun droit à celui à qui l'héritier est prié de rendre, et c'est dans ce sens que s'est formée la doctrine et la jurisprudence (Cass. 20 janv.

1840, S. 40-1-363; — 5 déc. 1865, S. 66-1-72; — 14 juin 1865, S. 66-1-59; — 25 mai 1869, S. 69-1-464), Roll. de Vill. *des Substitutions* n° 173 et suiv., Toullier t. 5 n° 27, Merlin *Répert.* v° *Substit. fidéicomm.* § 8 n° 7, Chardon *du Dol* t. 3 n° 443, Troplong t. 3, Saintespès-Lescot art. 896 n° 86, Aubry et Rau t. 6 p. 15, Massé et Vergé t. 3 p. 186, Demolombe t. 18 n° 142).

**15534. Aveu du grevé de substitution.** — La déclaration écrite, émanée d'un légataire, portant que le legs contenu à son profit, dans un testament, lui a été fait à condition qu'il le délaisserait à son décès à une personne dénommée, ne peut être invoquée par l'héritier pour établir une substitution fidéicommissaire, alors que la personne dénommée n'est pas *incapable* de recevoir (C. Limoges 11 janv. 1841, S. 41-2-265). — Dans tous les cas, cette déclaration ne peut faire preuve d'une substitution, lorsqu'en exprimant la charge de rendre, elle n'exprime pas également la charge de conserver, et que, de son rapprochement avec le testament, il ne résulte qu'une simple recommandation faite par le testateur au légataire, et dont l'exécution était subordonnée à la volonté de ce dernier (Cass. 16 mars 1842, S. 42-1-637).

1. EXÉCUTION DE LA CLAUSE. — Mais il en est autrement lorsqu'un légataire avoue que le legs lui a été fait à charge de conserver et de rendre, et qu'il déclare entendre se conformer à la disposition du fidéicommis; cela suffit pour que le legs soit déclaré nul, encore qu'il n'y ait pas acte régulier établissant une substitution (Cass. 22 déc. 1814, S. 15-1-174). Telle est également la doctrine de Merlin *Quest.* v° *Subst. fidéicomm.* § 14, Favard v° *Substitution* chap. 1er sect. 4 n° 3. — *Contrà* Roll. de Vill. chap. 17 qui admet cependant la décision ci-dessus au cas où il s'agirait d'un fidéicommis tacite au profit d'un incapable, n° 39).

**15535. Preuve de la substitution.** — La preuve d'une substitution prohibée peut-elle être faite contre un individu institué purement et simplement en apparence, mais chargé effectivement par une disposition secrète ou verbale qu'il a promis d'exécuter, de rendre à sa mort les biens à un tiers désigné par le testateur? On a soutenu qu'une pareille preuve ne peut être faite ni à l'aide du serment, ni même à l'aide de lettres missives (Limoges 11 janv. 1841, S. 41-2-265; — Cass. 18 juin 1835, D. 35-1-299; — 16 mars 1842, S. 42-1-637, Roll. de Vill. nos 350-351, Marcadé art. 896, Bayle-Mouillard t. 1er p. 249 note C., Zachariæ, Aubry et Rau t. 6 p. 35-36, Dalloz v° *Subst.* p. 216 nos 3-4). — D'autres auteurs pensent au contraire que la substitution constituant une fraude à la loi peut être établie de toute manière (Cass. 22 déc. 1814, S. 1815-1-174; — Orléans 11 août 1823, S. 23-2-291, Merlin *Quest. de droit* v° *Subst.* § 14, Coin-Delisle art. 896-55, Massé et Vergé t. 3 p. 185, Demolombe t. 18 n° 172).

**15536. Clause pénale.** — La prohibition de substituer étant d'ordre public, il faut en conclure qu'un testateur ne peut infliger une peine contre l'héritier du sang, pour le cas où il attaquerait une substitution ; ce serait un moyen de faire prévaloir sa volonté contre les prohibitions de la loi. Une telle clause est nulle et illicite (Cass. 30 juill. 1827 et 24 mai 1837, S. 28-1-36, 37-1-817 ; — C. Bordeaux 30 juill. 1832, S. 33-2-154, Roll. de Vill. n° 343, Coin-Delisle n° 50, Zachariæ, Aubry et Rau t. 6 p. 32, Bayle-Mouillard et Grenier p. 252, Troplong t. 1er n° 265, Massé et Vergé t. 3 p. 188, Demolombe t. 18 n° 187).

**15537. Annulation par le testateur.** — Mais il n'en serait pas de même de la clause par laquelle un testateur, doutant de la validité d'une libéralité, voudrait qu'en cas de nullité elle fût remplacée par une autre. Il a été décidé, en ce sens, que lorsqu'un testateur, ayant prévu que ses dispositions pourraient être attaquées comme renfermant une substitution prohibée, a déclaré que, ce cas arrivant, il révoquait la disposition accessoire, et laissait l'héritier institué libre de disposer des biens comme bon lui semblerait, cette clause fait disparaître le vice de la substitution et doit être maintenue (C. Paris 3 mars 1820, S. 20-2-154; — Cass. 8 juill. 1834, S. 34-1-754, Roll. de Vill. n° 348, Vazeille n° 16, Coin-Delisle n° 51, Marcadé n° 6, Dalloz v° *Subs.* p. 214 n° 20, Massé et Vergé t. 3 n° 188, Bayle-Mouillard t. 1er n° 252, Demolombe t. 18 n° 188. — *Contrà* Duranton t. 8 n° 94, Taulier t. 4 p. 10, Aubry et Rau t. 6 p. 32; — Cass. 6 janv. 1863, 63 p. 225).

**15538. Ratification.** — L'acquiescement des parties intéressées peut-il couvrir le vice résultant d'une substitution prohibée? En principe, la négative est évidente, car on ne renonce pas au droit de demander l'annulation d'un vice d'ordre public (Rolland de Villargues n° 344, Poulain-Duparc *Revue de droit* t. 9 n° 302, Toullier t. 9 n° 40 ; — Amiens 7 décembre 1868, S. 69-2-19). — Mais si l'acquiescement ne laissait plus rien subsister de la disposition et avait le caractère d'une transaction sur le point réellement douteux de savoir si la clause litigieuse renfermait ou non une substitution, la ratification serait permise (*V.* Montpellier 24 mars 1841, S. 42-2-525 ; — Cass. 18 avril 1842, S. 42-1-525 ; — Caen 16 nov. 1855, D. 58-2-190 ; — Cass. 2 mars 1858, P. 58 p. 1180 ; — 24 avril 1860, D. 60 1. 514 1351 R. P., Coin-Delisle art. 806 n° 54, Larombière t. 4 p. 670, Demolombe t. 18 n° 186).

**15539. Qualité pour demander la nullité.** — Pour demander la nullité d'une disposition comme entachée de substitution, il faut être appelé à profiter de cette nullité. Ainsi le légataire universel ou l'héritier institué, profitant seul (quand il n'y a pas d'héritiers réservataires) de la nullité ou de la caducité des libéralités faites par le défunt, a seul aussi qualité pour demander la nullité des dispositions testamentaires entachées de substitution prohibée : les héritiers naturels sont non recevables, pour défaut d'intérêt à former, une telle demande. Et il en est ainsi, alors même que la substitution ayant été faite avec clause de retour à la succession du testateur, dans un cas donné, l'héritier institué s'y trouve ainsi éventuellement compris, si d'ailleurs l'institution d'héritier est tout à fait distincte ou indépendante de la disposition fidéicommissaire (Cass. 24 mai 1837, S. 37-1-817; — Montpellier 10 fév. 1836, S. 36-2-549). — Cette jurisprudence est combattue par Rodière *Revue de législation et de jurisprudence* t. 4 p. 232, et par Roll. de Vill. n° 345.

Mais le légataire universel aurait, à l'exclusion de l'héritier légitime, le droit de demander la nullité de la substitution si elle frappait un legs particulier distinct. Ce légataire, en effet, est appelé à profiter seul de la caducité et de l'annulation des legs particuliers, quelle que soit la cause de cette caducité ou de cette annulation. L'héritier légitime ne peut pas prétendre que les biens grevés doivent lui revenir, puisque, en présence du legs universel, il n'y a plus d'hérédité *ab intestat* (Caen 21 juill. 1860; — Cass. 17 août 1852, S. 52-1-263 , Bayle-Mouillard sur Grenier t. 1er p. 181 note 6, Demolombe t. 18 n° 191, Labbé P. 63 p. 225. — *V.* cep. *contrà* Cass. 6 janv. 1863 et Rouen 15 juill. 1863; — P. 63 p. 225, D. 63-1-13, S. 63-1-233).

1. ADMINISTRATION DE L'ENREGISTREMENT. — Quoi qu'il en soit, l'annulation d'un acte ne pouvant être provoquée que par les parties intéressées ou par des fonctionnaires auxquels attribution a été conférée à ce sujet, dans un intérêt général et d'ordre public, nul doute qu'un pareil droit n'incombe pas à l'Administration de l'enregistrement, dont la mission est limitée à la perception de l'impôt. Cependant cette Administration ayant voulu opérer comme si une substitution prohibée n'existait pas, dans une espèce où elle se rencontrait, la Cour suprême a jugé, le 15 février 1854, que le droit d'annihiler de sa propre autorité une substitution prohibée n'appartenait pas à l'Administration, attendu qu'il n'y avait pas de nullité de plein droit, et qu'une institution fidéicommissaire devait être considérée comme subsistant tant qu'elle n'avait pas été annulée. Cet arrêt a été rapporté au mot *Nullité* et au n° 15629.

**15540. Substitution dépendant d'une disposition qui ne peut venir à effet.**—En principe, on ne peut induire une substitution prohibée d'un acte qui, indépendamment même de la prohibition de substituer, ne pourrait jamais être obligatoire. En ce sens, un arrêt de Cass. du 7 décembre 1826 (S. 27-1-223) a jugé que la donation entre-vifs faite à tel et à *ses enfants à naître* n'est pas nulle, comme renfermant une substitution prohibée. En ce cas, les enfants à naître étant incapables de recevoir, il n'y a pas substitution proprement dite, il y a seulement lieu de considérer la clause qui les concerne comme non écrite.

**15541. Substitution conditionnelle.** — La substitution peut être tenue en suspens par une condition comme toute autre espèce d'acte. Dans ce cas, la charge de rendre est subordonnée à l'époque incertaine de la réalisation de la condition, et la substitution ne produit son effet au profit de l'appelé que du moment où la condition se réalise. Il ne faut pas confondre cette règle avec le principe qui a fait l'objet de notre n° 15528. Ce que nous avons dit, sous ce numéro, de l'éventualité de la substitution tient à sa nature même, qui est d'être, avant tout, subordonnée à la condition de survie de l'appelé, ou à celle de ses héritiers, si la substitution s'étend au delà du premier degré. Aussi a-t-on décidé que sa nullité est actuelle (Cass. 3 nov. 1824, S. 25-1-42; — 21 juin 1841, S. 41-1-603; — 22 nov. 1842, S. 42-1-914; — Limoges 6 juin 1848, S. 49-2-299; — Cass. 26 fév. 1855, S. 55-1-181; — 13 août 1856, S. 56-1-893; — Rennes 1er mai 1860, S. 61-2-404, 17300 J. E.; — Cass. 11 déc. 1860, S. 61-1-25, Thévenot nos 300 et 310, Toullier t. 3 nos 36 et 37, Duranton t. 8 n° 87, Roll. de Vill. n° 313, Coin-Delisle art. 896 n° 10, Aubry et Rau t. 6 p. 23, Troplong t. 1er n° 159, Bayle-Mouillard t. 1er p. 217, Demolombe t. 18 n° 156).

Ce que nous disons ici ne doit être entendu que de la condition que pourrait affecter la substitution en dehors de son caractère général d'éventualité. « Dans ce cas, dit Troplong *des Donations* n° 96, le fidéicommissaire n'a, avant l'événement de la condition, qu'une espérance d'avoir le fidéicommis. » Aussi verra-t-on, au n° 15557, que la nullité est subordonnée à la réalisation de la condition. — *V.* 15573.

1. LEGS CONDITIONNEL. — Dans tous les cas, il faut se garder de confondre la substitution conditionnelle avec le legs conditionnel; car l'une est prohibée comme toute substitution, tandis que l'autre est licite comme tous les legs que le testateur, dans la libre disposition que la loi lui donne de sa propriété, fait dépendre d'une condition. « La distinction essentielle qui sépare la substitution du legs conditionnel, dit Demolombe, c'est que le trait de temps, dans la substitution, doit toujours être de la durée de la vie du grevé, tandis qu'il ne saurait être ainsi dans le legs conditionnel, sans le transformer en une substitution prohibée. C'est, en outre, que le légataire a une propriété réellement résoluble, tandis que le grevé est propriétaire incommutable *ad tempus* » (t. 18 n° 96).

L'interprétation est d'ailleurs souveraine en cette matière. On peut voir sous les nos 15552, 15554 et 15560, des exemples de legs ou donations conditionnelles, et sous le n° 15580, des exemples de substitutions conditionnelles

**15542. Inexécution de condition.**—Il a été jugé par la Cour de cassation, le 24 mai 1837 (S. 37-1-817), que la condition imposée par le testateur à son héritier institué d'acquitter certains legs entachés de substitution fidéicommissaire doit être réputée non écrite. En conséquence, l'héritier institué qui refuserait d'exécuter ces dispositions ne pourrait être déclaré déchu de son legs pour inexécution des conditions sous lesquelles il a été fait.

**15543. Élection d'une personne incertaine.** — L'institué peut être chargé de choisir lui-même une personne à laquelle il remettra les biens à sa mort. Je vous donne ma maison à charge par vous de la rendre à celui de vos amis que vous choisirez. C'est là une substitution prohibée, car, pour être incertain, l'appelé n'en est pas moins un *tiers*, dans le sens de l'art. 896 C. C. C'est une décision qui a été maintes fois rendue sous l'empire de la loi de 1792 (Cass. 18 frim. an 8 et 23 mars 1848; — C. Agen 9 pluv. an 13); — et comme nous avons vu, au n° 15522, que toutes les fois que l'institué est chargé de rendre à sa mort, il y a substitution, la même décision doit être appliquée sous l'empire du Code civil (Coin-Delisle n° 47, Zachariæ, Aubry et Rau t. 6 p. 15, Troplong t. 1er n° 154, Demolombe t. 18 n° 106; — Rennes 19 mai 1849, S. 50-2-609. — *Contrà* Aix 9 fév. 1841, S. 42.

2-19; — Cass. 8 nov. 1847, S. 53-1-332, Roll. de Vill. n° 327, Dalloz v° *Substitution* n° 89, Saintespès-Lescot t. 1er n° 84). — V. 15576.

**15544. Retour stipulé au profit du donateur et de ses héritiers.** — La plupart des auteurs (Merlin *Rép.* v° *Subst. fidéic.* sect. 8 n° 10 et *Quest. eod. verb.* § 4, Grenier t. 1er n° 34 et 34 *bis*, Toullier t. 5 nos 48 et 287, Delvincourt t. 2 p. 493, Guilhon n° 875, Vazeille art. 896 n° 21 et art. 951 n° 7, Roll. de Vill. nos 86 et suiv., 296) décident qu'il y a substitution prohibée lorsque le droit de retour a été stipulé au profit du donateur et *de ses héritiers*, alors que ce droit ne peut exister que pour le donateur seul. Mais Duranton (t. 8 n° 95 et 487), Coin-Delisle nos 26 et suiv.), Marcadé (art. 951 n° 4), Troplong (t. 3 art. 951), Bayle-Mouillard et Grenier (t. 1er p. 332), Zachariæ, Aubry et Rau (t. 6 p. 24), Demolombe (t. 18 n° 112) ne voient dans une pareille clause qu'une stipulation qui doit seulement être réputée non écrite, comme contenant une extension illégale du droit de retour, et cette doctrine a été consacrée par la jurisprudence.

**15545. Retour stipulé au profit d'un tiers.** — Mais quand le donateur a stipulé le retour pour d'autres sans le stipuler pour *lui-même ni pour ses héritiers*, il y a là substitution évidente, et le mot retour se trouve employé d'une manière tout à fait impropre, car du moment que le donateur n'apparaît pas dans la disposition, il y a nécessairement substitution sans aucun mélange de retour : tous les auteurs sont unanimes sur ce point (*V.* les citations ci-dessus) et la jurisprudence également (Paris 7 therm. an 12; — Cass. 25 juin 1812, S. 13-1-24; — 22 janv. 1839, S. 39-1-193; — Cass. 10 avr. 1842, S. 42-1-515; — Merlin *Rép.* v° *Subst.* sect. 8 n° 10, Roll. de Vill. *Donat.*, S. 1823 t. 1er n° 311, Coin-Delisle art. 951, Troplong t. 3 n° 1268, Dalloz v° *Subst.* n° 259, Zachariæ, Aubry et Rau t. 6 p. 14, 23, 24, Massé et Vergé t. 1er n° 211, Demante t. 3 n° 10, Demolombe t. 18 n° 110). — V. 15581.

**15546. Retour stipulé au profit des héritiers.** — La question est plus controversée quand le disposant stipule le retour au profit de ses héritiers; et plusieurs auteurs pensent qu'alors la clause constitue simplement une condition non écrite à laquelle il faut appliquer l'art. 896 C. C., et non pas l'art. 900 (Demante t. 3 n° 10; *V.* aussi Duvergier et Toullier t. 3 n° 48). Mais le contraire est généralement adopté, parce que les héritiers ne peuvent venir ici comme donataires eux-mêmes, ni comme successeurs du disposant, qui n'a plus la propriété des biens. C'est donc là une véritable substitution (Paris 4 janv. 1825, S. 27-2-68; — Cass. 30 mars 1829, S. 29-1-294; — Amiens 25 fév. 1837, S. 37-2-478; — Cass. 21 juin 1841, S. 41-1-603; — Cass. 27 fév. 1843, S. 43-1-440; — Cass. 8 fév. 1854, S. 54-1-694; — Merlin *Rép. loc. cit.*, Toullier t. 3 n° 48, Coin-Delisle art. 896 n° 15, Demolombe t. 18 n° 111).

Il a été décidé dans ce sens, en matière d'enregistrement, que si des biens ont été légués à un mineur sous la condition qu'ils feront retour à l'héritier, si le légataire meurt sans être marié et sans enfants, cette clause constitue une substitution prohibée (Cass. 5 mars 1866, 2256 R. P.).

V. 15581.

**15547. Propriété** (DROIT DE). — Le grevé est l'intermédiaire entre le disposant et le substitué. Ce n'est pas sans doute du grevé que le substitué reçoit la libéralité; il la reçoit du substituant, mais par l'entremise du grevé. C'est ce qui explique comment il n'est pas nécessaire que l'appelé soit conçu à l'époque de la mort du disposant; les biens substitués ne lui arrivent pas *rectâ viâ* du disposant lui-même, avec lequel il n'est pas indispensable qu'il se soit trouvé en contact; les biens ne lui arrivent qu'indirectement, par l'entremise du grevé. « Or, dit Demolombe, il faut pour cela que le trait de temps pendant lequel le grevé a été lui-même propriétaire ne soit pas effacé par l'ouverture de la substitution, puisque, autrement il n'y aurait plus d'intermédiaire, de trait d'union entre le substituant et le substitué. Aussi la propriété que le grevé acquiert fait-elle sur sa tête une impression ineffaçable que l'ouverture de la substitution ne saurait détruire dans le passé. Il n'est donc pas rigoureusement exact de dire que la propriété du grevé est résoluble. Non, elle n'est pas résoluble : c'est tout simplement une propriété à temps qui finit, qui meurt, mais qui n'est pas résolue » (t. 18 n° 94 et t. 22 n° 550).

Le grevé peut donc valablement aliéner les biens donnés sous charge de restitution, sauf, le cas échéant, l'exercice du droit des appelés (C. Paris 25 juill. 1850, S. 50-2-459, *V.* dans ce sens Cass. 5 mai 1830, S. 30-1-162; — Douai 18 mars 1852, S. 52-2-337, Merlin *Rép.* v° *Subst.* sect. 14 n° 2 *in fine*, Roll. de Vill. *Rép.* de Favard v° *Substit.* ch. 2 sect. 2 § 5 n° 20, Coin-Delisle sur l'art. 1051 n° 30, Toullier t. 5 n° 736, Duranton t. 8 n° 50, t. 16 n° 164, Troplong *de la Vente* n° 212. *Contrà* C. Paris 12 janv. 1847, S. 47-2-82, Vazeille sur l'art. 1053 n° 19).

**15548. Rapport à succession.** — L'abolition des substitutions non encore ouvertes, prononcée par les art. 2 et 3 L. 14 novembre 1792, ne s'applique pas aux substitutions dont le grevé s'était dessaisi par anticipation au profit de l'appelé avant la promulgation de cette loi; dans ce cas, la substitution a été ouverte par le fait de l'exécution volontaire et anticipée du fidéicommis. Par suite, on ne peut considérer cet abandon comme une libéralité faite à l'appelé par le grevé, dont celui-ci doive le rapport à la succession du grevé (Cass. 5 juill. 1852, S. 52-1-741; — C. Lyon 22 déc. 1853, S. 54-2-783).

**15549. Biens rentrant dans la succession par suite de nullité de substitution.** — La nullité d'une substitution prohibée fait rentrer les biens qui en faisaient l'objet dans la succession *ab intestat* du disposant. Toutefois, si le défunt a fait un partage anticipé de sa succession entre quelques-uns seulement de ses héritiers, par suite duquel ceux-ci se trouvent remplis de leurs droits successifs, les biens dont il s'agit doivent être attribués uniquement aux héritiers exclus de ce partage (C. Caen 2 déc. 1847, S. 49-2-193).

## SECTION 2. — CLAUSES CONSIDÉRÉES COMME NE CONTENANT PAS SUBSTITUTION

[15550-15570]

**15550. Accroissement.** — On ne peut voir une substitution dans la clause portant donation par plusieurs propriétaires par indivis et héritiers les uns des autres, sous la réserve d'un droit de retour de la somme donnée, au profit du dernier survivant des donateurs, dans le cas de prédécès du donataire (C. Riom 25 fév. 1825, S. 27-2-26); — ni dans celle par laquelle divers copropriétaires se donnent mutuellement, avec accroissement entre eux, à mesure du décès des prémourants (Cass. 12 pluv. an 9, S. 1-1-597).

Il n'y a pas de substitution prohibée dans la disposition par laquelle un testateur institue conjointement plusieurs légataires universels, avec clause que si un ou plusieurs d'entre eux viennent à décéder sans enfants, leur part accroîtra au survivant. C'est là un legs avec accroissement, pour le cas seulement où l'un des légataires prédécéderait le testateur (Cass. 26 mars 1851, S. 51-1-734; — 28 nov. 1871, S. 71-1-223). — V. *Accroissement.*

On ne peut pas davantage voir une substitution dans la clause par laquelle plusieurs propriétaires d'un immeuble conviennent de le posséder en commun, en stipulant que la part du prémourant accroîtra aux survivants, de manière à ce que le dernier réunisse la propriété de l'immeuble entier. Cette clause, en effet, n'est pas le résultat d'une libéralité, mais d'un contrat commutatif aléatoire et l'élément essentiel de la substitution fait défaut (*V.* Cass. 12 pluv. an 9; — Paris 25 janv. 1817, Dalloz v° *Subst.* n° 11, Coin-Delisle art. 896-11, Demolombe t. 18 n° 114).

En tous cas, si la clause peut être interprétée dans le sens d'un simple accroissement, c'est cette signification qu'il faut préférer, d'après le principe exposé ci-dessus n° 15532 (Cass. 26 juill. 1808, S. 1808-1-382; — 19 juill. 1814, S. 1815-1-14; — 10 janv. 1821, S. 21-1-384; — 4 déc. 1843, S. 44-1-268; — 26 mars 1851, S. 51-1-734; — Paris 16 fév. 1859, P. 60 p. 71, Duranton 8-48, Roll. de Vill. n° 258, Coin-Delisle *Rev. crit.* 1856 t. 9 p. 321, Troplong t. 1^er^ n° 126, Aubry et Rau t. 6 p. 28, Demolombe t. 18 n° 166).

**15551. Compendieuse.** — La substitution compendieuse, c'est-à-dire celle dans laquelle la vocation du substitué peut être réputée subordonnée au décès de l'institué avant le testateur, aussi bien qu'à son décès après lui, doit, s'il n'y a pas d'ailleurs charge de conserver et de rendre exprimée dans le testament, être considérée comme une substitution vulgaire, valable par conséquent, plutôt que comme une substitution fidéicommissaire, qui ferait annuler la disposition (Cass. 20 fév. 1844, S. 43-1439).

**15552. Condition.** — On ne peut voir une substitution dans la clause portant que si telle personne à laquelle on donne l'usufruit de certains biens vient à se marier et laisse, lors de son décès, des enfants légitimes, les biens légués deviendront sa propriété et *feront partie de sa succession* (Rouen 22 fév. 1834, S. 34-2-653; — Cass. 17 juin 1835, S. 36-1-44);

Ni dans celle contenant legs fait à une personne sous la condition qu'elle se mariera, et avec cette stipulation que dans le cas où elle ne se marierait pas, le legs sera recueilli par un autre (Cass. 20 déc. 1831, S. 32-1-44; — Poitiers 29 juill. 1830, S. 30-2-313);

Ni dans celle par laquelle le testateur appelle un individu à sa succession pour le cas où un autre individu, son héritier institué, ne recueillerait pas *ou décéderait sans avoir disposé des biens recueillis* (Montpellier 13 fév. 1829, S. 30-2-13);

Ni dans celle par laquelle un testateur, après avoir institué un légataire universel, ajoute qu'au cas où ce légataire décéderait sans enfants avant sa mère, celle-ci recueillera la succession (Paris 17 déc. 1836, S. 37-2-11).

Ni dans celle par laquelle le testateur donne et lègue à ses père et mère, au dernier vivant, tout ce qu'il possède, à la condition expresse de laisser après eux ce qu'ils auront recueilli à sa sœur (Cass. 28 janv. 1840, S. 40-1-363);

Ni dans le legs d'une somme d'argent payable soit au décès de l'héritier du testateur, dans le cas où cet héritier décéderait sans postérité, soit au moment où il vendrait un immeuble désigné (Cass. 30 avr. 1867, S. 67-1-329);

Ni enfin dans la disposition testamentaire portant que le legs fait à un mineur ne sera valable que si le mineur atteint un âge déterminé, et que, s'il meurt avant cet âge, le legs reviendra à un autre légataire (Paris 13 mai 1870, S. 71-2-91).

C'est que, en effet, une clause, en tant qu'elle se borne exprimer une condition, ne saurait être considérée comme dispositive; elle n'est, par elle-même, qu'une simple modalité, *privatio puritatis*, comme disaient les docteurs (Barthole L. 22, Sol. mat. n° 9; — Cass. 23 nov. 1843, S. 43-1-43; — 4 déc. 1843, S. 44-1-268, Troplong 108-297, Zachariæ, Aubry et Rau t. 6 p. 14, Demolombe t. 18 n° 160).

Au contraire, on a considéré comme une substitution prohibée, et non comme un legs conditionnel, la disposition par laquelle un testateur, après avoir institué un légataire universel auquel il déclare que la propriété des biens recueillis appartiendra du jour de son décès, ajoute néanmoins que le legs est fait sous la condition que le légataire atteindra sa majorité et qu'il entend, au cas où cette condition ne serait pas remplie, que le legs profite à ses héritiers naturels (Lyon 3 mars 1871, S. 71-2-150).

**15553. Ce qui restera.** — Le Code civil ne prohibe pas l'espèce de substitution que les Romains appelaient *de residuo* (C. Bruxelles 14 nov. 1809, S. 10-2-238).

La disposition connue dans le droit romain sous le nom de *si quid supererit* (si quelque chose reste) ne peut être considérée comme renfermant une substitution fidéicommissaire: il n'en est pas comme de la disposition connue sous le nom de *de eo quod supererit* (de ce qui restera). Ainsi, il n'y a pas de substitution prohibée dans la donation faite sous la condition que les biens donnés retourneront, après le décès du donataire, aux héritiers naturels du donateur, mais pour le cas seulement où le donataire *n'en aurait pas disposé* (Cass. 14 mars 1832, S. 32-1-604).

Il en est de même de la clause par laquelle le testateur, après avoir légué un objet à quelques-uns de ses héritiers, *pour en jouir comme de chose à eux appartenant*, ajoute que si les héritiers viennent à décéder avant leurs femmes, il leur substitue leurs enfants, et que si, après le décès des légataires, leurs enfants venaient à décéder, les femmes des légataires ne succéderont pas à leurs enfants, mais la *donation retournera aux cohéritiers des légataires*. — Une telle clause renferme seulement une de ces dispositions connues dans le droit romain sous la dénomination *si quid supererit* (Cass. 5 juill. 1832, S. 32-1-430).

De même encore, la clause par laquelle un testateur, après avoir fait un legs au profit de plusieurs personnes, *pour par elles en jouir, faire et disposer de la manière la plus absolue*, déclare qu'au cas de décès de l'un des légataires sans postérité, sa part accroîtra aux autres, ne renferme pas substitution fidéicommissaire, mais seulement une disposition *si quid supererit*, non prohibée par la loi (Cass. 17 fév. 1836, S. 36-1-82).

De même de la clause par laquelle un testateur, après avoir fait un legs, pour, par le légataire, *en faire et disposer en toute propriété et jouissance*, déclare qu'au cas de décès du légataire sans postérité le legs retournera à ses héritiers naturels.

Peu importe que le légataire soit mineur, et par conséquent actuellement incapable de disposer (Cass. 27 fév. 1843, S. 43-1-440).

Mais les substitutions *de eo quod supererit*, lorsqu'elles excèdent les degrés où la substitution fidéicommissaire est permise, sont prohibées; en ce sens seulement toutefois qu'elles doivent être réputées non écrites, et non en ce sens qu'elles opèrent nullité de l'institution (C. Caen 16 nov. 1830, S. 32-1-430).

La disposition par laquelle un testateur, en léguant à son petit-fils des valeurs mobilières, ajoute que « si celui-ci vient à mourir sans enfants, son père héritera de son lot, et qu'il le substitue aux lieu et place de son petit-fils » ne renferme qu'une substitution *de eo quod supererit*, non prohibée par la loi (Cass. 28 nov. 1849, S. 50, 51, 81).

On peut consulter, dans le même sens que les décisions précédentes, des arrêts de la Cour de cassation du 4 février 1853 (S. 54-1-108) et du 11 février 1863 (S. 63-1-204).

Décidé également qu'il n'y a pas charge de conserver et de rendre dans l'interdiction faite au légataire institué de disposer des biens à titre gratuit, s'il reste d'ailleurs investi du droit d'en disposer d'une autre manière (Cass. 11 août 1864, S. 64-1-436; — 19 juin 1867, S. 67-1-299); — ou si la prohibition d'aliéner n'existe qu'à l'égard d'une seule personne (Bruxelles 20 oct. 1817, Demolombe t. 1ᵉʳ n° 303).

De même du legs d'usufruit avec droit d'aliéner en cas de besoin (C. Rouen 16 janv. 1874, 4047 R. P.).

**15554. Destination autre que celle de fonder un ordre successif.** — C'est l'intention de fonder un ordre successif en dehors de la loi, avons-nous dit au n° 15531, qui est surtout caractéristique de la substitution prohibée.

Hors de là, on ne doit l'admettre que lorsqu'elle est formellement exprimée.

Dans cet ordre d'idées, il a été jugé qu'il n'y a pas substitution dans la clause par laquelle un testateur, après avoir déclaré donner et léguer tous ses biens, meubles et immeubles, à une personne désignée, ajoute que c'est à condition qu'après cette personne les biens serviront à fonder un établissement de charité (16 juill. 1838, S. 38-1-705); ni dans celle par laquelle une personne donne ses biens à une autre, à la charge d'en faire, après le décès du donateur, un emploi déterminé au profit d'un tiers, par exemple d'une congrégation religieuse (Cass. 14 juin 1843, S. 43-1-606).

Il n'existe pas alors de substitution, mais une simple fiducie, c'est-à-dire une disposition par laquelle une personne instituée héritière pour la forme est chargée par le testateur d'administrer la succession, de la tenir en dépôt jusqu'au moment où elle devra la remettre au véritable héritier (Merlin *Rép.* v° *Fiducie*). Il est tout simple qu'il n'y a pas substitution, puisqu'il n'y a pas institution et que le fiduciaire est un simple exécuteur testamentaire. Dans quel cas y aura-t-il substitution ou fiducie? c'est là une question d'interprétation pour laquelle il faut examiner la qualité des parties, leurs relations de parenté, etc.

Jugé notamment que si l'héritier institué est autorisé à garder soit certains objets particuliers, soit seulement une partie des fruits, cette circonstance serait indicative d'une fiducie (Cass. 18 frim. an 5, S. 1-99; — 8 août 1808, S. 1808-1-505; — Nîmes 17 août 1808, S. 10-2-554; — Paris 31 juill. 1819, Dalloz *Donat.* n° 3493; — Toulouse 18 mai 1824, D. 25-2-23; — Paris 7 déc. 1860, S. 61-2-833; — Nîmes 16 déc. 1833, S. 35-2-233, Troplong 1-109, Roll. de Vill. v° *Subst.* 153-154, Zachariæ, Aubry et Rau t. 6 p. 13, Demolombe t. 18 n° 105).

**15555. Dévolution en cas d'absence d'enfants de l'institué.** — Il n'y a pas substitution dans la disposition par laquelle le testateur, après avoir légué la propriété de ses biens à plusieurs légataires, ajoute que si, parmi eux, *quelqu'un reste sans enfants, il aura simplement l'usufruit pendant sa vie* et les biens seront partagés entre colégataires (Cass. 4 déc. 1843, S. 44-1-268; — 19 juin 1867, S. 67-1-299). — V. 15550.

Au contraire, il y a substitution prohibée dans la disposition par laquelle le testateur déclare que si le légataire institué décède sans postérité, il entend que les biens légués retournent à ses héritiers (Amiens 7 déc. 1868, S. 69-2-107), ou à des tiers désignés (Cass. 1ᵉʳ août 1864, S. 64-1-408; — 7 mai 1862, S. 62-1-463. — *Contrà* Cass. 29 fév. 1864, S. 64-1-167; — 8 fév. 1869, S. 69-1-355).

**15556. Droit d'aliéner.** — La défense d'aliéner forme-t-elle une substitution? On a reconnu de tout temps que c'est là un simple précepte non obligatoire lorsque la défense est pure et simple, c'est-à-dire qu'elle n'est pas faite en faveur d'une personne appelée à en profiter (Thévenot nᵒˢ 129-130, Coin-Delisle art. 896 n° 32, Troplong t. 1ᵉʳ n° 136, Demolombe t. 18 n° 147; — Paris 11 mai 1852. — Mais elle se transformerait en substitution si la défense d'aliéner était imposée, soit dans l'intérêt des enfants du donataire, soit dans l'intérêt de la famille du disposant (Cass. 30 nov. 1853, S. 54-1-27; — 7 mai 1862, S. 62-1-462, Merlin *Quest.* v° *Subst.* § 10, Toullier t. 3 n° 50, Roll. de Vill. n° 301, Zachariæ, Aubry et Rau t. 6 n° 18, Demolombe t. 18 n° 149).

Jugé, à cet égard, qu'il n'y a pas charge de conserver et de rendre dans l'interdiction faite au légataire institué de disposer des biens au profit d'une personne déterminée (Cass. 19 juin 1867, S. 67-1-299); — ou d'en disposer à titre gratuit (Cass. 11 fév. 1863, S. 63-1-204).

**15557. Événement incertain.** — La disposition d'un testament contenant une substitution subordonnée à un événement incertain n'entraîne pas la nullité de l'institution, si cet événement ne s'est pas réalisé (C. Bastia 2 juin 1827, S. 28-2-268). — V. 15541, 15572.

**15558. Incapables.**—La stipulation contenant donation à tel *et à ses enfants à naître* ne présente pas une substitution prohibée. En ce cas, les enfants à naître étant incapables de recevoir, il y a seulement lieu de considérer la clause qui les concerne comme non écrite (Cass. 7 déc. 1826, S. 27-1-223).

**15559. Indication pure et simple.** — Une simple indication de successeurs ne peut constituer une substitution. C'est ainsi qu'on a pu en voir une dans la clause ainsi conçue: « Je donne et lègue tel objet à N..., mon neveu, pour en jouir lui et ses enfants mâles en toute propriété » (Cass. 17 nov. 1810, S. 19-1-197).

Ne constitue pas non plus une substitution, la disposition par laquelle le testateur déclare qu'il ne laisse à son légataire une part dans sa succession que pour la transmettre à ses enfants et non à d'autres, s'il déclare en même temps qu'il n'a voulu prendre aucune mesure pour assurer la conservation des biens (Cass. 14 juin 1865, S. 66-1-59. — V. également Lyon 24 janv. 1865, S. 66-2-45).

**15560. Legs conditionnel.**— Il n'y a pas nécessairement une substitution prohibée dans la disposition par laquelle le testateur, en instituant un légataire universel, déclare qu'au cas où la personne instituée viendrait à être condamnée à raison de quelque délit, il lui substitue les enfants qui naîtraient de son mariage ; on peut ne voir, dans une telle disposition, qu'une double institution alternative faite, la première, sous condition résolutoire, la seconde, sous condition suspensive (C. Bastia 22 mai 1854, S. 54-2-389).

Il en est de même de la disposition par laquelle le testateur, en faisant un legs particulier au profit d'une personne non mariée, déclare qu'au cas où cette personne ne se marierait pas et mourrait sans enfants, l'objet légué irait après elle au légataire universel institué dans le même testament (C. Amiens 6 avr. 1854, S. 54-2-315).

De même encore, de la disposition par laquelle le testateur, laissant un héritier légitime, déclare qu'au cas où cet héritier viendrait à mourir sans postérité, il entend que ledit héritier soit réputé n'avoir recueilli qu'en usufruit seulement la moitié de la succession, et qu'en vue de ce cas, lui, testateur, lègue la propriété de cette même moitié à ses autres parents les plus proches (C. Angers 19 juill. 1854, S. 54-2-315)

Le legs fait sous la charge de conserver et de rendre à un tiers, pour le cas où le légataire ne se marierait pas et mourrait sans enfants, bien que constituant une substitution, est valable si, par le fait du mariage du légataire et la survenance d'enfants avant le décès du testateur, la condition s'étant trouvée accomplie, le légataire a été saisi, par l'événement de ce décès, d'un droit complet qui n'était plus soumis à aucune charge (Cass. 26 fév. 1855, S. 55-1-182).

Il n'y a pas substitution dans l'institution portant legs par un créancier à son débiteur de la somme due, *pour le cas où l'héritier du testateur décéderait sans enfants* (Cass. 30 déc. 1835, S. 36-1-108). — V. 15541.

Décidé spécialement, en matière de droit de succession, que la disposition par laquelle une mère lègue à son frère la quotité disponible de ses biens et à sa fille l'usufruit de cette même quotité, sous la condition que le legs sera considéré comme nul si la fille laisse à son décès des enfants, n'attribue pas actuellement au frère l'objet de son legs. Cette libéralité est faite sous une condition suspensive à l'égard du frère, et ne saurait motiver la perception immédiate du droit de transmission (Seine 28 juill. 1865, 2215 R. P.) Mais ce jugement ne nous a pas paru justifié par les faits de la cause (V. la notice de l'art. 2215 précité).

Il n'y a pas substitution prohibée dans la disposition par laquelle un testateur lègue la nue-propriété de ses biens à une personne sous la double condition que cette personne se mariera avant un âge déterminé et qu'elle laissera à son décès des enfants issus de son mariage, en ajoutant que si cette double condition ne se réalise pas, les biens appartiendront à un tiers désigné (Cass. 8 fév. 1869, S. 69-1-355).

Constitue également un legs conditionnel la disposition portant que le légataire recueillera seulement les biens au décès de l'héritier naturel décédé sans postérité (C. Lyon, 30 juin 1876, 4811 R. P.).

**15561. Nue-propriété et usufruit.** — Il n'y a pas substitution dans la cause par laquelle le testateur, après avoir légué l'usufruit d'un immeuble à une personne désignée, et la nue-propriété à une autre, ajoute que, dans le cas où cette dernière viendrait à mourir, le legs passerait successivement aux enfants de la première, et, à défaut, à un tiers désigné (Cass. 20 fév. 1844, S. 44-1-439).

La clause d'un testament par laquelle le testateur dispose que son héritier légitime, s'il meurt sans postérité, sera réputé n'avoir recueilli qu'en usufruit les biens qui lui écherront dans la succession, et que, dans ce cas, la nue-propriété est léguée à d'autres, ne renferme pas une substitution prohibée, mais deux legs distincts, l'un de l'usufruit, l'autre de la nue-propriété (Cass. 30 avr. 1855, S. 56-1-607). — Cette dernière solution est cependant combattue par Demolombe t. 18 n° 119. V. aussi Aubry et Rau t. 6 p. 12 et 13 : Coin-Delisle, *Revue critique* 1856 p. 289.)

Il n'y aurait pas non plus substitution si le testateur, après avoir légué l'usufruit de ses biens à son neveu Primus et la nue-propriété à ses enfants nés et à naître, avait ajouté qu'en cas de décès de son neveu sans enfant, il léguait la nue-propriété à un autre, à Secundus. Primus, en effet, n'est ni un grevé ni un substitué, et quant à ses enfants légataires de la nue-propriété sous la condition résolutoire de leur survie à Primus, ils ne sauraient être non plus considérés comme grevés envers Secundus (Rouen 11 août 1825, S. 26-2-310 ; — Poitiers 21 juin 1825, D. 25-2-239 ; — Caen 11 août 1825, D. 26-2-159 ; — Cass., 16 juill. 1838, S. 38-1-705 ; — Cass. 20 janv. 1840, S. 40-2-363 ; — Montpellier 6 mai 1846,

S. 46-2-572; — Duranton t. 8 n° 52, Roll. de Vill. nos 282, 283, Zachariæ, Aubry et Rau t. 6 p. 12, Demolombe t. 18 n° 118).

De même de la disposition par laquelle un testateur après avoir légué l'usufruit de ses biens à une personne, ajoute qu'elle aura aussi la nue-propriété si elle se marie et laisse à son décès des enfants. Elle est simplement légataire de la nue-propriété sous une condition suspensive dont l'évènement n'est pas subordonné à sa survie aux héritiers du testateur (Cass. 17 juin 1835, S. 36-1-44, Demolombe t. 18 n° 121; — Colmar 25 août 1825, S. 26-2-15; — Poitiers 29 juill. 1830, S. 30-2-313; — Cass. 20 déc. 1831, S. 32-1-44, Coin-Delisle *loc. cit.* p. 299, Aubry et Rau *loc. cit.*).

Il n'y a pas non plus substitution prohibée dans la disposition par laquelle, après avoir légué à sa mère le quart de ses biens en toute propriété, le testateur lui lègue, en outre, l'usufruit d'une autre partie de ses biens, à la condition par elle de disposer par testament des premiers biens légués et de certains biens à elle propres au profit d'un tiers (Rennes, 12 juill. 1864, S. 64-2-181; — Cass. 15 avr. 1867, S. 67-1-207).

Doit être considérée comme un legs conditionnel et non comme une substitution prohibée, la disposition par laquelle un testateur nomme et institue, pour ses légataires universelles, conjointement entre elles, avec droit d'accroissement en cas de prédécès de l'une d'elles, ses deux nièces, lesquelles seront propriétaires du jour de son décès, sous la réserve de l'usufruit légué à sa femme, en ajoutant que ce legs est fait à la condition qu'elles atteindront leur majorité ou que l'une d'elles atteindra sa majorité, et que si l'une et l'autre mouraient avant cet âge, sans enfants, il veut, en ce cas, que le legs profite à ses héritiers naturels (Cass. 10 juin 1873, 4400 Rev.; — C. Grenoble, 5 mars 1874, 4639 Rev.). — *V.* des espèces analogues; C. Rouen 24 déc. 1873, 4047 R. P.; — C. Caen 23 fév. 1875, 4262 R. P.; — Cass. 4 janv. 1876, 4353 R. P.).

**15562. Prédécès du donataire.** — La stipulation par laquelle le donateur, avec réserve d'usufruit, déclare qu'en cas de prédécès du donataire, il fait la même donation à un tiers, ne constitue pas une substitution (C. Poitiers 3 avr. 1813, S. 18-2-197).

**15563. Propriété et usufruit.** — Il n'y a pas substitution dans la disposition ainsi conçue : « Je lègue à Pierre, pour jouir après mon décès, telle chose, et après son décès, la chose reviendra aux enfants de Paul. » On doit entendre qu'il y a legs de l'usufruit en faveur de Pierre, et legs de la propriété en faveur des enfants de Paul (C. Paris 28 mai 1821, S. 21-2-297).

Ni dans celle par laquelle un testateur, après avoir institué un légataire universel, à la charge par lui de laisser jouir des biens donnés un tiers désigné, ajoute que dans le cas où le légataire universel viendrait à décéder sans enfants, avant l'usufruitier, les biens compris dans l'institution seront recueillis par un autre légataire (C. Orléans 10 fév. 1830, S. 30-2-156).

Ni dans celle ainsi conçue : « Je nomme et institue pour nom seul et unique héritier universel et général, mon frère, pour prendre possession de mes entiers biens après ma mort, pour jouir des revenus sa vie durant; et, après sa mort, mon neveu prendra possession de tous les biens que j'aurai laissés à mon frère. » (C. Montpellier 15 mars 1830, S. 30-2-237; — Cass. 25 juill. 1832, S. 32-1-574). — *V.* 15518, 15561.

**15564. Recommandation.** — La simple recommandation adressée par le testateur au légataire de faire retourner les choses léguées aux héritiers du testateur, dans le cas où il décéderait sans postérité légitime, n'est pas constitutive de la charge de conserver et de rendre, caractéristique de la substitution prohibée (Cass. 19 mars 1856, S. 56-1-685; — 11 juin 1860, S. 60-1-731; — 5 déc. 1865, S. 66-1-72; — 14 juin 1865, S. 66-1-59). — *V.* 15533, 15576.

**15565. Rente viagère.** — Le legs d'une rente viagère à plusieurs personnes successivement, avec stipulation qu'à la mort du dernier des légataires le capital reviendra à une personne déterminée, ne renferme pas une substitution prohibée, ni quant à la rente viagère, qui, en passant d'une tête sur une autre, ne repose sur chacune d'elles qu'à titre purement viager, ni quant au capital qui, n'appartenant à aucun des crédi-rentiers, est légué directement à la personne déterminée, entre les mains de laquelle doivent se réunir finalement le capital et la rente (Cass. 8 déc. 1852, S. 52-1-293).

**15566. Retour.** — D'après ce que nous avons dit au n° 15544, il n'y a pas substitution dans la clause portant retour au profit du donateur et de ses *héritiers* (Cass. 11 frim. an 14, S. 6-1-136; — 17 janv. 1809, S. 9-1-305; — 20 déc. 1825, S. 26-1-74).

Cette stipulation doit seulement être réputée non écrite, comme contenant une extension illégale du droit de retour, laquelle ne peut être stipulée qu'au profit du donateur (Cass. 3 juin 1823, S. 23-1-308; — C. Bordeaux 5 mars 1824, S. 24-2-146; — 22 juin 1835, S. 35-2-523; — Cass. 8 juin 1836, S. 36-1-463; — C. Montpellier 25 avr. 1844, S. 45-2-7). — *V.* 15581.

**15567. Réversibilité.** — La clause ainsi conçue : « Je donne et lègue à Pierre et à Paul la moitié de mes biens, et dans le cas où l'un d'eux mourra sans enfants, je lui substitue l'autre survivant », ne constitue pas une substitution (Cass. 11 juin 1817, S. 18-1-294; — 10 janv. 1821, S. 21-1-384).

Il en est de même de la clause par laquelle deux individus sont institués conjointement dans la chose léguée, sous condition néanmoins que le survivant des deux recueillera la totalité du legs (Cass. 26 juill. 1808, S. 8-1-382; — C. Riom S. 27-2-26).

Jugé encore qu'il n'y a pas substitution dans la clause par laquelle un mari, après avoir institué sa femme héritière universelle, pour par elle en jouir et disposer des biens de la succession, en toute propriété et comme lui semblera, lui impose l'obligation de faire un testament tel que la succession soit reversible aux héritiers collatéraux (C. Colmar 6 fév. 1824, S. 25-2-107). — *V.* 15582.

**15568. Somme d'argent à prélever sur le legs.** — On ne peut voir une substitution prohibée dans la stipulation par laquelle un testateur, après avoir institué un légataire universel, grève ce legs du legs particulier d'une somme d'argent pour être payée en cas de mort du légataire universel sans postérité (C. Paris 7 déc. 1835, S. 36-2-86).

Ni dans celle imposant au donataire ou légataire d'un immeuble, l'obligation de donner telle somme à un tiers, dans le cas où celui-ci survivra, même avec assignat sur l'immeuble donné ou légué (C. 21 déc. 1824, S. 25-2-74). — V. 15554.

Il n'y a pas non plus de substitution prohibée dans la disposition testamentaire par laquelle le testateur, après avoir légué à un individu tous ses meubles et immeubles, pour en jouir et disposer en toute propriété, lui impose la charge de rendre à un légataire particulier, franche et quitte de toutes dettes et engagements, une somme déterminée, payable au jour de son décès, avec intérêts à dater de ce jour : une telle disposition ne renferme en réalité qu'un legs d'une créance à recevoir du légataire universel (Orléans 28 janv. 1865, S. 65-2-236; — Cass. 31 juill. 1866, S. 66-1-404).

**15569. Terme autre que le décès.** — On a vu au n° 15522 que, pour qu'il y ait substitution, il faut que la charge de rendre ne se réalise qu'à la mort du grevé.

En ce cas il a été jugé qu'il n'y a pas substitution dans la clause qui charge un légataire de rendre les biens à ses enfants *au fur et à mesure de leur majorité* (C. Colmar 25 août 1855, S. 26-2-45).

Ni dans celle par laquelle un père institue héritières sa mère et son épouse, à charge de rendre l'hérédité à l'un de ses enfants lors de sa majorité, ou plus tôt si bon leur semble : c'est là une simple fiducie, encore que la disposition donne aux institués le pouvoir d'élire entre les enfants (C. Nîmes 16 déc. 1833, S. 35-2-333; — Cass. 17 août 1852, S. 52-1-263, Demolombe t. 18 n° 98).

**15570. Usufruit.** — Lorsque le testateur lègue une portion de sa succession, pour être recueillie par le légataire, après le décès d'un autre légataire *usufruitier*, pour le cas où celui-ci n'aura pas d'enfants, il n'y a pas substitution (C. Caen 11 août 1825, S. 26-2-310).

Il en est de même de la clause par laquelle un époux donne à son conjoint l'usufruit de ses biens, au cas où les enfants que l'époux donateur laissera à son décès, mourront avant le conjoint donataire (Bruxelles 17 avr. 1806, S. 6-2-271).

Et de celle par laquelle le testateur déclare que le legs qu'il fait d'une partie de ses biens en toute propriété, sera converti en simple usufruit, dans le cas où son héritier légitime parviendrait à sa majorité (C. Bruxelles 13 déc. 1809, S. 10-2-227).

Il n'y a pas substitution dans la disposition contenant legs d'usufruit fait à une personne, sans charge de conserver et de rendre les fruits qu'elle percevra pendant sa jouissance, bien que, par une disposition ultérieure du testament, le même usufruit soit légué aux enfants et descendants du légataire pour être recueilli par eux après son décès (C. Montpellier 10 fév. 1836, S. 36-2-549).

Ni dans celle par laquelle l'usufruit ou une rente viagère serait donnée à deux légataires successivement, c'est-à-dire à l'un après la mort de l'autre. Cela est évident. Comment, en effet, une personne pourrait-elle être chargée de conserver et de rendre après sa mort un droit viager qui meurt avec elle ? (C. Paris 26 mars 1813, S. 13-2-360; — Cass. 22 juill. 1835, S. 35-1-641; — 8 déc. 1852, S. 53-1-293, Merlin *Quest.* v° *Subst.* § 7, Proudhon *Usuf.* t. 1er n° 310, Salviat *eod.* t. 2 p. 10, Hennequin *Traité de lég.* t. 2 p. 489, Delvincourt t. 2 p. 103, Grenier *Obs. prél.* n° 12, Roll. de Vill. nos 270, 271, Coin-Delisle art. 899 n° 16, Aubry et Rau t. 6 p. 12, Troplong t. 1er nos 133, 134, *Revue de droit français et étranger* 1863 t. 9 p. 211, Demolombe t. 18 n° 122). — Mais il faut, bien entendu, que les légataires successifs de l'usufruit soient conçus à l'époque du décès du testateur. — (*V.* Demolombe *loc. cit.*).

L'institution d'un héritier unique et universel, chargé de rendre à une personne désignée les biens qui se trouveront exister à son décès, a pu être considérée non comme une substitution *de residuo* mais comme un legs d'usufruit (Cass. 4 juill. 1853, S. 54-1-108). — V. 15583

## SECTION 3. — CLAUSES CONSIDÉRÉES COMME CONTENANT SUBSTITUTION

[15571-15583]

**15571. Décès de l'appelé sans enfants.** — Il y a substitution lorsque le testateur déclare que sa succession, si l'héritier institué vient à mourir sans enfants, retournera à ses nièces (Cass. 18 avr. 1842, S. 42-1-525).

Il en est de même lorsque le donateur déclare que le légataire ne pourra, en cas de décès sans enfants, transmettre les biens légués à une famille étrangère, mais que ces biens reviendront à ses frères et sœurs (Cass. 30 juill. 1827, S. 28-1-36).

De même de la disposition par laquelle le testateur, après avoir institué un légataire, ajoute : « et s'il meurt avant moi, ou s'il meurt sans enfants, je veux que les biens appartiennent à tel. » La dernière partie de la clause suppose nécessairement que le légataire aura recueilli avant que les biens puissent passer au substitué (Cass. 3 nov. 1824, S. 25-1-42).

Il y a également substitution dans la stipulation par laquelle les biens légués à un premier héritier institué sont substitués à un second, pour le cas où le premier décéderait sans enfants (Cass. 23 nov. 1840, S. 41-1-245). — Et dans celle par laquelle, après avoir institué un héritier, le testateur ajoute : « Je me réserve que si mon héritier venait à décéder sans enfants, je veux que mon bien vienne à mes sœurs » (C. Nîmes 4 avr. 1827, S. 27-2-252).

Il en est de même de la disposition par laquelle un testateur, après avoir légué un immeuble à deux de ses neveux à chacun par moitié, exprime la volonté que, dans le cas où l'un de ses légataires viendrait à décéder avant sa majorité, un troisième neveu hérite de sa portion (Cass. 4 déc. 1865, S. 66-1-70).

**15572. Ce qui restera.** — Il y a substitution dans la clause par laquelle le testateur, après avoir imposé à l'héritier institue l'obligation de conserver et de rendre, déclare qu'en cas de décès de ce dernier et des substitués, sans postérité, *tous les biens qui se trouveront* exister alors appartiendront à un tiers : on ne peut considérer la disposition au profit du tiers comme un simple legs *si quid supererit* (Cass. 25 mai 1836, S. 36-1-954). — *V.* 15522, 15553.

**15573. Décès avant un âge déterminé.** — Il y a substitution dans la disposition par laquelle le testateur, après avoir institué un héritier, fait un legs d'une somme d'argent à une personne, pour le cas où son héritier décéderait avant d'avoir un âge déterminé (Cass. 8 juin 1812, S. 12-1-363).

C'est ce qui a été aussi jugé à l'égard de la disposition par laquelle un legs est fait à un mineur, avec charge de le rendre en cas de mort avant sa majorité, aux héritiers naturels du testateur (Cass. 22 nov. 1842, S. 42-1-914; — C. Limoges 6 juin 1840, S. 40-2-299).

Il y a substitution prohibée dans la disposition par laquelle un legs est fait à un mineur avec la clause que, dans le cas où il viendrait à mourir, avant sa majorité, le legs serait caduc et comme non avenu. Encore bien que le legs fût fait au mineur « pour en faire et disposer au décès du testateur en propriété et jouissance, en ce qu'il jugerait convenable » (Cass. 13 août 1856, S. 56-1-893 ; — Cass. 4 déc. 1865, S. 66-1-70). — *V.* 15541, 15557.

**15574. Donataire précédemment institué.** — La substitution existe dans la disposition portant qu'en cas de décès du donataire sans enfants les biens appartiendront à un donataire universel précédemment institué : il n'y a pas là simple droit de retour (Cass. 22 juin 1812, S. 13-1-24).

**15575. Divisibilité.** — Lorsqu'une substitution est faite tant en faveur des enfants légitimes du grevé qu'en faveur de ses enfants naturels, la nullité de la disposition en ce qui concerne ces derniers, entraîne la nullité absolue de la substitution dans son entier, même à l'égard des enfants légitimes (C. Caen 2 déc. 1847, S. 49-2-193). — *V.* 15529, 15579.

La nullité de la substitution n'entraîne pas la nullité des autres dispositions étrangères à la substitution comprises dans le même acte (C. Caen 2 déc. 1847, S. 49-2-193).

Il n'en serait autrement que si, par la volonté du testateur ou la nature des conditions auxquelles elle est soumise, la clause réagissait sur la disposition pour le tout, de telle sorte que la disposition principale ne formât dans ses rapports avec la substitution qu'un tout indivisible (Cass. 4 déc. 1865, S. 66-1-70)

**15576. Élection d'héritier.** — La disposition d'un testament par laquelle le testateur impose au légataire universel qu'il institue la charge de transmettre les biens légués à un membre de la famille du testateur ou à un membre de la famille de sa femme, choisi soit par le légataire universel, soit, si celui-ci ne fait pas de choix, par la famille, et, à défaut de membres de la famille, à un établissement de bienfaisance est nulle comme constituant une substitution prohibée (Cass. 23 fév. 1853, S. 53-1-332 ; — Cass. 30 nov. 1853, S. 54-1-27).

La clause d'un testament, par laquelle le testateur impose au légataire universel qu'il institue la charge de transmettre une partie des biens légués à celui des membres de la famille du testateur que lui, légataire, choisira, est nulle, comme renfermant, sous ce rapport, une substitution prohibée (Rennes 19 mai 1849, S. 50-2-609 ; — Cass. 5 mars 1851, S. 51-1-261).

Il y a nullité dans l'institution par laquelle un père, ayant des enfants en bas âge, a institué son frère pour héritier en le chargeant de rendre l'hérédité à celui desdits enfants qu'il voudrait choisir (C. Toulouse 18 mai 1824, S. 24-2-304).

Dans celle portant institution d'héritier, à charge par l'institué de rendre l'hérédité, quand bon lui semblera, à tels de ses fils ou filles qu'il jugera convenable : ce n'est pas là une simple fiducie (Cass. 18 frim. an 5, S. 1-1-99). — Encore que le testateur ait dispensé l'institué de rendre compte, et lui ait accordé la faculté de vendre en cas de besoin (C. Nîmes 17 août 1808, S. 10-2-554).

Il y a encore substitution prohibée dans l'institution renfermant l'obligation imposée à l'héritier d'établir une substitution en faveur de ses descendants mâles, par ordre de primogéniture : cette obligation équipolle à une substitution faite par le testateur lui-même (C. Bruxelles 10 fév. 1809, S. 10-2-546, Zachariæ, Aubry et Rau t. 6 p. 18, Massé et Vergé t. 3 p. 184). — *V.* 15564.

Mais, si l'obligation d'instituer un tiers pour héritier n'emporte pas l'obligation absolue de conserver les biens donnés ou légués, il n'y a pas substitution (Colmar 6 fév. 1824, S. 25-2-107 ; — Cass. 8 juill. 1834, S. 34-2-372 ; — Paris 12 nov. 1858, D. 59-2-307 ; — Roll. de Vill. n° 334, Dalloz v° *Subst.* p. 172 n° 26, Demolombe t. 18 n° 151, Aubry et Rau t. 6 p. 18).

**15577. Éventualité.** — Les caractères de la substitution prohibée se rencontrent dans l'institution par laquelle deux époux se donnent réciproquement tous leurs biens, à condition que les héritiers du prédécédé recueilleront la moitié de la succession du survivant (C. Bruxelles 6 déc. 1809, S. 10-2-217).

**15578. Héritier légitime appelé.** — La substitution est nulle, même lorsque c'est l'héritier légitime qui est désigné comme devant recueillir la substitution. En ce sens ont été annulées comme contenant substitution les dispositions suivantes :

1° Celle ainsi conçue : « Paul, mon unique héritier présomptif, jouira de ma succession pendant sa vie, le reconnaissant seul héritier ; et, après son décès, je reconnais pour mes parents et mes héritiers Pierre et Jean et leurs représentants » (C. Angers 7 mars 1822, S. 22-2-180);

2° Celle ainsi conçue : « Je nomme, pour mon héritier universel, un tel, et, par lui, ses enfants à perpétuité » (C. Turin 22 déc 1810, S. 11-2-429).

**15579. Indivisibilité.** — La disposition par laquelle un testateur lègue conjointement un immeuble à deux personnes, à la charge par ces deux légataires de rendre l'immeuble donné, le premier à ses enfants, le second à ses collatéraux, est nulle pour le tout.

Le vice résultant de la substitution partielle faite aux collatéraux annule la substitution faite aux enfants de l'un des institués, quoique valable en elle-même (Cass. 9 juill. 1851, S. 51-1-605, Demolombe t. 18 n° 180. — *V.* aussi C. Caen 2 déc. 1847, S. 49-2-194).

Il y a substitution prohibée dans le legs fait pour que le légataire soit le seul et unique héritier de la chose léguée, lui, et ses enfants après lui, de génération en génération.

Par suite, cette substitution est nulle pour le tout; elle n'est pas valable jusqu'au deuxième degré, et nulle seulement pour le surplus (Cass. 20 janv. 1852, S. 52-1-169). — *V.* 15529, 15575.

**15580. Legs conditionnel.** — Est nulle comme renfermant une substitution prohibée, la disposition par laquelle le testateur lègue ses biens à une personne avec clause qu'à la mort de ce légataire les biens légués appartiendront à une autre personne désignée, ou à son défaut à ses héritiers (Cass. 25 juill. 1847, S. 49-1-673).

Est nulle comme renfermant une substitution prohibée, la disposition par laquelle le testateur livre ses biens avec clause que, dans le cas où le légataire décéderait sans enfants, les biens légués devront revenir à la famille du testateur, encore bien que la disposition ne contienne pas charge expresse de conserver et de rendre, quand d'ailleurs cette obligation résulte de l'ensemble des clauses de l'acte (Cass. 8 fév. 1854, S. 54-1-694). — *V.* 15541, 15560.

La disposition testamentaire portant institution d'un légataire universel sous la condition que, s'il ne se marie pas et décède sans enfants légitimes, les biens à lui légués reviendront à son frère ou aux enfants de celui-ci, renferme une substitution prohibée, encore bien qu'il y soit ajouté que le testateur laisse le légataire entièrement libre de prendre avec son frère, de leur vivant, les arrangements qui pourraient mutuellement leur convenir, de manière toutefois que les volontés du testateur soient fidèlement exécutées par l'un ou par l'autre d'entre eux; une telle faculté n'équivalant pas au droit absolu de disposition des biens légués, qui seul serait exclusif de l'obligation de conserver, inhérente à la substitution prohibée (Cass. 31 mai 1865, S. 1865-1-353).

Décidé de même, en matière d'enregistrement, qu'on ne peut voir une condition suspensive dans la clause d'un testament portant que si le légataire de divers immeubles et d'une somme d'argent décède en état de minorité et sans laisser d'enfants, les biens, objets du legs, rentreront dans la succession du testateur, une pareille disposition constitue une substitution prohibée (Cass. 12 déc. 1860, 1455 R.P., 2190 § 6 I.G., 17071 J.N., 17249 J.E., 11941 C.).

**15581. Retour aux héritiers du donateur ou autres.** — On ne peut voir qu'une substitution dans la clause portant que les biens feront retour ou seront réversibles *aux héritiers* du donateur ou testateur (Bruxelles 26 avr. 1806, S. 7-2-1210; — Pau 4 janv. 1826, S. 27-2-68; — Colmar 9 mai 1827, S. 27-2-176; — Cass. 30 mars 1829, S. 29-1-294; — Amiens, 25 fév. 1837, S. 37-2-478; — Cass. 7 mars 1876, 4810 R. P.). — V. 15516, 15566.

**15582. Réversibilité.** — Il y a substitution prohibée dans la disposition par laquelle, après avoir institué deux héritiers, par une seule et même disposition, dans l'universalité des biens, le testateur ajoute que, « dans le cas où l'un d'eux viendrait à décéder, sans enfants, avant l'autre, il veut que l'effet de la disposition tourne au profit seul du survivant » (Bordeaux 18 mars 1823, S. 23-2-155).

Il en est de même de celle portant legs d'un immeuble à deux personnes *pour en jouir ensemble et hériter l'une de l'autre* (Orléans 18 fév. 1829, S. 29-2-244).

Jugé encore qu'il y a substitution dans l'institution par laquelle un père, en léguant la quotité disponible à deux de ses enfants, dispose que s'ils viennent à se marier et que l'un d'eux seulement ait des enfants, ceux-ci recueilleront, dans la succession de leur oncle décédé sans postérité, la portion de biens qu'il aura obtenue dans la quotité léguée (Agen 1er juin 1838, S. 38-2-446).

Même décision à l'égard de la clause par laquelle le testateur, après avoir institué deux légataires universels, chacun pour moitié, déclare que, l'un d'eux venant à décéder, il entend que son entière hérédité (de lui testateur) passe sur la tête du légataire suivant (Cass. 26 déc. 1836, S. 37-1-251). — *V.* 15567.

**15583. Usufruit. — Nue-propriété.** — Est nulle, comme renfermant une substitution prohibée, la disposition par laquelle un testateur lègue un immeuble à une personne avec clause qu'à la mort du légataire ces biens passeront à une autre personne désignée qui en jouira en toute propriété.

On ne peut considérer cette disposition comme renfermant un legs d'usufruit au premier légataire, et de la nue-propriété au profit du second (Cass. 9 juill. 1851, S. 51-1-605). — *V.* 16570.

## CHAPITRE III. — SUBSTITUTIONS PERMISES EN FAVEUR DES PETITS-ENFANTS OU DES ENFANTS DES FRÈRES ET SOEURS

[15584-15607]

**15584.** — Nous avons signalé, au n° 15516, plusieurs exceptions aux principes de l'art. 896 C.C., qui prohibe les substitutions d'une manière absolue.

De ces exceptions, une seule subsiste, c'est celle posée par les art. 1048 et 1049. C'est ici le lieu de parler de cette exception.

**15585. Père et mère.** — Les père et mère peuvent donner, par actes entre-vifs ou testamentaires, tout ou partie des biens dont ils ont le droit de disposer, à un ou plusieurs de leurs enfants, à la charge, par les donataires ou les légataires, de rendre ces biens à tous leurs enfants, c'est-à-dire à tous leurs descendants au premier degré (1048 C. C.).

**15586. But.** — Cette disposition a eu pour but, dans la pensée du législateur, de fournir au père de famille, privé dorénavant de l'arme redoutable de l'exhérédation, un moyen d'exercer sur sa descendance sa prévoyance tutélaire en mettant le fils prodigue dans l'impossibilité de dévorer tout son patrimoine. « Par ce moyen, disait M. Bigot de Préameneu (Fenet t. 12 p. 564), la réserve légale reste intacte ; la volonté du père ne s'applique qu'à des biens dont il est absolument le maître de disposer ; elle ne peut être contestée ni compromise ; elle ne porte plus les caractères d'une peine contre l'enfant grevé de restitution ; elle pourra s'appliquer à l'enfant dissipateur comme à celui qui, déjà, aura eu des revers de fortune, ou qui, par son état, y serait exposé. »

**15587. Aïeul.** — Cette disposition étant une exception à la prohibition des substitutions en général, on ne peut la faire sortir du cercle que la loi a tracé autour d'elle. Or, d'après le texte de l'art. 1048, la faculté de faire une substitution n'appartient qu'aux père et mère et non aux autres ascendants (Toullier t. 5 n° 723, Roll. de Vill. *Rép.* de Favard v° *Subst.* chap. 1er § 1er n° 6, Bayle-Mouillard *sur Grenier* n° 381, Coin-Delisle *sur l'art.* 1048 n° 2, Marcadé *Idem* n° 1er, Troplong n° 2213, Zachariæ, Aubry et Rau t. 6 p. 37, Massé et Vergé t. 3 p. 191, Saintespès t. 5 n° 1723, Demolombe t. 22 n° 411). — Cette proposition trouve cependant des adversaires dans Delvincourt t. 2 p. 616, Duranton t. 9 n° 325, Delaporte t. 4 p. 506, Vazeille *sur l'art.* 1048 n° 3. Mais elle est consacrée par cette circonstance que, lors de la discussion du Code civil, le Tribunat ayant proposé d'ajouter aux mots « père et mère » ceux « *et autres ascendants* », cette adjonction ne fut point admise (Fenet t. 12 p. 454).

Ainsi, il a été jugé par la Cour de cassation, le 29 juin 1853 (S. 53-1-520), que la faculté accordée par l'art. 1048 C. C. ne s'étend pas à l'aïeul ou aïeule, lors même que leurs enfants sont décédés, et qu'il ne leur reste que des petits-enfants pour héritiers présomptifs, attendu que les substitutions sont prohibées par l'art. 896, sauf, porte l'art. 897, les dispositions permises aux père et mère et aux frères et sœurs par l'art. 1048, et que du rapprochement de ces mots père et mère, répétés dans les art. 897 et 1048, de leur combinaison avec le mot enfant, comme de la discussion qui a précédé l'adoption de cet article, il résulte que l'intention du législateur a été de n'accorder la faculté de substitution qu'aux père et mère à l'exclusion des autres ascendants (V. dans le même sens C. Paris 23 août 1850 et Besançon 2 déc. 1853, S. 50-2-611, 54-2-240).

**14588. Frères et sœurs.** — L'homme ou la femme qui décèdent sans laisser d'enfants, peuvent aussi donner, par acte entre-vifs ou testamentaire, tous les biens dont ils peuvent disposer, à un ou plusieurs de leurs frères et sœurs, avec la charge également de rendre ces biens aux enfants nés et à naître du donataire, au premier degré seulement (1449 C. C.).

**14589. Enfants existants avant le décès.** — Peu importerait que le disposant eût des enfants à l'époque où il a fait la substitution.

La loi ne demande qu'une chose pour valider cette substitution, c'est que les enfants soient morts au moment où la substitution doit arriver à effet, c'est-à-dire au moment du décès de l'instituant (Demante *Thémis* t. 7 p. 152, Demolombe t. 22 nos 419-434).

Mais il y a un point essentiel à noter ici ; c'est que si la substitution avait été faite par donation entre-vifs et que, depuis la donation, il fût survenu un enfant au donateur, la substitution se trouverait irrévocablement sans effet, alors même que l'enfant survenu depuis la donation serait mort avant le substituant. La donation, en effet, ayant été révoquée de plein droit par la survenance d'un enfant au donateur (960 C. C.), la mort de cet enfant n'a pu la faire revivre. Ainsi, bien que le donateur soit encore dans les conditions exigées par l'art. 1049, c'est-à-dire *sans enfants*, sa libéralité ne peut produire d'effet, car il ne laisse qu'une libéralité qui avait été atteinte et détruite dans son principe (Marcadé n° 2, Troplong n° 2215, Coin-Delisle n° 8, Grenier n° 360, Massé et Vergé *sur Zachariæ* t. 3 p. 192 n° 5, *Contrà* Toullier t. 5 n° 797).

**15590. Nécessité de l'absence d'enfants.** — La condition du décès sans enfants exigée par l'art. 1049 est impérieuse. Ainsi, un donateur qui mourrait laissant des enfants, n'aurait pas le droit de donner à son frère, en la grevant de substitution au profit des enfants de ce frère, la portion disponible qu'il pourrait lui donner sans substitution, aux termes de l'art. 913 C. C. A l'égard de ce frère qui peut recevoir sans condition, ne se trouve pas applicable la maxime *qui peut le plus peut le moins*, car il ne peut recevoir avec condition de conserver et de rendre.

Tel est le vœu de la loi, et il est trop formellement exprimé pour qu'il soit permis d'en interpréter les termes (Demolombe t. 22 n° 415).

**14591. Enfant naturel.** — La faculté donnée par l'art. 1049, à celui qui décède sans laisser d'enfants de faire une substitution, ne peut s'entendre que des enfants légitimes. Ainsi, l'existence d'enfants naturels reconnus au décès du donateur ne ferait point obstacle à l'efficacité de la substitution. C'est un point qui paraît hors de toute controverse (Roll. de Vill. *Rép. de Favard* v° *Subst.* chap. 1er § 1er n° 6, Coin-Delisle *sur l'art.* 1048 n° 9, Troplong nos 2216 à 2218, Massé et Vergé t. 3 p. 191, Dalloz v° *Subst.* n° 297, Demolombe t. 22 n° 417, Aubry et Rau t. 4 p. 48 ; — Cass. 21 juin 1815, D. 1815-1-434).

Ce n'est pas seulement pour l'application de l'art. 1049 que les enfants naturels se trouvent en dehors de la règle. Ils sont exclus de tout le système de substitution créé par les art. 1048 et suiv. Ainsi la substitution permise par l'art. 1048 ne peut avoir lieu au profit des enfants naturels. En ce sens, et par application de la règle qui a fait l'objet de notre n° 15529, la cour de Caen a jugé, le 2 décembre 1847 (S. 49-2-193), que, lorsqu'une substitution est faite, tant en faveur des enfants légitimes du grevé qu'en faveur de ses enfants naturels, la nullité de la disposition, en ce qui concerne ces derniers, entraîne la nullité de la substitution dans son entier, même à l'égard des enfants légitimes (Demolombe t. 22 n° 423).

**15592. Enfant adoptif.** — Mais la question de savoir s'il en est de l'enfant adoptif comme de l'enfant naturel a été controversée. Roll. de Vill. *loc. cit.*, Demolombe t. 22 nº 416 et Marcadé nº 2 pensent que l'existence d'un enfant adoptif au décès du donateur empêcherait l'effet de la disposition permise par le Code aux frères et sœurs du donataire. Il nous semble que les mêmes motifs qui ont fait décider que l'adoption ne révoquait pas les donations entre-vifs, comme les révoque la naissance d'un enfant, doivent faire décider la question contrairement à l'opinion ci-dessus. Et c'est ce qu'enseignent Coin-Delisle nº 9, Troplong nº 2219, Zachariæ, Aubry et Rau t. 6 p. 38, Dalloz vº *Subst.* nº 298, Saintespès-Lescot t. 5 nº 1725.

**15593. Enfant renonçant ou indigne.** — *Quid* des enfants renonçants ou indignes? Les termes de l'art. 1049 excluent trop les fictions, par la manière absolue dont ils sont conçus, pour qu'il soit permis de dire que celui qui ne laisse après lui que des enfants indignes ou renonçants meurt *sans* enfants. La présence de ces enfants laisse donc sans effet l'institution fidéicommissaire (Coin-Delisle nº 10, Troplong nº 2220, Massé et Vergé *sur Zachariæ* t. 3 p. 191 note 4, Demolombe t. 22 nº 420; — *Contrà* Vazeille art. 1049 nº 4, Marcadé nº 2).

**15594. Enfants du grevé.** — Les art. 1048 et 1049 ne permettent la substitution qu'au profit des enfants du grevé ou des grevés. Si donc je donne ma maison à mon fils, à charge de la rendre à ses enfants et *à ceux de sa sœur*, l'institution est nulle, comme contraire au vœu de l'art. 1048, et elle est nulle non-seulement à l'égard des enfants de ma fille, mais même pour le tout (Roll. de Vill. *Répert.* de Favard vº *Subst.* chap. 2 sect. 2 nº 13, Duranton t. 8 nºs 31 et 9, nºs 524 et 531, Vazeille *sur l'art.* 1048 nº 5, Coin-Delisle nº 16, Massé et Vergé *sur Zachariæ* t. 3 p. 192 nº 7, Troplong t. 4 nº 2224, Demolombe t. 22 nº 422; — *Contrà* Toullier t. 5 nºs 729 et suiv.).

Jugé, en ce sens, par la Cour de cassation, le 27 juin 1811 (S. 11-1-316), que la disposition que fait une personne n'ayant pas de descendants, de tout ou partie de ses biens au profit de l'un de ses frères, à la charge par celui-ci de rendre les biens donnés, moitié à ses propres enfants et moitié aux enfants d'un autre frère, est nulle pour le tout, tant à l'égard de l'institué qu'à l'égard des substitués. Le vice résultant de la substitution partiellement faite au profit des enfants du frère non institué, infecte, d'après l'art. 896 C. C., non-seulement l'institution, mais encore la substitution faite au profit des enfants de l'institué, quoique valable en elle-même aux termes de l'art. 1049.

**15595. Enfants à naître.** — On a vu, au nº 6516, qu'une des premières conditions, une condition *sine quâ nòn*, pour recevoir, est d'être sinon né, du moins conçu, au moment de la libéralité. Les art. 1048 et 1049 établissent une dérogation formelle à cette règle, et cela se comprend : c'est en vue de sauvegarder les intérêts de la famille dans l'avenir, et de maintenir l'égalité entre tous ses membres, que ces articles ont été rédigés; or, ce but n'eût pas été atteint, si les enfants à venir n'eussent pas trouvé place dans la prévoyance tutélaire de la loi.

**15596. Enfants sans distinction d'âge ni de sexe.** — La cour de Bruxelles, le 14 juillet 1808 (S. 3-1-371), ayant eu à se prononcer dans une espèce où le testateur avait institué un de ses fils son héritier universel, à la charge « de ne point aliéner les biens-fonds de sa succession, et de les laisser à ses deux enfants, » a mis tout à fait en relief l'esprit de la loi, en annulant ce testament qui limitait la restitution aux deux enfants du substitué, laissant ainsi de côté les enfants à naître. L'art. 1050 est, en effet, très-positif : une substitution n'est valable qu'autant qu'on substitue au grevé tous ses enfants, tant nés qu'à naître, sans exception ni préférence d'âge ou de sexe.

Cependant, il n'est pas nécessaire que la disposition reproduise fidèlement les termes de l'art. 1050, il suffit qu'il n'y ait aucune incertitude possible sur l'étendue de la substitution (Grenier nº 359, Toullier t. 5 nº 730, Coin-Delisle nº 3, Troplong nºs 2223, 2224, Massé et Vergé p. 192 note 8).

En ce sens, la Cour de cassation a jugé, le 31 mars 1807 (S. 7-1-13), qu'il n'est pas nécessaire que la charge de rendre soit au profit de *tous* les enfants : il suffit que des termes du testament on puisse induire que telle a été l'intention du testateur.

**15597. Enfants du premier degré.** — Trois systèmes sont en présence sur la signification de ces mots, « au premier degré, » écrits dans l'art. 1050.

Delvincourt enseigne d'abord (p. 104 note 6) qu'il suffit, pour remplir le vœu du législateur, qu'il n'y ait qu'un seul degré de substitution; de telle sorte que la disposition serait valable, par cela seul qu'elle ne contiendrait qu'une seule fois l'obligation de conserver et de rendre, et que les appelés ne seraient pas tenus à leur tour de conserver pour d'autres, quel que fût d'ailleurs le degré de parenté de ces appelés.

Malleville *sur l'art.* 1051, Duranton t. 9 nº 526, Vazeille *sur l'art.* 1048 nº 4 veulent, de leur côté, que le premier degré de parenté signifie le degré le plus proche, en fait, c'est-à-dire que si le grevé n'avait plus d'enfants, mais des petits-enfants seulement, la charge de rendre pourrait être établie au profit des petits-enfants.

Enfin la troisième opinion est celle de Toullier t. 5 nº 526, Coin-Delisle nº 4, Marcadé nº 3, Troplong nº 2222, Massé et Vergé *loc. cit.* p. 193 note 9, Grenier t. 3 nº 161, Duranton t. 9 nº 548, Roll. de Vill. *Rép.* vº *Subst.* 129, Poujol art. 1051, Taulier t. 4 p. 194, Zachariæ, Aubry et Rau t. 6 p. 58, Dalloz V. *Subst.* nº 315, Demolombe t. 22 nº 429 qui enseignent que le code a voulu parler du premier degré de génération, ce qui nous paraît être la vraie doctrine. Car il tombe sous les sens que parler des enfants nés ou à naître de quelqu'un c'est entendre les enfants de la première génération. C'est d'ailleurs dans ce sens que la question a été résolue par un arrêt de la cour de Rouen du 23 juin 1848 (S. 49-2-181).

**15598. Quotité disponible.** — La substitution ne peut jamais porter que sur les biens disponibles, car l'intégrité de la réserve est, dans toutes les dispositions du code, considérée comme inattaquable. C'est ce qui résulte d'ailleurs d'une manière formelle du texte des art. 1048 et 1049, et des paroles de l'orateur du Gouvernement que nous avons rappelées au n° 15586 (Demolombe t. 22 n° 433)

**15599. Représentation.** — Lorque celui qui est grevé de restitution au profit de ses enfants, meurt, laissant des enfants au premier degré et des descendants d'un enfant prédécédé, ces derniers doivent recueillir, par représentation, la portion de l'enfant prédécédé. Telle est la disposition de l'art. 1051 C. C. Mais il résulte de ce que nous avons dit dans le n° 15597, que si le grevé meurt sans laisser d'enfants du premier degré, le fidéicommis s'éteint dans sa personne lors même qu'il laisserait des petits-enfants (Coin-Delisle nos 4 et 5, Marcadé *sur l'art.* 1051).

**15600. Substitution après coup.** — Une donation faite sans substitution à l'enfant, ou au frère, ou à la sœur, ne devrait plus pouvoir, en principe général, être frappée de substitution par suite de son irrévocabilité, qui met obstacle à ce qu'il y soit fait aucun changement. Cependant le législateur a voulu qu'il en fût autrement au moyen d'une compensation pour le donataire. Ainsi, d'après l'art 1052, en faisant au donataire une donation nouvelle, le donataire peut lui imposer la condition de conserver et de rendre les biens compris dans la donation première. Et si cette nouvelle donation est acceptée par le donataire, il ne lui est plus permis de diviser les deux dispositions faites à son profit, c'est-à-dire de renoncer à la première pour s'en tenir à la seconde, quand même il offrirait de rendre les biens compris dans la disposition. Son engagement est absolu, peu importe que la seconde donation soit importante ou minime.

1. BIENS NON DONNÉS. — Si le donateur, qui offre une compensation par une seconde donation, peut grever de substitution son donataire pour les biens compris dans une première donation, il ne le peut pour ceux qui proviendraient au donataire d'une autre source (Toullier t. 5 n° 732, Zachariæ, Aubry et Rau t. 6 p. 41, Massé et Vergé t. 3 p. 193, Dalloz v° *Subst.* nos 318, 325, Demolombe t. 22 n° 451).

2. QUOTITÉ DISPONIBLE. — La règle de la quotité disponible qui a fait l'objet de notre n° 15598 est d'ailleurs parfaitement applicable ici, c'est-à-dire que si par suite de l'acceptation de la charge de restituer les biens qu'il a reçus précédemment, le donataire voyait sa réserve entamée par la substitution officieuse, son acceptation ne tiendrait que jusqu'à concurrence de la quotité disponible; la réserve devant toujours rester intacte (Marcadé *sur l'art.* 1052, Troplong n° 2232, Coin-Delisle *sur l'art.* 1052 n° 2; — *Contrà* Duranton t. 9 n° 532, Zachariæ, Aubry et Rau t. 6 p. 40, Demolombe t. 22 n° 435; — Cass. 14 juin 1836, Dalloz v° *Subst.* n° 326; — *Contrà* Toullier t. 5 n° 732, Grenier n° 364).

3. DROITS DES TIERS. — Dans tous les cas, la substitution après coup ne peut nuire aux droits que les tiers ont acquis sur les biens donnés pendant le temps intermédiaire, tels, par exemple, que les droits de l'acquéreur d'un immeuble compris dans la première donation (Grenier n° 362, Toullier t. 5 n° 733, Duranton t. 9 n° 556, Coin-Delisle, sur l'art. 1052 n° 3, Marcadé *eod.*, Troplong n° 2235).

**15601. Ouverture des droits des substitués.** — Les droits des appelés, dit l'art. 1053, seront ouverts à l'époque où, par quelque cause que ce soit, la jouissance du grevé viendra à cesser.

**15602. Fin de la jouissance.** — Les causes qui font cesser la jouissance de grevé sont : 1° la mort naturelle; — 2° l'indignité; — 3° l'ingratitude; — 4° l'inexécution des conditions; — 5° l'inobservation des art. 1056 et 1057 (*V.* 15606). Du moment que la jouissance du grevé prend fin par l'une de ces causes, le droit des appelés s'ouvre. C'est ce que porte formellement l'art. 1053.

1. SURVENANCE D'ENFANT. — Quant à la survenance d'enfant, dont nous avons déjà parlé n° 15589, nous n'avons pas à la signaler comme cause de cessation de la jouissance du grevé, puisque, du même coup, elle anéantit les droits de l'appelé.

2. MORT CIVILE. — La mort civile était autrefois une cause de cessation de jouissance du grevé, mais l'incapacité qui l'a remplacée, depuis son abolition, ne peut pas faire cesser la jouissance du grevé, lorsque celui-ci était déjà en possession au moment de la condamnation, car l'art. 3 L. 31 mai 1854, s'est contenté d'interdire au condamné à une peine afflictive perpétuelle de disposer de ses biens, soit par donation entre-vifs, soit par testament, et de recevoir à ce titre, si ce n'est à cause d'aliments (Demolombe t. 22 n° 604).

3. ABANDON ANTICIPÉ. — En dehors de la cessation forcée de la jouissance dont nous venons de parler, le grevé peut encore y mettre fin par un abandon anticipé. Mais, aux termes de l'art. 1053, cet abandon ne saurait préjudicier aux droits des créanciers dont les titres ont une date certaine antérieure. — Par identité de raison, l'abandon anticipé ne saurait nuire non plus aux tiers acquéreurs des biens substitués. Ils doivent en conserver la possession, jusqu'à ce que le terme normal de la jouissance du grevé soit arrivé.

Cette restitution, définitive entre le grevé et les appelés, doit être, au contraire, considérée comme provisoire entre les appelés existants à l'époque de la restitution, et les appelés nouveaux qui pourraient ensuite survenir (Caen 31 janv. 1860). Si donc l'un des appelés vient à mourir sans enfants avant le grevé, la part qu'il a obtenue dans les biens substitués accroît aux appelés qui ont survécu au grevé et n'est pas transmise à ses propres successeurs (Coin-Delisle art. 1053-9, Marcadé art. 1053, de Santerre t. 4 n° 212 *bis*, Demolombe t. 22 n° 631. — *V.* cependant *Contrà* Delvincourt t. 2 n° 406, Vazeille art. 1053 n° 14, Duranton t. 9 n° 606, Troplong t. 1er n° 2242, Mourlon *Rép. écr.* p. 418, Massé et Vergé t. 3 p. 203).

4. ENFANTS A NAITRE. — Les appelés qui existent au moment où cesse la jouissance par l'une des causes énumérées ci-dessus ne sauraient être définitivement investis au

préjudice des nouveaux appelés qui pourraient venir à naître. S'il en survient, ils pourront toujours venir réclamer leur quote-part (Orléans 9 avr. 1867, S. 67-2-277, Demolombe *Don. et Test.* t. 5 n° 476, Marcadé art. 1057 n° 2). — *V.* 15595.

5. DÉFAUT DE NOMINATION DE TUTEUR. — *V.* 15606.

**15603. Propriété des biens substitués.** — Pour que le mot *jouissance,* employé dans l'art. 1053 C. C., qui a fait l'objet du précédent numéro, n'induise pas en erreur, nous devons rappeler ici un principe que nous avons déjà posé sous le n° 15547, c'est que, bien que le grevé de substitution ait beaucoup de rapports avec l'usufruitier, il s'en distingue cependant en ce point essentiel qu'il est réellement propriétaire. En ce sens, la Cour de cassation a jugé, le 5 mai 1830 (S. 30-1-162), que la substitution ne fait pas qu'il y ait incertitude sur la propriété des biens substitués; cette propriété réside, avec tous les droits qui en découlent, sur la tête du grevé, tellement qu'il a la faculté d'aliéner et d'hypothéquer, sauf à l'appelé d'invoquer l'action résolutoire si, au jour de l'ouverture de la succession, il est apte à recueillir.

1. DROITS DES CRÉANCIERS. — D'où ce même arrêt a tiré la conclusion que les créanciers de l'auteur de la substitution ne peuvent écarter les créanciers du grevé de la distribution du prix provenant de la vente des biens grevés, sous le seul prétexte que ces biens n'avaient pu être hypothéqués par le grevé. — *Conf.* : C. Orléans 1ᵉʳ fév. 1876, 4470 R. P.

2. ALIÉNATION. — Jugé encore que le grevé de substitution est investi du droit de propriété des biens substitués et que ce droit est seulement résoluble en cas d'ouverture de la substitution. Par suite, le grevé peut valablement aliéner les biens donnés, sous charge de restitution, sauf, le cas échéant, l'exercice du droit des appelés (C. Paris 25 juill. 1850, S. 50-2-459, Demolombe t. 22 n° 551. — *Contrà* C. Paris 12 janv. 1847, S. 47-2-82).

Le grevé peut également et à plus forte raison recevoir ou transporter les créances (Toullier t. 3 n° 742, Grenier t. 1ᵉʳ n° 390, Coin-Delisle art. 1051, Duranton t. 9 n° 572, Aubry et Rau t. 6 p. 51, Massé et Vergé t. 3 n° 200, Demolombe t. 22 n° 564).

**15604. Prescription.** — Les biens grevés de substitution sont imprescriptibles avant l'ouverture du droit de l'appelé lorsqu'il a rempli les formalités voulues par la loi pour la publicité de son droit de restitution (*V.* 15607). Jugé, en conséquence, que la circonstance que le grevé de substitution a, pendant sa jouissance, fait acte de propriétaire *absolu* des biens *substitués,* n'opère pas en sa faveur ou en faveur de ses ayants droit une interversion de titre ayant pour effet de faire courir dès cette époque, la prescription à leur profit, contre l'appelé à la substitution qui n'avait pas réclamé dans les trente ans suivants. Il suffit, pour écarter toute prescription contre l'appelé, qu'il ait réclamé l'exécution du fidéicommis avant l'expiration des trente ans, à partir du décès du grevé (Cass. 1ᵉʳ fév. 1832, S. 32-1-201).

Telle est également la doctrine enseignée par Grenier n° 383, Delvincourt t. 2 p. 629 édit. de 1819, Vazeille *Prescript.* t. 1ᵉʳ n° 300. — Cependant cette opinion n'est pas partagée par tous les commentateurs du Code et l'on trouve parmi ses adversaires : Toullier t. 6 nᵒˢ 740, 741, Duranton t. 5 n° 604 et t. 9 n° 619, Proudhon *Usufruit* n° 2144, Troplong *Prescript.* n° 795.

Dans le cas où les tiers ne tiennent pas leurs droits du grevé, la prescription qui s'accomplit contre le grevé majeur et capable, avant l'ouverture de la substitution, s'accomplit du même coup contre les appelés, même mineurs, sans que les droits ainsi éteints puissent ensuite revivre à leur profit. Et il en est ainsi parce que le droit du grevé n'est pas soumis à une condition résolutoire proprement dite, mais qu'il a une propriété à temps qui finit à l'ouverture de la substitution, sans que le grevé puisse être considéré comme n'ayant pas été le représentant des appelés pour la propriété des biens substitués (Pothier *Subst.* sect. 5 art. 1ᵉʳ, Toullier t. 3 n° 740, Proudhon *Usuf.* t. 4 n° 2144, Troplong *Prescript.* t. 2 n° 795, Zachariæ, Aubry et Rau t. 6 p. 52, Demolombe t. 22 n° 554 — *Contrà* Duranton t. 9 n° 610, Marcadé art. 1052 n° 11, Mourlon *Rép. écrit,* t. 2 p. 410, Massé et Vergé t. 3 n° 204, Bugnet t. 3 p. 514, Grenier t. 3 n° 383, Vazeille *Prescript.* t. 1ᵉʳ nᵒˢ 300, 304, Merlin *Rép.* v° *Subst.* sect. 14 n° 14, Coin-Delisle art. 1051 n° 30).

Mais lorsqu'il s'agit de tiers qui tiennent leurs droits du grevé, la prescription n'est pas opposable aux appelés même majeurs, car le grevé ne peut pas prescrire lui-même contre son titre et il ne saurait conférer à ses ayants cause des droits plus étendus (Pothier *des Subst. loc. cit.,* Aubry et Rau t. 6 p. 53, Demolombe t. 22 n° 555).

**15605. Recours de la femme du grevé.** — Les femmes des grevés ne peuvent, aux termes de l'art. 1054, avoir de recours sur les biens à vendre que dans le cas où les biens personnels de leur mari sont insuffisants. Bien plus, ce recours n'existe qu'autant que le testateur ou le donateur l'a expressément accordé. Enfin, il ne protège que *le capital* des deniers dotaux. Il n'aurait donc lieu, ni pour les intérêts de la dot pécuniaire, ni pour la répétition des deniers provenant de fonds dotaux, ni pour l'exécution d'avantages matrimoniaux stipulés au profit de la femme.

**15606. Dispositions prises dans l'intérêt des appelés.** — Toutes ces dispositions se réfèrent aux dispositions analogues insérées au titre de la tutelle. Elles n'ont d'autre but que de faciliter l'exercice des droits de l'appelé, lorsque la condition à laquelle son droit est subordonné se sera accomplie.

1. NOMINATION D'UN TUTEUR. — Celui qui fera les dispositions autorisées par les articles précédents pourra, par le même acte, ou par un acte postérieur, en forme authentique, nommer un tuteur chargé de l'exécution de ces dispositions; ce tuteur ne pourra être dispensé que pour une des causes exprimées à la section 6 du chapitre 2 du titre *de la Minorité, de la Tutelle et de l'Émancipation* (1055 C. C.).

A défaut de ce tuteur, il en sera nommé un à la diligence du grevé, ou de son tuteur, s'il est mineur, dans le délai d'un mois, à compter du jour du décès du donateur ou testateur, ou du jour que, depuis cette mort, l'acte contenant la disposition aura été connu (1056 *Id.*).

Le grevé qui n'aura pas satisfait à l'article précédent sera déchu du bénéfice de la disposition, et, dans ce cas, le droit pourra être déclaré ouvert au profit des appelés, à la diligence soit des appelés s'ils sont majeurs, soit de leur tuteur ou curateur s'ils sont mineurs ou interdits, soit de tout parent des appelés majeurs, mineurs ou interdits, ou même d'office, à la diligence du procureur de la République près le tribunal de première instance du lieu où la succession est ouverte (1057 *Id.*).

La déchéance du grevé, dans le cas de l'art. 1057 C. C., ne produit pas les mêmes effets que sa mort à l'égard des appelés. Si le droit des appelés est ouvert, c'est toujours sous la condition du règlement définitif lors de la mort du grevé, d'où il suit que s'il n'existe encore aucun appelé au moment de la déchéance, la substitution ne sera pas caduque. S'il en xiste, le partage fait entre les appelés est provisoire et doit être refait au décès. Enfin, si l'un des appelés existants à l'époque de la déchéance meurt avant le grevé sans enfants, sa part accroît à la part des appelés existants à la mort du grevé (Duranton t. 9 n° 566, Aubry et Rau t. 6 p. 44-45, Demolombe t. 22 n° 621; — C. Orléans 9 avr. 1867, S. 67-2-277). — *V.* 15602-3.

2. INVENTAIRE. — Après le décès de celui qui aura disposé à la charge de restitution, il sera procédé, dans les formes ordinaires, à l'inventaire de tous les biens et effets qui composeront sa succession, excepté néanmoins le cas où il ne s'agirait que d'un legs particulier. Cet inventaire contiendra la prisée à juste prix des meubles et effets mobiliers (1058 *Id.*). — Il sera fait à la requête du grevé de restitution, et dans le délai fixé au titre *des Successions*, en présence du tuteur nommé pour l'exécution. Les frais seront pris sur les biens compris dans la disposition (1059 *Id.*). — Si l'inventaire n'a pas été fait à la requête du grevé dans le délai ci-dessus, il y sera procédé dans le mois suivant, à la diligence du tuteur nommé pour l'exécution, en présence du grevé ou de son tuteur (1060). — S'il n'a point été satisfait aux deux articles précédents, il sera procédé au même inventaire, à la diligence des personnes désignées en l'art. 1057, en y appelant le grevé ou son tuteur, et le tuteur nommé pour l'exécution (1061 *Id.*).

*Frais de mutation.* — L'art. 1059 porte que les frais de scellés et d'inventaire seront pris sur les biens compris dans la disposition.

Quant aux frais de mutation dont le grevé est tenu, la question paraît avoir été controversée dans notre ancien droit (Ricard 2e part. n° 155, Merlin *Rép.* v° *Subst. fidéic.* sect. 12 § 2 n° 2); mais ces frais, qui sont la dette personnelle du grevé, doivent demeurer à sa charge (Demolombe t. 22 n° 492, Delvincourt t. 2 p. 107, Toullier t. 3 n° 776, Roll. de Vill. n° 6, Dalloz v° *Subst.* n° 419).

3. VENTE DE MEUBLES.— « Le grevé de restitution sera tenu de faire procéder à la vente, par affiches et enchères, de tous les meubles et effets compris dans la disposition, à l'exception néanmoins de ceux dont il est mention dans les deux articles suivants » (1062 *Id.*).

4. RESTITUTION DE DIVERS MEUBLES. — « Les meubles meublants et autres choses mobilières qui auraient été compris dans la disposition, à la condition expresse de les conserver en nature, seront rendus dans l'état où ils se trouveront lors de la restitution » (1063 *Id.*).

5. BESTIAUX ET USTENSILES. — « Les bestiaux et ustensiles servant à faire valoir les terres seront censés compris dans les donations entre-vifs ou testamentaires desdites terres, et le grevé sera seulement tenu de les faire priser et estimer, pour en rendre une égale valeur lors de la restitution. » (1064 *Id.*).

6. EMPLOI DES DENIERS. — « Il sera fait par le grevé, dans le délai de six mois, à compter du jour de la clôture de l'inventaire, un emploi des deniers comptants de ceux provenant du prix des meubles et effets qui auront été vendus, et de ce qui aura été reçu des effets actifs. Ce délai pourra être prolongé, s'il y a lieu (1065). — Le grevé sera pareillement tenu de faire emploi des deniers provenant des effets actifs qui seront recouvrés et des remboursements de rentes; et ce dans trois mois au plus tard après qu'il aura reçu ces deniers (1066). — Cet emploi sera fait conformément à ce qui aura été ordonné par l'auteur de la disposition, s'il a désigné la nature des effets dans lesquels l'emploi doit être fait; sinon, il ne pourra l'être qu'en immeubles, ou avec privilége sur des immeubles (1067). — L'emploi ordonné par les articles précédents sera fait en présence et à la diligence du tuteur nommé pour l'exécution (1068).

**15607. Mesures prises dans l'intérêt du tiers.** — 1. PUBLICITÉ. — TRANSCRIPTION. — « Les dispositions par actes entre-vifs ou testamentaires, à charge de restitution, seront, à la diligence soit du grevé, soit du tuteur nommé pour l'exécution, rendues publiques, savoir: quant aux immeubles, par la transcription des actes sur les registres du bureau des hypothèques du lieu de la situation; et quant aux sommes colloquées avec privilége sur des immeubles, par l'inscription sur les biens affectés au privilége (1069). — Le défaut de transcription de l'acte contenant la disposition pourra être opposé par les créanciers et tiers acquéreurs, même aux mineurs ou interdits, sauf le recours contre le grevé et contre le tuteur à l'exécution, et sans que les mineurs ou interdits puissent être restitués contre ce défaut de transcription, quand même le grevé et le tuteur se trouveraient insolvables (1070). — Le défaut de transcription ne pourra être suppléé ni regardé comme couvert par la connaissance que les créanciers ou les tiers acquéreurs pourraient avoir eue de la disposition par d'autres voies que celle de la transcription (1071). — Les donataires, les légataires, ni même les héritiers légitimes de celui qui aura fait la disposition, ni pareillement leurs donataires, légataires ou héritiers ne pourront, en aucun cas, opposer aux appelés le défaut de transcription ou d'inscription » (1072).

La loi du 23 mars 1855 n'a pas modifié les dispositions précédentes.

2. RESPONSABILITÉ DU TUTEUR. — « Le tuteur nommé pour l'exécution sera personnellement responsable, s'il ne s'est pas, en tout point, conformé aux règles ci-dessus établies

pour constater les biens, pour la vente du mobilier, pour l'emploi des deniers, pour la transcription et l'inscription, et, en général, s'il n'a pas fait toutes les diligences nécessaires pour que la charge de restitution soit bien et fidèlement exécutée (1073). — Si le grevé est mineur, il ne pourra, dans le cas même de l'insolvabilité de son tuteur, être restitué contre l'inexécution des règles qui lui sont prescrites par les articles du présent chapitre » (1074).

## TITRE II. — APPLICATION DES DROITS D'ENREGISTREMENT

[15608-15632]

**15608. Disposition dépendante.** — La clause de substitution dans un acte de donation ou dans un testament ne motive la perception d'aucun droit, parce que l'appelé n'est pas saisi de la chose et a une simple expectative qui peut ne pas se réaliser. La substitution n'est pour eux qu'un mode de succéder (Dél. 26 août 1814; — Rennes 22 mars 1846, 12903 J.N.).

1. RECONNAISSANCE. — Il n'est dû aucun droit proportionnel sur l'acte par lequel le grevé autorise le tuteur à reconstituer, au moyen de la perception du loyer d'un immeuble, une somme qu'il a dissipée (Sol. 18 juill. 1876, 4594 R. P.).

## CHAPITRE PREMIER. — DROIT DE MUTATION

[15609-15617]

**15609. Droit de propriété.** — On a vu, aux nos 15547 et 15603, que le grevé n'est pas simple usufruitier, mais propriétaire des biens à lui transmis à charge de restitution. La conséquence de ce principe est facile à déduire.

**15610. Succession.** — 1. DÉCÈS DU SUBSTITUANT. — En premier lieu, le grevé doit, au décès du substituant, payer le droit de mutation par décès sur la pleine propriété des biens à lui transmis, absolument comme si la charge de restitution n'existait pas (Demante n° 743 § 1er, Dél. 26 août 1821, 4033 J.N.).

Les appelés n'ont aucun droit aux biens avant l'ouverture de la substitution et ne doivent dès lors aucun impôt actuel (Dél. 28 oct. 1834, 1484 § 3 I. G.). — V. *Donation* n° 6812.

2. DÉCÈS DU GREVÉ. — NOUVEAU DROIT. — En second lieu, un nouveau droit de même nature sera exigible lorsque les appelés recueilleront les biens par suite du décès du grevé, car une nouvelle mutation s'opérera sur leur tête: « Attendu, porte un arrêt de Cass. du 11 décembre 1860, que les immeubles, après avoir fait impression sur la tête du grevé, ont fait retour aux héritiers institués, ce qui a constitué une nouvelle transmission du légataire aux héritiers et donné, par suite, ouverture à un droit de mutation indépendant de celui qui avait été perçu au décès de l'auteur de la disposition » (1455 R.P., 2190 § 6 I. G., 17071 J.N., 11941 C., 17249 J. E.). — La même doctrine résulte d'un autre arrêt de la chambre civile du 5 mars 1866 (2256 R. P., 2348 § 7 I. G., S. 66-1-122, D. 66-1-123).

3. APPLICATION DU TARIF. — L'application des principes civils conduirait à décider que dans cette hypothèse le droit est exigible d'après le degré de parenté existant entre l'appelé et l'auteur de la disposition, puisque les biens lui sont dévolus comme héritier direct du substituant: *Substitutus capit a gravante et non a gravato.* Mais ce résultat avait été écarté par l'ancienne jurisprudence pour le payement des droits: « La substitution, disait Bosquet, est une image de la succession, et il faut lui en appliquer toutes les règles, en sorte que sans considérer nullement si l'appelé descend ou non de l'auteur de la substitution, il ne faut s'attacher qu'au degré dans lequel il se trouve relativement à celui duquel il reçoit immédiatement les biens. C'est ce qui a été décidé par un arrêt de règlement du 30 décembre 1721 (appliqué au droit de centième denier par une décision du conseil du 16 juin 1731). On se dispensera de citer une *infinité* d'arrêts rendus en conformité de ce règlement » (t. 4 p. 45 et 221).

La loi du 22 frimaire an 7 n'avait évidemment rien changé à une jurisprudence aussi catégoriquement établie, et c'est pourquoi nous avons, dans nos éditions antérieures, soutenu que le droit était exigible d'après la parenté de l'appelé avec le grevé.

Dans l'affaire qui a donné lieu à l'arrêt de Cass. du 11 décembre 1860, cité au paragraphe précédent, l'Administration avait cependant calculé le droit d'après le degré de parenté existant entre le grevé et l'appelé. Mais la Cour, sans s'expliquer d'ailleurs autrement sur ce fait, a établi que la mutation s'opérait « du légataire institué aux héritiers appelés. » Et, en transmettant l'arrêt comme règle de perception, l'Administration a rétabli sa doctrine en ces termes: « Il y a dans la substitution deux transmissions distinctes: le grevé ou premier propriétaire tient son droit et la chose du testateur; le second propriétaire, c'est-à-dire l'appelé, ne tient que son droit du testateur, la chose lui vient du grevé. Du moment que les clauses du testament du sieur B... présentaient les caractères d'une substitution, il s'ensuivait qu'un nouveau droit de mutation était exigible indépendamment de celui qui avait été perçu au décès du testateur, et, d'après la règle suivie en cette matière, le second droit à percevoir était celui de 9 pour 100, aucun lien de parenté n'existant entre le grevé et les appelés » (2196 § 6 I. G. *in fine*. — *Conf.*: Demante n° 743 § 2; — Cass. 5 mars 1866, 2256 R.P., 2348 § 7 I. G., S. 66-1-122, D. 66-1-123).

Mais, comme il y a deux mutations distinctes, l'une au profit du grevé, l'autre au profit de l'appelé, chacune de ces mutations, ainsi que cela résulte de l'instruction, est passible d'un droit proportionnel, et l'on ne peut pas imputer le droit perçu au décès du testateur sur celui qui est dû au décès du grevé.

**15611. Legs de eo quod supererit.** — Nous avons expliqué précédemment qu'il ne fallait pas confondre le legs à charge de substitution avec le legs *de ce qui restera, de eo quod supererit*. Cette dernière disposition constitue un legs soumis à une condition suspensive ordinaire: l'existence des biens légués au décès du premier légataire. La Cour de cassation l'a ainsi reconnu en ces termes, par arrêt du 1er juillet 1868: « Attendu que le legs fait au profit de Lucien Fonquermie, demandeur en cassation, ne devait se réaliser qu'au décès d'Auguste Fonquermie, son frère, institué en première

ligne, et que cette libéralité ne portant que sur ce qui resterait au décès d'Auguste, était réputée faite sous une condition suspensive qui ne permettait pas à la Régie d'exiger le payement du droit proportionnel de mutation sur le legs fait à Lucien avant le décès d'Auguste » (2738 R. P., 2372-4 I. G.).

Par conséquent, lorsque la condition s'accomplit, elle remonte au décès du disposant et le droit exigible pour la transmission dont profite le second institué se calcule d'après le degré de parenté existant entre cet appelé et le testateur. C'est ce qu'a décidé avec raison le tribunal de Bourganeuf, le 14 avril 1859 (1188 R. P., 16934 J. E., 11650 J. E.) ; et c'est la doctrine que l'Administration a fait appliquer depuis par le tribunal de Foix, dans un jugement du 4 mars 1867 (2402 R. P., 18408 J. E.), contre lequel il a été formé un pourvoi rejeté par l'arrêt du 1er juillet 1868 précité. — *Conf.* : Arcis-sur-Aube 8 juillet 1875, 4322 R. P.

On appliquerait également le tarif en vigueur à l'époque du décès du testateur (Sol. 7 janv. 1873 et 22 avr. 1875).

1. VALEUR DES BIENS. — Il n'en résulte pas cependant que le droit doive être perçu suivant la valeur qu'avaient les biens légués à l'époque de ce décès, au lieu de l'être sur la valeur qu'ils ont au jour où le légataire recueille en réalité l'objet de son legs. En effet, le legs fait par un testateur à une personne avec stipulation que ce qui restera au décès du légataire sera recueilli par une seconde personne est subordonné à une double condition : celle de l'existence du second légataire à cette époque et celle de l'existence de tout ou partie des biens légués. Or, s'il est vrai qu'en définitive ce soit toujours de l'auteur du testament que le second légataire tient son droit au legs, ce qui justifie la perception du droit au taux fixé par la loi sous l'empire de laquelle a eu lieu le décès du testateur, il n'est pas moins positif que le dernier légataire n'est quelquefois pas appelé à exercer son legs sur les choses mêmes qui dépendaient primitivement de la succession. Le premier légataire a pu les aliéner en partie, ou simplement les transformer. On doit en conclure que ce sont les choses elles-mêmes que le second légataire recueille qui doivent être assujetties à l'impôt, et, par une conséquence naturelle, que c'est leur valeur à l'époque où il est appelé à jouir qui doit servir de base à la liquidation du droit (Seine 6 fév. 1856, Sol. 18 janv. 1864, 1957 § 3 R. P.).

**15612. Imputation.** — De ce qu'il s'agit ici d'un legs conditionnel pur et simple, il faut en conclure qu'il ne s'opère qu'une seule transmission et qu'il n'est par conséquent dû qu'un seul droit de mutation. Dès lors, il y a lieu d'imputer sur le droit dû par le second légataire le droit qui a été exigé du premier. Cette imputation avait été opérée par l'Administration dans l'affaire sur laquelle est intervenu l'arrêt précédent du 1er juillet 1868. — V. *Succession*.

Le contraire a été cependant décidé par le tribunal d'Arcis-sur-Aube, le 8 juillet 1875 (4322 R. P.) et par plusieurs solutions (Sol. 7 janv. 1873, 19 nov. 1875).

**15613. Usufruit.** — Il ne faut pas d'ailleurs confondre le legs dont il s'agit avec un simple legs d'usufruit, et on a fréquemment tenté de les dissimuler sous cette forme afin d'échapper à une partie du droit de mutation.

Il a donc été jugé avec raison : 1° que quand par testament une femme a légué à son mari l'usufruit de ses biens avec faculté d'aliéner à son profit les immeubles dépendant de sa succession, l'institution doit être considérée comme n'étant pas d'un simple usufruit, mais de la propriété même. Dès lors, les légataires institués de la nue-propriété n'étant investis du droit de recueillir que ce qui restera après la consommation de l'usufruit, *de eo quod supererit*, n'ont pour le moment aucun droit à payer (Foix 27 mai 1861, 1407 R. P., 12085 C.) ;

2° Et qu'on doit considérer comme un legs de toute propriété et non de simple jouissance la disposition par laquelle le testateur a attribué à un tiers l'usufruit de ses biens avec faculté de les vendre, sans être tenu d'aucune garantie (Foix 4 mars 1867, 2492 R. P.).

C'est un point que nous avons d'ailleurs approfondi dans la notice qui suit le jugement précité du 27 mai 1861.

**15614. Fiducie.** — Le fiduciaire ne doit de son chef aucun droit de mutation par décès. — *V.* 9012.

**15615. Nullité.** — On verra plus loin (n° 15629) que l'Administration n'étant pas juge des nullités, même absolues, les actes renfermant des substitutions conservent tous leurs effets à son égard tant qu'ils n'ont pas été annulés, soit sur la demande des parties intéressées, soit dans certains cas par les tribunaux agissant d'office.

Pour se soustraire au payement du droit de succession l'appelé ne pourrait donc pas se borner à prétendre que la substitution a été considérée comme non avenue. En tous cas, sa prétention serait mal fondée à un double titre si certains faits venaient prouver l'exécution de la clause. A cet égard, il a été jugé, par un arrêt de Cass. du 5 mars 1866, que la preuve de cette exécution résulte, au sujet du legs d'une rente sur l'État, de ce que l'héritier a payé au représentant du grevé les arrérages échus jusqu'à l'époque de son décès (2256 R. P., 2348 § 7 I. G., D. 66-1-123, S. 66-1-122).

« Attendu, porte cet arrêt, qu'il est constaté par le jugement attaqué et qu'il résulte, en effet, des termes précis de la transaction intervenue le 12 avril 1858 entre ladite dame de Neufbourg et la fille Martiny, que celle-ci a reçu de Raveau, administrateur judiciaire de la succession Féline, et ce, en qualité d'héritière de Henri-Jules Martiny, son fils naturel : 1° le 12 mai 1856, la somme de 1,000 francs ; — 2° le 5 septembre suivant, celle de 1,870 francs; attendu que ces deux sommes, qui, réunies, forment celle de 2,870 francs, représentent précisément les arrérages de la rente de 3,000 francs, léguée par Féline au mineur Henri-Jules Martiny, échus depuis le 10 septembre 1854, jour du décès de Féline, au 19 août 1855, jour du décès du mineur prénommé ; attendu qu'il y a lieu de conclure de ce double payement ainsi volontairement effectué entre les mains de la fille Martiny, que non-seulement la dame de Neufbourg, légataire universelle de Féline, n'a pas demandé la nullité du legs dont il s'agit, en tant qu'il serait entaché de substitution prohibée, mais qu'au contraire elle l'a pleinement exécuté. »

**15616. Donation.** — L'abandon anticipé et gratuit fait aux appelés par le grevé constitue une véritable libéralité ordinaire : « Le grevé doit être considéré comme un donateur, dit Demolombe (t. 22 n° 625), de même que les appelés sont à considérer comme des donataires, car, dans ce cas, ils reçoivent les biens *a gravato*, non *a gravante*. » Dans l'ancienne jurisprudence, cette remise anticipée était déjà considérée comme une aliénation volontaire passible du droit (Bosquet t. 4 p. 45). Sous l'empire de la loi du 22 frimaire an 7, il a été également décidé que, si le grevé, voulant anticiper la jouissance des appelés, leur abandonne à titre gratuit les biens grevés, le droit de donation est exigible non pas seulement sur l'usufruit, mais encore sur la pleine propriété de ces biens (Sol. 28 oct. 1834, 1481 § 3 I. G., 8695 J. N., D. N. t. 5 p. 155 n° 211).

1. PARTAGE D'ASCENDANT. — Il devrait en être de même à l'égard d'un partage d'ascendant. Mais comme le droit de transcription n'est pas ici mêlé au droit d'enregistrement, il n'y a pas lieu de le percevoir au moment de l'enregistrement de l'acte, attendu qu'aux termes de l'art. 3 L. 16 juin 1824, les donations de l'espèce ne doivent subir le droit de 1 fr. 50 cent. pour 100 qu'au moment de leur présentation effective à la transcription. — V. *Partage anticipé*.

2. DON ÉVENTUEL. — La donation entre-vifs à charge de restitution n'est point, à raison de cette charge, passible d'un droit particulier d'enregistrement de donation éventuelle (Rennes 23 mars 1816, 12902, 12903 J. N.). — V. *Donation* n° 6690.

3. CONDITION DE FAIRE UN LEGS. — Quand une donation a été faite à la condition que le donataire léguera à un tiers l'usufruit des biens donnés, les droits de mutation par décès doivent être calculés, lors de l'accomplissement de la condition, selon le degré de la parenté existant entre le donateur et le donataire, car c'est un droit sur la chose même du donateur qui est transmis à ce dernier par la donation (17855 J. E.).

4. ACTION IMMOBILIÈRE. — Si le grevé ouvre la substitution après avoir vendu les biens, il donne une action immobilière passible du droit sur le revenu de cette action. — V. 1581.

**15617. Vente.** — Si le grevé abandonnait à titre onéreux aux appelés l'usufruit des biens grevés, cet abandon ne devrait pas être considéré comme constituant une simple réunion d'usufruit à la nue-propriété, passible seulement du droit fixe de 4 fr. 50 cent., mais comme une cession ordinaire d'usufruit, sujette au droit de 5 fr. 50 cent. pour 100 sur le prix.

## CHAPITRE II. — DROIT DE TRANSCRIPTION

### [15618-15632]

**15618. Principe.** — L'art. 1069 C. C. veut que les dispositions par actes entre-vifs ou testamentaires à charge de restitution soient rendues publiques, quant aux immeubles, par la transcription des actes sur les registres du bureau des hypothèques du lieu de la situation. D'autre part, l'art. 54 L. 28 avril 1816 prescrit de percevoir le droit de transcription au moment de l'enregistrement des actes qui sont de nature à être transcrits. Il résulte évidemment de là que les actes qui contiennent des libéralités à charge de substitution, étant de nature à être transcrits, doivent être soumis, lors de leur enregistrement, au droit additionnel de transcription.

1. DONATION ENTRE-VIFS. — Ce principe reste sans influence sur la perception qui concerne les donations entre-vifs, car, ainsi qu'on l'a vu (v° *Donation*), le droit de transcription est toujours perçu au moment de l'enregistrement des actes de cette nature.

2. TESTAMENT. — Mais il s'applique lorsque c'est dans un testament que se trouve contenue l'institution fidéicommissaire. Dans ce cas, le droit proportionnel de 1 fr. 50 cent. pour 100 doit toujours être perçu au moment de l'enregistrement. Ce principe, posé pour la première fois par une solution de l'Administration du 22 avril 1836 (11511 J. E., 9540 J. N., 1528 § 14 I. G.), a été d'abord sanctionné par un grand nombre de décisions des tribunaux ordinaires, puis définitivement consacré par une série non interrompue d'arrêts de la Cour suprême :

1° Par testament olographe du 2 novembre 1846, S... a institué A..., son cousin germain, pour légataire universel de ses biens meubles et immeubles, avec la charge de rendre ces biens à l'aîné de ses enfants mâles jusqu'au deuxième degré inclusivement. Un arrêt du 2 novembre 1848 (14624 J. E., 13555 J. N., 1837 § 14 I. G.) a décidé qu'il y avait lieu d'exiger le droit de 1 fr. 50 cent. pour 100 sur la valeur des immeubles ;

2° Même décision dans une espèce où le testateur avait institué sa nièce pour légataire universelle à charge de rendre les biens légués à ses enfants nés et à naître au premier degré seulement (Cass. 25 avr. 1849, 13735 J. N., 14733 J. E.; 1844 § 17 I. G.);

« Attendu, porte cet arrêt, que l'art. 54 L. 28 avril 1816 soumet au droit d'un et demi pour cent, lors de l'enregistrement, tout acte de nature à être transcrit, et que l'on ne peut contester ce caractère aux actes emportant soit mutation actuelle, soit mutation future, pour lesquels la loi, par une disposition spéciale, a prescrit cette formalité de la transcription ; attendu que la transcription prescrite par l'art. 1069 C. C., ni par conséquent la perception du droit ci-dessus, ne sont point subordonnées à l'événement de la substitution ; attendu que l'art. 33 L. 21 mai 1832, en modifiant les droits d'enregistrement dus pour les libéralités du genre de celle contenue dans l'acte litigieux, n'a nullement dérogé aux dispositions de l'art. 54 précité ; attendu que c'est d'après ces principes que, lors de l'enregistrement du testament de la dame veuve Prud'homme d'Hailly, le receveur a exigé, outre le droit d'enregistrement, celui de transcription établi par l'art. 54. »

3° Une troisième espèce s'est présentée dans les mêmes conditions que la précédente, mais avec cette circonstance particulière que le légataire universel prétendait que son legs devait être considéré comme caduc, parce que les charges qui le grevaient en absorbaient l'importance. La Cour de cassation (ch. civ.) a maintenu sa jurisprudence par le motif que le legs ne pourrait être réputé caduc que s'il avait été répudié (2 janv. 1850, 13935 J.N., 14888 J.E., 1857 § 17 I.G.).

3. PARTAGE TESTAMENTAIRE. — Dans le même ordre d'idées, il faut décider que si, dans un partage testamentaire, un des lots est grevé de substitution jusqu'à concurrence de la portion disponible, le droit de transcription est dû sur la valeur de la quotité (Senlis 12 juin 1838, 10407 J. N., 12258 J. E.).

**15619. Imputation.** — M. Demante pense que quand le droit de 1 fr. 50 cent. pour 100 a été acquitté lors de la transcription du testament, il faut en tenir compte au moment de la perception du droit de mutation par décès, si ce dernier droit comprend celui de 1 fr. 50 cent. pour 100, afin de ne pas violer la maxime *non bis in idem*. A plus forte raison, dit-il, si le payement des droits de succession précède l'enregistrement du testament, le droit de transcription étant compris dans ces droits, ne doit pas être ajouté au droit fixe (n° 742).

Cette observation nous paraît comporter deux réponses.

La première, c'est que le droit de succession autre que celui en ligne directe, bien qu'augmenté en 1832 d'une somme égale au droit de transcription, afin d'égaler le taux des donations entre-vifs, constitue une taxe unique dont aucune partie ne s'applique précisément au droit de transcription. Quand un frère succède à son frère décédé *intestat*, il n'y a rien à faire transcrire : le législateur n'a donc point en vue le payement du droit créé pour la formalité effectuée de la transcription au bureau des hypothèques. Cette vérité est surtout saisissante à l'égard des meubles que la loi du 18 mai 1850 a soumis au même droit que les immeubles et qui cependant n'ont pas de suite par hypothèque. On ne peut donc pas dire que le droit de transcription dû sur le testament et le droit de mutation par décès soient de la même nature.

En second lieu, ces deux impôts s'appliquent à deux ordres de faits distincts. L'un est la rémunération d'une formalité matérielle destinée à publier la substitution ; l'autre est le prix de la protection accordée à la transmission même des biens. Le légataire ne peut pas plus demander à les confondre qu'un cohéritier ne pourrait, en achetant par licitation une portion *indivise* de l'immeuble commun, se dispenser d'acquitter le droit de transcription, sous le prétexte qu'il l'a déjà implicitement payé lors de la déclaration de succession (V. Cass. 28 nov. 1848 et 25 avr. 1849, 1528-14 I. G. ; — Coulommiers 9 oct. 1837 ; — Chartres 25 janv. 1845 ; — Yvetot 4 déc. 1846 ; — Saint-Omer 24 déc. 1847, 9540, 11485, 12303, 12936, 13283, 13555, 13735 J. N. ; — *Contrà* Aix 20 mai 1847, 13090 J. N.).

**15620. Dation en payement.** — Un testament se bornait à opérer l'emploi, en immeubles, d'une partie de capitaux et de créances antérieurement légués à titre de substitution. La Cour de cassation a maintenu sa doctrine par un arrêt du 10 août 1852, 15489 J. E., 14752 J. N., 1946 § 5 I. G.). Cet emploi, en effet, étant le complément d'un acte de substitution, devait, comme cet acte lui-même, être rendu public par la transcription au bureau des hypothèques, ce qui rendait exigible le droit de 1 fr. 50 cent. pour 100.

« Attendu, porte l'arrêt du 10 août 1852, qu'aux termes de l'art. 1069 C. C., toutes dispositions par acte entre-vifs ou testamentaire à charge de restitution doivent être rendues publiques par la transcription quand il s'agit d'immeubles ; attendu que la prescription de cet article est générale et s'applique aussi bien à l'acte par lequel les capitaux compris dans une substitution sont employés en acquisition d'immeubles qu'à l'acte originaire constitutif de la substitution ; attendu que l'art. 54 L. 28 avril 1816 soumet au droit d'un et demi pour 100, lors de l'enregistrement, tout acte de nature à être transcrit ; qu'aux termes de l'art. 60 L. 22 frimaire an 7, tout droit d'enregistrement régulièrement perçu ne peut être restitué, quels que soient les événements ultérieurs. »

**15621. Meubles attribués en place des immeubles substitués.** — Le droit de transcription devrait être perçu encore bien qu'un partage notarié et homologué n'aurait affecté que des valeurs mobilières au legs de la quotité disponible frappé de substitution, attendu qu'au moment du décès les héritiers se sont trouvés saisis proportionnellement de tous les biens héréditaires et que le droit exigible d'après cette base, ayant été définitivement acquis au Trésor, n'a pu recevoir d'atteinte par suite d'une liquidation postérieure (Seine 2 juill. 1841, 15 nov. 1856, 12801, 16417 J. E., 15965 J. N., 11121 C.).

*Quid* dans le cas où le partage serait présenté à l'enregistrement avant ou en même temps que le testament ? — V. 14546.

*Reprises.* — Le droit est dû sur les reprises du substituant puisqu'elles s'imputent sur les immeubles de communauté et représentent une valeur immobilière (Lille 27 nov. 1874, 3984 R. P.).

**15622. Vente.** — Dans le même ordre d'idées, et dans une espèce jugée par le tribunal de la Seine, le 18 juin 1840 (12550 J. E., 10809 J. N.), on avait vainement opposé que le testament n'avait point été transcrit et que les immeubles grevés de substitution ayant été aliénés par le légataire, la substitution n'avait plus pour objet que des valeurs mobilières.

**15623. Renonciation ultérieure. — Restitution.** — L'affaire qui a provoqué l'arrêt rapporté n° 15620 présentait cette circonstance particulière que, par acte au greffe postérieur à l'enregistrement du testament et au payement des droits de succession, l'appelé avait renoncé au legs qui lui avait été fait à titre de dation en payement. La Cour a considéré avec raison cette renonciation comme un événement ultérieur qui, ne pouvant avoir d'effet rétroactif, aux termes de l'art. 60 L. 22 frimaire an 7 (V. *Restitution*), n'était pas de nature à motiver la restitution des droits perçus. — V. 15621.

**15624. Révocation.** — Mais, sans aucun doute possible, le droit de transcription serait restituable si le legs à charge de restitution avait été annulé par un testament postérieur. Le legs était, en effet, soumis à une double éventualité, le décès du testateur et le maintien de la disposition du testament. Cette disposition ayant été révoquée, le legs n'a jamais existé et n'a pu, par conséquent, être régulièrement assujetti à aucune perception (Sol. 22 avr. 1836, 1528 § 14 I. G.). C'est le cas de faire ici l'application de la règle qui a fait l'objet des n^os 14546 et suiv.

**15625. Liquidation du droit.** — C'est sur le capital au denier 20 du revenu des biens, et non sur leur valeur vénale, que doit être assis le droit de transcription, par la raison que la perception du droit de transcription est réglée comme celle du droit d'enregistrement, et que le droit d'enregistrement, dans l'espèce, est celui que paye l'héritier grevé pour la mutation par décès (*Conf.* : 16006 J. E.).

1. ACTION DE LA BANQUE. — Il a été jugé, dans ce sens, que quand la charge de rendre s'applique à des actions immobilières de la Banque de France, le droit de 1 fr. 50 cent. pour 100 est dû, non sur leur valeur vénale d'après le cours de la Bourse, mais sur le produit des actions de l'espèce capitalisé au denier 20 (Seine 11 avr. 1874, 3969 R. P.).

2. INSUFFISANCE. — EXPERTISE. — Nous ne mettons pas en doute que pour constater l'insuffisance de l'évaluation des parties, l'Administration ne puisse provoquer l'expertise du revenu des immeubles grevés de substitution. Nous établirons au mot *Transcription* que cette voie de contrôle est ouverte au Trésor pour le droit de transcription perçu sans le droit de mutation aussi bien que pour ce dernier. Or, si le conservateur a qualité pour la provoquer, il en est de même et *à fortiori* du receveur qui a enregistré le testament et perçu l'impôt.

3. VALEUR VÉNALE. — Mais c'est toujours la valeur locative qu'il faut évaluer. Nous désapprouvons donc le tribunal de Mamers d'avoir décidé, le 4 mars 1856, que l'Administration peut réclamer un supplément de droit quand un partage intervenu après l'enregistrement du testament constate que les immeubles ont une valeur vénale supérieure au capital du revenu déclaré (15759 J. N.). Ce dernier résultat n'a rien que de très-naturel, puisque la capitalisation du revenu s'opérant au denier 20 ne représente jamais la véritable valeur des biens. Pour constater l'insuffisance d'un revenu, il ne faut donc pas s'arrêter aux évaluations du capital. D'ailleurs, la difficulté ne paraît pas avoir été soumise au tribunal qui avait à juger surtout d'autres questions.

4. DROIT EN SUS. — Mais aucun droit en sus de transcription ne saurait être perçu, ainsi que nous l'établissons au mot *Transcription*.

5. INDIVISIBILITÉ. — Lors de l'enregistrement, le droit de transcription doit être naturellement limité aux biens ou à la partie des biens grevés. Quant aux effets de la transcription effectuée au bureau des hypothèques, il en est traité au mot *Transcription*.

**15626. Réduction à la quotité disponible.** — Lorsqu'on présente à l'enregistrement un testament par lequel le défunt a grevé toute sa fortune de substitution au profit de ses petits-enfants, et que dans un acte de dépôt soumis en même temps à la formalité, les réservataires ont annoncé leur intention de faire réduire le legs à la quotité disponible, le droit de transcription à 1 fr. 50 cent. pour 100 ne saurait être perçu que sur cette quotité. S'il a été exigé sur tous les immeubles, la restitution peut en être ordonnée, quoique le testament ait été ultérieurement transcrit au bureau des hypothèques (Seine 5 janv. 1848 et Rouen 25 août 1864, 2070 R. P.).

Mais si le droit a été perçu avant la réduction, il ne saurait être restitué après. — V. *Restitution*.

Quant à la question de savoir qui est responsable de l'évaluation exagérée des biens frappés de réduction, V. *Transcription*.

**15627. Payement des droits.** — Le droit de transcription exigible sur un testament grevé de substitution doit être recouvré sur le grevé. — V. 1537.

C'est le tuteur à la substitution qui présente le testament à la formalité de l'enregistrement, qui est tenu d'avancer le droit proportionnel de transcription réclamé par le receveur. Mais si le préposé a omis de percevoir ce droit, il est impossible de le réclamer ensuite au tuteur (Caen 31 janv. 1868, 2954 R. P.). — *V.* également *Transcription*.

**15628. Licitation.** — Il arrive parfois que les immeubles grevés de substitution sont licités et que le grevé en demeure adjudicataire. Dans ce cas, il ne s'opère aucune mutation à son profit, puisque le grevé possédait la toute propriété des biens : on ne saurait donc songer à percevoir aucun droit de mutation. Mais le droit de transcription est-il exigible? Pour la négative on peut dire que ce n'est pas au moyen de la transcription de l'adjudication au bureau des hypothèques que l'on fait disparaître la charge de restitution dont les biens sont grevés : c'est, par voie de radiation ou de mention en marge de la transcription de l'acte qui a établi cette charge. Cette formalité de transcription est donc inutile.

Cependant, le contraire a été, et avec raison, selon nous, décidé par un jugement du tribunal de la Seine du 17 mars 1865 : « Attendu que la transcription était nécessaire pour faire connaître aux tiers que les appelés n'avaient plus aucun droit sur les biens » (2120 R. P., 18416 J. N.). Et cette solution résulte également de deux jugements rendus, l'un par le tribunal de Nantes, le 12 juin 1873 (3674 R. P.), et l'autre par le tribunal de Pont-l'Évêque, le 14 avril 1874 (3882 R. P.).

Les appelés, en effet, ont un droit éventuel à la propriété des biens ; sans doute ils ne sont pas des propriétaires sous *condition suspensive* dans l'acception ordinaire de ce mot, mais ils n'en ont pas moins la perspective certaine de recueillir un jour les immeubles détenus en ce moment par un tiers, et rien ne s'oppose à ce qu'ils confèrent des hypothèques sous la même condition. Pour avertir les créanciers du changement qui s'est opéré dans la propriété, ne faut-il pas alors faire transcrire l'acte d'adjudication?

Ces motifs, que nous avons indiqués, sont ceux qui ont servi de base à la jurisprudence : « Attendu, porte le jugement du 14 avril 1874, que la transcription du testament qui a grevé M. D... de substitution a grevé les biens d'une charge qui en modifiait la possession dans ses mains, en les affectant d'une résolution éventuelle au profit des appelés et qu'il avait donc intérêt à faire connaître par la transcription l'acte d'adjudication qui rendait libres de la substitution les biens qui en étaient grevés ; que les tiers aussi pouvaient en retirer une utilité réelle par la connaissance qu'il leur donnait de l'état libre de l'immeuble. »

Seulement, cette nécessité de transcription n'existerait plus si le grevé se trouvait avec les appelés copropriétaire au même titre des biens substitués. Les principes ordinaires de la licitation reprendraient leur empire, et les hypothèques conférées par les appelés colicitants sur leur copropriété actuelle ou future se trouveraient anéanties par l'effet déclaratif de l'art. 883. Aussi a-t-il été reconnu, par une Sol. du 24 mai 1867, qu'en cette hypothèse, le droit de 1 fr. 50 cent. pour 100 n'est pas exigible. C'est le droit fixe gradué pour partage qui doit seul être perçu (*Conf.* : Sol. 25 sept. 1866 et 27 mars 1867, 19273 J. E.).

1. DROIT DE RÉDACTION. — Le droit de rédaction n'est pas exigible dans l'hypothèse précédente, parce qu'il n'y a pas mutation de propriété au profit du grevé. C'est un point que nous examinons au mot *Greffe*, n° 9374.

**15629. Nullité.** — On s'est fondé quelquefois sur ce que l'obligation de transcription imposée par la loi pour les substitutions qu'elle a autorisées ne peut pas exister pour celles qu'elle a formellement prohibées, pour soutenir que l'art. 54 L. 26 avril 1816, qui assujettit au droit de 1 fr. 50 cent. pour 100, lors de l'enregistrement, les actes qui sont de nature à être transcrits, n'est pas applicable à un testament contenant une substitution prohibée. D'où la conséquence qu'on ne pourrait exiger, au moment de l'enregistrement d'un pareil testament, le droit de transcription.

Cette doctrine, que nous avons repoussée, comme contraire à la règle qui veut que les employés perçoivent les droits indépendamment de la nullité des conventions, a été formellement contredite par un arrêt de Cass. en date du 15 février 1854 (26 R. P., 2015 § 7 I. G., 15189 J. N.), qui pose nettement les principes.

Attendu que la loi ne reconnaît pas de nullités de plein droit; que les nullités, fussent-elles absolues, les actes qu'elles vicient n'en conservent pas moins tous leurs effets, tant qu'ils n'ont pas été annulés, soit sur la demande des parties intéressées, soit, dans certains cas, par les tribunaux prononçant d'office ou sur les réquisitions des fonctionnaires investis du droit de leur énoncer ces actes dans un intérêt général et d'ordre public; attendu que ce droit n'a jamais été confié à la Régie de l'enregistrement; que, dans la sphère de ses attributions toutes spéciales, sa mission se borne au recouvrement de l'impôt qu'elle est chargée de percevoir; qu'il ne lui appartient pas, sauf le cas de fraude ou de simulation, de rechercher la valeur obligatoire des actes qui, en dehors de l'application de la loi fiscale, dont elle doit assurer l'exécution, ne sont pas soumis à son contrôle; attendu que la Régie a toujours repoussé, et avec raison, la prétention élevée par les contribuables de soustraire les actes, sous prétexte de leur nullité, aux perceptions qui doivent les frapper; qu'elle ne peut donc réclamer pour elle un droit justement refusé aux parties. »

Du moment que l'Administration n'a pas le droit de se prévaloir de la nullité d'une substitution, pour liquider les droits d'enregistrement comme si cette substitution n'existait pas, il serait irrationnel de lui opposer cette même nullité pour se soustraire à leur payement. Aussi un jugement du tribunal de Dreux, du 9 mai 1855 (16086 J. E.), a-t-il formellement jugé que le droit de transcription est dû, lors de l'enregistrement d'un testament, sur la valeur de l'immeuble légué à charge de substitution, bien que cette substitution soit nulle.

**15630. Application de la loi du 7 mai 1849.** — On a vu, au n° 15516, que la substitution au profit de parents en ligne collatérale, à charge de restitution aux enfants nés ou à naître du grevé, avait été abrogée par celle des 7 et 11 mai 1849. La question s'est élevée de savoir si un testament fait sous l'empire de cette loi pouvait donner ouverture au droit de transcription, alors que le testateur était décédé postérieurement à la loi de 1849. L'Administration s'est prononcée pour la négative par une Sol. 17 avril 1850 (14032 J. N.), motivée sur ce que la loi du 17 mai 1826 ayant été abrogée par celle des 7-11 mai 1849, antérieure au décès du testateur, les dispositions contenues dans le testament sont censées avoir été révoquées par la volonté du législateur et n'avoir jamais eu d'existence.

Nous ne saurions donner notre adhésion à cette solution, car elle est en opposition flagrante avec le principe fiscal, qui interdit aux employés de se rendre juges de la validité des actes. Si l'on déclare, en effet, qu'ils doivent s'abstenir de percevoir le droit de transcription sur une semblable substitution, parce qu'elle a été annulée par la loi de 1849, il faut déclarer également qu'ils ne doivent jamais asseoir un semblable droit sur aucune disposition fidéicommissaire autre que celles autorisées par les art. 1048 et 1049, parce que toutes les substitutions d'une autre nature ont été anéanties en principe par l'art. 896. Que deviendra alors la doctrine de l'arrêt du 15 février 1854, transcrit sous le n° 15629?

**15631. Renonciation.** — Mais, dira-t-on, que faire pour se soustraire à la charge exorbitante de payer un droit sur une disposition radicalement nulle? Le moyen est des plus simples : il faut y renoncer par un acte authentique. De cette façon, l'employé chargé d'enregistrer le testament, ayant la certitude que la disposition ne pourra jamais recevoir son exécution, devra se dispenser de percevoir un droit qui ne doit atteindre que les dispositions qui *peuvent* s'exécuter. Que la partie ne s'en prenne donc qu'à elle si on exige le payement d'un droit sur une disposition dont elle ne doit pas profiter; il lui était loisible de s'y soustraire en justifiant qu'elle n'en profiterait réellement pas.

**15632. Nœud de la difficulté.** — La difficulté ne consiste donc pas dans la question de savoir si le testament soumis à l'enregistrement renferme une disposition ayant les caractères d'une substitution prohibée ou d'une substitution permise, puisque, dans l'un et l'autre cas, le receveur a le devoir de percevoir le droit de transcription. Le point délicat est de distinguer la substitution (permise ou prohibée) du simple legs conditionnel; car, dans cette dernière hypothèse, le testament ne doit être assujetti qu'au simple droit fixe de 7 fr. 50 cent., sans addition du droit de 1 fr. 50 cent. pour 100. C'est uniquement pour permettre à nos lecteurs d'arriver d'une manière sûre à faire cette distinction, souvent fort délicate, que nous avons exposé, dans la précédente section, toute la théorie de la substitution d'après les auteurs et la jurisprudence.

# SUCCESSION.

DIVISION

## 1re partie. — Principes du droit civil.

[15633-16068]

## 2e partie. — Application des droits d'enregistrement.

**[16069-16960]**

## SOMMAIRE

### A

B



C

## M



## N



## O



## P

**Q**



**R**

# Ire PARTIE. — PRINCIPES DU DROIT CIVIL

[15633-16068]

## TITRE PREMIER. — OUVERTURE DES SUCCESSIONS

[15633-15650]

### CHAPITRE PREMIER. — CONSIDÉRATIONS PRÉLIMINAIRES

[15633-15634]

**15633. Définition.** — Le mot *succession* est générique ; il exprime tous les modes de transmission de propriété ; car l'acquéreur est toujours, quant à la chose acquise, le successeur du propriétaire précédent.

Mais nous ne devons le considérer ici que dans une acception spéciale, dans celle qui s'y rattache dans le langage usuel et qui éveille toujours l'idée de mort. Dans ce sens, le mot *succession* exprime la transmission de l'universalité des droits actifs et passifs d'une personne décédée à la personne vivante, que la loi appelle à les recueillir.

**15634. Aperçu historique.** — 1. PEUPLES DE L'ORIENT. — Dans cet ordre d'idées, la succession n'existait pas, à proprement parler, chez quelques-uns des plus anciens peuples de l'Orient où le roi était maître absolu de la propriété de ses sujets et où ceux-ci n'étaient que de simples concessionnaires qui payaient à l'État une redevance perpétuelle (De Pastoret *Hist. de la législat.* t. 1er p. 111). C'est ce qui se produisait en Assyrie, et dans la plupart des monarchies de Syrie où les domaines patrimoniaux n'étaient qu'un usufruit laissé par la volonté du souverain (*Idem*).

Quant à l'Égypte, elle avait la succession dans les droits des prêtres et des guerriers qui se partageaient les terres avec le roi. Mais le peuple, qui cultivait les terres en qualité de colon temporaire (Troplong préface *des Donations* p. 14), ne se transmettait à titre héréditaire que les professions qui passaient de père en fils, sans qu'on pût en changer ni en avoir deux (Bossuet *Hist. universelle* p. 455).

D'après les lois que Moïse donna aux Hébreux, les terres dont il avait fait le partage étaient inaliénables, Dieu ayant dit au peuple par sa voix : *Terra non vendetur in perpetuum, quia mea est, et vos advenæ et coloni mei estis* (*Lévit.* ch. 25 vers. 23). L'esprit de la législation était la conservation des biens dans les familles et la perpétuité des héritiers : *et hæreditario jure transmittetis ad posteros, ac possidebitis in æternum* (*Lévit.* ch. 25 vers. 46). Dans cet esprit, les enfants mâles héritaient à l'exclusion des filles et, parmi eux, l'aîné avait une part privilégiée dans l'hérédité du père.

2. GRÈCE. — Le législateur de Lacédémone, Lycurgue, en imaginant le principe d'égalité forcée par le *partage* égal des biens de la république entre tous les citoyens, avait proscrit le droit héréditaire. Mais ce régime, qui a trouvé des apologistes et des imitateurs dans les temps modernes, ne sortit pas des murs de Lacédémone. Le véritable législateur de la Grèce fut Solon, dont les lois, écrites pour Athènes, devinrent le type de la législation des autres cités grecques.

Sous l'empire de ces lois, les fils excluaient les filles de l'hérédité paternelle et le frère ne devait qu'une dot à sa sœur. En ligne collatérale les mâles avaient encore la préférence sur les filles. Cependant, lorsqu'il n'y avait que des filles pour représenter la descendance directe, les plus proches parents les excluaient de la succession, mais ils ne pouvaient recueillir celle-ci qu'en prenant les filles (Troplong *loc. cit.* p. 21).

Le partage était égal entre les enfants mâles. Eux présents, le père de famille ne pouvait distraire aucune fraction de sa succession. L'exhérédation était cependant permise dans des cas graves, tels que ceux de sévices et de prodigalité. C'est ainsi que Cornélius Nepos nous apprend (*Thémis* t. 1er) que Thémistocle fut déshérité par son père, à cause des dérèglements et des prodigalités auxquels ils se livra pendant sa première jeunesse.

En ligne collatérale, les parents paternels avaient la préférence jusqu'à un certain degré ; c'est ainsi que les parents maternels ne succédaient qu'à défaut, dans la ligne paternelle, de frères, de sœurs et de cousins formant le troisième degré.

Les enfants naturels n'étaient pas de la famille, l'absence d'enfants légitimes ne les faisait pas hériter. Cependant la légitimation leur conférait les droits successifs (Pastoret *Hist. de la législat.* t. 6 p. 410 et suiv.).

3. ROME. — Le premier système d'hérédité des Romains fut l'image fidèle de leur organisation de famille, qui était une monarchie domestique où l'ascendant mâle le plus ancien tenait toute la descendance sous son pouvoir. Il y avait trois ordres d'héritiers appelés par la loi des douze tables, *sui hæredes*, *agnati*, *gentiles*, les héritiers *siens*, les *agnats*, *les gentils*.

Les héritiers *siens* étaient les enfants ou autres descendants qui se trouvaient sous la puissance *immédiate* du défunt au moment de sa mort. Ils étaient héritiers *nécessaires*, c'est-à-dire qu'il ne leur était pas permis de répudier l'hérédité, tellement était complète leur identification avec le défunt.

A défaut d'héritiers *siens*, la succession *ab intestat* passait aux *agnats* (*ad gnati*, nés auprès), c'est-à-dire aux plus proches parents par mâles qui eussent été sous la puissance du même ascendant. D'après la loi des douze tables, l'agnat le plus proche recueillait l'hérédité ; s'ils étaient plusieurs au même degré, ils partageaient l'hérédité. Mais, à l'inverse de l'héritier *sien*, l'agnat n'était pas héritier *nécessaire*. Il pouvait répudier, et, dans ce cas, ce n'était pas l'agnat au degré subséquent qui recueillait l'hérédité, c'était l'État. — Les agnats ne comprenaient que les collatéraux, frères et sœurs, neveux et nièces, cousins, etc., mais non les ascendants.

Le privilège de la succession agnatique ayant pour base la

conservation des biens dans les familles, les *cognats*, ou les parents par femmes, ne succédaient pas, parce qu'ils auraient transporté les biens dans une autre famille (Montesquieu *Esprit des lois* liv. 27).

Quant aux *gentils*, ils recueillaient la succession s'il n'y avait pas d'agnats: *si agnatus nec esset, gentiles familiam habento*, dit la loi des douze tables; mais quels étaient les parents que comprenait ce titre? C'est là un point fort obscur de l'ancien droit romain et qu'il ne nous appartient pas de chercher à éclairer, ce serait d'ailleurs sans utilité ici.

Le sexe n'exerçait aucune influence sur l'ordre héréditaire. La succession était recueillie par les héritiers *siens* ou par les *agnats*, qu'ils fussent mâles ou filles. Mais lorsque la fille était sortie de la famille paternelle, elle y perdait à tout jamais son droit héréditaire, qui ne pouvait plus être recueilli même par ses enfants. Une fois mariée, elle appartenait à une autre famille; elle succédait alors à son mari, à son beau-père comme l'enfant en puissance. — L'enfant émancipé fondait une autre famille, mais il devenait étranger à la succession paternelle.

La dictature du père de famille nécessitait, pour son maintien, des règles d'une dureté extrême. Aussi la loi des douze tables, qui la consacrait d'une manière absolue, dut-elle être considérablement modifiée à mesure que s'adoucirent les rudes mœurs des premiers habitants de Rome; d'ailleurs, comme elle régissait des nécessités présentes, elle devait se modifier avec ces nécessités mêmes. Aussi, promulguée environ trois cents ans après la fondation de Rome, elle fut observée dans toute sa pureté pendant un siècle à peine.

A partir de cette époque, la loi des successions fut si souvent remaniée qu'il devint indispensable de refondre cette partie de la législation. Ce fut Justinien qui proclama la réforme dans sa *Novelle* 118, publiée en 540.

En première ligne venaient les descendants, soit héritiers siens, soit émancipés, sans distinction d'âge ni de sexe.

Les descendants du premier degré succédaient par tête. A des degrés ultérieurs, ils succédaient tantôt par tête, tantôt par représentation, c'est-à-dire par souche.

A défaut de descendants, la *Novelle* 118 appelait les ascendants. La succession se partageait par moitié entre les ascendants les plus proches de chaque ligne quand les ascendants de l'une étaient égaux en degré aux ascendants de l'autre; si l'une des lignes renfermait un ascendant plus proche, il prenait toute l'hérédité, comme s'il n'y avait eu d'ascendants que dans cette ligne.

Les frères et sœurs germains concouraient avec le père et la mère; alors la succession se divisait par tête. Si un frère germain était prédécédé laissant des enfants au premier degré, ceux-ci, d'après la *Novelle* 127, étaient appelés par représentation, pourvu qu'il y eut un frère germain survivant.

A défaut d'ascendants, les frères et sœurs germains étaient exclusivement préférés; c'était le privilége du double lien.

Le frère germain prédécédé était représenté par ses enfants du premier degré, si un autre frère germain avait survécu.

Lorsque tous les frères germains étaient prédécédés, leurs enfants au premier degré ne venaient pas par représentation, mais par tête, et ils excluaient les frères unilatéraux.

A défaut de frères germains et de leurs enfants au premier degré, l'hérédité appartenait aux frères unilatéraux, et successivement au collatéral le plus proche, sans distinction de ligne.

Quand il n'y avait pas de collatéraux, l'époux survivant recueillait la succession en vertu de la législation du Digeste et du code, confirmée par le silence des *Novelles*.

Bien plus, la *Novelle* 117 accordait à la veuve pauvre un droit héréditaire, qui venait selon la qualité des parents.

Après l'époux venait le fisc: *fiscus post omnes*.

C'est cet ensemble de dispositions, dernier progrès du droit romain, qui, après plus de douze siècles qu'a duré l'enfantement de la civilisation moderne, est venu servir de type aux diverses législations qui régissent l'Europe actuelle.

4. DROIT GERMANIQUE. — Les Gaules, appartenant à l'empire d'Occident, étaient régies par le code Théodosien, lorsque l'invasion, au cinquième siècle, vint diviser le territoire en deux grandes zônes. L'influence des idées romaines domina la fraction de la race conquérante (les Visigoths et les Burgundes) qui prit possession des contrées méridionales. Mais les Francs, qui occupèrent le Nord, n'adoptèrent pas la loi des vaincus.

Cependant la législation du droit héréditaire chez les peuples germaniques, qui, dans sa simplicité, pouvait suffire à des barbares dont l'existence nomade ne comportait ni champs limités, ni terres appropriées (*neque quisquam agri modum certum aut fines habet proprios*. — César, *de Bello gallic.* 6, 22) et ne laissait place qu'à la propriété mobilière, ne tarda pas à devenir inefficace pour sauvegarder les intérêts de la propriété foncière, lorsque les Germains eurent fixé leurs demeures dans les Gaules et se furent divisé les terres conquises. Un nouveau régime de succession, approprié aux mœurs des conquérants, vint s'établir parallèlement à leurs nouveaux besoins.

La loi des Francs saliens fut la plus remarquable de toutes celles des Francs, qui finirent par étendre leur empire sur tout le territoire gaulois, après avoir asservi les Bourguignons vers l'an 534, et refoulé les Visigoths en Espagne, de 507 à 542.

Cette loi, appelée *loi salique*, que M. Guizot, dans son *Histoire de la civilisation en France* (t. 1er p. 333 et suiv.), nous signale comme étant une énumération de coutumes et de décisions judiciaires recueillies et transmises de génération en génération, bien plus qu'une loi proprement dite, votée et promulguée par une autorité régulière, n'avait en vue, dans son système successoral, que la transmission de la terre salique.

Avant l'invasion, la terre salique se disait de la maison du Franc et de la terre qui l'entourait. C'était ce que, de nos jours encore, l'on appelle dans plusieurs départements du Nord le *manoir amazé*. Après l'invasion, ce nom s'appliqua au patrimoine des hommes libres.

Les filles étaient exclues, par les enfants mâles du premier degré, du droit de succéder à la terre salique. Mais, à défaut de ceux-ci, elles reprenaient les priviléges attachés ordinairement à la primogéniture et recueillaient l'héritage de préférence aux mâles du second degré (Montesquieu *Esprit des lois* liv. 18 ch. 22). Lorsqu'il n'y avait pas de descendants, étaient successivement appelés, et seulement les uns à défaut des autres: 1° les ascendants du premier degré; — 2° les frères et sœurs; — 3° les tantes maternelles; — 4° les tantes paternelles; — 5° le mâle le plus proche jusqu'au cinquième degré. Ainsi, la parente du cinquième degré venait à la succession à l'exclusion du parent du sixième degré ; mais ce n'était qu'arrivée à ce degré que la femme pouvait exclure le mâle ; jusque-là elle se trouvait elle-même écartée.

Plus tard, la propriété fut divisée en deux fractions, les *propres* (*allod*) et les *acquêts* (*conquistum*). La société, qui s'édifiait, comprenant que ses principaux éléments de force résidaient dans la puissance de la famille, poussa si loin son désir d'en sauvegarder le patrimoine, qu'elle déclara les propres inaliénables et les attribua aux mâles de préférence aux filles, qui ne pouvaient aussi bien les défendre. Mais, au moment où nous nous trouvons, la préférence donnée aux fils sur les filles n'avait pas encore pour objet la conservation du patrimoine dans la famille. C'étaient les mœurs seules qui motivaient la préférence de la loi salique. Les filles, en effet, appelées par le mariage sur une autre terre, y trouvaient une nouvelle existence, tandis que celle des fils se continuait sur la terre paternelle.

On retrouve d'ailleurs dans la loi salique les trois ordres de succéder qui dominent tout notre système actuel : nous voulons parler de la succession des descendants, des ascendants et des collatéraux. La présence dans la loi des Francs de ces idées fondamentales de l'ordre successif, selon l'ordre de la nature, témoigne d'autant plus de l'esprit de sagesse qui avait présidé à sa confection, que ces hommes qui se trouvaient plongés dans la barbarie devaient être plus portés à sacrifier les lois naturelles aux exigences de leur état politique, et c'est ce que nous avons constaté à Rome à l'égard des filles, qui étaient si souvent sacrifiées aux fils; le même principe se retrouve dans la loi salique, mais considérablement mitigé. L'affection paternelle dut, en effet, même dans ces siècles barbares, parler plus d'une fois en faveur de la fille que la loi répudiait lorsqu'elle se trouvait en présence du fils. Le plaidoyer ne tarda pas à passer dans les livres des jurisconsultes, et on en trouve l'expression dans les *Formules* du moine Marculfe (liv. 2 ch. 12).

5. DROIT FÉODAL. — « La féodalité, dit M. Troplong (*des Donations* préface p. 107), avait soumis la propriété à une hiérarchie politique qui avait pour couronnement le droit du suzerain. *Nulle terre sans seigneur* : telle était la maxime du droit féodal pur; dans un fief, chaque terre relevait d'un seigneur; chaque seigneur relevait d'un seigneur suzerain, et c'est de ce suzerain que la terre était censée émaner originairement. Ce n'est pas que les tenanciers ne fussent pas considérés comme propriétaires. A la vérité, dans l'origine, les fiefs avaient été inaliénables dans la main des bénéficiaires sans l'autorisation du seigneur dominant. Mais lorsque la révolution féodale les eut rendus héréditaires et patrimoniaux, ils purent être librement vendus, aliénés et transmis par succession. Seulement, il fallut qu'à chaque mutation, le droit originaire du suzerain fût reconnu et proclamé; et, quand le premier venait à mourir, le bien était censé se réunir à *la table et domaine* du suzerain ; et l'héritier, pour se faire ressaisir de l'héritage, était tenu, si c'était un fief, de prêter foi et hommage et de payer un droit appelé relief ; si c'était une roture, de payer un droit analogue, nommé droit de saisine. Tel était le droit commun dans toute la France féodale. Il affectait la propriété noble autant que la propriété roturière; il pesait sur la ligne directe comme sur la ligne collatérale. Il dérivait du droit de propriété originaire du seigneur suzerain; il était la conséquence de son domaine direct et éminent sur le tréfonds. D'après le pur droit féodal, le propriétaire d'un fief n'avait le droit de tester de ce fief qu'autant que le titre d'investiture le lui avait accordé. La propriété du fief étant une concession, l'usage de cette propriété était réglé par la volonté originaire dont elle émanait. Mais lorsque la révolution, qui mit la troisième race sur le trône, eut définitivement converti les bénéfices en fiefs et les fiefs en domaines patrimoniaux, le droit commun français fut que le seigneur pût disposer par testament de sa propriété féodale, sauf à l'héritier à payer le relief. »

Nous devons nous en tenir à cette citation en ce qui concerne les fiefs, car, ainsi que le dit Merlin (*Rép.* v° *Fief* sect. 2 § 4), il faudrait des volumes pour retracer tout ce que la jurisprudence offrait de variations sur la manière de succéder aux fiefs.

En ce qui concerne les serfs, qu'on appelait aussi *gens de main morte*, le droit de succession n'existait pas pour eux, dans le principe, car ils ne laissaient pas d'hérédité, tout ce qu'ils avaient pu acquérir appartenant à leur seigneur. Cependant, leur condition s'adoucit peu à peu avec les mœurs, et, vers le douzième siècle, ils furent presque partout affranchis, reçurent des terres et purent succéder sous des formes variées à l'infini par les coutumes.

Il serait superflu de suivre ici les diverses modalités qui, pendant la longue période du régime féodal, ont affecté le droit de succéder, droit sur lequel la qualité des personnes et la nature des biens exerçaient d'ailleurs une influence souveraine. Chaque coutume avait à cet égard des principes différents.

Ainsi, quant à la nature des biens, ils étaient distingués en biens *nobles* et *roturiers*, en *meubles* et *immeubles*, *propres* et *acquêts*. Il y avait encore les propres *réels* et les propres *fictifs*, les propres *conventionnels*, les propres *anciens*, *naissants*, *paternels*, *maternels*, de *ligne*, sans *ligne*, etc. La transmission de ces biens était assujettie à des règles variées à l'infini.

Quant à la qualité des personnes, le privilége de masculinité était une des règles de l'ancien droit coutumier. Mais il y avait, en outre, des nuances de toutes sortes.

Ainsi, en Normandie, les *femmes* ne pouvaient succéder aux propres tant qu'il y avait des *mâles* (art. 249) ; et quant à la succession aux meubles et acquêts, elle était aussi déférée aux enfants mâles, à la charge seulement par eux de constituer une dot à leurs sœurs lorsqu'elles n'avaient pas été dotées *par les antécesseurs* de leur vivant (art. 250, 252, 253). Il y avait même des *Coutumes*, comme celle d'Auvergne, qui excluaient de toute succession les filles qui n'avaient reçu aucune dot en mariage (Merlin v° *Propres* n° 3). — En vertu du privilége de primogéniture, certaines *Coutumes*, comme celle de Ponthieu, attribuaient la succession tout entière à l'aîné, à la charge par lui d'en départir une certaine portion à ses puînés; les autres, en plus grand nombre, comme celles de Paris et d'Orléans, qui appelaient tous les enfants à succéder, attribuaient néanmoins à l'aîné des avantages, des *préciputs* plus ou moins considérables (Pothier *des Succ.* ch. 2 sect. 1re).

Enfin, de la distinction des lits, qui était admise dans plusieurs *Coutumes*, il résultait que les enfants d'un premier lit succédaient seuls aux biens immeubles que leur auteur avait acquis pendant *son premier mariage et viduité suivante*, à l'exclusion des enfants qu'il avait eus d'un mariage subséquent (Merlin *Rép.* vº *Dévolution coutumière* § 2; — Cass. 9 mai 1842, S. 1842-1-669).

6. DROIT INTERMÉDIAIRE. La grande époque de 1789 mit de l'ordre dans tout ce chaos. Successivement on releva de l'incapacité de succéder les personnes entrées dans les ordres religieux; on permit aux étrangers de recevoir et de donner en France, comme pouvaient le faire les citoyens français eux-mêmes; on abolit le droit d'aubaine et de détraction; on supprima, dans les partages, les droits d'aînesse et de masculinité à l'égard des fiefs, domaines et alleux nobles (L. 16-20 mars 1790, 6 août 1790, 8 sept. et 14 oct. 1790, 13 et 28 avr. 1791, etc.). Puis arriva la loi des 17-12 nivôse an 2, qui, plus générale encore que toutes les autres, abolit toutes lois, coutumes, usages et statuts relatifs à la transmission des biens par concession ou donation, et déclara que la loi ne reconnaissait aucune différence dans la nature des biens, ou dans leur origine, pour en régler la transmission (61 et 62).

7. CODE CIVIL. — Le Code civil vint enfin. Le titre des successions fut présenté au conseil d'État par M. Treilhard, au nom de la section de législation, les 16, 23 et 30 décembre 1802 et 24 février 1803. Après avoir passé par toutes les épreuves d'usage, le projet fut converti en loi par le Corps législatif, le 19 avril 1803, à l'unanimité de 218 voix, et la loi fut promulguée le 25 avril 1803.

C'est l'application de ce titre à la perception des droits d'enregistrement qui va nous occuper.

## CHAPITRE II. — OUVERTURE DES SUCCESSIONS

### [15635-15647]

**15635. Mort naturelle.** — Les successions s'ouvrent par la mort naturelle d'après l'art. 718 C. C. Ce qui veut dire que c'est au moment même où arrive la mort naturelle que s'ouvre la succession du défunt et que commence le droit de ses héritiers. « La mort, l'ouverture de la succession, la dévolution de l'hérédité, dit M. Taulier t. 3 p. 114, sont, d'après nos lois, trois faits uns et indivisibles. » Trois choses doivent donc être nettement déterminées pour connaître à qui revient une succession :

1. MORT. — La mort du *de cujus* (abréviation des mots *de cujus successione agitur*) : elle se prouve, en général, par un acte inscrit sur les registres de l'état civil, ou, à défaut d'acte de l'état civil, par les circonstances de diverse nature qui peuvent être invoquées comme preuves.

2. LE MOMENT PRÉCIS DE CETTE MORT. — Comme la loi, dans les art. 77 et suiv. C. C., qui déterminent les formalités des actes de décès, n'exige pas qu'il soit fait mention du moment précis du décès dans l'acte qui en est dressé, la preuve de ce moment, s'il est contesté, peut être faite par tous les moyens de droit commun, par témoins, par présomption, etc.

3. L'EXISTENCE OU AU MOINS LA CONCEPTION DE CELUI QUI DOIT SUCCÉDER. — Ce point sera établi aux nos 15652 et suiv. *infrà*.

**15636. Mort civile.** — Sous l'empire de l'art. 719 C. C., la mort civile était une cause d'ouverture de la succession, mais il n'en est plus ainsi aujourd'hui que la mort civile a été abolie par la loi du 31 mai 1854.

**15637. Personnes décédées dans un même événement.** — A la nécessité d'établir que celui qui est appelé à recueillir l'hérédité existait au moment de l'ouverture de la succession se rattache une décision des plus délicates; c'est la thèse célèbre des *commorientes*, c'est-à-dire la solution de la question de savoir laquelle des deux ou plusieurs personnes qui héritent respectivement l'une de l'autre est décédée la première ou la dernière, lorsqu'elles ont péri dans un même événement, sans qu'il soit possible au témoignage des hommes de préciser le moment du décès. Le Code civil contient à cet égard des règles particulières.

**15638. Circonstances de fait.** — Les circonstances de fait sont un élément de décision indiqué par l'art. 720 C.C. Ainsi, la foudre pénètre dans une maison par la toiture et tue deux personnes, l'une au premier étage, l'autre au rez-de-chaussée. La personne tuée au premier étage sera présumée morte la première. Dans tous les cas, les circonstances de fait pouvant présenter des nuances très-variées, leur appréciation appartient au pouvoir discrétionnaire du juge (Cass. 21 avr. 1874, 4084 R. P.).

**15639. Force de l'âge et du sexe.** — L'art. 720, à défaut des présomptions de survie fournies par les circonstances de fait, admet celles qui résultent de la force de l'âge et du sexe.

1. JEUNE AGE ET VIEILLESSE. — Ainsi, aux termes de l'art. 721, lorsque ceux qui ont péri ensemble avaient moins de quinze ans, le plus âgé est présumé avoir survécu, car évidemment il est le plus fort. Au contraire, s'ils étaient tous au-dessus de soixante ans, le moins âgé étant naturellement le plus fort, la présomption de survie doit être en sa faveur. Enfin, si les uns avaient moins de quinze ans et les autres plus de soixante, le moins âgé est présumé avoir survécu. Ainsi, l'enfant d'un jour sera censé avoir survécu à l'homme de soixante ans et un jour. Ici évidemment la présomption serait contraire aux probabilités tirées de la force de l'individu; cependant il faudrait la faire prévaloir; car, la loi étant formelle, il n'y a plus place pour l'interprétation (Chabot sur l'art. 721 nº 5, Vazeille sur l'art. 721 nº 1er. — *Contrà* Delvincourt liv. 2 p. 20, Duranton t. 6 nos 48 et 51).

2. AGE INTERMÉDIAIRE. — Dans la période d'âge qui s'étend de quinze ans accomplis à soixante ans non révolus, l'homme a été considéré par la loi (722 C. C.) comme étant de force égale du commencement à la fin de la période. Le

sexe peut alors fournir une présomption. Si donc ceux qui ont péri dans le même événement étaient de sexe différent, c'est le mâle qui est censé avoir survécu, parce qu'il est le plus fort, lorsqu'il y a égalité d'âge, ou que la différence n'excède pas un an. Mais s'ils étaient tous du même sexe, comme il n'y aurait plus de raison décisive pour se prononcer, la loi a fondé ses présomptions sur l'ordre de la nature. C'est alors le plus jeune qui, étant appelé à vivre plus longtemps, est censé avoir survécu.

3. AGES DIVERS. — *Quid* lorsque, parmi les *commorientes*, les uns étaient âgés de moins de quinze ans et les autres de plus de quinze ans et de moins de soixante, ou bien encore les uns avaient plus de quinze ans et moins de soixante, tandis que les autres avaient plus de soixante? Ce sont deux combinaisons qui n'ont pas été indiquées par les art. 721, 722, mais qui trouvent implicitement la solution dans leurs termes mêmes.

Supposons que, dans un naufrage, périssent un individu âgé de soixante et un ans, un de ses fils âgé de seize ans et un autre âgé de quatorze ans. Les présomptions légales veulent que la mort ait frappé le père d'abord, le fils de quatorze ans ensuite et celui de seize ans le dernier. Le fils de seize ans étant rangé par la loi dans la catégorie où se révèle la plus grande force, est censé avoir survécu au père, qui était déjà entré dans la période du déclin, et au fils qui n'était pas encore arrivé à celle de la pleine force (Chabot sur l'art. 722 n° 3, Delvincourt t. 2 p. 20, Toullier t. 4 n° 74, Duranton t. 6 n° 43, Marcadé sur l'art. 720 n° 20, Demante t. 3 n° 20, Demolombe *des Succ.* t. 1er n° 102, Dalloz *Succ.* n° 46).

**15640. Jumeaux.** — L'âge des jumeaux se détermine par l'époque de la naissance, et comme, dans l'ordre de la nature, les naissances des jumeaux sont toujours séparées par des intervalles tout à fait appréciables, et même quelquefois assez longs, c'est celui qui est le premier sorti du sein de sa mère qui est l'aîné, et ainsi de suite. En se fondant sur l'opinion de quelques naturalistes, qui croient que celui qui naît le dernier a été le premier conçu, on a quelquefois voulu rendre cette assertion juridique, mais on en a reconnu le danger et l'incertitude (Chabot t. 1er p. 48, Duranton t. 6 n° 52, Malpel n° 12, Vazeille sur l'art. 722, Poujol t. 1er p. 80, Marcadé n° 4, Demolombe t. 1er n° 105, Dalloz n° 50).

Si les registres de l'état civil n'indiquent pas l'ordre des naissances, c'est aux tribunaux à décider, d'après les circonstances, celui qui doit être réputé l'aîné, ou qui, à raison de ce qu'il était le plus robuste, doit être censé avoir survécu (Chabot *sur l'art.* 722 n° 4, Duranton t. 6 n° 52, Favard *Rép.* v° *Succession* sect. 1re § 1er n° 5).

Les uns veulent que le plus robuste soit présumé avoir survécu dans tous les cas (Toullier t. 4 n° 75, Delvincourt t. 2 n° 20); d'autres qu'ils soient réputés morts en même temps (Malpel n° 12).

L'opinion qui veut que tout soit abandonné à la sagesse des tribunaux nous paraît préférable.

Cependant, s'ils étaient de sexe différent, le mâle serait présumé avoir survécu, d'après Toullier (t. 4 n° 75 *in fine*). Cette décision nous paraît tout à fait dans l'esprit du Code lorsque la primauté de la naissance ne peut être établie. Il y a ici une probabilité irrécusable de supériorité de force.

**15641. Successeurs irréguliers.** — Les art. 711, 757 et 765 appelant les successeurs irréguliers à la succession, comme les successeurs réguliers ou légitimes, il faut reconnaître que les présomptions des art. 720 à 722 leur sont applicables (Demolombe *loc. cit.* n° 106).

**15642. Inégalité des droits.** — De même encore, les présomptions sont applicables aux *commorientes* alors même qu'ils seraient héritiers à des degrés égaux ou inégaux par rapport à l'auteur commun, ou que leurs droits dans leurs successions réciproques fussent différents (*Idem* n° 107). Il n'est pas nécessaire, pour l'application de la loi, qu'il y ait égalité respective des droits successifs, ou des degrés de parenté, il suffit qu'il y ait réciprocité.

**15643. Réciprocité de vocation.** — L'art. 720 suppose les *commorientes respectivement* appelés à la succession les uns des autres, ce qui suppose la réciprocité. Il est clair, en effet, que si l'un seulement des individus devait hériter de l'autre, les comourants ne seraient pas *respectivement*, dans les termes du Code, appelés à la succession l'un de l'autre. Cependant la thèse contraire trouve des défenseurs en Toullier t. 3 n° 78 *bis*, Duranton t. 5 n° 45, Malpel n° 16, Vazeille sur l'art. 722 n° 6, Taulier t. 3 p. 119. — Mais, dit M. Demolombe *loc. cit.* n° 112 : « lorsque tous les *commorientes* sont respectivement héritiers les uns des autres, les présomptions légales de survie ont cet avantage de simplifier beaucoup la situation, puisqu'elles confondent toutes les successions les unes dans les autres, pour n'en former qu'une seule et unique; tandis qu'au contraire, il arriverait souvent que les présomptions légales de survie, appliquées à des *commorientes* entre lesquels la vocation héréditaire n'était pas réciproque, auraient pour résultat de compliquer singulièrement la liquidation, puisque ces différentes successions, tout en restant distinctes, s'accrocheraient, s'il est permis de parler ainsi, et s'enchevêtreraient les unes dans les autres; ce qui nécessiterait des calculs et des liquidations fort compliqués, surtout s'il y avait trois ou quatre *commorientes*, ou plus encore. » Telle est, en résumé, l'opinion qui semble devoir prévaloir (Merlin *Rép.* v° *Mort* ch. 1er § 2 art. 2, Chabot sur l'art. 720 n° 7, Favard *Rép.* v° *Succ.* sect. 1re § 1er n° 6, Demante t. 3 n° 22 *bis*, Marcadé sur l'art. 720 n° 6, Massé et Vergé sur Zachariæ t. 2 p. 236 note 1re, Dalloz n° 54). — C'est la doctrine qu'a consacrée un arrêt de la cour d'appel de Paris du 30 novembre 1850 (S. 51-2-404).

La même solution doit être suivie dans le cas où l'un des deux *commorientes* qui n'avait pas d'héritier à réserve a institué un légataire universel. En effet, le Code parle d'une vocation sérieuse et efficace. Or, celle du comourant qui se trouve dépouillé de la succession par le legs universel n'est que nominale, ou plutôt elle a cessé d'exister, puisque le légataire universel est saisi de toute la succession à l'exclusion de l'héritier légitime (Marcadé art. 722 n° 7, Demolombe n° 116 *des Succ.*).

**15644. Décès non causés par un même événement.** — Les présomptions légales de survie sont napplicables au cas où les comourants ont péri par suite d'événements différents arrivés presque simultanément; comme si l'un était poignardé pendant que l'autre succomberait empoisonné, ou si, malades tous les deux dans la même chambre, on ne trouvait plus que leurs cadavres, ou s'ils périssaient dans des lieux différents, sans que, dans ces diverses hypothèses, il fût possible de déterminer l'ordre des décès. Il tombe, en effet, sous les sens que les art. 720 à 722 C. C., qui ont édifié un système de présomption sur la force plus ou moins grande que les *commorientes* pouvaient apporter dans leur lutte, comme la mort qui venait les attaquer simultanément, ne sont plus applicables du moment que, le péril n'ayant pas été commun, la résistance n'a pu mettre en jeu la même somme de force (Marcadé art. 722 n° 5, Massé et Vergé sur Zachariæ t. 2 p. 237 note 3, Demolombe n° 114, Dalloz *loc. cit.* n° 53. ; — *Contrà* Chabot sur l'art. 720, Favard v° *Succession* sect. 1^re n° 3, Malpel n° 18, Duranton t. 6 n° 42).

**15645. Successions testamentaires.** — Avoir conclu, comme nous l'avons fait dans les numéros précédents, que les présomptions légales des art. 721 et 722 ne s'appliquent pas, en matière de succession *ab intestat*, à d'autres cas que ceux prévus par ces articles, c'est décider *à fortiori* qu'elles sont inapplicables en matière de libéralités soit testamentaires, soit entre-vifs ou contractuelles. Le Code n'a eu en vue que la succession *ab intestat*, et on ne peut étendre ses dispositions aux successions déférées par la volonté de l'homme (Chabot sur l'art. 720 n° 7, Duranton t. 6 n° 48, Delvincourt t. 2 p. 13 note 4, Pothier *des Don. test.* ch. 5 sect. 1^re § 1^er, Merlin *Rép.* v° *Mort* ch. 1^er § 2 n° 2, Favard v° *Succ.* sect. 1^re § 1^er n° 6, Marcadé sur l'art. 720 n° 8, Massé et Vergé sur Zachariæ t. 2 p. 237 note 3, Dalloz n° 55, Demolombe n° 117, Troplong *Donat. et Test.* n^os 2126 et suiv.). — C'est la doctrine consacrée par deux arrêts des cours de Bordeaux du 29 janv. 1849 et de Paris des 30 mars 1850 et 30 novembre 1850 (D. 50-2-180 et 51-2-108, S. 51-2-404).

Cependant les présomptions ont été étendues à toutes les successions par Toullier t. 4 n° 78, Malleville sur l'art. 722, Ricard *des Disp. cond.* n° 752, Malpel n^os 14 et 15, Vazeille sur l'art. 722, Poujol t. 1^er n° 77 et suiv., Taulier t. 3 n° 119. Une délibération a été prise en ce sens aussi, en matière d'enregistrement, le 15 avril 1813 (1028 J.N.) au sujet de deux époux assassinés la même nuit et qui s'étaient donné réciproquement leurs biens.

1. PRÉCIPUT. — Il peut arriver que celui des comourants auquel profite la présomption de survie soit en même temps légataire par préciput du prédécédé. Ses héritiers pourront-ils invoquer la même présomption pour recueillir le legs? Duranton le pense, puisqu'il serait inconséquent d'admettre et de repousser la présomption dans la même affaire (t. 6 n^os 48 et 49). — Troplong (*Don.* t. 4 n^os 2124, 2132) et Demolombe (n° 118) adoptent également cet avis.

**15646. Règle à suivre au cas d'exclusion des présomptions et à défaut de preuve.** — Le système des présomptions légales créé par les art. 720 à 722 C. C. constitue une règle tout exceptionnelle, qui, ainsi qu'on vient de le voir, ne peut plus s'appliquer du moment qu'on est en dehors du cas prévu par la loi. On rentre alors sous l'application des principes du droit commun, c'est-à-dire qu'il faut fournir la preuve de la survie de celui qu'on dit avoir hérité d'un autre (Marcadé art. 722 n° 3), d'après la règle de l'art. 135 C. C. ainsi conçu : « Quiconque réclamera un droit échu à un individu dont l'existence ne sera pas reconnue devra prouver que ledit individu existait quand le droit a été ouvert ; jusqu'à cette preuve, il sera déclaré non recevable dans sa demande. »

Mais que faire si l'on se trouve dans une impossibilité absolue d'administrer aucune preuve, aucune probabilité, aucune présomption grave, précise, concordante (1353 C. C.) qui puisse autoriser le juge à formuler une décision quelconque? Faudra-t-il considérer la succession comme vacante, ainsi que semble l'enseigner Troplong (*Donat. et Test.* n° 2226)? Nullement. La solution de la question se trouve dans la rédaction primitive du projet de l'art. 6 du titre *des Successions*, qui correspond à l'art. 722 actuel. La disposition finale de cet article était ainsi conçue : « Si l'on ignore absolument quel est le plus âgé, la succession de chacun se défère comme si l'autre n'avait jamais existé. » Or, si cette disposition ne se trouve plus dans le Code, c'est que Thibaudeau fit observer *qu'elle n'exprimait qu'une règle de droit commun* (Fenet t. 12 p. 6 et 8).

Si donc nous supposons que Paul et Jacques, cousins, qui, n'ayant ni ascendants ni descendants, sont respectivement appelés à la succession l'un de l'autre, sont morts le même jour, en des lieux différents, sans qu'il soit possible d'établir la survie de l'un d'eux, la succession de chacun d'eux, loin de se confondre dans celle de l'autre, sera déférée à ses héritiers respectifs, comme si l'autre n'avait jamais existé (Marcadé sur l'art. 720 n° 5, Demolombe *Succ.* t. 1^er n° 110).

**15647. A qui appartient le droit d'invoquer les présomptions.** — Terminons sur ce point en faisant remarquer que le droit d'invoquer les présomptions de survie établies par les art. 720, 721 et 722 n'appartient pas seulement aux héritiers, mais encore à toutes les autres parties intéressées, telles que donataires, légataires, créanciers, etc. (Chabot sur l'art. 720 n° 6, Vazeille sur l'art. 722 n° 4, Toullier t. 4 n° 78 *bis*, Malpel n° 19, Duranton t. 6 n° 47).

## CHAPITRE III. — SAISINE DES HÉRITIERS

[15648-15650]

**15648. Deux classes de successeurs.** — La loi, après avoir déterminé le mode et l'époque d'ouverture des successions, devait s'occuper de l'ordre dans lequel elles seraient déférées. C'est dans cet ordre d'idées qu'elle distingue deux classes de successeurs par son art. 723, ainsi conçu : « La loi règle l'ordre de succéder entre les héritiers légitimes; à leur défaut, les biens passent aux enfants naturels, ensuite à l'époux survivant, et, s'il n'y en a pas, à l'État. »

1. SUCCESSEURS RÉGULIERS. — Ainsi, d'une part, il y

a les héritiers légitimes que l'on peut appeler successeurs réguliers ou parfaits, par opposition à ceux compris dans la catégorie suivante. Cette classe comprend tous les parents légitimes du défunt : descendants, ascendants ou collatéraux, peu importe la ligne et aussi le degré. Quiconque est appelé à la succession en vertu d'un lien de parenté légitime est héritier légitime et régulier.

2. SUCCESSEURS IRRÉGULIERS. — L'art. 723 range dans une seconde classe, qui est celle des successeurs irréguliers, les enfants naturels, l'époux survivant et l'État.

Cependant faisons remarquer que c'est à tort que l'art. 723 laisse supposer que ce ne doit être qu'à *défaut* d'héritiers légitimes que se trouvent appelés les enfants naturels. On a vu, en effet, au mot *Enfant*, que les enfants naturels concourent avec les héritiers légitimes.

**15649. Saisine des héritiers légitimes.** — Aux termes de l'art. 724 C. C. : « les héritiers légitimes sont saisis de plein droit des biens, droits et actions du défunt. » C'est là un premier point de dissemblance entre les successeurs réguliers et les successeurs irréguliers; car, quant aux biens en eux-mêmes de la succession, ils les recueillent les uns et les autres, avec la même force, à l'instant même du décès, tellement que si soit les successeurs réguliers, soit les successeurs irréguliers, mouraient quelques instants après celui auquel ils ont succédé, sans même avoir connu sa mort, ils transmettraient ces biens à leurs propres successeurs.

1. EFFETS DE LA SAISINE. — La saisine de l'art. 724 C. C. reproduit le sens de la maxime de notre ancien droit, *le mort saisit le vif*, c'est-à-dire que l'héritier légitime qui, *ipso facto*, a la saisine des biens du défunt se trouve par cela même non-seulement propriétaire, mais encore *possesseur* des biens de la succession, de telle sorte qu'il peut, dès cet instant, intenter toute action possessoire. Il est même autorisé, sans que cela entraîne pour lui adition d'hérédité, à faire tous les actes de conservation et de surveillance, sans lesquels les biens restés à l'abandon pourraient se détériorer ou se perdre (C. Amiens 7 mai 1806, S. 7-2-1057).

*Droit de poursuivre les créances*. — Chaque cohéritier peut-il, avant tout partage, poursuivre, pour sa part et portion, le payement des créances dues à la succession? — Les cours de Bourges et de Paris l'ont jugé ainsi, les 6 août 1828 (S. 30-2-74), — et 19 janvier 1831 (S. 31-2-176).

Il a été décidé de même que les créances d'une succession se divisent de plein droit entre les héritiers, de telle sorte qu'avant tout partage chaque héritier a le droit de demander sa part et portion virile au débiteur, à la charge seulement de justifier de sa qualité et de la quotité de son droit. Et il en est ainsi, alors même que la créance est garantie par une hypothèque, et que l'héritier qui reçoit sa part de la créance, ne pouvant donner mainlevée qu'en ce qui le regarde, l'hypothèque, à raison de son indivisibilité, continue à frapper pour le surplus tous les biens hypothéqués : l'indivisibilité de l'hypothèque ne produit pas l'indivisibilité de la créance (Cass. 9 nov. 1847, S. 48-1-289).

*Administration provisoire*. — L'administration provisoire des biens d'une succession doit être confiée à l'héritier appelé par la loi, préférablement au donataire, qui ne tient son droit que de la volonté de l'homme, tant que la validité du titre du donataire est contestée (C. Orléans 10 juin 1818, S. 18-2-351).

Jugé, au contraire, que l'héritier dont le titre est contesté par d'autres appelés ne peut appréhender les biens de la succession qu'à la charge de donner caution (C. Rouen 1er vent. an 13, S. 5-2-114); — *Contrà*, au cas où ce sont seulement de simples légataires ou donataires qui demandent que l'héritier fournisse caution (C. Angers 16 mai 1815).

2. PREUVES. — La partie qui soutient avoir droit à un bien, comme ayant été recueilli par l'un de ses auteurs *à titre d'héritier*, n'est pas tenue de prouver que cet auteur avait, de fait, recueilli ce même bien, et qu'il le possédait à titre d'héritier lors de son décès. Le principe général de la saisine de l'héritier dispense celui qui l'invoque de prouver le fait que la succession a été recueillie par son auteur (Cass. 7 mars 1826, S. 26-1-355).

L'héritier qui demande à un tiers sa part de la succession et à qui ce tiers oppose qu'il a existé et qu'il existe peut-être encore un enfant naturel du défunt ayant aussi droit à l'hérédité n'est pas tenu de détruire le fait douteux qu'on lui oppose par une preuve négative contraire : il suffit qu'il ait un titre personnel non contesté, et que l'existence de l'enfant naturel ne soit pas positive, pour que la succession doive lui être délivrée (C. Colmar 20 fév. 1815, S. 15-2-274).

De même, il a été jugé que celui qui se présente pour recueillir une succession en vertu d'un testament qui la lui défère n'est pas tenu de prouver, contre les débiteurs de la succession, qu'il n'existe pas d'héritiers à réserve; c'est à celui qui prétend qu'il en existe à justifier de leur existence (C. Aix 26 juill. 1808, S. 12-2-359).

Pour pouvoir actionner en justice l'héritier appelé par la loi à une succession, il n'est pas nécessaire de prouver que cet héritier a accepté ; il suffit que l'héritier ne prouve point avoir renoncé (Cass. 21 flor. an 10, S. 2-2-420, Toullier t. 4 n° 337. — Jugé, au contraire, que c'est au demandeur à prouver que le successible a fait acte d'héritier (C. Liége 4 janv. 1812, S. 13-2-326) ; V. en ce sens Troplong *Rev. de législ.* t. 3 p. 184.

On peut contester la qualité d'héritier à une personne même après la lui avoir reconnue, si l'on n'a pas expressément reconnu la validité du titre qui la lui donnait, et si l'on n'a pas fait la délivrance de la succession (C. Turin 18 août 1810, S. 11-2-149).

*Abstention*. — Pendant l'abstention du premier appelé à une succession, celui qui l'a recueillie a couvert l'hérédité et en a exercé valablement les actions. Les poursuites faites par lui ne peuvent donc être annulées à défaut de qualité (Cass. 11 frim. an 9, S. 1-1-371).

3. L'HÉRITIER SAISI PEUT N'AVOIR QU'UNE PORTION ET MÊME AUCUNE PORTION DE LA PROPRIÉTÉ. — Un caractère remarquable de la saisine, c'est qu'elle peut xister indépendamment de la propriété : ainsi, bien qu'un héritier qui se trouve en concours avec un enfant naturel ou evec des légataires ne soit investi de la propriété que d'une portion des biens, il n'en a pas moins la saisine de toute la succession. Il en serait de même alors que, n'étant pas réservataire, il aurait été dépouillé de la totalité de la succession au profit de légataires particuliers, ou à titre universel. Aussi

a-t-on vu, au n° 6112, que les légataires particuliers et les légataires universels sont tenus de lui demander la délivrance de leurs legs.

3. CAS OU L'HÉRITIER LÉGITIME N'EST PAS SAISI. — Il existe cependant un cas où l'héritier légitime n'est pas saisi de plein droit de la succession. Nous en avons parlé au n° 6112, c'est lorsque *n'étant pas héritier réservataire*, il se trouve exclu de la succession par un légataire universel. Celui-ci se trouve alors saisi de plein droit par la mort du testateur sans être tenu de demander la délivrance.

On pourrait croire qu'il y a encore une exception dans le cas de l'art. 1026 C. C., qui autorise le testateur à donner, pendant l'an et jour, à compter de son décès, la saisie de tout ou de partie de son mobilier à son exécuteur testamentaire. Mais cette saisine n'est qu'une simple détention qui n'empêche pas que la saisine héréditaire ne s'opère même dans ce cas au profit de l'héritier ou du légataire universel qui est seul toujours à considérer comme le vrai possesseur (Demolombe t. 22 n° 55).

**15650. Envoi en possession des successeurs irréguliers.** — Aux termes de l'art. 724, les successeurs irréguliers ne sont pas saisis de plein droit, ils doivent se faire envoyer en possession par justice ; c'est ce qui sera plus amplement établi aux nᵒˢ 15728 et suiv. *infrà*.

## TITRE II. — QUALITÉS REQUISES POUR SUCCÉDER

[15651-15664]

**15651. Deux conditions sont requises pour recueillir une succession.** — Il faut : 1° être capable de recueillir ; — 2° ne pas être indigne de conserver.

## CHAPITRE PREMIER. — INCAPACITÉ DE SUCCÉDER

[15652-15664]

### SECTION PREMIÈRE. — EXISTENCE AU MOMENT DU DÉCÈS

[15652-15659]

**15652. Les causes d'incapacité prévues par le Code se réduisent à une.** — Les art. 725 et 726 C. C., qui règlent les conditions de capacité pour succéder, sont ainsi conçus :

« Pour succéder, il faut nécessairement exister à l'instant de l'ouverture de la succession. Ainsi sont incapables de succéder : 1° celui qui n'est pas encore conçu ; — 2° l'enfant qui n'est pas né viable ; — 3° celui qui est mort civilement (725).

« Un étranger n'est admis à succéder aux biens que son parent, étranger ou Français, possède dans le territoire du royaume que dans les cas et de la manière dont un Français succède à son parent possédant des biens dans le pays de cet étranger, conformément aux dispositions de l'art. 11 au titre *de la Jouissance et de la privation des droits civils* » (726).

D'une part, la mort civile étant abolie, il ne faut plus voir là une cause d'incapacité. D'autre part, la loi du 24 juillet 1819 ayant abrogé l'art. 726 C. C., en ce qui concerne les étrangers, ils sont maintenant capables de succéder de la même manière que les Français.

Ainsi, il n'existe plus aujourd'hui qu'une cause d'incapacité de succéder, c'est celle qui résulte du défaut d'existence à l'instant de l'ouverture de la succession.

**15653. Enfant conçu.** — De la formule donnée par l'art. 725 C. C., à savoir que pour succéder, il faut nécessairement *exister* à l'instant de l'ouverture de la succession, et que ceux qui ne sont pas encore conçus sont incapables de succéder, il résulte, par argument *a contrario*, que la loi considère comme déjà existant celui qui n'est encore que conçu. La chose à faire, lorsque l'on réclame la succession du chef d'un enfant qui n'était pas encore né au moment de son ouverture est donc de prouver que cet enfant était conçu au moment de l'ouverture de cette succession. Mais comment saura-t-on si l'enfant qui naît après l'ouverture d'une succession était ou non conçu à l'époque de cette ouverture ?

La difficulté vient de ce que les art. 312, 314 et 315 C. C., qui fixent le minimum et le maximum de la durée légale de la grossesse, n'ont eu pour but que de déterminer l'état de l'enfant et de décider une question de *légitimité*, en sorte que l'on pourrait supposer que, hors de cette hypothèse, la présomption légale n'existe plus pour les autres cas où il peut y avoir lieu de préciser l'époque de la conception ; comme, par exemple, dans le cas de l'art. 725, lorsqu'il s'agit de savoir si l'enfant était ou n'était pas encore conçu à l'époque de l'ouverture d'une succession.

Un arrêt de la cour d'appel de Grenoble, du 20 janvier 1853 (32 R. P.), a tranché la difficulté en décidant que la présomption déterminée par les art. 312 à 315 C. C. s'applique à la capacité de succéder aussi bien qu'à la légitimité. Cependant les auteurs sont divisés sur la question.

Les uns, se fondant sur les motifs invoqués par la cour d'appel de Grenoble, soutiennent que la présomption relative à l'époque de la conception s'applique à la capacité de succéder aussi bien qu'à la légitimité de l'enfant : ce sont Zachariæ § 592 n° 2, Toullier t. 4 n° 95, Duranton t. 6 n° 72, Vazeille *des Successions* sur l'art. 725, Delvincourt t. 2 p. 411 n° 4, Aubry et Rau t. 4 p. 167, Taulier t. 3 p. 125, Troplong *des Donations* t. 2 p. 606, Dalloz v° *Successions* n° 85.

Les autres, au contraire (Chabot *des Succ.* sur l'art. 725 n° 7, Coin-Delisle *Donat.* art. 906 n° 7, Marcadé art. 725 n° 2, Demolombe t. 5 nᵒˢ 100 et 113 p. 184, Mourlon *Rép. écrit.* t. 2 art. 725, Mimerel *Rev. crit.* 1854 p. 512, Demante t. 2 n° 32 *bis*, Duvergier et Toullier t. 2 n° 95), veulent que la règle de l'art. 312 C. C., s'applique en matière de succession et que l'aptitude d'un enfant à succéder, comme étant conçu lors de l'ouverture, soit légalement présumée quand elle sera la conséquence de la légitimité présumée de cet enfant. Mais lorsqu'il n'y aura aucun rapport entre la question de capacité de succéder et la légitimité, il leur paraît impossible d'invoquer les présomptions de l'art. 312.

« Ce sera en ce cas, dit Demolombe *loc. cit.*, une question de fait, pour laquelle les magistrats sans doute pourront s'aider, par voie d'analogie, des présomptions admises par la loi pour le cas de légitimité, mais qu'ils devront décider toujours d'après les circonstances, d'après l'état et la conformation de l'enfant, etc. »

Quoi qu'il en soit, la jurisprudence doit être regardée comme fixée dans le sens de la première opinion; l'arrêt de la cour de Grenoble ci-dessus cité est, en effet, conforme à plusieurs autres arrêts rendus par les cours d'appels et la Cour suprême (Paris 19 juill. 1819, S. 1819-2-213; — Cass. 8 fév. 1821, S. 1821-1-404; — Orléans 16 mars 1832; — Cass. 28 nov. 1833, Dalloz 1833-1-35; — Grenoble 20 janv. 1853, D. 55-2-40; — Poitiers 24 juill. 1865, D. 65-2-129, S. 65-2-271).

**15654. Enfants légitimes.** — L'enfant dans le sein de sa mère est donc réputé né. Il recueille toutes les successions ouvertes depuis sa conception, à une condition cependant, c'est qu'il soit capable de succéder au moment de leur ouverture.

Ainsi, les enfants *légitimés* n'ont aucun droit sur les successions des parents morts avant le mariage qui a produit leur légitimation, quoique conçus à l'époque où la succession s'est ouverte. En effet, la légitimation n'ayant pas d'effet rétroactif, il en résulte qu'au moment de l'ouverture de la succession, ils n'étaient pas habiles à succéder (Merlin v° *Légitimation* sect. 3, Duranton t. 6 n° 69, Toullier t. 4 n° 92).

**15655. Enfant non conçu.**— L'art. 725 est formel: « Est incapable de succéder l'enfant qui n'est pas encore conçu au moment de l'ouverture de la succession. » La proposition contraire a cependant été consacrée, dans notre ancien droit, par quelques arrêts de Parlement. Ainsi, un arrêt du Parlement de Toulouse du 14 août 1725 (Serres *Institut. au droit français* liv. 2 t. 1er § 8) avait décidé qu'une petite-fille pouvait recueillir de son chef la succession de son aïeul décédé plusieurs années avant sa conception, lorsque sa succession était encore jacente. Sur ces errements, un petit-fils, né *trente quatre ans* après la mort de son aïeul, vint soutenir devant le Parlement de Paris qu'il avait droit à la succession. Le chancelier d'Aguesseau donna des conclusions qui firent rejeter cette prétention. S'étant néanmoins posé cette question, à savoir si une personne née après l'ouverture de la succession ne devrait pas exclure l'État, il répondit qu'on pouvait, *humanitate suadente*, préférer le petit-fils au Trésor (Merlin *Rép.* v° *Succession* sect. 1re art. 1er nos 1 et 2). Les concessions qui, de nos jours, seraient faites aux sentiments d'humanité, ne seraient certainement pas juridiques. Ainsi, lors même que la succession aurait été dévolue au Trésor, ou que, n'ayant été appréhendée par personne, elle serait vacante, le petit-fils conçu après la mort de l'aïeul ne pourrait y prétendre aucun droit (Demolombe *Succ.* t. 1er n° 175).

C'est ce qui arriverait, par exemple, dans le cas où, au moment de l'ouverture de la succession, le *de cujus* n'ayant laissé qu'un fils, cette succession aurait été dévolue à des collatéraux par suite de la renonciation ou de l'indignité du fils; si le renonçant ou l'indigne avait lui-même un fils une année plus tard, ce fils ne pourrait prétendre à la succession du père de son père. Le système de la loi veut, en effet, que les successions soient recueillies sans intervalle au moment même de leur ouverture; *le mort saisit le vif*. Or, ceux qui sont habiles à recueillir au moment du décès se trouvent investis de la propriété par une dévolution qui, *n'ayant rien de conditionnel*, ne peut plus être modifiée par aucun événement ultérieur.

**15656. A qui appartient la preuve de la non-existence.** — Le défaut de qualité d'héritier résultant de ce que l'héritier prétendu n'existait pas au moment de l'ouverture de la succession, peut être opposé par les débiteurs de la succession, dans le cas même où les héritiers véritables l'accepteraient comme cohéritier (C. Nîmes 18 janv. 1850, S. 50-2-167).

**15657. Enfant né vivant.** — Mais il ne suffit pas d'être conçu au moment de l'ouverture de la succession pour être habile à succéder, il faut encore être né; car si l'enfant conçu est réputé né, c'est dans l'espoir de sa naissance. On ne peut pas dire que ceux qui naissent morts aient jamais été au nombre des vivants; jamais ils n'ont vu le jour: *Qui mortui nascuntur, neque nati, neque procreati videntur* (L. 129, ff. de V. S.).

Peu importe, d'ailleurs, qu'il ait été extrait du sein de sa mère au moyen de l'opération césarienne ou autre, avant ou même après le décès de sa mère, et qu'il soit mort lui-même presque immédiatement (Demolombe *loc. cit.* n° 176). L'existence de l'enfant, si courte qu'elle ait pu être, a suffi pour le rendre capable aux yeux de la loi civile; il a pu recueillir et transmettre lui-même. « Ce qui peut faire naître cette question, dit Domat (*Lois civ.* liv. 1er t. 1er sect. 2 p. 313), ce n'est pas l'intérêt de ces enfants mêmes, mais celui d'autres personnes. Ainsi, par exemple, si une veuve accouche, après la mort de son mari, d'un enfant de quatre ou cinq mois, qui meurt aussitôt après sa naissance, la question sera entre cette veuve, qui demandera ce que la loi lui donne sur les biens paternels de son enfant, qu'elle prétendra avoir succédé au père, et les héritiers du père qui prétendront que cet enfant, n'ayant pu vivre, n'a pu succéder. Sur quoi il faudra juger s'il a pu succéder à son père ou non. Et il en sera de même pour les biens maternels de l'enfant si, ayant survécu à sa mère morte de l'accouchement, le père demandait contre les héritiers de la mère ce qui lui reviendrait des biens maternels de cet enfant. »

**15658. Enfant né viable.** — Mais pour que l'enfant qui est mort peu d'instants après sa naissance puisse transmettre à ses propres héritiers la succession qu'il a recueillie, il faut non-seulement qu'il soit né vivant, mais encore qu'il soit né viable.

« En principe, dit Demolombe n° 181, il faut tenir pour non viable l'enfant même qui a vécu, s'il n'a pas apporté en naissant l'aptitude à pouvoir vivre; et cette impossibilité de vivre peut résulter principalement de deux causes : soit de la faiblesse et de l'extrême débilité de la constitution (première cause qui proviendra presque toujours de la naissance avant terme); soit de l'absence totale, ou de l'imperfection, ou de la difformité de l'un des organes nécessaires à l'existence, et sans qu'il y ait lieu de distinguer s'il a contracté ces infirmités pendant la grossesse dans le sein de sa mère, ou si elles sont le résultat de l'accouchement lui-même, ou d'une opération qui aurait été pratiquée pour l'extraire. L'enfant, dans ces différents cas, doit être déclaré non viable, lorsqu'il est reconnu que la nature, par ses propres forces, ou la science, par ses soins et ses procédés, étaient impuissantes pour triompher de la cause fatale ou prochaine de mort » (*V.* en ce sens Toullier t. 2 n° 97, Duranton t. 6 n° 74, Marcadé sur l'art. 725 n° 7, Demante t. 3 n° 32, Chabot sur l'art. 725 n° 12, Malpel n° 2, Vazeille sur l'art. 725 n° 3; — Limoges 12 janv. 1813, S. 13-2-261; — Angers 25 mai 1822, S. 23-2-105; — Bordeaux 8 fév. 1830, S. 30-2-160).

1. PREUVE DE LA VIABILITÉ. — Au surplus, lorsque l'enfant meurt presque aussitôt après sa naissance, la question de savoir s'il y avait chez lui viabilité n'est pas une question de droit, mais bien de médecine légale. C'est donc aux hommes de l'art qu'il appartient de la résoudre. Nous ferons seulement remarquer que lorsque la viabilité est contestée, c'est à celui qui conteste de prouver que cet enfant n'est pas né viable. En effet, la viabilité des enfants qui naissent vivants étant la règle générale, et la non-viabilité un fait exceptionnel, la viabilité doit se présumer, jusqu'à ce que l'exception soit prouvée (Merlin *Quest. de droit* v° *Vie* § 1er, Toullier t. 3 n° 93, Duranton t. 6 n° 78, Chabot sur l'art. 725 n° 12, Demante t. 3 n° 29, Demolombe *Succ.* n° 186).

**15659. Monstre.** — Les anciens auteurs s'étaient beaucoup occupés de la question de savoir si les monstres étaient aptes à succéder. Elle a été reprise par les auteurs modernes, qui ont décidé que les monstres, s'ils n'ont pas l'essentiel de la figure humaine, sont incapables de succéder (Chabot sur l'art. 725 n° 13, Vazeille sur l'art. 729 n° 9). Il nous semble qu'il est prudent d'ajouter, comme le fait Demolombe (*des Successions* t. 1er n° 182) : « ces monstres ne sont pas, en effet, *viables*, et leur incapacité de succéder est ainsi formellement écrite dans l'art. 725. »

En effet, quelque monstres qu'ils fussent, comme ils sont, en définitive, les enfants de l'homme, nous ne voyons pas ce qui les rendrait impropres à succéder, s'ils avaient toutes les conditions de la viabilité.

## SECTION 2. — CAPACITÉ DES ÉTRANGERS

[15660-15663]

**15660. Principe.** — On a vu, au n° 15652, que les étrangers ont le droit de succéder en France, de la même manière que les Français, dans toute l'étendue du territoire » (L. 14 juill. 1819, art. 1er).

Ainsi, le principe de réciprocité posé par l'art. 11 C.C., qui voulait que l'étranger ne jouît en France que des mêmes droits civils que ceux qui sont ou seront accordés aux Français par les traités de la nation à laquelle cet étranger appartiendra, est absolument rejeté aujourd'hui, sauf un cas néanmoins dont nous parlerons dans le numéro suivant. — Mais ce n'est que conformément à la loi française que les étrangers succèdent en France.

D'où il faut conclure que l'étranger succède, en France, lors même qu'il ne pourrait pas succéder d'après la loi de son pays, et cela sans aucune distinction de sexe ni de progéniture, d'origine ou de nature des biens; et que, par inverse, il ne succède pas, en France, lors même qu'il pourrait succéder d'après la loi de son pays.

C'est ainsi que la Cour de cassation a jugé, le 21 juillet 1851 (S. 51-1-685), que le père étranger héritier de son fils, dont la succession s'est ouverte en France, ne peut exclure du droit de prendre part à cette succession l'aïeul maternel français du défunt, sous prétexte que, dans le pays auquel il appartient, le père hérite seul de ses enfants, à l'exclusion de l'aïeul maternel.

**15661. Prélèvement au profit de l'héritier français.** — Cependant, en abolissant le principe de réciprocité posé par l'art. 11 C.C., la loi de 1819 l'a maintenu dans un cas particulier, pour les successions. C'est quand le défunt laisse des biens en France et en pays étranger, et qu'il a tout à la fois pour héritiers des étrangers et des Français. C'est une disposition de protection pour les Français menacés d'exclusion et de privilège; c'est une disposition de justice et d'égalité; elle est écrite dans l'art. 2 de la loi du 13 juillet 1819, ainsi conçu :

« Dans le cas de partage d'une même succession entre des cohéritiers étrangers et Français, ceux-ci prélèveront sur les biens situés en France une portion égale à la valeur des biens situés en pays étranger, dont ils seraient exclus, à quelque titre que ce soit, en vertu des lois ou coutumes locales. »

Faisons remarquer, avant d'entrer dans les développements que comporte cet article, que l'application du système de prélèvement qu'il édicte suppose évidemment que la même succession est régie en même temps par la loi étrangère et par la loi française.

**15662. Cas où il y a lieu au prélèvement.** — 1. HÉRITIERS FRANÇAIS EXCLUS PAR LA LOI ÉTRANGÈRE. — Ce prélèvement existe, sans aucun doute, lorsque les héritiers français sont exclus, en leur qualité même de Français, par la loi étrangère, alors même que l'exclusion totale ou partielle qui atteindrait les Français serait applicable aux étrangers eux-mêmes d'après leur propre législation.

C'est ce qui arriverait, par exemple, dans le cas où l'étranger étant un puîné, appartiendrait à un pays dont la législation appelle l'aîné à l'exclusion du puîné, ou si étant une fille, la loi de son pays exclut de la succession la fille au profit du fils (Demolombe *Succ.* t. 1er n° 199, Locré *Lég. civ.* t. 10 p. 503, Duranton t. 6 n° 83, Rossi, *Encycl. du droit* v° *Aubaine* nos 18 et 19, Ducaurroy et Bonnier n° 420,

Demante t. 3 n° 33 *bis*, Rodière *Rev. de législ.* 1850 p. 192; — Cass. 21 juill. 1851, D. 51-1-267).

Le prélèvement n'appartient d'ailleurs qu'aux cohéritiers français, à l'exclusion des cohéritiers étrangers (Cass. 29 juin 1863, S. 63-1-393, Demolombe *Succ.* t. 1er n° 203).

2. HÉRITIER FRANÇAIS EXCLU PAR UNE DISPOSITION A TITRE GRATUIT. — Mais, lorsque ce n'est pas une loi étrangère, mais une disposition entre-vifs qui exclut le Français des biens situés à l'étranger, y a-t-il encore lieu au prélèvement? La question se présente sous deux points de vue. En premier lieu, la disposition peut avoir été faite en faveur d'un cohéritier étranger; elle peut, en second lieu, avoir eu lieu au profit d'un cohéritier français. Nous allons examiner chacune de ces situations.

*Disposition faite au profit d'un étranger.* — Dans cette hypothèse, il n'y aurait lieu à un prélèvement au profit des héritiers français qu'autant que la disposition ne serait pas valable selon la loi française, puisque, si elle était valable, on ne pourrait considérer l'inégalité comme étant le résultat de la loi étrangère. C'est ce qu'a jugé la Cour de cassation par un arrêt du 29 décembre 1856 (S. 57-1-257; — *Conf.*: Locré *Lég. civ.* t. 10 p. 503, 504 et 572, Duvergier sur Toullier t. 2 n° 102, Rossi v° *Aubaine* n° 20).

*Disposition faite au profit d'un Français.* — C'est encore dans le même ordre d'idées que la cour de Grenoble a jugé, le 25 août 1848 (S. 49-2-257), que le prélèvement n'ayant pour objet que de rétablir l'égalité en indemnisant les héritiers français de la part dont ils seraient privés sur les biens étrangers en vertu d'une loi étrangère, ne peut s'exercer à raison de la nullité des dispositions du défunt faites en faveur des héritiers français, qui, valables selon la loi française, auraient été annulées par application de la loi étrangère (*V.* encore Cass. 27 août 1850, S. 50-1-647, Massé et Vergé t. 2 p. 251, Demolombe *Succ.* n° 200).

Il en serait de même au cas où le Français serait exclu par un testament qui, autorisé par la loi étrangère, serait contraire à la loi française (Cass. 30 juin 1856, S. 57-1-257).

3. HÉRITIERS FRANÇAIS NE POUVANT EXPORTER LES BIENS RECUEILLIS A L'ÉTRANGER. — Que si l'héritier français se trouvait seulement empêché d'exporter du pays où ils sont situés les biens auxquels il aurait succédé en pays étranger, il ne pourrait arguer de cette prohibition pour donner une base à un prélèvement quelconque, car un simple obstacle à la libre disposition du bien situé à l'étranger ne constitue pas une exclusion (Rossi *Encycl.* v° *Aubaine* n° 20, Demolombe *Succ.* t. 1er n° 201).

4. HÉRITIERS TOUS ÉTRANGERS. — La loi du 14 juillet 1819 n'a pour but que d'établir l'égalité dans l'intérêt des Français. Il faut conclure de là que le prélèvement autorisé par son art. 2 ne pourrait être exercé par les cohéritiers étrangers qui, appelés par la loi française, seraient, au contraire, exclus en tout ou en partie par la loi étrangère des biens situés dans leur pays (Rossi *loc. cit.*, Demolombe *idem* n° 203, Locré t. 10 p. 568, Massé et Vergé t. 2 p. 242, Duvergier t. 2 p. 102 note *A*; — Cass. 29 juin 1863, D. 63-1-419).

5. HÉRITIERS TOUS FRANÇAIS. — C'est encore parce que la loi de 1819 est une loi toute d'égalité, qu'il faut en conclure qu'au cas de partage entre héritiers tous français, comme dans le cas où les cohéritiers sont les uns étrangers et les autres français, ceux des cohéritiers qui se trouvent exclus, à quelque titre que ce soit, des biens ou de partie des biens situés en pays étranger doivent prélever sur les biens de France une portion de biens égale à la valeur des biens dont ils sont exclus (C. Bastia 25 mars 1833, S. 34-2-317; — Cass. 27 avr. 1868, S. 68-1-257, Demolombe *loc. cit.* n° 203 *bis*, Massé et Vergé t. 2 p. 42; — *V.* cep. Duvergier sur Toullier t. 2 n° 102 note *A*.

6. SUCCESSION COMPOSÉE DE BIENS IMMEUBLES SEULEMENT. — Si la succession n'est composée que de biens immeubles, le prélèvement doit être effectué, et cela sans aucune distinction, que le *de cujus* soit français ou étranger, et quel que soit le lieu de l'ouverture de la succession (Demolombe *loc. cit.* n° 203; — Cass. 9 juin 1852, S. 52-1-733).

7. SUCCESSION COMPOSÉE DE BIENS MEUBLES. — Si la succession n'est composée que de biens meubles et que le *de cujus* soit Français, le prélèvement doit avoir lieu sans difficulté sur les meubles qui se trouvent en France, afin d'indemniser les héritiers français des exclusions ou des préférences qu'ils pourraient avoir à subir sur les meubles qui se trouveraient en pays étranger (*Idem* n° 206).

*Quid* si le *de cujus* est étranger? le doute pourrait naître de ce que les meubles, quelque part qu'ils soient situés en fait, sont réputés, en droit, n'avoir d'autre situation que celle du domicile de celui auquel ils appartiennent. Mais il faut remarquer, avec M. Demante (t. 3 n° 23 *bis*), que la maxime: *mobilia sequuntur personam*, ne faisait pas, dans l'ancienne jurisprudence, obstacle à l'application du droit d'aubaine sur les meubles laissés en France par un étranger. A plus forte raison doit-il en être ainsi pour le droit de prélèvement, puisque ce droit n'a en vue que l'équité. Aussi a-t-il été jugé plusieurs fois que, la loi du 14 juillet 1819 soumettant au prélèvement qu'elle autorise tous les biens situés en France, sans distinction, ce prélèvement s'exerce non-seulement sur les immeubles, mais aussi sur les meubles; et qu'à ce cas ne s'applique pas la maxime de droit en vertu de laquelle les meubles sont réputés suivre la personne de leur propriétaire et avoir leur assiette au lieu d'ouverture de la succession (Cass. 16 fév. 1842, 27 août 1850, 21 mars 1855 et 20 déc. 1856, S. 42-1-714, 50-1-647, 55-1-273, 57-1-257, Demolombe *Succ.* t. 1er n° 206, Rossi *Encycl.* v° *Aubaine* n° 19, Valette sur Proudhon t. 1er n° 99, Ducaurroy t. 3 n° 421, Demangeat *Cond. des étrang.* p. 403, Massé et Vergé t. 2 p. 342. — *Contrà* Grenoble 25 août 1848, S. 49-2-257; Duvergier t. 2 n° 102, Rodière *Rev. de législ.* 1850 p. 181, Fœlix *Droit intern.* p. 155).

*Meubles incorporels.* — Une fois admis que les meubles situés de fait en France sont atteints par la loi de 1819, et que cette loi s'attache non à l'assiette de droit des meubles, mais à leur assiette de fait, il faut également admettre que les créances dont le titre se trouve en France y sont situées dans le sens de la loi de 1819, bien que ces créances soient payables en pays étranger; et c'est ce qu'a jugé la Cour de cassation par son arrêt du 21 mars 1855 ci-dessus cité. Il est vrai que la Cour de cassation a plusieurs fois jugé que les valeurs qui ont leur siége en pays étranger ne donnent lieu à aucun droit de mutation par décès. Mais, sous l'empire de cette jurisprudence, aujourd'hui sans objet (*V. Étranger*), on devait répondre que la loi de l'impôt est un statut réel, qui ne peut franchir la frontière pour atteindre, à l'étranger, des sommes dues, en vertu de titres existant en France, tandis que l'art. 2 de la loi de 1819 ne renferme, en réalité, aucune question de statut, ni réel, ni personnel; son but essentiel est de rétablir, autant que possible, l'égalité dans le partage de la succession entre les héritiers français et les héritiers étrangers; et c'est se conformer à sa pensée que d'autoriser ce prélèvement équitable, même sur les valeurs étrangères dont le titre se trouve en France (*V.* dans le même sens Cass. 30 juin 1856, S. 57-1-257, Demolombe *des Succ.* n° 207).

8. SUCCESSION COMPOSÉE DE BIENS MEUBLES ET IMMEUBLES. — Après ce qu'on vient de voir, aucun doute ne peut s'élever sur le mode d'opérer dans cette dernière hypothèse.

Il est certain que le prélèvement doit s'opérer sur les biens meubles et immeubles situés en France, afin d'indemniser les cohéritiers français des exclusions totales ou partielles qu'ils subiront sur les biens, meubles ou immeubles, situés en pays étranger (Demolombe *Succ.* n° 208, Duvergier sur Toullier t. 2 p. 102 note *A*).

**15663. Mode d'exercer le prélèvement.** — Pour opérer le prélèvement autorisé par la loi de 1819, et en déterminer l'étendue, on doit composer fictivement une seule masse des biens à partager et calculer sur cette masse la part de chaque héritier (Cass. 16 fév. 1842, S. 42-1-714; — 9 janv. 1856, Locré t. 10 p. 526, Duvergier t. 12 n° 102 note *A*, Demolombe *Succ.* n° 209).

Il a été jugé encore par la cour de Grenoble, le 25 août 1848 (S. 49-2-257), que si l'inégalité en faveur de l'étranger résultait non de la loi, mais d'une disposition du défunt, l'étranger, ne pouvant être avantagé au delà de la quotité disponible française, le prélèvement devrait être fait de manière à compléter la réserve des héritiers français, en observant toutefois que ce prélèvement ne pourrait être opéré que sur la part des héritiers étrangers avantagés (Cass. 27 août 1850, S. 50-1-647, Massé et Vergé t. 2 p. 242).

Remarquez que ce mode d'opérer est contraire à ce qui se pratique pour la perception des droits de soulte, puisque, ainsi que nous l'avons vu au n° 1407, la Cour de cassation a considéré : que lorsqu'une succession renferme des biens situés à l'étranger et d'autres biens situés en France, on doit procéder comme s'il s'ouvrait autant de successions qu'il y a de biens situés en différents pays.

On pourrait faire ici une remarque analogue à celle consignée dans notre n° 15662-7 *in fine*, et dire que la loi de l'impôt n'ayant d'empire que dans le territoire de la France, l'Administration doit, lorsque le partage comprend des biens situés à l'étranger, procéder comme si la succession n'était composée que de biens situés sur le territoire français, le reste étant soustrait à toute recherche de sa part. Cependant, il nous semble qu'il serait plus rationnel de se conformer aux règles du droit civil.

## SECTION 3. — INDIGNITÉ DE SUCCÉDER

[15664]

**15664. Renvoi.** — Les causes de l'indignité n'étant nullement du domaine des employés, il nous suffit de les avoir sommairement indiquées sous le n° 9640. Quant à ses effets, nous n'avons rien à ajouter à ce que nous avons dit, sous les nᵒˢ 9642 et suiv.

# TITRE III. — SUCCESSIONS RÉGULIÈRES. DIVERS ORDRES DE SUCCÉDER

[15665-15714]

## CHAPITRE PREMIER. — DISPOSITIONS GÉNÉRALES

[15665-15687]

**15665. Que doit-on entendre par famille ?** — Dans son acception la plus restreinte, la famille d'un homme se dit de ses enfants, puisque chaque enfant qui se marie étant le tronc d'où sortent de nouveaux enfants, il devient par là un chef de famille. Mais la famille successorale s'entend dans un sens beaucoup plus étendu, dans le sens le plus large du mot. Elle embrasse non-seulement les enfants qui descendent d'un auteur commun, mais encore tous les enfants de ces enfants, et ainsi de suite. Le tronc d'où sort chaque famille distincte vient se rattacher, comme une simple branche, au tronc commun, et l'arbre, dans son ensemble, forme la famille générale entre les membres de laquelle se répartit la succession.

Ce qu'en généalogie l'on appelle l'*arbre* prête à des comparaisons exactes pour représenter l'ensemble de la famille telle que nous l'entendons ici. L'arbre, c'est le tronc commun de la famille. C'est de ce tronc que sortent les différentes branches, qui donnent elles-mêmes naissance à des rameaux. Mais ces branches et ces rameaux, qui ne sont que de simples ramifications du tronc lorsqu'on les considère dans leur rapport avec l'arbre, deviennent eux-mêmes des troncs, des souches lorsqu'on les en sépare par la pensée.

**15666. Parenté.** — Ce sont des liens d'attache qui réunissent les branches et les rameaux au tronc commun qui forment la parenté : *parens*, dérivé de *parere*, engendrer, parce que, comme on vient de le voir, tous les parents, bien que divisés en familles secondaires parfaitement distinctes, procèdent néanmoins d'un générateur commun. « *Singuli singulas familias habent; tamen omnes qui sub unius potestate fuerunt recte ejusdem familiæ appellabuntur, quasi ex eâdem gente et domo proditi sunt* (L. 195 § 2, ff. *de Verb. signif.*). »

**15667. Ordres de parenté.** — La manière dont les parents descendent les uns des autres forme, par rapport aux uns et aux autres, ce que l'on appelle les ordres. L'art. 731 C.C. reconnaît trois ordres de successeurs réguliers : les ascendants, les descendants et les collatéraux. C'est effectivement la division qui ressort naturellement de la position des choses. Ainsi, lorsque les parents descendent les uns des autres, il y a parenté *directe*, soit en remontant des enfants à leurs auteurs — *les ascendants*, — soit en descendant des auteurs à leurs enfants — *les descendants*. — Lorsque les parents, descendants d'auteurs différents, descendent eux-mêmes d'un auteur commun, la parenté est *collatérale*. *Alii superioris ordinis sunt; alii inferioris, alii ex transverso sive a latere.*

**15668. Degré.** — « La proximité de parenté, dit l'art. 735 C.C., s'établit par le nombre des générations ; chaque génération s'appelle un degré. » Le mot *degré* employé par le Code est une métaphore empruntée au monde physique. Les degrés doivent nous donner l'idée des échelons d'une échelle, des marches d'un escalier. Ainsi les parents descendent de l'auteur commun, de génération en génération, comme par autant d'échelons ou de marches.

1. PREUVE. — Lorsque la parenté n'est pas contestée, les degrés de parenté, pour recueillir une succession, peuvent s'établir par d'autres actes que les registres de l'état civil, tels que contrat de mariage, inventaire, partages, etc. (C. Paris 2 mars 1814, S. 14-1 367).

**15669. Ligne.** — L'idée que nous venons d'indiquer se complète lorsque l'art. 736 C.C. dit que la suite des degrés forme la ligne : on appelle *ligne directe* la suite des degrés entre personnes qui descendent l'une de l'autre ; *ligne collatérale*, la suite des degrés entre personnes qui ne descendent pas les unes des autres, mais qui descendent d'un auteur commun. — On distingue la ligne directe, en ligne directe descendante et ligne directe ascendante. La première est celle qui lie le chef avec ceux qui descendent de lui ; la deuxième est celle qui lie une personne avec ceux dont elle descend.

La ligne est donc la série des parents qui viennent se placer les uns au-dessous des autres dans l'ordre de leur génération, absolument comme un échelon succède à un autre échelon sur une échelle. Ainsi, chaque génération prolonge la ligne et y ajoute un degré. Nous n'avons pas à nous attacher à faire ressortir ce qu'il peut y avoir d'impropre dans les expressions de l'art. 736 en ce qui se rapporte aux lignes, il nous suffit de mettre en relief ce que le législateur a voulu exprimer.

Le tableau que nous avons figuré sous le n° 10944 donne une idée exacte des deux fractions qui, par leur réunion, complètent la ligne directe. On y voit que si dans une ligne directe on prend pour terme une personne quelconque, et que l'on y rapporte toutes les autres personnes, tant au-dessus qu'au-dessous, cette ligne se trouve alors coupée en deux et divisée en ligne ascendante et ligne descendante.

Dans cet ordre d'idées, la ligne *ascendante* est celle qui remonte du fils au père, comme lorsque l'on jette ses regards sur un échelle de bas en haut. Les Romains avaient des mots propres pour désigner chaque ascendant jusqu'au sixième degré. C'étaient : *pater*, *avus*, *proavus*, *abavus*, *atavus*, *tritavus*. Après le sixième degré, ils appelaient les ascendants du mot générique *majores*, comme nous disons les *aïeux*, les *ancêtres*; mais nous ne remontons guère, dans le langage usuel, qu'au trisaïeul, qui se trouve placé au quatrième degré ascendant.

La ligne directe *descendante* descend du père au fils; il faut ici regarder l'échelle du haut au bas. Les Romains, qui tenaient beaucoup aux termes propres pour chaque chose, avaient un nom spécial pour désigner chaque descendant jusqu'au sixième degré : C'étaient *filius*, *nepos*, *pronepos*, *abnepos*, *atnepos*, *trinepos*. Après le sixième degré, ils appelaient les descendants les *posteriores*, comme nous disons *arrière-neveux*, *la postérité*. Nous ne descendons, dans le langage usuel, qu'à l'arrière-petit-fils, qui se trouve placé au quatrième degré descendant.

Pour faire saisir la signification des mots *ligne collatérale*, on peut dire que, lorsqu'une personne a plusieurs enfants, il part d'elle plusieurs lignes qui, par rapport à elle, sont toutes des lignes directes.

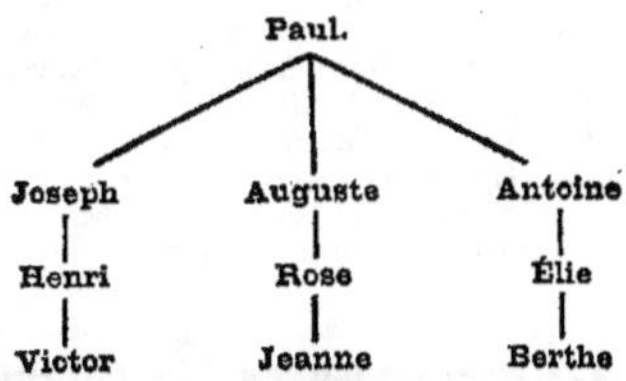


Ainsi, Joseph, Henri et Victor, — Auguste, Rose et Jeanne, — Antoine, Élie et Berthe forment trois lignes qui sont en ligne directe avec Paul, auteur commun. Mais Auguste et ses descendants ont des liens de parenté avec Joseph et ses descendants, d'un côté, Antoine et ses descendants, de l'autre. Ce sont ces liens que l'on appelle la *parenté collatérale*, parce que les lignes d'*Antoine* et de *Joseph*, qui sont directes par rapport à *Paul*, ne sont que latérales par rapport à *Auguste*, *a latere*, *ex transverso*.

Les Romains appelaient les collatéraux *cognats*, expression générique qui comprenait tous ceux qui devaient la naissance à une même personne : *Cognati appellati sunt quasi ex uno nati, aut, ut Labeo ait, quasi commune nascendi initium habuerint.* Les *cognats* se divisaient en deux classes : les *agnats*, qui étaient tous les parents par les mâles; et les *cognats*, pris dans une acception spéciale pour les personnes qui n'étaient unies que par les femmes.

**15670. Manière de compter les degrés.** — 1. LIGNE DIRECTE. — « En ligne directe, dit l'art. 737, on compte autant de degrés qu'il y a de générations entre les personnes; ainsi, le fils est, à l'égard du père, au premier degré; le petit-fils, au second, et réciproquement du père et de l'aïeul à l'égard des fils et petits-fils. » Rien n'est donc plus simple que le mode de supputer les degrés en ligne directe.

2. LIGNE COLLATÉRALE. — En ligne collatérale, la manière de compter les degrés ne tombe pas sous les sens d'une manière aussi palpable. Le droit canonique et le droit civil sont même en désaccord complet sur le mode de supputation.

Le droit canonique suit le système adopté en ligne directe. Ainsi, en raisonnant sur le tableau que nous avons figuré dans le précédent numéro, pour arriver à déterminer les degrés qui existent entre la ligne de Joseph et celle d'Auguste, par exemple, il ne compte que d'un seul côté et dit que Joseph est parent d'Auguste au premier degré, parce qu'il n'y a qu'un degré de chacun d'eux à Paul, auteur commun. Par le même motif, Henri et Rose sont au second degré, parce que chacun d'eux n'est éloigné que de deux degrés de Paul, leur aïeul, etc. Par une conséquence naturelle, s'il s'agit de déterminer le degré de parenté entre Joseph et Jeanne qui, chacun dans sa ligne, se trouve à une distance inégale de l'auteur commun, on compte les degrés du parent le plus éloigné de la souche commune. Joseph et Jeanne se trouvent donc au troisième degré.

Ce mode de procéder est assurément fort simple et ne laisse aucune incertitude dans l'esprit, mais ce n'est pas celui adopté par le Code civil. L'art. 738 suit le système en vigueur dans le droit romain, qui, en ligne collatérale, comptait les degrés de chaque côté et disait, par exemple, que deux frères, étant chacun dans la ligne, à un degré de l'auteur commun, sont entre eux à deux degrés. Ce qui supprime le premier degré dans la ligne collatérale : *Ex transverso sive a latere, nullus est primus gradus; et ideo incipit a secundo* L. 1re § 1er, *ff. de Grad. et affin.*). Nous avons développé ce système sous le no 10945; nous n'y reviendrons pas ici.

**15671. Parents paternels. — Parents maternels.** — L'esprit se perdrait infailliblement si, pour chercher à reconnaître les parents paternels et les parents maternels, il voulait s'engager dans les rameaux sans nombre qui se rattachent à l'arbre de la famille dont nous avons parlé au no 15665. En effet, comme j'ai deux ascendants au premier degré — mon père et ma mère, — quatre au second — le père et la mère de mon père, le père et la mère de ma mère, — j'en ai huit au troisième, seize au quatrième, trente-deux au cinquième, soixante-quatre au sixième, cent vingt-huit au septième.

Que si je remonte de trente-trois générations, ce qui, en donnant à la génération une durée moyenne de trente-trois ans, me porte à la vingtième année du règne de Charlemagne (année 768), je trouve pour la trente-troisième génération, en continuant, par la pensée, le tableau ci-après figuré, une ligne d'ascendants qui en comprendra 8,589,937,136, qui, joints aux 4,294,968,568 représentant les aïeux des trente-deux premières générations, nous donnent pour 1,089 ans, un total de *douze milliards huit cent quatre-vingt-quatre millions neuf cent cinq mille sept cents quatre* aïeux. Ce serait à ne pas y croire, bien que ce soit mathématiquement exact, si l'on ne prenait en considération les superpositions sans nombre auxquelles ont donné lieu les mariages de famille qui ont été nécessairement contractés entre cette multitude d'aïeux.

1. MANIÈRE DE RECONNAITRE LES PARENTS PATERNELS OU MATERNELS DU *de cujus*. — Mais il est inutile de se plonger dans toutes les bifurcations de l'arbre généalogique pour arriver à distinguer sûrement les parents paternels des parents maternels.

Pour reconnaître quels sont les parents paternels d'une personne et ses parents maternels, le procédé est des plus simples : il ne faut considérer que son père et que sa mère. Tous les parents qui se rattachaient *au défunt* par son père sont des parents *paternels* (lors même qu'ils étaient les parents *maternels* de son père); et de même tous ceux qui se rattachaient *au défunt* par sa mère sont ses parents *maternels* (lors même qu'ils étaient les parents *paternels* de sa mère). Ainsi, la *mère* de mon père appartient à ma *ligne paternelle*, tandis que le *père* de ma mère appartient à ma *ligne maternelle*.

En ce sens, la cour de Turin a jugé, le 10 février 1812 (S. *Table* t. 4 p. 266 no 67), que les parents dont le lien avec le défunt est formé par son aïeule maternelle doivent être considérés comme parents paternels, et comme tels, successibles dans leur ligne (*Conf.* : C. Caen 18 juill. 1806, — et Paris 4 avr. 1808, S. 1808-2-295).

2. MANIÈRE DE RECONNAITRE A LAQUELLE DES LIGNES PATERNELLE OU MATERNELLE APPARTIENT L'HÉRITIER DU *de cujus*. — De même encore, pour reconnaître si l'héritier du *de cujus* appartient à la ligne paternelle ou maternelle, il ne faut pas considérer les père et mère de cet héritier, mais bien ceux du *de cujus* lui-même.

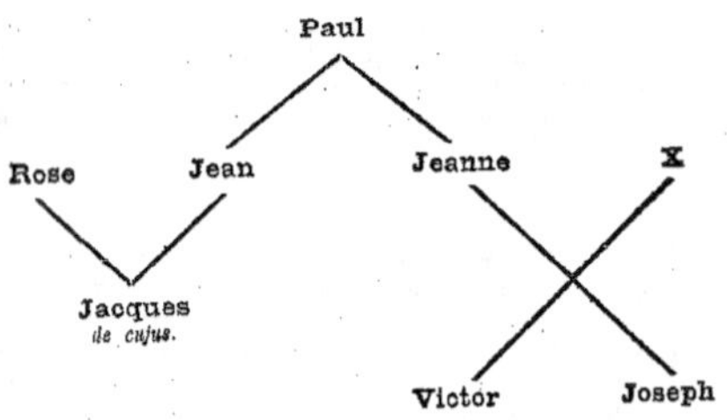


Supposons que l'on veuille connaître à quelle ligne appartiennent Victor et Joseph, qui héritent de Jacques. Comme c'est Jeanne, leur mère, qui forme le lien de parenté qui les rattache à Jacques, il faudrait décider qu'ils sont ses parents maternels si l'on devait prendre leur mère en considération. Mais ce n'est pas ainsi que l'on doit procéder. Il ne faut considérer que le père et la mère du défunt. Or, comme ce n'est pas par Rose, *sa mère*, que Victor et Joseph se rattachent à Jacques, mais par Jean, *son père*, qui est le frère de *leur mère*, il s'ensuit qu'ils sont ses parents *paternels*.

**15672. Réciprocité dans la parenté.** — L'exemple que nous venons de poser nous sert à formuler une proposition essentielle, à savoir que la réciprocité dans la nature de la parenté n'est nullement un fait nécessaire. Elle se rencontre sans doute, et même fort souvent : c'est ainsi que les enfants des deux frères sont réciproquement parents paternels, tandis que les enfants de deux sœurs sont parents maternels; ainsi encore les frères germains et sœurs germaines sont réciproquement, et à la fois, parents paternels et maternels.

Mais Victor et Joseph, dans notre précédent exemple, sont parents *paternels* de Jacques, parce que c'est Jean, père de celui-ci, qui les rattache à lui Jacques; tandis que Jacques est leur parent maternel, parce que, dans le même ordre d'idées, c'est Jeanne, leur mère, qui le rattache à eux.

**15673. Dénominations diverses.** — Les diverses hypothèses que nous venons de passer en revue prouvent donc que les parents du *de cujus* peuvent se rattacher à lui soit tout à la fois par son père et par sa mère, soit par son père seulement, soit seulement par sa mère.

Dans le premier cas, ils sont doublement ses parents, car ils lui tiennent par son père et par sa mère : on les appelle *germains*. Dans le second cas, ils n'appartiennent qu'à la ligne paternelle : ce sont les *consanguins;* dans le troisième cas, on les appelle *utérins*, comme n'appartenant qu'à la ligne maternelle.

**15674. Les descendants appartiennent à la fois aux lignes paternelle et maternelle.** — La règle qui divise les parents en deux lignes, paternelle et maternelle, ne s'appliquent jamais aux descendants, et cela pour une raison bien simple : c'est que ces descendants sont nécessairement parents du défunt dans l'une et l'autre ligne, puisqu'ils sont issus, comme lui, de ses père et mère, qui, ainsi qu'on l'a vu au n° 15671-1, doivent être pris comme terme de comparaison pour juger de la parenté.

**15675. Les ascendants n'appartiennent en général qu'à l'une ou à l'autre ligne.** — Les ascendants du défunt appartiennent soit à l'une, soit à l'autre des lignes paternelle et maternelle. C'est ainsi que tous les ascendants qui occupent ne me tenant que par mon père, ne peuvent être que mes parents paternels, de même que les autres ne peuvent être que mes parents maternels, car le lien d'attache, d'eux à moi, ne s'établit que par ma mère.

1. ASCENDANTS PARENTS DANS L'UNE ET L'AUTRE LIGNE. — Cependant, la règle n'est pas absolue, et voici où elle souffre exception :

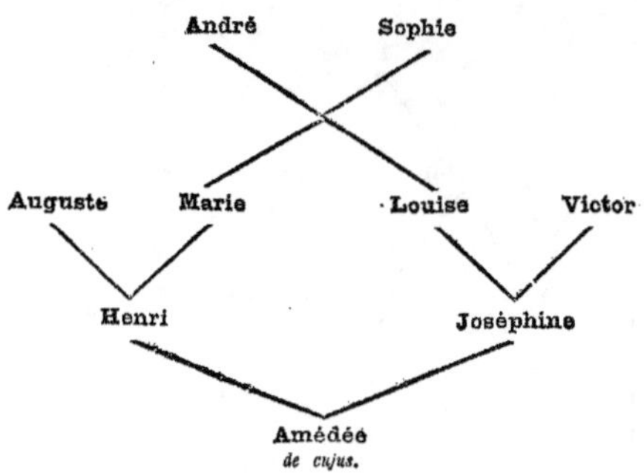


Si nous supposons que Henri et Joséphine, cousins germains, se sont mariés et ont eu Amédée, le *de cujus*, André, Sophie, Marie et Louise seront tout à la fois parents d'Amédée dans la ligne paternelle et dans la ligne maternelle. L'alliance de son père et de sa mère a réuni les deux lignes. En effet, André et Sophie, qui sont les aïeux du père d'Amédée, sont aussi les aïeux de sa mère, ce qui ne se rencontre pas dans l'exemple ci-dessus cité, et Marie, qui est sa grand'mère maternelle, est également sa tante maternelle, et *vice versa* pour Louise.

Dans tous les cas, remarquez qu'Auguste et Victor ne sont ascendants d'Amédée que dans une seule ligne. Car Auguste, le père de Henri, n'est que l'oncle par alliance de Joséphine et réciproquement pour Victor. Le mariage de leurs enfants n'a pu changer leur position. Ils restent donc, par rapport à Amédée : Auguste, son aïeul paternel et son grand-oncle maternel par alliance; Victor, son aïeul maternel et son grand-oncle paternel par alliance. Or, l'alliance ne constitue pas une parenté. — V. *Allié*.

**15676. Les collatéraux appartiennent tantôt aux deux lignes, tantôt à l'une seulement.** — Les collatéraux sont tantôt parents du défunt dans les deux lignes, tantôt dans une ligne seulement. C'est ce que nous établissons dans les numéros suivants.

**15677. Frères et sœurs germains et descendants d'eux.** — Les frères et sœurs germains du *de cujus*, qui sont, comme on l'a vu n° 15673, ceux qui sont issus du même père et de la même mère, sont, ainsi que leurs descendants, toujours parents du défunt dans les deux lignes.

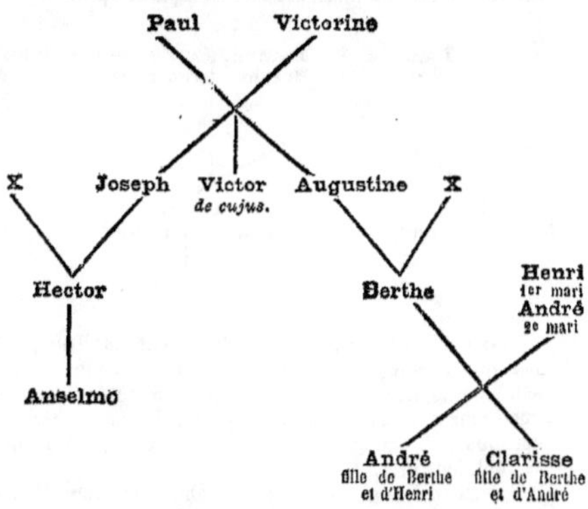


Il est sans difficulté que Joseph et Augustine, qui sont les frère et sœur germains de Victor, sont ses parents dans la ligne paternelle et dans la ligne maternelle, puisque chacun d'eux se rattache à lui par Paul, son père, et par Victorine, sa mère.

Il en est de même de Hector et Berthe, ses neveu et nièce puisque Berthe, fille d'Augustine, se rattache à Victor, son oncle du côté paternel, par Paul, père commun de Joseph et de Victor, et par Victorine, mère commune de Victor et de Joseph.

De même encore Anselme, petit-neveu de Victor, est son parent dans les deux lignes, puisqu'il se rattache à lui à la fois et par Paul, son père, et par Victorine, sa mère, qui sont l'un et l'autre les trisaïeux d'Anselme.

Remarquez que peu importerait que les descendants des frères et sœurs germains du *de cujus* ne fussent pas entre eux frères et sœurs germains, mais seulement consanguins ou utérins. En effet, André et Clarisse, qui ne sont que frère et sœur consanguins, n'en sont pas moins parents de Victor, leur grand-oncle dans la ligne paternelle et dans la ligne maternelle, puisque, nous le répétons, d'après la règle posée n° 15671-1, il ne faut considérer que le père ou la mère du *de cujus* pour constater sa parenté avec d'autres. Or, nul doute que la double parenté, paternelle et maternelle, existe ici, puisque Clarisse et André se rattachent à Victor par Paul et Victorine, leurs aïeux maternels, qui sont ses père et mère.

Quant à la question de savoir si les descendants des frères et sœurs germains sont, entre eux, respectivement parents dans les deux lignes, elle se trouve résolue dans le numéro suivant.

**15678. Collatéraux autres que les frères et sœurs germains et leurs descendants.** — Tous les collatéraux autres que les frères et sœurs germains et leurs descendants ne sont, en général, parents entre eux que dans une seule ligne.

1. LES FRÈRES CONSANGUINS OU UTÉRINS ET LEURS DESCENDANTS NE SONT PARENTS QUE DANS UNE LIGNE. — C'est ce qui ressort de l'exemple ci après :

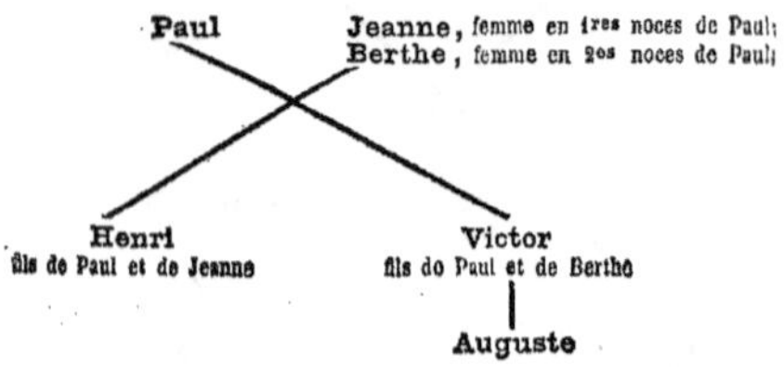


Il est évident qu'Auguste n'est le parent de Henri, son oncle, que du côté paternel, car il ne se rattache à lui que par Paul, père de Henri, puisque Jeanne, la mère de Henri, est complétement étrangère à lui Auguste. La même décision s'applique à Victor, qui n'a de lien commun avec Henri que par Paul, leur père.

Le même raisonnement serait applicable si les frères étaient issus de la même mère seulement et de deux pères différents.

2. AUTRES COLLATÉRAUX. — Il en est de même des autres collatéraux.

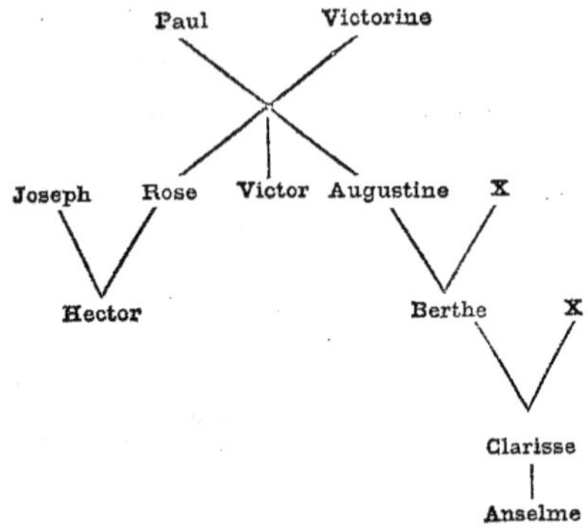


Hector et Berthe sont parents de Victor, leur oncle, dans la ligne paternelle et dans la ligne maternelle, mais entre eux ils ne sont parents que dans une seule ligne. Ainsi, Berthe n'est parente d'Hector, son cousin germain, que dans la ligne paternelle, car ce n'est que par Joseph qu'elle se rattache à lui ; de même, Hector n'est parent de Berthe que dans la ligne maternelle, car le lien commun est Augustine, la mère de Berthe.

De même Anselme, arrière-petit-neveu de Victor, est son parent dans les deux lignes ; mais la réciprocité n'existe pas. Victor n'est que le parent maternel d'Anselme, son arrière-petit-neveu, car le lien ne se forme entre eux, dans cette position, que par Clarisse, la mère d'Anselme.

3. COLLATÉRAUX AUTRES QUE LES FRÈRES ET SŒURS GERMAINS PARENTS DANS LES DEUX LIGNES. — Cependant, la règle qui veut que, excepté les frères et sœurs germains et les descendants de ces frères et sœurs, les collatéraux ne soient presque jamais parents que dans une seule ligne peut présenter des exceptions. C'est ce qui a lieu par suite des mariages entre parents.

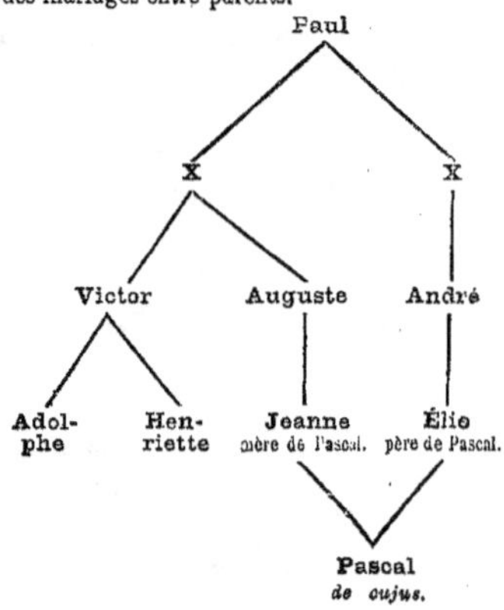

Supposons que Jeanne et Élie, cousins issus de germains, aient contracté mariage, et que de leur union soit né Pascal, le *de cujus*: Victor, Adolphe et Henriette seront oncle et cousins paternels et maternels de Pascal, car ils se rattachent à lui par son père et par sa mère, puisque Victor était non-seulement le frère d'Auguste, le père de Jeanne, mais encore le cousin germain d'André, le père d'Élie.

**15679. Preuve de la parenté.** — Ces règles générales posées, il nous reste à dire en deux mots que les art. 45, 46 et 319 C. C., voulant que la filiation se prouve par des actes de naissance en bonne forme, on s'était demandé si ces dispositions ont pour effet, en matière de succession, d'exclure toute autre preuve de parenté, soit écrite, soit testimoniale, lorsque, d'ailleurs, on ne peut alléguer ni la perte, ni la non-existence des registres de l'état civil, ni même la possession d'état. Mais il a été jugé par la cour de Paris, en premier lieu: 1° que ces dispositions du Code civil ne sont applicables qu'au genre de preuve des faits qui y sont prévus (l'état et la filiation), et nullement à celles dont on peut faire usage pour constater les généalogies; qu'en matière de succession, on peut s'aider, pour établir sa parenté, non-seulement des registres de l'état civil, mais encore de toute autre preuve littérale, spécialement des contrats de mariage, partages et autres titres de famille; que tel a toujours été l'usage et la pratique des jurisconsultes et des notaires (2 mars 1814. *V.* 15713-1); — 2° qu'on peut, pour prouver sa parenté et son droit de successibilité, suppléer, par une série d'actes de famille qui établissent la filiation, à un acte de filiation ancienne qu'on ne retrouve pas (3 janv. 1825, Demolombe t. 13 n° 340).

On peut encore consulter, dans le même ordre d'idées, les arrêts de la cour de Rouen en date du 8 mai 1822 et de la Cour de cassation en date des 14 janvier 1824, 8 novembre 1820, 18 décembre 1828 et 18 décembre 1839, et de Poitiers du 30 juillet 1857 (D. 58-2-73).

Lorsqu'entre deux prétendants à une même succession, il est intervenu un jugement passé en force de chose jugée qui reconnaît, dans les deux parties, la qualité de parents du défunt, mais la reconnaît dans une d'elles à un degré plus proche, il ne résulte pas de ce jugement qu'un tiers soit non recevable à revendiquer la succession, encore qu'il soit parent du défunt à un degré moins proche que celui qui a succombé dans la première action, s'il prouve que celui qui a triomphé n'était pas du tout parent (Cass. 6 therm. an 11, S. 3-2-538).

1. TRÉSOR PUBLIC. — On enseignait, dans l'ancien droit, que la preuve de la parenté à l'effet d'exclure le fisc devait être admise beaucoup plus facilement que quand il s'agissait de prononcer entre plusieurs personnes se disputant une succession à titre de parenté; et on devait alors, disait-on, se contenter de simples indices (Lebrun et Espiaud liv. 1<sup>er</sup> ch. 6 n° 19, Serres *Inst. cout.* liv. 3 t. 5 p. 431). — « Mais on ne saurait aujourd'hui, dit Demolombe, poser en thèse de droit une telle différence. Ce que l'on peut dire, c'est que, s'agissant d'une parenté au douzième degré, les preuves deviennent de plus en plus difficiles et le pouvoir discrétionnaire des magistrats augmente nécessairement. Mais ce n'est pas un motif pour mettre l'État hors de la loi » (t. 13 n° 342).

**15680. Attribution de la succession par ordres d'héritiers.** — Ce n'est pas aux parents du défunt indistinctement que la loi attribue ses biens, en les classant d'après leur degré plus ou moins rapproché. Elle considère d'abord les différents ordres ou classes de parenté. Dans ce système, chaque classe passe en entier avant qu'aucun parent de la classe suivante soit appelé, ce qui fait que souvent un parent plus éloigné vient exclure un parent plus proche. Ainsi, un descendant du défunt, fût-il au quatrième degré, sera toujours appelé avant qu'aucun ascendant ou collatéral puisse venir en temps utile, fût-il du premier ou du second degré. L'attribution des successions se formule donc ainsi. Il y a lieu d'appeler : 1° la classe des parents ; — 2° entre parents appartenant à la même classe, celui du degré le plus rapproché.

**15681. Des classes de parents.** — L'art. 731 C. C., déclarant que « les successions sont déférées aux enfants et descendants du défunt, à ses ascendants et à ses parents collatéraux, » semble établir qu'il n'y a que trois classes de parents. Cependant, comme il résulte de l'ensemble de ses dispositions que, parmi les parents collatéraux, il en est d'assez privilégiés (les père et mère et leurs descendants) pour exclure les ascendants autres que les père et mère, et de concourir même avec les père et mère, on doit dire que la loi divise les héritiers en quatre classes, qui viennent à la succession dans l'ordre suivant :

1° Les enfants et descendants;

2° Les ascendants et collatéraux privilégiés, c'est-à-dire les père et mère auxquels appartient une réserve, après prélèvement de laquelle la succession est dévolue aux frères et sœurs, soit germains, soit consanguins, soit utérins, et les descendants des frères et sœurs;

3° Les ascendants autres que les père et mère ;

4° Les collatéraux autres que les frères et sœurs et leurs descendants.

**15682. Du degré dans chaque classe.** — Nous avons dit, au n° 15680, qu'entre parents appartenant à la même classe, la vocation héréditaire est déterminée par la proximité du degré. Cette proposition n'est pas matériellement exacte. On a vu, en effet (v° *Représentation*), que l'effet de la représentation est de mettre celui qui est appelé à représenter à la place de celui qu'il représente. Ce n'est donc que par fiction que l'on peut dire qu'entre parents d'une même classe, le plus proche exclut le plus éloigné, puisque le petit-fils, qui représente son père dans la succession de son aïeul, vient en rang utile à côté des fils, qui sont au premier degré, alors que lui peut n'être qu'au troisième ou au quatrième.

Mais, la part faite à la fiction, la règle devient impérieuse, et le plus proche parent exclut toujours le plus éloigné.

**15683. Mode de dévolution des biens de la succession.** — 1. DESCENDANTS. — La loi appelle en premier ordre à la succession du défunt ses enfants ou leurs descendants. Ils sont appelés de préférence ou à l'exclusion d'un autre ordre ou classe de parents ascendants ou collatéraux, quand même les parents existants dans les deux ordres seraient unis au défunt dans un degré plus rapproché.

La division de la succession entre eux se fait sans avoir égard aux lignes paternelles et maternelles, puisqu'ils appartiennent à leur auteur commun par les deux lignes. De plus, la division a lieu sans aucune distinction entre les aînés et les puînés, entre les mâles et les filles. Elle se fait par tête ou par souche, lorsqu'il y a lieu à représentation d'après les règles que nous avons fait connaître au mot *Représentation*.

1. ASCENDANTS ET COLLATÉRAUX PRIVILÉGIÉS. — Il n'y a également pas lieu à la division par ligne lorsque la succession échoit aux ascendants et aux collatéraux privilégiés qui sont les père et mère, les frères et sœurs et leurs descendants.

2. ASCENDANTS ET COLLATÉRAUX ORDINAIRES. — Dans toute succession échue soit à des ascendants, soit à des collatéraux, autres que ceux désignés ci-dessus, la succession se divise en deux parties égales : l'une pour les parents paternels, l'autre pour les parents maternels, et chaque moitié appartient au parent le plus proche de chaque ligne. De sorte que si le défunt laisse d'un côté son père, et, dans la ligne maternelle un cousin au douzième degré, ce parent au douzième degré viendra concourir avec le père pour lui enlever la moitié de la succession de son fils (733, 753 C. C.).

**15684. Nature et origine des biens.** — On a vu, sous le n° 15634, à quel dédale inextricable arrivait le système des successions, par la division que l'ancien droit faisait des biens, soit en *nobles* ou *roturiers*, *meubles* et *immeubles*, etc., en considérant leur nature, soit en acquêts et propres, en s'attachant à leur origine, etc. C'est ce système que l'art. 732 C. C. a voulu proscrire, lorsqu'il déclare que « la loi ne considère ni la nature ni l'origine des biens pour en régler la succession. » On rencontre cependant dans les diverses dispositions du Code trois exceptions à cette règle :

La première a lieu à la mort de l'adopté, relativement aux biens donnés par l'adoptant; nous en avons parlé au mot *Adoption*.

La seconde se présente quand la personne qui a reçu des biens d'un ascendant meurt sans postérité légitime; l'ascendant, s'il survit, recueille ces biens à l'exclusion de tous autres. Cette seconde exception au principe de l'art. 732 fait l'objet du mot *Retour*.

Enfin, ainsi qu'on l'a vu au mot *Enfant*, lorsqu'un enfant naturel meurt sans postérité et sans ascendants, la loi considère encore l'origine des biens, pour faire retourner ceux qui viennent de son auteur aux descendants légitimes de celui-ci.

**15685. Division des biens par rapport aux lignes paternelle et maternelle.** — L'art. 733 C. C. est ainsi conçu : « Toute succession échue à des ascendants ou à des collatéraux se divise en deux parts égales; l'une pour les parents de la ligne paternelle, l'autre pour les parents de la ligne maternelle. « Les parents utérins ou consanguins ne sont pas exclus par les germains; mais ils ne prennent part que dans leur ligne, sauf ce qui sera dit à l'art. 752. Les germains prennent part dans les deux lignes. »

Nous avons déjà indiqué (V. 15683-2) la règle posée par le premier alinéa de cet article; nous y revenons ici pour bien préciser les diverses situations qui peuvent se présenter, en faisant remarquer d'ailleurs, en principe général, que la règle de la *fente* des biens qui produit deux successions attribuées séparément aux parents paternels et aux parents maternels, ne s'applique qu'aux héritiers des deux dernières catégories indiquées au n° 15681. Ainsi, la succession passe en une seule masse aux descendants et aux ascendants et collatéraux privilégiés ou à ces derniers seulement : elle ne passe divisée qu'aux ascendants ordinaires et aux collatéraux ordinaires.

1. CONCOURS DES FRÈRES ET SŒURS AVEC LES PÈRE ET MÈRE. — En premier lieu, il n'y a pas lieu de considérer les lignes paternelle et maternelle, pour la division des biens, lorsque les frères et sœurs du défunt sont germains et qu'ils se trouvent en concours avec ses père et mère. Dans ce cas, en effet, la moitié de la succession est attribuée aux père et mère ou le quart au survivant, s'il n'en reste qu'un. La division du surplus s'opère ensuite par tête, ou par souche en cas de représentation, entre les frères et sœurs. Mais la division de la moitié ou des trois quarts restant, après l'attribution aux père et mère, doit être faite par ligne si au lieu d'être germains les frères ne sont que consanguins ou utérins.

2. SUCCESSION ÉCHUE AUX FRÈRES ET SŒURS OU A LEURS DESCENDANTS. — Aucune division par ligne paternelle et maternelle n'est encore à faire lorsqu'il y a des frères, des sœurs ou descendants d'eux, alors même qu'ils seraient consanguins ou utérins et qu'ils se trouvent en face d'ascendants autres que les père et mère ou d'autres collatéraux, car alors les frères et sœurs prennent toute la succession, sauf à la diviser entre eux suivant leurs droits respectifs.

3. COLLATÉRAUX EN CONCOURS AVEC LES PÈRE ET MÈRE. — Il y a encore, sinon absence de division par lignes, du moins modification à cette division, lorsque des collatéraux autres que les frères et sœurs et descendants d'eux se trouvent en présence des père et mère du défunt : car sur la portion revenant aux collatéraux, les père et mère ont droit à l'usufruit du tiers (753-754 C. C.).

4. ABSENCE D'HÉRITIERS DANS UNE LIGNE. — Enfin, il n'y a pas lieu à division lorsque il n'y a d'héritiers que dans une ligne, car les parents de cette ligne recueillent la totalité de la succession. C'est ce qui résulte du troisième alinéa de l'art. 733 ci-dessus.

5. PARENTS CONSANGUINS OU UTÉRINS. — Sous l'ancienne législation, lorsque des parents unis au défunt par le double lien, *ex utroque parente*, tels que frères et sœurs germains, par exemple, se trouvaient *en pareil degré* avec des parents qui ne lui étaient unis que par le simple lien, *ex uno parente*, comme l'auraient été, dans la situation où nous nous trouvons ici, des frères consanguins ou utérins, les premiers excluaient les seconds.

C'est ce privilège injuste qu'a voulu abolir le second

paragraphe de l'art. 733, lorsqu'il déclare que « les parents utérins ou consanguins ne sont pas exclus par les germains.» Seulement, comme la succession se divise entre la ligne paternelle et maternelle, pour être affectée par moitié aux membres de chacune d'elles, l'art. 733 nous dit, ce qui est bien simple, que les parents utérins ou consanguins ne prennent part que dans leur ligne, tandis que les germains prennent part dans les deux lignes.

6. PARENTS GERMAINS. — Les germains étant parents dans les deux lignes, leur droit de prendre part à la moitié de succession affectée à chacune des deux lignes, est chose parfaitement naturelle (Pothier *Succ.* ch. 2 sect. 2 art. 2, Lebrun liv. 1er ch. 5 sect. 4 n° 3, Renusson *des Propres* ch. 2 sect. 19 n° 4, Marcadé art. 733 n° 4, Demante t. 3 n° 44, Demolombe t. 13 n° 371). Cependant ce droit avait été dénié dans le cas tout à fait caractéristique que voici :

Un individu, après avoir épousé sa cousine germaine, mourut laissant un fils unique issu de ce mariage. Le fils mourut à son tour, sans postérité, ayant encore sa mère. Celle-ci, qui était naturellement la plus proche parente dans la ligne maternelle, se trouvait être dans la ligne paternelle la cousine du défunt, puisqu'elle était la cousine germaine du père du défunt. Or, comme dans la ligne paternelle ne se trouvait qu'un cousin d'un degré plus éloigné que la mère du défunt, toute la succession appartenait à celle-ci, savoir : la moitié, revenant à la ligne maternelle, comme la plus proche parente dans cette ligne, en sa qualité de mère du défunt, et la moitié de la ligne paternelle, comme étant également parente du défunt au degré le plus rapproché, en sa qualité de cousine paternelle. Cependant le cousin le plus éloigné, dans cette dernière ligne, prétendit qu'il avait seul droit à la moitié revenant à la ligne paternelle, sous le prétexte que la parenté directe de la mère faisait disparaître la parenté collatérale à laquelle elle prétendait. Mais la cour de Rouen rejeta sa demande, par un arrêt du 22 janvier 1841 (12780-4 J. E., 10938 C.).

7. LA DIVISION PAR LIGNE NE S'APPLIQUE QU'AUX SUCCESSIONS AB INTESTAT. — Nous croyons devoir appeler ici l'attention du lecteur sur un point essentiel que nous avons d'ailleurs déjà mis en saillie, c'est que la division par lignes ne s'applique qu'aux successions *ab intestat*, car en vertu de son droit de maître souverain de sa propriété, le défunt peut toujours disposer de sa succession *disponible* et la diviser comme il l'entend. En ce sens, il a été jugé :

1° Que dans une succession échue à des collatéraux, il n'y a pas lieu de partager par moitié entre la ligne paternelle et la ligne maternelle, lorsque le testateur a nommé pour ses héritiers tous ses successeurs de droit, à l'effet de partager entre eux son héritage par égales portions (C. Aix 29 janv. 1811, S. *Table* t. 4 p. 266 n° 69);

2° Que la clause par laquelle le testateur a ordonné le partage de ses biens par portions égales, entre ses plus proches parents collatéraux, exclut virtuellement la division par lignes (C. Toulouse 14 fév. 1829, S. 29-2-269).

**15686. Dévolution d'une ligne à l'autre.** — « Il ne se fait aucune dévolution d'une ligne à l'autre, que lorsqu'il ne se trouve aucun ascendant ni collatéral de l'une des deux lignes. »

Telle est la disposition qui fait l'objet du troisième alinéa de l'art. 733 C. C.

La règle est donc que les lignes ne se confondent pas, et que le parent d'une ligne, à quelque degré successible qu'il appartienne, serait-il au douzième, n'est point exclu de la portion attribuée à sa ligne par un parent d'une autre ligne à un degré beaucoup plus rapproché que lui.

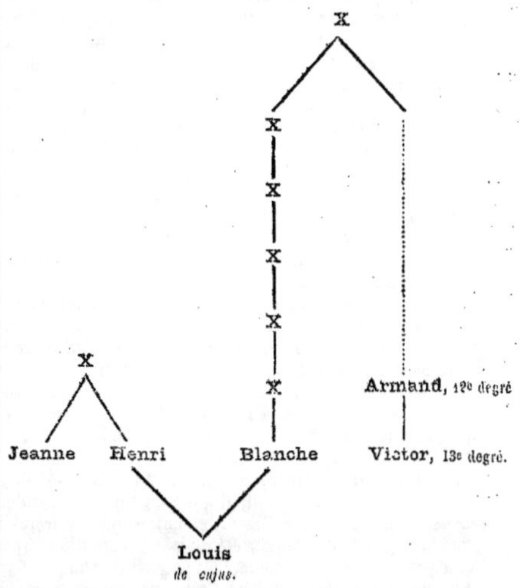


Louis est décédé après Henri et Blanche, ses père et mère, et ses autres ascendants, laissant pour tous successibles Jeanne, sa tante paternelle, et Armand, son cousin maternel au douzième degré.

Bien que Jeanne soit parente au troisième degré, elle n'aura que la moitié de la succession revenant à la ligne paternelle, sans pouvoir exclure Armand, parent au douzième degré de la ligne maternelle, qui recueillera la moitié afférente à cette ligne.

Que si le seul parent de la ligne maternelle était Victor, il ne pourrait rien prétendre à la succession, car il n'est plus au degré successible. Dans ce cas, comme il ne se trouverait dans la ligne maternelle aucun successible, le cas prévu par le troisième alinéa de l'art. 733 se réaliserait, c'est-à-dire qu'il y aurait dévolution à la ligne paternelle de la moitié afférente à la ligne maternelle, faute de représentant pour la recueillir : Jeanne aurait droit à toute la succession.

Dans l'ancien droit déjà, contrairement à certaines prétentions qui auraient voulu les attribuer au fisc, les propres eux-mêmes étaient ainsi dévolus aux parents de la ligne d'où ces propres n'étaient pas provenus, à défaut de tous parents de celle des lignes qui les avait émis dans la famille (*Cout. d'Orléans* art. 317, Lebrun *Succ.* sect. 4, Pothier Introd. à la *Cout. d'Orléans* n° 28 tit. 17).

**15687. Il n'y a pas subdivision entre les lignes paternelle et maternelle.** — Nous avons vu, au n° 15685, la loi diviser les biens de la succession entre les deux lignes paternelle et maternelle, c'est ce qu'on appelle *la fente*, mais comme cette ligne se subdivise elle-même en ligne paternelle et maternelle, on pourrait être porté à croire qu'il y a lieu à subdivision, c'est-à-dire à *refente*, entre les deux branches de chaque ligne : il n'en est point ainsi. « Cette première division opérée entre les lignes paternelle et maternelle, porte l'art. 734 C. C., il ne se fait plus de division entre les diverses branches ; mais la moitié dévolue à chaque ligne appartient à l'héritier ou aux héritiers les plus proches en degrés, sauf le cas de la représentation. »

Sous l'empire de la loi du 17 nivôse an 2, il avait été jugé, qu'après la division d'une succession collatérale entre la ligne paternelle et la ligne maternelle du défunt, il y avait lieu à subdivision ou refente de la part attribuée à chaque ligne entre les parents paternels et les parents maternels du défunt dans cette ligne. Ainsi, le descendant de l'ascendant maternel du degré le plus éloigné n'était pas exclu par le descendant de l'ascendant paternel le plus proche en degré (Cass. 28 mess. an 7).

Jugé encore, sous l'empire de cette loi, qu'après la division entre les collatéraux des lignes paternelle et maternelle, il y avait lieu à subdivision ou refente entre les collatéraux paternels et maternels de l'une et l'autre ligne, bien que ces collatéraux ne fussent pas au même degré (Cass. 18 germ. an 7, S. *Tabl.* t. 4 p. 266 n° 74). — Depuis, il a été jugé que la refente n'avait pas lieu sous l'empire de la loi du 17 nivôse an 2 (Cass. 12 brum. an 9, 1er niv. an 9, 13 flor. an 10, 13 mess. an 12, S. 1-2-648, 2-1-292, 4-2-729).

Sous l'empire du Code civil, il a été jugé que, lorsqu'une succession échue à des collatéraux, autres que des frères ou sœurs et descendants d'eux, a été divisée par moitié entre les lignes paternelle et maternelle, les parents de chaque ligne viennent à la part échue à leur ligne, par portions égales, sans égard au double lien. En d'autres termes, les cousins par père et mère dans une des lignes ne sont point préférables aux cousins utérins de la même ligne (C. Paris 4 avr. 1808, S. 8-2-292 ; — Bruxelles 20 avr. 1809, S. 12-2-197, Toullier t. 4 n° 223, Vazeille art. 734 n° 1er, Aubry et Rau t. 4 p. 195, Demolombe t. 13 n° 379).

1. DIVISION ENTRE ASCENDANTS.

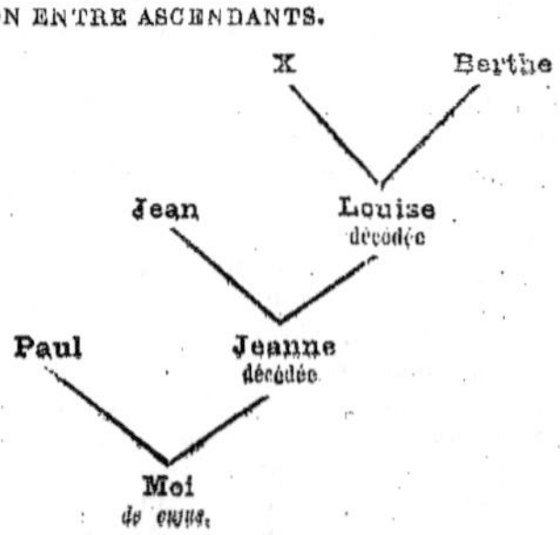


Ainsi, je meurs laissant pour tous héritiers, dans la ligne paternelle, Paul, mon père, et, dans la ligne maternelle, Jean, le père de Jeanne, ma mère prédécédée, et Berthe, son aïeule maternelle. Ma succession doit se fendre en deux moitiés, dont l'une, revenant à la ligne paternelle, est recueillie par Paul.

Quant à la seconde moitié, si le Code admettait la refente, il est clair que le père de ma mère prendrait la moitié revenant à la ligne paternelle de cette seconde ligne, et l'aïeule maternelle de ma mère prendrait l'autre moitié revenant à la ligne maternelle. Mais comme l'art. 734 veut que la première division opérée, il n'y ait plus subdivision entre les diverses branches des autres lignes, et que la moitié revenant à chaque ligne soit dévolue aux héritiers les plus proches en degrés, il en résulte que la moitié de ma succession, revenant à ma ligne maternelle, sera recueillie en entier par Jean, le père de ma mère, à la complète exclusion de Berthe, l'aïeule maternelle de ma mère. Que si ce n'était pas l'aïeule maternelle de ma mère qui représentait la branche maternelle de ma mère, mais bien Louise, sa mère, comme celle-ci serait au même degré que Jean, elle partagerait avec lui la moitié dévolue à la ligne maternelle.

2. DIVISION ENTRE COLLATÉRAUX.

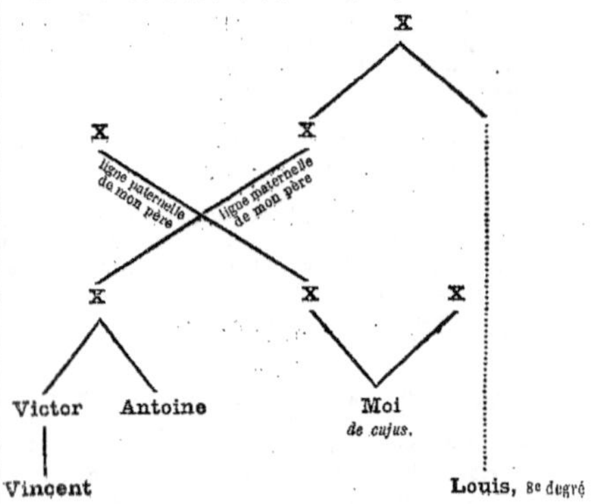


Supposons encore, pour ne laisser aucune incertitude sur cette matière, que la ligne paternelle ne soit représentée que par deux cousins, il faudra encore ne considérer ici que la proximité du degré de ces deux parents. Et ne pas se préoccuper des branches qu'ils peuvent représenter dans la ligne paternelle. Si donc ces cousins sont Victor et Antoine, qui sont mes parents au quatrième degré, ils se partageront la moitié de ma succession revenant à la ligne paternelle. Que si les survivants sont Antoine et Vincent, dont l'un est mon cousin au quatrième degré, tandis que l'autre ne l'est qu'au cinquième, Antoine prendra toute la moitié, ne laissant rien à Vincent, alors même que ces deux cousins représenteraient l'un la branche paternelle de mon père et l'autre sa branche maternelle, comme Antoine et Louis, par exemple.

3. IL NE FAUT PAS CONSIDÉRER ICI LES PARENTS GERMAINS, CONSANGUINS OU UTÉRINS. — La conséquence de ce système, c'est que la première division opérée, il n'y a plus à se préoccuper des droits plus ou moins étendus

que peuvent avoir les parents germains, consanguins ou utérins.

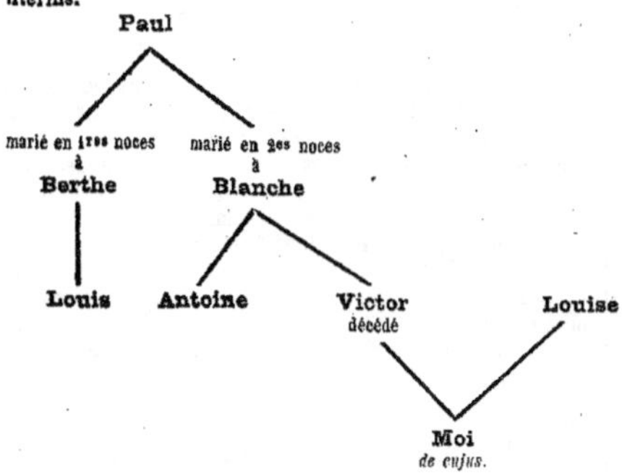


Supposons que j'aie pour héritiers dans ma ligne paternelle Antoine et Louis, mes deux oncles, dont l'un, Antoine, est le frère germain de mon père, et l'autre, Louis, son frère consanguin, ils partageront par moitié la part de ma succession afférente à la branche paternelle, car tous les deux, étant mes parents paternels au même degré, ont un droit égal à ma succession, sans avoir égard à cette considération que l'un tient à mon père par les deux branches, paternelle et maternelle, tandis que l'autre ne s'y rattache que par la branche paternelle. La distinction des parents en germains, utérins ou consanguins, qui est capitale lorsqu'il s'agit de *la fente* de la succession, s'efface lorsqu'on arrive à la *refente*, car la refente est proscrite par le Code.

## CHAPITRE II. — REPRÉSENTATION

[15688]

**15688. Renvoi.** — La représentation forme une exception à la règle qui, dans chaque ligne, appelle l'héritier le plus proche, à l'exclusion du plus éloigné. Ce serait ici le lieu d'en parler, car elle appartient aux dispositions qui exercent leur influence sur la généralité du système des successions *ab intestat*, mais la division même du plan que nous avons adopté nous a mis dans la nécessité d'en traiter à la place alphabétique que la représentation doit occuper dans notre dictionnaire. C'est donc à cette place et au mot *Représentation* qu'il faut aller chercher tous les développements que comporte notre sujet.

## CHAPITRE III. — SUCCESSION DÉFÉRÉES AUX DESCENDANTS

[15689-15692]

**15689. Principe.** — La première des quatre classes qui doit être appelée à une succession, dans l'ordre de la nature, est évidemment celle qui comprend les descendants. Le chef de famille doit à ses enfants, avant tout, l'appui de sa fortune. Aussi, tant qu'il existe un descendant légitime apte à succéder, aucun parent ne peut venir à la succession. C'est ce qui résulte formellement de l'art. 745 C. C., ainsi conçu :

« Les enfants ou leurs descendants succèdent à leurs père et mère, aïeuls, aïeules, ou autres ascendants, sans distinction de sexe ni de progéniture, et encore qu'ils soient issus de différents mariages. Ils succèdent par égales portions et par tête, quand ils sont tous au premier degré et appelés de leur chef ; ils succèdent par souche, lorsqu'ils viennent tous ou en partie par représentation. »

**15690. Enfants légitimes.** — Nous n'avons à nous occuper ici que des enfants *légitimes*. C'est ce qui résulte formellement du texte de l'art. 745.

1. ENFANTS LÉGITIMÉS. — Et c'est dans cette catégorie que rentrent les enfants légitimés, en ce qui concerne les successions ouvertes depuis le mariage de leurs père et mère Ainsi, l'enfant légitimé et toute sa descendance légitime se rattachent et succèdent, non pas seulement au père qui a légitimé, mais à tous les ascendants de celui-ci. C'est une conséquence directe de la légitimation, qui fait réputer conçu pendant le mariage de ses père et mère, et par conséquent *légitimé*, l'enfant né avant le mariage.

2. ENFANT ADOPTIF. — Quant à l'enfant adoptif, il faut le ranger dans la même catégorie puisque, ainsi qu'on l'a vu v° *Adoption*, l'adopté a sur la succession de l'adoptant les mêmes droits que ceux qu'aurait l'enfant né en mariage. Seulement il convient de remarquer que ces droits s'arrêtent à la succession de l'adoptant. L'adopté et sa descendance légitime succèdent à l'adoptant, mais ils ne succèdent pas aux parents de cet adoptant, car l'adoption ne les rattache pas à eux.

**15691. Absence de tout privilège entre les descendants.** — Le n° 15634-5 nous offre un exemple des inégalités et privilèges qui, dans l'ancienne législation, résultaient : 1° du sexe ; — 2° de la primogéniture ; — 3° de la distinction des lits. Toutes ces distinctions et inégalités ont aujourd'hui disparu ; c'est ce qu'a voulu faire comprendre l'art. 745 C. C. en disant que les enfants succèdent : « sans distinction de sexe et de primogéniture, et encore qu'ils soient issus de mariages différents. » Ainsi, tous les enfants et descendants du même auteur, fils ou filles, aînés ou puînés, de même et de différents lits, sont appelés également à la succession. C'est ainsi que la cour de Paris a jugé, le 4 avril 1808 (S. 8-2-295), que lorsqu'une succession se divise entre une ligne paternelle et maternelle, les parents paternels par les mâles n'excluent pas les parents paternels par les femmes. Ainsi la cour de Turin a reconnu, le 10 février 1812 (S. *Table* t. 4 p. 266 n° 67), que, en matière de succession, les parents dont le lien avec le défunt est formé par son aïeule paternelle doivent être considérés comme parents paternels et, comme tels, successibles dans leur ligne.

Déjà on a vu au n° 15684 tous les privilèges disparaître en ce qui concerne la nature et l'origine des biens. On peut donc dire que le Code a placé tous les citoyens sur le pied de l'égalité la plus parfaite en ce qui concerne la succession *ab intestat*.

Le gouvernement de la Restauration avait voulu tenter un demi-rétablissement du droit d'aînesse et de masculinité, en proposant à la Chambre des députés, en 1826, un projet de loi qui portait en substance que la quotité disponible des biens du père de famille formerait, de plein droit, un préciput au profit du fils aîné, toutes les fois qu'une volonté contraire n'aurait pas été manifestée. Mais ce projet fut rejeté; cependant il en resta quelque chose qui forma la loi du 17 mai 1826 sur les substitutions, loi qui a été abrogée par celle du 11 mai 1849. — V. *Substitution*.

Quant aux majorats, qui constituaient également une sorte de succession masculine privilégiée, ils ont également été abolis par les lois des 12 mai 1835 et 11 mai 1849. — V. *Majorat*.

**15692. Vocation héréditaire des descendants.** — On sait déjà que c'est la proximité du degré de parenté qui détermine la dévolution de la succession à l'un plutôt qu'à l'autre des héritiers. Ainsi, en succession descendante, lorsque tous les descendants viennent de leur chef, ils succèdent par tête; lorsqu'ils viennent par représentation, ils succèdent par souche.

Au sujet du second paragraphe de l'art. 745, qui règle un mode d'attribution, et dont nous reproduisons les termes : « Ils succèdent (les descendants) par égales portions et par tête, quand ils sont tous *au premier degré* et appelés de leur chef; ils succèdent par souche lorsqu'ils viennent tous ou en partie par représentation.» — Les auteurs (Demante t. 3 n° 52 *bis*, Ducaurroy, Bonnier et Roustain t. 3 n° 475, Aubry et Rau *sur Zachariæ* t. 4 p. 196, Marcadé *sur l'art.* 745 n° 2, Demolombe *des Successions* t. 1er n° 445) font remarquer que ces expressions *au premier degré* sont inexactes en ce qu'elles peuvent faire supposer qu'il ne suffit pas, pour que le partage ait lieu par tête, que tous les ascendants soient appelés de leur chef, qu'il faut encore qu'ils soient *au premier degré* : ce qui n'est pas.

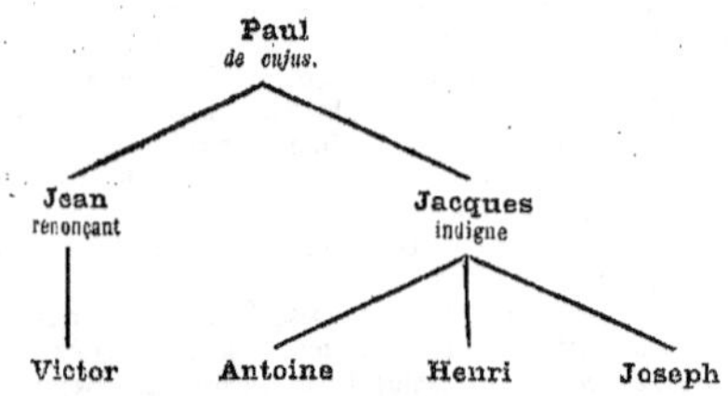


On sait que, comme l'on ne peut représenter les personnes vivantes, les héritiers renonçants ou indignes ne doivent pas être représentés. Dans cet ordre d'idées, la succession de Paul, qui est échue à ses deux enfants Jean et Jacques, dont l'un a renoncé et l'autre a été déclaré indigne, doit être partagée *par tête* entre ses quatre petits-enfants : Victor, Antoine, Henri et Joseph. Cela est clair, puisque Victor, d'un côté, Antoine, Henri et Joseph, de l'autre, ne représentant pas leurs pères respectifs, Jean et Jacques ne doivent pas partager par *souche*.

Or, s'ils partagent par *tête* et non par *souche*, eux qui sont parents du défunt au deuxième degré, n'est-il pas de toute évidence qu'il ne faut pas prendre au pied de la lettre ces mots de l'art. 745, *au premier degré*, qui impliquent l'idée que pour partager par tête, il faut, non-seulement que les descendants viennent de *leur chef*, mais encore qu'ils soient *au premier degré*. On doit donc dire avec Marcadé (*loc. cit.*) : « que si le Code porte : *tous au premier degré* et de leur chef, c'est en pensant au cas le plus ordinaire; parce qu'en effet ce sera presque toujours au premier degré seulement que les descendants viendront tous de leur chef. »

## CHAPITRE IV. — SUCCESSIONS DÉFÉRÉES AUX ASCENDANTS ET AUX COLLATÉRAUX

[15693-15703]

### SECTION PREMIÈRE. — PRÉLIMINAIRES

[15693-15694]

**15693. Division.** — On sait déjà que les père et mère du défunt concourent avec ses frères et sœurs et leurs descendants qui eux-mêmes excluent les ascendants autres que les père et mère. Il résulte de là que si nous voulions traiter séparément des successions déférées aux ascendants et de celles déférées aux collatéraux, nous tomberions inévitablement dans des redites, car notre sujet est de nature à mettre plus d'une fois les collatéraux et les ascendants en présence les uns des autres.

En conséquence nous parlerons successivement :

1° Des successions déférées aux frères et sœurs et à leurs descendants, soit que le défunt ait laissé ses père et mère, soit qu'il ne les ait pas laissés;

2° Des successions déférées aux ascendants;

3° Des successions déférées aux collatéraux autres que les frères et sœurs et leurs descendants.

**15694. Retour aux ascendants. — Renvoi.** — Faisons remarquer, avant d'aller plus loin, qu'il est une succession qui est toute spéciale aux ascendants qui ne rentre pas dans le système des successions ordinaires. C'est celle prévue par l'art. 747 C. C. et qui se présente lorsqu'un ascendant a fait une donation à un de ses enfants ou descendants et que le donataire étant mort, sans postérité, avant le donateur, les objets donnés se retrouvent en nature dans sa succession.

C'est ce qu'on appelle le *retour légal*. Comme nous en avons parlé au mot *Retour* avec tous les développements que comporte le cadre de cet ouvrage, nous n'y reviendrons pas ici.

## SECTION 2. — SUCCESSIONS DÉFÉRÉES AUX FRÈRES ET SOEURS ET A LEURS DESCENDANTS

[15695-15703]

### ARTICLE PREMIER. — CAS OU LES PÈRE ET MÈRE DU DÉFUNT OU L'UN D'EUX LUI ONT SURVÉCU

[15695-15700]

**15695. Principe.** — « Lorsque les père et mère d'une personne morte sans postérité lui ont survécu, si elle a laissé des frères, sœurs, ou des descendants d'eux, la succession se divise en deux portions égales, dont moitié seulement est déférée au père et à la mère, qui la partagent entre eux également. L'autre moitié appartient aux frères, sœurs ou descendants d'eux, ainsi qu'il sera expliqué dans la section 5 du présent chapitre » (748 C. C.).

« Dans le cas où la personne morte sans postérité laisse des frères, sœurs, ou des descendants d'eux, si le père ou la mère est prédécédé, la portion qui lui aurait été dévolue conformément au précédent article se réunit à la moitié déférée aux frères, sœurs ou à leurs représentants, ainsi qu'il sera expliqué section 5 du présent chapitre » (749 C. C.).

« Si les père et mère de la personne morte sans postérité lui ont survécu, ses frères, sœurs ou leurs représentants ne sont appelés qu'à la moitié de la succession. Si le père ou la mère seulement a survécu, ils sont appelés à recueillir les trois quarts » (751 C. C.).

« Le partage de la moitié ou des trois quarts dévolus aux frères ou sœurs, aux termes de l'article précédent, s'opère entre eux par égales portions, s'ils sont tous du même lit. S'ils sont de lits différents, la division se fait par moitié entre les deux lignes paternelle et maternelle du défunt: Les germains prennent part dans les deux lignes, et les utérins ou consanguins chacun dans leur ligne seulement: s'il n'y a des frères ou des sœurs que d'un côté, ils succèdent à la totalité, à l'exclusion de tous autres parents de l'autre ligne » (752 C. C.).

Ces quatre articles du Code reviennent à dire ceci, à savoir que, lorsqu'une personne meurt sans postérité, mais laissant des frères et sœurs ou des descendants d'eux :

1° Si ses père et mère lui ont survécu, ils recueillent la moitié de la succession et l'autre moitié est déférée aux frères et sœurs ou à leurs descendants;

2° Si du père et de la mère l'un est prédécédé, le survivant recueille un quart de la succession et les trois autres quarts reviennent aux frères et sœurs ou à leurs descendants.

Tel est le sujet qui va faire l'objet de nos développements dans les numéros suivants.

**15696. La division des biens est indépendante du nombre des héritiers.** — A Rome, les père et mère et les frères et sœurs partageaient entre eux par tête : chacun d'eux prenait une part égale dans la succession Si donc les successeurs étaient au nombre de six ; le père, la mère et quatre frères ou sœurs, chacun d'eux avait un sixième de la succession (*Novelle* 118). Les art. 748 et 751 C. C. fixent la portion des père et mère à la moitié des biens, en quelque nombre que soient les frères ou les sœurs. Mais, par contre, la moitié revenant aux frères et sœurs, échapperait aux père et mère, alors même qu'il n'y aurait qu'un frère ; cet héritier recueillerait à lui seul la moitié attribuée à sa catégorie.

**15697. La part des père et mère ne leur est pas déférée collectivement.** — De ces termes de l'art. 748 : « La succession se divise en deux portions égales dont moitié est déférée aux père et mère, » on pourrait tirer la conclusion que nous n'avons pas parlé d'une manière exacte lorsque nous avons dit, au n° 15695, que lorsque l'un des père et mère survit seul, il ne recueille que le quart de la succession. Ce qui peut faire illusion, c'est qu'on peut supposer qu'il y a ici *fente* de la succession en deux portions égales, analogue à celle dont nous avons parlé au n° 15685, de sorte que la moitié doit être affectée indivisément aux père et mère ; d'où il résulterait que la part de l'ascendant mort, indigne ou renonçant accroîtrait à l'autre.

Mais telle n'est pas la portée de l'art. 748, dont le sens doit être complété par l'art. 751 qui, en déclarant qu'en cas de prédécès de l'un ou de l'autre des père et mère, l'autre ne recueille que le quart, atteste invinciblement que le législateur a voulu départir à chacun des père et mère le quart de la succession, d'une manière fixe et invariable.

**15698. Descendants des frères et sœurs concourant de leur chef avec les père et mère.** — Au surplus, les descendants des frères et sœurs peuvent concourir avec le père et mère, indépendamment du bénéfice de représentation (ce qui ne peut faire difficulté).

Ils viennent également de leur chef avant tous les autres collatéraux et avant tous les ascendants autres que les père et mère. En d'autres termes, les descendants des frères ou sœurs sont, *jure classis*, préférés aux autres héritiers. C'est ce qui résulte de l'art. 750, dont la disposition expresse assimile les descendants des frères et sœurs venant de leur chef à ceux qui viennent par représentation (Chabot *sur l'art.* 750 n° 5, Toullier t. 4 n° 218 et suiv., Duranton t. 6 n° 195, Massé et Vergé *sur Zachariæ* t. 2 p. 265 note 2, Demolombe *des Successions* t. 1er n° 4252).

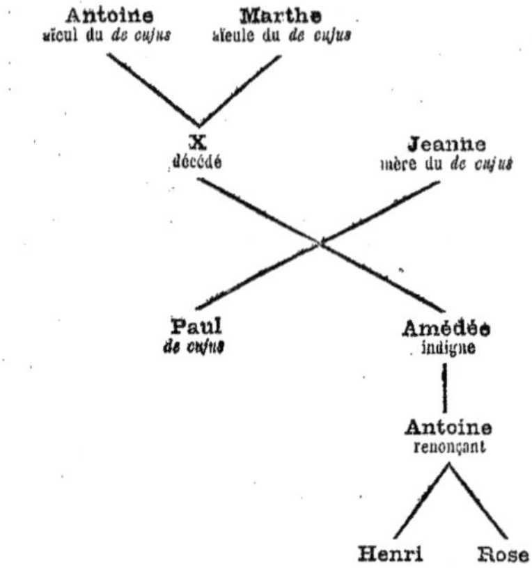


Ainsi, Henri, petit-neveu, et Rose, petite-nièce de Paul ne pouvant représenter Antoine, leur père, qui a renoncé, et Amédée leur grand-père, qui est indigne, viennent à la succession de leur chef, et comme ils ne trouvent dans la parenté ascendante de leur grand oncle que Jeanne, sa mère, et Antoine et Marthe, ses ascendants au deuxième degré, ils excluent ces derniers et recueillent les trois quarts de la succession, laissant l'autre quart à la mère (Chabot *sur l'art.* 750 n° 5).

**15699. Dérogation au principe de la division des biens entre la ligne paternelle et la ligne maternelle.** — Le droit qu'ont les frères et sœurs et leurs descendants de venir à la succession de leurs frère et oncle, en concurrence avec les père et mère, existe indépendamment de la division des biens en deux parts égales pour la ligne paternelle et la ligne maternelle, tellement qu'il se peut présenter tel cas où, non seulement les biens seront partagés inégalement entre les deux lignes, mais encore où ils seront complétement absorbés par l'une au détriment de l'autre.

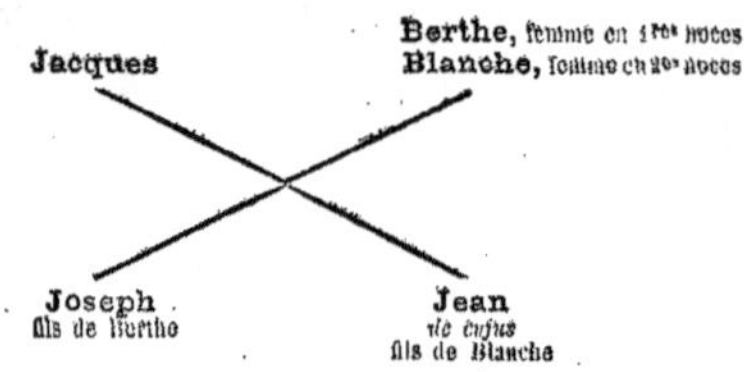


Jean étant décédé sans postérité après son père, sa succession revient, d'après les règles ci-dessus établies, savoir, un quart à sa mère et trois quarts à Joseph, son frère consanguin; ce qui donne les trois quarts de la succession à la ligne paternelle, alors que la ligne maternelle n'en recueille qu'un quart. Que si nous supposons que ce soit Jacques qui, au lieu de Blanche, ait survécu à Jean, la succession de celui-ci sera complétement absorbée par la ligne paternelle, au détriment de la ligne maternelle. Elle sera, en effet dévolue à Jacques, père survivant, pour un quart, et à Joseph, frère consanguin, pour les trois quarts.

**15700. Division de la portion revenant aux frères et sœurs ou à leurs descendants.** — L'art. 752, transcrit sous le n° 15695, détermine le mode de division de la moitié ou des trois quarts revenant aux frères et sœurs.

De l'économie de cet article, il résulte que soit que ces collatéraux privilégiés ne prennent que moitié, vu la présence des père et mère du défunt, soit qu'ils prennent trois quarts, parce que l'un de ces deux ascendants est mort (ou renonçant ou exclu comme indigne), soit enfin qu'ils prennent la totalité, parce que ni le père ni la mère ne viennent hériter; toujours, en un mot, les frères, sœurs ou descendants d'eux divisent ce qui leur échoit en deux parts, l'une pour les paternels, l'autre pour les maternels. — S'ils sont tous d'une même ligne, c'est-à-dire tous consanguins ou tous utérins, ce partage n'aura pas lieu. Il n'aura pas lieu non plus s'ils sont tous germains; car il serait inutile, puisque chacun d'eux à des droits égaux dans les deux lignes. Mais s'il y a tout à la fois des consanguins, des utérins et des germains, ou seulement deux de ces trois classes, on fera deux moitiés pour appeler à l'une les consanguins avec les germains (lesquels sont consanguins aussi), et à l'autre les utérins avec ces germains encore (puisqu'ils sont également utérins).

Après cette première division, dans les cas où elle sera nécessaire, le partage se fera soit par tête, si tous viennent de leur chef, soit par souche, dans le cas contraire.

1. CAS OÙ IL Y A TOUT A LA FOIS DES FRÈRES GERMAINS, CONSANGUINS ET UTÉRINS.

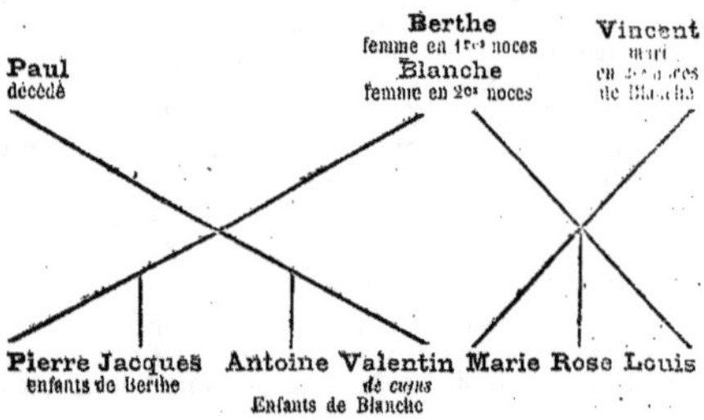


Supposons que Valentin soit décédé sans postérité et qu'il ait laissé pour successeurs : 1° Blanche, sa mère ; — 2° Antoine, son frère germain ; — 3° Pierre et Jacques, ses frères consanguins ; — 4° Marie, Rose et Louis, ses frères et sœurs utérins. Sa succession devra se diviser de la manière suivante :

Blanche, la mère, prendra le quart de la succession de son fils.

Quant aux trois quarts dévolus aux frères et sœurs, ils se diviseront en deux moitiés, dont l'une sera attribuée aux frères et sœurs de la ligne paternelle et l'autre aux frères et sœurs de la ligne maternelle.

Antoine, frère germain, partagera par égales portions et par tête avec Pierre et Jacques, ses frères consanguins, la moitié dévolue à la ligne paternelle.

Le même Antoine partagera encore par égales portions et par tête avec Marie, Rose et Louis, ses frères et sœurs utérins, la moitié revenant à la ligne maternelle.

1. CAS OU IL N'Y A QUE DES FRÈRES ET SŒURS CONSANGUINS OU DES FRÈRES ET SŒURS UTÉRINS.

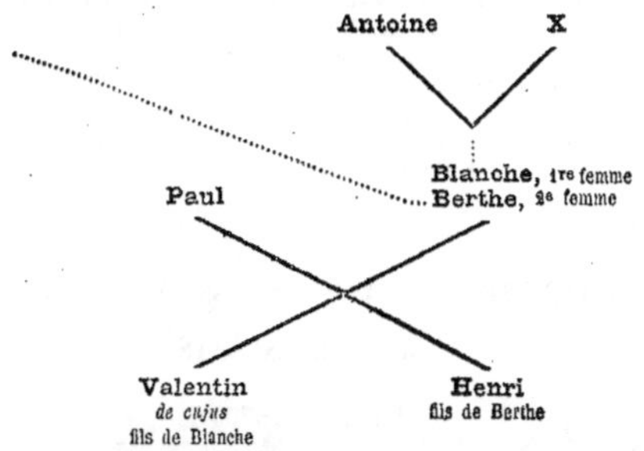


Valentin étant mort après Blanche, sa mère, le quart de sa succession revient à Paul, son père, et les autres quarts à Henri, son frère consanguin.

On voit que l'art. 752 repousse la règle de l'art. 733, qui veut *la fente* de la succession en deux portions, l'une pour la ligne paternelle, l'autre pour la ligne maternelle. Si cette règle devait, en effet, être appliquée ici, Paul et Henri, successeurs de Valentin dans la ligne paternelle, auraient recueilli la moitié de la succession (un quart chacun), et l'autre moitié eut été dévolue à Antoine, aïeul de Valentin et seul représentant de la ligne maternelle.

3. LE MÊME PRIVILÉGE APPARTIENT AUX DESCENDANTS DES FRÈRES ET SŒURS. — Du silence que l'art. 752 garde à l'égard des descendants des frères et sœurs, faut-il conclure que s'ils venaient de leur chef, ils ne pourraient exclure les ascendants autres que les père et mère et les autres collatéraux? L'économie du Code, en matière de successions déférées aux frères et sœurs ou à leurs descendants, proteste hautement contre une pareille solution, et il suffit pour s'en convaincre de fixer son attention sur ce que nous avons dit dans ce chapitre. Il faut donc conclure que, malgré le silence de l'art. 752, il en est des descendants des frères et sœurs, soit germains, soit consanguins, soit utérins, comme des frères et sœurs eux-mêmes (Chabot *sur l'art.* 750 n° 4, Vazeille *eod* n° 2, Toullier t. 5 nos 217-218, Ducaurroy, Bonnier et Roustain t. 3 n° 492, Demolombe *Successions* t. 1er n° 416, Duranton t. 6 n° 193 note 2 et nos 248-250, Demante t. 3 n° 66 *bis*, Massé et Vergé t. 2 p. 265; — *Contrà* Delvincourt t. 2 p. 33).

La jurisprudence, au surplus, est conforme à la doctrine. Ainsi, il a été jugé que dans le cas de concours de descendants de sœurs consanguines et de cousins germains de la défunte, il n'y a pas lieu à la division en deux lignes. La succession est déférée aux descendants des sœurs à l'exclusion des cousins germains (C. Nancy 8 frim. an 13, S. 5-2-78; — Cass. 27 déc. 1809, S. 10-1-102). — Pareillement dans le cas de concours des descendants de sœurs consanguines et des collatéraux du *de cujus*, il n'y a pas lieu à la division en deux lignes, la succession est déférée aux descendants des sœurs à l'exclusion des collatéraux : l'art. 750 s'applique à ce cas, aussi bien qu'au cas où il s'agit de descendants de frères et sœurs germains (C. Toulouse 27 juin 1810, S. *Table* t. 4 p. 267 n° 91).

## ARTICLE 2. — CAS OU LES PÈRE ET MÈRE SONT PRÉDÉCÉDÉS

[15701-15703]

**15701. Totalité de la succession aux frères et sœurs ou à leurs descendants.** — « En cas de prédécès des père et mère d'une personne morte sans postérité, porte l'art. 750, ses frères, sœurs ou leurs descendants sont appelés à la succession, à l'exclusion des ascendants et des autres collatéraux. « Ils succèdent, ou de leur chef, ou « par représentation, ainsi qu'il a été réglé dans la section 2 du présent chapitre. »

Il résulte évidemment de cet article que les frères et sœurs ou leurs descendants forment un ordre privilégié de collatéraux. En effet, non-seulement ils ont droit de concourir avec les père et mère du défunt, ainsi qu'on l'a vu ci-dessus, mais encore, en cas de prédécès des père et mère, ou en cas d'abstention de leur part pour une cause quelconque, telle que l'indignité ou la renonciation par exemple, ils excluent tous les autres ascendants et tous les collatéraux.

**15702. Le droit de recueillir toute la succession appartient également aux consanguins ou utérins.** — On a voulu voir dans l'art. 733, combiné avec l'art. 752, des motifs de conclure que le droit d'exclure tous les ascendants autres que les père et mère et tous les collatéraux de l'une et l'autre ligne n'appartenait pas aux frères et sœurs soit consanguins, soit utérins. Voici le raisonnement qu'on a fait.

Aux termes de l'art. 733, a-t-on dit, toute succession échue à des ascendants ou à des collatéraux se divise par moitié entre la ligne paternelle et la ligne maternelle; et les parents utérins ou consanguins ne prennent part que dans leur ligne, *sauf,* ajoute cet article, *ce qui sera dit à l'art.* 752. Or, l'art. 752 ne fait exclure les autres ascendants et les collatéraux de l'autre ligne par les frères et sœurs d'un seul côté, que dans l'hypothèse où ils se trouvent en concours avec les père et mère. Donc, en dehors de cette exception, la règle de l'art. 733 doit reprendre son empire; et les frères et sœurs d'un seul côté ne doivent, en conséquence, prendre part que dans leur ligne, lorsqu'ils se trouvent en concours avec d'autres ascendants ou avec des collatéraux.

Mais la réponse à cette théorie se trouve tout entière dans l'art. 752.

D'après la dernière partie de cet article, s'il n'y a des frères ou des sœurs que d'un seul côté, ils succèdent à la *totalité* à l'exclusion de tous autres parents de l'autre ligne. Ils ne pourraient pas succéder à la totalité, si on les supposait en concours avec le père et la mère, puisque ceux-ci auraient la moitié ou le quart. D'où la conséquence que la disposition finale de l'art. 752 suppose que les père et mère sont prédécédés, ce qui anéantit l'objection. « Ajoutons, dit M. Demolombe, *des Successions* t. 1er n° 453-3, que le législateur qui appelait les frères et sœurs utérins ou consanguins à concourir, aussi bien que les frères et sœurs germains, avec les père et mère, devait aussi, dans son système, et sous peine d'inconséquence, les appeler à l'exclusion des autres ascendants et de tous les collatéraux de l'autre ligne. En effet, le frère consanguin, par exemple, en concours avec la mère, n'aurait dû avoir que la moitié, si on avait appliqué la division entre les deux lignes, telle que l'a décrétée l'art. 733 ; or, il a les trois quarts. Donc, cette division n'est pas alors applicable ; et, par la même raison qu'il a les trois quarts contre la mère, il doit avoir la totalité contre l'aïeul ou contre tout autre collatéral. Aussi, les art. 746 et 753 supposent-ils, sans aucune distinction, que les *frères et sœurs* ou leurs *descendants* passent avant les ascendants autres que les père et mère et les collatéraux de l'autre ligne. »

La jurisprudence est conforme. Ainsi, il a été jugé : 1° que, sous l'empire du Code civil, les frères, même *utérins*, succèdent à l'exclusion des collatéraux de la ligne paternelle (C. Bruxelles 28 thermidor an 12, S. 5-2-39) ; — 2° que les frères et sœurs consanguins ou utérins excluent les collatéraux, même de la ligne à laquelle ces frères et sœurs n'appartiennent pas (C. Caen 25 frimaire an 14, D. A. 12-306). — Que les frères et sœurs consanguins ou utérins, excluent les collatéraux (et les ascendants autres que les père et mère) même de la ligne à laquelle ces frères et sœurs n'appartiennent pas (C. Bruxelles 18 mai 1807, S. 5-2-39). — *V.* dans le même sens Malleville *sur l'art.* 750, Chabot *eod* n° 4, p. Vazeille *eod* n° 1er, Marcadé *eod*, Delvincourt t. 2 part. 1re 20, Toullier t. 4 n° 221, Merlin *Quest. de droit* v° *succ.* § 14, Duranton t. 6 n° 221, Aubry et Rau t. 4 p. 188, Demante t. 3 n° 67 *bis*, Malpel n° 140, Poujol art. 750 n° 36, Dalloz v° *Succ.* p. 305-306.

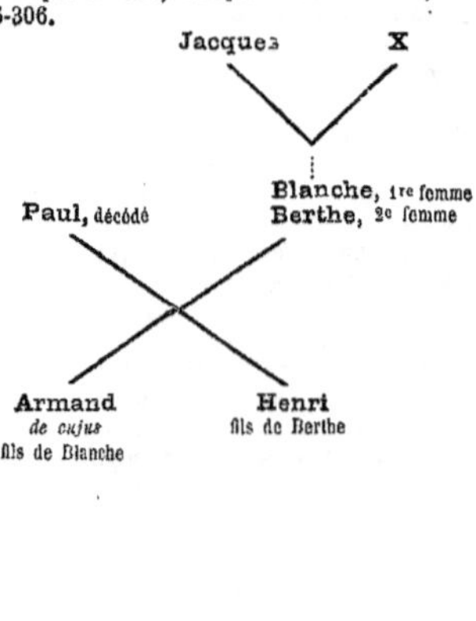


Armand est décédé sans postérité, ni père ni mère, ni frères ou sœurs germains, ni descendants de frères ou sœurs germains. Ses seuls parents sont Henri, son frère consanguin et Jacques, son aïeul maternel.

Si l'on admettait la division par lignes de la succession de Armand, ses biens reviendraient une moitié à Jacques, seul représentant de la ligne maternelle, et l'autre moitié à Henri qui représente la ligne paternelle. Mais comme nous venons de voir que dans l'économie de l'art. 750, les frères utérins ou consanguins excluent tous les parents, autres que les frères et sœurs ou leurs descendants, de la ligne à laquelle ils n'appartiennent pas, il faut décider que l'entière succession de Armand devra être recueillie par Henri.

**15703. Descendants des frères ou sœurs.** — Les descendants des frères et sœurs peuvent également recueillir toute la succession, alors même qu'ils ne peuvent invoquer le bénéfice de la représentation et qu'ils viennent de leur chef. Cette proposition ressort suffisamment de ce que nous avons dit sous les nos 15698 et 15700-3 pour que nous soyons dispensé d'y revenir ici.

## CHAPITRE V. — DES SUCCESSIONS DÉFÉRÉES AUX ASCENDANTS

[15704-15707]

**15704. Dans quel cas la classe des ascendants est appelée.** — L'art. 746 C. C. est ainsi conçu : « Si le défunt n'a laissé ni postérité, ni frère, ni sœur, ni descendants d'eux, la succession se divise par moitié entre les ascendants de la ligne paternelle et les ascendants de la ligne maternelle. L'ascendant qui se trouve au degré le plus proche recueille la moitié affectée à sa ligne, à l'exclusion de tous autres. Les ascendants au même degré succèdent par tête. »

Ainsi le Code ne règle le mode de succéder des ascendants, autres que les père et mère, qu'en supposant que le défunt *n'a laissé ni postérité, ni frère, ni sœur, ni descendants d'eux.* C'est qu'en effet, ainsi que nous l'avons déjà dit, cette catégorie d'ascendants est exclue de la succession non-seulement par les descendants, mais encore par les frères, les sœurs ou leurs descendants. Mais, à leur tour, lorsque leur ordre de succéder arrive en rang utile, ils excluent tous les autres collatéraux, chacun dans leur ligne.

**15705. Division de la succession.** — L'art. 746 contient, en ce qui concerne les ascendants, la confirmation de l'art. 733, aux termes duquel toute succession échue à des ascendants ou à des collatéraux se *fend* en deux moitiés, l'une pour la branche paternelle, l'autre pour la branche maternelle. Il en résulte naturellement, d'après le système général de la fente, que les ascendants d'une ligne, quoique plus proches en degré, n'excluent pas les ascendants plus éloignés de l'autre ligne.

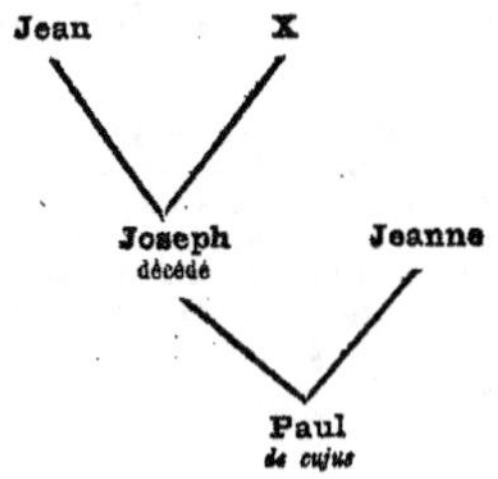


Ainsi Jeanne, la mère de Paul, *de cujus*, n'exclut pas Jean, l'aïeul qui arrive à la succession par suite du prédécès de Joseph. Ils recueillent chacun une moitié de la succession.

**15706. Exclusion des ascendants éloignés par l'ascendant le plus proche.** — C'est encore d'après le système général de la fente que l'ascendant qui se trouve au degré le plus proche, recueille la moitié affectée à sa ligne, à l'exclusion de tous les autres.

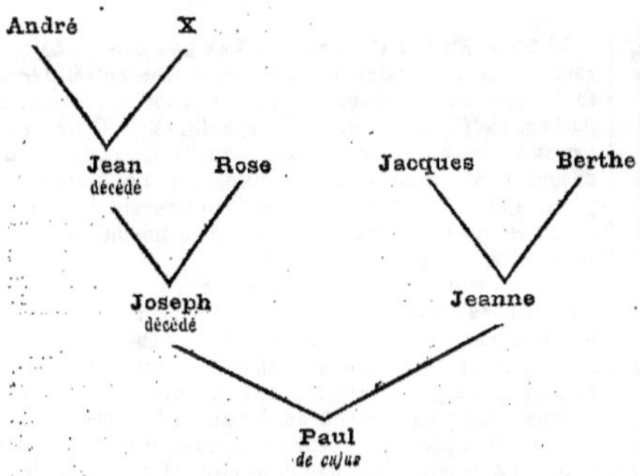


Ainsi, Jeanne recueille la moitié revenant à la ligne maternelle dans la succession de Paul, à l'exclusion de Jacques et de Berthe. Tandis que l'autre moitié revient à Rose, l'aïeule paternelle, sans qu'André, bisaïeul, puisse rien y prétendre, bien que Jean soit décédé, car la représentation n'est pas admise en faveur des ascendants.

**15707. Succession par tête.** — La dernière proposition de l'art. 746, c'est que les ascendants de la même ligne au même degré succèdent par tête. C'est la conséquence de tout le système. Ainsi la portion de biens héréditaires attribuée à chacune des deux lignes paternelle et maternelle doit être subdivisée en autant de parts qu'il y a de successeurs égaux en degrés, quoique appartenant à des lignes différentes (Cass. 31 mars 1806, D. A. 12-279).

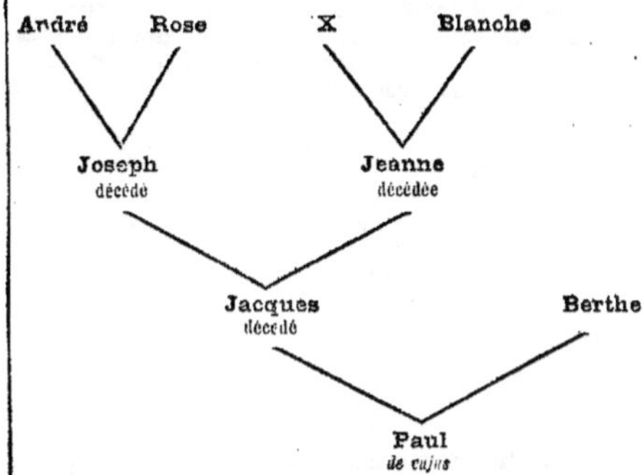


Ainsi la moitié affectée à la ligne maternelle de la succession de Paul est recueillie par Berthe, et la moitié de la ligne paternelle sera partagée, *par tiers*, entre André, Rose et Blanche, bisaïeuls.

## CHAPITRE VI. — SUCCESSIONS DÉFÉRÉES AUX COLLATÉRAUX AUTRES QUE LES FRÈRES ET SŒURS DU DÉFUNT OU DESCENDANTS D'EUX

[15708-15714]

**15708. Collatéraux ordinaires.** — L'art. 753 C. C. s'occupe du quatrième et dernier ordre des héritiers, c'est-à-dire des collatéraux ordinaires par opposition aux frères et sœurs ou leurs descendants qui sont évidemment des collatéraux privilégiés, puisque non-seulement ils viennent en concours avec les père et mère, mais encore qu'ils excluent complétement les autres ascendants et les autres collatéraux.

L'art. 753 qui règle la condition des collatéraux ordinaires est ainsi conçu : « A défaut de frères ou de sœurs, ou de descendants d'eux, et à défaut d'ascendants dans l'une ou l'autre ligne, la succession est déférée, par moitié, aux ascendants survivants; et, pour l'autre moitié, aux parents les plus proches de l'autre ligne. S'il y a concours de parents collatéraux au même degré, ils partagent par tête. »

Deux situations se présentent donc, qui sont déjà examinées par anticipation par tout ce que nous avons déjà dit : ou il existe des ascendants dans une ligne, et des collatéraux dans l'autre ligne; ou il n'y a, dans l'une et l'autre ligne, que des parents collatéraux.

**15709. Cas où il existe des ascendants dans une ligne.** — Cette première situation nous montre combien les ascendants ont été peu favorablement traités par le Code civil. Ainsi, tandis que les ascendants sont toujours et *complétement* exclus, non-seulement par les descendants, mais encore par les frères et sœurs ou descendants d'eux, les collatéraux, même les plus éloignés, ne peuvent être exclus par les ascendants que de la ligne dont ils font partie.

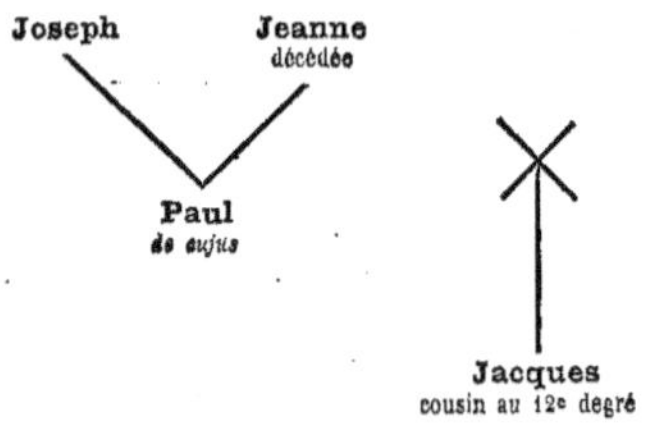


Ainsi Paul meurt sans postérité laissant pour tous parents, dans la ligne paternelle, son père, et dans la ligne maternelle, un cousin de sa mère au douzième degré. Sa succession se divisera par moitié : l'une sera recueillie par Joseph et l'autre par Jacques. Un pareil résultat n'est-il pas désolant ! Un père qui aura créé *seul*, cela arrive souvent dans le régime de la communauté, la fortune laissée par la mère de son enfant, se verra enlever cette fortune par un parent tellement éloigné, qu'aucun lien d'affection ne pouvait exister entre lui et le défunt ; par un parent qui, vingt fois sur une, était complétement inconnu du père, de la mère et de l'enfant !

**15710. Usufruit conféré au père ou à la mère.** — Il est vrai que dans le but, sans doute, d'amoindrir ce qu'a d'odieux le résultat du désir systématique de maintenir dans toute son intégrité le principe de la fente en matière de succession dans les successions déférées aux ascendants et aux collatéraux *ordinaires*, le législateur, par l'art. 754, a accordé au père ou à la mère survivant l'usufruit du tiers des biens auxquels il ne succède pas, d'après l'art. 753.

1. ASCENDANTS. — Ce droit d'usufruit n'est conféré qu'au père ou à la mère survivant, et non point aux autres ascendants.

2. DROIT NON CONFÉRÉ SUR LES ASCENDANTS. — Mais il n'est conféré au père ou à la mère survivant que lorsqu'il ne se trouve dans l'autre ligne que des collatéraux, et non point lorsqu'il s'y trouve d'autres ascendants.

3. SURVIVANT DES PÈRE ET MÈRE DONATAIRE DU DÉFUNT. — Lorsque le survivant des père et mère se trouve soit à titre particulier, soit à titre universel, donataire ou légataire de son enfant, il n'en a pas moins droit à l'usufruit sur le tiers des biens dont il n'a pas été disposé.

Dans ce cas, le survivant des père et mère a deux titres, qui sont distincts et qui ne se confondent pas. Comme donataire ou légataire, il prend ce qui lui a été donné ou légué ; comme héritier *ab intestat*, il prend tout ce qui lui est déféré en cette qualité par les art. 753 et 754. — *V.* 13447.

**15711. Cas où il n'y a pas d'ascendants dans l'une et l'autre ligne.** — Dans le cas où il n'y a, dans l'une et l'autre ligne, que des parents collatéraux, la succession se divise par moitié, comme dans l'autre cas ; les collatéraux de chaque ligne recueillent la portion afférente à la ligne à laquelle ils appartiennent, les germains prennent part dans les deux lignes ; les utérins ou consanguins dans leur ligne seulement.

**15712. Vocation dans chaque ligne.** — Aux collatéraux ordinaires, comme à tous les autres héritiers, s'applique la règle générale, à savoir qu'entre parents appartenant au même ordre, c'est la proximité du dégré qui détermine la vocation ; d'où résulte, entre parents placés au même degré, le concours et le partage par tête.

Et comme la représentation n'est pas admise en faveur des collatéraux ordinaires, aucune fiction ne peut venir déranger l'ordre normal de la succession : c'est-à-dire que, toujours et partout, entre collatéraux ordinaires : 1° le plus proche, *dans la même ligne*, exclut le plus éloigné ; — 2° s'il y a concours de collatéraux au même degré, *toujours dans le même degré*, ils partagent par tête.

**15713. Point d'arrêt de la parenté.** — Le droit romain limitait au sixième degré la succession collatérale, sauf une seule exception, *et ex septimo a sobrino, sobrinaque nati natæve* (*Inst.* § 5, *de Grad. cognat.*). Mais il n'en était pas ainsi sous notre ancien droit, où tous les parents, sans aucune limite, étaient admis à succéder ; « en sorte qu'un parent au millième degré, s'il se pouvait trouver tel, exclurait et le droit de déshérence et le droit de confiscation, » disait Lebrun liv. 1er chap. 6 sect. 4 n° 5.

« Cependant, disaient Treillard et Siméon, les relations sont effacées dans un si grand éloignement.... Et après le douzième degré, on est si éloigné de la souche commune, et les sentiments de famille et d'affections sont si usés, que la plupart du temps on ne se connaît pas, et que l'on n'a respectivement pas plus de droits que les autres hommes. » Fenet t. 12 p. 149 et 229.) — On peut encore dire que des successions dévolues à de telles distances deviendraient presque toujours une source de procès et de difficultés inextricables.

Aussi l'art. 755 C. C. veut-il que « les parents au delà du douzième degré ne succèdent pas. »

**15714. Dévolution d'une ligne à l'autre à défaut de parents successibles.** — Le même art. 755 ajoute : « à défaut de parents au degré successible dans une ligne, les parents de l'autre ligne succèdent pour le tout. » C'est là une disposition qui domine tout le système des successions. Car l'art. 733 nous dit, en thèse générale « qu'il ne se fait aucune dévolution d'une ligne à l'autre, que lorsqu'il ne se trouve aucun ascendant, ni collatéral de l'une des deux lignes. »

## TITRE IV. — SUCCESSIONS IRRÉGULIÈRES

[15715-15754]

**15715. Successions irrégulières dans l'ancien droit.** — Dans l'ancien droit, on distinguait huit espèces de successions irrégulières que Merlin nous indique dans son *Répertoire*, sous les mots *déshérence*, *côte morte et pécule*, *confiscation*, *écloute et main-forte*. Ces successions se présentaient dans les circonstances suivantes :

1° L'époux survivant, s'il était indigent, obtenait des héritiers une portion des biens du défunt ;

2° Le conjoint recueillait toute la succession, à défaut de successibles ;

3° A défaut de conjoint, les biens appartenaient au seigneur haut justicier par droit de déshérence ;

4° Le monastère succédait aux religieux, sauf toutefois le cas où le religieux avait été promu évêque ; les parents étaient alors préférés aux religieux ;

5° Les biens confisqués sur le criminel passaient au roi ou au seigneur haut justicier ;

6° Le droit d'aubaine, transmettait au roi les biens de l'étranger décédé dans ses États ;

7° Le roi ou le seigneur succédaient au bâtard ;

8° Le seigneur succédait à son mainmortable ;

**15716. Successions irrégulières sous le Code.** — Aujourd'hui l'on ne distingue plus que quatre successions irrégulières :

1° Celle des enfants naturels, ou la succession aux enfants naturels ; — 2° celle du conjoint survivant ; — 3° celle de l'État ; — 4° celle des hospices.

## CHAPITRE PREMIER. — ENFANTS NATURELS

[15717-15718]

**15717. Renvoi.** — Tous les développements que comporte cette matière importante, ont été donnés sous le mot *Enfant naturel*, auxquels nous renvoyons le lecteur.

**15718. Dispositions communes aux enfants naturels et aux autres successeurs irréguliers.** — Nous devons seulement ajouter ici que les dispositions des art. 769, 770, 771 et 772 C. C., qui feront l'objet des nos 15730 et suiv. ci-après, sont communes aux enfants naturels, appelés à défaut de parents. C'est ce que porte formellement l'art. 773 C. C.

Mais remarquez que ce n'est qu'aux enfants naturels, appelés à défaut des parents légitimes et venant à la succession entière que sont applicables les dispositions de l'art. 773

## CHAPITRE II. — DES DROITS DU CONJOINT SURVIVANT ET DE L'ÉTAT

[15719-15754]

### SECTION PREMIÈRE. — DISPOSITIONS GÉNÉRALES

[15719-15729]

**15719. Conjoint.** — « Lorsque le défunt ne laisse ni parents au degré successible, ni enfants naturels, les biens de la succession appartiennent au conjoint non divorcé qui lui survit » (767 C. C.).

La dévolution héréditaire attribuée au conjoint a pour résultat de faire passer les biens dans une famille étrangère à celle du défunt. Il n'y a pas entre les époux de parenté proprement dite, et voilà pourquoi le législateur a placé la femme dans un rang si éloigné.

On critique généralement ce résultat. En effet, il est peu moral et peu juste d'avoir relégué la femme après toute la parenté légitime et même naturelle. « Cela blesse, dit Demolombe, les susceptibilités les plus légitimes du cœur, non moins que la dignité même du mariage. » Notre Code ne donne même pas à la veuve le droit de demander des aliments à la succession, de sorte qu'elle peut tomber subitement dans la misère ! [1]

**15720. Père et mère, frères ou sœurs de l'enfant naturel.** — Quoique le défunt ne laisse ni parents au degré successible, ni enfants naturels, il n'est pas vrai, dans tous les cas, que les biens de sa succession appartiennent au conjoint non divorcé qui lui survit. C'est une remarque que font tous les auteurs en critiquant la rédaction de l'art. 767.

1. Les Codes postérieurs se sont empressés de réparer les rigueurs de cette disposition qui, après la dissolution du mariage, met la femme hors de la famille de son mari, et le mari hors de la famille de sa femme. Dans le droit commun allemand, en Toscane, en Bolivie, dans les Deux-Siciles, les îles Ioniennes et l'Amérique du Sud, le conjoint survivant a droit, lorsqu'il est nécessiteux, à une pension sur les biens du prédécédé. En Autriche, à Bade, à Francfort, à Hambourg, en Saxe, en Saxe-Weimar, en Wurtemberg, dans le duché de Brunswick, en Angleterre, aux États-Unis, en Louisiane, en Norvège, en Russie, en Pologne, en Suède, en Serbie, dans les cantons de Vaud, Appenzell, Bâle, Lucerne, Valais, Tessin et Soleure, il a droit à une certaine part sur la propriété ou seulement sur l'usufruit des biens du défunt, part variable selon que les autres héritiers sont plus ou moins proches.

En effet, si le défunt était un enfant naturel et qu'il eût laissé ses père et mère qui l'avaient reconnu, sa succession appartiendrait à ces père et mère, quoiqu'ils ne soient point ses parents *au degré successible*, car ces mots, dans leur acception ordinaire, désignent les héritiers réguliers.

Et même, en supposant que ses père et mère fussent décédés avant lui, la succession de l'enfant naturel, mort sans postérité, ne reviendrait pas pour cela au conjoint qui lui survivrait, s'il laissait soit des frères et sœurs légitimes, soit des frères et sœurs naturels. Ces frères et sœurs, bien qu'ils ne soient pas parents de l'enfant naturel *au degré successible*, dans l'acception que nous avons dit être celle du Code, recueilleraient néanmoins sa succession, savoir : les frères et sœurs légitimes, ou leurs descendants, pour les biens prévenus de l'auteur commun; et les frères et sœurs naturels et leurs descendants, pour les autres biens.

Il faut donc entendre l'art. 767 en ce sens que lorsque le défunt ne laisse ni parents légitimes à l'un des degrés successibles, c'est-à-dire jusqu'au douzième degré, ni aucun des successeurs irréguliers qui sont appelés par les art. 56, 758, 759, 765 et 766, les biens de sa succession appartiennent au conjoint qui lui survit.

**15721. Enfant naturel déjà doté.** — Que décider, si le *de cujus* laisse un enfant naturel qui a déjà reçu la portion déterminée par l'art. 761? Delvincourt, sur l'art. 761, décide que, même dans ce cas, l'enfant primera l'État mais il ne prime pas l'époux survivant. Mais cette décision ne peut être accueillie, en ce qui concerne le conjoint, car la réduction dont parle l'art. 761 étant faite dans l'intérêt des héritiers légitimes, elle doit profiter à eux seuls. Elle ne peut dès lors être invoquée ni par l'État ni même par le conjoint survivant.

**15722. Séparation de corps.** — Lorsque le divorce était permis, l'époux qui l'avait obtenu perdait le droit de succéder, aussi bien que celui contre lequel il avait été prononcé. En effet, les époux divorcés étaient désormais étrangers l'un à l'autre; mais la séparation de corps laissant subsister le lien conjugal, l'époux pour ou contre lequel elle aurait été prononcée n'en succéderait pas moins à son conjoint (Chabot sur l'art. 767 n° 4, Duranton t. 2 n° 636 t. 6 n° 343, Toullier t. 4 p. 283 et 284, Marcadé 767 n° 1<sup>er</sup>, Richefort *État des familles* t. 3 n° 439, Delvincourt t. 2 p. 24 note 6, Demante t. 3 n° 87, Ducaurroy t. 2 n° 543, Zachariæ, Massé et Vergé t. 1<sup>er</sup> p. 284, Demolombe t. 4 n<sup>os</sup> 519 et 14 n° 173).

**15723. Mariage putatif.** — En principe, le mariage déclaré nul, mais contracté de bonne foi, produit les effets d'un mariage valable qui viendrait à se dissoudre le jour que la nullité est prononcée. Il faut conclure de là que si le mariage putatif a été déclaré nul du vivant des deux époux, le survivant ne peut prétendre à la succession du prédécédé. Car au moment de l'ouverture de la succession, les époux étaient étrangers l'un à l'autre. Que si le mariage n'a été annulé qu'après le décès de l'un des deux époux, le survivant aura évidemment droit à la succession du prédécédé (Marcadé sur l'art. 767, Chabot art. 767 n° 5, Zachariæ, Aubry et Rau t. 4 p. 218, Demolombe t. 4 n° 172 et t. 3 n<sup>os</sup> 370, 378).

**15724. Déportés. — Loi du 25 mars 1873.** — La dévolution des successions des déportés à la Nouvelle-Calédonie a été l'objet d'une disposition particulière. L'art. 13 L. 25 mars 1873 dispose que, s'il y a des enfants ou autres descendants nés du mariage, le droit de la femme sur les biens de son mari prédécédé sera d'un tiers en usufruit, et que, s'il n'y a pas d'enfants, la veuve succédera au tiers en toute propriété.

**15725. État.** — « A défaut de conjoint survivant, la succession est acquise à l'État » (768 C. C.). Siméon, dans son discours au Corps législatif sur le titre des successions a parfaitement caractérisé ce droit de l'État : « Le fisc, héritier de ceux qui n'en ont point, recueille les successions auxquelles personne n'a le droit de se présenter, par la raison que ce qui n'appartient à aucun individu, appartient au corps de la société qui représente l'universalité des citoyens. Jouissant pour l'avantage commun, il prévient les désordres qu'entraîneraient les prétentions de ceux qui s'efforceraient d'être les premiers acceptants d'une succession vacante. » — « L'État, dit encore très-bien Demolombe, exerce en ceci le droit éminent de souveraineté en vertu duquel il est approprié de tous les biens sans maître qui se trouvent sur son territoire » (t. 14 n° 177).

La question s'étant élevée de savoir si l'État avait la faculté, comme tout héritier et tout autre successeur irrégulier, de s'abstenir de recueillir les successions auxquelles il est appelé, une D. m. f. et j., du 8 juillet 1806 et l'I. G. 300 avaient admis que l'Administration n'était pas autorisée à s'abstenir de demander l'envoi en possession d'une succession pour laquelle il ne se présentait point d'héritiers. Mais, plus tard, il a été reconnu (1118 I. G.) que cette demande d'envoi en possession est purement facultative, et que l'État, comme tout héritier ou un autre successeur irrégulier, est en droit de ne pas s'immiscer dans une succession à laquelle il est appelé. Les art. 1<sup>er</sup> et 2 d'une Décision ministérielle, du 13 août 1832 (1407 I. G.) consacrent cette dernière opinion, en même temps qu'ils confirment à l'Administration des domaines l'attribution exclusive d'examiner si, dans la situation de l'actif et du passif de la succession, il est utile d'en réclamer l'envoi en possession au nom de l'État.

En conséquence, et ainsi que le prescrit l'I. G. n° 1118, lorsqu'un receveur des Domaines est informé de l'ouverture d'une succession pour laquelle il n'existe pas d'héritiers connus ou à laquelle les héritiers connus ont renoncé, il doit requérir le juge de paix d'apposer les scellés, si déjà cette mesure n'a été prise, faire connaître au directeur la valeur approximative tant des biens de la succession que des dettes et charges qui la grèvent, et lui fournir tous les renseignements qui peuvent déterminer l'Administration à demander l'envoi en possession, dans l'intérêt de l'État, ou à s'abstenir de cette demande.

1. ABSENT. — L'État, au cas où il est appelé comme héritier irrégulier à recueillir une succession en déshérence,

vient à cette succession au même titre et avec les mêmes droits que tous autres héritiers : en conséquence et spécialement, l'État a qualité pour demander l'envoi en possession provisoire des biens d'un absent qui n'a laissé aucun héritier présomptif connu, ni aucun successeur irrégulier préférable à l'État : A ce cas ne sont point appliquables les formalités relatives aux successions vacantes (Plasman *des Absents* t. 1er p. 346; — C. Rouen 7 déc. 1840; — Colmar 18 janv. 1850, S. 41-2-209, 51-2-533).

**15726. L'État peut être primé par les hospices.** — Néanmoins une exception existe à cet égard, et l'État peut se trouver primé par un successeur dont il n'est pas question dans le Code, mais dont les droits ont été consacrés par une loi du 15 pluviôse an 13 et un décret du 2 novembre 1808. C'est l'hospice dans lequel est mort le défunt, et dont nous avons établi les droits sous les nos 6332 et suivants.

**15727. Héritier premier appelé renonçant. — Mineur dans le degré subséquent.** — Il n'y a pas lieu au droit de déshérence au profit de l'État, après la renonciation des héritiers premiers appelés, lorsqu'il existe notoirement des héritiers d'un degré subséquent, encore qu'ils ne se présentent pas pour recueillir les successions, surtout lorsqu'il se trouve des mineurs parmi ces héritiers (C. Paris 31 août 1822, S. 23-2-100).

**15728. Nature de la prise de possession l'État.** — En tout état de cause, l'État, au cas où il est appelé, comme héritier irrégulier à recueillir une succession en déshérence, vient à cette succession au même titre et avec les mêmes droits que tous les autres héritiers : en conséquence, l'État a qualité pour demander l'envoi en possession provisoire des biens d'un absent qui n'a laissé aucun héritier présomptif connu, ni aucun successeur irrégulier préférable à l'État : à ce cas ne sont point applicables les formalités relatives aux successions vacantes (C. Colmar 18 janv. 1850, S. 51-2-535; — Rennes 7 juill. 1851, S. 52-3-630).

**15729. Étranger.** — Au surplus, la disposition qui attribue à l'État les successions des personnes qui meurent sans héritiers et sans conjoint pour les recueillir, s'applique non-seulement à la succession d'un Français, mais à tous les biens, *même purement mobiliers*, que possède en France l'étranger qui y décède, sans que le souverain du pays auquel appartenait cet étranger, y puisse rien prétendre (C. Paris 15 nov. 1833 et trib. Bordeaux 9 mars 1852, S. 33-2-593, 54-2-257).

En d'autres termes, le droit de retenir les biens vacants jusqu'à ce qu'un légitime ayant droit se présente pour les recueillir, est une des conséquences de la souveraineté de chaque État sur tous les biens meubles et immeubles qui se trouvent sur son territoire (Conflans *Jurisprud. des Success.* p. 2, Lebret *de la Souveraineté* liv. 3 chap. 12, Dalloz v° *Succ.* 391, Demolombe t. 1er n° 96 et t. 14 n° 178).

## SECTION 2. — FORMALITÉS D'ENVOI EN POSSESSION [15730-15734]

**15730. Scellés. — Inventaire. — Affiches.** — La loi soumet le conjoint et l'Etat à des formalités qui ne sont que d'utiles précautions dans l'intérêt des héritiers qui, pendant trente ans, ont le droit de se présenter. Les art. 769 et 770 sont ainsi conçus :

« Le conjoint survivant et l'Administration des domaines qui prétendent droit à la succession, sont tenus de faire apposer les scellés, et de faire faire inventaire dans les formes prescrites pour l'acceptation des successions sous bénéfice d'inventaire (769).

« Ils doivent demander l'envoi en possession au tribunal de première instance dans le ressort duquel la succession est ouverte. Le tribunal ne peut statuer sur la demande qu'après trois publications et affiches dans les formes usitées, et après avoir entendu le procureur impérial » (770).

Une circulaire du grand juge, du 8 juillet 1806, ajoute à ces formes : « Le tribunal décerne acte de la demande, ordonne qu'une expédition de ce premier acte sera adressée au ministre de la justice pour l'insertion dans le *Moniteur;* les trois affiches sont apposées dans le ressort de l'ouverture, de trois mois en trois mois, le jugement d'envoi en possession n'est prononcé qu'un an après la demande. »

La circulaire ne s'occupe que des demandes formées par l'Administration des domaines; mais, comme elle n'est qu'un mode d'exécution de l'art. 770, les tribunaux ne doivent pas moins l'observer à l'égard de l'enfant naturel et du conjoint survivant (Marcadé art. 773, Pigeau *Proc.* t. 2 p. 642, Demolombe t. 3 n° 89 *bis*, Dalloz v° *Succ.* n° 400, Demolombe t. 14 n° 232; — *Contrà* : Zachariæ, Aubry et Rau t. 4 p. 542, 543, Mourlon *Rép. cont.* t. 2 p. 80 où est citée l'opinion de Valette). — D'autres auteurs pensent enfin que ces successeurs tenus de se faire envoyer en possession ne sont pas soumis aux formalités de publications, affiches et écritures (Chabot art. 765 n° 4), Levreau *Appendice* p. 84, Malpel n° 184, Vazeille art. 765 n° 9, Ducaurroy t. 2 n° 515, Massé et Vergé t. 2 p. 439, 440).

Au surplus, en ce qui concerne l'Administration des domaines, la marche à suivre pour faire ordonner l'envoi en possession, lorsque, d'après les documents fournis par le receveur, le directeur estime qu'il y a lieu de le provoquer, les diverses formalités à remplir pour arriver à cette fin, celles relatives aux opérations de levée de scellés, d'inventaire, de vente des effets mobiliers de la succession, sont indiquées par les instructions nos 219, 300, 517, 1118 et 1373. L'art. 3 d'une Déc. 1er août 1832 (1407 I. G.) ne fait que confirmer les dispositions de ces instructions, en déclarant qu'il doit être procédé à ces formalités et opérations, à la diligence des préposés de l'Administration, avec le concours des officiers ministériels qu'ils choisissent, et sans l'intervention des préfets.

**15731. Forme des publications et affiches.** — L'art. 770 s'est contenté de dire que les publications et affiches seront faites dans *les formes usitées*. L'incertitude s'est élevée; car on sait que les formalités ne sont pas les mêmes pour la vente des meubles que pour celles des immeubles.

Chabot enseigne (t. 2 p. 356), qu'il faut s'en tenir aux formes de la vente d'immeubles, surtout s'il y a des immeubles dans la succession.

Mais, en l'absence de toute prescription spéciale de l'art. 770, il semble que le tribunal doit être libre de choisir entre les diverses formse indiquées soit par le Code, pour la vente des immeubles, soit par la circulaire ministérielle de 1806, pour l'Administration des domaines, celles qui, étant les moins dispendieuses, atteindraient cependant le même but (Duranton t. 6 n° 653, Vazeille n° 1er, Marcadé *sur l'art.* 770, Dalloz v° *Succession* n° 392 Zachariæ, Aubry et Rau t. 4 p. 524, Massé et Vergé t. 2 p. 441, Demante t. 3 n° 89 *bis*, Demolombe t. 14 n° 211).

**15732. Forme de la demande d'envoi en possession.** — La demande d'envoi en possession peut être formée avant la confection de l'inventaire. Elle a lieu par requête (Arg. C. proc. 859, 860, Bertin *ch. du com.* t. 2 n° 1170) adressée au tribunal dans le ressort duquel la succession s'est ouverte (Demolombe t. 14 n° 204) et à laquelle on joint la preuve de la qualité en laquelle on agit, et en général celle qu'il ne s'est présenté personne pour réclamer la succession (Demolombe t. 14 n° 208).

**15733. Curateur.** — Toullier enseigne (t. 4 n° 292, qu'en attendant l'envoi en possession, il doit être nommé un curateur à la succession. Cependant, en matière de succession réclamée par l'État, il a été jugé qu'il suffit que l'État se présente pour recueillir une succession, à défaut d'héritiers connus et du conjoint survivant, pour que cette succession ne puisse être réputée vacante, et que, par suite, il n'y ait pas lieu à la nomination d'un curateur, jusqu'à l'envoi en possession de l'État; et que, si ce curateur était déjà nommé avant la réclamation de l'État, il doit être révoqué après cette réclamation, sauf au tribunal à confier l'administration provisoire de la succession à tel gérant par lui désigné, jusqu'à ce que l'État soit envoyé en possession (C. Cass. 17 août 1840; — C. Paris 26 mars 1835, S. 40-1-759; — Colmar 18 janv. 1850; — Rennes 7 juil. 1851, D. 51-1-161, 52-5-518). Et c'est ce qu'enseignent, en thèse générale, Chabot *sur l'art.* 770 n° 4, Malpel n° 199, Duranton n° 352, Vazeille n° 2, Poujol t. 1er p. 541, Marcadé *sur l'art.* 770, Dalloz v° *Succession* n° 394, Belost-Jolimont *Obs.* 1re et 2, Duvergier t. 2 n° 292 n° A, Zachariæ, Aubry et Rau t. 4 p. 524, Massé et Vergé t. 2 p. 441, Demante t. 3 n° 89 *bis*, Demolombe t. 14 n° 207).

En effet, aux termes de l'art. 811 C. C., la succession n'est réputée vacante qu'autant qu'il ne se présente personne pour la réclamer.

Et comme la loi ne distingue pas si les prétendants sont des héritiers légitimes ou des successeurs irréguliers, il faut en conclure que la succession ne doit être réputée vacante et qu'il n'y a lieu de nommer un curateur pour l'administrer, que lorsque, après les délais pour faire inventaire et délibérer, il ne s'est présenté aucun successeur, même irrégulier.

**15734. Preuve qu'il n'y a pas d'héritiers légitimes.** — Toullier enseigne encore (t. 4. n° 293) que les successeurs irréguliers, pour obtenir l'envoi en possession, doivent prouver que le défunt n'a pas laissé d'héritiers au degré successible. Cette doctrine est unanimement repoussée par les auteurs cités dans le précédent numéro. Comment prouver, en effet, d'une manière certaine, lorsqu'une succession s'ouvre, qu'il n'existe au monde aucun héritier légitime, aucun enfant naturel qui soit apte à la recueillir? C'est chose matériellement impossible. Il y a, pour les héritiers, des garanties suffisantes dans la publicité qui est donnée à l'ouverture de la succession par les affiches et publications prescrites. Et c'est certainement le cas d'appliquer l'art. 137 C. C., aux termes duquel, « s'il s'ouvre une succession à laquelle soit appelée une personne dont l'existence n'est pas connue, la succession doit être dévolue comme si cette succession n'existait pas. » (Chabot *sur l'art.* 773 n° 3, Vazeilles *sur l'art.* 770 n° 3, Malpel n° 201, Duranton t. 6 n° 352, Marcadé art. 770 n° 2, Belost-Jolimont *Obs.* 1re et 2, Duvergier t. 2 n° 292 A, Demante t. 3 n° 89 *bis*, Zachariæ, Aubry et Rau t. 4 p. 523, Massé et Vergé t. 2 p. 441, Poujol art. 769 n° 3, Dalloz *Succ.* 395, Demolombe t. 14 n° 212.

Jugé cependant par la Cour de Paris, le 6 janv. 1844 (Dalloz v° *Absence* n° 507), que les héritiers d'un individu dont la succession a été appréhendée par l'État, ne peuvent être déclarés non recevables dans leur action en revendication de cette succession, sous le prétexte qu'ils ne rapportent pas la preuve que la femme de cet individu, dont on n'a pas de nouvelles, donataire par contrat de mariage des biens que le prémourant laisserait à son décès, n'a pas survécu à leur auteur c'est au domaine qui exerce les droits de cette absente, à prouver la survivance.

## SECTION 3. — EFFETS DE L'ENVOI EN POSSESSION

[15735-15746]

**15735. Emploi du mobilier ou dotation de caution.** — L'art. 771 C. C. a été rédigé dans le but de garantir aux héritiers, soit légitimes, soit naturels, qui existeraient, la restitution des biens auxquels ils pourraient vouloir prétendre. Cet article est ainsi conçu : « L'époux survivant est encore tenu de faire emploi du mobilier ou de donner caution suffisante pour en assurer la restitution, au cas où il se présenterait des héritiers du défunt, dans l'intervalle de trois ans; après ce délai, la caution sera déchargée. »

Quand il y a emploi, et que le tribunal n'en a pas fixé le mode (Demolombe t. 14 n° 219), c'est en immeubles qu'il y a lieu de l'opérer, ou tout au moins en placements hypothécaires, la stabilité exigée par la loi ne pouvant exister qu'à ces conditions; quand il y a caution, elle doit présenter les conditions générales exigées par les art. 2108 et autres.

**15736. Durée de la caution.** — Le Code ne fixe qu'à trois ans la durée de la caution. Mais il ne faut pas en conclure que l'héritier n'ait que trois ans pour réclamer le mobilier. Il peut toujours réclamer, pendant trente ans, tout ce qui compose la succession (Cass. 10 fév. 1840, P. 1840-1, p. 583, Duvergier t. 2 n° 301 note A, Demolombe t. 14 n° 228. Seulement, après trois ans du jour de l'envoi en possession (Chabot art. 771 n° 1er, Duranton n° 356 t. 6, Marcadé art. 771, Demolombe t. 14 n° 229), il perd la garantie spéciale que la loi a voulu lui donner en obligeant le conjoint à fournir une caution.

**15737. L'État n'a pas à fournir caution.** — En exigeant qu'il soit fait emploi du mobilier, ou qu'il soit donné caution pour en assurer la restitution, l'art. 771 C. C. ne parle pas de l'État. C'est qu'en effet l'État est toujours réputé solvable et la dignité nationale ne peut même tolérer une supposition contraire. Une loi du 21 février 1827 en contient la disposition expresse : elle dispense l'État de la caution prescrite par l'art. 2185, en cas de surenchère hypothécaire. Cette loi est intervenue à l'occasion d'un arrêt de la cour de Paris du 27 juin 1825 (S. 25-2-259), maintenu par la Cour suprême le 9 août 1826 (S. 27-1-17), qui avait jugé le contraire.

**15738. Immeubles.** — La loi ne prescrit aucune garantie pour les immeubles; ils ne peuvent disparaître. La loi a même jugé inutile de se préoccuper des dégradations qu'ils pourraient subir. Cependant nul doute que s'ils avaient été dégradés par le possesseur, celui-ci ne fût tenu d'indemniser l'héritier.

Quant à la question de savoir si les héritiers irréguliers peuvent aliéner les immeubles après l'envoi en possession, les auteurs sont unanimes pour enseigner que l'aliénation faite pendant les trois premières années est nulle. Mais Delvincourt t. 2 p. 23 note 3, Maleville et les auteurs des *Pandect. franç.* veulent que, les trois ans écoulés, l'aliénation devienne valide; alors que, d'après Toullier t. 4 n° 259, Chabot t. 2 p. 387, Malpel n° 327, Vazeille *sur l'art.* 772 n° 4, la propriété ne doit être acquise au tiers que par la prescription trentenaire, ou celle de dix et vingt ans, s'ils sont de bonne foi. C'est à cette opinion que s'est attachée l'Administration des domaines. « Le droit de surenchère, dit-elle dans une Circ. 10 prairial an 6, n'établit point, avant la prescription légale, la République propriétaire incommutable des biens qu'elle acquiert à ce titre. Tant que cette prescription n'est pas accomplie, la République n'a qu'une propriété flottante et incertaine, dont elle a sans doute le droit de jouir, mais non de disposer. Il faut excepter le mobilier, qu'il serait déraisonnable de conserver pendant trente ans, et dont la vente est nécessitée par l'intérêt du propriétaire, quel qu'il soit, en définitive. Ainsi la République, par la déshérence, n'est point saisie de la propriété; mais elle acquiert un droit éventuel que le temps seul peut confirmer et rendre absolu. »

**15739. Gérance de l'Administration des domaines.** — D'une D. m. f. du 13 août 1832, art. 4 (407 I. G.) il résulte que, dans l'intervalle qui s'écoule entre la demande tendante à l'envoi de possession et l'accomplissement de la prescripion de trente ans, qui court à dater *de l'envoi en possession seulement,* l'Administration des domaines représente l'État dans tout ce qui se rattache à la propriété et à la régie des biens des successions recueillies dans son intérêt. Ainsi, notamment, elle agit seule et en son propre nom dans les contestations qui peuvent s'élever devant les tribunaux relativement soit à la propriété de ces biens, soit au payement des créanciers des successions, soit à la revendication exercée par les prétendant-droit à la succession appréhendée par l'État. Mais, après l'expiration du délai de trente ans, *à compter de l'envoi en possession,* les biens dont il s'agit, se trouvant irrévocablement réunis au domaine de l'État, il n'appartient plus qu'aux préfets d'agir ou de défendre dans les questions de propriété qui les concernent.

D'ailleurs, même pendant cette période de trente ans, l'État est un véritable propriétaire sous condition résolutoire. Il a été jugé, en effet, que l'envoi ou mise en possession de l'État à titre de déshérence, est une possession à titre de propriétaire; et que, dès lors, c'est contre le Trésor que doivent être dirigées toutes les actions relatives aux biens abandonnés (Cass. 5 avr. 1815, S. table t. 4 p. 267 n° 102 *bis*).

**15740. Payement des dettes.** — La plupart des auteurs (Delvincourt t. 2 p. 23 note 3, Favard v° *Succession* sect. 1re § 3 n° 5, Delaporte *Pandect. franc. sur l'art.* 724, Duranton t. 6 n° 290, Chabot t. 2 p. 395, Marcadé *sur les art.* 724 et 793) enseignent que les successeurs irréguliers ne seraient pas tenus au payement, *ultra vires,* des dettes de la succession, alors même qu'ils n'auraient pas fait au greffe la déclaration prévue par l'art. 793 et rempli les autres formalités du bénéfice d'inventaire; car ils sont dispensés de ces formalités et réputés de droit successeurs bénéficiaires.

Le contraire est cependant professé par Vazeille, art. 793 n° 9, Demolombe t. 14 n° 258, et Belost-Jolimont art. 773 *Obs.* 5.

1. DÉFAUT D'INVENTAIRE. — *Quid* si les successeurs irréguliers avaient omis de faire inventaire? Chabot (*sur l'art.* 773 n° 7) veut qu'ils soient tenus indéfiniment de toutes les dettes et de toutes les charges, par la raison que n'ayant pas fait constater la valeur des biens, ils ne peuvent jamais établir que cette valeur se trouve absorbée par les dettes qui sont payées ou qui sont réclamées. Cette décision est trop absolue; car, s'il est vrai qu'il y a faute, cette faute ne peut avoir pour effet de transformer un successeur irrégulier en héritier légitime, aussi Marcadé enseigne-t-il (*sur l'art.* 793) qu'il n'est dû que la réparation du préjudice causé, en ce sens que les créanciers pourront faire établir, par tous les moyens de droit, la valeur des biens, pour la consacrer en entier à l'acquit des dettes si elle est inférieure à leur montant.

2. ÉTAT. — En ce qui concerne le Domaine, la D. m. f. 13 août 1832, dont nous avons déjà parlé, contient un article (5) qui est relatif à la liquidation et au payement des dépenses, charges et dettes des successions recueillies par l'État. A cet égard, il faut distinguer, d'une part, l'époque antérieure et celle postérieure au jugement d'envoi en possession; de l'autre, les créances, qui, d'après l'art. 2101 C. C., ont le privilége général sur les meubles, et celles qui ne l'ont pas. Avant l'envoi en possession, les préfets peuvent liquider les créances ayant le privilége général sur les meubles, telles que les frais funéraires, ceux de dernière

maladie, etc., et en autoriser le payement sur le produit de la succession qui se trouve disponible à la caisse du Domaine; quant aux créanciers non privilégiés, s'ils veulent être payés à cette même époque, ils doivent se pourvoir devant les tribunaux, pour faire reconnaître leur créance et faire ordonner à l'administration des Domaines de l'acquitter, s'il se trouve des fonds suffisants après le payement des dettes et charges privilégiées. Mais, après l'envoi en possession, les préfets procèdent à la liquidation de toutes les créances indistinctement, et en autorisent le payement en premier ordre. Toutefois, dans tous les cas, et quelle que soit la nature de la créance, s'il s'élève des contestations, les parties doivent être renvoyées devant les tribunaux. Les payements ne peuvent au surplus avoir lieu, ainsi que l'énonce la décision du ministre, que suivant les formes ordinaires de la comptabilité, et jusqu'à concurrence des recouvrements effectués par le receveur des Domaines sur l'actif de la succession (*Comp.*: Merlin *Rép.* v° *Désh.* n° 9, Favard *Rép.* v° *Tierce-opposit.* § 2 n° 9, Massé, Vergé et Zachariæ t. 2 p. 283, Demolombe t. 1er n° 160 et t. 14 n° 182; — Cass. 3 avr. 1815, S. *Collect. nouv.* 5-1-34; — A. Cons. d'Ét. 13 nov. 1822, S. *Collect. nouv.* 7-2-127).

**15741. Déchéance contre les créanciers.** — Les créances existant contre des successions en déshérence recueillies par l'État sont passibles de la prescription quinquennale établie par l'art. 9 L. 29 janvier 1831, lorsqu'elles n'ont pas été liquidées, ordonnancées et payées dans les cinq ans, à partir du jour où le droit s'est ouvert au profit de l'État, à moins que l'ordonnancement n'ait été retardé par le fait de l'Administration. Le retard dans l'ordonnance d'une telle créance ne peut être attribué à l'Administration, et le créancier n'est pas relevé de la déchéance par l'opposition aux scellés qu'il aurait primitivement formée et qui aurait porté l'existence de la créance à la connaissance de l'Administration, si d'ailleurs ce créancier n'a pas provoqué la distribution judiciaire de l'actif de son débiteur, frappé de nombreuses oppositions (Ord. Cons. d'Ét. 12 avr. 1843).

**15742. Mais l'héritier qui se représente ne peut être assimilé à un créancier de l'État.** — Le Domaine ayant recueilli, en 1810, une succession en déshérence, voulut invoquer, contre la demande en restitution formée, en 1837, par les héritiers légitimes, la déchéance prononcée contre les créanciers de l'État par les lois des 25 mars 1817 et 29 janvier 1831, sur l'arriéré de la dette publique, se fondant sur ce que ces lois étaient applicables aux valeurs qu'il avait perçues avant leur publication. Mais cette prétention a été repoussée par un arrêt de la cour d'appel de Paris du 8 janvier 1841 : « Attendu que les héritiers ne procèdent pas comme *créanciers*, mais comme *propriétaires* à titre d'héritiers, et que les motifs qui ont déterminé les droits de déchéance invoquée par l'État ne leur sont pas applicables. »

**15743. L'État est tenu de communiquer les pièces inventoriées à un prétendant-droit.** — La cour de Paris a jugé, le 15 mars 1850 (D. 51-2-123), qu'il n'y a pas lieu d'accorder au Domaine le bénéfice de la règle suivant laquelle nul n'est tenu de produire contre lui En conséquence, en sa qualité de détenteur des titres d'une succession en déshérence, il doit au prétendant-droit à cette succession communication des pièces ou titres de la succession qui ont été inventoriés après le décès du défunt pour servir à qui de droit.

**15744. Compétence.** — Diverses ordonnances du conseil d'État ont décidé que l'autorité compétente pour prononcer sur la qualité des prétendants à une succession en déshérence est l'autorité judiciaire. Il a été jugé en ce sens qu'il n'appartient qu'aux tribunaux d'apprécier la qualité des prétendants (Ord. Cons. d'Ét. 7 avr. 1824). — De même, les tribunaux sont régulièrement saisis de la demande formée contre l'État à fin de restitution d'une succession dont il s'est emparé par droit de déshérence. — Toutefois, il y a lieu de surseoir à statuer jusqu'après la justification de la qualité du demandeur, si le conflit a été élevé, et que la demande ait été formée par le curateur nommé à la succession vacante (Ord. Cons. d'Ét. 17 mai 1826). — Est aussi de la compétence judiciaire l'action intentée contre l'État par le créancier d'une succession en déshérence, pour faire reconnaître la validité de son titre contre cette succession. — Mais l'autorité administrative serait seule compétente s'il s'agissait de statuer sur la créance que le défunt, comme employé du Gouvernement, pourrait avoir contre l'État (Ord. Cons. d'Ét. 13 nov. 1822). — Lorsque le curateur à la succession vacante d'un étranger décédé en France n'agit pas au nom du Gouvernement auquel cet étranger ressortissait, c'est aux tribunaux à prononcer sur sa qualité et sur sa demande (Ord. Cons. d'Ét. 7 juin 1826).

Cependant, l'art. 7 de la décision ministérielle du 13 août 1832 (1407 I. G.), que nous avons déjà plusieurs fois citée, confère aux préfets l'attribution de statuer, en matière de successions à appréhender par l'État, sur les demandes des individus qui se prétendent appelés, comme héritiers, à recueillir ces successions; mais cette attribution est limitée au cas où les héritiers sont réunis pour former la revendication de la succession, et qu'ils sont d'accord entre eux sur leurs droits respectifs. Dans tous les autres cas, ils doivent être renvoyés à se pourvoir devant l'autorité judiciaire; et alors c'est à l'administration des Domaines qu'il appartient, ainsi qu'il est dit ci-dessus, de représenter l'État dans les discussions auxquelles il peut être intéressé.

**15745. Formalités à accomplir par le créancier qui actionne l'État.** — Le créancier qui a actionné l'État devant les tribunaux doit préalablement présenter son mémoire à l'Administration, conformément à la loi du 5 novembre 1790. Mais l'inobservation de cette formalité ne change pas l'ordre des juridictions ; il y a lieu seulement à une action en nullité de la procédure (Ord. régl. 1er juin 1828, art. 3).

**15746. Prescription. — Possession précaire avant l'envoi en possession.** — Un jugement du tribunal de la Seine du 12 janvier 1836 contient les motifs suivants : « Attendu que l'héritier est saisi, du jour du décès de son auteur, de toutes les valeurs de la succession ; que ce principe est général et s'applique à l'héritier irrégulier comme à l'héritier ordinaire, à la charge toutefois par l'héritier irrégulier de se faire envoyer en possession ; que l'envoi en possession une fois ordonné a un effet rétroactif, et que l'héritier demeure saisi du jour de l'ouverture de la succession ; que, s'il en était autrement, il en résulterait que jusqu'à l'envoi en possession, la propriété aurait été incertaine et n'aurait reposé sur aucune tête, ce qu'il est impossible d'admettre. » Ce jugement ayant été confirmé par un arrêt de la cour de Paris du 2 juin 1837, on pourrait en induire que l'envoi en possession produit un effet rétroactif analogue à celui de la saisine, qui, ainsi qu'on l'a vu au n° 15649-1, investit l'héritier de la propriété.

C'est dans ce sens que l'administration des Domaines avait d'abord envisagé la situation dans ses I. G. nos 219, 517 et 552. Mais elle est revenue à une autre doctrine. Une D. m. f. 31 août 1832, porte, dans son art. 4, que c'est à dater de l'envoi en possession, et non de l'ouverture de la succession, que courent les trente ans de possession continue nécessaires pour que l'État devienne propriétaire. D'où la conséquence forcée que dans l'intervalle écoulé entre l'ouverture de la succession et l'envoi en possession, l'État n'a qu'une simple jouissance qui lui est attribuée par la force rétroactive que possède l'envoi en possession.

Cette nouvelle doctrine de l'Administration a été consacrée par deux arrêts de la cour de Paris des 2 février 1844 et 6 avril 1854 (S. 54-2-705). Mais ce dernier arrêt a été cassé par un arrêt de la Cour de cassation, le 13 juin 1855 (S. 55-1-689), portant : « Que quelle que soit la date du jugement qui a prononcé l'envoi en possession, le successeur irrégulier (qui dans l'espèce était l'État) *se trouve saisi complétement de la succession à partir de son ouverture ;* qu'il peut, comme le pourrait l'héritier légitime du second degré, opposer à l'héritier qui se présente la prescription de trente ans. »

De ce que les successeurs irréguliers doivent se faire envoyer en possession par justice, peut être faudrait-il en conclure rigoureusement que l'État pourrait réclamer la succession contre l'époux ou l'enfant naturel qui aurait laissé passer trente ans depuis le décès sans demander l'envoi en possession, lors même que de fait il aurait appréhendé l'hérédité. Cette conclusion serait infiniment dure. Et l'on pourrait dire alors, avec Demolombe, que l'État n'ayant pas non plus demandé l'envoi en possession, n'aurait pas qualité pour agir comme successeur irrégulier, mais pour réclamer les biens comme vacants, et qu'il serait très-permis alors de considérer les biens comme non vacants (t. 14 n° 256).

## SECTION 4. — SUCCESSEURS IRRÉGULIERS EN PRÉSENCE DES HÉRITIERS LÉGITIMES

[15747-15754]

**15747. Possesseur de bonne foi et de mauvaise foi.** — L'art. 772 C. C. se borne à statuer que les successeurs irréguliers pourront être condamnés à des dommages-intérêts si, n'ayant pas fait faire inventaire, ils ont à rendre compte aux héritiers qui se représenteraient. Cette disposition donne à examiner quelles sont les obligations des successeurs irréguliers, soit quant aux fruits et revenus des biens, soit quant aux pertes et aux dégradations, lorsqu'il se présente des héritiers légitimes auxquels ils sont obligés de restituer. A cet égard, une distinction importante est à faire entre les possesseurs de bonne ou de mauvaise foi (Chabot sur l'art. 773 n° 6, Toullier t. 4 nos 286 à 294, Delvincourt t. 2 p. 23 note 5, Vazeille sur l'art. 772, Poujol p. 306, Marcadé sur l'art. 772, Dalloz v° *Succession* n° 407).

Sont réputés possesseurs de bonne foi ceux qui ont rempli exactement et régulièrement toutes les formalités prescrites par les art. 769 à 771. Sont réputés de mauvaise foi ceux qui n'ont pas rempli toutes ces formalités, ou qui ne les ont pas toutes remplies avec exactitude et régularité (*Contrà* Demolombe t. 14 n° 251).

Cela posé, la solution de notre question est toute entière dans les art. 138 et 549 C. C., ainsi conçus : « Tant que l'absent ne se présentera pas, ou que les actions ne seront point exercées de son chef, ceux qui auront recueilli les fruits gagneront les fruits par eux perçus de bonne foi » (138). — « Le possesseur ne fait les fruits siens que dans le cas où il possède de bonne foi » (549).

**15748. Fruits.** — Ainsi, les successeurs irréguliers qui ont été de bonne foi ne doivent compte que des fruits, revenus ou intérêts, qu'ils ont perçus depuis que leur bonne foi a cessé, c'est-à-dire depuis qu'ils ont été instruits de l'existence des héritiers ou depuis l'action formée par les héritiers en revendication des biens (Paris 1er juin 1837 ; — Cass. 7 juin 1837, 2 fév. 1844, Dalloz v° *Succ.* 416, 419 ; — Paris 13 avr. 1848, D. 48-2-114 ; — 17 janv. 1851, D. 51-2-169 ; — 30 avr. 1859, S. 60-2-625, Delvincourt t. 2 p. 13 note 3, Toullier et Duvergier t. 2 n° 313 note A, Chabot art. 773 n° 6, Bertin *Ch. du cons.* t. 2 n° 1178, Zachariæ, Aubry et Rau t. 4 p. 535, Demolombe t. 14 n° 235). — Par contre, les successeurs irréguliers qui ont été de mauvaise foi doivent compte de tous les fruits qu'ils ont perçus, et même de ceux qu'ils auraient pu percevoir et dont le recouvrement ne serait plus possible (Chabot t. 2 p. 392, Toullier t. 2 n° 303, Delvincourt t. 2 p. 23 note 3, Vazeille n° 3, Proudhon *Traité du dom. de propr.* n° 432, Dalloz v° *Succ.* n° 407, Marcadé art. 773, Mourlon *Rép. écrit* t. 2 p. 80, Malleville art. 771, 772).

1. HÉRITIER APPARENT. — L'héritier apparent qui a possédé de bonne foi les biens de la succession, se croyant enfant légitime, ne doit restituer les fruits que du jour de la demande, bien qu'il n'ait pas fait dresser inventaire et qu'il soit depuis reconnu enfant adultérin du défunt (Cass. 17 août 1830).

2. ÉTAT. — *Point de départ du droit aux fruits.* — L'État, obligé de restituer aux héritiers qui se présentent pour réclamer une succession en déshérence dont il s'était mis en possession, en conserve les fruits comme possesseur de bonne foi, même les fruits perçus avant l'envoi en possession légalement obtenu, cet envoi en possession ayant un effet rétroactif du jour de l'ouverture de la succession. En ce sens, la Cour de cassation a jugé, le 7 juin 1837, que les fruits antérieurs à l'envoi

en possession resteraient à l'État, lors même qu'ils se seraient trouvés déposés à la caisse des dépôts et consignations.

*Point de départ de la perte du droit aux fruits.* — Mais le Domaine cesse d'avoir droit aux fruits du jour où le mémoire exigé par l'art. 15 L. 28 octobre 1790 a été déposé par l'héritier, et non pas seulement du jour où l'action en délaissement de l'hérédité a été portée devant les tribunaux (C. Paris 13 avr. 1848, D. 48-2-114).

**15749. Intérêts.** — Un arrêt de la cour de Paris du 11 juillet 1851 (D. 55-2-143) a jugé que l'État, condamné à la restitution d'une succession dont il s'était emparé comme vacante, ainsi que des fruits par lui perçus depuis la demande, doit aux héritiers, à titre de fruits civils, les intérêts des sommes provenant de cette succession qu'il a versées dans les caisses du Trésor.

**15750. Profit.** — A l'égard des profits que le possesseur aurait pu faire, voici la distinction à établir entre le possesseur de bonne foi et le possesseur de mauvaise foi : Le premier ne doit restituer que jusqu'à concurrence de ce dont il est plus riche ; sa possession ne peut avoir pour effet ni de l'enrichir ni de l'appauvrir. Le possesseur de mauvaise foi, au contraire, doit la restitution des profits, les eût-il dissipés sans nécessité. Voici l'exemple que l'on cite : le possesseur de l'hérédité a vendu 100 francs un effet qu'il a ensuite racheté 60 francs, il ne peut pas se borner à rendre l'effet : il doit rendre de plus les 40 francs de profit qu'il en a retirés (Pothier *de la Propriété* nos 406 à 417).

**15751. Perte.** — Le possesseur de bonne foi n'est point responsable des pertes survenues par son fait ou par sa négligence, par exemple s'il avait laissé acquérir des prescriptions, des péremptions, s'il avait laissé un débiteur devenir insolvable.

Ainsi, celui qui accepte une succession réputée en déshérence la prend dans l'état où elle se trouve et doit subir l'effet de la prescription qui aurait couru contre l'État, encore bien qu'à cette époque l'acceptant fût mineur ; en pareil cas, il n'y a pas suspension à son profit (C. Nîmes 16 janv. 1850, D. 51-2-126).

Mais il en serait autrement du possesseur de mauvaise foi. L'art. 772, en effet, décide formellement que les successeurs irréguliers qui n'auraient pas rempli les formalités prescrites pourront être condamnés aux dommages-intérêts envers les héritiers, s'il s'en présente (Chabot t. 2 p. 389, Toullier t. 4 n° 287, Vazeille sur l'art. 772, Poujol p. 357).

**15752. Dégradations.** — Si des possesseurs de bonne foi ont négligé de réparer des édifices dont ils se croyaient de bonne foi propriétaires, s'ils les ont laissé tomber en ruines, s'ils les ont démolis, ils ne sont tenus de les rendre que dans l'état où ils se trouvent au moment de la demande, sans pouvoir être inquiétés à raison des dégradations ou démolitions ; il en est tout autrement des successeurs irréguliers de mauvaise foi : ils sont tenus des dégradations qui ont eu lieu par leur fait, et même par leur simple négligence (Chabot sur l'art. 773 p. 394).

**15753. Impenses et réparations.** — En ce qui concerne les impenses et réparations, il faut appliquer le même ordre d'idées. Ainsi, le successeur irrégulier de bonne foi a le droit de se faire rembourser, par l'héritier légitime, le prix de toutes ses impenses et réparations, sans que celui-ci puisse en contester l'utilité. Quant au possesseur de mauvaise foi, il faut l'indemniser des dépenses nécessaires ; mais on ne doit lui rendre compte que de la plus-value qu'ont procurée aux biens de la succession celles seulement utiles.

Mais le possesseur, même de bonne foi, ne peut en même temps retenir les fruits par lui perçus et rejeter les impenses qu'il a faites pour l'entretien ou la conservation de l'immeuble (C. Paris 11 juill. 1851, D. 55-2-143).

**15754. Restitution à l'État de ses frais.** — Diverses décisions judiciaires ont statué sur la question de savoir quelles sont les restitutions qu'il faut faire au domaine lorsqu'il a remis aux héritiers légitimes la succession qu'il avait possédée et administrée à titre de déshérence. La cour de Paris a décidé : 1° que l'Administration, ayant géré dans l'intérêt des héritiers, a droit aux frais de régie (Paris 1er août 1834, 6 janv. 1844 ; — *Contrà* Demolombe t. 14 n° 243, Dalloz *Succ.* n° 422) ; — 2° qu'aucun prélèvement proportionnel ne peut être fait sur l'actif, dont la restitution intégrale est indispensable, sauf la rétention des fruits et le remboursement des frais, y compris la remise du receveur (Paris 17 janv. 1851, D. 51-2-69) ; — 3° que le Domaine ne peut réclamer des frais de régie lorsqu'il en a été indemnisé par l'excédant des fruits sur la dépense (Paris 11 juill. 1851, D. 55-2-143) ; — 4° qu'il ne peut non plus réclamer des héritiers le montant des réparations, de quelque nature qu'elles soient, par lui faites à un immeuble de la succession, s'il en a été également couvert et au delà par la perception des fruits (même arrêt).

# TITRE V. — DE L'ACCEPTATION PURE ET SIMPLE ET DE LA RÉPUDIATION DES SUCCESSIONS

[15755-15896]

## CHAPITRE PREMIER. — CONSIDÉRATIONS PRÉLIMINAIRES

[15755-15759]

**15755. Nul n'est tenu d'accepter une succession.** — L'énergique maxime du droit coutumier *le mort saisit le vif* n'engage pas l'héritier dans des liens indissolubles ; car, en France, le système romain, qui voulait que les descendants du défunt fussent ses héritiers nécessaires, n'a jamais été suivi, et, à côté de la maxime *le mort saisit le vif*, notre ancienne jurisprudence proclamait un principe d'entière liberté : c'est que le titre d'héritier s'accepte et ne s'impose pas, ce qui se traduisait par cette autre maxime : *nul n'est héritier qui ne veut*. Tel est le principe que le Code civil a reproduit dans son art. 775, ainsi conçu : « Nul n'est tenu d'accepter une succession qui lui est échue. »

**15756. Acceptation ou répudiation du chef d'une personne morte.** — Quand un héritier meurt avant d'avoir répudié une succession, quoique sans l'avoir acceptée, il meurt héritier, saisi de la succession, propriétaire des biens ; et, par conséquent, son propre héritier en devient propriétaire, comme il l'était lui-même. Seulement, comme cet héritier défunt, tant qu'il n'avait pas accepté, était libre de se dépouiller par une renonciation, son héritier a la même faculté. En un mot, c'est le droit qu'avait l'héritier défunt, et tel que l'avait ce défunt, qui se trouve dans sa succession et qui passe à son propre successeur. C'est là, comme on voit, l'application pure et simple du principe général qui veut que tous les droits d'une personne passent, par sa mort, à ses héritiers ; et il n'y a rien de particulier dans cette transmission qui s'accomplit d'après les règles ordinaires.

Ce droit de l'héritier est ainsi formulé par l'art. 781 C. C. : « Lorsque celui à qui une succession est échue est décédé sans l'avoir répudiée ou sans l'avoir acceptée expressément ou tacitement, ses héritiers peuvent l'accepter ou la répudier de son chef. »

Faisons d'ailleurs remarquer qu'aux termes de l'art. 782, si les héritiers de la personne morte sans avoir accepté ou répudié ne sont pas d'accord pour accepter ou répudier la succession, elle doit être acceptée sous bénéfice d'inventaire. Il en est de même s'il y a un mineur ou un interdit (*suprà* n° 2140, Poujol art. 782 n° 2, Demolombe t. 14 n° 351).

Celui qui avait reçu un don du défunt et qui voulait renoncer, afin de le conserver, se trouve ainsi contraint au rapport, sans que l'on puisse rendre les autres cohéritiers responsables des suites dommageables que leur désaccord peut avoir (Duranton t. 6 n° 410, Marcadé art. 782, Toullier t. 3 p. 232, Vazeille art. 782, Ducaurroy t. 2 n° 575, Bugnet et Pothier t. 8 p. 121, Mourlon *Rép. écrit.* t. 2 p. 93, Massé et Vergé t. 2 p. 303, Tambour p. 415, Demolombe t. 14 n° 349. — *Contrà* Delvincourt t. 2 p. 28 note 7, Demante t. 3 n° 102 *bis*, Belost-Jolimont art. 782, Dalloz *Succ.* 433).

Mais on enseigne que l'art. 782 ne serait pas applicable aux héritiers de celui qui serait décédé après avoir *répudié* une succession. Pour l'accepter, ils doivent être tous d'accord, car l'art. 781, auquel se réfère l'art. 782, parle seulement du cas où l'auteur commun est décédé *sans avoir répudié*, et les exceptions ne s'étendent pas (Demante t. 3 n° 102 *bis*, Demolombe t. 4 n° 353).

Il a été également reconnu que les héritiers d'un *légataire* mort sans avoir accepté peuvent renoncer de son chef (Sol. 28 avr. 1875 et 27 sept. 1876).

**15757. Acceptation ou répudiation partielle.** — On ne peut accepter ou répudier une succession partiellement, l'engagement est indivisible. Cette règle, énoncée d'une manière expresse dans la loi romaine, *Qui totam hæreditatem acquirere potest, is pro parte eam scindendo non potest*, se trouve dans le Code civil d'une manière certaine, quoiqu'elle ne soit pas formellement énoncée. L'art. 774 n'autorisant, en effet, que deux sortes d'acceptation, celle *pure et simple* et celle *sous bénéfice d'inventaire*, ne permet pas l'acceptation partielle ou limitée.

**15758. C'est au créancier à prouver l'acceptation.** — De ce que nul n'est tenu d'accepter une succession, il suit que c'est au créancier à prouver que le successible, qui prétend n'avoir pas accepté, a réellement accepté. « Attendu, porte un arrêt de la cour de Liége, du 4 janvier 1812, que les intimés, quoique appelés par la loi à la succession des débiteurs originaires de la rente, ont toujours nié avoir accepté leur succession, et s'être portés leurs héritiers ; que l'appelant n'a fait aucune preuve à cet égard ; qu'ainsi, d'après le principe, « n'est héritier qui ne veut, » les intimés ne sont pas obligés personnellement à payer les arrérages de la rente. »

**15759. Division.** — Ainsi, bien que les parents successibles soient saisis de plein droit par la mort du défunt, ils n'en conservent pas moins le droit d'accepter la succession ou d'y renoncer. De là deux situations distinctes : *l'acceptation* et la *répudiation*.

## CHAPITRE II. — DE L'ACCEPTATION DES SUCCESSIONS

[15760-15855]

### SECTION PREMIÈRE. — DISPOSITIONS GÉNÉRALES

[15760-15767]

**15760. Observation.** — Nous avons déjà abordé ce sujet dans diverses parties de cet ouvrage, et notamment au mot *Renonciation*. Nous allons compléter ici ce que nous avons à en dire.

**15761. L'acceptation ne peut être conditionnelle.** — Il n'y a que deux manières d'accepter une succession : purement et simplement ou sous bénéfice d'inventaire (774 C. C.). Le bénéfice d'inventaire est, en effet, la seule restriction que la loi permette d'apporter au principe d'intégrité de l'acceptation des successions. Ainsi, cette acceptation ne peut être faite conditionnellement, car aucune incertitude ne doit peser sur le sort d'une succession. Il faut qu'elle soit appréhendée par quelqu'un à titre définitif, ou qu'elle soit déclarée vacante. Ces expressions, *titre définitif*, ne sont nullement en désaccord avec la condition qui affecte l'investiture des successeurs irréguliers, car cette condition n'est pas suspensive, mais simplement résolutoire ; or, l'on sait que la condition résolutoire ne suspend pas l'exécution de l'obligation (Toullier t. 4 n° 539, Vazeille art. 774 n° 1er, Marcadé *eod. loc.* n° 1er; — Cass. 14 juin 1813, S. *Collect. nouv.* 4-1-369; — Cass. 3 août 1808, S. 8-1-490).

C'est encore dans le même ordre d'idées qu'il faut décider qu'une succession ne peut être acceptée pour un certain temps, ou bien à partir d'un certain temps (Marcadé sur l'art. 774, Demolombe t. 14 n° 357). — *V.* 15877.

**15762. Succession non ouverte.** — L'art. 1130 C. C., en interdisant toute stipulation sur une succession future, invalide par là même toute acceptation qui pourrait être faite d'une succession non ouverte. Ainsi, lorsque sur le faux bruit de la mort d'une personne, son héritier présomptif a pris qualité d'héritier, ou s'est mis en possession de ses biens, ou a fait tout autre acte qui, de sa nature, emporte adition d'hérédité, l'acceptation n'est ni valable ni obligatoire, et l'héritier peut ensuite renoncer à la succession, après qu'elle est réellement ouverte, pourvu que, depuis l'ouverture, il n'ait fait aucun acte d'héritier (Chabot sur l'art. 774 n° 3, Taulier t. 3 p. 221, Pothier *Succ.* ch. 3 sect. 3 § 3, Toullier t. 2 n° 315, Duranton t. 6 nos 364, 473, Fenet de Conflans art. 774, Demolombe t. 14 n° 302; — Cass. 5 therm. an 12, S. 1805-1-17; — Cass. 8 fév. 1810, S. 1810-1-233; — Bourges 22 juill. 1828, S. 1830-2-74).

Si donc je donne pouvoir pour me représenter au moment où s'ouvrira la succession d'une personne qui est encore en vie, et dont je suis le présomptif héritier, et que ce pouvoir ait pour objet d'éviter les formalités qui doivent être accomplies toutes les fois que l'héritier est absent, telles que l'apposition des scellés, etc., ce mandat, dans lequel j'aurai agi en qualité d'héritier, n'emportera pas adition d'hérédité, et si, plus tard, après m'être abstenu de faire aucun acte d'héritier, je veux renoncer à la succession, on ne pourra pas plus m'opposer ma procuration que la présence de mon mandataire à l'ouverture de la succession. Car, d'un côté, ma procuration étant un acte sans valeur, comme fait sur une succession non encore ouverte, la qualité d'héritier que j'y aurais prise ne peut en rien m'engager; d'autre part, la présence de mon mandataire est un acte purement conservatoire de surveillance et d'administration provisoire, qui, aux termes de l'art. 779 C. C., n'emporte pas adition d'hérédité, du moment que mon mandataire ne m'y a pas fait prendre le titre ou la qualité d'héritier.

On doit rattacher à ce principe un arrêt de la cour de Bourges du 22 juillet 1828 (S. 30-2-74), aux termes duquel la qualité d'héritier prise par les enfants d'un individu dont le décès n'est pas prouvé peut être rétractée par eux, bien que l'existence de leur père absent ne soit pas non plus établie. Vainement on dirait que la qualité d'héritier une fois prise est indélébile et ne peut être répudiée : le principe est ici sans application.

**15763. Acceptation sur présomption.** — Dans le même ordre d'idées, il faudrait décider que, s'il était prouvé qu'au moment où l'héritier a fait l'acceptation de la succession, il ne l'a faite que par présomption du décès, par suite de l'impossibilité où il se trouvait de connaître ce décès d'une manière certaine, il ne se trouverait nullement engagé par cette acceptation.

« Les actes que peut faire un héritier, dit Domat liv. 1er tit. 3 sect. 2, pendant qu'il ignore la mort de celui à qui il succède, et que d'autres vues le font agir, ne l'engagent point. Car, pour faire un acte d'héritier, il faut savoir qu'on l'est et que la succession est ouverte, c'est-à-dire que celui à qui on doit succéder est mort » (*V.* dans le même sens, Pothier *des Succ.* p. 347, Chabot sur l'art. 774 n° 4).

Mais l'acceptation serait valable quoique l'héritier ignorât pour quelle part la succesion lui était déférée, ou en quelle qualité il était parent du défunt. Il suffit qu'il ait la vocation de la loi. Cela tient au principe que l'acceptation est indivisible, que l'hérédité ne peut être acceptée pour une portion, répudiée pour une autre.

**15764. Acceptation faite par une personne devenue héritière postérieurement à son acceptation.** — Un cas qui présente une certaine analogie avec l'hypothèse ci-dessus est celui d'une personne qui, se croyant héritière, accepte la succession alors qu'un parent plus proche l'écarterait s'il ne renonçait pas à la succession. Peut-on dire que cette renonciation valide l'acceptation? La renonciation du véritable héritier ne peut pas mieux imprimer à l'acceptation faite sans cause une validité rétroactive que n'aurait pu le faire le décès de l'auteur de la succession dans le cas précédent.

On ne peut pas admettre qu'un événement ultérieur soit de nature à donner à la volonté une force qu'elle n'avait pas au moment où elle a été formulée. L'héritier qui a accepté par erreur et par anticipation est donc libre de renoncer, lorsque son erreur s'est dissipée et que le moment de faire connaître sa volonté avec toute certitude est arrivé (Chabot sur l'art. 774 n° 6, Taulier t. 3 n° 222, Duranton t. 6 n° 366, Delvincourt t. 6 n° 366; — *Contrà* Vazeille sur l'art. 775 n° 4, Massé et Vergé sur Zachariæ t. 3 p. 300, Malpel 186-300, Mourlon t. 2 p. 87, Aubry et Rau t. 4 p. 244, Demolombe t. 14 n° 304). Ces derniers auteurs allèguent que l'héritier du second degré est appelé conditionnellement à la succession et qu'on peut très-bien renoncer à un droit conditionnel ou l'accepter dès à présent.

Il en est autrement quand le droit était ouvert et que son exercice seul était suspendu, comme en cas de legs d'usufruits successifs (Castelsarrazin, 9 juin 1875; — Ribérac, 20 mars 1872; — Sol. 22 sept. 1873 et 31 mai 1875).

**15765. Acceptation faite par une personne non appelée.** — Il faut encore, pour que l'acceptation soit valable, que la personne qui accepte puisse recueillir la succession.

En ce sens, il a été jugé par la Cour de cassation, les 5 thermidor an 12 et 31 mars 1806 (Dalloz v° *Émigré* n° 92), que le parent d'un émigré n'aurait pu accepter valablement sa succession avant d'obtenir l'amnistie ou la radiation de l'émigré, parce que, jusqu'à cette époque, la mort civile et la confiscation empêchaient que la succession fût déférée aux parents.

**15766. Acceptation par les mineurs interdits.** — On a vu, au n° 3032, que les mineurs, émancipés ou non, et les interdits ne peuvent accepter les successions que sous bénéfice d'inventaire, et que l'acceptation ne peut être faite que par leur tuteur sur l'autorisation du conseil de famille (461, 484, 509, 776 C. C.).

**15767. Acceptation par la femme.** — Quant à la femme mariée, il y a nécessité, aux termes de l'art. 776, que son mari lui donne son autorisation pour accepter. Ce n'est là qu'une application particulière du principe général de la puissance maritale.

1. AUTORISATION TACITE. — L'autorisation nécessaire à la femme pour accepter une succession peut n'être que tacite. Elle se trouve suffisamment caractérisée lorsque le mari concourt à un fait que la loi considère comme supposant nécessairement l'intention d'accepter (C. Bourges 9 juill. 1831, S. 32-2-447, Demolombe t. 14 n° 324).

2. ACCEPTATION PAR LE MARI. — De ce que la femme ne peut accepter sans l'autorisation de son mari, doit-on conclure que l'acceptation du mari peut remplacer celle de la femme, ou faut-il que l'acceptation émane de la femme directement? Il a été jugé que des faits d'immixtion et d'adition d'hérédité ne peuvent, lorsqu'ils sont personnels au mari, et qu'ils ont lieu sans mandat de sa femme, ou même contrairement à sa volonté manifestée dans des actes authentiques, attribuer à celle-ci la qualité d'héritière, et que, dans ce cas, le mari ne saurait être le mandataire légal de la femme (C. Riom 19 avr. 1828, S. 29-2-9).

Cette décision se justifie par les circonstances de la cause : mais le mari ne pourrait-il, sur le refus de la femme, accepter la succession s'il y était intéressé? Il semble qu'il doit y avoir ici une réciprocité de droits que l'on ne saurait contester. De même qu'il ne serait pas juste que le mari eût le pouvoir, contre le gré de sa femme, d'entraîner celle-ci dans une succession qui pourrait lui être onéreuse ; de même la femme ne saurait être maîtresse de léser le mari dans ses intérêts, en lui refusant son concours par une obstination irréfléchie. Le mari peut donc accepter contre le gré de sa femme la succession à laquelle il se trouve intéressé, mais alors c'est à ses risques et périls; et, en conséquence, la femme ne serait tenue ni du payement des dettes ou legs (si ce n'est en qualité de commune dans le cas où elle accepterait la communauté), ni de l'obligation du rapport entre ses cohéritiers. C'est le mari lui-même qui devrait faire face à ces obligations.

C'est ce qu'enseignent tous les auteurs, et la question n'a jamais pu faire difficulté sous le régime de la communauté (Pothier *des Succ.* ch. 3 sect. 3 art. 1er § 2, Int. au tit. 17 *Cout. d'Orléans* n° 43, Furgoles *des Test.* ch. 10 sect. 1re n° 36, Delvincourt t. 2 p. 28 note 8, Toullier t. 2 n° 301, Duranton t. 6 n° 425, Chabot art. 776 n° 3, Poujol art. 776 § 2, Vazeille art. 776 § 3, Demante t. 3 n° 108 *bis*, Demolombe t. 14 n° 326).

Mais, en matière dotale, il n'en a pas été ainsi, et la cour de Riom a formellement jugé, le 18 avril 1825 (S. 26-2-75), qu'une succession échue à la femme ne peut être acceptée tacitement en son nom par son mari. L'acceptation doit émaner directement de la femme, après l'autorisation du mari ou de la justice, alors que la femme est mariée sous le régime dotal. Cette distinction ne paraît pas sérieusement fondée, car il est évident que, sous le régime dotal aussi bien que sous le régime de la communauté, le mari peut avoir intérêt à ce que la succession soit acceptée.

Le mari ne pourrait pas renoncer à une succession échue à la femme. Il pourrait seulement refuser d'autoriser sa femme à accepter (Thiry *Rev. de législ.* t. 11 1857 p. 254, Pothier Int. à la *Cout. d'Orléans* n° 62, Demolombe t. 14 n° 327). Mais ce refus d'autorisation pourrait être remplacé par le consentement de la justice.

## SECTION 2. — ACTES QUI ÉTABLISSENT L'ACCEPTATION

[15768]

**15768. Acceptation expresse ou tacite.** — « L'acceptation peut être expresse ou tacite, » porte l'art. 778 C. C. La volonté de l'homme s'exprime en effet de deux manières : par des paroles et par des actes. Lorsque l'intention a été formulée de vive voix, le doute ne peut plus être possible, mais on peut arriver au même résultat par de simples faits, lorsque l'intention qui a présidé à l'agissement se manifeste d'une façon claire et nette.

### ARTICLE PREMIER. — ACCEPTATION EXPRESSE

[15769-15786]

**15769. Acte authentique ou privé.** — L'art. 778 C. C. dispose que l'acceptation est expresse quand on a pris le titre ou la qualité d'héritier *dans un acte authentique ou privé.*

**15770. Principe.** — Le mot *acte* a quelquefois fait naître des difficultés et l'on s'est demandé quel sens précis il fallait lui attribuer. Le projet de l'art. 778 contenait un mot d'une signification plus élastique : le mot *écrit*, mais il fut supprimé sur les observations de la Cour de cassation et remplacé par le mot actuel. M. Réal avait de plus demandé au conseil d'État, lors de la discussion, que l'on définît les actes *privés* dont il était question dans l'article « afin, disait-il, de ne point laisser d'induction arbitraire. » Cette proposition n'eut point de suite.

C'est ce défaut de précision qui a fait naître la question de savoir si la qualité d'héritier prise dans une lettre missive peut emporter adition d'hérédité. Nous verrons, au n° 15780, quelle est la solution à donner à cette question. Mais nous pouvons dire ici, en thèse générale, que la discussion devant le conseil d'État de l'art. 778 prouve que, en faisant résulter l'acceptation expresse d'un acte authentique ou privé, le législateur n'a eu d'autre but que d'exclure les acceptations purement verbales, dont l'existence a été souvent contestée. Hors de cette limite, la loi laisse la plus grande faculté à la manifestation de la volonté d'accepter, puisque l'intention seule constitue l'acceptation.

**15771. Acte annulé.** — Peu importe d'ailleurs que l'acte dans lequel le successible a pris la qualité d'héritier soit nul pour vice de forme ou autre cause, pourvu que cette cause ne soit pas relative au consentement de celui-là même qui aurait pris la qualité d'héritier. L'intention d'accepter n'en a pas moins été exprimée (Duranton t. 6 n° 383, Zachariæ, Aubry et Rau t. 4 p. 260, Massé et Vergé t. 2 p. 304, Dalloz *Succ.* 451, Demolombe t. 14 n° 388; — Caen 16 juill. 1834, D. 1835-2-180; — *Comp.* : Lebrun liv. 3 ch. 8 sect. 2 n° 19, Delvincourt t. 2 p. 28 note 1re, Marcadé art. 780, Taulier t. 2 n° 229, Dalloz *Succ.* 479, Tambour p. 212).

**15772. Commandement.** — Peu importe également la nature de l'acte dans lequel on prend la qualité d'héritier. Ainsi, se dire héritier dans un commandement adressé aux débiteurs de la succession, c'est faire acte d'héritier (C. Limoges 19 fév. 1831, S. 33-2-349; — Cass. 27 juin 1837 *Enregist.*, S. 37-1-579; — 4 avr. 1839 *Enregist.*, S. 49-1-438; — Pothier *Succ.* ch. 3 sect. 3 art. 1er § 1er, Zachariæ, Aubry et Rau t. 4 p. 253, Massé et Vergé t. 2 p. 304, Duranton t. 6 n° 373, Ducaurroy t. 2 n° 567, Demolombe t. 14 n° 379; — Limoges 16 nov. 1876, 4607 R. P.). — V. 15781.

**15773. Procuration.** — La qualité de légataire ou d'héritier, prise dans une procuration donnée à l'effet de recueillir et d'administrer le legs ou la succession, emporte acceptation du legs ou de la succession, encore bien qu'avant que la procuration ait été acceptée ou exécutée par le mandataire, le mandant ait renoncé à la succession ou au legs (Cass. 4 avr. 1849, S. 49-1-438, Duranton t. 6; — *Comp.*: Cass. 23 déc. 1846, S. 47-1-18; Chabot 778-4, Zachariæ, Aubry et Rau t. 4 p. 261, Demolombe t. 14 n° 387).

Mais la qualité d'héritier prise dans une procuration donnée à un tiers pour la levée des scellés, la confection de l'inventaire et la vente du mobilier, n'est pas tellement attributive du titre d'héritier pur et simple, que le successible qui l'a prise ne puisse ultérieurement y renoncer et se porter seulement héritier bénéficiaire, surtout lorsque ce droit a été réservé dans l'inventaire (Cass. 1er avr. 1809, S. 10-1-8, Toullier t. 4 n° 325; — Orléans 31 mars 1849, Dalloz v° *Succ.* n° 450, Demolombe t. 14 n° 383).

Il en est autrement de la procuration donnée pour céder les droits successifs (Boulogne 29 juin 1874, 3867 R. P.).

**15774. Pourvoi administratif.** — De même, le successible qui se pourvoit devant l'autorité administrative afin d'obtenir la mainlevée du séquestre apposé sur les biens de la succession n'est pas censé par là se porter héritier pur et simple, alors même que, dans sa demande, il a pris le titre d'héritier. Rien ne l'empêche, par conséquent, de renoncer plus tard à la succession (Paris 12 mai 1826, S. 29-2-46).

**15775. Déclaration de succession.** — La qualité d'héritier prise dans une déclaration de succession ne constitue pas, en général, une acceptation expresse, bien que la déclaration soit écrite et signée par le déclarant (Cass. 7 juill. 1846, S. 47-1-868; — Lyon 17 juill. 1829, D. 29-2-162, et 9 juin 1876, 5004 R. P. — V. aussi Cass. 1er fév. 1843, S. 43-1-438).

Jugé spécialement qu'une déclaration négative ne suffirait pa (Agen 6 avr. 1816, Dalloz *Succ.* 506, Demolombe t. 14 n° 457).

Quant au point de savoir si *le payement* des droits de succession prouve l'acceptation tacite, V. n° 15816.

**15776. Signification de jugement.** — Lorsqu'un jugement a été signifié par des tiers se disant héritiers de celui qui l'avait obtenu, l'appel interjeté par la partie condamnée contre ces mêmes individus, pris en la qualité qu'ils se sont donnée, sans aucune réserve de la contester, emporte reconnaissance de la qualité des intimés et rend l'appelant non recevable à en demander plus tard la justification (Bordeaux 29 mars 1828, S. *Collect. nouv.* 9-2-63).

**15777. Acceptation verbale.** — Des termes mêmes de la loi, il résulte formellement qu'une acceptation qui n'aurait été que verbale n'aurait aucune valeur, alors même qu'elle aurait été faite publiquement, et, plus encore, à des créanciers de la succession. On a craint, en effet, que les déclarations verbales, dont le sens et la portée ne sont pas toujours bien compris, ne suscitassent souvent des difficultés : aussi l'art. 778 veut-il que la seule déclaration d'héritier qui doive être prise en considération soit celle qui est faite dans un acte écrit (Chabot sur l'art. 778 n° 5, Malpel n° 191, Duranton t. 6 n° 3, Vazeille sur l'art. 778 n° 4, Dalloz v° *Succ.* n° 447, Toullier t. 3 p. 226, Chabot art. 778 n° 5, Zachariæ, Aubry et Rau t. 4 p. 252, Demolombe t. 14 n° 375).

On a enseigné que l'acceptation résulterait d'un *mandat verbal* donné à un tiers pour recueillir la succession, parce qu'un tel acte indique une volonté réfléchie et a une toute autre portée que des paroles prononcées à la légère (Zachariæ, Aubry et Rau t. 4 p. 261). Mais Demolombe répond avec raison, selon nous, que c'est là toujours une acceptation verbale contraire au texte formel de l'art. 778 C. C. (t. 14 n° 377).

**15778. Interrogatoire sur faits et articles.** — Duranton et Dalloz pensent même (*loc. cit.*) qu'un interrogatoire sur faits et articles pourrait bien entrer comme élément d'un indice tendant à démontrer qu'il y a eu acceptation tacite, mais n'en serait jamais par lui-même la preuve satisfaisante.

Au contraire, Demolombe croit que la déclaration consignée dans le procès-verbal n'est plus *verbale*, puisqu'elle est écrite dans un acte judiciaire (C. proc., art. 334) et si l'héritier avait pris alors la qualité d'héritier dans son acception définitive et irrévocable, ce serait une acceptation expresse (t. 5 n° 398 et t. 14 n° 376 *bis*).

**15779. Inventaire.** — L'inventaire peut sans doute contenir une acceptation expresse et immédiate. Mais de ce qu'un tel acte a, en général, un caractère simplement conservatoire, on ne saurait aucunement admettre que la qualification d'héritier ou de donataire attribuée à tel ou tel requérant implique l'acceptation des legs ou de la succession. La Cour de cassation l'a reconnu dans un arrêt du 18 novembre 1863 : « Le mot héritier, dit-elle, a une double signification, ainsi que cela résulte d'un grand nombre d'articles du Code civil, et notamment des articles 724, 778, 785, 787, 790 et 800; il indique tantôt la simple qualité successible, et tantôt la qualité d'héritier définitif; il en résulte que lorsque, dans un acte, un individu s'est désigné ou a été indiqué comme héritier, il est nécessaire de rechercher dans quel sens ce mot a été employé... »

Or, en matière d'inventaire, le doute devrait s'interpréter en faveur de la partie, qu'on ne peut supposer aisément avoir renoncé tout de suite, sans motif utile appréciable, à la faculté de répudiation qu'elle avait. Il y aurait inconséquence à voir une acceptation immédiate dans un acte qui a précisément pour objet de mettre celui qui le fait, à même de délibérer sur son acceptation ou sa renonciation.

Pour admettre l'acceptation, il faudrait donc que les circonstances fussent précises. Par exemple, il a été jugé: 1° que si une veuve prend dans l'inventaire la qualité de donataire en usufruit, puis achète les droits des héritiers, moyennant un prix fixé eu égard à l'usufruit, la veuve est reputée donataire (Blois 18 déc. 1852);

2° Que si une veuve prend la qualité d'*usufruitière* au lieu de celle de *donataire en usufruit*, l'aceptation doit être présumée, car on ne peut être usufruitier sans accepter l'usufruit (Béthune 8 juill. 1856);

3° Que si une veuve commune en biens et donataire en usufruit fait procéder à l'inventaire en prenant cette double qualité, l'acceptation du legs est constante : « Attendu que pour se soustraire à cette conséquence, la partie invoquerait en vain le caractère conservatoire de l'acte. En effet, elle pouvait sauvegarder ses intérêts en se bornant à requérir l'inventaire comme commune en biens ; et d'ailleurs, s'il est vrai qu'aux termes de l'art. 779 C. C., les actes conservatoires peuvent ne pas emporter adition, il faut pour cela qu'on n'y ait pas pris le titre ou la qualité d'héritier » (La Flèche 28 avr. 1868, 2793 R. P.). — *V.* 15781-1.

**15780. Lettre-missive.** — Les auteurs font en général une distinction qui paraît fort rationnelle: si la lettre qui contient acceptation de la succession a été écrite à un ami ou à un indifférent, elle peut ne contenir que l'expression d'une confidence sans portée; mais si elle a été adressée à un intéressé, à un créancier de la succession, par exemple, à qui on demande soit un délai, soit une remise de dette, soit une transaction, l'intention d'accepter se révèle d'une manière trop sérieuse pour qu'elle ne doive pas être considérée comme engageant l'héritier (Toullier t. 4 n° 308, Delvincourt t. 2 p. 27 note 1re, Duranton t. 6 n° 373, Malpel n° 191, Vazeille sur l'art. 778 n° 2, Massé et Vergé sur Zachariæ t. 2 p. 304, Dalloz v° *Succession* n° 448, Taulier t. 3 p. 225, Poujol art. 778 nos 1er, Zachariæ, Aubry et Rau t. 4 p. 254, Demolombe t. 4 n° 393-394 et t. 14 nos 380; — *Comp.:* Colmar 5 avr. 1824, D. 25-2-62; — Caen 9 fév. 1842, *Recueil de Caen* t. 6 p. 610, Toullier t. 5 n° 379, Troplong *Don* t. 3 n° 1476).

**15781. Titre ou qualité.** — Pour qu'il y ait acceptation expresse, il ne suffit pas que, dans un acte, l'héritier présomptif ait employé des expressions annonçant de sa part l'intention d'accepter : il faut qu'il ait pris expressément la qualité ou le titre d'héritier. Il est manifeste, en effet, que si la déclaration qu'on est héritier n'a pas été assez formelle pour qu'on puisse se dispenser d'interpréter l'intention de l'héritier, il n'y a plus acceptation expresse, mais tout au plus acceptation tacite (Chabot sur l'art. 778 n° 4; — Cass. 18 nov. 1863, S. 64-1-96; — Limoges 23 juin 1870, S. 71-2-40).

1. INTERPRÉTATION. — Et encore, en cas de qualité expressément prise, appartient-il toujours aux juges de décider si l'acceptation a été réelle et sérieuse. Jugé, en ce sens, que le légataire universel qui a pris la qualité d'héritier est fondé à se faire relever de cette erreur de droit et ne doit pas être réputé avoir accepté purement et simplement (C. Limoges 8 déc. 1837, Dalloz v° *Disposition entre-vifs* n° 3572).

Jugé encore qu'à moins d'une déclaration continue, formelle et expresse, les qualités données aux parties dans l'inventaire relatif à une succession ne sont pas définitives, mais bien subordonnées aux acceptations et renonciations qu'elles ont toujours le droit de faire ultérieurement ; qu'à plus forte raison en sera-t-il ainsi lorsque l'inventaire contiendra la réserve expresse que les qualités qui y sont prises ne pourront nuire ni préjudicier à qui que ce soit (Orléans 31 mars 1849, D. 51-2-17). Il en est de même de la qualité d'héritier prise dans une procuration portant pouvoir d'accepter ou de renoncer (Demante t. 8 n° 98, Chabot art. 778-26, Demolombe t. 14 n° 383).

Plus généralement, c'est aux tribunaux à apprécier si le mot *héritier* a été employé dans son sens définitif ou dans son acception provisoire d'*habile à succéder* (Toullier t. 2 n° 325, Duranton t. 6 n° 373, Ducaurroy t. 2 n° 567, Zachariæ, Aubry et Rau t. 4 p. 225, Vazeille art. 778 n° 1er, Demolombe t. 14 n° 381; — Cass. 1er août 1809, S. 10-1-8; — 18 nov. 1863, D. 64 p. 127; *V.* Pothier *Don. test.* ch. 7 sect. 1re 5° règ., Merlin *Rép.* v° *Legs* sect. 4 § 1er p. 317).

Mais cette appréciation tombe sous la censure de la Cour de cassation (Cass. 18 janv. 1869, S. 69-1-172).

En ce qui concerne l'héritier bénéficiaire, il a été décidé notamment que l'emploi du mot *héritier* s'entend toujours dans le sens d'héritier bénéficiaire (Cass. 20 avr. 1831, D. 31-1-161 ; — Aix 4 mai 1841, P. 43-2-684, Demolombe t. 15 n° 364, Aubry et Rau t. 5 p. 165).

Mais la qualité de légataire prise dans plusieurs exploits emporte acceptation (Limoges 16 nov. 1876, 4607 R. P.). — *V.* 15772.

De même de la qualité prise sans réserve dans un inventaire par l'héritier (Paimbeuf, 21 juin 1872).

**15782. Qualité attribuée et non contestée.** — En principe, il ne suffirait pas que la qualité ou le titre d'héritier fût donnée au successible par un autre, soit par un créancier dans un exploit, soit par le receveur dans la déclaration de succession, etc. ; il faut que le successible prenne *lui-même* cette qualité. Il n'est pas même nécessaire qu'il proteste : dès qu'il reçoit la qualité passivement sans la prendre lui-même, il n'y a pas acceptation expresse (Agen 17 juill. 1829, S. 29-2-302; — Nancy 12 mai 1842, P. t. 1er 1843 p. 504; — Cass. 13 nov. 1860, S. 60-1-567, Duvergier t. 2 n° 324 note A, Aubry et Rau t. 4 p. 254, Dalloz *Succ.* 458-459, Demolombe t. 14 n° 386).

C'est donc à tort qu'il a été jugé que celui qui, assigné en payement d'une somme, comme héritier du débiteur originaire, n'a pas contesté cette qualité en première instance, n'est plus recevable à la contester en appel (Bruxelles 24 déc. 1812, S. 13-2-247).

Jugé, au contraire, que le successible qui, assigné en qualité d'héritier, défend au fond sur la poursuite d'un créancier de la succession est encore recevable, après cette défense, à renoncer à la succession : « Attendu que Lapotonière a renoncé à la succession de ses père et mère, et qu'on ne justifie pas qu'il ait fait acte d'héritier » (Paris 29 pluv. an 11). « Ces défenses, dit Vazeille (art. 778 n° 3), peuvent, en effet, n'être qu'un acte conservatoire. »

Jugé encore par la cour de Riom, le 13 février 1821, que l'acceptation d'une succession ne résulte pas nécessairement du concours des circonstances suivantes : un successible a laissé poursuivre contre lui, en qualité d'héritier, l'expropriation des biens héréditaires ; il a laissé rendre un jugement d'adjudication contre lui en la même qualité ; il a laissé acquérir à ce jugement l'autorité de la chose jugée ; il y a acquiescé, en produisant à l'ordre dont le jugement a été suivi ; mais, d'une part, après la mort du *de cujus*, il a fait des actes conservatoires de ses droits, en s'inscrivant sur les biens de la succession ; et, d'autre part, il a renoncé expressément à la succession avant que le jugement d'adjudication, auquel il n'a figuré que passivement et non activement, ait obtenu force de chose jugée.

1. INSTANCE. — LÉGATAIRE. — La légataire en usufruit qui adhère à une demande en partage de la succession manifeste ainsi clairement son intention d'accepter le legs, et sa renonciation ultérieure ne peut le soustraire au payement des droits de succession. « Attendu, porte un arrêt de Cass. du 1er juillet 1874, qu'il est déclaré en fait par l'arrêt attaqué que la dame Ferrier, à laquelle la dame Disnard, sa sœur, après avoir disposé de tous ses biens, avait légué, par le même testament, l'usufruit des 3/5mes desdits biens, a figuré dans une instance formée par un de ses colégataires en partage de la succession, selon les droits des parties résultant du testament, et qu'elle a déclaré adhérer à ladite demande comme première usufruitière desdits 3/5mes ; que cette adhésion et la qualité ainsi prise par la dame Ferrier manifestaient clairement son intention d'exercer ses droits de légataire ; qu'elles étaient exclusives des droits et de la qualité d'héritière, et constituaient, aux termes de l'art. 718 C. C., une acceptation expresse du legs fait en sa faveur » (3886 R. P.).

**15783. Qualité contestée.** — Quand la qualité de celui qui se présente comme successible est contestée, les juges ne peuvent admettre le prétendu successible à faire acte d'héritier qu'après qu'il a justifié de sa qualité. Ils ne peuvent l'y autoriser en se fondant uniquement sur ce qu'il opposait suffisamment cette qualité en l'état (Cass. 5 août 1845, S. 45-4-488).

Mais le partage de succession librement consenti avec une personne qui se prétendait héritière est, pour celle-ci, un titre qui la dispense de toute preuve, lorsqu'ensuite sa qualité vient à être contestée par ceux qui ont partagé avec elle. Dans ce cas, c'est à ceux-ci à prouver que c'est par erreur qu'ils ont reconnu cette qualité (Rennes 12 fév. 1812, S. *Collect. nouv.* 4-2-36).

L'héritier qui a renoncé à la succession ne peut être considéré comme ayant voulu revenir sur sa renonciation, par cela seul que, dans une requête présentée au tribunal, il a été déclaré agir en qualité d'héritier, alors qu'il est resté personnellement étranger à cette qualité et qu'aussitôt la connaissance par lui acquise de l'erreur commise à son préjudice, il s'est désisté de l'instance (Limoges 23 juin 1870, S. 71-2-46).

**15784. Qualité reconnue par erreur.** — Celui qui reconnaît par erreur, dans son adversaire, la qualité d'héritier ne se préjudicie pas par cette reconnaissance et peut toujours lui contester la qualité d'héritier (C. Douai 22 fév. 1812, S. 14-2-142). — Jugé de même que celui qui a reconnu par erreur, dans un individu, la qualité d'héritier peut ultérieurement révoquer cette reconnaissance (C. Rennes 20 mars 1813, S. *Collect. nouv.* 4-2-279). — Pareillement, on peut contester la qualité d'héritier à une personne, mêm eaprès la lui avoir reconnue, si l'on n'a pas expressément reconnu la validité du titre qui la lui donnait, et si l'on n'apas fait la délivrance de la succession (C. Turin 18 août 1810, S. 11-2-149).

Mais s'il est constaté par un simple jugement *d'expédient* que la qualité a été prise par erreur, les tribunaux peuvent repousser cette rétractation comme frauduleuse (Limoges 16 nov. 1870, 4607 R. P.)

**15785. Contradiction de qualités.** — Lorsqu'un héritier, avant l'arrêt qui lui adjuge ses conclusions, a déclaré n'accepter que sous bénéfice d'inventaire, on ne peut prétendre qu'il y a contradiction entre cette qualité et celle d'héritier pure et simple qui doit lui être acquise, parce qu'il a repris une instance en qualité d'habile à se porter héritier de la partie décédée, et qu'il a plaidé et interjeté appel toujours en la même qualité. « Considérant, porte un arrêt de la cour de Paris du 4 août 1825, que l'arrêt en vertu duquel la veuve Thomas est poursuivie ne lui ayant attribué aucune qualité, il appartient à la cour d'interpréter ledit arrêt ; considérant que la veuve Thomas n'a agi dans la procédure que comme habile à se dire et porter héritière ; qu'antérieurement à la prononciation de l'arrêté, ladite veuve Thomas aurait acquis la qualité d'héritière bénéficiaire, et qu'elle ne l'a perdue par aucun acte d'immixtion. »

**15786. Instance périmée.** — L'art. 401 C. proc. veut que l'on ne puisse se prévaloir en aucun cas des actes d'une procédure éteinte. Cette disposition a fait naître la question de savoir si l'acceptation d'une succession peut résulter de la qualité d'héritier prise dans un acte qui fait partie des pièces d'une procédure terminée. La solution ne paraît pas devoir faire doute, du moment que l'intention est seule à considérer. Aussi a-t-il été jugé que la péremption d'une instance n'éteint pas les qualités sous lesquelles ont agi les parties ; d'où la conséquence que l'on peut ultérieurement leur opposer la qualité d'héritier qu'ils y avaient prise (C. Metz 5 juin 1827, *Journal de cette cour* t. 5 p. 689, Bourbeau sur Boncenne t. 2 p. 551, Demolombe t. 14 n° 389. — V. aussi Merlin *Rép.* v° *Perempt.* t. 17 n°. 340, Carré et Chauveau *Quest.* 1451, Boitard *Proc.* t. 2 p. 229, Rodière p. 250, Dalloz t. 11 p. 202).

## ARTICLE 2. — ACCEPTATION TACITE

[15787-15839]

### § 1er. — *Considérations préliminaires.*

[15787-15789]

**15787.** — D'après l'art. 778 C. C., l'acceptation est tacite « quand l'héritier fait un acte qui suppose nécessairement son intention d'accepter et qu'il n'aurait droit de faire qu'en sa qualité d'héritier. »

Il n'est pas nécessaire, pour qu'un acte emporte acceptation tacite, que les deux conditions soient réunies, c'est-à-dire qu'il suppose nécessairement l'intention d'accepter, et que l'héritier n'eût le droit de le faire qu'en sa seule qualité d'héritier; la première condition suffit (Duranton t. 6 n° 375, Demolombe t. 14 n° 398; — *Contrà* Chabot art. 778, Poujol *Id*... mai, *Comp.:* Riom 18 avr. 1825, S. 26-2-75; — Cass. 11 janv. 1831, S. 31-1-67). — Remarquez encore que le mot *acte* a ici deux significations: il signifie un *écrit*, d'après son acception générale; mais il est employé encore comme synonyme de fait.

**15788. Acte annulé.** — Nous devons rappeler ici le principe que nous avons déjà énoncé sous le n° 15770, à savoir que l'acte déclaré nul pour vice de forme, ou pour incapacité de celui avec lequel l'héritier a traité, n'entraînerait pas moins l'acceptation tacite, s'il supposait nécessairement l'intention d'accepter.

**15789. Intention.** — Le texte même de l'art. 778 prouve que l'intention joue un rôle essentiel dans la question de savoir si l'acte emporte ou n'emporte pas acceptation de la succession. Du moment, en effet, que la qualité d'héritier n'a pas été prise d'une manière expresse, les successibles ne doivent pas être présumés avoir agi en cette qualité et l'adition d'hérédité ne peut résulter que d'un acte qui ne laisse aucun doute sur l'intention d'être et de se porter héritier, et de se soumettre à tous les engagements, à toutes les conséquences qui dérivent de cette qualité. Furgole posait cette règle comme l'une des clefs de la matière, à savoir: « qu'un acte ambigu et équivoque n'induit pas l'adition, à cause que, dans le doute, il faut prendre le parti qui exclut l'obligation » (*Déc. test.* ch. 10 sect. 1re n° 94, Chabot art. 778, Demolombe t. 14 n° 369).

L'appréciation de l'intention appartenant aux tribunaux et reposant d'ailleurs toujours sur les circonstances de la cause, il n'est pas possible de poser de règles fixes: aussi nous contenterons-nous de réunir sommairement ci-après les diverses décisions que fournit la jurisprudence, en les divisant en deux catégories, comprenant: l'une, des faits qui ont été reconnus emporter acceptation de la succession; l'autre, les actes.

L'appréciation des faits appartient souverainement, comme nous venons de le dire, aux tribunaux de première instance. Mais la Cour suprême pourrait toujours, d'après les faits eux-mêmes tels que les juges les auraient constatés, casser leur décision pour violation ou fausse application de l'art. 778, et décider que de ces faits il ne fallait pas conclure soit à l'acceptation, soit à la renonciation (Cass. 27 juin 1828, D. 28-1-300; — Cass. 27 juin 1837, S. 37-1-579; — 23 déc. 1846, S. 47-1-13; — 4 avr. 1849, S. 49-1-438, Demolombe t. 14 n° 367).

## § 2. — *Acte n'emportant pas adition d'hérédité.*

[15790-15820]

**15790. Acte conservatoire.** — Les actes qui n'ont pour objet que la conservation et la surveillance des choses de la succession, et tous ceux que réclament les besoins d'une simple administration, présentent un caractère sinon d'urgence, du moins d'intérêt sérieux pour l'héritier présomptif, tel qu'il est impossible de voir une accceptation de la succession dans le fait de leur accomplissement (779 C. C.).

Lorsque c'est le successible lui-même qui prend en mains les intérêts de la succession, on doit ne voir dans son agissement que les faits d'un *negotiorum gestor*, et non d'un propriétaire.

Aucun administrateur, en effet, ne présente plus de garanties que lui et n'expose moins de frais de gestion.

Mais il importe de remarquer que l'art. 779 impose une condition, c'est que le successible ne prenne point, dans les actes conservatoires qu'il peut faire ou provoquer, la qualité d'héritier. Cependant, les nombreuses décisions que nous réunissons ci-après prouvent que l'adition d'hérédité n'est pas une conséquence forcée de la violation apparente de cette règle, et qu'il ne faut pas prendre dans la rigueur de leurs termes les expressions employées par le législateur.

**15791. Affectation hypothécaire.** — La jurisprudence et la doctrine ne sont pas d'accord sur la question de savoir si le fait d'hypothéquer, après avoir accepté sous bénéfice d'inventaire, en faveur de ses créanciers personnels, même sous la simple qualité d'*héritier*, sans adition quelconque, sa part indivise et éventuelle dans les biens de la succession emporte ou non acceptation. La jurisprudence admet la négative par deux arrêts des cours de Paris, du 8 avril 1826, et de cassation du 10 décembre 1839 (S. 27-2-79, 40-1-92), et Carré prête son autorité à cette décision (V. *Lois de la procédure* n° 3227).

Mais on trouve dans le sens contraire Toullier t. 4 n° 360, Delvincourt t. 2 p. 302, Roll. de Vill. v° *Bénéf. d'invent.* n° 190 Chauveau sur Carré n° 2517.

Suivant Bilhard (n° 127 p. 457), la solution dépend des circonstances et de l'intention de l'héritier bénéficiaire. C'est là, on doit le reconnaître, une solution qui est presque toujours exacte.

**15792. Bail.** — Le fait seul de louer les biens ou de renouveler les baux n'emporte pas toujours adition d'hérédité (Cass. 27 juin 1837, S. 37-1-579, Taulier t. 4 p. 230, Chabot art. 778 n° 14, Toullier t. 2 n° 331, Ducaurroy t. 2 n° 571, Zachariæ, Aubry et Rau t. 4 p. 256, Dalloz *Succ.* nos 498-499, Demolombe t. 14 n° 427 *bis*, Pothier *Succ.* ch. 3 sect. 3 art. 1er; — *Contrà* Furgole ch. 10 sect. 3 n° 103, Malpel n° 190).

Ici comme dans les diverses phases de notre sujet, l'appréciation des circonstances doit jouer un rôle souvent décisif.

En ce sens, il a été jugé que, bien qu'un fils ait été appelé par les créanciers de la succession de son père, en qualité de son héritier, aux poursuites exercées par eux sur ses immeubles, et qu'en cette qualité il ait demandé que les baux précédemment faits fussent entretenus, ou qu'il se soit opposé à différentes mesures prises par eux, cependant il ne peut être considéré comme héritier, la renonciation qu'il fait ensuite à la succession est valable, et l'arrêt qui décide que ces actes, ainsi que d'autres, faits par eux ne constituent pas des actes d'héritiers est souverain (Cass. 10 juill. 1816). — V. 15823.

**15793. Clefs et titres.** — On ne fait pas acte d'héritier lorsque l'on prend les clefs du défunt et même les titres de la succession avant que les scellés aient été apposés. L'intention a pu n'avoir d'autre objet que la conservation des biens et des titres (Vazeille sur l'art. 779 n° 1er, Lebrun liv. 3 ch. 8 sect. 3 n° 8, Pothier *Succ.* ch. 3 sect. 3 art. 1er n° 1er, Chabot art. 779 n° 2, Ducaurroy t. 2. p. 571, Demolombe t. 14 n° 420.

**15794. Continuation de jouissance.** — 1. USURPATION. — Le successible qui, avant l'ouverture de la succession, possédait, par suite d'usurpation, des immeubles appartenant au défunt ne doit pas être réputé héritier par cela seul qu'il a continué à en jouir postérieurement (Vazeille sur l'art. 778 n° 6, Poujol n° 9).

2. INDIVISIBILITÉ. — On ne doit pas voir adition d'hérédité dans le fait de continuer à jouir d'une chose qui était commune entre l'héritier et le défunt, soit que la chose soit indivisible, soit qu'elle soit divisible (Vazeille n° 7, de Conflans n° 5). — Selon Chabot (nos 8 et 15) et Duranton 1, 6 nos 378 et 379), il y a acte d'héritier si la chose est divisible.

3. CONTINUATION D'EXPLOITATION. — On ne peut considérer comme constituant nécessairement un acte d'héritier pur et simple, et comme entraînant, par suite, déchéance de la faculté de n'accepter la succession que sous bénéfice d'inventaire, ou, après qu'une telle acceptation a eu lieu, déchéance du bénéfice d'inventaire, la continuation, par l'héritier, de l'exploitation d'une ferme tenue par le défunt, lorsqu'elle a été déterminée uniquement par le désir d'empêcher la réalisation à vil prix des valeurs de la ferme, à une époque de dépréciation, et d'attendre pour cette réalisation un temps plus favorable, et lorsque d'ailleurs la gestion de l'héritier n'a pas dépassé les besoins d'une bonne et sage administration (C. Douai, 14 mai 1855, S. 55-2-25; — Cass. 3 mai 1876, 4670 R. P.). — *Conf.* : Pothier, *Succ.*, ch. 3 sect. 3 art. 1er § 1er et note 2 sur l'art. 336 de la *Cout. d'Orléans*, Toullier t. 3 p. 235, Demolombe t. 14 n° 425; — Cass. 1er fév. 1843, S. 43-1-438. — *Contrà* Furgole ch. 10 sect. 1re n° 103).

Il en est ainsi encore quand le successible était copropriétaire, avant le décès, de la chose dont une partie lui est dévolue. Il peut en jouir lors même quelle serait divisible, sans encourir de déchéance, mais il ne pourrait en disposer (L. 20 *Dig. de adq. hær.*; — Cass. 11 janv. 1831, S. 31-2-67 ; Duranton t. 6 n° 379, Belost-Jolimont sur Chabot art. 778, Taulier t. 3 n° 230, Zachariæ, Aubry et Rau t. 4 p. 258, Demolombe t. 14 n° 304).

**15795. Défenses au fond.** — Celui qui, sur les poursuites des créanciers de la succession, donne des défenses au fond ne fait point en cela un acte d'héritier qui ait nécessairement pour effet d'empêcher toute répudiation ultérieure de l'hérédité (C. Paris 29 pluv. an 11, S. 7-2-1216).

**15796. Demande de grâce.** — Lorsque le souverain fait remise au fils d'un condamné révolutionnairement d'objets confisqués sur son père, il est réputé donner à titre de grâce et non restituer. Ainsi, le fils, en sollicitant et recevant la remise, ne peut être considéré comme ayant fait acte d'héritier, et être, par suite, passible de l'action des créanciers de la succession (Cass. 19 août 1822, S. 23-1-127). — De même, le fait par un successible d'avoir sollicité l'amnistie de son auteur décédé en état d'émigration n'emporte pas seul, vis-à-vis des tiers, acceptation de l'hérédité (Cass. 8 fév. 1810, Dalloz v° *Émigré* n° 78).

**15797. Disposition du mobilier.** — 1. VENTE. — L'héritier peut, sans faire en cela acte d'héritier, accomplir *seul* tous les actes purement conservatoires, et *sur l'autorisation de la justice*, tous ceux qui n'ont pas ce caractère. C'est ainsi que l'art. 796 C. C. déclare formellement que « s'il existe dans la succession des objets susceptibles de dépérir ou dispendieux à conserver, l'héritier peut, en qualité d'habile à succéder, et sans qu'on puisse en induire de sa part une acceptation, se faire autoriser par justice à procéder à la vente de ces effets. »

Si donc l'héritier procédait à la vente du mobilier sans autorisation de justice, l'acte emporterait-il avec lui acceptation pure et simple? Chabot t. 2 p. 463-586, Delvincourt t. 2 p. 27 n° 2, Malleville t. 2 p. 283, Malpel n° 198 enseignent l'affirmative. Mais Toullier t. 4 n° 311, Delaporte *Pandect. franç.* t. 3 p. 193, Duparc-Poullain *Princ. du droit* t. 4 p. 16, Dalloz v° *Succ.* n° 496 veulent que la solution dépende des circonstances.

Cette dernière opinion est tout à fait conforme aux principes qui doivent dominer le sujet. Car il pourrait arriver que tel cas d'urgence se présentât où la vente devrait être considérée non comme un acte de propriétaire, mais comme le simple fait d'une administration sage et conservatrice. Pour cela, l'héritier devrait prendre ses précautions et bien constater qu'il n'entend pas se porter héritier en opérant cette vente. Ainsi il a été jugé, sous l'empire de l'ancienne législation, qu'on ne doit pas considérer comme un acte d'héritier la vente du mobilier autorisée par un successible qui, dans le procès-verbal de vente, s'est réservé la faculté de renoncer ou d'accepter bénéficiairement, s'il est certain qu'il n'a rien touché du prix, si ce prix est extrêmement modique, destiné seulement au payement des frais funéraires, si la vente d'ailleurs a été faite publiquement et par un officier public, représentant un héritier acceptant; ce n'est pas là un acte d'appréhension dans le sens de l'art. 317 de la *Coutume de Paris* (Cass. 1er août 1809).

Quoi qu'il en soit, il faut reconnaître qu'en principe la vente du mobilier faite sans formalité et sans restriction emporte acceptation.

Le successible qui a disposé librement et sans inventaire de tout le mobilier de la succession, a fait acte d'acceptation tacite, et c'est en vain qu'il déclarerait plus tard avoir accepté sous bénéfice d'inventaire.

2. PRISE DE POSSESSION. — DÉTENTION. — Ce sont encore les circonstances qui sont à considérer lorsqu'il y a à envisager la prise de possession par un successible de tout ou partie du mobilier ; car on peut n'y voir souvent qu'un acte purement conservatoire (Bilhard *Bénéf. d'inv.* 132, Vazeille sur l'art. 778 n° 13, Lebrun ch. 8 sect. 3 n° 8, Domat liv. 1er tit. 3 sect 2 n° 11, Chabot art. 779 n° 2, Toullier t. 2 n° 331, Zachariæ, Aubry et Rau t. 4 p. 257, Demolombe t. 14 n° 422). Ainsi il a été jugé:

1° Qu'il n'y a pas acceptation de succession dans le fait d'emporter chez soi, en présence de deux personnes appelées, et sans le faire préalablement inventorier, une partie du mobilier du défunt, si l'héritier a manifesté formellement l'intention de se constituer seulement dépositaire du mobilier, pour le représenter lorsqu'il serait nécessaire, et si l'enlèvement du mobilier a eu lieu dans le but seulement de ne pas payer le loyer de la chambre où il se trouvait (C. Lyon 17 juill. 1829, S. 29-2-302) ;

2° Qu'il en est de même si le successible détient les hardes ou linge de corps qui constituaient toute la succession de son père (C. Agen 6 avr. 1816), ou d'autres objets de même valeur dépendant de cette succession qu'il a répudiée : « Attendu que Peytoureau puîné avait fait une renonciation en bonne forme à la succession de Léonard; que cette renonciation doit avoir son effet, à moins qu'elle ne soit rendue inutile par des actes formels d'adition d'hérédité; attendu que si, au décès de Léonard Peytoureau, il s'est trouvé à son domicile quelques effets mobiliers dépendant de sa succession, ils sont plutôt passés dans la possession d'Anne Lacoste que dans celle de Peytoureau puîné; que si, après le décès de celui-ci, il en est resté gardien et détenteur, c'est que la remise ne lui en a point été réclamée; que ces meubles étaient d'une mince valeur, et qu'il n'en a disposé en aucune sorte; attendu qu'ayant renoncé à la succession de son père, il n'a pu être considéré que comme gardien de ce petit mobilier » (Bordeaux 16 janv. 1839);

3° Qu'il n'y a pas adition d'hérédité dans le fait du fils qui a conservé chez lui des meubles de peu de valeur, alors que le père a qui ils appartenaient logeait chez lui et à sa charge (C. Bourges 25 août 1841); — Qu'il en est de même si, en jouissant des objets de la succession et en consommant les choses fongibles, le successible n'a fait que continuer l'habitation et le genre de vie qu'il a partagés pendant la vie du défunt (Orléans 31 mars 1849, D. 51-2-17). — Il en est de même du fait de s'être approprié les linges et hardes du défunt : cet emploi de pareils objets ne peut donner matière qu'à une reddition de compte (C. Douai 14 mai 1855, S. 55-2-25).

**15798. Double qualité.** — Celui qui, étant tout à la fois héritier légitime et légataire universel du défunt, dirige contre les débiteurs de la succession une demande comme héritier n'est point censé, par cela seul, opter pour la qualité d'héritier et répudier le legs universel. Si les qualités d'héritier et de légataire universel sont incompatibles, cette règle, applicable d'héritier à héritier, ne peut être invoquée par les tiers, notamment par les débiteurs de la succession (Cass. 2 juin 1813, S. 13-1-341 ; — 11 janv. 1830, S. 31-1-67; — Bordeaux 13 mars 1834, Dalloz *Succ.* 466, Lebrun liv. 3 ch. 8 sect. 2 n° 10, Chabot art. 778 n° 3, Demolombe t. 14 n° 408 *bis*).

Le successible nommé exécuteur testamentaire ne fait pas adition en vendant le mobilier (Pothier *Succ.* ch. 3 sect. 3 art. 1er § 1er, Demolombe t. 14 n° 406).

**15799. Droit incertain.** — Lorsque l'origine des biens est incertaine, et que le successible, doutant lui-même de son droit, ne prend pas explicitement la qualité d'héritier, on ne peut voir une adition d'hérédité dans la vente que l'héritier pourrait faire de certains immeubles de la succession (Bordeaux 15 janv. 1848, S. 48-2-263).

**15800. Erreur. — Ignorance.** — L'erreur et l'ignorance sont deux causes qui doivent laisser au successible qui a agi sous leur influence toute sa liberté pour accepter la succession ou y renoncer. Il est donc généralement reconnu que le successible ne devrait pas être considéré comme acceptant, s'il avait disposé d'une chose qu'il croyait lui appartenir personnellement *ex aliâ causâ*, tandis que cette chose, au contraire, appartenait au défunt (L. 27 Dig. *de adq. hær.*, Pothier *Succ.* ch. 3 sect. 3 art 1er § 1er, Furgole *Test.* ch. 10 sect. 1re n° 141, Lebrun liv. 3 ch. 8 sect. 2 n° 12, Delvincourt t. 2 p. 27 note 1re, Toullier t. 2 n° 327, Duranton t. 6 n° 380, Chabot art. 778 n° 9, Marcadé art. 778 n° 1er, Demante t. 3 n° 98, Demolombe t. 14 n° 410; — Amiens 11 juin 1814, S. 15-2-69; — Riom 18 janv. 1825, S. 26-2-75; — Cass. 11 janv. 1830, S. 30-1-67; — 1er fév. 1843, S. 43-1-438). — Mais il est bien entendu que ce serait au successible à prouver son erreur.

Il a été spécialement reconnu :

1. MANDATAIRE. — Que le mandataire successible ne fait pas acte d'adition en vendant à ce titre un bien qu'il ignore lui être dévolu comme héritier (Delvincourt t. 2 p. 27 note 1re, Taulier t. 3 n° 230, Demolombe t. 14 n° 407).

2. PARTAGE. — Que de ce qu'un fils de famille, en prenant part au partage des biens de sa grand-mère et de ses oncles, s'est trouvé recueillir une portion de biens paternels confondus avec les autres, il ne s'ensuit pas que ce fils se soit porté héritier de son père, si, d'une part, il n'a pas pris dans l'acte la qualité d'héritier de son père ; si, de plus il avait fait antérieurement renonciation à cette qualité, surtout s'il avait pu venir au partage des biens de sa grand-mère et de ses oncles en une autre qualité que celle d'héritier, par exemple en qualité de légataire. En de telles circonstances, la détention des biens du père ne suppose pas nécessairement l'intention de les recueillir à titre d'héritier (Cass. 12 janv. 1831, S. 31-1-67).

Ainsi encore, il n'y a pas adition d'hérédité de la part d'enfants qui, après avoir renoncé à la succession de leur père, auraient compris dans le partage de la succession de leur mère, quelques biens dépendants de celle du père, si d'ailleurs il est constant qu'ils n'ont agi que par erreur et dans l'ignorance des droits du père (Cass. 19 janv. 1826, S. 26-1-286).

3. VENTE. — De même, on ne peut considérer comme une acceptation tacite le fait d'un héritier qui, comme donataire, vend par erreur, avec le bien à lui donné, une partie du terrain appartenant à la succession (Toulouse 27 fév. 1821, S. *Collect. nouv.* 6-2-372).

Ainsi encore, les enfants d'un père exproprié et mort à l'hospice n'ont pu être réputés avoir fait acte d'héritiers en vendant un lot communal que l'on prétendait avoir été attribué à ce dernier, par un partage de communaux, fait en 1791, lorsque les lois postérieures ont attribué la propriété de ces sortes de biens non au chef de la famille, mais à la famille même, et lorsque l'aliénation en avait été prohibée par la loi du 10 juin 1793 pendant dix ans, et que c'est dans cet intervalle que le père est mort à l'hospice (Colmar 16 mars 1820).

**15801. Frais funéraires.** — Le payement par le successible des frais funéraires porte à un si haut point le cachet d'un pur acte de piété filiale, ou, si l'on aime mieux, d'une mesure d'administration la plus élémentaire, qu'il n'a pu être considéré par aucun auteur comme emportant acceptation d'hérédité, et cette doctrine a été confirmée par la jurisprudence (C. Agen 24 nov. 1842, S. 43-2-177; — Bordeaux 16 janv. 1839, P. 39-1-382). — *V.* en ce sens Domat *Lois civ.* 2e part. liv. 1er tit. 5 sect. 2 no 14, Duparc-Poullain *Princ. du droit* t. 4 p. 15, le nouveau Denisart vo *Adition d'hérédité* p. 224 no 6, Pothier *Succ.* ch. 3 sect. 3 art. 1er no 1er, Lebrun liv. 3 ch. 8 sect. 2 no 3, Furgole ch. 10 sect. 1re nos 143-147, Toullier t. 4 no 333, Duranton t. 6 no 404, Roll. de Vill. *Rép. du not.* vo *Acte d'héritier* nos 41 et 52).

Il en est de même du successible qui a fait ensevelir le défunt dans un tombeau de famille (L. 20 § 3 Dig. *de adq hær.*, Lebrun liv. 3 ch. 8 sect. 2 no 5, Furgole ch. 10 sect. 1re no 178, Henrys liv. 1er tit. 1er ch. 3 quest. 42 ; — Seine 24 déc. 1856, 3 avr. 1857, S. 57-2-337-378 ; — Cass. 7 avr. 1857, S. 57-1-341).

**15802. Gérant.** — La nomination d'un gérant pour l'administration des biens d'une succession n'est autre chose qu'un moyen de conservation de la chose commune, un acte de la nature de ceux que l'art. 779 qualifie purement conservatoires de surveillance et d'administration provisoire ; il ne peut donc constituer un acte d'adition d'hérédité. Cette nomination n'ayant d'ailleurs rien d'inconciliable avec le délai pour faire inventaire et délibérer, un successible ne peut s'y opposer, sous prétexte qu'elle le force à prendre qualité (Cass. 27 avr. 1825, Dalloz vo *Succ.* no 487).

**15803. Insignes.** — Le fait par les héritiers d'avoir pris possession des insignes d'honneur et costumes du défunt ne constitue pas un acte d'adition (Nîmes 2 déc. 1862, S. 64-2-51.)

**15804. Intervention.** — L'enfant qui, après avoir renoncé à la succession de son père, intervient dans un contrat de vente consenti par sa mère des biens de la communauté, pour déclarer ne rien prétendre aux biens vendus et promettre de n'apporter aucun trouble à l'exécution du contrat, ne fait pas un acte qui suppose nécessairement son intention d'accepter (C. Rennes 22 août 1820, Dalloz vo *Succession* no 480).

De même encore, les enfants qui, dans un contrat de vente fait par leur mère de ses propres et des acquêts de la communauté, interviennent pour déclarer qu'ils n'inquiéteront pas l'acquéreur ne font pas un acte d'héritiers de leur père, si, d'ailleurs, il n'est pas justifié qu'ils aient touché une part quelconque du prix, et que les termes de leur intervention semblent devoir la restreindre aux biens propres de leur mère, et non faire considérer les enfants comme vendeurs (C. Rennes 4 août 1829, *Idem*).

**15805. Levée de scellés.** — En général, tous les actes qui tendent à l'apposition ou à la levée des scellés sur les objets mobiliers de la succession ne peuvent être considérés que comme des actes conservatoires ou de mesure provisoire qui n'emportent pas condition d'hérédité.

Il a été jugé en ce sens: 1o qu'une demande à l'effet d'obtenir la levée des scellés apposés sur les meubles d'une succession constitue seulement un acte conservatoire de la part de l'héritier institué, et n'emporte pas acceptation de la succession, si cet héritier ou son fondé de pouvoirs n'a pas la qualité d'héritier pur et simple (Cass. 16 mai 1815, S. 15-1-191) ;

2o Que l'héritier présomptif qui se fait autoriser en justice à procéder à des levées de scellés, inventaire et vente de mobilier, réservant de prendre qualité, qui procède à ces actes et paye les frais faits pour y parvenir, n'a pas fait un acte d'hérédité suffisant pour l'empêcher de se porter héritier bénéficiaire (C. Rennes 30 mars 1820, Dalloz *Succ.* 486, Furgole ch. 10 sect. 1re no 246, Demolombe t. 14 no 419 *ter*).

**15806. Liquidation d'indemnité.** — Il en est de même de la demande en liquidation de l'indemnité due à la succession de son auteur émigré, à laquelle le successible a précédemment renoncé ; ce n'est là qu'un pur acte conservatoire (C. Nancy 29 mai 1828, Dalloz vo *Contrat de mariage* no 2149).

**15807. Mainlevée de séquestre.** — La même décision s'applique incontestablement au pourvoi devant l'autorité administrative afin d'obtenir la mainlevée du séquestre apposé sur les biens de la succession (C. Paris 12 mai 1826 S. 27-2-40).

**15808. Payement des dettes.** — Le payement des dettes de la succession doit souvent être considéré soit comme un acte de pure administration, soit comme étant le résultat de toute autre considération parfaitement légitime, ce qui doit écarter l'idée que ce payement a eu lieu *animo acquirendæ hæreditatis* (Duranton t. 6 no 402, Vazeille art. 778 no 14, Delvincourt t. 2 p. 78, Coulon *Quest. de droit* t. 1er p. 280 ; — Cass. 13 mai 1863, S. 63-1-377 ; — *Contrà* Domat l.v. 1er t. 3 sect. 1re n° 5, Chabot art. 778 nos 18 et 19, Toullier t. 4 nos 528 et suiv., Poujol n° 10).

Si le successeur était codébiteur solidaire ou caution du défunt, il ne fait point acte d'héritier en payant les dettes, car il a pu agir comme codébiteur ou comme caution (Pothier *Succ.* ch. 3 sect. 3 art. 1er § 1er, Furgole ch. 10 sect. 1re, Chabot art. 778 n° 19, Duranton t. 6 n° 381, Demolombe t. 14 n° 408).

1. GAGES DES DOMESTIQUES. — Ainsi, ce n'est pas se porter héritier que d'acquitter les gages des domestiques: « Attendu, porte un arrêt de la cour de Bordeaux, du 11 mai 1833, qu'il n'est pas justifié que, soit avant, soit après sa renonciation, Pierre Delpeyrat ait acquitté des dettes de l'hérédité paternelle, que les payements qu'il avoue avoir faits de quelques sommes modiques, par respect filial, *pietatis causa*, tel que celui des gages qui se trouvaient dus à un domestique, ne sauraient constituer une adition d'hérédité, ainsi que l'enseigne la loi 20 § 1er au Digeste tit. *de Acquirenda vel amittenda hæreditate.* » (*Conf.*: C. Paris 11 janv. 1835, S. 35-2-473, Duranton t. 14 n° 439, Demolombe t. 14 n° 427, Dalloz *Succ.* 501).

2. DETTES. — Jugé encore que le fils qui a renoncé à la succession paternelle ne fait pas adition d'hérédité en payant quelques-unes des dettes de son père: « Attendu que le fils qui a répudié la succession paternelle, et qui néanmoins acquitte quelques-unes de ses dettes, est censé le faire pour honorer la mémoire de son père ; que cet acte est louable en soi, et qu'il serait injuste d'en faire résulter une adition d'hérédité » (Bordeaux 16 janv. 1839). — Il en est de même de l'obligation de payer les dettes jusqu'à concurrence de l'actif (Cass. 5 fév. 1806, S. 6-1-525).

3. DENIERS DU SUCCESSIBLE. — Si, en règle générale, il est nécessaire, pour écarter toute idée d'adition d'hérédité, que le payement ait eu lieu des deniers du successible, néanmoins si ce payement avait été fait des deniers de la succession, il faudrait que les circonstances fussent bien favorables pour que l'on ne dût pas considérer cet acte comme emportant acceptation de la succession. D'un côté, en effet, un tel acte sortirait évidemment des bornes d'une simple administration, puisqu'on ne peut, en principe, disposer des deniers de la succession qu'à titre de propriétaire et par conséquent d'héritier; d'un autre côté, on ne saurait guère y voir un de ces actes purement désintéressés, faits *pietatis causa*, qui ont motivé les décisions ci-dessus rappelées (Demolombe t. 14 nos 454-455, Delvincourt t. 2 p. 27 note 2, Duranton t. 6 n° 408, Zachariæ, Aubry et Rau t. 4 p. 257, Taulier t. 3 n° 227, Ducaurroy t. 2 p. 568, Demante t. 3 n° 98 bis, Dalloz *Succ.* 500-501 ; — *Cont.* : Chabot art. 778).

**15809. Poursuite en expropriation.** — On ne peut voir un acte d'héritier dans le fait du successible de laisser poursuivre l'expropriation des biens de la succession, et rendre le jugement d'adjudication contre lui en qualité *d'héritier*; encore qu'il ait acquiescé à ce jugement, en produisant à l'ordre qui l'a suivi; surtout s'il a renoncé expressément avant que le jugement n'ait acquis l'autorité de la chose jugée, et s'il a manifesté, par des actes conservatoires, l'intention de conserver ses créances personnelles contre la succession (C. Riom 13 fév. 1821, S. 22-2-160).

1. AUTRES INSTANCES. — Plusieurs auteurs enseignent que le successible peut, sans se rendre héritier, plaider dans l'intérêt de la succession dès qu'il annonce qu'il agit comme *negotiorum gestor* (Vazeille art. 778 n° 3, Duranton t. 6 n° 386, Ducaurroy t. 2 n° 607, Bilhard *Bénéf. d'inv.* n° 128, Massé et Vergé t. 2 p. 305, Tambour *Bénéf. d'inv.* p. 218-254. — *V.* Paris 29 pluv. an 11, Dalloz *Succ.* 455; — 4 août 1825, D. 26-2-224).

Mais il est douteux que cette solution puisse s'appliquer aux procès qui n'ont rien d'urgent ni de nécessaire (Chabot art. 778 n° 13, Demante t. 3 n° 120, Mourlon *Rép. écrit.* t. 2 p. 114, Demolombe t. 14 n° 460). — *V.* 15282.

**15810. Prise de possession.** — La question de savoir si le successible, créancier du défunt, fait acte d'héritier, lorsqu'il prend dans la succession, la chose due a été débattue. Ici encore les circonstances doivent souvent exercer sur la solution une influence décisive.

Cependant, quelques auteurs (Chabot t. 2 p. 467, Toullier t. 4 n° 313, Delaporte *Pandect. franç.* t. 3 p. 154, Zachariæ, Aubry et Rau t. 4 p. 259 note 30) ont contesté, d'une manière absolue, au successible le droit de se payer de ses propres mains; mais Vazeille sur l'art. 778 n° 11, Duranton t. 6 n° 401 (qui citent Barthole sur la loi 88 ff. *de Acquir. vel amitt. hæred.*, Balde sur la loi 2e au cod. *de Repud. hæred.*, Furgole *de Testam.* ch. 20 sect. 1re) Demolombe t. 14 n° 458 et Dalloz v° *Succession* n° 494 sont d'avis de se laisser gouverner par les circonstances. « Ainsi, dit Dalloz, que l'héritier eût prêté son cheval au défunt, ou le lui eût remis à titre de dépôt; qu'il le reprenne, sans attendre que les autres successibles, qui peut-être résident au loin et n'ont pas encore accepté, le lui restituent, il n'y a pas là nécessairement adition d'hérédité. Le successible a pu ne reprendre son cheval que parce qu'il lui appartenait, et qu'il en avait un besoin urgent, sans aucune intention d'ailleurs de devenir héritier. » C'est en prenant ces circonstances en considération que la cour de Riom a jugé, le 18 avril 1825 (S.-26-2 75), qu'il n'y a pas nécessairement acceptation de succession dans le fait de prise de possession d'un immeuble dépendant de la succession, lorsque, d'après les circonstances, celui qui s'est mis en possession a pu croire avoir droit à l'immeuble en toute autre qualité que celle d'héritier.

En tout cas, il ne faudrait pas voir un acte d'acceptation dans le fait de l'héritier qui se bornerait à retenir une chose héréditaire dont il était déjà possesseur avant le décès à titre de gage ou d'antichrèse (Chabot art. 778 n° 17, Demolombe t. 14 n° 458).

1. SUCCESSION VACANTE. — Dans un autre ordre d'idées, il a été jugé que la prise de possession d'une succession vacante ne suffit pas pour conférer la qualité d'héritier à un successible de rang inférieur aux premiers appelés, si cette prise de possession a été précédée d'une déclaration par lui faite qu'il ne voulait se soumettre aux dettes que jusqu'à concurrence de la valeur des biens (C. Bruxelles 11 fruct. an 11 ; — Cass. 6 vent. an 13, S. *Coll. nouv.* 1-2-159, 2-1-74).

2. DEMANDE EN DÉLIVRANCE. — La demande en délivrance d'un legs n'est pas par elle-même un acte d'adition quand le légataire n'a pas pris qualité. Mais il le devient presque toujours à la suite des circonstances et par la cession des faits qui l'accompagnent.

Le tribunal du Blanc a rendu, le 20 juillet 1871, un jugement utile à consulter : « Considérant que les époux Bahuet ont formé une demande en délivrance de legs, sur laquelle est intervenu, le 24 novembre 1868, l'envoi en possession ; que sur l'opposition du 14 avril 1869, il a été rendu, à la date du 30 juin 1869, un jugement contradictoire ordonnant l'exécution du jugement attaqué ; que, sur l'appel, les époux Bahuet, intimés, ont obtenu, à la date du 1er décembre 1869, un arrêt confirmatif ; que, sur l'instance en partage et liquidation de la communauté et de la succession Touchain, les époux Bahuet, en leur qualité de légataires, sont intervenus, et qu'il a été rendu un jugement contradictoire, à la date du 24 novembre 1868 ; qu'enfin ce legs et les condamnations ci-dessus énumérées ont reçu un commencement d'exécution par le payement d'une somme de 2,000 francs imputable, savoir : 1,700 francs sur une créance personnelle, et 300 francs sur le legs fait à leur profit ; considérant que les faits ci-dessus *constituent une acceptation expresse de ce legs par les époux Bahuet* ; que cette acceptation est irrévocable. »

Une décision semblable a été rendue par le tribunal de Saint-Girons, le 21 juill. 1875 (4336 R. P.) et par celui d'Avranches, le 25 août 1877).

2. ENVOI EN POSSESSION. — Le légataire (ou l'héritier) qui s'est fait régulièrement envoyer en possession, a fait acte d'héritier et ne peut plus renoncer (Cass. ch. réun. 12 déc. 1865, 2185 R. P.). Il en est de même de la délivrance judiciaire d'un legs (Seine, 10 août 1877).

V. 15829.

**15811. Récolte des fruits.** — Percevoir les revenus, c'est faire acte d'héritier ; cependant, une récolte de fruits parvenus à leur maturité, et par exemple la vendange, peut n'être considérée que comme un acte d'administration n'emportant pas qualité d'héritier, mais soumettant seulement le successible à une reddition de compte (Cass. 1er fév. 1843, S. 43-1-438).

**15812. Retour.** — Le fait par un successible de prendre, en vertu d'une stipulation du droit de retour, possession de biens par lui donnés au défunt ne constitue pas un acte d'adition (Cass. 18 août 1869, S. 70-1-69).

**15813. Révocation de procuration.** — La procuration donnée pour procéder au partage des biens du défunt n'emporte pas adition d'hérédité si elle a été révoquée avant que le mandataire en ait fait usage (Beilhard n° 119, Poujol n° 399). — V. 15830.

**15814. Société** (*Continuation de*). — Il n'y a pas adition d'hérédité dans le fait du successible associé du défunt qui, après l'ouverture de la succession, entreprend une nouvelle opération sous le nom et avec les fonds de la société (Vazeille n° 8, Delvincourt t. 2 p. 78 et 79, Poujol n° 4, Belost-Jolimont art. 778 n° 3, Taulier t. 3 p. 230, Zachariæ, Aubry et Rau t. 4 p. 258, Demolombe t. 14 nos 405-428 *bis*. — *Contrà* Chabot n° 21, Duranton t. 6 n° 379).

**15815. Sommes saisies-arrêtées. — Distribution aux créanciers.** — On peut, sans faire acte d'acceptation de la succession, se faire autoriser à distribuer aux créanciers, soit à l'amiable, soit judiciairement, les sommes saisies-arrêtées dans les mains des débiteurs de la succession (C. Paris 11 fruct. an 13, S. 7-2-884, Beilhard *Bénéf. d'inv.* n° 71, p. 195).

**15816. Succession** (*Payement des droits de*). — En principe, le payement des droits de mutation par décès n'emporte pas adition d'hérédité. « La dette des droits de mutation, dit Demolombe, a un caractère spécial ; et si elle est la dette du successible, elle n'est sa dette que relativement à l'État, mais point relativement aux tiers, créanciers de la succession ou légataires. En outre, le payement du droit devant avoir lieu dans un certain délai, sous peine d'amende, a pû n'être fait que par mesure conservatoire et afin précisément de se maintenir dans la position où il était d'habile à succéder, avec la faculté d'accepter ou de renoncer. Cette solution, ajoute le savant professeur, ne pourrait être modifiée que s'il résultait des circonstances particulières que le successible, en acquittant les droits, a entendu accepter, mais le fait seul du payement ne suffirait pas » (t. 14 n° 356 ; — *Conf.* : Champ. et Rig. t. 3 n° 2565, G. Demante n° 674, Belost-Jolimont art. 778 n° 5, Poujol art. 779 n° 2, Zachariæ, Aubry et Rau t. 4 p. 257, Massé et Vergé t. 2 p. 305).

C'est ce qu'établit une jurisprudence que l'on peut dire constante, car on ne rencontre en faveur de l'opinion contraire qu'un arrêt de la cour de Caen du 17 janvier 1824 (9273 J.E.). Ainsi on peut voir dans Dalloz v° *Succession* nos 503 et suiv., le résumé de nombreux arrêts qui ont reconnu qu'il n'y a pas acceptation de la succession dans le payement des droits de mutation fait dans les circonstances suivantes :

1° Lorsque les droits d'enregistrement payés étaient modiques (C. Montpellier 1er juill. 1828) ;

2° S'il était établi, dès l'ouverture de la succession, qu'elle était insolvable (C. Toulouse 7 juill. 1836) ;

3° Si l'héritier a payé un droit qu'il croyait devoir à un autre titre que celui d'héritier (C. Bordeaux 16 janv. 1839) ;

4° Si l'héritier a payé depuis sa renonciation et qu'il ait formellement déclaré devant le receveur qu'il n'entendait pas prendre qualité d'héritier (C. Bordeaux 11 mai 1833) ;

5° Bien que dans la quittance de droits payés, le receveur ait donné au successible la qualité d'héritier et que celui-ci n'ait fait aucune réserve (C. Nancy 19 mai 1842) ;

6° Alors que l'héritier n'a payé que sur contrainte (Cass. 24 déc. 1828) ;

7° Alors même que le successible aurait formellement pris la qualité d'héritier dans la déclaration (C. Bourges 25 août 1841 ; — Cass. 1er fév. 1843 ; — Lyon 17 juill. 1829) ;

8° A plus forte raison, si le successible a fait une simple déclaration sans payer de droits (C. Agen 6 avr. 1816) ;

9° A plus forte raison encore, le payement des droits de succession par le mari d'une femme successible n'emporte pas acceptation de l'hérédité à l'égard de cette dernière (C. Montpellier 1er juill. 1828);

10° De même encore, la déclaration de succession faite par la tutrice légale, non autorisée d'ailleurs à accepter pour son pupille, ne peut tenir lieu d'acceptation, ni constituer celui-ci héritier bénéficiaire de son auteur (Délib. 5 juill. 1836).

1. CIRCONSTANCES DE LA CAUSE. — Cependant, les circonstances de la cause pourraient motiver une décision contraire. C'est ce qu'on peut conclure de deux arrêts de Cass. des 20 février 1843 et 7 juillet 1846 (S. 43-1-438, 46-1-868). Nous pouvons citer à ce sujet un fait caractéristique que nous avons rencontré dans notre pratique d'employé. Une succession importante était en litige entre différents individus qui se portaient héritiers, et dont les titres n'étaient pas nettement établis. Le délai pour le payement des droits de mutation se trouvait expiré depuis quelque temps, lorsqu'un des plaideurs se présente pour acquitter les droits réclamés. Nous ne pûmes nous empêcher de lui faire observer que le demi-droit en sus étant encouru, il n'y avait plus aucun inconvénient pour lui à attendre l'issue du procès, qui devait être prochaine. Mais il insista pour faire ce payement, en alléguant qu'il y aurait là un titre pour lui, et il demanda formellement que sa qualité d'héritier et l'initiative qu'il avait prise en cette qualité fussent consignées et dans la déclaration de succession et dans la quittance que nous avions à lui donner des droits acquittés. Nous déférâmes à son désir.

L'issue du procès fut favorable à notre plaideur : la succession lui fut en grande partie déférée. Mais plus tard, des circonstances que nous ignorons l'ayant fait renoncer, il réclama la restitution des droits qu'il avait payés, restitution qui lui fut naturellement refusée. Nous ne connaissons rien de plus des suites de ce procès; mais nous ne doutons pas qu'il suffirait d'une déclaration de succession faite dans les conditions qui s'étaient présentées dans cette affaire, pour faire considérer l'acceptation comme irrévocable. — V. 15775.

**15817. Titre autre que celui d'héritier.** — Le successible, donataire de tous les meubles et immeubles, qui reste en possession des biens *en vertu de la donation* ne fait pas acte d'héritier, encore que cette donation soit frappée de nullité (C. Amiens 11 juin 1814, S. 15-2-69, Vazeille n° 6; — Cass. 14 janv. 1868, S. 68-1-179).

Lorsqu'un testateur a fait un legs à son héritière légitime et que les termes de la disposition sont claires, on ne peut pas soutenir, par interprétation de la volonté du testateur, qu'une partie du legs est dévolue à la légataire en sa qualité d'héritière naturelle, et qu'en répondant à une demande en partage de la succession, la légataire n'a pas entendu accepter la libéralité (Cass. 1er juill. 1874, 3886 R.P.). — V. 15782.

**15818 Transaction.** — Celui dont la qualité d'enfant naturel n'est pas contestée peut, après avoir transigé sur l'intérêt pécuniaire attaché à cette qualité, renoncer, en exécution de cette transaction, à la succession de la personne dont il se prétend issu (Cass. 11 mai 1855, S. 56-1-743).

**15819. Vengeance.** — On ne peut considérer que comme un acte de convenance, et non comme une acceptation de succession, le fait de poursuivre la vengeance du meurtre de son parent, et de recevoir les réparations civiles auxquelles le coupable a été condamné (Le Prêtre cent. 1re ch. 11, Domat liv. 1er t. 3 sect. 2 n° 13, Arr. de Lamoignon tit. *des Succ.* art. 7, Pocquet de Livonnière liv. 3 ch. 1er règl. 14, Lebrun *des Succ.* liv. 4 ch. 2 sect. 4 n° 43, Toullier t. 4 n° 333, Pothier *Comm.* n° 548, Furgole ch. 10 sect. 1re nos 114 et 144, Rousseau de la Combe v° *Inst.civ.* 3, Ferrière *Cout. de Paris* n° 317, Demolombe t. 14 nos 451-452, Delvincourt t. 2 p. 25 note 8, Duranton t. 6 n° 398, Merlin *Rép.* v° *Rép. civ.* § 2, Troplong *Cout. de Mars.* t. 3 n° 1526).

**15820. Vente.** — La vente faite, en cas d'urgence, sans l'autorité de la justice n'emporte pas acceptation pure et simple de la succession (Toullier t. 4 n° 328).

De même, lorsque les héritiers ont renoncé valablement à une succession, la vente qu'ils font ensuite sans fraude, et en une autre qualité que celle d'héritiers, d'immeubles dépendants de la succession répudiée, n'annule pas leur renonciation (C. Paris 5 mess. an 10, S. 2-2-220). — V. 15817.

## § 3. — *Actes emportant adition d'hérédité.*

**[15821-15839]**

**15821. Protestations.—Réserves.** —A propos d'actes emportant d'une manière tout à fait caractérisée adition d'hérédité, Pothier fait l'observation suivante (*des Succ.* ch. 3 sect. 3 art. 1er § 1er) : « Cette décision a lieu quand même tels actes seraient accompagnés de protestations qu'il n'entend pas par là être héritier : *car ces protestations sont démenties par la nature de l'acte qu'il fait.* Il ne peut pas, quelque protestation qu'il fasse qu'il n'est pas héritier, agir en maître absolu des biens de la succession, vendre les héritages, abattre les bâtiments pour les changer de forme, abattre les futaies, *ce qu'il fait est plus fort et l'emporte sur ce qu'il dit.* »

Ainsi, toutes les fois qu'un acte caractérise l'adition d'hérédité, il faut regarder comme oiseuses toutes protestations contraires. Mais si les réserves sont contenues dans un acte d'administration tel qu'il n'en résulte pas *évidemment* l'intention d'accepter, elles contribueront à écarter de plus en plus toute présomption d'acceptation. Telle est la distinction admise par les auteurs (Chabot t. 2 p. 488, Duranton t. 6 n° 388, Malpel n° 190, Poujol n° 405, Lebrun liv. 3 ch. 8 sect. 2 n° 27, Ducaurroy t. 2 n° 570, Zachariæ, Aubry et Rau t. 4 p. 254, Massé et Vergé t. 2 p. 304, Favard *Rép.* v° *Accept.*, Demolombe t. 14 nos 390 et 464; — Cass. 1er août 1809, S. 1810-1-8; — 13 avr. 1815, S. 15-1-202; — Riom 10 fév. 1821, S. 22-2-190).

**15822. Attribution de créance.** — On doit voir une adition d'hérédité dans l'attribution qu'accepte un héritier de sa part d'une créance due à la succession. Jugé, en effet, que le successible institué légataire qui accepte une semblable attribution, peut, même avant que le partage soit consommé, perdre le droit de renoncer à la qualité d'héritier pour s'en tenir à son legs (Cass. 27 janv. 1817).

**15823. Bail.** — On a vu, au n° 15792, qu'en général c'est faire acte d'héritier que de passer bail des biens de la succession. C'est ce qu'a reconnu un arrêt de la Cour de cassation du 27 juin 1837 (S. 37-1-579, 9703 J.N.).

**15824. Compromis.** — La transaction ou le compromis sur un procès qui intéresse la succession peut être considérée comme un acte d'héritier. C'est ce qui a été jugé à l'égard d'un compromis qui était demeuré sans effet, les arbitres n'ayant pas rempli leur mandat (C. Agen 13 juin 1823, Dalloz v° *Succession* n° 473, Demolombe t. 14 n° 444).

De même encore, le légataire universel du mari qui, par compromis avec les héritiers de la femme, nomme d'amiables compositeurs pour régler ses droits successifs et pour prononcer sur la validité ou l'invalidité des testaments et donations, fait acte d'héritier pur et simple, bien que le compromis soit resté sans effet (C. Bordeaux 19 janv. 1838, *Idem*).

**15825. Consentement.** — Il y a acte d'héritier dans le fait de consentir qu'un créancier s'empare d'un immeuble de la succession, en payement de sa créance, encore bien que déjà il y ait eu répudiation expresse, et que dans l'acte d'abandon il soit dit que cet acte est fait pour exprimer plus positivement la répudiation déjà faite (Cass. 13 avr. 1815, S. 15-1 202, Demolombe t. 14 n° 444).

**15826. Disposition du mobilier.** — On a vu, au n° 15797, qu'il est des actes auxquels le successible peut se livrer sur le mobilier, sans qu'il en résulte pour cela adition d'hérédité. Mais ce sont là des cas exceptionnels, et il est évident que disposer librement du mobilier de la succession, c'est faire acte d'héritier aussi bien que lorsqu'on dispose des immeubles. Aussi a-t-il été décidé qu'il y a acceptation de succession dans le fait :

1° De disposer, même après déclaration d'acceptation bénéficiaire, du mobilier, sans en avoir préalablement fait dresser inventaire (Cass. 15 juin 1826, S. 27-1-201);

2° De distribuer des vêtements du défunt aux personnes qui l'ont soigné dans sa dernière maladie, si ces objets ont été omis dans l'inventaire (C. Limoges 19 fév. 1831, S. 31-2-349, D. 33-2-90. — En ce sens, Poujol n° 11, de Conflans n° 3; — Angers 6 juin 1829, Dalloz *Succ.* 493);

3° D'emporter chez soi des objets, quelque modiques qu'ils soient, sans les faire inventorier ; ou d'en disposer au profit d'un tiers (C. Bourges 23 janv. 1828, S. 29-2-260).

**15827. Donation. — Vente.** — L'art. 780 C. C. prévoit le cas où un des héritiers fait donation, vente ou transport de ses droits successifs, pour déclarer qu'un pareil acte emporte acceptation de la succession. On peut à cet égard consulter le mot *Renonciation*.

**15828. Partage.** — La demande en partage, et *à fortiori* le partage lui-même, est de tous les actes d'adition le plus exprès (Furgole ch. 10 sect. 1re n° 104 ; — Riom 30 déc. 1837, Dalloz v° *Succ.* 470, Chabot art. 778, Poujol p. 372, Demolombe t. 14 n° 449).

Ainsi jugé que, sous le droit romain comme sous le Code, le fait, de la part des successibles, de s'être partagé à leur majorité les biens de la succession paternelle dont ils avaient joui, par leur tuteur, pendant leur minorité doit nécessairement les faire réputer héritiers purs et simples, encore bien qu'il serait reconnu que ces biens se trouveraient confondus avec d'autres qui leur étaient personnels et dont leur père avait la jouissance (Cass. 8 mars 1838). — *V.* 15829.

L'acceptation d'une hérédité résultant d'une demande en partage formée par un successible contre un seul de ses cohéritiers est acquise à tous les autres cohéritiers, quoique cette demande ait été suivie d'un désistement accepté (Cass. 3 mai 1865, D. 65-1-153, S. 65-1-311. — *Conf.* : Rouen 12 août 1863, S. 64-2-125).

Jugé, de même, que le légataire en usufruit fait adition en adhérant à la demande en partage introduite par ses colégataires (Tarascon, 27 fév. 1873).

**15829. Possession.** — Il y a acte d'hérédité de la part de l'héritier présomptif qui, après s'être emparé, avant la mort du défunt, de ses biens sans avoir un juste titre, continue après sa mort de rester en possession et jouissance (C. Riom 29 mars 1810, S. 11-2-325, de Conflans *Esprit de la jurisp.* n° 4.— *Contrà* Vazeille n° 6, Poujol n° 9; — Besançon 29 avr. 1856, P. t. 2-1857 p. 780, Demolombe t. 14 n° 408 *ter*).

Il en est de même de l'héritier d'une femme mariée sous le régime dotal qui se met en possession des biens dotaux de cette femme. Vainement dirait-il que les biens dotaux étaient affranchis des dettes de la succession; il a pu les posséder, sans pour cela accepter la succession et se soumettre au payement des dettes qui grevaient les autres biens (Cass. 20 déc. 1841, rej. S. 42-1-283).

Le successible qui demande cumulativement l'envoi en possession d'un legs à lui fait sans dispense de rapport et le partage du surplus de la succession, accepte par là-même cette succession et ne peut plus y renoncer pour s'affranchir de l'obligation de rapporter le legs (Cass. 18 janv. 1869, S. 69-1-172).

V. 15820-1.

**15830. Procuration.** — Le mandat, quel qu'en soit l'objet, dans lequel le successible n'a pas fait d'acceptation expresse n'emporte acceptation tacite que quand il a été exécuté avant toute révocation. Le mandat est toujours révocable, et la volonté qui l'a imposé appartient toujours, comme un simple projet, à celui qui l'a donné, tant qu'il n'a pas été exécuté, l'exécution seule pouvant créer des obligations de la part du mandant envers le mandataire ou les tiers (Belost-Jolimont art. 778 n° 7, Beilhard 119, Poujol p. 399, Demolombe t. 14 n° 461, Zachariæ, Aubry et Rau t. 4 p. 261, Dalloz *Succession* n° 471).

Cependant, le contraire est enseigné par Furgole ch. 10

sect. 1re nos 42 et 96, Lacombe v° *Acte d'héritage* n° 1er, Duranton t. 6 n° 339, Chabot art. 778 n° 27, et a été reconnu par un arrêt de Cass. du 23 décembre 1846, S. 47-1-18. — V. 15813.

Décidé de même que l'acceptation tacite résulte de la procuration donnée sans aucune réserve par l'héritier, pour vendre ou partager la succession (Cass. 4 avr. 1849; — Lyon 21 janv. 1854, 233 R. P.; — Boulogne, 11 juin 1874).

**15831. Recouvrement de créances.** — Il a été jugé que le successible qui poursuit en justice le payement d'une somme due au défunt fait acte d'héritier (C. Paris 6 vent. an 9, S. *Collect. nouv.* 1-2-17; — Cass. 27 janv. 1817, Dalloz v° *Succession* n° 472, Furgole ch. 10 sect. 1er n° 114, Domat *Lois civ.* liv. 1er tit. 3 sect. 1re règle 4, Chabot art. 778 n° 18, Troplong *Contr. de mar.* t. 3 n° 1519, Demolombe t. 14 n° 460).

On l'a ainsi décidé pour une simple quittance délivrée par l'héritier (Sol. 19 déc. 1873).

**15832. Renonciation à communauté.** — La procuration donnée par un enfant agissant comme héritier de sa mère, à l'effet de renoncer à la communauté qui avait existé entre son père et sa mère, décédés, emporte acceptation de la succession de cette dernière et fait obstacle à ce que plus tard l'enfant puisse renoncer à la succession (Cass. 23 déc. 1846, S. 47-1-18, 12914 J.N.).

La déclaration faite par un héritier qu'il renonce à la communauté résultant du mariage de son père implique l'acceptation de la succession de celui-ci, sans qu'une renonciation postérieure puisse être opposée à l'Administration (Seine 10 mars 1841, Demolombe t. 14 n° 446, Dalloz *Succession* 482).

**15833. Renonciation.** — L'art. 780 C. C. fait résulter l'acceptation de la succession : 1° de la renonciation, même gratuite, faite au profit d'un ou de plusieurs cohéritiers; — 2° de la renonciation faite même au profit de tous les héritiers indistinctement, lorsque le renonçant reçoit le prix de sa renonciation. A cet égard V. *Renonciation*.

**15834. Réparations.** — Faire des réparations qui ne sont pas urgentes, abattre des bois, changer la surface du sol des héritages ou la forme des édifices, c'est faire incontestablement acte de propriété emportant acceptation (Chabot t. 2 p. 466, Toullier t. 4 nos 310 à 313, Delvincourt t. 2 p. 27, Duranton nos 386, 387).

**15835. Retour.** — Il y a acceptation de la succession dans le fait de l'ascendant donateur qui exerce le droit de retour, en vertu de l'art. 747; mais l'acceptation est restreinte à ce qui concerne la succession aux choses données (Chabot art. 747 n° 16 et art. 778 n° 24, Vazeille art. 778 n° 18 et 747 n° 3, Poujol *Ibid.* n° 13).

Suivant Toullier t. 4 n° 237, l'acceptation s'étend même à la succession ordinaire, à moins de déclaration contraire.

Cette opinion est combattue avec raison par Belost-Jolimont sur Chabot art. 778 obs. 5.

**15836. Transaction.** — Il y a également adition d'hérédité dans le fait de la veuve, légataire universelle de son mari, qui transige avec des créanciers contestant dans un ordre la collocation d'une créance de la succession, et s'engage à les désintéresser, quand même elle aurait fait précédemment une déclaration expresse d'acceptation sous bénéfice d'inventaire (C. Bordeaux 21 mars 1828, S. 28-2-245).

**15837. Usurpation.** — Il a été jugé que, lorsque, avant la mort du testateur, les héritiers présomptifs se sont emparés de ses biens sans en avoir un juste titre, si, après sa mort, ils continuent de rester en possession et jouissance, cette continuité de possession équivaut, de leur part, à une acceptation formelle de la succession (C. Riom 29 mars 1810, S. 11-2-325).

**15838. Vente.** — Les actes passés sous le titre de vente entre une mère et sa fille, relativement aux biens de la communauté dont elles avaient joui ensemble pendant un certain temps, sont réputés actes de partage de la communauté, nonobstant l'énonciation du payement d'un prix de la part de la fille. En conséquence, ces actes constituent la fille héritière de son père vis-à-vis des créanciers : toute renonciation ultérieure et tardive est comme non avenue (Bruxelles 6 avr. 1808, S. *Collect. nouv.* t. 2-374).

Jugé de même, en matière d'enregistrement, que les héritiers qui aliènent les immeubles de la succession sans remplir les formalités prescrites par les art. 987 et 988 C. proc. font acte d'héritier pur et simple (Dôle, 2 avr. 1857; — Saint-Omer, 16 avr. 1875).

L'acte de vente d'un immeuble de succession dans lequel le vendeur a déclaré agir en qualité d'institué, alors qu'il avait renoncé, peut être invoqué par les créanciers de la succession comme impliquant acceptation, et le vendeur ne serait pas recevable à prouver qu'il a agi comme mandataire de son cohéritier (Amiens 28 avr. 1869, S. 70-2-154).

Il en est de même pour la femme mariée qui vend, d'accord avec son mari, un immeuble dépendant de la succession de son frère et se fait plus tard attribuer le prix de cette vente versé dans la communauté (Cass. 29 juill. 1868, S. 69-1-36).

1. USUFRUITIER. — PARTIE DANS UN ACTE. — Le légataire en usufruit d'un immeuble qui intervient comme partie à l'acte de vente de cet immeuble fait *acte d'acceptation* et doit payer les droits de mutation par décès de cet usufruit (Seine 7 mai 1851, 15271 J.E.).

**15839. Femme mariée.** — La femme mariée ne peut accepter une succession qu'après s'être munie de l'autorisation de son mari; et cette autorisation peut être donnée *tacitement* et résulter, par exemple, de ce que la femme aura pris possession, au vu et au su de son mari, d'objets mobiliers dépendant de la succession (Conflans p. 144). — Mais une succession échue à une femme ne peut être acceptée *tacitement en son nom* par son mari. L'acceptation doit émaner directement de la femme, après autorisation du mari ou de la justice, alors surtout que la femme est mariée sous le régime dotal (Riom 18 avr. 1823; — Amiens 11 juin 1814; — Lyon 17 juill. 1820).

## SECTION 3. — EFFETS DE L'ACCEPTATION

### [15840-15855]

**15840. Rétroactivité de l'acceptation.** — L'acceptation d'une succession ne constituant pas l'acquisition, mais seulement la mise en exercice du droit de propriété sur la succession, a un effet rétroactif. C'est ce que l'art. 777 exprime, en disant que « l'effet de l'acceptation remonte au jour de l'ouverture de la succession » (L. 54 Dig. *de Adq. hær.*, L. 193 Dig. *de Reg. jur.*, Duranton t. 6 nº 443, Demolombe t. 1er nos 133, 137 et t. 14 nº 508).

**15841. Payement des charges.** — L'héritier succède à tous les droits et obligations du défunt. Il recueille toutes les créances à lui dues, de quelque cause qu'elles proviennent, et il est tenu dans les mêmes limites des dettes contractées par son auteur. — *V.* nº 15952.

L'héritier est, en outre, tenu de certaines autres obligations qui n'ont pas pesé sur le défunt et n'ont pris naissance que depuis l'ouverture de la succession : tels sont les frais funéraires, droits de mutation et les legs que le défunt a mis à la charge de son héritier. « Le *de cujus* lui-même, dit Demolombe, n'a jamais été tenu de ces sortes d'obligations : elles prennent naissance seulement après lui, dans la personne même de l'héritier, soit en vertu du quasi-contrat d'acceptation, soit peut être plus simplement en vertu de la loi qui les lui impose en lui conférant la qualité d'héritier» (t. 14 nº 519. — *Conf.* : Cass. 29 juill. 1861, S. 62-1-716).

**15842.** — *Quid* lorsqu'un héritier plus proche évince l'héritier plus éloigné qui avait accepté? Nous avons déjà mis en relief un côté des effets qui résulteront de cette éviction, dans nos numéros 15747 et suiv., en parlant des obligations des successeurs irréguliers lorsqu'ils se trouvent évincés par les successeurs réguliers, et des obligations réciproques de ceux-ci.

1. ALIÉNATIONS. — Quant à la question de savoir si les aliénations qui auraient pu être consenties par l'héritier apparent sont nulles ou doivent être déclarées valides, elle a soulevé de nombreuses controverses et divisé la doctrine et la jurisprudence. L'exposé de cette controverse nous jetterait dans des développements qui ne seraient peut-être pas d'une utilité bien sérieuse pour nos lecteurs, car il est rare de voir apparaître, après un long temps, un héritier dont on ne connaissait pas l'existence; aussi nous contenterons-nous de donner ici le texte d'un arrêt de Cass. en date du 16 janvier 1843, qui s'est prononcé pour la validité des aliénations, après avoir mis en parfaite saillie tous les points de la controverse.

Après avoir longuement délibéré en la chambre du conseil, la Cour s'est prononcée en ces termes :

« Faisant droit sur le deuxième moyen ; vu les art. 724, 775, 777, 1006, 1599, 2125, 2182 et 2265 C. C., et 731 C. proc. (ancien texte) ; attendu qu'une succession, aussitôt son ouverture, est dévolue par les art. 755 et 767 C. C. aux parents du défunt jusqu'au douzième degré inclusivement, à leur défaut aux enfants naturels, et à défaut de ceux-ci, au conjoint survivant ; qu'elle ne tombe en déshérence et qu'elle n'est pourvue d'un curateur que lorsqu'aucun des appelés ne répond à la vocation de la loi ; attendu que malgré la dévolution faite par les art. 755 et 767, il n'y a point d'héritier nécessaire; aussi l'art. 775 déclare expressément que nul n'est tenu d'accepter une succession qui lui est échue ; qu'il résulte virtuellement de cet article que le degré de parenté ne suffit pas pour faire reposer sur la tête du parent le plus proche la pleine et actuelle propriété des biens héréditaires ; et que lorsque, pendant son abstention, un parent plus éloigné accepte la succession et en jouit publiquement et paisiblement, ce parent gère et administre pour lui-même et dans son intérêt personnel, et s'il vend un meuble ou un immeuble de la succession, il est reputé disposer non de la chose appartenant à un autre, mais de sa propre chose ; que l'ancienne et la nouvelle jurisprudence ont, en conséquence, constamment admis que les débiteurs d'une succession se libèrent valablement entre les mains de l'héritier apparent et que les jugements obtenus par cet héritier apparent, ou rendus contre lui, quels que soient leur importance et leur objet, acquièrent pour tous l'autorité de la chose jugée ; que si, dans le cas d'actions judiciaires, l'héritier apparent qui puise dans le droit d'agir librement en demandant ou en défendant celui de se concilier, d'acquiescer, de compromettre, oblige la succession, il n'y a pas de motif pour lui refuser le pouvoir d'en vendre les valeurs mobilières ou immobilières, ce qui est, d'ailleurs, souvent indispensable pour acquitter les charges et arrêter des poursuites ruineuses; attendu que, dans le cas où cet héritier est évincé par un parent plus proche, on ne peut appliquer aux ventes qu'il a faites les art. 1599 et 2182 C. C., et l'art. 731 C. proc., parce qu'il n'y a pas eu, dans le sens de ces articles, vente de la chose d'autrui; qu'il n'y a pas lieu non plus d'exiger de l'acquéreur la justification d'une possession de dix ou vingt ans, conformément à l'art. 2265 C. C., parce que son vendeur qui, comme successible, a accepté la succession, lorsqu'aucun parent plus proche ne se présentait, ne doit pas être assimilé à un usurpateur qui se serait emparé d'une propriété sans aucun titre, droit et qualité; attendu qu'on ne peut pas appliquer par analogie, pour annuler la vente faite par l'héritier apparent, l'art. 2125 concernant ceux qui hypothèquent un immeuble sur lequel ils n'ont qu'un droit suspendu par une condition, ou résoluble dans certains cas, ou sujet à rescision, car cet article suppose l'existence soit d'une convention, soit d'un texte précis de loi où se trouvent, ou d'où résultent la condition, les cas de résolution, le principe de l'éviction; attendu que l'art. 724, relatif à la saisine de droit des héritiers légitimes, et l'art. 777, qui fait remonter leur acceptation au jour de l'ouverture de la succession, posent des règles générales, sans égard au degré plus ou moins rapproché des successibles, et que ces règles s'appliquent, quant aux tiers, au parent qui se présente le premier et empêche par son acceptation que la succession ne soit déclarée vacante; attendu que la jurisprudence des anciens parlements validait les ventes passées entre l'héritier apparent et des acquéreurs de bonne foi; que le Code civil ne contient, à l'égard de ces ventes, aucunes dispositions nouvelles ; que les motifs de droit et d'équité, que les puissantes considérations d'ordre et d'intérêt public qui servaient de base à cette jurisprudence, ont conservé leur force et ont même acquis un nouveau degré d'énergie, puisque la législation moderne est plus favorable que l'ancienne à la libre et facile circulation des biens; attendu, au reste, *qu'en cette matière il y a essentiellement lieu d'examiner les faits et d'apprécier les circonstances en présence desquelles les ventes ont été consommées, pour rechercher si elles ont été faites à des acquéreurs de bonne foi, par de véritables héritiers apparents, sous l'influence de l'erreur commune*; que, dans l'examen et l'appréciation du juge, on trouve des garanties contre les spoliations qui pourraient résulter de l'appréhension subite des successions et des ventes précipitées de leur actif » (*Conf.* : Besançon 1er mars et 18 juin 1864, D. 64-2-171 et 61 ; — Caen 20 mars 1855, D. 56-2-64 ; — 27 fév. 1856, D. 56-1-189).

**15843. Héritier apparent.** — BONNE FOI. — MAUVAISE FOI. — Nous avons examiné dans les nos 15747 et suiv. ce qu'il faut entendre par héritiers de bonne foi ou de mauvaise foi. Un arrêt de la cour de Rouen, du 16 juillet 1834 (Dalloz vo *Succession* no 555), définit très-bien ce qu'il faut entendre par l'héritier apparent dont les actes pourraient avoir porté préjudice à l'héritier plus proche qui viendrait à se présenter.

L'héritier apparent, dit cet arrêt, « est celui qui, en qualité de successible, est en possession publique, paisible et notoire de l'hérédité, en conséquence l'administre aux yeux de tous et fait tous les actes qui appartiennent au véritable héritier. » L'héritier apparent a donc extérieurement une possession de bonne foi; dès lors ceux qui contractent avec lui ne peuvent pas être exposés à subir les conséquences de sa mauvaise foi, puisque cette mauvaise foi est essentiellement secrète, pourvu toutefois qu'on n'ait pas à leur reprocher à eux-mêmes de la mauvaise foi.

Ainsi, pour que la vente soit valable, il est nécessaire qu'il y ait une bonne foi intime de la part du vendeur, du moins bonne foi apparente. Il faut, en un mot, que le vendeur ait tous les signes extérieurs de la possession héréditaire. En ce sens, il a été jugé par l'arrêt de la cour de Rouen ci-dessus signalé, que la vente de tous ses droits faite par un parent qui, sans avoir fait aucun acte d'administration ou de jouissance, s'était attribué la qualité d'héritier, n'est pas valable vis-à-vis d'un parent d'un degré plus proche, et que l'acquéreur peut être évincé par un parent. — De même encore, si une succession étant échue à deux héritiers dont l'un est absent pour service militaire, l'autre héritier s'emparait de la totalité des biens, les vendait dans les trois mois de l'ouverture de la succession sans remplir aucune des formalités prescrites par l'art. 113 C. C., sans informer l'absent ni le ministre de la guerre, il y aurait lieu de prononcer la résolution de la vente (C. Poitiers 13 juin 1832).

Mais toutes les fois que le possesseur réunit la double condition de l'apparence et de la bonne foi, la vente doit être maintenue (Dalloz vo *Succession* nos 558 et suiv.).

Ainsi, il a été jugé que la vente est valable : 1o dans un cas où la revendication n'avait eu lieu que vingt ans après l'aliénation (C. Rouen 25 mai 1839);

2o Lorsque la vente a eu lieu, sans réclamation, sous les yeux du véritable héritier (Cass. 3 août 1814);

3o Lorsque les droits de l'héritier apparent ont été établis dans un acte de partage (C. Limoges 27 déc. 1833) ;

4o Lorsqu'un acte de notoriété a établi les droits exclusifs du vendeur à la succession (Cass. 16 janv. 1843);

5o Lorsque le titre de possesseur a été reconnu par des décisions judiciaires passées en force de chose jugée antérieurement à l'aliénation (Cass. 16 janv. 1843);

6o Dans un cas où l'enfant naturel n'avait, par négligence, fait reconnaître sa qualité qu'après l'aliénation consentie par l'héritier légitime (C. Paris 12 avr. 1823);

7o Lorsque l'enfant naturel, qui avait d'abord agi contre le tiers, a ensuite reconnu la validité de l'aliénation (Cass. 20 janv. 1841);

8o Lorsque le donataire qui revendique l'immeuble vendu comme faisant partie de la donation a lui-même autorisé la vente (C. Bourges 16 juin 1837);

9o Lorsque les héritiers qui critiquent la vente ont consenti à l'exécution du testament qui a fourni un titre au vendeur (C. Toulouse 5 mars 1833).

10o Lorsque l'exécuteur testamentaire vend un immeuble pour payer le passif de la succession (Cass. 4 août 1875, 4349 R. P.).

**15844. Irrévocabilité.** — Une seconde conséquence, non moins importante que la rétroactivité, s'attache à l'acceptation de la succession : c'est l'irrévocabilité, *semel hæres, semper hæres*, maxime de l'ancien droit que l'art. 783 C. C. a consacrée de la manière la plus absolue, en déclarant que « le majeur ne peut attaquer l'acceptation expresse ou tacite qu'il a faite d'une succession. »

Ce principe n'est pas seulement vrai contre l'héritier, il produit naturellement tous ses effets à son profit. Ainsi, il en résulte que la circonstance que les biens d'une succession acceptée sont restés inconnus par suite de l'ignorance de leur existence ou pour tout autre motif ne peut faire déclarer prescrite l'action de l'acceptant ou de ses ayants droit (Cass. 18 mars 1834). — Jugé encore que celui qui, après avoir accepté pendant sa minorité une succession sous bénéfice d'inventaire, est resté ensuite plus de trente ans sans faire acte d'héritier, a toujours conservé sa qualité d'héritier. Il peut revendiquer les biens héréditaires contre les tiers détenteurs s'ils n'ont pu ignorer le vice de leurs titres, et cela encore bien que l'État s'en fût emparé, par erreur, comme biens d'émigré, et que les tiers détenteurs les aient acquis publiquement, après 1814, sur la mise en vente d'un curateur, nommé à cette succession, comme étant réputée vacante en ce que, nonobstant la loi du 5 décembre, qui en avait ordonné la restitution, personne ne s'était présenté pour la réclamer (C. Metz 5 mars 1833).

**15845. Exception au principe de l'irrévocabilité.** — Cependant la loi accorde au successible le droit de se faire restituer contre son acceptation en certains cas. C'est ce qu'explique l'art. 783, qui, après avoir dit que l'héritier majeur ne peut attaquer l'acceptation qu'il a faite de la succession, ajoute : « que dans le cas où cette acceptation aurait été la suite d'un dol pratiqué envers lui ; » puis continue en ces termes : « il ne peut jamais réclamer, sous prétexte de lésion, excepté seulement dans le cas où la succession se trouverait absorbée ou diminuée de plus de moitié par la découverte d'un testament inconnu au moment de l'acceptation. »

**15846. Mineur.** — L'art. 783 ne parle que de l'acceptation du majeur, quant au principe de restitution qu'il édicte. Cela se comprend : en effet, d'un côté, le mineur ne peut accepter, ou l'on ne peut accepter pour lui valablement que sous bénéfice d'inventaire, la succession qui lui est échue ; et, comme il ne peut jamais être lésé par cette acceptation, puisqu'elle ne l'oblige aux dettes que jusqu'à concurrence des biens, et que tous les actes qui pourraient l'engager *ultra* seraient absolument nuls à son égard, il n'était pas nécessaire de parler de lui ; d'un autre côté, s'il est vrai que l'art. 783 n'ait d'autre but que de déterminer les seuls cas dans lesquels le majeur est restituable contre son acceptation, le mineur n'en reste pas moins sous l'empire des règles du droit commun, qui lui permettent de se faire restituer contre le dol et la lésion, qui peuvent l'atteindre comme le majeur, car le bénéfice d'inventaire n'est pas exclusif de toute lésion ou de tout préjudice (Massé et Vergé sur Zachariæ t. 2 p. 307 note 25, Duranton t. 6 n° 450, Marcadé sur l'art. 783 n° 6, Belost-Jolimont art. 783 n° 1er, Coulon *Quest. de droit* t. 2 p. 134, Aubry et Rau t. 5 p. 153-154, Demolombe t. 14 p. 534).

Il faut, à cet égard, distinguer. Quand l'acceptation du mineur a été faite sans les *formes* prescrites, il peut la faire annuler sans avoir besoin d'alléguer la lésion (Furgole *du Test.* ch. 10 sect. 1re n° 57, Ducaurroy t. 2 art. 783, Zachariæ, Aubry et Rau t. 2 p. 266, Belost-Jolimont art. 783, Duvergier t. 2 n° 335, Demante t. 3 n° 96 *bis*, Demolombe t. 7 nos 820, 824 et t. 14 n° 340 ; — Cass. 5 déc. 1838, S. 38-1-945 ; — Sol. 27 juill. 1875).

Mais si l'acceptation du mineur a eu lieu avec les formes prescrites, il doit être traité comme un majeur et son acte est rescindable dans les mêmes cas (C. Paris, 13 fév. 1861, 17081 J. N. ; — Douai, 5 avr. 1848, S. 48-1-564 ; — Sol. 9 juill. 1877). — *V.* Demolombe, t. 14 n° 534.

Cependant des arrêts ont jugé que dans ce cas le mineur pourrait toujours répudier la succession, l'acceptation bénéficiaire étant de nature à lui causer un préjudice (Bordeaux 17 fév. 1826, S. 26-2-315 ; — Toulouse 20 mars 1832, S. 32-2-356).

Il a été décidé, en matière d'enregistrement, qu'une acceptation faite au nom des mineurs avec l'autorisation de la justice et suivie de la délivrance judiciaire des legs est irrévocable, qu'elle ne saurait être détruite par l'effet d'une renonciation ultérieure (Cass. 18 nov. 1851, 1912 § 15 I. G., 14520 J.N.).

« Attendu, porte cet arrêt, qu'en vertu d'autorisation demandée et obtenue, de Colbert et de Galard ont, par acte au greffe du tribunal de la Seine du 17 août 1847, « déclaré accepter sous bénéfice d'inventaire pour leurs enfants mineurs le legs universel à eux fait par M. d'Aligre, aux termes de son testament du 29 septembre 1846 ; attendu enfin, que sur leur demande formée contre l'héritier à réserve en délivrance du legs universel dans les termes du testament, qui étaient textuellement rappelés, et sans aucune distinction, division, restriction ni réserve, le tribunal a, par jugement contradictoire du 31 mars 1848, « ordonné que le « testament dudit jour 29 septembre 1846 serait exécuté sui« vant sa forme et teneur en ce qui concerne le legs universel « dont s'agit, fait délivrance auxdits mineurs de Colbert et de « Galard dudit legs universel, *pour par eux le recueillir suivant « le mode y indiqué*, avec les intérêts et les fruits à compter « du jour de l'ouverture de la succession du testateur ; « attendu que, par l'effet de ces dispositions, autorisation, « acceptation et jugement de délivrance, les mineurs de Col« bert et de Galard ont été de droit et de fait saisis du legs « universel fait à leur profit, dans les termes mêmes du tes« tament et avec le mode de répartition, quant à la nue pro« priété et quant à l'usufruit qu'il établissait entre eux, et « que la conséquence de cette saisine est que les droits acquis « au Trésor public par les dispositions du testament n'ont pu « être affectés ni diminués par l'effet des actes ultérieurs de « renonciation des 29 avril et 1er mai 1848. »

**15847. Héritier bénéficiaire.** — Ce qu'on vient de lire s'applique aussi bien à l'héritier majeur qui a accepté sous bénéfice d'inventaire qu'à l'héritier mineur, car le bénéfice d'inventaire n'est pas plus exclusif de tout préjudice à l'égard du majeur qu'à l'égard du mineur (*Conf. :* Annecy 24 juin 1875, 4380 R. P.).

24 juin 1875, 4380 R. P.). — Mais, en principe, l'acceptation bénéficiaire rend toute renonciation impossible comme l'acceptation pure et simple (Seine, 17 janv. 1873 ; — Lille, 27 nov. 1874 ; — Annecy, 24 juin 1875 ; — Seine, 13 fév. 1875 ; — Nantes, 22 mai 1877).

**15848. Dol.** — Chabot sur l'art. 783 n° 5, Malpel p. 196 note 1re, et Delvincourt t. 2 p. 290, pensent que l'héritier ne peut se faire restituer contre son acceptation pour cause de dol qu'autant que ce dol a été pratiqué par un créancier, un cohéritier ou un légataire, et qu'il n'aurait qu'une action en dommages-intérêts si le dol avait été commis par tout autre. Mais cette doctrine est repoussée par tous les auteurs, qui enseignent que l'héritier peut se faire relever de son acceptation lorsqu'il n'y a consenti que par dol, de quelque personne que le dol émane (Duranton t. 6 nos 454 et 455, Poujol sur l'art. 783 n° 2, Vazeille n° 3, Belost-Jolimont sur Chabot art. 783, Massé et Vergé sur Zachariæ t. 2 p. 308 note 26, Dalloz v° *Succession* n° 519, Marcadé art. 783 n° 5, Taulier t. 3 p. 223, Ducaurroy t. 2 n° 577, Demante t. 3 p. 103 *bis*, Zachariæ, Aubry et Rau t. 5 p. 151, Demolombe t. 14 n° 538).

Conformément à cette dernière doctrine, il a été jugé que la restitution contre son acceptation obtenue par un héritier, pour cause de dol, a lieu non-seulement à l'égard des auteurs du dol, mais encore à l'égard de tous les autres, tellement que l'héritier peut poursuivre la réparation du tort qu'il a souffert par suite de son acceptation, même contre celui qui, sans avoir participé au dol, a contribué par sa faute à le faire réussir (Cass. 5 déc. 1838, S. 38-1-945).

**15849. Lésion.** — Il faut, pour que la lésion soit une cause de restitution, que l'actif brut (Duranton t. 6 n° 461, Mourlon t. 2 p. 99, Demolombe t. 14 n° 551) de la succession se trouve « absorbé ou diminué de plus de moitié par la découverte d'un testament inconnu au moment de l'acceptation. » Ce sont les termes de l'art. 783.

1. DONATION. — VENTE. — Il résulte de là qu'encore bien qu'une donation ou une vente (inconnue de l'héritier parce que l'auteur de la succession ayant conservé l'usufruit des biens donnés ou vendus, en était resté en possession)

vint lui enlever les trois quarts des biens, il ne pourrait rétracter son acceptation (Marcadé *sur l'art.* 783 n° 3, Lebrun *des Succ.* liv. 3 ch. 1er n° 44, Merlin *Rép.* v° *Don.* sect. 6 § 3, Zachariæ, Aubry et Rau t. 5 p. 321, Troplong *Don.* et *Test.* t. 3 n° 1177, Demolombe t. 14 n° 543).

2. DETTES. — Il en serait ainsi alors même que des dettes, restées secrètes, seraient plus considérables que la moitié de la succession. Lors de la discussion de l'art. 783 au conseil d'État, on proposa d'ajouter à sa rédaction le cas de la découverte de dettes considérables, mais la proposition fut rejetée (Fenet t. 12 p. 45 et 46). On reste donc en présence de la rédaction actuelle de l'art. 783 qui, édictant une exception, ne peut être interprété par extension (Chabot t. 2 p. 506, Delvincourt t. 2 p. 29 note 2, Duranton t. 6 n° 459, Malleville t. 2 p. 268, Malpel n° 193, Vazeille n° 6, Marcadé n° 3, Demante t. 3 n° 103 *bis*, Demolombe t. 14 n° 541).

3. LÉGATAIRE UNIVERSEL. — Duranton t. 6 nos 462, 465, et Vazeille *sur l'art.* 783 n° 9, considérant que les dettes se divisent comme les biens, entre le légataire universel et l'héritier, en ont conclu que l'art. 783 n'est pas applicable au cas où c'est un légataire universel ou à titre universel qui vient enlever à l'héritier la moitié des biens de la succession. Mais cette distinction est combattue par Marcadé, qui dit avec raison (n° 3) que la loi a pensé que l'héritier ne s'était soumis aux chances d'une acceptation pure et simple ou même aux obligations et aux soins d'une acceptation bénéficiaire, que parce qu'il comptait sur la totalité de l'actif (*Conf.:* Demante n° 103 *bis*).

**15850. Erreur. — Violence.** — L'art. 783 C. C. ne met pas l'erreur et la violence au nombre des causes qui peuvent relever l'héritier de son acceptation. Mais comme l'erreur et la violence vicient le consentement aussi bien que le dol et la lésion (1117 C. C.), elles sont également de nature à exercer une influence décisive sur l'acceptation de l'héritier. Aussi faut-il dire que si l'art. 783 les a passées sous silence, c'est que la violence se confond avec le dol, et l'erreur avec la lésion (Vazeille et Marcadé *sur l'art.* 783, Massé et Vergé *sur Zachariæ* t. 2 p. 307 note 24, Dalloz v° *Succession* n° 519, Ducaurroy t. 2 n° 576, Zachariæ, Aubry et Rau t. 5 p. 152, Demolombe t. 14 nos 531, 535, 536, Demante t. 3 nos 103 et 104).

**15851. Prescription.** — L'art. 1304 C. C. fixe à dix ans le délai de l'action en nullité ou en rescision *des conventions*. On avait conclu de là que la même prescription est applicable à l'action de l'héritier dans le cas qui nous occupe (Zachariæ, Aubry et Rau t. 3 p. 196 et t. 5. p. 155, Demolombe t. 14 n° 555). Mais l'art. 1304 contenait une exception à la disposition générale de l'art. 2262. Il doit être interprété restrictivement, car les exceptions sont de droit étroit. Or, il ne s'agit pas ici d'une convention, et l'art. 1304 ne prévoit que les conventions; donc la seule prescription applicable est celle du droit commun, c'est-à-dire la prescription de trente ans (Duranton t. 6 n° 465, Vazeille n° 10, Marcadé art. 783, Dalloz v° *Succession* n° 527).

Ces mêmes auteurs font observer avec raison que l'action en restitution se prescrirait du jour où le successeur aurait fait un acte d'héritier après la découverte du dol ou du testament qui entraînerait la lésion.

**15852. Restitution de l'héritier.** — Lorsque l'acceptation d'une succession vient d'être annulée comme ayant été le résultat du dol, tout ce qui a été payé aux créanciers par l'héritier de ses deniers propres est sujet à répétition (Cass. 5 déc. 1838, S. 38-1-945).

Au surplus, il faut reconnaître, en thèse générale, que l'héritier, par l'effet de la révocation de son acceptation, est remis au même état que s'il n'avait pas accepté les engagements ou traités qu'il a pu contracter envers les créanciers ou les légataires de la succession, avant l'ouverture de la succession (Duranton t. 6 n° 466, Malpel n° 312, Vazeille *sur l'art.* 783 n° 4, Marcadé *eod.* n° 8).

L'héritier pourrait donc soit renoncer, soit accepter bénéficiairement, soit même accepter simplement (Chabot art. 783 n° 7, Vazeille n° 9, Poujol art. 783, Mourlon t. 2 p. 99, Dalloz *Succ.* 537, Demolombe t. 14 n° 559).

Il devrait restituer non-seulement les capitaux, mais encore les fruits (Arg. de l'art. 1682 C. C.); et payer le prix des détériorations commises (Massé et Vergé t. 2 p. 308, Demolombe t. 14 n° 563).

Les droits que la confusion aurait éteints renaissent (Furgole *Test.* t. 4 et 10 sect. 3 n° 127, Demolombe t. 14 n° 564).

En ce qui concerne les aliénations consenties par le défunt, Troplong enseigne (*des Hyp.* t. 2 p. 163) qu'elles ne sont pas résolues.

**15853. Accroissement.**—Lorsqu'un héritier a obtenu la rescision de son acceptation, son cohéritier, qui n'aurait accepté qu'en même temps que lui ou depuis, a la faculté de se soustraire au droit d'accroissement, en abandonnant aux créanciers la portion héréditaire du restitué (Duranton t. 6 n° 464, Toullier t. 4 n° 356, Chabot art. 783 n° 9, Delvincourt t. 2 p. 29, Vazeille art. 786 n° 2, Poujol art. 783 n° 5, Mourlon *Rev. crit* t. 2 p. 102, Taulier t. 3 p. 144, Demante t. 3 n° 106).

Cette doctrine n'est cependant pas admise par tout le monde. Plusieurs auteurs la repoussent en invoquant : 1° la généralité des termes de l'art. 786 C. C., qui exigent impérieusement que la portion accroisse aux cohéritiers du restitué ; — 2° les principes d'après lesquels la renonciation d'un héritier investit ses cohéritiers de toute la succession *à die mortis* ; — 3° enfin l'arbitraire et les complications du système contraire (Duvergier et Toullier t. 2 n° 326, Marcadé art. 783 n° 8, Zachariæ, Massé et Vergé t. 2 p. 298, Aubry et Rau t. 5 p. 132 art. 153, Coulon *Quest. de droit* t. 2 p. 431, Demolombe t. 14 n° 566). — *V.* n° 15863.

**15854. Créanciers.** — Les créanciers de l'héritier n'ont pas le droit de faire prononcer la résolution de l'acceptation que leur débiteur aurait faite d'une succession onéreuse (Vazeille *sur l'art.* 881 n° 1er), à moins qu'il n'y ait connivence frauduleuse entre l'héritier et les créanciers de la succession (Chabot art. 881 n° 1er, Malpel n° 220, Grenier *Hyp.* t. 2 n° 425). Ils peuvent même demander la révocation de l'acceptation toutes les fois qu'il y a eu intention évidente de les frustrer, alors même qu'il n'y a pas eu connivence (Delvincourt t. 2 p. 180, Demante t. 3 n° 108 *bis*, Ducaurroy t. 2 n° 591, Marcadé art. 788-3, Bugnet et Pothier t. 7 p. 292, Pont et Rodière *Cont. de mar.* t. 1er n° 815, Dalloz *Succ.* 526, Dufresne *Sép. du patrim.* n° 25, Demolombe t. 14 n° 557).

**15855. Indivisibilité. — Condamnation.** — La condamnation d'un successible en qualité d'héritier n'a pour effet de lui attribuer définitivement cette qualité que vis-à-vis des parties qui l'ont obtenue et en faveur desquelles elle a acquis l'autorité de la chose jugée (Cass. 19 avr. 1865, D. 65-1-434).

## CHAPITRE III. — DE LA RENONCIATION AUX SUCCESSIONS

[15856-15896]

### SECTION PREMIÈRE. — DISPOSITIONS GÉNÉRALES

[15856-15871]

**15856. Observation.** — Nous avons spécialement traité de la renonciation sous les nos 13962 et suiv. Mais comme nous nous sommes préoccupé d'une manière toute particulière, dans cet article, de la perception des droits d'enregistrement, il nous reste à entrer ici dans quelques développements pour compléter ce que nous avons à en dire au sujet du droit civil.

**15857. Nécessité d'une renonciation expresse.** — A Rome, il suffisait de s'abstenir pour n'être pas héritier, sauf en ce qui concernait les héritiers siens, qui étaient héritiers nécessaires. — Sous l'empire de nos coutumes, la législation et la jurisprudence variaient beaucoup; cependant la règle la plus générale était que, pour n'être pas considéré comme héritier, soit en ligne directe, soit en ligne collatérale (quelques *Coutumes* faisaient une distinction entre ces deux lignes), il suffisait de s'abstenir (Chabot *sur l'art.* 784 n° 1er). — V. Demolombe t. 15 n° 6.

Ce système avait de graves inconvénients, car les véritables héritiers pouvant ne pas être connus, les créanciers de la succession ne savaient à qui s'adresser; aussi le Code civil a-t-il adopté une marche contraire. Celui que la loi appelle à une succession, étant saisi de droit, doit être considéré comme héritier jusqu'à ce qu'il ait manifesté son intention de ne vouloir pas l'être. « La renonciation à une succession ne se présume pas, » porte l'art. 784 C. C. Ainsi la renonciation, à la différence de l'acceptation, ne peut pas être tacite et s'induire des faits de l'héritier, il faut qu'elle soit expresse.

1. PREUVE. — Aussi a-t-il été jugé que l'héritier présomptif ne peut se soustraire à l'action des créanciers d'une succession qu'en leur présentant un acte formel de renonciation. Jusque-là il est présumé avoir accepté la succession C. Bruxelles 20 avr. 1810, S. *Collect. nouv.* 3-2-259). — Jugé encore que pour pouvoir actionner en justice l'héritier appelé par la loi à une succession, il n'est pas nécessaire de prouver que cet héritier a accepté, il suffit que l'héritier ne prouve point qu'il a renoncé (Cass. 21 flor. an 10, S. 2-1-557; — — *Contrà* Liége 4 janv. 1812 et 4 mai 1813, S. *Collect. nouv.* 4-2-2 et 4-2-304).

2. PRÉSOMPTION. — L'héritier institué par deux testaments successifs, qui n'a pas demandé le bénéfice de son institution, en vertu du premier, par le motif qu'il était nul, n'est pas réputé avoir renoncé à l'hérédité s'il ignorait l'existence du second : il est fondé à réclamer l'exécution de ce second testament, alors qu'il en a connaissance (C. Paris 9 fév. 1818, S. 18-2-264). — Bien plus, l'héritier présomptif qui se présente comme créancier et qui accepte les fonctions de curateur à la succession vacante n'est pas par cela censé avoir renoncé à la qualité d'héritier (C. Bruxelles 11 fruct. an 11; — Cass. 6 vent. an 13, S. *Collect. nouv.* 1-2-159, 2-1-74).

3. ON NE PEUT DONNER DE L'EXTENSION A LA RENONCIATION. — Lorsque, par son second contrat de mariage, un individu a renoncé à la succession de ses oncles et tantes, il n'a pas perdu le droit de renoncer à la succession de ses neveux. Une renonciation doit être rigoureusement restreinte aux termes dans lesquels elle a été faite (C. Gênes 8 juill. 1809, S. 12-2-265).

Jugé encore que celui qui est appelé à une succession dans une double qualité, d'abord comme héritier direct, et en second lieu comme représentant d'un héritier, n'est censé renoncer que pour la part qui lui est propre s'il fait une renonciation sans exprimer en quelle qualité (C. Limoges 22 juin 1840, S. 40-2-496).

**15858. Indivisibilité.** — En principe, la renonciation est indivisible, de même que l'acceptation, c'est-à-dire qu'on ne peut renoncer à une partie de la succession et accepter l'autre. C'est un point que nous avons établi au mot *Renonciation*, en faisant ressortir toutes les conséquences qu'on peut en induire au point de vue de l'application des droits d'enregistrement.

Il a été jugé, en ce sens, que l'héritier de la femme dotale ne peut retenir les biens de la succession qui sont frappés de dotalité et renoncer aux autres : en se mettant en possession des biens dotaux, sous le prétexte qu'ils sont affranchis de toute action de la part des créanciers, il fait acte d'héritier pur et simple que n'empêche pas sa renonciation partielle aux biens non dotaux (Req. 20 déc. 1841). — Jugé, en outre, que le principe qui, dans les lois romaines, s'oppose à ce que la succession soit, par le même héritier, en partie répudiée, en partie acceptée, n'est vrai qu'à l'égard des créanciers et de tous autres qui ont à exercer des actions contre l'hérédité; il en est autrement par rapport aux cohéritiers eux-mêmes, qui, dans leur intérêt personnel, peuvent traiter et agir comme bon leur semble. — Spécialement, deux cohéritiers ayant renoncé à une succession, l'un d'eux a pu révoquer ensuite cette renonciation, pour la moitié seulement, et l'autre moitié passer au cohéritier, qui, plus tard, sera revenu aussi sur sa renonciation (Req. 24 mars 1814).

1. DEUX CHEFS D'HÉRÉDITÉ. — Cependant, il ne faut pas pousser à l'extrême le principe de l'indivisibilité. Il ne doit s'entendre que des droits que le renonçant peut avoir de son chef à la succession. Jugé, dans cet ordre d'idées, que la renonciation pure et simple faite par celui qui est appelé à une succession, de son chef et du chef d'un frère, décédé sans avoir accepté ni répudié, ne doit pas être considérée comme s'appliquant aux droits recueillis du chef de son frère (C. Limoges 22 juin 1840).

Cependant il a été jugé que la renonciation générale faite par un héritier qui est en même temps légataire s'applique au legs comme à la succession (Saint-Flour, 11 mai 1874).

**15859. Condition.**—Il en est de la renonciation comme de l'acceptation : elle ne saurait être conditionnelle. C'est ce qu'ont formellement décidé les cours de Caen le 4 août 1845, de Dijon le 20 décembre 1845, de Paris le 3 février 1846 (S. 46-2-56, 59 et 62).

Ainsi, par exemple, on ne peut pas renoncer sous la condition que l'hérédité sera démontrée mauvaise, ou que tel procès sera perdu, ou que tel legs sera annulé (Pau 24 nov. 1837, S. 38-2-377; — Dijon 20 déc. 1845, S. 46-2-57, Demolombe t. 14 n° 358).

**15860. Acte au greffe.** — C'est au greffe du tribunal de l'arrondissement duquel la succession s'est ouverte que doit être faite la renonciation.

1. AUTRE ARRONDISSEMENT. — D'où il suit que si la renonciation était faite au tribunal d'un arrondissement autre que celui dans lequel la succession s'est ouverte, cette renonciation serait nulle et ne produirait aucun effet, soit à l'égard des tiers, soit à l'égard du renonçant lui-même (Toullier t. 4 n° 338 : — C. Poitiers 28 juin 1839, S. 40-2-78).

2. LE RENONÇANT NE PEUT SE PRÉVALOIR DE LA NULLITÉ. — Ce dernier point de l'arrêt de la cour de Poitiers se trouve cependant contredit par les deux décisions suivantes; ainsi, en premier lieu, il a été jugé que l'art. 784, qui prescrit de faire au greffe les renonciations à succession, ne peut être opposé par l'héritier (Cass. 11 août 1825, S. 26-1-9). Jugé, en second lieu, que la nullité d'une renonciation notariée, résultant de ce qu'elle n'aurait pas été faite au greffe, ne peut être opposée par le successible renonçant. Une pareille renonciation n'a pas besoin, pour produire son effet, d'être acceptée par les successibles du renonçant (C. Bruxelles 10 déc. 1819, S. *Collect. nouv.* 6-2-166).

Il a été jugé, en thèse générale, que l'héritier qui a renoncé après avoir fait acte d'héritier ne peut exciper lui-même de l'inefficacité de sa renonciation, à l'encontre des tiers qui ont acquis de ses cohéritiers, non renonçants, des immeubles de la succession.

La renonciation qu'il ne pourrait opposer à ceux qui auraient intérêt à la combattre, conserve, en ce cas, son effet contre lui (C. Poitiers 4 avr. 1843, S. 43-2-231).

Plusieurs auteurs pensent cependant qu'il serait plus juridique de décider que la nullité de la renonciation est absolue. Selon eux, le texte de l'art. 784 est général, et c'est le résultat ordinaire de l'inobservation des formes prescrites *ad solemnitatem.* On peut ajouter que les formes sont des garanties dans l'intérêt du renonçant (Demolombe t. 15 n° 19, Toullier t. 2 n° 338, Favard de Langlade v° *Renonciation* § 1er n° 3, Delaporte *Pandectes* t. 3 p. 155, Vazeille art. 784 n° 2, Duranton t. 6 n° 172).

3. FAUSSE QUALIFICATION. — L'acte par lequel un cohéritier reconnaît la validité d'une donation faite à un cohéritier et, par conséquent, renonce à prendre part aux biens donnés n'est pas une renonciation à succession ; ainsi, il n'est point assujetti aux formes prescrites pour les renonciations à succession (C. Nîmes 30 juin 1819, S. 20-2-268).

4. ACTE REÇU EN LA DEMEURE DES PARTIES. — ASSISTANCE D'AVOUÉ. — La renonciation à successsion inscrite sur le registre du greffe du lieu où la succession s'est ouverte, et revêtue des signatures du renonçant et du greffier est valable bien qu'elle n'ait pas été faite au greffe même, mais au domicile du renonçant, où le registre avait été apporté par le greffier (C. Bordeaux 21 déc. 1854 ; — Cass. 14 nov. 1855, S. 55-2-289-56-1-267).

Il en est ainsi, bien que le renonçant n'ait point été assisté d'un avoué : cette assistance étant facultative et non obligatoire (*Idem*) (Rodière *Proc.* t. 3 p. 380, Gilbert *Code annoté* art. 997, Marcadé art. 784-1, Demolombe t. 15 n° 13).

La renonciation serait nulle si elle n'avait pas été inscrite sur le registre spécial du greffe destiné à recevoir les renonciations (Poitiers 28 juin 1839, S. 40-2-78; — Bordeaux 21 janv. 1854, S. 55-2-289 ; — Cass. 14 nov. 1855, S. 56-1-267, Toullier t. 2 n° 338, Duranton t. 6 n° 472, Poujol art. 784 n° 1er, Favard *Rép.* v° *Ren.* § 1er n° 3, Championnière t. 1er n° 517, Massé et Vergé t. 2 p. 316, Demolombe t. 15 n° 13).

**15861. Acte non fait au greffe.** — Aux termes de l'art. 1134 C. C., les conventions légalement formées tiennent lieu de loi à ceux qui les ont faites. Elles ne peuvent être révoquées que de leur consentement mutuel, et elles doivent être « exécutées de bonne foi. » Il résulte invinciblement de là que, si une renonciation faite par un acte autre qu'un acte au greffe ne peut être opposée aux tiers, elle peut néanmoins être valablement opposée à celui qui l'aurait consentie *par ceux au profit desquels elle aurait été consentie* (Marcadé sur l'art. 784, Coin-Delisle *Rev. crit.* t. 10 p. 297, Championnière t. 1er nos 516-519, Chabot art. 784 n° 1er, Vazeille art. 784 n° 2, Favard *Rép.* v° *Ren.* § 1er n° 3, Fenet de Conflans art. 784-2, Dalloz *Succ.* 579, Demolombe t. 15 n° 20). Il s'ensuit une chose assez anormale pour le renonçant : c'est, d'un côté, qu'il ne pourrait pas s'opposer à ce que ses cohéritiers vinssent prendre les biens de la succession; de l'autre, qu'il n'en resterait pas moins soumis, vis-à-vis des tiers, à toutes les charges héréditaires jusqu'à ce qu'il eût fait une renonciation en règle.

Ceci doit être d'ailleurs restreint au cas où il y a convention. Si la déclaration était unilatérale, les successibles ne pourraient s'en prévaloir (*Suprà* 12268-2; — Bordeaux 4 nov. 1855, S. 56-2-108, Demolombe t. 15 n° 20).

L'Administration de l'enregistrement peut-elle être considérée comme un tiers, de telle sorte qu'on ne puisse lui opposer une renonciation faite ailleurs qu'au greffe? — V. *Renonciation.*

**15862. Rétroactivité.** — « L'héritier qui renonce est censé n'avoir jamais été héritier. » La conséquence légale de ce principe posé par l'art. 785 C. C. est que la renonciation au titre d'héritier, à quelque époque qu'elle soit faite, remonte toujours au moment même où le droit a commencé, c'est-à-dire à l'instant où la succession s'est ouverte.

L'héritier ne peut donc rien garder des biens héréditaires. Il faut qu'il restitue les fruits ou intérêts comme le capital (Furgole *Test.* ch. 10 sect. 2 n° 100, Demolombe t. 13 n° 305 et t. 15 n° 30).

1. HÉRITIER TESTAMENTAIRE. — CONTRACTUEL. — La règle que l'héritier qui renonce est censé n'avoir jamais été héritier s'applique à l'héritier contractuel et à l'héritier testamentaire aussi bien qu'à l'héritier naturel (C. Toulouse 15 août 1842).

2. LÉSION. — L'héritier qui renonce étant censé n'avoir jamais été héritier, ne peut attaquer, pour cause de lésion, le partage fait par les autres héritiers entre eux : « Attendu en droit, porte un arrêt du 11 août 1825, que l'héritier qui renonce est censé n'avoir jamais été héritier (art. 785 C. C.), et que, par conséquent, les lois qui régissent les partages entre les cohéritiers lui demeurent tout à fait étrangères; et attendu qu'il a été reconnu, en fait, que par deux transactions ou pactes de famille solennels, le premier du 13 ventôse an 5, le second du 18 juillet 1820, les demandeurs en cassation ou leurs auteurs ont formellement renoncé à la succession de Catherine Bornollin, leur mère; que, d'après cela, l'arrêt attaqué devait (comme il l'a fait) déclarer les demandeurs non recevables à invoquer lesdites lois relatives aux partages entre cohéritiers. »

3. POURSUITES. — C'est encore comme conséquence du principe de rétroactivité qui s'attache à la renonciation que les poursuites faites et les jugements obtenus contre l'héritier renonçant, depuis sa renonciation, sont nuls comme dirigés contre une personne sans qualité (Toullier t. 4 n° 398, Demolombe t. 15 n° 32).

On ne considère pas comme un commencement de poursuites la signification de l'art. 877 C. C., qui est un préalable, mais non une partie de l'exécution (Nîmes 8 nov. 1827, S. 28-2-208).

4. INSTANCE COMMENCÉE. — Mais la renonciation survenue depuis l'instance commencée ne peut arrêter le cours des procédures que par la notification qui en est faite (Toullier t. 4 n° 398, Duvergier t. 2 n° 339 note C, Demolombe t. 15 n° 33). C'est là une conséquence de cette autre règle posée n° 15857-2, à savoir que l'héritier ne peut se soustraire à l'action des créanciers d'une succession qu'en leur présentant un acte formel de renonciation et que, jusque-là, il est présumé avoir accepté la succession.

Ainsi, lorsqu'un cohéritier, assigné en partage par son cohéritier, au lieu de renoncer de suite à la succession, laisse poursuivre sur l'action en partage et ne renonce qu'ultérieurement, les frais nécessités par sa renonciation tardive doivent être supportés par lui (Lyon 21 mai 1831, S. 32-2-197). — Il en est de même des frais de poursuite dirigés contre l'héritier après l'expiration des délais accordés pour faire inventaire et délibérer, si d'ailleurs, il ne justifie pas d'un empêchement légitime à ce qu'il ait pu prendre qualité dans le délai fixé (Colmar 21 déc. 1830, S. 32-2-62). — Jugé dans ce cas que l'héritier renonçant est passible des dépens qui ont été faits contre lui (C. Bordeaux 6 août 1833, S. 34-2-47). — Mais Demolombe pense que les actes de poursuites faits *après* la renonciation ne seraient pas opposables aux héritiers acceptants ou au curateur à la succession vacante (t. 15 n° 33).

**15863. Accroissement.** — « La part du renonçant, porte l'art. 786, accroît à ses cohéritiers. » Nous avons besoin d'entrer dans quelques développements pour bien faire comprendre à qui doit appartenir la part du renonçant.

**15864. Règle.** — La règle qui domine toute la matière du droit d'accroissement, c'est qu'il faut faire complétement abstraction du renonçant et répartir la succession entre les autres héritiers, d'après le système général du Code sur les vacations héréditaires (Demolombe t. 15 n° 37).

1. L'ACCROISSEMENT EST FORCÉ. — D'un autre côté, c'est un principe également général que par suite de l'*indivisibilité* de l'acceptation, qui fait que l'on ne peut accepter une succession pour une portion et la répudier pour l'autre, l'accroissement de la portion des héritiers renonçants a lieu indépendamment de la volonté des héritiers acceptants. Si donc ceux-ci avaient accepté une succession onéreuse, ils ne pourraient répudier les portions que leur amènerait la renonciation d'un ou de plusieurs de leurs cohéritiers, sous le prétexte que ces portions seraient de nature à augmenter encore leurs charges. Ils sont irrévocablement engagés par leur acceptation; car, en acceptant, ils pouvaient prévoir les renonciations qui se produisent.

2. COHÉRITIERS. — Nous devons ensuite faire remarquer qu'il ne faut entendre ici, comme toujours d'ailleurs, par *cohéritiers* du renonçant que les parents appelés à succéder concurremment avec lui, avec lesquels, par conséquent, il eût partagé la succession s'il n'eût pas renoncé, et non toutes les personnes qui peuvent avoir, comme lui, des liens de parenté communs avec le défunt.

3. L'ACCROISSEMENT SE FAIT PAR LIGNE ET PAR SOUCHE. — Un principe qu'il est également essentiel de ne pas perdre de vue, c'est que, lorsque la succession a été divisée par moitié entre deux lignes, l'accroissement se fait au profit de la ligne du renonçant. Les parents de cette ligne sont, en effet, ses seuls *cohéritiers* pour la moitié qui leur a été affectée. Par la même raison, si la succession se divise par souches, la part du renonçant n'accroît qu'aux cohéritiers de la portion assignée à la même souche. Enfin, pour que la dévolution s'opère d'une ligne à l'autre, il faut que, dans celle du renonçant, il n'y ait pas de parents au degré successible. C'est là ce qu'enseignent tous les auteurs.

Jugé en ce sens par la cour de Grenoble, le 17 décembre 1855 (S. 56-2-691), que l'héritier qui renonce à la succession est censé n'avoir jamais été héritier, alors même qu'il ne renonce que pour s'en tenir au don ou legs qui lui a été fait par le défunt; et par suite s'il venait à la succession par représentation, conjointement avec un autre cohéritier, ce cohéritier doit prendre seul toute la portion revenant à la personne représentée qui forme la tête de la souche.

4. DIVISION. — Cela dit, nous devons scinder notre sujet pour parvenir à jeter un jour complet sur la position que nous avons à étudier. Ainsi, nous distinguerons :

1° Les successions échues aux descendants ;

2° Celles échues conjointement au père et à la mère, en concurrence avec des frères et sœurs ou des descendants d'eux ;

3° Celles échues à des frères et sœurs ou à leurs descendants ;

4° Les successions déférées aux ascendants ;

5° Celles échues à des ascendants conjointement avec des collatéraux autres que les frères et sœurs et leurs descendants ;

6° Celles échues aux collatéraux autres que les frères et sœurs et leurs descendants.

5. SUCCESSION ÉCHUE A DES DESCENDANTS.

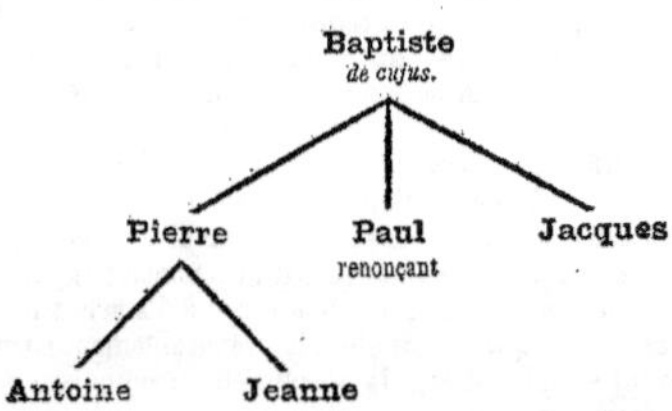


Supposons trois frères, Pierre, Paul et Jacques, qui ont recueilli, chacun pour un tiers, une créance de 15,000 francs, qui composait toute la succession de Baptiste, leur père. La part de chaque enfant serait de 5,000 francs si tous les trois acceptaient. Mais comme Paul a répudié et que Pierre et Jacques ont accepté, les 10,000 francs qui appartiennent aux deux acceptants doivent s'accroître des 5,000 francs qui revenaient au renonçant, en sorte que Pierre et Jacques se trouvent seuls héritiers pour les 15,000 francs, comme si Paul n'avait pas existé, ce qui donne 7,500 francs à chacun.

Il en sera de même si l'on suppose que Pierre soit décédé avant son père, laissant pour successeurs Antoine et Jeanne, ses deux enfants. Antoine et Jeanne se trouvaient cohéritiers de Paul, leur oncle, dans la succession de l'auteur commun, en vertu de la représentation. Conséquemment, les 5,000 francs représentant la portion de Paul renonçant sont à diviser, par droit d'accroissement, moitié pour eux et l'autre moitié pour Jacques, leur autre oncle.

6. SUCCESSION ÉCHUE CONJOINTEMENT AU PÈRE, A LA MÈRE ET AUX FRÈRES ET SŒURS DU DÉFUNT OU A LEURS DESCENDANTS. — Dans ce cas, si le père ou la mère renonce, celui d'entre eux qui accepte ne profite aucunement de la part du renonçant; elle n'accroît qu'en faveur des frères ou sœurs ou de leurs descendants, lors même qu'ils seraient d'une autre ligne que le renonçant.

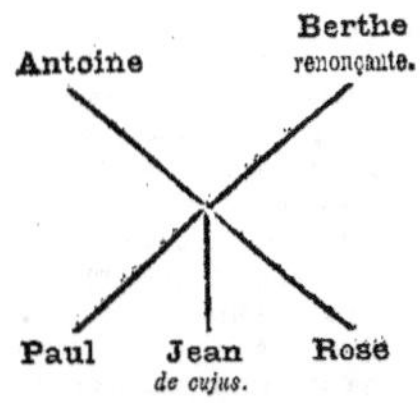


Jean meurt sans postérité, laissant pour successeurs Antoine et Berthe, ses père et mère, Paul et Rose, ses frère et sœur. Sa succession appartient savoir : une moitié à Antoine et à Berthe, et l'autre moitié à Paul et à Rose. Si nous supposons que Berthe renonce, son quart n'accroîtra pas à Antoine seul, ou à Antoine, à Paul et à Rose par tiers; il sera recueilli en entier par Paul et Rose, qui réuniront ainsi sur leur tête les trois quarts de la succession, tandis qu'Antoine n'aura jamais droit qu'à un quart.

Par application de la même règle, il faut décider que si c'est Paul qui renonce, Antoine et Berthe n'auront rien à prétendre à son quart, qui accroîtra à Rose seule.

6. SUCCESSION ÉCHUE A DES FRÈRES ET SŒURS OU A LEURS DESCENDANTS. — Dans ce cas, la portion du renonçant accroît aux cohéritiers dans la même ligne, sans se détourner sur les cohéritiers de l'autre ligne; mais si le renonçant n'a pas de cohéritiers dans sa ligne, sa part n'est pas dévolue aux autres parents dans la même ligne, comme dans le cas du n° 7 *infrà*; elle accroît aux cohéritiers de l'autre ligne, conformément à la règle posée n° 15702.

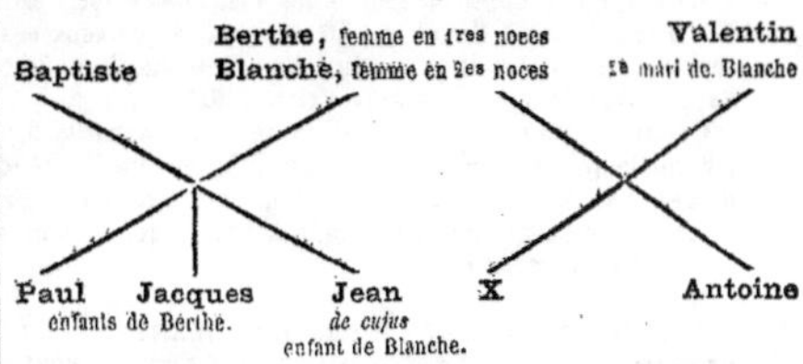


Jean est décédé, laissant pour successeurs Paul et Jacques, ses frères consanguins, et Antoine, son frère utérin. Sa succession doit se diviser en deux moitiés, dont l'une revient à Paul et à Jacques, ses frères consanguins, et l'autre à Antoine, son frère utérin. Si Paul renonce à la succession, son quart n'accroîtra qu'à son cohéritier dans sa ligne, qui est Jacques; Antoine n'aura jamais droit qu'à sa moitié de la succession tout entière.

Que si nous supposons que Jean n'ait laissé pour successeurs que Paul, son frère consanguin, et Antoine, son frère utérin, qui se divisent alors la succession par moitié, si Paul renonce, sa moitié ne sera pas dévolue aux autres parents de Jean, dans la ligne paternelle; elle accroîtra en entier à Antoine, son frère utérin, qui est le seul cohéritier qu'ait Paul. C'est l'application de la règle posée au n° 15702.

Le même raisonnement serait applicable aux descendants des frères ou sœurs consanguins.

7. SUCCESSION DÉFÉRÉE A DES ASCENDANTS. — On sait qu'en matière de succession déférée aux ascendants, la succession se divise en deux moitiés, dont une pour la ligne paternelle et l'autre pour la ligne maternelle. C'est cet ordre de faits que suit l'accroissement lorsqu'il y a renonciation par l'un des héritiers. La part de celui qui renonce accroît à ceux de ses cohéritiers qui sont dans la même ligne que lui, paternelle ou maternelle; mais elle n'accroît pas aux autres cohéritiers qui sont d'une autre ligne. On a vu, en effet, au n° 15686, qu'il ne se fait de dévolution d'une ligne à l'autre que lorsqu'il ne se trouve aucun ascendant ni collatéral de l'une des deux lignes.

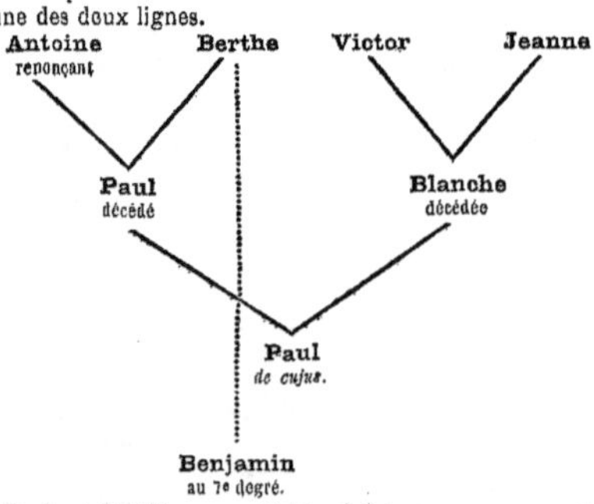


Paul est décédé sans postérité, ni frères ou sœurs, ou descendants d'eux, laissant pour tous parents Antoine et Berthe, son aïeul et son aïeule paternels, Victor et Jeanne, son aïeul et son aïeule maternels. Si Antoine renonce, sa part accroîtra à Berthe, qui prendra la moitié des biens de la succession. Elle n'accroît pas à Victor et à Jeanne, parce que ceux-ci ne sont pas cohéritiers du renonçant dans la même ligne. C'est l'application de la règle posée au n° 15705.

Que si, à défaut de Berthe, il ne se trouve dans la ligne paternelle que Benjamin, un cousin au septième degré du défunt, c'est à lui que sera dévolue la part d'Antoine, car il ne se fait de dévolution d'une ligne à l'autre qu'à défaut de successibles dans cette ligne.

8. SUCCESSION ÉCHUE A DES ASCENDANTS ET A DES COLLATÉRAUX AUTRES QUE DES FRÈRES ET SŒURS OU DESCENDANTS D'EUX. — Dans ce cas encore, la portion de celui qui renonce appartient à ses cohéritiers dans la même ligne, à l'exclusion de ses cohéritiers dans une ligne différente; jamais elle n'est dévolue aux cohéritiers dans une ligne différente que lorsqu'il ne se trouve pas de successible dans la même ligne que le renonçant.

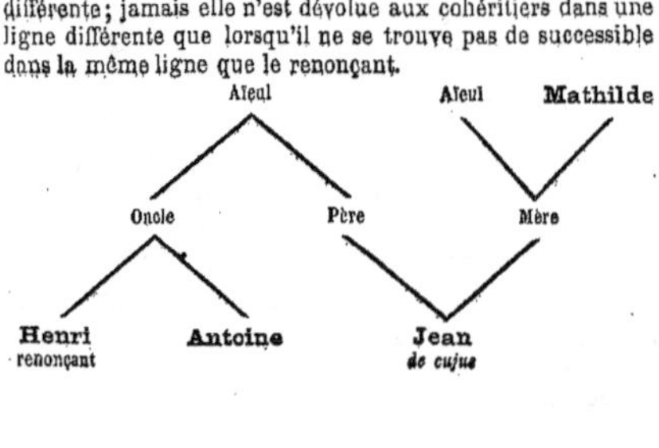


Jean a laissé pour héritiers Mathilde, son aïeule maternelle, et Henri et Antoine, ses cousins paternels. Si Henri renonce, c'est Antoine, l'autre cousin paternel, qui recueille sa portion par accroissement, l'aïeule maternelle ne reçoit rien.

9. SUCCESSION ÉCHUE A DES COLLATÉRAUX AUTRES QUE LES FRÈRES ET SŒURS OU DESCENDANTS D'EUX. — C'est toujours par une conséquence directe de la règle posée n° 15686, à savoir qu'il ne se fait de dévolution d'une ligne à l'autre que lorsqu'il n'existe pas de successible dans cette ligne, qu'en matière de succession déférée à des collatéraux autres que des frères et sœurs ou des descendants d'eux, si un des héritiers dans une ligne renonce, sa part n'accroît qu'aux cohéritiers de la ligne.

**15865. Dévolution au degré subséquent.** — Après avoir dit que la part du renonçant accroît à ses cohéritiers, proposition que nous avons examinée dans le numéro précédent, l'art. 786 ajoute : « s'il est seul, elle est dévolue au degré subséquent. »

Il est en effet dans l'ordre de la nature, lorsque l'héritier renonçant n'a pas de cohéritiers, c'est-à-dire qu'il est seul dans son degré, que la succession soit dévolue au degré subséquent, c'est-à-dire aux parents qui auraient été eux-mêmes les héritiers, si le renonçant n'eût pas existé.

1. LA DÉVOLUTION N'EST PAS FORCÉE. — Mais il n'en est pas de la dévolution comme de l'accroissement, les appelés en second ordre conservent la faculté de la répudier en renonçant à la succession. Avant la renonciation, en effet, ils n'étaient pas héritiers, dès lors comme ils n'ont pu faire aucun acte d'acceptation qui les ait irrévocablement engagés, ils peuvent se soustraire à la dévolution en répudiant la succession dans son entier.

En ce sens, il a été jugé que le principe en vertu duquel la part de l'héritier renonçant accroît à ses cohéritiers, s'applique aussi bien aux renonciations tacites qu'aux renonciations expresses. Et spécialement, que les parts des héritiers majeurs qui, en s'abstenant pendant trente ans de faire adition d'hérédité, sont devenus étrangers à cette hérédité par l'effet d'une renonciation tacite, profitent aux autres héritiers qui ont accepté ou qui, à cause de leur état de minorité, ont conservé la plénitude de leurs droits, et non aux héritiers d'un degré subséquent, encore que ceux-ci eussent fait une acceptation expresse, mais mal fondée, ou même eussent appréhendé des biens héréditaires (Paris 6 fév. 1854, D. 54-2-177).

2. LES APPELÉS SUCCÈDENT DE LEUR CHEF. — Remarquez ensuite que les appelés, à défaut du renonçant, viennent forcément de leur chef, *jure proprio*, et non par représentation, car on ne représente pas un héritier renonçant.

3. HÉRITIER RENONÇANT POUR S'EN TENIR A UN DON OU LEGS. — Lorsque l'un des héritiers d'une ligne a renoncé, mais pour conserver un don ou legs fait sous dispense de rapport, la part qu'il aurait eue comme héritier doit accroître à ses cohéritiers dans la même ligne, ou bien être

dévolue aux parents de la même ligne qui se trouvent au degré subséquent. Les parents de l'autre ligne ne sont pas fondés à soutenir que la part du renonçant doit leur accroître, dans une proportion égale. C'est ce qu'enseignent Chabot sur l'art. 786 n° 10, Roll. de Vill. *Rép.* v° *Ren.* n° 75, *Encycl. du droit* v° *Accrois.* § 1er n° 5, Demolombe t. 15 n° 46, Duranton t. 6 n° 511, Delvincourt t. 2 p. 33 note 9, Vazeille art. 786 n° 4, Poujol p. 432, Dalloz v° *Succession* p. 657). C'est ce qu'a jugé la cour de Paris, par un arrêt du 1er juillet 1811 (S. 11-2-398) et celle de Grenoble par un autre arrêt du 17 décembre 1855 (S. 56-2-689). — *V.* 12721-3.

**15866. Représentation.** — « On ne vient jamais, porte l'art. 787 C. C., par représentation d'un héritier qui a renoncé : si le renonçant est seul héritier de son degré, ou si tous les cohéritiers renoncent, les enfants viennent de leur chef et succèdent par tête. »

Cette disposition ne fait que reproduire l'art. 744, qui déclare qu'on ne représente pas les personnes vivantes lors de l'ouverture de la succession.

**15867. Droit des créanciers.** — « Les créanciers de celui qui renonce au préjudice de leurs droits, dit l'art. 788 C. C., peuvent se faire autoriser en justice à accepter la succession, du chef leur débiteur, et sur lieu et place. » Ce droit n'est qu'une application spéciale du principe général posé par l'art. 1167 C. C., à savoir « que les créanciers peuvent, en leur nom personnel, attaquer les actes faits par leur débiteur en fraude de leurs droits. » Cependant cette application a cela de particulier, qu'il n'est pas nécessaire, pour la motiver, que la renonciation soit le résultat d'un concert frauduleux entre celui qui renonce et d'autres héritiers. Il suffit que la renonciation cause un préjudice aux créanciers, pour leur permettre de prendre le lieu et la place de leur débiteur, et ce résultat peut être produit par l'insouciance comme par l'erreur, comme par toute autre cause étrangère à la fraude (Fenet t. 2 p. 140 et 569, Demante t. 2 n° 471, Duranton t. 6 n° 511, Chabot art. 788 n° 1er, Belost-Jolimont obs. 1re, Taulier t. 3 p. 245, Ducaurroy t. 2 n° 588, Chardon *du Dol* t. 2 n° 264, Massé et Vergé t. 2 p. 314, Duvergier t. 3 n° 354, Rodière et Pont *Cout. de Mars.* t. 1er n° 893, Troplong *Cout. de Mars.* t. 3 n° 1385).

D'autres auteurs enseignent cependant le contraire. Ils objectent que l'ancienne jurisprudence exigeait l'intention frauduleuse (Lebrun liv. 3 ch. 8 sect. 2 n° 27, Pothier *Succ.* ch. 3 § 3 sect. 3, Furgole *Test.* ch. 10 sect. 2 n° 48, Basnage *Cout. de Norm.* art. 279), que l'action paulienne se fonde sur ce que les créanciers n'ont pas été représentés par celui qui les *trahissait*; enfin que le mot de *fraude* est prononcé par l'art. 1164 qui règle une action de tous points semblables (Demolombe t. 15 n° 29, Delvincourt t. 2 p. 34 note 7-9, Toullier t. 6 n° 371, Marcadé art. 788 n° 1er).

Mais les *légataires* du défunt ne pourraient pas certainement invoquer l'art. 788 C. C. pour faire annuler la renonciation de l'héritier, s'ils ne demandaient pas à prouver qu'elle est frauduleuse (Cass. 19 mars 1859, S. 59-1-506).

1. TITRE AYANT DATE CERTAINE. — Le droit d'accepter ne devrait appartenir qu'aux créanciers dont les titres ont une date certaine, antérieure à la renonciation. Autrement l'héritier pourrait, en contractant des dettes simulées et en faisant accepter la succession par des créanciers supposés, revenir ainsi, d'une manière indirecte, contre sa renonciation (Chabot *sur l'art.* 788 n° 5).

2. LIMITE DU DROIT DES CRÉANCIERS. — Lorsque les créanciers ont accepté, à la place de l'héritier qui avait renoncé, ce n'est qu'en leur faveur que la renonciation se trouve annulée; elle subsiste toujours à l'égard de l'héritier, parce qu'à son égard elle est devenue irrévocable. De plus, leur acceptation ne les rend pas personnellement héritiers, « La renonciation, ajoute en effet l'art. 1788, n'est annulée qu'en faveur des créanciers, et jusqu'à concurrence seulement de leurs créances; elle ne l'est pas au profit de l'héritier qui a renoncé. »

Le droit des créanciers consiste donc seulement à se prévaloir des biens qui restent au renonçant, distraction faite de sa part dans les dettes de la succession, pour se faire payer avec la valeur de ces biens leurs créances personnelles. Dès lors, si, après l'acquittement de ce qui leur est dû, il y a un reliquat, il ne leur appartient pas. Il n'est pas mieux la propriété du renonçant, mais il est recueilli par ceux au profit desquels l'accroissement se serait opéré en entier sans l'intervention des créanciers.

D'un autre côté, les cohéritiers acceptant qui ont payé les créanciers de leurs deniers ne pourraient exercer de répétition contre le renonçant revenu à meilleure fortune (Proudhon t. 5 n° 2410, Ducaurroy t. 2 n° 589, Demante t. 3 n° 100 *bis*, Marcadé art. 788 n° 11, Massé et Vergé t. 2 p. 315, Demolombe t. 15 n° 89; — *Contrà* Toullier t. 2 n° 349, Duranton t. 6 n° 530 *bis*, Zachariæ, Aubry et Rau t. 5 p. 173).

**15868. Succession future.** — Dans notre ancien droit, il était permis de renoncer d'avance à une succession future, et l'on usait fréquemment de cette faculté à l'égard des filles, en les faisant renoncer au moment de leur mariage. Le Code repousse une semblable convention.

La règle est donc maintenant qu'on ne saurait renoncer à une succession non ouverte. Si donc, sciemment ou par méprise, l'habile à succéder avait renoncé avant le temps, il ne serait pas lié par cette renonciation. Nous avons vu, n° 15762, le même principe appliqué à l'acceptation.

**15869. Par qui la renonciation peut être faite.** — La renonciation à une succession a le caractère d'une aliénation. Dès lors, pour être capable de renoncer, il faut avoir la libre disposition de ses biens.

Ainsi, la femme mariée ne peut renoncer sans l'autorisation de son mari ou de la justice. Le mineur en tutelle, le mineur émancipé et l'interdit ne peuvent non plus renoncer personnellement. En ce sens, il a été jugé que la renonciation à une succession faite par un mineur émancipé, sans l'autorisation du conseil de famille, est nulle, bien qu'elle ait été autorisée par le tribunal (C. Grenoble 6 déc. 1842, S. 43-2-200).

Elle peut émaner d'un mandataire par acte sous seing privé (Duranton t. 6 n° 472, Favard *Rép.* v° *Ren.* § 1er n° 3, Aubry et Rau t. 5 p. 168, Massé et Vergé t. 2 p. 310, Dalloz

*Succ.* 582, Merville *Revue pratique* 1856-2 p. 97, Demolombe t. 15 nos 14 et 134).

**15870. Délai.** — La loi ne prescrit pas le délai dans lequel doit être faite la renonciation à la succession. Ainsi, quand un successible renonce à la succession, sa renonciation est toujours recevable, à moins qu'il ne prouve qu'il a fait acte d'héritier ; mais il n'est tenu, lui, de justifier ni d'aucun acte exclusif d'acceptation, ni d'aucun inventaire (C. Paris 16 juill. 1814, S. 15-2-241).

**15871. Déchéance.** — Mais, bien qu'il n'y ait pas de délai dans lequel la renonciation doive être faite, le successible peut être déchu de la faculté de renoncer. Ainsi, le successible qui, au moment de l'ouverture de la succession, est en possession des biens de l'hérédité, en vertu d'une donation annulable comme frauduleuse ou simulée, ne peut valablement renoncer à la succession dont il détient une partie : cette renonciation est elle-même nulle comme frauduleuse (C. Riom 22 nov. 1841, S. 42-2-105).

## SECTION 2. — DROIT D'ACCEPTER OU DE RENONCER APRÈS TRENTE ANS. — PRESCRIPTION

[15872-15880]

**15872. Prescription de trente ans.** — « La faculté d'accepter ou de répudier une succession, porte l'art. 789 C. C., se prescrit par le laps de temps requis pour la prescription la plus longue des droits immobiliers. »

Cette disposition a fait naître une foule de systèmes divers, entre lesquels se divisent la doctrine et la jurisprudence, et qu'il ne peut entrer dans le cadre de cet ouvrage de développer ici, mais qui, tout en se subdivisant de huit ou neuf manières différentes (*V.* Marcadé *sur l'art.* 789), peuvent cependant se réduire à trois :

En premier lieu, on peut regarder les diverses manières dont Delvincourt t. 2 p. 32 note 6, Delaporte *Pandect. franç.* t. 3 p. 170, Coulon *Quest. de droit* t. 3 p. 5, envisagent la question comme se réduisant à ceci, à savoir que l'habile à succéder qui pendant trente ans n'a ni accepté, ni répudié la succession, est réputé acceptant ou renonçant selon l'intérêt des tiers (C. Paris 13 août 1823, S. 25-2-121).

En second lieu, des diverses théories émises par Maleville *sur l'art.* 789, Duranton t. 6 n° 488, Malpel *des Succ.* n° 336 et suiv., Zachariæ (édit. Massé et Vergé § 377), Vazeille *Prescript.* t. 1er n° 365, on peut conclure que la prescription de trente ans s'applique au droit d'accepter, en sorte qu'après trente ans, l'héritier est nécessairement renonçant et présumé par conséquent n'avoir eu aucun droit à la succession (*V.* C. Paris 3 fév. 1848, S. 48-2-261 ; — Caen 25 juill. 1862, S. 63-2-89).

D'après le troisième système, l'héritier se trouve, après trente ans, déchu de la faculté de renoncer et doit être considéré comme étant héritier pur et simple. Ce système est ainsi formulé par Marcadé *sur l'art.* 789

« Pour nous, ces interprétations multipliées et si contradictoires nous ont toujours étonné, et le vrai sens de l'article nous a toujours paru facile. L'article, en effet, déclare que le successible, après trente ans depuis l'ouverture de la succession, aura perdu définitivement *la faculté d'accepter ou de répudier*, c'est-à-dire le droit de choisir entre l'acceptation et la renonciation ; en sorte que, après ce délai, il ne peut plus opter, et sa position est irrévocablement arrêtée. Et quelle est cette position ? rien de plus simple, ce nous semble... Par le fait même de la mort du défunt, le successible s'est trouvé revêtu du titre d'héritier ; il a été saisi de la succession ; seulement il avait le choix, ou de rendre cette position irrévocable par une acceptation, ou de s'en dépouiller par une renonciation. Or, la loi nous dit qu'après trente ans de silence, il n'a plus ce choix ; donc il reste alors *in statu quo*, c'est-à-dire qu'il demeure héritier sans qu'il lui soit désormais possible de renoncer. C'est peut-être là une illusion de notre esprit : mais cette idée nous a toujours paru on ne peut plus simple. On voit que nous nous trouvons, quant au fond des choses, complètement d'accord avec Chabot et Demante, puisque notre système consiste dans l'une des deux idées de ces auteurs, et que, pour l'autre, nous l'admettons également, non plus comme écrite dans notre article, mais comme résultant implicitement de sa disposition et se trouvant, dans la pensée évidente du législateur, suffisamment révélée par l'analogie des deux cas. Nous arrivons donc au même résultat que ces deux auteurs, et ce résultat est adopté par des arrêts récents. »

C'est à ce système qu'aboutissent, en définitive, les diverses théories formulées par Chabot *Success.* t. 2 p. 548 et suiv., Poujol sur l'art. 789, Demante *Progr.* t. 2 p. 110 et *Cours analyt.* t. 3 p. 164, Massé et Vergé *sur Zachariæ* § 377 n° 4, Ducaurroy t. 2 nos 593-594, et par des arrêts de Paris du 3 février 1848 (S. 48-2-262) et de Riom du 1er février 1847 (S. 48-2-257).

La jurisprudence la plus récente semble vouloir établir un système intermédiaire. Selon elle, le parent le plus proche qui a laissé passer trente ans sans accepter ni renoncer est déchu de la faculté d'accepter, si l'hérédité a été appréhendée par des parents du même degré ou d'un degré ultérieur, lors même que leur possession n'aurait pas duré trente ans (Rouen 6 juin 1838, S. 39-2-129 ; — Cass. 14 juin 1840, S. 40-1-590 ; — C. Paris 12 déc. 1851, S. 51-2-769 ; — Bordeaux 6 mai 1841, S. 41-2-444 ; — Paris 11 déc. 1858, S. 59-2-314 ; — Douai 30 nov. 1854, S. 55-2-265 ; — Cass. 29 janv. 1862, D. 62-1-273 ; — Paris 25 nov. 1862, D. 63-2-169. — *V.* Cass. 7 janv. 1868, S. 68-1-150).

Il a été spécialement jugé que l'héritier qui a laissé écouler plus de trente ans sans accepter ni répudier une succession ne peut plus la réclamer contre ceux à qui elle a été légalement dévolue et qui l'ont recueillie à son défaut, alors même que cette succession aurait été recueillie par un successeur irrégulier, par exemple par l'État, qui n'aurait été envoyé en possession que depuis moins de trente ans avant la réclamation de l'héritier légitime : l'effet de l'envoi en possession du successeur irrégulier remonte, comme l'acceptation de l'héritier légitime, au jour de l'ouverture de la succession (Arr. de Cass. 13 juin 1855, qui annule un arrêt de la cour d'appel de Paris du 6 avr. 1854, S. 55-1-689). — Arrêt dans le même sens que celui de la Cour de cassation, rendu par la cour de Rouen, le 23 avril 1856 (S. 56-2-389).

M. Demolombe fait justement remarquer, sur cette jurisprudence, qu'un héritier qui réclame la succession appréhendée par un tiers exerce la pétition d'hérédité et que les tiers ne repoussent sa demande qu'au moyen de la prescription acquisitive de trente ans (2262 C. C.). Mais alors il ne s'agit plus ici de l'art. 777 ni de l'art. 789 (t. 14 n° 313).

Cette prescription de trente ans ne s'applique pas seulement d'ailleurs à l'héritier pur et simple, mais aussi à la faculté d'accepter bénéficiairement. Après ce délai, la position d'héritier se trouve définitivement établie (Zachariæ, Aubry et Rau t. 4 p. 274, Ducaurroy t. 2 n° 596, Demante t. 3 n° 110 *bis*, Demolombe t. 14 n° 317; — *Contrà* Douai 30 nov. 1854, S. 55-2-265; Chabot art. 789-1, Vazeille art. 789 p. 122, Marcadé art. 789 n° 2).

**15873. Exception au principe de l'irrévocabilité de la renonciation.** — « Tant que la prescription du droit d'accepter, dit l'art. 790 C. C., n'est pas acquise contre les héritiers qui ont renoncé, ils ont la faculté d'accepter encore la succession, si elle n'a pas été déjà acceptée par d'autres héritiers, sans préjudice néanmoins des droits qui peuvent être acquis à des tiers sur les biens de la succession, soit par prescription, soit par actes valablement faits avec le curateur à la succession vacante. »

En principe, la renonciation à une succession est irrévocable. Cependant, les numéros suivants nous feront connaître quelques exceptions à ce principe. L'article ci-dessus du Code civil, notamment, nous en présente une; mais pour qu'elle ait lieu, il faut la réunion de trois conditions : la première, que la prescription du droit d'accepter ne soit pas acquise contre l'héritier qui a renoncé à la succession, et qui veut la reprendre; la seconde, que la succession n'ait pas été acceptée par d'autres héritiers; la troisième, que les droits valablement acquis à des tiers dans l'intervalle soient respectés.

Les héritiers de celui qui a renoncé à la succession pourraient d'ailleurs, tout aussi bien que leur auteur, exercer le droit de l'art. 790 C. C. (Duranton t. 6 n° 407, Demante t. 3 n° 101 *bis*, Demolombe t. 14 n° 345).

La disposition de la loi qui réserve à l'héritier renonçant, et en l'absence de toute acceptation par un autre héritier à son défaut, la faculté de revenir sur sa renonciation et d'accepter encore la succession, tant que la prescription du droit d'accepter n'est pas acquise contre lui, ne doit pas être entendue dans ce sens que l'héritier renonçant soit déchu de la faculté dont il s'agit, par le seul laps de trente années écoulées depuis l'ouverture de la succession, et que les tribunaux puissent prononcer d'office cette déchéance. Pour que cette déchéance soit prononcée, il faut en outre qu'une autre personne ait elle-même acquis un droit à la succession, et qu'elle oppose formellement la déchéance à l'héritier renonçant (Bruxelles 11 fruct. an 11, S. *Collect. nouv.* 1-2-519; — Cass. 6 vent. an 13, S. *Collect. nouv.* 1-2-174; — Douai 30 nov. 1854, S. 55-2-265; — Riom 25 mai 1840, S. 41-2-320, Belost-Jolimont et Chabot art. 790-1, Vazeille *des Présompt.* n° 373, Fenet de Conflans art. 790 n° 1ᵉʳ. — V. Cass. 22 janv. 1862, S. 62-1-337). — Ce système est cependant combattu par Demolombe t. 15 n° 56 et Aubry et Rau t. 5 p. 169. Selon eux, l'art. 790 établit la même prescription que l'art. 789, c'est-à-dire une prescription spéciale, distincte de la pétition d'hérédité et n'exigeant pas qu'un tiers se soit emparé de la succession. Si le renonçant pouvait toujours reprendre la succession quand elle n'a pas encore été acceptée par d'autres, il n'y aurait qu'une seule condition mise par la loi au retour du renonçant. Or, l'art. 790 en met deux, puisqu'il exige, en outre, que la prescription du droit d'accepter ne soit pas acquise contre lui. Donc, la prescription de la faculté de revenir contre la renonciation pourrait être opposée par l'État lui-même.

**15874. Point de départ de l'irrévocabilité.** — Mais aussitôt que d'autres héritiers ont accepté, l'irrévocabilité commence. Ainsi, le renonçant prétendrait en vain que depuis sa renonciation, il a reconnu l'existence de biens considérables appartenant au défunt et qu'il ne connaissait pas dès le principe; sa réclamation serait tardive, car les droits qu'il a abandonnés ont passé à d'autres. Jugé en ce sens par la cour de Grenoble, le 22 mars 1830 (S. 31-2-91), que le légataire qui a renoncé, dans la conviction que l'acceptation lui serait onéreuse, n'est autorisé à révoquer sa donation qu'autant que d'autres n'ont pas accepté. Vainement il exciperait d'erreur, cause de sa renonciation.

**15875. Bénéfice d'inventaire.** — La loi ne s'attache pas à un mode d'accepter plutôt qu'à un autre, et l'acceptation de la succession sous bénéfice d'inventaire mettrait obstacle à la révocation de la renonciation tout aussi bien que l'acceptation pure et simple (Chabot art. 790, Duvergier t. 2. n° n 346 note 6, Zachariæ, Aubry et Rau t. 5 p. 170, Massé et Vergé t. 2 p. 316, Demolombe t. 15 n° 64, Duranton t. 6 n° 507, Vazeille art. 790 n° 3, Delvincourt t. 2. p. 107). Jugé que, dans ce cas, la déchéance du droit d'accepter peut être opposée au renonçant non-seulement par l'héritier qui a accepté, mais encore par celui qui n'aurait pas encore pris qualité (Cass. 19 mai 1835, S. 35-1 719, Demolombe t. 15 n° 65).

**15876. Héritiers irréguliers.** — L'héritier qui a renoncé ne peut, pas plus que dans les cas précédents, revenir sur sa renonciation lorsque l'enfant naturel, le conjoint survivant et l'État se sont fait envoyer en possession des biens du défunt.

Dès lors, si l'État avait formé une *demande* d'envoi en possession, la renonciation ne pourrait plus être rétractée (Bordeaux 15 janv. 1848, S. 48-2-265, Delvincourt t. 2 p. 34 note 13, Toullier t. 2 n° 347, Chabot art. 790 n° 2 ; Malpel n° 338, Poujol art. 790 n° 5, Marcadé art. 790, Taulier t. 3 p. 240, Demante t. 3 n° 111, Aubry et Rau t. 5 p. 170, Massé et Vergé t. 2 p. 310, Demolombe t. 15 n° 60. — *Contrà* Duranton t. 6 n° 563, de Freminville *des Minorités* t. 2 n° 563, Proudhon *de l'Usufruit* t. 5 n° 2214; — Paris 25 juill. 1825, S. 27-2-104). Il ne suffirait pas que l'État ou le successeur irrégulier eût de fait appréhendé l'hérédité (Bordeaux *suprà;* Demolombe *loc. cit.* — *Contrà* Aubry et Rau t. 5 p. 381-382).

Par conséquent, si la succession est demeurée vacante, le receveur de l'enregistrement dans la caisse duquel le curateur à la succession a versé les sommes en provenant n'a ni droit ni qualité pour opposer la déchéance dont il s'agit (Douai 30 nov. 1854, S. 55-2-265).

**15877. Renonciation pour s'en tenir au don en avancement d'hoirie ou au legs.** — On sait que la renonciation ne peut être faite sous condition. Cependant, la jurisprudence a quelquefois admis des renonciations tacitement conditionnelles. Dans le cas, par exemple, où l'enfant donataire en avancement d'hoirie, qui a renoncé à la succession pour s'en tenir à son don, se trouverait privé de son don par une circonstance quelconque.

1. EXPROPRIATION. — Ainsi, il a été jugé que l'enfant qui voit disparaître l'émolument de son don par l'effet de l'expropriation de son père peut être admis à revenir sur sa renonciation (Figeac 4 déc. 1845, S. 46-2-277).

2. CONDITION EXPRIMÉE. — La cour de Montpellier a jugé, le 13 février 1827 (S. 27-2-224), que l'enfant donataire en avancement d'hoirie qui a renoncé à la succession, pour s'en tenir à la donation, sous la réserve de ses droits dans le cas où la donation viendrait à être querellée, peut reprendre ses droits successifs si la donation est sans effet, en ce que le père donateur avait entièrement disposé de la quotité disponible.

Il faut remarquer que la renonciation n'est pas alors rétractée, mais qu'elle est non avenue, comme toutes les renonciations conditionnelles, et n'a jamais rien valu (Cass. 30 déc. 1861, D. 62-1-170).

3. CONDITION NON EXPRIMÉE. — RÉSERVE DE LA DONATION. — Quand l'héritier se borne à déclarer qu'il renonce pour s'en tenir à son don, on décide généralement que cette réserve équivaut à l'expression d'une condition, tellement que si la donation est sans effet, la renonciation est non avenue. Ainsi, la Cour de cassation, le 29 mars 1842 (S. 42-1-461), a jugé que lorsque l'héritier réservataire a renoncé à la succession, sous la condition de retenir la réserve, cette renonciation peut, à raison de cette condition, être réputée sans effet, en telle sorte que l'héritier, malgré sa renonciation, conserve sa qualité et peut demander, pour prendre sa réserve dans la succession, le rapport des dons faits aux autres héritiers. — La même solution résulte d'un arrêt de la cour de Montpellier, du 13 février 1827 (S. 27-2-224).

Décidé même, et abstraction faite de toute réserve de la part du renonçant, que l'enfant donataire qui renonce à la succession, *pour s'en tenir au don*, peut ultérieurement, si la donation est annulée, revenir sur sa renonciation et réclamer sa réserve légale dans la succession (C. Nîmes 30 janv. 1827, S. 27-2-172).

Jugé encore, en ce sens, que la renonciation à succession faite par un enfant donataire, pour s'en tenir à son don, n'est censée faite qu'à condition que la donation aura son effet. La renonciation peut, par suite, être rétractée si la donation reste sans effet, à cause d'une donation antérieure, peu importe que déjà la succession ait été acceptée par les autres héritiers (C. Riom 3 fév. 1820, S. 23-2-93). La cour de Limoges a pleinement adopté cette doctrine, en jugeant, le 14 décembre 1831 (S. 32-2-197), que la renonciation à succession faite par un donataire en avancement d'hoirie, pour s'en tenir à son don, doit être réputée conditionnelle, en ce sens qu'elle peut être rétractée, s'il arrive que le donataire ne puisse conserver son don par suite d'autres dispositions faites par le donateur.

Cette doctrine est également enseignée par Delvincourt t. 2 p. 34 n° 7, Toullier t. 2 n° 351, Vazeille art. 845 n° 3, Malpel n° 338, Zachariæ, Aubry et Rau t. 5 p. 167.

Cependant cette jurisprudence n'est pas sans contradicteurs. On objecte que la clause litigieuse n'est pas une condition, parce qu'on n'admet pas aisément les nullités, qu'elle contient l'expression d'un simple motif, et que le renonçant pourrait oposer la renonciation aux créanciers (Belost-Jolimont art. 784 n° 4, Fenet de Conflans art. 785 n° 3, Zachariæ, Massé et Vergé t. 2 p. 318, Duvergier t. 2 n° 351 *bis* note A, Demolombe t. 15 n° 98).

Par exemple, il a été jugé que la renonciation à la succession faite par un donataire en avancement d'hoirie, pour s'en tenir à son don, ne peut être réputée conditionnelle en ce sens que le renonçant soit en droit de la rétracter dans le cas où le don vient à être ultérieurement annulé ou modifié dans ses effets (C. Poitiers 7 août 1833, S. 34-2-166 ; — Cass. 2 fév. 1830, D. 30-1-105). — Même décision au cas où la donation est restée sans effet, à cause d'une donation antérieure (C. Nîmes 6 fév. 1824, S. 24-2-117). — Jugé aussi que la renonciation à la succession faite par un donataire en avancement d'hoirie, pour s'en tenir à son don, ne peut être réputée conditionnelle, et, comme telle, être rétractée qu'autant qu'elle n'a pas été faite en connaissance de cause, ou qu'elle est le résultat du dol ou d'une erreur de fait ; elle ne peut être rétractée pour erreur de droit (C. Grenoble 20 juill. 1832, S. 32-2-531). — V. *Renonciation* et aussi *suprà* n° 15761).

**15878. Dol.** — L'héritier peut toujours être restitué si la renonciation a été la suite d'un dol pratiqué envers lui par des manœuvres telles qu'il soit évident que, sans ces manœuvres, la renonciation n'eût pas eu lieu. C'est là une application incontestable des dispositions des art. 183 et 1116 C. C. (Duranton t. 6 n° 503, Demante t. 3 n° 108, Ducaurroy t. 2 n° 583, Malpel n° 538, Poujol art. 784 n° 3, Zachariæ, Aubry et Rau t. 5 p. 174, Demolombe t. 15 n° 92). — Jugé en ce sens par la cour de Paris, le 11 pluviôse an 11 (S. *Collect. nouv.* 2-2-24), que le majeur peut se faire restituer contre sa renonciation, si cette renonciation a été la suite d'un dol pratiqué envers lui, et que, de plus, la prescription de cette action ou restitution ne court que du jour où le dol a été découvert.

D'autres auteurs pensent cependant que le dol doit émaner des cohéritiers du renonçant (Marcadé art. 783-5 et 790-5, Toullier t. 2 n° 391).

1. PREUVE. — Dans tous les cas, celui qui prétend avoir été déterminé par des manœuvres frauduleuses à renoncer à une succession peut toujours être admis à prouver par témoins les faits de fraude qu'il allègue (Toullier t. 9 n° 192).

**15879. Lésion.** — Lorsque la renonciation est le résultat d'une erreur de fait qui entraîne une lésion, le renonçant peut-il se faire restituer contre son acte ? L'affirmative est enseignée par Toullier t. 4 n° 351, Delvincourt t. 2 p. 106, Malpel n° 338, Vazeille art. 790 n° 2, Zachariæ, Massé et Vergé t. 2 p. 318, Taulier t. 3 p. 241, Dalloz *Succ.* 683. Selon eux, l'héritier qui a renoncé à la vue d'un testament faux, mais qui, s'il eût été valable, aurait absorbé une grande partie de la succession, est restituable contre cette renonciation. En ce sens, la cour de Paris a jugé, le 22 avril 1816 (S. 16-2-376), que celui qui a renoncé à une succession par suite d'ignorance invincible sur les objets qui la composent peut être restitué contre la renonciation.

Mais cette doctrine soulève de graves objections. En effet, la lésion n'est une cause de rescision que dans des cas exceptionnels et il n'en existe pas pour la renonciation. Par le même motif, l'art. 783 ne saurait être étendu au delà de ces termes et il n'y a pas d'analogie entre l'acceptation et la renonciation ; l'acceptant veut éviter une perte et le renonçant demande à faire un gain. Enfin, l'annulation de la renonciation jetterait le trouble sur la situation de la propriété (Grenoble 22 mars 1830, D. 34-2-38, Duvergier sur Toullier t. 2 n° 351, Chabot art. 784 n° 6, Poujol art. 784, Favard *Rép.* v° *Ren.* § 1er n° 19, Marcadé t. 5 p. 172, Massé et Vergé t. 2 p. 318, Demolombe t. 15 n° 94).

Conformément à cette théorie, la Cour de cassation a jugé, le 11 août 1825 (S. 26-1-19), que le successible qui a renoncé ne peut attaquer sa renonciation, sous prétexte de lésion. Il ne peut se prévaloir de la règle qui considère comme partage le premier acte entre successibles.

Dans tous les cas, il faut que l'erreur soit une erreur de *fait* : une erreur de *droit* ne pourrait exercer aucune influence sur la renonciation. Ainsi, Toullier enseigne (t. 4 n° 351) qu'il n'y aurait pas lieu à restitution, si le testament, au lieu d'être faux ou révoqué, avait été, depuis la renonciation, annulé par vice de forme ou autre moyen de nullité.

**15880. Présomption d'acceptation.** — En principe, l'acceptation par laquelle le renonçant rétracte sa renonciation peut avoir lieu soit expressément, soit tacitement (Rouen 30 juin 1857, S. 58-2-22 ; — Cass. 5 juin 1860, S. 60-1-956), soit purement, soit sous bénéfice d'inventaire (Demolombe t. 15 n° 64). L'appréciation des faits est souveraine. Ainsi il a pu être jugé que l'héritier qui a renoncé à une succession ne peut être considéré comme étant revenu sur cette renonciation, et comme ayant accepté, par cela seul qu'il est intervenu entre lui et son cohéritier une convention aux termes de laquelle ce dernier s'est engagé à faire participer le renonçant aux bénéfices de la succession, s'il y en a après le payement des dettes (C. Paris 5 mai 1812 ; — Cass. 12 déc. 1814, S. *Collect. nouv.* 4-1-112, 4-1-641).

## SECTION 3. — RECEL OU DIVERTISSEMENT. — DÉCHÉANCE

**[15881-15896]**

**15881. Acte d'hérédité.** — L'art. 792 C. C. prévoit le cas où les héritiers auraient diverti ou recélé les effets d'une succession. Alors, il les déclare déchus du bénéfice d'y renoncer. Ils demeurent héritiers purs et simples, nonobstant leur renonciation, sans pouvoir prétendre aucune part dans les objets divertis ou recélés.

La loi voit dans le recel un acte de propriétaire qui emporte acceptation pure et simple de la succession.

1. LÉSION — Il ne faudrait pas cependant lui appliquer toutes les conséquences de l'acte d'acceptation. L'héritier, par exemple, ne pourrait invoquer l'art. 783 C. C., ni prétendre à la restitution pour cause de lésion, car l'art. 783 C. C. n'a été fait que pour l'héritier qui peut honnêtement invoquer l'erreur de son acte ; et celui qui est devenu héritier par suite d'un méfait ne saurait soutenir qu'il ne voulait pas s'engager au-delà d'une certaine mesure (Demante n° 112 *bis* t. 0, Demolombe t. 14 n° 471).

**15882. Bonne foi.** — L'art. 792 qui déclare déchus de la faculté de renoncer les héritiers qui ont diverti ou recélé des effets de la succession n'est applicable qu'au cas de détournement frauduleux. Il ne s'appliquerait pas au détournement ou à un recel commis de bonne foi et sans intention de nuire (Cass. 11 mai 1868, S. 68-1-343 ; — 21 nov. 1871, S. 71-1-206 ; — C. Pau 17 janv. 1872, S. 73-2-118 ; — C. Paris 19 juill. 1873, S. 73-1-224).

Mais les faits de divertissement n'impliquent pas nécessairement l'existence de délits proprement dits ; ils peuvent résulter de toute fraude ayant pour but de rompre l'égalité des partages entre cohéritiers (Cass. 23 août 1869, S. 69-1-470 ; — 17 avr. 1867, S. 67-1-205 ; — *Comp.* : Cass. 13 août 1873, S. 74-1-19 et la note).

V. *Communauté.*

**15883. Titres antérieurs non déclarés.** — L'art. 792, qui prive l'héritier du droit de prendre part dans les effets de la succession par lui divertis ou recélés, ne s'applique pas au cas où un héritier a seulement omis de déclarer les donations entre-vifs qui lui ont été faites par le défunt, et de représenter les objets donnés ; il ne s'applique qu'au cas de détournements assimilables au vol et recel des objets ainsi détournés au préjudice de la succession (Cass. 13 nov. 1855, S. 56-1-425 ; — Montpellier 27 nov. 1867, S. 68-2-68, Demolombe *Succ.* t. 2 n° 476).

Jugé de même que l'héritier qui est possesseur de biens héréditaires, en vertu d'un titre apparent et légal, susceptible seulement d'être soumis à un rapport ou à une réduction, par exemple en vertu d'une donation déguisée, ne se rend pas coupable de recel des objets compris dans cette donation par cela seul qu'il ne les a pas déclarés. Par suite, il n'est pas privé de sa part dans ces objets (Cass. 6 nov. 1855, S. 56-1-248).

Il en est ainsi encore de l'héritier qui aurait frauduleusement omis de déclarer une dette contractée par lui envers le défunt (Colmar 6 avr. 1813, Dalloz v° *Cout. de Norm.* n° 2207 ; — Paris 27 juin 1846, D. 46-2-389 ; — Cass. 3 mai 1848, S. 49-1-363 ; Demolombe t. 14 n° 477)

**15884. Recel postérieur à la renonciation.** — Cependant la conclusion de l'art. 792, qui veut que le recéleur soit déclaré héritier pur et simple, n'est pas toujours possible. Si nous supposons, en effet, que le divertissement a eu lieu après la renonciation, le renonçant qui se sera rendu coupable de cet acte ne pourra se voir forcé de revenir sur sa renonciation pour encourir toutes les charges de l'acception pure et simple, qu'autant qu'aucun héritier n'aura encore accepté. Que si l'acceptation de l'héritier subséquent avait déjà eu lieu, comme l'acceptation du recéleur ne serait plus possible, le recel devrait être considéré comme un vol (Marcadé sur l'art. 792, Toullier t. 2 n° 350, Troplong *Cout. de Norm.* t. 3 n° 1563, Dalloz *Id.* 2210, Merlin v° *Recélé* n° 2, Favart v° *Ren.* § 1er n° 18, Chabot art. 792 n° 3, Duranton t. 6 n° 482, Malpel n° 331, Poujol art. 792 n° 2, Taulier t. 2 n° 250, Zachariæ, Aubry et Rau t. 5 p. 174, et Vergé t. 2 p. 217, Demolombe t. 14 n° 489).

**15885. Parent ou allié non successible.** — La disposition de l'art. 792 qui, nonobstant toute renonciation, oblige l'héritier qui a diverti des effets de la succession, n'est pas applicable au parent ou à l'allié qui n'est pas successible (Riom 21 déc. 1819, S. 21-2-3).

**15886. Mineur.** — Le mineur ne pouvant jamais accepter que bénéficiairement, il s'ensuit que le recel ou le détournement ne pourrait transformer sa qualité d'héritier bénéficiaire en celle d'héritier pur et simple (Cass. 2 déc. 1826, D. 27-1-77; — Bruxelles 9 déc. 1815; — Rouen 30 août 1828, D. 30-2-149; — Limoges 30 déc. 1827, S. 28-2-31, Duranton t. 6 n° 480, Chabot art. 792, Malpel n° 331, Pont et Rodière *Cout. de Norm.* t. 1er n° 416, Poujol n° 454, Taulier t. 3 p. 250, Ducaurroy t. 2 n° 615, Massé et Vergé t. 2 p. 312, Tambour p. 420, 421; — *Contrà* Troplong *Cout. de Norm.* t. 3 n° 1567, Odier t. 1er n° 416, Mourlon *Rép. écrit.* t. 2 p. 96).

Mais, ainsi que l'a jugé la Cour de Bordeaux, le 2 déc. 1840 (S. 41-2-182), s'il était parvenu à l'âge de discernement, il encourrait la perte de son droit sur l'objet diverti (Chabot sur l'art. 801 n° 4, Duranton t. 6 n° 420, Vazeille sur l'art. 792 n° 3, Marcadé *eod.* n° 1er, Aubry et Rau t. 4 p. 278 et t. 3 p. 496, Demolombe t. 14 nos 335 et 505, Malpel n° 331, Poujol n° 454; — *Conf.*: Limoges 30 juill. 1827; — Cass. 3 mai 1848, D. 48-1-166).

**15887. Héritier bénéficiaire.** — Le recel ou le divertissement aurait naturellement pour résultat de faire perdre à l'héritier bénéficiaire majeur la faveur du bénéfice d'inventaire et de le transformer en héritier pur et simple (Demolombe t. 15 n° 371 et t. 14 nos 469 et suiv.).

**15888. Femme.** — On a soutenu que la femme, ne pouvant pas accepter une succession sans l'autorisation de son mari ou de justice, ne pouvait pas non plus devenir héritière pure et simple par l'effet d'un divertissement ou d'un recélé qu'elle aurait commis de quelque effet de la succession. Mais cela n'est pas exact, car la femme peut accepter purement et simplement, et elle n'a pas besoin d'autorisation pour être obligée par ses méfaits (Cass. 4 fév. 1822, S. 25-1-417; — Rouen 12 janv. 1822, S. 25-1-163, Vazeille art. 794 n° 4, Tambour p. 283, Demolombe t. 14 n° 337 *bis*). Du reste, le divertissement commis par le mari ne serait pas imputable à la femme qui n'en serait pas complice (Agen 6 janv. 1851, D. 51-2-52, Demolombe t. 14 n° 479, Tambour p. 223).

**15889. Donataire contractuel.** — L'art. 792 s'applique également à la veuve donataire contractuelle de son mari : à cet égard, elle doit être considérée comme héritière de ce dernier (Cass. 16 janv. 1834, S. 34-1-120, Massé et Vergé t. 2 p. 317, Demolombe t. 14 n° 503). — Jugé encore que le donataire de partie des biens que le donateur laissera à son décès est considéré n'acquérir par l'effet de sa donation que des droits successifs, et il est, par suite, assimilé à un simple héritier. D'où la conséquence que, s'il se rend coupable de recel d'effets appartenant à la succession du donateur, il doit être déclaré déchu des droits qu'il avait sur les effets recélés (Cass. 12 août 1828, S. 29-1-42).

**15890. Perte de tout droit sur l'objet diverti ou recélé.** — La disposition de l'art. 792, qui déclare l'héritier privé de sa part dans les objets par lui divertis ou recélés, peut, du moins à titre de réparations civiles, être appliqué à l'héritier acceptant qui recèle ou divertit, comme à l'héritier qui renoncerait, après avoir diverti ou recélé, et dont la renonciation est, par ce motif, déclarée nulle par la loi (Cass. 22 fév. 1831, S. 31-1-273, Chabot art. 784 n° 7, Toullier t. 2 n° 350, Vazeille art. 792 n° 2, de Conflans art. 792 n° 3, Zachariæ, Aubry et Rau t. 5 p. 115, Massé et Vergé t. 2 p. 317).

La privation résultant de l'art. 1477 C. C. s'applique encore aux droits que le conjoint recéleur tiendrait de son conjoint, en vertu soit de dispositions contractuelles, soit de dispositions entre-vifs ou testamentaires (Bordeaux 22 août 1861, S. 62-2-37). Mais l'art. 1477 ne doit pas être entendu en ce sens que l'autre époux ait le droit de prélever ces effets avant tout partage, et qu'ils lui soient dévolus francs et quittes de toutes dettes; ces effets doivent, au contraire, rester dans la masse active jusqu'au partage, et servir, s'il y a lieu, même au payement des reprises de l'époux recéleur (Bordeaux 16 fév. 1864, S. 64-2-160).

**15891. Détournement antérieur à l'ouverture de la succession.** — Les dispositions qui déclarent l'héritier et l'époux survivants privés de leur part dans les objets par eux recélés ou divertis, sont-elles applicables au cas où le divertissement ou recel a eu lieu avant l'ouverture de la succession ou la dissolution de la communauté, s'il est constant qu'il a été fait en vue du décès et pour spolier la succession ou la communauté? La Cour de Paris s'est prononcée pour l'affirmative, le 14 janvier 1831 (S. 31-2-210). La Cour de cassation a confirmé cette doctrine, les 5 avril 1832 et 10 décembre 1835 (S. 32-1-528 et 36-1-327), en jugeant que l'héritier présomptif d'une femme commune en biens, qui soustrait, de concert avec le mari, au moyen d'une vente simulée, des valeurs dépendant de la communauté, se rend coupable de divertissement ou recel dans le sens de l'art. 792, et doit, par suite, être privé de sa part dans ces valeurs, alors même que la soustraction serait antérieure à l'ouverture de la succession, et qu'il en est de même de la soustraction opérée pendant la maladie dont est mort le *de cujus* (Cass. 5 août 1869, S. 69-1-398).

Telle est aussi l'opinion des auteurs (Pothier *Communauté* n° 688, Poujol *sur l'art.* 792 n° 2, Belost-Jolimont *sur Chabot eod*, Chardon *Dol et fraude* t. 2 n° 336, de Conflans art. 792

n° 1er, Zachariæ, Aubry et Rau t. 5 p. 159, Massé et Vergé t. 2 p. 317, Troplong *Cout. de Mars.* t. 3 p. 1562, Demolombe t. 14 n° 486). — Cependant la cour de Riom a jugé, le 12 février 1844 (S. 44-2-633), que la disposition de l'art. 792 d'après laquelle les héritiers qui ont diverti ou recélé des effets d'une succession n'est pas applicable au cas où le divertissement ou recel a eu lieu avant l'ouverture de la succession.

**15892. Double qualité d'héritier et de légataire.** — La question de savoir si la privation de sa part dans les objets divertis ou recélés, encourue par l'héritier, doit être restreinte à la portion qui lui revient en qualité d'héritier seulement, et si elle ne s'étend pas à la portion qui peut lui appartenir comme légataire, divise la doctrine et la jurisprudence.

L'affirmative, soutenue par Bourlon t. 1er p. 601, Poujol p. 453 et de Conflans art. 792 n° 5 p. 198, a été consacrée par des arrêts de la cour de Poitiers, du 31 novembre 1830 (S. 32-2-580) et de Colmar 9 mai 1823 (S. 23-2-351). Tandis que la cour de Bourges a adopté la négative, le 21 janvier 1840 (S. 40-2-502), en s'appuyant sur la doctrine des anciens auteurs : Brodeau *sur Louet* lettre R n° 48 p. 539, Renusson *de la Communauté* 2e part. ch. 2 nos 37 et suiv., Pothier *eod.* 4e part. ch. 2 art. 1er n° 690, et parmi les modernes Toullier t. 13 n° 214, Massé et Vergé t. 2 p. 218, Troplong *Contr. de mar.* t. 3 n° 1692, Demolombe t. 14 n° 499, Zachariæ t. 3 § 519 p. 496. — Il nous semble que le recéleur confondant en lui une double qualité, lorsqu'il a commis la faute, doit être puni en sa double qualité (*Conf.* : Cass. 5 avr. 1832, D. 32-1-160 ; — Riom 6 août 1840, S. 40-2-387 ; — Bordeaux 16 juin 1840, S. 40-2-502 ; — Cass. 1er déc. 1841, S. 41-1-801 ; — Paris 24 juin 1843, S. 43-2-331 ; — Cass. 4 déc. 1844, D. 45-1-191).

1. ASCENDANT. — Si l'époux qui a détourné est légataire universel de son conjoint qui a laissé un ascendant réservataire, la part enlevée à l'époux est attribuée totalement à l'ascendant, à l'exclusion des collatéraux (Sol. 26 sept. 1873).

**15893. Restitution spontanée.** — L'ancien droit admettait que la peine n'est pas encourue si l'auteur du recel ou du divertissement remet spontanément l'objet dans la masse (Pothier *Communauté* n° 691, Lebrun liv. 3 ch. 2 sect. 2 dist. 2 n° 36, Merlin *Recélé* n° 3). Il semble qu'il en doit être de même aujourd'hui, car d'une part le détournement n'est pas accompli tant que la privation de l'objet n'est pas réalisée, et, d'autre part, il serait rigoureux et inutile de fermer au cohéritier toute voie de repentir (Cass. 10 déc. 1835, D. *Contr. de mar.* n° 2219 ; — Cass. 3 mai 1848, S. 49-1-363 ; — Agen 6 janv. 1851, D. 51-2-52 ; — Paris 19 juill. 1872, S. 73-2-224, Pont et Rodière *Contr. de mar.* t. 1er n° 842, Troplong *Id.* nos 1569, 1695, Demolombe t. 14 n° 480).

Il en serait de même de l'héritier du recéleur (Paris 5 août 1839, S. 40-2-48 ; — Cass. 3 mai 1848, S. 49-1-363, Demolombe et Troplong *loc. cit.*)

**15894. Mode de restitution.** — La Cour de cassation, par un arrêt du 10 décembre 1835 (S. 36-1-327), a réglé la marche à suivre dans le cas de recel ou divertissement, par un cohéritier, d'un objet dépendant de la succession. La restitution doit en être faite dans la forme ordinaire des rapports à succession, c'est-à-dire en accordant au copartageant, au préjudice duquel le détournement a eu lieu, le droit de prélever sur la masse à partager une valeur égale à celle de l'objet détourné. On ne peut dire que ce soit là un payement par privilége, en faveur de ce copartageant, sur la part revenant à l'héritier coupable de recel (Troplong *Contr. de mar.* t. 3 n° 169, Demolombe t. 14 n° 501).

Jugé encore dans cet ordre d'idées, que le cohéritier qui, à l'insu des autres héritiers, a placé des capitaux dépendant de la succession, dont il s'était emparé, doit, au cas où les débiteurs se trouvent insolvables, rapporter le montant même des capitaux, et non pas seulement les titres de placement (C. Poitiers 30 nov. 1830, S. 32-2-580).

**15895. Preuve.** — Suivant un arrêt de Cass. du 6 novembre 1827 (S. 30-2-215), la disposition de l'art. 792, qui prive le cohéritier de sa part dans les objets par lui divertis ou recélés, étant une disposition pénale, il faut, pour son application, que le divertissement ou recel soit prouvé d'une manière positive et qui ne laisse aucun doute. Ainsi, encore bien qu'un cohéritier soit condamné à rapporter à la succession un effet de cette succession qu'il prétendait, sans l'établir suffisamment, lui avoir été donné par le défunt, il ne doit pas y avoir lieu cependant à le déclarer privé de sa part dans cet effet, s'il reste quelque incertitude sur la vérité du fait allégué par le cohéritier.

Il est bien entendu, d'ailleurs, que c'est à celui qui affirme le recel à le prouver, et il le fera par témoins ou présomptions (Cass. 6 mai 1818, Dalloz *Contr. de mar.* n° 2215 ; — 4 déc. 1844, D. 45-1-44), mais non par la commune renommée, ce genre de preuve n'étant recevable que dans certains cas déterminés (Bordeaux 2 juin 1841, Dalloz v° *Succ.* n° 638 ; — Liége 12 janv. 1844, Dalloz v° *Contr. de mar.* n° 2216, Demolombe t. 14 n° 483).

**15896. La déchéance ne peut être demandée par le recéleur.** — L'auteur du recel ne peut invoquer lui-même la déchéance, par exemple, attaquer sa renonciation afin de faire tomber l'acceptation que d'autres auraient faite en conséquence (Toullier t. 2 n° 350, Duranton t. 6 n° 481, Chabot art. 792 n° 1er, Malpel n° 331, Poujol art. 791 n° 1er, Ducaurroy t. 2 n° 602, Demante t. 3 n° 113 *bis*, Demolombe t. 14 n° 492).

## TITRE VI. — STIPULATIONS SUR UNE SUCCESSION FUTURE

[15897-15915]

**15897. Principe.** — Aux termes des art. 791, 1136 et 1600 C.C., tous traités ou stipulations sur une succession future ou non ouverte, comme aussi toute renonciation à une pareille succession, même en contrat de mariage, sont frappés de nullité, alors même que celui de la succession duquel il s'agit serait intervenu au contrat.

On a vu, au n° 15868, que, dans notre ancien droit, la renonciation à une succession future était non-seulement permise en droit, mais encore très-usitée en fait. Notre Code l'a repoussée d'après les motifs suivants, développés par

M. Siméon, dans son discours au Corps législatif sur le titre *des Successions* :

« Il faut connaître son droit, et savoir en quoi il consiste, pour y renoncer valablement. L'art. 791 paraît contraire aux règles du contrat de vente, qui permettent de vendre des choses à venir, telles que des fruits à recueillir, des animaux qui peuvent naître, et d'autres choses semblables, quoiqu'elles ne soient pas encore en nature. On peut vendre une espérance, un coup de filet, par exemple, une liquidation de profits qui ne sont pas assurés ; mais, dans tous les cas, le vendeur est propriétaire. L'espérance qu'il vend a un fondement réel dans le champ, dans le troupeau, dans le coup de filet desquels il est le maître ; au lieu que l'espérance d'un héritier présomptif dans une succession future n'a point de base réelle, et ne porte que sur la présomption souvent fautive qu'il succédera. D'ailleurs, en établissant que tout ce que l'on peut avoir, posséder ou recouvrer, est susceptible de vente, le peuple sage, le conquérant et le législateur du monde, excepta les ventes qui seraient contraires à la nature, au droit des gens ou aux bonnes mœurs. Or, la vente de la succession d'un homme vivant offense les convenances ; elle suppose autant le désir que la trop active prévoyance de sa mort. La renonciation, si elle est payée, est une vente qui aura les mêmes vices que la vente elle-même ; si elle est gratuite, elle est une sorte de mépris, une offense faite à celui dont on répudie d'avance l'héritage ; ou, s'il la sollicite lui-même, elle peut être forcée par l'autorité qu'il exerce ; elle peut entraîner, pour le renonçant, une lésion que la loi ne doit pas souffrir. On avait cependant admis, dans les pays coutumiers, la renonciation des filles : elle avait pour motif les avantages présents qu'elles trouvaient dans leur dot et leur établissement et surtout le désir de conserver les biens dans les familles. Mais un établissement était dû aux filles comme aux mâles ; la dot ne devait être, pour elles comme pour eux, qu'un avancement d'hoirie : c'était leur vendre avec injustice et cherté un établissement, que de le leur faire acheter par la perte de leur portion héréditaire. La conservation des biens dans les familles, précieuse à beaucoup d'égards, ne l'est pas assez pour qu'on y veille, au détriment d'une partie de la famille elle-même. Les filles y sont nées ainsi que les mâles. Malheur à la société, si la nature, adoptant ces injustes préférences, devenait plus prodigue de mâles que de filles, et rompait, dans les naissances, cet équilibre des deux sexes si nécessaire à la propagation et à la tranquillité de l'espèce humaine ! On aperçoit que le droit romain valait mieux à cet égard que le droit coutumier, et l'on ne regrettera point qu'il ait prévalu. »

**15898. Effet rétroactif.** — Les dispositions des lois nouvelles qui prononcent la nullité de toute renonciation à succession future sont applicables aux renonciations antérieures à ces lois, lorsque la succession s'est ouverte depuis : il n'y a pas là effet rétroactif (Montpellier 6 avr. 1835, Dalloz v° *Succession* n° 613 ; — *Contrà* Bastia 14 avr. 1834 *Idem*).

**15899. Nullité absolue.** — Les cours de Montpellier, le 4 août 1832, et de Bastia, le 14 avril 1834 (S. 32-2-481, 34-2-594), ont jugé que la nullité dont est frappée toute convention *contraire aux bonnes mœurs*, telle qu'un traité sur une succession future, est une nullité *radicale* et substantielle, qui détruit l'acte dans toutes ses parties, même une stipulation de garantie stipulée dans l'acte.

Nous ferons remarquer, au sujet de cette espèce de nullité, qu'au point de vue où nous sommes placé dans cet ouvrage, l'épithète *radicale* appliquée à notre nullité par les arrêts ci-dessus, est impropre, car il faut entendre par nullité radicale, celle qui rend un contrat annulable comme se trouvant entaché d'erreur, de violence ou de dol. La nullité qui naît d'une convention contraire aux bonnes mœurs et à l'ordre public est une nullité *absolue*. C'est à cette catégorie qu'appartient la nullité dont il est question ici.

**15900. Annulation de garantie.** — De ce que la nullité d'une renonciation à succession future est d'ordre public, il résulte que la garantie par un beau-père d'une renonciation consentie par une fille à la succession de son père, est nulle comme la renonciation elle-même. « Attendu, porte l'arrêt de la cour de Bastia, du 14 août 1834, ci-dessus cité, qu'aux termes des lois anciennes, et notamment de l'art. 2012 C. C., le cautionnement ne peut exister que sur une obligation valable, et que l'abolition de la renonciation faite par l'intimée a entraîné nécessairement la nullité de la garantie stipulée par son mari, feu Vincent Franceschini, pour sûreté de ladite renonciation, étant de principe que l'accessoire doit suivre le sort du principal. »

**15901. Renonciation à une succession future et à une succession ouverte. — Indivisibilité.** — La question de savoir si, lorsqu'un acte contient à la fois une stipulation sur une succession ouverte et une stipulation sur une succession future, est annulable ou non annulable dans son entier, a fait l'objet de nombreux arrêts. Les uns, croyant trouver des indices de divisibilité dans les deux stipulations, annulent l'une, et maintiennent l'autre ; tandis que d'autres arrêts annulent l'acte dans son entier, comme indivisible.

1. INTERPRÉTATION. — C'est là au surplus une question d'appréciation et la Cour de cassation a jugé, le 14 novembre 1843 (S. 44-1-229), que lorsqu'un acte portant vente des meubles que le vendeur laissera à son décès et des immeubles qu'il possède au jour de la vente est considéré par les juges comme renfermant une stipulation sur une succession future, quant aux meubles, les juges peuvent, sans violer aucune loi, l'annuler pour le tout comme indivisible, sans distinguer entre la stipulation relative aux meubles et celle qui est relative aux immeubles.

D'où la conséquence que les juges pourraient également l'annuler pour une partie seulement sans porter atteinte à la loi. Cela posé, nous allons faire connaître les décisions qui ont reconnu l'indivisibilité et celles qui se sont prononcées pour la divisibilité.

2. INDIVISIBILITÉ. — La renonciation consentie par un héritier en faveur de son cohéritier, pour un seul et même prix, à une succession échue et à une succession à échoir, est nulle pour le tout : il y a indivisibilité (C. Riom 13 déc. 1828 ;

— Montpellier 14 août 1832; — Toulouse 27 août 1833; — Limoges 6 avr. 1838, S. 29-2-162, 32-2-481, 34-2-97, 38-2-501). — Et il en serait de même, alors que l'acquéreur offrirait de payer le prix entier stipulé dans l'acte de vente : la vente restant nulle quant aux objets dépendants de la succession future (C. Orléans 24 mai 1849, S. 49-2-601). — La vente faite, pour un seul et même prix, de droits successifs échus ou à échoir, est nulle pour le tout s'il y a indivisibilité (C. Limoges 13 fév. 1828, S. 29-2-32). — Il en est de même de la vente faite par un seul acte et pour un seul prix : 1° des biens présents ; — 2° des biens d'une succession future, lors même que l'acquéreur déclarerait qu'il ne réclame rien de la succession future, et que, sans demander aucune diminution sur le prix, il se contente des biens qui appartenaient à son vendeur au moment de la vente (C. Metz 14 juill. 1825, S. *Collect. nouv.* 8-2-114).

3. DIVISIBILITÉ. — D'autre part, il a été jugé : 1° que la nullité d'un traité sur la succession d'une personne vivante n'entraîne pas la nullité des dispositions de ce traité relatives à une succession ouverte, encore bien que le traité ait été passé pour un seul et même prix, si d'ailleurs il y a possibilité de diviser les deux stipulations (C. Grenoble 8 août 1832, S. 33-2-176) ; — 2° que la nullité d'un traité sur la succession d'une personne vivante, stipulé à l'occasion d'une donation faite par cette personne, n'entraîne pas la nullité de la donation, quoique ce traité soit fait par le même acte si les deux stipulations sont divisibles, et que l'une ne soit pas la condition de l'autre (Cass. 10 août 1840, S. 40-1-757) ; — 3° que le traité qui contient renonciation, tout à la fois, à une succession future et à une succession ouverte, n'est pas nul pour le tout : il n'est nul que pour la partie relative à la succession non ouverte (Cass. 8 nov. 1842, S. 43-1-33) ; — 4° qu'un traité comprenant cession de droits successifs pour un seul et même prix, dans une succession ouverte et dans une succession future, peut être déclaré valable, moyennant l'offre par le cessionnaire de ne faire porter le prix de la cession que sur la succession ouverte (Cass. 17 janv. 1837, S. 37-1-247).

**15902. Ratification.** — Tout pacte sur une succession future est frappé de nullité absolue. Or la nullité absolue représentant la négation de toute convention, le néant dans la plus complète acception du mot, rien ne peut donner la vie à la convention qu'elle infecte, *quod non est confirmari nequit*, d'où la conséquence que la nullité de la renonciation à une succession future ne peut être couverte par la ratification après le décès. Jugé cependant qu'un pacte de famille, quoique fait sous des conditions abolies par la législation postérieure, et telles, par exemple, que celle de renoncer à une succession future, doit néanmoins être maintenu, quand, depuis cette législation, les parties l'on exécuté volontairement.

« Attendu qu'en jugeant qu'un pacte de famille, volontairement exécuté par une foule d'actes antérieurs et postérieurs à l'ouverture de la succession de la mère commune devait continuer à faire la loi des parties entre lesquelles ce pacte de famille était intervenu, l'arrêt attaqué n'a pu violer aucune loi » (Cass. 5 fév. 1840, Dalloz v° *Succession* n° 619).

On peut cependant induire le contraire, *par argument à contrario*, d'un autre arrêt de la Cour de cassation, en date du 23 janv. 1832 (S. 32-1-666), qui a jugé que l'acte par lequel des enfants, du vivant de leur père et en son absence, se partagent un immeuble lui appartenant, sur lequel ils ont hypothèque et disposent de leur part dans cet immeuble, ne peut être considéré comme ayant le caractère de partage ou de vente de succession future, infecté, sous ce rapport, d'un vice radical et absolu, *non susceptible d'être couvert*. Un tel acte doit être réputé simple aliénation de la chose d'autrui, et, par suite, la nullité dont il est entaché peut être couverte soit par la ratification, soit par la prescription de dix ans,

Mais il a été jugé, d'une manière tout à fait directe, que la nullité dont il s'agit ne peut être couverte par la ratification ou l'exécution qui lui a été donnée postérieurement au décès (C. Aix 2 juin 1840 ; — Metz 10 juin 1841 ; — Cass. 11 nov. 1845, S. 40-2-359, 45-1-785, 45-2-627). — Telle est la doctrine professée par Merlin *Rép.* v° *Ratification*, Duranton t. 13 n° 271, Duvergier *Vente* n° 228. — *Contrà* Toullier t. 6 n° 180, t. 4 n° 460, t. 8 n° 518.

**15903. Renonciation nouvelle.** — Quoiqu'il en soit, aucun doute ne pourrait s'élever si la ratification était accompagnée d'une renonciation nouvelle. « Attendu, porte un arrêt de la C. cass. 11 août 1825 (S. 26-1-9), que Catherine Bermoltin mère est décédée, le 27 mai 1820, et que ce n'est que le 18 juillet suivant que les demandeurs en cassation, ou leurs auteurs, ont, par une seconde transaction ou pacte de famille, renoncé de nouveau à la succession ; qu'ainsi la loi qui défend de renoncer à une succession non ouverte n'est aucunement applicable à l'espèce. »

**15904. Présomptions.** — Dans tous les cas, les juges peuvent, sans violer aucune loi, se fonder sur de simples présomptions pour annuler comme faisant fraude à la loi, et contenant en réalité une stipulation sur une succession future, un acte présentant les apparences d'une vente (Cass. 14 nov. 1843, S. 44-1-229).

**15905. Gain de survie.** — D'après Duvergier (*de la Vente* t. 1er n° 232), et Troplong (*Ibid.* n° 250), l'art. 1600 C. C. qui prohibe la vente d'une succession future ne s'applique pas à la vente que ferait une femme, du vivant de son mari, des gains de survie stipulés dans son contrat de mariage (Cass. 22 fév. 1831, S. 31-1-107).

**15906. Institution contractuelle.** — La même solution est applicable, d'après les mêmes auteurs, à la vente qu'un enfant institué contractuellement ferait pendant la vie de l'instituant des biens compris dans l'institution. — Jugé cependant que la prohibition de tout pacte sur une succession future est applicable aux droits successifs qui dérivent d'une institution contractuelle, comme à ceux qui sont déférés par la vocation de la loi. Spécialement, est nul le traité par lequel le donataire contractuel, du vivant des donateurs, traite avec eux sur les objets compris dans la donation (Lyon 16 janv. 1838, S. 38-2-453 ; — Cass. 16 août 1841, S. 41-1-684).

Telle est, au surplus, la doctrine de Toullier t. 12 n° 16, Duranton t. 6 p. 63, Grenier *Donations* 3e part. ch. 3

sect. 2. Et c'est ce que, dans l'ancien droit, enseignaient Lebrun *des Success.* liv. 3 ch. 2 n° 27, Serres *Instit. du droit français* liv. 2 t. 14 p. 256, Chabrol *Cout. d'Auverg.* t. 2 p. 354. — Jugé cependant par la Cour de cassation, le 11 novembre 1828 (S. 29-1-63), que l'institution contractuelle dessaisissant irrévocablement l'instituant, il s'ensuit que le traité fait par ses enfants et pendant son vivant, ne peut être réputé traité sur une succession future.

**15907. Enfant naturel.** — Un enfant naturel, quoique non héritier dans la rigueur du mot, ne peut pas plus renoncer, du vivant de son père, à ses droits successifs, qu'un héritier ne peut renoncer, du vivant de son auteur, à la succession de ce dernier (Bruxelles 18 fév. 1813, S. 13-2-225).

**15908. Absent.** — Merlin (*Quest. de droits* v° *Vente* § 12) pense que la prohibition de toute stipulation sur les successions de personnes vivantes, ne s'applique pas à la succession d'une personne dont l'absence a été déclarée, et c'est ce qu'a jugé la Cour de cassation par un arrêt du 3 août 1829 (S. 29-1-329).

La cour de Bordeaux a même jugé, le 21 juin 1838 (S. 38-2-413), qu'il n'était pas nécessaire, pour que la convention fût valable, que l'absence eût été déclarée. Mais la Cour de cassation a décidé avec plus de raison, le 21 juin 1841 (S. 42-1-167), que le traité sur la succession d'un absent présumé n'est valable qu'autant qu'il est établi que l'absent était décédé, et que sa succession était ouverte au moment où le traité a été conclu. La déclaration ultérieure d'absence ne saurait établir pour ce cas spécial une présomption de mort à partir de la disparition de l'absent, et valider ainsi rétroactivement le traité.

**15909. La nullité ne peut être demandée qu'après l'événement.** — C'est dans le même ordre d'idées que la Cour de cassation a jugé, le 17 janvier 1843 (S. 43-1-146), que tant que la mort ou l'absence légale d'un individu sur la succession duquel il a été traité, ne sont pas constatées, l'héritier présomptif de cet individu n'est pas recevable à demander la nullité de ce traité comme ayant eu pour objet une succession future.

**15910. Prescription.** — Sous l'ancien droit, l'action en nullité d'un traité sur une succession future se prescrivait par trente ans seulement et non par dix ans (Ord. de 1510, art. 46). Toullier t. 7 n° 561 et Duvergier v° *Vente* t. 1er n° 230 argumentent de la disposition suivante de l'art. 1304 C.C. : « Dans tous les cas où l'action en nullité ou en rescision d'une convention n'est pas limitée à un moindre temps par une loi particulière, cette action dure dix ans, » pour soutenir que la convention ayant pour objet une succession future tombe sous le coup de la prescription de dix ans à partir de l'ouverture de la succession. Mais, la nullité qui infecte une pareille convention étant absolue, elle n'a pu se former; d'où la conséquence que, n'ayant pu être ratifiée, elle ne peut être sujette à aucune prescription, car le néant ne se prescrit pas. Ce qui revient à dire qu'elle est gouvernée par la prescription trentenaire, puisque, après trente ans, à partir de son ouverture, la succession ne pourra plus être recueillie par celui qui y avait renoncé par anticipation, car l'action en pétition d'hérédité sera éteinte.

C'est ce qu'enseignent Vazeille *Prescription* t. 2 n° 547, Troplong *Vente* n° 246, Marcadé *sur l'art.* 1304, Dalloz v° *Succession* n° 621. — En ce sens il a été jugé par de nombreux arrêts que, sous l'empire du Code civil, l'action en nullité d'un traité portant renonciation à une succession non encore ouverte, ne se prescrit que par trente ans et non par dix ans (Limoges 6 avr. 1838; — Aix 2 juin 1840; — Cass. 8 nov. 1842; — Agen 30 août 1843; — Cass. 14 nov. 1843; — Cass. 11 nov. 1845, S. 38-2-501, 40-2-359, 43-1-33, 44-1-229, 44-2-205, 45-1-785).

**15911. Stipulation avec l'auteur de la succession.** — La disposition de l'art. 1130 C. C., qui frappe de nullité les stipulations sur une succession future, s'applique aussi bien aux stipulations intervenues entre celui de la succession duquel il s'agit et un tiers qu'il institue légataire, qu'aux stipulations intervenues entre le légataire ou l'héritier et un tiers. Est nul, en conséquence, comme constituant un pacte sur une succession future, le legs fait par une veuve aux enfants issus d'un premier mariage de son mari, comme condition de l'abandon que lui font ceux-ci de la jouissance de tous leurs droits dans la succession de leur père (C. Orléans 24 mai 1849; — Bordeaux 30 juill. 1849; — Orléans 20 mars 1852; — Cass. 25 janv. 1853, S. 49-2-600, 50-2-37, 53-2-13, 53-1-172).

**15912. Exemples.** — Pour compléter cette série d'observations sur les traités faits sur les successions futures, nous allons réunir, sous les nos 15914 et 15915, un certain nombre de décisions qui tantôt ont reconnu à la convention le signe de traité sur succession future, tantôt ont écarté ce caractère.

**15913. Interprétation.** — Disons d'abord que c'est là le plus souvent une question d'appréciation. Aussi la Cour de cassation a-t-elle jugé, le 24 avril 1827 (S. 27-1-399), que les juges peuvent, par appréciation des conventions des parties et sans violer aucune loi, décider qu'un acte par lequel une femme, légataire universelle de son mari, et transigeant avec les héritiers de celui-ci, consent à ce qu'après son décès les héritiers ou ayants cause de son mari recueillent concurremment avec ses propres héritiers, moitié par moitié, les biens qu'elle délaissera à son décès, doit s'appliquer à la succession du mari déjà ouverte, et non à celle de la femme, et par conséquent ne contient pas stipulation sur une succession future.

**15914. Cas où le traité a été déclaré nul comme stipulant sur une succession future.** — 1. BAIL (*Promesse de*). — Est nulle, comme stipulation sur une succession future, la promesse de bail faite par une personne, des biens qui pourront lui être donnés par un de ses parents ou qu'elle pourra recueillir dans sa succession; et cette nullité a lieu, par suite de l'indivisibilité de la clause, même alors que les biens ne seraient advenus au promettant que par l'effet d'une donation (C. Amiens 26 déc. 1839, S. 41-2-178).

2. CONVERSION D'USUFRUIT EN RENTE VIAGÈRE. — On doit voir une stipulation sur succession future, frappée de nullité, dans la convention par laquelle une femme mariée, ayant droit, en vertu de son contrat de mariage, à l'usufruit de tous les biens de son mari, déclare renoncer à cet usufruit au profit d'un tiers, donataire de la nue-propriété des biens de ce dernier, sous la condition que le tiers lui servira une rente viagère dans le cas où elle survivra à son mari (C. Poitiers 25 juill. 1839; — Cass. 10 août 1840, S. 39-2-502, 40-1-757).

3. DÉFENSE D'ATTAQUER D'AUTRES DISPOSITIONS. — De même, la convention par laquelle des enfants s'engagent à ne jamais se plaindre des dispositions faites par leur père en faveur de personnes étrangères, est nulle comme renfermant une stipulation sur une succession future, et cette nullité entraîne celle des autres dispositions, quand même elles auraient été faites sous des clauses onéreuses de la part des personnes qui doivent en profiter, si d'ailleurs ces clauses ne paraissent avoir été introduites que comme condition de l'assentiment des enfants (Cass. 28 juin 1838, S. 38-1-721).

4. DISPOSITION PAR UN MARI DES BIENS DE SA FEMME. — Pareillement, est nulle comme ayant pour objet la disposition d'une succession future, la clause d'un testament par lequel un mari, en léguant tous ses biens à sa femme, ajoute qu'à la mort de celle-ci tous les biens qu'elle laissera seront partagés par moitié entre ses héritiers personnels et ceux du mari.

Mais cette clause est seulement réputée non écrite et n'entraîne pas la nullité du testament. — Et il en est ainsi, bien que la femme ait fait au profit de son mari un testament réciproque et conçu dans les mêmes termes, pour le cas où il lui survivrait (Cass. 2 mai 1842; — C. Caen 12 janv. 1843, S. 42-1-555, 43-2-150).

Est nulle et doit être réputée non écrite comme renfermant une stipulation sur une succession future, la disposition d'un testament par lequel le mari, en instituant sa femme légataire universelle, veut que tous les biens qui se trouveront dans la succession de cette dernière (soit qu'ils provinssent du legs par lui fait, soit qu'ils provinssent d'effets à elle appartenant) soient partagés par moitié entre les héritiers de la femme et ceux du mari (Cass. 24 août 1841, S. 41-1-717).

5. DONATION DÉGUISÉE. — Est nul, comme contenant une stipulation sur une succession future, l'acte par lequel une personne vend à un tiers les valeurs ou effets mobiliers qu'elle possèdera au jour de son décès. Un contrat simulé sous la forme d'un autre contrat ne peut être valable qu'autant que le contrat, sous l'apparence duquel il se cache, est valable lui-même. Ainsi, une donation à cause de mort ne peut être déguisée sous l'apparence d'une vente des objets mobiliers qui se trouveront dans la succession du vendeur, un pareil contrat de vente étant nul comme renfermant une stipulation sur une succession future (Cass. 14 nov. 1843, S. 44-1-229).

6. DONATION IRRÉGULIÈRE (*Promesse de maintenir une*). — On doit encore voir une stipulation sur une succession future frappée de nullité dans la promesse, par des enfants, dans une donation faite par un père à l'un de ses enfants, de faire valoir cette donation, quoique non acceptée valablement (C. Riom 14 août 1829, S. 30-2-300).

7. ÉGALITÉ (*Promesse d'*). — De même encore, est entachée de nullité absolue et ne peut recevoir son exécution, la promesse souscrite du vivant du père du testateur, par un enfant légataire préciputaire de portion des biens de son père, de faire participer ses frères et sœurs au bénéfice du préciput. Peu importe qu'il soit dit dans l'acte contenant la promesse que la volonté du père est que les frères et sœurs du légataire prennent part au legs (C. Grenoble 13 déc. 1828, S. 29-2-278).

8. OBJET DÉTERMINÉ. — La vente d'un objet déterminé dépendant de la succession d'une personne encore vivante constitue un pacte sur une succession future, aussi bien que la vente de l'universalité ou d'une quote-part de droits successifs, et non pas seulement d'une vente de la chose d'autrui (Cass. 11 nov. 1845, S. 45-1-785).

9. SOMME D'ARGENT A PAYER AU DÉCÈS. — Ce ne peut être que par une stipulation sur succession future, nulle de nullité absolue, qu'un individu prend l'engagement de payer une somme d'argent au décès et sur ce qui reviendra dans la succession d'une personne encore vivante (C. Rennes 2 déc. 1837, S. 38-2-480).

10. RENONCIATION A DEMANDER COMPTE. — Il y a pacte sur succession future, frappée de nullité par l'art. 791 C. C., dans la renonciation par un enfant, moyennant une donation entre-vifs qui lui est faite par ses père et mère, à la faculté de demander compte des biens de la communauté au survivant des donateurs (C. Paris 13 mess. an 13, S. 5-2-195; — Turin 10 août 1811, S. 12-2-271).

Il en est de même de la clause d'un contrat de mariage par laquelle il est stipulé, comme condition de la constitution de dot faite à la future par ses père et mère, que le survivant d'eux jouira pendant sa vie de l'usufruit des biens du prédécédé, sans que le futur puisse lui demander ni compte ni partage; mais cette nullité n'entraîne pas celle de la donation : elle doit seulement être réputée non écrite, aux termes de l'art. 900 (Cass. 16 janv. 1838, S. 38-1-225).

11. RENONCIATION A RÉSERVE. — La renonciation à ses droits d'héritiers réservataire par l'enfant du donateur, dans une donation faite par celui-ci à un tiers, dans le but d'assurer l'effet de cette donation, constitue un pacte sur une succession future qui entraîne la nullité de la donation à laquelle il se rattache et dont il est une des conditions (Cass. 14 mai 1855, S. 55-1-800).

12. RÉSERVE DU DROIT DE DISPOSER, SAUF REMPLACEMENT. — Est nul, comme constituant une stipulation sur une succession future, l'acte par lequel une personne vend le

mobilier qu'elle possède actuellement, sous la condition qu'elle continuera d'en jouir de son vivant, et pourra même en disposer comme bon lui semblera, sauf à l'acquéreur de prendre, en remplacement de ce qui aura été vendu, tout le mobilier qui se trouvera exister dans la succession du vendeur à son décès (C. Orléans 24 mai 1849, S. 40-2-601).

**15915. Cas où le traité a été considéré comme ne portant pas sur une succession future.** — 1. BIEN D'AUTRUI. — Il n'y a pas pacte sur une succession future dans l'acte par lequel des enfants, du vivant de leur père et en son absence, se partagent un immeuble lui appartenant, sur lequel ils ont pris hypothèque, et disposent de leurs parts dans cet immeuble : un tel acte doit être réputé simple aliénation de la chose d'autrui (Cass. 23 janv. 1832, S. 32-1-666).

2. CONDITION ALTERNATIVE. — Lorsqu'en mariant leur enfant, le père et la mère lui font une donation en avancement d'hoirie, chacun pour moitié, à la condition de laisser au survivant des donateurs la jouissance viagère de la succession du prémourant, sans pouvoir, par l'enfant doté, demander compte ou partage, ou de souffrir, dans le cas où il le demanderait, l'imputation de la totalité de la dot sur la succession du prémourant, cette clause ne contient rien d'illicite : elle ne peut être considérée comme ayant le caractère d'une stipulation sur succession future, et ne renferme qu'une condition alternative essentiellement valable (C. Paris 3 juill. 1847, S. 47-2-600).

3. DÉFENSE D'ATTAQUER D'AUTRES DISPOSITIONS. — On a vu, au n° 15914-3, la Cour de cassation juger qu'il y a stipulation sur succession future dans la clause par laquelle des enfants s'engagent à ne jamais se plaindre des dispositions faites par leur père en faveur de personnes étrangères. La cour de Rouen, au contraire, a jugé, dans un sens à peu près analogue, le 22 mai 1839 (S. 39-2-453), qu'il n'y a pas pacte illicite dans la condition contenue dans un partage anticipé, que les enfants n'inquiéteront ni leur père, ni les tiers détenteurs relativement aux immeubles dotaux de la mère, aliénés sans emploi.

4. DROITS ÉVENTUELS. — RENONCIATION. — Il n'y a pas stipulation sur succession future dans la clause par laquelle un père ou une mère, en mariant l'un de ses enfants, renonce à son profit aux droits éventuels portés en son propre contrat de mariage, et dépendants du prédécès de l'autre époux (Cass. 18 avr. 1812, S. 13-1-137).

5. HÉRITIER LOTI. — Celui qui, après avoir reçu d'avance la part qui peut lui écheoir un jour dans une succession, déclare y renoncer par avance, reconnaît seulement avoir été rempli de tous ses droits, ne peut être considéré comme renonçant à une succession future (C. Metz 22 mai 1817, S. *Collect. nouv.* 5-2-281).

6. PARTAGE D'ASCENDANT. — De même, il n'y a pas de stipulation sur une succession future dans la clause d'un acte de partage d'ascendants, par laquelle un ou plusieurs copartageants renoncent à des donations antérieures que leur avait faites cet ascendant, et qui ne devaient se réaliser définitivement qu'à son décès. — Il n'y a pas davantage le caractère d'une stipulation sur succession future dans un partage d'ascendant suivi de la vente par l'un des copartageants d'une partie de son lot au profit des autres, mais à laquelle l'ascendant donateur est resté étranger, lors même que cette vente aurait été projetée entre les copartageants antérieurement au partage (C. Bordeaux 30 juill. 1849, S. 50-2-38; — C. Agen 12 juin 1849, S. 50-2-14). — V. *Donation.*

7. PROMESSE DE MAINLEVÉE. — De même, la promesse par l'héritier présomptif d'une créance de faire rapporter par qui de droit, après la mort de son auteur, la mainlevée d'une inscription hypothécaire prise par celui-ci ne peut être considérée comme un pacte sur succession future, prohibé par la loi (C. Amiens 5 mai 1843, S. 46-2-374).

8. PROMESSE DE PAYER POUR UN AUTRE. — De même, la promesse souscrite par un père au bas d'un legs rémunératoire fait par son fils en faveur d'un tiers, d'acquitter personnellement ce legs constitue un engagement valable et pleinement efficace : une telle promesse ne saurait être considérée comme une stipulation sur une succession future, et elle ne peut être révoquée par le père seul au préjudice du légataire (C. Grenoble 12 fév. 1829, S. 29-2-310).

9. RÉSERVE DE REMPLACER PAR DES BIENS D'UNE SUCCESSION. — Une vente n'est pas nulle par cela seul que le vendeur s'est réservé la faculté de reprendre les biens vendus en donnant, en lieu et place, d'autres biens dépendant d'une succession non encore ouverte (C. Bourges 9 brum. an 9, S. *Collect. nouv.* 1-2-9).

10. SOMME FIXE POUR TOUS DROITS D'HÉRÉDITÉ. — Il n'y a pas pacte sur succession future dans la clause d'un contrat de mariage par laquelle l'un des époux stipule, en cas de prédécès sans enfants que son conjoint survivant ne sera tenu de donner aux héritiers collatéraux du précédé, qu'une somme fixe pour leurs droits d'hérédité : c'est là une institution contractuelle (Cass. 29 juin 1842, S. 42-1-693).

11. TRANSACTION. — L'acte (qualifié de transaction) par lequel un ascendant vend à un de ses héritiers tous ses biens présents, à la charge de payer aux autres une certaine somme pour leur tenir lieu de légitime dans sa succession à échoir, est une simple vente et non pas un traité sur une succession future (Cass. 20 avr. 1842, S. 42-1-434).

12. VENTE. — PAYEMENT DE PLUS-VALUE AU DÉCÈS DU VENDEUR. — L'acte unilatéral par lequel l'acquéreur d'un immeuble s'engage envers les héritiers présomptifs du vendeur à consentir à une expertise de l'immeuble pour en déterminer la véritable valeur, et à payer la plus-value résultant de cette estimation, soit au vendeur, soit à ses héritiers après son décès, ne constitue pas un pacte ou traité sur une succession future, mais une simple obligation à la charge de l'acquéreur.

Il en est ainsi alors même qu'il est dit dans l'acte que l'acquéreur payera la plus-value au vendeur, si mieux n'aiment ses héritiers, au décès de celui-ci (Cass. 17 mai 1852, S. 52-1-731).

## TITRE VII. — ACCEPTATION SOUS BÉNÉFICE D'INVENTAIRE

[15916]

**15916. Renvoi.** — On sait que, par le bénéfice d'inventaire, l'héritier peut, moyennant certaines formalités, se soustraire aux charges de la succession qui excèderaient l'émolument. Cette institution, qui a sagement concilié les intérêts de l'héritier et des créanciers, a déjà été étudiée, dans ses rapports avec la perception des droits d'enregistrement, au mot *Bénéfice d'inventaire*. Comme nous ne voyons aucune utilité, pour nos lecteurs, à ajouter ici de nouveaux développements à ceux que nous avons déjà donnés, nous renvoyons aux nos 3028 et suiv.

## TITRE VIII. — DES SUCCESSIONS VACANTES

[15917-15944]

**15917. Observation.** — Il ne peut entrer dans notre plan de donner ici un traité complet de la succession vacante. Ce travail appartient à la législation domaniale ; cependant nous jetterons un coup d'œil rapide sur la matière, pour mettre nos lecteurs à même de se former des idées générales sur un point qui a de l'intérêt.

**15918. Distinction entre la déshérence et la vacance.** — La succession est vacante, a dit Treilhard, quand personne ne se présente pour la recueillir, ni parents, ni enfants naturels, ni époux survivant, ni même l'État (Locré t. 10 p. 193). La vacance, ajoute Demolombe, c'est l'état d'une succession qui n'est réclamée par personne et pour laquelle il n'y a pas d'héritier connu. La déshérence c'est l'état d'une succession qui est réclamée par l'État et dont il obtient l'envoi en possession (t. 15 no 413 ; — *Conf.* : Metz 14 nov. 1855, D. 56-2-224 ;—Paris 25 juill. 1863, D. 63-2-206 ; — Douai 9 mai 1865, D. 66-5-452).

Lorsque la succession est vacante, elle peut encore revenir à l'État non plus comme déshérence, mais comme biens vacants (Colmar 18 janv. 1850, D. 51-2-533).

**15919. Héritiers du premier degré ayant renoncé.** — Des auteurs (Delvincourt t. 2 p. 108, Vazeille *sur l'art.* 812 no 1er, Aubry et Rau t. 5 p. 400, 402, Belost-Jolimont art. 511) pensent que, nonobstant ces expressions de l'art. 811 C. C. : *s'il n'y a pas d'héritier connu*, la vacance de la succession ne résulte pas de la simple renonciation de tous les successibles du premier degré, mais qu'il faut encore que les héritiers connus les plus proches aient renoncé. Ils s'appuient sur ce que l'héritier appelé par la renonciation est censé succéder *à die mortis*, que la saisine légale opère à son profit depuis cette époque et que les tiers peuvent agir contre lui. « Mais, dit Chabot (*sur l'art.* 811 no 2), c'est aux héritiers en second ordre à se présenter, s'ils le veulent, pour réclamer la succession. On n'en finirait pas s'il fallait attendre que tous les parents qui peuvent être appelés à succéder en différents ordres, les uns après les autres, se fussent expliqués, ou s'il fallait agir contre les uns et les autres, pour les forcer à s'expliquer. » Telle est l'opinion de la généralité des auteurs (Toullier t. 4 no 397, Merlin *Rép.* vo *Curateur* § 3 no 1er, Malpel no 339, Duranton t. 7 no 62, Favard vo *Succ.* § 5, Poujol no 1er, Marcadé no 2, de Conflans *Espr. de la jurisp.* art. 811 no 1er, Delvincourt t. 2 p. 35 note 1re, Chabot art. 811 no 2, Taulier t. 3 p. 269, 270, Massé et Vergé t. 2 p. 443, Dalloz vo *Succ.* no 973, Demolombe t. 15 no 408, G. Demante no 677). Dans l'ancien droit déjà, encore bien que la saisine légale descendit de degré en degré par l'effet des renonciations, la succession était réputée vacante, dès que l'héritier du premier degré avait renoncé (trois arrêts du Parlement de Paris des 21 janv. 1625, 28 mars 1702 et 27 avr. 1735, Pothier Introd. au titre 17 de la *Cout. d'Orléans* no 67, nouveau Denisart vo *Curat.* § 10 no 1er).

En ce sens, un arrêt de la cour d'Aix, du 17 décembre 1807, s'exprime ainsi : « Considérant qu'il a été constamment reconnu que lorsque les héritiers présomptifs d'un défunt ont renoncé à sa succession, ses créanciers sont bien fondés à faire nommer un curateur à la succession vacante pour poursuivre le payement de leurs créances, sans être obligés de rechercher les autres héritiers qui pourraient accepter ladite succession, tant que ceux-ci ne se présentent pas, ainsi que la question a été jugée par plusieurs arrêts; que cette manière de procéder a été généralement suivie parmi nous, ainsi que l'atteste Janety en son commentaire sur le règlement du ci-devant Parlement de Provence; considérant que le Code civil n'a pas dérogé à ces principes par l'art. 811 ; que, d'après cet article, l'héritier connu n'est autre que celui qui se présente pour accepter; que si le législateur eût entendu qu'il suffisait que l'héritier fût connu par la notoriété publique, il l'aurait énoncé formellement et se serait borné à dire qu'une hoirie est réputée vacante lorsqu'il n'y a pas d'héritier connu; qu'on ne peut pas mieux opposer les art. 785, 786 et 787, qui confèrent une succession aux successibles des degrés subséquents, lorsque ceux aux degrés qui précèdent ont tous répudié, parce que ces articles ne font que déterminer l'ordre de successibilité, sans rien statuer sur le mode de procéder contre une hoirie, lorsqu'il y a renonciation des premiers héritiers ; qu'on peut d'autant moins contester aux créanciers le droit de faire nommer un curateur à l'hoirie vacante lorsque les héritiers présomptifs répudient ; que, dans le nouveau *Répertoire de jurisprudence*, publié après la promulgation du Code civil et du code de procédure, il est soutenu que si les héritiers connus et qui ont renoncé ont des enfants, ou s'il existe, dans un degré subséquent, des collatéraux habiles à succéder, il n'est pas nécessaire, avant la nomination d'un curateur à la succession, de faire à ces enfants ou collatéraux une sommation d'accepter ou de renoncer eux-mêmes, parce que c'est à eux à se présenter de leur propre mouvement, et que leur silence suffit pour autoriser les créanciers à faire nommer un curateur. »

*V.* encore un arrêt de la cour de Paris du 31 août 1822, (S. 23-2-100). — *V.* également 1118 I. G.

**15920. Successeurs irréguliers.** — Les mêmes expressions de l'art. 811, sur lesquelles nous nous sommes déjà appesanti : *s'il n'y a pas d'héritier connu*, comprennent les successeurs irréguliers, c'est-à-dire l'enfant naturel, le conjoint survivant et l'État.

En ce sens, il a été jugé par la Cour de cassation, le 17 août 1840 (S. 40-1-759), qu'une succession à laquelle l'État prétend droit en l'absence de tout autre héritier connu, ne peut être réputée vacante. En conséquence, il n'y a pas lieu à la nomination d'un curateur à cette succession, en attendant le jugement d'envoi en possession au profit de l'État. Ce curateur doit être révoqué, sauf au tribunal à remettre l'administration provisoire de la succession à tel gérant qu'il juge convenable.

C'est ce qu'enseignent tous les auteurs (Chabot *sur l'art.* 773 n° 3, Maleville *sur l'art.* 811, Duranton t. 6 n° 352, Malpel *Success.* nos 199, 339, Vazeille *sur l'art.* 770 nos 2 et 3, Marcadé *sur l'art.* 811 nos 1er et 770 n° 2, Ducaurroy et Toullier t. 2 n° 293 A, Poujol ast. 770-3, Demante t. 3 n° 135 *bis*, Zachariæ, Aubry et Rau t. 5 p. 330, Massé et Vergé t. 2 p. 443, Dalloz *Succ.* n° 394, Demolombe t. 15 n° 405 ; *Contrà* Toullier t. 4 n° 292).

Jugé, dans le même ordre d'idées, que l'administration provisoire d'une succession vacante, pourvue d'un curateur, doit être remise par le curateur à l'Administration des domaines, aussitôt qu'elle se présente pour la recueillir et sans attendre le jugement d'envoi en possession. Mais cette administration provisoire est différente de celle du curateur à succession vacante, en ce qu'elle doit en principe se borner aux actes nécessaires (C. Paris 26 mars 1835, S. 35-2-282 ; — Cass. 17 août 1840, S. 40-1-759 ; — Colmar 18 janv. 1850, S. 51-2-533 ; — Rennes 7 juill. 1851, S. 52-2-630).

**15921. Légataires et donataires universels.** — Les légataires et donataires universels sont-ils compris sous la dénomination d'héritiers ? Il paraît plus sûr de restreindre le mot héritier aux héritiers légitimes seulement, car le titre de ceux-ci est notoire en général, tandis que les autres ne sont appelés qu'en vertu d'un acte que rien ne revèle au public, et il est invraisemblable que le législateur n'a eu encore que les premiers (Chabot art. 773 n° 3, Duranton t. 6 n° 60, Aubry et Rau t. 5 p. 401-402).

**15922. Acceptation sous bénéfice d'inventaire.** — Mais une fois qu'elle a été acceptée, en quelque forme que ce soit, la succession ne peut être ultérieurement déclarée vacante. C'est ce qu'a décidé la Cour de cassation, par un arrêt du 18 mars 1834 (S. 34-1-830), en jugeant qu'une succession acceptée sous bénéfice d'inventaire ne peut ultérieurement être déclarée vacante, quelque incertitude qu'il puisse y avoir sur l'existence de l'héritier bénéficiaire absent, et quel que soit le silence par lui gardé pendant son absence. La nomination du curateur et tout ce qui l'a suivie, notamment la vente des biens de la succession, sont entachés d'une nullité radicale ; surtout lorsque ces actes ont eu lieu sur les poursuites de créanciers qui avaient connaissance de l'acceptation bénéficiaire.

Jugé encore, en ce sens, que l'acceptation régulièrement faite par le tuteur, ôte au mineur la faculté de renoncer à la succession, sauf à faire l'abandon des biens aux créanciers. D'où il suit que la renonciation de cet héritier n'a pas pour effet de rendre la succession vacante, et ne donne pas lieu à la nomination d'un curateur (Douai 5 avr. 1848, D. 48-2-169).

**15923. Créanciers.** — On a vu au n° 15867 que les créanciers de l'héritier qui renonce au préjudice de leurs droits, peuvent se faire autoriser en justice à accepter la succession du chef de leur débiteur en son lieu et place. Le même privilége n'appartient pas au créancier d'une succession vacante. Il n'a pas la faculté de l'accepter (C. Paris 13 juin 1807, S. 7-2-719).

**15924. Prescriptions.** — On a vu au n° 15745 que, d'après la doctrine de l'Administration, contraire en cela à celle de la Cour de cassation, l'État qui s'est fait envoyer en possession d'une succession vacante, n'acquiert qualité pour en prescrire la propriété que du jour de son envoi en possession. Sa qualité de possesseur à titre de propriétaire ne remonte pas, comme pour les héritiers légitimes, au jour de l'ouverture de la succession.

Quand la nomination de la gestion du curateur remonte à plus de trente ans, sans que l'Administration puisse prouver qu'il a fait des actes de gestion ou de recette depuis moins de trente ans, aucune action ne doit être exercée contre ce curateur ou ses représentants.

**15925. Actions à intenter.** — Comme la mise en possession de l'Administration est une véritable possession à titre de propriétaire, c'est contre elle que doivent être dirigées toutes les actions relatives aux biens abandonnés (Cass. 5 avr. 1815, S. 15-1-137, Duranton t. 6 n° 345).

**15926. Compétence.** — 1. NOMINATION DE CURATEUR. — Aux termes de l'art. 812 C. C., c'est au tribunal de première instance dans l'arrondissement duquel elle est ouverte, qu'appartient la nomination d'un curateur sur la demande des parties intéressées, ou sur la réquisition du procureur de la République.

Ainsi, en cas de nomination de deux ou plusieurs curateurs, le premier nommé ne doit pas être préféré, *si* le second a été nommé par le tribunal du lieu où la succession s'est ouverte (Toullier t. 4 n° 399, Duranton t. 7 n° 65, Carré et Chauveau *L. de la proc.* n° 3248, Poujol art. 812 n° 5).

De l'art. 812 C. C., on avait inféré qu'une cour d'appel était incompétente pour nommer le curateur. Cependant, il a été jugé qu'une cour d'appel peut, s'il y a lieu dans l'instance d'appel relative à la nomination d'un curateur à succession vacante faire cette nomination. Il n'est pas nécessaire de renvoyer devant le tribunal de première instance dans l'arrondissement duquel la succession est ouverte, l'art. 812 n'étant pas attributif de juridiction (C. Toulouse 23 mars 1819, S. *Collect. nouv.* 6-2-45). Jugé, dans le même sens, qu'une cour d'appel a la faculté, en réformant un jugement de première instance qui nomme un curateur à une succession vacante, d'en nommer un autre à sa place (Cass. 7 fév. 1819, S. 9-1-141).

1. QUALITÉ DES PRÉTENDANTS. — Les tribunaux sont seuls compétents pour statuer sur la qualité des prétendants droit à une succession vacante (Ord. Cons. d'Ét. 7 janv. 1824, S. *Collect. nouv.* 2-2-260).

2. CONTESTATIONS. — Les contestations entre deux créanciers d'une succession vacante, dont l'un est poursuivi en restitution de sommes que l'autre prétend qu'il a touchées au delà de son juste dû, doivent être portées devant le tribunal du lieu de l'ouverture de la succession, plutôt que devant le tribunal du lieu du domicile du défendeur (C. Paris 21 pluv. an 11, S. 7-2-1217).

**15927. Personnes intéressées à faire nommer un curateur.** — Les personnes intéressées à faire nommer un curateur qui administre la succession et réponde aux actions qu'on peut avoir à diriger contre elle, sont : les créanciers de cette succession, les légataires, les copropriétaires des biens leur appartenant par indivis avec le défunt, les coassociés de ce défunt pour la liquidation de leur société, les locataires des biens de la succession pour réparations à faire, etc.

Lorsqu'aucune partie intéressée ne demande cette nomination, le procureur de la République doit la requérir, parce qu'il est de l'intérêt de la société que les biens de l'hérédité ne restent pas abandonnés sans culture et sans produit.

Mais le ministère public n'a pas qualité pour former au nom de l'Administration des domaines la demande d'envoi en possession de la succession vacante : cette demande ne peut être formée que par requête d'avoué (Lourdes 1er fév. 1870, 70-2-89). Dans la pratique la requête est signée par le directeur (Chauveau et Glandaz *Formul. gén.* t. 2 n° 1017).

1. ADMINISTRATEUR PROVISOIRE. — En attendant la nomination du curateur, les intéressés ont le droit de faire désigner un administrateur provisoire. Ce droit appartient à l'Administration même avant l'expiration des délais que l'art. 795 C. C. accorde à l'héritier pour faire inventaire et délibérer. Et les frais auxquels cette mesure et tous autres actes conservatoires ont donné lieu, incombent à l'héritier qui s'est fait ultérieurement reconnaître comme tel (Cass. 9 juill. 1873, 20740 J.N., S. 73-1-368).

**15928. Appel. — Opposition.** — Le jugement qui nomme un curateur à une succession vacante est interlocutoire et sujet à appel.

Il ne serait pas nécessaire de faire rapporter par voie d'opposition, le jugement qui aurait indûment nommé le curateur ; ces sortes de jugements rendus sur requête devant être considérés comme non avenus à l'égard des tiers intéressés (Cass. 17 août 1840, S. 40-1-759 ; — C. Caen 30 déc. 1857, Demolombe t. 15 n° 418, Rauter *Proc.* § 140).

**15929. Révocation de curateur. — Dépens.** — Le curateur qui conteste pour établir que sa nomination doit être maintenue, peut être personnellement condamné aux dépens de l'instance s'il succombe (Même arrêt, Chauveau *sur Carré Quest.* 3249 *ter*).

**15930. Acceptation du curateur.** — Il n'est point nécessaire qu'il soit passé acte au greffe de l'acceptation du curateur (Carré *Quest.* 3246, Thomine-Desmazures t. 2 n° 1195 ; — *Contrà* Pigeau t. 2 p. 725 ; — Chauveau *sur Carré, ub. sup.* pense qu'à cet égard, s'il n'y a aucune forme de rigueur, l'acceptation par acte au greffe n'en est pas moins la marche la plus simple à suivre.

Le curateur est d'ailleurs libre d'accepter ou de refuser le mandat (Demolombe t. 15 n° 427).

**15931. Serment.** — La *Novelle* 72 *cap. ult.* obligeait le curateur à un serment préalable. Aujourd'hui le curateur à une succession vacante n'est pas tenu de prêter serment avant d'entrer en fonctions (C. Bordeaux 4 avr. 1809, S. 13-2-333, Carré et Chauveau *Quest.* 3245, Berriat p. 723 note 4, Thomine-Desmazures t. 2 n° 1195, Demolombe t. 15 n° 428-435 ; — Caen 13 mars 1821, Favard v° *Cur.* n° 4).

**15932. Gérant provisoire.** — Aussitôt que le curateur a été nommé, celui qui a géré provisoirement la succession doit compte au curateur de cette gestion.

**15933. Inventaire.** — Aux termes de l'art. 813 C. C., le curateur à une succession vacante est tenu, avant tout, d'en faire constater l'état par un inventaire : cependant si, lors de la nomination du curateur, il avait été déjà fait un inventaire par un héritier ou un légataire universel, il n'y aurait pas à le recommencer. Un simple récolement suffirait (Poujol p. 547).

**15934. Limites des droits du curateur. — Attributions de la caisse des dépôts et consignations.** — Comme l'on se trouve souvent obligé, pour remplir les fonctions de curateur, de recourir au ministère de personnes qui n'offrent pas de grandes garanties, l'on est allé au-devant des inconvénients d'une pareille gestion en attribuant à la caisse des dépôts et consignations un rôle actif dans l'administration de la succession, ainsi qu'on le verra ci-après. Il résulte donc de diverses circulaires du ministre de la justice, en date des 12 messidor an 13, 8 juillet 1806, 21 avril 1828 et 26 mai 1842, que les curateurs aux successions vacantes ne doivent faire aucune recette ni aucune dépense pour le compte de ces successions, et que les sommes qui en proviennent doivent être versées à la caisse des dépôts et consignations. Il est reconnu aujourd'hui, plus que jamais, que l'exécution de l'art. 813 C. C. est d'intérêt public, et qu'il a pour objet d'assurer les droits des héritiers qui peuvent se présenter, et ceux des créanciers, intérêt qui est évidemment compromis quand les deniers des successions vacantes sont aux mains de personnes qui peuvent devenir insolvables et auxquelles, d'ailleurs, la loi refuse impérativement le droit de s'immiscer dans le maniement de fonds que les préposés institués par elle peuvent seuls recevoir, et de reconnaître la validité de créances hors l'intervention tutélaire de la justice.

En ce sens, trois arrêts : le premier, de la cour de Bruxelles, du 21 mars 1827 (S. *Collect. nouv.* 8-2-352); le second, de la cour de Nancy, du 27 avril 1843 (S. 43-2-492), et le troisième de la cour de Rouen du 21 janvier 1853 (S. 53-2-47), ont jugé que le curateur à une succession vacante n'a pas le droit d'exiger le payement entre ses mains, des sommes dues à la succession, et que le receveur de la caisse des dépôts et consignations peut agir contre lui pour qu'il ait à faire verser dans cette caisse les deniers de la succession. Telle est aussi l'opinion des auteurs (Delvincourt t. 2 p. 109, Toullier t. 4 n° 412, Chabot *sur l'art.* 813 n° 2, Demante t. 3 n° 137 *bis*, Demolombe t. 15 n° 446, Duranton t. 7 n° 70, Zachariæ édit. Vergé et Massé t. 2 n° 411, Aubry et Rau *sur Zachariæ* t. 4 n° 642). — V. cependant Bordeaux 24 mai 1854, S. 55-2-173.

Cependant, le droit du curateur de faire des recettes, sauf à en opérer ensuite le versement en deniers ou quittances, a été consacré par un arrêt de la Cour de cassation du 13 juin 1810, ainsi conçu : « Considérant que le tribunal d'Yvetot, en n'ordonnant pas le versement en espèces de sommes qu'il reconnaissait avoir été employées au payement de dettes privilégiées, et en décidant que le versement était fait équivalemment par la remise des quittances de ces payements, desquels payements il avait autorisé la majeure partie et il approuvait l'autre, n'a pas contrevenu à l'art. 813 C. C., qui n'a pour objet que de mettre les deniers en sûreté pour être délivrés aux créanciers qui y ont droit; considérant que, quoiqu'il peut être préférable que les curateurs aux successions vacantes versassent dans la caisse de la Régie toutes les sommes qu'ils reçoivent des fermiers et débiteurs, sauf à se faire autoriser par le tribunal, soit à retenir dans leurs mains, soit à reprendre dans la caisse de la Régie celle nécessaire à l'administration dont ils sont chargés, l'art. 813 ne les soumet à verser que les deniers trouvés dans la succession et ceux provenant de la vente de meubles et immeubles, les seuls dont l'existence et la quotité soient assurés par des titres; en sorte que le tribunal d'Yvetot n'a pas contrevenu à cet article, en méconnaissant une obligation que l'article n'impose pas, et dont l'exécution ne serait pas, d'ailleurs, sans quelques difficultés. »

Quoi qu'il en soit, il a été jugé par la cour de Douai, le 6 janvier 1849 (P. 49-2-96), que les curateurs à une succession vacante peuvent être investis d'un mandat plus étendu que celui dont parle l'art. 813 C. C.; et, par exemple, lorsqu'ils sont nommés par un jugement à l'effet de liquider, dans l'intérêt des créanciers de la succession, ils peuvent, soit payer les dettes à l'aide des recettes faites par la succession, soit se dispenser de verser les fonds à la caisse du receveur de l'enregistrement. — Et la cour de Bordeaux, par son arrêt ci-dessus rappelé, a décidé que le curateur à la succession vacante a qualité pour toucher les créances, s'il y a été autorisé par le jugement qui le nomme à ces fonctions.

1. DÉLÉGATION. — De même, la délégation et le transport d'une créance est un mode de payement qui entre dans les attributions du curateur à succession vacante, de même que dans celles de l'héritier bénéficiaire, en sorte qu'une telle délégation consentie par un curateur à un créancier de la succession, lorsqu'il n'existait pas d'opposition de la part d'autres créances, est valable et obligatoire. Surtout il en est ainsi, si le curateur a obtenu à ce sujet l'autorisation du tribunal (C. Riom 12 mars 1853, S. 53-2-639; — Nancy 29 avr. 1843, S. 43-2-492, Toullier t. 2 n° 402, Chabot art. 813-4, Demolombe t. 15 n° 450).

**15935. Versements des fonds.** — L'art. 813 C.C., après avoir prescrit de faire inventaire, ajoute que « le curateur exerce et poursuit les droits de la succession; il répond aux demandes formées contre elle; il administre, sous la charge de *faire verser* le numéraire qui se trouve dans la succession, ainsi que les deniers provenant du prix des meubles ou immeubles vendus, dans la caisse du receveur de la Régie royale, pour la conservation des droits, et à la charge de rendre compte à qui il appartiendra. »

En vertu de cet article, une D. m. f. 15 germinal an 12, transmise par l'I. G. n° 219, avait chargé les receveurs des domaines des chefs-lieux d'arrondissement : 1° de recevoir les sommes que le curateur devait faire verser; — 2° de payer, sur ordonnance des tribunaux et jusqu'à concurrence des recettes effectives, les dettes de la succession et les autres dépenses y relatives; — 3° de tenir un compte particulier pour chaque succession. Elle portait, en outre, que les curateurs, ne devant rester dépositaires d'aucuns deniers, ne devaient et ne pouvaient acquitter aucune dépense. Cette décision était assez explicite et paraissait conforme à l'esprit de la loi; mais lorsque les ministres de la justice et des finances ont eu à examiner la question de savoir si le prix des ventes d'immeubles provenant des successions vacantes et grevées d'hypothèques devait être versé intégralement dans la caisse du domaine, ils ont considéré, par une seconde Déc. 10 et 25 nivôse an 13, « que l'art. 813 C. C. n'était pas applicable aux adjudications sur expropriation forcée, parce que ce n'est qu'aux curateurs qu'il impose l'obligation de verser » (267 I. G.).

Tel était l'état des choses, lorsqu'intervint l'Avis du conseil d'État du 13 octobre 1809, qui attribua la recette du produit des successions vacantes à la caisse d'amortissement, laquelle, d'après l'I. G. n° 467, nomma, pour ses agents en cette partie, les receveurs généraux et particuliers des finances, chacun dans son arrondissement communal.

Cette attribution subsista jusqu'à la dissolution de l'ancienne caisse d'amortissement, et jusqu'à ce que, pour fixer les attributions de la caisse des dépôts et consignations créée par la loi du 18 avril 1816, le roi eût rendu, le 3 juillet, même année, une ordonnance portant que, conformément à l'Avis du conseil d'État précité, ladite caisse qui avait pour préposés dans les départements les receveurs généraux et particuliers des finances, recevrait les sommes trouvées dans les successions vacantes ou provenant du prix des biens vendus (736 I. G.).

Cependant, par la nature de leurs fonctions, les receveurs des finances étaient peu à portée de connaître les successions déclarées vacantes et de suivre les opérations des curateurs. Il résultait de là que, contre le vœu formel de la loi, ces curateurs pouvaient rester dépositaires de sommes appartenant aux successions, tandis que ces sommes, versées à la caisse des dépôts et consignations, auraient produit un intérêt au profit, soit des créanciers, soit des héritiers qui pouvaient encore se présenter. Pour obvier à cet inconvénient, il a paru convenable, dans l'intérêt des familles, d'appeler le concours des préposés de l'Administration qui, au moyen des actes et des jugements présentés à la formalité, et des dépôts publics ouverts à leurs recherches, sont à même de connaître les successions vacantes et de se tenir au courant de la gestion des curateurs. En conséquence, le ministre des finances a décidé, le 20 octobre 1826, que « les receveurs des domaines des chefs-lieux d'arrondissement poursuivront, contre les curateurs aux successions vacantes, le recouvrement des deniers provenant de ces successions ; que le produit de ce recouvrement sera versé intégralement entre les mains du receveur général, dans chaque département, pour le compte de la caisse des dépôts et consignations, et que ce produit sera compris dans la liquidation des remises ordinaires qui sont allouées aux receveurs sur les recettes faites pour le Trésor » (1203 I. G.).

Cette attribution générale et absolue aux receveurs du chef-lieu d'arrondissement n'est pas justifiée. Il serait plus logique et plus profitable à la gestion de la succession de la confier au receveur du lieu de l'ouverture de l'hérédité (3833 R. P).

**15936. Intervention des receveurs des domaines.** — 1. RECOUVREMENTS ET VERSEMENTS. — Ainsi c'est par l'intermédiaire des receveurs des domaines que s'opère le versement des fonds provenant des successions vacantes. Leur intervention, dans les successions vacantes, consiste même uniquement aujourd'hui, d'après ce que l'on vient de voir, à percevoir des curateurs le produit disponible des successions, après l'acquittement des premiers frais, et à en effectuer le versement entre les mains des trésoriers généraux, pour le compte de la caisse des dépôts et consignations (1203 I. G.). Et c'est au bureau établi près le tribunal dans l'arrondissement duquel les successions vacantes sont ouvertes, quelle que soit d'ailleurs la situation des biens, que doivent être versés les fonds provenant des successions vacantes (Dél. 23 juill. 1844, 7012 Roll.).

Le directeur général de la caisse des dépôts et consignations, par une lettre du 27 février 1833, a rappelé à ses préposés qu'ils ne doivent recevoir aucun versement de sommes provenant de successions vacantes, par les mains soit du curateur, soit des débiteurs de ces successions ; ce versement ne pouvant être effectué que par l'intermédiaire des receveurs des domaines chargés d'exercer les poursuites sur le recouvrement des deniers.

C'est le jour même, ou le lendemain au plus tard, que le receveur qui fait une recette sur le produit d'une succession vacante, doit en faire le versement à la caisse des dépôts et consignations (Circ. de la compt. du 18 juin 1832 n° 26, Circ. 2 nov. 1832).

L'obligation du dépôt à la caisse des consignations est applicable aux sommes provenant d'une action révocatoire exercée par un créancier du défunt avant son décès (Cass. 13 fév. 1865, S. 65-1-117).

2. EXAMEN DES COMPTES PROVISOIRES. — Il résulte d'une D. m. f. 10 septembre 1829, que les receveurs des domaines doivent procéder à l'examen et à la discussion des comptes *provisoires* que peuvent être obligés à rendre les curateurs. Quant aux comptes *définitifs*, ils doivent être rendus par les curateurs aux créanciers, légataires ou héritiers de l'auteur de la succession vacante, qui sont, en tout état de cause, les seuls contradicteurs légitimes de ce compte définitif de gestion (1290 I. G.).

Cette matière comporte des réformes qui ont été indiquées au n° 3833 R. P.

**15937. Poursuites contre les curateurs.** — Aux termes de la D. m. f. 29 décembre 1826, dont nous avons déjà parlé, le recouvrement du produit des successions vacantes est effectué par les receveurs des domaines pour le compte de la caisse des dépôts et consignations. Conformément à l'art. 9 de l'ordonnance du 3 juillet 1816, qui a établi cette caisse, le directeur général de cet établissement peut décerner ou faire décerner des contraintes contre les redevables de la caisse, et on doit suivre l'effet de ces contraintes selon le mode prescrit pour les droits d'enregistrement. D'après ces dispositions, le ministre des finances a décidé, le 24 janvier 1828, que « les poursuites contre les curateurs aux successions vacantes, pour le recouvrement des deniers provenant de ces successions, seront exercées par les receveurs des domaines, à la requête de M. le directeur général de la caisse des dépôts et consignations ; que ces poursuites auront lieu par voie de contraintes, et que, pour l'exécution de ces contraintes, il sera procédé comme pour celles en matière d'enregistrement. »

**15938. Opposition.** — Les receveurs des domaines ne restant dépositaires d'aucune somme appartenant aux successions vacantes, puisqu'ils sont obligés de faire le versement immédiat des sommes qu'ils touchent (V. 15938), il s'ensuit que les oppositions des créanciers des successions sur les sommes dont il s'agit, ne peuvent être valablement formées qu'entre les mains des trésoriers généraux des finances, agents directs de la caisse des dépôts et consignations (D. m. f. 28 janv. 1828, 1235 I. G.).

**15939. Dettes privilégiées.** — On a vu, aux n^os 15934 et 15935, que les trésoriers généraux, en leur qualité de préposés de la caisse des dépôts et consignations, sont chargés d'acquitter les dettes, ainsi que les autres dépenses des successions vacantes, et de tenir un compte particulier pour chaque succession.

L'intervention des receveurs des domaines, quant aux deniers des successions, consiste à les recevoir et, ensuite à les verser aux receveurs des finances pour le compte de la caisse des dépôts et consignations.

Toutefois, un mode de payement a été établi pour certaines dépenses dans une circulaire de M. le directeur général de cette caisse, 25 avril 1832 n° 29 p. 38, adressée aux receveurs généraux et particuliers des finances. On y lit ce qui suit :

« Il n'y a pas d'uniformité dans les départements sur le mode de payement des petites dettes privilégiées des successions vacantes, telles que les frais de maladie, d'enterrement, des scellés, etc. » Dans le ressort du tribunal de première instance du département de la Seine, l'officier ministériel qui a fait la vente du mobilier paye tous ces frais. Le curateur à la succession vacante, en sa qualité d'administrateur que lui défère le Code civil, arrête le compte de cet officier ministériel, en recettes et en dépenses, et le reliquat du produit de la vente est versé à la caisse du receveur de l'enregistrement et des domaines, chargé d'en consigner le montant pour être remis à qui, par justice, sera ordonné. « Les curateurs aux successions vacantes, dans votre département, peuvent opérer de cette manière, qui est aussi régulière qu'elle est simple. Ils ne peuvent toucher aucune somme consignée pour le compte de ces successions, qu'en vertu d'une autorisation judiciaire; mais ils sont autorisés, lorsqu'il n'existe pas d'opposition, à consentir des prélèvements au profit, soit des créanciers privilégiés, soit des créanciers ordinaires, porteurs de titres ou de jugements. »

**15940. Prix de vente de meubles.** — L'obligation imposée par l'art. 813 C. C. au curateur de verser à la caisse des dépôts et consignations les deniers de la succession, s'étend à l'officier public qui a procédé à la vente des meubles.

Jugé en ce sens, par la cour de Metz, le 3 mai 1826 (Dalloz vº *Succession* nº 992), et par la C. cass. le 21 juin 1825 (S. 27-1-83), que l'officier ministériel qui a procédé à la vente d'objets appartenant à une succession vacante, et en a retiré le prix, est tenu de consigner, même lorsqu'il n'y a pas d'opposition; à défaut de consignation, il peut, à titre de réparation de dommages, être condamné à payer aux créanciers les intérêts qu'eût produits la consignation. Il n'est pas nécessaire que l'officier ministériel soit mis en demeure : les intérêts courent de plein droit.

**15941. Rapports entre l'héritier bénéficiaire et le curateur.** — L'art. 814 C. C. déclare que les dispositions sur les formes de l'inventaire, sur le mode d'administration et sur les comptes à rendre de la part de l'héritier bénéficiaire, sont communs aux curateurs à successions vacantes. Tous les auteurs (Malleville t. 2 p. 296, Chabot t. 3 p. 597, Delvincourt t. 2 p. 35, Duranton t. 7 nº 71, Dalloz *loc. cit.* nº 995) font remarquer que, du rapprochement fait par le Code entre le curateur et l'héritier bénéficiaire, il ne faut pas conclure que les obligations de l'un et de l'autre soient exactement les mêmes. D'un côté, le curateur étant ordinairement salarié (Chabot art. 814, Aubry et Rau t. 5 p. 408, Ducaurroy t. 2 p. 639, Demolombe t. 15 nº 432), et ne gérant pas ses propres affaires, comme le fait l'héritier bénéficiaire, a une responsabilité plus étendue. Ainsi, il répond de toutes les fautes par lui commises dans sa gestion, et même des fautes légères (Marcadé art. 814 nº 1er, Demante t. 3 nº 137 *bis*, Chabot art. 814, Zachariæ, Aubry et Rau t. 5 p. 408, Massé et Vergé t. 2 p. 445, Demolombe t. 15 nº 431).

D'un autre côté, comme il inspire moins de confiance que l'héritier bénéficiaire, il n'a pas le maniement des deniers de la succession, ce qui amène cette autre différence de n'avoir pas à fournir un cautionnement comme l'héritier bénéficiaire (Nancy 29 avr. 1843, S. 43-2-492, Duranton t. 6 nº 70, Demante t. 3 nº 137 *bis*, Taulier t. 3 p. 174, Ducaurroy t. 2 nº 639, Demolombe t. 15 nº 433).

**15942. Transaction. — Compromis. — Vente.** — Le curateur a une succession vacante, ne pouvant ni transiger, ni compromettre (Toullier t. 4 nº 401), il y aurait dans un tel acte, une nullité absolue, opposable même aux personnes avec lequel il aurait été passé (Vazeille sur l'art. 714 nº 4).

Il en serait de même de la vente d'un immeuble héréditaire (Demante t. 3 nº 137, Zachariæ, Aubry et Rau t. 5 p. 409, 410, Demolombe t. 15 nº 436).

**15943. Vente et cession. — Payement des dettes.** — Les art. 1000 et 1001 C. proc. imposent au curateur l'obligation de faire vendre les meubles suivant les formalités prescrites aux titres de *l'inventaire* et de *la vente du mobilier*, c'est-à-dire par le ministère d'un officier public, aux enchères et après les affiches et publications accoutumées (805 C. C.), et les immeubles et rentes, suivant les formes qui ont été prescrites au titre de bénéfice d'inventaire, c'est-à-dire par les art. 987 et suiv. C. proc. L. 4 mai 1841, qui a modifié en plusieurs points l'art. 987.

Il a été jugé par la cour de Riom, le 12 mars 1853 (D. 54-5-731), que le curateur d'une succession vacante a qualité pour céder ou déléguer, en payement d'une dette héréditaire, une créance de l'hoirie, surtout quand il est autorisé par le tribunal.

1. MEUBLES INCORPORELS. — La loi ne s'est pas occupée des meubles incorporels tels que créances, offices, etc. Mais la règle paraît être que le créancier doit s'adresser à la justice (Demolombe t. 15 nº 442). — Il en serait de même de l'acceptation ou de la répudiation d'une succession et du partage (Toullier t. 2 nº 401, Vazeille art. 814 nº 2, Massé et Vergé t. 2 p. 445).

**15944. Dispense du préliminaire de conciliation.** — L'art. 49 C. proc. dispense du préliminaire de la conciliation les demandes qui intéressent les curateurs aux successions vacantes.

Il a été jugé que cette disposition profite non-seulement au curateur, mais encore aux autres personnes en cause. C'est en effet, la demande et non la personne que, dans ce cas, la loi dispense.

# TITRE IX. — DES RAPPORTS ET DU PARTAGE

[15945-16046]

## CHAPITRE PREMIER. — DES RAPPORTS

[15945]

**15945. Renvoi.** — Nous avons déjà traité du rapport à succession, sous le mot *Rapport*, et nous ne voyons aucun développement à ajouter ici à ceux que nous avons précédemment donnés.

## CHAPITRE II. — DU PAYEMENT DES DETTES

[15946-16044]

### SECTION PREMIÈRE. — PRÉLIMINAIRE

[15946-15948]

**15946. Observation.** — Les développements que nous allons donner sur la contribution aux dettes et charges de la succession auraient mieux figuré sous le mot *Partage*. En effet, au point de vue de l'application des droits d'enregistrement, qui est le seul dont nous ayons à nous préoccuper dans cet ouvrage, la contribution aux dettes et charges joue un grand rôle en matière de partage, puisqu'elle influe directement sur les soultes que les héritiers ont à se payer souvent entre eux pour maintenir l'égalité du partage; tandis qu'en matière de droits de mutation par décès l'influence de cette contribution est négative, par suite de la disposition de la loi qui veut que les droits soient perçus sur les biens de la succession *sans distraction des charges* (*V. infrà*); cependant nous avons jugé utile de n'aborder qu'ici ce sujet important. La raison en est qu'il se rattache à des principes civils dont la véritable place se trouve au mot *Succession*.

**15947. Les charges sont sur le même pied que les dettes.** — Tout ce que contiendra ce chapitre s'applique aux charges de la succession, de quelque nature qu'elles soient, comme aux dettes. Il faut donc entendre ici, par créanciers de la succession, tous ceux envers lesquels il y a obligation d'acquitter une dette ou une charge héréditaire (Pothier *Succ.* ch. 5 art. 1er Lebrun ch. 2 sect. 1re et 4, Demolombe t. 17 n° 3).

Du reste, les legs et les donations à cause de mort se distinguent des autres charges de la succession en ce qu'ils sont sujets à la réduction, en vertu de la réserve établie en faveur des héritiers d'une certaine catégorie. C'est là un point qui a été étudié au mot *Quotité disponible*.

**15948. Division.** — Cela posé, nous nous occupérons successivement dans ce chapitre, d'après l'ordre indiqué sur le Code lui-même :

1° De la part contributive de chaque copartageant, dans les dettes de la succession, c'est-à-dire de la manière dont chacun est tenu de les supporter en définitive relativement à ses cohéritiers ;

2° De la part à subir quant à la poursuite, c'est-à-dire la manière dont chacun est tenu envers les créanciers ;

3° De l'effet, envers l'héritier, des droits exécutoires contre le défunt ;

4° Enfin du droit accordé aux créanciers de la succession, pour assurer leur payement, de faire séparer les deux patrimoines du défunt et de l'héritier.

### SECTION 2. — DE LA CONTRIBUTION AUX DETTES

[15949-16013]

#### ARTICLE PREMIER. — PRÉLIMINAIRES

[15949-15950]

**15949. Distinction entre la contribution et l'obligation.** — La part que les héritiers ont à supporter dans les charges de la succession correspond à la part qu'ils prennent dans son actif; c'est leur *contribution*. La part pour laquelle ils peuvent être poursuivis par les créanciers détermine leur *obligation*.

La contribution aux charges se mesure toujours par la part que l'héritier prend dans la succession, mais il n'en est pas de même de l'obligation.

Ainsi, l'obligation peut être plus forte que la contribution, si les héritiers, par l'acte de partage, ou le défunt lui-même, ont réparti inégalement entre eux les charges de la succession. Celui qui a obtenu de payer moins que les autres n'est pas tenu pour une moindre portion envers les créanciers, qui, nonobstant tous arrangements de famille, conservent le droit de poursuivre chacun jusqu'à concurrence de sa part héréditaire et d'après la division légale (Delvincourt t. 2 p. 375 note 4, Toullier t. 4 nos 529, 530, Duranton n° 430, Vazeille art. 870 n° 2, Poujol t. 2 p. 255, 296).

Ainsi encore, la loi prévoit elle-même une hypothèse où l'obligation et la contribution ne se balancent pas l'une par l'autre. C'est le cas où il est échu à l'héritier un immeuble grevé d'une dette hypothécaire. Mais nous reviendrons plus loin sur ces idées. Il nous suffit pour le moment d'avoir posé le principe.

**15950. Héritiers et légataires.** — Les héritiers contribuent au payement des dettes et charges de la succession, chacun dans la proportion de ce qu'il y prend (870 C. C.).

1. LÉGATAIRES. — Le légataire à titre universel contribue avec les héritiers au prorata de son émolument; mais le légataire particulier n'est pas tenu des dettes et charges, sauf toutefois l'action hypothécaire, sur l'immeuble légué (871 C. C.).

#### ARTICLE 2. — DES HÉRITIERS

[15951-15973]

**15951. La contribution est proportionnelle à la part héréditaire.** — On tomberait dans l'erreur si, en prenant l'art. 870 au pied de la lettre, on supposait que la contribution aux dettes doit être en proportion de ce qu'on *prend* dans la succession. Cette disposition du

Code ne doit s'entendre que de ce que l'on prend en qualité d'*héritier*.

1. LÉGATAIRE A TITRE PARTICULIER ET HÉRITIER. — Supposons qu'un père qui a trois enfants et 20,000 francs de fortune, grevée d'un passif de 4,000 francs, ait légué à l'un d'eux 4,000 francs à titre de préciput : ce don n'excédant pas la quotité disponible puisque, par déduction faite des dettes, il reste dans la succession 16,000 francs, dont le quart disponible est de 4,000 francs, l'actif à partager entre les héritiers est de 12,000 francs. Ce qui donne 4,000 francs à chacun d'eux. L'enfant légataire à titre particulier aura à lui seul 8,000 francs sur les 16,000 francs laissés par le père, déduction faite des dettes; c'est-à-dire qu'il recueillera la moitié de la succession. Et cependant il n'aura à payer qu'un tiers des dettes, parce que le père a pu valablement disposer, au préjudice de ses héritiers, de la somme de 4,000 francs, qui représente la quotité disponible de ses biens. Ce n'est qu'en sa qualité *d'héritier* qu'il est tenu à une part contributive dans les dettes, et, comme sa part héréditaire n'est que du tiers, c'est pour un tiers seulement qu'il est tenu de contribuer aux dettes (Delvincourt t. 2 p. 374 note 4, Duranton t. 7 n° 425, Chabot t. 3 p. 530, Vazeille *sur l'art.* 870 n° 1er Dalloz v° *Succession* n° 1333, Demolombe t. 17 n° 30).

2. LÉGATAIRE A TITRE UNIVERSEL ET HÉRITIER. — *Quid* si au lieu de donner à son fils une somme de 4,000 francs il lui donnait le quart de ses biens ? La solution ne serait plus la même. Car, dans la première hypothèse, le père a fait un legs *particulier*, et, aux termes de l'art. 871 ci-dessus transcrit, le légataire particulier n'est pas tenu des dettes et charges; dans la seconde hypothèse, au contraire, il a fait un legs *à titre universel*, et, d'après le même article, le légataire à titre universel contribue aux dettes, au *prorata* de son émolument.

Donc, dans la première hypothèse, le fils, légataire à titre particulier des 4,000 francs qui représentent la quotité disponible, n'aura à payer qu'un tiers des dettes, soit 1,333 fr. 33 cent., qui forment sa contribution *d'héritier*. Dans la seconde hypothèse, au contraire, il devra en prendre à sa charge la moitié, soit 2,000 francs, savoir un quart en sa qualité de légataire à titre universel et un quart en sa qualité d'héritier.

3. DONATAIRE ET HÉRITIER. — Ce que nous disons d'un legs s'applique également à une donation. Et le fils aurait à supporter un tiers ou la moitié des dettes, selon qu'il aurait été institué donataire contractuel d'une somme de 4,000 francs à prendre sur la succession, ou du quart de la succession.

4. PARTAGE. — Pour achever de démontrer qu'il ne faut pas s'attacher au sens littéral de ces expressions de l'art. 870 : *chacun dans la proportion de ce qu'il y* PREND, supposons encore que, par un partage *involontairement* inégal, l'un des héritiers ait été plus favorisé que les autres, cet héritier devra-t-il supporter une part des dettes proportionnelle au lot que lui a attribué le partage? Nullement. Les héritiers pourront attaquer le partage en rescision, s'il y a eu lésion de plus d'un quart en faveur de leur cohéritier; mais tant que le partage n'est pas rescindé, chaque cohéritier étant présumé n'avoir que sa portion, qui est d'une quotité déterminée, telle que la moitié, le quart, le sixième, le dixième, etc., ne doit supporter qu'une portion de dette proportionnelle à cette qualité (Delvincourt t. 1er p. 374 note 4, Duranton t. 7 n° 425, Chabot t. 3 p. 330, Vazeille *sur l'art.* 870 n° 1er).

5. OBSERVATION. — Il faut donc entendre l'art. 870 en ce sens que chaque héritier doit contribuer aux dettes de la succession, dans la proportion de *sa part héréditaire*.

**15952. Contribution ultrà vires.** — 1. DETTES. — Comme continuateur de la personne du défunt, l'héritier pur et simple est tenu de toutes ses obligations, et il en est tenu en raison de la part pour laquelle il représente ce défunt : s'il le représente seul, il est tenu pour la totalité ; s'il le représente pour une égale part avec un autre, les deux héritiers sont tenus chacun pour moitié, etc. En rapprochant cet ordre d'idées de l'art. 873 C.C., aux termes duquel les héritiers sont personnellement tenus du payement des dettes et charges de la succession, on est amené à reconnaître qu'ils en sont tenus, *sans aucune limite*, dans la proportion de leur part héréditaire. C'est là ce qu'on appelle l'obligation *ultrà vires*.

Cette obligation *ultrà vires*, qui fut constamment admise, en principe, soit dans le droit romain, soit dans le droit coutumier, est définie par Pothier (*Traité des Successions* chap. 5, art. 3 § 1er) de la manière suivante : « L'héritier est celui qui succède à tous les droits actifs et passifs du défunt, par conséquent à toutes ses obligations, à toutes ses dettes. Il n'est pas tenu des dettes, comme d'une charge des biens auxquels il succède ; mais il en est tenu comme successeur, non pas seulement des biens, mais de la personne même du défunt; c'est-à-dire de tous ses droits personnels, actifs et passifs, et, par conséquent, de toutes ses dettes ; même au delà de la valeur de ses biens. Cette règle a lieu, à l'égard des héritiers pour partie, comme à l'égard d'un unique héritier. La seule différence qu'il y a entre eux, est que les héritiers pour partie ne sont tenus des dettes que pour la même partie dont ils sont héritiers, au lieu que l'unique héritier est tenu du total des dettes ; mais ils conviennent, en ce point, que l'héritier pour partie, par exemple l'héritier du quart, est tenu du quart des dettes au delà de la valeur du quart de biens auxquels il succède, de la même manière que l'héritier unique est tenu du total des dettes, au delà de la valeur du total des biens. »

1. LEGS. — L'héritier pur et simple est-il tenu, *ultrà vires*, d'acquitter les legs faits par le défunt? Il faut distinguer :

L'héritier réservataire ne peut être tenu au delà de la quotité disponible calculée, déduction faite de toutes les autres charges et dettes de la succession, puisque sa réserve ne peut jamais être entamée par aucune disposition à titre gratuit.

Sauf Delvincourt t. 2 p. 100 et Malleville art. 802, tous les auteurs sont d'accord sur ce point (Pothier *Don. entre-vifs* art. 5 § 7, Lebrun *Succ.* liv. 3 chap. 4 n° 75, Merlin *V. Légat.* chap. 5 § 6, Toullier t. 5 n° 556, Duranton t. 6 n° 463, Chabot art. 873 n° 32, Proudhon *Usuf.* t. 1er n° 340, Grenier *des Donat* t. 1er nos 591, 592, Zachariæ, Aubry et Rau t. 5 p. 559, Troplong *Don. et test.* t. 2 n° 940, Demolombe t. 14 n° 523 ; — Cass. 16 janv. 1821, S. 22-1-197 ; — Paris 11 fév. 1835, S. *Coll. nouv.* 8-2-26).

Quant à l'héritier à qui la loi n'accorde pas de réserve, il résulte de ce que nous venons de dire qu'il peut en être tenu *ultrà vires;* car les legs rentrent évidemment dans la dénomination générale de charges qui grèvent la succession (Delvincourt t. 2 p. 308 note 5, Duranton t. 6 note 462, Chabot t. 3 p. 600, Malpel n° 215, Dalloz v° *Succession* n° 1318, Toullier t. 5 n° 556, Vazeille art. 1017 n° 3, Grenier *des Don.* t. 1er n° 313, Taulier t. 3 p. 224 et t. 4 p. 149, Zachariæ, Aubry et Rau t. 5 p. 150, 192, Troplong *des Don.* t. 4 n° 1843, Berthauld *Rev. crit.* 1860 t. 10 p. 531-532).

Cependant le contraire a été soutenu, en invoquant l'autorité de l'ancien droit français, que le Code civil n'a pas expressément modifié (Pothier *Succ.* chap. 3 sect. 3 § 1er n. 3, Lebrun liv. 4 chap. 2 sec. 11 n° 50, Furgole *Test.* chap. 10 tit. 4 sect. 3 n. 1er, Ferrière art. 334). On a prétendu, en outre, que les legs ne sont pas compris dans le mot charges, ainsi que cela résulte des art. 1009, 1012 et 1013 C. C. que distinguent les deux choses ; et on s'appuie sur l'art. 802 C. C. relatif au bénéfice d'inventaire qui permet à l'héritier de n'être tenu *des dettes* que jusqu'à concurrence de la succession, ce qui suppose virtuellement que l'héritier n'a pas besoin du bénéfice d'inventaire pour n'être tenu du legs que dans les limites des biens (Demante t. 3 n. 24 *bis*, Ducaurroy t. 2 n. 580, Bugnet et Pothier t. 8 p. 210, Mourlon t. 2 p. 96, Marcadé art. 1017 n° 2, Mazerat art. 773, Tambour p. 280, Villequiez *Rev. des droits français et étranger* 1850 t. 7 p. 155 n° 227).

**15953. Inégalité conventionnelle dans la contribution aux dettes.** — Bien que les dettes soient à supporter par les héritiers, proportionnellement à leur part héréditaire, rien ne s'oppose à ce qu'ils conviennent qu'un ou plusieurs d'entre eux contribuera dans une proportion inégale dans les dettes et charges de la succession. Ainsi mes cohéritiers peuvent m'attribuer une maison qui représente à elle seule la valeur de la moitié de la succession à la charge de la moitié des dettes, alors que ma contribution aux dettes ne devrait être que du quart. Mais cette convention n'altérait en rien le principe de l'art. 870, car ce ne serait pas en ma qualité d'héritier que j'aurais à payer un quart des dettes en sus de ma contribution personnelle, mais bien en qualité d'acquéreur d'un quart des valeurs de la succession, dont le prix serait représenté par le quart des dettes mis à ma charge, en sus de ma quote-part légale. On peut voir, au mot *Partage*, les effets d'une pareille convention en matière de perception des droits d'enregistrement.

**15954. Division des dettes par tête.** — La conséquence de ce que nous venons de dire, c'est que les dettes de la succession se divisent entre les héritiers, et cette division a toujours lieu par *tête*, en proportion de la part héréditaire; tellement que si une succession était partagée par *souche*, tous les héritiers d'une même souche ne seraient pas tenus *conjointement* des dettes proportionnellement à la part de la souche entière, mais chacun ne serait obligé séparément que selon la part qu'il serait appelé individuellement à recueillir dans la masse totale de l'hérédité (Delvincourt t. 2 p. 377 not. 5, Chabot *sur l'art.* 870 n° 3, Toullier t. 4 n° 494.)

Ainsi, Paul, Jacques et Pierre, représentant Antoine, leur père, viennent à la succession d'Auguste, leur oncle, concurremment avec Jeanne, leur tante. Bien que leur souche soit appelée à recueillir la moitié de la succession, et qu'elle soit, dès lors, tenue de la moitié des dettes, ils ne seront, eux personnellement, tenus qu'à un sixième chacun, et aucune solidarité n'existera entre eux pour le payement de ce sixième; en sorte que si l'un d'eux devient insolvable, le sixième des dettes sera perdu pour les créanciers.

Jugé en ce sens que, lorsque les héritiers d'une seule branche ont partagé la totalité de la succession, ils ne sont point solidairement tenus de délaisser la portion réclamée par les héritiers de l'autre branche; ils n'y sont tenus chacun que pour sa part, et hypothécairement pour le tout (C. Colmar 11 mars 1817, Dalloz v° *Succession* n° 1338).

Le principe de la division des dettes se prolonge indéfiniment sur les héritiers ou successeurs universels de ces héritiers ou de ces successeurs eux-mêmes. Lors donc que l'un des héritiers ou autres successeurs universels vient à mourir, ses héritiers à lui ne sont pas tenus solidairement de sa portion héréditaire dans les dettes de la succession alors échue. Cette portion de dettes se fractionne comme ses dettes personnelles entre ses héritiers qui en doivent chacun leur part (Lebrun liv. 4 chap. 2 sect. 1re n° 10, Demolombe t. 17 n° 47).

Les conséquences de la division des dettes sont : 1° que chacun des héritiers peut se libérer en payant sa part; —2° que l'insolvabilité des uns ne tombe pas à la charge des autres : c'est sur les créanciers que retombe cette insolvabilité (Colmar 23 nov. 1810, S. 1811-2-77, Toullier t. 2 n° 352 et 14 n° 759, Duranton t. 7 n° 744, Chabot art. 873 n° 6, Zachariæ, Aubry et Rau t. 5 p. 353, Demolombe t. 12 n° 359); —3° que l'interpellation à l'un des héritiers n'interrompt pas la prescription à l'égard des autres; — 4° enfin, que la confusion s'opère seulement pour la part des cohéritiers.

**15955. Les inconvénients de la non-divisibilité ne seraient sérieux que pour les héritiers.** — Le principe de la divisibilité des dettes sur la tête de chaque héritier, nettement établi par l'art. 1220 C. C. fut l'objet de vives attaques lors de la préparation du Code.

« Comment se fait-il, dit Malleville t. 2 p. 341, que sans aucun fait de ma part, ma condition soit empirée; qu'au lieu d'une seule demande à former, j'en trouve quelquefois trente, et surtout que je suis obligé de perdre la moitié ou les trois quarts de ma créance, si la moitié ou les trois quarts des héritiers sont insolvables, tandis que mon débiteur et la succession qui le représente sont très-solvables, en masse et au total ? »

Tout cela n'est que spécieux; car, ces inconvénients, le créancier peut les éviter, en prenant hypothèque ou en demandant la séparation des patrimoines. Tandis que, dans le système contraire, un héritier pour une portion minime, qui aurait accepté une succession fort bonne en elle-même, pourrait se voir exposé, en cas d'insolvabilité de ses cohéritiers, à payer la totalité des charges, bien qu'il ne représentât le défunt que pour une faible partie, un dixième, par exemple. Aussi le bénéfice de la divisibilité des dettes sur la tête des héritiers se trouve-t-il consacré aujourd'hui par une jurisprudence constante.

**15956. Débiteur solidaire.** — Ainsi, il a été jugé que les héritiers d'un des débiteurs solidaires ne peuvent être condamnés solidairement au payement de la dette, ces héritiers n'en étant tenus que pour leur part et portion, « Attendu, au fond, qu'aux termes des art. 870 et 873 C. C., chaque héritier n'est tenu personnellement des dettes de son auteur que pour sa portion dans la succession; que, cependant, l'arrêt attaqué a condamné les héritiers Broutin, conjointement et solidairement, aux frais dus à M. Lavrillat, avoué, par leurs père et mère, et qu'il a, en cela, expressément violé les lois précitées » (Cass. 27 nov. 1839).

**15957. Restitution de fruits.** — Par application du principe de divisibilité, il a été jugé, par la cour de Riom, le 10 mars 1836 (S. 36-2-181), que les héritiers condamnés au délaissement d'un immeuble possédé par leur auteur et à la restitution des fruits ne sont tenus de cette restitution que chacun pour leur part et portion, et non solidairement.

**15958. Absent.** — Jugé par la Cour de cassation, le 20 juin 1820 (S. 20-1-432), que lorsqu'il, est reconnu, en fait, que les héritiers d'un militaire absent ou prétendu décédé, ont appréhendé sa succession, ils peuvent être condamnés au payement des dettes de la succession, non solidairement, mais conjointement, et chacun dans la proportion de la part qu'il prend dans la succession.

**15959. Promesse d'hypothèque.** — Jugé par la cour de Caen, le 14 février 1825 (S. 33-2-639), que, de la promesse d'une hypothèque sur tous ses biens, faite par un débiteur au profit de ses créanciers, on ne saurait induire que l'intention des parties ait été que la dette ne pût s'acquitter partiellement : les héritiers du débiteur ne sont donc, malgré cette promesse d'hypothèque, tenus chacun de la dette que proportionnellement à sa part dans la succession.

**15960. Renouvellement d'obligation par les héritiers.** — Il résulte d'un arrêt de la cour de Bourges, du 11 décembre 1830 (S. 31-2-205), que, lorsque des héritiers renouvellent personnellement une obligation contractée par leur auteur, sans exprimer dans quelle proportion ils s'engagent, ils sont réputés s'engager chacun pour une part égale, et non dans la proportion des droits que chacun recueille dans la succession.

**15961. Condamnation solidaire.** — Il n'y a pas violation du principe de la divisibilité des dettes entre héritiers au payement d'une dette, *sur les deniers et immeubles de la succession*. Une telle disposition ne doit s'entendre que de la solidarité ou de l'indivisibilité hypothécaire résultant de la possession des biens de la succession (Cass. 9 janv. 1827, S. 27-1-347).

Bien que deux cohéritiers aient été condamnés ensemble au payement d'une dette, ils ne sont point tenus solidairement, lors même que l'un d'eux serait insolvable (C. Colmar 23 nov. 1810, S. 11-2-77, Demolombe t. 17 n° 46).

**15962. Condamnation portant sur deux successions.** — Le jugement qui a condamné *conjointement* et *solidairement* au payement d'une somme les héritiers de deux débiteurs solidaires, doit être entendu en ce sens que la solidarité est prononcée contre les deux successions, et non en ce sens qu'elle est prononcée entre les héritiers de chaque succession (Cass. 5 juill. 1831, S. 31-1-421).

Jugé encore que, dans le cas où les héritiers de deux individus, dont l'un était caution solidaire de l'autre, étant actionnés simultanément en payement de l'obligation, un arrêt les condamne solidairement du chef de leurs auteurs, cette disposition doit être entendue en ce sens que la solidarité n'est prononcée que contre les deux successeurs vis-à-vis l'une de l'autre, et non pas contre les héritières de chacune d'elle entre eux. Une telle décision ne peut donc être annulée pour violation des art. 870 et 873 C. C. (Cass. 29 janv. 1838, Dalloz v° *Succession* n° 1341).

**15963. Rente assise sur un immeuble.** — Il a été jugé que la condamnation prononcée contre des héritiers de payer l'intégralité des arrérages d'une rente assise sur un immeuble de la succession, ne viole pas le principe de la divisibilité des dettes entre cohéritiers, alors qu'il n'y a pas eu de partage entre eux, encore bien que l'un d'eux offre de payer sa part ; et que, dans le même cas, le même principe n'est pas violé par la résolution du contrat de vente prononcée contre les héritiers, pour défaut de payement des arrérages formant le prix de la vente (C. Nîmes 9 janv. 1837, Dalloz v° *Succession* n° 1344).

**15964. Frais d'un procès.** — Il a été jugé que les cohéritiers sont tenus de contribuer pour leur quote-part aux frais d'un procès entrepris par l'un d'eux, dans l'intérêt commun, encore bien qu'il ait été intenté sans les appeler à y intervenir (C. Liége 10 déc. 1810, S. *Collect. nouv.* 3-2-368).

Jugé cependant, en sens contraire, par la cour de Bordeaux, le 28 août 1827, que, lorsqu'un jugement en liquidant une succession, et en fixant les droits des cohéritiers, a délégué à l'un d'eux une somme à prendre sur ce qui est dû par un tiers adjudicataire d'immeubles de la succession, et a ordonné que les frais seraient supportés par chacun des copartageants, proportionnellement à ses droits, l'avoué qui a obtenu le jugement de liquidation ne peut exercer contre ce seul héritier, sur la somme déléguée, son recours pour la totalité de ses frais; il est obligé de diviser son action dans la proportion des droits de chacun, et il allèguerait en vain que le jugement qui ordonne cette répartition des frais ne le concerne point, mais seulement les droits des cohéritiers entre eux.

**15965. Héritier bénéficiaire.** — La Cour de cassation, le 22 juillet 1811, et la cour de Paris, le 26 mars 1831

(S. 12-1-305, 31-2-249), ont jugé que le principe de la division des dettes ou charges de la succession entre les cohéritiers est applicable aux héritiers bénéficiaires, comme aux héritiers purs et simples. Les héritiers bénéficiaires ne peuvent donc être poursuivis, chacun, que proportionnellement à sa part dans la succession. Et les auteurs, à l'exception de Bilhard *Bénéf. d'inv.*, nos 109 et 110, sont unanimes sur ce point (Toullier t. 4 n° 513, Merlin *Rép.* v° *Bénéf. d'inv.* n° 25, Chabot art. 873 n° 11, Delvincourt t. 2 p. 167, Delaporte *Pandect. fr.* sur l'art. 873, Favard v° *Partage de succ.* sect. 2 § 2 art. 4 n° 1er, Roll. de Vill. *Rép. du not.* v° *Bénéf. d'inv.* nos 9 et 166, Malpel n° 289, Vazeille art. 803 n° 11, Duranton t. 7 n° 41 et t. 11 n° 272, de Conflans art. 803 n° 5, Devilleneuve et Carette *Collect. nouv.* 4-1-153).

**15966. Exceptions au principe de la divisibilité des dettes.** — Cependant le principe de la division des dettes sur la tête des héritiers n'est pas tellement absolu que des exceptions ne doivent être admises.

1. DETTES INDIVISIBLES. — Et d'abord un héritier ne pourrait être poursuivi seulement pour sa part héréditaire dans une dette *indivisible*. Dès qu'une dette ne peut être divisée dans son payement, il faut nécessairement que chaque héritier en soit tenu pour la totalité. Il résulte en effet de la combinaison des art. 1222 et 1223 C. C. que les héritiers de celui qui a contracté une obligation indivisible en sont tenus pour le total.

Un tempérament à cette règle est apporté par l'art. 1225, d'après lequel l'héritier du débiteur, assigné pour la totalité de l'obligation, peut demander un délai pour mettre en cause ses cohéritiers, à moins que la dette ne soit de nature à ne pouvoir être acquittée que par l'héritier assigné, qui peut alors être condamné seul, sauf son recours en indemnité contre ses cohéritiers.

Au surplus, les art. 1217 et 1218 C. C. établissent les distinctions qu'il faut établir entre les dettes divisibles et les dettes indivisibles. C'est là une matière fort difficile et pour l'étude de laquelle nous renvoyons aux ouvrages plus spéciaux que le nôtre. On pourra consulter avec fruit le *Traité des obligations* de Pothier part. 2e ch. 4 sect. 2 art. 1er, ceux de Toullier t. 6 et 7, de M. le conseiller Larombière et le commentaire des art. 1217 à 1225 de Marcadé.

2. DETTES DIVISIBLES. — Mais, même lorsque la dette est divisible, elle reçoit exception dans plusieurs cas prévus par l'art. 1221, savoir :

1° En premier lieu lorsque la dette est hypothécaire. — *V.* 16016 et suiv. ;

2° La seconde exception se présente lorsque la dette est d'un corps certain, par exemple d'un cheval, d'un bateau. Dans ce cas, si l'un des héritiers, par suite du partage de la succession, se trouve seul possesseur de cette chose, le créancier peut la lui demander entière, sans qu'il puisse offrir une part correspondant à sa part héréditaire. Seul, il doit donc subir l'action du créancier, sauf son recours contre ses cohéritiers. Remarquez cependant que l'action du créancier contre le détenteur ne se produit que lorsqu'un héritier possède réellement la chose due. Que si cette chose n'existait plus en nature, soit parce qu'elle aurait péri, soit parce qu'elle aurait été aliénée par le détenteur, l'action en remboursement du créancier se diviserait immédiatement, et il ne pourrait s'adresser aux héritiers qu'individuellement et chacun pour sa part héréditaire ;

3° En troisième lieu, il y a encore exception au principe que chaque héritier, dans les dettes divisibles, n'est tenu au payement que pour sa part, dans le cas d'une dette alternative de choses dont l'une est indivisible, et dont le choix appartient au créancier. Si donc le créancier a le choix ou de tel cheval, ou d'une somme de 1,000 francs, les héritiers du débiteur ne peuvent offrir le payement fractionné de la somme de 1,000 francs. Si le créancier opte pour le cheval, l'héritier, dans le lot duquel ce cheval est tombé, devra subir seul l'action en remboursement.

Les auteurs font remarquer avec raison que cette troisième hypothèse de l'art. 1221 ne caractérise pas, à proprement parler, une exception au principe de division de la dette. En effet, du moment que le créancier a la faculté de choisir entre la dette indivisible et celle qui est divisible, si son choix tombe sur la dette indivisible, il n'y a plus là une exception au principe du payement pour parties dans les dettes divisibles, on rentre tout simplement dans la règle des dettes indivisibles dont nous avons parlé n° 1er *suprà* ;

4° La quatrième exception a lieu lorsque l'un des héritiers a été chargé seul, par le titre, de l'exécution de l'obligation. Cet héritier peut alors être poursuivi pour le tout par le créancier, sauf, comme dans toutes les exceptions prévues par l'art. 1221, son recours contre les autres héritiers. Il est bien entendu cependant que le recours n'existerait pas, si, par une clause testamentaire, qui resterait dans les limites de la quotité disponible, l'héritier avait été chargé non-seulement de répondre seul du payement de la dette, mais encore d'en supporter seul le fardeau sans aucun recours contre ses cohéritiers ;

5° Enfin, une cinquième exception se présente naturellement, ainsi que l'indique l'art. 1221, « lorsqu'il résulte, soit de la nature de l'engagement, soit de la chose qui en fait l'objet, soit de la fin qu'on s'est proposée dans le contrat, que l'intention des contractants a été que la dette ne pût s'acquitter partiellement. »

Pour que cette cinquième espèce d'exception soit caractérisée, il n'est pas nécessaire que l'intention des contractants ait été de rendre l'obligation indivisible, ce qui sortirait de notre sujet, pour rentrer entièrement dans l'hypothèse des obligations indivisibles, il suffit qu'on ait voulu enlever aux héritiers du débiteur la faculté de se libérer par fractions individuelles ; il ne faut pas non plus que la clause ait spécialement désigné un héritier pour faire le payement, ce qui nous ramènerait au cas précédent ; il suffit que, dans la clause expresse d'un acte se manifeste l'intention d'attribuer au créancier le droit de poursuivre un héritier pour le tout, sans désigner tel ou tel, c'est-à-dire qu'il puisse choisir parmi les héritiers celui contre lequel il est préférable pour lui de diriger des poursuites, la nature de l'engagement fait ici pleinement supposer que l'intention des contractants a été que la dette ne peut s'acquitter partiellement.

Cette intention résulte encore de la chose qui en fait l'objet ; ainsi lorsqu'il s'agit d'une chose matériellement indivisible, comme un bateau, je ne puis m'adresser qu'à l'héritier qui possède le bateau. Enfin elle se caractérise de même par la fin qu'on s'est proposée dans le contrat. Car si j'ai fait marché pour une fourniture de grès, mon action serait illusoire si elle devait se diriger contre d'autres héritiers que celui qui possède dans son lot la carrière à grès qu'exploitait le défunt.

**15967. Voie d'exception.** — Ce principe de divisibilité des obligations cesse-t-il lorsque l'obligation est opposée par voie d'exception? Ainsi, l'obligation de garantie résultant de la vente par le défunt d'un immeuble appartenant à l'un de ses héritiers est-elle indivisible lorsqu'elle est opposée par voie d'exception contre la demande formée par cet héritier en revendication de l'immeuble vendu?

Cette question divise les auteurs : on trouve, du côté de la négative, Dumoulin *de Divid. et indiv.* nos 478 et suiv., Voët *de Rei vindic.* n° 16, Pothier *Vente* n° 174, Lebrun *Succ.* liv. 4 ch. 2 sect. 4 n° 27, Duranton t. 11 n° 265 et t. 16 n° 255, Troplong *Vente* t. 1er n° 457; — tandis que l'affirmative est appuyée par Delvincourt t. 3 p. 144, et Duvergier v° *Vente* t. 1er n° 335.

Quoi qu'il en soit de la doctrine, la jurisprudence s'est prononcée à l'unanimité dans le sens de cette dernière opinion. (Cass. 19 fév. 1811 et 5 janv. 1815, S. 11-1-188, 15-1-231; — Cass. 11 avr. 1830; — C. Bordeaux 8 déc. 1831 et Rouen 25 avr. et 22 mai 1839; — Cass. 14 janv. 1840, S. 30-1-395, 32-2-565, 39-2-453, 40-1-569).

**15968. Stipulation de payement non partiel.** — La convention que la dette ne pourra être payée partiellement n'empêche pas la division de la créance entre les héritiers de celui qui stipule (Toullier t. 6 n° 769).

Mais s'il est vrai que la clause suivant laquelle la dette ne pourra être acquittée partiellement par les héritiers du débiteur n'empêche pas non plus la division entre eux, ils ne peuvent alors offrir qu'en se réunissant, et ce n'est que faute par eux de ce faire que le créancier peut agir contre un seul pour le tout (Toullier t. 6 n° 768).

**15969. Stipulation de payement par un seul.** — Dans le même ordre d'idées, il a été jugé qu'on peut, en contractant une obligation pour être exécutée après sa mort, la mettre à la charge d'un ou de plusieurs de ses héritiers à l'exception des autres. L'expression d'une telle volonté n'est pas limitée aux modes des dispositions testamentaires ou des actes de partage d'ascendants (C. Douai 2 fév. 1850, S. 51-2-182).

**15970. Faits de l'auteur commun.** — Bien que l'hérédité soit une chose divisible de sa nature, cependant l'obligation imposée aux héritiers d'entretenir les faits de leur auteur est indivisible, en ce sens que chacun d'eux est tenu, pour le tout, de subir les effets des transactions passées par l'auteur commun, notamment d'une transaction qui aurait eu pour objet une renonciation à la délivrance d'un legs, ou la fixation d'une somme à payer (Cass. 27 mai 1835, S. 35-1-706).

**15971. Faits des héritiers.** — *A fortiori* le principe de la divisibilité n'est-il plus applicable quand ce sont leurs propres faits que les héritiers ont à garantir. — Jugé, en ce sens, que, lorsque des cohéritiers on vendu solidairement un immeuble de la succession, chacun d'eux est tenu pour le tout de garantir l'acquéreur, non-seulement des troubles qui proviennent du fait de l'auteur commun, mais encore de ceux qui résultent du fait personnel d'un ou de plusieurs de leurs covendeurs (C. Paris 27 frim. an 12, S. 7-2-1207).

Ainsi encore, des cohéritiers peuvent être déclarés débiteurs solidaires dans le cas où, ayant constitué un gage indivis, pour sûreté du service d'une rente, ils refusent de reconstituer ce gage qui a péri (Cass. 15 juill. 1834, S. 35-1-123).

**15972. Engagement verbal.** — De ce que des héritiers présomptifs ont promis à leur auteur d'exécuter les dispositions qu'il ferait verbalement, et de ce que, satisfait de cette promesse, leur auteur n'a point consigné ces dispositions par écrit, il ne s'ensuit pas que les héritiers peuvent être contraints, soit à tenir leur promesse, soit à payer le montant des libéralités par forme de dommages-intérêts (Cass. 18 janv. 1813, S. 13-1-104).

**15973. Cession de droits héréditaires.** — Le successible qui, après avoir renoncé, devient cessionnaire des droits héréditaires de son cosuccessible, recouvre, du chef de celui-ci, la qualité d'héritier, et, comme représentant le cédant, demeure obligé aux dettes de la succession, bien qu'il ne soit pas lui-même héritier (C. Bordeaux 11 mai 1833, Dalloz v° *Succession* n° 676).

## ARTICLE 3. — DES LÉGATAIRES ET DES DONATAIRES

[15974-15998]

### § 1er. — *Préliminaire.*

[15974-15976]

**15974. Observation.** — Nous avons déjà parlé des legs sous les nos 10700 et suiv.; mais nous croyons devoir jeter de nouveau ici un rapide aperçu sur ce sujet, afin de suppléer à quelques détails.

**15975. Différentes espèces de legs.** — On sait qu'il y a trois espèces de legs :

Le legs universel, qui se trouve défini nos 10704 et suiv.;

Le legs à titre universel que nous avons fait connaître nos 10711 et suiv.;

Enfin, le legs à titre particulier, qui a été caractérisé sous les nos 10720 et 10721.

**15976. Différentes espèces de donations.** — C'est suivant les principes développés *ubi suprà* que l'on doit distinguer trois espèces de donations :

La donation universelle, qui est celle par laquelle le donateur se démet en faveur d'une seule ou de plusieurs personnes conjointement de l'université de ses biens ;

La donation à titre universel, par laquelle le donateur abandonne, à titre gratuit, à une ou plusieurs personnes ou une quote-part de tous ses biens meubles et immeubles, telle que la moitié, le quart, le sixième, le dixième ; ou tous ses biens immeubles ; ou tous ses biens meubles ; ou une quote fixe de ses immeubles, ou une quote fixe de ses meubles.

Toute disposition à titre gratuit qui ne rentre pas dans les catégories ci-dessus est une donation à titre particulier, comme lorsque je vous donne ma maison ou toutes mes terres du Dauphiné.

## § 2. — *Des légataires.*

[15977-15991]

### PREMIÈRE DIVISION. — DU LÉGATAIRE UNIVERSEL

[15977-15981]

**15977. Contribution aux charges.** — L'art. 871 ne parle pas du légataire universel quant à la contribution aux dettes. Mais le silence de cet article est suppléé par l'art. 1009 C. C., aux termes duquel « le légataire universel qui sera en concours avec un héritier auquel la loi réserve une quotité de biens, sera tenu des dettes et charges de la succession du testateur, personnellement pour sa part et portion, et hypothécairement pour le tout ; et il sera tenu d'acquitter tous les legs, sauf le cas de réduction, ainsi qu'il est expliqué aux art. 926 et 927. »

L'art. 1009 embrasse dans une seule disposition les dettes et charges ; mais une distinction essentielle est à faire quant aux legs qui, bien qu'étant aussi des charges de la succession, doivent néanmoins être rangés dans une catégorie à part que régissent des règles particulières.

**15978. La contribution aux dettes et charges, autres que les legs, est proportionnelle à l'émolument.** — Quand le légataire universel est seul, aucune difficulté ne peut s'élever ; il supporte seul toutes les dettes et charges de la succession. S'il y a des héritiers à réserve, ou si son legs ne comprend qu'une partie de la succession, il ne devra supporter qu'une partie des dettes. Mais sa contribution se règle-t-elle d'après son *émolument* ou d'après sa *part héréditaire ?*

Par exemple, Pierre meurt laissant deux frères, et un légataire universel du tiers de ses biens chargé d'un legs particulier de 10,000 francs. Le défunt a 60,000 francs de biens et 9,000 francs de dettes. Si le légataire universel contribue seulement au prorata de son émolument, il déduira le legs particulier de 10,000 francs du tiers de 60,000 francs ou de 20,000 francs, et il dira : mon émolument est de 10,000 francs sur 60,000 francs, je ne dois que le cinquième de la dette. Telle est l'opinion de Toullier t. 2 n° 520, Duranton t. 7 n° 433, Troplong *Don.* t. 4 n° 1858, Demante t. 3 n° 205. — Cette interprétation est généralement repoussée : on soutient qu'il doit contribuer dans la proportion de la quotité héréditaire qu'il est appelé à recueillir d'après son titre. Les mots *au prorata* employés par l'art. 871 veulent dire proportionnellement à son émolument et non pas jusqu'à concurrence de son émolument. Un émolument n'a pas d'autre sens ici que dans l'art. 870 ; il signifie ce que le légataire prend, c'est-à-dire qu'il réveill el'idée d'une contribution proportionnelle à sa quotité héréditaire (Bastia 8 fév. 1837, D. 37-2-104 ; — Cass. 13 août 1851, S. 51-1-657, Zachariæ, Aubry et Rau t. 5 n° 359, Chabot art. 871, Duvergier sur Toullier t. 2 n° 522, Demolombe t. 17 n° 33.

**15979. Contribution ultrà vires.** — Mais le légataire universel est-il tenu des dettes et charges *ultrà vires émoluments*, comme l'héritier pur et simple ? Cette question présente divers aspects que nous avons examinés au n° 10702.

**15980. Dette hypothécaire.** — Le légataire universel se trouve naturellement assujetti à l'action hypothécaire. C'est la conséquence de l'art. 2166 C. C. qui autorise le créancier hypothécaire à suivre l'immeuble en quelques mains qu'il se trouve. Et cette action hypothécaire se trouve ici confirmée par l'art. 1009 C. C. qui déclare le légataire universel soumis à l'action hypothécaire pour le tout.

**15981. Payement des legs.** — Il existe entre le payement des legs et le payement des dettes une différence notable, lorsque le légataire universel se trouve en concours avec un héritier à réserve : c'est que ce dernier, qui est tenu du payement des dettes proportionnellement à sa part dans la succession, ne doit jamais contribuer au payement des legs. Le legs universel absorbant toujours, en effet, la quotité disponible, si l'héritier devait contribuer au payement des legs, pour une fraction quelconque, il arriverait nécessairement que sa réserve serait entamée. Or, il est de principe que la réserve légale ne peut jamais avoir à souffrir d'une disposition gratuite quelconque.

Ainsi, les dettes affectent toute la succession et diminuent même la réserve. — Les legs, au contraire, ne pouvant être pris que sur la portion disponible, ne peuvent, en aucun cas, porter atteinte à la réserve.

1. LE LÉGATAIRE UNIVERSEL EST TENU DES LEGS ULTRA VIRES. — Le légataire universel étant, quant au payement des dettes et charges de la succession, assimilé en tout point à l'héritier *ab intestat, non réservataire*, il doit, par une conséquence directe de ce que nous avons dit sous le

n° 15952-1, être contraint comme celui-ci au payement des legs *ultrà vires*. (Grenier n° 313, Troplong n° 1843, Dalloz v° *Dispositions entre-vifs* n° 1843). — A lui donc de réclamer le bénéfice d'inventaire, si le payement des legs peut compromettre sa fortune particulière.

## 2e DIVISION. — LÉGATAIRE A TITRE UNIVERSEL

[15982-15987]

**15982. Contribution aux dettes et aux charges.** — Il en est du légataire à titre universel comme du légataire universel : il est tenu « des dettes et charges de la succession du testateur, personnellement pour sa part et portion, et hypothécairement pour le tout » (1012 C. C.).

Nous devons faire ici, entre les dettes et charges et les legs proprement dits, la même distinction que nous avons faite pour le légataire universel.

**15983. La contribution aux dettes et charges, autres que les legs, est proportionnelle à l'émolument.** — On a vu, au n° 15978, que l'existence d'héritiers à réserve n'exerce aucune influence sur la contribtion du légataire universel aux dettes et aux charges, autres que les legs, qui grèvent la succession. Il en est nécessairement de même pour le légataire à titre universel. En effet, du moment que, pour déterminer l'étendue de la réserve et celle de la quotité disponible, on commence par défalquer de la masse des biens le montant intégral des dettes, il en résulte que, soit qu'il y ait des héritiers à réserve, soit qu'il n'y en ait pas, les dettes sont supportées par chacun des copartageants dans la proportion de ses droits héréditaires. — *V.* l'exemple posé au n° 15978.

**15984. Contribution aux dettes ultrà vires.** — L'art. 1009, qui concerne le légataire universel, étant conçu dans les mêmes termes que l'art. 1012, qui règle la position du légataire à titre universel, on ne voit pas comment il ne devrait pas en être de même de l'un et de l'autre.

Aussi Troplong enseigne-t-il, *des Donations et testaments* n° 1857, que les raisons de décider sont identiques, sauf à garder, dans la mesure des charges, la proportion que le testateur a établie dans l'attribution de ses biens.

C'est en ce sens, d'ailleurs, que la Cour de cassation, par un arrêt du 13 août 1851, dont nous avons déjà parlé, a décidé la question (S. 51-1-657).

1. BÉNÉFICE D'INVENTAIRE. — Par suite de cette identité de position, il en est nécessairement du légataire à titre universel comme de l'héritier et du légataire universel, il doit être admis au bénéfice d'inventaire. C'est ce que nous avons déjà dit sous le n° 3031.

**15985. Dette hypothécaire.** — L'art. 1012 C. C., transcrit sous le n° 15982, assujettit naturellement le légataire à titre universel à l'action hypothécaire pour le tout, sauf son recours dans ce cas contre les héritiers et ses colégataires.

**15986. Dispense de contribution aux dettes.** — Le testateur peut toujours, d'ailleurs, exonérer le légataire à titre universel, comme il pourrait même exonérer l'héritier du payement des dettes, mais c'est à condition que cette décharge ne procure pas, soit au légataire, soit à l'héritier, un bénéfice qui excède la quotité disponible. Ce peut être un mode comme un autre, pour le défunt, de faire sortir de sa succession légitime la portion de biens dont la loi lui laisse la libre disposition.

Il suffit donc qu'après la déduction de toutes les dettes, charges et legs qui grèvent la succession, la portion que la loi réserve aux héritiers se trouve intacte, pour que ceux-ci n'aient pas le droit de demander, soit au légataire à titre universel, soit même à l'héritier, de contribuer à ces dettes et charges. — *V.* 15969.

**15987. Payement des legs.** — Les dettes et charges autres que les legs, grevant la succession dans son entier, et le légataire à titre universel n'ayant jamais qu'une portion de cet entier, il ne contribue que pour une part de dettes correspondante à ce qu'il prend dans la succession, c'est ce que l'on a vu au n° 15983. Mais il n'en est pas de même des legs particuliers. Il peut les devoir quelquefois dans son entier, lorsqu'il concourt avec un héritier à réserve. Cela tient à ce que la réserve, ne pouvant jamais être entamée par une disposition à titre gratuit, les legs doivent toujours être imputés sur la quotité disponible, en sorte qu'on les doit, non pas en proportion de ce qu'on prend dans la totalité des biens, mais en proportion de ce qu'on prend dans le disponible.

1. DISPOSITION DE TOUTE LA QUOTITÉ DISPONIBLE. — Supposons que mon père, dont la succession, consistant en 60,000 francs, nous est échue à mon frère et à moi, ait donné à Paul, son neveu, le tiers de ses biens et ait fait pour 20,000 francs de legs particuliers. Le légataire à titre universel étant seul tenu du payement des legs, et ceux-ci absorbant la quotité disponible qui n'est que de 20,000 francs, le légataire à titre universel ne retirera aucun émolument de son legs.

2. DISPOSITION D'UNE PARTIE SEULEMENT DE LA QUOTITÉ DISPONIBLE. — Mais il est une disposition spéciale du Code civil qui règle le cas où la portion disponible ne se trouve pas épuisée. C'est l'art. 1013 duquel il résulte que « lorsque le testateur n'aura disposé que d'une portion de la quotité disponible, et qu'il l'aura fait à titre universel, ce légataire sera tenu d'acquitter les legs particuliers par contribution avec les héritiers naturels. »

Il semble, au premier abord, que toutes les fois que l'héritier à réserve prend une portion de disponible, il devrait être chargé de payer les legs jusqu'à concurrence de cette portion du disponible, et que la contribution du légataire universel ne dût venir qu'en second ordre. Mais l'art. 1013 ne le veut pas ainsi.

Il résulte de sa disposition ci-dessus transcrite que, dans ce cas, sa contribution aux legs est la même que pour les dettes, c'est-à-dire qu'il en est tenu proportionnellement à ce qu'il prend dans le disponible.

Ainsi, en reprenant l'exemple ci-dessus, si nous supposons que mon père, au lieu de donner à Paul le tiers de ses biens, ne lui ait donné que le sixième, et que les legs particuliers, au lieu d'être de 20,000 francs ne soient que de 10,000 francs, il faudra faire l'opération suivante : La quotité disponible, qui est de 20,000 francs, se trouve réduite à 10,000 francs par le prélèvement des legs particuliers; Paul, dont le legs à titre universel n'est que d'un sixième des biens, n'a donc droit qu'à la moitié de ces 10,000 francs, ce qui fait que, sur la portion disponible, il nous revient 5,000 francs à mon frère et à moi.

3. INTENTION DU TESTATEUR. — Au reste, l'intention du testateur est ici souveraine, et elle peut modifier à son gré la contribution légale aux legs, comme on a vu au n° 15986 qu'elle peut modifier la contribution aux dettes. Il suffit qu'elle ne se meuve que dans le cercle de la quotité disponible; car, hors de là, elle trouve dans la loi une entrave à sa libre exécution.

Et, pour que cette volonté produise un complet effet, il n'est pas même nécessaire qu'elle soit formulée d'une manière expresse, elle peut résulter de la nature même des dispositions qui ont été faites. Si donc un testateur, après avoir disposé de son mobilier à titre universel, léguait un immeuble à titre particulier, les héritiers naturels ne seraient pas fondés à prétendre que le légataire du mobilier doit contribuer au payement du legs de l'immeuble.

La disposition même indique clairement que la volonté du testateur a été que le legs de l'immeuble soit une charge spécialement imposée à ceux qui recueillent l'immeuble dans sa succession (Marcadé *sur l'art.* 1013, Troplong *Donat. et testam.* n° 1867).

### 3e DIVISION. — DU LÉGATAIRE A TITRE PARTICULIER

[15988-15991]

**15988. Exemption de toute contribution aux dettes et charges.** — Aux termes de l'art. 871 C. C., le légataire particulier n'est pas tenu des dettes et charges de la succession. Les dettes et charges ne frappent pas, en effet, sur tel ou tel bien déterminé, mais sur l'ensemble du patrimoine, sur l'universalité des biens. On a suivi en cela les principes du droit romain, qui ne considérait les dettes que comme charges d'une universalité de la succession, mais non pas de quelques objets en particulier (L. 15, au Code *de Donationibus* 8-53, Pothier *Succ.* ch. 5 art. 11 § 3, Demolombe t. 17 n° 27). — Cependant l'art. 871 C. C. ajoute : *sauf toutefois l'action hypothécaire sur l'immeuble légué.* C'est également ce que porte l'art. 1024, qui veut, en outre, conformément à l'art. 926, que le legs soit réduit, s'il excède la quotité disponible. Ce sont là deux cas où le legs à titre particulier contribue, *d'une manière indirecte*, aux dettes et charges de la succession.

**15989. Réduction.** — Supposons, en effet, qu'une succession, échue à trois enfants, ayant une valeur de 100,000 francs, soit grevée de 25,000 francs de legs à titre particulier et de 40,000 francs de dettes. Comme il faut, pour calculer la quotité disponible, commencer par déduire les dettes, l'actif, se trouvant réduit à 60,000 francs, la quotité disponible ne sera plus que de 15,000 francs, ce qui mettra les légataires particuliers dans la nécessité de subir une réduction au marc le franc. Il y a donc, dans ce fait, une contribution indirecte aux dettes et charges de la succession de la part du légataire particulier. Car si, dans notre exemple, la succession n'eût pas été grevée de 40,000 francs de dettes, les légataires particuliers auraient été maintenus dans l'intégralité des dispositions faites en leur faveur, puisque ces dispositions, dans leur ensemble, n'auraient pas excédé la quotité disponible.

Mais ce résultat suppose soit l'acceptation bénéficiaire de l'héritier, soit la séparation des patrimoines, obtenue par les créanciers du défunt (Demante t. 3 n° 206, Mazerat art. 871 n° 2, Demolombe t. 17 n° 28).

**15990. Action hypothécaire.** — Le légataire particulier se trouve encore soumis à l'action hypothécaire, c'est-à-dire que si le bien qui lui est légué se trouve frappé d'une hypothèque, le créancier hypothécaire, ayant le droit, aux termes de l'art. 2166 C. C., de suivre le bien hypothéqué dans quelques mains qu'il passe, pour être payé de sa créance, ce légataire peut se trouver forcé de payer comme tiers détenteur. Mais, en ce cas, comme le légataire a une action en recours contre les héritiers, ainsi qu'on le verra au n° 16028, il ne se trouverait, en fait, contraint en définitive de contribuer aux dettes que si tous les héritiers se trouvaient insolvables.

**15991. Dettes qui peuvent être à la charge du légataire.** — Est-ce à dire cependant que le légataire particulier ne pourrait jamais être tenu, *d'une manière tout à fait directe*, d'aucune dette ni charge ? Nullement. L'art. 871, en déclarant que le légataire particulier n'est pas tenu des dettes et charges, entend par là qu'il n'est pas, comme l'héritier, obligé de contribuer proportionnellement à la part qu'il prélève sur la succession, mais il n'a pas en vue de l'affranchir des dettes qui seraient mises spécialement à sa charge, soit par une disposition expresse du testament, soit par la nature même de la disposition.

Si donc je vous lègue ma maison à la charge par vous de payer au tapissier les 5,000 francs que je lui dois pour tentures, il est clair que vous ne pourrez vous décharger sur mes héritiers du payement de cette dette de succession. Vous la devez personnellement, car elle est la condition du legs que je vous ai fait.

De même encore, si je vous ai légué la succession que je viens de recueillir par le décès de mon frère, les dettes de cette succession seront à votre charge, sans même que j'aie rien spécifié à cet égard. Car la succession de mon frère se compose d'un actif et d'un passif, et c'est cet ensemble que je vous ai légué, c'est l'actif diminué de tout le passif qui le grève.

## § 3. — *Des donataires.*

[15992-15998]

**15992.** — L'art. 871 passe sous silence les donataires, mais il en est d'eux comme du légataire universel.

On peut facilement suppléer au silence de l'art. 871 par d'autres dispositions du Code, au titre *des Donations et testaments.*

**15993. Donataires de biens présents.** — Et d'abord une distinction essentielle est à faire entre les donataires de biens présents et les donataires de biens à venir, et même de biens présents et à venir.

Ainsi le donataire de biens présents particuliers ne peut être tenu des dettes ou charges quelconques, qu'autant qu'elles lui auraient été imposées par le donateur comme condition de la donation.

Quant au donataire universel ou à titre universel, il ne peut être tenu, aux termes de l'art. 945, à d'autres dettes que celles qui existent au moment de la donation, ou qui sont exprimées soit dans l'acte de donation, soit dans un état à y annexer. Ainsi je puis vous donner mon bois, estimé 100,000 francs, à la charge par vous de payer ce que je reste devoir sur son prix, qui est de 50,000 francs.

Je pourrais même stipuler pour l'avenir; mais, alors, comme le dit l'art. 945, il faut que ces dettes futures soient *exprimées* au moment de la donation. Si donc je vous donne mon bois, estimé 100,000 francs, à condition que vous acquitterez, jusqu'à concurrence de 50,000 francs, les dettes ou les legs qui grèveront ma succession, cette stipulation sera parfaitement valable et vous serez tenu du payement de 50,000 francs de dettes ou legs que je pourrai faire, par ce que ma donation vous procure toujours et réellement un bénéfice de 50,000 francs sans que rien ne soit livré à l'incertain. Mais je n'aurais pas le droit de vous imposer la condition de payer les legs et les dettes que je pourrais faire, car il y aurait là une réserve qui me permettrait de réduire ma libéralité à néant et même de la rendre onéreuse pour vous. Or, l'art. 944 C. C. annule toute donation faite sous des conditions dont l'exécution dépend de la seule volonté du donateur.

1. DONATION PAR CONTRAT DE MARIAGE. — Faisons cependant remarquer que les donations par contrat de mariage ou entre époux restent valables, alors même qu'elles sont faites sous des conditions dépendantes de la volonté du donateur, ou qu'elles imposent au donataire l'obligation d'acquitter des charges futures et indéterminées; c'est-à-dire qu'on ne leur applique pas la règle rigoureuse du dessaisissement irrévocable. Tel est le vœu formel de l'art. 947 C. C.

**15994. Donation de biens présents et à venir.** — Quant aux donations de biens présents et à venir, on a vu au n° 5337 que, lorsqu'une donation faite par contrat de mariage comprend cumulativement des biens présents et à venir, en tout ou en partie, et qu'il est annexé à l'acte un état de dettes et charges du donateur, existantes au jour de la donation, il est libre au donataire, lors du décès du donateur, de s'en tenir aux biens présents, en renonçant au surplus des biens du donateur, et, dans ce cas, il n'est tenu de contribuer qu'aux dettes et charges antérieures à la donation qui sont comprises dans l'état annexé à l'acte. Il ne peut être tenu des dettes et charges postérieures, puisqu'il renonce aux biens que le donateur a pu acquérir ou qui lui sont échus depuis la donation.

Lorsque le donataire prend l'objet entier de la donation, il n'est, bien entendu, tenu aux dettes de la succession qu'en proportion de ce qu'il prend de biens. Si donc il prend un quart ou un tiers, il payera un quart ou un tiers de dettes; s'il prend tous les biens de la succession, il en payera toutes les dettes.

Lorsque l'état des dettes prescrit par l'art. 1084 n'a pas été annexé à la donation, il ne reste, d'après l'art. 1085, d'autre alternative au donataire que d'accepter la donation ou de la répudier pour le tout. S'il accepte, il est évidemment tenu de toutes les dettes et charges de la succession, sans distinction aucune. Mais toujours, bien entendu, dans les conditions qui sont faites au donataire ainsi qu'on vient de le voir.

Les donations que peuvent se faire les époux par contrat de mariage étant assujetties, par l'art. 1093 C. C., aux règles établies par les art. 1084 et 1085, ce que nous venons de dire leur est de tout point applicable.

**15995. Donation de biens à venir.** — En principe, la donation de biens *à venir* est défendue (943 C. C.). D'après cet article, toute stipulation d'une donation entre-vifs portant sur des biens à venir emporte la nullité de la disposition. Cette règle n'est que la conséquence de l'irrévocabilité des donations exigées par l'art. 894 C. C. Cependant, d'après l'art. 947, les donations faites par contrat de mariage restent valables, alors même qu'elles ont pour objet des biens à venir, et l'art. 1082, développant la pensée émise dans l'art. 947, porte que « il est permis aux père et mère, aux ascendants, aux parents collatéraux des époux, et même aux étrangers, de disposer, par contrat de mariage, de tout ou partie des biens qu'ils laisseront au *jour de leur décès*, tant au profit desdits époux qu'au profit des enfants à naître de leur mariage, dans le cas où le donateur survivrait à l'époux donataire. »

L'art. 1083 ajoute : « La donation, dans la forme portée au précédent article, sera *irrévocable*, en ce sens seulement que le donateur ne peut plus disposer, à titre gratuit, des objets compris dans la donation, si ce n'est pour des sommes modiques, à titre de récompense ou autrement. » Celui qui ne promet que sa succession, qui donne ses biens en tant seulement qu'ils se trouveront encore dans son patrimoine lors de son décès, demeure nécessairement libre d'aliéner et d'engager ses biens; seulement, pour que sa donation ne soit pas dérisoire et insignifiante, pour qu'elle produise immédiatement un effet quelconque et ne se confonde pas avec un simple testament, il lui est interdit, par l'art. 1083, de disposer désormais à titre gratuit des choses comprises dans cette donation; et c'est à titre onéreux seulement qu'il en a encore la libre disposition.

Dans ce cas, le donataire appelé à l'universatité des biens du défunt doit supporter toutes les dettes et charges de la succession jusqu'à concurrence de la valeur des biens, et s'il n'est appelé qu'à une quotité de l'universalité, il est tenu d'une part de dettes et charges proportionnelle à cette quotité (Demolombe t. 17 n° 39).

**15996. Condition de supporter toutes les charges.** — Le besoin de donner aux mariages des garanties de fortune dans l'avenir a fait permettre par le Code de modifier encore les règles que nous venons d'indiquer. C'est ainsi que, par son art. 1086, le Code affranchit les donations par contrat de mariage en faveur des époux et des enfants à naître de leur union, de la règle *donner et retenir ne vaut.* En ce sens, une donation par contrat de mariage est parfaitement valable, quoique le donateur soumette le donataire à exécuter des charges que le donateur est libre de créer.

La nullité prononcée par l'art. 945 contre toute donation qui impose la condition de payer les dettes que le donateur pourra faire s'efface complétement ici. Il en est de même de la prohibition, portée par l'art. 944, de toute condition soumise à une condition dépendant de la volonté du donateur. L'art. 1086 est, en effet, ainsi conçu : « La donation par contrat de mariage en faveur des époux et des enfants à naître de leur mariage pourra encore être faite, à condition de payer indistinctement toutes les dettes et charges de la succession du donateur, ou sous d'autres conditions dont l'exécution dépendrait de sa volonté, par quelque personne que la donation soit faite : le donataire sera tenu d'accomplir ces conditions, s'il n'aime mieux renoncer à la donation ; et en cas que le donateur, par contrat de mariage, se soit réservé la liberté de disposer d'un effet compris dans la donation de ses biens présents, ou d'une somme fixe à prendre sur ces mêmes biens, l'effet ou la somme, s'il meurt sans en avoir disposé, seront censés compris dans la donation, et appartiendront au donataire ou à ses héritiers. »

**15997. Donation entre époux par contrat de mariage.** — Le même principe est encore applicable aux donations faites entre époux par contrat de mariage. Ainsi, dans ce cas, comme dans l'hypothèse ci-dessus, le donataire soit de l'universalité, soit d'une quotité des biens à venir, devra payer soit toutes les dettes et charges de la succession, jusqu'à concurrence de la valeur des biens, soit une quotité de ces dettes et charges, proportionnelle à sa quote-part dans la succession.

**15998. Donation entre époux pendant le mariage.** — La donation entre époux pendant le mariage étant toujours révocable, aux termes de l'art. 1096 C. C., on l'a souvent considérée comme ne constituant qu'un véritable legs. Nous croyons avoir démontré qu'elle est véritablement donation entre-vifs lorsqu'elle se compose uniquement des biens présents. Dès lors, il faut lui appliquer les règles que nous avons posées n° 15993.

Que si elle n'avait trait qu'à des biens à venir, comme elle constituerait alors un véritable legs, il faudrait la soumettre aux règles développées dans la précédente division.

## ARTICLE 4. — DE L'USUFRUITIER

[15999-16004]

**15999. Trois espèces d'usufruit.** — Les art. 611 et 612 C. C. appliquent à l'usufruit la classification du legs, c'est-à-dire qu'ils reconnaissent trois espèces d'usufruit :

1° L'usufruit particulier, qui porte sur un ou plusieurs objets déterminés;

2° L'usufruit à titre universel, qui frappe sur une quote-part de l'universalité de tous les biens, ou sur l'universalité des biens meubles ou immeubles, ou sur une quote-part des meubles ou des immeubles;

3° L'usufruit universel, qui s'étend sur l'universalité du patrimoine, ou de la portion disponible de ce patrimoine.

**16000. L'usufruitier ne constitue jamais qu'un legs particulier.** — Cette proposition a été établie au n° 10723.

**16001. Rente viagère.** — L'art. 610 C. C. dispose que le legs, fait par un testateur, d'une rente viagère ou d'une pension alimentaire, doit être acquitté par l'usufruitier universel dans son intégrité, et par l'usufruitier à titre universel dans la proportion de sa jouissance, sans aucune réserve de leur part. Cette disposition est fondée sur ce que, soit la rente viagère, soit la pension alimentaire, ne représentent que des intérêts, des produits, des revenus.

Si donc Pierre institue Paul son légataire universel pour la nue-propriété de ses biens, et donne à Jacques l'usufruit de ces mêmes biens, en léguant une rente viagère de 500 francs à Antoine, cette rente viagère sera en entier à la charge de Jacques; car, comme il perçoit tous les intérêts, tous les fruits, tous les revenus de la succession, il lui incombe naturellement de payer un legs qui ne consiste qu'en intérêts

Que si Jacques, au lieu d'être investi de l'usufruit de tous les biens de Pierre, n'avait l'usufruit que de la moitié, sa contribution au service de la rente viagère se réduirait naturellement à 250 francs, qui représentent une fraction proportionnelle à celle de son usufruit. Ainsi encore, si Jacques n'était investi que de l'usufruit de la quotité disponible des biens, bien que son usufruit fût universel, et non à titre universel, il n'en devrait pas moins qu'une portion proportionnelle à son émolument, dans l'usufruit général des biens de la succession.

1. HÉRITIER. — DONATAIRE. — Bien que l'art. 510 C. C. ne parle que du *légataire* de l'usufruit, il n'est pas moins vrai que la charge du service de la rente viagère incombe au donataire comme à l'héritier de l'usufruit. Supposons qu'ayant pour seul héritier légitime Antoine, mon frère, je lègue la nue-propriété de tous mes biens à Paul, mon neveu, et une rente viagère de 500 francs à Pierre. Il est clair que mon frère Antoine, qui reste usufruitier de tous mes biens par le

seul bénéfice de la loi, devra seul acquitter les arrérages de la rente de Pierre, car lui seul perçoit les fruits et revenus de la succession.

Par inverse, évidemment, si dans le contrat de mariage de Paul, mon neveu, je lui ai donné l'usufruit de tous les biens que je laisserai à mon décès, Antoine, mon frère, restant alors simple nu-propriétaire, en vertu des droits de succession légitime, ce sera à Paul d'acquitter les arrérages de la rente que j'aurai léguée à Pierre.

2. OBSERVATION. — Nous n'avons raisonné que sur la supposition d'un *legs* de rente viagère, mais notre raisonnement s'applique avec la même force à la rente viagère qui peut grever la succession à un titre quelconque, car, en tout état de cause, c'est à celui qui perçoit les fruits de la succession de faire face aux charges qui ne consistent qu'en des fruits.

3. PENSION ALIMENTAIRE. — RENTE PERPÉTUELLE. — Par identité de motifs, c'est à l'usufruitier universel ou à titre universel qu'incombe également la charge des pensions alimentaires et des rentes perpétuelles qui peuvent grever la succession, les termes et les arrérages de pareilles pension et rente ne sont, en effet, que des revenus, c'est donc à l'usufruitier qui touche les revenus de les payer (Demolombe t. 10 n° 531).

**16002. Intérêts des dettes.** — L'usufruitier universel ou à titre universel doit non-seulement les pensions alimentaires et les arrérages des rentes, soit viagères, soit perpétuelles, qui frappent sur le patrimoine ; il doit encore les intérêts de toutes les dettes quelles qu'elles soient, le capital de ces dettes restant à la charge du nu-propriétaire. C'est ce qui résulte de l'art. 612 C. C.

1. ESTIMATION DES BIENS DE LA SUCCESSION. — Pour arriver à déterminer la portion d'intérêts qui incombe à l'usufruitier, il faut donc connaître quel est le rapport de cet usufruit avec l'ensemble de la succession (612 C. C.).

Aucune difficulté ne peut s'élever lorsqu'il s'agit d'un usufruit universel qui frappe soit l'universalité des biens de la succession, soit la quotité disponible. Dans le premier cas, l'usufruitier doit l'intérêt de toutes les dettes ; dans le second cas, il en doit le quart, le tiers ou la moitié, selon que la quotité disponible est du quart, du tiers ou de la moitié.

Que, s'il s'agit d'un usufruit à titre universel, il faut distinguer :

Ou cet usufruit est d'une quote-part de l'ensemble des biens, la moitié, le tiers, le quart, le sixième, etc. Aucune difficulté encore ne peut se rencontrer ; l'usufruitier devra supporter les intérêts de la moitié, du tiers, du quart, du sixième de toutes les dettes ;

Ou l'usufruit à titre universel portera sur tous les immeubles, ou sur tous les meubles, ou sur une quote-part des meubles et immeubles.

Dans ce cas, une estimation sera nécessaire de tous les biens de la succession pour établir le rapport de valeur de l'usufruit à celle du patrimoine. Si donc nous supposons que les biens de la succession valent 20,000 francs et que ceux frappés d'usufruit aient une valeur de 5,000 francs, l'usufruitier absorbant le quart des revenus de la succession, devra supporter le quart d'intérêts des dettes.

2. AVANCES PAR L'USUFRUITIER DU CAPITAL DES DETTES. — L'art. 612 C. C. nous dit que « si l'usufruitier veut avancer la somme pour laquelle le fonds doit contribuer, le capital lui en est restitué à la fin de l'usufruit, sans aucun intérêt. » Cette opération se justifie d'elle-même. Si le propriétaire ne voulant ou ne pouvant payer de ses deniers, l'usufruitier consent à payer lui-même, pour éviter une vente qui pourrait lui être préjudiciable, il est certain que, comme il paye pour le compte du propriétaire, la somme qu'il a avancée doit lui être remboursée ; mais comme c'est à lui qu'incombe la charge des intérêts des dettes, il y aura compensation pour lui si l'on ajourne le remboursement de ses avances jusqu'au moment de l'expiration de l'usufruit.

3. PAYEMENT PAR LE PROPRIÉTAIRE. — « Si l'usufruitier ne veut pas faire cette avance, continue l'art. 612, le propriétaire a le choix ou de payer cette somme, et dans ce cas l'usufruitier lui tient compte des intérêts pendant la durée de l'usufruit..... » Rien de plus rationnel encore que cette disposition. Par le payement, en effet, qu'il fait du capital des dettes, le propriétaire exonère la succession, sans préjudice pour lui, puisque l'usufruitier qui, en tout état de cause, doit l'intérêt du capital des dettes lui sert, pendant la durée de l'usufruit, l'intérêt du capital qui a été amorti par le payement.

4. VENTE DES BIENS. — Le dernier mode d'arrangement prévu par l'art. 612 consiste dans la vente, jusqu'à due concurrence, des biens soumis à l'usufruit. Ici encore il n'y a préjudice pour personne, car si le propriétaire supporte la perte du capital, l'usufruitier se trouve privé de sa jouissance.

**16003. Droit de succession.** — Faisons observer seulement que le droit de mutation par décès que le nu-propriétaire est obligé de payer pour sa nue-propriété demeure à sa charge en capital et intérêts. La solution contraire, enseignée au Digeste par Voët (*de Usuf.* n° 38) serait tout à fait inadmissible. Les art. 609 et 612 ne se rapportent, en effet, qu'aux charges qui pèsent en même temps sur la nue-propriété et sur l'usufruit, de manière à altérer également la valeur de l'une et de l'autre. Or, tel n'est pas le caractère du droit de mutation par décès dû pour la nue-propriété, car il forme la dette spéciale et personnelle du nu-propriétaire (Merlin v° *Enregistrement* § 2 n° 1er, Proudhon t. 4 n° 1876, Champ. et Rig. n° 3822, Salviat t. 1er p. 224, Duranton t. 4 n° 626, Zachariæ t. 2 p. 20, Demolombe t. 10 n° 545).

**16004. Usufruitier à titre particulier.** — Il résulte de l'économie générale du système adopté par le Code en matière de payement de dettes, soit par l'héritier, soit par le légataire, soit par le donataire, soit par l'usufruitier, système que nous avons développé dans le courant de ce chapitre, que l'usufruitier particulier ne doit ni l'intérêt, ni à plus forte raison le capital d'aucune dette ou même d'une rente viagère ou perpétuelle (Rouen 12 janv. 1842, S. 42-

2-137). Aussi c'est ce qui résulte de l'art. 611 C. C. (Demolombe t. 10 nos 525, 528). Cet article établit en outre que, quand la dette est hypothéquée, s'il arrive que l'usufruitier en paye le capital, pour éviter, par exemple, d'être évincé de son usufruit par une vente requise par le créancier, il aura son recours contre le propriétaire.

### ARTICLE 5. — SUCCESSEURS IRRÉGULIERS

[16005-16006]

**16005. Enfant naturel.** — Le Code civil ne contient aucune disposition sur l'obligation de l'enfant naturel au payement des dettes. Cependant, la part à laquelle l'enfant naturel a droit, quand il concourt avec des héritiers légitimes, étant une fraction de ce qu'il aurait eu s'il avait été légitime lui-même, et son droit à la totalité de la succession étant même proclamé par l'art. 758 C. C., lorsqu'il n'y a pas de parents au degré successible, il est tout naturel qu'il soit tenu des dettes. Il se trouve donc à cet égard dans la même catégorie que l'héritier ou que le légataire universel ou à titre universel; il contribue au payement des dettes dans la proportion des droits qu'il a dans la succession (Toullier t. 4 n° 526).

1. CONTRIBUTION ULTRA VIRES. — Dans tous les cas, il n'est pas tenu au payement *ultrà vires*. On l'assimile sur ce point aux héritiers bénéficiaires, avec cet avantage sur les héritiers légitimes qu'il suffit qu'il ait fait un inventaire exact et fidèle, précédé de l'apposition des scellés, pour jouir du bénéfice d'inventaire sans être assujetti à la déclaration au greffe exigée pour les héritiers légitimes. — *V.* 3031, 15740.

**16006. Conjoint et État.** — Quant au conjoint et à l'État, nous nous sommes occupé du payement des dettes, en ce qui les concerne, sous le n° 15740. Nous n'y reviendrons pas ici.

### ARTICLE 6. — IMMEUBLES GREVÉS DE RENTE

[16007-16013]

**16007. Règles.** — Aux termes de l'art. 872 C. C., « lorsque des immeubles d'une succession sont grevés de rentes par hypothèque spéciale, chacun des cohéritiers peut exiger que les rentes soient remboursées et les immeubles rendus libres avant qu'il soit procédé à la formation des lots. Si les cohéritiers partagent la succession dans l'état où elle se trouve, l'immeuble grevé doit être estimé au même taux que les autres immeubles ; il est fait déduction du capital de la rente sur le prix total ; l'héritier dans le lot duquel tombe cet immeuble demeure seul chargé du service de la rente, et il doit en garantir ses cohéritiers. »

**16008. But de cette disposition.** — La loi, prévoyant les inconvénients sans nombre attachés au service des rentes hypothéquées sur les immeubles de la succession par suite de l'action personnelle que les créanciers pourraient exercer contre chacun des héritiers lorsque les arrérages de ces rentes ne seraient pas exactement payés aux échéances, a voulu, pour prévenir tous ces inconvénients, que le remboursement des rentes hypothéquées sur des immeubles de la succession fût opéré avant le partage de la succession.

**16009. Libre action des héritiers.** — En conséquence, l'art. 872 a donné à chaque héritier le droit d'exiger que ce remboursement soit fait avant qu'il soit procédé à la formation des lots. Mais, en tout état de cause, ce droit doit pouvoir se concilier avec les conditions de rachat des rentes; car si, en principe, les rentes sont toujours rachetables aujourd'hui, il est cependant permis de stipuler que le rachat ne pourra avoir lieu qu'après un certain laps de temps (530 et 1911 C. C.).

**16010. Mode déterminé par la loi.** — Mais lorsque les héritiers ne veulent ou ne peuvent pas exiger le remboursement de la rente, la loi prescrit impérieusement l'arrangement qui doit avoir lieu pour sortir des embarras de la situation. Elle veut que l'immeuble grevé ne soit compté que pour la valeur qui lui reste après déduction du capital de la rente, sauf à l'héritier au lot duquel il tombera, à servir seul les arrérages de la rente, sans avoir à exercer aucun recours contre ses copartageants (Chabot art. 872 n° 4, Marcadé art. 872, Mourlon t. 2 n° 188). Quelques auteurs enseignent cependant que la seconde disposition de l'article est purement facultative (Demolombe t. 17 n° 97, Zachariæ, Aubry et Rau t. 5 p. 358, Demante t. 3 n° 207 *bis*).

**16011. Action du créancier.** — Il est bien entendu que cette combinaison n'engage en rien le créancier, qui peut toujours demander à chacun des cohéritiers sa part dans les arrérages, d'après le principe de divisibilité de la dette héréditaire (Demolombe t. 17 n° 93). Aussi l'art. 872 oblige-t-il le copartageant qui est seul chargé du service de la rente à garantir ses cohéritiers.

**16012. Rente viagère.** — Remarquez que l'art. 872 ne s'applique pas aux rentes viagères, qui ne sont jamais remboursables (1979 C. C.), et dont le service qui finira au bout d'un certain temps offre, d'ailleurs, trop de chances de pertes ou de gain pour qu'il soit possible de ne pas briser l'égalité du partage, soit en compromettant, soit en rendant trop avantageuse la position de celui qui serait chargé de payer seul les arrérages (Chabot art. 872 n° 5, Duranton t. 7 n° 438, Zachariæ, Aubry et Rau t. 5 n° 539, Massé et Vergé t. 2 p. 431, Demante t. 3 n° 207 *bis*, Demolombe t. 17 n° 95).

**16013. Hypothèque générale.** — L'art. 872 s'applique également au cas d'hypothèque générale sur les immeubles. Les travaux préparatoires indiquent clairement que le mot *spécial* a été laissé par mégarde dans l'article (Locré t. 5 p. 138 et 140 ; — Caen 10 avr. 1812, S. 12-2-230 ;

— Nîmes 16 avr. 1830, D. 30-2-225, Belost-Jolimont art. 872 no 1er, Duvergier sur Toullier t. 2 no 560 note A, Ducaurroy t. 2 no 746, Demante t. 3 no 207, Zachariæ, Aubry et Rau t. 5 no 357, Massé et Vergé t. 2 no 430, Demolombe t. 17 no 90. — Cependant *Contrà* Vazeille art. 872 no 8).

## SECTION 3. — DE LA MANIÈRE DONT CHAQUE HÉRITIER OU LÉGATAIRE EST TENU ENVERS LES CRÉANCIERS

[16014-16030]

### ARTICLE PREMIER. — ACTION DES CRÉANCIERS

[16014-16025]

**16014. Part virile dans les dettes.** — L'art. 873 C. C. nous dit que les héritiers sont tenus des dettes personnellement pour *leur part et portion virile*. C'est là une expression qui pourrait jeter dans l'erreur si on la traduisait d'après sa signification grammaticale, et non par son sens juridique. Portion *virile* signifie la portion de l'héritier, considéré numériquement, *tot partes quot viri*, et c'est dans ce sens, en effet, que la prenait l'ancienne jurisprudence qui avait décidé que, jusqu'à la fixation des parts afférentes aux divers héritiers, chacun d'eux pouvait être poursuivi pour sa portion virile.

Cela tenait à la complication extrême des successions qui ne permettait de constater les véritables droits de chaque héritier qu'après les opérations les plus difficiles. « L'opinion commune, dit Pothier (ch. 5 art. 3 § 2), est qu'en attendant, ces différents héritiers sont tenus des dettes, chacun pour leur portion virile, *pro numero virorum*, sauf à se faire raison de plus ou moins, lorsque les portions ont été constatées par la ventilation. » Mais ce jurisconsulte réglait la contribution sur la part héréditaire, et non plus sur la part virile. L'extrême simplicité du système des successions, d'après le Code civil, doit faire adopter cette dernière opinion, qui est aujourd'hui enseignée par tous les auteurs (Delvincourt t. 2 p. 377 note 5, Chabot t. 3 p. 556, Duranton no 426, Poujol t. 2 p. 276, Marcadé sur l'art. 873).

Portion virile est donc employé ici comme synonyme de *part héréditaire*. Si je meurs laissant pour héritiers mon père et deux frères, comme ma succession devra être attribuée à mon père pour un quart et à mes deux frères pour les trois quarts, à diviser entre eux, les créanciers de ma succession ne pourront pas poursuivre mes trois héritiers, chacun pour un *tiers* des dettes comme d'après leur part virile, mais seulement : mon père pour deux huitièmes, et chacun de mes frères pour trois huitièmes, d'après leur *part héréditaire* (Pothier *Succ.* ch. 5 art. 111 § 2, Ferrieu *Cout. de Paris* art. 333 no 12, Toullier t. 2 no 514, Chabot art. 873 no 4, Duranton t. 7 no 427, Demolombe t. 17 no 25).

1. EXCEPTIONS. — Cependant, dans le cas de retour successoral où certaines personnes sont appelées à succéder à des choses particulières et déterminées, les auteurs admettent qu'avant le règlement des parts contributoires, lequel ne peut avoir lieu qu'après l'estimation des biens, les créanciers peuvent poursuivre ces sortes de successeurs pour leur part *virile*, sauf après le règlement à restreindre leur poursuite à la part héréditaire (Duranton t. 7 nos 200, 219, Bugnet sur Pothier t. 8 no 112, Chabot art. 873 no 29, Demante t. 3 no 209 *bis*, Mourlon *Rép. écr.* t. 2 no 181, Demolombe t. 17 no 44).

La même solution s'applique aux légataires à titre universel de tout le mobilier ou de tous les immeubles, car on ne sait pas quel est leur part héréditaire et l'action des créanciers ne saurait être arrêtée (Demolombe t. 17 no 44).

**16015. Obligation personnelle de l'héritier.** — On a vu, au no 15912, ce qu'il faut entendre par l'obligation aux dettes *ultrà vires*. C'est cette obligation que l'art. 873 C. C. a caractérisée d'un seul mot, en disant que l'héritier est *personnellement* obligé, c'est-à-dire qu'un successible, lorsqu'il accepte purement et simplement la succession qui lui est échue, s'oblige, envers les créanciers, non-seulement sur les biens de l'hérédité mais encore sur ses biens propres et personnels.

**16016. Obligation hypothécaire.** — A l'obligation personnelle peut se joindre l'obligation hypothécaire. Cette obligation se révèle lorsque l'héritier se trouve détenteur d'un immeuble hypothéqué. Il devient par ce seul fait tenu d'acquitter la dette entière. C'est ce qu'exprime l'art. 873, lorsqu'il énonce que l'héritier tenu au payement des dettes personnellement pour sa part et portion virile, l'est *hypothécairement pour le tout*. Cette règle de l'art. 873 n'est qu'une application particulière du principe général et absolu proclamé sur l'art. 2168 C. C., à savoir que le tiers détenteur de tout immeuble hypothéqué est tenu du payement des créances que garantit l'hypothèque (L. 2 au Code. *Si unus ex pluribus hær. Cout. d'Orl.* no 358).

Ainsi, comme par l'effet de l'indivision, chacun des héritiers est propriétaire pour une portion quelconque de chaque immeuble hypothéqué de la succession, il en résulte qu'avant le partage ou la licitation des immeubles hypothéqués, le créancier a le droit de poursuivre chacun des héritiers hypothécairement pour le tout. Mais cette faculté s'arrête au partage ou à la licitation; car, après l'une ou l'autre de ces opérations, le cohéritier qui se trouve nanti de l'immeuble hypothéqué en étant désormais seul propriétaire, c'est lui seul qui peut être tenu de l'action hypothécaire.

1. DÉLAISSEMENT. — PURGE. — Les héritiers, au delà de leur portion contributive et en tant qu'ils ne sont tenus qu'hypothécairement et comme détenteurs, ont-ils, de même que le légataire particulier, vis-à-vis du créancier hypothécaire, la même position qu'un tiers détenteur ordinaire? Les uns admettent qu'après le payement de sa portion contributive, le cohéritier n'est plus qu'un détenteur pouvant délaisser, purger ou opposer l'exception de discussion (Delvincourt t. 2 p. 168, 169, Chabot art. 873 no 15, Troplong *Priv. et hyp.* nos 390, 798, 903 *bis*). — Le plus grand nombre lui permet le délaissement, mais lui interdit la purge et la discussion parce que ces deux actions ne dérivent pas comme le délaissement du droit hypothécaire, mais consti-

tuent une modification profonde de ce droit dans son caractère éminent qui est l'indivisibilité. Or, en tant que l'action hypothécaire est indivisible, les héritiers en sont tenus pour le tout, car ils ne peuvent succéder pour partie à une obligation qui n'a pas de portions. Donc, ils ne peuvent recourir ni à la purge dont le but est d'altérer le caractère indivisible du droit hypothécaire (Pothier Int. au tit. 20 *Cout. d'Orl.* nos 35 et 42, Lebrun liv. 4 ch. 2 sect. 1re nos 52, Champ. et Rig. 2067, 2665, 2669, Pont *Priv. et hyp.* nos 1181, 1272, Zachariæ, Aubry et Rau t. 5 p. 355, 356, Labbé *Rev. crit.* t. 7 n° 211, Demolombe t. 17 n° 75).

**16017. Tout héritier détenteur d'une parcelle peut être poursuivi pour le tout.** — L'hypothèque étant « de sa nature, indivisible, subsistant en entier sur tous les immeubles affectés, sur chacun et sur chaque portion de ces immeubles (2114 C. C.), » il en résulte qu'il suffit qu'un héritier soit détenteur de la moindre parcelle de l'immeuble hypothéqué, pour qu'il puisse être contraint à payer la totalité de la créance.

**16018. L'héritier n'est tenu que de la créance hypothéquée.** — Il ne faut appliquer l'obligation hypothécaire de l'héritier qu'à la créance à laquelle se trouve affecté l'immeuble dont il est détenteur. On a cependant quelquefois voulu l'entendre en ce sens que l'héritier doit être tenu sur les immeubles à lui échus de la succession, et comme détenteur de ces immeubles, de toutes les dettes de la succession, lesquelles deviennent ainsi hypothécaires contre lui, alors même qu'elles ne l'étaient pas contre le défunt. Mais c'est là une erreur que les auteurs ont regardée comme tellement manifeste, qu'ils ne se sont même pas attachés à la discuter (*V.* Marcadé *sur l'art.* 873 n° 383 *bis*).

**16019. Cumul de l'action hypothécaire et de l'action personnelle.** — Quoi qu'il en soit, il ne faut pas perdre de vue que l'action hypothécaire et l'action personnelle ne se confondent jamais l'une dans l'autre, et que le créancier conserve toujours la faculté d'exercer l'action personnelle contre chaque héritier individuellement, alors qu'il se trouve investi de l'action hypothécaire contre le détenteur de l'immeuble.

Ainsi le créancier peut poursuivre l'héritier détenteur hypothécairement *pour le tout* sur l'immeuble hypothéqué, et personnellement pour *sa part héréditaire* sur ses biens personnels. De même encore, pendant qu'il exerce l'action hypothécaire, pour toute la créance, contre l'héritier détenteur, il peut exercer l'action personnelle, à raison de cette même créance, contre chaque héritier pour sa part héréditaire.

**16020. Cession de droits successifs.** — De même, bien que l'héritier ait cédé ses droits successifs, à la charge par le cessionnaire d'acquitter sa part de dettes et charges, il n'en reste pas moins personnellement obligé envers les créanciers qui conservent contre lui l'action personnelle, tant qu'ils n'ont pas accepté la délégation. Quant à l'acceptation hypothécaire, l'héritier se trouve déchargé par la cession qu'il a faite de l'immeuble; c'est contre le nouveau détenteur que le créancier doit dorénavant la diriger.

Et non-seulement le créancier doit exercer l'action hypothécaire contre le cessionnaire, mais, si la cession a été de tous les droits successifs, si elle a été absolue, le créancier se trouve avoir un débiteur personnel de plus. Le cessionnaire, est, en effet, tenu envers lui de la part héréditaire des dettes du cédant, même *ultrà vires*, sans que l'héritier se trouve pour cela déchargé de sa propre obligation; car il n'a pu vendre son titre d'héritier, ni se soustraire, par conséquent, aux obligations que ce titre impose.

Décidé en ce sens par la cour de Bordeaux, le 11 mai 1833 (Dalloz v° *Succession* n° 1316), que le successible qui, après avoir renoncé, devient cessionnaire des droits héréditaires de son cosuccessible, recouvre, du chef de celui-ci, la qualité d'héritier, et, comme représentant le cédant, demeure obligé aux dettes de la succession, bien qu'il ne soit pas lui-même héritier.

1. CESSION LIMITÉE. — Mais si la cession, au lieu de comprendre d'une manière illimitée les droits de l'héritier, n'était faite qu'à titre singulier; si, par exemple, je me rendais cessionnaire de la maison, du bois et de la ferme que Pierre a recueillis dans la succession paternelle, cette cession, bien qu'elle comprît réellement tous les biens que Pierre possède du chef de son père, ne ferait pas passer sur ma tête l'obligation personnelle aux dettes et charges de la succession, car je ne représenterais pas l'héritier. Dès lors, je ne serais tenu qu'aux dettes hypothécaires qui pourraient grever les biens acquis.

2. CONVENTION DES PARTIES. — Et même, dans le cas où je me rendrais acquéreur de tous les droits héréditaires de Pierre, je pourrais encore écarter, par une stipulation expresse, l'obligation personnelle aux dettes. Ce serait là une clause contre laquelle ne pourrait s'élever le créancier, car la personne et les biens propres de l'héritier lui restent comme gage, et, si les biens de la succession lui échappent, il n'a à s'en prendre qu'à lui de n'avoir pas assuré sa créance sur ces biens, par une inscription hypothécaire.

**16021. Confusion de la créance de l'héritier.** — On a vu au n° 4979 que la confusion éteint la créance de l'héritier, parce qu'il se trouve en même temps débiteur. Mais il faut entendre cela avec une certaine mesure. Du moment, en effet, que l'héritier n'est personnellement tenu que jusqu'à concurrence de sa part héréditaire, il s'ensuit qu'il conserve contre ses cohéritiers l'action en remboursement de sa créance, pour tout ce qui excède sa part héréditaire dans cette même créance. Si donc j'étais créancier de mon père de 10,000 francs et que sa succession me soit échue, conjointement avec mes quatre frères et sœurs, mon action en payement de ma créance subsistera jusqu'à concurrence des quatre cinquièmes, car il n'y aura confusion sur ma tête que pour un cinquième, puisque c'est à ce cinquième que se trouve réduite ma part héréditaire.

1. HÉRITIER BÉNÉFICIAIRE. — L'héritier bénéficiaire

se trouve dans une position exceptionnelle, puique l'art. 802 C. C. lui donne l'avantage de ne pas confondre ses biens personnels avec ceux de la succession et de conserver contre elle le droit de réclamer le payement de ses créances. L'héritier bénéficiaire ayant le droit de prélever sur la masse de la succession sa créance entière sans être tenu d'en déduire sa part héréditaire, il en résulte qu'il ne s'opère sur sa tête aucune confusion d'une partie quelconque de cette créance.

Que si, après que la succession a été entièrement liquidée, les dettes et charges héréditaires n'égalent pas les valeurs actives et qu'il reste des biens à partager entre les héritiers, l'héritier bénéficiaire confond alors sur sa tête la partie de sa créance qui correspond à sa part héréditaire dans le *boni* de la succession.

**16022. Action publique contre le défunt.** — Lorsque des obligations ont été contractées par le défunt, pour crimes, délits ou quasi-délits, il faut distinguer : toutes celles qui se rattachent à l'action publique se trouvent éteintes avec le défunt; quant à celles qui tiennent à l'action civile, elles sont exécutables contre les héritiers qui en sont alors tenus comme de toutes les autres dettes et charges de la succession dans la proportion de leur part héréditaire.

**16023. Décès de l'héritier.** — Lorsque l'héritier meurt avant d'avoir acquitté sa part héréditaire dans les dettes et charges de la succession, cette part passe avec sa propre succession à ses héritiers. Mais alors, en vertu du principe de division, cette part se subdivise elle-même en autant d'autres parts héréditaires qu'il laisse lui-même d'héritiers. Si donc il était tenu à un quart des dettes, et qu'il laisse quatre héritiers, chacun de ces héritiers ne sera plus lui-même tenu que d'un seizième.

Mais cela, bien entendu, ne s'entend que de la contribution *personnelle*. Quant à l'action *hypothécaire*, nous savons qu'elle suit toujours l'immeuble dans la main où il se trouve, ce qui fait que celui de ces nouveaux héritiers qui sera détenteur de l'immeuble pourra toujours être poursuivi pour la totalité de la dette.

**16024. Légataire universel et à titre universel** — On a vu aux n^os 15978 et suiv. que le légataire universel et à titre universel est tenu de contribuer, avec l'héritier, au payement des dettes. Mais comme l'art. 871, et notamment l'art. 873 qui règlent spécialement l'action des créanciers pour le payement de ce qui leur est dû, se taisent sur le légataire universel et sur le légataire à titre universel, on se demande si l'action personnelle peut être exercée directement contre eux.

La réponse à cette question se trouve dans les art. 1009 et 1012 C. C. qui suppléent évidemment au silence des art. 871 et 873, en réglant que soit le légataire universel, soit le légataire à titre universel, sont *tenus* des dettes et charges de la succession du testateur, *personnellement* pour leur part et portion, et hypothécairement pour le tout. Donc, sans que le doute soit possible, les créanciers ont le droit d'actionner le légataire universel et le légataire à titre universel, tout comme l'héritier pur et simple.

Mais ce n'est qu'à partir de la délivrance que les actions actives et passives sont effectivement transmises. Et, par la même raison que les légataires ne pourraient pas, avant d'avoir obtenu la délivrance, poursuivre les débiteurs de la succession, ils ne peuvent pas être poursuivis par les créanciers (Troplong *Donat.* t. 4 n° 1840, Demolombe t. 13 n° 156, t. 15 n° 410 et t. 17 n° 36).

1. AUCUN DROIT DE PRÉFÉRENCE DE L'HÉRITIER SUR LE LÉGATAIRE N'APPARTIENT AU CRÉANCIER. — Nous devons nous arrêter ici pour faire une remarque essentielle. De ce que l'héritier est seul continuateur de la personne du défunt, des auteurs pensent que le créancier peut s'adresser à lui, de préférence aux légataires ou aux enfants naturels, car toutes les fois que l'héritier est en concours avec des légataires ou des enfants naturels, il représente le défunt pour la totalité, et non pour la portion qui reste, défalcation faite du legs et de la part des enfants naturels (Delvincourt t. 2 p. 91 n° 2 et p. 55 n° 4, Duranton t. 7 n° 435, Delaporte *Pandect. franç.* t. 3 p. 362, Marcadé *sur l'art.* 873 n° 2, Demante t. 3 n° 208, Bugnet sur Pothier t. 8 n° 112, Duvergier t. 2 n° 522, Zachariæ, Aubry et Rau t. 5 p. 350, Massé et Vergé t. 1^er p. 128, *Revue critique* 1852 p. 157, Marcadé *Rev. crit.* 1852 p. 197, *Revue pratique* 1861 t. 12 p. 253).

Ainsi, dans ce système, si mon frère légitime meurt me laissant sa succession, concurremment avec un enfant naturel reconnu, et un légataire pour un quart, ses biens devront être divisés de la manière suivante: un quart à moi, la moitié à l'enfant naturel et un quart au légataire. Il est évident que je ne dois contribuer au payement des dettes et charges de la succession que pour un quart, et cependant les créanciers pourront ne s'adresser qu'à moi pour le payement de leurs créances, bien qu'il leur soit également loisible de poursuivre l'enfant naturel et le légataire pour leur part contributive.

Cela tient à ma qualité: je représente seul le défunt, parce que seul je continue sa personne.

Cependant, la doctrine contraire d'après laquelle les créanciers du défunt seraient tenus de diviser leur action personnelle entre l'héritier et les légataires ou les enfants naturels, paraît plus conforme à l'esprit du Code. On ne voit pas, en effet, pourquoi l'on ferait la position de l'héritier si mauvaise au profit des créanciers qui pouvaient parfaitement éviter la division de leur action en exigeant pour leurs créances la garantie de l'hypothèque.

Aussi fit-on valoir, devant le conseil d'État, que, dans cette circonstance, la cause du créancier devait être moins favorable que celle de l'héritier. — D'un autre côté, les légataires universels sont, après la délivrance volontairement consentie, ou judiciairement prononcée, de vrais successeurs à la personne, tenus, comme les héritiers des dettes et charges, de la succession pour leur part et portion civile (V. *Legs*). Par conséquent, les héritiers ne peuvent pas être poursuivis pour la part des dettes qui leur est afférente (Chabot t. 3 p. 591, Toullier t. 5 n^os 497 à 501, Vazeille art. 871 n° 6, Poujol t. 2 p. 284 et suiv., Dalloz v° *Succ.* n° 1352, Troplong *des Don.* n° 1859, Merlin *Rép.* v° *Legs* § 7 n° 27, Grenier et Bayle-Mouillard t. 1^er n^os 311-313, Belost-Jolimont *Obs.* 4, Malpel n° 292, Nicias-Gaillard *Rev. crit.* 1852 p. 344, Demolombe t. 17 n° 38; — Cass. 13 août 1851, S. 51-1-653; — Toulouse 19 juin 1852, P. 52-1-481).

**16025. Recours des héritiers qui ont payé au delà de leur part héréditaire.** — L'art. 873 complète le système que nous avons développé dans les précédents numéros, en déclarant que les héritiers qui ont payé au delà de leur portion héréditaire ont « leur recours, soit contre leurs cohéritiers, soit contre les légataires universels, à raison de la part pour laquelle ils doivent y contribuer. » Ainsi quand l'héritier a payé au delà de sa part contributive, soit en sa qualité de seul représentant du défunt, comme dans l'hypothèse signalée dans le numéro précédent, soit comme détenteur de l'immeuble hypothéqué, il a son recours contre les autres personnes qui, conjointement avec lui, sont obligées de concourir aux dettes et charges de la succession.

## ARTICLE 2. — MODE DE RECOURS DE L'HÉRITIER OU DU LÉGATAIRE

[16026-16030]

**16026. Légataire particulier.** — « Le légataire particulier qui a acquitté la dette dont l'immeuble légué était grevé, demeure subrogé aux droits du créancier contre les héritiers et successeurs à titre universel. » Cette disposition de l'art. 874 C. C. consacre le principe de l'art. 871, qui déclare le légataire à titre particulier exempt de toute contribution aux dettes, sauf l'action hypothécaire.

Le légataire particulier étant ici subrogé de plein droit, en vertu de l'art. 1251 § 3 C. C., aux droits du créancier qu'il a désintéressé, jouit, comme lui, du double privilége d'exercer: 1° l'action personnelle contre chacun des héritiers et légataires pour leur part contributive; — 2° l'action hypothécaire, pour le tout, contre ceux qui sont détenteurs d'autres immeubles hypothéqués à la même dette (Demante t. 3 n° 215, Demolombe t. 17 n° 72).

**16027. Héritier.** — Quant au cohéritier ou successeur à titre universel, qui, par l'effet de l'hypothèque, a payé au delà de sa part de la dette commune, il n'a de recours contre les autres cohéritiers ou successeurs à titre universel, que pour la part que chacun d'eux doit personnellement en supporter, même dans le cas où le cohéritier qui a payé la dette se serait fait subroger aux droits des créanciers (875 C. C.).

Ainsi, la loi n'accorde pas ici subrogation légale. Il y a là une différence notable de situation entre le légataire particulier et l'héritier ou le légataire universel qui exercent leur recours en remboursement de ce qu'ils ont payé pour les autres. En effet, le légataire particulier peut exercer son recours, *pour le tout*, contre les détenteurs d'autres immeubles affectés à la même dette, tandis que l'héritier ou le successeur à titre universel ne doit l'exercer que *pour la portion* de chacun de ceux qui étaient tenus avec lui.

Cela vient de ce que le légataire particulier, n'étant tenu à rien, la loi a voulu le sauvegarder autant que possible contre l'insolvabilité dans laquelle pourrait tomber un ou plusieurs héritiers. Tandis que pour l'héritier ou le successeur universel, cette insolvabilité ne changerait rien à sa position, puisque, aux termes de l'art. 884, une garantie réciproque existe entre tous les héritiers. Aussi, pour le légataire particulier, le législateur n'a pas reculé devant le circuit d'actions qu'entraîne le recours lorsqu'il est exercé contre un seul (puisque celui-ci a à son tour à exercer un pareil recours contre des cohéritiers), tandis qu'il a voulu éviter ce croisement pour l'héritier.

1. PRÉCIPUT. — CRÉANCE PERSONNELLE. — Le cohéritier peut-il agir hypothécairement pour le tout contre ses cohéritiers, détenteurs des immeubles hypothéqués, lorsqu'étant légataire par préciput d'un immeuble grevé, il a payé la dette entière; — ou bien lorsqu'étant de son chef créancier hypothécaire du défunt, il poursuit le payement de sa créance, déduction de sa part? On a soutenu l'affirmative par le motif que les droits du legs préciputaire sont distincts de ceux de l'héritier et que, d'autre part, la créance non éteinte par confusion conserve sa qualité de créance ordinaire (Brodeau sur Louet let. H n° 20, Lebrun liv. 4 ch. 2 sect. 2 n° 43, Chabot art. 875 n° 5, Duranton t. 7 n° 409, Zachariæ, Aubry et Rau t. 5 p. 361 et 362, Massé et Vergé t. 2 p. 432, Toullier t. 2 n° 558).

Mais on répond avec raison, selon nous, que le cohéritier légataire par préciput ou créancier hypothécaire du défunt doit toujours garantir à ses cohéritiers, et devrait toujours supporter sa part des insolvabilités; qu'il ne peut donc pas les évincer. D'ailleurs, le cohéritier qui paye le créancier inscrit et se fait subroger, ne peut néanmoins exercer l'action *in solidum* du cédant, parce qu'il y a dans sa personne un obstacle subsistant toujours quelle que soit la cause pour laquelle cette action *in solidum* soit entre ses mains (Pothier *Cout. d'Orléans* n° 358 note 2, Ducaurroy t. 2 p. 755, Marcadé art. 875, Demante t. 3 n° 216 *ter*, Mourlon *Rép. écrites* t. 2 p. 187, Demolombe t. 17 n° 81).

2. SUBROGATION CONVENTIONNELLE. — « Cependant, dit Chabot *sur l'art.* 875 n° 1er, la subrogation que se fait consentir l'héritier qui est obligé de payer la totalité de la dette, ne lui est pas entièrement inutile. S'il ne peut se servir de l'hypothèque qui appartenait au créancier, à l'effet de contraindre chacun des cohéritiers hypothécairement pour le tout, il peut au moins s'en servir à l'effet de contraindre, sur les biens hypothéqués, chacun des détenteurs pour sa part et portion, et il est ainsi préféré sur ces biens aux créanciers chirographaires. »

**16028. Légataire universel ou à titre universel.** — Tout successeur à titre universel se trouve dans les mêmes conditions que l'héritier. Lorsqu'il a été contraint de payer pour le tout la dette hypothécaire, il ne peut exercer son recours contre les autres successeurs universels et héritiers que pour la part héréditaire de chacun d'eux

**16029. Héritier bénéficiaire.** — Mais l'héritier bénéficiaire se trouve exactement dans les mêmes conditions que le légataire particulier dont nous avons parlé au n° 16026. Comme lui, il est complétement étranger à l'obligation de contribuer, puisque l'art. 802 C. C. lui donne l'avantage de ne pas confondre ses biens personnels avec ceux de la succession et de conserver contre elle le droit de réclamer le payement de ses créances.

**16030. Insolvabilité de l'un des successeurs.** — « En cas d'insolvabilité de l'un des cohéritiers ou successeurs à titre universel, sa part de dette hypothécaire est répartie sur tous les autres, au marc le franc» (876 C.C.). C'est là une application particulière du principe de garantie réciproque contre tous les cohéritiers et successeurs universels posée par les art. 884 et 885 C.C. Nous en avons déjà parlé sous le n° 16027.

### SECTION 4. — DE L'EFFET DES TITRES EXÉCUTOIRES CONTRE LE DÉFUNT

[16031-16035]

**16031. Héritier assimilé au défunt.** — Aux termes de l'art. 877 C.C., « les titres exécutoires contre le défunt sont pareillement exécutoires contre l'héritier personnellement. »

Dans l'ancien droit et dans les pays coutumiers, les titres exécutoires contre le défunt ne l'étaient contre l'héritier qu'après que l'exécution en avait été ordonnée en justice. Mais cette règle était en opposition avec le principe qui veut que l'héritier continue la personne du défunt, et avec cet autre principe, non moins incontestable, que la force d'un titre authentique ne peut être altérée par le décès de la personne qui l'a souscrit. C'est pour mettre fin à cet état de choses qu'a été édictée la disposition ci-dessus.

**16031 *bis*. Titre hypothécaire.** — La Cour de Caen a jugé, le 4 février 1822 (S. *Collect. nouv.* 7-2-20), que le titre hypothécaire contre le défunt, d'après la jurisprudence de Paris, ne conférait pas de plein droit et par l'effet seul de l'adition d'hérédité, hypothèque sur les biens d'héritier; l'hypothèque contre l'héritier ne prenait son origine que dans le jugement de condamnation prononcé contre lui, ou dans le titre récognitif qu'il avait passé devant notaire (*Conf.* : Bacquet *Droits de justice* ch. 21 nos 170, 171, Ricard *Donat.* 2e part. ch. 1er nos 31, 32).

Il doit en être de même lorsque la succession s'est ouverte sous l'empire du Code civil, nonobstant la disposition de l'art. 877, qui, tout en déclarant que le titre exécutoire contre le défunt sera pareillement exécutoire contre l'héritier personnellement, ne peut être entendu en ce sens que le titre hypothécaire contre le défunt doive être aussi de plein droit hypothécaire contre l'héritier (Delaporte *Pandec. franc.* t. 3 p. 381, Duranton t. 7 n° 361, Vazeille *sur l'art.* 877 n° 3, Troplong *des Hypoth.* t. 2 n° 390, Demolombe t. 17 n° 62; — C. Caen 4 fév. 1822, S. *Collect. nouv.* 7-2-20; — Cass. 3 déc. 1816, S. 17-1-189; — *Contrà* : Delvincourt t. 2 p. 164, Dalloz *Succ.* n° 445).

**16032. Signification des titres.** — Il pourrait se faire que l'héritier ignore l'existence des autres titres exécutoires qui existent contre le défunt; aussi, pour le mettre à même de les vérifier, l'art. 877 déclare-t-il que les créanciers ne pourront en poursuivre l'exécution que huit jours après la signification de ces titres à la personne ou au domicile de l'héritier.

**16033. Commandement.** — Le commandement n'étant pas un acte d'exécution, mais le faisant seulement pressentir, peut être notifié avant la signification (Grenoble 22 juin 1826, S. 26-2-304; — Cass. 22 mars 1832, D. 32-1-160; — Rouen 9 avr. 1834, D. 35-2-27; — Angers 21 mai 1834, D. 34-2-330; — Liége 16 avr. 1859, D. 60-2-17, Favard *Rép.* v° *Saisie* § 1er n° 4, Carré *Proc.* n° 2203, Demolombe t. 17 n° 57; — *Contrà* Cass. 31 août 1825, S. 25-1-357; — Pau 3 sept. 1829, D. 30-2-289; — Bastia 12 fév. 1833, D. 33-2-140; — Bourges 11 mars 1844, S. 45-2-527; — C. Orléans 17 janv. 1848, D. 48-3-13, Persil *Quest. hyp.* t. 2 n° 308, Chauveau sur Carré *Proc.* 2200, Chabot art. 877 n° 2, Duranton t. 7 n° 457).

**16034. Délai pour faire inventaire.** — Tant que l'héritier est dans le délai pour faire inventaire, il ne peut être valablement poursuivi en vertu des titres exécutoires, car il n'a pas encore qualité et on ne peut le forcer à prendre qualité, mais rien n'empêche qu'on lui en fasse la signification dans le but de l'avertir (Duranton t. 7 n° 458, Marcadé sur l'art. 877). Jugé, en effet, que de ce que l'héritier ne peut être contraint à prendre qualité pendant les délais que la loi lui accorde pour faire délibérer, il ne s'ensuit pas qu'il soit défendu de lui faire les notifications prescrites par l'art. 877, pour rendre exécutoire contre lui un titre à la charge du défunt (C. Paris 29 déc. 1814, S. 16-2-57, Demolombe t. 17 n° 59).

**16035. Successeurs universels autres que l'héritier.** — Les successeurs universels autres que l'héritier, tels que le légataire universel, les successeurs irréguliers, les donataires contractuels, ne continuant pas la personne du défunt, il s'ensuit que les titres exécutoires contre le défunt ne sont pas exécutoires contre eux personnellement; mais ils sont exécutoires sur les biens qu'ils détiennent et dans la mesure de leurs droits sur ces biens (Marcadé sur l'art. 877, Demante t. 3 n° 218 *bis*; — *Contrà* Demolombe t. 17 n° 60).

### SECTION 5. — DE LA SÉPARATION DES PATRIMOINES

[16036-16044]

**16036. Objet de la séparation.** — L'acceptation pure et simple de la succession ayant pour effet de confondre les biens personnels de l'héritier avec ceux du défunt, il en résulte que s'il est vrai que les créanciers du défunt peuvent exercer leurs droits sur les biens personnels de l'héritier et sur les biens de la succession, les créanciers de l'héritier jouissent du même privilége, ce qui pourrait, en définitive, être souvent nuisible aux créanciers du défunt.

C'est pour mettre ces derniers à même d'échapper à ce danger que l'art. 878 les autorise à demander que le patrimoine du défunt soit séparé du patrimoine de ses héritiers, afin d'être payés sur les biens de la succession de préférence aux créanciers des héritiers.

**16037. Par qui peut être demandée la séparation de patrimoines.** — 1. CRÉANCIERS. — L'art. 878 portant que la demande peut être formée par les créanciers de la succession, aucune distinction n'est à faire entre les créanciers chirographaires et les créanciers hypothécaires. Ce droit est indépendant de l'hypothèque, et c'est la simple qualité du créancier qui le donne, la séparation de patrimoine étant une mesure conservatoire (Toullier t. 4 n° 54, Grenier *Hypoth.* n° 420, Duranton t. 7 n° 471, Domat *Lois civ.* part. 1re liv. 3 tit. 2 sect. 1re, Aubry et Rau t. 5 p. 210, Demolombe t. 17 n° 107, Delvincourt t. 2 n° 385 note 4, Chabot t. 3 p. 629, Massé et Vergé *sur Zachariæ* t. 2 p. 329 note 3).

2. CRÉANCE CONDITIONNELLE OU A TERME. — Peu importe d'ailleurs que la créance soit exigible ou à terme, subordonnée à une condition ou à une éventualité quelconque (Lyon 21 juill. 1835, S. 36-2-465, Pothier *Succ.* ch. 5 art. 4, Merlin *Rép.* v° *Sép.* § 2 n° 2, Poujol art. 878 n° 2, Massé et Vergé t. 2 p. 330, Demolombe t. 17 n° 109).

3. LÉGATAIRES. — Les expressions : *créanciers de la succession*, dans l'art. 878, doivent s'entendre aussi des légataires. Les légataires sont, en effet, des créanciers de la succession. D'ailleurs, en ne considérant les legs que comme de simples charges de l'hérédité, il est juste que ces charges soient, comme les dettes, acquittées sur les biens du défunt, avant que les créanciers des héritiers puissent exercer aucun droit sur ces biens (Chabot sur l'art. 878 n° 8, Grenier *Hypoth.* t. 2 n° 421, Toullier t. 4 n° 539, Aubry et Rau t. 5 p. 210, 211, Demolombe t. 17 n° 140 ; — *V.* Cabantous *Rev. de législ.* 1836-31, Mourlon *Rép. écrit.* t. 2 p. 193, Pothier *Succ.* ch. 5 art. 4, Duranton t. 7 n° 472, Massé et Vergé t. 2 p. 330).

**16038. Bénéfice d'inventaire.** — Le bénéfice d'inventaire emporte-t-il de plein droit la séparation des patrimoines au profit des créanciers et des légataires de la succession ? Cette question est très-controversée. Cependant, la jurisprudence incline à décider aujourd'hui l'affirmative et ajoute même que cette séparation, une fois produite, ne peut cesser au préjudice des créanciers ou des légataires par la renonciation de l'héritier au bénéfice d'inventaire, ou par sa déchéance.

L'acceptation bénéficiaire, en effet, une fois faite, a constitué un état permanent, un régime définitif de succession à l'égard des créanciers et des légataires et il serait d'autant plus dangereux que ce régime pût être changé à leur préjudice que ce changement pourrait leur rester inconnu (Paris 20 juill. 1811, S. 1811-2-385 ; — 8 avr. 1826, S. 27-2-795 ; — Cass. 18 juin 1833, S. 33-1-730 ; — Paris 4 mai 1835, S. 35-2-258 ; — Colmar 2 janv. 1837, S. 37-2-311 ; — Cass. 10 déc. 1839, S. 40-1-92 ; — Rouen 24 janv. 1845, S. 46-2-569 ; — Nîmes 21 juill. 1852, S. 53-2-701 ; — Cass. 29 juin 1853, S. 53-1-721 ; — 11 déc. 1854, S. 55-1-277 ; — 3 août 1857, 25 août 1858, S. 59-1-65 ; — 7 août 1860, S. 61-1-257 ; — Belost-Jolimont art. 878 n° 6, Ailhard n° 113, Zachariæ, Aubry et Rau t. 5 p. 235, Massé et Vergé t. 2 p. 341, 342, Blondeau p. 507, 508, Tambour *Bénéf. d'inv.* p. 465, Dalloz *Succ.* nos 785, 794).

D'autres auteurs pensent que les créanciers ou les légataires doivent prendre inscription pour que la séparation leur soit acquise (Delvincourt t. 2 p. 33, Duranton t. 7 n° 47, Cabantous *Rev. de législ.* t. 4 p. 41). — D'autres, enfin, soutiennent que les effets de la séparation cessent avec la renonciation ou la déchéance du bénéficiaire (Marcadé art. 881 n° 7, Pont *Priv. et Hyp.* art. 2111 n° 3).

M. Demolombe n'adopte aucun de ces avis. Il pense que les créanciers ont toujours intérêt à requérir inscription pour que le bénéfice d'inventaire ne perde pas *tous* les effets de la séparation des patrimoines : par exemple, le droit de suite sur un immeuble aliéné par l'héritier (t. 15 n° 173. — *Conf.* : Demante t. 3 n° 125. — *V.* aussi Marcadé art. 881).

**16039. Elle ne profite qu'à ceux qui l'ont demandée.** — Lorsque la séparation de biens n'a été demandée que par un ou plusieurs créanciers ou légataires, ces créanciers priment les autres, car la séparation ne profite pas à ceux qui ne l'ont pas demandée, mais elle ne les autorise pas à recevoir plus qu'ils n'auraient reçu si la demande eût été formée par tous. Ce qui revient à dire que la séparation demandée par quelques-uns ne peut pas plus nuire que profiter à ceux qui ne l'ont pas demandée. (Grenier *Hypoth.* t. 3 n° 435, Merlin *Rép.* v° *Séparation de patrim.* § 5 n° 4, Massé et Vergé *sur Zachariæ* t. 2 p. 330 note 5, Malpel n° 219, Dufresne nos 93, 97, 98, Persil art. 2111 § 4, Duranton t. 7 nos 476, 477 et t. 19 n° 226, Demante t. 3 n° 222 *bis*-4, Aubry et Rau t. 5 p. 225, 227, Demolombe t. 17 n° 222 ; — Grenoble 21 juin 1841, S. 42-2-355. — *Contrà* Lyon 17 avr. 1822, S. 24-2-159, Blondeau *Sép.* p. 481, 500).

1. CRÉANCIER DE L'HÉRITIER. — Les créanciers de l'héritier ne sont point admis à demander la séparation contre les créanciers de la succession (871 C. C.), parce que le débiteur, en acceptant la succession, use d'un droit qui ne compromet pas plus la position des créanciers que s'il contractait de nouvelles dettes.

**16040. Contre qui la séparation peut être demandée.** — La séparation ne peut être nécessaire que contre les créanciers de l'héritier ou du représentant du décédé, car l'héritier qui représente le défunt ne peut s'affranchir lui-même de l'obligation de payer ses dettes. Mais aussi elle peut être dirigée contre *tout* créancier de l'héritier (878 et 2111 C. C.), — soit contre la femme de l'héritier créancière de sa dot, — soit contre le mineur ou l'interdit dont l'héritier aurait géré la tutelle, — soit même contre les créanciers ayant le privilége général de l'art. 2101 (Demante *Thémis* 6-251, Chabot 878-9, Duranton 7-469 et Rau 5-213, Demolombe 17-119).

Les créanciers du défunt doivent demander la séparation contre les légataires pour être payés par préférence à eux. En effet, l'héritier est devenu débiteur personnel des dettes et charges parmi lesquelles sont compris les legs, et les légataires sont désormais devenus créanciers de l'héritier au même titre que ses créanciers particuliers (Cass. 9 déc. 1823, S. 24-1-108; — Grenoble 21 juin 1841, D. 42-2-355, Demante 2 n° 219 *bis*, de Conflans 880-2, Dufresne 37, 65, Aubry et Rau 5-224, Demolombe 17-122. — *Contrà* Rouen 16 juill. 1844, S. 45-2-360, Delvincourt 2 p. 33, Toullier 2-536-537).

Sous la dénomination d'héritier il faut comprendre quiconque succède au défunt *in universum jus*, et la séparation peut dès lors être demandée contre les créanciers d'un héritier irrégulier, d'un donateur universel (Paris 26 déc. 1848, D. 49-2-121 ; — Cass. 17 mars 1856, S. 56-2-593). — On a même enseigné que la séparation pourrait être demandée contre les créanciers du cessionnaire des droits successifs d'un héritier, parce qu'il est le représentant de l'héritier qu'il remplace (Lyon 17 nov. 1850, S. 51-2-315; Vazeille 880-6, Dubreuil *Essai sur la sépar.* ch. 8-7 n° 9.—Cep. *Contrà* Grenoble 19 mars 1831, D. 32-2-206, Delvincourt t. 2 p. 56 n° 9, Duranton t. 7 n° 491, Aubry et Rau 5-216, Demolombe 17-128).

**16041. Biens auxquels elle s'applique.** — La séparation ne s'applique qu'aux biens ayant appartenu au défunt parce que seuls ils sont le gage des créanciers. Elle n'atteindrait donc pas : 1° les biens à rapporter par les cohéritiers (857 C. C.) ; — 2° ni les biens qui proviendraient de la réduction (art. 921), car l'héritier qui a accepté sous bénéfice d'inventaire n'est pas tenu sur ces sortes de biens envers les créanciers du défunt (Lebrun liv. 4 ch. 1er sect. 1re n° 27, Merlin *Rép.* v° *Sép.* § 4 n° 2, Delvincourt t. 2 p. 56 note 4, Duranton t. 7 n° 493, Demante 3-219 *bis*, Chabot 878-11, Poujol 880-19, Zachariæ, Aubry et Rau 5-216, Vergé 2-332, Demolombe 17-129).

Mais elle s'applique à tous les biens ayant appartenu au défunt, même aux fruits naturels ou civils que les biens héréditaires ont pu produire depuis le décès, car *fructus augent hæreditatem* (Caen 26 fév. 1849, S. 49-2-528, Dufresne 118, Zachariæ, Aubry et Rau 5-214, Demolombe 17-132, Lebrun liv. 4 ch. 2 sect. 1re n° 24. — *V.* Grenier *Hyp.* 2-436, Roll. de Vill. 55, Dubreuil ch. 6 n° 3, Zachariæ, Massé et Vergé 2-332).

**16042. Effets de la séparation des patrimoines.** — La séparation constitue un véritable privilége attribuant aux créanciers le droit de suite sur les biens immeubles de la succession. On l'a nié parce que la séparation, disait-on, a pour but unique de conserver un droit de gage et que le gage ne confère pas de droit de suite, et que le titre du créancier n'est pas changé (Tarrible, Merlin *Rép.* v° *Prov. de créance* sect. 2 § 6 n° 2, Grenier *Priv.* t. 2 n° 219, Troplong *Priv. et Hyp.* 1-323-327, de Conflans 480-4, Aubry et Rau 5-231-233, Cabantous *Rev. de lég.* t. 4 p. 40 Pont. *Priv.* 2106 et 2111, S. *Observ.* 41-2-513). —Mais on répond : 1° l'art. 2111 qualifie ce droit de privilége, et le privilége emporte le droit de suite ; — 2° les acquéreurs des biens de la succession sont les ayants cause de l'héritier, ils ne peuvent avoir plus de droits que lui et doivent subir l'effet de la séparation ; — 3° sans le droit de suite, la séparation n'a plus de sanction ; — 4° ce droit a toujours existé soit à Rome (L. 2 *Dig. h. t.*), soit dans l'ancienne jurisprudence au moins en germe, car du jour de la demande en séparation, les héritiers ne pouvaient plus aliéner (Nîmes 16 fév. 1829, S. 29-2-214 ; — Colmar 3 mai 1834, S. 34-2-678 ; — Orléans 22 août 1840, S. 41-2-513, Delvincourt liv. 2 p. 56, Demante t. 3 n° 222 *bis*, G. Demante *Rev. int.* 1854 t. 5 p. 177, Demolombe 17-209).

La séparation forme-t-elle une exception au principe de la division des dettes? On peut dire : 1° c'est un privilége, et tout privilége est essentiellement indivisible, on ne concevrait le droit de suite sans l'indivisibilité ; — 2° les légataires peuvent poursuivre hypothécairement pour le tout chacun des héritiers sans égard à la division de dettes. *A fortiori* en doit-il être ainsi des créanciers qui *certant de damno vitando ;* — 3° c'est une conséquence logique de ce que la séparation arrête la transmission héréditaire (Bourges 20 août 1832, S. 33-2-625 ; — Bordeaux 14 juill. 1836, S. 37-2-222 ; — Caen 17 janv. 1855, S. 57-2-297, Duranton t. 19 p. 224, Dufresne 114, Bernier *Rev. de législ.* 1841, t. 14 p. 482, Demante t. 3 n° 222 *bis* p. 1 et 3). — Le contraire est plus généralement admis : 1° les art. 873 et 1220, sur la division des dettes, sont généraux et la matière des séparations n'y apporte aucune exception, parce qu'elle n'est relative qu'aux *créanciers* de l'héritier ; — 2° cela ne change pas l'indivisibilité du droit de suite, mais il y a autant de priviléges ou d'hypothèques distinctes que de dettes séparées ; — 3° la séparation ne nie pas la transmission héréditaire ; puisque les créanciers conservent l'héritier pour débiteur, c'est qu'elle en reconnaît l'existence (Cass. 14 fév. 1825, D. 25-2-147 ; — 3 fév. 1857 et 9 juin 1857, S. 51-1-331 et 465 ; — Rennes 14 janv. 1858, S. 58-2-573 ; — Limoges 16 juin 1860, D. 61-2-7, Blondeau *Rép. du pat.* p. 573 et suiv., de Conflans 878-12, Vazeille 877, Zachariæ, Aubry et Rau t. 5 p. 233 et 234, Massé et Vergé t. 2 p. 335, Dalloz *Succ.* 1492, Mourlon *Examen du com. de Troplong* 305 et 306, Demolombe 17-210).

Les créanciers et les légataires qui ont demandé la séparation peuvent-ils ensuite exercer des poursuites sur les biens de l'héritier? Les uns répondent négativement, par la raison qu'ils ont cessé d'avoir l'héritier pour débiteur (Duranton t. 7 p. 500, Bugnet et Pothier t. 8 p. 221). — Les autres pensent qu'ils peuvent venir sur ses biens, mais après tous les créanciers personnels (Maleville art. 878, Marcadé 880-6, Mourlon 2-192, Pothier *Succ.* ch. 4 art. 4, Domat *loc. cit.* liv. 3 tit. 2 sect. 1re n° 9). — Enfin la plupart enseignent qu'ils ont le droit de venir sur les biens de l'héritier, comme si la séparation n'avait pas eu lieu. En acceptant, l'héritier est devenu débiteur personnel des créanciers du défunt ; or la séparation du patrimoine, étant toute en faveur des créanciers, ne pourrait pas être rétorquée contre eux, et en effet il n'y a aucun texte qui le fasse. Le contraire serait un privilége réel au profit des créanciers de l'héritier et il devait être écrit dans la loi (Merlin v° *Sép.* p. 35 n° 6, Chabot 878-13, Toullier et Duvergier t. 2 n° 548, Nicias-Gaillard *Rev. crit.* 1856 t. 8 p. 201, Genty *Rev. crit.* 1856 t. 8 p. 350, Zachariæ, Aubry et Rau t. 5 p. 232, Massé et Vergé t. 2 p. 336, Demolombe t. 17 n° 220).

**16043. Novation.** — Le droit de demander la séparation de patrimoine ne peut plus être exercé lorsqu'il y a novation dans la créance contre le défunt, par l'acceptation de l'héritier pour débiteur (879 C. C.). — V. *Novation.*

**16044. Prescription.** — Ce droit se prescrit, relativement aux meubles, par le laps de trois ans. A l'égard des immeubles, l'action peut être exercée tant qu'ils restent dans la main de l'héritier (880 C. C.). — Il s'est élevé sur ce point des difficultés nombreuses qui ne sont pas de notre sujet.

## CHAPITRE III. — DU PARTAGE

[16045-16046]

**16045. Renvoi.** — Tout ce qui rentre dans le cadre de cet ouvrage, relativement au partage, a été traité sous les mots *Licitation*, *Partage* et *Retrait successoral;* nous y renvoyons le lecteur.

**16046. Observation.** — Nous avons passé en revue, sous les nos 15633 à 16045, tout le système du Code civil en matière de succession; mais, pour compléter les notions civiles qui sont nécessaires pour aborder convenablement l'application des droits d'enregistrement aux mutations qui s'opèrent par suite de décès, il nous reste encore soit à rappeler les parties de cet ouvrage où l'on pourra trouver d'autres développements particuliers, soit à traiter quelques matières que nous n'avons pas encore eu occasion d'aborder.

# TITRE X. — DISPOSITIONS PARTICULIÈRES

[16047-16068]

## CHAPITRE PREMIER. — DE L'ABSENCE

[16047]

**16047. Renvoi.** — Les héritiers, légataires, ou tous autres appelés à exercer des droits subordonnés au décès d'un individu dont l'absence est déclarée, sont tenus de faire, dans les six mois du jour de l'envoi en possession provisoire, la déclaration à laquelle ils seraient tenus s'ils étaient appelés par l'effet de la mort, et d'acquitter les droits sur la valeur entière des biens qu'ils recueillent; il est donc essentiel de connaître les principes qui gouvernent l'absence. Nous en avons traité au mot *Absence.*

## CHAPITRE II. — DE L'ADOPTION

[16048]

**16048. Renvoi.** — L'adopté ayant sur la succession de l'adoptant les mêmes droits que ceux qu'y aurait l'enfant né en mariage, il est important de connaître les règles qui gouvernent cet acte. Nous en avons fait une étude particulière au mot *Adoption.*

## CHAPITRE III. — DONATION ENTRE-VIFS

[16049]

**16049. Renvoi.** — Nous avons traité de la donation entre-vifs et des rapports qu'elle peut avoir avec le payement des droits de mutation par décès au mot *Donation.*

Il sera souvent utile de se reporter aux principes qui s'y trouvent développés pour pouvoir distinguer la donation entre-vifs qui, ayant irrévocablement dessaisi le donateur, a fait sortir les biens donnés de son patrimoine, de la donation à cause de mort qui, subordonnée à l'événement du décès, laisse exigibles les droits de mutation par décès.

## CHAPITRE IV. — DONATION ÉVENTUELLE INSTITUTION CONTRACTUELLE

[16050]

**16050. Renvoi.** — Quant à l'institution contractuelle qui est appelée à jouer un rôle sérieux en matière de mutation par décès, puisque, pour les biens à venir, elle constitue une véritable donation subordonnée à l'événement du décès, nous avons donné à cet important sujet, au mot *Contrat de mariage*, et sous les nos 5319 et suiv., tous les développements qu'il comporte.

C'est encore comme corollaire de ce même ordre d'idées que nous avons consacré les nos 6687 et suiv. à la donation éventuelle.

## CHAPITRE V. — DONATION ENTRE ÉPOUX

[16051]

**16051. Renvoi.** — En ce qui concerne les donations que peuvent se faire les époux pendant le mariage, que l'on avait toujours considérées comme constituant purement et simplement des donations soumises à l'événement du décès, nous avons développé leur théorie nos 6727 et suiv.

## CHAPITRE VI. — DU RETOUR LÉGAL ET CONVENTIONNEL

[16052]

**16052. Renvoi.** — C'est à la matière des donations entre-vifs que se rattachent le retour légal et le retour conventionnel, qui jouent également un rôle important en matière de succession ; nous leur avons consacré un article spécial sous les nos 14029 et suiv.

## CHAPITRE VII. — DES LEGS

[16053]

**16053. Renvoi.** — Les questions qui se rattachent aux legs sont nécessairement appelées à jouer un grand rôle en matière de payement de droits de mutation par décès. On trouvera sous les nos 6409 et suiv., 10700 et suiv., 15987 et suiv., tous les développements que comporte cette partie de notre sujet.

## CHAPITRE VIII. — DE LA QUOTITÉ DISPONIBLE

[16054]

**16054. Renvoi.** — Quant à la quotité disponible et à la manière de la calculer, on comprend aussi toute son importance pour la liquidation des droits de succession. Il en a été traité dans un article spécial au mot *Quotité disponible*.

## CHAPITRE IX. — DE LA RÉDUCTION DES DONATIONS ET LEGS

[16055]

**16055. Renvoi.** — La réduction des donations et legs se lie d'une manière intime à la matière de la quotité disponible, puisque c'est lorsque l'homme a fait sortir la disposition de ses biens des limites que la loi lui a tracées dans certaines conditions de famille que l'on doit opérer une réduction sur les donations et legs qu'il a pu faire en dehors de ces limites.

C'est donc au mot *Quotité disponible* que l'on trouvera tout ce qui se rapporte à ce genre d'opération.

## CHAPITRE X. — DU CONTRAT DE MARIAGE

[16056]

**16056. Renvoi.** — On comprend que les conventions qui doivent gouverner l'association des époux soient appelées à exercer une grande influence sur la perception des droits de mutation par décès.

Il en a été parlé avec tous les développements convenables au mot *Contrat de mariage*.

## CHAPITRE XI. — DU RÉGIME DE LA COMMUNAUTÉ

[16057]

**16057. Renvoi.** — Le régime de la communauté étant celui qui gouverne maintenant l'immense majorité des associations conjugales, soit à l'état légal, soit à l'état conventionnel, soit avec mélange du régime dotal sous le nom de société d'acquêts, nous avons dû lui prêter une grande attention.

On trouvera, d'ailleurs, sous les nos 4296 et suivants, ce qui s'y rapporte.

## CHAPITRE XII. — DES CONVENTIONS EXCLUSIVES DE LA COMMUNAUTÉ

[16058]

**16058. Renvoi.** — Les clauses matrimoniales portant soit que les époux se marient sans communauté, soit qu'ils resteront séparés de biens, sont excessivement rares. Nous leur avons cependant consacré quelques développements sous les nos 4472 et suiv.

## CHAPITRE XIII. — DU RÉGIME DOTAL

[16059]

**16059. Renvoi.** — Sous le mot *Dot* et les nos 6815 et suiv., nous avons donné les développements les plus essentiels en ce qui concerne le régime dotal. On y trouvera tous les éléments nécessaires pour résoudre les difficultés qui pourraient s'élever sur ce point en matière de payement des droits de succession.

## CHAPITRE XIV. — DE LA DISTINCTION DES BIENS

[16060]

**16060. Renvoi.** — La théorie de la distinction des biens d'après le Code civil est nécessairement très-importante à connaître pour la liquidation des droits de mutation par décès.

On trouvera cette théorie développée au mot *Biens*.

## CHAPITRE XV. — DU DOMICILE

[16061]

**16061. Renvoi.** — C'est à la solution des questions de domicile qu'il faut souvent recourir pour savoir à quel bureau doivent être payés les droits de succession. Nous avons rapidement indiqué ces questions au mot *Domicile*. — V. 15196 et suiv.

## CHAPITRE XVI. — DE L'USUFRUIT LÉGAL

[16062-16068]

**16062. Principe.** — « Aux termes de l'art. 384 C. C., le père, durant le mariage, et, après la dissolution du mariage, le survivant des père et mère ont la jouissance des biens de leurs enfants jusqu'à l'âge de dix-huit ans accomplis, ou jusqu'à l'émancipation qui pourrait avoir lieu avant l'âge de dix-huit-ans. » Cette jouissance est appelée *usufruit légal*.

**16063. Ascendants collatéraux.** — Ainsi, pendant le mariage, l'usufruit légal appartient exclusivement au père, mais après la dissolution du mariage, il passe sur la tête de la mère si elle a survécu au père. Mais, dans aucun cas, il ne peut appartenir à d'autres qu'au père ou à la mère. Ainsi, il n'appartient jamais aux ascendants du degré supérieur, ni, *à fortiori*, à des collatéraux quelconques.

**16064. La mère ne peut recueillir qu'au décès du père.** — Marcadé (sur l'art. 784) pense que la mère aurait droit à l'usufruit légal dès avant la dissolution du mariage, si le père interdit, ou présumé absent, se trouvait dans l'impossibilité d'exercer la puissance paternelle, ou encore s'il avait été déchu de ses droits sur la personne et sur les biens de ses enfants, par application de l'art. 335 C. pén. Mais cette doctrine est repoussée par tous les auteurs (Duranton t. 3 n° 384, Toullier t. 2 n° 1064, Proudhon et Valette t. 2 p. 262, Taulier t. 1er p. 493, Allemand *du Mariage* t. 2 n° 1110, Demolombe t. 6 n° 484), qui veulent que l'usufruit éteint dans la personne du père se réunisse à la propriété au profit des enfants, pour ne renaître qu'après la dissolution du mariage, au profit de la mère, si c'était elle qui survécût.

**16065. Père interdit.** — Cependant, si le père était dans une situation qui, tout en lui conservant les droits de la puissance paternelle, lui en enlèverait seulement l'exercice, par exemple s'il était interdit, il conserverait l'usufruit légal (Demolombe t. 7 nos 483 et 485).

**16066. Charges de l'usufruit.** — Les charges qui pèsent sur l'usufruit légal sont : 1° celles auxquelles sont tenus les usufruitiers ; — 2° la nourriture, l'entretien et l'éducation des enfants selon leur fortune ; — 3° le payement des arrérages ou intérêts des capitaux ; — 4° les frais funéraires et ceux de dernière maladie (385 C. C.).

**16067. Biens sur lesquels porte l'usufruit légal.** — L'usufruit légal porte sur tous les biens de l'enfant (384 C. C.).

1. SUCCESSION ONÉREUSE A L'ENFANT. — Mais en cela l'avantage du père ne peut préjudicier à l'enfant. Ainsi, dans le but de se procurer un usufruit sur une succession qui pourrait être onéreuse à l'enfant, le père ne pourrait accepter cette succession. Au conseil de famille appartient seul de résoudre la question de savoir si la succession doit être acceptée ou répudiée (Demolombe t. 6 n° 494, C. Caen 27 mai 1836, *Idem* n° 495).

2. INDUSTRIE PRIVÉE DE L'ENFANT — L'usufruit ne s'étend pas aux gains que l'enfant a pu faire dans un commerce ou dans une industrie séparés. De ce mot *séparés*, il faut nécessairement conclure que ce que l'enfant gagne dans la maison ou dans l'établissement industriel du père est soumis à l'usufruit légal. Remarquez néanmoins qu'il n'est pas nécessaire, quoique les biens de l'enfant soient exclus de l'usufruit légal, qu'il demeure hors de chez son père ; il suffit que son industrie ou son travail soient distincts du travail ou de l'industrie du père (Proudhon t. 1er n° 149, Demolombe t. 6 nos 499 et 500).

La découverte fortuite d'un trésor ne pourrait être considérée comme le produit de l'industrie privée de l'enfant ; le trésor trouvé serait soumis à l'usufruit légal, bien que la découverte en eût été faite dans un bien de l'enfant non soumis à l'usufruit paternel (Duranton t. 5 n° 573, Vazeille t. 2 n° 445, Chardon n° 123, Demolombe t. 6 n° 503 et suiv.).

3. CONDITION DE NON USUFRUIT. — Dans tous les cas, l'usufruit légal ne s'étend pas aux biens donnés ou légués aux enfants, sous la condition expresse que les père et mère n'en jouiront pas.

Et il faut remarquer que la formule de cette condition ne comporte pas de termes sacramentels, il suffit qu'elle soit clairement exprimée (Vazeille t. 2 n° 448, Marcadé *sur l'art.* 387, Demolombe t. 5 n° 508 et suiv.).

**16068. Fin de l'usufruit.** — Aux termes de l'art. 386, l'usufruit légal n'a pas lieu au profit de celui des père et mère contre lequel le divorce aurait été prononcé ; et il cesse à l'égard de la mère, dans le cas d'un second mariage.

1. SÉPARATION DE CORPS. — En présence de l'abolition du divorce par la loi du 8 mai 1816, on s'est demandé si la séparation de corps ne devait pas être une cause de cessation d'usufruit ; mais la négative a été généralement adoptée, car la séparation de corps n'est pas une cause de dissolution du mariage (Demolombe t. 6 n° 559).

2. ÉMANCIPATION DE L'ENFANT. — L'émancipation de

l'enfant, qui peut avoir lieu dès que l'enfant a quinze ans révolus, fait cesser l'usufruit légal (384 C. C.).

3. ACCOMPLISSEMENT DE LA DIX-HUITIÈME ANNÉE. — L'usufruit finit encore de plein droit lorsque l'enfant a accompli sa dix-huitième année (384 C. C.). Après cet âge, le père ou la mère continue d'administrer les biens de l'enfant jusqu'à sa majorité, s'il n'est pas émancipé; mais les revenus que ces biens produisent lui appartiennent et doivent être capitalisés à son profit.

4. SECOND MARIAGE DE LA MÈRE. — Il y a encore cessation d'usufruit, aux termes de l'art. 386, quand la mère contracte un second mariage, lors même que ce second mariage serait ensuite dissous par le décès du nouveau mari (Proudhon t. 1er n° 144, Duranton t. 3 n° 386, Marcadé *sur l'art.* 386, Demolombe t. 6 n° 562).

5. RENONCIATION. — La renonciation du père ou de la mère à l'usufruit y met naturellement fin, car le père et la mère peuvent renoncer à l'usufruit légal, parce que chacun peut renoncer à un droit établi en sa faveur; mais ils ne pourraient y renoncer par anticipation, c'est-à-dire avant qu'il fût ouvert, car l'usufruit ayant été établi par des motifs d'intérêt général, on ne doit pas permettre aux époux de se faire d'avance un parti pris de déjouer la prévoyance de la loi. Il en est de cette défense comme de celle de renoncer à une succession future, sur laquelle on ne peut faire aucun pacte par anticipation (Toullier t. 12 n° 15, Rodière et Pont *du Contr. de mar.* t. 1er nos 61, 63, Marcadé *sur l'art.* 1389 n° 6, Demolombe t. 6 n° 491).

Dans tous les cas, la renonciation par le mari ne peut préjudicier aux droits de la femme, qui conserve la faculté de reprendre l'usufruit légal au moment où il aurait naturellement passé sur sa tête, en supposant que le mari n'eût pas renoncé (Marcadé *loc. cit.*, Demolombe t. 6 n° 595).

Quoi qu'il en soit, les créanciers du renonçant pourraient faire révoquer la renonciation, si elle préjudiciait à leurs droits (Merlin *Quest.* v° *Usufr.* § 1er, Magnin *Minorité* t. 1er n° 282, Marcadé *sur l'art.* 386, Demolombe t. 6 n° 593; — C. Amiens 20 avr. 1817; — Cass. 11 mai 1819; — *Contrà* Toullier t. 6 n° 368, Duranton t. 3 n° 394, Proudhon t. 4. — V. 2399).

6. DÉFAUT D'INVENTAIRE. — Quand il y a communauté de biens entre le père, et que l'époux survivant n'a pas fait dresser inventaire des biens de la communauté, l'usufruit légal cesse par application de l'art. 1442 C. C., qui s'explique formellement à ce sujet.

7. INDIGNITÉ. — Quand le père et la mère sont exclus d'un héritage comme indignes, et que les enfants viennent à la succession de leur chef, il y a perte de l'usufruit légal pour l'indigne, aux termes de l'art. 730 C. C.; mais les auteurs font remarquer à ce sujet que les effets de l'indignité étant personnels à l'époux indigne, la mère doit exercer son usufruit légal, *après le décès du père* (384 C. C.), lorsque le père a été déclaré indigne, et réciproquement l'indignité de la mère ne peut priver le père de son usufruit (Proudhon t. 1er n° 152, Duranton t. 3 n° 377, Demolombe t. 6 n° 519).

8. INEXÉCUTION DES OBLIGATIONS. — Il y a encore privation d'usufruit lorsque celui qui en est investi ne remplit pas les obligations que cette investiture lui imposait (C. Limoges 23 janv. 1824; — et Paris 14 fév. 1832, S. 32-2-332).

9. FIN DE L'USUFRUIT ORDINAIRE. — Enfin, toutes les fois que les causes d'extinction de l'usufruit ordinaire prévues par les art. 617 et 618 C. C. sont compatibles avec la nature et la durée de l'usufruit légal, il y a extinction de ce dernier usufruit (Demolombe t. 6 n° 581 et suiv., Marcadé *sur l'art.* 386).

# IIe PARTIE. — APPLICATION DES DROITS D'ENREGISTREMENT

[16069-16960]

## TITRE PREMIER. — TARIF

[16069-16100]

**16069. Aperçu historique.** — DROIT ORIGINAIRE DE L'ÉTAT SUR TOUTE PROPRIÉTÉ. — On avait voulu rattacher l'origine du droit de succession à cette idée que l'État est le propriétaire primitif de toutes les terres et que la propriété privée n'est qu'une concession. Ou plutôt, disait-on, il n'y a pas de propriété privée, mais seulement un droit de possession dont la transmission est subordonnée au prélèvement de l'impôt de mutation qui a été la condition de la première investiture, et que l'État veut bien substituer à la reprise de l'héritage lui-même.

C'était là la plus simple expression d'une théorie que nous avons combattue dans l'art. 348 du R.P., et dont la Cour de cassation a fait une éclatante justice, par un arrêt du 25 juin 1857 (857 R. P.). On peut consulter à cet égard le rapport de M. le conseiller Laborie, que nous avons reproduit dans l'art. 856 du R.P.

C'est dans cet ordre d'idées que l'on assimilait le droit de mutation par décès à l'impôt établi, sous le règne d'Auguste, sous le nom de *Vicesima hæreditatum*, c'est-à-dire au vingtième de l'héritage, dont le prélèvement s'exerçait sur les successions collatérales au profit des soldats invalides. Mais loin que ce vingtième eût quelque point d'analogie avec notre système actuel, il n'était qu'une sorte de confiscation qui répondait alors à des vues purement politiques.

2. DROIT DE RELIEF. — On a encore cherché la source du droit de mutation par décès dans le droit de *relief* que le vassal payait autrefois au seigneur. Mais nous avons démontré, dans l'art. 348 du R. P., que si le droit de mutation a remplacé le droit de relief, il ne faut pas conclure que l'un et l'autre procèdent du même principe.

« Le droit de relief ou de rachat était, comme le dit

Pothier (*Traité des fiefs* part. 2e ch. 1er), un droit féodal qui consistait dans le droit qu'avait le seigneur d'avoir une année du revenu du fief relevant de lui, toutes les fois qu'ils changeait de main. « L'origine de ce droit vient de ce que les fiefs n'étaient anciennement qu'à vie. Lorsque, par la suite, ils sont devenus disponibles et héréditaires, ç'a été à la charge d'un droit pécuniaire au profit du seigneur, droit qu'on appelle *rachat*, parce que, par ce droit, le successeur rachète en quelque façon le droit de réversion, qui originairement appartenait au seigneur lorsque le vassal mourait ou abdiquait la propriété de son fief. « Ce droit était appelé aussi *relief*, dit Merlin (*Rép.* vo *Relief*), parce que son objet était de relever le fief tombé, par une sorte de commise, dans le fisc du seigneur [1]. »

Ce droit, arbitraire dans sa quotité avant la révolution féodale qui rendit les fiefs héréditaires, avait été ensuite réglé par les usages et par les coutumes. Il dérivait, on doit le reconnaître, du droit de propriété originaire du seigneur suzerain ; il était la conséquence de son domaine direct et éminent. Mais, dans la France féodale, la propriété n'était pas ainsi partout et toujours soumise à une hiérarchie politique qui avait pour couronnement le droit primordial du suzerain.

Cela n'existait pas, en premier lieu, pour la propriété mobilière, qui, d'une faible importance, à la vérité, en ces temps-là, constituait toujours une propriété parfaite pour ses légitimes possesseurs, au moins pour ceux qui n'étaient pas en état de servage.

Cela n'était pas même général pour la propriété immobilière. Si, dans les provinces où avait prévalu la maxime « nulle terre sans seigneur, » toute terre était censée provenir d'une concession seigneuriale et ne passait de mains en mains que sous la réserve du domaine direct du seigneur, cette présomption s'évanouissait devant un titre contraire, et le droit de propriété conservait son caractère d'indépendance, sa plénitude, dans la propriété *alodiale*. Dans d'autres provinces, dans les provinces de droit écrit notamment, qui avaient moins subi l'effort de l'invasion et la domination de la conquête, la terre ne reconnaissait point de seigneur sans titre, et le propriétaire, quand on ne pouvait lui opposer un titre formel d'inféodation, ne reconnut jamais à personne aucun domaine direct, aucun droit éminent sur elle.

A la vérité, les légistes, pour miner dans sa base la féodalité et la désarmer de sa maxime « nulle terre sans seigneur, » avaient établi que le roi était le souverain fieffeux de son royaume.

Au commencement du dix-septième siècle, l'auteur d'un écrit intitulé : *Contre le franc-aleu sans titre, prétendu par quelques provinces au préjudice du roy*, disait : « Tous héritages non relevants d'autres seigneurs sont censez relever du roy... en pays coustumier ou de droit escrit..., si les possesseurs ne font apparoir de liberté ou affranchissement par titres de l'investiture... Cette règle, ajoutait-il, n'est point nouvelle, mais ancienne et générale par tout le royaume, non jamais controversée au pays coustumier » (A. Galland).

Cette prétention tentait, dès la même époque, de s'introduire dans la loi. L'ordonnance de janvier 1629, connue sous le nom de *Code Michaud* ou *Code Marillac*, portait en son art. 383 : « Tous héritages relevants de nous en pays coustumiers ou de droit écrit sont tenus et sujets aux droits de lods, ventes, quints et autres droits ordinaires, selon à condition des héritages et coutume des lieux : et sont tous, les héritages ne relevant d'aucuns seigneurs, censez relevez de nous, sinon, pour tous ce que dessus, que les possesseurs des héritages fassent apparoir de bons titres qui les en déchargent. »

Le but se trouvait ainsi dépassé, et, comme il y a en tout temps des esprits excessifs que le zèle ou la passion entraîne, selon l'intérêt ou le courant du jour, à exagérer sans mesure et sans raison tantôt le principe d'autorité, tantôt le principe de liberté, les domanistes et les courtisans allèrent plus loin encore, en attribuant au roi, avec l autorité de souveraineté, de juridiction et de police qui lui appartenait, un droit souverain de propriété sur toutes choses.

Mais ni ces prétentions ni ces tentatives n'avaient pu triompher de l'énergique réprobation des jurisconsultes et de la résistance des parlements. On peut consulter à ce sujet Loyseau (*des Seigneuries* ch. 5. no 42) et d'autres docteurs éminents, qui ont toujours renfermé l'autorité royale dans l'exercice de la puissance publique, en lui déniant le pouvoir d'entreprendre sur la seigneurie privée des biens des particuliers.

On n'admettait pas que le pouvoir royal pût sortir des limites ainsi marquées au droit de suzeraineté, même dans les contrées où le régime féodal avait retenu avec plus d'énergie et de persistance ce que l'on appelait le domaine éminent ou le domaine direct. Ce domaine éminent, en effet, qui supposait une première concession seigneuriale et une investiture féodale, avait perdu de sa puissance à mesure que l'on s'éloignait du berceau de la féodalité ; la révolution féodale et l'équité d'une longue possession en avaient presque effacé les caractères essentiels ; il n'autorisait plus, depuis des siècles, le suzerain à exiger d'autres droits que ceux fondés en titre ou reconnus par la *Coutume ;* il ne lui conférait pas un droit de disposition sur les fonds inféodés, et les feudataires conservaient, en droit comme en fait, les principaux avantages de la propriété, le domaine utile.

Quant aux propriétés alodiales, c'était mieux encore. Les jurisconsultes les plus respectés (Cujas, Dumoulin, d'Argentré, Duareu, Denis, Godefroy, Coquille, etc.) reconnaissaient aux propriétaires d'*aleux* un droit de domaine absolu sur leurs terres. Le droit de relief ou de rachat n'existait pas pour des biens ainsi affranchis de toute sujétion féodale.

Essentiellement féodal, il ne s'appliquait qu'aux biens dont le domaine direct était demeuré distinct du domaine utile ; et, même en ce cas, il n'impliquait plus, comme à son origine, pour le seigneur qui avait le domaine direct, le droit de gêner en quoi que ce soit, dans son exercice ou dans sa transmission, le domaine utile. Comme il représentait le domaine direct, c'est-à-dire un droit éminent de propriété, il constituait, par son principe comme par son objet, un droit réel.

Ce ne peut donc être là la source véritable de notre impôt de mutation, qui, par son principe comme par son objet,

1. Ce droit existe encore dans certaines parties de l'Europe. En Hollande, par exemple, le *beklem-regt* est le droit d'occuper un bien moyennant le payement d'une rente annuelle, que le propriétaire ne peut jamais augmenter. Ce droit passe aux héritiers, mais chaque fois que le bien change de mains par héritage ou vente, il faut payer au propriétaire la valeur d'une année de fermage.

constitue un droit personnel ; il faut la chercher plutôt dans le centième denier, avec lequel il a plus d'affinité et plus de ressemblance.

3. CENTIÈME DENIER. — **Le centième denier** n'avait rien de féodal, et, à l'exception des successions directes, il frappait sans distinction toute mutation de propriété ou d'usufruit d'immeubles, de rentes foncières et tout autre droit réel et immobilier. Ce droit domanial était le salaire de l'insinuation des actes translatifs de propriété, comme le droit de mutation est aujourd'hui le prix de l'enregistrement des mêmes actes. Il avait été établi par l'édit de décembre 1703. « Un des principaux objets du législateur, dit le *Répertoire* de Merlin (*eod. v°.*), avait été faire de la formalité de l'insinuation un moyen suffisant pour procurer une reconnaissance exacte des mutations qui devaient produire des droits seigneuriaux, afin que le roi et les seigneurs ne pussent être privés de leurs droits comme ils l'avaient été précédemment par les soins que prenaient les possesseurs de cacher leurs acquisitions. » S'il n'avait point eu d'autre objet, il n'eut été qu'un auxiliaire des droits féodaux soit de lods et ventes, soit de relief. Mais il fut généralisé de manière à perdre ce caractère, par la déclaration du 20 mars 1708 art. 6, et devint applicable, « encore qu'aucun desdits biens ne fût pas sujet à des lods et ventes et autres droits seigneuriaux. » A la différence de ces divers droits seigneuriaux, le centième denier constituait un droit personnel.

Qu'importe, au reste, la source du droit de mutation, et que peut-on induire des données historiques pour en déterminer ou le caractère ou les effets ? Pour que les données historiques fournissent des arguments de quelque valeur, il faudrait qu'il n'y eût pas une imcompatibilité absolue entre l'esprit des institutions que l'on prétend expliquer l'une par l'autre. De ce que le droit de mutation procéderait de la féodalité et aurait remplacé le droit de relief, il ne faudrait pas en conclure que l'un et l'autre sont la conséquence du même principe.

On sait combien, avant 1789, le système fiscal était compliqué et vexatoire. « Les prétendues lois sur cette matière, disait M. de Malesherbes, dans ses remontrances au roi, au nom de la Cour des aides, en 1775, sont si obscures et si incomplètes que celui qui paye ne peut jamais savoir ce qu'il doit ; que souvent le préposé ne le sait pas mieux, et qu'on se permet des interprétations plus ou moins rigoureuses, suivant que le préposé est plus ou moins avide. »

4. SYSTÈME INTERMÉDIAIRE. — Ce fut pour anéantir la jurisprudence née de ce désordre que l'Assemblée constituante voulant, dans son travail de réorganisation sociale, ramener la législation à un système uniforme et substituer à des lois éparses un plan méthodique et simple, abolit, par la loi du 5 décembre 1790 (art. 1^er), les droits de contrôle, insinuation, *centième denier* et cette multitude d'autres droits qui faisaient du système fiscal une source intarissable d'abus, et, au moyen d'une transformation qui les rendait compatibles avec le régime nouveau, les refondit en un seul droit, qu'elle établit sous le titre général de *droit d'enregistrement des actes civils et judiciaires et des titres de propriété.*

Au surplus, la loi du 5 décembre 1790 suivit à peu près les errements du passé, en ce qui concerne les successions. La seule réforme importante qu'elle y apporta, ce fut d'imposer les successions en ligne directe. Quelques modifications de tarifs et quelques autres changements furent successivement introduits par des lois postérieures ; — puis arriva la loi du 22 frimaire an 7, qui, réformant définitivement le système des successions, créa de nouvelles bases de perception. C'est de cette loi dont nous allons principalement nous occuper dorénavant ; mais avant nous croyons devoir donner le tableau des tarifs qui l'avaient précédée. Ce document nous paraît le complément obligé de l'exposé que nous venons de faire.

TABLEAU DES TARIFS ANTÉRIEURS A LA LOI DU 22 FRIMAIRE AN 7.

| | | | 1703 à 1789 | 1790 | PLUVIOSE AN 4 | THERMID. AN 4 | AN 6 |
|---|---|---|---|---|---|---|---|
| | | | liv. s. | liv. s. | liv. s. | liv. s. | liv. s. |
| Ligne directe. . . | | Immeubles. | » » | » 5 | » 10 | » 10 | » 50 |
| | | Meubles . . | » » | » 5 | » 5 | » 5 | » 50 |
| Époux. . . . . . | | Immeubles. | 1 10 | 1 » | 1 » | 1 » | 1 » |
| | | Meubles . . | » » | 1 » | 1 » | 1 » | » 50 |
| Ligne collatérale. | Frères et sœurs, oncles, tantes, neveux et nièces . . | Immeubles. | 1 10 | 2 » | 4 » | 2 » | 3 » |
| | | Meubles . . | » » | 1 10 | 1 10 | 1 10 | 1 50 |
| | Autres parents, y compris les cousins issus de germains. | Immeubles. | 1 10 | 3 » | 6 » | 4 » | 5 » |
| | | Meubles . . | » » | 1 10 | 1 10 | 1 10 | 1 50 |
| | Collatéraux des degrés plus éloignés. | Immeubles. | 1 10 | 4 » | 10 » | 5 » | 5 » |
| | | Meubles . . | » » | 1 10 | 1 10 | 1 10 | 1 50 |
| Parents non successibles et personnes non parentes. . . . . | | Immeubles. | 1 10 | 4 » | 10 » | 5 » | 5 » |
| | | Meubles . . | » » | 1 10 | 1 10 | 1 10 | 1 50 |

**16070. Ligne directe.** — 1. MEUBLES. — Le droit des biens meubles transmis en ligne directe avait été fixé par l'art. 69 § 1^er n° 3 L. 22 frimaire an 7 à 25 centimes pour 100.

Ce droit, ayant été élevé au même taux que les immeubles par l'art. 10 L. 18 mai 1850, est donc aujourd'hui le même que celui ci-après.

2. IMMEUBLES. — L'art. 69 § 3 n° 4 L. 22 frimaire an 7 a tarifé à 1 pour 100 les mutations de biens immeubles en ligne directe. Ce tarif, n'ayant été modifié par aucune loi postérieure, se trouve encore en vigueur aujourd'hui.

**16071. Entre époux.** — 1. MEUBLES. — Le droit de mutation par décès avait été fixé, entre époux, à 62 centimes et demi pour 100 par l'art. 69 § 4 no 2 L. 22 frimaire an 7, puis élevé à 1 fr. 50 cent. pour 100 par l'art. 53 L. 28 avril 1816. Il est maintenant fixé au même taux que pour les immeubles d'après la disposition générale de l'art. 10 L. 18 mai 1850.

2. IMMEUBLES. — Fixé à 1 fr. 50 cent. pour 100, par l'art. 69 § 6 no 3 L. 22 frimaire an 7, le droit de mutation des biens immeubles est maintenant de 3 pour 100, d'après l'art. 53 L. 28 avril 1816, qui est resté la dernière dispotion en vigueur.

**16072. Entre frères, sœurs, oncles, tantes, neveux et nièces.** — 1. MEUBLES. — Tarifés à 1 fr. 25 cent. pour 100, par l'art. 69 § 4 no 2 L. 22 frimaire an 7, les mutations de biens meubles entre cette catégorie de collatéraux ont été successivement élevées à 2 fr. 50 cent. par l'art. 53 L. 28 avril 1816, puis à 3 pour 100 par l'art. 33 L. 21 avril 1832. — Elles sont aujourd'hui au même taux que les immeubles, d'après la disposition générale de l'art. 10 L. 18 mai 1830.

2. IMMEUBLES. — Quant aux immeubles, d'abord tarifées à 5 pour 100 par l'art. 69 § 8 no 2 L. 22 frimaire an 7, les mutations doivent maintenant un droit de 6 fr. 50 cent. pour 100, d'après l'art. 33 L. 21 avril 1832, qui forme le dernier état de la législation sur ce point.

**16073. Grands-oncles et grand'tantes. — Petits-neveux et petites-nièces. — Cousins germains.** — 1. MEUBLES. — Les lois des 22 frimaire an 7 et 28 avril 1816, avaient assujetti cette espèce de mutation au même droit que pour la catégorie de collatéraux qui a fait l'objet du numéro précédent ; mais la loi du 21 avril 1832 (art. 33) avait porté ce droit à 4 pour 100.—Il est aujourd'hui le même que pour les immeubles d'après la disposition générale de l'art. 10 L. 18 mai 1850.

2. IMMEUBLES. — Quant aux immeubles, assujettis au même droit qu'au no 16072-2 par l'art. 69 § 8 no 2 L. 22 frimaire an 7, leur tarif est maintenant de 7 pour 100, d'après l'art. 33 L. 21 avril 1832 qui est toujours en vigueur.

**16074. Parents du cinquième au douzième degré.** — 1. MEUBLES. — Tarifées comme au no 16072-2 par les lois de l'an 7 et du 28 avril 1816, puis élevées à 5 pour 100 par l'art. 33 L. 21 avril 1832, les mutations mobilières de cette catégorie sont aujourd'hui assujetties aux mêmes droits que les immeubles par la disposition générale de la loi du 18 mai 1850.

2. IMMEUBLES. — Il en était des mutations immobilières comme des mutations mobilières : elles avaient été assujetties au même tarif au no 16072, par les lois des 22 frimaire an 7 et 28 avril 1816.

Elles sont aujourd'hui tarifées au droit de 8 pour 100 d'après la loi du 21 avril 1832, art. 33.

**16075. Étrangers.** — 1. MEUBLES. — La loi du 2: frimaire an 7 n'avait qu'un même tarif pour toute la lign collatérale et les étrangers ; la loi du 28 avril 1816 vint brise cette uniformité, en tarifant à 3 fr. 50 cent. pour 100 les muta tions mobilières, que l'art. 33 de la loi du 21 avril 1832 élev à 6 pour 100. Le tarif est maintenant le même que pour le immeubles, d'après la loi du 18 mai 1850, art. 10.

1. IMMEUBLES. — Il en était pour les immeubles d même que pour les meubles, sous l'empire de la loi du 22 fri maire an 7. L'art. 13 L. 28 avril 1816, fit une distinctio en assujettissant à 7 pour 100 les mutations immobilière entre personnes non parentes, et l'art. 33 L. 21 avril 183 les a portées à 9 pour 100, qui est le tarif aujourd'hui e vigueur.

**16076. Tableau des tarifs en vigueur.** — Après avoir fait connaître en détail sous les numéros précé dents, les phases diverses par lesquelles ont passé les tarif des droits de mutation par décès, sous l'empire des lois qu régissent actuellement la perception, nous croyons devoir le réunir en un tableau synoptique pour la commodité de recherches.

| DEGRÉS DE PARENTÉ | | MEUBLES ET IMMEUBLES | LOIS |
|---|---|---|---|
| Ligne directe | | 1 » | L. 22 frim. an 7, art. 69 § 3 no 4 ; — 18 mai 1850, art. 10. |
| Époux | | 3 » | L. 28 avr. 1816, art. 53 ; — 18 mai 1850, art. 10. |
| Ligne collatérale. | Frères et sœurs, oncles et tantes, neveux et nièces | 6,50 | L. 21 avr. 1832, art. 33 ; — 18 mai 1850, art. 10. |
| | Grands-oncles et grand'-tantes, petits-neveux et petites-nièces, cousins germains | 7 » | Id. |
| | Parents au delà du 4e degré jusqu'au 12e | 8 » | Id. |
| Personnes non parentes | | 9 » | Id. |

Ces tarifs, quoique déjà fort élevés, ont été sur le point d subir une augmentation notable, peu après la révolutio de Février. L'idée de cette augmentation, qui prenait s source dans les besoins du Trésor, se rattache à celle d'u impôt progressif sur les successions qui fut également propos à la même époque. Cependant cette augmentation, qui ava fait l'objet d'un rapport de M. de Parieu, ne fut pas mise e discussion et on lui substitua définitivement l'art. 10 L. 18 m 1850, qui, comme on l'a vu dans les précédents numéros, mis toutes les valeurs mobilières transmises par décès sur l même pied que les immeubles.

Le projet de surtaxer les successions a été plusieurs fo

reproduit pendant ces dernières années, mais toujours sans succès.

**16077. Usufruit.** — Les tarifs que nous venons de faire connaître s'appliquent non-seulement à la propriété, mais encore à l'usufruit des biens transmis par décès, et il y aurait erreur à dire, comme cela arrive quelquefois, que l'usufruit est tarifé à la moitié des droits dus pour la propriété entière. Ce n'est pas le tarif qui est réduit de moitié lorsque les biens sont transmis en usufruit, c'est l'objet transmis qui se trouve représenté, dans le système de la loi, par la moitié de la valeur de la propriété ; d'où la conséquence que la mutation par décès d'usufruit ne produit, en définitive, que la moitié du droit auquel se trouve assujettie la mutation de la propriété.

**16079. De la loi qui doit régir le tarif.** — Est-ce la loi en vigueur au moment où s'ouvre la succession qui doit servir de règle pour l'application du tarif, ou la loi sous l'empire de laquelle a lieu le payement ? Cette question ne paraît pas de nature à faire naître la moindre difficulté. Dès l'instant, en effet, que le droit est acquis au Trésor par l'ouverture de la succession, il semble naturel de conclure que c'est le droit en vigueur au moment de cette ouverture qui doit être appliqué. Cependant, la controverse s'étant engagée dans une espèce où un testateur, qui était décédé sous l'empire de la loi du 16 juin 1824, avait légué à un hospice des biens que cet hospice n'avait été autorisé à accepter que par une ordonnance rendue sous l'empire de la loi du 18 avril 1831, la Cour de cassation a dû intervenir pour décider, par un arrêt du 31 mai 1836 (11538 J. E, S. 36-1-464), « que les lois de finances n'ont d'application rétroactive qu'autant qu'une disposition expresse l'a ordonné ; que la succession dans laquelle l'hospice de Baume-les-Dames a recueilli un legs s'est ouverte sous l'empire de la loi du 16 juin 1824 ; que, par conséquent, les droits de mutation dus à cette occasion ont dû être perçus conformément à cette loi, et non d'après les dispositions de celle du 18 avril 1831, en vigueur lorsque les droits ont été payés, mais qui ne pouvait rétroagir au moment de l'ouverture de la succession, à moins d'une disposition expresse. »

On a vu, au n° 7807, que le droit exigible sur une donation faite à un établissement est celui de la loi en vigueur au moment de l'acceptation de cette donation. Cela se comprend ; le contrat de donation ne se forme, en effet, que par le consentement de toutes les parties contractantes. Mais ce principe n'est pas susceptible d'application en matière de succession, puisque l'acceptation ne constitue pas ici une acquisition, mais seulement la mise en exercice d'un droit de propriété qui s'est ouvert par le décès de l'auteur. Aussi l'art. 777 C. C. porte-t-il que l'effet de l'acceptation remonte au jour de l'ouverture de la succession.

**16080. Condition suspensive.** — Le principe précédent s'applique à tous les cas où l'effet de la mutation par décès est subordonné à une condition suspensive postérieure.

C'est le décès du testateur qui donne naissance au droit de transmission ; mais quand le legs est soumis à une éventualité, son payement est seulement retardé jusqu'à l'arri[vée de] l'événement prévu. Lorsque la condition se réalise, selon l'art. 1181 C.C., un effet rétroactif qui fait considé[rer la] mutation comme s'étant opérée au décès du disposan[t,] dès l'instant que le droit était acquis au Trésor par l'[ouver]ture de la succession, il est naturel de conclure que c['est le] tarif en vigueur au moment de cette ouverture qui do[it être] appliqué.

La jurisprudence est aujourd'hui fixée en ce sens. Un [juge]ment du tribunal de la Seine avait décidé, le 6 juin [...] (14385 J. N.), que les droits d'un légataire sous con[dition] naissant au moment du décès et la condition ultérieur[ement] accomplie rétroagissant à la même époque, il fallait per[cevoir] l'impôt selon le tarif alors en vigueur.

Après avoir acquiescé à ce jugement, l'Administra[tion a] soumis la difficulté à son conseil pour le contentieux [qui a] émis un avis conforme, le 3 décembre 1851 ; et, dan[s une] Dél. 20 décembre 1851, elle a reconnu en thèse général[e que,] pour les legs soumis à une condition suspensive, le dr[oit] exigible lors de la réalisation de cette condition au[...] établi par la loi en vigueur au jour du décès du tes[tateur] (15739 J.N., D.N. t. 12 p. 301 n° 605).

**16081. Usufruit successif.** — On avait d'abord à appliquer cette doctrine aux usufruits succ[essifs.] Nul doute qu'il soit dû un second droit au décès du pr[emier] usufruitier (Seine 2 fév. 1842, 14351 J. N. ; — 6 fév. 1[...] 15 fév. 1856, 16227 J. E., 15739 J. N., Sol. 31 août 1[...] 18 janv. 1864, 1957 § 3 R. P. ; — Lyon 26 janv. 1867, [...] R. P. ; — Cass. 23 mars 1869, 2923 R. P., 2389-3 [...] S. 69-1-321, D. 69-1-508 ; — 4 janv. 1871, 3219 R. P., [...] I. G., B. C. 1er, S. 71-1-82, D. 71-1-313. — V. 12960 ; — [...]leville 30 juin 1871, 2940 Rev. ; — Seine 25 juill. 1874, 3995 [...]

Mais quel tarif faut-il appliquer à cette seconde tra[n]sion ?

Une Dél. 19 février 1851 (14351 J. N., 15131 J. E.), r[...] contrairement à un jugement du tribunal de la Sei[ne du] 2 février 1842 (14351 J. N.), reconnut que lorsque le [legs] d'un usufruit ou d'une rente viagère a été fait à plu[sieurs] personnes, pour en jouir successivement, le droit de mu[tation] par décès exigible au décès du premier légataire, doi[t être] perçu d'après les quotités fixées par la loi *en vigu[eur à]* l'époque *de ce décès,* puisque le droit éventuel qui e[xistait] au profit du second légataire à partir du jour du déc[ès du] testateur, n'est devenu positif qu'au décès du premier [léga]taire.

Mais cette interprétation ne pouvait prévaloir, car le [terme] apposé à la réalisation de la seconde mutation n'est q[u'une] condition suspensive ordinaire, tombant à ce titre sous [l'em]pire des principes consacrés par la Dél. 20 décembre [1851] rappelée au paragraphe précédent.

Aussi la question, déférée plusieurs fois de suite au tri[bunal] de la Seine, y a-t-elle été constamment résolue dans le [même] sens. Des jugements en date des 6 février 1855 et 15 f[évrier] 1856 (16227 J. E., 15739 J. N.) ont décidé que bien [que l']usufruit ne doive commencer qu'à la mort d'un premier [usu]fruitier, comme c'est la loi en vigueur au moment o[ù s'est] ouverte la succession qui doit régir la mutation des bien[s qui] s'opère par suite du décès du défunt, c'est elle seule q[ui] applicable au second usufruit, alors cependant qu'il ne puisse prendre naissance qu'au décès du premier usufruitier institué. La raison en est que, dans l'un comme dans l'autre cas, la mutation s'opère du défunt à l'usufruitier.

Ces jugements ont été pris pour règle dans des solutions rendues les 31 août 1863 et 18 janvier 1864 (1957 § 3 R. P.). Depuis lors, la question a été jugée dans le même sens par le tribunal de Lyon, le 26 janvier 1867 (2658 R. P.).

On conçoit qu'il n'en est plus de même à l'égard d'un usufruit possédé à titre onéreux par le défunt et transmissible à ses héritiers jusqu'au terme fixé pour l'extinction de la jouissance. Dans ce cas, le droit d'usufruit forme une valeur ordinaire de la succession de tous ceux qui y sont appelés, et ils le recueillent au même titre que tout autre immeuble. Dès lors, l'influence de la condition suspensive disparaît et il faut appliquer à chaque mutation le tarif du jour où elle s'est réalisée.

1. RENTE. — D'après les mêmes principes, lorsqu'une rente viagère est réversible au décès du premier créancier sur la tête d'un tiers, le droit exigible lorsque la réversion s'opère doit être calculé selon le tarif en vigueur lors du décès du testateur, en sorte que si, à cette époque, il n'était dû qu'un seul décime, on ne peut en exiger deux.

2. CESSION PAR LES PREMIERS USUFRUITIERS. — Quoique les premiers usufruitiers ou les premiers crédi-rentiers aient cédé leur droit, à titre gratuit ou à titre onéreux, aux seconds légataires, cette circonstance n'arrête pas l'exigibilité du droit de succession lorsque la condition prévue se réalise par le prédécès des donateurs ou du cédant; et il n'y a pas lieu d'imputer le droit de donation ou de cession alors perçu sur l'impôt auquel ce décès donne ouverture. L'objet des deux transmissions est tout à fait différent (Lyon 26 janv. 1867, 2658 R. P.; — Bruxelles 1er mars 1873, 12059 J. E. belge). — Décidé, de même, que le droit est dû, bien que le second légataire ait cédé son droit éventuel au nu-propriétaire (Nogent-le-Rotrou, 23 déc. 1876, 4740 R. P.).

V. 6716-1 et 16670.

**16082. Absent.** — Le 28 mars 1853, les héritiers du sieur Jacques, absent, qui avaient obtenu l'envoi en possession provisoire de ses biens, par jugement du 29 septembre 1852, ont passé, conformément à l'art. 40 L. 28 avril 1816, la déclaration des biens qu'ils détenaient et parmi lesquels se trouvaient des rentes sur l'État et des créances grevées d'usufruit. Ils ont acquitté en même temps les droits à 6 fr. 50 cent. et à 7 pour 100, exigibles d'après la loi du 18 mai 1850. Mais, dans un exploit du 13 mars 1855, qu'ils ont fait signifier à l'Administration, les mêmes héritiers ont soutenu que la perception aurait dû être faite au taux fixé par la loi en vigueur au jour de la disparition du sieur Jacques; qu'ainsi, il y avait lieu de leur restituer les droits qu'ils avaient payés en sus de ceux déterminés par cette loi.

Cette demande n'a pas été accueillie : « Attendu, en droit, porte un arrêt de Cass. du 8 décembre 1856 (2096 § 5 I. G., 840 R. P., S. 57-1-299), que, suivant la loi du 28 avril 1816, c'est le jugement d'envoi en possession des biens de l'absent qui est considéré comme le point de départ de l'ouverture des droits de mutation à payer; d'où il suit que c'est le tarif en vigueur à la date de ce jugement qui doit régler le payement des droits. »

Ainsi, c'est sous l'empire de la loi en vigueur au moment de l'envoi en possession provisoire que les héritiers d'un absent doivent payer les droits de mutation par décès. L'arrêt ci-dessus de la Cour de cassation a une importance très-grande, non-seulement en ce qu'il offre le premier monument de jurisprudence qui, depuis la loi de 1816, ait fixé la date qu'il faut prendre en considération *pour appliquer* le tarif aux droits auxquels donne ouverture la succession de l'absent, mais encore en ce qu'il fait prévaloir, sur les principes du droit civil, pour la détermination de ce tarif, une disposition de la loi spéciale qui, il faut le reconnaître, n'est nullement explicite sur ce point.

En effet, il est un principe qui, vivement controversé sous l'ancienne législation, est devenu incontestable aujourd'hui : c'est que l'incertitude de la vie de l'absent, une fois qu'elle prend naissance, remonte au jour même de sa disparition ou de ses dernières nouvelles, et date toujours de cette époque; si bien que lorsqu'il y a lieu de présumer le décès, c'est à cette même époque qu'il faut, dans tous les cas, se reporter (120 C. C.).

Les effets de la mort présumée de l'absent remontant au jour de sa disparition, ou de ses dernières nouvelles, il en résulterait incontestablement, si l'on prenait en considération les principes du droit civil, que ce serait le tarif en vigueur à cette époque qui devrait gouverner le payement des droits de mutation par décès.

Mais, ainsi que nous l'avons fait remarquer (V. *Absence*), ce sont les biens tels qu'ils existent au jour du jugement d'envoi en possession provisoire qui doivent être déclarés par les envoyés en possession, puisque c'est le jugement d'envoi en possession qui, d'après les prescriptions de la loi fiscale, est considéré comme le point de départ de l'ouverture des droits de mutation à payer. Si l'on veut être conséquent dans l'interprétation de cette règle exceptionnelle édictée par la loi de l'impôt, il faut donc conclure que c'est le tarif en vigueur à la date du jugement d'envoi en possession provisoire qui doit régler le payement des droits de mutation par décès.

**16083. Militaire.** — On a émis l'avis que quoique le délai légal pour déclarer la succession d'un militaire décédé sous les drapeaux ne courre que du jour de l'inscription du décès sur les registres de l'état civil du domicile, le droit n'en est pas moins acquis au Trésor par le fait de ce décès, tellement que cette dernière époque seule est à envisager pour l'application du tarif (16623 § 4 J. E.).

**16084. Valeur des biens.** — Mais ce n'est plus au jour du décès du testateur qu'il faut se reporter pour apprécier la valeur des biens faisant l'objet du legs conditionnel. Ainsi que l'a reconnu la jurisprudence, le second legs ne devant s'ouvrir qu'à une époque déterminée, celle, par exemple, du décès d'un premier usufruitier, est par cela même subordonné à une double condition : celle de l'existence du second usufruitier à cette époque, et celle de l'existence de la chose elle-même, telle qu'elle existe à cette époque, si elle existe accrue ou diminuée, qui lui a été transmise par le défunt. Il s'ensuit que c'est sa valeur au jour du décès du premier usufruitier qui doit servir de base à l'impôt. — Voyez, au surplus, 16670, où la question est spécialement traitée.

**16085. Communes et établissements publics.** — Sous l'empire de la loi du 16 juin 1824, les départements, arrondissements, communes, hospices, séminaires, fabriques, congrégations religieuses, et généralement tous les corps qui, ayant une constitution particulière, sont désignés sous la dénomination générique d'*établissements publics*, n'avaient à supporter qu'un droit de 1 franc fixe pour toutes les mutations par décès qui s'opéraient en leur faveur. La loi du 18 avril 1831 les a ramenés sous la règle commune.

**16086. Enfant naturel.** — L'enfant naturel, bien qu'il ne soit pas héritier, étant cependant réservataire sur la succession du père ou de la mère qui l'a reconnu, doit être considéré comme héritier en ligne directe, et c'est dès lors le tarif applicable à cette ligne qui doit être perçu sur la part de succession qui lui est dévolue. — V. *Enfant* n° 7659.

1. DÉFAUT DE SUCCESSIBLE. — Cependant, une exception se présente lorsque l'enfant naturel est appelé à recueillir la totalité de la succession à défaut de successible, il doit alors le droit au taux fixé pour les étrangers. C'est là un point que nous avons examiné sous les nos 7659 et suiv.

**16087. Conjoint recueillant, à défaut d'héritiers, au degré successible.** — Dans l'ordre d'idées qui a été suivi pour l'enfant naturel, lorsque l'époux survivant est appelé à la succession à défaut de parents au degré successible, il est, d'après l'art. 53 L. 28 avril 1816, considéré, quant à la quotité des droits, comme personne non parente.

1. ÉPOUX LÉGATAIRE OU DONATAIRE DE L'USUFRUIT. — On pourrait, à la rigueur, conclure de là, comme on l'a fait d'ailleurs pour l'enfant naturel, que l'époux, donataire de l'usufruit des biens de son conjoint, qui recueille la succession de ce conjoint à défaut de parents au degré successible doit être tenu, *quoique donataire*, d'acquitter les droits, au taux fixé pour les étrangers, sur la valeur entière. Mais l'Administration a voulu tempérer ce qu'une pareille solution, conséquence directe de la loi, aurait de trop rigoureux en ce qu'elle priverait l'époux du bénéfice de la libéralité faite à son profit par son conjoint décédé. Elle a, en conséquence, décidé, le 9 mai 1843, que, dans ce cas, le droit de mutation par décès est exigible au taux fixé pour les transmissions entre époux pour l'usufruit, et que le droit dû entre étrangers n'est exigible que sur ce que l'époux recueille en nue-propriété, c'est-à-dire sur la moitié de la succession (13255-3 J. E., 11618 J. N.). Cette interprétation a été confirmée depuis par des Sol. des 23 oct. 1872 et 11 sept. 1876.

Dans tous les cas, il est impossible d'admettre, comme cela paraît résulter d'un jugement du tribunal de Nevers, du 26 décembre 1848 (14681 J. E.), que si l'on faisait payer à l'époux le droit, au taux fixé pour les étrangers, sur la valeur entière de la propriété, on pût lui faire payer, en outre, un droit particulier à raison de l'usufruit dont il se trouverait légataire ou donataire. En effet, comme, aux termes des art. 578 et 617 C. C., l'usufruit et la propriété ne peuvent reposer distinctement sur la même tête, il en résulte que, dans notre hypothèse, l'usufruit s'anéantit et que, par la force de la loi, l'époux ne peut avoir qu'une qualité, celle de propriétaire.

2. ÉPOUX ANTÉRIEUREMENT NANTI DE L'USUFRUIT. — Si l'époux se trouvait déjà saisi de l'usufruit, par une disposition entre-vifs, par exemple, lorsque viendrait s'y joindre la nue-propriété, par suite du défaut de successible, il ne devrait, dans tous les cas, le droit que sur la nue-propriété, c'est-à-dire sur la moitié de la valeur pour les meubles ou immeubles, par ce qu'ayant déjà acquitté le droit sur l'usufruit, il ne peut être soumis au payement d'un droit entier comme le nu-propriétaire qui acquitte d'avance le droit pour l'usufruit. C'est là une application particulière d'un principe qui sera développé plus loin.

**16088. Double qualité.** — Toute succession échue à tous autres qu'à des descendants, ou aux ascendants et collatéraux privilégiés, se fend en deux moitiés, dont l'une est attribuée à la ligne paternelle et l'autre à la ligne maternelle. Il peut résulter de là qu'un même héritier prenne deux parts dans la succession, à des titres différents. Le n° 15685-6 nous en a fourni cet exemple frappant, qu'une mère a pu être appelée à recueillir toute la moitié affectée à la ligne maternelle, en sa qualité de mère, et une portion de la moitié affectée à la ligne paternelle, en sa qualité de cousine du défunt.

Dans ce cas, la quotité des droits ne peut être la même pour les parts que prend l'héritier dans la succession. Or, comme le tarif est gradué en raison des degrés de parenté et que c'est par l'effet d'un double degré de parenté que la succession est recueillie, il y a lieu de percevoir le droit applicable à chaque degré de parenté.

Ainsi, dans l'exemple ci-dessus, il y aurait lieu de liquider le droit, savoir : à 1 pour 100 sur la moitié revenant à la ligne maternelle, et à 8 pour 100 sur la part prise dans la ligne paternelle par la mère, en sa qualité de cousine au delà du quatrième degré du *de cujus*.

1. CONJOINTS PARENTS COLLATÉRAUX. — Cette particularité peut encore se présenter lorsque des parents contractent mariage entre eux. Aussi, dans l'ordre d'idées que nous venons de suivre, l'Administration a décidé, le 30 mai 1806 (1424 J. E.), que, si l'époux succède à l'époux prédécédé, en qualité de parent au degré successible, il doit acquitter les droits fixés pour la ligne collatérale. Dans l'espèce, en effet, il succède en vertu des droits du sang ; il était investi de ces droits antérieurement à son mariage ; il en recueille l'effet indépendamment et séparément des avantages résultant de ce mariage, et avec lesquels ses droits d'héritiers ne peuvent être confondus ; il a deux qualités bien distinctes : celle d'époux et celle de parent ; c'est en cette dernière qualité qu'il succède, et la qualité d'époux ne saurait détruire celle d'héritier légitime.

*Quid* si l'époux, héritier naturel, se trouvait en même temps légataire ou donataire de l'usufruit des biens de son conjoint prédécédé ? La solution devrait se calquer sur ce que nous avons dit au n° 16187. C'est-à-dire que, dans l'application stricte de la loi, l'époux aurait à payer le droit sur l'entière succession au taux fixé pour la ligne collatérale en laissant tout à fait de côté l'usufruit ; tandis que si l'on adoptait le tempérament de l'Administration, il faudrait liquider séparément le droit à 3 pour 100 sur l'usufruit, et au taux fixé pour la ligne collatérale pour la nue-propriété, calculée au denier 10 du revenu pour les immeubles et à la moitié pour les meubles.

**16089. Dévolution à défaut de successible dans une ligne.** — Dans tous les cas, il ne faut pas appliquer la règle qui a fait l'objet des nos 16086 et 16087 au cas où, par suite du principe de dévolution dont nous avons parlé sous le no 15686, les parents d'une ligne recueillent toute la succession, à défaut de successibles dans l'autre ligne. C'est au degré de parenté qui les unit avec le défunt que ces héritiers doivent de recueillir toute sa succession, puisque c'est à l'aide de ce degré qu'ils excluent les parents d'un degré plus éloigné dans leur ligne; dès lors, c'est ce degré qui doit déterminer le taux du tarif à leur appliquer. Comment concilierait-on d'ailleurs ces deux idées qu'ils sont parents pour une partie de la succession et étrangers pour l'autre? Objecterait-on que l'enfant naturel et le conjoint se trouvent dans une position analogue, puisque, au regard du payement des droits de succession, ils sont considérés comme étrangers lorsqu'ils recueillent toute la succession? Nous répondrions que, pour consacrer une fiction aussi exorbitante, il a fallu une disposition législative toute spéciale. Or, c'est précisément parce que cette disposition constitue une exception tout à fait anormale, qu'il faut soigneusement la renfermer dans les limites de la loi, qui n'a prévu que le cas où la succession est, à défaut de successible, recueillie soit par l'enfant naturel, soit par le conjoint survivant.

**16090. Créanciers acceptant pour leur débiteur.** — On a vu, au no 15867, que les créanciers de l'héritier qui renonce au préjudice de leurs droits peuvent se faire autoriser en justice à accepter la succession du chef de leur débiteur, *en son lieu et place*. De ces dernières expressions de l'art. 788 C. C., il résulte que les créanciers ne doivent les droits de mutation par décès qu'au même taux que l'héritier renonçant dont ils viennent prendre la place.

**16091. Syndic de faillite.** — Il y a naturellement lieu de faire l'application du principe ci-dessus lorsque, en cas de faillite de l'héritier, la succession est acceptée par le syndic. — V. *Faillite*.

**16092. Succession vacante.** — Afin d'affranchir la succession vacante de tout droit de mutation par décès, on a soutenu que les biens de la succession, par cela seul qu'elle est vacante, appartiennent de plein droit à l'État, comme biens vacants et sans maîtres, en vertu des art. 539 et 713, et que l'État, étant propriétaire, ne se devait pas de droit à lui-même. Il y avait là un abus de principes. La vocation de l'État dérive, à la vérité, du droit qu'il a de recueillir tous les biens sans maître, mais il importe de remarquer aussi qu'il faut que l'État se présente pour réclamer la succession s'il veut qu'elle lui appartienne irrévocablement. Donc l'État n'est pas de plein droit propriétaire.

Mais sur quoi se fonde alors l'impôt? On peut invoquer d'abord l'autorité de la jurisprudence établie anciennement, tant en matière de droits seigneuriaux qu'en matière de centième denier (Merlin *Quest. de droit* vo *Succ. vac.* § 2). Quoique les curateurs ne soient plus aujourd'hui ce qu'ils étaient alors, cependant il arrive souvent qu'en législation l'effet survit à la cause, et l'induction historique conserve sa valeur. En outre, les textes de la loi de frimaire astreignent au payement les *curateurs* sans distinguer, et cette expression s'étend aux curateurs des successions vacantes comme aux curateurs des héritiers eux-mêmes (art. 27, 29, 39.). On dit enfin qu'il y a transmission du défunt à son hérédité, considérée comme être moral: *creditum est hæreditatem dominam esse et defuncti locum obtinere* (L. 31 § 2 Dig. t. 28, Merlin *Quest. de droit*, vo *Succ. vac.* § 11). Mais cette dernière raison serait peu juridique, et en tous cas ce serait une formule abstraite parlant peu à l'esprit. Si l'hérédité vacante tient place du défunt, on ne conçoit pas qu'il y ait matière au droit de mutation. Ce qu'il y a de plus net et de plus vrai, c'est de dire que le curateur, chargé qu'il est d'agir dans l'intérêt de l'héritier inconnu, est tenu, par mesure conservatoire, d'acquitter les droits de mutation du chef de cet héritier, contre lequel le délai fatal court à son insu (Merlin *loc. cit.*, G. Demante *Principes* no 677, Champ. et Rig. t. 5 no 1er, Demolombe t. 15 no 416).

Bosquet avait déjà dit également dans le même sens: « Le curateur aux biens vacants tient lieu de vassal, c'est un vassal provisionnel qui doit payer le centième denier de la succession ouverte en ligne collatérale » (t. 1er p. 692).

1. TARIF. — Mais comment fixer le taux des droits?

Dans le cas où la succession est devenue vacante par la renonciation de l'héritier le plus proche, on perçoit les droits d'après la parenté de cet héritier. Cela est assez plausible, puisque cet héritier peut revenir sur la renonciation, tant que la succession n'a pas été acceptée par un autre (art. 790 C. C.), et qu'ainsi *interim* on peut encore le considérer comme propriétaire du patrimoine (Demante nos 677, 290 no 70 I. G.; — Seine, 7 juill. 1841, 12821 § 2 J. E.; — Sol. 19 mai 1875 et 15 avr. 1876).

S'il n'y a pas d'héritier connu, c'est au taux fixé pour la parenté collatérale au degré le plus éloigné que le droit doit être perçu. On doit en effet, jusqu'à preuve contraire, supposer l'existence d'un héritier puisqu'il est à peu près impossible de connaître tous les héritiers qui peuvent être appelés à une succession. Ainsi, lorsqu'une succession n'est point réclamée et que la déclaration est faite par un curateur, celui-ci est censé représenter les héritiers collatéraux actuellement inconnus, mais aptes à se présenter ultérieurement, et les droits doivent être perçus au taux fixé pour les héritiers collatéraux les plus éloignés jusqu'au douzième degré (Sol. 6 août 1831, 10069 J. E. et 1er juill. 1876).

2. LÉGATAIRE. — DONATAIRE. — En ce sens, sous l'empire de la loi qui n'assujettissait les établissements publics qu'à un droit fixe pour les successions qu'ils recueillent et les donations qui leur sont faites, il a été reconnu, dans un cas où la successsion avait été léguée à un établisement qui avait renoncé, que la perception devait être réglée comme s'il n'y avait eu ni testament ni donation (D. m. f. 7 juin 1808, 486 no 33 I. G.). En effet, par la renonciation de l'établissement public, la succession était rentrée dans l'ordre naturel, et le curateur ayant pris la place de l'héritier auquel la succession aurait été dévolue naturellement à défaut de dispositions particulières, devait les droits auxquels celle-ci se trouvait imposée.

3. HÉRITIER SE REPRÉSENTANT. — Lorsque la succession a été déclarée vacante sur la renonciation formelle des héritiers connus, et que le droit a été perçu d'après le taux applicable au degré de parenté de ces héritiers, si, plus tard, des héritiers d'un degré plus éloigné se présentent pour recueillir la succession, ils devront naturellement payer le complément de droit auquel pourrait donner ouverture leur degré de parenté.

**16093. Adoption.** — 1. ENFANT ADOPTIF. — L'enfant adoptif étant civilement et par fiction un enfant légitime, et ayant tous les droits héréditaires de l'enfant légitime, il en résulte incontestablement que les droits de mutation par décès qu'il doit payer sur les biens qu'il recueille par le décès de l'adoptant sont ceux établis pour la ligne directe.

2. DOUBLE QUALITÉ POUR SUCCÉDER. — Il peut arriver que l'enfant adopté vienne à des titres différents à la succession de l'adoptant. Le n° 1830 nous en a fourni un exemple, car on y a vu que l'enfant adoptif, neveu de l'adoptant qui a légué la quotité disponible à ses neveux et nièces, a droit, indépendamment de sa réserve comme enfant adoptif, à une part du legs comme neveu.

*Quid*, dans ce cas, de la quotité du droit de mutation à percevoir ? Nous ne voyons pas d'autre solution juridique que celle de notre n° 16088, c'est-à-dire que le droit est dû à 1 pour 100 sur la réserve de l'adopté et à 6 fr. 50 cent. pour 100 sur la part qu'il prend dans le disponible. C'est, en effet, sa seule qualité de neveu qui donne à l'adopté des droits à la portion disponible que l'adoptant avait distraite de sa succession légitime, tellement que s'il avait été enfant légitime naturel, la portion disponible lui eût complétement échappé. Cependant, l'Administration a décidé que le droit est dû au taux de la ligne directe sur l'intégralité de la succession. — V. *Adoption* n° 1836.

3. ENFANT NATUREL ADOPTÉ. — La question de savoir si l'enfant naturel peut être adopté est susceptible de controverse (*V.* 1816). Cependant, notre opinion est que si le cas se présentait, les employés n'auraient pas le droit d'appliquer un autre tarif que celui de la ligne directe. S'il ne leur est pas permis de se rendre juges de l'invalidité des actes pour se dispenser de percevoir les droits auxquels ces actes donnent ouverture, ils ne peuvent, par voie de conséquence directe, se prévaloir d'une nullité pour percevoir d'autres droits que ceux applicables à la disposition entachée de nullité.

4. ENFANT ADULTÉRIN INCESTUEUX. — Mais si la filiation d'enfants adultérins ou incestueux était établie par jugement, comme ces enfants ne pourraient être adoptés (*V.* 1816-2), nous croyons que les préposés devraient les considérer comme des étrangers, et percevoir les droits en conséquence. — *V.* 7538.

Il s'agit, en effet, ici, d'une de ces nullités d'ordre public et absolues dont les employés sont pleinement juges, *lorsqu'elles sont apparentes*.

Cependant une Sol. du 29 août 1871 a décidé que, dans ce cas, c'est le tarif en ligne directe qui est applicable.

5. ENFANT DE L'ADOPTÉ. — Les enfants de l'adopté pouvant le représenter dans la succession de l'adoptant (*V.* 1827), il en résulte, par voie de conséquence directe, que pour eux, comme pour l'adopté, le droit exigible est celui déterminé pour la ligne directe (Cass. 2 déc. 1822, S. 23-1-74, 13763 J. E.). — *V.* 1828.

6. PARENTS DE L'ADOPTANT. — Mais le droit de succéder ne s'étendant pas au delà de l'adoptant, et l'adopté n'acquérant aucun droit sur les biens des parents de l'adoptant (*V.* 1826), il en résulte que tout ce qu'il viendrait prendre à titre successif dans la succession de ces parents devrait être assujetti au droit fixé pour les étrangers.

7. RETOUR A L'ADOPTANT. — L'adoptant ayant le droit d'exercer le retour des objets par lui donnés, s'ils se retrouvent en nature dans la succession de l'adopté mort avant lui sans enfants, ou dans celle de ses descendants morts également après l'adopté et avant l'adoptant (*V.* 1834), et ce droit de retour constituant un véritable titre successif, par application de la règle posée n° 14644, le droit établi pour la ligne directe doit lui être appliqué.

8. ENFANT LÉGITIME DE L'ADOPTANT. — La question a été tranchée en ce sens dans une espèce où ce n'était pas l'adoptant, mais ses enfants légitimes qui exerçaient dans la succession de leur frère adoptif le droit de retour des biens que celui-ci avait reçus du père commun. Il a été décidé que le droit de succession en ligne collatérale était exigible. — V. *Adoption*.

9. TUTELLE OFFICIEUSE. — En ce qui concerne la tutelle officieuse, on a vu aux nos 1847 et 1858 : 1° que si le tuteur qui a conféré la tutelle à ses pupilles, par disposition testamentaire, meurt avant cinq ans de tutelle, le droit de mutation par décès, comme entre personnes non parents, doit être perçu si aucun lien de parenté n'existait entre le tuteur et ses pupilles ; — 2° qu'il en est de même lorsque le tuteur officieux décède après la majorité du pupille, et sans que l'adoption ait été renouvelée en la forme ordinaire.

10. SECOURS AU PUPILLE. — L'art. 364 C. C. imposant au tuteur officieux la charge de mettre le pupille en état de gagner sa vie, il en résulte que si le tuteur officieux meurt avant d'avoir adopté son pupille, des secours sont dus à celui-ci. Ces secours ne peuvent être passibles du droit de succession, car ils ne constituent pas des droits successifs.

**16094. Alliés.** — Les alliés n'étant pas successibles, doivent être considérés comme étrangers pour la perception des droits de mutation par décès. C'est ce qui résulte formellement des décisions rappelées au n° 2125.

**16095. Retour.** — 1. RETOUR LÉGAL. — Le retour légal constituant un droit successif au profit du donateur, donne toujours ouverture au droit fixé pour la ligne directe, puisque, aux termes de l'art. 747 C. C., ce droit n'appartient qu'à l'ascendant, pour les choses données à ses enfants ou descendants décédés sans postérité. — *V.* 14644.

2. RETOUR CONVENTIONNEL. — Quant au retour conventionnel, on a vu, au n° 14635, qu'il ne constitue pas un

droit successif, d'où la conséquence qu'aucun droit de mutation par décès ne peut être perçu.

**16096. Qualité donnée dans un testament ou prise dans une déclaration.** — Le degré de parenté est du domaine de la loi civile, il ne peut être modifié par un acte quelconque émané des particuliers. En ce sens, il a été jugé que les énonciations contenues dans un testament, relativement au degré de parenté du légataire avec le testateur, ne peuvent suffire, en cas de contestation, pour établir la qualité réclamée, si d'ailleurs le légataire ne représente à l'appui de cette qualification aucun acte de l'état civil ou autre justification régulière. (Seine 25 mars 1844, 13480 J.E., D.N. t. 12 p. 342 n° 879).

Mais, en principe, nous croyons, avec le D.N. (*loc. cit*)., que la déclaration du degré de parenté faite par l'héritier ou le légataire doit être acceptée, sauf la preuve contraire de l'Administration. — *V.* 16256.

Nous verrons au n° 16177 que l'erreur ou la dissimulation commise sur ce point n'expose à aucune pénalité.

**16097. Donation par contrat de mariage.** — On avait prétendu, et la Cour de cassation avait admis cette doctrine, que la donation faite par contrat de mariage et soumise à l'événement du décès étant une donation entre-vifs, devait n'être passible que des droits fixés pour les donations par contrat de mariage, lorsque se réalisait l'événement du décès. Mais on a vu, au n° 5352, que la règle est que, quelle que soit la nature de l'acte et de la disposition qui forme le titre de la libéralité soumise à l'événement du décès, le droit exigible à l'événement est celui de mutation par décès, déterminé par le degré de parenté qui peut unir le donataire au donateur.

**16098. Majorat.** — D'après l'art. 6 Déc. 24 juin 1808, il n'est dû que le droit de 1 pour 100 sur un capital formé de dix fois le revenu pour les mutations par décès d'immeubles affectés aux majorats. Ce droit est le même quoique le majorat soit transmis à un gendre ou à un collatéral. — *V.* 11072.

1. PENSION A LA VEUVE. — Quant à la pension que la veuve peut obtenir, conformément à l'art. 7 de la loi de 1849, sur le revenu des biens du majorat, dans le cas prévu par les art. 48 et 49 Déc. 1er mars 1848 (*V.* 11070), on doit suvre la règle générale applicable aux mutations entre époux, et le droit en est dû à 3 pour 100.

**16099. Substitution.** — On a vu, aux nos 15547 et 15603, que le grevé n'est pas simple usufruitier, mais est propriétaire des biens à lui transmis à charge de restitution. La conséquence de ce principe est que, lors que l'appelé vient à recueillir les biens, la quotité des droits de mutation par décès qu'il doit payer doit être déterminée par son degré de parenté avec le grevé; car, du moment que celui-ci était propriétaire et non simple usufruitier des biens grevés, c'est bien de lui, et non de l'auteur originaire, que les appelés reçoivent la propriété qu'ils recueillent.

**16100. Minimum.** — Suivant l'art. 3 L. 27 ventôse an 9, il ne peut être perçu moins de 25 centimes pour l'enregistrement des actes et mutations dont les sommes et valeurs ne produiraient pas 25 centimes de droit proportionnel. Pour la saine interprétation de cet article, il faut considérer qu'il n'a point pour objet *chacune* des différentes dispositions d'un même acte, mais le salaire de la formalité pour l'*acte entier*, et qu'ainsi la perception de 25 centimes ne peut être faite, comme *minimum* du droit, qu'autant que la perception sur les différentes dispositions n'atteindrait pas cette quotité.

Si l'on fait l'application de ce principe aux successions, il faut reconnaître que, dans le cas d'une succession en ligne directe, par exemple, dont les immeubles donnent un capital de 40 francs et les meubles une valeur de 20 francs, les droits doivent être cumulés, et que, dès que l'une des espèces de biens produit plus de 25 centimes, le droit dû sur l'autre nature de biens ne doit être perçu que sur le montant de sa valeur, quelque faible que soit la somme qui en résulte.

1. USUFRUITIER. — Mais une succession en ligne directe qui ne se compose que de 20 francs de mobilier, étant ouverte avec usufruit au mari survivant, si celui-ci fait la déclaration tant en son nom qu'en celui de ses enfants, il est dû 25 centimes de minimum pour la ligne directe, car *aucune solidarité* n'existe entre les nus-propriétaires et l'usufruitier, et le droit payé par celui-ci doit être considéré abstraction faite de celui exigible des héritiers.

**16100 *bis*. Etat.** — Les legs faits à l'Etat sont dispensés du droit de succession. — *V.* 321 et 16485.

# TITRE II. — DU DÉLAI DANS LEQUEL DOIVENT ÊTRE FAITES LES DÉCLARATIONS DE SUCCESSION

[16101-16189]

## CHAPITRE PREMIER. — DIVERS DÉLAIS POINT DE DÉPART

[16101-16167]

### SECTION PREMIÈRE. — DIVERS DÉLAIS

[16101-16103]

**16101. Principes sur la manière de calculer les délais. — Renvoi.** — Nous avons fait connaître, sous les nos 5978 et suiv., les règles qui établissent la manière de compter les délais. C'est là un objet important en matière d'enregistrement en général, mais surtout lorsqu'il s'agit de la déclaration que doivent passer les héritiers de la succession de leur auteur. La loi du 22 frimaire an 7 s'est, d'ailleurs, préoccupée de cette question en matière de mutation par décès lorsqu'elle a dit, dans son art. 25, que « dans les délais fixés par cet article, le jour de l'ouverture de la succession ne doit pas être compté ; et, si le dernier jour du délai se trouve un dimanche ou un jour de fête, ces jours-là ne sont point comptés non plus. »

Dans tous les cas, comme nous n'avons rien à ajouter ici à ce que nous avons déjà dit sur l'ensemble de ces règles, nous renvoyons le lecteur à nos nos 8978 et suiv.

**16102. Divers délais.** — Les délais sont gradués en raison des difficultés présumées pour passer déclaration. Ces difficultés étaient, en effet, de nature à fixer l'attention du législateur. Aussi, d'après l'art. 24 L. 22 frimaire an 7, les délais pour l'enregistrement des déclarations que les héritiers, donataires ou légataires, ont à passer des biens à eux échus ou transmis par décès sont, savoir :

1. FRANCE. — De *six mois*, à compter du jour du décès, lorsque celui dont on recueille la succession est décédé en France.

2. EUROPE. — De *huit mois* s'il est décédé dans toute partie de l'Europe autre que la France.

3. AMÉRIQUE. — D'*une année* s'il est mort en Amérique.

4. AFRIQUE ET ASIE. — De *deux années* s'il est décédé en Afrique ou en Asie.

5. ALGÉRIE. — Depuis que l'Algérie est devenue une possession française, qu'un service régulier de paquebots met à la porte de la métropole, il est certain que le délai de deux ans établi par la loi du 22 frimaire an 7 est devenu hors de toute proportion avec les difficultés qui peuvent mettre obstacle à la passation des déclarations de succession. Mais, comme la loi est formelle, il n'est pas permis de se livrer à l'interprétation. Aussi faut-il décider que les héritiers de toute personne décédée dans nos possessions de l'Algérie jouissent d'un délai de deux ans pour faire leur déclaration. — V. cep. nos 16140, 16146.

**16103. Prorogation de délai.** — En principe, on ne peut obtenir de prorogation de délai pour le payement des droits de mutation par décès.

1. DROIT DES TRIBUNAUX. — Ainsi, dans aucun cas, les juges ne peuvent accorder de surséance pour la déclaration et le payement des droits, même lorsque l'on prétendrait que les titres qui concernent les biens à déclarer sont sous le *séquestre* par suite de la faillite d'un tiers : « Attendu que A..., pour ses enfants mineurs et ses enfants majeurs, était en possession de la succession de la dame G..., leur mère, du jour de son décès, nonobstant la faillite dudit A...; d'où il suit que cette circonstance, qui ne se trouve pas dans les exceptions de l'article de la loi du 22 frimaire an 7, n'empêchait pas que ses héritiers ne dussent acquitter le droit qui en résultait, après en avoir fait la déclaration dans les six mois du jour de son décès » (Cass. 4 fév. 1807, 2780 J.E., D.N. t. 6 p. 59 no 282, S.8-1-39).

Il a été également jugé que les tribunaux ne peuvent accorder de délai aux héritiers pour le payement des droits de succession sous le prétexte qu'ils n'auraient touché aucune somme sur les valeurs de cette succession (Cass. 4 fév. 1807 *suprà*). — Même règle pour le légataire universel qui alléguerait qu'il n'a ni renoncé ni accepté, qu'il ignore la consistance de la succession, et que l'Administration peut agir contre les héritiers à réserve (Angoulême 23 janv. 1850, 14005-3 J.E., 13664 J.N.). — Il en est de même à l'égard du légataire particulier, bien qu'il n'ait pas encore obtenu la délivrance de son legs et que des débats existant entre lui et l'héritier soient encore pendants (Seine 22 fév. 1849, 14708-12 J.E., 3664 J.N.).

2. DROIT DE L'ADMINISTRATION. — Mais on ne peut s'empêcher de reconnaître qu'une pareille règle, si elle devait être appliquée dans tout ce qu'elle a d'absolu, serait quelquefois irrationnelle ; car il arrive fréquemment, pour les successions importantes ou obérées, qu'il est matériellement impossible de les liquider dans le délai fixé par la loi pour faire déclaration. Les héritiers se trouveraient alors dans l'alternative que voici : ou faire des déclarations exagérées, circonstance qui, par suite du principe de non-restitution de tout droit régulièrement perçu, deviendrait très-fâcheuse pour eux, en ce qu'elle les exposerait à perdre tout ce qu'ils auraient payé en trop par suite de l'exagération de leur déclaration ; ou commettre des omissions, ce qui les rendrait passibles des peines encourues en pareil cas. Aussi le Gouvernement s'est-il départi du principe de non-sursis, en accordant des prorogations de délai toutes les fois que les circonstances de la cause lui paraissent de nature à justifier cette mesure exceptionnelle.

Une circulaire du Directeur général de l'enregistrement du 9 mai 1867 a rappelé, à cet égard, que les prorogations de délai devaient être restreintes dans d'étroites limites et n'être acceptées que quand elles sont motivées par des circonstances spéciales, telles que l'éloignement des héritiers du territoire français, l'introduction d'instances sur la validité des testaments ou sur la qualité des héritiers, etc. Les directeurs sont même autorisés à ne pas instruire les demandes formées moins d'un mois avant l'expiration du délai légal (2455 R.P.).

A la suite de l'invasion allemande de 1870, une D. m. f. 29 août 1871 a prorogé d'une manière générale le délai pour acquitter sans amende de retard les droits des successions dont le délai était expiré (2416 I.G., 3370-18 R.P.).

3. MESURES CONSERVATOIRES. — Il est bien entendu, cependant, que si les intérêts du Trésor étaient exposés à péricliter pendant le cours de cette prorogation de délai, l'Administration pourrait prendre toutes les mesures propres à en garantir la rentrée. — Il a été jugé, en ce sens, par le tribunal de Reims, le 31 juillet 1851 (14679 J.N.), que lorsque le délai légal pour la déclaration d'une succession a été prorogé par une Décision ministérielle, sans préjudice des mesures conservatoires, l'Administration peut, avant l'expiration du délai prorogé, décerner une contrainte pour le payement des droits simples et en sus de mutation par décès, et saisir les biens meubles à titre de conservatoire.

C'est aussi l'opinion du D. N. (t. 12 p. 349 n° 910 et J.N. art. 14804).

La Cour de cassation l'a elle-même décidé, en ces termes, par un arrêt du 23 floréal an 9 : « Attendu que la faculté laissée à la Régie par la loi du 18 fructidor an 2, de faire les poursuites convenables, si elle est légalement informée du décès, fait voir que, pendant la durée du délai accordé aux héritiers pour faire leur déclaration, le législateur n'a pas entendu constituer la Régie dans l'impuissance absolue d'agir pour le payement ou pour la conservation des droits. » — V. 16878.

Les frais de ces mesures sont alors à la charge des héritiers (Sol. 7 mars 1873). — V. *Acompte* n° 283.

## SECTION 2. — POINT DE DÉPART DU DÉLAI

### [16104-16167]

**16104. Principe.** — En principe, le délai pour faire le payement des droits de mutation par décès court à compter du jour du décès, c'est ce que porte formellement l'art. 24 L. 22 frimaire an 7. Cependant, on comprend qu'il y ait des cas où le principe ne pourrait recevoir son application. L'art. 24 nous en fournit des exemples en nous disant que « le délai de six mois ne courra que du jour de la mise en possession pour *la succession d'un absent;* celle d'un condamné, si ses biens sont séquestrés; celle qui aurait été séquestrée pour toute autre cause; celle d'un défenseur de la patrie, s'il est mort en activité de service hors de son département; ou, enfin, celle qui serait recueillie par indivis avec la nation. »

A côté de cet exemple, nous avons à en signaler d'autres qui résultent tous de l'impossibilité où se trouvent les successeurs, par des circonstances indépendantes de leur volonté, de fournir la déclaration dans le délai fixé par la loi. Dans ces cas le délai ne court qu'à compter du jour où le décès a été connu des héritiers (Libourne, 30 déc. 1875).

**16105. Preuve du décès.** — Du moment que le délai prend son point de départ à l'ouverture de la succession, il faut nécessairement que la date du décès soit connue, et comme c'est l'Administration qui a charge de faire exécuter la loi qui prescrit une déclaration dans un délai déterminé, c'est à elle qu'incombe la preuve du décès. C'est pour mettre l'Administration en mesure de remplir cette obligation, à laquelle la soumet son rôle de demanderesse, que l'art. 55 L. 22 frimaire an 7 exige des secrétaires des administrations municipales qu'ils remettent les relevés, par eux certifiés, des actes de décès aux receveurs de l'enregistrement de l'arrondissement. On a vu, au mot *Prescription*, l'usage que l'Administration peut faire des divers documents qui peuvent porter un décès à sa connaissance, et la menace de prescription qui pèse sur ses droits, lorsqu'elle ne fait pas de ces documents un usage utile. — V. aussi n° 3928 R. P.

1. PRÉSOMPTION. — Au reste, l'Administration, pour réclamer un droit de mutation par décès, n'est pas obligée d'avoir des preuves matérielles de l'ouverture de la succession. Elle peut se prévaloir des présomptions légales édictées par l'art. 12 L. 22 frimaire an 7. En ce sens, la Cour de cassation a jugé, le 7 avril 1847, que la détention, par deux époux, des biens dépendant d'une succession à laquelle la femme était appelée forme contre elle une présomption légale qu'elle les a recueillis à titre d'héritière, et la rend passible du droit de mutation par décès, quoiqu'elle prétende avoir répudié l'hérédité, et qu'elle allègue que c'est son mari seul qui possède les biens en provenant, en vertu de certains arrangements passés avec l'acquéreur, si cette allégation n'est justifiée par titres.

Décidé, de même, que la preuve du décès d'un Français décédé en Amérique peut résulter d'une cession de droits successifs par un héritier (Sol. 21 juill. 1877).

2. DROIT COMMUN. — En fin de cause, l'Administration peut fournir du décès toutes les preuves du droit commun.

**16106. Présomptions légales de décès.** — L'Administration, dans la position exceptionnelle qu'elle occupe au regard de l'impôt, peut d'ailleurs se prévaloir *quelquefois* des présomptions établies par la loi civile pour constater le décès d'un individu. Ainsi, un enfant né viable est capable de succéder, et la loi répute virtuellement né viable l'enfant né *après* le cent quatre-vingtième jour de sa conception. Il suit de là que si l'Administration prouve qu'un enfant est né plus de cent quatre-vingts jours après sa conception, elle établit par cela même que cet enfant a pu succéder et transmettre, et dès lors, qu'un droit de mutation est dû, par suite de son décès, alors même que cet enfant n'aurait vécu que quelques heures (Dél. 7 janv. 1831). A l'inverse, l'Administration a elle-même reconnu qu'un droit de mutation par décès n'est pas exigible par suite du décès d'un enfant posthume né avant le cent quatre-vingtième jour de la conception et mort peu d'instants après sa naissance, attendu que l'enfant né avant le cent quatre-vingtième jour de la conception n'étant pas présumé légalement viable, est incapable de succéder, et par conséquent de transmettre (Dél. 24 nov. 1829).

1. DÉCÈS SIMULTANÉS. — Nous avons développé, sous les nos 15637 et suivants, la théorie de la loi civile en matière de décès survenus dans un même événement sans qu'il soit possible au témoignage des hommes de préciser le moment du décès. *Quid*, dans cette hypothèse, des droits de mutation à percevoir?

Cette question s'est présentée à l'occasion de la mort d'un père, d'une mère et de leurs cinq enfants massacrés dans une même nuit. L'événement avait eu lieu sous le Directoire, antérieurement, par conséquent, à la mise en vigueur de la théorie du Code civil sur les *comorientes*. Il était impossible de recueillir aucune présomption de fait sur l'ordre qu'avaient suivi les assassins dans la perpétration de leur crime. Il y avait donc lieu d'appliquer la théorie alors en vigueur et qui se trouvait résumée par la disposition de la loi du 20 prairial an 4, ainsi conçue :

« Lorsque des ascendants, des descendants et autres personnes qui se succèdent de droit auront été condamnés au dernier supplice, et que, mis à mort dans la même exécution, il devient impossible de constater leur prédécès, le plus jeune des condamnés sera présumé avoir survécu. »

En présence de cette disposition, on réclamait six droits : le premier, sur la succession directe recueillie par tous les enfants, et les cinq autres à raison des décès successifs des enfants, en commençant par le plus âgé, sur le pied, pour le premier, d'un cinquième; pour le second, d'un quart; pour le troisième, d'un tiers; pour le quatrième, de moitié, et pour le cinquième de la totalité des biens, dont la mutation s'opérait en ligne collatérale.

Cependant, un arrêté du Directoire exécutif, en date du 23 floréal an 11 (137 J. E.), décida qu'il ne serait perçu, pour les biens provenant de la succession dont il s'agit, qu'un droit d'enregistrement en ligne directe et un droit en ligne collatérale.

Cette décision peut se justifier. Le système des présomptions légales de survie édicté par les art. 720 à 722 C. C., n'a rien de commun avec la perception de l'impôt. Il n'a été créé que pour régler l'ordre des successions. Aussi ne semble-t-il pas que l'on puisse l'appliquer d'un cas à un autre. Dès lors, en matière fiscale, on rentre dans l'application des principes du droit commun, c'est-à-dire qu'il faut fournir la preuve de la survie de celui qu'on dit avoir hérité d'un autre. Or, du moment que l'Administration ne peut pas fournir cette preuve, nous ne voyons rien de plus logique et en même temps de plus sage, dans ces circonstances exceptionnelles, que d'adopter le principe que nous avons indiqué sous le n° 15646, et qui se trouve écrit dans l'art. 722 C. C., à savoir que si l'on ne peut invoquer les présomptions, « la succession de chacun se défère comme si l'autre n'avait jamais existé. »

En conséquence, dans l'hypothèse sur laquelle nous avons raisonné, il n'aurait été dû qu'un seul droit de mutation des père et mère aux collatéraux, en ne tenant aucun compte des cinq enfants.

**16107. Qualité.** — C'est à l'Administration, porte un arrêt du 26 avril 1808, rapporté par Teste-Lebeau, à faire la preuve de la qualité d'héritier qu'elle donne à un individu. Lorsque cet individu soutient qu'il n'est pas héritier de la personne pour la succession de laquelle on le poursuit, la preuve à la charge de l'Administration est ordonnée par le tribunal, et s'il est intervenu un jugement interlocutoire qui enjoint à l'Administration de faire cette preuve, elle doit exécuter ce jugement, sous peine de rejet de la demande.

**16108. Il est inutile de prouver l'acceptation.** — L'Administration, pour exiger le payement des droits de mutation sur décès, n'a nullement à prouver l'acceptation. On a cependant enseigné que la saisine n'était attribuée à l'héritier que sous la condition suspensive de son acceptation, qu'elle était suspendue tant qu'il n'avait ni accepté ni renoncé et qu'ayant été introduite en sa faveur elle ne pouvait être retournée contre lui (Donneau liv. 7 ch. 2 note 20, Voët, *ad Pand. de acq. vol annot. hær.* n° 7, Lebrun *Succ.* liv. 3 ch. 1er n° 36, Pothier *Succ.* ch. 3 sect. 2. — *V.* aussi Troplong *Rev. de législ.* 1836 p. 184 et 193) : d'où la conséquence qu'à l'égard du Trésor comme des tiers, la mutation n'était censée accomplie que quand l'acceptation était démontrée. — Mais il est parfaitement certain aujourd'hui que la saisie est subordonnée à l'acceptation ou à la renonciation, en ce sens seulement que l'acceptation la confirme et la rend irrévocable sans rien ajouter ni au titre, ni aux droits, ni aux obligations déjà existants sur la tête de l'héritier, tandis que, au contraire, la renonciation en opère rétroactivement la résolution : « En France, disait Pasquier, la seule abstinence ne suffirait pour n'être déclaré héritier; outre icelle, il faut renonciation expresse » (*Inst. de Just.* liv. 2 ch. 6, Demante t. 3 n° 24 *bis*, Ducaurroy et Bonnier t. 3 n° 413, Demolombe *Succ.* n° 134 *bis*; — Riom 1er fév. 1847 et Paris 3 fév. 1848, S. 48-2-257, 262; — Cass. 9 janv. 1860, S. 60-1-652). — Quant aux successeurs irréguliers qui n'ont pas obtenu l'envoi en possession, ils acquièrent tout aussi bien que les héritiers légitimes la propriété de la succession *à die mortis*; si bien que Demolombe a pu dire qu'ils ont la saisine de la propriété (*Succ.* n° 132). Ils transmettent le droit qui leur est acquis, c'est-à-dire la propriété et l'action qui leur appartient, afin d'obtenir l'envoi en possession à leurs successeurs, lors même qu'ils seraient décédés sans l'avoir exercée, même sans avoir su qu'il leur était déféré (Demolombe *Succ.* n° 156).

Il en résulte directement que dans tous les cas, sauf celui d'absence, le payement des droits et le délai pour faire la déclaration des biens héréditaires, se rattachent à la saisine légale, sans aucun égard à l'appréhension de fait des héritiers. Il n'y a pas, sous ce rapport, de différence à établir entre les héritiers et les légataires. Les uns et les autres sont astreints à déclarer la mutation opérée à leur profit dans le délai de six mois imparti par la loi. L'Administration n'a nullement à s'enquérir s'il y a prise de possession ou acceptation de la part des héritiers, ou s'il y a demande en délivrance de la part des légataires. Et l'on comprend que s'il en était autrement, les légataires pourraient attendre à former leur demande en délivrance que la prescription des droits de mutation leur fût acquise, pour l'opposer à l'Administration et se soustraire ainsi à l'impôt. Une seule chose est donc à considérer : c'est l'existence d'une libéralité ou l'ouverture d'une succession. Si cela est établi, le droit est exigible; une renonciation de l'héritier ou du légataire pourrait seule en écarter l'exigibilité (Cass. 11 fév. 1807, S. 7-2-732, 2810 J. E.; — 26 fév. 1823, 7 mars 1842, 1675-6 I. G., S. 42-1-341.). — *V.* 16210.

*Arrêt du 11 février 1807 :*

Vu les art. 24 et 30 L. 22 frimaire an 7; considérant que les héritiers Sue ont été appelés à la succession dont il s'agit par arrêt de la cour d'appel de Montpellier, en date du 15 thermidor an 11; que, s'ils n'ont pas obtenu de fait la délivrance de leur part héréditaire, il n'en est pas moins vrai qu'ils ont été saisis de droit, qu'ils en ont acquis les propriété et possession légales lorsque cet arrêt a été rendu; qu'il est de principe que c'est du moment de cette saisine de droit, sans aucun égard à l'appréhension de fait, que les héritiers sont obligés envers les créanciers de la succession qu'ils recueillent, et par conséquent envers la Régie de l'enregistrement, pour les droits qui lui sont dus; qu'ainsi, c'est à dater du 15 thermidor an 11 que les héritiers Sue sont devenus débiteurs du droit réclamé, et, par conséquent, que c'est dans les six mois, à dater de cette époque, qu'ils ont été tenus à la déclaration prescrite par l'art. 24 ci-dessus; considérant qu'à défaut de déclaration dans ce délai, ils ont encouru l'amende du demi-droit prononcée par l'art. 29; qu'ils ont encouru cette amende même en les supposant exempts de fraude, car la contravention à une loi fiscale ne s'excuse pas par l'intention. »

*Arrêt du 26 février 1823 :*

« Vu les art. 27 et 39 L. 22 frimaire an 7; attendu que l'obligation imposée par le premier de ces articles à tous légataires, de faire, dans le délai prescrit par l'art. 24 de la même loi, la déclaration du legs à lui échu par testament, et d'en payer les droits, est absolue et n'est point subordonnée à la preuve que ce légataire a connaissance du testament et qu'il en a fait usage; qu'au contraire, d'après la seule existence du testament, le légataire est, par rapport à l'exigibilité des droits, légalement présumé vouloir profiter de la libéralité faite en sa faveur, jusqu'à ce qu'une renonciation formelle de sa part au bénéfice de cette libéralité vienne détruire cette présomption légale; attendu, dans l'espèce, que rien ne justifie que la défenderesse eût, par aucun acte formel, répudié le legs porté en sa faveur au testament de la dame Saunal, sa belle-mère, lorsque la Régie a réclamé les droits de mutation résultant de ce legs, et qu'ainsi, le jugement attaqué, en déchargeant cette dame de la contrainte décernée contre elle à ce sujet, a évidemment violé les articles précités de la loi du 22 frimaire an 7. »

Ce principe a été consacré plus récemment par le tribunal de Termonde, le 14 juin 1867, par le motif que le légataire est investi du droit de propriété que son titre lui confère, et que ce titre est, pour le fisc, le droit de percevoir l'impôt établi sur les successions (10496 J. E. belge). — *Conf.* : Seine 17 juill. 1875, 4278 R. P.; — Évreux 25 fév. 1876; — Corte 7 mars 1876; — Reims, 27 juin 1877).

1. A-COMPTE PAYÉ. — Il en est ainsi, à plus forte raison, quand l'héritier a payé un à-compte sur les droits de succession, ce versement constituant une véritable reconnaissance de la dette (Seine 5 fév. 1870, 3436 R. P.; — 19 juill. 1873, 3837 R. P.). — Sur la question de savoir si le payement des droits de succession emporte acceptation, *V.* 15816.

1. DONATION ENTRE-VIFS. — Mais ce qui précède paraît devoir être restreint aux héritiers ou aux légataires proprement dits. Quand il s'agit d'une donation entre-vifs ordinaire, subordonnée seulement à la condition de survie du donataire, il faut appliquer, selon nous, les principes des contrats de l'espèce et décider que, pour réclamer le droit de mutation par décès, l'Administration devra établir que le bénéficiaire de la libéralité l'a accepté expressément s'il s'agit d'une donation directe faite entre-vifs, ou virtuellement si la libéralité a eu lieu indirectement. Ainsi, par exemple, en matière civile, on ne doute pas que le tiers appelé à profiter d'un contrat d'assurance ne doive manifester son acceptation pour être investi du droit d'en toucher le montant (*V.* les conclusions motivées reproduites au n° 2472 p. 357 R. P.). Aussi croyons-nous que l'administration belge est demeurée dans la vérité des principes en décidant, le 4 octobre 1866, que quand la vente d'immeubles, faite moyennant une rente viagère, renferme une clause qui stipule qu'au cas de décès du vendeur la rente viagère sera payée à un tiers non intervenant, cette dernière disposition ne donne lieu à la perception du droit de donation lors du décès du vendeur, que s'il est présenté à l'enregistrement un acte constituant l'acceptation du donataire; et, dans le cas où le tiers refuserait ou s'abstiendrait d'accepter la libéralité faite en sa faveur, la rente viagère fait partie de la succession du vendeur et ses héritiers doivent payer de ce chef le droit de succession. « Considérant que si le tiers refuse ou s'abstient d'accepter la libéralité faite en sa faveur, le débiteur de la rente viagère réversible est tenu de la servir, jusqu'au décès du tiers, aux héritiers du stipulant, qui la trouvent dans le patrimoine de ce dernier comme si la réversibilité avait été annulée ou révoquée (arg. Cass. 22 juill. 1858 et 23 déc. 1862); que, par suite, on est amené à reconnaître que le droit de succession est exigible sur cet émolument tant qu'il n'est pas prouvé, à l'encontre de l'Administration, que l'acceptation du don par le tiers s'est opérée soit expressément, soit tacitement. »

**16109. Division.** — C'est sur la nécessité où se trouvent les héritiers de faire la déclaration dans les six mois et l'impossibilité où sont quelquefois les successeurs de satisfaire à cette prescription de la loi que se trouve fondée la division de cet article où nous examinerons successivement : 1° les cas où la déclaration doit être fournie dans les six mois, à partir du décès; — 2° ceux où cette déclaration n'est obligatoire qu'à partir de l'inscription du décès sur les registres de l'état civil; — 3° les hypothèses où c'est l'envoi en possession seulement qui fait courir le délai; — 4° celle où c'est à la prise de possession effective que doit prendre naissance l'obligation des successeurs; — 5° enfin, dans une cinquième section, nous réunirons toutes les hypothèses diverses qui peuvent se présenter.

## ARTICLE PREMIER. — DES CAS OU LE POINT DE DÉPART PREND NAISSANCE AU DÉCÈS

[16110-16136]

**16110. Héritier.** — Le délai de six mois court du jour du décès, alors même que les héritiers se trouveraient seulement saisis de la succession en vertu du principe posé n° 15649, et qu'ils n'auraient pas encore pris qualité. « Attendu, porte un arrêt de Cass. du 7 mars 1842 (11281 J.N., 1675 § 5 I. G., S, 42-1-341), que les droits dus pour les mutations par décès ne sont ni une dette de la succession, ni une charge imposée à la propriété, mais une contribution à laquelle sont soumis personnellement les héritiers, sans égard à l'appréhension de fait, à partir de la saisine qui s'opère par le décès du précédent propriétaire; qu'il s'ensuit que, pour exercer contre eux son action, l'Administration n'a point à prouver qu'ils ont pris qualité. »

Dans cet ordre d'idées, il avait déjà été jugé, par un arrêt de Cass. du 7 nivôse an 6 (16130), qu'il n'est pas nécessaire de signifier une contrainte pour mettre les héritiers en demeure.

**16111. Héritier bénéficiaire.** — L'héritier bénéficiaire se trouvant dans la même position, à l'égard des droits de mutation par décès, que l'héritier ordinaire, ne peut, *sous prétexte des embarras de la succession*, différer sa déclaration jusqu'à liquidation (Thionville 25 sept. 1850, 15238-1 J.E.). C'est ce qui avait déja été jugé en thèse générale, par deux arrêts de Cass. des 5 nivôse an 12 (4088 J.E., S. 4-2-52); — et 1er février 1830 (9595 J.E., 1320 § 6 I. G. S. 30-1-137). Cette question est plus amplement traitée au mot *Bénéfice d'inventaire*.

**16112. Légataires. — Légataire universel.** — Les dispositions de la loi du 22 frimaire an 7, en imposant aux héritiers et légataires l'obligation de faire, dans le délai de six mois, la déclaration des biens qui leur sont échus, ne fait aucune distinction entre les légataires saisis de plein droit et ceux qui sont obligés de demander la délivrance ; il résulte de là que dès qu'un legs existe, celui en faveur duquel il a été fait devient, s'il n'y a pas régulièrement renoncé, débiteur des droits auxquels la mutation donne ouverture, bien qu'il n'ait pas encore obtenu la délivrance dont la demande lui est imposée.

« Le légataire d'immeubles, disait déjà Bosquet, doit en payer le centième denier dans les six mois du jour du décès ; il ne lui suffirait pas d'alléguer qu'il ne lui a point été fait délivrance ; c'est à lui d'agir pour l'obtenir, et il peut être contraint, après le délai de six mois, au payement du droit et triple droit, à moins qu'il ne renonce au legs » (Déc. 12 avr. 1725, 22 sept. 1742, 16 fév. 1743, 25 nov. 1747, 12 avr. 1751, Bosquet 3-211).

Ces principes ont été appliqués en thèse générale par des arrêts de Cass. des 16 janvier 1811 et 4 février 1812 (3838 et 4160 J. E., S. 12-1-177) d'après lesquels les légataires ne peuvent se dispenser d'acquitter les droits dans le délai déterminé, à moins d'une renonciation formelle.

« Vu, porte l'arrêt du 16 janvier 1811, les art. 24 et 27 L. 22 frimaire an 7 ; attendu que, d'après ces articles, les défendeurs devaient, en leur qualité de légataires, une déclaration détaillée dans les six mois du décès du testateur, ainsi que l'a, au reste, formellement reconnu le premier jugement rendu entre les parties, le 6 juin 1808 ; et que cette déclaration n'ayant pas été fournie dans ce délai, ils étaient dans le cas de la contrainte décernée contre eux, indépendamment de toute délivrance de leurs legs, que la loi suppose nécessairement pouvoir être obtenue dans les six mois du décès du testateur, et pendant lesquels elle veut que cette déclaration soit fournie. »

Ces principes ont également donné lieu aux décisions suivantes :

1. LÉGATAIRE DÉCÉDÉ SANS AVOIR ACCEPTÉ. — Un arrêt de Cass. du 10 mars 1829 (7132 J. N., 1307 § 9 I. G.) a consacré les arrêts de 1811 et 1812, dans une espèce où un légataire universel, décédé en minorité, n'ayant pas obtenu, au moment de son décès, la délivrance de son legs, ouvert depuis plusieurs années, ses héritiers prétextaient le défaut de délivrance pour prétendre que le payement des droits de mutation devait être différé.

2. LÉGATAIRE TENU DE DEMANDER DÉLIVRANCE. — Le légataire universel, qui est tenu, aux termes de l'art. 1011 C. C., de demander la délivrance à l'héritier à réserve, n'est pas dispensé d'acquitter les droits de mutation dans les six mois du décès du testateur (Seine 15 mars 1838, 12015-2 J. E.).

3. DÉCLARATION FAITE PAR L'HÉRITIER. — La déclaration faite par les héritiers naturels ne dispense pas le légataire universel de faire déclaration de son legs, qui se trouve passible du droit en sus, lorsque le délai se trouve expiré, lors même qu'il ferait des offres réelles pour le payement de la différence qui existerait entre les droits exigibles à raison de son legs et ceux payés par les héritiers naturels (Lyon 6 déc. 1843, 13408 J. E. ; — Orléans 23 déc. 1834, 11164 J. E.).

Dans tous les cas, le droit en sus n'est exigible que sur le supplément à payer par le légataire. Et si les droits payés par l'héritier sont supérieurs ou égaux à ceux dus par le légataire, celui-ci n'est tenu à aucune déclaration, car le Trésor est désintéressé.

4. TESTAMENT CONTESTÉ. — Le légataire universel ne peut se dispenser de faire la déclaration dans les six mois du décès du testateur, lors même que la validité du testament étant contestée, une instance pendante devant le tribunal tiendrait ses droits en suspens (Blois 5 déc. 1848, 13768 J. N., 14672 J. E.).

5. DROITS DU TESTAMENT. — Dans le même ordre d'idées, il a été reconnu que le légataire ne pouvait se dispenser d'acquitter les droits d'enregistrement du testament, à moins d'une renonciation formulée. — *V.* 17667.

**16113. Légataire particulier.** — Le principe posé au n° 16110 est général ; il s'applique au légataire universel comme au légataire à titre universel, comme au légataire particulier. — Jugé, en ce sens, dans des cas analogues à celui ci-dessus, que le délai de six mois est de rigueur, même pour les légataires particuliers qui n'ont pu obtenir la délivrance de leurs legs, par suite de contestation de la part des héritiers (Seine, 22 fév. 1849, 13665 J. N., 14708-12 J. E. ; — Seine, 8 août 1850, 15036 J. E. ; — 1er fév. 1862, 1658 R. P., 12259 C. ; — 17 juill. 1875 ; — Reims, 27 juin 1877).

Jugé encore que les droits de mutation auxquels donnent ouverture les legs particuliers doivent être acquittés dans le délai légal, quoique l'objet de ces legs ne se trouve point en nature dans la succession, et sans qu'il y ait lieu d'attendre que l'acceptation du legs universel fait à un établissement public ait été autorisée (Milhau, 31 août 1855, 16140 J. E.).

1. PREUVE. — La preuve de l'existence du legs peut résulter d'actes émanés du légataire, même en l'absence de la représentation du testament (Reims, 17 mars 1875).

**16114. Décès du légataire. — Usufruit. — Rente.** — Si le légataire venait à décéder avant le payement du droit, l'action de l'Administration ne serait point éteinte pour cela, parce qu'il aurait transmis à ses héritiers le legs avec ses charges ; mais si le legs n'était qu'un usufruit, devenant caduc par le décès du légataire avant la demande en délivrance, ou, pour mieux dire, s'éteignant avec lui, les droits de mutation ne pourraient être réclamés, dès qu'il n'aurait manifesté aucune intention de vouloir en profiter (D. m. f. 7 août 1815, Dél. 26 déc. 1826, 7235 J. N., 5206 J. E.) — *V.* 3266.

On l'a ainsi décidé également au sujet du légataire d'une rente, décédé peu après le testateur sans avoir obtenu la délivrance ni touché aucun des arrérages de cette rente (16642 t. 3 J. E.). C'est encore d'après le même principe que l'on n'exige pas le droit d'enregistrement des testaments devenus caducs. — *V.* 17083.

Mais si le légataire avait formé sa demande en délivrance, nonobstant qu'il décédât avant d'avoir acquitté les droits, la créance en serait acquise à l'Administration et elle pourrait en poursuivre le recouvrement contre les héritiers.

Décidé, en ce sens, que si le légataire de l'usufruit d'un immeuble qui en a fait la cession aux héritiers, moyennant un prix déterminé, meurt avant le délai pour la déclaration, les héritiers doivent acquitter l'impôt sur la valeur de cet usufruit (Dél. 16 juill. 1830, 9714 J. E.; — et 20 mai 1834, 7235 J. N., D. N. t. 12 p. 300 n° 597).

Mais lorsque l'usufruit a été donné éventuellement entre-vifs, il n'y a pas de délivrance à demander et les héritiers du donataire doivent payer le droit sauf renonciation au legs (Sol. 16 août 1872, 28 avr. 1875, 25 sept. 1876)

**16115. Legs conditionnel.** —La condition exerce une influence décisive en matière de succession comme en toute autre matière. C'est son accomplissement seul qui peut donner ouverture à l'exigibilité des droits. Mais, on le comprend, on ne peut lui attribuer, relativement au payement des droits, un effet rétroactif; car nul ne peut faire que le délai écoulé entre la date du décès et celle de la réalisation de l'événement prévu ne soit définitivement acquis aux légataires sous condition.

Ainsi, le délai pour le payement des droits d'un legs fait sous une condition suspensive, ne commence à courir que du jour où la condition s'accomplit (Château-Gontier, 27 août 1842, 13074 J. E.; — Nîmes, 30 août 1859, 16759 J. N.). — Ce principe avait déjà été consacré par une D. m. f. du 22 avril 1806 (2296 J. E.).

Mais le legs sous condition résolutoire doit être déclaré dans les six mois du décès (Lyon, 26 août 1872).

**16116. Legs à terme.** — Mais il n'en est pas du legs à terme comme du legs conditionnel. La condition peut empêcher que le legs ne vienne à effet, il suffit pour cela qu'elle ne s'accomplisse pas. Mais le terme ne peut jamais rendre un legs caduc, car le temps ayant une marche à laquelle rien ne peut s'opposer, le terme prévu arrivera forcément un jour ou l'autre. Ainsi, le legs fait à une personne pour n'en prendre possession qu'au décès d'un tiers doit être déclaré dans les six mois du décès du testateur, et non du tiers, attendu que ce legs n'est pas éventuel, mais à terme, et que si le légataire décédait avant le tiers, ses héritiers n'en recueilleraient pas moins la propriété de ce legs, dont la délivrance est seule différée (Confolans 26 juill. 1833 et Dél. 26 nov. 1833, 8416 J.N.)

Aussi l'Administration a-t-elle délibéré, le 26 novembre 1830 (10808 J. E., 1451 § 4 I. G), que le legs payable après le décès du légataire universel doit être déclaré dans les six mois du décès du testateur. — *V.* 16129.

Il n'est pas sans difficulté, parfois de distinguer dans les legs, le terme de la condition; nous examinons ces questions au n° 16602 ci-après.

**16117. Legs contesté.** — Le tribunal de la Seine a jugé, les 18 août 1850 et 7 juillet 1866 (2420 R. P.), que les droits de mutation sur des legs particuliers doivent être acquittés dans le délai fixé par la loi, sans qu'il y ait lieu d'attendre la décision des tribunaux auxquels est soumise une demande en annulation du testament.

« Attendu, porte le jugement de 1850, que Boly a légué à la femme Tricot 300 francs de rente viagère, une somme de 1,000 francs et la moitié de sa garde-robe; que, depuis l'ouverture de la succession, plus de six mois se sont écoulés sans que la légataire ait passé déclaration estimative et acquitté les droits de mutation à sa charge; qu'en conséquence, conformément aux art. 24 et 39 L. du 22 frimaire an 7, elle doit être poursuivie en payement du droit simple, et a encouru de plus la peine du demi-droit en sus, à titre d'amende; que sa négligence à se mettre en règle et son retard à s'acquitter ne peuvent trouver une excuse dans l'événement futur et incertain de l'annulation demandée du testament qui l'institue légataire, et de l'insuffisance de l'actif pour satisfaire à tous les legs, puisque la loi fiscale n'a subordonné les droits du Trésor ni à l'acceptation des legs ni à leur délivrance effective, mais a imposé des délais de rigueur auxquels les légataires sont tenus de se conformer, et passé lesquels la Régie est tenue de poursuivre pour éviter la prescription. »

Un jugement semblable a été rendu par le tribunal de Châteauroux le 17 février 1873.

Une Dél., 18 nivôse an 10, avait établi le principe en déclarant que c'est dans les délais ordinaires et à partir de l'ouverture de la succession que doivent être déclarés les biens qui étaient en la possession du défunt et dont la propriété lui était contestée (D. N. t. 12 p. 310 n° 674).

Sur la question de savoir si les droits sont ensuite restituables quand il est établi que le défunt n'était pas propriétaire. — *V.* le mot *Restitution*.

**16118. Achalandage.** — La clientèle d'une maison de commerce est une valeur mobilière qui, faisant partie de la succession du commerçant, doit être comprise dans la déclaration à faire de cette succession. On avait soutenu (4350 J. E.) que le délai pour la déclaration d'un achalandage ne devait pas courir du jour du décès, mais de celui de la vente, parce que la valeur en était incertaine et que l'achalandage n'était véritablement un actif que du moment où il était vendu.

C'est là une erreur condamnée par la jurisprudence que nous avons fait connaître au mot *Achalandage*. La déclaration doit en être faite, comme de toute autre valeur de la succession, dans les six mois du décès.

**16119. Adjudication. — Appel.** — En principe, l'appel n'étant pas successif, il s'ensuit que les biens adjugés en justice doivent être déclarés dans les six mois du décès de l'adjudicataire, quoiqu'il ait été interjeté appel du jugement d'adjudication. C'est là une application directe de la règle que nous avons développée sous le n° 771-8.

1. RESTITUTION. — Cependant, il résulte l'I. G. 436 n° 57, et d'une D. m. f. 16 mai 1809 (3235 J. E.), qu'il y aurait lieu à la restitution du droit de mutation dans les deux ans de l'arrêt qui annulerait le jugement. La règle posée ainsi est beaucoup trop absolue : il y a des distinctions enssentielles à faire. Ces distinctions ayant été formulées en thèse générale au mot *Restitution*, nous y renvoyons le lecteur.

**16120. Ingratitude. — Action en révocation.** — L'action que les héritiers de l'époux prédécédé intenteraient en révocation d'une donation pour cause d'ingratitude ne pourrait, si le jugement définitif ne devait pas être rendu dans le délai fixé par la loi pour faire la déclaration, dispenser l'époux survivant de faire, dans le délai, sa déclaration des biens compris dans la donation.

**16121. Donation contractuelle.** — Nous nous sommes livré, sous les nos 5319 et suiv., à de longs développements sur les donations contractuelles, qui peuvent comprendre tantôt des biens à venir, tantôt des biens présents et à venir. On pourra reconnaître, en consultant ces numéros, quelles sont celles de ces donations qui, en tout ou en partie, peuvent être considérées comme ayant le caractère de donation entre-vifs et celles qui constituent purement et simplement des libéralités soumises à l'événement du décès. Ce n'est pas ici le lieu de nous arrêter sur cette question. Il nous suffit de dire que toutes les fois que la donation doit être considérée comme éventuelle, les droits en sont dus dans les six mois du décès du donateur.

**16122. Enfant à naître.** — On a vu, au n° 15653, que l'enfant qui est encore à naître au moment du décès est apte à recueillir la succession, parce que la loi considère comme *déjà existant* celui qui n'est encore que conçu. Il s'ensuit, par voie de conséquence directe, que ce n'est pas à dater de la naissance de l'enfant que doit courir le délai pour faire la déclaration des biens qu'il est appelé à recueillir, mais bien du jour de l'ouverture de la succession. C'est d'ailleurs ce qu'a formellement reconnu une décision combinée entre les ministres des finances et de la justice, le 9 octobre 1810 (3797 J.E., 1153 J.N.).

Si l'enfant ne naît pas viable, le délai accordé aux héritiers appelés à son défaut court seulement à partir de l'événement qui a fait reconnaître la non-viabilité de l'enfant, c'est-à-dire de l'accouchement (Dél. 7 août 1822). — *V.* 16255.

**16123. Établissement public.** — On verra, au n° 16149, que le délai pour le payement des droits de mutation par décès fait à un établissement public, ne court que du jour où l'autorisation est parvenue à la Mairie. Mais cela ne peut s'entendre que de la déclaration à faire par l'établissement relativement à la quotité des droits. Si cette autorisation n'était pas parvenue dans les six mois du décès, l'héritier n'en devrait pas moins déclarer tous les biens de la succession, sauf à l'établissement public à faire une déclaration supplémentaire, s'il y avait lieu, à raison des droits qui pourraient être dus par lui à un taux plus élevé que ceux payés par l'héritier. — *V.* 16491.

**16124. Inscription au rôle.** — L'inscription au rôle d'un possesseur quelconque et le payement de la contribution foncière font preuve de la mutation (V. *Mutation secrète*). Mais ils ne suffisent pas pour la caractériser. C'est à la partie de faire connaître en vertu de quel titre ont eu lieu l'inscription au rôle et le payement de l'impôt. Si donc la partie déclare que c'est en vertu d'une mutation par décès, les droits doivent être réglés en conséquence; car, en cette circonstance, il n'appartient pas à l'Administration de contredire la déclaration de la partie.

En tout état de cause, le délai pour le payement des droits de mutation par décès doit courir de la date du décès de l'ancien possesseur, car si l'inscription fait preuve de la mutation, elle n'en constitue pas le point de départ, qui se trouve naturellement à l'ouverture de la succession qui a causé la mutation.

**16125. Jouissance légale.** — L'époux survivant a la jouissance légale des biens de ses enfants jusqu'à l'âge de 18 ans (*V.* 16062). Mais cette jouissance, bien que se confondant momentanément avec l'usufruit que cet époux peut tenir de son conjoint par donation ou legs, ne l'absorbe nullement. Celui-ci conserve toujours sa valeur propre, aussi doit-il en être fait déclaration dans les six mois du décès du donateur ou testateur. — *V.* 16501.

**16126. Majorat.** — Pour les majorats, il faut distinguer entre les majorats sur demande (*V.* 11054) et les majorats de propre mouvement (*V.* 11053). Pour les premiers, le délai pour la déclaration de succession court à partir du décès, comme pour toutes les successions (D. m. f. 26 janv. 1818, 5990 J.E.); quant aux seconds, *V.* 16160.

**16127. Militaire.** — On verra, au n° 16138, que le délai pour le payement des droits de succession des militaires morts en activité de service hors de leur département, ne court que de la date de l'inscription du décès sur les registres de l'état civil. Mais il n'en est plus ainsi lorsque le militaire est décédé dans son département. Il rentre dans la règle commune, c'est-à-dire que le délai court du jour du décès (D. m. f. 21 juill. 1020, 6746 J.E.).

**16128. Mort civile.** — Avant que la mort civile fût abolie, il était constant que la déclaration de la succession ouverte par la mort civile devait être faite dans les six mois *du jour où la mort civile avait commencé*. — Seulement, comme les condamnations contradictoires n'emportaient la mort civile qu'à compter du jour de leur exécution, soit réelle, soit par effigie (art. 26 C. C.), c'était du jour de cette exécution que, dans ce cas, courait le délai des six mois.

De même encore, les condamnations par contumace n'emportaient la mort civile, d'après l'art. 27 C. C., qu'après les cinq ans qui suivaient l'exécution du jugement par effigie, et pendant lesquels le condamné pouvait se représenter. Ce n'était donc qu'à compter de l'expiration des cinq ans qui suivaient l'exécution par effigie que courait le délai pour faire la déclaration de la succession du condamné contumace.

**16129. Nue-propriété.** — On a vu, au n° 16116, que le terme n'ayant rien de suspensif, les déclarations de legs à terme devraient être faites dans les six mois du décès du testateur. Ce principe est parfaitement applicable au nu-propriétaire, qui n'est appelé à recueillir le bénéfice de son institution qu'après la cessation de l'usufruit.

Ainsi a-t-il été jugé que le délai pour les déclarations des héritiers ou légataires de la nue-propriété court du décès, comme pour les déclarations d'usufruit ou de la propriété entière. On ne peut attendre l'époque de la réunion de l'usufruit (Cass. 13 flor. an 9, 20 frim. an 14, 11 sept. et 18 déc

1811, 31 juill. 1815, 9972, 4058, 4134, 5251 J.E., et 9 juin 1823, D.N. t. 12 p. 306 n° 639).

« Considérant, porte l'arrêt du 31 juillet 1815, que, dès que le droit de la Régie est ouvert intégralement et sans distraction au moment du décès, quoique l'usufruit ne soit point encore réuni à la propriété, il faut aussi que la prescription commence à courir de cette époque; considérant que les demandeurs en cassation ont succédé, le 5 février 1807, à Marie Harostégny, femme Desbarbes; que cette succession se composait de la nue-propriété des deux maisons qui lui avaient été données dans son contrat de mariage; qu'il n'a été fait aucune déclaration; que, si la Régie eût agi après le décès de la dame Desbarbes contre les demandeurs en cassation, ils n'auraient pas été fondés à faire distraire le payement des droits relatifs à la jouissance, jusqu'à l'époque de la réunion de l'usufruit à la propriété; que ce principe a été consacré par une jurisprudence constante. »

**16130. Partage provisoire.** — On avait prétendu que lorsque certains biens n'avaient été attribués au défunt qu'à titre de partage provisoire, on devait attendre le partage définitif pour passer la déclaration de succession. Mais cette opinion se trouvait en contradiction manifeste avec la maxime *le mort saisit le vif*, dont on a vu une application, en matière de délai, sous le n° 16110. Aussi a-t-il été jugé par la Cour de cassation, le 7 nivôse an 6 (140 J.E.), que, dans ce cas, le délai court du décès et qu'il n'est pas nécessaire de faire signifier une contrainte pour mettre les héritiers en demeure.

Bien plus, un partage même définitif, même enregistré dans les six mois du décès, n'empêche pas que la peine du demi-droit en sus ne soit encourue, si la déclaration exigée par la loi n'a pas été faite (Cass. 23 prair. an 9, S. 1-2-303).

**16131. Renonciation.** — On a vu, au n° 15862, que l'héritier qui renonce est censé n'avoir jamais été héritier; d'où la conséquence que la renonciation au titre d'héritier, à quelque époque qu'elle soit faite, remontant à l'ouverture de la succession par un effet rétroactif, les héritiers qui viennent recueillir la succession, à défaut du renonçant, sont censés successeurs du jour du décès de l'auteur.

En se fondant sur ce principe, l'Administration a décidé, par une Sol. du 12 frimaire an 11 (1321 J.E.), que lorsque les héritiers ou légataires universels ont renoncé à la succession avant l'expiration des délais, ceux appelés à leur défaut doivent passer la déclaration dans les six mois du décès. Si la déclaration a été faite, le complément de droit qu'ils pourraient devoir sera acquitté dans le même délai. Si la renonciation n'a été faite qu'après l'expiration des six mois et qu'il n'y ait pas eu de déclaration, le demi-droit en sus sera encouru; s'il y a eu déclaration, le délai pour acquitter le complément de droit qui serait dû courra du jour de la renonciation.

Cette décision est d'un rigorisme extrême, et nous ne pouvons admettre que si la renonciation a lieu avant l'expiration des six mois, les héritiers appelés, par suite de cette renonciation, doivent une déclaration dans ce délai de six mois. Supposons, en effet, que la renonciation ait lieu la veille de l'expiration du délai, comment le nouvel appelé pourra-t-il fournir sa déclaration? Il suffit de poser cette hypothèse pour faire rejeter la solution.

Nous ne pouvons admettre non plus que si la renonciation est faite après l'expiration des six mois et qu'il n'y ait pas eu déclaration, le demi-droit en sus soit encouru. A qui, en effet, réclamerait-on ce demi-droit? Au renonçant? Mais il n'a jamais été héritier. Au nouvel appelé? Mais il n'était pas encore héritier au moment où la peine a été encourue.

Nous pensons que la seule solution rationnelle dans notre hypothèse est de décider que toutes les fois qu'il y a renonciation, le délai ne court pour les nouveaux appelés qu'à partir du jour de la renonciation. — *V.* 16272-4.

L'Administration applique aujourd'hui cette doctrine (Sol. 12 nov. 1872, 1er juill. 1873 et 29 janv. 1874).

1. ACCEPTATION NOUVELLE.—Lorsqu'un héritier, après avoir renoncé à la succession, déclare revenir sur cette renonciation pour la part qu'il était appelé à recueillir et figure à ce titre au partage, le droit de mutation par décès est exigible sur cette part dans les six mois de la rétractation de la renonciation (Seine 22 nov. 1873).

2. USUFRUIT SUCCESSIF. — Lorsqu'un usufruit est légué à plusieurs personnes pour en jouir successivement, ou qu'il porte sur des biens dont l'auteur de la succession n'avait que la nue-propriété au jour de son décès, le délai pour la déclaration ne court que du jour du décès du précédent usufruitier (Sol. 14 avr. 1826, 1200 § 15 I. G.; — le Havre 25 juill. 1832, 1422 § 8 I. G.; — Cass. 30 déc. 1834, 1481 § 9 I. G.; — Seine 6 fév. 1855 et 15 fév. 1856, 16227 J.E., 15739 J.N.; — Lyon 26 janv. 1867, 2653 R. P.; — Charleville 30 juin 1871, 2940 Rev.; — Rennes 4 août 1868, 2878 R. P.; Cass. 23 mars 1869, 2923 R. P., 2389 I. G., S. 69-1-321, D. 69-1-508; — et 4 janv. 1871, 3219 R. P., 2421-3 I. G., B. 1, S. 71-1-82, D. 71-1-313. — *V.* 12960. — *Conf.*: Demante n° 749). — Dans ce cas, en effet, la disposition en faveur du second légataire est purement éventuelle, puisque son effet est subordonné au prédécès du légataire qui a été investi le premier de l'usufruit, et qu'il pourrait arriver que, par suite de prédécès, le second usufruitier ne fût jamais appelé à profiter du bénéfice de la disposition faite en sa faveur.

A l'événement, c'est-à-dire s'il survit, il est alors tenu des droits en raison de sa parenté propre avec le donateur ou le testateur, et ces droits sont dus au Trésor dans les six mois de cet événement.

Telle est notamment l'hypothèse d'un contrat de mariage dans lequel il est stipulé qu'en cas d'enfants vivants, le survivant des époux aura à titre de donation l'usufruit des biens du défunt, mais seulement après l'extinction de l'usufruit légal (11125 J.N., D.N. t. 12 p. 299 n° 594).

3. USUFRUIT CONJOINT. — Mais si, dans l'hypothèse ci-dessus, il s'opère, lors de l'événement de l'usufruit, une nouvelle mutation passible du droit proportionnel, il n'en est plus ainsi dans le cas d'un legs fait conjointement. Ici les colégataires sont réciproquement saisis d'un droit actuel et irrévocable; l'accroissement qui a lieu plus tard, par suite du décès de l'un des légataires, au profit des autres, s'effectue par la seule force de la loi, en vertu de l'art. 1044 C. C., sans qu'il en résulte une nouvelle mutation au profit des survivants. Aussi a-t-on vu, au mot *Accroissement*, que l'ac-

croissement ne donne ouverture à aucun droit de mutation par décès (1354 § 8 I. G.).

Cette distinction entre l'usufruit conjoint et l'usufruit successif a été parfaitement établie par un jugement du tribunal du Havre, du 25 juillet 1832, rapporté dans l'I. G. 1422 § 8. Cependant, le tribunal de Gand, a jugé, le 8 février 1854, que dans le cas où un usufruit a été légué à plusieurs conjoints, chacun des légataires doit le droit de succession pour la part dont il jouit, et au décès de l'un d'eux un nouveau droit est dû par les autres, pour la part dont le premier a cessé de jouir et à laquelle l'exercice de leur droit s'étend. Mais cette décision même confirme la règle, car il a fallu, pour l'autoriser, une loi spéciale. Elle est, en effet, basée sur les dispositions de la loi du 27 décembre 1817, qui est particulière au gouvernement belge.

On ne peut donc pas suivre ici l'opinion émise par M. G. Demante, d'après lequel « si l'usufruit est donné ou laissé conjointement à plusieurs, avec accroissement de la part des prémourants au profit des survivants, le décès de chacun des prémourants donnera occasion de percevoir un droit des survivants, à raison de la part qui leur accroît » (n° 749). Le savant professeur n'a pas indiqué les motifs qui l'avaient déterminé à contredire ici la doctrine administrative et la jurisprudence des tribunaux; mais, quels qu'ils soient, ils nous paraît difficile qu'ils triomphent des principes mêmes sur lesquels repose le droit d'accroissement tels que nous les avons développés au mot *Accroissement.*

**16132. Réversion.** — RENTE VIAGÈRE. — Il résulte d'une Sol. 14 décembre 1825 (1187 § 7 I. G.) que le droit proportionnel est dû, lors de l'événement, sur la libéralité éventuelle ayant son origine dans la clause de réversion d'une rente viagère, et que l'exigibilité du droit part de la date du décès, non du donateur ou du testateur, mais du premier investi, sans que la rente puisse être considérée comme ayant fait partie de la succession de ce dernier. Cette proposition est amplement établie au mot *Donation*, n° 6692 et suivants [1].

Si un donataire entre-vifs est chargé de servir une rente à la succession du donateur, nul doute que le droit de succession est dû sur cette rente (Niort, 24 fév. 1873).

**16133. Séquestre conventionnel.** — On verra au n° 16164 que la loi excepte du délai fixé à partir du décès de l'auteur de la succession le cas de séquestre de la succession d'un condamné ou de celui établi, *pour toute autre cause*, par autorité de justice. Mais cette exception ne peut s'étendre au cas de séquestre conventionnel.

C'est ainsi qu'après le décès d'un individu, plusieurs personnes qui s'étaient présentées pour recueillir sa succession, n'ayant pu s'entendre sur leurs droits héréditaires, nommèrent un séquestre qu'ils chargèrent de gérer la succession. Une transaction ayant ensuite attribué la succession à celles des personnes en cause qui avaient été reconnues héritières, la déclaration fut faite dans les six mois de cette transaction, mais après l'expiration de ce même délai, à compter du décès. L'Administration ayant réclamé le demi-droit en sus sur cette déclaration, une instance s'engagea qui fut vidée par un arrêt de Cass. du 6 août 1810 (3698 J.E., S. 10-1-357), ainsi conçu :

« Attendu que lorsque la loi excepte du délai fixé le cas du séquestre de la succession d'un condamné ou de celui établi *pour toute autre cause*, ce ne peut être que dans le même sens d'un séquestre nommé d'autorité, et pour une cause indépendante de la volonté et de l'intérêt privé des particuliers; mais que cette exception ne peut s'étendre aux séquestres qui sont établis par la convention, ou sur la réquisition des parties, à ceux qui gèrent et administrent pour elles et dans leur intérêt exclusif, qu'autrement il ne tiendrait qu'aux parties de retarder le payement des droits, en faisant nommer un séquestre; que s'ils ne peuvent s'accorder sur leurs prétentions, il doivent se mettre en règle pour acquitter le droit par eux-mêmes ou par celui qui est préposé à la recette des revenus, le Trésor public ne devant pas souffrir des contestations de parties ; que le tribunal de Malmédy, en étendant l'exception à tous les cas de séquestre indistinctement, a fait une fausse application de la loi à cet égard et contrevenu par suite à la disposition qui fixe le délai à six mois, du jour du décès. »

**16134. Succession vacante.** — Nous avons vu précédemment (16092) que les droits de mutation étaient exigibles en cas de succession vacante de même que s'il s'agissait d'héritiers connus. Comme c'est le décès du *de cujus* qui opère la transmission et que d'après l'art. 24 L. 22 frimaire an 7, le délai de six mois accordé pour le payement de l'impôt court à partir du décès, il en résulte strictement que la déclaration des biens dépendant de la succession vacante doit être passée dans les six mois du décès, après quoi ils peuvent être directement réclamés par le Trésor et faire l'objet des poursuites ordinaires.

Mais c'est une question très-délicate et très-controversée que celle de savoir si le défaut de payement en temps utile expose soit la succession même, soit le curateur personnellement au payement du demi-droit en sus; nous examinerons cette difficulté au n° 16180 ci-après.

**16135. Tuteur.** — On a vu, au n° 16108, que le défaut d'acceptation de la succession ou de délivrance du legs ne dispense pas l'héritier ou le légataire d'en faire la déclaration dans le délai de six mois. Cette règle est absolue ; aussi a-t-il été reconnu que quoique le tuteur d'un héritier ou légataire n'ait pas encore été autorisé à accepter ou répudier la succession ou le legs, le délai court du jour du décès (Arr. d'admis. 21 oct. 1829, 1307 § 9 I. G.).

**16136. Usufruitier.** — Ces mêmes principes sont incontestablement applicables à l'usufruitier. En conséquence, il a été jugé que l'usufruitier doit acquitter le droit de mutation dans les six mois du décès, lors même qu'il n'aurait encore ni demandé ni obtenu la délivrance (Cass. 4 fév. 1812, S. 12-1-177, 4160 J.E.).

1. En matière civile, il a été décidé que si la durée de la rente est calculée sur la vie du crédi-rentier et de tiers désignés, la rente viagère est recueillie par les héritiers du défunt comme une dépendance de sa succession en leur qualité d'héritiers, quand même c'est sur la vie de ces héritiers que la durée en a été fixée (Cass. 29 mai 1865, D. 65-1-364).

« Attendu, porte cet arrêt, que Michel Malassis, décédé en France le 10 avril 1810, a légué, par son testament public, a Madelaine Ballay, sa femme, l'usufruit de la totalité de ses biens; qu'ainsi elle a dû, aux termes de l'art. 24 de la loi de frimaire précité, qui ne fait aucune distinction entre les héritiers donataires ou légataires, passer, dans les six mois du jour du décès de son mari, sa déclaration aux fins de la perception du droit d'enregistrement, ou bien renoncer, dans le même délai, à son legs, ce qu'elle n'a pas fait. »

Mais nous avons vu, au n° 16114, que si l'usufruitier meurt *integri status*, ses héritiers peuvent renoncer de son chef pour éviter le payement du droit.

## ARTICLE 2. — CAS OU LE POINT DE DÉPART DU DÉLAI EST A LA DATE DE L'INSCRIPTION DU DÉCÈS SUR LES REGISTRES DE L'ÉTAT CIVIL

[16137-16140]

**16137. C'est par l'inscription sur les registres de l'état civil qu'est constaté le décès.** En principe général, comme chaque décès doit être inscrit sur les registres de l'état civil, on pourrait conclure que c'est à partir de cette inscription seulement que court le délai pour le payement des droits de succession. Mais il n'en est pas ainsi. Le point de départ du délai est à la date du décès effectif. Les registres de l'état civil ne constituent en cette matière qu'un mode de contrôle, en ce sens que si l'Administration n'a pas eu connaissance du décès par une autre voie, elle peut invoquer celle-là; comme aussi ce document peut toujours lui être opposé pour arrêter, par la prescription, son action en demande du payement. — V. *Prescription*.

Néanmoins, l'inscription du décès sur les registres de l'état civil exerce une influence décisive dans quelques circonstances que nous allons faire connaître.

**16138. Militaire ou marin mort en activité de service.** — La constatation du décès des militaires ou marins morts en activité de service, hors de leur département, n'ayant lieu que par l'inscription au registre de l'état civil, le délai pour le payement des droits de mutation par décès ne court que du jour de l'inscription de l'acte de décès sur le registre de l'état civil de leur domicile, sauf ce qui sera dit au n° 16148 à l'égard des autres documents qui auraient pu procurer la connaissance du décès.

Mais l'inscription sur les registres de l'état civil militaire ne peut remplacer celle sur les registres de la commune (Cass. 29 avr. 1818, 6177 J. E.).

Quant au militaire décédé en activité de service dans son département, les règles ordinaires sont applicables.

**16139. Prisonnier de guerre.** — Les prisonniers de guerre étant rangés dans la catégorie des militaires en activité de service, quoiqu'ils ne soient point en activité au moment de leur captivité, les règles qui ont fait l'objet du numéro précédent leur sont applicables.

**16140. Décès arrivé hors de France.** — Le délai n'a été prolongé pour les personnes hors de France (*V.* 16102) qu'en raison de l'éloignement et des difficultés de communication avec le lieu où la succession s'est ouverte et pour donner le temps aux héritiers de connaître le décès et le droit qu'il leur transmet. Mais ce tempérament à la règle commune n'a pas de raison de subsister, du moment que l'inscription de décès a eu lieu sur les registres de l'état civil.

Ainsi, à partir de cette inscription, il ne doit plus rester qu'un délai de six mois, comme pour tous les décès arrivés en France (*Conf.* : 17527-2 J. E.; — *Contrà* J. du not. n° 2289). — *V.* 16146.

## ARTICLE 3. — CAS OU LE DÉLAI DATE DE L'ENVOI EN POSSESSION

[16141-16144]

**16141. Absent.** — La loi du 28 avril 1816, en déclarant, par son art. 40, que : « les héritiers, légataires et tous autres appelés à exercer des droits subordonnés au décès d'un individu dont l'absence est déclarée sont tenus de faire, dans six mois du jour de l'envoi en possession provisoire, la déclaration à laquelle ils seraient tenus s'ils étaient appelés par l'effet de la mort, et d'acquitter les droits sur la valeur entière des biens ou droits qu'ils recueillent, » a levé tous les doutes que l'art. 24 L. 22 frimaire an 7 laissait planer sur cette question.

C'est donc à partir de *l'envoi en possession provisoire* que court le délai de six mois pour la déclaration de la succession de l'absent, sauf toutefois le cas où les héritiers auraient pris de fait possession des biens. — V. *Absence*.

1. ADMINISTRATEURS PROVISOIRES. — Sur une demande de déclaration d'absence, le tribunal nomme les héritiers présomptifs administrateurs provisoires. Décidé, le 26 septembre 1817, par le ministre des finances (5884 J. E.), que le droit de succession est exigible comme s'il y avait eu déclaration d'absence, attendu que la loi ne trace point ce mode d'administration, et qu'il doit être considéré comme un envoi en possession.

**16142. Contumace.** — L'Administration, en interprétant l'art. 40 L. 28 avril 1816, qui veut que toutes les fois que l'absence est déclarée, les héritiers ou légataires de l'absent soient tenus de faire la déclaration de sa succession dans les six mois de leur envoi en possession, a délibéré, le 3 février 1832 (7696 J. N.) (au sujet de M. d'Hauvez, ancien ministre de Charles X, condamné à la prison perpétuelle et frappé d'interdiction légale), que les héritiers présomptifs d'un condamné contumax qui se font envoyer en possession de ses biens doivent payer les droits de mutation par décès dans les six mois de l'envoi en possession.

Mais même sous l'empire de la législation qui reconnaissait la mort civile, cette décision nous aurait semblé sujette à critique, parce que l'art. 40 de la loi de 1816 ne s'applique qu'à la succession de l'absent dont l'absence a été juridiquement déclarée, et ne peut concerner celle du contumax pour lequel la mort civile ne commence qu'après les cinq ans qui suivent l'exécution par effigie. D'ailleurs, et comme le fait très-justement remarquer le D.N. (vo *Abs.* no 474), le contumax n'est pas déclaré absent : la loi statue seulement sur le mode de gestion de ses biens. La délibération du 3 février 1832 ne nous paraît donc pas devoir être suivie, et de fait elle ne l'est pas en pratique.

**16143. Héritier évincé.** — Lorsque des biens qui avaient été déclarés en ligne directe passent, par l'événement d'un procès, à des héritiers collatéraux, le délai court du jugement qui a envoyé ces derniers en possession. « Considérant que si les héritiers Sue ont été appelés à la succession dont il s'agit par arrêt de la cour d'appel de Montpellier, en date du 15 thermidor an 11 ; que, s'ils n'ont pas obtenu de fait la délivrance de leur part héréditaire, il n'est pas moins vrai qu'ils en ont été saisis de droit, qu'ils en ont acquis la propriété et possession légale lorsque cet arrêt a été rendu; qu il est de principe que c'est du moment que cette saisine de droit, sans aucun égard à l'appréhension de fait, que les héritiers sont obligés envers les créanciers de la succession qu'ils recueillent, et par conséquent envers la Régie de l'enregistrement pour les droits qui lui sont dus; qu'ainsi c'est à dater du 11 thermidor an 11 que les héritiers Sue sont devenus débiteurs du droit réclamé, et par conséquent que c'est dans les six mois, à dater de cette époque, qu'ils ont été tenus à la déclaration prescrite par l'art. 24 ci-dessus cité ; considérant qu'à défaut de déclaration dans ce délai, ils ont encouru l'amende du demi-droit prononcée par l'art. 39 ; qu'ils ont encouru cette amende même en les supposant exempts de fraude ; car la contravention à une loi fiscale ne s'écarte pas par l'intention » (Cass. 11 fév. 1807, 2810 J.E., S. 7-2-732)

**16144. Héritiers irréguliers.** — Le délai pour le payement des droits de mutation par décès, par l'époux qui recueille la succession à défaut d'héritiers au degré successible, est de six mois, à partir de l'envoi en possession seulement (Dél. 13 oct. 1829, 9448 J.E., 6097 J. N., Sol. 22 mars 1867).

On a dit contre cette solution que, dans les exceptions établies sur l'art. 24 L. 22 frimaire an 7, n'est pas compris le cas où l'époux recueille la succession de son conjoint à défaut d'héritiers successibles.

Mais la justification de l'opinion de l'Administration se trouve tout entière dans le texte même de l'art. 724 C.C., selon lequel les héritiers légitimes sont saisis de plein droit des biens, droits et actions du défunt ; tandis que les enfants naturels, *l'époux survivant*, ainsi que l'État, doivent *se faire envoyer en possession* par justice, dans les formes qui sont déterminées.

Ainsi la mutation est opérée au profit de l'héritier légitime le jour même du décès, et elle ne l'est au profit de l'époux survivant que le jour où il est envoyé en possession par justice.

Si donc le délai pour l'exigibilité du droit dont la mutation est la cause ne court, en général, que du jour où cette mutation s'effectue, ce n'est pas la date du décès de l'époux prédécédé qui doit être le point de départ pour la déclaration de sa succession par le conjoint survivant qui la recueille, c'est la date du jugement par lequel il en est envoyé en possession, conformément à la loi ; car, jusqu'à ce jugement, il n'y a pas certitude, il y a seulement présomption qu'il la recueillera. Il importe peu dès lors qu'une telle succession n'ait pas été placée, par le législateur de l'an 7, qui ne pouvait prévoir ce que statuerait plus tard le Code civil, dans les exceptions établies par l'art. 24 de la loi de frimaire ; la règle générale est qu'il faut que la mutation soit opérée pour que le droit soit ouvert et exigible.

Cette décision s'applique évidemment au cas où c'est l'enfant naturel ou l'État qui recueille la succession à défaut de successible.

C'est dans cet ordre d'idées que, dès le 8 frimaire an 8 (673 J. E., D. N. t. 12 p. 306 no 644), le ministre des finances avait décidé que le délai pour la déclaration des successions que l'État a appréhendées à *titre de déshérence*, avant que les héritiers se soient fait connaître, ne court que du jour où il est autorisé à prendre possession des biens.

De nombreuses solutions ont été rendues dans le même sens (Sol. 5 juill. 1873, 22 oct. 1873, 5 mai 1876, 16 et 18 janv. 1877).

## ARTICLE 4. — CAS OU LE DÉLAI PREND SA DATE A LA PRISE DE POSSESSION

**[16145-16148]**

**16145. Absent.** — On a vu, au no 16141, que l'art. 40 L. 28 avril 1816 fait courir les délais pour la déclaration des biens d'un absent de l'envoi en possession provisoire prononcée par le tribunal. Mais cette disposition législative a laissé dans toute leur vigueur les principes généraux posés par l'art. 12 L. 22 frimaire an 7, d'après lesquels la mutation d'un immeuble est suffisamment prouvée, pour la demande des droits au nouveau possesseur, par les actes qui constituent sa propriété.

Dans ce cas, la loi du 22 frimaire an 7 fixe elle-même, par son art. 24, le point de départ du délai pour passer déclaration.

Il est de six mois à partir de la prise de possession ; c'est là une règle que nous avons établie avec tous les développements qu'elle comporte au mot *Absence ;* aussi nous dispensons-nous d'y revenir ici. Nous ajoutons seulement que le tribunal de Mauriac a consacré cette règle, en rejetant, le 15 novembre 1855 (16216 J.E.), l'opposition à une contrainte décernée par l'Administration en payement des droits de la succession d'un absent, par suite de la prise de possession de ses biens par un acte de partage.

Mais il est bien entendu que l'Administration ne saurait réclamer les droits sur les autres biens de l'absent pour lesquels il n'existe aucun acte ostensible de prise de possession (Metz 7 mai 1857).

1. CURATEUR. — Si un curateur nommé à un militaire absent ne se borne pas à des actes conservatoires et à faire constater l'état des biens sur lesquels l'absent a des droits successifs, et que, fondé ou non, il en prenne possession réelle, il est tenu d'acquitter, dans le délai de six mois, les droits de mutation en sa qualité. Il faut que ces droits soient payés, et ils doivent l'être par celui qui prend possession des

biens; mais ils ne peuvent l'être, bien entendu, qu'au nom des héritiers naturels de l'absent.

**16146. Décès hors de France.** — La loi accorde un surcroît de délai aux héritiers des personnes mortes hors du territoire de France, parce que, en raison de l'éloignement et des difficultés de communication avec le lieu où la succession a pu s'ouvrir, elle suppose qu'ils n'auraient pas le temps de connaître le décès et de liquider la succession dans le délai ordinaire. Mais cette exception n'a plus de but du moment que les héritiers ont fait des actes qui prouvent qu'ils ont eu connaissance du décès. Aussi la loi écarte-t-elle elle-même l'exception, en décidant, par son art. 24, que « si, avant les derniers six mois des délais fixés pour les déclarations des successions des personnes décédées hors de France, les héritiers prennent possession des biens, il ne restera d'autre délai à courir, pour passer déclaration, que celui de six mois, à compter du jour de la prise de possession. »

**16147. Héritiers irréguliers.** — On a vu, au n° 16144, que le droit de mutation est dû par les héritiers irréguliers dans les six mois de leur envoi en possession. Mais comme il y a même raison de décider pour eux que pour les héritiers présomptifs des absents (*V.* 16145), il faut reconnaître que s'ils se mettent en possession des biens avant d'avoir demandé l'envoi en possession, leur délai devra courir de cette prise de possession.

C'est ce qu'on a décidé spécialement, le 22 mars 1867, au sujet de la succession du mari recueillie par la veuve à défaut d'héritiers.

**16148. Militaire.** — C'est du jour de l'inscription sur les registres de l'état civil du décès du militaire mort hors de son département, en activité de service, avons-nous dit au n° 16138, que court le délai pour le payement des droits de mutation par décès. Mais, mieux encore que l'inscription du décès sur les registres de l'état civil, la prise de possession de ses biens par les héritiers fournit la preuve qu'ils ont connaissance de son décès. Dès lors, c'est à dater de cette prise de possession que court également le délai (Cass. 22 brum. an 14, 2164 J. E.). — *V.* 16127 et 16158.

« Attendu, porte cet arrêt, que, dans l'espèce, Decot est mort en activité de service ; qu'il n'est pas contesté que ses héritiers n'ont pris sa succession qu'en conséquence du certificat du ministre de la guerre, du 18 nivôse an 9 ; que, de même qu'à compter de ce jour les héritiers auraient eu six mois pour faire leur déclaration, la Régie a eu cinq ans, à partir du même jour, pour former sa demande du droit d'enregistrement. »

1. INSCRIPTION AU ROLE. — Il est difficile de donner une preuve plus caractéristique de prise de possession que de se faire inscrire au rôle aux lieu et place du présumé mort. Aussi a-t-il été jugé que, lorsque les héritiers présomptifs ont fait substituer, sur les rôles de la contribution foncière, leur nom à celui d'un militaire absent, et qu'ils ont fait des payements d'impôts, il y a présomption suffisante de mutation (Cass 8 mai 1826, 8437 J. E., 1200 § 13 I. G.).

## ARTICLE 5. — CIRCONSTANCES DIVERSES POUVANT FAIRE COURIR LE DÉLAI

[16149-16167]

**16149. Autorisation. — Établissement public.** — Les communes et établissements publics ayant besoin d'une autorisation spéciale pour accepter les donations et legs qui peuvent leur être faits, le délai ne court, à leur égard, qu'à partir du jour où l'ordonnance qui autorise l'acceptation des donations et legs a été rendue (Sol. 10 mars 1875, 9 juin 1875 et 5 mai 1876). — *V.* 16491.

**16150. Annulation de vente.** — Le principe qui domine toutes les questions qui dépendent du sujet que nous traitons dans cet article, c'est que si les héritiers doivent payer les droits de mutation par décès toutes les fois qu'ils sont saisis des biens de la succession, ils ne peuvent néanmoins être tenus à ce payement avant d'avoir été mis à même d'exercer leurs droits.

En ce sens, il a été jugé que lorsqu'après la déclaration d'une succession, des biens sont rentrés dans l'hérédité par l'annulation de la vente qu'en avait consentie le défunt, le délai pour réclamer les droits de mutation par décès sur ces biens ne court que de la date du jugement ou de l'arrêt définitif qui annule la vente (Tours 10 août 1838, 245 I. G.).

**16151. Biens rentrés dans l'hérédité.** — De même, lorsque des biens rentrent dans l'hérédité postérieurement au décès, le délai de six mois ne court qu'à compter de l'événement qui a produit la rentrée dont les héritiers profitent.

C'est un point qui résulte de toute la jurisprudence que nous faisons connaître plus loin sous les nos 16312 et suiv., et notamment de deux arrêts de Cass. des 24 août 1841 (S. 41-1-771, 12845 J. E.) et 26 avril 1870 (3099 R. P., 2405-1 I. G., B. 89, S. 70-1-337, D. 70-1-398).

« Attendu, porte l'arrêt de 1870, que l'action de la Régie, en ce qui concerne les droits de mutation applicables à la valeur recouvrée, n'étant ouverte qu'à partir et à raison du recouvrement opéré, c'est aussi seulement à compter de ce recouvrement que peut courir la prescription édictée par les lois combinées du 22 frimaire an 7, art. 61, et 18 mai 1850, art. 12, au sujet des valeurs omises dans les déclarations de succession émanées des héritiers. »

*Conf.* : Bagnères, 13 mai 1872, R. P. 3669 ; — Saint-Lo, 14 août 1872 ; — Angoulême, 16 déc. 1872 ; — Bazas, 15 janv. 1873 ; — Seine, 12 juill. 1873.

**16152. Déchéance. — Acquéreur des biens de l'État.** — Lorsqu'un acquéreur des biens de l'État a été évincé pour cause de déchéance, ses héritiers peuvent être autorisés à se mettre en possession des biens vendus à leur auteur.

Dans ce cas, ils doivent en passer la déclaration dans les six mois de la notification qui leur est faite de la décision du ministre des finances qui approuve leur envoi en possession. Ce n'est en effet que cette notification qui a pu leur faire connaître les droits qu'ils recueillaient dans la succession de leur auteur.

**16153. Déshérence.** — On a vu, aux nos 15747 et suiv., que lorsqu'une succession a été appréhendée par des successeurs irréguliers, à défaut de parents connus au degré successible, les biens doivent être restitués aux héritiers qui peuvent venir à se présenter. Dans ce cas, évidemment, ce n'est que du jour où ces héritiers ont fait reconnaître leurs droits et ont pu se saisir de la succession que peuvent courir les délais pour le payement des droits de mutation par décès. En ce sens, il a été décidé, par le ministre des finances, le 8 frimaire an 9, que lorsque des héritiers rentrent en possession de biens appréhendés par l'État, à titre de déshérence, le délai de six mois ne peut courir que de la notification qui leur est faite de la décision du ministre des finances qui autorise la remise des biens.

**16154. Droits litigieux.** — La question de savoir quand et comment les droits litigieux qui existent dans une succession peuvent être déclarés est susceptible d'une solution différente, suivant qu'ils n'étaient pas connus au moment de l'ouverture de la succession, ou que l'action en revendication se trouvait ouverte. Nous en avons traité avec tous les développements convenables sous les nos 1582 et suiv., nous y renvoyons le lecteur.

**16155. Enfant né non viable.** — Lorsque l'enfant n'est pas né viable, a-t-on vu au no 15658, il n'est pas apte à recueillir et à transmettre la succession. Dans ce cas, ce n'est plus à dater de l'ouverture de la succession que peut courir le délai pour les héritiers appelés à la succession à son défaut, puisque c'est lui qui, étant présumé existant du moment qu'il avait été conçu, avait acquitté les droits de mutation que rendait exigibles le décès (*V.* 16122). Le délai, pour les nouveaux héritiers, date alors de l'événement qui a déterminé leur vocation, et cet événement étant celui qui a fait reconnaître la non-viabilité de l'enfant, c'est à dater de l'accouchement que court le délai de six mois pour les nouveaux héritiers (Dél. 7 août 1822).

**16156. Héritier évincé en tout ou en partie.** — Lorsqu'une succession a été déclarée échue en totalité à la ligne directe, et qu'il survient des héritiers en ligne collatérale, ceux-ci doivent passer une nouvelle déclaration dans les six mois de l'acte qui a reconnu leurs droits, à peine du demi-droit en sus, et il y a solidarité entre eux et les héritiers de la ligne directe, pour le payement du supplément de droit (Seine 25 mars 1852, 15451 J.E.). — *V.* 16143.

**16157. Indigne.** — C'est seulement à partir de l'arrêt qui a déclaré l'indignité que peut courir le délai pour le payement des droits de mutation par décès, de la part des héritiers appelés aux lieu et place de l'indigne.

Il a même été décidé que s'il y a pourvoi en cassation, le délai ne court que de l'arrêt de rejet (D. m. f. 7 juin 1808, 386 no 37 I. G., 2701 J. E.). Mais cette décision ne nous paraît pas devoir être suivie, car, en matière civile, le pourvoi en cassation n'est pas suspensif

**16158. Militaire.** — On a vu, aux nos 16138 et 16148, que le délai, pour la déclaration de succession d'un militaire ou d'un marin mort en activité de service hors de son département, court tantôt de l'inscription du décès sur les registres de l'état civil, tantôt de la prise de possession des biens par les héritiers.

Il a été encore jugé que le dépôt de l'acte de décès chez un notaire suffisait pour constater le décès (Cass. 25 juin 1806). D'où la conséquence qu'un pareil dépôt pourrait être le point de départ du délai.

Décidé également que quand un militaire est décédé à l'étranger et que son décès n'a pas été inscrit sur les registres de l'état civil de la commune de son domicile, il suffit d'une inscription prise par les héritiers pour rendre les droits de mutation exigibles dans les six mois de cette prise de qualité (17107 J. E.).

**16159. Legs conditionnel.** — En ce qui concerne le legs conditionnel, c'est évidemment du jour seulement de l'accomplissement de la condition que peut courir le délai pour le payement des droits de mutation par décès. — *V.* 16115.

**16160. Majorat.** — On sait que pour les majorats de propre mouvement, les titulaires ont besoin d'une investiture de l'État (*V.* 11053).

A la différence donc des majorats de demande, pour lesquels le payement court de l'ouverture de la succession (*V.* 16126), le délai pour le payement des droits de mutation par décès des majorats, provenant originairement du domaine extraordinaire, ne date que de l'investiture.

**16161. Mort accidentelle. — Constatation d'identité de cadavre.** — De quel moment court le délai pour le payement des droits de succession d'une personne dont on retrouve le cadavre hors de son domicile, par suite, par exemple, d'assassinat, de suicide ou de toute autre espèce de mort accidentelle?

La réponse à cette question se trouve dans cette considération que le législateur, en accordant un délai de six mois, a eu pour but de donner aux héritiers et donataires le temps nécessaire pour prendre connaissance des forces de la succession, faire inventaire et délibérer. Or, ces dispositions ne peuvent avoir lieu qu'à dater du moment où le décès a été constaté; attendu que, jusque-là, l'existence d'une personne restant toujours incertaine, sa succession n'est pas ouverte, sauf le cas de déclaration d'absence, et qu'il peut même arriver que le décès ne soit constaté d'une manière légale qu'après l'expiration du délai. — Il résulte nécessairement cette observation, que le jour où le cadavre d'une personne a été retrouvé ne peut point être réputé celui du décès, mais que le délai, pour faire la déclaration de la succession, doit courir seulement du jour où la reconnaissance du cadavre a été constatée d'une manière légale.

**16162. Réméré.** — Nous avons longuement examiné, sous les nos 13879 et suiv., quel est le droit exigible lorsque le retrait est exercé par l'héritier. Mais il nous reste à dire ici que le délai pour le payement des droits court naturellement du jour du retrait, puisque l'héritier est libre d'exercer ou de ne pas exercer le retrait.

1. CESSION DU DROIT DE RETRAIT. — Dans le même ordre d'idées, il faut décider que si l'héritier cède la faculté de réméré qu'il a recueillie dans les biens de la succession, le délai court du jour de la cession. Jusque-là, en effet, il était incertain que l'héritier usât du droit qui lui était échu. Mais en cédant son droit, il agit comme s'il eût lui-même exercé le retrait.

Dans ce cas, ce n'est pas l'immeuble dont le retrait n'est pas exercé qui doit être déclaré, mais le droit cédé; ce droit est immeuble, d'après l'art. 526 C.C. (D. m. f. 2 juin 1812, 4312 J.E.).

2. SÉQUESTRE. — Dans une espèce où il s'agissait d'une succession séquestrée, la Cour de cassation a jugé, relativement à un immeuble rentré dans la succession au moyen d'un réméré exercé par l'héritier, que le délai avait commencé du jour de l'arrêté portant mainlevée définitive du séquestre, et non de la date de l'acte de rachat, passé postérieurement (Cass. 18 déc. 1816, 338 *P. chr.*).

**16163. Réversion.** — Toutes les fois qu'une rente viagère ou un usufruit a été donné ou légué à deux ou plusieurs personnes, pour en jouir successivement, le délai pour le payement du droit de mutation qui s'opère sur la tête du second investi court du jour du décès du premier, sans que néanmoins, ainsi que cela est établi au no 16081, la rente ou l'usufruit puisse être considéré comme faisant partie de sa succession.

V. *Donation* nos 0693 et suiv.

**16164. Séquestre.** — Lorsque les successions ont été séquestrées, en vertu d'arrêtés de l'autorité administrative, le délai ne court que du jour de la mainlevée définitive (Cass. 22 vend. an 9, 659 et 828 J.E.; — 23 brum. an 12, S. 5-1-137, 1935 J.E.; — 14 août 1811, *P. chr.* 42, 4098 J.E.; — 9 nov. 1813, 4713 J.E.). — *V.* 16133.

C'est ainsi que le délai pour la déclaration des successions dont les biens étaient rendus aux émigrés ne courait que du jour de la levée du nouveau séquestre, établi en exécution du Déc. 13 mars 1815 (D. m. f. 4 janv. 1816, 5303 J.E.).

**16165. Substitution.** — Lorsqu'un testament a été annulé pour cause de substitution prohibée, le délai pour le payement des droits de mutation par les nouveaux héritiers court de la date du jugement qui a annulé le testament (Langres 14 nov. 1855, 16165 J.E.).

**16166. Testament.** — 1. OLOGRAPHE. — Si le legs résulte d'un testament olographe ou mystique, le délai ne court que du jour de son ouverture, ou, pour le premier, si son état n'a pas été constaté judiciairement, du jour du dépôt en l'étude d'un notaire ou de son enregistrement (1200 § 14 I.G.).

2. DÉCOUVERT ULTÉRIEUREMENT. — Si un testament a été découvert postérieurement au payement des droits de mutation par décès, par les successeurs alors en titre, c'est dans le délai de six mois, à partir de sa découverte, que peuvent être faites, sans que le droit en sus soit exigible, les rectifications nécessaires dans une déclaration de succession passée antérieurement.

Il en est de même pour la déclaration à faire par un légataire en vertu d'un testament dont il ignorait l'existence (Vendôme, 28 avr. 1866; — Confolens, 10 fév. 1872; — Reims, 17 mars 1875).

**16167. Usufruit.** — Il en est de l'usufruitier comme des légataires : le délai dans lequel il est tenu de payer le droit de mutation par décès court de l'ouverture de la succession, lors même qu'il n'aurait encore demandé ni obtenu la délivrance; il suffit qu'il n'ait point renoncé (Cass. 4 fév. 1812, 4160 J.E., S. 12-1-177). — *V.* 16136.

Quant à l'usufruitier qui ne doit entrer en jouissance qu'après le décès d'un premier usufruitier, ce n'est qu'à partir de ce décès que court le délai. — *V.* 16163.

Mais ce n'est pas toujours au décès du premier usufruitier que doit être payé le droit exigible du second. Il a été décidé que si le testateur a énoncé que le droit du second s'ouvrirait au décès du premier, les juges du fond peuvent, en appréciant les circonstances, décider qu'il s'ouvre également par la renonciation de ce légataire, alors surtout que les parties ont ainsi interprété entre elles le testament; d'où il suit que le droit de succession est alors exigible (Cass. 23 mars 1869, 2923 R.P., 2389-3 I.G., S. 69-1-321, D. 69-1-508, P. 69-791).

« Attendu, en droit, porte cet arrêt, que le droit de mutation est dû par l'usufruitier à partir du jour où s'ouvre le droit d'usufruit; attendu que, dans l'espèce, la testatrice avait constitué deux usufruits successifs, le premier au profit de la dame Givois, sa sœur, le second au profit des père et mère légataires universels de la nue-propriété; attendu que si, pour indiquer le moment où cessera le premier usufruit et où commencera le second, la testatrice exprime seulement le mode le plus ordinaire de la cessation de l'usufruit, à savoir la mort de l'usufruitier, les juges du fond, appréciant l'intention de la testatrice, décident que la renonciation de la dame Givois, éteignant, comme le ferait son décès, l'usufruit à elle légué en premier ordre, donne ouverture à l'usufruit du deuxième degré; attendu que cette interprétation de l'intention de la testatrice est d'autant moins contestable que, par jugement contradictoire, rendu le 22 avril 1864 entre les divers ayants droit à la succession, il avait déjà été décidé que le deuxième usufruit s'était ouvert par la renonciation de la dame Givois, et que, de fait, les usufruitiers du deuxième degré ont été mis en jouissance de cet usufruit à compter de ladite renonciation, ainsi qu'il résulte du jugement qui, à la date du 29 août 1865, a homologué le partage; que c'est donc à bon droit que, dans ces circonstances, le droit de mutation a été déclaré exigible. »

## CHAPITRE II. — PEINE EN CAS DE RETARD

[16168-16189]

**16168. Demi-droit en sus.** — Il fallait une sanction à la disposition de l'art. 24 L. 22 frimaire an 7, qui fixe les délais dans lesquels devront être faites les déclarations de mutation par décès. Cette sanction se trouve dans l'art. 39 de la même loi, aux termes duquel « les héritiers donataires ou légataires qui n'ont pas fait, dans les délais prescrits, les déclarations des biens à eux transmis par décès doivent payer, à titre d'amende, un demi-droit en sus du droit qui est dû pour la mutation. »

**16169. Principe.** — En principe, le demi-droit en sus est la peine d'une faute; il ne peut donc être encouru que lorsqu'il y a faute de la part du successeur qui n'a pas fait la déclaration exigée dans les six mois du décès. Aussi a-t-on vu, sous les nos 16149 et suiv., de nombreux exemples où la loi a été interprétée en ce sens, que le délai n'a dû courir qu'à partir de l'époque où les hériters s'étaient réellement trouvés en mesure d'agir.

C'est également dans cet ordre d'idées que l'Administration a décidé, par une Sol. 1er juillet 1813 (4553 J. E.), que si les héritiers découvrent des valeurs qui n'ont point été inventoriées, dont ils ignoraient l'existence, et en font la déclaration dans les six mois de la découverte, le demi-droit en sus ne peut être exigé.

**16170. Erreur de droit.** — 1. PAYEMENT DANS UN AUTRE BUREAU. — Ce n'est que l'impossibilité de satisfaire au vœu de la loi qui rend le successeur indemne de toute peine. Mais l'erreur dans laquelle peut faire tomber l'ignorance des prescriptions de la loi ne produit pas le même effet, car, dans les principes de notre droit, nul n'est censé ignorer la loi.

Ainsi, si l'on a payé les droits dans un bureau autre que celui où la déclaration devait être faite, et que l'erreur n'ait pas été réparée dans les délais, le demi-droit en sus devra être acquitté à ce dernier bureau, sauf restitution des droits acquittés au premier (D. m. f. 28 sept. 1841, 16489 I. G.). — V. 16193.

2. DROIT MAL A PROPOS PERÇU. — Quoique le droit proportionnel ait été perçu lors de l'enregistrement d'une donation à cause de mort, considérée à tort comme donation entre-vifs, le demi-droit en sus sera exigible du donataire, s'il ne fait pas de déclaration dans les six mois du décès du donataire (Cass. 24 déc. 1821, 7291 J. E., D. N. t. 12 p. 311 no 688, S. 22-334). — V. 12906-3.

3. ÉTRANGER. — Des rentes inscrites sur le grand-livre de la dette française, et dépendant de la succession du sieur Lomellino, sujet sarde, décédé à Naples, n'ont point été déclarées en France, dans le délai de huit mois fixé par l'art. 24 L. 22 frimaire an 7. Le payement du droit simple de mutation et du demi-droit en sus a été demandé par l'Administration; mais les héritiers ont soutenu qu'ils n'étaient débiteurs que du droit simple, et qu'on ne pouvait leur faire supporter le demi-droit en sus, qui constitue une peine, parce que leur qualité d'étrangers ne permettant pas de supposer qu'ils connaissaient la législation française, ils n'avaient en réalité commis aucune contravention.

Cette prétention n'était pas fondée. En effet, l'art. 39 L. 22 frimaire an 7 porte que les héritiers, donataires ou légataires, qui n'auront pas fait, dans les délais prescrits, la déclaration des biens à eux transmis payeront à titre d'amende, un demi-droit en sus du droit qui sera dû pour la mutation. Cette disposition, conçue en termes généraux, ne distingue pas entre les nationaux et les étrangers; elle les soumet les uns comme les autres, dans le cas qu'elle indique, à l'amende de retard par cela seul qu'ils ont laissé expirer le délai déterminé sans passer la déclaration qu'ils étaient tenus de fournir. La raison et la justice exigent qu'il en soit ainsi en France, où les étrangers succèdent comme les nationaux, et l'on doit même reconnaître que la disposition pénale de l'art. 39, qui a pour objet d'assurer le payement régulier des droits de succession, est particulièrement nécessaire à l'égard des étrangers, contre lesquels l'Administration n'a que des moyens d'action restreints.

D'après ces motifs, le ministre des finances a décidé, le 26 mai 1853 (2003 § 2 I. G.), que les héritiers du sieur Lomellino ont encouru le demi-droit en sus, à défaut de déclaration en France, dans le délai prescrit, des rentes sur l'État qu'ils ont recueillies dans la succession de leur auteur.

**16171. Erreur de fait ou d'intention.** — Ce n'est pas seulement l'erreur de droit que la loi frappe d'une amende, c'est encore l'erreur de fait, et surtout l'erreur d'intention, qui constitue la fraude par excellence.

En ce sens, il a été décidé que si la date du décès énoncée dans la déclaration est erronée et que cette déclaration ait été faite après l'expiration du délai, c'est le demi-droit en sus qui est encouru (Sol. 2 germ. an 8, 1605 J. E.). — V. 16177.

**16172. Nécessité de la déclaration.** — Ce n'est pas le défaut de payement que frappe la peine du demi-droit en sus, car le payement est toujours forcé du moment que la déclaration existe, puisque l'art. 28 L. 22 frimaire an 7, veut que les droits de mutation par décès soient payés avant l'enregistrement; c'est le défaut de déclaration.

Aussi une D. m. f. 18 messidor an 8 a-t-elle reconnu que le versement fait au Trésor public, à Paris, des droits dus pour une succession ne dispense pas de faire la déclaration, dans les délais, des biens composant la succession (D. N. t. 12 p. 311 no 685); et pour fournir une sanction à cette première décision, le ministre des finances a reconnu, le 10 octobre 1831 (3484 Roll.), que si la déclaration n'était faite qu'après les délais, le demi-droit en sus devrait être exigé, parce que la loi impose cette peine au retard dans la déclaration, mais ce demi-droit ne porterait que sur le complément de droit à payer.

1. PRESCRIPTION. — Bien plus, il a été reconnu que, quand une somme a été versée sans déclaration à valoir sur des droits de mutation par décès qui plus tard sont reconnus non exigibles ou inférieurs au montant du versement, la restitution de la somme indûment versée peut être ordonnée alors que la recette remonterait à plus de deux ans. La *déclaration* pour les mutations par décès, faisant seule connaître l'importance des valeurs héréditaires, la quotité et l'étendue du *droit* à percevoir, le délai utile pour réclamer le payement d'un supplément de perception insuffisamment faite, ou pour demander la restitution d'un droit indûment perçu, ne peut courir qu'à partir de cette *déclaration* et ne saurait prendre naissance au moment du versement, *sans déclaration*, d'une somme à valoir sur un droit qui sera liquidé ultérieurement, puisque ce versement ne fournit ni au Trésor ni aux parties le moyen d'établir que la somme encaissée est insuffisante ou excessive (Dél. 7-10 mai 1861, Sol. 20 avr. 1868, 2652 R. P.). — V. *Prescription.*

**16173. Nécessité du payement.** — Nous avons parlé exactement quand nous avons dit, dans le précédent numéro, que ce n'est pas le défaut de payement que frappe le demi-droit en sus, mais seulement le défaut de déclaration. Cependant, il peut se faire que le défaut de payement entraîne la peine du droit en sus par une conséquence assez directe.

C'est ainsi que divers arrêts de Cass. (29 germ. an 11, S. 3-2-311, 153 et 1935 J. E.; — 5 niv. an 12, S. 4-2-52, 1935 J. E.; — 21 avr. et 28 oct. 1806, S. 6-2-589; — 1er fév. 1830, 1320, n° 5 I. G., S. 30-1-237) ont reconnu que les préposés ne peuvent recevoir la déclaration d'une succession sans payement simultané des droits de mutation; et qu'à défaut de ce payement dans les six mois du décès, le demi-droit en sus est encouru.

« Attendu, porte l'arrêt du 1er février 1830, en droit, qu'aux termes de l'art. 28 L. 22 frimaire an 7, le receveur de l'enregistrement ne peut pas recevoir de l'héritier (sans distinction de l'héritier pur et simple et de l'héritier bénéficiaire) la déclaration de la mutation par décès, s'il n'acquitte pas, en même temps, les droits proportionnels de mutation; et que, suivant l'art. 39 de la même loi, il y a lieu au payement du demi-droit en sus si la déclaration n'a pas été faite dans les six mois du décès; attendu, en fait, que les défendeurs n'ont pas fait faire de déclaration dans les six mois du décès de Louis Lagarde, dont ils ont accepté la succession, et qu'ainsi ils étaient passibles du payement de l'amende du demi-droit, dont le tribunal civil ne les a dispensés qu'en créant des exceptions et des distinctions qui n'auraient pu être faites que par la loi. »

**16174. Faillite. — Curateur.** — De cette circonstance que c'est le défaut de déclaration que frappe la loi, il s'ensuit que s'il y a eu déclaration, la peine du demi-droit en sus se trouve écartée.

Il a été jugé, en effet, par la Cour de cassation, le 26 novembre 1810 (3768 J. E., S. 11-1-254), que lorsque le syndic d'une faillite a fait, après le décès du failli, la déclaration de ses biens avec réserve de la compléter après la levée des scellés, le curateur nommé à cette succession devenue vacante n'encourt pas de peine pour n'avoir pas fait la déclaration supplémentaire dans les six mois de la levée des scellés (D. N. t. 12 p. 387 n° 21).

« Attendu, porte cet arrêt, que l'art. 39 L. 22 frimaire an 7, invoqué par l'Administration, ne contient que deux dispositions pénales; que, par la première, il punit de la peine d'un demi-droit en sus le défaut de déclaration dans les six mois; par la seconde, il punit d'un droit en sus les omissions ou fausses évaluations faites dans les déclarations; considérant que le défendeur ne se trouvait ni dans l'un ni dans l'autre de ces deux cas, seuls prévus par la loi, puisqu'il est reconnu constant par le jugement dénoncé: 1° qu'il avait donné la déclaration en temps utile; — 2° qu'il n'y avait été fait ni omission, ni fausse évaluation; qu'il y avait été, au contraire, déclaré avec vérité que l'évaluation des créances actives et du mobilier ne pourrait être à sa valeur absolue qu'après la levée des scellés apposés par suite de la faillite du défunt et la vente des effets renfermés sous ces scellés; considérant qu'il résulte de là que si les demandeurs ont conservé une action pour réclamer le payement du supplément du droit de mutation après la vente du mobilier du failli, dont la valeur leur a été d'autant mieux connue, que le prix de cette vente faite par autorité de justice, a dû être et a été en effet déposé dans la caisse de leur receveur, ils n'ont pas pu provoquer contre le défendeur la prononciation d'une peine qui, n'étant pas textuellement autorisée par la loi, ne pouvait pas être suppléée par le tribunal. »

La loi ne prononce, en effet, la peine du demi-droit en sus que pour le défaut de déclaration dans les délais qu'elle détermine, et, dans l'espèce, une déclaration a été faite dans ce délai; donc il pourra y avoir, dans cette hypothèse, double droit pour omission, mais il n'y aura pas demi-droit en sus pour défaut de déclaration.

**16175. Légataire. — Droit complémentaire.** — Les légataires doivent passer la déclaration de leurs legs et encourent, faute de déclaration, la peine du demi-droit en sus, même lorsqu'ils n'ont point encore obtenu la délivrance. Mais que décider si, par suite du payement fait par l'héritier ou le légataire universel, ils ne doivent qu'un complément de droit? Y aura-t-il demi-droit en sus sur le tout? ou seulement sur le complément? ou n'y aura-t-il lieu à aucun demi-droit, par application du principe qui a fait l'objet du numéro précédent?

Il est bien vrai que la déclaration de tous les biens a été faite par l'héritier. Mais il n'y a pas que l'héritier qui doive une déclaration, le légataire se trouve dans la même condition. Cependant, comme nous verrons plus loin que lorsque l'héritier doit des droits plus élevés ou, tout au moins, aussi élevés que le légataire, sa déclaration, lorsqu'elle a compris tous les biens, libère complètement celui-ci, nous pensons que dans notre hypothèse, le légataire ne doit le demi-droit en sus que sur le complément de droit qu'il est tenu de payer et pour lequel, en tout état de cause, il se trouve tenu à une déclaration.

**16176. Fermeture du bureau.** — On sait que le jour légal n'est pas le même en matière d'enregistrement qu'en matière civile (V. *Délai*). Ce sont les heures indiquées pour l'ouverture et la fermeture du bureau qui constituent le jour légal pour l'enregistrement des actes et des déclarations.

Donc l'héritier qui se présente le dernier jour du délai, après la fermeture du bureau, pour passer la déclaration d'une mutation par décès, ne peut obliger le receveur à la recevoir et a encouru la peine du demi-droit en sus (Gien 11 nov. 1840, 12634 J. E.)

**16177. Fausse qualification.** — La loi punit l'omission de déclaration dans les délais d'un demi-droit en sus ; on verra plus loin qu'elle punit d'un double droit l'omission de biens dans une déclaration de succession. Mais aucun texte n'atteint la fausse qualification que pourraient prendre des héritiers.

Or, comme on ne peut frapper là où la loi s'abstient de punir, il s'ensuit que si on reconnaissait que des héritiers qui, par exemple, ont pris la qualité d'héritiers directs, ont réellement recueilli la succession en leur qualité d'héritiers collatéraux, il y aurait un supplément de droit à réclamer, mais ni demi-droit en sus, ni double droit à exiger (16587-4 J. E., Op. de M. Blanche, avocat général à la Cour de cassation n° 2207 R. P.; — Le Puy 31 août 1871, 3396 R. P.; — Périgueux, 8 mars 1873; — Belfort, 26 janv. 1875; — Marseille, 31 août 1877, 4899 R. P.; — Sol. 13 fév. 1873; — 12 mars 1874 et 18 août 1877; — Lisieux, 12 juill. 1869, 2904 R. P.)

Mais il a été décidé que l'erreur dans l'indication de la date du décès n'empêche pas le demi-droit en sus d'être exigible si ce décès remonte à plus de six mois. — V. 16171.

**16178. Militaire.** — On a vu, au n° 16138, que le délai pour le payement des droits de mutation par décès d'un militaire mort en activité de service hors de son département court du jour de l'inscription de son nom sur les registres de l'état civil. La conséquence juridique de ce principe, c'est que si la déclaration n'a pas été faite dans les six mois à compter de cette inscription, le demi-droit en sus est encouru. Cependant, une D. m. f. 18 mai 1813 (4683 J. E.), porte que lorsqu'il s'est écoulé plus de six mois depuis l'inscription du décès sur les registres de l'état civil, mais sans qu'on puisse opposer d'ailleurs aux héritiers l'entrée en possession, la contrainte ne peut avoir pour objet que le droit principal, et le demi-droit en sus ne peut être régulièrement exigé qu'autant que la mise en possession remonte à plus de six mois, sans qu'il y ait lieu de considérer si l'inscription du décès a été faite ou non sur les registres de l'état civil.

**16179. Peine personnelle.** — 1. HÉRITIERS. — En principe général, les peines sont personnelles et s'éteignent par la mort du délinquant. Nous avons déjà vu des exemples de cette règle en plusieurs endroits de cet ouvrage, et notamment aux nos 478-5, 479-5, 791-1, 1021 et 1043. Cependant la nature des peines prononcées par la loi du 22 frimaire an 7 avait paru permettre une exception pour les droits en sus. Ce ne sont point des amendes, disait-on, mais des augmentations de droits que la loi impose lors des contraventions; les droits dus deviennent une charge de la succession; ils sont donc exigibles des héritiers, Mais la question s'étant présentée, le ministre des finances, considérant le demi-droit en sus sous le même rapport que les amendes, a admis la distinction suivante, par une décision du 15 juillet 1806 (2352 J. E., D. N. t. 12 p. 312 n° 693).

Le droit principal de la transmission par décès étant une charge de la succession, et les héritiers étant tenus de l'acquit des dettes dont sont grevés les biens qu'ils recueillent, ils doivent incontestablement acquitter les droits dus par ceux dont ils héritent.

Quant à la peine du demi-droit, de deux choses l'une : ou le délai de la déclaration à faire par le décédé était expiré au jour de son décès, ou il ne l'était pas. Dans le premier cas, la peine était encourue par le décédé, elle est éteinte par sa mort (Sol. 30 sept. 1872, 25 avr. 1873, 1er avr. 1874, 28 janv. 1875; — Seine, 29 mars 1878 4963 R. P.). Dans le second, l'héritier est personnellement responsable de la peine, car *le délai n'étant pas expiré au moment où il a recueilli la succession*, il n'a dépendu que de lui de se conformer à la loi *avant l'échéance* de ce délai (*Conf.* : 17119-2 J. E.; — Saint-Quentin, 21 nov. 1866, 18335 J. E.).

La peine du droit en sus encourue pour omission ou insuffisance a le même caractère de personnalité. — *V.* le n° 16881, où la question est plus amplement traitée.

**16180. Succession vacante.** — Nous avons vu au n° 16134 que les droits exigibles pour une succession vacante doivent être acquittés dans le délai ordinaire. Il nous reste à examiner ici quelles sont les conséquences pénales de ce défaut de déclaration.

Et d'abord le curateur peut-il être passible du droit en sus? M. Demante enseigne la négative d'une manière absolue, par le motif que les textes de la loi, appréciés dans leur ensemble, atteignent seulement les curateurs *des héritiers, donataires et légataires* (V. art. 27 et 29), non le curateur à succession vacante, qui est dans une position spéciale (n° 677). — Mais cette opinion est trop radicale. Le curateur d'une succession vacante, avons-nous dit au n° 16092, chargé qu'il est d'agir dans l'intérêt de l'héritier inconnu, est tenu par mesure conservatoire d'acquitter les droits de mutation du chef de cet héritier, contre lequel le délai fatal court à son insu. Il représente donc cet héritier pour le payement de l'impôt, comme le tuteur ou le curateur ordinaire représente le mineur ou l'interdit. Dès lors, il doit être, comme eux, responsable des fautes de sa gestion, et le droit en sus tombe régulièrement à sa charge quand le défaut de déclaration en temps utile peut lui être reproché. Jamais la jurisprudence n'a consacré le système absolu du savant professeur.

Mais elle ne s'entend guère sur les cas de responsabilité dans lesquels le droit en sus devient une dette du curateur.

1. NOMINATION APRÈS LE DÉLAI. — Nul doute n'est évidemment possible quand le curateur a été nommé après l'expiration du délai accordé pour la déclaration. Il est par trop clair qu'on ne peut pas mettre à sa charge personnelle la peine encourue pour le défaut de la déclaration (Vitry-le-François 10 août 1854, Déc. du 1er complément. an 12, 1830 J. E., 1590 R. P.).

2. NOMINATION DANS LE DÉLAI. — Si le curateur est nommé avant l'expiration du délai, quelques décisions ont reconnu qu'il était dans tous les cas responsable du retard apporté dans le payement des droits, quelle que fût la cause

de ce retard. Ainsi, un arrêt de Cass. du 4 avril 1807 a formellement statué que le curateur à une succession vacante, qui n'a en les mains aucuns fonds appartenant à cette succession, peut être condamné en sa qualité au payement du droit de mutation, sauf le compte de son administration (2931 J. E., S. 8-1-290).

Un autre arrêt de la même Cour, du 17 pluviôse an 13, déclare également que ni la qualité des héritiers, ni l'état de la succession ne peuvent suspendre la perception (1962 J. E.).

Par application de ces règles, un jugement de Péronne, du 18 juillet 1850 (15054-9 J. E.), a décidé que le curateur qui n'a pas déclaré en temps utile une succession vacante, quelles que soient les charges qui la grèvent, est débiteur du demi-droit en sus, et l'Administration a le droit de saisir-arrêter le revenu des immeubles de la succession en obtenant la permission du juge.

Les solutions précédentes ne nous ont pas paru acceptables.

Quand le curateur a entre les mains, ou peut aisément se procurer les fonds nécessaires au payement de l'impôt, on conçoit très-bien qu'il commette une faute s'il ne se libère pas dans le délai, et il n'y a rien de plus juste que de lui infliger une peine. Tel est l'esprit qui a dicté l'I. G. n° 386 § 4, quand elle fait remarquer que la loi, en se bornant à exiger que les tuteurs et curateurs fassent, dans le délai fixé, une déclaration exacte, ne leur a imposé qu'une obligation facile à remplir, et que, quant au droit en sus, au payement desquels elle les soumet personnellement, il est entièrement en leur pouvoir de l'éviter.

Mais le curateur ne commet plus ni faute ni négligence lorsqu'il lui a été absolument impossible de se procurer les deniers nécessaires au payement: s'il justifie de ce fait, il serait exorbitant de lui infliger une peine. C'est pourquoi nous avons émis l'avis dans nos éditions précédentes que s'il était matériellement impossible à un curateur, soit en faisant un prélèvement sur les deniers disponibles de la succession, soit en se faisant autoriser en justice à retirer des valeurs de la Caisse des dépôts et consignations, de trouver des deniers pour le payement des droits de mutation par décès, il ne devrait pas être passible du demi-droit en sus. Il pourrait sauvegarder sa responsabilité en faisant notifier sa position à l'Administration.

Nous ne pouvons que persister aujourd'hui dans cette opinion, qui trouve à s'appuyer d'ailleurs sur une jurisprudence de plus en plus décisive.

En effet: 1° un arrêt de Cass. du 4 novembre 1815 porte que le curateur ne peut être tenu de la déclaration s'il prouve n'avoir jamais été nanti des deniers de la succession; et qu'au moins il ne peut être condamné au payement du demi-droit en sus (9789 J. E.);

2° La même doctrine a été confirmée en ces termes par un autre arrêt de Cass. du 3 décembre 1839 (12444 J. E., 10750 J. N., S. 40-1-28): « Attendu qu'un curateur à une succession vacante n'est pas tenu personnellement des droits de mutation, et qu'il ne peut être tenu que comme administrateur des biens sur lesquels ces droits doivent être acquittés; attendu que, s'il n'existe pas dans la succession des biens et valeurs suffisants pour le payement de ces droits, ils ne peuvent être exigés sur la fortune personnelle du curateur; »

3° Décidé également que les curateurs aux successions vacantes doivent faire le payement des droits de succession lorsqu'il existe entre leurs mains des capitaux disponibles, ou lorsqu'il y en a de déposés à la Caisse des dépôts et consignations. Ces payements font partie des frais de gestion des curateurs et ne sont pas des dettes qui doivent être payées directement par la Caisse des dépôts et consignations (Seine 7 juill. 1841, 12821 J. E.);

4° Spécialement, si les fonds de la succession sont déposés à la Caisse des consignations, le curateur peut se faire autoriser à prélever la somme suffisante pour se libérer (Seine 12 mai 1853, 14981 J. N.);

5° Jugé encore que le demi-droit en sus ne saurait être exigé du curateur qui s'est trouvé dans l'impuissance de faire la déclaration ordonnée par la loi (Tours 14 mars 1862, 1590 R. P., 12425 C.); — alors notamment qu'il n'a pas eu de fonds disponibles et qu'il l'a fait connaître à l'Administration (Seine 11 mai 1861, 1498 R. P., 17205 J. N., 12005 C.).

Des décisions semblables ont été rendues par les tribunaux de Saint-Amand, le 26 février 1831, avec acquiescement des 2 mars 1832 (D. N. t. 12 p. 386 n° 17), de Bar-le-Duc le 21 août 1856 et de Montbéliard le 22 janvier 1857; — et par de nombreuses solutions (Sol. 24 nov. 1871, 12 août 1874, 27 août 1875, 15 nov. 1876).

3. DROIT EN SUS A LA CHARGE DE LA SUCCESSION. — Quand le curateur a été nommé après l'expiration des six mois et qu'il est par conséquent impossible de lui réclamer le demi-droit en sus, on a soutenu que cette peine était à la charge de l'hérédité.

« En effet, porte une décision du premier jour complémentaire de l'an 12 (1830 J. E., 1590 R. P.), la loi du 22 frimaire an 7 statue d'une manière positive pour toutes les successions, et il n'est pas possible de retarder le point de départ du délai à partir de la nomination du curateur. Si l'on créait une exception à ce principe pour les successions vacantes, ceux qui ne prennent que la qualité de bénéficiaire, pour laquelle le Code accorde des délais qui emportent une grande partie des six mois, se croiraient fondés à prétendre aussi que ces délais ne courent que du jour où ils auraient pris cette qualité. »

Conformément à cette décision, le tribunal de la Seine a jugé, le 7 juillet 1841 (6264 Roll.), que dans le cas où une succession vacante n'a pas été déclarée dans les six mois du décès, le demi-droit en sus ne peut être mis à la charge personnelle du curateur et doit être supporté par l'hérédité.

Nous avons également combattu cette interprétation. Si l'impôt de mutation est acquis au Trésor dès l'ouverture de la succession, la peine pour défaut de déclaration dans le délai étant subordonnée à ce défaut, ne devient exigible que par le fait de l'héritier ou de son représentant et ne peut être considérée comme une charge de l'hérédité. En d'autres termes, le demi-droit en sus étant une peine infligée à celui qui devait agir et ne l'a pas fait, nous ne pensons pas qu'il puisse être mis à la charge de l'hérédité, qui ne peut agir par elle-même. La décision de l'an 12 paraît avoir été surtout inspirée par la crainte de voir l'héritier bénéficiaire revendiquer les priviléges accordés à la succession vacante. Cette crainte n'est plus permise aujourd'hui en présence de la jurisprudence d'après laquelle l'héritier bénéficiaire est tenu des droits de succession au même titre que l'héritier pur et simple (V. 3048).

Nous approuvons donc le tribunal de Tours d'avoir décidé

le 14 mars 1862, que le droit en sus étant une *peine*, ne pouvait être encouru que par une personne et non pas par une hérédité, abstraction faite des héritiers, légataires ou curateurs (1590 R. P., 12425 C.). — Le contraire est cependant soutenu par l'Administration (Sol. 10 juill. 1872, 19 sept. 1873, 27 janv. 1875 et 25 août 1877). — Sa doctrine a été accueillie par le tribunal de Marseille, le 25 juill. 1867 (2597 R. P.).

4. RESTITUTION. — Le curateur d'une succession vacante qui a payé, de ses deniers, les droits de mutation par décès, ne peut obtenir la restitution de ces droits qu'en prouvant l'insuffisance des valeurs de la succession pour l'acquit de ces droits (Cass. 3 déc. 1839, 10570 J. N., 12444 J. E., S. 40-1-28). — V. *Restitution*.

« Attendu, porte l'arrêt du 3 décembre 1839, qu'un curateur à une succession vacante n'est pas tenu personnellement des droits de mutation, et qu'il n'en peut être tenu que comme administrateur des biens sur lesquels ces droits doivent être acquittés; attendu que, s'il n'existe pas dans la succession des biens et valeurs suffisants pour le payement de ces droits, ils ne peuvent être exigés sur la fortune personnelle du curateur; attendu, en fait, qu'il est constaté par le jugement attaqué que Bidault a payé de ses deniers personnels les droits de mutation dus par la succession Tanchot, en se réservant la faculté d'en demander la restitution dans le cas où les valeurs de la succession ne suffiraient pas pour en opérer le payement; qu'il résulte de ces faits que, si le curateur avait établi l'insuffisance des valeurs de la succession pour l'acquit desdits droits, l'action en restitution ne pourrait pas lui être déniée; mais attendu que le jugement attaqué ne constate pas cette insuffisance de valeurs dans la succession, et qu'en se fondant uniquement sur l'insuffisance des fruits des immeubles pour ordonner la restitution de la somme payée pour le droit dont il s'agit, ce jugement a violé l'art. 2098 C. C., et la législation sur le privilége du Trésor public. »

**16181. Curateur à l'émancipation.** — Quoique la curatelle de l'émancipé n'ait plus aujourd'hui le même caractère qu'au temps de la loi du 22 frimaire an 7, cependant, comme elle constitue celui qui en est chargé, le gérant de l'héritier et que le texte ne fait aucune distinction, on admet qu'il est compris dans la disposition de la loi et devient personnellement responsable (Demante n° 813).

**16181 *bis*. Curateur au ventre.** — Par la même raison, le curateur au ventre, donné à l'enfant conçu au moment de l'ouverture de la succession (V. 4217) est tenu, comme le tuteur, à la déclaration de la succession et se trouve dans les mêmes conditions que lui à l'égard du Trésor (Demante n° 814).

**16182. Tuteur.** — Quant au tuteur, comme il ne rencontre pas les mêmes entraves que le curateur à la succession vacante, nul doute qu'il ne doive être personnellement tenu du payement du demi-droit en sus, lorsqu'il laisse expirer le délai de six mois sans acquitter les droits de mutation par décès. C'est ce qui résulte formellement de l'art. 39 L. 22 frimaire an 7 e de l'I. G. 386 n° 34 (Seine 20 avr. 1866 et 6 juill. 1867, 2585 R. P.; — 2 janv. 1869, 2916 R. P., et ce qui résulte de la jurisprudence). — V. 16238 et 16839.

Il en est de même quoiqu'il objecte qu'il n'a encore perçu aucune des valeurs appartenant au mineur (Bordeaux, 10 fév. 1857, 865 R. P., 16137 J. N.). « Attendu qu'il n'y a pas lieu de s'arrêter davantage à l'exception tirée de ce que le tuteur n'aurait encore perçu aucune des valeurs appartenant au mineur; que nulle part la loi n'autorise, en pareil cas, le tuteur à différer la déclaration qui lui incombe et ne le dispense, pour ce motif, de supporter la peine du demi-droit en sus; qu'il n'en pourrait être ainsi; qu'en effet, dans aucun cas, l'Administration ne serait en mesure de vérifier ni la sincérité d'une semblable allégation, ni jusqu'à quel point le tuteur serait ou non en faute; que, si une pareille exception était admise, l'Administration se trouverait à la merci du mauvais vouloir ou de la mauvaise foi des tuteurs, et qu'il en résulterait inévitablement un grave désordre dans la perception de l'impôt » (*Conf.* Péronne, 17 nov. 1876, 4638 R. P.; — Toulouse, 13 déc. 1877, 4943 R. P.).

Il ne peut objecter non plus que la gestion des biens aurait été confiée à un séquestre (Seine, 13 juin 1855). — V. 16839.

**16183. Cotuteur.** — Le cotuteur donné dans le cas de l'art. 396 C. C. à la mère tutrice qui se remarie est, d'après le texte lui-même, solidairement responsable avec elle des suites de la tutelle. Il serait donc également débiteur du demi-droit en sus.

Mais s'il avait été nommé après le délai fixé pour la déclaration, c'est-à-dire quand la peine était déjà encourue par la mère, il n'en serait pas responsable (Seine 22 mai 1858, 1059 R.P., 11390 C., 16762 J.N.).

**16184. Administrateur.** — On a enseigné que les peines ne s'étendant point par analogie, les dispositions de l'art. 39 L. 22 frimaire an 7 ne pouvaient être appliquées à aucun administrateur du bien d'autrui n'ayant pas nom *tuteur* ou *curateur* (Demante n° 816).

Cette doctrine, qui peut trouver un appui dans l'arrêt rapporté au n° suivant, est contestable.

Le législateur a certainement voulu, par la menace d'une peine, contraindre au payement exact de l'impôt ceux qui ont la gestion des biens du débiteur, et s'il a parlé spécialement du tuteur et curateur, c'est moins dans une pensée limitative que pour donner les exemples des administrateurs les plus habituels. Or, le père à l'égard du bien dont il a l'administration légale est dans la même situation à l'égard du Trésor que le tuteur ou le curateur. Il doit donc être soumis aux mêmes charges.

C'est ce que le tribunal de Toulouse a décidé le 5 mars 1863. « Attendu que l'administrateur légal doit être assimilé au tuteur et au curateur dont parle l'art. 39 L. 22 frimaire an 7, puisqu'il en exerce tous les droits; qu'il représente en effet le pupille et est chargé de toutes ses actions; que, conséquemment, Gautier père devait remplir tout le devoir que lui imposait son mandat, et qu'à défaut, il doit subir toutes les conséquences de sa négligence » (1906 § 1er R. P., 12588 C., 17719 J. N., 17741 J. E., 572 Rev.). — La même solution résulte de jugements de Marseille du 12 mars 1869 (2953 R. P.) et de Pithiviers du 3 janv. 1878 (4903 R. P.). — V. 16240 et l'article suivant.

**16185. Mari.** — D'après le même principe, le tribunal de la Seine avait décidé, le 20 novembre 1857, que le mari commun en biens était, en qualité d'administrateur des propres de sa femme, tenu sous peine du demi-droit en sus de passer la déclaration des successions échues à celle-ci (16651 J. E., 11257 C.). Mais cette doctrine a été repoussée par les tribunaux de Sarreguemines et de Châtillon-sur-Seine, les 14 mars et 27 août 1858 et par une solution du 16 janvier 1868 (2660 R. P.).

Un arrêt de cass. du 10 novembre 1874 a appliqué le même principe au droit en sus résultant d'une omission commise par le mari : « Attendu que, sans doute, aux termes de la disposition finale de l'art. 39 de la loi du 22 frimaire an 7, les tuteurs et curateurs doivent supporter personnellement la peine du droit ou du demi-droit en sus lorsqu'ils ont négligé de passer dans les délais les déclarations de successions échues aux incapables qu'ils représentent, ou qu'ils ont fait des omissions ou des déclarations insuffisantes; mais que la même responsabilité n'est pas édictée contre le mari pour omission ou insuffisance dans les déclarations qu'il peut être appelé à passer, au nom de sa femme, comme administrateur des biens de celle-ci, et qu'en l'absence d'une disposition expresse à cet égard, celle de l'art. 39 ne saurait lui être appliquée par analogie » (3979 R. P., I. G. 2509-2).

**16186. Mandataire.** — Le mandat à l'effet de déclarer les biens sujets au droit de mutation par décès, impose au mandataire l'obligation de faire la déclaration dans les délais voulus, tellement que si le mandataire laissait expirer les délais, il serait personnellement responsable du demi-droit en sus. — V. 16240, 16243.

**16187. Héritier bénéficiaire.** — Le doute ne peut s'élever au sujet de l'héritier bénéficiaire. Il est personnellement tenu du payement du droit simple (*V.* 3048). Il doit donc encourir la peine du droit en sus, s'il ne fait pas la déclaration dans le délai prescrit aux autres héritiers (Cass. 5 niv. an 12 et 1er fév. 1830, S. 4-2-52 et 30-1-137, 4088 et 9593, J. E.). — La déclaration doit être faite par l'héritier bénéficiaire quelles que soient les charges de la succession (Cass. 12 juill. 1836 *arrêt rapporté* n° 3048); et, faute par l'héritier d'acquitter le droit dans le délai, il encourt l'amende du demi-droit en sus, soit que la succession soit solvable, soit qu'elle ne le soit pas (Cass. 28 août 1837 *arrêt rapporté* n° 3048); sans qu'il puisse être relevé de cette amende, sous le prétexte qu'il n'y avait pas de fonds libres dans la succession pour payer les droits, lors même qu'il aurait fait la déclaration de mutation par sommation extrajudiciaire (Cass. 1er fév. 1830 *suprà*).

« Attendu, porte l'arrêt du 1er fév. 1830, que si le Code civil donne aux héritiers la faculté d'accepter, soit purement, soit sous bénéfice d'inventaire, les successions qui leur sont échues, aucun article du même Code ne leur laisse le droit de renoncer aux successions qu'ils ont acceptées, ce qui est conforme à cette maxime de droit, *qui semel hæres, semper hæres;* attendu que la faculté accordée par l'art. 802 C. C. à l'héritier bénéficiaire, de n'être pas tenu, personnellement, des dettes de la succession, et même de pouvoir faire aux créanciers l'abandon de tous les biens qui en font partie, est un avantage qui, dans l'esprit de la loi, ne peut pas nuire aux droits que lui donne la qualité d'héritier; attendu qu'il ne fait cet abandon que comme propriétaire des biens abandonnés, et sans donner aux créanciers et légataires, au profit desquels il est fait, plus de droit qu'ils n'en ont sur lesdits biens, à raison de leurs créances ou de leur legs. »

**16188. Exécuteur testamentaire.** — L'exécution testamentaire est un mandat d'une nature particulière qui oblige celui qui en est revêtu de payer les droits d'enregistrement des testaments et autres actes de libéralités à cause de mort (L. 22 frim. an 7, art. 21 et 29). Mais rien ne l'astreint à acquitter les droits de succession, et il est douteux qu'à défaut d'une disposition expresse, cette opération soit contenue dans son mandat. D'un autre côté, la loi fiscale n'a pas confondu l'exécuteur testamentaire avec le curateur : l'art. 29 L. 22 frimaire an 7 les distingue expressément l'un et l'autre. On a donc pu en conclure que cet exécuteur testamentaire n'était pas personnellement passible du droit en sus exigible pour une omission (Marseille 25 juill. 1867, 2597 R. P.).

**16189. Rectification des déclarations.** — Faisons remarquer, en terminant, que la peine du demi-droit en sus, comme celle du double droit dont nous aurons occasion de parler plus loin, n'est infligée qu'autant que le délai expiré ne permet plus de satisfaire à la loi dans les conditions prévues par elle. Ainsi, il faut reconnaître en principe, que les héritiers peuvent toujours, et sans encourir aucune peine, rectifier leur déclaration avant l'expiration des délais que la loi leur accordait pour fournir cette déclaration; mais après l'expiration de ces délais, aucune rectification ne peut être admise, même lorsqu'elle est offerte volontairement, sans perception des droits en sus encourus conformément aux dispositions pénales de la loi du 22 frimaire an 7 (337 I. G.).

C'est un point que nous avons traité en parlant de l'expertise (V. *Expertise*) et qui sera développé plus loin.

## TITRE III. — BUREAUX OU LES DÉCLARATIONS DOIVENT ÊTRE FAITES

[16190-16233]

## CHAPITRE PREMIER. — DISPOSITIONS GÉNÉRALES

[16190-16195]

**16190. Immeubles en propriété ou usufruit.** — Aux termes de l'art. 27 L. 22 frimaire an 7, les immeubles en propriété ou usufruit doivent être déclarés au bureau de la situation des biens.

1. BAIL. — Il résulte de là que lors même qu'un domaine serait affermé par un seul bail, il devrait être fractionné, et

le revenu devrait en être ventilé d'après le fermage, de manière à permettre à l'héritier de faire autant de déclarations qu'il y aurait de bureaux dans l'arrondissement desquels les diverses parties du domaine seraient situées.

2. RENTES ET ACTIONS IMMOBILISÉES. — Dans cet ordre d'idées nous avons émis l'avis, lors de nos éditions précédentes, que les rentes sur l'État, les actions de la Banque de France, les actions sur les canaux immobilisées en vertu du décret du 16 janvier 1808, pour faire partie d'une donation ou d'un majorat, doivent être déclarées au bureau dans l'arrondissement duquel se trouve le siége de l'Administration. Leur assiette se trouve en effet déterminée par le lieu où se trouve placée cette administration. Or les diverses administrations de ces valeurs étant établies à Paris, où se trouvent également les registres du Trésor qui portent l'immatricule des actions et des rentes immobilisées, il en résulte que c'est à Paris, et non au domicile du décédé, que doit être faite la déclaration de ces titres, et c'est même le bureau dans l'arrondissement duquel est le siége de l'administration qui doit recevoir cette déclaration (V. I. G. 1282 § 6, 2003-3 et 2148 § 3).

Notre avis a été adopté, en ces termes, par une solution du 11 avril 1866 rendue spécialement au sujet des actions de la Banque de France : « L'immobilisation des actions de la Banque de France (Décr. 16 janv. 1808 art. 7) leur donne une situation immobilière, et leur assiette se trouve déterminée par le lieu où se trouve placée leur administration, c'est-à-dire à Paris. C'est donc à Paris que ces actions doivent être déclarées lors du décès des propriétaires, et c'est même le bureau dans l'arrondissement duquel est le siége de l'administration qui doit recevoir ces déclarations » (18420 J. E.).

Des solutions conformes ont été rendues pour les rentes sur l'Etat les 10 juin et 16 octobre 1875.

3. USUFRUIT. — La veuve, légataire de l'usufruit de la moitié des biens de son mari, doit faire sa déclaration dans tous les bureaux de la situation des biens, à moins qu'un partage ne lui ait *assigné* les biens qui se trouveront spécialement grevés de cet usufruit (Sens 10 nov. 1848, 14617-5 J. E.).

**16191. Meubles.** — Quant aux meubles, c'est au bureau dans l'arrondissement duquel ils se sont trouvés au décès de l'auteur de la succession qu'ils doivent être déclarés (L. 22. frim. an 7, art. 27).

1. NAVIRES. — Les navires sont immatriculés au bureau de l'administration maritime du port auquel ils appartiennent. C'est dans ce port qu'ils ont leur assiette déterminée. Par conséquent, en cas de décès du propriétaire, la déclaration doit être faite au bureau de ce port, quelle que soit d'ailleurs leur situation réelle au moment du décès (16511 J. N.) (Sol. 12 oct. 1875), — et lors même qu'ils voyageraient alors en pays étranger (17798 J. E.). — V. 16359-8.

2. ESPÈCES D'OR ET D'ARGENT. — On ne peut évidemment ranger dans la classe des biens censés sans assiette déterminée, c'est-à-dire des biens qui n'ont qu'une existence métaphysique, les espèces d'or et d'argent qui ont réellement une existence corporelle. Ces espèces, comme tous les meubles corporels, doivent donc être déclarées au bureau dans l'arrondissement duquel elles se trouvent au moment du décès (Sol. 3 avr. 1864, 1947 § 6 R. P., 18114 J. E.; — 26 mars 1872 et 18 mars 1873).

3. BILLETS DE BANQUE. — Mais les héritiers doivent comprendre dans la déclaration souscrite au bureau du domicile le montant des billets de banque trouvés avec le numéraire au lieu du décès. En effet, les billets de cette nature représentent bien du numéraire, mais ils ne peuvent, en définitive, être assimilés d'une manière absolue à de l'argent comptant, et ils ne constituent en réalité que des titres de créances au porteur, susceptibles, par suite, d'être déclarés au bureau du domicile du défunt (même Sol.). — A la vérité, ces titres de créances sont d'une nature particulière qui les différencient sous plusieurs rapports des créances ordinaires (V. not. Cass. 8 juill. 1867, S. 67-1-317), mais ils n'en ont pas moins les caractères principaux et nous croyons la solution précédente très-juridique.

Mais lorsque les billets ont cours forcé, on les assimile absolument au numéraire, et ils doivent être déclarés au bureau de leur situation (Sol. 26 mars 1872 et 10 juin 1876).

4. INTÉRÊT. — COUPES DE BOIS. — L'intérêt que pouvait avoir l'auteur de la succession dans une coupe de bois doit être déclaré au bureau dans l'arrondissement duquel les bois sont situés (Sol. 6 sept. 1810).

**16192. Biens meubles sans assiette déterminée.** — Les rentes et les autres biens sans assiette déterminée lors du décès sont déclarés au bureau du domicile du décédé (L. 22 frim. an 7, art. 27).

Par les termes *biens meubles sans assiette déterminée*, il faut entendre les rentes foncières ou constituées, les obligations de sommes et créances, les actions tendant à revendiquer des sommes exigibles ou des effets mobiliers, les actions dans les sociétés anonymes ou en commandite et les intérêts dans les autres sociétés ; les arrérages d'intérêts de capitaux, de fermages ou de rentes. — V. *Etranger*

1. LEGS DE SOMMES D'ARGENT N'EXISTANT PAS EN NATURE DANS LA SUCCESSION. — Les legs de sommes d'argent n'existant pas en nature dans la succession doivent être déclarés au bureau dans l'arrondissement duquel le décédé avait son domicile, et non dans le bureau de la situation des immeubles de la succession (Sol. 17 sept. 1828, 9181 J. E. ; — V. Cass. 21 déc. 1821) ; — lors même qu'en cas d'insuffisance de valeurs mobilières, ces legs devraient être imputés sur les immeubles (Sol 2 janv. 1866, 2423 R. P.).

En effet, c'est dans le lieu de ce domicile que la demande en délivrance du legs doit être faite, et c'est seulement lorsque la déclaration des héritiers légataires universels au bureau de la situation a eu lieu la première et que les droits perçus ont été suffisants pour libérer les légataires particuliers, que le receveur du lieu du domicile n'a plus qualité pour agir contre ceux-ci pour le payement des droits (Sol. 18 avr. 1861, 1597 R. P., Sol. 9 sept. 1868, 2803 R. P. ; — 4 nov. 1871 et 21 sept. 1875).

Lorsque les valeurs de la succession déclarées dans le bureau où le légataire particulier acquitte l'impôt sur l'intégralité de son legs, sont inférieures à ce legs, la différence se déduit naturellement des biens situés dans les autres bureaux (16604-2 et 16615 § 4 J.E.).

Si les droits ont été payés dans les divers bureaux en proportion des biens qui y sont situés, l'administration maintient, en général, la perception. Elle ne veut pas imposer aux parties des reversements sans intérêt pour le Trésor.

2. REPRISES. — Il est décidé aujourd'hui, comme on peut le voir au mot *Partage de communauté* ou *Reprises*, que les reprises de la femme s'exercent à titre de copropriété sur les valeurs de la communauté dissoute.

Par conséquent, quand l'époux est décédé, il faut les déclarer au bureau dans l'arrondissement duquel se trouvent les valeurs dont les héritiers opèrent le prélèvement (16782-2 et 16959-2 J. E.), ou sont censés l'opérer légalement (Sol. 9 sept. 1868, 2803 R. P.). Le droit n'est pas dû uniquement au bureau du domicile (Sol. 27 juin 1871, 8 avr. 1876 et 30 mars 1877).

Mais s'il y a eu renonciation à la communauté, les reprises de la femme constituent une simple créance sur le mari et cette créance doit être alors, selon la règle ordinaire, déclarée au bureau du domicile de la défunte.

3. MINEUR. — RENTES ET CRÉANCES. — C'est au domicile du curateur que doivent être déclarées les rentes et créances dépendant de la succession d'un mineur (D. m. f. 4 sept. 1810, 3978 J.E.).

4. INTÉRÊT. — ENTREPRISE. — Un coupon d'intérêt dans une entreprise, trouvé dans les papiers du défunt, doit être déclaré au bureau du domicile du décédé (Sol. 5 mars 1811).

5. DOMICILE TEMPORAIRE. — En fin de cause, il faut admettre comme principe certain que les valeurs mobilières, sans assiette déterminée, ne doivent pas être déclarées au bureau du lieu où est décédée une personne qui s'y trouvait temporairement, mais au bureau de son domicile.

6. CHARGES. — DÉDUCTION. — Lorsqu'un capital doit être déduit de l'actif de la succession et que la succession comprend des biens situés dans plusieurs bureaux, il convient de suivre, pour les déductions, l'ordre dans lequel les déclarations ont été faites (Sol. 20 mai 1878).

**16193. Déclaration à un bureau autre que celui où elle doit être faite.** — Il arrive quelquefois que des héritiers ou légataires font, par erreur, leur déclaration à un bureau d'enregistrement autre que celui qui est indiqué par la loi, ou qu'ils comprennent dans la déclaration passée à un bureau des biens situés dans l'arrondissement d'un autre bureau. On avait pensé qu'il suffisait, dans les cas semblables, de faire restituer au receveur compétent pour les percevoir, les droits de mutation acquittés au bureau où la déclaration de succession avait été illégalement passée.

Ce mode d'opérer n'était point régulier. Les bureaux auxquels les déclarations des successions doivent être passées suivant la nature des biens, ayant été déterminés d'une manière positive, les déclarations faites dans d'autres bureaux par les héritiers ou légataires ne remplissent pas le vœu de la loi. D'une part, l'Administration ne serait point fondée à réclamer les droits simple et en sus pour les omissions et les insuffisances d'évaluation d'immeubles qui auraient été omises dans ces déclarations d'autre part, elles ne dispensent pas les héritiers et légataires de l'obligation de faire d'autres déclarations aux bureaux expressément désignés par la loi. Ils sont autorisés seulement à demander, dans le délai prescrit par l'art. 61 de la même loi, la restitution des droits indûment perçus sur leur première déclaration.

Le ministre des finances a, en conséquence, décidé, le 23 septembre 1841 (1649 I. G.) :

1° Que toute déclaration de mutation par décès faite à un bureau autre que celui qui est déterminé par l'art. 27 L. 22 frimaire an 7, doit être considérée comme non avenue, sauf restitution aux parties des droits qu'elles auraient payés par erreur;

2° Que l'Administration est fondée à exiger d'elles une déclaration régulière au bureau compétent, ainsi que le payement des droits. — *V.* 16170.

C'est en ce sens que le tribunal de Corbeil a jugé, le 23 août 1854 (15907 J. E., 15337 J. N.), que lorsqu'une déclaration de succession embrasse des biens qui, en raison de leur situation, n'ont pas dû être compris dans ladite déclaration, et que d'ailleurs ces biens ne sont pas déclarés dans le seul bureau où ils pourraient l'être, il y a, par rapport à ces biens, *absence totale* de déclaration.

Jugé encore que si les héritiers n'ont fait aucune déclaration au bureau de l'enregistrement du domicile du défunt, bien qu'il soit constaté que des valeurs mobilières dépendant de la succession existaient au lieu du domicile, ils ne peuvent se dispenser de passer la déclaration exigée par la loi, sous prétexte qu'en faisant au bureau de la situation des immeubles la déclaration de mutation par décès, ils ont acquitté la totalité des droits dont ils étaient redevables (Seine 4 déc. 1850, 15091 J. E.).

Le tribunal d'Altkirch a cependant décidé, le 29 juillet 1857, qu'il n'est pas dû de droit en sus dans ce cas, parce que la loi ne l'a pas expressément prononcé.

1. PRESCRIPTION. — La prescription quinquennale (10 ans) a été seule reconnue admissible dans une espèce où des immeubles dépendant d'une succession ayant été déclarés dans un bureau, les héritiers opposaient la prescription triennale (5 ans) comme omission, à la demande qui leur avait été faite des droits de mutation par décès pour des immeubles situés dans l'arrondissement d'un autre bureau (Marseille 19 nov. 1839, 12431 J. E.).

Jugé encore que la prescription de cinq ans (10 ans) à partir du jour du décès, est seule applicable, lorsque des immeubles situés dans l'arrondissement d'un bureau n'ont pas été déclarés dans ce bureau après décès, encore que des immeubles dépendant de la même succession aient fait l'objet de déclarations inscrites dans d'autres bureaux (Seine 24 mai 1843, 13273 J. E.).

2. RESTITUTION. — La D. m. f. 23 septembre 1841 (1649 I. G.) porte que les droits perçus dans le premier bureau seront restitués aux parties. Or, il a été reconnu, par une Dél. du 29 juillet 1853, approuvée le 2 août suivant, que ce serait faire une application erronée de cette décision que d'exiger des droits et demi-droits en sus pour des immeubles non déclarés au bureau de la situation, lorsque la prescription s'oppose à la restitution des droits perçus à un

autre bureau sur ces mêmes biens qui y ont été déclarés par erreur. De nombreuses solutions ont été rendues en ce sens (Sol. 30 sept. 1871, 27 avr. 1872, 5 mars 1873, 2 juill. 1874, 10 juin 1875, 18 mai 1876, 26 mars et 19 mai 1877).

**16194. Étranger.** — Nous avons examiné avec détail, en parlant des étrangers (nos 8224 et suiv.), les questions auxquelles donne lieu le payement du droit de mutation applicable aux valeurs dépendant de la succession d'un Français décédé à l'étranger ou d'un étranger décédé en France. Nous n'y reviendrons pas ici.

**16195. Colonies.** — On trouvera au no 16329 les règles particulières aux colonies dans lesquelles l'enregistrement est établi. Les autres sont de tous points assimilées aux pays étrangers.

## CHAPITRE II. — DU DOMICILE

[16196-16253]

**16196. Renvoi.** — Comme c'est au domicile du défunt que doivent être déclarés les objets sans assiette déterminée, il s'ensuit que les règles qui régissent le domicile soient très-essentielles à connaître. Nous avons exposé, au mot *Domicile*, les principes généraux qui régissent la matière ; mais pour faciliter l'application particulière que nos lecteurs sont appelés à en faire, nous allons résumer ici les diverses solutions que la doctrine et la jurisprudence ont fait découler de ces règles.

### SECTION PREMIÈRE. — DOMICILE DE DIVERS

[16197-16214]

**16197. Appréciation.** — D'après l'art. 102 C. C., le domicile de tout Français est au lieu où il a son principal établissement. Mais la question de savoir si un fait est de nature à caractériser le domicile est un point d'appréciation abandonné à la prudence des juges (Duranton t. 1er p. 354). Elle est très-féconde en difficultés et elle justifierait l'intervention du législateur au point de vue de la régularité de la perception (4935 R. P.).

**16198. Indications diverses.** — On doit considérer comme caractères de l'établissement principal, et, par suite, comme circonstances caractéristiques, le payement de la contribution personnelle et mobilière, ou de patente, dans une commune ; le service de la garde nationale ; l'exercice des droits politiques ; l'établissement d'un commerce (Duranton t. 1er no 354, Toullier t. 1er no 377).

1. CONTRIBUTION. — Jugé cependant que le payement de la contribution personnelle dans un lieu n'établit pas nécessairement que le contribuable soit domicilié dans ce lieu, si d'autres faits dont les juges sont appréciateurs souverains prouvent que son domicile est ailleurs (Cass. 15 mars 1843, S. 43-1-420, Toullier t. 1er p. 377, Duranton t. 1er no 354). — Jugé encore qu'un individu peut être réputé domicilié dans un endroit, bien qu'il ne soit ni imposé au rôle de la contribution mobilière de ce lieu, ni inscrit sur les registres de la garde nationale (Cass. 12 fruct. an 9, S. 2-1-20).

2. RÉSIDENCE HABITUELLE. — Le lieu où une personne exerce ses droits politiques et a le siége de ses propriétés, n'est pas réputé le lieu de son domicile, si cette personne, ayant une maison ailleurs, y fait sa résidence habituelle et y paye sa contribution personnelle et mobilière (C. Paris 13 mai 1809, S. 10-2-55).

Même avant le Code civil, le domicile civil était autre que le domicile politique, et le domicile civil était suffisamment établi dans un endroit par le fait de résidence joint à l'intention de s'y fixer (Cass. 28 flor. an 10, S. 2-1-263)

3. NOTORIÉTÉ PUBLIQUE. — DÉCLARATION. — Le domicile d'un individu est suffisamment établi par la notoriété publique, par les énonciations non contredites des qualités de plusieurs jugements, enfin par la déclaration conforme émanée de cet individu lui-même, et consignée dans des actes authentiques. Par suite, les significations faites à ce domicile sont valables (Cass. 16 fév. 1819, S. *Collect. nouv.* 6-1-30).

4. PORTE D'ENTRÉE DE MAISON. — Lorsqu'une maison d'habitation est située sur les limites des arrondissements de deux tribunaux différents, c'est la principale porte d'entrée qui détermine le lieu du domicile (Toullier t. 1er no 378).

**16199. Assignation.** — Il n'en est pas du domicile, en matière d'assignation, comme du domicile qui doit être pris en considération pour déterminer par quelle loi doit être régie la succession : il suffit, pour la validité de l'assignation, que le domicile soit apparent. Ainsi la partie qui a un domicile apparent dans le ressort du tribunal devant lequel elle a été assignée, ne peut prétendre que l'assignation est nulle, sous prétexte qu'elle a son domicile dans un autre lieu (C. Toulouse, 13 juill. 1816, S. *Collect. nouv.* 5-2-171).

**16200. Comédien ambulant.** — Les comédiens ambulants n'ont pas un domicile fixe et dès lors peuvent être traduits en matière personnelle par-devant le juge du lieu où ils ont contracté (C. Nîmes 4 pluv. an 9, S. 4-2-528).

**16201. Commerçant.** — Quand un commerçant ou une société a plusieurs établissements de commerce, chacun de ces établissements peut être considéré comme un domicile spécial, relativement aux opérations qui y sont faites (Massé *Droit comm.* t. 3 nos 54, 55).

**16202. Domestique.** — L'art. 109 C. C. portant que les majeurs qui servent en travailleurs habituellement chez autrui, ont le même domicile que la personne qu'ils servent ou chez laquelle ils travaillent, lorsqu'ils demeurent avec elle dans la même maison, est applicable aux majeurs qui avaient un domicile avant d'entrer au service d'autrui, comme aux majeurs qui n'en avaient pas (C. Bordeaux 8 avr. 1829, S. 29-2-348, Demolombe n° 367).

**16203. Étranger.** — Le domicile en France s'établit de la même manière, et les mêmes présomptions sont admissibles à l'égard de l'étranger qu'à l'égard du régnicole (C. Paris 15 mars 1831, S. 31-2-237, Proudhon *des Personnes* ch. 12, Merlin *Rép.* v° *Domicile* § 13, Duranton t. 1er n° 152, Toullier t. 1er n° 265). — *V.* à cet égard *Étranger.*

**16204. Femme.**— 1. OUVRIÈRE OU DOMESTIQUE. — La femme mariée, même majeure qui, en qualité d'ouvrière ou de domestique, demeure dans la maison que n'habite pas son mari, n'en conserve pas moins le domicile de ce dernier (Toullier t. 1er n° 375, Duranton t. 1er n° 374, Merlin *Rép.* v° *Domicile* n° 5).

2. DÉCÈS HORS DU DOMICILE CONJUGAL. — Le lieu où une femme, non séparée de corps, est reconnue avoir habité depuis nombre d'années avant son décès, n'est pas, par cela seul, le lieu de l'ouverture de la succession. On ne peut admettre qu'elle ait un autre domicile que celui de son mari (Cass. 26 juill. 1808, S. 8-1-481, Toullier t. 1er n° 375).

A plus forte raison la règle est-elle la même pour une femme mariée morte à Paris, où son mari faisait toutes les années un court séjour, sans y transporter son domicile. C'est à ce dernier domicile que doivent être déclarées les valeurs mobilières de la succession (13114 J.E.).

3. DOMICILE INDIQUÉ A LA FEMME. — Le domicile que le mari a reconnu être le domicile de sa femme, non séparée de corps, doit être regardé par la femme comme le domicile légal du mari.

Du moins celui-ci est non recevable à se plaindre des significations que sa femme lui aurait faites à ce domicile (Cass. 3 mars 1825, S. 25-1-353).

4. MILITAIRE. — ALGÉRIE. — La succession, composée de créances, de la femme d'un militaire, morte en Algérie, où son mari se trouvait en activité de service, doit être déclarée en France, au bureau *du domicile* de son mari, qui est celui qu'il avait avant d'être sous les drapeaux (15246-9 J.E.).

5. SÉPARATION DE CORPS. — La femme séparée de corps n'est plus domiciliée de droit chez son mari : elle peut se choisir un domicile légal ailleurs ; et c'est devant le tribunal de ce nouveau domicile qu'elle doit être assignée (C. Orléans 25 nov. 1848, S. 48-2-755, Duranton t. 1er n° 365, Demolombe t. 1er n° 358, Marcadé *sur l'art.* 108 n° 1er).

6. FEMME D'INTERDIT. — La femme de l'interdit a son domicile chez le tuteur de ce dernier (Duranton t. 1er n° 371, Demolombe t. 1er n° 363, — *Contrà* Richelot *Droit civil* t. 1er n° 244)

**16205. Invalide.** — L'Hôtel des invalides, étant une habitation permanente pour les militaires qui y sont admis, doit être considéré comme leur véritable domicile (C. Paris 16 janv. 1807, S. *Collect. nouv.* 2-2 188).

**16206. Journalier.** — Les personnes travaillant pour autrui, tels que vignerons, métayers ou colons partiaires, ou tout autre employé, qui occupe une maison appartenant au maître ou à la personne pour laquelle il s'emploie, tout en gardant une habitation séparée de la sienne, conservent leur domicile particulier (Duranton t. 1er n° 374).

**16207. Marchand colporteur.** — Un marchand colporteur est censé transporter son domicile, pour tout ce qui regarde son commerce, dans chacun des lieux où il se rend successivement pour débiter sa marchandise : en conséquence, il peut être traduit devant le tribunal d'une ville où il se trouve momentanément en tournée, à raison des faits relatifs à l'exercice de son industrie dans cette ville (C. Douai 31 mars 1843, S. 43-2-327, Carré *Lois de la proc. sur l'art.* 69 t. 1er p. 440 note 1re, Boncenne *Théorie de la proc.* t. 2 p. 205).

**16208. Mari interdit.** — Le mari, interdit pour cause de démence, a son domicile chez sa femme, si elle lui est donnée pour tutrice (Duranton t. 1er n° 366, Demolombe n° 365).

**16209. Marin.** — Les marins doivent aussi être assignés à leur domicile, et non à bord du vaisseau sur lequel ils se trouvent (Carré et Chauveau n° 352, Boncenne t. 2 p. 205 ; — *Contrà* Rodier *sur l'art.* 3 tit. 2 de l'ord., *le Praticien* t. 1er p. 286 n° 12).

**16210. Militaire.** — Les militaires doivent être assignés à domicile, et non pas au lieu où se trouve leur régiment (Duparc-Poullain *Princ. du droit* t. 2 p. 6, Carré et Chauveau *L. proc. civ.* n° 351, Boncenne t. 2 p. 205 ; — *Contrà* Rodier *sur l'art.* 3 t. 2 de l'ord. de 1667 q. 7, *le Praticien* t. 1er p. 285). Le militaire, en effet, conserve, à défaut de manifestation contraire, le domicile qu'il avait avant d'entrer au service (Sol. 29 sept. 1871, 17 mars 1875).

**16211. Mineur.** — 1. PÈRE ET MÈRE DÉCÉDÉS. — Le domicile du mineur, dont le père et la mère sont morts, est de droit au lieu du décès du dernier mourant de ses père et mère, tant qu'il n'est pas pourvu d'un nouveau tuteur. — En conséquence, le tribunal de ce lieu, saisi d'une demande (en interdiction) formée contre le mineur avant la nomination d'un nouveau tuteur, est compétent pour y statuer, même après cette nomination (C. Paris 28 nov. 1835, S. 35-2-556, Duranton t. 1er n° 367, Toullier t. 1er n° 371).

2. AGENT ADMINISTRATEUR. — Le mineur a son domicile chez son tuteur, et non chez l'agent chargé de l'administration de ses biens, encore que cet agent, nommé par le

conseil de famille, ait été qualifié de tuteur onéraire, dans l'acte de nomination (C. Paris 28 flor. an 12, S. 4-2-695).

3. ENFANT NATUREL. — L'enfant naturel a le domicile de son père qui l'a reconnu (Duranton t. 1er no 367, Demolombe t. 1er no 361, Marcadé *sur l'art.* 108 C.C. no 2). — Reconnu seulement par sa mère, il a le domicile de celle-ci (Duranton t. 1er no 367, Marcadé *ubi sup.*). — Non reconnu, il a son domicile ou dans l'hospice ou il a été recueilli ou chez la personne qui prend soin de lui (Duranton t. 1er no 368, Demolombe no 361, Marcadé *ubi sup.*).

4. ENFANT DE TROUPE. — Quant à l'enfant de troupe, il a son domicile sous les drapeaux, c'est-à-dire au régiment (Duranton t. 1er no 360, Demolombe no 361 ; — *Contrà* Marcadé *ubi sup.*).

5. ÉTUDIANT. — L'étudiant, encore qu'il réside au lieu où il suit le cours de ses études, conserve son domicile chez ses parents ou chez son tuteur (Merlin *Rép.* vo *Domicile* § 4, Zachariæ t. 1er § 141 no 1er, Duranton t. 1er no 370).

En conséquence, il a été décidé que des créances sans assiette déterminée, faisant partie de la succession d'un étudiant décédé à Paris, et dont les père et mère étaient domiciliés à Nantes, devaient être déclarées au bureau de cette dernière ville (Dél. 7 mars 1828, 6540 J.N.).

6. SERVICE OU APPRENTISSAGE. — Le mineur conserve le domicile de ses père et mère ou de son tuteur, nonobstant l'emploi de son travail ou de son service, ou bien son apprentissage chez autrui (Duranton t. 1er no 374).

*Mineur émancipé.* — L'apprenti, mineur émancipé, a son domicile chez le maître chez lequel il fait son apprentissage (Duranton t. 1er no 374). Mais, en thèse générale, le mineur émancipé a son domicile chez son tuteur (C. C. 108; — Sol. 27 janv. 1877).

**16212. Prisonnier. — Exilé.** — Tout prisonnier ou exilé, dont la peine n'entraîne pas l'interdiction, conserve le domicile qu'il avait avant sa détention ou son exil (Domat *Dr. publ.* liv. 1er tit. 16 sect. 3 no 14, Duranton t. 1er no 373, Merlin *Rép.* vo *Domicile* § 3, Carré et Chauveau no 357).

**16213. Religieux.** — Les congrégations religieuses peuvent déclarer dans leurs statuts que les membres qui les composent se lient par des vœux, mais la loi civile n'admet pas les vœux perpétuels et ne prête son appui qu'à ceux qui n'excèdent pas cinq ans (Inst. min. 17 juill. 1825, art. 11, de Girando t. 2 p. 18, D. N. 4e édit. vo *Communauté religieuse* no 19 ; — C. Montpellier 24 déc. 1868). La manifestation, par le religieux, d'abandonner pour toujours le domicile de ses parents, ne suffirait donc pas pour déterminer le lieu de son domicile au couvent au jour de son décès. Ce domicile dépend, comme en matière habituelle, du fait de l'habitation réelle dans un autre lieu, joint à l'intention d'y fixer son établissement.

Il semble donc que la solution dépend du point de savoir si, d'après les statuts de l'ordre, les membres peuvent être déplacés au gré de la congrégation. Si la négative est vraie, il faut reconnaître qu'en entrant dans un couvent dont il savait ne devoir vraisemblablement pas sortir, le religieux y a pris une habitation réelle et a manifesté l'intention d'y fixer son principal établissement. Par suite, il devrait être considéré comme y étant domicilié lors de son décès, et les rentes, créances et autres biens meubles sans assiette déterminée dépendant de sa succession devraient être déclarées, pour la perception des droits de mutation, au bureau dans la circonscription duquel se trouve le couvent (art. 27 L. 22 frim. an 7).

Autrement, ce serait le cas d'appliquer la doctrine d'un arrêt de Cass. du 11 vendémiaire an 13, suivant lequel celui qui abandonne son pays pour aller aux armées conserve son domicile d'origine tant qu'il n'a pas manifesté d'une manière expresse et positive l'intention de l'établir ailleurs (Duranton t. 1er no 360, D. N. 4e édit. vo *Domicile* no 54; — *Conf.* : 17 août 1870, 2455 J. du not.; 16977-2 J. E. ; — Sol. 17 fév. 1874 et 17 mars 1877).

**16214. Veuve.** — La veuve n'est pas présumée de droit conserver le domicile marital. — Ainsi, est nul, comme n'indiquant pas suffisamment le domicile de la requérante, l'exploit fait à la requête de la dame... veuve du sieur... en son vivant notaire à..., si la requérante ne déclare formellement vouloir conserver le domicile qu'avait son mari (Colmar 27 juill. 1829, S. 29-2-349). — Et il en est ainsi surtout lorsqu'elle habite dans une autre commune et qu'elle y paye la contribution (Montpellier 9 mai 1810, S. *Collect. nouv.* 3-2-266).

## SECTION 2. — CHANGEMENT DE DOMICILE

[16215-16233]

**16215. Règle.** — En principe, le domicile d'origine se conserve tant que la volonté de le remplacer par un autre n'est pas indiquée d'une manière expresse et positive (Cass. 13 vend. an 13, S. 7-2-911, Duranton t. 1er no 356, Toullier t. 1er no 371).

**16216. Intention.** — Un individu a conservé son domicile d'origine, bien qu'il soit mort dans un lieu où il avait fixé sa résidence ordinaire, s'il n'a pas manifesté par une déclaration formelle son intention de changer de domicile (Riom 15 mars 1809, S. *Coll. nouv.* 3-2-41).

Celui qui, après avoir quitté son domicile, n'a pas fait connaître sa nouvelle résidence, est réputé avoir conservé ce même domicile ; dès lors, dans le cas où il est assigné, conjointement avec d'autres défendeurs, le demandeur peut les assigner tous devant le tribunal de ce même domicile (Cass. 22 janv. 1850, S. 50-1-207).

**16217. Appréciation.** — Encore qu'il y ait preuve de l'intention d'un changement de domicile résultant d'une déclaration expresse faite à la municipalité de celui que l'on quitte, les juges peuvent, sans violer aucune loi, décider qu'il n'y a pas eu de changement de domicile, alors qu'aucune déclaration n'a été faite à la municipalité du lieu où serait établi le nouveau domicile (Cass. 8 déc. 1840, S. 40-1-940). — Et même, encore qu'il y ait preuve de l'intention d'un changement de domicile résultant de la déclaration expresse faite tant à la municipalité du lieu que l'on quitte, qu'à celle du lieu où l'on veut transférer son domicile (104 C.N.), et qu'à ces preuves se joignent des faits plus ou moins prolongés d'habitation dans ce dernier lieu... tout cela peut encore être regardé comme insuffisant pour établir un changement de domicile; si celui qui prétend l'avoir ainsi opéré a conservé son principal établissement dans le lieu de son ancien domicile; du moins, à cet égard, l'affirmation des juges du fonds échappe à la censure de la Cour de cassation (Cass. 7 mai 1839, S. 39-1-681).

1. DÉCLARATION. — Jugé de même que la déclaration de changement de domicile, faite dans les formes voulues par l'art. 104 C. C., et par exemple la déclaration d'un Français qu'il transporte son domicile en pays étranger, peut, d'après les faits et circonstances, être déclarée insuffisante pour détruire le domicile d'origine et après translation de domicile dans le lieu nouvellement désigné (Cass. 17 janv. 1837, S. 37-1-701).

**16218. Déclaration.** — Celui qui a fait la déclaration exigée par la loi pour transférer son domicile d'un lieu dans un autre par lui nouvellement choisi, conserve ce nouveau domicile, quoique, depuis, il soit allé habiter son ancien domicile, surtout s'il a gardé un logement dans le nouveau; au moins en est-il ainsi quant à l'exercice du droit d'affouage (Besançon 10 janv. 1828, S. 28-2-201). La preuve de l'intention d'un changement de domicile ne résulte pas suffisamment d'un long séjour dans le lieu où l'on a fondé un nouvel établissement de commerce, du payement des contributions personnelle et mobilière dans cette résidence, du mariage qu'on y a contracté, en déclarant qu'on y était domicilié, ni enfin de la faillite qui y a été déclarée et réglée, lorsque celui contre lequel on allègue ces circonstances pour établir sa renonciation au domicile d'origine n'a pas fait à ce sujet sa déclaration expresse aux municipalités, et qu'il est rentré dans ce domicile depuis quelques années. — Du moins, la décision des juges du fonds à cet égard se réduit à une appréciation de circonstances qui échappent à la censure de la Cour de cassation (Cass. 24 fév. 1835, S. 35-1-211).

**16219. Fait de changement.** — Toutes les conditions prescrites à l'effet d'opérer le changement du domicile se trouvent accomplies du moment où, à l'intention de changement dûment manifestée, se joint le fait, quelle qu'ait été la durée d'une habitation réelle dans un autre lieu (C. Limoges 1er sept. 1813, S. 13-2-353, Toullier t. 1er n° 372, Duranton t. 1er n° 357).

L'intention de changer de domicile, bien que manifestée par déclaration expresse faite tant à la mairie du lieu que l'on veut quitter, qu'à la mairie du lieu où l'on veut transférer son domicile, n'opère légalement changement du domicile qu'autant que le fait s'en est suivi (Cass. 6 nov. 1832, S. 32-1-822). — Et, dans le cas où cette habitation réelle n'a pas lieu, le déclarant ne cesse pas de conserver son premier domicile, auquel des assignations peuvent dès lors lui être données (Cass. 30 juill. 1850, S. 50-1-797). — Jugé encore que la preuve d'un changement de domicile ne peut résulter de la double déclaration faite à la mairie du lieu que l'on quitte et à celle du lieu où l'on entend transporter son domicile, si ce changement n'est pas effectué par un abandon réel du domicile actuel (Cass. 16 avr. 1817, S. *Collect. nouv.* 5-1-309; — Cass. 25 août 1835, S. 35-1-689; — C. Bordeaux 10 août 1811, S. 12-2-72; — C. Paris 30 janv. 1813, S. *Collect. nouv.* 4-2-249; — C. Poitiers 23 juin 1819, S. *Collect. nouv.* 6-2-94; — C. Toulouse 26 fév. 1850, S. 50-2-256)

**16220. Actes de commerce.** — Le changement ne peut s'induire de ce qu'un individu a fait de nombreuses opérations de commerce dans un autre lieu que son domicile originaire, et de ce que, dans ces actes ou annonces, il déclare y avoir son domicile; dès lors, s'il vient à faire faillite, les opérations de cette faillite doivent être suivies devant le tribunal de son domicile originaire (Cass. 15 mars 1841, S. 42-1-348, Massé *Dr. com.* 1 t. 3 n° 57).

**16221. Avocat.** — La profession d'avocat n'entraîne pas par elle-même, et abstraction faite de toutes circonstances, la translation du domicile au lieu où elle est exercée (C. Douai 11 déc. 1844, S. 45-2-278).

**16222. Colonies.** — La longue résidence d'un français aux colonies, jointe à la circonstance qu'il avait en ce pays le siége de ses affaires, ne suffit pas pour faire présumer qu'il a abandonné son domicile d'origine, alors surtout que sa correspondance atteste au contraire qu'il avait toujours conservé l'esprit de retour dans son pays natal. Si donc il meurt en cet état aux colonies, c'est en France, à son domicile d'origine que la succession doit être réputée ouverte (Cass. 14 fév. 1832, S. 33-1-70). — Le principe est vrai surtout quand il s'agit d'une personne décédée en mer, après avoir quitté les colonies pour rentrer dans sa patrie (C. Paris 3 août 1812, S. 12-2-446).

**16223. Condamné.** — La preuve d'un changement de domicile ne résulte pas de l'établissement en pays étranger d'un condamné par contumace pour banqueroute frauduleuse. En conséquence, ce contumax doit être assigné au domicile qu'il avait avant sa faillite (C. Montpellier 5 août 1836, S. 37-2-220).

Le condamné transféré hors du lieu de son domicile, et frappé de mort civile, conserve néanmoins son premier domicile jusqu'à l'exécution de l'arrêt. Sa translation n'a pu opérer le changement de domicile, parce qu'elle n'est pas l'effet de sa volonté, et que la loi veut que l'intention soit jointe au fait (C. Paris 30 janv. 1817, S. 18-2-42).

**16224. Contribution personnelle.** — La preuve de changement de domicile peut résulter du payement pendant sept années consécutives, de la contribution personnelle, au lieu de la nouvelle résidence, si, d'ailleurs, il n'est articulé aucun fait positif tendant à faire présumer le retour ou l'espoir de retour à l'ancien domicile (Cass. 19 mars 1812, S. 13-1-22).

**16225. Déporté.** — Les individus déportés par mesure politique n'étant pas fixés pour leur vie dans le lieu de leur déportation, ne perdent pas leur ancien domicile, quelque temps qu'ait duré leur exil (Cass. 16 frim. an 11, S. 3-1-147).

**16226. Établissement industriel.** — Le changement de domicile ne peut s'induire de ce qu'un individu a fondé un établissement industriel, même important, dans une autre commune, de ce qu'il a accepté un grade supérieur dans la garde nationale et d'autres circonstances analogues, lorsque, malgré sa résidence habituelle dans cette commune, son mobilier personnel est demeuré à son domicile d'origine, et qu'il y a toujours payé sa contribution personnelle et mobilière (C. Amiens 10 mars 1849, S. 49-2-568).

**16227. Principal établissement conservé.** — Quand bien même il y aurait preuve de l'intention d'un changement de domicile, résultant d'une déclaration expresse faite tant à la municipalité du lieu que l'on quitte, qu'à celle du lieu où l'on veut transférer son domicile, et qu'à cette preuve se joindraient des faits plus ou moins prolongés d'habitation dans ce dernier lieu, tout cela peut encore être regardé comme insuffisant pour établir un changement de domicile, si celui qui prétend l'avoir ainsi opéré a conservé son principal établissement dans le lieu de son ancien domicile, s'il a fait un certain nombre d'actes dans lesquels il s'est dit domicilié dans ce lieu, s'il en a accepté la juridiction (Cass. 9 juin 1830, S. 30-1-204).

**16228. Faits et circonstances.** — A défaut de déclaration expresse, la preuve d'un changement de domicile peut résulter des faits et circonstances, encore bien que celui qu'on prétend avoir changé de domicile paye des contributions à son ancien domicile et y soit inscrit sur les contrôles de la garde nationale (Cass. 23 juill. 1840, S. 40-1-959).

**16229. Fonctions publiques.** — En règle générale, l'acceptation de fonctions à vie dans un autre lieu que celui de son domicile emporte changement de domicile ; mais ce n'est qu'autant que ces fonctions sont irrévocables (Merlin *Rép.* v° *Recev. des contrib.* n° 4, Marcadé *sur les art.* 106 et 107, Demolombe t. 1er n° 364).

Jugé en ce sens que dans l'art. 107 C. C., l'expression « fonctions conférées à vie » doit être entendue en un sens concordant avec l'art. 106, et restreinte aux fonctions à vie qui ne sont ni temporaires, ni révocables (Cass. 11 mars 1818, S. 13-1-418).

1. PERCEPTEUR. — Ainsi, les fonctions de percepteur des contributions ne sont pas du nombre de celles dont l'acceptation emporte translation immédiate et nécessaire du domicile du fonctionnaire où il les exerce. — Même arrêt que ci-dessus (C. Paris 17 août 1810, S. 14-2-125).

2. EXCEPTION. — La règle de l'art. 107 C. C., en vertu duquel un fonctionnaire public à vie acquiert domicile dans le lieu où il doit exercer ses fonctions, n'est pas tellement absolue qu'elle doive nécessairement entraîner la nullité des actes signifiés à l'ancien domicile de ce fonctionnaire, surtout à une époque peu éloignée de son installation, lorsque, par des actes émanés de lui, les tiers ont pu être induits en erreur sur son véritable domicile (C. Metz 17 juin 1812, S. *Collect. nouv.* 4-2-135).

3. PRESTATION DE SERMENT. — Du reste, ce n'est que par la prestation du serment exigé de lui par la loi que l'individu appelé à des fonctions confiées à vie manifeste en même temps et son acceptation de ces fonctions et son intention de fixer son domicile au lieu où il doit les exercer. Et du moment que la prestation de serment a eu lieu, la translation de domicile du fonctionnaire n'est pas subordonnée à son habitation réelle dans le lieu où il doit exercer ses fonctions (Duranton t. 1er n° 161, Demolombe t. 1er n° 361, Marcadé *ubi suprà* ; — Sol. 23 juin 1875).

4. FONCTIONS RÉVOCABLES. — Quelque temps qu'ait duré dans un lieu spécial l'exercice de fonctions publiques révocables, il n'en résulte pas nécessairement, de la part du fonctionnaire qui les a remplies, la preuve de son intention de changer son domicile d'origine (Duranton t. 1er n° 362).

Toutefois, un fonctionnaire public amovible peut être considéré comme n'ayant pas conservé son ancien domicile et comme en ayant acquis un autre dans le lieu où il exerce ses fonctions, alors même qu'il n'a fait aucune déclaration expresse à cet égard (Cass. 20 juin 1832, S. 32-1-694). — Et la preuve du changement de domicile peut, en un tel cas, résulter des mêmes circonstances qui, à l'égard de tous autres particuliers, font présumer l'intention d'un changement de domicile (Cass. 11 juill. 1821, S. 31-1-362, Demolombe t. 1er n° 366, Marcadé t. 1er art. 107 n° 2).

Spécialement le fonctionnaire, même amovible, doit être réputé domicilié dans le lieu où il exerce ses fonctions lorsqu'il y a transporté sa famille, son ménage et son principal établissement, et a ainsi abandonné le domicile qu'il avait précédemment (C. Limoges 12 mars 1844, S. 44-2-623). — Jugé cependant qu'une telle preuve ne résulte pas de la seule déclaration faite par un fonctionnaire public amovible, au Préfet de son département, qu'il entend fixer son domicile dans le lieu où il exerce ses fonctions (Cass. 16 mai 1809, S. 20-1-487) ; — ni du fait de l'habitation d'un tel fonctionnaire dans le lieu où il exerce ses fonctions et du payement des contributions dans le même lieu (C. Riom 16 fév. 1029, S. *Collect. nouv.* 6-2-25).

Mais si le fonctionnaire (un Directeur de l'enregistrement) a déclaré, dans son testament, que son intention a été de conserver son domicile d'origine, et si la succession a été liquidée en conséquence, il y a lieu de suivre cette indication (Sol. 10 déc. 1877).

**16230. Mariage.** — Le changement de domicile ne résulte ni des publications de mariage, ni du mariage lui-même, ni d'une habitation prolongée dans un lieu déterminé, si, en même temps, le domicile d'origine a été conservé et indiqué dans différents actes de procédure : en cas d'ouverture de succession, c'est donc à ce dernier domicile qu'il faut procéder (C. règl. de Cass. 23 janv. 1817, S. 17-1-107).

**16231. Militaire.** — Celui qui ne quitte son domicile que pour aller aux armées est censé l'avoir toujours conservé, s'il n'a pas manifesté l'intention d'en choisir un autre; c'est, en conséquence, à ce domicile d'origine que doivent lui être signifiées toutes les assignations à lui données (C. Toulouse 7 janv. 1813, S. *Collect. nouv.* 4-2-228). — Et s'il meurt, le lieu de l'ouverture de succession est donc le lieu où il avait son principal établissement avant d'entrer au service (Cass. 11 vend. an 13, S. 7-2-911).

**16232. Retour de l'étranger.** — Le Français qui a quitté son domicile pour aller remplir des fonctions temporaires et révocables en pays étranger, et qui, pendant la suspension momentanée de ses fonctions, est venu établir sa résidence en France, dans un autre lieu que celui où il avait d'abord son domicile, peut être reputé, selon les circonstances, avoir adopté un domicile nouveau, bien qu'il n'ait fait aucune déclaration expresse à cet égard. Dans un tel cas, sa succession doit être déclarée ouverte dans le lieu où il paraît avoir eu l'intention de fixer son dernier domicile (C. Paris 14 août 1823, S. 25-2-116).

**16233. Voyage à l'étranger.** — Un voyage en pays étranger, pour des opérations de commerce, suppose toujours l'esprit de retour et ne fait pas perdre le domicile civil (Cass. 25 août 1813, S. 15-1-131).

## TITRE IV. — PAR QUI LES DÉCLARATIONS DOIVENT ÊTRE FAITES

[16234-16252]

**16234. Règle.** — Les héritiers, donataires ou légataires, leurs tuteurs ou curateurs, sont tenus de passer déclaration détaillée des mutations de propiété ou d'usufruit par décès, et de la signer sur le registre (art. 27 L. 22 frim. an 7).

Cette obligation est de rigueur, et elle s'applique aux héritiers benéficaires comme à tout successeur, quel que soit son titre à la succession, tels que les enfants naturels, les enfants adoptifs, les époux survivants, etc.

**16235. Déclaration négative.** — Pourrait-on se dispenser de faire une déclaration sous le prétexte que la succession est négative? La question s'est présentée dans une espèce où la succession se composait uniquement de droits litigieux, dont aucun titre ne constatait l'existence. Le tribunal d'Orange s'est déclaré contraire à toute déclaration à faire négativement ou pour mémoire, en attendant qu'il eût été prononcé un jugement définitif sur la réalité et la qualité de ces droits. Son jugement, en date du 13 avril 1853 (15906 J. E.), est fondé sur les motifs suivants : « Considérant qu'aucune disposition de la loi du 22 frimaire an 7 n'oblige un héritier à faire une déclaration négative ou pour mémoire à raison de droits incorporels purement éventuels et litigieux dont aucun titre ne constate l'existence; que, d'une part, en effet, la fiction, *qui habet actionem rem ipsam habere videtur*, ne saurait être appliquée en matière de perception d'impôts, et que, d'autre part, suivant l'art. 27 L. 22 frimaire an 7, l'enregistrement des mutations par décès doit avoir lieu sur la déclaration détaillée des héritiers, donataires ou légataires, et, suivant l'art. 28 de la même loi, être précédé du payement des droits, ce qui suppose qu'il n'existe aucune incertitude sur l'existence des biens ou des créances dont se compose la succession qui fait l'objet de la déclaration; qu'il suit de là qu'Eusèbe Rolland n'était et n'est encore, en l'état, tenu à aucune déclaration, au bureau de l'enregistrement de Vaison, à raison de la succession de la femme Chave, sa sœur, et que c'est à bon droit qu'il a formé oppostion à la contrainte décernée contre lui le 4 juin 1851. »

Ce jugement paraît bien fondé, car l'art. 27 oblige les héritiers à passer déclaration des *mutations* de propriété ou d'usufruit par décès, et il n'y a pas de déclaration à faire quand il n'existe point de mutation (D. N. t. 12 p. 313 n° 70).

Les parties ont d'autant moins d'intérêt de la souscrire, que cette déclaration peut étendre dans certains cas le délai de la prescription, notamment en matière de biens rentrés dans l'hérédité (V. n° 16312), et qu'elle aggrave leur position à l'égard des valeurs dont l'omission serait ultérieurement constatée.

Seulement, si l'Administration avait des raisons sérieuses de croire que certaines valeurs dépendent de la succession, elle pourrait toujours amener les héritiers à souscrire une déclaration, en décernant contre eux une contrainte en payement d'une somme approximative, sauf à augmenter ou à diminuer d'après la déclaration à faire. La jurisprudence décide que, dans ce cas, les parties ne peuvent interrompre l'exécution de la contrainte avant d'avoir passé leur déclaration sur le registre (Cass. 30 oct. 1809, 14 mars 1814, 7 juill. 1863; — Seine 19 août 1864 et 24 fév. 1865. — V. 16261). — Il faudrait donc, pour éviter le payement de la somme fixée par l'Administration, que les débiteurs commencent par passer leur déclaration sur le registre.

**16236. Héritier.** — La solidarité qui unit tous les héritiers fait qu'un seul peut fournir la déclaration pour les autres et les obliger.

**16237. Légataire.** — En principe, l'héritier ou le légataire universel, se trouvant investi de l'intégralité de la succession, a charge de payer pour les légataires de sommes non existant en nature, puisqu'il est tenu de comprendre dans sa déclaration la totalité des biens de la succession, sauf imputation, à cause de la différence des droits, ainsi qu'on le verra plus loin. Cependant, cette obligation de l'héritier ou du légataire universel ne peut priver l'Administration de son droit de contraindre, le cas échéant, le légataire particulier à fournir la déclaration de son legs.

Si donc le légataire universel n'a point parlé des legs particuliers, les bénéficiaires de ces libéralités sont tenus de passer leurs déclarations et d'acquitter les droits (Seine 1er fév. 1862, 1658 R. P., 12259 C.).

Quant aux légataires particuliers d'objets existant en nature, ils sont tenus de souscrire une déclaration personnelle. L'Administration a cependant quelquefois admis la régularité de la déclaration faite par l'héritier, sauf au légataire à faire une déclaration pour ordre (Sol. 13 fév. 1878, 20739 J. E.).

**16238. Tuteur.** — Le tuteur a sans nul doute qualité pour faire la déclaration au nom de son pupille. C'est là un des attributs de son administration. Il est même *tenu*, d'après l'art. 27 L. 22 frimaire, sous l'obligation personnelle du demi-droit en sus, en cas de négligence.

On peut se reporter à ce que nous avons dit sur ce point au no 16182.

**16239. Curateur.** — Le curateur au ventre, qui est celui donné à l'enfant conçu au moment de l'ouverture de la succession, est tenu, comme le tuteur, à la déclaration de la succession, et il se trouve dans les mêmes conditions que lui au regard du Trésor. — *V.* 16181.

1. SUCCESSION VACANTE. — Quant au curateur à la succession vacante, nous renvoyons à ce que nous avons dit sous le no 16180.

**16240. Administrateur.** — Parmi les curateurs, il faut placer tous les administrateurs ou liquidateurs, soit conventionnels, soit judiciaires, d'une succession. Or, le sens du mot *curateur* est très-général : ce mot désigne, suivant Dalloz (vo *Curateur*), celui qui est investi d'une curatelle ou *administration de biens;* et il n'est pas douteux qu'en l'an 7, c'est-à-dire avant le Code civil, il n'ait eu la même acception, que révèle du reste son étymologie. Les auteurs anciens énumèrent les cas dans lesquels on nommait le plus fréquemment des curateurs et conviennent tous que le nombre de ces cas n'était pas limité. Pothier dit, par exemple, dans son *Traité des personnes* (1-6-3) : » Il y a encore d'autres espèces de curateurs, tels que le curateur à une succession vacante et le curateur créé à l'héritage délaissé en justice. » Domat exprime la même idée dans le livre 2 de la première partie des *Lois civiles* (titre 2) : « Il y a encore une autre sorte de curateurs, dont l'usage est nécessaire pour prendre le soin des biens qui se trouvent délaissés, sans que personne les ait en charge; comme si une personne était engagée dans une longue absence, sans avoir chargé quelqu'un du soin de ses biens ; s'il ne paraît point d'héritiers d'une succession, ou si ceux qui pouvaient l'être y ont renoncé ; si un débiteur abandonne ses biens à ses créanciers. Dans tous ces cas *et autres* semblables, où des biens se trouveront sans maître, ou sans que quelque personne en ait la conduite, on nomme des curateurs pour les régir. »

Ces principes sont depuis longtemps consacrés par la Cour de cassation. Un arrêt de cette Cour, en date du 4 août 1807, porte ce qui suit : « Vu les art. 4, 27 et 32 L. 22 frimaire an 7; considérant que de ces dispositions de la loi du 22 frimaire an 7, il résulte : 1o que le droit proportionnel est dû sur toute succession dès l'instant de son ouverture; — 2o que ce droit doit être acquitté, non-seulement par les héritiers, donataires ou légataires, mais encore, et à leur défaut, par les tuteurs, *curateurs ou autres administrateurs;* — 3o enfin, que les revenus des biens, en quelques mains qu'ils se trouvent, sont affectés aux payements du droit; d'où il suit que le curateur d'une hoirie vacante est tenu, en cette qualité, du droit proportionnel échu par l'ouverture de la succession, et que l'Administration de l'enregistrement a, dans tous les cas, une action contre le curateur, sauf le compte de son administration... » (Dalloz vo *Enreg.* nos 40-33, S. 1808-1-290, 2931 J.E.). — La Cour s'était déjà prononcée dans le même sens le 19 thermidor an 13 (Dalloz *loc. cit.*).

En outre, il a été décidé spécialement :

1o Que *l'exécuteur testamentaire* est tenu, sous peine d'un demi-droit en sus, de déclarer la succession et d'acquitter le droit simple dans les six mois du décès (Cass. 5 niv. an 12, S. 4-2-52, 1935, 3990 et 4088 J.E.; — *V.* aussi Dalloz vo *Enreg.* no 5152) ;

2o Que le père *administrateur légal* est soumis aux mêmes obligations (Toulouse, 5 mars 1863, art. 1906 § 1er R. P.; — Marseille, 12 mars 1869, art. 2953 R. P.; — Pithiviers, 3 janv. 1878, 4903 R. P.). — *V.* 16184.

Il en serait autrement d'un administrateur ayant un mandat spécial. — Ainsi, il a été jugé que l'administrateur provisoire nommé pour représenter les héritiers dans les contestations auxquelles une contribution donne lieu et pour faire vendre les meubles de la succession n'a pas qualité pour faire la déclaration (Seine, 17 mai 1854; — Sol. 28 sept. 1876 et 14 oct. 1875).

De même du séquestre judiciaire chargé de vendre les biens et d'en distribuer le prix (Lyon, 18 août 1874, 3011 R. P.).

**16241. Absence. — Notaire commis.** — L'administration belge a reconnu, le 16 septembre 1867, que le notaire commis par justice pour représenter des présumés absents n'a pas qualité pour faire la déclaration des successions ouvertes à leur profit, car la mission du notaire nommé dans le cas de l'art. 113 C. C. est toute spéciale et ne comporte que le genre d'opérations précisées par cet article. L'Administration ou les héritiers doivent s'adresser au tribunal pour obtenir la nomination d'un curateur (2686 R. P.).

**16242. Mère séparée de corps. — Garde des enfants.** — Nous pensons avec le J. E. (art. 18437 § 2) qu'une femme qui a obtenu la séparation de corps et à qui le tribunal a confié la garde des enfants n'a pas qualité pour passer la déclaration des biens à eux échus par succession. La déclaration, étant un acte qui oblige, ne peut être passée que par les héritiers, donataires ou légataires, leurs mandataires ou les administrateurs de leurs biens. Or, la femme n'a pas, dans l'espèce, l'administration des biens de ses enfants.

**16243. Qualité pour faire la déclaration. — Mandataire.** — Les héritiers, les légataires, le tuteur, le curateur, dont nous venons de parler, ne sont pas les seuls qui soient aptes à faire la déclaration de succession. Cet office peut incomber à une foule de personnes de positions diverses. Néanmoins, comme la déclaration de succession est un acte qui oblige et peut entraîner des peines, il faut de rigueur que les personnes qui se soumettent à cet acte aient qualité pour le faire, autrement elles n'engageraient pas les héritiers envers l'Administration. L'Administration elle-même devrait les considérer comme non avenues (Sol. 15 sept. 1871, 23 sept. 1876).

C'est en ce sens que l'I. G. 443 no 5 veut que toute personne qui n'aurait pas qualité suffisante pour passer une déclaration ne puisse être admise à la faire, et que les ordres de service qui ont fait l'objet de l'I. G. 1318 art. 20 prescrivent aux employés supérieurs, lorsqu'ils sont en opérations dans un bureau, de vérifier si, lorsque les déclarations sont passées par des fondés de pouvoirs, les procurations sont annexées au registre, ratifiées par le déclarant et rédigées sur papier timbré.

1. RESPONSABILITÉ. — Le mandat à l'effet de déclarer les biens sujets au droit de mutation par décès est censé autoriser une déclaration dans les termes et les formes de droit, de manière que, si cette déclaration contient des omissions ou fausses évaluations, le mandant encourt les peines prononcées par la loi (Cass. 18 août 1829, 9760 J. E.; — Sol. 15 avr. 1872).

Le mandataire qui ne ferait pas la déclaration pourrait d'ailleurs être responsable du demi-droit en sus envers l'héritier (Nice, 30 nov. 1875).

2. ACTE ÉCRIT A LA SUITE D'UN AUTRE. — La procuration pour passer déclaration de succession peut être mise à la suite de l'état estimatif. — V. *Acte à la suite.*

**16244. Mari et femme.** — En principe, la loi ne règle les droits de la puissance du mari sur les biens personnels de la femme qu'à défaut de conventions spéciales que les époux peuvent faire, en se mariant, comme ils jugent à propos (1387, 1497 et 1527 C. C.). En l'absence de toute stipulation à cet égard, le mari a de plein droit l'administration de tous les biens personnels de la femme (1428 C. C.); mais cette administration n'est plus exclusivement attachée à la personne, comme lorsqu'il s'agit des biens de la communauté: au contraire, la femme peut, par contrat de mariage, se réserver l'entière administration de tout ou partie seulement de ses biens (1534 et 1536 C. C.). De plus, le mari ne peut traiter du droit de propriété des biens de sa femme sans son consentement (1428 C. C.). Enfin, d'après l'article que nous venons de citer, il est responsable de tout dépérissement des biens personnels de sa femme causé par défaut d'actes conservatoires.

Il s'ensuit, par une conséquence directe, que le mari a seul qualité pour faire la déclaration des biens échus à sa femme lorsqu'ils sont mariés sous le régime de la communauté, de la non-communauté, ou lorsque le régime dotal s'applique à tous les biens, parce que lui seul a l'administration de ces biens (Sol. 7 mars 1872). La femme seule a qualité lorsqu'il y a séparation de biens conventionnelle ou judiciaire, ou pour les biens paraphernaux.

A qui incombe la responsabilité du droit en sus? — *V.* 16185.

1. COMMUNAUTÉ. — La communauté n'est pas tenue des droits applicables à une succession immobilière échue à la femme et non acceptée avec l'autorisation du mari (Sol. 7 août 1877). — *V.* Pont et Rodière nos 778 et suiv.

**16245. Exécuteur testamentaire.** — L'obligation de faire la déclaration de la succession et de payer les droits de mutation par décès n'est point imposée à l'exécuteur testamentaire. Cette obligation ne concerne que les héritiers, donataires et légataires (art. 27 L. 22 frim.).

Si le testament chargeait personnellement l'exécuteur testamentaire d'acquitter les droits de mutation, il ne pourrait faire ce payement que sur la déclaration passée par héritiers, à moins qu'il n'eût reçu de ceux-ci un pouvoir spécial à cet effet. Il ne peut, en effet, dépendre de la volonté d'un testateur de changer les rapports légaux qui existent entre le Trésor et les héritiers. Tellement que si la déclaration était faite sans pouvoir spécial par l'exécuteur testamentaire, et qu'elle contînt des irrégularités ou des fraudes, l'Administration n'aurait aucune action contre les héritiers pour le recouvrement de la peine encourue. — *V.* 8293.

**16246. Créanciers.** — Nous nous sommes déjà occupé à plusieurs reprises des créanciers qui se font autoriser à accepter la succession aux lieu et place de leur débiteur renonçant. Il résulte incontestablement de nos observations sur ce point que les créanciers autorisés à accepter une succession du chef de leur débiteur représentent l'héritier, sont soumis aux mêmes obligations et ont, par conséquent, qualité pour faire la déclaration.

**16247. Faillite.** — La déclaration de faillite n'ayant pas pour effet juridique de priver le failli de la propriété de ses biens, ainsi qu'on l'a vu au no 8821, ils continuent de lui appartenir ainsi qu'à ses créanciers, sauf les droits des créanciers : dès lors les créanciers de la faillite ne sont pas tenus du payement des droits de succession.

Il en serait autrement si, par suite de la renonciation des héritiers, les syndics de la faillite acceptaient la succession sous bénéfice d'inventaire. Ils rentreraient alors dans le cas du numéro précédent.

Ce n'est pas le syndic de la faillite du défunt, mais les héritiers qui doivent faire la déclaration (Rouen 16 mai 1876, 4449 R. P.). — *V.* 9709-2.

**16248. Cessionnaire.** — Le tribunal de Vendôme a jugé, le 26 février 1819 (6560 J. E.), qu'aux termes de l'A. Cons. d'Ét. 21 septembre 1810, interprétatif de l'art. 32 L. 22 frimaire an 7, l'acquéreur des biens d'une succession n'a jamais pu être obligé à faire aucune déclaration des droits dus par cette succession. En effet, le cessionnaire peut bien être contraint à supporter la portion des droits de succession correspondante à la part héréditaire de son cédant, mais sa situation se réduit à un rôle purement passif. Il ne peut revêtir ce caractère personnel que l'art. 27 L. 22 frimaire an 7 attribue à l'obligation de passer déclaration (*Conf.* : D.N. t. 12 p. 351 no 928 et Sol. 31 déc. 1872).

Ces principes ont été pleinement confirmés par l'I. G. no 1229 § 11 dans l'espèce suivante :

Le sieur Beaugé, décédé le 14 septembre 1826, avait fait un testament par lequel il instituait le sieur Denise, non parent, son légataire universel. Il n'existait pas d'héritiers auxquels une quotité des biens fût réservée par la loi, et le légataire universel, qui avait obtenu du président du tribunal, conformément à l'art. 1008 C. C., une ordonnance d'envoi en possession, attendu que le testament était olographe, se trouvait encore saisi de plein droit, d'après l'art. 1006 C. C., sans avoir besoin de demander la délivrance aux héritiers naturels. Ceux-ci engagèrent une instance en nullité du testament. Ensuite, et par un acte passé devant notaire, le 17 novembre suivant, ils transigèrent avec le légataire, qui abandonna la majeure partie de ses droits, en se réservant seulement deux vingt-septièmes de l'hérédité. L'acte contient encore, de la part de l'une des parties, héritière pour moitié, abandon de trois vingt-septièmes à ses cohéritiers, comme récompense et remboursement des soins qu'ils avaient pris et des dépenses qu'ils avaient faites pour le litige et pour la transaction.

Une pareille transaction contenant une véritable cession des vingt-cinq vingt-septièmes de ses droits par le légataire universel aux héritiers naturels, non réservataires, l'Administration eut à examiner par qui devaient être payés les droits de mutation par décès. Elle décida, par application des principes ci-dessus, que les droits de mutation par décès, qui sont exigibles indépendamment de toutes les transmissions postérieures à l'événement, devaient être acquittés, pour la totalité, au taux réglé pour les successions entre personnes non parentes, par le légataire qui avait été saisi, et qui avait disposé de toute l'hérédité, sauf à lui à s'entendre avec les héritiers, comme il le jugerait à propos, pour les portions qu'il leur avait abandonnées.

1. POUVOIR. — Cependant, on pense que, dans l'obligation imposée au cessionnaire d'acquitter les droits de mutation par décès, on doit voir un pouvoir qui autorise le cessionnaire à faire la déclaration au nom de l'héritier. La solution dépendra toujours de l'intention des parties, qui se révélera par les termes de l'acte.

**16249. Commissaire-priseur.** — Pourrait-on trouver qu'il y a qualité suffisante pour faire la déclaration dans cette circonstance qu'un commissaire-priseur aurait été chargé par jugement de faire la vente des meubles et de payer, sur le produit, les dettes privilégiées et les droits de mutation par décès? Évidemment non. Il y a, dans une pareille stipulation, pouvoir de payer, mais non pouvoir de déclarer, ce qui est bien différent. La déclaration d'un commissaire-priseur passée dans ces circonstances n'engagerait nullement les héritiers à l'égard de l'Administration, qui n'aurait aucun recours contre eux pour le recouvrement des peines pécuniaires qui pourraient résulter d'une déclaration irrégulière.

**16250. Usufruitier.** — En principe, l'usufruitier percevant les revenus de la succession, et ces revenus étant affectés au payement des droits de mutation par décès, on pourrait penser, par application de la règle qui a fait l'objet du n° 16002, que si le légataire d'un usufruit universel se présentait pour payer les droits de mutation par décès au nom du nu-propriétaire, son offre devrait être acceptée. Ce qui semblerait même donner tout à fait crédit à cette opinion, c'est que l'art. 612 C. C. dit que si l'usufruitier veut avancer la somme pour laquelle le fonds doit contribuer, le capital lui en sera remboursé à la fin de l'usufruit, sans intérêt. — V. 16002-2.

Mais il y a dans l'obligation de l'héritier à la déclaration de succession quelque chose de trop personnel, pour qu'il ne nous semble pas prudent d'exiger que l'usufruitier qui voudrait acquitter les droits de succession au nom du nu-propriétaire, soit pourvu d'une autorisation. C'est ce qui résulte d'une Dél. 27 janvier 1826 (D.N. t. 12 p. 313 n° 700).

**16251. Mineur émancipé.** — L'effet de l'émancipation étant de donner au mineur à qui elle est conférée la faculté de faire tous les actes qui restent dans les bornes d'une simple administration, nul doute que le mineur émancipé n'ait le droit de passer déclaration des biens qui lui sont échus par succession (Sol. 23 mai 1872).

**16252. Héritiers appelés successivement.** — En principe, tout payement de droit de mutation par décès, même complémentaire, doit donner lieu à une déclaration de la part des héritiers ou des légataires (L. 22 frim. an 7, art. 27 et 32; — V. Seine 3 avr. 1869, n° 3002 R. P.). Cette obligation de souscrire une déclaration est, comme le payement lui-même, personnelle à ceux auxquels la loi l'impose. Il n'a été établi de solidarité sur ce point qu'en ce qui concerne les cohéritiers appelés en même temps à la succession (L. précitée, art. 32). Toutes les autres personnes qui recueillent les biens du défunt, soit simultanément à des titres divers, soit successivement par suite de l'échéance de conditions ou d'évictions héréditaires, doivent se soumettre individuellement à la formalité de la déclaration.

C'est ce qui se produit journellement au sujet des légataires appelés concurremment avec les héritiers, des institués conditionnels, des usufruitiers successifs, etc. Par application de la maxime générale *non bis in idem*, il n'est, dans certaines de ces hypothèses, perçu qu'un seul droit quand la mutation est unique, par exemple quand un héritier est évincé par un légataire institué dans un testament postérieurement découvert. Mais la combinaison des art. 24, 27, 29, 32 et 39 L. 22 frimaire an 7 autorise l'Administration à réclamer du nouvel appelé une déclaration spéciale sur laquelle les droits complémentaires sont perçus. Le même fait se rencontre aussi à propos des successions recueillies par un nu-propriétaire et par un usufruitier. La déclaration que fournit le nu-propriétaire sert à la liquidation des droits applicables à la transmission de la nue-propriété. Mais l'usufruitier doit en souscrire une autre personnellement, quoiqu'elle porte sur les mêmes biens et ne doive reproduire que les indications de celle du nu-propriétaire.

Les héritiers du sang appelés à la succession par la vocation héréditaire ont dû d'abord acquitter ces droits et signer pour cela la déclaration nécessaire. Lorsque la succession leur échappe plus tard pour passer au légataire institué dans le testament, ce légataire est soumis à une nouvelle déclaration qui lui est toute personnelle. On impute alors les droits acquittés par les héritiers sur ceux qui sont dus par le légataire, parce qu'il n'y a qu'une seule transmission; mais cette imputation ne touche en rien à la nécessité de la déclaration spéciale, sans laquelle il serait légalement impossible de procéder au règlement des droits. Si cette déclaration n'était pas faite dans le délai de six mois à partir du jour où la transmission s'accomplit définitivement, le légataire encourrait le demi-droit en sus, cela ne paraît pas contestable. Ce légataire ne peut donc pas s'en affranchir sous prétexte que les biens ont déjà été estimés dans une déclaration précédente souscrite par un héritier avec lequel il n'a aucun lien de solidarité.

Il résulte de là que les diverses prescriptions édictées par l'art. 61 L. 22 frimaire an 7 ne prennent naissance, à la charge ou au profit du légataire, qu'à compter du jour de la déclaration particulière qui lui est imposée. L'Administration aura donc deux années à compter de cette déclaration pour relever les insuffisances commises *par le légataire* dans les estimations des biens déclarés. Mais ce légataire aura, par contre, le même délai pour faire rectifier les erreurs commises à son préjudice lors du règlement de l'imputation des droits.

En d'autres termes, nous ne pensons pas qu'on puisse considérer le droit à payer par le légataire comme la rectification pure et simple de la perception établie sur la déclaration des héritiers. C'est une perception nouvelle, distincte de la première, et qui doit, comme elle, reposer sur une déclaration particulière du débiteur. Les erreurs, existant dans celle de l'héritier, ne sauraient pas plus lui profiter qu'elles ne peuvent lui nuire; à aucun titre, elles ne lui sont opposables, puisque l'héritier n'avait pas qualité pour faire la déclaration au nom de l'institué.

1. ACCROISSEMENT. — Nous ne pensons pas que le légataire conjoint appelé par l'accroissement doive faire une nouvelle déclaration. — V. 269-2.

## TITRE V. — DE LA FORME DES DÉCLARATIONS

[16253-16264]

**16253. Absence de forme légale.** — La partie conserve toute liberté sur la forme à donner à sa déclaration, la loi n'en ayant consacré aucune d'une manière sacramentelle. Cependant, les receveurs ont un rôle actif à jouer dans la rédaction de la déclaration, et comme il est indispensable que l'Administration trouve dans ce document les éléments nécessaires à la vérification qu'elle a le devoir d'en faire ultérieurement, il importe de n'omettre aucun des renseignements nécessaires pour établir, d'une manière exacte et régulière, la liquidation de la succession et les droits des héritiers.

Il est vrai qu'en principe, les receveurs de l'enregistrement doivent se contenter des déclarations des parties, sauf à eux à en vérifier l'exactitude, et à exiger la peine prononcée par la loi, si les déclarations se trouvent fausses (D. m. f. 16 nov. 1812, 4398 J. E.; — Amiens 12 juin 1856, 16375 J.E.); mais ce principe n'est pas exclusif de certaines règles qui ont été tracées par les dispositions législatives, les règlements administratifs et la jurisprudence.

1. RENSEIGNEMENTS PRESCRITS. — Les I. G. n° 443 et 1318 art. 10 indiquent sommairement les renseignements indispensables que doivent contenir les déclarations de succession.

Ainsi, aux termes de l'I. G. 443, chaque déclaration doit énoncer : 1° les noms et prénoms des héritiers, donataires et légataires; — 2° ceux du décédé; — 3° la date du décès; — 4° si la ligne dans laquelle la succession est ouverte est directe ou collatérale; — 5° le détail, *article par article*, des biens par nature, consistance et situation; — 6° s'ils sont affermés ou non; — 7° leur produit ou le prix des baux courants, sans distraction des charges à l'époque du décès; — 8° le capital de ce revenu; — 9° enfin, la quotité et le montant du droit perçu.

D'autre part, l'I. G. n° 1318 prescrit aux employés supérieurs, lorsqu'ils sont en opérations dans un bureau, de s'assurer si, dans les déclarations de succession, on a soin de désigner tous les héritiers donataires ou légataires, ainsi que leur profession et demeure; d'énoncer la date du décès; de donner le détail des biens article par article, leur consistance, la date et le prix des baux, lorsqu'il existe; si, à défaut de baux, on exige l'évaluation du produit sans distraction des charges; s'il n'est jamais admis d'estimation en capital, si les états estimatifs du mobilier, produits à défaut d'inventaire sont sur papier timbré et conservés avec soin; si les déclarations sont signées, et si, lorsqu'elles sont passées par des fondés de pouvoirs, les procurations sont sur papier timbré, certifiées par les déclarants et annexées au registre.

Ce sont là des prescriptions dans le développement desquelles nous allons entrer.

**16254. Date de l'ouverture de la succession.** — Et d'abord il est indispensable que la date de l'ouverture de la succession soit exactement rappelée, puisque c'est cette date qui sert à fixer le point de départ du délai. Remarquez que nous n'avons pas dit la date du décès, car, en dehors du décès, la succession peut s'ouvrir soit par la prise de possession, soit par la date du jugement d'envoi en possession provisoire, lorsqu'il s'agit d'un absent.

En principe, les héritiers devraient justifier de la date du décès. Cependant, les lois sur l'enregistrement ne font nulle part mention d'une pareille justification, et comme on ne peut exiger des redevables plus que la loi ne prescrit, les receveurs n'ont pas le droit de demander la représentation d'un acte de décès. Ils doivent se contenter de faire affirmer, dans la déclaration, la date du décès sous les peines de droit, sauf à s'assurer, soit à la vue de leur table des décès, soit par tout autre document, qu'il y a eu pleine sincérité dans la déclaration du redevable (D. m. f. 16 nov. 1812, 983 J. N.).

**16255. Noms des héritiers et du décédé.** — Ainsi que pour tous les autres enregistrements, la déclaration doit contenir les noms des héritiers, donataires et légataires, ainsi que celui du décédé. Dans le cas où la déclaration est faite par un seul des appelés au nom de ses cohéritiers, on ne doit pas moins les désigner tous avec la plus grande exactitude, afin de pouvoir, au besoin, s'adresser à chacun d'eux pour les réclamations qu'il deviendrait nécessaire de former, à raison des insuffisances de perception, omissions ou fausses évaluations que pourrait contenir la déclaration.

**16256. Degré de parenté.** — La loi, en fixant la quotité de l'impôt d'après le degré de parenté des héritiers, donataires ou légataires, veut nécessairement que la déclaration des parties à cet égard soit justifiée, ou qu'elle comprenne les indications nécessaires pour qu'elle puisse être vérifiée. La cour de Paris a jugé, par un arrêt du 2 mars 1814, que quand la parenté d'un individu n'est pas méconnue par la famille, il n'est pas nécessaire qu'il justifie, par des actes de l'état civil, de son degré de parenté avec le défunt à la succession duquel il se présente; il lui suffit d'en faire la preuve par les contrats de mariage, inventaires, partages et autres titres de famille.

Nous ne pensons pas qu'il faille accepter cette décision

avec ce qu'elle comporte d'absolu, quant aux justifications du degré de parenté. Ici, comme en tout ce qui concerne la déclaration, il faut, avant tout, appliquer le principe posé au n° 16253, relativement au droit des parties de faire leur déclaration comme elles l'entendent, sauf à se soumettre aux peines encourues en cas de fausse déclaration. — *V.* 16096-16177.

**16257. Détail des biens.** — 1. ÉTAT ESTIMATIF. — La loi du 22 frimaire an 7 porte que la *déclaration sera détaillée* et qu'à l'appui du détail des biens meubles, les déclarants seront tenus de rapporter un inventaire ou état estimatif, article par article, par eux certifié s'il n'a pas été fait par un officier public. Cet inventaire doit rester déposé au bureau et être annexé à la déclaration (art. 27).

Il a été jugé par le tribunal de Sarlat, le 19 juin 1848 (14713 J. E.), que le receveur est en droit de refuser une déclaration à l'appui de laquelle les héritiers prétendent ne fournir aucun état estimatif relativement aux créances et valeurs mobilières, qu'ils offrent néanmoins de détailler dans la déclaration.

Lorsqu'il existe un inventaire authentique, il n'est pas nécessaire qu'il soit déposé et annexé à la déclaration. Le ministre des finances a décidé, le 22 prairial an 7, que, dans ce cas, les héritiers sont seulement tenus d'en faire mention dans leur déclaration et d'en indiquer la date, ainsi que le nom et la résidence de l'officier public devant lequel il a été passé.

Il a été d'ailleurs reconnu que les héritiers, légataires ou donataires, ne sachant pas écrire, pourront se dispenser de rapporter, à l'appui des déclarations de mutation par décès, l'état estimatif des biens meubles appartenant à la succession; mais que, dans ce cas et lorsqu'il n'existera pas d'ailleurs d'inventaire fait devant notaire, la déclaration devra contenir le détail des objets mobiliers, avec l'estimation pour chaque article, et que le receveur attestera, par sa signature, la déclaration de la partie portant qu'elle ne sait pas écrire. L'I. G., n° 1400 en faisant connaître aux préposés ces nouvelles dispositions, a spécialement recommandé aux employés supérieurs de veiller à ce qu'elles soient exécutées par les receveurs.

2. DÉCLARATION ANTÉRIEURE. — Les héritiers ne peuvent, au lieu de faire une déclaration détaillée, se borner à renvoyer le receveur à se reporter à une déclaration antérieure faite dans le même bureau (Sol. 15 juill. 1873). Le receveur peut alors réclamer un droit de recherche; mais dans le cas où il a reçu la déclaration sans réserve, son droit à la recherche est anéanti (17698 J. E.).

3. CRÉANCES. — Le receveur est en droit de refuser une déclaration de succession dans laquelle on ne fait figurer qu'en bloc, en capital et intérêts, toutes les créances laissées par le défunt, et les héritiers qui ont refusé le détail de ces créances sont passibles du demi-droit en sus après le délai de six mois (Guingamp 14 fév. 1849, 14689 J. E.; — Diekirchs, Belgique, 14 janv. 1870, 3440 R. P.).

Aucun texte de loi n'oblige d'ailleurs les héritiers à représenter les titres des créances : il suffit d'en donner le détail (16487 J. N. — V. 16259).

Mais il est évident qu'il faut indiquer le nom des débiteurs; et le receveur serait fondé à refuser une déclaration dans laquelle on se bornerait à dire que le défunt était créancier de quelqu'un pour une somme déterminée (*Conf.* : J. du not. n° 2023).

4. BIENS AFFERMÉS. — Les receveurs sont dispensés de reproduire sur le registre le détail des immeubles transmis ou légués, lorsque ces immeubles font, au jour du décès, l'objet d'un bail enregistré ou d'une location verbale déclarés conformément à la loi. Il suffit alors que les biens compris dans chaque location soient désignés sommairement et en bloc dans la déclaration, avec mention du bail ou de la location et indication de la contenance totale, du nombre des parcelles, du nom des locataires au fermier, du montant du loyer ou fermage annuel, en principal et charges (I. G. 2508-5).

5. DÉTAIL DES IMMEUBLES. — D'après l'art. 27 L. 22 frimaire an 7, les héritiers sont tenus de passer et de signer sur le registre la déclaration *détaillée* des mutations de propriété ou d'usufruit par décès. — La raison de cette exigence est facile à saisir. Il faut que l'Administration trouve dans la déclaration des parties les éléments nécessaires à l'exercice de son droit de contrôle. S'agit-il des immeubles, il est indispensable que le receveur soit à même de déterminer leur consistance et leur revenu, afin de pouvoir suivre la rectification des insuffiances ou reconnaître les ommissions. Une déclaration qui ne renfermerait pas les détails utiles devrait être refusée et les parties encourraient régulièrement la peine d'un demi-droit en sus (Cass. 16 janv. 1811, 3838 J. E.). Mais ni la loi ni la jurisprudence n'indiquent à quelles limites s'arrête l'obligation des héritiers. L'I. G. n° 443 enseigne à cet égard qu'on doit exiger « le détail, article par article, des biens par nature, consistance et situation. » C'est en effet le moyen le plus général d'individualiser chacun des immeubles. Et il n'est pas douteux, par exemple, qu'on ne remplirait pas le vœu de la loi en se bornant à déclarer que le défunt possède des droits indivis dans des mines ou autres propriétés dont l'indication seule ne précise pas l'importance. « Attendu, porte avec raison un jugement de St-Pons, du 29 novembre 1853, quant à la nullité prise de ce que la déclaration faite par l'huissier Rouanet, au nom des héritiers Vieu, n'est pas détaillée, que l'énonciation vague des *mines de Courgnon* ne permet pas à l'Administration de reconnaître les biens déclarés et d'en apprécier la valeur; qu'il eût fallu dire quelle était la nature de ces mines, s'il y avait des bâtiments et des objets mobiliers pour leur exploitation; que, de plus, il est seulement dit que Vieu, décédé, avait un *droit indivis* dans les mines de Courgnon, tandis qu'il eût fallu déterminer la quotité de ce droit pour que l'Administration pût en reconnaître l'importance. »

Toutefois, la règle ne saurait être absolue, et quand il s'agit, par exemple, d'une ferme composée de terres, prés, bois ou pâtures, on ne peut exiger la description complète et minutieuse de tous ces biens. La Cour suprême l'a ainsi décidé, le 14 mars 1814. Un receveur avait refusé d'accepter la déclaration par laquelle des héritiers annonçaient que la succession de leur auteur comprenait trois corps de fermes indiqués séparément avec énonciation des noms de chacun d'eux et des communes de leur situation. Devant la Cour, où fut porté le débat, l'Administration soutint qu'on ne pouvait considérer comme une déclaration *détaillée* dans le sens de la loi l'indication en bloc d'un domaine, qu'il fallait exprimer encore combien il contenait d'hectares en labour, combien en prés, combien en bois, etc... Mais sa prétention fut repoussée par le motif: « que la loi n'ayant point prescrit, ainsi qu'elle l'a fait pour les meubles, comment serait détaillée la déclaration des immeubles, il suffit qu'elle soit faite de telle manière que la Régie ait les éléments nécessaires pour la vérifier; que ces éléments existent quand la déclaration indique par articles séparés chacun des immeubles, avec l'énonciation du nom particulier sous lequel cet immeuble est connu, ou les communes dans lesquelles il est situé, et enfin son évaluation. »

Ce serait, en effet, outre-passer le but de la loi que d'obliger les contribuables non-seulement à indiquer au Trésor la consistance et la situation de l'immeuble, mais encore à le décomposer en toutes ses parties pour la facilité des vérifications. Dès l'instant que ce contrôle peut s'exercer sûrement, le vœu de la loi est rempli : le reste est l'affaire du receveur et des experts.

C'est donc à tort, selon nous, que le tribunal d'Yvetot a décidé, le 18 août 1863 (2325 R.P., 18082 J.E.), que quand il existe sur un terrain dépendant d'une succession des arbres épars, en massif ou en bordure, la déclaration des héritiers doit indiquer le nombre et l'essence des arbres, en distinguant ceux qui sont en massifs, ceux épars ou en bordure, les baliveaux réservés dans les taillis, l'âge approximatif de ces arbres et le revenu par chacune des catégories. Le tribunal a commis une exagération évidente du texte de la loi. La Cour suprême, qui n'autorise pas l'Administration à demander le détail des biens composant un corps de ferme d'un seul tenant, lui refuserait sans nul doute aussi le droit d'exiger la description des arbres d'essences ou de natures diverses existant sur ce domaine. C'est aux préposés, dans un cas comme dans l'autre, à constater par des démarches personnelles l'état matériel de l'immeuble et les divers éléments qui en forment le produit.

Nous préférons le principe indiqué par une Dél. 9 mars 1843 en ces termes. « Lorsqu'il dépend, dit l'Administration, d'une succession des immeubles non affermés et formant une seule exploitation ou un seul corps de domaine connu sous un nom particulier, le vœu de la loi est rempli si les héritiers, après avoir fait connaître la contenance et la situation de chaque nature de biens, évaluent le revenu en bloc. Mais s'il s'agit de diverses parcelles d'immeubles telles que près, bois, vignes, la déclaration doit renfermer, avec la contenance et la situation, l'estimation spéciale de chaque parcelle » (11603 J. N.).

**16258. Enregistrement en toutes lettres.** — Les ordres généraux de Régie et l'I. G. n° 290, en traçant les règles générales applicables aux enregistrements prescrivent seulement d'écrire en toutes lettres la somme des droits à laquelle chaque disposition des actes donne ouverture. Mais l'art. 9 du règlement joint à l'I. G. n° 1351, ayant prescrit aux employés supérieurs de s'assurer si la date des actes et *les sommes sont en toutes lettres*, on en a conclu quelquefois qu'il faut, en tout état de cause, qu'aucun chiffre ne vienne abréger les indications que doivent contenir les actes. Tel n'est assurément pas l'esprit de l'Administration, car il ne peut entrer dans sa pensée d'obliger les receveurs à multiplier les écritures sans nécessité. Par le mot *sommes*, il ne faut entendre que celles sur lesquelles doit être assise la perception des droits.

Ainsi, sauf les sommes qui servent de base à la perception, il nous semble que toutes les autres peuvent être indiquées d'une manière abréviative. Dans cet ordre d'idées, le revenu de chaque parcelle déclarée pourra être indiqué en chiffres seulement, pourvu que l'on ait soin d'énoncer exactement en toutes lettres le total du revenu des parcelles réunies et le capital qu'il représente. — De même encore, on n'aura à indiquer qu'en chiffres la contenance de ces mêmes parcelles, du moment que l'on ne négligera pas de faire connaître en toutes lettres la contenance totale des biens de la succession.

**16259. Titres et documents.** — Il ne faut jamais perdre de vue, en matière de déclaration de succession, le principe que nous avons posé sous le n° 16253, à savoir que les déclarations doivent être faites telles que les présentent les parties, et que le seul droit qui appartient à l'Administration est d'en vérifier l'exactitude. Aussi, de quelque utilité qu'il puisse être pour un receveur d'avoir tous les titres et documents qui sont de nature à établir ou modifier les droits des héritiers, nous ne pensons pas qu'il ait le droit, par exemple, de refuser une déclaration de succession en se fondant sur ce que les actes qui établissent les reprises à exercer, par le conjoint survivant, sur la communauté ayant existé entre lui et le défunt ne lui seraient pas représentées (*Conf.* : 16487 J.N.).

Mais comme, d'un autre côté, le receveur est le maître de la liquidation des droits (*V.* 16261), il pourrait, à son tour, se refuser à toute déduction sur les valeurs de la succession, même dans le cas où cette déduction se trouverait autorisée par les lois ou les règlements, si le titre destiné à la justifier ou à l'autoriser n'était pas énoncé avec tous les détails nécessaires pour permettre d'en vérifier l'exactitude.

1. ÉNONCIATIONS D'ACTES NON ENREGISTRÉS. — Au surplus, quoique la déclaration de succession soit obligatoire, on ne l'assimile point aux actes publics, parce qu'elle n'est faite que dans l'intérêt de l'État, et non dans celui de la partie : d'où il suit que les héritiers peuvent, lorsqu'ils déclarent les biens qui leur sont échus, énoncer des actes sous seing privé autres que ceux portant transmission d'immeubles, sans que les receveurs soient, à raison de cette énonciation, autorisés à exiger les droits d'enregistrement (Sol. 24 pluv. an 12, 1677 J.E., D. N. t. 12 p. 317 n° 727, 17711 J. E.; — Sol. 12 mars 1873).

Bosquet nous apprend que sous l'empire du centième denier, on avait déchargé du contrôle tous actes produits au soutien des déclarations, pourvu qu'ils ne continssent point de clauses sujettes à l'insinuation (t. 4 p. 224).

Il a même été reconnu que quand la communication d'un bail non enregistré a eu lieu à titre confidentiel, l'Administration ne peut pas en réclamer les droits, parce qu'elle n'a pas eu légalement connaissance de l'acte en contravention (Sol. 2 juill. 1864, 1934 R. P., 17851 J. E.). On a fait la même observation, en thèse générale, au n° 1700 du R. P. au sujet de la justification des reprises, récompenses ou indemnités dans les déclarations de successions. Cependant la question est controversable au sujet des actes sujets à l'enregistrement dans un délai déterminé. La doctrine actuelle de l'Administration paraît fixée en sens contraire (Sol. 4 janv. 1873).

Dans tous les cas, quand les héritiers, pour repousser la demande loyalement formée par l'Administration, produisent des actes sous seing privé, ils doivent les faire enregistrer au préalable (Cass. 27 mars 1854, 15362 J. N.). — *Contrà :* Mirecourt, 27 fév. 1874).

**16260. Signature des parties. — Mention de lecture.** — L'art. 27 L. 22 frimaire an 7 impose aux parties comparantes l'obligation expresse de signer leur déclaration. D'après un arrêt de Cass. du 26 avril 1808 (174 J. N., 3103 J. E., S. 9-1-41), la déclaration qui n'aurait point été écrite sur le registre, et qui n'aurait point été signée, serait considérée comme non avenue.

Les héritiers ne seraient point admis à prouver qu'ils ont fait faire la déclaration par un tiers, et que le receveur a négligé ou refusé de l'inscrire sur ses registres, s'ils n'avaient point fait constater légalement, et en temps utile, ce refus ou cette négligence.

« Considérant, porte cet arrêt, que la déclaration des biens transmis par décès à Mergen n'a été ni écrite ni signée sur le registre du receveur d'Arlon, et, par conséquent, que cette déclaration et le payement qui l'a suivie sont nuls; qu'on ne peut couvrir cette nullité qu'en alléguant que le receveur a négligé ou refusé de présenter ses registres; car les redevables ne peuvent jamais exciper de la négligence ou du refus d'un receveur, qu'autant qu'ils les ont fait constater légalement en temps utile, ce qui n'a pas eu lieu dans l'espèce. »

On ne doit pas cependant perdre de vue que la négligence des receveurs à rédiger la déclaration au moment même où elle leur est faite, et en présence des parties, les compromet d'une manière grave et les expose à des peines disciplinaires sévères, indépendamment de la responsabilité pécuniaire qui leur serait imposée, dans le cas où les parties justifieraient d'une quittance.

Il en serait certainement de même si, en négligeant de faire signer les déclarants avec mention que lecture de leur déclaration leur a été faite, les receveurs laissaient aux parties le moyen de contester les demandes de droits supplémentaires, en alléguant que la déclaration n'a point été écrite comme elles l'ont faite.

Il est donc très-essentiel de faire signer avec exactitude toutes les parties comparantes, ou d'énoncer qu'elles ne savent signer.

Dans ce dernier cas, cette mention doit être attestée par la signature du receveur, conformément à l'I. G. n° 1400.

1. REFUS DE SIGNATURE. — ABSENCE DE FONDS. — Si l'héritier, après avoir passé la déclaration de la succession, refuse de la signer, sous le prétexte qu'il n'a pas de fonds, cette déclaration doit être regardée comme non-avenue, et si le délai légal s'écoule sans nouvelle déclaration, le demi-droit en sus est encouru (Marseille 13 avr. 1849, 14709-5 J. E.).

**16261. Obligations respectives des parties et des préposés.** — Il suffit de prêter un peu d'attention à l'antithèse qui ressort du n° 16253, pour avoir l'explication des conflits assez fréquents qui s'élèvent entre les héritiers et les préposés de l'Administration, sur la forme à donner aux déclarations. D'un côté, en effet, on voit que les parties peuvent prétendre que le receveur doit se borner à transcrire les déclarations sur les registres telles qu'elles leur sont présentées. Tandis que, d'un autre côté, le préposé, dont la responsabilité se trouve toujours engagée par les divers actes de sa gestion, peut demander que l'exécution de certaines conditions préside à la rédaction de ces déclarations.

Il nous semble que le mot de la conciliation entre ces deux prétentions contraires se trouve écrit en toutes lettres dans l'art. 27 L. 22 frimaire an 7 (*V.* 16234), qui veut que les héritiers légataires ou donataires passent déclaration *détaillée* des mutations par décès. Par déclaration *détaillée* il faut évidemment entendre celle qui met en saillie toutes les circonstances, tous les faits, toutes les données qui peuvent établir et caractériser la mutation.

Là est le droit des préposés et l'obligation des déclarants. Mais il ne faut pas aller plus loin. Les preuves de ce qu'avancent les parties, les justifications de leurs droits ne sont pas du domaine de la déclaration (*V.* 16259), car ces preuves et justifications n'appartiennent pas à la classe de ces documents qui fournissent des détails nécessaires à la vérification ultérieure de l'exactitude des assertions des parties. L'héritier, encore une fois, a l'obligation de donner à l'Administration les moyens de se mettre sur la trace et de remonter à l'origine de tous les faits allégués, mais il n'y a pas nécessité pour lui de prouver ces faits. Il est parfaitement libre de faire la déclaration la plus matériellement fausse du monde, sauf à subir les conséquences de ses assertions mensongères.

1. TRANSCPRIPTION DE LA DÉCLARATION. — Au surplus, la rédaction de la déclaration de succession est du domaine exclusif du préposé. Les déclarants ont à lui fournir tous les éléments nécessaires pour que la déclaration soit complète, mais c'est à lui de consigner la déclaration sur ses registres, dans un exposé clair et méthodique.

**16262. Offres réelles. — Actes judiciaires.** — La déclaration ne saurait être suppléée par aucun équivalent. M. l'avocat général Blanche à nettement précisé les droits respectifs de l'Administration et des parties : « La loi, a-t-il dit devant la chambre civile, prescrit aux héritiers de signer sur les registres de l'enregistrement la déclaration détaillée des biens qui leur sont transmis par décès. C'est une formalité impérieuse à laquelle ils ne peuvent se soustraire, et dont le but est de donner à la Régie une connaissance officielle des valeurs sujettes à l'impôt. Ainsi que vous l'avez exprimé dans votre arrêt du 7 juillet 1863, cette déclaration est la base légale de la perception du droit. Il s'ensuit directement que les parties peuvent la faire à leur gré et y comprendre les valeurs qu'elles jugent convenables. Le receveur n'a rien à dire sur ce point. Quelles que soient les omissions ou les insuffisances qu'elles renferment, si bien démontrées que ces erreurs puissent paraître, la déclaration doit être reçue comme elle est présentée, sans que le préposé du Trésor ait le droit d'y ajouter d'office les valeurs dont il constate l'omission. Voilà pour la base de la liquidation du droit. Quant à cette liquidation même, elle échappe aux parties et devient l'œuvre personnelle du receveur. Les héritiers n'ont pas, au moment de leur déclaration, à lui demander compte des motifs pour lesquels il fait telle ou telle application du tarif, et à discuter avec lui l'exactitude de son opération. Pourvu qu'il borne sa liquidation aux valeurs déclarées, il reste dans les limites de ses attributions, et les débiteurs ne peuvent pas plus contester son travail que le receveur ne pourrait lui-même contester leur déclaration » (2853 R. P.).

Il résulte d'un arrêt de Cass. du 14 mars 1814, que la base fondamentale de la perception du droit proportionnel sur la valeur des immeubles transmis par décès est la déclaration des héritiers, qui doit être *enregistrée* au bureau de la situation des biens, et signée sur le registre par les déclarants, d'après l'art. 27, parce que, sans l'existence de cette déclaration sur le registre où elle doit être consignée, les préposés de l'Administration, appelés successivement à faire les vérifications, n'auraient aucune connaissance de cette déclaration, et seraient dans l'impuissance de la vérifier, et que, d'un autre côté, les héritiers seraient privés du bénéfice de la prescription de trois ans, établie par le n° 2 de l'art. 61, puisque cette prescription n'a commencé à courir que du jour de l'enregistrement de sa déclaration (S. 14-1-274, 4912 J. E.).

Cet arrêt est ainsi conçu : « Considérant que la base fondamentale de la perception du droit proportionnel sur la valeur des immeubles transmis par décès est la déclaration des héritiers, laquelle doit être enregistrée au bureau de la situation des biens, et signée sur le registre par les déclarants, suivant l'art. 27 ; que, sans l'existence de cette déclaration sur le registre où elle doit être consignée, les préposés de la Régie, appelés successivement à faire des vérifications, n'auraient aucune connaissance de cette déclaration et seraient dans l'impuissance de la vérifier ; que, d'un autre côté, les héritiers seraient privés du bénéfice de la prescription de trois ans, établie par le n° 2 de l'art. 61, puisque cette prescription ne commence à courir que du jour de l'enregistrement de la déclaration ; que cependant le tribunal de Sedan, en déchargeant de la contrainte, et jugeant les offres réalisées bonnes et valables, quant à présent, à la charge aux héritiers de verser dans la caisse du receveur de Mouzon la somme de 242 fr. 28 cent. offerte, n'a point ordonné (ainsi que le demande la Régie) que ces héritiers feraient leur déclaration sur le registre de ce receveur, et qu'ils la souscriraient ; que l'exploit extrajudiciaire du 23 mai 1812 ne peut, à aucun égard, tenir lieu de cette déclaration enregistrée et souscrite sur le registre, la copie signifiée au receveur n'existant que dans les mains de celui-ci, et pouvant être adirée par différents accidents ; en sorte qu'en ce point, le jugement du tribunal de Sedan a contrevenu à l'art. 27 L. 22 frimaire an 7. »

Un autre arrêt s'exprime ainsi : « Attendu que, d'une part, la déclaration du redevable et sa signature sur le registre sont une formalité de rigueur, à laquelle il ne peut être suppléé ni par des offres, ni par aucun acte équivalent ; que, d'autre part, les préposés sont tenus de recevoir cette déclaration et cette signature toutes les fois qu'elles sont offertes en forme régulière par des personnes ayant qualité (Cass. 3 fév. 1869, 2853 R. P., B. C. 28, S. 69-1-185, D. 69-1-356, P. 69-430, 19543 J. N.). — *Conf.* : Charleville, 17 mai 1872 ; — Gap, 25 fév. 1873 ; — Toulon 12 mars 1878 ; — Saint-Lo, 28 mars 1873 ; — Pont-Audemer, 29 août 1876, 4609 R. P.)

Mais quand l'exploit d'offres contient tous les renseignements nécessaires et que l'héritier déclare en même temps qu'il est prêt à signer, le receveur ne pourrait se refuser à recevoir la déclaration sous le prétexte qu'elle renferme des omissions ou des insuffisances (*V.* 1819 R. P.).

De même, quand la déclaration est offerte par une personne ayant qualité, le préposé ne saurait la refuser sous le prétexte que le redevable ne veut pas payer la totalité des droits liquidés sur les bases d'une contrainte antérieure décernée par l'Administration, parce qu'il ne peut pas appartenir au préposé de priver les redevables des effets légaux attachés à l'accomplissement des formalités à eux prescrites, et de les placer, par son refus, dans l'impossibilité de se conformer à la loi (Cass. 3 fév. 1869, 2853 R.P., B. C. 28, S. 69-1-185, D. 69-1-356, P. 69-436, 19543 J. N.).

« Attendu, porte l'arrêt du 3 février 1869, en fait, que, par acte du 4 décembre 1861, Reverdy, tant en son nom que comme solidaire avec ses cohéritiers, s'est présenté en personne, et accompagné d'un huissier, au bureau du receveur de l'enregistrement à Richelieu ; qu'il a produit la déclaration détaillée de tous les biens composant, suivant son dire, la succession de l'auteur commun ; qu'il a sommé le receveur de consigner cette déclaration sur le registre à ce destiné et d'y recevoir sa signature ; que cette sommation a été accompagnée d'offres réelles en payement des droits qu'il prétendait rester dus ; que le receveur a refusé d'obtempérer à ces réquisitions ; et qu'enfin il est dit par le jugement attaqué que Reverdy a fait tout ce qui lui était possible pour obéir à la loi. »

Dans ce cas, la partie éviterait la responsabilité du demi-droit en sus en faisant faire au préposé les significations utiles pour constater sa démarche (Cass. 9 août 1832, 7824 J.N., S. 32-1-618, 10430 J.E. ; — Cass. 3 fév. 1869 *précité*).

Au lieu de se présenter en personne, l'héritier serait libre d'ailleurs de donner dans l'exploit d'offres un pouvoir à l'huissier pour signer la déclaration en son nom et, si la déclaration était complète, le receveur devrait l'accepter (1537 sect. 2 n° 17 I. G.).

*Omission.* — La règle précédente s'applique aussi aux omissions. Ainsi, il a été jugé qu'on ne peut remplacer la déclaration supplémentaire à fournir au sujet d'une omission constatée, par une offre extrajudiciaire de payement (Cass. 29 déc. 1841, 12911 J. E., S 42-1-252 ; — Seine 3 avr. 1869, 3002 R. P.).

1. OFFRE DE DÉCLARATION SANS PAYEMENT. — Il n'est pas besoin d'ajouter que le versement des droits exigibles est une condition essentielle de la déclaration. Celle-ci ne serait pas acceptable évidemment si l'héritier ne payait pas de suite les droits réclamés (Marseille 13 avr. 1849, 14709-5 J. E.).

Ainsi, la délivrance faite à l'Administration par un curateur à succession vacante de l'état estimatif du mobilier de la succession ne saurait être considérée comme une déclaration, lorsqu'elle n'est accompagnée d'aucun versement de fonds. Par suite, l'Administration ne peut calculer les droits de mutation par décès d'après les évaluations portées en cet état; elle doit les liquider conformément à l'inventaire qui a été dressé depuis par un officier public (Tours 14 mars 1862, 1590 R. P., 12425 C.).

La déclaration ne serait pas non plus recevable si le débiteur n'offrait qu'une partie de ces droits tels qu'ils sont liquidés par le receveur (Charleville 17 mai 1872, 3613 R. P.).

2. OFFRES VERBALES. — A plus forte raison des offres verbales ne pouvaient-elles être admises (Cass. 11 avr. 1877, 4682 R. P.).

**16263. Nécessité de la déclaration.** — Les héritiers ne peuvent contester le chiffre des droits exigibles avant d'avoir passé leur déclaration sur le registre.

Un tribunal avait cru cependant pouvoir décider que la seule conséquence du défaut de déclaration par les héritiers était de les contraindre au payement du demi-droit en sus; qu'il n'y avait pas lieu de les enjoindre à passer déclaration, et que le tribunal pouvait dès à présent statuer au fond sur les moyens des parties. Mais la Cour de cassation, dans un arrêt du 7 juillet 1863, a considéré, au contraire, que la déclaration à faire par les héritiers étant la base légale de la perception, la contrainte n'a, en l'absence de cette déclaration, qu'un caractère provisoire et que les héritiers ne peuvent y former opposition qu'à la condition de se soumettre à l'obligation que leur impose la loi, et de mettre l'Administration de l'enregistrement en état, par leur déclaration, de rectifier elle-même ou de modifier sa contrainte (1819 R. P., 2274 § 161. G., 17769 J. N., 2514 C., 705 et 733 § 6 Rev., 17693 J. E.).

Elle a depuis lors confirmé sa jurisprudence par un arrêt du 3 février 1869 (2853 R. P., B. C. 28, S. 69-1-185, D. 69-1-356), ainsi conçu :

« Attendu qu'aux termes des art. 27, 28 et 29 L. 22 frimaire an 7, les héritiers sont tenus de passer déclaration détaillée au bureau du receveur de l'enregistrement des mutations de propriété qui ont eu lieu par suite du décès de leur auteur, de signer cette déclaration sur les registres du receveur, et d'acquitter les droits avant l'enregistrement; attendu que cette déclaration est la base de la perception du droit; que le chiffre des sommes à payer par le redevable est assis sur les valeurs indiquées par ladite déclaration, ainsi que sur les rectifications dont les préposés de l'enregistrement la jugent susceptible; que le payement ainsi réglé ne peut, sous aucun prétexte, être différé, et doit précéder l'enregistrement, sauf au redevable à se pourvoir en restitution s'il y a lieu; attendu qu'il suit de là, d'une part, que la déclaration du redevable et sa signature sur le registre sont une formalité de rigueur, à laquelle il ne peut être suppléé ni par des offres, ni par aucun acte équivalent; qu'il suit également de là, d'autre part, que les préposés sont tenus de recevoir cette déclaration et cette signature toutes les fois qu'elles sont offertes en forme régulière par des personnes ayant qualité; que cette réception, loin de porter atteinte aux droits et prétentions de l'Administration, met, au contraire, celle-ci en mesure d'exercer son contrôle; qu'il ne peut pas appartenir à son préposé de priver les redevables des effets légaux attachés à l'accomplissement des formalités à eux prescrites, et de les placer, par son refus, dans l'impossibilité de se conformer à la loi. »

Cette doctrine résultait déjà de deux arrêts antérieurs des 30 oct. 1809 et 14 mars 1814; ce dernier a été transcrit au paragraphe qui précède. — Le tribunal de la Seine l'a appliqué plusieurs fois, en décidant que si l'Administration a décerné une contrainte en payement des droits de mutation par décès, l'héritier ne peut pas discuter les évaluations provisoires de la contrainte avant d'avoir fait sa déclaration sur le registre du receveur (Seine, 9 août 1849, 14804-8 J. E.; — 19 août 1864 et 24 fév. 1865, 2081, 2082 R. P.; — 20 avr. 1866, 18288 J. E., 2585 R. P.; — 6 juill. 1867, 2585 R. P.; — 2 janv. 1869, 2916 R. P.; — 3 avr. 1869, 3002 R. P.; — 10 mai, 19 juill. et 29 août 1873; — Le Havre, 15 nov. 1866, 18263 J. E.; — Toulon, 12 mars 1873; — Lure, 14 juin 1873; — Bonneville, 17 fév. 1875; — Laon, 20 avr. 1877; — Marseille, 27 déc. 1877).

1. RENTE SUR L'ÉTAT. — Cependant, le tribunal de Lure a jugé, le 14 février 1856, que si l'Administration refuse de délivrer à l'héritier un certificat constatant la non exigibilité du droit sur une rente d'État que cet héritier croit dispensé de l'impôt, il peut assigner directement l'Administration en délivrance de cette pièce et le tribunal peut statuer au fond sans payement préalable des droits (839 R.P., 11069 C., 16509 J. E.). Mais la doctrine de ce jugement ne peut être suivie. Ainsi que nous l'avons vu au numéro précédent, la nécessité de la déclaration est la même pour une omission que pour le premier payement de l'impôt. D'un autre côté, les motifs des arrêts de la Cour de cassation du 14 mars 1814, 7 juillet 1863 et 3 février 1869 sont absolus : ils n'admettent pas de contestation sur l'exigibilité du droit avant la déclaration. Le seul moyen légal est donc de payer les droits sur la rente omise, puis d'assigner l'Administration en restitution.

2. DÉCLARATION POUR ORDRE. — V. 16237 *in fine*.

**16264. Déclaration partielle.** — La loi du 22 frimaire an 7, art. 27, parle d'une seule déclaration : « Les héritiers seront tenus d'en passer déclaration et de *la* signer sur le registre. »

Mais, en s'exprimant ainsi, le législateur n'a eu en vue que ce qui devait se produire dans la plupart des cas; il a statué *de eo quod plerumque fit*. Dans la pratique, la même succession fait souvent l'objet de plusieurs déclarations de la part des mêmes héritiers. Ainsi, par exemple, lorsque, après la déclaration d'une succession, des biens sont rentrés dans l'hérédité par l'annulation de la vente qu'en avait faite le défunt, les héritiers sont tenus de passer une nouvelle déclaration pour la perception des droits de mutation par décès sur ces biens, et ce, dans les six mois de la date du jugement ou de l'arrêt définitif qui annule la vente (Cass. 20 août 1816, 24 août 1841). De même, lorsqu'une somme d'argent qui avait été cachée par le défunt est découverte après la déclaration de la succession, une nouvelle déclaration doit être faite, pour le payement des droits de mutation par décès sur cette somme, dans les six mois du jour où elle a été trouvée (Dél. rég. 1er juill. 1813, etc.).

Il faut donc admettre que le receveur n'est pas fondé à refuser la déclaration des héritiers, sous prétexte qu'il dépend d'autres valeurs de la succession. Ces valeurs feront, s'il y a lieu, l'objet d'omissions passibles du droit en sus (J. du not. nº 2187).

1. HÉRITIERS DE L'HÉRITIER. — Mais c'est une question très-délicate que celle de savoir si les représentants de l'héritier, tenus seulement des dettes et charges de la succession pour leur part, peuvent souscrire séparément la déclaration que leur auteur est mort sans avoir passé. Le tribunal du Havre a admis l'affirmative par un jugement du 29 août 1872 très-fortement motivé, s'appuyant surtout sur cette considé-

ration que l'indivisibilité de la déclaration n'est pas plus dans l'esprit de la loi qu'elle n'est dans la nature de la dette, puisque le législateur de l'an 7 a pris soin d'accorder à l'Administration une action solidaire contre les cohéritiers. Si la dette eût été indivisible, il devenait inutile d'établir la solidarité, qui n'a pas d'autres effets et en a même de moins étendus (3594 R. P.).

Mais il nous a paru que cette solution pouvait être contestée. En effet, la loi du 22 frimaire an 7, posant les règles générales du payement, déclare que « les droits des actes et ceux des mutations par décès seront payés avant l'enregistrement » (art. 28). Elle assimile donc les deux perceptions, et l'on peut en induire que l'indivisibilité attachée à la première doit aussi s'étendre à la seconde. Tous les autres articles de la loi qui s'occupent de l'obligation imposée aux héritiers supposent un payement unique et une seule déclaration. Cela résulte notamment de l'art. 27, qui prescrit *aux héritiers* de déposer et d'annexer *à la déclaration* l'inventaire détaillé du mobilier de la succession. Il n'y a donc, dans la pensée de la loi, qu'une seule déclaration pour tous les héritiers, et, par voie de conséquence, qu'une seule annexe de l'état. La loi fiscale n'est pas la seule, d'ailleurs, qui règle la question. Le Code civil renferme un texte qui paraît la résoudre. C'est l'art. 1016, portant : « Les droits d'enregistrement seront dus par le légataire. Chaque legs pourra être enregistré séparément, sans que cet enregistrement puisse profiter à aucun autre qu'au légataire et à ses ayants cause. » Malgré l'amphibologie de sa rédaction, l'article qui précède s'applique non pas à l'enregistrement du testament lui-même, qui ne saurait être syncopé, mais au payement des droits de mutation par décès. Il a eu pour but, selon la remarque de M. Demante, d'éviter toute difficulté tirée de l'indivisibilité habituelle de la formalité qui règle le payement des droits (*Princ. de l'enreg.* n° 662). Or, il n'accorde la faculté d'un enregistrement distinct qu'aux légataires particuliers. C'est donc qu'il entend laisser les autres successeurs, héritiers, légataires universels, etc., soumis à l'indivisibilité du payement. L'Administration n'est pas encore fixée sur cette question. — *V.* 16850.

1. BUREAUX. — L'art. 27 L. 22 frimaire an 7, disposant que les « mutations de propriété par décès seront enregistrées au bureau de la situation des biens et que les héritiers seront tenus d'en passer déclaration détaillée et de la signer sur le registre » il suit de là qu'il doit être fait autant de déclarations indépendantes les unes des autres qu'il y a de bureaux dans le ressort desquels se trouvent des immeubles dépendant de la succession ; c'est le seul moyen de faciliter le contrôle des agents de l'Administration et la surveillance de la fraude (Ussel 21 août 1868, 3068 R. P.).

# TITRE VI. — DES BIENS QUI DOIVENT ÊTRE DÉCLARÉS

**[16265-16553]**

**16265. Principe général.** — L'art. 4 L. 22 frimaire an 7 assujettit au droit proportionnel toute transmission de propriété, d'usufruit ou de jouissance de biens meubles ou immeubles, situés en France. Tel est, dans toute sa simplicité, le principe qui va dominer tout ce que nous avons à dire dans cette partie de notre sujet, et qui se traduit ici par cette formule laconique : toute valeur mobilière et immobilière transmise par succession est assujettie au droit de mutation par décès.

**16266. Division.** — Mais pour mettre ce principe tout à fait en saillie, nous avons un travail important à accomplir, puisqu'il ne s'agit de rien moins que de passer en revue tous les faits juridiques qui peuvent mettre des valeurs dans une succession. Pour éviter la confusion, nous suivrons un ordre tout à fait méthodique : 1° nous diviserons en chapitres, spéciaux pour chaque question, toutes les parties de notre sujet qui exigent des développements plus ou moins longs ; — 2° nous réunirons dans un chapitre général, sous le titre de *Questions diverses*, toutes les questions qui peuvent être résumées, soit qu'elles aient déjà été traitées ailleurs, soit qu'elles n'exigent pas de longs développements.

## CHAPITRE PREMIER. — BIENS AYANT FAIT L'OBJET D'UN ABANDONNEMENT

**[16267-16271]**

**16267. Principe.** — On a vu, au mot *Abandonnement*, que la cession volontaire de biens, *pour être vendus en direction*, et la cession judiciaire *ne confèrent* point *la propriété* des biens aux créanciers, et qu'elles leur donnent seulement le droit de les administrer, d'en percevoir les revenus, par imputation sur leurs créances, et de les faire vendre à leur profit et au nom du débiteur.

Il s'ensuit que si le débiteur meurt avant la vente, ses héritiers demeurent saisis de ses biens, qui, dès lors, doivent être compris dans la déclaration de succession (Cass. 27 juin 1809, 3681 J. E. — V. *Abandon*). — La Cour suprême l'avait déjà reconnu, en déclarant, par voie de conséquence, que le droit de mutation auquel donne lieu le décès du débiteur, arrivé *postérieurement* à l'abandon, mais *antérieurement* à la vente des biens cédés, doit être acquitté dans les délais légaux et sans attendre le résultat de la vente et du compte à faire, sur la valeur intégrale desdits biens, et non pas seulement sur ce qui restera dans la succession, après le payement des dettes (Cass. 3 vent. an 11 ; — V. *Abandon*. — *Conf.* : Grenoble 31 août 1840, 12574 J. E.).

**16268. Reliquat du prix des biens vendus.** — Si les biens avaient été vendus avant le décès, les héritiers ne devraient comprendre dans leur déclaration que ce qui resterait du prix après le payement des créanciers. Car, s'il est vrai que la cession des biens ne dépouille pas le débiteur, il n'a néanmoins aucun droit sur le prix qui est la propriété de ses créanciers, jusqu'à concurrence du montant de leurs créances, du moment où la vente se trouve réalisée.

**16269. Revenu des biens.** — La cession de biens emportant pour le débiteur l'obligation d'abandonner à ses créanciers les biens nouveaux, à mesure qu'ils viennent à échoir, il en résulte que les fruits accroissent au fonds qui les a produits, et participent de leur nature immobilière. Tel est le sentiment de Toullier t. 7 n° 239. Cette doctrine, qui n'est cependant pas partagée par tous les auteurs (V. *Contrà* Duranton t. 12 n° 247), a été consacrée par un arrêt de la cour de Grenoble du 20 juill. 1843 (S. 44-2-639).

La conséquence de ce système est de rendre passibles du droit de mutation par décès, tous les fruits qu'auraient pu produire les biens cédés, entre le moment de la cession et celui du décès du débiteur, pourvu toutefois que ces fruits se trouvent encore, au moment du décès, entre les mains des créanciers, comme simples détenteurs.

**16270. Revenus propres de la femme.** — La cour de Bruxelles ayant jugé, le 4 septembre 1819 (S. *Coll. nouv.* 6-2-141), que le débiteur ne peut jouir du bénéfice de la cession des biens, s'il ne fait pas l'abandon de tous ses biens, et conséquemment des revenus des propres de sa femme, mariée sous le régime de la communauté, auxquels il a droit, comme chef de la communauté, il s'ensuit que si les créanciers se trouvaient encore simples détenteurs, au moment du décès du débiteur, les revenus devraient être assujettis au droit de mutation par décès.

**16271. Biens abandonnés à titre définitif.** — L'art. 1267 C. C. *permettant* aux créanciers et au débiteur de *déterminer* les effets que le contrat de cession *produira entre eux*, il en résulte que les créanciers peuvent, dans le contrat de cession, acquérir *le droit* d'en disposer à leur gré, ce qui équivaut à l'acquisition des biens abandonnés.

Dans cette hypothèse, évidemment, la propriété ayant cessé de reposer sur la tête du débiteur au moment même de la cession, les biens qui ont fait l'objet de l'abandonnement ne peuvent plus être compris dans la déclaration de sa succession, à quelque moment que le décès arrive.

On peut voir au mot *Abandon* des exemples de cessions de biens emportant aliénation.

## CHAPITRE II. — ACCROISSEMENT

**[16272-16275]**

**16272. Principe.** — On a vu, au n° 15863, que l'accroissement est forcé, en ce sens qu'il n'est pas facultatif à l'héritier qui a une fois accepté la succession de répudier l'accroissement de part qui peut lui arriver par la renonciation de son cohéritier. Ce n'est pas là une nouvelle succession qui s'ouvre en sa faveur, c'est la succession à laquelle il se trouvait déjà appelé qui prend plus d'extension à son égard, par suite de la renonciation de son cohéritier qui, par l'effet du principe de rétroactivité, se trouve censé n'avoir jamais été héritier.

On avait soutenu d'abord que la dévolution résultant de l'accroissement avait un caractère translatif et on avait prétendu que les héritiers dont la portion se trouvait augmentée par les renonciations de ses cohéritiers, devaient payer le droit de mutation pour cette augmentation qu'ils acquièrent disait-on du renonçant lui-même. Mais une telle prétention n'avait pu réussir, et les réformateurs de la *Coutume de Paris* l'avaient même formellement proscrite (art. 6 Hervé t. 2 p. 366, Poquet de Livonnière liv. 4 ch. 1er sect. 3, Guyot *du Relief* chap. 13 n° 12, Champ. et Rig. t. 1er nos 506, 513, 520, Demolombe t. 15 n° 45).

En droit civil, quelques auteurs modernes ont essayé de renouveler cette théorie en se fondant sur le texte de la loi (1044 C. C.) qui parle de la *part* du renonçant. Mais cette impropriété de langage ne saurait tromper personne (Pothier *Propriété* n° 248, nouveau Denizart v° *Succession* § 2 n° 1er, Duvergier et Toullier t. 3 n° 109, Marcadé art. 785, 786, Lagrange *Revue de droit français et étranger* t. 1er p. 128, Demolombe t. 15 n° 45).

Il faut donc tenir pour certain que l'accroissement ne donne pas ouverture au droit de mutation par décès.

Il ne peut arriver, en effet, que de deux choses l'une :

Ou que l'accroissement ait lieu avant le payement des droits de succession. Alors l'héritier ou le légataire dont la part héréditaire ou le legs aura accru, devra payer le droit de mutation par décès sur l'intégralité des droits par lui recueillis, ce qui désintéresse complétement le Trésor.

Ou que l'accroissement ait lieu après le payement des droits de mutation par décès. Dans ce cas encore, le Trésor n'aura aucune réclamation sérieuse à élever, puisqu'il aura perçu ses droits sur la part de l'héritier renonçant ou du legs devenu caduc. — V. 265.

1. SUPPLÉMENT DE DROIT. — Cette dernière conséquence implique la solution d'une difficulté particulière en matière d'accroissement.

Il est admis, en effet, que la dévolution de la portion caduque réalisée au profit du légataire conjoint n'est le résultat d'aucune mutation soumise au droit proportionnel. Le légataire appelé à recueillir ne reçoit pas la chose de son colégataire, mais du défunt. En d'autres termes, la renonciation ou le prédécès de ce colégataire opère à la façon d'une condition suspensive qui arrête la transmission jusqu'à l'époque ou l'événement prévu lui rend tous ses effets. Par le résultat de cet événement, le légataire est censé avoir été investi directement par le testateur, *omisso medio*, de l'intégralité de l'objet. Cette transmission originelle, le seul titre de sa possesion est donc aussi la seule cause de l'exigibilité du droit de mutation.

Dans l'extrême rigueur des principes, on serait tenté de soutenir que ce légataire doit alors acquitter l'impôt sur la totalité de l'objet d'après son degré de parenté avec le défunt, sans égard au droit payé par le colégataire décédé en renonçant. La mutation étant personnelle, le droit l'est également et il n'y a pas d'imputation à faire. Ce raisonnement s'appliquerait surtout aux legs d'usufruit, lesquels confèrent aux appelés une jouissance dont les effets résistent à la rétroactivité et à la fiction de l'accroissement.

Mais cette opinion serait exagérée.

Il est de principe qu'une même mutation ne peut donner lieu qu'à un seul droit. Or, dans l'espèce, la mutation est unique, puisque, par le résultat de l'accroissement il n'y a qu'un nouveau possesseur, qu'un légataire. Tant que la personne de ce légataire n'a pas été déterminée, le droit a été réglé provisoirement comme si l'objet devait appartenir à tous les appelés. Mais du jour où le bénéficiaire de la transmission a été définitivement connu, les droits payés sont censés l'avoir été par lui ou en son nom. C'est ainsi que les droits acquittés par des héritiers apparents, mais ultérieurement évincés, s'imputent sur ceux dont l'héritier véritable devient débiteur (Cass. 13 oct. 1814, 15 juill. 1840, 18 août 1860; — que ceux d'une vente surenchérie ou frappée de folle enchère s'imputent sur ceux de l'adjudication définitive. — V. *Adjudication*.

Mais il paraît difficile d'aller au delà et de soutenir que si, à raison de son degré de parenté, le dernier légataire doit un impôt supérieur à celui qui avait été perçu pour la part du colégataire exclu, le supplément n'est pas exigible. Pourquoi l'accroissement est-il affranchi du droit proportionnel ? Parce qu'il n'opère pas mutation et que le légataire est censé recueillir la totalité de l'objet du défunt directement. Mais s'il en est ainsi, si la transmission se réalise entre le défunt et le légataire, il faut établir la perception en conséquence. Lorsqu'une partie seulement du droit applicable à cette transmission a été acquittée, il est donc juste de payer l'excédant quand la mutation se complète (Pontoise **31 déc. 1873, 3794 R. P.**).

De même, si l'accroissement se réalise avant la déclaration de succession, le droit se liquide d'après le degré de parenté du dernier légataire et comme s'il avait été seul appelé à recueillir la disposition. Cette seconde hypothèse se présentait dans une instance jugée par le tribunal de Pithiviers le 7 janvier 1869 (3506 R. P.). Elle y a été résolue conformément à nos observations. — V. *suprà* nos 69 et 270.

2. RESTITUTION. — IMPUTATION. — Dans tous les cas, si le droit dû par le second légataire est inférieur au droit payé par le renonçant, aucune restitution ne saurait être obtenue par ce dernier. L'art. 60 L. 22 frimaire an 7 s'y oppose formellement. C'est dire que l'imputation admise au profit du légataire appelé en second ordre se fait valeur sur valeur et non pas droit sur droit. Le procédé contraire aurait, en effet, pour résultat, de consacrer par voie indirecte un remboursement de droit régulièrement perçu.

3. QUOTITÉ DU TARIF. — Lorsque l'usufruit est légué conjointement à plusieurs personnes dont le degré de parenté avec le défunt est différent, faut-il percevoir immédiatement le droit au taux le plus élevé? La négative résulte des explications que nous venons de donner dans le paragraphe précédent. En effet, dans l'espèce, le legs étant fait avec clause d'accroissement, est à la fois actuel et éventuel : actuel en ce qu'il a transmis immédiatement aux trois légataires l'usufruit légué, éventuel en ce que cet usufruit sera dévolu intégralement, en vertu de la clause d'accroissement, d'abord lors du décès du prémourant des légataires à ceux survivant, puis lors du décès du prémourant, des deux derniers à celui qui survivra. Dans cette situation, les droits de mutation par décès doivent être liquidés, conformément à l'effet actuel du legs, et cet effet ayant été de transmettre l'objet légué aux légataires conjointement, les droits devaient être perçus pour chacun d'après son degré de parenté, sauf complément ultérieur s'il y alieu.

4. NOUVELLE DÉCLARATION. — Le second légataire appelé à la totalité du legs par l'effet de la renonciation est tenu, pour acquitter le droit complémentaire dont il peut être redevable, de souscrire une déclaration nouvelle dans les six mois de la renonciation qui fixe sur sa tête les effets de la dévolution des biens auxquels le renonçant était appelé.

Nous ne croyons pas qu'il y ait à distinguer pour cela entre le cas où la renonciation est faite avant ou après les six mois depuis le décès. Cette renonciation opère à l'égard de l'acceptant de la même manière que les événements qui font rentrer un bien dans l'hérédité. La loi ayant cru devoir accorder un délai de grâce aux héritiers et légataires pour leur permettre de trouver les moyens de payer les droits, il y a même raison de l'octroyer ici à l'acceptant. Autrement, on arriverait à cette conséquence inadmissible que si la renonciation se produisait la veille de l'expiration des six mois, l'acceptant n'aurait plus qu'un jour pour passer ses déclarations. — *V.* 16131.

**16273. Usufruit conjoint.** — L'Administration a décidé, le 9 novembre 1831, que, lorsqu'un usufruit a été légué à deux personnes *conjointement* et par moitié, avec droit d'accroissement au profit du légataire survivant, ce dernier n'est point tenu d'acquitter un droit de mutation pour l'avantage résultant de cet accroissement (1354 § 6 I. G.)

Cette question est plus amplement discutée au mot *Accroissement*, nos 265 et suiv., et au no 16131.

**16274. Rente viagère.** — Les questions auxquelles donnent lieu l'accroissement des rentes ont été examinées au chapitre de l'*Accroissement* no 268.

**16275. Renonciation non gratuite.** — — Remarquez, au surplus, que pour que la renonciation produise l'effet d'un accroissement légal exempt de tout droit, il faut qu'elle soit *pure et simple*.

C'est là une thèse que nous avons longuement développee (V. *Renonciation*), et sur laquelle il est inutile que nous revenions ici.

Le mérite de cette observation ne porte pas sur la mutation qui est la conséquence d'une pareille renonciation; car la renonciation qui n'est pas pure et simple, ne peut produire qu'un droit de mutation *entre-vifs*, circonstance que nous avons étudiée *suprà*, et qui n'est pas ici de notre domaine, puisque nous n'avons à nous occuper que du droit de mutation *par décès;* mais cette observation a une valeur réelle en ce qui concerne les faits antérieurs à la renonciation.

Supposons, en effet, qu'il s'agisse d'un étranger qui, par l'effet d'un legs à titre universel, est appelé à partager la succession avec le fils du défunt. Si la renonciation du légataire est pure et simple, le Trésor n'aura à percevoir que le droit à 5 pour 100 sur tous les biens de la succession, qui reviendra entière au fils du défunt, par l'effet de l'accroissement. Que si, au contraire, la renonciation du légataire a lieu, par exemple, à titre de libéralité au profit de l'enfant du testateur, indépendamment du droit de mutation entre-vifs auquel elle donnera naissance, le Trésor aura à percevoir savoir : le droit à 9 pour 100 sur la moitié de la succession recueillie par le légataire, avant d'en avoir disposé, et le droit à 1 pour 100 sur l'autre moitié revenant au fils.

Des effets analogues se produiraient s'il s'agissait d'un legs en usufruit de la moitié de la succession. Si la renonciation était gratuite, le Trésor n'aurait à percevoir qu'un droit de 1 pour 100 sur la totalité de la succession recueillie par le fils. Si elle était intéressée, l'usufruitier devrait payer le droit de mutation par décès à raison de son usufruit, ce qui n'empêcherait pas le Trésor de percevoir encore son droit de 1 pour 100 sur l'entière valeur des biens recueillis par l'héritier naturel, savoir, moitié en nue-propriété et moitié en propriété absolue.

## CHAPITRE III. — ACQUÊTS. — COUTUMES ANCIENNES

[16276-16281]

**16276. Observation.** — Sous le titre *acquêts*, nous n entendons pas parler ici des acquêts qui se font sous le régime actuel de la communauté, ou sous le régime dotal avec société d'acquêts. C'est là un sujet qui domine l'ensemble du mot *Succession*. Notre intention est seulement de réunir ici quelques questions qui ont survécu à notre ancien droit, et qui n'ont plus qu'un faible intérêt, par suite des rares circonstances dans lesquelles elles peuvent se présenter.

**16277. Pays de droit écrit.** — On avait pensé que, lorsqu'en pays de droit écrit, la réversion des acquêts avait été stipulée au profit des enfants par le contrat de mariage, cette clause n'avait d'autre effet qu'une disposition à cause de mort faite individuellement par chacun des époux en faveur des enfants qui naîtraient de leur union, et que ceux-ci recueillaient la moitié des biens dans la succession de chacun de leurs auteurs (Dél. 22 fév. 1816, 16 juill. 1823, 25 mai 1827, 6420 J.N., et 30 nov. 1832, 8852 et 10524 J. E., D. N. t. 12 p. 274 n° 460).

Mais des arrêts de Cass. du 11 avril 1831 (1381-6 I. G., 1030 J. E., 7443 J.N.) et du 30 août 1837 (11371 J.E., 9185 J.N., S. 37-1-764), ont statué que, lorsque, par une clause expresse d'un contrat de mariage passé sous l'empire de la loi du 17 nivôse an 2, les enfants à naître du mariage ont été constitués propriétaires des biens formant la société d'acquêts, stipulée dans le contrat, ils se sont, au décès de leur père, trouvés investis définitivement de la propriété de ces biens.

Il suivrait de là que la totalité des acquêts devrait être déclarée par les enfants au décès du prémourant de leurs père et mère et supporter le droit de mutation.

**16278. Coutume de Normandie.** — Le droit de propriété que l'art. 329 de la *Coutume de Normandie*, exclusive de la communauté entre époux, attribuait à la femme sur la moitié des conquêts immeubles faits par son mari pendant le mariage, n'était point un droit purement successif, mais un droit acquis à la femme, du vivant même de son mari. Ce droit n'ayant pas été aboli par la loi du 17 nivôse an 2, la veuve qui recueille, dans la succession de son fils, les conquêts faits par son mari antérieurement décédé, a un droit de propriété sur la moitié de ces conquêts, et ne doit le droit de mutation que sur l'autre moitié (Cass. 30 mars 1825, 6626 J.N., 1166-8 I. G., 8044 J.E.).

L'usufruit de la moitié des conquêts faits hors bourgage (ville ou bourg fermé), que l'art. 329 de la *Coutume de Normandie* accorde à la femme après la mort de son mari, étant un droit de copropriété, un résultat de la collaboration commune consacré par le statut local, ne donne pas ouverture, lors du décès du mari, à un droit proportionnel de mutation (Cass. 26 juin 1826, S. 27-1-196, 1200-12 I. G.; — 22 juill. 1828, S. 28-1-390, 1263-4 I. G., 9104 J.E.).

Lorsque les époux, mariés sous l'empire de la *Coutume de Normandie*, ont acquis, pendant le mariage, un immeuble situé dans un pays où le régime de la communauté était admis, la femme a droit à moitié de cet immeuble, qui doit être compris dans la déclaration de sa succession (Dreux 17 nov. 1847, 14492 J.E.).

1. USUFRUIT. — Le mari survivant qui, marié sous l'empire de la *Coutume de Normandie* et de la loi du 17 nivôse an 2, avait réglé les conventions civiles de son mariage conformément à cette *Coutume*, a l'usufruit de la moitié des biens de sa femme, quoiqu'il soit né un ou plusieurs enfants de leur union, et il doit le droit de mutation par décès sur cet usufruit (Les Andelys 19 avr. 1842, 12080 J. E.).

Alors surtout que, dans le contrat de mariage, les futurs ont déclaré se faire donation mutuelle et réciproque de l'usufruit de la moitié des biens du prémourant (Cass. 19 nov. 1835, 11456 J.E.).

2. RENVOI. — Au surplus, en ce qui concerne les droits de la femme sur les acquêts, nous renvoyons à notre n° 8964, où nous avons réuni tous les documents fournis par la jurisprudence.

**16279. Coutume de Paris.** — Quand l'époux survivant, marié sous la *Coutume de Paris*, n'a pas fait inventaire, la communauté continue au profit de ses enfants, en vertu des art. 240, 241 et 242 de la *Coutume*, et les biens acquis par le survivant, avant son décès, ne doivent être compris que pour moitié dans la déclaration de sa succession (Dél. 1er avr. 1831, 9984 J. E., 7426 J.N.).

**16280. Coutume de Gisors.** — Le droit de mutation est dû à raison des biens dont la femme survivante obtient l'usufruit d'après l'art. 329 de la *Coutume*, c'est-à-dire sur les conquêts faits hors bourgage et hors la *Coutume de Gisors*.

Cet avantage a été considéré comme gain de survie, étant purement personnel à la femme et subordonné au prédécès du mari (D. m. j. et f. 21 oct. 1816, art. 2628 J.N.).

**16281. Coutume d'Anjou.** — On trouvera sous le n° 8965 quelques dispositions particulières, au sujet de la *Coutume d'Anjou*.

## CHAPITRE IV. — ACTIONS DANS LES COMPAGNIES DE FINANCE, DE COMMERCE OU D'INDUSTRIE

[16282-16288]

**16282. Principe.** — Les actions dans les compagnies de finance, de commerce ou d'industrie, constituant des valeurs mobilières, doivent nécessairement être comprises dans la déclaration de la succession de leur possesseur.

On trouvera aux mots *Action* et *Société* le développement des règles applicables à cette matière.

**16283. Banque de France.** — Bien qu'après le décès d'une personne qui avait déposé des actions de la Banque de France, il soit déclaré, dans un acte notarié, par sa veuve et sa fille unique héritière, que ces actions appartiennent au mari de celle-ci, et qu'elles avaient été confiées au défunt pour lui faciliter un dépôt qu'il était tenu de faire, ces actions n'en doivent pas moins être considérées comme faisant partie de la succession du défunt (Seine 28 juin 1849, D. N. t. 12 p. 247 n° 317, 14825 J. E.).

**16284. Caisse Lafarge.** — Avant la loi du 18 mai 1850, les actions de la caisse Lafarge étaient exemptes d'enregistrement. La raison en était que les fonds de cette caisse étant placés en rentes sur l'État, reposaient sur des inscriptions au grand-livre de la dette publique, ce qui les faisait tomber sous l'application de l'art. 70 L. 22 frimaire an 7.

Cependant l'art. 7 L. 18 mai 1850, qui a assujetti au droit les inscriptions sur le grand-livre, qui s'opèrent à titre gratuit, reste sans influence sur les actions de la caisse Lafarge, en ce qui concerne la mutation par décès, car les titres de ces actions sont viagers. L'influence de cette loi ne peut se faire sentir que lorsqu'il s'agit de mutations entre-vifs à titre gratuit.

**16285. Canaux d'Orléans, de Loing et du Midi.** — Doivent être comprises dans la déclaration de la succession des titulaires les actions dans les canaux d'Orléans, de Loing et du Midi.

**16286. Salines de l'Est.** — Les actions dans les salines de l'Est sont exemptes de l'enregistrement, lors des transferts seulement ; et si le transfert a lieu par acte public ou notarié, il n'est passible que du droit fixe. — Mais l'exemption est spéciale aux transferts, et ne s'étend pas aux mutations par décès ou par donation, qui restent assujetties aux droits dus pour toute transmission ordinaire d'objets mobiliers (D. m. f. 8 juin 1813, 4531 J. E.).

**16287. Tontine d'épargne.** — Les actions des tontines d'*épargnes, et des employés et artisans,* ainsi que leurs cessions, étaient exemptes de la formalité et du droit d'enregistrement, attendu que ces actions reposent sur des inscriptions au grand-livre de la dette publique.

Ces actions se trouvant dans les mêmes conditions que celles de la caisse Lafarge, nous faisons la même observation que pour cette caisse.

**16288. Actions et obligations, fonds d'État étrangers.** — Les actions, obligations et fonds d'État étrangers, sont soumis à une législation spéciale que nous avons fait connaître au mot *Étranger.*

## CHAPITRE V. — AVANTAGES INHÉRENTS A UN BAIL

[16289-16303]

**16289. Principe.** — « La convention de bail, disent Champ. et Rig. n° 3558, ne crée pas toujours pour le preneur un avantage ; son droit de continuer la jouissance se convertit quelquefois en obligation onéreuse. » C'est cette considération qui, venant s'ajouter au silence que la loi a gardé en matière de succession, relativement aux transmissions de jouissance, a amené la jurisprudence à reconnaître que lorsque la transmission d'un bail s'opère par décès, aucun droit de mutation n'est exigible (Cass. 5 oct. 1808, S. 9-1-118 ; — 23 janv. 1833, S. 33-1-196, 1425-7 I. G., 10576 J. E. ; — 24 nov. 1837 *arrêt rapporté* n° 2918 ; — *Conf.* : D. N. t. 12 p. 267 n° 419, Demante n° 684).

On peut encore dire, à l'appui de cette doctrine, que le bénéfice que l'héritier pourra retirer du bail trouvé dans la succession de son auteur, doit être considéré comme le fruit de son propre travail, lors même que le bail présenterait un avantage réel par la modicité du fermage payable au propriétaire.

Il a été décidé, en ce sens, que quand, dans un bail de cinquante ans, il a été stipulé qu'au décès du bailleur le preneur ou ses héritiers n'auront rien à payer pour leur jouissance jusqu'à l'expiration du bail, il n'est dû par le preneur aucun droit de succession lors du décès du bailleur. Le bail est alors un contrat aléatoire dont la chance de perte ou de gain dépend de la durée de la vie du bailleur (2511 J.N., D.N. t. 12 p. 267 n° 420).

**16290. Prix payé d'avance.** — Mais en serait-il de même si le prix du bail avait été payé d'avance ? Nous n'hésitons pas à nous prononcer pour la négative. Dans ce cas, effectivement, l'héritier trouverait dans la succession la valeur représentative du prix payé d'avance. Il devrait donc comprendre cette valeur dans sa déclaration.

Il faudrait décider de même au sujet d'un pot-de-vin payé d'avance, le pot-de-vin étant une partie du bail. — V. *Bail.*

**16291. Bail imposé par le défunt. — Libéralité.** — Nous avons enseigné, en parlant du commodat n° 9575, que quand le prix d'un bail est tellement réduit qu'il n'offre plus aucun rapport avec la chose louée, l'acte a le caractère d'un prêt à usage, donnant lieu au droit proportionnel de donation mobilière sur la valeur estimative du bénéfice cédé.

Cette règle s'applique par analogie à la transmission par décès. Si le propriétaire, au lieu d'affermer gratuitement ses biens pendant sa vie, les afferme au profit d'un tiers par une clause de son testament, ou, ce qui est la même chose, charge son héritier de le faire à sa place, le tiers reçoit également une libéralité. Toute la différence, c'est que, dans le premier cas, elle est entre-vifs, et, dans le second, à cause de mort ou par décès.

Mais le droit proportionnel n'en est pas moins exigible sur les mêmes bases, d'après le tarif spécial à chacune de ces mutations.

Le tribunal de Compiègne a cependant décidé le contraire, le 7 février 1872, par le motif principal que les transmissions de baux opérées par décès ne sont pas assujetties à la perception (3524 R.P.). Mais il ne s'agit pas de la transmission du bail par le décès du fermier. Il s'agit du legs du droit au bail fait par le propriétaire. Du moment que l'attribution de ce droit a le caractère d'une libéralité à raison de la modicité du prix ou de son inexistence, il n'y a aucune raison de ne pas la traiter comme toute libéralité ordinaire à cause de mort. C'est un point que nous avons établi avec développement au n° 3524 de notre R. P.

**16292. Bail emportant mutation de propriété.** — Il tombe d'ailleurs sous les sens que si la mutation par décès, au lieu d'être d'un bail emportant jouissance mobilière, avait pour objet un des baux auxquels la loi et la jurisprudence ont reconnu le caractère translatif de propriété, le droit de succession serait exigible (Cass. 5 oct. 1808, S. 9-1-118; — 23 janv. 1833, S. 33-1-196, 1425-7 I. G., 10576 J. E.; — 24 nov. 1837, *arrêt rapporté* n° 2918). — *V.* 16289.

La liquidation du droit s'opérerait d'ailleurs d'après le mode d'évaluation spécial à chaque nature de bail. — *V.* 15151, 16300, 16301.

**16293. Sous-location. — Prix supérieur.** — Si le preneur avait sous-loué pour un prix supérieur à celui qu'il paye lui-même au propriétaire, on devrait comprendre, dans les biens de sa succession, les bénéfices résultant de la sous-location ; ils ne sont plus le fruit de son travail.

C'est pourquoi le tribunal de la Seine a décidé, le 23 février 1867, que le bénéfice que le preneur d'un immeuble doit réaliser annuellement, par suite d'une location consentie moyennant une somme supérieure au prix de son bail, constitue une valeur active soumise au droit de mutation par décès (2507 R.P., 18404 J.E., 13267 C.). Dans ce cas, le droit de succession est exigible sur la plus-value annuelle multipliée par le temps restant à courir de la sous-location (Seine 26 août 1871, 3443 R.P.).

S'il y a un usufruit, les bénéfices de la sous-location constituant des fruits réels, font partie de cet usufruit (Sol. 14 nov. 1871).

**16294. Bail à cheptel.** — Les bestiaux donnés à cheptel doivent nécessairement être compris dans la succession du bailleur. Quant au croît ou à l'augmentation du cheptel, comme il constitue, à proprement parler, le bénéfice du preneur, il y a lieu de faire l'application du principe qui a fait l'objet du n° 16289.

**16295. Bail à vie.** — Si un bail à vie est fait pour plusieurs générations, le droit de mutation par décès est-il exigible ? — V. *Bail à vie.*

**16296. Bail héréditaire.** — Un arrêt de la Cour de cassation, du 16 juin 1852, reconnaît au bail héréditaire les caractères de l'emphythéose perpétuelle. D'où la conséquence, d'après le principe qui sera posé n° 16301, que la transmission par décès du bail héréditaire donne ouverture au droit de mutation établi sur les propriétés immobilières. C'est ce qu'a reconnu un arrêt de Cass. du 28 janvier 1833, (S. 33-1-196, 10576 J.E., 7969 J.N., 1425 § 8 I.G.), contrairement à la jurisprudence d'un autre arrêt de la même Cour, du 24 novembre 1837 (11926 J.E., 9862 J.N.), et à la doctrine enseignée par Dalloz (n° 3056) et par le D.N. (t. 12 p. 268 n° 424).

Quant à M. Demante, il pense qu'aucun principe général ne peut être posé en ces questions et que tout y peut varier, non pas seulement suivant les limites du territoire de nos anciennes coutumes, mais selon les particularités de chaque affaire (n° 684). — V. *Bail.*

**16297. Bail à complant.** — Nous avons exposé, au mot *Bail*, les principes qui gouvernent le bail à complant. Ce sont ces principes, qu'il est inutile de reproduire ici, qui déterminent les distinctions que nous allons faire pour l'acquittement des droits de mutation par décès.

1. SUCCESSION DU BAILLEUR. — Lorsque c'est de la succession du bailleur qu'il s'agit, et que celui-ci n'avait pas aliéné le *domaine direct*, ce domaine direct, constituant une propriété immobilière, doit être déclaré par ses héritiers. — Il y aurait également lieu à déclarer la redevance, comme chose mobilière, si le domaine direct avait été aliéné par le propriétaire.

2. SUCCESSION DE PRENEUR. — Les mêmes règles sont à appliquer lorsqu'il s'agit de la succession du preneur. Il y a cependant cette différence, que lorsque le *domaine utile* a seul été aliéné, comme ce domaine ne constitue, en définitive, qu'une simple jouissance, il y a lieu de faire à l'espèce l'application du principe qui a fait l'objet du n° 16289, c'est-à-dire que la transmission de cette jouissance ne donne ouverture à aucun droit de mutation par décès. En effet, ainsi que nous l'avons déjà fait observer d'ailleurs au mot *Bail*, le bail à complant ne constitue alors qu'un simple bail ordinaire.

Que si le domaine direct ayant été aliéné, le bailleur ne s'est réservé qu'une simple redevance, cette aliénation a réellement fait entrer un immeuble dans le patrimoine du preneur, et cet immeuble doit être compris dans la déclaration de sa succession.

**16298. Terrage. — Champart. — Agrier.** — Ces diverses dénominations n'étant que des manières différentes de désigner le bail à complant, les principes que nous avons exposés dans le précédent numéro leur sont parfaitement applicables.

**16299. Bail à convenant ou domaine congéable.** — L'art. 9 L. 6 août 1791 est ainsi conçu :

« Dans toutes les successions directes ou collatérales qui s'ouvriront à l'avenir, les édifices et superficies des domaniers seront partagés, comme immeubles, selon les règles prescrites par la *Coutume générale de Bretagne* et *par les décrets déjà promulgués, ou qui pourront l'être par la suite comme lois générales pour tout le royaume*. Il en sera de même pour le douaire des veuves des domaniers, pour les sociétés conjugales et pour tous les autres cas, les édifices et superficies n'étant réputés meubles qu'à l'égard des propriétaires fonciers. » Par suite, les héritiers de celui qui tient un domaine congéable doivent la déclaration, comme immeubles, des édifices et superficies, et comme meubles des bestiaux attachés à la culture, des instruments aratoires et des semences, lorsque ces objets ont été apportés par le colon (Dél. 4 sept. 1806, 2387 J.E.).

Si c'est le propriétaire direct qui décède, ses héritiers doivent déclarer la redevance qui est censée représenter le revenu, comme dans les baux ordinaires. Cette redevance est capitalisée par vingt et le droit perçu sur le total. Si la redevance avait été aliénée séparément du domaine direct, elle ne serait plus que mobilière. Il y aurait trois propriétés : le domaine direct, la redevance et la jouissance. Dans ce cas, le domaine direct ne produirait pas de revenu : il ne constituerait qu'une action, comme, par exemple, celle de réméré. Il n'y aurait pas de droit de succession à payer. — Lorsque c'est le preneur qui est décédé, on doit déclarer la valeur locative des biens tels qu'ils se trouvent, et en déduire la redevance payée au propriétaire. La différence, capitalisée au denier 20, formera la valeur sur laquelle le droit sera perçu.

**16300. Bail à rente.** — Nous avons parlé, au mot *Bail*, des baux connus dans l'ancienne législation sous les noms de baux à locaterie perpétuelle, à culture perpétuelle, à rente, à cens, et c'est par application des principes qui s'y trouvent développés que nous avons dit que, lors de la *mutation par décès*, l'immeuble grevé d'une rente foncière doit être déclaré pour sa valeur entière, sans déduction de la rente, comme les immeubles hypothéqués sont déclarés sans déduction des créances hypothécaires (Cass. 19 prair. an 11, 9799 J.E., S. 3-2-335).

**16301. Bail emphythéotique.** — Le droit à un bail emphythéotique constituant un droit immobilier, doit être compris comme tel dans la déclaration de la succession de l'emphythéote. — V. *Bail*.

1. USUFRUIT. — Lorsque des immeubles donnés à bail emphytéotique et dépendant de la succession du bailleur sont grevés de l'usufruit appartenant à un tiers, la valeur de cet usufruit, qui doit être déduite de celle du domaine direct pour la perception du droit de mutation sur la nue-propriété, doit être calculée d'après la moitié de l'évaluation du domaine direct.

En effet, l'art. 15 n° 8 L. 22 frimaire an 7 a fixé à forfait la valeur de la propriété entière et il n'a fait aucune exception à l'égard de l'usufruit du bail emphythéotique (19732 J.N.).

Nous avons indiqué au mot *Bail* les règles qui nous paraissent applicables à la liquidation du droit dans toutes les hypothèses.

**16302. Péage.** — Le droit de percevoir un péage, pendant un certain nombre d'années déterminé, constitue incontestablement une propriété dont la transmission, lorsqu'elle s'effectue par le concessionnaire, donne évidemment naissance à un droit de mutation. Quelles sont la nature de cette propriété et la manière de liquider le droit auquel elle donne ouverture ?

Le droit de péage étant une contribution publique qui, en principe, ne peut être perçue qu'au profit de l'État, ne peut constituer qu'un droit mobilier entre les mains des particuliers à qui la faculté de le percevoir a été abandonnée par l'État.

Ensuite, le droit étant mobilier, il faut en conclure que le seul mode d'estimation qu'autorise la loi est, d'après l'art. 14 n° 8 L. 22 frimaire an 7, le mode déterminé pour les transmissions entre-vifs à titre gratuit et celles qui s'opèrent par décès, c'est-à-dire *la déclaration estimative des parties, sans distraction de charges*.

Prendre pour base d'opérations, comme cela se pratique quelquefois, l'art 14 n° 9, c'est-à-dire un revenu donné multiplié par le nombre d'années restant à courir de la concession au moment du décès du concessionnaire, ce serait n'admettre aucune variation dans le produit du péage et l'immobiliser pour l'avenir, ce serait ne tenir aucun compte de la nature aléatoire d'un revenu que peuvent affecter dans ses éléments les plus essentiels une foule de circonstances fortuites et même de force majeure, ce serait enfin arriver quelquefois à des résultats hors de toute proportion avec la valeur réelle de la propriété.

Supposons, en effet, un pont concédé pour quatre-vingt-dix-neuf ans, dont le capital engagé sera de 200,000 francs et qui produira 25,000 francs par an, ce qui n'est nullement exagéré si l'on tient compte des frais d'entretien et de recouvrement, des intérêts à couvrir et du capital à amortir. Que le concessionnaire vienne à mourir à l'expiration de la neuvième année de la concession, on obtiendra, en faisant la capitalisation du revenu par les quatre-vingt-dix années restant à courir, un chiffre de 2,250,000 francs pour représenter la valeur de la propriété laissée par le concessionnaire. Il suffit de mettre en relief le résultat absurde produit par l'opération que l'on fait quelquefois, pour la faire condamner sans plus de discussion.

Disons donc que le seul mode rationnel de liquider les droits de mutation par décès, dans l'hypothèse qui nous occupe, c'est d'exiger des parties une évaluation de leur propriété, conformément à l'art. 16 L. 22 frimaire an 7. C'est le mode d'opérer que nous avons cherché à faire prévaloir en matière de bail emphythéotique, et nous ne pouvons à cet égard que renvoyer à l'observation que nous avons consignée au mot *Bail:* on y trouvera quelques rapports d'analogie avec le cas qui nous occupe.

**16303. Droit de marché.** — Le droit de marché existant dans certaines provinces au profit des fermiers n'est pas passible du droit de mutation par décès.

V. le mot *Bail*.

## CHAPITRE VI. — BIENS DANS LESQUELS UN DES ÉPOUX AVAIT DES DROITS INDIVIS

[16304-16305]

**16304. Renvoi.** — L'art. 1408 C. C. présente deux règles distinctes.

La première, commune aux deux époux, veut que lorsque l'un d'eux, peu importe lequel, se trouve propriétaire d'une part encore indivise d'un immeuble, et que l'autre part est acquise pendant le mariage, sur licitation ou autrement, la part nouvellement acquise devienne propre à cet époux, comme et avec celle qui lui appartenait déjà, sauf, bien entendu, la récompense qui sera due par cet époux à la communauté pour le prix de l'acquisition.

La seconde règle, qui est toute de protection pour la femme, permet de modifier la première dans un cas spécial. Elle veut que lorsque c'est la femme qui possédait une portion indivise de l'immeuble acquis pendant le mariage, celle-ci ait la faculté, si elle n'a pas comparu à l'acte d'achat, ou si son consentement n'a pas été libre, de repousser une acquisition qui pourrait lui être désavantageuse.

Les dispositions précédentes ont une influence considérable sur la perception des droits de mutation par décès, puisqu'elles déterminent le droit de propriété des époux sur l'immeuble acquis ; et leur application a fait naître des questions aussi nombreuses que délicates.

Nous avons présenté, à propos des *Licitations*, sous les nos 10911 et suiv., le commentaire de cet article en ce qu'il touche à la perception des droits de vente et de succession.

Nous ne pourrions que reproduire ici les mêmes développements.

**16305. Acquisition conjointe. — Époux.** — Quand deux époux mariés sans communauté ni société d'acquêts ont acheté conjointement des immeubles, la moitié de ces immeubles doit être comprise dans la succession du prémourant des époux, et c'est cette moitié seulement qui est passible du droit de mutation par décès.

Mais si le prix a été payé en entier des deniers du mari, il a une action en répétition à exercer pour la portion qu'il a payée en l'acquit de la femme.

C'est une dette pour la succession de la femme et une créance pour celle du mari.

Mais le prix n'est pas censé payé des deniers du mari quand ce dernier l'a effectué avec les sommes soit dotales soit paraphernales dont il a eu la disposition en sa qualité de mari. Il est réputé alors avoir agi au nom de la femme, comme son représentant légal, et c'est la femme qui est censée avoir elle-même payé le prix de son acquisition. Il n'y a donc aucune créance au profit du mari contre la femme ; et en cas de décès du mari, il n'y aurait à en comprendre aucune dans sa déclaration de succession (J. du not. n° 2633).

S'il avait été stipulé, dans l'acte d'acquisition, que la propriété de l'immeuble appartiendrait au survivant, il s'opérerait au décès une mutation à titre onéreux passible du droit de 4 pour 100. — V. *Association*.

## CHAPITRE VII. — BIENS DE L'ÉTAT. DÉCHÉANCE DE L'ACQUÉREUR

[16306-16311]

**16306. Principe.** — Une ordonnance du 11 juin 1817 a réglé les formes à suivre pour le recouvrement du prix des biens vendus au nom de l'État, et pour l'application de la déchéance contre les acquéreurs à défaut de payement. Les dispositions de cette ordonnance sont ainsi conçues :

« L'action pour le recouvrement du prix des biens vendus au nom de l'État continuera d'être exercée par voie de contrainte et de déchéance, conformément aux lois et à l'arrêté du gouvernement du 4 thermidor an 11 » (art. 1er).

« A défaut de payement, la déchéance sera prononcée par les préfets, sur la demande des préposés de l'administration des Domaines, et les arrêtés de déchéance ne pourront être mis à exécution qu'après avoir reçu l'approbation de notre ministre d'État des finances » (art. 2).

« La reprise de possession de l'immeuble par le Domaine n'aura lieu qu'un mois après la notification de l'arrêté de déchéance à l'acquéreur primitif, au détenteur actuel, aux acquéreurs intermédiaires, s'ils sont connus, et aux créanciers inscrits ayant hypothèque spéciale sur l'immeuble » (art. 3).

« Pendant le cours du délai fixé par l'article précédent, l'acquéreur primitif, le détenteur, les intermédiaires et les créanciers hypothécaires, seront admis à payer la somme exigible en capital, intérêts et frais ; et les tiers qui auront effectué le payement seront subrogés, par la quittance, aux droits du Trésor pour leur remboursement » (art. 4).

Les conséquences de cette ordonnance sont faciles à déduire pour l'application des droits de mutation par décès.

**16307. Déchéance postérieure au décès.** — Si la déchéance n'a été prononcée qu'après l'ouverture de la succession, comme la propriété des biens acquis résidait sur la tête de l'acquéreur au moment de son décès, il y a eu mutation en faveur de ses héritiers. Dès lors, ceux-ci doivent faire figurer les biens acquis dans la déclaration de la succession de leur auteur.

**16308. Remboursement par l'État.** — Les lois des 15 floréal an 10 et 5 ventôse an 12 n'ont pas fixé l'époque du remboursement des sommes payées par les acquéreurs déchus ; mais cette époque se trouve déterminée par l'art. 14 L. 11 frimaire an 8, ainsi conçu : « Il ne sera rien restitué aux acquéreurs déchus, pour les sommes qu'ils auront payées en droits d'enregistrement et autres droits et frais d'adjudication ; ce qui aura été payé sur le prix principal de la vente sera d'abord compensé avec l'intérêt à 5 pour 100 de leurs acquisitions jusqu'au jour de la dépossession, et l'excédant, s'il y en a, sera restitué spécialement sur le prix provenant des reventes qui seront faites par suite de la déchéance » (672 I. G.).

La liquidation des sommes à rembourser est faite par les préfets, sur les rapports des directeurs des Domaines ; les arrêtés de liquidation sont soumis à l'approbation du ministre des finances lorsque les sommes liquidées excèdent 300 francs (1444 I. G.).

Ainsi, lorsque la déchéance a été prononcée avant le décès de l'acquéreur, ses héritiers doivent comprendre dans leur déclaration le montant du remboursement auquel ils pourraient avoir droit sur les bases ci-dessus.

**16309. Déchéance non définitive.** — L'arrêté d'un préfet qui prononce la déchéance contre un acquéreur, à défaut de payement, ne peut être mis à exécution et acquérir un effet définitif, aux termes de l'Ord. R. 11 juin 1817, qu'autant qu'il a été préalablement approuvé par le ministre des finances. Tant que l'existence d'une décision d'approbation n'est pas justifiée, l'acquéreur peut être admis, nonobstant les significations faites et l'expiration des délais déterminés par cette ordonnance, à solder ce qui restait dû sur le prix, au moyen de quoi il est maintenu dans la propriété, et la déchéance est comme non avenue. (Ord. 23 janv. 1828). Si donc les héritiers de l'acquéreur, qui peuvent se mettre à son lieu et place, profitent de cette disposition pour se faire maintenir dans les biens acquis, nul doute qu'ils ne doivent pas comprendre ces biens dans la déclaration de la succession de l'acquéreur, car c'est bien réellement du chef de leur auteur qu'ils se trouvent propriétaires, puisque la déchéance, quoique prononcée, n'était pas définitive au moment de son décès.

**16310. Déchéance définitive.** — La déchéance prononcée contre un acquéreur, à défaut de payement, dans le délai accordé par l'Ord. R. 11 juin 1817, de ce qui restait dû sur le prix suivant un décompte, devient définitive après la reprise de possession de l'immeuble par le Domaine. Le tiers acquéreur qui prétend s'être libéré sur bordereaux de collocation ne peut se prévaloir de la disposition favorable insérée à cet égard dans la loi du 12 mars 1820, lorsqu'avant la publication de cette loi, tout était consommé envers lui par la déchéance suivie d'exécution (Ord. 19 juin 1828).

Lors donc que les héritiers sont remis en possession après déchéance définitive, il faut distinguer : si l'arrêté qui a prononcé la déchéance est annulé et que les héritiers soient remis en possession du chef de leur auteur, ils devront comprendre les biens dans leur déclaration de succession. Si, au contraire, leur mise en possession est personnelle, il y aura seulement lieu d'appliquer la règle qui a fait l'objet du n° 16308.

**16311. La déchéance est facultative de la part de l'État.** — Faisons remarquer, en terminant sur ce point, que la déchéance prévue par l'art. 8 L. 15 floréal an 10 est une garantie donnée au Domaine contre les adjudicataires insolvables et ne préjudicie pas au droit, qui appartient à l'État vendeur, de maintenir les clauses du contrat à l'égard des acquéreurs solvables, et de poursuivre le payement du prix contre eux et sur leurs biens. Dans le cas où l'État ne veut point user de la faculté de résoudre le contrat par la déchéance, l'acquéreur ne peut l'y contraindre, sous le prétexte que la loi prononce la déchéance de plein droit. Cette disposition de la loi est une garantie contre l'acquéreur et ne crée aucun droit à son profit. Si une clause spéciale ajoutée au cahier des charges avant l'adjudication a eu pour objet de prévenir les enchérisseurs que l'État serait libre d'user ou de ne pas user de la voie de déchéance, l'adjudicataire ne peut arguer de ce qu'il n'a point paraphé cette clause additionnelle pour prétendre qu'il n'en a pas eu connaissance (Ord. 16 janv. 1822).

Si donc l'État voulait maintenir contre un acquéreur le bénéfice de l'adjudication, ses héritiers ne pourraient se dispenser de comprendre les biens acquis dans leur déclaration de succession, sous le prétexte que le payement n'ayant pas été effectué dans les délais légaux, il y avait lieu à déchéance du vivant de leur auteur.

## CHAPITRE VIII. — BIENS RENTRÉS DANS L'HÉRÉDITÉ

[16312-16325]

**16312. Principe.** — Nous avons exposé, au mot *Action* n° 1582 et suiv., les principes qui s'appliquent à la perception des droits de mutation par décès sur les actions appartenant aux héritiers pour faire rentrer dans la succession les biens qui en étaient sortis. On peut y voir que les héritiers doivent déclarer ces valeurs dans les six mois de l'événement qui consacre leur réintégration.

Ajoutons seulement que des valeurs simplement inconnues et découvertes après le décès ou après la déclaration ne sont pas des biens rentrés dans l'hérédité et ne peuvent pas profiter de la jurisprudence relative à ces derniers (Sol. 28 janv., 29 juin, 9 nov. 1875, 15 mai 1877).

**16313. Causes.** — Quant aux causes qui sont de nature à faire rentrer des biens dans l'hérédité, il n'est pas possible d'en faire la base d'une théorie quelconque. Ces causes résident principalement dans les renonciations, les annulations d'actes, le retour à meilleure fortune de débiteurs insolvables, les découvertes de testaments, le gain de procès sur des droits litigieux, etc., etc.

En un mot, ce sont des questions d'espèces que l'on peut donner comme exemples, mais non des questions de principes à ériger en système.

**16314. Revendications judiciaires.** — L'une des causes principales qui font rentrer dans l'hérédité des biens qui n'existaient pas au jour du décès consiste dans les actions judiciaires en revendication d'objets mal à propos possédés ou détenus par des tiers.

1. ANNULATION. — Ainsi, lorsqu'après la déclaration d'une succession, des biens sont rentrés dans l'hérédité par

l'annulation de la vente qu'en avait faite le défunt, les droits de mutation par décès sur ces biens doivent être payés dans les six mois de la date du jugement ou de l'arrêt définitif qui annule la vente (Cass. 20 août 1816, 1062 J.N., 5602 J.E.; — Cass. 24 août 1841, 12843 J.E., 11070 J.N., *arrêts rapportés* n° 1584; — Seine 21 juill. 1865, 2154 R.P., Demante n° 835; — Bonneville, 17 fév. 1875; — Seine, 12 fév. 1876, 4408 R. P.).

On l'a décidé ainsi spécialement à l'occasion d'une vente annulée comme portant atteinte à la réserve légale (Seine 8 juin 1859, 1200 R.P., 16654 J.N., 16908 J.E.).

De même, lorsque, après avoir attribué par contrat de mariage à sa femme l'usufruit des biens de sa succession, un mari vend la majeure partie de ses immeubles, moyennant une rente viagère, à ses légataires universels, la déclaration par laquelle ces derniers reconnaissent la nullité du contrat à l'égard de l'usufruit de la veuve, parce que le vendeur est décédé dans les vingt jours de l'acte, permet aussi à l'Administration de le considérer comme non avenu en ce qui les concerne, et de leur réclamer le payement du droit de mutation par décès (St-Omer 19 mai 1866, 2471 R.P.).

Jugé également que lorsque des héritiers, après avoir intenté du chef de leur auteur une action en résolution d'un partage auquel il a figuré, renoncent à cette action moyennant une somme d'argent, cette somme constitue un bien rentré dans l'hérédité et donne lieu au droit de mutation par décès (Angoulême 16 déc. 1872, 3669 R.P.).

On ne déduit pas de la valeur de l'immeuble le prix que les héritiers doivent rembourser (Seine 12 fév. 1876, 4408 R. P.).

2. DÉTOURNEMENT. — Lorsqu'un arrêt rendu sur la procédure intentée par le défunt constate que certaines créances détournées par des tiers appartenaient à ce dernier et doivent être restituées à sa succession, les héritiers sont tenus d'en faire la déclaration et d'acquitter le droit simple de mutation par décès dans les six mois de l'arrêt, à peine d'un demi-droit en sus (Bagnères 13 mai 1872, 3669 R.P.). — — V. *Recel.*

3. JUGEMENT FRAPPÉ D'APPEL. — On a enseigné que si le jugement était frappé d'appel, le litige restait entier et la propriété incertaine; que la partie qui a perdu son procès en première instance en était le propriétaire apparent et qu'il ne serait alors ni juridique ni équitable de percevoir les droits pour une transmission aussi incertaine qu'elle l'était avant le jugement. On invoque à l'appui de cette opinion un jugement de Calvi du 15 janvier 1816 et un arrêt de Cass. du 20 août 1816, d'après lequel le jugement « non exécutoire par provision est devenu sans effet par l'appel relevé par les détenteurs du domaine; que, dès lors, ceux-ci conservèrent la possession du domaine; qu'ainsi, les héritiers Angrou n'ont acquis cette possession que par l'arrêt qui a confirmé le jugement de première instance; qu'il suit de là que les héritiers ont eu six mois, depuis l'arrêt, pour faire la déclaration de mutation par décès et acquitter le droit. »

Nous croyons que cette difficulté est liée à la solution de la question de savoir quel est, en matière d'enregistrement, l'effet dévolutif de l'appel, notamment au sujet de la propriété des biens qui en font l'objet. Nous avons examiné cette question assez longuement au mot *Transaction* n° 17393 pour n'y pas revenir ici, et nous avons été amené à conclure que dans l'état de la jurisprudence actuelle, le jugement même frappé d'appel constituait un titre apparent de propriété qui suffisait à justifier la perception du droit proportionnel de mutation, si le bénéficiaire du jugement cédait ses droits à un tiers. Il nous paraît logique d'en conclure aussi qu'il doit en passer la déclaration dans les six mois de ce jugement. L'Administration l'a ainsi décidé le 20 février 1877.

4. TRANSACTION. — Mais on ne peut pas considérer comme bien rentré dans l'hérédité une somme qu'un tiers s'engage à payer aux héritiers à la suite d'une transaction intervenue après le décès entre lui et ces héritiers au sujet de biens dépendant de la succession : « Attendu, porte un arrêt de la Cour de cassation de Belgique, du 23 avril 1874, qu'il résulte de l'arrêt attaqué que l'obligation de 100,000 francs dont il s'agit n'est pas un élément de l'hérédité, qu'elle a été souscrite personnellement par le sieur Joseph de Penaranda au profit des hospices civils de Bruges, et qu'elle a pour cause l'abandon transactionnel d'une partie de la succession par lesdits hospices, institués légataires universels en vertu d'un testament dont la validité était contestée; considérant que la transaction, assimilée par l'art. 2052 C. C. à un jugement rendu en dernier ressort, est déclarative des droits des parties, d'où il suit que lorsqu'elle a pour objet les biens d'une hérédité, le titre en vertu duquel ces biens sont acquis aux transigeants n'est autre que la qualité, soit d'héritier légal, soit de légataire; que, partant, ceux-ci sont assujettis au droit de succession suivant leur qualité et la quotité qu'ils recueillent; considérant que ce serait donner à ce principe une extension abusive que de l'appliquer à une créance non comprise parmi les biens de l'hérédité, ne procédant pas de la volonté du défunt et dont le capital n'a pas été constitué au moyen des deniers de la succession, mais dont l'existence est due exclusivement à la volonté commune des transigeants, et le capital payable des deniers personnels de celui qui s'y oblige; que, dans ces circonstances, la créance n'est pas, dans le chef de celui qui l'obtient, un avantage purement gratuit puisé directement dans l'hérédité, mais le produit d'un contrat commutatif et l'équivalent d'une renonciation à une prétention litigieuse. »

Décidé cependant que si le donataire paye une somme aux héritiers pour éviter le procès en nullité de la donation, le droit de mutation par décès est exigible sur cette somme (Angoulême, 16 déc. 1872).

**16315. Enfant né non viable.** — Lorsque des biens ont été déclarés au nom d'un enfant conçu et qui, plus tard, n'est pas né viable, les héritiers qui recouvrent les droits qui seraient revenus à cet enfant, s'il fût né vivant, doivent déclarer ces biens dans les six mois de l'accouchement de la mère (Dél. 7 août 1842, D.N. t. 12 p. 284 n° 510).

**16316. Indignité.** — Si un enfant est frappé d'indignité, ses droits qui font retour à ses cohéritiers doivent être déclarés dans les six mois d'arrêt qui a prononcé l'indignité (386 n° 37 I. G.).

**16317. Legs caduc.** — Il avait été reconnu que lorsque le Gouvernement a refusé d'autoriser l'acceptation d'un legs fait à un établissement public, l'héritier à qui l'objet légué revient est tenu de le déclarer dans les six mois de la date du décret qui refuse l'autorisation (Gap. 28 nov. 1849, 14899-4 J.E.).

Mais une autre doctrine prévaut aujourd'hui.

Il est admis, en effet (n° 16491), que, jusqu'à l'acceptation du legs, l'héritier est saisi de tous les objets de la succession et doit dès lors acquitter l'impôt de mutation par décès comme si le legs fait à l'établissement public n'existait pas. Quand ce legs est accepté, il y a simplement lieu de réclamer au bénéficiaire le droit complémentaire devenu exigible. Par conséquent, c'est par les principes relatifs soit aux insuffisances de perception, soit aux omissions de valeurs déclarées qu'il faut régler la perception de ce droit.

**16318. Option.** — On a émis l'avis que si une veuve, légataire d'un quart en propriété et d'un quart en usufruit des biens de son mari, fait sa déclaration d'après cette base, et qu'il soit constaté plus tard qu'elle a opté pour l'usufruit de la moitié des biens (option qui lui appartenait), une nouvelle liquidation doit être faite d'après cette nouvelle disposition et les droits supplémentaires sont exigibles, mais sans droit en sus (14256-5 J. E.).

Mais cette opinion n'est fondée que si, au moment de la déclaration de succession, il existait un litige sur l'importance du legs. L'acte par lequel le legs se trouve ultérieurement augmenté produit les effets de l'acte faisant rentrer des biens dans l'hérédité, et on peut dès lors autoriser la perception d'un simple droit complémentaire. Mais, en dehors de cette hypothèse, le droit en sus est exigible, comme nous le démontrons ci-après n° 16773.

**16319. Partage anticipé annulé.** — Lorsqu'un partage anticipé est annulé en justice pour cause de substitution, après le décès des donateurs, les droits de succession ne sont pas exigibles des héritiers. Ce sont, en effet, les mêmes possesseurs; s'ils payaient, à titre d'héritiers, ce qu'ils ont déjà payé à titre de donataires, ils payeraient deux droits de mutation sur la même chose. Le partage anticipé n'était au fond qu'une succession anticipée. « Attendu, porte un arrêt du 5 juillet 1820 (6969 J. E., S. 21-1-140), qu'il est vrai de dire que l'annulation de la donation n'a pas réellement changé le titre de la possession que les enfants avaient des biens donnés, parce que les donations faites par les père et mère à leurs enfants n'étant considérées en général que comme de simples avancements d'hoirie, les enfants C... ne possédaient véritablement qu'à titre de succession anticipée les biens compris dans la donation, en sorte que l'annulation de cet acte, en les appelant à la seule qualité d'héritiers de ces mêmes biens, n'a fait que consolider sur leur tête une propriété qui leur était dévolue par la disposition de la loi, et à raison de laquelle ils avaient déjà payé l'impôt » (D. N. t. 5 p. 105 n° 624).

Il nous paraît donc certain qu'on ne peut réclamer aucun droit de mutation par décès *à ceux des successibles qui avaient été compris dans un partage d'ascendants rescindé*. Ainsi que le dit la Cour, l'annulation de cet acte, en les appelant à la seule qualité d'héritiers d'une *partie* de ces biens, n'a fait que consolider sur leur tête une propriété qui leur avait été dévolue par l'ordre de la loi.

Mais la question est différente à l'égard des enfants omis qui recueillent pour la première fois, par la mort de leur auteur, une portion des valeurs communes. Ces enfants, en effet, n'ont encore acquitté personnellement aucun droit de transmission, et on pourrait être tenté de soutenir, d'après la rigueur des principes, que le payement fait par leurs cohéritiers ne saurait leur profiter.

Cette conclusion nous paraît difficilement admissible.

En effet, c'est bien en qualité d'héritiers du donateur que les cohéritiers du donataire sont appelés à profiter en partie des biens donnés; mais leur droit sur ces biens vient *ab initio* de la donation à laquelle le loi les associe avec le donataire, par une volonté supérieure même à celle du donateur. Mais si la loi veut ainsi qu'ils bénéficient personnellement de la donation et qu'ils y prennent part, comme s'ils avaient été eux-mêmes parties à la donation et donataires en titre aux termes de cet acte, le droit de mutation payé lors de l'enregistrement du contrat doit aussi leur profiter, car ce droit s'applique à l'acte entier et à toutes ses conséquences. D'autre part, lorsqu'il s'agit de biens compris dans un partage d'ascendant qui doit être refait pour omission d'un enfant existant au décès du donateur, le vice de nullité dont l'acte est entaché, au regard des héritiers, n'a pas pour conséquence de faire considérer le donateur comme ayant conservé la propriété des biens donnés. L'acte de donation conserve tout son effet pour le passé. La mutation n'est pas annulée. La donation subsiste, le partage seul doit être refait. Mais le droit proportionnel ayant été payé pour la donation, on ne peut en exiger un nouveau par cela seul qu'il y a lieu de procéder à un nouveau partage, car le partage n'est pas de sa nature un acte translatif de propriété.

On peut ajouter que la doctrine contraire serait en opposition avec celle qui a prévalu au sujet des héritiers évincés par suite de l'annulation d'un testament. On admet, dans ce cas, que les droits acquittés par les héritiers dépossédés s'imputent sur ceux que doivent les appelés, en sorte que le Trésor réclame seulement l'excédant (V. *Restitution*). Il n'y a pas de motif sérieux pour agir autrement dans l'hypothèse actuelle (*Conf.* : J. du not. n°s 1864 et 2307).

Si l'un des donataires est décédé, et que les droits ne soient pas encore perçus sur les biens dont il a été dessaisi, on n'insiste pas sur le payement (Sol. 28 déc. 1875).

**16320. Réduction de donation.** — Lorsque, par suite de la réduction d'une donation entre-vifs ordonnée par un tribunal, la réserve légale d'un héritier se trouve augmentée, cet héritier doit comprendre cette augmentation dans la déclaration de succession et il ne peut être admis à faire l'imputation des droits perçus sur la donation entre-vifs qui ne sont pas restituables (Bernay 19 déc. 1849, 15036-7 J. E.).

Ainsi que le dit, dans un cas pareil, le tribunal de Bagnères, la réduction fait, à l'égard du réservataire, *rentrer les biens dans le patrimoine du défunt*. Sans doute, les biens ne s'y trouvent pas pour les créanciers (art. 857), mais ils y sont pour les héritiers. C'est au décès que le droit de l'enfant réservataire s'est ouvert; pour réclamer sa réserve, c'est la qualité d'héritier qu'il doit prendre, celle d'enfant ne suffisant pas; enfin, c'est par succession et non par donation qu'il obtient le rapport des biens excédant la quotité disponible. Il y a donc transmission par suite de la réduction, et le droit déjà payé lors de la donation ne peut être restitué ni venir en compensation, parce qu'il a été régulièrement perçu (art. 60), et parce qu'il a frappé une transmission toute différente de celle qui s'opère en faveur de l'enfant réservataire (18 avr. 1859, 1203 R. P., 16696 J. N., 16921 J. E., 11592 C.).

Mais, en aucun cas, la portion du bien conservée par le donataire, quand même cette portion porterait sur la réserve et resterait à l'enfant donataire soit comme enfant, soit comme héritier, ne peut être soumise au droit de succession; la mutation au profit du donataire, confirmée ou non pour partie par une qualité nouvelle, celle d'enfant ou d'héritier, a subi le droit proportionnel et ne peut y donner ouverture une seconde fois.

On a enseigné, à cet égard, qu'il fallait restreindre l'application de la doctrine précédente au cas où la réduction s'exerce contre un étranger, parce que quand la donation réduite a été faite à l'un des héritiers, la réduction peut être considérée comme une opération de partage (Demante n° 719. — *V.* aussi 1837 J. E.). — Nous avons examiné au mot *Partage* la question de savoir dans quels cas la réduction pouvait motiver la perception du droit proportionnel de soulte, ou en était affranchie comme élément du partage. Nous ajouterons ici, au point de vue du droit de mutation par décès, que la distinction proposée par M. Demante paraît plus fondée en équité qu'en droit. La réduction de la donation a évidemment pour effet de faire rentrer dans la succession du donateur l'objet sur lequel a opéré la réduction. Or, cet objet ne peut passer dans les mains des héritiers que par l'effet d'une transmission, qui s'opère de leur auteur à eux. Vainement prétendraient-ils se prévaloir du droit de mutation payé par le donataire évincé. Ce droit ne peut les exonérer de celui qu'ils doivent eux-mêmes, car il a frappé une transmission qui n'a rien de commun avec celle qui s'opère en leur faveur. Et d'ailleurs, comme le droit payé par le donataire a été régulièrement perçu, l'art. 60 L. 22 frimaire an 7 s'oppose à une imputation qui ne serait qu'une restitution.

Nous croyons donc qu'aujourd'hui encore il faudrait suivre la règle posée par la Cour de cassation dans un arrêt du 20 frimaire an 14, rendu au sujet d'une affaire qui avait eu son origine sous l'empire de l'ancienne législation. Il a été jugé que les légitimaires sont tenus de déclarer ce qu'ils recueillent à titre de légitime, alors même qu'ils n'ont obtenu cette légitime que par voie de retranchement sur une donation entre-vifs de tous biens présents et à venir. Ils ne pourraient se prétendre affranchis du droit, sous prétexte que le donataire aurait acquitté, lors de la donation, les droits de contrôle et de centième denier, ces droits n'ayant pu comprendre les légitimes, dont le donataire ne devait être considéré que comme dépositaire. — *V.* 16773.

1. DROIT A PAYER PAR LES LÉGATAIRES. — Dans tous les cas, lorsque les legs ont été réduits d'un commun accord entre l'héritier et les légataires, comme excédant la quotité disponible, le droit de mutation par décès ne doit être assis que sur les sommes que doivent toucher les légataires après la réduction, par application de l'art. 926 C. C. (Sol. 27 juin 1872, 9 déc. 1872; — *Conf.* : Seine, 10 fév. 1866, 3279 R. P.).

Mais si les droits avaient été acquittés avant la réduction, ils ne seraient pas restituables. — V. *Restitution.*

Les droits sont calculés sur l'actif brut sans distraction du passif (Sol. 21 déc. 1871, 13 mai 1872 et 3 mars 1876).

**16321. Renonciation à communauté.** — Si les reprises d'une veuve ont absorbé les biens de communauté et que les droits de mutation par décès n'aient été payés que sur les biens propres du mari, une nouvelle déclaration doit être faite pour ces biens de communauté qui rentrent dans la succession du mari, lorsque la veuve a renoncé à cette communauté (Seine 7 déc. 1848, 14680 J. E.; — Avranches, 17 fév. 1854; — Seine, 30 mai 1866, 2727 R. P.; 12 juill. 1873, 3874 R. P.; — 17 août 1872, 3819 R. P.; — Bazas, 15 janv. 1873).

Et le délai pour faire cette déclaration est de six mois à partir de la renonciation, sous peine du demi-droit en sus (Seine, 30 nov. 1842, 13162 J. E., Dél. 21 oct. 1814; — Seine, 16 fév. 1821, D. N. t. 12 p. 309 n° 670; — Seine, 17 août 1872, 3819 R. P.; — 12 juill. 1873, 3874 R. P.; — Compiègne, 23 juin 1875).

**16322. Renonciation à succession.** — Une mère, tutrice de son enfant mineur, qui, après avoir payé les droits de succession sur le quart qu'elle avait recueilli dans la succession d'un enfant prédécédé, renonce à cette succession doit, à peine du droit en sus, déclarer *dans les six mois de cette renonciation* le quart qui s'est trouvé ainsi dévolu à l'enfant vivant héritier bénéficiaire de son frère (Avranches 15 nov. 1849, 14878-3 J. E.).

**16323. Faillite.** — Quand la faillite a été déclarée avant le décès, le droit de mutation applicable aux créances sur le failli n'est dû que sur leur valeur réduite. Mais si le créancier touche ultérieurement des dividendes supérieurs, il doit en faire l'objet de déclarations supplémentaires dans les six mois de l'événement qui les lui a attribué (n° 16369, etc.).

On peut se demander, au sujet de la faillite, si l'annulation des payements (ou des actes) faits contrairement à l'art. 446 C. com. replace dans l'hérédité du failli les valeurs qui en étaient sorties, et s'il faut, dès lors, en faire l'objet d'une déclaration. Nous ne le pensons pas. Aux termes de l'art. 446 précité, ces actes de payements sont déclarés nuls *relativement à la masse.* Ces derniers mots caractérisent parfaitement la nature du rapport imposé au tiers qui a mal à propos reçu les valeurs du failli. La loi n'a pas voulu qu'au moment où la faillite est devenue manifeste, le débiteur pût favoriser l'un de ses créanciers au détriment des autres. Le contrat est donc annulé, non pas parce que le failli était incapable de transférer la propriété, mais parce que sa position lui imposait le devoir de le faire entre tous ses créanciers. Celui qui a reçu ne doit, par conséquent, profiter que de son contingent proportionnel dans le gage commun; il restitue le surplus à ses cocréanciers, mais ne rend rien au failli qui s'est définitivement dessaisi.

Le payement a un caractère tellement définitif à l'égard de ce failli que la jurisprudence lui refuse unanimement le pouvoir de provoquer l'annulation de l'acte et d'en bénéficier personnellement.

Ainsi, il a été décidé que le failli concordataire ne pouvait invoquer la disposition de l'art. 446 toute spéciale à la masse (Paris 24 janv. 1844 et 3 déc. 1846, D. 51-2-64). — La Cour de cassation a elle-même jugé que si le syndic a fait annuler des payements effectués dans le cas de l'art. 446, les sommes rapportées reviennent seulement aux autres créanciers. Le failli n'y a aucun droit, lors même qu'un concordat le remettrait à la tête de ses affaires (Cass. 9 mai 1834, Dalloz v° *Faillite* n° 325). Ne suit-il pas de là que les deniers employés au payement sont, à l'égard du failli, définitivement sortis de son patrimoine, et que l'effet de la nullité de l'art. 446 est seulement d'obliger le créancier à répartir le bénéfice du payement entre tous les créanciers de la faillite? N'en résulte-t-il pas dès lors que si le failli meurt, il meurt dépossédé de la valeur faisant l'objet de sa libération et qu'aucun droit de succession n'est exigible ?

Si la nullité du payement était absolue et opérait aussi bien à l'égard du failli qu'à l'égard de la masse, on arriverait à une conséquence tout à fait inadmissible. En effet, dans le cas où la somme donnée en payement serait plus que suffisante pour payer les autres créanciers, il faudrait décider que l'excédant n'en a pas moins été indûment reçu par le créancier attaqué et doit revenir au failli. On annulerait, sans raison aucune, une libération qui ne fait grief à personne; on procurerait au failli le moyen de revenir contre un payement volontairement consenti à un créancier sérieux et on outrepasserait ainsi, de toute évidence, la portée de l'art. 446.

La vérité est que la nullité de ce texte se résume en une répartition à faire entre les créanciers communs d'une somme remise indûment à l'un d'eux. Cette distribution ne touche pas au fait même du dessaisissement de la propriété de la somme de la part du failli. Il a payé, mais il a payé au créancier qui ne devait pas recevoir, et si celui-ci doit rendre, c'est uniquement aux autres créanciers. Tous les auteurs interprèent de cette façon les expressions *relativement à la masse* de l'art. 446 C. com. Renouard, par exemple, parlant du cas où le failli a contracté un engagement à titre gratuit, dit que la nullité de l'obligation n'est pas absolue, que le failli reste personnellement engagé, mais que la nullité de l'acte existe seulement pour la masse (*des Faillites* p. 347). Un sentiment semblable a été émis par Boulay-Paty (*des Faillites* n° 98).

En d'autres termes, le droit de mutation est exigible, mais n'est exigible que sur les valeurs existant au décès du défunt et transmises à ses héritiers (art. 4 L. 22 frim. an 7). Or, il est certain que les payements contestés sont valables au regard du failli et par conséquent de sa succession. Les sommes versées avant son décès sont irrévocablement sorties de son patrimoine, et l'action ouverte aux créanciers frustrés n'a pas pour résultat de les y replacer, même un instant de raison. Il est impossible, dès lors, de les comprendre parmi les biens à déclarer.

1. CONCORDAT. — Le concordat, quoique emportant remise des dettes du failli, laisse subsister une obligation naturelle (Cass. 1er déc. 1863, S. 64-1-158; — 29 avr. 1873, S. 74-1-126). La première dette n'est pas absolument éteinte, puisque, d'une part, le failli qui paye le dernier dividende ne saurait obtenir la remise du titre (Paris 2 déc. 1865, S. 66-2-80) et que, de l'autre, il est tenu, pour obtenir sa réhabilitation, de payer le principal et les intérêts restant dus au créancier (604 C. com.). On a donc pu décider que les sommes dont le failli avait obtenu remise par un concordat et qu'il paye après le décès du créancier aux représentants de ce dernier pour obtenir sa réhabilitation doivent faire l'objet d'une déclaration de succession supplémentaire dans les six mois à compter du jour du versement. « Attendu qu'en effet, la somme ainsi recouvrée constitue, quoique volontairement acquittée, mais à titre d'obligation à laquelle le payement effectué a restitué le caractère originaire d'obligation civile, une valeur afférente à l'hérédité, et ne saurait dès lors être exempte des droits de mutation auxquels sont assujettis les biens advenus aux héritiers en vertu de leur titre universel à la succession de leur auteur » (Cass. 26 avr. 1870, 3099 R. P., 2405-1 I. G., B. C. 89, S. 70-1-337, D. 70-1-398, P. 70-862. — *Conf.*: Sol. 3 mai 1867, 2580 R. P.).

2. AUGMENTATION DE VALEUR. — Quand le bien rentré dans l'hérédité est une créance productive d'intérêts, il n'est pas douteux qu'il faut déclarer non-seulement le capital, mais les intérêts courus jusqu'au jour du décès de l'auteur de la succession. Mais ne faut-il pas déclarer aussi les intérêts courus depuis ce décès jusqu'au jour de l'événement qui fait rentrer le bien dans l'hérédité.

En principe, la jurisprudence décide que quand, par l'offre d'une condition suspensive, un successeur recueille un objet longtemps après le décès, il doit acquitter l'impôt sur la valeur de cet objet au jour de l'arrivée de la condition, et d'après l'état où il se trouve à ce moment avec les augmentations dont il s'est accru. — *V.* 16670.

Nous ne voyons pas par quel motif on n'appliquerait pas cette jurisprudence aux intérêts qui sont les fruits civils de la créance, comme on l'appliquerait aux fruits naturels non récoltés de l'immeuble, par exemple aux bois non coupés. Les faits de possession intermédiaire étant respectés, on ne peut pas dire que l'augmentation s'est produite pour la personne de l'héritier et lui a été acquise individuellement depuis le décès. C'est la rentrée seule de l'objet dans la succession qui a eu pour effet de la lui attribuer, au même titre qu'elle lui attribue le surplus de l'objet. L'impôt de mutation se mesurant sur l'importance effective de la valeur transmise, il est donc juste qu'il soit perçu sur l'intégralité de la chose recueillie.

Il est possible que l'Administration n'insiste pas sur l'application de ce résultat, qui est très-rigoureux. Mais le droit étroit nous semble le justifier parfaitement. — (*V* Cass. 26 avr. 1870, *suprà* 16323 § 1er).

**16324. Action en indemnité.** — Une succession ne se compose que des droits possédés par le défunt avant son décès : on n'y peut comprendre une action ayant pour cause ce décès même, et qui par conséquent n'a jamais été en sa possession. C'est pourquoi il a été décidé, en matière civile, que si une personne est tuée par le fait d'autrui, le droit à l'indemnité est personnel aux héritiers quand ils sont lésés par cet événement, et ne peut être exercé par eux au nom de la succession (Paris 15 juin 1868, 2726 R. P.). Il en résulte directement que l'indemnité attribuée ultérieurement en réparation du préjudice causé ne se trouve pas dans le patrimoine du défunt et ne constitue pas une valeur passible de l'impôt (Sol. 12 mars 1877).

Les règles seraient différentes si l'action avait été intentée par le défunt lui-même à la suite de l'accident dont il a été atteint, et si les héritiers ne faisaient que suivre l'instance afin d'obtenir au nom de leur auteur l'indemnité qui lui a été due depuis l'accident jusqu'au décès. Cette indemnité serait alors passible du droit de succession.

En ce sens, le tribunal de la Seine a décidé, le 8 août 1868, que l'indemnité due aux héritiers par suite de l'accident qui a causé le décès de leur auteur est passible du droit de mutation par décès, quand elle résulte d'une condamnation provoquée par ce dernier avant sa mort, mais rendue postérieurement. « Attendu que la somme dont il s'agit est toute dans la communauté de biens existant entre les époux Ossude, et que la dame Ossude étant décédée le 7 mars 1866, bien que l'arrêt n'eût pas été rendu à cette date, la part lui revenant dans le montant de la condamnation s'est trouvée faire partie de sa succession et doit être soumise au droit de mutation par décès » (2991 R. P.).

Quelquefois il arrive que la victime étant décédée dans le cours de l'instance, la nature de la demande a été ensuite modifiée ; que des ayants droit sont intervenus et que des condamnations de différentes nature ont eu lieu, soit en faveur de la succession du défunt et sur la demande primitive de ce dernier, soit en faveur de quelques ayants droit directement et personnellement intéressés. Dans cette espèce, les droits de succession seront dus sur la première partie et ne le seront pas sur la seconde (*Revue du not.* 2635). C'est ce qui résulte également du jugement du tribunal de la Seine du 8 août 1868 qui a donné acte à l'Administration de ce qu'elle ne réclamait aucun droit sur le supplément des dommages-intérêts demandés après le décès par les héritiers (2991 R. P.).

**1. PERTES SUBIES PENDANT LA GUERRE DE 1870.** — Les indemnités allouées pour pertes subies pendant la guerre de 1870 n'ayant pas pour principe un droit de créance juridique contre l'État, mais constituant des distributions abandonnées aux appréciations des commissions départementales et toutes personnelles à ceux à qui les indemnités sont allouées, l'indemnité accordée à un héritier est-elle censée provenir du défunt? La question est controversée en droit civil (V. Seine, 24 fév. 1874, et C. Paris, 19 avr. 1875, 3883 et 4250 R. P.), mais l'administration soutient que l'indemnité est passible du droit de succession (Sol. 10 oct. 1872, 19 sept. 1875, 8 août 1877). Le droit serait incontestable si la demande d'indemnité avait été faite par le défunt lui-même avant son décès, parce que l'indemnité serait alors censée allouée à ce défunt lui-même représenté par son héritier (Seine 25 janv. 1878).

La veuve qui a renoncé à la communauté n'a pas droit à l'indemnité due pour la perte d'un immeuble commun (C. Paris, 19 avr. 1875, 4250 R. P.).

**16325. Tarif.** — Le droit doit être réglé par la loi en vigueur au jour de l'ouverture de la succession et non du jugement. — V. n° 1587.

## CHAPITRE IX. — CAUTIONNEMENT DES FONCTIONNAIRES ET OFFICIERS PUBLICS

**[16326-16328]**

**16326. Principe.**— Les titulaires d'offices ministériels, les fonctionnaires des administrations financières, les différents agents comptables des divers ministères, les entrepreneurs pour le compte de l'État, etc., sont soumis au versement d'un cautionnement qui, en général doit être fourni en numéraire, et versé au trésor. Bien que ce cautionnement ait pour objet d'assurer un recours utile aux parties lésées ou à l'État, en cas d'abus ou de prévarications commis par ces fonctionnaires dans l'exercice de leurs fonctions, il n'en constitue pas moins une propriété sur la tête de l'officier ministériel ou du fonctionnaire public qui l'a fourni.

Dès lors, sans que le doute soit possible, les héritiers doivent le comprendre dans la déclaration de la succession.

**16327. Débet.** — La circonstance que le titulaire du cautionnement serait décédé en débet, ne changerait rien à cette obligation, alors même que le débet serait bien supérieur au montant du cautionnement. Le débet, en effet, tant que sa compensation avec le cautionnement n'a pas été ordonnée, fait partie du passif de la succession, tandis que les fonds affectés au cautionnement figurent dans son actif. Or, nous verrons *infrà*, que l'actif des successions doit toujours se déclarer sans avoir égard au passif.

**16328. Bailleur de fonds.** — Nous avons examiné dans nos éditions précédentes la question de savoir si le cautionnement fourni par un bailleur de fonds devait être compris dans la déclaration de la succession du titulaire de l'office.

La négative avait été adoptée par une délibération du 9 juin 1835 (11219 J. E.) fondée sur ce que le cautionnement appartient alors au bailleur. Mais nous ajoutions que ce système n'avait pas de chance de succès en présence des tendances manifestes de la jurisprudence à considérer le titulaire de l'office comme propriétaire exclusif de son cautionnement. (Cass. 6 janv. 1840, S. 40-1-16 ; — 17 juill. 1849, S. 50-1-529). Nous avons donné à cette grave difficulté, au n° 2273 R. P. tous les développements qu'elle comporte. Nous croyons avoir démontré que dans l'esprit de la législation, justifié par ses origines, le titulaire du cautionnement est le seul propriétaire des fonds versés et que le bailleur de fonds a une simple créance privilégiée.

La déclaration prescrite par le Décret du 22 décembre 1812 porte, à la vérité, que le cautionnement *appartient* au bailleur de fonds et c'est ce qui a déterminé la délibération du 9 juin 1835. Mais la Cour de cassation a proclamé dans un arrêt du 17 juillet 1849 « que cette déclaration n'a d'autre effet légal que d'assurer au bailleur de fonds le *privilége* de second ordre, et que l'attribution d'un privilége exclut le droit de propriété. » S'il en était autrement, et si la déclaration souscrite au profit du bailleur de fonds avait pour résultat de constater les droits de ce dernier à la propriété du gage, il en résulterait qu'un titulaire d'office ne pourrait jamais céder son cautionnement puisque les valeurs ne lui en appartiendraient pas. Or, la jurisprudence est établie dans le sens contraire. Il a toujours été reconnu que les priviléges des premier et deuxième ordre ne frappaient pas les cautionnements d'indisponibilité entre les mains des titulaires, et que ces derniers pouvaient les transporter à des tiers avec les charges dont ils sont grevés, de même que le vendeur peut aliéner un immeuble malgré les hypothèques inscrites (*Conf.* : Rouen 27 fév. 1838, S. vol. 1838-1-753 note 3 ; — Paris 11 mars 1852, S. vol. 1852-2-176 ; — Lyon 30 avr. 1852, S. vol. 1852-2-335 ; — Paris 29 juin 1863, S. vol. 1863-2-138, Favart v° *Caut.* § 4, Roll. de Vill. *Id.* n° 95, Bioche *Id.* n° 42, Dard *des Offices* p. 67). C'est là, semble-t-il, un témoignage certain que le cautionnement demeure, après la déclaration comme auparavant, la propriété du titulaire de l'office.

La Cour suprême était donc dans la vérité des principes quand elle a décidé, le 17 juillet 1849, en confirmant un arrêt de Rennes du 21 janvier 1848, que les fonds versés au Trésor pour le cautionnement d'un comptable, cessent d'appartenir à celui qui les a fournis et qui en a fait faire la déclaration en son nom. Malgré les critiques adressées à cette décision, la Cour a maintenu la règle dans un arrêt du 11 mars 1861, portant en termes très-catégoriques que le prêteur des fonds employés à un cautionnement cesse d'en être propriétaire pour en devenir simple créancier, avec privilége de second ordre (S. vol. 1861-1-401).

La conséquence de cette doctrine sur le droit fiscal s'indique d'elle-même. Puisque le titulaire demeure toujours propriétaire de son cautionnement, il faudra le comprendre dans la déclaration de sa succession, sans aucune distraction pour les priviléges dont il est affecté. C'est ce qui a été décidé par des jugements d'Aubusson du 10 mai 1860, (1319 R.P., 16887 J.N., 17145 J.E., 11815 C.), de Bergerac du 3 janvier 1867 (3015 R.P.), et de la Seine 13 décembre 1872 (3558 R.P.).

C'est ce que l'Administration a d'ailleurs reconnu en thèse générale, le 14 juillet 1865, en ces termes : « M. Bizot, comme légataire universel de sa femme, devait comprendre, dans la déclaration de la succession de la défunte, la *moitié* de la somme de 8000 fr. qu'il a empruntée en 1862, pour compléter son cautionnement en qualité de percepteur. Cette somme est grevée d'un privilége de second ordre au profit du bailleur de fonds, mais elle était la *propriété* de la communauté qui a existé entre les époux Bizot. La jurisprudence, en pareille matière, est basée sur des arrêts de cassation des 6 juin 1840 et 6 juillet 1849, et par un jugement d'Aubusson du 10 mai 1860. Des décisions conformes ont été rendues par le ministre des finances, les 28 juin 1856 et 12 avril 1862 » (2273 R. P., 184.6-1 J. E.), et depuis lors de nombreuses solutions ont confirmé cette interprétation (Sol. 18 juin et 20 déc. 1872, 15 janv. 1875, 1er fév. 1877).

Mais, comme le bailleur de fonds a lui-même une créance sur le titulaire de l'office, on devra également à son décès payer les droits sur cette valeur. Il y a là, sans doute, un double emploi regrettable; car, en définitive, la même valeur subit deux perceptions. Néanmoins, un tel résultat n'est que l'application du principe sévère de la non-distraction des charges; on le rencontre très-fréquemment, à propos des immeubles, quand il faut déclarer à la fois et la valeur vénale des biens dans la succession du propriétaire et le montant de la créance hypothécaire dans celle du prêteur. Mais cette considération, purement législative, reste sans influence devant les prescriptions formelles du texte.

1. COMMUNAUTÉ. — Si le titulaire est marié sous le régime de la communauté, le cautionnement est un acquêt et il doit être déclaré au décès de la femme (Sol. 20 déc. 1872, 16 sept. 1874 et 1er fév. 1877).

## CHAPITRE X. — COLONIES

[16329-16335]

**16329. Principe.** — Nous avons exposé aux nos 8229 et suiv. les règles de la perception applicables aux biens possédés par des étrangers. On y a vu que, par suite des principes particuliers à la législation bursale, le droit devenait exigible sur les valeurs incorporelles, sans assiette déterminée, toutes les fois que ces valeurs étaient appelées à profiter de la protection des lois françaises, soit à raison du domicile de leur débiteur, soit à cause de la situation du gage ou du lieu fixé pour l'exécution du contrat. Le principe ordinaire, qui fixe la situation de la créance par le domicile du créancier, se combine alors avec celui de la territorialité de l'impôt, de manière à ce que le droit soit perçu, pour un motif ou pour l'autre, sur toute valeur appelée soit par sa situation personnelle, soit par le domicile de son possesseur à bénéficier des garanties de nos lois.

Nous allons retrouver l'application de ces règles au sujet des colonies.

**16330. Colonies où l'enregistrement n'est pas établi.** — Toutes les colonies font, à certains égards, partie de la République ; mais, en ce qui concerne la perception des droits de mutation, il faut distinguer.

En effet, lorsque le service de l'enregistrement n'a pas été établi dans la possession française, les contribuables sont dans la même position que des étrangers proprement dits et on les y assimile effectivement de tous points pour l'exigibilité de l'impôt. C'est donc par les principes relatifs aux étrangers que la perception doit être gouvernée. On l'a ainsi jugé notamment pour le droit à percevoir sur une rente hypothéquée en France et due à un habitant de Cayenne, où l'enregistrement n'était pas alors établi : « Attendu que toute transmission de propriété de biens meubles ou immeubles existant en France est passible d'un droit proportionnel de mutation ; que ce droit s'applique nécessairement à la transmission par décès d'une rente due par des Français, payable en France, et même hypothéquée sur un immeuble situé en France, bien que cette rente fasse partie d'une succession ouverte dans la colonie de Cayenne, où le droit d'enregistrement n'est pas établi, parce que cette circonstance n'empêche pas qu'il y ait eu en France mutation d'un bien meuble existant en France, ce qui suffit pour l'application d'un droit réel qui frappe tous les biens existants sur le territoire français; attendu que, pour juger le contraire, le tribunal d'Orléans s'est mal à propos fondé sur l'art. 27 L. 22 frimaire an 7, parce que, en supposant même le cas d'une rente qui n'aurait pas d'assiette déterminée, l'indication que fait cet article du lieu où la déclaration d'une telle rente doit être faite, loin d'entraîner l'affranchissement du droit auquel sa mutation donne lieu, confirme, au contraire, l'exigibilité de ce droit » (Cass. 10 nov. 1823, S. 24-1-80, 1229-4 I. G., 7639 et 7797 J. E.).

Seulement, nous croyons que ce résultat se limite aux colonies dans lesquelles il n'y a absolument aucun service d'enregistrement organisé. Quand la perception y a été introduite, quoique sur des bases différentes et avec des exemptions spéciales, on ne peut pas dire alors que l'impôt de l'enregistrement n'y soit pas établi ; et ce serait faire un véritable abus de mots de soutenir qu'à l'égard des valeurs ou des mutations affranchies de l'impôt, la colonie est assimilable au pays étranger, tandis qu'elle devient pour le reste soumise aux lois de la métropole (*V.* ci-après no 16332).

Nous ne nous occuperons ici que des colonies dans lesquelles l'enregistrement est établi et en prenant ce mot dans son acception la plus étendue.

**16331. Valeurs ayant une situation matérielle.** — Aucune difficulté n'existe d'abord pour les valeurs mobilières ou immobilières ayant une situation matérielle déterminée. Si elles sont en France au décès de leur possesseur, elles acquittent l'impôt d'après le tarif de la métropole. Au contraire, si elles se trouvent dans la colonie, elles sont ou bien exemptées de l'impôt, quand les règlements particuliers de la colonie les en affranchissent, ou bien soumises à tel droit que comporte ce règlement (Sol. 19 juin 1875 et 20 janv. 1876).

**16332. Valeurs incorporelles.** — La question est plus délicate à l'égard des valeurs, créances ou rentes, qui n'ont pas d'assiette déterminée. Elle se présente dans deux hypothèses inverses. — Ou c'est un Français domicilié en France qui possédait des créances dues et hypothéquées dans la colonie, et alors on se demande si ces créances doivent être déclarées au bureau du domicile du créancier d'après le tarif de la métropole, comme s'il s'agissait de sommes dues par un débiteur domicilié en France, ou restant soumises à la législation spéciale de la colonie. — Ou bien encore, c'est un colon qui décède possédant des créances dues par des débiteurs métropolitains, et il s'agit de savoir si ces valeurs supporteront l'impôt d'après le tarif de la colonie ou de la métropole.

La question a été longtemps discutée mais elle est aujourd'hui résolue d'une façon que l'on peut considérer comme définitive. Voici la règle posée dans un arrêt de la chambre civile du 24 février 1869 : « La loi du 22 frimaire an 7, après avoir indiqué dans le § 1er de l'art. 27 dans quels bureaux d'enregistrement se feraient les déclarations de mutations par décès, soit pour les immeubles, soit pour les meubles en général, et avoir déterminé ces bureaux d'après la situation matérielle des biens à déclarer, s'est occupée, dans le § 4 du même article, de désigner les bureaux où devraient être déclarés, après décès, les rentes et autres biens meubles que cette loi indique comme étant sans assiette déterminée ; dans l'impossibilité où l'on était de prendre pour base à leur égard comme pour les autres biens, la situation matérielle, le législateur de l'an 7 a créé pour ces valeurs une assiette déterminée, une situation fictive ou présumée, qu'il a fixée au domicile du créancier chaque fois que le créancier était domicilié en France au moment de son décès; qu'il a fixé au domicile du débiteur chaque fois que celui-ci étant domicilié en France, le créancier aurait eu, au contraire, son domicile à l'étranger ou même dans une colonie française où l'impôt de l'enregistrement ne serait pas encore établi ; de telle façon que, dans toutes les hypothèses, les droits dus au Trésor public pussent être utilement poursuivis sur des valeurs, qui étant en France, jouissant de la protection de la loi française, devaient, par réciprocité, être soumises aux perceptions ordonnées par cette même loi, en cas de mutation par décès » (2851 R. P., 2385-6 I. G., B. 44, S. 69-1-140 D. 69-1-425, P. 69-313, 19564 J. N.).

Il faut ajouter que les colonies ou l'impôt de l'enregistrement est établi sont assimilées à la France et que la situation fictive des valeurs incorporelles suit toujours alors le domicile du créancier (Sol. 1er août 1871, 28 juin 1876).

**16333. Martinique.** — La Cour de cassation a fait une première application de ces règles par un arrêt du 22 août 1857 dans une espèce où il s'agissait de la succession d'un individu qui, décédé à Saint-Pierre (Martinique), lieu de son domicile, le 25 août 1851, laissait des rentes sur l'État français. Comme la loi du 18 mai 1850 avait soumis aux droits ordinaires les mutations par décès d'inscriptions sur le grand-livre de la dette publique, l'Administration soutint que la situation fictive de ces rentes était à Paris, au siége du Gouvernement débiteur, quel que fût le domicile du titulaire. Mais ce système d'interprétation a été rejeté par un arrêt de la chambre civile du 22 août 1857 ainsi conçu :

« Attendu que les colonies sont régies par des lois particulières; que les lois de la métropole ne sont applicables aux colonies qu'autant qu'elles ont été promulguées sur leur territoire, dans le cas et dans les formes voulus par la Constitution; attendu que l'Ord. 31 décembre 1828 formait, au moment où la succession dont il s'agit s'est ouverte, et forme encore la législation spéciale de la Martinique en matière d'enregistrement; attendu que cette ordonnance s'applique aux inscriptions de rentes sur l'État qui peuvent appartenir à des colons, puisqu'elle déclare en termes formels que ces inscriptions, leurs transferts et mutations sont exempts de la formalité et du droit d'enregistrement ; que la loi du 18 mai 1850, qui a soumis au droit d'enregistrement les mutations par décès et les transmissions à titre gratuit d'inscription sur le grand-livre, et la loi du 8 juillet 1852, qui n'a pour but que d'assurer l'exécution de la loi précitée, n'ayant pas été promulguées dans les colonies ne peuvent y recevoir aucune application » (S. 58-1-77, 2114 § 9 I. G., 11112 C., 10595 J. E., 16138 J. N.).

**16334. La Réunion.** — Elle l'a confirmé par l'arrêt que nous avons cité tout à l'heure, du 24 février 1869, rendu au sujet d'une créance due par un colon de la Réunion à un propriétaire décédé en France. La Cour a reconnu que cette créance était sujette au droit en France et échappait au tarif réduit de l'île.

« Le Gouvernement, porte l'arrêt, a suivi les mêmes règles quand il a cru devoir étendre aux colonies l'application de l'impôt de l'enregistrement ; ainsi, en ce qui concerne particulièrement l'île de la Réunion, l'art. 36 de l'Ord. 19 juillet 1829 établit que les rentes, créances, actions mobilières et autres valeurs sans assiette determinée seront déclarées au bureau du domicile ou de la résidence dans la colonie, ajoutant « que si le décédé était domicilié partout ailleurs que dans la colonie, la déclaration de ces valeurs à assiette indéterminée serait faite au bureau dans l'arrondissement duquel ces biens se seront trouvés à l'époque du décès » c'est-à-dire, d'après la fiction légale établie par la loi générale sur la matière, au domicile du créancier, s'il décède étant domicilié en France, au domicile du débiteur si, celui-ci étant domicilié en France, le créancier était, au contraire, domicilié à l'étranger. »

**16335. Algérie.** — Il en est de même à l'égard de l'Algérie ou il n'existe aucun droit de mutation pour décès. Lorsqu'un Français décède en France, où il avait son domicile, les créances lui appartenant sur un débiteur domicilié en Algérie et garanties par une hypothèque sur des immeubles situés dans le même lieu, doivent être néanmoins déclarées en France au bureau du domicile du défunt. D'une part, les biens incorporels sans assiette déterminée sont réputés situés au domicile du décédé lorsqu'il était domicilié en France ou dans une des colonies où l'enregistrement est établi, lesquelles sont assimilées à la France ; et cette situation fictive a pour but d'assurer dans toutes les hypothèses le recouvrement de l'impôt de mutation dû au Trésor public. D'autre part l'hypothèque ne constitue pas la créance, mais n'en est que l'accessoire; la loi fiscale ne fait pas de distinction entre les obligations personnelles et celles qui sont garanties par hypothèque ou privilége (Cass. 14 déc. 1870, 3217 R. P., 2421-1 I. G., B. 186, S. 70-1-407, D. 71-1-86, P. 70-1045 ; — *Comp.* Seine 4 déc. 1858, 16505 J. N.; — D. m. f. 10 mars 1853, 2003 § 3 I. G.; — 17 fév. 1866, 2297 R. P.; — Marmande

30 janv. 1867, 2432 R. P. ; — Seine, 20 juill. 1867, 2552 R. P.; — et Agen, 12 fév. 1870, 3224 R. P. ; — Sol. 30 avr. 1872).

Mais les valeurs incorporelles telles qu'une créance en France dépendant de la succession d'un individu décédé en Algérie où il était domicilié ne sont pas passibles en France du droit de succession (Sol. 4 nov. 1871, 8 mai 1872, 6 juin 1876 et 6 oct. 1877).

## CHAPITRE XI. — BIENS DE COMMUNAUTE

[16336-16337]

**16336. Renvoi.** — Il importe essentiellement, pour l'application des droits de mutation par décès, de distinguer les biens dépendant de la communauté des époux et ceux qui leur demeurent propres. C'est une étude que nous avons faite avec tous les développements qu'elle comporte au mot *Communauté* nos 4306 et suiv. Nous n'y reviendrons pas ici.

**16337. Remploi.** — Il en est de même du remploi. Cette importante matière a été traitée dans un chapitre particulier v° *Remploi*. On y trouvera toutes les solutions relatives à la perception du droit de succession.

## CHAPITRE XII. — SOMMES VERSÉES A LA CAISSE DES DÉPOTS ET CONSIGNATIONS

[16338-16344]

**16338. Principe.** — La question de savoir à partir de quel moment le débiteur cesse d'être propriétaire de la somme par lui déposée à la Caisse des dépôts et consignations se meut entre diverses dispositions contradictoires, ou, tout au moins, non suffisamment explicites.

Ainsi, par son art. 1257, le Code civil pose d'abord en principe que les offres réelles *suivies* de consignation *libèrent* le débiteur, qu'elles tiennent lieu de payement à son égard et que, la chose ainsi consignée demeure aux risques du créancier. Puis, presque immédiatement il nous donne une décision diamétralement opposée en déclarant, par son art. 1259, que pour que la consignation soit valable, il faut que le débiteur se dessaisisse de la somme offerte, *avec les intérêts jusqu'au jour du dépôt*. En deux mots, le Code nous dit, d'une part (art. 1257), que le débiteur est libéré par les offres *et du jour où elles ont été faites;* d'autre part (art. 1259), qu'il reste débiteur des intérêts *jusqu'au jour du dépôt*. Rien de plus contradictoire ; aussi la controverse s'est-elle donnée libre carrière.

Le Code de procédure voulant dissiper l'obscurité du Code civil, est venu dire, par son art. 816 « que le jugement qui déclare les offres valables ordonnera, dans le cas où la consignation n'aurait pas encore eu lieu, que faute par le créancier d'avoir reçu la chose ou la somme offerte, elle sera consignée ; il prononcera la cessation des intérêts *du jour de la réalisation*. »

Mais qu'est-ce que ce jour de la *réalisation* ? Est-ce le jour où les offres ont été *réalisées*, c'est-à-dire, comme l'entendaient les anciens praticiens, faites à deniers découverts au domicile du créancier, ou réitérées à l'audience, Toullier l'entend ainsi, t. 7 n° 229 ; ou bien faut-il entendre par *le jour de la réalisation*, le jour du *dépôt* ou de la *consignation* des deniers ? C'est la doctrine de Merlin *Rép.* v° *Intérêts* § 7 n° 4 (add.).

Sur cette thèse, les deux éminents jurisconsultes exercent toute leur sagacité. Cependant, la doctrine qui semble la plus juridique est celle de Merlin qui a, en effet, réuni le plus grand nombre d'adhérents, parmi lesquels on peut citer Duranton n° 228, Favard de Langlade v° *Offres réelles* § 10, Carré sur l'art. 816 C. proc. n° 2792, Dumesnil *Traité des offres et consignations* n° 360, Taulier t. 4 p. 387, Marcadé sur l'art. 1257 n° 2. — C'est aussi dans ce sens que la question a été résolue par la cour de Bordeaux, le 16 janvier 1833 (S. 33-2-189).

De ces observations il faut conclure :

1° Que la somme déposée, appartenant au créancier à partir du jour de la consignation, doit être comprise dans sa succession, si elle s'ouvre postérieurement à cette époque ;

2° Que bien que des offres aient été faites, la somme offerte dépendra de la succession du débiteur si le décès arrive avant le versement à la caisse des dépôts et consignations.

**16339. Conditions sous lesquelles doit être faite la consignation.** — Remarquez qu'il n'est pas nécessaire, pour que la consignation libère le débiteur, qu'elle ait été ordonnée par jugement. Il suffit, aux termes de l'art. 814 C. proc., qu'elle ait été faite en observant les formes prescrites par l'art. 1259 C. C. D'après cet article, il faut, pour la validité de la consignation :

1° Qu'elle soit précédée d'une sommation faite au créancier de se trouver tel jour, à telle heure, en tel lieu, pour y recevoir, s'il ne change d'idée, les espèces qu'il a d'abord refusées, ou pour en voir opérer la consignation ; cette sommation peut très-bien être faite en même temps que le procès-verbal des offres ; — 2° que le débiteur, si le créancier n'a pas comparu au lieu et au moment indiqués, ou s'il a de nouveau refusé de recevoir, se soit dessaisi de la somme offerte, en la remettant dans le dépôt indiqué par la loi, avec les intérêts jusqu'à ce moment du dépôt, et puisqu'il faut consigner la somme *offerte*, et que, d'après l'article précédent, il a fallu *offrir*, avec le capital et les intérêts, le montant des frais liquidés, et une somme pour les frais non liquidés, il est donc clair que la consignation doit comprendre ces mêmes frais ; — 3° qu'un procès-verbal soit dressé, non pas par le préposé de la Caisse des consignations, car il serait nul, puisque la loi ne donne pas qualité au préposé pour rédiger un tel acte (C. Nîmes 22 août 1809), mais par l'officier qui a dressé le procès-verbal d'offres ou par un autre ayant, comme lui, qualité pour cela, c'est-à-dire par un notaire ou un huissier ; que ce procès-verbal constate, comme l'avait déjà fait le procès-verbal d'offres, la nature des espèces, afin qu'il soit établi que la consignation a bien pour objet ce qui avait fait l'objet des offres ; qu'il mentionne la non-comparution du créancier ou son nouveau refus de recevoir, puis le dépôt qui en a été la conséquence ; — 4° enfin, et dans le cas seulement, bien entendu, où le créancier n'a pas comparu à la consignation, qu'une copie du procès-verbal lui soit signifiée avec sommation de venir retirer la somme.

Donc, toute consignation qui ne se présenterait pas dans ces conditions ne ferait pas passer la somme consignée du patrimoine du débiteur dans celui des créanciers. C'est un point essentiel à noter au point de vue de la perception des droits de mutation par décès.

**16340. Intérêts des sommes déposées.** — Un arrêt de Cass. a jugé, le 6 janvier 1840 (S. 40-1-13), que les intérêts des sommes déposées à la Caisse des consignations appartiennent aux créanciers opposants sur ces sommes, et dont les oppositions ont nécessité la consignation au prorata de leurs créances; ils n'appartiennent pas au débiteur qui, par la consignation, s'est libéré, et a mis les sommes dues et consignées aux risques et périls des créanciers.

Il s'ensuit que les intérêts font partie de la succession des créanciers, et non de celle du débiteur, lorsque cette succession s'est ouverte depuis la consignation.

**16341. Offres acceptées. — Condition impossible.** — La Cour de Rennes a jugé, le 10 mars 1821 (S. *Collect. nouv.* 6-2-381), que la consignation faite par le débiteur n'est pas libératoire, lorsque, d'une part, le créancier n'avait pas préalablement refusé la somme qui lui était offerte, et que, d'autre part, les offres ont été faites sous une condition impossible ou illusoire.

Cette décision fait l'application du troisième paragraphe de l'art. 1259. Si donc la consignation avait été faite nonobstant l'acceptation des offres par le créancier, la somme déposée ferait partie de la succession du débiteur, et non de celle du créancier.

**16342. Saisie.** — De ce qu'une consignation est valable et libératoire entre le débiteur et le créancier, il ne s'ensuit pas qu'elle soit également libératoire entre le créancier et des tiers saisissants dont la saisie a occasionné la consignation, alors que ce créancier n'a pas fait procéder entre eux à la distribution de la somme consignée. En conséquence la Cour de cassation a jugé, le 16 juin 1813 (S. 13-1-300), que si la somme consignée vient à périr, elle périt pour le compte du saisi, à moins, enseigne Toullier t. 7 n° 187, que le débiteur saisi ait mis les créanciers en demeure de procéder entre eux à la distribution des sommes consignées.

Cette double décision indique les règles à suivre en matière de mutation par décès. Si la succession du saisi s'ouvrait avant qu'il eût fait procéder, entre les créanciers, à la distribution de la somme consignée, ou avant qu'il les eût mis en demeure d'y procéder, la somme déposée ferait partie de sa succession. Il en serait autrement au cas où les formalités indiquées auraient été accomplies.

**16343. Acceptation après le décès du débiteur.** — M. Dumesnil enseigne, *Traité des offres et consignations*, n° 368, que le décès du débiteur qui a consigné avant l'acceptation du créancier ne nuit point au droit d'accepter qui appartient au créancier. Il ne faudrait pas conclure de là que puisque le créancier n'avait pas accepté la consignation à l'époque du décès du débiteur, la somme consignée faisait encore partie de la succession de celui-ci, le texte de l'art. 1259 est contraire à cette interprétation. Il suffit, d'après ce que nous avons dit au n° 16339, que le créancier, sommé de comparaître au dépôt, ne l'ait point fait, ou ait refusé de recevoir, et que le procès-verbal du dépôt lui ait été signifié, pour que le débiteur se soit trouvé dessaisi.

**16344. Faillite.** — La consignation dont nous venons de parler, est celle qui a pour but d'opérer la libération du débiteur contre la volonté du créancier. Il est d'autres cas où la consignation est simplement autorisée comme mesure conservatoire pour garantir aux intéressés la restitution de la somme.

C'est ce qui a lieu notamment en matière de faillite.

D'après l'art. 489 C. com., le syndic est chargé de verser à la Caisse des dépôts les deniers provenant des ventes mobilières et des recouvrements de créances. Il fait ce versement dans l'intérêt commun des créanciers dont il est le représentant; mais il agit aussi au nom du failli, puisque la loi a dépouillé ce dernier de l'administration de ses biens pour en investir le syndic. Ce versement est un acte de pure gestion fait dans l'intérêt collectif de toutes les parties, mais dans lequel on ne saurait voir, semble-t-il, une acceptation rendant les créanciers, *hic et nunc*, propriétaires des deniers déposés. La preuve en est, que la distribution de ces sommes doit être ordonnée entre eux par une procédure spéciale réglée au chap. 8 C. com. et sur l'injonction du juge. C'est seulement alors, selon l'art. 569 C. com., que s'opère le *payement*, c'est-à-dire la transmission des deniers au créancier et que le créancier doit donner sa quittance.

La doctrine confirme cette appréciation.

En effet, il arrive parfois que dans les répartitions on met en réserve les sommes nécessaires pour acquitter certaines créances dues à des étrangers (567 C. com.). Si ces sommes étaient d'ores et déjà la propriété des créanciers réservés, il faudrait nécessairement décider que les intérêts leur appartiennent exclusivement. Or, il est admis que ces intérêts profitent à la masse et non aux réservataires. La raison en est, dit M. Dalloz, que la mise en réserve ne constitue pas un payement (*Faillite* n° 1140, Renouard t. 2 p. 310, Borieux n° 778).

## CHAPITRE XIII. — CONSTRUCTIONS

[16345-16351]

**16345. Présomption de propriété.** — En principe, toutes constructions, plantations et ouvrages sur un terrain sont *présumés* faits par le propriétaire, *à ses frais*, et lui appartenir, *si le contraire n'est prouvé* (553 C. C.).

Il résulte de là que les constructions existant sur un terrain sont légalement présumées faire partie de la succession du propriétaire du terrain, nonobstant toute déclaration contraire des parties; et que ce n'est pas à l'Administration à prouver que cette déclaration est fausse, mais aux parties à établir qu'elle est vraie.

Par conséquent, si les héritiers recueillent un terrain sur lequel des constructions ont été élevées par un tiers, ils ne peuvent sans justification, se dispenser de comprendre ces constructions comme le terrain lui-même dans leur déclaration (Cass. belge 21 avr. 1866, 10147 J. E. belge).—V. n° 5128.

**16346. Copropriétaires.** — C'est ainsi que l'on a vu, au n° 5128-2 et 7, que si les constructions ont été élevées sur immeuble *indivis appartenant* à tous les copropriétaires, et que l'un d'eux devienne adjudicataire de la part des autres, le droit de mutation immobilière est dû sur la part de ceux-ci dans la *totalité* de l'immeuble, encore bien qu'il soit déclaré, *mais sans preuve*, que les constructions ont été faites par l'acquéreur seul.

D'où la conséquence, que toutes les fois que des constructions se trouvent élevées sur un terrain indivis entre plusieurs personnes, il doit être déclaré, au décès de chacune de ces personnes, une portion de constructions correspondante à la part de cette personne, dans l'indivision.

1. COMMUNAUTÉ. — Si donc une veuve a fait élever des constructions sur l'immeuble de communauté avant le partage de cette communauté et la majorité de ses enfants, et que l'un d'eux meure, on doit comprendre dans sa succession sa part, non-seulement dans l'immeuble, mais encore dans les constructions élevées (13240-6 J. E.).

**16347. Échange.** — L'échange d'un terrain, sans réserve, emportant cession des constructions qui s'y trouvent au moment du contrat (*V.* 5128-5), les héritiers de l'échangiste ne seraient pas fondés à prétendre que ces constructions ne font pas partie de sa succession.

**16348. Preuve de propriété.** — Cependant la déclaration que les constructions n'appartiennent pas au propriétaire du sol, appuyée de pièces et de documents écrits établissant que les constructions ont été faites pour le compte et aux frais d'un tiers, peut, suivant l'appréciation des tribunaux, constituer la preuve contraire, autorisée par l'art. 553. Cette preuve peut résulter de ces diverses circonstances, savoir : 1° que l'acquéreur ou le tiers aurait seul payé tous les fournisseurs et ouvriers qui n'auraient traité qu'avec lui et ne se seraient adressés qu'à lui ; — 2° qu'il aurait seul soutenu un procès à l'occasion d'une fourniture de matériaux; — 3° qu'il aurait seul demandé l'alignement et qu'il l'aurait seul obtenu ; — 4° que la preuve du fait articulé ressort des registres de correspondance et d'extraits délivrés par le percepteur des contributions directes (Cass. 22 avr. 1840, 1630 § 8 I. G.). — V. *Constructions* n° 5120.

Dans ce cas donc, ce n'est pas de la succession du propriétaire du sol, mais bien de celle du constructeur, que les bâtiments devraient être considérés comme faisant partie.

**16349. Indemnité.** — Lorsque des constructions ont été élevées sur terrain d'autrui, le propriétaire du sol a le droit de conserver les constructions en payant une indemnité au constructeur.

Dans ce cas, il faudrait comprendre les constructions dans la succession du propriétaire du sol et l'indemnité dans celle du constructeur.

**16350. Usufruitier.** — On a vu, au n° 5131, qu'à la fin de l'usufruit, l'usufruitier ou ses représentants ne peuvent rien réclamer des constructions ou travaux quelconques par lui faits, sur le fonds.

Quoi qu'il en soit de cette décision que l'on pourrait, dans certaines circonstances, regarder comme trop rigoureuse, il faudrait reconnaître, si on l'adoptait, que les héritiers de l'usufruitier ne seraient pas tenus de comprendre dans sa succession les constructions qu'il aurait érigées sur le terrain compris dans son usufruit.

**16351. Fermier.** — Lorsque le fermier a érigé des constructions sous la condition qu'elles appartiendraient, à la fin de son bail, au propriétaire du sol, sans indemnité de sa part, aucune valeur relative à ces constructions ne peut être comprise dans la succession.

En effet, de deux choses l'une : ou il décède avant l'expiration de son bail, et s'il est vrai qu'alors ses héritiers recueillent un droit quelconque dans les constructions qu'il a érigées, comme ce droit n'est qu'un droit de jouissance (*V.* 5125 et suiv.), ils ne sont pas tenus de le déclarer d'après le principe posé n° 16289; — ou le décès se trouve postérieur à l'expiration du bail, et dans ce cas le doute ne peut naître, puisque tout droit sur les constructions s'est évanoui, par l'effet des conventions antérieures.

Jugé, en ce sens, par le tribunal de la Seine, le 12 janvier 1848 (13298 J. N., D. N. t. 12 p. 288 n° 535), que lorsque le bail d'un terrain a été consenti sous la condition que le preneur élèvera sur le terrain des constructions qui, à l'expiration du bail, appartiendront au bailleur, sans indemnité, le droit de mutation immobilière n'est pas exigible au décès du preneur, sur la valeur de ces constructions.

Quant au propriétaire, il est incontestable que les constructions doivent faire partie de sa succession, quelle que soit l'époque de son décès, puisque, du jour où elles ont été élevées, elles ont été sa propriété exclusive.

Mais quand il n'est pas stipulé que les constructions sont faites par le fermier pour le compte du propriétaire, le fermier y acquiert un droit réel dont la transmission à ses héritiers motive l'exigibilité de l'impôt sur le capital au denier 20 du revenu.

C'est ce que nous avons toujours enseigné et ce que la Cour de cassation a reconnu par un arrêt du 24 novembre 1869 portant : « Attendu que c'est l'état actuel des choses qui en fixe la qualité actuelle de meubles ou d'immeubles, et qu'en matière d'enregistrement la quotité des droits ne peut être déterminée que par la nature et la qualité qu'a la chose transmise au moment où la transmission en est opérée; attendu, dans l'espèce, qu'il dépendait de la communauté des époux Guérin le droit aux baux de deux terrains sur lesquels lesdits époux avaient élevé des constructions au cours de leur communauté; que ces constructions, immeubles par leur nature, avaient ainsi le caractère d'acquêts immobiliers, et que tel était leur état au moment où s'est ouverte la succession de la femme Guérin » (3037 R. P., 2397-6 I. G., B. 205, S. 70-1-133, D. 70-

1-272, P. 70-301. — *Conf.* : Seine 3 fév. 1864, 1088 R. P.; — 26 juill. 1865, 2176 R. P., 12999 C., 18385 J. N.; — 26 août 1871, 3443 R. P.; — *Contrà* Seine 1er août 1868, jugemen cassé, 2900 R. P.).

« Comment pourrait-il en être autrement, sans inconséquence, disait l'avocat général Blanche devant la Cour, lors de l'arrêt de 1869. Il n'existe nulle raison sérieuse de traiter différemment une même valeur selon qu'elle se transmet par le décès du possesseur ou au moyen du partage anticipé qui en tient lieu, de considérer un bâtiment comme mobilier quand l'héritier le recueille, et d'y voir un immeuble le lendemain quand il le vend.

« Ces contradictions ne sont pas dans l'esprit de vos arrêts » (3037 R. P.).

La situation serait différente si le bail était expiré au moment du décès; car à cette époque le droit du constructeur a cessé d'être immobilier, il s'est transformé en un droit d'indemnité pécuniaire passible du droit mobilier. C'est un point que nous avons établi au mot *Construction*.

1. ÉVALUATION DU REVENU. — Le tribunal de la Seine dans son jugement du 26 août 1871 (3443 R. P.) a décidé conformément aux conclusions de l'Administration, que le droit est dû sur le revenu des constructions capitalisé par le nombre d'années que le bail a encore à courir au jour du décès. C'est aussi ce qu'avait reconnu incidemment la Cour, dans son arrêt du 24 novembre 1869 : « D'où il suit, a-t-elle dit, qu'en ordonnant la restitution du droit perçu sur la valeur desdits acquêts calculés d'après le revenu multiplié par le nombre des années restant à courir pour chaque bail, et en décidant que la liquidation du droit devait être faite sur la déclaration estimative des parties, conformément à la règle établie par l'art. 14 n° 8 L. 22 frimaire an 7, pour les transmissions de biens meubles, le jugement attaqué a fait une fausse application de ce dernier article et violé les art. 518 C. C. et 15 n° 7 L. 22 frimaire an 7 » (n° 3037 R. P.).

Nous avons pensé que c'était là une erreur.

Il faut d'abord écarter du débat l'autorité de l'arrêt. La question de savoir si le droit immobilier était dû sur le capital par 20 du revenu ou sur ce capital formé par le nombre des années restant à courir, n'a pas été posée à la Cour ni discutée devant elle. Il s'agissait uniquement d'examiner si le droit exigible était un droit mobilier à évaluer en bloc comme on évalue une créance, ou bien un droit immobilier tombant sous l'application de l'art. 15 n° 7 L. 22 frimaire an 7. La Cour, réformant la sentence des premiers juges, a reconnu que c'était un droit immobilier et a ajouté que le tribunal avait violé cet art. 15 n° 7, en ordonnant la restitution du droit perçu sur le revenu capitalisé.

Mais elle n'a pas entendu décider que ce revenu devait être capitalisé d'une façon plutôt que d'une autre. Cette difficulté d'application de l'art. 15 n° 7 de la loi de frimaire ne lui était pas soumise.

Le préjugé de l'arrêt écarté, quels sont les éléments de la discussion? Elle porte tout entière et exclusivement sur le texte de l'art. 15 n° 7 : « La valeur de la propriété des immeubles est déterminée pour la liquidation et le payement du droit proportionnel pour les transmissions par décès par l'évaluation qui sera faite et portée à vingt fois le produit des biens ou le prix des baux courants sans distraction des charges. » Cela est aussi général et aussi absolu que possible. La loi n'examine pas et ne pouvait pas examiner quelles seraient les conditions de durée de l'immeuble entre les mains de son propriétaire : si telle usine bâtie, en vue de besoins temporaires et soumise à une détérioration rapide, devait durer moins de vingt ans; si le terrain menacé par l'action des eaux, allait à une ruine prochaine; si tel constructeur perdrait bientôt la propriété de ses bâtiments. Elle a formulé un règle commune qui ne comporte ni obscurité ni distinction : le droit est dû sur le revenu capitalisé par 20. Que l'application de cette règle soit plus ou moins rigoureuse selon les cas, là n'est point la question. Du moment que le texte est clair et formel, ni l'Administration, ni les tribunaux, ni la Cour, n'ont à l'interpréter. La théorie contraire se condamne d'ailleurs par ses propres résultats. S'il est vrai, en effet, que le mode de liquidation de l'art. 15 n° 7, soit étranger à l'espèce et doive être remplacé par la capitalisation des années effectives de jouissance, il faut être logique. Il faut décider que quand le bail aura vingt-cinq ou trente ans à courir, le revenu sera multiplié par vingt-cinq ou trente, de même qu'on le multiplie seulement par deux ou trois ans quand la location expire au bout de ce temps. Mais on n'ose pas aller jusque-là, et l'on décide que le multiple ne peut excéder vingt années. Pourquoi cette limite, puisque l'art. 15 n° 7 est hors de cause? Elle est aussi arbitraire que toute autre, et c'est bien la preuve que le raisonnement sur lequel on s'appuie manque de base.

Au résumé, le texte de l'art. 15 n° 7 exige une capitalisation par 20 du revenu des constructions tel que ce revenu affecté de la condition de précarité qui pèse sur les bâtiments peut être fixé au jour du décès. Ses prescriptions sont claires, générales et absolues. Il ne saurait être permis d'en restreindre l'application à tels ou tels cas particuliers par de considérations spécieuses d'équité qui ne sont pas même établies.

Nous approuvons, par conséquent, le tribunal de Lyon d'avoir décidé, le 27 juill. 1876 (4580 R. P.), que le revenu des constructions élevées sur le terrain d'autrui et cédées à titre d'échange par le constructeur avant l'expiration de sa jouissance doit être déterminé, selon la règle générale, par la multiplication du revenu au denier 20.

2. EMPHYTÉOSE TEMPORAIRE. — Les mêmes principes ont été appliqués par la Cour de cassation, dans un arrêt en date du 6 mars 1850 (1857 § 7 I. G., S. 50-1-210). Des termes de cet arrêt il résulte que, lorsque, à la mort d'un fermier ne se trouve pas expiré le bail d'un terrain sur lequel ce fermier avait élevé des constructions qui devaient être la propriété du bailleur, à l'expiration du bail, sans aucune indemnité, le droit de mutation par décès est dû, aux taux immobilier, sur le revenu de ces constructions.

Il s'agissait, dans l'espèce de cet arrêt, d'un terrain donné à emphythéose, et c'est sur cette circonstance seule qu'on argumenté l'Administration dans son pourvoi, et la Cour de cassation dans son arrêt : « Attendu, en fait, dit la Cour suprême, dans son dernier considérant, que Pierre-Félix Ducatel était, au moment de son décès, en possession d'une maison dont, ainsi que du terrain sur lequel elle avait été construite, il s'était rendu adjudicataire à titre de *jouissance emphytéotique*; et qu'il a disposé, par le testament, de son droit au *bail emphytéotique* de cette maison et de ce terrain en faveur de Chevallier; que dès lors l'Administration a dû exiger, à raison de cette mutation et en vertu des lois précitées, le droit de transmission immobilière, etc. »

Or, nous avons vu, au mot *Bail* que le droit de mutation est dû, au taux immobilier, au décès de l'emphytéote, sur le droit au bail qu'il transmet à ses héritiers.

## CHAPITRE XIV. — COUPES DE BOIS, PRODUITS DES CARRIÈRES ET DES MINES

[16352-16354]

**16352. Bois taillis.** — Les taillis représentent réellement des fruits naturels, puisqu'ils sont soumis à des coupes réglées qui se reproduisent périodiquement; ils donnent un produit bien plus assuré et bien plus régulier que les autres fruits naturels en ce qu'ils ne sont pas subordonnés aux intempéries des saisons. Aussi le produit des coupes de taillis appartient à la communauté.

1. TAILLIS NON RÉCOLTÉS PENDANT LA COMMUNAUTÉ. — Il est des taillis dont les coupes sont aménagées de quinze en quinze ans, et même de vingt en vingt ans, par exemple les taillis destinés aux forges; il peut donc arriver assez souvent que la coupe de ces taillis ne vienne à échoir qu'après la dissolution de la communauté. Dans ce cas, bien que le mariage ait pu durer assez longtemps, sans que la communauté ait profité de ces bois, la coupe n'en appartiendra pas moins à l'époux propriétaire du propre dont ces taillis dépendent.

Mais il faut, pour que cette solution soit applicable, que ce soit la coupe qui, régulièrement, n'ait pu s'effectuer que postérieurement à la dissolution de la communauté. Si, le terme de la coupe étant arrivé avant la dissolution, le mari avait négligé de la faire, elle devrait être considérée comme un fruit appartenant à la communauté. Sans cela, il serait en effet loisible au mari, si le taillis lui appartenait en propre, d'en différer la coupe, dans la prévision de la dissolution de la communauté, afin d'en conserver en entier le produit (Rodière et Pont t. 1er nos 381, 395, Duranton t. 14 no 148, Troplong du *Contrat de mariage* no 552).

**16353. Futaies.** — Il n'en est pas des futaies comme des taillis : les arbres qui appartiennent à cette catégorie de bois ne sont pas susceptibles de produire un revenu périodique. Ils constituent un capital qui, comme le fonds sur lequel ils poussent, reste propre à l'époux qui en était propriétaire avant l'association conjugale, ou qui en est devenu propriétaire depuis. Dès lors, bien qu'abattus pendant l'existence de la communauté, ils demeurent la propriété privée de l'époux sur le fonds duquel ils se trouvent et leur prix donne lieu à une reprise s'il est versé dans la communauté. (Rodière et Pont t. 1er no 394). — Ces futaies ne peuvent être coupées par l'usufruitier (Cass. 16 déc. 1874, 4261 R. P.).

1. ÉLAGAGES. — Quant aux élagages qui pourraient en être faits, comme cela arrive ordinairement pour les arbres qui bordent les champs ou les chemins, ils sont de la même nature que les taillis et constituent des fruits naturels qui tombent évidemment dans la communauté.

2. FUTAIES AMÉNAGÉES. — Que si des futaies se trouvaient aménagées, par la destination du propriétaire, comme elles constitueraient évidemment un revenu périodique, le produit de leur coupe appartiendrait à la communauté (Proudhon *de l'Usufruit* t. 3 no 1164).

**16354. Mines et carrières.** — Pour les mines carrières, il faut distinguer celles qui étaient ouvertes au moment du mariage, de celles dont la mise en exploitation n'a commencé que postérieurement.

1. MINES ET CARRIÈRES OUVERTES AVANT LE MARIAGE. — Il en est de celles-ci comme des futaies mises en coupes réglées par destination du propriétaire. Lorsqu'une carrière ou une mine se trouvait ouverte au moment du mariage, elle donnait un produit quelconque dont l'époux a nécessairement eu l'intention de faire profiter la commuauté. Mettre une futaie, une carrière ou une mine en exploitation, régulière et méthodique, c'est prouver qu'on veut s'en faire un revenu. C'est leur faire produire des fruits dont la communauté doit profiter, puisque tous les fruits des propres lui appartiennent.

2. MINES ET CARRIÈRES OUVERTES APRÈS LE MARIAGE. — Mais du moment que la destination du propriétaire manque, il faut considérer que l'exploitation de la mine ou de la carrière, l'appauvrissant graduellement, elle ne peut plus être considérée comme fournissant un fruit qui doive absorber la communauté. Si donc le mari mettait en exploitation, pendant l'existence de la communauté, la carrière ou la mine qui appartiendrait à sa femme et que la communauté perçut les produits de l'exploitation, il en serait dû récompense à la femme. — V. *Mines*.

## CHAPITRE XV. — CRÉANCES

[16355-16383]

**16355. Observation.** — En principe, les créances doivent être déclarées par les héritiers comme tous les autres biens de la succession. Cependant si l'insolvabilité des débiteurs ou tout autre motif les frappait de caducité, les héritiers pourraient ne pas les comprendre dans l'actif de la succession. C'est à ce double point de vue que nous avons à nous placer ici.

### SECTION PREMIÈRE. — CRÉANCES D'UN RECOUVREMENT CERTAIN

[16356-16368 *bis*]

**16356. — Centimes additionnels. — Prix de vente.** — Nonobstant les termes de l'art. 3 de la loi du 21 juin 1875, il serait difficile de soutenir que le législateur a entendu assujettir à l'impôt de mutation par décès le produit *brut* de l'adjudication. On peut induire, au contraire, du projet qui a été présenté par le gouvernement et de l'exposé des motifs, que le produit *net* de la vente, c'est-à-dire la valeur recueillie *réellement* par les héritiers, doit seul, dans la pensée du législateur, servir de base pour la perception du droit de succession. Mais en se plaçant à ce point de vue, il n'y a pas de distinction à établir entre les frais *légaux* et les frais *facultatifs* reconnus indispensables. L'impôt n'étant assis que sur la valeur recueillie par l'héritier, il convient de s'arrêter au produit de la vente, déduction faite de *tous* les frais qui tombent de plein droit à la charge des vendeurs, pourvu qu'il n'y ait pas de fraude et que l'existence des frais soit dûment justifiée (Sol. 25 fév. 1878, 4907 R. P. — *Conf.* : Bordeaux, 4 avril 1856, 713 R. P.).

Il appartiendra aux héritiers de justifier de l'existence de ces frais, et l'Administration aura à examiner si ces frais n'ont pas été exagérés dans le but de frauder le Trésor ou s'ils ont été réellement payés par les héritiers. Ce sont là des questions de fait à résoudre selon les circonstances de chaque adjudication.

**16357. Compensation.** — La compensation est un mode d'extinction de la créance quand elle s'est opérée régulièrement avant le décès. L'héritier n'a donc pas à comprendre cette valeur dans la déclaration de la succession, puisqu'elle se trouvait anéantie lors de la transmission.

En ce sens, il a été reconnu que les deux dettes étant également liquides et exigibles, il y a compensation légale entre la créance des reprises résultant de la vente notariée d'un immeuble propre à la femme et l'indemnité à laquelle la communauté a droit à raison du prix d'une part indivise d'un immeuble acheté par la femme, suivant acte authentique. Dès lors, les héritiers de la femme, malgré leur renonciation à la communauté n'ont à comprendre dans la déclaration de succession la créance des reprises que déduction faite de l'indemnité (17296 J. E.).

Mais si la compensation ne doit s'opérer qu'au décès, ou bien si l'une des conditions imposées par la loi fait défaut, la créance est passible du droit de succession. C'est ce qui a été reconnu en plusieurs circonstances.

Ainsi : 1° lorsqu'une créance payable au décès du créancier a été conventionnellement déclarée compensable avec une dette dont la succession serait tenue à cette époque envers le débiteur de la créance, la confusion et la compensation ne peuvent être opposées au Trésor, et la créance doit être comprise dans la déclaration de la succession du créancier (Cass. 20 janv. 1858, 981 R. P., 2118 § 5 I. G., 11236 C., 16249 J. N., S. 58-3-309). — La même doctrine résultait également d'un jugement du tribunal de la Seine, du 3 janvier 1857, confirmé par l'arrêt précédent (16472 J. E., 11043 C.).

« Attendu, porte cet arrêt, sur la deuxième branche, que la prétention de la demanderesse de faire admettre, pour obtenir la réduction des droits à payer, la compensation entre les 500,000 francs payables par la succession de la dame de la Ferrière et la créance de 418,033 fr. 85 centimes due par les légataires survivants du comte de la Ferrière, ne peut s'appuyer sur l'acte du 9 juin 1845, cet acte mentionnant non une compensation immédiate, mais une compensation éventuelle et subordonnée à l'existence des légataires qui traitent avec la dame de la Ferrière ; attendu que la compensation ne pouvait s'opérer avant le décès de la dame de la Ferrière, puisque, avant cette époque, la créance de 500,000 francs n'était point exigible et pouvait ne l'être jamais ; attendu qu'en principe la confusion et la compensation ne peuvent, dans le cas dont s'agit, être opposées à la Régie, puisqu'aux termes de l'art. 14 L. 22 frimaire an 7, la valeur des biens soumis aux droits pour les transmissions qui s'opèrent par décès est fixée sans distraction des charges. »

2° Une créance dotale est inaliénable et ne peut se compenser, durant le mariage, avec une autre somme due par la femme à son mari. Cette créance doit donc être entièrement déclarée au décès de la femme (Nîmes 4 mai 1857, 11182 C., 16529 J. E.).

3° Il avait paru que lorsque deux époux sont mariés sous le régime dotal, les sommes payées par le mari pour le compte de la femme avant la dissolution du mariage ne se compensent pas avec la dot, et, par suite, constituent des créances susceptibles d'être déclarées au décès du mari. On se fondait notamment sur ce que la succession du mari ayant un an pour restituer la dot de la femme, cette dette n'est pas exigible au décès et ne saurait entrer en compensation avec une dette exigible. Mais cette prétention n'a pas été accueillie. « Attendu que le compte dont le mari est tenu doit comprendre, d'une part, toutes les recettes, et, de l'autre, toutes les dépenses, et ne donne pas naissance à une série de créances parallèles au profit soit de la femme, soit du mari, donnant isolément une action à chacun des époux, mais se résume en une balance entre les recettes et les dépenses qui ne laisse exister qu'une seule dette et une seule créance exigibles à des époques différentes, selon qu'il s'agit du mari ou de la femme » (Belley 14 mars 1873). — Cette interprétation est conforme à la jurisprudence que nous avons fait connaître au mot *Communauté*, d'après laquelle les reprises et les récompenses dues par les époux se compensent de plein droit. On peut ajouter que le délai accordé aux héritiers du mari pour restituer la dot est une pure faculté à laquelle ils peuvent renoncer, et que cette renonciation résulte de ce que dans les déclarations de successions ils ne comprennent que l'excédant entre les deux dettes.

4° Le legs sous condition qu'une créance du légataire sur le testateur se trouvera éteinte donne ouverture au droit de mutation. — V. *Compensation* et *Testament*.

5° En matière de vente publique de meubles, le prix dû par l'adjudicataire ne se compense pas avec la créance qu'il aurait contre le propriétaire des meubles vendus, l'officier public qui a procédé à la vente étant, comme responsable du prix (alors du moins qu'il y a des oppositions), créancier des acquéreurs du propriétaire (Cass. 6 nov. 1860, S. 61-1-15).

6° Mais il a été reconnu que la créance et la dette que l'un des héritiers copartageants peut avoir vis-à-vis de la succession sont réputées s'être compensées au jour même de l'ouverture de cette succession, bien qu'alors elles ne fussent pas également liquides et que, notamment, la créance n'ait été déterminée qu'ultérieurement, au cours des opérations du partage.

« Attendu que d'après l'art. 828, C. C., les comptes que les copartageants peuvent se devoir constituent l'une des opérations préliminaires et indispensables de tout partage; que la disposition de l'art. 883 du même Code, qui consacre l'effet déclaratif du partage, est générale et absolue et s'étend à toutes les opérations du partage; qu'il suit de là que les comptes à régler entre les copartageants doivent, comme le partage lui-même, remonter à la date de l'ouverture de la succession, et que c'est à cette date que l'on doit se reporter pour déterminer, toute compensation ou balance faite entre les créances actives et passives, quelle sera, en définitive, la somme dont chaque cohéritier se trouve créancier ou débiteur envers la succession » (Cass. 28 fév. 1866, 2329 R. P.).

**16358. Confusion.** — On a vu, au n° 4980, que le droit de libération n'est pas exigible lorsque, par suite de la confusion de la qualité de créancier et de celle de débiteur qui viennent se réunir sur sa tête, un débiteur voit sa dette s'éteindre. Mais le principe qui régit cette exemption de droit n'est plus applicable en matière de mutation par décès. Il est vrai que la dette du débiteur s'éteint également; mais si cet effet se produit, c'est parce que le débiteur a recueilli dans la succession le titre de sa dette; et il y a eu mutation du défunt à lui : or, c'est précisément cette mutation que frappe la loi. Il s'ensuit que toute créance que l'auteur de la succession pourrait avoir sur les héritiers doit être comprise dans son actif : « Attendu, porte un arrêt de la Cour de cassation du 20 janvier 1858, que la confusion ne peut, dans le cas dont il s'agit, être opposée à la Régie, puisque aux termes de l'art. 14 L. 22 frimaire an 7, la valeur des biens soumis aux transmissions par décès est fixée sans distinction des charges » (981 R. P., 2118-5 I. G., 11230 C. 16249 J.N., 16692 J.E., S. 58-1-309).

C'est ce qu'enseigne également M. G. Demante en ces termes: « Le débiteur, dit-il, qui succède à son créancier, acquiert une valeur égale au montant de la dette dont il se trouve libéré par la confusion et doit payer sur cette valeur le droit de mutation par décès (n° 683). » Et c'est ce qui a été appliqué d'une façon tout à fait catégorique par des jugements de Pamiers du 30 décembre 1856 (816 R. P., 16450 J. E., 11044 C.); — d'Hazebrouck du 24 janvier 1857; — de Chartres du 25 mars 1859 (1146 R. P., 16969 J. E.); — de Nérac du 14 août 1868 (2839 R. P.; et de Valenciennes, du 14 fév. 1877 (4880 R. P.)

Mais la confusion n'a lieu que pour la part de l'héritier (Sol. 9 oct. 1877).

1. REPRISES. — Si donc un mari, légataire universel de sa femme, se trouve dans l'obligation de fournir sur ses biens immeubles de quoi remplir les reprises de la défunte qui ont absorbé les biens de communauté, la confusion qui s'opère en lui n'empêche pas que ces reprises ne doivent être comprises dans la déclaration de sa succession (Sol. 6 avr. 1872, et 10 juill. 1875; — Vannes, 29 août 1872).

2. DOT. — De même, si ce sont les enfants qui, en qualité d'héritiers de leur père, doivent la dot en argent de leur mère, décédée peu après leur père, malgré la confusion qui s'opère en eux, relativement à cette dot, ils doivent payer les droits de mutation par décès auxquels elle donne ouverture.

Cependant, il a été reconnu que, pour liquider les droits de mutation par décès de la succession de la mère survivante, lorsqu'un des enfants, codébiteur de la dot de cette dernière, en qualité d'héritier de son père, a payé en l'acquit de sa mère les dots qu'elle a constituées au profit de ses autres enfants, il y a lieu de déduire la dette du fils envers sa mère, puisque la libération de celui-ci n'est pas la conséquence du décès de la mère et de la mutation par décès opérée à ce moment, mais qu'elle résulte de ce que, créancier de sa mère à raison du payement fait en son acquit, il en est devenu débiteur au moment du décès de son père. Seulement, l'extinction des deux dettes n'a pu avoir lieu avant le décès qu'autant qu'elles étaient légalement liquides et exigibles. S'il en était autrement, la créance de la défunte ne serait éteinte que par confusion et devrait supporter le droit sans déduction de la dette contractée envers le fils (17497 J. E.).

3. HÉRITIER BÉNÉFICIAIRE. — Quand il s'agit d'un héritier bénéficiaire, la créance et la dette subsistent distinctement (n° 16021) et il n'y a pas de confusion possible même après le décès. Aucun doute n'existe donc sur l'exigibilité du droit de succession (Hazebrouck 24 janv. 1857, Demante n° 683).

3. RENTE VIAGÈRE. — L'acquéreur d'un immeuble moyennant une rente viagère, lequel a été institué ultérieurement légataire universel du vendeur, doit les droits de mutation par décès pour la rente viagère qu'il cesse de servir à raison de la renonciation d'un tiers au profit de qui cette rente a été stipulée réversible. En effet, comme nous l'avons expliqué au mot *Donation* et comme il est dit dans l'arrêt de la Cour de cassation (ch. réun.) du 23 décembre 1862 2244 § 4 I. G., S. 63-1-46, 1728 R. P.), si ce tiers, pour un motif quelconque autre que son prédécès, ne recueille pas la rente, l'acquéreur n'en est pas moins tenu de la servir à la succession du vendeur. C'est donc par confusion que l'acquéreur est libéré dans l'espèce, et il doit payer les droits de mutation par décès.

En ce sens, il a été reconnu que quand une rente ou pension annuelle a été constituée au futur époux en considération du mariage, cette rente ne s'éteint pas au décès du futur, mais se continue au profit des enfants nés du mariage et forme par conséquent un actif de la succession du donataire, passible du droit de mutation par décès (Sol. 27 juill. 1870, 3605 R. P.).

5. RAPPORT. — Nous ne pouvons donc pas admettre avec le J. du not. (n° du 30 déc. 1873, n° 2695) que quand un partage antérieur à la déclaration de succession constate que le défunt héritier d'un tiers prédécédé devait à ce tiers une somme dont il a fait le rapport en moins prenant, cette créance s'éteint et ne doit pas figurer dans la déclaration de succession de ce tiers. En effet, si le débiteur aujourd'hui représenté par ses héritiers ne doit plus rien au défunt, c'est que, par l'effet de la confusion et du partage qui en règle l'étendue, la créance se trouve lui appartenir. Or, la jurisprudence que nous avons rappelée décide que ce résultat procède d'une transmission de propriété passible de l'impôt.

**16359. Propriété apparente. — Acte écrit.** — Il s'élève des difficultés sérieuses sur le point de savoir si des valeurs dont la propriété apparente appartient au défunt doivent être comprises dans la déclaration de succession. On ne peut les résoudre que par l'application des principes généraux du droit,

D'après l'art. 1341 C. C., il n'est reçu aucune preuve par témoins contre et outre le contenu aux actes, ni sur ce qui serait allégué avoir été dit avant, lors ou depuis les actes. Cette disposition s'applique aux tiers comme aux parties elles-mêmes. Elle a pour but de conférer au titre intervenu entre les contractants une force probante absolue, dispensant le créancier de toute autre justification, et le mettant à l'abri des contestations ultérieures : *contrà scriptum testimonium non fertur*.

L'Administration doit subir, comme les particuliers, l'influence de cette situation. Dès l'instant que la propriété d'un objet est constatée au profit d'une personne par la représentation d'un titre régulier, toute discussion devient superflue, et il faut admettre le droit de propriété du tiers pour percevoir l'impôt de transmission. Si donc ce propriétaire apparent décède, ses héritiers seront tenus de comprendre dans la déclaration de la succession de leur auteur l'objet mobilier ou immobilier dont ce dernier avait fait l'acquisition. Il importe peu qu'en réalité l'objet appartienne à une autre personne et que le défunt ait joué simplement le rôle d'un prête-nom ou d'un dépositaire. Ce sont là des faits qui ne prévalent pas contre la présomption légale attachée au titre apparent de la propriété. — V. 11556.

La jurisprudence en a donné plusieurs exemples.

1. INVENTAIRE.—Ainsi, bien qu'un inventaire fasse mention d'un écrit signé par l'auteur de la succession, portant qu'une créance dont il est titulaire ne lui appartient que pour partie et qu'elle appartient pour le surplus à d'autres personnes qui en ont fourni les fonds, le droit de mutation a été jugé exigible sur la totalité de cette créance, parce que ces déclarations ne peuvent changer les stipulations arrêtées dans un acte authentique (Seine 17 mars 1853, 15625 J. E.).

2. TESTAMENT.— De même, il a été reconnu que la déclaration du testateur d'après laquelle des immeubles achetés en son nom sont la propriété du légataire universel, qui en a payé le prix, ne dispense pas ce dernier du payement des droits de succession (D. m. f. 24 nov. 1831, 3555 Roll.).

3. DÉCLARATION. — On a fait plus récemment l'application de ces principes à une créance souscrite au profit d'un curé qui avait déclaré le même jour, sur les registres du conseil de fabrique, le nom du véritable propriétaire. Il a paru que cette circonstance, si sincère qu'elle fût, ne dispensait pas les héritiers du curé de payer les droits de succession sur la créance (Sol. 16 nov. 1865, n° 2523 R. P.).

4. CRÉANCE. — Décidé de même que si un titre de créance est au nom du défunt, le droit de succession est exigible sur la totalité de l'obligation, bien qu'il soit établi par des papiers domestiques qu'elle provenait d'un placement commun au défunt et à sa sœur (Amiens, 18 mars 1868, 2874 R. P. ; — Villefranche, 26 mars 1874). — Le contraire a été cependant décidé mais à tort par le tribunal de Toulouse, le 22 décembre 1873.

5. BILLETS A ORDRE. — Jugé également que quand les héritiers d'un banquier font protester en leur nom des billets passés à l'ordre de leur auteur, il y a présomption que ces valeurs étaient la propriété personnelle de ce dernier, et elles doivent être comprises dans la déclaration de succession (Brioude, 19 mars 1873, 3690 R. P.).

5 *bis*. IMMEUBLES. — PRÊTE-NOM. — Si des immeubles ont été achetés par une personne en son nom, ces immeubles sont réputés sa propriété exclusive, encore bien qu'il soit établi qu'elle a été le prête-nom d'un tiers et que le prix a été payé avec les deniers de ce tiers. Par conséquent, lorsque l'acheteur apparent décède avant d'avoir cédé les biens au véritable acquéreur, ces biens sont passibles du droit de succession (Cass. 8 déc. 1871, 3374 R. P., 2434 § 3 I. G., S. 71-1-248 ; — Seine, 30 janv. 1875, 19714 J. E. ; — Cass. 11 avr. 1877, 4682 R. P.).

Cette règle est souvent appliquée aux évêques ou aux chefs de communautés religieuses pour les biens qu'ils achètent en leur nom avec les deniers de la communauté (Sol. 27 mai 1875, 8 sept. 1873, 9 juill. 1875, 15 mars 1877 ; — D. m. f. 3 mai 1876).

6. IMMATRICULATION. — Bien qu'après le décès d'une personne qui avait déposé des actions de la Banque de France, il soit déclaré, dans un acte notarié, par sa veuve et sa fille et unique héritière, que ces actions appartiennent au mari de celle-ci et qu'elles avaient été confiées au défunt pour lui faciliter un dépôt qu'il était tenu de faire, ces actions n'en doivent pas moins être considérées comme faisant partie de la succession du défunt (Seine, 28 juin 1849, D. N. t. 12 p. 247 n° 317, 14825 J. E.). — Une solution semblable a été rendue au sujet d'actions sur la Banque inscrites au nom du défunt ou déposées en son nom dans un établissement de crédit (Seine, 2 oct. 1877), — ou de titres immatriculés au nom d'un administrateur de société (Seine, 30 nov. 1877).

7. FRAUDE. — DOL. — La force probante du titre de propriété reçoit cependant quelques limitations. Lorsque, par exemple, l'acte est le produit de la fraude ou du dol, les parties intéressées peuvent lui faire restituer son véritable caractère, soit au moyen de l'enquête (art. 1348 C. C.), soit à l'aide des présomptions simples (art. 1353 C. C.). Si, à la suite d'une procédure semblable intentée par les héritiers, un jugement définitif reconnaissait, avant le payement des droits de succession, que le défunt avait été simplement le prête-nom d'un tiers pour l'achat des valeurs dont il était le titulaire apparent, la présomption légale attachée au titre disparaîtrait et les droits de mutation par décès ne nous paraîtraient point exigibles.

Au point de vue fiscal, ce jugement a pour effet de faire passer la propriété de la tête du défunt sur celle du véritable acquéreur. C'est donc la constatation judiciaire d'une mutation opérée directement entre le propriétaire apparent et son prête-nom, et pour laquelle on perçoit le droit de cession entre-vifs (Cass. 9 avr. 1866, n° 2268 R. P. et la note). Il semble dès lors difficile d'établir que les héritiers sont censés avoir recueilli les valeurs litigieuses, pour les abandonner ensuite à leur véritable maître. Le tribunal de la Seine l'a cependant décidé, le 26 janvier 1842, par le motif que si la cession s'opérait du défunt au propriétaire réel et avait pour objet des immeubles, le droit en sus deviendrait exigible. Mais cette raison nous touche peu. On comprend bien que l'Administration ne réclame pas ici le payement d'un droit en sus, puisqu'en réalité il y a eu une seule mutation, celle dont le titre est enregistré. Toutefois, de ce que l'Administration ne va pas jusque-là, il ne faut pas conclure qu'en principe la rétrocession s'opère des héritiers au profit du propriétaire secret. Un tel résultat est trop contraire aux faits.

8. NAVIRE. — Le propriétaire d'un navire est celui dont le nom est inscrit à titre d'acheteur, au dos de l'acte de francisation, encore bien que la vente soit simulée (Cass. 27 fév. 1877, 4812 R. P.). — V. 11647, 11648 et 16191-1

**16360. Propriété apparente. — Absence d'acte.** — La question change totalement de face quand il n'existe pas d'*acte écrit* et qu'il s'agit de la propriété d'objets mobiliers.

L'art. 2279 C. C. dispose à cet égard que « *en fait de meubles possession vaut titre.* » Mais il importe de s'entendre sur le sens exact de l'axiome. Nul doute d'abord que la détention du meuble établisse en faveur du possesseur une présomption de propriété qui le dispense de toute autre justification. Il est réputé propriétaire par cela seul qu'il possède. On s'est seulement demandé quelle était la nature de cette présomption et s'il fallait la ranger parmi celles qui ne permettent pas la preuve contraire (art. 1352 C. C.), ou au nombre des présomptions simples que l'on peut combattre par tous moyens (art. 1353 C. C.). Des auteurs graves ont soutenu que, sauf le cas de perte ou de vol, la possession de l'objet mobilier remplaçait le titre même de propriété et échappait, comme lui, à la preuve contraire (*V.* notamment Bonnier, *Traité des preuves* t. 2 n° 837, Massé et Vergé t. 5 § 849 p. 306). Selon d'autres commentateurs, la loi n'a pas un sens aussi absolu. Elle attribue bien à la possession l'effet d'écarter les revendications des tiers, mais à la condition que cette possession reposera sur un juste titre et sur la bonne foi. On admet donc ces tiers à prouver en justice la précarité de la possession du détenteur, afin de détruire la présomption qui en résulte (*V.* Marcadé *sur l'art.* 2279, Vazeille *Prescrip.* n° 674, Dalloz *Prescrip.* n° 265). Cette dernière opinion a triomphé en jurisprudence. Il a été reconnu par de nombreux arrêts que la présomption de propriété existant au profit du possesseur d'un meuble peut être détruite par des présomptions contraires (Cass. 19 niv. an 12; — Montpellier 5 janv. 1827; — Bordeaux avr. 1829; — Nîmes 8 janv. 1833; — Cass. 6 juill. 1841; — Nîmes 22 août 1842; — Rouen 24 juill. 1845, Dalloz *loc. cit.*; — Cass. 15 avr. 1863, D. 1863-1-395, S. 1863-1-387; — Nancy 7 avr. 1875, 19780 J. E.; — Cass. 14 fév. 1877, 5009 R. P.)[1].

C'est le principe qui a servi de base aux décisions suivantes :

1° Au décès d'une fille Baslin, on trouva soixante-deux billets de banque de 1,000 francs, renfermés dans un sac en papier sur lequel était une note portant que ces billets appartenaient au sieur Danloux. La cour de Paris repoussa, le 6 mars 1864, la demande en revendication de ce dernier, en se fondant, d'une part, sur ce que la détention des billets par la défunte lui en attribuait la propriété, et, de l'autre, sur ce que la note écrite, mais non signée, n'était pas une preuve suffisante du contraire. La Cour de cassation rejeta le pourvoi introduit contre cet arrêt, le 30 juillet 1855 (D. 55-1-333, n° 441 R. P.).

2° Le sieur Andriot, alors malade, avait acheté, en février 1864, 405 francs de rente au porteur. Quand il mourut, sa domestique, à laquelle il avait remis les clefs, s'empara des valeurs et invoqua la possession. Mais les héritiers furent admis à prouver qu'elle les détenait pour le compte du défunt, son maître; et cette preuve faite, la domestique dut restituer les titres (Cass. 24 avr. 1866, S. 1866-1-189, D. 1866-1-347), de son concubin (2636 R. P.). — *Conf.* : Cass. 27 avr. 1874, 4044 R. P.

3° La cour de Paris a confirmé plus récemment sa jurisprudence, en décidant, le 14 janvier 1868, que la présomption attribuant au défunt la propriété des titres trouvés chez lui lors de son décès cesse de s'appliquer quand il est justifié que les valeurs ont été acquises au nom et avec les deniers

4° Jugé de même que la simple possession de valeurs au porteur, constatée par un récépissé de dépôt de la Banque de France, ne suffit pas pour obliger les héritiers du déposant à comprendre ces titres dans la déclaration de succession de leur auteur, s'il est démontré par les circonstances qu'ils n'appartenaient pas au défunt : « Les reçus de la Banque de France ainsi trouvés parmi les papiers du défunt constataient seulement la possession entre ses mains des obligations dont il s'agit; cette possession ne pourrait valoir comme titre qu'autant qu'elle ne serait pas entachée de précarité; mais que la précarité de la possession de Portier ne saurait être douteuse en présence des pièces émanées de lui et produites au tribunal » (Seine, deux jugements, 1er août 1868, 2874 R. P.).

5° Lorsque des titres au porteur sont trouvés au domicile du défunt, dans une maison qui lui appartenait et avec d'autres valeurs personnelles, ces titres sont présumés sa propriété exclusive, et la personne demeurant avec lui ne saurait prétendre qu'elle en a la copropriété, alors même que certaines indications du testament du défunt donneraient crédit à cette revendication. Les titres dont il s'agit doivent donc être intégralement compris dans la déclaration de succession (Autun 15 juill. 1873, 3741 R. P.).

6° L'Administration a appliqué ces principes à une somme d'argent trouvée dans le tiroir d'un curé défunt avec une note indiquant que cette somme lui avait été donnée pour servir à l'ornementation de l'église ou au service du culte, et à des billets souscrits au profit du desservant de la commune de A..., et accompagnés d'une note indiquant qu'il était le mandataire de la fabrique (Sol. 1er juill. 1868, 3197 R. P.).

7° Décidé, de même, que la disposition d'un testament par laquelle le testateur déclare que parmi les fonds publics renfermés dans son coffre-fort se trouvent des titres appartenant à une personne qu'il désigne, et qui seront remis à celle-ci après le décès du disposant, constitue, non une reconnaissance de propriété antérieure, mais un legs déguisé passible du droit de succession. Pour écarter cette interprétation, cette personne devrait justifier d'un droit de propriété à faire valoir sur ces fonds (Bruxelles, 20 déc. 1876, 4705 R. P.). — *Conf.* : Autun, 15 juillet 1873.

8° Cette règle a été appliquée à des titres au porteur déposés au nom d'un tiers dans une banque (Sol. 1er avr. 1875, 18 juill. 1876, 23 nov. 1877).

1. OBLIGATION AU PORTEUR. — Il n'en est plus ainsi quand le titre de la créance, par exemple une obligation hypothécaire, portait que le payement pourrait être fait soit au créancier désigné dans l'acte, soit au porteur d'une grosse de l'acte, sans justification d'endos ni d'acte de cession. La question de savoir si les présomptions résultant du titre sont susceptibles d'être admises est une question de fait. Si les héritiers peuvent établir d'une manière quelconque, même par de simples papiers domestiques, que le défunt avait cédé les obligations en question et en avait encaissé le prix, les pré-

1. La présomption de l'art. 2279 C. C., *en fait de meubles possession vaut titre*, ne s'applique pas aux meubles incorporels, tels que créance (Cass. 2 déc. 1856, D. 56-1-443), ou droit d'exploitation d'une industrie (Cass. 7 fév. 1849, D. 49-1-41) (on trouvera plus loin, n° 15859, les règles spéciales à ces valeurs); mais elle gouverne la détention des valeurs industrielles au porteur (Cass. 15 avr. 1863 D. 63-1-396, S. 63-1-387; — Cass. 14 fév. 1877, 5009 R. P.).

somptions tomberont devant une semblable preuve. Si les héritiers sont dans l'impossibilité d'opposer aux présomptions autre chose que de simples allégations de cession antérieure au décès, la souscription des titres et leur inscription au bureau des hypothèques au nom du défunt rendraient les droits exigibles.

2. VALEURS INDUSTRIELLES. — IMMATRICULE. — C'est surtout à propos des valeurs telles que rentes d'État, ou obligations industrielles nominatives, que la difficulté actions se présente en pratique. Un individu se fait inscrire comme propriétaire des titres dont il a simplement le dépôt, puis constate la précarité de sa possession au moyen d'une déclaration annexée aux formules ou même remise au véritable propriétaire. Quand il meurt, ses héritiers ne manquent jamais de réclamer contre le payement des droits de succession exigibles sur des valeurs qui ne lui appartiennent pas. Mais le titre apparent prévaut contre leurs allégations, et les tribunaux maintiennent la perception (Bordeaux 4 fév. 1854; — Dinan 5 fév. 1858 et 8 avr. 1862). C'est pourquoi l'Administration a fait reconnaître, en principe, par une décision ministérielle du 4 novembre 1865, « que le droit de mutation par décès doit être perçu sur les rentes d'État, actions ou obligations sociales nominativement inscrites sur le grand-livre de la dette publique ou sur les registres sociaux, comme étant la propriété d'une personne décédée, encore bien qu'il résulte de notes ou déclarations émanées du défunt que ces valeurs ne lui appartenaient pas » (n° 2523 R. P.).

L'interprétation ministérielle nous a paru fondée. En effet, le transfert des valeurs précédentes, qu'il ait lieu à titre gratuit ou à titre onéreux, forme, par la seule substitution sur les registres sociaux du nom du cessionnaire à celui du cédant, la preuve écrite et complète du droit de propriété de celui au profit duquel a eu lieu l'inscription, ainsi que du dessaisissement du cédant qui, du moment où la mutation a été opérée, a perdu toute espèce de droit sur les valeurs cédées (Cass. 13 nov. 1867, S. 1867 1-422, 4045 R. P.; — 4 juill. 1876, 4813 R. P.). On retombe dès lors directement sous l'application de la règle de l'art. 1341 C. C. : *lettres passent témoins*. — V. 16359-6.

3. VALEURS INDUSTRIELLES. — CESSION. — Seulement, il faut bien se garder de confondre la simple déclaration du propriétaire apparent avec l'acte régulier de cession par lequel il transfère à son mandant les valeurs acquises par lui. Ce contrat ayant dépouillé le défunt de la propriété des titres, il est clair qu'on ne saurait les comprendre dans la déclaration de sa succession.

Le tribunal de Saint-Étienne a décidé, en ce sens, le 31 décembre 1867, que si des actions nominatives sont inscrites sur les registres d'une société au nom d'une personne décédée, mais qu'il soit justifié par une déclaration du défunt que ces titres avaient été acquis pour le compte d'un tiers, cette déclaration acceptée produit les effets d'un transfert passible de la taxe spéciale (L. 23 juin 1857) et s'oppose par conséquent à l'exigibilité du droit de mutation par décès (2615 R. P.).

Mais il a été reconnu, en matière civile, que quand une personne a été inscrite sur les registres sociaux comme titulaire d'actions nominatives, en vertu d'un transfert pur et simple, cette personne en est réputée propriétaire, et elle ne peut pas prétendre qu'elle possède les valeurs à titre de simple nantissement. Il n'importe même pas que le transfert ne soit pas signé par le cédant, s'il est accompagné d'une lettre de celui-ci qui l'autorisait (Lyon 8 août 1873, S. 74-1-105).

4. VALEURS INDUSTRIELLES. — AGENT DE CHANGE. — La situation est encore différente quand il s'agit d'un contrat effectué par un mandataire légal et forcé. Ici, la présomption légale de propriété existant au profit de l'acheteur ordinaire, disparaît; elle est remplacée par une présomption contraire. Puisque l'acquéreur ostensible ne peut, d'après la loi, acheter que pour un tiers, on doit admettre que les valeurs acquises ne sont pas sa propriété, mais appartiennent à ce tiers. Rien n'est plus conforme à la loi, par conséquent, que d'admettre ce mandataire forcé ou ses représentants à indiquer le véritable propriétaire des biens acquis. Rien de plus juste aussi que d'exempter du droit de mutation l'acte qui réalise cette désignation ou ce transfert de titres. C'est ce qui arrive pour les agents de change à l'occasion des achats qu'ils font au parquet de la Bourse. D'une part, la loi leur interdit d'acheter pour eux-mêmes, et, d'autre part, les usages leur défendent de révéler, au moment de la négociation, le nom du client pour lequel ils agissent. Tous les titres nominatifs qu'ils achètent s'immatriculent donc nécessairement en leur nom, mais cette immatriculation n'a pas l'effet ordinaire d'un titre de propriété. Elle n'est, de par la loi elle-même, qu'une mesure d'ordre et comme la première partie de l'opération qui doit réaliser le transfert au nom de l'acheteur véritable. C'est pourquoi l'acheteur peut se faire remettre les titres immatriculés au nom de l'agent, et c'est pourquoi aussi il ne paye pour cela aucun droit particulier de transfert (Paris 6 juill. 1870, 3320 R. P.)[1]. Il s'ensuit directement que, par exception à la règle générale, l'agent n'est pas réputé de plein droit propriétaire des titres inscrits en son nom; s'il décède, les héritiers peuvent donc établir par tous moyens légaux que ces titres appartiennent à autrui et se dispenser de les comprendre dans la déclaration de succession.

Mais cet effet ne se produit, bien entendu, qu'à l'égard des opérations pour lesquelles l'agent est réputé le mandataire forcé de ses clients. La loi ne leur défend pas de posséder personnellement des valeurs de bourse, s'ils jugent convenable de faire ainsi le placement de leur fortune. Ces valeurs, acquises en dehors des conditions précédentes, échappent à l'influence de la présomption du mandat légal; elles rentrent sous l'empire de la règle commune. La difficulté est souvent de distinguer entre les différents titres trouvés dans la caisse de l'agent à l'époque de son décès. Mais c'est là une question de fait que l'examen seul des registres ou des documents de la charge peut faire résoudre avec sécurité. Les tribunaux auraient à intervenir si l'Administration trouvait insuffisantes les justifications produites par les héritiers.

5. VALEURS INDUSTRIELLES. — COURTIERS. — Ce que nous disons des agents s'applique, par identité de raison,

1. L'achat d'une rente sur l'État par un agent de change en réalise immédiatement le transfert au profit du commettant; dès lors, celui-ci devient propriétaire de la rente par le fait même de l'achat, encore bien que le transfert n'aurait été mentionné au grand-livre de la dette publique que plusieurs jours après (Douai 27 fév. 1861, S. 61-1-395).

aux courtiers et aux commissionnaires, puisque ces intermédiaires ont également la mission d'acheter en leur nom pour le compte de commettants dont ils ne dévoilent pas le nom.

6. VALEURS INDUSTRIELLES. — ESCOMPTEUR. — En est-il de même des escompteurs pour les billets ou obligations qu'ils se font souscrire personnellement? L'affirmative a été décidée par un jugement de Villeneuve-sur-Lot du 14 janvier 1871, d'après lequel, lorsqu'un escompteur décédé s'est fait souscrire une obligation par un tiers pour avance d'argent, ses héritiers peuvent établir par des actes ou des présomptions que leur auteur avait été le prête-nom de ses clients, et ne payer le droit de succession que sur la partie de l'obligation correspondant au prêt personnel fait par le défunt (3502 R. P.).

Mais cette décision ne nous a pas paru fondée en droit. L'escompteur est un intermédiaire placé entre le souscripteur d'un effet de commerce et le bénéficiaire, pour faciliter la négociation du titre. Comme l'agent de change, auquel on peut en certains points l'assimiler, il ne joue aucun rôle personnel dans l'opération, et il lui est défendu de s'y intéresser lui-même. Si ses fonctions lui permettent d'agir au nom des prêteurs ou des bailleurs de fonds et lui font même un devoir de veiller à la garantie de leurs créances, il est certain aussi que ce mandat ne lui confère pas le droit d'intervenir luimême en son nom dans les actes pour y faire des stipulations personnelles (art. 85 C. com.). Tout ce qui a ce caractère est donc censé fait en dehors des fonctions d'escompteur. On doit le considérer comme une opération personnelle au créancier. Pour qu'il en fût autrement, il faudrait que la loi défendît à l'escompteur ou à l'agent de faire pour lui-même des avances à des tiers. Or, si le Code leur interdit les opérations de banque, il ne leur défend pas et il ne pouvait pas leur défendre les prêts ordinaires par lesquels tout créancier peut réaliser le placement de sa fortune ou de ses bénéfices. Les placements opérés de cette façon au nom personnel de l'escompteur sont donc de plein droit réputés faits en dehors de son mandat et le concerner individuellement. C'est ce qui a été décidé par le tribunal de Brioude, le 19 mars 1873.

7. VALEURS INDUSTRIELLES. — REPORT. — Le reporteur des titres est propriétaire de ces titres jusqu'à la réalisation du marché à terme (Cass. 3 fév. 1862, S. 62-1-369; — C. Paris 19 avr. 1875, 4465 R. P.). — V. 10584 § 4.

**16361. Emprunt. — Fonds déposés en l'étude.** — Il arrive fréquemment que, lors d'un emprunt, les fonds restent déposés entre les mains du notaire jusqu'à l'accomplissement de certaines justifications hypothécaires ou autres imposées à l'emprunteur. Lorsque l'un ou l'autre des contractants décède avant cette époque, il est intéressant de savoir, pour régler la perception du droit de mutation par décès, à qui appartiennent les fonds conservés par l'officier public.

C'est là une question qu'il faut décider d'après les circonstances du fait et l'intention des parties. On peut en voir un exemple dans un arrêt de Cass. du 2 mars 1868 (2688 R. P.).

Jugé que le prix d'un propre de la femme quittancé dans l'acte de vente, mais laissé en dépôt chez le notaire, reste la propriété de la femme (C. Douai 13 août 1874, 4358 R. P.).

**16361 *bis*. Emploi non réalisé.** — Lorsqu'un jugement a autorisé un mari à liquider les reprises de sa femme et à s'en libérer à l'aide de l'emploi déterminé de sommes provenant de la vente d'immeubles frappés de l'hypothèque légale, il n'effectue pas immédiatement, ni même sous condition suspensive, la transmission à la femme du prix des immeubles du mari, ni l'extinction de la créance des reprises; ces effets restent subordonnés à la remise entre les mains de la femme du titre de rente qui doit être acheté à l'aide des fonds appartenant au mari; et si le mari décède avant l'emploi, les fonds doivent être compris dans la déclaration de sa succession (Seine, 17 août 1872, 3819 R. P.).

De même une somme déposée chez un banquier au nom du défunt pour payer une dépense déterminée, mais qui n'a pas encore reçu cet emploi au jour du décès, doit être comprise dans la déclaration de succession du défunt (Chambéry, 13 mars 1877, 4893 R. P.).

**16362. Rentes sur l'État.** — Le transfert des rentes sur l'État s'opère dans des conditions particulières qui influent sur la perception du droit de succession. Tout achat ou vente d'inscription de rente donne lieu à deux opérations : la négociation et le transfert. L'une se traite à la Bourse, par le ministère des agents de change; l'autre, qui se fait au Trésor, sur les registres tenus à cet effet, a pour objet de constater que le propriétaire de la rente, ou son fondé de pouvoir, assisté d'un agent de change, s'est présenté et a déclaré qu'il entendait que la personne par lui désignée fût inscrite sur le grand-livre en son lieu et place (*V.* Roll. de Vill. *Rép. du not.* v° *Transfert* n° 31, Mallet *Bourses de commerce* t. 1er n° 247-249, Buchère *Effets publics* n° 169). La déclaration de transfert, aux termes de l'art. 1er Déc. 13 thermidor an 13, a pour effet de saisir l'acquéreur de la propriété et jouissance de l'inscription transférée, et ce par la seule signature du vendeur. L'inscription sur le grand-livre est donc le titre de créance du rentier; elle constate ses droits à la propriété de la rente et a la même force que les contrats entre particuliers (Cass. 24 juill. 1844, 12225 J. N.; — C. Pau 6 juill. 1870 20621 J. N.; — Cass. 20 juin 1876, 5008 R. P.). — Ce principe avait déjà été consacré par l'art. 6 Déc. des 24 août et 13 septembre 1793. « Le grand-livre de la dette publique, dit-il, sera le titre unique et fondamental de tous les créanciers de la République. » — Il résulte de là que le transport des rentes n'est valable qu'autant qu'il a lieu dans la forme que nous venons de rappeler, et que, par suite, il ne saurait s'opérer par simple acte notarié, et à plus forte raison sous seing privé (*V.* Paris, 3 juin 1836, S. 1836-2-305; — Toulouse 5 mai 1838, S. 1838-2-456, Roll. de Vill *loc. cit.* n° 40, Mallet nos 257-259. — *Contrà* Galland *Code des transferts* p. 53.

Il semble donc bien certain que l'acquéreur d'une rente par acte sous seing privé ne peut, alors que le transfert n'a pas été légalement opéré du vivant du vendeur, se trouver saisi, à l'ouverture de sa succession, de la propriété de cette rente. En pareil cas, le cessionnaire n'est pas fondé non plus à former une demande en justice pour faire ordonner qu'il sera procédé au transfert, si non, pour voir dire que le jugement en tiendra lieu. En effet, un jugement ne peut tenir lieu du transfert, parce qu'il y aurait, dans un pareil mode, négation des formes spéciales établies pour cet acte.

Le cessionnaire qui décède après la cession, mais avant d'avoir fait opérer le transfert, est donc encore saisi de la propriété de la rente (Cass. 5 juill. 1872, 3651 R.P.). Cette valeur devrait être comprise dans la déclaration de sa succession (Sol. 4 août 1875, 20 sept. 1876).

Un arrêt de la cour de Paris, du 20 avril 1854, avait cependant jugé contre l'Administration de l'enregistrement, agissant comme régie du domaine de l'État, que le transfert n'est une formalité essentielle qu'à l'égard des tiers ; que du vendeur à l'acheteur la propriété de la rente est valablement transmise par acte sous seing privé, et que, en conséquence, le Domaine envoyé en possession de la succession d'un rentier, ne peut revendiquer une inscription de rente que le défunt a vendue par acte sous seing privé. Une doctrine semblable résultait également d'un arrêt de Douai du 27 février 1861 (S. 61-1-395).

Mais elle ne doit plus être suivie en présence de la jurisprudence contraire de l'arrêt de Cass. du 5 juillet 1872.

Jugé spécialement que l'immatriculation d'une rente au nom du mari établit que la rente dépend de la communauté, lors même que la femme déclarerait, dans l'inventaire, qu'elle lui appartient en propre (Angers, 2 juin 1877, 4779 R. P.).

**16363. Prix de vente délégué.** — Quand un débiteur a délégué à ses créanciers avant sa mort soit un prix de vente d'immeubles, soit une autre créance, faut-il néanmoins comprendre ces valeurs dans la déclaration de sa succession ?

On s'était fondé, pour soutenir la négative, sur ce que la délégation investit, dans tous les cas, le créancier de la propriété de la créance abandonnée; et on prétendait qu'il n'y avait point à distinguer entre les délégations acceptées et celles qui ne le sont pas, puisque dans l'économie de la loi d'enregistrement, les unes comme les autres acquittent le droit proportionnel (art. 69 § 3 n° 3 L. 22 frim. an 7).

Mais nous avons combattu cette doctrine dans nos éditions précédentes.

Et d'abord, l'argument que l'on tire de l'art. 69 § 3 n° 3 est sans portée. Ce texte autorise, à la vérité, la perception du droit de 1 pour 100 sur les délégations non acceptées; mais il faut bien prendre garde qu'il ne s'agit pas là d'un droit de transport de créances. L'impôt est dû, comme nous l'avons expliqué au mot *Délégation*, parce que la proposition faite par le déléguant au créancier dont le titre n'est pas enregistré, implique reconnaissance civile de la dette et autorise dès lors la perception du droit d'obligation de sommes, malgré l'absence du créancier. Il ne saurait être question de demander un droit de cession ou de transport de créances, puisque l'acquéreur n'a pas consenti à acheter, et que dès lors le contrat n'est pas formé.

La vérité est que la délégation non acceptée par le créancier n'opère pas le dessaisissement actuel du débiteur. « Un pareil acte, dit Toullier, ainsi resté imparfait par défaut d'acceptation, n'établit aucun lien de droit entre le créancier indiqué pour délégataire et débiteur délégué. Le déléguant reste seul créancier de celui-ci. Cette délégation imparfaite n'est donc point un titre de créance en faveur du créancier indiqué. Il ne pourrait pas critiquer les payements faits au déléguant ou à d'autres personnes du consentement de ce dernier, car le déléguant peut révoquer la délégation faite dans un acte où n'était point partie le créancier indiqué pour délégataire. Cette délégation procure néanmoins de grands avantages à ce dernier : 1° l'énonciation de sa créance dans un titre émané de son débiteur peut lui servir pour la perpétuer et repousser la prescription ; — 2° s'il n'avait pas de preuves écrites de sa créance, cette énonciation pourrait lui servir de commencement de preuve par écrit (1347 C. C.) ; — 3° et c'est le plus grand avantage que retire de la délégation imparfaite le créancier indiqué, il a le droit d'accepter la délégation, en déclarant qu'il veut en profiter, et alors, mais alors seulement, elle ne peut plus être révoquée, il devient propriétaire de la créance déléguée et seul créancier personnel du délégué. En notifiant son acceptation, il se rend partie dans l'acte de délégation; mais tant que cette acceptation n'est pas faite, il est étranger au débiteur délégué » (t. 7 nos 286-287).

En s'exprimant ainsi, Toullier n'a fait que résumer les règles tracées par les docteurs. « Si les trois parties n'y consentent (le déléguant, le délégué et le délégataire), dit Renusson, *Traité de la subrogation* ch. 2 n° 11, la délégation est imparfaite, ou plutôt, il n'y a point de délégation ; ce sera une simple assignation ou destination. » En cette matière, le traité de Renusson avait fixé les principes, que les autres auteurs n'ont fait que reproduire.

Sans doute, le créancier peut, en se faisant payer du délégué, rendre parfait le transport fait à son profit, mais cela n'a rien de concluant, car, ainsi que l'enseigne M. Troplong (*de la Vente* n° 29), lorsqu'un négociant a fait l'offre de vendre des marchandises, le correspondant peut rendre la vente parfaite en faisant prendre les marchandises, et cependant, jusqu'à ce que le second ait manifesté l'intention d'accepter les offres du premier, il n'y a point vente ; et si le négociant qui a fait les offres vient à mourir, les marchandises feront incontestablement partie de sa succession.

En d'autres termes, la loi civile veut que la somme déléguée ne sorte des mains du déléguant que lorsque l'acceptation du délégataire est intervenue, pour faire connaître la volonté de celui-ci d'accéder à un contrat pour la formation duquel son secours est indispensable. Dès lors, si le déléguant vient à décéder avant que cette acceptation ait été signifiée, les règles exceptionnelles de la loi de l'enregistrement ne peuvent faire que cette somme ne fasse partie de la succession du déléguant, qu'elle n'en constitue une *valeur*. Or, l'art. 4 L. 22 frimaire an 7, voulant que le droit proportionnel soit assis sur les *valeurs*, il en résulte que le droit d'enregistrement est nécessairement exigible sur la somm déléguée.

Le contraire avait été, cependant, décidé par le tribunal d'Orange, le 27 août 1856, dans un jugement que nous avions combattu au n° 718 R. P. — Mais la question ayant été soumise à la Cour de cassation, un arrêt du 17 février 1857, confirmatif d'un jugement de Pontarlier, du 1er mars 1856 (752 R.P., 15926 J.N.), a consacré l'exigibilité du droit de mutation en ces termes :

« Attendu que si le défunt à vendu une propriété en déléguant l'acquéreur à payer le prix de la vente à un créancier, ce prix existe néanmoins dans la succession lorsque la délégation n'a pas été acceptée par le créancier délégataire, car le défunt a conservé son droit sur le débiteur, et si celui-ci était devenu insolvable la perte aurait été supportée par le déléguant, et non par le délégataire, qui n'avait pas accepté » (813 R.P., 2096 § 7 I.G., 16001 J.N., 16519 J.E., 10971 C., S. 58-1-309. — *Conf.* : M. Demante n° 687; — Nontron 21 déc. 1850, 15380 J.N. ; — Dijon 20 déc. 1865, 18148 J.E.; — Marseille 25 juill. 1867, 2597 R.P.; — Seine 17 juill. 1869, 3021 R. P.; — Condom, 7 avr. 1876; — Yvetot, 7 juill. 1877; — Alençon, 11 mai 1877).

Cette jurisprudence a été consacrée plus récemment par un autre arrêt de la chambre des requêtes du 19 juillet 1870, portant : « Attendu que la délégation n'est parfaite et n'opère novation qu'autant qu'elle a été acceptée; que le principe est vrai même des créanciers inscrits sur un immeuble vendu ; que si, en effet, l'hypothèque donne aux créanciers inscrits un droit de préférence sur le prix, elle ne leur en transfère pas la propriété » (3189 R.P., 2414 § 5 I. G., S. 71-1-35, D. 71-1-81, P. 71-56).

Il ne faudrait pas opposer à cette jurisprudence un jugement du 21 février 1862, par lequel le tribunal de Lille a décidé qu'il n'y a pas lieu de comprendre dans la déclaration de la succession d'une personne le prix de la cession qu'elle a faite à son copropriétaire de sa part dans l'immeuble indivis lorsqu'elle a délégué ce prix à leur vendeur, quoique cette délégation n'ait pas été acceptée (1701 R.P.). — Car, pour le décider ainsi, le tribunal, appréciant les faits, a reconnu qu'il n'y avait eu dans l'espèce ni vente ni délégation de prix, mais licitation équivalente à partage, ayant eu pour effet de faire considérer l'acquéreur comme ayant toujours été seul propriétaire de l'immeuble, à charge d'en payer seul aussi le prix encore dû.

1. ACCEPTATION. — Il faut donc, pour que la créance déléguée cesse d'appartenir au déléguant, que l'offre soit acceptée par le créancier délégataire. Mais comment, et en quelle forme cette acceptation doit-elle se produire quand elle intervient en dehors de l'acte même de délégation? Cette difficulté subsidiaire mérite d'être attentivement examinée, parce qu'elle est capitale pour l'application du principe que nous venons de poser dans le numéro précédent.

La loi a gardé sur ce point un silence qui a fait naître en jurisprudence diverses interprétations. Les plus rigoureux ont soutenu que, par analogie avec la cession de créance, il fallait nécessairement une acceptation authentique notifiée à la fois au débiteur délégué et au créancier délégataire, sans quoi la propriété continuait à demeurer sur la tête du déléguant (Orléans 3 juill. 1847, S. 48-2-74, P. 2-495, D. p. 472-181). — D'autres n'insistent pas sur la notification de l'acte, mais exigent l'authenticité du consentement, sous le prétexte que c'est le seul moyen de sauvegarder les droits des tiers (Toullier t. 7 n°s 288 et 289, Larombière n° 1276-4; — Metz 24 nov. 1820, *P. chr.*, Dalloz 9-230; — Dijon 9 fév. 1847, S. 48-2-190, P. 2-1848-77). — Quelques-uns, au contraire, pensent que la condition d'authenticité est surabondante, pourvu que l'acceptation soit formellement établie par un acte sous seing privé notifié au débiteur délégué (Agen 2 déc. 1851, S. 1851-2-678).

Ces systèmes sont aussi divinatoires les uns que les autres. Ils reposent tous sur des considérations dont on ne méconnaît pas la gravité en législation, mais qui sont inutiles pour l'interprétation des textes du droit positif. Ainsi que le fait observer avec raison Dalloz, leurs partisans se sont mal à propos guidés sur les règles admises en matière de cession de créances. L'art. 1690 C. C., qui exige une acceptation authentique du transport, n'est pas applicable aux délégations, parce que ces derniers contrats sont d'une nature différente et produisent d'autres résultats (V. *Oblig.* n° 2480). D'ailleurs, cette condition d'authenticité ou de notification n'affecte que les rapports du cédant avec les tiers. Entre le cédant et le cessionnaire, le transport est parfait par le consentement réciproque sur la chose et sur le prix. Il n'est besoin pour cela ni d'un écrit, ni surtout d'un écrit authentique. La propriété est acquise à l'acheteur dès qu'il a accepté la proposition du cédant. Mais, pour avertir le débiteur de l'existence du transport, autant que pour protéger la bonne foi des tiers, on a obligé le cessionnaire à prendre possession effective de la créance au moyen de manifestations qui attestent publiquement le déplacement de la propriété. L'art. 1690 C. C. n'a pas d'autre but; il ne touche en rien à la validité même du contrat entre les parties elles-mêmes (*V.* Troplong *de la Vente* n° 883 et Duvergier *eod. loc.* 180; — Bruxelles 25 nov. 1829 P. *Coll. chr.* ). — Or, quand le Trésor, avant de percevoir son droit de mutation par décès, détermine la consistance des biens appartenant au défunt, il n'est certainement pas un tiers dans le sens juridique de ce mot. Il ne l'est pas plus ici que quand il s'agit de contester la valeur des renonciations irrégulièrement faites devant notaire (Cass. 24 nov. 1857, 2118-16 I. G., 926 R. P., S. 58-1-240). — Puisque, dans les relations existant entre le créancier et le cédant, ce dernier est dessaisi de la propriété, il est juste de ne la point comprendre parmi les valeurs imposables transmises aux héritiers.

*Notification. — Acte authentique.* — Il faut décider, par conséquent, que l'acceptation de la délégation, pour opérer à l'égard de l'Administration, n'a besoin d'être ni notifiée, ni rédigée en la forme authentique. De nombreux arrêts, dont il va être parlé, l'ont ainsi reconnu en matière civile, et leur jurisprudence est, à plus forte raison, applicable au droit fiscal. Du reste, dans l'affaire qui a donné lieu à l'arrêt du 17 février 1857, transmis dans l'I. G. 2096-7, la délégation avait été acceptée pour partie, au moyen d'une simple lettre missive non signifiée extra judiciairement au cédant. Or, de ce chef, l'Administration reconnut, avec le tribunal de première instance, que le dessaisissement était complet, et elle ne se pourvut en effet qu'au sujet des droits relatifs à la délégation non acceptée.

Elle a refusé, au contraire, de faire résulter cette acceptation, dans l'affaire qui a donné lieu au second arrêt du 19 juillet 1870, d'une correspondance des héritiers avec le vendeur. « Attendu que les juges du fond n'ont fait qu'user de leur pouvoir souverain d'appréciation en refusant de voir la preuve de cette acceptation dans des lettres écrites par les prétendus délégataires plus de deux ans après le décès de Delarochette » (3189 R.P.).

*Circonstances diverses.* — La jurisprudence a été plus loin. Comme la loi ne prescrit rien pour ces acceptations, elle en a conclu qu'on pouvait les faire résulter non-seulement d'un acte exprès rédigé sous signature privée, mais encore l'induire tacitement de toutes les circonstances établissant que le cessionnaire avait agi en qualité de propriétaire. Il est évidemment impossible d'indiquer ici de quoi doivent se composer les éléments de preuve, car ils varient à l'infini et chacun d'eux reçoit même des faits particuliers de la cause un reflet qui peut aggraver ou restreindre son importance. Nous nous bornerons à citer les principales hypothèses soumises à la jurisprudence.

Il paraît certain d'abord qu'une simple inscription formalisée par le délégataire en son nom sur les biens du débiteur délégué ne tient pas lieu de l'acceptation. Et, en effet, l'inscription hypothécaire a essentiellement le caractère d'une mesure conservatoire, qui ne préjuge pas l'existence positive du droit dont elle dérive. C'est ce que la Cour a reconnu le 21 février 1810 par un arrêt généralement approuvé (S. 1810-1-209; — *Conf.* : Aix 27 juill. 1846, S. 1846-2-445, Toullier 7-289, Grenier 2-388, Duvergier 2-241 et 242). — Troplong insiste surtout très-vivement à cet égard (*des Hyp.* 368). — La solution serait néanmoins différente si à l'inscription se joignaient d'autres faits de nature à en préciser la portée. Tel serait le cas, par exemple, d'un délégataire qui aurait requis inscription et donné quittance des intérêts de la créance (Dijon 4 fév. 1847, S. 1847-2-400); — ou dirigé personnellement des poursuites contre le délégué et obtenu jugement contre lui (Montpellier 1er août 1832, Dalloz vo *Oblig.* 2476, S. 33-2-426, D. 33-2-14).

Par la même raison l'acceptation a été induite de l'adhésion du créancier à la concession d'un délai accordé à l'acquéreur par le déléguant dans l'acte de vente, jointe à la réquisition d'une inscription sur le délégué, et à la réception d'une partie de la créance (Cass. 9 juill. 1834, S. 1834-1-504).

Ainsi encore, dans le cas de vente d'un immeuble avec stipulation de la part du vendeur que l'acquéreur fournira une rente foncière due au précédent vendeur du même immeuble, l'acceptation par ce dernier de la délégation faite à son profit peut résulter de ce que la quittance qu'il a délivrée mentionnait le débiteur désigné comme l'auteur des payements d'arrérages constatés dans ces quittances. Cette acceptation ne permettait plus au créancier déléguant de dégager le débiteur délégué de son obligation envers le tiers délégataire sans la participation de ce dernier (Cass. 27 fév. 1856, S. 1856-1-605, D. 1856-1-146).

De même, il a été décidé : 1° qu'une délégation faite par le mari est valable à l'égard de sa femme, sa créancière, si elle en a eu parfaite connaissance, en ce que, par exemple, elle a reconnu cette délégation dans un inventaire dressé après le décès du mari, et en ce qu'elle a payé elle-même plusieurs fois les intérêts de la créance déléguée au tiers (Paris 25 fév. 1839, Dalloz B.C. 2480, P. 1-1839-453, D. 39-2-183).

De même l'acceptation d'une délégation faite dans un contrat de vente par le vendeur au profit de ses créanciers résulte de ce que ceux-ci se sont présentés à l'ordre ouvert pour la distribution du prix de l'immeuble affecté au privilége du déléguant; « En réclamant, dans une instance où figuraient le déléguant et le tiers débiteur, le bénéfice de la délégation, les demandeurs ont suffisamment manifesté leur acceptation » (Cass. 7 mars 1865, 2597 R.P.).

Il a été spécialement reconnu, quand le prix d'une vente a été délégué en bloc aux créanciers chirographaires du vendeur et que celui-ci décède, alors que la délégation n'a pas été acceptée clairement et par tous les créanciers, le prix dépend de sa succession et doit supporter l'impôt : « Attendu que les actes d'acceptation énoncent seulement que les comparants sont créanciers du vendeur pour le reliquat d'un compte à établir, sans indiquer même d'une manière approximative le chiffre de leurs créances, que, d'un autre côté, ces quatre créanciers ne pouvant pas seuls profiter du bénéfice de la délégation, puisqu'elle était faite au profit de la masse des créanciers chirographaires dont le plus grand nombre ne l'a pas accepté ; que la délégation est donc restée imparfaite et n'a pas opéré le dessaisissement » (Troyes 13 nov. 1872, 3973 R. P.).

*Acceptation. — Faits postérieurs au décès.* — Il est à peine nécessaire d'ajouter que, pour dispenser du payement de l'impôt des mutations sur les valeurs déléguées, les faits d'où s'induit l'acceptation doivent être antérieurs au décès du déléguant. Quoique l'acceptation puisse intervenir après cette époque et produire alors un effet rétroactif (Montpellier 3 mai 1841, Dalloz vo *Effets de com.* 856, P. 2-1841-715), elle ne peut pas faire cependant que le débiteur ne soit mort dans la pleine possession de son droit de créance sur les biens offerts en payement. Et comme l'impôt atteint les valeurs appartenant au défunt à l'instant même de sa mort, il va de soi que, sauf le cas de partage antérieur à la déclaration de succession, le droit acquis au Trésor ne saurait être éteint par les stipulations postérieures des tiers. C'est dans un cas pareil qu'a été rendu l'arrêt du 19 juillet 1870 que nous venons de rapporter (*Conf.* : Seine 17 juill. 1869, 3021 R.P.).

2. CRÉDIT FONCIER. — On avait prétendu que le Crédit foncier se trouve placé dans une situation particulière. En cas de non-payement des annuités à l'échéance, disait-on, la loi du 28 février 1852, art. 29 et 30, lui permet de faire séquestrer l'immeuble et d'appliquer par privilége le prix des récoltes au payement des annuités échues. On en concluait que le vendeur se trouve en quelque sorte dessaisi par le fait même de l'aliénation volontaire de la partie du prix destinée au remboursement des annuités, et qu'il n'a pas dès lors besoin d'accepter la délégation pour devenir propriétaire de la somme qui lui revient. Mais cette opinion ne paraît pas pouvoir être suivie, car le dessaisissement résultant du décret de 1852 ne s'applique pas au prix principal de l'immeuble pour lequel le crédit foncier reste soumis à la règle générale, et qui ne lui appartient pas tant que l'acceptation n'est pas intervenue (V. Seine 17 juill. 1869, 3021 R. P.).

3. PRIX TOUCHÉ. — SIGNIFICATION AUX CRÉANCIERS INSCRITS. — Si le prix avait été délégué par le vendeur à ses créanciers et s'il avait été touché par eux, il n'y aurait pas lieu de le comprendre dans la déclaration de succession de ce vendeur, car ce prix alors ne ferait plus partie de la succession (Cass. 22 déc. 1812, arrêt cité par Teste-Lebeau vo *Succession* no 18). — La jurisprudence va même plus loin, en ce sens qu'elle considère l'acceptation du créancier comme inutile, dès qu'il s'agit de créanciers inscrits et que l'acquéreur a fait notifier son contrat. — Jugé, en effet, que lorsqu'après la vente d'un immeuble hypothéqué, dont le prix a été délégué aux créanciers inscrits et après l'accomplissement des notifications prescrites par l'art. 2183 C. C., le vendeur vient à décéder, ses héritiers ne sont pas tenus de comprendre le prix de cet immeuble dans la déclaration de sa succession ; peu importe que les créanciers aient usé de la faculté de surenchérir (Vigan 5 déc. 1833, Dél. 14-16 juin 1834, 10960 J. E.).

4. CRÉANCIERS CHIROGRAPHAIRES. — Si la délégation

est faite à la masse des créanciers chirographaires, le dessaisissement du prix ne résulterait suffisamment pas de ce que plusieurs de ces créanciers auraient accepté en leur nom personnel. Ce prix devrait donc être compris dans la déclaration de succession du vendeur (Troyes 13 nov. 1872 *rapporté* 16363-1 *in fine*).

**16364. Garantie.** — Si, dans un acte de vente d'immeubles, le vendeur s'est déclaré passible de l'hypothèque légale de sa femme pour raison de ses dot et reprises, et a stipulé que sur le prix les acheteurs retiendraient, sans pouvoir la consigner, une somme de 12,000 francs, dont ils lui payeraient intérêt à 5 pour 100, se réservant même de toucher cette somme moyennant garantie, il ne résulte de cette clause ni délégation parfaite ou imparfaite, ni dépôt, et si le vendeur vient à mourir, cette créance non soldée doit être comprise dans la déclaration de sa succession (Brives 4 juin 1851, 15238 J. E., D. N. t. 12 p. 290 n° 549).

**16365. Cession. — Transport.** — Ce que l'on décide pour la délégation s'applique par identité de motifs à la cession ou au transport. Dès que la créance a été cédée à un tiers par le défunt et que ce tiers a accepté, le dessaisissement est complet et le droit de succession n'est pas exigible.

Mais il faut, bien entendu, qu'il s'agisse d'une cession réelle emportant mutation actuelle de propriété et non pas d'une cession éventuelle, et à titre de garantie. Il a été jugé, dans cette hypothèse, que lorsque le débiteur transporte à son créancier une créance dont il se réserve le droit de poursuivre le recouvrement et dont le créancier n'accepte le transport qu'à titre de moyen de payement et sans aucune novation ou dérogation à ses droits, cette créance reste dans le patrimoine du débiteur et doit être déclarée (Cass. 14 juill. 1869, 2987 R. P., 2393-4 I. G., S. 70-1-41, 19729 J. N.).

« Attendu, porte l'arrêt du 14 juillet 1869, qu'il est déclaré par le jugement attaqué, et qu'il résulte d'ailleurs de l'acte du 6 août 1858, contenant arrêté de compte et règlement de la créance de Bouqueret et consorts sur Louis Lebrun-Virloy, que le transport consenti par ce dernier de la créance sur Palotte et Donon ne fut accepté par Bouqueret et consorts qu'à titre de moyen de payement et sans aucune novation ni dérogation à leurs droits directement contre Louis Lebrun-Virloy; que Lebrun-Virloy s'était expressément réservé le droit de poursuivre Donon et Palotte; qu'il est en outre constaté par le jugement que, dans un autre acte reçu par Dufour, notaire à Paris, le 28 février 1861, ayant pour objet de régler l'emploi de la somme dont Donon et Palotte restaient débiteurs, acte dans lequel le demandeur en cassation stipulait comme héritier bénéficiaire de Louis Lebrun-Virloy, il fut déclaré que cette somme était due à la succession de ce dernier, et qu'elle devait être payée à Bouqueret et consorts, créanciers de la succession; que ce payement a eu lieu sur la demande et du consentement de l'héritier bénéficiaire, qui en a donné quittance conjointement avec les consorts Bouqueret, ces derniers déclarant libérée envers eux la succession de Lebrun-Virloy. — « Attendu qu'en cet état des faits, en déclarant que le transport du 6 août 1858 n'avait pas fait sortir la créance contre Palotte et Donon du patrimoine de Lebrun-Virloy, et qu'elle aurait dû figurer dans la déclaration de succession, le jugement attaqué a sainement apprécié les actes et leur a fait une juste application de la loi. »

**16366. Saisie-arrêt.** — 1. SAISIE NON VALIDÉE. — La saisie n'enlève pas la propriété de la créance au porteur du titre, elle ne le prive que de la disponibilité de la créance.

Ainsi, il a été jugé par la Cour de cassation, le 9 janvier 1838 (S. 38-1-18), que la déclaration du débiteur sur lequel une saisie-arrêt a été formée, qu'il se reconnaît redevable des causes de la saisie, et consent à ce que le tiers saisi verse entre les mains du saisissant toutes les sommes qui peuvent lui être dues, ne constitue ni un *transport de créance* ni une *délégation*, qui opère *saisine* au profit du saisissant, encore bien que cette déclaration, acceptée par lui, ait été notifiée au tiers saisi, avec défense de payer à d'autres. En conséquence, d'autres créanciers peuvent utilement, et tant que le tiers saisi ne s'est pas libéré, former des saisies-arrêts postérieures, sur les sommes faisant l'objet de cette déclaration.

Jugé encore que la saisie-arrêt d'une somme n'en ôte la disponibilité au débiteur du saisissant, que jusqu'à concurrence des causes de la saisie; en conséquence, le surplus peut être cédé par le débiteur, et un créancier qui a saisi postérieurement à cette cession n'est pas fondé à prétendre que la saisie antérieure a conservé ses droits, par préférence à tout cessionnaire ultérieur (Cass. 26 fév. 1834, S. 35-1-122; — Paris 30 mars 1835, 7 fév. 1837, 18 mars 1839, 26 juill. 1843, S. 35-2-385, 37-2-272, 39-2-182, 43-2-523).

Toujours dans le même ordre d'idées il a été jugé, par la cour de Grenoble, le 19 novembre 1847 (S. 48-2-185), que la saisie-arrêt ne frappe d'indisponibilité la somme saisie-arrêtée qu'au profit du saisissant, en telle sorte que la cession de tout ou partie de cette somme, après la saisie-arrêt, produit son effet, si la saisie vient à être éteinte par le payement du créancier saisissant fait depuis la cession, sans que les autres créanciers (non opposants avant cette extinction) puissent se prévaloir de la saisie comme formant obstacle à l'efficacité de la cession.

De ces décisions il faut conclure que les créances qui sont frappées de saisie-arrêt, n'en doivent pas moins être comprises dans l'actif de la succession du créancier, lorsqu'il vient à décéder pendant que ses titres sont encore sous le coup de la saisie et avant que cette saisie ait été validée (Cass. 14 juill. 1869, 2987 R. P., 2393-4 I. G., S. 70-1-41, 19729 J. N.).

« Attendu, porte l'arrêt du 14 juillet 1869, que les oppositions formées par Vergnon et Lemasson n'ayant pas été validées par jugement, n'ont pu avoir pour effet de dessaisir Louis Lebrun-Virloy de la créance de 8,000 francs sur Palotte et Donon; que c'est donc à bon droit que le jugement attaqué décide que cette créance aurait dû être comprise dans la déclaration de succession. »

2. SAISIE VALIDÉE. — Mais il en serait autrement si la saisie avait été validée avant le décès par un jugement devenu définitif.

En effet, la jurisprudence et la doctrine s'accordent à reconnaître en droit civil, que le jugement qui, en validant une saisie-arrêt, ordonne au tiers saisi de payer entre les mains du saisissant, constitue, lors qu'il est passé en force de chose jugée, un véritable transport qui dessaisit le débiteur saisi de la propriété des deniers arrêtés, en rend le saisissant propriétaire exclusif et fait du tiers saisi le débiteur direct du saisissant : « Attendu, porte l'arrêt de cassation ci-après cité, du 30 janvier 1842, en droit, que l'effet nécessaire des jugements qui, en prononçant la validité des saisies-arrêts, ont ordonné que les tiers saisis videraient leurs mains en celles du saisissant, a été de dessaisir le débiteur saisi des sommes arrêtées, pour en faire attribution et transport au saisissant; qu'on ne saurait méconnaître cette attribution sans refuser à la chose jugée toute espèce d'efficacité « (Cass. 28 fév. 1822, 14 juin 1826, 20 mai 1839, 30 janv. 1842, 8 juin 1852, 15 avr. 1856; — Nancy 23 août 1824; — Lyon 24 août 1827 et 22 mars 1830; — Nîmes 8 fév. 1832; — Rennes 24 mars 1835; — Paris 17 mars 1836; — Montpellier 21 janv. 1839, Bioche no 245, Bonnier no 1400, D.N. vo *Saisie-arrêt* nos 105 et 109, Dalloz vo *Saisie-arrêt* no 445). — Par conséquent, si le jugement qui a prononcé la validité de la saisie-arrêt a acquis l'autorité de la chose jugée antérieurement au décès, il a eu pour effet de dessaisir le *de cujus* de la propriété des deniers saisis pour en investir le créancier saisissant, et dès lors le défunt n'a pu transmettre ces mêmes deniers à ses héritiers par son décès (*Conf.* : no 2166 J. du not., art. 18429 J. E.).

**16367. Saisie immobilière. — Prix de l'adjudication forcée.** — La procédure de l'ordre judiciaire présente deux phases bien distinctes qu'il est utile de connaître pour la perception du droit de succession.

Lorsque l'ordre est ouvert et que les créanciers inscrits ont été sommés de remettre leurs titres, il s'écoule un délai de quarante jours après lequel le juge dresse l'état de collocation sur les pièces produites. On appelle cette opération le règlement *provisoire* de l'ordre (*art. nouv.* 755 C. proc.).

Les créanciers ont le droit de contredire l'appréciation du juge et de la déférer à la censure du tribunal et de la Cour. Quand ils ont gardé le silence, ou que leur opposition est tranchée, l'état de collation est arrêté, et le greffier délivre à chaque créancier un bordereau exécutoire contre l'adjudicataire. C'est là le règlement *définitif* de l'ordre (*art. nouv.* 756, 769 et 770 C. proc.).

Quels sont les effets de ces deux situations sur la propriété du prix à distribuer ?

1. RÈGLEMENT PROVISOIRE. — Aucun doute n'existe pour le règlement provisoire.

Il ne constitue qu'une formalité d'instruction et pour ainsi dire un acte préparatoire de la collation véritable. Son but est uniquement de provoquer les contredits et les observations des intéressés. En lui-même, il est donc impuissant à dessaisir le vendeur de sa créance pour la transporter sur la tête des créanciers. Dès lors, si ce vendeur décède pendant l'intervalle qui sépare le règlement provisoire du règlement définitif, le prix à distribuer est passible du droit de mutation par décès. « Attendu, porte un arrêt de Cass. du 15 juillet 1856, que le règlement provisoire dans un ordre ouvert pour la distribution du prix d'un immeuble vendu judiciairement par suite de saisie, n'opère point la transmission aux créanciers colloqués, de la propriété du prix de la vente. « Attendu qu'à l'époque du décès d'Antoine Bisson, l'immeuble dont l'expropriation forcée avait été poursuivie contre lui par ses créanciers hypothécaires, avait été adjugé à l'audience des criées du tribunal de la Seine; mais que le prix n'ayant pas encore été distribué aux créanciers en conséquence de l'ordre ouvert à la suite de l'adjudication, la propriété de ce prix résidait encore sur la tête dudit Antoine Bisson; qu'en effet, si le prix d'un immeuble exproprié judiciairement est affecté aux créanciers hypothécaires, c'est seulement en vertu de leur hypothèque sur ledit immeuble, c'est-à-dire en vertu d'un droit de gage, lequel ne transfère point la propriété tant que le payement n'est pas réalisé, et n'en est jusque-là qu'une charge; que dès lors, et en cet état, la succession dudit Antoine Bisson était demeurée propriétaire du prix de l'immeuble adjugé, sauf les charges éventuelles résultant des créances susdites produites à l'ordre et qu'elle en devait en conséquence la déclaration ainsi que les droits de transmission par décès » (722 R.P., 2096 § 6 I. G., S. 57-1-577).

Dans le même ordre d'idées, il a été reconnu que si le créancier décède avant la clôture définitive de l'ordre, le prix à distribuer demeure entre ses mains et doit acquitter le droit de succession (Seine 14 juin 1854; — Aubusson 25 août 1858, 1091 R. P.; — Alençon, 11 mai 1877).

*V.* aussi Cass. 18 décembre 1854 rendu en matière civile J. P. t. 1er p. 2 année 1856, E. Demante no 686.

2. RÈGLEMENT DÉFINITIF. — La question est plus délicate à l'égard du règlement définitif.

Pour soutenir que le vendeur est dessaisi, voici le raisonnement que l'on tient, et dont le tribunal de la Seine a reproduit la substance dans un jugement du 10 février 1860 (2282 R. P.), conformément d'ailleurs à un autre jugement de Redon du 28 avril 1833 (10659 J. E.) et à une Dél. 14 juin suivant (8351 J. N.). — Les biens du débiteur, dit-on, sont le gage des créanciers, et ses immeubles demeurent spécialement affectés au payement des sommes inscrites. Jusque-là il n'y a qu'un nantissement, une sorte de garantie offerte aux créanciers à la sûreté de son recouvrement. Pour que l'immeuble ou le prix qui le représente devienne la propriété du gagiste, il faut un nouveau consentement des parties. Or, celui du créancier est suffisamment manifesté par sa production à l'ordre, et celui du débiteur est remplacé par l'injonction de la justice. Le règlement définitif opère donc une dation en payement. Et c'est pourquoi l'art. 765 C. proc. dispose que les intérêts dus par le saisi cessent et font place aux intérêts dus par l'adjudicataire ! Ce système peut s'appuyer sur un arrêt de la cour de Caen du 15 mars 1852, d'après lequel le colloqué devient créancier direct de l'adjudicataire, à ce point que la nouvelle dette est prescriptible par trente ans depuis l'exigibilité du bordereau de collocation, sans égard à la prescription qui serait acquise au débiteur primitif (P. t. 2-1853 p. 646, S. 52-2-682). « Puisque, dit M. Demante, à partir du règlement définitif les créanciers ont directement un titre contre l'acheteur, c'est à eux désormais que le prix appartient en première ligne. Cette considération doit suffire pour admettre que la créance de ce même prix n'est plus dans le patrimoine du vendeur. Quelle que soit la controverse qui règne entre les civilistes, sur cette matière, mais à un autre point de vue, l'enchaînement des principes amène ici des conséquences déjà bien assez rigoureuses ; ce n'est pas le cas d'en tirer des déductions à outrance» (n° 686). — *V.* arg. Mortagne, 11 mars 1877, 4917 R. P.

Cette argumentation est assurément très-sérieuse : nous ne saurions néanmoins nous y rattacher. On ne peut se dissimuler d'abord tout ce qu'il y a de grave à prétendre que le juge-commissaire a reçu de la loi le pouvoir de consentir pour le saisi à la délégation de sa créance. L'ordre judiciaire, dans son essence comme dans ses effets, n'est pas autre chose que l'indication du rang selon lequel les divers créanciers doivent se partager la valeur du gage. L'intervention du tribunal se justifie seulement par la nécessité d'apprécier les causes de préférence et de trancher les contestations qu'elles font naître ; mais quand les prétendants sont d'accord, l'*ordre* est terminé, et le reste n'est plus qu'une affaire d'exécution. On se demande alors pourquoi le législateur, prolongeant l'action du juge au delà des limites de la collocation, lui aurait confié le pouvoir de dépouiller le saisi de sa créance et d'opérer malgré lui une dation en payement. Ce résultat n'est aucunement dans les nécessités de l'opération. Aussi, pour l'admettre, faudrait-il trouver parmi les textes une disposition précise qui l'autorise et que l'on chercherait en vain.

Mais, dit-on, l'art. 778 ! N'implique-t-il pas que l'adjudicataire est débiteur direct envers la masse hypothécaire ? En aucune manière. Les créanciers colloqués se trouvent uniquement appelés, par l'indication de payement, à exercer les droits de leur débiteur en se faisant payer les intérêts du retard éprouvé par eux. La substitution de l'adjudicataire au saisi n'a pas d'autre cause. On ne saurait y voir le signe d'une délégation, car si tel était le caractère de l'ordre, à quoi bon faire un article exprès pour exprimer une conséquence aussi naturelle que celle du payement des intérêts par le délégué ? Les auteurs sont unanimes sur ce point. Ils enseignent que la collocation n'emporte pas délégation parfaite au profit de chaque créancier ni libération du débiteur. C'est une simple *indication de payement* laissant subsister la dette avec toutes ses garanties, et ne dépouillant pas dès lors le saisi de la propriété du prix distribué (Bioche n° 545, Pigeau *Comment.* t. 2 p. 449, Berriat p. 615 n° 16, R. P. V. *Ordre* n° 1185 et suiv.). — Merlin surtout s'est exprimé avec une netteté remarquable. « Le prix d'adjudication, dit-il, est affecté par une indication de payement aux créanciers du saisi, et de là l'usage de délivrer à ceux-ci des bordereaux de collocation qui sont exécutoires contre l'acquéreur. Mais cette affectation n'est pour les créanciers à qui se délivrent ces bordereaux qu'une espèce de gage qui se transfère de la chose vendue sur le prix qui la représente : *elle ne les investit pas de la propriété de la créance de ce prix*, *elle en est même exclusive*, puisqu'il est impossible que le droit de propriété et le droit de gage concourent sur la même chose et dans la même personne. Il en serait autrement, sans doute, si la collocation d'un créancier, soit dans un ordre, soit dans une contribution, pouvait être assimilée à une dation en payement, si elle emportait la libération du débiteur saisi envers ce créancier, si elle équipollait à une délégation parfaite. Mais elle n'a, et il s'en faut de beaucoup, ni ce caractère ni cet effet. D'une part, le créancier colloqué dans un ordre ou dans une contribution est si peu censé payé définitivement, *il est si peu réputé propriétaire de la portion de créance du prix qui lui est affectée* qu'il ne tient qu'à lui de ne pas user de sa collocation et d'*exercer ses droits sur les autres biens du débiteur* » (*Rép.* v° *Subrog.* sect. 2 § 8).

L'Administration était donc, semble-t-il, dans la vérité des principes, en décidant, par une Sol. du 5 février 1836, servant de règle de perception, que, si le saisi meurt avant le payement effectif des bordereaux, ses héritiers doivent en comprendre le montant dans la déclaration de sa succession (1528 § 11 I. G.). — V. *Conf.* : D. N. t. 12 p. 289 n° 545.

Notre opinion a été confirmée par un jugement du tribunal de Lourdes du 11 février 1874, ainsi conçu : « Attendu que le saisi est seul propriétaire du prix des immeubles dont il a été exproprié jusqu'au moment du payement effectif de ses créanciers ; que la jurisprudence va jusqu'à décider que la clôture de l'ordre et la délivrance du bordereau ne suffisent pas pour transmettre la propriété de ce prix aux créanciers ; que le payement seul peut produire cet effet ; que la conséquence forcée de ce principe est que, si le saisi vient à décéder avant le payement effectif, ses héritiers doivent déclarer le prix des immeubles expropriés et en payer les droits. »

La jurisprudence civile a rendu également plusieurs arrêts qui supposent la conservation de la créance entre les mains du saisi.

Ainsi, la cour de Grenoble a jugé, le 26 mai 1855, que la collocation en ordre utile vaut comme simple indication de payement sans novation, et n'empêche pas le créancier de recourir aux autres voies d'exécution qui lui sont acquises. En conséquence, le créancier inscrit, subrogé légalement ou conventionnellement aux droits d'un créancier préférable, peut, afin d'assurer un rang utile à sa créance personnelle, renoncer à la collocation obtenue par le créancier désintéressé, et user, pour opérer le recouvrement de la créance remboursée, des autres sûretés attachées à cette créance (P. 1856 t. 1er p. 15). — La Cour de Colmar a décidé, dans le même sens, le 22 avril 1815, que, la collocation définitive n'opérant pas novation, le créancier conserve son recours contre la caution solidaire, quoiqu'il ait été colloqué sur les biens du débiteur principal et qu'il ait ensuite renoncé à cette collocation.

Le tribunal de la Seine oppose que, dans la délégation ordinaire, le délégataire conserve aussi ses droits contre le délégant sans que cette circonstance empêche le transport de la créance (art. 1275 C. C.). Qui ne voit la différence ? Le créancier qui a accepté le transport sans décharger le cédant, son débiteur peut recourir contre lui, cela est vrai, mais c'est uniquement quand il n'a pu se faire payer par le délégué. Il ne lui est pas permis de renoncer sans cela aux effets d'une convention librement consentie (Larombière art. 1275 nos 3 et 8, Dalloz v° *Oblig.* n° 2472). Tout au contraire, dans l'ordre judiciaire, la jurisprudence reconnaît au créancier le droit absolu de répudier la collocation à quelque époque que ce soit, pour agir directement contre le saisi. Cela n'est évidemment possible que parce qu'il n'y a pas eu de contrat et que, selon les expressions mêmes des arrêts, la procédure opère une simple *indication de payement*. C'est aussi en vertu de ce principe que, d'après un arrêt de la cour d'Orléans, du 18 novembre 1836, à défaut de payement par l'adjudicataire du montant des bordereaux, la résolution de la vente ne pourrait être demandée par les créanciers comme *subrogés* aux droits de leur débiteur, mais seulement comme agissant *au nom* de ce dernier (*Conf.* : Bioche n° 536, *Rép. du*

*Pal.* v° *Ordre* n° 1188. — V. égal. Cass. 18 mai 1808; — Paris 18 nov. 1815, cités dans l'ouvrage précédent, et un arrêt de Cass. du 25 fév. 1839, cité par Biocho n° 545).

3. CRÉDIT FONCIER. — La vente forcée des immeubles hypothéqués au Crédit foncier est soumise à des règles particulières. Le décret du 28 février 1852 porte :

« Art. 38. — Dans la huitaine de la vente l'acquéreur est tenu d'acquitter à titre de provision à la caisse de la Société le montant des annuités dues. Après les délais de surenchère, le surplus du prix doit être versé à ladite caisse jusqu'à concurrence de ce qui lui est dû, nonobstant toutes oppositions, contestations et inscriptions des créanciers de l'emprunteur, sauf néanmoins leur action en répétition si la Société avait été indûment payée à leur préjudice. »

Le prix appartient donc de plein droit au Crédit foncier à partir de la vente, et sans qu'il y ait besoin de procéder à un ordre. On est donc, ce semble, en droit d'en conclure que de ce jour le vendeur est légalement dessaisi de sa créance. — V. Seine 8 juill. 1876, 4496 R. P. — *Contrà* Sol. 18 mars 1878.

**16368. Créances sur l'Etat.** — Les sommes dues par l'Etat doivent être comprises dans la déclaration de la succession du créancier. Le relevé des sommes payées aux héritiers doit être adressé par le directeur au receveur du domicile du défunt sur ceux qui doivent lui être adressés par les payeurs et les trésoriers généraux des finances, comme préposés de la caisse des consignations (1555 I. G.).

**16368 *bis*. Créance sur le mari.—Biens paraphernaux. — Garantie.** — Sous le régime dotal, le mari qui a assisté à la vente des biens paraphernaux de sa femme et qui en a reçu le prix sans remploi devient débiteur personnel de ce prix envers la femme, et la créance doit être comprise dans la déclaration de succession de celle-ci (Sisteron 20 déc. 1869, 3250 R. P.; — Gaillac, 11 juin 1872, 3693 R. P.; — Montpellier, 30 août 1875, 4286 R. P.; — Lodève, 14 nov. 1877, 4973 R. P.)

En effet, on déclare le mari garant parce qu'on présume qu'il a reçu le prix ou qu'il en a profité (Lebrun *de la Com.*) ou qu'il est coupable de l'avoir laissé périr (Pont et Rodière 2e édit. n° 2207). D'un côté comme de l'autre, la garantie ou la responsabilité place le mari dans cette alternative : ou bien justifier de l'emploi ou du remploi du prix, ou bien en devenir débiteur personnel envers la femme. Il n'y a pas de moyen terme, et s'il ne peut administrer la première preuve, il faut qu'il rembourse ou qu'il paye. Cette seconde obligation n'est autre chose qu'une dette du mari, et, par conséquent, une créance au profit de la femme. Elle existe de plein droit par le seul fait de la présomption légale édictée dans l'art. 1450 C. C. La femme ou ses héritiers n'ont pas à l'établir, c'est au mari de se défendre en prouvant qu'elle n'existe pas.

L'héritier serait mal fondé, d'ailleurs, à soutenir que la présomption légale édictée au profit de la femme ne peut être invoquée par le Trésor. Il en est de cette présomption comme des actes que l'Administration oppose aux parties : « Peu importe que la Régie y ait été étrangère, puisque cette Administration est presque toujours étrangère aux actes dans lesquels elle a incontestablement le droit de puiser la preuve nécessaire pour assurer l'exacte rentrée de l'impôt » (Cass. 27 mai 1868, n° 2710 R. P.).

Nous ajouterons que la responsabilité du mari cesse quand il a été fait emploi ou remploi du prix. Le remploi s'opère par l'acquisition d'un immeuble ou d'une rente sur l'État (L. 2 juill. 1862), mais l'emploi ne suppose pas toujours un remplacement. Il existe, par exemple, quand le prix a été consacré à l'acquit d'une des charges du mariage, telles que les aliments de la famille, la dot des enfants, etc., ou au payement de quelques dettes grevant le bien aliéné (Dalloz v° *Contr. de mariage* n° 2048, Troplong n° 1456, Pont et Rodière n° 2208). L'exigibilité du droit de mutation par décès serait donc écartée, si les héritiers justifiaient d'une façon suffisante, par leurs papiers domestiques ou autrement, que le prix des propres de la femme a reçu cette destination.

**16368 *ter*. Annuités.** — Si une créance comprend sans division le principal et les intérêts payables en annuités, le droit est dû sur le tout (Sol. 19 août 1870). Mais si les annuités sont divisées en capital et en intérêts, le droit n'est dû que sur le capital (Sol. 17 juill. 1872 et 26 fév. 1875). — V. *Vente* n° 17714.

## SECTION 2. — CRÉANCES IRRÉCOUVRABLES

[16369-16383]

**16369. Le droit est dû sur la valeur nominale.** — Aux termes de l'art. 14 n° 2, L. 22 frimaire an 7 le droit d'enregistrement est exigible sur *le capital exprimé dans l'acte* pour les actes constitutifs de créances, leurs cessions et transports, c'est-à-dire pour toutes les transmissions à titre onéreux. Comme la loi garde le silence à l'égard des mutations par décès, on en avait conclu que les parties pouvaient déclarer pour mémoire la créance contre un débiteur insolvable, ou pour une valeur inférieure au capital nominal la créance d'un recouvrement plus ou moins incertain (Seine 30 juin 1860, 1360 R. P., 16889 J.N., 11791 C., 17179 J.E., Demante n° 683).

Cette opinion n'a pas prévalu. Par quatre arrêts du 24 avril 1861, rendus dans les mêmes termes, la Cour de cassation a décidé que les créances devaient supporter le droit sur leur valeur nominale : « Attendu, portent ces arrêts, que, pour déterminer les valeurs, la loi n'a recours à la déclaration estimative qu'en l'absence de toute autre base ou moyen d'évaluation; attendu, en ce qui concerne spécialement les biens meubles, que si le n° 8 de l'art. 14 dispose que, pour la transmission entre-vifs ou par décès à titre gratuit, la valeur sera fixée par la déclaration estimative des parties, cette disposition ne s'applique qu'aux meubles et effets mobiliers proprement dits qui n'ont pas, en effet, de valeur fixe et déterminée, et non aux créances dont le chiffre certain est constaté par écrit et pour lesquelles le n° 2 du même article avait déjà disposé formellement de la manière suivante : « pour les créances à terme, leurs cessions et trans« ports et autres actes obligatoires par le capital exprimé dans « l'acte et qui en fait l'objet ; » attendu qu'on objecte vainement que cette disposition du n° 2 de l'art. 14 est uniquement relative aux cessions et transports de créances à titre onéreux et non à leurs transmissions à titre gratuit ou par décès; que la disposition est absolue, générale ; qu'elle embrasse d'abord toutes les créances et autres actes obligatoires sans distinguer le mode de transmission ; et que si l'article ajoute.., *leurs cessions et transports*, c'est pour la soumettre aux mêmes droits que les créances elles-mêmes et compléter ainsi cette règle de perception; attendu que le n° 8 de l'art. 14 n'admet la déclaration des parties, même pour les meubles et effets mobiliers proprement dits qu'en l'absence d'une prisée par inventaire qui, d'après l'art. 27 de la même loi, doit toujours l'emporter sur cette déclaration des parties, tandis qu'elle l'emporterait, au contraire, selon le jugement, sur les titres les plus authentiques établissant à la fois l'existence et le chiffre d'une créance, ce qui serait aussi contraire au texte qu'à l'esprit de la loi » (1488 R.P., 2201 § 5 I.G., 17290 J.E., 17112 J.N., 11624, 11981 C., 34 Rev., S. 61-1-645).

Cette jurisprudence a été appliquée, depuis lors, par divers jugements (Briey 19 avr. 1866, 18210 et 18318 § 2 J.E., 1942 Rev., 13209 C.; — Seine 13 juin 1863, 1870 R.P., 12316 C.; — et 6 août 1866, 1942 Rev., 18318 § 2 J. E., 13209 J. E.; — Nice, 10 mai 1875; — Versailles, 2 fév. 1875; — Avignon, 12 nov. 1874; — *Contrà* Florac, 5 janv. 1872, 3466 R. P.).

**16370. Faculté accordée aux parties.** — Par dérogation à ces principes, une D. m. f. 12 août 1806 a permis aux héritiers de renoncer aux créances irrécouvrables dans la déclaration de succession pour éviter le payement le l'impôt. Cette décision a été analysée ainsi qu'il suit (n° 2543 J.E.) : « A l'égard des créances, plus ou moins certaines, c'est aux parties à faire leur déclaration comme elles le jugent convenable, sauf à l'Administration à en faire vérifier l'exactitude. On observe seulement que les créances comprises dans les inventaires sont dans le cas de la déclaration et même du payement du droit, *à moins que les héritiers ne déclarent expressément qu'ils renoncent à exiger* celles devenues caduques par la prescription ou l'insolvabilité des débiteurs. »

La décision qui précède ne crée pas pour les contribuables un droit dont ils peuvent demander la consécration aux tribunaux : c'est une pure tolérance que l'Administration accorde ou refuse à son gré sans avoir à justifier des raisons qui la déterminent.

« Attendu, portent les arrêts de Cass. du 24 avril 1861, cités au numéro précédent, qu'à l'Administration seule appartient la faculté de modérer, selon les cas et dans la mesure de ses attributions, la rigueur des perceptions sur les créances reconnues par elle absolument irrécouvrables. »

*Conf.* : Sancerre, 21 avr. 1874; — Châlons, 31 déc. 1874, 4283 R. P.; — Cambrai, 13 août 1874, 3961 R. P.; — Mayenne, 17 déc. 1874; — Nice, 10 mai 1875; — Rouen, 23 nov. 1876; — *Contrà* Florac, 5 janv. 1872, 3466 R. P.).

Bien qu'une telle prérogative ait pour résultat d'adoucir la rigueur des textes, on ne peut néanmoins en justifier le principe. Il n'entre ni dans les attributions de l'Administration ni dans le droit de la jurisprudence de retarder ou de modérer le recouvrement de l'impôt : l'art. 59 L. 22 frimaire an 7 est positif sur ce point. Quel est d'ailleurs l'effet de cette renonciation vis-à-vis du débiteur? M. Demante le signale en termes très-vifs et nous nous associons à ses critiques : « D'abord, dit-il, il me paraît certain qu'étant faite hors la présence du débiteur, elle est révocable par le créancier. Même, si l'on s'attache à l'intention du créancier, il faut refuser au débiteur la faculté de se prévaloir jamais de ladite renonciation. Au fond, tout se réduit à une soumission d'acquitter les droits, si jamais la créance devient recouvrable. La forme de la renonciation n'est qu'un épouvantail contre les déclarations téméraires. S'il en est ainsi, ce procédé n'est pas digne de nos mœurs, car il peut induire en erreur les citoyens inexpérimentés; il présente d'ailleurs, en certains cas, des difficultés inextricables. Comment admettre la renonciation, au non des incapables ou des successions bénéficiaires? En somme, on ne peut prendre une telle renonciation au sérieux, ce serait une spoliation; en la prenant pour ce qu'elle est, c'est un non-sens » (n° 683).

**16371. Renonciation partielle.** — Quoi qu'il en soit, la jurisprudence est fixée, et, en résumé, il n'y a lieu de s'en plaindre, puisque la tolérance consacrée par la pratique tend à un dégrèvement d'impôt. Mais il n'en demeure pas moins constant que l'Administration reste la maîtresse souveraine de son droit d'appréciation. Par conséquent, il lui serait loisible de refuser tout effet à une renonciation simplement partielle. C'est même en ce sens qu'elle procède ordinairement, sauf le cas de faillite (*infrà* n° 16382). (Sol. 31 janv. 1872, 23 mars 1874, 18 sept. 1876, 4 juin 1877, 9 oct. 1877).

On ne devrait donc plus aujourd'hui décider, comme l'avait fait le tribunal de Pontoise, le 17 avril 1856 (16282 J. E., 16060 J. N.), que lorsque les valeurs de la communauté et les biens propres du mari sont insuffisants pour le payement des reprises de la femme, les héritiers de cette dernière peuvent, en renonçant à exercer ces reprises jusqu'à concurrence d'une certaine somme, se dispenser du payement des droits de mutation par décès sur cette somme. Ainsi que le déclarent les arrêts du 24 avril 1861 (16369) il faut que la créance soit absolument irrécouvrable. L'un de ces arrêts a été rendu d'ailleurs au sujet d'une renonciation partielle non acceptée par l'Administration; c'est celui qui a confirmé le jugement de Cambrai du 25 mars 1859, rapporté au n° 1143 R. P. — V. aussi Etampes, 7 août 1861 (1510 R. P., 12083 C.).

L'administration a cependant admis quelquefois les héritiers à ne payer le droit que sur la somme leur revenant d'après le compte de bénéfice d'inventaire (Sol. 9 déc. 1872 et 9 oct. 1875), — ou sur le prix de l'adjudication judiciaire de la créance (Sol. 8 sept. 1873, 25 nov. 1875).

**16372. Renonciation expresse.** — Dans tous les cas, la renonciation autorisée par la D. m. f. 12 août 1806 (V. 16370) doit être expresse. En ce sens le tribunal de Châteauneuf a jugé, le 8 mars 1832 (10277 J. E.), qu'il ne suffit pas de déclarer que la créance est d'un recouvrement incertain pour se soustraire au payement des droits de mutation par décès, il faut y renoncer de la manière la plus formelle, soit que la renonciation soit motivée par la prescription, soit qu'elle ait pour cause l'insolvabilité des débiteurs. — Et c'est dans cet esprit que la demande des droits a été repoussée à raison des créances qui avaient été comprises dans l'inventaire, mais auxquelles les héritiers ont renoncé en les déclarant irrécouvrables (Valenciennes, 5 juin 1845, 13809 J. E., 12439 J. N.).

**16373. Offre de payer en cas de recouvrement.** — Jugé encore par le tribunal de Château-Chinon le 2 janvier 1851 (15238-2 J. E.), que, lorsque la succession comprend des créances irrécouvrables, l'Administration n'exige pas les droits si les héritiers renoncent expressément à ces créances. Mais s'ils n'y renoncent point, ils ne peuvent, même en offrant de payer dès qu'elles seront devenues certaines, se dispenser d'acquitter les droits de mutation par décès sur le montant des créances litigieuses (D. N. t. 12 p. 291 n° 557).

**16374. La renonciation doit être faite dans la déclaration de succession.** — La circonstance que les créances auraient été déclarées irrécouvrables dans l'inventaire, ne peut remplacer la renonciation par les héritiers. « Attendu, porte un jugement du tribunal de la Seine du 3 juillet 1850, que l'Administration chargée de la perception de l'impôt ne peut et ne doit connaître que le chiffre auquel s'élève la masse active des biens recueillis au décès, sans avoir aucunement à s'immiscer dans l'appréciation du plus ou moins d'utilité des éléments qui le composent; qu'elle ne saurait en conséquence être astreinte à prouver que l'actif dont les actes à enregistrer lui révèlent l'existence est réel, en ce sens qu'il est de nature à être réalisé et à produire aux ayants droit un véritable émolument; que c'est à ceux-ci, au contraire, à démontrer, autrement que par des allégations intéressées, ou que les valeurs énoncées ne valent plus ce que nominalement elles paraissent valoir, ou qu'elles ont cessé d'avoir une valeur quelconque : que cette démonstration existe lorsqu'il est justifié de la faillite du débiteur, qui, par un concordat antérieur au décès du créancier, a réduit la dette pour laquelle il peut être poursuivi, à de simples dividendes; qu'elle peut exister également lorsqu'une déclaration formelle et positive de renonciation pleine et entière aux droits que sembleraient conférer des titres irrécouvrables est faite par les héritiers ou autres représentants appelés à recueillir; que, dans l'espèce, les héritiers Despruneaux reconnaissent avoir trouvé dans la succession, entre autres valeurs, 19,368 fr. 01 cent. de créances réputées irrécouvrables dans l'inventaire, créances auxquelles ils n'ont pas renoncé, puisqu'au contraire, dans un chapitre spécial de la première partie de l'acte de liquidation du 21 janvier 1843, ils ont soin de les réunir pour en faire l'un des éléments de l'actif de la communauté à partager; puisqu'enfin ils déclarent les laisser en commun pour devenir l'objet probablement d'un partage ultérieur après recouvrement, et qu'à l'effet d'opérer ledit recouvrement, ils donnent à la veuve les pouvoirs les plus détaillés et les plus étendus; qu'en cet état ils ne peuvent, vis-à-vis de l'Administration, être admis à argumenter du plus ou moins de solvabilité des débiteurs qu'ils se réservent de poursuivre, ni à prétendre, gratuitement et sans preuves, les assimiler à des faillis, puisque leur faillite même, si elle était postérieure au décès qui a opéré la saisine, ne libérerait pas envers le fisc ceux qui ont été saisis et fatalement apparaissent avoir profité des titres à eux transmis pour leur valeur nominale. »

A plus forte raison, si la créance à laquelle on n'a pas renoncé, et au sujet de laquelle on allègue l'insolvabilité notoire du débiteur, n'a pas même été comprise dans l'inventaire parmi les créances d'un recouvrement douteux (Seine 12 avr. 1849, 14751 J. E.).

Jugé que si la renonciation a été acceptée par le receveur l'Administration ne peut plus la contredire (Mortagne 26 août 1875). Mais cette interprétation n'est pas admissible.

**16375. Renonciation après déclaration.** — 1. BONNE FOI CONSTATÉE. — La D. m. f. 12 août 1806 (V. 16370), qui a accordé aux héritiers la faculté de s'exempter du payement des droits de mutation par décès sur les créances irrécouvrables en renonçant à ces créances, ne s'explique pas sur l'époque à laquelle doit être faite la renonciation : il suffit qu'il y ait une renonciation formelle. Si donc des créances non recouvrables n'avaient été portées que *pour ordre* dans un inventaire et une liquidation; si elles y avaient été considérées comme irrécouvrables, on pourrait, si l'on avait négligé de les comprendre dans la déclaration de succession, être admis à y renoncer, même après cette déclaration.

Cette solution, souvent appliquée (Sol. 3 oct. 1871, 29 juill. 1873, 13 juill. 1874, 7 déc. 1875 et 5 avr. 1877), nous paraît rentrer tout à fait dans l'esprit de la D. m. f. 12 août 1806, qui, par une faveur toute spéciale, a voulu permettre aux héritiers d'échapper, sur ce point, aux conséquences trop rigoureuses que pourrait entraîner leur acceptation pure et simple de la succession. Mais, pour cela, il faut que leur *bonne foi* soit évidente. Or, on ne peut douter de cette bonne foi, lorsque la mention que les créances sont irrécouvrables se trouve consignée dans des actes tels qu'un inventaire ou un partage. Les déclarations faites dans de pareils actes doivent, en effet, être considérées comme l'expression de la vérité jusqu'à preuve contraire, alors surtout qu'elles ont précédé la déclaration de succession.

1. IMPOSSIBILITÉ D'ÉTABLIR LA BONNE FOI. — Mais le bénéfice de l'exception ne devrait plus être invoqué si les héritiers ne pouvaient fournir des preuves de leur bonne foi pour écarter toute présomption de fraude.

Nous pensons donc que si rien n'atteste que les créances omises sont réputées mauvaises, c'est-à-dire irrécouvrables, le double droit est encouru, malgré toute offre de renonciation.

Jugé en ce sens par le tribunal de Marseille, le 22 mai 1840 (12533 J. E., D. N. t. 12 p. 387 n° 23), que, lorsque les créances ont été omises, on ne peut repousser la demande des droits en alléguant qu'elles sont irrécouvrables.

Aucun rapport de ressemblance ne peut exister entre ce que nous disons ici et la règle qui sera l'objet du n° 16883, à savoir que lorsqu'un successible a payé les droits de mutation par décès, il ne peut plus être poursuivi à raison des droits simples et en sus exigibles par suite d'une omission ou d'une insuffisance dans la déclaration, s'il renonce à la succession alors qu'il n'a encore fait aucun acte d'héritier. Dans ce cas, en effet, la renonciation puise dans les dispositions mêmes de la loi une puissance qui la fait remonter *ab initio*, pour laisser dans le néant tous les faits qui se sont passés depuis. Dans notre hypothèse, au contraire, aucune rétroactivité ne peut s'attacher à une renonciation qui, non-seulement n'emprunte à la loi aucun caractère légal, mais qui se trouve encore en opposition formelle avec les principes du droit civil qui interdisent toute renonciation partielle à une succession. — V. *Renonciation*.

**16376. Renonciation tardive aux reprises.** — Il a été jugé, par le tribunal du Mans, le 8 juin 1855, que la renonciation au droit d'exercer des reprises ne peut être opposée à la demande des droits qu'autant qu'elle a précédé ou qu'elle a été faite en même temps que la déclaration.

« Attendu que l'acte du 14 octobre 1852, dans lequel les enfants Lelasseux ont stipulé que Lambert prendrait, sur les meubles et effets dépendant de la communauté qui a existé entre lui et Madeleine Crochard, sa femme, sa garde-robe, un buffet et deux draps, et que les autres meubles et effets mobiliers seraient vendus, et le produit de la vente employé à payer les dettes et charges de la communauté, et le surplus à acquitter d'autant les reprises que la succession de la femme Lambert pouvait exercer contre la communauté ne peut être considéré comme un simple mandat à l'effet de vendre les meubles de la communauté et d'en employer le prix, mais bien comme une acceptation de cette communauté ; que le même acte constate qu'il a été vendu, au cours de ladite communauté, des immeubles propres à la femme Lambert pour une somme de 1,700 francs et que la succession de cette dernière se compose de la moitié des valeurs mobilières et des reprises qu'elle peut avoir à exercer contre la communauté ; qu'au nombre de ces reprises doit figurer comme celle de 1,700 francs, reconnue par toutes les parties qui ont concouru à cet acte ; que, dès lors, les enfants Lelasseux devaient la comprendre dans la déclaration qu'ils ont faite au bureau de Conlie de la succession de leur mère, le 11 avril 1853 ; que la renonciation au droit d'exercer cette reprise, faite le 12 février 1854, ne pourrait être opposée à l'Administration que dans le cas où elle aurait précédé ou accompagné la déclaration du 11 avril 1853 ; qu'il est présumable qu'elle n'a eu lieu que pour les besoins de la cause et à une époque où les renonçants avaient peut-être été désintéressés en tout ou partie de leur créance ; qu'il est évident que ce n'est pas dans ce sens qu'on doit interpréter la D. m. f. 12 août 1806 ; qu'une semblable interprétation mettrait l'Administration dans l'impossibilité de percevoir les droits de mutation par décès. »

**16377. Héritiers mineurs et bénéficiaires.** — A s'en tenir aux dispositions de la loi civile, la faculté accordée par la D. m. f. 12 août 1806 ne devrait pas s'appliquer aux héritiers bénéficiaires qui, se trouvant, en leur qualité, obligés de faire compte de toutes les valeurs de la succession, ne peuvent réduire ces valeurs par une renonciation. Cependant, par une Sol. du 4 octobre 1848 (14758-3, 13648 J. E.), l'Administration a décidé « que les héritiers mineurs et les héritiers bénéficiaires doivent, comme les héritiers purs et simples, profiter du bénéfice de la D. m. f. 12 août 1806, d'après laquelle ils sont dispensés de payer les droits de mutation par décès sur des créances irrécouvrables de la succession, en énonçant dans leur déclaration qu'ils y renonçent. »

**16378. Débiteurs héritiers.** — La créance de la succession contre l'héritier a cet avantage, relativement aux tiers, qu'elle est toujours bonne, puisque, vis-à-vis de lui-même, l'héritier même le plus insolvable n'en peut pas moins être considéré toujours comme solvable (L. 87 Dig. *Lég. fall.*, Duranton t. 8 n° 333, Poujol art. 922 n° 1er, Vazeille art. 922 n° 14, Vernet *Quitt. disp.* p. 522, Demolombe t. 19 n° 266).

Ainsi, il a été décidé que si les débiteurs se trouvaient au nombre des héritiers, donataires ou légataires, ils ne pourraient se soustraire au payement des droits de mutation par décès sur les créances qu'ils auraient sur eux-mêmes en y renonçant, attendu qu'on ne saurait se prévaloir d'une renonciation à une créance sur soi-même (Seine 13 fév. 1857, 810 R. P., 16478 J. E. ; — Châlons-sur-Marne, 31 déc. 1874 ; — La Flèche, 1er fév. 1876, 4397 R. P.).

Ces jugements ont été rendus au sujet d'un mari débiteur des reprises de sa femme qui renonçait à ses reprises pour éviter le payement d'un droit d'usufruit ; et une décision semblable a été rendue dans une espèce identique par le tribunal de Sancerre le 21 avril 1874. Mais le principe serait le même pour tous les autres cas (Sol. 3 fév. 1873, 18 juill. 1874, 28 nov. 1876, 3 janv. 1877, 10 avr. 1877, 6 juin 1878).

**16379. Créances figurant dans un partage.** — Si des créances prétendues douteuses ont été comprises dans un partage, sans qu'il ait été dit qu'elles étaient irrécouvrables ; si, au contraire, l'un des copartageants a été chargé d'en suivre le recouvrement, le droit de succession est exigible, malgré l'offre que peuvent faire les héritiers d'y renoncer, vu l'insolvabilité des débiteurs (Seine 27 janv. 1846, 13939 J. E. ; — Sol. 11 mars 1876). — Il en est de même lorsque la créance a été partagée inégalement entre les héritiers (Versailles, 2 fév. 1875).

A plus forte raison, si ce droit a été acquitté, n'est-il pas sujet à restitution (Étampes, 7 août 1861, 1510 R. P., 12083 C.).

**16380. Droit en sus.** — Les créances auxquelles s'applique la renonciation acceptée par le Trésor sont dans une situation assez peu définie.

On ne peut pas dire qu'elles ont été omises.

En effet, l'omission passible d'un droit en sus et soumise à la prescription quinquennale existe, comme son nom l'indique, « quand on n'a pas compris dans une déclaration de succession les valeurs qui devaient y figurer » (Cass. 13 mars 1812, 16 mars 1814, 10 mai 1814) ; — « c'est la réticence commise par le redevable et ignorée de l'Administration » (Cass. 14 août 1850).

Aucun de ces caractères n'appartient au fait des héritiers.

Il ont déclaré la créance et si bien déclaré, que le receveur était le maître de l'assujettir au droit. L'existence de la valeur imposable n'a donc pas été dissimulée ; il ne saurait y avoir d'omission. Mais, dit-on, l'héritier a ajouté que la créance était irrécouvrable. C'est, par conséquent, comme s'il ne l'avait pas déclarée. En tous cas, il a commis une réticence qui doit être punie. Il est tout à fait inexact d'abord que ce soit la même chose de ne pas déclarer une créance ou de déclarer que le débiteur en est insolvable. Dans la seconde hypothèse, l'Administration connaît l'existence de l'obligation tandis qu'elle l'ignore dans la première. Il n'en faut pas plus pour écarter l'omission proprement dite. Ce qu'on lui a dissimulé, c'est uniquement la valeur de la créance. L'héritier serait donc tout au plus coupable d'une fausse évaluation prescriptible par deux années.

Mais cela même ne nous paraît pas juridique.

Qu'est-ce, en effet, dans la pensée de la loi, que la fausse évaluation, et pourquoi la punit-on d'un droit en sus ? La fausse évaluation est le fait du redevable qui dissimule à l'Administration la valeur réelle sur laquelle l'impôt doit être perçu. On le punit parce que sa réticence expose le Trésor à la perte du droit. Rien de pareil n'existe dans l'espèce. La valeur imposable de la créance déclarée est déterminée par la loi qui prescrit d'en liquider le droit sur le capital nominal. Toute déclaration de l'héritier sur ce point est inutile et surabondante. Si l'Administration accepte de réduire sa perception sur une somme inférieure, c'est qu'elle le veut bien ; elle use en cela d'un pouvoir gracieux, et l'exerce par conséquent sous sa responsabilité. De quoi se plaindrait-elle ? Elle avait en mains, lors de la déclaration de l'héritier, tous les éléments nécessaires pour établir une liquidation régulière. Elle a trouvé convenable de modérer l'application de la loi; soit! Mais elle l'a fait, bien entendu, à ses risques, comme le créancier qui use de condescendance envers un débiteur au péril de ses garanties. Quand l'Administration reconnaît plus tard qu'elle s'est trompée, il ne faut pas qu'elle en accuse l'héritier ; elle doit s'en prendre à elle-même : *volenti non fit injuria.*

La situation nous paraît tout à fait semblable à celle d'une insuffisance de perception ordinaire. Du moment que le Trésor a pu exiger le droit sur la déclaration de succession, et que, pour un motif ou pour un autre, il ne l'a pas fait, c'est là juridiquement l'insuffisance prévue à l'art. 61 § 1er L. 22 frimaire an 7. L'Administration a deux ans pour la rectifier, mais il ne saurait être question d'un droit en sus pour l'héritier. N'est-ce point ainsi qu'on procède quand le receveur accepte mal à propos des reprises ou des récompenses non suffisamment justifiées? Quoique le redevable ait eu tort de les produire, comme il appartenait à l'Administration de les repousser, on considère qu'en les acceptant, elle a commis une erreur dont elle doit subir les conséquences. Tout autre système nous semble inadmissible, parce qu'il fonde la perception du droit en sus sur des *analogies*, qui sont d'autant moins de mise qu'il s'agit ici et d'une pénalité et d'une matière fiscale (*Conf.*: Chalon-sur-Saône 18 mai 1876, 4393 R.P.).

Nous répudions donc la doctrine d'un jugement d'Épinal du 19 novembre 1868, d'après lequel les héritiers qui déclarent inexactement une créance irrécouvrable et se dispensent ainsi d'acquitter le droit de mutation par décès commettent une insuffisance d'évaluation passible du droit en sus (3171 R. P., 14650 C.).

La question n'a pas été résolue *in terminis* par la Cour dans ses arrêts du 24 avril 1861. Seulement, on voit que, dans l'une des affaires, le tribunal de Pontoise, par un jugement du 7 juin 1859, confirmé par la Cour, a décidé que les renonciations de l'espèce reconnues mal fondées ne constituaient pas des insuffisances d'évaluation passibles du droit en sus. — V. 16910 et 16889.

L'administration paraît néanmoins persister dans la pensée qu'il s'agit d'une omission (Sol. 25 mars 1875, 9 juin 1876, et 13 mars 1878.)

**16381. Prescription.** — De semblables embarras se présentent au sujet de la prescription. S'il est vrai que le défaut de perception soit le résultat d'une tolérance de l'Administration, on peut soutenir qu'il s'agit ici d'un droit exigible et non perçu lors de la déclaration de succession, que son recouvrement est dès lors soumis à la prescription biennale de l'art. 61 L. 22 frimaire an 7. Pour établir le contraire, il faudrait pouvoir assimiler l'hypothèse actuelle au cas d'une omission ou fausse évaluation, ou d'un bien rentré dans l'hérédité; mais on a vu au numéro précédent les motifs qui repoussent cette assimilation.

Jugé spécialement que la prescription applicable au recouvrement des droits d'une créance litigieuse non déclarée ne court qu'à compter du jour où cette créance est devenue certaine (Embrun, 22 mars 1878).

**16382. Faillite.** — Les créances sur une faillite tombent, comme les autres, sous l'application des règles précédentes. Encore bien que le débiteur n'offre plus les mêmes garanties qu'auparavant, la créance n'en conserve pas moins sa valeur nominale tant qu'un concordat régulier n'a pas fixé le chiffre dont il est fait remise. Par conséquent, et d'après la jurisprudence consacrée par les arrêts du 4 avril 1861 (n° 16369), le droit pourrait être perçu rigoureusement sur l'intégralité des créances dues par le failli non concordataire.

Quelques tribunaux avaient cependant décidé que les héritiers, trouvant dans la succession une valeur réduite par la faillite, ne devaient déclarer que cette valeur (Grenoble 26 mai et 31 août 1847, 13253 J. N.; — Pontoise 29 nov. 1847, 13549 J. N.; — Nantes 29 nov. 1850) : « Attendu, portait ce dernier jugement, que l'art. 4 L. 22 frimaire an 7 porte que le droit proportionnel est établi sur toute transmission de biens meubles et qu'il est assis sur les valeurs; que le droit ne peut être assis que sur des valeurs réelles; qu'une créance sur un débiteur entièrement insolvable n'est ni un bien ni une valeur; que le défunt possesseur d'une telle créance ne transmet rien à cet égard à son héritier; qu'une créance sur un débiteur en partie insolvable n'est un bien ou une valeur que pour la portion qui pourra être recouvrée; que cette portion seule est susceptible de transmission, le surplus étant un pur néant; qu'il résulte du rapport fait au Conseil des Anciens sur la loi du 22 frimaire, qu'il était convenu que les créances mauvaises ou douteuses qui se trouvent dans les successions n'étaient pas soumises au droit; qu'une D. m. f. 12 août 1806 porte qu'à l'égard des événements plus ou moins certains, c'est aux parties à faire leurs déclarations comme elles le jugent convenable, sauf à l'Administration à en faire vérifier l'exactitude; que, sans doute, la valeur des bonnes créances est déterminée par leur chiffre; mais, pour les créances douteuses, leur chiffre nominal n'exprimant plus leur valeur réelle, il est juste et nécessaire d'établir le droit sur une déclaration estimative, conformément au n° 8 de l'art. 14 de la loi de frimaire, sauf, en cas d'inexactitude, le recours de l'Administration; qu'à la vérité, dans la cause, le décès de Palois a eu lieu le 7 juillet 1847, et la faillite du débiteur Citerne n'a été déclarée que le 4 janvier 1848, avec fixation provisoire de son ouverture au 10 décembre 1847; mais que la déclaration de la faillite de Citerne, dont la ruine n'est pas expliquée par des pertes récentes, n'a fait que révéler une insolvabilité depuis longtemps existante; d'où suit que, dès le jour du décès, 7 juillet 1847, la créance de feu Palois sur Citerne n'avait qu'une valeur inférieure à son chiffre nominal; que c'est cette valeur seule qui a été transmise, et qu'au 6 janvier 1848, alors que la faillite ouverte rendait l'insolvabilité certaine, la demoiselle Palois devait être reçue à faire une déclaration estimative de la valeur réelle de ladite créance. »

Mais le contraire résultait de deux autres jugements de Cambrai du 25 mars 1859 (16616 J. N.) et d'Orléans du 20 mai 1862 (17618 J. E.), d'après lesquels le droit était exigible sur la valeur nominale de la créance.

Actuellement, il est admis par l'Administration que la doctrine rigoureuse des arrêts du 4 août 1861 ne s'applique pas aux créances dues par une personne dont la faillite est antérieure au décès du créancier. Comme la créance se trouvait en fait diminuée à l'époque de la transmission et que sa valeur sera fixée par acte authentique, les héritiers peuvent évaluer la portion à laquelle leur créance se trouve réduite (Dél. 25 mars, approuvée le 29 mars 1851; — Sol. 11 sept. 1860, 17718 J. E.; — 11 mars 1866, 2489 R. P., 18980 J. N., 14016 C.; — 16 fév. et 4 juin 1877. — *Conf.* : Angoulême, 26 juill. 1875).

— encore bien que le concordat ne soit point intervenu avant la déclaration de succession (J. du not. n° 2124).

Quant aux créances dépendant d'une faillite déclarée depuis le décès, l'Administration n'admet pas ce tempérament, autorisé néanmoins par le jugement de Nantes du 29 novembre 1850, mais repoussé par celui d'Orléans du 20 mai 1862. Elle exige le payement du droit sur l'intégralité de l'obligation, sauf aux parties à renoncer entièrement à la créance par application de la décision du 12 août 1806 (Sol. 29 mai 1872, 30 juill. 1873, 21 mai 1875).

1. DÉCLARATION AU-DESSOUS DU TAUX FIXÉ PAR LE JUGE. — Alors même qu'une créance sur un débiteur en faillite aurait été fixée à une somme, le droit de mutation par décès ne serait dû que sur la somme qu'aurait réellement reçue le créancier décédé depuis : « En ce qui touche, porte un jugement du tribunal de Montpellier du 14 juin 1852 (15646 J. E.), la portion de la dot irrécouvrable en raison de l'insuffisance de l'hypothèque légale et de l'état d'insolvabilité notoire du sieur Michel ; attendu que la créance de 63,635 francs que la dame Michel avait contre la faillite de son mari était fixée à 40 pour 100 au moment de son décès, suivant l'ordonnance, du 14 mai 1850, de M. le juge-commissaire de la dite faillite ; qu'il ne s'est trouvé dans la succession de ladite dame, comme en effet ses enfants n'ont touché que la somme de 5,000 francs, que dès lors le droit ne pouvait être perçu que sur cette dernière somme, etc. »

2. BIENS DU FAILLI. — Le dessaisissement opéré par la déclaration de faillite ne prive pas le failli de la propriété de ses biens. A quelque époque que ce soit, par conséquent, qu'il décède, ces biens doivent être compris dans la déclaration de sa succession (Seine, 19 août 1864, 2082 R. P. ; — Thonon, 6 juill. 1877).

La cour de Toulouse a cru pouvoir, cependant, décider que si ce décès a lieu quand le failli est en état d'union, à défaut d'avoir obtenu un concordat, « le failli a perdu le droit de propriété sur les biens devenus le gage exclusif des créanciers, qui seuls peuvent les vendre sans appeler le failli ; » d'où la Cour a conclu que le droit de mutation par décès n'est pas exigible (C. Toulouse 30 nov. 1872).

Mais cette doctrine nous paraît contraire à tous les principes. L'union pas plus que le concordat, l'attermoiement ou l'abandonnement, ne dessaisit le débiteur de la propriété même de ses biens. Il est seulement privé du droit de les administrer et d'en disposer, droit qui est exercé en son nom par la masse des créanciers. Mais cette privation ne touche en rien au droit même de propriété, que tout le monde reconnaît appartenir au failli.

L'arrêt de Toulouse n'est donc qu'un accident de jurisprudence que nous avons dû indiquer, mais qui ne doit pas conserver d'autorité. — V. 16494.

**16383. Déconfiture.** — Doit-il en être de même lorsque le débiteur de la créance était simplement en état de *déconfiture* lors de l'ouverture de la succession ? — La situation de l'héritier n'est pas identique dans les deux cas. — En effet, lorsqu'il s'agit d'une faillite, la fraude n'est pas à craindre, puisque la faillite est prononcée par un jugement, que les opérations s'accomplissent sous la surveillance du magistrat, et que les résultats sont légalement constatés. Lorsqu'il s'agit, au contraire, d'une simple distribution amiable ou judiciaire, l'insolvabilité du débiteur peut n'être pas absolue, et il n'est pas impossible que le créancier reçoive, en dehors de la distribution amiable, au moyen de valeurs saisies sur le débiteur, somme suffisante pour le désintéresser. — En outre, par l'effet du concordat qui peut intervenir en matière de faillite, le failli se trouve libéré, et ce n'est que s'il veut obtenir sa réhabilitation qu'il doit acquitter le reliquat des créances originaires ; au contraire, le créancier qui n'a reçu, dans une distribution amiable, qu'une partie de sa dette, conserve toujours ses droits, pour le surplus, contre le débiteur, et s'il lui donne quittance complète et définitive, c'est une véritable remise de dette qu'il lui fait. — Malgré ces différences, l'Administration admet que la *déconfiture* peut être assimilée à la déclaration de faillite, lorsqu'il est constaté, en fait, qu'elle remonte à une époque antérieure au décès, par exemple que l'état de déconfiture est constaté par l'adjudication de tous les biens du débiteur, faite sur saisie, avant le décès du créancier, moyennant un prix notablement inférieur au montant des créances hypothécaires. L'héritier peut alors être admis à déclarer seulement la somme pour laquelle il a été colloqué, postérieurement au décès, dans le procès-verbal de distribution amiable du prix des biens vendus antérieurement (Sol. 16 juill. 1868, 3019 R. P., 18 mai 1872, 3 mai 1873, 18 janv. 1875, 15 sept. 1876, 7 nov. 1877).

## CHAPITRE XVI. — DONATION

[16384-16410]

### SECTION PREMIÈRE. — DONATION ENTRE-VIFS

[16384-16389]

**16384. Défaut d'acceptation.** — On sait qu'en matière de donation entre-vifs, le lien de droit ne peut se former que par la réunion de deux volontés, la manifestation seule de la volonté du donateur ne suffit pas pour opérer son dessaisissement. La propriété demeure incertaine pendant tout l'intervalle qui peut s'écouler entre cette manifestation d'une volonté première et la manifestation de volonté de la part du donataire, qui ne peut être saisi malgré lui.

Il résulte de là que si le donateur venait à mourir avant l'acceptation du donataire, il devrait être considéré comme n'ayant jamais été dessaisi, et, dès lors, les biens objet de la donation devraient figurer dans la déclaration de sa succession.

On peut consulter, sur la manière dont une donation doit et peut être acceptée, le mot *Donation*.

**16385. Notification de l'acceptation.** — Lorsque l'acceptation est déclarée par acte séparé, cette déclaration ne suffit pas pour donner à l'acte toute sa perfection, car on ignore si le donateur n'a pas changé de volonté. Il faut que les deux volontés concourent de nouveau. Aussi l'art. 932 C. C. porte-t-il que, dans ce cas, la donation n'aura d'effet, *à l'égard du donateur*, que du jour où l'acte qui constatera cette acceptation lui aura été *notifié*. Nous nous sommes d'ailleurs expliqué, au nº 6588, sur le rôle que joue, au regard de la propriété des biens, la notification de l'acceptation et nous avons conclu, dans les numéros suivants :

1º Que si le donateur meurt avant la notification, le lien qui n'existait pas à son égard ne peut plus se former, et la notification n'est plus possible. Aussi est-ce au donateur lui-même et non pas à lui ou à ses héritiers, que l'art. 732 commande de faire la notification. Tous les auteurs sont d'accord sur ce point ;

2º Que si le donataire meurt, la propriété par lui acquise se trouve transmise à ses héritiers ou légataires ; ceux-ci pourront, comme il l'aurait fait lui-même, remplir la formalité de la notification ; si ce donataire, immédiatement après avoir accepté, aliénait le bien, son acquéreur pourrait très-bien notifier ; ses créanciers, enfin, qui n'auraient pas pu, bien entendu, accepter en son nom pour se payer sur le bien pourraient très-valablement notifier l'acceptation faite : tout cela découle de ce que c'est l'acceptation du donataire qui lui fait acquérir le droit et place le bien dans son patrimoine.

Donc, si le donateur décède avant la notification de l'acceptation du donataire, ses héritiers devront comprendre dans la déclaration de sa succession les biens compris dans la donation, qui se trouvera alors comme non avenue.

Le contraire aura lieu si c'est le donataire qui décède avant la notification. Les biens donnés feront partie de sa succession et les droits de mutation par décès seront exigibles.

L'administration belge a cependant décidé, le 21 janvier 1865 (9776 J. E. belge), qu'il ne faut pas comprendre dans la déclaration de succession du donateur les biens formant l'objet d'une donation acceptée, mais dont l'acceptation n'a pas été notifiée audit donateur avant son décès ; mais la décision se fonde pour cela sur ce que la notification de l'acceptation n'a pas besoin d'être faite au donateur, pourvu que ce dernier n'ait pas disposé de la chose avant son décès. Or, nous avons établi, au nº 6595, que cette doctrine est universellement repoussée dans notre jurisprudence.

**16386. Donation nulle confirmée.** — D'après l'art. 1399 C. C., le donateur ne peut réparer par aucun acte confirmatif les vices d'une donation entre-vifs nulle en la forme ; il faut qu'elle soit refaite en la forme légale. Mais la faculté que l'art. 1399 refuse au donateur, l'art. 1400 l'accorde à ses héritiers ou ayants cause ; après son décès, ceux-ci peuvent confirmer, ratifier ou exécuter volontairement la donation viciée. Cette confirmation, ratification ou exécution emporte renonciation de leur part à opposer soit les vices de forme, soit toute autre exception.

Ainsi, les héritiers n'ont pas à comprendre dans la déclaration de la succession du donateur les objets qui faisaient partie de la donation ainsi confirmée, puisque les objets sont censés avoir appartenu au donataire du jour de la donation, ou du moins de son acceptation (Dél. 24 fév. 1832, 2424 C.). — V. 6574.

Mais si le donateur était mort avant l'acceptation, ce ne serait plus le cas d'appliquer l'art. 1400 C. C. et les biens donnés devraient être déclarés (Sol. 19 août 1873).

**16387. Donation indirecte, — accessoire, — secondaire.** — Nous avons établi, sous les nºs 6553 et suiv., que lorsqu'une libéralité est faite indirectement et accessoirement à un autre contrat, elle est dispensée des formalités spéciales établies par les donations. Pour ces donations donc, il ne faudrait pas s'arrêter à la question de savoir si la donation a été ou non acceptée expressément.

On trouvera à cet endroit le développement des règles applicables à cette perception.

**16388. Donation entre époux pendant le mariage.** — Nous avons longuement étudié, sous les nºs 6727 et suiv., la question de savoir quel effet produit la donation que peuvent se faire les époux pendant la durée de l'association conjugale, et nous avons conclu que toutes les fois qu'il s'agit de biens présents, la donation est actuelle et dessaisit le donateur, malgré la révocabilité sous le coup de laquelle le Code civil a mis cette sorte de donation.

Donc l'époux donataire qui décède sans que la donation ait été révoquée transmet les biens donnés à ses héritiers ; d'où la conséquence que ceux-ci doivent payer un droit de mutation par décès à raison de ces biens.

**16389. Donation alternative.** — Nous nous sommes expliqué, aux nºs 6727 et suiv., sur la donation alternative qui, comme l'on sait, se présente lorsqu'un donateur promet une chose ou l'autre, une somme d'argent, par exemple, ou un immeuble. Lorsque le choix que le donateur s'est réservé ou qu'il a abandonné au donataire a été ajourné jusqu'au décès du donateur, l'attribution qui est alors faite au donataire de l'objet à lui donné donne ouverture au droit de mutation par décès, par application du principe posé aux nºs 16391 et 16392.

## SECTION 2. — DONATION SOUMISE A L'ÉVÉNEMENT DU DÉCÈS

[16390-16410]

### ARTICLE PREMIER. — CONSIDÉRATIONS GÉNÉRALES

[16390-16396]

**16390. Observation.** — Nous avons mis en saillie, sous le nº 6688, la différence qui existe entre la donation à cause de mort de l'ancienne législation et la donation soumise à l'événement du décès, dont nous avons à nous occuper ici. Comme nous avons déjà donné, sur ce dernier genre de donation, tous les développements essentiels qu'il comporte, notamment sous les nºs 5309 et suiv., notre tâche se bornera souvent ici à résumer ce que nous avons dit ailleurs.

**16391. Donation par contrat de mariage.** — Commençons par dire qu'une difficulté, qui avait été un instant très-sérieuse et qui avait ébranlé la jurisprudence à la suite de deux arrêts de Cass. des 15 mai 1834 et 14 août 1848 (8687 et 10105 J. N., 10931 et 12132 J. E., 1467 § 5 I. G., S. 34-1-406 et 38-1-710), est celle de savoir quel droit il y a lieu de percevoir à l'événement, lorsqu'une donation, faite par contrat de mariage, a été soumise à la condition du survie.

La Cour suprême avait décidé, par ses deux arrêts ci-dessus, que, de ce qu'une donation qu'un mari fait à sa femme par contrat de mariage est surbordonnée par lui au cas où la femme survivra, elle n'en est pas moins une donation entre-vifs irrévocable et saisissant la donataire du jour du mariage; qu'en conséquence, après que le décès du mari sera arrivé, il ne sera dû que le demi-droit proportionnel établi par la loi du 28 avril 1816 pour les donations entre-vifs faites en contrat de mariage aux futurs époux.

L'art. 53 L. 28 avril 1816 porte: « les droits des donations entre-vifs et des mutations qui s'effectuent par décès, soit par succession, soit par testament *ou autres actes de libéralité à cause de mort*, de propriété ou d'usufruit de biens meubles et immeubles entre époux, en ligne collatérale, et autres personnes non parentes, seront perçus selon les quotités ci-après: Pour les biens meubles, etc..... *lorsque les donations entre-vifs auront été faites par contrats de mariage aux futurs, il ne sera perçu que moitié du droit.* »

Cette dernière disposition, reproduite de la loi du 22 frimaire an 7, avait toujours été entendue en ce sens que la faveur de moitié droit ne s'applique qu'aux donations de biens présents faites aux futurs par contrat de mariage et produisant un effet actuel, et qu'elle ne concerne point les mutations qui, bien que prenant leur source dans une donation faite par contrat de mariage, ne s'accomplissent réellement que par le décès des donateurs.

Pour l'interprétation contraire, les arrêts ci-dessus s'appuyaient sur ce que la donation contenue dans le contrat de mariage est *entre-vifs* et irrévocable, et sur ce qu'aux termes de l'article précité de la loi du 28 avril 1816, il n'est dû que moitié pour *les donations entre-vifs* faites par contrat de mariage.

Cependant, l'art. 4 L. 22 frimaire an 7 a établi le droit proportionnel d'enregistrement pour toute transmission de propriété, d'usufruit ou de jouissance de biens meubles ou immeubles, soit entre-vifs, soit par décès. A laquelle de ces deux classes appartient, dans l'espèce, la transmission dont les droits sont exigbles? Il s'agit d'une donation faite entre futurs par contrat de mariage, et dont l'effet était subordonné au prédécès du donateur. C'est par l'événement du décès que s'est accomplie la mutation, qui, jusque-là, était purement éventuelle. La transmission est donc *par décès*, et non *entre-vifs*. Peu importe que la disposition de laquelle elle dérive puisse, en droit civil, être qualifiée de donation entre-vifs; c'est le fait même de la mutation que la loi sur l'enregistrement frappe du droit proportionnel, et non l'acte qui en est le principe, mais qui ne la réalise pas. La disposition de l'art. 53 L. 28 avril 1816, qui réduit à moitié le droit proportionnel, ne s'applique nécessairement qu'aux *donations* entre-vifs qui emportent mutation actuelle, puisque ce droit ne se perçoit que sur les mutations accomplies. Or, dans l'espèce, ce n'est pas la *donation entre-vifs* contenue dans le contrat de mariage, mais *le décès du donateur*, qui a réalisé la mutation et rendu le droit proportionnel exigible.

L'art. 68 § 3 n° 5 L. 22 frimaire an 7, a assujetti au droit fixe de 3 francs, et l'art. 45 n° 4 L. 28 avril 1816, au droit de 5 francs (7 fr. 50 cent.) les testaments et tous autres actes de libéralité qui ne contiennent que des dispositions soumises à l'événement du décès et les *dispositions de même nature qui sont faites par contrat de mariage entre les futurs ou par d'autres personnes*. Ainsi, les lois sur l'enregistrement ont rangé dans la même classe que les testaments les donations faites entre les futurs par contrat de mariage et soumises à l'événement du décès. Quoiqu'elles soient irrévocables, et qu'en droit civil elles puissent être qualifiées *donations entre-vifs*, la loi de l'impôt les a considérées comme *des actes de libéralité à cause de mort*. C'est sous cette dénomination qu'elles sont désignées à l'art. 53 L. 28 avril 1816, qui distingue les donations entre-vifs et les mutations qui s'effectuent par décès, soit par succession, *soit par testament ou autres actes de libéralité à cause de mort*.

Quoi qu'il en soit, lorsqu'il s'agit de conditions dont l'accomplissement est soumis à *l'événement du décès*, le principe de rétroactivité que nous avons développé aux nos 4947 et 4948, en matière de condition suspensive, reste sans application, car pour asseoir les bases du tarif de l'impôt, le législateur n'a pas voulu prendre en considération les théories et définitions du droit civil et les divers caractères que ce droit imprime aux divers actes de libéralité; il ne s'est arrêté qu'à ces deux grandes circonstances, la transmission actuelle et définitive des objets donnés, ou la transmission éventuelle et subordonnée à l'événement du décès de l'une des parties. Aussi la Cour de cassation, par arrêts des 23 mars et 7 juillet 1840 (1618 § 4 et 1634 § 4 I.G., S. 40-1-476 et 473), et 23 juillet 1866 (2339 R.P., 2349-5 I.G., S. 66-1-327, B.C. 147), a-t-elle définitivement fait triompher la règle que, quelle que soit la nature de l'acte et de la disposition qui forme le titre de la libéralité soumise à l'événement du décès, le droit exigible à l'événement est celui fixé pour les mutations par décès, et le principe est aujourd'hui admis sans controverse.

C'est un point que nous avons déjà développé en parlant du *Contrat de mariage*, n° 5352.

**16392. Principe.** — Il résulte de là que, quelle que soit la nature de la donation qui forme le titre du donataire, du moment que la réalisation de cette donation a été subordonnée à l'événement du décès, les biens qui en ont fait partie doivent être considérés comme dépendant de la succession du donateur et être, dès lors, assujettis au droit de mutation par décès. La volonté du donateur a été, en effet, que les biens dont il disposait ne fussent transmis définitivement qu'au moment où s'ouvrirait sa succession.

**16393. Droit proportionnel perçu par erreur.** — *Quid* dans le cas où la donation qui présente les caractères d'une pure éventualité aurait été frappée par erreur du droit proportionnel au moment de son enregistrement? L'erreur commise ne pourrait évidemment changer la nature de la convention, qui devait produire son effet nonobstant toute perception faite contrairement aux principes.

Par le contrat de mariage de son fils aîné, le sieur Devoisins lui avait fait la donation par préciput du quart de tous ses biens présents et à venir, en lui abandonnant, jusqu'à ce que cette donation se réalisât, la jouissance d'un domaine désigné. Cette dernière disposition, comme donation actuelle d'usufruit, était sujette au droit proportionnel sur le capital formé de dix fois le revenu du domaine, mais le receveur ne perçut qu'un droit fixe à cet égard, et, au contraire, il exigea un droit proportionnel sur le quart des biens présents compris dans la donation éventuelle. Lors du décès du donateur, arrivé dix ans après, les héritiers firent la déclaration de la totalité de ses biens meubles et immeubles; mais le quart donné au fils aîné en fut déduit avant la liquidation des droits, comme ayant déjà été soumis à la perception. Les droits de mutation par décès furent ultérieurement réclamés sur ce quart; une instance s'engagea, et, par un jugement du 15 novembre 1821, le tribunal de Lavaur annula la contrainte décernée sur le motif que la donation, quoique éventuelle, avait subi la perception du droit proportionnel, et que le défaut de restitution de ce droit par l'Administration avait opéré, entre elle et les parties, un contrat tacite ou une renonciation à la faculté d'exiger un nouveau droit lors du décès. — Le pourvoi de l'Administration contre ce jugement fut suivi d'un arrêt en date du 13 avril 1825 (S. 26-1-191, 1173-6 I. G., 8103 J. E.), ainsi conçu :

« Attendu que la donation portée au contrat de mariage du sieur Dévoisin, du 21 juin 1810 était, de sa nature, éventuelle et subordonnée à l'événement du décès du donateur, ainsi que l'a reconnu le jugement attaqué, et qu'ainsi les droits de mutation en résultant n'ont été ouverts qu'à l'époque de ce décès; attendu que, si, par une erreur commune au préposé de l'enregistrement et au redevable, ces droits ont néanmoins été perçus comme ouverts à l'époque du contrat de mariage, cette erreur de droit n'a pu profiter à aucune des parties, ni constituer entre elles un contrat aléatoire dont rien ne justifie l'existence, dans lequel d'ailleurs la Régie serait intervenue sans pouvoir, ni enfin servir de base à une fin de non-recevoir contre la demande des droits ouverts postérieurement par le décès du donateur; d'où il suit qu'en écartant, sur le fondement de ce prétendu contrat, la contrainte décernée par la Régie pour le recouvrement de ces droits, sous l'offre qu'elle faisait d'imputer, sur le montant desdits droits, ce qui avait été mal à propos perçu lors du contrat de mariage, le jugement attaqué a violé l'art. 59 L. 22 frimaire an 7. »

1. IMPUTATION. — Cet arrêt est certainement conforme aux principes. Bien plus, il admet un tempérament que repousseraient, en droit strict, les termes de la loi. Il est évident qu'on ne pourrait invoquer ici la maxime *contra non valentem agere non currit prescriptio* pour soutenir que le droit proportionnel ayant été mal à propos perçu lors de l'enregistrement de l'acte de donation, il y a lieu d'en faire l'imputation (c'est-à-dire la restitution) sur les droits de mutation par décès.

Les parties avaient eu, en effet, toute latitude pour protester contre la perception faite par erreur par le receveur lors de l'enregistrement de l'acte de donation et demander la restitution des droits indûment perçus; si donc elles n'ont pas usé de cette faculté, elles ne peuvent s'en prendre qu'à elles de ce que la prescription a frappé aujourd'hui d'inanité toute demande de cette nature.

2. DROIT PROPORTIONNEL NON PERÇU. En tout état de cause, il serait inadmisible de repousser la demande du droit de mutation par décès sous le prétexte que la donation aurait dû être frappée du droit proportionnel, si réellement c'était d'une donation soumise à l'événement du décès et non d'une donation entre-vifs qu'il s'agissait. Jugé, en ce sens, par le tribunal de Tulle, le 9 mai 1843 (13292 J. E.), que lorsque par contrat de mariage il a été fait donation pure et simple des biens présents et à venir du donateur, ces biens doivent supporter le droit de mutation par décès à l'événement, sans que les donataires puissent prétendre que le droit de donation entre-vifs aurait dû être perçu au moment de l'enregistrement du contrat de mariage et que la prescription lui est acquise.

Mais il en serait autrement si la convention s'était réellement trouvée caractéristique d'une donation entre-vifs. Dans ce cas, et par une juste réciprocité, le préposé ne pourrait se prévaloir, pour exiger le droit de mutation par décès, de ce que le droit fixe aurait seul été perçu lors de l'enregistrement de l'acte de donation. La prescription, s'il s'était écoulé plus de deux ans depuis l'enregistrement de l'acte, couvrirait toute demande de droit proportionnel de la part de l'Administration, comme elle nous a paru couvrir, on l'a vu ci-dessus, toute demande de la part des parties en restitution, ou, ce qui est la même chose, en imputation.

**16394. Décès du donataire par suite de crime.** — Dans tous les cas de donation soumise à l'événement du décès, la condition de survie est censée réalisée si le prédécès du donataire est le résultat d'un fait criminel de la part du donateur. — Ainsi, une donation mutuelle entre époux faite au survivant d'eux est ouverte au profit des héritiers de celui qui meurt le premier, si cette mort est le fait criminel de l'autre époux (C. Rouen 8 mars 1838, S. 38-2-437; — Caen 13 déc. 1816, S. 18-2-187; — Cass. 5 mai 1818, S. 19-1-162).

Dans cette hypothèse donc, il y aurait lieu de comprendre dans la succession du donataire les objets qui avaient fait l'objet de la donation soumise à la condition de survie.

**16395. Nullité du contrat de mariage.** — En principe, toute donation faite en faveur du mariage est frappée de caducité si le mariage ne s'ensuit pas. C'est la disposition formelle de l'art. 1088 C. C. Mais il a été jugé de plus qu'une donation faite dans le contrat de mariage par l'un des futurs époux au profit de l'autre, et déguisée sous la forme d'une reconnaissance de dot, doit être déclarée nulle lorsque le mariage, qui avait été contracté de mauvaise foi par les deux époux, au mépris de certains empêchements dirimants, a été annulé par les tribunaux. — Dans ce cas, la simulation de la donation peut être prouvée au moyen de présomptions graves, précises et concordantes (C. Poitiers 16 juill. 1846, S. 46-2-526).

En semblable occurrence donc, il n'y aurait pas lieu d'exiger le droit de mutation par décès, à l'événement, sur les donations qu'aurait pu contenir le contrat de mariage.

1. CONTRAT DE MARIAGE EXÉCUTÉ. — *Quid* si le contrat de mariage, quoique frappé de nullité, avait été exécuté volontairement? Il faudrait, sans nul doute, faire ici l'application des principes que nous avons enseignés en matière de nullité (V. *Nullité*), c'est-à-dire percevoir les droits

exactement comme si le contrat de mariage eût été parfaitement valide.

Cela est d'autant plus vrai que la Cour de cassation a jugé, le 31 janvier 1833 (10857 J. E.), que l'on ne peut revenir sur l'exécution du contrat si elle a eu lieu en connaissance de cause ; d'où la conséquence que les droits de mutation par décès auxquels peuvent donner ouverture les dispositions éventuelles qu'il contenait sont exigibles sur les objets qui ont fait l'objet de ces donations. « Attendu que, si le contrat de mariage était nul en ce qu'il était passé postérieurement à la célébration du mariage, les héritiers de la femme ont été maîtres, après son décès, de ne pas s'arrêter à cette nullité ; car alors les motifs d'ordre public sur lesquels reposait la nullité n'existaient plus, et il ne s'agissait entre les parties que d'intérêts privés ; attendu que les parties ont en effet exécuté volontairement, et en pleine connaissance de cause, le contrat de mariage du 10 juin 1793, par divers actes, et notamment par une transaction en date du 27 germinal an 13. »

**16396. Division.** — Cela posé, comme différentes espèces de conventions qui, dans la pratique, reçoivent le nom générique de *donation éventuelle* produisent l'effet que nous venons de déterminer (c'est-à-dire que la mutation des choses qu'elles ont eu pour objet ne se réalise qu'au moment du décès du donateur), nous pourrions confondre ces conventions dans un même aperçu. Cependant, bien que toutes aboutissent au même résultat, comme chacune d'elles a une physionomie propre, nous allons les examiner séparément. Nous parlerons donc successivement : 1° des donations éventuelles proprement dites ; — 2° des donations contractuelles ; — 3° des conventions de mariage ; — 4° des donations de sommes payables au décès.

## ARTICLE 2. — DONATION ÉVENTUELLE PROPREMENT DITE

[16397-16403]

**16397. Renvoi.** — Nous avons épuisé au mot *Donation* (nos 6687 et suiv.) tous les développements que comporte la matière des donations éventuelles. Il est évident que l'exigibilité du droit fixe sur le contrat entraîne, par une conséquence nécessaire, la perception du droit de succession à l'événement, en sorte que tout ce qui a été dit alors s'applique directement aux mutations par décès.

Nous nous bornerons à réunir ici, sans revenir sur les principes, quelques décisions plus spécialement rendues pour les droits de succession.

**16398. Charge de donation.** — On doit considérer comme donation éventuelle, et non comme vente, sauf l'appréciation qu'il y aurait à faire de la stipulation d'après ce que nous avons dit au n° 5256, la clause d'un contrat de mariage portant que, dans le cas de prédécès, la future qui a des enfants d'un premier lit donne au futur une maison, à charge de leur payer une somme de 4,000 francs. Cette maison devrait donc être déclarée par le futur après le décès de la future.

Il a été reconnu, dans le même ordre d'idées, que quand une donation d'immeubles est faite par préciput et hors part, à charge par le donataire de rapporter à la succession du donateur une somme déterminée, il faut, au décès du donateur, comprendre cette créance dans l'actif de la succession.

« En réalité, l'obligation imposée au donataire comme charge de la libéralité constitue une créance à terme créée par la donatrice au profit de sa succession, c'est-à-dire de ses héritiers. Il est unanimement reconnu qu'une semblable stipulation est autorisée par l'art. 1122 C. C. : les héritiers éventuels du stipulant ne peuvent être réputés des tiers vis-à-vis de lui, mais au contraire sont appelés à la continuation de sa personne, et, dès lors, en stipulant pour ses héritiers, il est censé le faire pour lui-même. Il faut en conclure que, dans l'espèce, c'est dans la succession et parmi les biens délaissés par la défunte que ses héritiers ont recueilli la créance de 2,427 francs ; c'est donc avec raison que l'on a considéré cette valeur comme étant assujettie à l'impôt » (D. m. f. belge 8 janv. 1874, 12354 J. E. belge).

**16399. Douaire.** — Sous l'ancienne législation, on distinguait deux espèces de douaire : l'un *préfix* ou *conventionnel*, et l'autre qu'on appelait *coutumier*. Le Code civil n'ayant stipulé dans aucune de ses dispositions un douaire légal soit au profit de la femme, soit au profit des enfants, le mot est devenu impropre aujourd'hui. C'est le mot *donation* qu'il faut lui substituer dans les contrats de mariage. Cependant, comme des associations conjugales contractées soit sous le régime antérieur à la loi du 17 nivôse an 2, soit sous l'empire de cette loi, existent encore de nos jours, quoique en petit nombre, il est utile de connaître, au moins sommairement, les règles que l'ancienne législation appliquait au douaire.

1. DOUAIRE CONVENTIONNEL. — Le douaire conventionnel ou préfix était celui qui avait été fixé par une clause expresse du contrat de mariage, entre les époux qui avaient préféré en déterminer ainsi le montant ou l'objet, plutôt que de s'en rapporter à la disposition de la coutume. — En principe, le douaire conventionnel n'avait d'autres limites que celles qu'il plaisait aux parties de lui assigner dans le contrat de mariage. Cependant, les *Coutumes* présentaient quelques divergences à cet égard : celles de Normandie, de Tours, du Maine, du Poitou, etc., ne permettaient pas qu'il excédât le douaire coutumier ; d'autres, en plus grand nombre, spécialement celles de Paris et d'Orléans, déclaraient le douaire conventionnel illimité (Pothier *du Douaire* nos 127 et suiv.). — La même divergence se faisait remarquer sur la question de savoir si la femme pouvait renoncer au douaire conventionnel pour s'en tenir au coutumier. La plupart des *Coutumes* (Paris, Orléans, Blois, etc.) lui refusaient cette faculté. — celles de Meaux, de Troyes, de la Grande-Perche la lui accordaient (Pothier *ibid.*).

Cette espèce de douaire, qui se retrouve tous les jours encore dans les contrats de mariage, sous les différentes formes affectées par les donations que font les futurs époux à leurs futures épouses, donnerait ou ne donnerait pas ouverture au droit de mutation par décès, si sa réalisation venait à se présenter, selon qu'il constituerait une donation ou une simple convention de mariage — V. *Contrat de mariage.*

« Attendu, porte un arrêt de la Cour de cassation du 2 juillet 1823, que le douaire et le préciput stipulés au profit de la dame Barbier, dans son contrat de mariage du 24 juin 1789, sont évidemment des gains de survie auxquels la dame Barbier a eu sans doute un droit positif, mais éventuel et subordonné au prédécès de son mari, et dont l'ouverture n'a pu avoir lieu qu'à l'époque de ce décès ; qu'il suit de là que la transmission desdits douaire et préciput ne s'est opérée en sa faveur qu'à cette dernière époque, et que, par une conséquence nécessaire, cette transmission a été soumise à la disposition des lois fiscales sous l'empire desquelles elle a eu lieu » (4468 J. N., S. 23-1-308, 1156-7 I. G., 7570 J. E.).

2. DOUAIRE COUTUMIER. — Le douaire *coutumier* consistait généralement dans un *droit immobilier* : l'usufruit d'immeubles. Il n'y avait qu'un très-petit nombre de *Coutumes* qui, sous le nom de douaires, conférassent simplement à la femme une créance contre la succession du mari (Pothier *Ibid.* n° 20). — Sur quels biens du mari portait le douaire coutumier ? Dans la plupart des *Coutumes*, sur la totalité des immeubles possédés par le mari lors du mariage, ou qui lui étaient advenues depuis en ligne directe ascendante. A défaut de ces biens, la *Coutume de Paris* refusait à la femme toute espèce de douaire. La *Coutume d'Orléans* et quelques autres lui accordaient alors un douaire subsidiaire sur les conquêts immeubles du mari, et, à défaut de conquêts, sur ses meubles. La *Coutume de Sedan* affectait au douaire les immeubles dont il vient d'être parlé, et de plus ceux qui advenaient au mari par ses descendants. Enfin, les *Coutumes du Berry* et *du Bourbonnais* ne faisaient porter le douaire que sur les biens laissés par le mari à son décès, en exceptant même les conquêts.

On pourrait dire, pour exempter de tout droit de mutation par décès la réalisation de ce douaire, que c'est par l'effet de la loi, et non par succession, que la mutation s'est opérée. Cependant, bien que l'arrêt du 2 juillet 1823, transcrit ci-dessus, soit intervenu sur un douaire conventionnel, on doit, à notre avis, conclure de la généralité de ses termes que le douaire coutumier, comme le douaire conventionnel, doit être frappé du droit de mutation par décès. L'ouverture de ce douaire ne s'est en effet opérée qu'à l'époque du décès de la douairière, d'où la conséquence « que cette transmission doit être soumise », aux termes de l'arrêt, « à la disposition des lois fiscales sous l'empire desquelles elle a eu lieu. »

On invoque (V. Dalloz n° 3981) contre ce principe deux arrêts de Cass. des 28 novembre 1808 et 10 janvier 1809, d'après lesquels la rubrique 20 de la *Coutume d'Alost* (Escaut), relative à la saisine, s'entend en ce sens que la simple survie de l'époux ne suffit pas pour constituer la qualité d'héritier ou d'usufruitier, s'il n'y a eu acceptation expresse ou tacite de cette qualité ; et, par suite, que sous l'empire de cette *Coutume*, la femme survivante ne peut être soumise au droit proportionnel pour mutation d'usufruit de la moitié des biens laissés par son mari, s'il n'est pas suffisamment prouvé par l'Administration, à laquelle incombe la charge de la preuve, que la femme a réellement recueilli cet usufruit. Mais ces arrêts nous semblent porter implicitement en eux la condamnation de l'exemption du droit, puisqu'il en résulte que si l'Administration prouve que la femme a recueilli l'usufruit provenant de son douaire, elle aura le droit de mutation par décès à payer.

1. DOUAIRE SOUS LA LOI DU 17 NIVOSE AN 2. — Aucun doute ne peut s'élever au sujet des douaires constitués sous l'empire de la loi du 17 nivôse an 2. Le douaire coutumier ayant été aboli par cette loi, le seul douaire qui ait pu être stipulé est le douaire conventionnel, qui, on l'a vu ci-dessus, donne, en tout état de cause, ouverture au droit de mutation par décès.

**16400. Enfant à naître.** — D'après une règle en usage particulièrement dans le ressort de l'ancien parlement de Bordeaux, on réservait les acquêts aux enfants à naître du mariage. Sous le Code civil, on peut également stipuler que les acquêts appartiendront aux enfants à naître. Dans ce cas, si, à la dissolution de la communauté, il existe des acquêts et des enfants pour les recueillir, ceux-ci doivent les comprendre dans la déclaration de la succession du père ou de la mère prédécédé. — V. *Contrat de mariage.*

**16401. Reprises. — Renonciation.** — La disposition d'un contrat de mariage portant que l'un des époux renonce au droit de reprendre, lors de la dissolution de la communauté, le prix de ses propres aliénés dont il n'aurait pas été fait emploi est une donation éventuelle au profit de l'autre époux, imputable sur la quotité disponible, attendu qu'elle constitue une dérogation à la loi qui exclut de la communauté, à moins de convention contraire, les immeubles propres des époux (Cass. 3 déc. 1839, 12486-4 J. E., 10571 J. N.).

**16402. Objet réservé. — Prix.** — Dans la donation faite en contrat de mariage, au profit de l'époux survivant, de tous les biens de l'époux prédécédé, sous la réserve d'un immeuble déterminé, n'est pas compris le prix de cet immeuble vendu par le donateur pendant le mariage. Ce prix suit la condition de l'immeuble et appartient aux héritiers de l'époux donateur, à l'exclusion de l'époux survivant. Il en est ainsi alors même qu'une partie du prix a été payée pendant le mariage. Cette partie du prix est sujette à restitution ou prélèvement quoique les époux soient mariés sans communauté de biens. On dirait vainement, dans ce cas, que le prix s'est confondu avec la masse des autres biens donnés (Cass. 13 déc. 1848, S. 49-1-187).

Dans cette hypothèse donc, l'immeuble réservé, ou son prix, devrait être déclaré au nom de l'héritier naturel du défunt, et les objets compris dans la donation au nom de l'époux.

**16403. Sommes à prendre sur des immeubles. — Donation alternative.** — La donation sous condition de survie faite par un mari à sa femme, dans un contrat de mariage, d'une somme d'argent à prendre à son choix en biens fonds, sur la propriété du futur, situés dans la commune de... ou ailleurs, ne confère à la donataire aucun droit actuel sur les immeubles présents du donateur. Ce droit ne lui appartient que sur les biens qui se trouveront de nature dans la succession, tellement que les biens vendus par le mari durant le mariage demeurent à l'abri de toute action de la part de la femme (Cass. 4 fév. 1835, S. 35-1-506). — Quant au droit à percevoir à l'événement, il y a lieu de se conformer au principe que nous avons posé sous les nos 16389, 16391.

### ARTICLE 3. — INSTITUTION CONTRACTUELLE

[16404-16405]

**16404. Caractère.** — On a vu, sous les nos 5319 et suivants, qu'il faut entendre par *institution contractuelle* cette espèce de donation d'après laquelle on institue un héritier d'une manière *irrévocable* (1083 C. C.), ce qui n'a lieu que dans le cas des art. 947 et 1082 C. C.; l'irrévocabilité est indispensable pour assurer à la donation un caractère propre. En effet, celui qui ne promet que sa succession, qui donne ses biens en tant seulement qu'ils se trouveront encore dans son patrimoine lors de son décès, demeure nécessairement libre d'aliéner et d'engager ces biens ; seulement, pour que sa donation ne soit pas dérisoire et insignifiante, pour qu'elle produise immédiatement un effet quelconque et ne se confonde pas avec un simple testament, il lui est interdit, par l'art. 1083, de disposer désormais à titre gratuit des choses comprises dans cette donation ; et c'est à titre onéreux seulement qu'il en a encore la libre disposition.

Néanmoins, comme, sauf l'irrévocabilité du titre, on doit dire que son caractère dominant est celui de donation pour cause de mort, il est admis sans difficulté que tous les biens qui font partie de l'institution contractuelle doivent être compris dans la succession du donateur.

**16405. Division.** — L'institution contractuelle peut se présenter sous trois faces différentes : en premier lieu, elle peut n'embrasser que les biens à venir ; elle peut encore comprendre les biens présents et à venir ; enfin, elle peut avoir pour objet des sommes payables au décès.

1. RENVOI. — Chacune de ces espèces de libéralité est soumise à des règles particulières qui influent directement sur la perception des droits de mutation par décès. Nous en avons présenté le commentaire complet au chapitre du *Contrat de mariage*, nos 5319 et suivants, et nous ne pourrions que reproduire ici les mêmes développements. Le lecteur voudra bien s'y reporter.

### ARTICLE 4. — CONVENTIONS DE MARIAGE

[16406-16410]

**16406. Renvoi.** — La communauté peut subir des modalités variées à l'infini, car nous avons vu, au n° 4443, que les parties sont libres d'insérer dans leurs conventions matrimoniales toutes les conventions qui ne sont pas prohibées par un texte formel de la loi. Cependant, comme de ces modalités, il résulte souvent des avantages réels soit pour l'un, soit pour l'autre des époux, on s'est demandé s'il ne fallait pas reconnaître le caractère transmissif à ces avantages et, dès lors, les assujettir, au moment de leur réalisation, au droit propre à toute transmission de cette nature. En principe, la négative n'est pas douteuse; dès l'instant que la loi donne aux parties le droit de modifier leurs conventions matrimoniales, *toutes celles* de ces conventions qui *restent dans les limites* qu'ont arrêtées les règles générales du droit civil doivent être considérées comme inhérentes au contrat. Mais si le principe ne peut être mis en doute, son application présente souvent des difficultés sérieuses, car le véritable caractère de la convention ne se dégage pas toujours nettement des clauses insérées dans les contrats de mariage.

Nous avons dû traiter ces questions en examinant, au mot *Contrat de mariage*, les cas dans lesquels il fallait percevoir le droit fixe de donation éventuelle. L'exigibilité de ce droit entraîne comme conséquence forcée la perception du droit de mutation par décès lors de l'événement, et la corrélation qui unit les deux tarifs nous a conduit à les comprendre dans le même développement.

On trouvera donc sous les nos 5229 et suivants toute la théorie relative à cette matière.

#### § 1er. — *Ameublissement.*

[16407-16409]

**16407. Renvoi.** — Nous avons expliqué, sous les nos 2140 et suiv., ce qu'il faut entendre par la clause d'ameublissement et les effets qu'elle est appelée à produire. Nous n'y reviendrons pas ici.

**16408. Attribution, par mariage, de la totalité de la communauté au survivant.** — 1. HÉRITIERS DU CONJOINT DÉCÉDÉ. — Le tribunal de Saint-Quentin a jugé, le 22 août 1832 (Dalloz n° 3410), que lorsque le contrat de mariage contient, outre l'ameublissement, une attribution de la totalité de la communauté au survivant, les héritiers *de l'auteur* de l'ameublissement demeurent privés, par l'effet de la clause d'ameublissement, de tous droits dans l'immeuble ameubli. La conséquence de cette stipulation est donc que ces héritiers *n'ont pas à comprendre* cet immeuble dans leur déclaration de succession. Cette proposition est incontestable.

2. ÉPOUX SURVIVANT. — Mais le tribunal est allé plus loin : il a été jugé également que l'époux survivant n'a pas à acquitter un droit de mutation par décès pour les biens dont le prédécès de son époux lui a fait acquérir la propriété, en vertu de son contrat de mariage. Sur ce point, l'Administration, développant la pensée qu'elle avait émise dans l'I. G. n° 1422, a fait remarquer, par une Dél. 21 décembre 1832 (3999 Roll.), que l'art. 1525 C. C. ne peut avoir pour effet de faire que des biens ameublis par l'un des époux passent à l'autre époux sans supporter un droit de mutation.

**16409. Somme à prendre sur un immeuble.** — Il ne faut pas confondre l'ameublissement jusqu'à concurrence d'une somme avec la mise en communauté de cette même somme *à prendre sur un immeuble désigné*. Par cette dernière clause, l'époux ne met pas en communauté l'immeuble désigné, il n'y met qu'une somme au payement de laquelle il affecte l'immeuble indiqué. Si par l'effet du partage cet immeuble passe au lot de l'autre époux, le droit de mutation, suivant la nature de la convention et selon qu'elle peut être considérée comme vente, donation, etc., ne peut être contesté (Dalloz n° 3416 et Champ. et Rig. n° 2894).

Dans tous les cas, le droit de mutation ne peut être un droit de mutation par décès, puisque l'attribution à l'époux qui n'a pas ameubli la somme ne peut avoir lieu que par un acte de mutation entre-vifs, par suite de l'absence de toute stipulation dans le contrat de mariage qui soit de nature à lui imprimer le caractère de transmission soumise à la condition du décès.

## § 2. — *Clauses de réversibilité*

[16410]

**16410. Renvoi.** — La clause d'un acte de vente ou de donation par laquelle les aliénateurs se réservent au profit du survivant l'usufruit des biens aliénés, ou stipulent que la rente formant le prix de leur abandon sera servie sans réduction au survivant constitue-t-elle une libéralité éventuelle donnant lieu, lors du décès, à la perception du droit de succession? Cette question se trouve traitée avec tous ses développements au mot *Donation* nos 6693 et suivants.

# CHAPITRE XVII. — DOT. — RÉGIME DOTAL

[16411-16419]

**16411.** Nous avons également donné, au mot *Dot*, sous les nos 6722 et suivants, des développements sur le régime dotal qu'il est bon de consulter pour trouver la solution des difficultés qui pourraient se présenter en matière de régime dotal.

Cependant il existe quelques décisions spéciales au droit de mutation par décès que nous devons résumer ici.

**16412. Principe.** — Le caractère distinctif du régime dotal étant l'inaliénabilité de la dot (*V.* 6853), il en résulte que, sauf les cas *où il serait établi* qu'elle a été légalement aliénée, conformément à ce que nous avons dit n° 6854 et suiv., les héritiers de la femme doivent en comprendre la totalité dans leur déclaration de succession.

1. COMMUNAUTÉ. — Remarquez d'ailleurs que le mot *dot* est un terme générique, qui désigne le bien de la femme, quel que soit le régime sous lequel elle est mariée. A ce point de vue, et d'après le principe que nous venons de poser, le tribunal de Dunkerque a jugé, le 3 janvier 1856, que, pour que lors du décès d'une femme mariée sous le régime de la communauté, les valeurs mobilières qu'elle a apportées en dot puissent échapper au droit de mutation, il ne suffit pas qu'il soit allégué qu'elles n'existaient plus à ce moment, il faut que la perte de ces valeurs soit prouvée.

« Considérant que Richard prétend que l'actif social de la maison Aubert a été perdu en entier; que, suivant lui, la dot de sa femme y étant comprise, il n'y avait pas lieu de faire la déclaration exigée par l'Administration; considérant que Richard ne produit aucun acte constatant cette perte; qu'il allègue, à la vérité, certains faits d'où semblent résulter des probabilités favorables à cette prétention, mais qu'en toute matière, et surtout en matière fiscale, il faut des preuves positives ; considérant que, malgré les pressantes instances à cet égard de la part de la Régie, Richard n'a produit aucun document sérieux; qu'en l'absence de preuves de ce genre, et en présence du contrat de mariage, il est impossible d'admettre la prétention de Richard ; considérant que, la perte de la dot de la femme Richard n'étant pas prouvée, elle devait figurer dans la déclaration de sa succession ; qu'il y a eu, à cet égard, omission de la part de Richard, à qui il y a lieu d'appliquer l'art. 30 L. 22 frimaire an 7. »

2. DOT SIMULÉE. — Dans le même ordre d'idées, il a été également reconnu que si le contrat de mariage porte que l'un des futurs s'est constitué une somme en deniers comptants, on ne peut refuser de payer les droits de mutation par décès sur cette somme en alléguant que cette constitution a été simulée, car aucune preuve ne peut être admise contre et outre le contenu au contrat de mariage (Dél. 27 oct. 1836; — Rouen 27 fév. 1834, 11632 J.E., D.N. t. 12 p. 360 n° 982). — Niort 31 août 1875; — Corte 2 déc. 1874, 4196 R. P.). — V. 16818.

**16413. Succession des donateurs.** — On sait que si les père et mère constituent conjointement une dot sans distinguer la part de chacun, elle est censée constituée par portions égales, et que si les donateurs sont mariés sous le régime de la communauté, la femme ne peut, en renonçant, s'affranchir du payement de la moitié à sa charge. Il résulte de là que la moitié de la dot est à la charge de la succession de chacun des donateurs.

On verra plus loin des applications variées de ce principe, nos 16694 et suiv.

1. ENFANT DOTÉ PAR LE PÈRE. — Si l'enfant a été doté par le père, sans que celui-ci ait déclaré expressément se charger de la dot pour le tout, cette dot doit être imputée sur la communauté, aux termes de l'art. 1439 C. C., et si la dot a été payée, l'on n'est pas en droit, au décès de la mère, de faire ajouter à sa succession la moitié de cette dot, comme formant la moitié de l'indemnité due à la communauté par le père, à raison de cette dot.

2. CHARGE DU PRÉMOURANT. — Il y a exception au principe de la constitution par moitié de la dot lorsque les donateurs stipulent qu'elle sera à la charge de la succession du prémourant. Dans ce cas, si la dot n'a pas été payée lors du décès de l'un des constituants, ni le survivant

mis en demeure avant ce décès, celui-ci ne peut plus être actionné, puisque l'événement de la condition fait évanouir son obligation, et si la succession est insolvable en tout ou en partie, c'est au donataire que cette insolvabilité préjudicie. Cependant, dans cette hypothèse, les héritiers du donataire ne pourraient se dispenser de comprendre l'intégralité de la dot dans leur déclaration de succession, qu'en renonçant à la créance qu'ils auraient sur la succession du prémourant des donataires.

Nous avons examiné la question sous tous ses aspects au mot *Dot.*

**16414. Fruits.** — La dot étant constituée pour supporter les charges du ménage dont le mari a l'administration, il en résulte que les fruits civils qu'elle produit appartiennent au mari. D'où la conséquence que ces fruits étant censés absorbés au fur et à mesure qu'ils sont produits, les héritiers ne sont pas tenus de les comprendre dans leur déclaration de succession.

Il en serait autrement, cependant, dans le cas où la femme se serait réservé le droit de toucher partie de ses revenus. Dans ce cas, la portion de revenus réservée appartiendrait à sa succession au prorata de leur acquisition.

**16415. Immeuble acquis des deniers dotaux.** — En principe, l'immeuble acheté des deniers dotaux n'est pas dotal si la condition de l'emploi n'a été stipulée par le contrat de mariage (1553 C. C.). Ceci n'est que l'application de cette règle générale en droit civil, savoir : que celui dont les deniers sont employés à acquérir un immeuble n'en devient pas propriétaire. D'où naît la question de savoir si l'acquisition appartiendra au mari ou à la femme. La solution est subordonnée à la manière dont l'immeuble a été acquis, aux énonciations du contrat de vente. En règle générale, l'immeuble appartient à celui des époux au nom duquel l'acquisition a été faite, à tous deux, s'ils ont acheté conjointement. En effet, on ne peut en général s'engager ni stipuler en son propre nom que pour soi-même (1119 C. C.); et on est censé avoir stipulé pour soi, à moins que le contraire ne soit exprimé ou ne résulte de la nature de la convention (1122 C. C.). Peu importe l'origine des deniers. La circonstance que le prix a été payé avec les deniers d'un autre, ne suffit pas pour rendre cet autre propriétaire de l'immeuble qui n'a pas été acheté en son nom (Odier, nº 1187 à 1190, Troplong nºs 3196 et suiv.)

C'est donc l'application de ces principes qui doit fournir la solution de la question de savoir à laquelle des deux successions, du mari ou de la femme, appartient l'immeuble acquis des deniers dotaux.

**16416. Échange de bien dotal.** — Lorsqu'un immeuble a été acquis par échange avec l'immeuble dotal, quel est le sort de cet immeuble ? Il doit être considéré comme dotal. — V. *Dot.*

Cependant quelques distinctions sont à faire ici :

Ainsi, il faut que l'immeuble qu'on acquiert présente au moins les quatre cinquièmes de la valeur de l'autre. Ce fait doit être constaté par des experts que nomme d'office le tribunal, qui doit aussi vérifier l'utilité de l'opération avant d'accorder l'autorisation. Quand l'immeuble acquis vaut moins que l'autre, l'argent que reçoit la femme doit être employé en achat d'un immeuble qui devient dotal et inaliénable ; si c'est, au contraire, l'immeuble acquis qui se trouve plus considérable, il n'est cependant pas dotal pour le tout, hors le cas de constitution des biens à venir, ainsi que nous le disons au numéro suivant.

**16417. Licitation.** — Lorsque la femme possédait une part dotale dans un immeuble indivis qui, étant impartageable, a été licité, si c'est à la femme que l'immeuble a été adjugé, il n'est dotal que pour la part qui appartenait primitivement à celle-ci, à moins bien entendu, de constitution de tous les biens à venir, la dot ne pouvant, ainsi, être augmentée pendant le mariage. — V. *Dot.*

C'est par application de ces principes que devra être décidée la question de savoir dans quelle proportion appartient soit à la succession de la femme, soit à celle du mari, l'immeuble dans lequel la femme possédait une portion indivise et qu'elle a acquis à titre de licitation.

**16418. Remploi.** — Quant à la question du remploi des biens dotaux et de l'influence qu'elle est appelée à exercer sur le payement des droits de mutation par décès, nous renvoyons aux nºs 6862 et suiv.

**16419. Acquisition conjointe avec le mari.** — Aucune diposition du Code n'interdit à la femme mariée sous le régime dotal d'acquérir des immeubles en commun avec son mari ; si donc un immeuble est acquis conjointement par deux époux dotaux, moyennant un prix payé comptant, sans indication de l'origine des deniers employés à ce payement, la femme est devenue copropriétaire de l'immeuble et ses héritiers doivent comprendre sa part dans la déclaration de sa succession (Dél. 26 nov. 1830, 9894 J. E., 1708, 7301 J. N.).

## CHAPITRE XVIII. — ÉTRANGER

[16420]

**16420. Renvoi.** — Nous avons examiné avec détails, en parlant des étrangers (nºs 8224 et suiv.), les questions auxquelles donne lieu le payement du droit de mutation applicable aux valeurs dépendant de la succession d'un Français décédé à l'étranger ou d'un étranger décédé en France. Nous y renvoyons le lecteur [1].

1. *Pays cédés à l'Allemagne.* — En ce qui concerne spécialement les droits de succession exigibles dans les pays cédés à l'Allemagne, au sujet de successions ouvertes avant le 2 mars 1871, il a été décidé qu'ils ne sont pas dus au Trésor français (D. m. f. 27 oct. 1871, 3409 R. P.).

## CHAPITRE XIX. — FRUITS

**[16421-16431]**

**16421. Diverses espèces de fruits.** — On sait que l'on distingue diverses espèces de fruits, savoir : les fruits naturels, qui sont le produit spontané de la terre, le produit et le croît des animaux (583 C. C.) ; les fruits industriels, que l'on obtient par la culture de la terre (583 C. C.) ; et les fruits civils, qui sont les loyers des maisons, les intérêts des sommes exigibles, les arrérages des rentes et les prix des baux à ferme (584 C. C.).

**16422. Mode de perception des fruits.** — 1. FRUITS NATURELS. — Les fruits naturels ou industriels se perçoivent à une seule époque, lorsqu'ils sont séparés de la terre ou des animaux qui les produisent. Ainsi, le blé et la paille sont acquis par la moisson, la laine des bêtes ovines par la tonte, etc. (585 C. C.).

2. FRUITS CIVILS. — Les fruits civils s'acquièrent jour par jour (586 C. C.). Ils sont acquis dès avant l'échéance fixée pour le payement; la créance est née à *la fin de chaque jour*, encore bien que le payement n'en soit pas encore exigible. Chaque jour, à l'heure de minuit, échoit un trois cent soixante-cinquième des fruits civils de l'année. Ainsi, le jour dans lequel on se trouve ne peut être compté pour fournir un trois cent soixante-cinquième, puisque chaque fraction ne peut être acquise que par l'expiration de la journée à laquelle elle correspond.

**16423. Les fruits civils doivent s'ajouter aux valeurs qui les ont produits.** — Pour liquider les droits d'une succession, il faut toujours calculer l'importance des fruits civils acquis du jour de la dernière échéance à celui du décès, et en faire figurer le montant dans les valeurs de la succession, comme on y fait figurer toute créance active. — Cette règle n'est cependant pas toujours applicable aux rentes sur l'Etat et en général à toutes les valeurs cotées à la Bourse. — *V.* 16586.

1. JOUR DU DÉCÈS. — Dans tous les cas, et d'après ce que l'on a vu au n° 16422-2, on ne doit pas faire entrer dans le compte des fruits civils le jour du décès de l'auteur de la succession. Si donc nous supposons un capital exigible le 31 décembre, produisant 365 francs d'intérêts, et que le créancier meure le 25 janvier, on ne devra comprendre dans sa succession que 24 francs pour vingt-quatre jours.

**16424. Les fruits civils sont indépendants du revenu des biens.** — De ce que nous avons dit ci-dessus, il faut naturellement conclure que le droit à payer sur le prorata des loyers des maisons et des fermages qui est à déclarer, depuis le jour où courent les baux jusqu'au jour du décès, est tout à fait indépendant du droit exigible sur les maisons et les terres. C'est ce qui résulte d'ailleurs d'une manière expresse de la disposition d'une D. m. f. 27 septembre 1828, insérée dans l'I. G. n° 1263 § 5, aux termes de laquelle « les fruits civils, au prorata soit de fermages, soit de loyers d'un immeuble affermé, *courus jusqu'au jour du décès* du propriétaire, doivent être déclarés par son héritier, et acquitter le droit comme créance, indépendamment du droit à percevoir pour l'immeuble. »

**16425. Propriétaire.** — L'hypothèse du numéro précédent ne se réalise jamais lorsque le propriétaire jouit par lui-même. Dans ce cas, en effet, ce n'est plus de fruits civils, s'acquérant jour par jour qu'il s'agit, mais de fruits naturels, qui ne se perçoivent que lorsqu'ils sont détachés de l'objet qui les produit. Donc, tant que les récoltes, par exemple, sont sur pied, elles font partie intégrante de l'immeuble, et ne peuvent en être détachées pour la perception des droits.

Il a été décidé, en ce sens, par l'Administration (1263 § 5 I. G.) « que si le propriétaire jouissait par lui-même, il ne s'opère à son décès, s'il a lieu lorsque les récoltes sont encore pendantes par branches ou racines, qu'une seule mutation immobilière, sans que l'héritier soit tenu de déclarer la valeur des récoltes, qui font elles-mêmes partie de l'immeuble dans ce cas-là. »

**16426. Récolte vendue.** — Mais si la récolte, quoique non encore détachée, avait été vendue à forfait avant le décès du propriétaire, de telle sorte qu'elle formât une créance au profit de la succession, nul doute que cette créance ne dût être déclarée (1263 § 5 I. G.). Dans ce cas, en effet, en dehors de l'immeuble, qui a toujours la même valeur aux yeux du Trésor, puisque cette valeur se calcule d'après le revenu que l'immeuble est susceptible de produire, le défunt laisserait bien réellement une créance sur un tiers pour lequel seul périrait la récolte, si un accident venait à l'enlever. — *V.* n° 16575.

**16427. Récolte léguée.** — En serait-il encore de même dans le cas où le défunt léguerait à un tiers les récoltes aux champs, ou bien, par exemple, la coupe prochaine de son bois ? On a émis l'avis que de la valeur de l'immeuble obtenue par la capitalisation du revenu il fallait déduire l'importance de la coupe léguée et percevoir séparément les droits sur chaque objet, d'après le degré de parenté des héritiers et du légataire particulier. La raison en est, dit-on, que d'après l'I. G. 1432, il n'y a rien à réclamer des légataires particuliers quand le droit a été acquitté sur la valeur entière de la succession (17204 J. E.).

Nous ne partageons pas ce sentiment.

Il y a ici deux propriétés d'une nature distincte : 1° des récoltes mobilières à percevoir prochainement ; — 2° un immeuble dont l'héritier entrera en jouissance après l'enlèvement de la récolte. Cette circonstance que la jouissance est retardée n'influe pas sur la détermination de la valeur imposable de l'immeuble, pas plus que si l'usufruit tout entier en était détaché par le défunt : c'est toujours sur le capital au denier 20 que le droit est exigible. Quant au légataire particulier, il ne saurait objecter que l'impôt acquitté par l'héritier comprend le droit dû pour son propre legs, pas plus encore que l'usufruitier ne peut alléguer que le droit payé par le nu-propriétaire comprend celui qui tombe à sa charge. Chacun d'eux a recueilli un objet distinct existant également en nature et devant être soumis privativement à l'impôt en vertu des règles spéciales sur la liquidation. Si l'on ne tient pas compte au propriétaire de la privation de récoltes qu'il éprouve, c'est par suite du principe adopté pour la détermination du capital imposable des immeubles, détermination qui s'opère selon le revenu que *produit* le bien et non pas que *touche* immédiatement l'héritier.

Autrement, il faudrait admettre des imputations semblables quand le propriétaire et le fermier décèdent en même temps; et ce procédé est absolument contraire aux termes de l'I. G. n° 1263 § 5.

**16428. Fermier.** — L'Administration décide que les récoltes sont meubles à l'égard du fermier, et que, s'il meurt avant de les avoir enlevées, ses héritiers doivent les comprendre dans la déclaration de la succession, d'après la valeur qu'elles avaient au jour de son décès (1263 § 5 I. G.).

C'est ce qui a été également reconnu par un jugement de La Roche-sur-Yon du 22 décembre 1858, portant : « Attendu que les récoltes pendantes par racines, au moment du décès, étant destinées à être détachées du sol pour en réaliser les produits dans les mains du fermier, doivent être considérées comme meubles (520 C. C.), font à ce titre partie de l'avoir du fermier et doivent être comprises dans la déclaration de sa succession » (1347 R. P., 16950 J. N., 11860 C.; — *Conf.* : Sol. 9 nov. 1875).

On pourrait objecter contre ces solutions, ainsi que nous l'avons fait au n° 1347 R. P., et que l'a fait après nous le Contrôleur de l'enregistrement (n° 11860) que la valeur des récoltes est subordonnée à la condition suspensive de leur perception à maturité. Jusqu'à cette époque le fermier ne peut voir en elles qu'un fruit éventuel assujetti à une foule de causes de destruction. Or, une chose éventuelle ne donne pas ouverture au droit de succession (n° 16489).

Si cependant l'on admet avec les décisions précédentes que le fermier a dès le jour du décès un droit acquis aux récoltes, il faut reconnaître que ce droit s'applique moins à ces fruits eux-mêmes qu'à l'espérance de les recueillir un jour s'ils existent encore : le droit du fermier se résume donc dans un aléa dont la valeur dépend de toutes les circonstances du fait et doit être estimé en conséquence par les héritiers. — (*V.* 17894-2 J.E.).

**16429. Semences et labours.** — Si le propriétaire, par une circonstance quelconque, reprenait le fonds affermé à la mort du fermier, il devrait faire compte à la succession de celui-ci des frais de semences et labours aux termes de l'art. 548 C. C., qui veut que « les fruits produits par la chose n'appartiennent au propriétaire qu'à la charge de rembourser les frais des labours, travaux et semences faits par des tiers. » Il est donc certain que dans cette hypothèse les semences et labours devraient être frappés du droit de mutation par décès, car ils constituent une valeur réelle dans la succession du fermier.

Nous croyons même qu'en tout état de cause, on doit soutenir cette thèse, alors même que le droit au bail passe aux successeurs du fermier, car si les récoltes sont chose éventuelle, le capital industriel déposé dans le sein de la terre, pour faire naître et prospérer les récoltes, a une valeur bien certaine. C'est alors sur le pied de l'estimation portée en l'inventaire que les semences et labours doivent être déclarés.— *V.* 16559.

**16430. Usufruit.** — L'usufruitier se présente dans une position tout à fait exceptionnelle à l'égard des fruits naturels. L'art. 585 C. C. veut que les fruits naturels et industriels, pendants par branches et par racines, au moment où l'usufruit est ouvert, appartiennent à l'usufruitier, et que ceux qui sont dans le même état au moment où finit l'usufruit, appartiennent au propriétaire, sans récompense de part ni d'autre des labours et semences. Ainsi, lorsque l'usufruit commence, les héritiers du propriétaire n'ont rien à comprendre dans la déclaration de sa succession qui ait un rapport quelconque avec les fruits qui peuvent être pendants par branches et par racines. Il en est de même pour les héritiers de l'usufruitier lorsque l'usufruit prend fin, encore bien que le terme de la récolte soit passé et que cette récolte ait été arrêtée par force majeure (Proudhon t. 3 n° 1178 Duranton t. 4 n° 558, Zachariæ t. 3 p. 13, Marcadé art. 585 n° 2, Demolombe t. 10 n° 369).

Quant aux fruits civils, comme c'est pour l'usufruitier particulièrement qu'a été écrit l'art. 586 C. C., il est sans difficulté qu'ils doivent être compris dans la déclaration de sa succession jusqu'au jour de son décès (Demolombe t. 10 n°s 376 à 381).

**16431. Jouissance légale.** — L'usufruit légal conférant les mêmes droits que l'usufruit ordinaire (Proudhon *de l'Usufruit* t. 1er n° 155), il faut en conclure que lorsque cet usufruit commence ou qu'il finit, la règle qui a fait l'objet du numéro précédent est de tout point applicable.

## CHAPITRE XX. — DROITS LITIGIEUX

[16432-16433]

**16432. Principe.** — On a vu au n° 1572 que les actions litigieuses, lorsqu'elles sont cédées, donnent ouverture au droit de mutation entre-vifs, parce qu'elles constituent réellement une valeur immobilière susceptible de transmission. Mais nous avons exprimé l'opinion, sous le n° 1582, que ce principe n'est plus applicable lorsque ces actions ou droits litigieux sont transmis par décès. En effet, avons-nous dit, dans le cas de transmission à titre onéreux, il y a eu forfait. L'acquéreur est devenu propriétaire, moyennant un prix d'un droit soumis à des éventualités, il est vrai, mais qui avait néanmoins *une valeur* représentée par le prix. Il n'y avait pas à se préoccuper des éventualités, puisque ces éventualités étaient aux risques et périls de l'acquéreur, et qu'elles ne changeaient rien à la nature de son contrat, qui ne dépendait d'aucune condition suspensive. Mais, en matière de sucession, la question n'est pas la même. Les droits litigieux transmis n'auront une valeur pour les héritiers qu'autant qu'ils sortiront à effet. Jusque-là, cette valeur est soumise à une condition suspensive. Aucun forfait n'a existé entre eux et l'auteur de la succession. Ils prennent ces droits dans l'hérédité pour ce qu'ils sont, c'est-à-dire avec leur incertitude et leur éventualité et l'Administration fausserait l'art. 4 L. 22 frimaire an 7, *qui veut que les droits soient assis sur les valeurs*, si elle établissait une perception sur des titres sans valeur *actuelle*.

**16433. Droits litigieux devenus certains.** — Mais les choses litigieuses une fois rentrées dans l'hérédité par l'effet de l'exercice de l'action, l'obligation d'acquitter les droits existe incontestablement pour les héritiers, et ces droits sont exigibles, à peine du demi-droit en sus, dans les six mois de la rentrée en possession des héritiers. C'est ce qui a été décidé dans maintes circonstances où des immeubles étaient rentrés dans la succession par l'effet d'un jugement portant annulation de ventes ou de donations consenties par le défunt de son vivant.

## CHAPITRE XXI. — MINES. — MINIÈRES. CARRIÈRES

[16434-16446]

**16434. Observations.** — Nous avons donné, sous les nos 11304 et suiv., à cette nature de propriété tous les développements qu'elle comporte, il ne nous reste donc ici qu'à déduire de ces développements les règles propres au payement des droits de mutation par décès.

### SECTION PREMIÈRE. — MINES

[16435-16442]

**16435. Diverses espèces de propriété.** — Diverses choses sont à considérer dans les mines, quant au droit de propriété, il y a : 1° le sol, qui reste toujours entre les mains du propriétaire de la surface ;

2° La mine, qui, après la concession, peut être exploitée soit par le propriétaire du sol, soit par un tiers;

3° La redevance à payer par le concessionnaire.

**16436. Sol.** — Aucune difficulté ne peut s'élever lorsqu'il s'agit de la mutation du sol même sous lequel se trouve la mine concédée. Il doit être compris, comme toute autre nature de terre, dans la succession du propriétaire de la surface.

**16437. Mine.** — On a vu, au no 11317, qu'aussitôt que la concession d'une mine est accordée se produit la séparation complète de la propriété de la mine et celle de la surface, car l'acte de concession a créé une propriété nouvelle, soit que la mine ait été concédée au propriétaire de la surface, soit qu'elle ait été transmise à un tiers. Il suit de là que cette propriété doit être comprise dans la déclaration de la succession du concessionnaire, alors même que ce concessionnaire serait le propriétaire même de la surface.

**16438. Mine divisée en actions.** — Si la propriété de la mine est divisée en actions, comme cela arrive presque toujours, ces actions doivent être comprises dans la déclaration de la succession de leur possesseur. — Elles sont meubles. — V. 11337.

Si les actions dépendent d'une société verbale, l'actionnaire est copropriétaire des biens en nature de la mine (Lure, 29 déc. 1875). — V. 16704-1

**16439. Droit d'exploitation.** — On a vu, au no 11341, qu'en matière de cession il ne faut pas confondre le droit d'exploitation avec la mine elle-même. Cette distinction est également de nature à exercer une influence décisive sur le payement des droits de mutation par décès. Car le droit d'exploiter peut, suivant les circonstances, rendre un droit de mutation exigible ou échapper complétement à l'impôt des successions.

1. DROIT A EXPLOITER JUSQU'A ÉPUISEMENT. — Ainsi, si c'est le droit d'exploiter la mine jusqu'à épuisement que le cessionnaire laisse à ses héritiers, ce droit constituant, une véritable propriété mobilière, doit être compris dans la déclaration de succession. — V. *Bail.*

2. DROIT D'EXPLOITER TEMPORAIRE. — Que si l'exploitation n'est que temporaire et limitée dans ses effets, comme il ne s'agit alors que d'un simple droit à un bail, il y a lieu de faire l'application du principe posé no 16289, c'est-à-dire que les héritiers du cessionnaire du droit d'exploiter, ne recueillant qu'une simple jouissance à titre de bail, n'ont à payer aucun droit de mutation par décès.

**16440. Bénéfices.** — Dans le cas où le défunt laisserait dans sa succession un simple droit à une quote-part des bénéfices à faire dans l'exploitation de la mine, ce droit devrait être déclaré comme valeur mobilière par ses héritiers.

**16441. Droit d'inventeur.** — Il en serait de même à l'égard du droit d'invention que l'inventeur pourrait laisser dans sa succession. Ce droit, s'il était établi et reconnu, constituerait, sans aucun doute, une valeur mobilière que les héritiers devraient comprendre dans la succession.

**16442. Redevance.** — Les questions qui se rattachent à la mutation de la redevance sont de nature à recevoir deux solutions différentes, suivant la position dans laquelle elles se présentent, c'est-à-dire suivant que la redevance est restée la propriété du possesseur du sol ou qu'elle a été aliénée par lui. Mais c'est là une question qui a sa place ailleurs (V. 16600). Il doit nous suffire de dire, pour le moment, que la redevance doit être déclarée par les héritiers de celui qui l'a acquise ou par ceux du propriétaire du sol, suivant qu'elle est restée la propriété de ce dernier ou qu'elle a été aliénée par lui.

## SECTION 2. — MINIÈRES

[16443-16445]

**16443. Droit des maîtres de forges.** — On a vu, sous les nos 11345 et suiv., quelle idée doit s'attacher à l'exploitation des minières. Les maîtres de forges tenant de la loi leur droit d'exploitation, lorsque le propriétaire n'exploite pas lui-même, ce droit ne constitue pas, à proprement parler, une chose qui ait ce caractère d'appropriation personnelle qui caractérise la propriété. Nous pensons donc qu'un pareil droit, ne constitue pas dans leur succession une valeur qui soit de nature à être déclarée.

**16444. Exploitation souterraine. — Concession.** — La solution serait différente, s'il s'agissait de cette exploitation souterraine dont nous avons parlé au numéro 11348, et qui nécessite une concession de la part du Gouvernement. Les règles qui ont fait l'objet du précédent article, qui a pour objet les mines, seraient alors de tout point applicables.

**16445. Redevance.** — Quant à la redevance à payer par les maîtres de forges au propriétaire du sol qu'ils exploitent, comme elle constitue une véritable valeur mobilière, elle doit être comprise dans la déclaration de leur succession.

## SECTION 3. — DES CARRIÈRES ET TOURBIÈRES

[16446]

**16446. Renvoi.** — Nous n'avons, à l'égard de l'exploitation des carrières et des tourbières, qu'à renvoyer aux observations qui ont fait l'objet du no 16439 *suprà*. La règle à suivre s'y trouve suffisamment développée.

# CHAPITRE XXII. — PROPRIÉTÉ LITTÉRAIRE

[16447-16460]

**16447. Législation.** — Les droits des héritiers et ayants cause des auteurs sur la propriété littéraire ont été réglés par une loi du 14 juillet 1866, ainsi conçue :

« ART. 1er. — La durée des droits accordés par les lois antérieures aux héritiers, successeurs irréguliers, donataires ou légataires des auteurs, compositeurs ou artistes, est portée à cinquante ans à partir du décès de l'auteur.

« Pendant cette période de cinquante ans, le conjoint survivant, quel que soit le régime matrimonial, et indépendamment des droits qui peuvent résulter en faveur de ce conjoint du régime de la communauté, a la simple jouissance des droits dont l'auteur prédécédé n'a pas disposé par acte entre-vifs ou par testament.

« Toutefois, si l'auteur laisse des héritiers à réserve, cette jouissance est réduite, au profit de ces héritiers, suivant les proportions et distinctions établies par les art. 919 C. C.

« Cette jouissance n'a pas lieu lorsqu'il existe, au moment du décès, une séparation de corps prononcée contre ce conjoint; elle cesse au cas où le conjoint contracte un nouveau mariage.

« Lorsque la succession est dévolue à l'État, le droit exclusif s'éteint, sans préjudice des droits des créanciers et de l'exécution des traités de cession qui ont pu être consentis par l'auteur ou par ses représentants » (2377 R. P.).

1. USUFRUIT. — Quoique la loi se soit servi du mot jouissance à propos du droit accordé aux veuves, il est certain qu'il s'agit là d'un usufruit véritable soumis au droit de mutation par décès. Les explications données lors de la discussion de la loi ne laissent aucun doute sur ce point. « On a demandé, dit le rapporteur, si par cette jouissance nous avons entendu l'usufruit. Oui, nous avons entendu l'usufruit, et nous l'avons dit très-clairement dans le rapport. Maintenant ce sont des considérations fiscales et de forme qui ont fait mettre les mots « simple jouissance » à la place du mot « usufruit. » Ces considérations fiscales avaient sans doute pour but de faire échapper le droit des veuves à la perception de l'impôt dû pour les transmissions d'usufruit. Mais un député a fait remarquer que l'Administration de l'enregistrement se reporterait bien au rapport et qu'alors le droit ne serait pas évité.

2. LEGS UNIVERSEL. — Le légataire universel de l'un des enfants d'un auteur jouit de la propriété littéraire en concurrence avec les enfants et petits-enfants de l'auteur (C. Paris, 3 août 1877, 5007 R. P.).

**16448. Droit de succession.** — Quoi qu'il en soit, la propriété littéraire constitue une valeur de la succession qui doit être déclarée par les héritiers comme toute autre valeur.

C'est ce qu'il faut induire, par analogie, des décisions qui vont faire l'objet des numéros suivants.

**16449. Vente de manuscrit.** — L'auteur qui vend son manuscrit n'abdique pas sa propriété d'une manière absolue. Ainsi, lorsque dans la vente de son manuscrit à l'éditeur, l'auteur ne s'est pas expliqué sur le point de savoir s'il vend le droit de faire une seule édition ou d'en faire plusieurs, il faut décider que l'auteur n'a entendu vendre qu'une seule édition : on ne doit pas supposer qu'il ait voulu abandonner sa propriété littéraire d'une manière indéfinie (Taulier *Théorie du Code civ.* t. 6 p. 45).

Ainsi, même dans le cas de la vente d'un manuscrit, sans abandon du droit d'épuiser les diverses éditions de l'ouvrage, la valeur des éditions postérieures à la première devrait être comprise dans la succession de l'auteur.

**16450. Droit de l'éditeur.** — Lorsqu'un écrivain a traité avec un éditeur pour la publication d'un de ses ouvrages, et qu'il a été convenu que celui-ci l'imprimerait et le vendrait à ses frais et qu'il en retirerait tout le profit, à la charge de payer à l'auteur une certaine somme pour chaque exemplaire, la propriété intellectuelle de l'ouvrage reste bien sur la tête de l'auteur, mais l'éditeur devient propriétaire et du droit d'éditer et de l'édition qu'il en fait; en sorte que s'il arrive que l'impression commencée ne puisse être achevée, le premier, qui trouve dans sa qualité d'auteur le droit de se faire attribuer la disposition des parties imprimées de l'ouvrage, ne peut néanmoins les reprendre qu'avec les charges dont elles ont pu être grevées par l'éditeur au profit de tiers (C. Bourges 14 juin 1844, S. 45-2-632).

Dans cette hypothèse il y aurait lieu de comprendre la valeur de la propriété de l'ouvrage dans la succession de l'éditeur. Quant à l'importance de la remise à payer à l'auteur, elle constitue évidemment dans la succession de celui-ci une valeur qui doit être déclarée.

**16451. Cession à forfait.** — Toutefois, l'éditeur d'une collection de manuels scientifiques et artistiques, qui a traité avec un auteur pour la composition de quelques-uns de ces manuels, est présumé s'être fait abandonner par celui-ci son droit de propriété le plus absolu sur ses œuvres : de telle sorte que l'auteur n'a pas le droit de s'opposer à ce que l'éditeur fasse de nouvelles éditions des manuels composés par lui, ni à ce qu'il fasse ajouter sur les éditions nouvelles les noms des personnes qui auraient fait les corrections ou additions devenues nécessaires à l'œuvre primitive (C. Paris 12 janv. 1848, S. 48-2-142).

**16452. Droit de publier une édition.** — L'auteur qui a cédé à un tiers le droit de publier une édition de son ouvrage ne peut, à moins de conventions contraires, en publier une nouvelle édition avant l'épuisement de celle qu'il a cédée, quel que soit d'ailleurs le temps qui s'est écoulé depuis cette cession (Cass. 22 fév. 1847, S. 47-1-435, Renouard t. 2 n° 179, Pardessus *Droit comm.* n° 314, Devilleneuve et et Massé *Dict. comm.* v° *Prop. litt.* n° 87).

Donc, jusqu'à l'épuisement de l'édition cédée, la propriété littéraire qui repose dans les mains de l'auteur n'a pour ainsi dire qu'une valeur abstraite, qui ne nous paraît pas susceptible de figurer dans la déclaration de sa succession.

**16453. Main de passe.** — Au cas de cession par un auteur à un tiers du droit de faire une édition de son ouvrage, tirée à un certain nombre d'exemplaires, et moyennant un prix fixé au prorata des exemplaires tirés, l'éditeur cessionnaire ne peut, dans le cas où *les mains de passe*, qu'il est d'usage de tirer, ne l'auraient pas été réellement, prétendre que ces mains de passe doivent être converties en une réduction sur le nombre des exemplaires tirés (C. Paris 18 mars 1842, S. 42-2-268).

**16454. Discours ou sermons.** — Les discours ou sermons prononcés publiquement dans la chaire par un prêtre catholique sont pour leur auteur une propriété dont nul ne peut s'emparer sans son assentiment, à peine d'être poursuivi comme contrefacteur (C. Lyon 17 juill. 1845, S. 35-2-469, Blanc p. 280 et suiv., Gastambide n° 21, D. 45-2-128, P. 45-2-433).

**16455. Augmentations. — Additions.** — Les augmentations, additions, ou modifications d'un ancien ouvrage tombé dans le domaine public constituent ou peuvent constituer une propriété au profit de l'auteur de ces changements, et cela bien que, confondus dans l'ancien ouvrage, ils n'aient point fait l'objet d'une publication séparée. Cette circonstance ne les fait nullement tomber dans le domaine public, par une sorte de droit d'accession; il n'en est pas à cet égard comme au cas d'augmentations posthumes laissées par l'auteur de l'ouvrage (Déc. 1er germ. an 11; — Cass. 27 fév. 1845, S. 45 1-177).

**16456. Additions insignifiantes.** — Cependant, quelques légères additions faites à un ouvrage littéraire devenu une propriété publique ne suffisent pas pour en acquérir la propriété exclusive à l'auteur de ces additions; en conséquence, il ne peut poursuivre en contrefaçon ceux qui auraient reproduit l'ouvrage en cet état (Cass. 23 oct. 1806, S. *Coll. nouv.* 2-1-299).

**16457. Notes.** — Les notes faites sur un ouvrage tombé dans le domaine public constituent, en faveur de leur auteur, une propriété littéraire garantie par la loi du 19 juillet 1793, et cela alors même que ces notes n'ont pas été publiées séparément du texte de l'ouvrage. En conséquence, la reproduction de ces notes par un nouvel éditeur de l'ouvrage a le caractère d'un délit de contrefaçon prévu par la loi (C. Paris 9 nov. 1831, S. 35-2-525; — 7 nov. 1835, S. 35-2-525, Devilleneuve et Massé *Dict. comm.* v° *Prop. litt.* nos 40 et 41; — *Contrà* Favard *eod. verb.* § 2 nos 3 et 10).

**16458. Musique.** — Le compositeur de musique chargé par un entrepreneur de concerts publics d'arranger des symphonies est en droit, s'il s'est réservé la propriété de ses manuscrits, d'empêcher, après la réalisation de son engagement, l'entrepreneur avec qui il avait contracté d'exécuter ces morceaux de musique (C. Paris 16 fév. 1836, S. 36-2-242).

**16459. Ouvrages dramatiques.** — La loi du 3 août 1844 porte : « Article unique : Les veuves et les enfants d'auteurs d'ouvrages dramatiques auront, à l'avenir, le droit d'en autoriser la représentation et d'en conférer la jouissance pendant vingt ans, conformément aux dispositions des art. 39 et 40 Déc. 5 février 1810.

**16460. Existence de la communauté.** — Les ouvrages littéraires composés durant le mariage tombent dans la communauté (Duranton t. 14 n° 132, Zachariæ

*Droit civ.* § 507 note 8; — *Contrà* Toullier t. 12 n° 116, Battur *Communauté* t. 12 n° 188). — *V.* n° 16447.

## CHAPITRE XXIII. — REPRISES

[16461]

**16461. Renvol.** — En ce qui concerne les règles générales qui gouvernent les reprises des époux, et dont il est très-important pour nos lecteurs de bien se pénétrer pour la saine application des droits de mutation par décès, nous ne pouvons que renvoyer aux développements que nous avons donnés sous les nos 14238 et suiv. Nous avons réuni, sous ces numéros, tout ce qu'il nous a paru utile de connaître dans le cadre spécial de matières que comporte notre ouvrage.

## CHAPITRE XXIV. — QUESTIONS DIVERSES

[16462-16553]

**16462. Absent.** — On doit comprendre dans la déclaration de la succession d'un absent, non-seulement les biens qui lui appartenaient au jour de ses dernières nouvelles, mais ceux qui auraient été acquis pour lui, qui lui auraient été attribués par un partage, ou qu'il aurait recueillis dans une succession déclarée en son nom.

Au surplus, nous avons traité, sous les nos 174 et suiv., de la question de savoir quels sont les biens qui doivent ou ne doivent pas être compris dans la déclaration de la succession de l'absent. Nous y renvoyons le lecteur.

**16463. Abstention.** — On a vu, au n° 15872, les diverses théories qui se sont partagé l'interprétation de l'art. 789 C. C., aux termes duquel la faculté d'accepter ou de répudier une succession se prescrit par le laps de temps acquis pour la prescription la plus longue. En cet état de choses, lorsqu'un héritier s'est abstenu, pendant trente ans, de faire connaître sa renonciation ou son acceptation à une succession, faut-il comprendre ou ne pas comprendre sa part dans cette succession dans la déclaration de sa propre succession? La solution de cette question dépend entièrement du parti que l'on veut prendre dans la controverse que nous avons signalée.

En tout état de cause, la jurisprudence a fait triompher, ainsi qu'on l'a vu *ubi suprà*, l'opinion qui veut que la prescription s'applique au droit d'accepter, et qu'après trente ans l'héritier soit nécessairement renonçant et présumé, par conséquent, n'avoir eu aucun droit à la succession. Il s'ensuit que si l'héritier qui s'est abstenu de prendre qualité et qui a laissé partager les biens par ses cohéritiers décède après trente ans, l'Administration ne peut exiger de ses propres héritiers qu'ils comprennent dans la déclaration de sa succession la part qui lui revenait dans la succession dont il s'est abstenu. Dans ce cas, il y a exception à la règle du n° 16108.

**16464. Acceptation.** — 1. CHEF D'UNE PERSONNE DÉCÉDÉE. — Lorsqu'un héritier donataire, ou légataire, est décédé sans avoir usé de la faculté, soit d'accepter la succession de son auteur, soit d'y renoncer, cette faculté passe à ses héritiers, de telle sorte que ceux-ci pourront accepter ou renoncer à cette succession de son chef (781 C. C.). Si donc les héritiers acceptent, *du chef* de leur auteur, la succession à lui échue, cette acceptation fait passer dans les biens du défunt la part qui lui revenait dans la succession non acceptée par lui.

Dès lors, les biens de cette succession doivent être compris dans la déclaration à passer par ses héritiers de sa propre succession.

2. CRÉANCIERS. — L'acceptation d'une succession par des créanciers, du chef de leur débiteur renonçant (*V.* 15867), les oblige à déclarer tous les biens qu'ils ont recueilli par le fait de cette acceptation. — *V.* n° 16190.

**16465. Acceptilation. — Remise de dette.** — Un arrêt de la cour de Rouen du 21 mars 1822 (7628 J. E.) ayant jugé que la remise au codébiteur solidaire de sa part dans la dette libère jusqu'à concurrence les autres codébiteurs, il s'ensuit que, si le défunt a fait remise à l'un des débiteurs solidaires de sa part dans la dette, les héritiers ne doivent comprendre dans la déclaration que le surplus de la créance.

**16466. Achalandage.** — Il est incontestable, dit M. Demolombe t. 9 n° 446, que l'achalandage est un bien distinct des marchandises mêmes faisant l'objet du commerce et qu'il a une valeur vénale souvent même très-importante. Qu'on n'objecte pas avec Champ. et Rig. (t. 4 n° 3783) que l'achalandage est attaché à la personne du commerçant et constitue un droit personnel incommunicable. L'expérience de tous les jours apprend au contraire que l'intelligence et la probité d'un chef de maison impriment à la maison même un renom qui survit au fondateur et se perpétue parfois longtemps dans des mains peu capables.

Par conséquent, la clientèle d'une maison de commerce constitue une valeur, un bien meuble qui fait partie de la succession du commerçant, et qui doit être comprise dans la déclaration à passer par ses héritiers. Aussi le tribunal de la Seine a-t-il jugé, le 28 mai 1851 (14556 J.N., 15214 J.E., 10755 J.N.), que la clientèle d'un banquier doit être comprise, pour sa valeur, dans la déclaration de sa succession, comme étant un objet susceptible d'être vendu ou acheté.

Ce principe avait déjà été consacré par un jugement du même tribunal du 7 mai 1840 (12540 J.E.), et il a été récemment confirmé par un jugement du tribunal de Rouen du 17 mars 1856 ainsi conçu: « Attendu que la question est celle de savoir si la clientèle d'un fonds de commerce léguée par testament est un bien meuble dont la transmission puisse, aux termes de l'art. 4 L. 22 frimaire an 7, donner lieu à la perception d'un droit proportionnel; attendu que l'affirmative ne saurait être douteuse; qu'en effet, rien n'est plus vénal et plus susceptible d'achat; que rien, en effet, n'est plus fréquemment l'objet de mutation à titre onéreux ou gratuit qu'un achalandage de commerçant; attendu que vainement la dame Marquezy allègue que la clientèle qui lui a été léguée n'a qu'une valeur idéale, parce qu'elle ne comprenait pas en même temps les marchandises qui se trouvaient dans les magasins de la demoiselle Arson; attendu, en effet, que chaque jour des commerçants qui se retirent des affaires vendent à un successeur, par le même acte, mais pour un prix complétement distinct, leur clientèle d'une part et leurs marchandises de l'autre, ce qui prouve qu'il y a là deux choses ayant une valeur relative entièrement indépendante l'une de l'autre; attendu que c'est bien ainsi que la dame veuve Marquezy l'entendait, puisque, depuis le décès de sa tante, elle a pris le titre de successeur de la maison de commerce, et comptant évidemment, à l'aide de cette qualité, tirer profit du crédit et de la position dont cette maison jouit depuis plusieurs années dans la ville de Rouen; attendu que la valeur réelle des clientèles de commerce est consacrée d'ailleurs par une jurisprudence constante, notamment par un arrêt de la Cour de cassation du 18 juillet 1840 et deux jugements du tribunal de la Seine, l'un du 7 mai 1840, l'autre du 28 mai 1851; mais attendu que le prix de cette clientèle ne peut dès à présent être fixé par le tribunal, puisqu'aux termes de l'art. 14 de la loi de frimaire, la valeur de la propriété des biens meubles est déterminée, pour le payement des droits de mutation après décès, par la déclaration estimative qu'en font les parties, et qu'il y a lieu à cet égard de renvoyer la dame Marquezy à passer cette déclaration. »

'**16467. Adjudication en justice.** — L'appel n'étant pas suspensif, il s'ensuit que les héritiers de celui qui s'est rendu adjudicataire en justice doivent comprendre dans leur déclaration les biens qui ont fait l'objet de l'adjudication, malgré l'appel interjeté du jugement d'adjudication (436 § 57 I. G.). Si l'annulation de l'adjudication était prononcée, pourrait-il y avoir lieu à la restitution des droits de mutation par décès? — V. *Restitution.*

1. ADJUDICATION PRÉPARATOIRE. — On décidait que, lorsque l'adjudication n'était que préparatoire, les biens devaient être compris dans la succession de l'ancien propriétaire (Cass. 24 juin 1811, 4100 J.E.). Une pareille distinction, parfaitement rationnelle, du reste, est sans effet aujourd'hui que la loi du 2 juin 1841 a fait disparaître l'adjudication préparatoire de la procédure sur les ventes judiciaires. — V. 1740.

**16468. Adoption.** — On a vu, au n° 1833, que l'adoption n'a pas pour effet, comme la survenance d'enfant, de révoquer les donations entre-vifs qu'aurait pu faire l'adoptant antérieurement à l'adoption. Il s'ensuit que les biens donnés entre-vifs avant l'adoption, ne faisant plus partie du patrimoine de l'adoptant, ne peuvent être compris dans la déclaration de sa succession.

1. RETOUR. — Quant au droit que les art. 351 et 352 C. C. accordent à l'adoptant ou à ses descendants légitimes de succéder à certains biens laissés par l'adopté ou sa postérité, il convient, pour le payement des droits de mutation par décès, à raison de ceux de ces biens qui doivent se trouver dans leur succession, de se conformer aux principes développés sous le n° 1834.

2. RENVOI. — On trouvera, au mot *Adoption*, l'exposé des autres règles et décisions rendues en matière de mutation par décès.

**16469. Ambassadeur.** — Les ambassadeurs et les gens de leur suite peuvent disposer de leurs biens par testament et par toute autre disposition, selon les lois de leur pays, et, s'ils décèdent en France sans avoir disposé de leur succession, les héritiers légitimes les y recueillent, quoique étrangers. Ce droit avait été modifié par les art. 726 et 912 C. C., en ce qu'à la capacité générale et absolue de succéder en France, que la loi du 8 avril 1791 accordait aux étrangers, ce Code avait subsitué un système de réciprocité qui faisait dépendre leur condition, en France, de celle des Français en pays étranger. Mais les art. 726 et 912 ont été abrogés par la loi du 14 juillet 1819 (900 I. G.), qui a restitué aux étrangers le droit de succéder, de disposer et de recevoir de la même manière que les Français.

1. MOBILIER D'HOTEL. — C'est une maxime du droit des gens que l'hôtel d'un ambassadeur est réputé *terre étrangère.* La conséquence de cette fiction est que, si un ambassadeur décède, les objets mobiliers qui se trouvent dans cet hôtel ne sont point assujettis au droit de mutation en France (D. m. f. 9 juill. 1811, 4181 J.E.; — 12 sept. 1829, 9395 J. E., 6994 J.N., 1303 § 9 I.G.).

Cette règle a été étendue, par une D. m. f. 17 février 1858, rapportée au n° 2126, aux locaux distincts de l'hôtel où sont établis les employés de la légation ou de l'ambassade.

2. AUTRES BIENS. — Mais au seuil de la maison d'habitation s'arrête la fiction. La qualité et les fonctions d'agent diplomatique n'exigent point que l'on ait des biens en France autres que le mobilier de l'hôtel que l'on habite. Aussi avait-il été reconnu, par une D. m. f. 27 mars 1822 (7185 J.E.), que les héritiers d'un ambassadeur sont tenus de déclarer les rentes et créances dues par les Français, et payables en France, ainsi que les immeubles situés dans le royaume. Cette règle a été rappelée dans l'I. G. 1303 § 9; elle trouve d'ailleurs sa confirmation dans un arrêt de Cass. du 26 avril 1815 (5160 J. E. *infrà* § 3), duquel il résulte que les contributions indirectes, dans la classe desquelles est rangé le droit d'enregistrement et de mutation par décès, sont des charges que les agents des puissances étrangères sont tenus de supporter, et que ces agents ne pourraient en être affranchis qu'autant qu'il existerait dans les pays qu'ils représentent, en faveur des agents du Gouvernement français, une loi de réciprocité.

3. CONSUL. — Les règles que nous venons de faire connaître sont applicables aux consuls, car ils ont un caractère public auquel sont attachés des priviléges et des immunités dont l'usage, les lois de la réciprocité et même des conventions expresses ont déterminé la nature et l'étendue (Let. min. aff. étr. 29 déc. 1814, 5079 J.E.). — Dans ce sens, il a été jugé, par le tribunal de la Seine, le 14 mai 1813 (4858

J. E.), que les héritiers de la femme d'un consul, marié sous le régime de la communauté, ne sont point tenus de déclarer les objets mobiliers et l'argent comptant qui existent dans la maison d'habitation, mais qu'ils doivent passer déclaration de tous les autres biens dépendant de la communauté et ayant leur assiette en France. La Cour de cassation a consacré la doctrine de ce jugement par un arrêt du 26 avril 1815 (5160 J.E., *P. chr.* 269), ainsi conçu :

« Attendu que les consuls des puissances étrangères sont justiciables des tribunaux français pour raison des engagements par eux contractés en faisant le commerce en France; que les contributions indirectes dans la classe desquelles est rangé le droit d'enregistrement et de mutation par succession sont des charges que les agents des puissances étrangères sont tenus de supporter ; que ces agents ne pourraient être en effet affranchis du payement de ces contributions qu'autant qu'il existerait dans les pays étrangers, en faveur des agents du Gouvernement français, une loi de réciprocité; considérant en outre que le droit de mutation sur les créances civiles et commerciales dont s'agit au procès a été d'autant plus légalement perçu qu'il est reconnu, d'une part, que le sieur Labensky a fait le commerce en France, avec l'autorisation de son gouvernement, et qu'il est certain, d'autre part, que le Gouvernement français n'autorise pas ses agents de relations commerciales à faire le commerce en pays étranger. »

**16470. Antichrèse.** — De l'ensemble de la jurisprudence que nous avons fait connaître sous les nos 2181, etc., il résulte que les biens donnés à antichrèse ne cessent pas d'appartenir au bailleur, et que s'il décède avant sa rentrée en possession, ils doivent être compris dans sa succession, alors même qu'il se serait réservé la faculté de les abandonner pour se libérer de sa dette (Seine 29 déc. 1825, 9760 J.E., D.N. t. 12 p. 264 no 398).

**16471. Arrérages.** — On sait que les arrérages sont les fruits civils produits par une rente, une pension ou autre redevance dont le capital est aliéné. Ils font donc partie de la succession non-seulement lorsque le terme est échu, mais encore lorsqu'il n'y a qu'une partie d'un terme qui soit écoulée. Cela est évident, puisque les fruits civils s'acquièrent *jour par jour* (586 C. C.).

1. PRORATA. — Dans ce dernier cas, donc, les arrérages doivent être déclarés au *prorata* des jours écoulés depuis l'échéance du dernier terme (D. N. t. 12 p. 248 no 321). Nous dirons même que c'est là le cas le plus fréquent où les arrérages pourront être saisis par le droit de mutation par décès. Car, du moment qu'ils se trouvent échus, ils sont censés payés et, à moins de circonstances fortuites, il est à peu près impossible aux préposés de pouvoir constater qu'étant encore dus, ils forment une créance active de la succession, si d'ailleurs les héritiers ne déclarent pas cette créance.

Jugé spécialement en matière civile que, quand une rente viagère a été stipulée payable par trimestre et d'avance, et que le crédi-rentier décède le premier jour du trimestre qui commence, le trimestre entier est acquis à ses héritiers (Marmande 2 déc. 1857, D. 57-5-281).

2. RENTE SUR L'ÉTAT. — Sous l'empire de la loi du 22 frimaire an 7, les arrérages des rentes perpétuelles sur l'État échus au jour du décès devaient être déclarés, parce qu'ils ne suivent pas le sort de l'inscription ; ils en sont détachés de droit ; et, comme ils ne peuvent être transmis *par transfert*, ils ne peuvent jouir de l'exemption (Dél. 23 fév. 1820, 7449 J. E.). A plus forte raison doit-il en être ainsi aujourd'hui que, par une disposition expresse de la loi du 18 mai 1850, le titre de la rente est lui-même passible du droit de mutation par décès. Il en est de même, par identité de motifs, de tous les coupons à échoir des valeurs industrielles au porteur.

3. INTÉRÊTS. — COUPON DÉTACHÉ. — On sait que les intérêts des inscriptions sur le grand-livre se payent à quatre échéances trimestrielles, et que, quinze jours avant chacune de ces échéances, le coupon, c'est-à-dire l'intérêt trimestriel, cesse de faire partie du cours.

Lorsqu'un titulaire de rentes sur l'État meurt entre le jour où le coupon trimestriel a été détaché et le jour de l'échéance de la rente, il est certain que, pour avoir la valeur exacte du titre, il faut ajouter au cours moyen du jour du décès le coupon détaché et non encore touché. A compter de cette séparation fictive, l'intérêt cesse de faire partie du cours journalier, à la différence de ce qui a lieu pour les arrérages échus depuis le dernier semestre échu. C'est pourquoi la Bourse éprouve alors une baisse à peu près égale au montant de l'intérêt semestriel, et le capital que l'on obtient en suivant le mode fixé par la loi du 18 mai 1850 ne représente plus les intérêts du coupon détaché. Ces derniers forment une créance distincte dont l'évaluation doit être faite séparément, puisque la détermination légale de la somme passible du droit de mutation par décès ne les comprend plus.

Le tribunal de Romorantin a même décidé que dans ce cas il fallait déclarer la totalité du coupon, bien qu'il reste encore à courir un certain délai entre le jour du décès et celui de l'échéance de la rente (20 avr. 1860, 17253 J. E., 1318 R. P., 11967 C.). « Attendu, a-t-il dit, que le coupon de rente, dès l'instant qu'il est détaché, représente en presque totalité au profit de celui qui en a la propriété des arrérages acquis. » C'est aussi ce qui résulte d'une sol. du 30 août 1872. Mais nous croyons que c'est aller trop loin. Le détachement du coupon est une opération d'ordre intérieur qui n'empêche pas les fruits de s'acquérir jour par jour. Si donc le titulaire de la rente meurt le 20 décembre, alors que le coupon détaché le 15 représente les arrérages à payer au 1er janvier, il paraît juridique de ne comprendre que la portion des arrérages échus au 20 décembre, jour du décès, et non tout le coupon à toucher dix jours plus tard.

Le défaut de déclaration des héritiers sur ce point semble, d'ailleurs, une omission passible du droit en sus (no 16896).

Mais pour tout individu qui meurt dans le courant du trimestre, il ne faut pas suivre la règle précédente, c'est-à-dire ajouter au capital de la rente, obtenu d'après le cours moyen de la Bourse, les intérêts produits par l'inscription à partir de la dernière échéance, comme cela a lieu pour tous les fruits civils qui s'ajoutent au capital jusqu'au jour du décès. En effet, en matière de rentes sur l'État, le cours du jour comprend toujours les intérêts depuis le dernier trimestre échu.

4. TITRE DÉPOURVU DE SES COUPONS. — Quand le titre au porteur est dépourvu de ses coupons à échoir, qui en

ont été détachés avant le décès, il semble que cette circonstance n'est pas de nature à modifier la liquidation du droit sur le capital ordinaire déterminé au moyen du cours de la Bourse. Outre qu'il se peut que les coupons eux-mêmes existent dans la succession, ou aient été simplement donnés en gage à un tiers, le détachement réel a pour effet de priver le titulaire de la jouissance temporaire de l'action ou de la rente et lui en conserve toujours la nue-propriété. Or, la nue-propriété s'évalue comme la propriété entière pour la perception de l'impôt.

5. COUPONS SÉPARÉS DU TITRE. — Les coupons échus qui sont ou non séparés du titre constituent des créances distinctes qu'il faut déclarer indépendamment du titre, puisque le cours de la Bourse ne les comprend pas.

Ceux qui sont à échoir ne doivent aucun impôt, ainsi que nous l'avons vu précédemment, quand ils sont encore adhérents au titre, ou qu'en étant détachés, ils se retrouvent dans la succession du possesseur de l'action ou de la rente. Mais il en est autrement, croyons-nous, si ces coupons appartiennent à une autre personne que le titulaire du titre. Ils ont pu, par exemple, être cédés à un créancier pour assurer le payement de son obligation au moyen d'annuités dès à présent connues.

Or, il ne nous paraît pas douteux que c'est là une valeur réelle, passible, à son décès, du droit de succession. Toutefois, comme il s'agit de revenus futurs comprenant des intérêts à échoir et dont le recouvrement n'est pas juridiquement assuré, nous pensons que les héritiers devraient être reçus à en faire l'estimation.

6. COMMUNAUTÉ. — DOTALITÉ. — Le cours de la Bourse comprend non-seulement le capital des rentes et actions, mais encore des portions d'intérêts, arrérages ou dividendes courants et non échus au jour de l'ouverture de la succession. Dès lors, si les rentes publiques, les valeurs industrielles françaises ou étrangères dépendent d'une communauté entre époux, elles font partie intégralement, d'après le cours de la Bourse, de l'actif de cette communauté, dans laquelle la succession de l'époux prédécédé prend son émolument sujet au droit de mutation par décès. Si, au contraire, elles sont propres à l'époux décédé, il y a lieu de déduire du cours de la Bourse les intérêts et dividendes non échus, dont la moitié seulement appartient à la succession de l'époux commun en biens (Sol. 4 août 1869, 3057 R. P.).

En cas de mariage sous le régime dotal, si les rentes ou valeurs industrielles font partie de la succession du mari, aucune déduction n'est à faire sur l'évaluation du cours de la Bourse. Mais si elles dépendent des biens dotaux de la femme prédécédée, les proratas d'intérêts et de dividendes non échus appartiennent en entier, en vertu de l'art. 1549 C. C., au mari survivant, et le droit de mutation par décès n'est exigible que sur le capital net dépendant de la succession de la femme.

7. SECOURS AUX ANCIENS MILITAIRES. — Ne sont pas soumis aux droits de mutation par décès les arrérages des secours annuels ou viagers accordés aux anciens militaires de la République et de l'Empire, et payés en vertu d'une décision du grand chancelier de la Légion d'honneur (D. m. f. 5 avr. 1859, 2148 I. G., 16577 J. N.).

**16472. Ascendants.** — C'est à titre successif que les ascendants succèdent aux choses par eux données à leurs descendants décédés sans postérité. Ces choses doivent donc être comprises dans la déclaration de leur succession lorsqu'ils décèdent après avoir exercé le retrait. — V. *Retour*.

**16473. Assignats.** — Si un débiteur, après avoir remboursé son créancier en assignats, lui fait un legs pour l'indemniser de la perte qu'il lui avait fait éprouver, ce legs, bien qu'il ne fasse que reconstituer en réalité le titre de la créance que le légataire avait sur le testateur décédé, n'en doit pas moins être assujetti au droit de mutation par décès, parce que la créance avait été légalement éteinte (Dél. 11 déc. 1829, 9813 J. E., 7204 J. N.).

**16474. Association religieuse.** — Le droit fixe est seul exigible sur les actes par lesquels les communautés religieuses sont, dans les six mois de leur reconnaissance, investies d'un titre régulier de la propriété de la maison conventuelle et de ses dépendances (D. m. f. 25 juin 1852). — V. 2313. — Mais si la remise est faite par l'héritier ou le légataire du propriétaire apparent, le droit de succession est exigible. — V. 2313, etc.

**16475. Assurances.** — Les assurances sur la vie donnent lieu quelquefois à des droits de mutation par décès dont les règles ont été discutées au mot *Assurance*, nos 2396 et suiv.

**16476. Augment.** — On comprenait autrefois, sous ce nom, les différents gains nuptiaux et de survie qui étaient en usage dans les pays de droit écrit ; mais l'augment de dot proprement dit était un gain nuptial que la femme prenait, en récompense et à proportion de sa dot, sur les biens de son mari prédécédé. — L'augment de dot était établi tant en faveur des enfants que de la femme (Merlin v° *Augment*). — Il n'y a plus aujourd'hui d'augment légal ni coutumier, et l'augment conventionnel n'a plus d'autres règles que celles qui sont tracées par le Code civil pour les donations entre époux à cause de survie.

Lors donc que l'augment a été constitué dans un contrat de mariage, il s'agit de reconnaître s'il a été stipulé à titre de convention de mariage, ou s'il a constitué une donation par l'un des époux à son conjoint. Dans le premier cas, aucun droit de mutation par décès n'est exigible ; dans la seconde hypothèse, au contraire, il faut comprendre dans la succession de celui qui l'a constitué les biens qui en font l'objet, pour les frapper du droit de mutation par décès.

**16477. Biens communaux.** — Les biens communaux partagés en vertu de la loi du 10 juin 1793 sont devenus la propriété de ceux à qui ils ont été attribués, et doivent être compris dans la déclaration.

Lorsqu'une délibération du conseil municipal, approuvée, a attribué à un habitant, d'une manière irrévocable, un lot non désigné des biens communaux, et que cet habitant décède avant que le partage de ces biens ait été effectué, ce lot qui est plus tard attribué à ses héritiers, de son chef, doit être compris dans la déclaration de succession (Bayeux 25 août 1843, 13362 J. E., D. N. t. 12 p. 268 n° 426).

**16478. Biens indivis.** — En principe, on ne peut pas se dispenser de déclarer des immeubles qui font partie d'une succession, sous le prétexte qu'ils sont indivis et confondus avec d'autres immeubles faisant partie d'autres successions non liquidées. « Attendu, porte un jugement du tribunal de Lourdes, du 6 février 1843 (13254 J. E.), que le défaut de prise de possession réelle et l'époque de l'entrée en jouissance ne sont point des obstacles à la déclaration de mutation, quand ce droit, indivis ou non, à la chose est d'ailleurs bien établi; que cela est si vrai, que les héritiers de la nue-propriété doivent, sous peine d'amende, payer le droit de mutation par décès dans les délais ordinaires, sans attendre que, par la cessation de l'usufruit, ils aient la jouissance effective; qu'il est de principe que c'est du moment de la saisine de droit, sans aucun égard à l'appréhension de fait, que les héritiers sont obligés envers les créanciers de la succession, et par conséquent envers la Régie de l'enregistrement pour les droits qui lui sont dus; qu'il est donc bien indifférent que les tiers possèdent des biens à déclarer, et que ces biens soient en même temps l'objet d'une instance; attendu qu'il importe tout aussi peu que les biens de Jean-Marie Fabas ne soient point entièrement liquidés, puisque les transmissions de biens par décès s'évaluent sans distraction de charges; qu'enfin l'acceptation de la succession de Jean-Marie Fabas par les mariés Sempé, sous bénéfice d'inventaire, ne saurait être non plus d'aucune considération; qu'une renonciation formelle de leur part eût pu seule les dispenser de la déclaration; attendu dès lors, et sous tous les rapports, que les mariés Sempé ont encouru l'amende portée par l'art. 39 deuxième alinéa L. 22 frimaire an 7, en se bornant, dans leur déclaration du 20 juin 1842, à l'offre d'une déclaration supplémentaire pour les biens encore indivis, mais qui pourraient leur advenir dans la succession de Jean-Marie Fabas. »

**16479. Biens déjà frappés du droit proportionnel.** — Un principe fondamental en matière d'enregistrement, et que nous avons déjà eu occasion de mettre plusieurs fois en saillie, c'est que toute transmission sur laquelle le droit proportionnel a été perçu, ne peut plus donner lieu à la perception d'un nouveau droit de *même nature*, lorsqu'elle s'opère dans les mêmes conditions.

1. COLLATÉRAL MIS AUX LIEU ET PLACE D'UN ENFANT NATUREL. — Ainsi, lorsqu'un enfant naturel qui a appréhendé la totalité de la succession a acquitté le droit de mutation sur la totalité, l'Administration n'est pas fondée à percevoir un nouveau droit sur la transaction intervenue entre l'enfant naturel et un héritier collatéral du défunt revendiquant la même succession (Cass. 24 flor. an 13, S. 5-2-677).

« Attendu, porte l'arrêt, qu'après le décès de J.-B. Joulia, sa succession fut appréhendée par Joulia-Larivière, son fils naturel, lequel acquitta les droits de mutation; qu'Élisabeth Joulia, veuve Pailhoux, revendiqua cette succession, et que, sur sa demande, les parties transigèrent; que la transaction maintint Joulia-Larivière dans le titre d'héritier, les droits et la jouissance de la succession, et que cette transaction est inattaquable, d'après la loi du 14 floréal an 11; qu'ainsi, il n'y a eu qu'une mutation; que jamais Élisabeth Joulia, veuve Pailhoux, n'a été saisie de la succession de son frère; et que si, par la transaction, elle obtient de l'héritier saisi une somme une fois payée et une pension viagère, si elle lui cède ses droits et ses prétentions à la succession, ces clauses ne produisent aucune mutation nouvelle; que Joulia-Larivière, héritier saisi avant la mutation, continue de l'être depuis, et que les droits auxquels ont donné lieu la somme payée à la veuve Pailhoux et la pension viagère qui lui a été faite ont été acquittés. »

2. LÉGATAIRE SUBSTITUÉ A UN AUTRE LÉGATAIRE. — Le droit de mutation par décès n'est pas dû par un second légataire, lorsqu'il a déjà été acquitté par un premier, mis en possession de l'hérédité sur un titre annulé depuis (Cass. 13 oct. 1814, 5020 J. E.).

« Considérant, porte l'arrêt, qu'il est reconnu qu'après le décès de Louis Sauzeau, Modeste Sauzeau, sa sœur, qui se croyait sa légataire universelle, fut envoyée, par justice, en possession de tous ses biens, et qu'elle paya tous les droits de mutation sur l'universalité de la succession, conformément à la loi; que dès lors le payement fait par Modeste Sauzeau a libéré valablement la succession de son frère du droit de mutation qui était dû, et que ce droit n'a pas pu renaître par la découverte d'un nouveau testament de Louis Sauzeau, qui transmettait sa succession à Louis Samson, son légataire universel; que, par conséquent, le nouveau possesseur n'a pas dû être astreint à payer un nouveau droit, parce qu'autrement la Régie percevrait deux droits pour un seul droit, ce qui serait contraire au vœu de la loi. »

3. DONATAIRES DEVENUS HÉRITIERS. — Lorsqu'une donation entre-vifs faite par le défunt à ses successibles est annulée pour vice radical, et qu'ainsi ces derniers recueillent, comme héritiers, les biens qui leur appartenaient comme donataires, l'Administration de l'enregistrement ne peut, indépendamment du droit qui a été perçu sur la donation annulée, percevoir un nouveau droit à raison de la mutation par décès (Cass. 5 juill. 1820).

Nous avons plus spécialement, au n° 16319, examiné la doctrine de cet arrêt.

4. BIENS FAUSSEMENT ATTRIBUÉS. — Un tribunal n'a pu, sans encourir la cassation, déclarer qu'un immeuble est resté indivis entre deux frères après le partage de la succession de la mère commune, et condamner celui des frères qui succède à l'autre à payer des droits de succession collatérale pour moitié de cet immeuble lorsqu'il est constant, d'après les pièces du procès, que l'immeuble était tombé en entier dans le lot d'un des frères; qu'il n'a jamais cessé, depuis, de lui appartenir, et qu'en conséquence celui-ci n'a pu le trouver parmi les biens de son frère décédé (Cass. 7 flor. an 10).

5. QUOTITÉ DE DROITS DIFFÉRENTE. — Les décisions que nous avons recueillies ci-dessus, uniquement pour mettre

en saillie le principe posé en tête de ce numéro, sont trop absolues, au moins en ce sens qu'elles ne portent que sur le droit de mutation en lui-même, sans se préoccuper de la quotité. Or, il est incontestable que, dans toutes les hypothèses analogues, c'est-à-dire toutes les fois qu'un successeur se trouvera substitué à un autre par l'effet d'un droit supérieur qui viendrait à se révéler, il sera dû un supplément de droit si ce nouveau successeur est à un degré plus éloigné du défunt que le successeur évincé, alors cependant que l'art. 60 L. 22 frimaire s'opposera à toute restitution, dans le cas où le successeur substituant devrait un droit moins élevé que le successeur évincé.

**16480. Biens réunis dans la même main à deux titres.** — Mais pour que la règle qui a fait l'objet du numéro précédent soit applicable, il faut évidemment qu'il n'y ait qu'un titre successif, c'est-à-dire qu'une seule et même mutation. Prenons un exemple : mon père meurt laissant à Victor, mon frère, et à moi, sa succession, que nous recueillons par moitié. Si Victor meurt à son tour avant d'avoir acquitté les droits de mutation par décès, et n'ayant d'autre héritier que moi, j'aurai à payer deux droits de mutation sur la moitié des biens de mon père qui avait été dévolue à mon frère. Mais il n'en sera ainsi que parce que deux mutations se seront réellement opérées, l'une de mon père à mon frère, l'autre de mon frère à moi.

Cependant je pourrai me soustraire au payement de l'un de ces deux droits en renonçant à la succession de mon père du chef de mon frère. Mais c'est là un autre ordre d'idées pour lequel nous renvoyons au mot *Renonciation*.

**16481. Brevets.** — 1. MAITRE DE POSTE. — Le brevet accordé à un maître de poste constitue un droit lucratif existant dans le patrimoine du titulaire et devant être compris dans la déclaration de sa succession. — *V.* 3237.

2. IMPRIMEUR-LIBRAIRE. — Il en est de même des brevets concédés aux imprimeurs ou aux libraires. — *V.* 3238.

3. BREVETS D'INVENTION. — Le brevet d'invention forme également dans les mains de celui qui l'a obtenu une propriété transmissible par toutes les voies de droit, d'où la conséquence que les héritiers de l'inventeur doivent comprendre dans la déclaration de sa succession la valeur de ce brevet d'invention (D. N. t. 12 p. 286 n° 529).

**16482. Caisse de la vieillesse.** — Les sommes déposées à la caisse de retraite pour la vieillesse peuvent donner lieu à la perception d'un droit de mutation par décès. On trouvera, aux nos 3328 et suiv., l'exposé des règles spéciales de la matière.

**16483. Charge de vendre et d'employer.** — La dame Peyrafitte Debat, veuve Villeneuve, décédée le 7 janvier 1830, à Cauterets (Hautes-Pyrénées), a fait à différentes personnes des legs de sommes d'argent montant à 2,700 francs. A la suite de ces legs, le testament contient une disposition ainsi conçue : « Je veux et j'ordonne que tous mes immeubles soient vendus à mon décès pour le produit des ventes être spécialement employé à l'acquit des legs et dispositions ci-dessus, et que le surplus du prix, s'il y en a, tourne par moitié et par égale part au profit des pauvres de la commune de Cauterets, taxativement, et au profit de l'église dudit Cauterets. »

Dans la déclaration qu'ils ont faite, le 1er mai 1830, les héritiers du sang de la dame veuve Villeneuve n'ont compris que des objets mobiliers; aucun droit de mutation par décès n'a été acquitté pour les immeubles, qui ont été vendus le 2 août 1830, à la requête de l'exécuteur testamentaire, moyennant la somme de 7,000 francs. — On a demandé contre qui, des héritiers de la veuve Villeneuve ou de l'hospice et de la fabrique de Cauterets, devait être poursuivi le payement de ce droit de mutation, et s'il était exigible sur les immeubles mêmes ou sur le produit de leur vente affecté à l'acquittement des legs particuliers.

D'après l'art. 724 C. C., les héritiers légitimes, lorsqu'il n'existe que des légataires particuliers, sont saisis de plein droit des biens du défunt. Dans l'espèce, les héritiers de la dame veuve Villeneuve ont donc été investis, dès l'instant de son décès, de la propriété des immeubles qu'elle a laissés. Cette dame n'ayant pas d'ailleurs disposé, au profit des légataires particuliers, de la propriété des immeubles, mais seulement du prix qui proviendrait de leur vente, l'Administration ne peut s'adresser, pour le recouvrement du droit de mutation, qu'à ceux qui ont la saisine légale, c'est-à-dire aux héritiers légitimes. — D'un autre côté, il résulte de la combinaison des art. 4, 15 n° 7, 24 et 39 L. 22 frimaire an 7, que la perception des droits de mutation doit être réglée suivant la nature et la valeur des biens appartenant à l'auteur de la succession au jour de son décès. C'est d'après ce principe qu'il a été décidé, par deux arrêts de la Cour de cassation insérés dans les I. G. nos 1210 § 6 et 1282 § 7, que, lorsque des legs de sommes d'argent doivent, d'après la volonté des testateurs, être payés avec le produit de la vente d'inscription de rentes sur le grand-livre, existantes dans la succession, il n'est dû aucun droit de mutation sur les sommes léguées en argent, attendu que les inscriptions de rentes qui représentent la valeur des legs en sont exemptées par la loi.

Ici des immeubles existaient dans la succession de la veuve Villeneuve au moment de son décès : le droit de mutation était donc dû sur leur valeur par les héritiers légitimes, au taux fixé pour les immeubles, sauf l'application des règles prescrites par l'I. G. n° 1156 § 7 en matière de legs de sommes d'argent. — C'est ce qui résulte d'une Sol. 19 août 1831 (1388 § 5 I. G.).

1. SERVICES RELIGIEUX. — Dans le même ordre d'idées, le tribunal de Neufchâteau a jugé, le 11 février 1836 (11480 J. E.), que si le testateur dispose qu'un immeuble de sa succession sera vendu pour le prix en être employé à faire dire des messes et le surplus être distribué aux pauvres, cet immeuble doit être compris dans la déclaration de sa succession, car l'héritier a été saisi de cet immeuble qui, n'ayant été légué à personne, est resté dans la succession : la condition d'employer le prix de sa vente de la manière indiquée n'est qu'une charge non susceptible d'être déduite.

**16484. Command.** — On a vu au n° 3877 que l'acquéreur chargé d'élire command ne doit pas être considéré comme le mandataire de celui qu'il se propose d'élire, mais comme ayant stipulé pour le command (dans le sens des art. 1165 et 1129). Cette situation le rend personnellement obligé au cas où la personne au nom de laquelle il a pris l'engagement refuserait de tenir cet engagement, et fait que la propriété repose sur sa tête jusqu'au moment de l'acceptation du command. Ce temps d'arrêt de la propriété sur la tête du command est très-important à constater, car toutes les conséquences fiscales qui se rattachent à la propriété en découlent. Si donc le commandé décédait avant l'élection ou l'acceptation du command, l'immeuble acquis appartiendrait à sa succession.

**16484** *bis*. **Condition suspensive.** — L'immeuble dont la vente a été consentie sous condition suspensive est réputé faire partie de la succession du vendeur, si la condition n'a pas été réalisée avant le décès de ce dernier : « Attendu que, *pendente conditione*, la propriété de la chose promise repose sur la tête du débiteur de l'obligation et non sur celle du créancier, qui n'a sur cette chose qu'un droit éventuel, incertain, contingent, une *spes debitum iri;* qu'il s'ensuit que tant que l'événement de la condition n'a pas purifié la vente, la chose vendue fait partie du patrimoine de l'aliénateur et passe à ses héritiers en cas de décès » (Saint-Dié 27 fév. 1874). — *Conf.* : Sol. 15 mars 1875, 9 août 1877 et Albi, 8 janvier 1877.

**16485. Déshérence.** — Les biens que les héritiers naturels recueillent des successeurs irréguliers qui les avaient appréhendés à leur défaut doivent être déclarés par les héritiers tels qu'ils se trouvent au moment de l'envoi en possession.

Cela ne s'entend évidemment que des héritiers autres que l'État; car, pour l'État, il n'a pas de droit à payer en vertu du principe général d'exemption de l'art. 70 L. 22 frimaire an 7, qui veut que l'État ne se paye pas de droits à lui-même (Circ. 12 mess. an 7, n° 1306).

Quant aux héritiers qui rentreraient en possession, ils devraient évidemment payer les droits de mutation par décès, ainsi qu'il a été dit au n° 16153.

Nous avons exposé au mot *Déshérence* les règles applicables à la perception du droit de mutation par décès, dans le cas des successions dévolues à l'État.

**16486. Deuil.** — Les frais de deuil auxquels la veuve a droit (1821 et 1570 C. C.), ne constituent pas un avantage sujet au droit de mutation par décès, lors même que la somme serait fixée par contrat de mariage. — *V.* 6372.

**16487. Divorce.** — L'époux qui avait obtenu le divorce conservait tous les avantages qui lui avaient été faits par son conjoint. Il devait faire la déclaration des avantages qu'il recueillait au décès (660 I. G.).

**16487** *bis*. **Domaines engagés.** — Les héritiers des détenteurs de domaines engagés doivent comprendre ces biens dans leur déclaration, soit que ces détenteurs contestent la domanialité, soit qu'ils aient payé le quart de la valeur de la propriété.

**16488. Don manuel.** — Les sommes données manuellement par l'auteur de la succession et qui sont fictivement rapportées à la masse ne doivent pas être comprises dans la déclaration de succession, car la tradition des sommes données s'étant opérée au moment de la donation, la mort du donateur n'opère pas mutation (Dél. 2 octobre 1845, 13977 J. E., D. N. t. 12 p. 280 n° 487).

En ce sens, il a été décidé que la déclaration que fait le donataire, soit pour prouver la légitimité de sa possession, soit pour rapporter la valeur des dons à ses cohéritiers, lors du partage, ne constitue point une créance active de la succession et ne doit pas être comprise dans la déclaration (Épernay 3 août 1827; — Dél. 26 oct. 1827, 8990, 9095 J. E., 6434 J. N.). — *V.* 15660.

Seulement, dans ce cas, il y aurait lieu à l'application de l'art. 6 L. 18 mai 1850, à raison de la déclaration des héritiers qui ferait connaître l'origine du rapport (V. *Don manuel*.

1. RECONNAISSANCE DANS UN TESTAMENT. — Dans le même ordre d'idées, il faut reconnaître que le don manuel étant un contrat réel indépendant de tout écrit, et qui doit son existence à un fait matériel : *la tradition*, il s'ensuit que la tradition opérée, le donateur perd son droit sur la chose mobilière, dont la possession vaut titre entre les mains du donataire. Dès lors, la disposition d'un testament portant qu'il est fait au besoin don et legs aux donataires des valeurs précédemment données manuellement ne peut faire perdre aux libéralités antérieures leur caractère de donation entre-vifs, et altérer le résultat de la transmission manuelle. Aussi le tribunal de Douai a-t-il jugé avec raison, le 25 mai 1852 (14899 J. N., D. N. t. 12 p. 280 n° 488), que, dans ce cas, aucun droit de mutation par décès n'est exigible.

2. DROITS INCORPORELS. — Mais il n'en serait pas de même à l'égard des droits incorporels. Les choses incorporelles, telles que les rentes, les créances, etc., n'étant point par leur nature susceptibles d'une tradition réelle, ne peuvent pas être données verbalement à un tiers ; il faut un acte qui constate la volonté du donateur, et, par conséquent, un acte notarié avec minute, comme doit être *tout acte de donation* (931, 948 C. C.), à moins que les parties n'empruntent la forme d'un autre contrat. La délivrance du titre n'opère le transport de la propriété d'une créance qu'entre *le cédant et le cessionnaire* (*Ibid.* 1689). La cession doit donc être préalablement prouvée. La remise du titre de créance entre les mains d'un tiers peut avoir tout autre but qu'une donation. — *V.* 6454 *bis*.

Dès lors on ne pourrait invoquer un don manuel pour se dispenser de comprendre ces objets dans la succession du propriétaire.

**16489. Droit éventuel.** — Un droit éventuel tel que celui qui résulterait du non-accomplissement d'une condition imposée par un testateur à son légataire, ne peut faire l'objet d'une déclaration de succession de la part de celui qui est investi de ce droit, *tant que ce droit n'a pas été réalisé.* — V. 16428.

**16490. Enfant naturel, adultérin, etc.** — C'est au mot *Enfant* que l'on trouvera les règles applicables aux successions des enfants naturels ou adultérins.

**16491. Établissement public.** — Nous avons vu au n° 7803 que les libéralités offertes aux établissements publics étaient toujours de plein droit subordonnées à la condition suspensive de leur acceptation par l'autorité. On ne peut donc pas ici appliquer la règle générale d'après laquelle selon l'art. 1014 C. C. la propriété de l'objet légué appartient au légataire avant toute délivrance. Jusqu'à l'autorisation la propriété des valeurs léguées repose sur la tête des héritiers et ceux-ci peuvent être contraints à payer le droit sur la totalité de la succession, sauf à exiger ultérieurement un supplément de droit de l'établissement public s'il était autorisé à accepter (Sol. 20 oct. 1856, 819 R. P., 15992 J. N., 16442 J. E.).

Cette interprétation a été cependant contestée par le motif que le legs n'est pas, dans l'espèce, soumis à une condition suspensive proprement dite, que l'établissement public est dans la position de tous les incapables auxquels la propriété des objets légués est dévolue par le fait du décès sous la condition résolutoire de l'acceptation régulière du legs. On en a conclu que le droit de succession ne peut pas être demandé aux héritiers (Valence 29 mars 1873, 3778 R. P.)

Mais cette argumentation ne saurait prévaloir. Lorsqu'une succession s'ouvre, les biens qui en dépendent passent immédiatement sur la tête des héritiers appelés par la loi à les recueillir. C'est l'application de la maxime si connue : *le mort saisit le vif.* La transmission s'opère alors sans la volonté de l'héritier, qui demeure forcément héritier tant qu'il n'a pas renoncé. « L'héritier est saisi, dit M. Demolombe, sous la condition résolutoire seulement de sa renonciation » (*des Successions* t. 2 n° 264). Il en est de même des successions testamentaires et des legs. Comme conséquence de ce principe, l'héritier ou légataire est tenu, de plein droit, d'acquitter au Trésor l'impôt des mutations par décès. Pour le réclamer, l'Administration n'a pas besoin de prouver l'acceptation; l'héritier ou le légataire en est tenu *de plano* jusqu'à ce qu'il renonce. Il importe peu que l'héritier ou le légataire n'ait pas personnellement la capacité civile nécessaire pour faire son choix. Les formalités auxquelles la loi a soumis, dans ce cas, l'acceptation ou la renonciation, n'en changent ni la nature ni les effets. L'incapable est toujours saisi, par le décès, de la propriété des biens; c'est pourquoi il est, comme l'héritier ordinaire, et dans les mêmes délais, tenu d'acquitter le droit de la mutation opérée à son profit. Il en est autrement des dispositions faites au profit des communes ou des établissements publics. En principe, ces établissements sont des incapables de la même nature que les mineurs ou les femmes mariées. Dès lors qu'ayant été reconnus ils ont acquis une existence civile, ils peuvent recevoir les libéralités qui leur sont faites tout aussi bien que les autres incapables (Demolombe *des Donations et des testaments* t. 1er n° 593. Eux aussi, par conséquent, devraient être de plein droit investis par le décès de la propriété des biens légués. Mais c'est justement ce que, pour des motifs puissants d'intérêt public, la loi n'a pas voulu. Elle a décidé que « les dispositions entre-vifs ou testamentaires au profit de ces établissements *n'auront leur effet* qu'autant qu'elles seront autorisées par une ordonnance royale » (art. 910 C. C.). La signification de cet article est aujourd'hui bien nettement déterminée par la jurisprudence. Il ne dit pas seulement que les donations offertes aux établissements publics devront être acceptées par le chef du Gouvernement, comme celles qui seront offertes au mineur ou à la femme mariée sont acceptées par le tuteur ou par le mari. Il ajoute que ces donations n'auront d'effet que si elles sont autorisées. Or, un legs qui ne produit pas d'effet est celui qui ne transmet rien au légataire, celui qui, par une dérogation à la règle générale, ne donne pas à ce légataire, dès le jour du décès, le droit transmissible à la chose léguée que reçoivent tous les autres incapables, les interdits, les mineurs ou les femmes mariées (art. 1014 C. C.). C'est, pour autrement dire, un legs soumis à la condition suspensive de l'autorisation du Gouvernement. Telle est, en effet, la qualification juridique qui lui a été reconnue par la jurisprudence. La Cour de cassation, dans un arrêt du 13 novembre 1849, a défini le droit d'un établissement public auquel un legs a été fait et qui n'a pas encore obtenu l'autorisation de le recevoir, « un droit éventuel, conditionnel et suspendu » (S. 1850-1-198). Elle a ajouté que le droit conditionnel « qui fait obstacle à la saisine immédiate du légataire » se réalise par l'autorisation qui le tenait en suspens, et « que l'accomplissement légal de cette condition a, comme dans le cas de l'art. 1179, un effet rétroactif au jour où le droit a pris naissance » (Cass. 7 juill. 1868, S. 1868-1-436. — *Adde* Cass. 4 déc. 1866, S. 1866-1-68). — Il est impossible d'exprimer plus clairement que le legs fait à un établissement public est soumis à la condition suspensive de l'autorisation du pouvoir central. Par voie de conséquence, les objets légués restent dans la succession sous la condition résolutoire dont ils sont menacés jusqu'au moment où ils en sortent par l'effet légal de l'autorisation (art. 1179 C. C.). Or, c'est un principe constant, en matière fiscale, d'une part, que le légataire sous condition suspensive est dispensé du payement des droits tant que la condition n'est pas arrivée, et, d'autre part, que le légataire ou l'héritier sous condition résolutoire doit acquitter l'impôt sur la propriété qui lui est actuellement dévolue, sans égard au dessaisissement dont il est menacé. La Cour de cassation a confirmé cette règle de perception dans un récent arrêt (Cass. 9 août 1871, n° 3372 R. P.).

La conclusion est facile à tirer. Tout établissement public appelé à recueillir un legs n'est tenu, tant que l'autorisation ne lui est pas accordée, à souscrire aucune déclaration de succession. La déclaration doit être faite et les droits acquittés dans les six mois du décès par l'héritier.

Il faut donc abandonner aujourd'hui la doctrine que l'Administration avait fait d'abord prévaloir devant le tribunal de Gap (J. 28 nov. 1849, 14899-4 J. E.), d'après laquelle l'héritier n'est tenu de déclarer l'objet légué à l'établissement public que dans les six mois du décret qui refuse à cet établissement l'autorisation d'accepter, la prescription ne courant elle-même contre le Trésor qu'à partir de ce décret.

Les véritables principes ont été consacrés par un jugement de Lodève du 8 décembre 1869, portant que tant que l'établissement public n'a pas été autorisé à accepter le legs qui lui est fait, l'objet légué fait partie de la succession du testateur, et les héritiers doivent le comprendre dans leur déclaration de succession (3072 R. P., 19868 J. N.).

Le tribunal de Nice a décidé, dans le même sens, le 28 août 1871, que le payement des droits de succession d'un legs fait à un établissement public non autorisé à accepter peut être réclamé à l'héritier du sang qui n'a pas renoncé et que cet héritier peut éviter le payement en renonçant à la succession, mais doit les frais faits jusqu'à cette époque (3434 R. P.).

Jugé également le 20 décembre 1873, par le tribunal de Montbrison, que tant que le legs d'un immeuble fait à une commune n'a pas été accepté par elle après une autorisation régulière, les droits de mutation par décès sont dus par l'héritier naturel (3799 R. P.).

Mais nous nous hâtons d'ajouter que, quand il n'y a pas péril en la demeure, l'Administration s'abstient de faire payer les droits aux héritiers et elle attend l'acceptation de l'établissement public (Sol. 15 nov. 1875, 4597 R. P., 24 août et 14 nov. 1876).

1. PRISE DE POSSESSION EFFECTUÉE. — D'ailleurs, la prise de possession effective de l'objet légué implique pour le Trésor l'existence de l'autorisation, et il a été reconnu par la Sol. du 20 octobre 1856, citée au numéro précédent, que les droits de mutation par décès deviennent exigibles toutes les fois que l'Administration a la preuve que le montant d'un legs en argent a été acquitté (*Conf.* : D. N. t. 12 p. 351 n° 930). — *V.* 16149.

2. OUVERTURE DU DROIT DE SUCCESSION. — Nous avons rappelé, au n° 7807, cinq arrêts de cassation qui ont reconnu que la disposition de la loi de 1831 ne s'appliquait qu'aux legs ouverts *postérieurement* à cette loi. La loi du 18 mai 1850 contenant, sur la rétroactivité, une disposition analogue à celle que présentait la loi de 1831, il faut reconnaître que le legs fait à un hospice étant ouvert le jour du décès du testateur, c'est la loi en vigueur au moment de cette ouverture, et non au moment de l'autorisation, qui doit être appliquée.

*Fruits et intérêts.* — Dans tous les cas, les fruits et intérêts de la chose léguée ne peuvent appartenir à l'établissement que du jour de la demande en délivrance (Cass. 24 mars 1852, 15419 J. E. 14668 J. N.). — *V.* 6113.

3. PARTIE DE LEGS PAYÉE PAR LE TESTATEUR. — La totalité du legs en argent doit être déclarée par l'établissement public, encore bien que le testateur ait déclaré, à la suite de son testament, qu'il remet une partie de la somme léguée, parce que cette déclaration ne peut changer la nature de la disposition testamentaire, et qu'on ne peut voir un don manuel dans un à-compte donné sur un legs (12413 J. E.). — *V.* 7447-5.

4. SECOURS A L'HÉRITIER. — Si le legs universel était fait à un hospice, et que le Gouvernement n'en autorisât l'acceptation que sous condition de payer une somme de... à l'héritier, à titre de secours, l'héritier serait-il passible de déclaration sur cette somme? Non, parce qu'il serait censé tenir cette libéralité de la munificence du Gouvernement, plutôt que la recueillir à titre d'héritier (Dél. 15 août et 7 oct. 1825, confirmée par une D. m. f. 17 déc. suiv., D. N. t. 7 p. 405 n° 430).

5. LEGS ACCEPTÉ POUR PARTIE. — Si, au contraire, le legs n'était accepté que pour partie, l'héritier succéderait pour le surplus, et devrait, par conséquent, acquitter le droit (Dél. 7 juill. et 17 oct. 1826, D. N. t. 7 p. 405 n° 431).

6. TRANSACTION. — Lorsque, par transaction approuvée par l'autorité supérieure, une somme d'argent a été substituée à un legs d'immeubles fait à une commune, c'est cette somme d'argent qu'il faut comprendre dans la déclaration de succession.

M. de Pontalba, décédé en 1834, a laissé un testament par lequel il a légué aux communes de Senlis et de Mont-l'Évêque la nue-propriété d'immeubles situés en France et à la Nouvelle-Orléans. Les droits de mutation par décès sur ces legs restaient à la charge de sa succession. — Par acte notarié du 24 août 1842, M. de Pontalba fils, seul héritier de son père, consentit à titre de transaction, à payer aux communes une somme de 100,000 francs pour leur tenir lieu de ces legs, auxquels elles renoncèrent. — Cette transaction fut approuvée par ordonnance royale, qui autorisa les communes à accepter le legs.

Le receveur perçut, lors de l'enregistrement de l'acte, le droit de 6 pour 100, comme donation mobilière. L'Administration reconnut qu'il n'y avait pas libéralité, mais elle soutint que le droit de 6 pour 100 était dû pour mutation par décès; — l'héritier prétendit de son côté que le droit d'obligation de 1 pour 100 était le seul qui eût dû être perçu sur l'acte de transaction.

La Cour de cassation ayant été saisie de l'affaire adopta les conclusions de l'Administration, par un arrêt du 25 février 1846 (S. 46-1-321, 1767-7 I. G., 13040 J. E.), ainsi conçu :

« Attendu que les communes de Senlis et de Mont-l'Évêque ont été régulièrement autorisées à accepter le legs à elles fait par le testateur Pontalba; qu'ainsi c'est dans le testament qu'elles ont puisé le principe de leurs droits; que si, en transigeant avec l'héritier, elles ont consenti à réduire à une somme fixe de 100,000 francs la portion qui leur revenait dans les biens du testateur, cette concession de leur part n'a pas changé la nature de leur titre ni de leur qualité de légataire; et qu'en décidant, dans ces circonstances, que le droit proportionnel de 6 pour 100 devait être payé pour le droit de mutation dû pour la transmission de ladite somme de 100,000 francs le jugement attaqué, loin d'avoir violé les lois des 22 frimaire an 7, 28 août 1816 et 21 avril 1832, en a fait au contraire une juste application. »

Il en est de même au sujet d'un legs de nue-propriété converti en legs de toute propriété (Sol. 3 juin 1874).

7. EFFET RÉTROACTIF. — Le legs fait à l'établissement public a d'ailleurs effet du jour même de l'ouverture de la succession et non pas seulement du jour où l'acceptation de la libéralité a été autorisée par le Gouvernement, encore bien que le legs n'ait pas été accepté provisoirement, cette acceptation provisoire étant inutile en l'espèce (Cass. 4 déc. 1866, S. 67-1-66).

8. INVALIDES DE LA MARINE. — Le legs fait à la caisse des invalides de la marine n'est pas réputé fait à l'État et il est passible du droit (Sol. 3 oct. 1877). Cette solution est contestable et ne paraît pas devoir être suivie.

**16499. Exécuteur testamentaire.** — Le legs fait à un exécuteur testamentaire pour l'indemniser de ses peines et soins est passible du droit de mutation par décès. Aucune rétribution personnelle n'est accordée aux exécuteurs testamentaires pour le fait de leurs fonctions, et l'on doit considérer comme une pure libéralité le legs qui leur est fait soit d'une somme d'argent, soit de toute autre valeur mobilière ou immobilière, pour les indemniser de leurs peines et soins.(Dél. 24 déc. 1830, 9839 J. E., 7327 J. N.).

Dans le même ordre d'idées, l'administration belge a décidé, le 7 décembre 1853, que l'acte par lequel une personne nomme un exécuteur testamentaire au profit duquel elle dispose, à titre de rémunération, d'une somme de 500 francs payable par les héritiers dans l'année de l'ouverture de la succession, est sujet au droit fixé pour les testaments. « Considérant que l'acte du 4 avril 1851 est un testament, que ses dispositions étaient soumises à l'événement du décès de B..., qu'enfin l'Administration n'admet pas la doctrine de l'arrêt du 16 octobre 1833, en tant que, d'après cet arrêt, la somme de 500 francs ne ferait pas l'objet d'un legs passible du droit de succession. »

1. SAISINE. — Mais la saisine conférée à l'exécuteur testamentaire en exécution de l'art. 1026 C. C. ne constitue pas un droit lucratif donnant lieu à la perception de l'impôt : c'est un simple moyen accordé au mandataire pour faciliter la gestion.

A cet égard, le tribunal de Marvejols a même décidé que la clause d'un testament portant : « je nomme X... exécuteur testamentaire, lui donnant la saisine de mes biens jusqu'au mariage de F... ou jusqu'à ce qu'il ait atteint l'âge de trente ans, » ne constitue pas en faveur de X... un legs passible du droit de mutation, attendu que l'exécuteur testamentaire conserve la qualité de gérant (Jug. 18 fév. 1856). — Mais cette décision ne saurait être prise pour règle, car lorsque la saisine dépasse le délai fixé par la loi, un an et un jour, elle paraît bien revêtir le caractère d'une attribution de jouissance personnelle. L'appréciation des circonstances est d'ailleurs décisive en ce point.

**16492 *bis*. Expropriation.** — Le jugement qui prononce l'expropriation d'un immeuble dépouille *hic et nunc* l'exproprié de la propriété de cet immeuble et la transfère *ipso facto* à l'expropriant. Cela résulte avec la dernière évidence des explications données à la Chambre des pairs par Rossi, Girod et Persil lors de la discussion de la loi du 3 mai 1841 (*Moniteur* du 12 mai 1840 p. 1014 et 1016). Tous les auteurs sont d'accord sur ce point (Delalleau nos 365 et suiv., Herson no 76, Favard de Langlade vo *Exprop.* no 7, Dalloz vo *Exprop.* no 325). Cotelle seul a exprimé une opinion contraire (t. 1er p. 446). Mais son sentiment est resté isolé.

La jurisprudence est parfaitement fixée en ce sens (Bordeaux 16 janv. 1832; — Colmar 23 juill. 1841; — Orléans 13 nov. 1856, S. 1857-2-269).

Cette transmission s'opère, d'après les arrêts précédents, quoique l'exproprié soit laissé plus ou moins longtemps en possession de l'immeuble et quoique le règlement de l'indemnité se fasse plus ou moins attendre.

Par conséquent, à partir du jugement d'expropriation, l'exproprié n'a plus qu'un droit : celui d'obtenir l'indemnité qui lui est due et pour la fixation de laquelle la loi a édicté une procédure spéciale.

Aussi en cas de mort de l'exproprié dans l'intervalle du jugement au payement ou au règlement de cette indemnité, le droit de mutation est dû non pas pour l'immeuble frappé d'expropriation, mais pour la créance qui constitue le droit à l'indemnité (*Conf.* : Dalloz, vo *Expropriation* no 331).

C'est ce que le tribunal de Marseille a jugé, le 27 août 1863, en ces termes : « Attendu, que l'effet du jugement d'expropriation pour cause d'utilité publique est d'opérer un déplacement dans la propriété des immeubles auxquels il s'applique, d'anéantir tous les droits de propriété au profit de l'État ou de la commune en faveur de qui il a été prononcé, et de les convertir soit en un droit à une indemnité, soit en une créance; que seulement le propriétaire garde la possession de l'immeuble exproprié comme garantie et jusqu'au payement de l'indemnité; que si les hoirs ne connaissaient pas au moment de la déclaration le montant de l'indemnité, ils auraient dû, dans tous les cas, se conformer aux dispositions de l'art. 14 L. 22 frimaire an 7, faire une déclaration estimative qui aurait sauvegardé le droit de l'Administration, sauf à réaliser plus tard le *quantum*; attendu que les hoirs Ullo, ayant fait à cet égard une déclaration insuffisante, sont passibles du droit en sus, comme le réclame l'Administration, par l'appréciation exacte des dispositions de la loi » (19448 J. E.). — *Conf.* : Sol. 28 août 1875 et 6 août 1877).

Nous croyons que le jugement d'expropriation produit son effet translatif même avant d'avoir été signifié et d'être devenu définitif. Cette signification, en effet, n'est destinée qu'à faire cesser les délais du pourvoi, et on sait que le pourvoi n'est pas suspensif. Si le jugement est annulé, il faudra recommencer la procédure, mais cette annulation n'est pas différente de celle qui résoudrait un contrat translatif intervenu entre les parties. Elle ne peut pas faire que ce contrat n'ait pas existé et n'ait pas produit tous ses effets avant l'annulation. L'administration l'a ainsi reconnu le 24 août 1874.

**16493. Faculté de vendre tous les biens de la succession pour ses besoins.** — Une veuve instituée usufruitière des biens de son mari qui n'a laissé que des héritiers collatéraux, avec autorisation de les vendre, *selon ses besoins*, doit être réputée propriétaire, surtout s'il est dit dans le testament que les héritiers ne recueilleront que les biens dont la veuve n'aura pas disposé, et les droits de mutation doivent être payés par elle sur la valeur entière.

**16494. Faillite.** — La déclaration de faillite n'ayant pas pour effet juridique de priver le failli de la propriété de ses biens, ainsi qu'on l'a vu au no 8821, ils continuent de lui appartenir, ainsi qu'à ses héritiers, sauf les droits des créanciers. Ces biens doivent dès lors être compris dans la déclaration de succession du failli (Seine 19 août 1864, no 2082 R. P.; — Lure, 14 juin 1873; — Sol. 22 fév. 1877). — V. 13382.

1. ACCEPTATION SOUS BÉNÉFICE D'INVENTAIRE. — De ce que la propriété des biens du failli continue de reposer sur sa tête, il résulte encore que l'acceptation sous bénéfice d'inventaire de sa succession par les syndics de la faillite laisse exigibles les mêmes droits que si cette acceptation était émanée des héritiers eux-mêmes, car les syndics les représentent nécessairement.

2. CRÉANCES SUR LE FAILLI. — Sur la question de savoir sur quel pied doivent être déclarées les créances sur des débiteurs en faillite, V. 16369 et suiv.

**16495. Fiducie.** — Merlin enseigne (*Rép.* v° *Fiducie*) que le fiduciaire ne doit pas *de son chef* les droits de mutation à la mort de l'instituant ; en sorte que, s'il les avance, comme il y est obligé en sa qualité de détenteur, l'institué ne les devra plus.

Les observations que nous avons faites au n° 9011 nous paraissent pouvoir recevoir assez souvent leur application en notre matière. La question de savoir si une clause testamentaire ne doit produire que les effets d'une simple fiducie étant essentiellement une question d'interprétation, les employés ne peuvent être appelés à la résoudre. Ils doivent donc établir la perception d'après la valeur apparente de la disposition.

Cependant, il est incontestable qu'aucun droit de mutation ne serait exigible contre le fiduciaire si une décision judiciaire avait reconnu le véritable caractère de la disposition. C'est ainsi qu'un arrêt de Cass. du 23 novembre 1807 et une D. m. f. 19 avril 1819 (3652 et 6301 J. E., D. N. t. 12 p. 283 n°501), ayant reconnu que lorsque l'institué par une fiducie décède avant d'avoir remis les biens aux appelés désignés par le testateur, ceux-ci sont censés succéder directement au testateur et les biens ne font pas partie de la succession de l'institué ; aucun droit de mutation n'a pu être perçu à raison de ces biens trouvés dans la succession du fiduciaire.

**16496. Folle enchère.** — Merlin (v° *Folle enchère*), Troplong (*des Hyp.* t. 2 n° 721) et Pigeau (t. 2 n° 390) enseignent que la revente sur folle enchère a pour effet d'anéantir la première adjudication *ab initio*. Sans aller jusque-là et tout en admettant que la folle enchère ne résout pas complétement les obligations du fol enchérisseur (n° 1760), il est certain qu'elle résout rétroactivement la propriété intérimaire qui a reposé sur sa tête. Ainsi que le déclare la Cour de cassation dans un arrêt du 24 août 1853, c'est comme débiteur du prix que l'acquéreur est tenu de l'enregistrement du titre de cette dette. Mais quand il ne s'agit plus d'assurer le payement du prix, le fol enchérisseur peut invoquer à son avantage, comme on peut invoquer à son détriment, les effets ordinaires de la résolution du titre (Demante n° 194). Si donc le fol enchérisseur vient à mourir et *que la revente ait lieu dans les six mois de son décès*, ses héritiers ne sont tenus d'aucun droit de mutation *par décès*, à raison du fonds fol enchéri.

Cette doctrine a été consacrée par un arrêt de la Cour de cassation du 2 février 1819 (6571 J. E., S. 19-1-346), dans lequel on lit ce qui suit : « Attendu... que l'adjudication sur folle enchère résout la première vente *ab initio* ; qu'ainsi les deux ventes n'en font qu'une et ne donnent conséquemment lieu qu'à un seul droit d'enregistrement ; d'où il suit, dans l'espèce, que la première adjudication ne peut donner ouverture à un droit de mutation par le décès de celui qui n'a été que fol enchérisseur. »

Elle a été appliquée depuis par des jugements de la Seine du 10 mars 1836, suivi d'un acquiescement du 21 juillet 1837 (9765 J.N.), et de Gap, du 25 août 1852. Ce dernier porte : « Attendu que le sieur Faivre, adjudicataire, est décédé le 24 janvier 1850 ; que les biens par lui acquis par adjudication ont été adjugés de nouveau, par suite de folle enchère, le 24 juillet 1850, ou soit six mois après son décès, et que le sieur Davin, son héritier, ayant six mois pour faire la déclaration des biens composant la succession du sieur Faure, n'a point dû y comprendre le domaine dont s'agit, puisqu'à l'expiration de ce délai, ce domaine était décidément sorti de la possession éventuelle qu'en avait eue le sieur Faure, et était mis irrévocablement en dehors de sa possession par suite de la folle enchère dont les suites, à l'égard du sieur Faure ou de ses successeurs, n'étaient autres que celles déterminées par l'art. 740 C. C. »

On peut encore invoquer, comme argument d'analogie, la jurisprudence d'après laquelle l'expertise d'un bien vendu par acte frappé de surenchère n'est plus recevable quand la surenchère a été suivie d'une seconde adjudication (Cass. 15 mars et 28 août 1854). — V. *Expertise*.

1. SIMPLES POURSUITES. — Il est bien évident que si la folle enchère n'était pas prononcée à l'expiration du délai de six mois, les héritiers pourraient être poursuivis, car c'est la seconde adjudication seule qui éteint l'action du Trésor.

C'est ainsi qu'il a été très-justement reconnu par un jugement du tribunal de la Seine du 14 février 1844 (13442 J. E.), que, bien que l'adjudicataire ait été, de son vivant, l'objet de poursuites en folle enchère, s'il n'est pas justifié qu'une revente l'a dépossédé avant sa mort, l'immeuble doit être compris dans la déclaration de sa succession.

2. DROIT ACQUIS. — Mais nous croyons avec M. Demante (n° 194) que si, malgré l'expiration du délai de six mois, les héritiers n'ont pas versé les fonds quand la revente a lieu, ils sont quittes du droit de mutation par décès, car, après la résolution de la propriété de leur auteur, il n'existe plus contre eux ni cause ni base de perception (*V.* Cass. 2 fév. 1829 précité).

Cette question se rattache à celle plus générale de savoir si le principe de l'art. 60 L. 22 frimaire an 7 s'applique aux droits acquis mais non perçus, aussi bien qu'aux droits réellement acquittés. Nous avons démontré la négative au mot *Résolution*.

3. DROIT PERÇU.—RESTITUTION. — Dans tous les cas, si le droit de succession a été payé avant la seconde vente, il est acquis au Trésor et l'art. 60 ne permet pas d'en obtenir le remboursement. En ce sens, un arrêt de la Cour de cassation, du 14 février 1825 (1166 § 9 I. G., 8010 J.E., S. 26-1-37), a jugé que le droit de mutation par décès perçu à raison des biens frappés de folle enchère, mais non adjugés au moment du décès du fol enchérisseur, n'est pas restituable si l'adjudication sur folle enchère, ayant été reprise, n'a été prononcée que longtemps après, et lorsque les héritiers, s'étant considérés comme propriétaires, avaient disposé entre eux des biens acquis.

« Attendu, porte cet arrêt, que c'est vainement que les demandeurs opposent la poursuite de folle enchère qui avait été entreprise, en 1811, contre le sieur Bigot, et qui, reprise en 1810 seulement, a été suivie d'une nouvelle adjudication au profit du sieur Pillette ; qu'en effet, cette nouvelle adjudication ne peut pas avoir pour résultat d'empêcher que le sieur Bigot ne fût resté, aux yeux de la loi le véritable propriétaire, quoique d'une propriété résoluble, si l'on veut, de la terre par lui acquise, jusqu'à l'événement de la surenchère qui en a dépouillé ses représentants et que, par suite, cette terre n'ait fait partie de sa succession, ouverte dans l'intervalle de la première à la seconde adjudication; attendu qu'en jugeant, dans de telles circonstances et d'après les faits et actes de la cause, que les droits de mutation des demandeurs à raison du décès du sieur Bigot et de la transmission que ce décès avait opérée de la terre de Laborde-Vernon, avaient été régulièrement perçus, et que, par suite, ils ne pouvaient être restitués, le jugement attaqué n'a fait qu'une juste application des lois de la matière, et notamment de l'art. 60 L. 22 frimaire an 7. »

4. PROROGATION DE DÉLAI. — En présence de ces principes, les héritiers du fol enchérisseur agiraient prudemment, au cas où l'adjudication sur folle enchère ne devrait pas être prononcée dans les six mois du décès de leur auteur, en sollicitant une prorogation de délai pour le payement des droits de mutation par décès (V. 16103).

**16497. Habitation** (DROIT D'). — Le droit d'habitation étant un droit immobilier qui participe, par sa nature et ses effets, de l'usufruit et forme un démembrement temporaire de la propriété, l'Administration a décidé le 8 août 1831, que le legs d'un droit d'habitation, formant un démembrement et non une charge de la propriété, était assujetti aux mêmes droits de mutation par décès que le legs d'un usufruit (10087 J. E., 1388 § 6 I. G., 7499 J.N.). — V. 9443.

**16498. Héritier bénéficiaire.** — Dès que l'héritier accepte, il est irrévocablement lié, soit que cette acceptation soit pure et simple, soit qu'elle ait lieu sous bénéfice d'inventaire. L'effet est le même au point de vue de la loi de l'enregistrement. Par l'acceptation bénéficiaire, l'héritier est *vrai propriétaire;* si donc il décède, il transmet à ses héritiers les droits qu'il a recueillis dans la succession qu'il a acceptée sous bénéfice d'inventaire, alors que rien ne démontre encore si cette succession donnera une bonification quelconque; aussi les héritiers, bien qu'ils soient bénéficiaires eux-mêmes, doivent comprendre dans la déclaration de sa succession les droits sans distraction des charges que le défunt avait dans cette succession (Dél. 26 sept. 1832, 8655 J.N.; — Seine 23 août 1850, 15031 J.E., 14177 J.N.; — Cass. 11 août 1869, 2986 R.P., 2394-3 I.G., S. 69-1-477, P. 69-1232). — V. 3047 et 16705.

« Attendu, porte l'arrêt du 11 août 1869, que toute succession donne ouverture à la perception, au profit de l'État, d'un droit de mutation par décès dont la liquidation et le payement doivent être faits dans les délais, aux conditions et au taux déterminés par la loi; que ce droit proportionnel a sa cause dans la transmission de la propriété et est assis sur les valeurs sans distraction des charges; que si une succession s'ouvre de laquelle font partie des biens provenant d'une succession antérieurement ouverte et acceptée par le *de cujus* sous bénéfice d'inventaire, ce second décès, en produisant une nouvelle mutation de propriété, rend exigible contre les héritiers la perception d'un nouveau droit sur les biens que leur auteur a recueillis dans cette succession bénéficiaire, alors même qu'elle n'est encore ni liquidée ni partagée; que les art. 27, 29, 32 et 39 L. 22 frimaire an 7, obligeant personnellement les héritiers, donataires et légataires, à l'acquittement des droits de mutation, excluent toute distinction entre l'acceptation pure et simple et l'acceptation bénéficiaire; que, quels que soient les effets qu'il produit en faveur des héritiers ou des créanciers de la succession par suite de la séparation des patrimoines, le bénéfice d'inventaire ne fait pas perdre aux successeurs leur qualité d'héritiers et ne s'oppose ni à la saisine légale ni à la complète transmission de la propriété sur leur tête; que les biens ainsi précédemment advenus au défunt dans une succession bénéficiaire étant entrés dans son patrimoine, ses héritiers eux-mêmes, soit purs et simples ou bénéficiaires, doivent faire porter leur déclaration sur la totalité des valeurs, sans qu'il y ait à distinguer entre les biens qui lui sont advenus dans cette succession et ceux qui lui ont appartenus comme propres; qu'ils ne peuvent non plus, quant aux biens de la première espèce, subordonner leur déclaration aux résultats éventuels de l'administration bénéficiaire, en prenant pour base d'évaluation l'émolument net qui peut en ressortir. »

**16499. Hospices. — Effets mobiliers des malades.** — On sait qu'aux termes d'une Déc. 14 octobre 1809, les effets mobiliers apportés par les malades doivent appartenir aux hospices, à l'exclusion des *héritiers* et *légataires*, lorsque les malades ont été gratuitement traités; mais cette condition n'est pas exigée lorsqu'il s'agit d'une succession en déshérence. Dans ce cas, ces mêmes effets sont déclarés appartenir aux hospices, à l'exclusion du domaine, soit que le traitement ait été, soit qu'il n'ait pas été gratuit. D'après les arrêts cités au n° 6332, la législation ancienne visée dans le décret de 1809 a été abrogée par la législation transitoire et par le Code civil sur les successions. Ce décret n'a aucun effet sur les droits de successibilité que le Code attribue exclusivement aux héritiers légitimes, de telle sorte que les hospices ne peuvent se prévaloir des dispositions de ce décret pour retenir, au préjudice des héritiers que la loi appelle, les effets mobiliers des malades.

C'est donc à ces héritiers à comprendre ces effets mobiliers dans la succession de leur auteur.

1. ÉTAT. — En ce qui concerne le conflit qui pourrait s'élever entre l'État et l'hospice lorsque le malade est mort sans héritiers et que sa succession tombe en déshérence, nous nous sommes posé, sous le n° 6333, la question de savoir si le décret de 1809 a pu régler que ces droits ne s'étendraient pas aux *effets mobiliers* apportés par les malades ou les personnes valides qui y décèdent sans héritiers, lorsque les successions seraient appréhendées par l'État à titre de déshérence. En d'autres termes, lorsqu'une succession de l'espèce s'ouvre, nous nous sommes demandé si les *effets mobiliers* peuvent appartenir aux hospices, et les autres valeurs au Domaine. Nous avons répondu que cette question était résolue par l'affirmative dans la pratique, mais que nous pensions, en droit, que l'A. Cons. d'Ét., approuvé le 3 novembre 1809, n'a pu déroger aux dispositions formelles du Code civil, pas plus contre l'État que contre les héritiers ordinaires, et créer ainsi pour la même succession deux successeurs irréguliers, dont l'un, le Domaine, serait envoyé en possession par les tribunaux, et dont l'autre resterait en possession de fait d'une partie de la succession.

*Étranger.* — C'est en ce sens qu'un jugement du tribunal

de Bordeaux, du 12 février 1852 (283 R. P.), a jugé que les sommes et valeurs mobilières dont était porteur un étranger décédé en France, dans un hospice, sont dévolues à l'État à titre de déshérence, et ne peuvent être réclamées par le souverain de la patrie de cet étranger.

2. ENFANTS. — La loi du 15 pluviose an 13, relative aux enfants admis dans les hospices, décide que si l'enfant décède avant sa sortie de l'hospice, son émancipation ou sa majorité, et qu'aucun héritier ne se présente, ses biens appartiennent en propriété à l'hospice, lequel en pourra être envoyé en possession. Il a été reconnu que l'attribution au profit des hospices n'a lieu qu'à défaut d'héritiers et à titre d'indemnité. Les établissements hospitaliers ne recueillent donc pas comme héritiers les biens délaissés par les enfants trouvés et les orphelins; par conséquent, ces valeurs ne sont pas passibles du droit de succession (D. m. f. 23 juin 1858, 2132-4 J.E., 1080 R.P., 16424 J.N.).

**16500. Interdit.** — Lorsque les enfants d'un interdit, administrateurs de ses biens, en ont vendu une partie sans autorisation pendant leur administration, ils ne sont pas obligés de comprendre dans la déclaration de succession les biens aliénés, mais seulement la partie du prix des ventes due par les acquéreurs à l'époque du décès de l'interdit (Sol. 16 juill. 1812, 4281 J.E., Dél. 29 oct. 1812, 977 J.N.).

**16501. Jouissance légale.** — L'Administration a décidé, le 20 juin 1828, que la jouissance légale dont nous avons parlé sous les nos 16062 et suiv., ne pouvait donner ouverture aux droits de mutation par décès, par la raison que si la loi du 22 frimaire an 7 ne statue pas sur cette espèce d'usufruit, c'est que ce droit ayant été aboli par celle du 17 nivôse an 2, il n'y avait plus lieu de s'en occuper alors; mais que le Code civil l'ayant rétabli depuis, l'on doit aussi faire revivre la disposition exceptionnelle de la loi du 9 octobre 1791. Cette dernière loi portait, en effet, que « les pères qui viendront à l'administration et jouissance, que quelques coutumes leur donnent, des biens appartenant aux enfants non émancipés, en vertu de la simple puissance paternelle, ne devront aucun droit, et il n'y aura pas lieu pour eux à la déclaration prescrite par l'art. 2. » — « On doit d'autant plus, dit Proudhon *de l'Usufruit* (t. 2 p. 331,) applaudir à cette décision de la Régie, que l'usufruit légal est aujourd'hui de peu de durée, qu'il comporte beaucoup de charges et qu'il n'est qu'une espèce de traitement que la loi accorde aux pères et mères pour l'exercice de la magistrature domestique dont ils sont revêtus sur leurs enfants en bas âge. »

Telle est aussi l'opinion émise par M. Demante no 748 et par le D. N. t. 12 p. 283 no 505.

1. ORDRE DE LA JOUISSANCE INTERVERTI. — On a vu, au no 16063 et suiv., que la mère ne peut avoir la jouissance légale des biens de son enfant qu'après le décès du père, sauf dans le cas exceptionnel d'interdiction (*V.* 16065). Il résulte de là que si une disposition testamentaire attribuait l'usufruit des enfants mineurs à la mère, à l'exclusion du père, la volonté privée se trouvant substituée à la loi, il n'y aurait plus jouissance légale dans le sens propre du mot, mais usufruit ordinaire, passible, par conséquent, du droit de mutation par décès. On l'avait décidé ainsi dans l'ancien droit pour la perception du centième denier (Bosquet t. 3 no 210), et la même doctrine a prévalu dans la jurisprudence moderne.

Ainsi, il a été jugé par la Cour de cassation, le 15 juin 1842 (1683 § 5 I. G., S. 42-1-695, 13021 J. E.), que l'usufruit légué par un testateur à la mère d'un mineur institué légataire universel, alors que le père est encore vivant et que la durée de cet usufruit a été fixée par le testateur non jusqu'à ce que l'enfant ait atteint l'âge de dix-huit ans, mais jusqu'à sa majorité, ne peut profiter, ni pour toute sa durée, ni même pour le temps antérieur à la dix-huitième année de l'enfant, de l'exemption de tout droit d'enregistrement dont jouit l'usufruit légal des père et mère; il doit être considéré, sans aucune distinction d'époque, comme constituant un usufruit créé par la volonté de l'homme et passible du droit proportionnel établi sur les dispositions de cette nature. — *V.* 16550-1.

« Attendu, porte cet arrêt, qu'aux termes de l'art. 579 C. C., l'usufruit est établi par la loi ou par le fait de l'homme; que l'art. 384 range dans la première catégorie la jouissance que les père et mère ont des biens de leurs enfants jusqu'à l'âge de dix-huit ans accomplis; attendu que la loi du 22 frimaire an 7 ne soumet cette jouissance à aucun droit proportionnel, tandis que l'usufruit créé par la volonté de l'homme est soumis à ce droit; attendu que Jean-Baptiste Clément de Siest, après avoir, par testament du 3 février 1836, institué pour son légataire universel Jacques-Félix Cassoulet, enfant mineur de Jean-Jacques Cassoulet, a légué à l'épouse de celui-ci, mère de l'institué, l'usufruit des biens compris dans l'institution jusqu'à la majorité de l'enfant; que ce legs a eu évidemment pour objet de substituer un usufruit créé par la volonté de l'homme à l'usufruit que la loi attribue aux père et mère, jusqu'à ce que leurs enfants aient accompli l'âge de dix-huit ans; qu'en effet, si le testateur se fût borné à instituer l'enfant mineur de Jean-Jacques Cassoulet, l'usufruit des biens compris dans l'institution eût appartenu, de droit, non pas à sa mère, mais à son père; que, de plus, cet usufruit eût pris fin au décès éventuel de Cassoulet fils, tandis que la mère sera appelée, nonobstant cette éventualité, à jouir des biens jusqu'à l'époque où l'enfant aura accompli sa vingt-unième année; que, dès lors et par cette disposition, le testateur ayant changé la nature de l'usufruit, en lui ôtant le caractère légal qu'il aurait eu s'il ne l'eût pas légué à la mère, n'a pu le soustraire au payement du droit proportionnel dont il est frappé par la loi de l'an 7. »

2. DURÉE FIXÉE AU DELA DU TERME LÉGAL. — On voit que la Cour de cassation décide aussi que lorsque la durée de l'usufruit légué dépasse le terme de l'usufruit légal, qui cesse quand le mineur a atteint dix-huit ans (*V.* 16068-3), le droit de succession est également exigible.

La Cour de cassation a évidemment entendu par là que le droit de mutation par décès devrait être perçu, même pour le temps où l'usufruit se confondrait avec la jouissance légale. Cette décision est contraire à un autre arrêt émané de la même Cour, en date du 24 mai 1813 (481 *Cod. ann.*, *P. chr.* 147), duquel il résulte que « le legs d'usufruit ne donne lieu à aucun droit de mutation lorsqu'il se confond avec l'usufruit légal que le Code accorde aux ascendants sur les biens de leurs enfants mineurs; qu'il n'en est pas autrement alors même que l'usufruit se prolonge au delà du terme assigné à l'usufruit légal, c'est-à-dire au delà de l'époque où le mineur a atteint sa dix-huitième année, parce que, dans ce cas, il ne peut, d'après sa limitation expresse, être soumis à la même perception que l'usufruit à vie dont parle l'art. 15 n° 8 L. 22 frimaire » (*Conf.*: 9626 J. N.).

Mais cet arrêt est trop absolu, en ce qu'il exempte de tout droit de mutation par décès la période qui excède la dix-huitième année. Même en admettant sa doctrine en ce qui a trait seulement à la durée de la jouissance légale, il ne pourrait recevoir d'application que si un testateur déclarait, par exemple, que la mère du légataire universel aura la jouissance usufruitière des biens légués pendant le temps déterminé par la loi, en sa qualité de mère, sans pouvoir toucher aucuns capitaux; ici évidemment on devrait considérer qu'il y a confusion entre l'usufruit légal et l'usufruit conventionnel, et que la stipulation contenue dans le testament n'est qu'un pléonasme sans portée.

Aussi regardons nous comme bien mieux fondé un jugement du tribunal de la Seine du 19 janvier 1848 (14424 J. E.), intervenu dans une espèce où le testateur avait institué pour son légataire universel le père d'enfants auxquels il donnait en même temps la nue-propriété, avec déclaration qu'ils n'entreront en jouissance qu'à partir de leur vingt-cinquième année.

Le tribunal a posé en principe qu'il n'y avait à faire aucune distinction, pour la perception du droit, entre l'usufruit ordinaire et l'usufruit légal, c'est-à-dire celui qui devait s'éteindre à la dix-huitième année des enfants donataires; en conséquence, il a maintenu une perception suivant laquelle le droit de mutation par décès avait été exigé du légataire universel sur un usufruit de onze ans pour la part attribuée à l'un des mineurs âgé de quatorze ans, et sur un usufruit de huit ans trois mois et sept jours, pour la part revenant à l'autre mineur, âgé de seize ans huit mois et vingt-trois jours.

3. RENONCIATION POUR S'EN TENIR A LA JOUISSANCE LÉGALE. — La renonciation à la jouissance stipulée pour une époque autre que le terme légal, pour s'en tenir à la jouissance légale, est sans valeur lorsqu'elle est faite postérieurement à la délivrance du legs dans les termes du testament.

M. Périer, décédé en 1838, sans laisser d'héritiers à réserve, avait légué aux deux enfants de M. Canuel 100,000 francs, « dont l'usufruit sera, portait le testament, à leurs père et mère jusqu'à leur mariage. » La déclaration de succession a eu lieu le 15 février 1838, et le droit a été acquitté sur la propriété léguée aux mineurs Canuel; mais il n'a pas été fait mention de l'usufruit légué aux père et mère. La demande des droits sur cet usufruit a été formée en 1839, et les époux Canuel y ont répondu par la production d'une renonciation notariée, mais à laquelle l'Administration n'a pas dû s'arrêter, à cause de l'existence antérieure d'une délivrance de legs faite dans les termes du testament.

Une instance s'étant engagée, le tribunal de la Seine a rendu, le 6 janvier 1841, un jugement que nous croyons devoir transcrire, parce qu'il met tout à fait en saillie les principes qui doivent dominer le sujet.

« Attendu que l'usufruit légal se distingue de l'usufruit ordinaire, soit quant aux avantages propres dont il jouit, soit quant aux charges spéciales dont il est grevé, par des différences qui ne permettent pas de les considérer comme se confondant entre eux quand ils se trouvent en concours; attendu que, dans l'espèce, il existait encore entre l'usufruit testamentaire et la jouissance légale des points de dissemblance particuliers résultant: 1° de ce que le premier devait durer jusqu'au mariage des enfants, tandis que la jouissance légale devait cesser par leur émancipation, ou, en tout cas, lorsqu'ils auraient accompli leur dix-huitième année; — 2° de ce que l'usufruit était légué à chacun des deux époux personnellement pour moitié, tandis que la jouissance légale appartient exclusivement au père pendant le mariage, circonstance indifférente à la vérité tant qu'eût duré la communauté légale établie entre les époux, mais qui eût eu un résultat important en cas de séparation de biens; attendu que ces considérations particulières pouvaient déterminer les époux Canuel à accepter l'usufruit testamentaire; attendu que cette acceptation résulte de la manière la moins équivoque: 1° de trois actes reçus par Thiac, notaire à Paris, le 3 mars 1838, par lesquels le légataire universel de Perier leur a cédé trois créances dépendant de la succession et s'élevant à 91,000 francs, pour les remplir d'autant, ainsi que leurs enfants, du legs de la somme de 100,000 francs, lequel transport, est-il dit dans l'acte, est fait aux époux Canuel pour l'usufruit jusqu'au mariage de leurs fils; — 2° d'un autre acte reçu le même jour par Cousin, notaire à Paris, portant payement par ledit légataire universel de Perier auxdits époux Canuel du surplus des 100,000 francs légués, dans lequel acte ils figurent comme usufruitiers en vertu du testament; et il est dit que le transport précité leur a été fait personnellement pour l'usufruit seulement, à l'effet de donner à leurs enfants une garantie dont le testament ne dispensait point les époux Canuel, et dont était affranchie la jouissance légale; attendu que ladite acceptation n'a pas été conditionnelle et subordonnée au cas où la jouissance légale viendrait à cesser avant l'usufruit testamentaire; qu'elle a été absolue, pure et simple, et a eu conséquemment pour résultat de saisir immédiatement les époux Canuel dudit usufruit testamentaire; attendu que, dans ces circonstances, la déclaration par eux postérieurement faite qu'ils entendaient s'abstenir dudit usufruit n'a pu faire considérer comme non avenue une transmission définitivement consommée, ni frustrer le Trésor public d'un droit de mutation qui lui était irrévocablement acquis. »

4. RENVOI. — Des développements particuliers sur l'usufruit légal ont été encore donnés au n° 16550.

**16502. Legs conditionnel.** — Il en est des legs comme de toute convention. Il faut distinguer, dans le legs soumis à une condition, ceux qui sont faits pour le cas où la condition arriverait de ceux qui sont actuels, mais qui peuvent se résoudre si la condition arrive. Dans le premier cas, le droit de mutation reste en suspens, comme la réalisation du legs lui-même. Dans le second cas, le droit est exigible, car la condition résolutoire n'empêche pas l'obligation de se former. Pour aider à la solution des questions qui pourraient se présenter sur ce point, nous ne pouvons mieux faire que de renvoyer à la théorie de la condition qui se trouve développée sous les nos 4903 et suiv.

1. CONDITION RÉSOLUTOIRE. — Le legs de la nue-propriété d'un immeuble avec clause que si le légataire de l'usufruit se marie ou parvient à l'âge de vingt et un ans, la nue-propriété se réunira de plein droit à l'usufruit, est fait sous condition résolutoire et non suspensive, et les droits de mutation par décès sont exigibles du nu-propriétaire (Le Havre, Rouen et Neufchâtel 8 fév., 1er et 14 mai 1849, 14738 J. E., 13799 J. N.; — Dél. 11 oct. 1831, 10171 J.E., 7671 J. N.).

Un legs fait sous condition que le légataire s'abstiendra de prendre part dans une succession non encore ouverte n'est pas fait sous condition suspensive. La condition est seulement résolutoire, et les droits en sont exigibles au décès du testateur dans le délai ordinaire (Dél. 17 janv. 1834, 10828 J. E.).

Lorsque, par un testament, l'usufruit de certains biens a été légué au conjoint du testateur, et la nue-propriété à un parent collatéral sous la condition que ce legs de la nue-propriété n'aura effet que dans le cas où le légataire serait vivant ou enfants provenant de lui au jour du décès du légataire de l'usufruit, et que, si ce cas ne se réalisait pas, le légataire de l'usufruit y réunirait la nue-propriété, la disposition de la nue-propriété est faite sous condition suspensive au profit du légataire de l'usufruit, et sous une condition résolutoire au profit du légataire de la nue-propriété. En conséquence celui-ci, investi dès le décès du testateur, sauf résolution, est tenu de faire dans les six mois de ce décès la déclaration pour l'acquit du droit de mutation (Cass. 9 août 1871, 3372 R. P., B. C. 24, S. 71-1-83, D. 71-1-314, P. 71-216).

La clause d'un testament portant qu'une certaine valeur appartiendra à un tiers en usufruit s'il ne se marie pas et n'a pas d'enfants légitimes confère aux héritiers du disposant le droit d'en recueillir la nue-propriété sous condition résolutoire, et les oblige au payement des droits de mutation par décès (Angers 1er sept. 1866, 3304 R. P.).

2. CONDITION POTESTATIVE. — On doit considérer comme actuel et assujettir au droit le legs fait à une femme pour le cas seulement où elle se séparerait de son fils; car la condition est potestative pour la légataire, puisqu'il dépend d'elle de profiter du legs au moment du décès du testateur, en se séparant de son fils (Dél. 15 janv. 1833, 10541 J. E.).

3. CONDITION SUSPENSIVE. — Un legs fait avec cette expression, *si le légataire le veut*, est conditionnel, et si le légataire meurt avant d'avoir manifesté sa volonté, il ne transmet point le legs à ses héritiers.

La disposition par laquelle une mère lègue à son frère la quotité disponible de ses biens et à sa fille l'usufruit de cette même quotité, sous la condition que le legs sera considéré comme nul si la fille laisse à son décès des enfants, n'attribue pas actuellement au frère l'objet de son legs. Cette libéralité est faite sous une condition suspensive à l'égard du frère et ne saurait motiver la perception immédiate du droit de transmission (Seine 28 juill. 1865, 2215 R. P.).

4. EFFET RÉTROACTIF. — On sait que la condition, toutes les fois qu'elle vient à s'accomplir, rétroagit au jour de la convention. Il faut conclure de là que le droit de mutation par décès résultant d'un legs soumis à une condition suspensive, doit être liquidé d'après la loi en vigueur à l'époque du décès du testateur. C'est, au surplus, ce qu'a décidé le tribunal de la Seine par un jugement du 9 juin 1851 (Fess. 8490).

5. IMPUTATION. — Lorsque la propriété d'un objet a été léguée à une personne sous condition résolutoire et à une autre personne sous condition suspensive, il ne s'opère néanmoins qu'une seule mutation et il ne peut être perçu qu'un seul droit. On l'exige d'abord du légataire saisi sous condition résolutoire, puisque c'est lui qui est d'abord propriétaire. Lorsque la résolution s'opère et que la propriété se consolide sur la tête du légataire sous condition suspensive, ce légataire ne devient débiteur que de l'excédant de droit qui peut être exigible, imputation faite de la somme payée par le premier sur celle due par le second (V. Cass. 1er juill. 1868, 2738 R. P., 2372-4 I. G. — 9 août 1871, 3372 R. P., B. C. 24, S. 71-1-83, D. 71-1-314; — Sol. 31 avr. 1872; — Belley, 7 juill. 1872; — Sol. 8 mai 1873, 14 juill. 1875, 10 avr. 1876, 17 sept. 1877).

S'il en est différemment à l'égard des usufruits et des rentes successifs, c'est que, à raison de la nature des objets, chaque légataire n'acquitte le droit qu'à raison de sa jouissance personnelle. Il y a alors autant de mutations que de légataires. — V. 16081.

6. RENTE VIAGÈRE A TERME. — C'est une question délicate que celle de savoir si le legs d'une rente viagère stipulée payable à une certaine époque ou après l'arrivée d'un événement déterminé constitue un legs à terme ou sous condition suspensive.

En principe, le terme diffère de la condition parce qu'il ne suspend point l'engagement, dont il retarde seulement l'exécution (art. 1185 C. C.), tandis que l'obligation est conditionnelle quand on la fait dépendre d'un événement futur et incertain, en la suspendant jusqu'à ce que l'événement arrive (art. 1168 et 1181 C. C.). Dans l'espèce, la modalité à laquelle le legs est soumis participe à la fois de ces deux caractères. Elle se rapproche du simple terme, en ce que le legs doit être réalisé à une époque fixe indiquée par le testateur, ou à l'arrivée d'un événement assuré, toutes circonstances également exclusives de l'incertitude attachée à la condition. Mais elle a aussi le caractère conditionnel, en ce que le legs de la rente est subordonné, par essence, à l'existence du légataire lors de l'époque convenue, de telle sorte que jusque-là il a, comme tout légataire conditionnel, la simple espérance de recueillir l'objet de la libéralité. Nous croyons que cette éventualité suffit pour attribuer à la disposition les effets de l'obligation conditionnelle proprement dite. Cette obligation n'existe encore qu'en germe, et elle ne pourra être exécutée qu'après l'événement de la survie. La chose qui en fait l'objet demeure aux risques de la succession et sa perte serait au compte du légataire. Pour décider que le legs est simplement à terme, on objecte, d'une part, que le légataire est devenu propriétaire à partir du décès, et, d'autre part, qu'il a eu, dès ce jour, pour sa garantie l'hypothèque de l'art. 1017 C.C. Mais ces deux considérations sont sans importance. La première consiste dans l'affirmation du fait qu'il faut précisément démontrer, à savoir que le légataire a un droit légalement acquis à la propriété du legs. Or, il n'existe rien de pareil, car le légataire n'est saisi que d'une espérance, et s'il mourait avant l'époque convenue, cette espérance s'évanouirait complétement pour ses héritiers. Un avantage aussi incertain, qui ne confère ni droit de jouissance ni droit de disposition, peut-il constituer une propriété actuelle dans le sens juridique du mot? La seconde objection tombe devant cette simple remarque, que les créances conditionnelles sont susceptibles d'hypothèque aussi bien que les droits certains et actuels (art. 2132 et 2148 C. C. Paul Pont, *des Priviléges et hyp.* art. 2129). Cette garantie s'applique donc au legs soumis à une condition suspensive comme au legs simplement à terme. Il n'y a aucun argument à en tirer en faveur de la nature de la disposition.

Nous tenons, par conséquent, pour établi que le legs d'une rente viagère payable seulement à une époque postérieure au décès est affecté d'une condition suspensive, et, par suite, que le droit de mutation n'est exigible qu'à partir de cette époque si le crédi-rentier a survécu. Le contraire résulte cependant d'un jugement du tribunal de Belley, du 7 juin 1872, d'après lequel le legs d'une rente viagère à servir par l'héritier quand il aura réuni à sa nue-propriété l'usufruit attribué à un tiers ne constitue pas un legs fait sous condition suspensive, mais un legs actuel. Mais cette décision ne paraît pas justifiée (3724 R. P.).

En faut-il conclure que les droits de ce legs ne doivent pas être imputés sur ceux payés par l'héritier pour les biens de la succession? Évidemment non. Pour être conditionnelle, la disposition n'en est pas moins un legs, et les rentes étant assimilées par la jurisprudence aux sommes d'argent, la situation est la même que s'il s'agissait du legs d'une somme non existant en nature dans la succession.

D'un autre côté, le droit du légataire se fonde, comme celui de l'héritier, sur la transmission par décès. Par suite de la rétroactivité de la condition, il remonte à la même époque, et on peut dire que, l'événement accompli, les droits sont dus concurremment par chacun d'eux pour la même mutation. C'est donc le cas d'appliquer la jurisprudence ordinaire sur les legs de sommes.

On invoquerait vainement les arrêts d'après lesquels deux droits sont exigibles quand un donateur, après avoir disposé de ses biens entre-vifs au profit d'une personne, charge cette personne de remettre, lors du décès du disposant, une somme d'argent soit à ses héritiers naturels, soit à un tiers désigné (Cass. 21 mars 1860, S. 60-1-472, 2174-9 I. G., 1298 R. P.; — et 5 mars 1872, 2447-4 I. G., R. G. 50, S. 72-1-104, 3412 R. P.).

La Cour, en effet, a écarté, dans ces espèces, l'application de l'Avis du conseil d'État de 1808, et elle a autorisé la double perception par ce motif qu'il y avait deux mutations distinctes s'opérant à des titres différents, l'une entre-vifs et l'autre par décès, et non plus une simple transmission donnant lieu à des droits dus concurremment par les successeurs du défunt. Au cas actuel, la mutation est unique; elle s'effectue par décès pour chacune des parties, et les droits sont de la même nature.

La seule différence, c'est qu'ils ne sont pas exigibles en même temps. Mais cette circonstance, tout à fait accidentelle, qui ne tient ni au caractère de la transmission, ni au taux et à la nature des droits, ne saurait justifier la règle du double emploi. Autrement, on arriverait à décider que l'imputation est défendue toutes les fois que, pour une cause quelconque, le légataire n'est pas tenu de se libérer au même moment que l'héritier, par exemple quand il s'agit du legs fait à un établissement public obligé de solliciter l'autorisation de l'accepter. Or, une conclusion pareille est manifestement excessive.

Nous pensons donc que l'imputation des droits est parfaitement régulière. L'administration l'a autorisée récemment par une solution du 15 juin 1877.

7. LEGS ALTERNATIF. — Lorsque le legs est alternatif, la perception est déterminée par l'option du légataire (Sol. 8 mai 1872).

**16503. Legs au créancier.** — Le legs d'une chose faite au créancier en compensation de sa créance donne lieu au droit de mutation par décès, et non au droit de dation en payement.

Il en est de même du legs de libération fait au débiteur. — V. *Testament* nos 17119, 17120.

**16504. Legs rémunératoire.** — Le legs fait à l'exécuteur testamentaire pour l'indemniser de ses soins n'est pas passible du droit d'obligation, mais du droit de mutation par décès (Dél. 24 déc. 1830; — Villefranche, 10 mars 1870). — V. *Testament* 17099.

On a pensé qu'il en était de même de la somme attribuée à un tuteur. (V. *Testament* 17106); ou du legs fait à un tiers pour le désintéresser d'une obligation morale (V. *Testamen* 17107); ou de la déclaration par un mari qu'il a reçu de sa femme une somme dont il lui fait, au besoin, don et legs (V. *Testament* no 17121). — V. *infrà* no 16521.

**16505. Majorats.** — En principe, lorsqu'un majorat n'est pas frappé d'extinction par les lois qui ont prononcé, pour l'avenir, l'abolition de cette institution, les biens qui le composent doivent être déclarés par l'héritier appelé à les recueillir. C'est un point que nous avons établi avec tous les développements convenables sous les nos 11068 et suiv. Nous y renvoyons le lecteur.

**16506. Marins. — Passagers.** — Il avait été décidé, le 29 thermidor an 10 (1252 J. E.), que les héritiers de celui qui est mort en mer ne devaient aucun droit d'enregistrement pour les effets mobiliers qui se trouvaient dans le vaisseau sur lequel il était embarqué, quoique rapportés en France. Mais ces principes ne peuvent plus prévaloir depuis la publication du Code civil, qui ne reconnaît aucune espèce de droit d'aubaine. Il est évident que les effets font partie de la succession et doivent être déclarés.

**16506 *bis*. Médaille.** — Le legs d'une médaille d'honneur n'ayant pas de valeur intrinsèque appréciable est exempt du droit (Sol. 31 mai 1872).

**16507. Mort civile. — Réhabilitation.** — La mort civile, avant qu'elle fût abolie, ouvrait la succession comme la mort naturelle. Si donc il arrivait qu'un condamné eût été relevé de la peine de la mort civile, les biens qui faisaient partie de son patrimoine avant sa condamnation ne pourraient plus être considérés comme lui appartenant. Le cas s'est présenté d'une manière tout à fait caractéristique en matière d'émigration. La Cour de cassation, par un arrêt du 12 novembre 1810, posant en principe que la mort civile d'un émigré opère de plein droit, comme la mort naturelle, la dissolution de la communauté, sans qu'il soit besoin d'aucun acte de renonciation de la femme, et que l'amnistie ne la rétablit que pour l'avenir, sans aucun effet rétroactif, en a déduit comme conséquence que lorsque les biens d'un émigré ont été vendus pendant son émigration et rachetés par sa femme, ils deviennent la propriété exclusive de celle-ci; elle a ajouté que l'amnistie, qui rend l'émigré à la vie civile, ne saurait les faire considérer comme acquêts de communauté, pour les soumettre à un droit de mutation lors du décès de ce dernier.

« Considérant, a dit la Cour, que Jaurias était inscrit sur la liste des émigrés et réellement émigré en 1792, et dans les premiers mois de l'an 3, lorsque ses biens ont été confisqués et vendus publiquement sur la poursuite des agents du Gouvernement, et que son épouse les a acquis aux enchères; que, dans cet état, il a cessé légalement d'être en communauté avec sa dite épouse; que, par suite de cette acquisition, les biens acquis par la dame Jaurias en ventôse an 3, lui ont appartenu à l'exclusion du sieur Jaurias; que l'amnistie de ce dernier, à lui accordée en l'an 10, n'a pas eu d'effet rétroactif; considérant que le tribunal de Ribérac, loin de violer ou mal appliquer ces lois, s'est exactement conformé aux principes qu'elles établissent. »

**16508. Mutation secrète.** — En principe, s'il est établi qu'un immeuble avait été acquis secrètement par l'auteur de la succession, cet immeuble doit être compris dans la déclaration de sa succession. Ce principe a reçu une application des plus directes dans les hypothèses suivantes :

Le sieur Calle s'était rendu adjudicataire, les 21 décembre 1816 et 4 janvier 1817, devant le tribunal civil de Dieppe, de divers immeubles *saisis* sur le sieur Louis-Robert Furet. Néanmoins celui-ci resta en possession de ses biens. Il continua d'être inscrit au rôle de la contribution foncière et de payer l'impôt.

Par un acte notarié du 3 mai 1830, il fournit hypothèque sur les mêmes immeubles. Dans son testament olographe, en date du 11 mars 1828, ouvert après son décès, arrivé à la fin de 1830, il légua la nue-propriété de ces immeubles aux sieurs Joseph et Victor Furet, et l'usufruit à la dame Duchesne.

Cependant, les légataires n'ayant pas compris les biens dont il s'agit dans la déclaration de succession faite au bureau de Dieppe, le 28 avril 1831, des contraintes furent décernées pour le payement des droits simples et en sus : 1° de la mutation secrète opérée du sieur Calle au profit du sieur Louis-Robert Furet ; — 2° de la mutation par décès de la nue-propriété et usufruit au profit des délégataires de ce dernier.

Sur l'opposition à la contrainte, le tribunal de Dieppe, le 7 mars 1834, et la Cour de cassation, le 18 novembre 1835 (11355 J. E., 1513 § 5 I. G.), ont donné gain de cause à l'Administration : « Attendu, porte l'arrêt, que... soit le payement des contributions, soit l'acte d'affectation hypothécaire, soit enfin la disposition testamentaire établissant la présomption légale de deux mutations de propriété de Calle à feu Louis-Robert Furet, et de celui-ci aux demandeurs en cassation, ses héritiers et légataires ont dû acquitter les droits de mutation par décès. »

Ainsi encore, aux termes d'un acte passé devant notaire, le 24 avril 1807, contenant inventaire et partage de la succession d'Anne Dangler, femme Nonnenmacher, il était échu à Nicolas Nonnenmacher, militaire, l'un des enfants et héritiers, plusieurs immeubles situés dans la commune de Koutzenhaussen. En 1818, le nom du sieur Orth, comme tuteur de ses enfants mineurs, neveux et héritiers présomptifs de Nicolas Nonnenmacher, fut substitué sur les rôles au nom de celui-ci, et le sieur Orth paya volontairement les impôts en suite de cette inscription.

Ces circonstances firent présumer à l'Administration qu'il s'était opéré une mutation par décès de Nicolas Nonnenmacher aux mineurs Orth, ses neveux, et les droits de *mutation par décès* ayant été réclamés d'après cette présomption, la Cour de cassation sanctionna la demande par un arrêt du 8 mai 1826 (8437 J. E., 1200 § 13 I. G.).

Les héritiers d'un oncle dans la succession duquel se trouvent des biens provenant de plusieurs successions qu'il a recueillies seul, quoique la mère de ces héritiers y eût des droits, ne sont pas fondés à demander, du chef de leur mère, une distraction de biens, pour n'acquitter le droit par décès que sur les biens de leur oncle, dès qu'il est jugé en fait, notamment d'après la stipulation de dot insérée au contrat de mariage de leur mère, qu'elle avait été précédemment désintéressée de tout ce qui pouvait lui revenir dans chaque succession; il suffit que l'auteur de la succession actuelle ait joui seul et payé les contributions foncières jusqu'à son décès, pour qu'il ait été présumé propriétaire exclusif de la totalité des successions confondues dans la personne (Cass. 11 avr. 1815, *P. chr.* 266, 5159 J. E.). — V. *Mutation secrète.*

**16509. Office.** — On a vu, aux nos 12063 et suiv., que les mutations par décès d'offices sont assujetties à des règles toutes spéciales, quant à la perception et à la liquidation du droit. Ici, il nous suffit de dire que les offices, comme toutes les autres valeurs, doivent être compris dans la déclaration de la succession des titulaires.

1. PRIX. — Si un traité de cession d'office porte que le prix ne sera payable qu'après la prestation de serment, et que le cédant décède avant cette prestation, ses héritiers ne peuvent se dispenser de comprendre le prix de l'office dans leur déclaration de succession, en alléguant qu'une partie en avait été perçue avant le décès, en produisant même une quittance à l'appui de leur assertion, car ce payement fait contre le texte du traité ne peut être admis en justice (Abbeville 22 août 1842, 13092 J. E.).

2. NULLITÉ. — Lorsque le titulaire d'un office l'a cédé par un traité resté secret et portant association entre le cessionnaire et le cédant qui devait conserver le titre de la charge pendant un certain nombre d'années, et que dans cet intervalle le cédant resté titulaire est décédé après avoir touché une partie du prix qui ne se retrouve pas dans sa succession, l'Administration n'est pas fondée à se prévaloir de la nullité d'ordre public dont le traité de cession serait entaché, pour exiger des héritiers du titulaire le payement des droits de mutation par décès sur la valeur entière de l'office (Marseille 20 janv. 1863, 1859 R. P., 17783 J. N., 12527 C.).

3. RENVOI. — On peut voir, au mot *Communauté*, n° 4121, d'autres solutions relatives à la perception des droits de mutation par décès auxquels donnent lieu les offices.

**16510. Pauvres.** — Les pauvres constituent un être moral qui est représenté par le bureau de bienfaisance ou la commission administrative des hospices. En ce sens, un arrêt de la cour d'appel de Bordeaux a jugé, le 26 juin 1845 (12488 J. N.), que lorsqu'un légataire est chargé de payer une somme aux sœurs de charité d'un hospice pour être distribuée aux plus pauvres malades de l'établissement, il y a legs fait aux pauvres, sujet à acceptation de l'autorité supérieure et délivrable non aux intermédiaires délégués, mais à la commission des hospices.

Donc, le legs fait aux pauvres doit être classé dans la catégorie des legs faits aux établissements publics, passible dès lors des droits de mutation par décès.

Cependant, s'il s'agissait d'une simple distribution à faire aux pauvres, soit de pain, soit de viande, soit de bois, etc., en un mot de l'accomplissement d'un de ces désirs d'un mourant qui constituent moins un legs qu'une aumône, on ne serait pas fondé à réclamer un droit de mutation par décès.

**16511. Quotité disponible.** — Nous avons donné, sous les nos 13414 et suiv., tous les développements que comporte la matière si délicate de la quotité disponible. Le lecteur devra y recourir pour la solution des difficultés qu'il pourrait avoir à trancher.

**16512. Rapport.**—Les biens rapportés sont-ils sujets, comme les autres valeurs du patrimoine du défunt, au droit de succession?

L'Administration l'a décidé, le 26 février 1868, à propos d'une donation qui excédait la quotité disponible et que les héritiers avaient fait réduire. « La somme rapportée, dit la solution, fait l'objet d'une transmission effective au profit des héritiers. En la faisant rentrer dans l'hoirie, au moyen de la réduction de la donation faite par leur père, les enfants réservataires ont pris nécessairement la qualité d'héritiers, et ce n'est que par succession, non par donation, qu'ils sont devenus propriétaires de l'excédant du disponible. »

Mais nous avons contesté ce résultat.

Le droit de mutation par décès, son nom l'explique assez, n'est exigible que sur les biens dont le décès opère la transmission de la tête du défunt sur celle de son héritier. Or, ce n'est point le cas des valeurs rapportées. Elles ont été, en effet, transmises du vivant du *de cujus* à ses successibles, en vertu d'un contrat de donation qui a opéré le dessaisissement du donateur et a subi, à ce titre, le droit proportionnel de mutation.

Le défunt ne les possédait donc plus à sa mort. Pourquoi percevrait-on alors le droit de succession?

C'est que, dira-t-on, la libéralité était soumise par sa nature à une condition résolutoire qui s'est accomplie au décès et qui a fait rentrer les biens dans le patrimoine du disposant.

Mais l'objection n'est exacte ni en fait ni en droit.

En fait, la résolution, si tant est qu'elle ait lieu, ne s'est pas produite pour le défunt lui-même, car il est incontestable qu'au jour de sa mort il n'était pas en possession des biens donnés. Elle se serait donc réalisée au profit des héritiers seulement, et alors il y aurait à examiner si une réversion pareille résultant de l'échéance d'une condition résolutoire légale ne tombe sous l'application des principes que nous avons développés au sujet des donations secondaires. — V. *Donation*.

Mais il n'est pas juridique de dire que la donation est résolue. Elle subsiste, au contraire, et d'une façon définitive, à l'égard des tiers, créanciers ou autres, puisque le rapport n'est dû que par le cohéritier à son cohéritier. Ce rapport n'est, en lui-même, qu'un mode de règlement de la succession, un moyen de rétablir l'égalité entre les successibles. Il feint que la donation n'a pas eu lieu pour que les droits de chacun soient exactement liquidés, mais il ne touche pas à la validité de la transmission ni à ses effets permanents à l'égard des tiers. Or, c'est principalement par leurs effets à ce dernier point de vue que se caractérisent les véritables résolutions, à cause des aliénations ou des concessions d'hypothèques dont les biens donnés peuvent être grevés. S'il est vrai que le contrat soit définitif à cet égard, il faut donc décider qu'il n'y a pas eu de résolution véritable et que le défunt n'est pas effectivement rentré en possession de son immeuble.

Cette conclusion reçoit un degré particulier d'évidence de l'application des règles du droit fiscal.

Le principe général qui domine toute la matière, c'est que la transmission d'un objet d'une tête sur l'autre ne peut acquitter qu'une seule fois l'impôt : *non bis in idem*. N'est-il pas évident que ce principe serait violé au premier chef si l'héritier, après avoir payé d'abord le droit pour acquérir l'immeuble, devait le payer une seconde fois pour le conserver? On aura beau chercher dans les théories du *summum jus* des raisons plus ou moins subtiles pour justifier une perception semblable, l'esprit de la loi y résiste, et avec lui le sens éclairé de la jurisprudence. On a vu, en effet, la Cour de cassation décider que quand des enfants ont acquitté le droit proportionnel sur une donation qui leur avait été faite par leur père et que cette donation vient à être déclarée nulle après le décès du donateur, ils ne doivent pas un nouveau droit de mutation pour les biens qui s'y trouvaient compris (Cass. 5 juill. 1820 *suprà* 16319), et nous avons établi à cet endroit que cette doctrine s'applique même aux enfants omis dans le partage. L'hypothèse actuelle est semblable.

Il n'y a non plus, à vrai dire, qu'une seule transmission, puisque les avancements d'hoirie, comme les partages d'ascendants, ne sont que des dévolutions anticipées de l'hoirie, de véritables présuccessions. Les droits acquittés pour cette délibation prématurée doivent donc aussi se confondre avec ceux qui sont exigibles lors du décès.

D'ailleurs, en matière de rapport, l'unité de perception se fonde encore sur un autre motif. Elle est la conséquence naturelle de la jurisprudence, d'après laquelle les sommes données entre-vifs et non payées lors du décès doivent être déduites de la masse héréditaire pour la liquidation du droit de mutation par décès. La Cour considère que, malgré le défaut de payement, le donataire n'en a pas moins été saisi de la propriété des biens du disposant, en sorte qu'à son décès c'est sa propre chose qu'il retrouve entre les mains de ce dernier (Cass. 30 juill. 1862 n° 1698 R.P., S. 62-1-991, 2234-1 I. G.).

La situation est évidemment plus favorable quand la libération a eu lieu; et, de même que la somme non payée peut être déduite de l'actif, de même aussi celle qui a été payée n'y saurait être remise ou ajoutée.

Nous considérons donc comme très-bien rendues les solutions par lesquelles l'administration belge décide constamment que les biens rapportés ne sont pas sujets au droit de mutation par décès. Les plus récentes sont des 11 février 1856, 3 février et 23 mars 1859, 13 avril 1867.

Cette dernière est ainsi conçue : « Considérant que l'impôt sur les successions ne frappe que les biens délaissés par le défunt à ses héritiers et légataires; qu'au nombre de ces biens ne peut être compris l'objet du rapport effectué par le donataire en vertu des art. 843 et suiv. C. C.; qu'il est de principe que la donation entre-vifs, par essence, dépouille définitivement et irrévocablement le donateur de la chose donnée pour en investir le donataire; que, sauf stipulation contraire formellement exprimée dans le contrat, la chose donnée ne rentre jamais en la puissance du donateur à aucun instant de son existence, de manière qu'il puisse la délaisser au moment de son décès; que cette proposition trouve sa démonstratiion dans l'art. 857 C. C., qui refuse aux créanciers et aux légataires du donateur toute action sur les biens rapportés; qu'en effet, en tant qu'elle concerne les créanciers, qui, aux termes de l'art. 2093 du même Code, ont pour gage tous les biens de leur débiteur, cette disposition implique évidemment que la chose rapportée ne fait plus partie du patrimoine délaissé par celui-ci. »

La même interprétation avait été également admise chez nous par plusieurs décisions.

Une Dél. 28 thermidor an 9 reconnaissait que les donations en avancement d'hoirie saisissent actuellement l'héritier donataire, puisqu'il dépend de lui de les rendre révocables en renonçant; que dès lors le droit de mutation qu'elles opèrent doit être perçu au moment du contrat, mais que si le rapport a lieu, les biens rapportés ne doivent pas être compris dans la déclaration des valeurs héréditaires.

Il avait été aussi décidé que les sommes données manuellement par le défunt et fictivement rapportées à la masse ne devaient pas figurer dans la déclaration de sa succession, parce que la tradition s'étant opérée au moment de la libéralité, le décès du donateur n'opère pas de mutation (Épernay 3 août 1827, suiv. d'acq. 26 oct. 1827 n° 6434 J.N.; — Dél. 30 sept., 2 déc. 1845, 7519 C.).

L'Administration est revenue au principe de ces solutions en abandonnant, à l'occasion d'un jugement de Nevers du 24 mai 1870 (3168 R.P.), la demande du droit de succession sur la portion du rapport conservé par le cohéritier. Elle l'a abandonné d'une manière générale pour les rapports en nature ou en moins prenant par plusieurs solutions récentes (Sol. 9 mars 1872, 29 avr. et 24 juin 1876).

**16513. Ratification.** — En principe, lorsque l'on acquiert pour le compte d'un tiers, à charge de ratification de sa part, celui-ci ne doit être considéré comme propriétaire que lorsqu'il a donné sa ratification ; jusque-là, la propriété repose sur la tête de celui qui a acquis comme se portant fort. C'est ce qui ressort de l'ensemble des principes que nous avons exposés au mot *Ratification.*

Dans cet ordre d'idées, le tribunal de Mirecourt a jugé, le 22 février 1850 (15158 J. E.), que lorsque un frère majeur a acquis un immeuble, tant pour lui que pour son frère mineur, qui donnera sa ratification à sa majorité, si ce frère majeur décède avant que le mineur ait fait connaître sa ratification, l'immeuble acquis fait entièrement partie de la succession. — V. *Stipulation pour autrui* et *infrà* 16541.

Il en serait autrement de l'acquisition faite pour le mineur par son tuteur agissant dans les limites de son pouvoir : cette acquisition rendant le mineur propriétaire jusqu'à la déclaration de nullité (Cass. 16 déc. 1874, 4251 R. P.).

**16514. Recel et divertissement.** — L'héritier qui a recelé ou diverti des objets de la succession est privé de sa part dans les objets par lui divertis ou recélés (792 et 1477 C. C.). C'est là un point sur lequel nous avons donné tous les développements nécessaires sous les nos 15881 et suiv.

Les articles précités ont eu pour but de régler le partage de la succession ou de la communauté. Leurs dispositions s'adressent donc à la transmission même qui s'est opérée par le décès, et elles produisent sur les biens un effet rétroactif semblable à celui du partage même dont elles sont les éléments. Aussi les cohéritiers du recéleur sont-ils censés tenir les objets détournés du défunt lui-même et non pas de leur communiste.

« La loi, dit un arrêt de Paris du 8 novembre 1830, en déclarant le coupable déchu de sa part dans les objets, n'attribue pas cette part exclusivement à celui qui a fait prononcer la déchéance. Cette part rentre dans la masse commune et profite à tous les copartageants non déchus, dans la proportion de leurs droits, car ces valeurs, bien qu'elles soient attribuées à la succession depuis son ouverture, ne sont pas moins censées, par un effet rétroactif, avoir fait partie de cette succession au moment du décès. »

C'est par application du même principe que, selon un arrêt de la Cour suprême du 10 décembre 1835 (S. 36-1-327), la restitution du bien détourné doit être faite dans la forme des rapports à succession, en accordant au copartageant lésé le droit de prélever sur la masse une valeur égale à celle de l'objet diverti. Si le dessaisissement ne remontait point au décès, il est clair que la restitution prononcée contre le cohéritier n'entrerait pas dans les combinaisons du partage.

Cette situation ressemble d'ailleurs aux hypothèses de la renonciation ou de l'indignité. Tant que ces causes de déchéance ne sont point révélées, la transmission paraît suivre les règles ordinaires ; mais l'héritier n'en est pas plutôt atteint qu'il perd ses droits *ab initio,* sans conserver même la trace de leur impression antérieure sur sa tête.

Nous n'hésitons pas à reconnaître, avec une Sol. 19 novembre 1830, que les effets soustraits à la communauté par le survivant doivent être compris intégralement dans la succession du défunt (7133 J.N., D. N. t. 12 p. 271 n° 445). C'est ce qui a été reconnu par des jugements de Saint-Lô du 14 août 1872 (3548 R. P.), d'Auxerre du 28 février 1877 (4645 R. P.) et de Mortagne du 17 mai 1878. — Et nous ajoutons que si la déchéance du cohéritier avait pour résultat d'attribuer sa part à des successibles d'un degré plus éloigné, le droit de mutation devrait être perçu sur ce dernier tarif.

L'acte ou le jugement qui constate le détournement n'est donc pas la source de la transmission et ne saurait donner lieu au droit proportionnel.

Mais il est le titre en vertu duquel la succession ou certains ordres d'héritiers sont devenus propriétaires d'une valeur en apparence étrangère au moment du décès. C'est lui qui fixe la réalité de la transmission, et c'est lui aussi, par conséquent, qui doit servir de base au délai de six mois accordé pour le payement de l'impôt (Vire, 8 fév. 1873 ; — Bagnères, 13 mai 1872, 3669 R. P. ; — Sol. 12 déc. 1874, 2 mars 1877). On sait qu'il en est de même pour toutes les valeurs rentrées dans l'hérédité, et notamment pour les biens ayant appartenu à un indigne (n° 386 § 37 I. G. — V. 16316) ; — ou en général pour ceux qui, par l'événement d'un procès, passent d'un héritier à un autre (Cass. 11 fév. 1807 ; — Seine, 25 mars 1852. — V. 16143, 16146. — *Conf.* : 18584 J. E.).

Mais si la déclaration de succession avait été souscrite par l'héritier qui a diverti les objets et qui ne les a pas compris dans sa déclaration, il se serait rendu coupable d'une omission ordinaire (Cass. 22 juin 1822, *P. chr.* 545).

« Attendu, porte cet arrêt, que les objets soustraits ou divertis d'une succession par l'héritier même ne sont pas moins réputés faire partie de cette succession, et à ce titre passibles du droit de mutation par décès, dont, par leur nature, ils sont susceptibles ; d'où il suit que si mention n'est pas faite de ces objets dans la déclaration fournie par cet héritier, c'est de sa part une omission, relativement à laquelle la réclamation de la Régie est sujette à la prescription de trois ans, établie par le n° 2 art. 61 L. 22 frimaire an 7 ; attendu qu'il est reconnu en fait dans l'espèce, que, tant le sieur L... fils que la dame veuve L... ont fait, le 25 juillet 1812, leur déclaration des biens à eux échus par le décès de leur père et mari, le général L...; qu'ainsi le délai légal prescrit à la Régie de l'enregistrement pour réclamer le droit applicable aux objets soustraits par le sieur L... fils était expiré le 30 juin 1819, jour de la contrainte décernée à cette fin contre la dame veuve L...; qu'en déclarant l'action de la Régie prescrite à cet égard par le laps de trois ans, le jugement attaqué n'a fait qu'une juste application dudit art. 61 L. 22 frimaire an 7. »

Dans tous les cas, la somme détournée doit figurer parmi les valeurs de la succession sans distraction des dettes de la communauté, d'après le principe général. Mais il est bien entendu que si le jugement qui prononce sur le divertissement provenant du conjoint n'est pas encore rendu au moment de la déclaration de succession, la moitié seule de ces valeurs ainsi détournées doit supporter le droit de mutation, car l'autre moitié, appartenant à l'autre époux, ne lui est enlevée qu'à titre de peine, et, au moment de la déclaration, il n'est pas encore certain que cette peine sera prononcée (J. du not. n° 1842).

**16515. — Reconnaissance de dette.** — On doit considérer comme un legs passible des droits de mutation par décès la déclaration faite par un mari, dans son testament, qu'il a reçu de sa femme une somme de 50,000 francs, dont il lui fait au besoin *don et legs* (Villefranche 14 août 1829, Dél. 23 avr. 1830, 7147 J. N.). — Mais si le testateur se contentait de déclarer qu'il doit telle somme, sans ajouter qu'il en fait *don et legs*, il y aurait simple reconnaissance de dette. — V. *Testament* n° 17121 et *suprà* 16504).

**16516. Réduction de donation.** — Nous avons examiné, au n° 16320, la question de savoir quand la réduction d'une donation excédant le disponible autorisait la perception des droits.

**16517. Réméré.** — La question de savoir quels sont les principes qui doivent gouverner les biens vendus sous clause de réméré lorsque, avant l'expiration du délai pour le retrait, survient la mort soit de l'acquéreur, soit du vendeur, a été étudiée dans tous les détails sous le n° 13879 ; aussi nous croyons-nous dispensé d'y revenir ici.

**16518. Remplacement de donation.** — Si après avoir fait donation entre-vifs de la nue-propriété d'une créance, le donateur lègue au donataire la nue-propriété d'une autre créance de même importance, sous la condition que la donation entre-vifs sera caduque, on ne peut percevoir un droit de mutation par décès sur ce legs qui ne fait qu'un avec la première donation, qui a déjà été assujettie à un droit proportionnel (Dél. 7 déc. 1830, 9853 J. E., 7352 J. N.). C'est là une application particulière de la théorie des actes refaits, qui se trouve développée au mot *Acte nul et refait*.

1. DONATION RÉFORMÉE. — Mais si ce n'est pas à titre de remplacement, pour cause de non effet, par suite d'une circonstance fortuite que le legs est fait, il n'y a plus lieu à l'application des principes que nous avons développés v° *Acte nul et refait;* le droit de mutation par décès est exigible. Si donc un testateur, réformant une donation précédente d'une somme payable à son décès, attribue au donataire un immeuble à la place de la somme, le seul droit exigible est celui de mutation par décès à payer par l'ancien donataire devenu légataire.

Mais si, au contraire, le testateur impose à son héritier l'obligation de délivrer un immeuble à la place de la somme d'argent, il y a dation en payement, deux droits sont exigibles : l'un de mutation par décès par l'héritier, sur l'immeuble ; l'autre de dation en payement par le donataire *qui aura consenti* à recevoir l'immeuble, au lieu d'exiger la somme.

**16519. Remplacement militaire.** — De ce que nous avons dit sous le n° 11243, du caractère du remplacement militaire, il est facile de déduire la solution à donner à la question de savoir si le prix d'un remplacement militaire doit ou non être compris dans la déclaration de la succession des père et mère du remplacé.

1. DONATION. — Lorsque le prix du remplacement militaire a fait l'objet d'une donation du père au fils, il est certain qu'aucun droit de mutation par décès n'est exigible, car la transmission s'est opérée par acte entre-vifs, et le donateur ayant été dessaisi du jour du contrat, il ne reste rien dans sa succession de la somme payée. — V. 16488.

2. INTÉRÊT DE FAMILLE. — S'il est établi que le remplacement dont le prix a été payé par le père pour l'un de ses enfants a eu lieu dans l'intérêt du père et de la famille, auxquels les travaux du fils remplacé étaient nécessaires, le prix de ce remplacement ne peut être considéré ni comme ayant fait l'objet d'une donation, ni comme constituant une créance sur le fils. Ça été le prix du travail que le fils a mis au service de la famille. Tout s'est trouvé compensé du vivant des contractants et rien n'en reste à leur mort. Aucun droit de succession n'est exigible sur cette valeur (J. du not. n° 2125 ; — Sol. 13 déc. 1875).

3. DETTE. — Enfin, si ce n'est ni à titre de libéralité, ni dans l'intérêt de la famille, que le père ou la mère a fait remplacer le fils, le payement qui a été fait en son nom a réellement créé une créance au profit de celui qui a fait le payement, et cette créance doit incontestablement faire partie de sa succession (Sol. 8 sept. 1871).

**16520. Remploi.** — Nous avons donné, aux questions de remploi, v° *Remploi*, tous les développements que comporte cet ouvrage; on pourra donc y recourir toutes les fois qu'il s'agira de résoudre la question de savoir si les biens acquis avec déclaration de remploi sont ou non propres ou conquêts de communauté.

**16521. Rémunération.** — Nous avons développé, sous les nos 6751 et suiv., la théorie de la donation rémunératoire. Il résulte de ce que nous avons dit qu'à très-peu d'exceptions près, la donation rémunératoire engendre le droit de mutation entre-vifs. Il doit en être de même pour le droit de mutation par décès. Le legs fait à titre rémunératoire nous paraît de nature à rendre toujours exigible le droit de succession. Car alors même qu'il s'agirait de la rémunération d'un service emportant action civile, comme selon les principes de droit les plus incontestables, la confession testamentaire n'a le caractère de reconnaissance de dette qu'autant qu'elle est corroborée par des actes ou par des faits déterminants, et que ces actes et ces faits se rencontrent rarement dans les circonstances analogues, il s'ensuit que le véritable droit de mutation à percevoir serait celui de succession.

1. GAGES DE DOMESTIQUES. — C'est en ce sens qu'il est admis sans controverse que les legs faits à des domestiques pour leur tenir lieu de leurs gages emportent payement des droits de mutation par décès.

On trouvera, au mot *Legs*, l'exposé des principes relatifs au caractère des legs faits aux créanciers en compensation de leurs gages. — *V.* aussi *Testament* nos 17119, 17120, et *suprà* nos 16503, 16504.

2. LEGS RÉMUNÉRATOIRE. — En ce sens encore, il a été reconnu que les droits de mutation par décès sont exigibles sur le capital au denier 10 d'une somme de 4,500 francs payable annuellement à un domestique tant pour lui que pour subvenir aux besoins du testateur (14981-10 J.E.). — V. *suprà* n° 16504.

**16522. Renonciation.** — En principe, lorsqu'une renonciation n'est pas de nature, par suite des circonstances dans lesquelles elle a eu lieu, à produire les effets qui sont attachés à cette sorte d'acte, c'est-à-dire à faire considérer le renonçant comme n'ayant jamais été héritier, les biens qui constituent la succession ou le legs auquel il a été renoncé doivent être déclarés par le successeur renonçant. C'est là un point de droit fiscal très-essentiel que nous avons longuement développé au mot *Renonciation*.

**16523. Rente sur particulier.** — Les rentes sur particuliers constituant une valeur mobilière, doivent être déclarées comme toutes les autres valeurs de la succession. On peut consulter sur la rente en général ce que nous avons écrit au mot *Rente*.

**16524. Rente sur l'État.** — Quant aux rentes sur l'État, leur déclaration est obligatoire depuis la loi du 18 mai 1850, dont l'art. 7 les a assujetties aux droits établis pour les successions.

On peut consulter à cet égard ce que nous avons dit au mot *Rente*.

**16525. Rente sur l'État immobilisée.** — Un jugement du tribunal de la Seine du 26 mai 1830 et une Dél. 28 septembre 1830 avaient reconnu que les mutations par décès de majorats constitués en rentes sur l'État sont exemptes de toute perception, bien que ces rentes aient été immobilisées. Cette décision est aujourd'hui sans objet en présence de l'art. 7 L. 18 mai 1850.

Mais elle subsiste pour toutes les mutations par décès dont le titre serait antérieur à la promulgation de la loi du 18 mai 1850.

1. ÉTRANGER. — L'immobilisation, au profit d'un Français, de rentes sur un État étranger n'enlève pas à ces rentes leur caractère mobilier à l'égard de la loi française et n'empêche pas de les comprendre dans la déclaration de succession de ce Français (Cass. 28 juill. 1862, 1682 R. P., 2239-7 I. G., 17492 J.N., 17519 J.E., S. 62-1-998; — Seine 12 janv. 1861, 1468 R.P., 17063 J.N., 11947 C.) — *V.* n° 16471.

**16526. Rentes sur la ville de Paris.** — Alors même que l'on était sous l'empire de l'art. 70 L. 22 frimaire an 7, les rentes créées sur la ville de Paris n'avaient jamais été exemptes du droit de mutation par décès. De pareils titres de rentes doivent donc être compris dans la succession des crédi-rentiers.

**16527. Rente viagère.** — La question de savoir si le droit de mutation par décès est exigible lorsqu'une rente viagère a été déclarée réversible sur la tête d'un tiers au moment du décès d'une personne indiquée a été examinée sous les nos 6693 et suiv.; on peut s'y reporter.

**16527 *bis*. Rente réservée au profit des héritiers.** — Nous avons expliqué, au n° 6716, que la rente qui ne s'éteint pas par le décès du crédi-rentier, mais qui doit continuer à être servie à ses représentants, constitue une valeur de son patrimoine qui peut faire l'objet d'un legs ou qui, à défaut de dispositions, demeure dans la succession *ab intestat*.

Par application de ce principe, il a été reconnu : 1° que lorsque, dans un contrat de mariage, les père et mère de l'un des futurs époux lui ont constitué en dot une rente ou pension viagère sur la tête des donateurs, cette rente ne s'éteignant pas au décès de l'époux donataire, continue au profit des enfants nés du mariage et forme, par conséquent, un actif de la succession du donataire passible du droit de mutation par décès (Sol. 27 juill. 1870, 3065 R.P., 20764 J.N.);

2° Que lorsque le défunt a donné entre-vifs un immeuble à la condition que le donataire lui servirait une rente perpétuelle dont le donateur se réservait de disposer, puis que le donateur meurt sans avoir disposé de la rente et en instituant le donataire légataire universel, la rente perpétuelle constitue une valeur de la succession passible du droit de mutation par décès (Niort, 24 fév. 1873, 3754 R. P.).

La même doctrine a été fréquemment appliquée dans des cas divers (Sol. 8 mars 1873, 31 juill. 1873, 28 déc. 1875).

Le legs à l'héritier nu propriétaire d'une rente à payer pour l'usufruitier donne lieu au droit sur la nue-propriété et sur la rente. — V. 16760-2.

**16528. Réserve.** — On verra au, n° 16738, que les réserves de sommes qu'un donateur aurait pu faire sur un objet donné ne sont pas de nature à être déduites de cet objet lorsqu'il est transmis par décès.

Mais, par une conséquence directe de ce principe, si le donateur n'avait pas disposé de l'objet réservé au moment de son décès, cet objet ne pourrait donner naissance à un droit particulier.

1. BOIS. — SUPERFICIE. — Si donc le propriétaire d'un bois qui avait fait donation de ce bois à ses présomptifs héritiers, à l'exception de la superficie qu'il s'était réservée, décédait sans avoir fait couper ni disposé de cette superficie, aucun droit de mutation ne serait exigible, car les donataires auraient payé le droit sur la propriété entière en bois.

Il en serait autrement, évidemment, si le propriétaire n'avait fait donation que du sol, se réservant la libre disposition de la surface.

Dans ce cas, comme le droit de mutation n'aurait été perçu que sur la valeur du sol, les héritiers devraient payer les droits de succession à raison de la surface qu'ils acquéreraient. — V. 16662.

**16529. Résolution.** — La théorie de la résolution des contrats a été approfondie au mot *Résolution*. C'est à elle qu'il faudra nécessairement recourir pour trouver la solution des difficultés qui pourraient se rattacher à cette matière quant à l'application des droits de mutation par décès. Il doit nous suffire de poser ici en deux mots la règle qu'il faut suivre en principe. Cette règle se réduit à deux termes :

1. PAYEMENT DES DROITS DE MUTATION. — Toutes les fois que l'annulation d'une mutation du chef du défunt n'est pas de nature à emporter rétrocession, la condition résolutoire fait rentrer l'objet de la mutation dans la succession du vendeur, et les héritiers doivent en passer déclaration dans les six mois de sa résolution.

2. PAS DE PAYEMENT DE DROIT DE MUTATION. — Dans les cas, au contraire, où il faut reconnaître que la condition ne peut agir *retro* et *ab initio*, ce qui fait que l'annulation du contrat doit être considérée comme opérant une rétrocession, il n'y a pas lieu de comprendre l'objet rétrocédé dans la succession du premier vendeur décédé, car ce n'est pas du chef de celui-ci que les biens viennent aux mains des héritiers qui ont obtenu l'annulation du contrat de vente, mais du chef de l'acquéreur, qui est censé les leur revendre. (Sol. 17 nov. 1874 et 7 août 1877).

3. PRIX DE VENTE. — La créance du prix est dans le patrimoine du vendeur. Incontestablement, ses héritiers doivent l'impôt sur la valeur de cette créance. S'ils exercent l'action en résolution, ils ne doivent pas le droit de mutation par décès sur la chose qu'ils reprennent. Car, en vertu de l'art. 12 L. 27 ventôse an 9, ils encourent un droit de mutation à titre onéreux, comme s'ils reprenaient la chose *ex novâ causâ* (Demante n° 686).

**16530. Retour légal.** — Le retour légal constituant un vrai droit successif, il est incontestable que les biens qui sont rentrés aux mains des donateurs par l'effet de l'art. 747 C. C. doivent être compris dans la déclaration de leur succession. — V. *Retour*.

**16531. Retour à l'adoptant.** — Le retour à l'adoptant, dont nous avons parlé au n° 1834, constitue un véritable droit successif de la même nature que celui dont parle l'art. 747 C. C.; l'adoptant ne prend les choses par lui données qu'à titre d'héritier; d'où la conséquence que ce droit donne ouverture aux droits de mutation par décès. — La question a d'ailleurs été tranchée en ce sens dans une espèce où ce n'était pas l'adoptant, mais ses enfants légitimes qui exerçaient dans la succession de leur frère adoptif le droit de retour des biens que celui-ci avait reçus du père commun. L'Administration a délibéré, le 6 février 1827 (8641, 8747 J. E.), et après elle la Cour de cassation a décidé, le 28 décembre 1829 (7084 J. N., 9525 J. E., 1307 § 11 I. G., S. 30-1-69), que le droit de succession en ligne collatérale était exigible. — V. *Adoption*.

**16532. Retour conventionnel.** — Des développements que nous avons donnés sous les nos 14629 et suiv., sur le retour conventionnel, il résulte que le retour conventionnel s'opérant par l'effet d'une condition résolutoire, d'une clause inhérente au contrat de donation, les biens qui y sont sujets ne font pas partie de la succession du donataire; d'où la conséquence qu'aucun droit de mutation par décès ne peut être perçu (D. m. f. 29 déc. 1867, 366 § 18 I. G., Dél. 25 juin 1822, 6160 J. N.).

**16533. Retrait successoral.** — Nous avons expliqué, sous les nos 14680 et suiv., les effets du retrait successoral. Des principes qui se trouvent exposés sous ces numéros, on concluera sans peine que les biens objets du retrait doivent être compris dans la déclaration de la succession de celui ou de ceux qui ont exercé le retrait successoral.

**16534. Saisie immobilière.** — En principe, la saisie immobilière n'enlève pas au débiteur la propriété de l'immeuble saisi. Aussi faut-il reconnaître que si le débiteur meurt avant d'avoir été définitivement exproprié par l'adjudication, l'immeuble doit être compris dans la déclaration de sa succession. — V. 16367.

**16535. Séquestre.** — On a vu, au n° 16164, que le délai pour déclarer les biens séquestrés court du jour de la mainlevée définitive. Nul doute donc que les biens séquestrés ne doivent être compris dans la succession du propriétaire lorsqu'ils ont cessé d'être frappés de séquestre.

**16536. Services religieux. — Legs pieux.** — En principe, pour qu'il y ait legs ou fondation, il faut qu'il y ait attribution de propriété ou de valeurs à une personne ou à un établissement ayant une existence propre.

Dans le cas contraire, la disposition constitue une simple charge qui n'est point passible du droit de succession.

On ne peut poser aucune règle générale sur ce point. C'est dans l'appréciation des termes du testament et des circonstances du fait qu'il faut uniquement chercher la solution de la difficulté. Les exemples suivants peuvent servir de guide :

1° La clause d'un testament par laquelle le défunt a simplement exprimé la volonté qu'il fût dit pour le repos de son âme un certain nombre de messes annuelles dans une église déterminée, en conférant hypothèque pour l'exécution de cette disposition, ne constitue point un legs dont la fabrique de l'église ait le droit de poursuivre l'exécution contre les héritiers, mais une simple charge incombant aux héritiers (C. Douai 30 mai 1853 ; — Bordeaux 23 juin 1856, 877 R. P.).

2° Il n'y aurait pas non plus legs dans la clause par laquelle un testateur charge une personne désignée d'employer une somme quelconque en prières ou bonnes œuvres (Cass. 16 juill. 1834, S. 1834-1-700 ; — 6 juill. 1871, 3300 R. P. ; — Cass. 27 nov. 1876, 4993 R. P.) ; — ou impose à son exécuteur testamentaire l'obligation de faire vendre tous ses biens pour en employer le prix à des prières dans une église déterminée (Cass. 18 juill. 1859, S. 1859-1-653 ; — Rennes, 22 août 1861, S. 1862-2-38 ; — Caen, 28 nov. 1865, S. 66-2-244, Dalloz 1866-2-43. *Conf.* : Gaudry *Lég. des cultes* t. 3 p. 24. — *Contrà* Chauveau *Journ. du droit admin.* 1857 p. 120).

3° Décidé encore que l'indication faite par le testateur, en instituant un légataire universel, de l'emploi des ressources de sa succession au profit d'établissements charitables fondés ou à fonder peut être considérée comme ne renfermant en réalité qu'un mandat pour le légataire universel et non un fidéicommis en faveur des établissements (Cass. 4 avr. 1865, S. 1865-1-162).

4° Qu'on ne peut pas admettre l'existence du legs quand un testateur charge ses légataires universels d'employer une somme déterminée en œuvres de bienfaisance, sans spécifier les établissements charitables qui auront droit à la somme, en se bornant, par exemple, à exprimer son désir qu'il soit fait don aux indigents ou aux institutions de bienfaisance des pays que le testateur aura habités ou à ses anciens serviteurs (Sol. 22 avr. et 11 oct. 1867, 2572 R. P.).

Il en est ainsi alors surtout que l'institution de bienfaisance n'avait pas encore d'existence légale (Cass. 6 juill. 1871, 3300 R. P., 2426-2 I. G., S. 71-1-163, D. 71-1-343, P. 71-453).

« Attendu, porte cet arrêt, que dans son testament du 5 mars 1838, Auguste Minoret, décédé le 1er octobre 1840, a dit qu'il serait prélevé sur sa succession une somme de 200,000 francs, qui devrait être employée en œuvres de bienfaisance, selon les vues et l'autorisation de sa sœur Lucile Minoret, l'une de ses légataires universelles ; qu'une semblable disposition, faite pour certaines œuvres au choix d'un tiers sans indication d'aucune personne certaine et déterminée, ne constitue point un legs particulier qui aurait eu pour effet de saisir dès la mort du testateur, les établissements de bienfaisance qui seraient désignés plus tard pour en recueillir en tout ou en partie le bénéfice. »— V. 6152.

V. Cass. 8 août 1874, 4671 R. P.

5° Mais il a été reconnu que la disposition testamentaire par laquelle le défunt déclare léguer tous ses biens aux pauvres soignés par tel établissement religieux a pu être considérée comme faite non à cet établissement non autorisé, mais aux indigents eux-mêmes, représentés par le maire de la commune (Cass. 6 nov. 1866, D. 66-1-436) ;

6° Que le legs fait à tels pauvres que les exécuteurs testamentaires jugeront convenir doit être réputé fait au bureau de bienfaisance de la commune où le testateur était domicilié à son décès (C. Douai 23 juin 1846, D. 66-2-155) ;

7° Que le droit de mutation est dû sur le legs particulier d'un immeuble fait à une fabrique à charge de le vendre et d'en employer le prix à faire dire des messes (Sol. 24 juill. 1877, 4961 R. P.).

8° Que l'acte contenant délivrance d'un legs fait à une association non autorisée, spécialement à la Propagation de la foi, donne ouverture au droit gradué et non au droit de donation et que l'association doit acquitter le droit de succession (Sol. 12 mars 1878). Il a été cependant jugé, sur ce dernier point, que la Propagation de la foi ne doit pas l'impôt et qu'il y a lieu de le réclamer à l'héritier (Chambéry, 13 mars 1877, 4893 R. P.). — *V.* 7806.

9° Et qu'il y avait legs valable dans une clause portant : 1° Je donne et lègue à la fabrique de A... mon calice, mes ornements ; et, *pour messes, 800 francs qui seront acquittés à mon intention, 200 francs par an à partir de mon décès.* On a reconnu que la fabrique avait alors une action directe contre le légataire universel (Sol. 7 nov. 1868, 3323 R. P.).

3. DROIT NÉGATIF DES FABRIQUES. — La cour d'appel de Grenoble a jugé, le 23 août 1851 (S. 52-2-222), que les fabriques n'ont aucun droit aux sommes remises par des fidèles aux curés ou desservants à la charge de dire des messes ou d'accomplir d'autres œuvres pies. En conséquence, après le décès d'un curé ou desservant, la fabrique de son église n'a pas qualité pour réclamer de ses héritiers les sommes que le défunt aurait reçues, même de personnes inconnues, pour des services religieux qu'il n'aurait pas accomplis avant son décès.

4. CHARGES. — Le legs à charge de services religieux a le caractère d'une libéralité pour le tout et non pas seulement pour ce qui excède la valeur des charges (D. m. f. 9 oct. 1877, 4825 R. P.).

**16537. Service public** (BIENS AFFECTÉS A UN). — De deux choses l'une : ou l'immeuble qui doit être affecté à un service public a été exproprié avant la mort du propriétaire, ou il ne l'a pas été. Dans le premier cas, la dépossession ayant été complète, l'immeuble ne figurait plus dans la succession au moment où elle s'est ouverte ; dans le second cas, la destination d'utilité publique qui lui avait été assignée ne pouvant faire qu'il ne fût encore entre les mains du propriétaire au moment de son décès, il doit être compris dans la déclaration de sa succession.

**16538. Société.** — Aucun doute ne peut s'élever sur l'obligation où se trouvent les héritiers de passer déclaration des droits et actions que pouvait avoir leur auteur dans une société, et cela soit que la société continue malgré le décès de l'associé, soit qu'elle se trouve dissoute.

1. LEGS. — Le legs fait par un associé à ses coassociés, de son apport social et de ses droits dans les bénéfices de la société, est passible du droit de mutation par décès ;

spécialement, lorsque les associés légataires en ont obtenu la délivrance (Cass. 7 janv. 1850, 13936 J. N.). — V. 15242.

2. RÉVERSION. — Lorsque des associés conviennent que les valeurs acquises en commun appartiendront aux survivants, c'est un droit de mutation à titre onéreux et non un droit de succession qui est exigible.

Le développement de cette matière est présenté aux mots *Association* et *Société*.

La même règle s'applique aux acquisitions conjointes de rentes sur l'État. — V. *Association*.

Mais si les survivants doivent payer aux héritiers la valeur de la part du défunt dans les biens communs, cette indemnité constitue une créance ordinaire passible du droit de mutation par décès, sans imputation du droit de cession perçu à raison de la réversion (Yvetot 25 avr. 1865, 2142 R. P; — Cass. 5 déc. 1866, 2391 R. P., 2356-4 I. G., S. 67-1-87, D. 67-1-127; — Saint-Quentin 11 déc. 1868, 2830 R. P.). — V. 15241.

3. TONTINES. — RENTES SUR L'ÉTAT. — Les associations tontinières sont tenues, d'après leurs statuts, de faire emploi en rentes sur l'État de tous les fonds qu'elles perçoivent.

Les dispositions des ordonnances, comme celles des décrets et arrêtés relatifs aux tontines, supposent toutes cet emploi (Ord. 12 juin, 5 juill. 1842; — Arr. m. f. 20 et 25 mars 1848; — Déc. Assemb. nat. 29 juill., 8 août 1848, Dalloz vo *Tontine* nos 9 et 10).

D'un autre côté, les associations tontinières ne constituent pas de véritables sociétés (D. N. vo *Tontine* nos 2 et suiv. 4e édit., Dalloz vo *Tontine* no 14, *Société* nos 146 et 224). — Quoiqu'elles soient « soumises à l'autorisation et à la surveillance du gouvernement » (L. 24 juill. 1867 art. 66, art. 18943 J. N.), « les tontines, porte le rapport de la commission du Corps législatif sur lequel cette loi a été votée, chacun en convient, ne sont pas des sociétés, quoiqu'on leur donne communément ce titre. » Il s'ensuit que les associations tontinières ne constituent pas, comme les sociétés, des êtres moraux ayant une existence particulière distincte des personnes des associés. A ce point de vue, elles paraissent pouvoir être assimilées aux associations en participation qui, elles aussi, ne constituent pas des êtres moraux distincts des personnes des associés (D. N. vo *Société* nos 293 et suiv. 4e édit.; — C. Paris 27 mars 1866 et 8 août 1870, art. 18530 et 20212 J. N.). Or, du moment où les associations tontinières ne constituent pas des êtres moraux ayant leur existence propre, les rentes sur l'État acquises avec les deniers qui leur sont versés ne peuvent leur appartenir et sont, dès lors, la propriété collective des personnes qui ont fourni les fonds.

En conséquence, lorsqu'une de ces personnes décède avant la répartition des rentes acquises, elle transmet à ses héritiers sa part de ces rentes et non pas une simple action sociale. D'où il suit que la transmission ayant pour objet des rentes sur l'État, c'est la prescription de trente ans qui est applicable aux droits de mutation exigibles pour cette transmission.

**16539. Sociétés de secours mutuels.** — Les legs faits au profit des sociétés de secours mutuels sont assujettis aux droits ordinaires de mutation par décès (Saint-Dié 24 avr. 1863; — Sol. 13 juin 1876). — V. *Sociétés*.

**16540. Substitution.** — On a vu au mot *Substitution* que le grevé de substitution n'est pas simple usufruitier, mais qu'il est propriétaire des biens à lui transmis à charge de restitution. La conséquence de ce principe est facile à déduire :

En premier lieu, le grevé doit payer les droits de mutation par décès sur la pleine propriété des biens à lui transmis, absolument comme si la charge de restitution ne le grevait pas.

En second lieu, un nouveau droit de même nature sera exigible lorsque les appelés recueilleront les biens par suite du décès du grevé, car une nouvelle mutation s'opérera sur leur tête. La quotité du droit sera d'ailleurs déterminée par le degré de leur parenté avec le grevé; car du moment que celui-ci était propriétaire et non simple usufruitier des biens grevés, c'est bien de lui, et non de l'auteur originaire, que les appelés reçoivent la propriété qu'ils recueillent.

1. ÉPOUX. — Lorsque des époux se sont fait donation mutuelle de la propriété des biens qu'ils délaisseraient à leur décès, sous la condition que dans le cas où le survivant ne disposerait pas des biens recueillis dans la succession du prémourant, ils retourneraient aux héritiers de ce dernier, le droit de mutation par décès est dû par les héritiers de l'époux prédécédé, lors du décès du survivant, si celui-ci n'a pas disposé des biens donnés (11163 J. N.).

**16541. Stipulation pour autrui.** — Il a été jugé que lorsqu'on a acheté un immeuble, tant pour soi que pour un tiers dont on s'est porté fort, si le tiers n'a pas accepté ou ratifié l'acquisition et ne s'est pas mis en possession de l'objet acquis, ses héritiers ne doivent pas le comprendre dans la déclaration de sa succession et n'ont aucun droit de mutation par décès à payer pour cet immeuble (Cass. 15 mai 1827, 8745 J. E., 6148 J. N.). « Attendu, en droit, dit cet arrêt, que dans le cas même où l'on peut stipuler en faveur d'un tiers, la stipulation n'a d'effet à son égard que lorsqu'il veut bien en profiter; que si la clause par laquelle on se porte fort pour le tiers ajoute une garantie à l'avantage de l'autre partie contractante, elle ne change en rien la nature de la stipulation à l'égard du tiers, toujours maître de l'accepter ou de ne pas l'accepter » — *Conf.* : Sol. 25 juin 1875, 4241 R. P.).

Mais au décès du porte-fort, le droit est dû (Mirecourt, 22 fév. 1850, 15168 J. E.).

Les effets de la stipulation pour autrui ont été exposés au no 13589. — V. aussi 16513.

**16542. Surenchère.** — Il est constant, d'après l'opinion des auteurs et les décisions de la jurisprudence, que la surenchère ne suspend point l'effet de la vente, et que la seconde adjudication faite au profit d'un tiers est une condition résolutoire de la première. « Il ne faut pas croire, dit Troplong (*des Hypothèques* no 949), en s'appuyant de l'autorité de Pothier (*de la Vente* nos 490, 492 et 494), que la propriété cesse de résider sur la personne de l'acquéreur dès qu'il y a eu réquisition de surenchère.... Le surenchérisseur ne se trouve réellement acquéreur et propriétaire que lorsque, au temps venu pour l'adjudication, sa surenchère n'est pas couverte. Avant ce temps, la propriété réside encore sur la tête de l'acquéreur primitif. » De là, d'après la règle *Res perit domino*, la perte ou le dépérissement de l'immeuble qui surviendrait par cas fortuit dans l'intervalle de la surenchère à l'adjudication reste à la charge de l'acquéreur (Grenier n° 465).

La conséquence de ce que nous venons de dire est facile à déduire : si l'adjudicataire frappé de surenchère décède avant que l'adjudication sur surenchère ait été prononcée, les biens font partie de sa succession. Mais il faut appliquer ici le raisonnement que nous avons fait en matière de folle enchère, en ce qui concerne les effets de la condition résolutoire qui se produit aussitôt que l'immeuble se trouve définitivement adjugé.

Cette application est même d'autant plus rationnelle que l'Administration a introduit elle-même un tempérament à ce que pourrait avoir de trop rigoureux dans ses effets le principe que l'adjudicataire est réellement propriétaire jusqu'au moment où l'adjudication sur surenchère vient le déposséder définitivement.

On a vu, au mot *Adjudication*, l'Administration décider que lorsque l'adjudication première est présentée à l'enregistrement dans le délai après avoir été *frappée de surenchère*, elle n'est passible que du droit fixe.

Le motif de ces décisions est que, lorsque la surenchère précède l'enregistrement de la vente, le nouveau propriétaire, par suite de la connexité des deux actes, n'a plus qu'un titre atteint dans son principe, qui, ne transmettant aucune propriété, ne peut plus être considérée que comme une adjudication préparatoire.

**16543. Survenance d'enfants.** — La survenance d'enfants au donateur révoquant de plein droit les donations entre-vifs par lui faites alors qu'il n'avait pas d'enfant (953 C. C.), nul doute que les biens qui ont fait l'objet des donations ne doivent être considérés comme faisant partie de la succession des donateurs s'il n'en a pas disposé depuis.

Le donateur évincé qui recueille les biens en qualité d'héritier doit l'impôt sans imputation du droit de donation déjà payé (Sol. 17 mars 1873).

**16544. Testament annulé ou découvert.** — Lorsque la découverte d'un testament ou l'annulation d'un testament connu fait rentrer dans une succession des biens qui n'y étaient pas en apparence au moment de son ouverture, les héritiers doivent comprendre ces biens dans leur déclaration, ou, si leur déclaration a déjà eu lieu, en faire une nouvelle.

1. INDEMNITÉ AU LÉGATAIRE. — *Quid* si le légataire dont le legs a été annulé pour vice de forme du testament se trouve indemnisé par une rente viagère pareille à celle léguée, que le notaire a été condamné à lui payer? On ne peut évidemment assujettir cette indemnité au droit de mutation par décès, car ce n'est pas du testateur que le légataire tient l'indemnité, mais de la décision du tribunal. D'ailleurs, le bien rentré dans la succession par suite de l'annulation du testament ayant à subir le droit de mutation, ainsi qu'on vient de le voir, on ne peut évidemment faire payer le même droit à l'indemnité qui en tient la place.

**16545. Transaction.** — Tant qu'une disposition testamentaire n'a pas été légalement annulée, les droits qu'elle confère à l'institué conservent leur énergie transmissive, et toute transaction intervenue sur cette disposition ne peut faire que le légataire n'ait pas recueilli les biens qui font l'objet de son legs pour les transmettre à ceux avec qui il peut transiger. C'est donc le légataire qui doit payer les droits de succession du legs et non les héritiers naturels que la transaction peut lui substituer. C'est un point qui ressortira pleinement des développements que nous donnerons à cette question au mot *Transaction*.

**16546. Tutelle officieuse. — Secours.** — Dans le cas de tutelle officieuse, si le tuteur décède avant d'avoir adopté son pupille, celui-ci a droit à des secours. Ces secours constituent une indemnité bien plus qu'un droit héréditaire; l'attribution qui en est faite au mineur ne semblerait donc pas passible du droit de mutation par décès. Toutefois, cette conséquence n'est pas admise d'une manière absolue par l'Administration.

D'une part, elle reconnaît que lorsque l'attribution est faite dans les termes de l'art. 367 C. C., c'est-à-dire par un règlement amiable entre les représentants du tuteur et ceux du pupille, ou, en cas de contestations, par un règlement judiciaire, le seul droit exigible est celui de bail à nourriture de mineur (D. m. f. 23 sept. 1806; Circ. 24 nov. 1806). Mais, d'autre part, l'Administration décide que si les secours ont été assurés par le tuteur lui-même pour n'être payés qu'après sa mort, l'acte de règlement est passible d'abord du droit fixe de donation éventuelle, et ensuite, à la mort du tuteur, d'un droit de mutation par décès, au taux réglé pour les successions entre étrangers (même déc. et même circ.). Rien ne justifie la distinction.

Les secours, soit qu'ils aient été réglés à l'avance par le tuteur, soient qu'ils aient été déterminés, après son décès, par règlement amiable ou judiciaire, participent évidemment toujours de la même nature; s'ils sont une indemnité, ou, comme le dit l'Administration, un bail à nourriture, dans ce dernier cas, ils ne sauraient être un droit héréditaire dans le premier. On ne peut donc que les soumettre à une règle uniforme de perception. — V. 16093.

**16547. Tuteur testamentaire.—Honoraires.** — Les honoraires annuels alloués par le testament au tuteur testamentaire doivent être considérés comme donation rémunératoire et sont passibles du droit de mutation par décès.

On ne peut voir, en effet, dans une pareille clause, ni un mandat qui s'éteint à la mort du mandant, ni un marché, parce que dans un acte unilatéral, tel qu'un testament, il ne peut y avoir de lien de droit entre le testateur et celui qui est l'objet de la disposition (Valognes 3 janv. 1850, 14893 J. E., 14001 J.N.).

**16548. Travaux faits avec le matériel d'une succession.** — Lorsque des ouvrages ont été faits, depuis le décès, dans l'usine et avec le matériel provenant de la succession, la valeur des travaux exécutés ne peut être com-

comprise dans la succession. Les matières employées peuvent seules être considérées comme faisant partie de cette succession.

En effet, les droits du Trésor ne frappent que les biens appartenant à la succession au moment de son ouverture et qui sont alors l'objet d'une transmission aux héritiers. En aucun cas, ces droits ne pourraient être étendus aux sommes qui peuvent être gagnées postérieurement par les héritiers personnellement, à leurs frais ou à leurs risques et périls; et les circonstances que les travaux qui ont procuré ces sommes ont été exécutés dans les ateliers du défunt, avec un matériel en dépendant, ne peut changer les droits des héritiers qui ont fourni la main-d'œuvre, qui est la partie principale.

Nous avouons que nous ne comprenons pas qu'une pareille question ait pu être soulevée. Cependant le tribunal d'Arras a été appelé à la résoudre par un jugement du 23 novembre 1849 (15252 J. E.). Il est vrai que, dans l'espèce, c'était des créanciers d'une succession en faillite et non dse héritiers qu'il s'agissait. Mais cette circonstance était indifférente. Aussi le tribunal d'Arras a-t-il déclaré avec raison : « qu'il ne résultait (de cet état de choses) aucun préjudice pour le fisc, puisque le matériel et même les matières de la succession qui auraient pu être employées pour l'exécution des travaux ont dû être inventoriés après le décès, et qu'il est facile d'en déterminer la valeur au moment de l'ouverture de la succession pour la perception des droits de mutation. »

**16549. Usage forestier.** — La transmission par décès de l'usage forestier est-elle passible du droit de succession ? Cette question a été traitée au mot *Cantonnement*.

**16550. Usufruit.** — On a vu au n° 16502 que la jouissance légale des père et mère ne constitue pas un droit successif passible du droit de mutation par décès. Mais si l'usufruit que l'art. 384 C. C. accorde au père ou à la mère sur les biens de leurs enfants mineurs, ne donne lieu à aucun droit de mutation, il en est autrement lorsque l'usufruit des biens, dont la nue-propriété est léguée aux enfants, échoit au père ou à la mère par testament. Dans ce dernier cas, la volonté de l'homme se trouve substituée à celle de la loi et forme le seul titre du légataire, sauf le droit qu'a celui-ci de renoncer formellement au bénéfice de cette libéralité. Une pareille disposition ne peut, au gré du légataire, être scindée pour se confondre temporairement avec la jouissance légale. Cette confusion est d'autant moins admissible que les charges de la jouissance légale ne sont pas les mêmes que celles imposées aux usufruitiers [1] (Dél. 13 avr. 1830, 7142 J. N., 16 mai 1834, 9626 J.N.).

En ce sens, et par ces motifs, la Cour de cassation a jugé, le 30 déc. 1850 (15099 J. E., 14230 J.N., 1883 § 9 I. G., S. 51-1-47), qu'un père, donataire de l'usufruit des biens de sa femme, ne peut se refuser au payement des droits de mutation par décès sur cet usufruit, sous prétexte qu'il se confond, jusqu'à ce que ses enfants aient atteint dix-huit ans, avec la jouissance légale qu'il a des biens de ceux-ci, mineurs de moins de dix-huit ans, nus-propriétaires de ces mêmes biens.

*Conf.* : Agen, 9 fév. 1872; — Sol. 15 mai 1873, 12 mai 1874.

1. TERME FIXÉ A LA MAJORITÉ. — Jugé encore par la Cour suprême, le 15 juin 1842 (11363 J.N., 13021 J. E., 1683 § 5 I. G., S. 42-1-695, *arrêt rapporté* 16501-1), qu'une mère, légataire en usufruit jusqu'à la majorité de son enfant (âgé de neuf ans au moment du décès du testateur), des biens dont celui-ci était institué légataire universel, a dû payer les droits sur le capital au denier 10 du revenu des biens, et non sur trois ans, différence entre dix-huit ans, terme de la jouissance légale, et vingt-un ans, époque de la majorité de l'enfant.

La raison de cette décision est bien simple : si l'on suppose en effet que le mineur meure avant l'accomplissement de ses dix-huit ans, la jouissance légale s'éteindra, tandis que, du moment qu'il s'agit d'un usufruit, cet usufruit ne peut prendre fin, en tout état de cause, qu'au jour où l'enfant aurait atteint sa vingt-unième année.

2. CONFIRMATION DE LA JOUISSANCE LÉGALE. — Il a été jugé, par interprétation de l'intention des parties, que la clause d'un contrat de mariage qui attribue au survivant des époux *l'administration*, la jouissance et l'usufruit de tous les biens des enfants, jusqu'à la majorité de ceux-ci, ne constitue pas un legs d'usufruit donnant lieu à la perception du droit; cette stipulation n'a pour effet que de maintenir l'usufruit légal attribué par la loi au survivant des époux jusqu'à ce que les enfants aient atteint leur dix-huitième année, et l'administration de leurs biens jusqu'à leur majorité (Gand 11 juin 1867, 10532 J. E. belge). — *V.* 16501.

3. RENONCIATION. — L'usufruitier, surtout lorsque c'est un père ou une mère, renonce très-souvent à ses droits, soit frauduleusement, soit bénévolement, dans le but de se soustraire au payement des droits de mutation par décès. Plusieurs questions intéressantes et d'une utilité réelle dans la pratique, se rattachent à cet ordre de choses; nous les avons examinées au mot *Renonciation*, auquel nous renvoyons le lecteur. — *V.* 16501-3 et 16522.

4. DÉCÈS DE L'USUFRUITIER AVANT LA CESSATION DE L'USUFRUIT. — Lorsque l'usufruit ne repose pas uniquement sur la tête de l'usufruitier, c'est-à-dire lorsqu'il a été créé à terme, il ne s'éteint pas nécessairement avec l'usufruitier si celui-ci décède avant l'expiration du terme. Dans ce cas, il doit être compris dans la déclaration de la succession du défunt. Si donc un enfant qui avait, jusqu'au décès de sa mère, la jouissance commune avec son frère d'un immeuble, meurt avant la mère, ses héritiers doivent comprendre cette jouissance dans la déclaration de la succession, et les droits doivent être liquidés, comme on le verra au n° 16667.

5. VENTE DE COUPE DE BOIS. — Ainsi encore la vente faite d'une coupe de bois taillis par l'usufruitier doit subsister nonobstant son décès; et le prix fait partie de la succession, lorsqu'au décès la coupe n'est que commencée (Cass. 21 juill. 1818, 6185 J. E.).

1. Ainsi, notamment, il existe une différence entre les obligations imposées pour la restitution du mobilier ; de plus, à la différence de l'usufruit, la jouissance légale n'est susceptible ni de cession, ni d'hypothèque (Demolombe t. 6 nos 522 et suiv.).

6. SOCIÉTÉ. — BÉNÉFICES. — L'usufruitier n'a pas droit à la jouissance des bénéfices sociaux mis en réserve d'après les statuts et destinés à être joints au capital (Bordeaux 5 juill. 1870, S. 72-2-16).

7. USUFRUIT ÉVENTUEL. — Le legs de l'usufruit de tous les biens que le testateur laissera à son décès, comprend l'usufruit éventuel des biens dont le testateur n'avait, lors de son décès, que la nue-propriété; lors du décès de l'usufruitier, le légataire a donc droit à l'usufruit des biens dont le testateur n'avait, à son décès, que la nue-propriété (C. Rouen 20 déc. 1852, 1854-391 P.; — *Contrà* 13995 J.N.).

8. LEGS DE NUE-PROPRIÉTÉ ET DE RENTE. — Le défunt a légué à un tiers la nue-propriété de tous ses biens et une rente viagère à recevoir de l'usufruitier des mêmes biens. Sur quoi le droit de succession est-il dû?

L'émolument du légataire universel dans la succession se compose de deux choses distinctes : 1° la nue-propriété des biens du défunt; — 2° une rente annuelle qui doit lui être servie par l'usufruitier. En fait, la seconde disposition a pour résultat de conférer au légataire une sorte de toute propriété ou du moins un équivalent de la toute propriété, puisqu'il possédera d'une part la nue-propriété et de l'autre la représentation des fruits d'une portion de cette nue-propriété. Mais, en droit, les legs sont absolument distincts, ils ont une nature différente, car le premier est universel et le second particulier. Les objets sont séparés et leurs effets tout à fait différents. Le légataire pourrait renoncer à l'un pour conserver l'autre. Il y a donc, au point de vue de la perception, deux matières imposables, deux libéralités sur lesquelles il faut asseoir séparément la perception.

Cette situation n'est pas neuve. Elle s'est souvent produite, dans les partages anticipés ou dans les donations entre-vifs, quand le donateur attribue au donataire une nue-propriété et que, pour tenir lieu de l'usufruit qu'il se réserve, il constitue au même donataire une rente ou une pension qui s'éteindra lors de la réunion de l'usufruit à la nue-propriété. Il a été décidé qu'il fallait alors percevoir le droit à la fois sur la nue-propriété et sur l'usufruit (Cass. 21 août 1872, 2456-6 I. G., S. 72-1-441; — *Comp.* Toulon 19 févr. 1867, 2947 R. P.). — V. *Contrat de mariage*.

Il n'est pas besoin d'ajouter que le capital de la pension doit être déduit de la valeur de l'usufruit comme un legs particulier l'est de la masse de la succession (Sol. 10 oct. 1871, 14 oct. 1874, 23 mai 1876; — Seine, 8 août 1877). — V. 16760-2.

**16551. Vente verbale.** — La déclaration des héritiers que l'acte de vente qu'ils passent d'un immeuble de la succession n'est que la réalisation de la vente verbale du même immeuble qu'avait consentie le défunt, ne peut faire que cet immeuble ne soit pas compris dans la déclaration de la succession (Toul 24 août 1848, 14559 J. E., D. N. t. 12 p. 285 n° 524).

Cependant, il avait été jugé que quand, par acte notarié, un légataire universel a déclaré que le testateur a vendu, suivant acte sous seing privé dont les originaux sont perdus, un immeuble à un tiers présent et acceptant, ce légataire universel n'est pas tenu de comprendre l'immeuble dans la déclaration de succession (Valence 10 déc. 1833, 8423 J. N.). Mais cette solution ne peut être considérée que comme une décision d'espèce sans importance doctrinale. Elle est contraire aux principes que nous avons développés précédemment à l'égard des biens dont la propriété apparente appartient au défunt.

**16552. Promesse de vente.** — Si une personne offre de me vendre son immeuble à certaines conditions et que je laisse sa proposition sans réponse, l'offre ou la promesse de vente demeure à l'état de simple pollicitation, elle n'engage nullement celui qui l'a faite et il peut la rétracter à son gré (Troplong n° 124, Duvergier t. 1er n° 121, Marcadé art. 1589, Massé et Vergé sur Zachariæ t. 4 n° 265, Pothier *de la Vente* 477).

Dès que je prends acte de sa promesse sans m'engager d'ailleurs à acquérir, il se forme un engagement : non pas sans doute le contrat de vente, puisque je n'ai pas encore consenti à acheter, mais une convention particulière qui lie le promettant et le force à tenir l'immeuble à ma disposition jusqu'à ce que je me décide à l'acquérir. Il n'y a là encore d'engagement que d'un seul côté et la transmission de la propriété n'a pas lieu. C'est un point constant en doctrine et en jurisprudence. — V. 17653 et suiv.

Mais la mutation se réalise dès que j'ai accepté les conditions de la vente. L'engagement unilatéral se transforme alors en cette promesse synallagmatique dont l'art. 1589 C. C. dit « *qu'elle vaut vente* ». Il faut bien remarquer, toutefois, qu'un tel acquiescement ne remonte pas au jour de la promesse unilatérale ou de la pollicitation. Il n'y a eu vente, et par conséquent transmission de propriété, qu'à partir de la dernière acceptation, puisqu'à partir de ce moment-là seul, *j'ai consenti à acheter* (Toullier t. 9 n° 92, Troplong 123, Duvergier t. 1er n° 123, Marcadé art. 1589, Aubry et Rau t. 3 p. 229; — Cass. 9 août 1848, Dalloz 48-1-185; — 25 juill. 1849, Dalloz 50-1-91; — 14 mars 1860, S. 60-1-712). — C'est pourquoi le droit d'enregistrement ne devient exigible qu'à cette dernière époque, ainsi que l'a très-clairement reconnu l'arrêt de la C. cass. 22 août 1865, rapporté au n° 2151 R. P. et que nous le démontrerons au mot *Vente*, n° 17653 et suiv.

Il en résulte directement que, si le propriétaire décède avant l'acceptation de l'acheteur, l'objet lui appartient encore et doit être compris dans la déclaration de sa succession Le Mans, 21 avr. 1859, 1246 R. P., 16947 J. E., 11644 C.). — Mais que si l'acceptation est antérieure au décès, le vendeur est dessaisi et ses héritiers n'ont aucun droit à acquitter pour l'objet vendu (Seine 15 mars 1862, 1765 R. P.).

Il a été spécialement décidé que lorsqu'un immeuble a été vendu par le défunt à une communauté religieuse sous la condition que cette communauté sera reconnue, et, pour le cas où la reconnaissance ne serait pas obtenue à un tiers qui a payé le prix comptant, cet immeuble a cessé d'appartenir au vendeur par l'effet du contrat, et il ne fait pas partie de sa succession (Lavaur, 21 déc. 1876, 4970 R. P.).

1. VENTE NON ACCEPTÉE. — Dans le même ordre d'idées, il a été reconnu que, si un immeuble a été vendu à une fabrique qui n'a pas encore été autorisée à acquérir à la date du décès, cet immeuble doit figurer dans la déclaration de succession du vendeur (Rouen 27 mars 1854).

2. RÉTROCESSION. — Les déclarations de rétrocessions

au profit d'établissements publics, consignées dans des actes même non acceptés, dessaisissent le rétrocédant, et s'il meurt avant l'acceptation, les biens ne font pas partie de sa succession (D. m. I. pub., 29 sept. 1877, Jur. du not, nº 15769). — V. 2313.

**16553. Vente du bien d'autrui.** — Lorsque le vendeur du bien d'autrui achète plus tard les mêmes immeubles de leur véritable possesseur, la propriété ne fait sur sa tête qu'une impression fugitive et se trouve dévolue à l'acquéreur primitif. Ces biens ne devraient donc pas être compris dans la déclaration de succession de ce vendeur. — V. *Vente.*

## TITRE VII. — ÉVALUATION DES BIENS DÉCLARÉS

[16554-16770]

### CHAPITRE PREMIER. — DISPOSITIONS GÉNÉRALES

[16554-16557]

**16554. Nature des biens.** — 1. MEUBLES ET IMMEUBLES. — Les biens se divisent en *meubles* ou *immeubles* (516 C. C.). Ils ont tous l'une ou l'autre de ces qualités. Ce n'est toutefois qu'à l'aide d'une disposition particulière qu'on peut ranger certaines espèces de biens dans l'une ou l'autre de ces deux classes.

Ainsi, les biens sont *corporels* ou *incorporels*. Cette distinction dérive de la nature même des choses. Elle est la première dans l'ordre des idées, parce qu'elle embrasse tous les biens quelconques. — Les biens *corporels* sont ceux qui ont une existence matérielle, ceux qui tombent sous nos sens, que nous pouvons voir et toucher, comme un livre, une maison. Voilà les biens qui se divisent naturellement en *meubles* ou en *immeubles*. On appelle *meubles* les objets qui peuvent se transporter d'un lieu à un autre, soit par eux-mêmes, comme les êtres animés, soit par l'effet d'une force étrangère, comme les choses inanimées (528 C. C.); les *biens immeubles*, par opposition, sont les choses qui ne sont pas susceptibles de déplacement, comme des maisons, des fonds de terre. — Les biens *incorporels*, et dont il est parlé dans plusieurs dispositions du Code civil, notamment dans les art. 1607, 1693 et 2075, sont ceux qui n'ont aucune existence physique, que nous ne concevons que par la pensée et qui consistent dans un droit. Tels sont une créance, un droit d'hérédité ou d'usufruit; car, quoique l'argent, qui est l'objet de la créance, les biens de la succession, le fonds sur lequel réside le droit d'usufruit, aient une existence corporelle, néanmoins le droit d'exiger cet argent, de recueillir les biens de l'hérédité, de jouir du fonds, droit que nous considérons seul ici, n'a par lui-même aucune existence physique; il ne peut être connu que par l'entendement.

Aussi, tant que l'hérédité n'est pas acceptée, c'est un droit, une chose incorporelle; dès qu'elle est acceptée, il n'y a plus de droit d'hérédité, mais seulement des biens dont les uns peuvent être corporels et les autres incorporels.

Cependant, cette division des biens en corporels et incorporels n'est pas essentielle pour nous. Ce qu'il importe de savoir reconnaître et de ne jamais confondre, c'est le caractère *mobilier* ou *immobilier* que, suivant leur nature propre ou certaines circonstances qui les environnent, sont appelés à revêtir les biens soit corporels soit incorporels. C'est cette distinction que nous avons mis en relief au mot *Biens*, afin de n'y pas revenir longuement ici.

**16555. Manière d'évaluer les biens.** — La valeur de la propriété, de l'usufruit et de la jouissance des biens transmis par décès est déterminée, pour la liquidation et le payement des droits, savoir :

1. MEUBLES. — Pour les meubles, par l'estimation contenue dans les inventaires ou autres actes et procès-verbaux de vente publique, ou, à défaut, par la déclaration estimative des parties (L. 21 juin 1875, art. 3). — V. 16558 et suiv.

« La valeur, pour les créances et autres actes obligatoires, est déterminée par le prix exprimé dans l'acte et qui en fait l'objet » (art. 14 nº 2 L. 22 frim. an 7).

« L'usufruit s'évalue à la moitié de la valeur entière de l'objet » (art. 14 nº 11).

2. IMMEUBLES. — Pour les immeubles, « par l'évaluation qui sera faite et portée à vingt fois le produit des biens, ou le prix des baux courants, sans distinction des charges (25 fois pour les immeubles ruraux) (L. 21 juin 1875, art. 2). — V. 8443 *bis* pour la distinction des biens ruraux.

« Il ne sera rien dû pour la réunion de l'usufruit à la propriété lorsque le droit d'enregistrement aura été acquitté sur la valeur entière de la propriété » (art. 15 nº 7 L. 22 frim. an 7).

Pour l'usufruit, « par l'évaluation qui en sera portée à dix fois le produit des biens, ou le prix des baux courants, aussi sans distraction des charges. »

« Lorsque l'usufruitier qui aura acquitté le droit d'enregistrement pour son usufruit acquerra la nue-propriété, il payera le droit d'enregistrement sur sa valeur, sans qu'il y ait lieu de joindre celle de l'usufruit » (art. 15 nº 8). — V. 16804.

**16556. Tarif.** — Quant au tarif, sa saine application rendait indispensables, autrefois, des notions exactes sur la distinction des biens en meubles et immeubles; mais depuis la loi de 1850, qui a mis tous les biens sous le même niveau, pour le payement des droits de mutation par décès, la distinction ne conserve d'intérêt sérieux qu'au point de vue du mode d'évaluation.

**16557. Division.** — Dans l'examen que nous avons à faire ici des dispositions ci-dessus, nous suivrons l'ordre des matières qui s'y trouve indiqué.

Nous parlerons en premier lieu des meubles, puis des immeubles, en faisant connaître le mode d'évaluation particulier à ces deux natures de biens. Nous ferons ensuite connaître les règles particulières qui gouvernent l'usufruit et la nue-propriété ; enfin, nous terminerons par l'étude de tout ce qui se rapporte aux charges.

## CHAPITRE II. — DE LA PROPRIÉTÉ

[16558-16662]

### SECTION PREMIÈRE. — DES MEUBLES

[16558-16601]

#### ARTICLE PREMIER. — DISPOSITIONS GÉNÉRALES

[16558-16560]

**16558. Inventaire.** — Aux termes de l'art. 3 de la loi du 23 juin 1875, la valeur de la propriété ou de l'usufruit des biens meubles est déterminée pour la liquidation du droit de mutation par décès, en premier lieu par les inventaires. C'était le principe déjà posé par la loi du 22 frimaire an 7. — *V.* 16933.

1. AUTRES ACTES. — Le même article assimile aux inventaires les autres actes passés dans les deux années du décès, tels que partages, transactions, etc. (2517 I. G., 4111 R. P.).

**16559. Vente publique.** — L'art. 3 de la loi du 23 juin 1875 autorise en second lieu l'Administration à asseoir la perception du droit de mutation sur le produit des ventes publiques de meubles, alors même que les objets vendus auraient été estimés, antérieurement et sans fraude, à une valeur inférieure, dans des inventaires ou autres actes qui leur sont assimilés.

Ainsi a disparu la jurisprudence qui, notamment en matière d'objets d'art, déclarait suffisante la perception liquidée sur le montant de la prisée de l'inventaire, quel que fût l'écart existant entre cette estimation et le produit de la vente publique (n° 16941).

**16560. Déclaration estimative.** — Enfin, à défaut d'inventaire, d'actes ou de vente, c'est la déclaration estimative faite conformément à l'art. 14 § 8 de la loi du 22 frimaire an 7 qui sert de base à la perception (L. 23 juin 1875 art. 3).

Lorsque les parties savent signer, cette déclaration doit être accompagnée d'un état descriptif et estimatif rédigé sur papier timbré et contenant le détail des objets mobiliers (1400 I. G.), cet état est annexé à la déclaration ou enliassé séparément.

**16560 *bis*. Créances et rentes.** — D'après l'art. 3 de la loi du 23 juin 1875, les dispositions précédentes ne sont applicables ni aux créances ni aux rentes, actions, obligations, effets publics et tous autres biens meubles dont la valeur et le mode d'évaluation sont déterminés par des lois spéciales.

#### ARTICLE 2. — MEUBLES PAR NATURE

[16561-16578 *bis*]

**16561. Définition.** — D'après l'art. 528 C. C., « sont meubles par leur nature les corps qui peuvent se transporter d'un lieu à un autre, soit qu'ils se meuvent par eux-mêmes, comme les animaux, soit qu'ils ne puissent changer de place que par l'effet d'une force étrangère, comme les choses inanimées. »

**16562. Observation.** — Aucune difficulté n'est de nature à s'élever pour l'évaluation de cette classe de meubles. Aussi nous nous contenterons de dire ici, avec l'art. 14 n° 8 L. 22 frimaire an 7, que, pour tous les meubles par nature, le droit s'établit d'après la déclaration estimative des parties. Ainsi Paul estime 1,000 francs le cheval qui lui a été légué par son oncle ; c'est sur 1,000 francs que doit être perçu le droit de mutation dû par Paul à raison du cheval dont il a hérité. — *V.* 16606.

Mais si nous pouvons être laconique à l'endroit de la loi fiscale, nous devons donner quelques développements à la disposition de la loi civile qui fait l'objet du précédent numéro. Des doutes peuvent, en effet, assez souvent s'élever sur la question de savoir si tel objet est meuble ou ne l'est pas.

**16563. Bateaux. — Navires. — Bains sur bateaux.** — L'art. 531 C. C. est allé au-devant d'un argument que l'on aurait pu fonder sur l'importance de certains meubles pour les faire considérer comme immeubles. Ainsi, il dispose que « les bateaux, bacs, navires, moulins et bains sur bateaux, et généralement toutes usines non fixées sur des piliers et ne faisant point partie de la maison, sont meubles. » *V.* 11647 *bis* et 16359-8.

**16564. Bateau de blanchisseur.** — Dans l'ancien droit, on avait enseigné que les bateaux des blanchisseurs sur la Seine, à Paris, devaient être considérés comme immeubles, parce que leur usage est perpétuellement destiné à occuper un certain endroit de la rivière (Rousseau *de la Vente* v° *Meubles* n° 12).

Mais l'art. 531, qui déclare meubles les bains sur bateaux, doit nécessairement faire rejeter cette doctrine (C. Paris 4 frim. an 12, S. 4-2-738).

**16565. Bateau-dragueur. — Radeau.** — Dans le même ordre d'idées, il faut ranger dans la classe des objets mobiliers tombant sous l'application de l'art. 14 n° 8 L. 22 frimaire an 7, les bateaux-dragueurs destinés à nettoyer le lit des rivières, et les radeaux, qui ne sont autre chose qu'un moyen de transporter le bois d'un lieu dans un autre.

**16566. Matériaux.** — On a vu, au n° 3085-3, que la destination n'immobilise les choses que quand elles sont mises dans l'état où elles doivent rester. C'est pour cela que, d'après l'art. 532 C. C., les matériaux assemblés pour la construction d'un édifice restent meubles, *malgré leur destination*, jusqu'à ce qu'ils soient employés dans cette construction. Ils tombent donc sous l'application de l'art. 14 n° 8 L. 22 frimaire an 7, quant au mode d'évaluation.

**16567. Maison en partie construite.** — *Quid* si une maison en construction se trouve dans une succession avec les matériaux destinés à achever son édification? Il faut répondre que les matériaux, bien que destinés à faire corps avec l'édifice, ne peuvent être considérés comme en étant dès à présent une partie intégrante. Ils ne sont encore que des matériaux *assemblés* dans les termes de l'art. 532, et il ne perdront la nature mobilière que la loi leur donne, tant qu'ils sont dans cet état, qu'au fur et à mesure de leur adhérence au bâtiment par l'emploi que les ouvriers en feront. — V. *Constructions*.

**16568. Réédification.— Réparation.** — Un propriétaire qui décéderait après avoir démoli sa maison avec l'intention de la reconstruire, laisserait évidemment dans sa succession des matériaux qui n'auraient que la valeur de meubles. — Jugé, en effet, par la cour de Lyon, le 23 décembre 1811 (S. 13-2-307), que l'art. 532 qui déclare meubles les matériaux provenant de la démolition d'un édifice, s'applique au cas où l'édifice n'est démoli que pour en construire un autre à la place.

**16569. Réparation.** — S'il ne s'agissait pas d'une démolition complète, mais d'une simple réparation, les matériaux qui n'auraient été enlevés de place que pour être immédiatement remis en place, conserveraient la nature immobilière qu'ils avaient avant la démolition partielle. Telle serait, par exemple, la charpente qui n'aurait été déplacée que pour donner à la toiture une forme nouvelle. — *V. Constructions*.

**16570. Démolition.** — Quant à la question de savoir quel caractère il faudrait attribuer à la maison destinée à être démolie qui se trouverait dans une succession, deux situations peuvent se présenter qui se rapportent chacune à un ordre d'idées différent, suivant que la maison se trouve dans la succession du propriétaire ou dans celle du nouveau possesseur.

1. PROPRIÉTAIRE. — Le propriétaire peut être sous le coup d'une cause de démolition indépendante de sa volonté, telle, par exemple, que celle qui dériverait d'une expropriation, pour cause d'utilité publique. Dans ce cas, évidemment, ce ne serait pas un immeuble qu'il transmettrait à ses héritiers, ceux-ci ne recueilleraient dans sa succession que l'indemnité à recevoir par suite de l'expropriation (Sol. 23 nov. 1809, 3434 J. E.).

Que si ce n'était qu'un projet de vente amiable que les héritiers eussent trouvé dans la succession, la maison constituerait réellement un immeuble dans leurs mains. Car, ainsi que nous l'avons fait observer, sous le n° 5120, l'immeuble ne peut être mobilisé que par l'effet du contrat de vente passé dans le but d'une démolition immédiate, et ce contrat n'existait pas lorsque s'est ouverte la succession; les héritiers pourront le signer, il est vrai, mais alors ce sera par leur fait et non par celui de leur auteur que la mobilisation aura lieu.

2. NOUVEAU POSSESSEUR. — Si le contrat de vente ayant été signé, l'acquéreur mourait avant d'avoir opéré aucune démolition, nous pensons qu'il faudrait appliquer aux droits de mutation par décès, la théorie que nous avons développée, au mot *Constructions*, en matière de droit de vente.

3. FOUR. — La cour de Lyon a jugé, le 14 janvier 1832 (S. 33-2-190), qu'un four construit par un locataire à la charge de l'enlever lors de l'expiration de son bail, doit être réputé meuble, et par suite peut être l'objet d'une saisie-exécution.

**16571. Constructions.** — On peut voir, sous les nos 5121 et suiv., que lorsqu'une construction présente avec le sol cette adhérence qui caractérise l'incorporation, elle devient immeuble *par nature* comme le sol dont elle fait dorénavant partie. Mais si l'adhérence de la construction avec le sol n'est que factice, les matériaux qui ont servi à l'élever conservent leur nature de meubles.

**16572. Constructions temporaires en bois.** — Ainsi, on a vu au n° 5122 que les barraques élevées sur un champ de foire, les amphithéâtres destinés à recevoir des spectateurs dans une fête publique, ne peuvent jamais être considérés que comme des meubles.

**16573. Constructions moins éphémères.** — La décision devrait encore être la même alors qu'il s'agissait de constructions adhérant au sol, avec une certaine solidité, mais qui ne constitueraient néanmoins qu'un assemblage de matériaux ne devant pas avoir une longue durée, comme le sont, par exemple, ces boutiques de revendeurs que l'on permet quelquefois d'élever, sur la voie publique, aux abords des villes, pour vendre des fruits et autres menus comestibles aux gens de la campagne.

**16574. Moulins à vent ou à eau. — Usines.** — Quant aux moulins à vent ou à eau et autres usines, il résulte des explications données sous le n° 5124, que du moment que le moulin n'est pas fixé sur piliers *ou* qu'il ne fait pas partie du bâtiment, il est meuble, ce qui le fait tomber sous l'application de l'art. 14 n° 8 L. 22 frimaire an 7.

1. DOMAINE PUBLIC. — *Quid* des moulins et usines éta-

blis sur les rivières navigables ou flottables qui appartiennent au domaine public? Le doute peut venir de ce que le domaine public n'est pas susceptible d'une appropriation privée. Cependant l'ancien droit les considérait comme immeubles, et, de nos jours, la concession par suite de laquelle un particulier a été autorisé à établir une usine sur une rivière navigable ou flottable, semble également attribuer le même caractère à cette usine, lorsque d'ailleurs elle réunit les conditions voulues pour l'acquérir (Demolombe t. 9 n° 128). En ce sens, il a été jugé que les pêcheries, salines etc., qui sont établies sur les rivages de la mer, forment, à l'égard des concessionnaires, dans les relations du droit privé, un bien immobilier, quoique les rivages de la mer fassent eux-mêmes partie du domaine public (C. Caen 3, avr. 1824, Dalloz v° *Biens* n° 23).

**16575. Fruits et récoltes.** — « Dès que les grains sont coupés et les fruits détachés, quoique non enlevés, porte l'art. 520 C. C., ils sont meubles ; si une partie seulement de la récolte est coupée, cette partie seule est meuble. »

Mais si la récolte avait été vendue pour être enlevée, elle devrait être considérée comme meuble (*V.* 1647-1), alors même que le propriétaire serait mort avant son enlèvement. — *V.* 16426.

**16575 *bis*. Coupes de bois.** — Les mêmes solutions s'appliquent aux coupes de bois (*V.* 1647). Tous les arbres, qu'ils constituent des taillis ou des futaies, qu'ils soient mis ou non en coupes réglées, qu'ils soient isolés ou réunis, deviennent immeubles au fur et à mesure qu'ils sont abattus (Demolombe t. 9 n° 136).

**16576. Plantes ou fleurs en pots ou en caisses.** — On doit considérer comme meubles les plantes ou arbustes plantés dans des caisses ou dans des pots, lors même que ces plantes ou fleurs seraient placés en terre (Demolombe t. 9 n° 145). — *V.* 16633.

**16577. Pépinière.** — Lorsque les arbres plantés en pépinière appartiennent à un fermier, ils sont considérés comme meubles par la généralité des auteurs. Lorsqu'ils sont plantés par le propriétaire dans son propre sol, il faut distinguer :

S'ils sont encore adhérents au sol qui les a produits, ou s'ils n'ont été déplacés que pour les mettre à même de grandir ils sont immeubles. Mais s'ils ont été séparés du sol qui les a produits et placés momentanément en dépôt dans un autre sol, en attendant qu'on les vende ou qu'on en dispose autrement, ils sont meubles (Duranton t. 4 n° 44, Demolombe t. 9 n° 148).

**16578. Fonds de commerce.** — Dans l'ancien droit, dans certaines provinces, on considérait comme immeuble le fonds de commerce, c'est-à-dire cette universalité qui demeure toujours la même, malgré les renouvellements successifs et indéfinis des objets qui la constituent (Proudhon *du Domaine de propriété* t. 1er n° 201). Mais il n'en est plus ainsi de nos jours, et un fonds de commerce doit incontestablement être considéré comme mobilier. — *V.* 1618.

**16578 *bis*. Renvoi.** — Cette matière comporte beaucoup d'autres développements. On les trouvera au mot *Biens*.

## ARTICLE 3. — MEUBLES PAR LA DÉTERMINATION DE LA LOI

**[16579-16601]**

**16579. Définition.** — Les biens meubles par la détermination de la loi sont les droits qui s'appliquent à *un objet mobilier : actio quæ tendit ad quod mobile est mobilis.* Ce sont les obligations qui ont pour objet des sommes exigibles ou des effets mobiliers ; les actions ou intérêts dans les compagnies de finances, de commerce et d'industrie ; les rentes perpétuelles ou viagères, soit sur l'État, soit sur des particuliers.

**16580. Observation.** — Les biens meubles par la détermination de la loi ne nous demandent aucune observation particulière au point de vue civil; car, sous ce rapport, nous en avons déjà parlé d'une manière complète dans d'autres parties de notre ouvrage (V. *Action, Biens, Obligation, Rente*, etc) ; mais nous avons des détails utiles à donner au point de vue de la loi de l'enregistrement.

**16581. Valeurs cotées à la Bourse.** — C'est par le cours de la Bourse au jour du décès que se détermine le capital servant à la liquidation du droit de mutation pour les rentes sur l'Etat (art. 7 L. 18 mai 1850) et, par identité de motifs, les autres valeurs cotées (Sol. 28 juill. 1873, 30 juin 1876).

Nous avons examiné précédemment (n° 16471) dans quel cas on devait ajouter au capital ainsi obtenu les intérêts échus ou les arrérages de la rente.

**16582. Transmission à titre gratuit entre-vifs et par décès.** — La loi du 18 mai 1850, en soumettant (art. 7) au droit ordinaire les actions des compagnies ou sociétés d'industrie et de finances étrangères dependant d'une succession régie par la loi française, et les transmissions entre-vifs à titre gratuit de ces mêmes valeurs au profit d'un Français, a voulu que le capital servant à la liquidation du droit d'enregistrement soit déterminé par le cours moyen de la Bourse au jour de la transmission. Par identité de raison, cette règle doit être appliquée à toutes les obligations négociables. On conçoit que ce cours doit être pris pour base de la perception, puisque les parties ou l'Administration pourraient toujours s'en prévaloir pour établir la valeur réelle sur laquelle le droit est assis en définitive. C'est d'ailleurs ce qu'a établi, en thèse générale, un jugement de Lyon du 29 août 1843 (13446 J.E., 11902 J.N., 6638 C.), qui a décidé que lorsque les actions d'une société commerciale sont cotées à la Bourse, les droits de mutation par décès doivent être assis, non sur la valeur nominale de ces actions, mais sur leur valeur réelle au cours de la Bourse au moment du décès.

La question a également été résolue en ce sens, par une Dél. 5 nov. 1850 (14210 J. N.), d'après laquelle les obligations créées par les compagnies des chemins de fer doivent, pour le payement des droits de mutation par décès, être déclarées non pour leur valeur nominale, mais suivant le cours de la Bourse au jour du décès.

Cette règle était suivie pour les actions de la Banque de France depuis le 4 octobre 1816 (747 I. G.), et l'usage l'avait appliquée à toutes les actions (6100 J. E.) sans qu'il fût permis de l'écarter lorsque le cours des actions venait à se trouver au-dessous de la valeur de création (Lyon 28 fév. 1832, 2724 C.). — C'est justice, car le droit proportionnel étant un impôt de quotité, c'est sur les valeurs *réelles*, et non sur les valeurs *fictives*, qu'il doit être liquidé et perçu.

1. VERSEMENTS A EFFECTUER. — Cependant, une remarque essentielle est à consigner ici : c'est que toutes les fois qu'une valeur cotée à la Bourse n'est pas libérée, il faut déduire de son capital, déterminé par le cours moyen de la Bourse, le montant des versements non effectués. Dans ce genre d'opération, en effet, la cote de la Bourse n'est jamais que nominale, puisque le vendeur ne reçoit pas le prix représenté par la cote, mais seulement le prix diminué des versements à effectuer, et que l'acquéreur n'a pas dans l'actif social une part correspondant à la valeur nominale de son titre, mais seulement à sa valeur réelle, c'est-à-dire la valeur nominale diminuée du montant des versements à effectuer. (Sol. 20 mars 1872, 27 mai 1874, 14 janv. et 28 oct. 1876).

Supposons qu'une société houillère ait été constituée au capital d'un million, divisé en mille actions de 1,000 francs, payables en cinq payements de 200 francs chacun, à six mois d'intervalle les uns des autres. Si les actions sont cotées à la Bourse alors que deux payements seulement de 200 francs auront été effectués, la cote, en la supposant au pair, sera de 1,000 francs, et cependant le vendeur ne touchera que les 400 francs qu'il aura effectivement versés, et l'acquéreur sera tenu de verser les 600 francs restant au fur et à mesure des échéances. Si donc l'acquéreur meurt avant d'avoir effectué aucun versement, ce ne sera pas une action de 1,000 francs qui sera dans sa succession, mais seulement une valeur de 400 francs, puisque son droit à l'actif social est en proportion des 400 francs versés et non des 1,000 francs qui constituent le capital nominal de l'action. Les 600 francs à verser ne constituent pas une dette de la succession non susceptible d'être déduite, mais bien un accroissement de capital à réaliser par les héritiers.

**16584. Bourses diverses.** — Le tribunal de Lyon a décidé, le 19 juin 1863, que la Bourse dont il faut prendre le cours est celle qui est la plus rapprochée du lieu où la succession s'est ouverte, parce que, d'une part, c'est là que l'héritier aurait dû s'adresser pour réaliser le plus promptement possible les valeurs, et que, d'un autre côté, la loi offre une situation analogue à propos des denrées, qui doivent être évaluées d'après les mercuriales du lieu le plus voisin (17861 J. N., 12539 C., 17720 J. E.).

Cette solution n'est pas suivie en pratique et la cote de la Bourse de Paris est seule prise pour règle. On considère qu'en agissant autrement, on détruirait l'égalité dans la perception de l'impôt, qui ne peut résulter que d'une base unique, et on fait surgir de grandes difficultés pour savoir de quelles Bourses doivent dépendre les communes où il n'en existe pas. On invoque, en outre, une D. m. f. 27 août 1816 portant que la valeur des actions de la Banque de France doit être réglée d'après le cours moyen de la Bourse de Paris, et l'art. 7 Déc. 17 juillet 1857, relatif au droit de transmission sur les sociétés, duquel il résulte qu'à l'égard des valeurs cotées dans les Bourses des départements et de Paris il sera tenu exclusivement compte des cotes de cette dernière. Il faut ajouter que la loi de 1850 n'est que le développement de celle du 18 juillet 1836 (*Exposé des motifs, Moniteur du* 13 *août* 1849). Or, l'article 6 de cette loi porte que le cours moyen sera établi d'après celui de la Bourse de Paris. — (*Conf.* : Vervins, 27 août 1875). Enfin, on repousse toute assimilation avec les denrées, puisque ces valeurs doivent forcément se vendre au marché le plus voisin, à peine d'occasionner des frais de transport et autres qui ne profitent pas au propriétaire.

**16585. Absence de cours.** — Il peut arriver que la date de la transmission corresponde à un jour où il n'y aura pas eu de Bourse : alors il n'y a pas lieu de prendre pour base de la perception la moyenne des cours du jour précédant et du jour suivant la transmission. Il existe une décision du ministre des finances, relative aux actions de la Banque de France, portant que, dans le cas dont il s'agit, c'est le cours du jour précédent qui doit être pris pour base (no 747 I. G.). Cette décision a toujours été généralisée ; c'est elle que l'on a appliquée pour la liquidation des droits dus à raison des successions ouvertes à Paris pendant la Commune, en 1871, alors que la Bourse était fermée.

D'après le même principe, si une valeur n'a pas été cotée à la Bourse le jour du décès, c'est le dernier cours coté qui sert de base à la perception (*Conf.* Vervins 27 août 1875).

**16586. Intérêts des valeurs cotées à la Bourse.** — On a vu, au no 16471, que pour calculer la valeur des rentes sur l'État au jour du décès, il ne faut pas procéder comme en matière ordinaire, c'est-à-dire ajouter au capital les fruits civils produits, jour par jour, depuis la dernière échéance. La raison de ce mode exceptionnel de procéder se trouve dans cette circonstance que le cours du jour comprend toujours les intérêts depuis le dernier trimestre échu. Il faut en dire autant de toutes les valeurs cotées à la Bourse.

**16587. Actions non cotées à la Bourse.** — S'il s'agit de valeurs non cotées à la Bourse, c'est-à-dire n'ayant pas de fixation officielle, on doit admettre comme seule base de perception la déclaration des parties. En effet, d'après l'art. 14 no 8 L. 22 frimaire an 7, la valeur des biens meubles, pour les transmissions qui s'opèrent par décès, est déterminée par la déclaration estimative des parties. Une action dans une société de commerce et d'industrie, bien qu'elle ait une *valeur nominale*, ne constitue pas une *créance* dont le chiffre est certain est déterminé ; c'est une part, un intérêt dans le fonds social ; la valeur de cette part dépend du plus ou moins de succès de l'entreprise. Or, les actions dans les sociétés *existantes* étant meubles dans tous le cas, il s'ensuit que, par application de l'art. 14 no 8 L.

22 frimaire an 7, leur valeur, ou, en d'autres termes, la valeur de la part de l'actionnaire, doit être déterminée, pour la perception des droits de mutation par décès, par la déclaration estimative des parties, sauf à faire l'application de l'art. 39 de la même loi, si l'estimation est reconnue insuffisante. C'est ainsi d'ailleurs que l'a décidé l'Administration par une Sol. 6 septembre 1850 (377 Bull. 2e part.), et c'est dans ce sens que la question avait été jugée par le tribunal de la Seine, 22 mars 1848 (13360 J. N., D. N. t. 12 p. 320 n° 744), en matière de donation entre-vifs.

Au surplus, c'est ce qui s'induit virtuellement de l'art. 7 L. 18 mai 1850. Cet article, en effet, ayant fixé ce mode d'évaluation pour les actions des compagnies ou sociétés d'industrie et de finance étrangères dépendant d'une succession régie par la loi française, on ne voit pas pourquoi il n'en serait pas de même pour les actions dépendant de sociétés françaises.

**16588. Fruits civils.** — On a vu, sous les nos 16421 et suivants, non-seulement comment s'acquièrent, mais encore comment s'évaluent les fruits civils : nous n'y reviendrons pas.

**16589. Créance.** — D'après l'art. 14 n° 2 L. 22 frimaire an 7, le droit est perçu, pour les créances à terme, leurs cessions et transports, et autres actes obligatoires, sur le capital exprimé dans l'acte et qui en fait l'objet. De la circonstance que la loi ne dit pas *quel que soit le prix stipulé*, on avait voulu conclure que ces expressions de l'art. 14 n° 2, *sur le capital exprimé dans l'acte et qui en fait l'objet*, ne devaient pas s'entendre du capital exprimé dans l'acte, mais du prix arrêté. Le ministre des finances a rendu à la loi sa véritable interprétation. Il a décidé, le 8 germinal an 8 (451 J. E.), que les expressions de l'art. 14 n° 2, signifiaient clairement que le droit devait être assis sur le montant de la créance.

Il faut, en matière de mutation par décès, suivre la même règle qu'en matière de mutation à titre onéreux. C'est sur le montant de la créance que le droit doit être assis. — *V.* 16369 et suiv.

**16590. Créance irrécouvrable ou d'un recouvrement douteux.** — S'il s'agit d'une créance irrécouvrable ou d'un recouvrement incertain, les héritiers ne peuvent être admis à déclarer une valeur d'appréciation. Cependant, comme ce serait une rigueur trop grande de faire payer les droits sur ce qui peut ne rien produire, le Gouvernement a tempéré ce qu'aurait d'exclusif l'application littérale de la loi en autorisant les héritiers à renoncer à la créance. — *V.* 16369 et suiv.

**16591. Rente.** — La loi ayant gardé le silence sur la manière d'évaluer les rentes transmises par décès, des difficultés se sont élevées et l'on a prétendu que le seul mode à suivre était celui de la déclaration estimative des parties dont parle l'art. 14 n° 8 L. 22 frimaire an 7 (*V.* Champ. et Rig. n° 3667). Mais la Cour de cassation a depuis longtemps tranché la question. Par un arrêt du 4 mai 1807, elle a déclaré que la loi n'admet la déclaration des parties pour déterminer la valeur des objets soumis aux droits d'enregistrement, que dans le cas où il n'existe pas d'autres moyens de constater cette valeur ; qu'à l'égard des rentes qui dépendent d'une succession, le droit de mutation par décès se règle sur le capital de la rente, formé d'après les règles ordinaires, et non point sur la valeur vénale ou l'estimation de ladite rente, lors même qu'elle aurait été vendue en justice pour un prix inférieur au capital réel (S. 7-2-744).

« Attendu, porte cet arrêt, qu'il résulte des dispositions de l'art. 14 nos 6 et 7 L. 22 frimaire an 7, ainsi que de la combinaison de différents autres articles de la loi, que le législateur n'a voulu se référer à la déclaration estimative des parties qu'autant qu'il n'existerait pas d'ailleurs des bases fixes et certaines qui pussent déterminer la perception des droits, et encore, s'il s'agit d'immeubles et si la déclaration estimative paraît inférieure à la valeur, a-t-il autorisé la voie de l'expertise; qu'à l'égard des rentes, il s'est exprimé d'une manière si positive, qu'il ne peut y avoir aucun doute que c'est toujours le capital constitué et aliéné qui doit servir de base à la perception, et jamais le prix vénal ou d'estimation, sauf le seul cas où il s'agit d'objets dont les prix ne puissent pas être réglés par les mercuriales, et sauf encore les autres moyens indiqués par la loi pour déterminer le capital, s'il n'a été ni exprimé ni fixé. »

**16592. Rente créée avec expression de capital.** — Ainsi, toutes les fois que la rente aura été créée moyennant l'aliénation d'un capital, il faudra établir le droit sur *le capital constitué*, aux termes de l'art. 14 n° 7 L. 22 frimaire an 7. C'est, au surplus, ce qui résulte encore d'un arrêt de Cass. du 28 messidor an 13 (2163 J. E., D. N. t. 12 p. 321 n° 747), portant que le droit de mutation par décès doit être perçu, pour les rentes dépendant d'une succession, sur le capital constitué et non sur l'évaluation qui en est faite par l'héritier; que c'est le n° 7 de l'art. 14 L. 22 frimaire an 7 qui doit servir de base à la liquidation du droit, même dans les transmissions par décès, ou suivant l'occurrence, le n° 9, et non le n° 8, qui n'a trait qu'aux objets mobiliers dont la valeur ne peut être déterminée autrement que par la déclaration de l'héritier.

**16593. Rente créée sans expression de capital.** — Quant aux rentes créées sans expression de capital, le droit doit être assis sur un capital formé de vingt fois la rente perpétuelle, et de dix fois la rente viagère ou la pension. C'est également ce qui résulte de l'arrêt du 28 messidor ci-dessus rappelé.

Jugé, en ce sens, que, pour le legs d'une rente perpétuelle, le droit est dû sur vingt fois la rente, lors même que le testament aurait fixé un capital d'amortissement supérieur (Seine 13 avr. 1842, D. N. t. 12 p. 321 n° 749).

Ou bien que le légataire aurait consenti après le décès à recevoir une somme moindre (Seine 10 févr. 1866, 3279).

**16594. Rente égale à une part d'enfant.** — Un contrat de mariage portait : « Les époux se font donation au survivant d'eux d'une rente annuelle et viagère égale en capital à la part d'hérédité de chacun des enfants du mariage dans la succession de l'époux prédécédé. » — Ces termes indiquent de la manière la plus positive que l'époux survivant aura droit à une rente annuelle et viagère égale en capital à la part d'hérédité de chacun des enfants, qu'il n'y a pas là, donation d'usufruit mais bien constitution d'une rente viagère moyennant *un capital déterminé*, sans indication de la quotité de la rente. C'est sur ce capital que le droit de mutation doit être perçu et il n'y a pas lieu de recourir à la règle posée par l'art. 14 n° 9, puisqu'il ne s'applique qu'au cas où le capital n'est pas exprimé (Loudéac 1er fév. 1867, 18368 J. E.).

**16595. Rente constituée sur une ou plusieurs têtes.** — Aux termes de l'art. 1972 C. C., on peut constituer une rente sur plusieurs têtes, soit pour en attribuer successivement la jouissance aux personnes sur l'existence desquelles cette rente repose, soit pour en assurer les avantages à soi-même et à ses héritiers jusqu'à l'extinction de toutes les têtes auxquelles elle a été attachée. Une pareille constitution ne modifie en rien la liquidation du droit. L'art. 14 n° 9 L. 22 frimaire an 7 est formel à cet égard. « Il ne sera fait aucune distinction, porte cet article, entre les rentes viagères ou pensions créées sur une seule tête et celles créées sur plusieurs têtes, quant à l'évaluation. »

Mais cette règle est spéciale à l'évaluation du capital imposable servant à la liquidation du droit exigible lors des transmissions de la rente. Elle n'implique pas que si une rente est léguée successivement à plusieurs personnes, les mutations successives sont dispensées du droit. On rentre alors sous l'application du principe que nous avons indiqué au sujet des usufruits successifs nos 16081 et 16131, et chaque transmission est distinctement sujette à l'impôt sur la valeur totale de la rente. C'est un point que nous avons plus particulièrement développé aux art. 2380 et 2673 R. P.). L'exigibilité du droit a été consacrée dans un cas semblable par des jugements de Saint-Amand du 17 mai 1866 (n° 2380 R. P.), de Rennes du 4 août 1868 (2878 R. P.), de Colmar du 9 juin 1870 (3251 R. P.) ; — *Conf.* : Sol. 6 avr. 1872, 4 mai 1875 et 1er sept. 1876.

En matière civile, il a été également décidé que si la durée de la rente est calculée sur la vie du crédi-rentier et de tiers désignés, cette rente que n'a pas éteinte le décès du crédirentier, est recueillie par les héritiers de ce dernier comme une dépendance de sa succession et en leur qualité d'héritiers, même quand c'est sur la vie de ces héritiers que la durée en a été fixée (Cass. 29 mai 1865, D. 65-1-364). — V. *Don éventuel*, *Réversibilité*.

**16596. Rente en nature.** — A l'égard des rentes en nature, l'art. 14 n° 9 L. 22 frimaire était ainsi conçu :

« Les rentes et pensions stipulées payables en nature sont évaluées aux mêmes capitaux, estimation préalablement faite des objets pendant les dernières mercuriales. Il sera rapporté, à l'appui de l'acte, un extrait certifié des mercuriales. S'il est question d'objets dont les prix ne puissent être réglés par les mercuriales, les parties en feront une déclaration estimative. »

Mais, aux termes de la loi du 15 mai 1818, le droit est actuellement dû sur une année commune de la valeur des grains et autres denrées, selon les mercuriales du marché le plus voisin.

V. *Mercuriales.*

Il a été décidé que dans le cas où, pour l'évaluation des rentes en nature, les mercuriales n'existent pas dans un marché, et dans l'hypothèse où il existerait des lacunes, il faut y suppléer par des appréciations que l'autorité locale constatera, soit sur les rapports de marchands de chaque espèce de denrées, soit d'après tous autres renseignements qu'on pourra se procurer, et qui seront approuvés par le préfet du département (Dél. 31 mai 1820, 6784 J. E.).

Il a été encore jugé que le droit sur une cession de rente en nature doit être liquidé d'après les mercuriales du marché le plus voisin, sans qu'il y ait lieu de faire, sur le montant de cette rente, la déduction d'un cinquième pour contributions (Strasbourg 22 juin 1835, 12246 J. E.). — Il doit en être de même en matière de mutation par décès.

**16597. Rente temporaire.** — Une Sol. 16 avril 1823 (7420 J. E., D. N. t. 12 p. 321 n° 750) porte que le legs d'une rente ou pension pendant un nombre d'années déterminé ne doit être capitalisé qu'au denier 10, ou par le nombre des années, s'il est inférieur à 10.

Nous croyons qu'une rente temporaire n'a de la rente que le nom, et que, dans la réalité, elle constitue une obligation. C'est sur cette donnée que, dans notre pensée, doit être liquidé le droit de mutation par décès.

1. CAPITAL REMBOURSABLE. — Paul a constitué sur ma tête une pension de 1,500 francs pendant quinze ans, moyennant l'abandon que je lui ai fait d'un capital de 30,000 francs, qui me sera remboursé à l'expiration des quinze années assignées au service de la rente. Si je meurs avant l'expiration des quinze années, ce ne sera évidemment pas sur un capital au denier 10 de la rente de 1,500 francs, c'est-à-dire sur 15,000 francs, que devra être liquidé le droit de mutation par décès, mais bien sur la somme de 30,000 francs ; car ce n'est pas une rente de 1,500 francs, mais bien réellement une créance à terme de 30,000 francs que je laisse dans ma succession.

2. CAPITAL NON REMBOURSABLE. — Je vous ai remis, à fonds perdu, un capital de 10,000 francs et vous vous êtes engagé à me servir une rente de 1,000 francs pendant quinze années; si je meurs la dixième année, ce n'est pas sur le capital au denier 10 de la rente de 1,000 francs que mes héritiers devront le droit de mutation par décès, car ce n'est pas une rente que j'ai créée, mais une obligation destinée à être éteinte au bout d'une période déterminée, au moyen du payement régulier de l'intérêt, augmenté de la somme voulue pour l'amortissement de ce même capital. Le droit devra être payé sur la somme de 4,340 francs, chiffre qui, dans ma succession, représente la pension annuelle de 1,000 francs, en défalquant les intérêts dont ce capital est productif.

Mais si, au lieu d'être de 1,000 francs, la rente n'avait été constituée que pour une somme de 500 francs, aucun droit ne serait exigible si je venais à mourir la dixième année. Car la prétendue constitution de rente n'aurait été autre chose qu'une donation qu'il eût fallu frapper du droit applicable à cette sorte de convention, et ce droit, qui se trouverait prescrit maintenant, ne pourrait être remplacé par un droit de mutation par décès.

Le capital de 10,000 francs, en effet, par moi donné est définitivement sorti de mon patrimoine au moment de la donation.

**16598. Société.** — Si l'intérêt dans une société n'est pas représenté par des actions émises dans le commerce, les héritiers doivent faire la déclaration détaillée et estimative de tous les biens de la société (528 I. G.).

On ne peut pas admettre les héritiers à faire une déclaration provisoire, sauf à la compléter dans les six mois de la liquidation à intervenir; les décisions sur les biens rentrés dans l'hérédité ne sauraient recevoir ici leur application. En effet, lorsque le défunt a des droits dans une société, il n'existe aucun doute sur la copropriété de ces biens; la vente qui peut en être faite peut donner des résultats plus ou moins avantageux, mais il en est de même dans toute hérédité, surtout si le défunt exerçait un commerce considérable. Les héritiers étaient donc tenus, dans les six mois du décès, de déclarer l'intégralité des droits indivis qui appartenaient à leur auteur, ainsi que le décide d'ailleurs l'I. G. 528, et c'est à partir de leur déclaration que la prescription de cinq ans a couru à leur profit, à moins toutefois que depuis le décès, des biens aient fait retour à la société et par conséquent, dans une certaine mesure, à l'hérédité (17969 J.E.).

**16599. Clientèle.**— Jugé par le tribunal de la Seine, le 7 mai 1840 (12540 J.E., 10755 J.N.), que si la clientèle d'une maison de banque a été évaluée dans l'acte de liquidation de la succession, elle doit être comprise pour cette valeur dans la déclaration, bien que dans un acte postérieur elle ait été, par des considérations particulières, portée à une valeur moindre.

**16600. Redevance. — Mines.** — De l'ensemble de ce que nous avons dit sous les nos 11331 et suiv., il résulte que la redevance à payer par les concessionnaires des mines est de deux natures — Lorsqu'elle se trouve dans la succession du propriétaire de la surface, elle constitue un droit immobilier; tandis qu'elle ne doit être considérée que comme mobilière lorsque, par suite de cession, elle est devenue la propriété d'un tiers.

Mais, du moment que le tarif est le même pour les meubles que pour les immeubles, cette distinction est sans influence sur l'application des droits, car, ainsi que nous l'avons fait remarquer au n° 16556, la distinction des biens en meubles et immeubles ne conserve plus d'intérêt aujourd'hui, en matière de succession, qu'au point de vue du mode d'évaluation.

Or, l'évalution à faire de la redevance est la même soit qu'on la considère comme meuble, soit qu'elle doive être regardée comme immeuble. Dans l'un et l'autre cas, elle doit être évaluée, comme les rentes perpétuelles, à un capital formé de vingt fois l'annuité.

**16601. Offices.** — La transmission des offices par décès étant assujettie à des règles de perception tout à fait spéciales, nous avons dû en traiter sous le mot *Office*, où se trouvent présentées les diverses applications auxquelles peut donner lieu la loi du 25 juin 1841.

## SECTION 2. — DES IMMEUBLES

[16602-16662]

**16602. Observation.** — Avant de passer au mode à suivre dans l'évaluation à donner aux immeubles qui font l'objet d'une succession, l'importance du sujet dont nous avons à traiter ici nous oblige à jeter un rapide coup d'œil sur les qualités qui sont nécessaires pour constituer un immeuble.

### ARTICLE PREMIER. — IMMEUBLES PAR NATURE

[16603]

**16603. Renvoi.** — Nous avons dit au n° 3089 ce qu'il faut entendre par immeubles par nature. Le lecteur peut y recourir.

1. CONSTRUCTIONS. — Le seul point que nous croyons important de rappeler ici sur cette matière, c'est que de l'ensemble de ce que nous avons dit (V. *Constructions*), il résulte que lorsqu'un bâtiment se trouve une fois construit, avec les conditions d'adhérence nécessaires pour que son assimilation au sol soit complète, il est immeuble d'une manière absolue, c'est-à-dire indépendamment de la qualité du constructeur. Peu importe alors que le propriétaire ait construit sur son terrain avec ses propres matériaux ou avec les matériaux d'autrui, ou que ce soit un tiers qui ait construit sur le terrain d'un autre avec ses matériaux ou même avec des matériaux qui n'étaient pas sa propriété. Du moment que le bâtiment adhère au sol, il devient immeuble *par sa nature*, d'après l'expression énergique du Code civil, c'est-à-dire que le sol et lui ne font plus qu'un tout immobilier.

### ARTICLE 2. — IMMEUBLES PAR DESTINATION

[16604-16639 *bis*]

**16604. Principe. — Renvoi.** — Pour ce qui concerne les principes qui régissent l'espèce d'immeuble appelée *immeuble par destination*, nous renvoyons au n° 3090.

**16605. Les immeubles par destination sont compris dans le revenu des biens.** — Les immeubles par destination ne sont pas susceptibles d'être déclarés pour un revenu particulier. Leur annexion même à l'immeuble auquel ils se trouvent affectés et dont ils prennent la nature par l'énergie du droit d'accession démontre qu'ils reçoivent leur destination pour augmenter le revenu de l'immeuble et non pour produire un revenu spécial.

La question de savoir si une chose annexée à un immeuble s'y trouve attachée en qualité d'immeuble par destination ou de simple objet mobilier tire donc son intérêt de cette circonstance que dans le premier cas, l'objet ne peut donner lieu à aucune évaluation particulière, tandis que dans la seconde hypothèse, il doit être déclaré et évalué en dehors de l'immeuble auquel il se trouve joint.

Ainsi, les chevaux de labour, les charrues et les herses, que j'avais affectés à l'usage de mon domaine, n'ayant d'autre destination que de permettre de déposer dans la terre les engrais qui doivent la fertiliser et les grains d'où naîtront les moissons qui constituent le revenu de ma propriété, il est certain que, lorsque mes héritiers auront déclaré le revenu que produit le domaine que je leur ai laissé, ils auront, par cela même, déclaré le revenu des chevaux de labour, des charrues et des herses. Mais si à côté de mes chevaux de labour, je nourrissais des chevaux pour me promener, si à côté de mes charrues et de mes herses, se trouvait un élégant coupé; ces chevaux et cette voiture n'étant d'aucune utilité pour le domaine en lui-même, conserveront leur valeur propre à côté de lui, c'est-à-dire la valeur que leur donnait le confort que je voulais me procurer. Dès lors donc ils devront, comme valeurs mobilières distinctes de mon domaine, recevoir une évaluation particulière.

En ce sens il a été décidé, en matière soit de donation entre-vifs, soit de mutation par décès d'un domaine non affermé sur lequel le propriétaire a placé des bestiaux ou d'autres immeubles par destination, qu'on ne doit pas les estimer séparément parce qu'ils font corps avec le domaine (Cass. 20 juill. 1812, 4284 J. E., *P. chr.* 111; — D. m. f. 4 mai 1813, 4691 J. E.; — Dél. 12 août 1828, 1641 C., D. N. t 12 p. 295 n° 571).

1. MANUFACTURE. — Nous verrons, au n° 16620 *infrà*, le tribunal de Reims décider que les mécaniques, machines et ustensiles placés pour l'exploitation d'une filature sont immeubles par destination, et doivent supporter le même droit de mutation par décès que les immeubles réels dont ils font partie. Mais cela ne veut pas dire qu'ils doivent être estimés en dehors de l'immeuble dont ils font partie. Il est évident en effet que si j'assigne à la filature que j'ai recueillie dans la succession de mon père un revenu de 10,000 francs, je ne pourrai être obligé de donner une évaluation spéciale aux mécaniques, machines et ustensiles placés dans cette filature, car si l'on suppose que ces engins sont enlevés il ne restera de ma filature que des constructions consistant en des murailles toutes nues, la plupart du temps insusceptibles de produire un revenu quelconque par elles-mêmes.

**16606. Bestiaux.** — 1. LES ANIMAUX EXISTANT SUR LE FONDS PEUVENT ÊTRE MEUBLES. — En matière de succession ou de legs, des chevaux servant à la culture et des ustensiles aratoires ne sont pas réputés immeubles par destination par cela seul que le propriétaire du fonds en a laissé la possession au fermier, si d'ailleurs ils n'ont pas été compris expressément dans le bail à ferme. Par suite, le légataire des biens meubles peut les réclamer comme faisant partie de son legs (Bruxelles 8 août 1811, S. 12-2-273). De même encore, en matière de succession ou de legs, les animaux servant à la culture et les ustensiles aratoires ne sont pas nécessairement réputés immeubles par destination et ils peuvent être réclamés par l'héritier légataire du mobilier, alors surtout que le testateur a manifesté son intention à cet égard, en exceptant formellement de ce legs du mobilier un des animaux attachés à la culture pour en faire l'objet d'un legs particulier (Liége 10 mars 1813, S. *Collect. nouv.* 4-2-270).

2. ILS SONT IMMEUBLES LORSQU'ILS SONT ATTACHÉS A LA CULTURE. — Pour que des animaux soient réputés immeubles par destination, et par conséquent insaisissables, il ne suffit pas qu'ils soient placés sur un fonds, qu'ils soient propres à la culture et que le propriétaire déclare qu'ils y sont attachés ; il faut qu'ils soient rigoureusement nécessaires à l'exploitation du fonds (Limoges 15 juin 1820, S. 21-2-16, Proudhon t. 1er n° 145, Hennequin *Traité de législ.* t. 1er p. 22).

3. CHEPTEL. — Jugé cependant que tous les bestiaux d'un domaine, même ceux donnés à cheptel, et sans autre destination que celle de la consommation des fourrages, sont réputés immeubles par destination. On ne doit pas restreindre cette qualification aux seuls bestiaux employés à l'agriculture (Riom 28 avr. 1827, S. 29-2-79; — Bourges 24 fév. 1837, S. 38-2-108).

**16607. Animaux de luxe ou de commerce.** — Il ne faut pas considérer comme immeubles par destination les chevaux de luxe pour selle ou carosse que le propriétaire pourrait avoir sur son fonds, ni les chevaux ou autres animaux qui feraient l'objet d'un commerce et que le maître aurait dans ses écuries ou dans ses étables, non pas pour exploiter le fonds, mais seulement pour les vendre (Demolombe t. 9 n° 240).

**16608. Produit et croît.** — Le produit et le croît des animaux, lorsqu'ils sont destinés à être vendus, étant des fruits (583 C. C.), ne doivent pas être considérés comme immeubles par destination (Demolombe t. 9 n° 241).

De même, les animaux destinés à la vente annuelle après engraissement conservent le caractère de meubles (Seine 17 fév. 1864, 1988 R. P.).

**16609. Produit des bestiaux formant le revenu principal.** — Les animaux attachés à un fonds sont réputés immeubles par destination alors même qu'ils ne servent pas à l'exploitation de ce fonds, *si*, par la nature de leur produit, ils forment le revenu principal, tandis que le fonds n'est qu'un accessoire qui leur est destiné (Proudhon *Dom. privé* t. 1er n° 117, Hennequin *ubi supra* t. 1er p. 23).

1. ANIMAUX MIS EN PATURE. — Les bœufs mis en pâture pour le service des boucheries ne sont cependant pas immobilisés, quand même ils absorberaient le produit du fonds sur

lequel on les fait paître (Proudhon *Ibid.* t. 1er n° 119). Également, lorsque les animaux attachés à un fonds sont envoyés au pâturage sur les communaux, il n'y a d'immobilisés que ceux qui sont les agents nécessaires de la culture, et non pas ceux qui sont un moyen de produit (Proudhon t. 1er n° 120, Demolombe t. 9 n° 243).

**16610. Volailles.** — On ne range pas au nombre des animaux immeubles par destination les volailles, ou plus généralement les animaux de basse-cour (Troplong *de la Vente* n° 323, Coin-Delisle *Rev. de jurisp.* t. 12 p. 395, Demolombe t. 9 n° 244).

**16611. Semences.** — Les semences données au fermier ou au colon partiaire sont immeubles par destination, alors même qu'elles n'ont pas été jetées en terre (Duranton t. 4 n° 57, Marcadé sur les art. 524 et 525 n° 4, Demolombe t. 9 n° 248. — *Contrà* Pothier *Traité de la comm.* n° 33). Et la disposition de l'art. 524 C. C., portant que « les semences données aux fermiers ou colons partiaires sont immeubles par destination » n'est point limitative; elle s'applique pareillement aux grains destinés à l'ensemencement qui se trouvent dans un domaine exploité par le propriétaire lui-même; en conséquence, ces grains sont compris dans le don ou legs du domaine (Lyon 29 juill. 1848, S. 49-2-366, Duranton t. 4 n° 58, Marcadé sur l'art. 524 n° 3, Demolombe t. 9 n° 248).

**16612. Pailles et engrais. — Foin et avoine.** — Les pailles et engrais sont meubles lorsqu'ils doivent être vendus; ils sont, au contraire, immeubles par destination s'ils doivent être employés à l'exploitation du fonds (C. Nancy 30 déc. 1871, S. 72-2-108), et c'est d'après l'usage du propriétaire et les besoins de l'exploitation que cette distinction doit être faite. — Les mêmes raisons de décider s'appliquent au foin et même à l'avoine nécessaires à la nourriture des bestiaux attachés au fonds d'exploitation (Demolombe t. 9 nos 249, 250).

1. MAISON DE VILLE. — Mais ces règles ne sont applicables que lorsqu'il s'agit de domaines d'exploitation rurale, et non pas dans les maisons de ville, où il est clair que les pailles et fourrages ne cessent pas d'être meubles.

**16613. Oignons et échalas.** — Toujours d'après le même ordre d'idées, il faut décider que les oignons des fleurs et des légumes que l'on arrache toutes les années, afin de les préserver de la saison rigoureuse, et les échalas que l'on met à l'abri de l'humidité, sont immeubles par destination, lorsqu'une fois ils ont été mis en communication avec la terre et qu'ils sont destinés à y revenir pour l'usage de la culture (C. Paris 9 avr. 1821, D. 21-2-82, Duranton t. 4 n° 69, Demolombe t. 9 n° 251).

**16614. Pressoirs. — Chaudières. — Alambics. — Cuves et tonnes.** — Les pressoirs, chaudières, alambics, cuves et tonnes, qui, dans les exploitations rurales, servent à faire le vin, le cidre, etc. sont immeubles par destination.

1. BARRIQUES. — FUTAILLES. — Mais il ne faut pas ranger dans cette catégorie les barriques ou futailles destinées à transporter le vin ou le cidre et à être vendues avec lui. Ce sont là des instruments d'exploitation, il est vrai, mais qui ne restent pas attachés au fonds (Demolombe t. 9 n° 251).

**16615. Brasserie.** — Les tonnes ou rondelles, dans les brasseries, sont immeubles par destination (C. Douai 3 janv. 1815, S. 16-2-46; — Cass. 4 fév. 1817, S. 17-1-359).

1. TONNE DE TRANSPORT. — Mais il a été jugé que les tonnes ou rondelles destinées, dans les brasseries, à transporter de la bière chez les consommateurs, ne sont pas immeubles par destination (C. Bruxelles 27 avr. 1809, S. *Coll. nouv.* 7-2-1052).

2. CHEVAL DE BRASSERIE. — De même le cheval et la charrette d'un brasseur de bière ne sont point immeubles par destination; ainsi, l'art. 592 C. C. ne s'oppose pas à ce qu'ils soient saisis-exécutés (C. Bruxelles 21 juin 1807, S. 7-2-1052, *sic* Duranton t. 4 n° 56; — C. Metz 2 juin 1866, S. 66-2-275, 18330 J. E.).

**16616. Teinturerie.** — Les cuves, chaudières et ustensiles d'un teinturier sont immeubles par destination. En conséquence, les créanciers ayant hypothèque sur la maison du teinturier où se trouve son établissement doivent être colloqués sur le prix des cuves et ustensiles, par préférence aux créanciers chirographaires (C. Grenoble 26 fév. 1808, S. 7-2-1010).

**16617. Établissement thermal.** — Les objets destinés au logement et à la nourriture des personnes qui viennent à un établissement d'eaux thermales ne sont pas immeubles par destination (C. Cass. 18 nov. 1845, S. 46-1-78, Demolombe t. 9 nos 264, 273).

Il en est autrement des objets servant à l'exploitation directe de la source et de la distribution des eaux (même arrêt). Ainsi sont immeubles par destination les tuyaux, chaudières, baignoires, robinets et autres objets mobiliers attachés au service d'un établissement de bains (C. Rennes 19 mars 1821, S. *Coll. nouv.* 6-2-384, Demolombe *loc. cit.* n° 267).

**16618. Chemin de fer.** — Sont meubles et non pas immeubles par destination les machines et le matériel employés à l'exploitation d'un chemin de fer (Massé *Droit comm.* t. 3 n° 426).

**16619. Ustensiles d'usine scellés.** — Les ustensiles d'une manufacture scellés à fer et à plâtre sont réputés immeubles et peuvent, dès lors, être vendus, sur expropriation forcée, en même temps que les bâtiments (C. Paris 1er flor. an 10, S. 2-2-310).

Jugé, en ce sens, que l'adjudicataire d'une usine, poursuivi par voie de folle enchère, n'est pas fondé à demander la distraction des machines qu'il y a placées et qui sont devenues immeubles par destination, alors que ces machines ont été placées dans l'immeuble en remplacement de celles qui s'y trouvaient lors de l'adjudication, et cela encore bien que ces machines aient eu pour objet l'exploitation d'une industrie autre que celle à laquelle l'immeuble était précédemment affecté (Cass. 18 nov. 1844, S. 46-1-567, 45-1-55).

**16620. Ustensiles d'usine nécessaires à l'exploitation.** — Les meubles et ustensiles attachés à l'exploitation d'une manufacture que la loi répute immeubles par destination ne sont autres que ceux qui sont nécessaires à l'exploitation de cette manufacture (Cass. 27 mars 1821, S. 21-1-327. — *V.* 3090-1).

En ce sens, il a été jugé par le tribunal de Reims, le 16 décembre 1829 (9543 J. E.), que les mécaniques, machines et ustensiles placés pour l'exploitation d'une filature, sont immeubles par destination et doivent supporter le même droit de mutation par décès que les immeubles réels dont ils font partie. — *V.* 16605-1.

1. MÉTIER A TISSER. — Ainsi, on peut réputer immeubles par destination des métiers à tisser placés par le propriétaire dans une filature ; du moins en est-il ainsi quand il s'agit de savoir si ces métiers à tisser sont passibles d'une saisie-exécution (même arrêt que ci-dessus). — Il en est de même des métiers à filer le coton mus par une roue que l'eau d'un ruisseau fait tourner (C. Lyon 8 déc. 1826, S. 27-2-205, Demolombe t. 9 n° 261, 262, 263).

**16621. Objets distraits du fonds.** — Les objets mobiliers placés sur un fonds pour le service et l'exploitation de ce fonds n'ont le caractère d'immeubles par destination qu'aussi longtemps qu'ils restent attachés au fonds ; ils perdent ce caractère et recouvrent la qualité de meubles dès l'instant qu'ils en sont distraits (524 C. C.).

En conséquence, et à partir de ce moment, on ne peut exercer à l'égard de ces objets un droit de suite en vertu d'une hypothèque (art. 2118).

Ces mêmes objets ne peuvent non plus, au cas où ils ont été vendus à un tiers, et après un laps de trois ans depuis la vente, être revendiqués entre les mains de ce tiers par celui qui s'en prétendrait propriétaire (2270 C. C.; — Cass. 3 août 1831, S. 31-1-388).

**16622. Meubles placés par le mari sur le fonds de la femme.** — Les objets mobiliers appartenant au mari placés par lui, pendant le mariage, sur un fonds propre à son épouse et pour l'exploitation de ce fonds, deviennent par là immeubles par destination, comme s'ils avaient été placés sur un fonds propre au mari lui-même (Cass. 3 août 1831, S. 31-1-388, Demolombe t. 9 n° 206).

**16623. Forge de serrurier. — Presse d'imprimeur.** — Sur la question de savoir si les forges d'un serrurier, si les presses d'un imprimeur sont immeubles par destination, il faut, d'après Demolombe (t. 9 n° 265), distinguer : si la forge ou la presse ne sont point placées dans un bâtiment *ad hoc*, pour l'exploitation même de la serrurerie ou de l'imprimerie, elles sont meubles. Dans le cas contraire, elles sont immeubles par destination.

**16624. Décors d'un théâtre.** — Une D. m. f. 4 mars 1806 porte que les machines et décors d'un théâtre ne doivent être considérés que comme meubles. Cependant, par application du principe ci dessus, à savoir que la salle se trouve construite *ad hoc* pour l'exploitation des pièces de théâtre, la généralité des auteurs enseigne que les machines et les décorations d'un théâtre sont immeubles par destination (Duranton t. 4 n° 66, Marcadé sur l'art. 524 n° 4, Taulier t. 2 p. 152). Cette seconde opinion a été adoptée par une sol. du 25 mars 1878.

**16625. Pigeons. — Poissons. — Lapins.** — Les pigeons dans les colombiers, les lapins dans les garennes, les poissons dans les étangs sont immeubles par destination.

Au contraire, les poissons qui se trouvent dans un vivier ou dans un réservoir, ou même dans un étang dont la bonde est levée et qui est mis à sec; les lapins placés dans un clapier ou dans un grenier, et les pigeons renfermés dans une volière sont meubles (Pothier *de la Communauté* n° 41). C'est ce qui résulte de l'art. 524, qui n'immobilise que les poissons *des étangs*, les lapins *des garennes*, les pigeons *des colombiers*.

La raison de cette distinction, c'est que lorsque ces animaux sont en liberté, le propriétaire n'a, à vrai dire, qu'un colombier, qu'un étang, qu'une garenne, dans lesquels vivent en liberté des animaux qui s'incorporent à l'immeuble par droit d'accession. Lorsque, au contraire, ces animaux se trouvent renfermés à la disposition du propriétaire, ils se trouvent directement possédés par lui. Ils ne s'appartiennent plus, et dès lors, il n'y a plus d'accession avec le fonds qui les contient.

**16626. Abeilles.** — Les abeilles se nourrissant sur le fonds, et le miel qui en provient étant un fruit, et le propriétaire les ayant placées sur le fonds pour le service et l'exploitation du fonds, elles sont immeubles par destination (524 C. C.).

**16627. Vers à soie.** — Les vers à soie, bien qu'étant l'accessoire, ou plutôt le moyen d'un genre d'exploitation fort important du fonds lui-même, ne sont cependant pas immeubles par destination (Demolombe t. 9 n° 278). — La raison en est, c'est du moins une de celles qui furent données au conseil d'État, que les vers à soie, qu'un orage peut détruire, qui subsistent une année sans qu'il en reste aucun vestige l'année suivante, sont, sous ce rapport, une espèce de biens trop fragile et trop passagère pour qu'il soit permis de leur imprimer le caractère immobilier, qui suppose au contraire la durée et la permanence.

**16628. Enseigne et panonceaux.** — L'enseigne placée par un commerçant au-dessus de son magasin, ou les panonceaux attachés par un officier ministériel à sa porte, sont toujours meubles, lors même que le commerçant ou l'officier ministériel seraient propriétaires de la maison (Demolombe t. 9 n° 283). Il n'y a pas là en effet le placement à perpétuelle demeure et la destination, par lesquels se manifeste l'intention du propriétaire d'en faire un accessoire permanent de l'immeuble.

**16629. Volets mobiles des magasins.** — Sont, au contraire, immeubles par destination les volets mobiles d'une boutique, d'un magasin, car ils font partie intégrante de la boutique et du magasin, comme les fenêtres, les volets et les portes de la maison en sont la condition nécessaire et même indispensable. Ces volets mobiles ont été faits *ad hoc* pour le magasin, et on ne pourrait les transporter ailleurs sans un nouveau travail de main-d'œuvre. Il ne resterait d'eux que la matière dont ils se trouvent composés (même auteur n° 294).

**16630. Glaces.** — L'art. 525 C. C. veut que les glaces d'un appartement ne soient réputées immeubles par destination que lorsque le parquet sur lequel elles sont attachées *fait corps avec la boiserie*. C'est en se fondant sur ce texte de la loi que deux arrêts, l'un de la cour de Paris du 20 février 1833 (D. 34-2-113), l'autre de la cour de Caen, du 7 juillet 1825 (Demolombe t. 9 n° 182) ont décidé que tout autre signe est insuffisant pour faire perdre aux glaces leur nature mobilière.

Cependant, dès le 14 juin 1821, la cour de Bruxelles, par un arrêt cité par Dalloz (*Recueil alph.* t. 2-473), professait la doctrine que le § 2 de l'art. 525 C. C. n'est qu'énonciatif, et non limitatif des signes de destination immobilière, et que les glaces fixées *à fer* ou *à clou* peuvent être considérées comme à perpétuelle demeure et par suite appartenir par destination à l'immeuble, quand même le parquet serait distinct de la boiserie.

Depuis lors, sauf les deux arrêts que nous avons indiqués, la jurisprudence a marché dans cette voie. Ainsi, la cour de Paris, abandonnant sa première doctrine, a confirmé purement et simplement, le 10 avril 1834 (S. 34-2-223), un jugement du tribunal de la Seine, du 28 août 1832, qui avait reconnu que le Code n'ayant fait qu'indiquer une présomption *tirée d'un usage en vigueur* lors de sa publication, la même présomption peut également résulter du placement des parquets suivant de nouvelles méthodes.

Puis, par un second arrêt du 19 juin 1843 (S. 43-2-319), la même cour a reconnu « qu'en plaçant les glaces pour faciliter la location des appartements, le propriétaire a nécessairement l'intention de les y attacher à perpétuelle demeure, *quelle que soit* d'ailleurs *la manière dont elles peuvent être fixées* dans ledit immeuble. »

La cour de Bourges, le 23 avril 1849 (S. 50-1-524) ; la même cour de Paris, les 4 août 1852 et 11 mars 1853 (P. à leurs dates), et enfin la Cour de cassation, les 8 mai 1850 et 11 mai 1853 (*V.* 2166-2), ont successivement consacré cette doctrine.

La question s'est présentée en matière d'enregistrement pour la perception du droit de vente et voici en quels termes la Cour suprême l'a résolue par un arrêt du 17 janvier 1859 : (S. 59-1-519, 2174-11 I. G., 1138 R. P.).

« Attendu que les effets mobiliers ne peuvent affecter, contrairement à leur nature, un caractère immobilier que dans les conditions prévues et déterminées par la loi ; qu'aux termes des art. 524 et 525 C. C., les effets mobiliers qui deviennent immeubles par destination se divisent en deux classes, savoir : 1° la catégorie des objets que le propriétaire d'un fonds y a placés pour le service et l'exploitation du fonds ; — 2° la catégorie des effets mobiliers que le propriétaire a attachés au fond à perpétuelle demeure, que la disposition de l'art. 524 § dernier, qui, relative à cette dernière catégorie, répute immeubles par destination les effets mobiliers attachés au fonds à perpétuelle demeure, est expliquée et complétée, soit d'une manière générale par le § 1er de l'art. 525, pour les objets scellés en plâtre ou à chaux ou à ciment, ou ne pouvant être détachés sans être fracturés ou détériorés, ou sans briser ou détériorer la partie du fonds à laquelle ils sont attachés ; soit spécialement pour les glaces d'un appartement par le deuxième paragraphe du même article, lequel les considère comme mises à perpétuelle demeure, lorsque le parquet sur lequel elles sont attachées fait corps avec la boiserie ; que ce mode d'incorporation implique la présomption légale d'une destination qui suffit pour imprimer aux glaces d'un appartement un caractère immobilier ; qu'à la vérité la règle n'est pas rigoureusement limitative dans l'indication du mode qu'elle énonce ; que si elle mentionne le signe qui, d'après les usages et le système de décoration pratiqués à l'époque de la promulgation du Code, manifestait habituellement de la part d'un propriétaire la volonté d'attacher d'une manière permanente les glaces à la décoration d'un appartement et d'en faire un accessoire de l'immeuble même, elle n'exclut pas tous les autres signes analogues, et notamment le mode d'agencement et d'incorporation qui, répondant à des goûts ou à des besoins nouveaux, prouveraient avec non moins de certitude la même destination ; mais que la seule intention du propriétaire ne suffirait pas pour attribuer aux glaces le caractère d'accessoire immobilier, qu'elle doit nécessairement se justifier par le fait matériel d'une adhérence apparente et durable, pour rentrer aussi par analogie sous la règle des art. 524 et 525 C. C. »

On peut consulter dans le même sens des jugements de Versailles et de la Seine des 21 juin 1855 et 26 décembre 1856 (448 et 828 R. P., 10929 C.).

Au résumé, et malgré la doctrine contraire professée par Coin-Delisle (*Rev. crit. de lég. et de jur.* t. 3 p. 24 et t. 4 p. 309), il faut attribuer le caractère d'immeubles aux glaces que des signes non équivoques justifient avoir été placées à perpétuelle demeure par le propriétaire. « Il s'agit ici, dit Demolombe t. 9 n° 310 d'un point de fait, d'une question de volonté, d'une question de destination de la part du propriétaire.

Or, le législateur ne pouvait pas d'avance prévoir et suivre à travers les années les variations de l'industrie et des habitudes sociales ; c'est donc se conformer à sa pensée que de l'appliquer aux habitudes nouvelles et aux nouveaux usages lorsque ces usages et ces habitudes offrent, d'ailleurs, une suffisante analogie avec ceux qu'il avait directement prévus ; et c'est *toujours* une bonne interprétation, quand elle est possible, bien entendu, que celle qui ne laisse pas la loi en arrière et en dehors des mœurs et des habitudes de la société qu'elle gouverne. »

Pour en donner un seul exemple, supposons, ce qui arrive souvent, que le propriétaire, en faisant poser les papiers sur lesmurs d'un appartement, laisse nue la partie qui devra recevoir les glaces sur la partie extérieure du cadre desquelles viendra ensuite se juxtaposer le papier de tenture, on devra voir dans ce fait un des signes extérieurs de l'intention du propriétaire d'incorporer la glace au mur de l'appartement.

**16631. Tableaux.**— L'art. 525 C. C., en ne déclarant immeubles par destination que les tableaux attachés à un parquet faisant corps avec la boiserie, se réfère évidemment à ce mode d'ornementation des appartements, tombé en désuétude de nos jours, qui fixait des tableaux dans des boiseries au-dessus des portes et au-dessus des glaces des cheminées. Aujourd'hui les tableaux, par la manière dont ils sont appendus dans les appartements, sont évidemment meubles. Que si, cependant, le propriétaire de la maison leur avait donné une destination de perpétuelle demeure, qui ressortît nettement de la position qu'ils occuperaient, il faudrait leur appliquer la doctrine du numéro précédent et les considérer comme immeubles par destination.

**16632. Statues.** — L'art. 525 déclare immeubles les statues, lorsqu'elles sont placées dans une niche pratiquée exprès pour les recevoir, encore qu'elles puissent être enlevées sans fracture ou détérioration. Quant aux statues simplement placées sur un piédestal, comme on en voit dans les jardins et les parterres, des auteurs pensent qu'elles gardent leur caractère mobilier (Toullier t. 2 n° 15, Taulier t. 2 p. 153). Mais l'opinion des auteurs qui leur assignent le caractère immobilier paraît plus conforme à la nature des choses, car leur destination est évidemment d'être adhérentes au sol, par leur socle, à perpétuelle demeure (Merlin *Rép.* t. 1er v° *Biens* § 1er n° 7, Duvergier *sur Toullier* t. 2 n° 15 note *b*, Ducaurroy t. 2 art. 325 n° 27, Demolombe *loc. cit.* n° 312).

**16633. Orangers en caisse.** — On a voulu considérer quelquefois comme immeubles par destination les fleurs et arbustes dans des caisses ou dans des vases, qu'un propriétaire place dans son jardin pour l'orner et pour l'embellir (Duranton t. 4 n° 45).

« Tout au plus, dit Demolombe n° 315, pourrait-on considérer comme immeubles par destination les orangers ou autres arbustes et fleurs qui seraient placés dans une serre ou orangerie construite et disposée tout exprès pour les recevoir. »

Et, toutefois, l'éminent jurisconsulte conclut pour le caractère mobilier. En ce sens, la cour de Caen a jugé, le 8 avril 1818 (S. *Collect. nouv.* 5-2- 371), que des orangers et citronniers en caisse sont meubles par leur nature et ne peuvent être rangés dans la classe des choses qui, quoique mobilières de leur nature, sont cependant, et par exception, considérées comme immeubles par destination et d'après la loi. — V. 16576.

**16634. Livres. — Médailles. — Objets d'art et de science.** — Doivent encore être considérés comme meubles : « les livres d'une bibliothèque, lors même que l'appartement serait disposé tout exprès, par sa forme, sa distribution et son arrangement pour les recevoir ; ou encore les tableaux placés dans une galerie, lors même aussi que l'appartement aurait été approprié tout exprès à cette destination spéciale ; ou les médailles ou autres meubles anciens et curieux, réunis en collection dans un appartement *ad hoc* » (Demolombe t. 9 n° 315).

**16635. Horloge.** — Mais doit être réputée immeuble par destination l'horloge placée dans une partie quelconque d'un bâtiment, dans un lieu disposé exprès pour la recevoir (Merlin *Rép.* t. 1er v° *Biens* § 1er n° 5).

**16636. Vases sacrés. — Ornements religieux.** — Les vases sacrés et ornements destinés au service d'une chapelle ou d'un oratoire d'une famille sont immeubles par destination, par suite de leur appropriation perpétuelle à l'immeuble à l'usage duquel ils se trouvent affectés (Demolombe *loc. cit.* n° 317, Merlin *loc. cit.*).

**16637. Bac.** — Il en serait de même, d'après les mêmes auteurs et Marcadé art. 525 n° 4, d'un bac qui serait affecté au service spécial des membres d'une famille pour le passage d'une rivière.

**16638. Barques de pêche.** — Lorsque le propriétaire d'un lac y a placé des barques pour le service de la pêche, ces barques sont immeubles par destination, et, à ce titre, appartiennent à l'acquéreur du lac s'il est vendu, de même que leur usage appartient à l'usufruitier ou au fermier quand le lac est donné en usufruit ou affermé (Proudhon t. 3 n° 1569).

**16639. Pompe à feu.** — Les grandes usines industrielles, les gares des chemins de fer ont presque toujours une pompe à incendie pour leur usage particulier.

C'est là un accessoire commandé par la nature même de ces établissements, dont l'importance réclame la présence incessante d'un instrument destiné à combattre le feu, que doivent toujours faire craindre les matières combustibles qu'ils renferment et la présence d'un grand nombre d'ouvriers imprévoyants.

Dans ce cas donc une pompe à incendie doit être considérée comme immeubles par destination (Demolombe, *loc. cit.* n° 319).

**16639 *bis*. Renvoi.** — Nous avons donné sur ces matières d'autres développements au mot *Biens*.

### ARTICLE 3. — IMMEUBLES PAR L'OBJET AUQUEL ILS S'APPLIQUENT ET PAR LA DÉTERMINATION DE LA LOI

[16640-16642]

**16640. Renvoi.** — Les immeubles, par l'objet auquel ils s'appliquent, et les immeubles par la détermination de la loi, qui forment les deux dernières classes d'immeubles, ne sont pas d'une grande importance au point de vue où nous sommes placé.

Nous nous contenterons de renvoyer, pour les principes généraux, aux mots *Action* et *Biens*.

**16641. Émigré. — Rente sur l'État.** — Nous ajouterons seulement ici que d'un arrêt de la Cour de cassation du 27 novembre 1855 (544 R. P.), il résulte que les rentes sur l'État attribuées par la loi du 27 avril 1825 aux émigrés ou à leurs représentants, pour les indemniser de la confiscation et de la vente de leurs biens immeubles, doivent être considérées comme choses immobilières, lorsqu'il s'agit de déterminer quel est celui, de l'héritier aux meubles ou de l'héritier aux immeubles de l'émigré, qui doit les recueillir.

Mais, entre les mains de l'héritier qui les a reçues, elles sont des choses mobilières et doivent être attribuées au légataire des meubles.

**16642. Capitalisation.** — Rappelons encore que les actions immobilisées s'évaluent par la capitalisation du revenu comme les immeubles. C'est ce qui a été spécialement reconnu pour les actions de la Banque de France (Sol. 12 janv. 1867, 2506 R. P.; — Sol. 25 janv. 1873).

V. *Banque de France* et *Donation*.

### ARTICLE 4. — MODE D'ÉVALUATION

[16643-16662]

**16643. Renvoi.** — On a vu, au n° 12555-2, que la loi indique deux modes d'évaluation pour les immeubles : la déclaration des parties et les baux courants.

Les héritiers n'ont pas le choix entre ces deux moyens, et quand il existe un bail courant au jour du décès, lui seul détermine légalement le revenu de la propriété.

A défaut de bail, ce revenu peut même être prouvé, selon l'art. 19 L. 22 frimaire an 7, par toutes sortes d'actes faisant connaître le véritable produit des biens.

Il s'est élevé sur ces différentes questions des difficultés nombreuses qui ont été examinées au chapitre de l'*Expertise*. Nous ne pouvons qu'y renvoyer le lecteur, afin d'éviter ici d'inutiles répétitions.

#### § 1er. — *Bois et Forêts.*

[16644-16651]

**16644. Bois aménagés.** — Aucune difficulté ne peut s'élever lorsque les bois sont affermés ou aménagés et lorsque les baux ou les coupes annuelles ne contiennent aucunes réserves. Dans ces deux hypothèses, la connaissance du revenu est donnée par les baux existants, ou s'obtient en cumulant les produits de toutes les coupes exploitées pendant une révolution d'aménagement, et en divisant ce total, pour former un produit moyen, par le chiffre qui indique le nombre d'années de cette révolution (Sol. 31 juill. 1827, 1229 § 2 I. G.).

**16645. Bois ni affermé ni aménagé.** — Quand il s'agit d'un bois non affermé ni aménagé, on avait pensé qu'il conviendrait d'avoir égard à l'âge et à l'état de croissance des bois au moment de la transmission, de manière que l'évaluation devrait varier selon qu'on serait plus ou moins éloigné de l'époque où la coupe doit être faite. Cette opinion ne pouvait être adoptée, parce qu'elle tendait à asseoir la perception des droits sur la valeur capitale au moment où la transmission s'opère, tandis que les §§ 7 et 8 de l'art. 15 et l'art. 19 L. 22 frimaire an 7 n'admettent d'autre base d'évaluation que le produit des biens ou le revenu multiplié par 10 ou 20, selon qu'il s'agit d'usufruit ou de propriété. Au reste, la connaissance du revenu ou du produit moyen s'acquiert aussi facilement, dans ce cas, que pour les bois aménagés : il suffit de diviser le prix de la coupe des bois qui ont été exploités en une seule fois par le nombre d'années pendant lesquelles a duré leur croissance (1229-2 I. G.). — *V.* 16649-1.

En ce sens, le tribunal de Marennes a jugé, le 25 février 1845 (13791-5 J. E., 12399 J. N.), que si dans une déclaration de succession, la futaie d'un bois a été évaluée à 72,000 francs cette somme ne doit pas être prise pour le capital d'un revenu de 3,600 francs; il faut la diviser par le nombre d'années représentant l'âge du bois et multiplier ensuite le quotient par 20, afin de former le capital sur lequel la perception doit être établie.

**16646. Réserves dans les coupes.** — A l'égard des arbres réservés lors des exploitations, il faut distinguer. Si cette réserve n'est que partielle, et si d'ailleurs la coupe exploitée comprend des arbres anciens provenant d'une révolution antérieure, il y a compensation dans le produit moyen, et l'on n'a rien à ajouter, pour cet objet, au prix de la coupe. Mais si ce prix ne porte que sur le taillis, on doit y ajouter, par une évaluation particulière, le produit présumé de la futaie réservée (1229-2 I. G.).

**16647. Arbres épars.** — Il en est de même, d'après la décision transmise par l'I. G. n° 405 § 4, pour les arbres épars sur les terres. Le plus ordinairement, le fermier profite de l'élagage, de la récolte des fruits, et des arbres morts à la charge de les remplacer : dans ce cas, le revenu des arbres est compris dans le fermage. S'il y a réserve des arbres et de leur produit par le bail, il faut aussi une évaluation distincte (1229 § 2 I. G.).

Ce point a été mis hors de doute par une jurisprudence dont nous avons fait connaître les monuments au mot *Instance* n° 9980 et suiv. — *V.* aussi n° 16257.

Ajoutons seulement ici qu'il a été décidé que le nu-propriétaire conserve, pendant la durée de l'usufruit, le droit d'abattre à son profit exclusif et sans devoir l'intérêt de leur prix à l'usufruitier, les arbres de haute futaie épars sur la propriété et arrivés à leur complète maturité (Angers 8 mars 1856, S. 57-2-21 ; — Caen 24 mai 1865, S. 65-2-269 et 16 déc. 1874, 3477 et 4261 R. P., Demolombe *Usufruit* t. 2 n° 418). — Il ne faudrait comprendre aucune indemnité de l'espèce dans la succession de l'usufruitier décédé, ni par voie de conséquence la valeur de la croissance annuelle des arbres de bordure (Sol. 5 fév. 1868, 2656 R. P. et 16 nov. 1875).

**16648. Produits accessoires. — Chasse.** — On a demandé s'il y a lieu d'ajouter au produit des coupes principales dans les bois celui des recépages, des éclaircies dans les taillis ou dans les futaies, des arbres exploités en jardinant, des chablis et enfin du pâturage et de la glandée, lorsque le propriétaire en tire un revenu. Il n'est pas douteux, a répondu l'Administration, que tous les produits accessoires, même celui de la chasse, mais seulement lorsqu'elle est affermée, doivent entrer dans la déclaration estimative des parties, soit conjointement avec le prix des coupes, soit distinctement, selon que les actes, documents ou déclarations, relatifs au produit principal des bois, comprennent ou non ces accessoires (1229 § 2 I. G.).

Conformément aux règles tracées par cette instruction, il a été reconnu que le droit de chasse affermé par un bail courant au jour du décès constitue un produit de l'immeuble sujet au droit de mutation (Cass. 7 avr. 1868, 2630 R. P., 14155 C., S. 62-1-310, D. 68-1-159, B. C. 72).

On trouvera au mot *Instance*, nos 9980 et suiv., le développement de cette question.

1. PÊCHE. — Les mêmes principes s'appliquent au droit de pêche. On ne saurait douter que, s'il est affermé, le produit annuel ne doive être compris dans le revenu de l'immeuble traversé par le cours d'eau. Une décision du conseil du 21 juin 1732, approuvée par Bosquet (t. 3 n° 88), avait reconnu en ce sens que le droit de centième denier était dû pour un droit de pêche dans une rivière, concédé moyennant rente. Cette décision serait encore exacte de nos jours.

2. LEGS. — Il faut en conclure que le legs d'un droit de chasse ou de pêche serait passible du droit de succession (Sol. 30 oct. 1873).

**16649. Droits des parties.** — Les règles qui ont fait l'objet des numéros précédents nous paraissent fort rationnelles. Cependant, il ne faut pas perdre de vue qu'elles sont arbitraires, en ce sens que, du moment qu'il n'y a pas bail courant, il appartient aux parties seules de faire l'évaluation comme elles l'entendent. Si donc des héritiers prétendaient faire leur déclaration d'après des bases autres que celles ci-dessus, le préposé ne pourrait se refuser d'obtempérer à leur désir, sauf toujours le droit de contrôle de l'Administration.

1. EXPERTISE. — Quoi qu'il en soit, une fois livrée à l'expertise, l'évaluation échappe à toute règle déterminée, les experts puisant dans leur pouvoir arbitral le droit de chercher toutes les bases propres à leur faire connaître le véritable revenu du bois. En ce sens il a été jugé par la C. cass., le 24 mai 1843 (13470 J. E., S. 43-1-877), que, pour évaluer le revenu d'un bois non aménagé, les experts peuvent supposer le bois parvenu à l'âge où il pourrait être coupé, estimer le produit qu'il procurerait à cette époque, et répartir d'une manière égale le produit par un nombre d'années égal à l'âge du bois, sans égard à la capitalisation annuelle des intérêts, de sorte que le droit de mutation par décès soit liquidé sur le capital du revenu ainsi établi.

**16650. Élagage. — Glandée.** — Dans tous les cas, ce ne serait jamais sur le produit de l'élagage et de la glandée que devrait être calculé le revenu à donner aux futaies non aménagées. Cette manière de procéder conduirait à cette conséquence que si, à raison de la nature des arbres et d'après l'usage du pays, il n'y avait lieu ni à élagage ni à glandée, le produit devrait être considéré comme nul, à défaut de mise en coupes réglées préalables. Il résulterait de là que des futaies d'une valeur considérable échapperaient complétement à l'impôt de transmission par décès, ou de transmission entre-vifs à titre gratuit, par le seul effet de la volonté du propriétaire, tandis que d'autres futaies moins importantes y seraient assujetties : résultat injuste, qu'il n'a pu être dans la pensée du législateur de vouloir consacrer. Un pareil système causerait au Trésor un préjudice d'autant plus considérable qu'il serait très-difficile et souvent même impossible à l'Administration d'établir la preuve de la mise en coupes réglées des futaies, et que, si elle ne rapportait pas cette preuve, elle ne pourrait réclamer les droits de mutation sur le capital du revenu afférent à ces futaies.

Qu'une futaie soit aménagée ou qu'elle ne le soit pas, le propriétaire a toujours un revenu en perspective. En effet, la végétation apporte chaque année, aux arbres d'une forêt, un accroissement normal indépendant de tout mode d'exploitation. Dès lors on ne comprendrait pas comment, pour percevoir, à raison de bois contenant des futaies, un impôt qui est assis sur la valeur, on tiendrait ou on ne tiendrait pas compte de l'accroissement dont il vient d'être question, selon que ces futaies seraient ou non mises en coupes réglées.

Donc, en principe, s'il peut être loisible aux parties de donner aux futaies le revenu qu'elles entendent, sauf le droit de l'Administration de contrôler ce revenu, il faut au moins que ce revenu ait pour base la futaie elle-même et non ses accessoires. C'est, au surplus, ce que la Cour de cassation a jugé, le 18 juin 1855 (411 R. P., 15548 J. N., S. 56-1-174, 2054-14 I. G.), par un arrêt ainsi conçu :

« Attendu qu'aux termes de l'art. 4 de ladite loi, le droit de mutation est assis sur les valeurs ; que, d'après l'art. 15 n° 7 de la même loi, cette valeur, en ce qui concerne les mutations qui s'effectuent par décès, est déterminée par l'évaluation qui en sera faite et portée à vingt fois le produit des biens ou le prix des baux, sans distraction des charges ; attendu que des art. 17, 18 et 19 de la même loi, il résulte que, lorsque le revenu, base de l'impôt, n'est pas établi par actes qui puissent en faire connaître le montant, et que la déclaration faite par les héritiers paraît insuffisante à la Régie, l'évaluation doit en être faite par experts; attendu que les futaies, fruits naturels de la terre, constituent par leur croissance annuelle, qui en augmente la valeur, un véritable produit appréciable, et que cet accroissement annuel, ce produit est passible de l'impôt, soit qu'il ait plu au propriétaire d'aménager ou non sa forêt, de la mettre en coupes réglées pour en percevoir périodiquement les revenus ou de les laisser s'accumuler pour les percevoir plus tard; attendu que les règles qui déterminent les droits respectifs de l'usufruitier et du propriétaire, comme aussi ceux de la communauté sur les futaies, ne sont pas applicables à la cause où il s'agit de transmission de propriété et de l'évaluation de ses produits passibles de l'impôt; attendu que, dans l'espèce, l'expertise a été régulièrement requise par la Régie; qu'elle n'a porté que sur le produit des biens; que la base prise par les experts pour déterminer ce produit de la futaie, résultant de l'âge moyen des arbres ou de leur croissance annuelle, n'est pas contraire à la loi, et que le tribunal, dès lors, en rejetant cette expertise, a faussement appliqué et par conséquent violé les articles précités. »

**16651. Superficie vendue.** — Il est presque inutile de faire remarquer que, quoique les héritiers aient vendu la superficie d'un bois depuis le décès de leur auteur et avant la déclaration de succession, le droit doit être liquidé non sur le prix de la vente, mais sur le produit des biens calculé d'après les données ci-dessus. Cependant la question avait fait difficulté et l'Administration avait dû prendre une délibération en date du 11 novembre 1834 (11063 J. E.), pour la trancher dans le sens que nous venons d'indiquer. — V. 16528.

## § 2. — *Évaluations diverses.*

[16652-16662]

**16652. Revenu déduit du capital.** — En principe, c'est le revenu qu'il faut prendre pour point de départ de l'évaluation à donner aux immeubles composant la succession. C'est-à-dire que, lorsque le revenu est connu, on le multiplie par 20, ce qui donne le capital sur lequel doit être assise la perception. *Quid* cependant si les héritiers s'obstinaient à ne déclarer qu'une valeur vénale? Un arrêt de Cass. du 14 mars 1814 (4912 J.E., S. 14-1-274) autorise le receveur à diviser ce capital par 20, ce qui lui donnera un revenu que l'Administration sera toujours libre de contrôler par la voie de l'expertise.

Cet arrêt a été rendu dans l'espèce suivante :

Un receveur ayant refusé d'admettre une estimation en valeur vénale qui lui était fournie sans indication de revenu, une instance s'engagea, après l'expiration du délai, pour le payement du droit simple et du demi-droit en sus. Mais la Cour de cassation, saisie de l'affaire, décida dans le sens ci-après : « Attendu que le n° 7 de l'art. 15, en ordonnant que l'évaluation soit faite et portée à vingt fois le produit des biens, ne dit pas que le déclarant, qui doit faire cette évaluation à vingt fois le produit, devra ajouter que le produit des biens est le vingtième de cette évaluation; que celle-ci est toujours censée faite conformément à la loi, sauf à l'Administration à en prouver l'inexactitude par des actes ou par une expertise, conformément aux art. 19 et 39. »

Déjà, par un précédent arrêt du 19 décembre 1809, la même Cour avait décidé qu'une évaluation ainsi acceptée par le receveur peut être ratifiée par l'Administration d'après le revenu des biens.

Ce système est en opposition manifeste avec le texte de la loi, qui n'autorise la perception que sur un capital formé par la multiplication du revenu. Aussi l'Administration a-t-elle successivement décidé, par trois Dél. 19 novembre 1812, 28 juillet 1815 et 20 mars 1827 (5155, 5244 J.E., 1307 C.), qu'une évaluation en capital du fait des parties qui se trouve supérieure au capital formé de vingt fois le revenu des biens donnés n'autorise pas à percevoir le droit sur ce premier capital, la perception ne pouvant être établie que sur le revenu capitalisé. Et le tribunal de Sarlat a jugé, le 19 juin 1848 (14713 J.E.), qu'un receveur peut refuser une évaluation d'immeubles en capital et non en revenu.

Un jugement du tribunal de la Seine du 30 août 1838 a reconnu, dans le même sens, que, la perception devant être assise sur le revenu, on ne peut pas prendre pour base du droit de mutation soit un rapport d'expert constatant la valeur vénale, soit le prix d'une vente (12147 J. E.). — Et une Dél. 9 juillet 1825 a appliqué le principe au partage faisant connaître la valeur vénale des biens (8276 J. E. — *Conf.* : D.N. t. 12 p. 323 n° 765, 16912-3 J.E.).

**16653. Base d'évaluation fournie par une déclaration antérieure.** — Nous verrons au n° 16932 que la preuve d'une omission dans une déclaration de succession ne peut résulter d'une déclaration précédemment faite d'une succession échue au défunt. Dans le même ordre d'idées, la Cour de cassation a jugé, le 13 mars 1812 (Dalloz t. 7 p. 289), que les tribunaux ne sauraient admettre comme base d'évaluation des biens à déclarer celle qui serait contenue dans une autre déclaration faite longtemps avant le décès de celui dont les biens sont à déclarer.

Quoi qu'il en soit, si un pareil document ne peut fournir à l'Administration une base légale pour fonder une demande en supplément sous prétexte d'omission ou de fausse évaluation, les parties restent néanmoins parfaitement libres de prendre une déclaration antérieure pour base de l'évaluation à donner aux biens qu'elles viennent déclarer, sauf le droit de l'Administration de contrôler cette évaluation.

**16654. Majorat sur demande. — Biens redevenus libres. — Droit de mutation ordinaire.** — Lorsque, dans les divers cas spécifiés par l'art. 2 L. 7 mai 1849 et par les art. 3 L. 12 mai 1835 et 4 de celle de 1849, c'est-à-dire le cas de révocation par le fondateur, et celui où, au jour de la promulgation de la loi de 1849, il n'existait aucun appelé, ou si ceux qui existaient décèdent avant l'ouverture de leurs droits; lorsque, disons-nous, dans ces cas, les biens affectés au majorat deviennent libres et sont recueillis par les héritiers du possesseur, les droits de mutation par décès doivent naturellement être perçus comme s'il s'agissait d'une succession ordinaire, c'est-à-dire sur le revenu multiplié par 20. C'est ce que portait l'I. G. n° 413 § 8, et ce que rappelle l'I. G. 1836.

1. SUCCESSION OUVERTE AVANT L'EXTINCTION DU MAJORAT. — DROIT SUR LA PROPRIÉTÉ. — Quant aux mutations par décès qui, avant l'extinction du majorat, peuvent avoir lieu au profit des appelés du premier ou du deuxième degré, déjà nés ou conçus lors de la promulgation de la loi de 1849, les droits doivent être payés conformément à l'art. 7 de cette dernière loi, qui abroge, pour l'avenir, les perceptions établies tant par l'art. 6 du premier décret du 24 juin 1818 (413 I. G.), que par les art. 14 et 29 Déc. 4 mai 1809 (448 I. G.). En conséquence, l'appelé est tenu, conformément à l'art. 7 de la loi de 1849, d'acquitter le droit de transmission par décès sur la valeur de la *propriété* des immeubles réels et des rentes sur l'État ou des actions de la Banque de France immobilisées dépendant du majorat, et non sur la valeur d'un *simple usufruit*, comme le portait l'art. 6 Déc. 24 juin 1808.

Mais il est dispensé du payement de la taxe du cinquième d'une année de revenu des biens, qui était due par moitié à la Légion d'honneur et au sceau des titres ou à l'État, en vertu des art. 14 et 29 du décret du 4 mai 1809 (1836 I. G.). — V. *Majorat*.

**16655. Actions dans les sociétés.** — D'après l'art. 529 C. C., les actions sont meubles *tant que dure la société*, encore que des immeubles dépendants de ces entreprises appartiennent aux compagnies. Cette fiction s'applique aux droits d'un associé dans une société étrangère régulièrement subsistante comme dans une société française (Sol. 18 juill. 1878). Mais elle cesse du moment que la société se trouve dissoute et les actions deviennent mobilières ou immobilières, suivant qu'il y a des immeubles ou qu'il n'y en a pas dans la société. La question repose donc entièrement ici sur le point de savoir si, à la mort d'un associé, la société s'est trouvée ou non dissoute. — V. *Société*, n° 15373.

1. SOCIÉTÉ NON DISSOUTE. — Un arrêt de Cass. (Ch. req.) a décidé, le 14 août 1833 (1446 § 6 I. G., S. 33-1-780), conformément aux règles posées par l'I. G. 360, que, bien qu'une société comprenant des immeubles ait été fondée sans création d'actions, et que le fonds social n'ait été divisé qu'en portions d'intérêts revenant à chaque associé, le droit n'est exigible qu'au taux mobilier, pour la mutation par décès, des portions appartenant à un associé décédé, *s'il a été stipulé* dans l'acte constitutif que la société était constituée pour un temps déterminé, et que *le décès* des associés serait *sans influence* sur la dissolution de la société, attendu que tant que dure la société, les actions et intérêts sont meubles à l'égard de chaque associé.

*Mode d'évaluation.*—L'importance de l'intérêt du défunt dans la société se détermine d'après l'excédant de l'actif sur le passif (Cass. 3 mars 1829, *arrêt rapp.* n° 10704). Il faut donc appliquer à cette valeur les règles de liquidation relatives aux créances comprises dans une déclaration de succession. Or, quand le défunt était, par exemple, en compte avec un tiers, les héritiers peuvent se borner à déclarer le reliquat actif de ce compte, sans être tenus d'indiquer à l'Administration tous les éléments du compte et de lui prouver que réellement l'avance du défunt s'élève à la somme déclarée. C'est à l'Administration à établir l'insuffisance de cette évaluation par les moyens compatibles avec la législation. Il paraît en être de même de la créance appartenant au défunt sur une société. Les héritiers exécutent la loi quand, comme dans l'affaire jugée par l'arrêt de 1829, ils se bornent à préciser le montant du droit incorporel mobilier de leur auteur. Si cette estimation est insuffisante, le Trésor tâchera de le prouver. Mais rien n'oblige, à notre avis, les redevables à produire un détail de toutes les valeurs actives et passives de la société, afin de justifier l'exactitude de leur déclaration. Aucun texte ne les y astreint, et c'est à l'Administration à faire la preuve de leur erreur : *Actori incumbit onus probandi.* Il a été cependant jugé que l'Administration peut évaluer la part d'intérêt d'office sauf aux héritiers à produire des documents contraires (Valenciennes, 18 mai 1876; — Sol. 8 janv. 1875). Mais ces décisions ne pourraient pas être prises pour règle.

*Apport.* — Les apports sociaux doivent-ils être déduits pour l'évaluation de la part de l'associé? On pourrait le penser, en se fondant sur ce que le droit proportionnel n'est pas perçu au moment de la mise en société, ce qui implique la pensée que l'associé en reste propriétaire; d'où il résulterait qu'en cas de décès de cet associé il faudrait déclarer les valeurs mêmes composant l'apport. Mais ce serait, à notre avis, une erreur. En effet, l'associé, en faisant apport de l'immeuble à la société, en a réellement perdu la propriété. A la vérité, le droit de mutation n'est pas perçu lors de la mise en société et la jurisprudence le réserve pour le moment où, lors de la dissolution de la société, l'immeuble sera attribué à un autre associé. Mais cette surséance du droit n'empêche pas les effets civils de l'apport, ni, par conséquent, que la société soit considérée, en droit civil comme en droit fiscal, propriétaire de l'immeuble apporté. La preuve en est qu'elle peut le vendre, et que, dans ce cas, le seul droit exigible serait celui de 5 fr. 50 cent. pour 100, sans qu'il y ait rien à réclamer pour la mutation intermédiaire de l'associé à la société.

S'il en est ainsi, l'immeuble doit être traité pour la déclaration de succession d'un des associés, l'auteur de l'apport ou autre, comme une valeur sociale ordinaire. C'est la part nette du décédé dans l'entreprise qui doit être déclarée et qui est passible du droit mobilier.

On trouve une analogie caractéristique avec les réalisations de promesses de ventes contenues dans les actes de société. Il est de jurisprudence que, quand il a été convenu que la part d'un associé appartiendrait aux survivants lors de son décès, il est dû à ce moment un droit de cession entre-vifs à titre onéreux. Ce droit est celui de 50 centimes pour 100 établi pour les cessions d'actions mobilières dans les sociétés. Il se perçoit sur le prix (ou la valeur nette) de la part du défunt, sans distinction entre les biens achetés par la société et *ceux qui proviennent des apports personnels du défunt* (V. Cass. 24 nov. 1869, 3029 R.P., 2397-5 I. G., S. 70-1-85, D. 70-1-269).

Nous pensons que, pour la liquidation du droit de succession, il en est de même. Les héritiers ne recueillent, en l'état, qu'une part d'intérêt mobilière. Sans doute, ils conservent l'expectative de recevoir plus tard des immeubles, quand on fera le partage de la société dans laquelle ils entrent à la place de leur auteur. Mais cette éventualité ne saurait être prise pour base du droit actuellement dû, puisqu'elle se rapporte à un fait incertain et futur. Les droits sont exigibles, d'après la jurisprudence, selon l'état de la chose transmise au moment de la mutation (V. Cass. 24 nov. 1869, 3037 R.P., 2397-6 I.G., B.C. 205, S. 70-1-133, D. 70-1-272).

2. SOCIÉTÉ DISSOUTE. — Mais toutes les fois qu'une société se trouve dissoute par la mort de l'un des associés ou pour toute autre cause, la part que laisse dans cette société le *de cujus* doit être considérée comme immobilière, si la société comprend des immeubles, à moins qu'un partage antérieur à la déclaration (V. 16778 et suiv.) n'ait attribué que des valeurs mobilières à la succession.

C'est ce qui résulte d'un jugement du tribunal de la Seine du 14 février 1844, ainsi conçu : « Attendu que, suivant jugement de l'audience des criées du 25 novembre 1837, la maison de banque établie à Cambrai, sous la raison Podevin et fils, s'est rendue acquéreur de la nue-propriété d'une maison sise à Paris, rue Saint-Benoît; que, suivant l'acte constitutif de la société, passé devant Leroy, notaire à Cambrai, le 15 juillet 1834, le sieur Podevin père a droit aux trois quarts du fonds social et son fils au dernier quart; attendu que, Podevin fils étant décédé et la déclaration faite après son décès ayant compris le quart de la nue-propriété ci-dessus, le receveur a perçu le droit sur le quart du revenu de ladite maison, multiplié par 20; attendu que les héritiers Podevin demandent la restitution du droit liquidé sur le pied du revenu par deux moyens : le premier, résultant de ce que l'immeuble dépendrait d'une société en état de faillite; le second, résultant de la folle enchère poursuivie sur l'adjudication; attendu, sur le premier moyen, qu'aux termes de l'acte constitutif, la société a été dissoute par le décès de Podevin fils; qu'en conséquence les droits indivis de propriété dans la maison dont il s'agit faisaient partie de la succession jusqu'au partage; que la liquidation de la société ne pourrait avoir d'effet sur les droits de mutation qu'autant qu'elle aurait précédé la déclaration; mais qu'il n'est pas même allégué dans l'espèce qu'il ait été procédé à la liquidation de la société. »

3. CONTINUATION DE FAIT. — *Quid* si la société avait continué *de fait* après la mort de l'associé, alors cependant qu'elle se trouvait dissoute de droit? L'Administration a décidé que la part du défunt devait être considérée comme immobilière. Cette solution, qui résume parfaitement les principes, est ainsi conçue :

« Aux termes de l'art. 529 C.C., les actions ou intérêts dans les compagnies de commerce ou d'industrie, même lorsque des immeubles appartiennent à ces compagnies, sont réputés meubles à l'égard de chaque associé *tant que dure la société*. Suivant l'art. 1865, la société finit *par la mort naturelle de quelqu'un des associés*, à moins que, conformément à l'art. 1868, il n'ait été stipulé qu'elle continuerait en cas de mort de l'un des associés. Dans l'espèce, cette stipulation n'a point été insérée dans l'acte constitutif de la société; l'association créée par l'acte du 16 novembre 1822 a donc été dissoute de droit par le décès du sieur Lemarchand père, arrivé en 1828, et en même temps a cessé la fiction de l'art. 529 C.C., d'après laquelle l'intérêt de chaque associé était censé meuble. On objecte que la société a continué *de fait*. Mais, d'abord, cette continuation n'a point été constatée suivant le mode prescrit par l'art. 46 C. com.; ensuite, ce serait une société nouvelle, et non la continuation de l'ancienne, qui pourrait avoir lieu, puisqu'elle ne saurait être contractée entre les mêmes personnes. Quant à l'arrêt du 14 août 1834, il s'agissait, dans l'espèce, d'une société qui, en cas de mort de l'un des associés, devait néanmoins durer jusqu'au terme fixé. La fiction admise par l'art. 529 C.C., *tant que dure la société*, avait donc subsisté après le décès de l'associé ; tandis que, dans l'espèce actuelle, le décès du sieur Lemarchand a dissous la société et fait évanouir la fiction légale » (Sol. 2 juin 1837, 1562 § 20 I.G.).

Nous ne pouvons d'ailleurs que renvoyer, pour l'examen de ces questions, au chapitre *des Sociétés*, dans lequel on trouvera le développement complet des principes qui règlent la nature des droits de chaque associé pendant les différentes phases qu'éprouve la société n° 15373.

4. COMMUNAUTÉ CONJUGALE. — La femme commune en biens avec son mari n'est point pour cela partie contractante et nécessaire dans les actes de société passés par celui-ci. La mort de la femme ne rompt point l'association, comme cela aurait lieu, d'après l'art. 1685 C.C., si elle était sociétaire. La communauté conjugale, quoiqu'elle soit aussi une association, n'a que l'effet prévu par l'art. 1681, qui est de faire participer la femme aux droits que le mari exerce dans la société de commerce, mais sans l'y introduire ellemême. Ainsi, elle n'est pas propriétaire des immeubles acquis par la société et n'a droit qu'aux bénéfices pour la portion qui résulte de l'association distincte qu'elle a contractée avec son mari (Sol. 19 mai 1824, 1146 § 10 I.G.).

**16656. Mines.** — Lorsqu'une mine n'est point exploitée, on ne doit déclarer que le revenu du terrain. Si le propriétaire du terrain exploite la mine, il faut évaluer le produit de la mine et du terrain, qui forment deux propriétés distinctes. Si la mine est concédée à un autre qu'au propriétaire du sol, il faut déclarer dans la succession de celui-ci le revenu du terrain, ainsi que la redevance s'il ne l'a pas aliénée, et dans la succession de l'exploitant le revenu de la mine. Ces biens sont immeubles. Lorsque la redevance a été cédée, elle est valeur mobilière.

Tels sont, en matière de succession, le résumé et la conséquence des propositions que nous avons développées sous les nos 11326 et suiv. — V. 16600.

Il a été spécialement jugé, par un arrêt de Cass. du 6 mars 1867, que dans la détermination du revenu d'une forêt, il fallait comprendre les minerais de fer d'alluvion en exploitation au moment du décès : « Attendu que le mot *produit*, employé par la loi, comprend dans sa généralité non-seulement les fruits proprement dits, mais encore tous les profits périodiques que l'immeuble peut donner et qui sont de nature à augmenter sa valeur dont aucune partie ne peut être affranchie de l'impôt; attendu que les minerais de fer d'alluvion provenant d'une minière en exploitation au moment de l'ouverture de la succession rentrent évidemment dans cette catégorie; que ces produits sont de même nature que ceux des mines et carrières, assimilés aux fruits mêmes de l'immeuble par les art. 582, 598 et 1403 C.C. » (2494 R.P., 2 358 § 2 I.G., 18883 J.N., 18329 J.E., 13256 C., B. 58, S. 67-1-225, 67-1-156, P. 67-535). — V. *Instance*.

On ne peut pas considérer comme bail courant l'acte par lequel les produits de la mine sont affermés, ce contrat ayant le caractère d'une vente (Lure, 29 déc. 1875). — V. *Expertise*.

**16657. Étang.** — On a vu, aux nos 16645, 16650 et 16651, comment il faut procéder pour obtenir l'évaluation en revenu des bois et forêts non aménagés. Le même mode d'opérer peut être employé pour déterminer le revenu d'un étang soumis à la pêche. Si donc nous supposons que la période de pêche d'un étang soit fixée à neuf ans, on divisera par 9 le produit en argent d'une pêche et le revenu moyen ainsi obtenu, on le capitalisera par 20. C'est ce qui s'induit, au surplus, de la Sol. 31 juillet 1827 qui fait l'objet de l'I. G. 1229 § 2.

1. ÉTANG TOUR A TOUR CULTIVÉ ET INONDÉ. — *Quid* de ces étangs qui, après avoir été mis à sec pour la pêche, sont cultivés pour être, au bout de quelques années, rendus à leur destination première et ainsi de suite? La solution naturelle est que le revenu moyen doit se former en combinant les revenus des années de culture avec ceux des années de produit de pêche.

**16658. Élagage des arbres.** — Le même système d'opération s'applique nécessairement à ces plantations de saules, de peupliers et autres arbres qui, croissant sur les bords des chemins d'exploitation rurale, des fossés, des pièces d'eau et autour des champs, fournissent un revenu régulier, mais non annuel, par leur élagage. — *V.* n° 16647.

**16659. Object susceptible d'un revenu à périodes éloignées.** — Enfin, il doit en être de même pour tout autre objet susceptible d'un revenu quelconque, mais non annuel.

**16660. Usufruit successif.** — En règle générale, c'est la valeur des choses au moment où on les recueille qui doit servir d'assiette à l'impôt ; ainsi, lorsqu'un usufruit a été légué à deux personnes successivement, le dernier usufruitier doit donner aux immeubles le revenu qu'ils avaient au moment du décès du premier usufruitier, et non à celui du décès du testateur. — *V.* 16081-7 et 16670.

**16661. Substitution.** — Le grevé de substitution doit payer les droits de mutation par décès sur la pleine propriété des biens à lui transmis, absolument comme si la charge de restitution ne le grevait pas. Cette décision est la conséquence du principe développé v° *Substitution*, à savoir que le grevé n'est pas simple usufruitier, mais propriétaire des biens à lui transmis à charge de restitution.

En second lieu, un nouveau droit de même nature est exigible lorsque les appelés recueillent les biens par suite du décès du grevé, car une nouvelle mutation s'opère sur leur tête. — V. *Substitution.*

**16662. Superficie réservée.** — Lorsque le donateur d'une forêt s'en est réservé la superficie pour l'exploiter et la vendre, afin d'éteindre ses dettes, en imposant à ses héritiers la condition d'en disposer de cette manière s'il ne l'avait fait lui-même de son vivant, les héritiers qui, après le décès du donateur, ont vendu cette superficie dont il n'avait pas été disposé, doivent payer les droits de mutation par décès, au taux immobilier, sur le revenu de cette superficie, et non sur le prix qu'elle a produit (Dél. 11 nov. 1834, 11063 J. E.).

## CHAPITRE III. — DE L'USUFRUIT ET DE LA NUE-PROPRIÉTÉ

[16663-16693]

### SECTION PREMIÈRE. — DE L'USUFRUIT

[16663-16675]

**16663. Usufruit.** — L'usufruit est un bien distinct de la nue-propriété, ayant sa valeur propre et individuelle, et donnant lieu par conséquent à un droit de transmission particulier. On avait soutenu, à cet égard, que l'usufruit légué par le défunt avait le même caractère que les rentes ou la somme d'argent non existant en nature dans le patrimoine héréditaire; qu'il fallait donc en déduire le montant pour percevoir l'impôt sur l'ensemble de la succession. Mais cette théorie a été repoussée par la Cour de cassation, dans un arrêt du 23 septembre 1811, qui affirme très-nettement les principes : « Considérant que le legs d'une rente viagère a pu être assimilé au legs d'une somme d'argent, puisqu'il n'y a que cette différence, ou d'une somme payable une fois, ou d'une somme payable à des termes annuels et successifs ; considérant que, sous ce point de vue, l'Avis du conseil d'État qui dispose que, lorsque des héritiers ou légataires universels sont grevés de legs particuliers de sommes d'argent non existantes dans la succession, et qu'ils ont acquitté le droit proportionnel sur l'intégralité de cette même succession, le même droit n'est pas dû pour les legs, a pu, dans l'espèce, recevoir son application au cas des legs de rentes viagères dont il s'agissait; mais, considérant qu'il n'en est pas de même d'un legs d'usufruit ; que la disposition de l'Avis du conseil d'État ne s'étend pas aux legs de cette nature et ne saurait y être appliquée ; qu'en effet, un legs d'usufruit ne saurait être comparé au legs d'une somme d'argent ; et que, loin qu'on puisse dire que le droit proportionnel dû à raison d'un legs d'usufruit soit acquitté par le payement du même droit sur l'intégralité de la succession, on doit considérer, au contraire, qu'un usufruit légué est une sorte de propriété nouvelle créée par le testateur, qui non-seulement n'existe pas dans l'universalité des biens par lui laissés, mais encore qui est absolument hors de la consistance réelle de sa succession ; considérant qu'il résulte de là qu'un legs d'usufruit reste dans les dispositions générales de la loi du 22 frimaire an 7 ; qu'il demeure assujetti spécialement au droit proportionnel que cette loi établit sur toute transmission de propriété d'usufruit ou de jouissance de biens meubles ou immeubles, soit entre-vifs, soit par décès ; considérant que les arrêts de la Cour des 12 avril et 8 septembre 1808, rendus, l'un sur l'espèce d'un legs d'une somme d'argent, l'autre sur l'espèce d'un legs d'une rente viagère, ne préjugent pas sur l'espèce d'un legs d'usufruit, et sont conséquemment inapplicables. »

1. JOUISSANCE. — En principe, la jouissance et l'usufruit sont deux choses parfaitement distinctes. L'usufruit est une sorte de propriété susceptible d'hypothèque s'il porte sur des immeubles, tandis que la jouissance, même d'immeubles, ne donne, sous l'empire du Code civil, qu'un droit mobilier. Mais ce n'est pas dans le sens restreint de cette dernière proposition qu'il faut entendre ici la jouissance. La loi du 22 frimaire an 7 lui assigne un caractère mobilier ou immobilier, selon qu'elle s'applique à des meubles ou à des immeubles.

C'est ce qui ressort avec une pleine évidence des art. 14 et 15 de cette loi, qui mettent la jouissance et l'usufruit sur le même pied relativement à la manière d'en déterminer la valeur.

Ce point ne fait d'ailleurs aucune difficulté dans la pratique. Ainsi donc, nous disons une fois pour toutes, que les règles que nous allons indiquer ici s'appliquent à la jouissance aussi bien qu'à l'usufruit, pourvu toutefois qu'il ne s'agisse pas d'une jouissance à titre de ferme ou de location, laquelle est soumise à d'autres principes.

2. FORMULE. — Il n'est pas d'ailleurs nécessaire, pour constituer un usufruit, que l'on se soit servi des mots nue-propriété et usufruit; il suffit qu'une somme soit stipulée payable au décès d'une personne, sans intérêts jusque-là (Cass. 21 juin 1869, 2970 R.P., 2 393-2 I.G., 19702 J.N., S. 70-1-40, 2765 Rev.).

« Attendu, porte également un arrêt de Cass. du 21 août 1861, que le marquis de Chabanais ayant institué Auguste de Colbert pour son légataire universel, a, de plus, exprimé qu'il entendait laisser à Théobald de Colbert toute la jouissance de ce legs sa vie durant; que ces expressions, dans le langage usuel comme dans celui du droit, annonçaient évidemment la distinction entre le droit de propriété et le droit de jouissance, c'est-à dire entre la nue-propriété et l'usufruit; qu'elles laissaient complétement à Théobald le droit de jouir par lui-même des biens légués pendant sa vie; qu'aucune autre disposition du testament n'est contraire à cette interprétation » (1543 R. P., 2223-5 I. G., 17225 J. N., 12059 C., S. 62-1-15 et 315).

**16664. L'usufruit s'évalue à la moitié de propriété.** — Nous avons déjà dit que c'est à tort que l'on enseigne quelquefois que l'usufruit est tarifé à la moitié des droits dus pour la propriété entière. Ce n'est pas le tarif qui est réduit de moitié lorsque les biens sont transmis en usufruit. C'est l'objet transmis qui se trouve représenter, dans le système de la loi, la moitié de la valeur de la propriété.

D'où la conséquence que la mutation par décès de l'usufruit ne produit, en définitive, que la moitié du droit auquel se trouve assujettie la mutation de la propriété.

C'est, en effet, d'après cette idée qu'ont été rédigés les art. 14 nos 11 et 15 no 8 L, 22 frimaire an 7. Le premier déclare qu'en matière mobilière l'usufruit s'évalue à la moitié de la valeur entière de l'objet. Le second veut que, lorsqu'il s'agit d'immeubles, la valeur de l'usufruit soit déterminée par l'évaluation qui sera faite et portée à dix fois le produit des biens, ou le prix des baux courants, sans distraction des charges.

**16665. Règle.** — Ainsi, on peut poser comme règle générale que tous les principes que nous développons sous le mot *Succession* sont applicables à l'usufruit en ce qui concerne la perception des droits de mutation par décès. La seule distinction qu'il y ait à faire repose sur le mode d'évaluation, qui, dans le système de la loi, ne porte jamais l'usufruit qu'à la moitié de la valeur de la propriété.

Paul me lègue l'usufruit de sa maison et de tout le mobilier qu'elle contient. Si cette maison est louée par bail courant 3,000 francs, et que le mobilier qu'elle contient ait été évalué à 10,000 francs dans un inventaire devant notaire, les droits de mutation par décès que j'aurai à payer seront liquidés sur un capital, savoir :

1o Pour la maison, de 30,000 francs, d'après une évaluation portée à dix fois le produit du bail courant (art. 15 no 8 L. 22 frim. an 7);

2o Pour le mobilier, de 5,000 francs, qui représente la moitié de sa valeur en propriété (art. 14 no 11 L. 22 frim. an 7).

**16666. Usufruit à terme.** — Il n'y aurait plus à suivre les règles ci-dessus s'il s'agissait d'un usufruit temporaire; l'opération à faire, pour obtenir le capital passible du droit, consisterait à multiplier le revenu par le nombre d'années que devrait durer l'usufruit.

En ce sens, le tribunal d'Évreux a jugé, le 18 août 1849 (14847 J. E.), que lorsque le legs particulier d'un immeuble contient réserve de la jouissance pendant trois années au profit du légataire universel, et que, par suite de la renonciation de ce dernier, les héritiers sont appelés à recueillir la succession, ils doivent payer pour l'usufruit de l'immeuble, pendant trois ans, le droit de mutation par décès au taux fixé pour les immeubles, d'après le degré de leur parenté avec le défunt : « Attendu que la testatrice n'ayant, par aucune autre clause de son testament, disposé des trois années de jouissance réservées, cette jouissance est restée au surplus de la succession, et ses trois héritiers naturels en ont été saisis directement et de leur chef, comme de tous autres biens restés *ab intestat* dans la succession ; attendu que cette jouissance est un véritable usufruit à certain jour de biens immeubles, défini et autorisé par les art. 578, 579, 580 et 581 C. C.; attendu que des considérations qui précèdent, il résulte que le sieur de Boisbrunet et joints sont usufruitiers pendant trois années du domaine de Faverolles; qu'en cette qualité, ils ont droit de jouir de tous les fruits de ce domaine pendant ledit espace de temps ; que, parmi ces fruits sont les fermages de la ferme de Faverolles, qui sont à leur égard des valeurs immobilières; qu'il suit de là que le droit de mutation qu'ils avaient à payer était le droit de 8 pour 100 fixé par l'art. 33 L. 21 avril 1832 ; que c'est donc à tort qu'ils réclament contre la perception de ce droit, qui a été faite légalement et qui doit être maintenue » (D. N. t. 12 p. 297 no 589).

Ainsi encore, si Pierre a légué à Paul l'usufruit de sa maison pendant vingt ans, et que celui-ci meure quinze ans après Pierre, l'usufruit qui restera à courir jusqu'à la vingtième année tombera nécessairement dans la succession de Paul, et ses successeurs devront acquitter les droits de mutation par décès, non pas sur un capital formé de dix fois le revenu, mais seulement de cinq fois (*Conf.* : D. N. t. 13 p. 291 no 740).

1. DURÉE EXCÉDANT DIX ANS. — *Quid* lorsque la durée de l'usufruit temporaire excède dix ans ? Faut-il multiplier également le revenu par le nombre d'années qui en forment la durée? L'affirmative, que l'on a quelquefois enseignée, conduirait à ce résultat absurde que, s'il s'agissait d'une durée de quarante ans, par exemple, on obtiendrait par une semblable opération un capital double de celui de la pleine propriété elle-même. La raison indique donc que le seul mode d'opérer qui trouve sa justification dans la nature des choses est de calculer l'usufruit temporaire comme l'usufruit ordinaire s'il doit durer plus de dix ans, ou d'opérer sur le nombre des années si ce nombre est inférieur à dix.

**16667. Durée indéterminée.** — Mais, toutes les fois que la durée est indéterminée, la seule base légale à adopter et la seule d'ailleurs qui soit rationnelle, c'est de multiplier le revenu par 10. Paul meurt me léguant la jouissance de sa maison pendant toute ma vie, sauf le cas où sa cousine se marierait. Si j'ai accepté le legs, je devrai payer les droits de mutation par décès à raison de cette jouissance sur un capital formé de dix fois le revenu de la maison, alors même que la cousine de Paul s'étant mariée dans les six mois du décès, ma jouissance n'aura eu qu'une durée tout à fait éphémère. Il aurait pu arriver, en effet, que la cousine de Paul ne se mariât jamais.

**16668. Legs de revenus ou d'annuités.** — Il faudrait se garder de confondre avec un legs d'usufruit le simple legs des revenus d'un fonds. Le legs des revenus ne confère au légataire qu'une créance personnelle et mobilière n'empêchant pas l'aliénation de la propriété entière et n'autorisant en aucune façon le légataire à demander la possession du fonds. C'est là une question d'interprétation à décider d'après les termes de l'acte et les circonstances du fait (Nîmes 23 déc. 1807, S. 1807-2-687).

A plus forte raison, un simple legs d'annuités ne constituerait-il pas un usufruit ; et si, par exemple, ce legs avait été fait à une commune, les annuités devraient être servies non pas seulement pendant trente ans, d'après l'art. 619 C. C., mais pendant toute la durée de l'établissement public (Proudhon t. 1^er n° 331, Duvergier t. 2 n° 480, Demolombe t. 10 n° 229 *bis*).

Mais le legs d'un fonds à vie devrait être sans hésitation considéré comme un legs d'usufruit, de même qu'autrefois la vente à vie équivalait à une cession d'usufruit (Merlin v° *Usuf.* § 1^er n° 3, Demolombe t. 10 n° 229).

**16669. Jouissance réservée.** — Il arrive fréquemment que le vendeur d'un immeuble se réserve la jouissance du bien pendant un certain temps. « Il n'est pas très-facile, dit Demolombe, de définir le caractère de ce droit. Nous croyons que c'est à titre de location que le vendeur continue de conserver la possession et la jouissance de la chose, les loyers ou fermages ayant été acquittés par lui à l'avance au moyen de la diminution qu'il a évidemment faite sur le prix à raison de cette jouissance » (t. 10 n° 230 *bis*). — V. *Vente d'immeubles*.

C'est donc par les principes exposés aux n^os 16289 et 16290 qu'il faudrait régler la perception des droits de mutation par décès exigibles sur cette jouissance.

**16670. Usufruit successif.** — On peut établir l'usufruit au profit de plusieurs personnes successivement ; mais il y a alors en réalité autant de droits d'usufruit distincts qu'il y a de personnes appelées à se succéder dans la jouissance de la chose : l'usufruit, qui est pur et simple pour la première, n'est pour les autres qu'un droit conditionnel ; et s'il s'ouvre un jour pour elles parce qu'elles auront survécu à l'extinction de l'usufruit qui les précédait, ce sera un usufruit tout nouveau qui commencera sur leur tête (Demolombe t. 10 n^os 246 et 254).

De ce que l'usufruit secondaire est alors soumis à la condition suspensive du prédécès du premier institué, nous en avons conclu, au n° 16081, qu'il fallait appliquer le tarif en vigueur au jour du décès du disposant et régler la perception d'après le degré de parenté existant entre lui et les seconds usufruitiers.

Mais cette rétroactivité ne s'aurait s'étendre à la détermination de la valeur imposable de l'usufruit. Il faut prendre la valeur au jour de la réalisation de la condition. Le tribunal de la Seine l'a décidé par de très-bons motifs dans deux jugements des 6 février 1855 et 15 février 1856 (16227 J. E., 15739 J. N.) fondés sur les mêmes raisons: « Attendu que si la loi fiscale sous laquelle s'ouvrent les successions est nécessairement la seule qui puisse régir la mutation des biens qui s'opère par suite du décès ou de la volonté du défunt, et que, si seule elle est applicable au second usufruit, qui ne doit commencer qu'au décès du premier usufruit institué, tout aussi bien qu'au premier usufruit, par la raison que, dans l'un comme dans l'autre cas, la mutation s'opère du défunt à l'usufruitier, il n'en résulte pas pour cela que la valeur de l'usufruit à l'époque du décès doive également, pour l'un et pour l'autre, servir de base et d'assiette des droits ; que, le second usufruit ne devant s'ouvrir qu'à une époque donnée, celle du décès du premier usufruitier est par cela même subordonnée à une double condition : celle de l'existence du second usufruitier à cette époque, et celle de l'existence de la chose elle-même ; que c'est donc cette chose telle qu'elle existe à ladite époque, si elle existe, accrue ou diminuée, qui lui a été transmise par le défunt ; qu'il s'ensuit que c'est sa valeur au jour du décès du premier usufruitier qui doit servir de base à l'assiette des droits proportionnels de mutation ; que cette appréciation n'est pas moins conforme aux principes du droit qu'aux lois de la raison et de l'équité ; qu'on ne saurait prétendre que l'ouverture du second usufruit a un effet rétroactif qui le reporte au jour du décès du testateur, et que, par suite, c'est la valeur de la chose à cette époque qui doit servir de base ; que cette prétention serait contraire à la nature même des faits, puisque le testateur a transmis le second usufruit pour s'ouvrir, non pas à son décès, mais au décès du premier usufruitier ; qu'on ne saurait donc accorder à ce second usufruit un effet rétroactif quelconque au delà de ce point de départ fixé par la loi ; qu'autrement la première conséquence de cette éventualité serait de donner au second usufruitier le droit de répéter les fruits perçus par le premier. »

Cette doctrine, que nous avons amplement développée au n° 2924 R.P., a été prise pour règle par l'Administration dans une solution rendue en thèse générale le 18 janvier

1864 (1957 § 3 R. P.) et consacrée par un jugement du tribunal de Lyon du 26 janvier 1867 (2658 R.P.).

Elle a été soumise à la Cour de cassation dans un cas où la valeur léguée s'était transformée pendant la jouissance du premier usufruitier. La chambre civile a reconnu, le 4 janvier 1871, que si un testateur a légué à trois personnes successivement l'usufruit d'une somme qui se trouve ultérieurement placée en rente sur l'État, le droit de succession exigible au décès des premiers usufruitiers doit être perçu sur la rente et non sur l'usufruit du capital originairement légué, le recouvrement des droits étant alors soumis à la prescription trentenaire créée pour les rentes sur l'État : « Attendu, porte l'arrêt, que, pour satisfaire à la disposition testamentaire qui vient d'être rappelée, ladite somme a été placée par les soins de la famille en rente 3 pour 100 sur l'État français, et que cette rente est arrivée ainsi aux mains de la dame Génicoud après l'extinction du premier usufruit ; qu'il résulte de ce qui précède que la dame Génicoud a, en réalité, recueilli de la testatrice une rente sur l'État et qu'ainsi les droits de mutation par décès à percevoir sur cette rente ne devaient se prescrire que par le laps de trente années, conformément aux dispositions de l'art. 26 précité » (3219 R.P., 2421-3 I. G., B. 1er, S. 71-1-82, D. 71-1-313, P. 71-215. — *Contrà* Seine 20 mars 1869, 2924 R. P.). — *Conf.* : Seine 25 juill. 1874, 3995 R. P. ; — Versailles, 25 juin 1872.

**16671. Usufruit modifié avant la déclaration de succession.** — Nous ajoutons que le légataire ou l'héritier doit, selon nous, évaluer l'usufruit lui-même tel qu'il l'a recueilli au décès, sans égard aux transformations que ce droit a éprouvé entre ce décès et la déclaration de succession. C'est donc justement que l'Administration a reconnu, par une Dél. 16 juillet 1830 (9714 J. E.), que si le légataire de l'usufruit d'un immeuble qui en a fait cession aux héritiers moyennant un prix déterminé, décède avant le délai pour faire la déclaration, les héritiers doivent acquitter le droit de mutation par décès, non sur ce prix, mais sur la valeur de l'usufruit au taux fixé pour les immeubles.

Il a été de même décidé, avec raison, que bien que, par un accord intervenu sur un testament qui contient legs de la jouissance des biens du testateur, le légataire universel et le légataire de la jouissance n'aient considéré ce legs que comme ne donnant droit qu'à de simples revenus convertis en rente viagère, le droit de mutation par décès n'en est pas moins dû comme sur usufruit (Cass. 21 août 1861, 1543 R.P., 2223-5 I. G., 17225 J.N., 12059 C., S. 62-1-15 et 315).

Il n'en serait autrement que dans le cas d'un partage antérieur à la déclaration de succession, comme nous le verrons plus loin (n° 16778) et à cause du caractère déclaratif et rétroactif de cet acte.

**16672. Usufruit cédé.** — Quoique le second usufruitier ait acheté les droits du premier par un acte entre-vifs assujetti à l'impôt proportionnel, le droit de mutation par décès n'en devient pas moins exigible, selon les règles ordinaires, au décès de ce premier usufruitier, car, depuis le décès, la jouissance du cessionnaire n'est autre que l'usufruit légué et, à raison de cet usufruit, aucun droit n'avait encore été perçu (Lyon 26 janv. 1867, 2658 R. P.). — V. *Donation, Réversion d'usufruit.*

**16673. Droit d'habitation.** — Le droit d'habitation participe par sa nature et ses effets de l'usufruit, il forme un démembrement temporaire de la propriété; il est donc, comme l'usufruit, sujet au droit de mutation sur un capital au denier 10 du revenu.

**16674. Majorat.** — 1. MAJORAT SUR DEMANDE. — On a vu au n° 16654 que, du moment que les biens qui étaient affectés à un majorat sur demande, c'est-à-dire fondé avec des biens particuliers, sont redevenus libres, par l'extinction du majorat, ou qu'avant l'extinction du majorat ils sont échus aux enfants déjà nés ou conçus, les droits de mutation par décès doivent être liquidés sur une évaluation formée de vingt fois le revenu, comme en matière de succession ordinaire.

2. MAJORAT DE PROPRE MOUVEMENT. — Mais il n'en est plus ainsi lorsqu'il s'agit d'un majorat de propre mouvement qui n'est destiné à s'éteindre qu'avec la descendance mâle de l'institué. Les biens qui composent cette sorte de majorat ayant originairement appartenu à l'État, et étant destinés à lui revenir, en cas d'extinction de la descendance, ils n'ont, entre les mains du titulaire, d'autre valeur que celle d'un usufruit. Aussi résulte-t-il de l'art. 6 Déc. 24 juin 1808 que, tout le temps qu'un majorat subsiste, les mutations par décès des biens qui le composent ne donnent ouverture qu'à un droit égal à celui qui est perçu pour la transmission d'un simple usufruit en ligne directe, c'est-à-dire sur un capital formé de dix fois le revenu annuel.

3. PENSION A LA VEUVE. — Il va sans dire également que c'est sur l'évaluation comme en matière d'usufruit, c'est-à-dire sur un capital au denier 10 de la rente, que doit être perçu le droit de mutation par décès dû à raison de la pension que la veuve peut obtenir dans les conditions indiquées au n° 11070.

**16675. Substitution.** — Quant aux biens grevés de substitution, on a vu, au n° 16661, que c'est sur la valeur entière de la propriété que le droit doit être perçu.

## SECTION 2. — DE LA NUE-PROPRIÉTÉ

[16676-16693]

**16676. La nue-propriété s'évalue comme la propriété entière.** — 1. CONSIDÉRATIONS PRÉLIMINAIRES. — L'art. 578 définit l'usufruit : le droit de jouir des choses dont *un autre a la propriété*. Ce qu'il faut conclure de cette définition, c'est que le Code considère la propriété comme résidant réellement sur la tête de celui qu'on appelle le nu-propriétaire, et que l'usufruit qui en est détaché ne constitue réellement, entre les mains de l'usufruitier, qu'une charge. « Sous certains rapports, dit M. Demolombe (t. 10 n° 221), on peut dire que l'usufruit est une partie détachée de la propriété ; et voilà pourquoi, effectivement, il est susceptible d'être loué, cédé, hypothéqué. Mais sous d'autres rapports, il ne constitue véritablement qu'*une charge* de la chose sur laquelle il s'exerce. »

Si l'on ajoute à cette considération l'impossibilité où l'on se trouve de donner à l'usufruit une évaluation uniforme, puisque, pour être exacte, cette évaluation doit nécessairement être faite, dans chaque espèce, d'après les circonstances particulières du fait, eu égard surtout à l'âge et aussi à la santé, aux habitudes, à la profession de l'usufruitier, l'on arrive à reconnaître que lorsque l'on a à évaluer la nue-propriété pour l'application des droits de mutation par décès, la règle la plus rationnelle à suivre est de l'évaluer comme s'évalue la propriété entière, sans égard à l'usufruit.

2. SYSTÈME DE LA LOI. — Cependant, hâtons-nous de le dire, tel n'est pas le point de vue auquel s'est placé le législateur de l'enregistrement. Par une disposition toute spéciale et qui est unique dans le système général de nos lois, il a déterminé la valeur comparative de l'usufruit et de la propriété. L'art. 14 nº 11 L. 22 frimaire an 7 déclare que l'usufruit transmis à titre gratuit s'évalue à la moitié de la valeur entière de la propriété. Et l'art. 15 nº 8, présentant cette même idée sous une autre face, veut que l'importance de l'usufruit soit représentée par une évaluation portée à dix fois le produit des biens, c'est-à-dire par une évaluation qui est juste la moitié de celle que l'art. 15 nº 7 assigne à la propriété entière.

Il résulte incontestablement de là que, dans le système de la loi de l'impôt, la propriété se divise en deux portions d'égale valeur : la nue-propriété et l'usufruit.

**16677. Le droit se perçoit sur la nue-propriété comme sur la propriété.** — En principe, l'héritier de la nue-propriété ne devrait payer le droit de mutation que sur la moitié et l'usufruitier sur l'autre moitié, sauf au nu-propriétaire à payer le complément du droit lorsque, par l'extinction de l'usufruit, il réunirait la propriété entière dans ses mains.

Mais l'art. 15 nº 7 L. 22 frimaire an 7 indique une autre marche. Après avoir déterminé la valeur de la propriété, pour la transmission par décès, à vingt fois le revenu des biens, cet article ajoute : « Il ne sera rien dû pour la réunion de l'usufruit à la propriété lorsque le droit d'enregistrement aura été acquitté sur la valeur entière de la propriété. » Dans la pensée du législateur, l'héritier doit donc, dès qu'il recueille la nue-propriété, payer le droit sur la valeur de l'entière propriété, sauf à réunir plus tard l'usufruit à sa nue-propriété sans bourse délier. C'est du moins dans ce sens que l'art. 15 nº 7 a été, dès le principe, interprété par la Cour de cassation, et cette interprétation n'a presque plus soulevé de difficultés depuis cette époque (Cass. 13 flor. an 9, 20 frim. an 14, 29 juin 1809, 11 sept. 1811).

Voici dans quelles circonstances le dernier arrêt a été rendu :

Le 27 mars 1808, le sieur Condet mourut, laissant à Jeanne Desacdeler, sa veuve, l'usufruit de ses biens, et la nue-propriété à Marie-Thérèse Condet, sa nièce. Le 26 septembre de la même année, la veuve Condet acquitta les droits dus pour l'usufruit qu'elle venait de recueillir. On perçut aussi ceux résultant de la nue-propriété; mais la base sur laquelle ils avaient été liquidés ayant été reconnue insuffisante, on décerna contre Marie-Thérèse Condet une contrainte en supplément.

La veuve Condet forma opposition à cette contrainte, au nom de sa nièce. Elle fonda son opposition sur ce que l'usufruit représentant la moitié de la valeur de la succession, et la nue-propriété l'autre moitié, l'héritier de la nue-propriété ne pouvait être tenu de payer le droit et sur la nue-propriété et sur l'usufruit, puisqu'il ne recueillait pas ce dernier.

Un jugement du 22 septembre 1809 déclara l'Administration non recevable. Il considéra que l'usufruit étant une distraction de la propriété, évaluée à la moitié de cette même propriété, l'héritier de la nue-propriété ne succède réellement qu'à la moitié de la propriété, et que dès lors il ne peut être obligé de payer, au moment du décès, pour un usufruit qu'il ne recueille pas, et que l'art. 15 nº 7 § 2 laisse à l'héritier de la nue-propriété la faculté de payer sur la propriété entière.

L'Administration, en dénonçant ce jugement à la Cour de cassation, fit remarquer que la propriété doit être évaluée à vingt fois le produit des biens, sans égard à la charge de l'usufruit, suivant l'art. 14 L. 22 frimaire an 7. Elle soutint également que le tribunal avait fait une fausse application du dernier paragraphe nº 7 de l'art. 15 de la même loi, en disant qu'il laissait à l'héritier de la nue-propriété la faculté de payer à raison de la propriété entière, ou de payer pour l'usufruit réuni à la propriété au moment où s'opère cette réunion.

La Cour de cassation adopta ces moyens, par un arrêt en date du 11 septembre 1811, ainsi conçu :

« Attendu : 1º qu'il résulte des dispositions de la loi que la propriété doit être évaluée à vingt fois le produit des biens, sans égard à la charge de l'usufruit; — 2º attendu que la loi n'est point facultative; qu'elle ne laisse pas à l'héritier le choix du moment où il doit acquitter les droits; qu'elle établit seulement qu'il n'est rien dû pour la réunion de l'usufruit à la propriété lorsque le droit d'enregistrement a été acquitté sur la valeur entière de la propriété; — 3º attendu qu'en jugeant que l'héritier de la nue-propriété avait la faculté de payer à raison de la propriété entière, ou de payer pour l'usufruit réuni à la propriété au moment où s'opère cette réunion, le tribunal civil de Courtrai a formellement contrevenu auxdits art. 14 et 15 ci-dessus cités, et qu'il a fait en même temps une fausse application du dernier paragraphe du nº 7 dudit art. 15. »

Un autre arrêt, du 18 décembre 1811 (4134 J.E., 1631 J.N.), a été rendu exactement dans le même sens.

**16678. Décès du nu-propriétaire avant la réunion de l'usufruit. — Immeubles.** — En cet état de choses, il semblait naturel de considérer que le droit payé par un premier légataire de la nue-propriété devait comprendre par anticipation la portion du droit de mutation qui serait due à la fin de l'usufruit; d'où la conclusion qu'en cas de nouvelle transmission de cette même nue-propriété avant l'extinction naturelle de l'usufruit, les nouveaux légataires ou donataires ne peuvent être assujettis au payement du droit de mutation que sur la moitié de la valeur attribuée par la loi à la propriété.

Mais l'Administration ne l'avait jamais entendu ainsi; il

était de jurisprudence autrefois que l'usufruit, séparé de la propriété, n'empêchait pas que le droit de centième denier ne fût exigible sur la valeur entière des biens lorsque la propriété changeait de mains. « Ce principe, dit Bosquet, a été confirmé toutes les fois que la question s'est présentée » (t. 4 p. 275). Sous l'empire de la loi de l'an 7, l'Administration prétendait également que, bien que l'usufruit se trouvât séparé de la nue-propriété, la transmission de celle-ci devait toujours acquitter le droit sur la valeur entière de la propriété (1210 § 9 I. G.), et de nombreuses décisions émanées des tribunaux secondaires avaient consacré cette doctrine (Montargis 17 août 1835, 12729 J. E. ; — Arras 20 avr. 1842, 12936 J. E., 11360 J. N. ; — Dieppe 1er juin 1842, 13004-5 J. E. ; — Saint-Calais 18 fév. 1843, 13194 J. E. ; — Pontoise 18 avr. 1843, 13230 J. E. ; — Seine 14 fév. 1844, 13442 J. E. ; — Seine 27 juin 1844, 13542-4 J. E. ; — Douai 27 juin 1844, 12087 J. N. ; — Seine et Béthune 10 et 14 fév. 1846, 13938 J. E. ; — Sancerre 24 fév. 1847, 14198 J. E.).

Mais la cause étant venue devant la Cour suprême, une théorie diamétralement opposée ressortit de six arrêts en date des 2 avril 1845 (S. 45-1-511) et 27 décembre 1847 (S. 48-1-238, 14397 J. E.), dont le dernier, rendu par les chambres réunies, est ainsi conçu :

« Attendu, en droit, que les actes qui opèrent une mutation de propriété sont seuls, aux termes de la loi, passibles du droit proportionnel d'enregistrement ; d'où il suit que ce droit ne peut être perçu toutes les fois qu'il n'y a pas translation de propriété d'une personne à une autre ; attendu qu'il résulte du rapprochement des lois précitées qu'elles contiennent une exacte application de ce principe de droit ; qu'en effet, si elles soumettent celui qui acquiert la nue-propriété d'un immeuble à payer, en même temps que le droit assis sur cette nue-propriété, le droit dont serait passible l'usufruit dont il ne jouit pas encore, le payement de ce second droit constitue une perception par anticipation et à valoir sur la mutation future qui devra avoir lieu lorsque l'usufruit sera réuni à la nue-propriété ; attendu qu'au moyen de cette perception anticipée, le possesseur de la nue-propriété est affranchi de plein droit du payement du droit dont il serait redevable le jour de la réunion effective de l'usufruit à la nue-propriété s'il ne l'avait acquitté d'avance ; d'où il suit que, quel que soit le nombre des mutations subies par la nue-propriété, il ne peut être dû, à leur occasion, aucun droit proportionnel pour l'usufruit qui est encore séparé et pour lequel le droit a été précédemment payé ; que s'il en était autrement, la Régie percevrait un droit proportionnel sur l'usufruit à cause d'un acte qui n'emporterait point mutation de l'usufruit, et pour une disposition pour laquelle le droit proportionnel auquel elle serait soumise a déjà été payé ; qu'il importe peu qu'en ce cas l'usufruit puisse ou non être considéré comme une charge de la propriété, puisque, dans l'espèce, le droit a été payé d'avance sur la pleine et entière propriété, sans distraction des charges ; de tout quoi il résulte qu'en jugeant le contraire, le jugement attaqué a faussement appliqué les art. 4 et 15 L. 22 frimaire an 7, ainsi que le n° 6 de ce dernier article, et commis une violation expresse des dispositions ci-dessus transcrites. »

Ces arrêts ayant été transmis aux employés par l'I. G. n° 1816, ont fixé la jurisprudence dans ce sens.

C'est autour de cette doctrine, qu'avait inaugurée un arrêt du 3 mars 1841 (10425 J. N., S. 41-1-347) et qu'a consacrée depuis un arrêt du 21 juin 1848 (14540 J. E., 13371 et 13426 J. N., S. 48-1-238), que se sont groupées les décisions des tribunaux secondaires (Pont-Audemer 22 août 1845, 12480 J. N., 13919-4 J. E. ; — Chartres 27 fév. 1838, 12386 J. E., 10425 J. N. — Pont-Audemer 24 fév. 1842, 11360 J. N. ; — Pithiviers 23 août 1844, 12087 J. N. ; — Étampes 19 nov. 1844, 12186 J. N. ; — Doullens 6 déc. 1843, 12167 J. N. ; — Corbeil 24 août 1842, 11547 J. N. ; — Évreux, Château-Thierry, Seine 21 mai, 11 et 15 juin 1842, 11441 J. E. ; — Grasse 24 nov. 1845, 12562 J. N. — Rouen 11 mai 1842, 11408 J. N. ; — Boulogne 14 fév. 1846, 13237 J. N.).

**16679. Principe.** — Ainsi, il faut admettre comme un principe irrécusable aujourd'hui que lorsque la nue-propriété d'un immeuble a été transmise *une première fois* par décès, et que, lors de cette première transmission, le droit de mutation a été perçu sur la *valeur entière*, ce droit ne doit plus être assis, tant que l'usufruit restera séparé, que sur dix fois le revenu lors des transmissions qui peuvent avoir lieu ensuite.

Nous appelons d'une manière toute particulière l'attention de nos lecteurs sur les mots que nous venons de souligner. Il faut, en effet, pour que la doctrine de la Cour de cassation puisse rester en harmonie avec les principes de la loi de l'impôt, que le droit de mutation ait été acquitté sur la valeur entière de la propriété par celui qui transmet la nue-propriété [1].

**16680. Usufruit détaché par le propriétaire.** — Si donc un propriétaire d'immeubles en cède l'usufruit et qu'il décède avant l'usufruitier, ses héritiers qui ne recueillent que la nue-propriété sont tenus de payer le droit de succession sur vingt fois le revenu, parce que s'il en était autrement, il en résulterait qu'à l'extinction de l'usufruit, cette valeur se réunirait à la nue-propriété sans qu'ils eussent jamais payé aucun droit à raison de cette mutation, ce qui serait contraire à l'esprit de la loi.

C'est ce qui a été décidé par un jugement du tribunal de Saumur, du 30 juillet 1853, ainsi conçu : « Attendu que tous les actes qui opèrent une mutation de propriété sont passibles, aux termes de la loi du 22 frimaire an 7, du droit proportionnel d'enregistrement ; que, suivant cette loi, le droit proportionnel est déterminé, quand la transmission s'effectue par décès, par une évaluation qui est portée à vingt fois le produit des biens, sans distraction des charges ; attendu que le payement du droit proportionnel pour des immeubles grevés d'usufruit doit se faire sur la valeur entière de ces immeubles, c'est-à-dire sur un revenu capitalisé au denier 20 ; mais aussi la réunion de l'usufruit à la nue-propriété n'est, dans ce cas, assujettie à aucun

1. Nous avons toujours, dit Demolombe, trouvé très-dure et très-exorbitante la disposition de notre loi fiscale qui oblige l'acquéreur de la nue-propriété à payer *hic et nunc* le droit de mutation sur la pleine propriété ; et cela pour un bien dont il n'aura peut-être pas de très-longtemps la jouissance, dont il ne jouira peut-être jamais (t. 10 n° 622 *bis*). — Des propositions de réformes sont actuellement soumises aux chambres (4910 R. P.).

droit; attendu, dans l'espèce, que M. Piet de Beaurepaire avait recueilli la pleine propriété des biens provenant de son père et en avait acquitté les droits de mutation en conséquence, que ce n'est qu'après avoir joui de ces biens qu'il a cédé à sa mère, comme condition de la donation qu'elle lui faisait, l'usufruit de ces mêmes biens; que, dès lors, cet usufruit est une charge de la propriété qu'il laisse aujourd'hui à ses enfants, et qui ne pouvait pas en être distraite pour la perception du droit de mutation; attendu que si les mineurs Piet n'acquittaient les droits de succession que sur la valeur de la nue-propriété, il en résulterait qu'à l'extinction de l'usufruit, cette valeur n'aurait jamais donné lieu à un droit proportionnel, ce qui serait contraire aux dispositions de la loi de l'an 7; et attendu que lesdits mineurs, dans leur déclaration du 14 août 1849, n'ayant acquitté les droits que sur la valeur intrinsèque de la nue-propriété, sur un capital au denier 10, n'ont pas satisfait au désir de la loi précitée dans les art. 1er, 4 et 15 no 7. »

La même interprétation résulte d'un jugement du tribunal de Saint-Étienne, du 19 août 1873, d'après lequel lorsqu'un legs a pour objet la nue-propriété d'un immeuble dont l'usufruit a été aliéné par le défunt, la capitalisation du revenu pour l'assiette du droit de mutation par décès doit se faire au denier 20 (ou 25) (3889 R. P.).

De même, s'il dépend de la succession des biens dont l'usufruit appartient à la veuve en vertu d'une convention de mariage, la nue-propriété échue aux héritiers s'évalue comme la propriété (Seine 13 juin 1874, 4119 R. P.).

**16681. Usufruit détaché depuis le décès.** — Pour qu'il y ait lieu de faire l'application de la jurisprudence indiquée au no 16678, c'est-à-dire de ne soumettre la transmission ultérieure de la nue-propriété au droit proportionnel que sur moitié de la valeur entière, il est indispensable que lors de la première mutation, le droit ait été acquitté par anticipation sur l'usufruit appartenant à un tiers. Si cet usufruit n'était pas encore détaché de la nue-propriété au moment de la première transmission, on ne peut pas dire que l'héritier ou le légataire qui a reçu la pleine propriété ait acquitté par avance le droit de la jouissance qu'il n'avait pas: il a supporté intégralement l'impôt, parce qu'il a recueilli la propriété intégrale. Sa position diffère entièrement de celle du nu-propriétaire privé d'usufruit, auquel on demande le droit par anticipation sur une jouissance dont il a la simple expectative. Si l'usufruit se sépare ensuite de la toute propriété, en vertu d'une condition imposée par le testament, ce détachement ne rétroagit pas au décès du testateur, et quand l'héritier ou le légataire de la toute propriété vient à mourir laissant dans sa succession la nue-propriété du bien, on ne saurait prétendre qu'il avait acquitté l'impôt pour la jouissance ultérieurement détachée et que le droit n'est plus exigible que sur la moitié de la valeur entière, comme dans le cas prévu à l'I. G. no 1816.

Le contraire avait été cependant décidé par des jugements des tribunaux de la Seine du 25 août 1860, et de Lille du 28 février 1861, dans un cas où il était stipulé que le légataire universel n'entrerait en jouissance qu'au décès de sa femme, l'héritier ayant jusqu'à cette époque la pleine propriété du bien.

L'héritier acquitta l'impôt sur la valeur entière, puis la condition imposée à l'usufruitier s'étant réalisée, celui-ci se mit en possession de sa jouissance. Au décès de l'héritier, on soutint que la nue-propriété des biens dont l'usufruit venait de se détacher n'était passible du droit que sur moitié de la valeur entière et les jugements des 25 août 1860, et 28 février 1861 accueillirent ce système. Mais nous en avons vivement combattu la doctrine au no 1469 R. P., par des motifs qui se trouvent reproduits dans deux arrêts du 5 avril 1864 portant cassation des jugements précédents.

« Attendu, portent ces arrêts, que de Warennes, décédé le 9 mars 1847, a, par son testament olographe du 27 avril 1835, institué pour sa légataire universelle la dame de Louvencourt, sa petite-nièce, et légué à de Louvencourt, mari de cette dernière, l'usufruit universel de ses biens, lequel ne devait commencer que du jour du décès de son épouse; attendu qu'en vertu de la disposition faite à son profit, la dame de Louvencourt a recueilli, au décès de de Warennes, la pleine et entière propriété de tous ses biens par lui délaissés; que c'est à ce titre de propriété et non à titre d'usufruit qu'elle a joui jusqu'au moment de son décès; qu'en conséquence, lorsqu'au décès de de Warennes, la dame de Louvencourt a payé le droit de mutation sur l'entière propriété dont elle s'est trouvée immédiatement saisie, elle a acquitté ce droit pour son propre compte, et sans aucune anticipation pour l'usufruit éventuel légué à son mari; attendu qu'aux termes du testament de de Warennes, l'usufruit légué à de Louvencourt n'a dû commencer que du jour du décès de son épouse, légataire de la pleine propriété; que c'est seulement à cette époque que cet usufruit a pris naissance et qu'il a été réellement démembré de la propriété; attendu qu'au décès de la dame de Louvencourt, leur mère, les défendeurs ont ainsi recueilli dans sa succession la nue-propriété des biens provenant de de Warennes, avec l'expectative d'un usufruit immédiat dont ils ont été les premiers grevés, et à raison duquel aucun droit de consolidation n'avait été payé d'avance, à leur décharge, par la dame de Louvencourt, leur mère; attendu que, dans ces circonstances, ils ont dû payer le droit de mutation sur l'entière propriété, conformément à l'art. 15 no 7 L. 22 frimaire an 7 » (1888 R. P., 2288-4 I. G., 12642 C., 17828 J. E., 18030 J. N., 858 Rev., S. 64-1-190). — La même interprétation avait prévalu devant le tribunal de Laon, le 31 janvier 1861 (1470 R. P., 12007 C.).

**16682. Retour conventionnel.** — De même, lorsque, par suite de la disposition de l'usufruit au profit d'un tiers par le donataire, la créance donnée est rentrée, en nue-propriété seulement, aux mains de l'ascendant donateur, par la force du retour conventionnel, le droit de succession est dû, au décès de celui-ci, non sur la nue-propriété seulement, c'est-à-dire sur la valeur de moitié de la créance, mais sur son intégralité (Seine 27 avr. 1861, 1506 R.P., 17119 J. N., 11987 C., 17302 J. E.; — Sol. 14 août 1872).

Non-seulement, en effet, l'ascendant donateur n'avait rien payé, mais encore il ne pouvait rien avoir à payer à raison du retour qui s'était opéré sur sa tête, car il n'y avait pas eu droit successoral à son profit. Dès lors, il n'y avait pas, dans l'espèce, cette exemption de droit qui équivaut à payement. Ce n'était pas une mutation qui s'était opérée en sa faveur pendant que l'usufruit en était séparé, c'était l'exercice d'une condition résolutoire qui s'était produit. La seule, la vraie, et par conséquent la première mutation à titre successif qui avait eu lieu depuis la séparation de l'usufruit était celle qui s'était opérée après le décès de l'ascendant donateur. Dès lors, cette mutation devait subir le droit de succession sur la valeur entière des biens qui en avaient fait l'objet.

**16682** *bis.* **Usufruits successifs.** — Si le premier de deux usufruitiers successifs a acheté la nue-propriété, comme l'usufruit passe à son décès au second usufruitier, le premier ne reste saisi que d'une nue-propriété transmise aux héritiers avant l'extinction de l'usufruit et sujette à un demi-droit (Sol. 7 mars 1874 et 24 fév. 1875).

**16683. Réduction ou résolution de donation.** — Quand la donation d'un immeuble en pleine propriété a été réduite, pour cause d'inexécution des conditions, à la nue-propriété de l'immeuble, le droit exigible sur la transmission par décès de cette nue-propriété doit être calculé au denier 20. Le donataire a été saisi de la pleine propriété, il n'a donc payé que sur la valeur à lui transmise et n'a rien acquitté par anticipation. Si, par suite de l'inexécution des conditions, l'usufruit lui a été enlevé, cette circonstance ne change pas le fait primitif et l'héritier trouve dans la succession du *de cujus* une propriété transmise pour la première fois.

Le contraire a lieu quand, sur la demande en résolution d'une donation par un père à son fils, le tribunal a ordonné que la donation serait réduite à la nue-propriété de l'immeuble donné, dont le père reprendrait l'usufruit. Au décès du fils, avant l'extinction de l'usufruit, le droit n'est exigible pour la nue-propriété que sur le revenu capitalisé au denier 10, puisque le droit de donation a été perçu sur la valeur entière.

**16684. Usufruit abandonné comme condition d'une libéralité.** — Après qu'un père a donné à ses enfants la nue-propriété de la moitié d'une ferme dont ils ont recueilli l'autre moitié dans la succession de leur mère, à charge par eux de lui abandonner l'usufruit de cette autre moitié, un des donataires meurt avant le père, donateur. Le droit sera exigible sur vingt fois le revenu de la part de cet enfant dans la moitié de ferme recueillie à titre héréditaire, car la moitié seule donnée par le père a supporté un droit *sur la valeur entière*, tandis que l'autre moitié, dont l'usufruit a été abandonné comme condition de la donation, n'a pas supporté *ce droit depuis que l'usufruit en a été séparé* (Mamers 20 janv. 1851, 15136 J. E.).

**16685. Acquéreur sous réserve d'usufruit.** — Si l'acquéreur d'immeubles sous réserve d'usufruit par le vendeur décède avant l'extinction de l'usufruit, ses héritiers ne sont-ils tenus de payer le droit de succession que sur la valeur de la nue-propriété, c'est-à-dire sur dix fois le revenu? — L'auteur de la succession a laissé un immeuble dont il n'a jamais possédé que la nue-propriété, alors cependant qu'il avait payé le droit sur la propriété entière lors de l'enregistrement de son contrat d'acquisition. Dès lors, le principe qui a fait l'objet de notre n° 16679 est parfaitement applicable, et le droit de mutation par décès ne doit être perçu que sur un capital au denier 10 du revenu de l'immeuble.

En ce sens, le tribunal d'Argentan a jugé, le 18 décembre 1851 (14052 J. N., 15516 J. E.), que lorsqu'une vente d'immeubles a été faite sous réserve d'usufruit au profit du vendeur, moyennant un prix payable à son décès, sans intérêts jusque-là, et que l'acquéreur vient à décéder avant le vendeur, les héritiers du premier ne sont tenus d'acquitter le droit de mutation par décès que sur un capital formé de dix fois le revenu des biens.

**16686. Usufruit d'un immeuble remplacé par l'usufruit d'une somme.** — Si le réservataire du quart en nue-propriété cède ses droits héréditaires à l'usufruitier, moyennant une somme qui reste elle-même grevée de l'usufruit, puis qu'il transporte cette somme à un tiers et que le tiers décède avant l'extinction de l'usufruit, la nue-propriété de la créance n'est passible du droit de succession que sur moitié de sa valeur. « La réservataire est censée avoir recueilli *ab initio* la somme de 80,000 francs dans la succession de son fils; la valeur qu'on veut imposer en usufruit aujourd'hui est absolument la même, quoique différemment arbitrée, que celle imposée au décès de l'auteur commun» (Segré 28 juill. 1863, R.P. *Table* 1864, 17949 J. N.).

**16687. Valeurs mobilières.**— Il a été reconnu en matière d'*immeubles*, on vient de le voir, que lorsque, avant l'extinction de l'usufruit légué à un tiers, l'héritier de la nue-propriété décède, le droit de mutation par décès doit être liquidé sur la valeur seulement de la nue-propriété.

Mais, en matière *de meubles*, il existait, avant que l'I. G. 1816 fût donnée, un jugement du tribunal de Nantes, du 10 décembre 1841 (12895 J. E.), un arrêt de Cass. du 4 août 1842 (13075 J. E., 12490 J. N., 1682 § 4 I. G., S. 43-1-328), un jugement du tribunal de Pont-Audemer, du 22 août 1845 (13919-4 J. E., 12489 J. N.), qui avaient décidé que dans *tous les cas*, les valeurs mobilières transmises en nue-propriété doivent payer les droits de mutation par décès sans réduction pour l'usufruit. Le motif de ces décisions était que l'art. 14 L. 22 frimaire an 7 n'établit aucune différence entre les valeurs mobilières grevées d'usufruit et celles qui ne le sont pas. Si cette jurisprudence n'avait pas été modifiée, il en serait résulté que dans certains cas des immeubles grevés d'usufruit n'auraient supporté le droit que sur la *moitié* de leur capital, tandis que les objets mobiliers l'auraient acquitté sur leur valeur entière. Il y aurait eu anomalie manifeste.

Le jugement du tribunal de Pont-Audemer, que nous venons de citer, avait formellement sanctionné cette anomalie, car ayant eu à se prononcer sur une question complexe, qui présentait à la fois des valeurs immobilières et des valeurs mobilières transmises en nue-propriété seulement, il avait décidé que le droit à percevoir sur les immeubles ne devait être assis que sur la moitié de la valeur entière, tandis que les valeurs mobilières devaient payer le droit sans déduction de l'usufruit. Trois jugements du tribunal de la Seine des 12, 20 et 28 décembre 1840 (15036-3 J. E., 13920 J. N.) avaient été rendues dans le même sens.

Cette jurisprudence anormale, bien que vivement attaquée par les motifs mêmes qui avaient déterminé la doctrine de la Cour de cassation en matière de transmissions d'immeubles grevés d'usufruit (Senlis 28 déc. 1848, 13652 J. N.; — Péronne 3 mai 1850, 14150 J. N.), a subsisté jusqu'au 8 mars 1855. L'I. G. n° 2025, donnée à cette date contient à cet égard une décision dans laquelle on lit : « Depuis la loi du 18 mai 1850, qui (art. 10) assujettit les transmissions entre-vifs à titre gratuit et les mutations par décès de *biens meubles* aux mêmes quotités de droits que celles établies pour les immeubles, la question a été soumise à un nouvel examen, et il a été reconnu que la doctrine de l'arrêt du 27 décembre 1847 devait régir les transmissions mobilières comme les transmissions immobilières effectuées soit entre-vifs à titre gratuit, soit par décès. »

**16688. Rentes sur l'État.** — En présence de cette nouvelle doctrine, que dire de la transmission par décès de la nue-propriété de rentes sur l'État, lorsqu'en vertu de l'exemption accordée par la législation antérieure à la loi du 18 mai 1850, il n'a pas été payé de droit sur la première mutation qui s'est opérée de la nue-propriété? La question, à notre avis, se trouve résolue par ce principe de droit fiscal que l'exemption de l'impôt équivaut à payement. Il faut donc considérer ici la nue-propriété de la rente comme se trouvant dans la position où l'aurait mise le payement qui aurait été fait du droit de mutation sur la valeur entière, ce qui conduit à ne rendre exigible le droit que sur la moitié de sa valeur totale.

Cependant, cette solution n'est pas admise par tous les tribunaux. Elle a été repoussée par un jugement du tribunal du Mans, du 6 mai 1853 (15888 J. E.), qui prescrit de percevoir le droit sur la valeur entière, tandis qu'elle a été accueillie par un jugement du tribunal de la Seine du 28 juillet 1853. « Il n'importe, dit le tribunal, que le droit n'ait point été payé à raison des rentes sur l'État à l'époque de la mutation réelle; l'exemption dont elles jouissaient alors d'après la loi doit avoir les mêmes effets qu'aurait eus le payement; ainsi, il reste toujours vrai de dire que les droits du fisc ont été payés à ce moment sur l'intégralité de la succession, et qu'au surplus, ne l'eussent-ils pas été, une action en perception supplémentaire serait écartée par la prescription biennale; attendu que si l'art. 7 L. 18 mai 1850 a soumis les inscriptions de rente au droit de mutation par décès, l'art. 9 de la même loi dispose que les mutations qui ont acquis date certaine avant la promulgation seront régies par les lois antérieures, et que ce serait contrevenir aux dispositions de cet article et imprimer à l'art. 7 un effet rétroactif, que d'en faire l'application à une mutation d'usufruit, qui, aux termes de la loi fiscale, doit être considérée comme s'étant opérée lors de la mutation de la nue-propriété, c'est-à-dire le 29 novembre 1838. »

Cette doctrine nous paraît la seule conforme aux principes.

**16689. Legs alternatif.** — Lorsque la nue-propriété de divers immeubles a été léguée à titre particulier, avec faculté au légataire universel de pouvoir remplir l'objet de ce legs par l'abandon d'une pleine propriété, que la délivrance d'immeubles en nue-propriété a été effectuée, et que les droits de mutation ont été acquittés en conséquence, l'attribution qui a pu être faite postérieurement aux légataires particuliers d'immeubles en pleine propriété ne peut avoir pour effet de rendre restituable une partie des droits perçus.

**16690. Usufruit ou rente.** — Lorsque le testateur a légué une rente viagère dont le service sera effectué au moyen d'une inscription de rente sur l'État que l'héritier devra acheter et faire immatriculer pour l'usufruit au nom du légataire, il peut être délicat de décider si l'objet du legs est la rente viagère ou bien l'usufruit de la rente sur l'État. Mais il est impossible de poser aucun principe de droit sur la question. Sa solution dépend exclusivement de la volonté du testateur.

Cependant, chaque fois que la difficulté a été proposée à la jurisprudence dans les termes où nous la posons, elle a été résolue d'une façon uniforme. Il a été reconnu que le legs s'appliquait directement à la rente viagère, et que les stipulations relatives à l'usufruit de la rente d'État étaient de simples mesures de garantie.

Voici très-brièvement les différents cas soumis aux tribunaux :

1° Un testateur avait légué à un tiers une rente viagère de 2,000 francs, en déclarant qu'au service de cette rente il affectait les inscriptions 5 pour 100 dont il avait la possession, et ajoutant qu'en cas d'insuffisance la somme nécessaire serait prélevée sur sa succession et employée à l'achat de titres de rente 5 pour 100 sur l'État, afin que ces divers titres, transférés à la légataire pour la jouissance seulement, lui assurassent le service de son legs. Ces différentes prescriptions du testament furent exécutées. Mais quand intervint la conversion des rentes 5 pour 100, la légataire, dont les inscriptions se trouvaient réduites à moins de 2,000 francs, soutint que les héritiers lui devaient un supplément de garantie. Le tribunal de Lyon accueillit sa demande: « Attendu qu'il résulte soit des termes exprès du testament, soit de l'intention manifestée par le testateur que l'objet légué à la fille Bour n'a point été un titre de rente déterminé et soumis à des éventualités, mais une rente fixe et invariable de 2,000 francs par année; que la remise d'inscriptions de rente sur l'État n' tait et ne pouvait être qu'un moyen de sûreté et un mode d'exécution accordé à la légataire, et qu'ainsi c'est dans une rente annuelle et viagère de 2,000 francs que consiste réellement la dette de la succession. » Sur appel, la cour de Lyon a confirmé le jugement en ces termes, le 18 mars 1853 : « Attendu que les inscriptions de rente dont les arrérages ont été abanbonnés à la demoiselle Bour pour le service de sa pension la nue-propriété demeurant aux mains des légataires universels, ne sont autre chose qu'un mode de service de cette pension » (S. 1853, 2-475).

2° Une solution pareille a été admise, dans un cas identique, par la cour de Paris, le 28 juillet 1853. Le tribunal avait dit : « Attendu que le testateur, en constituant les dames Blot et Rougeot ses légataires universelles, a légué en même temps à ses divers serviteurs y dénommés non des inscriptions de rente en usufruit d'un revenu déterminé, de telle sorte que la délivrance de ces inscriptions étant faite auxdits serviteurs, les légataires universelles se seraient trouvées à toujours libérées, quel qu'ait pu être ultérieurement le sort desdites rentes, mais une pension viagère, dont le testateur a fixé le chiffre et a voulu et entendu que cette pension, fixée ni plus ni moins, fût payée annuellement par ses légataires universelles à chacun desdits serviteurs jusqu'au décès de chacun d'eux; que les inscriptions de rente dont les arrérages ont été abandonnés aux légataires particuliers pour le service des arrérages de leur pension, la nue-propriété demeurant aux mains des légataires universels, n'est autre chose qu'un mode de service desdites pensions adopté pour la commodité commune des parties et accepté par les légataires particuliers comme étant alors suffisant. » La Cour a confirmé par une adoption des motifs précédents (Dalloz 1852-2-44, S. 1854-2-463).

3° C'est, enfin, ce qui a été décidé dans l'hypothèse où l'affectation de la rente sur l'État n'avait point été imposée par un testateur, et où elle résultait d'une convention librement arrêtée entre les parties longtemps après la création de la rente viagère (Cour de Douai du 1er juillet 1854, Dalloz 1855-1-43, S. 1854-2-464).

En approuvant la jurisprudence qui précède, les arrêtistes font remarquer qu'elle applique le principe d'après lequel la novation ne se présume pas. « On ne doit donc, ajoute Dalloz, voir dans l'affectation d'une rente sur l'État au service des arrérages d'une rente viagère qu'une simple délégation, *qui laisse subsister le titre primitif* tant que le créancier n'y a pas expressément renoncé » (1853-1-43 en note).

Il en résulte diverses conséquences pour la perception des droits de mutation par décès.

La première, c'est que la rente viagère étant l'objet direct du legs doit être assujettie personnellement à l'impôt lors de la déclaration de la succession du testateur, sans égard aux stipulations accessoires concernant l'usufruit de la rente sur l'État. L'Administration l'a justement reconnu par une Sol. 11 août 1868, que nous avons rapportée au n° 2802 R. P.

La seconde, c'est que si l'héritier ou le légataire universel chargé du service de la rente décède avant l'extinction de la pension viagère, on devra déduire de sa succession le capital de cette rente, comme si aucun usufruit n'existait au profit du crédi-rentier. En effet, l'immatriculation de la rente sur l'État au nom du légataire particulier pour la jouissance n'a point créé à son profit un usufruit véritable, puisque son titre primitif subsiste et qu'il demeure créancier d'une pension. C'est l'héritier qui continue, malgré la forme de l'inscription à être saisi de l'usufruit comme il l'est de la nue-propriété. Pour autrement dire, ces termes d'usufruit et de nue-propriété sont impropres. Il y a tout simplement un propriétaire qui a donné en nantissement les arrérages de son inscription de rente, et qui a réalisé cette garantie d'une façon spéciale, mais qui demeure toujours, sauf l'affectation précédente, le seul propriétaire de toutes les parties de la créance sur l'État. Ce résultat est irrésistible dès qu'on admet, d'une part, que le légataire particulier n'avait droit qu'à une pension, et, de l'autre, qu'en acceptant la garantie de l'inscription sur le grand-livre, il n'a pas nové son titre primitif. S'il surprend un instant, c'est parce que l'immatricule de la rente semble créer un usufruit; mais la forme est trompeuse. Le crédi-rentier est investi de la jouissance en qualité de légataire ou, si l'on veut, de gagiste; il ne l'est pas comme usufruitier. Toutes les mentions du titre ne peuvent lui attribuer cette qualité, car le fait ne prévaut pas contre le droit.

Le tribunal de la Seine, dans un jugement du 19 mars 1870, a donc très-justement décidé que la déduction à opérer sur la succession de l'héritier devait comprendre le capital de la pension viagère (3143 R. P.).

Par contre, l'inscription de rente doit être déclarée pour la toute propriété, sans égard à la prétendue création d'usufruit, et le droit perçu en conséquence. Ainsi, il a été décidé que quand, pour assurer le service d'une rente viagère léguée à un tiers, l'héritier emploie un capital de la succession à l'achat d'une rente sur l'État de valeur égale, immatriculée pour l'usufruit au nom du légataire de la rente, l'inscription continue à appartenir pour la toute propriété à l'héritier; si cet héritier décède avant l'extinction de la rente, le droit de succession est dû sur cette toute propriété; mais il y a lieu de déduire de l'actif de la succession le capital de la rente non éteinte (Sol. 16 déc. 1876, 4871 R. P.).

Si cet héritier avait institué un usufruitier de ses biens, il y aurait seulement à rechercher par qui, de l'usufruitier ou du nu-propriétaire, doit être supportée la pension, et à faire subir la déduction à l'un ou à l'autre, selon les cas. Cette question délicate est examinée plus loin n° 16766.

Si l'usufruit, opérant novation, avait remplacé la rente, le droit serait dû, au décès de l'héritier sur la nue-propriété de la rente sur l'État considérée comme propriété entière (n° 17547), mais aucune déduction n'aurait lieu à raison de la rente viagère éteinte (4871 R. P.).

**16691. Usufruitier recueillant la nue-propriété.** — L'art. 15 n° 8 L. 22 frimaire an 7, après avoir établi que le droit proportionnel des transmissions d'usufruit qui ne comportent pas de prix doit être liquidé sur un capital formé de dix fois le revenu des biens, ajoute la disposition suivante : « Lorsque l'usufruitier qui aura acquitté le droit d'enregistrement pour son usufruit *acquerra* la nue-propriété, il payera le droit d'enregistrement sur sa valeur, sans qu'il y ait lieu d'y joindre celle de l'usufruit. »

On avait douté si l'expression qui indique, dans cette disposition, la manière dont s'opère la réunion de la nue-propriété à l'usufruit ne devait pas en restreindre l'application au cas où il y aurait acquisition à titre onéreux de la nue-propriété. Ce doute cesse si l'on consulte l'art. 711 C. C., qui emploie la même expression pour les acquisitions à titre gratuit, et qui fait connaître que la propriété des biens s'acquiert par succession, par testament ou par donation entre-vifs. On doit donc admettre que la disposition ci-dessus s'applique à tous les cas où il y a réunion de la nue-propriété à l'usufruit, de quelque manière que s'opère cette réunion. C'est ce qu'a reconnu l'Administration par deux Dél. 19 avril 1826 (1200 § 17 I. G.).

Paul a légué sa maison : 1° à Antoine pour l'usufruit; — 2° à Jacques, frère d'Antoine, pour la nue-propriété. Les droits de mutation par décès sont payés, savoir : par Antoine, sur un capital formé par la multiplication par dix du revenu de la maison (*V.* 16664); par Jacques, sur un capital au denier 20 du même revenu.

Plus tard, Jacques meurt sans postérité et sans ascendants, laissant tous ses biens à Antoine, son frère. Ici il ne faut plus raisonner comme nous l'avons fait au n° 16677 en ce qui concerne la nue-propriété de la maison recueillie par Antoine. Celui-ci n'aura à payer le droit que sur un capital formé de dix fois le revenu. Tel est le vœu de l'art. 15 n° 8.

**16692. Usufruit réservé.** — Cependant, la solution ne serait plus applicable au cas où celui qui avait aliéné ou donné la nue-propriété, en se réservant l'usufruit, rentrerait plus tard en possession de la nue-propriété à titre successif. C'est ce qui s'induit d'une Sol. 11 avril 1836 (11464 J. E.). — Cela se comprend. Si dans le cas du numéro précédent la loi veut que l'usufruitier ne paye que moitié du droit lorsqu'il réunit la nue-propriété à son usufruit, c'est par ce qu'il a déjà acquitté l'autre moitié lorsqu'il a recueilli l'usufruit. Le vendeur, au contraire, ou le donateur qui s'était réservé l'usufruit et qui reprend la nue-propriété n'avait pas acquitté de droit sur l'usufruit qu'il s'était réservé.

Ainsi j'ai donné l'usufruit de ma maison à Paul; si je meurs l'instituant mon légataire universel, il est tout naturel que, par suite de la réunion qui s'opère sur sa tête de la nue-propriété à l'usufruit, il ne paye que moitié du droit dû pour la propriété entière, car l'autre moitié, il l'avait déjà payée lorsqu'il a acquis l'usufruit. Que si je lui ai donné la nue-propriété me réservant l'usufruit et qu'il meure me léguant cette même nue-propriété, comme je n'aurai payé aucun droit antérieurement, le système de la loi de l'impôt qui assimile la nue-propriété à la propriété entière veut que je paye, à raison de la nue-propriété dont j'hérite, le droit auquel se trouve assujettie toute transmission de propriété.

**16692. Vente de la nue-propriété et de l'usufruit. — Prix unique.** — Nous établissons au mot *Usufruit* que quand l'usufruitier et le nu-propriétaire vendent pour un prix unique l'objet qui leur appartient, chacun d'eux a une portion dans ce prix, à moins que le contraire ne soit stipulé. Cette portion du prix doit donc être comprise dans leur déclaration de succession.

**16693 *bis*. Prime.** — La prime de remboursement d'un titre sorti au tirage appartient au nu propriétaire, mais l'usufruitier en a la jouissance (Cass. 14 mars 1877, 5006 R. P.).

## CHAPITRE IV. — DES CHARGES

[16694-16770]

**16694. Historique.** — Il n'est personne, si étranger qu'on le suppose aux matières économiques, qui ne soit frappé de l'injustice des perceptions établies sur l'actif brut des hérédités. Le bon sens indique qu'un successible ne devrait acquitter à l'État l'impôt des transmissions que pour les biens dont il est réellement investi, c'est-à-dire, pour l'excédant de l'actif sur les dettes : « *Bona non intelliguntur nisi deducto ære alieno.* »

Il faut donc des raisons bien graves pour que le principe contraire ait jusqu'à présent prévalu dans les différentes législations fiscales; et peut être ne sera-t-il pas sans intérêt d'indiquer brièvement l'histoire de ses variations.

1. DROIT ROMAIN. — La difficulté remonte plus loin qu'on ne pense.

L'empereur Auguste avait établi sur toutes les dévolutions héréditaires un impôt qui représentait en certains points notre droit de succession moderne. Il s'appelait *vicesima hæreditatis*, parce qu'il était de la vingtième partie de l'hérédité. Mais, pour déterminer la valeur imposable, on déduisait de l'actif de la succession certains legs et toutes les dettes. L'humanité est la même à toutes les époques. Les héritiers ne se firent pas faute de frauder le fisc en exagérant le passif, et la perception devint si laborieuse qu'au moment de la réforme de la législation romaine, sous Justinien, la taxe fut supprimée. Pour couper court à toutes les difficultés, on la convertit en ce que nous appellerions aujourd'hui des centimes additionnels à la contribution foncière (Serrigny *Droit public et administratif des Romains* nos 842 à 848). Depuis lors elle n'a plus reparu dans le droit romain.

2. LÉGISLATION FÉODALE. — Mais la question a reparu sous la législation féodale. Les tarifs assujettissaient alors au droit de centième denier les successions immobilières dévolues en ligne collatérale. Ce droit avait été établi par des règlements généraux remontant à l'année 1703, et devait être payé, dans les six mois du décès, « sur la valeur des biens immeubles », valeur déterminée par le capital au denier 20 des biens affermés, et par la déclaration de l'héritier, dans le cas contraire.

Quoique les textes fussent muets à cet égard, l'usage prévalut de déduire de cette valeur le cens d'abord, puis les rentes foncières. On s'était déterminé sur ce dernier point par la considération que la rente faisant partie du fonds, l'héritier ne recueillait véritablement que le surplus. C'était un motif inexact, parce que le créancier de la rente n'avait, alors comme aujourd'hui, qu'un privilége sur l'immeuble pour exiger le payement de ses arrérages. Mais la déduction était équitable, et les fermiers ne firent nulle difficulté à l'admettre. On voulut aller plus loin. Plusieurs intendants de province, juges en première instance de ces matières, étendirent la défalcation à toutes les dettes hypothécaires, et même aux dettes chirographaires dûment justifiées. Les fermiers généraux, dont les produits étaient atteints, représentèrent fréquemment au Conseil du roi les embarras que ce mode de liquidation causait à leur service et les fraudes qui en résultaient. Leurs remontrances, appuyées de leur crédit personnel, déterminèrent la jurisprudence à rejeter l'extension du principe. Les recueils d'arrêts du conseil sont remplis de décisions semblables. Ces luttes, établies dans le sein même du pouvoir judiciaire, témoignent de la résistance avec laquelle le contribuable accueillit à l'origine la perception du centième denier sur l'actif brut des hérédités. Mais l'impôt avait sa compensation dans l'affranchissement du droit dont jouissaient les successions mobilières; il finit par entrer dans les habitudes.

3. LOI DU 22 FRIMAIRE AN 7. — Aussi, lorsque la législation féodale disparut, à la Révolution, la loi pourtant si libérale du 17 décembre 1790, par laquelle l'Assemblée nationale remplaça les anciens tarifs, recueillit sans y rien changer les errements de la jurisprudence du Conseil. L'art. 12 Déc. addit. 14 thermidor an 4, prit même soin de défendre expressément d'opérer, sur le revenu des immeubles transmis entre-vifs ou par décès, d'autres distractions que celles des rentes dûment justifiées.

La question se représenta naturellement lors de la discussion de la loi du 22 frimaire an 7. Un membre du Conseil des anciens, Jousselin (de Loir-et-Cher), attaqua vivement le principe de la non-distraction des charges. « On ne doit, disait-il, compter la fortune du défunt qu'après avoir déduit ses dettes. En vain pourrait-on représenter les fraudes qui pourraient en résulter, car, à l'égard des immeubles, on n'aura égard qu'aux dettes hypothécaires dont les titres seraient représentés, avec affirmation que le montant était dû au jour du décès ; et, à l'égard des meubles, en justifiant d'un inventaire en règle. N'est-il pas contre toute justice, contre toutes les règles du pacte social, que l'État se trouve seul héritier au préjudice des héritiers légitimes? Et c'est cependant ce qui doit arriver chaque fois que le passif atteint à peu près le montant de l'actif. »

Ces motifs là étaient sérieux. Cretet y répondit que la déduction demandée était impraticable; qu'autrement, il faudrait procéder à la liquidation de toute succession, contradictoirement entre le Trésor et les héritiers, et qu'il y aurait un scandale intolérable à placer les préposés de la Régie dans un état permanent d'hostilité contre les familles, en les autorisant à pénétrer dans leurs affaires les plus intimes.

Personne ne se dissimulait l'injustice de la mesure; Cretet lui-même la fait ressortir en plusieurs endroits de son discours. Mais les difficultés d'exécution du principe contraire parurent insurmontables, et ce fut le motif qui détermina le vote de la résolution.

4. PROJET DE 1849. — Les mêmes raisons servirent à écarter, en 1849, une proposition semblable faite dans la discussion, à la Chambre, du projet de loi sur l'impôt progressif. M. Passy, ministre des finances, fit repousser l'amendement par la déclaration suivante : « Il s'agit ici d'une des questions dont l'Administration s'est certainement le plus souvent occupée; elle a pour elle l'apparence de la justice, je le reconnais. Mais toutes les fois que le Gouvernement l'a examinée, il a reconnu qu'il y aurait une perte immense pour le Trésor, des contestations constantes, et que, définitivement, on ouvrirait ce qu'il faut que les impôts n'ouvrent pas, une source de fraude qui amènerait les inconvénients les plus graves » (*Moniteur* 30 janv. 1849).

A une séance ultérieure, M. Crémieux revint encore sur le principe pour proposer d'admettre la défalcation des dettes hypothécaires ou de toutes celles qui auraient date certaine avant la déclaration de succession. Cet amendement offrait la transaction la plus équitable, peut-être même la seule possible, entre les nécessités de la perception et les besoins d'en adoucir les rigueurs. Cependant, il fut encore écarté en ces termes par la commission du budget: « Ce mode de perception abonde en impossibilités. A la vérité, il n'admet à la déduction des biens que les dettes enregistrées ou ayant date certaine, et c'est déjà déserter, dans l'application, une partie du système. Mais quel moyen pour le fisc de s'assurer que ces dettes ne sont pas éteintes, puisqu'il arrive le plus souvent que les actes libératoires ne sont pas enregistrés? Nous ne parlons pas des dettes éventuelles, indéterminées, conditionnelles, litigieuses, qui deviendraient une source d'embarras pour la perception, qu'elles tiendraient en suspens ou qu'elles subordonneraient à des restitutions contraires aux règles d'une sage comptabilité. »

5. LOI BELGE. — On s'exagérait peut-être les difficultés que rencontrerait en pratique la distraction des dettes, limitée comme elle l'était dans le dernier amendement. En effet, la législation d'un pays voisin offrait depuis 1817 l'exemple de déductions beaucoup plus absolues, sans qu'il en soit résulté aucun de ces embarras insurmontables dont nos assemblées parlementaires avaient été émues. La loi belge du 27 décembre 1817 autorise la distraction sur l'actif de l'hoirie de la plupart des dettes du défunt, depuis les engagements chirographaires jusqu'aux frais de dernière maladie. Or, si l'on parcourt la jurisprudence qui est intervenue depuis lors sur le mode d'application de ce principe, on aperçoit que les difficultés sont presque toutes relatives au passif, dont l'évaluation est laissée à l'examen contradictoire du Trésor et des parties, c'est-à-dire aux dettes courantes, à celle de la dépense domestique et aux frais funéraires. La distraction du passif hypothécaire n'est point assurément sans inconvénients, mais ils ne paraissent pas assez graves pour justifier l'abandon de la mesure, et c'est pourquoi le législateur belge ayant, en 1851, à régler la perception de l'impôt sur certaines successions affranchies du droit, l'a sagement conservée. Les textes de la loi du 17 décembre 1851 sont intéressants à connaître :

Art. 2. — L'impôt sera exclusivement perçu sur la valeur des immeubles situés dans le royaume et des rentes et créances hypothéquées sur ces immeubles sis en Belgique, déduction faite des dettes hypothécaires grevant les biens soumis à l'impôt.

Art. 10. — Ne seront pas admis au passif :

1° Les dettes hypothécaires dont l'inscription était périmée depuis un an ou radiée au jour de l'ouverture de la succession;

2° Toute dette acquittée, si la quittance ne porte pas une date postérieure au décès;

3° Les intérêts dus des dettes hypothécaires au delà de trois années;

4° Les termes échus depuis plus d'un an des dettes remboursables par annuités;

5° Les dettes reconnues par le défunt au profit de ses héritiers donataires ou légataires, si elles ne sont pas constatées par actes enregistrés trois mois au moins avant son décès.

Art. 12. Toute dette uniquement reconnue par testament sera considérée comme legs pour la liquidation du droit de succession.

6. PROJET DE 1864. — Ces dispositions avaient inspiré le législateur français lorsqu'il présenta à la sanction législative, en 1864, un projet de loi sur l'enregistrement qu'à d'autres points de vue nous avons combattu à la Chambre. Les art. 6 et 7 étaient ainsi conçus :

Art. 6. Sur la déclaration des héritiers ou légataires, seront déduites de la valeur vénale des immeubles grevés d'hypothèques, et seulement jusqu'à concurrence de cette valeur, les dettes hypothécaires inscrites et ayant pour objet une créance certaine et déterminée au jour de l'ouverture de la succession.

Pourront également être déduites les dettes garanties par hypothèque légale, pourvu que le montant de ces dettes puisse être établi, au moment de la déclaration, par actes dûment enregistrés.

Sont maintenues les dispositions de l'art. 39 L. 22 frimaire an 7.

Ne seront pas déduites :

1° Les dettes hypothécaires lorsque l'inscription est périmée, ou qu'il en a été donné mainlevée antérieurement à l'ouverture de la succession;

2° Les dettes hypothécaires reconnues par le défunt au

profit de ses héritiers, donataires ou légataires, si le titre n'a pas été enregistré six mois avant l'ouverture de la succession;

3° Les dettes hypothécaires remboursables à terme, lorsque l'époque d'exigibilité est antérieure au décès, à moins qu'il ne soit justifié d'un commencement de poursuites ou d'une prorogation de délai authentique ou enregistré avant le décès.

Ce projet n'ayant pas abouti, le principe de la non-distraction des charges reste donc dans notre législation avec toutes ses rigueurs, et ce n'est pas l'une des causes les moins légitimes des reproches de fiscalité que l'Administration encourt dans le public.

7. INJUSTICE DE LA PERCEPTION. — « Ce principe de la non-distraction des charges, dit très-bien M. Demante n° 571, contrarie les notions les plus élémentaires de l'équité, car, dans la répartition de l'impôt entre les citoyens, il frappe les plus obérés de la contribution la plus lourde. C'était assez l'usage de la vieille législation fiscale, qui vivait d'expédients, au jour le jour; mais cela va contre l'esprit de la société moderne, où la théorie de l'impôt, s'inspirant de notions plus élevées, proclame que les lois de finances, comme toutes les autres branches de la législation, relèvent des principes supérieurs de la justice et de la raison. J'ajoute que, dans l'état actuel de nos lois, à maintenir le principe en question, il n'y a pas seulement iniquité, mais inconséquence. Jadis, en effet, l'impôt des successions ne portait pas sur les meubles, et comme, en général, les dettes suivaient ce genre de biens, il y avait une sorte de compensation entre l'immunité des meubles et l'obligation de payer l'impôt sur les immeubles sans distraction des charges. Aujourd'hui, au contraire, les meubles sont assujettis à l'impôt; même, depuis la loi du 18 mai 1850, ils subissent le même tarif que les immeubles; cependant, le principe de la non-distraction des charges a subsisté. Il résulte de là qu'une même valeur, un même sac d'écus, par exemple, peut supporter l'impôt dans deux successions: dans celle du prêteur, à cause de sa créance; dans celle de l'emprunteur, à cause de la propriété des écus! En conservant le principe ancien, la législation moderne en a donc singulièrement augmenté la rigueur. Aussi, pour tous ceux qui veulent fonder rationnellement la science du droit fiscal, le principe de la non-distraction des charges est unanimement condamné. »

Cette conclusion sévère est exacte en théorie. Mais il ne faut pas trop oublier, dans l'émotion d'ailleurs très-légitime que produit la vue d'une injustice, qu'il n'est pas aussi facile qu'on le pense de réformer la loi. Championnière ne s'y est point mépris. Personne n'a jamais plus approfondi les origines de la législation fiscale, et personne n'a mis plus d'ardeur à en combattre les abus. Il est saisi, comme tout le monde, par l'iniquité de la perception sur l'actif net des hérédités. Mais il a vécu trop intimement avec la législation pour ne pas voir les difficultés de la réforme, et il le dit avec une extrême franchise. « Il n'est pas présumable, dit-il, que l'impôt soit jamais assis sur une base moins injuste. La perception ainsi établie est facile et sanctionnée par une longue habitude; elle est supportée patiemment comme un accident rare » (*Traité des droits d'enregistrement* n° 3403).

C'est également la conclusion à laquelle est arrivé le savant auteur du *Traité de l'enregistrement* publié par Dalloz: « Quoique le droit de mutation, dit-il, ne soit en principe qu'un prélèvement sur la valeur des biens, il y a *nécessité* de déroger à la règle *non sunt bona nisi deducto ære alieno*, par l'impossibilité de constater le montant des dettes qui grèvent une succession et par les contestations qui n'auraient pas manqué de s'élever sur la sincérité des déclarations à cet égard » (t. 22 p. 388 et 389).

8. ENQUÊTE AGRICOLE. — La question a été reprise plus récemment à la suite de la grande enquête agricole terminée pendant les dernières années de l'empire.

Le sénat en fut saisi par plusieurs pétitions, et l'un de ses rapporteurs l'a examinée, à la séance du 18 mars 1869, dans un travail auquel les circonstances actuelles rendent une grande actualité. Ce document officiel (*Journal officiel* du 19 mars 1869) ne saurait être analysé; nous l'avons mis tout entier sous les yeux du lecteur au n° 3885 R. P.).

9. ÉTAT DE LA QUESTION. — Les observations faites par l'expérience de la pratique de l'impôt en ce qui concerne les difficultés de l'application de la réforme n'ont pas convaincu tous ses partisans. La Chambre des députés est actuellement saisie de diverses propositions tendant à faire admettre le principe de la déduction des charges. Ces propositions ont été renvoyées à diverses commissions dont les travaux ne sont pas encore terminés (R. P. 3885, 4553, 4574, 4577, 4580 et 4910).

Si, comme on peut le pressentir, le principe de la déduction du passif prévaut dans l'Assemblée, il est absolument indispensable d'en limiter l'application avec une très-grande sévérité. Les garanties organisées par la loi belge sont tout à fait insuffisantes et nous ne trouverions même pas efficaces celles qui avaient été adoptées en 1864 dans le projet de loi qui a échoué au Corps législatif. Il ne faut pas oublier qu'il s'agit d'un impôt qui produit 120 millions et que la moindre brèche par où se glissera la fraude peut avoir une influence considérable sur l'abaissement des recettes.

En attendant, la loi est là avec son texte et son esprit, il faut s'y soumettre; mais on peut bien, en ces matières rigoureuses, strictement renfermer le principe dans le champ de son application littérale: *Quod contra rationem juris receptum est non est producendum ad consequentia.* C'est en effet la voie que suit aujourd'hui la jurisprudence.

10. DETTE HYPOTHÉCAIRE. — L'Administration a fait rechercher, en prévision de la réforme, l'importance de la dette hypothécaire et il a été constaté que les créances certaines et déterminées encore subsistantes s'élevaient à 14 milliards (4932 R. P.).

## SECTION PREMIÈRE. — HYPOTHÈSES DIVERSES

### [16695-16710]

**16695. Ce qu'on entend par charges.** — Dans son acception générale, le mot *charges* comprend les obligations imposées à une personne, soit à raison des choses qu'elle possède, soit à la suite de ses engagements personnels.

Dans la première catégorie, on fait rentrer l'usufruit, les servitudes et les contributions ou redevances des biens. L'usufruit constitue au regard de la loi fiscale une propriété particulière privativement soumise à l'impôt. Les servitudes augmentent ou diminuent la valeur du fonds et influent par conséquent sur la perception; ni l'une ni l'autre de ces charges ne rentrent dans les prévisions actuelles de la loi fiscale. Les contributions seules forment une charge proprement dite et restent dès lors sans effet sur la liquidation de l'impôt.

Les charges personnelles dont les héritiers sont tenus comprennent les legs, les frais funéraires et les obligations du défunt.

Les legs ont leurs règles spéciales. A l'égard des choses existant en nature dans la succession, le legs est une délibation du patrimoine, non une charge dans le sens de la loi fiscale. A l'égard des choses qui ne s'y trouvent pas en nature, c'est, en réalité, une charge personnelle de l'héritier; mais la fiction légale lui ôte ce caractère (Demante n° 691).

Restent les frais funéraires et les obligations du défunt; ce sont ces dernières qui constituent la presque totalité des charges; on n'en admet pas la déduction, quelles qu'en soient d'ailleurs la cause et la nature, apparente ou occulte, chirographaire ou hypothécaire.

C'est ce qui résulte, en thèse générale, d'une Sol. du 22 juin 1830 (9703 J. E.), aux termes de laquelle la disposition des art. 14 nos 8 et 15 n° 7. L. 22 frimaire an 7 s'applique à *toute dette* et à toute succession, même aux successions vacantes.

Ainsi, les dettes dont une succession est grevée, quoique étant presque toujours la cause de la répudiation et de l'abstention des héritiers, ne peuvent modifier le droit de mutation, puisque ce droit est dû sur la valeur brute des biens, sans distraction des charges (Cass. 17 niv. an 12).

**16696. Immeubles acquis et non payés.** — « Un particulier qui avait acquis un domaine, porte une D. m. f. 8 frimaire an 9 (668 J. E.), est décédé sans *en avoir acquitté le prix*. Son héritier a prétendu que cet immeuble ne devait pas être compris dans la déclaration des biens dépendants de cette succession, attendu que la propriété d'un acquéreur n'est consolidée que par le payement du prix de la vente; que d'ailleurs celui-ci égalant la valeur de l'immeuble, on peut dire qu'il n'y a aucun bénéfice pour l'héritier. Mais il s'était opéré une mutation par le seul fait du décès de cet acquéreur, dès lors le droit d'enregistrement qui en résultait a été acquis sur la valeur entière du bien délaissé, quels que fussent les événements ultérieurs, le nombre 7 de l'art. 15 L. 22 frimaire établissant la perception *sans distraction des charges;* la prétention de cet héritier n'était donc point fondée. Au surplus il pouvait, si la succession lui était onéreuse, y renoncer. Mais en l'acceptant il était tenu de l'acquittement du droit d'enregistrement de la mutation, comme étant une charge de cette succession. »

Cette décision est tout à fait juridique.

**16697. Immeuble à payer avec une créance de la succession.** — Un jugement du tribunal de Montpellier, du 14 juin 1852 (15646 J. E.) fournit un exemple remarquable des conséquences iniques que peut entraîner après elle la disposition législative que nous examinons en ce moment. Il s'agissait, dans l'espèce, d'immeubles acquis par le mari en emploi des deniers dotaux de sa femme. Comme la femme était morte sans que rien eût été payé sur l'immeuble acquis et accepté par elle, les dispositions combinées de la loi exigeaient impérieusement: 1° que la maison fût déclarée pour sa valeur intégrale; — 2° que la créance que la femme avait sur son mari, pour sa dot, fût comprise dans sa succession. Aussi le tribunal adjugea-t-il les conclusions de l'Administration formulées en ce sens: « En ce qui concerne la valeur des maisons non payées; attendu qu'aux termes du § 7, la valeur de la propriété des biens meubles transmis par décès est déterminée pour la perception des droits, sans distraction des charges; que les immeubles constituaient, au moment du décès de madame Michel, une valeur active essentiellement distincte de la créance qu'elle avait pour ses reprises dotales; que dès lors le droit a été régulièrement perçu. »

**16698. Prêt fait avec les deniers d'un tiers.** — Lorsqu'il dépend de la succession une créance sur un particulier, cette créance doit être intégralement déclarée, bien qu'il soit juridiquement établi que la somme prêtée a été fournie par un tiers au défunt qui se trouve ainsi débiteur envers le tiers.

C'est là une charge qui ne peut être déduite ni de la créance, ni des autres valeurs héréditaires.

**16699. Rentes foncières grevant un immeuble.** — Le sieur M. n'avait laissé à son décès qu'un seul immeuble, grevé de rentes foncières. Ses héritiers, lors de la déclaration de sa succession, déduisirent de la valeur de l'immeuble le capital des rentes. Contrainte en supplément de droit. Le 21 germinal an 10, jugement qui rejette la demande, par le motif que l'article qui prohibe la distraction des charges pour l'assiette du droit d'enregistrement sur les immeubles transmis par décès ne doit s'appliquer qu'à la contribution foncière ou aux dettes mobilières de la succession, et non aux rentes foncières, spécialement affectées sur l'immeuble, et qui diminuent réellement la valeur du fonds.

Pourvoi de l'Administration. Arrêt du 19 prairial an 11, ainsi conçu: « La Cour, vu l'art. 15 tit. 2 L. 22 frimaire an 7; attendu que cette loi prohibe la distraction de la contribution foncière d'avec les autres charges; attendu que les rentes foncières sont des charges des immeubles sur lesquels elle sont établies, et que la distinction adoptée par le tribunal de Brioude dans le jugement dont s'agit est contraire au texte et à l'esprit de la loi ci-dessus citée » (S. 3-2-335, 9799 J. E.).

**16700. Somme affectée au payement des dettes.** — Dans la position que la loi a faite aux héritiers, on doit regarder comme bien fondé un jugement du tribunal de Rouen, du 10 mars 1856 (16239 J. E., D. N. t. 12 p. 328 n° 809), duquel il résulte que les sommes qui, destinées à acquitter des dettes échues avant le décès, ont été déduites lors du partage de l'actif de la succession, comme en formant le passif, doivent être comprises dans la déclaration de succession. En effet, lorsque s'était ouverte la succession, il y avait d'un côté des valeurs mobilières actives, de l'autre des dettes. Comme d'après la loi, les unes doivent être déclarées et que les autres doivent être écartées, la circonstance qu'un acte de partage avait affecté les unes à l'extinction des autres n'étaient pas de nature à exercer une influence quelconque sur le payement des droits de mutation par décès.

**16701. Imputation sur la succession du prémourant.** — Lorsqu'un enfant a été doté de biens appartenant en propre à sa mère, avec stipulation que cette dot sera imputable sur la succession du prémourant, il ne faut pas déduire de la succession du père prédécédé le montant de cette dot, attendu que ce droit d'imputation se résout en une action en indemnité qui est une créance grevant la succession, une charge qui ne doit pas être déduite pour la liquidation des droits de succession (Avallon 12 juin 1850, 14970 J. E.; — Montargis 22 déc. 1847, 14395 J. E., 13389 J. N.; — Seine 13 mars 1858, 1093 R. P., 11428 C. 16804 J. E; — Brives 28 déc. 1867, 2700 R. P., C. 14224; — Reims 8 août 1868, 2936 R. P.; — Saint-Brieuc 23 août 1856, 721 R. P.; — Dijon 25 fév. 1867, 2700 R. P.; — Cass. 11 août 1869, 2980 R. P., 2394-3 I. G., S. 69-1-477, D. 69-1232).

« Attendu, porte l'arrêt du 18 août 1869, que la donation de 53,000 francs ayant été faite à l'épouse Hoguais, solidairement par les époux Merger, ses père et mère, avec stipulation qu'elle serait imputable sur la succession du prémourant et subsidiairement sur les biens du survivant, le payement que la femme Merger a fait pour sa part et de ses deniers, de la somme de 26,500 francs avant que la condition d'imputation fût réalisée, a créé pour elle le principe d'un recours éventuel qui s'est ouvert par le prédécès de son mari; que ce dernier devant être rétroactivement considéré comme obligé principal, tenu de toute la dette vis-à-vis de sa veuve comme obligée solidaire, l'indemnité, qui lui est due, en cette qualité, est de même nature que les autres reprises qu'elle a à exercer contre la succession. »

C'est par application du même principe que d'après un arrêt de la Cour de cassation du 23 mars 1853, rapporté au mot *Partage* n° 11848, si la veuve cède des biens de la communauté à l'héritier du mari pour le remplir de la dot constituée par les deux conjoints avec clause d'imputation sur la succession du prémourant, le droit de dation en payement est exigible.

Il en serait de même si la dot avait été, dans les mêmes circonstances, payée en deniers communs, mais qu'au décès la communauté fût insuffisante pour désintéresser la veuve survivante de ses reprises. Cette veuve serait censée avoir payé la dot de ses propres (Seine 18 janv. 1873, 3680 R. P.). — V. *Dot*.

**16702. Charge de vendre et d'employer.** — Si le donateur d'une forêt s'en est réservé la superficie pour l'exploiter et la vendre pour éteindre ses dettes, en imposant à ses héritiers la condition d'en disposer de cette manière, s'il ne l'avait fait lui-même de son vivant, les héritiers ne peuvent prétexter que la surface ayant reçu une destination doit être déduite de l'actif. C'est une charge de la succession, voilà tout. Si donc, après le décès du donateur, ils ont vendu cette superficie dont le défunt n'avait pas disposé, ils doivent payer les droits de mutation par décès au taux immobilier, sur le *revenu* de cette superficie (Dél. 11 nov. 1834, 11063 J. E.).

**16703. Forfait de communauté.** — Lorsqu'en vertu des stipulations du contrat de mariage de leur auteur, les héritiers de l'époux prédécédé conservent tous les biens de la communauté à la charge de payer à l'épouse survivante le montant de ses reprises, plus une somme fixe, à titre de forfait pour ses droits dans la communauté, les reprises et le forfait doivent être considérés comme une charge non susceptible d'être déduite de l'actif de la succession du mari ?

Cette question se trouve discutée et résolue ci-après : sect. 4 *des Reprises*.

**16704. Société. — Part de l'associé décédé.** — On a vu au n° 16655 que lorsque, au décès d'un associé, la société se trouve dissoute, on doit comprendre dans sa succession la part qui lui revenait dans cette société, en attribuant à cette part un caractère mobilier ou immobilier suivant que le fonds social se compose de meubles ou d'immeubles. La question qui nous reste à examiner ici est celle de savoir si la part de l'associé doit être déclarée sans déduction du passif, comme doit l'être la succession elle-même.

L'Administration avait voulu le prétendre. Elle faisait observer, notamment, que si, d'après les règles établies par le Code civil, les biens sociaux appartiennent, à l'exclusion de chaque associé, à la société considérée comme personne morale, ces règles, applicables à la société pendant sa durée, n'ont plus d'objet dès l'instant qu'elle se trouve dissoute par le décès de l'un des associés; que l'effet de cette dissolution est de faire évanouir l'être moral, propriétaire des biens sociaux, et de lui substituer, tant l'associé survivant, que les représentants de l'associé prédécédé; par conséquent, de les rendre tous copropriétaires des biens et effets dépendant de la société dissoute; que les droits des héritiers sont tellement ceux d'un copropriétaire, et non d'un créancier, que l'article 1868 C. C. accorde à l'héritier d'un associé l'action en partage contre les associés survivants, même dans le cas où la société continuerait d'exister entre ceux-ci; et que l'art. 1872 du même Code assimile les associés aux héritiers, après toute dissolution de société, pour l'exercice de leurs droits; d'où la conséquence que les héritiers sont fondés dans la propriété de toutes les valeurs actives dont se compose la société dissoute, devenue simplement chose indivise entre eux et les associés survivants; et que la part de ces valeurs, faisant partie de la succession à déclarer, doit être déterminée sans distraction des dettes et charges, conformément au n° 8 de l'art. 14 L. 22 frimaire an 7, qui n'admet point d'exception pour le cas ou la succession à déclarer comprend une part d'associé dans une société de commerce dissoute par le décès de l'auteur de la succession.

Mais le principe qui doit dominer cette question, c'est que le droit de chaque associé ne peut être définitivement apprécié et déterminé que par le résultat de la liquidation et du partage, et comme, après cette liquidation, c'est un reliquat net qui arrive à chaque associé, il s'ensuit que les héritiers ne sont tenus de déclarer la part revenant à leur auteur qu'après déduction des charges. C'est en ce sens que la Cour de cassation a résolu la question par un arrêt du 3 mars 1829 (1293 § 6 I. G., S. 29-1-245, 9269 J. E.) ainsi conçu :

« Attendu que la seule conséquence à tirer, dans l'espèce, de l'art. 14 n° 8 L. 22 frimaire an 7, c'est que l'émolument des héritiers Rabot dans la société dont le sieur Rabot était membre a dû être déclaré, et que les droits ont dû être acquittés sans distraction des charges; mais qu'il s'agit d'abord d'examiner quelle est, en fait et en droit, l'importance réelle et effective de cet émolument, pour y appliquer ensuite la disposition de l'article susénoncé; attendu que, d'après la nature du contrat de société, le fonds social n'est, pendant la durée de la société, la propriété particulière d'aucun des associés; il appartient exclusivement à la collection des associés, qui forme un être moral, lequel, en sa qualité de propriétaire du fonds social, est créancier ou débiteur soit envers les tiers, soit même envers chaque associé; chacun de ceux-ci n'a et ne peut avoir sur ce fonds social qu'un droit éventuel et subordonné aux résultats de la liquidation et du partage de la société. En effet, étant de l'essence de la société commerciale que le fonds social soit destiné, par la volonté même des parties contractantes, à subir toutes les chances des opérations commerciales qui ont été l'objet de la société, il s'ensuit que ni le fonds social, ni le droit qu'y a chacun des associés ne peut être considéré sans égard à ces chances, et sans la déduction des dettes dont elles ont pu grever la société; que ce droit, par conséquent, ne peut être définitivement apprécié et déterminé que par le résultat de la liquidation et du partage; d'où cette autre conséquence, que, la dissolution de la société commerciale arrivant par le décès de l'un des associés, les héritiers de ce dernier, qui ne peuvent avoir d'autres et de plus grands droits que ceux de leur auteur, n'acquièrent sur le fonds social qu'un droit éventuel comme le sien et subordonné au même résultat; attendu que, dans l'espèce, il n'a pas été contesté par la Régie que la somme de 94,094 francs, portée dans la déclaration des héritiers Rabot comme formant l'émolument de leur auteur dans la société d'entre lui et le sieur Houet, correspond exactement à la somme lui revenant par le résultat de la liquidation de cette société; qu'en appliquant sur cette somme les droits de mutation par décès, sans aucune distraction des charges dont le feu sieur Rabot ou ses héritiers étaient personnellement passibles, le vœu de l'art. 14 L. 22 frimaire an 7 a été pleinement rempli, et qu'en le jugeant ainsi, le tribunal de la Seine n'a fait qu'une saine application de cet article, ainsi que des principes qui régissent les sociétés de commerce. »

Cette jurisprudence a été étendue aux cessions à titre onéreux de parts d'intérêts, par un arrêt de la Cour de cassation du 8 mai 1864. — V. *Société.*

1. SOCIÉTÉ VERBALE. — Mais, pour que cet effet se produise, il faut qu'il s'agisse bien d'une *part sociale*, c'est-à-dire du droit incorporel appartenant au défunt dans une entreprise représentée par un être moral. C'est précisément, en effet, parce que la propriété des valeurs communes repose alors sur la tête de la personne civile que les associés sont simplement des créanciers, et que leur créance se mesure sur l'actif net, déterminé par la liquidation de la masse.

Il en résulte nécessairement que si la société ne donnait pas naissance à un être moral, ce principe cesserait de s'appliquer. Les associés auraient la copropriété même de tous les biens indivis, et ce qu'il faudrait déclarer à leur décès, c'est la valeur même de cette copropriété, sans distraction des charges.

Or, à l'égard de l'Administration, une société qui n'est pas constatée par écrit est une société qui n'existe pas. Il est de principe, en effet, que le Trésor ne peut établir ses perceptions que d'après l'existence des actes, sans qu'elle ait à rechercher les intentions secrètes des parties. Les nombreux arrêts rendus sur les nullités ne sont que les conséquences de cette règle. — V. *Nullité.*

Si donc il n'y a pas d'acte de société, l'Administration ne saurait, sans excéder son droit, admettre que la propriété des biens appartient à un être moral dont l'existence n'est pas établie, et, par suite, que le copropriétaire apparent est un simple créancier. Il importe peu que les parties puissent prouver entre elles la réalité de la convention, car cette justification n'est pas possible à l'égard du Trésor. Elle comporterait une procédure d'enquête ou de témoignage qui est incompatible avec la législation fiscale.

Aussi a-t-il été reconnu maintes fois que les sociétés verbales ne sont pas opposables à l'Administration. « En l'absence d'un acte constituant régulièrement une société entre les parties, porte un arrêt de la Cour de cassation du 18 juin 1862, la situation ne suffit pas pour imprimer aux objets cédés le caractère mobilier » (n° 1664 R. P., S. 62-1-878, 2239-5 I. G.). C'est ce qui résulte, en outre, des arrêts des 8 juillet 1839 (S. 39-1-567, 1601-5 I. G.), 30 mars 1842 (1675-9 I. G., 12995 J. E.), 4 décembre 1865 (2198 R. P., B. C. 181, S. 66-1-31, D. 66-1-135) et 14 janvier 1870 (3085 R. P., 2402-1 I. G., B. C. 34, S. 70-1-136, D. 70-1-394).

La jurisprudence n'a fait qu'une exception à ce principe, c'est quand l'existence de la société verbale n'est pas déniée par l'Administration, et que des actes auxquels elle est intervenue ou qui lui sont applicables constatent qu'elle l'a reconnue. On décide alors qu'il y a lieu de régler la perception comme si la convention résultait d'un contrat régulier (Cass. 9 mars 1831, Dalloz v° *Enregist.* 3603, 9978 J. E.; — 6 mars 1872, n° 3418 R. P., 2447-6 I. G., S. 72-1-88, D. 72-1-169). Mais, lorsque aucune reconnaissance de l'espèce ne saurait être établie contre le Trésor, la règle reprend son empire. L'être moral n'existe pas, et les associés ne sont que de simples communistes.

Le tribunal de Charleville est donc tombé dans l'erreur en décidant, le 17 mai 1872, qu'il appartient aux tribunaux de faire résulter l'existence de la société civile des faits et des présomptions pour régler en conséquence la liquidation des droits (3613 R. P.).

Cela est possible dans certains cas entre les associés, mais jamais à l'égard de l'Administration, qui ne peut, comme nous l'avons dit, recourir au commencement de preuve par écrit et au témoignage qui en est la conséquence forcée.

Aussi la plupart des tribunaux ont-ils admis que la société de fait n'est pas opposable au Trésor (Charleville, 17 mai 1872; — Fontenay, 9 août 1872 (3613 R. P.); — Villefranche, 26 mars 1874; — Mirecourt, 11 déc. 1858; — Lure, 29 déc. 1875; — Rouen, 18 déc. 1877, 4868 R. P.). Ce dernier jugement est déféré à la Cour de cassation. — V. 15373, 16438 et 16655-3.

2. SOCIÉTÉ NON PUBLIÉE. — Ce point établi, il reste à examiner si l'acte de société, pour être opposable à l'Administration, doit être légalement publié. La question a été résolue diversement en jurisprudence. Des jugements de Fontenay, du 9 août 1872, et de Charleville du 17 mai 1872 ont décidé qu'une société commerciale, pour être opposable à l'Administration, devait avoir été publiée (3613 R. P.). C'est aussi la solution qui a prévalu dans le jugement du tribunal de Villefranche du 26 mars 1874, cité au paragraphe précédent : « Attendu, porte ce dernier jugement, que les sociétés en nom collectif ou en commandite doivent toujours être constatées par des actes authentiques ou sous seing privé, que

cette obligation est formellement édictée par l'art. 39 C. com.; que, de plus, le législateur a exigé impérieusement, et à peine de nullité à l'égard des intéressés, qu'elles fussent publiées dans un délai déterminé; que cette prescription contenue dans l'ancien art. 40 C. com. a été reproduite dans l'art. 56 L. 24 juillet 1867; qu'il résulte d'une jurisprudence constante aujourd'hui que cette sanction pénale attachée au défaut de publicité des sociétés commerciales est absolue et d'ordre public; qu'elle ne saurait être couverte par des actes d'exécution et spécialement par une publication qui serait faite depuis la demande en nullité (Cass. 31 déc. 1844; — C. Paris 26 janv. 1855); qu'elle a été insérée dans nos lois non pas dans l'intérêt des associés qui peuvent parfaitement connaître et exécuter les conventions formées entre eux sans avoir recours à un acte écrit et publié, mais bien et spécialement en faveur des tiers que le législateur a voulu garantir des fraudes dont ils pourraient, sans cette sage précaution, devenir fréquemment les victimes; que, dans l'espèce, l'Administration de l'enregistrement est un tiers ayant le droit, dans l'intérêt du Trésor public qu'elle représente, de se prévaloir du défaut de rédaction par écrit et de publicité de la société. »

Le contraire a été admis par les tribunaux de Largentière le 11 octobre 1870 et de Valenciennes le 27 décembre 1872 (3613 R. P.).

Cette seconde opinion nous paraît seule juridique.

L'art. 42 C. com. dispose que les formalités de la publication aux endroits et dans les formes prescrites par la loi seront observées à peine de nullité à l'égard des *intéressés*, mais que le défaut d'aucune d'elles ne pourra être opposé *à des tiers* par les associés.

D'après la jurisprudence, les *intéressés* qui peuvent demander la nullité de la société, non précédée des publications régulières, sont d'abord les associés entre eux. C'est un point qui a été souverainement jugé par deux arrêts de Cass. des 23 et 31 décembre 1844 (S. 45-1-75-113). L'affirmation contraire du tribunal de L'Argentière est le résultat d'une erreur.

Les *intéressés* sont encore les créanciers personnels des associés, parce qu'ils ont dû penser que leur débiteur était copropriétaire des biens communs et qu'ils seraient victimes d'un préjudice si ce gage leur échappait sous prétexte qu'il appartenait à la société (Cass. 18 mars 1846, S. 46-1-683; — 7 mars 1849, S. 49-1-397; — 18 mars 1851, D.51-1-51; — 13 fév. 1855, D. 55-1-208; — 11 mai 1870, S. 70-1-428; — Rennes 6 mars 1869, S. 69-2-254; — Grenoble 28 déc. 1871, S. 72-2-37).

En dehors de ces hypothèses, personne n'a le droit de demander la nullité de la société. Serait-ce le tiers qui a contracté directement avec elle ou avec son représentant antérieur? Mais l'art. 42 décide positivement qu'à son égard la société subsiste, et que le défaut de publication ne lui est pas opposable (Cass. 10 avr. 1867, S. 67-1-277). Serait-ce le tiers, absolument étranger à la société comme aux associés? Mais il n'aurait plus alors d'intérêt à agir, et son action serait nécessairement repoussée. Pour attaquer un acte, en effet, ou se prévaloir des vices qu'il renferme, il faut que cet acte cause au demandeur un préjudice direct. On conçoit bien que les personnes qui ont traité avec les associés sont fondées à se plaindre si on leur enlève, pour l'attribuer à une société clandestine, une partie du gage sur lequel ils avaient droit de compter. Mais quel motif y aurait-il d'accorder la même action à celui qui n'a fait aucun contrat de l'espèce et qui n'est pas, par conséquent, exposé à en éprouver un préjudice?

Telle est précisément la situation de l'Administration.

Elle n'est ni associée ni créancière personnelle d'un associé. Elle n'a fait avec ces associés aucun acte ni pris aucun engagement dont l'exécution serait compromise si l'existence de la société était reconnue. De quoi donc se plaindrait-elle? Elle n'est pas un *intéressé* dans le sens de l'art. 42 C. com.

Cette solution se fortifie d'ailleurs par des considérations toutes particulières à la législation fiscale.

Admettre que l'Administration peut repousser un acte de société parce qu'il n'a pas été publié, c'est lui attribuer directement le droit d'en discuter la valeur, d'apprécier par conséquent les causes de nullité qu'il renferme. Or, il n'y a rien de plus manifestement contraire aux règles de la perception. La Cour de cassation l'a proclamé dans un arrêt du 15 février 1854 en termes qui sont la réfutation complète de la thèse actuelle: « Dans la sphère de ses attributions toutes spéciales, la mission de la Régie se borne au recouvrement de l'impôt qu'elle est chargée de percevoir. Il ne lui appartient pas, sauf le cas de fraude ou de simulation, de rechercher la valeur obligatoire des actes qui, en dehors de l'application de la loi fiscale dont elle doit assurer l'exécution, sont soumis à son contrôle. La Régie a toujours repoussé et avec raison la prétention des redevables de soustraire les actes, sous prétexte de leur nullité, aux perceptions qui doivent les frapper; elle ne peut donc réclamer pour elle un droit justement refusé aux parties » (2015 § 7 I. G., S. 54-1-272, 37 R. P.). — V. *Nullité*.

Ce principe a reçu une exception, il est vrai, dans un cas où il ne s'agissait pas de l'enregistrement même de l'acte nul, mais où les parties voulaient se servir de cet acte pour en soustraire un autre à la taxe dont il était passible. On a reconnu à l'Administration le droit de critiquer la validité du premier contrat (*V.* Cass. 12 mai 1870 et le réquisitoire de Paul Fabre n° 3110 R P., B.C. 100, S. 70-1-219, D. 70-1-225). Mais, il faut remarquer que, dans l'esprit de cet arrêt (Licitation suivie de partage), la validité de l'acte opposé à l'Administration était précisément, de par la loi fiscale elle-même, une condition de la réduction du droit à percevoir sur la licitation. Le partage devait être définitif pour affranchir de l'impôt la partie acquise. L'Administration recevrait donc le droit d'apprécier si l'acte avait le caractère auquel la loi fiscale subordonnait la liquidation de la taxe.

Mais rien de semblable n'existe au cas actuel. Aucun texte n'a dit qu'avant de percevoir le droit de succession sur la part d'un associé, l'Administration devrait examiner si l'acte de société était régulier. On rentre donc dans la règle générale qui ne permet pas, pour établir une perception, de discuter la validité des actes.

La doctrine contraire aboutirait à de véritables impossibilités juridiques.

Si l'Administration était autorisée, en effet, à arguer du défaut de publicité, il n'y aurait pas de raison pour lui dénier le droit d'invoquer également les nullités de cette publication. Elle aurait donc à examiner si les extraits de l'acte ont été réguliers, s'ils ont été déposés dans les délais et dans les lieux prescrits par le Code, à se livrer en un mot à un travail d'appréciation hérissé de difficultés. Ce résultat n'est pas évidemment conciliable avec l'esprit de la loi, non plus qu'avec le principe général qui règle la perception sur les dispositions apparentes des actes, sans se préoccuper des intentions secrètes des parties ou des vices qu'ils renferment. Des solutions conformes ont été rendues les 30 décembre 1873 et 18 août 1874.

**16705. Droits dans une succession antérieure.** — Lorsque le défunt avait des droits dans une succession antérieure, faut-il calculer les droits sur l'actif brut ou sur l'actif net de cette succession?

Quand la succession, recueillie par le défunt, n'a point été liquidée et que l'Administration peut établir qu'elle se trouve au même état que lors du décès, il est certain que le défunt, au moment de sa mort, était propriétaire de sa portion de l'actif et débiteur correspondant du passif. Cette dette avait, dans son patrimoine, la même nature que ses obligations personnelles et elle ne peut pas plus qu'elles être déduite de l'actif. En ce sens, le tribunal de la Seine a jugé, le 2 juillet 1851 (15269 J. E.), que si une femme meurt laissant dans sa succession un tiers indivis dans celles de ses père et mère, *non encore liquidées*, on doit comprendre dans la déclaration à faire après son décès le tiers de l'actif brut des successions paternelle et maternelle.

1. SUCCESSION LIQUIDÉE. — Même dans une succession pure et simple, on ne pourrait pas percevoir l'impôt sur l'actif brut si la succession n'était plus indivise et que l'Administration ne fût à même d'établir qu'elle est restée dans le même état qu'au décès. En effet, il est possible que les valeurs aient été réalisées dans l'intervalle et employées au payement du passif. Par conséquent, lorsque l'existence de ces valeurs n'est pas autrement démontrée, on ne saurait les assujettir à l'impôt. Cette situation se rencontre fréquemment, surtout pour les successions échues à des mineurs.

2. HÉRITIER MINEUR. — Lorsqu'une succession grevée de dettes échoit à un mineur, l'administration en passe avec le reste de la fortune de l'enfant entre les mains du tuteur. Ce gérant doit, dès lors, recevoir les créances exigibles et il a qualité pour acquitter le passif à la charge du pupille. Il reste, en agissant ainsi, dans les limites de son mandat. L'obligation que la loi lui impose de représenter en nature les meubles du mineur ou d'en demeurer responsable n'exclut nullement la possibilité de faire servir les valeurs actives au payement des dettes. Il aura à rendre compte de ses opérations lors de la majorité du mineur, et celui-ci en discutera alors l'opportunité ; mais l'Administration ne saurait se substituer au mineur et demander, soit pendant la tutelle, soit à son expiration, les justifications de l'espèce.

Aussi, quand le mineur décède après avoir recueilli une succession grevée de dettes, ses héritiers sont parfaitement autorisés à ne comprendre dans leur déclaration que les valeurs mobilières représentant l'excédant de l'actif sur le passif. Le receveur ne peut soutenir que l'impôt est exigible sur la totalité des meubles dépendant originairement de la succession échue au mineur. Il suffit qu'aucun acte ne constate l'exigence matérielle des biens dont on annonce la réalisation avant le décès du pupille.

Plusieurs décisions ont été rendues en ce sens :

1° Le mineur Enguerrand avait recueilli en 1827 la succession du général Fournier composée de valeurs mobilières s'élevant à 151,553 fr. 55 cent. et chargée d'un passif de 35,000 francs. Au décès du mineur, arrivé en 1830, la princesse de Salm déclara que la succession de l'enfant comprenait seulement du mobilier pour 7,425 francs. L'Administration soutint qu'il fallait acquitter l'impôt sur l'intégralité de la succession du général, *déduction faite de l'importance du passif*, soit sur 120,000 francs au moins, puisque rien n'établissait la disparition des meubles. Les juges repoussèrent cette prétention, le 8 mai 1833, en décidant que c'était à l'Administration à prouver l'existence d'autres biens que ceux déclarés par la princesse de Salm, et l'Administration acquiesça au jugement le 22 octobre 1833 (V. 16031). Dans cette affaire, on le voit, l'Administration n'avait pas hésité à admettre l'imputation du passif sur l'actif ;

2° Elle a appliqué le même principe par une Sol. 12 juillet 1854, conçue en ces termes : « S'il est vrai, d'après les règles du droit civil, que le tuteur doive faire inventaire des biens du mineur et faire procéder à la vente publique de meubles et qu'il devienne, dans certains cas, comptable de la valeur estimative des meubles conservés en nature et qu'il ne peut représenter (art. 451, 452 et 453 C. C.), il y a lieu de reconnaître aussi que lorsqu'il a omis de remplir les formalités d'inventaire, de vente ou d'estimation par expert, et lorsqu'il n'a plus les meubles en sa possession, il n'en est pas moins fondé à imputer sur les valeurs dont il doit rendre compte le montant des dettes qu'il a payées en l'acquit du mineur. En conséquence, hors les cas d'existence matérielle de certaines valeurs appartenant au pupille, lorsque celui-ci décède, il ne dépend réellement de sa succession que la différence entre l'actif trouvé au décès de son auteur et le passif acquitté depuis. Or, comme aux termes de l'art. 4 L. 22 frimaire an 7, le droit proportionnel est assis sur les valeurs, c'est cette différence seulement qui est à déclarer. »

Il a été jugé de même par le tribunal de Privas, le 1er août 1870, que les valeurs mobilières dûment inventoriées qu'un interdit a recueillies plusieurs années avant sa mort ne sont pas présumées de plein droit exister encore à son décès, et que ses héritiers n'ont pas à les comprendre dans la déclaration de succession : « Attendu que la mauvaise foi ne se présumant pas, la déclaration doit être tenue pour sincère et faire supposer que les titres et valeurs en question ont été aliénés, dissipées ou adirées depuis l'inventaire qui en constatait l'existence » (3208 R. P.) ;

3° Aux termes d'une Dél. 17 décembre 1833, lorsque le survivant de deux époux communs en biens est décédé sans avoir rendu un compte de tutelle à ses enfants, on doit distraire de l'actif de sa succession les valeurs mobilières qu'il a conservées ou reçues, en sa qualité de tuteur, du chef de son conjoint prédécédé (n° 2152 J. N.) ;

4° Jugé de même que quand un enfant est décédé laissant des droits indivis dans la succession maternelle, il faut, pour la liquidation de l'impôt sur la succession de l'enfant, déduire dans la succession maternelle le passif de l'actif et opérer sur la différence : « Attendu qu'il s'est écoulé quatre ans entre le décès de la mère et du *de cujus*, que les dettes composant le passif avaient pour la plus grande partie un caractère commercial ; qu'il résulte de ces circonstances une présomption suffisante qu'au décès du *de cujus* l'actif avait été employé, jusqu'à due concurrence, à éteindre le passif (Seine 19 fév. 1859, 1241 R. P., 12610 C.).

5° Il a donc pu être reconnu que quand une personne décède, les valeurs mobilières qu'elle a touchées pour des enfants mineurs dont elle était tutrice, et qui sont constatées par des inventaires ou des partages réguliers, doivent être déduites de sa succession, même sur les immeubles, lors de la déclaration de succession. (J. du not. n° 2152).

3. CONFUSION. — Il n'est pas douteux, d'ailleurs, qu'il faudrait en toute hypothèse avoir égard aux effets de la confusion qui a éteint de plein droit et par le fait seul du décès une partie des valeurs héréditaires. C'est ainsi qu'il a été justement reconnu par le tribunal de Tours, le 14 mars 1862, qu'il convient de déduire des droits échus à l'auteur de l'hérédité, dans une succession antérieurement ouverte, le montant de ses dettes envers la succession, attendu que cette créance s'est éteinte par confusion (1590 R. P., 12425 C.).

4. SUCCESSION BÉNÉFICIAIRE. — La même question a été agitée au sujet des successions bénéficiaires et on a prétendu que le passif devait toujours être déduit, parce que par l'effet de la séparation de patrimoines l'héritier n'était plus débiteur personnel du passif. Mais la jurisprudence n'a pas consacré cette opinion. Elle a décidé, notamment dans un arrêt de Cass. du 11 août 1869 que l'actif brut doit être déclaré (*Arrêt rapporté* n° 16498). C'est un point que nous avons établi au mot *Bénéfice d'inventaire* n° 3047. — *V.* aussi 16498.

La même jurisprudence a été appliquée depuis lors, par le tribunal de la Seine, dans un jugement du 24 mai 1872 (3617 R. P.). — *Conf.* Sol. 15 janvier et 7 octobre 1874.

5. RAPPORT. — Il faut observer également les règles des rapports. Ainsi, lorsqu'une personne, en mourant, transmet à son héritier ses droits dans la succession indivise de son père prédécédé, il faut, pour calculer l'importance de ses droits, rapporter à la succession paternelle les valeurs données en avancement d'hoirie à un autre enfant par le père commun (Figeac 18 janv. 1867, 2515 R. P.).

C'est aux héritiers qu'il appartient, pour écarter l'application du droit, de justifier, au moyen de pièces probantes, que ce rapport a été effectué ou que la créance qui en résulte a été éteinte avant le décès : « Attendu que des notes, factures et autres documents non communiqués à la Régie et demeurés en dehors de la discussion ne pourraient être regardés comme pertinents, et qu'il en est de même, à plus forte raison, d'une simple allégation » (Laon 6 mars 1874).

L'Administration ne peut toutefois exiger le rapport d'une somme à rapporter dont le payement n'est pas établi par un acte (Largentière, 8 nov. 1870, 3402 R. P.).

**16706. Dettes de communauté.** — La jurisprudence de la Cour de cassation qui a fait l'objet du n° 16704 ne peut recevoir d'application en matière d'association conjugale, et la part de l'époux décédé dans la communauté doit être déclarée sans distraction des charges et dettes qui peuvent grever cette communauté (Dél. 11 sept. 1829, 9417 J. E., D. N. t. 12 p. 329 n° 820). En ce sens, le tribunal de Langres a jugé, le 23 décembre 1842 (13201 J. E.), que les héritiers du mari ne peuvent se dispenser de comprendre dans la déclaration de sa succession sa part dans la communauté, sous le prétexte que cette part aurait été abandonnée à la veuve par une liquidation antérieure, à la charge par elle de payer tout le passif.

**16707. Deuil.** — Nous avons établi au mot *Partage de communauté*, que le deuil de la femme constitue une créance existant à profit sur la succession du mari et que l'attribution de valeurs en nature pour la désintéresser de cette créance, opère une dation en payement passible du droit proportionnel.

Il en résulte directement que ces frais ne doivent pas être déduits de l'actif de la succession du mari, pour la perception du droit de mutation par décès (Libourne 2 août 1870, 3437 R. P.).

**16708. Indemnité.** — Dans le même sens encore, il faudrait décider qu'au cas où l'indemnité que les héritiers du mari doivent à la communauté, pour amélioration à des biens propres, excède leur part dans la communauté, cet excédant qui forme une créance de la femme sur les biens propres du mari, ne doit pas être déduit de l'actif de la succession de celui-ci, mais ne doit pas non plus y être ajouté.

**16709. Confusion.** — On a vu au n° 16358 que la confusion opérée sur la tête de l'héritier de la qualité de débiteur et de créancier ne peut être un motif pour ne pas déclarer les créances que le défunt pouvait avoir sur l'héritier. Dans un cas inverse, il a été décidé par l'Administration, le 6 février 1829 (1782 C., D. N. t. 12 p. 328 n° 812), qu'on ne doit pas déduire de l'actif mobilier une somme due à l'héritier par le défunt, sous prétexte qu'il y a confusion.

**16710. Créance sur le mari.** — Lorsqu'une femme mariée sous le régime dotal s'est constitué en dot les biens à provenir de la succession de ses père et mère, et qu'au décès de ceux-ci elle recueille dans leurs hérédités une créance due par son mari, cette créance forme, lors de la mort du mari, une dette ordinaire non susceptible d'être déduite des valeurs de sa succession (Libourne 2 août 1870, 3437 R. P.).

## SECTION 2. — MANDAT. — GAGE. — DÉPOT

[16711-16718]

**16711. Principe.** — Parmi les obligations personnelles du défunt il y a lieu de faire une distinction importante. « En effet, dit très-bien M. Demante, celles qui procèdent du mandat ou d'un titre analogue n'encourent, ni à leur naissance, ni à leur extinction, aucun droit proportionnel. La raison en est que les objets livrés au mandataire n'ont pas cessé un seul instant d'appartenir au mandant. Cela va sans difficulté pour les corps certains. Mais cela même est étendu aux sommes ou valeurs, parce que ces sortes de choses s'apprécient dans leur quantité, non dans leur espèce. Puisque les sommes ou valeurs reconnues par le mandataire, en cette qualité, *pendant toute la durée de ses pouvoirs*, sont propres au mandant, il s'ensuit qu'au décès du mandataire, ses héritiers ne recueillent pas lesdites valeurs; donc ils ne doivent de ce chef aucun droit de mutation » (n° 692). — Ce principe a été appliqué, comme on va le voir, en maintes circonstances.

**16712. Mandat.** — Ainsi, lorsque l'on retrouve entre les mains d'un mandataire ou d'un comptable décédé les deniers ou les valeurs confiées à sa gestion, il n'est dû aucun droit de mutation sur ces valeurs, puisqu'ils ne passent point aux héritiers du comptable et sont repris directement par le mandant (Sol. 18 sept. 1875).

En droit strict, il faudrait pour cela que les valeurs trouvées dans la succession fussent bien celles dont le défunt avait la détention précaire et sur lesquelles le déposant ou le mandant pût exercer directement son action en revendication. Si, par exemple, celui qui a reçu la charge de faire des recouvrements décède après ces recouvrements opérés et qu'il dépende de sa succession des deniers comptants, nul doute que ces deniers comptants seront censés la représentation des valeurs réalisées et échapperont au droit de mutation par décès; de même que leur restitution effectuée au déposant par acte entre-vifs donnerait lieu à un simple droit fixe de décharge. La situation serait différente si les valeurs recouvrées ne se trouvaient plus *in individuo*, mais avaient été employées par le gérant ou le comptable dans son intérêt exclusif à l'acquisition de biens personnels. Ces biens n'appartiendraient plus au mandant; ils seraient seulement le gage du payement de l'indemnité due par le mandataire pour son indue gestion; mais cette indemnité représenterait alors une simple charge non susceptible de distraction.

C'est pourquoi si les héritiers des mandataires, pour se libérer, cédaient au mandant des meubles ou des créances appartenant au mandataire, on percevrait le droit de dation en payement.

La seule raison qu'on pourrait invoquer afin d'échapper à la rigueur de cette conséquence, c'est l'interprétation aux termes de laquelle l'Administration a mis au même rang toutes les valeurs mobilières d'une succession, lorsqu'il s'agit de déduire les legs de sommes non existant en nature dans la succession. « La loi de l'impôt, dit-elle dans l'I. G. 1723, en tarifant au droit de mutation par décès les valeurs mobilières sous la qualification générale de meubles, semble les avoir considérées comme étant toutes de la même nature. Il suit de là que quand une succession grevée de legs de sommes comprend des créances, rentes, meubles, etc., on ne peut, dans le sens de cette loi, dire que l'objet des legs n'existe pas en nature dans la succession, et, dans ce cas, le montant du legs doit être imputé sur toutes les valeurs mobilières. » Une telle conclusion est plus facile à expliquer en équité qu'en droit; en tous cas, elle ne s'étendrait pas aux immeubles et à aucun point de vue on ne pourrait distraire de ces immeubles le montant du compte à rendre par le mandataire.

1. MANDAT LÉGAL. — Le principe de la distraction se justifie surtout à propos des tuteurs décédant sans avoir rendu le compte de leur gestion. Dans ce cas, l'Administration a reconnu que quand le survivant de deux époux communs en biens décède sans avoir rendu aucun compte à leurs enfants mineurs, l'on doit déduire de sa succession les valeurs mobilières qu'il a conservées ou qu'il a reçues pour eux du chef de l'époux prédécédé.

« Aux termes de l'art. 384 C. C., porte une Dél. 17 décembre 1833, le survivant des père et mère a la jouissance des biens de ses enfants jusqu'à l'âge de dix-huit ans ou jusqu'à leur émancipation, et, d'après les art. 469 et 470, tout tuteur n'est comptable de sa gestion que lorsqu'elle finit. Il s'ensuit que le sieur Roi, comme père et tuteur, a dû rester nanti des valeurs mobilières appartenant à ses enfants, et que l'absence d'un compte de tutelle, avant l'époque où ce compte devait être rendu, ne peut être un motif pour confondre l'avoir des mineurs avec celui de leur tuteur, et convertir leur droit de propriété en une simple créance. D'ailleurs, le défaut de liquidation de la succession de la dame Roi n'empêchait point que le sieur Roi dût être un jour comptable envers ses enfants de la moitié de toutes les valeurs inventoriées. Leurs droits ont été suffisamment établis par l'inventaire dressé au décès de leur mère; les valeurs y énoncées, quoique restées entre les mains de leur père, ne faisaient point partie de sa succession; elles ne lui avaient pas été transmises; il ne les détenait qu'en qualité de dépositaire; les enfants y avaient conservé un droit de propriété. »

On a fréquemment étendu la doctrine de cette délibération au cas où les biens appartenant aux mineurs ont été dénaturés par le tuteur et n'existent plus *in individuo*. Mais ici encore on s'est plutôt inspiré d'un sentiment de bienveillance que des déductions du droit strict. — V. 16725.

2. NOVATION. — Lorsque le tuteur achète des immeubles appartenant en partie à son pupille et qu'il décède avant d'avoir payé le prix, il est considéré comme en étant débiteur et non dépositaire et la somme constitue une charge non susceptible de déduction (Angoulême, 26 mars 1878).

**16713. Compensation.** — Si le défunt était tuteur de plusieurs mineurs, y a-t-il lieu de compenser les sommes dont il était en avance à l'égard des uns avec celles dont il est débiteur envers les autres pour ne déclarer que le reliquat? Nous ne le pensons pas. On ne pourrait se dispenser de déclarer la créance du tuteur sur un de ses pupilles, que si la tutelle dont il était chargé envers tous avait un caractère indivisible : on serait alors autorisé à considérer chacun des comptes particuliers comme les éléments d'un compte unique dont le reliquat seul détermine la situation du rendant. L'art. 1289 C. C. qui veut, pour que la compensation s'opère, que les personnes soient débitrices l'une de l'autre pourrait s'appliquer. Mais tel n'est pas le caractère de la gestion tutélaire. Bien que les mineurs aient des intérêts semblables et quelquefois identiques, cependant chacun d'eux joue un rôle personnel dans l'opération; il y a des droits distincts des droits de ses coïntéressés. La créance appartenant à l'un sur le tuteur ne saurait se compenser avec la dette dont l'autre peut se trouver redevable. La fin de la tutelle, et, par suite, l'exigibilité de l'obligation de rendre compte, ne sont pas les mêmes pour tous les oyants. Elles se produisent successivement et à des intervalles souvent éloignés, selon que l'oyant atteint plus ou moins tôt son âge de majorité.

On est donc forcé de reconnaître qu'en droit strict les créances comme les obligations dérivant de chaque compte sont séparées. On ne perçoit sans doute qu'un seul droit d'enregistrement pour la décharge du tuteur considéré comme un mandataire collectif. Mais cette perception n'implique pas que les créances appartenant aux mandants puissent pour cela venir en compensation l'une de l'autre.

**16714. Dépôt.** — En principe, le dépôt ne transmet pas la propriété de la chose déposée. Il est incontestable donc que, toutes les fois qu'une valeur mobilière quelconque se trouvera régulièrement en dépôt chez un particulier, cette valeur ne fera pas partie de la succession de ce dernier, mais bien de celle du déposant.

1. AGENT D'AFFAIRES. — OFFICIER PUBLIC. — En ce sens, le tribunal de Rouen nous paraît avoir jugé avec raison, le 17 juillet 1855 (16129 J. E.), que le droit de mutation par décès n'est pas dû sur les sommes comprises dans un inventaire lorsqu'il est déclaré que ces sommes ne se trouvaient dans la caisse qu'à titre de dépôt.

Il s'agissait dans l'espèce d'un agent d'affaires, et la même solution sera incontestablement applicable toutes les fois qu'il s'agira d'un dépôt fait chez un officier public quelconque, c'est-à-dire chez des personnes qui ne se servent de l'argent confié à leur garde que pour le besoin des affaires du déposant (Demante no 693).

2. TRÉSORIERS GÉNÉRAUX. — Ce principe a été appliqué très-souvent à la succession des trésoriers généraux pour les sommes dont ils sont dépositaires au nom de particuliers et qui font partie de leurs avances avec le Trésor (Sol. 2 août 1853, 13 sept. 1862, 10 mai et 6 juill. 1876; — D. m. f. 26 juill. 1853).

3. BANQUIER. — Mais la solution ne sera plus la même, si le prétendu dépositaire devait employer l'argent pour son usage personnel. Il n'y aurait plus alors qu'un débiteur : tels sont les banquiers qui reçoivent de l'argent pour le faire fructifier à leur propre avantage. C'est donc par une sérieuse appréciation des principes que le tribunal de Dreux a jugé, le 28 mai 1851 (14587 J. E.), que les sommes déposées chez un banquier qui en payait un intérêt aux déposants, ne doivent pas être distraites de l'actif de sa succession dans la déclaration faite par ses héritiers pour le payement des droits de mutation.

« Attendu, porte le jugement, que les capitaux encaissés par Canuel, dont il payait un intérêt modéré, avec espoir et habitude d'en tirer un plus grand produit dans ses opérations de commerce, ne peuvent être considérés comme des dépôts, ni profiter conséquemment de la jurisprudence exonérant du droit de mutation, des dépôts qui en effet ne sont point des valeurs de la succession. »

Une solution conforme a été rendue le 9 février 1876.

**16715. Dépôt chez un particulier.** — Tout dépôt chez un particulier, a-t-on vu sous les nos 6228 et suiv., est considéré par la loi fiscale comme un prêt, parce qu'il n'est pas fait à un individu ayant un caractère légal. C'est dans cet ordre d'idées que le tribunal d'Épinal a jugé, le 24 août 1849 (15065 J. E.), que les reconnaissances de dettes dans les testaments, bien que stipulées être le résultat d'un dépôt, sont des charges de la succession et ne doivent pas être déduites de son actif. M. Demante pense également que la loi fiscale ayant, par mesure préventive, compris les dépôts de l'espèce parmi les obligations soumises à leur naissance et, par suite, à leur extinction, au droit proportionnel, ce titre de dépôt ne suffit pas, par lui seul, pour autoriser la distraction, et, qu'en principe, les sommes déposées, comme les sommes prêtées, doivent être comprises dans la masse du patrimoine (no 693).

Nous doutons de l'exactitude de cette conclusion.

Nous avons fait connaître, en effet, sous le no 6229, le motif de la disposition de la loi qui assimile au prêt le dépôt chez un particulier : le législateur a craint que la fraude ne colorât tout prêt des apparences du dépôt pour se soustraire au droit qui frappe le prêt. Il n'y a donc au fond de cette disposition législative qu'une question de tarif. Mais cette question s'efface lorsqu'il s'agit de la succession qui ne soulève que des questions de propriété. Si donc il était établi que le défunt ne se trouvait réellement nanti de certaines sommes qu'à titre de dépositaire, ces sommes devraient, à notre avis, être distraites de l'actif de sa succession. Le contraire a été cependant décidé par plusieurs solutions (Sol. 20 mars 1872, 6 août 1872 et 11 mai 1874).

**16716. Preuve contraire.** — Quand un inventaire ou tout autre acte constate l'existence au domicile du défunt de certains objets dont la propriété entre les mains de ce dernier n'est pas régulièrement constatée, la présomption est qu'ils dépendent de la succession. S'ils y sont simplement à titre de commodat ou de dépôt ou autrement, les héritiers doivent l'établir : les tribunaux auraient, du moins, en cette circonstance, un droit souverain d'appréciation. Ainsi, il a pu être décidé par le tribunal d'Hazebrouck, le 13 février 1864, quoique par des motifs dont nous avons critiqué la trop grande généralité au no 1931 R.P., que si des héritiers font procéder, au domicile mortuaire de leur auteur, à la vente de meubles dont l'origine n'est pas justifiée, l'Administration peut, selon les circonstances, établir que ces meubles dépendaient de la succession, sauf aux héritiers à faire la preuve écrite du dépôt au cas où ces objets se trouveraient à ce titre entre les mains de leur auteur (1931 R. P., 12658 C., 17850 J. E., 1000 Rev.). — V. 16951.

Jugé de même : 1o qu'une fille ne peut faire la distraction des biens qu'elle prétend appartenir à sa grand-mère et à sa mère, dans la succession de son aïeul maternel, lorsqu'il est établi que celles-ci ont reçu une somme fixe pour leur tenir lieu de quote-part héréditaire (Cass. 11 avr. 1815, 5159 J.E.);

2o Que quand rien n'établit que des créances sur un receveur général décédé résultent de dépôts faits chez lui pour le mettre à même de faire des avances de fonds au Trésor, ces créances constituent des charges non susceptibles de déduction (Saint-Lô 2 avr. 1856);

3o Que la possession matérielle de meubles ne suffit pas pour établir une possession valant titre, s'il résulte d'une enquête que le détenteur n'a pas possédé à titre de propriétaire exclusif; par suite, la déclaration de la succession d'un tel possesseur ne doit comprendre que la part à laquelle il a droit dans ces meubles (Gand 16 déc. 1868, 10817 J.E. belge).

Il existe, au sujet des valeurs incorporelles, des règles différentes que nous avons exposées ci-dessus no 16359.

**16717. Gage.** — L'objet donné en gage étant remis au créancier pour sûreté de sa dette, reste la propriété du débiteur. D'où la conséquence que cet objet fait partie de sa succession et doit être déclaré par ses héritiers.

On ne doit cependant pas perdre de vue que sous l'apparence d'un contrat de gage peut se cacher une véritable aliénation. Dans ce cas, il faut décider que c'est à la succession du créancier et non à celle du débiteur qu'appartient la chose qui a fait l'objet du gage; on peut à cet égard consulter le mot *Gage*.

**16718. Légataire universel ou à titre universel.** — On a vu, aux nos 15977 et suiv., que le légataire, soit universel, soit à titre universel, est tenu des dettes de la succession dans la proportion de ses droits. La conséquence de ce principe est que les droits de mutation par décès à acquitter par un légataire universel ou à titre universel doivent être assis sur l'intégralité des biens qu'il recueille, en propriété ou en usufruit, et non pas seulement sur la somme lui revenant après le payement des dettes de la succession.

« Attendu, porte un jugement de la Seine du 19 août 1856, que les droits proportionnels ont été perçus par la Régie, sans déduction des dettes, conformément aux prescriptions des articles précités de la loi de frimaire; que, si les héritiers, après avoir employé une partie de la succession à l'extinction des dettes, ont fait ensuite entre eux le partage de l'actif net, ces dispositions, qui leur sont particulières et les concernent exclusivement, ne sauraient être d'aucune influence sur l'application de la loi fiscale. »

## SECTION 3. — BIENS GREVÉS D'USUFRUIT

[16719-16725]

**16719. Principe.** — L'usufruitier est un détenteur précaire dans le sens du mandant ou du dépositaire : il jouit de l'objet à charge d'en conserver la substance; et, quand son usufruit s'éteint, le nu-propriétaire reprend cet objet en vertu de son droit direct de revendication. On ne saurait, par conséquent, comprendre l'objet trouvé en la possession de l'usufruitier lors de son décès, parmi les valeurs transmises aux héritiers et assujetties au droit de succession.

**16720. Objets existants en nature.** — Ce point ne peut faire l'objet d'aucune difficulté à l'égard des valeurs qui se retrouvent en nature dans la succession de l'usufruitier : elles ne dépendent pas de l'actif héréditaire et il faut les en distraire pour régler la perception de l'impôt. C'est ce qui a été décidé notamment par un jugement du tribunal de la Seine du 10 janvier 1839, au sujet des deniers comptants. Le tribunal a reconnu que si l'usufruit porte sur du numéraire, cette valeur doit être déduite jusqu'à due concurrence de celui qui existe au décès (12421 J. E.).

Une Dél. 8 février 1831 (10132 J.E.) avait déjà décidé également que, quand la succession de l'usufruitier présente des créances provenant du placement ou du remploi régulier de celles qui avaient été remboursées pendant la durée de l'usufruit, elles échappent au droit de mutation par décès.

**16721. Objets n'existant plus en nature.** — Mais la plus vive controverse s'est engagée à l'égard des objets qui ne se retrouvent plus en nature lors du décès de l'usufruitier. Par exemple, lorsqu'une somme est restée entre les mains de la personne qui en avait l'usufruit et que celle-ci décède sans laisser de deniers comptants ou sans que la somme ait été placée avec déclaration d'origine, ses héritiers sont-ils fondés à déduire cette valeur de l'actif de la succession pour la perception des droits de mutation par décès?

Dans la rigueur des principes, la question devrait être résolue négativement et nous l'avions enseigné en effet lors de nos précédentes éditions.

« L'usufruitier d'une somme d'argent, dit M. Demolombe, est devenu propriétaire des deniers qui lui ont été livrés *ut ejus fiant*. D'où il suit : 1° qu'il peut en faire ce qu'il veut, les garder, les consommer ou les vendre; — 2° que c'est à son compte, perte ou profit que les choses diminuent ou qu'elles augmentent ou même qu'elles périssent. Il est devenu, en un mot, débiteur d'une quantité » (t. 10 n° 280).

Celui auquel appartient la nue-propriété de la somme d'argent, ou de toute autre chose fongible ne conserve, par conséquent, que le droit d'en réclamer une pareille lors de la discussion des biens de l'usufruitier; il n'a l'action en revendication sur aucune partie de son patrimoine, il ne peut même prétendre à aucune préférence sur les autres créanciers. En droit pur, le versement opéré entre les mains du nu-propriétaire par les héritiers de l'usufruitier ne constitue donc pas la restitution d'un dépôt, mais le payement d'une dette ordinaire; et, par suite, cette dette ne saurait être distraite de l'actif de la succession pour la liquidation de l'impôt des mutations par décès.

On l'a cru pendant longtemps et la déduction a été repoussée plusieurs fois en jurisprudence, ainsi :

1° La dame veuve François était donataire en usufruit de son mari, et par un partage on lui avait abandonné spécialement l'usufruit de 49,358 fr. 95 cent. qu'elle devait pour prix d'adjudication d'immeubles de la succession. En conséquence, elle a conservé cette somme, dont la nue-propriété a été attribuée aux héritiers du mari, qui ne devaient en être payés qu'après le décès de l'usufruitière. Ce décès est arrivé le 3 août 1850. La déclaration de la succession comprend des valeurs mobilières montant à 75,546 fr. 21 cent., parmi lesquelles se trouvent des deniers comptants. Le droit de mutation par décès a été perçu sur 75,546 fr. 21 cent. Les héritiers ont prétendu qu'il y avait lieu de déduire 49,358 fr. 95 cent. dont la veuve François avait l'usufruit et dont elle était en même temps débitrice; ils ont soutenu que cette somme était la propriété des héritiers du sieur François, qu'elle n'appartenait pas à la veuve, et par suite qu'on ne pouvait la considérer comme faisant partie de la succession. Le tribunal de la Seine a rejeté leur demande par un jugement du 22 juillet 1852 (15522 J. E., 14224 J. N.);

2° La question s'est reproduite devant le même tribunal, dans une espèce où une veuve commune en biens et donataire en usufruit de son mari devait une indemnité à la communauté. Cette indemnité avait été attribuée à la succession de son mari; mais, comme la veuve avait l'usufruit de partie des biens du défunt, elle conserva le montant de l'indemnité. A son décès, cette indemnité fut considérée comme *une dette* de sa succession, qui ne pouvait être déduite des valeurs mobilières pour la perception des droits de mutation par décès. Les héritiers ayant réclamé contre la perception, une instance s'engagea et la demande en restitution fut rejetée par un jugement du tribunal de la Seine du 7 juillet 1852 (15601 J. E.);

3° Le tribunal de La Flèche a aussi et plus récemment décidé que les sommes grevées d'usufruit, laissées entre les mains de l'usufruitier ne pouvaient être distraites de l'actif héréditaire pour le calcul du droit de succession : « Attendu que l'usufruitier a le droit de disposer de la somme et d'en user de la façon la plus absolue; du moment où la somme d'argent reste une chose vague et n'est pas un objet certain déterminé exclusif de tout droit de propriété de l'usufruitier, elle entre *ipso facto* dans son patrimoine, et l'obligation de la rendre ne devient plus qu'une dette non susceptible de déduction » (1252 R. P., 11676 C.).

C'est l'Administration elle-même qui s'est départie la première de l'application rigoureuse des règles précédentes. Dans une affaire soumise à son examen en 1857, le défunt était usufruitier d'une somme de 214,511 francs, qui était restée entre ses mains.

Il dépendait de la succession des créances s'élevant à. . . . . . . . . . . . . . . 441,111 fr.
Ces dernières valeurs étant supérieures à celles dont il était usufruitier, le receveur n'avait perçu le droit de mutation par décès que sur l'excédant de. . . . . . . . . . . 226,600 fr.

Consultée au sujet de la régularité de cette perception, l'Administration a répondu, le 7 janvier 1857 :

« Le sieur Germain Armand n'ayant acquitté, lors de la déclaration de la succession de la dame veuve Armand, du 10 juillet 1832, les droits pour l'usufruit des biens meubles à lui légués que sur une valeur mobilière de 27,918 fr. 77 cent., la déduction à opérer sur les valeurs mobilières de la succession de l'usufruitier, pour la perception du droit de mutation par décès, ne peut s'élever à une somme plus considérable; les nus-propriétaires, en effet, ne peuvent prétendre retrouver dans la succession de l'usufruitier des valeurs mobilières qui n'existaient pas dans la première succession; ainsi, l'on ne peut admettre la réduction que jusqu'à concurrence des valeurs mobilières qui, lors de l'ouverture de la première hérédité, ont été frappées du droit d'usufruit, ni donner suite à la proposition de forcement relevé par le vérificateur dans les limites qui viennent d'être indiquées. »

Il n'y avait évidemment aucune raison juridique d'autoriser la déduction jusqu'à concurrence des valeurs mobilières seulement; car s'il est vrai que le nu-propriétaire a une simple créance sur la succession de l'usufruitier qui a dénaturé les objets soumis à sa jouissance, cette créance produit les mêmes effets sur tous les biens de la succession et ne saurait pas plus attribuer à son possesseur la propriété des meubles que celle des immeubles.

Quoi qu'il en soit, la jurisprudence retint le principe et se mit à l'appliquer dans les limites les plus étendues.

1° M. de Saint-Chamant avait donné entre-vifs à un neveu la nue-propriété d'une somme de 300,000 francs et il en avait légué l'usufruit à sa veuve. Celle-ci mourut laissant dans sa succession 800,000 francs d'objets mobiliers ou créances et 400,000 francs d'immeubles. Un arrêt de Cass. du 6 décembre 1858 décida que la somme de 300,000 francs devait être déduite de l'actif de la succession de la veuve : « la délivrance au nu-propriétaire n'étant autre chose que la réalisation du droit antérieurement acquis à ce dernier et ne pouvant constituer l'acquit d'une charge de la succession dans le sens de la loi fiscale » (1126 R. P., 16470 J. N., 11456 C., S. 59-1-336, 2234 I. G.);

2° Le sieur de Saint-Victor avait légué à des tiers la nue-propriété de la somme de 44,000 fr. et institué sa femme donataire du surplus de sa succession, par conséquent de l'usufruit des legs. Au décès de la veuve, il s'est trouvé dans sa succession un mobilier de 24,852 francs et des immeubles évalués 65,000 francs. La Cour de cassation décida encore, par arrêt du 22 août 1859, qu'il fallait déduire de l'actif la somme de 44,000 francs dont la défunte avait eu l'usufruit. « En effet, au décès du testateur les légataires particuliers ont été investis directement de la nue-propriété. La délivrance des legs par l'héritier de la veuve n'avait donc pas le caractère d'une charge, puisque la nue-propriété appartenait aux légataires et ne faisait pas partie de la succession de la veuve » (1224 R. P., S. 60-1-76, 2234-1 I. G.);

3° Un troisième arrêt du 25 juin 1862 a également reconnu que si un légataire universel est autorisé à n'acquitter les legs particuliers de sommes d'argent qu'à sa mort, il en devient usufruitier, et, lors du décès, les sommes léguées doivent être déduites de l'actif de la succession dont elles ne forment pas une charge (1664 R. P., 17472 J. N., 12253 C., 277 Rev., S. 62-1-885, 2234-1 I. G.).

Ces différents arrêts ont été transmis comme règle de perception aux préposés dans l'I. G. n° 2234.

Leur doctrine a été confirmée depuis par un autre arrêt du 28 février 1865 portant que, quand un mari usufruitier de sa femme conserve, en cette qualité, les biens de la communauté affectés au payement des reprises de la femme, et charge ses héritiers de payer, à son décès, la valeur de ces reprises, la somme dont ils sont débiteurs doit être distraite de l'actif de la succession du mari, pour la liquidation du droit de mutation par décès (2053 R. P., 18225 J. N., 12818 C., S. 65-1-229, *arrêt rapporté* 16722-3).

Il a été décidé dans le même sens par le tribunal de la Seine, le 17 juin 1865, que si une veuve, usufruitière des biens de son mari, a acheté un immeuble de la succession pour un prix dont elle conserve la jouissance et dont la nue-propriété est attribuée aux héritiers du mari, sa qualité de débitrice du prix fait place à celle d'usufruitière, et au moment de son décès la somme soumise à sa jouissance doit être distraite des valeurs imposables (2137 R. P., 12908 C., 18312 J. N.); — et par le tribunal de Bourg, le 3 avril 1865, que, quand, après le décès d'une femme qui a institué son mari donataire en usufruit, celui-ci demeure nanti, en sa qualité d'usufruitier, de la somme à laquelle les reprises de sa femme ont été fixées par un acte de liquidation, cette somme doit, lors du décès du mari être distraite de l'actif de sa succession pour l'acquit des droits de mutation : « Attendu que c'est évidemment jouer sur le mot *charges* dont se sert l'art. 14 de la loi de l'an 7, que d'appeler ainsi l'obligation pour un usufruitier de restituer à son décès la chose qu'il ne possédait qu'en jouissance et qui appartient à autrui; qu'en interdisant la distraction des charges pour la supputation de l'actif successoral, cette loi n'a entendu parler que des dettes inhérentes à l'hoirie et susceptibles d'être simulées par fraude, mais nullement de l'objet d'un usufruit dont l'existence indépendante de la volonté du défunt et de ses sucessibles reste à l'abri de tout soupçon » (18440 J.N. — *Conf.* : Demante n° 694, 17633 J.E., 13253 C., Dic 11 nov. 1869, 3199 R. P.).

**16722. Novation dans la qualité de l'usufruitier.** — Pour que la jurisprudence précédente reçoive son application, il faut que l'usufruitier n'ait pas, avant son décès, interverti son titre, et que, par conséquent, la restitution aux nus-propriétaires soit toujours le résultat d'une simple délivrance causée par l'extinction de la jouissance. Si, au contraire, l'usufruitier a nové sa qualité et a consenti à demeurer débiteur ordinaire, le nu-propriétaire n'a plus contre lui qu'une créance personnelle, et, lors du décès, cette créance constitue une charge non susceptible de distraction.

La Cour de cassation l'a décidé ainsi dans trois circonstances différentes :

1° Apres le décès du sieur Lallier, arrivé à Cambrai le 17 novembre 1852, ses légataires universels ont déclaré que la succession se composait : 1° d'un mobilier évalué 19,577 fr. 22 cent. ; — 2° d'immeubles ayant appartenu, pour partie, en propre au défunt, et provenant, pour l'autre partie, de la communauté qui avait existé entre lui et sa femme prédécédée, communauté dont tout l'actif avait été attribué au sieur Lallier, en conformité d'une clause de son contrat de mariage du 24 germinal an 4.

Les droits de mutation ont été perçus tant sur les 19,577 fr. 22 cent. que sur le capital du revenu des immeubles; mais par un exploit du 16 novembre 1854, les représentants du sieur Lallier ont assigné l'Administration devant le tribunal de Cambrai, à l'effet d'obtenir la restitution de la somme de 2,490 fr. 73 cent. pour les causes ci-après énoncées : Depuis le décès de la dame Lallier, arrivé le 13 avril 1840, le sieur Lallier était usufruitier, en vertu de son contrat de mariage, de tous les biens propres de son épouse, et il avait été convenu, par un acte notarié du 8 octobre 1840, que le montant des reprises de cette dernière, fixées à 30,958 francs, resterait entre les mains du survivant et ne serait payable qu'à l'extinction de son usufruit. Cette somme de 30,958 francs a été déclarée le lendemain 9 octobre 1840, par les héritiers de la dame Lallier, pour la nue-propriété, ainsi que par son mari, pour l'usufruit, et les droits de mutation ayant été perçus à cette époque, il ne devait plus en être exigé, après le décès du sieur Lallier, sur pareille somme de 30,958 francs, dont la propriété était restée sur la tête des héritiers de la dame Lallier.

Ces moyens n'ont pas prévalu, et la Cour de cassation a rendu, le 22 décembre 1856, un arrêt ainsi conçu :

« Attendu qu'il est constaté par les déclarations réciproques des parties et par l'acte de liquidation du 8 octobre 1840, que si les héritiers de la dame Lallier ont consenti à transformer en une simple créance le montant des reprises et des droits de cette dame dans la communauté, de son côté, le sieur Lallier, survivant, et ayant l'usufruit de tout ce qui avait appartenu à sa femme, s'est reconnu débiteur de cette créance, qui a été déclarée payable à la succession de son usufruit, et qu'ensuite ses héritiers, après son décès, ont également reconnu l'existence de cette créance, dont ils ont fait la déclaration à l'enregistrement comme d'une charge de la succession ; qu'il suit de là que c'est avec raison que les droits ont été exigés et perçus sur cette charge, dont la loi du 22 frimaire an 7 défendait de faire réduction » (835 R. P., 2096-8 I. G., 15959 J. N., S. 57-1-300, 10980 C.).

2° Si la femme a renoncé à la communauté, ses reprises constituent alors une véritable créance contre le mari. L'usufruit attribué à ce dernier l'affranchit seulement de servir les intérêts de sa propre dette. Mais quand, à sa mort, ses héritiers remboursent le montant des reprises, ils payent une dette ordinaire qui ne saurait être déduite des valeurs de la succession.

« Attendu, porte un arrêt de la Cour suprême du 21 août 1861, que, par suite de la renonciation des héritiers de la dame de Chabanais à la communauté qui avait existé entre elle et son mari, et aux termes de l'acte contenant liquidation des droits de cette dame, le marquis de Chabanais est resté et a été reconnu débiteur, envers sa succession, du montant de ses reprises s'élevant à 404,397 fr. 75 cent. ; qu'ayant droit, d'après les termes de son contrat de mariage, à l'usufruit des biens laissés par la marquise de Chabanais, il n'a pas alors fait aux héritiers de celle-ci le payement de cette somme, qu'il est donc resté débiteur, sauf l'exercice de son droit comme usufruitier ; que cet usufruit s'étant éteint à son décès, sa succession est restée débitrice envers les héritiers ou ayants droit de madame de Chabanais, ainsi qu'il l'était lui-même ; que la nature primitive du titre n'a pas été changée par l'effet de son usufruit, et qu'à son décès les héritiers ou ayants droit de la marquise de Chabanais sont restés créanciers de sa succession comme ils étaient les siens, n'ayant qu'un titre de créance et non un droit de propriété sur aucun des biens héréditaires ; qu'il suit de là que l'obligation de payer ladite somme de 404,397 francs aux héritiers du marquis de Chabanais était une charge de la succession du marquis de Chabanais » (1543 R. P., 17225 J. N., 12059 C., 190 R., S. 62-1-315). — *V.* dans le même sens Angoulême 7 mars 1864, 2137 R. P.

Le tribunal des Sables-d'Olonne a appliqué cette jurisprudence, le 27 décembre 1860, à un contrat par lequel les héritiers de la femme qui avait institué son mari donataire en usufruit de tous ses biens étaient convenus avec celui-ci que la portion des reprises de la défunte qu'ils ne retirent pas serait payable deux ans après l'expiration de l'usufruit avec intérêt à 5 pour 100. Il a paru clairement résulter des termes de la convention que les parties avaient entendu substituer une simple créance au droit de copropriété ou de prélèvement appartenant à la femme en vertu des art. 1470 et 1471 C. C. (1442 R. P., S. 65-1-229, 11950 C.).

3° La dame Ghesquière est décédée sans postérité, le 14 octobre 1857, après avoir institué ses frères et sœurs pour légataires universels, et légué à son mari l'usufruit de tous ses droits dans les biens de leur communauté. Dans un inventaire du 28 du même mois, il a été expliqué que ce legs d'usufruit s'étendait non-seulement aux bénéfices de communauté, mais encore aux prélèvements à faire à titre de reprises.

Par acte notarié du 9 mars 1858, l'époux survivant et les héritiers de la femme ont procédé à la liquidation de leurs droits respectifs. Comme l'actif mobilier de la société d'acquêts se trouvait plus qu'absorbé par les reprises des deux époux, il a été convenu que chacun des conjoints supporterait personnellement la moitié du déficit, et que les immeubles seraient partagés par moitié.

Les droits de la dame Ghesquière ont donc été liquidés de

la manière suivante : Ses reprises étant de 96,586 fr. 05 cent., on en a déduit la moitié du déficit mobilier, ou 29,924 fr. 19 cent., « de sorte que, porte l'acte, les héritiers ont droit à une somme de 66,661 fr. 75 cent. que le survivant retient cependant à cause de son usufruit, mais qui devra leur être payée par lui ou ses ayants cause, à la cessation de l'usufruit. »

Le sieur Ghesquière mourut le 6 septembre 1858, laissant sa succession à des collatéraux. Lors de la déclaration souscrite pour l'acquit du droit de mutation par décès, ces héritiers ont déduit des valeurs mobilières de l'hoirie, s'élevant à 127,254 fr. 75 cent., la somme de 66,661 fr. 75 cent. dont le défunt n'avait que l'usufruit; et l'impôt a été perçu sur la différence. Enfin, suivant acte notarié des 18 et 19 février 1859, les héritiers du sieur Ghesquière versèrent aux héritiers de la femme prédécédée la somme de 66,661 fr. 75 cent., en exprimant que, par l'effet de la liquidation du 9 mars 1858, toutes les valeurs de la communauté étaient restées la propriété exclusive du mari, à la charge d'acquitter, lors de son décès, la somme dont il s'agit.

La distraction du montant des reprises a été autorisée par un arrêt du 28 février 1865 dont tous les motifs confirment nos explications :

« Attendu, porte cet arrêt, qu'il résulte de tous les faits que la somme avait été directement dévolue aux héritiers à titre de nue-propriété et non de simple créance, puisque le mari ne l'avait pas retenue comme débiteur ordinaire, mais distinctement et spécialement comme usufruitier; attendu, d'ailleurs, qu'il n'appert d'aucun acte que le droit du mari, tel qu'il vient d'être défini et expliqué, ait été modifié par une novation ou une transformation quelconque ; qu'il suit de là qu'en déclarant, en cet état des faits et des actes, que les valeurs appartenant à la femme Ghesquière, réglées à la somme de 66,661 francs et restées entre les mains du mari survivant au titre qui vient d'être dit, avaient été directement transmises, quant à la nue-propriété, aux héritiers de cette dame, et que dès lors, au point de vue fiscal, ces valeurs n'ont pu être légalement considérées comme une charge de la succession du mari, soumise à la déclaration des droits de mutation par décès, le jugement attaqué, loin de violer les art. 14 et 15 de la loi de frimaire an 7, en a fait, au contraire, une juste application » (2053 R. P., 18225 J. N., 12818 C., 2397-1 I. G.)

1. REPRISES. — Sous le régime dotal, le mari est débiteur de la dot, mais il en est aussi l'usufruitier. Il en est de même sous le régime de la communauté en cas de renonciation de la femme, puisque la jouissance des biens propres de la femme tombés dans la communauté appartient alors au mari.

Il avait paru que dans cette situation la qualité d'usufruitier dominait celle de débiteur et qu'au décès du mari il fallait déduire de sa succession, comme on le fait de la succession d'un usufruitier ordinaire, le montant des reprises de la femme. Cette théorie a été exposée dans tous ses détails au n° 2124 R. P. Mais elle n'a pas prévalu en jurisprudence. La Cour de cassation, par plusieurs arrêts dont nous parlerons plus spécialement tout à l'heure, à l'occasion des reprises, a décidé que les reprises constituaient dans tous les cas une créance non susceptible de déduction (Arr. des 11 août 1869, 30 nov. 1869 et 5 déc. 1871, *infrà* n° 16727 etc.).

Ces décisions sont spéciales aux reprises. Il ne faudrait pas en induire la preuve d'un revirement de jurisprudence dans la doctrine des déductions de sommes grevées d'usufruit.

Il a été décidé spécialement 1° que si un jugement de séparation autorise le mari à conserver les reprises, à en disposer à son gré et à en payer l'intérêt, le mari est un débiteur ordinaire (Evreux, 29 déc. 1876, 4776 R. P.); 2° et, en matière civile, que le mari débiteur des reprises de sa femme et légataire en usufruit de ces mêmes reprises cesse d'être débiteur à partir de la délivrance du legs pour ne plus conserver que la qualité d'usufruitier (Cass. 27 juin 1876, 4815 R. P.).

**16723. Etendue de la déduction.** — Pendant longtemps l'Administration a admis sans difficulté que la déduction des sommes grevées d'usufruit devait avoir lieu sur l'ensemble des valeurs du patrimoine de l'usufruitier sans aucune distinction entre elles, aussi bien sur les immeubles que sur les meubles, et, à l'égard des immeubles, sur ceux dont le défunt était propriétaire avant la constitution d'usufruit, comme sur ceux qu'il a pu acquérir depuis. Depuis lors, elle paraît être revenue sur cette doctrine. Elle tente de soutenir que la déduction ne saurait porter sur les valeurs et notamment sur les immeubles dont l'usufruitier était propriétaire avant d'avoir reçu la jouissance. Mais cette distinction, qui peut être rationnelle en droit civil, ne nous paraît pas conforme à l'esprit de la jurisprudence fiscale. La Cour, en effet, autorise la déduction par un motif général : « c'est que la délivrance au nu-propriétaire n'est que la réalisation du droit antérieurement acquis à ce dernier. » Or, ce droit ne change évidemment pas de nature parce que l'usufruitier, au lieu de garder ou de faire emploi des sommes grevées d'usufruit et de vivre en dépensant son bien personnel, a dissipé, au contraire, les sommes dont il était détenteur précaire pour conserver son patrimoine. Sa situation est la même à cet égard que celle du donateur de sommes non payées ou de l'héritier chargé d'acquitter des legs. La jurisprudence décide que s'ils décèdent avant l'acquit des sommes dues, ces sommes doivent être distraites de l'actif de leurs successions, parce qu'elles en avaient été fictivement détachées dès le jour de la donation ou du testament. A-t-on jamais soutenu que cette fiction n'opérait qu'à l'égard des biens possédés par le donateur au jour de la libéralité ou à l'égard des seuls biens recueillis par l'héritier dans les successions du *de cujus* et non de ses biens personnels? En aucune façon. La distraction s'opère lors du décès du donateur ou de l'héritier sur toutes les valeurs mobilières ou immobilières qu'ils possèdent alors, soit que ces valeurs proviennent de la donation ou de la succession, soit qu'elles aient une autre origine et aient été acquises personnellement par l'héritier ou par le donateur après le détachement fictif de la somme léguée ou donnée. On ne concevrait pas pourquoi il en serait autrement en matière de sommes grevées d'usufruit, alors que le principe de la déduction est identique. Le moindre inconvénient de la doctrine contraire serait de jeter l'Administration dans les difficultés d'une appréciation souvent impossible au sujet de la provenance et de la transformation des biens grevés de la charge de restitution.

D'ailleurs la jurisprudence, dans les arrêts que nous avons indiqués précédemment, n'a fait aucune distinction de l'espèce. On voit, au contraire, notamment dans l'arrêt Saint-Chamand du 6 décembre 1858, où la règle est le plus nettement formulée, que les sommes grevées d'usufruit montant à 300,000 francs, ont été déduites d'un patrimoine dans lequel il existait seulement 80,000 francs de valeurs mobilières, et que cette déduction a été autorisée sans aucune réserve.

Nous ne croyons donc pas que la jurisprudence puisse recevoir une limitation semblable. Il nous semble que les sommes grevées d'usufruit doivent être défalquées de l'ensemble des valeurs possédées par l'usufruitier à son décès, des immeubles aussi bien que des meubles, des biens antérieurs à la constitution d'usufruit comme de ceux acquis postérieurement. Ce point est maintenant admis par l'Administration (Sol. 16 juin 1873, 29 janv. 1874, 3 fév. et 21 juill. 1875, 15 fév. et 11 août 1876, 17 août, 11 juin, 29 nov. 1877, 1er avr. et 13 juill. 1878; — *Conf.* : Nevers, 22 janv. 1873, 19876 J. E.). — V. 16747 *bis*.

**16724. Corps certains.** — Dans tous les cas où la déduction a été autorisée il s'agissait de l'usufruit de sommes d'argent ou de choses fongibles dont la consommation est le résultat forcé de la jouissance. Quand l'usufruit frappe sur un corps certain qui doit être restitué en nature, comme un immeuble, un objet spécialement déterminé, l'usufruitier ne saurait en altérer la substance sans nover par cela même sa possession et se constituer débiteur de la valeur ou du prix de la chose. Sa position nous paraît être alors la même que dans les hypothèses précédentes, quand avant l'extinction de la jouissance il a remplacé son titre d'usufruitier par celui d'emprunteur. Par conséquent, la distraction ne nous semble pas devoir être autorisée.

1. JOUISSANCE LÉGALE. — PÈRE ET MÈRE. — Nous appliquerions ce principe notamment à l'usufruit légal. Les père et mère, tant qu'ils ont la jouissance légale des biens de leurs enfants mineurs, ont la faculté de conserver les meubles recueillis par ceux-ci dans les successions qui leur sont échues pour les remettre en nature, mais à la charge d'en faire faire une estimation à juste valeur. Ils ne sont comptables de cette valeur que pour ceux des meubles qu'ils ne peuvent représenter (453 C. C.). — Dans ce cas, si aucun doute n'existe sur l'identité des objets ainsi conservés, ces objets ne doivent pas être compris dans la déclaration des biens du défunt; et s'ils dépendaient de la communauté qui avait existé entre les père et mère, ils ne devront y être compris que pour moitié, à moins que, par suite d'imputation des reprises, ils n'eussent été attribués, lors de la déclaration de la première succession, aux enfants ou à l'époux survivant. Il en sera de même des autres valeurs mobilières qui se retrouveraient en nature. Toutefois, il n'en est pas des marchandises comme des meubles, l'art. 453 C. C. ne leur est pas applicable (C. Aix 1806, S. t. 6 p. 452; — Rouen 5 juill. 1824, S. t. 25 p. 132).

Quant au prix des meubles qui ne seraient pas représentés, il ne peut être déduit de l'actif de la succession. C'est là une dette contractée par l'usufruitier décédé, et cette dette, comme toute autre charge de la succession, n'est pas à déduire des biens de la succession (Cons. 3038 J. N. et D. N. t. 12 p. 270 no 437).

**16725. Payement des droits par l'usufruitier. — Déduction.** — Le principe de la non-distraction des charges s'applique d'ailleurs au payement des droits exigibles sur l'usufruit lui-même, comme à l'acquit des droits dus sur la propriété entière. Les dettes qui grèveraient la jouissance ne pourraient être défalquées.

Ainsi, il a été jugé par le tribunal de la Seine, le 19 août 1856 (16377 J. E.), que ce n'est point seulement sur la somme restant entre les mains des héritiers après avoir acquitté les dettes de la succession que le droit de mutation par décès, à raison de l'usufruit légué, est exigible. Ce droit doit être perçu sur l'intégralité des biens donnés à l'usufruitier. — *V.* 16719.

De même, lorsqu'un établissement public a été institué légataire universel de la nue-propriété des biens d'une succession, et que l'acceptation de ce legs n'a été autorisée que jusqu'à concurrence d'une somme déterminée, prise sur les valeurs héréditaires et payable avant le décès de l'usufruitier, celui-ci n'est pas fondé à demander une réduction proportionnelle des droits auxquels le legs à lui fait a donné ouverture (Seine 10 août 1855, 16141 J. E.).

**16725. Tuteur.** — On applique au tuteur les principes de la déduction des charges dans les mêmes conditions qu'à l'usufruitier (Sol. 3 fév. 1872 et 26 fév. 1873) — V. 16712.

## SECTION 4. — REPRISES

[16726-16734]

**16726. Principe.** — « Le mari, dit la Cour de cassation dans un arrêt du 30 janvier 1866, quel que soit le régime adopté par les époux, n'est, quant aux biens que la femme s'est réservés comme propres par son contrat de mariage, qu'un administrateur. Ainsi, lorsqu'à la dissolution de la communauté (ou du mariage) il lui remet le montant de ses reprises et apports, il ne fait que s'exonérer envers elle du mandat qu'il en avait reçu » (2229 R. P., 2355-1 I. G., B. C. 25, S. 66-1-224, D. 66-1-73).

A ce premier point de vue, il avait paru juridique d'appliquer au mari les règles que nous avons fait précédemment connaître à l'égard des successions des mandataires. Si l'on retrouve à son décès des objets de même nature que ceux dont le mari s'est chargé, par exemple du numéraire, des titres au porteur, billets de banque, etc., on admettra que ces valeurs sont la représentation des reprises de l'époux survivant et qu'elles ne sont pas dans le patrimoine du prédécédé (Demante no 696). — On pouvait, même en invoquant la fiction dont nous avons parlé au no 16711, etc., prétendre que la distraction doit s'opérer sur toutes les valeurs mobilières de l'hérédité, sans distinction : « La loi de l'impôt, dit l'I. G. 1723-4, en tarifant au droit de mutation par décès les valeurs mobilières sous la qualification générale de meubles, semble les avoir considérées comme étant toutes de la même nature. Il suit de là que, quand une succession grevée de legs de sommes d'argent comprend des créances, rentes, effets mobiliers, etc., on ne peut, dans le sens de cette loi, dire que l'objet des legs n'existe pas en nature dans la succession ; et, dans ce cas, le montant du legs doit être imputé jusqu'à due concurrence sur les valeurs mobilières. »

Cette fiction s'arrêtait toutefois aux immeubles. Il est clair que l'idée du mandat serait insuffisant pour justifier à leur égard la déduction des reprises. Car on ne peut plus dire que la femme retrouve ici en nature les choses de sa dot et il est certain que le mari se les est appropriées en les faisant servir à l'accroissement de son patrimoine.

Mais, outre son titre de mandataire, le mari a encore, dans certains cas, une sorte d'usufruit de la dot et des reprises. Or, nous avons vu la jurisprudence décider qu'au décès de l'usufruitier d'une chose fongible, le montant doit en être déduit des valeurs mêmes immobilières de sa succession (*Suprà* nº 16719, etc.). Fallait-il donc, par application de cette règle, autoriser la déduction dans tous les cas? Cette question est fort grave. Pour en préciser les éléments, il importe d'établir ici plusieurs distinctions.

**16727. Communauté. — Acceptation.** — Et, d'abord, aucun doute n'existe quand les époux sont mariés en communauté et que la femme ou ses héritiers n'y renoncent pas. On avait pensé, à l'origine, que, dans le cas de dissolution, les héritiers de l'époux prédécédé se trouvaient saisis de la moitié de *tous* les biens de la communauté, sauf à payer le montant des reprises du conjoint survivant; ces reprises n'avaient été considérées que comme faisant partie *des charges* de la succession, lesquelles ne peuvent, aux termes de l'art. 15 L. 22 frimaire an 7, être déduites du produit des biens. On avait, en conséquence, été d'avis que les héritiers étaient tenus de déclarer *la moitié* de tout ce qui compose la masse commune, et d'en acquitter les droits, sans égard aux distractions de biens résultant des reprises du survivant. Des décisions transmises par les I. G. nos 405 et 484, avaient approuvé cette opinion.

Mais c'était une erreur condamnée par la loi civile qui veut que, lors de la dissolution de la communauté, l'époux survivant et les héritiers du prédécédé se trouvent respectivement investis d'un droit de propriété dans les biens communs, et non d'une simple créance sur ces biens (1474 C.C.). Aussi a-t-il été reconnu depuis, par une D. m. f. 18 juillet 1817 (809 I. G.), que la propriété des héritiers du prédécédé, dans la communauté, ne se compose que de la portion qui leur revient après les reprises du survivant, et que les droits de mutation ne doivent être acquittés que sur la portion ainsi déterminée; que, dans les déclarations des biens de la communauté après le décès de l'un des conjoints, il y a lieu d'admettre sur la masse commune la distraction des reprises de l'époux survivant, et de ne percevoir les droits de succession que sur la portion des biens de la communauté qui revient aux héritiers après ces prélèvements.

Par contre, si le montant des reprises à exercer par le survivant doit être distrait de la valeur des biens de la communauté, lors de la déclaration des héritiers du prédécédé, ceux-ci ne peuvent, lorsqu'ils ont de semblables prélèvements à faire du chef de leur auteur, se dispenser de les comprendre dans leur déclaration, et d'en acquitter les droits.

Certains doutes pourraient s'élever sur l'exactitude de cette doctrine depuis que la Cour de cassation a décidé, par son arrêt du 13 décembre 1864 (1981 R.P., 2360-1 I. G., B. C. 186, S. 65-1-89, D. 65-1-17. — V. *Partage de communauté*), que la femme acceptante est libre d'abandonner les biens de la communauté aux héritiers pour recevoir le montant de ses reprises en argent. Mais il faut remarquer que la femme n'est pas pour cela considérée comme simple créancière de ses reprises, vis-à-vis de son mari, puisque, si les héritiers lui cédaient des valeurs de la communauté, aucun droit de dation en payement ne deviendrait exigible. On ne peut pas, il faut l'avouer, rendre bien clairement raison de la doctrine de la Cour, ni expliquer d'une manière satisfaisante pour l'esprit quelle est la situation de la propriété des biens communs dans l'intervalle qui sépare le décès du règlement des reprises. Jusqu'à ce que la femme exerce l'option que la Cour lui reconnaît et ait fixé définitivement la nature de son obligation alternative, il est malaisé de savoir à qui appartiennent les conquêts. Mais, dans l'un et l'autre cas, les biens prélevés en nature ou la somme d'argent sont la représentation réelle et effective de la part de la femme dans la masse. On ne saurait donc y voir une simple créance sur le mari ni refuser dès lors de la déduire. Assurément, il n'est pas entré dans la pensée de la Cour de faire considérer le payement en argent des reprises de la femme comme l'acquit d'une charge ordinaire de la succession, ni, par conséquent, d'en refuser implicitement la distraction sur les biens retenus par les héritiers.

Que le partage précède ou suive la déclaration de succession, nous croyons donc qu'en cas d'acceptation de la communauté il faut continuer à opérer sur l'actif commun le prélèvement des reprises de la femme.

1. DÉCÈS DU CONJOINT PROPRIÉTAIRE DES REPRISES. — Lorsque c'est le conjoint propriétaire des reprises qui décède, le droit de mutation est incontestablement exigible sur ces prélèvements. S'ils absorbent tout l'actif mobilier ou immobilier de la communauté, cet actif doit être compris en entier dans la déclaration de sa succession et les droits payés d'après la nature des biens (Épinal 8 janv. 1850, 14937 § 5 J. E., 14203 J. N.).

2. *Idem.* — ORDRE DES PRÉLÈVEMENTS. — Bien que l'ordre dans lequel doivent être exercés les prélèvements ait été réglé par le Code civil, il est facultatif de ne pas le suivre, sans que pour cela la perception des droits se trouve modifiée. L'art. 1471 C. C., en effet, n'a été édicté que dans l'intérêt de la veuve et pour que ses prélèvements s'exercent sur les valeurs plus liquides, avantages dont elle peut ne pas user de concert avec les héritiers. C'est ainsi que si, d'un commun accord, les immeubles de la communauté avaient été attribués, pour tenir lieu de ses reprises, à la veuve donataire de tous les biens meubles de son mari, le droit de mutation par décès serait exigible sur les valeurs mobilières qui seraient restées libres par suite du prélèvement opéré sur les immeubles (13461-8 J. E.).

Ainsi encore, le mari peut valablement, d'après un jugement du tribunal de Brives, 23 mars 1852 (15554 J. E.), fixer par testament les reprises de la femme dans la communauté ou société d'acquêts, à une somme fixe, et si la femme accepte cette somme de l'héritier du mari, et renonce à toute action pour ses reprises, il n'en résulte pas, quoiqu'il existe des immeubles dans la communauté, une cession passible du droit de mutation.

Mais il faudrait se garder de tirer une conséquence trop absolue de ce principe et supposer, par exemple, qu'il serait facultatif aux parties de renverser, pour le besoin d'une déclaration de succession, l'ordre de prélèvement établi par l'art. 1471, et cela dans le but évident et unique d'éviter, ou même simplement de diminuer les droits de mutation par décès. Le mode légal de prélèvement ne peut être interverti, en matière de déclaration de succession, que lorsqu'une convention antérieure, ayant fait l'objet d'un acte régulier, a établi entre les ayants droits une dérogation formelle à l'art 1471 C. C.

« Il faut admettre, enseignent à cet égard Pont et Rodière, dans leur récente édition du *Traité du Contrat de mariage*, qu'il peut y avoir dérogation à l'ordre des prélèvements établis par l'art. 1471, ou à leur mode, non-seulement par l'effet de conventions postérieures à la dissolution du mariage, mais encore virtuellement, par suite de certains actes intervenus entre les époux pendant le mariage et aussi de certains faits postérieurs à la dissolution de la communauté » (nº 1077). Les savants auteurs en citent comme exemple le cas où l'un des époux a été, soit dans le contrat de mariage, soit pendant le mariage, constitué par son conjoint donataire de tout le mobilier. Il leur semble que l'autre époux ou ses héritiers ne peuvent alors exercer leurs reprises que sur les immeubles ou sur les valeurs qui, en tenant lieu, sortent nature d'immeubles. Et cette appréciation se fonde plus ou moins directement sur des arrêts de Douai du 17 juin 1847 (S. 49-2-71); et de Paris des 30 mai 1857 et 18 août 1859 (S. 63-2-211). Mais elle a été repoussée avec raison par un jugement du tribunal de Béthune du 7 août 1868 portant qu'après le décès du mari et pour la perception du droit de succession, les reprises de la femme commune en biens doivent être imputées d'abord sur l'argent comptant, ensuite sur le mobilier, et subsidiairement sur les immeubles de la communauté, alors même que la veuve aurait droit au mobilier de la communauté à titre de convention de mariage (2790 R. P.).

Cette solution est une conséquence de la jurisprudence récente sur la nature des reprises de la femme. Quand ces reprises étaient considérées comme de simples charges de la communauté, il était naturel d'admettre que les seules valeurs affectées au payement de la dette étaient celles qui dépendaient réellement de la masse et non pas les biens attribués à l'époux survivant en vertu d'une donation ou d'une convention de mariage.

Depuis qu'il est reconnu que les reprises s'exercent à titre de copropriété, il ne saurait plus être question d'une créance dont sont tenus tous ceux qui recueillent, soit à titre héréditaire, soit comme légataires, une part des biens communs dévolus à l'autre époux.

Le conjoint survivant a tout simplement un droit de propriété qui s'exerce, conformément à la loi, d'abord sur les sommes d'argent, ensuite sur les meubles, et, en cas d'insuffisance, seulement sur les immeubles.

Le survivant qui se trouve nanti de tout le mobilier de la communauté, par suite d'un legs ou d'une convention de mariage, n'a donc rien à prétendre sur les immeubles, si le montant de ses reprises n'excède pas la valeur du mobilier. Le défunt n'est censé lui avoir fait donation des meubles que s'il en existait après les relèvements ordinaires (*Conf.* : 13094 J. N.).

**16728. Renonciation.** — Lorsque la femme ou ses héritiers ont renoncé à la communauté, le mari devient propriétaire exclusif de tous les acquêts, mais les reprises de la femme ont alors le caractère d'une créance ordinaire dont le mari est débiteur. La jurisprudence est aujourd'hui fixée sur ce point (V. *Partage de communauté*). C'est pourquoi il a été jugé que les héritiers ne pouvaient obtenir la déduction de ces reprises sur les biens de la succession du mari : « Attendu qu'à son décès les ayants droit de la veuve sont restés créanciers de la succession n'ayant qu'un titre de créance et non un droit de propriété sur aucun des biens héréditaires » (Cass. 21 août 1861, 1543 R. P., 17225 J. N., 12059 C., 190 Rev., S. 62-1-15 et 315; — *V.* aussi Angoulême 7 mars 1864, 2137 R. P.; — Vitry-le-François 9 mai 1867, 2557 R. P., 14119 C.).

Cet arrêt avait paru difficilement conciliable avec la jurisprudence que nous venons de faire connaître sur les sommes grevées d'usufruit. En effet, sous les régimes exclusifs de communauté, le mari est considéré en doctrine comme l'usufruitier des choses fongibles de la dot, tellement qu'on réclame pour sa succession le bénéfice de la distraction accordée à celle de l'usufruitier proprement dit. Or, il y a une très-grande analogie entre les époux mariés sans communauté et ceux dont l'union a été régie par une communauté répudiée par la femme, puisque, dans les deux cas, le mari est exclusivement propriétaire des biens et débiteur des reprises. Tout ce qu'on pourrait dire pour écarter l'application de la jurisprudence sur les usufruits, c'est que le mari n'a pas eu la jouissance personnelle des reprises, mais que cet usufruit a appartenu à la communauté formant un être moral entre les époux, en sorte que le mari doit être traité comme un mandataire ou un usufruitier ordinaire.

Cette distinction a été présentée au nº 2124 R. P avec les développements qu'elle comporte.

Mais la jurisprudence n'a pas admis cette opinion.

Plusieurs arrêts de Cassation ont décidé que, sous le régime de la communauté légale ou réduite aux acquêts : « l'action qui appartient à la femme sur les biens personnels du mari à l'effet d'obtenir le remboursement de ses reprises pour dot, aliénation de propres ou indemnités, se fonde non sur un droit de propriété sur lesdits biens, mais seulement sur un droit de créance garantie par son hypothèque légale, que cette créance constitue dès lors une charge de la succession du mari, dont il ne doit pas être fait distraction sur les valeurs déclarées pour la liquidation et la perception des droits de mutation par décès » (Cass. 11 août 1869, Hoguais 2986 R. P., 2394 I. G., S. 69-1-477, P. 69-1232; — 30 nov. 1869, 3035 R. P., 2398-3 I. G., B. 212, S. 70-1-136, D. 70-1-157, P. 70-306.

Des arrêts semblables ont été rendus, comme nous allons le voir, en matière de régime sans communauté.

**16729. Insuffisance de la communauté.** — La situation est la même et s'explique de la même façon à l'égard du droit appartenant à la femme d'exercer ses reprises sur les biens propres du mari, en cas d'insuffisance de la communauté.

On ne peut ici supposer la femme copropriétaire des biens personnels du mari, et, du moment qu'elle se couvre de ses reprises avec ses biens propres, elle agit comme une créancière recevant une dation en payement. C'est en ce sens que la question a été jugée par un arrêt de Cass. du 18 mai 1824 (1146 § 4 I. G., 7766 J. E., S. 24-1-287) ainsi conçu :

« Attendu que, si les art. 1436 et 1472 C. C. accordent à la femme, commune en biens, lors de la dissolution de communauté, et en cas d'insuffisance des biens meubles et immeubles de cette communauté pour la remplir de ses reprises, un recours subsidiaire sur les biens personnels de son mari, ce recours ne constitue pas, dans la main de la femme, un droit de propriété sur les biens personnels de son mari, mais seulement une action hypothécaire sur ces biens, à l'effet d'être payée sur le prix d'iceux du montant de ses reprises; attendu que cette action hypothécaire n'est qu'une charge dont les biens de son mari sont grevés, charge dont, aux termes de l'art. 15 nº 7 L. 22 frimaire an 7, il ne peut être fait distraction dans l'évaluation des biens que les héritiers du mari sont tenus de déclarer, ni dans la perception des droits auxquels la transmission de ces biens donne lieu contre lesdits héritiers; attendu, dans l'espèce, que, dans la déclaration faite par les héritiers du sieur Cotignon, au bureau de Château-Chinon, ils ont porté en déduction sur le montant desdits biens déclarés une somme de 24,551 francs, montant des reprises à exercer par la dame veuve Cotignon sur lesdits biens, d'après l'insuffisance de ceux de la communauté d'entre elle et le défunt, pour la remplir de ses reprises, tandis qu'aux termes des lois précitées, il ne devait être fait aucune distraction de ladite somme qui n'était qu'une charge de la succession du sieur Cotignon, et qu'en autorisant cette déduction, le jugement attaqué a violé lesdites lois. »

On peut, d'ailleurs, faire remarquer ici, mieux encore que dans l'hypothèse précédente, que le mari n'a jamais été l'usufruitier personnel de la dot, puisque cet usufruit a appartenu à la communauté et que cette communauté est acceptée par la femme.

1. DÉCÈS DE LA FEMME. — Si c'est la femme qui décède la première, la portion de ses reprises qui n'a pu être prélevée sur les valeurs de la communauté constitue, dans sa succession, une créance sur le mari qui doit être comprise dans la déclaration de la succession de la femme (Dél. 23 juill. 1823, 7514 J.E.; — Limoges 29 mai 1850 15009 J.E.).

**16730. Forfait de communauté.** — Lorsqu'en vertu des stipulations du contrat de mariage de leur auteur, et conformément aux dispositions des art. 1520, 1522 et 1524 C.C., les héritiers de l'époux prédécédé conservent tous les biens de la communauté, à la charge de payer à l'épouse survivante le montant de ses reprises, plus une somme fixe, à titre de forfait, pour ses droits dans la communauté, sont-ils tenus d'acquitter le droit de mutation par décès sur tous les biens de cette communauté, sans déduction des sommes dues à l'épouse survivante?

La Cour de cassation a répondu affirmativement par un arrêt du 17 janvier 1854 (2010 § 7 I.G., 15774 J.E., 15137 J.N., 10191 C., S. 54-1-202), ainsi conçu :

« Attendu que, par le contrat de mariage des époux Scheiwghauser, il avait été convenu qu'à la dissolution de la communauté, la future épouse ou ses héritiers n'auraient pour tous droits qu'une somme fixe, élevée à 50,000 francs, si cette dissolution arrivait après cinq ans à compter du mariage; attendu que cette stipulation, convenue à titre de forfait, conformément aux art. 1520, 1522, 1524 C.C., n'a constitué au profit de la femme qu'un droit de créance, et qu'à la dissolution de la communauté les héritiers du mari ont recueilli la propriété de tous les biens qui la composaient; attendu que si, lors du règlement de ce qui était dû au Trésor public pour droit de succcession après le décès de Benoît Scheiwghauser, le receveur de l'enregistrement avait perçu l'impôt sur l'actif de la communauté acquise en entier à ses héritiers, sans tenir compte du forfait de communauté, cette perception avait été régulière; qu'en effet, les art. 14 n° 8 et 15 n° 7 L. 22 frimaire an 7 disposent que, pour les transmissions de biens meubles ou immeubles qui s'effectuent par décès, les valeurs sur lesquelles l'impôt est assi se règlent par la déclaration estimative des parties, *sans déduction ni distraction des charges;* attendu, dès lors, qu'en ordonnant la restitution de la partie du droit fiscal afférente à une somme de 50,000 francs, sur le motif que cette valeur dans l'actif de la communauté n'avait pas été transmise aux enfants Scheiwghauser, qu'elle avait passé de plein droit sur la tête de la veuve, à qui elle était seulement due à titre de créance sur la communauté, le jugement attaqué a formellement violé les dispositions des lois ci-dessus visées. »

La Cour de cassation avait fait pressentir cette solution par deux arrêts des 6 mars 1822 (S. 22-1-406, 1113 I.G.) et 30 juillet 1823 (S. 23-1-427, 1236-4 I.G., 7705 J.E.), desquels il résultait que l'*époux survivant* qui, en vertu d'une clause de son contrat de mariage, a droit à tout l'actif de la communauté ou à une portion plus forte que la moitié est *propriétaire* de cet actif ou de cette portion *à compter du mariage* et que l'autre époux n'y a jamais eu aucun droit; qu'en conséquence *aucune mutation* ne s'opère, à la dissolution du mariage, au profit de l'époux survivant.

**16731. Communauté au survivant.** — D'après l'art. 1525 C.C., il est permis aux époux de stipuler que la totalité de la communauté appartiendra au survivant ou à l'un d'eux seulement, sauf aux héritiers de l'autre à faire la reprise des apports et capitaux tombés dans la communauté du chef de leur auteur.

Il s'est élevé la question de savoir si ces reprises ou apports constituaient au profit des héritiers de l'époux un droit de copropriété ou de créance sur les biens communs, et on s'est demandé ce qu'il fallait percevoir quand ces héritiers recevaient soit une somme d'argent, soit des biens en nature. Par deux arrêts des 7 avril 1862 (S. 62-1-709, 2223-3 I.G., 1603 R.P.) et 12 février 1867 (2357-7 I.G., B.C. 36, S. 67-1-157, 2440 R.P.), la Cour de cassation a assimilé complètement ce droit des héritiers aux reprises ordinaires de l'époux décédé, décidant en conséquence que dans les deux cas le droit fixe est seul exigible.

Nous avons examiné cette jurisprudence au mot *Partage de communauté.*

**16732. Conventions exclusives de communauté.** — En dehors de la communauté, il y a deux régimes dans lesquels le mari est constitué l'administrateur légal des biens de sa femme : ce sont l'exclusion proprement dite de communauté et le régime dotal. Dans l'exclusion de communauté, le mari, dit l'art. 1531 C.C., conserve des biens meubles et immeubles de sa femme, et par suite le droit de percevoir le mobilier qu'elle apporte en dot ou qui lui échoit pendant le mariage, sauf restitution. L'art. 1532 ajoute que si la dot comprend des choses fongibles, le mari doit en rendre le prix d'après l'estimation à faire au moment du contrat, et l'art. 1533 termine en disant que le mari est tenu de toutes les charges de l'usufruit.

Sous le régime dotal, le mari est également, d'après l'art. 1549, le seul gérant des biens dotaux ; mais l'art. 1551 dispose que, si la dot consiste en objets mobiliers mis à prix par le contrat sans déclaration que l'estimation n'en fait pas vente, le mari en devient propriétaire et n'est débiteur que du prix donné au mobilier.

Qu'est-ce donc, en présence de ces dispositions, que le droit conféré au mari sur les choses fongibles de la dot ?

Voici comment l'Administration l'a apprécié les 5 août-31 décembre 1828 dans une I. G. qui a toujours jusqu'à présent servi de règle : « Les biens meubles et immeubles qui ont été désignés comme appartenant à la femme, soit dans son contrat de mariage, soit dans les actes relatifs aux successions qui lui sont échues, et ceux qui ont été acquis pour elle à titre de remploi sont la propriété de la femme lorsqu'ils existent encore en nature, et ne peuvent faire partie de la succession du mari. A l'égard des objets qui n'existent plus et des choses fongibles, au nombre desquelles sont les sommes d'argent, d'après l'art. 587 C. C., et le prix des ventes non suivies de remploi au nom de la femme, celle-ci est seulement créancière de la succession, et cette charge n'est pas susceptible d'être déduite pour la liquidation des droits de mutation par décès » (1263 § 3 I. G.).

Ces motifs ont déterminé, en effet, plusieurs tribunaux à rejeter la déduction des reprises de la femme, attendu qu'elles constituaient une simple dette à la charge de la succession du mari (Seine 30 janv. 1850, 15009-2 J.E., 27 août 1859, 16693 J.N., 11731 C.).

Mais le travail qui s'est fait en jurisprudence, au sujet des sommes grevées d'usufruit, a modifié les éléments du débat. On a soutenu que, sous les régimes exclusifs de communauté, le mari recevait la dot ou les propres de la femme à titre de mandataire et d'usufruitier ; qu'à son décès, il fallait par conséquent lui appliquer les principes admis pour l'usufruitier lui-même, c'est-à-dire distraire de l'actif les choses fongibles dont la restitution était due à la femme. Cette thèse a été nettement résumée dans un jugement du tribunal de la Seine du 17 juin 1865 ainsi conçu : « Attendu qu'il résulte d'une jurisprudence constante que les sommes frappées d'usufruit ne font pas partie de la fortune de l'usufruitier ; qu'elles appartiennent au nu-propriétaire, et que par suite elles ne doivent pas être comprises dans la déclaration des valeurs composant la succession de l'usufruitier ; que ces principes sont évidemment applicables aux sommes que l'époux marié sous le régime dotal a reçues de sa femme à titre de dot ; qu'en effet, le mari qui, sous ce régime, a seul le droit d'administrer les biens dotaux et d'en percevoir les revenus en est véritablement usufruitier ; que les dispositions des articles 1551 et 1565 C. C. ne pourraient changer la nature de ce droit, en ce qui concerne les choses fongibles, que s'il était vrai que ces choses ne sont pas susceptibles d'être données en usufruit ; mais attendu que l'art. 537 C. C. dit positivement le contraire, que cet article, rédigé dans les mêmes termes que l'art. 1551 C. C., n'a d'autre but que de déterminer les droits de l'usufruitier vis-à-vis des tiers, ainsi que les droits respectifs du nu-propriétaire et de l'usufruitier au moment de la cession de l'usufruit ; que, quant à l'art. 1565, qui accorde un délai au mari pour restituer les sommes dotales, il ne saurait pas plus être invoqué par l'Administration de l'enregistrement que la clause qui, lors de la constitution d'un usufruit ordinaire, accorderait un délai aux héritiers de l'usufruitier pour restituer les sommes reçues par leur auteur, qu'il est évident que le raisonnement à l'aide duquel la jurisprudence est arrivée à dire que les choses reçues par l'usufruitier ne font pas partie de sa succession s'applique également aux choses reçues par le mari à titre de dot ; qu'il s'agit dans les deux cas de biens qui n'ont jamais été compris dans la fortune du mari, et que ce dernier doit restituer en nature s'il s'agit de choses qui ne se consomment pas par l'usage, et en équivalents s'il s'agit de choses fongibles » (2124 R. P., 18318 J. N., 12909 C.).

Cette doctrine, admise déjà par le même tribunal le 7 mars 1864 (12671 C.) avait été adoptée par des jugements de Tulle du 1er mars 1867, de Mauriac du 22 mars 1867 (2449 R. P.), de Tarbes du 5 août 1867, de Louviers du 11 mars 1868, et de Forcalquier du 2 juillet 1868 (2792 R. P.).

Elle pouvait encore, à un autre point de vue, se fonder sur la jurisprudence d'après laquelle la restitution de la dot n'est passible que du droit de décharge, puisque, en droit, vis-à-vis de sa femme, le mari, quel que soit le régime adopté par les époux, n'est, quant aux biens qu'elle s'est réservés comme propres, qu'un administrateur ; qu'ainsi, lorsque, à la dissolution de la communauté, il lui remet le montant de ses reprises et apports, il ne fait que s'exonérer envers elle du mandat qu'il en avait reçu (Cass. 30 janv. 1866, 2355-1 I. G., S. 1866-1-224, D. 66-1-73). On était donc autorisé à invoquer les principes que nous avons indiqués précédemment au sujet du mandat (nos 16711 et suiv.).

La question était capitale pour le Trésor ; elle se serait résolue, en effet, a-t-on affirmé, par une perte de plus de 50 millions de francs. Nous l'avons examinée avec tous les détails qu'elle méritait, dans un travail inséré au n° 2124 R. P. et qui a eu l'honneur d'être discuté devant la Cour de cassation (V. art. 2946 p. 517 R. P.), et nous avons été amenés à conclure que le mari, n'ayant pas la propriété de la dot, mais exerçant sur elle un droit de gestion mélangé d'usufruit, il était logique de soumettre sa succession aux principes admis pour celle de l'usufruitier. C'était aussi l'opinion de M. Demante n° 696.

Mais la Cour de cassation a préféré l'opinion contraire. Elle a décidé, par trois arrêts du 11 août 1869, conçus dans les mêmes termes : « que, quel que soit le régime adopté par les époux, l'action qui appartient à la femme sur les biens personnels du mari, à l'effet d'obtenir le remboursement de ses reprises pour dot, aliénation de propres ou indemnités, se fonde, non sur un droit de propriété sur lesdits biens, mais seulement sur un droit de créance garanti par son hypothèque légale ; que cette créance constitue dès lors une charge de la succession du mari dont il ne doit pas être fait distraction sur les valeurs déclarées pour la liquidation et la perception des droits de mutation par décès ; d'où il suit qu'en ordonnant qu'il serait distrait de la succession de Guillaume Chazette la somme de 11,500 francs, montant des reprises de Catherine Chanut, femme dotale, le jugement attaqué a violé la loi » (2986 R. P., 2304 I. G., S. 69-1-477, P. 69-1232).

Cette jurisprudence a été confirmée depuis, en matière d'exclusion de communauté, par un arrêt du 5 décembre 1871 (3374 R. P., 2434-3 I. G., S. 71-1-248, D. 72-1-110, P. 71-755), — et, en matière de renonciation à la communauté, par un arrêt du 30 novembre 1869 (3035 R. P., 2398-3 I. G., B. 212, S. 70-1-136, D. 70-1-157, P. 70-306).

**16733. Étendue de la déduction.** — La jurisprudence précédente ne s'applique, bien entendu, qu'aux reprises en deniers de la femme. Il est clair que si les biens qu'elle a apportés en mariage se retrouvent en nature au décès du mari, elle les reprend comme sa propriété personnelle et que les héritiers du mari n'ont pas à les comprendre dans la déclaration de succession.

Mais il ne manque pas de s'élever, comme nous le prévoyions en rapportant ces arrêts, de sérieuses difficultés pour savoir quand la dot ou les reprises se retrouvent en nature.

1. CRÉANCES. — MEUBLES. — IMMEUBLES. — Dans l'extrême rigueur des principes, on ne devrait l'admettre que quand la restitution s'applique aux objets qui ont été apportés par la femme et qui existent encore individuellement; par exemple aux créances dues par les mêmes débiteurs, aux meubles meublants ou aux immeubles demeurés en la possession du mari. Voilà des cas où la propriété de la femme est incontestable, puisque les valeurs n'en ont jamais perdu l'empreinte. Il lui suffit, pour les obtenir, d'en faire la revendication en disant, selon l'ancienne formule : ceci m'appartient, *aio hanc rem esse meam*. En dehors de cette hypothèse, il n'y a pas, à proprement dire, de revendication. Si l'objet disparaît, le corps certain cesse d'exister. Celui qui le remplace peut être en tous points semblable; mais sa substance est différente. Ce n'est pas l'objet qui appartenait à la femme, et la revendication seule ne suffirait plus à le lui attribuer. La déduction est donc impossible! (Castel-Sarrazin! 29 déc. 1869, 3127 R. P.; — V. Evreux, 29 déc. 1876, 4776 R. P.).

2. NUMÉRAIRE. — Il n'est pas jusqu'au numéraire qui ne tombe sous l'empire de cette doctrine du *summum jus*. Les écus que la femme a remis au mari ne sont plus certainement les mêmes que ceux dont ce dernier est détenteur à son décès. Presque toujours la preuve en est matériellement fournie par le module ou la date de fabrication des pièces. La femme ne peut, par conséquent, les reprendre comme elle reprend le piano ou le titre de rente qu'elle avait en se mariant; elle n'en a jamais été propriétaire, et si on les lui attribue, c'est à un autre titre, c'est parce qu'elle peut en réclamer la valeur à la succession du mari.

Faudra-t-il cependant refuser de déduire ce numéraire? L'Administration ne l'a pas pensé, puisque dans l'une des affaires qui ont donné lieu aux arrêts du 11 août 1869 (arrêt Chazette), elle a déduit le numéraire existant au décès du mari. Elle a eu raison. La théorie précédente, en effet, repose plutôt sur les subtilités du droit, *in apicibus juris*, que sur la réalité des choses. Quoique la propriété soit attachée au corps certain lui-même, il est des biens que l'on considère moins dans leur individualité que dans leur valeur et qui se substituent complètement l'un à l'autre dans la plupart des transactions civiles. Ce sont les *choses fongibles*. « On appelle ainsi, dit Demolombe, celles qui peuvent être exactement et identiquement remplacées les unes par les autres, dont l'une peut être payée ou restituée, peut fonctionner enfin dans les relations juridiques à la place de l'autre; de telle sorte qu'il soit indifférent d'avoir celle-ci ou d'avoir celle-là, l'une étant l'équivalent parfaitement identique de l'autre (t. 9 n° 42). » Il résulte de cette fiction de la loi que quand des valeurs de l'espèce servent à une restitution, le propriétaire qui les reçoit est censé recevoir les choses mêmes qu'il avait livrées : on ne les considère plus en elles-mêmes, dans leur corps et dans leur individu, mais dans leurs attributs et dans la fonction qu'elles remplissent. La loi opère elle-même la substitution par l'effet de la compensation légale (art. 1291 C. C.).

Ce n'est pas dépasser son esprit que de l'admettre aussi pour les attributions du partage. Et quand la femme a apporté à son mari une dot en numéraire, on est autorisé à dire qu'elle retrouve ce numéraire parmi les deniers comptants de la succession (*Conf.* : Castel-Sarrazin 29 déc. 1869. 3127 R. P.; — Évreux, 29 déc. 1876, 4776 R. P.).

3. BILLETS DE BANQUE. — Ce que nous disons là du numéraire s'applique, à toutes les valeurs qui en tiennent lieu, notamment à ce que l'on nomme la monnaie fiduciaire ou les billets de banque. Bien que ces billets diffèrent beaucoup de l'argent et ne soient, au fond, que le titre d'une créance sur un établissement de crédit, cependant ils jouent si complétement le rôle de la monnaie, qu'on les y assimile de tous points et qu'ils ont à son égard le caractère fongible (Sol. 13 juill. 1877).

4. TITRES AU PORTEUR. — Mais faut-il aller plus loin et étendre cette règle aux titres au porteur? Si l'on s'en tient au droit strict, la chose peut sembler difficile. Jamais, en effet, ces valeurs n'ont été considérées comme des choses fongibles pouvant se substituer de plein droit à de l'argent. Il est certain qu'un créancier ordinaire ne serait pas forcé de les accepter en payement et qu'elles n'entreraient pas dans la compensation légale. La raison en est que les titres au porteur de chaque compagnie conservent toujours leur individualité personnelle et sont plutôt assimilables à des créances ordinaires ayant leur crédit spécial, qu'à du numéraire ou à des billets de banque, dont la valeur est partout identique. Au décès du mari, la femme qui a apporté une dot en argent ne pourrait être contrainte de recevoir en remplacement des titres au porteur.

A ce point de vue, la déduction ne serait donc pas justifiée (Castel-Sarrazin 29 déc. 1869, 3127 R. P.).

Cependant cette solution est si rigoureuse que l'Administration hésitera sans doute à la consacrer invariablement. Ainsi que nous le disions au n° 2987 R. P., il y a là des questions d'appréciation délicates. Dans une foule de cas, les titres au porteur jouent le même rôle que le numéraire. Il peut être catégoriquement démontré qu'ils proviennent ou de la conversion des titres nominatifs de la femme ou du placement de sa dot en argent. Faudra-t-il prétendre qu'en dehors des conditions légales du remploi, ces valeurs impersonnelles sont la propriété du mari? Ce serait une iniquité aussi grande que de méconnaître la propriété de la femme sur une de ces créances échue pendant le mariage et immédiatement replacée en son nom par le mari. Si les héritiers de ce dernier, procédant au partage avec la femme, reconnaissaient d'un commun accord que les titres au porteur sont la représentation de sa dot et doivent, à ce titre, lui être attribués, il paraît certain qu'on ne pourrait pas considérer cette stipulation comme une dation en payement, mais comme un élément du partage.

Il serait difficile, dans le même cas et pour le même motif, de les comprendre parmi les biens héréditaires sujets au droit de succession.

C'est sans doute en se déterminant par ces considérations que M. Demante a posé la règle de perception suivante : « S'il existe dans la succession du prédécédé des sommes ou valeurs, ou des titres au porteur, on peut admettre que ces choses sont la représentation des reprises de l'époux survivant et qu'ainsi elles ne sont pas dans le patrimoine du prédécédé » (*Princ. de l'enregistr.* n° 696). — Ces valeurs reçoivent alors des circonstances et de l'intention des parties une véritable fongibilité qui doit les soumettre aux mêmes dispositions que les choses fongibles par nature. C'est un résultat parfaitement légal, car le caractère fongible d'un objet dépend plus de la volonté des parties et du rôle qu'elles lui destinent que de sa propre substance.

C'est ainsi qu'en matière de retour légal, la jurisprudence admet que l'argent est représenté par les titres au porteur existant dans la succession du donataire décédé sans postérité (C. Lyon 24 avr. 1871, S. 1872-2-121).

Nous pensons donc que les titres au porteur proprement dits sont censés représenter la dot et devront être restitués. L'administration l'a admis plusieurs fois, notamment dans des sol. des 8 novembre 1871, 15 septembre 1875 et 28 décembre 1877.

**16734. Reprises en nature.** — Quand les biens apportés par la femme se retrouvent en nature, aucune des difficultés précédentes ne peut se présenter. La femme ou ses héritiers reprennent ces valeurs *in individuo*, et si c'est la femme qui est décédée, ces valeurs acquittent le droit de succession comme ses autres biens personnels.

1. TROUSSEAU. — On s'est demandé, à cet égard, si lorsqu'une femme s'est constitué un trousseau évalué à une somme déterminée, avec déclaration que cette estimation ne valait pas vente et qu'elle se réservait le droit de le reprendre en nature ou de réclamer le montant de l'estimation, on doit payer le droit de mutation par décès sur le montant de l'estimation, ou sur la valeur effective du trousseau au moment du décès de la femme.

Lorsque, sous le régime dotal, la dot de la femme a été constituée dans le contrat de mariage en objets mobiliers non estimés ou bien estimés avec déclaration que cette estimation n'en ôte pas la propriété à la femme, le mari n'est tenu de restituer, à la dissolution du mariage, que les objets qui restent et dans l'état où ils se trouvent (art. 1566 C. C.). Telle est la règle, mais elle souffre une exception. « Néanmoins, porte l'art. 1566, la femme pourra, dans tous les cas, retirer les linges et hardes à son usage actuel, sauf à précompter leur valeur lorsque ces linges et hardes auront été primitivement constitués avec estimation. »

Cette disposition, enseigne Marcadé sur notre article, « a été écrite dans une pensée de faveur pour la femme et pour qu'elle puisse, s'il lui plaît, conserver toujours sa garde-robe actuelle sans avoir rien à débourser. » Le même auteur ajoute : « On ne doit pas hésiter à dire que si les linges et hardes étaient d'une valeur plus considérable que le chiffre de l'estimation faite du trousseau dans le contrat de mariage, la femme pourrait néanmoins les prendre sans payer la différence en plus. A plus forte raison faut-il décider que si cette valeur était inférieure au chiffre de l'estimation, la femme aurait le droit de se faire payer la différence en moins : le choix conféré à la femme doit, dans la pensée du législateur, lui donner parfois un avantage, jamais une perte. » Telle est aussi la doctrine d'un arrêt de cassation rendu en matière civile le 1er juillet 1835, dans une espèce où le trousseau constitué en dot à la femme avait été estimé avec déclaration que l'estimation ne serait pas réputée vente.

Le trousseau retiré par la femme en exécution de l'art. 1566 du Code civil, ne fait plus partie de la succession du mari, et la femme ne peut prétendre qu'elle y a droit en qualité de légataire, sauf à réclamer comme créancière de ses reprises la valeur de ce trousseau (Cass. 14 mars 1877, 5007 R. P.).

## SECTION 5. — SOMMES DONNÉES ENTRE-VIFS ET ENCORE DUES AU DÉCÈS DU TESTATEUR

[16735-16750]

**16735. Observation.** — Une longue controverse s'est agitée en jurisprudence sur la question de savoir si les sommes données entre-vifs, et non encore payées au décès du donateur, devaient être déduites de l'actif héréditaire, ou bien si le donataire avait une simple créance non susceptible de distraction.

La première opinion est aujourd'hui consacrée d'une manière définitive, et l'Administration en a fait une règle officielle de perception dans son I. G. n° 2234. Toutefois, il importe de rappeler brièvement les différentes phases que la question a parcourues avant de recevoir cette dernière solution.

**16736. Jurisprudence ancienne.** — Il fut d'abord reconnu, d'une manière générale, par l'Administration, que les sommes données entre-vifs et non payées au décès ne devaient en aucun cas être distraites de l'actif de la succession pour la liquidation du droit de mutation par décès, et qu'il n'y avait pas lieu d'imputer sur ces droits ceux qui avaient été payés pour la donation, attendu qu'il s'agit d'une créance ordinaire à laquelle l'A. Cons. d'Ét. 10 septembre 1808 demeure inapplicable (D. m. f. 22 sept. 1812, Dél. 26 oct. 1825, 1187 § 6 I. G., 1432 I. G. *in fine*).

Cette doctrine reçut un premier échec devant la Cour de cassation en 1829, par deux arrêts des 18 février et 1er avril 1829 (9271 et 9305 J. E., 6849 et 6878 J. N., S. 29-1-27, 1293-4 I. G.). La Cour de cassation décida que les sommes données entre-vifs, payables au décès du donateur, et sur lesquelles les droits proportionnels ont été acquittés lors de l'enregistrement des donations, ne sont point passibles du droit de mutation par décès à l'époque de l'ouverture de la succession.

Le premier de ces arrêts était intervenu dans une espèce où une mère avait fait donation à son fils, dans son contrat de mariage, d'une somme payable dans l'année de son décès ; il s'agissait, dans le second, d'une donation de même nature faite par un oncle à des neveux et nièces qui avaient plus tard recueilli sa succession.

Ces arrêts étaient motivés « sur ce que l'effet immédiat de la donation entre-vifs est de saisir à l'instant le donataire de la propriété de la chose donnée, lors même que le donateur s'en réserve l'usufruit, en sorte qu'au décès de ce dernier *la chose donnée ne fait point partie de sa succession*, mais est dévolue au donataire, qui en réunit alors l'usufruit à la propriété. »

L'Administration, en transmettant ces arrêts par l'I G. 1293 § 4, prescrivit, pour la liquidation des droits de mutation par décès, de procéder, à l'égard des sommes données entre-vifs et payables au décès du donateur, de la même manière qu'en ce qui concerne les legs particuliers de sommes d'argent, c'est-à-dire de tenir compte des droits payés par le donataire lors de l'enregistrement du contrat de donation.

**16737. Réserve d'usufruit.** — L'arrêt du 1er avril 1829, dont nous venons de parler, avait été rendu à l'occasion d'une donation entre-vifs de sommes avec réserve d'usufruit au profit du donateur.

Et la Cour avait relevé cette circonstance dans son arrêt, pour justifier la déduction. L'Administration a longtemps respecté la spécialité de cette décision, même lorsqu'elle cherchait à réagir contre la doctrine générale de la Cour ; elle maintenait expressément la déduction pour les sommes grevées d'usufruit. Cette distinction est formulée en termes exprès par l'I. G. n° 1857 § 5.

**16738. Réserve de disposer d'une somme.** — Poussant plus loin l'application de sa jurisprudence, la Cour décida, comme conséquence de ses arrêts antérieurs, que lorsque le donateur d'un immeuble par contrat de mariage s'est réservé le droit de disposer d'une certaine somme à prendre sur cet immeuble, et qu'il a usé de ce droit au profit d'un tiers, les droits de mutation dus par le donataire à raison de l'immeuble donné ne doivent être calculés que déduction faite, sur sa valeur, de la somme dont le donateur a disposé, cette somme ne pouvant être considérée comme une charge de la donation (Cass. 17 août 1831, 10141 J. E., 1388 § 2 I. G., S. 31-401 *arrêt rapporté* en Cass. 28 janvier 1818, S. 18-1252, 6004 J. E.).

Dans ces conditions, la somme réservée est censée n'être pas comprise dans l'immeuble, puisque le donataire de cet immeuble n'a payé le droit que sur l'excédant de la valeur. Elle constitue une propriété distincte assujettie privativement au droit de transmission par décès si le donateur la lègue à un tiers (Cass. 21 déc. 1813, 1156-7 I. G., 4749 J. E. — *V.* Bellac 12 juill. 1860, 1306 R. P., 11924 C.).

Mais si la réserve a le caractère d'une simple charge imposée directement par le donateur au profit de sa succession future, le droit de donation est exigible sur l'intégralité de l'immeuble, ainsi que nous l'avons expliqué au mot *Donation secondaire*.

**16738 *bis*. Somme payable à la volonté du donateur.** — L'Administration elle-même crut pouvoir alors étendre aux donations de sommes payables à la volonté du disposant le bénéfice qu'elle concédait aux donations de sommes grevées d'usufruit.

Une Sol. 28 novembre 1837, transmise officiellement dans l'I. G. 1562 § 17, décida qu'il y avait lieu d'imputer sur la succession les sommes données entre-vifs et payables à la volonté du donateur, qui n'ont pas d'ailleurs été acquittées avant son décès. Dans ce cas, dit l'Administration, comme dans celui d'une somme payable au décès, la donation entre-vifs ayant constitué un démembrement anticipé de la succession, la chose donnée ne fait point partie de la succession du donateur. — *V.* 16746 *in fine*.

**16739. Sommes payables à terme.** — Puis elle se décida, un peu plus tard, à admettre la déduction pour toutes les sommes données et stipulées payables à terme (Sol. 19 mars 1839, 1590 § 10 I. G.).

**16740. Donataire étranger à la succession.** — L'Administration n'entendait pas cependant généraliser le principe de la déduction. Elle fit d'abord décider par la Cour de cassation que quand le donataire n'est ni héritier ni légataire universel du donateur, la somme donnée entre-vifs et payable au décès de ce dernier ne doit pas être distraite : « Attendu que le donataire n'étant ni héritier ni légataire du donateur, il ne peut se présenter que comme un étranger réclamant une créance que la succession doit acquitter et que cette créance est une charge de la succession qui ne doit pas être déduite de l'actif » (Cass. 2 avr. 1839, 10326 J. N., S. 39-1-392).

La même décision fut rendue dans une espèce où la somme donnée entre-vifs avait été stipulée payable au décès du donateur et sans réserve d'usufruit, et où le donataire n'était ni héritier ni légataire universel du donateur (Cass. 26 juin 1849, 13766 J. N, 1844 § 9 I. G., S. 49-1-652. — Le Havre 13 mars 1851, 15181 J. E.).

**16741. Donataire institué légataire universel.** — L'Administration avait été plus loin dans ses restrictions. Elle soutenait que, pour avoir droit à la distraction, il était nécessaire non-seulement de n'être pas étranger à la succession, mais encore d'y venir comme héritier en ligne directe. La question fut proposée à la Cour au sujet d'un donataire institué légataire universel du disposant, et un arrêt du 20 novembre 1849 défendit l'imputation : « Attendu que, à la vérité, l'A. Cons. d'Ét. 30 septembre 1808, prévoyant le cas où un légataire universel, grevé de legs particuliers de sommes d'argent non existantes dans la succession, dispose que le même droit n'est pas dû pour ce legs, et que les droits déjà payés par les légataires particuliers doivent s'imputer sur ceux dus par le légataire universel; mais que l'imputation ainsi autorisée s'applique seulement au règlement des droits dus, concurremment et au même moment, par un légataire universel et par les légataires particuliers pour une seule et même transmission; que la disposition dont s'agit ne saurait être invoquée au cas où le donataire d'une somme non payée lors du décès du donateur est institué légataire universel de celui-ci; qu'il existe alors deux transmissions successives et essentiellement distinctes ; que la donation constitue une véritable créance sur la succession; que c'est une des charges de la succession, et qu'il ne peut, dès lors, en être fait distraction pour le règlement du droit de mutation » (1857-5, S. 49-1-763).

Un second arrêt du 19 juillet 1855 a été rendu dans le même sens (2054 § 7 I. G, 15545 J. N., S. 56-1-822).

**16742. Héritier collatéral.** — La difficulté fut également résolue contre la déduction, à propos d'un donataire appelé à la succession en qualité d'héritier collatéral. Un arrêt du 31 janvier 1854 (2010 § 9 I. G., S. 54-1-204) reconnut que l'héritier en ligne collatérale ne doit pas être admis à prélever sur les biens qu'il recueille les sommes dont il a été institué donataire pour le défunt, pour ne payer le droit de mutation par décès que sur le restant. Il existe dans ce cas, lorsque la donation est actuelle, deux transmissions distinctes qui doivent supporter chacune le droit qui lui est propre.

**16743. Descendants.** — Il se trouva ainsi, pendant un certain temps, que les héritiers en ligne directe furent seuls admis soit à distraire les sommes données du patrimoine héréditaire, soit à imputer sur le montant des droits de mutation par décès les droits payés sur la donation entre-vifs : « La règle de la non-distraction des charges, disait l'I. G. 1857 § 5, cesse d'être applicable quand la donation de sommes a été faite à l'un des enfants ou descendants du donateur, attendu qu'au décès de celui-ci il s'opère une confusion des titres du donataire et de l'héritier. » — Telle était encore, en 1855, l'opinion de l'Administration, ainsi que l'attestent les conclusions prises en son nom dans une affaire jugée au tribunal de Nancy le 26 février 1855 (16001 J. E., 15484 J. N.).

**16744. Défense absolue de déduire.** — La faveur de la ligne directe ne dura pas longtemps, et, de fait, elle ne se justifiait à aucun point de vue sérieux, car si la déduction était écartée par la confusion des titres de donataire et d'héritier, cette circonstance se rencontrait aussi bien à propos des héritiers collatéraux, investis de plein droit de la succession.

Seulement, au lieu d'étendre à ces collatéraux le bénéfice concédé à la ligne directe, l'Administration demanda l'application à la ligne directe du principe de non-distraction consacré pour les collatéraux par la jurisprudence antérieure. Chose singulière! la Cour de cassation se laissa entraîner dans cette voie ; et, oubliant ses premiers arrêts de 1829, elle décida, le 6 mai 1857, qu'en aucun cas les sommes données ne devaient être déduites : « Attendu que la somme donnée en dot par le père de famille à l'un de ses enfants constitue pour celui-ci un droit dont la transmission s'opère en donnant ouverture à un droit proportionnel d'enregistrement ; que, si la somme donnée est payée au donataire, tout est consommé au moyen de la mutation qu'il a acquittée ; que si, au contraire, la dot n'a pas été numérée, le donataire la reçoit de la succession, qui la lui transmet alors en vertu de son titre d'héritier, créancier de cette succession ; attendu qu'il est de principe que la déclaration à faire par l'héritier doit comprendre tout l'actif de la succession, sans déduction des charges, et doit nécessairement comprendre la somme donnée en dot et non payée, et qui n'est autre chose qu'une créance sur la succession, qu'une charge de cette succession ; attendu, d'autre part, que la perception opérée sur le contrat de mariage de la dame de Berny, à raison de la donation, ayant été régulière et conforme à la loi, la déduction qui en aurait été faite sur les droits dus à raison de la succession du donateur n'eût été autre chose qu'une restitution expressément interdite par l'art. 60 L. 22 frimaire an 7 » (841 R. P., 2114 § 10 I. G., 16069 J. N., 11034 C.).

La même doctrine fut consacrée par un autre arrêt du 13 novembre 1860 (1415 R. P., 2190 § 5 I. G., 17003 J. N., 17224 J. E., 11893 C., S. 61-1-375) ; et par un jugement du tribunal de la Seine du 25 août 1860 (1400 R. P., 11893 C., 17214 J. E.), jugement cassé par l'arrêt indiqué au numéro suivant. — Mais elle fut repoussée par le tribunal de Lyon, le 9 décembre 1859 (12278 C.).

**16745. Dernière jurisprudence. — Déduction autorisée.** — Le triomphe de l'Administration fut de courte durée. Un arrêt de la chambre civile du 29 juillet 1862 consacra, par un revirement complet de jurisprudence, le principe général de la distraction. Voici l'espèce qui y donna lieu :

Le sieur Fulchiron décéda le 22 mars 1859, laissant un neveu pour légataire universel. Par actes notariés des 14 mars 1829 et 14 septembre 1854, il avait constitué en dot à ce légataire et à une autre nièce des sommes s'élevant à 350,000 francs, stipulées payables après le décès du donateur. Lors de la déclaration de succession, le légataire universel demanda la déduction de ces deux sommes pour la liquidation du droit de mutation par décès. Sa prétention fut repoussée par un jugement du tribunal de la Seine du 25 août 1860 (1400 R. P., 11893 C., 17214 J. E.).

Mais la Cour l'admit en ces termes, le 29 juillet 1862 : « Attendu que le donateur s'est dessaisi actuellement et irrévocablement des sommes données et qu'aux yeux de la loi fiscale ces donations ont opéré une véritable mutation dont les droits ont été perçus ; que de ce moment les sommes données ont cessé, au point de vue de la perception de l'impôt, de faire partie du patrimoine du donateur et par conséquent ont dû être distraites de la masse active lors de la déclaration de succession, qu'on ne peut assimiler des libéralités provenant de la volonté du défunt à une charge de sa succession dont les choses données ont, au contraire, été détachées dès le moment de la disposition » (1608 R. P., 17504 J. N., 12303 C., 344 Rev. S. 62-1-991).

En transmettant cet arrêt dans son I. G. n° 2234, l'Administration fit remarquer que sa jurisprudence modifiait les règles de perception tracées par les instructions antérieures et ordonna que désormais les sommes données entre-vifs et déclarées payables après le décès du donateur seraient déduites des valeurs de sa succession pour la liquidation du droit de mutation par décès.

On verra, dans la section suivante, que la même doctrine a prévalu à l'égard des sommes d'argent léguées à titre particulier et non encore acquittées au décès de l'héritier ou du légataire universel.

**16746. Preuve d'exigibilité de la somme donnée.** — Ce n'est pas seulement, comme paraît l'indiquer l'I. G. n° 2234, quand la somme a été *déclarée payable après le décès* que la déduction est admise, c'est toutes les fois qu'en fait et quels que soient les termes de payement stipulés dans le contrat, il est juridiquement établi que la somme donnée est encore due au décès. Seulement, tandis que l'exigibilité fixée après le décès fait présumer de plein droit que la libération n'est pas accomplie, le terme antérieur oblige les héritiers à rapporter, par les moyens compatibles avec la procédure fiscale, la preuve que le délai a été prorogé et que la créance existe encore (Sol. 25 août 1871, 13 mars 1872, 10 avr. 1876).

Sur ce point, il a été décidé que la déduction n'a pas lieu si le payement de la somme donnée est constaté dans l'acte de libéralité, quoique les héritiers aient reconnu lors du partage l'inexactitude de cette déclaration : « Considérant qu'en supposant qu'au décès du père sa dette envers ses filles fût aussi certaine que toute cette famille l'atteste, et qu'en raison de l'identité des chiffres il fût également certain que la cause de la lettre se puisait dans la constitution des dots, il résulterait simplement de là peut-être que, par une convention restée secrète, les dots auraient été, dans les deniers comptants qu'elles comportaient, rendues au père de famille, qui serait débiteur alors de sommes égales, mais qu'en ce cas il y aurait interversion de titre, changement de cause et d'origine, novation enfin telle que l'on ne pourrait prétendre que ce sont ces dots mêmes qui se retrouvent dans la communauté Pauly ou la succession » (Sarreguemines 2 fév. 1864, 1957 § 8 R. P., 892 Rev.).

De même, si le mari, sans requérir subrogation, avait payé de ses deniers personnels, pendant le mariage, la portion de la dot constituée par la mère, ce payement aurait libéré la mère, et au décès de celle-ci on ne pourrait plus déduire de sa succession la somme constituée (Sol. 19 fév. 1867).

Décidé que si une somme donnée entre-vifs est payable à la volonté du donateur, les héritiers doivent justifier qu'elle est encore due (Sol. 9 mai 1874, 9 déc. 1875 et 12 déc. 1877).

**16747. Avancement d'hoirie.** — Les motifs de l'arrêt du 29 juillet 1862 sont généraux, et l'Administration en a accueilli la doctrine sans aucune réserve. Il faut donc sans hésitation l'appliquer au donataire en avancement d'hoirie comme aux donataires préciputaires (18690 J. E.).

**16747 *bis*. Étendue de la déduction.** — La déduction s'opère sur l'ensemble des valeurs héréditaires, sans distinction entre les meubles et les immeubles et quelle que soit l'origine des biens dépendant de la succession.

Cependant, il a été reconnu que si le défunt a assigné le payement de la somme d'une façon limitative sur un immeuble déterminé, puis que son testament soit exécuté purement et simplement, la déduction ne peut excéder l'immeuble (Sol. 2 fév. 1872).

La même interprétation a été consacrée par un jugement de Figeac, du 12 décembre 1873, portant : « Attendu que, dans ce cas, la déduction à faire ne s'applique plus à la succession entière, que le legs forme comme une succession distincte du reste et que le reste de la succession doit payer les droits y afférents sans qu'il y ait à se préoccuper de la part attribuée par le testament » (4307 R. P.).

S'il s'agit de sommes détenues en usufruit par le défunt, la déduction ne peut dépasser la valeur imposable telle qu'elle résulte de la déclaration de succession souscrite par cet héritier (Laon, 20 avr. 1877, 4757 R. P.).

Si la somme donnée est imputable sur la succession du prémourant, la déduction ne dépasse pas les droits héréditaires du donataire (Sol. 25 oct. 1871, 13 nov. 1873, 17 juin 1875, 1er juin 1876 et 10 sept. 1877).

Enfin lorsque le donateur s'étant marié sous le régime de la communauté, la somme donnée est devenue une dette commune, il n'y a lieu d'en déduire que moitié au décès du donateur (Sol. 30 juill. 1873).

**16748. Sommes payées.** — La fiction de la jurisprudence n'est applicable qu'aux sommes encore dues au décès. Il est bien évident que quand le donataire a reçu le montant de sa libéralité avant la mort du disposant, le patrimoine de ce dernier n'est plus censé renfermer la somme donnée ou son équivalent juridique. Il n'y a plus rien à délivrer au donataire, et par conséquent plus de déduction à opérer.

1. RENTES VIAGÈRES. — Les rentes viagères, comme nous le verrons en parlant des legs dans un instant, sont assimilées aux sommes d'argent. — V. 16764.

Par conséquent, bien que le capital s'amoindrisse chaque année par le payement des arrérages, dès l'instant que la rente est encore due au décès du donateur, il doit être déduit de l'actif de sa succession.

Mais la donation d'une rente viagère éteinte par le décès du débi-rentier ou du donateur rentre directement dans la classe des donations de sommes payées avant le décès. Le donataire, en effet, a épuisé par la perception des arrérages durant l'existence du disposant, la substance même de la libéralité; il a consommé le capital avec les revenus, et, au décès, son droit est absolument éteint. La succession n'a rien à lui rendre, pas plus qu'elle ne rend au donataire d'une somme payée avant le décès. La question a été résolue dans ce sens par un jugement de Nantes du 8 juillet 1872 (3708 R. P.). — V. 16765.

2. SUBROGATION. — Si la somme a été payée par un tiers subrogé aux droits du donateur, elle est censée encore due par lui et doit être déduite (Nyons, 24 déc. 1875, 4438 R. P.; — Sol. 25 oct. 1876).

**16749. Retour conventionnel.** — Doit-on étendre la fiction de la jurisprudence à la créance du donateur sur la succession du donataire dans le cas de retour conventionnel? Le tribunal de Lodève l'a pensé : « Attendu qu'on ne peut assimiler des libéralités provenant de la volonté du défunt à une charge de la succession dont les choses données ont, au contraire, été détachées dès le moment de la disposition; qu'il y a mêmes motifs de décider pour une somme donnée avec clause de retour, cette somme, par la volonté du donateur et par l'effet d'une condition résolutoire, ne faisant pas partie de la succession du donateur » (3470 R.P.). Cette solution peut se justifier. La clause du retour, en effet, constitue « l'apposition à la donation d'une condition résolutoire » (Marcadé sur l'art. 952). Or, la résolution d'un contrat ne s'opère qu'à la condition de produire un nouveau contrat de même nature que le contrat dissous. (V. *Résolution*). — Par conséquent, lorsque le retour conventionnel a résolu la libéralité primitive, les parties sont dans la même situation, au point de vue juridique, que si le défunt, après avoir reçu la somme d'argent, en avait lui-même fait donation au disposant et était mort avant de se libérer. Dans ce cas, il n'est pas douteux que la somme serait censée s'être détachée de son patrimoine au jour de la seconde donation ou de la résolution qui en tient lieu, et que le droit de mutation par décès ne pourrait atteindre que le surplus des biens.

**16750. Donations secondaires.** — Nous avons examiné au mot *Donation*, nos 6653 et suiv. dans quels cas les donations secondaires renfermées dans des contrats entre-vifs donnaient ouverture au droit de mutation par décès.

## SECTION 6. — LEGS

[16751-16770]

**16751. Legs existant en nature. — Déduction.** — Aucune difficulté ne peut s'élever lorsque les legs sont d'objets déterminés (une maison, une table, une telle créance) qui se trouvent en nature dans la succession. Ils doivent être distraits de la masse de la succession à déclarer par l'héritier ou le légataire universel, qui n'est tenu du payement des droits de mutation que sur les biens restants; les légataires particuliers acquittent ceux à leur charge, d'après leur degré de parenté avec le testateur (D. m. f. 17 fév. 1807, 366 § 91 I. G., 1432 I. G.).

1. LEGS DE SOMMES REPRÉSENTÉS PAR DU MOBILIER. — A cet égard, l'Administration avait d'abord pensé que les legs de sommes d'argent ne pouvaient être considérés comme existant en nature dans la succession du moment qu'il n'y avait pas de *numéraire*, mais seulement d'autres valeurs mobilières, telles que rentes, créances, actions, etc. Mais cette prétention rigoureuse ayant été repoussée par un arrêt de Cass. du 11 mars 1840, l'I. G. n° 1723 § 4 adopta la règle contraire. « La loi de l'impôt, dit-elle, en tarifant au droit de mutation par décès les valeurs mobilières sous la qualification générale de *meubles*, les a considérées comme étant toutes de même nature. Il suit de là que, lorsqu'une succession grevée de legs de sommes d'argent comprend des créances, rentes, effets mobiliers, etc., on ne peut, dans le sens de cette loi, dire que l'objet du legs n'existe point en nature dans la succession ; et, dans ce cas, le montant du legs doit être imputé jusqu'à due concurrence sur les valeurs mobilières. »

2. RÉPARTITION PROPORTIONNELLE DES VALEURS MOBILIÈRES. — Quand il existe dans la succession des valeurs mobilières de différentes natures léguées à divers ordres d'héritiers et suffisantes pour acquitter les sommes d'argent non existantes en nature, il faut, si le testateur n'a pas exprimé une intention contraire, répartir proportionnellement les legs de sommes sur ces différentes valeurs. Ce ne serait pas le cas, croyons-nous, d'appliquer le principe de l'imputation la plus favorable aux parties, car chacun des légataires des valeurs mobilières est au même titre, mais d'une façon distincte, débiteur des droits de son legs et l'imputation favoriserait les uns au préjudice des autres sans aucun motif.

Dans cet ordre d'idées, il avait été reconnu, antérieurement à la loi du 18 mai 1850, que lorsque les valeurs mobilières de la succession sont insuffisantes pour faire face à la totalité des legs de sommes d'argent, il y a lieu, pour la perception des droits de mutation par décès, de répartir ces valeurs au marc le franc entre les divers légataires particuliers, de manière à imputer sur les droits dus par les héritiers ou légataires universels une quote-part proportionnelle des droits payés aux différents taux déterminés par la loi, sur chacun des legs particuliers (Sol. 18 déc. 1846, 1786 § 7 I. G.).

**16752. Des legs n'existant pas en nature. — Principe.** — La difficulté est très-sérieuse au sujet des legs de sommes non existant en nature dans la succession; et la jurisprudence a longtemps hésité sur la question de savoir si ces legs devaient être déduits, pour la liquidation du droit de mutation par décès, soit de la succession du testateur, soit ultérieurement de celle de l'héritier décédé avant leur délivrance. — Il n'entre point dans notre pensée de détailler ici tous les principes de perception posés successivement par les instructions administratives. Ce travail compliquerait inutilement le sujet et serait de nature a jeter de la confusion dans les idées. Ainsi que nous le disions dans nos éditions précédentes, la matière des legs non existant en nature dans les successions, qui nous a toujours paru assez simple, a été compliquée et obscurcie par les hypothèses nombreuses que l'Administration a cherché à prévoir et par les règles qu'elle a voulu appliquer à chaque hypothèse, alors que tout pouvait se résumer en ce principe bien simple :

« Les droits ne doivent être acquittés que sur les valeurs réellement existantes dans la succession, mais au taux le plus élevé à raison de la qualité des personnes qui les recueillent » (sous la législation antérieure à la loi de 1850, il aurait fallu ajouter à notre formule : *et la nature des biens*).

Néanmoins, le sujet a trop d'importance pratique pour que nous n'indiquions pas, au moins sommairement, les différentes phases qu'il a subies.

**16753. Première doctrine de l'Administration.** — A l'origine, l'Administration décida, en thèse générale, que quand les legs particuliers consistaient en sommes d'argent qui ne se trouvaient pas dans la succession, il ne devait être fait aucune déduction dans la déclaration des héritiers ou légataires universels, et les légataires particuliers n'en payaient pas moins les droits sur les valeurs de leurs legs. Ce qui faisait qu'en définitive, deux droits étaient prélevés sur le même objet (366 § 9 I. G.).

Ce système commença par échouer devant la Cour de cassation dans deux arrêts des 27 mai 1806 et 12 avril 1808. Merlin, qui portait alors la parole, développa de la manière suivante les véritables règles de la perception : « En n'assujettissant les délivrances de legs purs et simples *qu'au droit fixe d'un franc*, la loi du 22 frimaire an 7 ne distingue pas entre les legs de deniers et les legs de corps certains. Elle les comprend donc les uns comme les autres dans sa disposition. Mais, par cela seul, elle décide nettement que la somme de deniers léguée par le testateur n'éprouve de mutation ni du testateur au légataire universel, ni du légataire universel au légataire particulier : elle décide nettement que le légataire particulier est censé la recevoir directement du testateur, ou du moins que le testateur n'emploie le légataire universel, pour la faire passer au légataire particulier, que comme un simple dépositaire ou entremetteur. »

La difficulté pour Merlin commence au cas où les objets légués n'existent ni en nature, ni par équivalent, dans le patrimoine du défunt :

« On ne peut pas dire que, dans cette espèce, le légataire universel ne soit réellement que l'entremetteur, le dépositaire des libéralités particulières du testateur ; on ne peut pas dire que, dans cette espèce, les deniers qu'il tire de sa propre bourse, pour payer les légataires particuliers, n'éprouvent réellement, de lui à ceux-ci, aucune mutation. »

Toutefois, l'objection n'arrête pas le jurisconsulte; il ajoute aussitôt :

« Mais s'il est *dans l'esprit de la loi* du 22 frimaire an 7 *de feindre que* dans ce cas, comme dans les deux précédents, le légataire universel n'est pour le testateur qu'un dépositaire, qu'un entremetteur chargé de transmettre ses libéralités particulières; si, dans ce cas comme dans les deux précédents, la loi du 22 frimaire an 7 suppose, *par une fiction bénévole*, qu'il ne s'opère aucune mutation relativement aux deniers que le légataire universel emploie au payement des legs particuliers, qu'aura-t-on à dire? « Or, ces fictions, que la loi du 22 frimaire an 7 pouvait certainement faire, ne les a-t-elle pas effectivement adoptées lorsque, par le n° 25 du § 1er de son art. 68, elle a dit généralement, et sans distinction ni restriction quelconque, qu'il ne serait perçu que le droit fixe de 1 franc pour les délivrances de legs purs et simples? En disposant ainsi, le législateur savait parfaitement qu'il est une foule de legs qui ne peuvent pas être acquittés en nature d'effets provenant de la succession; pourquoi donc ne les a-t-il pas rangés dans une classe à part? Pourquoi n'a-t-il pas appliqué au payement que le légataire universel en ferait de ses propres deniers la règle établie par l'art. 69 § 2 n° 11, qu'il est dû un droit proportionnel de 50 centimes par 100 francs pour tous actes et écrits portant libération de sommes ou valeurs mobilières? C'est évidemment parce qu'il a voulu les confondre dans la classe commune, parce qu'il a voulu les assimiler à tous égards aux legs qui se payent en effets héréditaires, parce qu'il a voulu qu'ils fussent censés payés de manière à n'opérer aucune mutation du légataire universel au légataire particulier. L'art. 1016 C. C. nous présente absolument le même esprit. Après avoir dit que « les frais de la demande « en délivrance seront à la charge de la succession, il ajoute:

« Les droits d'enregistrement seront dus par les légataires; « chaque legs pourra être enregistré séparément, sans que cet « enregistrement puisse profiter à aucun autre qu'au légataire « ou à ses ayants cause. » Il résulte clairement de là que, pour toute espèce de legs, pour les legs payables des propres deniers du légataire universel, comme pour les legs payables des deniers de la succession, le droit proportionnel d'enregistrement doit être perçu non sur l'acte par lequel le légataire universel les paye aux légataires particuliers, mais sur les articles du testament qui contiennent ces legs. Et cette conséquence en amène nécessairement un autre: c'est que le législateur ne considère les légataires particuliers de sommes qui n'existent pas dans la succession que comme recevant ces sommes de la main du testateur; c'est que le législateur ne considère ces sommes que comme transmises directement par le testateur au légataire particulier; c'est que le législateur fait abstraction de la mutation qui se fait du légataire universel au légataire particulier. Mais dès que ces sommes, quoique payées des propres deniers du légataire universel, sont, aux yeux de la loi, censées provenir des propres deniers du testateur; dès qu'elles sont, aux yeux de la loi, censées prises dans la succession, bien évidemment elles ne peuvent pas supporter un double droit proportionnel d'enregistrement; elles ne peuvent pas être soumises à un premier droit de la part du légataire universel, et à un second droit de la part des légataires particuliers. Il faut donc de deux choses l'une: ou que le légataire universel, lorsqu'il paye le droit de la succession entière, en déduise ce que les légataires particuliers ont déjà payé pour les legs; ou, si les légataires particuliers ne l'ont pas encore payé pour leur legs, qu'il soit censé le payer pour eux en le payant pour la succession entière, sauf à chacun d'eux à lui tenir compte de sa part contributive » (*Rép.* v° *Légataire* n° 8).

**16754. Avis du conseil d'État du 2 septembre 1808.** — Malgré l'autorité des arrêts précédents, les difficultés continuèrent, et pour vaincre la résistance de l'Administration il intervint, à la date du 2 septembre 1808, un Avis du conseil d'État inséré au *Bulletin des lois* et ayant force législative. Cet avis, devenu célèbre en matière fiscale, est ainsi conçu :

« Le conseil d'État, qui, en exécution du renvoi ordonné par Sa Majesté, a entendu le rapport des sections des finances et de législation, sur celui du ministre des finances, présentant la question de savoir :

« Si, lorsqu'un légataire universel est grevé de legs particuliers de sommes d'argent qui ne se trouvent pas dans la succession, le droit proportionnel dû par lui sur la valeur entière des biens qui la composent doit être perçu indépendamment des droits dus pour chacun de ces legs particuliers;

« Vu les art. 14, 15, 27 et 32 L. 22 frimaire an 7, les art. 1016 et 1017 C. C.;

« Considérant que la déclaration des héritiers ou légataires à titre universel devant comprendre l'universalité des biens de la succession, le droit proportionnel qui est perçu d'après cette déclaration remplit le vœu de la loi, puisqu'il porte sur la totalité de la succession;

« Que la délivrance des legs particuliers, soit qu'ils consistent en effets réellement existants dans la succession, soit que les légataires universels ou les héritiers doivent les payer de leurs propres deniers, n'opère point de mutation de ces derniers aux légataires particuliers; que, dans les deux cas, la loi ne regarde les héritiers ou légataires universels que comme de simples intermédiaires entre le testateur, qui est censé donner lui-même, et les légataires particuliers qui reçoivent;

« Que du système contraire il résulterait que le même objet serait, en définitive, assujetti à deux droits de mutation, ce qui n'est ni dans le texte ni dans l'esprit de la loi;

« Qu'enfin on ne doit pas assimiler le legs particulier payé d'après la volonté du testateur à une dette de succession;

« Est d'avis que, lorsque des héritiers ou légataires universels sont grevés de legs particuliers de sommes d'argent non existantes dans la succession, et qu'ils ont acquitté le droit proportionnel sur l'intégralité des biens de cette même succession, le même droit n'est pas dû pour ces legs; conséquemment que les droits déjà payés par les légataires particuliers doivent s'imputer sur ceux dus par les héritiers ou légataires universels. »

Depuis cette époque, il a été hors de doute qu'on ne pouvait pas, dans l'espèce, percevoir cumulativement le droit proportionnel et sur la masse du patrimoine et sur la valeur des legs particuliers. Mais de graves embarras ont surgi sur le mode suivant lequel on devait tenir compte des legs particuliers. Bien qu'ils aient disparu aujourd'hui, nous en dirons un mot tout à l'heure en parlant des imputations.

**16755. Succession du légataire universel ou de l'héritier.** — L'Avis du conseil d'État ne réglait que la perception du droit sur la succession du testateur. Que fallait-il faire quand l'héritier ou le légataire universel mourait lui-même avant d'avoir payé les legs? Devait-on considérer ces legs comme des charges de sa succession ne pouvant être distraits de l'actif héréditaire? ou bien ne fallait-il pas plutôt les considérer comme constituant au profit des légataires particuliers une sorte de droit actuellement acquis sur les biens recueillis par l'héritier et échappant à ce titre à toute application de l'impôt ?

Cette question, aujourd'hui résolue dans ce dernier sens, a eu en jurisprudence des fortunes très-diverses.

Il fut d'abord décidé, par un arrêt de Cass. du 18 novembre 1835, que le legs d'une somme d'argent payable au décès du légataire universel ne peut être considéré comme une charge ou une dette de la succession de ce dernier; que le légataire universel n'est que l'intermédiaire chargé de remettre au légataire particulier la propriété de la chose léguée; qu'en conséquence, le montant de ce legs doit être distrait de la valeur des biens de cette succession pour le payement des droits ouverts par le décès du légataire universel » (9080 J.N., S. 35 1-908). Cette doctrine fut adoptée par les tribunaux de Châlons-sur-Marne, de St-Gaudens, de la Seine et du Havre les 18 janvier, 2 août 1839, 24 février 1845, 19 juillet et 24 août 1848 (10773, 12479 et 13608 J.N., 14586 J.E.).

Elle n'était peut-être pas très-facile à justifier en droit pur. En effet, lorsque je charge l'héritier de mes immeubles de payer à mon neveu un legs de 10,000 francs, il est clair qu'en droit je confère à ce dernier une simple créance contre mon héritier. Pour suivre l'exécution de sa libéralité, il ne peut avoir, en effet, l'action en revendication qui appartient à ceux auxquels j'ai attribué un objet déterminé de ma succession. Il ne peut exiger telle ou telle partie du patrimoine en disant : *ceci est à moi*. Son droit se borne à discuter tous les biens, pour obtenir, au moyen de leur réalisation, la somme qui lui revient. Ainsi que l'explique très-exactement Demolombe, ces sortes de legs ne constituant que « des créances, la demande en délivrance qui doit être formée contre ceux qui en sont débiteurs n'est, en réalité, qu'une demande ordinaire de payement » (*des Donat.* 626). La situation est bien nette en droit civil : l'héritier ou le légataire universel est simplement débiteur des sommes non existantes en nature.

Cette dette reçoit sans doute de son origine des garanties particulières qui en protégent le payement (1009-1013 1014-1017 C. C.) ; mais ce n'en est pas moins une dette, c'est-à-dire une obligation pour l'héritier de prendre dans ses biens personnels la somme nécessaire au payement de la charge qui lui est imposée. — Il suivait rigoureusement de là que, quand l'héritier meurt avant l'acquit du legs, sa succession est grevée de la dette du défunt; et comme le droit de mutation par décès se perçoit sur l'actif brut, sans distraction du passif, il en paraissait résulter, dans l'extrême rigueur des principes, que le legs particulier ne pouvait se déduire alors de la valeur des biens de l'héritier décédé.

L'Administration continua à le soutenir malgré l'arrêt de 1835, et elle parvint à ramener la Cour suprême à cette opinion :

1° Le sieur Leviels décéda le 26 juin 1847, après avoir légué tous ses biens à la dame de Lignerolles, née Marchais. D'après la déclaration passée le 10 décembre 1852, cette succession consistait en valeurs mobilières s'élevant à 220,063 fr. 68 cent., sur laquelle le droit de 6 pour 100 a été perçu. Le sieur de Lignerolles a prétendu que l'on aurait dû distraire de ces valeurs une somme de 60,000 francs, que la dame Leviels, décédée avant son mari, avait léguée au sieur Delincy-Leroux, son neveu, pour être payée un an après le décès du sieur Leviels, légataire universel de sa femme, laquelle somme avait supporté le droit de mutation par décès après la mort de la testatrice. Cette prétention a fait l'objet d'une demande en restitution que le tribunal de la Seine a repoussée par un jugement du 28 mars 1855.

Le sieur de Lignerolles a attaqué ce jugement devant la Cour de cassation. Mais son pourvoi a été rejeté par un arrêt de la chambre civile, du 17 février 1857, conçu en ces termes : « Attendu qu'aux termes de l'A. Cons. d'Ét. 2 septembre 1808, la délivrance des legs particuliers, soit qu'ils consistent en effets réellement existants dans la succession, soit que les légataires universels doivent les payer de leurs propres deniers, n'opère pas de mutation de ces d rniers aux légataires particuliers ; que, dans les deux cas, la loi ne regarde les légataires universels que comme de simples intermédiaires entre le testateur, qui est censé donner lui-même, et les légataires particuliers qui reçoivent ; que l'objet légué passant directement du testateur au légataire particulier, le légataire universel est censé n'avoir jamais eu la propriété ni la possession de cet objet; qu'il en est autrement lorsque, par une disposition expresse du testament, le legs consiste non dans un objet fixe et déterminé, mais dans une somme d'argent payable après la mort du légataire universel ; qu'il ne s'opère, dans ce cas, aucune dévolution directe et actuelle des biens du testateur sur la tête du légataire particulier ; que celui-ci n'acquiert la propriété ou la nue-propriété d'aucun des biens héréditaires; que le légataire universel est saisi de la totalité de ces biens, les confond avec son propre patrimoine et laisse seulement sa succession grevée de l'obligation d'acquitter la somme formant l'objet des legs particuliers; qu'il suit de là que la chose léguée consiste dans une simple créance dont le légataire particulier est saisi du jour du décès du testateur, mais dont il ne peut demander le payement que sur la succession du légataire universel, et que, lorsqu'il s'agit de régler les droits dus à raison de l'ouverture de cette succession, ces droits doivent être calculés sur tous les biens qui la composent sans distraction des legs. » (781 R.P., 2096 § 9 I.G., 15998 J.N., 10946 C., S. 58-1-309).

2° Le comte de Laferrière institua sa femme pour sa légataire universelle, déclarant qu'au décès de celle-ci il serait pris 500,000 francs sur la communauté pour être distribués à divers héritiers du sang. Au décès de madame de Laferrière, ses héritiers soutinrent qu'ils devaient déduire de l'actif la somme de 500,000 francs dont elle était demeurée en possession. Mais la Cour de cassation, confirmant un jugement de la Seine du 3 janvier 1857, repoussa cette prétention par un arrêt du 20 janvier 1858 portant : « Attendu que le légataire universel a été saisi en totalité, que les legs particuliers sont subordonnés à la condition de survie, et à cette autre que la somme se trouvera dans la succession, qu'on ne peut voir là ni un dépôt ni un usufruit, mais une créance éventuelle non susceptible d'être déduite » (981 R.P., 2118 § 5 I.G., 11236 C., 16249 J.N., 16692 J.E., S. 58-1-309).

Mais ici, comme pour la déduction des sommes données entre-vifs et non payées au décès du donateur, le triomphe de l'Administration ne fut pas de longue durée. Trois arrêts des 16 et 22 août 1859 et 25 juin 1862 consacrent définitivement et d'une façon générale le principe de la déduction.

1° Dans la première affaire, le sieur Kemlin avait institué le sieur Saunet légataire universel, en le chargeant de payer divers legs particuliers dans un délai de deux ans. Le légataire universel mourut quelques jours après le testateur et son héritier demanda que les legs particuliers non payés fussent déduits de l'actif. Un jugement de Trévoux, du 25 mars 1858, qui avait statué dans le sens des arrêts de 1857 et 1858, fut cassé le 16 août 1859, en ces termes : « Attendu qu'au point de vue de la loi sur l'enregistrement, l'héritier ou le légataire universel n'est considéré que comme un simple intermédiaire entre le testateur qui est censé donner lui-même, et le légataire particulier qui reçoit directement de lui ; que cet héritier ou légataire universel, dans l'intérêt de tous, investi de la saisine légale de l'hérédité entière, est néanmoins, pour la perception de l'impôt, réputé n'avoir jamais eu aucun droit à la chose affectée aux legs particuliers, quelle qu'en soit la nature ; que s'il meurt avant d'en avoir opéré la délivrance réelle, cette chose n'entre dans les mains de ses héritiers que sous la même affectation et non en vertu d'une véritable transmission héréditaire incompatible avec celle déjà consommée au profit du légataire particulier et sur laquelle le droit de mutation a été perçu légalement; qu'il est impossible d'assimiler le legs particulier, qui procède de la volonté du testateur, à une charge de sa succession ou même à une charge de la succession de son héritier ou légataire universel, succession dont la chose léguée se détache, au contraire, et dans le patrimoine de laquelle elle est censée n'être jamais réellement entrée » (1223 R. P., 2234 I. G., 16659 J. N., 11600 C., S. 60-1-76).

2° Le sieur de Saint-Victor institua sa femme légataire universelle, et légua en même temps à divers parents une somme de 5.,000 francs avec intérêts dont sa femme devait conserver la jouissance viagère, et dont le remboursement, garanti par une hypothèque sur les biens de la veuve, aurait lieu un an après le décès de celle-ci.

Un arrêt du 22 août 1859 décida que l'héritier de madame de Saint-Victor ne devait pas comprendre le montant des legs dans les valeurs sujettes au droit : « Attendu que la délivrance de ces legs particuliers par l'héritier de madame de Saint-Victor, décédée, n'avait pas le caractère d'une charge, puisque la nue-propriété de ces legs était dévolue aux légataires particuliers à partir du décès du testateur et n'avait pas fait partie des biens composant le legs universel » (1224 R. P., 2234 I. G., 16706 J. N., 11601 C., 16995 J. E., S. 60-1-76).

3° La dame Garnier légua tous ses biens à son mari, à la charge d'acquitter à des parents divers legs particuliers exigibles dans l'année du décès du légataire universel. Ici encore, la Cour de cassation reconnut qu'il fallait distraire de la succession du mari, postérieurement décédé, le montant des legs dont la délivrance n'avait pas eu lieu : « Attendu qu'il est impossible d'assimiler des legs particuliers procédant de la volonté du testateur à une charge de la succession, ou même de la succession du légataire universel, dont la chose léguée a, au contraire, toujours été détachée, et dans le patrimoine de laquelle elle est censée n'être jamais entrée » (Cass. 25 juin 1862, 1698 R. P., 2234 I. G., S. 62-1-855).

En présence de cette jurisprudence, l'Administration renonça à poursuivre plus longtemps la lutte. Abandonnant les distinctions qu'elle avait tenté de proposer, après les arrêts de 1859, entre les legs conférant une action directe sur les biens du testateur et ceux qui conféraient seulement cette action sur les biens du légataire universel (Sol. 8 oct. 1860, 1640 R. P.), elle décida, en principe, dans son I. G. du 15 novembre 1862 : « que les sommes d'argent léguées à titre particulier qui n'ont pu être payées avant le décès du légataire universel, ou qui ont été stipulées payables sans intérêts après ce décès, doivent être déduites des valeurs de la succession du légataire universel pour la perception du droit de mutation par décès. »

On peut consulter dans le même sens : Seine 23 janvier 1858 (16240 J. N.); — 12 juin 1858 (1026 R. P., 11386 C., 16772 J. E.); — 24 juillet 1858 (16356 J. N., 11497 C.), — et 28 février 1862 (12345 C.) — *V.* cep. *Contrà* Seine 3 mai 1854 (15882 J. E.); — 3 janvier 1857 (16472 J. E.), — et Beaune 26 juillet 1856 (16139 J. E ).

La controverse est donc terminée.

**16756. Délivrance avant le décès.** — Il importe peu que le légataire universel ait, avant son décès, consenti la délivrance du legs avec hypothèque sur ses biens, pour en garantir le payement à l'échéance. Cette circonstance ne modifie pas la nature du legs, et le légataire universel continue à être le simple intermédiaire du testateur : « En effet, dit le tribunal de la Seine dans un cas pareil, le système de la déduction des valeurs étant admis, il y a lieu de maintenir en toute occasion le principe proclamé par l'Avis du conseil d'État de 1808, qu'on ne doit pas assimiler le legs de sommes à une dette de la succession » (Seine 16 fév. 1861, 1471 R. P., 17053 J. N., 11964 C.).

**16757. Novation.** — Mais nous croyons, avec M. Demante (n° 698), que la distraction devrait être refusée dans le cas où, par l'effet d'une convention expresse, le légataire de la somme en aurait fait le placement entre les mains de l'héritier. Dans cette hypothèse, le legs s'est nové en prêt, et il faut appliquer les règles ordinaires sur les dettes.

Seulement, il est bon de remarquer que cette novation ne se supposerait pas facilement, et notamment qu'elle ne résulterait point d'une simple affectation hypothécaire ou autre garantie analogue. Nous avons développé ces principes au mot *Novation*.

**16758. Imputation. — Anciennes règles.** — Il existait autrefois, surtout avant la loi du 18 mai 1850, qui a assimilé le tarif des meubles et des immeubles, de nombreux embarras pour déterminer le mode suivant lequel il fallait opérer la déduction des legs particuliers sur la succession échue aux héritiers. Trois systèmes avaient été proposés.

Selon le premier, l'impôt devait être fixé d'après le degré de parenté de l'héritier avec le défunt, et liquidé d'après la nature des objets existant en nature dans la succession. Quant à la transmission du legs, qui procède de l'héritier, c'est une disposition dépendante de la transmission héréditaire ; elle n'encourt, par suite, aucun droit particulier. Ce système, proposé par Champ. et Rig. nos 2468 et suiv., n'eut jamais aucun succès.

Dans le second système, qui était celui de l'Administration, les droits dus par les légataires particuliers s'imputaient sur ceux que devait l'héritier ; mais, dans tous les cas, la perception avait lieu au taux le plus élevé, à raison de la qualité des successeurs.

Enfin, d'après le troisième système, la valeur des legs qui n'existent pas en nature dans la succession devait être *déduite* de la valeur totale du patrimoine transmis à l'héritier. L'impôt devait être établi : 1° à raison de la qualité des légataires particuliers, sur le montant de leurs legs ; — 2° et à raison de la qualité de l'héritier, sur le montant du patrimoine du défunt, *déduction faite de la valeur des legs particuliers.*

Nous n'entreprendrons pas de discuter les arguments qu'on a fait valoir à l'appui des deux premières doctrines, car elles sont aujourd'hui abandonnées. Il nous suffira de citer en note l'I. G. n° 1432, qui a été pendant de longues années la règle officielle de perception en ces matières, mais ne conserve plus aujourd'hui qu'un pur intérêt historique[1].

**16759. Règle actuelle.** — C'est le troisième système qui a définitivement prévalu. — Le sieur Debruge-Dumesnil décéda, instituant sa fille naturelle reconnue pour légataire universelle, et léguant à la dame de Labarthe, sa sœur, une maison à Paris, à charge de payer une somme de 420,000 francs à l'enfant naturelle.

Le droit de mutation par décès ayant été perçu, conformément à la doctrine de l'Administration (1432 I. G.), au taux de 6 fr. 50 cent. pour 100 sur la totalité de la maison, sans égard au legs particulier dont le taux était moins élevé, les héritiers ont soutenu que cette perception était excessive. Elles ont prétendu que de la valeur imposable de l'immeuble,

| | |
|---|---|
| fixée à. . . . . . . . . . . . . . . . . . . . . . | 844,900 fr. |
| il fallait déduire le legs particulier de. . . . . | 420,000 |
| et percevoir : 1° à 6 fr. 50 cent. pour 100 sur. | 424,900 |
| 2° à 1 pour 100 sur. . . . . . . | 420,000 |
| Ensemble. . . . . . . | 844,900 fr. |

La Cour de cassation, réformant un jugement de la Seine du 5 mars 1856, l'a, en effet, décidé ainsi, le 30 mars 1858 : « Attendu, en droit, que les legs ne sont pas une dette de la succession, mais constituent une mutation directe entre le testateur et les héritiers ou légataires; que c'est par application de ce principe que toutes les valeurs de la succession ne

---

1. Voici les termes de cette instruction :

L'art. 4 L. 22 frimaire an 7 soumet au droit proportionnel d'enregistrement toute transmission de propriété ou d'usufruit de biens meubles ou immeubles opérée par décès. Les quotités de ce droit ont été déterminées par les art. 69 L. 22 frimaire an 7, 53 L. 28 avril 1816, et 33 de celle du 21 avril 1832 : d'une part, suivant la nature mobilière ou immobilière des biens ; d'autre part, selon que les héritiers ou légataires sont ou ne sont point parents de l'auteur de la succession, et d'après les divers degrés de parenté. — Aux termes d'une décision du ministre des finances, du 17 février 1807, insérée dans l'instruction n° 366 § 9, lorsque les objets légués à titre particulier se trouvent en nature dans la succession, ces objets doivent être distraits de la déclaration faite par l'héritier ou le légataire universel, qui n'est tenu au payement des droits de mutation que sur les biens restants ; et les légataires particuliers acquittent ceux à leur charge d'après la nature des choses qui leur ont été léguées. Ces règles de perception n'ont éprouvé aucune modification. — Mais, d'après la même instruction n° 366 § 9, lorsque les legs particuliers consistaient en sommes d'argent qui ne se trouvaient point dans la succession, il ne devait être fait aucune déduction dans la déclaration des héritiers ou légataires universels ; et les légataires particuliers n'en payaient pas moins les droits sur la valeur de leurs legs. — Ce mode de liquidation a été abrogé par l'avis du conseil d'État des 2-10 septembre 1808, comme étant contraire au principe d'après lequel le même objet ne peut être assujetti en même temps à deux droits de mutation.

Cette décision suppose que les droits dus par les légataires particuliers, d'après leur degré de parenté avec le testateur, sont d'une quotité égale ou inférieure à ceux que l'héritier ou le légataire universel doit acquitter. Dans ce cas, en effet, si l'héritier a payé le droit sur la valeur entière des biens de la succession, il n'y a rien à réclamer des légataires particuliers ; et si ceux-ci ont acquitté, avant la déclaration de l'héritier ou du légataire universel, les droits résultant des legs à leur profit, la somme totale de ces droits doit être déduite purement et simplement de celle des droits liquidés, d'après la déclaration de l'héritier, sur l'intégralité des biens de la succession. Mais cette hypothèse n'est pas celle qui se rencontre le plus fréquemment ; il arrive souvent que les droits applicables aux legs particuliers sont supérieurs, en quotité, à ceux dus par les héritiers ou légataires universels. Dans ce cas, si le payement effectué par ces derniers des droits liquidés d'après le degré de leur parenté avec l'auteur de la succession, sur la valeur entière des biens, libérait complétement les légataires particuliers, ou si les droits acquittés par ces légataires avant la déclaration de l'héritier étaient imputés intégralement sur ceux qui résulteraient de cette déclaration, le principe établi par la loi, de l'inégalité des quotités de droits, selon les divers degrés de parenté, se trouverait violé au préjudice du Trésor public. En effet, il ne percevrait, en définitive, les droits sur la valeur entière de la succession qu'au taux déterminé par le degré de parenté de l'héritier avec le défunt, comme s'il n'eût point été fait de legs particuliers donnant ouverture à des droits d'une quotité supérieure. Il faut donc reconnaître que, d'une part, si, d'après l'Avis du conseil d'État, deux droits de mutation ne peuvent être acquittés sur le même objet, et si les payements de ces droits effectués soit par les héritiers ou légataires universels, soit par les légataires particuliers, opèrent leur décharge respective, d'autre part, cette décharge ne peut avoir lieu que jusqu'à due concurrence, c'est-à-dire dans les proportions résultant de la diversité des quotités de droits, à raison des différences dans la nature des biens et dans les rapports de parenté de l'auteur de la succession avec ses héritiers et légataires.

Plusieurs modes de liquidation ont été essayés pour parvenir à concilier ces principes dans leur application aux espèces très-multipliées que fait naître la rencontre de ces deux circonstances, savoir : de legs particuliers de sommes d'argent non existantes dans la succession, et de droits dus par les légataires, d'après une quotité supérieure à celle des droits exigibles de l'héritier ou du légataire universel. L'instruction n° 1156 § 7 avait, en dernier lieu, prescrit le mode ci-après :

Suivant les deux hypothèses prévues par l'Avis du conseil d'État des 2-10 septembre 1808, on distinguait le cas où l'héritier grevé de legs particuliers avait d'abord acquitté les droits sur la totalité des biens de la succession, et celui où le payement des droits sur les legs de sommes d'argent avait précédé la déclaration de l'héritier ou du légataire universel. Dans le premier cas, on réclamait du légataire particulier un supplément de perception égal à la différence existant entre le droit dû, d'après son degré de parenté, sur le legs mobilier et le montant du droit que l'héritier ou le légataire universel aurait eu à payer, suivant son propre degré de parenté, sur la somme d'argent nécessaire pour faire face à ce legs, si elle eût existé en nature dans la succession. — Dans le second cas, on liquidait les droits sur la totalité des biens meubles et immeubles de la succession déclarée par l'héritier ou le légataire universel, comme s'il n'eût point existé de legs particuliers de sommes d'argent ; ensuite, on imputait sur le montant total des droits ainsi établis, non point la somme entière de ceux qui avaient été payés par le légataire parsont passibles que d'un seul droit, variable seulement suivant le degré de parenté des appelés, quel que soit le mode de disposition du testateur, pourvu qu'il opère une dévolution immédiate de la propriété sur la tête des légataires.

---

ticulier, mais seulement une somme égale à celle que l'héritier ou le légataire universel aurait eue à payer sur la valeur du legs, si cette valeur se fût trouvée en nature dans la succession. — Ce dernier mode de liquidation avait été appliqué, par l'instruction n° 1293 § 4, aux successions grevées de donations entre-vifs de sommes d'argent payables au décès du donateur, et sur lesquelles les droits proportionnels avaient été perçus lors de l'enregistrement des donations. Ainsi, les préposés liquidaient les droits, de mutation par décès sur la valeur intégrale des biens meubles et immeubles de la succession compris dans la déclaration de l'héritier, comme s'il n'eût point existé de donations entre-vifs de sommes payables par la succession; ils imputaient ensuite sur le montant de ces droits ceux que l'héritier aurait dû acquitter, d'après son degré de parenté et au taux fixé pour les mutations par décès, sur les sommes faisant l'objet des donations, soit que ces sommes se trouvassent ou ne se trouvassent pas en nature dans la succession.

Mais le système de liquidation et d'imputation déterminé par les instructions n° 1156 § 7 et 1293 § 4 n'a point été admis par la Cour de cassation, ainsi qu'il résulte d'un arrêt du 1er décembre 1832. — D'après cet arrêt, le mode prescrit par les instructions n° 1156 § 7 et 1293 § 4, pour la liquidation des droits de mutation sur les successions grevées de legs particuliers de sommes d'argent non existantes dans la masse héréditaire, ou de donations entre-vifs de sommes payables au décès du donateur et sur lesquelles les droits proportionnels ont été perçus lors de l'enregistrement des actes, doit être considéré comme abrogé et cessera d'être appliqué. — Le nouveau mode de liquidation ou d'imputation qui devra lui être substitué est indiqué par les motifs de l'arrêt.

Il convient, en effet, de remarquer que cet arrêt, loin de détruire, confirme les principes que l'instruction n° 1156 § 7 avait eu pour objet de combiner dans leur application. La Cour de cassation reconnaît, d'après l'Avis du conseil d'État des 2-10 septembre 1808, que le même objet ne pouvant supporter deux droits de mutation, les payements de ces droits, effectués soit par les légataires particuliers de sommes d'argent non existantes dans la succession, soit par l'héritier ou le légataire universel sur la totalité des biens composant cette même succession, opèrent leur décharge respective; mais, en même temps, elle déclare que les payements des droits doivent, de part et d'autre, être établis sur les proportions calculées d'après les tarifs, suivant la nature des biens et aussi suivant les rapports de parenté du défunt testateur et des héritiers ou légataires. La seule chose, donc, que la Cour rejette, c'est la fiction admise par l'I. G. n° 1156 § 7, et d'après laquelle on ne devait imputer sur les droits à payer par les légataires particuliers, ou sur ceux exigibles de l'héritier, que le montant du droit que ce dernier aurait eu à acquitter sur les sommes d'argent léguées à titre particulier, si ces sommes eussent existé en nature dans la succession. L'arrêt décide, au contraire, que cette imputation doit être faite jusqu'à concurrence du montant des droits réellement dus par l'héritier ou le légataire universel, d'après son degré de parenté avec le défunt et suivant la nature mobilière et immobilière des biens de la succession, sur une valeur égale à celle des legs particuliers de sommes d'argent non existantes dans la masse héréditaire. Ainsi, par exemple, dans l'espèce qui a fait l'objet de cet arrêt, après le payement des droits fait au nom du fils mineur de la dame Margerand, sur la totalité des biens de la succession entièrement immobilière, il n'y avait lieu de réclamer du mari, légataire particulier, que 50 centimes par 100 francs sur la somme de 40,000 francs, capital de la rente viagère, c'est-à-dire la différence de 1 pour 100, acquitté par l'héritier en ligne directe sur une égale valeur en immeubles, et celui de 1 fr. 50 cent. par 100 francs, dû sur le montant du legs mobilier fait à l'époux survivant; tandis que, d'après le système de l'instruction n° 1145 § 7, cet excédant de droit eût été de 1 fr. 25 cent. par 100 francs, que l'héritier aurait eu à payer sur la valeur de ce legs, si cette valeur se fût trouvée en nature dans la succession. De même, si le légataire particulier eût acquitté les droits qui le concernaient antérieurement à la déclaration de l'héritier, on aurait dû imputer, sur le montant des droits liquidés sur la valeur entière des biens de la succession, le droit de 1 pour 100 exigible de l'héritier sur une valeur immobilière de 40,000 francs, représentant le capital de la rente viagère objet du legs particulier; au lieu que, suivant l'instruction précitée, cette imputation n'aurait été faite que sur le pied de 25 centimes par 100 francs, quotité du droit que l'héritier aurait été tenu d'acquitter sur la valeur capitale de la rente viagère, si cette valeur eût existé en argent ou en mobilier dans la succession. — Après avoir ainsi déterminé les principes qui ont dicté l'arrêt de Cass. du 1er décembre 1832 et le mode de liquidation qu'il a adopté, il reste à établir avec précision les règles qui en découlent, pour leur application aux différentes espèces qui peuvent se présenter.

La première règle à suivre, pour toute succession grevée de legs de sommes d'argent qui ne s'y trouvent pas en nature, est celle qu'a posée l'Avis du conseil d'État des 2-10 septembre 1808, savoir: que la déclaration des héritiers ou légataires universels doit comprendre l'universalité des biens de la succession et que les droits de mutation doivent être liquidés sur la valeur intégrale de ces biens. Il y a lieu d'observer cette règle dans tous les cas, soit que la déclaration du légataire particulier suive celle de l'héritier ou du légataire universel, soit qu'elle la précède, soit que les deux déclarations se fassent simultanément.

Quant à la manière d'opérer, l'imputation des sommes payées soit par les héritiers ou légataires universels, soit par les légataires particuliers, à leur décharge respective, la règle générale, telle qu'elle résulte des termes de l'Avis du conseil d'Etat et d'un arrêt de Cass. du 1er décembre 1832, est que l'imputation doit se faire par déduction sur les droits de mutation à acquitter par les uns ou par les autres et non par déduction sur la valeur des biens composant la succession.

Toutefois, dans certains cas, les deux modes d'imputation produisant, comme on le verra ci-après, les mêmes résultats pour le Trésor, on peut procéder par la voie d'imputation sur les valeurs de la succession, cette voie ayant d'ailleurs l'avantage de simplifier l'opération.

En ce qui concerne les diverses espèces qui peuvent se présenter, il faut d'abord, suivant les deux hypothèses prévues par l'Avis du conseil d'État des 2-10 septembre 1808, distinguer si la déclaration de la succession par l'héritier ou le légataire universel est antérieure ou postérieure au payement des droits par les légataires particuliers de sommes d'argent. Dans le cas de simultanéité, on procède de la même manière que dans celui où la déclaration de l'héritier est postérieure au payement des droits sur les legs particuliers. — Dans chacune de ces hypothèses, une autre distinction est à faire: le mode d'imputation varie selon que les droits à la charge des légataires sont d'une quotité inférieure ou supérieure à celle des droits dus par l'héritier ou le légataire universel, ou d'une quotité inférieure au droit exigible de ce dernier sur les immeubles, et supérieure à celui dû pour les meubles de la succession. Lorsque les quotités sont égales, on opère de la même manière que lorsque le droit dû par le légataire particulier est inférieur, en quotité, à celui qui est à la charge de l'héritier. — Voici les règles à suivre dans ces différents cas:

**Ire HYPOTHÈSE. — Déclaration de l'héritier ou du légataire universel ANTÉRIEURE au payement des droits sur les legs particuliers de sommes d'argent.**

Si les droits résultant des legs particuliers sont d'une quotité inférieure à celle des droits qui ont été acquittés par l'héritier ou

Peu importe que les choses léguées existent ou non en nature dans la succession; que le legs imposé soit au légataire universel, soit au légataire particulier, ait pour objet des sommes d'argent alors que la succession est immobilière. Ces cir-

---

le légataire universel, tant sur les immeubles que sur les meubles de la succession, les légataires particuliers sont entièrement libérés, et il n'y a lieu à aucune répétition contre eux. — Si le droit dû pour le legs particulier est d'une quotité supérieure à celle des droits payés par l'héritier, soit sur les meubles, soit sur les immeubles, on doit réclamer des légataires particuliers l'excédant résultant de l'imputation, sur les droits dont le legs est passible, de ceux qui ont été perçus, lors de la déclaration de l'héritier, sur une valeur tant mobilière qu'immobilière égale au montant du legs particulier.

Si le droit exigible pour le legs particulier est inférieur, en quotité, à celui que l'héritier a acquitté sur les immeubles et supérieur au droit par lui payé sur les meubles de la succession, on doit imputer sur le droit résultant du legs particulier : d'une part, celui qui a été perçu lors de la déclaration de l'héritier; sur les valeurs mobilières de la succession, d'autre part, le droit dû par le légataire particulier lui-même sur la somme formant la différence entre le montant des valeurs mobilières de la succession et le montant du legs particulier.

**IIe HYPOTHÈSE. — Déclaration de l'héritier ou du légataire universel POSTÉRIEURE au payement des droits sur les legs particuliers de sommes d'argent.**

Lorsque le droit payé par le légataire particulier est d'une quotité inférieure à celle des droits dus par l'héritier, tant sur les meubles que sur les immeubles, il y a lieu de déduire du montant de ces droits liquides sur la totalité des biens de la succession la somme précédemment acquittée par le légataire particulier, et de n'exiger de l'héritier ou du légataire universel que l'excédant. — Lorsque le droit perçu pour le legs particulier est supérieur, en quotité, à ceux que l'héritier doit acquitter, soit sur les meubles, soit sur les immeubles, il faut imputer sur le montant de ces droits liquidés sur la totalité des biens de la succession les droits dus par l'héritier sur une valeur tant mobilière qu'immobilière égale au legs particulier; ou, ce qui est la même chose pour les résultats, distraire de la valeur entière des biens de la succession une valeur égale à celle du legs particulier, et ne percevoir le droit de mutation à la charge de l'héritier que sur le restant en immeubles.

Enfin, lorsque le droit acquitté pour le legs particulier est inférieur, en quotité, à celui que l'héritier doit payer sur les immeubles, mais supérieur au droit exigible sur les meubles de la succession, il y a lieu d'imputer sur ces droits liquidés sur la totalité des biens de la succession, d'une part celui qui est dû par l'héritier ou le légataire universel sur une valeur égale à celle du mobilier existant dans la succession, d'autre part le droit payé par le légataire particulier sur la somme représentant la différence entre le montant des valeurs mobilières de la succession et le montant du legs particulier; ou ce qui revient au même pour le Trésor, on peut distraire de l'actif total de la succession les valeurs mobilières insuffisantes pour faire face au legs particulier, ne liquider le droit à la charge de l'héritier que sur les immeubles et imputer sur le montant de ce droit celui qui a été acquitté par le légataire particulier sur une somme égale à la différence existant entre la valeur du mobilier de la succession et celle du legs particulier. — Dans le cas où la déclaration de l'héritier et le payement des droits sur le legs particulier ont lieu simultanément, on doit, ainsi qu'on l'a déjà indiqué, opérer de la même manière que lorsque la déclaration de l'héritier est postérieure au payement des droits par le légataire particulier. — Ces diverses règles de perception ont été établies par une solution prise en thèse générale le 12 juillet 1833.

**Pour en faciliter l'intelligence et l'application, il a paru convenable de présenter des exemples.**

**Ire HYPOTHÈSE. — Déclaration de l'héritier ou du légataire universel ANTÉRIEURE au payement des droits sur les legs particuliers.**

1er EXEMPLE. — *Droit résultant du legs particulier* inférieur *en quotité à ceux qui ont été acquittés par l'héritier.*

Une succession s'est ouverte, en vertu d'un legs universel, au profit d'un petit-neveu du testateur. Elle est grevée d'un legs particulier de 10,000 francs, en argent, au profit d'un neveu du défunt. La succession se compose, savoir : de biens meubles estimés d'une valeur de 1,000 francs et de biens immeubles estimés en capital à 40,000 francs. — Le légataire universel, petit-neveu du testateur, a payé les droits de mutation sur le mobilier à 4 pour 100, et à 7 pour 100 sur les immeubles, conformément à l'art. 33 L. 21 avril 1832. — Le droit exigible du légataire particulier sur la somme de 10,000 francs au taux de 3 pour 100, suivant la même loi, étant inférieur en quotité aux droits acquittés par le légataire universel, tant sur les meubles que sur les immeubles de la succession, il n'y a rien à répéter pour le legs particulier.

2e EXEMPLE. — *Droit dû pour le legs particulier* supérieur *en quotité à ceux qui ont été acquittés par l'héritier.*

Une succession s'est ouverte en ligne directe. Elle est grevée d'un legs particulier de 10,000 francs, au profit d'un neveu du défunt. — La succession consiste, savoir : en objets mobiliers évalués à 1,000 francs et en immeubles estimés en capital à 40,000 francs. — L'héritier en ligne directe a payé les droits de mutation à 25 cent. par 100 francs sur le mobilier, et à 1 pour 100 sur les immeubles. — Le légataire particulier se présente pour acquitter les droits en ce qui le concerne. La liquidation doit être établie ainsi qu'il suit :

| | | |
|---|---|---|
| Droit à 3 pour 100 (L. 21 avr. 1832, art. 33) sur le legs particulier de 10,000 fr. fait au neveu du testateur. | | 300 f. » c. |
| Imputation des droits payés par l'héritier en ligne directe : | | |
| 1° A 25 centimes par 100 francs sur 1,000 francs de mobilier. . . . . . . . . . | 2 f. 50 c. | 92 f. 50 c. |
| 2° A 1 p. 100 sur 9,000 fr. en immeubles | 90 00 | |
| Reste à payer par le légataire particulier . . | | 207 f. 50 c. |

3e EXEMPLE. — *Droit du legs particulier* inférieur *en quotité à celui à payer par l'héritier ou le légataire universel sur les immeubles,* et supérieur *au droit par lui acquitté sur les meubles de la succession.*

Une succession s'est ouverte, en vertu d'un legs universel, au profit d'un neveu du testateur. Elle est grevée d'un legs particulier de 10,000 francs en argent au profit d'un petit-neveu du défunt. La succession consiste, savoir : en objets mobiliers évalués à 1,000 fr. et en immeubles estimés en capital à 40,000 francs. Le légataire universel a payé les droits de mutation à 3 pour 100 sur les meubles, et à 6 fr. 50 cent. par 100 fr. sur les immeubles (L. 21 avr. 1832, art. 33).

Le droit sur le legs particulier est dû au taux de 4 p. 100 (même loi). La liquidation doit être établie ainsi qu'il suit :

| | | |
|---|---|---|
| Droit à 4 p. 100 sur le legs particulier de 10,000 fr. | | 400 f. » c. |
| A imputer : 1° droit payé par le légataire universel à 3 p. 100 sur 1,000 fr. montant des valeurs mobilières de la succession. | 30 f. » c. | 390 » |
| 2° Droit dû par le légataire particulier, à 4 pour 100 sur 9,000 francs formant la différence entre le montant des valeurs mobilières de la succession et le montant du legs particulier. . . . . . . . . . . . | 360 » | |
| Reste à payer par le légataire particulier. | | 10 f. » c. |

constances ne pourraient affecter le droit de mutation, en ce sens qu'elles le porteraient au delà des proportions déterminées par l'importance des valeurs léguées, sans renverser par cela même les bases légales de la perception, puisque,

**IIe HYPOTHÈSE. — Déclaration de l'héritier ou du légataire universel POSTÉRIEURE au payement des droits sur le legs particulier.**

1er EXEMPLE. — *Droit payé par le légataire particulier* inférieur *en quotité à ceux dus par l'héritier ou légataire universel.*

Une succession s'est ouverte, en vertu d'un legs universel, au profit d'un petit-neveu du testateur. Elle est grevée d'un legs particulier de 10,000 francs en argent, au profit d'un neveu du défunt. — La succession consiste, savoir : en objets mobiliers évalués à 1,000 francs et en immeubles estimés en capital à 40,000 francs. — Le légataire particulier, neveu du testateur, a acquitté le droit dû pour son legs, au taux de 3 pour 100 (L. 21 avr. 1832).

Lors de la déclaration postérieure du légataire universel, les droits doivent être liquidés de la manière suivante :

| | |
|---|---|
| 1° Droit à 4 pour 100 sur 1,000 francs montant du mobilier de la succession. | 40 f. » c. |
| 2° Droit à 7 pour 100 sur 40,000 francs formant la valeur des immeubles. | 2,800 » |
| Total | 2,840 f. » c. |
| A imputer le droit acquitté par le légataire particulier au taux de 3 pour 100 sur le legs mobilier de 10,000 fr. | 300 f. » c. |
| Reste à payer par le légataire universel. | 2,540 f. » c. |

2e EXEMPLE. — *Droit payé par le légataire particulier* supérieur *en quotité à ceux dus par l'héritier ou légataire universel.*

Une succession s'est ouverte en ligne directe. Elle est grevée d'un legs particulier de 10,000 francs, au profit d'un neveu du défunt.

La succession consiste, savoir : en objets mobiliers évalués à 1,000 francs et en immeubles estimés en capital à 40,000 francs.

Le légataire particulier, neveu du testateur, a acquitté le droit dû pour son legs, au taux de 3 pour 100 (L. 21 avr. 1832). — Lors de la déclaration postérieure de l'héritier, la liquidation des droits peut être établie de deux manières :

1re *Manière.* — Imputation sur les droits de mutation. — Les droits dus par l'héritier sont :

| | | |
|---|---|---|
| 1° A 25 c. par 100 francs sur 1,000 francs de mobilier. | | 2 f. 50 c. |
| 2° A 1 pour 100 sur 40,000 francs, valeur des immeubles de la succession. | | 400 » |
| Total. | | 402 f. 50 c. |
| A imputer : 1° droit à 25 centimes par 100 francs sur 1,000 francs, valeur du mobilier de la succession. | 2 f. 50 c. | 92 f. 50 c. |
| 2° Droit à 1 pour 100 sur 9,000 francs en immeubles, formant, avec les 1,000 francs du mobilier, la somme de 10,000 francs égale au legs particulier. | 90 00 | |
| Reste à payer par l'héritier. | | 310 f. » c. |

2e *Manière.* — Imputations sur les valeurs de la succession.

| | |
|---|---|
| La succession consiste, savoir : en objets mobiliers estimés à | 1,000 f. » c. |
| En immeubles évalués en capital à | 40,000 » |
| Total des valeurs de la succession. | 41,000 f. » c. |
| A déduire pour le montant du legs particulier. | 10,000 f. » c. |
| Reste passible du droit de mutation, au taux fixé pour les immeubles. | 31,000 f. » c. |

| | |
|---|---|
| Le droit dû par l'héritier en ligne directe à 1 p. 100 sur cette somme de 31,000 fr. est, comme ci-dessus, de | 310 f. » c. |

3e EXEMPLE. — *Droit payé par le légataire particulier* inférieur *en quotité à celui dû par l'héritier ou le légataire universel sur les immeubles, et* supérieur *au droit exigible sur les meubles de la succession.*

Une succession s'est ouverte, en vertu d'un legs universel, au profit d'un neveu du testateur.

Elle est grevée d'un legs particulier de 10,000 francs en argent, au profit d'un petit-neveu du défunt. — La succession consiste, savoir : en objets mobiliers évalués à 1,000 francs et en immeubles estimés en capital à 40,000 francs. — Le légataire particulier, petit-neveu du testateur, a payé le droit dû sur son legs au taux de 4 pour 100 (L. 21 avr. 1832). — Lors de la déclaration postérieure du légataire universel, la liquidation des droits peut être faite de deux manières :

1re *Manière.* — Imputation sur les droits de mutation. — Les droits dus par le légataire universel sont :

| | | |
|---|---|---|
| 1° A 3 pour 100 sur les 1,000 francs de mobilier. | | 30 f. » c. |
| 2° A 6 francs 50 centimes par 100 francs sur 40,000 francs valeur des immeubles de la succession. | | 2,600 » |
| Total. | | 2,630 f. » c. |
| A imputer : 1° droit dû par le légataire universel, à 3 pour 100 sur 1,000 francs, valeur du mobilier de la succession. | 30 f. » c. | 390 » |
| 2° Droit payé par le légataire particulier, à 4 pour 100 sur 9,000 francs, formant la différence entre le montant des valeurs mobilières de la succession et le montant du legs particulier | 360 » | |
| Reste à payer par le légataire universel. | | 2,240 f. » c. |

2e *Manière.* — Imputation sur les droits de mutation quant aux immeubles, et sur les valeurs de la succession quant aux meubles.

| | |
|---|---|
| La succession consiste, savoir : en objets mobiliers estimés à | 1,000 f. » c. |
| En immeubles évalués en capital à | 40,000 » |
| Total des valeurs de la succession. | 41,000 f. » c. |
| A distraire les valeurs mobilières montant à | 1,000 » |
| Reste pour les valeurs immobilières. | 40,000 f. » c. |
| Droit à 6 francs 50 centimes dû par le légataire universel sur cette somme de 40,000 francs. | 2,600 f. » c. |
| A imputer : le droit acquitté au taux de 4 pour 100 par le légataire particulier sur 9,000 francs formant la différence entre le montant des valeurs mobilières de la succession et le montant du legs particulier. | 360 » |
| Reste, comme ci-dessus, à payer par le légataire universel. | 2,240 f. » c. |

En ce qui concerne les successions grevées de donations entre-vifs de sommes d'argent payables au décès du donateur, et sur lesquelles le droit proportionnel a été perçu lors de l'enregistrement de l'acte de donation, on procédera pour la liquidation des droits de mutation dus par l'héritier ou le légataire universel de la même manière que pour les successions grevées de legs particuliers de sommes d'argent non existantes dans l'hérédité, lorsque le payement des droits du legs particulier a précédé la déclaration des héritiers.

en définitive, un pareil résultat impliquerait nécessairement, et dans tous les cas, la violation de cette règle qu'en matière de succession la Régie est complétement désintéressée, lorsque le droit a été acquitté sur toutes les valeurs et eu égard au degré de parenté de chacun des légataires » (997 R. P., 16274, 16275, 17601 J. N., 11250 C., 58-1-381 J. E.).

Cet arrêt a été pris pour règle dans l'I. G. 2234.

Aujourd'hui donc, que la déclaration soit faite par le légataire universel ou par le légataire particulier, on déduit le montant du legs particulier de l'ensemble des valeurs héréditaires et on perçoit distinctement l'impôt sur l'émolument revenant à chacun, d'après son degré de parenté.

Ce serait même méconnaître l'esprit de la jurisprudence que de s'attacher, pour déduire les legs dans la succession de l'héritier, à la conservation des biens en nature. Il importe peu que cet héritier ait transformé le patrimoine dont il avait été saisi sous l'obligation de payer des legs. Que ce patrimoine se soit plus ou moins confondu avec son patrimoine personnel, qu'il soit ou non reconnaissable, qu'il se soit accru ou qu'il ait diminué, il n'importe, le principe de la distraction demeure entier, à savoir que jusqu'à concurrence du montant des legs non payés, cet héritier est le détenteur précaire d'une valeur appartenant à autrui. Sans doute, il peut résulter de cette situation des conséquences bizarres. Il se peut, par exemple, que l'héritier emploie les valeurs mobilières de la succession originaire à acheter un immeuble du plus faible revenu, et qu'à son décès la déduction s'opère sur des bases plus larges qu'au décès du testateur. Mais nous ne croyons pas que ce soit un motif suffisant pour écarter l'application de la jurisprudence. De même qu'au décès de ce testateur on a considéré son patrimoine comme une seule masse *abstrahendâ à corporibus*, de même faut-il considérer celui de l'héritier et admettre que la déduction doit s'opérer dans égard à l'origine et à la nature des biens dépendants de sa propre succession.

Nous avons fait la même observation au sujet des sommes léguées en usufruit à déduire de la succession de l'usufruitier.

**16760. L'impôt ne saurait dépasser l'importance du patrimoine. — Valeur des immeubles.** — L'Administration avait pensé d'abord que le droit de mutation par décès devait être perçu sur le montant intégral des legs de sommes d'argent non existantes en nature, lorsqu'il était constaté que les biens avaient une valeur *réelle* suffisante pour l'acquittement des legs. Elle ne s'arrêtait donc pas à la valeur imposable des immeubles fixé par la capitalisation du revenu au denier 20, sachant que cette capitalisation n'atteint pas toujours la véritable valeur de la propriété. Mais sa prétention a été repoussée par la Cour de cassation.

Avant la loi du 18 mai 1850, les mutations par décès de rentes sur l'État bénéficiaient de l'exemption des droits édictée par l'art. 70 § 3 n° 3 L. 22 frimaire an 7 ; or, un arrêt de la Cour de cassation (chambre des requêtes) du 6 février 1827 (1210 § 6 I. G., S. 27-1-418) a décidé, à l'occasion d'un legs de 25,000 francs, que le droit n'est dû que jusqu'à concurrence des valeurs *imposables* de l'hérédité, et que dès lors il n'y avait pas lieu de faire état d'un titre d'inscription sur le grand-livre de la dette publique laissé par le défunt.

Cette jurisprudence a été directement confirmée dans l'espèce suivante :

La veuve Segretier est décédée, le 20 mars 1851, après avoir institué pour légataires universels ses neveux et nièces et fait des legs particuliers jusqu'à concurrence de 95,116 francs.

Dans la déclaration faite après décès par l'exécuteur testamentaire, au nom des légataires universels et particuliers, le mobilier et les créances ont été évalués, à défaut d'inventaire, à la somme de . . . . . . . . . . . . . 8,935 65

Les immeubles, composés d'un corps de ferme, à Orsois, ont été estimés à un revenu de 3,080 francs donnant un capital au denier 20 de . . . . 61,600 »

Total de l'actif déclaré . . . . . . . . . . 70,535 65

Les droits de mutation par décès ont été perçus sur cette somme seulement. Mais, ultérieurement, l'Administration a prétendu que les légataires particuliers auraient dû acquitter les droits sur le montant de leurs legs qu'ils avaient intégralement recueillis, malgré l'insuffisance apparente de l'actif déclaré; elle a décerné contre eux une contrainte en payement d'un supplément de droits. — L'opposition formée par les légataires particuliers a été accueillie, et la contrainte annulée par jugement du tribunal civil de Chaumont, du 16 mai 1854. — Pourvoi en cassation. Mais, le 7 juillet 1856, arrêt ainsi conçu :

« Attendu qu'aux termes de l'art. 4 L. 22 frimaire an 7, un droit proportionnel est établi pour toute transmission de propriété par décès; que ce droit est assis sur les valeurs; que la valeur pour les meubles, d'après l'art. 14, est déterminée par la déclaration des parties, et, pour les immeubles, suivant l'art. 15, par l'évaluation qui en est faite et portée à vingt fois le produit des biens; attendu que si la quotité du droit peut varier suivant le degré de parenté du légataire avec le défunt, les valeurs sur lesquelles le droit est perçu ne varient pas; que seules elles peuvent donner lieu à un droit proportionnel, et que, lorsque les droits ont été payés sur ces valeurs d'après le taux fixé suivant la qualité des parties, le vœu de la loi est rempli et l'Administration n'a plus rien à réclamer; qu'admettre le système contraire serait autoriser l'Administration à percevoir des droits pour cause de décès sur des valeurs qui, légalement, ne se trouvent pas dans la succession, ou l'autoriser à prendre, pour évaluer les immeubles de la succession, des bases autres que celles qui sont déterminées par la loi; attendu que, dans l'espèce, le jugement attaqué constate en fait que les héritiers de la veuve Segretier ont fait une déclaration exacte des biens composant la succession de leur auteur; que la valeur de ces biens a été déterminée conformément aux dispositions de la loi du 22 frimaire an 7, et que les droits ont été perçus sur la totalité des valeurs ainsi déclarées et payés par les légataires universels sur les bases du droit le plus élevé qui pouvait être dû pour des legs particuliers; que, dans ces circonstances, le jugement attaqué, en décidant que l'Administration, après avoir perçu les droits de mutation pour cause de décès sur l'universalité des biens de la succession, ne pouvait exiger des légataires particuliers un supplément de droits, loin de violer la loi du 22 frimaire an 7, en a fait une juste application » (724 R. P., 2234 § 2 I. G., S. 57-1-543).

Nous avons signalé dans l'art. 488 § 2 R. P. les inconvénients de toute nature et les pertes pour le Trésor qui résultent de l'établissement du droit sur le revenu, en matière de mutation à titre gratuit entre-vifs et de mutation par décès. L'arrêt ci-dessus transcrit est un exemple de plus à ajouter à ceux que nous avons déjà donnés. Il est impossible de contredire la décision de la Cour de cassation; elle est parfaitement fondée en droit, et cependant elle soustrait à l'impôt 25,000 francs environ de valeurs qui arrivent aux mains des nouveaux possesseurs sans supporter aucun droit de mutation, ce qui fausse évidemment le principe fondamental de l'égale répartition de l'impôt entre tous les citoyens.

1. BIENS ÉTRANGERS. — Le principe précédent sert à résoudre la question de savoir si, quand la succession grevée de legs particuliers de sommes comprend des immeubles étrangers, il faut dispenser du droit la portion des legs qui excède le montant des biens français. Il s'agit là, disait-on, d'une valeur qui sera certainement soldée, puisque l'héritier reçoit des biens suffisants. Cette créance due à un Français est payable en France; elle dépend, en outre, d'une succession française. Par quel privilége échapperait-elle à l'application du droit commun?

Ce raisonnement serait fort juste si la somme due au légataire particulier était une créance; mais aujourd'hui que le légataire de sommes non existant en nature est censé recevoir la propriété même des biens héréditaires, si le legs, après avoir absorbé les valeurs françaises, va s'imputer sur les valeurs étrangères, la loi considère que le bénéficiaire a recueilli des valeurs elles-mêmes et l'objet de son legs se trouvant alors soustrait à l'action des lois françaises, il est impossible de réclamer l'impôt. C'est ce que le tribunal de Belfort a décidé, le 3 février 1863, par un jugement que nous avons approuvé (1901 R. P., 12703 C., 18094 J. N., 990 Rev.).

Le tribunal de Versailles avait déjà reconnu, de même, le 20 décembre 1855, que si, dans une succession grevée de legs particuliers non réduits s'élevant à 257,000 francs, le montant des valeurs situées en France, suivant le mode déterminé par la loi, ne s'élève qu'à 133,000 francs, le droit de mutation n'est dû par les légataires particuliers que sur cette somme et non sur le chiffre intégral des legs. Procéder autrement, dit le tribunal, ce serait soumettre les biens étrangers à des droits dont la loi les exempte.

2. LEGS PARTICULIER. — Mais si le testateur a chargé son légataire en usufruit de payer une somme d'argent au légataire universel de la nue-propriété, celui-ci doit le droit de mutation par décès sur la valeur de la nue-propriété et, en outre, sur le montant du legs particulier non existant en nature (Toulon, 19 fév. 1867, 18443 J. E.). Il en est de même de la rente léguée au nu propriétaire et à la charge du légataire en usufruit. Mais la rente se déduit de l'usufruit (Sol. 10 oct. 1871, 14 oct. 1874, 23 mai 1876; — Seine, 3 août 1877, 4920 R. P.). — V. 5283 et 16550-8.

S'il n'y a pas de valeurs connues dans la succession, les droits ne paraissent pas dus sur le legs d'une somme d'argent non existant en nature.

3. RESTITUTION. — Si la déclaration du legs est antérieure à celle de l'hérédité, les droits de mutation seront presque toujours perçus sur le montant du legs, parce que la consistance de la succession peut n'être pas connue. Lorsque l'héritier viendra plus tard faire sa déclaration, il pourra arriver que l'actif imposable soit inférieur aux sommes léguées. Les légataires s'étayant de cette déclaration, obtiendront-ils la restitution des droits par eux acquittés en sus de ceux exigibles sur les seules valeurs de l'hérédité? La perception a été régulière et la demande serait, en droit strict, repoussée par l'art. 60 L. 22 frimaire an 7, qui dispose que tout droit d'enregistrement perçu régulièrement en conformité de la loi elle-même ne pourra être restitué, quels que soient les événements ultérieurs. Mais le remboursement a été quelquefois autorisé (Sol. 20 fév. 1872, 21 mai 1874).

4. DÉCLARATION ANTÉRIEURE. — Si l'héritier décède sans avoir payé les legs, on ne doit pas déduire l'intégralité de ces legs, mais une somme égale aux valeurs comprises dans la déclaration de la succession du testateur (Laon, 20 avr. 1877).

**16761. Douaire. — Gain de survie.** — Le principe de la déduction s'applique à toutes les dispositions, quelles qu'elles soient, qui ont le caractère d'un legs. On l'a étendu aux gains de survie (D. m. f. 12 sept. 1814, 1485 J. N.) et au douaire. D'où il avait été décidé, par exemple, avant la jurisprudence nouvelle, que si les héritiers ont acquitté les droits sur la totalité des biens de la succession, la veuve n'est plus redevable, par rapport à son douaire, s'il consiste en une rente viagère, que de l'excédant du droit dont ce douaire est passible sur le droit que les héritiers ont payé pour la valeur représentative du douaire (Cass. 2 juill. 1823, 4468 J. N., S. 23-1-401). Aujourd'hui il se déduirait, comme tout autre legs, des valeurs héréditaires.

**16762. Legs à prélever sur les revenus.** — Bien que le testateur ait exprimé la volonté que les legs particuliers soient prélevés sur les revenus de ses biens, et que le légataire universel ne doive percevoir ces revenus que lorsque l'exécuteur testamentaire aura achevé d'éteindre les legs particuliers, il a été décidé que les droits dus par ces légataires sont imputables sur ceux à payer par le légataire universel, car il ne s'agit pas ici d'un démembrement momentané de la propriété en faveur des légataires particuliers, et l'assimilation à un usufruit de la disposition relative au payement des legs particuliers sur les revenus des biens n'est pas admissible en présence des art. 578 et 587 C. C. (Nancy 9 mai 1848, 13798 J. N.).

On a attribué la même nature à la disposition d'un testament par laquelle le légataire universel était obligé de remettre chaque année au frère et à la sœur du défunt, leur vie durant et par moitié, sans accroissement, le produit net des biens de la succession (J. du not. n° 1709).

Il est certain que le legs des revenus d'un fonds, droit purement mobilier, diffère essentiellement de l'usufruit ordinaire (V. Demolombe n° 229, Proudhon n° 52). Mais il est parfois difficile de les distinguer : c'est là une pure question de fait.

**16763. Simple charge.** — Il ne faut pas confondre le legs, qui est une disposition de bienfaisance adressée à un tiers personnellement désigné, avec la simple charge ou obligation imposée au légataire de faire certaines choses ou de livrer certaines prestations. C'est une distinction que nous avons établie au mot *Legs*. Il est clair qu'une telle obligation ne saurait être distraite de l'actif héréditaire et qu'elle rentre directement sous l'application du principe qui prohibe la distraction des dettes.

Il a été spécialement décidé, à cet égard, qu'il fallait considérer comme créant une charge la disposition testamentaire ainsi conçue : « Je donne et lègue à ma fille tous mes biens pour en jouir sa vie durant : elle fera par an à ma famille une rente de 600 francs qu'ils se partageront entre eux. » Un codicille porte, en outre, qu'au moyen de 600 francs que la fille fera à la famille en tout et pour tout pendant sa vie et par an, elle jouira pendant sa vie de tous les biens. Il a été jugé que le sieur C... n'a fait aucun legs particulier à sa famille, qu'il a voulu au contraire instituer sa fille légataire universelle en lui imposant la charge de faire une rente de 600 francs (Le Mans 21 avr. 1859, 1246 R.P., 16947 J.E., 11644 C.).

Il en est de même d'une rente due par l'héritier comme condition d'une donation antérieure à lui faite par le défunt entre-vifs (Sol. 20 juin 1877).

Toutes les difficultés de l'espèce se résument dans des appréciations d'actes ou de faits.

**16764. Rentes.** — Les legs de rentes doivent-ils être assimilés aux legs de sommes d'argent? Aucun doute ne saurait exister à l'égard des rentes perpétuelles, puisqu'il existe manifestement ici un capital invariable distinct des arrérages de la rente et ne subissant aucune altération, si long que soit le service de ces arrérages. Ce capital est de tous points semblable au capital ordinaire consistant en numéraire.

Mais on a soulevé quelques objections pour les rentes viagères. Il n'est pas possible, a-t-on dit, de défalquer la rente viagère du capital de l'hoirie, puisque cette rente consiste en prestations annuelles à prélever sur les revenus et n'affecte point, par conséquent, la propriété même des biens héréditaires. Mais c'était mal apprécier la nature du legs.

La valeur de la rente viagère se compose à la vérité des arrérages qui en sont successivement perçus, et il n'y a pas, comme dans la rente perpétuelle, un capital distinct qui doive revenir intact au créancier, quand aura pris fin la perception des annuités. Mais il ne s'ensuit pas que les arrérages constituent tout le principal, le fonds et l'être entier de la rente viagère.

Écoutons sur ce point notre grand jurisconsulte Pothier: « De même, dit-il, que les coutumes ont feint dans les rentes perpétuelles un être moral et intellectuel de créance, distingué par l'entendement des arrérages qu'il produit, quoique dans la vérité ces rentes perpétuelles ne soient autre chose que la créance de tous les arrérages qui courent jusqu'au rachat, de même aussi on peut dans les rentes viagères feindre et supposer un être moral et intellectuel de créance distingué de la rente viagère qu'il produit, et qui ne diffère de celui que l'on considère dans les rentes perpétuelles qu'en ce que celui-ci est un être perpétuel, au lieu que celui que l'on considère dans les rentes viagères est un être périssable, dont la durée est bornée au temps de la vie de la personne sur la tête de qui elles sont créées. En effet, de même que dans les rentes perpétuelles, les arrérages de la rente ne sont considérés que comme les fruits civils de la rente, de même dans les rentes viagères les arrérages de la rente viagère sont considérés non comme l'objet principal du droit de créance de la rente viagère, mais comme étant pareillement les fruits civils de la rente viagère » (*Cons. de rente* n° 249).

Telle est également la doctrine du législateur moderne. On en trouve la preuve dans un grand nombre de textes qui supposent nécessairement l'existence d'un fonds distinct des arrérages.

Ainsi, l'art. 584 C.C. range dans la classe des fruits civils les arrérages de rentes sans distinction, faisant bien entendre par là que si ces arrérages sont des fruits, ils ne constituent pas le fonds même de la rente. Cette signification résulte encore des art. 588, 610 et 1401 n° 2 C. C., et surtout de l'art. 1977, qui prévoit formellement le cas où le constituant peut se faire restituer *le capital*. Aussi n'est-il point un seul auteur qui ne reconnaisse à la rente viagère le caractère d'un être moral distinct des arrérages qu'elle produit et qui en sont les fruits (Marcadé sur l'art. 588 et *Rev. crit.* 1444, Delvincourt t. 1er p. 350 n° 1er, Duranton t. 18 n° 158, Troplong n° 215, Massé et Vergé sur Zachariæ t. 5 p. 24 note 3, Mourlon 5e édit. t. 3 p. 405, Pont t. 1er *Rente viagère* n° 670, Dalloz v° *Rente viagère* n° 10).

Les principes ne sauraient être différents en droit fiscal. Il est manifeste que le législateur y a considéré la rente viagère comme un fonds distinct de ses arrérages, puisqu'il règle la perception des droits sur le capital de ces rentes et fixe en même temps d'office sa valeur imposable (L. 22 frim. an 7, art. 14 nos 6, 7 et 9). L'Administration voulut néanmoins le contester. Peu de temps après la loi de l'an 7, elle soutint devant la Cour suprême que la rente viagère, se composant de prestations périodiques successivement exigibles, on devait la comparer plutôt au droit de recueillir des revenus futurs qu'à une propriété actuelle; et alors elle demanda qu'on lui permît de la soumettre à l'impôt, indépendamment des biens affectés à son payement, de même qu'on y assujettissait l'usufruit. Merlin, qui portait la parole dans le procès, repoussa très-vivement cette prétention. Après avoir exposé les règles qui s'opposaient à la perception simultanée du droit de succession sur les biens héréditaires et sur les legs de sommes non existant en nature, il déclara « qu'il n'y a pas un seul de ces motifs qui ne reçoive une application directe aux rentes viagères, et qu'il en devrait être de même des rentes perpétuelles, parce qu'où il y a identité parfaite de raison, il doit nécessairement y avoir identité de décision. » La Cour reconnut, en effet, que les legs de rentes viagères devaient être assimilés aux legs de sommes d'argent non existant en nature dans le patrimoine (Arr. 23 nov. 1811, S. 13-1-422, 574 I. G.), et l'Administration ordonna de prendre cet arrêt pour règle (22 avr. 1812, 574 I. G.). — Cette interprétation a été consacrée depuis par d'autres arrêts des 17 mars 1812 (S. 13-1 413, 4206 J.E.) et 24 mai 1813 (Dalloz v° *Enregistrement* n° 4130, *P. chr.* 143).

Les règles que nous avons précédemment posées sont donc applicables aux rentes viagères (Seine 24 juill. 1858, 16356 J. N., 11497 C.; — Moissac 11 août 1863, 1879 R. P., 20058 J. N.; — Sol. 2 janv. 1877). — V. *infrà* n° 16766.

1. CONVENTION DES PARTIES. — D'ailleurs, quand les rentes n'ont pas été imposées par le testateur à tels ou tels héritiers, leur valeur doit être naturellement déduite de la consistance générale de la succession proportionnellement à la part de chaque héritier; et l'Administration n'aurait pas à tenir compte des stipulations intervenues entre ces héritiers pour le service de la rente (Sol. 21 janv. 1867).

2. RENTE SUR L'ÉTAT. — Lorsque le testateur a légué une rente viagère dont le service sera effectué au moyen d'une inscription de rente sur l'État, que l'héritier devra acheter et faire immatriculer à son nom, c'est une question délicate que de savoir s'il faut déduire le capital de la rente viagère ou de l'inscription. Nous avons examiné la difficulté précédemment n° 16690.

**16765. Rente éteinte.** — Il est inutile d'ajouter que si la rente viagère était éteinte au décès de l'héritier ou du légataire universel, il n'y aurait aucune déduction à faire en ce qui les concerne. Nous avons déjà fait cette remarque au n° 16748 qui précède.

En ce sens, il a été jugé par le tribunal de Nantes, le 8 juillet 1872, qu'il n'y a pas lieu de déduire de l'actif de la succession le capital d'une rente viagère constituée par le défunt au profit de ses héritiers et éteinte par son décès. Les héritiers doivent acquitter les droits de mutation sur la totalité des valeurs héréditaires, encore que le montant des annuités reçues par eux soit inférieur au capital denier 10, sur lequel le droit de donation a été perçu. — *Conf.* : Sol. 31 juill. 1873, 24 sept. 1875 et 14 mars 1878. — V. 16748.

**16766. Usufruit.** — Ainsi que nous l'avons dit précédemment et que l'a d'ailleurs reconnu la Cour de cassation dans un arrêt du 23 septembre 1811, l'usufruit légué constitue une propriété nouvelle distincte de celle qui appartient aux héritiers, et formant, à raison des règles spéciales de la liquidation du droit, une augmentation de valeur imposable passible d'un droit particulier. Il en résulte qu'on ne saurait appliquer à l'usufruit légué la règle de l'A. Cons. d'Ét. 2 septembre 1808, et par conséquent le déduire de la toute propriété.

Ce point n'a jamais fait doute.

Mais on s'est demandé si la déduction des legs ordinaires de sommes autorisées par la jurisprudence sur les valeurs héréditaires devait profiter à l'usufruitier ou bien s'il ne fallait pas plutôt calculer l'impôt exigible sur la jouissance comme si aucune déduction n'avait eu lieu sur la propriété. Ce procédé a été longtemps suivi en pratique. Mais nous l'avons critiqué dans nos éditions précédentes et nous ne pouvons que persister ici dans notre sentiment.

L'usufruit, dit-on, est, d'après l'arrêt de la Cour de cassation du 23 septembre 1811, une sorte de propriété nouvelle créée par le testateur, qui non-seulement n'existe pas dans l'universalité des biens par lui laissés, mais encore qui est absolument hors de la consistance réelle de la succession. Et on en conclut que, naissant à l'époque seule du décès, il doit demeurer à l'écart des distractions dont le patrimoine est le gage. La Cour suprême, nous l'avons fait observer ailleurs, n° 1114 R.P., n'a parlé ainsi de l'usufruit que pour motiver l'exigibilité du droit auquel il donne lieu séparément de la nue-propriété. C'est une erreur d'isoler cette phrase de l'arrêt pour l'amener sur un terrain différent. L'usufruit formel n'existait pas sans doute dans le patrimoine comme droit distinct de la propriété, mais il n'y est pas moins une fraction de *dominium*, puisqu'on le soumet au droit de mutation. Tout ce qui altérera l'importance de ce *dominium* réagira donc sur chacune de ses parties. En d'autres termes, la distraction opérée par le legs équivaut à l'aliénation qu'il faudrait faire pour payer une dette, et cette vente soustrairait incontestablement une fraction du patrimoine aussi bien au droit du nu-propriétaire qu'à celui de l'usufruitier (art. 612 C. C.). — On objecterait en vain que c'est là une distraction excessive, puisque la totalité des valeurs imposables se trouve diminuée d'une fois et demie le montant du legs. Il faut remarquer, en effet, que ces valeurs imposables éprouvent elles-mêmes, par suite de la séparation de l'usufruit, un accroissement pareil ; le droit se perçoit alors sur une fois et demie la valeur de la toute propriété. Par conséquent, si cette propriété supporte une distraction, il est très-naturel que la valeur imposée diminue dans les mêmes limites : c'est là un résultat mathématique.

Nous décidons, par conséquent, sans aucune hésitation, que si les légataires de la nue-propriété d'une partie des biens sont en même temps légataires de l'usufruit d'une autre partie des biens, ils profitent, pour leur jouissance comme pour leur nue-propriété, de la déduction subie par l'ensemble du patrimoine à la suite de la distraction des legs de sommes n'existant pas en nature au décès. On verra dans le numéro suivant une application directe de ce principe.

1. IMPUTATION DES RENTES VIAGÈRES. — Une difficulté particulière se présente à propos des rentes viagères. Elle vient de l'art. 610 C. C., d'après lequel le legs fait par un testateur d'une rente viagère ou pension alimentaire doit être acquitté par le légataire universel de l'usufruit dans son intégrité, et par le légataire à titre universel de l'usufruit dans la proportion de la jouissance, sans aucune répétition de leur part.

Si le légataire de l'usufruit avait été exclusivement chargé par le défunt du service de la rente, on ne contesterait pas que le capital doive être défalqué de la jouissance seule, comme elle le serait de tout autre objet légué à un tiers sous la même condition et sans pouvoir excéder le montant de cet objet.

Or, cette assignation n'est-elle pas écrite dans l'art. 610 C. C. ? Nous l'avons ainsi pensé. Il est incontestable, en effet, que les arrérages ne sont pas seulement l'équivalent des fruits du capital de la rente, ils comprennent aussi une partie de ce capital lui-même, dont la consommation s'opère successivement et s'amoindrit chaque fois que le débiteur se libère d'une annuité. Le législateur moderne, en chargeant l'usufruitier de payer tous les arrérages (610 C. C.) de même qu'il lui avait attribué le droit de les recevoir (588 C. C.), a voulu couper court aux difficultés que la situation précédente créait dans l'ancienne jurisprudence pour le règlement des intérêts des parties ; mais il n'a pu changer la nature même de ces prestations, et, aujourd'hui comme autrefois, les arrérages sont encore, selon l'expression de M. Demolombe, une partie du fonds et de la substance de la chose (t. 10 n° 327). Cela est si vrai, que la rente peut s'éteindre du vivant de l'usufruitier, avant que l'héritier ait fait un seul payement au créancier. Si ce dernier n'a pas reçu le capital en même temps que les revenus, comment expliquer la libération de l'héritier ? Un tel résultat peut être d'autant moins contesté en droit fiscal, que le capital de la rente s'obtient par la réunion de dix annuités d'arrérages. Il faut donc nécessairement admettre que l'obligation imposée à l'usufruitier de servir la rente s'applique au capital comme aux arrérages avec lesquels il est confondu ; en d'autres termes, qu'il paye une fraction de ce capital chaque fois qu'il acquitte un terme d'arrérages.

Ce point établi, quelle différence y a-t-il entre la position de cet usufruitier, dont la jouissance est ainsi grevée du service d'une rente, et le légataire particulier, sur l'immeuble duquel le testateur a assigné le payement d'une somme d'argent ? De part et d'autre, la rente ou la somme sont des charges de la succession ; on doit en demander également la délivrance aux héritiers, et l'usufruit comme l'immeuble servent uniquement d'affectation pour le payement d'un legs dont les héritiers sont responsables en qualité de successeurs généraux du défunt. On n'aperçoit pas pour quelle raison, dans un cas, la somme serait déduite de l'immeuble, et pourquoi, dans l'autre, on ne distrairait pas la rente de l'usufruit. Cette assimilation est d'autant plus commandée par les principes du droit fiscal que, d'après l'économie de cette législation, l'usufruit et la rente ont une valeur imposable parfaitement connue et jouant réciproquement, dans toutes les transmissions, le rôle d'un capital ordinaire.

Sans doute, la rente n'est pas ici une charge spéciale et exclusive de l'usufruit, et nous ne disons pas non plus qu'il ne faille pas la distraire de la propriété quand l'usufruit est insuffisant. Nous avons enseigné le contraire au n° 2070 *in fine* du R. P. Mais de ce que l'usufruitier n'est pas seul débiteur, s'ensuit-il qu'il ne le soit pas du tout? Il l'est au contraire en première ligne, à ce point que l'héritier sera libéré si le créancier décède avant la fin de l'usufruit. Pourquoi donc ne pas lui tenir compte du legs qui diminue son émolument, et dans les proportions où il est atteint? C'est d'ailleurs justice. Car, si vous déduisez la rente de la propriété, l'héritier verra décroître sa valeur imposable, alors qu'il ne subit en aucune façon la charge du legs, et l'usufruitier, lui, qui supporte toute la dette, sera privé dans les mêmes limites du bénéfice de la distraction. L'un ne payera pas l'impôt sur ce qu'il recueille, tandis que l'autre le devra sur des biens qu'il n'a pas.

D'ailleurs, s'il est vrai que la rente doive toujours, en principe, se déduire de la portion revenant aux héritiers et non pas de la valeur du legs d'usufruit, il arrivera fort souvent que la réserve sera entamée par la pension, tandis que le legs d'usufruit demeurera intact. Or, ce résultat est contraire, dans la plupart des cas, à l'intention du testateur; il est contraire surtout à la pensée de la loi, qui ne préfère jamais les legs à la réserve, mais les soumet tous à la réduction, pour que le réservataire reçoive la totalité de son émolument. N'est-ce point une preuve que, pour interpréter l'art. 610 C. C., il ne faut pas poser en règle que la rente viagère est à la charge de la succession plutôt que du legs d'usufruit?

Cette opinion a prévalu devant les tribunaux de Prades le 28 janvier 1856 (1114 R. P., 16527 J. N.); — de la Seine le 15 mai 1858 (1049 R. P., 16759 J. N., 11354 C.) et le 3 avril 1877 (4920 R. P.), — et du Mans le 27 janvier 1865 (2069 R. P.).

Mais elle a été écartée par un arrêt de la Cour de cassation du 19 mars 1866, confirmatif d'un jugement de Châlon-sur-Saône du 15 mai 1862 (1933 R. P.) : « Attendu, porte l'arrêt, que, par son testament olographe du 17 avril 1852, Pierre-Henri-Nicolas Bailleul, après avoir institué les défendeurs ses héritiers, a légué à Antoinette-Eugénie Chambion, sa femme l'usufruit de tous ses biens, à la condition qu'elle payerait à Marie-Thérèse, Émilie-Geneviève et Antoinette Bailleul, ses trois sœurs, une rente viagère de 2,000 francs par année, et qu'il a ajouté que cette rente sera payée par ses héritiers institués au cas de prédécès de l'usufruitière ; attendu qu'il résulte de cette disposition que ce legs de rente viagère grève la succession tout entière et qu'il n'est pas une charge spéciale et exclusive de l'usufruit; attendu que ce legs, dont la valeur se détermine par dix annuités de la rente viagère, doit être assimilé aux legs de sommes qui, d'après l'A. Cons. d'Ét. 2 sept. 1808, doivent être distraites de la valeur totale de la succession, afin de régler le droit de mutation que les héritiers institués doivent payer pour le surplus des biens qu'ils sont appelés à recueillir » (2250 R. P., 2355-5 I. G., B. C. 57).

On voit que dans cette affaire la Cour a cherché son principal motif de décision dans les termes du testament; et, comme le défunt avait formellement imposé le payement de la rente aux héritiers institués en cas de prédécès de l'usufruitière, elle en a conclu que le legs grevait la succession entière. Peut-être la question recevrait-elle une solution différente en l'absence de toute explication du testateur et d'après les seules déductions de l'art. 610 C. C.

Le tribunal de Lyon l'a ainsi pensé du moins par un jugement du 3 avril 1868, que nous avons approuvé et qui n'a pas été déféré à la Cour de cassation (14227 C., 2699 R. P. — *V.* aussi Toulon 19 fév. 1867, 2947 R. P.).

Il a été jugé spécialement que, quand la rente mise à la charge du légataire de l'usufruit est hypothéquée sur tous les biens de la succession, elle constitue, dans l'intention du testateur, une charge de son patrimoine tout entier et doit être déduite de l'ensemble des valeurs héréditaires pour la liquidation du droit de mutation par décès (Cholet 19 nov. 1873, 3927 R. P.). — *Conf.* Sol. 6 mars 1874, 27 nov. 1876, 23 juin 1877.

Aucune difficulté n'existe lorsque la rente viagère a été constituée au moyen d'une inscription de rente sur l'état spécialement affectée au service de la pension et que cette inscription n'est pas comprise dans la constitution d'usufruit. L'imputation ne saurait être faite sur cet usufruit : « Attendu que l'usufruitier universel a trouvé lesdites rentes toutes constituées, continuant d'exister sur la tête du crédi-rentier sans qu'il ait été chargé en aucune façon d'en assurer le service ; que son usufruit, postérieur en date aux rentes, n'a jamais frappé que la nue-propriété du capital de ces rentes » (Avesnes, 20 déc. 1873). — *V.* 16527 *bis.*

Nous terminons en faisant remarquer que dans notre système, et contrairement aux inductions que l'on pourrait tirer d'un jugement de la Seine du 15 mai 1858, l'imputation faite sur l'usufruit serait définitive, c'est-à-dire que si l'usufruit venait à cesser avant l'extinction de la rente viagère, il n'y aurait plus à reporter l'excédant de la rente sur la nue-propriété pour rectifier la première perception. C'est seulement quand le capital de la rente viagère excède la valeur de la jouissance qu'il faut, au moment de la déclaration de succession, déduire le surplus de la nue-propriété.

2. IMPUTATION DES RENTES PERPÉTUELLES. — Les mêmes embarras ne se reproduisent pas pour les rentes perpétuelles, que nous avons assimilées, de tous points, aux sommes d'argent; on les déduirait de l'ensemble des valeurs héréditaires et l'usufruitier en profiterait dans les limites de sa jouissance. L'Administration a cependant tenté quelquefois de soutenir une autre doctrine. Selon elle, la rente perpétuelle qui, pendant la vie du légataire en usufruit, est servie par celui-ci n'est, à l'égard de l'usufruitier, qu'une rente viagère, en sorte qu'il ne faut imputer sur la valeur de l'usufruit que le capital au denier 10 de cette rente; mais comme, d'après la loi de l'impôt, la rente perpétuelle doit être capitalisée au denier 20 pour la perception, il reste un autre capital au denier 10 à déduire de la valeur des biens échus au légataire de la nue-propriété, qui continuera le service de la rente après le décès de l'usufruitier (2202 R. P.).

Ce système est absolument divinatoire : il décompose la rente en deux fractions, contrairement à sa nature et sans se fonder sur aucun texte. Il impose à l'usufruit une charge qui ne lui appartient pas, puisqu'en aucun cas l'usufruitier ne doit acquitter la moindre partie du capital, et que les arrérages représentent *exclusivement* les fruits de ce capital, de même que les intérêts d'une créance sont les fruits de l'obligation.

On ne saurait donc l'admettre, moins encore depuis l'arrêt du 19 mars 1866 qu'auparavant. C'est avec raison qu'il a été repoussé par un jugement de Versailles du 10 janvier 1854.

3. USUFRUIT REMPLACÉ PAR UNE RENTE. — Lorsqu'un mari a légué à sa femme une rente viagère à prendre, au choix de cette dernière, sur les revenus de ses biens et qui se confondrait avec la donation en usufruit du quart de la succession contenue dans leur contrat de mariage, et que la femme a opté pour la rente viagère, on doit distraire de l'actif de la succession du mari non le capital intégral de la rente viagère, mais seulement le capital de l'excédant de cette rente sur le quart en usufruit. En effet, par le legs de rente viagère à sa femme, le mari ne pouvait ni modifier ni transformer les droits de celle-ci résultant du contrat de mariage. Dans sa pensée, cette donation contractuelle subsiste, puisque le legs devait se confondre avec elle. Et si la femme a opté pour la rente, cette transformation volontaire de ses droits ne peut pas modifier les droits résultant pour le Trésor de la nature des contrats (Seine 27 août 1859, 16693 J.N., 11731 C.).

**16767. Transmissions ultérieures.** — Étant admis que les sommes données entre-vifs et non payées, ou les legs encore dus au décès de l'héritier doivent être défalqués du patrimoine laissé par le donataire ou le testateur, il reste à examiner si la même règle s'appliquera à toutes les transmissions postérieures des biens grevés jusqu'à l'époque du payement.

Il faut, selon nous, distinguer. Le tiers acquéreur d'un bien particulier de la succession ne saurait être assimilé à l'héritier ou au légataire universel; sa possession n'a ni la même nature ni les mêmes conséquences, et la distraction qui s'opère au décès de l'héritier pour les legs de sommes encore dues ne saurait atteindre l'immeuble entre les mains de l'acquéreur à titre particulier. Ainsi que le portent tous les arrêts rendus sur cette matière, l'attribution au légataire de sommes non existant en nature, d'une quote-part des biens héréditaires, est le résultat d'une *fiction légale*. En soi, un tel legs forme une simple créance contre la succession et n'empêche pas l'héritier de recueillir la totalité des biens. Si l'on recherche comment la jurisprudence fiscale a été conduite à transformer ce droit personnel en une copropriété fictive, il semble qu'on y puisse aisément parvenir. En effet, dans la réalité des choses, le défunt qui possédait une maison et qui l'a donnée à Pierre, à charge de payer à Paul un legs de 10,000 francs, a voulu faire deux libéralités avec le même objet. « C'est toujours, dit Championnière, en se dépouillant d'une seule chose que le donateur constitue l'obligation de la charge, c'est toujours un partage qu'il effectue. Mais ici la division ne s'opère pas matériellement : la chose transmise n'est considérée que dans sa valeur, et c'est au moyen d'attributions de valeurs que chacun des donataires est loti dans la libéralité qui leur est commune » (no 2377). — Le résultat de la donation ou du legs avec charges est donc à peu près le même que si l'objet avait été d'abord attribué aux deux bénéficiaires conjointement et que l'un d'eux ait ensuite vendu sa part à l'autre. Toute la différence est que le disposant a opéré lui-même cette cession; mais, dans un cas comme dans l'autre, la somme revenant au cédant représente la portion de copropriété dont il a été intentionnellement investi; et c'est pourquoi la jurisprudence, faisant fléchir la sévérité de la loi, veut que l'on considère le droit du légataire de sommes comme une copropriété réelle ou une part du bien. Cette fiction s'appliquera donc aussi longtemps que l'objet de la libéralité commune sera entre les mains de l'héritier; car sa détention continuera d'être, dans la pensée de la jurisprudence, le résultat d'un partage dont le legs de sommes est en quelque sorte la soulte. Ce legs conservera, par conséquent, vis-à-vis du possesseur de la chose, le caractère d'une copropriété. Mais si la personne de l'héritier s'évanouit, si le bien légué passe à titre singulier aux mains d'un acquéreur, les relations qui s'étaient fictivement établies entre l'immeuble et le legs de sommes disparaissent en même temps. L'acheteur n'est point, en effet, un copartageant avec lequel on puisse supposer que le légataire ait traité. Il n'est tenu personnellement à rien envers ce dernier, et s'il consent à lui payer son legs, ce n'est pas pour obéir aux injonctions du testateur qu'il ne connaît pas, mais afin de se libérer d'une partie de son prix de vente. La somme léguée a donc perdu son premier caractère et ne saurait plus être considérée comme une copropriété de l'objet. Nul doute, à nos yeux, qu'on ne puisse la défalquer de la valeur du bien dans la succession de l'acheteur.

1. CESSIONNAIRE DE DROITS SUCCESSIFS. — Mais la Cour de cassation a décidé, le 29 novembre 1865, que les legs de sommes non payées au décès du cessionnaire des droits successifs des héritiers doivent être déduites de l'actif de la succession, comme ils l'auraient été de celle de leur cédant : « Attendu que les principes ordinaires sont applicables au cas où, avant d'avoir acquitté les legs particuliers, le légataire universel céderait à un tiers les biens par lui recueillis avec la charge d'acquitter les legs particuliers; qu'en cette hypothèse comme dans la première, il n'y a également, par rapport aux legs particuliers, qu'une seule transmission et partant un seul droit à percevoir; que le tiers cessionnaire, mis aux lieu et place du légataire universel, n'est comme celui-ci qu'un simple intermédiaire chargé de la délivrance; que c'est donc à bon droit que dans l'espèce le jugement attaqué a décidé qu'au décès de la veuve Chapuis, cessionnaire des droits du légataire universel de la nue-propriété et elle-même légataire universelle de l'usufruit de la succession de son mari, la Régie de l'enregistrement aurait dû défalquer de la succession de la veuve Chapuis la valeur des legs particuliers dont celle-ci avait seulement à opérer la délivrance» (2221 R.P., 18410 J.N., 12998 C., S. 66-1-29, D. 66-1-157).

Cette décision se justifie facilement. En effet, la veuve Chapuis n'était point un acquéreur à titre particulier des biens de l'hérédité. Elle avait acheté tous les droits successifs des nus-propriétaires dans le sens de l'art. 1696 C.C. Or, ce contrat diffère radicalement de la cession ordinaire. Celui qui vend une hérédité aliène la masse des biens. Ce nom d'hérédité ne s'applique à aucun objet particulier; il signifie, en général, le droit de l'héritier dans ce qu'il a de plus compréhensif et de plus absolu. Aussi est-il reconnu que celui qui transporte à un autre ses droits successifs et celui qui vend les divers objets compris dans une succession font deux choses essentiellement différentes (Domat *Lois civiles* 2e part. liv. 1er t. 1er n° 3, Merlin *Rép.* v° *Hérédité* n° 11, Toullier t. 4 n° 66, Troplong n° 953, Duvergier t. 2 n° 298, Zachariæ, Massé et Vergé, p. 332 note 5, Dalloz v° *Vente* n° 1915).

Sans doute, celui qui cède ses droits successifs ne vend pas sa qualité d'héritier, qui est inhérente à sa personne et incessible, mais il se substitue si complétement le cessionnaire dans l'exercice de ses droits actifs et passifs, que ce dernier doit remettre le cédant, par rapport à la succession cédée, dans le même état que s'il avait toujours été étranger à cette succession. Il doit notamment acquitter les charges de l'hoirie, payer les dettes et acquitter les legs. Cette dernière obligation est une des plus évidentes du transport (Troplong n° 978, Zachariæ t. 4 p. 332, Dalloz 1967); elle existe de plein droit, sans qu'il soit besoin d'une stipulation particulière dans le contrat; et cela a lieu ainsi parce que le cessionnaire, prenant la place d'héritier, est exposé, comme lui, à toutes les conséquences attachées à ce titre. A ce point de vue et dans ses rapports avec les créanciers ou les légataires, le cessionnaire continue réellement la personne de l'héritier et devient le représentant de la succession. Dès lors, sa position doit être égale à celle de son cédant vis-à-vis des charges : la sucession ne peut lui être plus désavantageuse, puisqu'il possède les biens au même titre comme détenteur d'une hérédité. Rien ne s'oppose donc à l'exercice de la fiction légale, qui attribue au legs de sommes le caractère d'une copropriété, et si le cessionnaire décède nanti des valeurs affectées au payement des legs, on opérera les mêmes distractions que s'il s'agissait de la mort du cédant lui-même ou de ses successeurs généraux. (V. Narbonne 17 nov. 1874, 4190 R. P.).

2. SECONDE SUCCESSION. — Il a été décidé de même par le tribunal de la Seine, le 27 août 1864, que si l'héritier chargé du payement d'un legs particulier de rente viagère décède laissant sa succession à quatre enfants dont l'un meurt peu après, alors que la rente subsiste encore, il faut déduire de la succession de l'enfant le quart de la rente viagère (1952 R. P., 12763 J. N.).

Cette jurisprudence a été adoptée par une Sol. 10 mars 1866, portant: « Le principe en vertu duquel le capital de la rente a été déduit de la succession du testateur est applicable à la déclaration de la succession de l'un des héritiers; il y a lieu, dès lors, de déduire de cette succession le capital de la rente viagère dans la proportion des droits héréditaires de l'héritier décédé » (18420 § 2 J. E.).

3. *Idem.* — RÉVERSION. — On sait que les réversions de rente donnent ouverture au droit de mutation par décès, comme les usufruits successifs, quand ces réversions proviennent d'une libéralité éventuelle (V. *Donation*). Mais, au décès du premier légataire, doit-on tenir compte au second du droit payé par le premier sur le capital de la rente. Le tribunal de Saint-Amand a décidé l'affirmative le 17 mai 1866, par le motif que la même valeur ne saurait être frappée deux fois du droit de mutation (2380 R. P.). Mais cette appréciation nous a paru erronée. La valeur de la rente a été fixée au capital denier 10, sans examiner si elle était créée sur une ou plusieurs têtes (L. 22 frim. an 7, art. 14 n° 9). Au décès du testateur, le légataire universel devait obtenir la déduction du capital de la rente constituée sur les deux têtes. On la lui a pleinement accordée, en défalquant de l'actif total le montant de dix fois la rente. Mais ce capital s'appliquait à la prolongation de la rente sur la tête de la seconde créancière; et quand le prédécès de la première a produit la réversibilité, le bénéfice de la distraction se trouvait acquis par avance à l'héritier. Autrement, le capital imposable de la rente s'augmenterait à proportion des têtes sur lesquelles elle est constituée, ce qui est contraire aux dispositions de l'art. 14. Ce qui a pu tromper le tribunal, c'est que l'impôt se trouve perçu ici sur deux fois le capital de la rente. A première vue, on se croirait autorisé à déduire aussi deux fois le même capital. Mais l'illusion ne saurait être de longue durée. La distraction des legs de sommes ou de rentes non existant en nature est, en effet, un privilége personnel de l'héritier et s'applique exclusivement à la mutation qui investit ce dernier du patrimoine du défunt. Une fois cette mutation opérée, l'héritier demeure étranger aux transmissions ultérieures dont la rente ou la somme léguée peut être l'objet. Si le légataire cède sa rente à un tiers, ou si son décès la fait passer à une autre personne, ce sont là des transmissions nouvelles assujetties privativement au tarif, mais qui ne touchent pas à la position de l'héritier et dont il ne peut éprouver ni préjudice ni profit. La mutation s'opère alors du légataire au tiers et non pas du défunt à ce dernier. Or, il est bien certain que la distraction autorisée par la jurisprudence n'a lieu que sur la mutation même effectuée par le décès du testateur. Celles qui ont lieu plus tard acquittent le droit qui leur est propre, sans qu'on puisse les invoquer pour augmenter chaque fois le capital déductible et consacrer ainsi par des compensations successives le remboursement de droits régulièrement perçus. (Sol. 1er sept. 1876).

**16768. Legs payables à terme. — Usufruit.** — La jurisprudence, après avoir admis sur la succession de l'héritier ou du légataire universel la déduction des legs de sommes non payées à leur décès, a été amenée à définir d'une manière précise le titre en vertu duquel les valeurs affectées au payement des legs se trouvaient entre leurs mains. Puisque cet héritier ou ce légataire universel n'est pas débiteur, en quelle qualité reçoit-il donc tous les biens de la succession? Est-ce comme dépositaire? Personne n'oserait le soutenir; car il est de l'essence de ce contrat que le dépositaire conserve la chose même qui en fait l'objet, sans pouvoir s'en servir ni en recueillir les fruits (1930-1932 et 1936 C. C.); et l'héritier peut, tout au contraire, transformer à son gré les biens de la succession ou en toucher les revenus. Est-il simplement locataire des valeurs revenant aux légataires particuliers? Cette prétention est encore moins soutenable, puisque le bail suppose un prix à payer au propriétaire pour la concession de la jouissance, et que l'héritier n'en doit aucun au légataire.

Doit-on enfin le considérer comme un usufruitier? A ne considérer que les principes du droit civil, la négative n'est pas douteuse. L'usufruit, en effet, d'après la définition de l'art. 578 C. C., est le droit de jouir des choses dont un autre a la propriété, à charge d'en conserver la substance. Le trait caractéristique de l'usufruit, c'est donc la détention d'un objet déterminé *in individuo*, dont la propriété appartient à un tiers et doit lui être conservée intacte. Or, il est bien évident que, dans notre hypothèse, l'héritier appelé à recueillir toute la succession devient propriétaire pour lui-même, *pro suo*, des objets qui en dépendent; il peut les échanger, les donner ou les vendre sans le consentement du légataire; il n'en est donc pas l'usufruitier dans l'acception juridique du mot. Cela est si vrai que le légataire lui demanderait en vain d'exécuter les obligations imposées par la loi à l'usufruitier, c'est-à-dire de fournir caution (C. Montpellier 8 nov. 1865, 1521 Rev.), de faire un inventaire et de payer certaines réparations; de même que l'héritier tenterait inutilement aussi de faire supporter au légataire les charges ordinaires de la nue-propriété (612, etc. C. C.). Le droit de ce dernier se résume dans les actions accordées par la loi pour garantir le payement de la somme qui lui est due, et ni l'action personnelle, ni l'action hypothécaire ne supposent l'existence d'une copropriété quelconque dans les biens successifs.

Rien ne résiste donc plus aux principes de la législation civile que cette qualité d'usufruitier attribuée à l'héritier sur les biens affectés aux legs particuliers de sommes non existantes en nature. — Et c'est pourquoi en matière civile la jurisprudence qualifie de legs *à terme* le legs d'une somme payable après le décès du légataire universel (Cass. 20 janv. 1868, S. 68-1-100).

Mais c'est là pourtant que la jurisprudence en a dû venir pour suivre les conséquences de ses appréciations fiscales. L'héritier étant considéré, par une fiction spéciale au droit d'enregistrement, comme le détenteur précaire des biens à rendre au légataire, et cette précarité ne reposant ni sur un dépôt, ni sur un bail, il fallait bien admettre qu'elle résultait d'un droit de jouissance. La première fiction conduisait rigoureusement à la seconde.

C'est à cette conclusion, développée dans une dissertation particulière au n° 2184 du R. P., et indiquée comme règle de perception dans l'I. G. n° 2234 *in fine*, qu'en est arrivée la jurisprudence. Après une controverse assez longue soutenue devant les tribunaux (*Conf.*: Vitry 12 mars 1863, 2184 R. P., 467 Rev.; — Dinan 13 mai 1864, 2184 R. P., 18075 J.N., 999 Rev.; — Muret 31 août 1864, 2187 R. P.; — Toulon 19 fév. 1867, 2947 R. P.; — *Contrà* Domfront 25 nov. 1864), la Cour de cassation a consacré l'existence de l'usufruit en ces termes :

« Attendu, en fait, que le demandeur en cassation, héritier du sang et légataire universel de la demoiselle Vion, sa sœur, a déclaré recueillir sa succession en sa seule qualité d'unique héritier du sang, mais a consenti à l'exécution des legs particuliers auxquels la testatrice avait mis pour condition qu'ils ne seraient payés qu'après le décès de son frère, dans l'année dudit décès, sans intérêts jusqu'à l'expiration de ladite année; attendu que, dans sa déclaration des valeurs de la succession, Vion en a donné le chiffre comme égal au montant total des legs particuliers; qu'un droit de mutation était dû sur la propriété pleine et entière de ces valeurs, et que le droit perçu à raison des legs particuliers laissait à acquitter la partie du droit portant sur leur jouissance usufruitière; attendu qu'en mettant cette partie du droit à la charge de Vion, qui recueillait en réalité l'usufruit, le jugement attaqué, loin de violer les dispositions de la loi du 22 frimaire an 7, en a fait, au contraire, une juste application » (Cass. 21 juin 1869, 2970 R. P., 2393-2 I. G., S. 70-1-40, 19792 J. N., 2765 Rev.). — *Conf.*: Soissons, 15 déc. 1875, 4381 R. P.; — Laon, 20 avr. 1877, 4757 R. P.; — Bourges, 8 juill. 1875; — Rouen, 27 fév. 1873).

1. SIMPLE TERME. — On ne s'est occupé, dans tout ce qui précède, que des sommes payables au décès de l'héritier. La circonstance que l'échéance de la libéralité est remise à la fin de la vie du détenteur des biens permet de supposer facilement, comme nous l'avons dit, que le testateur lui a fait un legs à vie, ou, en d'autres termes, un legs d'usufruit véritable. Mais il arrive assez fréquemment que les sommes sont exigibles avant la mort de l'héritier, dans un délai plus ou moins éloigné du décès du testateur.

La question devient alors beaucoup plus embarrassante. En effet, il est possible que le défunt ait voulu simplement accorder à son héritier un terme pour l'exécution de ses volontés, et qu'il ne soit point entré dans son esprit de lui attribuer la jouissance des biens jusqu'à l'époque fixée pour le payement. Dans la première hypothèse, l'héritier profite bien des revenus des valeurs appartenant au légataire, mais ce n'est pas en vertu d'une libéralité du défunt, c'est parce que ce dernier a jugé ce moyen nécessaire à l'exécution complète de ses dispositions, soit pour faciliter l'heureuse réalisation des immeubles, soit pour attendre des recouvrements prévus, etc. La concession du délai n'a donc pas été directement stipulée dans l'intérêt de l'héritier; elle ne lui confère aucune jouissance *personnelle*, puisque, s'il décédait, cette jouissance ne s'éteindrait pas comme l'usufruit ordinaire (Marcadé sur l'art. 617), et le legs resterait toujours exigible à l'échéance déterminée. Nul doute par conséquent qu'une telle prorogation ne fournit pas de cause à la perception du droit de mutation par décès. « Il peut arriver, a dit l'Administration dans sa défense devant la chambre civile, dans l'affaire de l'arrêt du 21 juin 1869, que l'époque fixée par le testateur pour le payement des legs particuliers soit antérieure au décès du légataire universel, et que, par suite, le droit de jouissance de ce dernier, restreint à un nombre d'années peu considérable, dérive réellement d'un simple terme, assigné au payement en vue de le faciliter plutôt que d'une intention de libéralité. Dans ce cas, l'Administration et les tribunaux ont admis que le bénéfice résultant du terme fixé pour le payement peut, à la différence d'un véritable usufruit, être déclaré exempt d'un droit de mutation » (2970 p. 471 R. P.).

Or, comment distinguer cette situation du legs d'usufruit temporaire? Là est vraiment l'embarras, et nous ne savons aucun moyen de l'éviter. Poser en règle, comme on l'a tenté plusieurs fois, que la concession d'un délai de plus de dix ans suppose la création d'un usufruit, c'est se jeter dans l'arbitraire. Car aucun texte n'a limité à cette période la durée légale de l'usufruit; et si le droit fiscal l'adopte pour la détermination du capital imposable, ce n'est point que dans sa pensée la jouissance ne puisse durer plus ou moins longtemps, c'est une simple règle de *liquidation* dont il faut se garder d'étendre les effets à l'*exigibilité*. Il paraît inutile d'insister sur ce point. Ce qu'on peut dire de mieux est que de telles difficultés ne sauraient être uniformément résolues. Ce sont là des questions d'interprétation sur lesquelles il faut reconnaître l'empire souverain du fait, des termes du testament et de toutes les circonstances dont le reflet peut éclairer la volonté testamentaire.

1° Ainsi, dans un arrêt du 16 août 1859, la Cour de cassation n'a pas reconnu le caractère d'un usufruit à la faculté concédée au légataire universel de payer les legs « dans l'intervalle de deux ans à partir du décès du testateur, avec intérêts à partir de l'échéance » (1223 R.P., 2234 J.E., 16659 J.N., 11600 C., S.60-1-76);

2° Selon le J. du not., ce caractère de terme se retrouve encore très-clairement dans la disposition testamentaire qui impose seulement au légataire universel de payer des intérêts à 2 ou 3 pour 100 par an jusqu'à l'époque fixée pour l'exigibilité du legs particulier; car, quelque réduit que soit cet intérêt, c'est un fruit civil qui appartient au légataire particulier, parce qu'il a la toute propriété de son legs, et cela suffit pour qu'on ne puisse le considérer comme n'ayant droit qu'à une nue-propriété (n° 2079);

3° Décidé également qu'il n'y a pas attribution d'usufruit dans une clause portant : « Voulant que madite héritière prenne possession et jouissance de tout, d'abord après mon décès, à la charge par elle de payer le legs que j'ai fait ci-dessus à madame Camotte, au terme ci-dessus fixé, et à la charge encore de faire dire dans l'année de mon décès cent messes pour le repos de mon âme » (Aix 10 avr. 1867, 2518 R.P., 1845 Rev., 18836 J.N.);

4° Dans un legs de sommes payables peu après le décès du testateur, si la succession ne comprend que des immeubles et si le testament démontre que les époques d'échéance ont eu pour but de faciliter le payement des legs, sans entamer le capital héréditaire (Périgueux 21 déc. 1866, 2518 R.P., 1845 Rev., 18836 J.N.);

5° Ni dans d'autres legs de sommes d'argent stipulées payables soit sans intérêts à l'époque du mariage ou de l'établissement des légataires particuliers, soit après le décès du légataire universel, mais productives d'intérêts quatre ans après le décès du testatenr (Sol. 6 nov. 1865, 18626 J.N.);

6° Jugé, de même, que la disposition par laquelle le testateur charge un légataire universel de payer certaines sommes à des légataires particuliers quand ils auront atteint leur majorité ne confère pas au légataire universel l'usufruit des sommes léguées, quoique les mineurs soient seulement âgés de 13 et 14 ans au décès du testateur, et il n'est dû à raison de cette jouissance aucun droit de succession (Nîmes 14 août 1872, 3616 R.P.);

7° La disposition par laquelle le testateur charge son légataire universel de payer une somme déterminée à un légataire particulier dix ans après la mort du testateur ne contient pas une attribution d'usufruit de cette somme au légataire universel, et il n'est dû, à raison de cette jouissance temporaire, aucun droit de mutation par décès. Il en est ainsi surtout quand l'usufruit de tous les biens de la succession avait été légué au conjoint survivant, qui y a ultérieurement renoncé (Mirande 29 août 1873, 3772 R.P.).

8° Ou que le terme a été accordé pour que l'accumulation des intérêts puisse parfaire le capital légué (Castelsarrazin, 31 août 1877, 4824 R. P.).

2. CORPS CERTAINS. — Les décisions précédentes sont toutes intervenues sur des legs de sommes d'argent. Mais il nous semble que le principe s'applique également aux legs de corps certains, meubles ou immeubles. Ainsi, par exemple, le testateur fait un legs particulier d'immeubles qui doivent être remis au légataire par l'héritier deux ans seulement après le décès, temps pendant lequel cet héritier aura les revenus des biens légués. Nous pensons qu'une disposition semblable ne saurait être considérée comme conférant à l'héritier un legs particulier des deux années de revenus. Cet héritier obtient simplement un terme pour opérer la délivrance du legs, et c'est en vertu de la saisine légale attachée à son titre d'héritier que jusqu'au moment de cette délivrance il jouira des biens de la succession.

3. LIQUIDATION. — Quand le caractère du legs d'usufruit est bien déterminé, il n'y a plus de difficulté pour établir le calcul des droits. En principe, le capital de l'usufruit temporaire se détermine par la réunion des années de jouissance, et on ne suit plus la règle des art. 14 n°s 11 et 15 n° 8 L. 22 frimaire an 7, d'après lesquels l'usufruit s'évalue à la moitié de la propriété entière. Le tribunal d'Évreux l'a décidé avec raison, le 18 août 1849, dans un cas où le légataire universel devait jouir *pendant trois ans seulement* des objets particulièrement légués. Les magistrats ont reconnu que ce droit de jouissance constituant un véritable usufruit et se bornant à la perception des revenus pendant trois ans, l'impôt ne pouvait être exigé sur une somme supérieure à la capitalisation des fruits pendant cette période (*V.* 16666). — Mais si la durée de l'usufruit temporaire excède dix ans, le même principe n'est plus applicable, car il conduirait à faire souvent percevoir le droit sur 30 ou 40 fois le revenu annuel, c'est-à-dire sur une valeur supérieure à celle de la propriété même. Ainsi que nous l'avons enseigné au n° 16666-1, le seul mode d'operer qui trouve sa justification dans la nature même des choses est de calculer alors l'usufruit temporaire comme l'usufruit ordinaire, en capitalisant le revenu des immeubles par 10 ou en prenant moitié de la pleine valeur de la propriété.

Ce système a été sanctionné par la Cour suprême à l'occasion d'un usufruit immobilier légué à la mère d'un enfant de neuf ans jusqu'à la majorité de son fils. Quoique la jouissance dût s'exercer pendant onze ans, le droit n'a été cependant perçu que sur le capital au denier 10 du revenu des biens (Arr. 15 juin 1842, 1683 § 5 I. G., S. 42-1-695, 13021 J.E.).

4. TRANSMISSION ULTÉRIEURE. — La reconnaissance d'un droit d'usufruit au profit de l'héritier (ou du légataire universel) sur les legs de sommes non existant en nature produit encore d'autres effets à l'égard des transmissions secondaires dont les valeurs léguées sont l'objet avant l'expiration de la jouissance. Si l'héritier qui a pris la charge du legs de sommes donne ensuite à un tiers toute sa fortune, y compris les biens affectés au payement du legs, en imposant au donataire l'obligation de faire ce payement à l'échéance, il lui abandonne des valeurs dont la nue-propriété était simplement déposée entre ses mains et qui ne doivent pas, dès lors, servir à déterminer l'importance de la transmission. L'objet de la libéralité consiste simplement dans l'usufruit dont le disposant était saisi; c'est aussi la seule valeur passible de l'impôt.

L'Administration l'a ainsi reconnu par une Sol. 25 mars 1864, dont les principes ne peuvent qu'être approuvés. « Quand le légataire universel dispose, à titre de donation entre-vifs, des biens qu'il a recueillis dans la succession du testateur et qui sont affectés aux legs particuliers; ces biens passent dans les mains du donataire, comme ils passeraient dans celles d'un héritier, avec leur affectation spéciale, mais non en vertu d'une transmission incompatible avec celle déjà consommée au profit du légataire particulier et sur laquelle le droit de mutation a été légalement perçu. Il convient toutefois de remarquer que, dans son arrêt du 25 juin 1862, la Cour de cassation a reconnu que la disposition par laquelle le testateur lègue à titre particulier des sommes d'argent payables au décès du légataire universel, sans intérêts, constitue un legs de nue-propriété au profit des légataires particuliers et un legs d'usufruit au profit du légataire universel. Dans l'espèce, la dame Farge a recueilli dans la succession de son mari l'usufruit de la somme de 1,800 francs; elle a transmis cet usufruit au sieur Michy, lors de la donation du 28 août 1862; par conséquent, on ne doit déduire de la valeur des biens donnés que la nue-propriété de 1,800 francs, soit 900 francs » (2184 R. P.).

6. SUCCESSION DU LÉGATAIRE PARTICULIER. — DONATION. — Lorsque le legs de sommes non existant en nature constituait pour la perception de l'impôt, comme il constitue encore en droit civil, une créance sur l'héritier ou le légataire universel, cette valeur figurait pour son importance nominale dans la succession du légataire particulier décédé avant le payement. On ne faisait aucune déduction à raison de la privation d'intérêts imposée à ce légataire jusqu'à l'échéance du terme assigné à la délivrance. Il n'en saurait plus être de même actuellement. Puisque la détention de l'héritier constitue à son profit un droit d'usufruit véritable, le légataire particulier est donc censé recueillir la nue-propriété des biens affectés à son legs. Or, c'est un principe aujourd'hui constant que la nue-propriété acquitte seulement la moitié des droits dus pour la propriété entière, quand elle est transmise à titre gratuit entre-vifs ou par décès avant la réunion de l'usufruit (Cass. ch. réun. 27 déc. 1847, 1816 I. G., S. 48-1-238, 14397 J. E.). — V. *Usufruit.* — Par conséquent, la donation ou la transmission par décès de la somme léguée à titre particulier donnerait, dans ces circonstances, ouverture au droit proportionnel sur moitié seulement de sa valeur ou du moins sur sa valeur totale diminuée de celle de l'usufruit.

Dans cet ordre d'idées, il a été reconnu par le tribunal de Saint-Girons, le 28 août 1866 (2357 R. P.), que si le défunt a donné entre-vifs une somme d'argent payable au décès d'un tiers qui lui survit, l'objet de la libéralité se restreint à la nue-propriété de la somme, et la valeur de cette nue-propriété doit être seule distraite de l'actif de sa succession.

5. DÉCÈS DE L'HÉRITIER. — On remarquera que la déduction s'opère pour la propriété entière lorsqu'il s'agit de la mutation causée par le décès de l'héritier. Ce décès éteint, en effet, l'usufruit existant sur les legs particuliers au profit du défunt, et il est facile de comprendre, dès lors, que la valeur du legs doive être intégralement distraite de l'actif sujet aux droits. Mais il n'en serait plus de même, et il faudrait revenir au principe de la solution du 25 mars 1864, si la jouissance devait survivre à l'héritier, comme dans le cas prévu à l'art. 620 C. C., d'un usufruit constitué jusqu'à ce qu'un tiers ait atteint un âge fixe.

7. DÉDUCTION. — Il faudrait, par les mêmes motifs, appliquer à la succession de l'héritier usufruitier les règles sur la déduction qui ont été indiquées *suprà*, nos 16720 et suiv.

**16769. Legs de la chose de l'héritier.** — Nous avons examiné, au n° 6154, les principes qui s'appliquent au legs de la chose de l'héritier ou de la chose d'autrui. Nous n'y reviendrons pas ici.

**16770. Legs. — Droit de mutation.** — Il arrive fréquemment que le testateur, après avoir fait un legs particulier, ajoute que les droits de mutation applicables à ce legs resteront à la charge de sa succession. Dans ce cas, faut-il ajouter au capital légué le montant des droits qui constituent une sorte de libéralité secondaire?

La même question se présente en matière de donation. Nous l'avons examinée et résolue négativement n° 6560. Cette interprétation s'applique également aux droits de mutation par décès.

D'après les art. 14 et 15 L. 22 frimaire an 7, la liquidation et le payement du droit proportionnel de mutation par décès a lieu *sans distraction des charges*. Le législateur ne s'attache qu'à l'existence des valeurs actives de la succession; il ne se préoccupe en aucune façon des dettes qui peuvent grever les biens à déclarer. Ce principe a pour conséquence nécessaire de laisser sans influence sur la liquidation de l'impôt les dispositions testamentaires par lesquelles le défunt aurait réglé le payement de son passif entre ses héritiers. Si le Trésor, en effet, devait prendre ces stipulations pour règle, la répartition du passif réagirait sur les dévolutions héréditaires, et la perception ne serait plus établie sans distraction des charges.

Un exemple entre cent rendra ce résultat sensible.

Le testateur lègue à un tiers un objet grevé d'une charge et il dispose en même temps que son héritier devra dégager l'objet avant de le délivrer au légataire. En droit civil, il n'est pas douteux que le legs particulier est augmenté de la somme à payer par l'héritier. En droit fiscal, cet accroissement n'existe pas, parce que l'impôt est acquitté sur la valeur brute du legs et que si on le percevait encore sur la somme due par l'héritier, il serait prélevé sur une valeur supérieure au legs.

Il faut donc liquider l'impôt comme s'il n'existait aucun passif et sans s'inquiéter de la façon dont le défunt en a réglé le payement. Si la totalité des dettes a été imposée à l'un des deux légataires universels, il n'importe, le droit n'en est pas moins exigible pour chacun sur la moitié de l'actif, quoique dans la réalité des choses l'émolument de l'un soit très-inférieur à celui de l'autre.

Cette règle s'applique aux droits de mutation comme aux autres parties du passif héréditaire. Ces droits, en effet, sont à la charge de la succession, et s'ils n'ont jamais été dus par le défunt, c'est lui cependant qui leur a donné naissance, et ce sont ses biens qui en répondent : « L'impôt a, selon le le texte et l'esprit de la loi qui l'a établi, le caractère d'une dette naissant avec l'ouverture de la succession et inhérente dès ce moment à tous les biens qui la composent » (Cass. 2 juin 1869, 2930 R. P., 2389-7 I. G., S. 69-1-326, D. 69-1-428, 19629 J. N., 2521 Rev.). C'est donc une véritable dette de l'hoirie. Aussi n'a-t-on pas à considérer, pour la liquidation du droit, comment cette dette a été répartie par le défunt entre ses successeurs. Quoique le testament impose à l'un d'eux l'obligation exclusive de la supporter, et que cette clause modifie l'importance de l'émolument héréditaire recueilli par chacun de ses successeurs, il n'appartient pas à l'Administration de s'y arrêter. Elle liquide et perçoit son droit sans égard au passif sur la dévolution apparente des biens.

C'est pourquoi il n'y a ni à ajouter à la part de celui qui est exonéré du payement du droit le montant de cet impôt pour assurer la perception sur la valeur totale de la libéralité, ni à déduire cette charge de la portion de l'héritier ou du légataire auquel elle est imposée.

Cette opinion a été adoptée par le J. du not. (*Bulletin politique* n° 582). « Les légataires, dit-il, n'ont pas recueilli le montant des legs faits à leur profit plus le montant des droits de mutation dus à raison de ces legs : ils ont reçu seulement leurs legs. En les affranchissant d'une charge qui leur incombait de droit (1016 C. C.), le testament leur a procuré un bénéfice réel, mais sans augmenter ce qui a été l'objet de la transmission opérée par le legs, et ce qui seul peut être assujetti à l'impôt. Cette disposition du testateur ne peut avoir d'effet qu'entre la légataire universelle et les légataires particuliers : elle était tout à fait indifférente pour la Régie. Cela est si vrai que, malgré ladite disposition, les légataires particuliers n'en étaient pas moins tenus directement envers la Régie du payement des droits de mutation applicables à leurs legs, et que s'ils n'avaient pas acquitté ces droits dans le délai prescrit, ils auraient encouru la pénalité du demi-droit en sus » (*Conf.* : 18746 J. E.).

La question est controversée en jurisprudence. Le tribunal de Clermont (Oise) a décidé, le 30 août 1871, que quand le testateur a fait un legs particulier dont les droits sont à la charge de la succession, ces droits constituent une augmentation du legs et sont passibles du droit de mutation par décès ; qu'en conséquence, si l'héritier décède avant d'avoir payé le legs, il y a lieu de déduire de sa succession le principal du legs et le montant des droits.

Mais le principe contraire a été consacré par un jugement du tribunal du Blanc du 20 juillet 1871, motivé sur ce que : « si aux termes du testament, le testateur a dispensé le légataire des droits de mutation, qu'il a spécialement mis à la charge de la succession, cette clause n'est pas opposable à l'Administration » (3929 R. P.). Cette dernière doctrine paraît être actuellement celle de l'Administration (Sol. 24 mai 1874 et 9 fév. 1877).

La situation serait différente, bien entendu, s'il s'agissait d'une dette étrangère à la succession et due par l'héritier ou le légataire personnellement. La disposition par laquelle le défunt chargerait l'un de ses héritiers de la payer en l'acquit de ce cohéritier ou de ce légataire serait un legs particulier ordinaire. La raison en est que la stipulation ne porte pas sur le passif de la succession et que ce n'est pas le cas dès lors d'invoquer le principe qui règle la liquidation du droit sans égard aux charges.

# TITRE VIII. — LIQUIDATION DES DROITS

[16771-16828]

## CHAPITRE PREMIER. — CONSIDÉRATIONS GÉNÉRALES

[16771-16777]

**16771. Observation.** — On vient de voir quel est le système de la loi pour évaluer les biens qui font partie de la succession : il nous reste à parler de la marche à suivre pour liquider les droits. C'est le corollaire obligé de tout ce que nous avons déjà dit, et ce n'est qu'après avoir acquis les notions essentielles qui sont du domaine de la liquidation, que l'on peut parvenir à asseoir la perception avec une parfaite régularité.

**16772. A qui appartient la faculté de liquider les droits.** — Jusqu'ici nous avons vu le préposé de l'enregistrement condamné à un rôle passif en présence des héritiers qui peuvent déclarer tels biens qu'ils veulent, et les évaluer comme ils l'entendent, sauf le cas où il existe des baux courants. Mais lorsqu'arrive le moment de liquider les droits, le receveur est souverain. En effet, l'art. 28 L. 22 frimaire an 7, après avoir réglé que les droits des actes et ceux des mutations par décès seront payés aux taux et quotités qu'elle détermine, ajoute que nul ne pourra en atténuer ni différer le payement sous le prétexte de contestation sur la quotité, ce qui comporte invinciblement le droit, pour le receveur, de fixer préalablement la somme à percevoir sur les actes et déclarations. C'est là une mesure prise dans l'intérêt du Trésor, dont les droits ne peuvent pas plus rester en suspens qu'être livrés à l'appréciation intéressée des parties ; mais il faut reconnaître que cette mesure pourrait, dans l'exécution, n'être pas sans abus, si l'employé ne savait pas toujours se maintenir dans cet esprit de justice qui doit caractériser tous ses actes.

Quoi qu'il en soit, le droit du receveur ne saurait être mis en doute :

« Attendu, porte un jugement du tribunal de la Seine, du 21 janvier 1859, confirmé en cassation par un arrêt du 21 août 1861, que si le déclarant a élevé une contestation sur le caractère et l'étendue d'une disposition testamentaire quant au règlement des droits, ses prétentions ne pouvaient pas prévaloir sur l'appréciation personnelle du receveur, qui était libre d'exiger immédiatement le payement des droits qui lui paraissaient dus, au lieu de se réserver d'en poursuivre le recouvrement par voie de la contrainte » (1543 R. P., 17225 J. N., 12059 C., 190 *Rev.*, S. 62-1-15 et 315, 2223-5 I. G.).

Le tribunal de Saint-Brieuc a également décidé, le 25 août 1856, que le receveur doit accepter la déclaration telle que la font les parties, mais qu'il est le seul arbitre de la liquidation du droit à établir sur cette déclaration (721 R. P.).

C'est par application des mêmes principes qu'il a été reconnu que l'héritier ou le légataire ne peut motiver son refus de souscrire la déclaration prescrite sur l'exagération des droits qui lui sont réclamés. Ce n'est qu'après avoir fait cette déclaration qu'il peut faire reconnaître en justice les erreurs dont il se plaint (Cass. 30 oct. 1809, 14 mars 1814, 7 juill. 1863 ; — Seine 9 août 1849, 19 août 1864, 24 fév. 1865). — *V.* 10261.

**16773. Réduction des donations et legs. — Quotité disponible.** — Nous venons de dire que la liquidation des droits est du domaine exclusif du receveur ; or, comme pour arriver à la liquidation des droits, il faut nécessairement faire la liquidation de la succession, il s'en suit que le receveur pourrait réformer la liquidation qui lui serait présentée s'il la reconnaissait contraire aux dispositions de la loi civile. Cependant, nous croyons que cette règle doit s'entendre avec une certaine mesure, surtout en ce qui concerne la quotité disponible et la réduction des donations et legs. Ce sont, en effet, les conventions qui s'exécutent que la loi de l'impôt doit atteindre, sans que l'on ait à se préoccuper des vices qui les infectent (V. *Nullité*) ; or, il arrive tous les jours que par respect pour la mémoire et la volonté de leur auteur, des héritiers consentent à l'exécution des donations et legs qu'il a pu faire alors même que la portion disponible se trouve entamée. Cette circonstance se reproduit surtout fréquemment lorsqu'il s'agit d'usufruit donné ou légué au survivant des époux; les enfants se refusent bien souvent à la réduction au disponible de l'usufruit de la succession entière de leur père ou mère, décédé, qui a pu être donné à leur père ou mère survivant.

En présence de ces considérations, nous pensons qu'un receveur ne se trouve pas autorisé à réduire d'office à la portion disponible les donations et legs. Il lui faut pour cela le consentement des héritiers. On a également admis quelquefois la simple déclaration du légataire qu'il se réduit lui-même (Dél. 28 déc. 1832, 10756 J. E., 7975 J. E. ; — Laval, 14 mai 1832, 3000 *Mémorial*. — V. Sol. 27 juin 1872, 19879 J. E.). — Mais il a été décidé, avec plus de raison, selon nous, qu'il faut le consentement des héritiers, le légataire ne pouvant renoncer pour partie (Paimbeuf, 21 juin 1872; — Sol. 22 mai 1875 et 3 mai 1876).

1. OPTION FORMULÉE DANS UN ACTE. — Mais si le receveur est tenu de se conformer, sur ce point, à la volonté des parties, il n'appartient pas à celles-ci de revenir sur une option qu'elles auraient pu formuler de manière à engager leur qualité, car il en est ici comme de toute autre position successorale : l'acceptation est irrévocable. Aussi peut-on voir au § 10 de l'I. G. n° 1437 l'exposé d'une affaire où une veuve avait d'abord, dans un inventaire, déclaré user « de la faculté que lui donne la loi, et désirant profiter des avantages à elle faits par ledit feu son mari, selon les dispositions dudit testament, elle optait pour avoir un quart des biens de son mari en propriété, et pour un autre quart en usufruit », puis avait énoncé dans la déclaration de la succession de son mari que les avantages par elle recueillis consistaient seulement dans l'usufruit de la moitié des biens délaissés par son mari.

L'Administration ayant réclamé les droits simples et en sus encourus par suite de fausse déclaration, une instance s'engagea qui, en présence d'un arrêt d'admission du 4 décembre 1837, amena les parties à satisfaire de la manière la plus absolue à la demande de l'Administration.

Mais il semble, comme nous l'avons dit au n° 16318 que, s'il y avait contestation sur l'importance du legs au moment de la déclaration de succession, ou si le légataire était alors dans l'impossibilité de l'indiquer, l'acte par lequel ce legs se trouverait ultérieurement augmenté devrait être assimilé à l'acte faisant rentrer des valeurs incertaines ou litigieuses dans l'hérédité.

2. RÉDUCTION POSTÉRIEURE A LA DÉCLARATION. — RESTITUTION. — Si les déclarants n'ont pas annoncé au receveur qu'ils entendaient réduire la donation au disponible, la perception est régulièrement établie sur la donation, et la réduction ultérieurement prononcée n'autoriserait pas le remboursement des droits. « En effet, dit la Cour de cassation dans un arrêt du 10 juillet 1860, la perception a été basée sur l'acte de libéralité et sur la déclaration des parties, et cette perception est dès lors régulière et à l'abri de toute restitution ; vainement on objecte que la libéralité se trouverait réduite de moitié par le seul fait de la survenance d'un enfant postérieurement à la donation : les dispositions des lois relatives à la réduction n'opèrent pas de plein droit et la réduction n'a été ni demandée par le réservataire, ni spontanément consentie par le donataire» (1355 R. P., 2185 § 7 I. G., 16895 J. N., 11786 C., S. 60-1-905). — *Conf.* : Rouen 28 déc. 1864, 2031 R. P. ; — Le Havre 6 fév. 1867).

3. RÉDUCTION AU DISPONIBLE EN USUFRUIT. — DONATION. — Lorsqu'une donation entre époux excédant la quotité disponible a été restreinte spontanément par le survivant à l'usufruit de la moitié des biens composant la succession de son conjoint prédécédé, le droit de mutation par décès doit être payé, en conséquence, sur la valeur de cet usufruit de moitié. L'Administration ne serait point fondée à prétendre que le survivant, qui aurait pu exiger la délivrance d'un quart en propriété et d'un quart en usufruit, doit être considéré comme ayant fait personnellement donation à ses enfants de la nue-propriété d'un quart, et à exiger, en conséquence, d'abord le droit de mutation par décès entre époux sur un quart en propriété et sur un quart en usufruit des biens du prédécédé, puis le droit de donation en ligne directe sur la nue-propriété d'un quart des mêmes biens (n° 2217 J. du not.). — Cette option ne saurait être assimilée ni à une renonciation partielle ni à une donation faite à l'héritier qui profite de ce que le choix a été fait dans le sens le moins onéreux pour lui. Ce n'est pas une renonciation partielle, car, même après l'option, c'est toujours une quotité disponible tout entière que l'époux survivant se trouve recueillir. Ce n'est pas non plus une donation aux héritiers, c'est une simple abstention.

Or, nous avons démontré, au mot *Renonciation*, que les actes de l'espèce ne motivaient pas la réclamation du droit proportionnel. — V. 16320.

4. DETTES. — La quotité disponible se fixe pour la perception sans distraction des charges (Sol. 20 fév. 1872 et 27 mai 1874).

**16774. Réserves des héritiers.** — C'est encore comme conséquence du droit exclusif qui appartient au receveur de liquider les droits que l'Administration déclare formellement, dans son I. G. n° 1875 § 6 *in fine*, que, pour ne point compromettre les droits du Trésor, il est essentiel que les receveurs liquident et perçoivent le droit de mutation par décès sur tous les biens énoncés dans la déclaration de l'héritier, sans égard aux réserves dont ces biens sont l'objet, sauf à l'héritier à se pourvoir en restitution s'il y a lieu, comme le porte l'art. 28 L. 22 frimaire an 7.

1. BIENS NON DÉCLARÉS. — Mais le droit du receveur ne va pas jusqu'à obliger les parties à comprendre dans leur déclaration des valeurs qu'ils ne veulent pas soumettre aux droits. Cette réticence constitue une omission ordinaire dont la rectification se poursuit ultérieurement par voie de contrainte.

Ainsi, pour en citer un exemple, lorsque, par une clause du contrat de mariage, il a été stipulé que le survivant serait propriétaire de la totalité des meubles et aurait l'usufruit des immeubles de la communauté et en outre l'usufruit des immeubles du défunt, le tout sauf réduction en cas de survenance d'enfant, le receveur ne peut, interprétant la disposition dans un sens qui autoriserait la perception des droits proportionnels sur les biens de communauté et propres, refuser de recevoir la déclaration dans le cas où le survivant ne voudrait pas y comprendre les biens de communauté qu'il prétendrait lui revenir par convention de mariage? La déclaration des biens existants doit être reçue telle qu'elle est présentée, sauf à réclamer un supplément de droit avant l'expiration des six mois ou à poursuivre après ce délai, en cas de refus de payement (16711-4 J.E.).

**16775. Mode d'évaluation des immeubles.** — Nous avons vu précédemment que la valeur imposable des immeubles se détermine au moyen de la capitalisation du revenu brut annuel. La loi ne reconnaît pas d'autre mode d'opérer et en aucune circonstance la valeur vénale réelle ne doit être prise pour base de la perception, quels que soient d'ailleurs les inconvénients manifestes de cette liquidation. — *V.* à cet égard le n° 16804.

1. LEGS NON EXISTANTS EN NATURE. — C'est ainsi qu'on impute les legs de sommes non existants en nature sur le capital au denier 20 du revenu des immeubles, quoique ce capital soit souvent inférieur à la valeur réelle des biens (Cass. 7 juill. 1856, 724 R. P., 2234 § 2 I. G., S. 57-1-543).

2. REPRISES. — C'est ainsi encore que, pour opérer le prélèvement des reprises des époux sur les immeubles de la communauté, il faut capitaliser le revenu de ces biens par 20, sans s'inquiéter de leur valeur vénale, quoique, en fait, la déduction se trouve excessive, puisque les biens ne sont pas portés à leur estimation réelle (Dél. 5 mars 1835, 9221 J.N.).

Ce résultat ne serait pas modifié par la circonstance que dans un partage intervenu entre les enfants, il serait constaté que la succession reçoit dans les immeubles une portion plus grande que celle déterminée dans la déclaration (17137 J. E.; — Sol. 27 déc. 1871 et 9 oct. 1876). — V. 16804.

**16776. Héritier ou légataire nouveau.** — Lorsque les droits de mutation par décès ont été payés par un héritier ou un légataire universel sur tous les biens de la succession, et qu'un héritier ou un second légataire est mis en possession d'une partie de cette succession (comme, par exemple, dans les cas spécifiés sous les nos 16150 et suiv.), aucun droit nouveau n'est exigible si celui payé par le premier déclarant, se trouvant supérieur à celui exigible de l'héritier ou second légataire, a désintéressé le Trésor.

Une question analogue a été jugée par la Cour de cassation le 13 novembre 1814 (5395 J.E., S. 15-1-58). Modeste Sauzeau était légataire universelle de Louis Sauzeau, son frère; elle paya les droits de mutation de ce legs. Un autre légataire universel se présenta, muni d'un testament postérieur, et il fit juger que la succession lui appartenait. Demande d'un nouveau droit à ce dernier. Jugement qui rejette cette demande. Pourvoi. Arrêt qui maintient le jugement. — Aussi, dans une question analogue où un droit payé par un héritier évincé avait totalement désintéressé le Trésor, le tribunal de Brives, ayant ordonné, le 15 mai 1835, la restitution d'un second droit payé par le nouvel appelé, l'Administration a acquiescé à ce jugement par délibération du 19 juillet 1835 (11253 J. E.).

**16777. Minimum.** — Le minimum se calcule sur l'ensemble des perceptions à faire, et non sur chacune d'elles. — *V.* 546.

1. USUFRUIT. — PROPRIÉTÉ. — Ainsi, les droits à percevoir sur les legs à un mari par sa femme du quart en propriété et du quart en usufruit doivent être liquidés sur la valeur réunie de l'usufruit et de la propriété, et non sur chaque nature de biens (11567-7 J. E.; — Sol. 27 fév. 1872).

2. RENTES SUR L'ÉTAT. — On doit de même faire une seule perception sur les rentes d'État et les autres valeurs mobilières (Sol. 24 fév. 1872 et 16 juin 1876).

## CHAPITRE II. — DU PARTAGE

[16778-16805]

**16778. Caractère du partage.** — Nous avons indiqué au n° 12310 quel est le carcatère du partage dans la législation fiscale.

La loi du 22 frimaire an 7, suivant les traditions du centième denier, a frappé la soulte ou la part acquise par licitation d'un droit de transmission; mais elle a conservé l'effet *déclaratif* au partage pur et simple, en le tarifant au droit fixe (art. 68 § 3 n° 2). — Ce fait est complétement hors de doute. Il est attesté par Merlin, qui a vu s'opérer le passage d'une législation à l'autre (*Quest.* v° *Partage* § 11 n° 4), et après lui par tous les auteurs (Dalloz n° 2668, Demante n° 701). Demolombe le signale en ces termes: « Cette soulte ou ce prix ne sont point des effets de la succession; ils n'ont jamais appartenu au défunt, et, par conséquent, même d'après l'art. 883 C. C., l'époux survivant héritier ne peut pas être censé les tenir du défunt lui-même, qui ne les a jamais eus. Voilà précisément ce que Pothier explique avec sa raison et sa clarté habituelles. Et c'est bien là aussi ce que la législation fiscale n'a pas manqué de discerner et de reconnaître » (*des Succ.* n° 317).

Ce qui précède nous apprend comment il faut entendre aujourd'hui cette maxime si répétée, que la fiction de l'art. 883 ne s'applique pas aux matières d'enregistrement. La loi de l'an 7 n'admet pas, avec le droit civil, que la licitation ou le partage avec soulte ait un caractère déclaratif en ce qui concerne l'excédant de la part du cohéritier dans l'immeuble; et un nombre imposant d'arrêts a consacré cette disposition du texte (ils sont cités au mot *Partage*).

Mais elle reconnaît fort bien, au contraire, le caractère déclaratif au partage pur et simple, puisqu'elle le soumet uniquement au droit fixe.

C'est donc sans raison qu'on a voulu soutenir, en des circonstances diverses, que le droit fiscal ne reconnaissait à la fiction de l'art. 883 d'autre effet que de soustraire les biens aux hypothèques respectives des copartageants, c'est-à-dire d'être opposable aux tiers. Il est manifeste que depuis le dixième siècle le partage pur et simple a toujours, dans les législations bursales, conservé son caractère déclaratif, et qu'aujourd'hui, comme autrefois, les héritiers sont censés avoir succédé seuls à tous les effets compris dans leurs lots sans avoir jamais eu la propriété d'aucune autre partie de la succession. Nous avons donné à cette question, au point de vue historique, tous les développements qu'elle comporte, dans un travail particulier inséré au n° 2019 R. P.

**16779. Influence du partage sur le droit de succession.** — On pressent facilement l'influence de cette situation sur la liquidation de l'impôt des mutations par décès.

Si le partage pur et simple est une désignation légale des biens appartenant à chaque propriétaire dans la masse, il s'ensuit naturellement que ce contrat sera la mesure la plus exacte dont on puisse se servir pour apprécier leurs parts respectives de copropriété. Donc, quand les cohéritiers seront sortis d'indivision au moyen d'un partage, cet acte déterminera l'émolument véritable de chacun d'eux dans les valeurs communes ; et, puisque les principes du droit civil sont acceptés en matière fiscale, chaque cohéritier sera tenu d'acquitter l'impôt des mutations sur le lot qu'il a fictivement recueilli dès le jour du décès [1].

L'application de ce principe a néanmoins soulevé d'assez nombreux embarras : pour traiter le sujet avec méthode nous parlerons d'abord de l'hypothèse la plus facile, celle du partage antérieur à la déclaration de succession, puis nous examinerons l'effet du partage qui la suit.

1. Le principe contraire a été admis par la jurisprudence belge, dans un arrêt de Cass. du 11 juin 1870, ainsi motivé : « Attendu que la règle de l'art. 883, conforme aux traditions féodales et coutumières, n'a été introduite que pour régler les effets du partage et sauvegarder les intérêts réciproques des héritiers, en limitant les droits réels constitués pendant l'indivision pour l'un d'eux, aux seuls biens qui composent son lot ; que cette règle doit, comme fiction, ne pas être étendue en dehors des cas pour lesquels elle est faite ; qu'elle est d'ailleurs inconciliable avec l'esprit et l'économie de la loi qui établit l'impôt sur les successions ; qu'en effet, fondée sur la réalité des choses et sur le principe d'intérêt social qui veut que la propriété des immeubles ne reste jamais incertaine ou en suspens, la loi de 1817 trouve sa base dans les art. 826 et 832 C. C., aux termes desquels chaque héritier recueille une quotité égale à sa part héréditaire dans chaque nature de biens, ainsi que l'exprime Chabot de l'Allier dans son rapport au Tribunat ; que cette loi puise ainsi les éléments de l'impôt dans les principes et les règles de la saisine héréditaire ; que le partage, au contraire, trouve les conditions de son existence et ses effets, quels qu'ils soient, dans un acte entre-vifs et dans les conventions que les parties peuvent faire selon leurs convenances ou leurs intérêts ; attendu que cette distinction n'avait pas échappé au législateur de l'an 7, qui, par l'organe de Duchâtel, disait, dans l'exposé des motifs de la loi du 22 frimaire : « Vous ferez cesser la perception du droit proportionnel sur les partages, non-seulement parce que ces actes ne sont pas de transmission, mais encore parce qu'ils sont entre les intéressés une suite nécessaire des mutations pour lesquelles ils doivent ou ont payé le droit proportionnel ; attendu qu'il suit des considérations qui précèdent que le droit de mutation par décès dont il s'agit était acquis à l'État dès l'ouverture de la succession de l'épouse Jacqueminot, et que le partage intervenu entre le général Jacqueminot, propriétaire indivis du quart de tous les meubles et immeubles de la succession, et la comtesse Duchâtel n'a pu exercer aucune influence sur la liquidation du droit réclamé. »

## SECTION PREMIÈRE. — PARTAGE ANTÉRIEUR A LA DÉCLARATION DE SUCCESSION

[16780-16797]

**16780. Partage de communauté.** — Aucune difficulté n'aurait dû s'élever, semble-t-il, sur la nécessité de prendre pour base de la déclaration de succession le partage pur et simple qui la précède. Tant il est évident qu'en vertu de l'effet rétroactif et déclaratif de l'acte, chaque héritier n'est réputé avoir succédé qu'aux objets compris dans son lot.

L'Administration refusa cependant de l'admettre et soumit la question à la Cour au sujet d'un partage de communauté. Mais la solution fut catégorique, et un arrêt du 16 juillet 1823 déclara que ce partage devait servir à la liquidation de l'impôt :

« Attendu, porte cet arrêt, que, suivant l'art. 883 combiné avec l'art. 1476 C. C., l'effet du partage entre héritiers, ou entre époux communs en biens, est de faire considérer chaque copartageant comme propriétaire *ab initio* des biens qui lui sont dévolus par le partage ; qu'aucune disposition des lois sur l'enregistrement n'exempte de l'application de ce principe la perception des droits auxquels l'ouverture des successions ou la dissolution des communautés entre époux donne lieu ; qu'ainsi lorsque, par un partage antérieur à la déclaration que les héritiers d'un époux décédé commun en biens et l'époux survivant sont tenus de faire des biens à eux échus dans les susdites qualités, une part avantageuse dans les conquêts de la communauté est attribuée à l'époux survivant, moyennant la récompense qui en est attribuée aux héritiers du prédécédé en valeurs mobilières équivalentes et existantes dans ladite communauté, cette part avantageuse est censée lui appartenir du jour de l'acquisition que les époux en avaient faites, et n'est passible d'aucun droit proportionnel de mutation résultant de la dissolution de la communauté ; d'où il suit qu'en déclarant, dans l'espèce, Teissier exempt du droit proportionnel de mutation sur l'immeuble conquêt à lui échu par le partage opéré entre lui et les héritiers de son épouse, le jugement attaqué n'a violé aucune loi et a fait, au contraire, une juste application des art. 883 et 1476 C. C. » (7556 J. E., 4900 J. N., S. 24-1-214).

L'Administration s'est décidée, en 1868 seulement, à transmettre cet arrêt aux préposés comme règle officielle de perception (2366 § 2 I. G.).

Une délibération du 5 juillet 1826 (5780 J. N.) avait cependant décidé en thèse générale, que lorsque le partage d'une communauté est antérieur à la déclaration de succession, les héritiers de l'époux prédécédé ne sont tenus de comprendre dans leur déclaration que les immeubles qui leur sont échus, bien qu'ils ne s'élèvent pas à la moitié de ceux qui composaient la communauté.

Plus spécialement, il a été reconnu que l'héritier d'une femme mariée prédécédée ne peut pas ne comprendre dans sa déclaration qu'une créance pour remplir son auteur de sa part dans la communauté, lorsqu'un immeuble lui a été attribué par un partage antérieur à la déclaration (Montmorillon 16 janv. 1861, 17327 J. E., 11960 C.).

Une décision semblable résulte d'un jugement du tribunal de la Seine du 15 janvier 1866 : « Attendu que les droits sont régulièrement exigibles sur l'importance des valeurs qui, par l'effet des partages, ont seules constitué la masse héréditaire » (18161 J. E.).

Il n'y a pas de distinction à faire sur ce point au sujet du partage intervenu le jour même de la déclaration, dès que ce partage la précède (Sol. 27 août 1873 et 16 sept. 1875).

**16781. Partage de succession.** — Mais l'Administration voulut, pendant longtemps, limiter le principe aux partages de communauté, et elle refusa de l'appliquer au partage d'une succession. Ainsi que nous le disions dans nos éditions précédentes, une pareille prétention ne reposait sur aucun motif sérieux. Les partages de succession sont soumis aux mêmes règles que ceux de communauté et produisent des effets identiques. Dans l'un comme dans l'autre cas, chaque copropriétaire est censé n'avoir jamais eu aucun droit aux objets compris dans le lot de son copartageant. Il n'y avait donc pas plus de raison d'écarter le partage de succession que celui de communauté.

La Cour de cassation n'hésita pas à le reconnaître aussitôt que la question lui fût soumise, et un arrêt du 11 mars 1851, confirmatif d'un jugement de Tours du 1er septembre 1849, décida catégoriquement qu'en matière de succession le partage antérieur à la déclaration des héritiers devait être pris pour base de la liquidation des droits (13835 et 15153 J. N., D. N. t. 12 p. 344 n° 893, S. 51-1-263, 15153 J. E.).

« Attendu, en fait, porte cet arrêt, que Butel de Sainteville, décédé le 27 décembre 1845, laissa pour héritiers sa mère et trois frères et sœur, la première ayant droit à un quart de la succession, et les trois autres, chacun à un quart; que, par acte de partage du 7 février 1846, la dame Butel, mère du défunt, reçut pour sa part les biens immeubles de la succession, équivalant au quart, et que l'actif mobilier fut dévolu aux trois autres héritiers; qu'en juin 1846, la déclaration de mutation par décès fut faite par les héritiers qui, en même temps, présentèrent l'acte de partage intervenu entre eux; attendu que cet acte, étant antérieur à la déclaration, déterminait, à l'époque de la perception, les droits de chaque héritier, lesquels, par l'effet du principe consacré par l'art. 883 C. C., consistaient notamment, pour la mère, dans les immeubles héréditaires qu'elle devait être légalement réputée avoir recueillis dès l'origine dans la succession; attendu que, si l'art. 883 n'est pas applicable quand le partage est postérieur à l'expiration du délai de six mois, c'est parce qu'il s'agit alors d'un fait ultérieur qui, d'après l'art. 60 L. 22 frimaire an 7, ne pourrait justifier une demande en restitution de droits régulièrement perçus à l'époque où la perception a été opérée; mais attendu que, dans le cas où le partage est antérieur à la déclaration de mutation faite dans le délai légal, il s'agit non de rendre sans effet une perception régulièrement opérée en l'absence d'un partage qui ne serait intervenu que postérieurement à la perception, mais de savoir ce qui doit être perçu dans l'état de choses existant au moment où la perception a dû avoir lieu. »

Cette jurisprudence a fini par s'imposer à la pratique, et elle fut officiellement reconnue par l'Administration dans l'I. G. du 20 août 1868, n° 2366 § 2. — Aujourd'hui, on ne fait plus de difficulté d'admettre les partages de succession quand ils réunissent d'ailleurs les conditions dont nous parlerons tout à l'heure.

1. BIENS INDIVIS AVEC UN TIERS. — Le tribunal de Bergerac avait cru pouvoir décider, le 3 janvier 1867, que ces règles étaient inapplicables au partage des biens indivis entre le défunt et un tiers. Mais c'était une erreur certaine, car la fiction de l'art. 883 atteint toutes les indivisions, quelle qu'en soit l'origine : nous l'avons démontré au mot *Partage*. Aussi l'Administration ayant déféré le jugement à la censure de la Cour suprême, le débiteur s'est-il désisté de son bénéfice (2368 § 2 I. G., 3153 R. P.; — *Conf.* : Sol. 3 oct. et 9 nov. 1877; — Le Mans, 29 mars 1878).

**16782. Valeurs mobilières aux uns. — Immeubles aux autres.** — Il a été jugé, par le tribunal de Boulogne, le 13 avril 1839 (5469 *Mémorial*), que si une succession composée uniquement de valeurs mobilières est restée indivise entre trois cohéritiers, et que, pendant l'indivision, ils aient acquis un immeuble en commun, que l'un d'eux vienne à mourir, et qu'ensuite un partage ait attribué seulement des valeurs mobilières à ses héritiers, ceux-ci ne doivent déclarer que ces valeurs.

**16783. Usufruit. — Nue-propriété.** — L'Administration enseigne, en matière de partage, que les parties ont la faculté de composer un lot entier de biens meubles, de biens fonds ou même d'usufruit, et qu'ainsi chaque copartageant, quelle que soit la nature des biens qui lui sont assignés, ne recevant que son contingent dans la chose commune, l'acte n'opère ni échange, ni mutation (775 I. G. et nos explications au mot *Partage*).

Mais si un acte de l'espèce est accepté par la loi fiscale avec son caractère simplement déclaratif pour la perception du droit de mutation entre-vifs, il devra nécessairement l'être aussi pour la liquidation du droit de transmission par décès. Le cohéritier qui aura reçu soit la nue-propriété, soit l'usufruit, sera donc censé l'avoir exclusivement recueillie dans la succession de son auteur et il deviendra débiteur de l'impôt sur les mêmes bases.

La question se présente au sujet des partages de communauté dans deux situations différentes, qui n'ont pas la même influence sur la perception : ou les héritiers de l'époux décédé reçoivent la nue-propriété ou bien ils sont lotis de l'usufruit.

1. NUE-PROPRIÉTÉ AUX HÉRITIERS. — Quand le partage leur attribue la nue-propriété, ils doivent déclarer cette nue-propriété comme s'il s'agissait de la propriété entière, puisqu'aucun droit n'a encore été perçu pour l'usufruit momentanément détaché. De cette façon, l'impôt est perçu intégralement, comme si tous les biens communs appartenaient au défunt.

La jurisprudence en offre plusieurs exemples :

1° Le sieur Godefroy est décédé à Saint-Pol-de-Léon, le 28 janvier 1832. Par un acte sous-seing privé du 12 mars suivant, il a été procédé entre sa veuve et son fils unique au partage de la communauté conjugale. L'usufruit de la totalité des biens de cette communauté a été attribué à la veuve, et la nue-propriété des mêmes biens au sieur Godefroy fils. Ce partage, fait sans soulte ni retour, a été enregistré le 1er mai 1832, moyennant le droit fixe.

Le 2 juillet suivant, le sieur Godefroy a passé, au bureau

de Morlaix, la déclaration de la succession de son père. Les droits de mutation ont été perçus sur la valeur entière des biens de la communauté qui avait existé entre ce dernier et sa femme. Le sieur Godefroy fils a demandé la restitution de la moitié de ces droits, en faisant observer que la succession de son père n'était propriétaire que de la moitié des biens de la communauté; que si, par l'acte de partage du 12 mars 1832, la nue-propriété de la totalité de ces biens avait été attribuée à l'héritier, c'était en représentation de la moitié de la propriété entière, qui lui appartenait légalement et qui seule était passible du droit de mutation par décès.

Cette demande ne pouvait prévaloir sur les effets que produit le partage. A la vérité, la nue-propriété de la totalité des biens n'avait été délivrée au sieur Godefroy que pour le remplir de la moitié de la propriété entière des mêmes biens qui lui revenaient comme unique héritier de son père. Mais, suivant l'art. 15 n° 7 L. 22 frimaire an 7, il n'y a pas de distinction à faire pour la perception des droits de mutation par décès entre la nue-propriété et la propriété entière. Pour l'une et pour l'autre, les droits se liquident sur un capital formé de vingt fois le revenu des biens; la perception faite d'après cette base, sur la déclaration de la succession du sieur Godefroy père, était donc régulière. Aussi une Sol. 11 juin 1833 (1437 § 8 I. G.) a-t-elle rejeté la demande en restitution formée par l'héritier.

On peut consulter dans le même sens un jugement du tribunal du Mans du 21 novembre 1843 (13376 J. E.) ;

2° Si des héritiers, investis par le partage de la nue-propriété de tous les biens communs, n'ont compris dans leur déclaration que la moitié de la toute propriété de ces mêmes valeurs, ils omettent l'autre moitié, et l'Administration peut, à partir de la déclaration de succession, leur réclamer les droits supplémentaires exigibles (Cass. 21 mai 1835, 10935 J. E.) ;

3° Au décès d'un époux, il fut procédé entre son fils et la veuve au partage des immeubles acquis par les deux conjoints, chacun pour moitié, après leur séparation de biens. Le fils fut attributaire de la nue-propriété. Le tribunal de Bergerac décida, le 3 janvier 1867, que ce partage ne pouvait servir de base à la liquidation du droit de succession. Mais l'Administration ayant déféré ce jugement à la Cour suprême, le débiteur se désista de son bénéfice et consentit à acquitter l'impôt sur la nue-propriété qui lui était échue (2368 § 2 I. G.).

4° Si la nue-propriété est attribuée à un héritier et l'usufruit à un autre héritier, le droit est dû sur ces deux valeurs (Mayenne 28 janv. 1875, 4394 R. P.).

**2. USUFRUIT AUX HÉRITIERS.** — Les principes sont évidemment les mêmes quand c'est le survivant qui reçoit la nue-propriété et que les héritiers de l'époux prédécédé sont simplement attributaires de l'usufruit. Seulement, il est manifeste qu'alors le droit ne sera pas perçu sur des bases aussi importantes que dans le cas précédent, puisque l'usufruit s'évalue seulement à la moitié de la valeur de la propriété. Mais cette circonstance est indifférente à l'application de la règle. Aussi la Cour de cassation a-t-elle décidé, le 4 janvier 1865, que l'acte par lequel un mari donataire d'un quart en propriété et d'un quart en usufruit des biens de sa femme partage la succession avec les héritiers de celle-ci, et reçoit pour sa portion une toute propriété au lieu de son usufruit, doit servir de base à la déclaration de succession.

« Attendu que cet acte a eu pour but de faire cesser l'indivision de propriété et de jouissance entre Prudent de Chasseloup-Laubat et les héritiers de sa femme; que l'amendement du mari dans la totalité de la succession n'a été ni augmenté ni diminué et qu'il a été simplement fourni en biens héréditaires; attendu qu'un tel acte est un acte de partage; attendu qu'en vertu d'une fiction de la loi le partage est déclaratif et non pas attributif de propriété; qu'aux termes de l'art. 883, chaque cohéritier est censé avoir succédé seul et immédiatement à tous les effets compris dans son lot, et n'avoir jamais eu la propriété des autres effets de la succession; que dès lors l'Administration de l'enregistrement, à qui l'acte du 19 octobre 1860 a été présenté au moment de la déclaration faite pour la perception du droit de succession et qui a perçu le droit sur la pleine propriété composant le lot du mari, n'était pas fondée à réclamer un droit plus élevé à raison de l'usufruit du quart qui, en vertu de l'effet rétroactif du partage, est censé n'avoir jamais existé » (2002 R.P., 18191 J.N., 12801 C., 1159 Rev., 2366 § 2 I. G., B. 4, S. 65-1-96, D. 65-1-135).

3. **CAPITALISATION DE L'USUFRUIT.** — L'arrêt qui précède a même décidé qu'un tel partage devait être pris pour base de la déclaration, quoique l'usufruit ait été estimé par les héritiers à plus de moitié de la propriété.

Cette proposition n'est pas sans difficultés.

En effet, on sait que l'usufruit est soumis à deux modes distincts d'évaluation par la loi de l'an 7. Pour les transmissions entre-vifs à titre gratuit ou par décès, il s'estime d'office à la moitié de la valeur entière de l'objet (art. 14 n° 1er et 15 n° 8 L. 22 frim. an 7). Pour les mutations à titre onéreux, au contraire, la perception se règle d'après une valeur vénale calculée sur les chances de durée de l'usufruit (art. 15 nos 16 et 17 L. de l'an 7, Cass. 24 janv. 1844, 1713 § 13 I. G., S. 44-1-241, 13455 J. E.). Or, quand un usufruit est légué à un tiers qui l'accepte, cet usufruit, de quelque façon d'ailleurs qu'il soit modifié dans un partage, reste toujours soumis, à l'occasion du droit de transmission, aux principes ordinaires de la loi fiscale. Qu'on le remplace par une toute propriété et qu'il devienne ainsi sous une autre forme passible de l'impôt, rien de mieux. Mais n'est-ce pas à la condition que l'objet équivalent sur lequel le droit l'atteindra soit la représentation légale des valeurs imposables ? Voici, par exemple, un ascendant usufruitier auquel des collatéraux attribuent les trois quarts de la toute propriété de l'immeuble. D'après l'ordre formel de la loi, la jouissance, valant moitié de la toute propriété du bien, doit acquitter l'impôt sur ces bases. Cependant, si le partage est accepté, on le percevra sur les trois quarts de la valeur, au grand détriment du Trésor, pendant que la nue-propriété le supportera seulement sur l'excédant ! N'y a-t-il pas dans ce résultat singulier une violation des art. 14 n° 1er et 15 n° 8 L. 22 frimaire an 7 ? Et ne devrait-on pas, dès lors, combiner l'application de l'art. 883 C. C. avec les textes précédents de façon à ce qu'un partage d'usufruit ne fût pris pour base de la déclaration de succession que dans les limites permises par la loi spéciale ?

Une telle situation nous paraît cependant difficilement admissible. Si un partage d'immeubles ne contenait aucune évaluation qui permît d'apprécier l'observation de la loi, l'Administration ne pourrait ni refuser d'admettre l'acte au soutien de la déclaration, ni en contrôler ultérieurement l'exactitude. La seule action qui lui appartienne à l'égard du partage est en effet de demander l'expertise afin de savoir si l'usufruitier a reçu une attribution égale à la valeur *réelle* de son droit et s'il n'existe pas de plus-value. Il ne serait pas fondé à agir directement contre les parties pour obtenir les moyens d'apprécier l'exécution de l'art. 15 n° 8 de la loi de l'an 7. D'un autre côté, on peut dire que le partage, au moyen de son effet rétroactif, a modifié radicalement, sinon la saisine, du moins la détermination des biens auxquels elle s'applique ; que l'usufruitier dont le lot comprend aujourd'hui une toute propriété est *censé* n'avoir jamais recueilli de jouissance, qu'il n'y a pas à en faire figurer dans la déclaration de succession et que ce n'est point le lieu, dès lors, d'invoquer les règles sur l'évaluation de l'usufruit. Il y aurait enfin quelque chose de contraire à l'économie générale de la loi dans la situation d'un acte qui est accepté avec ses effets légaux pour la perception du droit de mutation à titre onéreux, et qu'on repousse pour celle du droit de transmission par décès.

4. PRESCRIPTION. — Un arrêt de Cass. du 21 mai 1835 (10935 J.E.) a jugé que la prescription pour réclamer les droits dus sur l'omission résultant de ce que les héritiers, investis de la nue-propriété par le partage, n'auraient déclaré que la moitié de la communauté au lieu de faire figurer dans leur déclaration la nue-propriété de tous les biens, ne commençait à courir que du jour de la déclaration de la succession et non de la date du partage.

Par contre, il faut décider que si, au décès du prémourant, attributaire de la nue-propriété, les héritiers n'ont compris que la moitié en toute propriété des biens communs, la prescription pour réclamer le supplément courra de ce décès, et lors de la mort du survivant arrivée plus de deux ans après la déclaration, on ne pourra réclamer le droit de mutation sur l'autre moitié (11026 J.N., D.N. t. 12 p. 346 n° 902).

**16784. Biens situés en France et dans une colonie où l'enregistrement est établi.** — Les effets du partage sont les mêmes encore qu'il s'agisse de biens situés partie en France et partie dans une colonie où l'enregistrement est établi. La réduction de tarif ou même l'exemption complète de droits qui serait accordée par le règlement spécial de la colonie aux valeurs transmises par décès ne serait pas un motif suffisant pour écarter l'application du principe; car dès l'instant que le service de l'enregistrement y est établi, la colonie ne saurait être considérée comme un pays étranger et on ne peut faire abstraction des biens qui y sont situés. Ainsi, dans un cas où il s'agissait d'un partage d'immeubles situés en France et à la Martinique, pays soumis au régime de l'enregistrement, mais où l'impôt des successions n'est pas établi comme en France, la Cour de cassation a décidé, le 11 mars 1851, que le partage antérieur devait servir de base à la perception. — *V.* 16781.

**16785. Biens situés à l'étranger.** — Il n'en est plus de même des biens situés à l'étranger ou dans une colonie où l'enregistrement n'est pas établi. On verra, en effet, dans un instant, que le partage ne peut être pris pour base de la déclaration qu'à la condition essentielle de ne renfermer aucune soulte. La soulte étant considérée, en droit fiscal, comme le prix d'une cession de valeurs, attribue à l'opération un caractère *translatif* qui la soustrait à l'application de l'art. 883 C.C. — *V.* 16788.

Or, en droit fiscal, c'est un véritable partage avec soulte que celui dans lequel on compense, au moyen de biens étrangers, les inégalités existant dans l'attribution des biens français. Il est de jurisprudence constante que : « dans la perception qui lui est confiée des droits dus en cas de transmission ou mutation de biens régis par la loi française, l'Administration ne doit avoir aucun égard aux stipulations relatives à des biens situés hors du territoire sur lesquels elle ne peut étendre ses recherches ni exercer les droits de vérification et perception qui lui sont conférés par la loi française » (Cass. ch. réun. 11 nov. 1844, et les autres autorités citées au n° 1407).

On considère donc comme une transmission de biens sujette au tarif des mutations à titre onéreux tout ce que chaque cohéritier reçoit en sus de sa portion virile dans les valeurs françaises, et l'art. 883 C.C. cesse de recevoir son application.

Le même principe gouverne évidemment la liquidation du droit de mutation par décès. Si le communiste loti d'un excédant de biens français est censé avoir acquis cet excédant à titre onéreux de ses copartageants, on ne saurait évidemment plus prétendre qu'il l'a reçu directement du défunt et qu'il en a été propriétaire *ab initio* depuis l'ouverture de la succession. La fiction de l'art. 883 disparaît dans un cas comme dans l'autre, et il n'y a plus de motif de liquider le droit de mutation par décès d'après les lotissements du prétendu partage. Ainsi que le porte l'arrêt solennel du 11 novembre 1844, dont les considérants sont absolus : « Il ne faut avoir aucun égard, pour la perception des droits de *transmission et de mutation*, aux stipulations relatives aux biens étrangers. »

Le tribunal de la Seine avait décidé, le 19 janvier 1867, qu'il faut prendre pour base de la déclaration de succession le partage antérieur comprenant des biens situés en France et à l'étranger, lors même que les biens français auraient été inégalement répartis et que l'inégalité de ces attributions serait compensée au moyen de valeurs étrangères. Ce jugement a été cassé par un arrêt du 10 février 1869 (2806 R.P., 2385-3 I.G., B. 32, S. 69-1-230, D. 69-1-357, P. 69-554) suivi, dans la même instance, d'un arrêt des chambres réunies du 21 juin 1875, ainsi conçu :

Attendu, en droit, que si, dans une succession uniquement composée de biens situés en France, il est de règle générale que le partage, lorsqu'il est antérieur à la déclaration de mutation, doit être pris pour base des perceptions de l'enregistrement, il n'en est pas ainsi au cas où la succession comprenant aussi des valeurs étrangères non assujetties à la loi fiscale française, et considérées comme non existantes au regard de la Régie, le partage a attribué ces valeurs à l'un des héritiers dans une proportion supérieure à sa part ; que dans ce cas particulier ce n'est pas le partage, mais la dévolution héréditaire qui doit régler la perception ; or, attendu que le jugement attaqué, sans contester que, d'après la loi des parties, la veuve Basilewski ait été saisie, comme la Régie le soutient, du quart des biens meubles situés en France, et que le partage lui ait soldé cette part en valeurs étrangères, sauf un solde de 39 fr. 48 cent., a néanmoins décidé que le partage devait servir de base aux perceptions de l'enregistrement, et a, conséquemment, ordonné la restitution demandée, en se fondant exclusivement sur l'art. 883 susvisé; qu'en statuant ainsi, le jugement attaqué a faussement appliqué, et, par suite, violé tant ledit article que les art. 53 de la loi du 28 avril 1816, et 10 de la loi des 15 et 22 mai 1850 (4127 R. P.).

**16786. Biens laissés en dehors du partage.** — Si des biens de la communauté sont abandonnés à l'époux survivant à la charge d'en payer le prix encore dû, et que, par ce motif, ces biens aient été laissés en dehors du partage intervenu entre l'époux survivant et les héritiers du décédé, ceux-ci sont tenus d'en comprendre la moitié dans la déclaration de succession, attendu qu'on ne peut dire qu'ils ont été attribués à l'autre époux par un partage antérieur, puisque les héritiers n'ont pas reçu l'équivalent dans le partage, et que le prix encore dû n'était qu'une charge non susceptible de déduction.

**16787. Condition du partage.** — La condition essentielle pour que le partage produise son effet déclaratif sur la liquidation de l'impôt, c'est qu'il soit pur et simple, fait sans soulte et ne dissimule pas un acte réellement translatif conclu entre les parties. Nous en avons donné le motif à propos des biens étrangers. Si le communiste est censé avoir acquis les biens à titre onéreux de ses copartageants, on ne peut plus prétendre qu'il les a reçus du défunt et qu'il en a été propriétaire *ab initio* depuis l'ouverture de la succession. Comme le droit est exigible d'après les dévolutions qui s'opèrent au jour même du décès, il en résulte que le prétendu partage ne saurait plus être invoqué. La jurisprudence a appliqué ce principe en plusieurs circonstances.

**16788. Partage avec soulte.** — Ainsi, lorsque le partage contient des soultes ou des parts acquises, les règles se modifient; on suit celles qui ont été exposées à l'occasion des partages (V. *Partage*). — En conséquence, si l'héritier reçoit la soulte ou le prix de la part acquise, il est tenu de comprendre la portion de biens dont la soulte ou le prix est la représentation dans sa déclaration de succession.

Le sieur Delaunay est décédé à Amiens le 2 mai 1844, laissant pour héritiers des collatéraux. Il avait légué à sa veuve la pleine propriété du mobilier et l'usufruit des autres biens de la succession. — Un acte notarié de liquidation et partage passé le 11 du même mois entre la veuve et les héritiers, a fixé les reprises du défunt à 2,557 fr. 76 cent., celles de la veuve à 4,216 fr. 30 cent., et l'actif de la communauté à 190,161 fr. 35 cent., dont 71,041 fr. 35 cent. en biens meubles, et 119,120 francs en immeubles. — Pour remplir la veuve de ses reprises et de ses droits dans la communauté, liquidés à 95,899 fr. 95 cent., il lui a été attribué des immeubles, sis à Amiens, d'une valeur de 107,000 francs à la charge d'une soulte de 11,100 fr. 05 cent. Quant aux héritiers, les biens meubles de la communauté leur ont été abandonnés avec cette soulte et une valeur de 12,120 francs en immeubles, sis dans l'arrondissement du bureau de Corbie.

Lors de la déclaration de la succession, faite le 2 novembre 1844, au bureau d'Amiens, la veuve et les héritiers Delaunay ont demandé que l'acte de partage du 11 mai 1844 servît de règle pour la liquidation des droits de mutation par décès; qu'en conséquence ces droits fussent perçus, savoir : sur 71,041 fr. 35 cent. de biens meubles compris dans le lot attribué à la succession, et sur 11,100 fr. 05 cent. pour immeubles dépendant de ce bureau et représentés par la soulte payée à la veuve. Mais le receveur, sans avoir égard à l'acte de partage, a perçu les droits: 1° sur la moitié des valeurs immobilières de la communauté; — 2° relativement aux biens meubles, sur les reprises du défunt et la moitié du restant net.

La réclamation de la veuve et des héritiers Delaunay contre ce mode de perception a été en partie accueillie par une Sol. 23 mai 1845 (1743e § 7 I. G.) en ce sens que le partage de la communauté qui a existé entre les époux Delaunay ayant précédé la déclaration de la succession du mari devait être pris pour base de cette déclaration. Mais comme le partage contenait stipulation d'une soulte au profit des héritiers, cette soulte ne pouvait être comprise comme valeur mobilière dans la déclaration de la succession; car, suivant la disposition spéciale de la loi sur l'enregistrement, elle formait le prix d'une transmission immobilière opérée, depuis le décès du sieur Delaunay, entre ses héritiers et sa veuve. C'était donc la portion d'immeubles représentée par la soulte qui devait figurer dans la déclaration de la succession, d'après une évaluation en revenu, pour le payement du droit de mutation par décès. Cette règle a été confirmée par plusieurs solutions (Sol. 29 nov. 1873 et 11 sept. 1875).

1. PRINCIPE. — Ainsi, en principe, dans le cas du partage avec soulte, la règle est la même que lorsque le partage est pur et simple. Seulement la soulte ne peut être comprise comme valeur mobilière dans la déclaration de succession. C'est la portion d'immeubles représentée par la soulte qui doit être déclarée, d'après une evaluation en revenu, pour le payement du droit de mutation par décès.

C'est ce qui résultait déjà, mais d'une manière moins explicite, d'une Sol. du 26 décembre 1834, qui paraissait avoir décidé que, dans le cas de partage avec soulte en faveur des héritiers, ces héritiers devaient comprendre dans leur déclaration la moitié de tous les biens de la communauté (1482 § 7 I. G.; — *Conf.* : Seine, 13 juin 1874).

**16789. Attributions à la veuve à titre d'indemnité et à charge de payer les dettes.** — Dans le même ordre d'idées, il a été jugé, par le tribunal de la Seine, le 25 août 1841, que si les valeurs mobilières de la communauté sont attribuées à la veuve, partie pour l'indemniser des dettes contractées par elle solidairement avec son mari, partie à charge par elle de payer les dettes de la communauté, l'attribution ne peut servir de base à la déclaration, en ce sens que la veuve ne peut se dispenser de payer les droits de mutation par décès sur la partie du mobilier qui représente dans ses mains la portion de dettes qui était à la charge des héritiers du mari.

« Attendu, porte le jugement, que l'abandon fait à la dame veuve Sagot dans la liquidation des valeurs mobilières de la communauté pour la couvrir des sommes par elle payées ou à payer pour raison d'obligations solidaires par elle contractées avec son mari pendant la communauté et pour la communauté, n'a eu que le caractère d'un prélèvement avant partage, qui n'a eu qu'un effet purement déclaratif et a eu pour résultat de faire considérer la dame veuve Sagot comme ayant été propriétaire *ab initio* desdites valeurs, à l'exclusion de son mari, dont conséquemment la succession ne pouvait être, quant à ce, passible du droit de mutation par décès; que c'est donc avec raison que, dans la déclaration de ladite succession faite après ladite liquidation et dans le délai de droit, ces valeurs n'ont pas été comprises; que le même principe s'applique aux obligations dues par la communauté et grevant hypothécairement des immeubles de ladite communauté, abandonnés à la dame veuve Sagot par la liquidation et en raison du revenu éventuel appartenant à la femme à cet égard; mais attendu qu'aux termes du n° 8 de l'art. 14 et du n° 7 de l'art. 15 L. 22 frimaire an 7, le droit de mutation par décès doit se liquider sans distraction des charges; attendu qu'il ne résulte, ni de la loi, ni des principes du droit, aucune exception à cette règle pour les dettes et charges qui pèsent sur une communauté de biens entre époux, sauf le cas de prélèvement à leur profit pour reprises ou indemnités; que la succession du prédécédé doit donc, hormis ce cas, le droit de mutation sur la moitié de l'actif brut de la communauté; attendu, dès lors, que, dans l'espèce, l'abandon fait à la dame veuve Sagot des valeurs de la communauté, en raison de l'acquittement par elle fait ou à faire de diverses dettes et charges d'icelle, autres que celles susénoncées, n'a pu avoir pour effet de soustraire la succession Sagot à l'exigibilité du droit de mutation par décès sur la moitié desdites valeurs; qu'en effet, la dame veuve Sagot, tenue personnellement de la moitié seulement desdites dettes et charges en qualité de commune, ne pouvait être recherchée, et n'avait conséquemment pas d'indemnité à réclamer, dans les termes des art. 1431 et 1471 C. C., pour l'autre moitié d'icelle; que le payement par elle effectué spontanément de ladite moitié, ou l'obligation par elle volontairement contractée d'effectuer ce payement, n'ont pas réagi sur la position des parties telle qu'elle existait au moment de l'ouverture de la succession, et que, dès lors, l'abandon à elle fait desdites valeurs n'a pu anéantir la dévolution légale qui avait été opérée au profit de la succession de Sagot de la moitié d'icelles; que c'est donc à tort que lesdites valeurs ont été omises lors de la déclaration de succession; attendu que, de tout ce qui précède, il résulte que le droit de mutation est justement réclamé sur ladite moitié des valeurs » (D.N. t. 12 p. 348 n° 908 *bis*). — V. *Partage de communauté*.

On l'a également décidé pour l'attribution faite à la veuve en payement de son deuil et d'une créance sur le mari (Sol. 2 fév. 1877).

**16790. Licitation.** — La règle ordinaire serait-elle applicable au cas où les biens de la succession seraient licités antérieurement à la déclaration de succession? Le doute peut venir de ce que la licitation n'est qu'un mode de partage (V. *Licitation*). Mais il ne faut pas perdre de vue que, dans l'espèce de l'arrêt du 6 juillet 1823, il s'agissait d'un partage de communauté entre époux opéré sans soulte, et qui attribuait à l'époux survivant des immeubles, et aux héritiers de l'autre époux des valeurs mobilières. Or, la Cour de cassation avait pu décider que ce partage devait être pris pour règle de la déclaration postérieure des héritiers, laquelle par conséquent se réduisait à des valeurs mobilières parce que ce partage n'avait, en effet, rien changé à l'état des choses existant au décès, et n'avait fait que diviser en deux parts égales la masse des biens communs. Dans ce cas, le partage étant, suivant la loi de l'impôt comme d'après la loi civile, simplement déclaratif, et non translatif de propriété, avait pu servir de base pour la déclaration de la succession. Mais lorsqu'il s'agit non d'un partage pur et simple, sans soulte ni retour, mais d'une licitation qui, aux termes de l'art. 69 § 7 n° 4 L. 22 frimaire an 7, doit être considérée comme translative de propriété en ce qui concerne les parts et portions indivises acquises par le copropriétaire, le principe reste tout à fait sans application.

Pierre et Paul possèdent un domaine en commun et par moitié. Pierre meurt laissant sa moitié de domaine à Paul, son copropriétaire et à moi. Le domaine ayant été licité entre nous, Paul le conserve à charge d'une somme de 100,000 francs pour la portion de Pierre. Le moment de faire la déclaration de la succession de Pierre étant arrivé, faudra-t-il déclarer les 100,000 francs ou une valeur immobilière de 60,000 francs représentant moitié du domaine loué moyennant 6,000 francs? Poser la question en ces termes, c'est la résoudre, comment pourrait-il, en effet, venir à la pensée de comprendre dans la succession de Pierre une somme de 100,000 francs qui n'en a jamais fait partie?

Aussi la Cour suprême a-t-elle cassé, le 18 décembre 1839 (12437 J. E., 10573 J. N., 1615 § 4 I. G., S. 40-1-26), un jugement du tribunal de la Seine du 15 février 1838 qui avait jugé qu'une pareille licitation devait être prise pour base de la déclaration de la succession. « Attendu que, d'après les principes de la loi de frimaire, comme d'après les règles mêmes du droit commun, l'aliénation dont il s'agit n'a pu altérer en rien la nature et la quotité du droit de mutation par décès dû par les légataires universels dudit Nicolas Hermier; que le jugement attaqué a donc fait, dans l'espèce, une fausse application de l'art. 883 C. C., et formellement violé les articles ci-dessus cités. » — (V. dans le même sens Seine 6 janvier 1846, 13917 J.E.).

1. LICITATION SUIVIE DE PARTAGE. — Cependant nous regardons comme erroné un jugement du tribunal de Mamers, du 31 août 1847 (14351 J.E.), intervenu dans les circonstances suivantes :

Par acte passé devant notaire le 17 août 1845, il a été procédé à la vente par licitation de divers immeubles provenant des successions des époux Petitpain et d'Alexandre Petitpain, leur fils. Une partie des biens a été vendue à des personnes étrangères aux successions, moyennant 9,645 francs; l'autre partie a été adjugée au sieur Benjamin Petitpain, cohéritier, moyennant 5,260 francs. A la suite des adjudications, et sous la même date, on a récapitulé le prix des ventes partielles, s'élevant en totalité à 14,905 francs, et on a dit que le sieur Petitpain qui avait droit à 4,541 francs, ne devait que 719 francs et que le prix des adjudications, déduction faite des 4,541 francs, serait perçu par les autres héritiers, aux époques déterminées par le contrat.

Le sieur Benjamin Petitpain est décédé le 21 mars 1846, et comme le prix des adjudications faites à des étrangers, suivant le procès-verbal du 17 août 1845, n'était pas encore soldé, ni partagé définitivement, on a pensé que sa part, montant à 2,938 fr. 70 cent., faisait partie des biens de sa succession, et que les droits de mutation par décès se trouvaient exigibles sur cette somme.

Ces droits ont été payés sans contestation par les héritiers, indépendamment de ceux dus pour les autres valeurs de la succession.

Ultérieurement les héritiers Petitpain ont demandé la restitution du droit de succession perçu sur 2,938 fr. 70 cent., en prétendant que l'appendice écrit à la suite du procès-verbal d'adjudication était un partage définitif.

Sur le refus de l'Administration de restituer ces droits, le tribunal de Mamers a été saisi de la contestation, et il a rendu, le 31 août 1847, un jugement par lequel les héritiers Petitpain ont été déboutés purement et simplement de leur demande en restitution.

Cette décision, exacte si on en fait la comparaison avec la matière des licitations pour la perception du droit sur les parts et portions acquises, nous paraît erronée en matière de succession. Il est évident, en effet, que l'attribution qui avait été faite au sieur Benjamin Petitpain, à la suite de l'acte de licitation, était un véritable partage qui, lui attribuant pour sa part le prix de sa propre acquisition, le laissait sans droit sur le prix des autres acquisitions. L'effet du partage était réel et complet et nous ne voyons pas sur quel motif sérieux on pourrait se fonder pour en refuser le bénéfice à sa succession.

**16791. Cession sous forme de partage. —** Lorsque de l'ensemble de divers actes passés entre une veuve et ses enfants, il résulte, en fait, que la veuve a cédé à titre onéreux l'usufruit des biens de son mari, dont elle était donataire, la circonstance que ces actes auraient revêtu la forme d'un partage, ne saurait soustraire la veuve au payement des droits de mutation par décès. « Attendu, porte un jugement du tribunal de Sarrebourg, du 29 mars 1849 (15036-1 J.E.), que les lois fiscales présentent une législation toute spéciale qui assujettit toute transmission ou mutation de propriété ou d'usufruit à une déclaration et au payement d'un droit proportionnel; attendu que l'acte de transaction des 26 et 31 juillet 1845, et le partage du 20 décembre de la même année, qui en est le complément, contenaient réellement cession par madame veuve Seillière de l'usufruit auquel elle a succédé du chef de son mari, décédé ancien banquier à Paris, moyennant une rente viagère de 33,523 francs; qu'il importe peu qu'on ait appelé cette cession *transaction* ou *partage*, puisque madame Seillière a disposé de son usufruit comme de sa propriété; qu'ainsi cette qualification ne peut en aucune manière changer la nature de la convention; attendu que la fiction légale de l'art. 883 du droit commun doit céder aux dispositions contraires de la loi spéciale; qu'il résulte de l'art. 69 § 7 L. 22 frimaire an 7 et de plusieurs autres dispositions de cette même loi, que l'esprit de la législation fiscale s'oppose à l'admission de cette fiction. »

Il avait été antérieurement reconnu dans le même sens, par une Dél. 10 décembre 1820, que si, avant la déclaration de succession, le survivant cède à ses enfants, moyennant une rente viagère, l'usufruit qui lui avait été légué par le défunt, le droit de succession est dû sur cet usufruit et non sur le capital de la rente (7477 J.N., D.N. t. 5 p. 228 n° 67; — *Conf.* : Dél. 15036 § 1er J. E.).

C'est encore le même principe qui a été appliqué dans l'espèce suivante :

Dans le contrat de mariage de M. de Lockart et de demoiselle de Guercheville en date du 15 fructidor an 13, les père et mère de la future lui ont fait donation de différents immeubles sur lesquels ils se sont réservé le droit de retour. — Par un acte notarié du 27 février 1830, M. et Mme de Guercheville ont déclaré consentir à ce que madame de Lockart disposât, en faveur de son mari, de l'usufruit de moitié des biens qu'ils lui avaient donnés. — Le lendemain, 28 février, madame de Lockart a fait un testament portant legs à son mari : 1° de l'usufruit de la moitié de ses biens, propres existant en nature, et des reprises qu'elle pourrait avoir à exercer; — 2° de la pleine propriété de sa part dans la communauté. Elle est décédée le 31 mars 1830, ne laissant point d'enfants. — Le 23 avril 1830 il a été passé, entre M. et Mme de Guercheville d'une part, et M. de Lockart, d'autre part, un acte notarié, portant : 1° que la valeur des biens propres de madame de Lockart est de 121,964 francs, y compris 5,304 francs de reprises dont son mari est comptable; — 2° que M. et Mme de Guercheville abandonnent à M. de Lockart, pour le remplir du legs fait à son profit, l'usufruit de la totalité des reprises, et lui constituent une rente annuelle et viagère de 2,780 fr. 90 cent.; — 3° qu'au moyen de cette rente M. de Lockart cède, à titre de licitation et partage, à M. et Mme de Guercheville le restant de son usufruit, qui se trouve ainsi réuni à leur propriété

Lors de l'enregistrement de cet acte, le droit proportionnel a été perçu sur le capital au denier 10 de la rente viagère. — Le 30 août 1830, M. de Lockart a déclaré au bureau de l'enregistrement d'Orléans, lieu de l'ouverture de la succession de sa femme, la rente viagère de 2,780 fr. 90 cent., comme formant l'objet du legs fait en sa faveur. Le droit de mutation entre époux fut perçu sur le capital, au taux fixé pour les meubles.

Mais l'Administration a réclamé les droits de mutation par décès dus à raison de l'usufruit lui-même. Elle a soutenu d'abord que l'acte du 23 avril 1830 n'était point un partage entre cohéritiers, puisque M. et Mme de Guercheville ne recueillaient point les biens propres de leur fille à titre héréditaire, mais en vertu de la clause de retour stipulée dans son contrat de mariage; qu'ainsi, le principe de l'art. 883 C. C. n'était point applicable à l'espèce; ensuite, que, dans le cas même où l'acte dont il s'agit aurait le caractère d'un partage, M. de Lockart devrait acquitter le droit de mutation par décès sur la valeur de l'usufruit qui lui avait été légué par sa femme, et ne pourrait substituer à cet usufruit, pour le payement des droits, la rente viagère constituée à son profit par l'acte du 23 avril 1840, et qui n'a jamais existé dans les valeurs de la succession.

La Cour de cassation ayant été saisie de l'affaire a admis pleinement ces conclusions par un arrêt du 19 novembre 1834 (11089 J.E., S. 35-1-446, 1481 § 8 I. G.) ainsi conçu :

« Attendu que l'acte du 23 avril 1830 contenait véritablement vente et cession par Lockart à son beau-père et à sa belle-mère de l'usufruit à lui légué par sa femme moyennant le prix qui consiste en une rente viagère de 2,780 fr. 90 cent. qui lui est constituée ; que les mots *licitation et partage*, qui sont insérés dans l'acte, ne peuvent dénaturer la convention, qui consiste en un transport de la totalité de la portion dé l'usufruit qui lui était léguée, ce qui prouve bien que le sieur Lockart était propriétaire et disposait de sa propriété moyennant un prix stipulé; qu'ainsi, le droit de mutation de propriété de l'usufruit résultant du legs fait à Lockart par sa femme, était dû à la Régie ; qu'en jugeant le contraire, le jugement du tribunal d'Orléans a violé les art. 4, 15 nos 8,

27 et 32 L. 22 frimaire an 7, et fait une fausse application de l'art. 883 C. C. »

On peut consulter dans le même sens des jugements du tribunal de Montargis du 31 août 1835 (11382 J. E.) et de la Seine du 9 juillet 1841 (D. N. t. 12 p. 348 n° 907 et du 13 juin 1873 (4119 R. P.).

**16792. Transaction.** — En matière d'enregistrement, la transaction proprement dite a un caractère attributif et donne lieu à la perception du droit de mutation entre-vifs à titre onéreux sur les déplacements effectués dans la possession apparente des biens. C'est un principe qui se trouve développé au mot *Transaction*.

Un acte de cette nature ne saurait donc équipoller au partage pur et simple et servir, comme ce dernier, de base à la déclaration de succession. — V. *Transaction*.

1. PACTE DE FAMILLE. — Ainsi, il a été jugé que l'acte intervenu entre une veuve et ses enfants, à titre de pacte de famille, et pour éviter toutes difficultés relativement à l'interprétation de différents actes de libéralité de la part du mari en faveur de sa femme, ne doit pas être considéré comme un partage pur et simple, mais bien plutôt comme une transaction, ne pouvant, dès lors, servir de base pour la perception des droits de mutation par décès (Corbeil 23 août 1854, 15907 J. E.; — *Conf.* : Seine, 14 août 1875).

2. USUFRUITIER. — De même, l'acte par lequel l'époux survivant donataire en usufruit de son conjoint, transige avec les héritiers de celui-ci sur des contestations existant entre eux au sujet de la donation d'usufruit et de la liquidation de la communauté, ne saurait être considéré comme un partage devant servir de base à la déclaration de succession. « Attendu qu'en principe l'assiette des droits de mutation doit être établie sur les objets transmis, tels qu'ils existent au moment du décès, et que ces droits sont dès ce moment acquis au Trésor; qu'il en résulte qu'aucun acte, aucune convention particulière postérieure ne saurait porter atteinte à ces droits; que si un partage pur et simple, une liquidation, doivent être admis pour servir de base à leur fixation, ce n'est que par application de ce principe et parce que de pareilles opérations simplement déclaratives ne font que déterminer, mais sans jamais les modifier, les lots préexistants pour chaque copartageant; mais qu'il n'en est pas de même d'un contrat constatant non plus des droits, mais au contraire des renonciations et conséquemment de véritables transactions, et changeant l'état de choses qui existait lors de l'ouverture de la succession; qu'en l'espèce, la transaction doit d'autant moins être assimilée à un partage, que cette convention a été signée entre un nu-propriétaire et un usufruitier, que leur qualité respective n'a jamais dû faire considérer comme dans l'indivision » (Dijon 15 fév. 1864, 2037 R. P.).

3. QUALIFICATION. — Mais la qualification de transaction donnée à un partage ne suffirait pas, à elle seule, pour faire écarter le contrat, s'il était d'ailleurs certain qu'il produit de simples effets déclaratifs et tient lieu de partage. Dans un cas pareil, l'Administration a reconnu, suivant délibération du 23 mars 1825, que la déclaration de succession devait être faite conformément à la transaction (875 C.). — V. *Transaction*.

La Cour de cassation a appliqué ce principe, le 4 janvier 1865, à un partage qualifié transaction, aux termes duquel le mari survivant donataire d'un quart en propriété et d'un quart en usufruit des biens de sa femme, avait réglé ses droits dans les valeurs indivises (2002 R. P., 18191 J. N., 12801 C., 1159 Rev., B. 4, S. 65-1-96, D. 65-1-135, P. 65-179. — *Arrêt rapporté* 10876).

4. CLAUSE ACCESSOIRE. — De même, un acte ne perd pas son caractère de partage parce qu'il contient, au sujet du payement du passif, une convention accessoire qualifiée de transaction et ayant pour but, par exemple, le payement des dettes. En conséquence, cet acte doit servir de base à la déclaration de succession (Lisieux 18 janv. 1867, 2678 R. P.).

**16793. Partage frauduleux.** — Il ne faut donc pas pousser trop loin le principe que tout acte qualifié de partage et antérieur au payement des droits de succession doit servir de base à la liquidation des droits des parties. Ainsi, il pourrait encore arriver que, dans une intention frauduleuse et en prévision du payement du droit de mutation par décès, on fît une liquidation qui ne serait pas conforme au droit des parties, au moment de l'ouverture de la succession. En ce sens, le tribunal d'Amiens a jugé, le 12 juin 1856 (16375 J. E.), que lorsque des époux ont fait conjointement à leurs enfants donation d'une somme déterminée, et que dans l'acte de liquidation, qui a eu lieu après le décès de l'un des donateurs, il a été dit, dans une intention frauduleuse, que la somme donnée était imputable en totalité sur la succession du prédécédé, lorsque, aux termes de la donation, elle n'en était tenue que pour moitié, cette liquidation ne peut servir de base pour la déclaration de la mutation par décès.

Ainsi encore, un acte qualifié partage, par lequel on attribue au légataire *universel* des valeurs mobilières et l'on fixe arbitrairement les droits des héritiers ou des légataires, ne peut être pris pour base de la déclaration de succession (Seine 16 mars 1842, 12969-5 J. E.).

Si l'Administration a le droit incontestable de repousser la fraude, sous quelque forme qu'elle se présente, il ne peut appartenir aux parties de lui opposer des actes qu'elles auraient frauduleusement rédigés. Comment se plaindraient-elles d'une pareille décision, puisque ce sont elles-mêmes qui ont fourni les bases qui servent à la perception.

En ce sens, le tribunal d'Embrun a jugé, le 25 avril 1849 (14864-3 J. E.), qu'une sœur qui a fait avec son frère le partage de divers biens, ne peut, devenue unique héritière de celui-ci, se dispenser de comprendre dans sa déclaration de succession les biens qui ont fait l'objet du lot de son frère sous le prétexte qu'elle est en instance pour faire annuler le partage.

**16794. Partage sous seing privé non enregistré.** — C'est encore en se fondant sur la facilité qu'un semblable moyen offrirait à la fraude, en permettant aux parties d'opposer à l'Administration des actes qui ne seraient pas sérieux, qu'un receveur serait autorisé à ne pas tenir compte d'un partage sous seing privé qui n'aurait pas été enregistré ou n'aurait pas acquis date certaine avant la déclaration de succession.

**16795. Partage verbal.** — *A fortiori*, si un cohéritier se trouvait copropriétaire par indivis d'un immeuble avec son frère décédé, on ne pourrait se dispenser de comprendre dans la déclaration de la succession la moitié de cet immeuble, sous le prétexte qu'un partage sans soulte *dont on ne justifierait pas*, aurait attribué cet immeuble au survivant avant le décès du défunt.

**16796. Indivision n'existant pas.** — Enfin, pour qu'il y ait partage proprement dit pouvant servir de base à la déclaration, il est indispensable qu'il intervienne entre des copropriétaires. S'il n'existait entre les parties aucune indivision, nul doute que les prétendus lotissements auraient le caractère d'échange ou de conventions translatives de propriété. C'est un point que nous avons traité au mot *Licitation*. Tous les développements que le sujet y a reçus sont communs à la matière actuelle : il suffira de s'y reporter.

**16797. Partage provisoire.** — Il est bien certain aussi que le partage ne saurait être accepté quand il n'est pas devenu définitif (Seine 25 janv. 1868, 2659 R. P.). Les développements que la question a reçus à propos des *licitations* peuvent trouver ici leur application.

Décidé spécialement que quand, dans un partage sous seing privé entre des enfants mineurs d'un premier lit et leur beau-père, pour le règlement de la communauté dissoute, tous les immeubles ont été abandonnés au mari, ce partage n'étant pas définitif ne saurait servir de base à la déclaration de succession et les droits qui sont perçus sur la moitié des immeubles le sont régulièrement (Cass. 4 juin 1817, D. N. t. 11 p. 456 n° 191, *arrêt rapporté* 14516).

Il en est de même du partage entre un majeur et un mineur émancipé sans les formalités des art. 817 et 840 du C. C. (Sol. 7 oct. 1874).

## SECTION 2. — PARTAGE POSTÉRIEUR A LA DÉCLARATION DE SUCCESSION

[16798-16805]

**16798. Restitution.** — Le partage postérieur à la déclaration de succession a-t-il une influence sur les droits perçus ? Nul doute d'abord qu'il ne saurait autoriser aucune restitution ; et cela parce que l'art. 60 L. 22 frimaire an 7 prohibe le remboursement de tout impôt régulièrement acquitté. Or, il n'est pas contestable que le droit a été perçu comme il le devait être sur la déclaration des héritiers, puisque le partage n'était pas encore intervenu.

La Cour de cassation a décidé, en ce sens, le 1er décembre 1835, que l'héritier qui a compris dans sa déclaration des immeubles sur lesquels l'auteur de la succession avait des droits indivis, ne peut, pour prouver qu'ils y ont été portés par erreur et obtenir la restitution des droits de mutation par décès, s'étayer d'un partage postérieur à cette déclaration qui a attribué ces biens à un copropriétaire autre que le défunt (9115 J.N., 1513-4 I. G., D. N. t. 12 p. 344 n° 896). — *V.* 8476.

Et la Cour a ajouté, dans un autre arrêt du 11 mars 1851 (16781 *suprà*) ce considérant catégorique : « L'art. 883 C. C. n'est pas applicable quand le partage est postérieur à l'expiration du délai de six mois, parce qu'il s'agit alors d'un fait ultérieur qui, d'après l'art. 60 L. 22 frimaire an 7, ne pourrait justifier une demande en restitution de droits régulièrement perçus à l'époque où la perception a été opérée. »

**16799. Supplément de droit.** — Mais la question est très-controversée à l'égard de l'exigibilité des droits supplémentaires auxquels le partage donnerait ouverture si le lot attribué aux héritiers était d'une valeur imposable supérieure à celle qui a subi la perception.

La négative se fonde sur deux raisons : une raison d'équité d'abord, parce qu'il serait souverainement inique que le Trésor qui ne restitue pas quand il a trop perçu puisse réclamer quand il n'a pas assez reçu ; — une raison juridique ensuite, revenant à ceci que la déclaration de succession a été passée conformément aux effets de la saisine, d'après la consistance et la dévolution des biens existants au décès, que le partage n'a rien ajouté à ces valeurs puisque les biens et les héritiers sont demeurés les mêmes, qu'il n'existe en conséquence aucun motif de rectifier la liquidation des droits perçus, comme ils devraient l'être, sur les biens transmis *par le décès*.

La question a été décidée en ce sens par divers tribunaux (Seine 2 juill. 1856, 25 juill. 1863 ; — Péronne 13 janv. 1864 ; — Le Mans 26 août 1864, 2019 et 2394 R. P.).

Dans l'affaire tranchée contre l'Administration par le tribunal du Mans, il s'agissait d'un partage de communauté postérieur à la déclaration de succession du mari, qui avait attribué à la veuve l'usufruit et au fils la nue-propriété des biens. Comme le droit de succession n'avait été liquidé, du chef de l'héritier, que sur la moitié des valeurs dont il recueillait la nue-propriété entière, il parut qu'il était dû un droit supplémentaire de mutation par décès sur l'autre moitié dans les six mois du partage. Mais le tribunal décida le contraire : « Attendu que, si l'usage a fait accueillir comme base du droit de mutation à percevoir, les partages antérieurs à la déclaration, lorsqu'ils donnent ouverture à une perception supérieure à celle résultant de la saisine, ce n'est là qu'une exception motivée peut-être par cette considération, que l'héritier étant obligé à déclarer les valeurs par lui recueillies, doit faire sa déclaration conforme aux actes consentis par lui antérieurement ; mais qu'on ne saurait en induire un principe applicable aux partages antérieurs ; qu'on ne peut admettre, en effet, comme règle découlant d'une loi, que tous les partages devront, en vertu de l'art. 883 C. C., servir de base aux perceptions, lorsque son application donnerait lieu à un droit d'enregistrement plus élevé que celui résultant de la saisine légale et ne pourra plus en servir lorsque la perception en résultant serait moins considérable ; qu'une telle inégalité n'est écrite nulle part et ne pourrait être accueillie qu'avec une disposition formelle de la loi. »

Le pourvoi introduit par l'Administration fut rejeté en ces termes par la chambre des requêtes, le 20 novembre 1866 : « Attendu que le mode de lotissement qui, dans une société dissoute par le décès du mari, donne à la veuve l'usufruit et au fils la nue-propriété de tous les biens, n'enlève pas au partage son caractère essentiellement déclaratif et n'autorise dès lors la perception du droit fixe ; qu'il en doit être ainsi surtout lorsque, comme dans l'espèce, le défendeur éventuel a reconnu et le jugement réservé à la Régie le droit proportionnel pour le moment où l'usufruit serait réuni à la propriété » (2394 R.P., S. 67-1-41, D. 67-1-106, P. 67-61).

Tel qu'il est conçu, cet arrêt n'a qu'une très-faible autorité dans le débat. Soit que la question ait été mal posé à la Cour soit pour toute autre cause, l'arrêt décide ce qui n'était pas contesté : à savoir que le partage ne donne lors de l'enregistrement qu'au droit fixe de 5 francs (droit gradué). Il s'agissait unique ment de savoir si en vertu du partage on pourrait forcer la perception établie sur la déclaration de succession et la Cour n'a pas répondu. La difficulté demeure donc à peu près dans les termes où elle était placée auparavant.

Or, nous croyons que l'exigibilité du supplément de droit peut aisément se justifier.

Écartons d'abord le motif d'équité. Si la question se plaçaisur ce terrain, on pourrait sans doute préférer le sentiment contraire qui respecte la bonne foi des parties et la sincérité de la première déclaration.

« Il y a toujours, disait le conseil d'Administration dans une Dél. du 8 janvier 1830, de graves inconvénients à soumettre la perception à l'événement d'un partage futur dont l'époque est essentiellement incertaine. » — Ce motif est fort sage et la pensée qui l'inspire a depuis longtemps toutes nos sympathies. Nous regrettons seulement qu'il ne puisse être juridiquement défendu. Quelque singularité qu'il y ait à faire du partage postérieur le prétexte d'une demande en supplément de droit, alors que les parties ne pourraient s'en prévaloir pour obtenir une restitution, il faut admettre ce résultat comme l'une des rigueurs malheureusement trop fréquentes de notre législation. Nul doute que l'art. 60 L. 22 frimaire an 7, en maintenant les droits régulièrement perçus, ne crée pour le Trésor un bénéfice sans correspondant à l'égard des parties.

On en trouve d'autres exemples dans l'exigibilité de l'impôt sur les marchés contenant un prix provisoire (*V. Acte administratif*).

La Cour suprême s'exprimait donc en termes trop absolus, lorsqu'elle disait, à propos d'une demande en remboursement de droits : « Si l'art. 883 C. C., n'est pas applicable quand le partage est postérieur à l'expiration du délai de six mois, c'est parce qu'il s'agit alors d'un fait ultérieur, qui, d'après l'art. 60 L. 22 frimaire an 7, ne pourrait justifier une demande en restitution de droits régulièrement perçus à l'époque où la perception a été opérée » (Arrêt du 11 mars 1851. *V.* 16784). — Cette remarque est très-juste au sujet des restitutions, parce que le texte de l'art. 60 est formel : on ne saurait l'étendre aux forcements de droits dont le recouvrement n'est entravé par aucune prohibition semblable (Seine 4 juin 1859, 16645 J.N., 11613 C.; — Mamers 2 juin 1863, 1814 R.P., 17886 J.N.).

Quant au motif de droit, il tombe de lui-même devant le caractère déclaratif du partage, puisque en matière fiscale comme en droit civil, ses effets remontent à la mutation même, s'identifient avec elle et doivent par conséquent servir de règle à l'application du tarif. Étant admis que le partage rétroagit au décès et détermine l'émolument véritable de chaque cohéritier dans les valeurs communes, il allait de soi que ces cohéritiers devaient aussi acquitter l'impôt des mutations sur les lots qu'ils avaient fictivement recueillis depuis le décès. C'était là une conséquence nécessaire du caractère déclaratif de l'acte, et les parties ne pourraient la repousser, qu'en alléguant à leur tour que le partage ne rétroagit pas au décès pour la perception de l'impôt, thèse impossible et condamnée par la jurisprudence.

Ce résultat si naturel de la rétroactivité du partage est, du reste, en parfaite harmonie avec l'économie fiscale.

Pourquoi dispense-t-on du droit proportionnel l'acte par lequel des cohéritiers, sortant d'indivision, prennent chacun leur part dans les biens communs? La raison en est saisissante. C'est qu'ils n'acquièrent rien au regard du Trésor, et se bornent à localiser sur un objet leurs droits auparavant dispersés sur tous. « Il faut disait l'orateur chargé de présenter la loi du 22 frimaire an 7, faire cesser la perception du droit proportionnel sur les partages, parce que ces actes sont une *suite nécessaire* des mutations pour lesquelles *ils doivent ou ont payé l'impôt.* » L'exigibilité du droit fixe est ici le corollaire de la perception du droit proportionnel sur la succession. Il suppose nécessairement que l'impôt des mutations par décès *est ou sera payé* par l'héritier pour le lot qu'il reçoit ; sans cela l'exemption n'aurait plus de cause. Dès lors, si la perception établie d'après les dévolutions légales n'est plus d'accord avec les résultats du partage, il faut la compléter et demander au cohéritier le droit que son alotissement rend exigible.

La loi fiscale a sur ce point des règles propres qu'on ne peut méconnaître. Elle n'apprécie pas toujours, comme la loi civile, la valeur imposable des biens indivis, et elle a par chaque degré de parenté des tarifs différents qu'il faut respecter. Il est clair que sur ce terrain le droit commun n'a plus d'empire ; la perception relève des seuls principes de la loi spéciale, en tant qu'ils se peuvent concilier avec la rétroactivité du partage. C'est pourquoi les changements opérés dans cet acte, si indifférents qu'ils soient à la loi civile, ne sont pas toujours sans influence sur le droit fiscal ; et si la valeur imposable se trouve modifiée par les attributions, l'impôt perçu au décès subit lui-même des changements pareils. Il n'y a rien là que de très-naturel et de très-conforme à la rétroactivité fiscale de l'acte.

Mais, nous dit-on, les biens ont été soumis à la perception dans leur intégralité, tels qu'ils se trouvaient au décès. Si, plus tard, ils éprouvent des modifications, si un objet, par exemple, se divise en usufruit et en nue-propriété, ce sont là des faits étrangers au défunt, et par conséquent à la mutation qui prend les valeurs au jour même de sa mort. Autrement, le droit de succession se trouverait perçu, non pas sur les biens *transmis par le décès*, mais sur les valeurs transmises *par la convention*. Ce moyen n'est pas nouveau. L'Administration l'avait invoqué quand elle soutenait que le partage antérieur à la déclaration ne pouvait pas servir de base à la liquidation des droits. Mais la jurisprudence n'en a pas moins décidé que, le partage ayant un effet rétroactif, l'impôt était dû sur les résultats de chaque attribution. (Arrêts des 16 juill. 1823, 11 mars 1851, 4 janv. 1865.) — Pourquoi en serait-il autrement, quand le partage suit le payement de l'impôt? Et où voit-on dans la loi bursale que la fiction de l'art. 883 C. C. s'arrête devant la déclaration plus ou moins sincère du débiteur? On se méprend d'ailleurs en objectant que les droits seront alors perçus sur les biens transmis par la convention. Le partage est sans doute un acte postérieur au décès ; mais ce qui est vraiment antérieur, c'est le montant du droit de l'héritier, c'est la valeur sur laquelle il a dû payer le droit de succession. « Tous ces faits, dit Championnière, sont la base légale de la perception du droit. S'ils ont été méconnus, s'il y a erreur *rectifiable*, le partage peut servir, soit à une demande en restitution, soit à celle d'un supplément, non pas à raison des dispositions qui le constituent, mais à cause des documents qu'il contient et des éléments de vérité, relativement aux valeurs héréditaires ou aux droits de l'héritier, qui s'y rencontrent et qui devaient servir de base à la perception » (*Suppl.* 637). — Quelles que soient les combinaisons du partage, elles s'identifient rétroactivement avec la mutation originaire, parce qu'il est impossible de scinder la fiction de l'art. 883 pour l'appliquer seulement à telle ou telle division des biens. Juridiquement, le défunt est *censé* avoir transmis à chacun de ses héritiers les valeurs déterminées par le partage, cette valeur est donc passible du droit de succession. L'Administration l'a ainsi reconnu plusieurs fois, notamment le 25 janvier 1878.

En ce sens, il a été décidé : que lorsque le partage qui a attribué à l'époux survivant l'usufruit, et aux héritiers de l'autre la nue-propriété de la totalité des biens de la communauté, est postérieur à la déclaration de succession, un supplément de droit de mutation par décès est dû sur la moitié de ces biens : « Attendu que les partages de biens successifs, étant déclaratifs de propriété, se confondent, quant à leurs effets, avec le décès qui saisit l'héritier ; que, par suite, les abandonnements qui résultent de ces partages constatent des transmissions héréditaires et doivent servir de base à la liquidation des droits d'enregistrement auxquels ces transmissions donnent ouverture » (Seine 4 juin 1859, 2019 R. P., 16645 J. N., 11613 C. — *Conf.* : Mamers 2 juin 1863, 1814 R. P., 17886 J. N. ; — Chartres 15 avr. 1864, 2089 R. P., Dél. 17 août 1853, Sol. 24 août 1861, 1530 R. P., 12167 C.).

Le tribunal de la Seine a persisté dans cette jurisprudence depuis l'arrêt de 1866, par une décision du 7 juin 1878 (5072 R. P.).

1. TOUS LES IMMEUBLES AUX HÉRITIERS. — Cependant, avant la loi du 18 mai 1850, il avait été décidé contrairement à la jurisprudence précédente, que si le partage attribue toutes les valeurs immobilières de la communauté aux héritiers qui n'ont payé les droits que sur la moitié de ces biens, on n'est pas fondé à baser sur ce partage postérieur à la déclaration de succession la demande d'un supplément de droit (Meaux, 20 août 1829, 7159 J. N.).

2. IMPUTATION DE DOT. — Jugé de même que si deux époux ont constitué par moitié des dots à leurs enfants, avec condition qu'en cas de demande en partage de la succession du prémourant, elles seraient imputées en entier sur la succession de celui-ci, on ne doit, si le partage est postérieur à la déclaration de succession, imputer que la moitié de ces dots, encore que la demande en partage ait été formulée antérieurement à la déclaration (Seine 20 juill. 1842, 13093 J. E.).

**16800. Quand le droit supplémentaire est exigible.** — 1. DÉCÈS DE L'USUFRUITIER. — Lorsque, par le résultat du partage, l'usufruit a été attribué à l'époux survivant, et que les héritiers reçoivent la nue-propriété des biens, alors qu'ils ont acquitté seulement la moitié du droit applicable à cette nue-propriété, ne peut-on pas soutenir que le complément de la perception doit se faire seulement quand ces héritiers recevront, au décès de l'usufruitier, la jouissance dont ils sont privés ? On l'a, en effet, soutenu, et la Cour de cassation a même rendu un arrêt en ce sens le 2 août 1841, (S. 41-1-774, 1668- I. G., 12819 J. E.).

« Attendu, porte cet arrêt, que des dispositions prises des nos 6 et 7 de l'art. 15 L. 22 frimaire an 7, combinées avec l'art. 4 de la même loi, il résulte que la réunion de l'usufruit à la propriété n'est affranchie du droit de mutation qu'autant que le droit a été acquitté par anticipation sur la valeur entière de la propriété ; attendu qu'il est constaté dans l'espèce : 1° que les enfants Darblay, en qualité d'héritiers de leur mère, n'ont acquitté les droits que sur la moitié des biens indivis composant la communauté qui avait existé entre leurs père et mère ; — 2° que, par un acte subséquent à la date du 1er avril 1839, enregistré sur la perception d'un simple droit fixe, ils ont fait avec leur père un partage de cette même communauté, au moyen duquel la nue-propriété de tous les biens leur a été attribuée et l'usufruit seulement à leur père ; qu'il suit de là qu'à la cessation de l'usufruit, et tant par l'effet du partage que par l'effet du décès de leur père, ils ont recueilli l'autre moitié de la communauté échue à celui-ci, ce qui a opéré une transmission de biens passible d'un droit proportionnel non encore acquittée ; qu'ainsi, en l'absence de déclaration de leur part après la mort de leur père, la Régie a pu valablement procéder par la voie de la contrainte. ».

Mais cette doctrine est contraire au texte comme à l'esprit de la loi ; la démonstration en est faite au mot *Usufruit*.

2. LE DROIT PREND NAISSANCE AU JOUR DU PARTAGE. — DÉLAI. — L'impôt complémentaire de transmission devient donc exigible dès la confection du partage ; mais comme ce n'est point sur cet acte lui-même qu'il doit être perçu, on est conduit à décider que le payement en es dû dans les six mois du contrat. Le partage a sur la déclaration antérieure la même influence que tout événement qui vient modifier d'une façon inattendue la consistance de l'hoirie. Les droits dont ce changement est la cause ne prennent naissance qu'avec lui ; et si la transmission même remonte au décès, c'est là une fiction qu'on ne saurait opposer, ni au contribuable pour lui reprocher de ne s'être pas libéré dans les six mois du décès, ni à l'Administration elle-même, pour lui faire grief du défaut de poursuites. C'est ce qui a lieu en matière d'indignité (386 § 7 I. G. v° 16157), de renonciation à la communauté par une veuve après la déclaration de succession (Seine 30 nov. 1842 et 7 déc. 1848), ou de la découverte d'un testament inconnu (Cass. 11 fév. 1807 et 5 sept. 1809 ; — Seine 25 mars 1852, 16166). C'est le principe général qu'on applique aux biens rentrés dans l'hérédité postérieurement à la déclaration de succession (Cass. 24 août 1841). — V. 16151.

Cependant, le tribunal de la Seine décide que comme il s'agit d'un supplément de droit ordinaire, les parties n'ont pas à fournir de nouvelle déclaration dans les six mois à peine du demi-droit en sus (Jugement 4 juin 1859, 2019 R. P., 16645 J. N., 11613 C., et 7 juin 1878, 5072 R. P.).

**16801. Prescription.** — Ce qui précède résout, par avance, la question de savoir quelle est la prescription applicable aux droits complémentaires. On a voulu invoquer l'art. 61 L. 22 frimaire an 7, portant qu'il y a prescription pour la demande des droits après deux années à compter de l'enregistrement, s'il s'agit d'un droit non perçu sur une disposition particulière dans un acte ou d'un supplément de perception insuffisamment faite, ou d'une fausse évaluation pour la constater par voie d'expertise. C'était une erreur. Le supplément réclamé aux héritiers n'est point le produit d'une perception omise sur quelque disposition du partage, puisque cet acte déclaratif ne donne ouverture qu'au droit fixe, c'est la mutation par décès qui le rend exigible, et on pourrait chercher à dire dans un sens général qu'il a été *suffisamment* perçu lors de la déclaration de succession. Mais l'art. 61 n'a point une acception aussi étendue; quand il parle des insuffisances, il s'applique seulement aux droits que le receveur devait exiger lors de l'enregistrement de l'acte ou de la déclaration, et pour la constatation desquels il avait alors tous les éléments utiles. On comprend que, dans cette circonstance, la fausse liquidation procédant d'une erreur et la rectification en étant immédiatement possible, la loi avait toutes raisons pour limiter à un très-court délai l'action du Trésor. Ne serait-il pas absurde qu'elle ait soumis à la même déchéance le recouvrement d'un droit dont l'Administration ne connaissait pas l'exigibilité, et qu'elle n'est pas, dès lors, en faute de n'avoir point perçu ? On ne prouve rien en disant que le législateur repousse généralement, dans les matières fiscales, l'application de la maxime, *contrà non valentem agere non currit præscriptio,* car il ne s'agit pas ici d'un créancier qui n'a pas protégé ses droits, il s'agit d'un tiers qui n'était pas encore créancier. Comment donc la prescription existerait-elle avant l'obligation ? Cela n'est évidemment pas possible. On ne soutiendrait pas avec plus de fondement que la prescription est celle des omissions de biens. Le mot *omission* a un sens très-certain : il se rapporte au fait de l'héritier qui ne déclare pas une valeur existante au jour du décès, et dont il a pu alors avoir la connaissance. Le successible loti d'une valeur imposable supérieure à sa portion légale est dans une position différente ; il a déclaré tout ce qu'il possédait à ce moment ; on ne saurait, ni l'accuser d'omission, ni le punir d'un droit en sus. Par conséquent, il ne peut pas non plus opposer au Trésor la prescription quinquennale.

La vérité est que la réclamation constitue une demande principale fondée sur l'obligation nouvelle échue depuis le partage à l'héritier qui a reçu une valeur imposable sur laquelle il ne comptait pas lors du payement des droits primitifs. Or, cette obligation nouvelle se résume en une déclaration supplémentaire des biens que le partage lui a attribués.

La prescription opposable à l'Administration est donc naturellement celle des successions non déclarées.

**16802. Tarif.** — Le supplément de droit de mutation par décès, exigible à l'occasion du partage postérieur à la déclaration de succession, doit être liquidé d'après le tarif en vigueur au jour de l'ouverture de cette succession. « L'Administration qui se fonde sur le partage fait postérieurement à la déclaration de succession, pour exiger un supplément de droit de mutation par décès, ne saurait refuser d'admettre que la mutation opérée remonte au jour du décès, par application de l'art. 883 C. C. D'où la conséquence que les droits doivent être liquidés d'après le tarif en vigueur au jour de l'ouverture de la succession du défunt » (Sol. 3 oct. 1863, 2105 R. P.).

**16803. Récompense. — Valeur fictive.** — En principe, les récompenses dues par les époux à la communauté s'ajoutent (déduction faite de leurs reprises) à la masse active de la communauté pour régler la part du défunt dans cette masse et la perception du droit de mutation par décès. Cette addition ne peut faire l'objet d'un doute, puisque la récompense constitue une créance active de la société d'acquêts.

Mais lorsque la récompense est due par le défunt, il serait contraire au principe *non bis in idem* de percevoir l'impôt à la fois sur la communauté et sur la récompense qui a servi à en augmenter les valeurs. Quand la part du défunt dans la communauté est fixée, on déduit donc de cette part le montant de la récompense.

Mais il est impossible d'aller au delà, et en cas d'insuffisance de la part de la défunte dans les biens de la communauté, de continuer la déduction sur les biens propres. A leur égard, la récompense est une charge, et l'impôt dû à raison de leur transmission doit être perçu sans distraction de charges (Sol. 2 déc. 1871, 30 janv. 1872; — Seine, 30 juill. 1872, 3680 R. P. ; — Sol. 19 oct. 1877).

**16804. Capitalisation légale.** — La valeur imposable des immeubles se détermine par le denier 20 du revenu. Ce mode est le seul légal et ne saurait être remplacé par la valeur vénale (*Suprà* n° 16775), quels que soient d'ailleurs les inconvénients.

Ces inconvénients sont nombreux.

Ainsi, on impute les legs non existant en nature ou les sommes données et non payées sur le capital au denier 20 du revenu des immeubles, quoique ce capital soit souvent inférieur à la valeur réelle des biens.

Il en est de même pour la liquidation des reprises à déduire des immeubles de la communauté. L'injustice du procédé se remarque surtout nettement dans l'hypothèse examinée au numéro précédent, où la récompense se défalque pour sa valeur réelle, alors que l'immeuble même qui y donne lieu n'est assujetti au droit que sur un capital amoindri.

Une fois le capital imposable déterminé, l'Administration doit accepter les résultats de l'opération dans toutes ses conséquences. C'est donc le revenu multiplié par 20 qui servira à fixer la valeur de l'immeuble, à l'égard de la perception, dans toutes les liquidations dérivant de la transmission originaire. Il va de soi, en effet, que si tel immeuble a reçu une valeur légale de 10,000 francs lors de la libéralité qui en a été faite par l'un des époux, on ne peut pas porter ultérieurement à un chiffre supérieur la récompense dont il est débiteur envers la masse. Ainsi, par exemple, sur des immeubles de communauté au capital (denier 20) de 10,000 francs, les héritiers d'une femme ont prélevé des reprises de 9,000 francs et acquitté le droit sur cette somme. Plus tard, au décès du mari, l'Administration ne soutiendra pas que cette imputation était fictive, qu'en réalité le survivant est resté propriétaire d'une valeur excédant 1,000 francs, et que ses successeurs doivent déclarer la portion réelle qu'ils ont recueillie. S'il n'est pas intervenu de partage, l'Administration, acceptant les conséquences de sa première déduction, ne percevra l'impôt que sur les 1,000 francs restés libres en apparence à la mort de la femme.

Il faut agir de même pour l'imputation des dots. Si l'immeuble cédé à l'enfant par le père a supporté le droit sur 60,000 francs, c'est seulement une récompense de 60,000 francs qu'il doit à la masse. Quand on souscrira la déclaration de sa succession, on fera donc rapporter cette valeur et non pas l'estimation de l'immeuble lui-même.

D'un autre côté, ce mode spécial de liquidation est sans influence sur les intérêts civils des parties. Le partage de la communauté devra s'opérer entre elles suivant les règles ordinaires et en prenant les immeubles pour leur valeur réelle. De ce que le capital demeuré libre après déduction des reprises est supérieur à celui qui ressortait de la déclaration de succession, il ne s'ensuit pas qu'il en résulte une donation, car il n'y a pas de libéralité sans intention de donner, et ici cette intention fait absolument défaut (Arg. de Cass. 16 fév. 1874, 3811 R.P.).

**16805. Reprises. — Cession.** — Quand la déclaration a lieu avant le partage de la communauté, les reprises de la veuve survivante se déduisent de l'actif. Si ultérieurement ces reprises lui sont payées en argent, comme elle a le droit de l'exiger, et que par conséquent la portion des héritiers dans les biens en nature de la communauté s'accroisse d'autant, il est dû par eux un droit complémentaire de succession. — V. *Partage de communauté* n° 12508.

## CHAPITRE III. — JUSTIFICATION DES REPRISES, RÉCOMPENSES, INDEMNITÉS

[16806-16828]

**16806. Influence des reprises ou des récompenses sur la liquidation.** — Lorsqu'après le décès d'un époux l'on vient au partage de la communauté, la masse des biens qui la composent diminue selon que le survivant a des reprises plus ou moins considérables, selon que la communauté lui doit des récompenses plus ou moins fortes. De même, les prélèvements que les héritiers du défunt ont le droit d'exercer, et qui augmentent d'autant leur émolument, peuvent être amoindris si leur auteur doit la restitution des sommes employées à son profit personnel. Ces effets réagissent directement sur l'impôt de transmission. Il s'abaissera à mesure que les reprises du survivant grandiront ou que celles du défunt seront diminuées par des récompenses.

Il importe donc beaucoup à la régularité de la perception de vérifier attentivement les causes de ces déductions; c'est pour les préposés un droit et un devoir rigoureux.

**16807. Nécessité de la justification.** — Il n'est pas besoin de texte qui leur confie positivement cette mission. Ayant charge de recouvrer l'impôt, ils sont les maîtres d'en arrêter à leur gré la liquidation, par conséquent de repousser ou d'admettre les bases sur lesquelles elle repose. Leur refuser ce droit de contrôle serait virtuellement abandonner aux contribuables la détermination de la matière imposable, et un pareil refus mettrait la fraude à l'aise. Les allégations du redevable doivent donc être sur ce point justifiées, le bon sens l'indique. Et si la nature même des choses rend ces justifications difficiles, si les exigences de l'impôt blessent souvent la susceptibilité de ceux dont il faut légalement suspecter la bonne foi tant que la bonne foi n'est pas légalement démontrée, ce n'en est pas moins une nécessité devant laquelle il faut s'incliner. C'est là ce qui a lieu tous les jours à propos des partages. Quand les droits des communistes ne sont pas suffisamment établis, on règle la perception sans s'y arrêter, et les attributions qui ne reposent sur aucun titre réel deviennent passibles du droit de transmission. La jurisprudence est fort claire sur ce point : elle a même statué plusieurs fois sur des partages de communauté comprenant des reprises mal établies, décidant qu'il fallait les abstraire pour liquider l'impôt. — V. *Partage*.

On ne fait pas autre chose pour les déclarations de succession, et on y est autorisé au même titre.

**16808. Constatation de reprises. — Omission. — Preuve contraire.** — Il suit de là directement que, si l'Administration établissait par des documents certains l'importance des reprises du défunt, les parties ne pourraient se soustraire à la demande du droit d'omission, en prétendant, sans le justifier, que ces reprises ont été absorbées ou par le payement d'un passif personnel à l'époux, ou par des améliorations faites à ses immeubles.

Nous en verrons plusieurs exemples en traitant des omissions, nos 16936 et suiv.

**16809. Formes de la justification. — Difficultés du sujet.** — La nécessité de ces justifications ainsi posée en règle, il faut se demander de quoi elles se composent? Ici, l'on chercherait en vain dans la loi quelque chose de précis et de satisfaisant pour l'esprit. Cette matière est abandonnée à l'appréciation plus ou moins rigoureuse des tribunaux. Et l'on en trouvera facilement la cause dans la variété des aspects que prend la question, selon les circonstances de chaque affaire. Quand le législateur rencontre de ces terrains mouvants, il pose quelques limites, puis abandonne à la jurisprudence le soin de se placer entre elles du mieux qu'elle peut.

**16810. Les documents n'ont pas besoin d'être enregistrés.** — Un point certain d'abord, c'est que, les éléments de preuve n'étant pas restrictivement déterminés, il suffit d'une justification par toute voie légale. Par exemple, il n'est pas nécessaire que les actes, titres ou documents produits soient enregistrés. Cette formalité n'est prescrite en matière de preuve par aucun texte de la loi civile. Quant au droit bursal, la seule disposition dont on pourrait abuser est celle de l'art. 23 de la loi de l'an 7, qui défend de faire usage devant une autorité constituée d'un sous seing privé non enregistré. L'interprétation judaïque du texte conduirait sans doute à refuser la production de ces pièces, car il s'agit d'une autorité constituée et on fait usage du titre. Mais on ne l'a point entendu avec cette rigueur. La déclaration, dans son ensemble, est faite pour l'intérêt exclusif du Trésor. Les documents qui y sont rappelés ne servent véritablement qu'à établir avec régularité la valeur imposable qui va payer un droit à l'État. Dès lors, ce n'est point directement pour se prévaloir de l'acte non enregistré, mais comme moyen de faire une déclaration sincère que la partie le présente. Il y a une grande différence entre cette situation et celle d'un particulier qui agit devant une juridiction en vertu de son titre. Aussi l'Administration a-t-elle reconnu depuis longtemps, le 24 pluviôse an 12, que les documents cités dans les déclarations n'étaient pas, par cela seul, sujets au droit. Elle en donne les mêmes raisons, ajoutant toutefois qu'il serait impolitique d'empêcher les parties de donner connaissance aux receveurs d'actes dont ces derniers peuvent plus tard tirer profit.

Il n'en serait autrement qu'à l'égard des actes sujets à l'enregistrement dans un délai déterminé. — V. 16259.

La question présente d'ailleurs ceci de bizarre que l'Administration peut vous placer dans l'alternative ou de ne point vous servir de vos titres contre elle, ou de les faire enregistrer. Il lui suffit pour cela de refuser l'admission des reprises ou des récompenses. Vous la forcerez bien sans doute d'y consentir, en l'assignant en justice; mais vous rencontrerez au seuil du Palais les art. 23 et 47 de la loi de frimaire, qui, cette fois, sont précis et soumettent à l'enregistrement l'acte qu'on apporte au tribunal. On peut en voir un exemple dans le jugement de Vouziers du 15 mars 1860, qui a donné lieu à l'arrêt de Cass. du 19 mars 1862 (2223 § 4 I. G., 1600 R. P., S. 62-1-537). — Le contraire a été cependant jugé, mais à tort, par le tribunal de Mirecourt, le 27 février 1874. — V. 16957.

**16811. En principe, ils doivent être timbrés. — Tolérance de l'Administration.** — Il y a moins de difficultés au sujet du timbre. C'est un impôt dont l'exigibilité ne dépend pas de la production des pièces en justice, et qui naît en même temps que leur rédaction. Les titres non timbrés que la loi n'exempte pas du droit sont donc constamment en contravention; et comme ce n'est pas par un moyen illicite qu'ils sont venus à la connaissance de l'Administration, puisqu'on les lui présente volontairement, les droits et amendes de timbre pourraient être légitimement perçus. Cette solution, hâtons-nous de le dire, est toute juridique.

En pratique, on ne l'applique guère, et journellement nous voyons l'Administration accueillir les écrits non timbrés sans exiger le payement de l'impôt. Il serait certainement contraire à son esprit de saisir de pareils documents produits avec bonne foi.

**16812. Il faut prouver non-seulement l'aliénation, mais surtout la réception du prix.** — La cause des reprises de l'époux repose dans le versement fait à la masse commune des valeurs personnelles à ce conjoint.

Ce qu'il faut établir n'est donc pas que le défunt avait, avant son mariage, une fortune qu'il s'était réservée et qui n'existe plus; il est indispensable de prouver que ces biens sont venus se confondre effectivement dans la communauté. Le tribunal de Metz l'a reconnu à propos des aliénations d'immeubles, et son jugement peut servir de règle pour tous les cas semblables. Au décès de la dame B..., ses héritiers représentent au receveur un acte notarié constatant qu'en 1840 son mari avait des immeubles et produisent le contrat postérieur de la vente de ces biens. Ils demandaient, en conséquence, la défalcation des prix du montant de l'actif social pour la liquidation du droit; mais leur justification n'était pas complète, puisqu'ils omettaient le point essentiel, à savoir si la communauté avait touché les prix d'aliénation. Aussi le tribunal décida-t-il, le 8 juillet 1855; « que, si les héritiers B.., justifient que le mari possédait les forges de Saralbe, et que ces forges ont été vendues 330,000 francs, ils ne justifient pas que cette aliénation ait été faite pendant le mariage, puisque, ce mariage ayant eu lieu à l'étranger, la date précise n'en a pas été établie; qu'alors même que cette justification serait faite, les héritiers n'établissent pas que les fonds provenant de cette vente aient été versés dans la communauté, puisque l'acte de vente de 1850 ne mentionne pas que le prix ait été soldé; que, dans ces circonstances, il n'y a lieu de décider que le mari avait le droit d'exercer les reprises dont s'agit. »

Il a été reconnu dans le même ordre d'idées que la récompense due par la succession à la communauté pour le payement des dettes personnelles ne résulte pas suffisamment de l'acte constatant l'existence de ce passif, si le fait même du payement par la communauté n'est pas établi, alors surtout que les dettes sont exigibles après le décès (Ussel 21 août 1868, 3068 R. P.).

Jugé également que la reprise est prouvée si l'Administration établit l'existence de la vente et du payement du prix (Louviers, 9 fév. 1877).

**16813. Force probante du contrat de mariage. — Choses fongibles. — Meubles meublants.** — L'acte qui est le plus fréquemment invoqué comme titre constitutif des reprises est le contrat de mariage. C'est lui, en effet, qui constate, au moment où les existences vont s'unir, ce que chacun des époux excepte de l'union. C'est sur lui, par conséquent, qu'il faudra s'appuyer plus tard quand, à la dissolution du mariage, on réglera les intérêts sociaux. Quelle est donc, à ce point de vue, la valeur du contrat? La question n'est pas simple; elle s'élargit même singulièrement à l'un de ses aspects et touche à l'une des plus délicates parties du droit.

D'abord, lorsque l'apport que le conjoint se réserve consiste en numéraire ou en choses fongibles, la propriété en passe entièrement, par le fait même de la célébration, à la communauté. L'usufruit qui appartient à celle-ci sur les biens personnels des époux rencontrant des objets dont on ne peut jouir sans les consommer; il va de soi qu'elle s'en empare, à la charge d'en restituer à l'événement une pareille quantité. Les reprises s'exerceront sans autre justification, rien de plus évident.

Mais supposez que l'époux ait eu en mariage des meubles meublants d'une certaine valeur. Quoique le Code parle toujours des propres immobiliers, il est bien certain que les conjoints peuvent posséder aussi des propres mobiliers: ce sont précisément les objets déterminés compris dans les apports qu'ils se réservent. Ces propres mobiliers sont soumis aux mêmes règles du droit civil que les immeubles. Lorsqu'on les aliène, leur prix de vente ne tombe en communauté qu'en faisant naître au profit de l'époux un droit de reprise. Cependant, de telles valeurs sont si fugitives que la simple tradition de l'objet, si important qu'il soit, dessaisira la femme de sa propriété sans qu'il reste aucune trace de l'aliénation. Comment donc obliger à en rapporter la preuve lors de la déclaration? La chose, nous l'avouons, sera la plupart du temps impossible, mais cette difficulté n'infirme pas la logique des principes.

En droit strict, tant que le versement du prix dans la masse n'est pas établi, il n'y a pas de cause de prélèvement au profit du conjoint.

Le tribunal de la Seine, dont les décisions ont un caractère particulier d'autorité, a très-bien mis cette conséquence en relief dans un jugement du 26 juillet 1850 : « Si l'énumération dans un contrat de mariage, dit-il, de valeurs essentiellement mobilières apportées par l'un des époux auquel elles doivent demeurer propres pouvait servir de base à la présomption que ces mêmes valeurs ont été réalisées pendant le mariage, et sont dès lors entrées dans la communauté, qui en doit récompense si les titres constitutifs ne se retrouvent pas, cette simple présomption ne peut pas suffire pour faire, sans autre preuve, que le montant total desdites valeurs soit ajouté au chiffre des reprises de celui qui est censé les avoir apportées.

En effet, une porte trop large serait ouverte à la fraude, puisque l'absence des titres peut avoir pour cause la dissimulation qui en serait faite; cette absence n'établit nullement d'ailleurs que la communauté ait profité des valeurs qui ont pu périr sans profiter à personne; une créance, par exemple, a pu devenir mauvaise par la faillite ou la déconfiture du débiteur. »

**16814.** *Idem.* — **Créances. — Usufruit de la communauté.** — Le tribunal, on le voit, applique sa solution à toutes les valeurs mobilières, aussi bien aux créances qu'aux meubles proprement dits. Il y a cependant, à l'égard des dettes actives, quelques règles particulieres qui pourraient faire douter de son exactitude.

En effet, quand l'usufruit de la communauté frappe sur des meubles meublants, elle en jouit sans les aliéner ni les détruire. A la fin de l'usufruit, ces meubles doivent se retrouver en nature sans autre dépérissement que celui de l'usage. On ne saurait donc admettre leur conversion en argent comme le résultat du droit de jouissance, et c'est à la partie qui s'appuie sur ce fait à l'établir. Lors, au contraire, qu'il s'agit de créances, l'usufruit confère un privilége plus étendu. Le mari, chef de la communauté, a le droit, en cette qualité et comme maître des actions mobilières de sa femme, de recevoir les remboursements d'objets exigibles; il peut poursuivre les débiteurs qui ont perdu le bénéfice du terme et céder parfois des créances non encore échues. Ces créances se transformeront alors de plein droit en choses fongibles, qui seront, aussi de plein droit, représentées dans la masse par une valeur égale de numéraire, de meubles ou d'immeubles (art. 1471 C. C.).

Arrivant la dissolution de la société conjugale, il est rationnel d'admettre qu'afin de tenir lieu des créances originaires soumises à l'usufruit, il faut attribuer à l'époux pareille valeur de créances communes. Et l'Administration serait d'autant moins autorisée à contester cette doctrine que, d'après la jurisprudence de la Cour suprême, toutes les valeurs mobilières, de quelques éléments qu'elles se composent, sont considérées comme étant de même nature par la loi de l'impôt (1723 § 4 I. G.).

Ce raisonnement est celui que l'on tient pour établir que, de la succession de l'usufruitier, il faut déduire le montant des créances soumises à sa jouissance, bien qu'il ne soit pas prouvé que ces créances aient été effectivement remboursées. Nous n'avons pas à revenir sur cette controverse que nous avons épuisée il y a peu d'instants (nos 16710 et suiv.). Il ne nous importe pas de rechercher si la revendication du nu-propriétaire à la cessation de l'usufruit est l'exercice d'un droit réel ou peut être considéré comme l'action en payement d'une dette. Nous concédons, si l'on veut, que le versement de la créance l'a transformée en une chose fongible pouvant être rendue *non in individuo, sed in specie.* Nous consentons que cette restitution soit considérée comme la remise d'un dépôt; mais, avant de croire à cette remise, nous tenons à ce qu'on nous prouve juridiquement le fait du dépôt lui-même. L'usufruitier a reçu, dites-vous, une créance, il faut qu'il la restitue. Oui, sans doute; mais établissez d'abord qu'il l'a reçue; après, vous la reprendrez. Quoi de plus juste? Ne serait-il pas possible que cette créance n'ait pas été payée par le débiteur, et que, par conséquent, le nu-propriétaire la retrouve en nature? Ne peut-il se faire encore qu'elle soit devenue mauvaise, qu'elle ait péri entre les mains de l'usufruitier et sans sa faute?

En matière civile, c'est à l'usufruitier sans doute à faire ces justifications secondaires, puisqu'il est comptable; mais qu'importe à l'Administration de qui elles émanent, il faut qu'on les lui produise pour obtenir la déduction. Le contrat de mariage, remarquez-le, établit simplement que l'époux est propriétaire de certaines valeurs déterminées. Si l'on veut aller au delà et prétendre que ces biens ont été réalisés pour le compte de la masse, c'est ajouter à l'effet du contrat, changer le *statu quo*, l'état où en sont les choses; c'est, en d'autres termes, prendre le fardeau de la preuve.

Au résumé, les énonciations de ce contrat, et plus généralement de tous les actes faisant connaître la consistance des biens propres de chaque époux, ne peuvent servir de fondement aux déductions de reprises que pour les choses fongibles. Quant aux meubles corporels et aux créances, il faut justifier, en outre, de leur aliénation au profit de la communauté.

**16815.** *Idem.* — **L'exigibilité des créances est une présomption de payement.** — Ceci pourtant doit s'entendre avec quelque réserve. En effet, du principe que la preuve incombe à celui qui veut renverser l'ensemble de faits actuellement établis découle forcément cette conséquence, que, si l'exigibilité des créances est arrivée, il n'y a point de justification à faire au sujet de leur remboursement.

En soutenant que le créancier a reçu la dette au jour fixé entre les parties, il est clair que le contribuable ne dérange rien à l'ordre préétabli; il veut simplement faire suivre aux choses leur cours normal. Si l'Administration répond qu'à la vérité le redevable était tenu à se libérer ce jour-là, mais qu'il ne l'a pas fait, elle prend l'offensive, elle devient *actor excipiendo* et doit prouver sa prétention. L'intérêt du créancier était de recevoir son payement au terme convenu, le contraire ne saurait se supposer gratuitement. « Sans doute, avons-nous dit ailleurs, cette circonstance a pu se rencontrer, et c'est précisément parce que le fait est possible qu'on vous permet de le prouver; mais c'est l'exception, la dérogation à l'état habituel. Or, on n'a pas besoin de prouver la règle contre l'exception, mais bien l'exception contre la règle » (t. 1er R.P.).

L'Administration invoque tous les jours cette présomption d'exigibilité pour réclamer le droit de mutation par décès sur les créances non échues qui ont été omises dans les déclarations de succession, et la jurisprudence est à peu près unanime pour consacrer sa doctrine (V. 16930). Il est rationnel qu'elle suive encore ces errements à propos de la justification des reprises, puisque, dans les deux cas, on invoque les effets légaux d'un même principe. Le contraire a été décidé, mais à tort selon nous, par des solutions des 12 mars et 31 décembre 1872.

**16816.** *Idem.* — **Hypothèse où il faut nécessairement l'admettre.** — Il y a d'ailleurs telle hypothèse où les termes d'exigibilité servent à la fois pour établir l'existence des sommes non échues au décès et l'importance des créances versées pendant le mariage.

Supposez, par exemple, qu'un défunt doive à la communauté une indemnité de 40,000 francs, pour amélioration d'immeubles, et qu'il ait vendu pendant son mariage des biens propres moyennant un prix de 20,000 francs, dont la moitié était échue au moment du décès. Si les prix d'aliénation sont considérés comme reprises, ils s'imputeront sur la valeur *fictive* et se trouveront ainsi dispensés de l'impôt; ils s'acquitteront, au contraire, de même que tous les autres biens personnels si on les range parmi les biens existants en nature au décès, parce que les *valeurs fictives* se déduisent seulement de la communauté. La perception du droit dépendra donc du parti à prendre sur la présomption d'exigibilité.

Si l'Administration refuse de croire au versement des prix et soutient qu'il faut en justifier par autre chose que l'échéance du terme, elle se trouvera dans un singulier embarras. Le redevable fera sa déclaration sans y comprendre aucun des prix d'aliénation, même de ceux qui restent à acquitter, puis attendra les poursuites. Sur quoi les fonderait-on? L'Administration ne saurait invoquer la présomption d'exigibilité, puisqu'elle-même refuse de l'admettre pour ce qui est échu. Elle se trouvera donc désarmée et aura perdu le droit non-seulement sur les reprises, mais encore sur une partie des propres.

Ce résultat nous paraît démontrer qu'il faudra accepter le prélèvement des sommes échues au décès, quoique leur payement ne soit constaté par aucun titre certain. Et si on applique une seule fois le principe, il est manifeste qu'il n'y a pas de raison pour s'en écarter jamais (Ussel 21 août 1868, *suprà* 16812).

C'est ainsi d'ailleurs que la pratique opère d'une manière à peu près uniforme. Quand les héritiers représentent au receveur des liquidations ou des partages qui établissent la part du survivant dans les successions de ses auteurs, il examine si les créances attribuées ont dépassé l'époque de leur remboursement, et la déduction a lieu dans ce cas sans aucun embarras. Nous ne saurions qu'approuver ce mode d'opération.

**16817.** *Idem.* — **Exception en matière de dotalité.** — Il faut faire, à propos de la dot, une remarque particulière. On pourrait, en effet, argumenter l'art. 1569 C. C., et soutenir que, selon la loi même, les termes d'exigibilité n'emportent pas une présomption de payement, puisque dix ans encore après l'échéance de la dot, la femme est tenue de prouver sa réception par le mari. Mais ce serait oublier que l'art. 1569 est spécial à la dotalité, régime exceptionnel dont presque toutes les dispositions sortent du droit commun, et qu'on ne saurait étendre au delà de la matière qu'elles régissent. Ce caractère d'exception se reconnaît manifestement ici, car, à moins de se mettre en opposition avec la doctrine et la jurisprudence, on ne saurait prétendre que dans les cas ordinaires l'échéance des termes ne produit pas une présomption de payement que l'adversaire doive combattre. Pour consacrer, à propos de la restitution de la dot, un principe aussi contraire au droit commun, il ne fallait rien moins qu'un texte exprès de la loi, et c'est précisément parce qu'il s'agissait de déroger à la marche ordinaire des choses que le législateur a eu besoin d'écrire l'art. 1659. Loin de contredire le système de la jurisprudence, cette disposition pourrait donc lui venir en aide. Il serait plus dangereux qu'utile de l'invoquer.

**16818.** *Idem.* — **Réception de la dot.** — Le versement de la dot constituée à la future est souvent constaté par la déclaration faite dans le contrat de mariage que la célébration vaudra quittance. Il n'est pas douteux alors que l'acte de célébration, rapproché de la convention des époux, fait preuve de la réalisation des apports promis, tant à l'égard des conjoints eux-mêmes que des créanciers ou des tiers. Si le mari n'a pas reçu la dot au jour fixé, il est en faute de n'avoir point exigé le payement, mais la libération de la femme ou des constituants est définitive, ainsi que le reconnaît la Cour suprême dans un arrêt du 19 janvier 1836 : « Cette clause, porte cet arrêt, littéralement permise par l'art. 1387 C. C., n'est contraire ni aux bonnes mœurs ni aux art. 1388 et suiv. C. C.; la célébration légale du mariage devant, d'après la stipulation, tenir lieu de quittance, elle doit avoir le même effet qu'une quittance; elle prouve le payement, d'après la convention du contrat de mariage, tout aussi bien qu'une quittance » (Dalloz p. 36 1-73, S. 36-98, P. 1836-326; — Cass. 4 déc. 1867, S. 68-1-152; — 14 déc. 1875, 4814 R. P.).

Le tribunal de la Seine a donc justement décidé, le 9 décembre 1864, que, s'il est dit, dans un contrat de mariage, que le mari consent à demeurer chargé de la dot, il la prend à ses risques et s'en constitue débiteur. Par conséquent, lors du décès de la femme, l'existence de la reprise, fondée sur le versement de la dot, est suffisamment établie pour la perception du droit de succession, et le mari n'est pas recevable à prouver que l'apport ne lui a pas été réellement remis (2072 R. P. — *Conf.* : Corte 2 déc. 1874, 4196 R. P.; — Niort 31 août 1875; — Nantes 27 août 1875.)

Il n'en serait plus ainsi, comme l'a décidé avec raison la cour de Caen, le 3 mai 1845, de la stipulation portant que « l'apport de la femme sera remis au mari après le mariage consommé et sur sa reconnaissance. » Alors, en effet, la réalisation des apports ne dépend pas seulement du fait matériel de la célébration du mariage; elle doit être constatée par une reconnaissance spéciale, et, jusqu'à cette époque, la femme reste débitrice de la dot (S. 45-2-537, P. 1845-461).

La cour de Bordeaux a même étendu cette solution à un contrat de mariage dans lequel une fille était dotée par ses parents d'une somme « payable le jour de la célébration, qui vaudra quittance et qui suffira pour en charger le futur envers la future. » Les magistrats ont reconnu que la preuve du versement effectif ne résultait pas d'une clause semblable, dont les termes n'étaient nullement explicites à l'égard des constituants, et ils ont admis que le non-payement pouvait être établi plus tard par l'aveu des parents de la femme (Arr. 29 mars 1851, S. 51-2-520, P. 52-2-320).

Il va de soi, du reste, que le mari a toujours le droit de faire annuler, pour cause de dol ou de fraude, les reconnaissances de dot contenues dans son contrat de mariage. La jurisprudence a accueilli maintes fois de pareilles demandes (Cass. 5 janv. 1831, S. 31-1-8; — 31 juill. 1833, S. 33-1-840; — 2 mars 1852, S. 52-1-263; — Toulouse 15 mars 1834, S. 34-2-537; — Rouen 13 mai 1868, S. 72-2-101; — 23 déc. 1871, S. 72-2-101; — Poitiers 18 août 1872, S. 72-2-230). — Si cette annulation était prononcée avant la déclaration de succession, elle serait opposable au Trésor comme aux parties elles-mêmes, et on ne pourrait plus voir dans le contrat de mariage le titre justificatif de la reprise de la femme.

V. 16412-2.

**16819.** *Idem.* — **Il faut prouver la perte des biens personnels.** — Les questions précédentes, nous le reconnaissons, sont assez délicates pour laisser le champ libre à des opinions contraires. Tout en admettant la nécessité de la justification des reprises, on peut discuter sur le point de savoir si la présomption de payement qui résulte de l'échéance dispense de prouver autrement la réception des deniers. Mais les avis doivent se rencontrer quand il s'agit de la perte des apports ou des biens personnels. Cette circonstance reste complétement en dehors des prévisions les plus légitimes. Elle détruit les effets du contrat de mariage en soustrayant à la fortune de l'époux un bien qu'elle y avait placé; elle est manifestement contraire à la direction normale de la propriété, dont la ruine est un événement malheureux qui ne se suppose pas. Celui qui veut faire admettre cette cause d'extinction doit donc la prouver.

Il serait, en matière de reprises, par trop commode aux héritiers du défunt d'éviter l'application du droit sur les valeurs, en alléguant, sans l'établir, qu'elles ont péri au cours du mariage.

Le tribunal de Dunkerque a résolu cette difficulté dans le sens des vrais principes, par un jugement du 3 janvier 1856 ainsi conçu : « Considérant que Richard prétend que l'actif social de la maison Aubert a été perdu en entier; que, suivant lui, la dot de sa femme y étant comprise, il n'y avait pas lieu de faire la déclaration exigée par l'Administration; considérant que Richard ne produit aucun acte constatant cette perte; qu'il allègue à la vérité certains faits d'où semblent résulter des probabilités favorables à cette prétention; mais qu'en toute matière, et surtout en matière fiscale, il faut des preuves positives; considérant que, malgré les pressantes instances à cet égard de la Régie, Richard n'a produit aucun document sérieux; qu'en l'absence de preuve de ce genre, et en présence du contrat de mariage, il est impossible d'admettre la prétention de Richard. »

Mais l'obligation des héritiers ne va pas au delà. Il leur suffit de justifier que l'apport du défunt ou son bien propre a péri, pour ne point le comprendre dans les déclarations. Si c'est le mari qui survit, les représentants de la femme n'ont pas à prouver encore que la perte a eu lieu sans sa faute, sauf dans le cas de dotalité à l'art. 1569. Les faits de l'espèce ne se présument point : ce n'est pas au mandataire à établir qu'il n'a pas été négligent, c'est au mandant à découvrir sa faute. Quand la démonstration en sera faite, alors, mais seulement alors, le mari deviendra responsable de sa gestion (1428, 1566, 1567 C. C.); et la créance de la femme, se trouvant constatée, sera passible du droit de mutation.

**16820. Force probante de l'inventaire.** — Il arrive fréquemment que les inventaires contiennent l'énonciation des reprises, récompenses ou indemnités. Destiné à concentrer tous les renseignements relatifs à la consistance de la communauté dissoute, il est naturel que l'époux survivant y fasse consigner ses réclamations de manière à éclairer les héritiers de son conjoint sur la sincérité de ses prélèvements.

C'est donc la plupart du temps dans cet acte que l'on trouvera la trace des reprises et des documents sur lesquels elles reposent. Seulement, l'inventaire n'est alors qu'un rappel des titres préexistants; par lui-même il est impuissant à créer le titre qui fait défaut, car la déclaration du conjoint y est purement énonciative, et si elle ne s'appuie sur aucune preuve, elle doit demeurer aussi destituée d'effet que quand elle a lieu dans la déclaration de succession.

« Attendu, dit le tribunal de la Seine dans un jugement du 15 février 1843, que D... ne produit que l'inventaire du 7 août 1837 à l'appui des 33,827 francs de reprises qu'il prétend avoir à exercer sur l'actif de la communauté ayant existé entre lui et sa femme; que les déclarations par lui faites à cet égard lors dudit inventaire ne peuvent, *dans les termes et de la manière dont elles sont faites*, constituer un titre suffisant pour justifier un droit auxdites reprises, d'où il suit que sa demande en restitution n'est pas fondée » (13221 J. E.).

Le tribunal reproduit cette doctrine dans le jugement du 26 juillet 1850, déjà cité: « Attendu que l'époux qui prétend exercer des reprises est demandeur, soumis, même à l'égard de l'Administration de l'enregistrement, à l'obligation de prouver sa demande, et que cette preuve ne peut être faite par de simples allégations consignées dans l'inventaire. »

Les magistrats ne décident pas, et avec raison, que les mentions de l'inventaire sont toujours insuffisantes. Celles dont ils appréciaient la valeur l'étaient évidemment, car elles émanaient du survivant seul et ne rappelaient aucun document pour établir l'importance des sommes reçues par la masse. Mais si la déclaration, formellement acceptée par les représentants du défunt, avait le caractère d'un véritable contrat devant servir de règlement ou de transaction entre eux, et si aucun soupçon sérieux de fraude ne s'élevait contre cette liquidation contradictoire, il nous semble que ce serait là un document dont il ne faudrait pas rejeter les résultats.

N'est-il pas vrai que dans beaucoup de cas aucun titre écrit ne constate l'aliénation des biens de chaque époux et le versement de leur prix dans la masse? Les meubles meublants, par exemple, dont le conjoint était propriétaire ou qu'il a recueillis dans une succession se transmettent manuellement sans laisser de trace, et à la dissolution de la communauté leur existence à une certaine époque est le seul fait constant. Dans l'impossibilité matérielle où l'on est alors de rapporter un titre de leur aliénation, il faudra qu'il intervienne entre les héritiers et le survivant une sorte de transaction par laquelle le montant des reprises sera discuté et établi. Ce règlement peut se trouver aussi bien dans un inventaire que dans un acte particulier. Pour quel motif refuserait-on d'y croire alors que toutes les circonstances en prouvent la vérité? C'est là sans doute un point sur lequel l'appréciation peut varier et nous n'avons pas la prétention de proposer une solution pour tous les cas; il nous suffit de démontrer que ces mentions peuvent parfois servir de justification complète. — V. 16933.

**6821. Impenses ou améliorations d'immeubles.** — Il se présente même une hypothèse où elles sont l'unique moyen de constater la reprise et où l'Administration est forcée par la nature des choses de les accepter. Nous voulons parler des impenses ou améliorations d'immeubles. Les expressions employées par l'art. 1437 C. C. ont fait naître la question de savoir si, dans le cas où des réparations ont eu lieu à un bien propre pendant le mariage, l'époux propriétaire du fonds doit une indemnité égale à la *somme déboursée* pour lui, ou seulement à la *plus-value* de l'immeuble. La doctrine a distingué, à cet égard, les impenses nécessaires, les impenses utiles et les impenses voluptuaires. Pour les premières, la communauté a droit au remboursement intégral des sommes employées, car les travaux étant supposés indispensables pour empêcher la ruine de la chose, l'époux eût été obligé de les faire de ses propres deniers: *Hactenùs locupletior est quatenùs propriæ pecuniæ pepercit.* Quant aux secondes, on ne peut plus dire que le conjoint propriétaire ait été dans l'alternative de laisser périr son immeuble ou de les faire: elles sont évaluées jusqu'à concurrence seulement du profit qu'elles ont procuré (Pothier 636, Toullier 13-169, Duranton 14-378, Troplong 1182-1195). Les impenses voluptuaires sont imposées à la communauté comme charge corrélative de la jouissance, sauf au propriétaire à l'indemniser de la plus-value qu'elles peuvent procurer à son immeuble (C. Paris 21 juin 1814, Dalloz *Jur. gén.* v° *Contr. de mar.* 1541).

Au milieu de ces distinctions, comment reconnaîtra-t-on qu'une amélioration avait un caractère de nécessité, d'utilité ou de simple agrément? Comment constater, par conséquent, l'existence et la quotité de la récompense? L'Administration ne saurait intervenir dans un pareil conflit. Si les parties s'entendent pour régler leurs intérêts, et si elles conviennent d'apprécier les impenses d'une certaine façon, en fixant d'après ces errements le chiffre de l'indemnité due à la masse, il faut bien les croire.

Que l'on refuse d'admettre la récompense quand rien ne prouve qu'elle existe, cela se conçoit; mais pourquoi la repousser encore si elle est constatée par le seul titre qui puisse l'établir, un contrat intervenu entre les intéressés? Autrement, c'est poser en principe qu'il n'y aura jamais lieu aux déductions de cette nature, et, si rigoureuses que soient les exigences fiscales, elles n'atteignent pas ce degré d'exagération.

**16822. Des papiers domestiques.** — Les papiers domestiques servent aussi de justifications aux reprises. D'après le droit commun de l'art. 1331 C. C., ces documents font foi contre celui qui les a écrits dans tous les cas où ils énoncent un payement reçu. D'un autre côté, l'art. 1415 C. C. autorise la femme à prouver par leur secours l'importance du mobilier qui lui est échu et que le mari n'a pas fait inventorier.

Il paraît bien résulter de la combinaison de ces articles que les reprises de la femme sont légalement établies par les papiers domestiques de son mari. Outre qu'ils constatent formellement un payement reçu, puisque les reprises résultent d'un versement à la masse, la loi prend soin de les comprendre nominativement au nombre des moyens mis à la disposition de la femme pour faire constater sa créance.

Le tribunal de Périgueux a, par conséquent, bien appliqué la loi en statuant, le 29 décembre 1849, qu'une dame Lardy ayant justifié de ses reprises par des papiers domestiques dans la déclaration de succession de son mari, le receveur avait à bon droit admis la déduction. Cette décision a l'assentiment du *Jour. des not.* (n° 14066), et nous l'avons également approuvé dans nos éditions antérieures, en blâmant la rigueur avec laquelle certains employés repoussent toute reprise non constatée par un titre authentique.

Nous pensons même qu'il faudrait en étendre l'effet aux reprises du mari. Ici, sans doute, ce n'est pas par les principes du droit civil que la question doit se résoudre; le mari ne saurait se faire un titre à lui-même, et la faveur conférée à la femme par l'art. 1415 C. C. ne s'applique pas à son conjoint. Mais ce qu'il faut prouver avant tout à l'Administration, c'est que la communauté a réellement touché le prix des biens propres de l'époux. Or, de bonne foi, est-il une meilleure et plus sérieuse justification de ce fait que la voix de ces documents intimes écrits chaque jour au courant de la vie, sans intérêt spéculatif, et destinés seulement au maintien de l'ordre dans les affaires domestiques. Il répugnerait à la conscience comme à la raison de rejeter en principe, sans un texte précis, l'efficacité de telles pièces, et l'Administration, fort heureusement, n'a pas de pareilles rigueurs. A chaque instant, au contraire, elle accepte des déductions fondées sur ces écrits; elle en provoque même la communication officieuse pour éclairer ses perceptions, et quand elle les répudie, c'est qu'elle a de graves raisons de les suspecter.

1. CE QU'ON ENTEND PAR PAPIERS DOMESTIQUES. — Mais quels sont au juste les écrits que l'on doit comprendre sous l'expression vague de papiers domestiques? Il est impossible de répondre catégoriquement à cette question. En thèse générale, les feuilles volantes n'ont point ce caractère; on considère que ces papiers ont trop peu de stabilité pour avoir été choisis par le père de famille dans le but de conserver mémoire des choses qui peuvent l'intéresser (Toullier 7-359

Roll. de Vill. vº *Feuilles vol.*, Bonnier 604). Et on réserve cette qualification aux registres, livres-tablettes et cahiers.

Quelque raison qu'il y ait à faire cette distinction, il est certain qu'on ne saurait la poser absolument en règle. Suivant les circonstances, des écritures mises sur des feuilles détachées peuvent être aussi de véritables papiers domestiques. « Ainsi que le dit Marcadé, sur l'art. 1332, c'est par les habitudes qu'avait la personne qu'il faut décider si l'écrit constitue ou non un papier domestique, c'est-à-dire un papier destiné par le père de famille à être conservé pour la constatation de ses affaires. »

Chaque préposé aura à cet égard un droit complet d'appréciation, et les tribunaux seraient, en définitive, les juges souverains de la difficulté s'il s'élevait une controverse entre l'Administration et les particuliers.

**16823. Preuve testimoniale.** — Nous n'allons pas jusqu'à dire qu'il faut suivre dans toutes ses parties l'art. 1415 C. C., et admettre en droit fiscal la femme ou ses héritiers à faire, contradictoirement avec l'Administration, la preuve par témoins que la loi civile leur permet. Les règles du droit commun ne s'appliquent, en effet, dans les matières d'exception, que quand elles n'y sont pas défendues. Or, il s'est fait assez de bruit autour de cette question célèbre pour que personne n'ignore maintenant que l'enquête est une procédure contraire à l'esprit et au texte de la loi bursale (V. *Expertise*). La femme agira, si elle veut, par cette voie contre les héritiers de son mari ; puis, quand elle aura triomphé, elle présentera à l'Administration le jugement qui liquide sa créance.

Rien ne s'opposera plus alors à la défalcation de l'actif de la communauté.

**16824. Notoriété publique.** — La même règle doit être acceptée à plus forte raison pour la notoriété publique.

Une pareille proposition nous paraît évidente. Cependant, il s'est trouvé un tribunal qui a motivé l'admission des reprises d'une femme sur la commune renommée.

L'un des immeubles de la dame Foucher avait été vendu pendant le mariage moyennant un prix, énoncé au contrat, de 12,000 francs. Au décès du mari, la femme soutint que ce prix n'était point sincère ; et, prouvant par des documents divers qu'il s'élevait à 22,000 francs, elle demanda la déduction de cette somme sur la communauté. Le tribunal de Civray entra dans cette voie et ordonna l'admission des reprises réclamées, attendu, entre autres motifs : « qu'il est de notoriété publique, ce qui n'est pas contesté, qu'alors la valeur du domaine dépassait de beaucoup la somme de 12,000 francs et s'élevait à 22,000 francs » (J. 7 fév. 1850).

Les juges oubliaient que toute l'économie des lois fiscales repousse énergiquement le témoignage de la commune renommée, c'est-à-dire de ces simples on-dit, de ces bruits et rumeurs plus ou moins vagues dont il n'est possible de fixer ni l'origine ni la consistance. L'autoriser contre l'Administration pour obtenir un remboursement serait s'engager à l'autoriser encore à son profit par le recouvrement d'un supplément de droit. Or, la question ainsi posée choque absolument la raison.

**16825. Suppléments de prix non énoncés dans les actes.** — Au fond du droit, le jugement de Civray pourrait essayer de se soutenir par d'autres raisons. Nous avons dit précédemment que, quand le mari n'a fait constater par aucun titre le versement dans la masse des deniers personnels à chaque conjoint, il s'établit à la dissolution de la communauté, entre le survivant et les héritiers du défunt, une liquidation contradictoire dont il faut, sauf le cas de fraude, accepter les errements. Dans l'espèce actuelle, le complément du prix resté en dehors du contrat ne faisait l'objet d'aucun titre, et le seul moyen qu'avaient les parties de rétablir la vérité était de régler cette reprise par un acte spécial après le décès. C'est ce qui avait eu lieu. Le tribunal a donc pu être amené, avec une certaine apparence de raison, à sanctionner la déduction de la somme de 22,000 francs.

Nous ne saurions néanmoins partager son avis. D'abord, il n'est pas exact de dire que la reprise ne reposait sur aucun titre. L'aliénation de l'immeuble était, au contraire, constatée par un acte authentique qui devait faire la loi des parties (1134 C. C.). En dissimulant une portion de prix, les époux se plaçaient sciemment sous la menace de l'art. 1341 C. C., qui défend de prouver par témoins contre et outre le contenu aux actes. Les tiers, par conséquent, étaient fondés à repousser toutes les justifications verbales de nature à établir que le contrat n'avait pas reproduit complétement la convention. Et si la prohibition de l'art. 1341 cède au cas de fraude, du moins fallait-il un jugement définitif pour en sanctionner l'existence au regard de l'Administration. De quel air d'ailleurs les redevables peuvent-ils venir demander au receveur de croire à la sincérité de leurs affirmations, alors qu'on les prend en flagrant délit de fraude et qu'il s'agit précisément de les restituer contre les effets d'une dissimulation dont le Trésor a été jadis victime. En pareille occurrence, la sévérité est un acte de conscience et de justice. Nous approuvons donc les tribunaux de Gien et de Nontron d'avoir, dans les mêmes circonstances, repoussé la reprise (10 août 1847, 14332 J. E., Nontron 19 août 1843, 13357-2 J. E.).

**16826. Expertise.** — Les juges pourraient-ils ordonner une expertise comme en matière ordinaire pour obtenir des renseignements précis sur la valeur et les indications des documents produits par les héritiers ? Cette question s'est présentée au sujet des justifications à faire pour la copropriété des biens compris dans un partage et elle a été résolue affirmativement par la Cour de cassation. La doctrine de cet arrêt s'applique de tous points à la matière des successions, et nous ne pouvons que renvoyer aux observations dont il a été suivi. — V. *Partage*.

**16827. Renvoi.** — Du reste, le sujet que nous venons de traiter ici trouve son complément naturel dans les décisions qui ont été rendues au sujet du partage, puisqu'il s'agit du même principe ; on voudra bien s'y reporter.

**16828. Biens étrangers.** — L'aliénation de biens situés à l'étranger peut-elle motiver une reprise au profit de l'époux qui était propriétaire de l'immeuble ? — V. *Étranger* nº 8257.

# TITRE IX. — PAYEMENT DES DROITS

[16829-16879]

## CHAPITRE PREMIER. — DISPOSITIONS GÉNÉRALES

[16829-16840]

**16829. Principe.** — « Les droits des déclarations de mutation par décès seront payés par les héritiers, donataires ou légataires. Les cohéritiers seront solidaires. L'État aura action sur les revenus des biens à déclarer, en quelques mains qu'ils se trouvent, pour le payement des droits dont il faudra poursuivre le recouvrement » (L. 22 frim. an 7, art. 32).

**16830. Avertissement.** — La loi qui impose l'obligation de la déclaration des biens recueillis dans les six mois du décès est censée connue de tous. Cependant, l'Administration a prescrit d'adresser aux héritiers ou aux légataires, avant l'expiration du délai, un avertissement pour leur rappeler cette obligation (1141, 2101 I. G.). L'utilité de cette mesure est des plus contestables, et elle est généralement inexécutée en pratique.

**16831. Renonciation. — Prescription.** — Nous savons que la faculté d'accepter ou de répudier une succession ne se prescrit que par le laps de trente ans. Mais la question de savoir si l'héritier qui n'a pas pris qualité pendant cette période est censé avoir accepté ou avoir renoncé est ici sans intérêt, puisque, bien avant l'arrivée de la prescription civile, la prescription spéciale édictée par la de loi l'impôt serait acquise à l'héritier.

1. NON EXIGIBILITÉ DU DROIT. — Dans tous les cas, une conséquence de ce principe qu'il est important de noter ici, c'est que, puisque la faculté de répudier une succession ne se prescrit que par trente ans, l'exercice de cette faculté ne doit point être obligatoire dans le délai de six mois fixé par l'art. 24 L. 22 frimaire an 7 ; il doit suffire au légataire, comme à l'héritier de justifier d'un acte de renonciation, même après le délai de six mois, pour s'affranchir de la déclaration (Dél. 20 fév. 1827, 8731 J. E., Demolombe t. 15 n° 27).

En ce sens, il a été reconnu (385 § 7 I. G.) que les poursuites relatives au droit de mutation dû pour un legs doivent être arrêtées lorsque le légataire présente une renonciation même par acte notarié ; — ou que le légataire n'est pas tenu du payement des droits de son legs quoiqu'il n'ait renoncé que plus de six mois depuis le décès (Dél. 16 mars 1836, 4272 *Mémorial*).

Mais les frais faits jusqu'à la renonciation restent à la charge du renonçant (Saint-Flour, 11 mai 1874). — V. 16839 § 2.

**16832. Héritier.** — Que l'héritier soit personnellement tenu du payement des droits de mutation par décès, c'est ce qui ne peut faire l'objet d'un doute en présence de l'art. 32 L. 22 frimaire an 7. — Jugé en ce sens par la Cour de cassation, le 7 mars 1842 (12959 J. E., 11281 J. N.), S. 42-1-341, 1675 I. G.), que l'héritier qui n'a point renoncé est tenu personnellement et sur ses biens du payement des droits de mutation par décès, lors même qu'il prétendrait n'avoir point appréhendé l'hérédité. Ce n'est pas à l'Administration à prouver qu'il a pris qualité et appréhendé de fait la succession.

Il en était de même dans la jurisprudence du centième denier (Bosquet v° *Abstention*).

**16833. Biens grevés de legs non existants.** — Avant la nouvelle jurisprudence sur l'imputation des legs particuliers de sommes non existantes en nature, il avait été decidé que l'héritier ou le légataire universel est tenu de comprendre dans sa déclaration la totalité des biens de la succession, sauf imputation, d'après le tarif, des droits payés par le légataire ou le donataire de sommes non existantes dans la succession ou non payées du vivant des donateurs (Cass. 2 avr. 1839, 12290 J. E., S. 39-1-392; — Dél. 31 juill. 1837, 11833 J.E.; — Castres 17 mars 1838, 12019 J.E.; — Villeneuve 18 juill. 1838, 12119 J.E.; — Lyon 29 août 1839, 12374 J. E., 1432 I. G.; — Seine 20 août 1851).

Mais aujourd'hui que les legs de l'espèce se déduisent de l'ensemble des valeurs héréditaires (Cass. 30 mars 1858, *suprà* n° 16759), le légataire universel n'est tenu personnellement que des droits applicables à l'émolument qui lui revient, et le légataire particulier doit être directement poursuivi au sujet des droits de son legs.

**16834. Héritier sous bénéfice d'inventaire.** Comme l'héritier pur et simple, l'héritier sous bénéfice d'inventaire est personnellement tenu du payement des droits de la succession qu'il recueille. En effet, dès que son acceptation le met dans la nécessité d'acquitter les droits de mutation par décès sur la valeur des biens, il s'ensuit que c'est une obligation personnelle qu'il contracte. — V. *Bénéfice d'inventaire*.

**16835. Légataire universel.** — Le légataire universel à charge de vendre les biens afin de payer les légataires particuliers et les dettes, et de remettre le surplus aux héritiers légitimes, est personnellement tenu envers l'Administration du payement des droits de succession, car il est seul investi de la propriété de ces biens (C. Douai 10 mars 1845, 13889-4 J. E.).

1. LEGS DE SOMMES NON EXISTANTES. — Ce que nous avons dit, au n° 16833, de l'héritier chargé d'acquitter des legs de sommes non existantes en nature s'applique par identité de motifs au légataire universel. Ce dernier n'est tenu que du payement des droits de son émolument (Sol. 27 nov. 1871, 24 avr. 1873 et 5 mai 1875) ; — et le légataire particulier est directement débiteur de ceux qui se rapportent à sa libéralité.

**16836. Légataire particulier.** — Chaque légataire peut faire sa déclaration séparément et pour les objets qui lui sont légués (1016 C. C.), mais il doit la faire dans le délai, et il ne pourrait se faire relever de la peine qu'il aurait encourue par sa négligence sous prétexte qu'il n'aurait encore formé aucune demande en payement de son legs.

En matière ordinaire, il est bien vrai que n'est héritier qui ne veut, et qu'il ne peut résulter, contre le légataire qui garde le silence, aucune présomption d'acceptation de son legs. Mais il n'en est pas ainsi en matière fiscale, et quoique le droit de mutation ne soit pas dû par le légataire qui renonce, même après l'expiration du délai, il n'en est pas moins tenu, sous peine d'un demi-droit en sus de se prononcer dans les six mois qui lui sont accordés pour faire sa déclaration.

1. OBJETS NON EXISTANTS EN NATURE. — Ce principe s'applique aux legs de sommes non existantes en nature comme aux legs d'objets déterminés de la succession. Le montant de ces sommes se déduit de l'ensemble des valeurs héréditaires et le légataire particulier est exclusivement tenu du payement des droits qui s'y rapportent, comme il le serait de tel ou tel objet à prendre dans le patrimoine. C'est une conséquence nécessaire de ce que nous avons dit aux nos 16833 et 16835.

2. OBJETS EXISTANTS EN NATURE. — Aucun doute n'a jamais existé à l'égard des objets existants en nature: c'est au légataire personnellement et non à l'héritier d'en acquitter les droits (Carpentras 22 août 1855, 16110 J. E.). C'est ce qu'on avait décidé notamment, avant la nouvelle jurisprudence sur la déduction des legs, au sujet des sommes d'argent qui étaient censées représentées en nature par le mobilier de la succession (Limoges 16 août 1837, 10016 J.N.; — Metz 22 janv. 1838, 9974 J.N.; — Seine 1er avr. 1838, 10136 J. N.; — Grasse 2 mai 1838, 10182 J. E.; — Chartres 14 juill. 1838, 10204 J. N.; — Cass. 11 mars 1840, 10615 et 12221 J.N., 12502 J.E., 1723 § 4 I. G., S. 40-1-378).

Le légataire demeure d'ailleurs toujours débiteur direct du Trésor, bien que l'héritier ait été chargé par une clause du testament de supporter les droits (Saint-Amand 27 mai 1866, 2380 R. P.).

3. DROITS A LA CHARGE DES HÉRITIERS. — Le légataire serait-il tenu directement envers le Trésor du payement des droits de son legs si le testateur avait mis ces frais à la charge des héritiers? L'art. 1016 C. C., qui permet au testateur d'affranchir son légataire du payement des droits exigibles, règle uniquement les rapports de ce légataire avec la succession. Il n'a eu pour but ni pour effet d'imposer un mode spécial pour le recouvrement de l'impôt, et il laisse cette matière sous l'empire de la législation qui lui est propre. Or, l'art. 32 L. 22 frimaire an 7 dispose en termes généraux que les légataires payeront au Trésor les droits de leurs legs, et nul autre texte de la loi fiscale ne déroge à cette prescription.

Il en faut donc conclure, conformément d'ailleurs à des jugements de Carpentras du 22 août 1855, de Saint-Amand du 17 mai 1866, de Redon du 23 février 1870 (2380 et 3122 R. P.), de la Seine du 17 juillet 1875 (4278 R. P.) et de Pithiviers, du 3 janvier 1878 (4903 R. P.), que la dispense accordée à ce légataire par le testateur n'arrête pas l'action de l'Administration. La doctrine contraire, consacrée par un jugement de Rennes du 4 août 1868 (2878 R. P.), ne saurait être suivie (Sol. 6 avr. 1872, 22 avr. 1874, 3 sept. 1877).

La même question s'est présentée en jurisprudence pour le payement des droits des actes authentiques ou privés. Quand il s'agit d'une vente, par exemple, l'art. 1593 C. C. déclare que les frais d'acte sont à la charge de l'acheteur, et cette règle se trouve reproduite dans l'art. 31 L. 22 frimaire an 7. S'ensuit-il néanmoins que l'Administration ne puisse poursuivre le recouvrement contre le vendeur? En aucune façon. La Cour suprême a reconnu par de nombreux arrêts que les dispositions précédentes ont uniquement pour objet de régler en définitive les obligations des parties entre elles quant à la charge des droits, et ne sauraient être opposées à l'Administration, envers laquelle toutes les parties continuent à demeurer directement débitrices.

*Cession.* — Par identité de motifs, l'héritier qui a cédé ses droits successifs à un tiers reste tenu du payement de l'impôt de mutation par décès (Sol. 28 août 1877).

**16837. Legs à des malades.** — Le legs fait aux plus pauvres des malades d'un hospice doit être versé entre les mains de la commission administrative, légalement autorisée à le recevoir. C'est donc cette commission qui doit payer les droits de mutation par décès (C. Bordeaux 26 juin 1845, 13925 J. E., 12488 J. N.).

**16838. Usufruitier.** — L'usufruitier qui a accepté ne peut se dispenser de payer les droits de succession, bien que postérieurement l'immeuble sur lequel repose son usufruit ait été absorbé par les créanciers de la succession (Seine 7 mai 1851, 15231 J. E., D. N. t. 12 p. 351 n° 929).

**16839. Tuteur.** — Le tuteur d'un enfant mineur est tenu personnellement au payement des droits auxquels donnent lieu les successions ouvertes au profit de son pupille, lors même que l'administration des biens recueillis par ce dernier a été confiée à un séquestre judiciaire (Seine 13 juin 1855, 16158 J. E.).

Lorsque le tuteur n'a renoncé qu'après l'expiration du délai de six mois à une succession échue à son pupille, les frais des poursuites exercées pour parvenir au recouvrement des droits dus au Trésor doivent être supportés en entier par le tuteur (Seine 20 juill. 1855, 16158 J. E.; — Marseille 22 mai 1840, 5819 C.; — Gap, 10 oct. 1874, 3989 R. P.). — V. 16831-1.

Les tuteurs sont personnellement tenus des doubles droits auxquels donnent lieu les omissions dans les déclarations de succession (Seine 6 fév. 1856, 16254 J. E.), ou du demi-droit en sus encouru pour défaut de déclaration (Seine 20 fév. 1875; — Valence 31 août 1876).

Un tuteur ne peut différer le payement ou s'exonérer du droit en sus qu'il a personnellement encouru en prétextant l'absence de tout fonds pour l'acquittement des droits. « Attendu, porte un jugement du tribunal de Bordeaux du 10 février 1857, qu'il n'y a pas lieu de s'arrêter davantage à l'exception tirée de ce que le tuteur n'aurait encore perçu aucune des valeurs appartenant au mineur; que nulle part la loi n'autorise, en pareil cas, le tuteur à différer la déclaration qui lui incombe et ne le dispense pour ce motif de supporter la peine du demi-droit en sus; qu'il n'en pourrait être ainsi; qu'en effet, dans aucun cas, l'Administration ne serait en mesure de vérifier ni la sincérité d'une semblable allégation, ni jusqu'à quel point le tuteur serait ou non en faute;

que si une pareille exception était admise, l'Administration se trouverait à la merci du mauvais vouloir ou de la mauvaise foi des tuteurs, et qu'il en résulterait inévitablement un grave désordre dans la perception de l'impôt » (865 R. P., 16127 J. N., 16539 J. E.; — *Conf.* : Corte, 2 déc. 1874, 4196 R. P.; — Péronne, 17 nov. 1876, 4638 R. P.; — Toulouse, 13 déc. 1877, 4943 R. P).

Si le mineur est devenu majeur avant que l'Administration ait découvert l'omission, il ne peut être poursuivi que pour le payement du droit simple seulement; il va de soi que le droit en sus doit être réclamé au tuteur (17763-2 J. E.).

*V.* 16182.

**16840. Preuve de payement.** — Le débiteur qui prétend avoir payé les droits de succession ne peut opposer d'autres preuves à l'Administration, qui en poursuit le recouvrement, que celles qui résultent de la consignation de la déclaration sur le registre spécial ou de la représentation d'une quittance délivrée par le receveur de l'enregistrement (Auxerre, 19 juill. 1851, 15274-4 J. E., D. N. t. 12 p. 349 n° 915).

1. RENTES SUR L'ÉTAT. — AUTRES TITRES. — L'héritier ne peut pas obtenir le transfert d'une rente sur l'Etat sans produire le certificat visé par le directeur et par le préfet constatant le payement du droit. — V. *Rente.*

Plusieurs compagnies sont dans l'usage de demander la même pièce. Elle est alors dispensée du visa du directeur et du préfet (Sol. 7 déc. 1871, 9 mars 1872, 5 mai 1875). Elle a lieu sans frais (Sol. 4 déc 1872).

## CHAPITRE II. — SOLIDARITÉ

[16841-16850]

**16841. Héritier.** — De ce que l'art. 32 L. 22 frimaire an 7 déclare les cohéritiers solidaires pour le payement des droits de mutation par décès, il s'ensuit, par une conséquence directe, qu'un seul peut être poursuivi pour tous les autres et que celui qui paye libère tous les autres (386 § 26 et 495 J. E.).

« Chaque héritier, dit M. Demante, n'est pas seulement tenu d'acquitter les droits *in solidum*, comme s'il était héritier unique : chacun est tenu des droits encourus par ses cohéritiers en raison de la parenté de ceux-ci avec le défunt » (n° 660).

Il en résulte que les droits d'une succession échue à plusieurs branches d'héritiers peuvent être demandés en totalité à un seul de ces héritiers (Seine, 1er février 1878).

1. PARTAGE. — La solidarité ne peut être détruite par un partage et il a été avec raison jugé qu'un copartageant qui n'a qu'un tiers dans les immeubles indivis ne peut se refuser au payement de la totalité du droit pour les immeubles tombés dans son lot, en offrant de payer seulement le tiers du montant total du droit (Cass. 20 germ. an 11, S. 3-2-311, 360-38 I. G., 1756 J. E.; — 9 fruct. an 12, 1878 J. E.; — 21 mai 1806, S. 6-2-656, 2454 J. E.; — Angoulême 23 janv. 1850, 14905-2 J. E.).

Il en est de même du partage testamentaire : « Attendu que la solidarité entre cohéritiers n'est pas plus détruite par le partage *testamentaire* qu'elle ne l'aurait été par un partage fait après décès» (Pamiers 30 déc. 1856, 816 R. P. 16450 J. E., 11044 C.).

2. NOUVELLE DÉCLARATION. — Bien plus, il a été jugé que, lorsqu'une succession a été déclarée échue en totalité en ligne directe et qu'il survient des héritiers en ligne collatérale, ceux-ci doivent passer une nouvelle déclaration dans les six mois de l'acte qui a reconnu leurs droits, à peine du demi-droit en sus, et il y a solidarité entre eux et les héritiers de la ligne directe pour le payement du supplément (Seine 25 mars 1852, 15451 J. E.).

De même les héritiers sont tous solidaires pour le payement du droit résultant d'une expertise suivie contre celui d'entre eux qui fait la déclaration (Montbrison, 23 avr. 1875).

**16842. Héritier bénéficiaire.** — La solidarité s'applique même aux héritiers bénéficiaires. Dans une affaire où de plusieurs héritiers bénéficiaires, un seul avait été poursuivi au nom de tous, celui-ci avait opposé qu'étant héritier bénéficiaire, il ne pouvait être tenu de payer pour lui et ses cohéritiers; mais le tribunal de Grenoble ayant été saisi de l'instance, rendit, le 31 août 1840 (12574 J. E.), un jugement ainsi conçu : « Attendu que la loi du 22 frimaire an 7 met le droit de mutation à la charge des héritiers solidairement, sans distinction entre les héritiers purs et simples et ceux qui ne le sont que sous bénéfice d'inventaire; que ce droit est une contribution indirecte qui constitue vis-à-vis de l'Etat une dette des héritiers, causée par la transmission des biens en leur faveur, et dont l'héritier bénéficiaire doit au moins l'avance, sauf à lui à se prévaloir ensuite du droit de l'État auquel il est substitué » (Cass. 3 vent. an 11, 27 oct. 1806 et 27 juin 1809, 581 J. N., S. 10-1-369; — Angoulême 23 janv. 1850, 14905-2 J. E.).

V. *Bénéfice d'inventaire.*

**16843. Double droit.** — La solidarité entre cohéritiers s'étend même au double droit : « Attendu, porte un jugement du tribunal de Neufchâteau, du 8 mars 1832 (10277 J. E.), sur la solidarité, relativement au double droit, que l'art. 32 de la loi précitée dispose en termes formels que les cohéritiers sont solidaires pour le payement des droits dus pour cause de mutation par décès; que l'on doit conclure de cet article qu'ils sont solidaires entre eux non-seulement pour le droit simple, mais encore pour le demi-droit et pour le double droit » (V. dans le même sens Grenoble, 27 déc. 1847, 14400 J. E.).

Dans le même ordre d'idées, l'Administration a reconnu que l'extinction du droit ou du demi-droit en sus n'a lieu que par le décès de l'héritier unique ou de tous les cohéritiers. Si l'un seulement des cohéritiers vient à décéder, la solidarité établie par l'art. 32 L. 22 frimaire an 7 laisse subsister la peine contre les autres (Sol. 16 janv. 1868, 18483 J. E.; — 20 fév. 1872, 7 fév. 1876 et 2 nov. 1877; — Lure, 29 déc. 1875; — *infrà* n° 16881).

**16844. Usufruitier. — Nu-propriétaire.** — L'usufruit successif ne pouvant procéder que d'une donation ou d'une disposition testamentaire, celui qui en est investi se trouve nécessairement dans la catégorie des donataires ou des légataires, et jamais dans celle des héritiers. Dès lors, d'après ce qu'on vient de voir dans les précédents numéros, aucune solidarité ne peut exister entre lui et les héritiers pour le payement des droits de mutation par décès (Cass. 9 mai 1813, 5121 J. E., 1570 J. N.).

« Considérant, porte cet arrêt, que les sieurs Charpentier défendeurs, ont été héritiers de leur frère; que cette qualité les assujettit solidairement à payer les droits de la déclaration des immeubles laissés par leur frère, bien qu'ils n'en aient que la nue-propriété; considérant que l'action qui compète à la nation sur les revenus de ces immeubles pour le payement de ces droits n'est qu'une action secondaire qui ne détruit pas l'action directe contre les héritiers. »

Mais si l'usufruitier offrait le payement des droits dus par les héritiers de la nue-propriété, on ne pourrait le refuser pour diriger des poursuites contre ces héritiers (Cass. 18 déc. 1811, 4134 J. E.).

Du moment que l'usufruitier a payé pour le nu-propriétaire, il peut exercer son recours contre lui pour le remboursement de ce qu'il a payé.

Ainsi, la veuve usufruitière de son mari, qui, outre les droits de mutation sur son usufruit, a payé, par suite de l'action du Trésor sur les revenus, les droits dus sur la transmission de propriété, a dès maintenant son recours contre les héritiers pour se faire rembourser des sommes qu'elle a payées à leur décharge, sans qu'ils puissent prétendre qu'elle est tenue de faire l'avance de ces droits, ou de souffrir la vente d'une partie des objets soumis à l'usufruit, pour les acquitter (Cass. 9 juin 1813, 5121 J. E.; — Douai 18 nov. 1834, 3306 *Mémorial*).

La jurisprudence précédente a été confirmée par un autre arrêt de Cass. du 3 avril 1866, portant: « Attendu que le droit dû pour mutation de propriété par décès n'est pas une dette de la succession, puisqu'il ne pouvait pas être dû par le défunt; qu'il n'est pas une charge imposée sur la propriété dans le sens de l'art. 609 C. C.; que c'est une contribution indirecte à laquelle les héritiers sont assujettis personnellement; qu'elle ne doit être supportée que par eux, puisqu'elle n'a pour cause que la transmission de nue-propriété faite en leur faveur et qu'elle ne peut grever l'usufruit attribué à un tiers; attendu qu'aucune distinction n'est faite, à cet égard, entre l'héritier pur et simple et celui qui n'a accepté la qualité d'héritier que sous bénéfice d'inventaire; et que le droit de mutation est la dette personnelle de l'un comme de l'autre; attendu que le jugement attaqué a méconnu le caractère personnel de la dette des héritiers en décidant que la veuve Cosson ne pourrait exercer contre eux son action en répétition qu'autant qu'elle justifierait que les valeurs réalisées dans la succession dont elle avait l'entier usufruit n'auraient pu suffire pour acquitter les droits de mutation, et en subordonnant aux résultats des comptes de cette succession, comptes que la veuve Cosson est tenue de rendre en sa qualité d'administratrice, la recevabilité de l'action destinée à fixer, sur le point en litige, la situation respective des parties. En quoi il a méconnu le caractère purement personnel de l'obligation imposée aux héritiers à raison de la mutation de nue-propriété opérée à leur profit et a violé les lois précitées » (2253 R. P.).

Le même principe a été consacré dans les termes suivants par le tribunal de la Seine, le 19 août 1873: « Attendu que le droit dû pour mutation par décès n'est pas une charge imposée sur la propriété, dans le sens des art. 609 et 612 C. C.; que c'est une dette purement personnelle aux héritiers ou légataires, puisqu'elle a pour cause la transmission faite en leur faveur des biens du défunt; qu'en conséquence, le droit dû par le nu-propriétaire ne peut être, pour aucune portion, mis à la charge de l'usufruitière; attendu que la veuve Chapu n'est pas créancière de la succession, et que comme subrogée dans les droits de la Régie, elle est fondée à réclamer des nus-propriétaires le remboursement des sommes qu'elle a versées en leur acquit; que n'étant pas tenue personnellement de supporter les droits dont s'agit, les dispositions de l'art. 1214 C. C. ne lui sont pas applicables; qu'elle est au contraire fondée à invoquer le bénéfice de l'art. 2030 du même Code et à demander condamnation solidaire contre les défendeurs » (*Conf.*: C. Paris 16 juin 1874, 21121 J. N.).

Seulement, il faut remarquer que l'usufruitier peut être quelquefois contraint, en vertu du privilége appartenant à l'Administration sur les revenus des biens, d'acquitter les droits pour la nue-propriété. Ce point trouvera plus loin son explication. — V. 16873.

**16845. Enfant naturel.** — L'enfant naturel n'étant pas héritier dans le sens de la loi, ne doit pas être regardé comme compris dans la disposition de l'art. 32 L. 22 frimaire an 7, qui ne déclare solidaires que les *cohéritiers*. Aussi l'Administration, dans ses I. G. nos 239 et 386 note 36, déclare-t-elle que les enfants naturels ne sont point solidaires avec les héritiers légitimes pour le payement des droits de mutation par décès (*Conf.*: G. Demante n° 661, D. N. t. 12. p. 355 n° 949).

V. *Enfant*.

**16847. Légataire universel.** — Les légataires universels sont-ils solidaires entre eux? Sont-ils solidaires avec les héritiers réservataires?

L'Administration a d'abord enseigné, dans ses I. G. 239 et 386 n° 36, que les légataires ne sont pas solidaires avec les héritiers. Elle a, depuis cette époque, fait soutenir le contraire devant les tribunaux. Ceux-ci se sont divisés sur la question.

devant les tribunaux. Ceux-ci se sont divisés sur la question.

Le tribunal de Bordeaux a jugé, le 10 février 1857: « qu'aux termes de l'art. 32 L. 22 frimaire an 7, les cohéritiers sont tenus solidairement du payement du droit de mutation par décès, qu'il est évident que cette disposition s'applique aux légataires universels comme aux héritiers naturels » (865 R.P., 16127 J.N., 16539 J.E.). — Mais le contraire résulte d'autres décisions: « Attendu, porte un jugement de la Seine du 23 novembre 1861, que l'art. 32 L. 22 frimaire an 7, après avoir énoncé que les déclarations de mutations par décès seront passées et les droits payés par les héritiers, ajoute: les cohéritiers seront solidaires; attendu qu'il résulte de ces expressions restrictives que la solidarité n'unit point entre eux, ni avec les héritiers légitimes, les donataires ou légataires dont la loi ne parle pas » (1578 R.P., 17318 J.N., 12160 C.). — « Si l'art. 32, ajoute le tribunal de Toulouse, après avoir énuméré les personnes que le vœu de la loi ou la volonté de l'homme appelle à recueillir une succession, les héritiers, donateurs ou légataires, et tenus à ce titre du droit de mutation, parle de la solidarité, il en restreint aussitôt le lien entre les cohéritiers; il suit de là, que dans l'intention du législateur l'obligation solidaire n'est établie qu'entre les héritiers, et qu'on ne saurait l'étendre par voie d'analogie aux légataires qui ne sont pas héritiers. En effet, rien ne justifie que le législateur par cohéritiers ait entendu les héritiers institués et les héritiers naturels, puisque la loi de l'an 7 désigne séparément, sans les confondre, les héritiers et les légataires: les héritiers sont unis par la saisine, tandis que les légataires universels sont le plus souvent étrangers à la famille du défunt et astreints à demander la délivrance » (3 juill. 1862, 1552 R.P., 17468 et 17557 J.N., 356 Rev.).

La même solution a été adoptée par d'autres jugements : de la Seine, du 6 décembre 1848 (14676-2 J.E., 13584 J.N.), et de Baupréau, du 26 août 1856 (16383 J.E., 15894 J.N.).

Mais ces raisonnements sont loin de paraître péremptoires si l'on remarque que l'art. 32 de la loi de l'an 7, après avoir imposé le payement des droits de mutation par décès aux héritiers donataires et légataires nommément et séparément désignés, prononce la solidarité pour ce payement entre les « cohéritiers. »

Il s'agit donc de rechercher non pas, comme on paraît l'avoir fait, si tel ou tel légataire est un héritier, mais s'il peut être considéré comme le *cohéritier* de ceux avec qui il est appelé au partage de la succession.

M. Demante ne s'y est point trompé, et, tout en repoussant la solidarité entre le légataire universel et l'héritier légitime, il a soin d'appuyer son avis sur d'autres motifs. « Je ne puis envisager, dit-il au n° 661, comme des cohéritiers le légataire universel et l'héritier auquel une quotité de biens est réservée par la loi. La diversité du titre auquel est appelé chacun d'eux me paraît ici exclusive de la solidarité dont il s'agit; chacun desdits successeurs sera donc tenu seulement en proportion de la part qu'il recueille. »

D'après l'art. 1004 C. C., lorsqu'un légataire universel vient en concurrence avec des héritiers à réserve, il est tenu de leur demander la délivrance des biens compris dans le testament, tandis que ceux-ci se trouvent saisis de plein droit de la quotité de biens que la loi leur réserve. Il existe donc une différence sensible entre l'héritier et le légataire universel; si, en principe, la propriété des biens légués passe directement du testateur au légataire, celui-ci n'a point la saisine; ses droits sur la succession sont soumis à l'examen des héritiers auxquels il demande la délivrance, et, sur leur refus, à l'appréciation de la justice; enfin, ce n'est que lorsque la délivrance a été faite que le légataire universel peut avoir à répondre à l'action des créanciers ou des légataires particuliers. Dès lors, il est vrai de dire que le légataire vient à la succession à un autre titre que l'héritier réservataire.

Mais ils n'en sont pas moins tous les deux continuateurs de la personne du défunt. « Notre Code, dit Demolombe (*Successions* t. 5 n° 33), ne voit dans les héritiers et dans les légataires à titre universel que des successeurs de même ordre et de même condition : les uns appelés par la volonté de la loi, les autres appelés par la volonté de l'homme, mais qui, succédant les uns et les autres à une quote-part de l'universalité héréditaire, de l'*universum jus quod defunctus habuit*, sont tous également *loco hæredum* (L. 162 ff. *de Regulis juris*). » On lit de même dans le Répertoire général du *Journal du Palais* (v° *Legs* n° 172) : « Une fois la délivrance du legs consentie ou ordonnée, les héritiers et le légataire sont *loco hæredum*, et il faut appliquer au partage qui a lieu entre eux toutes les règles du partage entre cohéritiers. » — Il semble rationnel de conclure de là que l'héritier réservataire et le légataire universel sont des cohéritiers, puisque ayant également droit à une quote-part de la succession, ils procèdent au partage en la même qualité de continuateurs de la personne du défunt, et sont soumis à cet égard aux mêmes règles que les cohéritiers. D'ailleurs, les légataires universels sont tenus des mêmes charges que les héritiers (V. *Legs*), et on ne comprendrait pas pourquoi la solidarité qui unit les uns à l'égard du Trésor serait étrangère aux autres.

Pour faire cesser toutes les incertitudes, le Gouvernement avait inséré à l'art. 30 du projet de loi présenté avec le budget de 1863 et repoussé par le Corps législatif, une disposition prononçant la solidarité entre les héritiers et les légataires universels.

Dans le dernier état de sa jurisprudence, l'Administration paraît admettre que la solidarité n'existe pas (Sol. 12 nov. 1873, 14 oct. 1875, 6 mars et 21 août 1877).

2° Par les mêmes motifs, on peut soutenir, avec le jugement de Bordeaux du 10 février 1857, et contrairement à l'opinion du tribunal de la Seine (13 nov. 1861) et à un jugement plus récent de Lyon du 20 février 1868 (2767 R. P., 19284 J. N.) que les légataires universels sont solidaires entre eux. « Le droit coutumier, dit M. Demante, ne reconnaissait pas d'*héritiers* testamentaires; mais, dans les pays de droit écrit, l'institution d'héritier était essentielle au testament. Le Code civil, qui a fondu ensemble toutes les traditions anciennes, permet indifféremment l'appellation d'*héritier institué* ou celle de *légataire universel* (art. 1002). En cet état, il me paraît qu'un légataire *universel* appelé, au moins éventuellement, à recueillir la totalité du patrimoine est un véritable héritier. Si donc le testament institue deux ou plusieurs légataires *universels* (art. 1003 C. C.), ces légataires doivent être considérés vis-à-vis l'un de l'autre comme de véritables cohéritiers. A ce titre ils sont tenus de la solidarité édictée par l'art. 32 » (n° 661). — *V.* égal. Bourgoin 14 août 1847, 14365 J.E.).

Cependant l'Administration ne paraît pas insister sur cette solidarité (Sol. 20 juin 1874, 3 août 1875, 12 juin 1876, 6 avr. et 21 août 1877).

**16848. Légataire à titre universel.**— « S'il y a, dit M. Demante, deux ou plusieurs légataires de quotité (légataires *à titre universel*, dans le sens strict, d'après la nomenclature du Code civil (art. 1010), ces légataires n'étant pas appelés au bénéfice de l'accroissement sur les portions vacantes, ne me paraissent pas être *cohéritiers* vis-à-vis les uns des autres, ni *à fortiori* vis-à-vis des héritiers légitimes. Je refuse donc d'appliquer le principe de la solidarité quant au payement de l'impôt » (n° 661). Le tribunal de la Seine a, en effet, jugé dans ce sens, le 6 décembre 1848, qu'à cet égard aucune solidarité n'existait entre les légataires à titre universel (14676-2 J.E., 13584 J. N.). — C'était également l'opinion émise par l'Administration dans les I. G. 239 et 386 § 26.

Mais les raisons que nous avons invoquées dans la discussion précédente pour établir que les légataires universels doivent être considérés comme des cohéritiers *in loco hæredum* paraissaient applicables au légataire à titre universel, dont le titre, quoique plus restreint, est de la même nature et le soumet de la même manière au payement des charges de la succession.

**16849. Légataire particulier.** — Quant au légataire particulier, aucune espèce de doute ne peut s'élever à son égard. Dans aucune hypothèse, la solidarité ne peut l'enchaîner soit aux héritiers, soit à ses colégataires (*Conf.* : Demante n° 662).

**16850. Héritier d'un héritier.** — Si l'héritier meurt avant d'avoir passé la déclaration, ses successeurs ne sont certainement tenus que chacun pour leur part de la dette envers le Trésor. « Un jugement du tribunal de Saint-Quentin, du 21 novembre 1866, décide, en ce sens, que les héritiers sont tenus du montant du droit simple dû pour l'usufruit, mais il ne les tient pas pour solidaires entre eux (18325 J. E. — *Conf.* : 18753 J. E. : — Sol. 22 fév. 1873. 7 juill. 1873, 4 avr. et 2 août 1877 et 19 fév. 1878).

Il a été de même reconnu que si le défunt, après avoir recueilli une succession, décède n'ayant pas payé les droits, l'Administration ne peut actionner l'un des héritiers bénéficiaires que pour sa part : « Attendu que le bénéficiaire n'est pas héritier du premier défunt, que cet héritier est le défunt et que la succession ayant été acceptée sous bénéfice d'inventaire, la Régie ainsi que tout autre créancier n'a ni action ni recours que contre les biens de la succession du défunt et ne peut contraindre l'héritier, comme un héritier pur et simple, à acquitter tous les droits » (Châteauroux 5 fév. 1873).

La question est cependant délicate au point de vue de l'indivisibilité de la déclaration, nous l'avons examinée au n° 16264.

## CHAPITRE III. — PRIVILÉGE ET ACTION DU TRÉSOR

[16851-16879]

**16851. Principe.** — La question de savoir quel privilége appartient à l'Administration pour le recouvrement du droit de mutation par décès et comment il s'exerce est l'une des plus difficiles de la matière des successions.

Le seul texte qui s'y rapporte directement est ainsi conçu : « La nation aura action sur le revenu des biens à déclarer, en quelques mains qu'ils se trouvent, pour le payement des droits dont il faudrait poursuivre le recouvrement (L. 22 frim. an 7, art. 32).

Cette disposition ne dit pas un mot de l'existence d'un privilége proprement dit ; mais en le combinant avec d'autres textes de la loi et en examinant son esprit, on a pu soulever des controverses qui sont loin encore d'être terminées.

**16852. Privilége sur les capitaux.** — Un point constant d'abord, c'est que la jurisprudence ne reconnaît à l'Administration aucun droit de préférence s'exerçant au détriment des créanciers du défunt sur les capitaux mêmes de la succession. On avait cependant, à l'origine, décidé le contraire. L'Administration, se fondant principalement sur ce que le droit de mutation est perçu *sans distraction des charges*, soutenait que la présence de créanciers dans l'hoirie ne pouvait compromettre le recouvrement de l'impôt. Et c'est, en effet, ce qui fut plusieurs fois consacré. Un premier arrêt de Cass. du 3 décembre 1839 reconnut : « que le privilége de la Régie pour le recouvrement de ses droits ne se borne pas aux fruits des immeubles, mais qu'il s'étend à la totalité des valeurs mobilières et même aux immeubles lorsque la Régie a pris inscription après le payement des créances inscrites antérieurement » (10570 J.N., S. 40-1-28). — Ce système fut reproduit par un autre arrêt du 28 juillet 1851, portant que le privilége de l'Administration, pour le recouvrement des droits de mutation par décès, porte non-seulement sur les fruits des immeubles de la succession, mais encore sur la totalité des valeurs mobilières et même des immeubles quand une inscription a été prise (1900 § 8 I.G., 14430 J.N., 15252 J.E., S. 51-1-761).

En 1855, la difficulté se représenta devant la cour de Paris. L'organe du ministère public, abandonnant la discussion des textes, crut pouvoir justifier par de plus hautes considérations l'existence du privilége : « Si l'impôt ordinaire, dit-il dans son réquisitoire, est le prélèvement d'une fraction du revenu annuel au profit de l'État, qui, à ce prix, assure au possesseur une jouissance paisible, le droit de mutation est le prélèvement d'une fraction du capital au profit de l'État, qui assure à chacun *le droit de disposer des biens dont l'État a été le propriétaire primitif* et de les transmettre dans l'ordre exprès ou présumé de ses affections ou de ses préférences ; cette origine évidente du droit de mutation, connue de tous temps sous des dénominations diverses, ne permet pas d'admettre que le *possesseur* puisse, par son fait, créer des charges qui fassent obstacle *au prélèvement du droit qui a été la condition de sa première investiture ;* le privilége attaché à un tel droit par son origine est de la même nature que celui attribué au vendeur par le droit commun, et *aurait été infailliblement garanti par le pacte commissoire exprès ou tacite,* si les avantages de la stabilité et de la libre transmission n'avaient dû engager le législateur à *substituer à la reprise de l'héritage lui-même* des moyens d'action tellement efficaces que l'exercice de ce droit de reprise devenait superflu. »

Ces conclusions énergiques, sanctionnées par la cour de Paris dans deux arrêts du 13 mars 1855 (348 R.P., S. 55-2-161), eurent un long retentissement. Elles n'allaient à rien moins qu'à reconnaître à l'État la propriété primitive de tous les biens des citoyens et à réduire la fortune privée à une simple investiture accordée moyennant une redevance qui témoignait de sa précarité. Une pareille doctrine ne pouvait prévaloir et nous l'avons combattue dès sa première apparition. Elle rappelait les plus mauvais jours de la féodalité ou de l'absolutisme royal, alors que par un étrange abus de la force, le seigneur ou le roi se croyait le maître de toutes les fortunes : *Omnia sunt regis !* Ce n'est pas le lieu de réfuter ici cette singulière théorie : elle l'a été mieux que nous ne pourrions le faire dans un très-remarquable travail de M. le conseiller Laborie, inséré au n° 856 R.P. Le savant magistrat a prouvé que nos impôts modernes et le droit de succession spécialement n'étaient le prix d'aucune concession de la propriété par l'État. Il a réfuté sur tous les points les considérations que l'on avait invoquées au nom de l'Administration, pour justifier l'existence de son droit de prélèvement ; et la Cour suprême, dans son désir de faire justice de cette théorie, crut pouvoir décider que l'État n'avait aucun privilége sur les capitaux héréditaires.

Elle prononça, le même jour 23 juin 1857, quatre arrêts portant :

« Attendu que si, pour assurer le recouvrement de cette dette personnelle des héritiers, un privilége ou un droit de préférence peut être attribué par le législateur au Trésor public sur certains biens, il faut, aux termes de l'art. 2098 C. C., qu'un tel privilége et l'ordre dans lequel devrait s'exercer soient écrits dans une loi, sans pouvoir ni sortir du cercle tracé par cette loi, ni prévaloir contre les droits antérieurement acquis à des tiers; attendu que ni les dispositions de la loi du 22 frimaire an 7, à l'exception toutefois de l'art. 32, ni aucune autre loi n'expriment ou n'impliquent, en faveur de l'impôt de mutation par décès, ni un privilége ou droit réel quelconque sur les biens à déclarer, ni l'ordre dans lequel un droit de cette nature aurait à s'exercer; que les art. 4, 14 nos 8, 15 nos 7, 27, 28, 39 et 59 L. 22 frimaire an 7 se bornent, en effet, à régler les bases, les modes de liquidation, les délais pour l'acquittement des droits à percevoir, en donnant à l'Administration de l'enregistrement une action personnelle et solidaire contre les cohéritiers, et que l'on n'en saurait induire un privilége sur les biens à déclarer pour le recouvrement des droits de mutation; que si le législateur, considérant alors qu'un tel impôt ne devait pas excéder une année du revenu, a, en conséquence, par l'art. 32 de la même loi, donné au Trésor public action sur les revenus des biens à déclarer, en quelques mains qu'ils se trouvent, cette attribution d'un droit réel sur les revenus ne peut, en l'absence d'une disposition formelle de la loi, s'étendre au delà et affecter les biens, à l'exemple des revenus, auxquels elle est textuellement restreinte; d'où il suit que, en ordonnant que l'Administration de l'enregistrement sera colloquée dans la contribution Clausse, par prélèvement et préférence à tous autres créanciers, pour une somme de 25,000 francs, montant des droits de mutation dus par la succession Clausse et pour les accessoires de la créance, l'arrêt dénoncé a formellement violé les dispositions ci-dessus visées » (857, 872 R.P., 11066 C., S. 57-1-401, 2114 § 8 I.G. [1]; — *Conf.*: Dijon 5 fév. 1848; — Amiens 11 juin 1853, S. 53-2-537 et 18 nov. 1854; — Caen 17 déc. 1855, S. 56-2-10; — Angers 9 janv. 1856, S. 56-2-75).

En présence d'une solution aussi catégorique, intervenue dans des circonstances qui donnaient aux arrêts de la Cour une autorité particulière, l'Administration décida que la lutte ne serait plus continuée (2114 § 8 I.G.).

Il est donc acquis aujourd'hui que le Trésor ne peut exercer aucun prélèvement privilégié sur les capitaux de la succession.

**16853. L'Administration a un privilége sur les revenus.** — On ne s'en est pas tenu là, et on a mis en cause l'*action* que l'art. 32 L. 22 frimaire an 7 accorde à l'État « sur les *revenus* des biens à déclarer, en quelques mains qu'ils se trouvent, pour le payement des droits dont il faudrait poursuivre le recouvrement. « L'Administration, disait-on, a sans doute une action contre les revenus, mais rien n'indique que ce soit une action privilégiée, et comme les priviléges sont de droit étroit, il faut bien conclure que l'État demeure dans la condition des autres créanciers (Tarrible, Merlin vo *Privilége* sect. 2 § 2 no 7, Champ. et Rig. t. 4 no 3887 et Suppl. 547, Mourlon *Examen critique des priviléges* 55, Pont *Priv. et hyp.* 34, D. 5177; — Cass. 6 mai 1816, S. 16-1-423, 5625 J. E.; — Amiens 11 juin 1853, S. 53-2-537; — Orléans 9 juin 1860, 1356 R.P., 11788 C., 16875 J.N., 17228 J.E.).

Ce système ne pouvait être admis. « L'art. 32, dit Troplong, doit être rapproché de l'art. 15 no 7 de la loi de frimaire. Cet article établit le droit de la Régie sur la valeur des biens sans distraction des charges, et, par conséquent, sans égard pour les charges. Il suit de là que la loi fait de l'action que l'art. 32 accorde sur le revenu des biens à déclarer, en quelques mains qu'ils se trouvent, une action essentiellement privilégiée, et dont la préférence se conserve même indépendamment de toute inscription hypothécaire » (*Hyp.* no 97). — A la vérité, le mot de privilége n'est pas dans le texte, mais, ainsi que le fait très-bien remarquer M. Laborie dans

[1] Il faut lire en entier le texte de ces remarquables décisions pour s'édifier complétement sur la nature du droit de mutation par décès :

« Attendu que les biens d'un débiteur sont le gage commun de ses créanciers (art. 2093 C. C.); qu'aucune cause de préférence, aucun privilége ne peut, par dérogation à ce principe d'égalité, exister qu'en vertu d'une disposition de la loi; qu'il n'est donc permis de chercher ni dans l'origine ni dans la nature du droit qui se prétend privilégié une raison de préférence qui ne serait pas écrite dans une loi; qu'il n'y a pas à distinguer à cet égard entre un impôt, quel qu'il soit, et toute autre créance de l'État; que le droit de mutation par décès n'a pas, sous ce rapport, de garanties particulières qui procèdent de son origine ou qui soient inhérentes à sa nature; que, s'il est possible de le rattacher historiquement par quelques traits d'analogie à certaines redevances féodales, telles que celles de relief ou de rachat, il en diffère essentiellement par son principe et par son objet; attendu, en effet, que ces redevances, supposant une concession primitive, dont elles auraient été la condition et le prix, impliquaient une division de la propriété féodale en deux parts : l'une dominante, qui, sous le nom de domaine direct ou éminent, restait au suzerain; l'autre subordonnée et dépendante, qui, sous le nom de domaine utile, aurait été seule l'objet de la concession et ne devait passer aux successeurs du concessionnaire que sous la condition d'une investiture présumée; que, représentant ainsi aux mains du seigneur le caractère le plus élevé du droit de propriété, elles constituaient, par une conséquence de leur origine et par leur objet, un droit réel contre lequel ne pouvait prévaloir aucun droit du chef du vassal; que toutefois cette théorie, contraire à l'essence même du droit de propriété, n'était point absolue et s'appliquait seulement à la propriété inféodée, respectant ainsi la plénitude et l'indépendance de ce droit dans la propriété allodiale, soit qu'elle fût constituée par un titre là où dominait la maxime : « nulle terre sans seigneur », soit qu'elle fût de droit, en l'absence d'un titre d'inféodation, là où avait prévalu la maxime : « nul seigneur sans titre »; attendu que l'impôt de mutation par décès n'offre avec ces anciennes redevances aucun trait juridique de ressemblance; que, pour lui attribuer les caractères d'un droit réel devant s'exercer à titre de prélèvement plutôt qu'à titre de créance sur les biens à déclarer, il faudrait, à défaut d'une loi, le supposer dérivant d'un droit de propriété ou de copropriété de l'État, et le considérer comme la condition d'une concession primitive et le prix d'une investiture nécessaire à chaque mutation; qu'une semblable thèse, empruntée au régime féodal avec une extension qu'elle ne comportait pas même alors, serait non-seulement un démenti à la vérité historique, mais aussi une négation de tous les principes de notre droit public et de notre droit civil, soit sur la nature et les conditions d'existence de l'impôt, soit sur la plénitude et l'indépendance du droit de propriété, tel qu'il est défini avec une énergique précision par les art. 544 et 545 C. C.; attendu qu'à défaut d'un droit de prélèvement, on ne saurait trouver le principe d'un simple privilége dans l'analogie du droit de mutation par décès avec l'impôt du centième denier établi d'une manière générale par l'édit de décembre 1703 et par la déclaration de mars 1708 pour toute mutation de droit réel immobilier; que, cet impôt et les anciens droit son rapport sur les arrêts de 1857, ce mot-là n'a rien de sacramentel et la chose qu'il représente s'y trouve complétement. — Aussi la plupart des auteurs reconnaissent-ils à l'action de l'art. 32 le caractère d'un véritable privilége (Grenier *Priv.* t. 2 n° 418, Persil *Rég. hyp.* t. 1er n° 25, Favard de Langlade *Rép.* v° *Priv.* sect. 2 § 2, Roll. de Vill. *Rép. du notariat*, v° *Mutation par décès* n° 284, Demante *Principes de l'Enregistrement* n° 669.

La jurisprudence est également fixée en ce sens. Dans ses arrêts des 3 décembre 1839 et 28 juillet 1851, cités au numéro précédent, la Cour de cassation avait déjà reconnu que le recouvrement du droit de succession était assuré au moyen d'un privilége sur les fruits de la succession. En repoussant, dans ses quatre arrêts du 23 juin 1857, l'existence du privilége réclamé sur les capitaux héréditaires, elle déclarait : « que le législateur avait donné à l'Administration une action sur les revenus des biens à déclarer, en quelques mains qu'ils se trouvent, ce qui emportait attribution d'un droit réel sur les revenus. »

Enfin, la question lui ayant été plus directement soumise à la suite du pourvoi introduit par l'Administration contre un arrêt de la cour d'Orléans du 9 juin 1860, elle affirma positivement en ces termes l'existence du privilége : « Attendu que le droit proportionnel de mutation par décès, assis sur les valeurs de toute succession sans distraction des charges, est dû au Trésor public, qui, pour en opérer le recouvrement, a action sur tous les biens à déclarer, quelle qu'en soit la nature ; qu'à la vérité, les capitaux mobiliers ou immobiliers composant l'actif de la succession ne sont soumis à cette action par aucune affectation réelle et privilégiée, mais qu'il en est autrement des fruits ou revenus de ces capitaux ; qu'en effet, l'art. 32 L. 22 frimaire an 7, disposant que le Trésor public aura action sur les revenus des biens à déclarer, en quelques mains qu'ils se trouvent, sans exclure l'action ordinaire que le Trésor peut avoir en concours avec tous autres créanciers sur les capitaux de toute nature de la succession, caractérise une action réelle, qui s'exerce à ce titre sur les revenus et constitue un privilége sur ce genre spécial de valeurs » (Cass. 2 déc. 1862, 1726, 1727 R.P., 2244 § 3 I. G, 17615 J.N., 468 Rev., 12368 C., S. 63-1-97). — L'affaire, renvoyée au jugement de la cour de Bourges, y reçut une solution conforme le 24 février 1864 (12629 C., 17582 J.E., 17805 J. E., 742 Rev.). — On peut voir également dans le même sens des jugements du tribunal de la Seine des 26 mars 1858 (1089 R.P., 11353 C., 16702 J.E.), 9 février 1859 (1195 R.P., 16937 J.E., 11552 C.), 11 novembre 1859 (11711 C.), et un arrêt de la cour d'Angers du 9 janvier 1856 (S. 56-2-75).

**16854. Revenus échus avant le décès.** — Cette solution ne termine pas le débat, car s'il est désormais établi que l'action du Trésor sur les revenus constitue un privilége, il reste à déterminer son mode d'exercice.

On s'est demandé d'abord si le privilége s'étendait aux fruits échus avant le décès. L'art. 32, en effet, ne distingue pas entre les revenus qu'il affecte au recouvrement de la créance du Trésor. Sa disposition est générale sur ce point et paraît se fonder uniquement sur la nature des biens. Or, que les fruits soient antérieurs ou postérieurs au décès, n'importe, ils sont toujours des fruits, et tombent par conséquent au même titre sous l'application du texte.

Le privilége serait d'ailleurs bien souvent sans profit s'il se bornait aux revenus futurs, car l'héritier pourrait, en vendant aussitôt les biens, arrêter impunément la poursuite du Trésor.

Ces raisons n'ont cependant pas prévalu.

La jurisprudence y a fait plusieurs réponses. Puisque, dit-elle, l'impôt de mutation est la dette des héritiers, il ne peut diminuer l'avoir du défunt au préjudice de ses créanciers personnels. En outre, la cause de l'exigibilité du droit étant

de contrôle ayant été abolis par la loi du 5 décembre 1790, les garanties ou priviléges dont ils avaient pu jouir ne leur ont pas survécu ; qu'ainsi les droits d'enregistrement, substitués avec une organisation toute nouvelle à ces anciens impôts, n'ont d'autres garanties ou priviléges que ceux qui sont réglés par les lois de leur organisation, et spécialement par la loi du 22 frimaire an 7, laquelle, après avoir ordonné par son art. 1er que les droits d'enregistrement seront perçus d'après les bases et suivant les règles qu'elle détermine, dispose, par son dernier article, que toutes les lois rendues sur les droits d'enregistrement et toutes les dispositions d'autres lois y relatives sont et demeurent abrogées pour l'avenir ; attendu que le droit de mutation, comme toute autre contribution publique, procède de l'obligation personnelle de tout citoyen de concourir, par le sacrifice d'une portion de son revenu, aux moyens que le vote annuel du Corps législatif met à la disposition de l'État pour accomplir, envers la liberté et la propriété de chacun, sa mission sociale de protection et de défense, qui est un des attributs de la souveraineté ; qu'ainsi caractérisé par son principe et par son objet, l'impôt quel qu'il soit loin de supposer une propriété imparfaite et subordonnée, est la plus éclatante confirmation du droit naturel de propriété ; qu'il constitue donc par lui-même non un droit réel sur les biens du redevable, mais une obligation purement personnelle de celui-ci ; attendu que ce caractère est expressément attribué à l'impôt de mutation par les dispositions de la loi du 22 frimaire an 7 ; qu'aux termes des art. 29, 32 et 39 de cette loi, il est à la charge des héritiers, donataires et légataires, qui, personnellement obligés de faire dans un délai déterminé les déclarations prescrites, sont personnellement tenus de payer les droits des déclarations des mutations par décès ; que c'est une contribution indirecte qui constitue ainsi, vis-à-vis de l'État, une dette personnelle des héritiers, puisqu'elle a pour cause unique la transmission faite en leur faveur ; qu'elle peut, en certaines circonstances, rencontrer des obstacles dans le mode de son exercice, comme, par exemple, en cas de succession bénéficiaire, et surtout en cas de succession vacante, sans toutefois que son principe et son caractère en soient changés ou altérés ; que, d'une part, l'héritier bénéficiaire est tenu personnellement, tout comme l'héritier pur et simple, du payement des droits de mutation, puisque le bénéfice d'inventaire ne lui ôte pas la qualité d'héritier et n'empêche point que, par les effets de la saisine, la transmission des biens ne se soit opérée sur sa tête ; que, si les conséquences de la saisine sont modifiées soit par le bénéfice d'inventaire en faveur de l'héritier, soit par la séparation des patrimoines en faveur des créanciers de la succession, ces principes de la loi civile, applicables seulement dans les rapports de l'héritier ou de ses créanciers personnels avec les créanciers de la succession, n'ont point dérogé aux règles de la loi spéciale et ne peuvent être invoqués ni par l'Administration de l'enregistrement ni contre elle ; que, d'autre part, en cas de succession vacante, le curateur représente l'hérédité, être moral non encore personnifié dans un héritier connu, au nom duquel sont exercés tous les droits actifs et passifs dont le défunt a été nécessairement dépouillé par l'événement de son décès ; qu'ainsi, même alors, il y a mutation ou transmission de propriété du défunt à l'hérédité, qui est tenue dès lors du payement des dettes ;

Attendu que si, pour assurer etc., etc.

l'ouverture de la succession, il serait illogique que le nantissement précédât la créance garantie. Et puis, si l'Administration avait le droit de prélever les intérêts ou revenus arriérés, on reviendrait par une voie détournée à ce droit de prélèvement si solennellement prescrit par les arrêts de la Cour suprême (Lyon 24 avr. 1863, 1934 § 9 R. P., 17963 J. N., 12587 C., 17740 J.E.; — C. Lyon 26 fév. 1864, 2013 R.P.; — *Conf.*: Demante n° 671; — Seine 16 mars 1858, 16702 J. E., 26 mars 1858, 1039 R.P., 11353 C.).

Le premier moyen nous touche peu; car il n'est pas établi que le droit de succession constitue une dette essentiellement personnelle à l'héritier, et nous verrons plus loin que ce principe ne tiendrait à rien moins qu'à méconnaître à l'État le droit de venir en qualité de créancier chirographaire à la distribution du prix des capitaux héréditaires. Le second est également très-faible. Il n'est question ici ni de nantissement ni de gage, mais de privilége. Or, il est de la nature des priviléges d'atteindre dans le patrimoine du débiteur tous les biens affectés, soit que le débiteur les possédât déjà lorsque la cause du privilége s'est produite, soit qu'il les ait acquis depuis.

Le dernier motif nous paraît seul convaincant. N'est-il pas clair, en effet, qu'en refusant au Trésor le droit de prélèvement qu'il demandait sur les capitaux de la succession, la jurisprudence a voulu conserver aux créanciers du défunt l'intégrité de leur gage ? Et ce gage lui-même, de quoi se compose-t-il, sinon de toutes les valeurs sans distinction d'origine que le défunt possédait à sa mort ? Ces biens du défunt constituent réellement, au regard des créanciers, une masse dans laquelle on ne distingue plus ni intérêts, ni capitaux, ni revenu, ni principal. Ils sont agglomérés comme une seule chose que la séparation des patrimoines peut isoler de la fortune de l'héritier, et qui demeure indistinctement le gage des créanciers. Par conséquent, si l'Administration pouvait en distraire quelques valeurs, sous prétexte qu'elles représentent des fruits, elle prélèverait réellement un capital destiné au payement du passif de l'hoirie et exercerait ainsi le droit de préférence que la jurisprudence lui dénie.

**16855. Séparation des patrimoines. — Son effet sur les fruits.** — Nous venons de parler de la séparation des patrimoines. Il nous faut insister quelque peu sur ce point qui présente certaines difficultés. La séparation des patrimoines, on le sait, est une action accordée aux créanciers du défunt pour empêcher que les biens de la succession aillent se confondre dans la fortune de l'héritier et deviennent le gage de ses créanciers personnels. Au moyen de cette formalité, les patrimoines demeurent distincts et les créanciers du défunt peuvent discuter toutes les valeurs actives de leur ancien débiteur, comme s'il était encore vivant, sans craindre l'immixtion de créanciers étrangers (878 C. C.). La séparation des patrimoines a lieu ou bien sur la demande expresse des ayants droit (879 C. C.); — ou bien par l'effet de la loi en cas d'acceptation bénéficiaire d'une succession (Nîmes 21 juill. 1852, S. 53-2-701; — Cass. 29 juin 1853, S. 53-1-721; — 11 déc. 1854, S. 55-1-277; — Lyon 20 déc. 1855, S. 57-2-289; — Cass. 3 août 1857, S. 58-1-286; — 25 août 1858, S. 59-1-65; — 7 août 1860, S. 61-1-257; — 8 juin 1863, S. 63-1-379). — Mais, dans les deux cas, son effet est le même; elle écarte tous les créanciers personnels de l'héritier de la distribution du prix des biens auxquels s'applique la séparation.

Or, les fruits ou revenus produits par les capitaux de la succession *depuis le jour du décès* tombent-ils sous la mainmise de la séparation ? Doivent-ils, dès lors, être assimilés aux revenus échus avant le décès et échapper, comme eux, au privilége du Trésor ?

La première question a été controversée en doctrine.

Merlin rappelle qu'un arrêt du parlement de Paris, du 16 février 1694, avait refusé d'étendre le bénéfice de la séparation aux fruits naturels ou civils échus depuis la mort du débiteur (*Rép.* v° *Sép. des patr.* § 4 n° 3). Et plusieurs auteurs croient qu'il en doit être encore ainsi aujourd'hui, par le double motif que les fruits perçus par l'héritier se sont confondus dans son patrimoine et que, d'ailleurs, ils n'ont jamais appartenu au défunt, puisqu'ils ont été recueillis après sa mort (Grenier *des Hypoth.* t. 2 n° 436, Roll. de Vill. n° 55, Dubreuil ch. 6 n° 3, Zachariæ *édit.* Massé et Vergé t. 2 p. 332).

Par application de ces principes, le tribunal de Bourgoin a cru pouvoir décider, le 6 juillet 1864, que le payement des droits d'une succession bénéficiaire ne peut s'exercer sur les fermages et les intérêts du prix de la vente des biens, au préjudice des créanciers auxquels profite la séparation des patrimoines résultant du bénéfice d'inventaire : « Attendu que les fruits sont, comme les capitaux, une dépendance directe de la succession, *fructus augent hæreditatem*, et sont dévolus aux créanciers de l'hoirie » (2106 R. P.).

Mais il ne semble pas que ce sentiment puisse être suivi.

D'abord, le seul fait de la perception par l'héritier des fruits héréditaires ne saurait être considéré comme emportant nécessairement confusion de ces revenus avec ses biens personnels. C'est là une question de fait sans influence sur le principe, car si ces fruits peuvent être distingués parmi les biens de l'héritier, la séparation produira régulièrement ses effets. La seconde objection est plus spécieuse : voici néanmoins comme Demolombe la réfute : « La séparation des patrimoines, dit-il, a pour but et pour résultat, sous certains rapports, de résoudre fictivement la transmission héréditaire, et par suite la propriété de l'héritier sur les biens du défunt; et voilà pourquoi elle rétroagit au jour de l'ouverture de la succession, comme si l'héritier n'avait jamais eu aucun droit sur ces biens. Or, s'il est réputé, dans l'intérêt des créanciers du défunt et du légataire, n'avoir jamais eu aucun droit sur ces biens, il n'a pu en acquérir les fruits; et c'est le cas, au contraire, d'appliquer la maxime : *fructus augent hæreditatem* » (*des Succ.* t. 5 n° 432, *Conf.* : Caen 26 fév. 1849, S. 49-2-528, Zachariæ, Aubry et Rau t. 5 p. 214).

Il faut donc admettre que les fruits perçus depuis le décès sont censés faire partie de la succession et deviennent le gage exclusif des créanciers du défunt.

Mais peut-on dire alors, comme le tribunal de Bourgoin, que ces fruits ne sauraient, pas plus que les capitaux euxmêmes, être affectés au payement des droits de mutation, parce que cet impôt constitue une dette personnelle de l'héritier et que le but de la séparation des patrimoines est précisément d'écarter les créanciers de cet héritier de la contribution ouverte sur les biens de la succession?

Cet argument pouvait avoir sa valeur quand il n'était pas décidé que le droit de mutation par décès constituait une dette de la succession comme une dette de l'héritier; mais aujourd'hui qu'il est reconnu que le Trésor est créancier de la succession, il devient certain que la séparation du patrimoine ne lui ferme plus l'accès de la distribution, mais lui profite, au contraire, comme créancier de la masse (*V.* le numéro suiv.).

**16856. Droit sur les capitaux.** — Cette question de la nature du droit de succession a été très-vivement discutée en doctrine et en jurisprudence. Nous l'avons examinée nous-même dans un travail particulier où nous nous sommes attaché à reproduire tous les arguments invoqués par ceux qui lui refusaient le caractère d'une dette héréditaire et par ceux au contraire qui mettaient ce droit à la charge de la succession : il serait sans intérêt de revenir ici sur ce point, aujourd'hui tranché. La Cour de cassation, en effet, a reconnu, par un arrêt du 2 juin 1869, que le droit de mutation par décès a le caractère d'une dette inhérente à tous les biens de la succession même bénéficiaire : «Attendu, porte l'arrêt, qu'aux termes de l'art. 4 L. 22 frimaire an 7, le droit proportionnel de mutation par décès est assis sur les valeurs de la succession ; que ces valeurs forment sa base, quelles que soient les variations qu'il subisse soit à raison de la nature des biens dont se compose la succession, soit à raison de la qualité des personnes qui sont appelées à la recueillir ; que l'impôt a ainsi, selon le texte et l'esprit de la loi qui l'a établi, le caractère d'une dette naissant avec l'ouverture de la succession, et inhérente dès ce moment à tous les biens qui la composent ; que l'acceptation sous bénéfice d'inventaire ne saurait apporter aucune modification à ce caractère ; que si, dans ce cas, l'héritier bénéficiaire est, aussi bien que l'héritier pur et simple, personnellement tenu, on ne saurait faire sortir de cette obligation l'affranchissement des biens ; qu'il faut reconnaître, au contraire, que la dette du droit de mutation reste une dette de la succession, et qu'au lieu d'une garantie pour le recouvrement l'Administration en a deux ; qu'on ne saurait, d'ailleurs, admettre que les biens de la succession pussent être soustraits au payement de l'impôt de mutation par le seul fait de l'insolvabilité de l'héritier bénéficiaire, quand ils sont incontestablement soumis à cet impôt dans le cas où la succession est vacante, comme dans le cas où l'héritier bénéficiaire l'a acquitté de ses propres deniers ; que vainement on oppose qu'aux termes de l'art. 32 précité, l'Administration est investie, pour le recouvrement du droit de mutation par décès, d'une action réelle et privilégiée sur le revenu des biens à déclarer ; qu'il ne s'agit point, dans l'espèce, de l'extension de ce privilége à d'autres biens de la succession, mais uniquement du concours de l'Administration avec les autres créanciers chirographaires sur le surplus des biens, pour les sommes à elle restant dues, déduction faite des sommes qu'elle a touchées, par suite de l'exercice de son privilége ; que d'ailleurs l'existence de ce privilége, loin d'être en contradiction avec le caractère de dette inhérente à la succession attribué à l'impôt de mutation par décès, en est la pleine et entière confirmation ; que ce privilége a, en effet, sa cause et sa raison d'être dans le seul fait que, au moment où il naît, la créance dont il est la sauvegarde a, comme toute autre créance, son gage dans les biens de la succession ; qu'il suit de là qu'en déboutant l'Administration de ses conclusions aux fins d'être colloquée dans la distribution des biens héréditaires pour les sommes à elle restant dues, l'arrêt a faussement appliqué et par suite violé les dispositions de la loi fiscale et de la loi civile ci-dessus invoquées » (2930 R. P. 2389-7 I. G., 19629 J. N., S. 69-1-326, D. 69-1-428, P. 69-806). — *Conf.* : Montpellier, 30 mars 1878.

Le droit de l'Administration à poursuivre le recouvrement de l'impôt sur les capitaux héréditaires par voie de contribution au marc le franc avec les créanciers du défunt est donc maintenant incontestable. — *V.* 16879.

Les droits de succession constituant une partie du passif priment les legs de sommes d'argent ou de rentes (Seine, 29 avr. 1874).

**16857. La séparation des patrimoines n'est donc pas opposable au Trésor.** — Il est certain également que l'impôt est en premier lieu la dette de la succession. L'héritier en est sans doute aussi tenu personnellement, mais son obligation est purement accessoire ; elle ressemble à l'engagement de la caution qui se lie solidairement vis-à-vis du créancier pour garantir le payement de la dette principale.

La conséquence de cette situation sur la séparation des patrimoines est facile à tirer.

Dès l'instant, en effet, que le Trésor est créancier du défunt, la séparation ne lui est plus opposable, puisqu'elle opère seulement contre les créanciers de l'héritier. Et lors même que le privilége de l'art. 32 devrait se soumettre aux principes généraux de cette procédure, leur application naturelle lui ferait encore prendre régulièrement sa place dans le passif de la succession.

Il importe peu, on le conçoit, que les fruits ou revenus, une fois atteints par le privilége de l'Administration, fassent l'objet de transmissions secondaires. Ces mutations ne peuvent pas délivrer le gage de son affectation primitive et les biens passeront entre les mains des tiers grevés, comme ils l'étaient auparavant, de l'action du Trésor. Le décès de l'héritier bénéficiaire, par exemple, ne modifie pas la position juridique des créanciers qui avaient demandé la séparation ; il n'y a de changé que l'administration de la masse et, si l'on peut ainsi dire, le plastron de la poursuite. Quant aux effets de la séparation, ils se produisent dans la succession de l'héritier bénéficiaire comme entre les mains de cet héritier lui-même. Ce n'est pas l'événement de sa mort qui peut, par conséquent, arrêter l'Administration dans l'exercice de ses droits.

**16858. Cette séparation n'empêche pas le Trésor d'être préféré aux créanciers même hypothécaires.** — Nul doute même que le Trésor, agissant sur les revenus, écarte les créanciers chirographaires ou hypothécaires du défunt, car il se présente armé d'un privilége, et on sait que c'est là, selon le texte formel de l'art. 2095 C. C., un droit préférable aux simples hypothèques. On opposerait vainement que, par la séparation des patrimoines, les créanciers peuvent obtenir aussi un privilége et s'élever au rang de l'Administration. La séparation, en effet, ne confère pas aux créances qui en profitent le privilége hypothécaire dont il s'agit à l'art. 2095. Elle leur conserve seulement le gage affecté à leurs obligations en arrêtant l'immixtion des créanciers postérieurs ; mais elle ne modifie ni la nature ni les effets de ces obligations mêmes qui demeurent comme auparavant de simples créances hypothécaires ou cédulaires. La séparation d'ailleurs n'agit que contre les créanciers de l'héritier. Puisque la créance du Trésor fait partie du passif de la succession, elle participe du *privilége* de la séparation des patrimoines au même titre que les autres dettes du défunt, et celles-ci ne sauraient dès lors y trouver aucune cause de préférence contre elle : « Attendu, porte un jugement du tribunal de la Seine, du 9 février 1859, que les créanciers de l'hérédité bénéficiaire n'ont sur les biens formant leur gage que des droits nécessairement restreints par l'effet des charges qui pèsent sur ces biens ; que vainement ils excipent de la séparation des patrimoines, puisque l'Administration agit contre eux non comme créanciers de l'héritière ou de la succession, mais comme ayant sur les revenus des biens sinon un droit réel, du moins un droit attributif » (1195 R.P., 16937 J.E., 11552 G.).

Le tribunal de Grenoble a donc jugé à tort, le 8 février 1870, que, dans le cas d'une succession recueillie par le défunt, l'action du Trésor en recouvrement des droits de cette succession ne saurait être exercée au préjudice des créanciers de la même hérédité, parce que la séparation des patrimoines a empêché la confusion des héritages et, par suite, la confusion des dettes.

**16859. L'action du Trésor est distincte des priviléges spéciaux et généraux.** — Mais la situation est vraiment embarrassante quand le Trésor arrive en présence des autres créanciers privilégiés du défunt, et il rencontre des prétentions opposées.

Les revenus des valeurs de la succession sont, comme les autres meubles, soumis à trois catégories de priviléges : 1° les priviléges généraux désignés à l'art. 2101 C. C. et protégeant les frais de justice, les frais funéraires ou de dernière maladie, les salaires des gens de service et quelques fournitures; — 2° les priviléges spéciaux de l'art. 2102, qui garantissent les frais de la récolte, les loyers ou fermages des immeubles et la créance du gagiste ; — 3° et, enfin, certains priviléges accordés au Trésor par des lois particulières pour le recouvrement de diverses contributions ou avances.

Il règne, en doctrine et en jurisprudence, une très-grande incertitude sur le classement de ces différents priviléges. Le législateur a bien indiqué le rang que doivent occuper entre elles chacune des créances de l'art. 2101 C. C., et les lois constitutives des priviléges du Trésor se sont aussi presque toutes expliqué sur ce point. Mais l'ordre de préférence à suivre pour les priviléges spéciaux n'a pas été déterminé ; et on ne s'entend même guère sur la question de savoir si les priviléges spéciaux doivent dominer les priviléges généraux, ou comment il faut, entre eux tous, classer les priviléges du Trésor. La plupart de ces controverses sont heureusement étrangères à notre étude. L'action accordée à l'Administration par l'art. 32 L. 22 frimaire an 7 a, en effet, un caractère particulier qui la soustrait à l'application directe des règles du droit commun. Elle ne constitue pas un privilége général, puisqu'elle se restreint aux revenus ; elle n'est pas non plus spéciale à certains biens, comme la créance du gagiste ou du locateur, puisqu'elle s'exerce sur les fruits de toute la succession. On ne peut donc la placer dans aucun des deux ordres de priviléges organisés par le Code civil et on est ainsi dispensé de prendre un parti sur leurs titres respectifs de préférence. Il suffira d'examiner séparément le rang que la créance du Trésor doit occuper lorsqu'elle lutte ou contre les priviléges spéciaux ou contre les priviléges généraux, car si elle s'élève au premier rang dans les deux cas, il deviendra certain qu'elle primera tous les autres droits, quel que soit d'ailleurs leur mode légal de classement entre eux.

**16860. Classement entre les priviléges spéciaux.** — Or, parmi les priviléges spéciaux qui peuvent s'exercer sur les fruits d'une chose, on comprend tout à fait en première ligne celui qui garantit le payement des frais de la récolte, et celui du créancier gagiste (2102 §§ 1er, 2 et 3 C. C.). Il est même généralement admis que les frais de la récolte prennent le pas sur la créance du gagiste quand ils ont été faits après le nantissement ou l'antichrèse, parce qu'alors ils ont servi à conserver le gage (not. Pont *Priv.* n° 182, Maleville t. 4 p. 250, Tarrible *Rép.* v° *Priv.* sect. 3 § 2 n° 3, Favard v° *Priv.* sect. 3 § 2 n° 3). — Le Trésor leur sera-t-il donc préféré? L'affirmative nous paraît écrite dans les termes mêmes de la loi du 22 frimaire an 7. « La nation, dit l'art. 32, aura action sur les revenus, en quelques mains qu'ils se trouvent. « *En quelques mains qu'ils se trouvent*, remarque très-judicieusement M. le conseiller Merville, voilà des termes aussi généraux que possible, qui, ce semble, autorisent le fisc à saisir les revenus aux mains de l'antichrésiste comme de tout autre détenteur. Il est vrai qu'un Avis du conseil d'État du 21 septembre 1810 ne permet pas de les saisir aux mains des tiers acquéreurs ; mais cette décision prouve seulement que le droit de suite est, en cette circonstance, interdit au Trésor, ce qui peut s'expliquer par la maxime française que les meubles n'ont pas de suite. Au contraire, entre le fisc et l'antichrésiste, la question, étrangère au droit de suite, touche uniquement au droit de préférence. Et alors il faut convenir que rien ne la limite, et ces mots *en quelques mains qu'ils se trouvent*, en rendent passibles tous détenteurs tels qu'un gagiste ou un antichrésiste » (1541 R. P. ; — *Conf.* : Demante n° 671).

1. RÉCOLTES. — La Cour suprême a reconnu, d'après ces principes, que la créance de l'Administration sur les récoltes d'un immeuble prime celle du tiers qui les a semées, « parce que ce n'était pas seulement l'héritier qui était grevé de l'acquit du droit de mutation, mais les biens de la succession, quel qu'en soit le détenteur » (Arr. 3 janv. 1809, S. 9-1-140, 3202 J. E.).

« Vu, porte cet arrêt, l'art. 32 L. 22 frimaire an 7 ; attendu, en droit, que cet article ayant introduit, sans exception ni distinction, en un droit de suite sur les revenus de l'immeuble héréditaire, en quelques mains qu'il ait passé, ce n'est pas l'héritier seulement qui est grevé de l'acquittement du droit de mutation, mais les biens de la succession, quel qu'en soit le détenteur ; attendu, en fait, que les fruits qui ont été saisis étaient à prendre sur un héritage de la succession de Jean-Baptiste Chaîne ; d'où il résulte que le tribunal civil d'Uzès, en donnant mainlevée de cette saisie, a violé l'art. 32 L. 22 frimaire an 7. »

Or, les frais de la récolte étant eux-mêmes préférables aux autres créances protégées par les priviléges spéciaux sur les meubles, ne s'ensuit-il pas que l'action du Trésor l'emporte sur toutes? *Vinco vincentem te, à fortiori te vinco.*

Il faut bien remarquer toutefois que ce privilége sur la récolte cesserait de s'exercer si cette récolte appartenait au fermier lui-même, et si ce fermier n'avait pas seulement le droit de réclamer des frais de culture. On se trouverait alors en présence de cet autre principe (16864) d'après lequel le droit de suite ne s'exerce pas contre les tiers détenteurs, et, comme l'a d'ailleurs reconnu l'Administration dans une Dél.

23 octobre 1814, il faudrait se borner à faire des saisies-arrêts ou des oppositions sur le fermage dû au propriétaire (1662 J. N., D. N. t. 12 p. 367 n° 1029).

2. VENTE. — Le tribunal de Château-Chinon a cependant décidé, le 24 nov. 1854, que le privilége du Trésor ne peut être intenté au préjudice du privilége accordé au vendeur par l'art. 2102 C. C. pour le payement du prix sur les intérêts de ce dernier.

La même interprétation résulte d'un jugement d'Avignon du 29 avr. 1875 (4200 R. P.); mais ce jugement a été infirmé par la cour de Nîmes le 9 février 1876 (4375 R. P.).

3. CAUTIONNEMENT. — Le privilége sur les intérêts du cautionnement prime le privilége du bailleur de fonds (Sol. 10 mars 1874) et même celui du Trésor pour déficit (Sol. 10 mai 1878).

4. CRÉDIT FONCIER. — Il prime également le privilége du Crédit foncier (Sol. 20 mars 1875).

**16861. Classement entre les priviléges généraux.** — L'argument que nous avons tiré du texte de l'art. 32 a la même force pour les priviléges généraux désignés à l'art. 2101 C. C. Le législateur, en permettant à l'Etat d'exercer son droit de *préférence* sur les fruits, en quelques mains qu'ils se trouvent, et avant des créanciers aussi favorables que le gagiste ou le colon qui a avancé les frais de culture, a clairement manifesté son intention de donner au Trésor des moyens efficaces de recouvrement. Ce but serait manqué si les créanciers de l'art. 2101 pouvaient éliminer l'Administration; car, au lieu de se venger sur les capitaux, comme ils en ont le droit, ils ne manqueraient pas de prendre d'abord les récoltes afin d'exclure le Trésor. De cette façon, le privilége de l'Etat se trouverait anéanti, et il le serait précisément dans un cas où son exercice ne peut causer aucun préjudice sérieux aux autres créanciers, puisqu'ils conservent toujours les capitaux, l'objet principal de leur gage.

Il en était ainsi dans l'ancien droit. « Durant la saisie féodale, dit Claude Ferrière, le seigneur est préféré à tous les créanciers du vassal, sur quelques priviléges qu'ils soient fondés (sur Paris, art. 28 n° 1er). » — L'art. 32 reproduit la disposition suivante de la *Coutume de Paris* : « Le seigneur féodal se peut prendre à la chose pour les produits de son fief » (art. 24). Les termes sont à peu près identiques. S'ils ne procèdent pas de la même cause, ils doivent du moins produire les mêmes effets, car, selon la judicieuse remarque de M. Demante (*loc. cit.*, 671), il n'est pas rare qu'une disposition législative survive aux raisons doctrinales qui l'ont fait introduire.

On trouverait, du reste, la preuve de cette intention dans l'économie des lois qui ont organisé sur d'autres points le privilége du Trésor. Ainsi, l'art. 1er L. 12 novembre 1808 déclare que l'Etat aura un privilége sur les revenus des immeubles soumis à la contribution foncière pour le recouvrement de cet impôt; et il ajoute que ce privilége s'exercera *avant tout autre*. Personne ne doute que l'Etat soit alors préféré à tous les créanciers munis de priviléges spéciaux ou généraux (Duranton t. 19 n° 231, Troplong n° 33, Pont 53). — Or, l'impôt foncier n'est pas, au point de vue des ressources qu'il présente à l'Etat, d'une autre nature que le droit de succession; il serait donc singulier que le législateur, en attribuant à l'un le rang supérieur, n'ait pas voulu exprimer pour l'autre une pensée égale dans ces mots pourtant bien significatifs : « La nation a action sur les revenus *en quelques mains qu'ils se trouvent.* » Cette préférence se justifierait pour le droit de succession aussi bien que pour l'impôt foncier, par l'idée dont on appuie le dernier : à savoir qu'il est la représentation des frais faits pour la conservation de la chose (Valette *Privilége* 101, Pont *loc. cit.* 53).

Nous croyons donc que le droit de succession prime toutes les créances protégées par l'un des priviléges spéciaux ou généraux du Code civil.

Nous ajouterons seulement qu'ici, comme pour la contribution foncière, il y a lieu de céder le pas aux frais de justice exposés pour la réalisation du gage et la distribution de son prix.

**16862. Classement entre les autres priviléges du Trésor.** — S'il fallait maintenant fixer le rang de ce privilége parmi ceux dont le Trésor jouit à l'occasion d'autres impôts, le classement serait assez facile.

Il est certain d'abord que le privilége de la contribution foncière doit passer avant *tout autre :* ce sont les termes mêmes de la loi de 1808.

Et sur la même ligne se place, selon l'art. 76 L. 28 avril 1816, le privilége destiné à garantir le payement des droits et amendes de timbre.

Après ces deux créances, nous rencontrons : 1° celle des contributions indirectes pour les droits à la charge des redevables (Déc. 1er germ. an 13);

2° Celle de la douane (L. 6-22 août 1791 et 4 germ. an 2);

3° Celle du Trésor sur les biens des comptables (L. 5 sept. 1807);

4° Celle qui résulte de l'avance des frais de justice criminelle par l'État (L. 5 sept. 1807). — Les priviléges applicables aux trois dernières créances ont été classés, les uns, comme celui de la douane, après les priviléges généraux de l'art. 2101, les autres après tous les priviléges spéciaux de l'art. 2102. Ils ne sauraient donc entrer en lutte avec celui qui protége le droit de succession.

Mais on peut sérieusement hésiter à l'égard des contributions indirectes. D'une part, en effet, le décret du 1er germinal an 13 porte qu'elle doit être préférée à toutes autres, excepté les frais de justice, la contribution directe et six mois de loyer dus au propriétaire, énumération qui paraît exclure le droit de succession. D'un autre côté, cependant, ce droit prime, comme nous l'avons vu, la créance du propriétaire, pour les loyers qui lui sont dus par son fermier. N'en résulte-t-il pas nécessairement qu'elle doit être également préférable à celle de la Régie? Nous inclinons à le penser. Mais cette difficulté offre peu d'intérêt, car le débat se concentre entre deux créances appartenant également au Trésor et il sera toujours tranché par les voies administratives.

**16863. Résumé.** — Voici donc, pour nous résumer, l'ordre qu'il faudrait suivre dans la distribution du prix des revenus :

1° Frais de saisie, de vente, etc.;

2° Impôt foncier de l'année échue et de l'année courante;

3° Droits et amendes de timbre;

4° Droits de succession.

Quant aux autres créances, elles seraient colloquées postérieurement, d'après le rang que la loi ou la jurisprudence leur attribue entre elles.

**16864. L'action du Trésor ne s'exerce pas contre les tiers acquéreurs.** — Les revenus demeurent exposés à l'action du Trésor aussi longtemps que les biens restent en la possession du redevable ou de ses représentants. Y échappent-ils complétement lorsque ces biens sont vendus? Après une vive controverse de la jurisprudence, le conseil d'Etat intervint pour consacrer l'affirmative. Son avis, rendu le 21 septembre 1810 et ayant force de loi porte: « Ni pour le droit principal dû à cause d'une mutation par décès, ni conséquemment pour le droit et le demi-droit en sus, l'action accordée par l'art. 32 L. 22 frimaire an 7 ne peut être exercée au préjudice des tiers acquéreurs. »

Il importerait peu que réserve de ce privilége soit faite dans le cahier des charges (Sol. 3 juin 1872).

1. MEUBLES. — Qu'entend-on par ces mots: *tiers acquéreurs?* En matière de meubles, les tiers acquéreurs sont tous ceux qui ont acquis les biens en vertu d'un contrat pouvant être opposé à l'Administration. Le privilége de l'art. 32 confère, en effet, un droit de suite sur les revenus. Or, les meubles n'ont pas de suite par hypothèque, et celui qui les a acquis de bonne foi avant la saisie du Trésor ne saurait en être dépossédé. Ainsi, la Cour de cassation a annulé comme tardive la saisie faite au nom de l'Administration sur des récoltes cédées par l'héritier à un tiers en payement d'une dette: « Attendu que la vente a dessaisi l'héritier de la propriété des fruits pour en investir l'acquéreur, en sorte qu'au moment où le Trésor s'est présenté il a saisi une chose qui n'appartenait plus à son débiteur » (Cass. 9 mars 1814, Dalloz 5167).

« Attendu, porte l'arrêt du 9 mars 1814, qu'à l'époque du 8 juillet 1811, il n'existait aucune opposition à la saisie des fruits interposée à la requête de Burlet; qu'ainsi la veuve Génon et son fils ont pu, par transaction, vendre et adjuger leur récolte sur pied, et en déléguer le prix à Burlet, leur créancier; que cette vente et délégation acceptée par les adjudicataires a dépouillé la veuve Génon et son fils de tous droits de propriété soit sur les fruits et récoltes vendus, soit sur le prix d'iceux, et en a investi ledit Burlet; conséquemment que les saisies-arrêts faites par la Régie des domaines postérieurement à cette vente et délégation sur la veuve Génon et fils ont été faites *super non domino*, et qu'en en donnant mainlevée, le jugement attaqué n'a violé aucune loi. »

Nous verrons seulement plus loin que la cession n'anéantit pas l'action du Trésor quand le prix n'est pas payé, parce que ce prix lui-même ou, selon les cas, ses intérêts, représentent le gage affecté au payement de la créance.

2. IMMEUBLES. — En matière d'immeubles, le sens des mots *tiers acquéreurs* a été déterminé, peu après l'A. du Cons. d'Ét. 4 septembre 1810, par une D. m. f. 14 juillet 1817: « L'action, a dit le ministre, déférée au Trésor par l'art. 32 L. de la loi de l'an 7, sur les revenus des biens à déclarer, doit s'exercer même contre les tiers acquéreurs, non-seulement pour les revenus échus au moment de l'adjudication, mais encore pour ceux à écheoir jusqu'à l'épuisement total de la créance, à moins que les tiers acquéreurs n'aient rempli les formalités hypothécaires et ne soient devenus propriétaires incommutables avant les saisies et oppositions faites dans l'intérêt du Trésor. »

**16865. Quand les tiers acquéreurs des immeubles sont propriétaires incommutables.** — Cette interprétation est catégorique. Avant la loi du 23 mars 1855 sur la transcription, elle pouvait devenir néanmoins la source de quelques difficultés, en prolongeant l'action du Trésor jusqu'au moment où l'acquéreur est devenu propriétaire incommutable par l'accomplissement des formalités de la purge. En effet, la purge n'est complète que quand les hypothèques légales sont anéanties; d'où il aurait fallu conclure que, si l'acquéreur ne s'était pas conformé aux art. 2193 et suiv. du Code civil, il restait exposé à la saisie de ses récoltes. Un tel résultat était trop rigoureux pour répondre à la pensée du conseil d'État, car il eût conduit forcément tous les acquéreurs aux formalités onéreuses de la purge légale. Ces embarras ont disparu depuis que la nouvelle loi a fait de la transcription du contrat le complément de la transmission de propriété à l'égard des tiers et la seule condition de son incommutabilité entre les mains du détenteur. Aujourd'hui, dès que le contrat est transcrit, le privilége du Trésor s'évanouit, quoique l'acquéreur ne provoque pas la purge des hypothèques.

*Antichrèse.* — Une antichrèse non transcrite ne serait pas opposable au Trésor (Mayenne, 7 juin 1876)

**16866. Immobilisation des fruits.** — Ce qui précède s'applique seulement aux récoltes ou fermages de l'immeuble vendu. Quand l'acquéreur n'a pas payé son prix comptant, la transcription du contrat, tout en le rendant propriétaire incommutable, ne l'empêche pas de devenir débiteur envers le vendeur des intérêts qui représentent dans certaines limites les fruits de l'objet aliéné. Ces intérêts ne sauraient donc profiter de l'Avis du conseil d'État de 1810 pour échapper à l'action du Trésor, puisque leur attribution à tel ou tel créancier du vendeur ne modifie en rien la position de l'acquéreur.

C'est par d'autres principes qu'on règle l'exercice de ce privilége.

Ces principes ont été mis en parfaite lumière dans un réquisitoire de M. l'avocat général Blanche.

« L'art. 32 L. 22 frimaire an 7, a dit l'éminent magistrat, reconnaît le privilége du Trésor sur les revenus des biens à déclarer, en quelques mains qu'ils se trouvent, pour le payement des droits dont il faudrait poursuivre le recouvrement. Ce que cette disposition avait d'absolu et d'équivoque a été restreint et expliqué par l'Avis du conseil d'État des 4-21 septembre 1810, lequel est ainsi conçu: « Le conseil d'État est d'avis que, ni pour le droit principal dû à cause de mutation par décès, ni, par conséquent, pour le droit et le demi-droit en sus dont la peine est prononcée par l'art. 39 L. 22 frimaire an 7, l'action accordée par l'art. 32 de cette loi ne peut être exercée au préjudice *des tiers acquéreurs.* » Le texte ne parle expressément que des tiers acquéreurs, mais la doctrine et la pratique l'ont étendu aux créanciers hypothécaires, dont la situation vis-à-vis du Trésor est, à certains égards, identique. Le privilége de la Régie s'arrêtera donc dès que les intérêts du prix de vente s'immobiliseront et viendront se confondre avec le principal pour former ensemble la garantie individuelle des créances inscrites. Mais quand et à quel moment se produira cette immobilisation? Au moment précis où commence, d'une façon ou d'une autre, l'exploitation, la mise en jeu de l'action hypothécaire. Cette époque diffère selon qu'il s'agit d'expropriation forcée ou de vente volontaire. Dans le premier cas, l'immobilisation suit immédiatement la transcription de la saisie. C'est la disposition expresse de l'art. 682 C. proc. : « Les fruits naturels ou industriels recueillis postérieurement à la transcription (de la saisie) ou le prix qui en proviendra seront immobilisés pour être distribués avec le prix de l'immeuble par ordre d'hypothèques. » Et c'est aussi la règle que l'art. 685 du même code établit pour les fruits civils, parmi lesquels on range, d'après l'art. 584 C. C., les intérêts des prix de vente : « Les loyers et fermages seront immobilisés à partir de la transcription de la saisie pour être distribués, avec le prix de l'immeuble, par ordre d'hypothèque. » La transcription de la saisie est, en effet, le premier acte qui met en mouvement l'action hypothécaire, qui commence l'exploitation du gage commun. Dès ce moment-là, par conséquent, s'arrête, conformément à l'Avis du conseil d'État, le privilége du Trésor. — Il en est autrement des ventes volontaires. La transcription du contrat n'a pas un caractère suffisant de poursuite pour constituer l'exploitation du gage. Le droit réel d'hypothèque n'entre réellement en action que quand le créancier fait à l'acquéreur la sommation de payer ou de délaisser prescrite par l'art. 2176 C. C., ou que l'acquéreur, prenant les devants, notifie son titre aux créanciers inscrits pour provoquer, avec leur surenchère, les formalités de la purge (art. 2183, 2184 C. C.). »

Ces distinctions sont consacrées par la jurisprudence.

Il a été reconnu qu'en matière de vente forcée, les fruits ou les intérêts qui les représentent sont immobilisés par l'effet de la saisie (Cass. 24 juin 1857, D. 57-438, 872 R. P.) ; — et qu'en matière de vente volontaire, cette immobilisation ne s'opère que par la sommation de payer ou de délaisser ou la signification de l'acquéreur aux créanciers inscrits (Cass. 9 août 1859, D. 59-1-366 ; — 24 nov. 1869, 3028 R. P.).

Un arrêt du 1ᵉʳ mars 1870, en confirmant la règle précédente au sujet des ventes volontaires, ajoute que les notifications pouvant servir à l'immobilisation des intérêts sont aussi bien celles qui ont lieu, conformément à l'art. 2194, pour la purge légale des hypothèques non inscrites que les notifications ordinaires adressées aux créanciers inscrits dans le cas prévu aux art. 2183 et 2184 C. C. (3328 R. P.).

Lorsque ces notifications n'ont pas eu lieu, le privilége s'exerce jusqu'au jour de l'ouverture de l'ordre et de la sommation de produire adressée à ces créanciers par les adjudicataires (C. Grenoble 28 juin 1871, 3449 R. P. ; — C. Toulouse 29 juin 1872, 3749 R. P., 20921 J. N.), et à défaut de cette sommation jusqu'au jour où la distribution est faite dans l'ordre (Montpellier, 13 mars 1876, 4633 R. P.).

En ce qui concerne spécialement l'adjudication sur folle enchère intervenue postérieurement et à laquelle ne s'applique pas cette sommation, les intérêts du prix sont frappés du privilége jusqu'au moment de leur distribution (C. Grenoble 28 juin 1871, 3449 R. P.).

Si les créanciers et le vendeur sont convenus du payement du prix, la notification n'est plus nécessaire (Cass. 25 mars 1876, 4471 R. P.).

Enfin, si la collocation a eu lieu pendant l'instance, au mépris du privilége du Trésor, l'Administration peut s'adresser directement aux adjudicataires qui se sont mal à propos libérés, pour les forcer à tenir compte des intérêts, sauf leur recours contre les créanciers (C. Grenoble 28 juin 1871, 3449 R. P.).

1. SUCCESSION BÉNÉFICIAIRE. — Il y a lieu d'assimiler aux aliénations volontaires les ventes d'immeubles dépendant d'une succession bénéficiaire : « Attendu que les ventes dont s'agit, quoique faites sous autorité de justice, étaient néanmoins des ventes volontaires dans leur principe ; que, par cela même et par application des art. 2176, 2183 et 2184 C. C. c'est seulement à partir des notifications qui ont dû être faites aux créanciers inscrits que les intérêts du prix représentant les fruits dont les adjudicataires devaient compte, ont été immobilisés au profit desdits créanciers ; que dès lors le Trésor public avait, sur les intérêts courus du jour de chaque adjudication jusqu'auxdites notifications, le privilége résultant en sa faveur de l'art. 32 L. 22 frimaire an 7 » (Cass. 24 nov. 1869, 3028 R. P., 2397-3 I. G., B. 207, S. 70-1-88, D. 70-1-339, P. 70-178). — *Conf.* : Autun, 21 avril 1874.

1. FAILLITE. — Quand la vente volontaire a été provoquée par le syndic d'une faillite, dans l'état d'union, ce syndic représente les créanciers inscrits et le prix se trouve immédiatement fixé, sans qu'il soit besoin ni de sommation ni de notification. Ces créanciers ont donc un droit exclusif aux intérêts du prix à partir du jour même de l'adjudication (Cass. 8 avr. 1867, S. 67-1-31). Et, par voie de conséquence, les intérêts échappent au privilége du Trésor. C'est ce qu'a décidé avec raison le tribunal de Villefranche, le 31 juillet 1868 (2976 R. P.).

Dans l'affaire sur laquelle est intervenu l'arrêt du 8 avril 1867, il s'agissait d'une adjudication provoquée pendant l'union des créanciers. Mais il n'y a pas de raison pour ne pas appliquer le même principe aux ventes que le syndic peut provoquer, avant la conclusion du concordat, avec l'assistance du failli et l'autorisation du tribunal (Cass. 13 janv. 1869, S. 69-1-152).

*Distribution.* — Quand il s'agit d'une simple distribution hors faillite, et qu'il n'y a pas de créanciers inscrits, le privilége du Trésor doit comprendre tous les intérêts courus jusqu'au jour du règlement définitif et non pas seulement jusqu'au jour du règlement provisoire : « Attendu que la fiction légale, d'après laquelle le règlement provisoire a pour effet de faire sortir des mains de la partie saisie les sommes à distribuer, est applicable seulement au cas de faillite pour établir la situation des créanciers produisants à l'égard des créanciers forclos. Mais attendu que, dans les cas ordinaires, en matière de contribution, la partie saisie est réellement dépossédée quand les créanciers ont leurs droits liquidés définitivement » (Seine 3 avr. 1868, 2714 R. P.).

2. EXPROPRIATION. — Le privilége n'atteint pas les intérêts du prix de vente d'un immeuble exproprié par un jugement transcrit (Nice, 22 fév. 1875, 4123 R. P.). — Le jugement d'expropriation immobilise les intérêts à partir de sa date et non pas seulement de sa transcription (C. cass. 9 mai 1874, 4673 R. P.).

**16867. Crédit foncier.** — La vente forcée des biens hypothéqués au Crédit foncier est régie par une législation spéciale que nous avons fait connaître *suprà* n° 16367.

**16868. Surenchère.** — La mainmise résultant au profit des créanciers de la notification précédente continue-t-elle à subsister quoique l'adjudication de l'immeuble ait été suivie d'une surenchère? L'affirmative est certaine si c'est le premier acquéreur qui se rend adjudicataire de l'immeuble surenchéri. Il ne fait pas alors une acquisition nouvelle, mais demeure propriétaire en vertu de son contrat primitif, et non en vertu du jugement d'adjudication. La première vente continue donc à produire ses effets (Pigeau t. 2 p. 251, Troplong nos 938-948-949; — Cass. 5 mai 1808; — Douai 9 juin 1841).

La question est beaucoup plus délicate lorsque l'adjudication après surenchère est tranchée au profit d'un autre que l'acheteur primitif. Cette nouvelle aliénation opère de plein droit la résolution du premier contrat et le fait tellement disparaître que l'adjudicataire définitif tient directement son titre, sans intermédiaire, du vendeur ou du débiteur exproprié. Il semblerait naturel de penser que les effets de la notification, émanée de l'acheteur dessaisi, se sont également évanouis et que les intérêts du prix ont échappé, par conséquent, à l'immobilisation qui les avait provisoirement atteints. Des arrêts, se fondant sur ce principe que la première vente est entièrement résolue, ont même validé les inscriptions prises sur l'immeuble par un créancier du vendeur dans l'intervalle de la transcription de la vente à la surenchère (Paris 3 avr. 1812; — Bordeaux 24 avr. 1845; — Besançon 13 juin 1848, Delvincourt t. 3 p. 374, Duranton t. 20 p. 409, S. 1846-2-65, Dalloz vo *Vente d'immeubles* no 2146). — Mais cette interprétation n'a pas prévalu dans la jurisprudence. On ne saurait, en effet, appliquer au jugement d'adjudication après surenchère l'effet rétroactif d'une clause résolutoire ordinaire. Si la surenchère résout la vente, elle n'en fait pas disparaître toutes les conséquences, puisque la transcription, la surenchère et l'adjudication postérieures ne sont que des résultats de cette vente. A l'égard des créanciers, la propriété demeure une propriété aliénée par le premier vendeur; et, bien que la surenchère la fasse passer entre les mains d'un tiers, il est impossible d'admettre que cette transmission qui est le produit direct de l'aliénation primitive puisse nuire à ses créanciers. On ne comprendrait pas surtout comment la transcription de la vente qui donne ouverture au droit de surenchère deviendrait non avenue par suite de l'adjudication subsidiaire, et rouvrirait le droit d'inscription aux créanciers qui ont négligé de s'inscrire en temps utile et qui n'auraient pas pu surenchérir. Aussi la Cour de cassation a-t-elle décidé plusieurs fois que la résolution de la vente n'opérait pas au détriment des créanciers antérieurs, et ne permettait pas dès lors d'inscrire des hypothèques entre la transcription de la première vente et la surenchère ou l'adjudication (Cass. 23 fév. 1857, S. 1857-1-359, 7 mai 1860, S. 1860-1-507). — Le même principe a été confirmé par un arrêt de la cour de Montpellier du 10 décembre 1864 (S. 1865-2-143), et il avait été défendu par Carré t. 3 p. 174 note 1re, Pigeau no 473, Tarrible vo *Transcript.* § 6 no 3, Grenier t. 2 no 472, Troplong t. 4 no 965.

Il y a même raison de l'appliquer à l'immobilisation des fruits au profit des créanciers du saisi. S'il est vrai que la résolution n'opère pas au préjudice de ces derniers, ils conservent intégralement, malgré la surenchère, le gage que leur avait attribué la poursuite dont l'aliénation n'est que la conséquence. Nous croyons donc, avec un jugement de Carpentras du 22 novembre 1866, que la nouvelle adjudication ne permettrait pas au Trésor d'exercer son privilége sur les intérêts échus depuis la notification (2401 R. P., 18932 J. N., 18396 J. E., 13162 C.).

Jugé de même et avec raison que l'adjudication après surenchère sur licitation des immeubles d'une succession bénéficiaire immobilise les intérêts à partir de sa date (Pau, 17 mai 1877, 4818 R. P., suivi d'acq. du 31 août 1877).

**16869. Faillite du défunt.** — Il est impossible d'assimiler la faillite du débiteur à la vente, et de décider que le failli, ayant été dessaisi de ses biens par l'art. 443 C. com., ses créanciers sont dans la position des tiers acquéreurs ordinaires. Cette doctrine avait cependant triomphé plusieurs fois en jurisprudence (Orléans 9 juin 1860, 16875 J. N., 1356 R. P., 17228 J. E., 11788 C.; — Seine 21-22 nov. 1862, 1726 R. P., 12348 C., 469 Rev.). — Mais elle ne pouvait prévaloir. D'une part, en effet, le dessaisissement que produit la faillite n'a trait qu'à l'administration des biens. La propriété reste dans le patrimoine du débiteur et peut être, par conséquent, atteinte par l'art. 32 L. 22 frimaire an 7, sans égard aux stipulations du concordat obtenu par le failli ou son représentant. D'un autre côté, s'il est vrai que les dettes postérieures à la faillite ne peuvent, au préjudice des créanciers antérieurs, grever les biens dont le redevable a perdu la gestion, cela ne s'applique qu'aux dettes contractées par le failli lui-même, et non à celles qui, dérivant de la loi, ont pris naissance sans la volonté du failli, et constituent, comme les droits de mutation, une dette de son hérédité.

Ce point a été mis en parfaite lumière par M. le conseiller Laborie, dans le rapport que le savant magistrat a présenté à la Cour de cassation à l'occasion du pourvoi introduit contre l'arrêt d'Orléans, et que nous avons reproduit au no 1726 R. P. Aussi la Cour suprême l'a-t-elle pleinement consacré par un arrêt du 2 décembre 1862, ainsi conçu :

« Attendu que la mainmise des créanciers sur des biens qui sont leur gage commun a sans doute pour conséquence d'empêcher que le failli n'altère ou n'amoindrisse le gage commun par des aliénations ou des dettes ultérieures, mais qu'elle ne saurait faire obstacle à l'exercice d'un droit qui affecte spécialement les revenus des biens à déclarer sous la seule condition que ces biens soient encore dans la succession du défunt, et qui trouve dans sa nature privilégiée, indépendamment de sa date, une cause légitime de préférence; qu'il n'y a rien de contraire à induire de l'art. 2098 C. C. » (1727 R. P., 2244 § 3 I. G., 17015 J. N., 17582 J. E., 12368 C., 468 Rev., S. 63-1-98). La cour de Bourges, au jugement de laquelle l'affaire fut renvoyée, se décida dans le même sens, le 24 février 1864 (17805 J. E., 742 Rev., 12629 C.). C'est l'opinion qui avait également prévalu devant les tribunaux de Montereau, le 16 décembre 1855; — de la Seine, le 26 mars 1858, et devant la cour de Paris le 26 janvier 1857 (784-1039 R. P., 11353 C.). — *Conf.* : Gannat, 28 janv. 1876; — Lure, 14 juin 1873).

1. CESSION DE BIENS. — Les mêmes règles s'appliquent à la cession de biens. Puisque la cession ne dépouille pas le cédant de la propriété de ses biens, on doit en conclure qu'ils tombent sous l'exercice de l'action du Trésor comme ceux du failli.

2. FAILLITE OU CESSION DE BIENS DE L'HÉRITIER. — On doit décider également et *à fortiori* que l'action de l'Administration sur les revenus des biens subsiste malgré la faillite de l'héritier débiteur (Seine 6 déc. 1850, 15107 J. E., 14342 J. N.); — ou la cession de biens qu'il a consentie à ses

créanciers, puisque cette cession ne le dépouille pas de la propriété (Cass. 3 vent. an 12).

**16869** *bis*. **Réunion de la nue-propriété.** — L'usufruitier qui achète la nue-propriété des biens ne saurait évidemment se considérer comme un tiers acquéreur dans le sens de la loi. Il reste soumis sur les revenus à l'exercice du privilége de l'Administration : « Attendu, porte un jugement de Saint-Gaudens du 13 juin 1871, qu'aux termes de l'art. 32 L. 22 frimaire an 7, l'Administration a action, pour le payement des droits de mutation par décès, sur les revenus des biens à déclarer en quelques mains qu'ils se trouvent ; qu'en qualité de donataire instituée par son mari de l'usufruit de l'entière succession de ce dernier, Mme Bergouignan est détentrice de tous les biens de l'hérédité et à ce titre en perçoit les revenus ; attendu que l'acte de cession consenti en sa faveur, le 18 septembre 1867, par le sieur Ferdinand Bergouignan, des droits de nue-propriété, n'a pu modifier en rien, à l'égard de l'Administration, la situation de la veuve quant à cet usufruit ; qu'elle tenait de la volonté du défunt, que, par suite elle ne peut être considérée, quant à cet usufruit, comme un tiers acquéreur puisqu'elle en est donataire ; qu'à ce titre l'action du Trésor peut être utilement exercée sur ces revenus. »

**16870. Intérêts.** — Quelques tribunaux, interprétant d'une façon judaïque les termes de l'art. 32, ont décidé que le privilége se restreignait aux fruits *eux-mêmes* produits par le capital. Et ils en ont conclu que, dans une matière où tout est de droit étroit, on ne pouvait étendre l'action du Trésor. Ils ont refusé notamment d'autoriser la saisie des intérêts d'un prix de vente d'immeuble, en renvoyant l'Administration se pourvoir sur les récoltes ou sur les fermages du bien. C'est ce qu'ont reconnu des jugements de Boulogne du 10 janvier 1857 et de Saint-Amand du 3 juin suivant : « Attendu, portent également deux jugements du tribunal de la Seine, des 21-22 novembre 1862, que le privilége de la Régie ne tire son existence que des termes précis de la loi, que nulle part le législateur n'a fait d'assimilation entre les revenus des biens et les intérêts des sommes déposées à la caisse des consignations et provenant de la réalisation de l'actif héréditaire » (1726 R. P.).

Un tel système ne saurait prévaloir.

La vente de l'immeuble a sans doute dénaturé la valeur imposable dans le patrimoine de l'héritier ; mais elle a tout simplement substitué le prix à la chose, et ce prix y entre sous les mêmes charges que l'immeuble lui-même. On chercherait vainement pour quel motif l'intérêt du prix qui représente le revenu du capital héréditaire échapperait à la poursuite du Trésor, quand ce revenu lui-même y demeure affecté. Il y a entre ces deux situations une analogie qui conduit inévitablement à la même conclusion. Aussi est-il reconnu généralement que les intérêts du prix de vente tombent, comme le revenu même de l'immeuble, sous l'application du privilége fiscal (2114 § 8 I. G.). Dans ses arrêts du 23 juin 1857 (16853) la Cour de cassation a constamment mis les intérêts du prix de vente sur la même ligne que les récoltes elles-mêmes ; et, en matière civile, on sait que l'immobilisation causée par la notification de l'acquéreur s'applique à ces intérêts, tout comme celle qui résulte de la transcription de la saisie atteint les récoltes. — Aussi de nombreuses décisions ont-elles consacré le droit du Trésor sur ces intérêts. Nous citerons notamment des jugements de la Seine, du 21 mars 1850 et 1er février 1857 ; — de Lodève, du 14 décembre 1854 ; — de Châteaudun, du 15 décembre 1854 ; — de Clermont, du 14 novembre 1855 ; — de Beaupréau, du 15 juillet 1856 ; — de Cognac, du 3 avril 1857 ; — de Castres, du 4 avril 1857 ; — de la Seine, des 26 mars 1858 (1030 R. P.) et 9 février 1859 (f195 R. P., 16937 J. E., 11552 C.).

C'est d'ailleurs au sujet des intérêts de prix de vente déposés à la caisse des consignations qu'a été rendu l'arrêt de la Cour de cassation du 2 décembre 1862, qui a consacré l'existence du privilége de l'Administration sur les revenus (*V.* 16853), et que sont intervenus les arrêts relatifs à l'immobilisation des fruits (*suprà* no 16866).

S'il s'agissait des intérêts d'un prix de vente de meubles, le privilége s'arrêterait au jour du règlement définitif (Seine, 3 avr. 1868, 2714 R. P.) ; — et non pas au jour de l'ouverture de la contribution (*Contrà :* Bayonne, 5 mai 1874).

**16871. Publicité du privilége.** — L'exercice de ce privilége n'est soumis par la loi à aucune condition particulière de publicité. On avait tenté cependant de soutenir qu'il devait être inscrit avant l'aliénation des immeubles et qu'à défaut de cette formalité toute voie de recours était fermée contre l'acquéreur. Le tribunal de Clermont a reconnu avec raison, le 14 novembre 1855, qu'une telle prétention n'était justifiée ni par le texte ni par l'esprit de la loi. Tout privilége, en effet, est par sa nature même dispensé de l'inscription, il n'y devient sujet que quand le législateur l'a expressément ordonné. Or, la loi de l'an 7, pas plus que la loi générale, n'enjoint de publier au bureau des hypothèques l'action accordée au Trésor. Cette voie de recours existe indépendamment de toute manifestation extérieure et par la seule force de la loi sur les biens à déclarer, au même titre que les priviléges de l'art. 2101 C. C., sur les valeurs héréditaires, pour la garantie des créances qu'il protége. « Le décès, dit M. Demante, a une notoriété suffisante. D'ailleurs, jusqu'à la loi du 23 mars 1855, l'antichrèse s'établissait d'une manière occulte et le privilége dont il s'agit est une espèce d'antichrèse. L'art. 32 L. 22 frimaire an 7 était donc en harmonie avec l'état du droit civil antérieur à la loi de 1855. Cette dernière loi n'ayant rien statué à son égard, il demeure *in statu quo ante* » (no 671). — *V.* aussi Troplong *des Hyp.* no 97.

**16872. Le privilége garantit tous les droits exigibles.** — Il est plus délicat de savoir si les revenus répondent des droits exigibles non-seulement sur la valeur qui les produit, mais encore sur les autres capitaux de la succession. Si par exemple les intérêts d'un prix de vente d'immeubles sont affectés au recouvrement des droits dus pour les meubles de la succession. L'art. 32 énonce simplement à cet égard que l'État aura action sur les revenus des biens à déclarer, en quelques mains qu'ils se trouvent, pour le payement des droits dont il faudrait poursuivre le recouvrement ; d'où l'on semble fondé à conclure que le privilége est général et protége également toute la créance du Trésor. En effet, malgré sa nature particulière, l'action accordée au Trésor constitue un privilége véritable dont l'exercice se trouve réglé, à défaut de dispositions contraires, par les principes généraux. Or, en droit commun, il n'y a que les priviléges spéciaux dont l'effet soit limité à la créance même pour laquelle ils sont établis et au capital servant de gage; tous représentent l'affectation particulière d'un objet à la garantie d'une dette déterminée. Le privilége du Trésor, nous l'avons déjà dit précédemment, n'a pas un pareil caractère de spécialité. Il atteint sans distinction tous les revenus des biens à déclarer et garantit en général le payement des droits dont il faudrait poursuivre le recouvrement. On ne saurait donc, sans modifier les expressions absolues du texte, prétendre que ce privilége se divise par chaque valeur héréditaire et doit se borner à l'impôt que cette valeur même rend exigible. Dans la pensée du législateur, la succession constitue une espèce d'être moral dont le patrimoine demeure tenu indivisément du droit de mutation, comme le patrimoine d'un débiteur est affecté à la garantie de son créancier. Il n'a pas voulu sans doute donner au Trésor pour sa créance un droit de préférence sur les capitaux héréditaires, mais il a soumis à ce privilége les revenus des biens et il l'a fait en termes aussi généraux que possible. N'en résulte-t-il pas que ce revenu forme une sorte de gage unique affecté dans son entier au payement du droit de succession? La pratique est depuis longtemps fixée en ce sens, et quoique certains tribunaux, notamment celui d'Issoire dans un jugement du 15 janvier 1856, aient spécialisé l'action du Trésor aux droits de chaque valeur héréditaire, l'Administration n'en continue pas moins à poursuivre le recouvrement de l'impôt sur tous les revenus indistinctement. — Le tribunal de la Seine a consacré ce principe, le 9 février 1859, en décidant que les revenus d'un bien héréditaire répondaient par préférence des droits dus dans les divers bureaux, et il s'est fondé pour cela sur ce qu'aucune disposition légale n'autorise une distinction qui aurait pour effet d'atténuer le gage de l'État (1195 R. P., 16937 J. E., 11552 C.).

Notre opinion a été consacrée par le tribunal d'Amiens dans un jugement du 6 février 1874, portant : « Attendu que les termes employés par le législateur sont aussi généraux que possible; que tous les biens à déclarer paraissent grevés quant à leurs revenus, et que l'affectation réelle de ces revenus semble garantir tous les droits à payer par suite du décès; attendu que, si l'on décidait que l'action frappe seulement les revenus de tels biens de la succession et non ceux de tous les biens, et qu'elle garantit seulement tels droits et non tous les droits auxquels le décès donne lieu, l'on distinguerait là où la loi ne distingue aucunement; attendu, d'ailleurs, que cette sorte de privilége général sur les revenus attribués à l'Administration de l'enregistrement par l'art. 32 précité peut s'expliquer en disant, comme le fait un commentateur de cet article, M. Garnier, « que, dans la pensée du législateur, la succession constitue une espèce d'être moral dont le patrimoine demeure tenu indivisément du droit de mutation, comme le patrimoine d'un débiteur est affecté à la garantie de son créancier » (n° 2378 R. P.); attendu que, dans le cas de deux usufruits successifs constitués, comme dans l'espèce, par le testament du défunt, il y a successivement deux mutations par décès, mais se rattachant toutes deux, la seconde comme la première, au décès du *de cujus*; et qu'en conséquence les droits auxquels elles donnent lieu grèvent tous les revenus de la succession comme faisant partie des droits dont il faut poursuivre le recouvrement (art. 32 *in fine*); attendu que l'on ne saurait s'arrêter aux objections soulevées par les opposants en ce qui concerne l'usufruit en second ordre, par ce motif que lesdites objections pourraient s'appliquer aussi bien à un legs conditionnel quelconque celui-ci présentant les mêmes inconvénients au point de vue du recours à exercer par le détenteur qui a payé des droits qu'il ne devait pas personnellement; attendu, enfin, que, dès que l'on reconnaît à la Régie une action réelle sur tous les revenus des biens à déclarer, il importe peu qu'elle s'adresse à tel légataire détenteur de biens de la succession plutôt qu'à tel autre, et qu'on ne peut légalement lui reprocher de n'avoir pas d'abord exercé des poursuites contre le légataire tenu personnellement ou ses héritiers, la loi de l'an 7 n'ayant, en effet, aucunement établi, au profit des légataires simples détenteurs, cette sorte de bénéfice de discussion qu'invoquent les opposants » (3891 R. P.); — *Conf.* Sol. 28 juillet 1874.

I. DOUBLE DROIT. — Dans cet ordre d'idées, il a été encore reconnu que le privilége s'étend aux droits en sus encourus soit pour retard dans la déclaration, soit pour omission ou insuffisance (206 I. G. ; — Seine, 2 flor. an 13; — Cass., 9 vend. an 14, 2275 et 2436 J. E., S. 6-2-112 et 770; — Gannat, 28 janv. 1876, 4400 R. P. ; — Sol. 4 oct. 1877; — V. Brioude, 29 nov. 1876, 4608 R. P. et les I. G. 2389-7, 2397-7 et 2434-8).

La question ne fait pas réellement doute à l'égard de l'héritier, mais elle paraît devoir être résolue différemment en ce qui concerne les tuteurs et autres administrateurs auxquels la loi impose personnellement la peine du droit en sus. En effet, si le privilége permettait de réclamer les droits à l'usufruitier et que le tuteur fût insolvable, cet usufruitier n'aurait aucun recours pour se faire rembourser. Or, il paraît évident que, dans la pensée de la loi, l'usufruitier n'est obligé qu'à une avance au nom de la succession et que par conséquent son obligation n'existe pas quand la succession elle-même n'est pas débitrice du droit en sus.

**16873. De l'action contre l'usufruitier.** — On n'a pas à s'inquiéter davantage des effets du testament ou de la loi sur la dévolution des biens aux divers ordres d'héritiers. Les valeurs attribuées en usufruit à l'un d'eux par le testament demeurent néanmoins affectées au payement des droits de la nue propriété.

Cette question avait été déjà résolue affirmativement dans l'ancien droit par deux décisions du Conseil des 27 septembre 1726 et 14 février 1739. « Le centième denier, dit Bosquet, est une charge privilégiée des biens, et les revenus y sont spécialement affectés. Par conséquent, tout usufruitier, à quelque titre que ce soit, peut être contraint au payement des droits dus à cause des biens dont il jouit, sauf son recours contre ceux qui doivent personnellement le droit » (t. 4 p. 360).

Sous l'empire du droit moderne, la Cour suprême a fait l'application des mêmes principes. Elle a jugé, le 24 octobre 1814, que l'Administration, pour le payement des droits de mutation par décès dû par le légataire de la nue-propriété, peut faire saisir les revenus des biens entre les mains du légataire de l'usufruit (S. 20-1-280, 7037 J.E.).

« Vu, porte l'arrêt, l'art. 32 L. 22 frimaire an 7 et l'A. Cons. d'Et. 21 sept. 1810; attendu que les rentes de la nue-propriété desquelles la Régie réclame les droits de mutation en faveur des filles Bazire, sont les mêmes rentes dont l'usufruit a été légué à la veuve Retour; que, par conséquent, la Régie a, pour le payement de ces droits, action sur le revenu de ces rentes, comme sur la nue-propriété, quoiqu'elles se trouvent entre les mains de ladite veuve; que si l'A. Cons. d'Et.

fruit a été légué à la veuve Retour; que, par conséquent, la Régie a, pour le payement de ces droits, action sur le revenu de ces rentes, comme sur la nue-propriété, quoiqu'elles se trouvent entre les mains de ladite veuve; que si l'A. Cons. d'Ét. 4 septembre 1810 dispense de cette espèce d'action les tiers acquéreurs, c'est parce qu'ils ne sont pas dénommés dans l'art. 32; que, conséquemment, il est inapplicable aux légataires d'usufruit dénommés dans cet article. »

C'est ce qui a été décidé également par des jugements de Calais du 11 août 1865 (2226 R. P.), de Saint-Gaudens du 13 juin 1871 (3387 R. P.), de Pamiers du 19 décembre 1872, et ce qui résulte virtuellement de la jurisprudence réglant le recours, contre le nu-propriétaire, de l'usufruitier qui a été contraint d'avancer l'intégralité des droits (*suprà* n° 16844). V. 3930 R. P.; — *Conf.* : Toulouse, 28 janv. 1875; — Brioude, 29 nov. 1876, 4608 R. P.; — Pont-Audemer, 29 août 1876, 4600 R. P.; — Rouen, 27 avr. 1877, 4790 R. P.; — Le Havre, 21 fév. 1874; — Céret, 11 janv. 1876.

1. ADMINISTRATEUR. — LEGS. — L'action de l'Administration s'exercerait également contre celui qui, sans être usufruitier, percevrait les fruits ou revenus de la succession en qualité de séquestre ou d'administrateur judiciaire (Cass. 19 germ. an 12), — ou qui serait légataire particulier d'un immeuble (Sol. 28 fév. 1878).

2. BIEN DOTAL. — On peut poursuivre sur un usufruit légué à une femme dotale le recouvrement des droits dus pour la nue propriété (Céret 11 janv. 1876, 4410 R. P.). — V. 6856.

**16874. Biens productifs de revenus. — Compte.** — Seulement, pour que l'Administration puisse exercer sur les revenus des biens à déclarer le privilége que lui accorde l'art. 32 L. 22 frimaire an 7, il faut que ces revenus existent réellement. Son action n'aurait plus de cause si les biens étaient improductifs entre les mains de l'usufruitier.

Mais c'est une question de fait souvent très-délicate que celle de savoir si telle ou telle valeur produit des revenus et quelle en est l'importance. Quand il s'agit d'une maison ou d'un terrain loué, d'une créance portant intérêt, le prix de ferme et les intérêts se présentent d'eux-mêmes à l'action du Trésor : il suffit de les atteindre directement par une saisie-arrêt.

Cette procédure n'est plus possible lorsque le revenu n'est pas déterminé de cette façon, lorsque l'usufruitier, par exemple, après avoir reçu le remboursement des créances, les a replacées en son nom, lorsqu'il exploite lui-même les immeubles, etc.

Dans ces hypothèses, les revenus existent et l'usufruitier en profite, c'est certain. Il y a donc lieu au privilége du Trésor. Seulement on ne peut pas saisir les revenus individuellement, comme on saisit les récoltes d'une terre, les loyers d'un bâtiment. Il faut s'adresser à l'usufruitier, pour qu'il en présente le compte dans une discussion contradictoire avec l'Administration.

Le tribunal de Saint-Gaudens a jugé en ce sens, le 13 juin 1871, que, pour exercer le privilége qui lui appartient sur les revenus des biens à déclarer, l'Administration peut mettre l'usufruitier en demeure de rendre compte de ces revenus (3387 R. P.; — *Conf.* : Brioude, 29 nov. 1876, 4608 R. P. et Rouen, 27 avr. 1877, 4790 R. P.).

Cette action doit suivre alors toutes les formes du droit commun; elle ne saurait être instruite et jugée d'après le mode spécial des instances d'enregistrement. L'usufruitier, en effet, n'est pas le débiteur direct des droits de mutation; il n'est obligé envers le Trésor que comme tiers détenteur du gage. Or, c'est une règle générale que, dans tous les cas où l'action de l'Administration est dirigée contre un tiers détenteur, il y a lieu de conserver à ce dernier les garanties de la procédure ordinaire et de la double juridiction. On le décide constamment à propos des tiers saisis, et c'est également le motif pour lequel toutes les questions de privilége sont du ressort des cours d'appel (V. nos 1356, 1726, 1727 et 3028 R. P.).

L'Administration devrait donc agir contre l'usufruitier au moyen d'une demande en reddition de compte instruite selon les formes prescrites par les art. 527 et suiv. C. proc., avec constitution d'avoué et plaidoieries (Sol. 4 oct. 1877).

**16875. Rentes.** — Les arrérages de rentes sont, au point de vue qui nous occupe, de véritables fruits produits par les biens de la succession, soit qu'il s'agisse de rentes existant au profit du défunt, soit qu'elles aient été créées par ce dernier au profit d'un légataire. Aussi a-t-il été reconnu que l'action du Trésor peut s'exercer sur l'usufruit des rentes (Cass. 24 oct. 1814, *suprà* n° 16873), ou sur les rentes elles-mêmes créées à titre gratuit par le défunt (Sol. 5 août 1814, 4879 J. E.).

1. INSAISISSABILITÉ. — Cette action ne saurait même être arrêtée par les dispositions testamentaires du défunt. Ainsi le tribunal de la Seine a très-justement décidé, les 8 mars 1854 et 22 janvier 1876, que l'Administration pouvait saisir les arrérages d'une rente viagère léguée par le défunt à un tiers, quoiqu'il ait déclaré cette rente insaisissable. — Et il faudrait appliquer la même règle à l'usufruit légué avec la condition expresse qu'il sera insaisissable (7920 J. E.). — Mais les juges peuvent restreindre l'action de l'Administration, si la rente a le caractère alimentaire (Seine 22 janv. 1876, 4619 R. P.).

2. RENTES D'ÉTAT. — Mais il faut pour cela, bien entendu, que la rente comporte en elle-même l'emploi d'une pareille procédure; et on ne pourrait pas, par exemple, y recourir à l'égard des arrérages de rentes sur l'État. D'après les termes formels de l'art. 4 L. 8 nivôse an 6, une seule opposition est recevable sur les rentes de l'espèce, c'est celle faite par l'agent du Trésor sur une rente appartenant à un comptable dont les comptes ne sont pas apurés. On avait voulu distinguer entre la rente et ses arrérages pour soutenir que la prohibition ne s'étendait point à ces dernières valeurs; mais une seconde loi du 22 floréal an 7, motivée sur le besoin de développer le crédit de l'État en facilitant les transferts, déclara qu'il ne serait plus reçu désormais aucune opposition au payement de ces arrérages. Depuis lors, la jurisprudence du conseil d'État ou des tribunaux a constamment annulé les oppositions faites sur les arrérages de rente; et il n'est pas douteux, comme l'a d'ailleurs reconnu une délibération du conseil d'Administration du 8 mars 1854, rendue pour le département de la Seine, que cette défense s'appliquerait également à la créance des droits de mutation par décès. — V. 16793-3 J. E.

3. RENTES CRÉÉES PAR LE DÉFUNT. — Il est plus délicat de savoir si une rente *créée par le défunt* a le caractère d'un revenu dans le sens de l'art. 32 L. 22 frimaire an 7. L'affirmative ne serait pas douteuse s'il s'agissait de rentes appartenant au défunt (V. *suprà* 16875). Cependant, on peut soutenir qu'en droit fiscal la rente créée par le défunt est censée exister comme valeur réelle dans son patrimoine, que

dès lors elle est assimilable à celle qui existerait dès avant le décès, et que, par conséquent, elle est grevée comme elle du privilége du Trésor.

**16876. Nue-propriété.** — Le privilége de l'Administration ne peut s'exercer que sur les biens qui proviennent de la succession. Il ne pourra donc s'étendre à l'usufruit ou au revenu des biens dont le défunt n'avait que la nue-propriété (Cass. 21 juin 1815, *P. chr.* 126).

« Attendu, porte l'arrêt, que l'art. 32 L. 22 frimaire an 7, invoqué par la Régie de l'enregistrement, n'attribue de recherche sur les fruits existant en d'autres mains que celles des héritiers que pour le cas où les fruits peuvent être regardés comme appartenant à la succession qui donne ouverture aux droits de mutation; que cette propriété de la succession ne peut être invoquée dans l'espèce sur laquelle a prononcé le jugement attaqué du tribunal de Die par deux motifs : 1° parce que le remboursement des frais de culture est un prélèvement nécessaire et privilégié sur toute espèce de fruits, et que le jugement attaqué a établi un fait constant contre lequel il n'a été rien allégué ni justifié que dans le département de la Drôme et dans ceux environnants, l'usage attribuant aux cultivateurs la moitié franche des fruits de l'immeuble qu'ils cultivent, et que c'est à titre et comme colon que le jugement attaqué a méconnu les droits du défendeur présumé sur la moitié des fruits de l'immeuble litigieux; — 2° que la seconde moitié, qui, dans le droit commun, appartient librement au propriétaire, ne pouvait, dans le cas particulier, devenir le gage des droits réclamés par la Régie du domaine, puisque, par une stipulation formelle de l'acte de vente du 1er brumaire an 6, le défendeur présumé s'en était réservé la jouissance libre et franche de tous frais de culture, impositions et autres charges, sa vie durant. »

**16877. Succession vacante.** — Nos explications précédentes se rapportent aux successions vacantes comme aux autres. Il est certain que l'Administration doit être colloquée par privilége, pour le payement des droits de mutation par décès, sur les intérêts du prix de la vente des immeubles de cette succession (Clermont-Ferrand 14 nov. 1855, 16174 J. E.); ou des meubles (Pamiers, 23 déc. 1874).

On a même décidé que l'Administration a sur les biens d'une succession vacante un privilége pour le payement des droits de mutation par décès, qui s'exerce avant les droits des donataires de sommes à prendre sur la succession, lorsque ceux-ci n'ont pas pris inscription avant l'ouverture de ladite succession (Castel-Sarrazin 18 juin 1841, 12896 J. E.).

**16878. Saisie-arrêt.** — Bien que six mois ne se soient pas écoulés depuis le décès et que les droits de mutation ne soient ni exigibles, ni liquidés, l'Administration a néanmoins la faculté de conserver ses droits par une saisie-arrêt sur les revenus (Gien 13 mars 1850, 14927 J. E.; — Seine 8 mars 1854). — *V.* également 16103-3.

**16879. Distribution par contribution.** — Des auteurs graves, se fondant sur ce que l'impôt des mutations par décès est une dette personnelle à l'héritier, ont été conduits à décider que le Trésor ne doit pas même être admis *par contribution* sur les capitaux de l'hoirie à l'encontre des créanciers du défunt, quand il y a obstacle à la confusion du patrimoine du défunt et de celui de l'héritier, c'est-à-dire en cas de demande en séparation de patrimoine, de bénéfice d'inventaire ou de faillite du défunt. « Les créanciers du défunt, dit M. Demante, qui ont été vigilants, conservent leur position vis-à-vis de l'Administration comme à l'encontre de tout autre créancier de l'héritier, par cela seul qu'aucun texte des lois fiscales ne déroge, en ces circonstances, aux principes ordinaires du droit civil » (*Principes de l'Enregistrement* 673).

L'argumentation croule entièrement par la base dès qu'il est démontré que le droit de succession est surtout une charge de l'hérédité. Le Trésor, en effet, se trouve alors dans la situation d'un créancier ordinaire profitant de la séparation des patrimoines, et on ne saurait lui fermer l'accès de la distribution en le renvoyant à se pourvoir sur les biens de l'héritier.

Or, nous avons suffisamment développé cette proposition tout à l'heure pour être autorisé à conclure ici que l'Administration peut, en se présentant à l'ordre, demander sa collocation au marc le franc de toute les créances cédulaires sur les capitaux restés libres après le payement des créances privilégiées et hypothécaires.

C'est d'ailleurs ce qui a été reconnu d'une façon définitive par la C. cass. dans un arrêt du 2 juin 1869, *rapporté* au n° 16856.

1. LÉGISLATION SARDE. — Il en était autrement dans la législation sarde. Sous l'empire de cette législation, le droit de mutation par décès étant, d'après la loi du 9 septembre 1854, une dette personnelle à l'héritier, et les créanciers du défunt pouvant demander la séparation des patrimoines, il s'ensuivait que la dette de l'héritier pour l'acquittement des droits de la mutation, quoique privilégiée à l'égard de tous ses autres créanciers, ne pouvait venir en concours, sur les biens de la succession, avec les créanciers du défunt qui ont conservé et obtenu le privilége de la séparation des patrimoines (Cass. 22 déc. 1862, 1759 R.P., 12370 C., 470 Rev.).

# TITRE X. — OMISSION ET INSUFFISANCE, DOUBLE DROIT

[16880-16959]

## CHAPITRE PREMIER. — CONSIDÉRATIONS GÉNÉRALES

[16880-16886]

**16880. Sanction de la loi.** — La sanction des dispositions précédentes relatives aux biens à déclarer et à leur évaluation se trouve dans les art. 39 de la loi du 22 frim. an 7 et 3 de celle du 23 juin 1875. Le premier porte : « La peine pour les omissions qui seront reconnues avoir été faites dans les déclar tions sera d'un droit en sus de celui qui se trouvera dû pour les objets omis; il en sera de même pour les insuffisances constatées dans les estimations des biens déclarés. » — Le second a modifié ces règles ainsi qu'il suit en ce qui concerne l'évaluation des meubles autres que les créances, rentes, actions ou obligations. « L'insuffisance dans l'estimation des biens déclarés sera punie d'un droit en sus si elle résulte d'un acte antérieur à la déclaration. Si l'acte est postérieur à cette déclaration, il ne sera perçu qu'un droit simple sur la différence existant entre l'estimation des parties et l'évaluation contenue aux actes » (4111 R. P.).

**16881. Peine personnelle.** — Comme toutes les peines, le droit en sus a un caractère personnel qui ne permet pas de le réclamer à d'autre qu'au contrevenant lui-même. S'il décède avant le payement ou avant un jugement de condamnation obtenu contre lui, ses héritiers n'en sont pas tenus (*Conf.* : 16745-4 J. E.; — Sol. 30 sept. 1872, 25 avr. 1873, 1er avr. 1874 et 28 janv. 1875).

Nous avons déjà vu une application du même principe à l'occasion du demi-droit en sus encouru pour déclaration tardive, au n° 16179.

En ce sens, le tribunal de Sainte-Menehould a décidé, le 8 juillet 1857, que si l'auteur de la déclaration renfermant l'omission est lui-même décédé, la peine du droit en sus est éteinte.

C'est déjà ce qu'on admettait dans la législation du centième denier : « Les héritiers, dit Bosquet, de ceux qui n'ont point acquitté le centième denier dans les délais, ou qui auraient fait de fausses estimations ou déclarations, ne sont pas tenus du droit en sus encouru par ceux auxquels ils auront succédé, mais seulement de payer le droit simple, à moins que celui qui aurait encouru la peine du droit en sus ne se fût soumis par écrit de l'acquitter ou qu'il n'y eût été condamné de son vivant (Arr. Cons. du 7 nov. 1732 rendu du mouvement du roi). L'héritier doit être tenu du droit en sus lorsqu'à l'époque du décès il était encore dans le temps de grâce et pouvait éviter cette peine » (Déc. Cons. 3 juin 1783, Bosquet t. 4 p. 337).

1. SOLIDARITÉ. — Mais l'Administration a reconnu que l'extinction du droit ou du demi-droit en sus n'a lieu que par l'effet du décès de l'héritier unique du défunt ou de tous les cohéritiers. Si l'un seulement des cohéritiers débiteurs vient à décéder, la solidarité établie par l'art. 32 L. 22 frimaire an 7 laisse subsister la peine dans son intégrité contre les autres.

Le payement de l'impôt a, en effet, un caractère d'indivisibilité qui ne permet pas d'appliquer le principe d'après lequel le codébiteur solidaire peut opposer toutes les exceptions non personnelles aux autres (1208 et 1219 C. C.). — V. Sol. 16 janv. 1868, 2776 R. P., 18483 J. E.). — Sur l'indivisibilité de l'impôt, V. *Prescription*;

V. 16843.

**16882. Fait d'un étranger.** — Toute déclaration doit être faite par une personne ayant qualité. Cette condition est de rigueur pour engager la responsabilité des héritiers, dont un tiers sans qualité ne peut venir compromettre les intérêts. En ce sens, il a été décidé qu'on ne peut exiger de double droit des héritiers lorsque la déclaration faite par un possesseur provisoire se trouve insuffisante (Sol. 2 niv. an 9 680 J. E.).

**16883. Liquidation du double droit.** — Le double droit ne se liquide que sur la différence, lorsque l'omission n'est que supplémentaire. Posons des exemples pour faire comprendre notre pensée :

Mon père est intéressé pour un quart dans une société constituée pour vingt ans et dont le fonds social, purement immobilier, s'élève à 400,000 francs. Il meurt avant l'expiration du terme. La société continue de droit. Cependant, je déclare que, la société s'étant trouvée dissoute par sa mort, sa part dans l'actif social est immobilier. J'assigne donc à cette part un revenu de 3,000 francs, ce qui donne un capital de 60,000 francs.

C'est sur ce capital qu'est perçu le droit de mutation par décès, s'élevant, à 1 pour 100, à 600 francs.

Mais plus tard l'Administration reconnaît que la société ne s'est pas trouvée dissoute par la mort de mon père, puisque le terme fixé pour sa dissolution n'était pas arrivé. Il résulte de là que j'ai fait une fausse déclaration et que j'aurais dû payer le droit de mutation sur un capital de 100,000 francs, représentant la part *mobilière* de mon père dans l'actif social. J'ai donc encouru un double droit. Mais comment le liquider? Faut-il opérer ainsi :

| | |
|---|---|
| Droit à 1 pour 100 sur 100,000 francs . . . | 1,000 fr. |
| Double droit. . . . . . . . . . . . . | 1,000 |
| Total. | 2,000 fr. |
| Il a été payé. . . . . . . . . . . . | 600 |
| A réclamer. | 1,400 fr. |

On l'a souvent soutenu et on le soutient encore tous les jours. Mais c'est une erreur. Le double droit n'est une peine que jusqu'à concurrence du préjudice causé au Trésor. Vainement je ferais une fausse déclaration, si cette fraude ne devait porter aucun préjudice aux droits de l'État, aucune peine ne pourrait l'atteindre, car l'Administration n'est pas investie du caractère du ministère public, qui, chargé de venger la société, doit poursuivre toute atteinte à la morale. Or, en quoi consiste ici le préjudice que ma fausse déclaration aurait fait éprouver au Trésor si la fraude n'eût pas été découverte : en une somme de 400 francs, puisque je n'ai payé que 600 francs au lieu de 1,000 que je devais. Le double droit n'est donc que de 400 francs.

L'Administration des postes procède autrement, en matière d'affranchissement des lettres. Si l'on m'adresse une lettre qui exigeait un timbre-poste de 40 centimes pour son affranchissement, alors qu'elle ne porte qu'un timbre de 20 centimes, elle fait l'opération que nous venons de combattre, et dit : si cette lettre n'eût pas été affranchie, elle eût payé 60 centimes, le Trésor a reçu 20 centimes, reste à payer 40 centimes, et cette manière de compter est sans réplique; mais, pour qu'il en soit ainsi, on a eu besoin d'un de ces arguments irrésistibles que peut seul fournir une loi. La loi des postes prescrit en effet ce mode d'opérer.

Si donc il a fallu une loi pour autoriser une administration financière à faire le raisonnement que nous combattons, c'est, évidemment, parce que l'on a compris que, sans cet appui, le raisonnement croulerait par sa base.

En ce sens, il a été jugé qu'il y a lieu à un double droit sur le supplément seulement du droit à percevoir pour insuffisance d'évaluation toutes les fois que la déclaration ne comprend pas la véritable valeur des objets à déclarer (Cass. 11 vent. an 7, 80 J.E.).

Décidé, de même, que quand des héritiers rectifient par une déclaration supplémentaire une omission de biens ou une insuffisance d'évaluation, et que cette rectification doit modifier la part des ayants droit à la succession, il faut procéder à une nouvelle liquidation embrassant les valeurs déclarées antérieurement et celles dont il a été fait état ultérieurement, afin de déterminer le supplément de droit et l'amende exigible. L'amende encourue est du montant de la somme (simple ou double, suivant les cas) qui représente la différence entre le droit liquidé primitivement et celui obtenu par la nouvelle liquidation (D. m. f. belge 26 mars 1866, 10134 J.E. belge).

Mais l'Administration décide que si un à-compte a été versé par l'héritier pour obtenir une prorogation de délai et si l'héritier ne fait pas sa réclamation dans le délai, le demi-droit en sus est dû sur le principal tout entier y compris l'à-compte (Sol. 31 déc. 1872, 11 nov. 1874).

1. PLURALITÉ DE PEINES. — La question se complique quand la même déclaration donne lieu à un demi-droit en sus pour défaut de déclaration et à un droit en sus pour omission. Voici, par exemple, un héritier qui a fait tardivement sa déclaration et qui a acquitté, pour ce fait, une somme supérieure à celle qu'il devait réellement. Si on constate une omission contre lui, comment calculera-t-on le droit en sus? On ne peut soutenir ici que l'excès de perception commis dans la déclaration primitive se déduit d'abord du droit simple d'omission, car alors la pénalité des deux faits (déclaration tardive et omission) serait moins élevée que celle à laquelle eût donné lieu le seul défaut de déclaration si toutes les valeurs y avaient été comprises. On ne peut pas non plus songer à percevoir le droit en sus d'omission cumulativement avec le demi-droit en sus pour déclaration tardive et sans tenir compte des droits acquittés par le contribuable en sus des valeurs primitivement déclarées. Il semble alors équitable de déduire du droit en sus encouru pour l'omission le demi-droit en sus liquidé sur une valeur égale, et de réclamer seulement la différence. Un exemple fera mieux comprendre cette situation.

Succession directe déclarée tardivement.

| | |
|---|---|
| Meubles : 5,000 francs à 1 pour 100. . . . . . | 50 fr. |
| Demi-droit en sus. . . . . . . . . . . . . . . . | 25 |
| Total. . . . . . . | 75 fr. |
| On perçoit par erreur. . . . . . . . . . . . . . | 100 |
| Excès de. . . . . . | 25 fr. |
| Omission ultérieure d'une créance de 3,000 francs donnant lieu, à 1 pour 100, au droit simple de. . . | 30 fr. |
| Si l'on impute l'excès de perception de. . . . . | 25 |
| on obtiendra pour le droit simple. . . . . . . . . | 5 fr. |
| et pour le droit en sus, même somme de . . . . . | 5 fr. |
| qui, ajoutée au demi-droit en sus déjà acquitté de. | 25 |
| forme une peine totale de. . . . . . . . . . . . . | 30 fr. |

Si l'héritier avait compris la somme de 3,000 francs dans la déclaration, il eut été dû. . . . . 80 fr.
Demi-droit en sus. . . . . . . . . . . . . . . . 40

Dans ce cas, il faut opérer de la manière suivante :

| | | |
|---|---|---|
| *Omission de* 3,000 *francs :* droit simple. . . . | | 30 fr. |
| Excès de perception. . . . . . . . . . . . . . . | | 25 |
| Droit simple encore dû. . . . . | | 5 fr. |
| Droit en sus. . . . . . . . . . . . . | 30 fr. | |
| Déduire le demi-droit en sus liquidé sur une valeur pareille. . . . . . . . . | 15 fr. | |
| Reste. . . . . . | 15 fr. | 15 fr. |
| Total exigible. . . . . . . . . . | | 20 fr. |

**16884. Le double droit encouru peut-il s'effacer?** — Un jugement du tribunal de la Seine, du 23 février 1842 (6270 C.), a décidé que la renonciation à l'effet d'une donation entre époux par le mari survivant, après qu'il a payé le droit de mutation résultant du décès de la femme, ne peut le dispenser du payement du double droit pour insuffisance dans sa déclaration. — *V.* encore dans le même sens Bar-sur-Aube 18 décembre 1849 (B.C. 317). Cette théorie est-elle bien exacte?

En principe, le payement des droits de mutation par décès n'emporte pas adition d'hérédité. C'est un simple acte d'administration, qui laisse nécessairement à la renonciation toute l'énergie rétroactive que nous avons signalée sous le n° 15862. Or si, en vertu de cette rétroactivité qui s'attache à la renonciation, l'héritier est censé n'avoir jamais succédé, alors cependant que, par la saisine, il a réellement été un instant propriétaire, nous ne pouvons admettre qu'une condition plus mauvaise puisse être faite à l'époux donataire. La renonciation ne pourra peut-être pas faire que les droits payés soient restitués, car nous nous trouvons ici en présence du principe absolu de l'art. 60 L. 22 frimaire ; mais comme elle constate que les droits de l'époux ne sont jamais sortis du néant, il s'ensuit que si elle ne peut annuler ce qui a été fait, elle empêche certainement que quelque chose se fasse dorénavant, car le néant qu'elle a proclamé ne peut rien engendrer. Telle est aussi l'opinion du D.N. t. 12 p. 356 n° 960.

Sur un autre point, mais cependant dans le même ordre d'idées, la Cour de cassation a jugé, les 15 mars et 28 août 1854, que lorsque, après l'expertise d'un immeuble par l'Administration, après même le dépôt au greffe du rapport d'experts et la demande en homologation de ce rapport, l'adjudication à un tiers, par suite d'une surenchère intervenue pendant la procédure de l'expertise, vient anéantir la vente primitive, l'Administration n'est pas fondée à réclamer le droit et le double droit résultant de l'expertise. — V. *Expertise* et *Restitution.*

1 REMISE. — Lorsque la remise du droit en sus a été accordée par une décision ministérielle à condition du payement immédiat du droit simple et que ce payement n'a pas eu lieu, l'Administration est fondée à comprendre le montant du demi-droit en sus dans sa contrainte (Seine 23 nov. 1861, 1578 R.P., 17318 J.N., 12160 C.).

**16885. Abandon aux créanciers.** — C'est avec raison que le tribunal de la Seine a jugé, le 20 mars 1844 (7010 *Mémorial*, D.N. t. 12 p. 356 n° 959), que l'abandon aux créanciers d'une succession des biens qui la composent, par l'héritier bénéficiaire, ne saurait le soustraire au payement du double droit pour insuffisance dans sa déclaration. Aucune rétroactivité ne s'attachant, en effet, à un pareil acte, le principe reste sans application.

**16886. Offre par acte extrajudiciaire.** — On a vu au nº 16261 qu'un versement de fonds quelconque fait dans le but de payer les droits de mutation par décès ne peut suppléer la déclaration.

La même règle s'applique aux omissions. Ainsi, il a été jugé qu'on ne peut remplacer la déclaration supplémentaire à fournir par suite d'une omission constatée par une offre extrajudiciaire de payement (Cass. 29 déc. 1841, 12911 J. E., S. 42-1-252).

## CHAPITRE II. — CARACTÈRES DE L'OMISSION ET DE L'INSUFFISANCE

[16887-16918]

**16887. Nécessité de distinguer entre l'omission et la fausse évaluation.** — L'art. 39 L. 22 frimaire an 7 embrasse dans une même disposition l'omission et la fausse évaluation; mais il est important de ne pas les confondre dans la pratique, du moins en ce qui concerne les valeurs immobilières. Car si, d'une part, la prescription biennale atteint toute fausse évaluation, l'omission ne tombe que sous la prescription de cinq ans édictée par l'art. 11 L. 18 mai 1850. Il y a des cas, en outre, où l'insuffisance ne donne pas lieu au droit en sus. — V. 16880.

**16888. Caractère de l'omission.** — En principe, il y a omission toutes les fois qu'on n'a pas compris dans une déclaration tous les biens qu'elle devait comprendre (Cass. 13 mars 1812, 16 mars et 10 mai 1814, 4901 J. E.).

C'est la réticence frauduleuse de la part de l'héritier qui constitue l'omission. Du moment donc que l'Administration a été mise à portée, par la déclaration de l'héritier, non-seulement d'établir elle-même une perception régulière, mais encore de contredire une opinion erronée qui pourrait être émise par l'héritier, il ne peut y avoir omission dans le sens de la loi. Ce que la loi a voulu punir, c'est la fraude et non l'erreur. Or, lorsque l'héritier n'a rien dissimulé, lorsqu'il a énoncé les faits dans leur exactitude rigoureuse, s'il en a déduit des conséquences qui pouvaient être contestables, c'est à l'Administration de les contredire lors de la déclaration ou dans le délai fixé par la loi, par la demande d'un supplément de droits. Tel est le principe qui nous paraît incontestable en cette matière. Il a été maintes fois consacré par la jurisprudence.

**16889. Valeurs mobilières.** — On admet généralement, dans l'usage, qu'il y a *omission* lorsque, postérieurement à la déclaration, un inventaire ou tout autre acte vient révéler l'existence de valeurs mobilières supérieures à celles qui ont été déclarées. Cette conséquence est le plus souvent exacte, parce que, en fait, il arrive rarement que les héritiers qui atténuent le montant des valeurs mobilières déclarent scrupuleusement tous les objets dépendant de la succession et détaillés ultérieurement dans l'inventaire. Toutefois, il n'est pas moins certain que si chaque objet mobilier avait été déclaré, mais pour une somme inférieure à sa valeur réelle, il n'y aurait pas *omission*, il y aurait *insuffisance d'évaluation*.

Cette règle est-elle encore applicable lorsqu'il s'agit de sommes d'argent ou d'objets incorporels, et l'est-elle dans tous les cas? On peut en douter. Par exemple, l'héritier qui déclare avoir recueilli une somme de 10,000 francs en numéraire alors qu'il a trouvé effectivement 100,000 francs, a-t-il fait une fausse évaluation de la somme ou bien a-t-il omis la différence entre cette somme et celle qu'il a recueillie? Réduite à des termes aussi simples, la question ne paraît pas permettre de doute. L'argent ne s'évalue pas, il se compte. On n'a déclaré que 10,000 francs au lieu de 100,000 francs, donc on a omis 90,000 francs. Mais lorsqu'il s'agit de créances, la question change de face. Quoique les créances soient classées parmi les objets incorporels, elles constituent néanmoins des objets déterminés, susceptibles d'une désignation et d'une évaluation spéciales. Or, si l'héritier déclare avoir recueilli une créance de 10,000 francs, sur un individu désigné, due en vertu d'un titre qu'il indique, et que, dans le fait, cette créance soit de 100,000 francs, il n'y a pas *omission*, puisque la créance a été déclarée; il y a insuffisance d'évaluation, parce que sa valeur a été atténuée (Sol. 28 fév. 1877).

Il en serait autrement et il y aurait omission si l'héritier déclarait une valeur pour une autre, par exemple une obligation industrielle de telle nature au lieu d'une obligation différente (Vervins, 27 août 1875). — S'il déclarait qu'une somme donnée entre vifs est encore due lorsqu'elle est payée (Sol. 18 mai 1872).

Mais l'indue déduction des charges constitue une simple insuffisance (Sol. 22 juin 1872). — V. 16895.

**16890. Société. — Droits indivis.** — Le 16 juin 1842, les sieurs Singer et Corbin ont acquis, chacun pour moitié, moyennant 50,000 francs, un terrain à Paris, rues de Ponthieu et de Berry. Le 14 janvier 1843, ils en ont vendu une partie pour 30,000 francs, tandis que, sur une autre partie, ils ont fait bâtir un hôtel à frais communs. Le sieur Singer étant décédé le 19 janvier 1846, ses héritiers et le sieur Corbin ont vendu, le 19 mars suivant, l'hôtel moyennant 210,000 francs, et le 13 juin 1846, le sieur Corbin a acquis le terrain restant indivis sur licitation, au prix de 46,200 francs.

La déclaration de la succession du sieur Singer a été faite, le 5 juillet 1846, au bureau des 3e et 4e arrondissements de Paris; ses héritiers ont compris dans les valeurs mobilières une somme de 78,000 francs pour l'intérêt appartenant au défunt dans une société en participation qui aurait existé entre lui et le sieur Corbin pour l'achat, l'exploitation et la revente du terrain rue de Ponthieu et rue de Berry. Une déclaration de valeurs immobilières a eu lieu le même jour au bureau des 1er et 2e arrondissements de Paris; mais l'hôtel et le terrain situés dans la circonscription de ce bureau, et qui appartenaient pour moitié au sieur Singer lors de son décès, n'y ont pas été compris.

Il y avait donc omission dans cette dernière déclaration, et le 18 avril 1849 une contrainte a été décernée à fin de payement des droits simple et en sus. Les héritiers Singer ont formé opposition et ont assigné l'Administration devant le tribunal de la Seine. Ils ont opposé la prescription biennale, par le motif qu'il n'y avait pas omission, mais fausse évaluation. L'Administration a démontré qu'il n'y avait point fausse évaluation, mais omission, et que la prescription de trois ans était seule applicable à l'espèce. — Par jugement du 22 novembre 1849 (14877-4 J. E.), le tribunal de la Seine a adjugé les conclusions de l'Administration. — V. 16901.

**16891. Biens appartenant au défunt et revendiqués par un tiers.** — Le sieur Alexandre Tourgueneff, décédé en Russie, le 16 décembre 1845, avait déclaré, dans un acte sous seing privé du 11 juin 1844, que tout ce qu'il possédait à Paris, en effets publics et autres valeurs existant dans la maison de campagne de son frère, Nicolas Tourgueneff, appartenait à ce dernier. Celui-ci fit déposer cet acte dans l'étude d'un notaire, et, lors de l'inventaire fait à sa requête comme unique héritier, le 15 mai 1846, il déclara que des rentes sur l'État, des actions de la Banque de France, inscrites au nom du défunt, étaient sa propriété personnelle et n'avaient été mises au nom de son frère décédé que pour les soustraire à la confiscation de ses propres biens. Le 20 du même mois, il intenta contre un curateur nommé *ad hoc* une action en revendication de ces valeurs, et un jugement du 30 mai 1846 déclara qu'il en était propriétaire en vertu de l'écrit du 11 juin 1844 qui, dans tous les cas, *avait au moins la valeur d'un testament olographe régulier*. Un droit de 50 centimes par 100 francs pour cession d'actions a été perçu sur ce jugement.

Le 25 juillet 1846, le sieur Nicolas Tourgueneff déclara au bureau de succession, à Paris, qu'il ne dépendait de la succession de son frère que quelques effets mobiliers estimés dans l'inventaire représenté au receveur à l'appui de sa déclaration; que, relativement aux titres de rentes et d'actions énoncés dans cet acte, ils étaient sa propriété personnelle d'après les termes de l'écrit émané du défunt et le jugement confirmatif du 30 mai 1846. Aucun droit ne fut perçu pour ces valeurs; mais, ultérieurement, on demanda par voie de contrainte signifiée, le 15 novembre 1848, le payement du droit simple et du droit en sus pour l'omission que présentait la déclaration du 25 juillet 1846.

Le sieur Nicolas Tourgueneff soutint que les valeurs inscrites au nom du défunt ne dépendaient pas réellement de la succession, ainsi qu'il était établi par l'écrit du 11 juin 1844 et le jugement du 30 mai 1846; que la perception d'un droit de 50 centimes par 100 francs pour la transmission des actions, faite sur le jugement, était exclusive d'un nouveau droit à titre de mutation par décès; et que, dans tous les cas, sa déclaration ne contenant aucune réticence, il n'y avait pas *omission*, d'où il suivait que la demande d'un supplément de droits plus de deux ans après la perception était prescrite.

L'Administration s'étant pourvue en cassation contre un jugement du tribunal de la Seine, du 29 mars 1849, qui avait admis ces conclusions, la Cour suprême a rendu, le 14 août 1850 (1875 § 6 I. G., S. 50-1-687, 15019 J. E.), un arrêt ainsi conçu :

« Attendu que, suivant l'art. 61 L. 22 frimaire an 7, il y a prescription pour la demande des droits, savoir : 1° après deux années, à compter du jour de l'enregistrement, s'il s'agit d'un droit non perçu sur une disposition particulière dans un acte ou d'un supplément de perception insuffisamment faite ; — 2° après trois années, aussi à compter du jour de l'enregistrement, s'il s'agit d'une omission de biens dans une déclaration faite après décès; attendu que la différence du temps de la prescription, dans les deux cas ci-dessus prévus, tient évidemment à ce que dans le second il y a réticence commise par le redevable et ignorée de la Régie, tandis que dans le premier cas, les dispositions mêmes des actes soumis à l'enregistrement fournissent à la Régie les éléments de la perception qu'elle pouvait faire et qu'elle n'a point faite ; attendu que, de la déclaration de Nicolas Tourgueneff du 25 juillet 1846, du jugement du 30 mai précédent énoncé en cette déclaration et de l'inventaire du 15 du même mois produit à l'appui de ladite déclaration, il résulte que ledit Nicolas Tourgueneff, loin de dissimuler, a formellement reconnu et fait constater l'existence, au décès d'Alexandre Tourgueneff, son frère, au lieu de sa résidence à Paris, des soixante-quinze actions de la Banque de France qui font la matière du procès, immatriculées sous le nom de ce dernier; que seulement, et en même temps, il a indiqué que ces actions étaient, dès avant le décès d'Alexandre, aux termes de l'acte du 11 juin 1844, et ainsi que l'a décidé le jugement du 3 mai 1846, la propriété particulière et exclusive de lui, Nicolas Tourgueneff, et qu'en conséquence, la succession d'Alexandre ne se composait que des objets corporels inventoriés et prisés à la somme de 1,201 francs, sur laquelle somme de 1,201 francs seulement le droit de mutation par succession devait être perçu ; attendu que cette déclaration ainsi formulée s'expliquait sur lesdites actions de la Banque; que par cette déclaration la Régie a été mise en situation de soutenir que ces actions dépendaient, comme les meubles corporels, de la succession d'Alexandre Tourgueneff, et étaient, comme ces meubles, soumises au droit de succession de 3 pour 100 et non au droit de 50 centimes par 100 francs perçu lors de l'enregistrement du jugement du 30 mai, et d'exiger un supplément de droit sur ledit jugement ou sur la déclaration du 25 juillet; attendu qu'en décidant, dans ces circonstances, qu'il n'y avait pas omission de valeurs dans la déclaration du 25 juillet 1846; qu'ainsi la réclamation de la Régie était soumise à la prescription de deux ans établie par le n° 1er de l'art. 61 L. 22 frimaire an 7 et non à la prescription de trois ans édictée par le n° 2 du même article, et que, dès lors, elle était prescrite lorsque la Régie en a fait l'objet d'une contrainte décernée et signifiée le 15 novembre 1848, le jugement attaqué n'a aucunement violé le second de ces textes et a fait une juste application du premier. »

**16892. Interprétation de testament.** — Il a été également décidé que si un légataire met sous les yeux du receveur le testament qui l'institue, il n'y a plus omission d'une partie du legs, alors même que le débiteur aurait refusé d'acquitter les droits sur la totalité de ce legs, si le receveur a tenu compte de la fausse interprétation de la partie et a accepté les droits offerts par elle d'après le sens qu'elle attribuait au testament (Seine 21 janv. 1859, maintenu sur un autre chef par un arrêt du 21 août 1861, 1543 R. P., 17225 J.N., 12059 C., S. 62-1-15 et 315).

1. INTERPRÉTATION D'UN LEGS. — Il en est de même si l'insuffisance résulte de ce que le receveur n'a pas donné à un legs l'étendue qu'il comportait :

« Attendu, porte un jugement du tribunal de la Seine du

13 avril 1842, que le délai de trois ans n'est établi que pour le cas d'omission dans la déclaration d'un ou plusieurs objets soumis à l'application du droit ; que, dans l'espèce, Terray n'a commis ni pu commettre aucune dissimulation de cette nature, puisque, d'après sa prétention, son droit d'usufruitier se réduisait à un revenu déterminé à prélever sur les immeubles de la succession sise à Paris ; que la prétention contraire élevée par l'Administration que le droit était exigible sur la totalité de l'usufruit à lui donné ou légué par sa femme, ne constitue qu'une critique contre la valeur légale de la déclaration de Terray et de l'acte qui lui a servi de base, et ne tend ainsi qu'à obtenir un supplément à une perception qui aurait été insuffisante, et que dès lors l'action de l'Administration se trouve soumise à la prescription biennale. » — V. 16913.

**16893. État de mobilier.** — De même encore, lorsqu'une rente d'État comprise dans l'état de mobilier n'est pas remarquée par le receveur lors de la déclaration, il n'y a pas omission, mais simple insuffisance de perception : « Attendu que l'état ne fait qu'un avec la déclaration, et que le tout passe sous les yeux du préposé » (Sol. 30 mars 1857).

Il en est de même d'une créance déclarée pour partie quoique comprise entièrement sur l'état de mobilier (Sol. 16 juill. 1872, 26 fév. 1877).

**16894. Inventaire.** — La question de savoir s'il en est ainsi au sujet de l'inventaire authentique est controversée. On a soutenu que la mention de l'inventaire ne dispensait pas les héritiers du droit en sus quand une valeur inventoriée se trouvait omise dans la déclaration. On invoque pour cela un jugement du tribunal de Versailles du 10 janvier 1861, aux termes duquel « une déclaration de succession doit faire mention de toutes les valeurs dépendant de l'hérédité ; et si l'Administration peut et doit contrôler l'exactitude de la déclaration, au moyen des renseignements puisés dans d'autres actes dont il lui a été donné connaissance, tels que testaments, inventaires, cette faculté et ce droit ne contiennent qu'un moyen de preuve et ne sauraient dispenser les héritiers ou légataires de faire une déclaration complète. » On se fonde aussi sur une Sol. 10 mars 1866, aux termes de laquelle « une énonciation de pièces au receveur peut être une cause de remise de droits en sus ; mais elle ne doit jamais être un obstacle à l'application de la loi, la déclaration étant toujours l'œuvre des parties, qui en attestent la sincérité. »

Mais cette opinion nous paraît trop absolue, et nous avons proposé une distinction.

Si la partie représente au receveur l'expédition de l'inventaire, et que le receveur, en mentionnant cette production, déclare s'y référer pour le détail des valeurs à assujettir au droit, les erreurs commises sont alors le fait du préposé et constituent des insuffisances de perception. Mais si la représentation de l'inventaire n'a pas eu lieu ou si elle n'est pas constatée, les héritiers ne paraissent pas fondés à prétendre qu'ils peuvent impunément commettre des omissions, pourvu qu'ils rappellent le titre qui, au moyen de recherches, permet de découvrir la fraude ou l'erreur.

De très-nombreuses solutions l'ont ainsi reconnu (Sol. 2 sept. 1854, 16 mars 1867, 14 nov. 1872, 3 juill. 1873, 4 fév. 1874, 30 sept. 1875, 28 juin 1878). On peut y ajouter l'esprit d'une D. m. f. 22 prairial an 12, qui, lorsqu'il existe un inventaire authentique, dispense les déclarants de l'annexer à leur déclaration et déclare qu'il suffit d'en faire mention et d'indiquer la date, le nom et la résidence de l'officier public qui y a procédé (*Comp.* Cass. 14 août 1850, n° 16891).

« Si les parties, enseigne le J. du not. n° 2735, présentent, nonobstant l'existence d'un inventaire authentique, une note ou état des créances à l'appui de leur déclaration, et que ce détail soit incomplet, elles commettent une omission passible du droit en sus. Le cas où il y a seulement insuffisance de perception ne donnant lieu qu'au droit simple sujet à la prescription de deux ans, est celui où il est constaté *par la déclaration* que les héritiers ou légataires ont fourni au receveur tous les éléments nécessaires pour faire une perception complète et régulière. Il y aurait également omission passible du droit en sus si les parties, se bornant à faire une déclaration *en bloc*, en se référant *sommairement* à l'inventaire authentique, conformément à la décision précitée de l'an 7, ne donnaient pas au préposé de la Régie une indication exacte des valeurs sur lesquelles l'impôt doit être acquitté. D'après la loi, la déclaration des valeurs est l'œuvre des héritiers, qui sont conséquemment tenus de présenter au receveur, sous leur propre responsabilité, la note des biens de la succession. Le receveur ne peut être astreint à faire lui-même, soit au vu de ses registres, soit à l'aide des papiers et documents à lui présentés, le dépouillement nécessaire pour déterminer la consistance et le montant des biens à déclarer. La responsabilité des redevables n'est sauvegardée que lorsqu'il est constaté *par les mentions insérées dans la déclaration* que le receveur a été mis à même par les comparants d'opérer régulièrement. »

En ce sens, il a été jugé par le tribunal d'Autun, le 22 juillet 1833, et reconnu par une Dél. 13 novembre 1833 (10784 J. E., D. N. t. 12 p. 357 n° 962) que le double droit n'est pas dû sur l'insuffisance résultant d'une erreur de calcul existant dans l'inventaire mis sous les yeux du receveur lors de la déclaration de succession.

Le tribunal de la Seine a décidé également, le 19 décembre 1868, que si les héritiers ont produit au receveur l'inventaire et la liquidation établissant l'importance de l'actif, en indiquant expressément leur volonté de prendre ce même acte pour base de leur déclaration, le receveur devait régler sa perception sur l'actif brut, et la déduction des dettes constitue alors une insuffisance de perception non passible du droit en sus : « Attendu qu'il est constant, en fait, que lesdits héritiers ont produit au receveur tous les documents nécessaires pour contrôler l'exactitude de leur déclaration, notamment l'inventaire constatant le chiffre du passif et l'acte liquidatif établissant qu'aucune dette n'avait été payée ; qu'ils ont même expressément indiqué le même acte comme ayant servi de base à leur déclaration ; que cette double production prouve suffisamment leur intention de ne rien soustraire à l'application de la loi, que dès lors la peine d'un droit en sus édictée par l'art. 39 de la loi de frimaire ne doit pas leur être appliquée » (2906 R. P.). V. 16933.

**16895. Société. — Déduction du passif.** — Pour que le droit de mutation par décès soit exigible sur l'émolument net revenant au défunt dans une société de commerce, il faut que la société soit constatée par écrit. Si la société était verbale, les héritiers devraient déclarer la part brute de leur auteur dans tous les biens de la masse. Le défaut de perception sur l'actif brut constitue, dans ce cas, une simple insuffisance non passible du droit en sus (Fontenay 9 août 1872, 3613-3 R. P.). — V. 16889 *in fine*.

**16896. Rentes sur l'État. — Arrérages. — Coupon détaché.** — On ne peut pas soutenir que la déclaration de l'existence du titre embrasse nécessairement celle du coupon détaché, et que le receveur est obligé d'en ajouter le montant au capital de la rente pour percevoir le droit. Le receveur ne peut pas plus percevoir d'office sur les arrérages non compris dans le cours qu'il ne pourrait liquider le droit sur les intérêts d'une créance dont le principal seul serait déclaré. Il peut arriver, en effet, que le titulaire ait cédé à un tiers le coupon détaché ou ait renoncé à la faculté d'en toucher le montant. Or, ce sont là autant de causes particulières d'extinction et les héritiers sont seuls à même de savoir, dès lors, si le coupon détaché appartenait encore à l'auteur au jour de son décès. Il en résulte que cette valeur doit être l'objet d'une déclaration spéciale et qu'en cas d'omission les héritiers sont passibles du droit en sus Sol. 6 juill. 1861; — 7 août 1873; — 26 janv. 1877).

1. COURS DE BOURSE. — La fausse indication du cours de la Bourse n'est d'ailleurs qu'une simple insuffisance de perception sujette au droit simple, car c'est au receveur à le déterminer exactement au moment de la déclaration des héritiers (Sol. 11 nov. 1867; — 7 août et 22 sept. 1873).

**16897. Créances. — Intérêts.** — Il a été jugé que si, dans la déclaration d'une succession, est comprise une créance au capital de laquelle on n'ajoute pas les intérêts échus, il y a fausse évaluation prescriptible par deux ans, et non omission (Seine 11 fév. 1852, 15450 J.E., 14620 J.N.). — Mais cette décision nous paraît inacceptable, car les intérêts ne forment pas l'accessoire obligé de la créance, ils constituent une valeur distincte du capital.

Cependant, il y aurait simple insuffisance si l'héritier, en comprenant dans la déclaration une créance dont il représente le titre, annonçait que le dernier terme d'intérêt est exigible et s'il était commis une erreur dans la fixation de ces intérêts (Bergerac 3 janv. 1867, 3015 R. P.).

**16898. Meubles inventoriés et vendus.** — Lorsque le mobilier, évalué d'après l'inventaire, est inférieur au produit de la vente ultérieure, il ne s'agit pas d'une omission, mais d'une insuffisance soumise à la prescription biennale (16643-5 J. E.). D'après l'art. 3 de la loi du 23 juin 1875, cette insuffisance ne donne pas lieu au droit en sus.— V. 16880.

**16899. Erreur.** — 1. CONTENANCE. — Il résulte d'un arrêt de Cass. 10 mai 1814 (4912 J.E.) qu'il n'y a pas omission par cela qu'il y a erreur dans la contenance attribuée aux immeubles; car l'héritier peut être de très-bonne foi et ignorer la véritable mesure; il suffit que tous les biens soient déclarés. C'est à l'Administration à s'enquérir de leur consistance et de leur valeur, et demander l'expertise si elle juge l'évaluation qui leur a été donnée insuffisante.

« Attendu, porte cet arrêt, qu'il résulte de l'art. 14 n° 8, de l'art. 15 n° 7 et de l'art. 27 L. 22 frimaire an 7, que les héritiers, les donataires ou les légataires, ne sont assujettis, pour la liquidation et le payement du droit proportionnel, qu'à fournir une déclaration détaillée et estimative des immeubles; que, n'étant point obligés d'arpenter les biens avant d'en faire la déclaration, et pouvant, sans qu'il y ait de leur faute, ignorer la véritable contenance de ces biens, il leur suffit de les désigner tous et d'énoncer les lieux de leur situation, pour que l'Administration puisse vérifier et estimer l'évaluation qu'ils leur ont donnée; que, par conséquent, la différence qui pourrait exister de la mesure réelle à la mesure que l'héritier aurait déclarée, soit d'après la renommée, soit autrement, ne constitue point une contravention à la loi et ne laisse à l'Administration que la voie de réclamer, s'il y a lieu, contre l'évaluation donnée aux immeubles déclarés et désignés. »

Cette décision ne doit évidemment s'entendre que des différences de contenance de peu d'importance et qui ont pu être de nature à échapper aux héritiers. Mais il n'en serait pas ainsi si la différence entre la contenance déclarée et la contenance réelle était telle qu'on ne pût y voir qu'une intention de fraude (Sol. 16 janv. 1872; — 26 sept. 1876; — Saint-Girons, 28 déc. 1876).

2. DÉSIGNATION. — L'omission n'existe pas non plus parce que les héritiers, en déclarant l'ensemble d'un domaine situé sur plusieurs communes, ont oublié de désigner l'une des communes sur laquelle une partie du domaine est située. « Attendu, porte un arrêt de Cass. du 27 janvier 1823, que l'omission imputée au défendeur dans sa déclaration du 25 juillet 1816, et que la Régie faisait résulter du défaut de désignation de la commune de Saint-Médard, dans laquelle sont situés le moulin de ce nom et ses dépendances, ne constituait, de la part du défendeur, qu'une simple erreur de fait, ce qui ne pouvait être considéré comme une omission véritable, puisque cette partie des biens échus au défendeur par le décès de la demoiselle Grandmaison se trouvait implicitement comprise dans la déclaration générale qu'il avait faite de ces biens, déclaration qui énonçait, selon le vœu de la loi, le revenu annuel de la totalité desdits biens, évalué par le déclarant à 3,000 francs; attendu que cette évaluation du revenu total des biens à déclarer n'a pas été combattue par la Régie, soit par la production des baux de ces biens, soit par la voie de l'expertise qui lui était offerte, conformément à l'art. 19 L. 22 frimaire an 7; d'où il suit que le tribunal a pu en induire que la prétendue omission alléguée par la Régie n'était aucunement justifiée, et que le défendeur avait suffisamment satisfait à la disposition de l'art. 27 de la même loi » (S. 24-1-70, 8694 J. E.).

Mais s'il s'agit d'un immeuble situé dans une commune ne dépendant pas du bureau où la déclaration a eu lieu, la règle est différente. Il y a, dans ce cas, à l'égard de l'immeuble dont il s'agit, un défaut de déclaration passible d'un demi-droit en sus et sujet à la prescription des successions non déclarées (Cass. 28 juin 1820, S. 81-1-21, 6781 J. E.). — V. *Restitution.*

Attendu, porte cet arrêt, que quand on pourrait soutenir que le domaine de Vertheuil faisait partie de la succession de Jean Constant à l'époque de la déclaration faite par ses héritiers, le 2 août 1810, cette déclaration ne pouvait jamais embrasser le domaine de Vertheuil, puisque ce domaine était, à cette époque, dans le ressort d'un autre bureau que celui où la déclaration a eu lieu; qu'il suit de là qu'il y a eu réellement absence de déclaration par rapport à ce domaine, et qu'ainsi la seule prescription applicable à la demande du droit en résultant était celle de cinq ans, portée par le § 3 art. 61 de cette loi, et qu'en appliquant, au contraire, dans l'espèce, la prescription de trois ans dont parle le § 2 du même article, le jugemnnt attaqué a fait une fausse application de ce paragraphe et violé le § 3 ci-dessus énoncé, ainsi que l'art. 27 de la même loi. »

**16901. Nature et qualité des biens faussement indiquées.** — Si un immeuble propre à l'auteur de la succession a été déclaré comme acquêt de communauté, cette déclaration ou cette erreur ne constitue pas une insuffisance d'évaluation, mais une omission de biens, puisque ce n'est pas la valeur des biens qui a été dissimulée, mais leur nature et leur qualité même. Les droits simples et en sus sont exigibles sur la portion dont la valeur n'a pas été frappée du droit; d'où la conséquence que la prescription de trois ans, à partir de la date de la déclaration, est seule opposable à l'espèce.

C'est ce qui a été jugé le 6 juin 1850 par le tribunal de Vire (15036-12 J. E., D. N. t. 12 p. 373 n° 1062).

Il y a omission et non fausse évaluation de revenu dans la déclaration de succession dans laquelle on a fait entrer des valeurs mobilières comme représentant des valeurs immobilières, et la prescription de trois ans est la seule applicable à l'espèce (Seine 22 nov. 1849, 14877 J. E.).

1. ASSURANCE SUR LA VIE. — Lorsque des héritiers interpellés par le receveur sur l'existence d'une valeur appartenant au défunt (une assurance sur la vie) reconnaissent cette existence, mais ajoutent qu'ils n'entendent pas la déclarer, parce qu'ils la considèrent comme leur propriété personnelle, le receveur est suffisamment averti de l'existence de la valeur pour l'assujettir à l'impôt de mutation par décès si elle dépend réellement, en droit, de la succession. Le défaut de perception constitue, dans ce cas, un supplément de droit prescriptible par deux ans. Il en est ainsi, à plus forte raison, lorsque la valeur est comprise spontanément dans la déclaration de la succession, et que les héritiers la considèrent comme un acquêt au lieu de lui attribuer le caractère de propre qui lui appartient réellement (Beauvais 11 août 1873, 3763 R. P.).

2. RENTE. — Si le légataire universel a reproduit dans sa déclaration les énonciations d'une donation par laquelle le défunt a acquis une rente transmissible à ses héritiers, et si cependant le receveur, averti de l'existence de cette rente, n'a perçu aucun droit, il a commis une insuffisance de perception donnant lieu au droit simple (Niort 24 fév. 1873, 3754 R. P.).

Mais le défaut de déclaration de l'indemnité due pour la réversion d'une rente acquise avec des deniers communs est une omission (Baugé 2 déc. 1872, 4498 R. P.).

**16902. Erreur dans le degré de parenté.** — L'erreur commise dans l'indication du degré de parenté des héritiers ne donne lieu qu'à un supplément de droit simple. — V. *suprà* n° 16177.

**16903. Immeubles produisant plusieurs revenus distincts.** — Le tribunal d'Yvetot a jugé, le 18 août 1863, que quoique l'héritier ait fait en temps opportun la déclaration de la ferme sur laquelle existent des arbres épars, ces arbres, à défaut d'indication spéciale et détaillée de leur consistance, ne s'y trouvent pas compris, en sorte qu'il s'agit bien d'une omission ordinaire. — Soumise au tribunal d'Hazebrouck, la même question a été résolue en sens contraire, le 12 août 1865, par un jugement que nous avons approuvé (2325 R. P., 12945 C., 18082 J. N.). — En effet, si les arbres se trouvaient réunis sur un seul point du domaine, soit en bordure, soit en massif distinct, on pourrait peut-être soutenir qu'il y a là deux propriétés matériellement séparées l'une de l'autre, et que la déclaration des terres ou des prés de la ferme ne s'étend pas de plein droit au massif forestier qui l'avoisine. Ce serait un point de fait à apprécier d'après les termes plus ou moins explicites de la déclaration. Mais lorsque les arbres, au lieu de croître ainsi sur une portion séparée du sol, sont répandus isolément ou par groupes sur l'étendue de la ferme, l'indication de celle-ci comprend virtuellement tout ce qui la compose. Il n'est pas plus indispensable d'indiquer sa consistance en produits forestiers qu'en pâturages, prairies, terres arables ou jachères. L'immeuble est spécifié en bloc d'une façon suffisante pour permettre au receveur de le reconnaître; il lui appartient maintenant de rechercher, d'après ses éléments divers de production, si le revenu est dissimulé. Mais, dit-on, il n'y en a pas moins deux propriétés différentes qui peuvent être affermées séparément, et si l'héritier déclare seulement la partie comprise dans un bail, comment le surplus ne serait-il pas omis? On confond ici la déclaration des biens avec leur estimation. En effet, le bail n'est qu'un moyen de déterminer le produit de l'immeuble. L'héritier annonce d'abord l'existence du domaine, et c'est là qu'il faut rechercher s'il a ou non omis une partie de l'immeuble. Sa désignation s'étend-elle sans limitation à toute la ferme, il a satisfait à l'art. 27 de la loi de l'an 7, et on ne peut lui reprocher d'avoir oublié telle ou telle partie du fonds, puisque le fonds entier est déclaré. Que si, maintenant, pour fixer le revenu imposable, il se sert d'un bail applicable seulement à une portion du bien, il commet une insuffisance, mais cette fraude ne touche pas à la régularité de sa première opération, et on la réprime en effet par des moyens différents. Cette situation se rencontre fréquemment à propos des bâtiments. Je recueille une maison dont le premier étage seul est loué. Si je vais déclarer la maison en lui donnant pour unique revenu le montant du bail, est-ce que j'aurai fait une omission? Non, sans doute, quoique les différentes parties du bâtiment puissent constituer des propriétés distinctes (664 C. C.), et qu'à l'égard des portions non louées, il y ait absence complète d'évaluation. J'ai annoncé que la succession comprenait telle ou telle maison de la ville, c'est aux agents du Trésor à en rechercher la consistance exacte pour la rapprocher du bail. La fraude dont je suis coupable ne provient pas de ce que j'ai oublié de déclarer certaines parties de maison, mais de ce que j'ai mensongèrement appliqué à l'immeuble le revenu d'une seule partie. En d'autres termes, il n'y a pas omission, mais insuffisance.

D'ailleurs, que dirait-on d'un immeuble donnant lieu chaque année à des produits successifs loués distinctement: par exemple, d'une prairie à deux coupes d'herbe, ou d'un étang tour à tour cultivé et inondé? La doctrine administrative est ici en défaut. L'héritier représente l'un des deux baux et fait sa déclaration en conséquence. De quelle manière peut-on atteindre sa fraude? Comme tout à l'heure, il a omis un des éléments constitutifs du revenu de l'immeuble; il n'a évalué que la partie du bien faisant l'objet du bail. Dira-t-on qu'il a omis le surplus? Cela n'est évidemment pas possible, car les deux produits ne dérivent pas de fractions distinctes de la propriété, ils proviennent d'une jouissance également exercée sur tout l'immeuble, et on ne pourrait pas dire ce qui a été déclaré ou ce qui a été omis. Il faut donc nécessairement en revenir à l'insuffisance. Or, l'identité de situation conduit à la même conséquence pour les déclarations de biens dont une portion seule est affermée. Dès l'instant que l'immeuble est déclaré sans réserve, on ne peut relever d'omission proprement dite, et toutes les atténuations de revenus constituent des insuffisances sans distinguer si elles résultent du défaut d'évaluation d'une partie du bien ou d'une estimation généralement amoindrie.

Enfin, on a très-exactement remarqué que, si le défaut d'évaluation particulière des arbres constitue une omission dans le sens juridique du mot, les parties la commettent sans crainte dans les actes de donation entre-vifs. Ce n'est en effet que par voie d'insuffisance qu'on peut agir contre les dissimulations dont ces contrats sont atteints : la procédure relative aux omissions se restreint aux mutations par décès. Si donc la fraude actuelle n'est pas une insuffisance, elle demeure nécessairement impunie.

Or, l'Administration a modifié sa doctrine, dans une circonstance récente, en demandant à fixer le revenu d'un immeuble donné par l'addition du produit annuel des arbres épars ou en bordure, dont l'évaluation n'avait pas été faite dans le contrat. Deux arrêts rendus, l'un par la chambre des requêtes, le 24 juillet 1860, l'autre par la chambre civile, le 24 juin 1864, ont admis cette prétention, et M. l'avocat général Blanche, qui portait la parole devant la chambre civile, justifiait la demande du Trésor par le motif qu'il s'agissait de la répression d'une *insuffisance* (n° 1936 R.P.).

**16904. Compensation.** — Aux termes de l'art. 1290 C. C., la compensation s'accomplit de plein droit, même à l'insu des parties. Aussi a-t-on vu, au mot *Compensation*, que, du moment qu'une perception est faite et qu'elle contient une double erreur, la double erreur donne naissance à la dette de la partie envers l'Administration pour insuffisance de perception, et à la dette de l'Administration envers la partie pour excédant. D'où la conséquence que ces deux dettes s'éteignent jusqu'à concurrence du montant de la moindre à l'instant mêmes où elles existent. Par application de ce principe, il a été reconnu par l'Administration, le 5 novembre 1825 (1020 C., D.N. t. 12 p. 357 n° 961), que le double droit n'est pas dû si l'héritier qui omet de déclarer une chose a fait une erreur plus considérable à son préjudice. — V. *Compensation*.

**16905. Constructions.** — Lorsque le sol sur lequel sont élevées des constructions a été compris dans une déclaration de succession, s'il y a eu omission des constructions, comme la propriété du sol emporte celle des constructions, on ne peut poursuivre cette omission que par voie d'expertise, comme insuffisante.

Si, à l'époque d'un bail d'immeubles, des constructions n'existaient pas, que le preneur n'ait pas été chargé de les élever, et que rien n'établisse qu'elles ne font pas partie de la propriété, l'Administration peut, au décès du bailleur, ne pas tenir compte du bail courant et provoquer l'expertise du revenu des immeubles, constructions comprises (Péronne 30 nov. 1849, 14890-2 J.E.).

**16906. Droits immobiliers.** — Il a été décidé avec raison, selon nous, qu'il y a insuffisance et non pas omission dans la déclaration dans laquelle les héritiers n'ont fait figurer des droits immobiliers, spécialement des portions de fruits appartenant à leur auteur, que pour une valeur insuffisante, ainsi que cela résulte de la cession ultérieure de ces droits. En effet, les portions de fruits dont il s'agit sont des droits immobiliers et elles avaient été déclarées à l'Administration, qui pouvait requérir l'expertise de leur revenu (17481 J.E.).

**16907. Action en revendication.** — C'est la prescription triennale qui serait applicable si, au moment de l'ouverture de la succession, l'auteur poursuivait une action en revendication d'immeubles, et qu'il y eût absence de déclaration soit de cette action, soit des immeubles qui en faisaient l'objet (D. m. f. 28 août 1828, 9112 J.E.).

Il en est de même des biens divertis par l'un des héritiers (D.N. t. 12 p. 373 n° 1065).

Mais ces décisions, rendues dans des cas spéciaux, doivent être combinées avec les règles générales admises au sujet de la déclaration des biens rentrés dans l'hérédité.

**16908. Bail. — Biens y compris. — Charges.** — Il est certain, malgré l'induction contraire que l'on pourrait tirer d'un jugement de Melun du 26 mai 1865 (2133 R.P.), confirmé en cassation le 30 janvier 1867 (2400 R.P., S. 67-1-179, D. 67-1-300), et du sommaire de l'I.G. n° 2357 § 3, que le défaut d'addition des charges au prix du bail ne constitue pas une omission soumise à la prescription de cinq ans, mais une insuffisance de revenu prescriptible par deux ans.

On concevrait qu'il y ait omission, dans l'acception légale du mot, s'il s'agissait de certains immeubles déterminés figurant dans le bail pour un prix particulier et non déclarés à l'époque du payement du droit de succession. Et c'est ainsi que nous avons décidé, dans nos éditions précédentes, qu'il y a omission si les héritiers ne comprennent pas dans la déclaration de la succession de leur auteur des immeubles qui, *à partir d'une époque postérieure au décès*, devaient faire partie, *sans augmentation de prix*, d'un bail d'autres immeubles qui était courant au moment du décès. Le prix de ce bail devait être augmenté du revenu des immeubles à y comprendre postérieurement.

Mais quand tous les immeubles ont été compris dans la déclaration, et que leur revenu seul a été amoindri, c'est bien là une *véritable insuffisance*. La rectification de cette fraude, de quelque manière que l'Administration procède, par voie de contrainte ou d'expertise, est beaucoup plus facile que la découverte de l'omission totale de l'immeuble. Il est rationnel, dès lors, que l'action du Trésor soit plus promptement éteinte, et c'est pourquoi la prescription est seulement de deux années. Ces considérations sont de tous points applicables à l'insuffisance qui résulte de la dissimulation d'une partie du prix du bail courant au décès.

Aussi, dans un cas où les parties n'avaient porté qu'à 750 francs le revenu d'immeubles loués 1,350 francs, la Cour de cassation, appelée à caractériser la nature de la fraude, l'a qualifiée *d'insuffisance de déclaration* (Cass. 22 mess. an 11, 9800 J. E.).

« Considérant, porte l'arrêt, que l'insuffisance de la déclaration des défendeurs, qui n'ont porté qu'à 750 francs le revenu des domaines dont il s'agit au procès, est constatée par le bail notarié de frimaire an 7, dans lequel ces mêmes domaines sont affermés 1,350 francs; qu'elle est reconnue de la manière la plus formelle par le jugement attaqué, lequel, après avoir, dans son premier considérant, cité la disposition ci-dessus rapportée de l'art. 5 de la loi de frimaire an 7 et en avoir tiré cette conséquence que la Régie était autorisée à évaluer les biens d'après les baux, lorsqu'il en existe, et avoir ajouté que ce mode se concilie avec l'intérêt de l'État, a, par son dispositif, condamné les défendeurs à payer les droits non sur le pied de 15,000 francs, valeur desdits domaines d'après leur déclaration, mais à raison de 27,040 francs, formant le capital au denier 20 de la redevance stipulée dans le bail à ferme de l'an 7; que la distinction faite par le tribunal de Nontron entre l'insuffisance qui ne donne lieu qu'au payement du droit simple de la quotité dont la valeur de l'immeuble, d'après l'estimation de la Régie, excède la valeur exprimée dans la déclaration du redevable, et l'insuffisance qui est punie de la peine du double droit, loin d'être appuyée sur quelque loi, est, au contraire, évidemment proscrite par celle du 22 frimaire an 7, dont l'art. 39 prononce, d'une manière générale, et sans aucune restriction ni modification, la peine du double droit pour les insuffisances constatées dans les estimations des biens déclarés; qu'il y a conséquemment violation manifeste de cette disposition de la loi dans le jugement par lequel le tribunal de Nontron s'est permis de soustraire les défendeurs à la peine du double droit, et de ne les condamner qu'au payement du droit simple. »

**16909. Déclaration indûment refusée.** — C'est la prescription biennale qui est applicable quand, sur le refus du receveur d'accepter une déclaration régulière, il a été fait sommation accompagnée d'offres suffisantes. Le refus du receveur constitue une véritable erreur de perception soumise à la prescription de deux ans (Seine 13 avr. 1842, D. 5506, 6374 C., Champ. et Rig. *Suppl.* 993).

**16910. Créances irrécouvrables.** — Il en est de même du défaut de perception sur les créances prétendues irrécouvrables auxquelles l'héritier a renoncé dans la déclaration et que le receveur a consenti à ne pas soumettre à l'impôt. Du moment que l'Administration était en droit d'exiger l'impôt sur ces valeurs et qu'elle a, par condescendance, bien voulu ne pas le faire, elle a commis une insuffisance de perception prescriptible par deux ans. On ne peut reprocher à l'héritier aucune omission, puisqu'il a annoncé l'existence de ces valeurs, et il n'est pas non plus responsable d'une fausse évaluation, attendu que l'Administration avait tous les éléments nécessaires pour percevoir le droit sur le capital nominal de la créance. — V. 16380.

Il en est de même lorsque les héritiers déclarent sans valeur des actions industrielles non cotées à la Bourse et ayant au contraire une valeur.

**16911. Acquisition verbale.** — Bien qu'un acte postérieur au décès constate que le défunt avait acquis verbalement un immeuble, cet immeuble ne fait pas partie de sa succession, si la mutation ne repose sur aucun autre titre que cette déclaration et s'il n'y a pas eu entrée en jouissance ou en possession.

**16912. Partage frauduleux.** — Lorsque des époux ont fait conjointement à leurs enfants donation d'une somme déterminée, et que dans l'acte de liquidation qui a eu lieu après le décès de l'un des donateurs, il a été dit, dans une intention frauduleuse, que la somme donnée était imputable en totalité sur la succession du prédécédé, tandis que, aux termes de la donation, elle n'en était tenue que pour moitié, cette liquidation ne peut servir de base pour la déclaration de la succession, et les héritiers sont passibles du double droit sur les valeurs par eux omises dans leur déclaration faite sur les bases du prétendu partage (Amiens 12 juin 1856, 16375 J. E.).

Il y a également omission si les héritiers ne déclarent pas un partage qui doit servir de base à la perception (Mayenne 11 fév. 1875, 4392 R. P.).

**16913. Quotité disponible. — Succession.** — Si, pour fixer la valeur de la quotité disponible, par suite de la donation de l'usufruit de la moitié de ses biens faite par l'époux décédé à son conjoint survivant, on n'a pas rapporté fictivement dans la déclaration de succession les sommes données en avancement d'hoirie, pour les réunir à la masse des biens existant au jour du décès, le droit simple et le double droit sont exigibles sur la différence en faveur de la quotité disponible qui résultera de l'opération rectifiée dans ce sens (Seine 27 avr. 1842, 12987 J. E., D. N. t. 12 p. 361 nº 987).

En effet, « dit, dans une hypothèse semblable, le tribunal d'Évreux, il ne peut y avoir insuffisance dans la perception qu'au cas où le receveur a fait sur la déclaration qu'il a reçue une liquidation incomplète, et il y a omission lorsque la réclamation d'un supplément de droit est basée sur des éléments non contenus en la déclaration, sans qu'il y ait à rechercher quelle a pu être la bonne foi des parties » (3 juill. 1872, 3746 R. P.). — Le tribunal de la Rochelle a rendu une décision semblable au sujet d'une donation entre vifs en avancement d'hoirie, le 31 mars 1874.

Il y a également omission lorsqu'une donation entre époux réductible à 1/4 en propriété et 1/4 en usufruit, en cas d'enfants, est déclarée pour 1/2 en usufruit (Sol. 20 fév. 1872). — V. 16892.

**16914. Mutation secrète.** — Lorsque des immeubles qui ont été reconnus avoir été secrètement acquis par le défunt n'ont pas été compris dans la déclaration de sa succession, il y a omission et le double droit est encouru (Morlaix 5 mars 1847, 14275-4 J. E., D. N. t. 12 p. 357 nº 965).

**16915. Office.** — Diverses décisions (D. m. f. 13 août 1832, 2513 C.; — Bordeaux 20 nov. 1848, 14630 J. E., 13601 J. N., D. N. t. 8 p. 800 nº 813) ont reconnu que le droit de mutation par décès sur les offices n'est dû que d'après l'estimation portée dans l'inventaire, quel que soit le prix pour lequel ils auraient été cédés depuis, ou quelque réduction que le Gouvernement leur ait fait subir. D'où l'on pourrait tirer la conséquence que les héritiers d'un officier public qui, dans leur déclaration, ont évalué la charge du défunt d'après l'inventaire et payé sur cette évaluation ne devraient pas un supplément parce que cette charge aurait été vendue pour un prix supérieur. Nous regardons ce principe comme erroné, et nous pensons qu'en matière mobilière il faut se référer aux règles que nous avons posées n° 12085.

Sur ce point, d'ailleurs, on peut recourir à ce qui a été dit au mot *Office*.

**16916. Reprises. — Mode d'imputation.** — Si les héritiers de la femme, après avoir opéré, dans leur déclaration, l'imputation des reprises de la femme sur les divers biens de la communauté d'une certaine façon, changent ensuite ce mode d'exercice dans un acte passé entre eux et le survivant, il peut en résulter une omission passible du droit en sus (Reims 28 juin 1854).

**16917. Omission. — Succession non déclarée.** — Il importe également de distinguer l'omission de la succession non déclarée, parce que chacun de ces faits donne lieu à des pénalités et à des prescriptions distinctes. Nous avons déjà examiné cette question au mot *Action*.

L'Administration a enseigné comme règle de perception, au § 6 de l'I. G. 1320, que si un héritier est appelé à recueillir une rente viagère qui lui a été attribuée par le défunt au moyen d'une clause de réversion stipulée dans un acte entre-vifs, il a deux qualités distinctes et se trouve débiteur du droit de mutation à deux titres différents. Par conséquent, lorsqu'il se borne à déclarer la succession comme héritier, sans parler de la rente, il ne commet pas une omission ordinaire soumise au droit en sus et à la prescription quinquennale. L'Administration doit le poursuivre dans le délai de dix ans pour le payement du demi-droit en sus applicable aux successions non déclarées. C'est ce qui avait été reconnu déjà pour un legs fait à l'héritier (1187 § 7 I. G.).

Il en est autrement, d'après la même I. G. n° 1320, quand la personne au profit de laquelle s'accomplit la réversion de la rente du chef du défunt est en même temps, non point seulement son héritière ou sa légataire, mais sa donataire universelle en vertu d'un contrat de mariage. Les deux qualités sont identiques dans l'espèce et se confondent l'une avec l'autre. La rente doit donc être, à peine d'omission, comprise dans la déclaration faite par la donataire.

Cette distinction est très-contestable. Quand le législateur a prescrit à l'héritier, au légataire ou à tout autre successeur, de passer la déclaration des biens qui lui sont échus par le décès du défunt, il a entendu que cette déclaration comprendrait toutes les valeurs transmises à cet héritier ou à ce légataire, à quelque titre qu'il les recueille. Il n'a pas évidemment voulu qu'il fût passé autant de déclarations qu'il y aurait de causes diverses à la mutation opérée au profit du même successeur.

La diversité des titres ressemble à la diversité des valeurs; elle étend l'émolument héréditaire, mais ne fait qu'il y ait deux héritiers. En droit, on n'aperçoit donc aucune raison sérieuse pour permettre à un successeur aux biens de décomposer sa déclaration en autant de parties qu'il a de titres distincts à la succession. En équité, pourquoi le traiter, quand il dissimule une fraction de la succession en célant une partie de sa vocation, autrement que celui qui cache une portion même des biens? L'effet est le même pour le Trésor et l'infraction se ressemble. La répression doit donc être identique.

Quoi qu'il en soit, la règle posée par l'Administration a été généralement appliquée, elle a été confirmée récemment par des Sol. des 26 février et 27 juillet 1877.

Il a été décidé: 1° par le tribunal de Saint-Quentin, le 12 août 1863, que l'époux survivant, donataire en usufruit, qui n'a fait aucune déclaration de succession au décès de son conjoint ne peut se prévaloir de la déclaration des héritiers pour soutenir qu'il a commis une omission (1919 § 2 R.P., 795 Rev.);

2° Par le tribunal de Bourgoin, le 15 février 1867, que la mention, dans une déclaration de succession, d'un testament portant legs en propriété et en usufruit, et dont il n'est fait usage que pour l'acquittement du droit sur la propriété, ne peut servir au légataire en usufruit pour invoquer la prescription biennale (18413 J. E.);

3° Qu'on ne peut conclure de la déclaration d'une succession par l'usufruitier à l'omission dans cette déclaration de la nue-propriété qui n'avait pas été déclarée par le nue-propriétaire. Le délai de cinq ans (dix ans) et non celui de trois (cinq ans) est seul applicable au nu-propriétaire en retard (Narbonne 31 août 1846, 14333-1 J. E.);

4° Et que la déclaration faite par le légataire universel dans laquelle il n'a point compris une créance faisant l'objet d'un legs particulier ne peut dénaturer la perception attachée à la déclaration de ce dernier. Ce n'est pas d'une omission prescriptible par cinq ans qu'il s'agit; la seule prescription à invoquer est celle de dix ans (Saint-Étienne 12 nov. 1851, 15386 J. E., 14592 J. N.).

Cependant, un arrêt de Cass. du 5 septembre 1860 a décidé que l'art. 61 L. 22 frimaire an 7, en établissant la prescription quinquennale, supposait qu'il n'y avait pas eu de succession légalement déclarée; d'où il suit que cette prescription n'était pas applicable à l'hypothèse d'une succession légalement déclarée par des héritiers non successibles et revendiquée ultérieurement par ceux auxquels elle était réellement échue (*V.* 13008). Mais il faut remarquer que, dans l'espèce, le droit avait été perçu déjà sur les valeurs héréditaires. Il s'agissait simplement d'une rectification de perception et l'action du Trésor échappait naturellement à la prescription spéciale des successions non déclarées.

L'héritier commet une omission lorsqu'il ne déclare pas qu'un legs n'est payable qu'à son décès sans intérêt. L'usufruit est omis (Soissons 15 déc. 1875, 4381 R. P.). — *V.* 16768.

Il en est de même si un légataire ne déclare qu'un des deux legs faits à son profit (Sol. 20 janv. 1873).

**16918. Renonciation à communauté.** — Nous avons vu, au n° 16321, que, quand la veuve renonce à la communauté après la déclaration de succession du mari, il est dû un supplément de droit sur les biens qui rentrent dans l'hérédité. Le tribunal de la Seine a jugé avec raison, le 30 mai 1868, que ces droits complémentaires ne constituaient pas une insuffisance de perception sujette à la prescription biennale. C'est une véritable succession non déclarée, se prescrivant par dix années. Une décision semblable a été rendue par le tribunal de Bazas, le 15 janvier 1873.

## CHAPITRE III. — PREUVES DES INSUFFISANCES ET DES OMISSIONS

[16919-16959]

### SECTION PREMIÈRE. — DISPOSITIONS GÉNÉRALES

[16919-16940]

**16919. Principe.** — L'Administration ne peut pas provoquer l'expertise pour constater la valeur réelle des objets mobiliers transmis à titre gratuit ou à titre onéreux, mais elle peut établir l'insuffisance par toutes les justifications compatibles avec l'économie de la procédure fiscale.—V. *Expertise.*

La loi du 23 juin 1875, art. 3, décide même que la valeur des biens meubles (autres que créances, actions, etc.) résultera légalement des inventaires et autres actes passés dans les deux ans du décès. — *V.* 16880.

**16920. Preuve testimoniale.** — La jurisprudence a interdit l'emploi de la preuve testimoniale, soit au Trésor pour établir l'erreur des déclarations (Cass. 27 fév. 1860, S. 60-1-473, 2185-4 I. G., 1284 R. P.), soit aux parties pour détruire l'apparence de propriété existant au profit du défunt (Cass., 19 mars 1862, S. 62-1-537, 2234 I. G., 1600 R. P.).

*Arrêt du* 27 *février* 1860 : — « Vu les art. 65 et 39 L. 22 frimaire an 7 ; attendu que cette loi, qui, pour la liquidation et la perception du droit proportionnel, a indiqué dans divers articles, et notamment dans les art. 12, 13, 17, 18 et 19, le mode de preuves qu'elle admet pour constater les mutations qu'elle prévoit et déterminer la valeur des immeubles transmis, dispose dans son art. 14 n° 8 que, pour les transmissions entre-vifs à titre gratuit de biens meubles, et pour celles qui s'opèrent par décès, la valeur est déterminée par la déclaration des parties sans distraction des charges, et que la même disposition est renouvelée par l'art. 27, exigeant, à défaut d'inventaire, une déclaration détaillée et estimative des parties ; mais que nulle part la loi fiscale n'indique ni ne suppose que la preuve testimoniale puisse être admise pour déterminer cette valeur et suppléer aux omissions qui pourraient être faites ; attendu qu'il ne résulte pas de l'art. 39 de la loi précitée, qui prévoit et punit du double droit les « omissions reconnues et les insuffisances constatées » dans les déclarations, que pour les établir on puisse recourir à la preuve testimoniale; que les expressions mêmes de la loi, sainement entendues, démontrent que dans sa pensée elle s'est référée à un état de choses où la preuve des omissions ou insuffisances résulterait des actes émanés des parties elles-mêmes, ou d'autres actes et faits constants au procès qui leur seraient opposables; attendu, en effet, que sans doute la loi fiscale a voulu que la Régie pût contrôler et réprimer les déclarations fausses ou incomplètes des parties; mais, quand il s'agit de valeurs mobilières qui ne sont pas soumises à l'expertise, l'élément de preuve en harmonie avec l'esprit de la loi doit reposer sur des faits et des actes parvenus à la connaissance de la Régie, et propres à établir juridiquement les insuffisances ou omissions qu'elle allègue, tels que partages, transactions, inventaires, liquidations, répertoires de notaires et autres actes soumis à la formalité par la loi ; et qu'il n'a pas été dans l'intention de la loi, pas plus qu'il n'est dans son texte de permettre à la Régie de se livrer à des recherches des forces mobilières des successions par voie d'enquêtes, et de pénétrer ainsi dans l'intérieur et le secret des familles à l'aide de preuves testimoniales toujours dangereuses et de nature à y jeter l'inquiétude et le trouble ; attendu, enfin, que ce mode de preuve et la procédure qu'il comporte sont incompatibles avec l'économie de la loi fiscale et avec les formes prescrites en cette matière par les art. 65 L. 22 frimaire an 7 et 17 L. 27 ventôse an 9, auxquels il n'a été fait exception que dans des cas particuliers, dans lesquels ne rentrent pas ceux sur lesquels a statué la loi du 22 frimaire an 7. »

*Arrêt du* 19 *mars* 1862 : — « Attendu que le jugement a déclaré qu'en cette matière les tribunaux sont maîtres de fonder leurs décisions sur la simple appréciation de circonstances graves, précises et concordantes, et qu'en conséquence il a admis la défenderesse à prouver par témoins que les créances indiquées n'étaient plus dues au moment du décès de son mari ; mais attendu que cette dernière disposition, quelle que soit d'ailleurs la valeur juridique des solutions qui précèdent, et sans rien préjuger à cet égard, a pour effet, à tous les points de vue et dans toutes les hypothèses, d'introduire dans la cause un germe de preuve en opposition directe avec les prescriptions soit des art. 65 L. 22 frimaire an 7 et 17 L. 27 ventôse an 9, soit même de l'art. 1341 C. C. ; doù il suit qu'en ordonnant, en l'état des faits, la preuve offerte par la défenderesse, le tribunal civil de Vouziers a formellement violé ces articles. »

**16921. Serment. — Interrogatoire.** — Il y est également établi que l'Administration ne peut agir contre le débiteur ni par la délation du serment, ni par l'interrogatoire sur faits et articles.

**16922. Présomptions. — Aveu. — Preuve littérale.** — Mais, en dehors de ces prohibitions, le droit commun reprend son empire et l'Administration est fondée à invoquer les présomptions graves, l'aveu ou la preuve littérale pour en faire résulter l'insuffisance ou l'omission qu'elle allègue.

Nous avons spécialement examiné la question au sujet des présomptions, au chapitre de l'*Expertise.* Ajoutons seulement ici que ces présomptions ont été admises par le tribunal de Versailles, le 22 avril 1858, pour reconnaître l'existence de deniers comptants dans une succession (11343 C., 16736 J. E.), et par le tribunal de Cambrai, le 17 août 1853, pour constater l'insuffisance dans l'évaluation de meubles héréditaires (15740 J. E.). — *Conf.* : Boulogne 29 juin 1874, 3867 R. P. ; — Valenciennes, 17 août 1876, 4494 R. P. ; — Neufchâtel, 17 janv. 1877). — *V.* 8531.

Quant à l'aveu et à la preuve littérale, aucun doute sérieux ne saurait s'élever sur le droit qui appartient à l'Administration de les invoquer. Mais c'est à la condition, bien entendu, que ces modes de preuves seront opposables aux parties et justifieront complétement l'insuffisance ou l'omission. Chaque espèce offre à cet égard des particularités qui font varier la solution. Nous ne pouvons que grouper ici, à titre d'exemples, les diverses hypothèses soumises à la jurisprudence.

**16923. Acte de notoriété.** — Un acte de notoriété à l'effet de constater le revenu des biens destinés à former un majorat ne peut pas servir de preuve d'une insuffisance dans la déclaration du revenu des mêmes biens pour le payement des droits de mutation par décès; il fait seulement naître la présomption d'une fausse évaluation, parce que l'intention du Gouvernement, dans l'institution des majorats, est que les immeubles dont ils se composent produisent réellement le re enu nécessaire. C'est le casde requérir l'expertise (D. m. f. 10 avr. 1810, 3795 J.E.).

**16924. Actions et obligations non cotées.** — Pour établir l'insuffisance dans l'évaluation des actions ou des obligations non cotées à la Bourse, l'Administration peut invoquer les déclarations souscrites à une époque rapprochée du décès par le défunt ou ses représentants pour l'acquit du droit de mutation créé par la loi du 23 juin 1857. Le tribunal qui refuse d'accepter ces moyens de preuve ne doit pas s'en tenir sur ce point à des allégations sans précision, à de simples probabilités ou à des affirmations ne reposant sur aucune preuve (Cass. 10 fév. 1864, 1874 R.P., 2288 § 5 I. G., 12606 C., 17935 J.N., 772 Rev., S. 64-1-135).

Attendu, porte l'arrêt du 10 février 1864, que les actions de *l'Illustration*, estimées à 700 francs chacune par les représentants de J.-B. Paulin, le 1er mai 1860, avaient été vendues par eux, cinq jours auparavant, le 25 avril, à Marc et à Mœndel, que Lechevalier, liquidateur de la société de *l'Illustration*, a, le 20 juillet 1860, déclaré à l'Administration de l'enregistrement, pour la perception du droit de transfert, que la valeur des actions vendues était de 2,500 francs; que l'Administration de l'enregistrement n'ayant pas voulu s'en tenir à cette déclaration du vendeur Lechevalier, l'acquéreur Marc a, par une soumission du 8 août 1860, reconnu qu'en réalité la vente a été faite au prix de 4,000 francs par action et consenti à payer le droit sur ce prix; que, pour corroborer ces documents, la Régie invoque: 1° l'acte constitutif de la société, qui attribue à chaque action une valeur de 2,500 francs; — 2° une déclaration de J.-B. Paulin lui-même, qui, le 9 avril 1858, dix-huit mois avant sa mort, obtempérant aux prescriptions de la loi du 28 mai 1857, avait estimé à 4,000 francs les actions de *l'Illustration*; — 3° un nouvel acte de société, en date du 11 mai 1860, acte auquel ont adhéré les représentants de J.-B. Paulin, et dans lequel une valeur bien plus grande est attribuée aux actions; attendu que, de l'ensemble de ces actes, l'Administration de l'enregistrement concluait que les actions de *l'Illustration* valaient plus de 700 francs, et que la déclaration des défendeurs est insuffisante; que, pour écarter les documents produits par la Régie, le jugement attaqué se fonde sur ce que ces pièces n'émanent pas directement des défendeurs; mais, étant souscrites par Paulin, leur auteur, ou faites, conformément aux prescriptions de la loi, soit par le liquidateur de l'ancienne société de *l'Illustration*, soit par l'acquéreur des actions devenu gérant de la société nouvelle, ces pièces étaient opposables aux représentants de J.-B. Paulin; que le jugement attaqué ajoute que les documents invoqués par l'Administration de l'enregistrement sont ou antérieurs ou postérieurs au décès; que la valeur des actions d'un journal est essentiellement variable; que la mort du gérant avait nécessairement causé une certaine dépréciation des actions de *l'Illustration*, et qu'elles ont pu se relever bientôt après par diverses circonstances; attendu, qu'il appartenait sans doute aux juges de rechercher si la valeur des actions avait en effet varié entre la date du décès et celle des pièces produites, et dans quelle proportion cette valeur avait été amoindrie par la mort du gérant; mais qu'il appartenait aussi à la Cour de cassation de vérifier, en matière d'enregistrement, les bases de la décision; et attendu que le tribunal s'en est tenu sur ce point à des allégations sans précision, à de simples probabilités, à des affirmations qui ne reposent sur aucune preuve; attendu, dès lors, qu'il ne suffisait plus de dire, pour rejeter les pièces produites, qu'elles ne sont pas du jour même du décès, et qu'ainsi les pièces ont été écartées sans cause légitime » (*Conf.* : Seine 8 janv. 1858, 16707 J.E.). — *V.* 8530.

On peut invoquer aussi les énonciations de l'inventaire établissant le produit réel des biens (Versailles 15 mars 1870, 3112 R.P.); — ou encore les mentions d'une cession ou d'une liquidation ultérieure faisant connaître la valeur exacte de l'intérêt (Seine 13 fév. 1869, 2994 R.P.); — pourvu que les documents invoqués représentent la valeur normale des titres et que ces titres n'aient pas été dépréciés depuis par quelque circonstance particulière à la société ou par un événement tel qu'une crise commerciale générale (Beauvais 10 mars 1874).

Il a été jugé, dans le même ordre d'idées, que, pour établir l'insuffisance d'évaluation de valeurs industrielles comprises dans une donation, l'Administration peut se servir soit des actes des parties ou de leurs ayants cause, soit même de présomptions tirées de faits constants au procès et d'actes parvenus régulièrement à sa connaissance. Cette preuve résulte notamment de ce que, pour établir l'égalité des abandonnements entre les donataires, les valeurs industrielles ont dû être estimées à un chiffre supérieur à celui de la déclaration (Lure 9 janv. 1873, 3764 R. P.), ou des taux auxquels ces valeurs ont été cotées peu après le décès (Seine 28 août 1875, 4279 R. P.).

La vente ne peut pas servir de preuve si l'augmentation provient d'événements survenus depuis le décès (St-Etienne, 23 mai 1877, 4730 R. P.).

**16925. Aveu.** — La déclaration par laquelle un des héritiers fait connaître l'importance des valeurs qu'il a recueillies dans la succession du défunt constitue évidemment le moyen de contrôle le plus indiscutable des énonciations qui ont servi de base au payement des droits de mutation par décès. L'aveu est, en effet, comme l'appellent les docteurs, *probatio probatissima*, c'est-à-dire la meilleure de toutes les preuves.

En principe, l'aveu est personnel à son auteur et ne saurait être opposé à celui qui y est resté étranger. Ainsi, pour établir l'insuffisance dans des actions industrielles, l'Administration se servirait inutilement de l'évaluation fournie, pour l'acquit du droit de transmission établi par la loi de 1857, par un tiers qui n'avait ni intérêt ni qualité pour le faire (Cass. 10 fév. 1864, *arrêt rapporté* n° 16924).

Cependant, comme il s'agit uniquement dans l'espèce d'apprécier s'il y a une présomption suffisante en faveur de l'existence de la créance, les tribunaux ont le droit de s'emparer des termes d'un aveu fait dans des circonstances caractéristiques pour en induire la preuve de l'omission.

Ainsi il a été jugé que l'existence d'une créance omise dans une déclaration de succession peut être prouvée par l'aveu du débiteur, quand même cet aveu n'aurait pas été accepté par le créancier ou son représentant. « Attendu que l'Administration était fondée à s'autoriser de ces actes pour réclamer les droits de succession et le droit en sus à raison de la créance non comprise dans la déclaration du 20 novembre 1866 ; qu'à la vérité ces actes sont étrangers à la créancière et à son légataire, qui n'y ont pas été parties et ne s'en sont pas approprié les déclarations ; mais qu'il ne s'agissait pas pour l'Administration de faire la preuve complète de l'obligation intervenue entre la créancière et le débiteur ; qu'elle avait seulement à établir que l'obligation existante au moment du décès de la créancière dépendait réellement de la succession de celle-ci, et que lesdits actes constants au procès fournissaient cette preuve » (Cass. 16 nov. 1870, 3225 R. P., 2420-3 I. G., B. 180, S. 70-1-404, D. 71-1-233, P. 70-1039. — *Contrà* Cognac 12 janv. 1864, 1887 R. P. ; — 5 août 1868, 3013 R. P.). — V. 16933-2.

Mais on a refusé d'attribuer le même caractère à la délibération d'un conseil de famille autorisant le tuteur à vendre des biens pour payer une somme due à un créancier décédé. « Un tel acte n'était pas de nature à constituer une preuve, car la reconnaissance n'a pas été faite dans l'intention de donner un titre au créancier ; il n'est obligatoire ni pour ceux qui l'ont fait, ni pour le mineur, que le tuteur n'avait pas qualité pour obliger » (Dinant 26 avr. 1872, 11907 J. E. belge).

Le principe de la personnalité de l'aveu s'applique non-seulement quand l'auteur de l'aveu est un tiers, mais encore quand c'est un cohéritier. Le contraire a été cependant plusieurs fois reconnu. « Tous les cohéritiers, porte un jugement du tribunal d'Angers, du 7 janvier 1874, d'un même défunt étant réputés débiteurs solidaires vis-à-vis de l'Enregistrement, tout acte authentique, tout fait public émané de l'un d'eux touchant la succession, s'il a lieu dans les délais de la présomption, peut être opposé comme preuve de fraude au cohéritier que l'Administration choisit dans ses poursuites ; les cohéritiers forment en quelque sorte une même personne morale dont chaque membre peut créer une responsabilité pour les autres. »

Mais c'est là, à notre avis, une erreur certaine. Les cohéritiers, comme tous les débiteurs solidaires, sont les représentants les uns des autres pour améliorer leur situation, mais non pas pour l'aggraver. C'est un principe fondamental en matière d'obligation solidaire. Or, cette règle de droit commun n'a pas été modifiée par la loi fiscale, qui se borne à établir la solidarité, et qui en laisse nécessairement les effets sous l'application du droit commun. Aussi croyons-nous que l'aveu d'un cohéritier ne peut être opposé à son cohéritier qui n'y a pas participé.

1. ÉTENDUE DE L'AVEU. — Le caractère personnel de l'aveu ne s'oppose pas d'ailleurs à ce que l'Administration en tire, au regard de celui qui l'a fait, toutes les conséquences légales qu'il comporte. Si deux héritiers ont recueilli *ab intestat* la succession de leur père et que l'un fournisse l'évaluation de sa part, il détermine virtuellement par là l'importance totale de l'hoirie ; car, dire que la moitié d'une somme est de 10,000 francs, c'est manifestement avouer que cette somme est de 20,000 francs. On n'exagère point en cela la portée de l'aveu, on en précise seulement les effets.

C'est donc à tort, selon nous, que, dans un cas pareil, le tribunal de Bar-le-Duc, en accueillant la première partie de la demande, a repoussé la seconde (15 avr. 1863, 1887 R. P., 17874 J. N., 17765 J. E.). — V. 16929 *bis*.

Le tribunal de Lille a fait une plus saine application des principes, en décidant, le 6 décembre 1872, que l'énonciation d'un inventaire dressé au décès d'un cohéritier par laquelle le tuteur fixe, en présence du subrogé-tuteur, la part recueillie par le défunt dans la succession de l'auteur commun, prouve l'importance totale de cette succession et permet de réclamer au tuteur la totalité des droits exigibles sur les valeurs omises (3610 R. P.).

Décidé de même que la cession de droits successifs faite par un des cohéritiers suffit à établir l'existence d'une insuffisance ou d'une omission et détermine non-seulement l'importance de la part du cédant, mais celle de la succession entière et est applicable ainsi aux cohéritiers qui n'y ont pas figuré (Boulogne 8 juill. 1870, 3578 R. P.).

2. INTERROGATOIRE. — Il importe peu dans quel acte se rencontre l'aveu. Ainsi, par exemple, l'omission est suffisamment établie par l'aveu du légataire universel consigné dans un interrogatoire sur faits et articles et constatant qu'il avait fait offrir une certaine somme aux héritiers légitimes pour leur part dans la succession. « Attendu que si, pour éviter des recherches qui pourraient devenir vexatoires pour les familles, l'Administration de l'enregistrement n'est pas admissible à prouver par témoins et par présomption la fausseté des déclarations de successions mobilières, elle a incontestablement le droit d'en chercher la preuve dans tous les actes qui peuvent arriver à sa connaissance tels que partages, transactions, inventaires, liquidations, répertoires des notaires, et tous autres actes écrits soumis à l'enregistrement ; qu'il n'y a ni raison, ni prétexte pour ne point l'admettre à chercher la preuve de la fausse déclaration dans l'aveu fait en justice et consigné par écrit dans un procès-verbal authentique ; qu'il importe peu d'ailleurs que cet aveu ait été fait dans une instance à laquelle la Régie était étrangère, puisque cette Administration est presque toujours étrangère aux actes dans lesquels elle a incontestablement le droit de puiser la preuve nécessaire pour assurer l'exacte rentrée de l'impôt. (Cass. 27 mai 1868, 2710 R. P., 19302 J. N., 14177 C., 2372-1 I. G., S. 68-1-367, P. 68-942. — *Conf.* : Château-Thierry 2 fév. 1867, 2524 R. P., 18359 J. E.).

**16926. Baux courants.** — On a vu, au mot *Expertise*, que le bail courant était le seul mode d'évaluation qu'admet la loi. Toutes les fois donc que des baux courants existeront et que les parties les auront écartés pour faire une évaluation arbitraire, l'Administration pourra prouver l'insuffisance et la réprimer par la seule justification de ces baux courants.

1. EXIGIBILITÉ DU DOUBLE DROIT. — En ce sens, la Cour suprême a cassé, le 22 messidor an 2 (9800 J. E.), un

jugement qui avait décidé que la différence entre l'estimation donnée aux biens dans une déclaration de succession et le prix du bail courant ne donnait pas ouverture au double droit, et que cette peine n'était exigible que pour les excédants de valeur résultant de l'expertise.

« Considérant que l'insuffisance de la déclaration des défendeurs, qui n'ont porté qu'à 750 francs le revenu des domaines dont il s'agit au procès, est constatée par le bail notarié de frimaire an 7, dans lequel ces mêmes domaines sont affermés 1,352 francs ; qu'elle est reconnue de la manière la plus formelle par le jugement attaqué, lequel, après avoir, dans son premier considérant, cité la disposition ci-dessus rapportée de l'art. 15 L. 22 frimaire an 7, et en avoir tiré cette conséquence que la Régie était autorisée à évaluer les biens d'après les baux, lorsqu'il en existe, et avoir ajouté que ce mode se concilie avec l'intérêt de l'État, a, par son dispositif, condamné les défendeurs à payer les droits non sur le pied de 15,000 francs, valeur desdits domaines, d'après leur déclaration, mais à raison de 27,040 francs, formant le capital au denier 20 de la redevance stipulée dans le bail à ferme de l'an 7; que la distinction faite par le tribunal de Nontron entre l'insuffisance qui ne donne lieu qu'au payement du droit simple de la quotité dont la valeur de l'immeuble, d'après l'estimation de la Régie, excède la valeur exprimée dans la déclaration du redevable, et l'insuffisance qui est punie de la peine du double droit, loin d'être appuyée sur quelque loi, est au contraire évidemment prescrite par celle du 22 frimaire an 7, dont l'art. 39 prononce d'une manière générale, et sans aucune restriction, la peine du double droit pour les insuffisances constatées dans les estimations des biens déclarés; qu'il y a conséquemment violation manifeste de cette disposition de la loi dans le jugement par lequel le tribunal de Nontron s'est permis de soustraire les défendeurs à la peine du double droit et de ne les condamner qu'au payement du droit simple.»

**16927. Bilan.** — Si l'Administration acquérait, par le dépôt au greffe du bilan d'un négociant, la preuve que le défunt avait sur le failli des créances qui n'ont pas été déclarées, il y aurait incontestablement lieu de réclamer un double droit.

**16928. Cession de droits successifs. — Partage.** — Les cessions de droits successifs peuvent quelquefois servir à constater des insuffisances ou des omissions quand elles s'appliquent à des valeurs mobilières et qu'il existe entre l'estimation de la déclaration de succession et le prix stipulé une différence qui ne peut s'expliquer par l'augmentation normale ou accidentelle des biens meubles.

D'après ce principe, une omission a été reconnue exister dans une déclaration de succession dans laquelle les valeurs mobilières n'avaient été portées qu'à 5,000 francs, tandis que postérieurement deux des cohéritiers avaient vendu au troisième leurs droits dans ces mêmes valeurs, moyennant 28,000 francs (14043-7 J. E.).

Toutefois, la cession perdrait son effet s'il était constaté que les héritiers y ont compris des valeurs qui ne dépendaient pas de la succession et qu'ils s'imaginaient alors en faire partie (17575 J. E.).

Dans tous les cas, quand il s'agit d'immeubles, la détermination de la valeur vénale ne saurait servir de base à aucune réclamation, puisque le droit de succession se perçoit sur le capital du revenu (17452 J. E.).

La preuve de l'omission et de l'insuffisance d'estimation des valeurs mobilières résulte suffisamment d'une liquidation constatant que la *réalisation* de ces valeurs a produit une somme supérieure à celle déclarée. Le droit en sus est dû sur les valeurs omises et le droit simple sur l'insuffisance (Seine 22 déc. 1856).

Par application du même principe, mais dans l'hypothèse inverse, il a été reconnu : 1° que s'il résulte d'un partage ou d'une déclaration de succession que le prix pour lequel un des héritiers a cédé sa part dans les valeurs mobilières de la succession est inférieur à la valeur brute de cette part, un supplément de droit est exigible (Seine 22 juin 1842, 13027 J. E.);

2° Que l'évaluation donnée dans un partage à des valeurs mobilières comprises dans une donation antérieure peut servir de contrôle à celle portée dans l'acte de donation, et rendre exigible un supplément de droit si cette évaluation est supérieure à celle de l'acte de donation (Mantes 14 août 1840, 12573 J. E.);

3° Que quand un partage homologué en justice fixe le montant des valeurs d'une succession à une somme excédant celle qui a été déclarée, l'omission est constante (Châtillon-sur-Seine, 28 avr. 1868; le droit peut même être réclamé avant que l'homologation soit devenue définitive (Le Mans, 16 mai 1872; — Vienne, 29 juill. 1875);

4° Que la cession de droits successifs par un héritier à son cohéritier, pour un prix supérieur à celui de la déclaration, peut prouver qu'il y a eu omission de valeurs dans la déclaration faite postérieurement (Boulogne-sur-Mer, 8 juill. 1870, 3578 R. P.; — Hazebrouck, 29 déc. 1876; — Yvetot, 31 mars 1877; — Neufchâtel, 17 janv. 1877);

5° Qu'il en est ainsi notamment quand les héritiers d'une femme cèdent au mari de celle-ci, et donataire en usufruit, tous les droits successifs leur appartenant dans la succession purement mobilière de la défunte, y compris les reprises que du chef de cette dame ladite succession aurait à exercer contre le cessionnaire, moyennant l'abandon fait par le mari auxdits héritiers d'une créance montant en principal à 1,975 francs et des intérêts échus, créance résultant d'actes passés devant notaire, et faisant partie des valeurs composant la communauté d'acquêts à laquelle les héritiers avaient précédemment renoncé, et qui, d'après l'inventaire, s'élevaient à la somme de 8,412 francs; alors que lesdits héritiers faisaient une déclaration de succession d'après laquelle les droits mobiliers par eux recueillis étaient d'une valeur de 980 francs seulement, chiffre composé du montant des reprises à exercer contre le mari, lesquelles ne formaient, d'après l'acte de cession, qu'une partie des droits cédés. — Le tribunal a été fondé à déclarer qu'il résultait dudit acte de cession la preuve que la déclaration de succession était incomplète et qu'il y avait eu omission des valeurs recueillies (Cass. 21 mai 1873, 3649 R. P., 20681 J.N., 2472-5 I. G., S. 73-1-477).

Dans cette dernière affaire, l'Administration avait estimé l'usufruit à la moitié de la valeur entière de la propriété, selon la règle de la loi du 22 frimaire an 7. Mais ce procédé n'était pas juridique. La détermination de la valeur de l'usufruit, telle qu'elle résulte de la loi de l'an 7, est spéciale à la perception du droit d'enregistrement sur cet usufruit. Entre les parties, la valeur de la jouissance doit être fixée d'après les circonstances, l'âge et la santé de l'usufruitier, et non pas d'après la moyenne fiscale. C'est un point de droit aujourd'hui hors de doute (Demolombe *Usuf.* t. 2 n° 227 *bis* et *Don.* t. 6 n° 547, Regneir *Quest. sup.* p. 14, Proudhon t. 1er n° 364, Toullier t. 5 n° 142, Duranton t. 4 n° 632, Benech *Quest. sup.* p. 377, Troplong *Donat.* t. 2 n° 975, Aubry et Rau t. 5 n° 684 *bis*; — Cass. 7 janv. 1824, S. 1833-1-506; — Grenoble 8 mars 1851, S. 1851-2-516; — Douai 14 juin 1852, S. 1853-1-353; — Orléans 7 janv. 1860, S. 1860-2-225; — Paris 10 déc. 1864 et Agen 16 déc. 1864, S. 1865-2-25; — Cass. 28 mars 1866, S. 1866-1-217; — Toulouse 20 déc. 1871, S. 1872-2-97; — Caen 3 mai 1873). Or, dans l'espèce actuelle, il ne s'agit pas de régler directement la perception du droit proportionnel sur la cession de l'usufruit. Si cette fixation était nécessitée, comme pour les indemnités résultant des réversions de rentes viagères (n° 2479 R. P.), par la liquidation même du droit applicable à la déclaration de succession, on aurait un motif d'invoquer le principe particulier de la loi fiscale. Mais ici la liquidation du droit sur la déclaration n'est pas en cause. Il s'agit uniquement d'apprécier, en dehors de cette déclaration, l'importance réelle du patrimoine héréditaire. C'est là, ce semble, une question de droit commun qui échappe à la réglementation fiscale, et qui doit être résolue par les règles de la loi civile. L'évaluation de l'usufruit à la moitié de la valeur de la propriété ne peut donc pas, dans ces circonstances, constituer un mode légal d'estimation imposé aux parties : ce n'est qu'une présomption ou une approximation provisoire dont les tribunaux et les parties ont le droit de discuter l'exactitude. Aussi la Cour s'est-elle bornée à condamner les héritiers à souscrire une déclaration supplémentaire et l'Administration, en transmettant l'arrêt comme règle de perception, a-t-elle eu soin d'exprimer que l'évaluation de l'usufruit n'avait été faite qu'approximativement.

**16929. Compte.** — La réception par le mandataire de deniers appartenant au mandant ne prouve pas l'existence d'un reliquat actif au profit de ce dernier, parce que tant que le compte n'est pas rendu, le mandataire a pu faire des dépenses qui l'ont mis en avance et que la balance peut se trouver maintenant en sa faveur lors du décès (Saint-Omer 27 août 1863, 1841 R. P., 797 Rev., 12727 C.).

Décidé de même que l'Administration ne peut obliger un héritier qui a été mandataire du défunt, à défaut de représentation des quittances des sommes qu'il a touchées, à comprendre ces sommes dans la déclaration de succession (Sol. 18 juin 1812, 1037 J. N.).

L'importance des valeurs mobilières dépendant d'une succession est suffisamment établie, pour la perception du double droit d'omission, par un jugement constatant que le mandataire chargé de la liquidation a effectué des recettes s'élevant à un chiffre déterminé (Seine 8 juill. 1871, 3446 R. P.).

V. 16940 *in fine*.

**16929** *bis*. **Contrat de mariage. — Donation.** — Lorsque les héritiers d'un architecte ont compris dans la déclaration de succession la moitié d'un mobilier de bureau détaillé dans un état annexé, puis que l'un des deux héritiers fait apport en mariage de ses droits dans le cabinet de son auteur composé du mobilier déclaré, d'une bibliothèque et de diverses créances évaluées ensemble à une certaine somme et que la veuve du défunt fait donation au futur de l'autre moitié de ce cabinet estimé à la même valeur, cet apport et la donation qui le suit peuvent servir à constater contre les héritiers les insuffisances ou omissions commises dans la déclaration de succession (Seine 19 juill. 1873, 3802 R. P.).

Le tribunal avait le droit d'apprécier la valeur des preuves qui lui étaient soumises, mais comme les aveux émanaient d'un des héritiers, l'autre héritier aurait pu demander sa mise hors de cause, ainsi qu'il est établi *suprà* n° 16925. La question n'a pas été soulevée.

**16930. Créance exigible après le décès. — Présomption.** — On a vivement controversé la question de savoir si la circonstance qu'une créance appartenant au défunt n'était pas encore exigible lors de son décès suffit pour prouver l'existence de cette obligation et astreindre les héritiers à la déclarer.

Un certain nombre de tribunaux ont adopté la négative par le motif que le terme d'exigibilité était une présomption insuffisante ne dispensant pas l'Administration d'établir que la dette n'avait pas été soldée (Briey 19 août 1857; — Verdun (Meuse) 26 août 1856; — Lannion 13 mars 1855; — Cognac 25 août 1856; — Mirecourt 9 déc. 1864, 2073 R.P., 12966 C., 18222 J. N., 1257 Rev.).

Ces décisions ne nous ont pas paru fondées et nous avons pensé, au contraire, que le terme d'exigibilité d'une obligation est d'un grand poids pour savoir, à défaut d'autres preuves, si la dette est soldée. Celui, en effet, qui a terme, ne saurait être contraint au payement avant l'échéance de sa promesse. La concession de ce délai est l'une des conditions de l'engagement primitif : elle constitue pour le redevable un avantage inséparable de l'obligation même; et lorsqu'il veut bien se libérer auparavant, c'est parce qu'il renonce au bénéfice du terme. Or, on ne peut pas admettre de plein droit que le débiteur ait consenti à cette renonciation, c'est-à-dire ait abdiqué un des priviléges de sa dette afin de rendre sa condition plus mauvaise. Ainsi que l'enseigne M. Dalloz, v° *Oblig.* n° 1281 : « quoique le débiteur puisse en règle générale, renoncer au bénéfice du terme, la renonciation de sa part ne peut pas se présumer. » Par conséquent, il faut, pour apprécier la situation des parties à un moment donné, suivre les inductions qui résultent de l'acte obligatoire, et croire que le débiteur ne s'est pas encore libéré si la créance n'est pas échue.

Cette présomption a souvent produit, en matière civile, d'importants résultats. — Il a été jugé, par exemple, que, si le débiteur se place volontairement en dehors des conditions de son engagement, s'il en modifie les termes en se libérant avant l'échéance et par anticipation, c'est à lui à justifier ce fait contre les tiers qui invoquent l'époque d'exigibilité pour établir l'existence de la créance; et il doit se munir à cet effet d'une preuve qui ne puisse laisser aucune incertitude sur la réalité du payement (Dalloz v° *Oblig.* 3910, Req. 22 fév. 1854, D. 54-1-188, S. 54-1-672). — La cour de Metz a également reconnu que, jusqu'à preuve contraire, l'échéance du terme était une présomption suffisante de libération, en sorte qu'un mari était censé avoir reçu des prix de vente appartenant à sa femme, si ces créances étaient devenues exigibles pendant la communauté (Arr. du 18 juill. 1820, Dalloz vº *Hypoth.* nº 2320).

Il a donc été admis, dans ces circonstances, que le terme d'exigibilité constituait, à défaut d'autres justifications, une présomption assez grave pour en faire résulter juridiquement l'existence ou l'extinction de la dette. La même conclusion était évidemment applicable aux droits d'enregistrement. Comme nous l'avons dit ailleurs, lorsque l'Administration prétend qu'une créance payable à tel terme existe encore alors que ce terme n'est pas arrivé, elle ne dérange rien à l'ordre préétabli, elle veut seulement faire suivre aux choses leurs cours normal et régulier. Sans doute, il peut arriver que le débiteur ait payé avant l'échéance, et c'est précisément parce que ce fait est possible qu'on lui permet de le prouver; mais c'est là l'exception, la dérogation à l'état normal et habituel. Or, on n'a pas besoin de prouver la règle contre l'exception. C'est l'exception qui doit être prouvée contre la règle. L'Administration est donc fondée à réclamer le droit de mutation sur les créances dont l'époque d'exigibilité est postérieure au décès de leur possesseur. Ce fait constitue une présomption qu'il appartient aux héritiers de détruire en prouvant la renonciation du débiteur au terme stipulé dans sa promesse; mais jusqu'à cette époque, l'Administration est fondée à suivre la loi que les parties se sont imposée dans leur engagement.

Cette doctrine, adoptée par un grand nombre de tribunaux (Colmar 6 mai 1851, 15207 J. E., 14441 J. N.; — Rethel 27 août 1852, 15528 J. E., 14913 J. N.; — Reims 28 déc. 1853, 1 R. P.; — Angoulême 28 déc. 1855, 16208 J. E.; — Montreuil 27 août 1856; — Mortain 6 juill. 1856, 16406 J. E.; — Bar-sur-Aube 12 fév. 1857, 809 R. P.; — Vouziers 15 mars 1860; — Châlons-sur-Saône 21 janv. 1860, 1307 R. P.; — Béziers 9 janv. 1861, 1492 R. P.; — Moissac 11 août 1863, 1879 R. P.; — Chinon 28 avr. 1866, 2327 R. P.; — Lille 9 juin 1866, 2584 R. P.), a été consacrée par deux arrêts de la Cour de cassation du 30 mars 1870, portant: « Attendu que les termes de payement stipulés font présumer que les créances étaient encore dues au moment du décès et que cette présomption de droit suffit pour infirmer la déclaration contraire des héritiers, sauf à ces derniers à fournir la preuve, dans les modes compatibles avec cette matière, que ces créances avaient été éteintes par des payements anticipés » (3091 R. P., 2402-7 I. G., B. 70, S. 70-1-319, D. 70-1-417, P. 70-800)[1].

*Conf.*: Grasse, 29 juill. 1874, 3946 R. P.; — Brioude, 19 mars 1873; — Boulogne, 9 juill. 1874; — Jonzac, 12 juin 1876.

1. PREUVE CONTRAIRE. — La jurisprudence réserve la preuve contraire aux parties. Ce n'est pas seulement la production des quittances qui peut servir à constater le payement. Il s'agit pour les héritiers de détruire une présomption, et ils le feront valablement au moyen des papiers domestiques du défunt. Ces documents servent chaque jour à justifier l'existence de reprises ou de récompenses comprises dans les déclarations de successions. Leur valeur est ici la même. Nul doute qu'un tribunal y puisse trouver une contradiction suffisante à apporter à la demande des droits de mutation.

A cet égard, il a été jugé que la preuve de la libération résultait suffisamment: 1º d'allégations *non contredites* par l'Administration (Moissac 11 août 1863, 1879 R. P.);

2º D'une simple quittance sous seing privé (Chalons-s.-Saône 21 janv. 1860, 1307 R. P., 16799 J. N., 11749 C., 17122 J. E.);

3º D'une cession sous seing privé antérieure au décès: « Attendu que l'Administration ne peut être considérée comme un tiers qui, aux termes de l'art. 1690 C. C., puisse se prévaloir du défaut de notification au débiteur ou d'acceptation par ce dernier: elle n'a jamais été créancière du défunt et son action est toute personnelle contre l'héritier (Béziers 9 janv. 1861, 1493 R. P., 17191 J. N., 12046 C., 91 Rev.);

4º Ou des circonstances décisives fondées sur la nature même des créances (Boulogne 13 déc. 1867, 2657 R. P.;

5º Ou des faits de la cause (Moissac 11 août 1863, 1879 R. P.);

6º Ou enfin de simples papiers domestiques (2073 R. P.) qui peuvent être produits sans enregistrement préalable (Mirecourt, 27 fév. 1874). — *V.* 16810.

Mais il est bien entendu, comme l'a reconnu le tribunal de Nérac, le 22 août 1873, que la preuve contraire ne résulterait pas de documents émanés de l'héritier, alors surtout que ces documents sont postérieurs au décès et même à la réclamation de l'Administration, — ni même d'une quittance du défunt si elle était frauduleuse (Gourdon, 1er juin 1876).

2. CIRCONSTANCES DIVERSES. — Si un frère a été constitué débiteur envers sa sœur décédée d'une soulte de partage, il ne peut pas alléguer, pour se dispenser de comprendre cette somme dans la déclaration de succession, que la défunte avait fait avant son décès des spéculations malheureuses dont rien ne justifie l'existence, alors surtout que le frère a consenti après le décès un supplément de pension à la mère commune (Chartres 23 mars 1859, 1146 R. P., 16632 J. N., 16960 J. E.).

Mais si le prix d'une vente d'immeubles a été payé entre les mains du mandataire du vendeur le jour même du décès de celui-ci, mais avant le décès, l'Administration, pour exiger

---

1. La Régie, a dit M. l'avocat général Blanche dans ses conclusions, motive sa demande sur les actes constitutifs de créance émanés du défunt dont les héritiers sont les représentants, et c'est en se fondant sur les stipulations de ces actes opposables aux parties qu'elle établit l'existence des valeurs omises. La base de son action est donc conforme à votre jurisprudence. Il appartient aux héritiers de la contredire en prouvant la libération anticipée des acquéreurs, mais c'est à eux à en rapporter la preuve d'après la règle: *reus excipiendo fit actor*, et la Régie, contre laquelle cette exception est dirigée, ne saurait être responsable des difficultés que l'héritier trouve à justifier son contredit. D'un autre côté, il ne faut pas dire que les présomptions ainsi basées sur des actes opposables aux parties ne sont point acceptables, parce que l'on est dans une matière où la preuve testimoniale n'est pas admissible. Car l'art. 1353 C. C., qui le déclare ainsi, réserve le cas de fraude, et nous supposons précisément ici qu'il s'agit de prouver une fraude à la loi de l'impôt. Quels sont maintenant les enseignements de la doctrine? Merlin, dont la défense a invoqué l'opinion (vº *Fraude* p. 387), ne dit pas dans ce passage un seul mot de la question. M. Garnier, qui écrivait en 1854, sous l'empire de l'arrêt du 24 mars 1846, s'est exprimé ainsi, au nº 13384 de son *Répertoire général*: « L'Administration peut faire la preuve des omissions d'après les règles du droit commun: c'est ce qui résulte de l'arrêt du 24 mars 1846... Pour notre compte, nous ne croyons pas que le Trésor ait intérêt à user dans toute sa plénitude du système des preuves de la loi civile. Mais nous ne voyons aucun des inconvénients que l'on signale souvent à se servir des présomptions; les présomptions n'étant que l'interprétation des faits extérieurs, le préposé ne sort pas du cadre de ses attributions en les employant pour réprimer la fraude » (3091 R. P.).

le payement des droits de mutation par décès, doit prouver qu'il faisait encore partie de l'actif du vendeur à l'heure même de son décès : le mandataire a pu payer avant la mort les créanciers chirographaires du défunt (Châlon-sur-Saône 21 janv. 1860, 1307 R. P., 16790 J. N., 11749 C., 17122 J. E.).

De même, lorsque la créance a pour objet des arrérages de rente viagère dus par des enfants à leur mère, le terme d'exigibilité n'est pas à lui seul une preuve suffisante de l'existence de la créance (Boulogne 13 déc. 1867, 2657 R. P., 19126 J. N., 18469 J. E., 14145 C.).

L'héritier d'une personne dont il avait été nommé conseil judiciaire, et au profit de laquelle il s'était reconnu débiteur d'une somme déterminée, ne peut se dispenser de comprendre cette somme dans la déclaration de succession, sous prétexte qu'il se serait libéré de cette créance par des payements successifs, faits pour subvenir aux besoins du défunt (Angoulême 28 déc. 1855, 16208 J. E.).

L'exigibilité postérieure au décès devient surtout une présomption de l'existence de la créance quand l'inscription prise pour sûreté de cette créance n'a pas été rayée (Cass. 30 mars 1870, *arrêt rapporté* 16930; — Lille, 9 juin 1866, 2584 R. P.; — Mons, 4 juill. 1874, 4883 R. P.).

Par application de la même doctrine, nous avons pensé que si une femme décédait avant l'expiration de l'année accordée à la succession pour le remboursement de ses reprises en argent, il y aurait lieu, jusqu'à preuve contraire, de comprendre cette créance dans la déclaration de succession.

3. PRÉSOMPTION DE PAYEMENT. — Mais le terme d'exigibilité ne constitue pas au même degré une présomption que le payement a eu lieu effectivement à cette époque. En effet, la différence est sensible. Dans le premier cas, la présomption s'appuie principalement sur ce qu'on n'admet pas que le débiteur a renoncé au bénéfice d'un terme qui est tout en sa faveur. Cet argument fait défaut dans la seconde hypothèse, puisque le débiteur a épuisé le délai tout entier du remboursement et qu'il s'agit d'établir qu'il ne l'a pas dépassé. D'ailleurs, quand on soutient que le débiteur ne s'est pas libéré avant terme, ce débiteur a toujours un moyen facile de prouver le contraire par la représentation de sa quittance ou la justification du payement. Comment établirait-il qu'il n'a pas payé sa dette à l'échéance? C'est là un fait négatif qui échappe à toute justification légale. Enfin la présomption que le débiteur a dû se libérer au jour dit est en soi d'une extrême fragilité. On sait qu'il n'est pas dans l'usage de s'en tenir rigoureusement à l'échéance et que sauf les cas exceptionnels le créancier ne reçoit son payement qu'après un délai plus ou moins long. Quelle autorité conserve donc la présomption du terme? Il a donc pu être décidé que l'Administration ne peut pas s'appuyer sur ce seul fait, pour établir qu'un père n'était plus, au jour du décès de son enfant, débiteur de la dot stipulée payable auparavant, et, par suite, refuser la déduction de cette dot de l'actif de la succession du constituant (Avranches 30 juill. 1870, 3402 R. P.); — ou pour justifier l'existence d'un rapport de l'enfant doté (Largentière 8 nov. 1870, 3402 R. P.).

4. QUITTANCE SIMULÉE. — Si l'héritier était débiteur envers le défunt d'une somme exigible après le décès, cette somme doit être comprise dans la déclaration de succession, bien que le débiteur représente une quittance émanée du défunt, si les circonstances démontrent que la quittance est simulée (Gourdon, 1er juin 1876, 4686 R. P.).

**10931. Débitants de boissons, poudres et tabacs.** — Lorsque le titulaire d'un débit de boissons, de poudres ou de tabacs décède, la situation des liquides ou des produits à vendre peut être facilement établie au vu des registres tenus par les agents des contributions indirectes. Ces documents officiels servent de preuve juridique de l'existence des meubles dont il s'agit (Cass. 8 juill. 1808, 17 avr. 1818, 29 avr. 1831).

D'ailleurs, en matière de boissons, aucune quantité de vins, d'alcools ou de produits similaires ne peut, d'après la législation actuelle, entrer dans une maison sans que le fait soit constaté par la Régie : en l'absence de tout acte de cette nature, il est donc certain que les héritiers n'ont pas introduit le liquide depuis le décès [1].

Aussi l'Administration a-t-elle reconnu que les préposés de l'enregistrement peuvent demander aux receveurs principaux des contributions indirectes, communication des renseignements contenus dans les registres portatifs, lorsque, à défaut d'inventaire, après le décès d'un assujetti, ils ont des motifs de soupçonner une omission de valeurs dans la déclaration de sa succession.

En ce qui concerne les tabacs et les poudres, les préposés qui désirent connaître l'importance de l'approvisionnement d'un habitant décédé, peuvent demander communication des livres qui en présentent la situation. C'est ce qui résulte d'une D. m. f. 23 avril 1855 (2039 I. G. 460 R. P.).

D'après les mêmes principes, il a été jugé que l'on peut prouver, au vu des portatifs ou des congés émanés des contributions indirectes, la quantité des vins existant dans la cave du défunt (Seine 4 juin 1859, 11013 C., 17055 J. E.; — Hazebrouck 13 fév. 1864, 1931 R. P., 12658 C., 17850 J. E.; — Seine 23 fév. 1867, 2507 R. P., 18404 J. E., 13267 C.; — Arbois 11 août 1866, 2583 R. P.).

Lorsque les bouilleurs de cru étaient assujettis à l'exercice, cette jurisprudence leur était naturellement applicable.

V. pour l'organisation des moyens de contrôle n° 4268 § 47 R. P.

1. VALEUR. — Il faut remarquer d'ailleurs que ces documents ne font pas foi de la valeur des liquides. Les mentions qui s'y rapportent sont destituées de toute force juridique et se réfèrent à une valeur fiscale (Sol. 20 fév. 1865, 18266 J. E.).

En ce qui concerne les débitants de tabacs et de poudres, ce n'est pas la poudre elle-même ni le tabac qui doivent être déclarés, car ces produits ne sont pas la propriété personnelle des débitants pas plus que le papier timbré confié aux débiteurs; mais ils représentent la somme qu'ils ont payée par

1. L'art. 61 L. 28 avril 1816, qui règle la situation, est ainsi conçu :

« Il est fait défense aux vendeurs en détail de receler des boissons dans leurs maisons ou ailleurs, et à tous propriétaires ou principaux locataires de laisser entrer chez eux des boissons appartenant aux débitants, sans qu'il y ait bail par acte authentique pour les caves, celliers, magasins et autres lieux où seront placées lesdites boissons. Toute communication intérieure entre les maisons des débitants et les maisons voisines est interdite, et les commis sont autorisés à exiger qu'elle soit scellée. »

Il a été spécialement décidé à cet égard que l'art. 61 L. 28 avril 1816 consacre une présomption légale en vertu de laquelle toute quantité de boissons existant dans une maison dont le débitant est propriétaire ou principal locataire et dans laquelle il exerce son commerce est censée lui appartenir, présomption qui ne peut être combattue par d'autre preuve que celle tirée d'un bail authentique, attribuant à un tiers la jouissance du local où la boisson a été trouvée (Metz 21 avr. 1869, 19749 J. N.).

avance au Trésor contre la livraison des objets, et c'est cette somme qui nous paraît passible du droit de succession.

Si le débitant est mort plusieurs semaines après la constatation des objets, l'omission n'est pas prouvée (Narbonne 3 déc. 1874, 4022 R. P. ; — Sol. 20 oct. 1875).

**16932. Déclaration de succession.** — La déclaration faite par le défunt d'une succession qu'il avait recueillie avant son décès ne suffit pas toujours pour établir qu'il possédait encore au moment de sa mort les valeurs comprises dans cette déclaration. Il faut se reporter pour cela aux distinctions que nous avons faites au n° 16705.

Voici un exemple dans lequel les principes ont été sainement appliqués.

La princesse de Salm-Salm a déclaré, le 2 novembre 1830, la succession du mineur Charles Enguerrand, dont elle est légataire universelle ; sa déclaration comprend un mobilier estimé 100 francs, et une créance de 7,325 francs ; mais cette déclaration a été attaquée comme incomplète, attendu que la succession du général Fournier, qui avait été recueillie par le défunt, se composait (suivant la déclaration faite le 17 nov. 1827), d'un mobilier et de créances montant à 151,553 fr. 55 cent. ; qu'elle n'était grevée que de 35,000 francs de dettes et legs ; et qu'ainsi on avait dû trouver dans celle du mineur Enguerrand un actif mobilier de 120,000 francs au moins, outre diverses autres sommes reçues par le tuteur, et montant ensemble à 66,576 fr. 55 cent., suivant quittances enregistrées. En conséquence, pour obtenir le payement des droits résultant de l'omission que l'on supposait exister dans la déclaration du 2 novembre 1830, une contrainte avait été signifiée, le 20 août 1831, à la princesse de Salm-Salm, qui y avait formé opposition.

Mais le tribunal de la Seine a admis cette opposition par un jugement du 8 mai 1833 (2865 C.). Et à la suite de ce jugement, a été prise une délibération de l'Administration du 22 octobre 1833 qui a reconnu que la déclaration de la succession du mineur Enguerrand était incomplète d'après les valeurs considérables que ce dernier avait recueillies au décès du général Fournier ; mais comme il n'existe pas d'actes constatant que la princesse de Salm-Salm ait trouvé dans cette succession d'autres biens que ceux qu'elle a déclarés, il en résulte que le tribunal de première instance de la Seine, en annulant la contrainte décernée contre elle pour omission dans sa déclaration, d'une partie de l'actif du mobilier, n'a commis aucune contravention susceptible d'être déférée à la Cour de cassation, et qu'il y a lieu d'acquiescer au jugement.

Mais il a été reconnu que l'Administration, pour établir une omission de valeurs mobilières dans la déclaration que la femme légataire universelle de son mari a déposée de la succession de ce dernier, est fondée à invoquer la déclaration de la succession de la femme, alors que la présomption de fraude qui en résulte est corroborée par les faits et circonstances de la cause (Bruges 15 juill. 1872, 11791 J. E. belge). — *Conf.* : Louviers, 9 fév. 1877, 4640 R. P.).

1. BIENS PROPRES. — Lorsqu'un immeuble a été déclaré dans la succession du mari comme n'étant acquêt de communauté que pour les deux tiers, l'autre tiers étant supposé propre à la femme survivante, et qu'au décès de celle-ci l'immeuble a été déclaré acquêt pour le tout, et les droits acquittés sur la moitié seulement, l'Administration peut réclamer le droit sur la différence, en se fondant sur la première déclaration, et c'est à la partie à prouver que l'immeuble est réellement un acquêt pour le tout (Cass. 27 mars 1854, 15945 J. E., 15362 J. N., 2015-3 I. G.).

2. DOCUMENTS PUBLICS. — Il a été reconnu que l'extrait du registre de comptabilité d'un ministère, faisant connaître le chiffre des sommes dues à un créancier de l'État décédé, prouve suffisamment l'existence de cette somme au décès, pour autoriser la réclamation des droits de succession (15524 § 3 J.E.).

**16933. Inventaire.** — Lorsque, du rapprochement de la déclaration faite après décès et de l'inventaire dressé ultérieurement pour constater les forces de la succession, résulte la preuve évidente d'une insuffisance d'évaluation dans la déclaration, aucune protestation ne peut être admise contre les énonciations formelles de l'inventaire (Cass. 23 mars 1812 et 11 avr. 1815, 4171, 5179 J. E., S. 15-1-276 ; — Sol. 18 janv. 1825, 1166 § 5 I. G. ; — Seine 15 janv. 1835 et Dél. 12 mai 1835, 11282 J. E. ; — 6 fév. 1856, 16254 J. E., D. N. t. 12 p. 359 n° 975 ; — Versailles 15 mars 1870, 3112 R. P. ; — Lille, 6 déc. 1872, 19237 J. E. ; — Angers, 17 déc. 1874 ; — Le Mans, 9 oct. 1873 ; — Chambéry, 13 mars 1877 4893 R. P.). — *V.* 16820.

*Arrêt du* 23 *mars* 1812 : « Vu l'art. 39 de la même loi ; Attendu que, quand il y a soit omission dans les déclarations des biens transmis par décès, soit insuffisance constatée dans les estimations de ces biens, la peine est d'un droit en sus de celui dû pour les objets omis dans l'un et l'autre cas ; qu'il existait, dans l'espèce, omission et insuffisance tout à la fois dans la déclaration faite par la dame Vanden-Plassche en 1807 ; omission, puisqu'il est prouvé par l'inventaire fait en 1809, et d'ailleurs reconnu par cette dame, qu'au lieu de trois maisons, seulement déclarées alors, il en existait réellement quatre ; insuffisance, puisqu'il résulte du même inventaire que le mobilier, que cette dame n'avait porté, dans sa déclaration de 1807, qu'à 580 francs, s'élevait à 52,172 francs, et que l'actif immobilier, dont elle avait borné la valeur seulement à 4,310 fr. 70 cent., aurait dû être élevé à 19,951 fr. 70 cent. ; qu'en cet état, la peine du droit en sus était évidemment encourue, et devait par conséquent être prononcée. »

*Arrêt du* 11 *avril* 1815 : « Vu l'art. 39 2e alin. L. 22 frimaire an 7 ; Attendu qu'en comparant l'inventaire du 16 août 1811 avec la déclaration du 2 janvier précédent, il est facile de reconnaître que ladite déclaration renfermait des omissions considérables et qui s'élevaient à 25,782 fr. 57 cent. ; attendu que cette vérité ne peut être révoquée en doute, puisque : 1° on lit, dans l'inventaire, qu'il va être procédé, en présence du subrogé-tuteur, à la description et évaluation de tous les objets et marchandises dépendants de la succession de la dame Laurette ; — 2° qu'on y voit que le survivant, son mari, et les nommées Françoise et Marguerite Bretté ont déclaré que tous les objets détaillés dans cet acte existaient dans la maison lors du décès de la dame Laurette ; attendu, enfin, que de là il suit évidemment que la contrainte à laquelle Laurette s'était rendu opposant était pleinement justifiée par l'inventaire même du 16 août 1811 ; qu'en effet, la preuve des omissions reprochées à la déclaration du 2 janvier précédent se trouvait consignée dans cet acte authentique, et qu'elle ne pouvait être combattue par aucune allégation contraire ; que de là il résulte, sans réplique, qu'en autorisant le défendeur à contredire cet acte authentique, et faisant preuve de tout ce qui y était contenu, le tribunal de Valenciennes a méconnu tous les principes, et, par voie de conséquence, violé l'art. 39 L. 22 frimaire an 7 précité. »

Mais il faut que l'énonciation soit positive. Il ne suffirait pas, par exemple, selon un jugement du Havre, du 11 décembre 1856, qu'il soit dit que le défunt a fait des payements pour l'un de ses héritiers, s'il n'est pas établi en outre qu'il était encore créancier à son décès (10936 C.).

La loi du 21 juin 1875 a érigé cette jurisprudence en règle de perception à l'égard des insuffisances. C'est le montant de la prisée qui sert de base à la perception. — *V.* 16880.

1. INVENTAIRE ANTÉRIEUR AU DÉCÈS. — Pour constater la valeur dépendant de la succession d'une personne décédée en état d'interdiction, l'Administration est fondée à se prévaloir de l'inventaire dressé après le jugement d'interdiction, et l'acte par lequel les héritiers constatent que certaines créances actives sont éteintes par compensation, ne suffit pas pour les dispenser de déclarer ces créances à défaut de l'indication du titre sur lequel repose la prétendue compensation (Verviers 8 mars 1854, 2105 R. F.).

2. MENTION DANS UN INVENTAIRE ÉTRANGER. — En principe, les déclarations de dettes faites dans les inventaires n'ont ni pour but ni pour effet d'obliger les héritiers du débiteur qui la font. L'Administration ne saurait donc s'en prévaloir qu'avec réserve pour réclamer aux héritiers du prétendu créancier le payement des droits de succession.

Il n'en serait autrement que si d'autres circonstances graves, se joignant à cette mention, établissaient clairement l'existence de la créance. Le tribunal de la Seine l'a ainsi décidé, le 6 février 1856, dans un cas très-caractéristique : « Attendu qu'il est constaté par l'inventaire dressé par Me Dufresne, les 17 et 18 novembre 1853, après le décès de la femme Gauthier, veuve Jean-Jacques Labertre, laissant pour héritiers ses deux petits-enfants, mineurs, sous la tutelle de leur mère, veuve de J.-B. Labertre, son fils, que la succession de la défunte comprenait, outre le mobilier et l'argent comptant, une créance de 50 francs sur une dame Couronne, et le prorata au jour du décès d'une rente de 1,000 francs, qui lui était servie chaque année par le gérant d'un bureau de tabac dont il était titulaire ; attendu, d'un autre côté, qu'il est établi, par l'inventaire dressé par le même notaire, en juillet 1849, à la suite du décès dudit J.-B. Labertre, père des mineurs, qu'il a été inventorié sous la cote 28 quatre pièces, dont la première était la copie d'une reconnaissance souscrite le 1er août 1836 par ledit Labertre et la femme Laurent, son épouse, au profit de ladite femme Labertre, mère du *de cujus*, pour la somme de 24,500 francs, dont le remboursement ne devait pas être exigé tant que les intérêts seraient payés avec exactitude de trois mois en trois mois; que le même inventaire constate qu'à la suite de cette copie était celle d'une autre reconnaissance de 1,600 francs, en date du 7 février 1840, souscrite par le même au profit de la même, avec intérêts à 5 pour 100, payables également de trois mois en trois mois; et enfin que la deuxième pièce, inventoriée sous la même cote 28, était une note indiquant qu'à raison des deux sommes ci-dessus, Labertre fils payait à sa mère 1,305 francs par année; que la femme Laurent, veuve dudit Labertre, à la requête de laquelle était fait l'inventaire et qui y assistait, n'a formulé alors aucune protestation au sujet de ces deux dettes ; qu'elle les a, au contraire, implicitement reconnues en déclarant qu'elle ignorait depuis quelle époque les intérêts de ces reconnaissances pouvaient être dus ; qu'il est impossible d'admettre qu'elle n'eût pas hautement et énergiquement protesté au sujet de ses deux créances, si elles n'eussent été réelles, alors qu'elle figurait comme personnellement obligée avec son mari dans la reconnaissance principale, et que l'une et l'autre devaient, en définitive, peser sur elle en totalité, en vertu des clauses de son contrat de mariage, qui lui attribuait comme survivante la totalité de la communauté ; qu'il est constant encore et reconnu par ladite dame dans l'inventaire des 17 et 18 novembre 1853, fait après le décès de la femme Labertre mère, que la somme représentative des intérêts de ces créances a été payée annuellement à la femme Labertre mère, jusqu'à son décès; d'où il suit la preuve qu'à ladite époque la somme de 26,100 francs n'avait point été remboursée, et que les deux créances existaient au décès de cette dernière dans la succession ; qu'il est vrai de dire qu'en 1851, lors de la liquidation de la communauté d'entre elle et son mari, la veuve du Labertre fils a déclaré, dans le procès-verbal, qu'elle faisait des réserves expresses au sujet de ces créances passives, et que, lors de l'inventaire des 18 et 19 novembre 1853, fait après le décès de la mère, elle a prétendu de nouveau que son mari n'était pas débiteur desdites sommes, et que c'était volontairement que chaque année elle avait payé à sa belle-mère, en raison de ces prétendues créances, une somme de 12 à 1,300 francs pour subvenir à ses besoins ; mais que ces déclarations tardives, dénuées de vraisemblance et contradictoires entre elles, ne sauraient valoir en présence des faits antérieurs ; que c'est donc à tort que, lors de la déclaration faite le 2 mai 1854, au sujet de la succession de la femme Labertre mère, la femme Labertre a omis de comprendre dans cette succession ces deux dernières créances, celle de 50 francs sur la femme Couronne et le prorata qui se trouvait connu au jour du décès sur la rente de 1,000 francs relative au bureau de tabac ; que la femme Labertre ne saurait non plus alléguer que les deux créances de 24,500 francs et de 1,600 francs étaient irrécouvrables, alors qu'elle même en était tenue pour partie, et que la communauté d'entre elle et son mari, déduction faite de leurs reprises et d'un passif de 27,000 francs, présentait encore, d'après le procès-verbal de liquidation, un actif de plus de 98,000 francs; qu'ainsi c'est avec raison que le droit de 1 pour 100 édicté par l'art. 69 § 1er n° 3 et § 3 n° 4, modifié par la loi du 18 mai 1850, et le double droit, sont réclamés sur les quatre créances dont il s'agit. »

Dans le même sens, le tribunal de Grenoble a jugé, le 27 décembre 1847 (7682 Rev. fin., D.N. t. 12 p. 290 n° 546), que la preuve de l'existence d'une créance, au moment du décès du créancier, est suffisamment établie par la demande des droits de mutation, par une reconnaissance de la dette émanée du débiteur et résultant d'un acte authentique postérieur à l'ouverture de la succession.

*Conf.* : Laval 14 déc. 1874, 4206 R. P. — *V.* 16894 et 16925.

3. AVIS DE PARENTS. — Ce qui a été dit de l'inventaire peut s'appliquer aux avis de parents. Il a été décidé, à cet égard, que quand, dans un avis de parents, la veuve tutrice et le subrogé-tuteur de l'héritière mineure, déclarent qu'il dépendait de la succession du défunt des valeurs mobilières s'élevant à un chiffre déterminé par une note trouvée sur le défunt au moment de sa mort et à peu près égal aux distributions faites par lui dans un testament antérieur, ces circonstances établissent suffisamment l'existence de ces valeurs

pour la perception du droit de mutation par décès (Marvejols 21 juill. 1868, 2912 R. P.).

4. EXPERTISE ULTÉRIEURE. — Si l'estimation de l'inventaire a été révisée postérieurement, à la requête des héritiers, et que la seconde évaluation excède la première, c'est celle-ci qui doit être préférée, lorsque, bien entendu, la différence ne provient pas de circonstances accidentelles survenues depuis le décès (Rouen 20 juill. 1871, 3350 R. P.).

**16934. Police d'assurance.** — La valeur du mobilier dépendant d'une succession peut être prouvée par les énonciations d'une police d'assurance, si ces énonciations émanent soit du défunt, soit des héritiers, et ont été faites à une époque contemporaine du décès (Sol. 10 avr. 1876 et 29 juin 1876; Op. J. du not. n° 2180). — On avait proposé de décider que l'évaluation des polices servirait de base *légale* à la perception, mais ce projet a été rejeté lors de la discussion de la loi du 23 juin 1875 (4111 p. 369 R. P.).

**16935. Rapport d'experts.** — Lorsque, dans une déclaration de succession, les meubles ont été évalués à une somme inférieure à celle résultant d'un procès-verbal d'estimation, rédigé en vertu d'un jugement ordonnant la liquidation et le partage de la communauté, les héritiers ne peuvent se dispenser d'acquitter les droits exigibles à raison de la différence, en alléguant qu'ils étaient restés étrangers à la prisée faite par les experts (Beaune 10 août 1855, 16118 J. E., D. N. t. 12 p. 359 n° 976).

**16936. Reprises constatées par divers actes.** — La dame Boyer, épouse du sieur Camusat, est décédée à Paris, le 21 mai 1847, laissant pour héritiers deux enfants et pour donataire d'un quart en propriété et d'un quart en usufruit de ses biens, son mari survivant.

Dans les déclarations des biens de cette succession, qu'ils ont souscrites dans les bureaux de Paris, les héritiers ont compris les reprises de la défunte, résultant de son contrat de mariage, pour 83,000 francs. Mais l'Administration a découvert que la défunte avait d'autres reprises à exercer contre la communauté. En effet, elle avait recueilli dans la succession du sieur Boyer, son père, d'après l'inventaire fait après le décès de celui-ci et la déclaration de sa succession, 227,000 francs environ; dans la succession de la dame Boyer, sa mère, 7,000 francs; enfin, le prix d'une maison qui lui était propre et qui a été vendue, en 1842, 215,000 francs. Il y avait donc eu omission de 449,000 francs dans le chiffre des reprises déclarées, et des poursuites ont été dirigées contre les héritiers à fin de payement des droits simple et en sus exigibles.

Il a été formé opposition avec assignation devant le tribunal de la Seine, par le motif qu'il y avait lieu de déduire des reprises le passif des successions des sieur et dame Boyer, ainsi que la valeur des impenses et améliorations faites à la maison propre à la dame Camusat.

Le tribunal de la Seine a reconnu que la preuve que la femme avait des reprises pour une somme de 449,000 francs était suffisamment établie. Il a en conséquence adjugé les conclusions de l'Administration par un jugement du 5 décembre 1849 (14877-2 J. E.) ainsi conçu :

« Attendu que l'existence et même la quotité des reprises dissimulées se trouvent authentiquement constatées par l'inventaire après le décès de Boyer père, par la déclaration qui l'a suivie, par celle passée après la mort de la veuve Boyer, et enfin par l'acte de vente d'une maison propre à la *de cujus;* attendu que l'opposition se fonde sur la trop grande valeur assignée aux reprises dont s'agit, qui auraient subi des réductions et déductions diverses; que le tribunal ne saurait être actuellement appelé à prononcer sur le plus ou moins de fondement de ces déductions prétendues; que, pour qu'à cet égard il puisse être statué en connaissance de cause, il convient que, par une déclaration supplémentaire qui établira le compte appuyé de pièces justificatives, l'Administration soit mise en situation de connaître, admettre ou contester. »

Il faut d'ailleurs se reporter en cette matière aux développements dans lesquels nous sommes précédemment entrés sur les justifications des reprises, *suprà* n° 16806 et suiv.

**16936 *bis.* Rentes sur l'État.** — Les omissions commises dans les arrérages de rentes sur l'État sont découvertes par le rapprochement des déclarations et des écritures de la dette inscrite (I. G. 2500 et 2582; 4839 §§ 15 et 59 R. P.).

**16937. Testament.** — La déclaration par laquelle un héritier annonce dans son testament avoir *réalisé* une somme déterminée dans la succession de son auteur suffit pour justifier l'omission. C'est à la partie qui prétend qu'elle a recueilli des valeurs affranchies de l'impôt à l'établir (Bar-le-Duc, 15 avr. 1863, 1887 R. P., 17874 J. N., 17765 J. E.).

**16938. Titres et contribution foncière.** — Le tribunal de Saint-Girons a jugé, le 21 décembre 1849 (14877-3 J. E.), que, quand des immeubles qui appartenaient à l'auteur de la succession, d'après des titres et les rôles de la contribution foncière, n'ont pas été compris dans la déclaration, les héritiers ne peuvent se dispenser de payer les droits simple et en sus sur la valeur de ces biens, en alléguant, sans fournir de preuve, que leur auteur les avait aliénés, et que le prix faisait partie des valeurs mobilières déclarées.

**16939. Transaction.** — À la suite de contestations élevées par les héritiers sur la validité d'un testament, les parties ont transigé, et, par actes notariés des 12 septembre et 30 octobre 1848, les héritiers demandeurs ont consenti l'exécution du testament moyennant l'obligation prise par les légataires de leur payer 17,350 francs et d'acquitter les frais, montant à 2,949 francs.

L'Administration a pensé que cette transaction prouvait l'existence dans la succession de valeurs omises dans la déclaration, et s'élevant au moins à 20,299 francs, total des sommes que doivent acquitter les sieurs Launay et Boilin, et les droits simples et en sus ont été demandés. Une instance s'est engagée, et le tribunal de Mayenne a donné gain de cause à l'Administration par jugement du 5 décembre 1849 (14877-1 J. E.).

Le tribunal de Bruxelles a rendu une même décision le 22 juin 1867 : « Attendu qu'il est clair que c'est précisément parce qu'il existait une incertitude sur l'importance réelle de la communauté et des discussions sérieuses entre parties à cet égard, que la part de l'opposant a été transactionnellement fixée à la somme prémentionnée, moyennant par lui d'abandonner tout ce que, éventuellement, la communauté pouvait comporter au delà de cette somme; qu'en conséquence, en admettant gratuitement que les héritiers de M..., mus par la crainte de voir dévoiler des fraudes qu'ils auraient commises touchant les choses dépendantes de la communauté, auraient exagéré l'importance de la part qui revenait de ce chef à l'opposant, il ne resterait pas moins vrai que c'est en qualité de légataire de sa tante qu'il a reçu cette part, et que, par suite, il aurait dû en faire la déclaration et acquitter les droits y relatifs (10532 J. E. belge).

**16940. Sommes reçues avant le décès.** — Lorsque les héritiers ne justifient pas que des valeurs mobilières importantes reçues par le défunt cinq mois seulement avant son décès ont été aliénées par lui, il y a présomption que ces valeurs dépendent de sa succession et le double droit est exigible (Mons, 19 mars 1870, 3485 R. P.). — Cette règle a été spécialement appliquée à des prix de vente reçus dix jours avant le décès (Mons, 4 juill. 1874, 4883 R. P.); — à des valeurs au porteur attribuées au défunt la veille de sa mort (Pau, 11 mai 1877, 4767 R. P.); — à un prix de vente touché par le défunt peu de jours avant sa mort (Neufchâtel, 17 janv. 1877, 5071 R. P.; — Gourdon, 1er juin 1876, 4686 R. P.). — Ou remis quelques semaines avant à un mandataire qui ne justifie pas de sa décharge (Liége, 14 déc. 1877, 5071 R. P.); — à un prix de vente quittancé un mois avant le décès (Dinant, 20 juill. 1877, 5071 R. P.), — à une créance remboursée deux mois et dix jours avant la mort (Dinant, 20 juill. 1877, 5071 R. P.), — à un prix de vente touché par la défunte dix jours avant sa mort (Louvain, 23 nov. 1877, 5071 R. P.), — sauf au tribunal à apprécier les circonstances et à écarter la prescription par d'autres prescriptions contraires (Figeac, 1er mars 1878, 5071 R. P.), — notamment en décidant que les sommes ont été remises aux héritiers à titre de don manuel (Verdun, 28 juin 1878, 5071 R. P.).

## SECTION 2. — VENTE DE MEUBLES

[16941-16951]

**16941. Principe.** — Quand le mobilier d'une succession a été inventorié par un officier public, l'art. 14 L 22 frimaire an 7 obligeait les héritiers à prendre la prisée de cet inventaire pour base de leur déclaration. Mais on s'était demandé si cette évaluation était définitive au regard du Trésor, et s'il n'était pas possible d'en constater l'insuffisance au moyen d'actes postérieurs opposables aux parties, spécialement de la vente mobilière à laquelle il est procédé à leur requête.

On a soutenu qu'en droit l'Administration ne pouvait, sans rétablir la fraude, critiquer l'exactitude des évaluations contenues dans l'inventaire. Sous l'ancienne législation, a-t-on dit, les valeurs mobilières n'étaient point assujetties à l'impôt des mutations par décès, parce qu'il aurait fallu, pour atteindre des biens aussi fugitifs et asseoir la perception sur des bases certaines, autoriser des mesures inquisitoriales aussi contraires à l'ordre public qu'à l'économie même de la loi. Le législateur de l'an 7 a cru pouvoir, devant l'extension sans cesse croissante de la fortune mobilière, supprimer le privilége dont jouissaient les meubles; mais il est demeuré dans son esprit de soustraire la perception aux moyens arbitraires et nécessairement vexatoires par lesquels le Trésor chercherait à fixer la valeur des meubles : c'est pourquoi il a prescrit, comme règle générale, d'accepter la prisée de l'officier public quand elle aurait eu lieu. Une telle estimation offre, en effet, à l'Administration toutes les garanties désirables ; quand il y a fraude de la part de l'officier public, on comprend que le Trésor soit admis à repousser les résultats de l'opération : *fraus omnia corrumpit*; mais si la prisée est sérieuse et sincère, quel motif aurait-on d'autoriser les recherches du Trésor, alors que la loi, en prohibant l'expertise pour les insuffisances mobilières, témoigne hautement de sa répugnance pour de telles investigations ? (V. 8679, 14806 et 16253 J.N., Roll. de Vill., J. du not. art. 2250 ; — Seine 15 janv. 1835, Dél. 29 nov. 1844, 16799 § 2 J.E. ; — Seine 24 juill. 1858, 16356 J.N., 11497 C.; — 27 août 1858, 1106, 1107 R.P., 16820 J.E.).

Nous n'avons jamais hésité à repousser une doctrine aussi exclusive. Le principe général de l'établissement de l'impôt, celui que l'on trouve au frontispice même de la loi fondamentale, c'est que le droit proportionnel de mutation est assis sur les *valeurs*. « Vous comptez, disait M. Duchâtel au conseil des Cinq-Cents en présentant la loi, sur une amélioration dans le produit des droits d'enregistrement ; mais, pour l'obtenir, il faut leur donner les bases qui leur manquent ; il faut en assurer le recouvrement par des moyens auxquels l'abus et la fraude ne puissent échapper. » Aussi, bien que ce droit ne soit formulé dans aucun texte précis, est-il incontestable que le Trésor peut, à l'aide de la procédure compatible avec l'exécution de la loi spéciale, faire constater les fausses estimations ou les insuffisances des biens sujets à l'impôt. La règle n'est pas différente pour les droits de mutation par décès. Pourquoi, en effet, les art. 24 et 27 exigent-ils, à défaut d'inventaire *reçu par un officier public*, un état estimatif, *certifié* et *signé* par la partie, *déposé* et *annexé* à la déclaration, si ce n'est pour que la fraude ne puisse être niée, pour qu'un titre *irrécusable* en fasse foi lorsque se présenteront les moyens de répression? Pourquoi l'art. 39, après avoir frappé d'un double droit les insuffisances *constatées* dans les estimations des biens déclarés, ajoute-t-il : « Si l'insuffisance est établie par un rapport d'expert, les contrevenants payeront en outre les frais de l'expertise, » si ce n'est pour démontrer qu'en dehors des insuffisances dans les valeurs immobilières, les seules auxquelles se rapporte l'expertise, la loi prévoit des insuffisances dans les valeurs mobilières, qui doivent également être frappées d'un double droit? La loi oblige sans doute l'héritier qui les déclare à leur attribuer l'estimation qu'ils ont pu recevoir dans un inventaire authentique, parce que cette prisée offre au Trésor une garantie plus grande que l'évaluation de l'héritier lui-même. Mais il n'est dit nulle part que la prisée sera, dans tous les cas, une espèce de forfait opposable au Trésor, malgré les justifications les plus précises de l'erreur de l'officier public. Cette pensée ne pouvait être dans l'esprit de la loi. Est-il admissible, par exemple, que, pour le recouvrement d'un impôt assis sur *la valeur* réelle des biens (L. 22 frim. an 7 art. 4), l'Administration doive s'arrêter à la prisée d'un inventaire, quand les parties elles-mêmes, procédant entre elles peu après au partage de la succession, fixent cette valeur à une somme supérieure? L'inventaire authentique n'est qu'une garantie offerte au

Trésor contre la déclaration du redevable : comment cette déclaration ou l'aveu qui la remplace ne serait-elle pas préférée quand elle en prouve l'erreur ou l'insuffisance ? Ce que l'on peut dire de l'aveu s'applique évidemment à tous les autres moyens de justification appartenant au Trésor. Il suffira que l'on établisse d'une façon pertinente, par les voies autorisées, que la prisée de l'inventaire est inférieure à la valeur des meubles, au jour du décès, pour écarter la base provisoire de la perception et justifier la réclamation du droit supplémentaire. C'est ce que l'on fait précisément lorsque l'inventaire est suivi d'une vente de meubles. Il est incontestable, en effet, que la vente sert beaucoup mieux que l'inventaire à fixer la valeur imposable des meubles, car cette valeur, dans ses rapports avec l'impôt, est la représentation exacte du prix qu'on en obtiendrait généralement. C'est à l'héritier qui prétend que, par exception, ce prix est supérieur à la valeur qu'avaient les objets au moment où s'est accomplie la mutation par décès, de fournir la preuve de ce qu'il avance, car on n'a pas besoin de prouver la règle contre l'exception, mais bien l'exception contre la règle.

Aussi de nombreuses décisions ont-elles consacré le droit pour l'Administration de contester l'exactitude de la prisée de l'inventaire au moyen de la vente postérieure des meubles (Dél. 5 nov. 1833, Dalloz n° 4452 ; — Alençon 13 sept. 1852, 224 R.P.; — Compiègne 18 mai 1848, 13431 J.N.; — Laon 12 mai 1855, 373 R.P.; — Versailles 15 fév. 1855, 402 R.P.; — Vendôme 25 nov. 1854, 607 R.P.; — Le Havre 12 mars 1856, 639 R.P.; — Amiens 30 déc. 1854 ; — Mortagne 30 mars 1854 ; — Rethel 10 nov. 1854 ; — Pont-Audemer 31 mars 1855 ; — Rouen 30 avr. 1855 ; — Yvetot 29 juin 1855 ; — Abbeville 17 juill. 1855 ; — Versailles 18 déc. 1856 ; — Bordeaux 4 avr. 1856 ; — Domfront 31 janv. 1856 ; — Seine 6 fév. 1863, 1784 R.P., 17688 J.N., 12417 C., 599 Rev., 17682 J.E.; — Montreuil 6 juill. 1866, 1754 Rev.; — Gand 11 mars 1868, 10670 J.E. belge).

Seulement, il ne fallait pas non plus exagérer cette conclusion et poser en règle que, dans tous les cas, le prix de la vente doit être préféré à l'estimation de l'inventaire (M. Demante n° 768). — C'est dans l'appréciation des circonstances que revenait la difficulté du sujet et on verra, dans les numéros suivants, les embarras que cette appréciation causait à la jurisprudence. Pour y couper court, l'art. 3 de la loi du 23 juin 1875 a décidé que « la valeur des meubles serait « déterminée par le prix exprimé dans les actes de vente « lorsque cette vente a lieu publiquement dans les deux « années qui suivent le décès » (*V.* 16558 et suiv.).

*Déclaration.* — Les héritiers n'ont pas à souscrire une déclaration nouvelle après la vente. Le droit complémentaire est immédiatement exigible (Sol. 2 oct. 1877).

**16912. Objets d'art.** — La question s'était présentée notamment au sujet de la prisée des objets d'art. Ces objets sont plus que tous autres sujets à des fluctuations en quelque sorte fictives, dont le profit est personnel à l'héritier, parce qu'elles tiennent ou aux agissements particuliers de cet héritier ou à des circonstances postérieures au décès. On décidait donc que le prix de la vente ne pouvait servir de base à la perception.

La Cour suprême en a donné deux exemples très-caractéristiques :

1° Les objets mobiliers dépendant de la succession de M. Hope, inventoriés 299,000 francs, le 21 février 1855, avaient été vendus 912,000 francs aux enchères le 31 août suivant; ils se composaient en grande partie de tableaux, médailles et statues. — Sur la demande du double droit exigible à raison de l'insuffisance de la prisée qui avait servi de base à la déclaration de succession, la Cour réforma, le 23 février 1858, un jugement du 23 juin 1856, par lequel le tribunal de la Seine avait autorisé la réclamation. L'arrêt porte : « Attendu que, d'après l'art. 148, la valeur des meubles est déterminée par l'estimation des parties et que, d'après l'art. 27, cette déclaration est remplacée par l'inventaire dont l'estimation émanée d'un officier public assermenté doit servir de base à la perception ; attendu que le jugement attaqué, en s'attachant, en l'absence de toute contestation sur l'exactitude et la sincérité de l'évaluation des meubles faite en l'inventaire, au produit de la vente des biens meubles et non à l'estimation dudit inventaire, pour la perception du droit de mutation sur ces meubles, a expressément violé les articles ci-dessus » (979 R.P., 16253 J.N., 11237 C., 2143-4 I. G.) — Un arrêt semblable a été rendu dans la même succession le 10 mai 1858 (1013 R.P., 2163 § 4 I. G., 16315 J.N., 11383 C., S. 58-1-619).

Malgré les termes en apparence très-généraux des arrêts, l'Administration ne les a jamais considérés que comme des décisions d'espèce motivées par les circonstances spéciales de l'affaire. Aussi a-t-elle reproduit la question au jugement de la Cour dans le cas suivant :

2° Les meubles dépendant de la succession de madame veuve Tochon, d'Annecy, ont été inventoriés les 10-14 septembre 1848, par un notaire, avec l'assistance d'un commissaire-priseur. La plupart des objets consistaient en médailles ou objets d'art : le tout a été évalué à 11,217 francs. La vente de ce mobilier a eu lieu aux enchères publiques les 22 septembre et 24 décembre 1858, moyennant un prix de 84,231 fr. 50 cent.

Les héritiers n'ayant compris que la prisée de l'inventaire dans la déclaration souscrite à l'un des bureaux de Paris, le 3 février 1859, l'Administration soutint que le droit de succession était dû sur le montant de la vente et fit réclamer, par voie de contrainte, le payement du double droit exigible sur la différence.

Le tribunal de la Seine a annulé la contrainte, le 12 mars 1864, en se fondant sur ce que l'élévation du prix provenant surtout de la chaleur des enchères ou des caprices des amateurs, la somme obtenue était supérieure à la valeur réelle des objets lors du décès (2032 R. P.). Sur le pourvoi de l'Administration, le jugement fut maintenu par un arrêt de Cass. du 11 février 1867 ainsi conçu : « Attendu que, suivant l'art. 14 n° 8 L. 22 frimaire an 7, la valeur des biens meubles, quant à la liquidation du droit proportionnel pour les transmissions par décès, est déterminée par la déclaration estimative des parties, sans distraction des charges ; et que, d'après l'art. 27 de la même loi, cette déclaration est remplacée par l'inventaire dressé par un notaire avec l'estimation d'un commissaire-priseur dans les lieux où il en existe, estimation qui, émanant d'un officier public assermenté, doit servir de base à la perception ; attendu que, dans l'espèce, le tribunal a pris pour base de la perception du droit sur les meubles dépendant de la succession de la veuve Tochon, d'Annecy, l'estimation faite par Hammenet, commissaire-priseur, dans l'inventaire dressé par Jaunand, notaire, les 10, 11, 13 et 14 septembre 1858, après avoir constaté que l'on ne pouvait reprocher à l'officier public qui avait procédé à cette estimation ni impéritie, ni connivence avec le redevable, et que si l'on avait obtenu, par une vente aux enchères des mêmes objets un prix beaucoup plus élevé, cette élévation du prix, s'appliquant à ses objets d'art, médailles et tableaux, dépendait des caprices, du goût des amateurs et des circonstances particulières dans lesquelles avaient eu lieu les enchères; attendu qu'en s'attachant, dans ces circonstances, à l'estimation de l'officier public et non au résultat de la vente aux enchères, le tribunal de la Seine, loin d'avoir violé la loi du 22 frimaire an 7, a fait, au contraire, une exacte application de la loi » (2410 R. P, 18760 J. N, 1861 Rev., B. 34, S. 67-1-89, D. 67-1-73).

Au cas particulier, il existait, dans les meubles vendus, des tableaux, médailles et objets d'art, que la veuve d'un collectionneur conservait depuis de longues années. Le commissaire-priseur crut que ces objets étaient presque sans valeur; mais les héritiers les firent examiner par des numismates, en dressèrent des catalogues et parvinrent à réunir, pour la vente, une concurrence considérable d'acheteurs. Des médailles estimées 600 francs furent ainsi vendues plus de 50,000 francs! Il était constant que le succès de l'opération résultait de la publicité extraordinaire donnée à la vente par les héritiers et des soins apportés dans le classement ou l'estimation des objets. Mais l'Administration soutenait avec raison, selon nous, que ce n'étaient pas là des événements étrangers à la transmission et personnels aux héritiers. D'un autre côté, il paraissait difficile d'admettre, en présence du grand nombre de lots, que l'accroissement du prix fût le résultat du caprice des amateurs. A bien considérer les choses, les objets d'art n'ont qu'une valeur vénale relative; celle que leur attribue la concurrence fondée sur le développement du goût ou les entraînements généraux de la mode. Obtenu dans ces conditions, le prix de vente est la représentation normale de leur valeur imposable. Pour décider le contraire, la Cour a dû admettre, comme le soutenait d'ailleurs le pourvoi, que le succès inespéré et tout à fait exceptionnel de la vente tenait aux soins personnels des héritiers, et aux moyens qu'ils avaient employés pour exagérer les enchères. Comme les arrêts des 28 février et 10 mars 1858 *ci-dessus*, celui du 11 février 1867 nous semble une simple décision d'espèce qui ne nous paraît infirmer en rien le droit appartenant à l'Administration de contrôler, au moyen du prix de vente, l'exactitude de la prisée de l'inventaire, alors surtout que cette prisée n'émane pas du fonctionnaire compétent et s'applique à des objets ou marchandises qui ont un prix courant peu variable.

1. PARTAGE. — C'est encore à raison de la nature spéciale des objets mobiliers que le tribunal de la Seine a refusé d'admettre l'estimation renfermée dans un partage intervenu entre les héritiers, bien que ce partage fît ressortir une plus-value du double dans la prisée de l'inventaire (9 mars 1867, 2481 R. P., 18939 J. N., 18356 J. E., 13243 C.). Nous l'avons dit en rapportant cette décision: quand il s'agit d'objets d'art dépendant d'une opulente communauté, on conçoit que le survivant des époux, afin de conserver la possession de ces meubles à chacun desquels s'attache un souvenir personnel, ne craigne pas de les prendre pour une somme supérieure à leur valeur réelle. Il entre certainement dans une telle attribution des motifs de convenance tout à fait étrangers à la transmission par décès et dont l'influence exceptionnelle ne saurait être étendue au delà du partage même qui les produit. C'est pourquoi le tribunal de la Seine a pu décider, en droit, « que la seconde évaluation basée sur des raisons personnelles de convenance ou de souvenir ne prouvait pas l'inexactitude ou le défaut de sincérité de la prisée de l'inventaire. » Mais, en dehors de ces circonstances de fait, on doit admettre que l'aveu renfermé dans le partage postérieur à l'inventaire fixe de préférence à ce dernier acte la valeur imposable des meubles soumis à l'impôt.

2. EXPERTISE ULTÉRIEURE. — Dans cet ordre d'idées, il a été reconnu que, lorsque des objets d'art dépendant d'une succession ont été inventoriés, mais que les héritiers font ensuite procéder à une seconde estimation par un expert spécial, c'est la seconde estimation qui doit, à l'exclusion de la prisée de l'inventaire, servir de base à la perception du droit de mutation par décès (Rouen 20 juill. 1871, 3350 R. P.).

**16943. Prisée de marchandises par un officier incompétent.** — Cependant, il a été décidé, par le tribunal de Bourges, le 23 novembre 1865, que, lorsque les meubles d'une succession ont été inventoriés par un notaire, puis vendus avant la déclaration de succession pour une somme supérieure à l'estimation de l'inventaire, le droit est dû sur la prisée de cet inventaire, et non sur le prix de vente. Il importe peu qu'il s'agisse de marchandises dont le cours n'a pas varié depuis le décès et qui ont été estimées en fait au-dessous de ce cours par une autre personne que le commissaire-priseur (2210 R. P.).

**16944. Époque de la vente.** — On conçoit que l'époque à laquelle les meubles inventoriés ont été vendus pouvait avoir une grande influence sur la question.

Si la vente a eu lieu longtemps après l'ouverture de la succession, elle perd beaucoup de son efficacité comme moyen de contrôle. Les meubles ont, en effet, en général, peu de fixité; leur prix varie, comme nous l'avons déjà dit, suivant les circonstances: la mode dans les objets de goût, l'affection dans les objets d'art, les événements relativement à tous, exercent des changements dans leur valeur. Or, ces changements sont d'autant plus marqués que la date de la mutation remonte à une époque plus éloignée.

Au contraire, quand la vente a lieu presque aussitôt après le décès, il est présumable que la valeur du mobilier n'avait pas changé et la vente conserve toute son influence.

Nous ne nous arrêtons pas à la date de la déclaration de succession, car l'effet de la vente ou de tout autre acte sur l'exigibilité du droit supplémentaire est le même, soit que cet acte précède la déclaration, soit qu'il la suive. Dalloz, qui a soutenu (*Jurispr. gén.* t. 22 n° 4452) la doctrine que nous avons essayé de faire prévaloir dans les articles précédents, semble repousser (*loc. cit.*) la vente comme moyen de contrôle, lorsqu'elle est postérieure à la déclaration de succession. Et cependant, entraîné qu'il est par la force même de la logique, il s'exprime, à cet égard, en termes qui nous donnent complètement gain de cause : « Remarquons toutefois, dit-il, que ce système a ses limites. Aussi nous croyons qu'on doit le rejeter lorsque, la déclaration ayant été faite et le droit ayant été perçu d'après l'état estimatif des parties, on voudra contrôler dans la suite cette estimation par un acte d'une date *peu rapprochée* de la déclaration. »

Que conclure de cette observation de l'éminent jurisconsulte ? C'est que, toutes les fois que la date de la vente, *même postérieure* à la déclaration, sera *peu éloignée* de cette déclaration, elle lui servira de contrôle.

C'est ce que le tribunal de Bordeaux a reconnu, le 4 avril 1856, en ces termes : « Attendu qu'aux termes de l'art. 4 L. 22 frimaire an 7, le droit de mutation par décès se perçoit sur la valeur réelle des objets mobiliers et non sur le prix d'une estimation dont l'insuffisance est juridiquement constatée ; que, si l'inventaire dressé par Loste, notaire à Bordeaux, le 30 mars 1853, a porté à la somme de 13,756 francs la valeur des objets mobiliers dépendant de la succession de Gauvry, il est constant en fait que la vente de ces objets a produit une somme de 21,520 fr. 50 cent. ; que cette somme, sous la déduction des frais, qui se sont élevés à 2,812 francs, représente la valeur réelle des objets mobiliers sujette à la perception du droit ; attendu que l'Administration des domaines n'a perçu le droit de mutation par décès que sur la somme de 13,756 francs ; qu'elle est donc fondée à demander un supplément de droit sur celle de 4,951 fr. 05 cent., formant la différence entre le prix de l'estimation portée dans l'inventaire et le produit de la vente ; mais, attendu que, le 12 mai 1854, les héritiers Gauvry n'ont déclaré à la Régie que 13,756 francs, montant de l'estimation portée dans l'inventaire ; que cependant, à cette époque, la vente d'une grande partie des objets mobiliers avait réalisé à leur profit une somme de 16,035 fr. 10 cent., déduction faite de tous frais ; qu'ils n'ignoraient pas et ne pouvaient pas ignorer cette vente ; qu'ils ont donc omis de déclarer une somme de 2,279 fr. 10 cent., et qu'aux termes de l'art. 39 de la loi de frimaire cette omission les rend passibles du droit en sus, pour cette somme seulement » (713 R. P.).

**16945. Circonstances diverses.** — D'autres exemples feront comprendre le rôle que jouait l'appréciation des circonstances.

Supposons d'abord la succession d'un négociant en vins et, dans cette succession, 1,000 hectolitres de vin estimés dans l'inventaire à 20 francs l'hectolitre, l'un dans l'autre. A quelques jours du décès survient une gelée qui détruit dans toute la France l'espoir de la récolte. Évidemment la vente de ces vins produira un chiffre bien plus élevé que si aucun dérangement ne se fût produit dans la température. — Peu importe alors que la vente ait précédé la déclaration de succession. C'est l'estimation portée en l'inventaire qui doit servir de base à la déclaration, car la gelée, cause unique de l'augmentation, est un événement qui profite personnellement aux héritiers. Le Trésor n'a aucun prélèvement à faire sur cette augmentation à laquelle la succession reste tout à fait étrangère.

Que si, au contraire, il existe dans la succession un tableau dû au pinceau d'un maître inconnu, et que la déclaration soit faite d'après l'évaluation donnée à ce tableau dans l'inventaire, un supplément de droit nous paraît incontestablement exigible si, postérieurement, on découvre que ce tableau est de Raphaël et que la vente en ait lieu, *même longtemps après la déclaration*, à un prix centuple de l'estimation. La règle doit être mise de côté (mais seulement, bien entendu, en ce que nous avons dit des ventes postérieures au décès), car l'événement remonte ici, par un effet rétroactif, à l'époque du décès. Le nom de Raphaël appartient à la succession et non aux héritiers.

En ce qui concerne les valeurs industrielles, elles sont soumises à des fluctuations si fréquentes que, d'un jour à l'autre, elles peuvent présenter des écarts considérables. Lorsqu'il s'agit surtout d'une publication littéraire ou scientifique, c'est la personne même du directeur qui donne crédit à l'entreprise, et sa retraite devient presque toujours une cause de défaveur dans le public.

**16946. Droit en sus.** — L'Administration a toujours réclamé le payement du droit en sus sur la différence constatée entre la prisée et la vente, sans distinction entre l'aliénation antérieure ou postérieure à la déclaration.

L'exigibilité de ce droit en sus est manifeste quand la vente précède la déclaration, car alors il n'a tenu qu'à l'héritier de déclarer ce prix de vente et que dès lors l'insuffisance est le résultat d'une fraude ou d'une erreur qu'il pouvait éviter.

La situation n'est plus la même lorsque les meubles sont vendus après la déclaration. En droit strict, on peut sans doute objecter que l'art. 39 L. 22 frimaire an 7, sur lequel nous nous fondons pour attribuer à l'Administration un droit de contrôle basé sur des événements ultérieurs, veut que le double droit soit exigible toutes les fois qu'une insuffisance est constatée dans les estimations de biens.

Mais ce résultat est extrêmement rigoureux et il impose aux contribuables la peine d'une infraction qu'ils n'ont pas sciemment commise. Il est impossible, en effet, que la valeur donnée aux meubles, soit dans l'état estimatif, soit dans l'inventaire, cadre exactement avec le prix de la vente ; d'un autre côté l'héritier n'a pu, lors de la déclaration, que se conformer à la loi en prenant l'inventaire pour base de son évaluation. La raison et l'équité conduisent à décider qu'en de telles circonstances il n'a pu entrer dans l'esprit de la loi d'appliquer la peine du droit en sus. Il n'y aurait nul inconvénient, selon nous, d'étendre à ce cas la doctrine admise pour les perceptions provisoires (n° 397), et de borner la demande au droit simple.

Ces vœux que nous exprimions avant la loi du 23 juin 1875 ont été accueillis. Actuellement, cette insuffisance ne donne pas lieu au droit en sus. — *V.* 16850.

**16947. Prescription.** — La prescription de deux ans établie par l'art. 61 L. 22 frimaire an 7 s'applique à trois ordres de faits distincts : 1° le droit non perçu sur une disposition particulière dans un acte ; 2° la perception insuffisamment faite sur une clause du contrat ; 3° l'insuffisance dans une évaluation et pour la constater par voie d'expertise.

Nul doute que l'hypothèse actuelle ne rentre dans aucune des deux premières catégories. Mais on pourrait soutenir qu'il s'agit ici d'une fausse évaluation dans le sens de la loi et que la prescription biennale doit la régir.

Cette conclusion ne nous paraît pas justifiée.

En effet, l'art. 61 s'occupe seulement, d'après son texte, des fausses évaluations que l'on peut constater par voie d'expertise et on conçoit que le législateur ait alors fait courir, à partir du jour de l'enregistrement de l'acte et limité à deux ans, une action que le Trésor peut immédiatement exercer. Il n'en est plus de même de la fausse évaluation actuelle, car elle résulte uniquement du procès-verbal de vente; et si ce procès-verbal intervenait deux ans après la déclaration, la prescription se trouverait acquise contre le Trésor avant qu'il ait pu agir.

D'un autre côté, le droit n'est pas dû sur le procès-verbal de vente ou sur l'acte qui le remplace. Ces actes servent seulement à l'Administration à constater la véritable valeur des biens et elle ne peut poursuivre le recouvrement de l'impôt qu'en rapprochant leurs énonciations de la déclaration. C'est le cas, suivant nous, d'appliquer à cette situation la jurisprudence établie au sujet des suppléments de droits exigibles sur les marchés et de décider que l'action de l'Administration est seulement prescriptible par 30 ans, sauf l'application au droit en sus, quand il est dû, de l'art. 14 L. 16 juin 1874 (*V.* Seine 11 fév. 1852, 15450 J. E., 14620 J. N.).

**16948. Déduction des frais.**— Lorsque, par suite d'une convention particulière, les frais de la vente sont supportés par les vendeurs, le supplément de droit ne doit porter que sur le montant de la vente, déduction faite de ces frais.

On ne peut, en effet, considérer comme *valeur* passible du droit de mutation par décès, par application de l'art. 4 L. 22 frimaire an 7, que le bénéfice net de la vente que les héritiers encaissent (Bordeaux 4 avr. 1856, 713 R. P.). V. *suprà* nº 16356.

**16950. Restitution.** — Si le prix de la vente postérieure à la déclaration de succession est inférieur à l'estimation des parties, la restitution des droits perçus sur la différence est-elle due?

L'analogie entre les marchés pour fournitures indéterminées et les estimations de meubles suivies de vente, fournit la solution de cette question. Les parties, lorsque l'estimation des meubles portée en leur déclaration de succession est supérieure au prix de la vente qui en a été faite ultérieurement, ne peuvent obtenir la restitution des droits perçus sur la différence.

En effet, l'art. 60 L. 22 frimaire an 7, *qui ne s'oppose pas à la demande du supplément de droit dont les événements ultérieurs justifient l'exigibilité*, veut que tout droit régulièrement perçu ne soit pas restituable, quels que soient les événements ultérieurs. On doit conclure de là que la perception faite d'après l'estimation contenue dans l'inventaire, ou déclarée par les parties, est définitivement acquise au Trésor.

Notre opinion, conforme à un jugement du tribunal de la Seine du 27 août 1859 (17015 J. E., 16681 J. N.) a été adoptée en ces termes par l'Administration au sujet de l'application de la loi du 21 juin 1875 : « La loi nouvelle ne renferme aucune dérogation au principe général de l'art. 60 de la loi du 22 frimaire an 7, qui prohibe la restitution des droits régulièrement perçus. En conséquence, si la valeur comprise dans la déclaration est supérieure aux évaluations contenues dans les actes, les droits, ayant été régulièrement perçus, ne seront pas restituables » (2517 I. G.; 4111 p. 379 R. P.).

**16951. Présomption de propriété.** — Le tribunal d'Hazebrouck a jugé, le 13 février 1864, que, quand des héritiers font procéder, au domicile mortuaire de leur auteur, à une vente de meubles dont l'origine n'est pas justifiée, l'Administration peut, selon les circonstances, établir que ces meubles dépendent de la succession (1931 R. P, 12658 C., 17850 J. E., 1000 Rev.).

Nous avons déjà examiné cette question, à l'occasion du dépôt, au nº 16715.

## SECTION 5. — PREUVES CONTRAIRES

**[16952-16959]**

**16952. Principe.** — Quand l'Administration a établi, à l'aide des moyens dont elle a la disposition, l'existence d'une omission ou d'une insuffisance dans la déclaration de succession, la partie conserve naturellement le droit de combattre ce résultat par la preuve contraire.

Ainsi que l'a reconnu la Cour de cassation, dans un arrêt du 10 février 1864, les tribunaux ne pourraient pas admettre sur ce point des allégations sans précision, de simples probabilités ou des affirmations ne reposant sur aucune preuve (*arrêt rapporté, suprà* 16924). Mais, dans l'appréciation des documents ou des présomptions invoqués par les débiteurs, les juges ont un pouvoir d'appréciation très-étendu : « Attendu, porte un autre arrêt du 24 mars 1846 (1767 § 8 I. G., S. 46-1-317, 13984 J. E.), que la Régie, sans recourir à des présomptions graves, précises et concordantes, s'est contentée de soumettre à l'appréciation des juges des documents justifiant, selon elle, l'insuffisance de la déclaration faite par les défendeurs; qu'à la vérité, et comme il s'agit ici d'enregistrement, c'est-à-dire d'une matière d'ordre public, puisqu'elle intéresse la fixité et la régularité de l'impôt, l'appréciation des juges, à la différence des matières ordinaires, est soumise à la censure de la Cour de cassation; mais que le tribunal de la Seine a pu apprécier comme il l'a fait, et sans violer aucune loi, les documents qui lui ont été soumis, sans adopter d'ailleurs les motifs de droit insérés dans le jugement attaqué... rejette. »

On peut voir l'application de ces principes dans la plupart des décisions qui précèdent. Voici d'autres cas où ils ont été plus spécialement mis en question.

**16953. Actions et obligations.** — Quand la propriété des actions ou des obligations appartenant au défunt dans une société, est établie par les registres de cette compagnie, les héritiers ne peuvent pas alléguer que leur auteur les avait cédées par un acte sous seing privé tenu secret, alors qu'ils en ont fait le transfert en leur nom à titre de partage (Cambrai 22 déc. 1856, 1278 R.P., 11734 C., 17108 J.E.).

**16954. Reprises. — Dot simulée.** — Si le contrat de mariage porte que l'un des futurs s'est constitué une somme en deniers comptants, on ne peut refuser les droits de mutation par décès sur cette somme, en alléguant que cette constitution a été simulée, car aucune preuve ne peut être admise contre et outre le contrat de mariage (Dél. 27 oct. 1836; — Rouen 27 fév. 1834, 11632 J.E., D.N. t. 12 p. 360 n° 982). Cette question se trouve plus amplement discutée ci-dessus au chapitre des justifications de reprises n° 16818

**16955. Immeubles vendus.** — Il a été jugé: 1° par le tribunal de Saint-Girons, le 21 décembre 1849, que, lorsqu'à la demande des droits de mutation par décès sur la valeur d'immeubles qui appartenaient au *de cujus* d'après des titres et le rôle de la contribution foncière et qui n'ont pas été compris dans la déclaration de sa succession, les héritiers répondent qu'il les avait aliénés, ils sont tenus de prouver cette allégation, et il ne leur suffit pas d'affirmer que le prix a été compris dans les valeurs mobilières déclarées ;

2° Par le tribunal de Sarlat, le 31 décembre 1856 (16449 J.E.), que, lorsque l'Administration réclame les droits de mutation par décès sur un immeuble qu'elle prétend dépendre d'une succession, en se fondant sur un acte constatant l'acquisition que le défunt avait faite de cet immeuble, sa demande ne peut être repoussée que par la production d'un titre authentique contenant la preuve que cet immeuble avait cessé de reposer sur la tête du défunt;

3° Par le tribunal de Pontarlier, le 1er mars 1856 (16392 J.E., 15926 J.N.), que le légataire universel ne peut se dispenser de comprendre dans sa déclaration des immeubles que le défunt a désignés dans des actes authentiques comme étant sa propriété, en alléguant, sans en fournir la preuve, que ces immeubles n'avaient pas appartenu à son auteur.

**16956. Compte.** — Jugé encore que, s'il est établi, par l'acte de liquidation et partage d'une communauté entre époux, que les valeurs mobilières dépendant de la succession de la femme, sont supérieures à la somme portée dans la déclaration, il y a omission passible du double droit. — Les héritiers ne peuvent se soustraire au payement de ce double droit, en alléguant que les valeurs proviennent, pour la plus grande partie, d'une autre succession qui leur est échue personnellement, et qu'elles étaient restées entre les mains du mari de la défunte, lequel avait négligé d'en rendre compte (Bar-sur-Aube 18 déc. 1839, 317 B. C.).

**16957. Acte sous seing privé n'ayant pas date certaine.** — En ce sens, la Cour de cassation a rendu, le 27 mars 1854 (2015 § 4 I. G.), un arrêt dans lequel on lit : « Attendu, au fond, que le demandeur a offert de prouver, par la production d'un acte de l'an 8, que la différence entre les deux déclarations de 1827 et de 1851 résultait d'une erreur qui n'était pas de son fait; attendu que la Régie, acceptant ce moyen de défense, a demandé la production de l'acte dont on lui opposait le contenu, dûment régularisé et enregistré, et que le demandeur ayant refusé de soumettre à la formalité de l'enregistrement l'acte dont il s'agit, c'est avec raison et par une juste application de la loi que le tribunal de Saint-Jean-d'Angély l'a débouté de son opposition à la contrainte et condamné à payer les droits exigés par cette contrainte. » — *V.* 16180.

**16958. Créances.** — Les parties ne peuvent détruire la preuve d'une omission de sommes que l'Administration fonde sur des titres authentiques qu'en fournissant des pièces justificatives à l'appui d'une déclaration supplémentaire, que l'Administration pourra admettre ou contester (Seine 5 déc. 1849, 14877-2 J.E.).

Elles ne peuvent prétendre, sans en rapporter la preuve, que des créances appartenant au défunt ont été cédées par lui avant son décès (Grenoble 27 déc. 1847, 14460-2 J.E.).

Mais le tribunal de Rethel a jugé, le 27 août 1852 (15528 J.E.), que lorsqu'on n'a pas désigné dans la déclaration une créance qui appartenait à la succession, le tribunal peut admettre, sur des pièces qui sont présentées, que cette créance fait partie d'une plus forte qui a été déclarée, et que par suite il n'y a pas d'omission. « Considérant qu'un document qui mérite confiance constate qu'une somme de 300 francs avait été versée par le sieur Doyen-Lelièvre, le 22 août 1849, entre les mains du notaire chargé de recevoir pour la dame veuve Glad; considérant que le même document constate que ce notaire avait oublié de faire connaître ce versement à l'héritier de la dame veuve Glad ou à son mandataire; considérant que cette somme de 300 francs, les intérêts produits jusqu'au jour du décès de la dame veuve Glad et la somme de 948 fr. 07 cent. forment précisément la somme de 1,265 fr. 05 cent. que le mandataire du sieur de Guentz a déclaré et devait déclarer dans l'ignorance du payement de la somme de 300 francs ; considérant que cette identité des deux sommes et la confiance que l'on doit avoir dans l'exactitude du document précité portent à penser que la somme de 948 fr. 07 cent. cédée à Panis faisait partie de celle de 1,265 fr. 05 cent. déclarée au bureau de l'enregistrement; considérant d'ailleurs qu'on conçoit facilement que la plume ait tracé involontairement le mot *prêt* au lieu du mot *prix* ; mais que l'on ne concevrait pas la conduite du mandataire de Guentz, qui connaît parfaitement la loi, ainsi que la sagacité et la surveillance de l'Administration de l'enregistrement, si la somme cédée au sieur Panis eût été une créance distincte des 1,265 fr. 05 cent. précités; qu'en effet, il y aurait eu de sa part plus qu'une imprudence, et, on pourrait le dire, presque de la stupidité à faire un transport notarié et à donner ainsi le moyen infaillible de découvrir sa faute ; considérant ainsi qu'il paraît justifié suffisamment que la somme de 948 fr. 07 cent. a été déclarée au bureau de l'enregistrement comme faisant partie de celle de 1,265 fr. 05 cent.; qu'ainsi les poursuites et la contrainte de l'Administration en payement des droits simple et en sus pour défaut de déclaration de cette somme doivent être repoussées. »

**16959. Valeurs prétendues étrangères.** — Lorsque l'Administration a prouvé par des actes opposables aux héritiers qu'ils ont recueilli dans la succession de leur auteur des valeurs mobilières supérieures à celles de la déclaration de succession, il ne leur suffit pas d'objecter sans en fournir la preuve que l'excédant se rapporte à des valeurs étrangères exemptes d'impôt en France. « Attendu que permettre aux débiteurs de se retrancher, en présence d'une preuve atteinte, derrière une simple allégation, ce serait paralyser complétement le droit de contrôle de la Régie, qui, alors même que, comme dans l'espèce, elle serait armée d'une preuve invincible résultant d'actes authentiques, se verrait repoussée par une simple allégation toujours facile à la fraude et à la mauvaise foi » (Avesnes 21 fév. 1868, 2663 R. P.).

## TITRE XI. — RESTITUTION. — PRESCRIPTION

[16960]

**16960. Renvoi.** — Nous pouvons, en ce qui concerne la restitution des droits de succession qui auraient été indûment perçus, nous contenter de rappeler ici que l'on trouvera au mot *Restitution* les règles qui serviront à résoudre toutes les questions qui pourront se présenter.

En renvoyant au mot *Prescription*, nous faisons la même remarque que ci-dessus pour les questions relatives à la prescription.

# SUPPLÉMENT DE DROIT.

**16961.** — On entend par supplément de droit la somme réclamée par l'Administration de l'enregistrement en cas de perception insuffisante.

**16962. Observation.** — Toutes les questions relatives à cette matière ont été traitées sous les divers mots de ce dictionnaire au fur et à mesure qu'elles se sont présentées; nous n'avons ici qu'à réunir quelques solutions spéciales.

**16963. Abandonnement. — Évaluation provisoire.** — Si les biens abandonnés ne sont pas évalués, l'estimation qui leur est donnée par le failli, pour la perception des droits d'enregistrement, doit être considérée comme provisoire. Et lorsque la valeur en est déterminée d'une manière définitive, il y a lieu ou d'exiger un supplément, ou de restituer ce qui a été perçu en trop.

V. *Abandon.*

**16964. Acte judiciaire.** — Les suppléments de droits exigibles sur les actes judiciaires peuvent être réclamés aux parties qui ont figuré à l'acte.

V. *Acte judiciaire.*

**16965. Acte notarié.** — Les suppléments de droits exigibles sur les actes notariés doivent être réclamés aux parties et non aux notaires.

Il en est de même des droits des actes mentionnés ou énoncés. — V. *Acte notarié.*

**16966. Acte nul et refait.** — Lorsque, *sans nover* leur contrat, les parties le refont, en apportant des changements à l'obligation préexistante, et que ces changements consistent dans l'augmentation du capital de la dette, il n'y a pas deux obligations différentes, mais une seule ayant deux *titres*, dont le second est le *supplément* du premier en tout ce qu'il a de différent, et la *répétition* en ce qu'il a de semblable. — Dans ce cas, si le droit a été perçu sur le premier titre, il ne devient exigible qu'à raison de l'augmentation que le second apporte à l'obligation. — Si l'obligation première n'a supporté aucun droit, le droit est exigible sur toute la somme portée dans le second acte et à raison de la convention qu'il renferme, l'obligation primitive se trouvant reproduite dans la seconde. — V. *Acte nul et refait.*

**16967. Acte annulé.** — Quand un acte a été annulé en justice avant le payement du droit, ces droits sont-ils néanmoins exigibles? — V. *Résolution* n° 14450.

**16968. Acte sous seing privé.** — Le supplément de droit à exiger sur un acte sous seing privé peut être réclamé au créancier, comme à toute autre partie ayant figuré au contrat, qu'elle soit ou non débitrice. — V. *Acte sous seing privé.*

1. DÉBITEURS DIFFÉRENTS. — Lorsqu'un créancier a reçu le solde de sa créance d'un acquéreur qui n'a payé l'intégralité de son prix et que le droit n'a été perçu que sur ce solde, c'est au débiteur originaire qu'il faut réclamer le supplément dû et non perçu sur le surplus de la créance dont aucun titre ne justifie la libération. — V. *Acte sous seing privé.*

2. FOI DUE AUX ENREGISTREMENTS. — Nous avons examiné ailleurs la question de savoir si les enregistrements pouvaient être opposés aux débiteurs pour justifier la réclamation de suppléments de droits. — V. *Enregistrement.*

**16969. Avoué. — Command.** — L'avoué enchérisseur dans une adjudication devant notaire commis ne peut pas être poursuivi en payement d'un supplément de droit exigible sur la déclaration (Seine 25 déc. 1848, 13657 J.N.). — V. 3962.

**16970. Bail.** — Lorsque, dans un bail, le droit a été perçu sur le prix stipulé et le quart en sus, s'il était ensuite prouvé, dans les deux ans, par un extrait du rôle, que la contribution dépasse le *quart*, on serait fondé à réclamer un *supplément* du droit. — V. *Bail.*

**16971. Cautionnement.** — Lorsque deux personnes ont acquis solidairement un immeuble moyennant 20,000 francs, et qu'un acte postérieur établit que la part de l'un d'eux dans cette acquisition a été de 19,900 francs et celle de l'autre de 100 francs, on est en droit de réclamer le droit de cautionnement sur 19,900 francs. — V. *Cautionnement.*

Si un notaire a déclaré se porter caution de toutes les obligations sur hypothèque passées dans son étude au profit d'un de ses clients, et que le droit de cautionnement soit perçu sur cet acte, d'après une déclaration estimative des obligations, un supplément de droit est exigible à raison de l'insuffisance que l'on reconnaîtrait postérieurement avoir existé dans cette déclaration (*Idem*).

**16972. Colonies.** — Les actes qui viennent des colonies où l'enregistrement est établi doivent seulement acquitter un supplément de droit fixe égal à la différence existant entre les droits qui auraient été perçus s'ils eussent été passés en France, et ceux qu'ils ont supporté dans les colonies. — V. *Acte passé à l'étranger.*

1. PRESCRIPTION. — Lorsqu'il s'agit d'un acte enregistré dans les colonies, la prescription biennale déterminée par l'art. 61 L. 22 frimaire an 7 n'est pas applicable au supplément de droit à exiger, attendu qu'il n'y a eu, au moment de l'enregistrement, ni omission, ni insuffisance de perception. La seule prescription qui régisse les droits à réclamer est la prescription trentenaire. — *V.* 1417.

**16973. Commissaire-priseur.** — Les suppléments de droit d'enregistrement sur les ventes publiques de meubles doivent être réclamés aux parties lorsque les commissaires-priseurs ou les autres officiers publics qui y ont procédé ont rendu leurs comptes, sauf le cas où les droits auraient été éludés par fraude ou par toute autre cause du fait de ceux-ci. — V. *Adjudication.*

**16974. Compensation.** — Du moment qu'une perception est faite et qu'elle contient une double erreur, la double erreur donne naissance à la dette de la partie envers l'Administration pour *insuffisance* de perception, et à la dette de l'Administration envers la partie pour *excédant*. Ces deux dettes s'éteignent donc, jusqu'à concurrence du montant de la *moindre*, à l'instant même où elles existent. Ainsi, au moyen de cette compensation, il n'y a pas de prescription à interrompre. — V. *Compensation.*

**16975. Condamnation.** — Il en est des dommages-intérêts comme des condamnations ordinaires. Lorsqu'il s'agit d'une décision judiciaire réformée, le droit proportionnel n'est exigible sur la nouvelle décision qu'autant qu'il y a supplément de condamnation. — V. *Jugement.*

**16976. Coupes de bois de l'État.** — En matière de vente de coupes de bois de l'État, le droit doit être provisoirement établi sur les quantités de bois qui sont comprises dans l'adjudication ; il est définitivement réglé d'après les procès-verbaux de récolement. Le droit, en cas de surmesure, est dû sur le prix de l'excédant. — *V.* 1713.

**16977. Donation alternative.** — L'acte par lequel des immeubles sont délivrés au donataire n'est passible que du droit réglé pour les *donations* d'immeubles, en imputant sur ce droit celui qui a déjà été perçu pour l'acte primitif ; et la modération des droits dont jouissent les donations par contrat de mariage s'applique à l'acte de délivrance des immeubles toutes les fois que cette délivrance a lieu en vertu d'une donation alternative consentie par contrat de mariage en faveur des futurs. — *V.* 5272.

**16978. Effet de commerce.** — Lorsqu'un effet est souscrit sur un timbre inférieur à celui qui devait être employé, le droit proportionnel est dû sur la somme exprimée dans l'effet, en comptant pour 100 francs toute fraction de 100 francs ; mais on doit imputer sur le montant de ce droit celui qui a été acquitté pour le timbre inférieur, et n'exiger que la différence. — *V.* 7197.

**16979. Effet rétroactif.** — La rétroactivité ne saurait être étendue à l'excédant d'un droit déjà liquidé avant la publication d'une loi nouvelle, ni aux dispositions pénales contenues dans cette loi. — *V.* 7450.

Le supplément de droit à payer pour insuffisance d'une perception n'est que le complément des droits résultant de l'acte, et doit être liquidé d'après la loi en vigueur lors de son enregistrement (Sol. 2 germ. an 10, Cod. ann. 3e édit. 3822).

**16980. Expertise.** — Les frais de l'expertise sont à la charge de l'acquéreur, mais seulement lorsque l'estimation excède d'un huitième au moins le prix énoncé au contrat.

L'acquéreur est tenu, dans tous les cas, d'acquitter le droit sur le supplément d'estimation, s'il y a une plus-value constatée par le rapport des experts.

V. *Expertise* et *Instance.*

1. BUREAU. — Les suppléments de droits exigibles par suite de l'insuffisance constatée dans le prix d'une vente d'immeubles doivent être acquittés au bureau de la situation des biens et non pas au bureau d'où dépend le notaire qui a reçu l'acte. — *V.* 975.

**16981. Exploit.** — Si, par suite d'une contrainte décernée pour une somme de 100 francs, sauf à augmenter ou diminuer, on recouvre une somme plus forte, il n'y a pas lieu d'exiger le droit d'enregistrement de la signification qui a reçu la formalité *gratis*. — *V.* 898.

**16982. Folle enchère.** — En matière de folle enchère lorsque le prix de la revente est supérieur au prix de la première adjudication, le nouvel adjudicataire doit payer le droit sur la différence entre la première et la seconde vente. Il ne se trouve libéré que jusqu'à concurrence des droits payés par le fol enchérisseur. — *V.* 1762.

1. LICITATION. — Si le fol enchérisseur est un colicitant qui n'avait payé que 4 pour 100 sur ce qui excédait *sa part* dans les immeubles par lui acquis, et que l'adjudicataire sur folle enchère soit un étranger, celui-ci devra un supplément de 1 fr. 50 cent. pour 100 en sus des droits payés par le colicitant, et 5 fr. 50 cent. pour 100 sur la portion d'immeubles qui, se confondant avec la part du colicitant, n'avait supporté aucun droit. — *V.* 1765.

**16983. Greffier.** — Par une règle commune aux greffiers et aux notaires (*V.* 1013), lorsque le greffier a payé le droit qui lui a été réclamé, il a satisfait à la loi, et l'Administration n'a plus aucune action contre lui pour le payement d'un supplément de droit ultérieurement reconnu exigible. — *V.* 793.

1. INSCRIPTION AU ROLE. — Si une erreur est commise dans l'inscription au rôle, c'est le greffier qui en est responsable, ainsi que l'insuffisance de perception du droit de mise au rôle est à sa charge. — *V.* 9219.

**16984. Journal.** — Le droit de timbre exigible sur les suppléments de journaux se percevait d'après des règles générales que nous avons fait connaître sous les mots : *Affiches.* — *Avis.* — *Journaux.*

**16985. Jugement.** — Quand la perception faite sur un jugement n'a été que provisoire, faute par les parties d'avoir fait avant l'enregistrement la déclaration estimative nécessaire, l'Administration peut exiger, dans les deux ans de l'enregistrement, la déclaration définitive (Cass. 4 mars 1823). — *V.* 10675.

**16986. Notaire.** — La loi, en imposant aux notaires l'obligation d'acquitter personnellement les droits des actes qu'ils présentent à la formalité, a eu pour but d'éviter au Trésor tout retard dans la perception de ces droits. Mais quand l'acte, après le payement des droits réglés par le receveur, a reçu la formalité, les devoirs du notaire sont à cet égard entièrement remplis.

L'art. 29 L. 22 frimaire an 7 dit, en effet : *les droits des actes à enregistrer seront acquittés par les notaires.* On doit donc admettre pour constant que toute action en payement d'un droit non perçu sur une disposition dans un acte, ou d'un supplément de perception insuffisamment faite, doit être dirigée *contre les parties.* — *V.* 1013.

1. EXPERTISE. — Les suppléments de droit sur les actes de ventes d'immeubles passés devant notaire, après insuffisance constatée par expertise, doivent être acquittés par les parties aux bureaux dans l'arrondissement desquels les biens sont situés, *quelle que soit la résidence* du notaire. — *V.* 975.

**16987. Parties.** — Toute action pour payement d'un droit non perçu sur une disposition dans un acte, ou d'un supplément de perception insuffisamment faite, doit être dirigée contre les parties, et non contre l'officier public rédacteur de l'acte (D. m. f. 7 juin 1808, 386 § 28 I. G.).

Les parties sont indistinctement tenues. — *V.* 1529.

1. RECOURS. — Le receveur qui a été forcé en recette et qui a dû payer de ses deniers le supplément de droit a un recours contre les parties pour obtenir le remboursement de son avance (Cass. 17 mess. an 11).

« Considérant, porte cet arrêt, qu'aucune loi ne privant les receveurs de l'enregistrement, forcés en recettes par suite d'une perception insuffisante, du recours que, tant que la prescription n'est pas acquise, ils ont naturellement contre le redevable auquel ils n'ont, par erreur, fait payer qu'une partie du droit réellement dû, le tribunal qui a rendu le jugement attaqué n'a pu, sans faire une disposition législative et commettre ainsi un excès de pouvoir, juger Manceau quitte envers le receveur, sous prétexte qu'en se présentant à son bureau, il a payé toute la somme que celui-ci lui a demandée. »

**16988. Prescription.** — La prescription de deux ans ne peut atteindre que le supplément de droit résultant d'une perception qui n'a pas été ce qu'elle aurait dû être. Elle n'éteint pas le supplément qui prend sa source dans cette circonstance que le droit primitif, n'ayant pu être réglé que provisoirement, avait été ce qu'il devait être. — V. *Prescription.*

1. POINT DE DÉPART. — La prescription biennale, pour la demande en restitution d'un supplément de droit d'enregistrement indûment perçu, ne court pas du jour de l'enregistrement de l'acte qui y a donné lieu, mais seulement du jour où ce supplément a été payé.

C'est à compter du jour de l'enregistrement, pour la demande d'un *droit non perçu* sur une *disposition particulière* dans *un acte*, ou d'un supplément de perception insuffisamment faite, que court la prescription. — V. *Prescription.*

**16989. Prêt sur dépôt.** — Lorsqu'un prêt sur dépôt d'actions industrielles a été enregistré au droit fixe, parce que l'emprunteur avait pris la qualité de commerçant, et que plus tard un jugement constate que cette qualité était usurpée et que l'obligation n'avait eu pour but *que des opérations toutes civiles,* le droit proportionnel d'obligation sur le prêt sur dépôt peut être réclamé dans les deux ans du jugement. — *V.* 13109-1.

**16990. Remise d'amende sous condition. — Huissier.** — L'huissier qui a obtenu une remise d'amendes encourues pour contravention à l'art. 42 L. 22 frimaire an 7, sous la condition de payer les droits d'enregistrement et de timbre des actes énoncés, et qui a satisfait à cette condition, est tenu au payement des suppléments de droits qui pourraient être reconnus exigibles par suite d'une fausse liquidation au moment de l'enregistrement des actes (Seine 14 janv. 1852, 15458 J.E.).

**16991. Résolution.** — Si un acte a été annulé avant le payement des droits supplémentaires exigibles, l'action de l'Administration est éteinte. — V. *Résolution* n° 14450.

**16992. Successions. — Vente de meubles.** — Lorsque le mobilier d'une succession a été décrit et estimé dans un inventaire, puis vendu aux enchères, *postérieurement* la déclaration des héritiers, l'Administration peut-elle réclamer un supplément de droit, si le prix de vente est supérieur à l'estimation qui a servi de base à la déclaration? — V. *Succession.*

**16993. Sursis.** — Un tribunal qui surseoit à statuer au sujet d'un supplément de droit d'enregistrement réclamé sur un acte de vente, jusqu'à ce qu'il soit intervenu un jugement sur une contestation existante entre les parties contractantes relativement à la validité de cet acte, contrevient à l'art. 59 L. 22 frimaire. — De même un tribunal saisi d'une demande en supplément de droits d'enregistrement, formée par l'Administration au sujet des biens acquis pour travaux d'utilité publique, ne peut surseoir à statuer jusqu'après le bornage prévu dans le cahier des charges de l'entreprise. — *V.* 5994.

**16994. Testament.** — Les droits supplémentaires exigibles sur un testament enregistré ne sauraient être réclamés à l'exécuteur testamentaire (Caen 31 janv. 1868). — V. *Testament.*

**16995. Vente de meubles.** — 1. PRIX PROVISOIRE. — S'il est démontré que le prix provisoire d'une vente de meubles s'est élevé à un chiffre supérieur, l'Administration peut réclamer un supplément de droit. — V. *Vente de meubles.*

2. DÉBITEUR DU DROIT. — Par qui sont dus les suppléments de droit exigibles sur les ventes publiques de meubles? — *V.* 1726.

**16996. Ventes d'immeubles.** — 1. PRIX PROVISOIRE. — Si le prix provisoire d'une vente d'immeubles est ensuite fixé à un chiffre supérieur, il est dû un supplément de droit. — V. *Vente d'immeubles.*

2. ARPENTAGE. — Il en est de même d'une vente faite à tant la mesure si l'arpentage révèle l'existence d'une contenance supérieure à celle déclarée. — V. *Vente d'immeubles.*

## SUPPLÉMENT DE PRIX.

**16997.** — On entend par supplément de prix tout ce qui est payé par un acquéreur ou un adjudicataire quelconque en sus du prix porté au contrat.

**16998. Acte refait.** — Quand un acte qui n'a pas été annulé judiciairement est refait entre les mêmes parties, le droit proportionnel n'est exigible que sur les suppléments de prix ou autres conventions nouvelles que le second acte renferme. — V. *Acte nul et refait.*

**16999. Bois et forêts.** — Une distinction essentielle est à faire entre les bris de réserve dans les coupes ordinaires et les brins brisés dans les coupes de futaies. Dans le premier cas, les arbres abattus par le fait de l'exploitation ne sont jamais laissés à l'adjudicataire. Dans le second cas, au contraire, les brins brisés lors de l'exploitation doivent être coupés et façonnés; ils sont ensuite abandonnés à l'adjudicataire aux prix fixés à l'avance dans le procès-verbal d'adjudication. Ainsi, les procès-verbaux qui constatent que les brins sont restés la propriété de l'adjudicataire ne doivent jamais être enregistrés au droit fixe. Ils sont passibles du droit de vente sur le supplément de prix à payer par l'adjudicataire.

1. SCIERIE DOMANIALE. — RÈGLEMENT ULTÉRIEUR. — Lorsqu'un adjudicataire a été autorisé à jouir d'une scierie domaniale moyennant le payement d'une somme fixée à tant le mille de planches sciées, le procès-verbal qui constate la quantité de planches sciées et la somme due par l'adjudicataire, donne incontestablement ouverture au droit de bail. Mais, pour la perception du droit, des distinctions sont à faire : si, un prix approximatif ayant été fixé dans le procès-verbal d'adjudication, ce prix a subi le droit de bail, le droit devra être perçu sur le supplément de prix que pourra constater le procès-verbal de fixation définitive. Dans le cas où le prix porté dans le second procès-verbal serait inférieur au prix provisoirement fixé, ce procès-verbal, qui paraît devoir toujours être soumis à la formalité, pour éclairer la religion de l'Administration, sera enregistré pour mémoire, puisque, au moyen de la taxe de 1 fr. 50 cent. pour 100 qu'il a acquittée au moment de son adjudication, l'adjudicataire s'est exonéré de tous les droits fixes des actes qui concernent l'adjudication. — Il est presque inutile de faire remarquer que si aucun prix n'avait été prévu, le droit de bail serait exigible sur la totalité du prix exprimé dans le procès-verbal définitif. — *V.* 3150.

2. PRODUITS DIVERS. — Lorsqu'un procès-verbal constate les résultats façonnés d'un nettoiement, la livraison de certains produits qui, d'après le procès-verbal d'adjudication, devaient être délivrés à l'adjudicataire après leur exploitation et façonnage, et moyennant un prix, à tant la mesure, fixé à l'avance, les droits à percevoir dans cette hypothèse sont ceux de vente sur tout ce qui excède le prix approximatif qui aura pu être fixé dans le procès-verbal d'adjudication et qui aura subi le droit d'enregistrement. — *V.* 3156-1.

**17000. Cautionnement.** — Lorsqu'un procès-verbal de réception de travaux constate que des travaux ont été exécutés en sus de ceux prévus au devis, le droit de cautionnement n'est pas dû à raison des travaux supplémentaires constatés. La caution, dans cette espèce, n'ayant eu en vue que les travaux compris dans la première adjudication, ne peut être engagée pour les travaux supplémentaires. — V. *Cautionnement*.

**17001. Communauté entre époux.** — 1. PROPRE IMMOBILIER. — Lorsque l'un des époux a acquis un héritage à vil prix avant son mariage et qu'il est obligé de fournir un supplément de prix, ce supplément ne fait pas entrer l'immeuble en communauté; il oblige seulement à une récompense envers la communauté. Sans doute, l'action en rescision que l'on avait tendait à dépouiller l'époux de l'immeuble; mais, comme il le conserve, son titre ou la cause de l'acquisition se reporte au temps qui a précédé la communauté. — *V.* 4353.

2. PROPRE MOBILIER. — Dans un autre ordre d'idées, doit être considéré comme propre mobilier de l'époux propriétaire de l'immeuble aliéné le supplément de prix qu'un acheteur, dans le cas d'une vente faite à vil prix par l'époux et que celui-ci fait rescinder, payerait pour échapper à l'éviction. — *V.* 4339.

3. RÉSILIATION. — Lorsque l'un des deux époux qui avait aliéné un immeuble propre rentre en sa possession en vertu d'une résiliation consentie par l'acquéreur moyennant une augmentation de prix ou à de nouvelles conditions, la rentrée en possession a le caractère d'une véritable rétrocession; c'est une nouvelle vente que l'acquéreur fait de l'immeuble à l'époux qui le lui avait vendu. Celui-ci n'en redevient ainsi propriétaire qu'en vertu d'un nouveau titre d'acquisition; la date de l'ancien titre est sans influence, et, le nouveau titre ayant eu lieu pendant le mariage, l'immeuble est conquêt.

**17002. Déclaration.** — L'acte par lequel les parties ou l'une d'elles reconnaissent l'existence d'une simulation de prix dans un contrat autorise-t-elle le recouvrement des droits? — V. *Expertise*.

**17003. Délaissement.** — Lorsque, pour éviter l'action en délaissement, l'acquéreur d'un immeuble paye une somme au créancier inscrit, ce payement ne constitue pas un supplément de prix; il n'est passible que du droit de 50 centimes pour 100 (Dél. 22 mai 1829, 1293 § 9 I. G.).

**17004. Désistement.** — Le droit de quittance est seul exigible sur la transaction par laquelle le vendeur se désiste, moyennant une somme payée, d'une action en rescision du contrat de vente. — V. *Transaction*.

Si la somme n'est pas payée comptant, le droit d'obligation est exigible (*loc. cit.*).

**17005. Jugement.** — Le droit de 50 centimes pour 100 est exigible sur un jugement qui condamne un individu à payer un supplément de prix de vente, et ce droit est indépendant de celui qui est dû sur le supplément (Seine 15 déc. 1824, 1200 § 26 I. G.). — V. *Jugement*.

**17006. Marché.** — L'art. 1793 C. C. veut que, lorsqu'un architecte ou un entrepreneur s'est chargé de la construction à forfait d'un bâtiment, d'après un plan arrêté et convenu avec le propriétaire du sol, il ne puisse demander aucune augmentation de prix, ni sous le prétexte de l'augmentation de la main-d'œuvre ou des matériaux, ni sous celui de changements faits sur le plan, si ces changements ou augmentations n'ont pas été autorisés par écrit et le prix convenu avec le propriétaire.

Si le propriétaire consentait à l'augmentation demandée par suite d'augmentation de salaires d'ouvriers ou de valeurs des matériaux, le droit de marché serait incontestablement exigible sur le supplément de prix à payer. Il en serait de même si un devis supplémentaire était dressé et que le propriétaire en acceptât les conditions. — V. *Acte administratif*.

Lorsque les marchés ou adjudications pour fourniture, construction, entretien ou réparation, portent sur des objets dont le nombre et la quantité dépendent de certaines circonstances, ou dont le prix réel ne peut être connu qu'après l'exécution de la convention, le droit d'enregistrement doit être établi d'après une déclaration estimative faite par les parties, mais l'Administration est fondée à répéter ultérieurement un supplément de droit *si des documents publics ou administratifs fournissent* la preuve que l'importance effective du marché est plus grande que celle qui a été déclarée pour la liquidation du droit proportionnel.

**17007. Prescription.** — A partir de quelle date court la prescription applicable aux droits exigibles sur le supplément de prix reconnu par les parties ? — V. *Prescription*.

**17008. Rescision.** — La cession par le vendeur à un tiers de son action en rescision contre l'acquéreur est passible du droit de 5 fr. 50 cent. pour 100. — V. *Action*.

**17009. Surenchère. — Premier acquéreur adjudicataire définitif.** — C'est l'adjudication sur surenchère et non le contrat volontaire de vente qui fixe le prix de l'immeuble pour la perception du droit d'enregistrement. En conséquence, lorsque l'immeuble surenchéri est adjugé au premier acquéreur, le droit de 5 fr. 50 cent. pour 100 est exigible sur le supplément de prix, attendu que le jugement substitue un prix nouveau et des conditions nouvelles au contrat primitif qui a été effacé ou modifié (Cass. ch. civ. 3 juill. 1849, 13786 J. N., 14760 J. E., 1844 § 3 I. G., S. 49-1-650). On peut consulter dans le même sens l'I. G. 233 et une Sol. 13 juin 1830 (10330 J. E.). — *V.* n° 1781 note.

1. SUPPLÉMENT PAYÉ AU VENDEUR. — Une Dél. 17 fév. 1832 (10275 J. E.) porte que l'adjudicataire surenchéri qui, pour éviter l'effet de la surenchère, consent à payer un supplément de prix au vendeur doit supporter le droit de mutation sur ce supplément, puisque, si la surenchère avait eu son cours, elle aurait eu un supplément de prix pour résultat (*V.* dans le même sens Champ. et Rig. n° 2158).

2. SUPPLÉMENT PAYÉ AU CRÉANCIER. — Même décision si, au lieu du vendeur, c'est au créancier hypothécaire qu'une somme égale au montant de la surenchère est payée pour qu'il se désiste de sa surenchère (Cass. 17 mars 1806).

## SURCHARGE.

**17010.** — Il ne doit point y avoir de surcharge dans le corps des actes notariés, et les mots surchargés sont nuls. — V. *Acte notarié.* — V. aussi *Servitude.*

## SURENCHÈRE.

**17011.** — L'adjudication sur surenchère est celle qui a lieu lorsqu'un tiers fait une offre supérieure au prix d'une précédente aliénation. — *V.* 1771 et suiv.

## SURSIS.

**17012.** — Se dit de la suspension d'une action quelconque, comme lorsque l'on surseoit à des poursuites tendant à l'exécution d'un jugement.

**17013. Consentement.** — Le consentement donné dans un jugement à ce qu'il soit *sursis* à son exécution n'opère pas de droit particulier (Sol. 8 mai 1830, 9638 J. E.).

**17014. Justice de paix.** — Le jugement de *juge de paix* par lequel il est *sursis* à prononcer jusqu'après décision au fond par les tribunaux compétents est passible du droit de 2 francs (3 fr.) (Sol. 12 déc. 1830, 9850 J. E.).

## SUSCRIPTION.

**17015.** — L'acte de suscription est celui par lequel le testateur qui a fait un testament mystique en fait la présentation et le dépôt à un notaire. — V. *Acte de suscription.*

## SYNAGOGUES.

**17016.** — Les synagogues consistoriales des israélites sont des établissements publics capables d'acquérir les biens nécessaires à l'entretien des temples et aux frais du culte (Déc. 17 mars 1808, art. 12), surtout depuis la loi du 10 février 1831, qui a salarié aux frais de l'État les ministres du culte israélite.

**17017. Communication.** — Il résulte de là que le Déc. 4 messidor an 13 leur est applicable, en ce sens que ces établissements doivent communication de leurs registres et pièces de comptabilité. — V. *Communication.*

**17018. Places.** — Au sujet des adjudications de places dans les synagogues, où les places sont une portion de la propriété, un démembrement de l'immeuble, transmissible de famille à famille, de personne à personne, et susceptible de tous les effets résultant de la mutation des immeubles, l'Administration a décidé que cette adjudication donne lieu aux mêmes droits que les adjudications de biens immeubles (Sol. 13 déc. 1830, 9803 J. E.).

Mais la Cour de cassation a une doctrine différente. Elle a jugé que si les places dans une synagogue sont adjugées aux membres d'une communauté juive, moyennant des prix différents suivant la nature des places, il y a lieu à composer la masse partageable du produit général de la licitation, à la diviser également entre tous les adjudicataires et à établir, s'il y a lieu, les droits de soulte *mobilière* d'une place envers l'autre, attendu que, bien que ces places soient adjugées en toute propriété, l'acte ne constitue que la distribution ou l'usage d'un objet appartenant à la communauté, distribution qui laisse subsister la propriété de la communauté. Ce principe s'oppose à ce que le droit de vente immobilière soit perçu sur l'acte postérieur par lequel un membre de la communauté pourrait faire cession de sa place (Cass. 8 mars 1836, 11459 J. E.). — V. *Bail.*

## SYNDIC.

**17019.** — Mandataire chargé des affaires d'une communauté d'individus, d'une union de créanciers, d'une faillite.

# T

## TACITE RECONDUCTION.

**17020.** — C'est le nouveau bail qu'on présume être tacitement intervenu entre les parties lorsqu'après l'expiration d'un précédent bail le preneur a continué de jouir de la chose et que le bailleur l'a souffert.

V. *Bail.*

## TAILLE.

**17021.** — Moyen imaginé pour suppléer à l'écriture, pour se rendre compte plus facilement et plus vite de certaines fournitures minutieuses qu'il serait très-gênant de consigner par écrit.

Ce moyen consiste en un petit bâton fendu en deux et sur les deux parties duquel, rapprochées l'une de l'autre, on fait des entailles pour constater la quantité de marchandises livrées ou fournies.

Le marchand et l'acheteur tiennent chacun une partie de ce morceau de bois. Celle qui est entre les mains du premier s'appelle proprement *Taille*, l'autre se nomme *Échantillon.*

**17022. Preuve.** — Les tailles corrélatives à leurs échantillons font une preuve complète entre les parties. Elles forment une espèce de preuve littérale (Pothier n° 730).

Elles font foi, même contre les créanciers du débiteur commun, en cas de faillite ou de déconfiture, et donnent ainsi au fournisseur le droit de venir, soit par contribution, soit même par privilége, avec les autres créanciers (2101 et 2104 C. C.).

**17023. Enregistrement.** — Il est évident qu'on ne peut faire enregistrer une taille. Si donc des difficultés s'élevaient entre le fournisseur et l'acheteur et que la justice fût saisie, la taille pourrait être mentionnée dans les actes de procédure et l'on considérerait alors la convention comme verbale.

## TAXE.

**17024.** — Fixation, par un juge, des salaires et émoluments dus aux officiers ministériels, aux experts, etc.

**17025. L'état des frais ne devient un acte que lorsqu'il a été taxé.** — Une D. m. f. 11 juin 1818 (6505 J.E.) porte qu'il n'y a pas de contravention à recevoir une obligation résultant de frais non taxés, sans que les états et mémoires de frais soient enregistrés, parce qu'un état de frais n'est pas un acte, qu'il ne devient tel qu'après avoir été taxé par le juge, que rien ne prouve qu'il ait été certifié par l'avoué, et qu'enfin le titre de cet officier public se trouve dans les divers actes de son ministère qui composent le dossier de la procédure.

**17026. Tribunal de commerce.** — Devant les tribunaux de commerce, il n'est pas nécessaire de produire un état taxé pour obtenir la liquidation des dépens.

Mais si cet état a été fourni et qu'il ait été revêtu de la taxe du juge, il constitue un acte sujet au timbre (Sol. 23 nov. 1867).

**17027. Acte passé en conséquence.** — On trouvera au mot *Acte en conséquence* les règles qui gouvernent l'énonciation des taxes dans les actes publics rédigés en vertu de leurs dispositions.

**17028. Exécution de dépens. — Minute. — Délai. — Répertoire.** — D'après une D. m. f. et j. 1er décembre 1845 (n° 1984 I. G.), les exécutoires de dépens doivent être rédigés en minute.

Ce sont des actes judiciaires qui rentrent dans l'application des art. 20 et 49 L. 22 frimaire an 7, et, par conséquent, les greffiers sont tenus de les inscrire à leur date sur le répertoire et de les présenter à l'enregistrement dans le délai de vingt jours (D. m. j. 21 janv. 1859, 2158 J. E., 1213 R. P.).

**17029. État de dépens. — Délai. — Répertoire.** — Lorsque les états de dépens adjugés sont remis par les avoués aux greffiers avant l'enregistrement des jugements ou arrêts, le montant de la liquidation de ces dépens doit être compris dans le dispositif, et il sert ainsi de base à la perception des droits. Dans ce cas, l'enregistrement des états n'est pas obligatoire.

Mais si les états de frais, en matière ordinaire, sont déposés au greffe après l'enregistrement des jugements ou arrêts et avant la délivrance des expéditions, comme ils doivent être signés tant du juge taxateur que du greffier, aux termes de l'art. 5 Déc. de 1807, ils sont sujets à l'inscription au répertoire à la date de la taxe, et, dans les vingt jours, à l'enregistrement.

Le droit exigible est de 50 centimes pour 100 francs, au minimum de 1 fr. 50 cent.

Lorsque, en matière ordinaire, un jugement ou un arrêt est présenté à l'enregistrement avant que les dépens aient été liquidés, le receveur ne doit pas exiger de déclaration estimative, ni évaluer approximativement les frais pour la perception des droits de condamnation ou de liquidation.

Ce droit sera perçu, comme il a été dit ci-dessus, soit sur l'état de frais taxé avant la délivrance de l'expédition du jugement ou de l'arrêt, soit sur la minute de l'exécutoire, rédigée après cette délivrance (D. m. j. 21 janv. 1859, 2158 J.E., 1214 R.P.).

**17030. Mémoire de frais. — Officiers publics.** — Les mémoires des frais dus aux avoués ou autres officiers ministériels, par les parties pour lesquelles ils ont occupé ou instrumenté, ne deviennent pas, même après la taxe du juge, des titres exécutoires. Suivant l'art. 9 Déc. 17 février 1807, les officiers ministériels ne peuvent s'en servir que pour requérir contre leurs clients un jugement de condamnation.

Il s'ensuit que le droit proportionnel n'est point exigible. Les mémoires doivent seulement être enregistrés au droit fixe de 1 franc (1 fr. 50 cent.), avant d'être transcrits en tête des assignations (D. m. j. 21 janv. 1859, 2158 J.E., 1215 R.P.).

La question avait été décidée en ce sens par des jugements de Pontoise du 14 novembre 1854, de Chinon du 17 novembre 1855, et de Dreux du 30 janvier 1856.

**17031. État taxé. — Vente judiciaire. — Enregistrement.** — Dans le cas où le jugement d'adjudication ne contient que la mention de la taxe, il n'y a pas lieu d'exiger qu'un état de frais soit enregistré.

Si le montant de la taxe est énoncé soit dans le cahier des charges, soit dans d'autres actes préliminaires *rédigés par les avoués*, il y a usage de la taxe dans le sens de l'art. 23 L. 22 frimaire et Cass. 7 novembre 1853 (1999 § 1er I.G., S. 53-1-761, 9 R.P.).

Dans ce cas, la taxe ne conférant pas un titre exécutoire, n'est passible que du droit fixe de 1 franc (1 fr. 50 cent.) (D. m. j. 25 juill. 1859, 2158 I.G., 1216 R.P.).

# TESTAMENT.

DIVISION



SOMMAIRE

# TITRE PREMIER. — PRINCIPES CIVILS

[17032-17065]

## CHAPITRE PREMIER. — PRÉLIMINAIRES

[17032-17034]

**17032. Définition.** — Le testament est un acte par lequel le testateur dispose pour le temps où il n'existera plus de tout ou partie de ses biens.

**17033. Observation.** — La matière des testaments, dans son rapport avec la perception des droits, ne présente d'importance réelle qu'en ce qui concerne les legs. Or, c'est là un sujet que nous avons déjà épuisé, soit sous le mot *Legs*, soit sous le mot *Succession*.

Il ne nous reste donc rien à dire ici du testament au point de vue civil : aussi nous contenterons-nous d'une simple esquisse destinée à donner à nos lecteurs les notions générales les plus indispensables.

**17034. De la loi qui régit le testament.** — Quant à ses formes extérieures, le testament se règle, comme tout acte en général, par la loi existante au moment de sa confection (Toullier t. 5 n° 382).

En ce qui touche la disponibilité des biens, le sort des dispositions testamentaires est réglé par la loi en vigueur à l'époque du décès du testateur, et non par celle en vigueur à l'époque de la confection du testament (Riom 24 mai 1861, S. 61-2-481).

C'est pourquoi il a été jugé que, bien qu'un partage testamentaire ait acquis date certaine antérieurement à une loi d'enregistrement, les droits auxquels il donne ouverture sont exigibles suivant les lois en vigueur au moment du décès (Caen 7 août 1856, 720 R. P.; — Coutances 27 mai 1857, 878 R.P., 16561 J.E., 11128 C.). — *Suprà* n° 12649-3.

## CHAPITRE II. — CAPACITÉ POUR TESTER

[17035-17043]

**17035. Sanité d'esprit.** — Pour pouvoir valablement disposer par testament, il faut être sain d'esprit (901 C. C.). Cela doit s'entendre de l'époque de la confection du testament. Car le testament serait valable si le testateur, sain d'esprit au moment où il a testé, avait cessé de l'être au moment de son décès.

Réciproquement, peu importerait que le testateur eût été sain d'esprit à l'époque de son décès, si l'altération de ses facultés mentales le rendait incapable au moment où il a testé (Troplong nos 432 et 433).

**17036. Interdit.** — Autrefois on décidait que celui qui, à l'époque du testament, était interdit pour cause de prodigalité n'avait pas eu la sagesse nécessaire pour tester; mais cette cause, lors même qu'elle a motivé la dation d'un conseil judiciaire, ne suffit plus aujourd'hui pour établir qu'un testateur n'était pas sain d'esprit (Grenier n° 107, Toullier t. 5 n° 59, Duranton t. 8 n° 168).

**17037. Ab irato.** — Dans l'ancien droit, on pouvait également attaquer pour cause d'insanité d'esprit le testament fait sous l'inspiration d'une haine ardente contre la personne déshéritée.

Le Code civil n'ayant pas reproduit cette cause de nullité, il faut en conclure qu'un testament n'est pas nul par cela seul qu'il a été fait sous l'inspiration de la haine et de la colère. C'est ce que reconnaissent tous les auteurs.

**17038. Mineur.** — Le mineur parvenu à l'âge de seize ans peut disposer par testament, mais jusqu'à concurrence seulement de la moitié des biens dont la loi permet au majeur de disposer (904 C. C.), sauf cependant s'il s'agissait de son tuteur, auquel il ne peut rien donner dans le cas même où, étant devenu majeur, son tuteur ne lui a pas rendu compte définitif de sa tutelle (907).

L'incapacité de recevoir prononcée contre les tuteurs ne s'applique pas à ceux qui sont les ascendants des mineurs. Ainsi, il a été jugé que le legs universel, fait par un mineur de plus de seize ans, n'est valable que pour la moitié seulement, alors même qu'il n'est décédé qu'après avoir atteint sa majorité (Cass. 30 août 1820).

**17039. Femme mariée.** — La femme mariée n'a besoin ni du consentement du mari, ni d'autorisation de la justice pour disposer par testament (905 C. C.).

Cette disposition est applicable même à la femme mariée sous le régime de la *Coutume de Normandie*, qui exigeait l'autorisation du mari (Cass. 3 fév. 1814).

**17040. Aveugle.** — Un aveugle ne peut tester dans la forme mystique. C'est ce qui résulte littéralement de l'art. 978 C. C., qui porte « que ceux qui ne savent ou ne peuvent lire ne pourront faire de disposition dans la forme mystique; » mais il peut tester par acte public (Grenier n° 281), — et même par un testament olographe, dès qu'il peut écrire (Cass. 28 juin 1847, S. 48-2-216, Denizart *Test.* n° 160, Troplong t. 2 n° 540, Aubry et Rau t. 5 n° 487, Bayle-Mouillard t. 2 n° 282 note A, Demolombe t. 21 n° 71 *ter*).

**17041. Sourd. — Muet. — Sourd-muet.** — Il n'est pas douteux qu'un sourd ne soit capable de tester, et la loi 10 C., *Qui testamenta facere possunt*, le décide ainsi expressément (Merlin v° *Test.* p. 559); cependant, si la surdité est complète et si celui qui en est atteint ne sait ni lire ni écrire, il ne peut tester sous aucune forme (Grenier p. 504 n° 282).

Le muet ne peut tester qu'autant qu'il sait écrire (979 C. C.). Il peut exprimer ses volontés dans la forme mystique ou olographe (Merlin v° *Testament*).

Il en est de même à l'égard du sourd-muet, même de naissance, qui sait lire et écrire (C. Bordeaux 16 août 1836, S. 37-2-408; — Rouen 26 mai 1851, S. 51-2-716; — Pau 23 déc. 1851, S. 52-2-467; Merlin *Rép.* v° *Sourd-Muet* n° 3, Coin-Delisle art. 979 § 2, Grenier t. 2 n° 284, Duranton t. 9 n° 134, Troplong t. 2 n° 597, Demolombe t. 21 n° 71 *bis*).

**17042. Congrégation religieuse.** — La loi des 24 mai et 2 juin 1825, relative aux congrégations religieuses de femmes, porte (art. 5) : « Nulle personne faisant partie d'un établissement autorisé ne pourra disposer, par acte entre-vifs ou par testament, soit en faveur de cet établissement, soit au profit de l'un de ses membres, au delà du quart de ses biens, à moins que le don ou legs n'excède pas la somme de 10,000 francs. »

Cette prohibition cesse si le légataire est héritier en ligne directe de la testatrice (*Ibid.*).

**17043. Étranger.** — Aux termes de l'art. 1er L. 14-17 juillet 1819, « les étrangers ont le droit de succéder, de disposer et de recevoir de la même manière que les Français, dans toute l'étendue du royaume. »

## CHAPITRE III. — CAPACITÉ POUR RECEVOIR

[17044-17051]

**17044. Incapacité de recevoir.** — De même que l'incapacité de disposer, l'incapacité de recevoir se divise en deux branches : il y a l'incapacité *absolue* et l'incapacité *relative*.

Les personnes rangées dans la première catégorie ne peuvent recevoir de qui que ce soit; celles rangées dans la deuxième, capables de recevoir en thèse générale, ne sont incapables que relativement à certaines personnes.

**17045. Enfant non conçu.** — Au premier rang des personnes complétement incapables de recevoir, il faut placer celles qui n'existent pas encore. Cependant, il n'est pas nécessaire que le bénéficiaire soit né pour pouvoir recueillir la disposition, il suffit qu'il soit conçu; mais il ne recueille toutefois que sous la condition de naître viable. Le moment où la conception est nécessaire est celui du décès du testateur, parce que c'est alors que le testament cesse d'être un projet et devient acte de disposition.

1. ENFANT A NAITRE. — SUBSTITUTION. — Toutefois, la règle qui exige que le donataire soit au moins conçu à

l'époque de la donation comporte une exception : quand il s'agit de substitutions permises (1048 et suiv. C. C.), ainsi qu'on l'a vu au nº 15595.

**17046. Condamné à une peine afflictive.** — La loi du 2 mai 1854, tout en abolissant la mort civile, a laissé subsister, par son art. 3, contre le condamné à une peine afflictive, la prohibition de recevoir que l'art. 25 C. C. prononçait contre le mort civilement.

**17047. Incapacité relative.** — Les incapacités *relatives* ont pour fondement soit la morale publique, soit les rapports qui existent entre deux personnes, et la crainte que l'une d'elles ne se serve de l'influence qu'elle a sur l'autre pour forcer son consentement, ou l'abuser sur sa position. Ainsi :

**17048. Tuteur.** — Le mineur devenu majeur ne peut disposer au profit de son ancien *tuteur* que lorsque le compte de tutelle a été préalablement rendu et apuré (907 C. C.). — La règle s'applique à tous les tuteurs, tels que protuteur (417 C. C.), cotuteur ou second mari de la mère (395 C. C.), tuteur officieux (art. 365 et 370).

1. TUTEUR *ad hoc*. — SUBROGÉ-TUTEUR. — Mais elle ne s'applique pas au tuteur *ad hoc* (818 C. C.), qui, malgré son nom, n'est pas un véritable tuteur, mais un simple curateur qui n'administre pas, ni au subrogé-tuteur, qui n'est qu'un sous-tuteur et n'administre pas non plus.

2. ASCENDANTS. — Toutefois on excepte de cette prohibition les tuteurs ou ex-tuteurs qui sont ascendants du disposant; cette seule qualité d'ascendants les met à l'abri de la défiance qui motive l'incapacité.

**17049. Médecin. — Pharmacien.** — Les docteurs en médecine ou en chirurgie, les officiers de santé et les pharmaciens qui ont traité une personne pendant la maladie *dont elle est morte* ne peuvent profiter des dispositions testamentaires faites en leur faveur pendant le cours de cette maladie (909 C. C.).

1. EMPIRIQUE. — CHARLATAN. — Sous le nom de *médecin*, il faut comprendre aussi les empiriques et les charlatans, car ils font métier de guérir les malades; l'illégalité de leur exercice ne saurait évidemment devenir une cause de faveur, et la cupidité est assurément beaucoup plus à craindre chez eux que chez le médecin qui exerce licitement.

C'est l'opinion à peu près unanime des auteurs. — V. *Contrà* Coin-Delisle nº 6.

2. TRAITEMENT SUIVI. — Il faut du reste que, dans les cas ci-dessus, il y ait eu traitement, c'est-à-dire une série de soins.

Ainsi, la prohibition n'est pas applicable au médecin qui n'a été appelé qu'en consultation sans avoir donné des soins habituels pendant le cours de la dernière maladie (Delvincourt t. 2 p. 205, Toullier nº 69, Coin-Delisle nº 8, Vazeille nº 6, Marcadé sur l'art. 909); — ni au pharmacien qui a vendu seulement les drogues de son officine (mêmes auteurs).

3. SAGE-FEMME. — La prohibition doit s'étendre aux sages-femmes, qui sont, quant aux accouchements, de vrais officiers de santé, et aussi aux femmes qui, sans mission légale, feraient métier habituel de guérir (Vazeille nº 10, Marcadé sur l'art. 909 nº 7, Roll. vº *Donation* nº 157).

4. GARDE-MALADE. — Quant aux garde-malades, les auteurs s'accordent unanimement à reconnaître que la règle ne leur est pas applicable.

**17050. Ministre du culte.** — D'après l'art. 909 C. C., les règles précédentes relatives aux médecins s'appliquent aux ministres des cultes; mais il faut pour cela que les ministres du culte aient administré les secours spirituels pendant la dernière maladie du disposant.

**17051. Simulation. — Personne interposée.** — Toutes les fois qu'une libéralité ne s'adresse à une personne capable que pour être remise par celle-ci à la personne incapable, la disposition ainsi déguisée ou faite à la personne interposée est nulle, du moment que la simulation ou l'interposition a été prouvée.

Il en serait de même s'il était établi qu'une libéralité a été procurée à la personne incapable par toute autre voie indirecte, quelle qu'elle fût.

Il est même un cas où l'interposition de personne est présumée de plein droit, en sorte qu'elle n'a pas besoin d'être prouvée et qu'on ne peut pas même prouver qu'elle n'existe pas : c'est quand le légataire se trouve être le père, la mère, le conjoint ou le descendant d'une personne incapable et actuellement vivante (911 C. C.).

## CHAPITRE IV. — CARACTÈRES DU TESTAMENT

[17052-17057]

**17052. Termes sacramentels.** — Pour qu'un acte ait le caractère de testament, il n'est pas absolument nécessaire qu'il contienne l'expression *je donne*, *je lègue*, ou autre équivalent; il suffit que l'acte soit revêtu des formes prescrites pour la validité du testament et que, d'ailleurs, on puisse induire de l'ensemble de l'acte que son auteur a été dans l'intention de faire ses dispositions à cause de mort (895-967 C. C., Grenier *Traité des donat. test.* nºˢ 223 et 224, Toullier t. 5 nºˢ 355 et 356, Merlin *Rép.* vº *Legs* sect. 11 § 2, Aubry et Rau t. 5 p. 492, Massé et Vergé t. 3 nº 86, Demolombe t. 21 nº 51; — C. Angers 7 mai 1822, S. 22-2-182; — Paris 12 avr. 1833, S. 33-1-306).

Mais il faut que le testateur *dispose* de ses biens. On en avait conclu que l'on ne pourrait reconnaître aucun effet à l'exhérédation pure et simple que le testateur aurait prononcée contre certains de ses héritiers. Mais la jurisprudence admet aujourd'hui que, par cette exclusion et sous cette forme, le testateur manifeste suffisamment la volonté d'attribuer leur part à d'autres héritiers appelés par la loi (Cass. 10 fév. 1869, S. 69-1-153; — Metz 6 avr. 1870, S. 70-2-285).

On ne pourrait pas considérer comme un testament un acte ainsi conçu : « Je veux que les dispositions que j'ai déjà faites ou que je ferai par la suite dans un acte écrit par un tiers et signé par moi soient valables en vertu de ce testament et comme si elles y étaient renfermées. »

Cet acte contient bien une disposition, mais il n'est pas un testament (C. Poitiers 10 août 1832, S. 32-2-433; — Caen 31 déc. 1861; Merlin *Rép.* v° *Testament* sect. 2 § 1er art. 4, Duranton t. 9 n° 12, Vazeille art. 969 n° 4, Coin-Delisle art. 967 n° 9, Troplong t. 3 n° 1437, Demolombe t. 21 n° 41).

Jugé dans le même sens que l'acte notarié qualifié *donation*, par lequel un mari abandonne à sa femme, pour la remplir de ses reprises et d'une somme qu'il lui a donnée par contrat de mariage, des immeubles d'une valeur inférieure, doit être considéré non comme une donation en cas de survie, mais comme une cession en remploi assujettie à l'enregistrement dans le délai légal (Saint-Dié 20 juin 1857, 16180 J. N.).

**17053. Révocation.** — On a émis l'avis que l'acte ne contenant que la révocation pure et simple de testaments antérieurs n'est pas un testament, puisqu'il ne renferme aucune disposition des biens et que le droit fixe de 3 francs est seul exigible (17011-2 J.E.). — Mais cette opinion est contredite par la jurisprudence.

Un écrit olographe ou autre doit être considéré comme un testament postérieur, quoiqu'il ne renferme aucune autre disposition que cette révocation (Cass. 10 janv. 1865, S. 65-1-118; — 1er juin 1870, S. 70-1-433, Demolombe t. 21 n° 141, Merlin *Rép.* v° *Révoc.* § 4 n° 2, Toullier t. 3 n° 633, Grenier t. 3 n° 342, Duranton t. 9 n° 451, Vazeille art. 1035 § 17, Coin-Delisle art. 1035 § 7, Taulier t. 4 p. 170, Aubry et Rau t. 6 p. 183). Et c'est pourquoi il a été décidé, par une Sol. 24 février 1852, qu'une révocation de testament doit être enregistrée dans les trois mois du décès au droit fixe de 5 francs (7 fr. 50 cent.). — *V.* aussi Dél. 14 nivôse an 13 et *suprà* n° 17081.

Le même caractère appartient, selon Demolombe, à l'acte notarié ou sous seing privé par lequel le testateur déclare rétracter sa révocation et revenir à son premier testament (*loc. cit.*).

**17054. Réduction.** — Mais il a été décidé qu'on ne doit pas considérer comme un testament sujet au droit fixe de 5 francs (7 fr. 50 cent.) la déclaration par laquelle un père naturel annonce réduire les libéralités entre-vifs faites à son fils naturel à la plus faible réserve possible. Cette déclaration ne contient aucune disposition à titre gratuit (Sol. 19 juill. 1856).

Elle est, en effet, le complément pur et simple de la donation entre-vifs et l'une des conditions de cette libéralité (art. 761 C. C.). Ce n'est pas, à proprement dire, une disposition des biens existant au décès du testateur.

**17055. Preuve de l'accomplissement des formalités.** — Le testament doit porter avec lui la preuve que les formalités exigées pour sa validité ont été remplies : ces formalités tiennent à la solennité du testament et ont été requises pour s'assurer davantage de la volonté du testateur; des preuves extrinsèques de leur observation ne seraient donc pas admissibles. Aussi voit-on que le Code civil (972 et suiv.), en réglant la forme des testaments, exige la mention expresse de celles qu'il établit (Grenier *loc. cit.*).

**17056. Défense de tester à deux par un même acte.** — Les difficultés auxquelles donnaient lieu les testaments conjonctifs en avaient fait prononcer l'interdiction par l'ordonnance de 1735. Toutes les fois, en effet, que plusieurs testaments sont faits dans un même acte, il est présumable qu'il y a eu combinaison de volontés, convention entre les disposants; en sorte que l'un n'aurait pas fait sa disposition si l'autre n'avait pas consenti celle qui l'accompagne.

Or, à quelle règle le législateur devra-t-il soumettre ce testament conjonctif? S'il déclare (comme le faisait le parlement de Paris) que l'un des testateurs ne pourra révoquer qu'en s'entendant avec les autres, ce sera contredire la nature du testament, qui doit toujours être révocable à la volonté du disposant. S'il dit (comme le parlement de Grenoble) que chaque testateur restera libre de révoquer sans aucune condition, ce sera autoriser la fraude et la violation de la foi promise.

En conséquence, le Code reproduit la disposition de l'ordonnance et pose comme seconde règle de forme la prohibition du testament conjonctif. « Il fallait, a-t-on dit dans l'exposé des motifs, interdire une forme incompatible soit avec la bonne foi, soit avec la nature des testaments » (Fenet t. 12 p. 553).

Aussi l'art. 968 C.C. déclare-t-il qu'un « testament ne pourra être fait dans le même acte par deux ou plusieurs personnes soit au profit d'un tiers, soit à titre de disposition réciproque et mutuelle. »

Lorsque les deux testaments sont faits le même jour et renferment des dispositions réciproques, ils n'en constituent pas moins deux actes distincts, et la caducité de l'un n'entraînerait pas la caducité de l'autre (Cass. 11 déc. 1867, S. 68-1-87).

**17057. Prescription.** — Le testament, quelque ancien qu'il soit, doit toujours être exécuté lorsqu'il est produit au décès du testateur. Un pareil acte n'est, sous aucun rapport, susceptible de prescription : il tient sa force de la présomption de persévérance de volonté de la part du testateur, qui fait considérer le testament comme fait immédiatement avant le décès (Grenier n° 225). Il n'y a d'exception à cette règle que pour certains testaments privilégiés dont la durée, relativement à leurs formes, est limitée par la loi, telle que les testaments militaires et ceux qui sont faits en temps de peste.

## CHAPITRE V. — DIFFÉRENTES ESPÈCES DE TESTAMENTS

[17058-17065]

**17058. Sept espèces de testaments.** — On distingue sept espèces de testaments, savoir :

1° Le testament olographe ;

2° Le testament par acte public ;

3° Le testament mystique ou secret ;

4° Le testament militaire ;

5° Le testament fait en temps de peste ;

6° Le testament fait sur mer ;

7° Le testament fait en pays étranger.

Nous n'avons pas à examiner toutes les règles spéciales à ces divers testaments. Il doit nous suffire de consacrer à chacune de ces formes un très-rapide aperçu.

**17059. Testament olographe.** — Le testament olographe est celui qui est écrit en entier, daté et signé de la main du testateur. Ces trois choses sont exigées à peine de nullité : il n'est assujetti à aucune autre forme (970 C. C., 20 Ord. 1735).

1. LETTRE-MISSIVE.— Il peut résulter d'une simple lettre-missive (Poitiers 16 mars 1864, S. 65-2-63, Merlin *Rép.* v° *Test.* sect. 2 § 1er n° 5 ; Fenard *Rép.* V° *Test.* sect. 1re § 2, Troplong *Don.* et *Test.* 1476, Marcadé art. 970, Demolombe t. 4 n° 125. — V. *Lettre-missive.*

2. FRANÇAIS EN PAYS ÉTRANGER. — Un Français qui se trouve en pays étranger peut faire ses dispositions testamentaires par acte sous signature privée, ainsi qu'il est prescrit en l'art. 970 (999 C. C.). Mais le testamen ne peut être exécuté sur les biens situés en France *qu'après avoir été enregistré au bureau du domicile du testateur*, s'il en a conservé un, sinon au bureau de son dernier domicile connu en France ; et, dans le cas où le testament contiendrait des dispositions d'immeubles qui y seraient situés, il doit en outre être enregistré au bureau de la situation de ces immeubles, *sans qu'il puisse être exigé un double droit* (1000 C. C.).

Il ne s'agit pas là d'une formalité constitutive du testament : c'est une simple mesure extrinsèque qui n'a trait qu'à la manière dont le testament doit être exécuté et dont le retard ou l'omission ne serait pas une cause de nullité (Demolombe t. 21 n° 479).

D'ailleurs, la dernière disposition de l'art. 1000 C. C. doit être appliquée au testament fait par l'étranger en pays étranger et contenant disposition d'immeubles sis en France, le motif de la loi étant évidemment applicable dans ce cas comme dans celui où le testament a été fait par un Français (*Comp.* L. 14 juill. 1819, Duranton t. 9 n° 172, Demolombe t. 21 n° 486).

3. DÉPOT. — Tout testament olographe est, avant d'être mis à exécution, présenté au président du tribunal de première instance de l'arrondissement dans lequel la succession est ouverte. Ce testament est ouvert s'il est cacheté. Le président dresse procès-verbal de la présentation, de l'ouverture et de l'état du testament, dont il ordonne le dépôt entre les mains du notaire par lui commis (1007 C. C.).

4. VÉRIFICATION D'ÉCRITURE. — Le testament olographe, même après son dépôt en l'étude d'un notaire en vertu de l'ordonnance du juge, n'est qu'un acte sous seing privé dont ceux auxquels il est opposé peuvent déclarer qu'ils méconnaissent l'écriture, et cette déclaration oblige ceux qui veulent s'en prévaloir à la vérification suivant la forme ordinaire (Toulouse 1er mai 1817, S. 23-2-16 ; — Angers 5 juill. 1820, S. 23-2-17 ; — Cass. 2 août 1820, S. 21-1-185, Merlin *Rép.* v° *Test.* sect. 2 § 4 art. 6 n° 8, Grenier et Bayle-Mouillard t. 2 n° 292, Duranton t. 9 n° 46, Marcadé *Revue de droit français* 1847 t. 4 p. 933, Aubry et Rau t. 5 p. 500, Demolombe t. 21 n° 144). — La jurisprudence fait une exception pour le cas où le légataire universel a été envoyé en possession par une ordonnance du juge à défaut d'héritier à réserve et elle décide alors que la charge de poursuivre la vérification doit être imposée à l'héritier (*V.* not. Cass. 23 mai 1843, S. 43-1-491 ; — 9 nov. 1847, S. 48-1-228 ; — 23 janv. 1850, S. 50-1-302 ; — 21 juill. 1852, S. 52-1-655 ; — 23 août 1853, S. 53-1-756 ; — 25 juin 1867, S. 67-1-189 ; — 5 août 1872, S. 72-1-319 ; — Besançon 26 fév. 1868, S. 68-2-252 ; — 5 mai 1869, S. 70-2-50). — Mais il s'en faut que cette exception soit clairement justifiée et beaucoup d'auteurs refusent de l'admettre. M. Demolombe surtout la combat avec une grande force (t. 21 n° 148 ; — *Conf.* : Merlin *Rép.* v° *Test.* sect. 2 § 4 art. 6 n° 5, Vazeille art. 1008-7, Pigeau *Proc.* t. 1er n° 423, Marcadé art. 1008 et *Revue du droit français* 1847 t. 4 p. 933, Duvergier sur Toullier t. 3 n° 503, Aubry et Rau t. 5 p. 501).

5. FOI DE LA DATE. — Une fois l'écriture du défunt reconnue volontairement ou judiciairement, le testament fait foi de sa date à l'égard de tous ceux auxquels il peut être opposé. En effet, la loi dispose que le testament doit produire ses résultats dès qu'il est écrit en entier, daté et signé du testateur, sans qu'il soit assujetti à aucune autre forme. Or, la preuve de la sincérité de la date est l'un des effets nécessaires à sa validité, et, s'il fallait pour l'obtenir que le testament fût enregistré ou déposé, il serait soumis à d'autres formes et même à des formes essentiellement contraires à son caractère, qui est de rester secret (*V.* Cass. 8 juill. 1823, S. 25-1-31 ; — Nancy 15 juill. 1843, S. 43-2-469 ; — Douai 15 avr. 1845, S. 45-2-463, Merlin *Rép.* v° *Test.* sect. 2 § 4 art. 4, Toullier t. 4 n° 58, Troplong t. 3 n° 1498, Aubry et Rau t. 5 n° 503, Demolombe t. 21 n° 155).

6. PAPIER TIMBRÉ. — Le papier timbré peut servir à établir la fausseté de la date d'un testament. — V. *Timbre.*

**17060. Testament par acte public.** — Le testament par acte public est celui qui est reçu par deux notaires en présence de deux témoins, ou par un notaire en présence de quatre témoins.

1. DICTÉE ET LECTURE. — Si le testament est reçu par deux notaires, il leur est dicté par le testateur, et il doit être écrit par l'un de ces notaires *tel qu'il est dicté*. S'il n'y a qu'un notaire, il doit également être dicté par le testateur et écrit par ce notaire.

Dans l'un et l'autre cas, il doit en être donné lecture au testateur en présence des témoins. Il est fait du tout mention expresse (972 C. C.).

2. SIGNATURE. — Le testament *par acte public* doit être signé par le testateur; s'il déclare qu'il ne sait ou ne peut signer, il est fait, dans l'acte, mention expresse de sa déclaration, ainsi que de la cause qui l'empêche de signer (973 C. C.). Il doit également être signé par les témoins; et néanmoins, dans les campagnes, il suffira qu'un des deux témoins signe si le testament est reçu par deux notaires, et que deux des quatre témoins signent s'il est reçu par un notaire (974 C. C.).

3. TÉMOINS. — Ne peuvent être pris pour témoins du testament par acte public ni les légataires, à quelque titre qu'ils soient, ni leurs parents ou alliés jusqu'au quatrième degré inclusivement, ni les clercs des notaires par lesquels les actes seront reçus (975 C. C.).

**17061. Testament mystique.** — « Lorsque le testateur voudra faire un testament mystique ou secret, il sera tenu de *signer ses dispositions*, soit qu'il les ait écrites lui-même, ou qu'il les ait fait écrire par un autre. Sera le papier qui contiendra ses dispositions ou le papier qui servira d'enveloppe, s'il y en a une, clos et scellé. Le testateur présentera, ainsi clos et scellé, au notaire et à six témoins au moins, ou il le fera clore et sceller en leur présence; et il déclarera que le contenu de ce papier est son testament, écrit et signé de lui; le notaire en dressera l'*acte de suscription*, qui sera écrit sur ce papier ou sur la feuille qui servira d'enveloppe; cet acte sera signé tant par le testateur que par le notaire, ensemble par les témoins. Tout ce que dessus sera fait de suite et sans divertir à d'autres actes; et en cas que le testateur, par un empêchement survenu depuis la signature du testament, ne puisse signer l'acte de suscription, il sera fait mention de la déclaration qu'il en aura faite, sans qu'il soit besoin en ce cas d'augmenter le nombre des témoins » (796 C. C.).

1. TESTATEUR NE SACHANT SIGNER. — « Si le testateur ne sait signer, ou s'il n'a pu le faire lorsqu'il a fait écrire ses dispositions, il sera appelé à l'acte de suscription un témoin, outre le nombre porté par l'article précédent, lequel signera l'acte avec les autres témoins; et il sera fait mention de la cause pour laquelle ce témoin aura été appelé » (797 C. C.).

2. TESTATEUR NE POUVANT PARLER. — « En cas que le testateur *ne puisse parler*, mais qu'il puisse écrire, il pourra faire un testament mystique, à la charge que le testament sera entièrement écrit, daté et signé de sa main; qu'il le présentera aux notaires et aux témoins, et qu'au haut de l'acte de suscription il écrira en leur présence que le papier qu'il présente est son testament; après quoi le notaire écrira l'acte de suscription, dans lequel il sera fait mention que le testateur a écrit ces mots en présence du notaire et des témoins; et sera au surplus observé tout ce qui est prescrit par les art. 976-979 C. C. »

**17062. Testament militaire.** — « Les *testaments des militaires* et des individus employés dans les armées peuvent, en quelque pays que ce soit, être reçus par un chef de bataillon ou d'escadron, ou par tout autre officier d'un grade supérieur, en présence de deux témoins, ou par deux commissaires des guerres, ou par un de ces commissaires en présence de deux témoins » (981 C. C.).

« Ils peuvent encore, si le testateur est malade ou blessé, être reçu par l'officier de santé en chef, assisté du commandant militaire chargé de la police de l'hospice » (982 C. C.).

« Les dispositions de ces deux articles ne s'appliquent point aux militaires qui sont en quartier ou en garnison dans l'intérieur, à moins qu'ils ne se trouvent dans *une place assiégée* ou dans une *citadelle* et autre lieux dont les portes soient fermées et les communications interrompues *à cause de la guerre* » (983 *id.*).

Dans tous les cas, le testament ainsi fait sera nul six mois, après que le testateur sera revenu dans un lieu où il aura la liberté d'employer les formes ordinaires » (984 C. C.).

**17063. Testament fait en temps de peste.** — « Les testaments faits dans un lieu avec lequel toute communication sera interceptée, *à cause de la peste* ou autre maladie contagieuse, pourront être faits devant le juge de paix, ou devant l'un des officiers municipaux de la commune, en présence de deux témoins (985 C. C.). Ils sont également nuls six mois après que les communications ont été rétablies dans le lieu où le testateur se trouve, ou six mois après qu'il a passé dans un lieu où elles ne sont point interrompues » (987 C. C.).

**17064. Testament fait sur mer.** — Les *testaments faits sur mer*, dans le cours d'un voyage, peuvent être reçus, savoir :

1. DES PERSONNES CHARGÉES DE RECEVOIR LE TESTAMENT. — A bord des vaisseaux et autres bâtiments de l'État, par l'officier commandant le bâtiment, ou, à son défaut, par celui qui le supplée dans l'ordre du service, l'un ou l'autre conjointement avec l'officier d'administration ou avec celui qui en remplit les fonctions, et, à bord des bâtiments de commerce, par l'écrivain du navire ou celui qui en fait les fonctions, l'un ou l'autre conjointement avec le capitaine, le maître ou le patron, ou, à leur défaut, par ceux qui les remplacent. Dans tous les cas, ces testaments doivent être reçus en présence de deux témoins (988 C. C.).

Sur les bâtiments de l'État, le testament du capitaine ou de l'officier d'administration, et, sur les bâtiments de commerce, celui du capitaine, du maître ou patron, ou celui de l'écrivain, peuvent être reçus par ceux qui viennent après eux dans l'ordre du service, en se conformant, pour le surplus, aux dispositions de l'article précédent (989 C. C.).

2. DOUBLE ORIGINAL. — Dans tous les cas, il sera fait *un double original* des testaments mentionnés aux deux articles précédents (990 C. C.).

3. DÉPÔT. — Si le bâtiment aborde dans un port étranger, ceux qui l'auront reçu sont tenus de déposer l'un des originaux, clos et cacheté, entre les mains du commissaire des relations commerciales de France, qui le fait parvenir au ministre de la marine, pour en faire le dépôt au greffe de la justice de paix du lieu du domicile du testateur (991 C. C.).

4. RETOUR EN FRANCE. — Au retour du bâtiment en France, les deux originaux du testament, ou l'original qui reste, sont remis au bureau du préposé de l'inscription maritime, qui les fait passer sans délai au ministre de la marine (992 C. C.). Il est fait mention sur le rôle du bâtiment, à la marge, du nom du testateur, de la remise qui a été faite des originaux du testament (993 C. C.).

5. NAVIRE EN RELACHE. — Le testament n'est point réputé fait en mer, quoiqu'il l'ait été dans le cours du voyage, si, au temps où il a été fait, le navire avait abordé une terre soit étrangère, soit de la domination française où il y avait un officier public français, auquel cas il n'est valable qu'autant qu'il a été dressé suivant les formes prescrites en France, ou suivant celles usitées dans les pays où il a été fait (994 C. C.).

6. PASSAGERS. — Les dispositions *ci-dessus* sont communes aux testaments faits par les simples passagers qui ne font point partie de l'équipage (995 C. C.).

7. NULLITÉ. — Le testament fait sur mer, en la forme prescrite par l'art. 988, n'est valable qu'autant que le testateur meurt en mer, ou dans les trois mois après qu'il est descendu à terre, et dans un lieu où il a pu le refaire dans les formes ordinaires (996 C. C.).

8. INCAPACITÉ. — Le testament fait sur mer ne peut contenir aucune disposition au profit des officiers du vaisseau s'ils ne sont parents du testateur (997 C. C.).

9. SIGNATURE. — Les testaments compris dans les articles ci-dessus sont signés par les testateurs et par ceux qui les ont reçus. Si le testateur déclare qu'il ne sait ou ne peut signer, il est fait mention de sa déclaration, ainsi que de la cause qui l'empêche de signer. Dans les cas où la présence de deux témoins est requise, le testament est signé au moins par l'un d'eux, et il est fait mention de la cause pour laquelle l'autre n'a pas signé (998 C. C.).

**17065. Testament fait en pays étranger.** — Un Français qui se trouvera en pays étranger pourra faire ses dispositions testamentaires par acte sous seing privé, ainsi qu'il est prescrit en l'art. 970, ou par acte authentique, avec les formes usitées dans le lieu où cet acte sera passé (999 C. C.).

## TITRE II. — APPLICATION DES DROITS D'ENREGISTREMENT

[17066-17127]

### CHAPITRE PREMIER. — DISPOSITIONS GÉNÉRALES

[17066-17072]

**17066. Tarif.** — Le droit proportionnel étant établi sur la mutation par décès qui s'opère par suite d'une disposition testamentaire quelconque, le législateur n'aurait pu, sans frapper la même chose de deux droits, assujettir les testaments au droit proportionnel. Aussi le droit fixe est-il le seul exigible sur cette nature d'actes.

Les testaments et tous autres actes de libéralité qui ne contiennent que des dispositions soumises à l'événement du décès, et les *dispositions de même nature* qui sont faites par contrat de mariage entre les futurs ou par d'autres personnes *sont assujettis* au droit de 5 francs (L. 22 frim. an 7, art. 68 § 3 n° 5, 28 avr. 1816 art. 45 4°), actuellement porté à 7 fr. 50 cent. (L. 28 fév. 1872, art. 4).

**17067. Payement des droits.** — Aux termes de l'art. 25 L. 22 frimaire an 7, le droit des testaments et autres actes de *libéralité à cause de mort* doit être acquitté par les héritiers, légataires et donataires, leurs tuteurs et curateurs et les exécuteurs testamentaires.

1. LIBÉRALITÉS A CAUSE DE MORT. — Dans la pensée des rédacteurs de la loi du 22 frimaire an 7, les mots *libéralités à cause de mort* faisaient allusion aux donations à cause de mort et aux codicilles. Mais aujourd'hui il n'y a plus de donations à cause de mort (art. 893 C. C.), et les codicilles ne se distinguent plus des testaments (art. 1002 C. C.). Quant aux institutions contractuelles, elles sont passibles du droit sur le contrat de mariage enregistré à la diligence du notaire.

2. HÉRITIER. — NOTAIRE. — Il résulte des termes formels de l'article ci-dessus que les droits des testaments sont à la charge des héritiers, légataires, etc., et que la disposition de l'art. 29 L. 22 frimaire an 7, portant que les droits des actes *passés devant les notaires* seront acquittés par eux, reçoit ici une exception. Selon M. Demante, « ce que la loi dit des héritiers doit s'entendre exclusivement des héritiers testamentaires, c'est-à-dire des légataires universels, car on ne comprendrait pas que l'héritier légitime fût débiteur de l'impôt, à raison d'un acte qui le dépouille et dont il peut ignorer l'existence » (n° 796). Mais cette opinion est contredite par les termes généraux de la loi non moins que par la jurisprudence. Puisque l'art. 29 parle des héritiers et des légataires, il semble évident que le premier mot a une acception différente du second et doit être pris dans son sens habituel, par opposition au mot légataire dont il est suivi. C'est ainsi que la question était résolue dans l'ancien droit : « Les droits de contrôle et d'insinuation d'un testament, dit

Bosquet, sont une charge de la succession du testateur ; ils doivent donc être acquittés par l'exécuteur testamentaire, l'héritier ou le légataire universel. Si le testament institue pour héritier celui qui était appelé à la succession et que l'institué y renonce, mais si ce testament contient d'autres dispositions auxquelles il n'ait point été renoncé, l'héritier institué ne peut être déchargé du payement des droits, sauf son recours » (Bosquet t. 4 p. 299).

Il a été décidé par la Cour de cassation, le 24 octobre 1810 (3767 J. E.), que les héritiers des testateurs sont débiteurs des droits d'enregistrement du testament qui n'a pas été enregistré, bien que le testament ne leur profite pas, car ces droits sont une *charge de la succession*. Et le tribunal de Tulle a appliqué cette jurisprudence aux droits d'un testament qui chargeait l'héritier du testateur de payer une dette et contenait en outre un legs particulier. Il a jugé en ces termes, le 18 avril 1853 (15617 J. E., D. N. t. 12 p. 596 n° 836), que les droits étaient dus par l'héritier : « Attendu, en droit, que, d'après les dispositions expresses et positives de l'art. 29 L. 22 frimaire an 7, les droits d'enregistrement des testaments et autres actes à cause de mort doivent être acquittés par les héritiers ; attendu que la loi ne distingue pas entre les héritiers naturels ou légitimes et les héritiers testamentaires ; qu'elle ne distingue pas non plus entre le cas où le testament profite à l'héritier et le cas où il ne lui profite pas ; attendu, en fait, que le sieur Descubes, opposant, est héritier et représentant de son père dont il a accepté la succession, et qu'à ce titre il est tenu du payement des droits auxquels doit donner lieu l'enregistrement de celui-ci, et ce droit étant devenu une charge de la succession ; en ce qui concerne les droits que l'Administration réclame pour l'enregistrement de la disposition par laquelle le sieur Descubes a déclaré dans son testament devoir à Élisabeth Buisson une somme de 3,000 francs ; attendu que, d'après la législation spéciale sur l'enregistrement, il est de principe que la perception des droits doit avoir lieu suivant la teneur et la forme extérieure des actes, sans qu'il puisse être question entre la Régie et les redevables de la validité des actes qui peuvent être titre et du mérite des actes qui peuvent appartenir aux parties intéressées pour les faire annuler ou en faire restreindre les effets ; attendu que, ce principe posé, le sieur Descubes n'est pas recevable à prétendre contre la Régie que la disposition faite dans le testament au profit de Buisson constitue un legs déguisé sous la forme d'une obligation ; attendu qu'il soutient encore vainement qu'il ne dépend pas de lui de déterminer Buisson à renoncer au testament ou à la disposition qu'il contient en sa faveur ; car, lors même que la renonciation de Buisson serait produite, les droits à percevoir sur l'obligation contenue au testament seraient dus nonobstant cette renonciation, s'agissant d'une dette reconnue qui, par cela seul qu'elle est constatée, a nécessairement donné ouverture au droit d'enregistrement qui lui est applicable ; attendu qu'à cet égard il ne saurait y avoir aucun doute, à la vue de l'art. 31 de la loi précitée, qui déclare que les droits des actes emportant obligation doivent être supportés par les débiteurs ; attendu, d'autre part, que l'enregistrement d'un acte est indivisible et que tous droits auxquels il peut donner lieu doivent être perçus en même temps et recouvrés indistinctement et solidairement contre les parties qui y ont figuré ou leurs héritiers, sauf l'exception concernant les légataires lorsqu'il s'agit d'un testament. »

Le tribunal de Bagnères a également reconnu, le 25 juillet 1877, que les héritiers sont tenus de faire enregistrer le testament de leur auteur, lors même qu'ils n'en profiteraient pas et déclareraient n'en pas vouloir faire usage (4794 R. P.).

3. EXÉCUTEUR TESTAMENTAIRE. — Les exécuteurs testamentaires sont tenus d'acquitter les droits d'enregistrement des testaments et autres dispositions à cause de mort (L. 22 frim. an 7, art. 21 et 29). Cette obligation étant imposée personnellement à l'exécuteur testamentaire, il pourrait être poursuivi par l'Administration, pour le payement des droits, même après l'année révolue du décès du testateur.

Mais il a été décidé avec raison par le tribunal de Caen, le 31 janvier 1868, que quand le testament a été enregistré à la diligence de l'exécuteur et les droits payés, le mandat de ce dernier disparaît. On ne saurait plus poursuivre contre lui personnellement le recouvrement du supplément de droit exigible.

L'exécuteur testamentaire est alors dans la position de l'officier public que la loi oblige personnellement à faire enregistrer les actes de son ministère, mais qu'elle ne rend pas débiteur responsable des suppléments de droits (2954 R. P.).

4. LÉGATAIRE. — Les légataires ne peuvent se dispenser d'acquitter les droits dans le délai déterminé, à moins d'une renonciation formelle (Cass. 26 fév. 1823, 7443 J. E., 4340 J. E., Dél. 11 oct. 1838, D. N. t. 11 p. 22 n° 148) ; dans ce cas, ils ne sont pas tenus du payement, quoique leur renonciation soit postérieure de plus de trois mois au décès du testateur (Dél. 6 déc. 1836, 9532 J. N., et 17 janv. 1837, 11692 J. E. ; — Montpellier, 26 déc. 1870, 3357 R. P.). — V. 204.

« Attendu, porte l'arrêt du 26 février 1823, dans l'espèce, que rien ne justifie que la dame veuve Saunal ait, par aucun acte, répudié le legs fait à son profit par la dame Saunal sa belle-mère, dans le testament de cette dernière, 11 juin 1815 ; d'où il suit que cette veuve a dû faire enregistrer ce testament dans les trois mois du décès de la testatrice. »

5. DÉPÔT DE TESTAMENT OLOGRAPHE. — Lorsqu'un notaire, institué par ordonnance du président dépositaire d'un testament olographe contenant un legs d'immeubles à charge de restitution, rédige acte de ce dépôt et délivre aux parties expédition de ce testament, il est personnellement tenu de faire enregistrer le testament et de payer les droits, même ceux de transcription (Cass. 17 avr. 1849, 13744 J.N., S. 49-1-44, 1844-12 I. G.).

« Attendu, porte cet arrêt, que le droit de transcription, tel qu'il a été établi par l'art. 54 L. 28 avril 1816, se confond avec le droit d'enregistrement, et qu'ainsi il n'y a pas de distinction à faire, quant aux obligations imposées par la loi au notaire, entre le droit d'enregistrement et le droit de transcription ; qu'il suit de là que, dans les faits du procès, étant constaté par le jugement attaqué que le notaire Terrien avait reçu, en exécution d'une ordonnance du président du tribunal de Rennes, le dépôt du testament de Bronnais ; qu'il avait dressé acte de ce dépôt et que, plus tard, il avait délivré expédition de ce testament, c'est avec raison que l'Administration a perçu de ce notaire le droit de transcription auquel le testament donnait lieu ; qu'il est vrai qu'aux termes de l'art. 21 L. 22 frimaire an 7, c'est à la diligence des héritiers ou légataires que doivent être enregistrés les testaments déposés chez les notaires, ou par eux reçus; mais que cette disposition s'applique aux testaments que le notaire reçoit ou qui lui sont déposés pendant la vie du testateur, et qu'il n'est pas tenu, par une disposition expresse de la loi, de les faire enregistrer au moment où il les reçoit; que, si l'art. 32 de la même loi dispose que les droits des déclarations de mutation par décès seront payés par les héritiers ou légataires, cette disposition, qui règle les cas généraux, ne fait qu'établir l'obligation à laquelle sont tenus en définitive les héritiers ou légataires et n'empêche pas que dans le cas particulier d'un acte de dépôt dressé par le notaire après le décès du testateur, en vertu de l'ordonnance du président du tribunal, le notaire ne soit tenu de payer l'enregistrement, sauf son recours contre les parties, qui doivent en définitive le supporter. » — V. 17076.

**17068. Légataire particulier.** — Il faut remarquer que, d'après l'art. 1016 C.C., chaque legs peut être enregistré séparément et que, à cet effet, chaque légataire peut obtenir séparément l'extrait du testament qui le concerne (Fenet t. 12 p. 29). Il n'en était pas ainsi autrefois : celui des légataires qui voulait faire enregistrer le testament était tenu de le faire enregistrer en entier, c'est-à-dire qu'il était dans cette alternative : ou de faire une avance de fonds considérable et au-dessus de ses moyens, ou de ne pouvoir demander la délivrance de son legs tant qu'un autre légataire ne l'avait pas fait enregistrer. Telle est, selon M. Demolombe, la situation que le législateur moderne a voulu empêcher. « On ne verra plus, disait M. Jaubert, un ancien serviteur qui aura reçu un legs d'aliments languir dans la misère par l'impossibilité de fournir aux frais de l'enregistrement du testament entier » (Fenet t. 12 p. 610). — Toutefois, cette dernière partie de l'art. 1016 ne concerne en réalité que les légataires particuliers, car les legs universels ou à titre universel sont, de même que les héritiers légitimes, tenus, lorsqu'ils font enregistrer le testament, de payer la totalité des droits, sauf leur recours contre les légataires particuliers à raison de cette avance (Demolombe t. 21 n° 522).

Ce qui précède n'a d'intérêt pratique que quand, à côté du legs particulier, le testament renferme une disposition sujette au droit proportionnel, comme une substitution, une reconnaissance de dette, etc. On ne peut pas se dissimuler tout ce qu'a de contraire à l'économie de la loi fiscale et à la nature même de l'enregistrement cette faculté de présenter un acte à la formalité en payant le droit applicable à une seule disposition. Dans ce cas, le receveur doit se borner sans doute à analyser cette disposition; et cependant le droit fixe qu'il perçoit couvre toutes les clauses du même acte qui ont le caractère de dispositions testamentaires non passibles du droit proportionnel.

**17069. Disposition indépendante.** — Si un testament contient des dispositions indépendantes, sans libéralité ou ne dérivant pas nécessairement des libéralités faites par le testateur, il est dû, pour chacune de ces dispositions et selon son espèce, un droit particulier dont la quotité est déterminée par les articles du tarif dans lesquels elles se trouvent classées (290 § 1er et 1282 § 9 I. G.).

1. PLURALITÉ. — CODICILLES. — Quand il a été écrit sur la même feuille de papier plusieurs dispositions distinctes relatives aux biens du testateur, chacune de ces clauses, datées et signées séparément, est passible d'un droit particulier, si elles renferment réellement une disposition de biens dans le sens que nous avons indiqué ci-dessus. — V. 17052.

Ainsi, il a été reconnu, par une D. m. f. belge du 3 mars 1866, qu'il est dû deux droits sur le testament authentique à la suite duquel le notaire a constaté de nouvelles dispositions testamentaires : « Attendu que les dispositions additionnelles constituent un nouvel acte mis à la suite d'un acte déjà parfait en lui-même; que l'exigibilité d'un second droit sur ce que l'on appelle improprement *codicille* n'est pas susceptible de contestation » (10157 J. E. belge).

Mais si les mentions inscrites après le testament sont de simples explications et n'ont pas par elles-mêmes le caractère du testament, chacune d'elles est passible du droit de 3 francs (18190 J.E.).

Il ne sera même dû aucun droit si les dispositions additionnelles peuvent être considérées comme comprises dans le contexte même du testament, par exemple si elles avaient le caractère de simples renvois.

On a contesté les résultats précédents par le motif qu'un testament peut être fait par vacation, qu'il est constamment ouvert et que c'est la réunion de toutes les dispositions ajoutées les unes aux autres qui forme le testament. Mais ces raisons ne suffisent pas pour justifier la perception d'un seul droit. En effet, le tarif de 7 fr. 50 cent. s'applique à tout acte qui renferme une disposition éventuelle de biens. Or, il existe un acte dans le sens juridique du mot, non pas seulement quand la disposition est consignée sur une feuille de papier séparée, mais quand elle a un contexte distinct et qu'elle est signée séparément. Il paraît certain que la nullité commise dans l'une de ces dispositions successives n'entraînerait pas la nullité des autres. C'est donc qu'elles ont chacune leur existence distincte, et cela seul motive la pluralité du droit de 7 fr. 50 cent.

**17070. Copie. — Duplicata.** — On a décidé que la copie d'un testament olographe, signée du testateur, constitue un véritable testament, puisqu'elle aurait la même vertu que l'original, si ce dernier ne se retrouvait pas. Elle est donc passible du même droit que l'original de ce testament lui-même (Sol. 31 déc. 1866 et 3 janv. 1867).

Cette règle de perception doit s'appliquer naturellement aux divers exemplaires ou originaux du même testament. Quand il s'agit d'actes synallagmatiques, qui doivent être rédigés en plusieurs doubles, on admet que tous ne donnent lieu qu'à un seul enregistrement et quand l'un d'eux a été enregistré, on mentionne cet enregistrement sur les autres sans percevoir aucun droit. Mais le testament ne rentre pas dans cette catégorie. La rédaction des duplicata n'est pas nécessaire à sa validité et il n'est pas besoin de les présenter tous à l'enregistrement. Chacun de ces duplicata a, par lui-même et indépendamment des autres, le caractère d'un testament.

L'Administration, qui perçoit les droits d'après les clauses des actes, y trouve donc les éléments nécessaires à l'application du tarif.

On invoquerait en vain l'art. 8 L. 22 frimaire an 7, qui exempte du droit les copies de l'acte enregistré sur l'original, car ici il n'y a pas de copie dans le sens que la loi attribue à ce mot. Tous les exemplaires du testament sont des originaux, et c'est par une impropriété de langage qu'on les désigne quelquefois sous le nom de *copie*.

**17071. Évaluation.** — Lorsque les sommes et valeurs sur lesquelles doit être assis le droit proportionnel ne sont pas déterminées, les parties sont tenues d'y suppléer, avant l'enregistrement, par une déclaration estimative certifiée et signée au pied de l'acte (L. 22 frim. an 7, art. 16). — Cette disposition est applicable aux testaments qui donneraient ouverture au droit proportionnel.

**17072. Bureau.** — Les testaments doivent être enregistrés au bureau où fait enregistrer ses actes le notaire qui les a écrits sous la dictée du testateur, s'il s'agit d'actes de son ministère, ou qui les a reçus en dépôt, s'il s'agit de testaments olographes ou mystiques.

Quant aux testaments faits par des Français en pays étranger, l'art. 1000 C.C. déroge d'une manière formelle à l'art. 26 L. 22 frimaire an 7, qui permet de faire enregistrer dans tous les bureaux indistinctement les actes passés en pays étranger. Le Code veut, en effet, ainsi qu'on l'a vu au n° 17059-1, que ces testaments soient enregistrés au bureau du domicile du testateur.

## CHAPITRE II. — DÉLAI DANS LEQUEL DOIVENT ÊTRE ENREGISTRÉS LES TESTAMENTS

[17073-17088]

**17073. Testaments notariés ou déposés chez les notaires.** — Les testaments *déposés* chez les notaires ou par eux *reçus* doivent être enregistrés dans les trois mois du décès des testateurs, à la diligence des *héritiers*, donataires, *légataires* ou exécuteurs testamentaires (L. 22 frim. an 7, art. 21).

**17074. Militaires.** — Une D. m. f. 29 janvier 1811 porte, comme exception à cette règle, que le délai, pour l'enregistrement du testament d'un militaire en activité de service, décédé *hors du territoire français*, ne court que du jour de l'inscription de son acte de décès sur les registres de l'état civil de la commune où il a eu son dernier domicile (D. N. t. 12 p. 593 n° 813).

Même décision à l'égard du testament d'un militaire en activité de service décédé en France, *mais hors de son département* (Sol. 17 oct. 1832, 10456 J. E., 7931 J.N.).

**17075. Décès hors de France.** — Aucune exception n'a été faite dans la loi à l'égard des testaments des personnes décédées hors de France, ainsi qu'elle l'a fait en étendant le délai pour déclarer leur succession. — D'après l'art. 1000 C. C., les testaments faits en pays étranger doivent être enregistrés, avant toute exécution en France, au bureau du dernier domicile du testateur, et en outre au bureau de la situation des immeubles dont il dispose en France.

1. ÉTRANGER. — Cependant, il a été décidé, par une Sol. 5 mai 1874, que le testament fait en pays étranger par une personne domiciliée et décédée à l'étranger, mais qui dispose de valeurs mobilières françaises, n'est pas assujetti à la formalité en France. « D'une part, porte la solution, l'art. 1000 C. C. ne semble pas une disposition fiscale donnant des droits à l'Administration contre les parties. Le sens de cet article paraît être que le testament n'est pas susceptible d'être opposé aux intéressés et exécuté tant qu'il n'a pas été enregistré. D'autre part, le payement des droits de mutation par décès ne constitue pas, dans le sens de l'art. 1000 C. C., *une exécution du testament sur les biens situés en France*. Enfin, dans l'espèce, les prescriptions de l'art. 1000 C. C. sont matériellement inexécutables, le sieur Kern, testateur, n'ayant pas eu de domicile en France. »

**17076. Testament olographe.** — L'obligation de l'enregistrement dans les trois mois du décès du testateur ne concerne que les testaments reçus par les notaires ou ceux qui, faits sous signature privée, ont été déposés chez un notaire. Aucun délai n'est fixé pour les testaments olographes non déposés chez un notaire par le testateur.

Mais, lorsqu'ils lui sont remis après son décès par les héritiers, légataires ou exécuteurs testamentaires, ou à leur requête, les testaments en forme olographe doivent nécessairement être enregistrés par application de la règle générale contenue dans les art. 42 L. 22 frimaire an 7 et 13 L. 16 juin 1824. — Dans ce cas, le délai de trois mois n'est pas applicable (359 I. G.), puisque l'enregistrement doit avoir lieu avant ou en même temps que l'acte de dépôt.

Remarquez que, si nous avons dit, dans le numéro précédent, que la loi n'avait pas prolongé le délai à l'égard des testaments des personnes décédées hors de France, cela ne doit s'entendre que de celles qui auraient laissé en France des testaments notariés ou déposés chez des notaires. Quant à tout autre testament fait par ces personnes, leur enregistrement est gouverné par l'art. 1000 C. C.

Lorsque le dépôt d'un testament olographe après le décès du testateur a été fait en vertu d'ordonnance judiciaire, selon l'art. 1007 C. C., une D. m. f. 24 septembre 1807, rapportée dans l'I. G. 359, portait que les notaires avaient la faculté de ne pas faire enregistrer immédiatement ce testament, à charge de remettre, dans les dix jours qui suivraient l'expiration du délai de trois mois, un extrait certifié de cet acte au receveur de l'enregistrement, afin qu'il pût suivre le recouvrement des droits contre les débiteurs.

Des doutes s'étant élevés sur le maintien de cette décision en présence de l'arrêt du 17 avril 1849, rapporté au n° 17067-5 (1844-12 I. G.), le ministre des finances a fait connaître qu'elle devait continuer à être exécutée (D. m. f. 11 mars 1873, 3656 R. P., 20861 J.N.). Elle s'applique au timbre comme à l'enregistrement.

1. ACTE DE DÉPÔT. — Les décisions précédentes ne font point de distinction entre le dépôt ordonné et constaté direc-

tement par l'ordonnance du président et le dépôt qui a fait l'objet d'un acte particulier rédigé par le notaire. On peut donc penser que, dans l'un et l'autre cas, les notaires ne sauraient être tenus personnellement au payement des droits des testaments dont ils sont constitués dépositaires par une ordonnance de justice; que la dérogation, pour ce cas particulier, aux dispositions des art. 42 et 43 L. 22 frimaire an 7 est une conséquence nécessaire de l'intervention de la justice dans cette circonstance, intervention prescrite dans un intérêt général d'ordre public et qui a pour effet de rendre alors le ministère du notaire obligatoire, ce qui ne permet pas d'appliquer alors les règles établies pour les actes dont la rédaction est purement volontaire de leur part.

Néanmoins, le *Journal des notaires* pense qu'il est prudent, en pareille circonstance, de s'abstenir de dresser un acte particulier de dépôt et de se borner à inscrire le testament sur le répertoire à la date du dépôt constaté par l'ordonnance (20861 J. N.).

2. DÉLAI. — EXTRAIT. — Il est exprimé dans ces décisions que les notaires doivent fournir aux receveurs de l'enregistrement, dans les dix jours qui suivent l'expiration du délai de trois mois, à compter du décès des testateurs, des extraits certifiés des testaments olographes déposés. Il n'en faut pas conclure que ces testaments doivent être enregistrés dans les trois mois des décès des testateurs. Les testaments déposés chez les notaires ou par eux reçus sont seuls assujettis à l'enregistrement dans ce délai, sous peine d'un droit en sus, aux termes des art. 21 et 38 L. 22 frimaire an 7. Quant aux testaments olographes, ils ne deviennent sujets à l'enregistrement qu'en vertu du dépôt qui en est effectué ou ordonné, et ils ne sont jamais passibles que du droit simple, alors même qu'ils ne reçoivent la formalité que plus de trois mois après le décès du testateur.

**17077. Testament mystique.** — Les testaments mystiques ou secrets reçus par les notaires sont assujettis à l'enregistrement dans le délai de trois mois, à compter du décès du testateur. Il en est de même des actes de suscription de ces testaments, dressés en exécution de l'art. 976 C. C. (Dél. 12 germ. an 13, 290 § 73 I. G.).

**17078. Abstention.**—Un arrêt de la Cour de cassation du 26 février 1823 (7743 J. E., 4349 J. N.— V. 17067-4, a décidé que les légataires ne peuvent, à moins d'une renonciation formelle à la succession, se soustraire à l'obligation de faire enregistrer, dans les trois mois du décès du testateur, le testament fait à leur profit, par le motif que l'obligation imposée au légataire de faire enregistrer le testament est absolue et n'est point subordonnée à la preuve que ce légataire a connu le testament et qu'il en a fait usage; qu'au contraire, d'après la seule existence du testament, le légataire *est légalement présumé vouloir en profiter*, jusqu'à ce qu'une renonciation formelle de sa part au legs qui y est contenu vienne détruire cette présomption légale (Dél. 11 oct. 1838, 12171-6 J. E.).

Cette jurisprudence n'est que l'application des principes de l'ancien droit, dont les dispositions sont ainsi résumées par Bosquet : « Pour que le droit de contrôle, dit-il, ne soit pas dû sur le testament, il faut que ce testament soit absolument inutile et que toutes ses dispositions soient entièrement caduques par le prédécès de ceux en faveur de qui elles sont faites ou par des renonciations en forme. Si ce testament renferme seulement une disposition subsistante, le fermier est fondé à demander les droits, quand bien même l'exécution de cette disposition ne serait pas requise et que personne ne demanderait l'expédition du testament » (Déc. Cons. 29 nov. 1732, 6 oct. 1733, 12 janv. 1735 et autres, Bosquet t. 4 p. 301).

Elle a été depuis consacrée par les jugements de Montpellier du 26 décembre 1870 (3357 R. P.), de Brest du 25 février 1876; — d'Aix du 20 avril 1876; — de Bagnères du 25 juillet 1877; — de Bastia du 7 juillet 1877.

1. CONDITION SUSPENSIVE. — Mais cette disposition ne paraît pas applicable quand le testament ne produit pas son effet au profit du légataire à partir du décès du testateur, qu'il renferme par exemple un legs sous condition suspensive. Le légataire n'ayant encore aucun droit ouvert, ne saurait être forcé de faire un acte qui implique son acceptation. Il n'est pas encore débiteur envers le Trésor du droit d'enregistrement du testament. Pourrait-on le réclamer à l'héritier? La jurisprudence décide, il est vrai, que ce droit est à la charge de la succession et doit être supporté par l'héritier (Cass. 24 oct. 1810; — Tulle 18 avr. 1853, D. N. v° *Test.* 835-836). Mais il est difficile d'admettre que cette dette doive être supportée par l'héritier lorsqu'elle ne peut être réclamée au légataire seul bénéficiaire du testament, c'est-à-dire lorsqu'elle n'a pas pris naissance. C'est aussi l'opinion du J. du not. (13 août 1870 n° 2454).

**17079. Acte de décès.** — Les notaires ne sont pas obligés de présenter l'acte de décès des testateurs, leur déclaration suffit, sauf vérification (D. m. f. 16 nov. 1812, 4308 J. E.).

**17080. Testaments clos. — Ouverture.** — C'est une question délicate de savoir si l'Administration a le droit de provoquer l'ouverture des testaments clos et déposés chez les notaires, en prouvant que les testateurs sont décédés depuis plus de trois mois. Pour l'affirmative, on peut dire que ce droit appartient à tous les intéressés et que le Trésor a un intérêt né et actuel à l'enregistrement d'un acte qui règle la dévolution des biens soumis à l'impôt de mutation par décès. La difficulté s'était produite autrefois, mais n'avait pas été uniformément résolue. Le parlement de Toulouse avait, le 20 avril 1746, sur le réquisitoire du procureur général, décidé qu'un notaire ouvrirait un testament mystique déposé chez lui, afin de savoir s'il contenait un legs pieux fait par le défunt. Les parties se pourvurent en cassation, sous le prétexte que le procureur général avait agi à l'instigation du fermier, que le prétexte du legs pieux était illusoire, qu'il suffit au fermier que les parties ne puissent faire usage en justice des testaments sans qu'ils soient contractés. Par arrêt du conseil du 30 janvier 1748, la demande en cassation fut rejetée.

Une ordonnance de l'intendant de Bordeaux du 22 juin 1747 avait également enjoint aux héritiers de faire ouvrir dans un certain délai les testaments mystiques du défunt et d'en payer les droits; sinon on permettait au fermier de faire faire cette ouverture; et c'est ce que décida aussi l'intendant de Limoges, le 18 août 1751. Mais il paraît que cette jurisprudence n'était pas suivie partout, et Bosquet enseigne même que, dans le ressort de la Généralité de Bordeaux, une ordonnance du 9 avril 1756, rapportant celle de 1747, refusait aux commis la faculté de provoquer cette ouverture (t. 4 p. 306).

Sous l'empire de la loi du 22 frimaire an 7, l'Administration a fréquemment soutenu que le droit de faire ouvrir les testaments clos lui appartenait, parce qu'elle avait intérêt à en connaître les dispositions. C'est ce qui résulte des décisions suivantes (D. m. f. 27 fruct. an 6, 26 pluv. et 6 vent. an 7; — Tarbes 2 flor. an 7, Sol. 26 vend. an 8, 282 J.E., 318 I.G., Dél. 17 déc. 1832, 3978 Roll., Roy *des Contrav.* 82, — Villeneuve 18 mai 1824, 1200-14 I. G.). — Mais il est douteux que cette prétention soit suffisamment justifiée. Si l'Etat alléguait que le défunt a fait un legs à son profit, on concevrait son intérêt à obtenir l'ouverture du testament : il serait dans la même position que les particuliers. En dehors de cette hypothèse, il ne peut que réclamer le payement du droit d'enregistrement de l'acte, si cet acte est un testament. Or, tant que l'acte clos n'est pas ouvert, rien n'affirme qu'il contient de véritables dispositions testamentaires et tombe dès lors sous l'application de l'art. 29 de la loi de l'an 7.

D'ailleurs, le testament ne produit aucun effet tant qu'il demeure scellé et le silence des parties sur ce point équivaut à une véritable renonciation à s'en prévaloir. On concevrait difficilement que l'Administration, dans un intérêt purement fiscal et assez incertain, pût pénétrer des secrets que les héritiers veulent garder.

Aussi a-t-il été reconnu depuis que les préposés n'avaient pas le droit de provoquer, après la mort du testateur, l'ouverture de son testament mystique : « Non-seulement, disait l'Administration dans une requête à la Cour suprême, aucune loi n'autorise les préposés de l'Enregistrement à requérir l'ouverture des testaments mystiques; mais des tribunaux ont, au contraire, décidé que, d'après la jurisprudence de l'ancien parlement de Bordeaux, il était formellement interdit aux préposés de provoquer l'ouverture des testaments clos » (Arr. d'Adm. 26 juill. 1825, 1200 § 14 I.G., 5838 J.N. — V. en sens contradictoire D.N. t. 11 p. 181 n° 161, t. 1er p. 174 n° 116, t. 12 p. 595 n° 825).

Cette solution a été consacrée par la jurisprudence des Pays-Bas. Un arrêt de la Haute-Cour, en date du 29 octobre 1863, a décidé que l'art. 54 L. 22 frimaire an 7 n'oblige pas un notaire, dépositaire d'un testament cacheté, à en donner, après le décès du testateur, communication aux préposés de l'Enregistrement et que le notaire n'est pas tenu, vis-à-vis de l'Administration, de faire procéder à l'ouverture d'un tel testament : « Attendu, a dit la Cour, que l'art. 54 L. 22 frimaire an 7 ordonne aux notaires « de communiquer, sans déplacer, à toute réquisition, aux préposés de l'Enregistrement, les actes dont ils sont dépositaires et de leur laisser prendre, sans frais, les renseignements, extraits et copies qui leur seront nécessaires, à peine de 50 francs d'amende pour refus constaté par procès-verbal; » qu'il n'est fait d'exception à cette obligation qu'à l'égard « des testaments et autres « actes de libéralité à cause de mort, du vivant des auteurs; » attendu que cet article prescrit de communiquer les actes se trouvant chez le notaire et de donner les moyens d'en prendre connaissance; mais qu'il faut entendre par là la communication des actes en l'état où ils se trouvent, et seulement jusqu'au point où cela est possible au moment de la réquisition; que le notaire défendeur en cause a satisfait à cette prescription de la loi, autant que cela dépendait de lui; que certainement, d'après l'art. 984 C.C. (art. 1007 C.C.), le testament peut être ouvert par le juge du canton, mais que le notaire était sans qualité pour le faire; que la question s'il a soigné à temps pour faire procéder à l'ouverture est entièrement étrangère à la cause, qui dépend uniquement de cette autre question, si l'art. 54 de la loi de frimaire y était applicable; attendu que cet article n'impose pas directement cette obligation; que celle-ci ne se trouve pas non plus renfermée dans sa disposition qui permet aux préposés de l'Enregistrement de prendre des extraits et copies des actes, ni dans celle qui comprend expressément les testaments parmi ces actes, puisque l'article susdit a uniquement en vue les actes tels qu'ils se trouvent déposés en l'étude du notaire, et qu'ainsi la faculté de prendre extrait ou copie des actes suppose des actes ouverts. »

Un jugement du tribunal d'Arnhem, du 4 novembre 1844, décide également que, « si l'on met l'art. 54 de la loi de frimaire en rapport avec les caractères du contrat de dépôt et avec l'obligation du dépôt imposée aux notaires, on ne peut lui attribuer d'autre signification ni but que d'obliger les notaires de donner communication aux préposés de *tout ce dont ils peuvent prendre eux-mêmes communication*, et de leur donner les renseignements qu'ils sont en état de fournir. »

On a quelquefois enseigné que l'Administration devait se borner à réclamer l'enregistrement du papier scellé au droit ordinaire de 5 francs (Sol. 4 mai 1864, 21 nov. 1865). Mais cette transaction ne nous paraît pas acceptable. On ne peut pas enregistrer un acte qui n'est pas connu, qui peut-être n'est pas un testament ou qui contient accessoirement des dispositions sujettes au droit proportionnel, telles qu'une substitution, une reconnaissance de dettes, etc. La seule pièce qui puisse recevoir la formalité est l'acte de suscription dont le contexte est connu; l'autre acte échappe matériellement à l'enregistrement et à la perception, tant qu'il n'est pas découvert.

**17081. Révocation.** — Les révocations de testaments par acte notarié, considérées comme acte de dernière volonté, ne sont assujetties à l'enregistrement que dans le délai de trois mois, à compter du décès du testateur (Dél. 14 niv. an 13, 1622 J.E.). — V. 17053, 17114, 14677 et suiv.

On a prétendu que les actes de révocation purs et simples n'étaient pas assujettis à l'enregistrement dans le délai ci-dessus, et que, si on les soumettait à la formalité, le droit de 2 francs (3 fr.) était exigible (J. du not. 2312). Mais cette opinion ne doit pas être suivie. Il a été expliqué précédemment, n° 16180, que la révocation avait, dans ce cas, le caractère d'un testament ordinaire renfermant une disposition directe de biens. Or, cela suffit pour la soumettre aux règles du testament.

**17082. Défense d'enregistrer du vivant des testateurs.** — Il est défendu aux receveurs d'admettre à l'enregistrement des testaments pendant la vie du testateur, à moins d'une réquisition expresse de sa part (432 § 3 I.G. Dél. 28 juin, 4 juill. 1839).

**17083. Caducité.** — Aux termes de l'art. 21 L. 22 frimaire an 7, les testaments devant être enregistrés à la diligence des héritiers, donataires, légataires ou exécuteurs testamentaires, le testament révoqué antérieurement ou celui dont toutes les dispositions sont devenues caduques n'est évidemment plus de nature à être enregistré.

En ce sens, il a été décidé par l'Administration qu'on ne peut exiger l'enregistrement d'un testament qui ne contient qu'un legs de la quotité disponible, si le légataire se trouve être le seul héritier naturel du défunt, attendu que ce testament n'a plus d'objet (Dél. 13 juin 1832, 10372 J. E.).

De même : 1° si un testament fait dans les conditions précédentes renferme un legs particulier au profit d'un étranger qui décède avant le testateur, la disposition est caduque et l'enregistrement de l'acte n'est pas obligatoire (Sol. 3 oct. 1859);

2° Si le légataire d'un usufruit décède après la mort du testateur, mais avant d'avoir accepté son legs ou d'en avoir demandé la délivrance, le testament n'est pas sujet à la formalité (Sol. 4 déc. 1852. — *Comp.* D. m. f. 7 août 1815, Dél. 26 déc. 1826, 7235 J. N., *suprà* n° 16114).

Le testament devient encore caduc quand les dispositions qu'il renferme sont incompatibles avec celles d'un testament postérieur. Dans ce cas, l'enregistrement n'en est pas exigé (Sol. 11 mars 1861, D. N. t. 12 p. 593 n° 818, 745 J. N.). — Il a été jugé à cet égard que le testament qui contient legs à une personne du quart par préciput de tous les biens n'est pas révoqué par la donation ultérieure faite à une autre personne du tiers par préciput de la fortune que le disposant possède dans une commune désignée. En conséquence, le premier testament doit être enregistré (Gaillac 16 août 1864, 1999 R.P.).

La jurisprudence décide dans le même sens, en matière civile, que le legs particulier ne révoque pas le legs universel ou à titre universel fait au profit d'une autre personne par un testament antérieur : il en diminue seulement le bénéfice (Cass. 13 fév. 1816 ; — Riom 23 août 1817, D. 6-161 ; — Angers 21 mars 1821, D. 6-162, D. v° *Dispositions entre-vifs* n° 4216).

Il est également admis que le legs d'une quotité de biens n'est pas incompatible avec le legs universel fait dans un testament postérieur; tous deux doivent recevoir leur exécution, si le second ne contient pas de révocation expresse (Merlin *Rép.* v° *Rév. de legs* § 2, Favart v° *Test.* sect. 3 § 1er n° 10, Grenier t. 1er n° 343, Vazeille art. 1036 n° 6, Coin-Delisle art. 1036, Troplong 2078 ; — Nîmes 7 fév. 1809, Dalloz *loc. cit.* 4203).

**17084. Renonciation. — Légataire.** — Le délai de trois mois une fois expiré, le légataire qui n'a pas renoncé peut être poursuivi pour le payement des droits, parce qu'il est présumé vouloir profiter du testament (Brest, 25 fév. 1876); mais n'importe à quelle époque la renonciation a été faite, du moment qu'elle existe, le légataire n'est plus tenu au payement des droits du testament (Cass. 26 fév. 1823, *suprà* 17078, Dél. 16 déc. 1836, 9532 J. N. ; — 11 oct. 1838, 12171-6 J. E. ; — Montpellier, 26 déc. 1870, 3257 R. P.; — Sainte-Menehould, 29 avr. 1856 ; — Castellane, 11 août 1875).

Si le testament est présenté volontairement à la formalité, le droit de 5 francs (7 fr. 50 cent.) est exigible, mais on ne saurait en aucun cas percevoir de droit en sus (Chaumont 29 nov. 1864, 2033 R.P., 18169 J. N., 1095 Rev.). — *V.* 17088-3.

**17085. Services religieux.** — Le testament qui ne contient qu'un legs fait au curé, d'une somme de 300 francs, pour être employée en prières, doit être enregistré dans le délai, bien que ce legs ne donne pas ouverture au droit de mutation par décès (Dél. 8 mars 1839, 12267 J. E.).

De même, il a été reconnu qu'il fallait considérer comme renfermant une disposition de dernière volonté et devant être dès lors enregistré dans les trois mois du décès du testateur l'acte par lequel le défunt charge son héritier d'employer une certaine somme en œuvres pies (Sol. 12 juin 1861).

La question était déjà résolue ainsi autrefois: « Les intendants d'Auvergne et de Moulins, dit Bosquet, ayant écrit au Conseil sur les difficultés qui se présentaient au sujet des testaments parmi lesquels il y en avait qui ne contenaient aucune institution, il leur fut marqué, le 30 juin 1736, par le contrôleur général, que ces dispositions sont sujettes au droit d'insinuation et que les héritiers ne peuvent se dispenser de payer le droit de contrôle du testament » (Bosquet t. 4 p. 301). — *V.* 16536.

**17086. Obligation des notaires.** — L'art. 2 L. 22 frimaire an 7 porte: « Les testaments seront enregistrés *à la diligence des héritiers, donataires, légataires ou exécuteurs testamentaires.* »

Il faut conclure de là que le notaire ne peut se refuser à apporter ces actes à l'enregistrement *lorsqu'il en est requis* par les héritiers et légataires.

Mais l'art. 73 même loi ayant virtuellement abrogé toutes les lois antérieures et l'art. 3 L. 9 octobre 1791, qui donnait aux préposés le pouvoir *de contraindre* les notaires qui auraient reçu les testaments à les porter au bureau, n'ayant pas été reproduit dans l'art. 21, on doit reconnaître que les employés sont aujourd'hui sans action pour forcer *directement*, et *sans recourir aux parties*, les notaires à présenter à l'enregistrement les testaments non enregistrés dans les trois mois du décès des testateurs (*Conf.* : D. N. t. 12 p. 596 nos 837 et 839, 13067 et 14387 J.N., Sol. 22 janv. 1867, 2424 R.P., 18956 J.N., 13283 C.).

Lorsqu'un notaire, constitué par ordonnance du président dépositaire d'un testament olographe contenant un legs d'immeubles à charge de restitution, rédige acte de ce dépôt et délivre aux parties expédition du testament, il est personnellement tenu de faire enregistrer le testament et de payer les droits, même ceux de transcription (Cass. 7 avr. 1849). — *V.* 17076.

**17087. Preuve. — Prescription.** — L'obligation imposée par l'art. 21 L. 22 frimaire an 7 à tout légataire de faire enregistrer, dans les trois mois du décès du testateur, le testament portant quelque libéralité à son profit, est absolue et n'est point subordonnée à la preuve que le légataire a fait usage de ce testament.

Dans l'espèce, il n'y a d'autre prescription applicable que

celle de trente ans (Déc. duché de Luxembourg 4 mai 1854, 170 R. P.).

**17088. Double droit.** — La sanction de l'art. 21 L. 22 frimaire an 7, qui prescrit l'enregistrement des testaments notariés ou déposés chez les notaires dans les trois mois de leur date, est dans l'art. 38 de la même loi, qui leur impose la peine du double droit à défaut d'être enregistrés dans ce délai.

L'art. 38 L. 22 frimaire an 7 est ainsi conçu :

« Les actes sous signature privée et ceux passés en pays étranger, dénommés dans l'art. 22, qui n'auraient pas été enregistrés dans les délais déterminés, seront soumis au *double droit d'enregistrement*.

Il en sera de même pour les *testaments* non enregistrés dans le délai. »

Or, ainsi que l'exprime un arrêt du 28 novembre 1848 (n° 1837 § 14 I. G., S. 49-1-119, 14624 J.E.), le droit proportionnel de transcription n'a pas changé de nature, bien que, maintenant, en vertu de la loi du 28 avril 1816, art. 54, on le perçoive au moment de l'enregistrement de l'acte de nature à être transcrit; il reste toujours un *droit d'hypothèque*. Il suit de là qu'on ne peut l'ajouter au *droit d'enregistrement* pour régler le montant de l'amende exigible, en vertu de l'art. 38 de la loi de frimaire, sur les testaments contenant substitution. C'est ce que l'Administration a plusieurs fois reconnu, notamment par des Sol. 14 décembre 1857, 3 février 1864 et 27 novembre 1867 (2606 R.P., 19196 J.N., 18446-1 J.E., 14146 C., D. N. t. 12 p. 189 n° 358, 15759 J.N.). — V. *Transcription*. n° 17457.

1. DISPOSITION INDÉPENDANTE. — En ce qui concerne les autres dispositions que pourrait contenir un testament et qui n'en feraient pas partie intégrante, elles ne pourraient encourir le double droit, sauf pour le cas où elles seraient elles-mêmes assujetties à l'enregistrement dans un délai déterminé (290 § 1er et 452 I. G., 16568-3 J.E.).

2. TESTAMENT RÉVOQUÉ. — Dès qu'un testament est révoqué, il n'y a plus de légataire ni d'exécuteur testamentaire à la diligence desquels ce testament puisse être enregistré et qui soient passibles des droits. L'enregistrement n'est donc plus obligatoire (Sol. 12 juin 1861 ; — *Conf.*: Bosquet t. 4 p. 150). — V. 16241.

Mais si, par un motif quelconque, cette formalité est requise, elle donne nécessairement lieu à la perception du droit fixe de 7 fr. 50 cent., à titre de salaire, conformément à l'art. 45 n° 4 L. 28 avril 1816 et 2 L. 28 février 1872, qui ne font aucune distinction entre les testaments révoqués et ceux qui ne le sont pas.

Quant au double droit, il n'est pas exigible lors même qu'on ne requiert qu'après l'expiration du délai de trois mois, à partir du décès du testateur, l'enregistrement d'un testament reçu par un notaire, ou déposé en son étude, puis révoqué, puisque, l'enregistrement d'un testament révoqué n'étant pas obligatoire, aucune amende de retard ne doit être encourue (D.N. t. 12 p. 596 n° 833).

C'est le même principe qui est applicable aux testaments auxquels le légataire a totalement renoncé. — V. 17084.

## CHAPITRE III. — QUESTIONS DIVERSES

[17089-17117]

**17089. Acte écrit à la suite d'un autre.** — 1. DÉPOT. — On peut mettre à la suite du testament l'acte du dépôt de la quittance des legs qu'il contient, encore que cette quittance ait été passée par un autre notaire (1189 § 8 I. G.).

2. LECTURE ET CONNAISSANCE. — Un notaire ne peut écrire à la suite du testament l'acte qui constate qu'il a donné connaissance de son contenu aux héritiers du testateur. Il en est de même de la copie de l'acte de lecture du testament, qui ne peut être mise à la suite de l'expédition de ce testament.

3. ACCEPTATION. — Mais il a été reconnu que l'acte d'acceptation ou de délivrance d'un legs peut être mis à la suite du testament.

4. CODICILLES. — Plusieurs codicilles peuvent-ils, sans contravention, être écrits à la suite du testament auquel ils se rapportent ? — V. *Acte écrit à la suite*.

5. RÉVOCATION. — Les révocations de procurations et de testaments peuvent être faites et expédiées sur la même feuille que ces actes.

6. TESTAMENTS A LA SUITE L'UN DE L'AUTRE. — Les dispositions réciproques prohibées par les art. 968 et 1097 C. C. ne sont frappées de nullité qu'autant qu'elles sont faites dans *le même acte*; dès lors les testaments olographes faits par deux époux au profit l'un de l'autre, à la même date, l'un sur le recto et l'autre sur le verso de la même feuille de papier, sont valables (Cass. 21 juill. 1851, 14453 J. N.).

On peut conclure de cet arrêt que les testaments, n'étant pas *conjoints* (*V.* 17056), présentent une contravention à l'art. 23 L. 13 brumaire an 7.

7. RENVOI. — Toutes les questions de l'espèce ont été plus amplement développées au mot *Acte écrit à la suite d'un autre*.

**17090. Acte passé en conséquence.** — On trouvera, au mot *Acte en conséquence*, l'indication des actes non enregistrés qui peuvent être mentionnés dans les testaments authentiques et les cas dans lesquels ces testaments peuvent être eux-mêmes énoncés sans contravention.

**17091. Acte de suscription.** — Tout ce qui concerne les actes de suscription a été traité aux nos 1550 et suiv.

**17092. Caducité.** — Toute disposition testamentaire sera caduque si celui en faveur de qui elle est faite n'a pas survécu au testateur (1039 C. C.). Il en est de même lorsque le legs dépend d'une condition qui n'est point encore arrivée lors du décès du légataire ou de l'héritier institué (1040 C. C.). Le legs est également caduc si la chose léguée périt pendant la vie du testateur, et même après sa mort, sans la faute de l'héritier (1041 C. C.). Enfin, la disposition testamentaire est encore caduque, lorsque l'héritier institué ou le légataire répudie le legs ou est incapable de le recueillir (1042 C. C.).

**17093. Communication.** — En matière de communication, la loi a créé une exception en faveur des testaments et autres actes de libéralité à cause de mort, qui ne peuvent être communiqués du vivant des testateurs (art. 54 L. de frim.). Mais le tribunal de Falaise a exagéré cette prohibition de la loi en jugeant, le 26 avril 1824 (1033 C.), que les employés ne peuvent faire sur le répertoire d'un notaire le relevé de tous les testaments inscrits. L'art. 54 doit évidemment se combiner avec l'art. 21 de la loi de frimaire, qui prescrit l'enregistrement des testaments dans les trois mois du décès. — V. *Communication* et n° 17080.

**17094. Condition.** — Une liquidation de succession faite en exécution des volontés *manifestées par le défunt dans son testament* ne laisse pas moins exigibles tous les droits auxquels peuvent donner lieu ses diverses clauses (Yvetot 26 août 1851, 15278 J. E.); — à plus forte raison, si les héritiers n'ont à invoquer qu'une volonté *verbalement* exprimée par le testateur (Saint-Étienne 21 déc. 1847, 14485 J. E.; — Seine 11 juin 1845, 13788 J. E.).

**17095. Consentement.** — Il n'est dû qu'un droit fixe sur l'acte de consentement donné par *plusieurs héritiers* à l'exécution d'un testament, attendu qu'on ne peut assimiler le testament à l'acte d'acceptation ou de renonciation à succession et que tous les cohéritiers qui donnent leur consentement sont censés agir collectivement et avoir le même intérêt (*Conf.* : 2391 J. N., D. N. t. 3 p. 671 n° 7).

Il en est de même du consentement à l'exécution d'un testament par lequel un fils aîné est institué héritier universel, à la charge de payer une somme déterminée à chacun de ses frères et sœurs.

En effet, le droit de faire réduire, s'il y a lieu, cette disposition à la quotité disponible, n'est que facultatif ; par conséquent, lorsque les parties intéressées donnent un consentement pur et simple à l'exécution de la disposition, elles ne renoncent à aucun droit certain.

C'est ce qu'on a décidé au sujet de la déclaration par laquelle un oncle consentait à l'exécution du testament d'un mineur qui avait légué tous ses biens à sa mère (Sol. 26 fév. 1863) ; — ou du consentement par une fille à l'exécution du testament aux termes duquel la mère avait légué tous ses biens à ses petits-enfants, en déclarant que la mère avait été remplie de sa réserve par des dons antérieurs (Sol. 12 janv. 1863).

Cette matière se rattache à celle des délivrance de legs que nous avons traitée dans un article particulier, au mot *Délivrance de legs*.

1. CESSION. — Il en serait autrement si le consentement était donné moyennant une somme en outre de celle dont l'héritier institué serait tenu : alors il y aurait cession jusqu'à concurrence de l'excédant, et le droit proportionnel serait exigible (Sol. 24 flor. an 13, 2011-8240 J. E.).

2. DONATION. — Si le contrat de mariage de deux époux porte que la communauté appartiendra au survivant et que, nonobstant cette disposition, le mari dispose de la nue-propriété de la moitié de la communauté, le droit de donation est exigible sur le consentement que donne à l'exécution de ce testament la femme postérieurement au décès de son mari, puisque toute la communauté lui appartenait en vertu de son contrat de mariage (Pithiviers 6 fév. 1840, 12511-1 J. E.).

**17096. Dépôt.** — Les notaires s'abstenaient généralement de dresser acte du dépôt des testaments olographes qui leur étaient remis après le décès des testateurs en vertu d'ordonnance du président du tribunal, et pensaient avoir suffisamment rempli le vœu de la loi en inscrivant les ordonnances sur leur répertoire. Une D. m. f. 20 janvier 1852, rapportée dans l'I. G. 1909, a reconnu qu'il devait être dressé acte de dépôt.

Cependant cette décision n'a pas trouvé créance auprès de la jurisprudence, ainsi que nous l'avons établi précédemment au mot *Dépôt*.

1. PROCÈS-VERBAL D'OUVERTURE. — Lorsque le procès-verbal d'ouverture du testament olographe constate la remise de cet acte au notaire commis par le président et que le notaire s'en charge pour le mettre au rang de ses minutes, il n'est dû pour l'enregistrement de ce procès-verbal qu'un seul droit, qui est celui de 3 francs (4 fr. 50 cent.), fixé par l'art. 44 n° 10 L. 28 avril 1816 (Sol. 28 mars 1850, 14016 J. N.).

2. TESTATEUR VIVANT. — Il n'est point défendu aux notaires de dresser acte de dépôt des testaments qui leur sont remis par les testateurs, lorsque, nonobstant l'exception portée par l'art. 43 L. 22 frimaire an 7, les testateurs le demandent. Mais, dans ce cas, l'acte de dépôt doit être enregistré dans le délai de dix ou quinze jours, quoique le testament déposé ne soit, d'après l'art. 21 de la même loi, sujet à cette formalité que dans les trois mois du décès du testateur (D. m. f. 8 mars 1814 ; — Cass. 14 juill. 1823, 4244, 4850 et 7523 J. E., S. 23-1-306).

« Attendu, porte cet arrêt, que l'art. 68 § 1er n° 26 L. 22 frimaire an 7 assujettit au droit fixe de 1 franc, élevé depuis à 2 francs par la loi du 28 avril 1816, tous les dépôts d'actes et pièces chez les officiers publics ; que cette disposition formelle de la loi, qui comprend dans sa généralité les dépôts des testaments, comme ceux de tous les autres actes, ne pourrait être modifiée que par une disposition non moins formelle, qui exempterait ces sortes de dépôts de la formalité de l'enregistrement ; mais qu'une telle exemption ne se trouve dans aucune loi actuellement en vigueur ; qu'elle n'existe, en effet, ni dans l'art. 21 L. 22 frimaire an 7, qui exempte seulement les testaments eux-mêmes de la formalité, jusqu'après le décès des testateurs, sans parler des actes constatant le dépôt desdits testaments chez les officiers publics ; ni dans l'art. 43, qui, en défendant aux notaires de recevoir le dépôt d'aucun acte, sans dresser acte de ce dépôt, excepte les testaments déposés chez les notaires par les testateurs, disposition qui, par cela même qu'elle présente aux testateurs la faculté de déposer leurs testaments sans qu'il soit dressé acte de dépôt, indique assez clairement que l'intention du législateur a été de soumettre à la disposition générale de l'art. 68 susénoncé les actes de dépôt faits par les testateurs qui, ne voulant pas profiter de cette faculté, exigent qu'il soit dressé acte du dépôt de leurs testaments. »

**17097. Don manuel. — Reconnaissance.** — C'est la déclaration par le *donataire* ou ses *représentants*, ou la reconnaissance judiciaire du don manuel, que la loi de 1850 assujettit au droit proportionnel. Si c'est le donateur lui-même qui fait la déclaration, la loi reste sans application. Ainsi, il a été jugé par le tribunal de Douai, le 26 mai 1852 (14899 J. N.), que la disposition d'un testament par laquelle le testateur, après avoir rappelé des dons manuels faits par lui à ses héritiers ou à d'autres personnes, déclare au besoin faire don et legs des mêmes valeurs aux mêmes donataires, n'autorise pas l'Administration à exiger sur les objets donnés manuellement le droit de donation entre-vifs, lorsqu'aucun acte ne contient de la part des donataires la déclaration de ces dons.

**17098. Enveloppe.** — Il arrive souvent que les testaments olographes sont recouverts d'une enveloppe sur laquelle le testateur écrit ces mots : *Ceci est mon testament*, ou tout autre intitulé quelconque.

Cette enveloppe n'est pas un acte proprement dit, parce que ce n'est pas une formalité prescrite et qu'elle ne renferme ni date, ni signature, ni aucun autre caractère constitutif d'un acte. Elle est donc exempte de l'enregistrement (Sol. 14 août 1830, 2931 Roll.), et elle n'a pas besoin d'être rédigée sur timbre, comme l'acte de suscription d'un testament mystique (Sol. 16 nov. 1866).

Lorsque le dépôt de ces testaments est ordonné, le notaire dépositaire, en faisant enregistrer le testament, requiert quelquefois en même temps l'enregistrement et le visa pour timbre de l'enveloppe. Dans ce cas, l'enregistrement a lieu au droit de 3 francs, applicable aux actes innomés, et on perçoit le droit de timbre calculé selon la dimension du papier. Mais aucune amende de timbre ne peut être exigée, parce que, avant le dépôt, l'enveloppe ne renfermant aucun acte n'était pas assujettie au timbre (Sol. 9 sept. 1840, 9 juill. 1852, 1er juill. 1858, D. N. t. 12 p. 593 n° 810, Roy *Contrav.* n° 720, Sol. 16 nov. 1866).

Mais si l'enveloppe renfermait quelques mentions complémentaires du testament et avait dès lors le caractère d'un acte particulier, elle serait sujette au timbre. On l'a décidé ainsi notamment pour l'enveloppe d'un testament non signé, portant la mention suivante *signée:* « Ceci est mon testament, » la signature de l'enveloppe suppléant à l'absence de signature du testament (Sol. 7 janv. 1862).

**17099. Exécuteur testamentaire.** — La nomination d'un ou plusieurs exécuteurs testamentaires, faite par le testament, ne donne ouverture à aucun droit particulier, parce qu'elle est de l'essence du testament et ne peut être considérée comme une disposition indépendante (Dél. 5 juin 1816, 5487 J. E., D. N. t. 5 p. 714 n° 106). — *V.* 8294.

1. Le legs fait à l'exécuteur testamentaire pour l'indemniser de ses peines et de ses soins ne peut donner ouverture au droit d'obligation; c'est une libéralité qui est sujette au droit de mutation par décès (Dél. 24 déc. 1830, 9839 J. E., 7327 J. N.). — *V.* 16492, 17113.

**17100. Expédition.** — Une D. m. f. 25 avril 1809 (3236 J. E., 207 J. N.) porte que lorsque le testateur demande au notaire l'expédition du testament qu'il a passé devant cet officier public, celui-ci peut lui délivrer cette expédition sans soumettre la minute à l'enregistrement. Cette exception à l'art. 41 L. 22 frimaire an 7 est fondée sur le secret inviolable qui doit couvrir les dispositions à cause de mort et qui a déterminé le législateur à ne les soumettre à l'enregistrement qu'après le décès du testateur (*V.* Demolombe t. 21 n° 237).

1. DONATION A CAUSE DE MORT. — La même exception doit exister pour les donations que les époux sont dans l'usage de faire pendant le mariage au profit du survivant d'eux. Ces donations sont de véritables testaments.

2. DÉCÈS DU TESTATEUR OU DONATEUR. — Toutefois, dans les deux hypothèses ci-dessus, après le décès du donateur, le donataire ne pourrait faire usage de l'expédition, sans avoir fait préalablement enregistrer l'acte de donation et mentionner par le notaire cet enregistrement sur l'expédition.

**17101. Fiducie.** — La disposition de fiducie doit être considérée comme une simple condition dérivant du testament et ne donnant pas, par conséquent, ouverture à un droit particulier. — *V.* 9013.

**17102. Greffe. — Droit de rédaction.** — Le droit de rédaction n'est pas exigible sur le procès-verbal d'ouverture et de description des testaments, attendu que l'ouverture et la description du testament sont des obligations qui ont été déférées par la loi au président du tribunal et que, dans ce cas, le greffier ne tient la plume que sous la dictée du magistrat (Sol. 31 oct. 1831, 10175 J. E., Sol. 17 janv. 1832, 10173 J. E.).

**17103. Lecture.** — Ces mots : *après lecture du tout*, qui terminent un testament, se réfèrent à un renvoi approuvé aussi bien qu'au corps de l'acte (C. Bordeaux 17 mai 1833, 4203 Roll.).

Il suffit, pour la validité d'un testament notarié, qu'il résulte de l'ensemble de l'acte qu'il a été lu au testateur en présence des témoins; la mention formelle de cette lecture n'est pas indispensable (Cass. 22 juill. 1829, 2725 Roll.; — C. Orléans 22 juill. 1825, 3022 Roll.).

Il n'est pas nécessaire que la suscription d'un testament

mystique fasse mention que la lecture a été donnée au testateur en présence des témoins (Bordeaux 5 mai 1828, 2393 Roll.).

Il n'est pas non plus nécessaire de donner lecture au testateur de la mention de sa déclaration de ne pouvoir ou savoir signer (Cass. 3 juill. 1834, 4481 Roll.).

Le testament qui ne mentionne pas que lecture en a été faite au testateur par le notaire est nul (Cass. 12 nov. 1823, 7668 J. E.); et ce défaut de mention entraîne l'exigibilité de l'amende prononcée par l'art. 13 L. 25 ventôse an 11.

**17104. Mesures métriques.** — L'art. 972 C. C. exigeant impérieusement et sous peine de nullité que le notaire écrive le testament *tel qu'il lui est dicté par le testteur*, il suit de là que, si ce dernier dans sa dictée s'est servi d'anciennes dénominations des poids ou mesures, le notaire ne peut en être responsable et qu'il n'encourt pas d'amende (Saint-Dié 30 août 1832, 10442 J. E.).

**17105. Mutation secrète.** — Les déclarations renfermées dans un testament peuvent établir l'existence des mutation secrètes. — V. *Mutation secrète.*

**17106. Nomination.** — La nomination d'un tuteur, dans un testament, n'est passible d'aucun droit particulier, elle est de l'essence du testament qui la contient; il en est de même du conseil désigné par le père, en vertu de l'art. 391 C. C. (Dél. 5 juin 1816, P. 1596, 5487 J. E., D. N. t. 3 p. 666 n° 21, 4062 J. N.). — Mais la nomination d'un subrogé-tuteur, n'étant pas prévue par la loi, forme une disposition indépendante (5122 J. E.).

Lorsque le père nomme le tuteur de son fils et fixe l'indemnité à laquelle ce tuteur aura droit pour ses soins et démarches, il n'est dû que le droit fixe; et lorsque, après le décès du père, le tuteur accepte les fonctions, l'acte d'aceptation n'est point passible du droit d'obligation sur l'indemnité (Dél. 29 sept. 1835, D.N. t. 13 p. 191 n° 392). — Mais on a pensé que le droit de mutation par décès était dû sur cette somme considérée comme un legs (D.N. *loc. cit.* n° 393).

**17107. Obligation morale.** — 1. QUITTANCE. — On ne peut exiger un droit de libération sur le legs fait par le testateur à ses créanciers pour se libérer *moralement* des sommes qu'il avait payées en assignats, à l'époque de la dépréciation de ces valeurs. Le droit de mutation par décès est le seul à percevoir (Dél. 11 déc. 1829, 9813 J. E., 7204 J. N.). — *V.* 16473 et *Donation rémunératoire.*

2. RECONNAISSANCE. — Lorsqu'une femme dotale qui a verbalement garanti les dettes de son mari fait des legs aux créanciers de celui-ci, afin de les désintéresser, ces dispositions sont de véritables libéralités passibles du droit de mutation par décès et non pas de simples reconnaissances de dettes sujettes au droit d'obligation (Rouen 22 fév. 1866, 2286 R. P.).

**17108. Partage.** — Le partage des biens entre les légataires contenu dans le testament ne donne pas lieu à un droit particulier; c'est une disposition inhérente au testament (5276-9044 J. E.).

**17109. Partage d'ascendants.** — Les partages d'ascendants ne sont ni de véritables donations, ni de véritables legs; ils touchent cependant de très-près à ces genres de dispositions; ils y touchent surtout par la forme. L'art. 1076 les assujettit aux formes, conditions et règles des donations entre-vifs ou des testaments. Toutes les fois donc que la nature des choses n'y répugne pas, il faut appliquer aux partages d'ascendants la règle des donations, si c'est entre-vifs que le père a partagé ses biens, ou les règles des testaments si c'est la forme testamentaire qu'il a préférée. De ceci, il faut conclure que les partages d'ascendants changent de nature suivant qu'ils sont faits dans la forme testamentaire ou dans la forme de donations entre-vifs.

Les partages testamentaires ont fait l'objet des n°s 12641 et suivants, auxquels on peut recourir.

**17110. Prescription.** — Les droits simples d'enregistrement d'un testament ne se prescrivent que par trente ans (D. m. f. 8 prair. an 9, Circ. 2013, 767 J. E.; — Cass. 3 oct. 1810, 2573 J. E.; — *V.* 1003-1).

Il en est autrement des droits en sus et amendes.

V. *Prescription.*

**17111. Répertoire.** — Les testaments reçus par les notaires doivent être portés au répertoire à leur date et avant le décès des testataires (D. m. j. 6 vend. an 13, 1864 J. E.; — Cass. 19 déc. 1808, 3317 J. E., 318 I. G., S. 9-1-231). — *V.* 14152.

1. OLOGRAPHE. — Comment et quel jour les testaments olographes remis ou déposés aux notaires doivent-ils être répertoriés ? — V. *Répertoire* n°. 14152.

2. MYSTIQUE. — Le testament mystique doit être porté sur le répertoire à la date de l'acte de suscription. — *V.* 1561.

**17112. Reconnaissance d'enfant naturel.** — L'art. 68 § 3 n° 5 L. 22 frimaire an 7 soumet au droit fixe les testaments et tous autres actes de libéralité *qui ne contiennent que* des dispositions soumises à l'événement du décès; il en résulte que si, à côté de semblables dispositions, il vient s'en placer d'autres qui revêtent un caractère d'irrévocabilité, celles-ci sont indépendantes au regard de l'art. 11 de la loi de frimaire et donnent ouverture à un droit particulier d'enregistrement suivant leur nature.

C'est ce qu'on a décidé au sujet des reconnaissances d'enfants naturels, qui sont passibles d'un droit particulier distinct du droit dû pour le testament (Sol. belge 17 mars 1841 et 4 oct. 1869, 2374 et 11099 J.E. belge).

**17113. Restitution.** — La question de savoir si les droits perçus sur un testament enregistré par erreur peuvent être restitués a été résolue dans deux sens opposés. En droit strict, l'erreur ne doit pas être une cause de restitution; cependant, nous avouons qu'il est des circonstances où l'équité devrait commander la restitution.

Quoi qu'il en soit, il a été décidé : 1° que de ce que les testaments ne sont enregistrables que dans les trois mois du décès du testateur, il ne s'ensuit pas que si, par erreur, ces actes sont présentés à l'enregistrement avant le décès des donateurs et testateurs, les droits perçus deviennent restituables. Les notaires n'ont à imputer qu'à eux seuls l'ignorance où ils sont des dispositions législatives (Dél. 4 avr. 1821, 12682-1 J. E.); — 2° que les droits perçus sur un testament volontairement présenté à l'enregistrement ne sont pas restituables, bien que les legs qu'il contient soient caducs ou que le testateur ne soit pas décédé (Dél. 19 sept. 1835, 11307 J. E.).

Voici cependant une espèce où l'Administration a autorisé la restitution.

Le 5 juillet 1834, le testament de la dame L...., est présenté à l'enregistrement par Me G...., notaire, qui s'aperçoit, peu de jours après, que c'était celui du sieur L..., qu'il aurait dû faire enregistrer. Dès qu'il a reconnu sa méprise, il se hâte de soumettre le testament de celui-ci à la formalité et demande en même temps que le droit perçu sur le premier lui soit restitué. « La présentation du testament de la dame L... à la formalité, a dit l'Administration, n'a eu lieu que par erreur et sans avoir été requise par la testatrice ; d'ailleurs, le testament ne contenait qu'un legs d'usufruit devenu caduc par le prédécès du sieur L..., au profit duquel il était fait. »

En conséquence, la restitution a été ordonnée (Dél. 9 déc. 1834). — V. *Restitution*.

**17114. Révocation.** — Le testament entièrement révoqué n'était point autrefois sujet au droit de contrôle ; mais si le testament n'était pas entièrement révoqué et que la révocation ne tombât que sur un legs, le testament demeurait sujet à la formalité (Bosquet t. 4 p. 150).

Il en est encore de même aujourd'hui. — V. n° 13515-3.

Le testament qui contient un legs frappé de nullité radicale ne produit pas moins ses effets à l'égard des testaments antérieurs, qu'il révoque en ce qui concerne leurs dispositions incompatibles avec celles qui ne peuvent recevoir leur exécution (Cass. 25 juill. 1849, 14918-9 J. E.).

De même, le testament devenu caduc par suite du décès de tous les légataires et qui contient la révocation de tous testaments antérieurs produit son effet à l'égard des autres testaments.

Il s'ensuit que de pareils testaments devraient être enregistrés comme des testaments dont toutes les dispositions seraient destinées à sortir à effet. — V. 17088-3.

1. SURVENANCE D'ENFANT. — Un testament n'est pas révocable pour cause de survenance d'enfant, lorsque le testateur, ayant eu la possibilité de révoquer ce testament, par suite de la connaissance qu'il a eue de cet enfant, l'a néanmoins laissé subsister (11559 J. E.). Il en serait de même quand le testateur, ayant disposé dans l'ignorance de la grossesse de sa femme, serait décédé avant d'avoir eu connaissance de cette grossesse (C. Nîmes 27 déc. 1840, 14476 J. E.).

Cependant, dans ce dernier cas, les cours de Douai et de Limoges ont décidé, les 31 janvier et 8 mars 1843, que les circonstances dans lesquelles avait été fait le testament et les motifs qui avaient inspiré le testateur pouvaient servir à déterminer la décision des juges pour maintenir ou annuler le testament (14476 J. E.).

*Succession.* — Dans cette indécision de la jurisprudence, il faut tenir pour constant que, lorsque la déclaration de succession a lieu avant qu'il ait été statué sur les effets du testament, ce testament doit servir de base à la perception du droit de mutation par décès (11559 J. E.).

Dans tous les cas, si l'enfant n'est pas né au moment de la déclaration, il faut prendre le testament dans la plénitude de ses dispositions et liquider les droits d'après les effets qu'il devrait produire s'il n'y avait pas d'enfant (14476 J. E.). Il peut se faire, en effet, que l'enfant succombe dans le sein de sa mère ou qu'il ne naisse pas viable. — V. 7507.

2. DISPOSITION INDÉPENDANTE. — Alors même qu'un testament contenant des legs révoque, d'une manière expresse, tous testaments antérieurs, il n'est pas dû de droit particulier pour la révocation qui frappe, cependant sur des dispositions qui ne se trouvaient pas inconciliables avec le testament actuel (*Conf.* : D.N. t. 11 p. 603 n° 182).

3. DOUBLE EMPLOI. — Bien que le legs fait par un testateur ait été reproduit dans une donation entre-vifs, si ce *testament n'a pas été révoqué*, les droits d'enregistrement sont exigibles au décès du testateur, car l'Administration ignore si la donation ne pourra pas être annulée et le testament validé.

**17115. Substitution.** — En ce qui concerne le droit de transcription exigible sur les testaments contenant des legs grevés de substitution, nous en avons parlé avec tous les développements convenables sous les nos 15618 et suivants.

La clause de substitution dans un testament ne donne lieu à aucun droit particulier (Dél. 26 août 1814 ; — Rennes 22 mars 1846). — V. *Substitution*.

**17116. Tutelle officieuse.** — Si le tuteur officieux, porte l'art. 366, *après cinq ans révolus* depuis la tutelle, et dans la prévision de son décès avant la majorité du pupille, lui confère l'adoption par acte testamentaire, cette disposition sera valable, pourvu que le tuteur officieux ne laisse point d'enfants légitimes. Les art. 48 et 49 L. 28 avril 1816 n'ayant tarifé que les actes de tutelle officieuse et les jugements et arrêts conférant l'adoption, il en résulte que l'adoption testamentaire reste tarifée au droit fixe de 1 franc (3 fr.) par l'art. 68 § 1er n° 9 L. 22 frimaire an 7.

1. OBLIGATION DE NOURRIR. — L'art. 364 C. C. imposant au tuteur officieux la charge de mettre le pupille en état de gagner sa vie, il s'ensuit que l'acte de tutelle qui contient, de la part du tuteur officieux, l'obligation de nourrir le pupille ne donne ouverture à aucun droit particulier (D. m. f. 20 juin 1809, 1573 J. E., 449 I. G.).

2. ACTE SÉPARÉ. — Si la promesse pure et simple du tuteur, de remplir les devoirs que la loi indique, était contenue dans un acte séparé, le droit fixe (3 fr.) serait le seul droit exigible (D. m. f. 20 juin 1809, 1873 J. E., 449 I. G.). On ne pourrait exiger le droit de 7 fr. 50 cent., comme on l'a prétendu à tort, que si la disposition était faite par un acte réputé testament. Contenue alors dans le testament, elle se lierait à lui et ne donnerait pas ouverture à un droit particulier.

**17117. Timbre.** — Les testaments sont assujettis au timbre d'après la disposition générale de l'art. 12 L. 13 brumaire an 7.

1. AMENDE DE CONTRAVENTION. — La contravention à cette disposition était punie autrefois d'une amende de 5 francs pour les particuliers et de 20 francs pour les officiers publics (L. 13 brum. an 7, art. 27 et 16 juin 1824, art. 10). La loi du 2 juillet 1862 a élevé à 50 francs l'amende due par les particuliers.

Comme il est admis qu'en matière de timbre les actes, même sous seing privé, font foi de leur date pour la perception des droits et amendes, et que les droits et amendes sont acquis au Trésor par le fait même de l'emploi du papier, il en résulte qu'il faut appliquer le tarif en vigueur au jour de la rédaction même du testament et non pas du décès. La question a été maintes fois décidée en ce sens par l'Administration.

2. PLURALITÉ D'AMENDES. — Les exemplaires absolument identiques d'un testament olographe rédigés sur papier non timbré ne donnent pas lieu à plusieurs amendes. — V. *Acte sous seing privé* n° 1548.

3. HÉRITIERS. — Comme les testaments ne doivent s'enregistrer qu'après le décès du testateur et que les contraventions à l'art. 12 L. 13 brumaire an 7 ne sont généralement commises que par des particuliers, il s'ensuit que, si l'amende encourue ne pouvait être exigée des héritiers du testateur, la sanction de la loi serait illusoire. Mais l'art. 76 L. 28 avril 1816 autorise formellement l'Administration à faire supporter l'amende par les héritiers (D. m. f. 10 sept. 1819, 6546 J. E.).

Toutefois, il n'y a lieu d'exiger l'amende des héritiers des contrevenants qu'à l'égard des testaments postérieurs à la loi du 28 avril 1816 (D. m. f. 23 avr. 1818, 6294 et 3136 J. N.).

On a même reconnu que, si l'auteur d'un testament antérieur à la loi de 1816 est décédé depuis la promulgation de cette loi sans avoir réparé l'infraction, l'amende est exigible des héritiers (D. m. f. 10 sept. 1819, 6546 J. E.). Mais cette solution est très-contestable, car les amendes du timbre sont régies par la loi en vigueur au jour de la rédaction de l'acte.

4. RÉVOCATION. — Lorsque le testament rédigé sur papier non timbré est révoqué par un testament authentique ou un testament olographe écrit sur timbre, l'amende du timbre peut-elle encore être exigée contre les héritiers du testateur ?

Par délibération du conseil d'Administration, du 31 mai 1823, cette question a été résolue affirmativement, attendu que, d'après l'art. 76 L. 28 avril 1816, les héritiers sont responsables, et que la révocation du testament n'empêchant pas que la contravention n'ait été commise, elle ne doit pas rester sans répression. Ainsi, lorsque le testateur, en révoquant son testament olographe, ne l'a pas fait disparaître, et que l'on peut prouver la contravention, l'amende est exigible (7444 J. E.). Selon le D. N., la révocation anéantit la contravention avec le testament lui-même (t. 12 p. 600 n° 853). Mais cette opinion est manifestement erronée, car l'assujettissement au timbre et par suite l'exigibilité de l'amende ne dépendent pas de la validité de l'acte ni des effets qu'il est appelé à produire.

Dès l'instant que le contribuable devait employer du papier timbré et qu'il ne l'a pas fait, il a encouru une amende et il ne saurait y échapper en revenant sur sa convention ou en en neutralisant les résultats.

## CHAPITRE IV. — RECONNAISSANCES ET DÉCLARATIONS

[17118-17127]

**17118. Principe.** — Dans la législation romaine, on refusait toute espèce d'effet aux reconnaissances de dettes contenues dans les testaments, parce que l'obligation n'était pas contractée selon les formes rigoureuses du droit. Mais les jurisprudents, pour ne pas priver le créancier de toute action, assimilaient la disposition à un *fidéicommis* que l'institué devait remettre au prétendu créancier, en vertu des actions ordinaires relatives à l'exécution des libéralités testamentaires (V. not. D. 31-2 loi 88 § 10 et Cujas sur la loi 88 précitée). Cette dernière conséquence ne fut pas acceptée par notre ancien droit, et il fut admis, pour la perception du droit d'insinuation, que la déclaration du testateur ne constituait pas un legs, mais conservait le caractère d'une reconnaissance de dettes.

Voici en quels termes Bosquet résume les principes de cette époque : « Si le testateur, dit-il, déclare qu'il doit une somme ou des effets à un particulier, la disposition doit être considérée telle qu'elle est exprimée ; parce que, si le testateur voulait valablement donner à ce particulier, il n'avait aucun motif de déguiser sa volonté, l'on ne doit pas même présumer qu'il l'ait fait. Si, au contraire, il ne pouvait lui donner, la disposition, considérée comme legs, serait nulle ; elle ne peut valoir que comme obligation à charge même de prouver la dette (Despeines t. 2 n° 46, Ricard *Don.* partie 3 n° 306, Henrys *Obs.* liv. 5 ch. 1er n° 16). Le fermier ne peut donc jamais percevoir le droit d'insinuation d'une semblable disposition, puisqu'elle ne peut valoir que comme dette ou obligation et qu'elle est nulle comme legs » (Bosquet t. 3 p. 211).

La difficulté ne peut pas être autrement résolue sous le Code civil. Il est évident que la reconnaissance de dette contenue dans un testament ne saurait, sauf le cas de fraude, être transformée de plein droit en un legs, ou en *fidéicommis*. Mais il faut se demander si cette reconnaissance a un caractère suffisant pour autoriser la perception du droit d'obligation.

« S'il s'agissait, enseigne Demolombe, d'un contrat synallagmatique inséré dans le testament, il ne serait pas impossible que ce contrat fût valable et par conséquent irrévocable, parce qu'il formerait en lui-même un acte distinct du testament. Mais résulte-t-il de là que les simples reconnaissances de dettes ou de dépôts écrites dans un testament y revêtent un caractère contractuel et irrévocable? En aucune manière, car ce sont là des dispositions qui, n'émanant que de la seule volonté du testateur, sont toujours révocables et qui ne peuvent avoir d'autre caractère que celui qu'il a entendu leur attribuer. Or, en les insérant dans un testament, c'est-à-dire dans un acte dont il est toujours le maître, il a clairement annoncé qu'il ne les considérait pas comme destinées à former un titre de la créance au profit du bénéficiaire. D'où il résulterait qu'elles seraient caduques par le prédécès des bénéficiaires, nulles si le testament était nul et révocables comme le testament même » (t. 22 n$^{os}$ 120 et 304 ; — *Conf.* : C. Paris 7 fév. 1832, S. 32-2-339 ; — Cass. 27 juin 1833, S. 33-1-691; — Bordeaux 3 avr. 1841, S. 41-2-361, Merlin *Rép.* v° *Test.* sect. 2 § 6, Toullier t. 3 n° 637, Troplong t. 4 n° 2056 ; — *Contrà* C. Nîmes 9 déc. 1822, D. 25-2-29 ; — Bastia 5 juill. 1826, D. 27-2-65 ; — Amiens 9 fév. 1826, D. 29-2-299, Bayle-Mouillard t. 3 n° 343, Marcadé art. 1035, Aubry et Rau t. 4 p. 690, de Santerre t. 4 n° 181 *bis*). — « On admet généralement, ajoute le savant professeur, que la reconnaissance ne pourrait produire une action contre le testateur de son vivant (Bordeaux 27 août 1872, S. 73-2-193) et après son décès; c'est un simple commencement de preuve » (t. 20 n° 131).

Ces considérations ne paraissent pas suffisantes néanmoins pour écarter la perception du droit proportionnel. Nous admettons bien que la reconnaissance du testateur ne serait pas un titre en vertu duquel le créancier puisse agir contre le testateur ou ses héritiers, car l'aveu n'entraîne pas l'exécution passée, et que la reconnaissance est révocable jusqu'au décès du testateur, puisqu'elle participe des effets du testament lui-même. Mais, quand l'aveu n'a pas été rétracté avant cette époque et qu'il est reconnu avoir été fait en connaissance de cause, autrement que pour établir simplement comme dans un partage testamentaire la consistance de l'hoirie, il constitue une révélation civile de la dette dont le créancier pourra s'emparer afin d'obtenir son payement. Ainsi qu'on l'a fait remarquer au n° 1286 R. P., le caractère sérieux de cette dernière manifestation civile et la réflexion qui préside à sa confection ne permettent pas de croire que les énonciations dont elle se compose soient de purs renseignements sans portée.

« Il faut présumer, dit Danty sur Boiceau ch. 16 n° 16, que celui qui fait une déclaration de dettes dans un testament où il rend compte à Dieu, au monde et à lui-même de toute sa vie, est sincère et qu'il l'a faite pour la décharge de sa conscience. » C'est bien là un aveu complet fait en parfaite connaissance de cause pour rendre hommage à la vérité et duquel le créancier peut tirer avantage pour fonder sa réclamation. Les raisons de décider développées aux n$^{os}$ 11952 et suiv. s'appliquent de tous points à notre hypothèse.

Les auteurs qui combattent cette doctrine (Dalloz n° 1244, Champ. et Rig. 883 t. 6 n° 69, D. N. t. 12 p. 589 n° 182 et J. du not. n° 1934) n'ont trouvé aucune bonne raison à l'appui de leur système. Dalloz argumente, mais avec une hésitation visible, du thème si souvent rebattu des déductions du passif dans les déclarations de succession, et il lui semble fort rigoureux que, dans la supposition d'un testament qui accuserait l'existence d'une dette du testateur, l'Administration pût percevoir le droit de mutation sur tout l'actif de la succession, en présence même de la déclaration qu'elle considérerait comme un titre diminuant cet actif, et d'une autre part percevoir encore le droit d'obligation sur ce titre. Cette considération est étrangère à la difficulté. Il est par trop évident que, pour savoir si une reconnaissance est passible du droit d'*obligation*, il n'y a pas à s'inquiéter si la créance sera plus tard soumise encore au droit de mutation par décès. Les deux perceptions sont différentes; et trouver dans la seconde un motif d'exemption pour la première, c'est comme si l'on disait que tel immeuble ne doit pas acquitter l'impôt successif parce que, le défunt l'ayant acheté quelques jours avant sa mort, il avait déjà payé à l'État le droit de transmission à titre onéreux.

L'exigibilité du droit proportionnel a été consacrée par la jurisprudence.

L'Administration commença à enseigner, dès le 3 fructidor an 13 (290 § 1$^{er}$ I. G.), que les testaments ne sont sujets qu'au droit fixe, à moins qu'ils ne contiennent des obligations ou reconnaissances; — et, d'après ces principes, elle décida, le 29 mai 1824, que, si le testateur charge son héritier de payer une rente viagère à un tiers, sans énonciation de titre, le droit proportionnel est exigible, parce qu'il résulte de la reconnaissance un titre pour réclamer les arrérages.

Une Sol. 17 mars 1829, rapportée dans l'I. G. 1282 § 9, posa l'exigibilité du droit proportionnel comme règle de perception, par le motif très-juste « que ces déclarations ne peuvent être confondues avec les legs, qu'elles en diffèrent par cela même que le testateur manifeste l'intention non de léguer ou de donner, mais de reconnaître et de faire acquitter une dette préexistante, ce qui ne peut se concilier avec l'idée de legs » (16604 § 5 J. E.).

En tout cas, il ne pourrait s'élever le moindre doute sur l'exigibilité du droit si le créancier était intervenu dans le testament pour accepter l'aveu de son débiteur (Toullier 5-637).

1. DÉLÉGATION. — Il a été décidé, par une Dél. 29 octobre 1829 (9440 J. E.), que le testament qui charge le légataire particulier de payer une somme que le testateur reconnaît devoir à un tiers donne ouverture au droit proportionnel à deux titres, soit comme reconnaissance de dette, soit comme délégation.

2. DÉPOT. — Si le testateur déclare qu'il a reçu en dépôt, pour le compte d'un de ses enfants, il y a vingt ans, une somme de 20,000 francs que celui-ci devra prélever avant tout partage, y compris les intérêts non composés, avec condition que, dans le cas où ce dépôt serait contesté, il fait donation de cette somme et de ses intérêts à son fils, à titre de préciput, le droit d'obligation est exigible sur 20,000 francs (Épinal 24 avr. 1849, 15065 J. E.).

3. PORTEFEUILLE. — Spécialement il a été reconnu que le testament par lequel une personne lègue son portefeuille, moins une somme de 50,000 francs qu'il doit à un tiers désigné, donne ouverture au droit d'obligation sur 50,000 francs (Sol. 20 juill. 1838, 12126-3 J. E., 10160 J. N. — *Contrà* D. N. t. 12 p. 589 n° 182).

4. DATION EN PAYEMENT. — Jugé encore par le tribunal de Privas, le 8 mars 1844 (13592 J.E.), que lorsque, après avoir reconnu être débiteur de l'un de ses enfants d'une somme déterminée, le testateur assigne à cet enfant des valeurs mobilières et immobilières, en compensation de sa créance, les droits de dation en payement doivent être perçus, bien que le testament ait été attaqué en nullité par l'un des héritiers si d'ailleurs les autres y ont acquiescé.

Si un testateur, *réformant* une donation précédente d'une somme payable à son décès, attribue au donataire un immeuble à la place de la somme, le seul droit exigible est celui de mutation par décès à payer par l'ancien donataire devenu légataire.

5. LETTRE. — Le tribunal de Rouen a décidé, le 2 juin 1847 (14314 J.E., 7991 C.), que le testament olographe rédigé en forme de lettre, dans lequel le testateur reconnaît devoir à celui à qui la lettre est adressée une somme pour prêt verbal, donne ouverture au droit d'obligation.

6. DOT NON PAYÉE. — Lorsqu'un testateur reconnaît qu'un de ses enfants n'a reçu de lui en avancement d'hoirie qu'une somme inférieure de 6,000 francs à celle énoncée dans son contrat de mariage, afin de ne lui faire rapporter que les 6,000 francs, le droit d'obligation n'est pas exigible sur cette déclaration, où on ne voit ni débiteur ni créancier proprement dit : la disposition a uniquement pour objet de prévoir les difficultés du partage et de déterminer les droits de chaque enfant dans la succession paternelle, en fixant à sa juste valeur le rapport à faire par l'un des héritiers (Dél. 12 fév. 1828, 2080 Roll., 9071 J. E.).

7. RENTE. — Lorsque le testateur charge son légataire de continuer le service d'une rente viagère qu'il faisait à un tiers désigné, sans énonciation de titre enregistré, on ne peut exiger un droit proportionnel de constitution de rente lors de l'enregistrement du testament, mais le droit de succession peut être réclamé pour cette rente, constituée à titre gratuit, dans les six mois du décès (Dél. 12 oct. 1827, 1994 Roll.).

Jugé, au contraire, que le droit de titre est exigible sur la disposition d'un testament par laquelle la défunte a chargé un de ses légataires particuliers « de servir à une ancienne domestique une rente de 300 francs qui lui est due suivant titre régulier. » Il a paru que cette reconnaissance donnait lieu à l'application de l'art. 69 § 3 n° 3 L. 22 frimaire an 7. « Attendu que la reconnaissance de dettes contenue dans un testament constitue de la part du testateur l'aveu d'une dette antérieure ; que cet aveu, dont on doit présumer la sincérité, indique l'intention d'assurer le payement et procure au créancier une des preuves les plus irréfragables qu'il puisse invoquer; que dès lors, au point de vue fiscal, ces déclarations sont équivalentes aux promesses de payer ou reconnaissances, qui, d'après les termes de l'art. 69 § 3 n° 3 L. 22 frimaire an 7, sont soumises au droit proportionnel » (Lyon 13 avr. 1874).

**17119. Legs au créancier.** — Le legs fait au créancier en compensation de sa créance ne donne lieu ni au droit de reconnaissance de dettes ni à celui de dation en payement. C'est l'application directe de l'art. 1023 C. C., portant : « le legs fait au créancier ne sera pas censé en compensation de sa créance. » Il est naturel, en effet, suivant M. Demolombe, de présumer que celui qui a écrit dans un testament une disposition au profit d'une personne a l'intention de lui faire une libéralité. Il n'en serait autrement qu'en présence d'une manifestation contraire. Il ne serait pas impossible, en effet, que le testateur eût voulu léguer à son créancier ce qu'il lui devait, soit pour lui conférer un titre qu'il n'avait pas, soit pour lui faire remise d'un terme, soit pour revêtir sa créance de l'hypothèque légale attribuée aux légataires. Dans ce dernier cas, si le créancier accepte, la créance s'éteint et se trouve remplacée par le legs. Le droit de succession est donc exigible, mais l'extinction de la dette est affranchie de l'impôt (Sol. 14 août 1867, 2586 R.P., 18422-8 J.E., 19137 J.N.).

Décidé en ce sens, par le tribunal de Marseille, le 20 juillet 1837, que quand, pour remplir sa femme de ses reprises, le mari lui lègue la propriété d'un immeuble propre, il n'est pas dû de droit de dation en payement, mais un droit de mutation par décès (D.N. t. 12 p. 263 n° 385 et t. 10 p. 827 n° 190).

Il a été également reconnu que quand le testateur, après avoir institué son frère légataire universel, lègue à sa mère des créances pour la remplir des sommes qu'il lui doit, cette disposition constitue un legs particulier passible du droit de mutation par décès (17714 J.E., 8259 J.E.).

Cependant, si le créancier renonçait au legs afin de s'en tenir à sa créance, l'aveu renfermé dans le testament prendrait le caractère d'une véritable reconnaissance de dettes et justifierait, selon nous, la demande du droit de 1 pour 100. — *V.* 10726, 16503.

**17120. Legs au débiteur.** — Les auteurs s'accordent à reconnaître que la remise expresse d'une dette faite par le créancier dans son testament constitue un véritable legs, le *legatum liberationis* (Roll. de Vill. v° *Remise de dettes* n° 38, Duranton t. 12 n° 336, Dalloz R. A. v° *Obligations* n° 2564) ; — et que ce legs peut être fait sous diverses formes. « Ce legs de remise d'une dette ou de libération, dit Troplong (*des Donations et Testaments* 2ᵉ édit. n° 1974), peut se faire expressément ou tacitement, pour le tout ou pour partie. Il peut être fait de plusieurs manières, comme quand on lègue la libération en propres termes, ou bien quand on lègue au débiteur ce qu'il doit, ou bien quand on défend à son héritier d'exiger la chose due » (*Conf. :* Dalloz R. A. *des Dispositions entre-vifs et testamentaires* n° 3803).

Une telle disposition ne donnerait donc pas lieu au droit de quittance, mais au droit de mutation par décès (J. du not. n° 2227).

Cette doctrine a été consacrée par un jugement du tribunal de Moissac, du 29 mars 1871, dans un cas où le testateur avait, dans un codicille, déclaré léguer à son débiteur la somme que ce dernier lui devait : « Attendu, a dit le tribunal, que B..., libéré par le codicille de la somme de 2,200 francs qu'il devait à la succession de l'abbé B..., a par ce fait été gratifié du montant de sa dette; que c'est à juste titre que l'Administration réclame le droit proportionnel sur cette libéralité ; que le droit qui doit être perçu est évidemment le droit de mutation par décès, puisque la libéralité est établie par une disposition testamentaire. »

1. TRÉSOR PUBLIC. — Il arrive souvent que la remise de dette est énoncée dans le testament en termes généraux, par exemple : « Je fais remise à tous mes débiteurs de ce qu'ils me doivent ou des intérêts qu'ils me doivent. » Dans ce cas, il nous paraît évident que cette libération ne s'applique pas au Trésor public pour les rentes placées sur sa caisse. A moins d'une manifestation expresse de volonté, on ne saurait admettre que le testateur a compris l'État au nombre des débiteurs qu'il voulait gratifier.

**17121. Reprises.** — La disposition d'un testament par lequel le mari fixe le montant des reprises de sa femme, non établies par un acte antérieur enregistré, n'est point de l'essence du testament et en forme une disposition indépendante passible d'un droit distinct. Mais, comme le mari a le titre d'administrateur, la reconnaissance qu'il en fait donne ouverture au droit fixe de 3 francs (16568-3 J. E.).

Ainsi, il a été jugé que le droit d'obligation n'était pas exigible sur la clause par laquelle le testateur reconnaissait avoir reçu, au nom de sa femme, certaines sommes formant les reprises de celle-ci, et qu'il était tenu, suivant son contrat de mariage, de constater par un état en forme (Cass. 8 août 1836, 11603 J. E., 9363 J. N., S. 36-1-837. — *Conf.*: D. N. t. 12 p. 590 n° 790). — V. 4787.

A plus forte raison en est-il de même quand il s'agit de sommes entrées en communauté, puisque dans ce cas il n'y a pas dette envers la femme ni de possibilité de reconnaissance à son profit (Dél. 1er oct. 1830).

Ce que l'on dit du mari s'applique aussi à la femme. Si elle reconnaît, dans son testament, que le mari, en sa qualité d'administrateur, a employé certaines sommes pour l'amélioration des biens qu'elle possédait en propre, ce n'est pas là une obligation proprement dite, mais un élément du compte futur de la gestion maritale ; le droit proportionnel n'est pas dû (Sol. 24 sept. 1862).

Il n'en serait autrement que s'il était parfaitement établi qu'il s'est agi d'un prêt réel fait à la testatrice par le survivant.

Jugé que l'on doit considérer comme un legs passible des droits de succession la déclaration par un mari dans son testament qu'il a reçu de sa femme une somme de 50,000 francs dont il lui fait au besoin *don et legs*. Il a paru qu'à défaut de justification la prétendue obligation dissimulait une véritable libéralité (Villefranche 14 août 1829, Dél. 23 avr. 1830, 7147 J. N.).

**17122. Confusion.** — Jusqu'au décès du testateur, la reconnaissance renfermée dans le testament ne saurait, on l'a vu précédemment, produire aucun effet, puisqu'elle participe du caractère révocable de l'acte où elle est renfermée. D'un autre côté, par le fait seul du décès, les successeurs généraux sont saisis des biens de leur auteur, en sorte que la confusion s'opère *de plano* jusqu'à concurrence de leur part virile entre les sommes qui leur sont dues et leurs droits héréditaires. Par conséquent, si le testateur a reconnu devoir une certaine somme à son légataire universel acceptant, cet aveu s'applique à une créance éteinte et le droit proportionnel n'est pas exigible. C'est ce qu'a décidé avec raison une Sol. 6 juillet 1823 (4886 J. N. et les auteurs cités au n° 4980).

Ainsi, par exemple, si un mari se reconnaît, par testament, débiteur envers sa femme et que celle-ci meure avant le testateur, les enfants communs deviennent créanciers de leur père ; mais le père étant à son tour décédé, les enfants se trouvent débiteurs de leur propre créance. Dans cet état de choses, le testament ayant été présenté à la formalité on a perçu le droit d'obligation, à raison de la reconnaissance de dette qu'il contenait ; l'Administration en a ordonné la restitution, par le motif que la confusion s'étant opérée en la personne des enfants, *créanciers* par le décès de leur mère et *débiteurs* par celui de leur père, il n'y avait plus ni créance ni dette (Dél. 10 juill. 1824, 7817 J. E., D. N. t. 12 p. 590 n° 788).

La confusion s'opérerait également, selon nous, au profit d'un légataire particulier de sommes d'argent envers lequel le testateur se reconnaîtrait débiteur d'une créance égale ou inférieure au montant du legs. Car si le légataire est tenu de demander la délivrance de son legs pour jouir des intérêts, il n'en a pas moins, dès le décès, son droit acquis à la propriété de la somme d'argent, droit transmissible à ses héritiers (1014 J. N.) et pouvant dès lors motiver la confusion (1300 C. C.). Mais il en serait autrement du légataire d'un bien déterminé, puisque l'objet des obligations serait différent.

De même si le legs universel était répudié et qu'on se prévalût du testament pour exiger la créance, le droit de 1 pour 100 serait exigible.

**17123. Révocation.** — Si le testament qui contient la reconnaissance de dette a été révoqué par un testament postérieur, la reconnaissance cesse d'exister. On ne peut donc pas, en présence du second acte, exiger l'enregistrement du premier, ni même, au cas d'une présentation volontaire à la formalité avec le second, percevoir le droit d'obligation.

**17124. Caducité.** — Lorsqu'un legs produit l'effet d'une obligation naturelle, cette obligation une fois existante, ne peut se résoudre que par une quittance. Elle ne cesse pas d'exister par suite de la caducité du testament. — V. 3268.

**17125. Restitution.** — Il a été jugé que le droit d'obligation perçu sur un testament portant reconnaissance de dette n'est pas restituable, bien qu'il soit justifié que la dette n'existait plus au décès du testateur. La preuve qui aurait suffi pour empêcher la perception ne suffit pas pour autoriser la restitution (Seine 3 mars 1847, 14200 J. E., Champ. et Rig. t. 6 n° 9). — V. *Restitution*.

**17126. Supplément de droit.** — Lorsque, dans un testament, l'acquéreur ou l'échangiste d'un immeuble déclare que le prix de l'acquisition ou le montant de la soulte est supérieur au chiffre exprimé dans le contrat, l'Administration est-elle fondée à poursuivre contre ses héritiers, par voie de contrainte, le recouvrement du droit exigible sur le supplément ? — V. *Expertise*.

**17127. Tarif.** — De ce que le testament ne devient définitif et irrévocable qu'au décès du testateur, il en résulte encore qu'il faudrait appliquer le tarif de cette époque aux reconnaissances de dettes et autres dispositions indépendantes renfermées dans le testament (Coutances 27 mars 1857, 878 R.P., 16561 J.E., 11128 C.).

# TIMBRE.

## DIVISION



## SOMMAIRE

# TITRE PREMIER. — TIMBRE ORDINAIRE

[17128-17175]

## CHAPITRE PREMIER. — DISPOSITIONS GÉNÉRALES

[17128-17134]

**17128. Définition.** — Le timbre est un impôt établi sur tous les papiers destinés aux actes civils et judiciaires, aux actes privés susceptibles d'être produits en justice, et aux journaux, affiches, avis et annonces, etc.

**17129. Historique.** — L'impôt du timbre a une origine fort ancienne. Il remonte à l'empereur Justinien, qui ordonna par sa *Novelle 44* (*de tabellionibus, et ut protocola dimittam in chartis*) que tous les actes que recevraient les tabellions fussent écrits sur du papier portant en tête certaines marques qu'il était défendu d'altérer, avec injonction aux juges de ne prononcer sur aucun acte qui ne serait pas revêtu de ces marques.

Ce n'est qu'en 1655 qu'on a tenté d'en introduire l'usage en France. Louis XIV donna un édit, au mois de mars de cette année, portant établissement d'une marque sur le papier et le parchemin, pour la validité des actes qui s'expédieraient dans le royaume. Mais cet édit n'eut pas de suite. Plus tard, une déclaration du roi, du 19 mars 1673, ordonna l'impression de formules pour chaque nature d'actes, qui se vendaient pour le compte du Trésor et dont on n'avait qu'à remplir les blancs.

Ces formules, qui étaient frappées en tête d'une fleur de lis et où se trouvait indiqué le droit exigible, constituent réellement le point de départ, en France, du timbre actuel. Cependant le droit établi sur les papiers timbrés fut supprimé par édit du mois d'avril 1674 et converti en un autre droit, à prendre généralement sur tous les papiers et parchemins qui se fabriqueraient et consommeraient dans le royaume. Mais les inconvénients de cet impôt s'étant fait sentir, Louis XIV donna un autre édit, au mois d'août 1674, par lequel il fut ordonné aux officiers et ministres de justice et autres personnes assujetties à l'usage de la formule, de se servir de papiers et parchemins marqués seulement d'une fleur de lis. De là est venu le nom de *papier marqué*, qui s'est conservé jusqu'à nos jours dans le peuple.

Plusieurs édits se succédèrent qui apportèrent diverses modifications dans l'établissement du timbre, sans trop altérer néanmoins l'édit de 1674, qui forme la base de cet impôt jusqu'en 1791. A ce moment, l'Assemblée constituante abrogea l'ancien timbre (L. 7-11 fév. 1791) et divisa l'impôt en deux espèces de timbre : l'une fixe, en raison de la dimension des papiers; l'autre proportionnelle, en raison des sommes (Circ. 36).

**17130. Nature.** — Sous l'empire de l'ancienne législation, le timbre avait une influence essentielle sur la validité des actes : « Le principal effet attribué aux timbres par les règlements, enseigne Bosquet, est qu'ils sont une des formalités nécessaires pour donner l'authenticité et le caractère de publicité aux actes reçus par des officiers publics: tellement que sans cette formalité, ces actes ne produiraient point hypothèque et ne seraient pas authentiques ni exécutoires. Ils sont même nuls et la nullité en est prononcée par l'édit de mars 1655, le règlement du 3 avril 1674 et l'édit d'août 1674 » (Bosquet t. 2 p. 121).

Aujourd'hui le timbre ne constitue plus qu'un impôt. Seulement, quand il s'agit des papiers débités par l'Administration, le filigrane imprimé dans la pâte du papier et portant le millésime de la fabrication peut, dans certains cas, servir à prouver la date réelle de l'acte écrit sur la feuille; c'est ce que nous avons expliqué aux nos 1499 et 17138.

Le droit de timbre est un impôt de consommation qui doit être acquitté par l'emploi du papier timbré au moment de la rédaction de tout acte devant ou pouvant faire titre et le droit est acquis au Trésor par la seule existence de cet acte, abstraction faite de sa validité, de son utilité juridique et de l'usage que les parties peuvent en faire (Cass. 27 déc. 1876, 4558 R. P. et 2 janv. 1878, 4858 R. P.).

V. pour la législation anglaise le no 4887 R. P.

**17131. Le timbre doit frapper les papiers destinés à toute espèce d'acte.** — D'après l'art. 1er L. 13 brumaire an 7, la contribution du timbre est établie sur tous les papiers destinés aux actes civils et judiciaires, et aux écritures qui peuvent être produites en justice et y faire foi.

**17132. Deux sortes de timbre.** — Cette contribution est de deux sortes. — La première est le droit du timbre imposé et tarifé en raison de la dimension du papier dont il est fait usage; — la seconde est le droit du timbre créé pour les effets négociables ou de commerce, et gradué en raison des sommes à y exprimer, sans égard à la dimension du papier.

**17133. Timbre proportionnel. — Renvoi.** — Nous avons épuisé, au mot *Effet négociable et non négociable*, tout ce que nous avons à dire sur le timbre proportionnel : nous ne pouvons que nous y référer ici.

**17134. Timbre de dimension.** — 1. QUOTITÉS DIVERSES. — Nous avons vu que la loi du 13 brumaire an 7 a distingué les divers papiers par leur dimension. Cette distinction est encore en vigueur de nos jours, mais les quotités du droit déterminées par la loi de l'an 7 ont été modifiées, pour le timbre de dimension, par les lois des 2 juillet 1862 et 23 août 1871.

D'après l'art. 17 de la loi de 1862, les quotités avaient été fixées ainsi qu'il suit (2225 I. G., 1635, 1642 R. P.) :

| | | |
|---|---|---|
| 1o Demi-feuille de petit papier. . . . . . . . . | 0 | 50 |
| 2o Feuille de petit papier. . . . . . . . . . . | 1 | » |
| 3o Feuille de moyen papier. . . . . . . . . . | 1 | 50 |
| 4o Feuille de grand papier . . . . . . . . . . | 2 | » |
| 5o Feuille de grand registre. . . . . . . . . . | 3 | » |

La loi du 23 août 1871 a ajouté deux décimes au principal des droits qui précèdent et qui se trouvent portés, savoir : (2413 I. G., 3360 R. P.).

| | | |
|---|---|---|
| 1o Demi-feuille de petit papier. . . . . . . . . | 0 | 60 |
| 2o Feuille de petit papier . . . . . . . . . . . | 1 | 20 |
| 3o Feuille de moyen papier . . . . . . . . . . | 1 | 80 |
| 4o Feuille de grand papier . . . . . . . . . . | 2 | 40 |
| 5o Feuille de grand registre. . . . . . . . . . | 3 | 60 |

2. FEUILLES RÉUNIES ENSEMBLE. — Quelle que soit la dimension d'une feuille de papier qui a servi à la rédaction d'un acte assujetti au timbre de dimension, le droit ne peut jamais excéder 3 fr. 60 cent. Si cependant l'acte avait été dressé sur plusieurs feuilles réunies ensemble pour n'en former qu'une, il serait dû le droit auquel donnerait ouverture chaque feuille considérée isolément et à raison de sa dimension.

V. *Plan.*

3. RÈGLE GÉNÉRALE D'ASSUJETTISSEMENT AU TIMBRE. — Sont assujettis au timbre de dimension tous papiers à employer pour les actes et écritures, soit publics, soit privés, savoir :

1o Les actes des notaires et les extraits, copies et expéditions qui en sont délivrés; ceux des huissiers et les copies et expéditions qu'ils en délivrent; les actes et les procès-verbaux des gardes et de tous autres employés ou agents ayant droit de verbaliser, et les copies qui en sont délivrées; les actes et jugements de la justice de paix, des bureaux de paix et de conciliation, de la police ordinaire, des tribunaux et des arbitres, et les extraits, copies et expéditions qui en sont délivrés; les actes particuliers des juges de paix et de leurs greffiers, ceux des autres juges et des procureurs de la République, et ceux reçus aux greffes ou par les greffiers, ainsi que les extraits, copies et expéditions qui s'en délivrent; les actes des avoués ou défenseurs officieux près les tribunaux, les copies ou expéditions qui en sont faites ou signifiées; les consultations, mémoires, observations et précis signés des hommes de loi et défenseurs officieux, les actes des autorités constituées administratives qui sont assujettis à l'enregistrement ou qui se délivrent aux citoyens, et toutes les expéditions et extraits des actes, arrêtés et délibérations desdites autorités qui sont délivrés aux citoyens; les pétitions et mémoires, même en forme de lettres, présentés au Directoire exécutif, aux ministres, à toutes autorités constituées, aux commissaires de la trésorerie nationale, à ceux de la comptabilité nationale, aux directeurs de la liquidation générale et aux Administrations ou établissements publics; les actes entre particuliers sous signature privée, et le double des comptes de recette ou gestion particulière; et généralement tous actes et écritures, extraits, copies et expéditions, soit publics, soit privés, devant ou pouvant faire titre, ou être produits pour obligation, décharge, justification, demande ou défense (art. 12 L. 13 brum. an 7);

2o Les registres ou feuilles d'audience, les répertoires, certains registres des établissements publics.

4. RENVOI. — Nous ne pouvons pas évidemment réunir ici sous le mot *Timbre* les difficultés nombreuses auxquelles a donné lieu l'application de la règle précédente aux nombreux actes qu'elle gouverne. On en trouvera le développement plus naturel sous chacun des mots qui leur sont consacrés dans le présent ouvrage.

Nous devons nous borner ici aux dispositions générales de la matière.

## CHAPITRE II. — FABRICATION ET CHANGEMENT DES PAPIERS TIMBRÉS

[17135-17144]

**17135. Dimension du papier.** — Les papiers destinés au timbre qui sont débités par l'Administration sont fabriqués dans les dimensions déterminées suivant le tableau ci-après :

| DÉNOMINATIONS. | DIMENSIONS (EN PARTIES DU MÈTRE) DE LA FEUILLE DÉPLOYÉE SUPPOSÉE ROGNÉE) | | |
|---|---|---|---|
| | Hauteur. | Largeur. | superficie. |
| Grand registre | 0 4204 | 0 5946 | 0 2500 |
| Grand papier | 0 3536 | 0 5000 | 0 1768 |
| Moyen papier (moitié du gr. reg.) | 0 2973 | 0 4204 | 0 1250 |
| Petit papier (moitié du gr. papier) | 0 2500 | 0 3536 | 0 0884 |
| Demi-feuil. (moit. du pet. papier) | 0 2500 | 0 1768 | 0 0442 |
| Effets de commerce (moitié de la demi-feuille du petit papier, coupée en long) | 0 0884 | 0 2500 | 0 0221 |

**17135 *bis*. Filigrane.** — Ils portent un filigrane particulier, imprimé dans la pâte même, à la fabrication.

**17136. Empreintes diverses.** — Il y a des timbres particuliers pour les différentes sortes de papiers. Mais chaque marque se compose aujourd'hui d'une empreinte gravée à l'encre humide et d'un timbre sec.

Les changements successifs qu'ont subis la forme des timbres, le filigrane du papier et la légende, se rattachent naturellement aux diverses formes des gouvernements qui se sont succédé en France depuis 1789 jusqu'à nos jours. Il n'est peut-être pas sans intérêt d'esquisser rapidement ici les principaux changements.

1. PREMIÈRE RÉPUBLIQUE. — La loi du 18 février 1791 avait fait graver sur le papier timbré la légende : *la nation, la loi, le roi*, des fleurs de lis et les attributs de la royauté. Des décrets des 25 avril, 28 mai et 4 juillet 1793 (Circ. 405, 415 et 432) prescrivirent d'effacer ces emblèmes.

Plus tard, la loi du 11 ventôse an 4 prescrivit l'apposition d'un contre-timbre rouge (Circ. 848), et la loi du 14 thermidor an 4 introduisit dans l'empreinte l'indication du prix, prescrivant l'application d'une empreinte noire sur les papiers de dimension et celle d'un timbre sec sur les papiers destinés aux effets de commerce. La légende était naturellement *République française*.

La loi du 13 brumaire an 7 prescrivit, par son art. 5, l'application du timbre de dimension pour chaque département. Le papier ne pouvait servir que dans le département dont il portait le nom. Quant au papier de commerce, les timbres proportionnels étaient appliqués à sec à Paris, pour la France entière. Le timbre de dimension présentait d'ailleurs ce caractère assez singulier, que chaque nature de papier portait une empreinte emblématique différente. Ainsi, le timbre de 25 centimes représentait le commerce ; celui de 50 centimes, les arts ; celui de 75 centimes, la justice ; celui de 1 franc, la liberté ; celui de 1 fr. 50 cent., l'immortalité.

La dernière modification que subirent les timbres pendant l'ère républicaine fut introduite par un arrêté du gouvernement du 9 prairial an 9. Le point essentiel sur lequel porta cet arrêté fut d'autoriser l'Administration à faire timbrer, à Paris, tout le papier nécessaire pour le service dans les départements ; en ordonnant que chaque feuille fût frappée de deux timbres uniformes, l'un à l'encre noire indiquant la quotité du droit, l'autre à sec. La légende était : *République française*.

Un autre arrêté gouvernemental du 23 brumaire an 10 établit un atelier général à Paris (Circ. 19 fruct. an 10). Les papiers au nouveau timbre furent mis en vente, savoir : ceux de dimension, au 1^er vendémiaire an 11 ; ceux proportionnels, le 1^er vendémiaire an 12 (*V.* arr. gouvern. 7 fruct. an 10 et 16 mess. an 11, 73 et 143 I. G.).

2. PREMIER EMPIRE. — Le décret du 17 avril 1806 créa pour type l'aigle impériale ; le timbre à l'encre avait pour légende : *Empire français*, et le timbre sec : *Administration de l'enregistrement et des domaines*. Le filigrane reproduisait l'aigle impériale. Ce papier fut mis en circulation, savoir : pour le timbre de dimension, le 1^er juillet 1806 ; pour le timbre proportionnel, le 1^er janvier 1807 (Circ. 30 mai et 12 déc. 1806).

3. RESTAURATION. — Une ordonnance royale du 17 mai 1814 établit le timbre au type royal, portant pour légende *Timbre royal*, avec modification des dessins des timbres et du filigrane. Une seconde ordonnance, du 11 novembre 1814, autorisa l'emploi des papiers aux anciens types et filigranes, après avoir été frappés du timbre royal (Circ. 28 nov. 1814).

4. CENT-JOURS. — Un décret du 30 mars 1815 rétablit la débite du timbre au type impérial (679 I. G.).

5. SECONDE RESTAURATION. — Une nouvelle ordonnance royale du 10 août 1815 remit en usage le timbre au type royal (697 I. G.), et les empreintes au type impérial durent être biffées dans les directions et les bureaux (744 I. G.). — Pour les effets de commerce, les papiers au filigrane royal devinrent exclusivement en usage le 1^er mars 1817 (754 I. G.).

Plus tard, les timbres durent être frappés d'un contre-timbre en noir, indiquant l'augmentation des droits déterminée par la loi du 28 avril 1816 (Ord. 1^er mai 1816, 716 I. G.). Mais ces contre-timbres furent supprimés par une ordonnance du 8 juillet 1827 (1216 I. G.), qui prescrivit l'indication, sur le timbre noir, du p ix total de la feuille.

6. GOUVERNEMENT DE JUILLET. — Une ordonnance royale du 19 février 1831, insérée dans une circulaire du 21

février 1831, prescrivit la supression des fleurs de lis qui existaient dans les griffes du timbre. L'art. 18 L. 24 mai 1834 prescrivit l'application de nouveaux timbres sur les effets de commerce et ordonna qu'à l'exergue de la griffe du timbre extraordinaire, on ajouterait le mot *extraordinaire* (1469 I. G.).

Une ordonnance royale du 28 septembre 1846 (1772 I. G.) a prescrit qu'à partir du 1er juillet 1847 les papiers sujets au timbre proportionnel ou à celui de dimension et les passeports et permis de chasse seraient marqués de nouveaux timbres.

7. DEUXIÈME RÉPUBLIQUE. — Les timbres furent modifiés et ramenés à l'effigie républicaine après la révolution de 1848.

8. DEUXIÈME EMPIRE. — Un décret du 7 avril 1853 (1966 I. G.) a prescrit l'établissement des nouveaux timbres. Et une Circ. 8 avril 1856 a prescrit la suppression des formules de certificats de vie et de contraintes frappées des anciens timbres.

9. TROISIÈME RÉPUBLIQUE. — Enfin, depuis le 4 septembre 1870, avènement de la troisième République, les papiers ont été frappés des empreintes qui subsistent encore aujourd'hui.

**17137. Dépôt des empreintes.** — Toutes les fois qu'un nouveau type de timbre est créé, l'Administration doit faire le dépôt de son empreinte aux greffes des tribunaux civils et de commerce, et à ceux des tribunaux de police correctionnelle. Ces empreintes sont apposées sur papier au filigrane de l'État. C'est ce qu'ont invariablement prescrit tous les décrets, arrêtés et ordonnances ci-dessus, qui ont prescrit des changements dans les timbres, et c'est d'ailleurs ce qui résulte formellement de l'art. 38 L. 13 brumaire an 7. — V. *Greffe*.

**17138. Date de la fabrication.** — La jurisprudence et la doctrine sont d'accord pour reconnaître que les indications fournies par le papier timbré sur lequel un acte est écrit peuvent être considérées comme des preuves intrinsèques de la fausseté de la date (Grenier n° 228; — V. Dalloz v° *Disp. entre-vifs et test.* n° 2688 et suiv., Demolombe v° *Don. et test.* t. 4 n° 87, Roll. de Vill. *eod* v° 338, et les autorités citées au n° 1499).

Depuis l'année 1865, les papiers débités portent, dans le segment inférieur du timbre sec, une lettre qui permet de reconnaître l'année pendant laquelle ils ont été timbrés. Cette lettre est gravée sur le timbre même et s'applique en même temps que lui. Tout le papier mis en circulation porte cette lettre, qui est changée chaque année le 31 décembre, de manière que les papiers timbrés à partir du 1er janvier suivant portent sur chaque feuille une lettre différente de celle qui avait été adoptée pour l'année précédente. Ce fut la lettre A pour 1865, la lettre B pour 1866 et ainsi de suite pour les autres années. Les papiers émis en 1874 portent la lettre J.

Quant à l'époque de la mise en circulation du papier, il n'existe et ne peut exister à l'atelier général du timbre aucune comptabilité qui permette d'en constater la date précise, les papiers restant plus ou moins longtemps en magasin, suivant les besoins du service. — V. 1499 et 17130.

**17139. Effets des changements de timbres.** — Chaque fois qu'il est intervenu un changement dans le type ou dans le prix des timbres, un délai a été accordé aux détenteurs des papiers revêtus des timbres supprimés pour les faire contre-timbrer ou pour les échanger (V. 1966, 2225, 2413-2, 2428, 2442 I. G.). — Mais ce délai expiré, l'échange n'est plus possible (Sol. 1er oct. 1861, 10 nov. 1864. V. 2233 I. G.).

Les anciens papiers de toute nature non contre-timbrés sont considérés comme hors d'usage et sans valeur, et, par conséquent, il ne peut être fait, sans contravention, ni actes ni effets de commerce sur ces papiers, quel qu'en soit le prix (Avis ins. au *Journal officiel* 21 avr. 1872, n° 110, 2442 I. G.).

**17140. Registres ou actes commencés.** — L'art. 37 L. 13 brumaire an 7 est ainsi conçu : « Les registres timbrés des timbres actuels ne seront pas soumis aux nouveaux timbres pour les feuilles non encore écrites. Ceux qui se trouvent assujettis au timbre par la présente et qui n'avaient pas été soumis à cette formalité par les lois précédentes seront timbrés seulement pour les feuilles restant en blanc. »

Ce principe que l'emploi des registres et répertoires commencés en papier timbré est toujours autorisé sans qu'il soit nécessaire de les présenter au contre-timbre, ou d'acquitter un droit supplémentaire, a été, depuis, consacré par de nombreuses dispositions législatives (Arr. 7 fruct. an 10, Déc. 17 avr. 1806, Ord. 11 nov. 1814, 8 juill. 1827, 28 sept. 1846).

La règle a été également appliquée aux doubles des répertoires commencés sur feuilles au timbre postérieurement supprimé (Sol. 3 sept. 1847, 14375-5 J. E.).

Mais, lors de la promulgation de la loi du 2 juillet 1862, portant augmentation du prix des papiers timbrés, l'art. 6 du règlement d'administration publique a formellement astreint les conservateurs des hypothèques à faire viser leurs registres pour supplément de droit (2225 I. G.). Et une D. m. f. 5 juillet 1862 a étendu la même règle aux répertoires des officiers publics et ministériels, ainsi qu'aux registres timbrés commencés au moment de la promulgation de la loi (2225 I. G.).

La décision du 5 juillet 1862 portait que les *feuillets* des registres et répertoires restant en blanc, le 15 du même mois devront être soumis à l'augmentation du droit de timbre. — En se servant du mot *feuillet*, le ministre a eu en vue la partie de la feuille revêtue du timbre. Ainsi que l'explique une décision postérieure du 22 juillet 1862 « les feuilles des registres timbrés qui se sont trouvées employées en partie lorsque la loi de 1862 a été en exécution ne sont point passibles de l'augmentation et il n'y a eu aucune distinction à faire entre les feuilles employées partiellement ou leurs deux feuillets et celles dont un seul feuillet était commencé » (2232-4 I. G.).

Ultérieurement, la mesure adoptée pour les registres a été appliquée aux actes, copies et expéditions commencées avant le 15 juillet 1862, sur du papier de la débite alors en usage et achevés depuis. Une décision du 25 juillet 1862 a reconnu qu'ils devaient être contre-timbrés ou visés pour timbre (sans amende) moyennant le payement des droits complémentaires (2232-4 I. G.).

Ces dispositions ne sauraient être considérées que comme exceptionnelles, car il est de principe que tout acte ou tout registre commencé lors d'un changement de timbre peut s'achever sur la même feuille sans contre-timbrage ou visa supplémentaire.

**17141. Actes à vacations.** — Le même principe doit évidemment être appliqué aux actes qui ne peuvent se consommer séance tenante. Décidé en ce sens, par une Sol. 16 avril 1828 (9017 J. E.), que les actes commencés avant le changement des timbres, et qui ne peuvent être consommés dans un même jour ou dans une même vacation, peuvent être continués sur les mêmes feuilles de papier timbré qui ont servi à leur commencement.

**17142. Expéditions.** — Lorsque des expéditions ont été préparées, mais non pas signées par un notaire, elles ne peuvent pas être signées par son successeur, attendu que l'époque où l'expédition a été faite ne peut être constatée que par la signature du notaire. L'art. 18 L. 13 brumaire an 7 s'oppose, en outre, à ce que ces expéditions soient visées pour timbre sans amende (Dél. 5 et 22 janv. 1830, 9657 J. E.).

**17143. Acte rédigé avant l'émission.** — Aucune contravention n'est encourue, parce qu'un acte serait rédigé sur une feuille de papier frappé d'un nouveau timbre à une date antérieure à cette émission (Dél. 25 août, 10 et 21 sept. 1847, 14359 J. E.).

**17144. Acte écrit à la suite d'un autre.** — C'est dans l'ordre d'idées qui a dicté les décisions qui ont fait l'objet des numéros précédents qu'il a été décidé que la faculté de rédiger un acte à la suite d'un autre sur la même feuille de papier subsiste nonobstant les changements de timbre. — V. *Acte écrit à la suite.*

## CHAPITRE III. — ÉCHANGE DES PAPIERS TIMBRÉS

[17145-17148]

**17145. Papier débité.** — 1. EFFETS DE COMMERCE. — Une D. m. f. 23 juillet 1827 a autorisé les porteurs d'effets de commerce sortis des bureaux de distribution à les échanger contre d'autres effets dont les droits forment une somme égale à celle des droits des effets rapportés (1217 I. G.).

2. PAPIERS DE DIMENSION. — La même règle a été étendue aux feuilles de papier de dimension rapportées en blanc au bureau de la débite, et de tels échanges sont journellement autorisés par l'Administration.

3. CONDITIONS. — Mais il est indispensable, dans tous les cas, que les papiers rapportés ne soient ni salis ni endommagés et puissent être, par conséquent, remis en vente (Sol. 13 juin 1864).

Par application de cette règle, il a été reconnu qu'on ne pouvait faire admettre à l'échange un coupon pour effet de commerce visé pour supplément de timbre, attendu que le papier n'est plus intact (Sol. 4 nov. 1861); — mais le porteur peut faire timbrer à l'extraordinaire des vignettes à effets de commerce pour une somme égale au prix du timbre et du visa (Sol. 7 oct. 1862).

4. PAPIER ALTÉRÉ PAR L'IMPRESSION. — L'Administration a poussé plus loin le principe de l'échange des papiers employés en partie. Elle a fait admettre en principe, par une D. m. f. 24 mai 1864 : « que les papiers filigranés de dimension sortis des bureaux de distribution et altérés par l'impression mais non employés définitivement, peuvent être échangés contre d'autres papiers de dimension de même nature » (2299 I. G.).

Seulement, pour profiter de l'échange, les papiers filigranés ne doivent pas avoir été employés définitivement, c'est-à-dire que les formules imprimées ne doivent pas avoir été remplies (Sol. 13 juin 1864).

5. FRAIS DE L'ÉCHANGE. — La D. m. f. 24 mai 1864 porte que les détenteurs des papiers de la débite admis à l'échange payeront, à titre de frais de fabrication et de manutention, 10 centimes par feuille de grand registre, 6 centimes par feuille de grand papier, 4 centimes par feuille de moyen papier, 3 centimes par feuille de petit papier et 2 centimes par demi-feuille de petit papier (2299 I. G.).

**17146. Timbre à l'extraordinaire.** — 1. EFFETS DE COMMERCE. — Les porteurs de formules d'effets de commerce frappées du timbre extraordinaire sont également admis à faire timbrer à l'extraordinaire d'autres formules en échange de celles rapportées (D. m. f. 23 juill 1827, 1217 I. G.).

2. PAPIER DE DIMENSION. — Il en est de même des papiers et formules frappés du timbre extraordinaire de dimension (D. m. f. 31 juill. 1861, 2194 I. G., 1536 R. P.).

3. COMPENSATION DES DROITS. — L'échange ne peut s'effectuer que dans la limite des droits payés pour les effets admis à l'échange. Par suite de ce même principe de compensation, il a été reconnu que l'échange pouvait seulement avoir lieu quand les papiers à timbrer étaient destinés à la même personne ou à son représentant. Ainsi, un ancien négociant ne peut demander, en échange de ses vignettes, le timbrage d'effets d'une maison dans laquelle il n'est pas intéressé (Sol. 11 juill. 1861, 14 mars 1862, 14 sept. 1863, 25 août 1865). On a de même rejeté l'échange de vignettes relatives à des maisons différentes (Sol. 22 sept. 1865, 13 mars 1866); — ou ne portant aucun nom (Sol. 11 oct. 1862, 23 janv. 1865); — ou portant un nom altéré par une surcharge ou un grattage (Sol. 19 avr. 1862).

Un syndic ne pourrait pas davantage remplacer les vignettes du failli par des vignettes lui servant personnellement ou servant à un créancier de la faillite (Sol. 29 sept., 11 déc. 1862).

4. NON EMPLOI DES PAPIERS. — Il faut, en second lieu, comme pour les papiers de la débite, que le papier timbré à l'extraordinaire n'ait pas été employé. On a donc refusé d'admettre à l'échange des coupures de 500 francs de rente italienne, en compensation des droits payés pour le timbrage de coupures de 1,000 francs de rente auxquelles elles sont substituées (D. m. f. 10 déc. 1864); — des papiers ayant servi à l'impression d'une affiche non placardée (Sol. 4 fév. et 11 oct. 1865); — des mandats de payement revêtus de l'acquit qui en constitue l'emploi effectif (D. m. f. 10 oct. 1862).

5. FRAIS DU TIMBRAGE. — Une D. m. f. 30 novembre 1863 a statué que toute personne ayant obtenu, dans la même année, l'autorisation d'échanger à l'atelier général plus de 1,000 formules, soit d'effets de commerce, soit de papiers de dimension, doit payer le nouveau timbrage, fixé à 1 fr. 50 cent. par 1,000 empreintes.

Le droit de 1 fr. 50 cent. est dû par 1,000 empreintes sans fraction ; et par empreinte, on entend la réunion des timbres noir et sec quand leur apposition est nécessaire.

**17147. Visa pour timbre.** — On a étendu la faculté d'échange au visa pour timbre lui-même, en permettant de viser de nouvelles feuilles en remplacement des anciennes sur lesquelles la mention a été annulée (D. m. f. 18 mai 1864). — Nous avons vu précédemment que le coût de ce visa peut, en certains cas, entrer en ligne de compte pour l'échange de papier de la débite.

**17148. Timbres mobiles.** — L'échange des timbres mobiles non employés peut avoir lieu comme celui des papiers de la débite. Mais s'ils ont été employés, même par erreur, toute substitution est désormais impossible (Sol. 13 juin 1861).

## CHAPITRE IV. — ALTÉRATION DE L'EMPREINTE

[17149-17156]

**17149. Peine en cas d'altération.** — L'empreinte du timbre ne peut être couverte d'écriture ni altérée, à peine d'une amende de 5 francs, tant pour les particuliers que pour les officiers et fonctionnaires publics (L. 13 brum. an 7 art. 21 et 26, 16 juin 1824 art. 10).

1. TIMBRE SEC. — Ce n'est pas seulement l'altération du timbre noir qui donne naissance à la contravention, mais encore celle du timbre sec (Cass. adm. 4 juill. 1825, 5457 J. E.).

**17150. Caractère de l'altération.** — L'altération ne peut s'entendre que de tout fait qui tend à changer la physionomie des empreintes, à les dénaturer

Il ne faudrait donc pas ranger dans cette catégorie de simples traits tracés par mégarde dans une partie des empreintes, tels que certaines liaisons de lettres (Sol. 9 mars 1863, 9 nov. 1865) ; — quelques chiffres (Sol. 25 avr. 1862); — deux lettres de la signature et un léger trait de plume (Anvers 29 juill. 1869, 10997 J. E. belge).

Rien de semblable n'existe non plus quand on écrit sur le verso des empreintes. Une D. m. f. 16 juin 1807 (2619 J. E.) a reconnu que ce fait ne constitue pas une contravention, pourvu que l'empreinte ne soit pas altérée par l'emploi de l'encre ou l'impression de l'écriture (D. N. t. 1ᵉʳ p. 402 n° 750 et t. 11 p. 189 n° 224).

**17151. Remboursement des droits de timbre.** — Les droits de timbre que la disposition finale de l'art. 26 L. 13 brumaire an 7 met à la charge des contrevenants, en sus des amendes, sont destinés à remplacer ceux dont la contravention avait privé le Trésor. Il suit de là que ce n'est que lorsque le Trésor a été frustré de son droit que ce droit doit être réclamé. Ce cas ne se présentant pas lorsque le timbre a été seulement couvert d'écriture, l'amende est seule exigible (Belfort 30 août 1832, 10469 J. E.). — V. 17158.

**17152. Acte exempt du timbre.** — La loi punit l'altération dans tous les cas, sans distinguer si l'acte exigeait ou non l'emploi de papier timbré. Cependant, quand l'écrit n'était pas sujet au timbre, la réclamation d'une amende est très-contestable. On la fonderait, en effet, sur ce fait que le contribuable l'a encourue parce qu'il a consenti à acquitter un droit de timbre qu'il ne devait pas. Or, ce motif répugne à la raison et nous croyons qu'aucune peine n'est alors applicable (*Conf.* : 17226-1 J. E.).

**17153. Répertoire.** — Une exception a été faite à la disposition de l'art. 21 L. 13 brumaire an 7 en faveur des répertoires. Les empreintes peuvent être traversées par des colonnes d'impressions, des cadres manuscrits, des chiffres ou des dates. — V. *Répertoire*

**17154. Tableau en chiffres.** — Ce que nous venons de dire des répertoires peut s'appliquer à toute formule dont la structure pourrait rendre nécessaire l'apposition de quelqu'une de ses parties sur le timbre. En ce sens, il a été reconnu, par une Sol. 6 août 1832 (3850 Roll., D. N. t. 12 p. 636 n° 144), que s'il existe dans une liquidation des tableaux en chiffres, et que l'on se trouve amené à placer quelques chiffres sur le timbre, il n'y a pas contravention.

**17155. Pluralité d'amendes.** — Si un officier public couvre d'écriture le timbre d'une expédition et inscrit sur la feuille plus de lignes que le nombre légal, deux amendes sont encourues (8373 J. E.).

**17156. Contrefaçon.** — La contrefaçon des timbres est punie des peines du faux. — V. 5431.

## CHAPITRE V. — PAPIER AYANT DÉJA SERVI

[17157-17166]

**17157. Règle.** — Le papier timbré qui a été employé à un acte quelconque ne peut plus servir à un autre acte, quand même le premier n'aurait pas été achevé (L. 13 brum. an 7, art. 22). La loi prononce 5 francs d'amende contre les particuliers et 20 francs contre les fonctionnaires et officiers publics pour contravention à cette disposition (*Id.* art. 26).

L'emploi d'une feuille ayant servi est passible d'une amende de 50 à 1000 francs prononcée par le tribunal correctionnel (L. 2 juill. 1862, art. 21). — (Vitry, 17 mars 1877, 4716 R. P.).

**17158. Remboursement des droits de timbre.** — Mais il n'en est plus de ces cas comme de celui qui a fait l'objet du n° 17151. Dans notre hypothèse, le contrevenant a frustré le Trésor de ses droits de timbre, puisqu'il a employé une feuille de papier timbré qui avait déjà reçu sa destination.

Dès lors, le droit de timbre doit être remboursé en sus de l'amende encourue (L. 13 brum. an 7 art. 26).

**17159. Nécessité d'un acte commencé.** — Pour l'application des art. 22 et 26 L. 13 brumaire an 7, il faut qu'il existe un premier acte quelconque, même non achevé, à la suite duquel aurait été inscrit un autre acte sur la même feuille de papier timbré.

Un notaire n'encourt donc pas d'amende pour avoir employé à la rédaction d'un acte une feuille de papier timbré présentant en tête quelques lignes raturées étrangères à cet acte, mais ne portant aucune des indications soit de date, soit d'objet de convention, soit d'autres faits qui peuvent constituer un acte quelconque commencé (Cass. 27 janv. 1836, 9147 J.N., 11437 J.E., S.36-1-392).

« Attendu, en droit, porte cet arrêt, que, pour l'application des art. 22 et 26 L. 13 brumaire an 7 sur le timbre, il faut qu'il existe un premier acte quelconque, même non achevé, à la suite duquel aurait été inscrit un autre acte, sur la même feuille timbrée; attendu, en fait, qu'il est constaté, dans l'espèce sur laquelle est intervenu le jugement attaqué du tribunal de Marennes, que la feuille de papier timbré employée à l'acte du 24 juin 1832, qui a donné lieu à la contrainte, ne portait aucune des indications soit de date, soit d'objet de convention, soit de faits qui puissent constituer un acte quelconque commencé; d'où résulte que le jugement attaqué, en refusant l'application des art. 22 et 26 de ladite loi de brumaire an 7, n'a violé ni cette loi, ni l'art. 10 L. 16 juin 1824. »

Il a été reconnu, de même, qu'il n'y a pas contravention si, à la suite de lignes biffées *ne constituant pas un commencement d'acte*, un officier public a rédigé un contrat n'ayant aucun rapport avec les mots rayés (Lesparre 2 mai 1828; — Dél. 29 juill. 1828, 9081 J.E., 8644 J.N.).

De même, encore, on ne pourrait pas considérer comme ayant déjà servi ou comme renfermant un acte commencé des papiers, tels que des effets de commerce, qui contiendraient les vignettes d'un autre négociant. Ces effets peuvent être utilisés par une autre personne dès qu'ils sont en blanc. Ils ne renferment qu'une formule non remplie dont on peut biffer les indications inutiles.

**17160. Erreur.** — L'Administration a reconnu qu'un notaire qui, à la suite d'une vente, a écrit quelques lignes relatives à un autre acte et qui, après les avoir biffées, a rédigé sur la même feuille de papier la quittance du prix de cette vente, n'a point encouru d'amende, parce qu'il était manifeste qu'il n'y avait eu de sa part qu'une simple méprise (Sol. 1er juin 1832, 10354 J.E.).

**17161. Acte commencé par un officier ministériel et terminé par un autre.** — C'est encore avec raison que la Cour suprême, par un arrêt du 11 juillet 1815 (S. t. 16 p. 93), a jugé que l'art. 22 L. 13 brumaire an 7 ne s'applique pas à l'exploit rédigé par un huissier dont l'immatricule a été rayée pour y substituer celle d'un autre huissier, si le premier officier ministériel n'a point signé l'acte et l'a ainsi laissé incomplet.

« Attendu, porte cet arrêt, qu'il est évident que Michot n'a que rédigé le projet de commandement; qu'il ne l'a point signé, que les conventions nécessitées par l'incertitude des qualités écrites dans le projet ont été faites par Coffé, chargé de signifier le commandement; qu'elles ont toutes été approuvées; que la feuille de papier sur laquelle l'exploit est écrit a toujours été destinée au même acte et entre les mêmes parties. »

On peut dire en effet que le papier n'a servi qu'une fois, et pour l'acte auquel il était primitivement destiné (D.N. t. 12 p. 637 n° 150).

Une interprétation semblable résulte d'un jugement de Briey du 21 novembre 1855.

Il a été décidé de même que lorsqu'un exploit ne peut être notifié à la résidence présumée de la partie, à cause de son départ, on peut, sans contrevenir à l'art. 22 L. 13 brumaire an 7, faire sur cet acte les rectifications nécessaires pour qu'il soit signifié par un autre huissier à la résidence véritable (Bernay 19 déc. 1866, 2509 R.P.).

La doctrine de ce jugement a été prise pour règle par une Sol. 23 juillet 1867, conforme d'ailleurs à d'autres solutions antérieures des 18 janvier 1860 et 27 juin 1861.

**17162. Extrait. — Expédition.** — Dans le même ordre d'idées, il a été jugé qu'il n'y a pas contravention si, à l'extrait analytique d'un acte, dressé sur une feuille à 1 fr. 50 cent. (1 fr. 80) on substitue, au moyen d'additions et ratures, l'expédition entière de cet acte, pour suppléer au défaut de renseignements de l'extrait analytique, attendu qu'il n'y a, en définitive, qu'une même copie d'un même acte (Dreux 13 nov. 1844, 12267 J.N.).

**17163. Rectification.** — De même encore, on ne peut voir une contravention dans un acte recommencé à la suite d'un premier acte dont la rédaction a été biffée pour cause d'irrégularités, alors que le second n'a eu pour but que de les rectifier (Dél. 3 déc. 1816, 5615 J. E.; Roy n° 257).

**17164. Acte inachevé.** — Mais aucun doute ne peut s'élever et aucune excuse ne peut être admise lorsqu'il est bien constaté que le premier acte à la suite duquel on en a écrit un autre est resté inachevé. Dans ce cas, lors même qu'il n'y aurait eu que quelques lignes écrites, il y a contravention par le fait de la rédaction d'un nouvel acte (Cass. 1er frim. an 10, 1012 J. E.; — Seine 19 juill. 1838, 12156-1 J. E., Roy n° 256).

« Attendu, porte l'arrêt du 1er frimaire an 10, que, quel que puisse avoir été le résultat des faits de la cause, il n'en est pas moins constant que le sieur Hureau, huissier-priseur, a employé, pour écrire un acte de son ministère, un papier timbré qui avait déjà servi à écrire un acte, quoique celui-ci n'eût pas été achevé; que Hureau était donc précisément dans le cas des art. 22 et 26 L. 13 brumaire ci-dessus cités. »

**17165. Papier lavé.** — L'emploi d'une feuille de papier timbré qui a déjà servi et qui a été lavée au moyen d'un procédé chimique constitue une contravention à l'art. 22 L. 13 brumaire an 7 (Versailles 31 janv. 1847, 14346 J. E.; — Rouen 16 nov. 1842, 13124 J. E.; — Rouen 8 juill. 1841, 12794 J. E., 11141 J. N.).

Il est bien évident, en effet, que le lavage suppose nécessairement la préexistence d'un acte antérieur qu'on a fait disparaître, et on ne peut pas astreindre l'Administration, dans ce cas, à rapporter matériellement la preuve de cette existence (*Contrà* D. N. t. 12 p. 639 n° 156).

1. IMPRIMEUR. — L'imprimeur qui imprime des formules sur du papier ainsi lavé et qui les vend ensuite contrevient à l'art. 27 même loi (Versailles 31 janv. 1847, 14346 J. E.).

2. PLURALITÉ. — Il est dû autant d'amendes qu'il y a de copies écrites par un huissier sur du papier ainsi lavé (Rouen 16 nov. 1842, 13124 J. E.).

**17166. Fraction de feuille.** — Nous avons examiné, sous le n° 8357, la question de savoir s'il y a nécessairement contravention lorsqu'on représente une expédition délivrée par un officier public sur une feuille dont une partie se trouve enlevée; et, après avoir fait connaître l'état de la jurisprudence sur ce point, nous avons conclu, contrairement à l'opinion la plus accréditée, que pour qu'il y ait contravention, il faut établir que la partie de feuille enlevée a servi à la rédaction d'un autre acte.

Toute incertitude s'évanouit du moment qu'il ne s'agit pas d'expéditions, mais d'actes que l'on peut écrire sur du papier de toute dimension: la réduction de la feuille ne constitue une contravention que si l'on ne peut prouver que le retranchement est le résultat d'une fraude. C'est ce que l'Administration a reconnu le 11 novembre 1848 (14591 J. E., 13550 J. N.).

De même, lorsqu'un acte est écrit sur une feuille de papier timbré dont la dimension a été réduite, il y a contravention à l'art. 22 L. 13 brumaire an 7, si on peut établir que la fraction de feuille enlevée a été employée à un autre acte, terminé ou non (Joigny 30 août 1834, et Saint-Étienne 21 août 1835, 11438 J. E.; — Châteaudun 28 avr. 1837, 11793 J. E.; — Reims 14 mars 1849, 14707 J. E.). — Mais si rien ne constate qu'il y ait eu un premier acte quelconque non achevé écrit sur la fraction enlevée, l'amende de contravention n'est pas encourue (Cass. 27 janv. 1836, *arrêt rapporté* n° 17159).

## CHAPITRE VI. — PAYEMENT DES DROITS ET AMENDES DE TIMBRE

[17167-17175]

**17167. Acquéreurs.** — Il est tout naturel que ceux qui achètent du papier timbré en payent le prix suivant le tarif légal.

Aussi n'est-ce pas d'eux dont nous avons à nous occuper ici, mais seulement des parties, qui doivent être tenues du payement des droits et amendes exigibles par suite d'actes rédigés en contravention aux lois sur le timbre.

1. RESTITUTION. — TIMBRE INUTILE. — Les droits du papier inutilement employé ne sont pas restituables (D. m. f. 31 juill. 1828, 9121 J. E.; — Ambert 14 juin 1851, 10059 J. E., 1381-3 I. G.).

V. *Restitution.*

2. DROITS ACQUIS. — Mais l'art. 60 de la loi du 22 frimaire an 7 sur les *droits acquis* n'est pas applicable en matière de timbre (Cass. 20 août 1877, 4774 R. P.). — V. 114.

**17168. Solidarité.** — Aux termes de l'art. 75 L. 28 avril 1816, sont *solidaires* pour le payement des droits de timbre et des amendes : — tous les signataires, pour les actes synallagmatiques; — les prêteurs et les emprunteurs, pour les obligations; — les créanciers et les débiteurs, pour les quittances; — les officiers ministériels qui auront reçu ou rédigé des actes énonçant des actes ou livres non timbrés.

1. QUITTANCES. — Aux termes de l'art. 1248 C. C., les frais du payement sont à la charge du débiteur; par conséquent, c'est contre celui-ci seul que devait être poursuivie, autrefois l'amende de 30 francs (5 fr.) pour quittance non timbrée (Cass. 2 fruct. an 9 et 28 août 1809, S. t. 2 p. 33, t. 9 n° 429).

« Vu, porte le dernier arrêt, l'art. 4 L. 7 et 18 février 1791 : considérant qu'il a toujours été de principe que les frais de la quittance sont à la charge de celui qui l'exige; que la quittance est un titre exclusivement à l'avantage et à la décharge de celui qui paye; que lui seul peut s'en servir; et qu'ainsi à tous égards, quand il s'en sert, c'est à lui qu'il incombe particulièrement de fournir le papier timbré nécessaire pour écrire la quittance ou de payer l'amende encourue; d'où il suit que le tribunal de Gaillac a faussement appliqué l'art. 14 et a contrevenu à l'art. 4 L. 18 février 1791. »

Les préposés, devaient donc, toutes les fois qu'ils avaient à poursuivre une contravention pour quittance non timbrée, ne former de demande que contre le débiteur, qui seul devait acquitter l'amende et les droits (403 I. G.). Mais d'autres dispositions ont été adoptées par la loi du 23 août 1871 : on les trouvera commentées au mot *Quittance*.

2. AFFICHES. — JOURNAUX. — En ce qui concerne la solidarité qui incombe aux délinquants en matière d'affiches, de journaux et écrits périodiques, nous ne pouvons que nous référer à ce que nous avons dit sous le n° 2002.

3. EFFET DE COMMERCE. — Quant à la solidarité en matière d'effets de commerce, nous renvoyons le lecteur au mot *Effet négociable*.

**17169. Héritiers et représentants.** — D'après l'art. 76 L. 28 avril 1816, en cas de décès des contrevenants, les droits et amendes sont dus par leurs successeurs. Cette disposition a été étendue par la Cour de cassation à tous les représentants des contrevenants, par le motif que les amendes ont, en matière de timbre, le caractère d'une réparation civile ; — spécialement à une société nouvelle qui représente une société dissoute avec laquelle elle s'est fusionnée (Cass. 12 août 1856, 824 R. P., 2096 § 13 I. G., S. 57-1-279). — *V.* 9887.

**17170. Actes entre l'État et les particuliers.** — Le timbre des quittances fournies à l'État, ou délivrées en son nom, est à la charge des particuliers qui les donnent ou les reçoivent.

Il en est de même pour les autres actes entre l'État et les particuliers (L. 13 brum. an 7, art. 29).

Nous avons vu, au précédent numéro, l'art. 1248 C. C. mettre les frais de payement à la charge des débiteurs, et l'art. 75 L. 28 avril 1816 déclarer solidaires, pour le payement des droits de timbre et des amendes, tous les signataires pour les actes synallagmatiques, les prêteurs et les emprunteurs pour les obligations, et les créanciers et les débiteurs pour les quittances.

Mais il a été reconnu que ces dispositions restent sans application lorsqu'il s'agit d'actes intervenus entre les particuliers et l'État.

L'art. 29 L. 13 brumaire an 7 reste toujours en vigueur, même depuis la loi du 23 août 1871.

1. QUITTANCE. — Ainsi, le droit de timbre d'une quittance de loyers payés par le Trésor est à la charge du bailleur (D. m. f. 13 oct. 1832).

La quittance notariée donnée par un créancier de l'État pour fournitures et entreprises, en vertu de marchés passés avec les diverses administrations, ne peut être visée pour timbre gratis ; le droit de timbre de la minute et de l'expédition est à la charge du créancier (1504 § 11 I. G.).

2. USAGERS. — D'après une D. m. f. 4 juin 1838 (1577 § 16 I. G.), les usagers dans les forêts de l'État sont, dans tous les cas, tenus de payer les droits de timbre des actes relatifs aux délivrances en nature. — V. *Bois et forêts*.

3. DÉLIMITATION. — BOIS ET FORÊTS. — L'expédition de l'état des frais d'une délimitation ou bornage d'une forêt remise soit au receveur des domaines, soit au receveur d'une commune ou d'un établissement public, pour opérer le recouvrement à la charge des riverains, doit être sur timbre.

Si la forêt délimitée appartient à l'État, le droit de timbre doit être supporté par les propriétaires riverains, par application de l'art. 29 L. 13 brumaire an 7 (D. m. f. 26 oct. 1841, 12866-7 J. E.).

4. TAXE DE L'AVOUÉ. — Cependant, par exception à la règle générale dont nous venons de voir diverses applications, le droit de timbre de l'état taxé des dépens qui doivent être remboursés par le Trésor à l'avoué, en matière d'instance domaniale ou forestière, est à la charge de l'État. Si l'acquit de ces frais était donné sur une feuille séparée et qu'il existât déjà un premier acquit à la suite du mémoire timbré, la seconde quittance serait exempte de timbre, parce qu'elle n'aurait pour objet que l'ordre de la comptabilité (D. m. f. 17 sept. 1841, 12866 J. E.).

V. *Quittance*.

**17171. Privilége.** — Les droits et amendes de temps jouissent, soit dans les successions, soit dans les faillites ou tous autres cas, du privilége des contributions directes (L. 28 avr. 1816, art. 75).

1. FAILLITE. — Le privilége conféré à l'Administration par l'art. 75 L. 28 avril 1816, pour le recouvrement des droits et amendes de timbre, ne peut atteindre les syndics personnellement. L'Administration n'aurait d'action contre eux qu'autant qu'ils seraient dépositaires de sommes et valeurs appartenant à la faillite (Dél. 4 mai 1827, 8721 J. E., 1219 § 6. I. G.).

**17172. Récidive.** — Les lois sur l'enregistrement ne font nulle part mention de la récidive comme devant augmenter la peine encourue pour une contravention quelconque ; mais il n'en est pas de même en matière de timbre.

1. DISTRIBUTION. — En matière de distribution de papiers timbrés, l'art. 27 L. 13 brumaire an 7 dispose : « qu'aucune personne ne pourra vendre ou distribuer du papier timbré qu'en vertu d'une commission de l'Administration, à peine d'une amende de 100 francs pour la première fois et de 300 francs en cas de *récidive*. »

*Timbres mobiles.* — L'art. 21 Déc. 11 juin 1859 porte que ceux qui auront employé, vendu ou tenté de vendre des timbres mobiles ayant déjà servi, seront, en cas de récidive, punis d'un emprisonnement de 5 jours à un mois, et d'une amende double.

2. AFFICHES. — AVIS. — ANNONCES. — Suivant l'art. 4 L. 6 prairial an 7, les contraventions étaient punies d'une amende de 25 francs pour la première fois, de 50 francs pour la seconde et de 100 francs pour chacune des autres *récidives*.

Les dipositions pénales de cette loi ont été changées par l'art. 69 L. 28 avril 1816, qui ne prononce pas de peine en cas de *récidive*. Seulement, d'après une D. m. f. 17 juin 1842 (1609 I. G.), s'il est vrai qu'une même distribution ne donne ouverture qu'à une seule amende de contravention, cette amende peut être exigée de nouveau si le fait de la distribution se renouvelle pour les mêmes affiches, avis ou annonces, et constitue une nouvelle contravention. — *V.* 2001-3.

3. JOURNAUX ET ÉCRITS PÉRIODIQUES. — Aux termes des art. 24 L. 16 juillet 1850 et 11 Déc. 7 février 1852, chaque contravention aux dispositions de ces lois, pour les journaux, gravures ou écrits périodiques, était punie, indépendamment de la restitution des droits frustrés, d'une amende de 50 francs par feuille ou fraction de feuille non timbrée. Cette amende était de 100 francs en cas de récidive. — *V.* 1996.

4. POLICE D'ASSURANCES MARITIMES. — L'art. 48 L. 5 juin 1850 frappe d'une amende de 500 francs, et de 1,000 francs en cas de récidive, tout courtier ou notaire convaincu d'avoir rédigé une police d'assurance ou d'en avoir délivré une expédition ou un extrait sur papier non timbré, conformément à l'art. 42 de la même loi.

V. *Récidive* n° 13636 et suiv.

**17173. Supplément de droit.** — Le dernier alinéa de l'art. 26 L. 13 brumaire an 7 porte : « Les contrevenants, dans tous les cas ci-dessus (toutes les fois qu'il y a amende de contravention), payeront en outre les droits de timbre. »

Le payement ordonné est du droit de timbre entier lorsqu'un acte est écrit sur papier libre ; mais lorsque le papier timbré employé est seulement inférieur au prix de celui qui convenait à l'acte, il n'est dû qu'un supplément pour compléter le droit qui était exigible (D. m. f. 2 fév. 1813).

Ce principe général s'applique à toutes les espèce de contraventions.

On remarquera seulement qu'on doit considérer un acte comme étant écrit sur papier non timbré non-seulement lorsqu'il est sur papier libre, mais encore lorsque le papier timbré employé a déjà servi à un autre acte, et lorsque deux actes, qui auraient dû être séparés, se trouvent à la suite l'un de l'autre.

Dans tous les autres cas, il n'est dû qu'un supplément de droit de timbre.

**17174. Prescription.** — On trouvera, au mot *Prescription*, le développement complet des règles qui gouvernent la prescription des droits et amendes de timbre.

**17175. Poursuites.** — En ce qui concerne la poursuite et la répression des contraventions, nous renvoyons à ce que nous avons dit sous les n°s 9879 à 9891.

# TITRE II. — TIMBRE EXTRAORDINAIRE

[17176-17221]

## CHAPITRE PREMIER. — DISPOSITIONS GÉNÉRALES

[17176-17184]

**17176. Définition.** — Le timbre extraordinaire consiste dans l'impression d'empreintes particulières sur certains papiers destinés aux actes et écrits soumis à la formalité du timbre.

**17177. Particuliers et Administrations publiques.** — L'art. 7 L. 13 brumaire an 7 est ainsi conçu : « Les citoyens qui veulent se servir de papiers autres que ceux de la Régie, ou de parchemins, sont admis à les faire timbrer avant d'en faire usage. On emploie pour ce service les timbres relatifs; mais l'empreinte est appliquée au haut du côté droit de la feuille. Si les papiers ou le parchemin se trouvent être de dimensions différentes de celles des papiers de la Régie, le timbre, quant au droit établi en raison de la dimension, est payé au prix du format supérieur. »

L'art. 18 de la même loi accorde également ce privilége aux administrations publiques.

**17178. Officiers et fonctionnaires publics.** — Mais la faculté que l'art. 7 vient d'accorder aux particuliers, l'art. 18 la refuse aux officiers et fonctionnaires publics. Cet article est, en effet, ainsi conçu : « La faculté accordée par l'art. 7 de la présente aux citoyens qui voudront employer d'autre papier que celui fourni par la Régie, en le faisant timbrer avant d'en faire usage, est interdite aux notaires, huissiers, greffiers, arbitres, avoués ou défenseurs officieux, et à tous autres officiers ou fonctionnaires publics; ils seront tenus de se servir du papier timbré débité par la Régie. — Les administrations publiques seulement conserveront cette faculté. — Les notaires et autres officiers publics pourront néanmoins faire timbrer à l'extraordinaire du parchemin lorsqu'ils seront dans le cas d'en employer. »

La sanction de cette disposition se trouve dans l'art. 26 L. 13 brumaire an 7, qui prononce une amende de 100 francs (réduite à 20 francs par l'art. 10 L. 16 juin 1824) contre tout officier ou fonctionnaire public qui y contrevient.

Quant au droit de timbre, comme il a été acquitté, il ne saurait plus être réclamé (Sol. 11 nov. 1843, D. N. t. 12 p. 625 n° 60).

**17179. État civil.** — On a reconnu que ces prohibitions sont applicables aux actes et tables de l'état civil, parce que les art. 35 et suiv. C.C., n'attribuant aux rédacteurs des actes de l'état civil que la qualité d'officiers de l'état civil et plaçant la tenue de ces documents sous la direction de l'autorité judiciaire, les maires, lorsqu'ils les dressent, n'agissent pas comme délégués de l'autorité administrative, mais plutôt comme officiers judiciaires (D. 16 mai 1843, 29 déc. 1859, 3 déc. 1860, 18 avr. 1863).

**17180. Bordereaux de commerce.** — Mais la faculté du timbrage à l'extraordinaire a été, depuis lors, accordée aux agents de change et aux courtiers pour leurs bordereaux et arrêtés (L. 5 juin 1850, art. 13).

**17181. Parchemin.** — L'usage du parchemin est resté facultatif, même pour les officiers publics; et beaucoup de notaires en font encore usage pour les grosses et expéditions des actes importants, et notamment des contrats de mariage. Dans ce cas, ils sont admis à faire timbrer le parchemin à l'extraordinaire. Et si le parchemin que les notaires et les particuliers veulent faire timbrer se trouve être de dimensions différentes de celles des papiers de l'Administration, le timbre, quant au droit établi en raison de la dimension, est payé à raison du format supérieur (L. 13 brum. an 7, art. 7).

**17182. Epoque du timbrage.** — Il est bien entendu que quand l'emploi du papier timbré à l'extraordinaire est permis, les feuilles doivent être soumises au timbrage avant la rédaction de l'acte qu'elles doivent renfermer. Il est expressément défendu de timbrer sans amende des écrits de l'espèce rédigés en contravention. En cas de refus du payement de l'amende, l'infraction doit être constatée par un procès-verbal (Circ. 1402).

**17183. Lieu où s'applique le timbre extraordinaire.** — L'application du timbre extraordinaire n'a lieu qu'au chef-lieu du département, au bureau du timbre établi près de chaque direction. Dans tous les autres lieux, cette formalité est remplacée par celle du visa pour timbre ou de l'apposition du timbre mobile. L'application au chef-lieu n'est cependant pas générale, et pour les actions dans les sociétés, les effets de commerce, les bordereaux et arrêtés des agents de change et courtiers et les lettres de voiture, cette opération ne peut avoir lieu qu'à Paris, à l'atelier général du timbre (Déc. 17 avr. 1806, Circ. 15 sept. 1841, 1665-2225 et 1873 I. G.). — Les receveurs de canton et de chefs-lieux d'arrondissement servent d'intermédiaires pour la recette des droits et la circulation du papier (D. m. f. 1er mars 1869, I. G. 2381).

**17184. Mode de timbrage.** — Il n'entre pas dans le cadre de cet ouvrage d'indiquer les diverses formalités matérielles au moyen desquelles s'opère le timbrage à l'extraordinaire.

Disons seulement qu'on a confié cette opération à deux agents qui se contrôlent mutuellement, et qui sont le receveur du timbre extraordinaire et le garde-magasin. Leurs attributions ont été réglées par l'art. 15 L. 27 mai 1791 en ces termes : « Tous les papiers à timbrer à l'extraordinaire seront présentés au receveur du timbre extraordinaire, qui liquidera d'après le tarif le droit de timbre, et expédiera un permis de timbrer portant mention de la partie, de l'espèce des papiers à timbrer et de la quotité des droits reçus. Ce bulletin sera porté au garde-magasin, qui l'enregistrera et fera apposer le timbre. »

Un arrêté du directeur général, du 6 août 1827, a fixé de la manière suivante l'exercice du contrôle du garde-magasin : « Le garde-magasin compare les papiers à timbrer avec le bulletin, il vérifie la liquidation du receveur, et si la perception est régulière, il fait timbrer. S'il y a erreur ou omission, il la fait immédiatement reconnaître et rectifier par le receveur. Il ne met son visa sur le bulletin et ne fait d'enregistrement en recette sur son registre qu'après la rectification des erreurs. »

Les fonctions du garde-magasin sont remplies par l'atelier général, établi à Paris, suivant arrêté du 9 prairial an 9, pour les papiers dont le timbrage lui est exclusivement confié.

1. RECTIFICATION D'ERREURS. — RÉTENTION DES PAPIERS. — La liquidation faite par le receveur du timbre est toujours provisoire, puisqu'elle doit être vérifiée par le contrôleur du timbre ou par l'atelier général. D'un autre côté, l'enregistrement qui a été fait par ce receveur constate la réquisition du contribuable et ne lui permet plus de retirer ses papiers.

Il faut donc qu'il acquitte les droits supplémentaires dont l'exigibilité a été reconnue par le garde-magasin contrôleur du timbre ou par l'atelier général. C'est ce que la Cour de cassation a reconnu, le 13 juin 1864, en ces termes : « Attendu qu'après la réquisition de la formalité et le versement en la caisse du préposé des droits inexactement liquidés par celui-ci, on ne peut, sous le prétexte d'une réquisition tacitement conditionnelle et subordonnée à la suffisance de la perception, exiger la restitution ni des formules d'actions non encore revêtues du timbre, ni des droits alors perçus; que, d'une part, en effet, la restitution d'un impôt régulièrement perçu et porté en recette ne saurait être ordonnée qu'en vertu d'une disposition de loi qui n'existe pas dans l'espèce; que, d'autre part, d'après les dispositions des art. 1er, 3 et 4 Déc. 23 juillet 1850, combinées avec celles de la loi du 5 juin précédent, le timbre à apposer est toujours indicatif du droit légalement dû et ne doit être apposé qu'à la condition du payement préalable de l'intégralité de ces droits » (1922 R.P., 2288 § 7 I. G., 12685 C., 980 Rev.). Nous avons donné à cette question, sous le n° 1922 R.P., tous les développements qu'elle comporte

## CHAPITRE II. — APPLICATIONS DIVERSES

[17185-17221]

**17185. Observations.** — Ces règles générales posées, nous allons indiquer les principales hypothèses dans lesquelles peut avoir lieu l'emploi du timbre extraordinaire. On trouvera, d'ailleurs, sous les divers mots de notre ouvrage la solution des questions spéciales auxquelles donne lieu chacun d'eux.

**17186. Actions et obligations.** — Les actions et obligations des sociétés et les obligations des établissements publics peuvent être timbrées à l'extraordinaire soit au comptant, soit par abonnement. Cette matière a été commentée sous les mots *Abonnements, Effets négociables* et *Société*. Nous y renvoyons le lecteur, afin d'éviter de trop longues répétitions.

**17187. Administration de l'enregistrement.** — Les contraintes concernant les droits dont la perception est confiée à l'Administration de l'enregistrement sont imprimées sur papier timbré, et les receveurs en comptent au Trésor comme des autres papiers non timbrés. Ils font l'avance des droits sur les fonds de leur caisse, sous le titre d'avance à charge de recouvrement ou de régularisation. Rien ne s'oppose cependant à ce qu'une contrainte soit rédigée sur papier libre et soumise ensuite au timbre extraordinaire. Il ne résulte de là aucune nullité (Cass. 15 juill. 1806, 2503 J.E., 10646 J. E.).

Les mémoires produits aux tribunaux dans les instances concernant l'Administration peuvent également être écrits sur papier libre et soumis au timbre extraordinaire ; mais ces formalités doivent être données au comptant (1551 I. G.).

**17188. Affiches.** — Les affiches peuvent être rédigées sur du papier timbré à l'extraordinaire. C'est un point que nous avons établi v° *Affiches*.

Elles peuvent aussi être timbrées au moyen de timbres mobiles. — *V.* ci-après *Timbres mobiles*.

1. EXEMPLAIRE DE PLACARD. — L'exemplaire de placard sur lequel est rédigé le procès-verbal d'apposition d'affiches doit-il être sur papier fourni par l'Administration, ou suffit-il de le faire timbrer à l'extraordinaire au droit de 35 (60) centimes? L'affirmative résulte d'une Dél. 24 juin 1842 (1667 I. G.), qui doit être prise pour règle, quoiqu'une Dél. 6 octobre 1826 (8546 J. E.) paraisse avoir admis la faculté du timbre extraordinaire dans une espèce où l'affiche jointe au procès-verbal de l'huissier, qui était originairement frappée du timbre spécial, avait subi ensuite l'application du timbre de dimension.

**17189. Assurance.** — Une Dél. 19 juin 1850 (14178 .N.) porte que les polices peuvent être rédigées par les notaires et les courtiers sur papier timbré à l'extraordinaire. — V. *Abonnement, Assurance*.

**17190. Autorité administrative.** — L'art. 18 L. 13 brumaire an 7 laisse aux administrations publiques la faculté de se servir de papiers autres que ceux fournis par l'Administration, et, d'après l'art. 7 de la même loi, ces papiers doivent être timbrés avant qu'il en soit fait usage. L'exercice de cette faculté a fait naître la question de savoir si *les impressions* que font faire les préfets pour les procès-verbaux d'adjudication, les comptes des communes, etc., pouvaient être admises au timbre sans amende. Le ministre des finances a reconnu, le 24 décembre 1823 (7724 J. E.), qu'il n'est *réellement fait usage*, dans le sens de la loi, des formules imprimées que *lorsque les écritures, faites et signées*, leur ont donné le caractère d'actes ou d'expéditions. — *V.* 442-679-1.

**17191. Avoué.** — D'après une Sol. 29 décembre 1819 (6527 J.E.), on peut admettre les avoués à faire timbrer à l'extraordinaire les *significations imprimées* des jugements définitifs. — Déjà, d'après l'I. G. 137, la même faveur avait été accordée pour les *mémoires imprimés* distribués par les avoués et par les parties.

**17192. Cahier des charges.** — D'après une D. m. f. 19 août 1817 (798 I. G.), on peut présenter au timbre extraordinaire le cahier des charges des adjudications à faire dans les ports

**17193. Caisse des dépôts et consignations.** — Les récépissés à talons délivrés aux déposants par la caisse des dépôts et consignations doivent être timbrés à l'extraordinaire ou visés pour timbre, d'après leur dimension, *abstraction faite de celle du talon* (D. m. f. 23 sept. 1851, 15279-2 J.E.). — Déjà une D. m. f. 12 novembre 1846 avait reconnu que les récépissés des versements faits par les officiers publics dépositaires de deniers qui ont été l'objet d'oppositions entre leurs mains ne peuvent être délivrés que sur papier timbré (5485, 14130-2 J. E.).

**17194. Certificat de vie.** — On peut timbrer à l'extraordinaire les formules des certificats de vie délivrés aux rentiers et pensionnaires de l'État par les notaires certificateurs (D. m. f. 8 et 28 déc. 1806, Circ. 2 avr. 1806).

**17195. Commissaire de police.** — Des D. m. f. 15 février et 30 avril 1836 (2059 et 2068 I. G.) ont autorisé la présentation sans amende, jusqu'au 30 juin 1856, au timbre extraordinaire ou au visa pour timbre des pièces de comptabilité du service des commissaires de police qui sont rétribués sur les fonds communaux.

**17196. Commission.** — Les administrations ne pouvant, à cause du défaut de fonds, faire l'avance des droits de timbre des commissions qu'elles expédient ont été autorisées, notamment par une D. m. f. 18 thermidor an 9 (Circ. 2033), à les rédiger sur papier libre. Néanmoins, ces commissions ne devaient être délivrées aux préposés qu'elles concernaient qu'après avoir été revêtues du timbre extraordinaire au *chef-lieu du département*. Mais des dérogations successives à cette dernière disposition, motivées sur les difficultés qu'éprouvaient les titulaires à faire parvenir au chef-lieu du département leurs commissions, qu'ils recevaient souvent au lieu même de leur résidence, avaient été introduites par les I. G. 1214 § 2, 1367, 1398 § 4, 1634 § 15, d'après lesquelles certaines classes d'employés pouvaient faire viser pour timbre leurs commissions soit dans les chefs-lieux d'arrondissement, soit dans les chefs-lieux de canton. Une D. m. f. 7 avril 1832 (1918 I. G.) a généralisé la mesure. Tous les receveurs de l'enregistrement de canton sont aujourd'hui autorisés à viser pour timbre, au comptant, les commissions des employés et préposés de toutes les administrations qui résident dans le ressort de leurs bureaux. Actuellement le timbrage s'opère au moyen des timbres mobiles.

**17197. Connaissements.** — Aux termes de l'art. 7 L. 30 mars 1872, les formules pour connaissements, que la loi du 11 juin 1842 ne permettait de timbrer à l'extraordinaire qu'à Paris, peuvent recevoir actuellement cette formalité au chef-lieu de chaque département.

Les commerçants continueront d'être admis à déposer, conformément à l'I. G. n° 2381, leurs formules, avec le prix du timbre, au bureau de l'enregistrement le plus rapproché de leur résidence ; mais les receveurs de ces bureaux devront, à l'avenir, adresser ces formules à la direction de leur département, et non à l'atelier général (2443 I. G.).

**17198. Conservateurs des hypothèques.** — Les conservateurs des hypothèques étant des préposés d'une administration, et non pas des officiers ou fonctionnaires publics dans le sens rigoureux du mot, peuvent se servir de papier timbré à l'extraordinaire, mais non de papier visé pour timbre, pour leurs bulletins ou reconnaissances de dépôt (Sol. 9 fév. 1832, 10365 J. E., D. N. t. 12 p. 585 n° 8).

Leurs registres doivent être en papier timbré. — V. 5049-7.

**17199. Consultation.** — On a vu, au n° 2486, que les consultations, mémoires et observations des hommes de loi, avocats et avoués doivent être timbrés. Une D. m. f. 5 pluviôse an 11 (137 § 2 I. G.) autorise l'application du timbre à l'extraordinaire lorsque ces consultations sont rédigées sur des formules imprimées à l'avance et qu'elles n'ont pas été signées.

**17200. Contributions directes.** — Tous les imprimés de formules d'actes de poursuites ayant pour objet le recouvrement des contributions directes qui sont assujettis au timbre ne peuvent être visés pour timbre : ils doivent être timbrés à l'extraordinaire par les soins des trésoriers généraux, qui font l'avance, sur leurs fonds personnels, des frais de timbre pour ce qui concerne l'arrondissement du chef-lieu.

Les receveurs particuliers transmettent, dans le courant de chaque mois, au trésorier général, le nombre d'imprimés nécessaires pour assurer, dans leur arrondissement, le service du mois suivant. Le trésorier général fait timbrer ces imprimés pour le compte des receveurs particuliers, qui sont remboursés de leurs avances au fur et à mesure de la délivrance des formules aux porteurs de contraintes, lesquels sont tenus de payer comptant les formules timbrées dont ils ont besoin pour mettre les contraintes à exécution (Inst. m. f. 17 juin 1840, art. 87, 1556, 1606 I. G.).

**17201. Contributions indirectes.** — Aux termes de l'I. G. n° 1249 § 11, l'administration des contributions indirectes est autorisée à soumettre au timbre extraordinaire, dans les chefs-lieux de départements, ou au visa pour timbre dans les autres bureaux, *moyennant le payement des droits*, les formules imprimées des procès-verbaux de saisie, des contraintes et des transactions. — V. 5527.

Les bordereaux d'inscriptions hypothécaires sur les immeubles des préposés de l'administration des contributions indirectes, pour sûreté de leur gestion, sont timbrés à Paris à l'extraordinaire et adressés dans les départements par cette administration à ses préposés (383 I. G.).

**17202. Chèques.** — Les chèques ne peuvent être timbrés qu'à l'extraordinaire (L. 23 août 1871, art. 18 et 20). — V. *infrà* n° 17219.

**17203. Décompte.** — On a vu, au n° 5939, que les décomptes sont assujettis au timbre, mais qu'ils peuvent être timbrés à l'extraordinaire, puisque, aux termes de l'I. G. n° 332, les directeurs ne doivent les remettre aux acquéreurs qu'après les avoir fait timbrer à l'extraordinaire suivant la dimension du papier.

**17204. Devis.** — On a vu, au n° 6378, l'indication des règles relatives aux devis concernant les communes et les établissements publics. Nous ne pouvons qu'y renvoyer.

**17205. Douanes.** — Les procès-verbaux et autres actes judiciaires dressés par les agents des douanes doivent être timbrés à l'extraordinaire ou visés pour timbre au comptant (1249 § 11 I. G.).

Les lettres d'avis de l'administration des douanes aux négociants qui ont droit à des primes d'exportation de marchandises, et qui contiennent liquidation de ces primes avec ordonnancement sur les caisses des douanes, sont sujettes au timbre et peuvent être visées pour timbre dans tous les bureaux ; elles sont passibles du timbre proportionnel lorsque les titulaires transmettent la prime à des tiers par forme d'*endossement*, et du timbre de dimension quand, au lieu d'un *passé à l'ordre*, ces lettres contiennent une simple *autorisation de toucher* pour le compte de l'ayant droit (1572 I. G.).

**17206. Effet de commerce.** — Les papiers destinés aux effets de commerce ne peuvent être timbrés à l'extraordinaire qu'à Paris (Déc. 17 avr. 1806, Ord. R. 8 juill. 1827 et D. m. f. 6 mars 1832, 1469 I. G.). Les négociants qui veulent faire timbrer à l'extraordinaire des papiers destinés aux effets de commerce sont admis à les remettre, en payant immédiatement les droits, au receveur du timbre de leur résidence ; ces papiers sont transmis par la poste à l'Administration centrale de l'enregistrement, qui les fait timbrer à l'atelier général ; ils sont ensuite renvoyés au directeur du département, qui les fait parvenir aux négotiants auxquels ils appartiennent (D. m. f. 31 août 1841, Circ. 15 sept. 1841, 6325 Roll., 2388 I. G.). — V. 17183.

1. EFFETS VENANT DE L'ÉTRANGER. — L'art. 3 L. 5 juin 1850 reproduit les dispositions de l'art. 20 de celle du 24 mai 1834, en ce qui concerne les effets de commerce souscrits à l'étranger. Cet art. 3 est ainsi conçu : « Les effets venant soit de l'étranger, soit des îles ou des colonies dans lesquelles le timbre n'aurait pas encore été établi, et payables en France, seront, avant qu'ils puissent y être négociés, acceptés ou acquittés, soumis au timbre ou au visa pour timbre, et le droit sera payé d'après la quotité fixée par l'art. 1er. »

V. ci-après les règles adoptées relativement aux *Timbres mobiles*.

**17207. Établissement public.** — Peuvent être timbrés à l'extraordinaire : 1° les papiers destinés aux actes des établissements publics ; — 2° leurs mandats de payement et quittances de fournisseurs, pourvu que la formalité soit donnée avant qu'il en soit fait usage (1180 § 9 I. G.). — V. *Établissement public*.

**17208. Étranger.** — Il est permis de faire timbrer à l'extraordinaire les expéditions délivrées dans les pays étrangers; le droit ne peut être inférieur à 1 fr. 80 cent. ; mais si l'expédition contient plus de 25 lignes par page, compensation faite, on doit percevoir soit le droit de 2 fr. 40 cent. ou de 3 fr. 60 cent., soit un second droit de 1 fr. 80 cent.

**17209. Exemption.** — Il est de principe que l'exemption équivaut à la formalité. Ainsi, tous les actes qui sont affranchis de l'impôt du timbre peuvent être signifiés et produits en justice ou ailleurs sans qu'il soit nécessaire de les soumettre soit au timbre extraordinaire, soit au visa pour timbre (D. m. f. 18 germ. an 9).

**17210. Greffier.** — Il y a contravention à l'art. 18 L. 13 brumaire an 7 de la part du greffier qui rédige un acte de tutelle sur papier timbré à l'extraordinaire (Cass. 15 mess. an 11, 1540 J. E.).

1. AVERTISSEMENT. — L'art. 21 L. 23 août 1871 porte que les avertissements donnés conformément à la loi du 2 mai 1855, avant toute citation, doivent être rédigés par les greffiers des juges de paix sur papier au timbre de dimension de 60 centimes. En frappant d'un droit de timbre les avertissements qui en étaient précédemment exempts, la loi n'a point obligé les greffiers à n'employer pour ces documents que du papier timbré de la débite ordinaire. Ces officiers ministériels doivent donc être admis à soumettre à l'avance les formules d'avertissements au timbre à l'extraordinaire ou au visa pour timbre. Pour le timbre à l'extraordinaire, le dépôt des formules et l'acquittement des droits auront lieu aux bureaux et dans la forme indiqués par l'I. G. n° 2388. Quant au visa, il s'opérera au moyen de timbres de dimension dûment oblitérés par les receveurs, conformément à l'I. G. n° 2260, (2431 I. G.).

**17211. Huissier.** — L'art. 7 L. 13 brumaire an 7, accordant aux particuliers qui veulent se servir de papiers autres que ceux de l'Administration, la faculté de les faire timbrer à l'extraordinaire, et l'art. 23 même loi portant que les significations des huissiers peuvent être écrites à la suite des pièces dont il est délivré copie, il en résulte que, malgré les prescriptions de l'art. 18 même loi, les huissiers peuvent, sans contravention, écrire une signification à la suite de la copie signifiée, écrite sur papier frappé du timbre extraordinaire (Dél. 9 juin 1833, 10624 J. E.; — Cass. 15 juill. 1806, D. N. t. 12 p. 615 n° 58).

Une D. m. f. 18 janvier 1818 veut que les formules imprimées destinées au service de l'Administration des douanes puissent être, moyennant le payement des droits, et avant qu'il en soit fait usage, timbrées à l'extraordinaire ou visées pour timbre, sans que l'art. 18 L. 13 brumaire an 7 soit opposé à l'huissier qui signera la signification placée à la suite de ces formules (1249 § 11 I. G.).

**17212. Imprimeur.** — La loi de 1818 (art. 76) dispose que, conformément à l'art. 8 du 9 vendémiaire an 6, les particuliers doivent faire timbrer à l'extraordinaire, et non viser pour timbre (Circ. 1105), le papier dont ils veulent faire usage, et que l'apposition du timbre doit avoir lieu avant l'impression. C'est ce qui résulte également d'un arrêt de Cass. 22 janvier 1851 (15158 J. E.). — Un arrêté du 3 pluviôse an 6 (Circ. 1124, 326 § 1er I. G.) a même prononcé une amende de 50 francs (10 fr.), et la destitution, en cas de récidive, contre tout préposé qui appliquerait le timbre sur des feuilles imprimées.

L'art. 68 L. 28 avril 1816 est d'ailleurs formel à cet égard, en ce qui concerne les imprimeurs. « Il est défendu aux imprimeurs de tirer aucun exemplaire d'annonce affiche ou avis sur papier non timbré, sous prétexte de les faire frapper d'un timbre à l'extraordinaire. »

Il existe actuellement des dispositions spéciales en ce qui concerne les affiches. — V. *ce mot*.

**17213. Lettre de voiture.** — L'art. 6 L. 11 juin 1842, confirmant en cela l'art 5 L. 6 prairial an 7, veut que les lettres de voiture et les connaissements ne puissent être rédigés que sur papier timbré fourni par l'Administration, ou sur du papier timbré à l'extraordinaire et frappé d'un timbre noir et d'un timbre sec (1665 I. G.).

V. *Lettre de voiture* et *suprà* n° 17197.

**17214. Livre à tenir par les courtiers et les notaires.** — L'art. 47 L. 5 juin 1850 assujettit au timbre de dimension le livre que les courtiers doivent tenir, conformément à l'art. 84 C. com., et sur lequel ils sont tenus de consigner jour par jour, et par ordre de dates, sans ratures, interlignes ni transpositions, et sans abréviations ni chiffres, toutes les condition des ventes, achats, assurances, négociations, et en général toutes les opérations faites par leur ministère. — Remarquons cependant que cette perception ne concerne que les courtiers d'assurance maritime et ceux qui cumulent ces fonctions avec un autre courtage (D. m. f. 31 janv. 1851, 15108 J. E.). — Par un second alinéa, l'art. 47 assujettit les notaires qui, d'après l'art. 79 du même code, rédigent des contrats ou polices d'assurance à avoir un registre spécial et timbré sur lequel ils doivent transcrire les polices d'assurances rédigées.

De même que les polices, ce livre peut être tenu sur papier timbré à l'extraordinaire (Sol. 19 sept. 1849, 14178 J. N.). — V. 17189.

**17215. Mandats.** — Lorsque les maires ont délivré, sur formules imprimées, des mandats ou ordonnances de payement qui excèdent 10 francs pour dépenses communales, les fournisseurs ou les créanciers doivent, avant d'en recevoir le montant, les soumettre soit au timbre extraordinaire dans les chefs-lieux des départements, soit au visa pour timbre dans les autres bureaux.

**17216. Pêche de la morue.** — On peut présenter au timbre extraordinaire les pièces à produire à l'appui des demandes de primes pour la pêche de la morue (866 I. G.).

**17217. Porteur de contraintes.** — Les porteurs de contraintes sont considérés comme préposés d'une administration publique ; ils peuvent faire imprimer sur papier libre les projets d'actes de leur ministère, et ne faire timbrer ces impressions à l'extraordinaire qu'avant d'en faire usage (D. m. f. 17 germ. an 7, Circ. 1566). — La décision du 28 janvier 1830 (1320 § 11 I. G.), qui les avait admis à faire viser pour timbre au comptant ces formules dans les localités autres que le chef-lieu du département, a été rapportée par Déc. du 3 février 1838 ; il ne leur est plus permis que de les présenter au timbre extraordinaire (1556 I. G.).

**17218. Postes.** — Doivent être visées pour timbre ou timbrées à l'extraordinaire avant qu'il en soit fait aucun usage les formules des procès-verbaux de saisie des lettres et paquets transportés en fraude et en contravention aux lois sur les postes (D. m. f. 4 août 1826, 8482 J. E.).

**17219. Quittances et reçus.** — Les formules de quittances et reçus assujettis par l'art. 18 L. 23 août 1871 au timbre de 10 centimes peuvent être timbrées à l'extraordinaire.

Le dépôt des formules et l'acquittement des droits ont lieu dans les bureaux et dans la forme indiquée par l'I. G. n° 2388.

L'empreinte du timbre est apposée de manière à couvrir une partie de l'impression, et les formules imprimées en noir sont timbrées *à l'encre bleue*. On donnera ainsi au Trésor une garantie nouvelle en même temps qu'on préviendra les confusions involontaires entre la taxe spéciale à 10 centimes et le timbre ordinaire de dimension (2424 I. G.).

Une remise de 2 pour 100 sur le timbre est accordée à titre de déchet à ceux qui feront timbrer préalablement leurs formules.

D'après l'art. 5 du règlement d'administration publique du 27 novembre 1871, les formules d'état de solde ou de payement des états d'émargement, les registres de factage ou de camionage et les autres documents pour lesquels il est dû un droit de timbre par chaque payement excédant 10 francs ou pour chaque objet reçu ou déposé ne peuvent être timbrés à l'extraordinaire qu'autant que le droit à percevoir correspond à l'une des quotités des timbres de dimension en usage (60 cent., 1 fr. 20 cent., 1 fr. 80 cent., 2 fr. 40 cent. et 3 fr. 60 cent.).

1. CHÈQUES. — Les dispositions précédentes s'appliquent aux chèques pour l'acquit du droit de timbre de 10 centimes auxquels ils ont été assujettis par l'art. 18 § 2 L. 23 août 1871.

Cet article décide même que les chèques ne peuvent être que timbrés à l'extraordinaire. Il n'est pas permis d'employer à leur égard les timbres mobiles, sauf pour l'acquit du complément de droit auquel sont assujettis, d'après la loi du 18 février 1874, les chèques tirés de place à place.

Afin de donner au public les facilités nécessaires pour l'accomplissement de la formalité, le ministre des finances a décidé, le 25 janvier 1872, que, par extension de l'arrêté du 1er mars 1869 (2381 I. G.), relatif aux vignettes, effets de commerce, etc., « les formules de chèques seront admises au bénéfice de la franchise postale, sous le contre-seing des agents de l'Administration de l'enregistrement, des domaines et du timbre, qui ont à les transmettre avant de les rendre timbrées aux déposants. » Il sera procédé suivant le mode prescrit par l'I. G. n° 2381, en ce qui concerne, notamment, le dépôt des formules, la recette des droits de timbre, l'envoi à la direction départementale et le renvoi des formules, ainsi que leur remise aux déposants (2437 I. G.).

Mais les négociants n'ont pas, pour les chèques, droit à la remise de 2 pour 100 sur le timbre, accordée à titre de déchet par l'art. 19 L. 23 août 1871 à ceux qui font timbrer leurs formules de reçus. Les chèques ont été imposés au timbre dans un paragraphe spécial de l'art. 18 ; et l'art 19 n'applique la remise qu'aux reçus, quittances et décharges, sans mentionner les chèques. C'est dans ce sens que la loi a été interprétée implicitement par l'I. G. 2424 § 2.

**17220. Signification.** — La signification d'une contrainte décernée par un receveur de l'enregistrement peut être rédigée à la suite de cette contrainte, lors même qu'elle est écrite sur du papier frappé à l'extraordinaire (Cass. 15 juill. 1806, 2503 J. E.). — De même encore les significations imprimées de jugements peuvent être timbrées à l'extraordinaire (Sol. 29 sept. 1819, 6527 J. E.).

**17221. Traites forestières.** — Les papiers destinés à être timbrés à l'extraordinaire au comptant doivent être présentés à cette formalité avant tout emploi. Néanmoins, par une dérogation à cette règle générale, le ministre des finances a décidé, le 9 juillet 1858 (2181 § 8 I. G.), que les trésoriers généraux peuvent préparer et faire signer sur papier non timbré les traites pour le payement des prix d'adjudication des coupes de bois de l'État, à charge par eux de faire les diligences nécessaires pour que ces traites soient timbrées à l'extraordinaire dans le plus court délai possible.

Le 22 décembre 1860, le même ministre a reconnu que cette décision peut être appliquée aux traites concernant les adjudications des coupes de bois des communes et des établissements publics (2187 § 5 I. G.).

Ces diverses traites sont remises par les trésoriers-payeurs généraux au receveur du Timbre, qui en délivre un récépissé détaillé et les fait parvenir à l'atelier général (2187 § 5 I. G.).

# TITRE III. — VISA POUR TIMBRE

[17222-17287]

## CHAPITRE PREMIER. — DISPOSITIONS GÉNÉRALES

[17222-17225]

**17222. Définition.** — On entend par *visa pour timbre* une mention mise par le préposé de l'enregistrement, en tête ou à la marge de papiers destinés à certains actes, pour tenir lieu de l'empreinte du timbre.

**17223. Le visa pour timbre est limité à des cas spéciaux.** — Le *visa* ou la faculté de substituer à un timbre une mention écrite et signée d'un receveur n'est autorisé que dans certains cas spéciaux précisés par la loi ou les décisions, et ne peut être employé, même dans les bureaux où il n'y a pas de timbre extraordinaire, pour des actes ou papiers qui doivent être ou sur du papier de la débite ordinaire ou timbrés à l'extraordinaire (Circ. 40-930-1419).

Ainsi, le visa pour timbre doit être employé : 1° dans tous les cas où il y a contravention et amende ; — 2° pour les effets négociables au-dessus de 20,000 francs (art. 11 L. 13 brum. an 7); — 3° pour ceux venant de l'étranger ou des colonies françaises où le timbre n'est pas établi (*Id.* art. 15) ; — 4° pour toutes les écritures privées qui, faites sur papier non timbré sans contravention aux lois du timbre, ne peuvent être produites en justice sans avoir reçu cette formalité (*Id.*, art. 30).

1. TIMBRES MOBILES. — On verra au titre 4 que l'emploi des timbres mobiles remplace aujourd'hui le visa pour timbre dans la plupart des cas où ce dernier était autorisé. Le visa est donc devenu à peu près sans application. Il importe néanmoins de préciser les cas dans lesquels il pouvait avoir lieu, puisque ces hypothèses sont celles qui justifient également l'usage du timbre mobile.

**17224. Bureau.** — D'après une circulaire du 7 juin 1806, dans toutes les villes où il existe un ou plusieurs receveurs des actes civils et un ou plusieurs receveurs des actes judiciaires, il est établi dans chacun de ces bureaux un registre du visa pour valoir timbre, savoir : un au bureau des actes judiciaires, pour tous les papiers à timbrer en débet, destinés aux actes qui s'y enregistrent aussi en débet ; et, au bureau des actes civils, un registre du visa pour tous les autres papiers et actes susceptibles d'être visés pour timbre, moyennant le payement des droits au comptant.

Cet état de choses a été modifié. Par suite des D. m. f. 11 mai 1846 et 17 janvier 1857 (2090 I. G.), combinées avec les dispositions de l'I. G. n° 739, les actes sous seing privé annexés aux minutes des notaires ou déposés dans les études de ces officiers publics doivent être visés pour timbre par les receveurs des actes notariés ; les billets à ordre, lettres de change et autres effets négociables, par les receveurs des actes judiciaires ; enfin, tous les autres actes sous seing privé, par les receveurs chargés de l'enregistrement des actes de cette nature.

Il est bon de remarquer que parmi les actes sous seing privé sont compris les actes passés soit à l'étranger, soit dans les colonies ou l'Algérie (2077 I. G.). — V. encore *Commissions, Voirie.*

**17225. Débiteurs des droits de timbre.** — Le timbre des quittances fournies à l'État ou délivrées en son nom est à la charge des particuliers qui les donnent ou reçoivent. Il en est de même pour les autres actes entre l'État et les citoyens (même règlement art. 283, L. 13 brum. an 7, art. 29).

Quant aux autres actes, le droit doit naturellement être payé par ceux qui les présentent au visa pour timbre.

## CHAPITRE II. — DROITS AU COMPTANT

[17226-17242]

**17226. Actes administratifs.** — On ne peut viser pour timbre les actes administratifs (Circ. 1566, 72 I. G.), et, par suite, les papiers destinés aux actes des établissements publics (D. m. f. 4 août 1825, 8098 J. E.).

Une D. m. f. 30 septembre 1830 (1347 § 10 I. G.) porte néanmoins que les adjudications ou marchés concernant l'administration militaire, qui ne peuvent avoir d'effet que par l'approbation du ministre de la guerre, peuvent être *rédigés sur papier non timbré ;* mais, après cette approbation, ils doivent être soumis au visa pour valoir timbre au comptant de même qu'à l'enregistrement, aux frais de l'adjudicataire. — V. 17233, 17241, 17244.

**17227. Assurance. — Tacite reconduction.** — Si la police d'assurance contient une clause de tacite reconduction ; si, par exemple, elle est faite pour trois ans, avec la condition qu'elle se prolongera pendant trois autres années à défaut par l'une des parties d'avoir manifesté une résolution contraire, l'assureur doit, en outre, la soumettre au visa pour timbre dans les cinq jours de sa date, sous peine de

50 francs d'amende. — Ce visa donne lieu à la perception d'un droit égal à celui du timbre employé pour l'acte. — V. *Assurance.*

**17228. Certificat d'agent voyer. — Chemin vicinal.** — Les certificats délivrés par les agents voyers aux entrepreneurs de la voirie vicinale pour payement d'à-compte ou de solde de travaux peuvent être présentés au visa pour timbre dans tous les bureaux autres que ceux du chef-lieu (D. m. f. 21 janv. 1857, 2093 § 5 I. G.).

**17229. Commission des préposés.** — Les receveurs de canton peuvent viser pour timbre, au comptant, les commissions des employés et préposés de toutes les administrations qui résident dans le ressort de leurs bureaux (D. m. f. 7 avr. 1852, 1918 I. G.). — Cette décision laisse sans objet les distinctions établies par les I. G. 1214 § 2, 1367, 1398 § 4 et 1634 § 15). — Il ne faut pas, au surplus, perdre de vue la distinction établie par l'I. G. 1577 § 20, relativement aux droits de timbre exigibles sur les commissions.

**17230. Comptes.** — Les doubles des comptes des receveurs municipaux peuvent être visés pour timbre ; à cet effet, les sous-préfets ne doivent remettre ces doubles aux receveurs municipaux qu'après l'accomplissement de cette formalité et le payement des droits (D. m. f. 14 mai 1819 et 14 août 1825, 1180 § 9 I. G.). — V. 7930.

**17231. Connaissement.** — Les receveurs des douanes, dans les localités où il n'existe pas de bureau de l'enregistrement, peuvent être chargés de viser pour valoir timbre les connaissements venant de l'étranger et de faire la recette des droits à raison de la dimension du papier (Arr. m. f. 24 déc. 1812, 1682 I. G.). — V. 17191.

Il existe, au sujet des *Connaissements*, des dispositions nouvelles que nous faisons connaître sous ce mot.

**17232. Contributions indirectes.** — On doit viser pour timbre au droit proportionnel, en raison des sommes, les obligations des brasseurs, des débitants de tabac, des fabricants de sucre, etc., souscrites au profit de l'Administration des contributions indirectes (275 et 327 § 2 I. G., D. N. t. 2 p. 196 n° 110).

**17233. Devis.** — Les règles relatives au timbrage des devis concernant les communes et les établissements publics ont été exposées au n° 6378. Nous prions le lecteur de s'y reporter.

**17234. Douanes.** — Une D. m. f. 18 janvier 1828 veut que les formules imprimées destinées au service de l'administration des douanes puissent être, moyennant le payement des droits, et avant qu'il en soit fait usage, timbrées à l'extraordinaire ou visées pour timbre, sans que l'art. 18 L. 13 brumaire an 7 soit opposé à l'huissier qui signera la signification placée à la suite de ces formules (1249 § 11 I. G.).

**17235. Duplicata.** — Lorsque la première lettre de change timbrée ou visée pour timbre n'est pas jointe au duplicata mis en circulation et destiné à recevoir les endossements, le porteur doit, aux termes de l'art. 10 L. 5 juin 1850, faire viser pour timbre ce duplicata au triple droit, dans les quinze jours de sa date, ou avant l'échéance si la lettre de change a moins de quinze jours de date, sous peine des amendes déterminées par l'art. 4 de la loi. — V. 7212.

**17236. Effet de commerce.** — Les effets négociables des sommes supérieures à 20,000 francs sont visés pour timbre au droit de 50 centimes par 1,000 francs et sans fraction, conformément à l'art. 11 L. 13 brumaire an 7 (Déc. 27 juill. 1850 rendue pour l'exécution de la loi, 8995 C.). — Mais la faculté du visa n'existe pas pour les effets de sommes inférieures ou égales à 20,000 francs, lesquels doivent être écrits sur des coupons de la débite ou sur des vignettes timbrées à l'extraordinaire (Sol. 13 août 1867).

Les effets de commerce de 20,000 francs et au-dessous, écrits sur du papier d'un timbre inférieur à celui de la somme pour laquelle ils sont tirés, sont faits en contravention à la loi du timbre, ils ne peuvent pas être visés pour timbre sans amende (1441 et 1469 I. G.).

V. *Effets négociables.*

**17237. Lettres** (PORT DES). — Les formules imprimées pour les procès-verbaux constatant la saisie des lettres et paquets transportés en fraude, doivent avant que ces procès-verbaux soient remis au procureur de la République, être timbrés à l'extraordinaire ou visés pour timbre au comptant, suivant la dimension du papier (D. m. f. 4 août 1826, 8452 J. E.).

Les receveurs de l'enregistrement ne peuvent donner en *débet* la formalité du timbre ou de l'enregistrement aux actes de poursuite et de procédure concernant le transport illicite des lettres. L'administration des postes est chargée de faire enregistrer les procès-verbaux et jugements rendus contre les contrevenants et d'acquitter les droits (D. m. f. 17 mars 1828, 1620 I. G.).

**17238. Lettre de change tirée à l'étranger.** — Si une lettre de change tirée de l'étranger par première et seconde est présentée au visa pour timbre en France, alors que la seconde a été négociée en France, les amendes sont encourues sur la seconde qui a été négociée, quand même la première présentée au timbre en même temps ne l'aurait pas été : il fallait que cette dernière eût été visée pour timbre en France avant toute négociation de la seconde.

**17239. Lettre de voiture.** — On ne peut viser pour timbre, même avant d'en avoir fait usage, une formule de lettre de voiture. Une pareille formule ne peut être timbrée qu'à l'extraordinaire. — *V.* 17213.

**17240. Factures et mémoires.** — Les formules imprimées qui servent à la rédaction des mémoires et factures des marchands et fournisseurs et des autres dépenses des ministères, sont admises au timbre extraordinaire dans les chefs-lieux des départements, et au visa pour valoir timbre dans les autres localités, *avant qu'il soit fait usage de ces formules* (Règl. 30 nov. 1840, art. 284).

V. *Timbres mobiles.*

**17241. Mandat.** — Dans le but de faciliter autant que possible le service des administrations départementales et communales, la faculté de faire viser pour timbre leurs formules a été accordée aux maires pour les mandats de payement qu'ils délivrent (D. m. f. 4 oct. 1831, 1398 § 5 I. G.). — *V.* 7952.

**17242. Plan non signé.** — En ce qui concerne la question de savoir si un plan ni daté ni signé doit recevoir la formalité du timbre lorsqu'il en est fait usage. — *V.* 12762.

Relativement aux plans des communes ou des établissements publics. — *V.* 12761.

## CHAPITRE III. — VISA POUR TIMBRE EN DÉBET

**[17243-17270]**

**17243. Disposition générale.** — En règle générale, les actes qui jouissent de la faculté du visa pour timbre en débet peuvent n'être soumis à cette formalité qu'après leur rédaction, en même temps qu'ils sont présentés à l'enregistrement : c'est ce qui résulte, principalement en matière de procès-verbaux, de nombreuses décisions administratives (Circ. 1155, 1566 §§ 14, 33 et 34, 290 § 7, 400 n° 2, 613, 953, 1074, 1102 I. G., 5696 et 6353 J. E.).

**17244. Adjudication administrative.** — Les adjudications qui ont lieu devant l'autorité administrative, dans tous les cas où il est stipulé qu'elles ne seront définitives qu'après avoir été approuvées par l'autorité supérieure, peuvent être visées pour timbre en débet, sous la condition que les adjudicataires acquitteront simultanément les droits de timbre et d'enregistrement (D. m. f. 19 déc. 1853, 2003 § 9 I. G. — *V.* aussi D. m. f. 19 déc. 1835, 11512 J. E.).

**17245. Bois et Forêts.** — Nous avons fait connaître, sous les n^os^ 3143 et suiv., dans quels cas les divers actes concernant les bois et forêts doivent être visés pour timbre en débet.

**17246. Bordereau d'inscription.** — Les bordereaux d'inscriptions hypothécaires requises par les administrations au profit de l'État, peuvent être écrits sur papier visé pour timbre en débet (Circ. 1501). — Il en est de même des bordereaux d'inscriptions à la requête du ministère public, dans l'intérêt des mineurs, des interdits ou des absents, ou contre les comptables de deniers publics et leurs cautions (Circ. 1505, 1521, 1676, 233-868 I. G.).

Les bordereaux d'inscriptions d'hypothèques légales en matière de vente sur saisie immobilière doivent être visés en débet par le conservateur, qui supporte personnellement l'avance du timbre de ses registres. Les droits seront recouvrés sur les parties et, en cas d'insolvabilité, ils seront admis en non-valeur, et on rembourse au conservateur le timbre de ses registres qu'il a avancé (D. m. f. 27 juin 1859, 2156-7 I. G., 1211 R. P.).

**17247. Cahier des charges.** — D'après l'I. G. n° 1388 § 10 et 1401 § 10, lorsque la minute du cahier des charges a été rédigée administrativement, elle est exempte du timbre, même après son approbation par l'autorité supérieure ; mais, si on place cette minute en tête du procès-verbal d'adjudication ou d'un marché, elle doit être visée pour timbre préalablement à l'adjudication, parce qu'alors elle devient partie intégrante du procès-verbal (Sol. 30 avr. 1833).

Une D. m. f. récente a posé de la manière suivante les règles applicables au timbre et à l'enregistrement des charges rédigées administrativement :

« En thèse générale, la perception des droits sur les cahiers des charges concernant les adjudications qui intéressent soit l'État, soit les communes, est soumise aux règles ci-après : La minute du cahier des charges ou original de ce cahier, soumise à l'approbation de l'autorité supérieure, est exempte du timbre et de l'enregistrement, parce que, considérée isolément du procès-verbal d'adjudication, elle n'est qu'un acte administratif exempt de tout droit en vertu de l'art. 80 L. 15 mai 1818. La copie ou le double du cahier des charges, annexé au procès-verbal afin de dispenser de la transcription des clauses du contrat dans le corps de ce procès-verbal, est considérée comme partie intégrante de la minute du procès-verbal d'adjudication, en vertu de l'art. 78 L. 15 mai 1818 ; mais il ne saurait être question de percevoir un droit particulier d'enregistrement sur cette annexe qui est une partie intégrante du procès-verbal d'adjudication. Les expéditions du cahier des charges délivrées avec celles du procès-verbal d'adjudication sont assujetties au timbre, par application du dernier alinéa de l'art. 80 précité L. 15 mai 1818. Mais il peut arriver que, pour éviter l'annexe d'une copie du cahier des charges, on se borne à insérer une mention de référence, dans le procès-verbal et la minute du cahier des charges revêtue de l'approbation de l'autorité supérieure. Dans ce cas, la minute du cahier des charges cesse, à partir de la rédaction du procès-verbal d'adjudication, de constituer un acte isolé de ce procès-verbal, et devient une partie intégrante de cet acte, lequel, dans son ensemble, doit être assujetti à la formalité du timbre, par application de l'art. 78 L. 15 mai 1818. En effet, au moyen de la référence établie entre ces deux actes, la minute du cahier des charges perd son caractère d'acte d'ordre intérieur purement administratif ; elle complète le contrat de la même manière que la copie dont elle tient lieu et qui aurait dû être annexée au procès-verbal, si la mention de référence entre ce procès-verbal et la minute du cahier des charges n'avait pas eu pour effet de suppléer au défaut d'annexe d'une copie de ce cahier.

On ne s'expliquerait pas la différence qui serait faite, au point de vue de la loi du timbre, entre une copie annexée et un original auquel on se réfère et qui sera classé dans les archives de la préfecture avec le procès-verbal, aussi bien que si l'annexe en avait été expressément indiquée » (D. m. f. 29 juill. 1874, 3899 R.P.).

V. *Acte administratif* et *Cahier des charges*.

**17248. Cautionnement.** — Lorsqu'il n'y a pas de partie civile, les cautionnements fournis en matière de police, pour représenter les contrevenants ou pour garantir le payement de l'amende et des frais, doivent être visés pour timbre en débet (Dél. 6 nov. 1822, 7344 J. E.).

**17249. Communes.** — On doit viser pour timbre en débet les papiers nécessaires pour les procédures instruites contre les communes, en conformité de la loi du 10 vendémiaire an 4, sauf à recouvrer le montant du droit de timbre contre les communes, lorsqu'il y a condamnation, en même temps que les autres frais de poursuites (154 I. G.).

Les procès-verbaux dressés pour constater les usurpations de biens communaux, les actes de notification de ces documents et les arrêts des conseils de préfecture rendus en pareille matière peuvent être exceptionnellement visés et enregistrés en débet, sous la condition que les communes rembourseront les droits dus au Trésor, lors même qu'elles ne les auraient pas fait payer par la partie et que ces droits resteraient à leur charge pour une cause quelconque (D. m. f. 11 déc. 1856, *Journal des Percepteurs* 1858 p. 132).

**17250. Conseil de guerre.** — Les expéditions des jugements des tribunaux de première instance qui rendent exécutoires les jugements rendus par les conseils de guerre contre les conscrits réfractaires et déserteurs, sont soumises au visa pour timbre en débet (D. m. f. 17 mai 1808, Circ. 5 juill. 1808).

**17251. Dessèchement.** — Lorsque le Gouvernement effectue le dessèchement de marais, on doit admettre les agents qu'il emploie à faire viser pour timbre :

1° L'acte qui constitue le syndicat ;

2° La nomination des experts ;

3° Les procès-verbaux d'expertise ;

4° Le rôle pour les indemnités (464 I. G.).

**17252. Dispense d'âge.** — La requête du procureur de la République à fin de transcription et l'ordonnance du président qui prescrit cette transcription, doivent être visées pour timbre en débet. — V. 6402, 9173.

**17253. Douanes.** — Doivent être visées pour timbre en débet les décisions du jury en matière de douane dans les cas prévus par l'art. 63 L. 28 avril 1816 (D. m. f. 12 juin 1821, 6931 J.E.).

**17254. Échouement.** — Les procès-verbaux constatant des échouements peuvent être visés pour timbre en débet, lorsque les parties sont dans l'impossibilité d'acquitter les droits (402 I. G.).

**17255. État.** — 1. BOIS ET FORÊTS. — Les formules des procès-verbaux d'adjudication des forêts de l'État (sol et superficie) sont assujetties à la formalité du visa pour timbre en débet ; mais les droits de timbre doivent être acquittés par les acquéreurs, en même temps que ceux d'enregistrement des mêmes procès-verbaux (D. m. f. 3 août 1831, 1379 n° 1er I. G.). — V. *Bois*.

2. BIENS DE L'ÉTAT. — Cette exception a été étendue aux procès-verbaux de vente de tous les biens de l'État (D. m. f. 28 janv. 1832, 10238-7 1401 § 1er I. G.). — V. *Bois*.

**17256. Expédition.** — Lorsque, au procès-verbal d'adjudication des biens de l'État, on joint, au lieu de la minute du cahier des charges, l'expédition ou copie de ce cahier des charges, cette expédition doit être écrite sur papier timbré, ou sur papier visé pour timbre en débet, si l'adjudication est de nature à être soumise à l'approbation de l'autorité supérieure (D. m. f. 28 janv. 1832, 1401 § 10 I. G.). — On ne peut délivrer expédition du cahier des charges et des adjudications de coupes de bois, tant à l'adjudicataire qu'au receveur des domaines, au receveur municipal ou au trésorier de l'établissement public, qui représente le vendeur, que sur papier visé pour timbre (1401 § 10 I. G.). — V. 17246.

**17257. Extrait de jugement.** — On sait que les extraits de jugement remis autrefois aux receveurs des domaines et actuellement aux percepteurs pour opérer le recouvrement des condamnations prononcées au profit de l'État, doivent être délivrées sur papier libre ; on avait d'abord pensé que si on veut faire usage de ces extraits pour poursuivre le recouvrement des condamnations, ils doivent être visés pour timbre au droit de 1 fr. 25 cent. (1265 § 7 I. G.). Mais cette opinion a été depuis lors abandonnée. — V. *Extrait*.

**17258. Garde champêtre.** — Pour tout ce qui concerne le visa pour timbre des actes et procès-verbaux dressés par les gardes champêtres, V. 9084, 9085.

**17259. Garde forestier.** — Il en est des gardes forestiers comme des gardes champêtres : leurs actes et procès-verbaux doivent recevoir la formalité du visa pour timbre en débet. — V. 9082, 9088, 9089.

**17260. Garde du génie.** — Les procès-verbaux des gardes du génie doivent être visés pour timbre et enregistrés en débet (Déc. 10 août 1853, 29 R. P., 908 I. G.).

**17261. Garde-pêche.** — Les procès-verbaux des gardes-pêches, des fermiers de la pêche comme ceux des gardes-pêches de l'État étant assimilés aux procès-verbaux des gardes-forestiers, sont sujets aux mêmes règles en ce qui concerne le timbre et l'enregistrement (63 I. G.). — V. 9088, 9089.

**17262. Gendarmerie.** — Les procès-verbaux des gendarmes sont visés pour timbre et enregistrés en *débet*, lorsqu'ils concernent des contraventions ; mais ils doivent recevoir cette double formalité *gratis* lorsqu'ils constatent des délits et des crimes. — V. *Acte judiciaire* et *Procès-verbaux*.

1. CONTRIBUTIONS INDIRECTES. — C'est aussi en débet que s'enregistrent ceux de leurs procès-verbaux qui constatent des délits du ressort de l'Administration des contributions indirectes, ainsi que des contraventions au timbre des affiches et des lettres de voitures. — V. *Acte judiciaire*.

**17263. Interdiction.** — L'art. 118 du décret du 18 juin 1811 porte que les actes de procédure relatifs à des interdictions poursuivies d'office par le ministère public doivent être visés pour timbre en débet; les frais doivent être recouvrés sur tous les biens de l'interdit ou sur ceux de ses père et mère, et même de son conjoint (art. 119). — Ces dispositions s'appliquent à la signification à la chambre des notaires, sur la réquisition du ministère public, d'un jugement d'interdiction (4817 et 4072 J. E.).

**17264. Juges de paix.** — La faculté du visa pour timbre *en débet* est accordée pour les actes d'apposition et levée de scellés, et pour les actes de tutelle dans lesquels les juges de paix agissent *d'office*, ainsi qu'il est prescrit par l'art. 7 L. 27 mars 1791, après l'ouverture des successions échues à des héritiers absents et non représentés, ou à des mineurs qui n'ont ni tuteurs ni curateurs (290 n° 3 I. G.).

**17265. Ministère public. — Gardes champêtres et forestiers. — Police ordinaire.** — La loi du 13 brumaire an 7 ayant gardé le silence sur le timbre ou le visa pour timbre en *débet*, la disposition de l'art. 70 L. 22 frimaire an 7 se trouvait sans corrollaire; cependant les motifs (V. n° 5768-2) qui avaient déterminé le législateur à autoriser l'enregistrement en *débet* de certains actes conservaient la même force relativement au timbre que par rapport à l'enregistrement; aussi des Déc. administratives des 6 et 12 germinal an 7, 26 pluviôse et 26 germinal an 8 (Circ. 1155, 1502 et 1566), reconnurent-elles : 1° que les actes de poursuites faits à la requête des commissaires du Gouvernement et autres agents du ministère public ; — 2° que les procès-verbaux des gardes forestiers et des gardes champêtres ; — 3° que les actes et jugements relatifs à la police ordinaire seraient visés pour timbre en *débet*.

On peut, sur ces divers points, consulter les développements que nous avons donnés au mot *Acte judiciaire*.

**17266. Naufrage.** — Les déclarations de naufrage, les rapports faits par les capitaines naufragés ou capturés, les procès-verbaux constatant des échouements, lorsque les parties sont dans l'impossibilité d'acquitter les droits, doivent être visés pour timbre en *débet* (402 I. G.).

**17267. Procès-verbal.** — Doivent être timbrés en *débet* :

1. MATIÈRE CIVILE. — Les procès-verbaux en matière civile, lorsqu'ils sont *faits d'office* ou requis *par le ministère public*, notamment en matière d'apposition et de levée de scellés, de nominations de tuteurs ou subrogés-tuteurs en interdiction et généralement dans les cas où le ministère public n'agit que dans l'intérêt de la loi (290 §§ 2 et 3, 390 § 1er, 531 et 1187 § 17 I. G.).

2. POLICE. — Tous les procès-verbaux de police rédigés par les agents ayant le droit d'instrumenter, notamment ceux des commissaires de police, des gardes champêtres et forestiers, etc., des gendarmes ; — des ingénieurs des ponts et chaussées, des maires et des agents de la navigation en matière de grande voirie (D. m. f. 11 frim. et 14 germ. an 11, 290 n° 61 I. G.), — des agents voyers, conformément à l'art. 11 L. 21 mai 1836, et de tous autres officiers de police judiciaire, constatant des délits ou contraventions commis sur des chemins vicinaux, sauf recouvrement contre les parties condamnées (D. m. f. 3 juill. 1837, 1562 § 29 I. G.). — V. 17966.

**17268. Prud'hommes.** — La loi du 7 août 1850 dispense les plaideurs devant le conseil de prud'hommes de faire l'avance des droits de timbre. Son art. 1er dispose que les actes de procédure, ainsi que les jugements et actes nécessaires à leur exécution, seront visés pour timbre *en débet* ; et l'art. 2 étend la même faveur aux causes du ressort du conseil des prud'hommes portées en appel ou devant la Cour de cassation.

On peut consulter le n° 13252 pour le développement de cette disposition.

**17269. Signification.** — Sont visés pour timbre en débet les papiers destinés à la signification : 1° des procès-verbaux des gardes forestiers de l'État, de la couronne, des communes et des établissements publics (art. 104 C. for.) ; — 2° des arrêtés de préfets relatifs à la délimitation des forêts de l'État ou des communes (D. m. f. 7 nov. 1828, 1265 § 1er et 1294 § 5 I. G.) ; — 3° des jugements par défaut et des commandements en vertu de jugements contradictoires ;

ces significations peuvent être écrites à la suite des jugements ou extraits de jugements visés pour timbre en débet au droit de 1 fr. 80 cent. (Circ. 2033 § 6, 557 et 1265 § 7 I. G.).

**17270. Succession vacante.** — Les actes relatifs aux successions vacantes faits à la requête des procureurs de la République, ou à celle des curateurs nommés d'office, doivent être visés pour timbre en débet, sauf à réclamer le montant des droits sur le produit des successions (D. m. f. 15 déc. 1820, 6862 J. E.).

## CHAPITRE IV. — VISA POUR TIMBRE GRATIS

[17271-17287]

**17271.** — On est autorisé à présenter les actes assujettis au visa pour timbre gratis simultanément à la double formalité du visa pour timbre et de l'enregistrement gratis (D. m. f. 20 mars 1843, 1689 I. G.). — V. *Acte judiciaire*.

**17272. Actes de l'état civil.** — Sont visés pour timbre et enregistrés *gratis* les actes de procédure et les jugements à la requête du ministère public, ayant pour objet: 1° de réparer les omissions et faire les rectifications sur les registres de l'état civil, d'actes qui *intéressent* les individus *notoirement indigents*; — 2° de remplacer les registres de l'état civil *perdus ou incendiés* par les événements de la guerre, et de suppléer aux registres qui n'auraient pas été tenus (L. 15 mars 1817, art. 75). — V. *Acte de l'état civil*.

**17273. Action. — Renouvellement.** — L'art. 17 L. 5 juin 1850 dispose que le titre ou certificat d'action délivré par suite de transfert ou de renouvellement doit être timbré à l'extraordinaire ou visé pour timbre *gratis*, s'il est justifié que le titre ou certificat primitif a été timbré. — V. *Société*.

**17274. Acquisition. — État.** — Tous les actes relatifs aux acquisitions faites au nom et pour le compte direct de l'État seront visés pour timbre *gratis*, lorsque les frais de ces actes devront être supportés par le Trésor, parce qu'il est de principe que l'État ne *se paye pas de droits à lui-même* (D. m. f. 11 juin 1823, 7473 J. E., 1303 § 16, 1502, 1678 I. G.).

**17275. Bail.** — Doivent être visés pour timbre *gratis* les papiers destinés aux baux de bâtiments et terrains dont le prix est à la charge de l'État (D. m. f. 22 juin 1830, 9688 J. E.).

**17276. Bois et forêts.** — Nous avons fait connaître, sous les n°s 3143 et suiv., dans quels cas les divers actes concernant les bois et forêts doivent être visés pour timbre *gratis*.

**17277. Engagement volontaire.** — Doivent être enregistrées et visées pour timbre *gratis* les délibérations des conseils de famille ayant pour objet d'autoriser les tuteurs à consentir l'engagement volontaire des mineurs âgés de moins de vingt ans (Déc. 9 nov. 1832, 10505 J. E., 8060 J. N., 1422 § 3 I. G.).

**17278. État d'inscription.** — Les états d'inscription doivent être sur papier timbré (L. 13 brum. an 7, art. 25). — Toutefois les états délivrés à la requête de l'État sur des propriétaires dépossédés pour cause d'utilité publique doivent être rédigés sur papier visé pour timbre *gratis* (L. 7 juill. 1837, art. 58).

Sont visés pour timbre *gratis* les extraits ou états d'inscriptions et certificats de non inscription aux hypothèques requis par les préfets dans l'intérêt du Trésor, pour connaître si les biens des comptables et de leurs cautions sont libres ou grevés d'hypothèques (Circ. 2034).

Les états d'inscriptions ou certificats de non transcription transmis par les conservateurs des hypothèques au procureur général du sceau en matière de majorat (1413 § 1er I. G.).

**17279. Expropriation pour cause d'utilité publique.** — Aux termes de l'art. 58 L. 3 mai 1841: « les plans, procès-verbaux, certificats, significations, jugements, contrats, quittances et autres actes faits en vertu de la présente loi, seront visés pour timbre et enregistrés gratis, lorsqu'il y aura lieu à la formalité de l'enregistrement. »

On peut suivre sous le mot *Expropriation pour cause d'utilité publique* tous les développements que comporte cette disposition législative.

**17280. Gendarmerie.** — Les procès-verbaux dressés par les gendarmes doivent être visés pour timbre *gratis* lorsqu'ils concernent des délits et des crimes. — V. *Acte judiciaire* et *Procès-verbaux*.

**17281. Huissiers.** — Les actes des huissiers qui peuvent être relatifs à la police générale et à la vindicte publique doivent être visés pour timbre *gratis*. — V. *Acte judiciaire*.

**17282. Indigent.** — 1. ACTE DE L'ÉTAT CIVIL. — Les extraits des registres de l'"état civil dont la production est nécessaire au mariage des indigents, à la légitimation de leurs enfants naturels et au retrait de ces enfants déposés dans les hospices doivent être visés pour timbre et enregistrés *gratis*, lorsqu'il y a lieu à l'enregistrement (L. 10 déc. 1850 art. 4, 15094 J. E., 14283 J. N., 1876 I. G.). — Cette loi a abrogé l'art. 8 L. 3 juillet 1846 (12899 J. N., 14035-2 J. E., 1774 I. G.) qui contenait des dispositions analogues (*V.* égal. D. m. f. 1er août 1848, 13472 J. N.).

Ce principe découlait déjà de l'exemption générale accordée par l'art. 80 L. 15 mai 1818. — Il résulte d'ailleurs d'une Sol. 25 novembre 1853 (2003 § 10 I. G.), que ces pièces doivent être *écrites* sur papier non timbré et visées pour timbre *après leur rédaction*. — *V.* 681.

2. DISPENSES. — L'art. 4 L. 10 décembre 1850 (1876 I. G.) porte que les dispenses pour cause de parenté, d'alliance ou d'âge nécessaires pour la célébration du mariage des indigents seront visées pour timbre et enregistrées gratis.

3. MARIAGE. — ENFANTS. — L'art. 4 L. 10 décembre 1850 (1876 I. G.) veut que les jugements et arrêts dont la production est nécessaire au mariage des indigents, à la légitimation de leurs enfants naturels et au retrait de ces enfants déposés dans les hospices, soient visés pour timbre et enregistrés *gratis*.

Cette disposition n'est que la confirmation de l'art. 8 L. 3 juillet 1846 et de l'Ord. 30 décembre suivant qui ont fait l'objet de l'I. G. 1774. — *V.* n° 683, relativement aux *justifications à faire*.

**17283. Ministère public.** — Les actes du ministère public sujets au timbre et à l'enregistrement, ceux faits à sa requête, ainsi que les expéditions qui lui sont délivrées dans l'intérêt de l'État, sont visés pour timbre et enregistrés en *débet* ou *gratis*, lorsqu'ils ne se trouvent pas exempts de toute formalité.

Tous les développements que comporte cet objet ont été donnés au mot *Acte judiciaire*. Nous y renvoyons le lecteur.

**17284. Procès-verbal d'expertise.** — Doivent être visés pour timbre gratis les procès-verbaux d'expertises de bâtiments et terrains dont l'occupation est nécessaire pour les travaux publics, lorsque les frais sont à la charge du Trésor public (D. m. f. 22 juin 1830, 9688 J. E.).

**17285. Répertoires.** — Les répertoires des porteurs de contraintes doivent être visés pour timbre gratis (363-382 § 2 I. G.).

**17286. Route départementale.** — Une D. m. f. 10 mars 1829 a reconnu que les actes portant acquisition de terrains pour l'alignement ou le prolongement des routes départementales doivent être visés pour timbre gratis. Trois décisions des 1er septembre 1831 (10109 J. E.), 6 août 1834 (1460 I. G.) et 5 avril 1842 (12955 10 J. E.) avaient admis que ces dispositions n'ont point été modifiées par l'art. 17 L. 18 avril 1831, en ce qu'elle touche les acquisitions au profit des *départements*, attendu que les décisions ci-dessus ont été motivées sur ce que les routes départementales *font partie du domaine public*; la question de savoir si le sol des routes départementales appartient à l'État ou aux départements étant d'ailleurs controversée. Mais une appréciation contraire a prévalu récemment (*V.* 416). Les actes d'acquisition ne peuvent donc plus être admis au visa gratis. — *V.* 379 *bis* et 290.

**17287. Sociétés de secours mutuels.** — Les actes concernant les sociétés de secours mutuels doivent être visés pour timbre gratis. — *V.* 15154.

# TITRE IV. — TIMBRES MOBILES

[17288-17339]

**17288. Définition.** — Le timbrage des papiers, au moyen de l'apposition d'une empreinte mobile collée sur la feuille à timbrer, facilite singulièrement au public l'acquittement de l'impôt. Mais comme les occasions de fraude sont plus nombreuses et que la répression en est moins facile que dans les autres modes de timbrage, l'Administration a montré une certaine réserve à en étendre les applications.

## CHAPITRE PREMIER. — TIMBRES MOBILES PROPORTIONNELS

[17289-17310 *bis*]

### SECTION PREMIÈRE. — EFFETS DE COMMERCE

[17289-17305]

**17289. Effets de commerce de l'étranger.** — Le timbre mobile fut d'abord créé pour les effets de commerce venant de l'étranger, ou des îles et colonies dans lesquelles le timbre n'est pas établi. La loi du 11 juin 1859 déclara que le droit de timbre auquel ces effets sont assujettis en France par l'art. 3 L. 5 juin 1850 pourrait être acquitté par l'apposition d'un timbre mobile (2176 I. G., 1388 R. P.).

Ce timbre mobile est le même que celui qui sert au timbrage des effets de commerce visés en France (Déc. 19 fév. 1874, art. 1er, 2480 I. G.). — *V.* le numéro suivant.

**17290. Actes sujets au droit proportionnel.** — La loi de finances du 8 juillet 1865 a étendu le timbrage au moyen de l'apposition des timbres mobiles à tous les papiers soumis à la formalité du visa proportionnel. Elle porte : « Art. 5. Les receveurs de l'enregistrement procéderont à la formalité du visa pour timbre proportionnel par l'application d'un ou plusieurs timbres mobiles. Ils énonceront, en outre, par une mention datée et signée, le montant des droits perçus. La forme et les conditions d'emploi de ces timbres mobiles seront déterminées par un règlement d'administration publique. Sont applicables à ces timbres les dispositions de l'art. 21 L. 11 juin 1859. Sont considérés comme non timbrés les actes ou écrits qui n'auraient pas été visés pour timbre, conformément aux dispositions du § 1er du présent article, ou sur lesquels le timbre mobile aurait été apposé sans l'accomplissement des formalités prescrites par le règlement d'administration publique » (2145 R. P.).

Ce règlement d'administration publique n'ayant pas été rendu, la loi du 2 juillet 1865 est demeurée sans exécution.

**17290 *bis*. Effets de commerce créés en France.** — L'art. 6 L. 27 juillet 1870 votée sur notre proposition a disposé que : « le droit de timbre auquel sont assujettis les effets de commerce créés en France pourra être acquitté par l'apposition des timbres mobiles. »

La forme et la condition d'emploi de ces timbres ont été déterminées par un règlement d'administration publique (3177 R. P.).

1. FORME. — Le décret prévu par l'art. 6 L. 27 juillet 1870 a été rendu le 19 février 1874.

Il a adopté un modèle unique de timbres mobiles qui sert indistinctement à timbrer les effets venant de l'étranger ou des colonies, les warrants et les effets négociables de toute nature créés en France (art. 1er).

Néanmoins l'Administration peut modifier les couleurs de ces timbres, suivant les qualités et toutes les fois qu'elle le jugera convenable (2480 I. G., Déc. 19 fév. 1874, art. 1er).

2. QUOTITÉ DES DROITS. — La quotité des droits fixés par les lois actuellement en vigueur est indiquée sur ces timbres, pour chaque catégorie (art. 2, Déc. 19 fév. 1874, 2480 I. G.).

3. TIMBRES MOBILES POUR EFFETS DE 500 A 1,000 FRANCS. — L'art. 3 L. 19 février 1874 porte qu'à partir du 1er juillet 1874 le droit de timbre des effets négociables ou de commerce au-dessus de 500 francs jusqu'à 1,000 francs sera gradué de 100 francs en 100 francs sans fraction.

Un Déc. du 18 juin 1874 a créé des timbres mobiles correspondant aux quotités établies par la disposition qui précède (2485 I. G.).

Les prescriptions du règlement d'administration publique du 19 février 1874 (2480 I. G.) sont applicables, en ce qui concerne notamment l'apposition et l'oblitération, aux timbres mobiles créés par le nouveau décret.

**17291. Effets supérieurs à 20,000 francs.** — D'après l'art. 19 L. 11 juin 1859 et l'art. 1er du règlement d'administration publique, l'apposition sur ces effets de timbres mobiles qui suivent, quant aux prix et aux sommes, la même progression que les coupons de timbre proportionnel, tient lieu du visa pour timbre. Mais, de même qu'il n'existe pas de coupons pour les sommes supérieures à 20,000 francs, de même aussi l'Administration n'avait pas été d'abord autorisée à vendre des timbres mobiles pour les effets excédant 20,000 francs.

Ces effets devaient être, aux termes de l'art. 2 Déc. 18 janvier 1860, visés pour timbre moyennant le payement du droit à raison de 50 centimes par 1,000 francs, sans fraction, conformément à l'art. 11 L. 13 brumaire an 7 (2176 I. G., 1388 R. P.).

D'après un décret postérieur du 23 janvier 1864 (2277 I. G., 1972 R. P.), les effets supérieurs à 20,000 francs ont pu être timbrés au moyen de l'apposition de plusieurs timbres mobiles. Cette disposition a été maintenue par l'art. 2 du décret du 19 février 1874 (2480 I. G.).

1. EFFETS SUPÉRIEURS A 10,000 FRANCS. — Le payement du droit de timbre des effets négociables et de warrants peut également, même pour les sommes supérieures à 10,000 francs, être constaté par l'apposition de plusieurs timbres mobiles (art. 2) (Déc. 19 fév. 1874, 2480 I. G.).

Un décret du 8 septembre 1877 a créé 10 nouvelles quotités de timbres mobiles pour les effets au-dessus de 10,000 fr. jusqu'à 20,000 fr. Les dispositions du décret du 19 février 1874 leur sont applicables pour le mode d'apposition et d'oblitération (I. G. 2584, 4839-67 R. P.).

**17292. Conditions d'emploi.** — Aux termes de l'art. 3 Déc. 18 janv. 1860 (2176 I. G., 1388 R.P.), le timbre mobile doit être apposé sur les effets pour lesquels l'emploi en est autorisé avant tout usage de ces effets en France. Il sera collé sur l'effet, savoir : avant les endossements si l'effet n'est pas encore négocié, et, s'il y a eu négociation, immédiatement après le dernier endossement souscrit en pays étranger. Le signataire de l'acceptation, de l'aval, de l'endossement et de l'acquit, après avoir apposé le timbre, l'annule immédiatement en y inscrivant la date de l'apposition et de sa signature.

Ainsi, la personne qui, la première, fait usage, en France, d'un effet de commerce auquel la loi est applicable, doit coller sur cet effet un timbre mobile, qu'elle annulera immédiatement en y inscrivant la date de l'apposition et sa signature. Cette signature est reproduite à la suite de l'acceptation, de l'aval, de l'endossement ou de l'acquit. En ce qui concerne les endossements souscrits en France, ils doivent toujours se trouver après le timbre mobile.

1. APPOSITION DU TIMBRE. — Le Décret du 19 février 1874 modifie sur certains points et complète en outre les dispositions antérieures, relatives à l'apposition et à l'oblitération des timbres proportionnels. Les mesures adoptées sont les suivantes :

Le timbre mobile est apposé avant tout usage. Il est collé, savoir :

1° *Pour les effets créés en France*, au recto de l'effet, à côté de la signature du souscripteur ;

2° *Pour les effets venant de l'étranger ou des colonies*, au recto de l'effet, à côté de la mention de l'acceptation ou de l'aval ; à défaut d'acceptation ou d'aval, au verso, avant tout endossement ou acquit, si l'effet n'a pas encore été négocié, et, en cas de négociation, immédiatement après le dernier endossement souscrit en pays étranger ou dans les colonies ;

3° *Pour les warrants*, au dos des warrants et au-dessus du premier endossement (art. 3) (Déc. 19 fév. 1874, 2480 I. G.), qui est souscrit au moment de la séparation du récépissé.

2. OBLITÉRATION. — Chaque timbre mobile est oblitéré au moment même de son apposition, savoir :

Par le souscripteur, pour les effets créés en France ;

Par le signataire de l'acceptation de l'aval, de l'endossement ou de l'acquit, s'il s'agit d'effets venant de l'étranger ou des colonies ;

Par le premier endosseur, en ce qui concerne les warrants.

L'oblitération consiste dans l'inscription à *l'encre noire* usuelle et à la place réservée à cet effet sur le timbre mobile :

1° Du lieu ou l'oblitération est opérée;

2° De la date (*quantième, mois et millésime*) à laquelle elle est effectuée;

3° De la signature, suivant les cas prévus ci-dessus, du signataire de l'effet, de l'acceptation, de l'aval, de l'endossement ou de l'acquit (art. 4 Déc. 19 fév. 1874, 2480 I. G.).

Il est admis aujourd'hui que cette signature ou son paraphe peuvent dépasser les limites du timbre mobile et être continuées sur l'effet.

3. GRIFFE. Les sociétés, compagnies, maisons de banque ou de commerce peuvent, avec l'agrément de l'Administration, se servir, pour l'oblitération, d'une griffe apposée sur le timbre *à l'encre grasse* et faisant connaître le nom et la raison sociale, le lieu où l'oblitération est opérée, enfin la date (*quantième, mois et millésime*) à laquelle elle est effectuée (art. 5) (Déc. 19 fév. 1874).

Comme il importe que la griffe autorisée soit disposée de façon à ce que toutes les mentions prescrites pour l'oblitération soient apposées sur le timbre, le décret dispose que les intéressés devront, préalablement à tout usage, soumettre à l'Administration le modèle de cette griffe. Si le modèle est agréé, ils seront tenus d'en déposer une empreinte au bureau de l'enregistrement de leur résidence (*Idem*).

C'est aux directeurs qu'il appartient de statuer sur les demandes qui sont présentées à cet égard. Les receveurs délivreront (sur papier timbré), après autorisation du directeur, les récépissés prescrits, et ils conserveront soigneusement les empreintes déposées. Les directeurs feront mention, sur un carnet spécial, des autorisations qu'ils auront délivrées (2480 I. G.).

3. LETTRE A ORDRE. — Le souscripteur d'une lettre de change à son ordre peut apposer le timbre après l'endos et à la marge gauche (I. G. 2506-2; 4268 § 9 R. P.).

**17293. Double signature.** — Il résulte des dispositions précédentes qu'en dehors de l'usage de la griffe, le timbre mobile n'est régulièrement employé que si la personne chargée par la loi de l'appliquer donne deux signatures; l'une pour l'oblitération du timbre, l'autre pour l'acte à raison duquel le timbre est apposé (Cir. 17 juin 1851, 1535 R. P.).

1. PARAPHE. — La signature ne peut être remplacée par un simple paraphe, attendu que le contrôle serait trop difficile à exercer (Sol. 19 déc. 1860).

2. ÉCRITURES SUR LE TIMBRE. — On ne peut pas admettre sur le timbre mobile d'autres écritures que celles relatives à l'oblitération (Sol. 26 déc. 1860). Les annulations multiples sont défendues (Sol. 6 nov. 1875), mais les surcharges n'autorisent pas à considérer l'effet comme non timbré (Sol. 14 oct. 1875 et 29 juill. 1876).

**17294. Mêmes signatures.** — Les deux signatures doivent d'ailleurs émaner de la même personne. Cette condition est la garantie du Trésor.

En effet, les agents de l'enregistrement ne pouvant pas connaître les signatures de tous les membres et de tous les fondés de pouvoirs d'une même maison de commerce, n'ont d'autre indice que l'identité des deux signatures, pour s'assurer que le timbre existant sur un effet venant de l'étranger n'a pas été posé après coup pour couvrir une contravention, ou n'a pas été pris sur un effet acquitté pour servir à un nouvel usage (D. m. f. 24 juin 1865, 2675 R. P.; — 24 juin 1867; — Sol. 17 janv. 1868, 2675 R. P.).

**17295. Plusieurs timbres mobiles.** — L'effet peut être timbré au moyen de l'apposition de plusieurs timbres mobiles (Déc. 23 janv. 1864, 2277 I. G., 1972 R. P.). Mais, dans ce cas, chaque timbre doit être annulé régulièrement (*Idem*).

On peut se servir aussi d'un papier timbré ordinaire complété par un timbre mobile (Sol. 17 oct. 1874, 10580 J. E.).

**17296. Visa facultatif.** — D'ailleurs, la création des timbres mobiles n'a pas exclu l'usage du visa pour timbre pour les effets désignés dans l'art. 19 L. 11 juin 1859. Les intéressés ont la faculté d'employer l'un ou l'autre de ces modes de timbrage. Il devient même nécessaire de recourir au visa pour timbre, lorsque les conditions imposées par l'art. 3 du décret du 18 janvier 1860, pour l'oblitération du timbre mobile, ne peuvent pas être remplies (Circ. 17 juin 1851, 1535 R. P.).

**17297. Effet de l'étranger protesté faute d'acceptation.** — Cette dernière impossibilité se rencontrait notamment en matière d'effet venant de l'étranger quand, sur le refus du tiré d'accepter l'effet à lui présenté, le porteur est obligé de faire procéder à un protêt faute d'acceptation. Ce porteur, n'ayant pas qualité pour annuler le timbre et le tiré refusant son concours, il ne restait rigoureusement qu'à faire viser l'effet (Circ. 17 juin 1851, 1535 R. P.). Mais la section des finances du conseil d'État a émis, le 23 décembre 1861, que, dans ce cas, il y a lieu de faire annuler le timbre mobile par le receveur chargé de l'enregistrement du protêt. Cet avis a été approuvé les 23 et 27 janvier 1862 par les ministres des finances et de la justice (2214 I. G., 1610 R. P.).

Cette interprétation a été législativement consacrée par l'art. 4 du décret du 19 février 1874, en ces termes :

« En cas de protêt faute d'acceptation d'un effet venant de l'étranger ou des colonies, le timbre est collé par le porteur et oblitéré par le receveur chargé de l'enregistrement du protêt. Il appose sur ce timbre la griffe de son bureau et sa signature » (2480 I. G.).

**17298. Pénalités.** — A défaut d'accomplissement de ces conditions, l'effet est considéré comme non timbré. Il en est de même tant des effets sur lesquels on aurait apposé un timbre mobile ayant déjà servi, que des actes, pièces et écrits autres que ceux mentionnés en l'art. 19 L. 11 juin 1859, et qui auraient été revêtus indûment d'un timbre mobile. C'est ce que portent les deux paragraphes de l'art. 20 de cette loi.

Suivant le dernier alinéa du même article, il y a lieu d'appliquer, dans ces différents cas, les dispositions pénales et autres des lois existantes concernant les actes, pièces et écrits non timbrés. En conséquence, les préposés peuvent retenir les effets et autres écrits dont il est question dans l'art. 20, pour les joindre aux procès-verbaux qu'ils apporteront, à moins que les contrevenants ne consentent à signer ces procès-verbaux ou à acquitter sur-le-champ le droit de timbre et l'amende encourue. En cas de refus de payement, il est procédé selon les formes indiquées par l'art. 76 L. 28 avril 1816.

A l'égard des effets de commerce revêtus, soit d'un timbre mobile insuffisant, soit d'un timbre mobile ayant déjà servi ou pour l'apposition duquel on n'aura pas rempli les conditions prescrites, l'amende sera réglée suivant les dispositions de l'art. 4 L. 5 juin 1850 (n^os^ 1854 et 1865 I. G.).

L'exigibilité des droits de timbre et des amendes est indépendante de l'application des art. 5 et 8 de la même loi, qui privent de certains avantages les porteurs d'effets de commerce non timbrés (2176 I. G.).

1. DÉCRET DU 19 FÉVRIER 1874. — L'art. 7 du décret du 19 février 1874 prononce l'abrogation des Déc. des 18 janvier 1860, 29 octobre 1862 (art. 3) et 23 janvier 1864.

Mais il laisse subsister les dispositions pénales résultant des art. 20 et 21 L. 11 juin 1859 (n° 2176 I. G.), auxquels l'art. 26 L. 2 juillet 1862, relatif aux warrants (n° 2225 I. G.), et l'art. 6 L. 27 juillet 1870, déclarent formellement se référer.

2. TIMBRE DECOLLE. — L'effet dont le timbre s'est décollé est considéré comme non timbré (Sol. 26 déc. 1860).

**17299. Timbres mobiles ayant déjà servi.** — L'art. 21 L. 11 juin 1859 prononce des peines contre ceux qui auront sciemment employé, vendu ou tenté de vendre des timbres mobiles ayant déjà servi. Les préposés qui reconnaîtraient qu'un timbre mobile apposé sur un effet de commerce ou sur un autre écrit avait déjà été employé, auraient à rédiger, outre le procès-verbal de contravention aux lois sur le timbre, un second procès-verbal qu'ils adresseraient au directeur, pour être transmis au procureur de la République, chargé de poursuivre l'infraction à l'art. 21 devant le tribunal correctionnel (2176 I. G., 1388 R. P.). — *V.* Langres, 6 juin 1877, R. P. 1877 p. 843.

Constitue le délit d'usage d'un timbre ayant déjà servi le fait d'apposer sur un effet en circulation un timbre employé pour une autre traite préparée et non mise en circulation (C. Douai, 27 juill. 1875, 4341 R. P.; — Guingamp, 29 juill. 1875, 19869 J. E.; —Sol. 17 mai 1877. — *Contrà :* C. Rouen, 8 fév. 1877).

**17300. Timbre mobile apposé sur d'autres pièces.** — Les timbres mobiles proportionnels n'ayant été créés que pour certaines sortes d'écrits, s'ils étaient apposés sur une autre pièce, cette pièce devrait être considérée comme non timbrée (Arg. de l'art. 20 n° 2 L. 11 juin 1859).

**17301. Effets de l'étranger sur l'étranger.** — L'art. 3 L. 20 décembre 1872 a soumis à un droit de 50 centimes par 2,000 francs ou fractions de 2,000 francs les effets de commerce tirés de l'étranger sur l'étranger et circulant en France. Il dispose, en outre, que les timbres mobiles en usage pourront être valablement employés pour l'acquittement du nouveau droit. Ces timbres seront employés pour leurs quotités seulement, sans avoir égard aux sommes qui y sont inscrites. Une disposition spéciale de la loi du 20 décembre modifie à cet égard la règle générale de l'art. 10 L. 13 brumaire an 7. Ainsi, par exemple, un timbre mobile de 50 centimes portant cette indication : *de 400 francs à 500 francs*, sera employé pour les effets tirés de l'étranger sur l'étranger de 2,000 francs et au-dessous. Plusieurs timbres mobiles peuvent être employés pour l'acquittement du droit. « Toutes les dispositions des lois et des règlements d'administration publique concernant les timbres mobiles seront applicables aux timbres apposés sur les effets souscrits et payables à l'étranger » (*Rapport de la commission du budget* p. 22). La nouvelle disposition de l'art. 3 n'est applicable qu'aux effets de l'étranger sur l'étranger qui, endossés en France, conservent leur caractère international; mais si la traite tirée de l'étranger sur l'étranger était acceptée en France, elle deviendrait par cette acceptation un effet français, elle serait, par conséquent, soumise au droit de timbre ordinaire (*Séance du* 18 *décembre* 1872, *Journal officiel* du 19, n° 2459 I. G.).

**17302. Chèques.** — L'art. 8 L. 19 février 1874 a élevé à 20 centimes le droit fixe de timbre pour les chèques *de place à place*, et elle leur a appliqué les dispositions pénales des art. 4, 5, 6, 7 et 8 L. 5 juin 1850 (1854 I. G.).

Les chèques *sur place* demeurent soumis au tarif de 10 centimes établi par l'art. 18 L. 23 août 1871, et, en cas d'émission sur papier non timbré, à l'amende de 50 francs édictée par l'art. 23 de la même loi.

Les formules de chèques créés en France doivent, comme par le passé, être timbrées *à l'extraordinaire*, conformément à l'art. 18 précité. Toutefois, en cas d'émission d'un chèque de *place à place*, le tireur a la faculté d'apposer sur la formule timbrée à l'extraordinaire à 10 centimes, un timbre mobile représentant le droit additionnel (art. 8 Déc. 19 fév. 1874). Il sera fait emploi, pour cet objet, d'un timbre mobile à 10 centimes pour quittances, reçus et décharges. Ce timbre sera oblitéré suivant le mode prescrit par l'art. 2 Déc. 27 nov. 1871 (n° 2424 I. G.).

Dans le cas où des formules de chèques seraient présentées pour être timbrées à l'extraordinaire au droit de 20 centimes, il y aurait lieu provisoirement d'apposer deux fois le timbre à 10 centimes actuellement en usage.

Toutes les dispositions législatives relatives aux chèques tirés de France sont applicables aux chèques tirés hors de France et payables en France (L. 19 fév. 1874, art. 9, 2480 I. G.).

Si le chèque tiré hors de France n'a pas été timbré, le bénéficiaire, le premier endosseur, le porteur ou le tiré sont tenus, sous peine de l'amende de 6 pour 100, de le faire timbrer aux droits fixés par l'art. 8, avant tout usage en France; et, dans ce cas, le timbrage a lieu au moyen de l'apposition et de l'oblitération de deux timbres mobiles pour quittances (L. 19 fév. 1874, art. 9).

Si le chèque tiré hors de France n'est pas souscrit conformément aux prescriptions de l'art. 1^er^ L. 24 juin 1865 et de l'art. 5 de la loi nouvelle, il est assujetti aux droits de timbre des effets de commerce. Le bénéficiaire, le premier endosseur, le porteur ou le tiré sont alors tenus de le faire timbrer, avant tout usage en France, sous peine d'une amende de 6 pour 100, et le timbrage a lieu au moyen de l'apposition et de l'oblitération de timbres mobiles proportionnels, dans les conditions déterminées par le Déc. 19 février 1874 (L. 19 fév. 1874, art. 9, 2480 I. G.).

Lorsque le prétendu chèque a été revêtu du timbre mobile de 10 centimes pour quittances il n'y a pas lieu de déduire le prix de ce timbre pour calculer le droit de timbre éludé et les amendes. Ce timbre de 10 centimes est spécial aux chèques et aux quittances et apposé sur des écrits d'une autre nature, il est absolument sans valeur (Sol. 6 déc. 1873).

Cette solution nous paraît trop rigoureuse et nous croyons plus conforme aux principes d'admettre l'imputation du droit de timbre. Elle a été d'ailleurs plusieurs fois autorisée : nous pouvons citer en ce sens une Sol. 29 novembre 1872.

**17303. Anciens timbres. — Disposition transitoire.** — Les timbres mobiles (ancien modèle) en usage lors de la promulgation du Déc. 19 février 1874, pour les effets venant de l'étranger et les warrants, ont pu continuer à être employés jusqu'au 30 juin 1874, pour timbrer soit ces effets warrants, soit les effets créés en France. Mais, à partir du 1er juillet 1874, les timbres mobiles du nouveau modèle ont pu seuls être valablement employés (art. 6, Déc. 19 fév. 1874, 2480 I. G.).

De même, les particuliers détenteurs de papiers timbrés et timbres mobiles en usage au moment de la loi du 19 février 1874, ont eu la faculté de les utiliser sans les faire contre-timbrer, à la condition de les employer pour leur quotité seulement, et en se conformant au nouveau tarif, sans avoir égard à la mention des sommes qu'ils indiquent : ainsi, un coupon ou vignette de 3 francs, portant l'indication de 2,000 à 3,000 francs, a pu, sans contravention, être employé, sous l'empire de la loi nouvelle, pour un effet de 1,000 à 2,000 francs. Pareillement, et jusqu'au 1er juillet 1874, date fixée pour le retrait des timbres mobiles de l'ancien modèle, deux timbres mobiles, l'un de 1 franc, portant l'indication 500 à 1,000 francs, et l'autre de 50 centimes, portant l'indication de 400 à 500 francs, ont pu être employés pour timbrer un effet de 500 à 1,000 francs (2480 I. G.).

**17303 *bis*. Échange.** — L'art. 4 Déc. 19 février 1874, relatif aux timbres et aux contre-timbres créés pour l'exécution de l'art. 3 de la loi du même jour (n° 2480 I. G. *ann.* n° 2), avait accordé aux détenteurs de coupons ou vignettes revêtues du timbre proportionnel à l'ancien tarif l'autorisation de les présenter à la formalité du contre-timbre dans le délai de trois mois.

Dans l'intérêt du commerce, il a été décidé que le délai fixé par l'art. 4 du décret précité serait prorogé jusqu'à l'époque adoptée pour l'échange des timbres mobiles aux anciens modèles, c'est-à-dire jusqu'au 31 octobre 1874 (2485 I. G.).

Les détenteurs des timbres mobiles proportionnels aux anciens modèles ont été admis, jusqu'au 31 octobre 1874, à les échanger contre des timbres mobiles du nouveau modèle, dans tous les bureaux de l'enregistrement chargés de la vente du timbre (Déc. 19 fév. 1874, art. 1er, 2485 I. G.).

L'échange a dû s'opérer de manière que le Trésor n'ait à faire aucun remboursement.

Dans le cas où le montant des droits des timbres mobiles rapportés se trouvait inférieur à celui des droits des timbres à remettre en échange, les détenteurs ont dû payer l'excédant ou l'appoint (2485 I. G.).

**17304. Mise à exécution. — Rétroactivité.** — La loi du 19 février 1874 et le décret du même jour ont été exécutoires dans les délais légaux (Déc. 5 nov. 1870, n° 2422-1 I. G.).

Les actes et effets d'une date antérieure à l'exécution de ces lois et décrets demeurent régis par la législation ancienne (2480 I. G.).

**17305. Effets publics étrangers.** — D'après l'art. 8 L. 13 mai 1863, les titres de rente, emprunts et autres effets publics des gouvernements étrangers peuvent être timbrés au moyen de l'application de timbres mobiles (2250 I. G.). Mais cette disposition n'a point encore été exécutée.

## SECTION 2. — WARRANTS

[17307-17310 *bis*]

**17307. Règle.** — La loi du 2 juillet 1862 a déclaré qu'à partir du 1er janvier 1863 le droit de timbre auquel les warrants endossés, séparément des récépissés, sont soumis par l'art. 13 L. 28 mai 1858, sur les négociations relatives aux marchandises déposées dans les magasins généraux, pourra être acquitté par l'apposition, sur ces effets, de timbres mobiles que l'Administration est autorisée à vendre et à faire vendre (2225 I. G., 1635 R. P.).

La forme de ces timbres est aujourd'hui la même que celle des effets ordinaires (Déc. 23 janv. 1864, 2277 I. G., 1972 R.P., Déc. 19 fév. 1874, art. 1er, 2480 I. G.).

**17308. Effets supérieurs à 20,000 francs et à 10,000 francs.** — Suivant l'art. 2 Déc. 18 janvier 1860, les timbres mobiles ne pouvaient être apposés sur les effets de plus de 20,000 francs. Cette disposition n'a pas été applicable aux warrants ; il résulte, en effet, tant de la correspondance échangée, avant la présentation de l'art. 25 L. 2 juillet 1862, entre les départements des finances et de l'agriculture, du commerce et des travaux publics, que de l'exposé des motifs du décret du 29 octobre, que les warrants ont pu être revêtus de plusieurs timbres mobiles, lorsque la somme qu'ils énonceront dépassera 20,000 francs (2242 I. G., 1697 R. P.).

Actuellement, il n'y a pas de timbres mobiles d'une quotité supérieure au droit exigible pour un effet de 10,000 francs (15 fr.) ; mais le payement du droit de timbre des warrants peut, même pour les sommes supérieures à 10,000 francs, être constaté par l'apposition de plusieurs timbres mobiles (art. 2, Déc. 19 fév. 1874, 2480 I. G., *Comp.* : Déc. 23 janv. 1864, 2277 I. G., 1972 R. P.).

Une disposition pareille existe pour les effets de commerce. *V.* 17291.

**17309. Condition d'emploi.** — Le mode d'apposition et d'altération des timbres mobiles est soumis aux mêmes règles générales que celui des timbres mobiles des effets de commerce.

Le timbre mobile doit être collé au dos du warrant et au-dessus du premier endossement (Déc. 29 oct. 1862, Déc. 19 fév. 1874, art. 3).

Il doit être oblitéré, au moment de son apposition, par le

premier endosseur et au moyen de sa signature ou l'apposition d'une griffe.

Si l'oblitération a lieu au moyen de la signature, cette signature, émanée de l'endosseur, ne saurait servir tout à la fois pour l'oblitération et pour l'endossement. Il faut une signature spéciale (Circ. 17 juin 1861, 1535 R. P., 2242 I. G., 1697 R. P.). — V. 17292.

**17310. Visa facultatif.** — D'ailleurs, la formalité du visa pour timbre doit être donnée par les receveurs, toutes les fois que les parties la requerront (2242 I. G., 1697 R. P.).

**17310 *bis*. Pénalités.** — Les pénalités sont les mêmes que pour l'apposition irrégulière des timbres mobiles sur les effets de commerce ordinaires (L. 2 juill. 1862, art. 26, 2225 I. G., 1635 R. P., Déc. 19 fév. 1874, art. 7-2480 I. G.). — V. 17298.

## CHAPITRE II. — TIMBRES MOBILES DE DIMENSION

[17311-17339]

### SECTION PREMIÈRE. — DISPOSITIONS GÉNÉRALES

[17311-17319]

**17311. Règle.** — L'art. 24 L. 2 juillet 1862 porte que les receveurs de l'enregistrement pourront suppléer à la formalité du visa pour toutes espèces de timbres de dimension, au moyen de l'apposition de timbres mobiles (2225 I. G., 1635 R. P.).

Ces timbres ont été établis par l'art. 1er, Déc. 29 octobre 1862 (2242 I. G., 1697 R. P.). Leur forme a été légèrement modifiée d'abord par un décret du 21 juillet 1865 (2314 I. G., 2145 R. P.); puis il a été adopté de nouveaux modèles actuellement en usage par un décret du 25 juin 1872 (Circ. 21 juill. 1872).

**17312. Conditions d'emploi.** — Les timbres mobiles sont apposés et annulés immédiatement au moyen d'une griffe, soit par les receveurs de l'enregistrement, soit par les fonctionnaires désignés à cet effet par le ministre des finances (Déc. 29 oct. 1862, 2242 I. G., 1697 R. P.).

L'oblitération doit avoir lieu avant l'emploi des formules, c'est-à-dire avant que ces formules soient remplies et signées (Sol. 3 fév. 1864).

Les griffes sont conformes aux modèles joints à l'I. G. n° 2260. Elles doivent être appliquées à l'encre grasse et de manière qu'une partie de leur empreinte soit imprimée sur la feuille de papier de chaque côté du timbre mobile (Arr. mun. 20 juill. 1863, 2260 I. G., 1835 R. P.). — Les directeurs des postes ont la faculté d'annuler les timbres mobiles au moyen des griffes en usage pour l'oblitération des timbres-poste et en faisant porter l'empreinte, partie sur la feuille de papier timbré, partie sur le timbre mobile (*Idem*).

En aucun cas, l'oblitération ne doit avoir lieu ni avec le cachet de la mairie ni avec la griffe simplement noircie à la fumée (Circ. de la compt. publiq. 25 mars 1865, 2107 R. P.).

Chaque griffe porte un numéro d'ordre assigné par l'arrêté ministériel au bureau dans lequel il doit en être fait usage (2260, 2298 et 2464 I. G.).

Il est essentiel que l'empreinte de la griffe soit aussi nette que possible.

Pour cela les receveurs doivent s'attacher à faire usage d'une encre suffisamment consistante.

Au lieu de se servir de l'encre bleue qui était exclusivement employée à l'origine et dont l'approvisionnement offre certaines difficultés, ils peuvent faire usage d'encre noire facile à préparer au moyen d'un mélange d'huile et de noir de fumée (2464 I. G.).

1. FRAIS D'ACHAT ET D'ENTRETIEN. — Les frais d'achat et d'entretien des griffes sont à la charge des fonctionnaires qui s'en servent (*Idem*, art. 6).

**17313. Actes sujets au timbre extraordinaire.** — D'après une Sol. 4 novembre 1863, la distinction entre le timbre mobile de dimension et le timbre extraordinaire est déterminée par l'objet même de la création du timbre mobile, qui est de remplacer le visa pour timbre.

Le timbre mobile ne peut donc être apposé que sur les actes et écrits pour lesquels le visa pour timbre est autorisé.

Les actes et écrits qui étaient de nature à être timbrés à l'extraordinaire avant la loi du 2 juillet 1862 restent encore soumis à ce mode de timbrage, et les receveurs doivent, s'ils leur sont présentés, refuser d'y apposer le timbre mobile.

Il faut remarquer cependant qu'en autorisant l'emploi du timbre mobile pour les quittances, acquits et récépissés délivrés par les comptables désignés ou qui leur sont donnés en leur qualité, l'arrêté du 20 juillet 1863 permet l'usage de ce timbre pour certaines quittances qui ne pouvaient être données que sur du papier de la débite ou sur du papier timbré à l'extraordinaire, par exemple les quittances de droits de succession ou autres délivrées par les receveurs de l'enregistrement, et celles des recettes faites par les receveurs municipaux, et qui étaient détachées du registre des quittances timbrées.

L'art. 3 du même décret contient encore une autre dérogation aux règles antérieurement suivies au sujet des mandats dits d'articles d'argent de l'administration des postes, lesquels étaient soumis au timbre extraordinaire.

Sauf ces exceptions, le timbre mobile *destiné à remplacer le visa pour timbre* ne peut pas être apposé sur les papiers jusque-là réservés pour le timbre extraordinaire (1850 R. P. — *Conf.* : Sol. 28 fév. 1865).

Ainsi on a décidé que les empreintes nouvelles ne pouvaient servir à timbrer ni les répertoires des greffiers, ni les tables de l'état civil (Sol. 12 oct. 1864); — ou les expéditions de ces actes (Sol. 17 mai 1873); — ni les formules de polices d'assurances contre le service militaire (Sol. 31 janv. 1866); — ni les expéditions des actes administratifs (Sol. 19 sept. 1866).

Cependant les exceptions indiquées déjà dans la Sol. 4 novembre 1863 n'ont pas été considérées comme absolument limitatives. On a, par exemple, étendu la faculté du timbrage par l'apposition de timbres mobiles :

1° Aux formules *imprimées et non encore remplies*, destinées à la rédaction d'actes sous seing privé (D. m. f. 12 janv. 1867) ;

2° Aux plans manuscrits et *non encore signés* (même Déc.);

3° Aux formules *imprimées*, destinées à la rédaction des *minutes d'actes administratifs* (Sol. 11 juin 1866, 3070 R. P.);

4° Aux formules de certificats de radiation à employer par les conservateurs (Sol. 23 juill. 1867).

Ces exceptions ont été confirmées par l'art. 6 L. 27 juillet 1870 qui permet en général de timbrer au moyen de timbres mobiles les *formules* assujetties au timbre de dimension. — V. ci-après.

1. DÉCISIONS DU CONSEIL D'ÉTAT. — Il a été reconnu, dans le même ordre d'idées, que les décisions du conseil d'État, sujettes au timbre, pouvaient être écrites sur papier libre et timbrées au moyen de timbres mobiles apposés et oblitérés par le receveur de l'enregistrement au moment où cette formalité s'accomplit (D. m. f. 27 mai 1865, 2179 R. P.).

**17314. Formalités en débet ou gratis.** — Il n'est pas probable que les receveurs fassent usage de timbres mobiles pour des formalités qui n'ont pas lieu au comptant : la loi du 2 juillet 1862 est étrangère à ces formalités à l'égard desquelles il convient de continuer d'agir comme par le passé, et qui doivent être constatées au moyen d'un enregistrement inscrit au registre du visa pour timbre et d'une mention mise sur le papier visé en débet ou gratis (Sol. 4 nov. 1863, 1850 R.P.).

**17315. Pièces en contravention.** — Quant aux pièces contenant des contraventions passibles d'amendes, le droit de timbre est perçu au moyen de l'apposition d'un timbre mobile, et la recette de l'amende s'opère, en la forme ordinaire, sur le registre destiné à constater la réception de ces produits (Sol. 4 nov. 1863, 1850 R. P.).

**17316. Fonctionnaires délégués.** — D'après un arrêté du ministre des finances, du 20 juillet 1863 (2260 I. G., 1835 R. P.), sont autorisés à apposer des timbres mobiles sur les quittances et récépissés qu'ils délivrent et sur les acquits et quittances qui leur sont donnés en leur qualité :

« 1° Le caissier-payeur central, les sous-caissiers et sous-payeurs du Trésor;

« 2° Les payeurs du Trésor dans les départements ;

« 3° Les caissiers et caissiers-adjoints de la caisse des dépôts et consignations ;

« 4° Les receveurs généraux et particuliers des finances;

« 5° Les percepteurs ;

« 6° Les receveurs municipaux ;

« 7° Les receveurs des établissements de bienfaisance ;

« 8° Ceux des asiles d'aliénés et des dépôts de mendicité.

« 9° Les secrétaires agents comptables d'établissements d'enseignement supérieur. »

D'après le même arrêté, les receveurs des postes pourront apposer les timbres mobiles établis par l'art. 24 L. 2 juillet 1862 sur les acquits et quittances relatifs aux dépenses de leur administration et sur les mandats dits d'articles d'argent. Ils annuleront ces timbres au moyen des griffes en usage pour l'oblitération des timbres-poste et en faisant porter l'empreinte, partie sur la feuille de papier timbré, et partie sur le timbre mobile.

En outre, comme les receveurs des douanes établis dans les lieux où il n'existe pas de bureau d'enregistrement peuvent viser pour timbre les lettres de voiture et connaissements, on leur a reconnu le droit de remplacer ce visa par l'apposition du timbre mobile (2260 I. G., 1835 R. P.).

Les receveurs d'octroi ne figurent pas nominativement parmi les comptables désignés dans l'arrêté ministériel du 20 juillet 1863. Mais ils s'y trouvent implicitement compris. Ils sont donc autorisés à s'approvisionner de timbres mobiles et à oblitérer au moyen d'une griffe qui doit leur être remise par l'Administration de l'enregistrement (Sol. 15 nov. 1865).

Il en est de même des caissiers des *monts-de-piété*, puisque ces institutions sont, quant aux règles de la comptabilité, assimilés aux établissements de bienfaisance (Règ. du min. de l'int. 30 juin 1865); — et des directeurs d'écoles normales primaires (Sol. 20 oct. 1866).

Aux termes de l'art. 4 de l'arrêté du 20 juillet 1863, précité, les fonctionnaires ci-dessus désignés doivent prendre, dans les bureaux de l'enregistrement, les timbres mobiles qui leur sont nécessaires ; ils en payent le prix comptant et les comprennent comme numéraire dans leurs situations de caisse.

1. PIÈCES QU'ILS PEUVENT TIMBRER. — Il est expressément interdit aux fonctionnaires désignés d'apposer les timbres mobiles sur des actes ou écrits autres que ceux spécifiés dans l'arrêté du ministre ; les receveurs de l'enregistrement ont seuls le droit d'apposer les timbres mobiles sur toute espèce de papiers de dimension pour lesquels la formalité du visa est autorisée (2260 I. G., 1835 R. P.).

Ainsi, les receveurs des communes ou des établissements de bienfaisance ne peuvent pas apposer le timbre mobile sur des registres, mémoires, certificats et autres pièces dont le timbrage est réservé aux receveurs de l'enregistrement (Sol. 31 oct. 1863, 26 juill. 1864, 2180 R. P., Circ. de la compt. pub. du 25 mars 1865, 2107 R. P.).

Il en est de même pour les quittances placées à la suite d'actes tels que mémoires, factures, certificats de travaux et autres pièces sujettes au timbre par elles-mêmes (Sol. 1er fév. 1865).

2. PEINES ENCOURUES. — Les infractions aux dispositions de l'art. 1er Déc. 29 octobre 1862, et à celles de l'arrêté du 20 juillet 1863, pourront donner lieu, indépendamment des amendes et de la responsabilité édictées en cas de contravention, à l'application des peines disciplinaires autorisées par les lois et règlements (art. 5 de l'Arr. du 20 juill. 1863, 2260 I. G., 1835 R. P.).

Lors donc qu'un comptable appose un timbre mobile sur

un écrit qu'il n'est pas autorisé à viser pour timbre, il n'encourt pas personnellement d'amende pour ce fait, l'arrêté le déclare seulement passible de peines disciplinaires ; mais la pièce étant alors considérée comme non timbrée, les parties qui l'ont rédigée deviennent débitrices des amendes édictées par les lois contre les personnes qui font des actes sur du papier libre (Sol. 3 déc. 1864).

**17317. Compétence générale des receveurs.** — Lorsqu'il s'agit d'actes soumis au visa pour timbre, les receveurs de l'enregistrement doivent y apposer le timbre mobile toutes les fois que ces actes leur sont produits à cet effet, sans qu'ils aient à rechercher si on pourrait les faire rentrer dans la catégorie de ceux que les fonctionnaires désignés dans l'arrêté du 20 juillet 1863 ont mission de timbrer eux-mêmes. Ces fonctionnaires étant appelés seulement à *suppléer* les receveurs de l'enregistrement, les particuliers et les intéressés de toute sorte conservent le droit de s'adresser aux préposés de l'Administration de l'enregistrement, s'ils le jugent convenable, pour toutes les formalités qu'ils ont à remplir (Sol. 4 nov. 1863, 1850 R. P.; — Circ. de la compt. pub. du 25 mars 1865, 2107 R. P.).

**17318. Pénalités.** — Aux termes de l'art. 27 L. 2 juillet 1862, sont considérés comme non timbrés les actes ou écrits sur lesquels le timbre mobile aurait été apposé sans l'accomplissement des conditions prescrites par le règlement d'administration publique ou sur lesquels aurait été apposé un timbre ayant déjà servi. Il en est de même des actes ou écrits sujets au droit de timbre proportionnel et pour lesquels on aurait employé des timbres mobiles de dimension.

L'art. 26 de la même loi déclare applicables aux timbres mobiles de dimension les dispositions pénales de l'art. 21 L. 11 juin 1859 relatives aux timbres mobiles proportionnels. Ces dispositions ont été indiquées précédemment.

**17319. Timbre spécial de 25 centimes.** — Il existe des timbres mobiles spéciaux de 25 centimes pour la perception du droit applicable aux récépissés, accompagnant sur les chemins de fer les envois venant de l'étranger (L. 13 mai 1863. — V. *Lettre de voiture*).

Et les quittances de produits et revenus de toute nature, délivrées par les comptables de deniers publics (L. 8 juill. 1865, art. 4. — V. *Quittance*).

Mais l'apposition de ces timbres est soumise aux mêmes conditions que les autres (2314 I. G., 2145 R. P.).

## SECTION 2. — QUITTANCES

[17320-17327 *bis*]

**17320. Création des timbres mobiles.** — La loi du 23 août 1871 a autorisé la création de timbres mobiles de 10 centimes, destinés à être apposés sur les quittances, acquits ou autres actes libératoires.

L'art. 24 de cette loi porte :

« Un règlement d'administration publique déterminera la forme et les conditions d'emploi des timbres mobiles, créés en exécution de la présente loi. Toute infraction aux dispositions de ce règlement sera punie d'une amende de 20 francs. Sont applicables à ces timbres, les dispositions de l'art. 21 L. 11 juin 1859. Sont considérés comme non timbrés : 1° les actes, pièces ou écrits sur lesquels le timbre mobile aurait été apposé sans l'accomplissement des conditions prescrites par le règlement d'administration publique, ou sur lesquels aurait été apposé un timbre ayant déjà servi ; — 2° les actes, pièces ou écrits sur lesquels un timbre mobile aurait été apposé en dehors des cas prévus par l'art. 18. »

**17321. Apposition et oblitération.** — Le règlement d'administration publique annoncé par la loi du 23 août, a été rendu le 27 novembre 1871 (2424 I. G.).

D'après l'art. 2 de ce décret, le timbre mobile « est collé et immédiatement oblitéré par l'apposition *à l'encre noire*, en travers du timbre, de la signature du créancier ou de celui qui donne reçu ou décharge, ainsi que de la date de l'oblitération. »

Afin de donner plus de facilité et de rapidité aux opérations, le règlement dispose que le timbre peut être oblitéré au moyen d'une griffe, apposée à l'encre grasse, faisant connaître la résidence, le nom on la raison sociale du créancier, ainsi que la date de l'oblitération (2424 I. G.).

**17322. Mandats.** — Aux termes de l'art. 3 Déc. 27 novembre 1871, les mandats de toute nature payables par les caisses publiques peuvent être revêtus du timbre mobile par les agents chargés du payement. Ces agents oblitèrent le timbre au moyen de la griffe qui leur est fournie par l'Administration pour l'oblitération du timbre de dimension. L'oblitération a lieu dans les conditions indiquées par l'arrêté ministériel du 20 juillet 1863 (2260 I. G.). Les comptables sont responsables des contraventions commises à raison des pièces acquittées à leur caisse.

Le timbre ne peut être oblitéré par une signature autre que celle de la quittance (V. 13368). Le contraire a été cependant décidé par le tribunal de Cambrai, le 27 mars 1875.

**17323. Sociétés.** — Les sociétés et compagnies assujetties aux vérifications des employés de l'enregistrement peuvent également, sous leur responsabilité, user de la faculté qui précède, en ce qui concerne les dividendes et intérêts, payables au porteur, ainsi que toutes autres pièces de dépense états de solde et d'émargement, bulletin de dépôt, etc. (2424 I. G.).

**17324. Chèques.** — Les chèques doivent être timbrés à l'extraordinaire (art. 18 L. 23 août 1871). Néanmoins, jusqu'au 29 février 1872 inclusivement, les sociétés ont pu les timbrer au moyen de timbres mobiles collés et oblitérés avant le payement dans la forme présentée par le règlement du 27 novembre 1871. Ces chèques doivent être représentés aux agents chargés d'opérer les vérifications autorisées par l'art. 22 L. 23 août 1871 (2424 I. G.).

De même, en cas d'émission d'un chèque de place à place

sujet au droit de 20 centimes, le tireur a la faculté d'apposer sur la formule timbrée à l'extraordinaire à 10 centimes un timbre mobile représentant le droit additionnel (Déc. 19 fév. 1874, art. 8, 2480 I. G.).

**17325. Contraventions.** — Aux termes de l'art. 23 L. 23 août 1871, les contraventions à l'art. 18 sur le timbre des quittances et aux dispositions du règlement d'administration publique sur l'emploi des timbres mobiles sont constatées par les employés de l'enregistrement, les officiers de police judiciaire, les agents de la force publique, les préposés des douanes, des contributions indirectes et des octrois.

Le ministre de la justice, dans une Circ. 30 mai 1872, adressée aux procureurs généraux, a invité ces magistrats à signaler les graves intérêts qui s'attachent à l'exécution de la loi du 23 août 1871, aux parquets et aux juges de paix du ressort afin qu'ils guident les gardes-champêtres, gardes forestiers et autres agents de la force publique dans la rédaction des procès-verbaux.

La loi ne demande pas compte aux rédacteurs de procès-verbaux des moyens par lesquels la contravention est parvenue à leur connaissance (*Rapport de la commission du budget*); — il suffit que les pièces en contravention soient représentées (D. m. f. et j. 30 mai 1872).

Les procès-verbaux rapportés par les agents autres que ceux de l'enregistrement doivent être remis, avec les pièces saisies, aux receveurs de l'enregistrement, qui auront à faire les diligences et poursuites nécessaires pour le recouvrement des droits, amendes et frais (2424 I. G.).

V. *Quittance*.

**17326. Pénalités.** — Chaque contravention est passible d'une amende de 50 francs en principal.

Un quart des amendes recouvrées est attribué aux verbalisants.

Tout refus de communication aux agents de l'enregistrement par les sociétés, compagnies, etc., soumises à leurs vérifications est puni d'une amende de 100 à 1,000 francs en principal (art. 22 L. 23 août 1871).

Enfin, toute infraction aux dispositions du règlement d'administration publique est punie d'une amende de 20 francs en principal (*Id.* art. 24).

**17327. Ventes par les débitants de tabacs.** — Les receveurs de l'enregistrement et les débitants distributeurs, nommés en exécution de l'arrêté ministériel du 15 novembre 1864 (n° 2295 I. G.), ont été d'abord seuls chargés de la vente des timbres mobiles à 10 centimes établis pour les quitances, reçus, décharges et autres actes libératoires (L. 23 août 1871, art. 18, Déc. 27 nov. 1871, art. 1er nos 2413 et 2424 I. G.).

Ces timbres étant, à raison même de leur destination, d'un emploi très-fréquent, il a paru opportun de prendre des mesures spéciales pour en faciliter la vente, de manière à les tenir constamment à la disposition du public.

Le ministre a décidé, en conséquence, le 2 mars 1872, que l'Administration de l'enregistrement pourra réclamer le concours des débitants de tabacs, pour la vente des timbres mobiles à 10 centimes, soit dans les communes où il n'existe pas de débitants-distributeurs, soit dans les localités où la distribution faite par les receveurs et par les débitants-distributeurs ne paraîtrait pas présenter toutes les facilités désirables (2436 I. G.).

Les débitants de tabacs chargés de la vente des timbres à 10 centimes pourront acheter indifféremment ces timbres soit au bureau d'enregistrement de leur canton, soit à l'entrepôt où ils prennent leurs tabacs. Les entreposeurs s'approvisionneront des quantités nécessaires chez le receveur de l'enregistrement de leur résidence, chargé des débits auxiliaires. Ils payeront comptant le prix des timbres, sous la déduction de la remise de 1 fr. 50 cent. pour 100 accordée par la décision du 2 mars 1872, et donneront quittance de cette somme en la forme ordinaire. Les débitants de tabacs qui se fourniront de timbres à l'entrepôt feront inscrire chaque livraison sur leur carnet, suivant les prescriptions de l'art. 3 arr. min. 15 novembre 1864 (2459 I. G.).

**17327 *bis*. Renvoi.** — Les dispositions relatives à l'emploi du timbre mobile pour les quittances doivent être complétées par les détails que nous avons donnés à cet égard au mot *Quittance*.

## SECTION 5. — CONNAISSEMENTS

[17328-17337]

**17328.** — La loi du 30 mars 1872, qui a assujetti au timbre les connaissements venant de l'étranger, a décidé (art. 4) que le droit de timbre serait perçu par l'apposition de timbres mobiles.

L'art. 7 de cette loi porte :

« Un règlement d'administration publique déterminera la forme et les conditions d'emploi des timbres mobiles créés par la présente loi, ainsi que toutes les autres mesures d'exécution; sont applicables à ces timbres les dispositions de l'art. 21 L. 11 juin 1859. Chaque contravention au règlement d'administration publique à intervenir sera punie d'une amende de 50 francs » (2441 I. G.).

Le règlement d'administration publique est intervenu le 30 avril 1872 (2443 I. G.).

**17329. Forme du timbre.** — Le règlement du 30 avril 1872 a établi des timbres mobiles spéciaux à 50 centimes et à 1 franc.

Chacun de ces timbres se compose de deux empreintes. L'une, portant l'indication du prix, doit toujours être apposée sur le connaissement du capitaine. L'autre, désignée sous le nom *d'estampille de contrôle*, est destinée à être appliquée, savoir : Pour les connaissements créés en France en sus du nombre obligatoire, sur l'original supplémentaire; et pour les connaissements venant de l'étranger, sur l'original du consignataire, ainsi que sur tous les autres originaux qui seraient représentés par le capitaine (2443 I. G.).

**17330. Connaissements supplémentaires créés en France.** — D'après l'art. 2 du règlement, les timbres mobiles à 50 centimes, destinés aux originaux supplémentaires des connaissements créés en France, seront apposés au moment même de la rédaction des connaissements.

L'empreinte avec indication de prix, collée sur le connaissement du capitaine, et l'estampille placée sur l'original supplémentaire, doivent être oblitérées immédiatement, soit au moyen de l'apposition, *à l'encre noire*, de la signature du chargeur ou de l'expéditeur et de la date de l'oblitération, soit par l'apposition, *à l'encre grasse*, d'une griffe faisant connaître le nom ou la raison sociale du chargeur ou de l'expéditeur, ainsi que la date de l'oblitération.

En exécution de l'art. 6 L. 27 juillet 1870, qui permet de timbrer, au moyen de timbres mobiles, les formules assujetties au timbre de dimension, il a été créé des timbres mobiles spéciaux à 2 francs pour les quatre originaux obligatoires des connaissements créés en France (2443 I. G.).

**17331. Connaissements venant de l'étranger.** — Suivant l'art. 3 du règlement du 30 avril 1872, les timbres mobiles à 1 franc, établis pour les connaissements venant de l'étranger, sont apposés par les agents des douanes comme suppléant les receveurs de l'enregistrement.

L'empreinte avec indication du prix est collée sur l'original du capitaine, et l'estampille sur l'original du consignataire s'il est représenté.

Ces timbres mobiles sont oblitérés immédiatement, au moyen de la griffe R. D., dont sont pourvus les receveurs des douanes pour l'oblitération des autres timbres mobiles de dimension (2260 I. G.).

Lorsque le connaissement destiné au consignataire n'est pas représenté en même temps que celui du capitaine, l'estampille de contrôle est remise au capitaine. Cette estampille peut être apposée, puis oblitérée par le consignataire, au moyen soit de l'inscription, à l'encre noire, de sa signature et de la date de l'oblitération, soit d'une griffe à date établie dans les conditions prévues au n° 1er ci-dessus (2443 I. G.).

**17332. Connaissements adressés de l'étranger.** — Il peut arriver que des connaissements soient adressés de l'étranger au destinataire ou à un correspondant résidant dans l'intérieur de la France, afin de permettre la négociation de la marchandise avant l'arrivée du navire. S'il est fait usage de ce connaissement, il doit être timbré à 50 centimes en principal, au moyen de l'apposition par le receveur de l'enregistrement (Sol. 25 janv. 1875, 20090 J. E.) d'un timbre de dimension de cette quotité, soit mobile, soit à l'extraordinaire. Cette apposition n'empêcherait pas néanmoins l'application, à l'arrivée du navire, d'un timbre mobile spécial à 1 franc sur l'original du capitaine; car le connaissement dont il est question ci-dessus est distinct de celui du consignataire, à moins que le consignataire ne soit lui-même le destinataire de la marchandise. Dans ce cas, qui est fort rare, et si l'original du consignataire était représenté dûment timbré, il ne serait perçu que 50 centimes sur le connaissement du capitaine; mais ce connaissement devrait être revêtu des deux empreintes (timbre et estampille) du timbre mobile des connaissements (2443 I. G.).

**17333. Connaissements supplémentaires venant de l'étranger.** — L'art. 4 du règlement du 30 avril 1872 porte que lorsque le capitaine venant de l'étranger représentera plus de deux originaux, le droit de 50 centimes dû pour chaque connaissement supplémentaire sera perçu par l'administration des douanes, au moyen de timbres mobiles à 50 centimes, qui seront apposés et oblitérés selon le mode prescrit pour le timbre à 1 franc (2443 I. G.).

**17334. Connaissements venant des colonies françaises.** — Les connaissements venant des colonies françaises où le timbre ne serait pas établi sont soumis, à leur arrivée en France, aux mêmes droits que les connaissements venant de l'étranger. Ceux timbrés dans les colonies où le timbre est établi doivent être assujettis aux suppléments de droits (*principal et décimes*) exigibles d'après la législation de la métropole. Ces suppléments de droits sont perçus *distinctement* sur chaque connaissement représenté et au moyen du visa pour timbre. Si la formalité est donnée par la douane, le produit en est versé tous les mois au bureau de l'enregistrement de la résidence, selon le mode prévu par l'arrêté ministériel du 24 décembre 1842 (1682 I. G.). — (2443 I. G.).

**17335. Approvisionnement des receveurs des douanes.** — Les agents des douanes s'approvisionnent au bureau de l'enregistrement de leur résidence des timbres mobiles de connaissements qui leur sont nécessaires pour l'exécution de la loi du 30 mars 1872 et du règlement du 30 avril suivant.

Conformément aux décisions rappelées dans les I. G. nos 1682 et 2310, ils payent comptant le prix de ces timbres mobiles, pour lesquels il leur est accordé une remise de 2 et demi pour 100 (2443 I. G.).

**17336. Connaissements créés en France.** — Une loi du 27 mai 1872 a décidé (art. 4) que le droit de timbre des connaissements *créés en France* pourra être acquitté par l'apposition de timbres mobiles, et que les dispositions des deux premiers paragraphes de l'art. 7 L. 30 mars 1872 sont applicables à ces timbres (2446 I. G.).

Par application de ces dispositions combinées, un décret du 24 juillet 1872, promulgué le 8 août suivant, a établi, pour les connaissements *créés en France*, des timbres mobiles à 2 francs et à 1 franc en principal (L. préc. 30 mars 1872, art. 3, n° 2441 I. G.), qui se composent : 1° d'une empreinte portant l'indication du prix et qui doit toujours être apposée sur le connaissement destiné au capitaine ; — 2° d'empreintes désignées sous le nom d'*estampilles de contrôle* et qui sont appliquées sur les autres originaux (art. 1er n° 2454 I. G., 3536 et 3750-1 R. P.).

1. APPOSITION. — Ces timbres sont apposés au moment de la rédaction des connaissements (art. 2).

Leur oblitération a lieu immédiatement, selon le mode adopté par l'art. 2 Déc. 30 avril 1872 pour les originaux supplémentaires de connaissements créés en France (2443 § 1er n° 1er I. G.), c'est-à-dire soit au moyen de l'application, *à l'encre noire*, de la signature du chargeur ou de l'expéditeur et de la date de l'oblitération, soit par l'apposition, *à l'encre grasse*, d'une griffe faisant connaître le nom et la raison sociale du chargeur ou de l'expéditeur, ainsi que la date de l'oblitération (2454 I. G., 3536 R. P.). — V. 5004.

**17336** *bis*. **Franchise postale.** — La franchise postale accordée par l'arrêté ministériel du 1er mars 1869 (2381 I. G.), pour le transport des formules de vignettes, est applicable aux envois de formules de connaissements qui sont faits par les receveurs aux directeurs des chefs-lieux de département, et au renvoi des mêmes formules fait après timbrage par les directeurs aux receveurs (Déc. 6 mars 1873 ; — Let. com. 12 mars 1873, n° 38).

**17337. Récépissés des chemins de fer.** — Les récépissés des chemins de fer sont, dans certains cas, timbrés au moyen de timbres mobiles. Nous avons dû traiter cette question au mot *Lettre de voiture* nos 10766 et suiv.

Il a été décidé qu'on ne peut autoriser à timbrer comme connaissements des formules destinées à des récépissés (Sol. 11 juill. 1872).

## SECTION 4. — ACTES DIVERS

### [17338-17339]

**17338. Journaux.** — La loi du 31 juillet 1867 (art. 29) avait autorisé la création de timbres mobiles destinés au timbrage des journaux et écrits périodiques sujets au timbre. — Les éditeurs de journaux ou écrits périodiques qui voulaient se servir des timbres mobiles créés par l'art. 29 L. 31 juillet 1867 devaient en faire la déclaration un mois à l'avance au bureau du timbre du lieu de la publication de leur journal ou écrit. Cette déclaration devait indiquer le titre du journal, le nom du gérant et de l'imprimeur, le chiffre moyen du tirage par numéros et le nombre par chaque catégorie de timbres nécessaires pour ce tirage. Les éditeurs qui désiraient cesser l'emploi des timbres mobiles étaient également tenus de le déclarer un mois à l'avance. Les timbres mobiles devaient être vendus au bureau qui avait reçu la déclaration, et les ventes auraient été mentionnées par le receveur, tant sur un état spécial qu'il aurait conservé, que sur un carnet coté et parafé par le maire, et que les éditeurs auraient représenté lors de chaque livraison, ainsi qu'à toute réquisition des agents de l'Administration. Les timbres n'auraient été vendus que par feuilles entières contenant chacune cent-un timbres, et le prix en aurait été payé comptant; mais chaque feuille de cent-un timbres aurait été comptée pour cent timbres seulement, et il aurait été ainsi tenu compte de la remise de 1 pour 100 accordée, pour déchet de maculatures, par l'art. 7 Décr. du 17 février 1852. C'est aussi pour cent timbres que chaque feuille aurait été comprise dans la comptabilité du receveur.

Les timbres mobiles auraient pu être employés comme signe d'affranchissement des taxes postales, conformément aux dispositions de l'art. 3 de l'arrêté du 25 novembre 1854. A cet effet, il en aurait été vendu de trois sortes, savoir : timbre violet, qui ne comportait aucun affranchissement; timbre bleu pour l'affranchissement à destination du département, et timbre rouge, qui emportait affranchissement pour tout autre point de la France et de l'Algérie. Les timbres auraient été apposés par les soins des éditeurs et collés à droite et à l'angle supérieur de la dernière colonne de la première page du journal, de manière qu'ils soient oblitérés par l'impression de quatre lignes au moins de l'article inséré dans cette colonne. La feuille aurait dû être imprimée et pliée de façon que le timbre mobile se trouvât sur le pli extérieur ou tout au moins sur le revers de ce pli, et qu'il pût être vu sans déplier le journal ni enlever la bande.

L'abrogation du timbre des journaux a arrêté l'application des dispositions précédentes.

**17339. Affiches et formules.** — La loi du 27 juillet 1870 décide :

« Art. 6. — Pourront également être timbrés au moyen de timbres mobiles les papiers destinés à l'impression des affiches et des formules assujetties au timbre de dimension.

« La forme et la condition d'emploi de ces timbres seront déterminées par un règlement d'administration publique.

« Sont applicables à ces timbres les dispositions pénales des art. 20-21 L. 11 juin 1859. »

1. AFFICHES. — Le règlement d'administration publique a été rendu le 21 décembre 1872, en ce qui concerne les affiches. Il porte : — « Vu l'art. 4 L. 18 juillet 1866, relatif aux droits de timbre applicables aux papiers destinés à l'impression des affiches ; — Vu l'art. 6 L. 27 juillet 1870, portant : — « Pourront.... être timbrés au moyen de timbres mobiles les papiers destinés à l'impression des affiches... — La forme et les conditions d'emploi de ces timbres seront déterminées par un règlement d'administration publique. — Sont applicables à ces timbres les dispositions pénales des art. 20-21 L. 11 juin 1859 ; »

Le conseil d'État entendu, — Décrète :

« Art. 1er. — Il est créé pour l'exécution de la loi du 27 juillet 1870 des timbres mobiles à 5, 10 et 20 centimes en principal, conformes aux modèles annexés au présent décret. Provisoirement, les droits de 15 centimes et 40 centimes seront acquittés par l'apposition de deux timbres mobiles.

« Art. 2. — Les timbres mobiles seront collés par les soins des imprimeurs et à leurs risques et périls. Ces timbres seront apposés de manière à ce qu'ils soient oblitérés par l'impression de deux lignes au moins de texte de l'affiche. Dans le cas où, par suite de la disposition des caractères typographiques, l'oblitération ne pourrait avoir lieu, ainsi qu'il est prescrit par le paragraphe précédent, il y serait suppléé par une griffe apposée à l'encre grasse en travers du timbre, et faisant connaître le nom de l'imprimeur ou la raison sociale de la maison de commerce, ainsi que la date de l'oblitération » (3571 R. P.).

2. OBLITÉRATION. — Ces procédés d'oblitération ne sont autres que ceux qui avaient été édictés par le décret du 19 décembre 1868, en ce qui concerne les journaux (2378 I. G.),

et par le règlement d'administration publique du 27 novembre 1871 relatif aux quittances (2424 § 1er I. G.). Les imprimeurs sont responsables non-seulement de l'exacte oblitération des timbres, mais encore de leur adhérence sur les affiches. Le règlement d'administration publique dispose, en effet, que les timbres seront collés par les imprimeurs *à leurs risques et périls*.

3. PEINES. — D'après l'art. 6 L. 27 juillet 1870, les dispositions pénales des art. 20 et 21 L. 11 juin 1869 sont applicables aux nouveaux timbres pour affiches.

En conséquence, les affiches sur lesquelles les timbres mobiles auraient été apposés sans l'accomplissement des conditions prescrites par le décret du 21 décembre 1872, ou sur lesquelles aurait été apposé un timbre mobile ayant déjà servi, seront considérées comme non timbrées et les diverses amendes prononcées par les lois existantes seront encourues. En outre, ceux qui auront sciemment employé, vendu ou tenté de vendre des timbres mobiles ayant déjà servi seront punis par le tribunal correctionnel d'une amende de 50 francs à 1,000 francs; en cas de récidive, la peine sera d'un emprisonnement de cinq jours à un mois et l'amende sera doublée. Il pourra être fait application de l'art. 463 C. pén. (2176 I. G.).

4. FORMULES. — Aucune disposition générale n'a encore été prise jusqu'à ce jour en ce qui concerne les timbres mobiles applicables aux formules assujetties aux timbres de dimension.

## TITRE NOUVEL.

**17340. Définition.** — Le titre nouvel est l'acte par lequel le débiteur d'une rente reconnaît l'existence de cette rente.

**17341. Obligation du débiteur.** — C'est dans ce sens que l'art. 2263 C. C. déclare qu'après vingt-huit ans de la date du dernier titre, le débiteur d'une rente peut être contraint à fournir, à ses frais, un titre nouveau à son créancier ou à ses ayants cause.

L'art. 2263 est d'ailleurs spécial au genre de contrat qu'il prévoit, et on a décidé qu'il n'était pas applicable à d'autres cas, par exemple au contrat de prêt d'une somme payable à très-long terme (Paris 12 juin 1866, S. 67-2-33, Marcadé art. 2263 n° 3); — à une servitude (Toullier t. 3 n° 722, Troplong *Prescript.* 844, Marcadé art. 2263 n° 3).

**17342. Caractère.** — Le titre nouvel, dans l'esprit de l'art. 2263 C. C., et comme l'indique d'ailleurs son nom, est destiné à restaurer le titre ancien, à lui donner une nouvelle vie. Empêcher que la prescription ne vienne briser le lien qui rattache le débiteur à sa dette, voilà son unique but. Toute idée de novation lui est étrangère. — Dans le contrat, et pour la solution de la question de savoir quel est le genre de droit (fixe ou proportionnel) à percevoir, il ne faut porter son attention que sur un point, le titre primitif de la dette.

Lorsque ce titre a été enregistré, la loi du 22 frimaire an 7 (art. 68 § 1er n° 44) veut que le droit fixe soit seul exigible. C'est l'application du principe qu'une convention, qui, dans un acte, a subi le droit proportionnel ne peut plus, dans un nouvel acte, donner ouverture à ce droit. — *V.* 1032.

Que si le titre n'a jamais été assujetti à la formalité, comme la convention première se trouve reproduite dans la seconde, que cette seconde convention a entre les parties la même force que la première, le droit qui eût été perçu sur celle-ci, si elle eût été enregistrée, devient exigible sur celle-là, car il est de règle que tout acte emportant obligation doit être soumis au droit proportionnel (art. 4 L. 22 frim. an 7).

**17343. Tarif.** — Dans cet ordre d'idées, les titres nouvels et reconnaissances de rentes, dont les contrats sont justifiés en forme, avaient été assujettis au droit fixe de 1 franc par l'art. 68 § 1er n° 44 L. 22 frimaire an 7, puis portés à 3 francs par la loi du 28 avril 1816 art. 44 n° 5.

Ce tarif a été modifié par la loi du 28 février 1872. L'art. 1er n° 10 assujettit au droit gradué: « les titres nouvels et reconnaissances de rentes dont les actes constitutif ont été enregistrés. »

Voici en quels termes le rapporteur de la commission du budget a justifié cette disposition : « Les titres nouvels, a-t-il dit, ou les reconnaissances de rentes ne constatent pas une nouvelle mutation. Mais, ne devenant nécessaires qu'à l'expiration d'une période de trente ans, pour prévenir la prescription, le législateur peut, sans excès, percevoir une partie du droit primitif, en même temps qu'un nouveau titre devient obligatoire pour confirmer et assurer tous droits du créancier » (3406 R. P.).

1. CRÉANCES. — Il faut remarquer que ce tarif est spécial aux rentes. Le titre nouvel d'une créance à terme serait sujet au droit ordinaire de 3 francs créé pour les actes de complément ou d'exécution.

**17344. Acte ancien.** — Les lois des 22 frimaire an 7 (art. 68 § 1er n° 44) et 28 avril 1816 (art. 44 n° 5) soumettaient au droit fixe de 3 francs les titres nouvels ou reconnaissances de rentes *dont les contrats étaient justifiés en forme;* la loi nouvelle porte: *dont les actes constitutifs ont été enregistrés.*

Malgré la différence d'expression, l'idée est la même. La loi de l'an 7 parlait de contrats justifiés en forme, pour comprendre les contrats anciens rédigés par actes authentiques dans des pays où le contrôle n'était pas établi et qui, par conséquent, n'étaient pas enregistrés.

La loi de 1872 a pu revenir à l'expression « dont les actes constitutifs ont été enregistrés, » parce que, d'une part, les contrats anciens antérieurs au contrôle ont dû donner lieu, depuis l'établissement de l'enregistrement, à un titre nouvel qui est lui-même enregistré, et que, d'autre part, il est admis aujourd'hui que l'exemption d'enregistrement équivaut à l'enregistrement même.

Il en résulte que les titres nouvels de contrats anciens non contrôlés sont assujettis au droit gradué, comme s'ils avaient été enregistrés.

C'est ce qui avait été décidé déjà, sous le régime de la loi de l'an 7, au sujet d'un titre nouvel portant reconnaissance d'une rente établie par un acte authentique, il y a plus de quarante ans, dans un pays où l'enregistrement n'était pas établi (Dél. 25 juill. 1806, 2371 J. E.).

On ne serait pas fondé à leur appliquer le droit fixe de 3 francs, comme acte complémentaire, sous le prétexte que le contrat, n'étant pas enregistré, ne tombe pas sous les prévisions de la loi de 1872.

**17345. Acte exempt.** — Plus généralement, il faut dire que, dans tous les cas, on ne pourrait considérer que comme équivalant à un titre enregistré celui qui, par une circonstance quelconque, se trouverait exempt d'enregistrement au moment où il a été passé.

C'est ce qui aurait lieu, par exemple, si le titre constitutif de la rente avait été passé en la forme administrative et tombait sous l'appication de l'art. 80 L. 15 mai 1818.

**17346. Pluralité.** — Lorsque plusieurs débiteurs non solidaires passent titre nouvel d'une rente originairement créée par un seul titre, il faut distinguer : si les débiteurs s'obligent personnellement et grèvent des biens propres, ou même si les biens antérieurement grevés appartiennent en particulier à chaque débiteur, il est dû un droit par débiteur; mais il n'est dû qu'un seul droit pour tous les débiteurs qui grèvent des biens indivis entre eux ou qui possèdent indivisément des biens antérieurement grevés pour sûreté de la rente (Dél. 5 juill. 1834, 10952 J. E., D. N. t. 12 p. 678 n° 19).

Par application du même principe, il a été reconnu que quand il est passé titre nouvel de plusieurs rentes viagères constituées par testament et mises pour des portions distinctes, mais sans solidarité, à la charge des héritiers ou de leurs successeurs, il n'y a pas lieu à la pluralité des droits fixes, si, au décès du testateur, la charge qu'il avait imposée à ses héritiers s'est trouvée, par la force de la loi, ne grever chacun d'eux que pour sa part et portion, et si chaque rente léguée s'est trouvée divisée en autant de rentes distinctes que de parties prenantes dans la succession : en effet, il ne faut pas perdre de vue que l'art. 1017 C. C. a accordé une action hypothécaire pour le tout jusqu'à concurrence de la valeur des immeubles de la succession dont les héritiers ou légataires universels sont détenteurs et qu'il y a lieu d'appliquer à la garantie du payement des legs particuliers la règle de l'art. 2114 C. C., qui déclare que l'hypothèque est indivisible; c'est pourquoi, selon la remarque de M. Pont (*Petits contrats* n° 1911), chaque héritier pourrait exiger que la rente ainsi hypothéquée sur des immeubles indivis de la succession soit remboursée en entier (*Conf.* : 17395 J. E.).

Quoique le titre nouvel énonce plusieurs parties de rentes, s'il n'y a qu'un seul débiteur et qu'un seul créancier, il n'est dû qu'un droit (Sol. 9 frim. an 8, 302 J. E., D. N. t. 12 p. 678 n° 48). — Mais s'il y a plusieurs créanciers, il est dû autant de droits qu'il y a de créanciers (*V.* 17395 J. E.).

Dans tous les cas, il n'est dû qu'un seul droit gradué si les débiteurs qui passent titre nouvel sont solidaires pour le payement de la rente.

A cet égard, il faut remarquer que si la loi du 20 août 1792 (tit. 2 art. 1^er^) a aboli toute solidarité pour le payement des rentes de toute nature, il est nécessaire, pour que la solidarité ait cessé, que les débiteurs aient rempli les formalités prescrites (art. 4 du même titre de la loi). Lorsque ces formalités n'ont point été remplies, et c'est le cas le plus fréquent, la solidarité a continué. En conséquence, le titre nouvel consenti dans ce cas par les codébiteurs de la rente, quel qu'en soit le nombre dans un même acte, ne doit donner lieu qu'à un seul droit gradué.

**17347. Acte distinct.** — Si les représentants du débiteur primitif de la rente fournissent chacun, par un acte séparé, un titre nouvel pour la fraction de la rente dont il est redevable, le droit gradué est dû sur chaque acte distinct, de même que l'était précédemment le droit fixe de 3 francs.

**17348. Évaluation.** — Aux termes de la loi, la quotité du droit gradué est déterminée, pour les titres nouvels, *par le capital des rentes*. Cette disposition se réfère-t-elle à l'art. 14 n^os^ 6 et 9 L. 22 frimaire an 7, d'après lequel le droit d'enregistrement se perçoit, pour les rentes perpétuelles, soit sur le capital constitué et aliéné, soit, pour celles créées sans expression de capital, sur un capital formé de vingt fois la rente ? Nous ne le pensons pas. Ainsi que nous l'avons dit au mot *Contrat de mariage*, la loi du 22 frimaire an 7 ne sert de complément à la loi du 28 février 1872 que dans les cas où celle-ci l'a expressément déclaré. Elle n'a pas exprimé, à propos du titre nouvel, que le capital des rentes serait évalué par le procédé tout arbitraire de l'art. 14 n^os^ 6 et 9 de la loi de l'an 7. Les parties doivent donc l'évaluer dans le contrat.

**17349. Le titre nouvel doit être caractérisé.** — Le titre nouvel, pour donner ouverture au droit qui lui est propre, doit être parfaitement caractérisé. Il ne suffit pas, pour renouveler un titre, dans le sens de l'art. 2263 C. C., d'une simple énonciation. Et s'il est vrai qu'une pareille énonciation peut quelquefois lier les parties, elle n'est cependant pas suffisante, aux yeux de la loi, pour rendre exigible le droit propre à un contrat qui n'existe réellement pas.

En ce sens, une D. m. f. 26 décembre 1821 (313 Roll., D. N. t. 12 p. 679 n° 56) a reconnu que l'énonciation, dans un partage, d'une rente due par les copartageants, suivant un titre prescrit, et dont l'un d'eux reste chargé, ne donne pas lieu à la perception du droit fixe de titre nouvel.

Mais, sous l'empire de l'ancien droit, il avait été jugé par une Déc. Cons. d'Ét. 9 septembre 1751 : « Que si un créancier, en donnant quittance d'une partie des arrérages de la rente constituée, se réserve le surplus avec le capital d'icelle, le privilége et la priorité d'hypothèque du contrat de constitution, une semblable quittance donnée devant notaire à l'approche de la prescription, opère l'effet du titre nouvel, en interrompant cette prescription et en faisant renaître l'hypothèque avec le même privilége que celui de la constitution. Ainsi, elle doit être sujette au même droit de contrôle. » Il en serait encore ainsi aujourd'hui, pourvu que, comme l'enseigne Bosquet, la quittance soit signée du débiteur et contienne une reconnaissance certaine (t. 4 p. 314 et 315).

**17350. Disposition indépendante.** — Nous venons d'envisager le titre nouvel *pur*, c'est-à-dire celui qui n'a pour objet que de confirmer une obligation préexistante. Toute stipulation qui n'aurait pas été insérée dans le titre primordial serait une nouvelle convention donnant lieu, selon sa nature, au droit proportionnel réglé par la loi. Ici la question se présente sous un nouveau jour, et sa solution dépend essentiellement du point de savoir si réellement la stipulation, étrangère à l'obligation originaire, forme titre pour les parties. Si les contractants se trouvent liés par un consentement réciproque, la convention accessoire est formée, et le droit, selon sa nature, devient exigible. Mais si, au contraire, ce consentement fait défaut, il n'y a qu'énonciation d'un contrat imparfait, énonciation que l'on doit considérer comme non avenue.

En ce sens, le ministre des finances a décidé, le 20 septembre 1821 (1027 § 2 I. G., 4118 J.N.), que les actes qualifiés titres nouvels ne sont dans le cas d'être enregistrés au droit fixe qu'autant qu'ils n'ont pour objet que de confirmer une obligation déjà existante, en vertu d'un titre en forme; toute stipulation qui n'était pas insérée dans le titre primordial est une nouvelle convention qui donne lieu, selon sa nature, au droit proportionnel réglé par la loi.

**17351. Mode de payement.** — Le titre nouvel n'est pas exclusif de dispositions particulières qui seraient de nature à modifier le service de la rente, sans en altérer cependant la nature.

Par acte notarié du 21 septembre 1822, le sieur B... a passé titre nouvel d'une rente viagère de 5,800 francs au profit de la dame D..., et a déclaré que, pour se libérer du service de moitié de cette rente, il avait fait l'achat en son nom pour la propriété, et au nom de la dame D... pour l'usufruit, pendant sa vie, d'une inscription de 2,900 francs de rente sur le grand-livre de la dette publique, et qu'à l'égard des 2,900 francs restants il s'obligeait de les payer aux époques ordinaires, ce qui a été accepté par la dame D...

Le receveur ayant cru voir dans cet acte un remboursement de la moitié de la rente, a perçu 50 centimes pour 100 sur 2,900 francs; mais, sur la réclamation des parties, le conseil d'administration a pensé qu'il n'y avait, dans l'espèce, aucun remboursement de capital; que l'application d'une inscription au service de moitié de la rente était simplement un mode de payement de l'intérêt, un dépôt de capital affecté à l'exécution du contrat antérieur; que cette disposition n'opérait ni aliénation, ni remboursement de capital, ni novation de titre: la restitution du droit de quittance perçu a été ordonnée par une Dél. 8 janvier 1823, approuvée par le ministre des finances le 5 février suivant (7595 J. E., D. N. t. 12 p. 678 n° 53).

**17352. Quittances. — Arrérages.** — Si le titre nouvel contient quittance d'arrérages, le droit de quittance est dû indépendamment du droit fixe (718-4997 J. E.). Il en est de même quand le créancier déclare que les arrérages de la rente ne sont dus que depuis la dernière échéance. Cette déclaration établit la libération du débiteur, et le droit doit être perçu sur les intérêts des cinq dernières années, sauf restitution s'il est justifié de quittances enregistrées (718 J.E.).

**17353. Droit proportionnel.** — Les titres nouvels ou reconnaissances de rentes dont les contrats ne sont pas justifiés en forme ne sont assujettis qu'au droit proportionnel, quand même ce droit ne s'élèverait pas au minimum du droit gradué. Il est évident que l'intention du législateur, en tarifant les titres nouvels au droit fixe (aujourd'hui droit fixe gradué), a été de les frapper d'un droit moins élevé que le droit proportionnel. C'est donc rentrer dans cette intention que de réduire la perception au droit proportionnel, lorsque ce droit est moins élevé que le droit fixe (Dél. 8 avr. 1836, 11477 J. E., 9248 J. N., 1528 § 15 I. G. — *Conf.* : Champ. et Rig. t. 6 n° 208, D. N. v° *Titre nouvel* n° 47).

**17354. Cession non enregistrée.** — Quant aux cessions qui auraient pu être consenties entre la date du titre primitif et celle de son renouvellement, il n'y a pas à s'en occuper. Elles se trouvent étrangères à la question du droit à percevoir au moment du renouvellement; car cette question ne peut s'agiter que sur l'ancien titre. Le titre nouvel a pour but de régénérer le contrat primordial, qui n'a jamais été nové, et non de donner la vie aux conventions subséquentes qui se rattachent à ce premier contrat. La personne du débiteur, celle du créancier n'ont rien à faire ici. C'est un titre à la veille d'être suranné, que l'on rajeunit, et non la possession de ce titre, entre les mains de tel ou tel, que l'on constate.

En ce sens, l'administration belge a décidé, le 21 juillet 1854 (227 R. P.), que lorsqu'un débiteur donne un titre nouvel d'une créance établie par acte enregistré, la circonstance que celui à qui le titre nouvel est donné n'est pas le créancier primitif, ni son héritier, et qu'aucun acte enregistré n'établit ses droits sur la créance, n'autorise pas la perception d'un droit proportionnel. « Considérant que les contrats dont parle l'art. 68 § 1er n° 44 de la loi de frimaire sont les actes par lesquels les engagements des débiteurs qui souscrivent des titres nouvels ont été constatés précédemment; que notamment le mot *contrats* ne s'applique pas aux conventions dont les rentes ou créances reconnues auraient été l'objet entre les créanciers et des tiers sans l'intervention des débiteurs; considérant que l'acte passé entre un débiteur et celui qui agit comme se trouvant aux lieu et place du créancier précédent ne peut, sans le concours de ce dernier, constituer le titre d'une convention par laquelle il se serait dépouillé de ses droits de créancier; que, d'autre part, la reconnaissance faite par le débiteur dans les termes d'un titre nouvel exclut toute idée de novation, puisque la dette résultant du titre renouvelé continue de subsister, au lieu d'être éteinte et remplacée par une dette nouvelle; considérant que, par application de ce qui précède, l'acte du 4 juin 1852 n'a donné ouverture qu'au droit fixe. »

**17355. Délégation.** — Le droit proportionnel comme novation n'est pas dû lorsque, par suite de la vente d'un immeuble hypothéqué à une rente, l'acquéreur en passe titre nouvel au profit du créancier qui n'avait pas accepté la délégation dans l'acte de vente (Sol. 13 juill. 1830, 2065 Roll.) — V. 6095.

**17356. Prescription.** — Le titre nouvel d'une obligation n'est pas sujet au droit proportionnel. — V. *Prescription.*

**17357. Titres adirés.** — Une D. m. f. 18 brumaire an 9 (645 J. E.), rendue au sujet des titres de propriété incendiés dans les départements de l'Ouest et de la Vendée, autorise l'enregistrement au droit fixe de tout titre nouvel, contenant la déclaration que les titres précédents ont été incendiés et étaient authentiques, et à charge de rapporter au soutien un certificat du maire du lieu de l'incendie (4997 J. E., 1477 J. N.).

## TONTINE.

**17358.** — On désigne ainsi une société dans laquelle plusieurs personnes, sacrifiant à un intérêt personnel ce qu'elles auraient pu laisser à leurs héritiers, mettent en commun des rentes ou des propriétés, sous la condition que la part des prédécédés accroîtra en tout ou en partie aux survivants.

On donne le nom de tontine à tous les établissements, tels que les banques de prévoyance, les caisses d'épargne, etc., où l'on place, soit en viager, soit pour un temps limité, des sommes que l'on peut retirer, augmentées par l'accumulation des intérêts des fonds placés dans la tontine, et ceux des tontiniers qui prédécèdent. — V. *Association* et *Société.*

## TOURBIÈRES.

**17359.** — On appelle ainsi un lieu où se forme la tourbe.

**17360. Exploitation.** — Une tourbière ne peut être exploitée que par le propriétaire du terrain, ou de son consentement; mais l'exploitation ne peut avoir lieu sans une déclaration préalable à la sous-préfecture et une permission à ce sujet, à peine de 100 francs d'amende (art. 83 et 84).

L'exploitant est tenu de se conformer aux règlements établis pour la direction des travaux d'extraction, sous peine de les voir cesser (art. 86).

**17361. Enregistrement.** — En ce qui concerne l'enregistrement des actes et mutations relatifs aux tourbières, V. 11355.

## TRADITION.

**17362.** — C'est l'action par laquelle on livre une chose à une personne.

**17363. Deux espèces de tradition.** — En matière de vente, la tradition est *réelle* ou *simulée*. La tradition *réelle* se fait lorsque l'acheteur est mis en possession réelle de la chose vendue (1600 C. C.).

La tradition *simulée* était de diverses espèces: elle s'opérait, d'abord, lorsque l'acquéreur feignait d'avoir été mis en possession de la chose vendue, quoique cette chose restât par devers le vendeur.

Cette fiction résultait de la *clause de constitut*, par laquelle le vendeur se constituait tenir la chose au nom de l'acquéreur. La tradition simulée s'opère aussi par la remise des clefs, par celle des titres (1605-1606 C. C.).

**17364. Effet.** — A la différence de ce qui existait autrefois, la tradition n'est plus nécessaire pour transférer la propriété.

« La propriété est acquise de droit, porte l'art. 1583 C. C., à l'acheteur, à l'égard du vendeur, dès qu'on est convenu de la chose du prix, quoique la chose n'ait pas encore été livrée, ni le prix payé. »

Par là est abrogée la maxime du droit romain: *Traditionibus, non nudis pactis, dominia rerum transferuntur* (20 L. C. *de Pactis*). Cependant, si la chose vendue était un objet mobilier, celui de deux acheteurs à qui la tradition en aurait été faite le premier, aurait la préférence sur l'autre (1141 C. C., Toullier t. 6 n° 205 et t. 7 n°s 35-36).

V. *Mutation.*

## TRADUCTION.

**17365. Idiome du pays.** — Aux termes d'un arrêt du Gouvernement du 24 prairial an 11, et d'un décret du 22 décembre 1812, tout acte rédigé dans l'ancien idiome du pays, dans un département qui a conservé l'usage des deux langues, doit, lorsqu'il est présenté à l'enregistrement, être accompagné d'une traduction faite par un traducteur assermenté. — V. 344.

**17366. Acte écrit en langue étrangère.** — *Quid* lorsque l'on requiert l'enregistrement d'un acte ou jugement venant de l'étranger? On avait prétendu que les parties devaient être admises à fournir, au lieu d'une traduction authentique, une déclaration en français, certifiée et signée par elles, contenant l'indication des sommes et valeurs exprimées dans l'acte ou le jugement, et la traduction des stipulations qu'il est indispensable de connaître pour donner la formalité de l'enregistrement.

Le texte de la loi fait défaut pour fournir un point d'appui à une semblable doctrine. En effet, l'art. 16 L. 22 frimaire an 7 n'admet la déclaration certifiée et signée des parties que pour suppléer au défaut d'énonciation des sommes et valeurs dans les actes ou jugements. Or, il ne s'agit point ici d'actes ou de jugements dans lesquels les sommes et valeurs n'auraient pas été déterminées, mais d'actes et jugements dans lesquels tout est déterminé. Seulement, l'énonciation a lieu dans une langue étrangère. Or, cette langue n'étant pas comprise du receveur, il pourrait se faire que la déclaration qui lui serait faite manquât de fidélité, sans qu'il lui fût possible de s'en assurer. Aussi le ministre des finances a-t-il décidé, le 7 mars 1833 (1425 § 1er I. G.), que les parties qui requièrent l'enregistrement d'actes ou jugements venant de l'étranger doivent y joindre une traduction faite par un juré assermenté.

**17367. Relation d'enregistrement.** — Cette décision porte de plus que la mention de l'enregistrement et la quittance de droits doivent être apposées sur la traduction authentique; mais une mention correspondante sur l'original ou l'expédition de l'acte ou du jugement doit indiquer la date de l'enregistrement, le folio et la case du registre du receveur, ainsi que le montant du droit perçu sur chaque disposition, et faire connaître que la formalité a été donnée sur la traduction.

**17368. Effet négociable.** — Le porteur d'effets négociables écrits en langue étrangère et présentés au timbre doit indiquer sur ces effets, par une déclaration en langue française, certifiée et signée, le montant de la somme qui en est l'objet, pour mettre le receveur à portée de liquider les droits de timbre (D. m. f. 28 nov. 1831, 10189 J.E.).

**17369. Actes de l'état civil.** — Plusieurs décisions de l'Administration (Dél. 28 août 1818, 6056 J.E., Sol. 16 déc. 1825, 8590 J.E., D. m. f. 2 nov. 1831, 10426 J.E.) veulent que la traduction des actes de l'état civil passés en pays étrangers soit enregistrée, sous peine d'amende, avant d'être reçue en dépôt par un notaire ou du moins en même temps que l'acte de dépôt. — Le motif de ces décisions est que cette traduction, étant certifiée et signée par le traducteur juré, forme un acte distinct de l'acte traduit, qui se trouve sujet à l'enregistrement, quoique l'original soit exempt de cette formalité.

Cependant, on peut objecter que l'art. 70 § 3 n° 8 L. 22 frimaire an 7, ayant exempté de la formalité de l'enregistrement les actes reçus par les officiers de l'état civil et les extraits qui en sont délivrés, en a nécessairement exempté les traductions, qui n'en sont que la reproduction. La circonstance que la traduction se trouve accompagnée du certificat de l'interprète qui constate l'exactitude de la traduction ne forme pas un acte distinct de cette traduction, qui n'a d'existence légale qu'au moyen de ce certificat.

C'est dans ce sens que la question a été jugée par le tribunal de Strasbourg, le 10 août 1857. L'Administration, par une Sol. 29 septembre 1857, a acquiescé à ce jugement, que nous croyons devoir reproduire.

« Attendu que la traduction en français d'un acte rédigé en langue étrangère, lorsque, pour l'intelligence de cet acte, elle y est jointe, ne forme avec lui qu'un seul tout avec ses charges et priviléges; attendu que la distinction que prétend faire la Régie entre une traduction signée et une traduction non signée est vaine, la signature du traducteur en constatant seule le caractère, surtout aux yeux de l'officier de l'état civil, auquel les instructions prescrivent de n'admettre que celles qui émanent de traducteurs jurés; attendu que le mot certifié qui précède la signature du traducteur, loin d'avoir l'importance que la Régie paraît y attacher aujourd'hui, est absolument inutile faute de sens, le seul certificat d'exactitude que comporte une traduction étant dans la qualité même du traducteur assermenté qui l'a faite; attendu d'ailleurs qu'aux termes de l'art. 47 C.C., tout acte de l'état civil, soit de Français eux-mêmes, soit des étrangers, fait foi s'il a été rédigé dans les formes usitées dans le pays où il a été fait; qu'aucun texte de la loi n'exige qu'il soit à cet effet accompagné d'une traduction, qui n'a dès lors d'autre but que de rendre l'acte produit intelligible à l'officier de l'état civil; que si celui-ci juge à propos de laisser cette traduction annexée à ses actes dans l'intérêt de leur vérification ultérieure, cette annexe est son propre fait et ne peut fonder un argument en faveur de la Régie » (1096 R.P., 2132 § 7 I. G., 16192 J.N., 11175 C.). — *V.* 675.

**17370. Timbre.** — Les traductions d'actes faites par un traducteur juré doivent être faites sur papier timbré (D. m. j. 30 flor. an 12, 1797 J.E.). — Ces traductions, ainsi que les copies collationnées d'actes passés à l'étranger, faites par les traducteurs jurés, peuvent être écrites et expédiées sur papier de toute dimension (Dél. adm. 13 oct. 1819, 6671 J.E., Roy *des Contrav.* n° 242).

# TRANSACTION.

## DIVISION



## SOMMAIRE

## CHAPITRE PREMIER. — CONSIDÉRATIONS GÉNÉRALES

**[17371-17377]**

**17371. Définition.** — La transaction est un contrat par lequel les parties terminent une contestation née, ou préviennent une contestation à naître. Ce contrat doit être rédigé par écrit (2044 C. C.).

**17372. Droit fixe.** — L'art. 68 § 1er n° 45 L. 22 frimaire an 7 a tarifé au droit fixe de 1 franc « les transactions, en quelque matière que ce soit, qui ne contiennent aucune stipulation de somme et valeur, ni dispositions soumises par la présente à un plus fort droit d'enregistrement. » Ce droit a été porté à 3 francs par l'art. 44 n° 8 L. 28 avril 1816, et à 4 fr. 50 cent. par l'art. 4 L. 28 février 1872.

**17373. Minimum.** — D'après les termes ci-dessus rappelés de l'art. 68 L. 22 frimaire an 7, deux conditions sont nécessaires pour qu'une transaction opère le droit fixe, savoir : 1° qu'elle ne contienne pas de stipulations de sommes et valeurs ; — 2° qu'elle ne renferme pas de dispositions soumises à un plus fort droit fixe.

Mais si, au contraire, la transaction comprend des sommes et valeurs, ou des dispositions sujettes à un droit fixe supérieur à 4 fr. 50 cent., dans ce dernier cas c'est le droit fixe le plus fort qui doit être exigé, et, dans le premier, l'acte rentre sous l'application de la règle générale établie par l'art. 4 L. 22 frimaire an 7, qui soumet au droit proportionnel toute stipulation de somme et valeur ; et ce droit doit être perçu au taux déterminé par la nature de la stipulation, soit vente, échange, obligation ou quittance, sans considérer s'il produit en total une somme supérieure ou inférieure au droit fixe de 4 fr. 50 cent.

Tel est le sens dans lequel doit être entendue la disposition de l'art. 68 § 1er n° 5. Aussi une solution a-t-elle reconnu en thèse générale, le 10 septembre 1830 (1347 § 9 I. G.), que le droit fixe est exigible sur les transactions qui ne contiennent aucune stipulation de somme et valeur ; et qu'à l'égard de celles qui renferment des stipulations de l'espèce, le droit proportionnel doit être perçu au taux déterminé par la nature de la disposition, lors même qu'il ne s'élèverait pas en total à 3 francs (4 fr. 50 cent.). Ainsi, une transaction qui s'opère par un payement de 200 francs, ou par une obligation de pareille somme, n'est passible, pour droit d'enregistrement, que de 1 ou de 2 francs, suivant la quotité des droits établis pour les quittances ou obligations, sauf l'application du *minimum* de 25 centimes.

**17374. Droit proportionnel.** — Il est encore une autre disposition de la loi de frimaire où le législateur s'est préoccupé de la transaction : c'est dans l'art. 69 § 3 n° 3, où il assujettit au droit proportionnel de 1 pour 100 les transactions qui contiennent obligation de sommes sans libéralité, et sans que l'obligation soit le prix d'une transmission de meubles ou d'immeubles.

**17375. Observations.** — Peu de matières ont donné lieu à une controverse plus vive que l'application de ces deux textes, et malgré les décisions souveraines de la jurisprudence, il règne encore de l'incertitude sur certains effets de la transaction en droit fiscal.

**17376. Caractères de la transaction en droit civil.** — Dans la législation civile, il n'est pas douteux que la transaction est simplement déclarative; et à aucun point de vue on ne saurait prétendre que la division opérée entre les parties d'un objet litigieux ait le caractère d'une translation de propriété. Chacune d'elles, en effet, se croit exclusivement maîtresse de la chose et c'est précisément le conflit de ces prétentions opposées qui crée l'incertitude sur laquelle intervient le contrat. Quand, pour terminer le différend, chacun des intéressés consent à ne recevoir qu'une partie de la chose, il ne songe pas à l'acquérir de son adversaire, il conserve son bien, voilà tout. Le contrat est donc à l'égard de chaque partie simplement déclaratif de propriété (Merlin. *Rép.* v[is] *Transaction* § 4 n° 6 et *Partage* § 11 n° 5, Valette *Rev. de lég.* t. 2 p. 216, Troplong *Trans.* n[os] 7 et 10, Aubry et Rau t. 3 § 421 note 13, Massé et Vergé t. 5 § 767 note 2 p. 65, Mourlon *Rép. écrit.* t. 3 p. 477 et 478 5e édit.). — Aussi la transaction ne servirait pas à la prescription de dix ou vingt ans comme un acte translatif ordinaire (Troplong *Prescrip.* t. 2 n° 882, Aubry et Rau t. 2 § 218 texte et note 3, Marcadé sur l'art. 2269 n° 2 *in fine*), et elle ne serait point une cause d'acquêt de communauté, quoique le titre invoqué par l'époux commun en biens fût antérieur au mariage (Troplong *Contr. de mar.* t. 1er n° 511 à 515, Aubry et Rau t. 4 § 507 n° 46, Pont et Rodière *Contr. de mar.* t. 1er n° 419). C'est encore parce que la transaction n'opère pas mutation de propriété qu'on l'exempte de la transcription établie par la loi du 23 mars 1855 (*infrà* n° 17421). Dans l'ancienne jurisprudence déjà on enseignait que la transaction produisait un simple effet déclaratif sur les objets litigieux (Dumoulin *Coutume de Paris* § 33 gl. 1re n[os] 64 et 67, et *Coutume de Bret.* art. 266, *de Laudimiis* ch. 1er § 35).

**17377. Caractère de la transaction en droit fiscal.** — On a prétendu qu'il devait en être ainsi en matière fiscale et on voulait interpréter les deux textes de la loi du 22 frimaire an 7 avec cette signification : 1° que si la transaction ne confère aucun droit nouveau de propriété (c'est-à-dire *si elle ne porte que sur l'objet litigieux*), elle nest passible que du droit fixe, d'après l'art. 68; — 2° et que si, au contraire, il y a translation de sommes, de meubles ou d'immeubles (c'est-à-dire *si une partie abandonne à l'autre un objet non litigieux*), elle donnera lieu au droit proportionnel de libération, d'obligation, de vente de meubles ou d'immeubles, suivant les cas, d'après l'art. 69.

Telle était l'opinion de la doctrine toute entière (Champ. et Rig. t. 1er n° 602 et t. 6 n° 27, Pont et Rodière t. 2 n° 758, Valette *Rev. de législ.* t. 2 p. 210, Pont *Rev. crit.* t. 2 p. 143, Roll. de Vill. v° *Transaction.* n[os] 105 et suiv., Clerc *de l'Enregist.* t. 2 n° 2543, Flandin *de la Transcript.* t. 1er n[os] 331 et 333, Aubry et Rau t. 3 § 421 note 13). M. Demante la résume en ces termes : « Chacune des parties, dit-il, prétend sur la chose litigieuse un droit propre, exclusif du droit de son adversaire. C'est, par exemple, un héritier collatéral qui débat avec un légataire universel sur la validité du testament. Si l'affaire suit judiciairement son cours, nul concours entre eux, nul partage. Mais, dans un but de concorde, chaque partie promet de ne pas faire obstacle à la prétention de son adversaire, de souffrir que cette prétention s'exerce librement sur une portion déterminée de la chose litigieuse. Tout se borne à cette obligation purement négative; l'un des contractants n'est pas l'*auteur* de l'autre, et comme il n'y a de l'un à l'autre nulle transmission, il n'y a, par suite, entre eux aucune garantie. Il en est tout autrement quand la transaction a lieu moyennant une chose étrangère à la contestation, que l'une des parties transmet ou promet à l'autre pour l'indemniser du sacrifice entier de ses prétentions sur les choses en litige. Dans ce cas, l'opération est imposée, suivant sa nature, comme acte contenant soit obligation ou libération de sommes ou valeurs, soit transmission de propriété d'usufruit ou de jouissance. Cette distinction, se déduisant de la nature et des effets civils de la transaction, devrait prévaloir, en vertu des seuls principes généraux du droit, par cela seul que la loi fiscale n'y déroge expressément » (n° 320).

Ces principes n'ont été cependant admis ni par l'Administration, ni par la Cour de cassation. La règle générale de l'exigibilité de l'impôt sur les transactions a été posée de la manière suivante par l'Administration dans son I. G. n° 1229 § 11 : « Les transactions entre parties sur des points litigieux ne sont dénommées dans la loi qu'autant qu'elles ne donnent ouverture qu'au droit fixe. Pour régler la perception, lorsque les transactions ne se trouvent pas dans ce seul cas nommément prévu, il faut apprécier les conventions que ces actes renferment, afin d'appliquer le tarif à chacune d'elles selon sa nature. Cette appréciation consiste à s'assurer si la convention a opéré quelque changement ou novation dans la situation respective, dans l'état de possession, dans les droits *apparents* des parties. Il ne s'agit que des droits apparents, car les tribunaux seuls auraient été juges des droits réels, d'après la validité des titres et la force des preuves que les parties auraient pu invoquer, et il n'appartient pas aux préposés de suppléer au jugement et à l'arrêt qui n'a pas été rendu. C'est l'état des choses au moment où les parties se rapprochent pour transiger qui doit être pris comme point de comparaison avec les arrangements dont elles conviennent entre elles, afin de régler la perception d'après les effets nouveaux qui résultent de cette convention. »

La prétention de l'Administration de régler la perception d'après les droits apparents des parties a été l'objet des attaques les plus vives et les plus soutenues. Elle a été presque toujours condamnée par les tribunaux secondaires, mais la Cour suprême l'a constamment consacrée. Elle se justifie d'ailleurs par la spécialité de la matière et nous ne pouvons mieux faire, pour l'établir, que de laisser la parole à M. le procureur général Delangle : « Le droit proportionnel, dit-il, est établi pour toute transmission. Telle est la règle générale et qui résume tout l'esprit de la loi. Partout où sera faite une mutation de possesseur, c'est le droit proportionnel qui prévaudra, quel que soit le nom que les parties aient donné à la convention, quel que soit le caractère que lui attribue la théorie. La Régie n'a qu'une chose à constater: s'il y a mutation de propriété, et, l'affirmative une fois établie, rien ne peut dispenser les parties du payement de la prestation des droits proportionnels. La supercherie des qualifications ne peut prévaloir contre le fait. Toutefois, la loi ne s'arrête point à ces généralités ; elle entre dans le détail des actes : il est telle convention à laquelle la doctrine a prêté des effets particuliers. La transaction est de ce nombre; la loi va au-devant des difficultés qui peuvent survenir et les résout. Elle déclare (art. 68 nos 4 et 5) que les transactions, en quelque matière que ce soit, seront passibles du droit fixe, mais à la condition expresse qu'elles ne contiennent aucune stipulation de sommes et valeurs, ni dispositions soumises par le législateur à un plus fort droit d'enregistrement ; et, comme pour ne laisser aucun refuge à la résistance, l'art. 69, confirmant, par les plus énergiques spécifications, la règle déposée dans l'article précédent, frappe du droit proportionnel les adjudications, ventes, reventes, cessions, rétrocessions et tous autres actes civils et judiciaires translatifs de propriété ou d'usufruit de biens immeubles à titre onéreux. Tel est donc le criterium souverain, le seul auquel, et d'après les dispositions générales et d'après les dispositions spéciales, doive s'attacher la Régie; c'est la question de mutation. Et vraiment, il faut bien reconnaître que, si l'on adopte la doctrine du jugement attaqué, que s'il suffit de parer du nom de transaction la plus incontestable transmission de propriété pour échapper au droit proportionnel, c'est une issue indéfinie ouverte à la fraude, c'est la faculté sans limite conférée aux parties d'éluder les droits de l'État, c'est le moyen de se jouer des prescriptions légales les plus précises. Dans quel cas, en effet, s'appliqueront les dispositions combinées des art. 68 et 69 L. 22 frimaire? Le jugement répond, et cette opinion a trouvé de l'assentiment dans la doctrine : que la loi ne s'est occupée que du cas où les parties auraient confondu dans la transaction et les objets sur lesquels s'est engagé le débat et les objets qui leur appartenaient privativement et sans contestation ; et que c'est à ce dernier cas, c'est-à-dire au cas où l'un des contendants aurait, pour appoint de la transaction, abandonné des biens dont la propriété ne lui était pas disputée, que l'art. 68 recevrait son application. Mais, d'une part, comment n'a-t-on pas vu que non-seulement la loi n'autorisait pas cette distinction, mais qu'elle la condamnait expressément? Quel autre sens, en effet, peuvent raisonnablement avoir ces expressions : « pourvu que la transaction ne contienne ni collocation ou liquidation de sommes et valeurs, ni transmission de propriété, d'usufruit ou de jouissance de biens meubles ou immeubles, » sinon que la loi s'attache au résultat décisif à ses yeux : la mutation, et nullement à l'origine de la propriété transmise? Mais, d'autre part, qui ne reconnaîtra que cette distinction ruine le système dont elle est la base? On comprend, en effet, que, s'appuyant sur les règles du droit commun, on soutienne que la transaction est de sa nature déclarative, et qu'on en tire la conséquence rigoureuse, absolue, que, lorsque les parties la présentent à l'enregistrement, la Régie n'a pas le droit, comme l'a pensé Merlin, de lever le voile qui couvre leurs stipulations, et que, par cela seul que la transaction est de bonne foi, elle n'est passible que d'un droit fixe. Mais du moment qu'on admet que la Régie a le droit de contrôler l'origine des biens et de dépouiller la transaction de son prestige, n'en résulte-t-il pas pour elle le droit évident, incontestable, de rechercher s'il s'est opéré des mutations et quel en a été le caractère, si ces mutations se réfèrent à des droits antérieurs et que la transaction s'est bornée à déclarer, ou si, au contraire, elles constituent pour le plaideur auquel on les a attribuées l'acquisition d'une propriété sans antécédent, sans titre remontant au passé; en un mot, si ce n'est pas simplement une translation de propriété dont l'unique cause a été, pour celui qui s'en est dessaisi, le soin de sa tranquillité, la volonté d'échapper aux ennuis et au scandale d'un procès imminent ou commencé. Faut-il insister ou invoquer de nouveaux arguments pour démontrer l'inanité du système que nous combattons? Il nous suffira de rappeler l'esprit qui domine la loi, l'homogénéité de ses dispositions, la solidarité qui les unit. Le principe fondamental, nous l'avons dit à satiété, c'est que la mutation entraîne le droit proportionnel. Or, ouvrez la loi, et voyez si dans aucun cas elle a entendu subordonner l'application du droit au caractère particulier des actes d'où résultait la mutation. S'il est un acte déclaratif, c'est assurément le jugement émané de la justice régulière; eh bien, qu'on passe en revue toutes les dispositions de la loi, on y verra écrit à toute page, à toute ligne, que, lorsque les jugements opèrent transmission de propriété, quelle que soit la cause de la mutation, elle tombe sous le coup de l'art. 69. Comment donc les transactions auraient-elles un privilége que les jugements eux-mêmes n'obtiendraient pas? Les exceptions confirment la règle; la loi du 22 frimaire an 7 déclare que les expéditions de jugement portant résolution de contrat ou de clauses de contrat pour cause de nullité radicale ne seront passibles que d'un droit fixe; la loi subséquente du 27 ventôse an 9 applique le même tempérament aux jugements portant résolution de contrats de vente pour défaut de payement quelconque sur le prix de l'acquisition, lorsque l'acquéreur ne sera point entré en jouissance. Dans le premier cas, les conditions du contrat manquent, le lien de droit ne s'est pas formé entre les parties; il n'y a point eu de transmission efficace : dans le second, il est palpable que c'est moins une mutation qu'un projet de mutation : eh bien, supposera-t-on qu'une transaction puisse, dans ces deux hypothèses, suppléer au jugement exigé par la loi? On l'a prétendu, et la Cour de cassation a constamment rejeté ce système ; elle a constamment déclaré que, si les prescriptions de la loi n'avaient pas été scrupuleusement accomplies, la reconnaissance faite par les parties de la nullité radicale du contrat, sous quelque forme que se manifestât cette reconnaissance, et la preuve la plus positive que la vente n'avait reçu aucune exécution, ni de la part du vendeur, ni de la part de l'acquéreur, ne pouvaient empêcher l'application du droit proportionnel; c'est une jurisprudence qui n'est plus contestée de personne ; et, pour les transactions, on admettrait une autre doctrine, en présence d'un texte aussi clair, aussi énergique que le texte combiné des art. 68 et 69 L. 22 frimaire an 7 : on déciderait que la mutation la plus avérée n'entraîne qu'un droit fixe! La Cour de cassation n'a jamais voulu admettre une pareille doctrine;

ses arrêts témoignent avec quelle énergie elle a constamment et à toutes les époques repoussé les subtilités qu'on opposait à l'exercice des droits de l'État » (Réquisitoire prononcé à l'audience solennelle du 12 déc. 1865, 2185 R. P.).

On trouvera dans la suite de ce chapitre l'indication des nombreux arrêts qui ont admis l'interprétation précédente ; mais elle a reçu une consécration définitive par un arrêt solennel des chambres réunies du 12 décembre 1865, ainsi conçu :

« Attendu que, si aux termes de l'art. 2052 C. C., les transactions ont entre les parties l'autorité de la chose jugée en dernier ressort, et si, à ce titre, elles ont en général un caractère simplement déclaratif, il n'en est pas nécessairement de même vis-à-vis de l'Administration de l'enregistrement; que cela résulte des termes mêmes de l'art. 68 § 1er n° 45 L. 22 frimaire an 7, qui n'accorde la faveur du droit fixe qu'aux transactions ne contenant aucune stipulation de sommes et valeurs, ni disposition soumise à un droit proportionnel » (2185 R. P., 18420 J. N., 2347 § 4 I. G., S. 66-1-73, D. 65-1-457).

En résumé, il reste vrai, comme l'a décidé l'I. G. n° 1229 § 11, et comme nous l'avons enseigné nous-même dans nos éditions antérieures, que la perception se règle d'après l'état de possession ou les droits apparents des parties au moment où la transaction intervient. Les développements dans lesquels nous allons entrer ne sont qu'une application de ce principe aux différentes espèces soumises à la jurisprudence.

## CHAPITRE II. — DE LA PROPRIÉTÉ APPARENTE

**[17378-17396]**

**17378. Légataire non saisi de son legs.** — C'est surtout à l'occasion des legs que la difficulté s'est le plus fréquemment produite, parce que, d'une part, les contestations sont nombreuses sur la validité des dispositions testamentaires, et que, de l'autre, il n'est pas toujours facile de bien se fixer sur les droits apparents des parties.

Aux termes des art. 1011 et 1014 C. C., les légataires à titre universel et particulier ne sont jamais saisis de plein droit de l'objet de leurs libéralités, puisqu'ils doivent en demander la délivrance soit aux héritiers, soit à leurs représentants. Quant au légataire universel, il n'est pas non plus saisi de son legs lorsque le défunt laisse des héritiers à réserve, et c'est à ceux-ci qu'appartient la saisine de la succession (art. 1004 C. C.).

Dans tous ces cas, jusqu'au moment où la délivrance a été obtenue, ce n'est pas le légataire qui a la possession apparente de l'objet légué. Dès lors, s'il consent, pour éviter un procès, à ne recevoir qu'une portion de ce legs, il ne s'opère aucune transmission au profit de l'héritier.

On l'a ainsi décidé dans l'espèce suivante:

La demoiselle Martin est décédée, laissant un héritier à réserve, sa mère, et le sieur Goulu pour légataire universel. Transaction entre le sieur Goulu et les héritiers collatéraux, qui attaquaient le testament, et il est convenu que le testament serait exécuté pour la moitié de la portion disponible, et que le surplus de cette portion resterait aux collatéraux. L'Administration, par une Dél. 23 mars 1825, a décidé que le droit fixe devait seul être perçu : « Attendu que le légataire n'avait pas été saisi de plein droit ; que ce légataire, afin d'éviter un procès, ayant consenti à ce qu'il ne lui fût fait délivrance que d'une partie seulement des biens légués, il en résultait que le testament n'avait jamais reçu son exécution pour les autres objets, et que les héritiers naturels sont censés les tenir directement du testateur. »

Il ne faudrait pas opposer, avec un jugement de Melle, du 26 mars 1852, rendu d'ailleurs dans des circonstances spéciales (15395 J. E.) « que le droit qui résulte d'un legs est ouvert du jour de la mort du testateur; que la propriété de la chose léguée lui est acquise dès ce moment sans aucun fait de tradition; que si, dans le cas où il n'a pas la saisine, il est tenu de demander la délivrance, l'obligation où il est de former cette demande, qui n'a pour objet que la possession, ne modifie en aucune manière son droit de propriété, qui, quoiqu'il n'ait obtenu ni demandé la délivrance, n'en subsiste pas moins et ne peut être anéanti que par la nullité du testament ou la caducité du legs; que celui qui fait abandon d'une chose litigieuse, soit qu'il la possède, soit qu'il ne la possède, pas fait un acte translatif de son droit. » Ce serait oublier, en effet, que dans la transaction le droit de propriété n'est jamais certain : on ne s'arrête qu'à la possession, parce que la possession seule peut caractériser légalement la situation des biens. Or, si le légataire n'a pas la saisine ou s'il n'a pas obtenu soit la délivrance soit l'envoi en possession qui en tient lieu, il n'a pas la possession de son legs, et quand il transige on ne peut pas dire qu'il s'opère une transmission passible du droit proportionnel. — Ajoutons seulement que l'Administration n'étant pas juge de la validité des actes, si le légataire universel avait obtenu du juge, malgré la présence d'un réservataire, l'envoi en possession de la libéralité, cet envoi suffisait pour constituer ce droit apparent de propriété dont la modification donne naissance à l'impôt.

1. LÉGATAIRE UNIVERSEL. — ENFANT NATUREL. — D'après l'art. 1006 C. C., le légataire universel a de plein droit la saisine quand le défunt ne laisse pas d'héritiers réservataires. S'il se trouvait en présence d'un enfant naturel, on ne pourrait soutenir que ce dernier, ayant une réserve, empêche la saisine du légataire universel. En effet, l'art. 1006 C. C. ne parle pas seulement des réservataires, mais des *héritiers* réservataires, ce qui est différent. L'enfant naturel a bien une réserve, mais il n'est pas héritier ; c'est un successeur illégitime auquel la loi n'accorde pas la saisine, et qui ne peut pas dès lors empêcher celle du légataire universel. La doctrine est établie en ce sens (Delvincourt t. 2 p. 347, Duranton t. 9 n° 194, Bayle-Mouillard sur Grenier t. 2 n° 194, Massé et Vergé sur Zachariæ t. 3 p. 281, Saintespès-Lescot t. 4 n° 1331, Dalloz v° *Disp. entre-vifs et test.* n° 3622, Demolombe *des Don.* n° 565). Le tribunal de Castres a donc justement décidé, le 5 avril 1865, que quand un légataire universel, en présence d'un enfant naturel, abandonne par transaction une partie des biens de son legs, il s'opère une mutation sujette au droit proportionnel [1] (2143 R. P.).

1. L'Administration paraît avoir liquidé le droit en sens contraire dans une espèce rapportée au § 12 de l'I. G. 2274 (1801 R. P., 17746 J. N., 17668 J. E., 12479 C.). Mais on ne connaît pas les motifs qui l'ont déterminée.

**17379. Légataire universel. — Absence d'héritier. — Envoi en possession.** — Quand il n'y a pas d'héritiers réservataires, le légataire universel est saisi de plein droit de son legs (1006 C. C.). — Néanmoins, lorsque le testament est olographe ou mystique, la loi impose au légataire l'obligation de se faire envoyer en possession par le président du tribunal. Mais cette formalité ne touche pas à la saisine, c'est-à-dire à la transmission même du droit; elle n'est pas prescrite à peine de nullité et le légataire demeure saisi quoiqu'il ne l'ait point obtenue. Elle a seulement pour effet de conférer à l'écriture du testament une reconnaissance matérielle qui met à la charge de l'héritier le fardeau de la procédure en vérification (Cass. 25 juin 1867, S. 67-1-380), et qui permet au légataire de recueillir les fruits de son legs ( Vazeille art. 1008 § 2, Dalloz *Disp. entre-vifs et test.* 2778). Mais ce sont là des faits d'exécution qui ne touchent pas à la saisine elle-même et ont seulement pour but d'en corroborer les résultats.

Il en résulte que si le légataire universel transige dans cette situation et abandonne aux héritiers du sang une partie de son legs, il y a changement dans l'état de possession des biens et exigibilité du droit proportionnel. C'est ce qu'a décidé un jugement de Castres du 5 avril 1865 (2143 R. P.) et c'est ce qu'avait reconnu avant lui un jugement d'Arras du 12 mai 1846 (13996 J. E.). Nous devons ajouter que l'Administration paraît avoir depuis peu renoncé au bénéfice de cette jurisprudence.

1. TESTAMENT OLOGRAPHE SUIVI D'ENVOI EN POSSESSION. — Il en est de même à plus forte raison quand il s'agit d'un testament authentique ou que le légataire, en vertu d'un testament olographe ou mystique, a obtenu l'envoi en possession. L'abandon qu'il consent pour éviter une instance sur la validité de son titre donne lieu au droit de transmission. La Cour de cassation l'a souverainement reconnu.

Dans une première espèce tranchée par un arrêt de Cass. du 15 février 1831 (1370 § 7 I. G., S. 31-1-120, 9962 J. E.), il s'agissait d'une transaction intervenue entre un légataire universel institué par testament olographe, ce qui avait nécessité l'envoi en possession par ordonnance du président du tribunal. Mais cette circonstance n'empêchait pas que le légataire ne fût saisi de plein droit, l'envoi en possession n'ayant d'autre objet que de donner au testament olographe une force exécutoire qu'il n'a point comme acte privé. Aussi le légataire universel ayant consenti, sur l'instance engagée par les héritiers naturels, à ce que le testament fût restreint dans ses effets aux 2/27mes de la succession, renonçant aux 25/27mes restants, la Cour suprême a jugé qu'il y avait réellement dans l'espèce un abandon par le légataire universel des 25/27mes de la succession passible du droit proportionnel de mutation.

Une affaire analogue s'étant présentée et ayant été de nouveau portée devant la Cour de cassation, il est intervenu, le 19 novembre 1839 (1615 § 9 I. G., S. 39-1-910, 12496 J. E.), un arrêt qui a, pour la première fois, posé les principes dont la Cour ne s'est plus départie.

« Attendu, porte cet arrêt, qu'une transaction passée entre un légataire universel qui a obtenu l'envoi en possession des biens d'une succession dans laquelle il n'existe pas d'héritier à réserve, et l'un des héritiers légitimes qui n'a pas fait annuler le testament contenant le legs universel, ne peut être considérée, pour la perception du droit d'enregistrement, comme déclarative de la propriété de l'héritier; qu'elle en est attributive et opère véritablement transmission; qu'en effet, le légataire universel est saisi de plein droit par la mort du testateur, en vertu de l'art. 1006 C. C., de tous les biens de la succession, sans être tenu d'en demander la délivrance; que la seule obligation qui lui soit imposée par l'art. 1008, lorsque le testament est olographe, est d'obtenir une ordonnance d'envoi en possession; que son droit est consommé et parfait par cet acte de l'autorité judiciaire, et la propriété des biens est fixée sur sa tête, sauf les droits des héritiers devant les tribunaux, tant contre le testament que contre l'ordonnance d'envoi en possession. »

Depuis lors, l'application de ce principe avait été faite par d'autres arrêts des 26 juillet 1841 (11051 J. N., S. 41-1-576, 12805 J. E., 1608 § 7 I. G.) ; — 21 mars 1842 (11308 J. N., 12979 J. E., S. 42-1-313, 1675 § 8 I. G.); — 21 février 1846 et 17 mars 1846 (1767 § 11 I. G., 12683 J. N., 13959 J. E., S. 46-1-321-322).

Mais presque tous les tribunaux admettaient la doctrine contraire et on espérait amener la Cour à un revirement de jurisprudence quand sa doctrine a été solennellement confirmée, le 12 décembre 1865, par un arrêt des chambres réunies rendu sur les conclusions de M. le procureur général Delangle, dont nous avons donné un extrait précédemment. Il s'agissait d'un enfant naturel qui laissait sa mère pour héritière et avait légué tous ses biens à un étrangère par un testament olographe suivi d'envoi en possession. Afin de terminer un procès en captation, la légataire universelle transigea et abandonna à la mère la moitié de la succession. Deux jugements de Dijon des 21 décembre 1858 et 14 février 1859 décidèrent que la mère naturelle ayant la réserve légale, la légataire universelle n'était pas saisie, en sorte que la cession transactionnelle était purement déclarative. Par deux arrêts du 5 juin 1861, la chambre civile reconnut, au contraire, que la réserve n'appartenait pas à la mère naturelle, et par suite que la transaction donnait ouverture au droit de cession à titre onéreux sur les biens abandonnés à la mère (1492 R. P., 2201 § 8 I. G., S. 61-1-738, 17163-17164 et 17662 J. N., 12002 C., 57 Rev.). — Mais le tribunal de Chalon-sur-Saône, devant lequel la cause fut renvoyée, ayant adopté l'opinion des premiers juges (Jug. du 13 mars 1862, 1731 R. P.), les chambres réunies décidèrent, le 12 décembre 1865, que le droit de cession à titre onéreux était exigible : « Attendu que si, aux termes de l'art. 2052 C. C., les transactions ont entre les parties l'autorité de la chose jugée en dernier ressort, et si, à ce titre, elles ont en général un caractère simplement déclaratif, il n'en est pas nécessairement de même vis-à-vis de l'Administration de l'enregistrement; que cela résulte des termes mêmes de l'art. 68 § 1er n° 45 L. 22 frimaire an 7, qui n'accorde la faveur du droit fixe qu'aux transactions ne contenant aucune stipulation de sommes et valeurs, ni disposition soumise à un droit proportionnel; attendu que la transaction du 13 mai 1858, par laquelle les dames Bohet et Muteau se sont partagé la succession de Lucien Duthey, a été un contrat commutatif par lequel l'une des parties s'est volontairement dessaisie d'une portion des biens de la succession dont elle était légalement investie, et l'autre a renoncé à poursuivre l'annulation de la disposition testamentaire; que cette transaction, loin de l'anéantir, a consolidé le testament, puisqu'elle en a consacré le principe et en partie maintenu les effets, et qu'en stipulant, en outre, de la part de la légataire universelle l'abandon d'une partie des biens légués, elle a été essentiellement translative de propriété » (2185 R. P., 18420 J. N., 2347 § 4 I. G., S. 66-1-73, D. 65-1-457. — Jug. de renvoi conforme, Mâcon 22 août 1866, 2393 R. P., 13286 C.).

Un autre arrêt de la chambre civile, du 30 janvier 1866, a également décidé que quand le légataire universel, saisi par l'envoi en possession, cède tous les biens aux héritiers qui lui contestaient sa qualité, cet abandon autorise la perception du droit proportionnel à titre onéreux (2191 R. P., 2347 § 4 I. G., S. 66-1-78, D. 66-1-72, B. 24).

« Attendu, porte l'arrêt du 30 janvier 1866, en droit, que toute mutation par décès s'opère par la loi ou par testament; que le légataire universel institué par un testament, même susceptible d'être annulé, qui, en l'absence de tout héritier à réserve, a demandé et obtenu l'envoi en possession et qui a accepté l'hérédité est investi de la qualité héréditaire et saisi de plein droit des biens de la succession ; qu'en cet état, il ne peut, par aucun acte de sa volonté, se dessaisir de cette qualité, et qu'il est réputé héritier tant qu'un jugement, prononçant la nullité du testament qui l'institue, n'a pas déclaré que la succession a été, dès l'origine, déférée aux héritiers *ab intestat*; que si, abstraction faite de tout jugement, ce légataire abandonne, à quelque titre que ce soit, aux héritiers *ab intestat* qui lui contestent son titre d'héritier tout ou partie des biens de la succession, cet acte d'abandon constitue une véritable mutation de propriété pour le légataire au profit des héritiers *ab intestat*, puisque ceux-ci reçoivent les biens abandonnés non comme succédant directement au défunt, mais par la volonté du légataire, qui en était légalement saisi et qui n'en conserve pas moins sa qualité d'héritier testamentaire ; attendu, en fait, qu'Adeline Loncle, décédée sans héritiers à réserve, avait, par testament olographe, institué la femme Foulon légataire universelle ; que celle-ci a été régulièrement envoyée en possession ; que les sieurs Loncle, frères de la testatrice, ont demandé la nullité du testament; qu'une enquête a été ordonnée; qu'après cette enquête et avant le jugement définitif, la dame Foulon a reconnu à titre de transaction la nullité du legs à elle fait et consenti à ce que la succession fût appréhendée par les héritiers du sang; qu'il y a eu, dès lors, transmission volontaire de la légataire aux héritiers et qu'un droit proportionnel était dû. »

C'est ce qui résulte encore d'un arrêt du 11 avril 1866 (2259 R. P., 2347-4 I. G., B. 73, S. 66-1-222, D. 66-1-151, P. 66-560), portant :

« Attendu qu'il y a lieu de considérer comme translative, au point de vue de l'impôt, et passible à ce titre du droit proportionnel, toute transaction par l'effet de laquelle la propriété ou partie de la propriété en litige est attribuée à celui qui, d'après la loi ou les titres ostensibles, n'était pas le possesseur ou le propriétaire apparent ; et, attendu, dans l'espèce, qu'après avoir institué son mari légataire universel, par testament en date du 3 février 1834, la dame Bourcet avait, par un second testament du 15 octobre 1862, portant révocation du précédent, légué tous ses biens à la dame de Marzy, sa sœur et son héritière naturelle, sous la réserve, au profit de son mari, de la propriété ou seulement de l'usufruit de partie de ses biens ; qu'ainsi le titre de propriété et de possession était aux mains de la dame de Marzy; que cette situation a été changée par l'effet de la transaction du 18 août 1860; qu'en restreignant volontairement les droits qu'elle tenait d'un titre non annulé judiciairement et qui, en l'absence de toute décision contraire, devait prévaloir sur celui du sieur Bourcet, la dame de Marzy a consenti, en faveur de ce dernier, un véritable dessaisissement de propriété et que les droits qui reposaient sur sa tête n'ont pu passer sur celle du sieur Bourcet sans donner ouverture au droit proportionnel; d'où suit qu'en décidant le contraire et en jugeant, en conséquence que l'acte du 18 août 1860 n'était passible que d'un simple droit fixe, le jugement a faussement appliqué et, par conséquent, violé les dispositions de la loi ci-dessus visées. »

*Conf.* : Seine 14 août 1875.

*Séquestre.* — La solution ne serait pas différente quoique, sur les contredits élevés par les héritiers du sang, la succession ait été d'abord placée sous un séquestre. Cette circonstance n'empêche pas l'envoi en possession de produire ses effets ordinaires en ce qui concerne l'investissement légal du légataire. Et si ce légataire transige en l'état avec les héritiers, l'abandon d'une partie de son legs a un caractère réellement translatif (Cass. 19 août 1868, 2784 R. P., 2375-5 I. G., S. 68-1-416, D. 68-1-400, P. 68-1107).

1. DROIT DE MUTATION A TITRE ONÉREUX. — L'arrêt solennel du 12 décembre 1865, cité au numéro précédent, après avoir reconnu que la mère naturelle n'a point de réserve légale, déclare d'abord que le légataire universel doit acquitter l'impôt des successions sur l'intégralité des biens héréditaires. Puis, arrivant aux droits exigibles sur le contrat, il statue en ces termes : « Sans qu'il y ait lieu d'examiner la question de savoir si le droit à une réserve, reconnu dans la transaction par la dame Bohet à la dame Muteau, peut ou non être opposé à l'Administration ; que ce droit n'ayant pu, en effet, dans tous les cas, conférer à la dame Muteau qu'un quart dans les biens, il y a toujours eu pour le surplus transmission sujette au droit; qu'en renvoyant les parties de la demande totale, le jugement attaqué a violé, etc... »

Des arrêtistes émirent l'avis que, dans la pensée de la Cour, l'effet translatif se restreignait peut-être à ce qui dépassait la réserve de la mère, le surplus lui revenant en vertu d'un titre que la transaction lui avait souverainement reconnu et que l'Administration n'avait pas le droit de contester (*V.* not. Dalloz *sur l'arrêt*). Les parties essayèrent vainement de faire prévaloir ce système devant le tribunal de renvoi.

Puisqu'il était reconnu, d'une part, que la légataire universelle avait été régulièrement investie de toute la succession au point d'être passible de l'impôt des mutations par décès, et, de l'autre, que la transaction litigieuse avait un caractère commutatif à l'égard des biens cédés, il allait de soi que cet abandon donnait lieu au droit de vente sur toutes les valeurs attribuées à la mère naturelle. Aussi le tribunal décida-t-il que le droit de mutation à titre onéreux était exigible au même titre que le droit de succession (Mâcon 22 août 1866, 2393 R. P., 13286 C.).

2. TESTAMENT AUTHENTIQUE. — Par un premier testament authentique en date du 13 décembre 1830, le sieur Pierre Lebret avait légué à la demoiselle Paquerot, sa domestique, une rente viagère de 600 francs, l'usufruit d'une maison et divers objets mobiliers; au sieur Amédée Tiangon et

à la demoiselle Émilie Tiangon, une somme de 100,000 francs pour chacun; enfin, il avait institué la dame Tiangon, née Bar, mère de ces derniers, pour sa légataire universelle. — Suivant un second testament, fait dans la forme olographe, le sieur Lebret a réduit à une rente viagère de 300 francs le legs fait à la demoiselle Paquerot, et maintenu les autres legs, ainsi que l'institution de la dame Tiangon pour légataire universelle. — Dans un troisième testament, passé devant notaire le 12 février 1842, le sieur Lebret a révoqué ses testaments antérieurs et institué pour légataire universelle le sieur Bazin, à la charge d'acquitter les legs particuliers ci-après : à la demoiselle Tiangon, une somme de 150,000 francs; à la demoiselle Paquerot, 100,000 francs; au sieur Louis Paquerot, 25,000 francs; à la demoiselle Varnier, 15,000 francs; au sieur Alexandre Varnier, 15,000 francs; au sieur Prévost, 10,000 francs.

Le testateur est décédé le 15 septembre 1842, sans héritiers à réserve.

Le dernier testament, du 12 février 1842, a été attaqué en nullité, pour cause de captation et de démence, par la dame Bar, épouse Tiangon, instituée légataire universelle par les deux premiers testaments. Mais, le 11 avril 1844, il est intervenu entre les parties une transaction notariée qui a réglé leurs droits ainsi qu'il suit : les deux premiers testaments sont expressément approuvés; la dame Tiangon, reconnue légataire universelle, délivre, à titre de legs particuliers : à la demoiselle Tiangon, 150,000 francs; au sieur Prévost, 8,000 francs au lieu de 10,000; au sieur Bazin, 50,000 francs au lieu du legs universel; à la demoiselle Paquerot, 50,000 francs au lieu de 100,000; au sieur Louis Paquerot, 12,500 francs au lieu de 25,000; à la demoiselle Varnier, 10,000 francs au lieu de 15,000; à Alexandre Varnier, 10,000 francs au lieu de 15,000. Ces délivrances de legs sont acceptées par les légataires. L'acte ajoute que par le résultat de la transaction, la dame Tiangon recueille dans la succession du sieur Lebret une somme de 108,071 fr. 28 cent., en valeurs mobilières restant libres après la délivrance des legs.

Lors de l'enregistrement de cet acte, il a été perçu un droit de 6 pour 100 sur la somme de 108,071 fr. 28 cent., considérée comme formant l'objet d'une donation faite à la dame Tiangon par le sieur Bazin.

La dame Tiangon et son mari ont assigné l'Administration devant le tribunal de Joigny en restitution de ce droit sous la réserve du droit fixe; mais leur demande a été repoussée par un jugement du 16 novembre 1843, et leur pourvoi contre ce jugement a été également rejeté par un arrêt de Cass. du 22 avril 1845 (1743 § 12 I.G., 12363 J.N., 13727 J.E., S. 45-1-444), portant :

« Attendu qu'aux termes de l'art. 1006 C. C., Bazin, institué légataire universel de Lebret, avait été saisi de plein droit par le décès du testateur, mort sans héritiers à réserve; que dans cette position il n'était pas recevable à renoncer à son legs et n'avait pu, par l'acte qualifié de transaction, disposer au profit de la dame Tiangon d'une partie des biens dont il était propriétaire et possesseur sans que cette disposition dût être considérée comme un acte translatif de propriété; qu'ainsi la perception faite par le receveur de l'enregistrement à raison de l'abandon d'une portion du legs universel était régulière et conforme aux dispositions de l'art. 69 § 7 n° 1er L. 22 frimaire an 7; attendu que, pour qu'il y ait lieu à la restitution de ce droit proportionnel, il ne suffit pas que, par une transaction qui, suivant l'art. 2052 C. C., n'a l'autorité de la chose jugée qu'entre les parties, Bazin ait consenti à ce que le testament qui forme son titre à la propriété des biens de la succession de Lebret soit regardé comme nul et non avenu relativement aux biens abandonnés à la dame Tiangon; qu'il faudrait que la nullité du testament eût été prononcée par jugement, ainsi que cela résulte soit de l'art. 68 § 3 n° 7 L. 22 frimaire an 7, relatif au cas où il y a lieu à la résolution du contrat pour cause de nullité radicale, soit de l'art. 69 § 7 n° 1er même loi, dont la disposition, conçue en termes généraux et absolus, assujettit au droit proportionnel tous les actes civils et judiciaires translatifs de propriété, sans exception en faveur des cessions ou rétrocessions volontairement opérées, même pour cause de nullité radicale ; attendu enfin que l'art. 68 § 1er n° 45 L. 22 frimaire an 7 s'applique à toutes les dispositions faites par les transactions, sans distinguer celles qui sont relatives à l'objet en litige de celles concernant un objet qui lui serait étranger. »

Jugé également que si le légataire universel qui a fait signifier le testament authentique abandonne la moitié de la succession à l'héritier pour éviter un procès, le droit de vente est dû sur les biens cédés (Jonzac, 15 janv. 1877, 4778 R. P.).

**17380. Testaments successifs.** — Quand il y a plusieurs légataires universels institués par des testaments successifs, c'est le dernier en date qui règle l'état de possession apparente des droits compris dans la transaction, sans qu'il y ait à examiner la forme de ce testament et pourvu qu'il révoque les autres. Si donc, le légataire dernier institué abandonne une portion des biens aux bénéficiaires des testaments antérieurs devenus sans objet, le droit de mutation est exigible (Cass. 22 avr. 1845, *arrêt rapporté* n° 17379-1; — Cass. 11 avr. 1866, *arrêt rapporté* n° 17379).

Il importe peu que le dernier testament soit attaqué comme ayant une fausse date ou étant le produit de la captation; car, si certaine que puisse paraître l'invalidité du second testament, il subsiste tant qu'il n'est pas annulé (Cass. 11 avr. 1866, *arrêt rapporté* n° 17379).

En ce sens, il a été également jugé que lorsque le légataire universel transige sur l'action en nullité du testament, en faveur de ceux qui avaient été l'objet d'un testament antérieur dûment révoqué par le second, en leur payant ou en s'engageant à leur payer une somme, le droit de quittance ou d'obligation est exigible (Aix 21 juin 1866, 18718 J. N., 18343 J. E., 14021 C.).

**17381. Legs facultatif.** — Lorsqu'un partage testamentaire laisse au successible la faculté d'opter entre le legs d'un immeuble et celui d'une somme d'argent, on ne peut percevoir le droit de mutation sur la transaction qui constate que le successible a opté pour du numéraire. Et s'il lui est promis une autre somme en considération de la transaction, cette obligation ne peut non plus être envisagée comme le prix d'une mutation immobilière, mais comme un sacrifice que les parties font à leur tranquillité, lequel n'est passible que du droit de 1 franc pour 100 (Dél. 9 mai 1828, 2212 Roll.).

**17382. Héritier. — Qualité contestée.** — Dans une espèce où la qualité d'héritier étant contestée, les héritiers de celui qui était l'objet de cette contestation ayant abandonné pour une certaine valeur de créances touchées par leur auteur dans la succession cause du litige, l'Administration a reconnu qu'il n'y avait pas donation, mais simple mutation de créances dont le prix était représenté par la valeur de l'action intentée (Dél. 10 oct. 1834, 11030 J.E.).

**17383. Partage. — Modification.**— Il n'est pas douteux que le partage constitue un titre apparent de propriété qui subsiste intégralement tant que la nullité n'en a pas été judiciairement reconnue. Quand les cohéritiers, sous prétexte de réparer des inégalités ou des erreurs, modifient les attributions de cet acte, il s'opère un changement dans l'état de possession des parties et le droit proportionnel de cession ou d'échange devient exigible, selon les cas. C'est un point que nous avons expliqué avec détails au mot *Partage* (*suprà* n° 12483, etc.) et sur lequel nous ne revenons pas ici.

Faisons seulement remarquer, d'une part, que la situation ne serait plus la même si le partage avait été judiciairement annulé avant la transaction, et, d'autre part, que si le cohéritier loti, tout en conservant son lot, s'obligeait à payer un supplément de soulte, ce n'est pas le droit d'obligation, mais celui de soulte qui serait exigible. Nous avons également développé ces questions au mot *Partage*.

Jugé spécialement que si un copartageant pour obtenir le désistement d'une action en rescision, abandonne à un copartageant des biens à lui attribués, le droit de mutation à 5 fr. 50 p. 10) est dû (Grenoble, 29 avr. 1875).

**17384. Communauté. — Renonciation.** — Les héritiers de la femme, après renonciation à la communauté, se sont néanmoins mis en possession de valeurs de la communauté. Il est constaté dans le procès-verbal de conciliation que pour terminer toutes contestations les héritiers de la femme ont offert au mari 200 francs qui ont été acceptés. Il y a transmission d'objets mobiliers passible du droit de 2 pour 100 (16971 § 2 J.E.).

**17385. Donation acceptée.** — Quand la donation a été régulièrement acceptée, elle a investi le donataire d'un droit de propriété auquel il ne peut renoncer par transaction sans que le droit proportionnel soit exigible. Ainsi, il a été reconnu que la transaction sur procès par laquelle l'une des parties reconnaît la nullité d'une donation entre-vifs, qui lui avait été faite et qu'elle avait acceptée, donne ouverture au droit de rétrocession, alors même qu'un jugement postérieur à cette transaction aurait résolu la donation pour cause de nullité radicale. Ce n'est pas, en effet, du jugement ultérieur que résulte la résolution, mais de la transaction. C'est un droit qui a été définitivement acquis (Sol. 28 sept. 1830, 9923 J. E.; — Cass. 30 janv. 1815, 5070 J. E., S. 15-1-263).

1. RETOUR LÉGAL. — Jugé encore par le tribunal de Dreux, le 14 août 1855 (16133 J.E.), que l'acte intervenu entre un ascendant donateur et le conjoint du donataire prédécédé, par lequel, avant de procéder au partage des biens de ce dernier, il est convenu, à titre de transaction, que l'ascendant exercera le retour légal des biens donnés, quoique ces biens aient été compris dans une donation entre-vifs postérieure faite à l'époux survivant par le prédécédé, contient une transmission à titre onéreux passible du droit de 5 fr. 50 cent. pour 100 sur la valeur de la portion abandonnée dans les biens précédemment donnés par l'ascendant.

**17386. Don manuel.** — Le don manuel s'opérant par la tradition réelle qui saisit immédiatement le donataire de la propriété des choses données, il en résulte que celui-ci ne peut plus être dessaisi que par un acte de sa volonté, ou par un jugement. Si donc le donataire renonce volontairement à la totalité ou à une partie du don, il fait un acte de maître, qui, de sa part, est une libéralité envers ceux au profit desquels il renonce. Peu importe que cette libéralité ait lieu sous la forme d'une transaction sur procès, puisque le don manuel n'a pas été annulé par les tribunaux. Aussi l'Administration a-t-elle délibéré, le 16 avril 1830, qu'un droit de donation mobilière est exigible sur la transaction par laquelle l'une des parties renonce partiellement à un don manuel au profit des héritiers du donateur (7171 J. N.).

De même, si un individu renonce à tous droits de propriété sur une rente d'État et un capital déposé en son nom à la caisse de la vieillesse, il y a cesssion véritable au profit du tiers auquel la renonciation profite. On doit, dès lors, percevoir le droit fixe pour le transfert de la rente et celui de 1 pour 100 sur le capital déposé (Corbeil 21 janv. 1864, 17789 J.E.).

**17386 *bis*. Dot. — Nullité.** — Lorsqu'une femme a vendu un immeuble avec l'autorisation de son mari et qu'après son décès, ses héritiers ont demandé judiciairement l'annulation du contrat, par le motif que le bien vendu était dotal et par suite inaliénable pendant le mariage, la transaction intervenue entre les parties avant que le tribunal ait statué, par laquelle l'héritier de l'acquéreur consent à éteindre l'action des héritiers de la venderesse en leur abandonnant une portion de l'immeuble dont-il conserve le surplus, donne ouverture au droit de 5 fr. 50 cent. pour 100 comme constituant une rétrocession, alors même que la transaction a été homologuée par le tribunal, à cause de la minorité de quelques-unes des parties (Nice 14 janv. 1873, 3890 R. P.).

**17387. Réserve de disposer d'une somme sur l'objet d'une donation.** — En principe, lorsqu'un donateur se réserve de disposer d'une somme sur l'objet d'une donation et qu'il meurt sans avoir disposé, cette somme revient à ses héritiers et non au donataire, car elle ne faisait pas partie de la donation.

En 1829, la dame Descartes donne à son mari l'usufruit de tous ses biens. L'acte contenait cette disposition : « La future épouse excepte de cette donation une somme de 3,000 francs, dont elle a l'intention de faire emploi en un placement pour être remboursé, aussitôt après son décès, à ceux de ses héritiers qu'elle indiquera. » — La donatrice décéda sans avoir fait de disposition nouvelle; alors s'éleva entre le mari et les héritiers la question de savoir si la somme devait faire partie de la donation, aux termes de l'art. 1086, ou si, au contraire, elle ferait purement et simplement partie de la succession. — Le 29 novembre 1832, transaction entre les parties, portant que la somme de 3,000 francs appartiendra en toute propriété, savoir : au sieur Descartes pour 1,100 francs et aux héritiers pour 1,900 francs. — Le droit de 6 pour 100 ayant été perçu sur la somme de 1,100 francs, l'Administration a maintenu la perception par une délibération du 18 juin 1833, fondée sur ce que la somme de 3,000 francs, dont la dame

Descartes s'était réservé la faculté de disposer, n'a jamais fait partie des biens donnés, et qu'à son décès ses héritiers s'en sont trouvés saisis. D'où la conséquence qu'en se dessaisissant des 1,100 francs, ils ont fait acte de libéralité au profit du sieur Descartes, qui n'avait aucun droit à la propriété, ni même à l'usufruit de cette somme.

**17388. Absent.** — Lorsque les cohéritiers d'un absent ont renoncé à une succession, ou transigé tant pour eux que pour l'absent dont ils se sont portés fort, sa succession se règle d'après la renonciation ou la transaction faite en son nom, et que personne n'attaque. S'il ne lui est alloué qu'une légitime en argent, sa succession sera mobilière (Dél. 29 oct. 1812, 4356 J.E.).

**17389. Adoption.** — Lorsqu'un enfant naturel reconnu a été adopté par son père, aucun droit de mutation par décès ne peut être exigé des frères et sœurs de l'adoptant qui sont exclus de la succession par l'adopté, encore bien que cette adoption puisse être contestée en droit. Et si l'enfant naturel, ainsi adopté, transige, au sujet de cette adoption, avec les héritiers naturels et s'engage à leur payer une somme, le droit de donation est dû sur cette somme, mais aucun droit de mutation par décès ne peut être réclamé.

**17390. Acte faussement qualifié.** — Il arrive souvent que l'on qualifie de transactions des actes qui, loin d'intervenir sur des droits litigieux, ne font que consacrer des droits parfaitement liquides et certains. Il est inutile, dans ce cas, de se préoccuper des controverses qui peuvent s'attacher à la théorie que nous avons exposée dans les paragraphes précédents. Il faut appliquer purement et simplement à ces actes les droits qui leur sont propres d'après leur nature.

1. CESSION DE DROITS SUCCESSIFS. — Ainsi, il a été reconnu que l'acte qualifié transaction, qui, sur la demande en partage d'une succession formée par le curateur aux biens d'un des ayants droit à cette succession, intervient sur l'appel du jugement qui a accueilli la demande, entre ledit curateur et les cohéritiers de celui qu'il représente, transaction par laquelle le curateur renonce à toutes prétentions sur l'hérédité, au moyen d'une somme qu'on s'oblige à lui payer, doit être considéré comme une véritable cession de droits successifs, à titre onéreux, assujettie au droit proportionnel de 4 pour 100 (Cass. sect. réun. 2 fév. 1808, 9988 J.E.).

2. CESSION D'USUFRUIT. — Un mari usufruitier, sans contestation possible, des biens de sa femme, lui abandonne la moitié de son usufruit, le droit de mutation est exigible sur la moitié de cet usufruit (Cass. 11 avr. 1808, 10,000 J.E., S. 7-2-1234).

« Vu l'art. 4 L. 22 frimaire an 7; Attendu que, s'il pouvait exister quelque incertitude résultant du choc du contrat de mariage des époux Collart, et de la donation réciproque qu'ils se sont faite ensuite de tous leurs biens, du moins il n'en peut exister, quant à l'usufruit des biens laissés par la défunte à son mari; que, par la transaction du 7 ventôse an 13, celui-ci a cependant cédé à la dame Oudot une partie de l'usufruit qui lui appartenait; qu'il y a donc, à cet égard, une mutation à raison de laquelle il est dû un droit, conformément à l'article ci-dessus cité; que, suivant la transaction, le défendeur est tenu de payer les droits d'enregistrement qu'elle entraînerait; qu'ainsi, en déclarant indéfiniment la Régie non recevable et mal fondée dans sa demande, le jugement attaqué a violé l'art. 4 de la loi précitée. »

3. VENTE. — Un acte passé devant notaire, les 12 et 17 septembre 1854, entre le bureau de bienfaisance et les hospices de Valenciennes, contient les dispositions ci-après : « Les parties ont arrêté entre elles, à titre de transaction définitive et irrévocable, les points et articles suivants : « Art. 1er. Le bureau de bienfaisance de Valenciennes reconnaît comme incommutable entre les mains des hospices la propriété de tous les biens dits de l'Aumône générale, dans la jouissance desquels lesdits hospices ont été maintenus par arrêté de M. le préfet du Nord, du 8 floréal an 9, tant en vertu de cet arrêté qu'au besoin, en vertu de la possession continue qu'ont eue les hospices, de ces mêmes biens, depuis plus de cinquante ans; en conséquence, il renonce à tous droits et prétentions qu'il pourrait avoir à ces biens en vertu des ordonnances, lettres patentes et décrets vantés audit contrat et de tous autres titres. — Art. 2. De leur côté, les hospices s'obligent à continuer : 1° de pourvoir au service de toutes les charges dont étaient et peuvent être grevés lesdits biens, tant dans le présent que dans l'avenir, sans réclamation pour le passé; — 2° de servir et payer au bureau de bienfaisance de Valenciennes une rente annuelle et perpétuelle de 25,000 francs, par douzième, de mois en mois, à partir du 1er janvier 1855. Le capital de cette rente ne pourra être remboursé que sur le pied de 3 pour 100. — Art. 3. En outre, les hospices abandonnent au bureau de bienfaisance une rente fixe et invariable de 5,000 francs annuellement. — Art. 4. Au moyen des présenste, toutes contestations nées ou à naître entre les deux établissements à raison de la propriété et jouissance, tant pour le passé que pour l'avenir, des biens ci-dessus provenant de l'ancienne Aumône générale de Valenciennes, sont et demeurent définitivement éteintes. »

Lors de l'enregistrement de cet acte, le receveur a perçu le droit de vente à 5 fr. 50 cent. pour 100. Il a paru à la commission des hospices, ainsi qu'à celle du bureau de bienfaisance, que la convention intervenue entre ces établissements n'était passible, comme transaction, que du droit d'obligation de sommes, par application de l'art. 69 § 3 n° 3 L. 22 frimaire an 7.

En conséquence, l'Administration a été assignée devant le tribunal de Valenciennes pour s'entendre condamner à restituer ce qui excédait le droit de 1 pour 100; mais cette demande n'a pas été accueillie. Un jugement du 14 mars 1856 a reconnu que le droit de 5 fr. 50 cent. pour 100 avait été régulièrement perçu. Le tribunal a considéré que l'acte du 17 septembre 1854 n'avait de la transaction que la forme; qu'il contenait une vente, par le bureau de bienfaisance aux hospices, de la propriété de tous les immeubles qui lui appartenaient comme provenant de l'ancienne Aumône générale, ce qui résultait de documents historiques et des éléments du procès.

Le pourvoi en cassation exercé contre ce jugement par la commission des hospices a été rejeté, par un arrêt de la chambre des requêtes, du 10 février 1857, motivé comme il suit : « Attendu qu'il ressort des clauses de l'acte du 17 septembre 1854, que les biens composant l'ancienne Aumône de Valenciennes ont été transmis par le bureau de bienfaisance à l'administration des hospices de cette ville, et que la qualification de *transaction* donnée à cet acte ne fait pas obstacle à la nature de la convention qui a constitué une véritable vente soumise au droit proportionnel de 5 fr. 50 cent. pour 100, et que, l'ayant ainsi décidé, le jugement attaqué, loin d'avoir violé la loi, en a fait une juste application (812 R. P., 2096 § 14 I. G., 16010 J.N., 16504 J.E.).

**17391. Partage.** — 1. QUALIFICATION FAUSSE. — Les principes qui précèdent trouvent surtout leur application au partage. Aux termes de l'art. 888, l'acte qui a pour objet de faire cesser l'indivision entre cohéritiers est soumis à l'action en rescision pour cause de lésion, encore qu'il soit qualifié de transaction. Or, ces expressions, *encore qu'il soit qualifié de transaction*, annoncent suffisamment qu'il s'agit d'une qualification fausse donnée à un acte qui n'aurait d'autre objet que de faire cesser l'indivision entre les cohéritiers, qui ne contiendrait pas en effet de transaction sur des difficultés réelles, et qu'on n'aurait rédigé en forme de transaction, en supposant des difficultés qui n'existaient pas, qu'afin de le soustraire à l'action rescisoire pour lésion, en vertu de l'art. 2052 C. C. (Chabot et Marcadé sur l'art. 888).

Dans ce cas donc, l'acte, quoique qualifié transaction, ayant eu réellement pour objet de parvenir à la division des biens, constitue un partage, et le droit exigible est le droit fixe déterminé pour les partages, pourvu qu'il s'agisse d'un partage pur et simple.

2. CONTESTATIONS POUR PARVENIR A LA DIVISION DES BIENS. — Il arrive souvent que, lors même que les cohéritiers sont d'accord sur leurs droits respectifs dans la succession, s'il s'élève entre eux des discussions relativement au partage, soit pour le faire ordonner en justice contre ceux qui ne veulent pas y procéder à l'amiable ou qui veulent le faire ajourner, soit sur la possibilité du partage ou la nécessité d'une licitation, soit sur l'estimation des biens et la composition des lots, soit enfin généralement sur le mode de procéder au partage et sur la manière de le terminer. Mais il est bien évident que, toutes ces discussions n'ayant pour objet que de parvenir à la division des biens, l'acte qui les termine, en faisant cesser l'indivision, est réellement un partage, et ne peut être considéré comme une transaction. Autrement, la disposition de l'art. 888 serait purement illusoire, puisqu'il suffirait, pour en éluder l'application, de former en justice la demande en partage, et de faire élever quelques incidents bien ou mal fondés sur la forme de procéder (Chabot et Marcadé *loc. cit.*).

Dans ce cas encore le droit exigible sur la prétendue transaction serait le droit de partage.

3. CONTESTATIONS RÉELLES ET SÉRIEUSES. — Mais il ne faut pas aller plus loin que ne le demandent le texte et l'esprit de la loi.

L'art. 888 n'admet la rescision pour lésion d'un quart que contre les actes qui ont eu *pour objet* de faire cesser l'indivision, qui ont été faits *dans ce but*, et non pas contre ceux qui ne produisent cet effet qu'accessoirement.

Ainsi, supposons que plusieurs personnes, se prétendant appelées à une succession, soient en désaccord sur l'existence et la quotité de leurs droits (telle se croyant héritière, quand les autres soutiennent qu'elle ne l'est pas, ou se disant appelée pour telle fraction, quand les autres ne veulent lui accorder qu'une moindre fraction) ; supposons que ces personnes conviennent de renoncer à leurs prétentions réciproques et contradictoires, au moyen de l'attribution de tel bien à tel prétendant, et de tel autre bien à tel autre prétendant ; alors, comme ce n'est pas précisément la cessation de l'indivision qui a fait l'objet de l'acte, il n'y aurait plus lieu d'appliquer l'art. 888. Dans ce cas, en effet, l'acte n'a pas seulement la forme et la qualification d'une transaction ; c'est une transaction bien véritable. En laissant de côté la forme et le nom de l'acte, il est vrai de dire qu'on n'a pas fait un simple partage : on n'a pas dit, comme dans un partage, que tel et tel prendraient tels et tels biens pour se remplir de leur quart, de leur tiers ou de leur moitié dans la succession (cas où les biens devraient valoir, à un quart près, la fraction de succession pour laquelle ils sont comptés) ; on a dit que tel et tel prendraient tels et tels biens (quelle qu'en fût la valeur, quel que fût le droit des personnes) pour prix de leur renonciation à faire valoir telle ou telle prétention. Comment donc pourrait-il être question de lésion en pareil cas ? Comment l'un des prétendants pourrait-il venir dire qu'il n'a pas eu les trois quarts de la fraction qui lui appartenait, quand on n'a pas su quelle fraction lui appartenait ?... (Chabot et Marcadé *loc. cit.*).

Cette solution du droit civil doit être appliquée à la perception des droits, et le tarif à imposer à la convention est celui déterminé par sa nature, et non le droit propre aux partages.

**17392. Transaction après jugement.** — Lorsqu'un jugement a prononcé sur une question litigieuse, ce n'est plus l'état des choses antérieur à ce jugement qu'il faut considérer, mais bien la situation nouvelle que ce jugement a pu faire naître. Cette sentence, en effet, quelle que soit sa valeur, forme, jusqu'à son annulation, un titre ostensible de propriété et il n'y saurait être dérogé sans acquitter le droit proportionnel.

1. REMISE DE DETTE. — Jugé en ce sens que, si, après avoir obtenu un jugement de condamnation à 20,000 francs, le créancier et son débiteur conviennent, *par rectification amiable* de ce jugement, de réduire la dette à 12,000 francs, le droit d'acceptilation est dû sur 8,000 francs parce qu'un jugement subsiste tant qu'il n'a pas été *judiciairement réformé*, que son existence ne saurait dépendre de la volonté de la partie qui l'a obtenu et que la diminution du titre qu'il a formé entre les parties ne peut avoir lieu sans qu'il y ait libération pour le débiteur (Seine 6 déc. 1850, 15098 J. E., D. N. t. 12 p. 717 n° 205). — V. cep. *infrà* n° 17393.

2. DONATION. — Le tribunal de Saint-Omer, dans un cas analogue où les indemnités dues à la communauté par l'époux prédécédé, ayant été fixées à 6,000 francs, avaient été réduites à 2,000 francs, à titre de transaction, dans la

liquidation de succession, a jugé que le droit de donation était exigible sur 2,000 francs, moitié revenant à la veuve dans la portion retranchée (16 fév. 1850, 14932 J.E.). — On peut, avec le D. N. t. 12 p. 717 n° 206, contester que ce fut bien le cas d'appliquer le droit de donation, parce que l'intention de faire une libéralité n'était pas apparent; mais il n'en est pas moins certain qu'un droit proportionnel était exigible.

3. LEGS MAINTENU. — Décidé de même : 1° que c'est le droit de 4 pour 100, comme soulte de partage, qui est exigible sur l'acte par lequel le légataire préciputaire, qui a été maintenu dans son legs par un jugement, consent à ce que ce préciput soit partagé par moitié, entre lui et son cohéritier qui lui paye une somme d'argent (Villefranche 22 mai 1841, 12772-1 J. E.);

2° Que si le légitimaire qu'un jugement a autorisé à se faire délivrer sa légitime en corps héréditaire, cède ses droits par forme de transaction à l'un des héritiers ou copropriétaires des biens sur lesquels la légitime doit être prise, le droit de vente est exigible (Dél. 18 janv. 1828, 8934 J. E.).

**17393. Jugement frappé d'appel.** — On s'est demandé si le jugement devait avoir acquis l'autorité de la chose jugée pour constituer un titre apparent de possession dans le sens de la jurisprudence, ou bien si l'on pouvait attribuer ce caractère au jugement qui est encore dans les délais de l'appel ou même qui a été frappé par cet appel. La question n'a pas été uniformément résolue.

1. REMISE DE DETTE. — Ainsi, un débiteur, ayant été condamné au payement d'une créance de 94,000 francs, appela du jugement, puis obtint de l'intimé avant la sentence d'appel une transaction qui réduisit sa dette à 40,000 francs. On réclama le droit de remise de dette conformément aux principes développés ci-dessus (17392-1). Mais, par arrêt du 16 avril 1866, la chambre civile de la Cour de cassation décida : « que, par l'effet dévolutif de l'appel, le litige était encore entier devant la cour d'appel, lorsque, par un acte sous seing privé des 3 août et 6 septembre 1861, les parties y ont mis fin en fixant, à titre de transaction, la créance, objet du procès, à une somme de 40,000 francs; que cette fixation, en l'absence de toute fraude, même alléguée, constituait non une remise de partie de la dette, mais une véritable convention transactionnelle, ayant entre les parties l'autorité de la chose jugée en dernier ressort, et de laquelle ne résultait aucune stipulation de somme ou valeur, ni disposition soumise à un plus fort droit d'enregistrement que le droit fixe auquel les transactions sont ordinairement assujetties par l'art. 68 § 1er n° 45 L. 22 frimaire an 7 et 44 L. 28 avril 1816 » (2276 R.P., S. 66-1-264, D. 66-1-175).

Cette doctrine résulte également d'un arrêt antérieur du 5 juin 1811, rapporté par Teste-Lebeau v° *Trans.* n° 6, et conçu en ces termes :

« Considérant que les demandeurs ne pouvaient obtenir leurs conclusions dans le procès intenté devant le tribunal de Saint-Mihiel, qu'en prouvant, conformément à l'art. 69 § 8 n° 2 L. 22 frimaire an 7, que la succession de Marianne Thierry avait été recueillie, non pas par François, son fils, mais bien par les parents collatéraux de la défunte ; considérant qu'après le décès de Marianne, qui avait nommé ledit François son héritier, celui-ci a appréhendé la succession de la mère et a acquitté le droit de mutation en ligne directe : qu'à la vérité, sur les contestations élevées depuis entre lui et ses parents collatéraux, un jugement rendu en premier ressort, le 13 fructidor an 11, avait adjugé la succession à ces derniers, en écartant François comme fils adultérin; mais que ce jugement n'a jamais acquis l'autorité de la chose jugée, puisqu'il en avait interjeté appel, et que, sur cet appel, et par acte du 3 juin 1806, les parents collatéraux ont renoncé, en faveur de François, à tous les droits qui pouvaient leur compéter sur la succession contentieuse; qu'il suffit de lire cet acte pour se convaincre qu'il renferme non pas une vente de la succession, mais bien une véritable transaction sur un procès, dont le succès était incertain, *aliquo dato, aliquo retento*; que c'est sous ce point de vue que le jugement dénoncé a envisagé l'acte, bien que la Régie en eût perçu le droit sur le pied d'une vente; car le tribunal de Saint-Mihiel n'a rejeté l'action de l'indû exercée au nom de François que sur le fondement de la prescription; qu'il suit de là que les demandeurs ne peuvent s'étayer ni du jugement de l'an 11, ni de la transaction de 1806, pour en inférer que la mutation s'est opérée en faveur des frères et sœurs Thierry, et non pas au profit de François. »

C'est encore ce qui résulte d'un jugement du tribunal d'Orléans du 26 novembre 1867, d'après lequel si celui qui a été reconnu créancier en vertu d'un jugement non signifié transige avec le débiteur sur le chiffre de l'obligation avant l'expiration du délai d'appel et pour en éviter les chances, il n'y a pas remise de dette passible du droit proportionnel, mais transaction pure et simple sujette au droit fixe (3311 R. P.—*Conf.* : Clermont (Oise) 12 mars 1875, 4205 R. P.).

Nous avons critiqué ces décisions et nous ne pouvons que maintenir ici les observations qu'elles nous ont inspirées.

La thèse qu'elles consacrent n'aboutirait à rien moins, en effet, qu'à détruire le principe même de la perception du droit sur les transactions et à constituer les agents juges de la validité des actes. Les questions relatives à l'effet dévolutif de l'appel, aux forclusions encourues par l'appelant ou par l'intimé, aux péremptions des jugements par défaut, aux délais utiles pour la signification des jugements, tout cela se lie à la validité même du titre et non pas seulement à son existence matérielle. Les jugements sont comme les actes civils soumis à des voies diverses de réformation; mais, de part et d'autre, ce sont là des causes de nullité qui n'empêchent pas le titre d'exister et de produire ses effets apparents. Le jugement frappé d'appel n'est pas dans une autre situation que la vente attaquée en justice pour dol ou lésion. Puisqu'on décide que cette action n'enlève pas au contrat ses effets apparents et que l'acheteur demeure propriétaire au regard du Trésor, il n'y a pas de raison, semble-t-il, de décider autrement pour le créancier qui a obtenu un jugement attaqué par l'opposition ou l'appel. D'ailleurs, ce que l'on dit de l'opposition ou l'appel, pourquoi ne le dirait-on pas aussi de la requête civile, de la tierce opposition, du pourvoi en cassation? Est-ce qu'un jugement est complétement définitif tant qu'il reste exposé à ces voies extraordinaires de recours? A considérer rigoureusement les choses, est-ce que le créancier n'a pas un titre incomplet, chancelant et comme provisoire? Sauf la difficulté des procédures, ces actions menacent autant la décision que l'appel. Il faudrait donc attendre trente ans avant de considérer un jugement comme un titre apparent de propriété ! Dira-t-on que le Trésor doit, jusqu'à preuve contraire, croire à l'effet dévolutif de l'opposition ou de l'appel? L'arrêt du 16 avril 1866 semble l'admettre, puisqu'il se fonde, pour consacrer le caractère déclaratif de la transaction, « *sur l'absence de toute fraude, même alléguée.* » Mais ce système ne serait autre chose que le renversement complet de la théorie des transactions. C'est précisément, en effet, pour que le Trésor ne soit pas obligé de prouver la fraude que la loi et la jurisprudence l'autorisent à régler la perception d'après l'état apparent des choses au moment du contrat. Une telle justification eût été la plupart du temps impossible, et il aurait suffi d'un simulacre de procès pour opérer toutes les transmissions sans payer l'impôt. Il fallait soustraire l'Administration, en cette matière, à la nécessité de prouver la fraude, et voilà pourquoi les droits sont dus sur les déplacements *apparents* de la propriété. Les dispositions de la loi sont générales : on ne saurait l'interpréter différemment selon qu'il s'agit d'un contrat ou d'un jugement. Pas plus dans un cas que dans l'autre, l'Administration n'a à discuter la validité de l'acte ou de la sentence ni à apprécier les effets du litige auquel donne lieu leur exécution. C'est donc retourner contre le Trésor une règle faite à son profit que d'admettre, jusqu'à preuve contraire de sa part, la validité d'un simple appel, et par suite de dispenser du droit proportionnel la convention amiable dans laquelle les effets antérieurs du jugement sur la propriété des biens se trouvent anéantis. — Telle paraît être l'opinion de Bosquet : « Lorsque, dit-il, le désistement d'un acte d'appel par la partie qui l'a interjeté ou relevé avant qu'il ait été prononcé est fait moyennant une somme ou avec l'acceptation des parties intéressées, il faut le considérer comme une transaction et percevoir les droits en conséquence » (t. 2 p. 71).

1. CESSION DE MEUBLES OU D'IMMEUBLES. — Dans cet ordre d'idées, il a été reconnu que lorsqu'une transaction intervient sur appel avant même qu'un jugement ait acquis force de chose jugée, et transporte à l'une des parties la propriété d'immeubles ou de meubles que le jugement faisait reposer sur la tête de l'autre partie, il y a transmission passible du droit proportionnel (Cass. 2 fév. 1808, ch. réun. *suprà* n° 17390-2; — *Comp.* Cass. 2 janv. 1844, S. 44-1-19, 1713 § 8 I. G.).

*Arrêt du 2 février* 1808 : « Attendu que les testaments qui avaient conféré des droits aux légataires avaient été annulés par un jugement dont ils avaient interjeté appel; que, par la transaction intervenue en appel, le procès est déclaré irrévocablement terminé; que de l'ensemble de ladite transaction il résulte que les droits conférés par la loi aux héritiers légitimes sont reconnus et consacrés, moyennant l'obligation de payer des sommes d'argent et moyennant l'abandon aux légataires d'un immeuble déterminé; attendu que, dans cet état des faits, l'acte dont il s'agit, qualifié transaction par les parties, ne contient pas, de la part des légataires, transmission aux héritiers légitimes de la propriété des biens de la succession; d'où il suit qu'il n'y avait pas à considérer comme vente des biens héréditaires par les légataires aux héritiers un acte qui n'avait pas le caractère d'un pareil contrat. »

*Arrêt du 2 janvier* 1844 : « Attendu, en droit, qu'une transaction qui, sur l'appel d'un jugement, transporte à l'une des parties des droits de propriété qui, d'après le jugement, reposaient sur la tête de l'autre partie, ne doit pas, quant à la perception des droits d'enregistrement, être complétement assimilée à une décision judiciaire, et, par suite, être considérée comme simplement déclarative des droits préexistants; qu'elle est, au contraire, attributive en tant qu'elle opère un déplacement de propriété produit par la seule volonté des parties; que ce déplacement doit en conséquence donner ouverture à un droit proportionnel en sus du droit fixe dû pour la transaction. »

La même doctrine a été appliquée en matière d'échange par le tribunal de Bazas, le 7 juin 1870 (3492 R. P.).

Mais le contraire résulte de plusieurs autres jugements (Gourdon 24 fév. 1847, 14205 J. E.; — Saint-Sever 18 août 1856; — Narbonne 16 juill. 1870, 3311 R. P.).

2. TESTAMENT ANNULÉ. — Il a été jugé par la Cour de cassation, le 21 août 1848 (14605 J. E., 13489 J. N., S. 48-1-657), que la transaction par laquelle un légataire universel institué par un testament annulé par un jugement dont il a interjeté appel, renonce à une partie de son legs moyennant une somme que l'héritier s'oblige à lui payer, n'opère pas transmission de biens, par la raison que l'effet du jugement avait été de remettre, jusqu'à ce qu'il fût statué sur l'appel, la propriété de l'hérédité aux mains de l'héritier qui, dès lors, ne pouvait plus être acquéreur.

Le tribunal de Toulouse a appliqué la même jurisprudence le 15 février 1856 : « Attendu que l'effet de l'appel est, non de détruire le jugement qui en est frappé, mais d'en suspendre seulement l'exécution (457 C. proc.), et que l'autorité de la chose jugée qui en résulte continue de subsister tant que ce jugement n'a pas été infirmé ou réformé par une décision contraire des juges supérieurs (611 R. P.). »

La Cour suprême, abandonnant elle-même les principes qu'elle avait consacrés dans son arrêt du 11 avril 1866 (*suprà* n° 17379) pour revenir à son ancienne jurisprudence, a décidé, le 19 août 1868, que le légataire universel, saisi de plein droit en l'absence du réservataire et qui s'est fait envoyer en possession, doit acquitter l'impôt de mutation par décès sur tous les biens du défunt, quoique la succession ait été d'abord remise à un séquestre, et que, sur l'appel du jugement d'envoi en possession, il ait consenti à abandonner une partie des biens aux héritiers légitimes. « Attendu, porte cet arrêt, qu'il importe peu qu'au moment où la transaction est intervenue, le jugement qui avait ordonné l'envoi en possession des légataires universels fût frappé d'appel et que la Cour de Lyon eût rendu un avant-faire-droit autorisant à prouver que le testateur n'était pas sain d'esprit et que son testament était l'œuvre de la captation; qu'en effet, si cet appel et cet arrêt interlocutoire avaient suspendu l'exécution de l'envoi en possession ordonné par le jugement du 27 juin 1862, ils n'en avaient pas détruit les conséquences légales, et qu'en présence de ce jugement, qui avait corroboré la saisine existant de plein droit au profit des légataires universels, la Régie devait exiger d'eux le droit proportionnel de mutation par décès sur la totalité de la succession dont ils étaient saisis, à laquelle ils n'auraient pu renoncer en partie au profit des héritiers naturels sans opérer en faveur de ces derniers une nouvelle mutation de propriété » (2784 R.P., 2375-5 I. G., 19365 J.N., D. 68-1-400, S. 68-1-416, P. 68-1107). — Cette jurisprudence a été confirmée par la chambre des requêtes, le 13 février 1878 (4893 R. P.).

**17394. Jugement par défaut.** — Ce que nous disons du jugement frappé d'appel nous paraît applicable au jugement par défaut, qu'il soit ou non attaqué par voie d'opposition. Certainement, une pareille décision n'a pas un grand caractère d'exactitude, mais on ne peut pas néanmoins méconnaître qu'elle constitue une présomption en faveur du créancier et que, jusqu'à sa rétractation, elle forme un titre apparent de propriété en sa faveur.

Or, dans l'esprit de la jurisprudence, il n'en faut pas davantage pour autoriser la perception du droit proportionnel, si le créancier cède une partie de sa créance avant que le jugement ait été rapporté.

1. RÉTROCESSION. — Cependant, dans une espèce où un jugement par défaut avait ordonné la résolution d'une vente et où, avant la signification de ce jugement, les parties avaient convenu de considérer le jugement comme non avenu et de laisser l'acte de vente produire son effet, l'Administration a acquiescé à un jugement du tribunal de Péronne du 15 juin 1836 qui avait déclaré que cette convention n'était pas passible du droit proportionnel (11718-2 J. E.).

Décidé de même qu'il n'y a pas lieu de percevoir le droit de rétrocession sur la transaction par laquelle le vendeur d'un immeuble, dont l'aliénation a été résolue par un jugement *par défaut*, faute de payement du prix, renonce au bénéfice de ce jugement (Dél. 22 juill. 1828, 2204 Roll., D.N. t. 12 p. 712 n° 581).

2. REMISE DE DETTE. — Dans cet ordre d'idées, le tribunal de Lyon a encore reconnu, le 16 août 1861, que si un créancier, après avoir fait condamner par défaut son débiteur au payement d'une somme de 50,000 francs, reconnaît ensuite, au moyen d'une transaction, que sa créance est seulement de 20,000 francs, le droit de quittance n'est pas dû sur la différence, parce que le jugement de défaut n'est pas un titre certain de la dette.

Mais ces décisions nous paraissent plus faciles à justifier en équité qu'en droit.

**17395. Pourvoi en cassation.** — Le pourvoi en cassation n'a pas d'effet suspensif en matière civile. Moins que l'opposition ou l'appel, il peut donc être considéré comme infirmatif du jugement et c'est ce jugement qui devrait continuer à servir de base pour la perception des droits.

Ainsi, une personne ayant obtenu un arrêt qui la remettait en possession d'un immeuble dont elle avait été expropriée, moyennant le remboursement de l'indemnité qu'elle avait touchée et ayant payé les droits de mutation exigibles sur cette rétrocession, ses ayants droit n'ont eu à supporter qu'un droit d'obligation sur la transaction par laquelle ils se sont engagés à payer une somme déterminée pour obtenir le désistement du pourvoi contre cet arrêt; car, au moment de cette transaction, l'exproprié était rentré en possession de son immeuble (Cass. 29 avr. 1850, 14061 J.N., 14947 J.E., 1875 § 12 I.G., S. 51-1-620).

« Attendu que la compagnie s'est pourvue en cassation contre cet arrêt; que, par acte du 30 avril 1846, qualifié transaction, elle a déclaré se désister de son pourvoi et consenti à l'exécution pure et simple de l'arrêt de la cour d'appel de Paris, et qu'elle a reçu, comme prix de son désistement, la somme de 199,725 fr. 60 cent.; attendu que cet acte ne peut être considéré comme un acte translatif, au profit de Bonnard ou de ses représentants, de la propriété des terrains qu'il réclamait, puisque déjà, et par l'arrêt du 30 avril 1846, Bonnard avait été autorisé à reprendre possession de ces terrains; que, sur cet arrêt, la Régie avait perçu les droits de rétrocession d'immeubles; que, dans ces circonstances, la transaction n'a donc eu pour but que d'éviter les suites d'un procès dont le résultat pouvait paraître incertain; qu'en décidant que cette transaction, comme contenant obligation de sommes, devait être soumise au droit de 1 pour 100, le jugement attaqué, loin de violer les articles invoqués par la demanderesse, de la loi du 22 frimaire an 7 et de la loi du 28 avril 1816, en a fait, au contraire, une juste application. »

**17396. Arbitrage.** — Ainsi que le fait remarquer Carré, *Lois de la procédure*, quest. 3364, et que l'ont jugé les cours de Nancy 13 décembre 1832; — Cass. 3 juillet 1834; — Colmar 18 juin 1841 (V. *J. du Pal.*), le dépôt au greffe de la sentence arbitrale, n'est pas prescrit à peine de nullité. Ce dépôt n'est exigé que lorsqu'on veut faire donner par l'autorité judiciaire la force exécutoire à la décision arbitrale. Jusqu'à ce dépôt, avons-nous dit n° 2239, le jugement des arbitres n'est qu'un acte sous seing privé; d'autre part, puisqu'aux termes de l'art. 1008 C. proc., les parties peuvent, *d'un commun accord*, révoquer les arbitres, on doit conclure qu'il leur est facultatif, avant que le dépôt au greffe ait été effectué, de s'accorder pour révoquer cette dernière partie de la mission des arbitres, et de prendre leur décision pour règle de leurs différends. Si donc les arbitres ont fait rédiger leur décision par un notaire, en présence des parties qui ont déclaré y adhérer, nous pensons que l'acte notarié n'est autre chose qu'une convention, sur les difficultés qui divisaient les parties, passible des droits auxquels peut donner ouverture une transaction ordinaire.

## CHAPITRE III. — ABANDON DE PRÉTENTIONS

[17397-17403]

**17397. Règle générale.** — On avait, à l'origine, essayé de soutenir que, dans le cas même où la transaction n'opère pas de changement dans la possession apparente des biens, le droit proportionnel devenait exigible si le possesseur payait ou s'obligeait de payer une somme d'argent au tiers pour obtenir le désistement de ses prétentions. Et voici en quels termes on justifiait cette doctrine : « En admettant, disait-on, qu'il n'y ait pas cession des biens par le détenteur, il y a cession d'une action tendant à les obtenir d'une action réelle, immobilière quand il y a des immeubles. Le préposé ne peut juger quelles étaient celles des parties qui avaient des droits plus ou moins fondés à l'hérédité. Les unes renoncent à ces droits; dès lors elles font cession de ceux qu'elles réclament et le droit de cession est exigible. »

L'Administration avait elle-même appliqué ce principe dans l'espèce suivante : Par testament du 5 février 1823, Nicolas Gérard institue pour légataire universelle Marie Navardet, sa femme. Le 5 mai 1825, il fait un second testament qui révoque le premier et réduit sa femme à l'usufruit de ses biens. Il décède sans enfants. Le second testament ayant été annulé pour vice de forme, les héritiers naturels ont prétendu que le premier n'en demeurait pas moins révoqué, et, par suite, que seuls ils avaient droit à la succession. Une instance s'engage; mais, avant le jugement, il intervient une transaction par laquelle les héritiers naturels consentent à l'exécution du premier testament, moyennant une somme de 2,000 francs que la veuve, qui s'était mise en possession des biens, s'oblige de payer à titre d'indemnité. — Le droit de 5 fr. 50 cent. pour 100 a été perçu et l'Administration l'a maintenu par une Dél. 12 juin 1829. « Attendu que les héritiers naturels avaient la prétention d'être seuls propriétaires des biens dépendant de la succession ; que l'Administration n'a pas à examiner si l'action qu'ils avaient intentée était ou non fondée ; qu'enfin ils font abandon de leurs droits, moyennant 2,000 francs : dès lors on ne peut voir dans cette somme que le prix d'une cession immobilière. »

Mais cette interprétation a été abandonnée et elle devait l'être. En effet, pour que celui qui renonce à une action la transmette, il faut nécessairement que cette action existe. Or, par la transaction, celui qui paye ou s'oblige à payer ne reconnaît pas que le droit de son compétiteur soit fondé : on ne peut pas dire qu'il l'achète puisque ce compétiteur y renonce. « La loi, dit Merlin, ne voit dans la transaction sur des droits immobiliers que la fin d'un procès : elle ne se permet pas de peser la prétention dont les parties ont fait respectivement le sacrifice; elle ne permet pas de dire : telle prétention était fondée, *en y renonçant, celui qui la formait en a aliéné l'objet* » (v° *Partage* § 11). Ainsi que nous l'avons toujours enseigné, il n'y a pas là transmission d'une action pouvant donner ouverture à l'impôt proportionnel comme dans le cas où le prétendu créancier abandonne son droit à un tiers acquéreur : il y a tout simplement abandon d'une action désormais non avenue, renonciation à des prétentions non justifiées.

Du reste, l'administration paraît avoir renoncé complétement au principe de sa Délibération de 1829; et, quand elle a voulu, dans des circonstances particulières, faire réclamer le droit de cession sur le désistement du créancier, elle a échoué devant les tribunaux.

Ainsi deux Sol. des 7 juillet 1819 et 23 juin 1826, rappelées dans l'I. G. 1229 § 11, ont reconnu : « que des transactions intervenues sur des testaments contestés par les héritiers naturels ne donnaient pas lieu au droit de mutation, en ce qu'elles ne renfermaient que le consentement de ces héritiers à l'exécution de legs universels dont les légataires, à défaut d'héritiers à réserve, se trouvaient saisis de plein droit dans les termes de l'art. 1006 C. C.; consentement donné moyennant des sommes payées ou promises, et sur lesquelles le seul droit à percevoir était celui de quittance ou d'obligation. Ici, en effet, aucun droit de mutation ne peut être perçu, car il n'y a pas changement dans la possession. »

Décidé de même 1° que le droit de quittance est seul exigible sur la transaction par laquelle le vendeur se désiste, moyennant une somme payée, d'une action en rescision (Sol. 25 fév. 1835, 4658 Roll.);

2° Que si après la vente des biens d'une succession, les héritiers payent à titre de transaction une somme d'argent à un enfant naturel qui réclame une portion de l'hérédité, on ne peut voir dans cet acte ni une cession, ni une licitation, et le droit de quittance est le seul exigible (Dél. 22 déc. 1826, 1780 Roll.);

3° Que le droit de quittance est dû et non celui de rétrocession sur l'acte par lequel le prix d'un marché qui ne peut être exécuté comme frappant sur la chose d'autrui, est remboursé à titre de transaction à l'entrepreneur qui conserve même comme indemnité les matériaux qu'il avait déjà extraits (Dél. 11 juin 1825, 950 C., 1249 Roll., D.N. t. 12 p. 717 n° 204).

Un vendeur s'étant désisté moyennant une somme d'argent de l'action en nullité pour cause de dol introduite contre l'acquéreur, l'Administration crut pouvoir soutenir qu'il y avait abandon d'une action immobilière dans le sens de l'art. 526 C. C.; et que le droit de 5 fr. 50 cent. pour 100 était exigible. Mais le 28 novembre 1827, jugement de Rouen, ainsi conçu : « Attendu que la Régie applique faussement l'art. 526 C. C., que si l'acte portait sur une revendication de l'immeuble, le demandeur en ayant donné mainlevée et y ayant renoncé, il n'a donc pu y avoir de cession d'une action réputée non avenue. »

L'Administration a exécuté ce jugement par une Dél. 19 février 1828 (1534 C., Champ. et Rig. n° 625).

Elle a aussi acquiescé à un autre jugement du tribunal de Cambrai, du 31 août 1842, décidant que la transaction entre le légataire et les héritiers, par laquelle le premier conserve toute la succession, et les seconds renoncent aux prétentions qu'ils avaient d'abord élevées, moyennant une somme à payer par le légataire, donne ouverture non pas au droit proportionnel de 5 fr. 50 cent. pour 100 établi sur les cessions immobilières, mais seulement à celui de 1 pour 100 à raison de la somme due (6497 C., Champ. et Rig. t. 6 n° 31. — *Conf.* : Sol. 5 juill. 1847, 7936 C.).

Le droit de mutation immobilière avait été demandé sur une transaction par laquelle des héritiers naturels avaient reçu des hospices de Paris, légataires universels, une somme d'argent moyennant renonciation à l'action en nullité du testament.

L'Administration soutenait que l'action étant immobilière et les héritiers ayant cédé cette action moyennant une somme, le droit de vente immobilière était dû. Le tribunal de la Seine, par jugement du 3 janvier 1850, a condamné cette prétention (8908 C.), et l'Administration a encore acquiescé (Champ. et Rig. t. 6 n° 31).

Tenons donc pour établi, en l'état de la jurisprudence, que la renonciation pure et simple à une prétention, consentie transactionnellement, moyennant une somme due ou payée, n'est pas passible du droit de cession, mais donne seulement lieu au droit d'obligation ou de quittance. — Nous allons trouver de nombreuses applications de ce principe.

**17398. Consentement à l'exécution d'un testament.** — 1. OBLIGATION. — QUITTANCE. — Si le légataire est saisi de son legs, la renonciation par les héritiers naturels à une action en nullité dirigée contre le testament, consentie moyennant une somme d'argent, ne produit aucune modification dans la propriété apparente des biens, puisqu'ils continuent de reposer sur la tête du légataire. Il n'est donc dû aucun droit de transmission. Si la somme est payée, on doit percevoir le droit de quittance, et si elle est payable à terme, celui d'obligation (1229 § 11 I. G. — *Suprà* nº 17377).

Un jugement de Cambrai du 31 août 1842 avait décidé que le droit d'obligation est exigible sur le tout, s'il est constaté dans l'acte qu'une partie de la somme est payée, parce que c'est l'obligation même, tarifée par l'art. 69 § 3 nº 3 L. 22 frimaire an 7, qui détermine le droit, sans égard à son mode de payement (6497 C.). Mais cette solution n'est pas fondée. Une obligation cesse d'être telle quand elle est acquittée, et le droit spécial à ce contrat ne peut se liquider que de ce qui reste à payer (Champ. t. 6 nº 42).

2. RENTE VIAGÈRE. — Après le décès de la dame Hanry, qui avait institué son mari légataire universel, le sieur Griset, frère de cette dame, a manifesté l'intention d'attaquer le testament pour vice de forme. M. Hanry, dans le but d'arrêter les menaces du sieur Griset, a donné son consentement à une transaction par laquelle il constitue, au profit de son beau-frère, une pension viagère de 600 francs, réversible pour un tiers sur la tête de sa femme. Dès lors, M. Griset a consenti à l'exécution du testament. — Le receveur a cru voir dans cet acte une cession de droits successifs entre cohéritiers ; en conséquence, il a été perçu 4 pour 100 sur le capital au denier 10 de la rente viagère. — Cette perception n'a pas été maintenue (dél. 8 sept. 1835), parce que le légataire universel étant saisi de plein droit à défaut d'héritier à réserve, le consentement de l'héritier n'a donc pas produit l'effet d'une cession de droits successifs. L'instruction ci-dessus citée a, en effet, reconnu que si le légataire universel payait une somme d'argent pour prix du consentement de l'héritier, il était dû le droit de quittance, que si la somme était seulement promise, c'était le droit d'obligation qui était exigible, et que si une rente perpétuelle ou viagère était constituée, c'était le droit de 2 pour 100 qui devait être perçu. Il n'était dû, par conséquent, sur la transaction dont il s'agit, que le droit de 2 pour 100.

**17399. Réduction des donations et legs.** — Nous avons dit (vº *Donation* nº 6667) que la réduction des libéralités dépassant la quotité disponible n'opère pas de plein droit, et que, jusqu'au moment où cette réduction est obtenue, les donataires ou les légataires restent saisis des biens qui leur ont été transmis entre-vifs, ou dont ils ont obtenu la délivrance. Il en résulte que la transaction par laquelle les réservataires renoncent, moyennant une somme d'argent, à intenter l'action qui leur appartient, ne saurait donner lieu au droit de transmission sur la valeur des biens que le légitimaire supposait excéder le disponible (*Conf.* : 12278 et 18772 J. N., 13237 C.).

Une Dél. 22 mai 1827 (8961 J. E.) avait cependant cru pouvoir reconnaître que le droit de mutation est exigible sur l'acte par lequel l'héritier naturel ratifie, en faveur du donataire des biens immeubles, la donation qui excédait la quotité disponible, parce que cette ratification, moyennant un prix, est évidemment une cession immobilière de l'excédant de la portion disponible.

Mais l'Administration n'a pas persisté dans cette doctrine. Elle a décidé : 1º que l'acte par lequel une veuve, donataire universelle de l'usufruit des biens de son mari, constitue une pension à ses enfants qui consentent à l'exécution de la donation, ne peut être envisagé comme opérant une cession d'usufruit, puisque, en vertu de la donation faite en sa faveur, la veuve était déjà saisie de la jouissance de tous les biens. C'est une simple donation de somme, passible du droit de 1 fr. 25 cent. pour 100 sur le capital au denier 10 de la pension (Dél. 21 oct. 1828). — Au sujet du droit de donation, il faut seulement remarquer que, si le contrat avait le caractère d'une véritable transaction, c'est le tarif des mutations à titre onéreux qui serait seul applicable, comme nous le démontrerons plus loin ; — 2º que l'acte par lequel le légataire s'engage à payer une somme aux enfants du défunt, pour conserver l'objet entier de la libéralité attaquée comme excessive, ne renferme ni soulte ni rapport, mais transaction passible du droit de 1 pour 100 sur la somme promise (Sol. 5 mars 1858).

Il a été spécialement reconnu, en ce sens, que si le père du défunt, après avoir attaqué comme donation déguisée une vente faite moyennant une rente de 500 francs réversible sur sa tête, renonce à cette action moyennant que la rente sera portée à 800 francs, il n'est dû qu'un droit de 2 pour 100 sur le capital représentant l'augmentation de cette rente J. du not. nº 2128).

Il en serait autrement néanmoins si la réduction avait été d'abord prononcée par un jugement, car le légitimaire, saisi de la portion des biens indisponible, ne pourrait en céder aucune partie sans modifier les droits apparents et fournir une cause à la perception. On peut en voir une application au nº 17399-2 qui précède.

Quant à la réduction volontairement opérée par le légataire ou le donataire, comme elle est l'exécution pure et simple de la loi, on ne saurait percevoir un droit de mutation quelconque sur la restitution des biens au réservataire. Ainsi, il a été décidé avec raison qu'est passible du droit fixe de 3 francs, (4 fr. 50 cent.), seulement, la transaction entre des héritiers à réserve et le légataire d'une rente viagère, portant réduction de cette rente en ce qu'elle excède la quotité disponible (Sol. 21 déc. 1835, 4944 Roll., Dél. 16 sept. 1828, D. N. t. 12 p. 713 nº 183).

**17400. Rapport.** — Il n'en est plus du rapport comme de la réduction. Les biens sujets au rapport se réunissent de plein droit à la masse de la succession et les cohéritiers acquièrent sur eux, à leur insu, un droit de propriété. C'est pourquoi la transaction par laquelle ils abandonneraient une partie de ces biens au donataire serait passible du droit proportionnel.

Nous nous référons sur ce point aux observations que nous avons présentées au mot *Donation*, nº 6667.

Par contre, la transaction aux termes de laquelle les héritiers payent une somme déterminée pour tenir lieu de son préciput à leur cohéritier qui en était légataire, donne ouverture au droit de vente (Lyon 18 août 1847, 14345 J.E.).

**17401. Legs. — Renonciation à une condition.** — Un legs a été fait sous condition que le légataire ne se remariera pas. La transaction par laquelle, moyennant une somme d'argent, le légataire universel renonce à se prévaloir de cette condition, n'entraînant aucun déplacement des biens de l'hérédité n'est passible que du droit de 50 centimes pour 100 (17167 J. E.).

1. RÉDUCTION. — Si le légataire particulier d'une somme d'argent consent à réduire son legs, à condition de ne pas servir une rente viagère constituée au profit du légataire universel par le testament, l'acte contient une délivrance partielle de legs et une quittance (Moissac 11 août 1863, 1879 R.P.).

**17402. Désistement d'une action en rescision.** — 1. LÉSION. — « Quand l'acheteur, dit M. Demante, attaqué en lésion, fournit le supplément du prix, il doit nécessairement le droit proportionnel de 5 fr. 50 cent. pour 100 sur ce supplément. Ici le supplément est la condition du maintien de l'aliénation ; il fait donc partie du prix et sert justement de base à l'impôt » (n° 249). La transaction ne modifie pas sans doute l'état de possession apparente des biens ; mais il est constant que l'obligation contractée par l'acquéreur a pour objet un prix complémentaire de la vente, et on sait que les obligations pour prix de vente donnent lieu au droit même de la vente quand elles sont acceptées.

Aussi a-t-il été maintes fois reconnu que si le vendeur se désiste moyennant une somme de l'action en rescision de la vente pour cause de lésion, le droit immobilier est exigible (Dél. 3 oct. 1821 et 16 sept. 1828, D. m. f. 19 oct. 1821, 7087-7120 J. E., D. N. t. 12 p. 714 n° 195, Sol. 23 janv. 1833, 4067 Roll.). — C'est ce que la Cour de cassation a elle-même décidé par un arrêt du 11 juillet 1853, ainsi conçu : « Attendu que, dans l'espèce, la vente du *Journal du Palais*, qui avait été attaquée par les syndics Patris, pour cause de vileté de prix au regard de la masse des créanciers, a été ratifiée au nom de ceux-ci et homologuée en justice moyennant la somme de 310,000 francs, que l'acheteur Giraudeau s'est obligé de leur payer à titre de transaction à forfait sur procès, dit l'acte conventionnel ; qu'évidemment, par son origine et par son but, une créance ainsi constituée est un supplément de prix ; que ce supplément est passible du droit proportionnel de 2 pour 100, comme l'a été le prix de 300,000 francs énoncé en l'acte de vente attaqué » (1986 § 14 I. G., 15036 J.N., 15683 J. E., S. 53-1-535. — *V.* Cass. 4 mars 1807).

Il a été décidé, dans le même sens : 1° que si, dans un partage, un des cohéritiers, après avoir reconnu que le prix porté dans un acte de vente à lui consenti par son père a été simulé, rapporte à la succession de ce dernier la somme formant la différence entre le prix réel et le prix exprimé, et s'oblige à payer cette somme à ses cohéritiers qui renoncent à toute action en nullité de la vente, mais se réservant le privilége de vendeurs et de copartageants, jusqu'à entier payement, une pareille stipulation constitue une véritable transaction emportant mutation immobilière, et donnant lieu au droit de 5 fr. 50 cent. pour 100 (Tournon 24 mai 1859, 16992 J. E., 11627 C.) ;

2° Que lorsqu'un père, ayant acquis de deux de ses enfants leurs droits dans la communauté qui a existé entre leur père et leur mère décédés, abandonne, après le décès de l'un de ses enfants, à celui qui survit, tant à titre de partage définitif qu'à celui de transaction sur la cession qui pourrait être attaquable, pour lésion, 30,000 francs à prendre dans les valeurs mobilières de la communauté, le droit de 4 pour 100 est exigible sur ces 30,000 francs (Péronne 16 mai 1851, 15268 J. E.) ;

3° Que si un des enfants du vendeur décédé paye une somme convenue à ses frères et sœurs, à titre de supplément de prix, pour éviter les suites du procès en lésion dont il était menacé, au sujet d'une vente immobilière à lui consentie, le droit de 5 fr. 50 cent. est exigible sur ce prix supplémentaire (J. du not. 25 nov. 1868, n° 2298).

2. AUTRES CAUSES DE NULLITÉ. — Mais le principe ordinaire prend son empire, quand il s'agit de toute autre instance que la lésion, et que, par conséquent, la somme payée au vendeur n'a plus le caractère manifeste d'un supplément de prix.

*Dol, incapacité, vice de forme.* — Ainsi, il a été reconnu : 1° que la ratification d'une vente d'immeubles faite moyennant une somme d'argent, mais par suite d'une demande en nullité de cette vente pour cause de dol et de défaut de pouvoirs suffisants de la part du mandataire qui l'avait consentie, a le caractère d'une transaction, donnant ouverture au droit de 1 pour 100 sur la somme promise, et non d'une rétrocession (Rouen 28 nov. 1827, Dél. 19 fév. 1828, 6441 J. N., 8946 J. E.) ;

2° Que la transaction par laquelle un acquéreur paye comptant à l'héritier de son vendeur 6,000 francs, moyennant laquelle cet héritier renonce à l'action qu'il avait intentée en nullité de la vente, pour incapacité du vendeur et pour vice de la rédaction de l'acte, ne donne ouverture qu'au droit de quittance.

En effet, la somme payée ne peut être considérée comme un supplément de prix, puisque l'action ne repose pas sur une lésion mais sur une incapacité et un vice de rédaction. D'un autre côté, il n'y a pas cession d'une action immobilière en revendication, puisque le cessionnaire devait précisément supporter l'action et que celle-ci s'éteint (16582 J. E.) ;

3° Que quand les acquéreurs des biens d'une femme en minorité, consentent, à sa majorité, à lui payer une somme pour obtenir sa ratification, le droit de quittance est seul dû (Seine 17 déc. 1823 et Sol. 17 janv. 1824, D. N. t. 12 p. 717 n° 208, 7604 J. E.). — *V.* 13607 ;

4° Que la renonciation, moyennant une somme payable à terme, à l'action de l'acquéreur, en annulation de la vente, pour servitudes occultes non déclarées lors du contrat, est passible du droit d'obligation (Lyon 5 janv. 1857) ;

5° Que si une vente est nulle, parce qu'elle a été consentie, non par le propriétaire, mais par celui qui n'était qu'usufruitier des biens, la transaction par laquelle le nu-propriétaire ratifie la vente n'est point passible du droit de mutation, mais du droit de quittance ou de celui d'obligation sur les sommes que l'acquéreur paye ou s'oblige de payer au nu-propriétaire pour obtenir la ratification; la somme payée ne peut être envisagée comme supplément de prix (Dél. 8 fév. 1828, 9102 J.E.).

*Rente viagère. — Résolution.* — Mais lorsque le vendeur d'un immeuble aliéné moyennant une rente viagère, est décédé dans les vingt jours du contrat, par suite de la maladie dont il était atteint au moment de la vente, et que cette vente est résolue amiablement par un acte passé entre l'acheteur et l'héritier du vendeur, cet acte a évidemment le caractère d'une transaction et donne ouverture au droit de mutation à titre onéreux.

*Vente du bien d'autrui.* — C'est surtout au sujet de la vente du bien d'autrui que se présentent les plus grandes difficultés de la matière, parce qu'il est mal aisé de préciser la nature des rapports existant entre le vendeur, l'acquéreur et le véritable propriétaire, ainsi que les effets juridiques des actes intervenus pour rectifier l'erreur de la première vente. Mais il nous a paru rationnel de traiter cette matière délicate à propos de *la vente*, et on trouvera ci-après tous les développements que le sujet comporte.

*Communauté.* — L'acte par lequel les enfants d'une veuve qui renonce à une action pendante devant les tribunaux à l'effet de faire déclarer qu'il y avait communauté entre elle et son mari, consentent à augmenter de 20,000 francs une rente viagère constituée par le mari au profit de sa femme, et s'obligent à lui payer les arrérages, donne ouverture au droit de 2 pour 100 sur 20,000 francs, capital de la rente, et à celui d'obligation sur les arrérages (Seine 28 déc. 1842, 13167 J.E.).

*Créancier inscrit.* — Si l'acquéreur, pour éviter les poursuites en expropriation du créancier inscrit, consent à lui payer le prix qu'il avait déjà versé à son vendeur, il ne s'opère aucune cession sujette au droit proportionnel: l'acte est simplement passible du droit de quittance (Sol. 25 juill. 1860).

**17403. Droits non établis. — Créance contestée.** — La perception se réglant d'après l'état de possession des parties au moment de la transaction, il en résulte que si aucun titre ne constate l'existence de leurs droits apparents, on ne saurait y avoir égard.

Ainsi, quand il y a procès entre un créancier et un débiteur sur l'importance d'une dette verbale, et que, par transaction, le créancier consent à réduire sa demande à un chiffre inférieur à ce qu'il réclamait d'abord, on ne peut pas prétendre que le débiteur obtient une remise de dette passible du droit de quittance, puisque sa dette n'était pas établie même en apparence. Le seul droit exigible est celui d'obligation sur le montant de la reconnaissance (Sol. 27 juill. 1855, 21 août 1857, 2 sept. 1857, 30 janv. 1858).

Décidé, dans le même ordre d'idées, que le droit d'obligation est exigible, si, dans une transaction, il est stipulé qu'une des parties payera à l'autre pour prix de la renonciation faite de poursuivre l'autre partie, comme s'étant immiscée dans la gestion d'une société dont elle n'était que commanditaire, et à des époques fixes avec garantie de remboursement, une somme déterminée avec obligation aux intérêts en cas de non payement à l'échéance (Cass. 7 nov. 1859, 1270 R.P., 11662 C., 17049 J.E., S. 60-1-809).

« Attendu, en fait, porte l'arrêt, que la transaction du 9 avril 1855 dont il s'agit renferme, comme clause principale et fondamentale, l'obligation solidaire, de la part de la société Morel et Cie et des frères Morel, en leur nom personnel, de verser à la masse Aubé-Tronchon et Cie la somme de 2,600,000 francs, payable en quatre années et par quart, avec l'intérêt à 5 pour 100 en cas de retard aux échéances; attendu que les autres clauses de la même transaction n'ont pu altérer le caractère essentiel de cette obligation principale; qu'il importe peu, en effet, que ladite somme fût éventuellement remboursable en tout ou en partie sur le prix de certains immeubles, puisque cette condition accessoire, et dont l'accomplissement était considéré comme incertain par les parties elles-mêmes, laisserait subsister l'obligation principale dans toute son étendue; attendu que cette obligation de verser une somme considérable n'était point, de la part des obligés, un acte gratuit de complaisance, mais, au contraire, le prix de la renonciation que faisait le syndic de poursuivre les frères Morel comme s'étant immiscés dans la gestion d'une société dont ils n'étaient que commanditaires; attendu que, sous ce rapport encore, l'acte dont il s'agit serait une véritable transaction soumise au droit proportionnel par ladite loi du 22 frimaire an 7; attendu, enfin, que ladite transaction pouvait si peu être considérée comme une simple promesse de prêter ou une espèce d'ouverture de crédit, comme on l'a prétendu, que les obligés donnèrent eux-mêmes des garanties hypothécaires et mobilières pour assurer le payement aux époques fixées; qu'ils renoncèrent à certains droits qu'ils avaient sur la société ancienne et nouvelle, ainsi qu'à l'excédant que la vente des immeubles pouvait produire; qu'ils se soumirent même, en cas de retard et sans mise en demeure, au payement des intérêts des sommes qu'ils ne verseraient pas, toutes conditions exclusives d'une simple promesse de prêter, et qui constituent au contraire, une *véritable obligation de sommes.* »

## CHAPITRE IV. — NATURE ET LIQUIDATION DU DROIT

[17404-17408]

**17404. Droit à titre onéreux.** — La transaction par laquelle le détenteur des objets litigieux consent à les abandonner, pour terminer l'instance, ne renferme aucun prix dans le sens juridique du mot. Aussi l'Administration a-t-elle longtemps soutenu que cet abandon avait le caractère d'une libéralité et elle faisait toujours réclamer le droit de donation sur la valeur des biens cédés.

Nous avons combattu cette appréciation du contrat dans nos éditions antérieures.

En effet, disions-nous, on ne peut admettre qu'il y ait, de la part de celui qui abandonne une partie des biens à celui qui lui en dispute la propriété, intention de faire une libéralité. La donation est un contrat essentiellement volontaire; dans la transaction, celui qui cède ne le fait point dans un esprit de libéralité, mais dans le but d'annuler des prétentions dont il craint le succès. Il est certain, en outre, que la transmission n'est pas faite à titre gratuit, car s'il n'y a pas de prix stipulé en argent, il y a abandon par l'acquéreur d'une partie de ses prétentions; c'est moyennant ce désistement que le propriétaire cède une portion de son bien, et, par conséquent, il y a réellement un prix ou un équivalent pour la transmission de propriété. Telle était aussi l'opinion de M. Demante : « Dans le cas, ajoute le savant professeur, ou la transaction encourt un droit proportionnel, elle doit subir en général le tarif des actes à titre onéreux. L'Administration, même à son détriment, a souvent perçu le droit de donation. En principe, cette perception n'est pas exacte : le contrat est intéressé de part et d'autre; par nature, sinon par essence, il est onéreux » (nº 326).

La jurisprudence a complétement consacré notre avis. Dans les premiers arrêts qu'elle fut appelée à rendre sur la question, la Cour suprême ne s'expliqua pas à cet égard parce que toute la difficulté se résumait sur l'exigibilité du droit fixe ou du droit proportionnel. Cependant elle préjugeait déjà la solution en visant constamment l'art. 69 § 7 nº 1er L. 22 frimaire an 7, c'est-à-dire l'article du tarif relatif à la vente. — Quand la question de la quotité du droit lui fut posée, elle n'hésita pas à déclarer que la transaction était un contrat commutatif à titre onéreux passible du droit de vente.

C'est ce qu'elle décida d'abord par son arrêt du 5 juin 1861 (1492 R.P., 2201 § 8 I.G., 17163, 17164, 17662 J.N., 12002 C., 57 Rev., S. 61-1-738) au sujet d'une transaction par laquelle le légataire universel envoyé en possession de toute la succession abandonnait la moitié des biens à un héritier non réservataire qui avait attaqué la validité du testament.— Et elle persista dans sa jurisprudence par l'arrêt solennel du 12 décembre 1865 (2185 R.P., 18420 J.N., 2347 § 4 I.G., D. 65-1-457, S. 66-1-73, *suprà* 17379).

L'exigibilité du droit à titre onéreux a été reconnue depuis dans deux autres arrêts des 30 janvier 1866 (2231 R.P., 2347 § 4 I.G.) et 11 avril 1866 (2259 R.P., 2347 § 4 I.G., S. 66-1-78, D. 66-1-72) intervenus en des circonstances analogues. — V. *suprà* 17379.

L'Administration a pris ces décisions pour règle en les transmettant officiellement à ses préposés au § 4 de l'I.G. nº 2347.

(V. dans le même sens : Périgueux 16 janv. 1864, 17874 J.E.; — Lyon 18 août 1847, 14345 J.E.; — Mâcon 22 août 1866, 2393 R.P.).

**17405. Abandon de tous les biens.** — L'arrêt du 30 janvier 1866 précité a même été rendu dans une espèce très-caractéristique où le légataire universel abandonnait tous les biens dont il était saisi et consentait encore à payer le tiers des frais du procès. Comme il ne paraissait pas y avoir réciprocité de concessions et de sacrifices de la part de chacune des parties, on avait pensé que le désistement du légataire devait donner lieu au droit de donation. Mais ce système ne pouvait être maintenu. Ce n'est pas une pensée de libéralité qui inspire le détenteur, lorsque, vaincu par l'évidence des faits et désespérant de soutenir le testament qui forme le titre de ses prétentions, il reconnaît l'inanité de son droit. Il n'agit pas *proprio motu*, mais sous l'empire des nécessités d'une procédure défavorable et pour éviter une condamnation à peu près assurée. Les héritiers, de leur côté, n'entendent en aucune façon tenir la succession d'une libéralité qui les soumettrait aux obligations de reconnaissance imposées par la loi aux donataires : ils croient tout simplement rentrer en possession d'une chose dont le détenteur s'était injustement emparé. Aussi la Cour décida-t-elle : « Que la transaction qui avait pour cause l'abandon par la femme Foulon de la succession dont il s'agit ne peut être considérée comme un acte de libéralité, qu'elle rentre dans la classe des contrats commutatifs et qu'elle a été soumise à un droit proportionnel excessif. »

1. VENTE. — Nul doute d'ailleurs que le droit proportionnel à titre onéreux ne fût exigible si la transaction dissimulait une véritable vente. C'est ce que la Cour de cassation a décidé, le 10 février 1857, au sujet d'une prétendue transaction par laquelle un bureau de bienfaisance cédait à un hospice, moyennant une rente perpétuelle, des immeubles pour lesquels il était imposé au rôle et produisait des titres de propriété. « Attendu qu'il ressort des clauses de l'acte que les biens ont été transmis par le bureau de bienfaisance aux hospices et que la *qualification* de transaction donnée à l'acte ne fait pas obstacle à la nature de la convention, qui a été une véritable vente » (812 R.P., 2096 § 14 I.G., 16010 J.N., 16504 J.E.). — V. 17390.

**17406. Droit de donation.** — Ce n'est pas à dire que le droit de donation ne puisse jamais être perçu. Il deviendra exigible, au contraire, toutes les fois qu'il apparaîtra que sous le prétexte de faire une transaction les parties ont voulu réellement arriver à une libéralité.

Voici deux jugements qui peuvent servir d'exemple à cet égard :

1º Le premier décide que si on consent à payer une somme à une personne à la condition qu'elle renoncera à se prévaloir des droits que pourrait lui conférer un testament *inconnu*, le droit de donation est exigible.

Le 3 septembre 1842, acte passé entre le sieur Delage et la dame Parquet, unique héritière du sieur Ferrant, portant cette clause : « M. Delage, à raison de l'indemnité qui lui sera donnée ci-après, renonce par ces présentes à tous les droits qu'un testament pourrait lui donner sur la succession de M. Ferrant, quels que puissent être ces droits, et sans qu'il puisse y avoir aucun recours de sa part. En conséquence, et par la volonté formelle des parties, s'il arrive qu'il soit trouvé un testament en faveur de M. Delage, il sera considéré comme nul en ce qui concerne ce dernier. Ce désistement a lieu, de la part de M. Delage, sous la condition que les 200 francs qui ont été laissés entre ses mains lors de l'apposition des scellés sur les deniers de la succession lui demeurent acquis à compter de ce jour; qu'il aura la propriété, aussi à compter de ce jour, des objets mobiliers dépendants de la succession (évalués 100 fr.) qui lui ont été remis par madame Parquet, et, en outre, moyennant 10,000 francs qui lui ont été payés comptant. »

Le droit de donation a été perçu sur la somme de 10,300

francs par le receveur de l'enregistrement. Demande en restitution par les parties, qui ont soutenu que le droit fixe de transaction était seul exigible. Jugement du tribunal de Versailles du 20 avril 1843, ainsi conçu : « Attendu qu'aux termes de l'art. 68 § 1er n° 45 L. 22 frimaire an 7, les transactions ne sont sujettes au droit fixe qu'autant qu'elles ne contiennent aucune stipulation de sommes et valeurs, ni dispositions soumises par la loi à un droit plus fort d'enregistrement; qu'aux termes de l'art. 69 de la même loi, tous les actes qui opèrent transmission de biens sont soumis à un droit d'enregistrement proportionnel; attendu que, par l'acte qualifié transaction entre la dame Parquet et le sieur Delage, reçu par Dupray, notaire à Saint-Germain, le 3 septembre 1842, ladite dame Parquet a abandonné au sieur Delage, jusqu'à concurrence de 10,300 francs, des valeurs de la succession Ferrant, qui lui était dévolue comme sœur dudit Ferrant; attendu que Delage ne justifiait d'aucun droit sur la succession Ferrant à aucun titre; qu'il prétendait bien, à la vérité, à des droits résultant d'un testament fait en sa faveur par le feu sieur Ferrant; mais que ce testament n'a pu être représenté; d'où il suit que c'est sans titre et sans motifs sérieux que les valeurs de la succession Ferrant, qui étaient la propriété exclusive de la dame Parquet, sont passées de ses mains dans celles du sieur Delage, et que, par conséquent, ce fait constitue une véritable transmission de propriété, une donation donnant incontestablement lieu au droit de 6 pour 100, d'après l'art. 33 L. 21 avril 1832; déclare la demande en restitution non recevable » (*Conf.* : D. N. t. 12 p. 712 n° 180). — *V.* Champ. et Rig. t. 6 n° 44.

2° Le second est intervenu au sujet d'un testament ainsi conçu : « Si ma fortune et celle de ma femme le permettent, je désire que Renaud, mon fils aîné, ait le Lohennec et qu'il soit avantagé d'un quart si les circonstances le permettent. » Le tribunal a considéré cette disposition comme un simple désir subordonné à une appréciation des parties, et ne pouvant produire aucun effet obligatoire; dès lors la transaction par laquelle la cohéritière du sieur Renaud lui paye une somme de 10,000 francs pour les droits résultant de la disposition testamentaire ci-dessus est dépourvue de cause; ce n'est pas une transaction, puisque pour qu'il y ait transaction il faut un droit quelconque de nature à être contesté en justice : il y a libéralité passible du droit de donation (Saint-Brieuc 2 juin 1857, 838 R. P., 16558 J. E.).

**17407. Sur quelles bases doit être établi le droit.** — Soit que la transaction engendre une mutation à titre onéreux, soit, ce qui sera toujours fort rare, qu'elle doive être considérée comme renfermant un contrat de pure bienfaisance, le droit de mutation semble devoir être établi sur une déclaration estimative soit du revenu des biens, soit de leur valeur vénale, conformément à l'art. 16 L. 22 frimaire an 7.

Aucune difficulté ne peut s'élever lorsque la mutation s'opère à titre gratuit. Dans ce cas, il est nécessaire, pour établir les droits, que l'émolument de la donation soit nettement déterminé, et comme la mutation s'opère habituellement par l'effet d'une renonciation pure et simple, il est indispensable de suppléer, par une déclaration, au silence des parties sur l'importance de l'émolument.

Mais la solution ne va pas d'elle-même lorsque la transaction emporte après elle mutation à titre onéreux. On pourrait être tenté de soutenir, en effet, que quand le détenteur des biens les abandonne contre la promesse d'une somme d'argent, cette somme représente le prix de la transmission et doit supporter l'impôt. Mais nous avons enseigné que ce résultat était absolument contraire à l'économie de la loi. Si on ne percevait le droit que sur la somme payée au détenteur pour obtenir son désistement, on violerait le principe général de l'art. 4 L. 22 frimaire an 7, qui veut que le droit soit assis sur la valeur des biens transmis. D'ailleurs, ce n'est pas seulement la remise ou la promesse de la somme d'argent qui motive l'abandon du détenteur, c'est aussi la renonciation du demandeur à l'action dont le premier était menacé et dont les conséquences pouvaient être pour lui de la plus haute gravité, comme quand il s'agit, par exemple, d'une accusation de dol, de fraude, de captation, de lésion, etc.

Or, outre que cette renonciation ne constitue pas un prix proprement dit, elle n'a d'autre valeur pécuniaire appréciable que les biens eux-mêmes dont elle opère la transmission. Il faut donc nécessairement que le droit soit liquidé sur la valeur vénale à déterminer par une déclaration souscrite en conformité de l'art. 16 L. 22 frimaire an 7. C'est ce qui a eu lieu, selon la remarque faite par l'Administration au § 2247 I. G., dans l'affaire terminée par l'arrêt solennel du 12 décembre 1865 (2185 R. P., 2347 § 4 I. G., 18420 J. N., D. 65-1-457, S. 66-1-73). — *V.* 17379.

On peut d'ailleurs invoquer, par voie d'analogie, le mode de liquidation adopté pour la perception du droit de mutation à titre onéreux exigible lors des décès successifs des personnes qui ont acquis des biens avec stipulation d'accroissement réciproque au profit des survivants. Quoique le prix de cette transmission soit représenté par la chance attribuée à tous les coacquéreurs, on ne demande pas l'estimation de cet aléa, dont la valeur est nécessairement égale à celle des biens transmis.

Le droit se perçoit sur la valeur même de ces biens fixés par une déclaration des parties (*V.* 2316).

En ce sens, d'ailleurs, et dans une espèce où le légataire universel, pour éviter l'action en nullité du testament d'une personne morte en état d'interdiction, avait abandonné toute la succession a l'héritier naturel moyennant une somme que celui-ci s'était obligé de lui payer, l'Administration avait déjà décidé que le droit de mutation à titre onéreux était exigible, suivant la nature des biens composant la succession, non sur la somme à payer et les diverses charges à supporter par l'héritier, mais sur la valeur des biens de la succession déclarée conformément à l'art. 16 L. 22 frimaire an 7 (Dél. 18 nov. 1843, 13396 J. E., 11963 J. N., 13396 J. E.).

EXPERTISE. Il est à peine besoin d'ajouter que si la transaction opère une mutation d'immeubles, la déclaration de la valeur vénale par les parties est soumise au contrôle de l'expertise (Toulouse 15 fév. 1856).

**17408. Succession. — Droit de mutation par décès indépendant de la transaction.** — Par un contrat de mariage passé, le 7 février 1832, entre M. F... et Mlle H..., le père de celle-ci lui constitue en dot une somme de 25,000 francs, exigible après son décès, avec les intérêts à 4 pour 100. En cas de prédécès de la dame F... sans enfants, le droit de retour devrait être exercé par le père, à la condition toutefois de laisser jouir de ladite constitution dotale le sieur F..., sa vie durant, si son épouse décédait avant lui

Le cas prévu étant arrivé, par transaction du 9 juillet 1833, le sieur H... a payé à son gendre 6,000 francs, au moyen de quoi ce dernier a renoncé à son usufruit. — Le droit de succession entre époux a néanmoins été perçu sur la valeur entière de l'usufruit.

Le sieur F... a demandé la restitution du droit perçu sur l'excédant des 6,000 francs. — « Lorsque, a répondu l'Administration par une Dél. 19 novembre 1833, l'époux appelé par sa survivance à recueillir des avantages stipulés par contrat de mariage y renonce purement et simplement, avant son entrée en jouissance, le droit de mutation par décès n'est pas exigible.

Si, au contraire, la renonciation a lieu moyennant un prix quelconque, elle emporte, de la part du donataire, acceptation de l'avantage qui lui était assuré; il est tenu d'en faire déclaration et d'acquitter les droits sur la valeur entière, sans égard au prix moyennant lequel l'abandon a été consenti; le droit perçu doit donc être maintenu. » — V. 10522.

1. ÉTABLISSEMENT PUBLIC. — LEGS. — Ce n'est pas le droit de donation, mais celui de mutation par décès qui doit être perçu par suite de la transaction par laquelle un fils consent à payer à une commune une somme de 100,000 francs pour tenir lieu de legs faits à cette commune par son père et dont le Gouvernement avait refusé d'autoriser la délivrance. Les droits perçus sur l'héritier, qui a compris dans sa déclaration la totalité de la succession, sont d'ailleurs imputables sur ceux exigibles de la commune, sur cette somme de 100,000 francs.

C'est, en effet, dans le testament que la commune a puisé le principe de son droit, et la transaction par laquelle elle a consenti à recevoir 100,000 francs à la place du legs dont l'acceptation lui a été refusée n'a pas changé la nature de son titre, ni sa qualité de légataire (Cass. 25 fév. 1846, 13940 J.E., 12622 J.N., 1767 § 7 I.G., S. 46-1-321, P. 46-1-382).

« Attendu, porte cet arrêt, que les communes de Senlis et de Mont-l'Évêque ont été régulièrement autorisées à accepter le legs à elles fait par le testateur Pontalba; qu'ainsi c'est dans le testament qu'elles ont puisé le principe de leurs droits; que si, en transigeant avec l'héritier, elles ont consenti à réduire à une somme fixe de 100,000 francs la portion qui leur revenait dans les biens du testateur, cette concession de leur part n'a pas changé la nature de leur titre, ni leur qualité de légataires; et qu'en décidant, dans ces circonstances, que le droit proportionnel de 6 pour 100 devait être payé pour le droit de mutation dû pour la transmission de ladite somme de 100,000 francs, le jugement attaqué, loin d'avoir violé les lois des 22 frimaire an 7, 28 avril 1816 et 21 avril 1832, en a fait, au contraire, une juste application. »

## CHAPITRE V. — QUESTIONS DIVERSES

[17409-17421]

**17409. Assistance judiciaire.** — En cas de transaction entre l'assisté et son adversaire, ou en cas de désistement de la part de l'assisté avant le jugement du tribunal de première instance, les droits en débet des actes produits par ce dernier (si ces actes n'étaient pas sujets à l'enregistrement dans un délai déterminé) et le montant des avances faites par le Trésor ne peuvent être exigés (D. m. f. 29 avr. 1853, 1971 I. G.). — V. *Assistance judiciaire.*

**17410. Compensation.** — La transaction par laquelle le créancier fait remise d'une partie de la dette ne donne pas ouverture au droit de libération, lorsqu'il était lui-même débiteur de certaines sommes dont il est également libéré, les deux dettes se trouvant éteintes par compensation (Bordeaux 4 avr. 1855, 16046 J. E.). — V. *Compensation.*

**17411. Disposition indépendante.** — 1. DONATION. — Les dispositions indépendantes renfermées dans la transaction tombent sous l'empire des règles ordinaires de perception. Ainsi, il a été décidé que si un créancier transige avec son débiteur sur l'appel du jugement qui a reconnu la créance et consent à en réduire le chiffre, cette fixation, en l'absence de toute allégation de fraude de la part de l'Administration, constitue une transaction véritable donnant lieu au droit fixe. Mais si le créancier promet, comme condition du contrat, d'employer gratuitement au profit d'un tiers acceptant une partie de la somme qu'il retient, cette clause, étrangère à l'objet de la transaction, forme une libéralité passible du droit proportionnel (Cass. 16 avr. 1866, 2276 R. P., B. 77, S. 66-1-264, D. 66-1-175, P. 66-662) :

« Attendu que l'acte des 31 août et 6 septembre 1861 portait que sur la somme de 40,000 francs due à Grisar, 25,000 francs seraient placés au nom et au profit de Gillet, avec droit de retour pour portion au profit de Grisar en cas de prédécès de Gillet avant qu'il ait atteint l'age de vingt-cinq ans; que cette clause, étrangère à l'objet de la transaction, en dehors du litige qu'elle avait pour but de déterminer, était une véritable libéralité faite par Grisar à Gillet, et à ce titre présentait tous les caractères d'une disposition distincte et dès lors soumise au droit proportionnel qui lui était propre. »

**17412. Biens étrangers au litige.** — Nul doute qu'il faudrait aussi considérer comme disposition indépendante de la transaction l'abandon de biens étrangers au litige. Il n'a jamais été contesté d'ailleurs, même par les partisans du droit fixe, que la cession de ces biens dans une transaction ne justifiait l'exigibilité de l'impôt proportionnel selon leur nature (*Conf.* : Cass. 15 fév. 1831, S. 31-1-120, 1370-7 I. G., 9962 J. E.).

**17413. Douanes.** — Les transactions en matière de douanes ne sont passibles que du droit fixe de 1 franc, attendu qu'elles n'ont pas le caractère d'actes civils et administratifs et que, tenant lieu de jugement, elles restent dans la catégorie des actes judiciaires (Sol. 30 nov. 1833, 10783 J.E., D. m. f. 6 avr. 1833, 10590 J. E., 1428-1643 § 5 I. G.).

Ce droit n'a pas été porté à 2 francs par la loi du 18 mai 1850 (D. m. f. 16 sept. 1850, 15109 J. E., 2123 § 4 I. G., 1032 R.P.); — mais il est atteint par la surtaxe de moitié résultant de l'art. 4 L. 28 février 1872.

Les soumissions des contribuables, qui se mettent à la discrétion de l'administration des douanes, produisent tous les effets des transactions et sont passibles des mêmes droits fixes de 1 franc (1 fr. 50 c.) sauf à exiger un droit égal si elles contenaient en outre un cautionnement (2123 § 4 I. G., 1032 R. P.).

**17414. Faillite.** — On ne pourrait faire jouir du bénéfice de la loi de 1834 l'acte par lequel le syndic de la faillite transigerait avec l'un des créanciers qui ferait remise d'une portion de sa créance. Cette transaction donnerait ouverture aux droits ordinaires. — V. *Faillite*.

**17415. Indemnité. — Dommages-intérêts.** — Lorsque la promesse d'indemnité est le résultat d'une transaction sur procès, le droit exigible est celui de 1 pour 100. — V. 9599.

**17416. Octroi.** — Les transactions en matière d'octroi ne peuvent être considérées que comme des actes sous seing privé; il en résulte qu'elles ne sont pas soumises à l'enregistrement dans un délai de rigueur, mais il ne peut en être fait aucun usage, soit par acte public, soit en justice, ou devant une autorité constituée, avant qu'elles aient été enregistrées (Lett. du direct. général du 18 mai 1827, 8741 J. E.).

**17417. Restitution.** — Lorsque des droits d'abord contestés et dont l'exigibilité a été repoussée par un tribunal contre la décision duquel le pourvoi de l'Administration a été admis, sont acquittés volontairement sur la signification de l'admission de ce pourvoi par la Cour de cassation, on n'est plus fondé à en demander la restitution (Le Havre 17 août 1848, 14547 J. E.).

**17418. Transport de créances.** — La transaction entre des héritiers de deux lignes par laquelle ceux dont les droits sont contestés remettent aux autres des créances qui déjà leur avaient été attribuées par un partage, est sujette au droit de transport de créance et non à celui de donation (Dél. 5 sept. 1834, 11030 J. E.).

**17419. Saisie.** — Il n'est dû que le droit fixe de 3 francs (4 fr. 50) sur une transaction portant consentement par le saisi à ce que le tiers saisi verse entre les mains du créancier acceptant les sommes dont celui-ci se trouvera débiteur après qu'elles auront été liquidées et déterminées (Dél. 29 janv. 1830, 2882 Roll.).

**17420. Servitude.** — 1. ÉCHANGE. — L'acte par lequel des propriétaires se concèdent réciproquement le droit de passer sur des prés contigus qu'ils possèdent sur le même terroir doit être considéré non comme un échange de servitudes, mais comme un accord entre propriétaires sur un objet d'un intérêt commun, litigieux de sa nature et pouvant donner lieu à des contestations que les parties ont voulu éviter; en un mot, comme une transaction qui, ne contenant aucune stipulation de somme, est passible du droit fixe de 3 francs (4 fr. 50 cent.) (Sol. 23 sept. 1830, 9952 J. E.).

2. MITOYENNETÉ. — Si celui qui a fait construire un mur, que son voisin soutient être mitoyen, consent à la mitoyenneté moyennant un prix, le droit de vente d'immeubles est dû (7265 J. E.).

**17421. Transcription.** — De ce que, en droit civil, la transaction n'est pas de sa nature translative de propriété, on en a conclu qu'elle n'est pas soumise à la formalité de la transcription (Flandin t. 1er n° 329, Gauthier n° 82, Rivière et Huguet n° 19, Troplong *Trans.* n° 70; — *Contrà* Mourlon *Rev. prat.* t. 3 n° 322, Lesenne *Trans.* n° 38).

Cependant, la Cour de cassation a décidé, le 20 mai 1863, que si la transaction a été volontairement présentée à la transcription, le droit proportionnel de 1 fr. 50 cent. pour 100 est exigible, parce que cette formalité pouvait servir à purger les hypothèques inscrites du chef du détenteur apparent et des anciens propriétaires (1801 R. P., 2274 § 12 I. G., 17746 J. N., 565, 733 § 12 Rev., 17668 J. E., 12479 C., S. 63-1-506). — V. 17438.

# TRANSCRIPTION.

DIVISION



SOMMAIRE

## CHAPITRE PREMIER. — TARIF

**[17422-17444]**

**17422. Observation préliminaire.** — La loi du 22 frimaire an 7 n'avait assujetti qu'au droit de 4 pour 100 les adjudications, ventes, cessions, rétrocessions et autres actes translatifs de propriété ou d'usufruit de biens immeubles à titre onéreux (art. 69 § 7 n° 1er). — Mais la loi du 21 ventôse an 7, relative à l'organisation des hypothèques, portait (art. 25) : « Le droit sur la transcription des actes constatant mutation de propriétés immobilières sera de 1 fr. 50 cent. par 100 francs du prix intégral desdites mutations, suivant qu'il aura été réglé à l'enregistrement. »

Le payement du droit de transcription était donc facultatif, puisque sa perception n'avait lieu que lors de la présentation volontaire du contrat à la formalité au bureau des hypothèques. Il parut que c'était là un danger pour l'acquéreur, qui négligeait une formalité utile afin de se soustraire à une partie de l'impôt, en même temps qu'une perte sérieuse pour le Trésor. Pour remédier à ce double inconvénient, la loi du 28 avril 1816 a édicté les deux dispositions suivantes :

« Le droit d'enregistrement des ventes d'immeubles est fixé à 5 fr. 50 cent. pour 100; mais la formalité de la transcription au bureau de la conservation des hypothèques ne donnera plus lieu à aucun droit proportionnel » (art. 52).

« Dans tous les cas où les actes seront de nature à être transcrits au bureau des hypothèques, le droit sera augmenté de 1 fr. 50 cent. pour 100 et la transcription ne donnera plus lieu à aucun droit proportionnel » (art. 54).

L'innovation se justifiait peu en droit civil, il faut le reconnaître, sous l'empire du Code civil, puisque la transcription n'était pas nécessaire pour opérer vis-à-vis des tiers la mutation de l'immeuble : on n'y pouvait guère voir qu'une mesure purement fiscale. Aujourd'hui que la loi du 23 mars 1855 a remis en vigueur un système contraire, la perception immédiate du droit de 1 fr. 50 cent. pour 100 s'explique plus aisément. Car la propriété n'étant transmise vis-à-vis des tiers qu'au moyen de la transcription, cette formalité devient en quelque sorte obligatoire pour l'acquéreur et on conçoit mieux que le Trésor en perçoive le prix lors de l'enregistrement de l'acte.

Nous n'avons pas à revenir ici sur les nombreuses controverses auxquelles donne lieu l'application de ces deux textes lors de l'enregistrement des contrats de nature à être transcrits. Elles ont été examinées successivement à l'occasion des actes eux-mêmes qui y donnent lieu, et nous ne pourrions que nous exposer ici à des redites. Le lecteur trouvera donc, aux mots *Bail, Contrat de mariage, Donation, Licitation, Mines, Partage, Remploi, Résolution, Société, Substitution, Usufruit, Vente*, etc., etc., la solution de toutes les difficultés de la matière.

Mais la loi de 1816 n'a pas abrogé complétement l'art. 25 L. 21 ventôse an 7, relative à la perception du droit au bureau des hypothèques lors de la présentation des actes à la formalité. Il est beaucoup de cas, en effet, où le droit de 1 fr. 50 cent. pour 100 ne se perçoit pas au moment de l'enregistrement de l'acte, parce que le contrat n'est ni une vente ni un acte de nature à être transcrit. Ce droit devient alors exigible par la transcription elle-même et la loi du 21 ventôse an 7 reprend tout son empire.

Comme il s'agit ici d'une perception à faire dans les bureaux d'hypothèques, nous l'avions laissée de côté dans nos éditions antérieures. Elle se lie néanmoins d'une façon si intime avec la liquidation du droit dû lors de l'enregistrement, qu'au risque de sortir un instant du cadre de notre traité, nous devons en exposer brièvement les principes et en signaler les principales applications.

**17423. Nature du droit de transcription.** — Le droit de transcription a ses règles d'exigibilité spéciales et distinctes de celles du droit d'enregistrement. Pendant que le droit proportionnel est attaché à l'existence d'une mutation actuelle, le droit de transcription dépend uniquement de l'accomplissement matériel de la formalité. « On ne saurait prétendre, porte un arrêt de Cass. du 5 novembre 1867, que, depuis la loi de 1816, le droit proportionnel de transcription est nécessairement lié au droit proportionnel d'enregistrement, et que la perception du premier doit être différée jusqu'à ce que le second devienne lui-même exigible par l'accomplissement de la condition suspensive stipulée dans l'acte; ces deux droits sont distincts l'un de l'autre; ils n'ont ni le même fondement ni les mêmes règles; si le droit proportionnel d'enregistrement repose sur le fait d'une transmission actuelle de propriété et est conséquemment suspendu jusqu'à l'événement de cette transmission, le droit proportionnel de transcription est le prix d'une formalité, et est, par conséquent, exigible au moment où cette formalité s'accomplit, hors les cas où il a été perçu auparavant, conformément aux articles ci-dessus rappelés » (2559 R. P., 2362-2 I. G, B. 176, S. 67-1-455, D. 68-1-97).

Le droit de transcription, même quand il est perçu avec le droit d'enregistrement, n'est pas assis sur les mêmes bases. « Il n'existe point, dit la jurisprudence, de corrélation nécessaire entre les deux droits, lesquels diffèrent par leur nature comme par leur objet et restent indépendants l'un de l'autre. » (Cass. 6 déc. 1871, 3377 R. P, 2434-4 I. G, B. 50, S. 71-1-247, D. 72-1-84. — *Conf.* : Cass. 2 déc. 1850, 1883-5 I. G., 15074 J. E. ; — et 7 juin 1853, 1982-2 I. G.).

De même, l'exemption accordée au droit d'enregistrement ne s'étend pas de plein droit au droit d'hypothèques : « Les droits d'enregistrement, porte un arrêt du 19 janvier 1869, et ceux qui dérivent de l'hypothèque ou s'y réfèrent, notamment le droit proportionnel d'inscription, sont régis par des lois spéciales applicables à des formalités distinctes, indépendantes l'une de l'autre et produisant des effets particuliers différents » (2856 R. P., 2385-2 I. G, S. 69-1-234, P. 69-551, D. 69-1-353, 19570 J. N.).

Mais les droits de transcription sont assujettis aux mêmes modes de recouvrement : « Attendu que le titre 7 de la loi de finances du 28 avril 1816, sous lequel se trouve l'art. 54 dont l'application a été faite aux demandeurs en cassation par le jugement attaqué, appelle droits d'enregistrement les diverses perceptions mentionnées dans ce titre, en confondant ainsi le droit de transcription avec le droit d'enregistrement » (Cass. 10 juill. 1865, 2149 R. P, 2326-4 I. G., S. 65-1-423, D. 66-1-15, P. 65-1274).

V. *Inscription* et *infrà* n° 17457 et 17476.

**17424. Règle générale.** — La règle générale de l'exigibilité du droit a été nettement exposée devant la chambre des requêtes par M. le conseiller de Peyramont, dans les termes suivants : « Il n'est pas douteux, a-t-il dit, que le droit proportionnel de transcription ne s'applique qu'aux actes portant mutation de valeurs immobilières. Cela ressort avec évidence de toutes les lois sur la matière et ce sont les termes mêmes de l'art. 25 L. 25 ventôse an 7. Il est vrai aussi qu'en principe les agents de la Régie doivent, pour la perception des droits, vérifier la nature des actes qu'on leur présente, ainsi que des valeurs qui en font l'objet. Il est manifeste qu'ils ne doivent pas s'arrêter aux énonciations de ces actes, si elles leur paraissent erronées, car elles ne pourraient changer le caractère ni la nature légale des objets cédés. Mais, à côté de ces principes incontestables et hors de toute discussion, il en est un autre non moins certain, et sur lequel la jurisprudence n'est pas moins constante ; c'est que la formalité de la transcription n'étant établie que dans l'intérêt des parties et ne devant s'accomplir que sur leur demande, les préposés de la Régie ne peuvent se permettre d'apprécier les motifs de cette demande, lorsqu'elle est faite, et se rendre juges de l'utilité ou de l'inutilité de la transcription qui est requise. Ils sont tenus de référer à cette réquisition, suivant les termes impératifs de l'art. 2199 C. C., et ils ne peuvent le faire sans percevoir le droit que la loi applique à cette formalité. Ainsi qu'il est dit dans l'un de vos derniers arrêts sur cette question, rendu le 2 juin 1863 (*infrà* n° 17432) le droit proportionnel de transcription est la rémunération du service rendu par l'État, et consistant à assurer la publicité et la conservation de l'acte par sa reproduction dans un registre public dont la tenue et le dépôt sont confiés à un préposé spécial ; la rémunération est acquise par l'accomplissement des faits qui constituent le service, et la perception du droit ne dépend ni de l'obligation où était la partie de soumettre l'acte à la transcription, ni du plus ou moins d'utilité qu'elle retire de la transcription lorsqu'elle la requiert sans y être obligée. En requérant la transcription, dit un arrêt de Cass. du 21 février 1849, rendu sur les conclusions de notre honorable président, alors avocat général, la partie a reconnu que l'acte était de nature à être transcrit ; elle s'est reconnue passible du droit proportionnel et s'est rendue dès lors non recevable à en demander ultérieurement la restitution (n° 1806 R. P.). Cette doctrine est reproduite dans les nombreux arrêts intervenus à l'occasion d'actes de société constatant des apports immobiliers. Votre jurisprudence admet que ces apports ne constituent pas une mutation actuelle au point de vue fiscal et qu'il n'y a pas lieu de percevoir le droit de mutation sur l'enregistrement de l'acte ; et néanmoins, lorsque la transcription est requise, le droit proportionnel doit être perçu, bien qu'il ne s'applique, suivant les termes de la loi, *qu'aux actes emportant mutation* de propriétés immobilières (*infrà* n° 17434). Le conservateur, obligé de déférer à la réquisition de la partie, doit transcrire l'acte en lui laissant le caractère que cette réquisition lui assigne » (n° 2033 R. P.).

L'exigibilité du droit ne se fonde donc plus ici, comme s'il s'agissait de le percevoir, lors de l'enregistrement, en vertu de la loi de 1816, sur le caractère du contrat et sur l'utilité que la transcription peut offrir aux parties. Bien que dans un arrêt du 20 mai 1863, la chambre civile ait relevé cette circonstance que pour motiver la perception au bureau des hypothèques « il suffit que la transcription puisse avoir une véritable utilité » (*infrà* n° 17438), il ne faut pas interpréter ce considérant dans le sens que la perception du droit proportionnel est subordonnée aux effets utiles de la formalité. Ce sera une raison de plus pour l'exiger, mais quelle que soit l'opportunité de la réquisition, le conservateur le percevra toujours légalement dès lors qu'on lui réclamera le service dont il est la rémunération. « Sans doute, dit la chambre des requêtes, dans un de ses derniers arrêts, la transcription n'est obligatoire que pour les actes emportant mutation de propriété immobilière ; mais il n'est pas moins certain que lorsque les parties, qui pourraient ne pas requérir la transcription, croient de leur intérêt de soumettre un acte à cette formalité et le présentent à cet effet au conservateur des hypothèques, il doit se rendre à la réquisition qui lui est faite, sans se permettre d'en apprécier les motifs ou l'utilité ; cela étant, le droit proportionnel est évidemment exigible, ce droit n'étant que la rémunération du service rendu par l'accomplissement matériel de la formalité requise » (Cass. 6 déc. 1864, 2023 R. P., 2324-4 I. G., S. 65-1-49; — *Conf.* : Cass. 10 juill. 1865, 2140 R. P., 18344 J. N., 12941 C., 2326-4 I. G., S. 65-1-423, D. 66-1-15, P. 65-1274; — 11 mars 1829, S. 29-1-163, 1282-1 I. G., 9290 J.E.; — M. Demante n° 143, Flandin *Transcript.* 1404; — *Contrà* Champ. et Rig. 4031, etc.). — *V.* Dissert. de M. Demante, 4840 R. P.

**17425. Effets de la loi du 23 mars 1855.** — On avait soutenu que la loi du 23 mars 1855 devait modifier ces principes. Son art. 12 porte que : « jusqu'à ce qu'une loi spéciale détermine les droits à percevoir, la transcription des actes ou jugements qui n'étaient pas soumis à cette formalité avant la présente loi est faite moyennant le droit fixe de 1 franc. » Et on en concluait que dans tous les cas où la transcription a lieu en vertu des dispositions de la loi de 1855, le droit fixe de 1 franc est seul encouru. « Lors donc, enseigne M. Demante, que les parties surabondamment, par erreur de droit, requièrent la transcription d'un acte pour lequel cette formalité est inutile, on ne peut plus dire, comme autrefois, que la perception du droit proportionnel soit le préalable nécessaire de la formalité. Ainsi, désormais le fondement de la jurisprudence vient à manquer, et par cela seul que, en droit, l'acte n'est pas de nature à être transcrit, la transcription qui est requise, en fait, doit avoir lieu pour le droit fixe de 1 franc » (n° 143). — Mais cette doctrine n'a pas prévalu. La Cour de cassation a reconnu que l'art. 12 de la loi de 1855 s'applique exclusivement aux actes qui, exempts jusque-là de la transcription, y ont été soumis par la loi nouvelle, mais qu'il ne peut être étendu aux actes qui ne sont pas plus soumis sous l'empire de cette loi que sous l'empire de la législation antérieure à la formalité de la transcription; qu'à leur égard, aujourd'hui comme par le passé, le droit de transcription n'est exigible qu'autant qu'il y a eu présentation volontaire de l'acte, et que, cette condition se réalisant, c'est toujours le même droit de 1 fr. 50 cent. pour 100 francs qui doit être perçu (Cass. 9 août 1860, 2185 § 3 I. G., 16919 J. N., 11939 C., S. 61-1-548; — 27 juill. 1863, 1817 R. P., 2274 § 7 I. G., 17797 à 17799 J. N., 12524 C. 633 et 733 § 8 Rev., S. 63-1-545; — Pithiviers 6 fév. 1858, 16413 J. N.; — *Conf.* : Flandin *Transc.* 1405 à 1407, 16615-3 J. E., Verdier n° 825).

« Attendu, porte l'arrêt du 27 juillet 1863, que la loi du 23 mars 1855 ne contient aucune innovation à cet égard; qu'elle ne contient aucune disposition dérogeant aux lois antérieurement en vigueur en ce qui concerne les sociétés et les perceptions fiscales auxquelles les actes qui les constituent étaient assujettis; que l'art. 1er ne s'applique qu'à des actes translatifs de propriété qui, avant cette loi, étaient soumis à la transcription; que l'art. 12 ne réduit au droit fixe de 1 franc que les actes et jugements énumérés sous l'art. 2, et qui, seuls pour la première fois, étaient assujettis à la transcription par la loi nouvelle. »

**17426. Erreur.** — De ce que l'exigibilité du droit de transcription se fonde uniquement sur la présentation volontaire du contrat à la formalité, il en résulte que l'erreur commise par le requérant serait sans influence sur la régularité de la perception. Le tribunal de Bar-le-Duc a cru cependant pouvoir décider le contraire, au sujet de la transcription d'un acte qui avait indûment subi le droit de 1 fr. 50 cent. pour 100 lors de l'enregistrement et que la partie fit ensuite transcrite moyennant un droit fixe. Il a jugé, le 16 juillet 1863, que la présentation, étant le résultat d'une erreur, ne pouvait s'opposer au remboursement du droit indûment perçu à l'enregistrement (1863 R. P., 12645 C., 17854 J. N.). Mais c'est là une inexactitude manifeste, car il n'appartenait pas au conservateur d'apprécier les causes de la réquisition, ni de refuser la formalité et par conséquent de ne pas effec- la perception du droit qui en est la conséquence.

**17427. Condition.** — 1. SUSPENSIVE. — En principe, l'acquéreur d'un immeuble sous condition suspensive n'étant pas propriétaire tant que la condition n'est pas arrivée, ne peut ni purger, ni prescrire contre les créanciers hypothécaires, ni même les mettre en demeure de prendre une inscription, parce que l'art. 1180 C. C. ne lui permet que les actes conservatoires. Il arrive cependant que ces contrats sont présentés au conservateur pour être transcrits *pendente conditione*. Dans ce cas le droit de 1 fr. 50 cent. pour 100 francs devient immédiatement exigible, parce que le conservateur ne peut se faire juge des motifs de la réquisition ni des effets que les parties en attendent (*Conf.* : Flandin n° 1366, Verdier n° 810. — Demante, *Dissert.*, 4840 R. P. — *Contrà* Mourlon *Rev. Prat.* n° 304).

C'est sur cette considération qu'est fondée la jurisprudence que nous rapportons ci-après au sujet de la transcription des promesses de vente. D'ailleurs, la transcription peut avoir une utilité réelle, pour que, au moment où la propriété se consolidera rétroactivement entre ses mains, l'acquéreur écarte les tiers auxquels le propriétaire aurait concédé des droits réels sur l'immeuble. — Par application de ces principes, la Cour suprême a décidé que si une donation faite sous condition suspensive est présentée à la transcription, le droit de 1 fr. 50 cent. pour 100 est régulièrement exigible : « Attendu, porte l'arrêt, que, si le droit proportionnel d'enregistrement repose sur le fait d'une transmission actuelle de propriété et est conséquemment suspendu jusqu'à l'événement de cette transmission, le droit proportionnel de transcription est le prix d'une formalité, et est par conséquent exigible au moment où cette formalité s'accomplit, hors les cas où il a été perçu auparavant » (Cass. 5 nov. 1867, 2559 R. P., 19112 J. N., 18494 J. E., 2362-1 I. G., S. 67-1-455, D. 68-1-97, B. 176).

Bien plus, de ce que la transcription offre *hic et nunc* une véritable utilité au donataire, on a conclu que ce droit est dû lors de l'enregistrement, quoique la mutation donne lieu seulement au droit fixe (Verdier *Transc.* n° 809). « Mais cette conséquence, dit M. Demante, semble repoussée par le passage suivant des motifs de l'arrêt du 5 novembre 1867 : « Si le receveur de l'enregistrement n'a pu, à raison d'une condition suspensive insérée à l'acte, percevoir le droit proportionnel d'enregistrement, les articles 52-54 et 61 L. 1816 cessent d'être applicables. » Ainsi, dans la pensée du rédacteur de l'arrêt, la perception anticipée du droit de transcription ne serait pas admise dans les cas où, la mutation de propriété étant suspendue, l'acte est *de nature à être transcrit* seulement en vue d'un intérêt éventuel, pour assurer ultérieurement l'effet rétroactif de la condition. Le droit proportionnel de transcription serait exigible avant l'événement de la condition, alors seulement que les parties viendraient requérir la formalité. Dans ce cas, le conservateur des hypothèques, obligé de déférer à la réquisition, ne peut le faire sans percevoir le droit proportionnel de transcription que la loi attache à la formalité (2616 R. P.). Le droit n'est pas restitué si la vente reste sans effet, mais s'impute sur le droit d'enregistrement dû pour la réalisation de la vente (Sol. 19 mai 1874, 3963 R. P.; — 4 août 1874, 21314 J. N.; — Carcassonne, 9 juill. 1877, 4763 R. P.). — V. 14541.

2. RÉSOLUTOIRE. — Pour les actes translatifs soumis à une condition résolutoire, il va de soi que le droit proportionnel de 1 fr. 50 cent. pour 100 est exigible, puisqu'il y a transmission actuelle de propriété. Et le droit ne sera pas restituable si le contrat vient à être résolu par l'événement de la condition, parce qu'il aura été régulièrement perçu (art. 60 L. 22 frim. an 7. — *Conf.*: Verdier nᵒˢ 811 et 812, Mourlon *Rev. prat.* t. 11 p. 519 et *Transcript.* n° 348, Flandin n° 1373).

Mais nous croyons, avec Verdier (*loc. cit.*) et conformément à la règle générale que nous avons cherché à établir au mot *Résolution*, que si les droits n'ont pas encore été payés ils cessent d'être exigibles, car la mutation qui pouvait y donner lieu étant réputée n'avoir jamais existé, il n'y a plus ni cause ni base légale à la perception.

**17428. Contrat de mariage.** — Les principes de l'exigibilité du droit ainsi établis, nous allons faire passer successivement sous les yeux du lecteur les décisions qui en ont fait l'application aux divers actes présentés volontairement à la formalité.

Par exemple, il a été reconnu que si un contrat de mariage a été soumis à la transcription, le droit proportionnel est régulièrement perçu sur les dispositions de cet acte, qui peuvent motiver la réquisition :

« Considérant que lorsque la transcription est requise par la partie, l'Administration de l'enregistrement est autorisée à percevoir le droit que la loi du 21 ventôse an 7 applique à cette formalité, sans qu'il soit permis au conservateur d'apprécier si la transcription est requise dans un intérêt bien ou mal entendu » (Narbonne 23 déc. 1858).

1. AMEUBLISSEMENT. — La clause d'ameublissement, par exemple, qui ne motive cependant la perception d'aucun droit proportionnel de mutation, donnerait lieu, dans cette hypothèse, au droit de transcription (Verdier n° 784; — Laon 12 déc. 1867, 2766 R.P., 18541 J. E.).

2. BIENS PRÉSENTS ET A VENIR. — Lorsqu'on présente à la transcription un contrat de mariage renfermant une donation de biens présents et une donation de biens présents et à venir, le droit est dû sur les biens compris dans les deux donations.

Le donataire étant saisi des biens présents a intérêt à transcrire, ne fût-ce qu'en vue de l'éventualité qui existe de voir le donateur transformer plus tard sa libéralité en donation entre-vifs ordinaire. Et comme la transcription est indivisible, la perception est régulièrement établie sur l'intégralité des biens (Sol. 8 déc. 1871, 19394 J. E.).

**17429. Donation de biens à venir.** — Il a été plusieurs fois jugé que la transcription d'une donation de biens à venir sous condition de survie, requise au bureau des hypothèques avant l'événement de la condition, ne donne pas ouverture au droit proportionnel (Laval 24 mai 1834, 8760 J.N.; — Castel-Sarrazin 7 fév. 1845, D. 45-3-84, Verdier n° 809). — Mais l'Administration a enseigné le contraire dans une Dél. 16 octobre 1838 (Dalloz v° *Enregist.* 5972) et cette doctrine paraît, en effet, préférable. Le donataire, quoique n'étant encore investi de rien, a cependant intérêt à transcrire, puisque si le donateur conserve la faculté d'aliéner, il ne peut plus disposer à titre gratuit et qu'ainsi la transcription lui est nécessaire pour s'assurer la priorité sur un donataire postérieur (1085 C. C.). Cela doit suffire pour justifier l'exigibilité immédiate du droit (*Conf.* : Flandin n° 1365, Dalloz *Enregist.* 5971) [1].

**17430. Jugement. — Délivrance de legs.** — Il en est de même du jugement ordonnant la délivrance d'un legs immobilier. S'il est présenté volontairement à la transcription, le conservateur devra percevoir le droit de 1 fr. 50 cent. pour 100 (18554 J. E.).

**17431. Licitation.** — La licitation qui fait cesser l'indivision entre des copropriétaires au même titre n'est pas de nature à être transcrite, et on ne perçoit, en effet, lors de l'enregistrement, aucun droit de transcription. Mais si le contrat est néanmoins présenté à la formalité au bureau des hypothèques, ce droit devient exigible, comme il l'est dans des circonstances semblables sur les partages purs et simples (*infrà* n° 17432; — *Conf.*: 16615-2 J.E., Flandin *loc. cit.* n° 1404).

**17432. Partages.** — C'est surtout à propos des partages purs et simples que s'est élevée en jurisprudence la question de l'exigibilité du droit. Elle a été uniformément résolue dans un sens favorable à l'Administration. Divers arrêts de la Cour suprême ont reconnu que la présentation volontaire de l'acte au bureau des hypothèques autorisait le conservateur à réclamer le droit de 1 fr. 50 cent. pour 100 sur la valeur vénale des biens. « Attendu, porte un arrêt du 9 août 1860, que les conservateurs ne sont pas juges de l'intérêt que les parties ont à faire transcrire et que dès qu'un acte de partage leur est soumis, ils doivent percevoir le droit (2185 § 3 I. G., 16919 J.N., 11839 C., S. 61-1-548). » — « Considérant, ajoute dans le même sens un autre arrêt du 2 juin 1863, que le droit proportionnel de transcription est la rémunération d'un service rendu par l'État; que la rémunération est acquise par l'accomplissement des faits qui constituent ce service; qu'ainsi la perception ne dépend ni de l'obligation où était la partie de soumettre l'acte à la transcription ni du

1. En matière civile, il est unanimement reconnu que les institutions contractuelles ne sont pas soumises à la transcription (Grenier *Don. et Test.* t. 3 n° 430, Favard *Rép.* v° *Inst. cont.* n° 16, Delvincourt t. 2 p. 644 note 7, Coin-Delisle art. 939, Troplong t. 3 n° 1169 et *Transc.* n° 73, Demolombe t. 6 n° 277, Aubry et Rau t. 6 § 704, Rivière et Huguet n° 430, Pont *Rev. crit.* t. 4 p. 168, *Table* de Sirey v° *Donat. de biens présents et à venir* n° 2; — Pau 2 janv. 1827; — Rouen 24 mai 1841; — P. 1841 1-749; — Cass. 4 fév. 1867, S. 67-1-121. — V. *Contrat de mariage* n° 5313.

plus ou moins d'utilité qu'elle en retire » (1806 R. P., 2274 § 12 I. G., 17756 J. N., 621 Rev., 17681 J. E., 12478 C., S. 63-1-508).

C'est ce qui résulte encore de deux autres arrêts, l'un de la chambre des requêtes du 10 juillet 1865 (2140 R. P., 18344 J. N., 12941 C., 2326-4 I. G, S. 65-1-423, D. 66-1-15, P. 65-1274); — l'autre de la chambre civile, du 24 mars 1868 (2631 R. P., 14132 C., 2467-5 I. G., B. 64, S. 68-1-311, D. 68-1-244, P. 68-788, et d'un jugement de Périgueux du 27 août 1865, (2328 R. P. — *Contrà* Tulle 13 août 1859, 12295 C.).

*Arrêt du 10 juillet 1865* :

« Attendu qu'il est constaté, en fait, par le jugement attaqué, que le partage sous seing privé du 2 mars 1861 a été présenté spontanément, au nom des parties intéressées dans ce partage, au bureau de l'enregistrement de Gaillac pour être transcrit sur les registres du conservateur; que sans doute cet acte, n'étant pas translatif de propriété, n'était pas soumis de plein droit à la formalité de la transcription; mais que les parties ayant jugé cette formalité opportune, le conservateur n'était pas juge de l'intérêt de ceux qui se présentaient à lui et devait obtempérer à leur demande; attendu que la transcription d'un acte sur des registres publics, qui en rappelleront la teneur, constitue un service rendu par l'État à celui qui réclame cette transcription; que la loi a prescrit pour ce service une rémunération; que cette rémunération a été fixée au droit de 1 fr. 50 cent. pour 100 par les art. 25 L. 21 ventôse an 7 et 54 L. 28 avril 1816; et qu'ainsi le jugement attaqué n'a fait qu'une juste application de ces lois en rejetant l'opposition formée par les demandeurs en cassation à la contrainte décernée contre eux par l'Administration de l'enregistrement.

*Arrêt du 24 mars 1868* :

« Vu les art. 25 L. 21 ventôse an 7 et 61 L. 28 avril 1816; attendu que s'il est de principe qu'il n'y a lieu à transcription, et, par suite à la perception du droit proportionnel de 1 fr. 50 cent. pour 100, que lorsqu'il s'agit d'actes translatifs de propriété, il doit cependant en être ainsi de même pour les actes n'emportant pas mutation, si les parties, dans un intérêt dont elles sont seules juges et que le conservateur n'a pas qualité pour contrôler, les présentent volontairement à la formalité. »

1. PARTAGE ANTICIPÉ. — Aucune difficulté ne peut exister au sujet des donations d'ascendants faites dans les termes des art. 1075 et suiv. C. C. Ces libéralités sont expressément affranchies du droit de transcription lors de leur enregistrement: mais elles y deviennent soumises quand le contrat est présenté volontairement à la formalité au bureau des hypothèques (L. 16 juin 1824, art. 3).

2. REPRISES. — Le prélèvement que la femme acceptante exerce pour ses reprises sur les immeubles de la communauté ne constitue qu'un règlement affranchi de la transcription (Cass. 20 juill. 1869, S. 70-1-127, Rivière et Huguet n° 31, Flandin n° 294, Verdier t. 1er n° 39, Mourlon p. 106).

**17433. Promesse de vente.** — La promesse unilatérale de vente n'est pas sujette à la transcription, puisqu'elle n'opère pas la transmission de la propriété (Troplong v° *Vente* n° 114, Rivière et Huguet *Quest. sur la trans.* n° 53, Gauthier n° 19, Flandin t. 1er n° 61).

Mais si les parties jugent convenable de la soumettre à cette formalité, ce n'est pas le droit fixe de 1 franc qui est dû, en vertu de l'art. 12 L. 23 mars 1855, mais bien le droit proportionnel ordinaire de 1 fr. 50 cent. pour 100, attendu que ce droit de transcription peut être perçu quand le droit de mutation ne l'est pas et que les conservateurs ne sont pas juges de l'utilité de la transcription (Seine 22 juin 1861, 17177 J. N., 12028 C.; — 23 et 28 nov. 1861, 17295 J. N., 17413 J. E., 12161 C., 1592 R. P.; — 24 mai 1862, 1690 R. P., 17479 J. N., 17502 J. E.; — 26 août 1864, 1224 Rev.; — 26 avr. 1867, 19159 J. E.; — Sol. 10 déc. 1872, 19159 J. E.; — Sol. 1er sept. 1877, 29 janv. 1878; — *Contrà* J. du not. nos 1918 et 1919).

**17434. Société.** — On a vu au mot *Société* que la jurisprudence ne considère pas comme translatif de propriété l'apport d'un immeuble dans une société. Le contrat n'est donc pas de nature à être transcrit dans le sens des art. 52 et 54 L. 28 avril 1816 et le droit de 1 fr. 50 cent. pour 100 francs n'est pas exigible lors de l'enregistrement, lors même que l'acte de société imposerait à l'associé l'obligation de faire procéder à la purge. Mais de nombreux arrêts ont reconnu, soit avant, soit depuis la loi du 23 mars 1855, que si l'acte de société est présenté à la formalité au bureau des hypothèques, le conservateur est autorisé à percevoir le droit de 1 fr. 50 cent. pour 100 francs (Cass. 13 déc. 1843, 13435 J. E., 1710-9 I. G., S. 44-1-239; — 23 juin 1846, S. 46-1-526, 12642 J. N., 13966 J. E., 1767-10 I. G.; — 12 janv. 1847, S. 47-1-216, 1796-31 I. G., 14160 J. E.; — 21 fév. 1849, S. 49-1-271, 1837-12 I. G.; — 26 mars 1849, S. 49-1-371, 1837-12 I. G.; — 17 avr. 1849, S. 49-1-445, 1844-20 I. G.; — 12 mai 1849, 1844-20 I. G.; — 30 janv. 1850, S. 5-1-291, 1857-15 I. G.; — 21 août 1850, S. 50-1-680, 1875-11 I. G.; — 20 nov. 1861, 1551 R. P., 2223 § 6 I. G., 17286 J. N., 12126 C., 216 Rev., 17386 J. E., S. 62-1-94; — 27 juill. 1863 (4 arrêts), 1817 R. P., 2274 § 8 I. G., 17797 à 17799 J. N., 12524 C., 633, 733 § 8 Rev., 17705-17707 J. E.; — 6 déc. 1864 2023 R. P., 18173 J. N., 1265 Rev., 2324-4 I. G., S. 65-1-49). — V. 17425.

« Attendu, portent les arrêts du 27 juillet 1863, que, s'il est vrai en principe que, si les apports d'immeubles en société n'emportent pas mutation actuelle de la propriété, si, par suite, ces apports n'étaient pas soumis, sous l'empire des lois des 22 frimaire et 21 ventôse an 7, 28 avril 1816, au droit proportionnel de transcription, ce droit n'en était pas moins dû lorsque, par la présentation volontaire de l'acte à cette formalité, les parties avaient elles-mêmes reconnu que l'acte était de nature à être transcrit, qu'il était dès lors passible du droit proportionnel, et s'étaient ainsi rendues non recevables à en demander la restitution. »

On peut consulter dans le même sens des jugements de Besançon du 31 décembre 1860 (17074 J. N., 11965 C.), de la Seine du 2 février 1861 (1522 R. P., 17262 J. E., 17036 J. N.) et du 31 juillet 1863 (*Table* de 1864 R. P., 12609 C., 17737 J. E.), de Lille du 13 août 1864, sur renvoi des arrêts du 27 juillet 1863 (1998 R. P.); de Vesoul du 27 février 1865 (2225 R. P.), de Pau du 7 juillet 1876 (4501 R. P.) et de Mantes du 26 janvier 1878 (4925 R. P.).

1. VENTE. — Du reste, si l'apport de l'immeuble avait été fait à condition que la société en payerait la valeur, le droit

de transcription ne pourrait faire l'objet d'un doute (Cass. 20 nov. 1861, 1551 R. P., 2223 § 6 I. G., 17286 J. N., 12126 C., 216 Rev., 17386 J. E., S. 62-1-94 ; — Flandin n° 1448). — Une telle clause constituerait même une vente actuelle dont le droit (y compris celui de transcription) serait dû lors de l'enregistrement, ainsi que nous l'avons démontré au mot *Société*.

2. PLUSIEURS BUREAUX. — Le droit est dû sur la valeur de tous les biens apportés, quoiqu'ils soient situés dans d'autres bureaux (Pau 9 juill. 1876, 4501 R. P.).

**17435. Remploi anticipé.** — L'acte constatant le remploi anticipé de biens dotaux et qui a été soumis à la transcription par les parties devient passible du droit proportionnel, sans qu'il y ait à examiner si cet acte est de nature à être transcrit (Cass. 21 déc. 1852, 1960 § 4 I. G., 14863 J. N., S. 53-1-201).

**17436. Bail.** — La présentation volontaire à la transcription d'une cession de bail emphytéotique autorise le conservateur à percevoir le droit de 1 fr. 50 cent. pour 100 (Cass. 11 mars 1829). — V. *Restitution* 14541 et *infrà* 17439.

**17437. Testament.** — Sauf le cas où il contient une substitution d'immeubles, le testament n'est jamais passible lors de l'enregistrement du droit proportionnel de 1 fr. 50 cent. pour 100. « Mais il est manifeste, dit Flandin, que si le légataire des immeubles tenu par l'action hypothécaire envers les créanciers (1024 C. C.) voulait s'affranchir de l'hypothèque au moyen de la purge et recourait de lui-même à la transcription, en exécution de l'art. 2181 C. C., il serait obligé d'acquitter le droit de 1 fr. 50 cent. pour 100 » (n° 1388 ; *Conf.* : Verdier n° 782, J. du not. n° 1645).

De même, si le testament contenant une substitution demeurée sans effet par suite du décès de l'institué avant le testateur était néanmoins présenté volontairement à la transcription, cette présentation volontaire suffirait à justifier la perception du droit de 1 fr. 50 cent. pour 100 par le conservateur (Sol. 16 janv. 1867).

**17438. Transaction.** — La transaction n'a jamais aucun caractère translatif en droit civil, et elle ne le reçoit en matière fiscale que s'il s'opère une modification dans les droits apparents des parties (*suprà* nos 17377 et 17378). En toute hypothèse, la transcription du contrat offre cette double utilité : 1° de rendre sans effet les hypothèques non encore inscrites consenties par le propriétaire apparent ; — 2° de purger les hypothèques inscrites de son chef avant la transaction. Or, cela suffit pour justifier l'exigibilité du droit de 1 fr. 50 cent. pour 100, lors de la présentation de l'acte à la formalité au bureau des hypothèques (Cass. 20 mai 1863, 1801 R. P., 2274 § 12 I. G., 17746 J. N., 12479 C., 565 et 733 § 12 Rev., S. 63-1-506).

Arrêt du 20 mai 1863 : — « Vu les art. 23 L. 21 ventôse an 7, 52-54 et 61 L. 28 avr. 1816 ; attendu, en droit, que l'art. 54 de cette dernière loi dispose qu'il y a lieu à la perception du droit proportionnel de transcription de 1 fr. 50 cent. pour 100 sur tous les actes qui sont de nature à être transcrits au bureau des hypothèques ; qu'il en doit être ainsi quand ces actes n'emportent pas mutation de propriété ; qu'il suffit, en effet, même dans ce cas, pour légitimer la perception, que la transcription requise puisse avoir une véritable utilité ; attendu, en fait, qu'il est constaté par le jugement attaqué que la transaction du 4 février 1858, entre Mourgues, légataire universel du baron Lacuée, et Édouard Lacuée, se prétendant fils naturel du testateur, par laquelle plusieurs immeubles dépendants de la succession de celui-ci ont été abandonnés audit Édouard Lacuée, a été enregistrée le 1er mai suivant et transcrite le 27 du même mois de mai ; attendu que cette transcription, requise par les parties, offrait, dans l'intérêt d'Édouard Lacuée, tiers détenteur des immeubles abandonnés, cette double utilité : 1° de rendre sans effet (art. 6 L. 23 mars 1855) les hypothèques non encore inscrites consenties par Mourgues, propriétaire apparent, pendant les vingt ans de possession paisible des immeubles dont il s'agit, au profit des créanciers auxquels, sous ce rapport, la transaction n'était pas opposable ; — 2° de purger également les hypothèques du chef de Mourgues, mais inscrites antérieurement à la transcription ; attendu que cette transaction ainsi définie et caractérisée peut et doit être justement classée parmi les actes qui sont de nature à être transcrits, et que, dès lors, il y avait lieu de lui faire, à ce titre, application des dispositions de l'art. 54 de la loi précitée du 28 avril 1816, qui frappe ces actes du droit de transcription de 1 fr. 50 cent. pour 100. »

Ajoutons qu'en dehors de l'utilité que la transcription peut présenter, le fait unique de la réquisition motiverait, comme pour les partages, l'exigibilité du droit (*V.* Flandin n° 1408, Verdier n° 774, *Rev. prat.* t. 9 p. 455). — *V.* 17421.

**17439. Vente de meubles.** — La logique des principes conduit à décider que la présentation volontaire à la transcription d'une vente de meubles autorise la perception du droit de 1 fr. 50 cent. pour 100. Il le faut bien ainsi, puisque, d'une part, le conservateur ne peut ni retarder la transcription, ni se rendre juge de son opportunité, et que, de l'autre, la formalité ne saurait jamais avoir lieu sans le payement du droit. Ce résultat a sans doute quelque chose de singulier. Et si l'on considère que dans l'esprit des institutions hypothécaires, la transcription est essentiellement relative aux immeubles, on se trouve amené, comme M. Flandin, à penser que le conservateur devrait refuser de transcrire une vente de meubles ou une cession de créances (t. 1er n° 791 et t. 2 n° 1443).

Mais ce système implique nécessairement le droit, pour le conservateur, d'apprécier la nature de l'acte afin de savoir s'il est sujet à être transcrit ; il le constitue juge de la formalité au mépris des prescriptions formelles de la loi. Nous ne pouvons donc l'accepter. Remarquons bien d'ailleurs que dans tous les cas où les parties viendront demander la transcription d'une cession de meubles, c'est qu'il restera du doute sur la nature de ces objets, et qu'ils auront lieu de craindre qu'ils aient le caractère d'immeubles par destination.

Au surplus, comme le droit n'est exigible que sur la réquisition formelle des redevables, c'est à eux seuls qu'ils peuvent s'en prendre s'ils l'ont indûment acquitté : *volenti non fit injuria*.

On peut invoquer, à l'appui de cette opinion, un arrêt de Cass. du 11 mars 1829, qui annule un jugement du tribunal de Versailles, lequel avait ordonné la restitution du droit proportionnel de transcription perçu sur la cession d'un bail emphytéotique, sous le prétexte que le droit emphytéotique est purement mobilier, qu'il ne peut être susceptible d'hypothèque, et que, dès lors, la cession qui en est faite n'étant pas de nature sujette à être transcrite, il ne dépend pas des parties d'en changer la nature. « Attendu, dit cet arrêt, que, sans examiner si le jugement d'adjudication était ou non de nature à être transcrit pour purger les hypothèques dont pourrait être grevée la jouissance emphytéotique, que ce jugement transférait aux défendeurs, il a suffi que les défendeurs aient, dans leur intérêt bien entendu ou mal entendu, requis cette transcription pour que la Régie de l'enregistrement fût autorisée à exiger d'eux le droit que la loi du 21 ventôse an 7 et celle du 28 avril 1816 appliquent à cette formalité, parce que le préposé de la Régie auquel la transcription d'un acte est demandée, loin de pouvoir se permettre d'apprécier les motifs de cette demande et se rendre juge de l'utilité ou de l'inutilité de la transcription, est tenu de déférer à cette réquisition, sous les peines portées en l'art. 2199 C. C., ce qu'il ne peut faire sans percevoir le droit que la loi applique à cette formalité » (*suprà* n° 14541).

1. CESSION DE RENTE. — Conformément à ces principes, on a émis l'avis que si on présente à la transcription la quittance constatant le payement du prix d'acquisition d'un immeuble au moyen de l'aliénation d'une rente sur l'État immobilisée, cette quittance servant de titre pour la vente de la rente donne lieu au droit de 1 fr. 50 cent. pour 100 (18558 J. E.).

2. CARRIÈRE. — De même, est passible du droit proportionnel la transcription requise au bureau du conservateur d'un acte contenant concession à temps, moyennant un prix unique, du droit d'exploiter le phosphate de chaux existant dans un terrain. Il s'agit ici non pas d'une vente clairement et incontestablement mobilière, mais d'un acte d'une nature douteuse auquel certains auteurs attribuent un caractère immobilier (*V.* Troplong *Priv. et hyp.* t. 1er p. 404 *bis*). Le conservateur, qui n'est pas juge de cette question, ne peut que percevoir le droit de 1 fr. 50 cent. pour 100 (Sol. 4 mai 1872, 3822 R. P.).

**17439** *bis*. **Renonciation.** — La renonciation à une action en réduction d'usufruit immobilier est de nature à être transcrite (C. Bruxelles 28 oct. 1875, 4445 R. P.).

**17440. Retrait successoral.** — L'acte constatant l'exercice du retrait successoral est passible du droit proportionnel de 1 fr. 50 cent. pour 100 lors de sa transcription au bureau des hypothèques, attendu qu'un tel contrat n'est pas compris au nombre de ceux que la loi du 23 mars 1855 a soumis à la formalité, alors qu'ils en étaient auparavant dispensés, et que, dès lors, il tombe sous l'application de la règle ordinaire (Pont-l'Évêque 10 janv. 1867, 2396 R.P., 18318 J. E., 18728 J.N., 13211 C.).

Il est, en effet, généralement admis que le retrait successoral opéré régulièrement ne constituant pas une vente nouvelle au profit du cohéritier qui l'exerce, n'est pas soumis à la transcription (Flandin t. 1er n° 237, Rivière et Huguet n° 49, Mourlon *Rev. prat.* t. 3 p. 186 n° 65, Gauthier n° 69). — *V.* cep. Troplong nos 247 et suiv.

Cette solution est conforme au principe qui s'applique en matière d'enregistrement et d'après lequel l'acte constatant le retrait successoral, n'opérant aucune mutation, est passible du droit de quittance à 50 centimes pour 100 sur la somme remboursée au cessionnaire. — V. *Retrait*.

**17441. Retrait de réméré.** — Le retrait de réméré est une résolution résultant du contrat lui-même et qui n'a pas besoin d'être transcrite, puisque la transcription du contrat a fait suffisamment connaître les causes de résolution (Troplong *Transcript.* n° 245).

La cour de Montpellier avait demandé, lors de la préparation de la loi de 1855, que le retrait fût soumis à la transcription; mais sa proposition a été rejetée (Flandin n° 386, Rodière et Huguet n° 42, Dalloz v° *Transcript.* n° 263, J. du not. n° 1705). — *V.* cep. *contrà* Grosse, *de la transcription*.

Si l'acte de retrait porte qu'il sera mentionné en marge de la transcription de la vente, cette mention n'autorise pas le conservateur à transcrire le retrait (Nantes 20 mai 1875, 4514 R. P.).

**17442. Retrait d'indivision.** — L'acte constatant le retrait d'indivision n'est pas sujet à la transcription (Flandin n° 214, Mourlon *Rev. prat.* t. 3 p. 186 n° 65, Gauthier n° 81). — V. *Licitation.*

Si on fait transcrire une convention de rester dans l'indivision, le droit de 1 fr. 50 cent. pour 100 est dû sur la valeur estimative du droit auquel on renonce (Sol. 10 juill. 1872, 19535 J. E.).

**17443. Servitudes.** — L'acte constitutif ou translatif d'une servitude est sujet à la transcription. — V. *Servitude.*

**17444. Donation d'un droit d'habitation.** — La donation d'un droit d'habitation est susceptible de transcription à l'égard des tiers. — *V.* 9441-5.

## CHAPITRE II. — LIQUIDATION DU DROIT

[17445-17462]

### SECTION PREMIÈRE. — INDIVISIBILITÉ DE LA TRANSCRIPTION

[17445-17452]

**17445. Règle générale.** — L'art. 2181 C. C. veut que les contrats translatifs d'immeubles soient transcrits *en entier*. Cette transcription intégrale peut seule, en effet, mettre les créanciers à portée de connaître les clauses de l'acte : c'est une mesure d'ordre public et d'intérêt général. Cependant, il est des actes dont la transcription peut être divisée. Lorsqu'il s'agit, par exemple, soit d'une vente d'immeubles en détail, soit d'une donation entre-vifs contenant partage, on peut faire transcrire séparément la partie de l'acte concernant les immeubles transmis à tel acquéreur ou à tel donataire. Dans chacun de ces actes, en effet, on peut dire qu'il existe autant de contrats distincts qu'il y a d'acquéreurs : chacun de ces contrats peut donc être transcrit séparément sans dérogation à l'art. 2181 C. C.

Cette distinction, admise par Grenier (*hyp.* t. 2 n° 369, Troplong t. 4 n° 911, Pont *Priv. et hyp.* n° 1293, Mourlon t. 1er n° 225, Flandin n° 778), a été prise pour règle par l'Administration dans les I. G. 385 et 1569.

Elle enseigne, dans cette dernière, que la formalité ne peut nécessairement alors avoir lieu que sur le dépôt d'un extrait, d'une copie littérale de toutes les dispositions générales et spéciales de l'acte qui se rapportent aux immeubles à purger.

On s'est demandé si le dépôt de cet extrait littéral était rigoureusement nécessaire, s'il ne pouvait pas être suppléé notamment par le dépôt de l'expédition entière de l'acte accompagné d'une réquisition qui indiquerait au conservateur, d'une façon tout à fait certaine, la partie de l'acte qu'il doit copier sur son registre.

Cette question soulève un cas de responsabilité dont l'examen ne rentre pas dans le cadre de notre travail. En thèse générale, on tient que si l'expédition entière est déposée, le conservateur ne peut que la transcrire toute entière, quelles que soient les réserves ou les indications contraires de la réquisition. Cependant, la pratique n'est pas toujours conforme à ces déductions juridiques. Il arrive assez fréquemment que le conservateur se borne à copier sur une expédition telle ou telle partie qu'on lui désigne, quand cette indication ne peut laisser place à aucun doute et que la réquisition est nettement formulée.

C'est à cette situation que l'Administration, sans l'approuver, fait allusion dans son I. G. 2324 ci-après, quand elle prescrit aux conservateurs d'exiger dans tous les cas des réquisitions clairement formulées, attestant bien l'intention de soumettre à cette formalité l'acte dont l'expédition entière est déposée.

La réquisition peut être, d'ailleurs, insérée dans l'acte (Nantes 20 mai 1875, 4514 R. P.).

**17446. Effets de la réquisition.** — Il appartient en ce cas au conservateur d'apprécier, sous sa responsabilité personnelle, la portée de cette réquisition. On ne peut pas lui contester ce droit, car avant d'exécuter les ordres de la partie il est indispensable qu'il soit pleinement édifié sur le sens et sur l'étendue de ces ordres. Or, c'est un travail souvent difficile en présence des obscurités ou du laconisme des réquisitions. D'autre part, il était essentiel, pour éviter les surprises et les difficultés ultérieures, de demander aux parties qui présentent une expédition entière l'affirmation de leur volonté de faire transcrire cette pièce dans toutes ses parties.

Pour atteindre ce double but, l'Administration a prescrit les règles suivantes dans son I. G. n° 2324.

« Le principe d'après lequel la transcription n'est réputée requise que pour les stipulations de l'acte qui la rendent légalement nécessaire demande à être appliqué avec des tempéraments. En thèse générale, le conservateur remplit un rôle passif. Il n'a ni le droit ni la faculté de discuter les motifs de la réquisition, et son refus l'exposerait aux peines prononcées par l'art. 2197 C. C. Que si, néanmoins, comme la Cour semble l'admettre, le conservateur est appelé à vérifier les énonciations de l'acte à transcrire, ce ne peut être que dans le cas tout à fait exceptionnel où cet acte renfermerait une transmission de valeurs d'une nature *si évidemment mobilière*, que la formalité de la transcription ne pourrait, *sous aucun rapport*, être censée avoir été requise par les parties intéressées ou en leur nom. Il n'en serait plus de même si les valeurs comprises dans l'acte étaient d'une nature douteuse ou indéterminée, tels, par exemple, que les objets mobiliers dépendant d'une usine et qui peuvent être considérés tantôt comme de simples meubles, tantôt comme des immeubles par destination (art. 524 et suiv. C. C.), ou le droit à la concession soit d'un canal, soit d'un chemin de fer, dont le caractère juridique n'est point encore définitivement fixé. Mais, pour prévenir toute difficulté, les conservateurs devront se faire remettre une réquisition limitative, accompagnée d'un extrait de la partie de l'acte que les requérants ou leurs mandataires veulent réellement soumettre à la formalité, sauf à se conformer aux prescriptions de l'I. G. n° 1569, relatives aux transcriptions partielles. La même règle sera observée à l'égard des adjudications contenant à la fois des ventes et des licitations. Il arrive souvent que, sur le dépôt de l'expédition, l'acte est transcrit en entier, et, sous le prétexte que les parties, au moment du dépôt, auraient manifesté l'intention de ne faire transcrire l'adjudication que pour la vente, les conservateurs s'abstiennent de percevoir le droit proportionnel sur le prix de la licitation, ou, s'ils le perçoivent, la restitution en est demandée. De là un grand nombre de réclamations qui, selon les circonstances, sont jugées diversement par les tribunaux. Pour y mettre un terme, les conservateurs, avant l'inscription d'une expédition sur le registre de dépôt, devront exiger des parties ou de leurs mandataires une réquisition écrite attestant l'intention expresse de soumettre l'acte entier à la formalité. La perception sera établie en conséquence. A défaut de réquisition, le droit proportionnel de 1 fr. 50 cent. pour 100 devra être perçu sur tous les prix qui ne l'auraient pas supporté à l'enregistrement, et les conservateurs seront immédiatement forcés en recette du montant des droits qu'ils auraient omis de percevoir, sauf les recours que les parties ou les conservateurs se croiraient fondés à exercer les uns contre les autres » (Dél. des 5-10 sept. 1862, 2299 R. P.).

Les règles qui découlent de cette instruction ont été formulées par M. l'avocat général Blanche devant la Cour de cassation.

« En dernière analyse, a dit le savant magistrat, la difficulté revient à examiner si la transcription a été réellement demandée au fonctionnaire de la Régie. Il n'y a point d'embarras quand l'acte contient une seule disposition. La réquisition de transcrire s'applique alors évidemment à cette disposition, et l'exigibilité du droit proportionnel est par là même justifiée. Mais la situation est différente au sujet des actes qui renferment plusieurs conventions. En principe, les contrats doivent être copiés *en entier* par le conservateur pour répondre au vœu de la loi (art. 2181 C. C.). Mais la règle comporte des exceptions: la Régie le reconnaît elle-même dans une instruction du 24 août 1838. « Il est, dit-elle, des actes dont la transcription peut être divisée. Lorsqu'il s'agit, par exemple, soit d'une vente d'immeubles en détail, soit d'une donation contenant partage faite conformément aux art. 1075 et 1076 C. C., on peut faire transcrire séparément la partie de l'acte concernant les immeubles transmis à tel acquéreur, à tel donataire. On peut dire, en effet, qu'il existe autant de contrats distincts qu'il y a d'acquéreurs ou de donataires, chacun de ces contrats peut être transcrit séparément sans dérogation à l'art. 2181 C. C., sur le dépôt d'une copie littérale de toutes les dispositions générales et spéciales de l'acte qui se rapportent aux immeubles à purger. » Je n'hésite pas à croire qu'en effet le conservateur ne compromettait point sa responsabilité en opérant une telle transcription, et que dès lors les parties sont fondées à lui présenter séparément les différentes conventions réunies dans le même acte. Mais s'il en est ainsi, le conservateur et par conséquent la Régie ne sont-ils pas en droit de croire que, quand l'acte tout entier a été présenté à la transcription, c'est que les parties entendaient le soumettre tout entier à la formalité? Quant à moi, je le pense; puisqu'elles pouvaient le faire transcrire partiellement et qu'elles ne l'ont pas fait, la présomption me paraît être qu'elles ont voulu requérir la formalité entière, et cela suffit pour autoriser, selon votre jurisprudence, la perception intégrale du droit proportionnel. Il n'en serait plus de même pour les actes qui ne peuvent être transcrits partiellement. Le fait seul du dépôt de l'acte ou de l'expédition de l'acte entier ne manifeste plus également l'intention d'obtenir la transcription de toutes les parties de l'acte, puisque les déposants n'étaient pas maîtres de le diviser. Le conservateur pourrait donc être tenu d'examiner ici le sens et l'étendue de la réquisition » (2631 R. P.).

Tous ces développements paraissent pouvoir se formuler dans les propositions suivantes:

1° Si l'acte est divisible, les parties ont la faculté de présenter à la transcription un extrait du contrat, et la perception du droit de 1 fr. 50 cent. pour 100 est naturellement limitée à la convention transcrite.

Si elles soumettent l'acte entier à la formalité, sans accompagner leur dépôt d'une réquisition limitative, elles sont censées avoir demandé la transcription des diverses parties du contrat; et quand ces diverses parties de l'acte se rapportent également à des immeubles ou à des valeurs auxquelles on peut attribuer le caractère immobilier, le conservateur est fondé à exiger le droit proportionnel sur l'intégralité de l'acte. Il ne pourrait s'en dispenser qu'à l'égard des conventions, telles que les obligations de sommes, cessions de créances, etc., qui excluent toute idée de transcription;

2° Si l'acte est indivisible et la réquisition sans réserves, le conservateur doit examiner les énonciations de l'acte, afin de borner sa perception aux clauses qui rendent la transcription nécessaire.

**17447. Contrat de mariage.** Les contrats de mariage doivent être transcrits quand l'une de leurs clauses opère une mutation de propriété, ainsi qu'il arrive, par exemple, lorsque l'immeuble constitué en dot à la femme est estimé dans le contrat avec déclaration expresse qu'il en transporte la propriété au mari. Mais il suffit, en ce cas, de faire transcrire la portion du contrat de mariage contenant la clause soumise à la formalité (Gauthier n° 65, Rivière et Huguet n° 547, Troplong n° 89, Flandin t. 1er n° 273). — Il en serait autrement s'il s'agissait d'une disposition liée à toutes les clauses du contrat (Sol. 7 juill. 1824, 1150 § 15 I. G., 4952 J. N.).

Spécialement, si un contrat de mariage contenant une clause d'ameublissement et une donation immobilière, c'est-à-dire deux dispositions sujettes à la transcription, est présenté en son entier au conservateur, le droit de 1 fr. 50 cent. pour 100 est dû sur la valeur de l'immeuble ameubli, à défaut d'une réquisition limitative appuyée d'un extrait littéral ne comprenant pas la clause d'ameublissement (Sol. 22 déc. 1866).

De même, s'il s'agit d'un contrat de mariage contenant une donation entre-vifs et une donation de biens présents et à venir, le droit de transcription est dû sur la valeur des immeubles compris dans les deux dispositions, encore que les parties aient offert ultérieurement de renoncer au bénéfice de la transcription en marge du registre pour la dernière donation (Sol. 8 déc. 1871).

**17448. Échange.** — L'échange ne saurait être transcrit partiellement, car les cessions qu'il renferme sont la condition l'une de l'autre et on ne peut pas les isoler l'une de l'autre sans dénaturer complètement le contrat (Sol. 10 mars 1832, 7749 J. N. — Cass. 15 fév. 1813, *P. chr.* 137).

**17448 *bis*. Licitation.** — La licitation, comme la vente d'immeubles en détail ou le partage, contient autant de contrats distincts qu'il y a d'adjudications ou de lots distincts. Si donc, en déposant le procès-verbal entier, un des adjudicataires non copropriétaires a déclaré ne requérir la transcription que pour l'immeuble à lui adjugé, le droit de 1 fr. 50 cent. pour 100 ne peut être perçu sur les autres lots (Dél. 13 nov. 1824; — Seine 20 janv. 1841 et 7 mai 1845; — Beaune 19 juin 1841, 4955, 11055, 11265 et 12394 J. N.).

Si le dépôt émane d'un colicitant, la question peut être plus douteuse. Cependant, il nous semble que si ce colicitant est lui-même adjudicataire, on doit admettre également que la réquisition se restreint au lot qui lui a été adjugé.

**17449. Partage.** — Les différents lots d'un partage peuvent être transcrits séparément. Ainsi, il a été décidé que si on présente à la transcription un extrait littéral d'un partage d'ascendant en ce qui concerne un lot non évalué séparément, on doit être admis, pour la perception du droit de 1 fr. 50 cent. pour 100, à ventiler l'évaluation en bloc du contrat (Dél. 19 août 1845, 12487 J. N.). — V. *Conf.* Sol 19 oct. 1864, 19354 J. E.

Mais si les biens sont restés indivis entre les enfants, on ne peut transcrire partiellement pour la part de l'un d'eux et le droit est dû sur le tout (Vesoul 2 juill. 1855, 15602 J. N.).

Si l'acte renferme un partage suivi d'une cession d'usufruit, et qu'il soit présenté dans son entier au conservateur, le droit de transcription est dû sur la totalité de l'acte: « Attendu que les parties avaient déposé, pour être transcrite, une expédition de l'acte en entier, et qu'ainsi elles avaient manifesté leur volonté de faire transcrire toutes les dispositions de cet acte, sans distinguer entre celles qui étaient de nature à être transcrites et celles qui ne l'étaient pas, que dès lors la perception du droit proportionnel devait s'étendre sur la valeur de tous les biens partagés, sous la déduction de ce qui avait été perçu, pour droit de transcription, au moment de l'enregistrement » (Cass. 24 mars 1868, 2631 R. P., 14132 C., 2367-5 I. G., B. 64, S. 68-1-311, D. 68-1-244 P. 68-788).

S'il y a à la fois partage, puis cession de droits successifs, le droit n'est dû que sur le prix de la cession (Sol. 14 août 1872, 19383 J. E.).

**17450. Partage anticipé.** — Si le partage anticipé contient en même temps une donation à un étranger, cette donation ne rend pas le droit de transcription exigible sur le partage anticipé lui-même.

Lorsqu'on présente à la transcription un acte contenant à la fois partage anticipé et partage d'autres biens indivis avec ceux qui font l'objet de la donation, et que le second partage n'est que le complément ou la conséquence de la donation, on considère que l'acte ne peut être transcrit par extrait, que les parties ne le présentent à la formalité qu'en ce qui concerne les biens donnés, et dès lors le droit de transcription n'est dû que sur les biens de cette espèce (Sol. 15 juin 1838, 8 août 1846, 26 sept. 1847, 16906, 18541, 18740 J. E.; — 19 oct. 1857, 8 janv. 1862 et 12 oct. 1868).

On l'a ainsi décidé notamment dans un cas où les donataires avaient réuni, aux biens donnés par l'ascendant, des immeubles provenant de la succession d'un frère prédécédé et confondus avec eux (Sol. 13 janv. 1874).

En matière civile, un tel acte est également indivisible (Cass. 27 juill 1874, 4164 R. P.).

Mais si les biens peuvent être distingués et le sont dans l'extrait joint à la réquisition limitative, le droit n'est dû que sur les biens pour lesquels la formalité est requise (La Roche-sur-Yon 22 déc. 1875, 4379 R. P.).

**17451. Substitution.** — Lorsque l'extrait d'un partage d'ascendants portant charge de restitution est présenté à la transcription au bureau des hypothèques, avec déclaration expresse que cette formalité est requise conformément à l'art. 1069 C. C., dans l'intérêt exclusif des appelés à la substitution, le droit de 1 fr. 50 cent. pour 100 doit être néanmoins perçu; « Attendu que ce n'est pas seulement la disposition secondaire de conserver et de rendre qui doit être transcrite, mais la donation directe elle-même, ainsi que cela a eu lieu dans l'espèce » (Cass. 14 fév. 1848, 13293 J. N., D. 48-1-79).

Cela a lieu ainsi parce que, malgré la réquisition limitative, la donation directe se trouve forcément transcrite et que l'accomplissement de la formalité entraîne nécessairement le payement du droit.

Mais il a été jugé que si l'extrait remis au conservateur comprend, outre le lot grevé, un autre immeuble donné par préciput à un autre enfant, le droit n'est pas exigible sur cet immeuble (Senlis 12 juin 1838, 10407 J. N.). Cette décision ne peut être suivie qu'autant que la réquisition de transcrire est limitée au lot grevé de substitution, et que le contexte de l'extrait permet cette transcription partielle; autrement, l'impôt suit l'accomplissement de la formalité.

**17452. Cession de meubles et d'immeubles.** — Lorsqu'un acte contenant à la fois des conventions sujettes à la transcription et d'autres qui en sont dispensées est déposé au bureau sans que la partie ait précisé l'étendue de sa réquisition, il appartient au conservateur d'examiner à quelle partie de l'acte s'applique la demande. Or, le moyen de découvrir cette intention sera le plus souvent de rechercher quel est le motif de transcription et l'utilité qu'on s'en propose.

Cette recherche, il faut le remarquer, n'a pas pour résultat de rendre le conservateur juge de la formalité qu'on lui réclame, mais de lui faire apprécier à quelle partie de l'acte cette formalité doit se restreindre et dans quelles limites, dès lors, il est autorisé à percevoir le droit proportionnel de 1 fr. 50 cent. pour 100 francs. On a fait maintes fois l'application de ce principe.

1. IMMEUBLE ET DROIT DE FOUILLE. — Ainsi, une Dél. 20 octobre 1843 (11818 J. N.) a reconnu que si une vente du droit d'exploiter une mine comprend des immeubles et qu'elle soit présentée à la transcription, le droit proportionnel de 1 fr. 50 cent. pour 100 ne doit pas être perçu sur le droit d'exploiter, qui est une valeur purement mobilière.

2. VENTE ET PARTAGE. — Lorsqu'un partage avec soulte contient une vente d'immeubles, les deux conventions sont séparées, et de ce que la dernière est de nature à être transcrite, il ne s'ensuit pas que, lors de l'enregistrement, on doive percevoir le droit de 1 fr. 50 cent. pour 100 sur les soultes. La vente sera transcrite au bureau des hypothèques par extrait (16704 § 1er J. E.).

3. IMMEUBLES ET CRÉANCES. — Si, par une circonstance particulière, une portion de prix de vente n'est pas assujettie au droit proportionnel de mutation immobilière (comme s'appliquant par exemple à des créances), le droit de transcription n'en est pas moins exigible sur la totalité du prix quand il a été stipulé un prix unique (Nîmes 6 janv. 1864, 12673 C.). — De même pour une donation d'immeubles et de meubles (Sol. 9 déc. 1873, 19421 J. E.).

4. APPORTS MOBILIERS ET IMMOBILIERS. — Si on présente à la transcription un acte de société contenant des apports mobiliers et immobiliers, la présomption est que la formalité est uniquement requise pour les immeubles; par conséquent, le droit de 1 fr. 50 cent. pour 100 ne saurait être perçu sur la valeur des meubles: « Attendu, porte un arrêt de Cass. du 27 juillet 1863, que si la présentation volontaire à la transcription d'un acte comprenant à la fois des meubles et des immeubles suffit pour autoriser la perception du droit proportionnel de transcription sur les valeurs immobilières, on ne saurait en induire que ce droit proportionnel doit être également perçu sur les valeurs mobilières, puisque, à raison de leur nature, les mutations de biens meubles ne sont jamais soumises à transcription » (Cass. 27 juill. 1863, 1817 R.P., 2274 § 8 I. G., 17799 J. N., 12524 C., 613 Rev., 17705 J. E.; — V. 17425 et 17434; — et sur renvoi Vesoul 27 fév. 1865, 2225 R.P.).

Ce principe résultait déjà de plusieurs décisions antérieures. Ainsi, il avait été reconnu : 1° que si une société présente un apport composé de meubles et d'immeubles évalués en bloc, et si le droit de transcription est exigible, il est nécessaire de faire ventiler les meubles d'avec les immeubles, car il ne s'agit pas ici d'une vente, et le droit de transcription ne s'applique pas aux meubles (Vervins 1er mars 1844, 13465-6 J. E.; — Avesnes 24 juin 1857);

2° Que lorsque le droit de transcription est exigible sur une usine et ses ustensiles apportés en société, ce droit ne doit pas être perçu sur l'achalandage attaché à l'usine, et qui fait également partie de l'apport, car cet achalandage est meuble de sa nature (Tours 22 mars 1842, 13472-3 J.E.).

Mais si la nature des meubles peut être douteuse, le droit de 1 fr. 50 cent. pour 100 est exigible, quand il est d'ailleurs établi que la réquisition s'applique expressément à ces objets. C'est ce qui a été décidé par la chambre des requêtes, le 6 décembre 1864, au sujet d'un contrat de société contenant apport d'un meuble, et de concessions de canaux grevés d'hypothèques pour lesquels la société avait pris l'engagement de faire purger: « Sans doute, dit la Cour, au cas où la transcription est requise pour un acte constatant à la fois la transmission d'immeubles et de valeurs mobilières, le conservateur doit vérifier, sans s'arrêter aux énonciations de l'acte, la nature différente des valeurs transmises, et ne percevoir le droit que sur les immeubles, la transcription devant être réputée requise exclusivement pour les stipulations de l'acte qui la rendent légalement nécessaire; mais, attendu que, dans l'espèce, si l'acte de société constatait l'apport, outre les canaux qui ont donné lieu au procès, de terrains dont la nature immobilière pouvait être douteuse, ces immeubles, pour lesquels le droit proportionnel de transcription avait été perçu, lors de l'enregistrement de l'acte, conformément à l'art. 54 L. 28 avril 1816, se trouvent situés hors de la circonscription du bureau de Saint-Lô, dont le conservateur a décerné la contrainte validée par le jugement attaqué, et que la transcription n'a été requise à ce bureau et n'a pu l'être qu'à raison du canal de Vire et Taute, situé dans sa circonscription; qu'en déférant à cette réquisition, comme il était obligé de le faire pour obéir à la prescription impérative des art. 2199 C. C., le conservateur devait percevoir le droit proportionnel sur cet apport » (2023 R. P., 18173 J. N., 1265 Rev., 2324-4 I. G., S. 65-1-49).

Aucune difficulté n'existe à l'égard des immeubles par destination : lorsqu'un acte de société, donnant naissance au droit de transcription, comprend des immeubles par destination, ce droit est également exigible sur ces valeurs (Seine 23 juin 1845, 13689 J. E.; — Lille 23 août 1844, 13666 J. E.; — Tours 22 mars 1844, 13472-3 J. E.; — Cass. 17 avr. 1849, 13774 J. N., 1844-20 I. G., S. 49-1-445; — Mantes, 26 janv. 1878, 4925 R. P.).

S'il y a du doute sur le caractère des meubles cédés avec le fonds auquel ils sont attachés, le droit est encore dû sur la valeur totale des fonds et des objets : « La réquisition à l'effet de transcrire étant pure et simple, et l'acte entier ayant été présenté à la formalité, le conservateur ne pouvait pas se permettre d'apprécier les motifs de la demande des parties et se rendre juge de l'utilité ou de l'inutilité de la transcription en ce qui concerne les objets mobiliers.

Il était tenu de déférer à la réquisition, suivant les termes impératifs des art. 2199 C. C., et il ne pouvait le faire sans percevoir le droit que la loi applique à la formalité dans tous les cas où ce droit n'a pas été acquitté à l'enregistrement » (Sol. 9 déc. 1873).

**17452 *bis*. Vente et testament.** — Lorsque l'acte présenté à la transcription est une vente contenant à la suite, et par extrait, sous le titre d'annexe, un testament olographe renfermant un legs universel au profit du vendeur, le conservateur n'est pas autorisé à transcrire le testament et à percevoir le droit proportionnel sur la valeur des biens légués (C. Alger, 13 fév. 1877, 4694 R. P.).

## SECTION 2. — LIQUIDATION ET PAYEMENT DES DROITS [17453-17462]

**17453. Règle générale.** — Aux termes de l'art. 25 L. 21 ventôse an 7, « le droit de transcription des actes emportant mutation de propriété immobilière sera de 1 fr. 50 cent. pour 100 francs du prix intégral desdites mutations, *suivant qu'il aura été réglé à l'enregistrement.* »

Ces derniers mots signifient que la liquidation de l'impôt doit avoir lieu d'après les règles déterminées par les lois sur l'enregistrement.

Ainsi, s'il s'agit d'un acte à titre onéreux, le droit sera dû sur le prix exprimé ou sur la valeur vénale qui en tient lieu ; si l'acte est une donation, le capital imposable se déterminera par le revenu, sans que la valeur vénale puisse motiver un droit complémentaire quelconque lors de la transcription effective de l'acte. La perception se fait en outre par série de 20 en 20 francs (Dél. 13 mars 1829, D. N. t. 6 p. 213 n° 7).

**17454. Licitation.** — 1. PRIX DE L'IMMEUBLE ENTIER. — Quand un immeuble licité est adjugé à l'un des copropriétaires pour un prix qui représente la valeur totale du bien, on déduit la part du colicitant adjudicataire dans ce prix pour percevoir le droit d'enregistrement, attendu que la loi du 22 frimaire an 7 tarife seulement les parts et portions acquises (v° *Licitation* n° 10814). Longtemps on a soutenu qu'il en était de même du droit de transcription, puisque la loi du 25 ventôse an 7 déclarait qu'il serait dû suivant qu'il aura été réglé à l'enregistrement; et on prétendait que le conservateur devait le liquider seulement sur les parts acquises.

Mais cette opinion ne pouvait pas prévaloir. La jurisprudence a décidé par une longue série d'arrêts que les mots : *suivant qu'il aura été réglé à l'enregistrement*, ne signifient pas que le droit de 1 fr. 50 cent. pour 100 francs doive être perçu sur la même somme que celui d'enregistrement. La loi entend au contraire que le prix intégral stipulé au contrat, sera la base invariable du droit, mais que la liquidation en sera faite d'après les règles adoptées en matière d'enregistrement (Cass. 9 mai 1837, 15 juin 1840, 3 mai et 15 nov. 1841, 17 janv. 1842, 13 avr. et 17 nov. 1847, 21 juin 1848, 12 juill., 29 nov. 1848, 7 nov. 1849, 16 avr., 10 juin, 26 août, 2 déc. 1850, 2 déc. 1851, 7 juill. 1852, 23 nov. 1853, 18 mai 1858 *suprà* v° *Licitation* n° 10813). Nous avons déjà fait cette remarque à ce dernier endroit de notre *Répertoire général.*

2. PRIX DE LA PORTION VENDUE. — Il est bien entendu que si la licitation ne s'appliquait qu'à la portion des cohéritiers vendeurs, et si le prix stipulé au contrat n'embrassait pas la totalité de l'immeuble, on ne pourrait pas exiger la déclaration de la valeur totale du bien pour percevoir le droit. Il faudrait se borner à le liquider sur le prix de la portion cédée.

C'est ce qui a lieu quand un des copropriétaires déclare simplement céder sa part à l'autre, moyennant un prix convenu. Ce prix ne représente que la moitié de l'immeuble, seule portion vendue. Si on requiert la transcription de la licitation, le droit de 1 fr. 50 cent. pour 100 ne pourra dépasser ces limites (17873 J. E.).

**17455. Évaluation.** — Quand le contrat ne renferme pas les évaluations nécessaires à la perception, les parties sont tenues d'y suppléer, avant la transcription, au moyen d'une déclaration estimative certifiée et signée au pied de l'acte, conformément à l'art. 16 L. 22 frimaire an 7. C'est ce qui a été décidé notamment au sujet des partages purs et simples présentés à la transcription. La jurisprudence a reconnu que le droit était dû sur la valeur vénale des biens partagés et que le conservateur avait le droit d'exiger la déclaration de cette valeur vénale si elle n'était pas contenue dans l'acte (Bressuire 8 avr. 1862, 17475 J. E., confirmé par arr. 2 juin 1863, 1806 R. P., 2274 § 12 I. G., 17756 J. N., 621 Rev., 12478 C., S. 63-1-508).

Si les biens ont été évalués pour la perception du droit gradué, cette évaluation sert à la perception du droit de transcription (Brive, 19 mai 1877).

**17456. Expertise.** — Il a été reconnu, par une D. m. j. 14 mars 1809, que le conservateur des hypothèques qui a transcrit un acte de mutation d'immeubles n'a pas le droit de requérir l'expertise pour insuffisance de prix ou d'évaluation : ce droit n'appartient qu'aux préposés de l'enregistrement, conformément aux art. 17 et 19 L. 22 frimaire an 7 (433 § 3 I. G.).

La décision précédente se justifie par cette considération que la liquidation du droit de 1 fr. 50 cent. pour 100 a lieu selon les règles adoptées pour l'enregistrement (L. 21 ventôse an 7, art. 25), et que c'est au receveur qui a perçu d'abord le droit d'enregistrement à apprécier s'il y a lieu de contester la déclaration qui lui a servi de base. Mais nous croyons qu'il en est autrement quand il ne s'agit plus d'un acte translatif de propriété, et que, par conséquent, l'enregistrement du contrat n'a donné lieu à aucun impôt proportionnel de mutation. Dans ce cas, l'expertise ne peut être provoquée par le receveur; si elle n'est pas permise au conservateur, le moyen le plus efficace de réprimer la fraude fera défaut, et presque toujours la perception sera abandonnée à la bonne foi des parties. Ce résultat est absolument contraire à l'esprit de la loi; il n'est pas moins inconciliable avec le texte de l'art. 25 L. 21 ventôse an 7, qui veut que la perception du droit de 1 fr. 50 cent. pour 100 soit, sans exception aucune, réglée comme celle du droit d'enregistrement. D'ailleurs la Cour de cassation a reconnu, par arrêt du 10 juillet 1865 (2140 R. P., V. 17423), que le droit de transcription a la même nature que le droit d'enregistrement, avec lequel il a été confondu par la loi de 1816, et dont le recouvrement est soumis aux mêmes règles.— Aussi la Cour de cassation a-t-elle maintenu, le 2 juin 1863, le jugement par lequel un tribunal avait ordonné l'expertise de la valeur vénale des immeubles apportés en société et ayant donné lieu au droit de 1 fr. 50 cent. pour 100, lors de la présentation volontaire de l'acte à la transcription (1806 R. P., 2274 § 12 I. G., 17756 J. N., 12478 C., 621 Rev., S. 63-1-508).

« Attendu, porte l'arrêt du 2 juin 1863, que lorsque l'acte présenté volontairement à la transcription n'a pas donné ouverture à un droit proportionnel d'enregistrement, le conservateur, n'y trouvant pas la base que la loi du 21 ventôse an 7 lui prescrit d'adopter pour la perception de l'impôt, aurait nécessairement le droit d'exiger du contribuable la déclaration estimative que celui-ci serait tenu de fournir à la Régie pour servir de base au recouvrement de l'impôt; attendu que le conservateur n'a pas, à la vérité, le même droit quant à l'expertise, qui ne peut être ordonnée qu'en cas de contestation sur la sincérité de la déclaration estimative, et dans une instance judiciaire introduite et soutenue par la Régie; mais attendu qu'en fait, c'est contradictoirement avec la Régie, dans une instance judiciaire par elle suivie, que la déclaration estimative et l'expertise ont été ordonnées. »

Quoique l'attention de la Cour n'ait peut-être pas été, dans cette affaire, appelée d'une manière spéciale sur la possibilité de l'expertise, nous croyons néanmoins que sa décision n'aurait pas été différente en présence d'une contestation formelle des redevables, et qu'il faut l'appliquer à tous les cas où le droit de 1 fr. 50 cent. pour 100 n'a pas été précédé de la perception du droit d'enregistrement.

Nous approuvons donc le tribunal de Pont-l'Évêque d'avoir décidé, le 29 août 1867, que l'Administration peut prouver, au moyen d'une expertise, l'insuffisance de la valeur vénale attribuée aux apports immobiliers constatés dans un acte de société présenté à la transcription (2540 R. P.).

La question se complique aujourd'hui d'une difficulté particulière.

L'art. 13 L. 23 août 1871 permet d'établir par tous les genres de preuves du droit commun, sauf le serment décisoire, les *dissimulations* dans le prix d'une vente ou dans la soulte d'un échange ou d'un partage. Cette disposition s'étend-elle aux dissimulations commises dans l'évaluation des valeurs vénales de biens sujets à la transcription ?

Nous inclinons à le penser.

En effet, quoique le texte paraisse se restreindre aux ventes, aux échanges et aux partages, son but évident a été d'atteindre, pour les soumettre à la même règle, toutes les hypothèses où le droit proportionnel est perçu sur la valeur vénale des biens. On ne concevrait pas pourquoi il aurait placé certaines dissimulations dans une situation plus favorable que les autres, alors qu'elles sont semblables et procèdent de la même fraude. Il faudrait bien admettre cette règle pour les droits de transcription à percevoir sur les licitations présentées volontairement à la formalité aux hypothèques. Les dissimulations constatées dans le prix à la requête du receveur ou du conservateur donneraient incontestablement lieu à l'application de la loi nouvelle. Pourquoi en serait-il autrement d'un acte de partage ?

Cependant, on peut objecter qu'en matière pénale tout est de droit étroit, que par conséquent des dispositions relatives aux prix de vente et aux soultes ne sauraient être étendues à d'autres hypothèses. On objecterait, non sans raison, que la peine du quart imposée par l'art. 12 de la loi aux dissimulations qu'elle prévoit serait véritablement excessive à l'égard de la fraude actuelle, qui est loin d'avoir la même gravité pour le Trésor.

On remarquera seulement que la loi de 1871 se restreint aux *dissimulations*, c'est-à-dire aux déclarations insuffisantes faites sciemment et pour cacher la vérité. Ce cas sera nécessairement très-rare dans des évaluations qui ne correspondent à aucun prix stipulé entre les parties. Il deviendra difficile, pour ne pas dire impossible, de prouver que le débiteur n'a pas commis une simple erreur, mais a altéré de mauvaise foi la vérité.

1. SOUMISSION. — Il arrive parfois qu'un acte translatif de propriété enregistré au droit proportionnel (ne comprenant pas le droit de 1 fr. 50 cent. pour 100), puis transcrit au bureau des hypothèques moyennant le droit ordinaire, donne lieu à une soumission par laquelle les parties reconnaissent, sur la demande du receveur, l'insuffisance du prix ou du revenu déclaré. Cette situation peut se présenter au sujet des licitations ou des cessions de droits successifs. Or, on a soutenu que l'Administration ne pouvait pas se prévaloir de la soumission pour exiger le droit complémentaire d'hypothèques, parce que la soumission formait un contrat limité au droit d'enregistrement (D. N. t. 13 p. 56 nº 104). Cette proposition est inexacte dans son sens absolu. Si le redevable se borne à offrir une certaine somme au Trésor pour éviter l'expertise et que l'Administration accepte dans ces termes, il est bien vrai que la transaction doit s'appliquer au droit de transcription comme au droit d'enregistrement. Mais lorsque le débiteur reconnaît l'insuffisance et s'engage, comme conséquence,

à payer une somme déterminée, montant des droits qu'il croit exigibles, son aveu réagit nécessairement sur le droit de transcription et motive la demande d'un supplément de droit distinct de celui qu'il s'était obligé à payer. Le tribunal de Pontarlier l'a ainsi décidé avec toute raison, le 17 avril 1862 (17509 J. E.).

**17457. Droit en sus.** — Seulement, nous inclinons à croire que le droit en sus ne lui est point applicable. Malgré les points de ressemblance qui les unissent, le droit de transcription et le droit d'enregistrement ont toujours néanmoins leur caractère propre. Ainsi que le dit un arrêt de Cass. du 28 novembre 1848, le premier reste toujours un droit d'hypothèque (*V.* 17423). Or, qu'il s'agisse d'un enregistrement hors délai ou d'une insuffisance, la loi ne parle, comme peine, que du double droit *d'enregistrement* (L. 22 frim. an 7, art. 28; L. 27 vent. an 9, art. 5).

Conformément à ces principes, il a été plusieurs fois décidé que l'enregistrement hors délai d'un testament contenant une substitution n'autorisait pas à percevoir le double droit de 1 fr. 50 cent. pour 100. — V. *Testament* n° 17088.

On a également reconnu que le droit en sus, exigible à raison d'une insuffisance d'évaluation dans un partage anticipé ou dans une donation en ligne directe, ou entre époux par ou hors contrat de mariage, doit être calculé sur le droit d'enregistrement seul, sans y ajouter le droit de transcription (Sol. 15 déc. 1876, 20244 J. E., 4772 R. P.). Une solution a été rendue spécialement pour une donation par contrat de mariage le 20 janvier 1877. Nous pensons qu'il faut en étendre la doctrine aux partages anticipés régis par la loi du 21 juin 1875.

De même, en cas d'insuffisance de revenu constaté dans un échange, il est dû : 1° un droit double d'enregistrement à 2 pour 100 sur l'excédant si les revenus sont égaux ; 2° un droit simple seulement de transcription sur le même excédant (Sol. 11 janv. 1877, 20244 J. E.).

**17458. Biens étrangers au bureau.** — Quand un acte contient des biens situés dans l'étendue du bureau des hypothèques et d'autres qui lui sont étrangers, la transcription intégrale du contrat motive la perception du droit de 1 fr. 50 cent. pour 100 sur la totalité de ces biens (Dél. 19 mars 1825, Cass. 2 juin 1863, 1806 R. P., 2274 § 12 J. E., 17-756 J. N., 12478 C., 621 Rev., 17681 J. E., D. 63-1-467 ; — *Conf.* : Flandin n° 1466, Verdier n° 826).

« Attendu, porte l'arrêt du 2 juin 1863, que la volonté des parties donnant lieu à la transcription aussi bien que la volonté de la loi, et l'utilité qu'en retire la partie qui l'a volontairement requise étant sans influence sur l'exigibilité du droit proportionnel, il suit de ces principes que, dans le cas réglé par les art. 22 et 26 L. 21 ventôse an 7, les parties ne sauraient, en restreignant, suivant leur intérêt, la transcription aux immeubles situés dans la circonscription d'un bureau, changer le mode et l'étendue de la perception tracée par la loi aux conservateurs de ce bureau. »

Mais alors la transcription de l'acte dans l'autre bureau se fait moyennant le droit fixe. C'est ce qui résulte de l'art. 25 L. 21 ventôse an 7, portant : « Si le même acte donne lieu à la transcription dans plusieurs bureaux, le droit sera acquitté ainsi qu'il est dit à l'art. 22 pour les inscriptions. » Or, l'art. 22 dispose que : « s'il y a lieu à inscription d'une même créance dans plusieurs bureaux, le droit sera acquitté en totalité dans le premier et qu'il ne sera payé pour chacune des autres inscriptions que le salaire du préposé. » Quoique ce texte ne parle pas du droit fixe, il est évident qu'il est exigible pour la transcription, puisqu'elle est le prix d'une formalité et qu'aucun enregistrement ne peut avoir lieu sans le payement d'un droit (L. 28 avr. 1816, art. 61).

**17459. Prescription.** — Une loi du 24 mars 1806 a déclaré les dispositions de l'art. 61 L. 22 frimaire an 7 applicables aux prescriptions des droits de transcription hypothécaire établis par les chapitres 2 et 3 titre 2 L. 21 ventôse an 7. (Sol. 2 fév. 1875, 19764 J. E.).

1. PRÉSENTATION VOLONTAIRE. — Décidé spécialement que, quand un acte translatif d'immeubles sur lequel le droit de transcription n'avait pas été, par erreur, perçu depuis plus de deux ans est ensuite présenté volontairement à la formalité au bureau des hypothèques, le droit est dû (Nevers 30 août 1837).

V. *Prescription.*

**17460. Restitution.** — Le remboursement des droits de transcription est soumis aux mêmes règles que celui des droits d'enregistrement. On lui appliquerait notamment l'art. 60 L. 22 frimaire an 7, d'après lequel tout droit d'enregistrement régulièrement perçu ne peut être restitué, quels que soient les événements ultérieurs, sauf les cas prévus. Ainsi que le fait remarquer Flandin, « cette disposition, quoique paraissant limitée dans ses termes, forme une règle générale applicable au droit de transcription » (n° 1455).

Il a été jugé, en effet : 1° que le droit de 1 fr. 50 cent. pour 100 dû sur l'adjudication consentie au profit d'un héritier bénéficiaire n'est pas restituable par cela que l'adjudicataire renonce plus tard au bénéfice d'inventaire (Cass. 12 août 1839, Dalloz v° *Enregistrement* n° 6024-1) ;

« Attendu, porte cet arrêt, que, quels que soient les événements ultérieurs, une perception régulière ne peut être susceptible de restitution, sauf les cas prévus (art. 60 L. 22 frim. an 7) ; attendu que la renonciation au bénéfice d'inventaire et l'acceptation pure et simple de l'hérédité, faites quelques mois après la perception dont s'agit par la dame Crépon, est événement ultérieur qui ne se trouve pas sous les cas prévus par la loi, et qu'il n'a pu, sous aucun rapport, influer sur la perception faite antérieurement pour l'altérer ou la modifier ; attendu, dès lors, qu'en ordonnant la restitution d'une perception régulièrement faite, le jugement a formellement violé les art. 52 L. 28 avril 1816, 60 L. 22 frimaire an 7 et faussement appliqué l'art. 883 C. C., étranger et inapplicable à une matière soumise à une législation spéciale. »

2° Que le droit de transcription perçu sur un legs fait avec charge de substitution n'est pas restituable, quoique, par suite de la vente de l'immeuble légué par l'acquit des charges de la succession, la condition soit devenue sans objet (Cass. 2 janv. 1850, D. 50-1-11 ; *V.* n° 14541 ; — 15 janv. 1850 *ibid.* ; — 10 août 1852, *V.* 14572, D. 52-1-212).

Il en serait de même du cas où l'acte viendrait à être annulé ou résolu (*suprà* v° *Restitution*).

Mais il a été jugé, au sujet d'un testament contenant legs avec charge de substitution, que si la substitution dépasse la quotité disponible et que les parties aient déclaré au receveur avant l'enregistrement du testament vouloir opérer la réduction, le droit de 1 fr. 50 c. pour 100 n'est dû que sur la quotité disponible (Seine 5 janv. 1848; — Rouen 25 août 1864, 2076 R. P.).

Quand le droit de transcription a été indûment perçu lors de l'enregistrement, et que l'acte est ensuite présenté à la formalité au bureau des hypothèques, la perception se régularise et la restitution est désormais impossible (Arbois 18 mai 1860, 16956 J. N., 17141 J. E.; — Mantes 26 janv. 1878, 4925 R. P.).

Si une vente, soumise à la condition suspensive de la fixation du prix par expert, est enregistrée au droit proportionnel de 5 fr. 50 cent. pour 100, puis transcrite, le droit perçu n'en doit pas moins être restitué intégralement (Dél. 12 déc. 1834 et 18 sept. 1840). — V. *Restitution* n° 14484.

Jugé, au contraire, que l'annulation d'une vente comme imparfaite faute d'exécution de la condition suspensive, n'autorise pas la restitution du droit de transcription (Carcassonne, 9 juill. 1877).

**17401. Remise des actes avant la transcription.** — Quand le conservateur a inscrit sur son registre des dépôts la réquisition de transcrire et la consignation du montant approximatif des droits, il ne lui est plus permis de rendre les pièces au requérant sans leur avoir donné la formalité. Il a été jugé, dans un cas analogue, que lorsque le détenteur de pièces à timbrer les a remises au receveur pour leur faire appliquer l'empreinte à l'atelier général à Paris, il ne peut plus réclamer la restitution de ces formules avant le timbrage, parce que sa réquisition suffit à rendre le droit exigible (Cass. 13 juin 1864, 1922 R. P.). — V. *Timbre*.

Cependant, deux Dél. 2 décembre 1831 et 17 décembre 1844 (7658 et 12218 J. N., D. 46-3-8), ont admis que tant que la transcription n'est pas faite, le conservateur est simple dépositaire des actes et des droits consignés; que ces droits doivent être restitués avant la transcription et les parties déclarent vouloir qu'elle n'ait plus lieu. Mais ces solutions nous semblent plus équitables que vraiment juridiques. Car la présentation de l'acte constatée par le registre des dépôts rend le droit exigible (Mantes, 26 janv. 1878, 4925 R. P.).

**17402. Débiteurs des droits.** — Les droits sont acquittés d'avance par la personne qui requiert la transcription (L. 21 vent. an 7, art. 27), et ils doivent, sauf recours, être acquittés intégralement, lors même qu'il y aurait plusieurs cointéressés et que la formalité ne serait requise par l'un deux que dans son intérêt (Dél. 6 mess. an 7, n° 433 I. G., Dalloz n° 6043, Flandin n° 1467, Mourlon *Rev. prat.* 1861 t. 11 p. 526 n° 360, Verdier n° 830).

Il a été jugé, dans ce sens, que le droit à percevoir pour la transcription n'étant que la rémunération d'un service rendu et ne dépendant pas du plus ou du moins d'utilité que retirent de ce service les diverses personnes au nom desquelles il est requis, il suit de là que le droit peut être exigé solidairement de ces personnes, sans qu'il soit nécessaire de rechercher dans quelle mesure chacune d'elles a profité de la transcription demandée (Cass. 10 juill. 1865, 2140 R. P., 18344 J. N., 12941 C., D. 66-1-15, 2326-4 I. G.; — Gaillac 2 fév. 1864, 1969 R. P.; — Vesoul 2 juill. 1855, D. 55-3-69).

Mais on s'est demandé si l'action en recouvrement d'un droit supplémentaire non perçu lors de la transcription devait être exercée contre le notaire qui avait présenté le contrat au bureau ou contre les parties elles-mêmes. Nul doute d'abord que l'Administration puisse poursuivre l'officier public de qui émane l'ordre de transcrire et qui s'est implicitement obligé, par sa réquisition, à payer le salaire de la formalité. C'est ce qui a été jugé par un arrêt de Cass. du 10 avril 1833 (8052 J. N., S. 33-1-281, 10681 J. E.), et des jugements d'Arcis-sur-Aube du 5 janvier 1832 (7658 J. N.), et de Bourges du 27 mars 1829 (Dalloz, n° 6041; — Sol. 12 janv. 1878.

« Considérant, porte l'arrêt du 10 avril 1833, que la loi de frimaire an 7 établit une distinction essentielle entre les personnes qui doivent acquitter et celles qui doivent supporter les droits dus au Trésor; que l'art. 29 de cette loi déclare, en effet, que les droits seront acquittés par les notaires, pour les actes passés devant eux, et l'art. 31, que les droits des actes civils et judiciaires seront supportés par les débiteurs; considérant que, s'il en était autrement, et si, lorsqu'on présente un acte à inscrire au conservateur des hypothèques, il devait s'enquérir quelle est la personne qui devra payer les droits à percevoir, les intérêts du fisc et ceux des parties pourraient être gravement compromis. »

L'Administration a action aussi contre la partie qui a chargé l'auteur de la réquisition de déposer les pièces au bureau. Ainsi, on a décidé que, quand la grosse d'une donation d'immeubles confiée à un commissionnaire pour être remise à un avoué a été par erreur déposée au bureau des hypothèques et transcrite, le conservateur est fondé à poursuivre le payement des droits et salaires de la transcription contre la personne qui a donné la commission inexactement remplie, sauf le recours de cette dernière contre le commissionnaire (Vesoul 21 nov. 1855, 15719 J. N., D. 55-3-69).

Le contraire résulte cependant de deux jugements de Périgueux du 27 août 1865 et de Ribérac du 21 décembre 1869, d'après lesquels le droit ne peut être réclamé qu'à la personne qui a présenté l'acte à la formalité; en sorte que, si la présentation émane du notaire rédacteur de l'acte, on ne peut pas soutenir qu'il avait le mandat légal de faire transcrire et que ses clients sont personnellement obligés au payement des droits. L'action doit être dirigée exclusivement contre cet officier public (2328 et 3090 R. P., 19920-3 J. N., S. 70-2-250). — On peut invoquer dans le même sens un jugement de Rennes du 8 février 1847 (D. 48-3-86).

Mais ces dernières solutions ne nous ont pas paru fondées. Ce n'est pas par les principes du mandat que l'on doit justifier la poursuite contre les parties. « La transcription n'est pas, dit Flandin, un acte direct du ministère du notaire, et dont l'omission puisse engager sa responsabilité, à moins qu'il n'en ait reçu et accepté le mandat *exprès ou implicite* de son client. C'est à la partie intéressée de veiller elle-même à l'accomplissement de la formalité (*de la Transc.* 822). » La jurisprudence a maintes fois confirmé cette doctrine, enseignée par Troplong (*du Mandat* n° 46), Rivière et Huguet (*Quest.* n° 162). Il suffit de citer les arrêts de Cass. des 14 juillet 1847 et 14 février 1855; ceux des cours de Riom, du 7 décembre 1848; de Paris, du 28 décembre 1851; de Lyon, du 13 août 1852, et de Rouen, du 24 novembre 1852 (Dalloz v° *Resp.* 368). Mais de ce que la transcription, une fois obtenue, produit définitivement ses effets à l'égard de toutes les parties, on en a tiré une conséquence remarquable : c'est que les droits acquittés par l'un des intéressés peuvent être récalmés aux autres, lors même que le requérant aurait agi sans leur mandat.

La transcription, dit encore Flandin, qui est faite par l'un des intéressés profite aux autres ; mais celui qui a fait transcrire, ayant géré l'affaire commune, doit être remboursé par ses coïntéressés de la part que chacun d'eux doit supporter dans les frais occasionnés par la transcription (art. 1375 C. C.). Ceux-ci diraient en vain que la formalité n'était pas obligatoire pour eux, il suffit qu'elle leur profite pour qu'on puisse appliquer la maxime : *nemo jactura alterius locupletari debet* » (*de la Transc.* n° 807 ; — *Conf.* : Bressoles *Exposé de la transcription* n° 35).

Cette obligation de remboursement se fonde ici non plus sur les principes du mandat, puisque le requérant n'est pas le *procurator* de ses communistes (n° 1998 C. C), mais sur les règles de la gestion d'affaires, d'après lesquelles : « le maître dont la chose a été bien administrée doit remplir les engagements que le gérant a contractés en son nom (n° 1375 C. C.). Ce gérant, lorsque les créanciers s'adressent à lui, doit donc les renvoyer à celui pour le compte duquel il a contracté, à moins qu'il ne se soit personnellement engagé (Larombière *des Oblig.* art. 1375 n° 2, Dalloz v° *Oblig.* 5454). Par conséquent, si l'Administration poursuit après la transcription le recouvrement d'un droit non perçu à l'occasion de cette formalité, il semble qu'il puisse agir directement contre les parties elles-mêmes, puisque la transcription leur profite nécessairement, et qu'*à son égard* la réquisition du tiers est toujours le résultat d'une gestion d'affaires utile. La Cour suprême a implicitement résolu la question dans ce sens, par un arrêt du 10 juillet 1865 (n° 2140 R. P.). Il s'agissait d'un partage intervenu entre des héritiers et leur mère usufruitière, et présenté à la transcription par celle-ci. Le droit de 1 fr. 50 cent. pour 100 n'ayant pas été perçu, l'Administration le fit réclamer à l'un des enfants, mais celui-ci prétendit que la demande devait être adressée à sa mère, puisqu'elle avait seule requis la formalité. La Cour ne s'est pas arrêtée à cette objection et a condamné les héritiers au payement.

D'ailleurs, le droit de transcription n'est pas d'une autre nature que le droit d'enregistrement; car, ainsi que la Cour de cassation l'a reconnu dans un arrêt du 10 juillet 1865, le titre 7 de la loi de finances du 28 avril 1816, sous lequel est compris l'art. 54 sur le droit de transcription, appelle droits d'enregistrement les diverses perceptions mentionnées dans ce titre, confondant ainsi le droit de transcription avec celui de l'enregistrement. Il faut donc lui appliquer les mêmes règles d'exigibilité et de recouvrement. On aboutirait autrement, dans certains cas, à une conséquence inadmissible. Voici, en effet, une licitation passée entre des communistes qui n'ont pas le même titre ; à l'enregistrement, le droit de 1 fr. 50 cent. doit être perçu avec celui de mutation, et la transcription a lieu ensuite pour le droit fixe de 1 franc. Si ce droit de 1 fr. 50 cent. n'est pas perçu par le receveur, et si le conservateur donne néanmoins la formalité au droit fixe, l'Administration aura à réclamer ultérieurement le droit de transcription. Or, dans le système que nous combattons, l'action du Trésor sera différente selon que la contrainte émanera du conservateur ou du receveur, l'un ne pouvant poursuivre que le requérant, l'autre, au contraire, agissant très-bien contre les parties. Est-il croyable que le même impôt soit assujetti à des règles si opposées? Peut-on admettre surtout que le conservateur, chez lequel s'effectue la formalité génératrice du droit, ait une action moins étendue que le receveur, dont la mission se borne à percevoir par avance le droit d'une transcription non encore accomplie?

Des observations précédentes, il résulte, d'une part, que si les droits de transcription avancés au Trésor par le requérant doivent lui être remboursés par les parties auxquelles la formalité profite, et, d'autre part, que si cette transcription leur a été inutile ou si le requérant a fait des évaluations exagérées pour asservir la perception du droit proportionnel de 1 fr. 50 cent. pour 100, les droits dus ou acquittés au Trésor demeurent à la charge du requérant.

La cour de Rouen a fait l'application de cette dernière règle à un notaire qui avait estimé à un chiffre excessif le revenu des immeubles grevés de restitution, dans un testament soumis par lui à la transcription (16 mars 1870). — V. 11767-10.

Décidé de même que celui qui a requis sans mandat une transcription inutile est seul débiteur du droit (Saint-Lô 23 juin 1875, 4219 R. P.).

## CHAPITRE III. — DES DROITS FIXES ET DES EXEMPTIONS

[17463-17476]

### SECTION PREMIÈRE. — DES DROITS FIXES

[17463-17473]

**17463. Loi du 28 avril 1816.** — D'après l'art. 61 L. 28 avril 1816, les actes translatifs d'immeubles et droits immobiliers susceptibles de transcription ne sont assujettis à cette formalité que pour le droit fixe de 1 franc, outre le salaire du conservateur, quand les droits en ont été acquittés lors de l'enregistrement de la manière prescrite par les art. 52 et 54 de cette loi.

Cette disposition est générale : elle s'applique à tous les cas où le droit de 1 fr. 50 cent. pour 100 a été acquitté par anticipation au moment de l'enregistrement du contrat, soit qu'il s'agisse d'un acte à titre onéreux, soit que le contrat renferme une donation.

Le droit fixe de 1 franc n'a pas été augmenté par la loi du 28 février 1872, dont l'art. 4 a élevé de moitié tous les droits fixes à percevoir sur les actes civils et judiciaires. Cette loi est, en effet, étrangère aux droits d'hypothèques (Sol. 4 mars 1872 ; — Sol. 21 juill. 1873, 19384 J. E.).

**17464. Loi du 23 mars 1855.** — Selon l'art. 12 L. 23 mars 1855, la transcription des actes et jugements qui n'étaient pas soumis à cette formalité antérieurement doit avoir lieu moyennant le droit fixe de 1 franc.

Les actes qui n'étaient pas soumis à la transcription avant la loi de 1855 et que cette loi y assujettit sont : les actes constitutifs d'antichrèse, les actes portant renonciation à un droit de cette nature, les jugements qui en déclarent l'existence en vertu d'une convention verbale, les baux d'une durée de plus de dix-huit ans, les actes ou jugements constatant, même pour un bail de moindre durée, quittance ou cession d'une somme équivalente à trois années de loyers ou de fermages non échus; les jugements prononçant la résolution, nullité ou rescision d'un acte non transcrit, mais ayant date certaine avant le 1er janvier 1856 (art. 2 et 11).

**17465. Résolution.** — Quand les actes résolus ou annulés ont été transcrits, il suffit de faire mentionner le jugement en marge de la formalité (L. 23 mars 1855, art. 4). Cette mention n'est pas une transcription et par conséquent le droit fixe de 1 franc n'est pas exigible (V. I. G. 24 nov. 1855).

M. Flandin enseigne qu'il en doit être de même quand il s'agit de la transcription du jugement de résolution ou d'annulation, parce que cette formalité remplace la mention dispensée du droit et n'a pas une autre nature (n° 1349). Mais il nous semble que cette doctrine ne se concilie pas avec le texte formel de la loi de 1855, qui soumet généralement au droit de 1 franc les transcriptions d'actes auparavant dispensés de la formalité. Dès l'instant que le jugement est transcrit, le tarif reçoit son application.

1. PÉNALITÉ. — D'après l'art. 4 L. 23 mars 1855, l'avoué qui a obtenu le jugement de résolution est tenu, sous peine de 100 francs d'amende, de faire opérer la mention du jugement en marge de la transcription de l'acte résolu, dans le mois à dater duquel le jugement a acquis l'autorité de la chose jugé.

V. *Résolution* n° 14448.

Il est généralement admis que si la vente résolue n'a pas été transcrite, on doit, dans l'esprit de la loi du 23 mars 1855, faire transcrire le jugement lui-même. Mais comme alors cette formalité, jusqu'alors inutile, résulte de la loi nouvelle, elle doit avoir lieu au droit fixe de 1 franc, selon l'art. 12 de cette loi.

Si l'acte a été transcrit, la loi prescrivant une simple mention, on ne pourrait plus alléguer que la transcription a eu lieu en exécution de cette loi, et on serait fondé à prétendre que l'accomplissement volontaire de cette formalité a rendu exigible le droit proportionnel de 1 fr. 50 cent. pour 100 (D. N. v° *Transcription (droits de)* n° 14 4e édit.; J. du not. n° 1846).

**17466. Échange d'immeubles contigus.** — L'art. 4 L. 27 juillet 1870 porte qu'il ne sera perçu sur les échanges d'immeubles ruraux contigus que 20 centimes par 100 francs pour tout droit proportionnel d'enregistrement et de transcription (3175 R. P.). Ce droit de 20 centimes par 100 francs tient donc lieu du droit ordinaire de transcription de 1 fr. 50 cent. pour 100; et dès qu'il a été acquitté, la transcription de l'acte au bureau des hypothèques ne donne plus lieu qu'au droit fixe de 1 franc.

Nous avons présenté, au mot *Échange*, le commentaire de la loi du 27 juillet 1870.

**17467. Ratification.** — L'Administration a décidé, le 23 juillet 1862, que la ratification, par le donateur, de la vente consentie par le donataire d'un immeuble antérieurement donné, suivant une démission d'ascendant non transcrite, n'était passible, lors de la transcription, que du droit fixe de 1 franc, parce que cet acte peut être considéré comme tombant sous l'empire de l'art. 1er n° 2 L. 23 mars 1855, et par suite soumis à l'art. 12 de la même loi (1723 R. P., 17540 J. N.). Ce motif est erroné. Si la ratification renferme une cession de droits réels susceptibles d'hypothèque, elle était assujettie à la transcription avant la nouvelle loi et dès lors l'art. 12 lui est inapplicable. Pour justifier la perception du droit fixe de 1 franc, il eût été plus rationnel de faire remarquer, d'un côté, que la ratification ne contient aucun désistement de droit réel, et, de l'autre, qu'elle ne s'applique directement à aucune propriété appartenant au ratifiant. — On a donc justement reconnu que, si l'on présente à la transcription un acte par lequel le donateur d'un immeuble cédé à un tiers, par un partage anticipé non transcrit, déclare ratifier la vente consentie par le donataire et renoncer à son action résolutoire, on ne peut pas dire que le partage anticipé lui-même se trouve ratifié et que le droit de 1 fr. 50 cent. est exigible. La ratification se limite au contrat de vente et le conservateur ne peut percevoir qu'un droit fixe (J. du not, n° 1670).

**17468. Antichrèse.** — Aucun doute ne saurait exister au sujet de l'antichrèse. Jamais la jurisprudence, sous la loi ancienne, n'a considéré l'acte constitutif d'antichrèse comme de nature à être transcrit, car le créancier antichrésiste ne saurait être considéré comme un tiers *détenteur* obligé à la purge.

C'est donc la loi de 1855 qui a la première imposé la nécessité de transcrire (Flandin n° 1331-1332, Verdier *Transcription* n° 767. — V. cep. *Contrà* Mourlon *Rev. prat.* t. 9 n° 456, *Transcript.* n° 285).

Il en est de même, à plus forte raison, de l'acte portant renonciation au droit d'antichrèse. Sous le Code civil, la transcription était évidemment inutile, l'antichrésiste ne pouvant concéder aucune hypothèque (*Conf.* : Verdier *loc. cit.*, Proudhon *Usufr.* t. 1er nos 79 et 85, Dalloz v° *Nantiss.* n° 250, Roll. de Vill. *Rép.* v° *Antich.* nos 32-33).

**17469. Bail à vie ou de plus de 18 ans.** — Le bail à vie n'étant que translatif de jouissance à titre de ferme ou de loyer, ne doit pas être rangé dans la catégorie des actes de nature à être transcrits. Avant la loi de 1855, il avait été décidé que sa présentation volontaire à la formalité autorisait la perception du droit de 1 fr. 50 cent. pour 100 sur la valeur des biens (Cass. 30 avr. 1826, D. N. t. 2 p. 417 n° 22). Depuis cette loi, le bail à vie est devenu passible de la transcription comme bail de plus de 18 ans, mais alors c'est le droit fixe de 1 franc qui est seul exigible, en exécution de l'art. 12 (*Conf.*: Flandin n° 1336, G. Demante n° 350, Verdier n° 820; — Sol. 28 fév. 1867). — V. *Bail.*

1. CESSION. — Il en serait de même de la cession d'un bail de plus de 18 ans que l'on présenterait à la formalité

2. SUPPLÉMENT DE DROIT. — La loi du 28 février 1872 autorise le fractionnement en périodes triennales de la durée des baux de plus de trois ans. Il se peut donc qu'un bail excédant 18 ans soit présenté à la transcription bien que le

droit d'enregistrement n'ait été perçu que sur trois ans. Cette circonstance n'autoriserait pas le conservateur à refuser la transcription, ni à relever le droit complémentaire d'enregistrement à la charge des parties.

**17470. Bail à durée illimitée.** — Les baux à durée illimitée sont également sujets, lors de leur transcription, au droit fixe de 1 franc. — V. *Bail.*

**17471. Quittances.** — Le n° 5 de l'art. 2 L. 23 mars 1855 assujettit à la transcription la quittance ou cession d'une somme équivalente à trois années de loyers ou fermages non échus.

Cette transcription ne donnerait ouverture qu'au droit fixe de 1 franc (L. 23 mars 1855, art. 12).

**17472. Actes divers.** — N'est également assujettie qu'au droit fixe de 1 franc la transcription ordonnée par la loi du 16 septembre 1807 sur le dessèchement des marais (464 I. G.); — et celle d'un acte n'emportant pas cession d'immeubles, comme une donation éventuelle (Dél. 1er mai 1822). — Les actes de rétrocession au profit des communautés religieuses dans le cas prévu par le décret de 1852, quand ils ont été enregistrés au droit fixe de 3 francs (Sol. 2 oct. 1877, 4821 R. P.). — V. 2313.

**17473. Pluralité.**— Le ministre des finances a décidé, le 18 mai 1821 (980 I. G.), que lors de la transcription d'un contrat de vente au profit de plusieurs acquéreurs non solidaires qui ont payé distinctement les droits d'enregistrement à 5 fr. 50 cent. pour 100 sur leurs lots respectifs, il doit être exigé autant de droits fixes qu'il y a d'acquéreurs requérant la transcription ou auxquels cette formalité profite (Verdier n° 828).

D'après la même règle, il a été reconnu que la transcription d'un acte contenant vente, au profit d'un seul acquéreur par plusieurs vendeurs non solidaires, d'immeubles différents et moyennant des prix distincts, donne lieu à autant de droits fixes de 1 franc qu'il y a de vendeurs (Sol. 13 sept. 1861, 2210 I. G., D. 62-3-32). — Et c'est ce qu'on déciderait aussi sans doute au sujet d'une ratification (*Contrà* n° 1740 J. N.).

Mais il n'est dû qu'un seul droit pour transcription des différents lots adjugés au même individu (Dél. 16 juill. 1819). C'est ce que l'on a décidé aussi pour la transcription d'une vente consentie moyennant un prix unique, soit par plusieurs vendeurs non solidaires aliénant conjointement des immeubles indivis entre eux, soit à plusieurs acheteurs aussi non solidaires se portant acquéreurs conjointement et indivisément (Sol. 28 mai 1864, 1934 R. P.).

Dans les contrats dont les dispositions sont liées entre elles, comme l'échange, il n'est dû qu'un seul droit, encore bien que la transcription soit requise dans l'intérêt des deux échangistes (Sol. 10 mars 1832, 7749 J. N.; — Cass. 15 fév. 1813).

« Attendu, porte l'arrêt, que la transcription de l'acte n'intéresse chacun des coéchangistes que sous le rapport de l'immeuble par lui acquis, et nullement sous le rapport de l'immeuble par lui vendu, et que cette transcription est purement facultative pour chacun d'eux; qu'il suit de là que l'échangiste qui veut user de la formalité dans son intérêt personnel ne peut ni contraindre son coéchangiste à faire transcrire de son côté, ni exiger de lui le payement d'un droit de transcription; que la conséquence de ce qui vient d'être dit est que l'échangiste qui requiert la transcription dans son intérêt, et par rapport seulement à l'immeuble acquis, ne doit payer le droit qu'à raison de la valeur de cet immeuble, bien qu'aux termes de l'art. 2181 C. C., le conservateur des hypothèques doive transcrire en entier l'acte qui lui est présenté; que cette conséquence est plus naturelle et plus juste encore lorsque, comme dans l'espèce, les immeubles respectivement échangés sont situés dans des arrondissements différents, puisqu'alors la transcription requise par l'un des échangistes ne peut profiter en aucune manière à son coéchangiste. »

## SECTION 2. — DES EXEMPTIONS

[17474-17476]

**17474. Expropriation.** — L'art. 58 L. 3 mai 1841, sur l'expropriation pour cause d'utilité publique, exempte du droit proportionnel de transcription les acquisitions d'immeubles faites en vue de travaux d'utilité publique. Le même article déclare que les droits perçus sur les acquisitions amiables faites antérieurement aux arrêtés du préfet (qui déterminent les propriétés auxquelles l'expropriation est applicable) seront restitués lorsque, dans le délai de deux ans, à partir de la perception, il sera justifié que les immeubles acquis sont compris dans ces arrêtés. « La restitution des droits, ajoute l'article, ne pourra s'appliquer qu'à la portion des immeubles qui aura été reconnue nécessaire à l'exécution des travaux. »

La restitution ne s'étend pas au timbre du bulletin de dépôt (Seine 26 août 1864, 2070 R. P.); — mais on doit, après l'arrêté préfectoral, rembourser le droit de timbre des feuilles du registre employées à la transcription (Sol. 12 oct. 1863, 2014 R. P.). — V. *Expropriation.*

**17475. Acquisitions faites par l'État.**— D'après l'art. 10 L. 10 septembre 1792, on doit transcrire gratis les actes d'acquisitions faites par l'État. La même règle s'appliquait, selon l'art. 7 Déc. 11 juillet 1811 et l'art. 8 Ord. R. 12 décembre 1827, aux échanges de biens dépendant du domaine de l'État ou du domaine de la Couronne.

Quant aux ventes de biens de l'État, elles sont affranchies du droit de transcription à l'enregistrement, en vertu de l'art. 69 § 7 n° 1er L. 22 frimaire an 7, qui fixe à 2 pour 100 le droit de ces mutations. L'adjudicataire peut, cependant, avoir intérêt à transcrire, afin de s'assurer la propriété sur un autre acquéreur à qui, par erreur, les mêmes biens auraient été vendus. L'adjudication, dans ce cas, deviendrait passible du droit de 1 fr. 50 cent. pour 100, car l'acquéreur ne peut requérir la formalité sans en acquitter le prix (*Conf.* : Flandin n° 1327).

**17476. Dispense du droit d'enregistrement.** — L'exemption qui serait accordée au contrat, en ce qui concerne le droit d'enregistrement, ne s'étendrait pas *de plano* au droit de transcription.

La Cour de cassation l'a reconnu à propos du droit d'inscription, par des motifs qui sont de tous points applicables au droit de transcription : « Il est de principe, a-t-elle dit, particulièrement en matière fiscale, que les exceptions sont de droit étroit, et qu'il n'est pas permis de les étendre, par voie d'induction ou d'analogie, des cas prévus par la loi à ceux qui ne le sont pas ; cela serait d'autant moins admissible, dans l'espèce, que les droits d'enregistrement et ceux qui dérivent de l'hypothèque ou s'y réfèrent, notamment le droit proportionnel d'inscription, sont régis par les lois spéciales applicables à des formalités distinctes, indépendantes l'une de l'autre et produisant des effets particuliers différents » (Cass. 19 janv. 1869, 2856 R. P., 2385-1 I. G., 19570 J.N., S. 69-1-234, D. 69-1-353, P. 69-551). — V. 17423.

## TRANSFERT.

**17477.** — Le transfert d'une inscription de rente sur l'État s'opère par une déclaration sur des registres tenus à cet effet ; cette déclaration doit être signée par le propriétaire de la rente ou par un fondé de procuration spéciale, assisté d'un agent de change, qui certifie l'individualité du vendeur, la véracité de sa signature et celle des pièces produites ; l'agent de change devient alors responsable de la validité du transfert ; mais cette garantie n'a lieu que pendant cinq années, à partir de la déclaration du transfert (L. 27 prair. an 10, art. 15).

Nous avons traité de ce sujet au mot *Rente ;* nous y renvoyons.

## TRAVAUX PUBLICS.

**17478.** — On appelle ainsi tous les travaux qui sont entrepris pour le compte du Gouvernement dans un but d'utilité publique.

En général, les entreprises des travaux publics sont concédées par la voie d'adjudication. Ce sont ces adjudications qui jouent un grand rôle dans les diverses règles que nous avons développées au mot *Acte administratif.*

## TRANSIT.

**17479.** — C'est, en matière de douanes et de droits sur les boissons, la faculté de transporter des marchandises ou des boissons d'un lieu à un autre en exemption de droits, après avoir rempli les formalités prescrites.

Le transit et l'entrepôt furent créés simultanément par une ordonnance de 1687. La loi du 9 février 1832 règle aujourd'hui la faculté du transit. Cette loi (art. 1er et 3) ouvre le passage aux marchandises étrangères prohibées, ou non prohibées, sauf certaines exceptions, qu'elle détermine d'une manière expresse.

## TRÉSOR PUBLIC.

**17480.** — C'est le Trésor de l'État.

Sous la république romaine, on appelait *ærarium* (par analogie avec la première monnaie des Romains, qui avait été de cuivre) le trésor public qui était renfermé dans le temple de Saturne, construit sur la pente du Capitole. Ce trésor était divisé en trois parties : dans l'une, on mettait l'argent des revenus annuels de la république, et l'on en tirait de quoi subvenir aux dépenses ordinaires ; la seconde partie du trésor provenait du vingtième que l'on prélevait sur les biens des affranchis et sur les legs et successions qui étaient recueillis par d'autres que les enfants des morts ; enfin, dans la troisième partie, se trouvait réservé tout l'or que l'on avait amassé depuis l'invasion des Gaulois, et que l'on conservait pour des extrémités pareilles.

Plus tard, quand la république fut soumise à l'autorité d'Auguste, celui-ci eut son trésor particulier, qui, pour le distinguer du trésor public, fut appelé *fiscus.* Ce mot *fiscus,* tiré du grec *phiskos,* panier, signifiait dans l'origine un panier d'osier où pendant longtemps, dans l'ancienne Rome, les revenus publics étaient portés à dos de mulet.

Ainsi, l'*ærarium* et le *fiscus* étaient deux choses parfaitement distinctes. L'un désignait les revenus publics, ceux de l'épargne destinés aux besoins et aux charges de l'État ; l'autre s'appliquait aux biens qui ne regardaient que l'entretien du prince en particulier.

Du mot *fisc,* on a fait *confisquer, confiscare, bona fisco addicere,* par la raison que tous les biens que les empereurs confisquaient appartenaient à leur fisc et non point au trésor public. Les biens de Séjan, dit Tacite (*Annal.* liv. 5), furent transportés du trésor public dans le fisc de l'empereur. L'usage des confiscations devint si fréquent qu'on est fatigué de lire dans l'histoire de ce temps-là la liste du nombre infini de malheureux dont les successeurs de Tibère confisquèrent les biens.

Une juste réprobation ne tarda donc pas à s'attacher à la mesure odieuse de la confiscation, qui, malheureusement, n'était trop souvent provoquée que par la cupidité de l'empereur, tenue en éveil par les colossales fortunes que faisaient les proconsuls en écumant le monde. « Nous tirons au moins cet avantage, dit Montesquieu, de la médiocrité de nos fortunes, qu'elles sont plus sûres ; nous ne valons pas la peine qu'on confisque nos biens, et le prince qui les ravirait serait un mauvais politique. » Dans tous les cas, alors même que la confiscation ne s'attaquait qu'aux crimes réels, elle n'en restait pas moins une mesure inique en ce qu'elle frappait le père coupable dans le fils innocent.

Aussi la confiscation fit-elle prendre en horreur le fisc du souverain, qui en avait tous les bénéfices. Le mot *fisc* devint infâme, et le peuple, qui s'inquiète peu du sens grammatical des mots, employa celui-là pour désigner toute mesure d'impôt public qu'il voulait flétrir.

Ainsi donc, par une première dérivation, le mot *fisc* signifia d'abord le Trésor pressurant les peuples et dévorant le fruit de leur travail. Puis, comme dans ces temps de barbarie la perception de l'impôt se faisait toujours avec une certaine brutalité qui tendait à le rendre odieux, on ne se contenta plus d'appeler le trésor public le fisc dans les cas seulement où il faisait rentrer des impôts iniques, on lui donna ce nom toutes les fois qu'il percevait un impôt quelconque, cet impôt fût-il le plus juste et le plus rationnel.

De ce moment, bien que le fisc et le trésor public fussent deux choses parfaitement distinctes, Rome les confondit dans la dénomination commune de *fisc*.

En France, sous les deux premières races de nos rois, on fit, sous la dénomination de *domaine*, la même distinction qu'à Rome entre le trésor du prince et le trésor de l'État. Le *domaine public* était composé des possessions attachées à la couronne, des tributs ou impositions réelles, qui se payaient alors en deniers ou en fruits et denrées en nature, de péages sur les marchandises, des amendes dues soit par ceux qui n'allaient point à la guerre, ou, par composition, pour les crimes, dont les accusés avaient alors la faculté de se racheter en argent. Le *domaine privé* était le patrimoine personnel du roi, qui lui appartenait lors de son avènement à la couronne ou qui lui était échu depuis, par succession, acquisition ou autrement.

Le prince avait donc son fisc indépendant du trésor de l'État. Bien plus, les seigneurs féodaux eurent également leur fisc. En effet, un fief pouvait être confisqué par droit de commise au profit d'un seigneur féodal, quoiqu'il ne fût pas seigneur justicier. Et le seigneur, qui avait droit de justice, avait non-seulement les confiscations par droit de commise, mais encore ses juges pouvaient prononcer d'autres confiscations et des amendes applicables à son fisc particulier.

Or, comme tous les petits tyrans féodaux exerçaient leurs droits avec un arbitraire sans pareil, la réprobation qui s'était attachée au fisc de Rome poursuivit le fisc de la féodalité.

Mais, avec la féodalité, disparut toute trace du fisc pressurant les peuples au profit d'un homme; avec les deux premières races de nos rois s'éteignit le domaine privé du souverain. « Par le saint et politique mariage entre nos rois et leur couronne, lit-on dans Remont, t. 4 p. 94, les seigneuries qui leur appartiennent particulièrement sont censées, par ce même moyen, appartenir au royaume. »

Dès ce moment, ne reste plus debout que le domaine public, le trésor de l'État. Néanmoins, le mot *fisc*, qui n'avait cependant plus de raison d'être, se perpétua dans la langue de ceux qui luttaient contre l'impôt. Mais, par une contradiction vraiment curieuse et qui prouve combien résonne peu l'esprit d'opposition, tandis que l'on stigmatisait du nom de *fisc* le trésor public lorqu'il percevait l'impôt, on lui conservait son véritable nom, on l'appelait le *trésor* lorsque ses agents *payaient* au lieu de percevoir.

C'est, au surplus, ce qui a encore lieu de nos jours. La caisse publique s'appelle *fisc* chez le receveur et *trésor* chez le payeur. C'est, en vérité, fort logique. Et comment seriez-vous payé, vous qui honorez l'argent de l'État lorsque le Trésor paye, et le honnissez lorsqu'il perçoit ? comment seriez-vous payé si l'État n'avait pas de recettes ? Que fait le Trésor, sinon recevoir d'une main ce qu'il doit rendre de l'autre ?

Oublions le fisc des empereurs romains, dont l'existence ne se révélait, la plupart du temps, que par des monstruosités; c'est de lui, et non du trésor de l'État qu'un sage empereur a dit: *Fiscus post omnes*, mot dont on a tant abusé depuis[1].

1. La loi où se trouve cette expression porte d'ailleurs, ce qui est bien différent: *Fiscus post omnes successores*.

Oublions même le trésor public de l'ancienne monarchie, dont une partie servait à alimenter les prodigalités du prince et les débauches des courtisans. Mais ne perdons pas un instant de vue le Trésor, tel qu'il est constitué de nos jours; il prélève un tribut sur chaque citoyen *dans l'unique but* de porter, par mille canaux divers, la vie et la prospérité dans le corps social.

Il représente, dans la véritable acception du mot, la fortune de tous; et cette fortune de tous se trouve gérée avec plus d'ordre, d'intelligence et d'économie que ne peut l'être aucune fortune privée.

Chaque recette ne s'en fait qu'après avoir été régulièrement approuvée, et chaque dépense est minutieusement contrôlée.

C'est l'impôt qui depuis près d'un demi-siècle se transforme en manne bienfaisante pour tous ceux qui le payent, qui a triplé la fortune des propriétaires du sol, en le couvrant de voies de communication ; c'est l'impôt qui, par les secours et les encouragements de toute nature qu'il n'a cessé de prodiguer à l'agriculture, à l'industrie, aux arts, aux sciences, en un mot à tout ce qui est utile, beau et bon, a fait de la France la première nation du monde; car si, dans l'industrie, elle n'est encore que la rivale des nations les plus avancées, elle est sans égale dans les arts et les sciences.

Ici se révèle le danger de détourner habituellement les mots de leur signification naturelle, puisque, comme cela arrive toujours d'ailleurs en pareille occurrence, nous allons voir le véritable sens du mot *fisc* échapper complétement. C'est ainsi que le dictionnaire de l'Académie, et avant lui Trévoux, a défini le fisc « le trésor du prince, le trésor de l'État, » deux choses qui ne se ressemblaient pourtant guère, ainsi qu'on l'a vu.

M. Landais est tombé dans une erreur plus complète encore. Le fisc est le trésor public, dit-il, ce qui est complétement faux, ainsi que nous l'avons démontré.

Disons cependant que l'Académie est revenue de la manière la plus complète sur sa première erreur. On lit, en effet, dans son *Complément* publié en 1844: « *Fisc*, le trésor et le domaine du souverain... *Fisc* ne se dit jamais du Trésor public. » C'est aussi à ce point de vue que Bescherelle aîné, le savant lexicographe, parle du fisc dans son *Dictionnaire universel*.

Si nous insistons sur ce dernier point, c'est que nous tenons à prouver que les auteurs et les tribunaux qui substituent si complaisamment le mot fisc au mot trésor public commettent tout simplement une lourde faute de français, car c'est évidemment pécher contre la langue que d'employer des mots impropres.

# TUTELLE OFFICIEUSE.

**17481.** — C'est un contrat de bienfaisance par lequel une personne âgée de plus de cinquante ans, sans enfants ni descendants légitimes, s'oblige, du consentement de son conjoint, à nourrir et élever gratuitement un mineur âgé d'au moins quinze ans, à administrer sa personne et ses biens, et le mettre en état de gagner sa vie. — V. 1838 et suiv., 1848 et suiv.

# U

## ULTRA PETITA.

**17482.** — C'est le vice d'un jugement qui adjuge plus qu'il n'a été demandé.

L'*ultrà petita* est un moyen de requête civile et non une ouverture à cassation (Cass. 28 mars 1837, S. 37-1-705). — V. *Instance.*

## UNION (CONTRAT D').

**17483.** — C'est la convention par laquelle les créanciers reconnus et admis d'un individu qui a fait faillite s'unissent de concert pour faire opérer, par le ministère des syndics définitifs, le remboursement de leurs créances. — V. *Faillite.*

## USAGE.

**17484.** — Le droit d'usage consiste dans la faculté de nous servir d'une chose appartenant à autrui, ou d'en percevoir les fruits, conformément au titre qui l'a établi (628 C. C.).

Nous nous sommes expliqué, au mot *Bois et forêts*, sur tout ce qui concerne le droit d'usage en matière forestière; nous y renvoyons le lecteur. — *V.* aussi le mot *Cantonnement.*

Disons seulement ici que deux décrets, des 12 avril 1854 et 19 mai 1857, reproduits dans l'I. G. nº 2097, ont substitué de nouvelles règles à celles établies par les art. 112, 113, 114, 115, 116 et 145 Ord. R. 1er août 1827, qui se trouvent abrogées, et par l'arrêté ministériel du 4 mars 1830 (1251 et 1309 I. G.). Ces nouvelles règles n'ayant aucun rapport avec les matières de cet ouvrage, nous nous contentons de signaler le document qui les renferme.

1. CONSTITUTION. — La constitution d'un droit d'usage et d'habitation est-elle passible du droit proportionnel? La loi du 22 frimaire an 7, qui oppose l'usufruit à la jouissance, prend ce dernier terme dans un sens restreint comprenant seulement la jouissance à titre de ferme, de location et d'engagement (art. 13, 14, 15). Littéralement, il paraît s'ensuivre que la constitution d'un droit d'usage et d'habitation échappe au droit proportionnel, car si elle opère transmission d'un droit immobilier (526, 625 C. C.), elle ne transmet cependant ni la propriété, ni l'usufruit, ni même, dans le sens de la loi fiscale, la jouissance du fonds (Champ. et Rig. 3582, 3589). Mais si on étudie la loi dans son ensemble, en la rapprochant des traditions de l'ancienne jurisprudence sur le centième denier (Bosquet vº *Vente de droits succesifs*), on est fondé à soutenir qu'en imposant toute transmission de propriété, le législateur a voulu atteindre les démembrements de ce même droit; et que s'il est fait mention expresse de l'usufruit dans plusieurs textes, c'est à cause des règles spéciales sur la liquidation de l'impôt en cette matière. La pratique est d'ailleurs complétement établie dans le sens de cette opinion.

## UNIVERSITÉ.

**17485.** — Corps de professeurs établi par l'autorité et chargé de l'enseignement et de l'éducation publiques sur tout le territoire français. Ce corps constituant un établissement public, nous n'avons qu'à nous référer à notre mot *Établissement public* pour tout ce qui peut le concerner au point de vue où nous sommes placé.

## USUFRUIT.

DIVISION



SOMMAIRE

## CHAPITRE PREMIER. — DISPOSITIONS GÉNÉRALES

[17486-17539]

**17486. Définition.** — L'usufruit est le droit de jouir des choses dont un autre a la propriété, comme le propriétaire lui-même, mais à la charge d'en conserver la substance (578 C. C.).

**17487. Ancien droit.** — L'usufruit étant un démembrement de la chose et comme une portion divise de cette chose, doit rationnellement subir aussi pour partie l'impôt qui la frappe. Autrefois néanmoins, le régime particulier de la propriété féodale exemptait l'usufruit des droits seigneuriaux. Poquet de Livonnière disait (*Traité des fiefs* liv. 3 ch. 6 sect. 3) : « Il n'est point dû de *droits féodaux* pour ventes d'usufruits : c'est la disposition du droit commun...; non pas que l'usufruit ne doive être mis au rang des immeubles, mais parce qu'il n'y a point de mutation de vassal ou de sujet : en ce que le propriétaire demeure vassal ou sujet, il doit les obéissances et les profits féodaux. »

Mais ce motif ayant disparu sous la législation du centième denier, l'usufruit était soumis à ce droit, comme l'atteste le passage suivant de Bosquet :

« Le droit de centième denier est dû, dit-il (vº *Usufruit* nº 2), pour tout usufruit d'immeubles dans les mêmes cas où il est dû pour les mutations de propriété. »

Cette jurisprudence a été suivie par la législation moderne et les transmissions d'usufruit sont, en principe, soumises aux mêmes règles d'exigibilité que les transmissions de la propriété même.

**17488. Observation.** — Sauf pour la question spéciale de réunion d'usufruit à la nue-propriété ou de nue-propriété à l'usufruit, que nous nous sommes réservé de traiter ici, nous avons épuisé, sous les divers mots de ce dictionnaire, tout ce qu'il nous importe de savoir en matière d'usufruit. Donc, pour toutes les questions qui se rapportent à ce sujet, il suffira de se reporter aux divers mots sous lesquels elles ont dû naturellement être classées. Cependant, dans le but soit d'éviter des recherches, soit de les rendre plus faciles, nous allons réunir ici par ordre alphabétique les questions qui sont de nature à se présenter le plus usuellement.

**17489. Accroissement.** — Lorsqu'un usufruit a été légué à deux personnes *conjointement* et par moitié, avec droit d'accroissement au profit du légataire survivant, ce dernier n'est point tenu d'acquitter un droit de mutation pour l'avantage résultant de cet accroissement. — V. *Accroissement*.

**17490. Acte d'héritier.** — Le légataire en usufruit d'un immeuble qui intervient comme partie à l'acte de vente de cet immeuble fait *acte d'acceptation* et doit payer les droits de mutation par décès de cet usufruit. — V. *Succession.*

**17491. Affectation hypothécaire.** — L'usufruitier qui donne hypothèque pour sûreté de son administration n'est passible que du droit fixe. —V. *Affectation hypothécaire.*

**17492. Aliments.** — La cession d'un usufruit en payement d'une pension alimentaire donne lieu au droit de cession à titre onéreux. — V. *Aliments.*

**17493. Antichrèse.** — D'après les distinctions qu'il y a à faire entre le bail et l'antichrèse, il a été décidé par la Cour de cassation, le 16 février 1831 (*V.* 2195), que l'acte portant abandon de la jouissance d'un immeuble, en payement d'une rente viagère, doit être considéré, quoique qualifié antichrèse par les parties, comme opérant une cession d'usufruit à titre onéreux passible du droit de 5 et demi pour 100 sur le capital au denier 10 de la rente viagère.

En ce qui concerne la liquidation du droit, cette solution ne nous paraît pas pouvoir être maintenue, en présence de la jurisprudence d'après laquelle la vente faite moyennant une rente viagère est passible du droit non pas sur le capital légal de cette vente, mais sur le capital déclaré par les parties. — *V.* 17699.

**17494. Bail.** — Il est de la plus grande importance de ne pas confondre la jouissance abandonnée par bail avec l'usufruit transmis à titre onéreux. C'est dans les droits qu'ont le fermier et l'usufruitier sur les revenus de la chose que se trouvent les distinctions entre la jouissance et l'usufruit. — *V.* sur ce point 2521.

1. CESSION D'USUFRUIT. — Si un usufruitier transmet son usufruit à titre de bail, il y aura cession d'usufruit passible du droit immobilier. Le droit de bail ne serait seul exigible que dans le cas où la convention serait limitée à un nombre d'années après lequel l'usufruitier rentrerait dans l'exercice de son usufruit. — *V.* 2523-1.

2. RÉSILIATION. — Les baux que les usufruitiers font des biens dont ils ont l'usufruit ne sont, dans le cas de la dissolution de la communauté, ou de la majorité des mineurs, ou de la cessation des usufruits, obligatoires que pour le temps qui reste à courir soit de la première période de neuf ans, si les parties s'y trouvent encore, soit de la seconde, et ainsi de suite, de manière que le fermier n'ait que le droit d'achever la jouissance de la période de neuf ans où il se trouve (595-1429-1718 C.C.). Dans cet ordre d'idées, il faut donc reconnaître que si le bail est résilié, quoique le fermier fût en droit de continuer tout ou partie de sa jouissance, le droit de rétrocession est exigible. Que si la résiliation n'a lieu que pour le temps qui excède la jouissance que le fermier peut légalement retenir, le seul droit fixe doit être perçu, car la résiliation est de droit.

3. USUFRUIT D'UN BAIL. — Mais un bail à ferme peut être l'objet d'un usufruit ; par suite, l'usufruitier de tous les biens d'une succession a le droit de jouir d'un bail à ferme qui était exploité par le défunt et qui fait partie de sa succession (Montpellier 13 mars 1856, S. 57-2-695 ; — Cass. 19 janv. 1857, S. 59-1-41). — Proudhon enseigne que dans ce cas l'usufruitier profite de tous les avantages du bail et recueille tous les fruits de la ferme. Son droit ne se borne pas à un simple usufruit de choses fongibles, qui consisterait à ne jouir des fruits de la ferme qu'à la condition d'en rendre à la fin de l'usufruit d'autres semblables (*Idem* Proudhon t. 1er n° 367). Mais le contraire est professé par Demolombe (t. 10 n° 330), et peut s'appuyer sur un arrêt de la cour de Caen du 25 mai 1868, d'après lequel l'usufruitier n'a droit qu'à l'intérêt des bénéfices nets du bail pendant les années à courir (S. 69-2-18, 20536 J.N.).

**17495. Bail à vie.** — La nature du bail à vie est difficile à déterminer, et on a souvent discuté à ce sujet ; il est essentiel de ne pas le confondre soit avec l'usufruit, soit avec la vente à vie. La différence qui existe entre le bail à vie et l'usufruit est clairement expliquée par ce considérant d'un arrêt de Cass. 18 janvier 1825 (8008 J. E., 5206 J.N., 1173 § 2 I. G.) : « Attendu qu'en droit la jouissance par bail à vie et l'usufruit diffèrent essentiellement dans leur nature et dans leurs effets, notamment en ce que dans le bail à vie le bailleur conserve la jouissance des fruits civils de l'objet donné à bail, dont le preneur ne perçoit que les fruits naturels, tandis que l'usufruitier jouit des fruits naturels et civils de l'objet grevé d'usufruit, dont le propriétaire ne conserve que la nue-propriété. » — *V.* 2518-2521.

1. USUFRUIT ABANDONNÉ. — Lorsque, dans une vente d'immeubles affermés, faite sous réserve d'usufruit, le vendeur a stipulé que, s'il existe encore à la fin du bail, l'acquéreur devra lui payer, à titre de fermier de l'usufruit réservé, une redevance annuelle de 4,000 francs, on est en droit, si la condition de survie au bail expiré se réalise et que l'acquéreur entre en jouissance des immeubles, de lui réclamer le droit à 4 pour 100 sur le capital au denier 10 de 4,000 francs, sans qu'il puisse alléguer que la réalisation de la condition ne produit d'autre effet que d'opérer sur sa tête une réunion de l'usufruit à la nue-propriété. — *V.* 2008.

2. LIQUIDATION DU DROIT. — La réunion de l'usufruit à la nue-propriété sous la forme d'un bail à vie consenti par l'usufruitier au nu-propriétaire donne ouverture au droit de 3 francs et au droit de 1 fr. 50 cent. sur le capital par 10 du prix du bail (Cass. 10 août 1830, 1347-1 I. G., S. 30-1-315, 9747 J. E.). — *V.* 1776-2.

« Vu, porte l'arrêt, les art. 4, 22 et 28 L. 22 frimaire an 7 et 54 L. 28 avril 1816 : attendu : 1° que, suivant l'art. 4 L. 22 frimaire an 7, la cession faite par la dame veuve d'Angoville à son fils, dans l'acte sous seing privé du 13 novembre 1820, de l'usufruit des biens de son mari donnait ouverture au payement du droit proportionnel réclamé par la Régie ; 2° attendu qu'il est reconnu que la veuve d'Angoville a joui dudit usufruit en vertu des dispositions de la *Coutume de Normandie*, sous l'empire de laquelle elle avait été mariée, depuis le jour du décès de son mari jusqu'au jour de ladite cession; qu'il est possible que, pendant sa jouissance, cet usufruit ait été grevé d'hypothèque, ainsi qu'il en est susceptible, aux termes de l'art. 2118 C. C.; qu'ainsi il y avait lieu à l'application de l'art. 54 L. 28 avril 1816, qui porte que, dans tous les cas où les actes seront de nature à être transcrits au bureau des hypothèques, le droit sera augmenté de 1 et demi pour 100; et qu'en jugeant le contraire, le tribunal civil de Pont-Audemer a violé ledit art. 4 L. 22 frimaire an 7 et l'art. 54 L. 28 avril 1816. »

**17496. Bail emphytéotique.** — Lorsque le bien transmis, soit le domaine utile, soit le domaine direct, est grevé d'usufruit au profit d'un légataire ou d'un donataire, diverses complications peuvent surgir. Voici les règles que l'Administration a cru devoir adopter: 1° Lorsque le *domaine utile* est transféré, l'usufruitier doit acquitter le droit de mutation sur dix fois le revenu de l'immeuble, déduction faite de la redevance emphytéotique; mais si le bail doit finir avant dix ans, on capitalise par le nombre d'années restant à courir. Aucun droit n'est dû pour la transmission de la nue-propriété du domaine utile avant l'extinction de l'usufruit dont il est grevé; — 2° dans le cas de transmission du *domaine direct*, celui qui recueille la nue-propriété doit payer sur sa valeur entière, sans égard à l'usufruit. L'usufruitier doit acquitter le droit sur un capital formé de dix fois la redevance si le bail doit encore durer dix ans, ou de la redevance cumulée pendant le temps restant à courir, en y ajoutant les revenus de l'immeuble, à partir de l'expiration du bail jusqu'au terme des dix ans.

Voyez, au n° 2978-1, l'observation que nous avons faite sur ce mode d'opérer.

**17497. Caducité.** — Le légataire *à titre universel* de l'usufruit qui décède avant d'avoir demandé la délivrance de son legs ne transmet aucun droit à ses héritiers. Le legs est censé caduc. Dès lors, il n'est dû aucun droit de mutation par décès par les héritiers de l'usufruitier à raison de l'usufruit. — *V.* 16550-6.

**17498. Cautionnement.** — La renonciation par un usufruitier au profit du créancier inscrit du nu-propriétaire est passible du droit de cautionnement. — V. *Cautionnement.*

**17499. Cession aléatoire.** — Une femme possédant un usufruit et une rente viagère grevant le même bien abandonne la rente viagère à la condition que l'usufruit passera sur la tête de son mari au cas où il lui survivrait; il est incertain si le mari survivra à la femme, mais comme le contrat est aléatoire, le droit de cession d'usufruit est exigible, et le prix de cette cession est représenté par l'abandon de la rente viagère (4145 J. E. — *V.* également 11394 J. E.).

**17500. Créances.** — L'Administration a décidé, les 10 mai 1833 (10608 J. E.) et 10 décembre 1849, que si l'on cède l'usufruit d'une créance, le droit doit être liquidé sur un capital formé de dix fois l'intérêt de la créance cédée, par application de l'art. 14 n° 9 L. 22 frimaire an 7, car cette cession n'est autre chose que la cession d'une rente viagère.

**17501. Command. — Usufruit réservé.** — Ce n'est pas changer les conditions de la vente que de faire une déclaration de command dans laquelle on se réserve l'usufruit de l'immeuble acquis: en effet, le commandé peut acheter l'usufruit pour lui et la nue-propriété pour le command. — *V.* 3265.

**17502. Communauté entre époux.** — L'usufruit des choses mobilières entre en communauté. — *V.* 4326.

L'usufruit qu'a l'un des époux sur les biens d'un tiers tombe dans la communauté, non par le fond du droit, mais pour le revenu qu'il produit (Rodière et Pont n° 374, 5612 J. E.). — Ainsi encore, si pendant l'existence de la communauté, on a cédé l'usufruit d'un bien propre à l'un des époux, et que la réunion de l'usufruit à la nue-propriété s'opère avant la dissolution de la communauté, le prix de cet usufruit, qui représente les fruits de l'immeuble, appartient en totalité à la communauté (Pont et Rodière).

Les réparations usufructuaires des immeubles qui n'entrent pas en communauté font partie du passif de cette communauté. — *V.* 4393.

1. DROIT PERPÉTUEL ÉCHANGÉ CONTRE UN DROIT TEMPORAIRE. — J'échange mon immeuble, produisant 1,000 francs de revenu, contre un usufruit d'un revenu de 2,000 francs ou une rente viagère de même somme. Si la communauté se dissout dix ans après cet échange, me devra-t-elle une récompense de 10,000 francs à cause de l'augmentation de revenu annuel de 1,000 francs que je lui aurai procuré pendant dix ans. — V. *Communauté.*

**17503. Compte.** — Bien qu'un père soit usufruitier de la moitié des biens de sa femme, le droit d'obligation est dû sur la *totalité* du reliquat constaté par le compte qu'il rend à sa fille de sa tutelle, à raison des biens de la mère de celle-ci.

**17504. Construction.** — La vente faite par l'usufruitier des constructions élevées par lui sur le fonds dont il a l'usufruit donne ouverture au droit de 5 fr. 50 cent. pour 100. — *V.* 5131.

**17505. Société.** — L'acte par lequel deux personnes déclarent s'associer pour la construction d'une maison sur le terrain appartenant à l'une d'elles, avec les fonds fournis par l'autre, avec stipulation que la nue-propriété de l'immeuble appartiendra au propriétaire du fonds et l'usufruit à l'autre, donne ouverture au droit de cession d'usufruit à 5 fr. 50 cent. pour 100 sur la moitié de la somme mise en société pour l'édification des constructions, attendu que, dès l'instant qu'il n'y a rien d'aléatoire dans un pareil contrat, l'art. 1832 C. C., qui régit les actes de société, ne lui est pas applicable (Laval 26 juin 1843, 13297 J. E.).

L'acte par lequel une ville qui a cédé l'usufruit d'un terrain à une société, à charge d'y construire un théâtre, qui appartiendra à la ville au décès des associés, rachète les actions de plusieurs de ceux-ci n'opère pas une réunion d'usufruit, mais une cession d'actions (Sol. 21 avr. 1842). — V. *Société*.

L'usufruitier ne peut prétendre à aucun droit sur la partie des bénéfices d'une société retenus, conformément aux statuts, pour former un fonds de réserve destiné à subsister autant que la société elle-même et à être réparti entre les associés lors de la liquidation de celle-ci en même temps que tout l'actif social (Bordeaux 5 juill. 1870, S. 70-2-16).

**17506. Contrat de mariage.** — 1. DONATION. — Lorsqu'il est déclaré par le futur, *sur la demande de ses père et mère*, qui l'assistent, que plusieurs créances faisant partie de ses apports ne lui appartiennent qu'en nue-propriété ; que ses père et mère en ont l'usufruit jusqu'au décès du survivant, alors cependant que le futur époux nu-propriétaire se trouve seul dénommé dans les titres relatifs à ces créances, il y a lieu de considérer cette déclaration comme une donation d'usufruit de la part du futur en faveur de ses père et mère (Tours 19 août 1842, 13101-1 J. E.).

La stipulation d'un contrat de mariage qualifiée société, par laquelle le père du futur lui abandonne l'administration et la jouissance de tous ses biens, à la charge de pourvoir à son entretien et à celui de sa famille, constitue une véritable donation d'usufruit passible du droit de 2 fr. 75 cent. pour 100 (Albi 24 août 1842 et 22 août 1843, 13344-2 J. E.).

**17507. Contribution aux dettes.** — Sur la question de savoir de quelle manière l'usufruitier contribue aux dettes de la succession qui se trouve grevée de son usufruit, on peut consulter les nos 15999 à 16004.

Si un usufruitier s'obligeait expressément à payer le capital des dettes de la succession dans le cas prévu à l'art. 612 C. C., son engagement serait l'exécution pure et simple de la loi et ne motiverait pas la perception du droit de 1 pour 100 (Sol. 8 nov. 1844).

**17508. Convention de mariage.** — Sur la question de savoir quand l'attribution d'un usufruit au profit du survivant des époux constitue une convention de mariage ou une donation, V. *Contrat de mariage*.

**17509. Dation en payement.** — Le jugement qui donne acte à une partie de ce qu'elle accepte l'usufruit d'un immeuble pour lui tenir lieu du legs d'une rente viagère est sujet au droit de vente sur le capital au denier 10 de la rente :

1° Il y a vente, puisqu'en remplacement d'une rente viagère on cède un usufruit ;

2° Le droit est dû sur le capital au denier 10 de la rente, fût-il supérieur à la moitié de la valeur vénale de l'immeuble, parce que, d'après l'art. 15 n° 6 L. 22 frimaire an 7, c'est le prix qui forme la base de la perception (Sol. 31 mai 1831, 10058 J. E. ; — Cass. 16 fév. 1831, 7440 J. N., S. 31-1-73, 1370-8 I. G., 9947 J. E.). — V. 17495-3.

**17510. Décharge.** — L'acte qui constate la remise faite aux nus-propriétaires, par les héritiers d'un usufruitier de capitaux que celui-ci détenait en sa qualité, ne donne ouverture qu'au droit de décharge, car il n'y a dans l'espèce ni débiteurs, ni créanciers : il y a simplement réunion de l'usufruit à la nue-propriété, et l'acte n'est passible que du droit de décharge (Dél. 3 mai 1837, 11776 J. E., 9644 J. N.).

1. DATION EN PAYEMENT. — Mais si l'usufruitier d'une somme d'argent ou ses héritiers restituaient autre chose que de l'argent, par exemple des valeurs mobilières ou des immeubles, il y aurait là une véritable dation en payement passible du droit proportionnel. La jurisprudence décide sans doute aujourd'hui, en matière de succession, que de la masse active dépendant de l'hérédité de cet usufruitier, il faut déduire la somme laissée en usufruit au défunt, afin de percevoir l'impôt des mutations par décès sur la différence. Mais cette fiction, qui répute le nu-propriétaire saisi d'une fraction des biens en nature de l'usufruitier, n'opère pas au delà du cas qu'elle prévoit ; et ce serait outrepasser la pensée de la Cour que de poursuivre cette fiction jusqu'à dire que l'attribution d'un bien propre à l'usufruitier en payement de la somme due n'opère pas de mutation. Nous avons vu précédemment, à propos d'une situation pareille, que la remise au donataire d'une somme non payée au décès du déposant du montant de la libéralité donnait ouverture au droit de quittance, bien que pour la perception du droit de succession, ce donataire soit aussi réputé le copropriétaire des biens du défunt n° 13277.

Par analogie, il faut décider que, dans notre espèce, le droit de dation en payement est exigible.

**17511. Délégation. — Usufruit d'un capital à un créancier et nue-propriété à un autre.** — Le droit n'est exigible, comme à l'égard de la vente de l'usufruit d'un immeuble à un individu et de la nue-propriété à un autre, que sur le montant du capital : il faut remarquer, à cette occasion, que les intérêts d'un capital en représentent l'usufruit (Dél. 28 mars 1828, 2132 Roll.).

1. DÉLÉGATION, PAR LE NU-PROPRIÉTAIRE ET L'USUFRUITIER DU PRIX DE VENTE D'UN BIEN, A UN CRÉANCIER DU PREMIER. — De ce qu'un acte de vente de cette nature ne contenait aucune réserve en faveur de l'usufruitier, on en avait conclu que le nu-propriétaire était resté débiteur envers l'usufruitier du prix de vente dont il devait jouir, et on avait, en conséquence, perçu le droit d'obligation. La restitution en a été ordonnée par délibération du 6 septembre 1826, par le motif que le consentement donné par l'usufruitier à la délégation opérait une réunion d'usufruit à la propriété passible du droit fixe (1644 Roll.).

**17512. Délivrance de legs.** — Le legs d'usufruit est-il sujet à la demande en délivrance pour en faire courir l'effet du jour du décès du donateur? L'affirmative a été adoptée par le tribunal de la Seine, le 6 avril 1827, attendu que la loi n'a point établi de distinction entre le legs d'usufruit et le legs de nue ou pleine propriété (6138 J. N.). Proudhon, *de l'Usufruit* nos 382-383 et 389, partage cette doctrine déjà enseignée par Grenier, *des Donations* no 203. Nous la croyons préférable à celle contraire de Toullier, t. 3 no 423, et de Merlin, *Rép.* vo *Legs* sect. 4 § 3 no 30, motivée sur l'art. 604 C. C., portant que le retard de donner caution ne prive pas l'usufruitier des fruits à partir du moment où l'usufruit s'est ouvert.

Cette disposition ne paraît pas, en effet, susceptible de modifier les règles prescrites en matière de legs.

**17513. Donation.** — L'Administration a délibéré, le 28 octobre 1825 (*V.* 6544), que l'usufruit créé par un acte dans lequel la nue-propriété d'un immeuble avait été donnée à une personne et l'usufruit à une autre donnait ouverture à un droit distinct de celui perçu sur la nue-propriété, mais sur un capital formé de dix fois le revenu seulement, sans distraction des charges.

1. MEUBLES. — Par application du même principe, il faut décider que si c'est d'une valeur mobilière que l'usufruit est transmis à titre gratuit, le droit devra être perçu sur la moitié seulement de cette valeur, laquelle moitié représente l'usufruit.

Dans ce sens, l'Administration a délibéré, le 10 mai 1835 (10608 J. E.), que si l'on cède l'usufruit d'une créance, le droit doit être liquidé sur un capital formé de dix fois l'intérêt de la créance cédée, car cette cession n'est autre chose que la cession d'une rente viagère.

2. RÉUNION DE LA NUE-PROPRIÉTÉ A L'USUFRUIT. — Mais lorsque la réunion de la nue-propriété à l'usufruit s'opère, il n'en est plus comme quand a lieu la consolidation de l'usufruit à la nue-propriété (*V.* 6547). Un droit proportionnel est exigible sur la valeur de cette nue-propriété. — *V.* 6550.

3. DESSAISISSEMENT. — Le dépouillement ne laisse pas que d'être actuel quand il ne porte que sur la nue-propriété. « Il est permis au donateur de faire la réserve à son profit ou de disposer, au profit d'un autre, de la jouissance ou de l'usufruit des biens meubles ou immeubles donnés » (949 C. C.).

Ce principe ne peut faire l'objet d'une difficulté, car ce n'est pas *donner et retenir* que de donner la nue-propriété de ma maison en m'en réservant l'usufruit. L'objet donné, alors, ce n'est pas ma maison, c'est seulement sa nue-propriété.

Aussi la Cour de cassation a-t-elle jugé, le 12 nivôse an 13, que la clause de réserve d'usufruit insérée dans un acte de donation ne peut pas empêcher la transmission actuelle des biens donnés, attendu que cette réserve suppose également le dessaisissement de la nue-propriété.

4. DONATION ÉVENTUELLE. — En ce qui concerne le caractère de la liberté qui résulte des réserves d'usufruit qui se rencontrent souvent dans les actes, *V.* 6715-12594.

5. USUFRUIT IMMOBILIER POUR TENIR LIEU DE LA SOMME DONNÉE. — La clause ainsi conçue : « M... fait donation à son fils, par préciput et hors part, d'une somme de 7,000 francs; pour se remplir de cette somme, le futur jouira pendant dix ans, sans en payer l'impôt, d'immeubles désignés appartenant à son père, » donne ouverture au droit de donation immobilière. — *V.* 6813.

**17514. Échange.** — Lorsque le nu-propriétaire et l'usufruitier de divers immeubles font entre eux le partage de ces immeubles et prennent chacun une part en toute propriété, en faisant abandon de leurs droits à l'usufruit et à la nue-propriété, il y a échange, car aucune copropriété n'existant entre eux, puisque les droits d'usufruit et de nue-propriété sont séparés et distincts, il n'y avait pas à partager. — *V.* 7111.

En ce qui concerne le mode de percevoir le droit d'après un capital formé de dix fois et de vingt fois le revenu, *V.* 7122.

**17515. Enfant.** — En ce qui concerne la jouissance ou usufruit que le père ou la mère a des biens de ses enfants jusqu'à l'âge de 18 ans, *V.* 16062 à 16068-16965.

**17516. Expertise.** — L'expertise de la nue-propriété et de l'usufruit est sujette à des règles particulières que nous avons fait connaître au mot *Instance*.

**17517. Fraction de somme.** — Les droits à percevoir sur le legs à un mari par sa femme du quart en propriété et du quart en usufruit doivent être liquidés sur la valeur réunie de l'usufruit et de la propriété, et non sur chaque nature de biens.

**17518. Immeubles par destination.** — En général, les objets attachés à un fonds ne deviennent immeubles qu'autant qu'ils y ont été placés *par le propriétaire lui-même*. Mais cette règle ne souffre-t-elle pas d'exception? Et, par exemple, les objets attachés à l'exploitation d'un fonds par le tiers possesseur, par l'usufruitier, par l'emphytéote, ne sont-ils pas pareillement immeubles tant que dure la jouissance de l'usufruitier, de l'emphytéote, du tiers possesseur? Duranton t. 4 no 59 et Dalloz vo *de la distinction des biens* no 119, enseignent l'affirmative, que repousse Marcadé, t. 2 p. 340, du moins en ce qui concerne les objets placés par l'*usufruitier* et l'*emphytéote*, attendu qu'à la différence du tiers possesseur, lequel, tant qu'il n'est pas évincé, agit en propriétaire, l'usufruitier et l'emphytéote ne peuvent jamais se dire propriétaires ni agir comme tels, et que l'on ne saurait, dès lors, leur supposer l'intention d'attacher un objet au fonds à perpétuelle demeure.

La jurisprudence semble se ranger à l'avis des auteurs que nous avons cités en premier lieu. — *V.* 2980.

**17519. Impense.** — L'usufruitier peut-il réclamer une indemnité pour les améliorations qu'il prétendrait avoir faites si la valeur de la chose en est augmentée? — Non; il peut seulement, ou ses héritiers, enlever les ornements qu'il aurait fait placer, comme les glaces, les tableaux, mais à la charge de rétablir les lieux dans leur premier état (599 C. C.). — La raison en est que l'usufruitier qui bâtit ou améliore est censé avoir voulu gratifier le propriétaire : *donasse censetur*. — V. 9514.

**17520. Indivision.** — Aucune indivision ne peut exister entre le nu-propriétaire et l'usufruitier. Dès lors, le principe posé par l'art. 883 C. C. et les conséquences de ce principe sont sans application à l'aliénation que peut faire l'usufruitier en faveur du nu-propriétaire et réciproquement. — V. *Licitation* et *Partage*.

**17521. Legs.** — 1. TROIS ESPÈCES D'USUFRUIT. — Les art. 611 et 612 C. C. appliquent à l'usufruit la classification du legs (*V.* 15975), c'est-à-dire qu'ils reconnaissent trois espèces d'usufruit :

1° L'usufruit particulier, qui porte sur un ou plusieurs objets déterminés;

2° L'usufruit à titre universel, qui frappe sur une quote-part de l'universalité de tous les biens, ou sur l'universalité des biens, meubles ou immeubles, ou sur une quote-part des meubles ou des immeubles;

3° L'usufruit universel, qui s'étend sur l'universalité du patrimoine, ou de la portion disponible de ce patrimoine.

2. LEGS PARTICULIERS. — Quant au point de savoir si l'usufruit peut faire l'objet d'un legs à titre universel ou seulement d'un legs particulier, il est controversé en doctrine et en jurisprudence. — V. *Legs* 8520.

**17522. Licitation.** — On peut liciter un droit d'usufruit, de jouissance, d'usage, etc. Par exemple, un droit d'usufruit est légué à plusieurs personnes qui ne peuvent ou ne veulent pas en jouir en commun; la licitation de l'usufruit est le moyen de concilier leurs intérêts. Deux cohéritiers succèdent à un bail d'une auberge ou d'une forge qu'ils ne savent pas ou ne peuvent pas exploiter par eux-mêmes : la licitation est encore l'unique voie d'utiliser ce bail (Troplong *de la Vente* n° 875).

**17523. Majorat.** — Les droits de mutation par décès exigibles sur les transmissions des biens affectés à un majorat se liquident sur un capital au denier 10 du revenu, comme pour un simple usufruit. — *V.* 11070-11072.

**17524. Minimum.** — Une succession en ligne directe qui ne se compose que de 20 francs de mobilier étant ouverte avec usufruit au mari survivant, si celui-ci fait la déclaration tant en son nom qu'en celui de ses enfants, il est dû 25 centimes de minimum pour la ligne directe, car *aucune solidarité* n'existe entre les nus-propriétaires et l'usufruitier, et le droit payé par celui-ci doit être considéré abstraction faite de celui exigible des héritiers.

**17525. Mutation secrète.** — L'application aux mutations d'usufruit des présomptions établies par les lois des 22 frimaire an 7 et 27 ventôse an 9 ne peut souffrir aucune difficulté. La loi est, sur ce point, on ne peut plus explicite. L'art. 12 de la loi de l'an 7 dit, en effet : « La mutation d'un immeuble en propriété ou *usufruit* sera suffisamment établie... » On lit également dans l'art. 4 L. 27 ventôse an 9 : « Sont soumises aux dispositions des art. 22 et 38 L. 22 frimaire an 7 les mutations entre-vifs de propriété ou *d'usufruit* de biens immeubles. » La loi contenant une disposition commune aux transmissions d'usufruit et de propriété, toutes les règles que nous passons en revue dans le cours de cet article leur seront communes.

**17526. Partage.** — Nous avons déjà dit, au n° 17520, qu'aucune indivision ne peut exister entre le nu-propriétaire et l'usufruitier. Ce principe joue un rôle essentiel en matière de partage, ainsi qu'on l'a vu sous ce mot.

**17527. Partage d'ascendants.** — L'usufruit peut faire l'objet, dans les partages d'ascendants, de stipulations essentielles et qui sont de nature à exercer une influence sérieuse sur la perception. On peut consulter à cet égard les nos 12593 à 12595 et 12611.

**17528. Prescription.** — L'usufruit ne peut conduire à la prescription de la propriété (*V.* 12850). — On conçoit cependant difficilement que l'héritier d'un usufruitier ne puisse pas prescrire, car l'usufruit étant éteint par la mort de l'usufruitier, la possession de l'héritier a, dès lors, une cause indépendante, un principe nouveau. Néanmoins, la loi ne fait aucune distinction ; elle généralise sa pensée de la manière la plus absolue dans son art. 2237, ainsi conçu : « Les héritiers de ceux qui tenaient la chose à quelqu'un des titres désignés par l'article précédent ne peuvent non plus prescrire. » Aussi tous les auteurs reconnaissent-ils que l'héritier de l'usufruitier ne peut pas plus prescrire que l'héritier de tout autre détenteur précaire. — *V.* 12851.

L'usufruit n'est pas, non plus, une cause de suspension de la prescription. Ainsi, l'usufruit légué à la femme par le mari sur tous les biens de sa succession n'est pas une cause de suspension de la prescription de la demande de légitimaires en délivrance de leur légitime (Cass. 8 janv. 1843, D. 43-1-66).

D'un autre côté, il a été jugé que lorsqu'un usufruit ne doit s'ouvrir qu'au décès d'un premier usufruitier, le délai pour la déclaration et la prescription ne court que dès cette époque. C'est un point qui a été développé aux mots *Prescription* et *Succession*.

**17529. Quotité disponible.** — L'usufruit joue un rôle essentiel en matière de quotité disponible et, sur ce point, il est soumis à des règles qu'il est important de connaître et que nous avons développées sous les nos 13451-13453-13467-13470-2-3-13471 et auxquels nous nous référons.

**17530. Rédaction** (DROIT DE). — Le jugement par lequel le donataire d'un immeuble se rend adjudicataire de l'usufruit du même immeuble est passible du droit de rédaction, quoique ce donataire ait payé le droit de mutation sur la valeur entière de la propriété (Seine 4 avr. 1839, 12284 J. E.).

**17531. Renonciation.** — Les renonciations à usufruit sont très-fréquentes en matière de payements de droits de mutation par décès, et comme elles sont souvent frauduleuses, il est important de pouvoir en apprécier le caractère; nous en avons traité longuement sous le mot *Renonciation*, auquel il convient de se reporter.

**17532. Rente.** — La Cour de cassation a jugé, le 1er septembre 1806, que le transport d'une rente constituée donne lieu à la perception du droit sur le capital entier, et sans égard au prix de la cession, lors même que l'usufruit de cette rente aurait été réservé par le vendeur. — *V.* 14045.

« Vu, porte cet arrêt, le no 7 art. 14 L. 22 frimaire an 7; attendu que, par cet article, le législateur a ordonné, d'une manière absolue, que, pour le transport d'une rente, le droit de mutation se percevrait sur le capital constitué sans égard au prix stipulé, et n'a pas distingué le cas où le cessionnaire ne pourrait jouir de la rente qu'à une époque déterminée de celui où il entrerait en jouissance sur-le-champ; que cette règle, ainsi posée sans distinction, est fondée sur ce que, dans l'un comme dans l'autre cas, la jouissance pleine et entière de la rente est assurée à l'acquéreur ou à ses ayants cause. »

**17533. Reprises.** — Supposons, dit Pothier no 592, qu'un droit d'usufruit dont le revenu était, toutes charges et risques déduits, de 1,000 francs par an ait été vendu pour le prix de 12,000 francs, et que la communauté ait duré dix ans, dans un temps auquel l'intérêt de l'argent était au denier 20, cet usufruit, s'il n'eût pas été vendu, aurait, pendant les dix années courues depuis la vente jusqu'à la dissolution de la communauté, produit, par chacun an, 400 francs de plus que l'intérêt de 12,000 francs, ce qui fait pour les dix années 4,000 francs. Le conjoint ne doit donc avoir la reprise de la somme de 12,000 francs, pour laquelle son propre a été vendu, que sous la déduction de ladite somme de 4,000 francs (Delvincourt t. 3 p. 60, Toullier t. 12 no 347, Bellot t. 2 p. 382, Duranton t. 14 no 340).

V. *Communauté*.

**17534. Restitution. — Usufruitier devenu légataire en toute propriété.** — Le légataire d'usufruit qui, après avoir payé en cette qualité les droits de mutation, recueille la succession en qualité de légataire universel, par suite de la non réalisation de la condition suspensive à laquelle le testateur avait subordonné l'institution d'héritier qu'il avait faite au profit d'un tiers, n'est pas recevable à demander la restitution des droits perçus sur le legs d'usufruit, son changement de qualité étant un événement ultérieur dans le sens de l'art. 60 L. 22 frimaire an 7 (Cass. 30 juin 1841, S. 41-1-628, 1661-12 I. G., 12813 J. E.). — *V.* 14508.

1. QUOTITÉ DISPONIBLE. — Il a été décidé, au no 16773, que lorsque l'époux survivant, donataire ou légataire de l'usufruit de tous les biens de son conjoint, décédé avec enfants, déclare réduire cet usufruit à moitié, le droit de mutation par décès doit être liquidé en conséquence, bien que la réduction ne soit pas constatée par un acte (Dél. 28 déc. 1832, 10756 J. E.; — Laval 14 mai 1832, 3000 *Mémorial*). — *V.* 14496 et 16773.

**17535. Retrait successoral.** — La Cour de cassation, considérant que l'usufruit, même universel ou à titre universel, n'établit aucune indivision entre l'usufruitier et les héritiers non propriétaires, a déclaré que l'usufruitier n'étant pas successible dans le sens de l'art. 841 C. C. et n'ayant aucun droit de s'immiscer au partage à faire entre héritiers, peut être écarté de ce partage par le retrait successoral, s'il a acquis les droits de l'un des héritiers (17 juill. 1843, 11707 J. N.; — 24 nov. 1847, D. 47-4-428; — Riom 23 avr. 1818; — Dijon 8 juill. 1826).

Ce système est repoussé d'une manière absolue par Vazeille no 15, Conflans no 11, Dutruc no 478, Dalloz no 1947, qui se fondent sur ce que le législateur a voulu écarter du partage non pas toute personne qui, sans la cession, n'aurait pas eu, à l'égard des héritiers, le droit d'y prendre part, mais ceux-là seulement qui, tout à fait étrangers à la succession, ne viendraient que par esprit de spéculation ou par curiosité s'immiscer indiscrètement dans les affaires de famille et entraver les arrangements entre cohéritiers, considérations qui ne s'appliquent pas à un légataire ou donataire soit de l'universalité, soit d'une quotité de l'usufruit des biens héréditaires. Ces motifs ont été adoptés par un arrêt de la cour de Nîmes du 30 mars 1830 (7219 J. N.).

Mais Merlin, *Rép.* vo *Droits successifs* no 13, Delvincourt t. 2 p. 137, Poujol t. 2 p. 100, l'admettent en partie, en ce qu'ils permettent le retrait contre l'usufruitier universel, alors qu'ils le refusent à l'usufruitier à titre universel, parce que, disent-ils, la division des biens du défunt n'intéresse que ce dernier, qui a droit de venir au partage pour faire déterminer l'assiette de son usufruit.

L'Administration, adoptant le système des auteurs qui enseignent qu'on ne peut exercer le retrait contre l'usufruitier universel ou à titre universel, ou, ce qui rentre dans le même ordre d'idées, que l'usufruitier universel ou à titre universel est habile à exercer le retrait successoral, a délibéré, le 24 avril 1840 (10738 J. N.), que le retrait successoral exercé par une veuve, légataire à titre universel des biens de son mari, envers l'acquéreur des droits successifs de l'un de ses enfants n'est passible que du droit de 50 centimes pour 100, alors qu'elle aurait dû frapper un pareil acte du droit de mutation, si elle s'était rangée à la jurisprudence de la Cour de cassation que nous venons d'exposer.

**17536. Subrogation.** — Si l'enfant à la décharge duquel le père paye, avec subrogation, la dette de la mère est majeur, le droit de subrogation conventionnelle est exigible, encore bien que le père soit usufruitier des biens de sa femme ; car, en cette qualité, il n'était obligé que de tenir compte des intérêts de la dette (Dél. 31 oct. 1835, 11378 J. E.).

1. DETTES. — L'usufruitier qui paye les dettes dont se trouve grevé l'immeuble affecté de son usufruit est subrogé légalement aux droits du créancier, et le droit de quittance est seul exigible, malgré toute stipulation de subrogation. — V. 15999 à 16004.

**17537. Substitution.** — Les questions qui se rattachent à l'usufruit sont assez souvent de nature à faire naître des difficultés en matière de substitution. Nous en avons traité sous les nos 15518-15561-15563-15570-15583 et 15617, auxquels il faut se reporter.

**17538. Succession.** — Il serait beaucoup trop long de résumer ici tous les développements qu'a comportés l'usufruit pour l'application des droits de mutation par décès ; nous nous contenterons donc de renvoyer aux numéros indiqués dans le sommaire du mot *Succession*.

**17539. Évaluation. — Matières civiles.** — En matière civile, la valeur de l'usufruit se détermine d'après les circonstances et non d'après la moyenne fixée par la loi du 22 frimaire an 7 (Orléans 7 janv. 1860, S. 60-2-225 ; — Paris 10 déc. 1864 ; — Agen 16 déc. 1864, S. 65-2-25 ; — Cass. 28 mars 1866, S. 66-1-217 ; — Toulouse 20 déc. 1871, S. 72-2-97 ; — Caen 3 mai 1872, S. 73-2-17). — V. *Succession*.

## CHAPITRE II. — RÉUNION DE L'USUFRUIT A LA NUE-PROPRIÉTÉ

[17540-17588]

**17540. Comment s'opère la réunion.** — C'est par la consolidation sur la même tête des deux qualités d'usufruitier et de propriétaire que s'opère la réunion de l'usufruit à la nue-propriété.

### SECTION PREMIÈRE. — DROIT FIXE

[17541-17545]

**17541. Tarif.** — Sont sujettes au droit fixe de 3 francs les réunions d'usufruit à la propriété lorsque la réunion s'opère par acte de cession et qu'elle n'est pas faite pour un prix supérieur à celui sur lequel le droit a été perçu lors de l'aliénation de la propriété (L. 28 avr. 1816, art. 44 n° 4). Ce droit est aujourd'hui de 4 fr. 50 cent. (L. 28 fév. 1872, art. 4).

1. MEUBLES ET IMMEUBLES. — L'art. 44 n° 4 L. 28 avril 1816 n'ayant fait aucune distinction entre les valeurs mobilières et celles immobilières, il en résulte que le droit fixe de la réunion d'usufruit à la propriété est de 4 fr. 50 cent., qu'il s'agisse de meubles ou d'immeubles. — C'est ce qui résulte d'ailleurs implicitement des deux Dél. 5 janvier 1836 et 30 octobre 1849 (V. 17545), qui, ayant eu à statuer sur des réunions d'usufruit opérées sur des valeurs mobilières, ont déclaré le droit fixe de 3 francs (4 fr. 50 cent.) exigible, sans aborder la question de savoir si l'application de cette quotité de droit était controversable.

**17542. Renonciation pure et simple.** — Mais nous croyons, avec M. Demante (n° 752), que ce droit de 4 fr. 50 cent. s'applique spécialement aux renonciations translatives de l'usufruit. Quand il s'agit d'une renonciation purement extinctive, que, par exemple, le légataire d'un usufruit, avant d'avoir accepté la libéralité, déclare y renoncer, il n'y a pas réunion d'usufruit proprement dit, puisque le nu-propriétaire est censé avoir reçu du défunt lui-même la toute propriété de l'immeuble et que le démembrement de l'usufruit est non avenu. Une telle renonciation serait dès lors sujette au droit de 3 francs établi par les art. 68 § 1er n° 1er, 8 de la loi de 1850 et 4 L. 28 février 1872, si elle avait lieu par acte civil.

C'est le même droit de 2 francs (3 fr.) qui serait également exigible si le tiers appelé à recueillir un usufruit après la mort d'un premier usufruitier renonçait à son droit au profit du nu-propriétaire qui a acquitté l'impôt sur la valeur entière et par anticipation (Sol. 1er fév. 1867).

**17543. Disposition indépendante.** — Si le donataire de la nue-propriété d'un immeuble vend cet immeuble et que dans l'acte même le donateur qui s'était réservé l'usufruit renonce à cet usufruit, le droit de 4 fr. 50 cent. est exigible.

**17544. Pluralité.** — Nous avons établi, dans nos éditions précédentes, le principe qui gouverne la perception des droits fixes sur les réunions d'usufruit : « L'acte par lequel un père abandonne à ses enfants l'usufruit qu'il a sur leurs biens donne ouverture à autant de droits fixes qu'il y a de donataires, *si ceux-ci possèdent la nue-propriété divisément ;* mais il ne serait dû qu'un seul droit si l'abandon était collectif et qu'il n'y eût pas partage entre les enfants. »

Il est facile de le justifier. — En effet, le désistement de l'usufruitier est, à certain point de vue, le résultat d'une disposition unique, d'une seule manifestation de volonté dont on ne saurait apprécier la nature par la multiplicité des résultats qu'elle produit. Par rapport au renonçant, c'est une clause aussi indivisible que les renonciations pures et simples faites à une hérédité ou à un legs. Si la convention avait toujours ce caractère unilatéral de la renonciation extinctive, il faudrait sans doute décider que la stipulation en elle-même ne dépend pas des conséquences dont elle est la source, et qu'il faut dès lors la soumettre à la perception d'un seul droit.

Mais il arrive le plus souvent que l'abdication de l'usufruit tier est déterminée par le désir de faire profiter un tiers de la jouissance, c'est-à-dire que la renonciation est translative soit à titre gratuit, soit à titre onéreux. Elle se présente alors comme le second terme d'une convention intéressant aussi bien le tiers que l'usufruitier, et cet élément nouveau change les bases d'appréciation du contrat. En effet, du moment que l'usufruitier se détermine à agir dans la vue d'être utile à quelqu'un ou d'obtenir de lui certains avantages, il fait, en réalité, une convention synallagmatique ordinaire, créant pour le tiers des engagements particuliers et lui conférant aussi des droits spéciaux. Or, si le renonçant fait un contrat analogue avec plusieurs personnes dans le même acte, est-ce qu'il faudra décider encore que la stipulation est unique, parce qu'elle émane d'un seul usufruitier? La réponse s'accuse d'elle-même.

Quand les tiers appelés à profiter de la renonciation translative seront cointéressés par la possession indivise de l'objet soumis à l'usufruit, on les comptera pour une seule personne, pour l'hérédité même dont ils sont les représentants collectifs; et, dans ce cas, la convention conservera le même caractère d'indivisibilité. Mais quand les biens grevés de la jouissance seront sortis de cet état d'indivision qui constitue les nus-propriétaires représentants les uns des autres, quand le partage aura scindé leurs intérêts et que chacun d'eux possédera sa portion pour lui-même, alors les conventions intervenues entre eux et l'usufruitier commun resteront aussi distinctes que les biens dont elles sont l'objet. On devra les considérer isolément et leur appliquer, selon leur espèce, les droits qu'elles comportent. — Le légataire, dit-on, ne paye qu'un droit pour sa renonciation, quoique l'hérédité soit déjà partagée (art. 68 § 1er n° 1er L. 22 frimaire an 7; 8069 J. N.). Sans doute, et nous avons expliqué pourquoi. Mais ne voit-on pas que la perception se fractionnerait s'il renonçait au profit de tel ou tel successible? Son désistement opérerait alors de véritables cessions, et chacune d'elles tomberait *privativement* sous l'application de la loi.

Conformément à ces principes il a été reconnu : 1° que si la renonciation translative a lieu au profit des héritiers copropriétaires indivis des biens et avant le partage de ces biens, il n'est dû qu'un seul droit (Dél. 12 sept. 1835, 4206 C.; — Château-Thierry 29 déc. 1838, 10333 J.N.; — Sol. 10 déc. 1851, 4 oct. 1852 et 8 déc. 1859);

2° Mais que l'acte par lequel un père abandonne à ses enfants l'usufruit qu'il a sur leurs biens donne ouverture à autant de droits fixes qu'il y a de donataires, *si ceux-ci possèdent la nue-propriété divisément* (Dél. 21 oct. 1831, 7595 J.N. et 24 août 1833, 12436 § 3 J.E. et 8069 J.N.). — C'est donc à tort, selon nous, que dans de pareilles hypothèses, le tribunal de Dreux, par deux jugements des 26 août 1846 (12858 J.N.) et 6 mai 1863 (1915 R.P., 17864 J.N.), a consacré l'exigibilité d'un seul droit fixe. Nous maintenons les critiques dont cette dernière décision a été l'objet au n° 1915 de notre R.P.

**17545. Réunion anticipée.** — Lorsque l'usufruitier d'une somme la remet au nu-propriétaire, qui a payé les droits sur la valeur de la propriété et qui s'oblige de lui en servir l'intérêt à 5 pour 100, le droit proportionnel, comme obligation ou constitution de rente, n'est pas exigible ; le seul droit à percevoir est celui de 4 fr. 50 cent., comme réunion anticipée de l'usufruit à la nue-propriété. C'est ce qui résulte de deux Dél. 5 janvier 1836 (9157 J.N., 11496 J.E., S. 36-2-252) et 30 octobre 1840 (14258 J.N.).

Cette dernière délibération, que nous croyons utile de faire connaître, est ainsi conçue : « Il a été reconnu, par une délibération du conseil d'Administration du 25 janvier 1836, que le droit d'obligation n'est pas dû sur l'acte par lequel le nu-propriétaire d'une somme d'argent reconnaît l'avoir reçue de l'usufruitier et s'oblige à lui payer l'intérêt, et qu'un tel acte n'est passible que du droit fixe de 3 francs, établi pour les réunions d'usufruit à la nue-propriété. Au cas actuel, c'est le droit de 2 pour 100 qui a été perçu, et non celui de 1 pour 100, le receveur s'étant basé sans doute, pour considérer l'acte du 6 août 1848 comme constitutif d'une rente viagère, sur l'art. 1909 C.C. Mais, dans le cas prévu par cet article, il y a aliénation de capital, ce qui n'existe pas dans la circonstance présente, puisque le capital remis par la veuve Giraud, usufruitière, aux dames Giraud Boca, leur appartenant déjà, était leur propriété. La remise de ce capital n'avait donc pas le caractère d'une véritable constitution de rente faite à prix d'argent ; elle ne constituait qu'une réunion de l'usufruit à la nue-propriété, donnant ouverture au droit fixe de 3 francs seulement. »

1. OBLIGATION. — Cependant, si la remise de la somme faite par l'usufruitier au nu-propriétaire était conçue en termes tels qu'on fût autorisé à y voir un acte obligatoire, ce ne serait plus un simple droit fixe, mais le droit de 1 franc pour 100 qui deviendrait exigible. C'est ce que l'Administration nous semble avoir décidé avec raison, le 18 septembre 1822 (7437 J.E.), dans une espèce où l'usufruitier avait remis au nu-propriétaire la somme grevée d'usufruit, à charge de lui en payer l'intérêt à 5 fr. 50 cent. pour 100, et avec stipulation expresse que cette somme serait remboursable à la volonté de l'une ou l'autre des parties. Cette condition de remboursement enlevait évidemment à la convention le caractère de consolidation de l'usufruit sur la tête du nu-propriétaire, caractère distinctif de l'acte que nous avons ici en vue, pour la ranger dans la classe des obligations ordinaires.

Les questions de l'espèce se résolvent toutes par l'appréciation des termes de l'acte et de l'intention des parties. Voici, pour servir d'exemples, quelques hypothèses prévues par la doctrine ou la jurisprudence :

1° Lorsque dans la vente faite par les héritiers du nu-propriétaire et le légataire de l'usufruit d'un immeuble, il est convenu que les héritiers toucheront le prix, à charge d'en payer les intérêts à l'usufruitier ou de lui servir une rente viagère, il n'est dû ni droit d'obligation, ni droit de constitution de rente, mais un droit fixe de 3 francs (4 fr. 50 cent.) (Vitré 22 juill. 1835, 9088 J.N., S. 36-2-251; — *Contrà* Dél. 9 juill. 1823, 4577 J.N.);

2° Lorsque l'usufruitier renonce à son usufruit, mais conserve néanmoins la somme pendant cinq ans, à charge d'en payer les intérêts, il n'est dû que 3 francs fixe (4 fr. 50 cent.). L'obligation de rembourser est une dépendance nécessaire de la renonciation ; celle de payer les intérêts est aussi une conséquence du terme que l'usufruitier s'est réservé pour faire ce remboursement (9548 J.N., D. N. t. 13 p. 320 n° 890).

3° Une usufruitière dispensée de fournir caution touche le prix d'une rente sur l'État dont elle avait l'usufruit, et le conserve du consentement du nu-propriétaire, mais en fournissant une affectation hypothécaire. Le droit d'obligation n'est pas dû (Sol. 20 janv. 1858);

4° L'acte par lequel le nu-propriétaire d'une créance reçoit cette créance de l'usufruitier, sous la retenue ou la remise d'une somme moyennant laquelle ce dernier renonce à son usufruit, constitue une réunion d'usufruit par acte de cession, et comme le prix est inférieur à celui qui a supporté le droit lors de l'aliénation de la propriété, il n'est dû que le droit fixe de 3 francs (4 fr. 50 cent.) (16677-3 J. E.);

5° La convention par laquelle le conjoint survivant promet, pour satisfaire à l'obligation de donner caution, à laquelle il est tenu pour l'usufruit, de remettre entre les mains d'un ascendant, qui en payera l'intérêt, la somme sur laquelle doit porter cet usufruit, ne donne pas ouverture au droit d'obligation, attendu que l'acte ne constate pas l'existence d'une obligation contractée actuellement par le tiers au moyen de la remise des sommes entre ses mains. Cette disposition est plutôt une faculté qu'une obligation pour l'usufruitière (17471 J. E.);

6° Un aïeul a donné, à titre de prêt, une somme d'argent qu'il a déclaré appartenir pour l'usufruit à lui-même et pour la nue-propriété à son petit-fils. Dans l'acte de remboursement du capital, la somme comptée par l'usufruitier a été touchée en présence de l'usufruitier par le nu-propriétaire, qui, est-il dit dans l'acte, s'oblige à en servir l'intérêt à 5 pour 100 à l'usufruitier jusqu'à son décès. Le droit de 2 pour 100 est exigible sur un capital formé de dix fois les intérêts, et on ne peut arguer de l'art. 14 n° 6, pour prétendre que le droit doit être perçu sur le capital constitué et aliéné, puisque l'usufruitier n'a pu aliéner le capital, et qu'en le laissant aux mains du propriétaire il a renoncé simplement à son usufruit moyennant une rente viagère égale à l'intérêt (16990-2 J. E.);

7° Un usufruitier qui a retiré ou touché une créance, de concert avec celui qui en est nu-propriétaire, consent à la laisser pendant un temps déterminé à ce dernier, qui lui en servira l'intérêt. Il y a prêt d'une somme et le droit de 1 pour 100 est exigible (Sol. 23 déc. 1857);

2. QUITTANCE. — Si l'usufruitier était en même temps le débiteur de la créance soumise à sa jouissance, la restitution aux nus-propriétaires donnerait lieu au droit de quittance. Son titre d'usufruitier, en effet, n'absorbe pas la qualité préexistante de débiteur, et quand le payement s'opère, il s'effectue une véritable libération, comme si l'usufruit n'avait pas existé (Sol. belge 4 juin 1868, 2884 R. P.; — *Comp.* avec le n° 16722 *suprà*).

## SECTION 2. — DROIT DE MUTATION

### [17546-17576]

**17546. Tarif.** — La loi du 22 frimaire an 7 contient sur les réunions d'usufruit les deux dispositions suivantes :

« Art. 15 n° 6. — Si l'usufruit est réservé par le vendeur, il sera évalué à la moitié de tout ce qui forme le prix du contrat et le droit sera perçu sur le total ; mais il ne sera dû aucun autre droit pour la réunion de l'usufruit à la propriété ; cependant, si elle s'opère par un acte de cession et que le prix soit supérieur à l'évaluation qui en aura été faite pour régler le droit de la translation de propriété, il est dû un droit, par supplément, sur ce qui se trouve excéder cette évaluation. Dans le cas contraire, l'acte de cession est enregistré pour le droit fixe. »

Art. 15 n° 7. — Après avoir énoncé que le droit d'enregistrement est établi, pour les transmissions de propriété entre-vifs, à titre gratuit et celles qui s'effectuent par décès, par l'évaluation qui sera faite et portée à vingt fois le produit des biens ou le prix des baux courants, sans distraction des charges, l'art. 15 n° 7 ajoute : — « Il ne sera rien dû pour la réunion de l'usufruit à la propriété lorsque le droit d'enregistrement aura été acquitté sur la valeur entière de la propriété. »

**17547. Règle générale.** — Dans l'économie de ces textes, la cession d'une nue-propriété d'immeubles est assujettie au même droit que la toute propriété (art. 15 n° 6 et 15 n° 7). Ce système se justifie par deux raisons. D'une part, l'usufruit étant essentiellement temporaire, il est dès à présent certain qu'un jour ou l'autre la toute propriété appartiendra à l'acheteur du fonds. En acquittant le droit sur la toute propriété, cet acquéreur ne fait donc que payer par avance l'impôt auquel il serait légalement soumis lors de la réunion de l'usufruit. D'un autre côté, le législateur pouvait craindre que les consolidations ultérieures échappassent très-facilement à la perception, car l'Administration n'a que très-peu de moyens de constater légalement la cession ou la renonciation de l'usufruitier. Il a paru plus conforme à la régularité du recouvrement de l'impôt d'exiger ce droit quand le démembrement s'opère et que le nu-propriétaire reçoit l'expectative de recueillir l'usufruit momentanément détaché du fonds.

Il en résulte directement que dans tous les cas où, par une circonstance quelconque, le droit n'aura pas dû être perçu lors du démembrement sur la valeur entière de la propriété, la transmission ultérieure de l'usufruit au nu-propriétaire sera passible du droit proportionnel d'enregistrement, selon la nature du contrat où cette transmission se trouve établie. Voilà la règle générale qui nous suivra dans tous nos développements.

**17548. Usufruit séparé par donation ou succession.** — Et d'abord, écartons de suite l'hypothèse dans laquelle le démembrement s'est opéré par l'effet d'une donation ou d'une succession. Nul doute ici que la réunion ultérieure de l'usufruit ne donne lieu à aucun droit proportionnel. Le légataire ou le donataire de la nue-propriété a nécessairement payé par anticipation le droit de mutation, soit lors de l'enregistrement de l'acte de donation, soit à l'époque de la déclaration de succession, sur la valeur entière de la propriété, indépendamment de celui que le légataire ou donataire de l'usufruit a supporté sur la valeur de cet usufruit. C'est la disposition formelle de l'art. 15 n° 7 de la loi de frimaire. Dès lors, la réunion de l'usufruit par le décès de l'usuruitier ne saurait donner ouverture à un droit proportionnel de mutation (Cass. 29 mai 1832, S. 32-1-392, 10358 J. E.; — 27 mai et 12 août 1834, S. 34-1-425 et 532, 10358-10933-11031 J. E., 1167 § 7 I. G.; — Dél. 8 oct. 1841, 13101-4 J. E.).

*Arrêt du 29 mai 1832* : — « Attendu qu'aux termes de l'art. 15 n° 6 L. 22 frimaire an 7, « Si l'usufruit (dans un « acte de transmission à titre onéreux) est réservé par le ven« deur, il sera évalué à la moitié de tout ce qui forme le prix « du contrat, et le droit sera perçu sur le total; mais il ne sera « dû aucun autre droit pour la réunion de l'usufruit à la pro« priété; cependant, si elle s'opère par un acte de cession, il est « dû un droit pour supplément sur ce qui se trouve excéder « cette évaluation » ; que le n° 7 du même titre 15 porte: « Pour les transmissions de propriété entre-vifs à titre gra« tuit et celles qui s'effectuent par décès, par l'évaluation qui « sera faite et portée à vingt fois le produit des biens et le prix « des baux courants, sans distraction de charges, il ne sera « rien dû pour la réunion de l'usufruit à la propriété lorsque « le droit d'enregistrement aura été acquitté sur la valeur « entière de la propriété » ; que, de ces deux dispositions combinées ensemble et avec l'art. 4 L. 22 frimaire an 7, il résulte que, lorsque l'application de l'art. 15 a été faite lors du payement des droits d'une transmission de propriété avec réserve d'usufruit, et que le droit a été payé par anticipation, il n'est dû aucun nouveau droit pour la réunion de l'usufruit à la propriété; attendu que, dans l'espèce, le droit pour la mutation de l'usufruit réservé par la donatrice, par l'acte du 4 février 1813, a été acquitté lors de l'enregistrement de cet acte; que, depuis, il ne s'est opéré, soit par le décès du donataire, soit par la cession de sa nue-propriété, aucune mutation de l'usufruit; que la première mutation, opérée par le décès de la donatrice en 1828, quoiqu'elle ait eu lieu au profit d'un adjudicataire de la nue-propriété, n'a pu donner ouverture à aucun droit de mutation, puisque cette mutation première avait été affranchie par le payement fait à l'époque de la donation, et qu'en le jugeant ainsi, le tribunal d'Amiens a fait une juste application des articles cités. »

*Arrêt du 27 mai 1834*: — « Attendu, en droit, qu'aux termes de l'art. 15 n° 7 L. 22 frimaire an 7 (seul applicable à la cause dans laquelle il ne s'agit pas de transmission à titre onéreux, mais d'une transmission par décès et à titre gratuit), la valeur de la propriété est déterminée, pour la liquidation et le payement du droit proportionnel, par l'évaluation qui doit être faite par les donataires, légataires ou héritiers, et portée à vingt fois le produit des biens ou le prix des baux courants, sans distraction des charges; et qu'il est dit, dans le même article, qu'il ne sera rien dû pour la réunion de l'usufruit à la propriété lorsque le droit d'enregistrement aura été acquitté sur la valeur entière de la propriété; attendu, en fait, qu'il est constaté par l'extrait en forme de la déclaration faite par l'exécuteur testamentaire du sieur Vergne, le 8 octobre 1822, au bureau de l'enregistrement, que les immeubles dont la propriété a été donnée à la veuve Charvet, par le testament olographe du sieur Vergne, ont été évalués à un revenu de 1,100 francs, au capital de 22,000 francs, et que le receveur a perçu le droit proportionnel à raison de vingt fois le revenu, par conséquent au taux fixé par la loi du 22 frimaire pour le droit dû sur la valeur entière de la propriété; d'où il suit qu'il n'était rien dû, pour la réunion de l'usufruit à la propriété, par la veuve Charvet, ou le sieur Dupuis, son ayant cause, qui, en se rendant adjudicataire de la nue-propriété des immeubles, avait acquis en même temps tous les droits d'expectative qui y étaient attachés, spécialement l'affranchissement de tout droit pour la réunion de l'usufruit à la propriété. »

*Arrêt du 12 août 1834* : — « Attendu que par le contrat de vente du 20 avril 1827, Cailletau n'a transmis à son acquéreur Peltier que la nue-propriété de la métairie des Chesnais, dont la veuve Dioré avait l'usufruit; que les droits de transmission de chacune des deux choses (la nue-propriété et l'usufruit) ainsi séparées, avaient été acquittés et par l'héritier et par la veuve du sieur Dioré, à la mort de celui-ci; que le décès de l'usufruitière n'a fait autre chose que réaliser l'expectative nécessairement inhérente à la nue-propriété d'être dégagée d'une charge temporaire; que cette expectative était nécessairement comprise dans la vente de la nue-propriété, à laquelle seule les fruits peuvent appartenir, sans nouvelle transmission, par l'événement du décès de la veuve; qu'ainsi, cet événement ne peut donner ouverture au droit perçu à raison de l'extinction de l'usufruit. »

L'article dont il s'agit semblerait admettre, il est vrai, que le contraire peut se présenter dans certains cas, puisqu'il soumet la dispense d'impôt à la condition « *que le droit aura été acquitté sur la valeur entière de la propriété.* » M. Demante, pour trouver un sens à cette disposition, croit qu'elle prévoit l'hypothèse dans laquelle la perception du droit entier n'a pas été faite par erreur ou omission; et il enseigne qu'alors le recouvrement du droit entier ou du supplément de droit pourra être exigé de l'acquéreur de la nue-propriété sans que l'on puisse opposer de prescription, quelque long qu'ait été l'usufruit (n° 751; — *Conf.* : Dalloz n° 4541). Mais cette doctrine nous paraît en opposition directe avec le principe de droit fiscal que la prescription équivaut au payement et nous verrons, en effet, plus loin que quand le droit est prescrit, c'est comme s'il avait été payé (Cass. 23 août 1814; Merlin, *Quest. de droit*, v° Enregistrement § 20 *bis*). V. 17575. — La rédaction de l'art. 15 n° 7 est une simple inexactitude à laquelle il ne faut pas s'attacher. Ainsi qu'on l'a fait remarquer, le législateur ne pose pas à ce n° 7, comme il l'a fait au n° 6 relativement aux cessions à titre onéreux, le cas où l'usufruit se réunit à la propriété par cession; et si l'on remarque que les droits des transmissions à titre gratuit se perçoivent sur vingt fois le revenu, ce qui représente la valeur entière, on devra conclure qu'il n'est jamais dû de droit proportionnel lorsque la propriété a été transmise à titre gratuit ou par décès (1077 J. E.).

**17549. Usufruit séparé par acte à titre onéreux.** — Quand le vendeur se réserve l'usufruit de l'immeuble aliéné, on estime que cet usufruit vaut la moitié de la propriété et on ajoute cette moitié au prix pour percevoir le droit de vente sur le total. Alors, il va de soi que l'acquéreur, ayant payé l'impôt sur la valeur de la propriété entière, ne doit plus rien au Trésor lorsqu'il réunit plus tard l'usufruit réservé. Toutefois, la loi y met une condition : c'est que l'acquisition de cet usufruit ne se fera pas pour un prix supérieur à celui sur lequel le droit a été liquidé lors du démembrement. La raison en est que l'impôt étant assis sur les valeurs, si la jouissance pour laquelle le droit a été provisoirement perçu sur la vente est estimée par les parties à un chiffre supérieur aux prévisions de la loi, il est juste de compléter la perception. C'est ce que Bosquet enseignait déjà sous l'empire du centième denier : « L'acquéreur, dit-il, d'un bien vendu sous réserve d'usufruit et qui a payé le droit du centième denier sur le prix et moitié en sus n'a point à craindre que l'on exige de nouveaux droits de mutation si, par la suite, il réunit l'usufruit à la propriété, à moins que le prix de cette réunion n'excédât celui que l'on aurait donné à l'usufruit lors du premier contrat; alors il est juste de percevoir un supplément de droits » (Bosquet t. 3 p. 531).

**17550. Réserve dans une donation.** — Il faut remarquer que cette disposition est spéciale aux usufruits réservés dans un contrat *de vente*. Quelle que soit l'analogie existant entre ce cas et celui d'une réserve stipulée dans une donation, on ne pourrait pas, en présence du silence des textes, y appliquer la même règle, encore bien que la cession ultérieure de l'usufruit attribuât à ce droit une valeur supérieure à celle qui a supporté originairement l'impôt (*Conf.*: Demante n° 752).

**17551. Réserve dans un échange.** — Il en serait de même de l'échange. Lorsque l'un des échangistes se réserve l'usufruit des biens abandonnés, on procède comme pour la donation d'une nue-propriété, c'est-à-dire qu'on capitalise le revenu par 20. De cette façon, l'attributaire des biens a payé l'impôt sur l'usufruit qu'il doit ultérieurement recueillir, et lorsque cette réunion s'effectuera il sera dispensé du droit (V. *suprà Échange* et D. N. t. 5 p. 277 n° 104). Mais comme il n'y a pas ici de prix proprement dit et qu'on n'a pas dès lors perçu le droit sur la moitié représentant provisoirement la valeur de l'usufruit, la liquidation se trouve définitive; et quelles que soient les déclarations des parties sur l'importance du droit ultérieurement cédé, il n'y aura prétexte à aucun supplément.

**17552. Renonciation gratuite.** — La question est plus embarrassante lorsque l'usufruit réservé dans un contrat de vente fait ultérieurement l'objet d'une renonciation gratuite dans laquelle cet usufruit reçoit une évaluation supérieure à la moitié du prix. Si l'on prenait le mot prix dans son sens littéral, il faudrait décider que l'art. 15 n° 6, parlant du prix de la cession de l'usufruit, reste sans application à une libéralité, puisque ces actes ne comportent pas de prix proprement dit. Mais on sait que le législateur fiscal n'emploie pas toujours cette expression dans son sens propre; et il n'en faut citer ici que l'exemple bien caractéristique des délégations. Quoique l'art. 69 § 3 n° 3 tarife les délégations *de prix*, il est bien constant que ce texte s'applique aussi aux délégations renfermées dans des donations (V. *Délégation*). — Nous croyons donc que si le capital de l'usufruit a été estimé dans l'acte de réunion à un chiffre supérieur à la moitié du prix, l'Administration est autorisée à réclamer un supplément de droit.

Mais quel droit? On ne saurait exiger le droit de vente, puisque la cession s'opère à titre de donation; et, quoique la loi dise qu'il s'agit d'une perception *par supplément*, il semble qu'il faut régler l'impôt selon la nature du second contrat, le seul qui opère réellement la mutation. Toutefois, le supplément ne serait pas exigible par cela seul que l'estimation est supérieure à la moitié du prix, car il se peut que le droit dû sur l'acte de réunion soit d'une quotité inférieure au droit de 5 fr. 50 cent. pour 100 perçu sur le contrat, et il ne serait pas juste de ne tenir aucun compte de la différence des tarifs. Nous penserions donc que le Trésor doit seulement réclamer une perception supplémentaire quand, l'usufruit étant estimé à une somme supérieure à la moitié du prix, le droit de donation exigible sur ce capital excède lui-même le droit de vente perçu provisoirement lors du démembrement.

**17553. Supplément. — Tarif.** — Nous n'admettons pas, on le voit, avec Champ. et Rig. n° 3566, et avec M. Demante n° 341, qu'en cas de cession faite pour un prix supérieur, le droit complémentaire exigible soit dû sur le premier contrat comme une perception insuffisante, et qu'il faille par conséquent appliquer le tarif en vigueur au prix de cet acte. Quoique, dans notre système bursal, la transmission de l'usufruitier se rattache à l'acte de vente, il est bien certain cependant qu'elle a lieu seulement lors de la cession ultérieure au nu-propriétaire. Le droit qui se prescrit sur la vente n'est qu'une avance, un précompte du droit qui sera réellement exigible. Étant régulièrement perçu, il ne peut être partiellement restitué, quand la réunion ultérieure démontre que l'usufruit ne valait pas la moitié du prix; mais, au cas contraire, il paraît évident que c'est le second acte qui fixe par lui-même la nature et l'importance de la transmission et que dès lors le droit complémentaire est dû sur ce second contrat.

**17554. Meubles.** — La disposition de l'art. 15 n° 6 se restreint aux immeubles. Si le vendeur d'objets mobiliers se réserve l'usufruit, le droit de 2 pour 100 n'est exigible que sur le prix afférent à la nue-propriété (*infrà* n° 15007). Par conséquent, lorsque plus tard il abandonne, soit à titre onéreux soit à titre gratuit, l'usufruit réservé, cette mutation nouvelle doit acquitter l'impôt qui lui est propre.

**17554 *bis*. Etranger.** — Si l'acte constate la réunion de l'usufruit applicable à une nue propriété de biens étrangers qui n'a pas supporté, en France, le droit proportionnel sur la valeur entière, cette réunion ne peut pas être exempte de l'impôt proportionnel (Sol. 6 janv. 1876, 4981 R. P.).

**17555. Vente de l'usufruit et de la nue-propriété.** — Lorsque le démembrement de l'usufruit et de la nue-propriété s'opère par la vente séparée de l'un et de l'autre à des personnes distinctes, aucun droit de mutation n'est acquitté sur la valeur de l'usufruit à raison de l'expectative de sa réunion à la propriété. — Pour se conformer au principe général d'après lequel tout acquéreur d'une nue-propriété doit acquitter par anticipation le droit de mutation sur l'usufruit dont il a l'expectative, il semblerait rationnel d'ajouter au prix stipulé pour la transmission de la nue-propriété la valeur représentative de l'usufruit, et on se croirait autorisé à percevoir le droit de vente sur le prix stipulé augmenté de moitié pour la valeur de l'usufruit. De cette façon l'acquéreur, en recevant la nue-propriété, supporterait l'impôt sur la valeur entière de l'immeuble, et quand la consolidation viendrait à s'effectuer plus tard elle se trouverait affranchie du droit. On se trouverait sous l'application du système général de la loi en ce qui concerne les réunions de l'usufruit. — Mais la jurisprudence n'a pas partagé cette opinion. Elle a décidé que, dans cette hypothèse, le droit à payer par l'acquéreur de la nue-propriété doit être assis sur le prix seul de cette nue-propriété, sans y rien ajouter pour l'usufruit. « D'une part, a-t-elle dit, on ne peut pas étendre à la vente d'un immeuble dont l'usufruit est cédé ou appartient à un tiers la règle édictée par la loi fiscale pour les ventes faites avec réserve d'usufruit au profit du vendeur. D'autre part, les deux prix réunis représentent bien la valeur de la toute propriété, et le vœu de la loi qui asseoit le droit proportionnel sur cette valeur se trouve complétement rempli » (Cass. 8 janv. 1822, 20 mars et 26 déc. 1826, 3 janv. 1827, 25 nov. 1829, 1205 § 14, 1210 § 9 et 1307 § 12 I. G.). — V. *infrà Vente* n°s 17739 et suiv.

Ces raisons ne sont pas décisives. En effet, ce n'est pas uniquement sur la valeur de la toute propriété que le droit est assis en cas de transmissions séparées de l'usufruit et de la nue-propriété; c'est sur une fois et demie cette valeur, puisqu'on perçoit le droit d'avance pour la consolidation ultérieure de la jouissance. Par conséquent, lorsque l'acquéreur de la nue-propriété et l'acquéreur de l'usufruit ont payé le droit de vente sur les prix respectifs des démembrements qui leur sont transmis, l'impôt se trouve bien assis sur la valeur entière de la propriété, mais non pas sur la réunion future de l'usufruit. C'est précisément ce qui semblait contraire aux principes, et la Cour n'a pas répondu d'une manière satisfaisante à l'argumentation en objectant que le vœu de la loi est rempli dès que la valeur entière de la propriété est atteinte par la perception.

Quoi qu'il en soit, la jurisprudence est fixée. Le droit n'est perçu, pour la cession de la nue-propriété, que sur le prix stipulé, c'est-à-dire sur la valeur réelle de cette nue-propriété, sans y ajouter la valeur de l'usufruit.

Il faut donc tenir pour certain que l'acte postérieur par lequel l'usufruit sera cédé à l'acheteur de la nue-propriété est passible du droit proportionnel de donation ou de cession à titre onéreux, selon sa nature.

C'est ce que la Cour de cassation a décidé, à propos d'une cession à titre onéreux, par un arrêt du 27 août 1844 (1732-12 I. G., 12074 J.N., 13575 J.E., S. 44-1-754, P. 44-2-598), qui a toujours servi de règle et qui porte :

« Attendu qu'aux termes de l'art. 4 L. 22 frimaire an 7, un droit proportionnel d'enregistrement dont la quotité est fixée par l'art. 69 § 7 n° 1er de ladite loi, combinée avec l'art. 52 L. 28 avril 1816, est dû pour toute transmission d'usufruit ou de jouissance de biens immeubles entre-vifs; attendu, dans l'espèce, qu'il est constant : 1° que, par acte authentique du 15 avril 1830, Boyreau a vendu à Pierre Castera la nue-propriété, et à la demoiselle Rousseau l'usufruit de deux maisons qu'il possédait à Bordeaux, pour des prix séparés, lesquels ont servi de base à la perception du droit proportionnel d'enregistrement, effectuée sur chacun de ces deux acquéreurs en raison de la nature de la transmission qui leur était respectivement faite; — 2° que, par un autre acte sous seing privé du même jour, mais qui n'a été présenté à l'enregistrement que le 20 décembre 1836, Pierre Castera s'est engagé, pour tenir lieu à la dame Rousseau de son usufruit sur les deux maisons dont il avait acquis la nue-propriété, à payer à celle-ci annuellement, pendant sa vie, une pension de 2,000 francs sans retenue, laquelle, cependant, ne devait être exigible qu'à partir du décès du sieur Castera, qui jusque-là demeurait tenu de la loger, nourrir et entretenir, au moyen de quoi il était tenu de remplir à sa place toutes les obligations que la loi impose à l'usufruitier; attendu que ce second acte opérait nécessairement en faveur de Castera une transmission à titre onéreux et entre-vifs de l'usufruit des deux maisons dont il n'avait d'abord que la nue-propriété; qu'il devait, en conséquence, être soumis au droit proportionnel d'enregistrement déterminé par la loi pour toute transmission de cette nature; attendu qu'on ne pourrait pas, pour soustraire cet acte à la perception de ce droit, le placer sous le bénéfice des dispositions de l'art. 15 n°s 6 et 7 2e alinéa L. 22 frimaire an 7; qu'il résulte clairement, en effet, des faits ci-dessus énoncés, que les parties ne se trouvaient pas dans les cas auxquels ces dispositions sont applicables; attendu que, la réunion de l'usufruit de la dame Rousseau à la nue-propriété appartenant à Castera n'étant pas le résultat de la simple cessation ou de l'extinction de cet usufruit, mais celui d'une vente ou d'une cession pour un prix stipulé, on ne pourrait prétendre, en cet état des faits, que la transmission qui s'opérait par l'acte sous seing privé enregistré le 20 décembre 1836, en faveur de Castera, était affranchie du droit proportionnel d'enregistrement, sous le prétexte que la cédante avait déjà payé ce droit à l'époque où elle avait acquis cet usufruit des mains de Boyreau, par l'acte authentique du 15 avril 1830; attendu, dès lors, qu'en décidant le contraire le jugement attaqué a faussement appliqué l'art. 15 n°s 6 et 7 2e alinéa L. 22 frimaire an 7 et a violé en outre les dispositions de la loi précitées. »

Il est vrai que, par un précédent arrêt, du 11 août 1835 (1504 § 8 I. G., S. 35-1-841), la même Cour avait statué en sens contraire; mais cet arrêt reposait sur une erreur de fait. Il admettait que la totalité des droits avait été payée lors de la constitution des droits relatifs à la nue-propriété, alors que le nu-propriétaire ne paye réellement que sur sa nue-propriété, sans avoir égard à l'expectative de la consolidation future de l'usufruit.

La même règle s'appliquerait à la renonciation faite à titre gratuit par l'usufruitier au profit du nu-propriétaire. L'acquéreur originaire de la nue-propriété n'ayant acquitté aucun droit par anticipation sur cet usufruit, il est dû, pour la réunion de cet usufruit, un droit proportionnel qui est celui des donations, puisque la transmission a lieu à titre gratuit (19083 J.E.).

**17556. Cessionnaire du nu-propriétaire.** — L'Administration crut longtemps que l'affranchissement du droit, lors de la réunion de l'usufruit, ne s'appliquait qu'à la personne même qui avait acquitté par avance le droit sur la valeur de l'usufruit. Et elle pensait que si la réunion avait lieu au profit d'un tiers, héritier, cessionnaire ou autre ayant droit, la règle de l'exigibilité reprenait son empire, parce que ce détenteur n'avait rien acquitté personnellement pour l'usufruit qu'il recueillait.

Il avait été jugé en ce sens : 1° par le tribunal de la Seine, le 5 mai 1846 (14015 J.E.), contrairement à deux jugements des tribunaux de Montauban et d'Évreux, des 20 juin et 25 août 1843 (11794 et 11870 J.N.), que, lorsque ce sont des héritiers ou légataires qui ont recueilli la nue-propriété de l'immeuble et que leur acquéreur achète l'usufruit, le droit de vente est exigible sur la valeur de cet usufruit;

2° Que lorsque le donataire de la nue-propriété d'un immeuble dont le donateur s'était réservé l'usufruit, qui a payé le droit sur vingt fois le revenu des biens, vend cette nue-propriété à un tiers et que ce tiers acquiert l'usufruit, le droit de 5 fr. 50 cent. pour 100 est dû sur le prix de cette dernière acquisition (Lure 12 juin 1844, 12101 J.N., 13530 J.E.; — Tours 24 janv. 1845, 12271 J.N., 13692 J.E.; — Orléans 24 janv. 1845, 12356 J.N.).

Mais ce n'était pas la pensée de la Cour. Elle avait décidé déjà que le droit proportionnel n'était pas dû au décès de l'usufruitier quand la nue-propriété avait, à l'époque de son démembrement originaire, supporté l'impôt sur la valeur entière, sans qu'il y ait à examiner si la réunion de l'usufruit s'opérait au profit du premier acquéreur de cette nue-propriété ou bien de ses *cessionnaires successifs* (Cass. 29 mai 1832, S. 32-1-392; — 12 août 1834, S. 34-1-532; — 27 mai 1834, S. 34-1-424, 1467 § 7 I. G.). Quand la question lui fut soumise, à propos d'une cession entre-vifs, elle décida de même que le cessionnaire ultérieur profitait du payement effectué par son cédant (Cass. 10 mai 1848, 14484 J.E., S. 48-1-339).

« Attendu, porte cet arrêt, que, quel que soit le nombre des mutations subies par la nue-propriété d'un immeuble, il ne peut être perçu qu'un seul droit pour la réunion de l'usufruit à cette nue-propriété, *cette réunion formant la seule mutation réelle quant audit usufruit*; d'où il suit que, si ce droit a été perçu d'avance, il n'y a plus lieu de l'exiger de nouveau, et que le § 7 2° alinéa art. 15 de la loi de frimaire reçoit ici son application, etc. »

La Cour ne pouvait statuer autrement, en effet, depuis que, par son arrêt solennel du 27 décembre 1847, elle avait proclamé que, quand la nue-propriété d'un immeuble a été transmise une première fois par décès, et que, lors de cette première transmission, le droit de mutation a été perçu sur la valeur entière, ce droit ne doit plus être assis, tant que l'usufruit reste séparé, que sur la valeur de la nue-propriété (1816 I. G.; — *suprà* v° *Succession* n° 13954).

L'Administration hésita longtemps, néanmoins, avant de prendre pour règle de perception l'arrêt du 10 mai 1848, et elle ne le transmit aux préposés que par son I. G. du 31 janvier 1861, n° 2188 (1454 R.P.). — Il faut donc admettre aujourd'hui, comme nous l'avions enseigné dans nos éditions antérieures, que l'exemption de tout droit de mutation a lieu non pas seulement lorsque la réunion s'opère en la personne du légataire ou donataire de la nue-propriété, mais encore quand elle a lieu au profit d'un tiers détenteur de cette nue-propriété, quoique l'acte de son acquisition n'ait subi le droit que sur la nue-propriété, sans aucune addition pour l'expectative de l'usufruit. Ce tiers acquéreur profite ainsi du payement du droit de mutation fait par anticipation sur la valeur de cet usufruit par le légataire ou donataire primitif de la nue-propriété, et aux droits duquel il est subrogé.

**17557. Acquisitions simultanées.** — Si l'acquisition de l'usufruit précède celle de la nue-propriété, la règle précédente demeure sans application, car au moment où il a recueilli la jouissance, le tiers n'avait pas encore été subrogé aux droits du nu-propriétaire et ne pouvait pas, dès lors, revendiquer le bénéfice du payement anticipé fait par celui-ci. La position est la même que si l'usufruitier cédait sa jouissance à un étranger; le droit de cession est donc incontestablement exigible.

En est-il encore de même quand la nue-propriété et l'usufruit sont vendus simultanément au même acquéreur? Ce cas est très-fréquent et se rencontre habituellement quand la veuve, légataire de l'usufruit, se joint aux héritiers du mari pour aliéner les immeubles de la succession. L'exigibilité du droit a été soutenue par l'administration belge dans une circulaire du 14 janvier 1864, n° 682 (9519 J. E. belge): « Attendu que l'exemption de l'impôt sur la réunion d'usufruit est subordonnée à la possession préalable de la nue-propriété; qu'on ne l'accorderait pas à celui qui commencerait par acheter l'usufruit, et qu'en cas de vente simultanée, on n'est pas plus fondé à admettre la préexistence d'une acquisition de nue-propriété que celle d'une acquisition d'usufruit. » La question a été décidée dans ce sens par des jugements de Bruxelles, du 17 janvier 1866, et de Dinan, du 7 mars 1868 (10121 et 10613 J. E. belge).

Mais cette appréciation ne nous a pas paru fondée. L'impôt, en effet, ne se perçoit pas sur des vraisemblances ou des suppositions; pour l'exiger ici de l'acquéreur, l'Administration devrait établir qu'il a pu être, au moins un instant de raison, cessionnaire de l'usufruit avant d'acheter la nue-propriété. Or, les deux mutations se sont opérées en même temps, sans que l'on puisse dire celle qui a précédé l'autre. Le tiers n'a jamais été ni nu-propriétaire ni usufruitier proprement dit: les deux démembrements de l'immeuble se sont réunis au moment précis de la vente pour former une toute propriété, seul objet de l'acquisition du tiers. Par conséquent, la circonstance qui justifierait seule l'exigibilité du droit sur la valeur entière n'existe pas, et le cessionnaire nous paraît devoir être traité aussi favorablement que s'il avait été d'abord investi de la nue-propriété. Aussi approuvons-nous l'Administration française d'avoir décidé, par une Sol. 23 avril 1866, « qu'il n'y a aucune raison pour ne pas appliquer le principe à l'achat *simultané* par un tiers de la nue-propriété et de l'usufruit. Dans ce cas, l'acquéreur est toujours le représentant du cédant et doit profiter comme lui de l'exemption relative à la réunion de la jouissance » (2402 R.P., 18841 J.N. 18363-18374-3 J.E., 13260 C.). — C'est également ce qui a été enseigné par le D. N. (9763 J. N., D. N. t. 13 p. 304 n° 821 et p. 311 n° 841. — V. aussi 16061 J. E.).

**17558. Prix unique.** — Il en est de même quoique la cession ait eu lieu moyennant un prix en bloc payé comptant ou stipulé payable à terme, sans que le contrat indique de quelle manière les vendeurs entendent le répartir entre eux. Dans cette hypothèse, en effet, l'usufruitier a droit non à l'usufruit du prix total, mais à une portion de ce prix, en capital, correspondante à la valeur vénale de l'usufruit; c'est, du moins, ce qui paraît résulter d'un arrêt de cassation (civ.) (24 nov. 1858, P. 1859 p. 852, D. 1858-1-438), qui le décide ainsi, par ce motif : « que la substitution, à la portion de prix revenant au vendeur de l'usufruit, d'un nouvel usufruit sur le prix de la chose entière ne pourrait s'opérer qu'avec le consentement de toutes les parties intéressées, et notamment des créanciers hypothécaires inscrits distinctement soit sur l'usufruit, soit sur la nue-propriété, lorsqu'il s'agit d'un immeuble; qu'en l'absence de ce consentement, les créanciers hypothécaires, pour l'exercice immédiat de leurs droits sur l'immeuble qui leur est affecté spécialement, peuvent toujours demander la ventilation du prix de cet immeuble » (*Conf.* : Lyon, 7 nov. 1863, P. 1856-1163; — Cass. 29 juin 1869, S. 70-1-65; — Bordeaux, 1er août 1871, S. 71-2-199; — C. Rennes, 10 juin 1868, 19824 J. N. — Consultez Cass. 28 mai 1877, 5011 R. P.). — Il faut donc admettre, avec cette jurisprudence, qu'à défaut de stipulations contraires, une portion du prix unique, stipulé en bloc par le nu-propriétaire et par l'usufruitier, doit être considérée, pour la perception, comme représentant la valeur de l'usufruit vendu; mais, à la différence de ce qui a lieu entre les parties, la portion dont il s'agit, au lieu d'être déterminée par une ventilation ou une déclaration estimative, devra être fixée à forfait à la moitié du prix, par application des dispositions de la loi de frimaire, suivant lesquelles la nue-propriété et l'usufruit sont réputés de même valeur (1200 § 17 I. G.); en conséquence, dans cette hypothèse, le droit de 5 fr. 50 cent. pour 100 ne doit être perçu que sur la moitié du prix, sauf à percevoir le droit fixe de 4 fr. 50 c. et le droit de transcription de 1 fr. 50 c. pour 100 sur l'autre moitié.

La même solution s'appliquerait au cas où le prix de la vente, fixé en bloc, serait remis au nu-propriétaire pour acquitter jusqu'à due concurrence les dettes de la succession. Cette stipulation accessoire, destinée à régler la position respective des deux vendeurs au sujet d'une dette en quelque sorte commune, est étrangère à l'obligation de l'acquéreur et à la transmission de la propriété. C'est comme si cet acquéreur avait d'abord payé son prix au nu-propriétaire et à l'usufruitier en proportion de leurs droits et que l'usufruitier ait ensuite remis sa part au nu-propriétaire pour se libérer de son obligation personnelle au payement du passif. Il est clair que cette seconde convention ne modifie ni la nature ni les effets de la première.

Il en serait autrement si le testateur avait imposé à l'usufruitier l'obligation de laisser vendre son usufruit avec la nue propriété. — V. 10874.

**15559. Usufruit reporté sur le prix.** — Il est souvent stipulé que l'usufruitier, consentant à la vente de l'immeuble, exercera son usufruit sur le prix au lieu de recevoir une portion même de ce dernier (V. *Licitation* n° 10874). On a soutenu que quand l'usufruit se trouve ainsi reporté sur le prix, il n'y en a pas moins une réunion d'usufruit à la propriété pour l'acquéreur, puisque ce dernier reçoit la toute propriété de l'immeuble. On en conclut que cet acquéreur, étant à la place du nu-propriétaire, doit profiter comme lui du payement anticipé du droit sur l'usufruit et obtenir la déduction sur son prix de la moitié représentant la valeur de cet usufruit.

C'est, en effet, ce qui avait été décidé par une Sol. 21 octobre 1867.

Mais l'Administration est revenue sur cette appréciation. Une Sol. 30 juin 1867 a reconnu que si l'usufruit se réunit à la propriété entre les mains de l'acquéreur, il n'est cependant pas éteint, puisque le nu-propriétaire vendeur continue à le supporter sur le prix. Il n'y a donc pas véritablement réunion d'usufruit à la nue-propriété dans le sens ordinaire du mot. Le droit de 5 fr. 50 cent. pour 100 est exigible sur le prix total, mais le droit de 3 francs (4 fr. 50 cent.) et celui de transcription sur la valeur de l'usufruit ne doivent pas être perçus (2590 R. P.).

Il a été également décidé, par une autre Sol. 4 août 1869, que lorsqu'une vente d'immeubles est faite conjointement par les nus-propriétaires et par l'usufruitier, et qu'un acte de liquidation n'attribue à ce dernier que des intérêts en représentation de son usufruit, il n'y a pas lieu de déduire la valeur de cet usufruit pour la perception du droit de mutation. « L'usufruitier n'ayant droit à aucune portion du prix d'adjudication, qui sera touché par les nus-propriétaires seuls, il en résulte que ce prix doit être considéré comme s'appliquant uniquement à la nue-propriété. »

Mais l'interprétation précédente peut être sérieusement combattue. Qu'arriverait-il, en effet, si la convention actuelle intervenait entre l'usufruitier et le nu-propriétaire directement, c'est-à-dire si l'usufruiter renonçait à sa jouissance moyennant le payement d'une somme égale aux intérêts de la valeur de cette jouissance, ou, mieux encore, s'il cédait son usufruit au nu-propriétaire moyennant une rente viagère? Il n'y a pas non plus, dans cette hypothèse, extinction, mais simple transformation de l'usufruit. Cependant, nul doute que d'après les principes généraux, cette renonciation n'opère pas le droit de mutation, mais est simplement passible du droit fixe avec ou sans droit de transcription. Eh bien! l'acquéreur de la nue-propriété est tout simplement l'ayant cause du nu-propriétaire. Il doit, selon la doctrine de l'arrêt du 10 mai 1848, profiter comme lui de l'exemption accordée à la consolidation. Le droit ne serait donc, à notre avis, exigible que sur la moitié du prix, mais on devrait percevoir, pour la réunion de l'usufruit, le droit fixe et le droit de transcription ordinaire (*Conf.* : 18610 J.E.).

Il n y a pas de distinction à faire pour cela, selon que les intérêts du prix sont payés par l'acquéreur directement à l'usufruitier ou bien lui sont servis par le nu-propriétaire, auquel le prix est versé par l'acheteur.

Si l'acquéreur reste débiteur du prix de ses intérêts, il n'en est pas moins, à un titre égal, l'ayant cause du nu propriétaire auquel il succède. Il a par conséquent un droit égal à profiter de l'exemption accordée à la convention qui réunit l'usufruit à sa nue-propriété.

On objecte que, dans ce cas, le prix de la *nue*-propriété est représenté par la somme principale retenue par l'acquéreur et que le droit de la mutation de cette nue-propriété se trouve ainsi déterminé par le prix exprimé, sans qu'il y ait à tenir compte de la valeur de l'usufruit dont le prix est en dehors de la convention. Dans ce cas, dit-on, le contrat équivaut à la convention par laquelle le nu-propriétaire aurait cédé son droit, moyennant une somme payable au décès de l'usufruitier, et l'usufruitier renoncé à sa jouissance, moyennant le payement d'une rente égale à l'intérêt du prix. Le droit de vente est donc exigible sur le prix entier de la nue-propriété. Il serait même logique de percevoir, en outre, le droit de transcription sur la valeur de l'usufruit, mais ce résultat serait exagéré et formerait double emploi avec le droit de 5 fr. 50 cent. pour 100 liquidé sur la valeur entière de l'immeuble. Aussi faut-il se borner alors à frapper la réunion de l'usufruit du droit fixe de 3 francs (4 fr. 50 cent.) (V. J. E. 16704-4, J. du not. n° 1749; — Vitré 22 juill. 1835, S. 36-2-251, 9088 J. N.; — Dél. 5 janv. 1836 et 3 oct. 1849. — V. *suprà* 17511-1 et 17590-2).

Mais il nous semble que c'est là une interprétation exagérée. Ce que l'acheteur débourse, en effet, pour obtenir immédiatement la toute propriété, c'est uniquement la somme stipulée au contrat et dont une partie représente, *de plano*, la valeur de l'usufruit (Cass. 24 nov. 1858). Les stipulations par lesquelles les vendeurs répartissent le prix entre eux ne sont qu'un mode d'exécution du contrat relativement au payement de ce prix et ne peuvent pas modifier la situation de l'acheteur, qui n'a, quoi que fassent les nus-propriétaires et l'usufruitier, déboursé que la somme fixée au contrat pour obtenir la propriété pleine de l'immeuble. Ce n'est donc pas le cas d'appliquer à l'espèce la solution déjà si rigoureuse admise pour la vente d'une nue-propriété moyennant un prix payable sans intérêt à extinction de l'usufruit. — V. *Vente d'immeubles.*

**17560. Échange.** — Dans une espèce où un échangiste s'était réservé l'usufruit du lot par lui donné en échange jusqu'au moment où l'usufruit dont se trouvait grevé l'autre lot viendrait à cesser par la mort de l'usufruitier, le droit de 5 fr. 50 cent. pour 100 a été reconnu exigible sur l'acte postérieur par lequel cet usufruit avait été abandonné par lui à son coéchangiste, moyennant une rente viagère. Le tribunal de Niort, qui a rendu cette décision le 19 décembre 1838 (12397 J.E., 10452 J.N.), s'est fondé sur ce que l'usufruit n'avait pu sortir des mains de l'échangiste, qui se l'était réservé, que par un acte translatif. Mais cette décision est mal fondée. Quoique l'échangiste n'ait actuellement reçu qu'une nue-propriété, il a payé le droit sur la valeur entière de l'immeuble et, lors de la réunion de l'usufruit, il ne doit plus acquitter aucun impôt (D. N. t. 5 p. 277 n° 104).

**17561. Prix payable sans intérêts.** — Lorsque le prix de vente faite sous réserve d'usufruit n'a été stipulé payable qu'à la fin de l'usufruit, sans intérêts jusque-là, on n'ajoute rien au prix lui-même, puisque la réserve de jouissance est compensée par la privation des intérêts (*infrà Vente* n° 14825). Dans ce cas, la cession ultérieure de l'usufruit au nu-propriétaire donnerait lieu au droit proportionnel puisque ce nu-propriétaire ne l'a pas payé par anticipation.

**17562. Retour légal.** — Si un père a fait entre ses enfants le partage anticipé de ses biens, en se réservant l'usufruit, que l'un des donataires meure et que le père fasse de nouveau aux autres enfants l'abandon des biens qui lui sont advenus par le retour légal, le droit est dû sur la valeur de la toute propriété. Par suite de la consolidation opérée par la réunion de l'usufruit à la nue-propriété, c'est une mutation nouvelle qui s'opère en faveur des enfants, sous réserve d'usufruit au profit du survivant. Ce n'est point une nue-propriété qui se trouve transmise grevée d'un usufruit préexistant; le décédé et le donateur ayant eu la propriété pleine et entière des biens, c'est cette propriété entière qui se trouve dans la succession de l'un et dans le patrimoine de l'autre au moment de la donation. En conséquence, le démembrement qui s'opère au décès par la volonté du défunt, qui a donné à son conjoint l'usufruit de ses biens, n'empêche pas que le nu-propriétaire doive le droit sur la valeur entière (J. du not. n° 1948; — *Conf.:* Dieppe 26 juin 1873).

**17563. Décès de l'usufruitier.** — Lorsque le nu-propriétaire, qui n'a payé aucun droit pour l'usufruit, reçoit cet usufruit par le décès de celui auquel il avait été transmis, est-il dû un droit proportionnel? On le crut d'abord, et un arrêt de Cass. du 25 novembre 1829 reconnut formellement que, dans le cas de vente de la nue-propriété séparée de l'usufruit, le droit proportionnel n'étant perçu que sur le prix exprimé dans le contrat, l'acquéreur doit, à l'époque de la réunion de l'usufruit *par le décès de l'usufruitier*, ou de toute autre manière, payer un droit supplémentaire de vente sur la valeur de cet usufruit (1307 § 12 I. G.). Cette jurisprudence fut confirmée par une solution insérée comme règle de perception au § 7 de l'I. G. n° 1467.

Le même principe fut appliqué par la chambre des requêtes le 2 août 1841, dans l'espèce suivante : il s'agissait d'immeubles de communauté dont la moitié, revenant au défunt, avait été soumise au droit de succession et qui se trouvait ensuite attribuée en nue-propriété aux héritiers dans un partage avec l'époux survivant. Ces héritiers avaient bien payé le droit sur une valeur égale à la moitié de la communauté, mais le partage leur conférait l'expectative de devenir pleins propriétaires du tout au décès du survivant, et il semblait que ce résultat devait donner lieu, au décès de l'usufruitier, à la réclamation d'un droit complémentaire de mutation. La chambre des requêtes le décida, en effet, par le motif que l'extinction de l'usufruit opérait une mutation réelle au profit des héritiers (1668 § 2 I. G.).

L'Administration voulut suivre cette doctrine et faire reconnaître par les tribunaux que l'extinction naturelle de l'usufruit motivait la réclamation d'un droit proportionnel toutes les fois que, lors de son démembrement originaire, la nue-propriété n'avait pas été assujettie au tarif de la propriété entière. Elle rencontra d'unanimes résistances dans la juridiction secondaire. De tous les jugements qui ont été publiés sur ce point, il n'en est aucun qui ait sanctionné ses prétentions (Dieppe 26 déc. 1837, 9934 J. N.; — Abbeville 9 déc. 1839, 10752 J. N., 12730-3 J. E.; — Épinal 9 mars 1840, 10693 J. N., 12589-10 J. E.; — Seine 21 avr. 1841, 11094 J. N., 12879-7 J. E.; — Sol. 4 avr. 1842, 12955-11; — Dél. 16 mai 1842, 12997-11 J. E.; — Melle 21 févr. 1842, 11292 J. N.).

C'est qu'en effet, comme nous le disions au n° 2109 du R. P., le droit proportionnel suppose nécessairement l'existence d'une transmission de valeurs. Or, quelle transmission produit l'extinction pure et simple de la jouissance par le décès de l'usufruitier; le nu-propriétaire ne reçoit évidemment rien de l'usufruitier; il n'est ni son héritier, ni son légataire, ni son successeur à un titre quelconque; il se borne à reprendre possession de sa chose parce que l'obstacle apporté à sa jouissance personnelle a disparu. « Le propriétaire n'acquiert rien, dit Merlin, par la mort de l'usufruitier, il est seulement libéré d'une charge qui grevait sa propriété, et l'art. 4 de la loi de l'an 7 n'assujettit pas au droit proportionnel les actes ou événements qui font simplement cesser les transmissions d'usufruit » (*Rép.* v° *Enreg.* n° 20 *bis*). Aucun auteur n'apprécie différemment le caractère de l'extinction d'usufruit; tous s'accordent pour y voir une sorte d'accession légale opérant sans le concours de la volonté des parties, et ne produisant pas de mutations effectives (V. not. Grenier *des Hyp.* 2e vol. p. 310, Delvincourt t. 1er p. 369, Proudhon *de l'Usufr.* n° 1922).

En fait comme en droit, le nu-propriétaire reçoit l'usufruit parce que son titre antérieur le lui avait attribué d'avance.

C'est là que remonte le principe de l'accession dont il profite; c'est là aussi, par conséquent, qu'il faudrait placer l'exigibilité du droit. S'il s'agissait de refaire la loi, on pourrait proposer peut être d'assimiler à la réserve d'usufruit par le vendeur la cession de cette jouissance à un tiers, afin de faire payer alors à l'acquéreur de la nue-propriété le droit applicable à son usufruit futur. Mais le législateur n'a point étendu à ce cas la règle rigoureuse de l'art. 15, et son silence suffit pour affranchir de l'impôt l'expectative accordée par le contrat au nu-propriétaire de recueillir plus tard la jouissance. Nul autre texte n'y soumet non plus la réunion opérée au décès de l'usufruitier. Toute base légale manque donc à la perception. On invoquera bien des analogies et des ressemblances, mais de tels moyens n'ont pas de crédit en matière fiscale ; ils ont toujours été repoussés par les tribunaux sur le point qui nous occupe (V. les jugements cités précédemment).

Ces motifs impressionnèrent sans doute l'Administration, car elle ne s'est jamais décidée à proposer catégoriquement sa doctrine à l'examen de la Cour. Elle a même plusieurs fois reconnu, en principe, l'impossibilité de soutenir la perception, notamment dans une Dél. 22 mars 1842, acquiesçant à un jugement du tribunal de Melle, du 21 février précédent. — La Cour suprême a d'ailleurs fait pressentir, depuis, par le considérant d'un arrêt du 27 août 1844, quelle serait sa solution. Pour justifier l'exigibilité du droit sur la cession faite *à titre onéreux* par l'usufruitier au nu-propriétaire, de la jouissance que lui avait attribuée la vente distincte de ces deux démembrements, elle s'exprime ainsi : « Attendu que la réunion n'est pas le résultat de la simple cessation ou extinction de l'usufruit, mais d'une vente « opérant nécessairement une transmission d'usufruit. » (1732-12 I. G.). N'en peut-on pas conclure que la réunion opérée par le décès de l'usufruitier lui paraissait, à la différence de la cession proprement dite, exempte de l'impôt?

Quoi qu'il en soit, après ces longues incertitudes, l'Administration se décida à abandonner complétement la perception du droit sur l'extinction naturelle de l'usufruit. Son instruction du 31 janvier 1861 est aussi catégorique sur ce point qu'on peut le désirer : « Aucun droit n'est exigible lorsque l'usufruit *s'éteint naturellement*, et il n'y a pas à distinguer entre le cas où la réunion s'opère en la personne de l'acquéreur de la nue-propriété et celui où elle s'effectue au profit d'un légataire, donataire ou d'un tiers acquéreur » (2188 I. G., R. P, n° 1454; — *Conf.* : Demante 333-337, 16061 J. E., Bosquet v° *Usufruit* § 3).

Il est vrai que, dans un arrêt du 20 novembre 1866, la chambre des requêtes, statuant dans une hypothèse semblable à celle de son arrêt de 1841, semble réserver à l'Administration le droit proportionnel à l'extinction de l'usufruit (2394 R.P., S. 67-1-41, D. 67-1-106).

« Attendu, porte cet arrêt, que le mode de lotissement qui, dans une société dissoute par le décès du mari, donne à la veuve l'usufruit et au fils la nue-propriété de tous les biens, n'enlève pas au partage son caractère essentiellement déclaratif et n'autorise dès lors que la perception du droit fixe ; qu'il en doit être ainsi surtout lorsque, comme dans l'espèce, le défendeur éventuel a reconnu et le jugement réservé à la Régie le droit proportionnel pour le moment où l'usufruit serait réuni à la propriété. »

Mais ce préjugé tombe devant les observations contraires dont l'arrêt a été précédé de la part du conseiller rapporteur : « Car, dit-il, au décès de la veuve, il n'y aura pas transmission, il n'y aura qu'extinction de son usufruit ; et nous penserions, en effet, que ce n'est pas pour un cas semblable qu'est établi un droit proportionnel sur la réunion de l'usufruit à la nue-propriété ; du moins aucune des dispositions de l'art. 15 de la loi ne s'y rapporte. »

Néanmoins, l'Administration paraît vouloir, depuis cet arrêt, revenir à la perception du droit, et elle a obtenu du tribunal de Caen, le 6 février 1868, un jugement d'après lequel, lorsque le partage des biens de communauté a attribué l'usufruit au survivant et la nue-propriété aux héritiers du défunt, ces derniers doivent acquitter un droit de mutation par décès sur l'autre moitié de ces biens lorsqu'ils recueillent l'usufruit au décès du conjoint survivant (2905 R. P.). Cette prétention nous semble devoir échouer devant la Cour de cassation. Elle a même été contredite par l'Administration dans une affaire plus récente portée à la chambre civile et à l'occasion de laquelle la Direction générale disait : « Aucun droit proportionnel ne peut être dû, pour tous les faits négatifs qui, tels *que l'extinction naturelle* d'un usufruit, lèvent un obstacle au droit de jouissance sans rien faire acquérir... Et c'est ce qui est vrai surtout de l'extinction du droit de jouissance par mort, par non-usage, par expiration du temps... » (3179 R. P.).

**17564. Usufruit et nue-propriété. — Partage. — Cession.** — Nous avons vu, à propos des successions, que l'attribution de la nue-propriété des biens aux héritiers du défunt les obligeait à payer le droit de mutation par décès sur la valeur entière de ces biens, que le partage fût ou non antérieur à la déclaration de succession. Sauf le cas très-rare où la cession de l'usufruit interviendrait elle-même avant cette déclaration ; il faudra donc réclamer le payement du droit complémentaire de mutation par décès et se borner à percevoir sur l'acte de cession le droit fixe et le droit de transcription (Seine 19 juill. 1840, 11839 J.N.).

**17565. Abus de l'usufruitier.** — Ce que nous venons de dire du décès de l'usufruitier doit s'appliquer à l'extinction prononcée, selon l'art. 618 C. C., pour l'abus que l'usufruitier ferait de sa jouissance. « Si les juges, dit M. Demante, usent de ce grand pouvoir de prononcer l'*extinction absolue* de l'usufruit, aucun droit proportionnel n'est encouru. S'ils ordonnent la rentrée du propriétaire sous certaines charges, le jugement équipolle à cession ; il encourt le droit de 5 fr. 50 cent. pour 100 sur les charges évaluées en capital. Généralement, ce capital doit être formé de dix fois le montant annuel des charges.»

**17566. Acte modificatif.** — Une fois que la réunion de l'usufruit à la nue-propriété s'est produite, ses effets sont définitifs. On ne saurait les invoquer pour dispenser de tout ou partie du droit proportionnel les conventions modificatives intervenues entre les parties.

Ainsi, l'acte par lequel l'usufruitier, qui a renoncé à son usufruit moyennant une rente viagère, reçoit l'usufruit d'immeubles en remplacement de cette rente es passible du droit de 5 fr. 50 cent. pour 100. « La renonciation étant définitive et ayant donné lieu à la perception d'un droit de réunion d'usufruit à la nue-propriété, c'est donc vainement que les parties prétendent que cet acte n'a fait que régler le mode d'usufruit entre la nue-propriétaire et l'usufruitière et ne devait pas donner lieu à la perception d'un nouveau droit; en consacrant de nouvelles conventions, ils créaient au profit du fisc de nouveaux droits à percevoir» (Tarbes 26 déc. 1870, 19033 J. E.).

**17567. Nue-propriété aliénée.** — Il ne suffit pas qu'un nu-propriétaire ait acquitté le droit sur la valeur entière de la propriété, pour que l'acquisition qu'il pourrait faire plus tard de l'usufruit ne donne pas ouverture au droit de mutation; il faut encore qu'il y ait réellement sur sa tête consolidation de l'usufruit. En ce sens la Cour de cassation a jugé, le 17 mars 1835, que si le nu-propriétaire qui a payé le droit de mutation sur la valeur entière acquiert l'usufruit après avoir aliéné la nue-propriété, il ne peut pas y avoir réunion d'usufruit à une nue-propriété qui n'existe plus et le droit de 5 fr. 50 cent. pour 100 est exigible.

« Attendu qu'il a été décidé par le tribunal dont le jugement est attaqué qu'il n'y avait pas eu de réunion de l'usufruit à la propriété en temps utile, puisque, lors du contrat du 4 juillet 1831, la dame de Lussac avait déjà depuis longtemps vendu sa propriété à la dame Lecamus; qu'on ne peut pas dire, par conséquent, qu'il y ait eu réunion de l'usufruit à la propriété lors du contrat du 4 juillet 1831, puisque, lors de ce contrat, la dame de Lussac avait vendu depuis longtemps sa propriété à la dame Lecamus; qu'en décidant ainsi, le tribunal dont le jugement est attaqué s'est conformé à la loi » (11185 J. E., 1490 § 13 I. G.).

**17568. Usufruit échangé.** — De même, si le donateur échange l'usufruit des biens réservés contre l'usufruit d'autres biens propres aux donateurs, puis cède sa jouissance aux nus-propriétaires, le droit de mutation est exigible, parce que les biens auxquels s'applique l'usufruit ne sont pas ceux qui ont acquitté le droit sur la valeur entière (Sol. 3 sept. 1858).

**17569. Résolution.** — *Quid* si le propriétaire, après avoir aliéné l'usufruit, opérait ensuite, de concert avec l'acquéreur, la résolution de cette aliénation? Il ne s'agirait plus ici d'une réunion dans le sens de la loi qui dispense cette réunion du droit proportionnel, parce qu'elle ne la considère plus comme translative, la transmission en ayant été fictivement opérée par le payement anticipé du droit de mutation; celui qui avait détaché l'usufruit de sa propriété l'ayant fait par un contrat translatif, ce ne pourrait être que par un nouveau contrat translatif qu'il pourrait revenir entre ses mains.

Il a été décidé en ce sens par l'Administration : 1° que la renonciation à un usufruit par un fils donataire au profit du donateur, qui procède immédiatement au partage de ses biens, donne ouverture au droit de donation (Dél. 7 oct. 1825);

2° Que le droit exigible lorsque celui qui a aliéné l'usufruit d'un immeuble rachète cet usufruit est le droit de 5 fr. 50 cent. pour 100. — V. *Résolution* n° 11693.

**17570. Rétrocession.** — Le nu-propriétaire qui acquiert l'usufruit qu'il avait aliéné doit payer le droit de 5 fr. 50 cent. pour 100 (Sol. 11 avr. 1832, 10334 J. E.).

**17571. Époux. — Propre. — Communauté.** — Si, postérieurement à la donation de la nue-propriété d'un immeuble faite à la femme mariée sous le régime de la communauté, les donateurs qui s'étaient réservé l'usufruit font abandon de cet usufruit à la donataire et à son mari moyennant une rente viagère, ce n'est pas le droit de 5 fr. 50 cent. pour 100 qui est dû comme acquisition de moitié de l'usufruit par le mari, mais seulement le droit fixe de réunion, augmenté du droit de transcription (Dél. 5 juin 1839, 10537 J. N.). Cette décision est motivée sur ce que, d'après l'art. 1430 C. C., il est dû récompense à la communauté, ainsi que l'enseigne Duranton t. 14 n° 371, des sommes qui y ont été prises pour acquitter les dettes et charges personnelles à l'un des époux, le prix ou partie de prix d'un immeuble à lui propre, ou le rachat de services fonciers, ce qui s'applique au rachat fait par la communauté de l'usufruit qui grevait le bien de la femme.

De même, par application de l'art. 1408, il a été reconnu que lorsque deux époux communs en biens acquièrent l'usufruit d'un immeuble dont la femme possédait déjà la nue-propriété, par suite d'une donation, on ne peut considérer le mari comme acquéreur pour moitié de l'usufruit et astreint par suite à un droit de vente sur la moitié du prix de la cession.

Cet usufruit se réunit tout entier sur la tête de la femme, et il n'y a lieu de percevoir que le droit fixe de 3 francs (4 fr. 50 cent.) (Castelnaudary 12 août 1824, Dél. 20 oct. suiv., 5 et 16 nov. 1839, 7970, 12402 J. E.; — Sol. 9 mai 1856).

Cette doctrine a été adoptée par l'administration belge dans une Sol. du 11 décembre 1872, par le motif que l'usufruit constitue un démembrement de la propriété, c'est-à-dire une portion d'immeuble dans le sens de l'art. 1408 C. C.).

**17572. Réunion antérieure à la déclaration de succession.** — Lorsque le nu-propriétaire acquiert l'usufruit avant d'avoir passé la déclaration de la nue-propriété qui lui est entièrement échue, il doit payer le droit proportionnel sur cette acquisition; mais, lors de la déclaration, il y a lieu de lui restituer le droit perçu sur la cession d'usufruit, puisqu'il n'est rien dû pour la réunion de l'usufruit à la propriété. Dans tous les cas, il ne doit être fait ni réserve ni perception de droits supplémentaires sur la somme qui pourrait excéder, dans le contrat d'acquisition de l'usufruit, l'évaluation de cet usufruit, attendu qu'il s'agit de mutations par décès, dont les droits sont payés sur la valeur entière de la propriété, et non de mutations à titre onéreux, que le n° 6 de l'art. 15 L. 22 frimaire an 7 paraît avoir particulièrement pour objet (D. m. f. 22 mars 1808, 386 § 39 I. G., 1033 J. N.). Dans ce dernier cas, la restitution ne doit avoir lieu que sous la déduction du droit fixe de 3 francs

(4 fr. 50 cent.) et du droit de transcription de 1 fr. 50 cent. pour 100 (Dél. 4 janv. 1826, 1381 Roll.).

**17573. Novation. — Constitution de rente. —** Le tribunal de la Seine, par un jugement du 25 mai 1842 (13008 J. E.), avait reconnu que si l'usufruitier renonce à sa jouissance moyennant le service d'une rente viagère, cette transformation de son droit opère une novation ordinaire dans l'objet de la dette, et motive, selon les règles ordinaires de ce contrat, la perception du droit de 2 pour 100 sur la nouvelle obligation. On cite comme ayant décidé la question dans le même sens un jugement du tribunal de Montbéliard du 13 août 1857.

Mais cette doctrine est erronée.

Quelles qu'en soient les conditions, la consolidation opère toujours une réunion de l'usufruit à la nue-propriété. Or, ces mutations ont été assujetties à des règles spéciales dont il n'est pas permis de s'écarter, selon la nature du prix de la renonciation. La loi a posé en principe que, quand le nu-propriétaire aurait acquitté, lors du démembrement de l'usufruit, le droit d'enregistrement sur la valeur entière de l'objet, la consolidation ultérieure de cette jouissance à son profit serait dispensée d'un nouveau droit. Cette hypothèse se présente aussi bien lorsque le prix de la renonciation est une rente, que quand c'est un meuble ou de l'argent. Il suffit que la novation produise la consolidation de l'usufruit pour que le tarif spécial à ces consolidations soit applicable.

L'Administration l'a reconnu avec raison par des Sol. 22 juin 1868 (3117 R. P.), 11 février et 1er juin 1878. Et la même doctrine a été consacrée par le tribunal de Guéret, le 31 août 1870 (3354 R. P.).

1. CAPITAL DE LA RENTE. — Nous ajouterons que, dans ce cas, le droit applicable à la cession de l'usufruit ne saurait être perçu sur le capital légal de la rente. Il est dû sur le capital déclaré par les parties, conformément à la jurisprudence que nous faisons connaître *infrà* n° 17699.

2. RACHAT. — CRÉANCE. — Si l'usufruitier d'une créance vend son usufruit au débiteur moyennant un prix payé partie comptant et le surplus payable à terme, les droits de quittance et d'obligation sont dus. « Le droit de quittance est dû sur les intérêts dont le débiteur est censé libéré, et qui, dans l'espèce, à défaut de déclaration estimative, peuvent être réputés équivalant au montant de la somme reçue par le créancier; pour le surplus, l'acte constate la conversion de l'usufruit d'une créance en une obligation à terme; substitution opérant la novation et motivant la perception sur la dette nouvelle du droit de 1 pour 100 » (Sol. belge 31 janv. 1878, 13467 J. E.).

V. 11816.

**17574. Usufruit éventuel. —** La renonciation à l'usufruit éventuel d'un immeuble, moyennant la nue-propriété d'une somme d'argent, est une cession passible du droit de 5 fr. 50 cent. pour 100 (Reims, 18 déc. 1841, 12992 J. E.).

**17575. Prescription. —** Bien que le nu-propriétaire n'ait pas réellement acquitté, lors du démembrement, le droit de mutation sur la valeur entière, la réunion de l'usufruit n'en est pas moins passible du droit fixe (sauf la perception du droit de transcription, selon les cas) quand ce droit de mutation était réellement exigible et que la prescription est acquise au redevable. La prescription, en effet, équivaut au payement et le contribuable perdrait le bénéfice de cette libération si on pouvait le contraindre par une voie indirecte au payement de la dette prescrite (Cass. 19 avr. 1809, 3284 J. E.).

Un autre arrêt du 31 juillet 1815 a également jugé que, lorsqu'il n'avait été fait par les héritiers de la nue-propriété d'un immeuble aucune déclaration, ni par l'Administration aucune poursuite dans les cinq ans qui avaient suivi le décès, toute action en payement des droits de mutation, même sur la valeur de l'usufruit, était prescrite, bien qu'il se fût écoulé moins de cinq ans depuis la consolidation de l'usufruit sur la propriété, parce que, « dès que le droit de la Régie est ouvert intégralement et sans distraction au moment du décès, quoique l'usufruit ne soit point encore réuni à la propriété, il faut aussi que la prescription commence à courir de cette époque » (4042 J. N.).

C'est ce qui résulte aussi d'un arrêt du 23 août 1814, Merlin, *Quest.*, v° Enregistrement § 20 *bis*, d'un jugement d'Uzès du 3 décembre 1829, suivi d'une délibération conforme du 12 février 1830 (D. N. t. 13 p. 312 n° 838), et ce qui a été reconnu par une Sol. 12 février 1836, rapportée au § 8 de l'I. G. 1528. — On peut induire également ce principe d'un arrêt, en date du 6 décembre 1858, par lequel la Cour de cassation a autorisé la distraction sur la succession de l'usufruitier des sommes dont ce dernier avait la jouissance. « Attendu, porte l'arrêt, qu'au décès du marquis de Saint-Chamand, arrivé en 1839, les droits de mutation sur la somme de 300,000 francs, en nue-propriété par Gaetan, en usufruit par la veuve, ont été payés *ou doivent être considérés comme l'ayant été* » (1126 R. P., 16874 J. E., 16470 J. N., 11456 C., 12234-1 I. G., S. 59-1-346).

D'autres solutions ont depuis été rendues dans le même sens les 4 juin 1862 et 19 octobre 1865 (V. 12419 J. E., et, en sens contraire, Demante n° 751).

V. 17548.

**17576. Exemption. —** D'après le même principe, il faut décider que si le démembrement de l'usufruit s'est opéré à une époque où la nue-propriété était exempte du droit de mutation, la réunion ultérieure devra être traitée comme si le droit avait été, dans l'origine, régulièrement acquitté.

Ainsi, la renonciation à l'usufruit de rentes sur l'État, dont la transmission avait eu lieu antérieurement à la loi du 18 mai 1850, ne peut donner ouverture à un droit de mutation sous le prétexte que le nu-propriétaire n'a acquitté aucun droit sur sa nue-propriété. En effet, d'après le principe de droit fiscal que l'exemption de l'impôt équivaut à payement, il faut considérer la nue-propriété de la rente comme se trouvant dans la position où l'aurait mise le payement qui aurait été fait du droit de mutation sur la valeur entière (Seine 19 et 26 juill. 1854, 15888 J. E.; — Saint-Palais 25 nov. 1854; — Sol. 31 mai 1855). — V. *Rente* n° 10809.

Il a été cependant décidé que la cession de l'usufruit, soit à titre onéreux, soit à titre gratuit, était passible du droit proportionnel, par le motif que le cessionnaire ou donataire n'ayant pas payé le droit d'enregistrement sur la valeur *entière* de la propriété, il ne pouvait profiter de l'exception faite en faveur de ceux-là *seuls* qui ont acquitté le droit de cette manière (D. m. f. 11 avr. 1809, 432 I. G., 3207 J. E. : — 23 nov. 1813, 654 I. G.). — Et on a cru pouvoir, en conséquence, refuser l'application du droit fixe à la réunion d'un usufruit détaché sous l'empire des lois sardes des 17 juin 1851 et 9 septembre 1854, qui tarifent la cession de la nue-propriété sur la valeur effective et dispensent de l'impôt la réunion ultérieure de l'usufruit (Sol. 29 juill. 1864, 2285 R. P.). — Mais cette solution ne nous a pas paru fondée. En effet, le nu-propriétaire payant l'impôt sur la valeur de sa nue-propriété, avait acquis le bénéfice d'y joindre plus tard la jouissance sans payer aucun droit. C'était là, si l'on veut, une faveur de la législation nationale ; mais cette faveur était acquise aux parties au moment de la première transmission, par le fait seul du payement de l'impôt sur la valeur de la nue-propriété. Or, comment concevoir que la loi française puisse enlever aux redevables l'avantage dont ils étaient régulièrement saisis lors de l'annexion ? On le comprendrait jusqu'à un certain point, peut-être, si, d'après la loi sarde, la réunion de l'usufruit eût été passible du droit proportionnel ; car alors les héritiers, en revendiquant la gratuité accordée par la loi française à la consolidation, s'écarteraient de la position que leur faisait leur ancienne loi ; et il serait juste que, pour profiter de l'exemption sur la réunion de la jouissance, ils en acquittent le droit dès la première transmission de nue-propriété. Mais cette réunion d'usufruit était, en Sardaigne comme chez nous, quoique pour d'autres raisons, dispensée du droit proportionnel. Il n'y avait donc aucun motif pour imposer aux héritiers une charge ou une condition dont ils se trouvaient légalement affranchis. D'ailleurs, il est admis, même dans notre législation, que la dispense d'un droit équivaut au payement. C'est pourquoi la réunion de l'usufruit peut profiter du droit fixe, bien que, lors du démembrement, l'impôt n'ait pas été acquitté sur l'usufruit et sur la toute propriété, c'est-à-dire sur une fois et demie la valeur de l'objet. Cela a lieu notamment lorsque l'usufruit est attribué au survivant des époux en vertu d'une convention de mariage (1388 I. G.).

Par application de ces principes, il a été justement décidé que, lorsque les donateurs d'un immeuble ont recueilli la nue-propriété de cet immeuble dans la succession du donataire, en vertu d'une clause de retour conventionnel affranchie du droit de mutation par décès (366 § 18 I. G.), l'acte par lequel le légataire en usufruit du même immeuble renonce à son usufruit en leur faveur ne donne pas lieu au droit proportionnel de mutation, puisqu'il est de règle que l'exemption d'un droit équivaut au payement effectif de ce droit (Cusset 1er juill. 1869, 2974 R. P.).

De même la transmission par décès d'une nue propriété à un époux usufruitier en vertu d'une convention de mariage n'est passible du droit que sur la moitié de la valeur entière (Sol. 14 nov. 1872, 31 mai 1875, 3 nov. 1877).

## SECTION 3. — DROIT DE TRANSCRIPTION

[17577-17588]

**17577. Règle générale.** — On a vu, dans les développements ci-dessus, que le droit de mutation n'est pas dû sur l'acte de réunion d'usufruit quand l'impôt a été perçu sur la valeur entière de la propriété lors du démembrement originaire de l'immeuble, c'est-à-dire que l'acquéreur de la nue-propriété a acquitté par avance le droit exigible sur l'usufruit destiné à lui revenir un jour. Dans cette hypothèse, la réunion ultérieure est tarifée au simple droit fixe. Mais il se peut que l'acte soit, en outre, passible du droit de transcription.

En effet, l'usufruit, en tant qu'il porte sur les immeubles de la succession, est dans la main de l'usufruitier un immeuble (526 C. C.) susceptible, suivant l'art. 2118, d'être grevé par lui d'hypothèques pendant que la saisine dure. Le seul cas résolutoire auquel les hypothèques usufructuaires soient subordonnées est *le décès de l'usufruitier* ou *l'expiration du temps pour lequel l'usufruit a été constitué*. Il résulte de là que, hors le cas d'extinction naturelle, la consolidation de l'usufruit sur la tête du nu-propriétaire ne peut porter aucune atteinte aux hypothèques qui, depuis le commencement de l'usufruit, ont pu le grever entre les mains de l'usufruitier. Il est si vrai que *le fait* de l'usufruitier ne saurait porter atteinte aux droits des crésanciers hypothécaires que le Code civil leur permet d'attaquer la renonciation faite à leur préjudice (612, 1165 et 1167).

Si l'extinction de l'usufruit, résultant de la renonciation volontaire de l'usufruitier, n'éteint pas les hypothèques qui pouvaient grever ce droit immobilier, il s'ensuit nécessairement que le seul moyen laissé au propriétaire pour repousser l'action hypothécaire des créanciers de l'usufruitier est de purger l'usufruit des hypothèques qui le grèvent.

Or, comme, aux termes des art. 2181 et 2182 C. C., la transcription du contrat est nécessaire pour parvenir à cette purge, l'art. 54 L. 28 avril 1816 est applicable et le droit additionnel de 1 fr. 50 cent. pour 100 doit être perçu au moment de la renonciation, qu'elle s'opère à titre gratuit ou à titre onéreux.

**17578. Le droit de transcription n'est dû qu'autant qu'il n'a pas été payé par anticipation.** — Mais il ne faut pas exagérer le principe de la perception du droit de transcription. Souvent, en effet, il a été acquitté avec le droit d'enregistrement lui-même, et, comme lui aussi, par anticipation lors du démembrement originaire de la propriété. Dans une vente avec réserve d'usufruit, par exemple, on a ajouté au prix qui représente la nue-propriété transmise une moitié de ce prix pour la valeur de l'usufruit, et on a perçu sur le total le droit de 5 fr. 50 cent. pour 100, absolument comme si l'acquéreur achetait dès à présent la jouissance réservée. Or, dans ce droit de 5 fr. 50 cent. pour 100 appliqués à l'acquisition de l'usufruit, se trouve compris celui de la transcription du contrat, puisque, au moyen de ce payement, le contrat est formalisé moyennant le droit fixe au bureau des hypothèques. Ce serait donc l'exiger une seconde fois sans raison que de le percevoir encore lorsque la réunion à laquelle il se rapporte est réalisée par un contrat soumis à l'enregistrement.

D'ailleurs, l'art. 25 L. 21 ventôse an 7 se réfère à la loi sur l'enregistrement pour les bases de liquidation et de perception du droit de transcription. C'est en vertu de la première disposition du § 7 de l'art. 15 L. 22 frimaire an 7 que le donataire de la nue-propriété est tenu, de même que le donataire de la pleine propriété, d'acquitter le droit de transcription hypothécaire sur vingt fois le produit des biens, soit lors de l'enregistrement, soit lors de la transcription de l'acte de donation. Il doit, par conséquent, profiter de la seconde disposition du même paragraphe et n'avoir à acquitter pas plus un nouveau droit proportionnel de transcription qu'un nouveau droit proportionnel d'enregistrement sur la valeur de l'usufruit, si, par acte entre-vifs, il opère la réunion de cet usufruit à la propriété.

Il faut donc poser en règle générale : 1° que si, lors de la transmission séparée de l'usufruit et de la nue-propriété, l'acquéreur de cette nue-propriété a payé le droit de transcription avec le droit même d'enregistrement, l'acte de réunion est simplement passible du droit fixe de formalité de 4 fr. 50 cent. ; — 2° mais que si le tarif appliqué à l'acquisition de la nue-propriété ne comprenait pas le droit de transcription, ce droit doit être perçu avec le droit fixe sur l'acte de réunion de l'usufruit.

Ce principe fondamental, rappelé dans l'I. G. 2188 (1474 R. P.), gouverne tout le sujet, et il nous suffit, pour résoudre les difficultés soumises à la jurisprudence, de rechercher, d'après la nature de la mutation originaire, si elle comportait la perception du droit de 1 fr. 50 cent. pour 100 francs.

**17579. Donation entre-vifs.** — La donation entre-vifs ordinaire, même par contrat de mariage, est soumise à un tarif qui comprend le droit de transcription. Le donataire de la nue-propriété, en acquittant le droit sur le capital par 20 du revenu des biens, a donc payé d'avance le droit de 1 fr. 50 cent. pour 100 sur la valeur de l'usufruit réservé par le donateur. Par conséquent, l'abandon à titre gratuit ou à titre onéreux, par le donateur, au profit du donataire, de l'usufruit qu'il s'était réservé par l'acte de donation ne donne pas ouverture au droit de transcription, attendu que ce droit a été perçu par anticipation sur la pleine propriété au moment de la donation. Le contraire avait été cependant décidé (Dél. 21 oct. 1836, 9581 J.N. ; — Valenciennes 19 juin 1840, 12685 J. E. ; — Saint-Amand 18 déc. 1840, 11189 J.N. ; — Mayenne 29 juill. 1845, 13858 J. E.). — Mais les vrais principes ont définitivement prévalu et ont été consacrés par une jurisprudence qui fait règle aujourd'hui (Château-Thierry 29 déc. 1838, 10333 J.N., 12260-1 J.E. ; — Montpellier 30 mai 1839, 10547 J. N., 12504-1 J.E. ; — Vic 25 nov. 1841, 11377 J.N. ; — Bellac 23 juin 1843 ; — Dél. 8 nov. 1843, 11806 J. N., 13375 J.E. ; — Sol. 27 oct. 1843, 1710 § 1er I. G.).

1. PARTAGE ANTICIPÉ. — Il en est autrement du partage anticipé, puisque, par une faveur exceptionnelle, ces donations ne sont soumises au droit de 1 fr. 50 cent. pour 100 que lors de leur présentation effective au bureau des hypothèques. Si donc l'ascendant abandonne au donataire d'usufruit qu'il s'était réservé dans un partage anticipé non transcrit, le droit de 1 fr. 50 cent. est régulièrement exigible.

Cette difficulté se rattache plus particulièrement à la question de savoir si une telle cession n'est pas le complément du *partage anticipé* et ne doit pas profiter comme elle du bénéfice de la loi de 1834. Nous l'avons traitée précédemment au mot *Partage anticipé* et nous y renvoyons le lecteur (10058).

Ajoutons seulement que si le donateur renonçait à l'usufruit dans l'acte même de partage anticipé, il n'y aurait aucune cause à la perception du droit de 1 fr. 50 cent. pour 100, puisque la renonciation serait alors un élément du partage lui-même, et, qu'en définitive, la réserve d'usufruit se trouverait non avenue (17042 J. E.).

**17580. Vente avec réserve d'usufruit.** — Nous avons dit que, dans la vente avec réserve d'usufruit, le droit de 5 fr. 50 cent. pour 100 perçu sur l'addition de la vente du prix comprend le droit de 1 fr. 50 cent. pour 100.

Il faut en conclure, comme nous l'avons fait dans nos précédentes éditions, que ce droit n'est plus exigible une seconde fois sur l'acte constatant la réunion, du moment que le prix de l'abandon n'excède pas l'évaluation faite dans l'acte de vente. Le contraire a été cependant reconnu par une Dél. 31 octobre 1836 (11721 J. E.) et par un jugement de Dreux du 15 mars 1843 (13213 J. E.), portant que quand, dans l'acte de vente d'un immeuble, le vendeur s'est réservé l'usufruit, le droit de transcription est exigible sur l'acte par lequel il renonce plus tard à cet usufruit purement et simplement. Mais le principe de ces décisions est manifestement erroné : jamais il n'a été suivi depuis (1710-1 et 2188 I.G.).

Il en serait autrement, bien entendu, si l'acquéreur payait, pour réunir l'usufruit, une somme supérieure à celle sur laquelle le droit proportionnel aurait été perçu lors de l'enregistrement de l'acte de vente. Le droit de mutation, et par suite celui de transcription seraient alors exigibles sur la différence entre l'évaluation faite au moment de l'enregistrement de la vente et le prix réellement payé.

**17581. Succession.** — Le tarif applicable aux mutations par décès ne comprend jamais le droit de transcription, qui est spécial aux *contrats*. Par conséquent, quand le démembrement de l'usufruit et de la nue-propriété procède d'une succession, comme le nu-propriétaire n'a payé, lors de la déclaration de mutation par décès, que le droit d'enregistrement proprement dit, il doit invariablement acquitter celui de transcription lorsqu'il reçoit la cession entre-vifs de l'usufruit. La jurisprudence a fait maintes fois l'application de ce principe aux différents contrats qui réalisent l'abandon ultérieur de la jouissance au profit du nu-propriétaire.

1. RENONCIATION A TITRE ONÉREUX. — Le sieur Michel Chantier de Brainville, décédé à Castres, le 29 janvier 1834, a laissé pour héritiers naturels Mme Thiroux de Gervilliers, sa sœur, et le sieur Joseph Chantier de Brainville, son frère. Par un testament olographe, il a légué à la dame Cluzel, son épouse, la pleine propriété des meubles meublants, linges, hardes, deniers comptant, livres et instruments de musique dépendants de sa succession, et l'usufruit de ses autres effets mobiliers et de ses immeubles. — Un acte notarié, passé le 29 novembre 1834, entre Mme veuve de Brainville et les héritiers de son mari, constate : 1° la délivrance des objets mobiliers légués en toute propriété ; — 2° la renonciation par la veuve à l'usufruit des autres biens de la succession, moyennant une rente viagère de 5,000 francs et une somme de 100,000 francs payable dans un délai déterminé, avec intérêts à partir du jour du décès. — Indépendamment des deux droits fixes, il a été perçu, lors de l'enregistrement de cet acte, le droit de transcription hypothécaire sur 150,000 francs, formant le prix de la renonciation à l'usufruit, et cette perception a été maintenue par un arrêt de Cass. du 2 décembre 1839 (10567 J. N., 12430 J.E., 1615 § 10 I. G., S. 40-1-41), ainsi conçu :

« Attendu : 1° que le légataire particulier de l'immeuble

ou le légataire à titre universel, dont le legs comprend des immeubles, n'est saisi de la propriété des objets légués que par la délivrance qui lui en est faite par les héritiers ; mais que, jusqu'à cette délivrance, il a, sur les immeubles légués, un droit réel immobilier dont il peut disposer ; — 2° que les actes translatifs de la propriété de ce droit sont sujets à la transcription ; — 3° que ce droit de transcription doit être perçu au moment où l'acte contenant la cession ou le transport de ce droit immobilier est soumis à l'enregistrement, quelle que soit la quotité du droit perçu pour l'enregistrement de l'acte ; attendu, en fait, qu'il est constaté par le jugement attaqué que la dame de Brainville a renoncé, en faveur des héritiers de son mari, tant au legs qui lui avait été fait de la totalité des immeubles du feu sieur de Brainville, qu'aux avantages qui lui avaient été faits par son contrat de mariage, et que cette renonciation a été faite moyennant une rente viagère de 5,000 francs constituée à son profit et une somme de 100,000 francs que lesdits héritiers se sont obligés à lui payer ; attendu que, quelles que soient les expressions dans lesquelles l'acte a été conçu, il contient, en réalité, quant au legs d'usufruit des immeubles, une transmission, une cession et un transport d'un droit immobilier sur lequel ont dû être perçus les droits de transcription, suivant les dispositions des lois ci-dessus citées. » Il a été jugé de même par le tribunal de Pithiviers, le 25 mai 1851 (15206 J. E), que la renonciation par une veuve à l'usufruit auquel elle avait droit sur les biens immeubles de son mari, faite en faveur de l'héritier de ce mari, moyennant une rente viagère, donne lieu, outre la perception du droit fixe, à celle du droit de transcription sur le capital de cette rente viagère (*Conf.* : 17802 J. E.).

2. RENONCIATION A TITRE GRATUIT. — Dans une espèce où après qu'un fils s'était constitué en dot, dans son contrat de mariage, divers immeubles dont son père était usufruitier, celui-ci renonçait purement et simplement à son usufruit, la Cour de cassation a rendu l'arrêt suivant, le 6 janvier 1830 (1320 § 9 I. G., S. 30-1-50) : « Attendu que, suivant la loi, le droit d'enregistrement doit être augmenté de 1 et demi pour 100 dans tous les cas où les actes sont de nature à être transcrits au bureau des hypothèques; que la renonciation à l'usufruit d'un immeuble, faite au profit du nu-propriétaire avant l'expiration du terme fixé pour sa durée, est un acte de cette nature, puisque, d'après l'art. 2118 C. C., l'usufruit ainsi cédé peut avoir été grevé, pour tout le temps de sa durée, d'hypothèques dont il ne peut être purgé avant son expiration qu'à l'aide de la transcription prescrite par l'art. 2181 du même Code; et attendu que, dans l'espèce, la renonciation à l'usufruit a été faite avant l'échéance du terme fixé pour sa durée; qu'il suit de là que l'acte qui la contient est, de sa nature, sujet à la transcription et soumis à l'augmentation de 1 et demi pour 100, prescrite par l'art. 54 L. 28 avril 1816, ci-dessus cité » (*V.* dans le même sens Dél. 21 mai 1825, 1173 § 15 I. G.).

C'est ce qui a été également décidé pour des renonciations purement gratuites, par des jugements de Gray du 22 août 1851 (14697 J. E.); — de Tonnerre du 7 janvier 1863 (17613 J. E., 677 Rev.); — et de la Seine du 4 août 1865 (18124 J. E., 13118 C.).

3. BAIL. — Aux termes d'un acte sous seing privé du 15 novembre 1820, le sieur Devigny et sa femme, auparavant veuve du sieur Duval Dangoville, cèdent, à titre de bail, pour la durée de l'existence de la veuve Devigny, au sieur Duval Dangoville, son fils, divers immeubles dont elle a l'usufruit, et dont la nue-propriété appartient à ce dernier. Cette cession est faite moyennant un fermage annuel de 8,438 fr. 90 cent., avec stipulation : 1° que le preneur sera chargé de toutes les réparations d'entretien dont sa mère peut être tenue comme usufruitière, ainsi que du payement de toutes impositions et charges, tant ordinaires qu'extraordinaires, auxquelles les mêmes biens pourraient être assujettis ; — 2° que le château et ses dépendances, formant l'art. 1er des immeubles désignés dans l'acte, sont exceptés de la réintégration dans l'usufruit en nature auquel les bailleurs auraient droit pour le défaut de payement des fermages.

Cet acte présenté à l'enregistrement, le receveur l'a considéré comme portant une cession d'usufruit. En conséquence, il a été perçu : 1° le droit fixe de 3 francs pour réunion de l'usufruit à la propriété ; — 2° le droit de 1 et demi pour 100, en vertu de l'art. 2118 C. C. et de l'art. 54 L. 28 avril 1816.

Le sieur Duval Dangoville a soutenu que l'acte du 15 novembre 1820, quoique constituant une cession d'usufruit sous la forme d'un bail à vie, n'emportait pas mutation de droits immobiliers, parce que, la cession étant faite au nu-propriétaire, son effet se réduisait à faire cesser un état d'indivision qui existait entre celui-ci et l'usufruitière ; que l'acte étant dès lors simplement déclaratif et non attributif, comme tout partage entre copropriétaires, il n'était pas sujet à l'enregistrement dans un délai de rigueur, ni à la transcription ; qu'en conséquence, le receveur n'aurait dû percevoir que le droit fixe de 3 francs, conformément au n° 2 § 3 art. 68 L. 22 frimaire an 7.

Mais la Cour de cassation n'a pas admis ce système et par un arrêt en date du 10 août 1830 (9746 J. E., 1347-1 I. G., S. 30-1-375), conforme à celui qui avait fait l'objet du numéro précédent, elle a reconnu l'exigibilité du droit de transcription.

Il a été jugé, dans le même ordre d'idées, qu'il y a réunion passible du droit de transcription dans l'acte par lequel une mère donne à bail à ses enfants pour 9 ans l'usufruit qu'elle a sur les biens du père de ceux-ci, décédé, avec des stipulations tout à fait exclusives du bail qui prouvent qu'il y a abandon pur et simple d'usufruit (Toulouse 17 janv. 1845, 13687-4 J. E.).

4. LICITATION. — Dans l'acte de licitation d'un immeuble dont la moitié étant grevée de l'usufruit d'une veuve, celle-ci était intervenue comme covenderesse, les enfants, nus-propriétaires de l'immeuble, s'étant rendus adjudicataires, le droit de transcription a été reconnu exigible sur le quart du prix représentant la valeur de l'usufruit (Cass. 8 juin 1847, 14284 J. E., 13120 J. N., S. 47-1-688, 1796 § 22 I. G., *V.* 10873 ; — Versailles 17 fév. 1848, 14456 J. E.).

L'indivision continuait ici de subsister entre les acquéreurs, et dès lors l'art. 883 C. C. n'était point applicable. Mais nous croyons que si un seul des cohéritiers se rendait adjudicataire, l'acte aurait le caractère d'une licitation aussi bien à l'égard de l'usufruitier, qui était indivis quant à sa jouissance et avait un titre commun de propriété, qu'à l'égard des nus-propriétaires. Par conséquent, le procès-verbal ne serait pas de nature à être transcrit et la perception du droit de 1 fr. 50 cent. pour 100 ne pourrait être justifiée. C'est ce qu'a reconnu une Sol. 9 août 1867 (2589 R. P., 18422-1 J. E), et ce qu'avait enseigné auparavant le J. du not. n° 1714.

5. PARTAGE. — Lorsque, après la déclaration de succession, est intervenu entre l'époux survivant et les héritiers un acte de partage qui a attribué à l'un l'usufruit et à l'autre la nue-propriété de tous les immeubles de la communauté, le droit de transcription est exigible sur l'acte par lequel l'époux renonce plus tard à son usufruit (Seine 19 juill. 1843, 11839 J. N., 13305 J. E.).

**17582. Renonciation.** — On vient de voir qu'il n'y a pas de distinction à faire, pour la perception du droit de 1 fr. 50 cent. pour 100, entre les renonciations à titre onéreux ou à titre gratuit. Dès que le contrat est translatif, il importe peu aussi en quelle forme il a lieu. On ne devrait pas hésiter, par exemple, à lui appliquer ce tarif lors même que la renonciation aurait lieu au greffe du tribunal. Le tribunal de Grenoble l'a décidé avec raison, le 19 décembre 1857 dans un cas où l'usufruitier, après avoir accepté son usufruit, y avait ensuite renoncé au greffe.

Deux conditions sont cependant nécessaires pour que les renonciations donnent lieu au droit de transcription : la première, c'est que le désistement soit réellement translatif de l'usufruit; — la seconde, c'est que la renonciation soit acceptée par le nu-propriétaire.

1. RENONCIATION EXTINCTIVE. — Il est certain d'abord que si l'usufruitier appelé à recueillir la jouissance d'un immeuble en vertu d'un legs se borne à répudier la libéralité qui lui est offerte et qu'il n'a pas antérieurement acceptée, il ne s'opère aucune cession de sa part au nu-propriétaire. Celui-ci est censé recevoir l'usufruit du défunt lui-même et toutes les hypothèques qui auraient frappé *interim* le droit d'usufruit s'évanouissent. Aucune cause n'existe donc à la perception du droit de 1 fr. 50 cent. pour 100. — Mais c'est une question souvent très-délicate de savoir quand une renonciation est ou non translative; nous avons donné à ce sujet, au mot *Renonciation* des développements que nous nous dispensons de reproduire ici. — M. Demante enseigne à propos des réunions d'usufruit, que si l'usufruitier, en présence d'un seul propriétaire, renonce gratuitement, dans ce cas il laisse aller l'usufruit à son cours légal. « C'est, dit-il, une renonciation pure et simple, non un acte de cession (droit fixe de 2 francs, art. 68 § 1er n° 1er L. frim., art. 8 L. 1850 et non 3 francs art. 44 n° 4 L. 1816). Dans cette hypothèse la renonciation serait encore pure et simple quand même l'acte porterait qu'elle est faite *au profit* ou *en faveur* de X..., seul propriétaire. Cette énonciation surabondante n'équivaut pas à une donation expresse; mais il est prudent de l'éviter dans la rédaction des actes, pour ne pas donner prise à l'équivoque » (n° 333). — Dans un cas pareil, le tribunal de Lyon a, en effet, reconnu l'existence d'une acceptation translative (Jugement du 27 mars 1858, 1109 R. P.). — Mais on reconnaîtra aisément que ce sont là de simples présomptions pouvant céder à des présomptions contraires.

Il a été jugé spécialement : 1° que la renonciation partielle à un usufruit légué avec ou sans condition emporte acceptation du legs, et comme elle a pour effet de réunir l'usufruit à la nue-propriété, elle donne naissance au droit fixe de 3 francs et à celui de transcription (Saint-Omer 15 mars 1845, 13717 J. E.);

2° Que quand un legs en usufruit d'immeubles a été accepté sous bénéfice d'inventaire au nom des légataires mineurs, la renonciation à ce legs opère transmission et donne lieu au droit de 3 francs fixe (4 fr. 50 cent.) et à celui de transcription (Seine 6 déc. 1850, 15166-1 J. E.; — 18 nov. 1850, 15332 J. E., 14520 J. N., 1912 § 5 I. G.);

3° Que la renonciation, par un acte autre qu'un partage anticipé, à l'usufruit que le survivant des époux a sur les biens de son conjoint, prédécédé, en vertu de leur contrat de mariage, donne ouverture au droit fixe et au droit proportionnel de transcription lorsque l'usufruitier a fait acte de propriété relativement à son usufruit, ou qu'il est prouvé que la renonciation n'est pas pure et simple (Angers 26 nov. 1847, 14379 J. E.; — Avesnes 30 janv. 1846, 13923 J. E.; — Orléans 16 déc. 1846, 14152 J. E.).

*Consentement à antériorité d'hypothèque.* — Que la clause d'une obligation par laquelle l'usufruitier de l'immeuble hypothéqué par le nu-propriétaire consent à ce que son droit d'usufruit ne fasse aucun obstacle à l'exercice de celui d'hypothèque au profit du créancier n'est passible ni du droit de réunion d'usufruit (*fixe et de transcription*), ni du droit de cautionnement (Évreux 21 nov. 1835, Dél. 25 fév. 1836, 5027 Roll.).

La solution est exacte pour le droit de réunion d'usufruit, puisque l'usufruitier ne cède son droit ni au créancier ni au nu-propriétaire. Mais elle est erronée au sujet du droit de cautionnement, comme on peut le voir par la jurisprudence discutée au mot *Affectation hypothécaire*.

2. RENONCIATION ACCEPTÉE. — Si la renonciation est translative, soit à titre onéreux, soit à titre gratuit, il faut qu'elle soit acceptée, car il n'y a pas de mutation sans contrat, ni de contrat sans le consentement du nouveau propriétaire. Aussi a-t-il été reconnu plusieurs fois qu'une renonciation de l'espèce n'est pas immédiatement sujette au droit de transcription, parce qu'elle ne forme à elle seule qu'un projet de cession (Dél. 12 janv. 1822, 30 sept. 1834, 8673 J. N., 23 janv. 1835, 11216 J. E.; — Seine 13 juin 1855, Dél. 12 sept. 1856, D. N. t. 13 p. 313 n° 853, Sol. 29 janv. 1861, 18477 J. E.).

Mais cette acceptation n'a pas besoin d'être formelle : elle résulterait implicitement de la présence du nu-propriétaire à l'acte de renonciation (Dél. 23 janv. 1835, 11216 J. E., Sol. 10 août 1843, 12730 J. N., D. N. *loc. cit.* n° 854). — Elle peut même résulter d'actes postérieurs : « La renonciation, dit Demolombe, sera censée acceptée par le nu-propriétaire dès qu'il aura fait un acte par lequel il témoignerait son intention d'en profiter et de se considérer désormais comme plein propriétaire » (t. 10 n° 733 *bis*; — *Usuf.* : C. Rouen 22 juin 1846, S. 47-2-29; — Bordeaux 23 janv. 1847, S. 48-2-239; Dalloz v° *Usuf.* : 696 à 705). — A partir de ce moment-là, par conséquent, le droit de transcription serait exigible.

Il a été spécialement décidé, en matière civile, que la renonciation à un droit d'usufruit peut résulter de la participation directe de l'usufruitier à la vente de l'objet soumis à son usufruit et au remploi de la somme provenant de cette vente : il n'est pas nécessaire que cette renonciation soit expresse (Cass. 2 fév. 1852, D. 52-1-53).

L'acceptation résulte également de l'hypothèque consentie par le nu-propriétaire sur la toute propriété (Sol. 10 janv. 1878).

**17583. Renonciation extinctive.** — Ce qui précède est spécial aux renonciations translatives ou *in favorem*. Ainsi que nous l'avons dit au n° 17882-1, si l'usufruitier appelé à recueillir la jouissance d'un immeuble en vertu d'un legs se borne, au bout d'un temps plus ou moins long, à répudier la libéralité qui lui est offerte et qu'il n'a pas antérieurement acceptée, il ne s'opère aucune *cession* de sa part au nu-propriétaire. Celui-ci est censé recevoir l'usufruit du défunt lui-même, et toutes les hypothèques qui auraient frappé *interim* le droit d'usufruit s'évanouissent comme consenties *à non domino*. Aucune cause n'existe donc à la perception du droit de 1 fr. 50 cent. pour 100. D'autre part, il est manifeste qu'un tel désistement s'opère par la seule volonté du légataire, en dehors de l'acceptation du nu-propriétaire et malgré lui. Il ne s'agit pas d'un contrat, et, par conséquent, il n'y a pas besoin du concours des deux volontés. La Cour de cassation l'a décidé avec raison en matière civile le 16 mars 1870 (3200 R.P., S. 70-1-281).

**17584. Payement des droits.** — Bien que le nu-propriétaire n'ait pas été partie dans l'acte de renonciation à son usufruit fait par l'usufruitier, c'est à lui, qui en profite, que doivent être réclamés les droits exigibles sur cette renonciation (Orléans 16 déc. 1846, 14152 J.E.), pourvu, bien entendu, que l'on puisse prouver son acceptation. — *V.* 1064.

**17585. Liquidation.** — Si la cession de l'usufruit a lieu à titre onéreux moyennant un prix exprimé, le droit de 1 fr. 50 cent. pour 100 se liquide naturellement sur ce prix. — Si elle procède d'une donation, il est dû sur la valeur de l'usufruit, déterminée par le capital au denier 10 du revenu des immeubles grevés.

A cet égard, le tribunal de Rennes a jugé, le 5 février 1849 (14667 J.E.), que lorsque la renonciation a eu lieu moyennant des charges qui ne sont pas évaluées, l'Administration peut asseoir la perception du droit de transcription sur le capital du revenu attribué aux biens lors de la déclaration de la mutation par décès.

Hormis les baux courants, les parties peuvent toujours refuser de prendre pour base d'une évaluation tel ou tel acte qui leur serait opposé par l'Administration. Or, comme, lorsqu'un acte de réunion d'usufruit à la nue-propriété donne ouverture au droit de transcription, on peut faire vérifier par expertise l'évaluation donnée aux biens, nous pensons que, sans même s'arrêter à la question de savoir si le jugement ci-dessus est bien ou mal fondé, il y aurait des inconvénients graves à suivre la doctrine du tribunal de Rennes, car ce serait s'enlever la ressource de l'expertise, puisque, par analogie avec le principe posé dans l'I.G. 1528 § 19, les parties pourraient opposer à la demande d'expertise l'absence de tout consentement de leur part à la base arbitraire adoptée par l'Administration.

C'est donc avec raison, à notre avis, que le tribunal de Saint-Amand a jugé, le 18 décembre 1840 (12878 J.E.), que lorsqu'un père qui avait donné des immeubles à son fils sous réserve d'usufruit renonce plus tard à cet usufruit, les parties doivent fournir une évaluation du revenu des biens, sans que l'Administration puisse être tenue de prendre pour base de ce revenu des déclarations données par les parties dans des actes antérieurs (Op. *Conf.* : 16857 J.E.).

1. INDIVISIBILITÉ. — Il est à peine besoin d'ajouter que ce n'est pas le lieu d'invoquer ici le principe de l'indivisibilité de la transcription pour percevoir le droit sur la valeur entière des biens. En effet, l'usufruitier n'a pu hypothéquer que son usufruit, démembrement particulier de l'immeuble tout à fait distinct de la nue-propriété ; et le cessionnaire, pour purger, n'aurait besoin que d'offrir aux créanciers le prix ou la valeur de cette jouissance. C'est donc sur ce prix ou cette valeur que le droit de 1 fr. 50 cent. pour 100 doit être assis (16857 J.E.).

2. RENTE VIAGÈRE. — Si l'usufruit est cédé moyennant une rente viagère, ce n'est pas ce droit de constitution de rente qui est dû, c'est le droit de transcription à liquider sur le capital déclaré par les parties. — *V.* 17573.

**17586. Délai.** — Les actes sous seing privé portant réunion d'usufruit d'immeubles à la propriété ne sont pas considérés, sous le rapport de la perception, comme translatifs de propriété. Il s'ensuit qu'ils ne sont pas sujets à l'enregistrement dans un délai déterminé (Sol. adm. 18 mai 1832 4698 Roll.).

Mais nous croyons que cette règle doit être restreinte au cas où le droit de mutation ayant été perçu par avance, l'acte ultérieur de réunion ne donne plus ouverture qu'au droit fixe avec ou sans droit de transcription. On conçoit très-bien, en effet, qu'il ne puisse être question alors d'appliquer au contrat les dispositions sur l'enregistrement des actes translatifs d'immeubles, puisque l'impôt de la mutation qu'il réalise a été antérieurement acquitté, et qu'au point de vue de la perception, cette mutation est censée réalisée dès le jour du premier contrat. Nous déciderons donc, avec une Sol. 29 octobre 1860, que l'enregistrement de l'acte après le délai de trois mois n'autorise pas la perception d'un double droit de transcription.

Mais il nous semble que les principes généraux reprennent leur empire quand le droit de transmission de l'usufruit n'a pas été acquitté lors du démembrement. L'acte de réunion constate, en effet, l'accomplissement d'une mutation immobilière qui n'a pas encore été imposée et qui doit l'être, comme toute vente d'immeubles, dans les trois mois de sa date à peine d'un droit en sus. C'est pourquoi les art. 12 L. 22 frimaire an 7 et 4 L. 27 ventôse an 9 s'appliquent indifféremment aux mutations de propriété et d'usufruit, témoignant ainsi que la cession ordinaire de cet usufruit doit acquitter l'impôt dans les trois mois sous la peine du double droit.

**17587. Mutation secrète.** — Dans ce dernier cas, on aurait certainement le secours des présomptions légales de l'art. 12 de la loi de l'an 7 pour établir l'existence de la cession de l'usufruit. Ainsi, quand le nu-propriétaire aliénera la propriété sans réserve de l'usufruit réservé, on supposera une cession intermédiaire de l'usufruit (7499 J. E.) et on poursuivra le payement du double droit de mutation secrète. — V. *suprà* n° 14675.

**17588. Expertise.** — Par la même raison, on pourrait provoquer l'expertise afin d'établir la valeur de l'usufruit cédé. Et on le pourrait même, selon nous, alors que l'acte de réunion donne seulement lieu au droit proportionnel de transcription. Il est vrai qu'en principe, l'expertise se borne au droit d'enregistrement; mais elle n'est pas néanmoins refusée à l'Administration quand il s'agit seulement d'un droit de transcription dont la liquidation se fait conformément aux lois sur l'enregistrement; nous l'avons déjà expliqué au sujet des apports d'immeubles dans les sociétés ou des testaments contenant legs à charge de substitution (V. *Transcription*) et nous nous référons à nos précédentes explications sur ce point.

## CHAPITRE III. — RÉUNION DE LA NUE-PROPRIÉTÉ A L'USUFRUIT

[17589-17596]

**17589. Règle.** — « Lorsque l'usufruitier qui aura acquitté le droit d'enregistrement pour son usufruit acquerra la nue-propriété, il payera le droit d'enregistrement sur la valeur, sans qu'il y ait lieu d'y joindre celle de l'usufruit » (L. 22 frim. an 7, art. 15 n° 8).

**17590. Évaluation.** — 1. VENTE. — La loi, voulant que la perception n'atteigne que la valeur de la nue-propriété lorsque l'usufruitier qui la réunit dans ses mains a déjà acquitté les droits sur l'usufruit, il peut se présenter des difficultés, car la valeur de la nue-propriété n'est connue qu'autant que la réunion s'opère par une vente avec un prix distinct pour la nue-propriété. Dans ce cas, en effet, il suffit d'établir la perception sur le prix de la vente. Mais il n'en est plus ainsi lorsque la réunion résulte d'une licitation, d'une succession, d'un legs, d'une donation. Voici la règle à suivre à cet égard.

2. LICITATION. — Supposons que Pierre, propriétaire pour moitié d'une maison et légataire en usufruit de l'autre moitié, se rende adjudicataire de la maison moyennant 20,000 francs.

Pour arriver à liquider le droit, il faut considérer que les n°s 2, 4 et 7 de l'art. 15 L. 22 frimaire an 7 portent la valeur des biens, en propriété et jouissance, à vingt fois le revenu; les n°s 3 et 8 fixent à dix fois le revenu la valeur de l'usufruit séparé de la propriété; il reste donc, pour la nue-propriété seule, une valeur de dix fois le revenu, égale à celle de l'usufruit. Ainsi, dans l'intention de la loi, qui n'a point voulu prendre en considération ni l'âge, ni même le nombre des usufruitiers, la nue-propriété et l'usufruit sont de même valeur et représentent également la moitié de la valeur totale.

Ce point établi, la liquidation va d'elle-même: Pierre est propriétaire de la moitié de la maison et, en sa qualité d'usufruitier, il a précédemment acquitté les droits sur la moitié de l'autre moitié, c'est-à-dire sur un quart de l'immeuble; il y a donc lieu de déduire, comme exempts de droits, les trois quarts du prix, qui représentent la propriété de moitié, et l'usufruit de l'autre moitié de l'immeuble reste donc passible du droit de un quart, c'est-à-dire 5,000 francs. C'est ce qui résulte d'un Dél. 19 avril 1826 (1200 § 17 I. G.).

3. RÉUNION A TITRE GRATUIT. — Le raisonnement que nous venons de faire conduit naturellement à la solution que doit recevoir la question lorsque la réunion s'opère soit par décès (*V.* 16676 et suiv.), soit entre-vifs à titre gratuit: il y a lieu de percevoir lors de la réunion sur la moitié de la valeur entière de la propriété, c'est-à-dire sur dix fois le revenu (1200 § 17 I. G., G. Demante n° 753).

**17591. Imputation.** — L'art. 15 n° 8 L. 22 frimaire an 7 porte que dans tous les cas où l'usufruitier qui aura acquitté le droit d'enregistrement pour son usufruit acquerra la nue-propriété, il payera le droit d'enregistrement sur sa valeur sans qu'il y ait lieu de joindre celle de l'usufruit. L'imputation que cette disposition autorise n'est pas une imputation de droit sur droit, mais bien une imputation de valeur sur valeur, car elle s'effectue en dehors des modifications de tarif résultant soit du taux des droits, soit du degré de parenté des personnes. Il s'ensuit que la déduction de la valeur de l'usufruit doit s'opérer sur la valeur correspondante de la portion acquise de l'immeuble grevé de cet usufruit et sans pouvoir l'excéder.

En ce sens, il a été décidé : 1° qu'au cas de licitation d'immeubles indivis sur la moitié desquels un tiers a un droit d'usufruit et dont la moitié est adjugée à ce tiers usufruitier, il y a lieu de défalquer du prix de l'adjudication la valeur de son usufruit sur la moitié des biens par lui acquis, c'est-à-dire le quart. Mais il n'en est pas de même à l'égard du prix des autres biens vendus et adjugés à des étrangers; quant à ces autres biens, l'usufruitier étant réputé vendeur et conservant son droit d'usufruit sur le prix qui les représente, il ne peut défalquer le quart de ce prix sur le montant de son adjudication, pour ne payer de droit proportionnel que sur le restant (Cass. 30 mars 1841, S. 41-1-349, P. 41-1-682);

«Vu, porte cet arrêt, l'art. 15 L. 22 frimaire an 7 et les art. 52 et 54 L. 28 avril 1816; attendu que la déduction de 41,150 francs, pour l'usufruit de la dame veuve Delaremanichère, sur les immeubles à elle adjugés le 8 août 1835 était la seule qui dût lui être faite, aux termes des n°s 5-6 et 8 L. 22 frimaire an 7; mais qu'aucune déduction, à raison des 123,339 fr. 40 cent., prix de l'adjudication au sieur Adam, ne pouvait être ajoutée à ladite somme de 41,150 francs pour le droit d'usufruit sur l'immeuble compris dans cette dernière adjudication, où la dame veuve Delaremanichère était covenderesse elle-même avec ses enfants; qu'ainsi le receveur n'a pu admettre, sans contrevenir à la loi, cette nouvelle déduction de 30,584 fr. 85 cent.; attendu que l'adjudication faite à la veuve était, par sa nature, passible de la transcription, et qu'il n'est pas exact de dire, comme le fait le jugement attaqué, que cette transcription fût inutile à ladite veuve, obligée d'ailleurs à concourir au payement des dettes qui pourraient exister; attendu qu'aux termes desdits art. 52 et 54 L. 28 avril 1816, le droit proportionnel était dû à raison de 5 fr. 50 cent. sur le prix de l'adjudication à la veuve, déduction faite seulement de 41,150 francs, et non pas seulement à raison de 4 francs pour 100, comme le fait le jugement attaqué; »

2° Que si la veuve usufruitière reçoit un immeuble propre de la succession en payant une soulte, on doit déduire la valeur de l'usufruit des biens correspondant à la soulte et non pas celle de tous les autres biens compris dans son but (Cass. 9 août 1870, 3228 R.P., 2414-6 I.G., B. 162, S. 70-1-409, D. 71-1-156).

« Attendu, porte cet arrêt, que, pour déterminer le montant des droits restituables comme indûment perçus, le jugement attaqué distingue entre les diverses valeurs qui ont été délaissées à la veuve Reydellet pour la remplir de son usufruit du quart; que les valeurs mobilières qui lui ont été distinctement assignées, jusqu'à concurrence de 48,785 fr. 70 cent., se placent en dehors de la mutation de propriété immobilière; que le droit d'usufruit perçu sur elle n'est donc sous aucune forme imputable sur le droit de vente; mais que pour les 90,249 fr. 34 cent., représentant l'excédant de valeur de la maison cédée en payement sur le montant de ses droits liquidés, ladite veuve, ayant acquitté sur cette somme le droit d'enregistrement pour son usufruit, n'a dû payer, pour l'acquisition de la part de nue-propriété correspondante, que le droit d'enregistrement sur sa valeur, distraction faite de celle de l'usufruit; d'où il suit qu'en limitant, conformément aux offres de l'Administration, la restitution des droits indûment perçus à la somme de 2,729 fr. 76 cent. payée en trop sur la nue-propriété, le jugement attaqué a tout à la fois suffisamment motivé le rejet des conclusions subsidiaires de la demanderesse et fait à la cause une exacte application de l'art. 15 n° 8 L. 22 frimaire an 7. »

**17592. Usufruit exempt de droit.** — L'opération devrait être la même bien que l'usufruit n'eût acquitté aucun droit, si d'ailleurs il se trouvait exempt de droit pour une cause quelconque, car, en matière d'impôt, l'exemption équivaut à payement (Sol. 23 août 1831, 1388 § 7 I. G.). — Il en est de même de la prescription; nous en avons déjà fait précédemment la remarque (n° 14682).

**17593. Licitation.** — Rappelons d'ailleurs ici ce que nous avons déjà dit au n° 10873, à savoir que l'adjudication au profit de l'usufruitier de la nue-propriété de l'immeuble grevé d'usufruit ne doit pas être considérée comme une licitation; elle est soumise au droit de 5 fr. 50 cent. pour 100 sur le prix exprimé, après déduction d'une quotité correspondant à l'usufruit de l'adjudicataire sur l'immeuble dont il est acquéreur. Et cela attendu qu'aucune indivision n'existe entre le nu-propriétaire et l'usufruitier.

C'est, d'ailleurs, d'après le principe formulé sous le n° 17590 que le tribunal de Metz a jugé, le 16 mai 1837 (11789-1 J. E.), que s'il n'est pas dit pour quelle part l'usufruit et la nue-propriété entrent dans le prix de l'adjudication, le droit est exigible.

1. TRANSCRIPTION. — C'est aussi par application du principe de non-indivision entre l'usufruitier et le nu-propriétaire qu'il a été reconnu que, lorsque le droit a été perçu à 5 fr. 50 cent. pour 100 sur la portion du prix qui représente la nue-propriété, le droit de 1 fr. 50 cent. pour 100 ne doit pas être ajouté à la portion de ce prix qui représente l'usufruit (Seine 12 juin 1833; — Dél. 12 nov. 1833, 10810 J. E.).

**17594. Rétrocession.** — Une Sol. du 11 avril 1836 (11464 J. E., 9227 J. N.) avait décidé que si le donataire rétrocède au donateur, qui s'est réservé l'usufruit de l'immeuble donné, la nue-propriété de cet immeuble, le droit de donation est dû sur vingt fois le revenu des biens, parce que, relativement à l'application du § 17 de l'I. G. n° 1200, le donateur qui s'était réservé l'usufruit et qui reprend la nue-propriété n'avait pas acquitté le droit sur l'usufruit qu'il s'était réservé. — Mais une seconde solution, du 23 juin 1837 (5351 Roll., 9805 J. N., 1562 § 14 I. G.), a reconnu que si le donateur qui s'est réservé l'usufruit des biens donnés fait résoudre la libéralité pour inexécution des charges, le droit de rétrocession n'est exigible que sur la valeur de la nue-propriété, fixée à la moitié de la valeur totale des biens. D'une part, a-t-elle dit, le donateur n'a acquis que la nue-propriété, puisque la donation révoquée ne contenait dessaisissement actuel que de la nue-propriété. D'un autre côté, ce donateur avait recueilli les biens objet de la donation dans les successions de ses père et mère; il avait nécessairement acquitté le droit de mutation non pas seulement sur l'usufruit mais sur la propriété entière des biens. L'art. 15 n° 8 L. 22 frimaire an 7 est donc parfaitement applicable. On pourrait cependant objecter que le donateur n'a pas acquitté lui-même, lors du démembrement de l'usufruit, le droit sur la valeur entière. Mais ce droit a été payé par le donataire, et il est admis que, quand la nue-propriété est transmise avant l'extinction de l'usufruit, le droit n'est dû que sur la valeur de la nue-propriété. Or, il serait très-singulier que la cession faite au donateur lui-même fût autrement traitée pour la perception que celle faite à un étranger (*Conf.* : J. du not. n° 2135).

**17595. Prix payable au décès sans intérêts.** — Si l'usufruitier achète la nue-propriété moyennant un prix stipulé payable à son décès sans intérêts, on pourrait croire que le prix représente la valeur de toute la propriété, parce que la charge d'usufruit est annulée par le défaut de payement d'intérêts et qu'il y a lieu, dès lors, d'en déduire la valeur de l'usufruit pour laquelle le droit a été acquitté. C'est, en effet, ce qui résulte d'un jugement du tribunal de Parthenay, du 16 février 1853 (15103 J. N.). — Mais cette solution est contraire à la jurisprudence, aujourd'hui bien établie, d'après laquelle le prix ainsi convenu représente la valeur de la nue-propriété seule et est passible à ce titre du droit de mutation — V. *Vente*.

Malgré la privation d'intérêts imposée au nu-propriétaire

dans notre espèce, le droit proportionnel n'en est donc pas moins exigible sur la totalité du prix (Cass. 30 nov. 1869, 3035 R.P., 2398-3 I.G., B. 212, S. 70-1-136, D. 70-1-157. — *Conf.* : Sol. 30 déc. 1852, 2373 Roll.).

On a soutenu que cette jurisprudence était contraire à l'I. G. n° 1200 § 17, qui décide que si l'usufruitier de la moitié d'un immeuble achète par licitation cette moitié d'immeuble moyennant 20,000 francs, il y a lieu de déduire du prix stipulé le quart représentant la valeur de l'usufruit. Mais on n'a pas remarqué que cet acte étant une licitation, et le prix étant payé comptant, le prix de 20,000 francs représentait alors la valeur de la totalité de l'immeuble, c'est-à-dire de l'usufruit et de la nue-propriété réunis ; il était donc parfaitement logique de diminuer la valeur de cet usufruit pour obtenir le prix de la nue-propriété.

**17596. Créance.** — Lorsque l'usufruitier d'une créance acquiert la nue-propriété, la cession n'est passible du droit que sur la moitié du capital cédé, parce que le droit a déjà été perçu sur l'autre moitié (Sol. 29 sept. 1832, 3909 Roll., Dél. 29 avr. 1834, 10919 J. E.).

# V

## VACATION.

**17597. Vacation.** — On désigne sous ce nom les séances tenues par les notaires, les autres officiers ministériels, les arbitres, les experts, etc.

Nous n'avons rien de particulier à dire ici sur ce mot ; on trouvera la solution de toutes les questions qui s'y rattachent aux mots *Adjudication, Faillite, Inventaire, Saisies-exécution, Saisie immobilière, Scellés.*

**17598.** — 1. RENVOI. — Nous avons spécialement expliqué, au mot *Inventaire* n° 10100, ce qu'il fallait entendre par une vacation.

## VENTE D'IMMEUBLES.

DIVISION



SOMMAIRE

A



B



C

**P**



**Q**



**R**



**S**



**T**



**U**



**V**

## CHAPITRE PREMIER. — DU TARIF

[17599-17629]

**17599. Définition.** — L'art. 1582 C. C. définit la vente : un contrat par lequel l'un s'oblige à livrer une chose et l'autre à la payer.

**17600. Observation.** — Les ventes immobilières et les ventes mobilières sont séparées par des traits tout à fait saillants, en ce qui concerne la quotité des droits et l'obligation à l'enregistrement; cependant, comme en droit civil, elles se composent des mêmes éléments de perfection et présentent les mêmes caractères; il eût peut-être été bon de diviser notre sujet en trois parties, dont la première eût traité des règles générales de la vente, et la seconde, ainsi que la troisième, des règles spéciales à la vente de meubles d'abord et à la vente d'immeubles ensuite.

Cependant, comme, au point où nous sommes parvenu de notre ouvrage, nous tenons essentiellement à renfermer notre sujet dans le cadre le plus circonscrit possible, nous croyons pouvoir atteindre complétement le but que nous nous proposons, qui est de n'omettre aucun des développements que nous avons à donner pour épuiser notre matière, en traitant cumulativement des règles générales de la vente et des transmissions immobilières. De cette façon, nous n'aurons qu'à renvoyer à la vente immobilière lorsque nous parlerons des transmissions de meubles à titre onéreux, transmissions qui ne sont appelées à jouer ici qu'un rôle tout à fait secondaire.

### SECTION PREMIÈRE. — FIXATION DU DROIT

[17601-17604]

**17601. Ancienne législation.** — On sait que dans l'ancien droit, le contrat de vente ne suffisait pas pour transférer la propriété; il fallait encore une tradition de l'objet. Or, comme l'impôt est exigible sur la transmission de la chose vendue, il était rationnel de décider que sa perception ne pouvait pas avoir lieu avant le fait de la tradition. Telle fut, en effet, la conséquence à laquelle en étaient arrivés certains feudistes qui ne reconnaissaient pas l'exigibilité du droit de lois et ventes sur l'acte d'aliénation. Plusieurs, cependant, enseignaient que le seul fait du contrat donnait ouverture aux profits seigneuriaux en matière de ventes; et la pratique féodale, au temps de Dumoulin (§ 20 *Glos.* 3 n° 12), était conforme à cette opinion. Tout au moins, dans les derniers temps, on s'accordait sur le point suivant, c'est que la tradition purement civile ou feinte, résultant des clauses de constitut et de précaire, suffisait pour la translation immédiate de la propriété, et, par suite, pour l'exigibilité des lods (Boutarie *des Lods* § 13 n° 3, Sudre *ibid.* n° 13). Or, comme les clauses de constitut et de précaire et autres équivalentes avaient passé dans le style des notaires, la controverse n'avait plus une grande portée. En définitive, par la voie droite ou par la voie oblique, on arrivait à percevoir sur le contrat (G. Demante n° 114).

Cette conclusion fut adoptée comme règle par la jurisprudence du centième denier : « L'on n'admet pas en France, dit Bosquet, les formalités de la tradition introduites par les lois romaines : Tout contrat est translatif de propriété (V. *Résiliement*) ». Et un autre commentateur ajoute, pour donner la raison de cette pratique : « si le droit de mutation n'était pas perçu au moment où les ventes sont présentées, il arriverait que la tradition, qui n'est pas nécessaire pour rendre ces ventes obligatoires (puisqu'elles le sont par la seule convention), venant à se faire par la suite, ils auraient abandonné le droit de centième denier d'une vente qui, par l'événement, se trouverait parfaite et consommée. Il est vrai que dans les règles, ce droit ne devrait être perçu que par provision et devrait être rendu dans le cas où le vendeur rentrerait dans son héritage avant l'exécution de la vente; mais cette maxime serait contraire à l'ordre de régie des fermes, parce que les fermiers ne pourraient jamais compter sur des productions certaines» (*Commentaires des Tarifs-Paris* 1766).

**17602. Législation actuelle.** — La loi de frimaire, qui résumait les principes reçus en matière de lods et en matière de centième denier, coupa court à ces controverses. Elle imposa le contrat de vente en lui-même, bien qu'en l'an 7 la tradition, au moins la tradition feinte, fût encore exigée par le droit civil pour la translation de propriété. Son art. 69 § 7 n° 1er assujettit au droit de 4 pour 100 « les adjudications, ventes, cessions, rétrocessions et tous autres actes civils et judiciaires translatifs de propriété ou d'usufruit de biens immeubles à titre onéreux. »

1. TRANSCRIPTION. — A côté de ce tarif, il en existait un autre déterminé par la loi du 21 ventôse an 7, relative à l'organisation des hypothèques, dont l'art. 25 portait : « Le droit sur la transcription des actes emportant mutation de propriétés immobilières sera de 1 fr. 50 cent. pour 100 du prix intégral desdites mutations, suivant qu'il aura été réglé à l'enregistrement. »

De ces deux tarifs, le premier était forcé, car, ainsi qu'on l'a vu aux nos 11427 et suiv., toute mutation d'immeubles doit être enregistrée dans les trois mois de sa date, tandis que le second était seulement facultatif, puisqu'il était le salaire d'une formalité qu'il est loisible à tout acquéreur de requérir ou de négliger. Ainsi, les acquéreurs qui faisaient transcrire payaient au Trésor un droit de 5 fr. 50 cent. pour 100, tandis que ceux qui négligeaient cette formalité n'avaient à supporter qu'un droit de 4 pour 100.

Il y avait dans cette distinction une perte sérieuse pour le Trésor et un danger pour l'acquéreur, qui négligeait une formalité utile dans l'unique but de se soustraire à une partie de l'impôt. Aussi, pour remédier à ce double inconvénient, le législateur de 1816 a édicté dans la loi du 28 avril un article ainsi conçu : « Le droit d'enregistrement des ventes d'immeubles est fixé à 5 et demi pour 100, mais la formalité de la transcription au bureau des hypothèques ne donnera plus lieu à aucun droit proportionnel. »

Cette disposition aurait pu se trouver en harmonie avec la

législation civile sous l'empire de la loi du 11 brumaire an 7 qui soumettait la validité de la vente à l'égard des tiers à la formalité de la transcription. Mais la loi de brumaire était abrogée en 1816 par le Code civil qui attribua au contrat de vente l'effet translatif absolu aussi bien entre les parties qu'à l'égard des tiers; et des considérations fiscales justifièrent seules l'addition du droit de 1 fr. 50 cent. pour 100 au tarif de la vente.

Aujourd'hui que la loi du 23 mars 1855 a remis en vigueur le système de la loi de brumaire sur la transcription, la disposition de la loi du 28 avril 1816, la perception immédiate du droit de 1 fr. 50 cent. pour 100 s'explique plus aisément. Puisque la propriété n'est transmise vis-à-vis des tiers que par la transcription, cette formalité devient, en quelque sorte, obligatoire, et on conçoit mieux que le Trésor en perçoive le prix lors de l'enregistrement de l'acte.

**17603. Le droit d'enregistrement et le droit de transcription sont inséparables.** — Le droit de transcription se trouve aujourd'hui confondu avec le droit d'enregistrement qui frappe la mutation immobilière, de telle sorte que ces deux droits sont maintenant inséparables. Nous avons déjà eu occasion de signaler un effet pareil en matière de donation, en ligne collatérale et entre étrangers. On a vu, en effet, au nº 6536-2, que la loi du 18 mai 1850, ayant assimilé les valeurs mobilières transmises à titre gratuit, au même taux que les immeubles, ces valeurs, bien qu'elles ne soient pas susceptibles d'hypothèques, supportent exactement le même droit que les immeubles, lorsqu'elles sont transmises en ligne collatérale ou entre étrangers, alors qu'elles échappent au droit de transcription en matière de donation en ligne directe. La raison de cette différence vient de ce que, dans le premier cas, le droit d'enregistrement et celui de transcription ne forment qu'un tout complexe, alors que, dans le second cas, ces deux droits sont parfaitement distincts (Demante nº 121).

**17604. Double droit.** — Par application de ce principe, il a été reconnu que, lorsque le droit en sus est exigible sur une mutation à titre gratuit ou à titre onéreux dont le droit à percevoir au moment de l'enregistrement comprend celui de transcription; ce droit en sus doit être égal au droit simple.

« Attendu, porte un premier arrêt de Cass. du 11 juillet 1836 (1528 § 16 I. G., 9466 J.N., S. 36-1-593), que si les actes de ventes d'immeubles étaient, avant la loi du 28 avril 1816, soumis à deux droits d'enregistrement distincts et séparés, dont l'un s'appliquait à la vente et l'autre à la transcription du contrat, et qui étaient perçus par des agents divers, il est constant que cette loi a changé, à cet égard, la législation fiscale, et a disposé qu'à l'avenir le droit d'enregistrement à percevoir sur les actes de vente demeurerait fixé à 5 fr. 50 cent. pour 100, et qu'au moyen de cette perception, il ne serait plus perçu aucun droit proportionnel sur la transcription du contrat; attendu qu'en cet état, il est impossible de diviser en deux parts le droit désormais unique imposé à l'enregistrement des actes de vente; et qu'en jugeant, dans l'espèce, qu'il y avait lieu à opérer cette division et à ne condamner le défendeur à payer le double droit que sur l'enregistrement de la vente, calculé d'après la loi du 22 frimaire an 7, abstraction faite du droit dû pour la transcription, au lieu de le payer sur le droit de 5 fr. 50 cent. pour 100, établi par la loi du 28 avril 1816, le jugement attaqué a violé la loi précitée. »

Cet arrêt a été bientôt suivi d'un second arrêt conforme en date du 21 novembre 1836, 1539 § 10 I. G., 9296 J.N., S. 36-1-925). On peut consulter, dans le même sens, diverses autres décisions qui, jointes à ces deux arrêts, ont fixé la jurisprudence d'une manière définitive (Sol. 3 juill. 1829, 1303 I. G., 7066 § 14 J.N., Dél. 8 déc. 1836, 11697 J.E.; — Châlons-sur-Marne 11 nov. 1837 et Reims 4 mars 1837, 11766-6 J.E.).

## SECTION 2. — MUTATIONS GOUVERNÉES PAR LE TARIF

[17605-17629]

### ARTICLE PREMIER. — DROITS INCORPORELS

[17605-17620]

**17605.** — Les dispositions législatives qui ont fait l'objet du nº 17602, en se servant de l'expression *biens immeubles*, comprennent dans leur économie non-seulement les biens immeubles par nature que l'on appelle aussi *corporels*, mais encore ceux qui le deviennent par la détermination de la loi; c'est-à-dire les immeubles *incorporels*.

**17606. Usufruit.** — En ce qui concerne spécialement l'usufruit, aucun doute n'aurait dû s'élever; car, ainsi qu'on l'a vu au nº 13409, il est nommément désigné comme assujetti au tarif qui frappe les biens immeubles. Cependant un tribunal avait décidé, sous l'empire de la loi du 22 frimaire an 7, qu'une vente d'usufruit n'était passible que du droit de 2 pour 100 auquel sont assujetties les cessions d'actions mobilières.

Mais son jugement a été annulé par un arrêt du 20 août 1806, portant : « Vu l'art. 15 nº 1er L. 22 frimaire an 7, et l'art. 69 § 7 nº 1er de la même loi; attendu, d'une part, qu'il a été reconnu par le jugement du tribunal de l'arrondissement de Gand, du 28 thermidor an 12, que l'usufruit des biens maternels cédé par Louise-Florence Hamelinck à François Hamelinck, son père, était de la valeur de 1,200 francs par an, et que, d'autre part, il n'a soumis cette mutation qu'au droit exigé par la loi pour cession d'action mobilière, et qu'il a ainsi violé les dispositions ci-dessus citées de la loi du 22 frimaire an 7. »

La question s'étant représentée depuis la promulgation de la loi du 28 avril 1816, dont l'art. 52 a passé l'usufruit sous silence, un jugement du tribunal d'Orléans, du 24 janvier 1845, a formellement déclaré que la cession d'usufruit est passible du droit de 5 fr. 50 cent. pour 100.

Il ne peut, en effet, en être autrement en présence de l'art. 526 C. C., qui déclare *immeuble* l'usufruit des choses immobilières.

**17607. Habitation.** — On a vu au n° 6441 qu'il en est du droit d'habitation comme de celui d'usufruit; l'un comme l'autre est un véritable démembrement de la propriété, parce que le domaine n'est pas plein et entier entre les mains du maître, tant que le droit d'habitation ou celui d'usufruit existe entre les mains d'un tiers, d'où la conséquence que ce droit étant de même nature que le droit d'usufruit doit, par analogie, être assujetti au droit de 5 fr. 50 cent. pour 100, lorsqu'il est transmis à titre onéreux.

**17608. Usage.** — C'est encore en considérant le droit d'usage comme constituant un droit réel qui, aux termes mêmes de la loi, s'établit et se sert de la même manière que l'usufruit, qu'il faut reconnaître qu'il tombe sous l'application du tarif qui régit les biens immeubles. — V. *Usage*.

Nous avons examiné au mot *Cantonnement* les différentes questions que présente l'application du tarif aux droits d'usage en bois · nous y renvoyons ici le lecteur.

**17609. Servitude.** — Du caractère immobilier que nous avons reconnu à la servitude (V. 14994), il résulte que les actes et conventions qui établissent des servitudes sur des biens fonds, ou qui contiennent l'abandon de servitudes précédemment créées, sont passibles des droits déterminés pour les transmissions d'immeubles ou de droits réels immobiliers.

Il a été décidé, dans ce sens, que l'acte par lequel le propriétaire d'un héritage consent, au profit d'une personne tierce et à titre onéreux, à l'établissement d'une servitude perpétuelle sur ce fonds, est passible du droit de 5 fr. 50 cent. pour 100 fixé pour les ventes d'immeubles (Sol. 24 sept. et 4 oct. 1826, 1205 § 13 I. G.). — V. *Servitude*.

1. EAUX PLUVIALES. — La convention par laquelle un particulier consent à recevoir, dès à présent et à perpétuité, à titre de servitude, sur une portion de son terrain, les eaux ménagères et pluviales des bâtiments voisins, à condition que le prix de cette servitude lui sera payé suivant l'estimation qui en sera faite par des experts, est passible du droit de 5 fr. 50 cent. pour 100, puisque telle convention transmet un droit immobilier (D. m. f. 18 sept. 1811, 3997 J. E., Dél. 22 oct. 1817, 5895 J. E.).

**17610. Concession.** — 1. EAUX. — Les concessions d'eau ou de prise d'eau donnent lieu selon les cas aux droits de bail, de vente de meubles ou d'immeubles. Nous en avons parlé avec développement dans le n° 4855. — V. *Concession*.

2. CIMETIÈRES. — C'est également sous le mot *Concession* n° 4854 que l'on trouvera les règles applicables aux concessions de terrain dans les cimetières.

3. MINE. — Si la cession du droit d'exploiter une mine emporte aliénation de tous les droits attachés à la concession faite par ordonnance royale, sans aucun recours contre le vendeur, il y a cession de la mine, et l'acte est, comme vente d'un droit immobilier, passible du droit de 5 fr. 50 cent. pour 100. — V. 11886.

**17611. Actions immobilières.** — Les actions ayant pour objet un immeuble constituent des droits réels immobiliers dont la cession est assujettie au tarif ordinaire des transmissions d'immeubles. C'est ce qui a lieu notamment au sujet de l'action en rescision, en revendication, en retrait de réméré, etc.

Nous avons traité cette matière avec tous les développements utiles au mot *Action*.

**17612. Actions immobilisées.** — Aux termes des décrets des 16 janvier et 1er mars 1808, 16 mars 1810, les actions de la Banque de France et les actions du Midi, d'Orléans et de Loing, sont susceptibles d'être immobilisées par la déclaration qu'en fait le propriétaire dans une forme déterminée, auquel cas ces actions sont soumises aux dispositions du Code touchant l'aliénation des immeubles, et aux priviléges et hypothèques sur les immeubles proprement dits.

Il résulte de ces dispositions que les actions immobilisées de la sorte sont passibles du droit établi pour les transmissions immobilières, et que, pour que la transmission soit mobilière, il faut que la partie qui acquiert manifeste, *dans l'acte même d'acquisition*, son intention de les mobiliser de nouveau. — V. également *Action*.

**17613. Révélation.** — L'acte par lequel des héritiers, pour prix de la révélation de la succession, cèdent au révélateur une somme égale au tiers de ce qui pourra leur revenir, mais en l'autorisant à faire notifier son titre, afin d'opérer la saisine à son profit de la partie cédée, est passible, comme cession de droits successifs, du droit de vente d'immeubles. La clause, en effet, par laquelle on autorise le révélateur à faire notifier son traité, afin d'opérer à son profit la saisine de la portion cédée, caractérise l'acte et lui fait perdre toute possibilité d'assimilation à une cession de valeur mobilière (Blois 26 juin 1849, 13826 J. N., 14767 J. E.).

Il pourrait en être autrement dans des hypothèses différentes, comme nous l'avons expliqué au n° 7068.

**17614. Mitoyenneté.** — Un jugement qui porte condamnation à payer une somme fixée pour droits de mitoyenneté, donne ouverture au droit de 5 fr. 50 cent. pour 100 sur cette somme (Seine 6 déc. 1849, 14909 J. E.; — 23 nov. 1853, 15116 J. N.).

Dans le même ordre d'idées il faut décider que celui qui, n'ayant pas le droit d'élever des constructions sur un mur mitoyen, paye une somme pour conserver celles qu'il a édifiées, acquiert un droit immobilier qui est passible du droit de 5 fr. 50 cent. pour 100 (Sol. 4 oct. 1826, 1205 § 13 I. G. — V. 7265 et 10279 J. E.).

**17615. Redevance. — Mines.** — De l'ensemble des dispositions de la loi et de la jurisprudence que nous avons fait connaître sous les nos 11331 et suivants, il faut conclure que, lorsque la redevance est aliénée avec la surface par un même acte et à la même personne, le droit de 5 fr. 50 cent. est exigible sur le tout, puisque, aux termes de l'art. 18 L. 21 avril 1810 (*V.* 11322), la valeur de la redevance accordée au propriétaire de la surface demeure réunie à la valeur de ladite surface et est affectée avec elle aux hypothèques prises par les créanciers du propriétaire.

**17616. Droit à bail. — Emphytéose.** — Des développements que nous avons consignés au mot *Bail* et suiv., il en résulte que le bail emphytéotique divise l'immeuble en deux propriétés parfaitement distinctes, dont l'une, le *domaine direct*, reste entre les mains du bailleur, et l'autre, le *domaine utile*, passe à l'emphytéote, qui peut, pendant la durée du bail, en disposer par vente, cession, échange; qui peut l'hypothéquer, sauf l'exercice du droit du bailleur à l'expiration de l'emphytéose; enfin qui la transmet à ses héritiers : d'où la conséquence que ce bail doit être soumis au droit proportionnel de 5 fr. 50 cent. pour 100 établi sur tous les actes qui opèrent une transmission immobilière, et que la cession que le preneur fait du domaine utile est nécessairement soumise au même droit.

Quant aux autres baux qui doivent être considérés comme transférant une propriété immobilière, *V.* 17624 *infrà.*

**17617. Droits successifs.** — Toutes les fois que la cession de droits successifs ne fait pas cesser l'indivision, elle perd le caractère qu'attribue à la licitation l'art. 883 C. C. Dès lors elle devient une vente pure et simple passible du droit de 5 fr. 50 cent. pour 100.

C'est un point que nous avons développé sous les nos 11693 et suiv.

**17618. Droits litigieux.** — Les droits d'enregistrement des cessions de droits litigieux sont perçus en raison de la nature des actions. Ainsi, si c'est une créance qui soit en litige, et dont on fasse cession, il sera dû 1 pour 100. On percevra 2 pour 100 s'il s'agit d'une rente ou d'un objet mobilier, et le droit de 5 fr. 50 cent. pour 100 sera exigible si c'est un immeuble ou un droit immobilier que l'on se dispute. — V. *Action.*

**17619. Obligation de faire.** — L'acte par lequel le propriétaire d'un terrain situé à l'extrémité d'une impasse s'est engagé envers les propriétaires des maisons voisines, moyennant une somme déterminée, à livrer à la voie publique le terrain nécessaire au prolongement de la rue, constitue une véritable vente sujette au droit de 5 fr. 50 cent. pour 100, et non une simple obligation de faire (Cass. 22 déc. 1835, S. 36-1-212, 1153-8 I. G.).

**17620. Société dissoute.** — On sait que les parts indivises qui appartiennent aux associés perdent, après la dissolution de la société, le caractère de meubles que leur confère exceptionnellement l'art. 529 C. C., car cet article ne stipule que pour le temps que dure la société; aussi a-t-il été reconnu que toute cession d'action dans une société donne ouverture au droit de 5 fr. 50 cent. pour 100 lorsque le fonds social se composait d'immeubles (Cass. 6 août 1845, 1755 § 14 I. G., S. 45-1-663; — 7 fév. 1853, 1967 § 10 I. G., S. 53-1-284). — *V.* 15238.

Dans les affaires jugées par les deux arrêts ci-dessus, la société avait cessé d'exister avant la vente des parts sociales. *Quid* si c'était la vente même des actions qui opérât la dissolution de la société? Cette circonstance ne pourrait être de nature à modifier la solution ; car, d'après le principe qui veut qu'aucune mutation de propriété ne puisse s'opérer sans payer le droit qui lui est propre, il faut, du moment que l'apport en société ne donne pas ouverture à ce droit, qu'il soit payé lorsque l'apport passe dans des mains autres que celles qui l'ont fait, alors que la société a cessé d'exister (Seine 30 août 1854, 15929 J. E.).

Ces questions ont d'ailleurs reçu, au mot *Société*, leur complet développement.

## ARTICLE 2. — MUTATIONS DE DIVERSES NATURES

[17621-17629]

**17621.** — L'art. 52 L. 28 avril 1816 n'ayant parlé que des *ventes* d'immeubles, on s'est demandé si le droit de 5 fr. 50 cent. pour 100 s'applique à tous les contrats prévus par l'art. 69 § 7 no 1er qui assimile aux *ventes* pour le tarif, *les adjudications*, *les cessions*, *rétrocessions* et *tous autres actes civils et judiciaires translatifs de propriété.* Toutes les difficultés qui se rattachent à ce point sont aujourd'hui résolues.

**17622. Abandonnement.** — Ainsi, on a vu au mot *Abandonnement* que toutes les fois qu'un débiteur qui se trouve hors d'état de payer ses dettes abandonne ses biens à ses créanciers, et que ceux-ci sont dispensés de faire vendre en direction les biens abandonnés, le droit de 5 fr. 50 cent. pour 100 est exigible comme pour les ventes ordinaires.

1. SERVITUDE. — De même, l'abandon au propriétaire du fonds dominant de l'immeuble grevé d'une servitude est passible du droit proportionnel de mutation.

2. IMPOT. — Mais le droit fixe est seul exigible quand l'abandon a pour but d'éviter le payement de l'impôt.

**17623. Adjudication.** — Les adjudications soit volontaires, soit judiciaires, par suite de la présence d'incapables intéressés, soit sur folle enchère, soit enfin par suite de surenchère, rentrent évidemment dans les termes de l'art. 52 de la loi de 1816, car ces sortes de mutations ne sont en réalité que des ventes, dont elles ne diffèrent que par certaines formes qui ne modifient en rien la substance du contrat. C'est là, au surplus, un point qui est amplement établi par les nombreux monuments judiciaires qui se trouvent réunis au mot *Adjudication*.

**17624. Bail.** — Le bail emphytéotique est aujourd'hui le seul qui fasse naître, au profit du preneur, un démembrement de la propriété de l'immeuble, un droit immobilier : les autres baux, plus ou moins analogues, qui se faisaient fréquemment dans l'ancienne jurisprudence, et dont plusieurs se pratiquent encore dans certaines contrées de la France, ont été ramenés, par les lois de 1789 et 1790 et par l'art. 530 C. C., à transférer la propriété même, quand ils excèdent la durée d'un simple bail ordinaire, c'est-à-dire quand, faits à *perpétuité* ou, ce qui revient au même, sur plus de *trois têtes* ou pour un terme excédant quatre-vingt-dix ans ils permettent au preneur de transformer le bail en une véritable vente, par la faculté que lui accorde la loi de racheter la redevance

Ainsi, en laissant de côté les *mots*, pour n'envisager que les *choses*, et en exceptant l'emphytéose à terme, qui est une constitution d'usufruit très-étendue, nous dirons qu'il n'y a plus que des baux *ordinaires* ou des *ventes*. La question ainsi posée, tout prétendu bail qui présentera le caractère de *perpétuité* dans le sens que nous venons d'indiquer, sera soumis au droit de 5 fr. 50 cent. pour 100 comme vente. Tout autre bail qui, sans présenter ce caractère de perpétuité, aura néanmoins une durée *illimitée*, sera invariablement soumis, s'il concerne des immeubles, au droit de 4 pour 100, sans addition du droit de transcription, et au droit de 2 pour 100 s'il a trait à des meubles. Tous les baux à durée *limitée* seront passibles de 20 centimes pour 100, d'après l'art. 1er L. 16 juin 1824. — Nous nous référons encore sur ce point aux explications fournies au mot *Bail*.

**17625. Biens de l'État.** — Les ventes de biens de l'État sont soumises au droit réduit de 2 pour 100 par l'art. 69 § 7 n° 1er L. 22 frimaire an 7.

On trouvera au mot *Adjudication* tout ce qui concerne ce sujet.

**17626. Expropriation forcée.** — Autrefois la jurisprudence admettait que l'expropriation forcée purge par elle-même l'immeuble, sans que l'adjudicataire ait besoin ni de faire transcrire son titre, conformément à l'art. 2181 C. C., ni de le déposer au greffe du tribunal, dans le cas prévu par l'art. 2194. On avait voulu conclure de là qu'il n'y avait pas lieu d'appliquer à ce genre de mutation l'art. 52 L. 28 avril 1816; mais la Cour de cassation n'a pas admis ce système. Elle a jugé, le 25 juillet 1821, que l'art. 52 L. 28 avril 1816 ayant assujetti toutes les ventes indistinctement au droit proportionnel de 5 et demi pour 100, il n'y a aucune distinction à faire entre les ventes volontaires et les ventes sur poursuites judiciaires, pour ne soumettre ces dernières qu'au droit de 4 pour 100, conformément à l'art. 69 § 7 n° 1er L. 22 frimaire an 7, sous prétexte qu'il n'y a jamais nécessité pour l'adjudicataire de les faire transcrire (S. 21-1-410, 7032 J. E.).

« Attendu, porte l'arrêt, que l'art. 52 L. 28 avril 1816 contient une disposition spéciale aux mutations à titre de vente, qu'en fixant le droit d'enregistrement des ventes d'immeubles à 5 fr. 50 cent. pour 100, il n'a pas distingué des ventes ordinaires les ventes par adjudication sur poursuites judiciaires ; attendu que la disposition particulière par laquelle le même article a ajouté que la formalité de la transcription ne donnera plus lieu à aucun droit proportionnel, n'a eu pour objet que de dispenser à l'avenir les ventes, lorsqu'elles seraient transcrites, du droit auquel était précédemment assujettie la formalité de la transcription; attendu enfin que l'art. 54 de la même loi, loin de modifier l'art. 52, n'a fait qu'en étendre la disposition. »

La jurisprudence n'a jamais varié depuis.

**17627. Dation en payement.** — Dans la dation en payement, ce que les parties opèrent c'est une transmission, la libération du débiteur n'en est que la condition: celui-ci transmet à son créancier la propriété de sa chose, et ils conviennent qu'au moyen de ce payement la dette cessera d'exister. Si donc il est vrai que le consentement, dans la dation, a un double objet : 1° la libération du débiteur ; — 2° la transmission de la propriété, il est également certain que c'est cette dernière qui doit être considérée comme principale, parce que, dans toute novation, la convention qui caractérise le contrat est celle dont les obligations subsistent. Ce sont ces caractères que les feudistes avaient nettement déterminés. Aussi les lods et ventes étaient-ils dus et les règles de perception que les feudistes avaient établies étaient suivies en matière de centième denier : « On ne connaît plus, dit Merlin (*Rép.* v° *Dation en payement*), ni lods et ventes, ni centième denier ; mais la question est la même pour les droits d'enregistrement. » Ainsi, les décisions des feudistes jouissent d'une double autorité, car aujourd'hui, comme sous la législation féodale, la dation en payement est une véritable vente; elle se trouve donc virtuellement comprise dans la disposition de l'art. 52 L. 28 avril 1816; ce n'est point agir par analogie ou par assimilation que d'exiger le droit de 5 fr. 50 cent. pour 100 sur la convention dont il s'agit.

V. *Dation en payement*.

**17628. Licitation.** — Nous avons déterminé, sous les nos 10790 et suiv., les effets de la licitation. Mais toutes les fois qu'elle perd son caractère propre, qui est de faire cesser l'indivision, on ne peut plus lui attribuer les effets de l'art. 883 C. C.

Elle n'est plus, dès lors, qu'une vente passible du droit de 5 fr. 50 cent. pour 100.

V. *Licitation*.

**17629. Rétrocession.** — La question de savoir si c'est le droit de 4 pour 100 ou celui de 5 fr. 50 cent. pour 100 qui doit être appliqué à la rétrocession peut présenter des difficultés, en ce sens que la solution doit être différente, suivant qu'il s'agit d'une résolution ou rétrocession volontaire ou d'une résolution judiciaire. Nous renvoyons à cet égard au mot *Résolution*.

**17630. Synagogues.** — Les cessions de places dans les synagogues, ne sont pas passibles des droits immobiliers. — V. 17018.

## CHAPITRE II. — ÉLÉMENTS DE PERFECTION DE LA VENTE

[17631-17837]

### SECTION PREMIÈRE. — CONSIDÉRATIONS GÉNÉRALES

[17631-17676]

#### ARTICLE PREMIER. — PRÉLIMINAIRES

[17631-17633]

**17631. Consentement. — Chose. — Prix.** — En droit civil, trois conditions sont nécessaires pour la perfection de la vente : 1° un consentement réciproque ; — 2° une chose dont le vendeur s'oblige à transférer la propriété ; — 3° un prix que l'acquéreur s'oblige à payer (1583 C.C.). — Du moment que ces trois conditions se trouvent réunies, la vente tombe sous l'application du tarif.

Les difficultés ne seraient pas nombreuses, si ces trois conditions se trouvaient toujours réunies de manière à caractériser le contrat d'une manière certaine, irrécusable ; mais il en est quelquefois autrement et c'est alors à la sagacité du préposé qu'il appartient de saisir la véritable nature du contrat.

**17632. Mutation secrète.** — Et, d'abord, l'esprit de fraude s'ingénie souvent, non-seulement à dénaturer le contrat pour échapper à l'impôt, mais il arrive même à le dissimuler tout à fait. C'est un cas que devait prévoir le législateur et qui a effectivement été l'objet de ses préoccupations. Aussi a-t-il armé l'Administration d'un système de présomptions qui lui permet d'atteindre la transmission à titre onéreux ou à tout autre titre, dans ses replis les plus cachés. Mais c'est là un sujet que nous avons épuisé ailleurs, au mot *Mutation secrète,* et que nous ne signalons ici que pour n'omettre aucun des nombreux détails qui se rattachent au contrat de vente.

**17633. Vente déguisée.** — Sans recourir à ce genre de fraude qui consiste à ne pas produire au jour le contrat qui constate la mutation, il arrive quelquefois que l'on déguise la vente sous la forme d'une autre convention. C'est alors qu'il faut savoir découvrir, sous les involutions d'une rédaction artificieusement combinée, les caractères distinctifs du contrat que l'on cherche à dissimuler.

1. MANDAT. — PROCURATION. — C'est ainsi, pour n'en citer qu'un exemple, que quelquefois, par un acte en forme de procuration, le mandat fait actuellement ce qu'il paraît donner pouvoir de faire, de telle sorte que l'acte que le mandataire est censé devoir passer, devient complétement inutile. Le mandat sert alors à cacher, sous la forme d'une simple procuration, une véritable vente. Dans ce cas, c'est évidemment le droit de la vente dissimulée et non celui de mandat qu'il faut percevoir.

Cependant, il ne faut pas le perdre de vue, le mandant donnant toujours au mandataire le pouvoir de faire ce qu'il ferait lui-même, il peut arriver que la procuration présente toutes les apparences de l'acte qu'on charge le mandant de passer, sans que réellement il y ait aucune simulation. Comment donc distinguer entre le cas où, sous le voile de la procuration, se cache une convention d'une autre nature et celui où la vérité du mandat ne se trouve nullement altérée ? Aucune règle ne peut être donnée là où l'interprétation doit régner en souveraine, et c'est ce qui arrive ici. Les termes de l'acte et l'intention des parties sont ici les seules bases d'appréciation de la nature de la convention. Aussi ne pouvons-nous mieux faire que de renvoyer au n° 11137 sous lequel nous avons soigneusement réuni toutes les décisions qui sont intervenues sur ce point.

Il a été spécialement jugé, en matière civile, que la convention par laquelle l'un des contractants s'oblige envers l'autre au cas où il se rendrait adjudicataire d'immeubles mis en vente, à l'associer à l'adjudication pour tous les immeubles qu'il conviendrait à celui-ci de désigner ne le constitue pas mandataire de ce dernier à l'effet d'acheter pour son compte les immeubles dont il s'agit, mais présente les caractères d'une promesse de vente ou rétrocession (Cass. 6 janv. 1858, D. 58-1-457).

#### ARTICLE 2. — DES CONDITIONS QUI PEUVENT PESER SUR LA VENTE

[17634-17652]

**17634. Principe.** — On ne doit jamais perdre de vue que la vente serait-elle parfaite, en ce sens que les trois éléments, le consentement, la chose et le prix, se trouveraient réunis dans le contrat, on pourrait ne pas être autorisé à percevoir le droit de vente, si une condition quelconque pesait, soit sur la convention dans son entier, soit seulement sur l'un de ses éléments constitutifs.

Nous avons examiné au mot *Adjudication* n°s 1609 et suiv. l'effet des principales conditions résolutoires ou suspensives qui peuvent accompagner les adjudications. Tout ce que nous avons dit alors s'applique aux ventes ordinaires. Il ne nous reste ici qu'à compléter nos développements antérieurs.

**17635. Approbation. — Commune et établissement public.** — Quand les actes de ventes consentis par les communes et établissements publics ou à leur profit étaient assujettis à l'approbation de l'autorité, il avait été reconnu que le droit proportionnel de vente n'était exigible qu'après cette approbation. Mais cette disposition est devenue sans objet depuis que la jurisprudence du conseil d'État a décidé que les contrats de l'espèce étaient affranchis de l'approbation quand ils avaient été précédés des formalités prescrites par les lois sur l'organisation des communes ou des établissements. Elle ne devrait recevoir son application que si les actes n'avaient pas été régulièrement autorisés avant leur passation. — V. *Acte administratif.*

**17636. Biens de mineurs.** — Dans une espèce où le propriétaire du tiers d'un immeuble avait vendu la totalité de cet immeuble dont le surplus appartenait à des mineurs avec procuration à l'acquéreur pour poursuivre la licitation de la totalité, la Cour suprême a décidé qu'il y avait condition suspensive et que le droit fixe était seul exigible alors même que le vendeur s'était obligé à ne rien exiger au delà du prix convenu, dans le cas où les enchères s'élèveraient plus haut (13 juin 1827, 8742-8767 J. E., 6315 J. N., S. 27-1-377). — *V.* 4020-1.

Cependant le contraire a été jugé dans une espèce qui présente une analogie directe avec celle ci-dessus. Ainsi la vente d'immeubles indivise avec des mineurs, consentie sous promesse de ratification, mais avec la condition de remplir ultérieurement les formalités prescrites pour l'aliénation des biens des mineurs, et moyennant un prix qui ne pourra varier, quel que soit le résultat de l'adjudication, l'acquéreur devant perdre ou bénéficier de tout ce qui, dans le prix de l'adjudication, sera en dessus ou en dessous du prix fixé dans l'acte de vente n'est pas consentie sous *condition suspensive* et donne ouverture au droit proportionnel (Reims 5 août 1843, 13360 J. E. ; — Cass. 20 nov. 1844, 13616 J. E., 12181 J. N., 1732 § 16 I. G., S. 45-1-134). — *V.* 4920-1 et 4971.

**17637. Cautionnement à fournir.** — Il y a condition suspensive de la vente dans une clause d'adjudication volontaire selon laquelle la vente de l'objet adjugé n'aura son effet et n'opérera transmission qu'autant que l'acquéreur aura fourni caution dans la huitaine (Cass. 8 juill. 1820, *P. chr.* n° 550, Dél. 18 juin 1841, 12927-2 J. E., 11202 J. N.). — *V.* 4715.

**17638. Condition alternative.** — La circonstance que l'acquéreur pourra se libérer du prix de son acquisition par l'abandon d'un immeuble déterminé n'enlève pas à l'acte de vente son caractère d'actualité. Malgré cette stipulation, l'obligation est complète, irrévocable, et dès lors passible du droit proportionnel sur le prix stipulé (Cass. 9 juill. 1839, 13348 J. E., 1601 § 16 I. G., 10410 J. N., S. 39-1-679. — V. 14379.

**17639. Consignation des droits d'enregistrement.** — Un arrêt de la Cour de cassation du 9 juillet 1855 (446 R. P., 15571 J. N., S. 56-1-73) a jugé que la clause d'un cahier des charges ainsi conçue : « L'adjudication ne sortira effet et ne pourra opérer transmission de propriété qu'autant que les droits d'enregistrement auront été consignés par l'adjudicataire, soit à l'instant de l'adjudication, soit le lendemain avant midi pour tout délai, et, à défaut de cette consignation dans ledit délai, l'adjudication n'aura produit aucun effet et sera considérée comme non avenue, sans préjudice de tous dommages-intérêts ainsi que de droit, » constitue une condition suspensive et non pas seulement une condition résolutoire. En conséquence, en cas d'inaccomplissement de cette condition, il n'y a pas lieu à la perception du droit proportionnel de vente, l'adjudication devant être considérée comme ne s'étant point réalisée.

Nous avons examiné cette question à l'art. 1609 du présent ouvrage.

Il a été décidé spécialement qu'il faut considérer comme suspensive la clause d'une adjudication volontaire portant que cette adjudication ne produira son effet qu'autant que les frais auront été payés dans un délai fixé et que l'acquéreur aura fourni caution (Cass. 8 juill. 1822, *P. chr.* 550).

« Attendu que les clauses contenues aux art. 11 et 13 du cahier des charges, sur lequel a eu lieu l'adjudication du 14 juin 1809, ainsi que du procès-verbal de cette adjudication, il résulte que la vente faite à la dame Grignet du fonds de commerce appartenant aux dame et demoiselles Chapuis ne devait avoir son effet et opérer transmission de propriété au profit de ladite dame Grignet qu'autant qu'elle remplirait, dans le délai fixé par les clauses, les charges y énoncées ; attendu qu'il est reconnu, dans la cause, que ladite dame Grignet n'a aucunement satisfait aux charges, en sorte que, la condition suspensive de la vente n'ayant pas été remplie, aucune mutation de propriété n'avait été opérée au profit de ladite dame; d'où il suit que la reconnaissance par elle faite dans l'acte subséquent, du 23 novembre 1809, qu'elle n'avait jamais eu aucun droit de propriété sur les objets vendus, n'a pas dû être considérée comme une rétrocession volontaire de ces mêmes objets, ni par conséquent donner lieu à l'application du droit proportionnel réglé par l'art. 69 § 5 n° 1er L. 22 frimaire an 7.

*Conf.* : Saint-Dié 18 avril 1874, 4534 R. P.

**17640. Dation en payement.** — L'obligation d'une somme, avec stipulation que, si elle n'est pas remboursée à l'époque fixée, le créancier sera propriétaire d'un objet mobilier ou immobilier, ne donne lieu à la perception, sur l'acte, que d'un droit proportionnel de 1 pour 100 quant à l'obligation, et d'un droit fixe pour la promesse de vente conditionnelle (Dél. 23 août 1826, 5861 J. N.). — *V.* 17656-2.

**17641. Délégation.** — Une vente d'immeubles sur laquelle une partie du prix a été payée et le surplus délégué à des créanciers inscrits, avec cette clause que le vendeur se réserve de désintéresser lui-même ces créanciers et que la vente ne deviendra définitive qu'autant que l'acquéreur serait forcé d'acquitter lui-même les créances déléguées, ne peut être considérée comme faite sous condition suspensive, et le droit proportionnel est exigible (Blois 22 janv. 1851, 15135 J. E.). — *V.* 4928.

**17642. Mandataire.** — Si, dans le procès-verbal d'une vente d'immeubles, il est stipulé que l'adjudication d'un lot ne sera définitive qu'après une déclaration du vendeur absent et agissant au moyen d'un fondé de pouvoirs, il y a condition suspensive, et si le droit proportionnel a été perçu, il devient restituable d'après justification que le vendeur, au lieu d'avoir fourni la déclaration indiquée, a vendu l'immeuble à un autre (Vesoul 24 juill. 1843, 11747 J.N.).— V. 4916 et 15462.

**17643. Obligation.** — La clause d'une obligation hypothécaire portant qu'à défaut de remboursement au terme fixé, le prêteur sera propriétaire, moyennant un prix déterminé, de l'immeuble hypothéqué, n'emportant pas transmission actuelle de cet immeuble, n'est passible que du droit de 1 pour 100 sur la somme prêtée (Dél. 11 fév. 1835, S. 35-2-195). — *V.* 17640 et 17656-2.

**17644. Indemnité.** — La clause d'un acte de vente soumettant celle des parties qui, au jour de la livraison, refuserait d'exécuter l'acte, à l'obligation de payer une indemnité n'a pas le caractère d'une condition suspensive et n'empêche point dès lors que le vendeur n'ait été dessaisi, dès le jour de la vente, de la propriété des objets vendus (Cass. 18 juill. 1863, S. 63-1-50).

Une vente portait, en ce sens, qu'à défaut de payement du prix dans le délai convenu l'acquéreur remettrait une indemnité de 10,000 francs au vendeur et que la vente serait non avenue. Les parties ont soutenu que c'était là une condition suspensive n'autorisant pas la perception du droit proportionnel. Mais leur prétention a été rejetée par un arrêt de Cass. du 14 novembre 1809 portant : « Considérant que de l'acte du 22 septembre 1806, produit par le défendeur, il résulte qu'il avait acquis les immeubles dont il s'agit, non sous une condition suspensive, mais, au contraire, sous une condition simplement résolutive en cas de non payement du prix dans le délai qui y a été énoncé ; et que c'est à titre de propriétaire qu'il a joui desdits immeubles, comme le confirment les inscriptions de son nom sur le rôle de la contribution foncière et des payements qu'il en a faits. » — *V.* 17668.

**17645. Réalisation de vente sous seing privé devant notaire.** — Pothier s'exprime ainsi (*des Oblig.* n° 11) : « Quoique le seul consentement des parties suffise pour la perception des contrats consensuels, néanmoins, si les parties, en contractant une vente, un louage ou quelque autre espèce de marché, sont convenues d'en passer acte pardevant notaire, *avec intention* que le marché ne serait parfait et conclu que lorsque l'acte aurait reçu sa forme entière par la signature des parties et du notaire, le contrat ne recevra effectivement sa perfection que lorsque l'acte du notaire aura reçu la sienne ; et les parties, quoique d'accord sur les conditions du marché, pourront licitement se dédire avant que l'acte ait été signé. Observez que la convention qu'il sera passé acte devant notaire, d'un marché, ne fait pas dépendre de cet acte la perfection du marché ; il faut qu'il paraisse que l'*intention des parties*, en faisant cette convention, a été de l'en faire dépendre. »

Si donc les parties se sont contentées d'insérer dans un acte de vente sous seing privé que la mutation sera réalisée devant notaire, il n'y a pas condition suspensive et le droit proportionnel est exigible. Mais il en serait autrement si la clause de réalisation avait été stipulée comme condition *sine quâ non*. — C'est ce que décidait déjà en ces termes l'auteur du *Dictionnaire des Domaines* : « L'acte par lequel, disait-il, on vend nommément à telle personne *avec promesse* d'en passer contrat dans un temps fixe ou à première réquisition, est une vente actuelle dont la publicité n'est différée que pour plus d'assurance. Le vendeur se trouve obligé à passer le contrat. Boutaric dit qu'il ne faut pas confondre le cas où les parties ont voulu que le contrat public fût nécessaire pour la validité de leur convention, avec celui où après être convenues du prix et autres conditions de la vente elles n'ont désiré le contrat devant notaire que pour plus d'assurance » (Bosquet t. 3 p. 551).

Cette doctrine a été consacrée en matière d'enregistrement par plusieurs arrêts de Cass. (Cass. 12 therm. an 13, *arrêt rapporté* 11577 ; — 13 janv. 1852, 1920 § 4 I.G., S. 52-1-129 ; — 10 mars 1868, 2623 R.P., 2366-3 I.G., B.C. 8, S. 68-1-136, D. 68-1-101, 19209 J.N., 14136 C. ; — *V.* 11577 ; — et 25 mars 1872, 3424 R. P., 2449-1 I. G., B. C. 60, S. 72-1-193, D. 72-1-314, P. 72-436).

*Arrêt du 12 janvier 1852* : — « Attendu que l'acte sous seing privé du 16 mai 1831 était parfait et complet par lui-même, et que, s'il exprimait l'intention des parties de recourir plus tard à la forme authentique, c'était seulement par voie d'énonciation et sans subordonner la validité de la vente à cette formalité ; d'où il suit que la Régie a été bien fondée à exiger le double droit sur la différence du prix stipulé dans cet acte sous seing privé. »

*Arrêt du 25 mars 1872* : — « Attendu que, par jugement du 20 mars 1868, le tribunal civil de Marseille a ordonné que, dans le mois de sa signification, la Compagnie immobilière serait tenue de passer acte de vente aux frères Gauthier des terrains à eux loués avec faculté d'achat, conformément à l'acte de bail du 16 mai 1865 ; qu'il a, en même temps, déterminé le point de départ du payement des annuités du prix ; attendu que cette condamnation a pour cause la constatation faite en justice de l'exercice régulier par les locataires de la faculté d'achat qu'ils avaient stipulée, et conséquemment de la perfection du contrat de vente, par suite de l'accord des contractants sur la chose et sur le prix ; qu'en ordonnant, dans le délai qu'il fixe, la passation d'un acte public de vente, le jugement n'en fait pas, plus que le traité de 1865 auquel il se réfère, la condition suspensive de la transmission de la propriété ; qu'il constitue, dès lors, un acte judiciaire translatif de propriété de biens immeubles, et à ce titre soumis au droit proportionnel de mutation immobilière ; que le droit auquel il a donné ouverture a été immédiatement acquis au Trésor, et que la perception a dû en être poursuivie indépendamment des résultats éventuels de l'appel interjeté par la Compagnie. »

« On sait bien, disait, à propos de l'arrêt du 10 mars 1868, M. le conseiller rapporteur, qu'un simple projet de vente n'est pas une vente et ne peut donner lieu dès lors à la perception du droit d'enregistrement. Mais à quels signes juridiques reconnaît-on qu'une convention n'a été pour les parties qu'un simple projet ? Ici commence la difficulté. Pothier, dans l'ancien droit, Portalis, en exposant au Corps législatif les motifs du titre de la vente, posaient comme règle de décision que, lors même que les parties auraient stipulé dans l'acte sous seing privé qu'il en serait passé acte devant notaire, le titre véritable n'en serait pas moins dans le premier acte, s'il ne résultait pas des circonstances qu'elles eussent voulu faire dépendre de l'acte devant notaire la perfection de leur marché. Et de cette distinction se tire la solution de la question fiscale. Dans le premier cas, c'est-à-dire si la convention n'est pas essentiellement subordonnée à la forme d'un acte public, il y a engagement parfait, et cet acte sous seing privé, abstraction faite de l'acte authentique qui pourra intervenir, rend immédiatement exigible le droit de mutation. Dans le second cas, au contraire, c'est-à-dire si la promesse a eu lieu avec l'intention de subordonner l'engagement à la rédaction future de l'acte public, alors il n'y a pas lien de droit, il y a simple projet tant que la promesse n'est pas réalisée, et ce sera, non dans l'acte sous seing privé, mais sur l'acte authentique que devra être perçu le droit proportionnel (*V.* Dalloz *Répertoire* t. 21 p. 484 n° 2327). Comp. Dissert. de M. Pont, *Rev. crit.* t. 3 p. 286.

C'est donc là une appréciation de fait plus qu'une question de droit, et nous nous empressons de reconnaître qu'en matière d'enregistrement cette appréciation de fait est discutable par le pourvoi et reste sous le contrôle de la Cour de cassation.

Mais il faut dire aussi que, tout en exerçant son droit de révision, la cour régulatrice n'a jamais jugé autrement que les tribunaux dont les décisions lui avaient été déférées, et c'est même ce qui explique une diversité de jurisprudence qui se produit toujours sous la forme d'un rejet » (2623 R. P.; — *V.* également Brives 15 juill. 1851, 15298 J. E.; — Avignon 5 août 1850, 15062-1 J. E.; — Saverne 3 fév. 1865, 2085 R. P.; — Seine 6 juill. 1873, 3985 R. P.).

La vente serait donc suspendue et le droit ne pourrait être perçu s'il apparaissait, d'après les termes de l'acte ou les circonstances de l'affaire, que les parties ont entendu réellement subordonner la transmission de la propriété à la rédaction de l'acte publié.

C'est ce que la jurisprudence a fait résulter, notamment en matière d'enregistrement, des stipulations relatives à l'époque de l'entrée en jouissance (Seine 24 janv. 1862, 1654 R. P., 12260 C.; — Cass. 6 mai 1863, 1783 R. P., 17733 J. N., 12454 C., 570 Rev. S. 63-1-296).

« Attendu, porte l'arrêt du 6 mai 1863, que des dires consignés en la sommation du 29 novembre 1858 et au procès-verbal du même jour résulte l'indication de conventions passées entre Paravicini et les consorts Gerry, et contenant non pas une vente d'immeubles actuelle et parfaite, mais une promesse de vente subordonnée à l'accomplissement de deux conditions, à la passation d'un acte notarié et au payement d'un à-compte de 12,000 francs sur le prix ; que les consorts Gerry conservaient le droit, duquel ils ont usé, de renoncer à la vente s'ils ne pouvaient pas ou ne voulaient pas remplir ces conditions; attendu que la perfection de la vente se trouvait ainsi suspendue, et que l'on ne peut pas considérer comme résolutoires les conditions susénoncées, puisqu'il n'y a résolution d'un contrat qu'après qu'il a été complétement et définitivement formé ; attendu que, lorsque la perfection d'une vente est retardée par une condition suspensive, la promesse ne vaut vente qu'autant que la cause de suspension aura cessé. »

Il a été également décidé en matière civile que le caractère suspensif de la condition pouvait découler soit de la prise de possession renvoyée après la passation du contrat, soit de l'époque du payement des intérêts du prix, fixés à la même époque, soit d'autres circonstances analogues (C. Angers 15 fév. 1866, S. 66-1-169 ; — C. Chambéry 5 fév. 1868, 19341 J. N.).

Mais tous les auteurs reconnaissent qu'en cette nature la présomption doit être que les parties n'ont pas entendu subordonner la formation de leur contrat à la rédaction de l'acte notarié, et que leur intention a été seulement d'en assurer plus efficacement le mode de preuve et d'exécution (*V.* Demolombe t. 24 n° 36 et *suprà* nos 1495 et 4932).

*Condition de passer acte et payement d'un à-compte.* — Si la vente a été soumise à la double condition de la passation d'un acte notarié et du payement d'un à-compte sur le prix, elle devient définitive et donne lieu à la perception du droit proportionnel de vente, du moment où un à-compte sur le prix a été en effet payé par celui en faveur duquel cette promesse a été faite. « Considérant que, quelle qu'ait été la nature des conditions de la promesse de vente intervenue, en novembre 1865, entre les susnommés, il est certain que les payements partiels ont réalisé ladite promesse de vente, ont transféré la propriété et constitué Wagon possesseur à titre de propriétaire ; qu'il suit de là que c'est à bon droit qu'en enregistrant la minute du jugement du 5 avril 1867, l'Administration a perçu la somme de 1797 fr. 30 cent., montant du droit proportionnel et du double droit, décime et demi compris, à raison de la vente révélée par ledit jugement » (Saint-Quentin 27 mai 1868, 2202 Rev.). — *V.* 17645 et 17649-5.

1. CONDITION DE PASSER ACTE. — On enseigne généralement à cet égard que si les parties sont convenues purement et simplement de rédiger leur convention par écrit, la présomption doit être, en général, qu'elles ont entendu n'être engagées qu'autant et qu'après que l'acte serait rédigé. Et c'est à la partie qui soutiendrait que la formation du contrat n'a pas été subordonnée à cette condition à le prouver (Demolombe t. 24 n° 36 ; — Toulouse 19 août 1806, S. *Coll. nouv.* t. 2-2-167 ; — Cass. 12 nov. 1821, S. 22-1-148 ; — Agen 17 janv. 1824, D. 25-2-34).

2. ACCEPTATION. — RÉSERVES. — Lorsque, dans un projet de vente d'immeubles sous seing privé, il est stipulé que la vente ne sera obligatoire pour l'acquéreur qu'à partir d'une époque déterminée, lors de laquelle il écrira au vendeur pour lui faire connaître son acceptation, s'il ne trouve point d'empêchement, et qu'ensuite, à l'époque déterminée, cet acquéreur écrit une lettre qu'il dit contenir son acceptation, mais sous la réserve expresse de modifications à faire à la forme du contrat, une pareille acceptation ne transforme pas le projet de vente en un contrat définitif, et ne donne pas ouverture par conséquent au droit proportionnel d'enregistrement (Cass. 4 fév. 1839, 12256 J. E., P. 39-1-245). — *V.* 4962.

3. JUGEMENT. — Si un jugement enjoint à ce vendeur de passer acte de la vente, à défaut de quoi le jugement en tiendra lieu, la mutation est complète (Seine, 22 juill. 1876, 4720 R. P.). — *V.* 10571.

**17646. Difficulté sur le choix d'un notaire.** — On peut réclamer le droit de mutation d'après un jugement rendu à la justice de paix qui, en rapportant les dires des parties, constate qu'il y a eu entre elles promesse de vente, et que toute la difficulté qui les divise repose sur choix d'un notaire pour réaliser la vente (Cass. 13 avr. 1829 79 Roll.).

**17647. Saisie immobilière.** — Si l'individu auquel on a dénoncé une saisie immobilière poursuivie contre lui vend de gré à gré les biens saisis, sous la condition expresse que les ventes seront considérées comme non avenues dans le cas où l'expropriation forcée s'effectuerait, il y a condition suspensive (D. m. f. 16 janv. 1832, 4484 J.N., 636 Roll.).

**17648. Visite des lieux.** — La clause par laquelle l'acquéreur se réserve de visiter l'immeuble vendu dans un certain délai, pour maintenir la convention ou l'annuler, soumet la vente à une condition suspensive ; en conséquence, aucun droit n'est exigible si l'acquéreur, après avoir visité l'immeuble, refuse de sanctionner le contrat (Marseille 11 août 1851, 8647 R.M. Fess.).

Il en est de même des remises de titres. — *V.* 4933.

**17649. Condition résolutoire.** — Les diverses hypothèses que nous venons de passer en revue se rapportent toutes à des conditions qui, tenant la vente en suspens, s'opposent à la perception du droit de mutation. Mais il n'en est plus ainsi lorsque c'est d'une condition résolutoire qu'il s'agit. Nous savons, en effet, qu'une pareille condition laisse à l'obligation son actualité et la soumet seulement à une résolution conditionnelle.

1. CRÉANCES HYPOTHÉCAIRES. — Il y a condition résolutoire et non suspensive dans l'obligation imposée à un acquéreur de payer les créances hypothécaires sur l'objet vendu : le défaut d'exécution peut seulement faire résilier le contrat (Cass. 28 août 1815, 1714 J.N., 5295 J.E., S. 15-1-421). — *V.* 14476 et 4965.

2. MAINLEVÉE. — L'obligation de rapporter mainlevée des inscriptions hypothécaires ne constitue point une condition suspensive, mais une condition résolutoire sans influence sur l'exigibilité actuelle du droit de mutation (Bazas le 7 juin 1870, 3492 R.P.).

Au contraire, lorsqu'une convention de vente d'immeubles était subordonnée à la condition que les biens fussent délivrés quittes et libres de toutes charges, la vente est restée imparfaite : « Attendu que la promesse de vente dont il s'agit au procès était subordonnée à la condition que le bien faisant l'objet du contrat serait dégrevé de toutes inscriptions hypothécaires, et qu'ensuite il serait passé acte de vente devant notaire ; attendu que la radiation de l'hypothèque inscrite en 1867 au profit de la masse des créanciers de la faillite de M. Léon Dathis n'a pû être obtenue, et que par suite la vente est restée imparfaite et n'a pu être réalisée ; attendu que, dans ces circonstances, la cour d'appel a considéré l'acquéreur comme dégagé de son offre vis-à-vis des vendeurs, parce que, à la date du 22 novembre 1869, après plus de trois mois de négociations, l'inscription hypothécaire continuait à subsister ; attendu que par ledit arrêt la Cour a déclaré résiliée non la vente d'où serait résultée une mutation de propriété, mais la convention de vente, qui était subordonnée à une condition dont l'inaccomplissement entraînait la résiliation du contrat ; attendu que la vente étant restée imparfaite, il n'y a pas eu mutation où translation de propriété, et que, par conséquent, il ne peut être question de rétrocession donnant ouverture à un nouveau droit de mutation » (Gand 12 fév. 1873, 12160 J.E. belge).

3. CRÉDIT. — En matière civile, il a été reconnu que la vente faite moyennant un crédit non encore réalisé est parfaite à dater du contrat, et non pas seulement à compter de la réalisation du crédit (Cass. 22 août 1849, D.49-1-273).

4. OBLIGATION DE FAIRE. — La vente d'un terrain, avec entrée en jouissance et payement des intérêts à partir d'une date antérieure au contrat, et sous la condition qu'elle sera non avenue si, dans un délai déterminé, l'acquéreur n'a pas construit une maison sur le terrain vendu, est passible du droit proportionnel, car la condition n'est pas suspensive, mais résolutoire (Le Havre 3 mai 1849, 14839 J.E.)

5. PAYEMENT DU PRIX. — Le droit proportionnel est immédiatement exigible sur la vente consentie sous la condition que le prix sera payé sur la valeur d'une donation contractuelle faite à l'acquéreur par un tiers et que la vente sera non avenue si cette donation ne sort pas à effet (Romorantin 27 avr. 1849, 14729 J.E.) ; — ou sur celle dans laquelle il est stipulé que si l'acquéreur ne paye pas dans un délai convenu, la vente sera résiliée, et qu'il sera seulement payé une indemnité au vendeur (Cass. 14 déc. 1809, 3687 J.E., 8 fév. 1813, 4456 J. E.). — *V.* 4970.

Il est bien certain, en effet, que l'obligation de payer le prix n'est pas, en général, une condition suspensive arrêtant la transmission de la propriété. Mais le contraire pourrait être exprimé et le droit proportionnel cesserait alors de devenir exigible. Ainsi, il a pu être décidé que quand un jugement interprétant une convention a déclaré que l'existence de la vente était subordonnée au payement préalable du prix ou à son dépôt entre les mains d'un notaire, il n'est constaté qu'une vente soumise à une condition suspensive et le droit proportionnel n'est pas exigible (Montpellier 11 mai 1863, 12498 C.). — C'est l'application du principe que nous avons déjà rencontré au sujet de la consignation préalable des frais de la vente (n° 17639).

En ce sens, un arrêt de Cass., du 6 mai 1863, a reconnu que l'on doit attribuer le caractère suspensif à la promesse de vente portant que l'acquéreur ne sera propriétaire qu'après le payement d'un à-compte sur le prix et la passation d'un acte notarié, alors même que l'entrée en possession serait immédiate ; cette entrée en possession, dans les circonstances où elle a lieu, ne prouve pas la perfection de la vente, car elle n'avait qu'un caractère provisoire et restait subordonnée aux mêmes éventualités que la convention de vente qui lui sert de base (1783 R.P., 17733 J.N., 12454 C., 570 Rev., S. 63-1-396). — *V.* 17665.

C'est également ce que la Cour de cassation a décidé dans un cas où il était constant que les parties avaient eu l'intention de faire dépendre la transmission de propriété du payement du prix. L'arrêt qui le décide ainsi, rendu le 27 mai 1823, porte :

« Attendu qu'il résulte clairement des expressions de l'arrêt de la cour royale de Montpellier, du 16 janvier 1821, que cette cour n'a pas entendu prononcer une résolution pure et simple de la vente du 28 juin 1814, et qu'au contraire elle a subordonné cette résolution à la condition expresse que Guiraud, vendeur, rembourserait à Vidal, acquéreur, dans un délai déterminé par ledit arrêt, tant le principal de la vente que tous les frais et loyaux coûts auxquels elle avait donné lieu; d'où il suit que, jusqu'à l'accomplissement de cette condition, on ne peut pas dire que la propriété de l'immeuble vendu ait cessé de résider sur la tête de l'acquéreur, ni qu'il y ait eu, par conséquent, ouverture à un droit de mutation. » — V. au surplus 17665 et Saint-Dié 18 avril 1874, 4534 R. P.

6. QUALITÉ OU CONTENANCE. — La clause portant qu'une vente sera résiliée dans le cas où l'acquéreur reconnaîtrait qu'on l'a induit en erreur sur la qualité ou la contenance des objets vendus constitue une condition résolutoire, ne s'opposant pas à la perception du droit proportionnel. — V. *Restitution* 14475.

7. RATIFICATION. — La vente des biens d'un mineur, avec stipulation qu'elle sera nulle si le mineur ne la ratifie pas à sa majorité, est faite sous condition résolutoire seulement, et le droit proportionnel est exigible (Le Mans 9 avr. 1842, 12997-10 J. E.). — V. 13593.

8. CONDITION DE SE MARIER. — La clause que la vente sera nulle si l'acquéreur ne se marie pas avec telle personne est résolutoire (Reims 2 déc. 1874, 4207 R. P.).

**17650. Accomplissement de la condition.** — Si le droit proportionnel de vente ne doit pas être perçu lorsqu'il y a condition suspensive, ce droit devient exigible du moment que la condition s'est accomplie (Cass. 19 juin 1826).

« Attendu, porte cet arrêt, en fait, que l'acte du 18 août 1821 ne présente qu'un traité entre les parties, sur l'exploitation future d'une mine, exploitation essentiellement subordonnée à la concession que, par l'art. 3 dudit traité, le sieur Dumaine était chargé de solliciter, au profit des consorts Flachat, auprès du Gouvernement, conformément aux dispositions de la loi du 21 avril 1810 sur les mines; attendu que cette condition, apposée au traité, était suspensive de toute obligation entre les parties, obligation qui n'aura d'effet légal qu'au moment où la condition sera accomplie; attendu qu'en jugeant, dans cet état, que l'acte du 18 août 1821 ne pouvait donner, par lui-même, et abstraction faite de la concession à obtenir du Gouvernement, ouverture à aucun droit proportionnel, le jugement attaqué n'a fait que se conformer aux principes de droit qui régissent les obligations, et n'a point compromis les intérêts de la Régie, à laquelle il n'interdit aucunement la faculté de réclamer le droit dont il s'agit lors de l'accomplissement de la condition apposée audit acte; d'où il suit que ce jugement n'a point violé les articles invoqués de la loi du 22 frimaire an 7. »

1. APPROBATION. — On a vu, au n° 17635, que la vente à une commune ou à un établissement public n'est passible du droit proportionnel que lorsqu'elle a été approuvée par l'autorité supérieure. Mais le droit proportionnel et le double droit sont exigibles si la mutation, qui est devenue parfaite par approbation supérieure, n'a pas été déclarée à l'enregistrement dans les vingt jours de la réception de l'approbation (Lyon 25 mai 1841, 12754 J. E.; — *Conf.* : Cass. 19 juin 1826). — V. 17650.

2. ENTRÉE EN POSSESSION. — Si l'acquéreur d'un immeuble sous condition suspensive a fait acte de propriété sur cet immeuble, il y a preuve que la vente a été exécutée et que la condition suspensive s'est accomplie, ce qui donne ouverture au droit proportionnel (Cass. 31 juill. 1838, 10115 J.N., 12145 J. E., S. 38-1-780; — Saint-Girons 10 mai 1837, 11808 J. E.).

3. PAYEMENT DU PRIX. — Le droit proportionnel devient exigible lorsqu'un acte quelconque vient donner la preuve que la condition de résolution d'une vente *faute de payement de prix*, prononcée par un jugement, a été accomplie (Saverne 16 avr. 1851, 15245 J. E.).

Si ce fait résulte de la quittance du prix, il est dû, lors de l'enregistrement de l'acte, le droit de quittance et le droit de mutation (Tournai 22 déc. 1874).

**17651. Exécution actuelle de la convention.** — En général, la vente qui reçoit une exécution actuelle quelconque n'est pas faite sous condition suspensive. Les stipulations qui affectent seulement le terme et le mode de payement du prix ne sont pas une condition de ce genre. Dès lors la résolution volontaire avant payement et échéance donne ouverture au droit de rétrocession (Romorantin 27 avr. 1849, 8041 R. M. Fess.). — V. 17649-4.

S'il est prouvé qu'une vente, consentie sous une condition qualifiée suspensive, existe et reçoit son exécution à partir de la date de l'acte, le droit proportionnel est exigible. Ainsi, la vente d'un terrain avec entrée en jouissance et payement des intérêts à partir d'une date antérieure au contrat, et sous la condition qu'elle sera non avenue si, dans un délai déterminé, l'acquéreur n'a pas construit une maison sur le terrain vendu, est passible du droit proportionnel (Le Havre 3 mai 1849, 14839 J. E.).

**17652. Prescription.** — On peut voir, au mot *Prescription*, comment se prescrit le droit exigible, par suite de la réalisation de la condition.

## ARTICLE 3. — DE LA PROMESSE DE VENTE

[17653-17676]

**17653.** — Le Code civil ne se borne pas à déclarer la vente parfaite lorsqu'il y a consentement *réciproque* sur la chose et sur le prix; l'art. 1589 veut encore que la promesse de vente, lorsqu'elle se produit dans les mêmes circonstances, équipolle à la vente. Il convient donc d'examiner ici les conventions de ce genre qui sont ou ne sont pas de nature à tomber sous le coup du tarif édicté par l'art. 52 L. 28 avril 1816.

**17654. Acceptations différentes des mots promesses de vente.** — « Il y a, dit Pothier au n° 476 de son *Traité du contrat de vente*, une fort grande différence entre la promesse de vente et la vente même. Celui qui promet de vendre une chose ne la vend pas encore; il contracte seulement l'obligation de vendre quand il en sera requis. Celui qui vend une chose déterminée devient débiteur de cette chose envers l'acheteur; mais celui qui promet seulement de la vendre n'est pas encore débiteur de cette chose, il n'est débiteur que d'un fait. »

Cette doctrine est d'une vérité incontestable; mais son application rencontre en pratique de grandes difficultés, car il arrive parfois que, sous la forme d'une simple promesse de vente, il y a un contrat réellement translatif. On trouve journellement des actes sous signature privée qui contiennent cette formule « *je promets de vendre,* » et qui sont cependant des aliénations véritables. Il faut donc distinguer, entre les promesses de vente, celles qui, sous cette qualification inexacte, dissimulent une mutation actuelle de propriété, et celles qui demeurent, au contraire, des engagements sans effet translatif.

Les anciens docteurs avaient imaginé pour cela une théorie devenue célèbre dans la jurisprudence du temps.

Si les parties stipulaient *in futurum*, en remettant dans l'avenir la consommation de la vente, la promesse ne constituait qu'une obligation de faire, résoluble en dommages-intérêts. Mais si les contractants stipulaient dès à présent, *in præsenti*, en ajournant la rédaction de l'acte à une époque ultérieure, la vente était complète.

Tous les feudistes nous apprennent que cette distinction était suivie pour la perception des droits seigneuriaux (d'Argentré *de Laudimiis* ch. 14, Duplessis *Cout. de Paris* liv. 2, Despeisse ch. 7 n° 4, Bretonnier sur Henrys liv. 4 ch. 6 quest. 40). Elle passa dans la législation du centième denier, comme l'atteste la règle suivante du *Dictionnaire de Bosquet* : « Promesse de vendre n'est point considérée comme vente, au lieu que l'acte par lequel on vend nommément à une personne, avec promesse d'en passer contrat dans un temps fixe ou à première réquisition, est une vente actuelle » (v° *Promesse de vendre*).

Nous ne disconvenons pas que cette théorie n'eût son utilité, puisqu'elle déterminait positivement le caractère translatif de cette promesse de vente fort commune, qui consiste à retarder la passation de l'acte à une époque ultérieure; mais elle ne tranchait pas le point vraiment délicat du litige, à savoir comment on pouvait distinguer si une promesse était faite *in præsenti* ou *in futurum*.

Champ. et Rig. ont très-ingénieusement exploité l'indécision de l'ancienne doctrine sur ce point. Selon eux, toutes les promesses de vente sont réputées faites *in futurum*, et par conséquent dispensées du droit quand il n'est pas formellement exprimé qu'elles ont lieu *in præsenti*. Voici le raisonnement qui les conduit à cette singulière conclusion : « Toute promesse de vendre, disent-ils, par cela seul qu'elle est une promesse, suppose un terme et se reporte nécessairement au temps futur ; on ne promet pas de faire une chose que l'on fait ou que l'on croit faire actuellement. Si je vous compte 100 francs, il est absurde que je vous les promette; si je vous transmets ou crois vous transmettre une propriété par le seul effet de l'acte que je souscris, je ne puis vous promettre d'en faire la vente à votre profit sans déraisonner... Dans la promesse que je fais de vous vendre, il y a un terme;... il faut donc admettre qu'elle a eu lieu *in futurum* » (n° 1758).

Il n'y a là qu'un habile paralogisme. Comme nous l'avons dit ci-dessus, une convention, quoique qualifiée de promesse, peut être une vente véritable si telle a été l'intention des parties. L'art. 1589 C.C. le démontre en termes fort clairs : « La promesse de vente vaut vente lorsqu'il y a consentement réciproque des deux parties sur la chose et sur le prix. » Il n'est pas du tout nécessaire que les parties aient exprimé catégoriquement leur désir de faire une vente actuelle pour qu'on y voie une promesse *in præsenti;* c'est là une question d'interprétation à décider d'après les expressions de l'acte et les circonstances de l'affaire. Dumoulin, le promoteur de la théorie des promesses *in præsenti* et *in futurum*, ne disait pas autre chose : « *Hæ tamen sane intelligenda sunt quando partes remanent in terminis simplicis conventionis de vendendo, vel alio actu faciendo in futurum, ità quod intentio partium et verba dispositiva referantur ad actum præsentem.* Pour savoir si les parties sont restées dans les termes d'une simple convention de vente ou d'une promesse *in futurum*, il faut examiner si l'intention des parties et les dispositions de l'acte se rapportent à une vente future ou à une vente actuelle. » Il y a loin de là à cette présomption en vertu de laquelle nos savants contradicteurs érigent de plein droit en ventes futures toutes les promesses qui laissent du doute sur le but des contractants. Leur doctrine est donc absolument inadmissible; jamais elle n'a triomphé en jurisprudence.

**17655. Doctrine moderne. — Promesse non acceptée.** — La doctrine moderne a posé des principes plus exacts sur le caractère des promesses de vente. On les divise en trois classes : les pollicitations, les promesses unilatérales et les promesses synallagmatiques.

Lorsque la promesse se réduit à une simple proposition non acceptée, elle constitue ce que l'on appelait *pollicitation* dans le droit romain. Mais comme elle peut toujours être rétractée, elle ne forme aucun engagement et ne doit, dans aucune hypothèse, être assujettie au droit de vente. « Il faut bien prendre garde, dit Pothier, *de la Vente* n° 478, à ne pas prendre pour une promesse de vendre la déclaration que fait une personne de la disposition actuelle en laquelle elle est de vendre. Cette déclaration ne renferme aucune obligation et laisse à celui qui l'a faite la liberté de changer de volonté jusqu'à ce que le marché ait été conclu... il faut, pour une promesse de vendre, que lorsque vous m'avez dit ou écrit que vous me vendiez une telle chose, il conste clairement par les termes dont vous vous êtes servi que vous avez entendu vous y obliger, et que c'est une véritable convention qui est intervenue entre vous et moi. Sans cela, c'est un simple discours qui ne renferme aucune obligation. » Tout le monde est d'accord sur ce point (Troplong n° 124, Duvergier 1-121, Marcadé art. 1589, Massé et Vergé et Zachariæ t. 4 n° 265). Il ne saurait donc être question ici d'un droit proportionnel (V. Cass. 16 mai 1849, 14742 J.E., S. 49-1-526, P. 50-1-493).

1. RENONCIATION A RÉMÉRÉ. — En ce sens, l'Administration a délibéré, le 21 juillet 1846 (12704 J. N.), que l'acte par lequel l'acquéreur à réméré rend la faculté de rachat au vendeur, qui y avait renoncé par un acte antérieur, n'est passible que du droit fixe comme promesse de vente non parfaite, si cet acte a été fait sans le concours du vendeur.

C'est, en effet, une simple promesse unilatérale ne pouvant valoir vente à défaut de consentement réciproque.

2. LETTRE-MISSIVE. — C'est ce qui a été décidé égale-

ment pour la promesse de vente contenue dans une lettre-missive (Dél. 22 sept. 1831, 3987 J.N.).

**17656. Promesse unilatérale. — Promesse acceptée.** — « Lorsque celui à qui l'offre est faite a déclaré qu'il l'accepte, sans cependant s'obliger lui-même à acheter, un lien de droit se forme : il y a contrat unilatéral ; l'auteur de la promesse est tenu de l'exécuter si l'autre l'exige ; mais celle-ci n'est point engagée de son côté » (Duvergier *de la Vente* nº 121 ; — *Conf.* : Duranton t. 16 nº 48, Troplong nº 116, Marcadé art. 1589 ; — Paris 2 juill. 1847, D. 47-2-127 ; — 26 août 1847, D. 48-2-43 ; — Cass. 12 juill. 1847, D. 47-1-347. — *V.* aussi Cass. 9 août 1848, D. 48-1-185 ; — Caen 9 mars 1866, S. 66-2-276 ; — Nancy 15 mai 1869, S. 69-2-179). — Dans ce cas encore, bien qu'un lien de droit soit formé de celui qui promet de vendre à celui qui accepte cette promesse, comme celui-ci ne se trouve pas engagé, puisqu'il n'a pas promis d'acheter, on ne peut pas dire qu'il y ait vente, car il n'y a pas le consentement réciproque nécessaire à la perfection de tout contrat. Dès lors, le droit de vente n'est pas encouru (Demante *Principe d'enreg.* nº 128).

La Cour de cassation l'a formellement décidé le 13 janvier 1869 : « L'obligation résultant, à la charge du vendeur, de la promesse unilatérale de vente étant subordonnée à la condition de l'acceptation par le preneur, elle ne pouvait dès lors donner ouverture au droit proportionnel » (2831 R. P., B. 14, S. 69-1-181, D. 69-1-295 ; — *Conf.* : Dél. 28 oct. 1851, 3525 B. C. ; — Le Mans 21 avr. 1859, 1246 R. P., 16947 J. E., 11644 C. ; — Senlis 4 mai 1875, 4450 R. P.).

1. BAIL. — On rencontre fréquemment cette clause dans les baux lorsque le bailleur laisse au fermier la faculté de devenir propriétaire des biens loués soit dans le cours du bail, soit lors de son expiration. Nous avons traité la question sous tous ses aspects au mot *Bail*.

2. OBLIGATIONS. — Il en est de même de la convention par laquelle un débiteur s'oblige, pour le cas où il n'acquitterait pas sa dette à l'échéance, à céder au créancier les biens hypothéqués.

La cour de Montpellier a jugé, le 1er mars 1855, que cette clause constituait une promesse unilatérale de vente (D. 56-2-219. — *V.* égal. Nontron 17 août 1845, D. 49-2-46), et il en résulte que le droit proportionnel de transmission n'est pas actuellement exigible. Une décision dans ce sens a été prise par le ministre des finances d'Italie, le 31 décembre 1863 (*Journal du notariat italien*, numéro d'août 1864).

Décidé également qu'il n'y a point de promesse équivalant à vente dans la clause d'une obligation portant que le prêteur pourra en exiger le payement en fonds de terre, à choisir dans ceux hypothéqués, dont l'emprunteur promet de passer vente à ses frais parce qu'il n'y a pas de consentement actuel obligatoire entre les parties (D. m. f. 6 juin 1815, 5148-5178, J.E. ; — Sol. 21 nov. 1828, 9225 J.E.). — *V.* 17640 et 17643.

**17657. Réalisation de la vente.** — Lorsque intervient l'acceptation de la promesse de vente, le lien de droit se forme, la vente devient parfaite et les droits sont exigibles.

Ainsi, il a été jugé : 1º que s'il a été stipulé dans un bail d'immeubles que le preneur pourra, dans un délai déterminé, requérir l'exécution de la promesse de vente faite par le bailleur, moyennant un prix fixé par le bail, le droit de vente devient exigible lorsque le preneur déclare, postérieurement, user de cette faculté (Montpellier 29 juill. 1851, 15292-6 J. E., D. N. t. 10 p. 286 nº 65) ;

2º Que si une personne s'est interdit le droit de vendre un immeuble à tout autre qu'à un individu désigné, l'acte par lequel cet individu fait connaître son intention d'acquérir parfait le contrat de vente, et le droit en sus est exigible si plus de trois mois se sont écoulés entre la date de cet acte et celle de l'enregistrement du jugement qui a validé la vente, sans que la mutation réalisée ait été soumise à la formalité (Seine 25 juill. 1850, 15004 J.E.) ;

3º Qu'il en est de même lorsque deux personnes ayant acheté un immeuble en commun, il a été stipulé qu'au décès de l'une d'elles, l'autre pourra devenir propriétaire de la totalité en remboursant la moitié du prix et des frais. Le droit de mutation est exigible au moment où la stipulation reçoit son exécution (Senlis 20 déc. 1838, 12205 J.E.) ;

4º Enfin, que s'il est constaté qu'une promesse unilatérale de vente a été acceptée par l'acheteur dans le temps fixé entre les parties, le droit proportionnel de mutation est exigible. Il importe peu que l'acquéreur ait déclaré ultérieurement renoncer au bénéfice de la promesse et du jugement qui en consacrait l'existence (Cass. 22 août 1865, 2151 R.P., 18373 J.N., 2326-7 I. G.).

« Attendu, porte cet arrêt, en fait, que la promesse de vente de l'immeuble dont il s'agit était subordonnée à l'unique condition que celui à qui elle avait été consentie manifesterait l'intention d'acquérir avant le 1er juin 1861, et que c'est ce qui a eu lieu la veille de l'expiration du délai stipulé, suivant exploit du 31 mai 1861 ; que dès lors, à partir de cette manifestation de volonté, le sieur Gérard est devenu propriétaire dudit immeuble, et la mutation de propriété a été réalisée ; qu'elle s'est opérée, non en vertu du jugement du 30 juillet 1861, qui n'était que déclaratif et non attributif de propriété, mais bien en vertu de la susdite déclaration du 31 mai, qui convertissait la promesse de vente en un contrat régulier, complet et définitif ; que, dans cet état des faits, il importe peu que Gérard se soit désisté du bénéfice du jugement du 30 juillet 1861, puisque son titre résultait de son acceptation de la promesse de vente faite à son profit ; que, ainsi, en déclarant qu'il n'y avait pas lieu d'ordonner la restitution des droits de mutation, le jugement attaqué, loin d'avoir violé les dispositions de loi invoquées par le pourvoi, en a fait, au contraire, une juste application à la cause. »

1. EFFET RÉTROACTIF. — DROIT EN SUS. — Mais l'acceptation de la promesse unilatérale de vente ne produit pas d'effet rétroactif remontant au jour de la promesse, car il n'y a eu vente qu'à partir du jour où les parties sont tombées d'accord, l'une d'aliéner et l'autre d'acquérir (Toullier 9-92, Troplong nº 123, Duvergier 1-123, Marcadé art. 1589, Aubry et Rau sur Zachariæ t. 3 p. 229, Massé et Vergé t. 4 § 675 ; — Cass. 9 août 1848, D. 48-1-185 ; — 25 juill. 1849, D. 50-1-91 ; — Cass. 14 mars 1860, S. 1860-1-742 et D. 60-1-163 ; — *Contrà* Duranton t. 16 nº 53).

Par conséquent, le droit en sus ne serait pas encouru quoique l'acceptation intervînt plus de 3 mois après le premier engagement (Le Mans 11 avr. 1859, 1246 R. P., 16047 J.E., 11644 C.; — Dél. 26 août 1828, D. N. t. 10 p. 282 n° 38).

2. DÉLAI. — DROIT EN SUS. — V. 11431 § 1.

**17658. Promesse synallagmatique.** — La promesse synallagmatique qui contient le consentement des deux parties sur la chose et sur le prix opère mutation de propriété, et c'est d'elle que s'occupe l'art. 1589 C. C. pour dire qu'elle équivaut à une véritable vente. Aucun doute ne saurait s'élever dans ces circonstances sur l'exigibilité du droit de transmission.

« Attendu, porte un arrêt de Cass. du 12 juin 1854 (2019 § 6 I.G., 15375 J. N., S. 55-1-60, 15851 J.E.), qu'il résulte des qualités et du dispositif du jugement du 21 août 1849, de l'enregistrement duquel il s'agit : 1° qu'à la date du 26 août 1845, Margat avait promis de vendre aux mariés Souchet jeune un immeuble sis à Versailles, et que Souchet jeune et sa femme avaient accepté la promesse de vente, qui devait être régularisée par acte notarié, à la première réquisition des parties; — 2° que le prix de cette vente avait été fixé à 84,000 francs, payables savoir : 26,000 francs aux créanciers inscrits sur l'immeuble, 20,000 francs en deux lettres de change souscrites par les acquéreurs au profit de Margat, et le surplus à dix et vingt années de terme ; — 3° qu'une partie du prix avait même été payée par la remise à Margat de lettres de change souscrites par les acheteurs; — 4° qu'à la date du 24 décembre 1847, Souchet père et sa femme s'étaient rendus cautions solidaires des engagements contractés par leur fils et leur bru; — 5° que Margat et sa femme se sont prévalus de ce qui précède pour demander en justice contre les acquéreurs et leurs cautions, d'abord, l'exécution de la promesse de vente du 26 août 1845, plus tard, et après la faillite de Souchet jeune, des dommages-intérêts causés pour l'inexécution de ce contrat; attendu que, de ce qui vient d'être dit, il résulte qu'il y avait non-seulement vente parfaite par le consentement réciproque des parties sur la chose et sur le prix, mais encore payement partiel du prix. »

La Cour a, en conséquence, rejeté le pourvoi formé contre un jugement du tribunal de Versailles, du 19 février 1852 (15374 J. E.), qui avait reconnu l'existence d'une promesse de vente équivalant à vente et donnant ouverture au droit proportionnel.

Le tribunal de Saint-Yrieix a également vu non une promesse unilatérale de vente, mais un engagement actuel donnant ouverture au droit proportionnel dans un acte par lequel le sieur G..., tant en son nom que se portant fort de son fils aîné, s'oblige à vendre à P... ou à toutes autres personnes solvables que celui-ci lui désignera, la propriété qu'il possédait au village de Villeneuve; l'entrée en jouissance est fixée au 1er novembre suivant et le prix convenu à 12,000 francs, payable 6,000 francs de suite et 6,000 francs un an après l'entrée en jouissance (21 avr. 1863, 1804 R.P., 17730 J. E.; — *Comp.* aussi Gap. 19 nov. 1862, 1832 R. P.).

**17659. Modalités particulières.** — La difficulté que l'on rencontre à discerner la promesse unilatérale de la promesse synallagmatique se complique encore des conditions dont ces contrats sont presque toujours accompagnés. C'est souvent à cause de ces modalités que l'acte revêt la forme d'une promesse, et leur appréciation, déjà si difficile ordinairement, emprunte alors un caractère particulier d'indécision à la nature même de l'écrit qui les renferme. Nous allons parcourir rapidement les principales conditions dont il s'agit.

**17660. Condition potestative.** — Et d'abord, quand il y a condition potestative, on ne peut dire qu'il y a ce lien réciproque nécessaire à la perfection du contrat, puisqu'il est toujours loisible à l'une des parties de se dégager. Aussi a-t-il été décidé qu'il y a lieu d'assujettir au droit de 1 franc pour 100 seulement la clause d'un contrat de mariage portant que le futur a remis une somme déterminée aux père et mère de la future, qui s'engagent à loger et à nourrir les époux, ainsi que leurs enfants à naître, avec condition que, dans le cas où les futurs viendraient à se séparer de leurs père et mère, ceux-ci, pour se libérer envers leur gendre, lui délivreraient des immeubles dans ceux qu'ils possèdent, à dire et estimation d'experts respectivement choisis par les parties intéressées (Dél. 15 sept. 1824 et 27 janv. 1836, 7961-11683 J.E.). — V. *Contrat de mariage.*

Ainsi encore, le droit proportionnel n'est pas exigible sur la promesse de vendre un immeuble désigné, moyennant un prix fixé, à un individu dénommé, *si bon lui semble*, et pourvu qu'il use de cette faculté avant une époque déterminée (Dél. 26 août 1828, 2241 Roll.).

Mais on doit considérer comme vente la promesse de vendre certaines dépendances d'un immeuble, pour un prix convenu *entre les parties*, sous la condition que la vente n'aura lieu qu'à une époque déterminée; mais que si, avant cette époque, le propriétaire vient à vendre la maison dont ces objets sont une dépendance, il pourra les comprendre dans ladite vente : c'est là une condition mixte et non une condition potestative (Cass. 17 déc. 1828, 2582 Roll.).

**17661. Clause pénale.** — En principe, la clause pénale, loin de prouver un consentement réciproque, témoigne au contraire de la faculté réservée à l'une des parties de se départir de son engagement.

Par acte passé entre le sieur Mossmann et les mariés Kuentz, il a été convenu que le premier abandonnerait à ceux-ci, dans le délai de trois ans, à titre de vente, une maison et dépendances, moyennant 9,526 fr. 85 cent., sous la condition expresse, acceptée par les époux Kuentz, que, faute par eux d'avoir payé intégralement ce prix à l'époque convenue, le sieur Mossmann pourra se saisir de l'immeuble sans mise en demeure et sauf restitution seulement des à-compte payés. De plus, les parties convinrent, par le même acte, que, jusqu'à l'époque fixée pour la passation de la vente, les époux Kuentz entreraient dans la maison, à titre de locataires, moyennant l'intérêt du prix convenu, et que, faute par eux de réaliser la vente, ils n'auraient aucune réclamation à élever pour les matériaux par eux fournis pour la construction de la maison. Cet acte, présenté à la formalité, a été soumis au droit proportionnel de mutation. Les parties se sont pourvues en restitution devant le tribunal de Colmar, qui l'a ordonnée par un jugement du 9 mars 1836, auquel l'Administration a acquiescé par une Dél. du

16 septembre 1836 (9391 J.N., 11710-7 J.E., D. N. t. 10 p. 283 n° 45). Ce jugement est ainsi conçu :

« Attendu que, pour apprécier la nature de l'acte du 4 décembre 1833, qui donne lieu au litige, il suffit de voir si, dans cet acte, les deux parties ont promis de l'exécuter; si les promesses réciproques sont telles que chaque partie puisse forcer l'autre soit à passer l'acte de vente, soit à l'exécuter; attendu que, dans l'acte en question, le sieur Mossmann a bien déclaré qu'il promettait de vendre aux conjoints Kuentz la maison et les bâtiments désignés, moyennant la somme stipulée; mais que, par aucune clause de ce contrat, les conjoints Kuentz ne se sont point obligés à acheter; qu'ainsi, d'accord sur la chose et sur le prix, les parties ne l'ont pas été sur le consentement, qui n'a été définitif que d'un côté, et qui est resté facultatif de l'autre; qu'à l'égard des acquéreurs, tout est resté en un simple projet, soumis non-seulement à une condition résolutoire, mais à une condition facultative de leur part; que, par aucune clause de l'acte, ils ne prennent l'engagement définitif de payer; de telle manière que si, à l'expiration des délais, il n'avait pas convenu aux conjoints Kuentz de faire réaliser la vente à leur profit, le sieur Mossmann eût été libre soit d'exiger le payement du prix, soit de reprendre l'immeuble; que, dès lors, la condition n'était pas seulement résolutoire, mais qu'elle était facultative de la part des conjoints Kuentz, qui ne pouvaient pas être contraints à l'exécution du contrat ; attendu, en outre, que, par l'acte rappelé, le sieur Mossmann ne s'est pas dessaisi de la propriété de l'immeuble, qu'il s'est seulement engagé à ne pas en disposer en faveur d'autres personnes avant le 4 décembre 1836; mais que, jusque-là, la propriété a continué de résider sur sa tête; que, jusqu'à cette époque, les conjoints Kuentz n'en avaient que la jouissance, à titre de locataires, et non à aucun autre titre; que, dès lors, c'est à tort que, lors de la perception des droits auxquels l'acte donnait lieu, on a perçu les droits de vente, au lieu de ceux de bail, et qu'il y a lieu de faire droit à la demande..., déclare qu'il n'y a lieu qu'à la perception d'un droit fixe pour la promesse de vente et un droit de bail. »

**17662. Faculté d'accepter ou de renoncer.** — Les promesses de vente contiennent souvent la faculté, pour l'une des parties, *d'accepter ou de renoncer* dans un délai déterminé. Si la promesse ne renfermait que la faculté *de renoncer* à la vente, il nous paraît certain que ce serait là une condition résolutoire ordinaire exposant le contrat à une révocation ultérieure, mais n'en arrêtant pas l'exécution actuelle. Cette appréciation se confirmerait surtout si l'acheteur entrait de suite en possession de la chose vendue, et il importerait peu que l'on eût alors qualifié cette clause de condition suspensive. Un jugement du tribunal de Dijon a été rendu en ce sens, le 23 juillet 1855 (559 R. P.). — Mais la question est plus délicate quand la faculté se rapporte aussi bien à l'acceptation qu'au désistement. Il y a entre ces termes une contradiction grammaticale qui ne permet pas de faire sortir un sens précis de leur combinaison. C'est dans les autres parties de l'acte qu'il faudra chercher la preuve de l'intention des parties. Elle résultera, par exemple, comme dans le procès tranché par un arrêt de Cass. du 4 janvier 1858 (S. 58-1-222, 968 R.P., 16268 J.N., 11218 C., 16675 J. E.), de ce que la convention devait demeurer suspendue pendant le délai accordé pour l'acceptation ou le désistement.

« Attendu, porte cet arrêt, que les actes sous seing privé en date des 9 et 10 janvier 1854 portant vente, sous réserve d'usufruit, par Roy de l'Écluse père, le premier de la partie de la terre de Neufglise à sa fille Antoinette, femme de Seraincourt, le second de la terre de l'Écluse à de Seraincourt, son gendre, contenaient l'un et l'autre une clause qui réservait expressément aux mariés de Seraincourt la faculté d'accepter lesdites conventions, ou d'y renoncer, pendant un délai de trois ans, pendant lequel ces conventions seraient suspendues; attendu que le jugement attaqué a décidé que ces conventions étaient faites sous une condition suspensive potestative, condition qui en déterminait le caractère et à laquelle toutes les autres clauses étaient subordonnées; qu'en conséquence, elles ne contenaient que des conventions imparfaites jusqu'à l'acceptation des parties, conventions dont l'accomplissement n'a point été allégué; qu'elles n'avaient point opéré transmission immédiate de la propriété et ne pouvaient, dès lors, donner lieu à la perception du droit proportionnel. »

L'intention des parties de faire une condition suspensive résultera encore, comme dans l'instance jugée au tribunal de la Seine le 24 janvier 1862 (1654 R.P.), de l'entrée en jouissance retardée après ce délai et des actes subséquents dans lesquels le caractère suspensif de la promesse était établi.

Seulement, quand rien ne peut servir à éclairer la question, nous croyons qu'il faut, de préférence, interpréter la clause comme une condition suspensive, car on devine sous l'incorrection de la formule que le contractant n'a pas voulu s'engager avant un certain temps, et que la faculté de renonciation dont il s'agit s'adresse moins à la vente accomplie qu'au droit de la réaliser par son acceptation.

Le tribunal de Moulins a jugé en ce sens, le 22 février 1856, que le contrat dans lequel l'acquéreur s'est réservé la faculté d'accepter ou de renoncer pendant un an n'opère transmission qu'après l'accomplissement de la condition.

Mais aucun doute ne saurait exister sur la non-exigibilité du droit quand il s'agit de la faculté d'accepter. Ainsi, il a été jugé que la promesse de vente consentie et acceptée sous condition que l'acquéreur donnera son adhésion définitive à une époque indiquée ne peut être considérée que comme projet de vente resté sans effet, ne donnant pas ouverture au droit proportionnel, si dans l'adhésion de l'acquéreur il y a eu réserve de s'entendre définitivement sur certaines stipulations à insérer dans l'acte à passer devant notaire et que cet acte n'ait pas eu lieu faute d'avoir pu s'accorder sur les réserves faites (Cass. 4 fév. 1839, 12256 J. E., S. 39-1-204). — V. 4062.

Le tribunal de Semur l'a aussi décidé également, le 24 mai 1848, au sujet d'une promesse de vente portant : que les vendeurs se sont réservé un délai de vingt-quatre heures pour délibérer entre eux et décider s'ils accepteraient ou non la dernière enchère qui serait faite; de telle sorte que jusqu'à l'adjudication ne serait que provisoire et ne deviendrait définitive qu'autant qu'ils auraient donné *leur acceptation* et l'auraient fait connaître à l'adjudicataire dans ledit délai, et que, par suite, s'ils ne le faisaient pas, l'adjudication serait censée n'avoir jamais eu lieu; et sous cette autre condition que dans le cas où la vente aurait lieu les frais seraient à la charge de l'adjudicataire, et que, dans le cas contraire, lesdits frais resteraient à la charge des vendeurs.

**17663. Pacte de préférence.** — Le pacte de préférence stipulé en faveur de l'acquéreur dans un acte de vente d'une partie d'un immeuble, et par lequel le vendeur promet de lui vendre le restant, de préférence à tout autre, n'établit pas dans l'intérêt de l'acquéreur, en cas d'inexécution, une action réelle qui lui donne le droit de revendiquer la chose entre les mains d'un tiers acquéreur. Il résulte seulement de l'inexécution du pacte de préférence une action personnelle contre le vendeur, qui se résout en dommages-intérêts (Toulouse 15 juill. 1818, S. *Collect. nouv.* 5-2 404).

Une pareille convention ne pourrait donc engendrer le droit de vente.

Dans le contrat de mariage du sieur Vuiquin, on lit la clause suivante : « Les père et mère de la future, voulant, autant que faire se pourrait, assurer aux futurs époux la généralité de la propriété dite de Saint-Jean, déclarent s'obliger à ne disposer de cette propriété qu'en faveur desdits futurs époux, suivant le prix qu'ils détermineront entre eux, lequel ne pourra excéder 25,000 francs une fois payés, et, en cas de partage pour cause de décès, ladite propriété appartiendra de préférence aux futurs époux, pour la somme dont il s'agit et aux conditions ci-dessus, sauf, néanmoins, la faculté réservée à ceux-ci de renoncer à la préférence qui leur est accordée. » — Cette clause, considérée comme une promesse de vente par le receveur, fut soumise au droit de 5 fr. 50 cent. pour 100; mais la restitution de ce droit a été ordonnée par le motif que s'engager à ne point disposer d'un bien, si ce n'est en faveur de telle personne, et moyennant un prix qui ne pourra excéder telle somme, ce n'est point transmettre, ni même promettre de transmettre cette propriété; que c'est, au contraire, la retenir; car on ne saurait s'imposer l'obligation de ne point disposer d'une chose dont on n'est plus propriétaire; qu'il n'y a, d'ailleurs, aucun engagement de la part des futurs époux (Dél. 16 nov. 1825, 1352 Roll., D. N. t. 10 p. 285 n° 57).

**17664. Promesse de ne pas vendre à un autre.** — La promesse de ne pas vendre à un autre que celui qui fait la stipulation se rattache évidemment au principe qui a fait l'objet du numéro précédent. Ainsi, il a été jugé que la clause d'un acte portant que si une des parties se décide à vendre un immeuble, elle ne pourra le faire qu'au profit de l'autre, moyennant un prix fixé, n'est pas une promesse de vente, car il n'y a pas consentement (Cass. 9 juill. 1834, 10997 J. E., *V.* 11525 ; — *Conf. :* Op. 3229 J. N., et D. N. t. 10 p. 282 n° 43).

Cependant, la vente parfaite apparaîtrait, même dans ce cas, si aucune condition ne venait peser sur la convention. Dans cet ordre d'idées, la cour de Douai a jugé, le 14 août 1845 (12495 J. N.), qu'il y a promesse de vente parfaite et équivalant à la vente dans cette clause d'un acte : « Le tout sous l'engagement de R... de reprendre et racheter ses droits et parts à M... ou ayant cause quand *il trouvera convenable de s'en défaire*, pour le prix de 3,000 francs ; pour quoi M... s'engage également et expressément à ne pouvoir vendre à autre qu'à R... pour la somme de 3,000 francs. »

**17665. Réalisation subordonnée au payement du prix.** — En principe, l'obligation imposée à l'acheteur de payer à certain jour un à-compte sur le prix ou sur les frais. Ce n'est pas une condition suspensive de la promesse de vente, mais une clause dont l'inaccomplissement expose à la résolution du contrat, à la façon du pacte commissoire prévu à l'art. 1656 C. C. C'est ce que nous avons indiqué au n° 17649-4.

Cette règle a été appliquée dans les termes suivants par un jugement du tribunal de Cambrai du 14 mars 1855 : « Attendu que la convention arrêtée entre les parties réunit tous les éléments qui constituent le contrat de vente ; que, conséquemment, elle doit valoir comme telle ; attendu que le nom de promesse de vente donné à la convention et le bail dont l'immeuble vendu a été l'objet ne sont que des moyens employés pour essayer d'échapper aux droits auxquels la mutation de propriété devait donner lieu ; qu'il est, en effet, évident que les parties sont tombées d'accord sur la chose et sur le prix, qu'il y a eu conséquemment translation de propriété, avec terme de sept ans pour le payement et clause résolutoire, toujours légalement sous-entendue, pour défaut de payement au terme fixé ; attendu que toutes les autres clauses ne sont que la conséquence de la translation de propriété et du terme accordé ; que les loyers de 60 francs ne sont que l'intérêt du prix de vente et d'obligation de faire toutes les réparations que les charges incombent à la propriété ; attendu que la faculté réservée par le bailleur de faire vendre la maison à l'expiration du terme et l'obligation imposée au preneur de supporter la différence entre le prix fixé et celui donné par l'adjudication ne sont que les conséquences légales de la réalisation à défaut de payement ; attendu que la vente apparaît malgré le voile dont le contrat a voulu la couvrir » (*Conf. :* Tournai, 22 déc. 1874, 4721 R. P.).

Pour admettre le caractère suspensif de cette condition, il faudrait que les parties eussent exprimé leur intention de subordonner la transmission au payement de tout ou partie du prix, comme cela avait eu lieu dans les espèces que nous avons fait connaître précédemment (n° 17640), en parlant de la vente proprement dite.

**17666. Obligation de ratification. — Simulation.** — L'acte contenant promesse de vente d'un immeuble au profit d'un acquéreur agissant pour et au nom de son fils mineur, avec obligation de lui faire ratifier dans le mois de sa majorité ou de faire accepter la promesse de vente par tout autre acquéreur auquel les vendeurs consentiraient directement vente, contient une vente parfaite donnant lieu à la perception immédiate du droit proportionnel, lorsque surtout l'époque de l'entrée en jouissance et celle du payement du prix sont fixées avant la majorité du mineur. C'est ce qu'a jugé le tribunal de Saint-Brieuc, le 30 mars 1852 (15769 J. E., D. N. t. 10 p. 281 n° 35), en se fondant notamment sur ce que, dans les diverses stipulations de la convention qui semblaient faire peser sur le contrat une condition suspensive, on ne pouvait voir que des précautions prises pour éviter les droits d'enregistrement en cas de revente.

Le tribunal a, de plus, reconnu que la circonstance alléguée par l'acheteur que l'acte n'aurait pas reçu son exécution et que l'immeuble aurait été revendu à un autre acheteur par les vendeurs, ne fait pas obstacle à l'exigibilité du droit. — *V.* 13593.

**17667. Arrhes.** — On sait que les arrhes sont tantôt le signe d'un marché projeté, tantôt le gage d'un marché conclu.

Ainsi, lorsque les arrhes se donnent avant le marché conclu, celui qui les reçoit ne contracte proprement aucune obligation. Il résulte de là que cette espèce d'arrhes ne doit pas être rangée parmi les contrats *commutatifs*, puisqu'il n'y a que celui qui reçoit les arrhes qui s'oblige envers l'autre, et que celui qui les donne ne contracte aucune véritable obligation (Pothier nos 501 et 502). — Mais, lorsque les arrhes ont été données à la suite d'un marché conclu, les parties n'en sont pas quittes, comme dans l'espèce précédente, en perdant ou en doublant ce qu'elles ont donné, ainsi que le veut l'art. 1590 C. C. Les arrhes ont, dans ce cas, pour objet d'assurer d'autant plus l'exécution de la convention. Elles se donnent pour la preuve du contrat (Pothier n° 505) ; et celui qui refuse d'exécuter la convention doit être condamné, s'il s'agit d'une convention qu'il ne puisse être contraint d'exécuter, à des dommages-intérêts (Roll. de Vill. *Rép.* p. 379 n° 22, Malleville sur l'art. 1590).

La perception des droits d'enregistrement doit suivre ces règles. Il n'est dû de droit proportionnel que dans le cas d'une convention conclue et arrêtée, et où les arrhes données ne sont qu'un à-compte de la somme ou du prix stipulé. Mais il n'appartient qu'aux juges d'apprécier dans quelle catégorie rentrent les arrhes remises.

En ce sens, l'Administration a reconnu que le droit de vente, pas plus que celui de rétrocession, ne doit être perçu : 1° sur un procès-verbal de conciliation qui résilie une vente verbale faite moyennant un prix déterminé, mais avec stipulation d'arrhes (Dél. 27 juill. 1814) ; — 2° Sur une transaction ou promesse ayant pour objet une vente de droits successifs qui ne s'est pas rélisée, parce que l'acquéreur a préféré perdre les arrhes qu'il avait données (Sol. 2 sept. 1814, 1405 J. N.). Voici l'espèce de cette seconde décision : Des héritiers sont convenus, le 25 février, de vendre à un particulier tous leurs droits successifs, sous la condition expresse que le contrat serait passé le 15 mars suivant ; et, pour sûreté de son engagement, l'acquéreur a payé, à titre d'arrhes et de pot-de-vin, une somme de 200 francs. Plus tard, il a déclaré consentir à ce que les héritiers gardent la somme de 200 francs, à condition que la vente projetée serait nulle et comme non avenue. On a prétendu que, d'après l'art. 12 L. 22 frimaire, il y a lieu, dans l'espèce, de percevoir un droit de vente de 4 pour 100, et un autre droit de pareille somme pour la rétrocession, par le motif que la transmission doit être considérée comme opérée dès le 25 février.

Mais si la promesse de vente vaut vente dès que les trois conditions se trouvent réunies, la chose, le prix et le consentement, la loi fait cependant exception à ce principe lorsque la promesse de vendre a été faite avec des arrhes. Cette stipulation emporte le consentement de la part de chacune des parties de regarder la promesse comme nulle si l'une d'elles juge à propos de se désister du contrat ; elle en sera quitte pour perdre les arrhes si c'est celle qui les a données, ou pour payer le double si c'est celle qui les a reçues. En effet, si l'intention des parties n'eût pas été de se ménager cette alternative, la stipulation d'arrhes n'avait point d'objet : la promesse de vendre, dans ce cas, ne vaut pas vente et dégénère en une simple promesse résoluble à la volonté de l'une des parties, aux termes de l'art. 1590 C. C., et passible seulement du droit fixe de 1 franc.

Enfin, il a été décidé que la vente verbale d'un immeuble faite avec arrhes, et qui n'a pas été suivie de la mise en possession de l'acquéreur, n'est qu'une simple promesse qui ne rend pas le droit exigible ; dès lors, si les parties conviennent au bureau de paix de considérer la convention comme non avenue, on ne peut exiger le droit de rétrocession (Dél. 25 juin 1825, 1251 Roll., D. N. t. 10 p. 286 n° 67).

**17668. Dédit.** — Il y a plus de difficultés au sujet du dédit, c'est-à-dire de l'indemnité qu'une partie doit payer à l'autre pour se dispenser de tenir sa promesse (Merlin *Rép.* v° *Dédit*). Cette indemnité se confond souvent avec les arrhes ou avec la clause pénale. Elle peut être stipulée, comme elles, en vue d'un refus d'exécution de la vente accomplie, ou bien d'un refus de consentir à une vente conditionnellement promise. Dans le premier cas, c'est le signe d'une transmission parfaite, et, dans le second, la preuve d'un simple projet. Or, comment distinguer le caractère du dédit ? Les anciens auteurs ont vainement tenté d'établir sur ce point quelques règles de droit : rien n'est plus divinatoire et moins unanime que leurs interprétations (*V.* not. Pothier v° *Vente* n° 507, et Domat *Lois civiles* tit. 2 sect. 6 n° 13). La même divergence se remarque dans les écrits des commentateurs modernes (Malleville art. 1590, Pardessus 2319, Duranton 16-50, Delvincourt t. 3 note 4 p. 69, Duvergier t. 1er n° 136, Troplong v° *Vente* n° 141). Le plus sûr paraît être, en définitive, de dire, avec Marcadé art. 1590, que nulle disposition législative n'étant applicable à ce cas, il faut, dans chaque espèce, rechercher quelle a été la volonté des parties contractantes, et pour cela avoir égard aux usages, à l'importance du dédit, aux habitudes des parties, enfin à l'ensemble des circonstances de l'acte. C'est ainsi que l'on peut seulement expliquer les décisions contradictoires de la Cour suprême sur ce point.

Dans une affaire où il s'agissait d'une vente consentie moyennant 60,000 francs, à condition qu'un contrat authentique serait passé dans les quatre mois, et que celle des parties qui ne remplirait pas ses obligations payerait à l'autre un dédit de 20,000 francs à titre de dommages-intérêts, la Cour suprême a décidé que le contrat était sous condition suspensive et ne devait, par suite, acquitter aucun droit (Arr. 19 mars 1839, 12277 J. E., S. 39-1-212).

« Attendu, porte cet arrêt, qu'il résulte des faits constatés par le jugement attaqué qu'il n'a existé entre les parties qu'un projet de vente ; que ce projet devait être réalisé du commun consentement des parties dans un délai convenu ; que, par le refus de consentement de la part de l'une ou de l'autre des parties, elles pouvaient se délier de leur obligation, en payant le montant du dédit stipulé ; et qu'en jugeant, dans cet état de la cause, que la Régie n'avait pas été autorisée à percevoir le droit de transmission immobilière et devait être condamnée à le restituer, le jugement attaqué n'a pas violé les lois citées » (*Conf.* : Seine 17 fév. 18.5, 4223 R. P.).

Au contraire, elle a reconnu, en matière civile, par un arrêt du 18 juillet 1862, que la clause d'un acte de vente soumettant celle des parties qui, au jour de la livraison, refuserait d'exécuter l'acte à payer à l'autre un dédit, n'a pas le caractère d'une condition suspensive et n'empêche pas dès lors que le vendeur n'ait été dessaisi, dès le jour même de l'acte de vente, de la propriété des objets vendus (S. 63-1-50).

Les mêmes contradictions peuvent être signalées dans les décisions administratives. Une Sol. du 7 septembre 1830 (9879 J. E.) a reconnu que la promesse de vente faite avec stipulation que si l'une des parties refuse de la réaliser à l'époque fixée, elle payera à l'autre une somme fixée, à titre de dédit, emporte avec elle consentement réciproque, ce qui rend le droit proportionnel exigible. Une autre Sol. du 20 messidor an 13 (2160 J. E.) a déclaré que n'est pas susceptible du droit de vente la promesse sous seing privé portant que celle des parties qui refusera de passer acte public, dans un délai convenu, payera à l'autre une somme déterminée, à titre de dommages-intérêts, cette stipulation étant essentiellement suspensive de la vente. — V. 17644.

**17669. Acquisition future. — Justification.** — Aucun doute ne pourrait s'élever sur le caractère réellement suspensif de la clause par laquelle un individu promet de vendre à un autre un immeuble pour un prix déterminé, dans le cas où lui-même deviendrait ultérieurement acquéreur de cet immeuble (Bourges 15 juin 1841; — Cass. 12 juill. 1847, D. 47-1-347); — non plus qu'à la promesse de vente expressément subordonnée à la justification par le cessionnaire de la solvabilité ou de la suffisance d'une garantie relative au payement du prix (Cass. 6 janv. 1858, S. 58-1-566).

**17670. Désaccord sur les conditions.** — Il est à peine besoin d'ajouter que la promesse synallagmatique de vente, comme la vente elle-même, exige un accord complet sur les conditions essentielles du contrat et une suffisante détermination de la chose et du prix.

1. CHARGES. — Ainsi, on ne peut considérer comme parfaite une promesse de vente lorsque les parties, qui sont d'accord sur le prix principal, ne le sont pas sur les charges. Il y a en effet dissidence sur *une portion* du prix, ce qui suffit pour faire déclarer la vente imparfaite (Cass. 16 août 1832, 7892 J.N., 10441 J.E.).

« Attendu, porte cet arrêt, qu'il résulte soit du procès-verbal, soit de la reconnaissance des faits constatés par le jugement attaqué, qu'il y a eu dissidence entre les parties sur une portion du prix de la vente litigieuse, ce qui suffit pour justifier la déclaration d'imperfection de ladite vente et le défaut de contravention aux articles invoqués à l'appui du pourvoi. »

C'est là une application particulière du principe qui sera développé n° 17678.

2. TERME DE PAYEMENT. — De même encore, il faut voir l'altération des éléments constitutifs de la vente dans le désaccord qui pourrait exister sur les termes du payement Ainsi, le procès-verbal de non-conciliation constatant qu'une vente d'immeubles a été faite moyennant un prix déterminé ne doit pas le droit de mutation si les parties ne sont pas d'accord sur l'époque du payement, parce que ce défaut d'accord fait dégénérer la convention en simple promesse de vente (Montreuil 27 janv. 1830; — Dél. 28 mai suiv., 9683 J.E., 7203 J.N., D.N. t. 8 p. 327 n° 188).

**17671. Bien non désigné.** — C'est encore en nous référant à ce que nous disons au n° 17759 *infrà*, sur la nécessité de l'existence de la chose pour parfaire le contrat de vente, que nous ferons remarquer que si les immeubles ne sont pas désignés et qu'il soit seulement convenu que cette désignation sera faite par des experts, un des éléments de la vente manque et le droit de 5 fr. 50 cent. pour 100 n'est pas exigible.

Aussi l'Administration a-t-elle délibéré, le 29 janvier 1836 (11683 J.E., 9575 J.N.), que la disposition d'un contrat de mariage par laquelle le père de la future reçoit du futur une somme d'argent et promet, dans le cas où les futurs cesseraient d'habiter avec lui, de lui délivrer en payement des immeubles qui seront désignés et estimés par des experts ne donne ouverture qu'au droit d'obligation.

**17672. Bien non certain.** — Dans le même ordre d'idées encore, il a été décidé que le droit de vente n'est pas exigible sur la promesse faite par un frère à sa sœur de lui passer vente d'un immeuble qu'il n'a pas encore acquis définitivement, moyennant un prix dont ils conviendront ultérieurement, et à condition que la sœur acquittera les dettes qui grèvent cet immeuble (D. m. f. 7 juill. 1820, 6944 J.E., D.N. t. 10 p. 284 n° 52

**17673. Prix assigné à la promesse de vente.** — Lorsqu'une promesse de vente contient des renseignements suffisants pour en fixer le prix, les parties ne sont pas admises à faire une déclaration estimative inférieure à ce prix (Cass. 26 nov. 1822, 7396 J.E.). — V. 17693.

« Vu, porte cet arrêt, l'art. 69 § 5 n° 1er et § 3 n° 2 L. 22 frimaire an 7; attendu, d'une part, que dans la clause du contrat de mariage des défendeurs portant, de la part des sieur et dame Vassou, promesse de vente du fonds de leur commerce, la stipulation qui autorise les vendeurs à retenir, par imputation sur le prix de cette vente, les 50,000 francs formant la constitution dotale des défendeurs restée dans les mains des sieur et dame Vassou renferme évidemment une évaluation provisoire donnée par les parties elles-mêmes à ce prix, et qu'ainsi le droit proportionnel à percevoir sur cette vente devait, nonobstant la déclaration estimative des parties, être réglé sur ladite somme de 50,000 francs, et qu'en réduisant la perception du droit sur le pied de la somme de 3,000 francs, montant de cette déclaration estimative, le jugement attaqué a violé le § 5 n° 1er art. 69 ci-dessus cité; attendu, d'autre part, que la promesse de bail portée au même contrat de mariage avait un caractère obligatoire pour les défendeurs par cela seul qu'elle faisait partie d'un acte synallagmatique de sa nature, et exécutoire pour toutes les parties contractantes qui y ont apposé leurs signatures sans réserve ; d'où il suit que le jugement attaqué, en affranchissant les défendeurs [du droit proportionnel auquel cette promesse de bail donnait lieu, a expressément violé le § 3 n° 2 du même article. »

**17673. Prix à fixer par experts.** — Nous verrons, aux nos 17694 et suiv. *infrà*, que la circonstance que le prix de la vente serait remis à un arbitrage n'est pas exclusive de la perfection de la vente. Dans ce sens, il a été décidé que la promesse de vente faite avec la clause que le prix sera fixé par des experts, que les parties nommeront ou qui seront désignés par le président du tribunal, ne contient pas une condition suspensive; elle est passible actuellement du droit de vente (Dél. 27 sept. 1833, 10792 J. E.).

Il a été cependant délibéré par l'Administration, dans un sens qui paraît contraire à la décision ci-dessus, que lorsque, pour se libérer d'une somme déterminée, un débiteur cède à son créancier des immeubles jusqu'à concurrence de sa dette, par un acte contenant nomination d'experts pour estimer les biens, cette convention ne constitue qu'une promesse de vente, dont l'effet est suspendu jusqu'au procès-verbal d'estimation, d'où il suit que cette promesse n'est enregistrable que dans les trois mois qui ont suivi ce procès-verbal (Dél. 23 janv. 1829, 2441 Roll.)

**17675. Promesse d'acheter.** — Faisons remarquer, en terminant, que tout ce que nous venons de dire de la promesse unilatérale de vendre s'applique à la promesse unilatérale d'acheter (Demante *Principes d'enregistrement* n° 128).

**17676. Cession de la promesse de vente.** — La promesse de vente relative à un immeuble donne lieu à une action immobilière dont la cession ou la rétrocession est passible du droit de 5 fr. 50 cent. pour 100. — V. *Action*.

## SECTION 2. — DU PRIX DE LA VENTE

[17677-17758]

### ARTICLE PREMIER. — NÉCESSITÉ D'UN PRIX

[17677-17680]

**17677. Que faut-il entendre par prix.** — En principe, il n'y a pas de vente sans prix : *sine pretio nulla venditio est* (Inst., *ee cont. émpt.* § 1er). Or, il faut entendre par prix : 1° la somme d'argent (17679) stipulée d'une manière principale pour servir d'équivalent à la somme vendue; — 2° les prestations en nature ou autres ajoutées au prix pour maintenir l'équilibre et l'égalité entre les parties; — 3° les intérêts du prix, quand il en est dû; — 4° tous autres accessoires quelconques, tous débours és qui doivent entrer dans les mains du vendeur en indemnité de ce qu'il livre, comme pot-de-vin, épingles; — 5° tout ce qui est payé en mains tierces à sa décharge; — 6° enfin tout ce qui a été mis au compte de l'acheteur et pris en considération pour la fixation du prix principal (Troplong *de la Vente* n° 594).

« Le prix, a dit l'Administration dans un mémoire présenté à la Cour de cassation, c'est, selon la définition de Merlin, « *tout* ce que le vendeur reçoit de l'acquéreur en échange « de la chose qu'il lui vend ; c'est toute la somme d'argent que, « sous une dénomination ou sous une autre, l'acquéreur tire « de sa poche pour le faire entrer dans celle du vendeur » (*Rép.* v° *Surenchère* n° 3 *ter*). C'est là aussi ce que doit atteindre l'impôt. Les sommes à payer au vendeur peuvent, par suite de combinaisons arrêtées entre les parties, excéder la valeur réelle des biens transmis, ou même comprendre des éléments étrangers à la fixation du prix principal. L'Administration n'a pas à y regarder. Son rôle, souvent proclamé par la Cour de cassation, est de régler la perception d'après la substance des actes et leur forme extérieure, sans égard aux vues et aux rapports particuliers entres les parties (req. 25 mai 1836, S. 36-1-498, civ. 22 avr. 1850, S. 50-1-361, 11 déc. 1855, S. 56-1-456, 1er fév. 1859), surtout sans examiner s'il eût été possible, au moyen d'autres combinaisons contractuelles, de donner lieu à un moindre droit » (civ. 1er juin 1853, S. 53-1-503). — « Peu importe, dit la Cour de cassation, que le droit soit disproportionné à la valeur de la chose transmise, c'est au législateur à y pourvoir et non aux tribunaux, puisque le devoir des juges en matière fiscale est de se renfermer dans les dispositions de la loi en vigueur » (civ. 20 avr. 1836, S. 36-1-470. 3767 R. P.). — *V.* 17703 et 17714.

**17678. L'absence du prix écarte la perception du droit proportionnel.** — La conséquence de cette règle, que sans prix il n'y a pas de vente, est qu'un prétendu contrat qui se présenterait dans ces conditions ne pourrait encourir le droit de vente. Le n° 17670 *suprà* nous offre un exemple remarquable de cette solution, car l'Administration y décide qu'il n'y a pas promesse de vente équipollente à vente dans la convention qui présente un désaccord des parties non pas sur le prix principal, mais seulement sur les charges. Ce désaccord, en effet, affectant une portion du prix, suffit, d'après la doctrine de l'Administration, pour faire déclarer la vente imparfaite.

Bien plus, nous voyons dans le n° 17670-2 l'Administration acquiescer à un jugement du tribunal de Montreuil qui décide qu'il n'y a pas vente parfaite passible du droit proportionnel du moment que les parties se trouvent en désaccord sur les époques du payement du prix.

Enfin, on lit dans un jugement du tribunal de Brives, du 28 mars 1843, les considérants suivants : « Attendu qu'il est bien vrai en principe, et consacré par l'art. 1583 C. C., que la vente est parfaite entre les parties et que la propriété est acquise de droit à l'acheteur à l'égard du vendeur dès qu'on est convenu de la chose et du prix, quoique la chose n'ait pas encore été livrée, ni le prix payé; attendu, cependant, que la convention des parties sur le prix est complexe; qu'elle porte d'abord sur la fixation de la somme qui doit le composer, et ensuite sur le mode de son payement; que si ces deux conditions n'existaient pas à la fois, il s'ensuivrait que les parties se trouveraient la plupart du temps exposées à des difficultés sans nombre, que le législateur a évidemment eu l'intention d'éviter ou de prévenir; et que c'est ainsi que l'a jugé la Cour royale de Bordeaux, par arrêt du 24 janvier 1822; attendu, en fait, que lors du procès-verbal dressé par M. Lescaux, le 25 avril 1842, les sieurs Aymard et Pomepuy firent bien l'aveu qu'une vente verbale avait existé entre eux sur une chose convenue et sur un prix déterminé, mais qu'ils furent en discordance sur le mode de payement de ce prix; que, selon Pomepuy, le payement devait s'opérer par voie de délégation sur le sieur Guichard-Lachèze, par voie de compensation sur une somme qui aurait été due à l'acheteur par le vendeur, et qui était l'objet d'une instance pendante devant le tribunal, et enfin par voie de réalisation directe quant à l'excédant des termes convenus; que, selon Aymard, bien loin de se reconnaître débiteur, il se prétendit au contraire créancier de Pomepuy, et que, par conséquent, dans son esprit, aucune parcelle de prix ne pourrait être payée par compensation; qu'au surplus, il exigeait des sûretés que Pomepuy soutenait ne pas lui avoir promises; qu'en outre, ce dernier réclamait un certificat du bureau des hypothèques de nature à dissiper toute crainte de trouble ou d'éviction; qu'enfin Aymard soutenait avoir stipulé l'acceptation formelle de la délégation par Guichard-Lachèze, et que, faute par Pomepuy d'exécuter cette condition, ledit Aymard déclara positivement ne vouloir consentir aucune vente; attendu que toutes ces circonstances, établies par le procès-verbal, prouvent évidemment que les parties n'étaient pas d'accord sur le mode et les conditions de payement du prix, et que c'est pour cela que l'on voit Aymard déclarer à la fin de ce procès-verbal qu'il voulait être libre de vendre son bien à qui bon lui semblerait; d'où il suit que le droit proportionnel de vente n'était pas dû. »

**17679. Le prix peut consister en valeurs appréciables en argent.** — Duvergier (*de la Vente* t. 1er n° 147) et Troplong (*eod. verb.* n° 147) enseignent que le prix de la vente doit consister en argent monnayé. Il en était ainsi à Rome : *pretium in numerata pecunia consistere debet* (*de Empt. vend.* § 1er I. G.).— Cependant, d'autres auteurs pensent que si la chose donnée comme prix est telle que le vendeur pourrait s'en procurer facilement une pareille et la convertir aisément en argent, il y a vente, et telle est la doctrine qui a invariablement prévalu en matière d'impôt.

« Quand on donne une marchandise appréciable au lieu d'argent, cela s'appelle toujours un prix » (Guyot *du Quint* ch. 3 n° 3). « Les droits seigneuriaux sont dus, dit Legrand (*sur Troyes* art. 55 n° 22), *encore que ce ne soit pas achat et vente, mais échange.* » Fonmaur dit également (*Lods et ventes* n° 327) : « L'échange d'un immeuble contre un meuble ne peut avoir le caractère d'une vente; mais en ce qui *concerne le payement des lods*, le contrat est considéré *comme une vente.* » Dumoulin avait enseigné de même (*sur Paris* § 78 n° 8), qu'il y a dans ce cas ouverture aux lods, comme dans une vraie vente : *sicut in vera venditione.*

On doit donc tenir pour vente toute transmission faite au moyen non-seulement d'une somme d'argent, mais encore de meubles. Cela n'a jamais fait naître la moindre difficulté dans la pratique.

Ainsi la Cour de cassation a pu décider, le 14 mars 1823, que le droit est dû non-seulement sur le prix stipulé en argent, mais encore sur la valeur donnée dans l'acte aux marchandises faisant partie de ce prix (*V.* 14433 et Champ. et Rig. t. 4 n° 3204).

**17680. Le prix peut consister en prestations.** — De même, « il arrive quelquefois, dit M. Troplong n° 148, qu'une vente se fait moyennant certaines prestations équivalentes, comme de nourrir, loger et entretenir le vendeur. Elle n'en est pas moins valable, car c'est là un prix en nature mis à la place d'une somme d'argent, pour la commodité de l'acquéreur; ou bien, si l'on voulait apporter dans la dénomination d'une pareille convention une rigueur dans les termes, à laquelle, du reste, répugne notre droit français, on dirait que c'est un contrat innomé, ayant tous les effets du contrat de vente. »

En matière civile, il a été maintes fois reconnu, par application de ce principe, que l'obligation prise par l'acquéreur de loger, nourrir et entretenir le vendeur ou un tiers constitue un véritable prix (*V.* not. Colmar 23 juin 1857, D. 58-2-44; — Bordeaux 7 août 1849, D. 50-5-462. — *V.* cep. *Contrà* Gex 19 déc. 1867, S. 67-2-141).

Dans cette hypothèse encore, le droit de vente est incontestablement exigible sur l'importance des prestations à évaluer par les parties.

On a donc pu décider que la cession d'un immeuble faite à la condition d'entretenir un chemin donnait ouverture au droit de 5 fr. 50 cent. pour 100 sur la valeur de cet entretien à déclarer par les parties (Sol. 3 mars 1859).

Et, plus généralement, que le droit de mutation est dû pour vente encore que le transport de la propriété ne soit pas fait moyennant un prix en argent, mais seulement à charge de remplir des conditions onéreuses. — *V.* le mot *Donation.*

## ARTICLE 2. — LE PRIX DOIT ÊTRE SÉRIEUX

[17681-17684]

**17681. Donation.** — Le prix doit être sérieux. « Si je vous vendais un domaine considérable pour un écu, *nummo uno*, comme disent les lois romaines, ce serait là un prix dérisoire et un véritable jeu *vendita nugatoria.* L'acte ne pourrait valoir que comme donation » (Troplong n° 149). Dans cette hypothèse donc, ce ne serait pas le droit de vente qui devrait être perçu, mais le droit de donation, car l'on a vu, sous les nos 6640 et suiv., qu'il n'est pas indispensable, pour qu'il y ait donation, que la libéralité soit complète, il suffit que les charges n'excèdent pas la valeur de la chose transmise.

**17682. Le prix peut être sérieux sans être l'équivalent de la chose vendue.** — Cependant, que, pour être sérieux, le prix n'a pas besoin d'être l'équivalent de la chose vendue. « On appelle *prix*, disait Portalis (Fenet t. 14 p. 132), la somme d'argent qui, comparée à la valeur d'une chose, est réputée lui être équivalente. » Et plus loin : « Le prix conventionnel n'est que l'ouvrage des volontés des parties qui ont concouru à le fixer. Le juste prix est le résultat de l'opinion commune. » C'est qu'en effet, il faut reconnaître que tout objet comporte deux prix : *le juste prix*, qui est le prix commercial, le prix qui est le même pour tous ; *le prix conventionnel*, qui est le prix de convenance que tel ou tel individu peut attacher à un objet suivant l'affection ou la désaffection qu'il a pour tel objet, suivant les circonstances dans lesquelles il peut se trouver. Le prix conventionnel, quoique nécessairement invariable et pouvant être tantôt supérieur, tantôt inférieur au juste prix, est néanmoins un prix sérieux. Il suffit pour cela qu'il ait été convenu entre les parties, avec l'intention de le payer (Troplong *loc. cit.* n° 149).

Sans doute, d'après l'exemple de la loi romaine, on ne pourrait voir qu'une donation dans l'engagement que contracterait Paul de me vendre son hôtel de la place Vendôme pour un écu. Car, évidemment, il importerait peu à Paul de toucher ou de ne pas toucher cet écu. Mais si Paul, pressé d'argent, n'en trouvait de comptant que dans ma bourse, il pourrait se trouver obligé de subir la loi que je lui imposerais en ne lui offrant de son hôtel que la moitié de sa valeur. Notre prix conventionnel, qui serait inférieur de moitié au juste prix, ne constituerait pas moins un prix sérieux, bien qu'il ne fût pas l'équivalent de l'objet vendu. D'ailleurs, si le prix vil ne pouvait pas être un prix sérieux, le Code civil n'autoriserait pas la rescision de la vente pour lésion de plus des sept douzièmes (1674 C. C.). Établir qu'une convention peut être rescindée, c'est formellement déclarer qu'elle existe.

Tout cela revient à dire que le plus sûr moyen de ne pas s'égarer en cette matière, pour asseoir la perception, est de chercher à reconnaître quelle a été l'intention des parties en passant leur convention.

**17683. Lorsque la somme est l'équivalent de l'objet, il y a vente.** — Mais s'il faut appeler l'interprétation à son secours pour décider du caractère de la convention lorsque la somme ne forme pas l'équivalent du bien abandonné, il n'en est pas de même quand le prix payé ou promis équivaut à la chose qui fait l'objet de la mutation ou qu'il l'excède. En ce sens, on a vu aux nos 6640 et suiv. qu'il y a vente toutes les fois que les charges imposées à une donation égalent ou excèdent la valeur de l'objet donné.

**17684. Remise du prix de la vente.** — Des décisions rendues en matière d'enregistrement ont reconnu que lorsque l'acte contient une clause qui prouve que les parties ne veulent pas que le prix soit payé, il n'en faut pas moins voir une véritable vente dans le contrat.

C'est ainsi que la Cour de cassation a jugé, le 14 mai 1817 (5863 J.E., S. 17-1-278), d'après le principe posé par l'Administration le 11 mars 1814 (4800 J.E., D.N. t. 5 p. 154 n° 209), qu'une vente par un père à son fils d'un immeuble moyennant 30,000 francs, contenant donation de ces 30,000 francs, par portions égales, tant à l'acquéreur qu'à ses deux frères, donnait ouverture au droit de vente sur la totalité des immeubles, et à celui de donation sur la totalité du prix.

De même encore, lorsque, après avoir cédé son étude à son fils moyennant 120,000 francs, un père déclare par le même acte lui faire donation d'une somme de 50,000 francs à prélever sur ce prix, cette disposition doit être considérée comme tout à fait indépendante de la cession et elle donne ouverture au droit de donation (Cass. 6 déc. 1847, 14385 J.E., 13216 J.N., 1814 § 16 I. G., S. 48-1-136; — Cass. 22 janv. 1866, 2233 R.P., 2348 § 2 I. G., S. 66-1-79, D. 66-1-232). *V.* dans le même sens : — Seine 19 février 1852 (15414-1 J.E., 14855 J.N.). — Le tribunal de Douai avait jugé, le 10 juin 1846 (14014 J.E., 12869 J.N.), qu'il y avait vente de l'étude jusqu'à concurrence de 70,000 francs et donation pour 50,000 francs. — V. *Acceptilation*.

Enfin, si les père et mère de l'un des futurs, après lui avoir fait donation d'une somme déterminée, lui vendent un immeuble par *le même contrat*, sur le prix duquel il doit compenser la somme donnée, la même règle se trouve applicable (Dél. 16 déc. 1834, 11187-5 J. E.).

Ces décisions nous paraissent parfaitement fondées. *Quid* si la remise était de la totalité du prix? La Cour de cassation, par un arrêt en date du 13 novembre 1827 (9054 J.E.), a décidé qu'une vente serait valable comme vente quoique le vendeur y fasse remise du prix à l'acquéreur. Cette décision ne peut être acceptée qu'avec beaucoup de réserve pour l'application des droits, car s'il est vrai qu'il peut se présenter telle circonstance où la remise du prix de la vente n'ait aucun caractère de libéralité, l'employé ne doit néanmoins jamais se dépouiller de son droit d'appréciation, afin de percevoir le droit de donation toutes les fois que le vendeur, en remettant purement et simplement le prix, aura eu réellement l'intention de faire un acte de libéralité. — *V.* 243.

## ARTICLE 3. — LE PRIX DOIT ÊTRE CERTAIN

**[17685-17702]**

### § 1er. — *Dispositions générales.*

**[17685-17690]**

**17685. Détermination par l'une des parties.** — « Il n'y aurait pas de vente, dit Troplong *loc. cit.* n° 151, si l'une des parties restait maîtresse de déterminer arbitrairement ce qu'elle devra payer ou recevoir ; par exemple si le vendeur s'en rapportait à la discrétion de l'acheteur et à l'évaluation qu'il fera lui-même de la chose : *Quanti velis, quanti æquum putaveris, quanti æstimaveris habebis emptum.* C'est ce que l'art. 1591 a voulu exprimer lorsqu'il a dit que le prix devait être déterminé et désigné *par les parties.* La détermination du prix doit être l'ouvrage des deux parties, et non pas d'une seule. »

**17686. Fixation ultérieure.** — Il y aurait prix incertain, et partant absence de vente, dans une convention qui aurait lieu *moyennant un prix dont les parties conviendront plus tard.* Aussi une D. m. f. 7 juillet 1830 (6944 J. E.), a-t-elle reconnu qu'une pareille vente, étant imparfaite, ne pourrait donner ouverture au droit de 5 fr. 50 c. pour 100.

Mais la vente pour un prix à fixer d'après le cours du marché au jour de la livraison est valable (Cass. 14 janv. 1878, 4865 R. P.).

Il en est de même d'une vente faite moyennant un prix proportionnel à des produits à extraire de la mine vendue (Saint-Etienne, 29 mai 1878).

**17687. Offre à faire plus tard.** — Le contrat serait également nul s'il était fait *pour le prix qu'on en offrira.* « L'acheteur, dit Troplong n° 153, n'aurait qu'à interposer une personne qui offrirait un prix très-bas; le vendeur pourrait en interposer une autre qui offrirait un prix très-haut. Ce serait une source de fraudes. » On pourrait objecter, en faveur de l'assujettissement d'un pareil contrat au droit de vente, que les employés ne sont pas juges de la validité des conventions et qu'il suffit, dans l'espèce, de demander une évaluation du prix pour rendre la perception possible et même nécessaire. Nous répondons qu'il ne s'agit pas ici d'un vice infectant la convention, circonstance qui, on le sait, ne peut exercer aucune influence sur la perception, mais de l'absence de l'un des éléments essentiels du contrat, ce qui fait qu'il n'y a pas contrat. Or, on ne peut appliquer le droit de vente à ce qui n'est pas une vente. — V. *Nullité.*

**17688. Prix ignoré, mais certain.** — « Mais, continue Troplong n° 152, ce ne serait pas un prix incertain que celui qui serait ainsi désigné: je vous achète cet immeuble pour le prix que vous l'avez acheté, *quanti tu eum emisti;* ou bien, je vous achète cet immeuble pour la somme d'argent que j'ai dans mon coffre-fort, *quantum pretii in arcâ habeo.* Dans ces deux cas, le prix est sans doute ignoré de l'une des parties, mais il est certain : *Magis ignoratur quam in rei veritate incertum est.* » — Dans une semblable hypothèse, il suffirait d'exiger une évaluation des parties, conformément à l'art. 16 L. 22 frimaire an 7, pour permettre l'assiette de la perception.

Ainsi, il a été jugé que renferme une vente passible du droit de mutation, à liquider d'après la déclaration estimative des meubles, l'engagement pris par la société de livrer aux adjudicataires des objets mobiliers, les uns au prix de facture, les autres pour la valeur qui sera déterminée par une évaluation postérieure : « Attendu, porte un jugement du tribunal de Vervins, du 7 mars 1873, que la promesse de vente est parfaite alors qu'il est constant que le prix doit être ultérieurement fixé; que la condition suspensive est réalisée et que le terme encore inconnu de la révélation du prix ne met pas obstacle à la perception de l'impôt; que le sieur Sénéchal et la veuve Coupain n'opposent pas le défaut de tradition des objets ; qu'il doit être fait par eux une déclaration estimative de ces objets, pour établir l'exigibilité du droit proportionnel de 2 pour 100 sur ce prix » (12294 J.E. belge).

**17689. Prix certain pour une partie, indéterminé pour l'autre.** — « Le prix n'est pas non plus incertain lorsque étant certain pour une partie, il n'y a d'éventuel que le surplus. Par exemple, je vous vends cet immeuble pour 15,000 francs et le surplus sera à votre discrétion. Il y a là un prix certain, 15,000 francs. Le reste n'est qu'un accroissement de prix, dont l'incertitude ne saurait vicier la vente » (Troplong n° 152). Donc, en pareille occurrence, il suffirait, pour établir le droit, d'exiger l'évaluation du supplément. — On peut cependant voir, sous le n° 17670-1, une décision administrative qui paraît contraire à la perception. Mais le tribunal de Rodez a jugé, le 11 février 1847 (13156 J. N.), dans le sens de la perception, que l'acte par lequel une femme reçoit en payement de ses reprises des immeubles de son mari estimés dans l'acte, sauf la détermination ultérieure par des experts de la plus-value des immeubles, constitue une vente parfaite, nonobstant l'incertitude à l'égard de la plus-value et, rend le droit proportionnel immédiatement exigible (*Conf.:* Champ. et Rig. t. 6 n° 342).

**17690. Augmentation éventuelle du prix.** — Il a été jugé que quand, dans une vente d'immeubles faite moyennant un prix déterminé, il est convenu que l'acquéreur, au lieu de verser immédiatement ce prix, en payera le double s'il meurt avant le vendeur, qui recevra les intérêts de ce dernier capital et aura le privilége ordinaire pour son recouvrement, le droit de vente est exigible sur la somme payable au décès et non pas sur le prix stipulé (Seine 8 juin 1872, 3529 R. P.; — Cass. 5 nov. 1873, 3767 R.P.).

« Attendu, porte l'arrêt, qu'il est déclaré par l'acte authentique du 7 juin 1870 que la demoiselle de Puységur a cédé au comte de Puységur, son frère, ses droits immobiliers dans la succession de leur mère, moyennant le prix principal de 500,000 francs; mais qu'il est établi en même temps, par ledit acte, que 300,000 francs seulement ont été payés comptant, et que le capital de 200,000 francs restant dû est converti en un capital éventuel de 400,000 francs, lequel, stipulé payable dans l'année du décès du cessionnaire ou du dernier de ses descendants légitimes, est indiqué dans le contrat comme formant *le solde* du prix du transport; que, dès lors, le prix exprimé dans l'acte était, en réalité, de 700,000 francs, composé tant des 300,000 francs payés comptant que des 400,000 francs restant dus et payables à terme ; qu'à la vérité, remise était faite de cette dernière somme au cessionnaire dans le cas de prédécès de la cédante, mais que le capital de 400,000 francs n'en était pas moins un élément du prix, puisque, dans les termes mêmes de l'acte de cession, il était garanti par le privilége de vendeur et l'action résolutoire expressément réservés par la cédante ; et que, d'un autre côté, le comte de Puységur en était immédiatement constitué débiteur, puisque, comme tout acquéreur à terme avec stipulation des intérêts, il était obligé par l'acte à payer jusqu'au terme fixe des intérêts qui, en toute hypothèse, devaient rester acquis à la cédante; qu'ainsi, la somme de 700,000 francs était bien dans toutes ses parties le prix de la cession, et que, donnant naissance à une obligation actuelle, sauf une éventualité de réduction dans un cas prévu, elle constituait le prix exprimé qui, suivant l'art. 15 n° 6 L. 22 frimaire an 7, devait servir de base pour la liquidation et le payement du droit proportionnel. »

Cet arrêt peut se justifier dans l'espèce sur laquelle il est intervenu, par le motif que la somme de 700,000 francs avait le caractère d'un prix actuellement connu et dont la réduction seule était soumise à une condition résolutoire.

Mais que faudrait-il décider s'il s'agissait d'une augmentation véritablement éventuelle du prix, par exemple s'il était convenu que le prix fixé à 5,000 francs sera élevé à 10,000 francs dans le cas où le navire reviendra des Indes? L'Administration soutient que, dans cette hypothèse, le droit est dû actuellement sur 5,000 francs, mais que lors de l'arrivée de la condition, un supplément de droit est exigible. « La conditionnalité du prix, dit-elle, ne touche pas à l'existence même de l'obligation de l'acheteur. Il y a prix déterminé dès le jour de la vente. Ce qui, pour le moment, est inconnu, c'est seulement le chiffre exact de la somme à payer au vendeur. En attendant que ce chiffre soit déterminé par l'événement de la condition, le droit proportionnel est provisoirement exigible sur le prix déclaré par les parties ou sur la valeur constatée par l'expertise (L. frim. art. 16 et 17, Cass. 26 nov. 1822, S. *Collect. nouv.* t. 9 p. 161). Mais quand l'événement se réalise et que la somme à payer par l'acheteur est définitivement connue, l'excédant devient alors, selon l'expression de Troplong (n° 152), « un accroissement de prix, » et, par voie de conséquence, donne lieu à un accroissement de droit » (3767 R. P.).

Cette doctrine nous semble très-contestable. Nous croyons que le prix de la vente au jour où l'acquéreur contracte, c'est la valeur de l'aléa auquel il se soumet et qui n'est représenté par aucune des deux alternatives de son engagement. Cet aléa doit être évalué et doit seul supporter l'enregistrement. Il faut, selon nous, appliquer à cette situation la théorie que nous exposons plus loin au sujet des charges éventuelles, au n° 17710.

## § 2. — *Prix à fixer par experts.*

[17691-17698]

**17691. Faculté de laisser le prix à l'arbitrage d'un tiers.** — Quoique l'art. 1591 C. C. porte que le prix doit être déterminé et désigné par les parties, il peut cependant être laissé à l'arbitrage d'un tiers. C'est une limitation apportée par l'art. 1592 au principe consacré par l'art. 1591 (Troplong n° 155). Trois questions se présentent dans l'état actuel de la jurisprudence au sujet des contrats de vente ou de promesses de vente dont le prix est à fixer par experts. Ces questions sont de savoir si c'est le droit fixe ou le droit proportionnel qui doit être perçu : 1° lorsque le prix est à fixer par experts *nommés* par les parties au moment du contrat ; — 2° lorsque le prix a été fixé *provisoirement* par les parties, sauf détermination définitive par les experts ; — 3° lorsque le prix est à fixer par experts *à nommer* postérieurement par les parties, ou, à leur défaut, par un tiers.

**17692. Experts nommés.** — Le contrat peut déférer le prix exclusivement à l'arbitrage de tiers *dès à présent nommés*. La convention rentre alors dans l'application de l'art. 1592 C. C. ; la vente n'est point parfaite, car si le tiers ne veut ou ne peut faire l'estimation, une des conditions essentielles à sa perfection, *le prix*, n'existant pas, l'art. 1592 déclare qu'il n'y aura pas vente.

Ainsi, il a été jugé, en matière civile, que quand dans une transaction les parties ont laissé à la charge d'experts désignés la fixation de l'indemnité due pour abandon d'une servitude, si les experts convenus n'acceptent pas leur mandat, il n'appartient pas au juge d'en désigner d'autres ; la transaction est non avenue (Pau, 11 juill. 1871, S. 71-2-196 ; — C. Rouen, 26 janv. 1876, 4816 R. P.). — Dans ce cas, le droit fixe est seul exigible, ainsi que l'ont jugé le tribunal de Pamiers, le 25 avril 1825 (6571 J. N.), et celui de Mende, le 20 mai 1841 (11167 J. N.).

En effet, du moment que les parties ont *désigné* une personne pour fixer le prix, la désignation qu'elles ont faite doit être considérée comme *exclusive*. Elles laissent supposer par là qu'une autre personne *ne serait pas à même* de connaître la valeur de l'objet et d'apprécier leur position et leurs intérêts. Il y a donc nécessairement suspension de la vente jusqu'au moment où la personne nommée aura déterminé le prix. Duvergier (t. 16 n° 162) fait remarquer, en citant le jugement du tribunal de Pamiers, que sa décision, à l'égard de l'enregistrement, est incontestable.

1. NÉCESSITÉ D'UNE ÉVALUATION. — Cependant, une D. m. f. 10-21 janvier 1812 (566 I. G.) veut que, *dans tous les cas* où le prix d'une vente n'est pas fixé, il y soit suppléé par une déclaration estimative faite conformément à l'art. 16 L. 22 frimaire an 7. Mais la loi de frimaire, en exigeant une pareille estimation, présuppose l'existence légale d'un acte, et il ne pourra y avoir ici contrat légal, aux termes de l'art. 1583 C. C., que lorsque la vente aura un prix. Un arrêt de la Cour de cassation du 19 mars 1850 (*arrêt rapporté* n° 14493-3) repousse d'ailleurs implicitement *l'obligation de faire cette estimation*, à laquelle seraient tenues les parties d'après la décision de 1812. Cet arrêt décide que lorsque les tiers ne sont pas *dès à présent désignés*, mais *sont à nommer*, le droit de vente doit être perçu sur la valeur des biens *à déclarer par les parties*, d'où la conséquence que, dans notre espèce, les experts *étant nommés*, l'évaluation ne peut être exigée, et le droit fixe est seul à percevoir — *V.* 17694.

2. DÉLAI ACCORDÉ AUX EXPERTS. — D'après la décision du tribunal de Pamiers, le *rapport d'experts* qui fixe le prix *opère seul* la transmission de la propriété et peut seul donner ouverture au droit proportionnel. Il doit en être de même lorsque la vente n'a point été réalisée, parce que l'arbitrage n'a été fait que postérieurement au délai prescrit par l'acte, et qu'il résulte d'actes authentiques que le vendeur a toujours conservé la propriété des biens (Cass. 24 juill. 1815, Teste-Lebeau v° *Vente* n° 20, D. N. t. 13 p. 416 n° 479, *P. chr.* 286).

3. EFFET RÉTROACTIF. — Puisque l'on considère l'estimation des experts désignés comme une condition suspensive de la vente, il faut, selon la théorie ordinaire des conditions, percevoir le droit d'après le tarif du jour du contrat (Demante n° 135).

4. QUOTITÉ DU DROIT FIXE. — Quant au droit fixe dû sur le contrat enregistré avant l'estimation, le tribunal de Pamiers a prétendu qu'il fallait appliquer le droit de 3 francs (4 fr. 50 cent.) pour les « compromis ou nominations d'arbitres » (L. 1816, art. 14 n° 2 ; Jug. du 25 avr. 1825, 6571 J. N.). Mais cette décision paraît erronée. Les arbitres dont il s'agit sont les arbitres juges nommés en vertu d'un compromis. Or, l'acte en question n'est pas un compromis, le tiers estimateur n'exerce aucune juridiction ; ce n'est pas un arbitre dans le sens légal. Le contrat encourt donc seulement le droit fixe de 3 francs, comme acte innomé.

**17693. Évaluation provisoire.** — Si le prix de la vente a été fixé provisoirement par les parties, qui ont laissé à des experts le soin de le déterminer définitivement, il y a réellement un prix actuel convenu entre le vendeur et l'acquéreur, susceptible seulement de recevoir une modification ultérieure, mais qui, en attendant, forme le *lien de droit* entre les parties contractantes (V. 17673). On ne doit plus se préoccuper, comme dans l'espèce qui a fait l'objet du numéro précédent, de la question de savoir si le prix sera ou non fixé par les experts, car si ce prix n'est pas déterminé, on devra considérer *comme définitif* le prix qui n'avait d'abord été fixé que comme provisoire, et la vente ne sera pas nulle, dans les termes de l'art. 1592 C. C., pour défaut d'évaluation de la part des experts. Cela a été jugé plusieurs fois (V. J. du Pal.; — Montpellier 3 janv. 1827; — Cass. 27 mai 1816 et la note; — Bastia 13 avr. 1837 t. 1er 1840, p. 247). Le droit proportionnel est donc exigible au moment même du contrat (Dél. 14 avr. 1826, 8451 J. E., 5922 J. N.; — Tournon 10 nov. 1847, 14360 J. E.; — Seine 26 août 1870, 4533 R. P.).

1. DATION EN PAYEMENT. — Le droit proportionnel est, à plus forte raison, exigible bien que le prix définitif ait été laissé à l'arbitrage de tiers, si la vente est consentie pour éteindre une dette *déterminée* dans le contrat (Sol. 5 mai 1832, 10405 J. E.; — Rodez 11 fév. 1847, 14267 J. E.).

2. SUPPLÉMENT DE PRIX. — Si l'évaluation des experts est supérieure au prix provisoirement fixé dans le contrat, un supplément de droit est exigible (Sol. 25 germ. an 8, 422 J. E.). Mais le droit en sus ne doit pas être perçu, car l'expertise était la condition de la vente. — Les mêmes raisons de décider dans le même sens existent lorsque, sans faire procéder à l'expertise, les parties règlent entre elles le prix définitif et que ce prix est supérieur à celui porté dans l'acte. (Sol 24 juill. 1828, 9110 J. E., 6742 J. N.); par exemple, lorsqu'une liquidation fait ressortir un excédant (Seine 26 août 1870, 4533 R. P.). — V. 12931.

**17694. Experts à nommer.** — Si, tout en laissant l'évaluation du prix à des experts, les parties se réservent de nommer ces experts plus tard et stipulent que, si elles ne font pas elles-mêmes cette nomination, il y sera procédé par un magistrat, les motifs qui ont déterminé la décision qui a fait l'objet du n° 17692 s'évanouissent; il ne s'agit plus que d'une évaluation qui ne peut manquer d'avoir lieu *par l'effet même des précautions que les parties ont prises*. La convention doit être considérée comme une promesse de vente parfaite; dès lors, si un prix provisoire n'est pas fixé, il doit y être suppléé par une déclaration estimative des objets vendus, faite conformément à l'art. 16 L. 22 frimaire an 7. Aussi la Cour de cassation a-t-elle jugé, le 19 mars 1850 (*arrêt rapporté* 14493-3), qu'une pareille stipulation donnant *toute certitude à une future détermination* du prix, le droit proportionnel est exigible (14920 J. E., 13996 J. N., 8899 C., 1857 § 18 I. G., S. 50-1-289; — *Contrà* Demante 137, Champ. et Rig. t. 6 p. 343).

L'Administration avait déjà décidé, en ce sens, que la promesse, par le nu-propriétaire d'un immeuble, de le vendre au décès de l'usufruitier, moyennant un prix qui sera fixé par experts, que les parties *nommeront* ou qui *seront nommés* par le président du tribunal, donne ouverture au droit proportionnel (Dél. 27 sept. 1833, 10792 J. E.).

Dalloz, en citant cette délibération, n° 2305, déclare l'Administration parfaitement fondée à reconnaître la vente parfaite du jour même du contrat; car, pour cela il a suffi de démontrer que l'estimation par le tiers *était toujours possible*, et pour soutenir le contraire, il faudrait prouver qu'il ne se trouvera pas d'experts *capables* de faire l'estimation, preuve évidemment impossible. Ce raisonnement s'applique également au cas qui a fait l'objet de l'arrêt de 1850, ci-dessus rapporté.

**17695. Acte postérieur.** — Si les experts ne sont pas nommés par les parties, qui se réservent seulement d'en faire plus tard la désignation, la vente ne devient valable qu'à partir de l'acte postérieur renfermant cette désignation. Mais il y a indication suffisante des experts lorsque les parties s'en rapportent à l'estimation que devront faire des experts déjà nommés par le tribunal pour le partage d'une succession dont les immeubles vendus font partie (Grenoble 1er juin 1865, S. 1865-2-332; Duvergier t. 1er n° 153. — *Contrà* Troplong t. 1er n° 157, Aubry et Rau t. 4 § 349 p. 337).

Il a été décidé de même que, quand le prix d'une vente a été laissé à l'arbitrage d'un tiers et que ce tiers ne peut ou ne veut faire l'estimation, on ne saurait échapper à la nullité de l'art. 1592 C. C., sous prétexte que l'appréciation à faire n'exigeant pas de connaissances spéciales, l'arbitre qui a refusé peut être remplacé par la justice (Pau 30 nov. 1859, D. 60-2-36.)

**17696. Incompétence d'un expert.** — Puisqu'il s'agit de l'accomplissement d'une condition, il nous a paru que le droit proportionnel n'était pas exigible quand cette condition s'accomplit en dehors des conventions des parties, lorsque, par exemple, l'estimation procède d'autres experts que ceux auxquels les contractants ont voulu confier personnellement cette mission. Cependant, un arrêt de Cass. du 14 mai 1866 a décidé que si des parties ont laissé le prix d'une vente à l'arbitrage de trois personnes désignées, en stipulant que le juge de paix pourvoirait, le cas échéant, *au refus de l'une d'elles*, la fixation opérée par un des experts et deux étrangers autorise la réclamation du droit proportionnel de vente, alors même que la sentence aurait été annulée depuis lors comme émanant d'experts incompétents (2302 R. P., 2349 § 2 I. G., S. 66-1-303, D. 66-1-352).

« Attendu, porte l'arrêt du 14 mai 1866, qu'il résulte du jugement attaqué que, le 28 août 1860, Longuet s'est engagé à vendre aux époux Tachet un moulin et ses dépendances, moyennant un prix qui devait être fixé par les arbitres, condition qui s'est réalisée, ainsi qu'il ressort d'une sentence arbitrale du 29 novembre suivant; attendu que la transaction du 28 août 1860 et la sentence arbitrale du 21 novembre susénoncées étaient revêtues de toutes les formes extérieures propres à constater la mutation de propriété; que ces actes contenaient l'accord des parties sur la chose et sur le prix, et qu'en cet état, le droit proportionnel dû pour toute transmission de propriété a été avec raison perçu par le receveur de l'enregistrement; attendu que l'annulation de la vente ultérieurement prononcée sur la demande de l'une des parties, à raison du défaut de qualité de l'un des experts chargés de fixer le prix, conformément à l'art. 1592 C. C., n'a été qu'un événement postérieur qui ne saurait vicier une perception régulièrement assise sur des titres dont l'Administration ne pouvait se constituer le juge; attendu que de ce qui précède, il résulte que le tribunal de Cognac, en refusant d'ordonner la restitution du droit proportionnel, n'a commis aucune violation des art. 1181, 1182, 1883, 1589 et 1592 C. C., et n'a fait qu'une juste application des art. 3-4-60 L. 22 frimaire. »

« Alors même, a dit M. l'avocat général Paul Fabre pour déterminer cet arrêt, que le mandat de remplacer un expert en cas de départ aurait été donné à un simple particulier, le fait par ce mandataire d'avoir, avec l'assentiment ou dans le silence des parties, dépassé la limité de ses pouvoirs, n'empêcherait pas que l'acte ne se présentât au receveur avec les caractères extérieurs de la vente; et cela suffit pour rendre le droit exigible, car le receveur n'est pas plus juge des excès de pouvoirs du mandataire que de ceux d'un tribunal. Est-ce à dire que, si un tiers que rien n'attacherait à la convention, et qui se serait investi lui-même du caractère d'arbitre, venait déposer sa prétendue sentence, les parties ne seraient pas fondées à refuser à la Régie le droit de mutation, en déniant toute mission au prétendu expert? Non, assurément. Mais ce n'est pas celui de l'espèce. Ici c'est le juge de paix, incontestablement constitué mandataire par la convention dans une limite ou dans une autre, qui a présidé à la nomination de deux des experts. Le lien entre la convention, le juge de paix et les experts est donc manifeste et prouvé pour le receveur. Les caractères extérieurs de l'acte complémentaire de la vente le présentent donc au receveur comme émanant des parties aussi bien que l'acte primitif. Il a dû dès lors le frapper de droit de mutation, et le jugement a eu raison de dire que ce droit a été légitimement perçu, et une fois perçu, n'a plus dû être restitué. »

Nous avons critiqué l'exactitude de cette décision et nous ne pouvons, après nouvel examen, que persister dans notre avis.

Les parties avaient remis à trois experts le soin de fixer le prix de la vente; et, prévoyant le cas où l'un d'eux refuserait la mission, ils avaient chargé le juge de paix de pourvoir à son remplacement. La vente était donc soumise à cette condition suspensive que le prix serait déterminé ou par les trois arbitres désignés dans le compromis, ou bien par deux d'entre eux et par un tiers laissé au choix du juge. Dès l'instant que l'estimation émanait d'un seul des experts et de deux étrangers, on ne se trouvait plus dans les termes de la convention, et la condition suspensive ne se réalisait pas.

S'il s'était agi de percevoir le droit sur l'acte par lequel le juge a nommé le second expert, nous comprendrions facilement que l'Administration n'ait point à scruter la validité de cette nomination, puisqu'elle n'est pas juge de la nullité des actes *soumis à la formalité*. Mais en est-il de même à l'égard d'un droit dont l'exigibilité dépend de l'accomplissement d'une condition? Puisque l'Administration est forcée, par la nature des choses, de prouver l'échéance de la condition avant de réclamer le payement, n'est-elle pas obligée aussi de prouver son échéance régulière? On reconnaît que le droit ne serait pas dû si l'expertise était faite par un tiers absolument étranger, et on admet que l'irrégularité de l'opération serait alors opposable au Trésor. Nous n'apercevons pas qu'il en puisse être autrement parce que le tiers aura été nommé par un magistrat qui n'en avait pas le droit. La position du Trésor est la même dans les deux cas: il lutte pour établir sa créance et c'est à lui, croyons-nous, à la justifier contre les allégations des parties, en prouvant que la convention est réellement parfaite. Que dirait-on si l'Administration prétendait constater la réalisation d'un crédit au moyen des déclarations faites par un mandataire qui n'en aurait pas reçu pouvoir? De telles énonciations seraient sans force, et cependant on percevrait le droit d'obligation sur l'acte ordinaire dans lequel ce mandataire consentirait formellement un titre au profit du prêteur. La raison de cette différence est que, dans le second cas, l'Administration n'a aucune preuve à faire pour la perception du droit sur l'acte *présenté à l'enregistrement*, tandis que, dans le premier, l'exigibilité de sa créance dépend d'abord de la réalisation de la condition, et que, pour prouver cette réalisation, il faut nécessairement discuter la valeur juridique des faits dont elle se compose.

1. TIERS EXPERT. — D'après les mêmes motifs, nous croyons que si les parties avaient seulement confié au juge le droit de nommer deux experts sans lui attribuer aussi le droit de désigner le tiers chargé de les départager en cas de désaccord, il n'y aurait pas certitude absolue et actuelle d'une détermination du prix et le droit de vente ne serait pas dû (Sol. 30 nov. 1866).

**17697. Stipulations insuffisantes pour opérer la vente conditionnelle.**— Lorsqu'un immeuble a été attribué indivisément en nue-propriété à des copartageants, avec stipulation qu'en cas de décès de l'un d'eux sa part serait reprise par les survivants, d'après la valeur à déterminer par expertise contradictoire, la déclaration de la mutation doit être faite dans les trois mois non du décès, mais de l'expertise.

C'est ce qu'a décidé l'administration belge en ces termes, le 18 septembre 1865 (10032 J. E.) : « Considérant que les parties se sont bornées à stipuler la nécessité d'une expertise contradictoire pour déterminer le prix de la transmission; qu'elles n'ont rien arrêté quant au mode de nomination des experts, pour le cas où elles ne parviendraient pas à s'entendre sur leur désignation ou pour le cas où des experts désignés ne voudraient pas remplir leur mission; que, d'après la plupart des auteurs, le silence du contrat sur ces points emporte la nullité absolue des engagements; que, suivant d'autres auteurs qui en admettent la validité, le recours aux tribunaux ne peut cependant avoir pour objet la désignation des experts, et la partie qui refuse d'y concourir n'est exposée qu'à une action en dommages-intérêts (Dalloz v° *Vente* 380); que l'arrêt de Cass. du 19 mars 1850 (V. 17694) est basé sur des clauses qui donnaient toute certitude à une détermination future du prix; que, d'après ce qui précède, il faut admettre que, dans l'espèce, l'événement du décès de l'un des copropriétaires n'a pas suffi pour rendre la vente parfaite qu'elle n'a eu ce caractère que du jour où l'expertise contradictoire en a fixé le prix. »

**17698. Restitution.** — On a vu, n° 17693, que lorsqu'un prix provisoire a été fixé par les parties, la vente doit être considérée comme parfaite, alors même que le prix définitif est la... à l'arbitrage de tiers, ce qui rend le droit proportionnel exigible. Dans ce cas, l'art. 60 L. 22 frimaire an 7 pourrait s'opposer à la restitution du droit, bien que le contrat soit resté sans effet par suite du refus des experts de faire la détermination du prix. L'Administration l'avait ainsi décidé, le 4 avril 1826 (8451 J.E., 5922 J. N.), en s'appuyant sur un arrêt de Cass. du 14 juillet 1807.

1. ÉVALUATION POUR LA PERCEPTION. — Mais cette jurisprudence peut paraître sévère si l'évaluation n'a été faite *que pour asseoir la perception.* Aussi une Dél. 25 septembre 1840 (12615 J.E., 10783 J.N.) a-t-elle ordonné la restitution du droit perçu sur une vente dont le prix, laissé à l'arbitrage de tiers qui avaient ensuite refusé de procéder, n'avait été provisoirement déterminé dans l'acte *que pour la perception des droits d'enregistrement.*

2. VENTE NON SUIVIE D'EXÉCUTION PAR LE FAIT DES PARTIES. — La solution ne serait plus la même si la vente restait sans effet non par le fait des experts, mais par celui des parties, *qui n'auraient alors à imputer qu'à elles-mêmes la non-exécution de leur contrat.* Les dispositions de l'art. 1592 C. C. seraient ici sans influence. C'est ce qui a été décidé dans des espèces où les parties, sans attendre la fixation du prix par les experts, avaient renoncé à donner suite à la vente. La restitution du droit perçu a été repoussée (Cass. 19 mars 1850, 14920 J.E., 13996 J. N.. 1857 § 18 I. G., S. 50-1-289, *arrêt rapporté* n° 14494-3; — Tournon 10 nov. 1847, 14360 J. E., 8090 C.; — *Contrà* Champ. et Rig. t. 6 n° 344).

3. VENTE JUDICIAIREMENT ANNULÉE. — On l'a écartée également, bien que l'annulation de la vente ait été ultérieurement prononcée en justice sur la demande de l'une des parties à raison du défaut de qualité de l'un des experts chargés de fixer le prix. La Cour a considéré que c'était là un événement postérieur ne pouvant vicier une perception régulièrement assise sur des titres dont l'Administration ne pouvait pas se constituer le juge (Cass. 14 mai 1866, *arrêt rapporté* n° 17696). — Mais nous avons critiqué précédemment cette décision.

4. DÉLAI ACCORDÉ AUX EXPERTS. — Une Sol. 5 mai 1832 (10405 J.E.) a encore décidé qu'à défaut par les parties d'avoir fixé un délai, on ne pourrait se prévaloir des art. 1007 et 1012 C. proc. pour prétendre que le pouvoir des experts était limité de droit à une durée de trois mois, et pour soutenir, en conséquence, que le droit perçu dans ces circonstances est restituable si l'évaluation des experts n'a pas été faite dans ce délai.

## § 3. — *Prix consistant en une rente.*

[17699-17702]

**17699. Rente viagère.** — Pendant longtemps il fut admis, presque sans contestation, dans la pratique que lorsque le prix d'une vente consiste en une rente viagère, le droit doit être liquidé sur le capital au denier 10 de cette rente. En ce sens, une Sol. 28 mars 1828 (10278 J. E.) portait que la vente consentie par un père à un enfant de tous ses biens, moyennant le payement d'une rente viagère, est passible du droit de 5 fr. 50 cent. pour 100 sur le capital au denier 10 de cette rente, sans qu'on puisse prétendre que cet acte équivalait à un partage anticipé.

Cependant, ce mode d'évaluation présentait le grave inconvénient de donner au prix d'une vente consentie dans ces conditions une valeur tout à fait arbitraire, car rien n'est incertain comme le capital d'une rente viagère, dont l'importance est nécessairement subordonnée à une foule de circonstances particulières que les parties seules sont à même d'apprécier.

Aussi l'Administration, après de longues hésitations, a-t-elle fini par consacrer le principe de la nécessité d'une évaluation par les parties. Voici, en effet, ce qu'on lit dans son I. G. n° 1528 § 19 : « Suivant un arrêt de Cass. 21 décembre 1829, inséré dans l'I. G. n° 1307 § 13 (S. 30 1-117, 9533 J. E.), la liquidation du droit d'enregistrement sur les ventes d'immeubles est exclusivement régie par l'art. 15 n° 6 L. 22 frimaire an 7. En conséquence, cet arrêt a décidé, dans le cas d'une vente faite à charge de servir à un tiers une rente viagère dont le capital avait été évalué par le parties, que le droit avait dû être perçu sur le montant des cette évaluation, et non sur le capital au denier 10 de la rente. — Il résulte d'un autre arrêt du 23 août 1836 (11588 J.E.) que, lorsque le capital de la rente viagère, payable soit à un tiers soit au vendeur, n'a point été évalué dans l'acte de vente dont elle forme le prix total ou partiel, le receveur doit exiger des parties la déclaration estimative de ce capital, conformément à l'art. 16 L. 22 frimaire an 7, sauf à requérir l'expertise si cette estimation paraît inférieure à la valeur vénale de l'immeuble. On remarquera, en effet, que la Cour a rejeté le pourvoi, en se fondant sur cette circonstance particulière que, dans le cours de l'instance en expertise, l'acquéreur avait, de son plein gré, fourni l'évaluation du capital de la rente viagère, ce qui réparait le défaut de la réquisition d'évaluation, qui aurait dû être faite par le receveur lors de l'enregistrement de l'acte. En conséquence, il y a lieu de prendre pou règle, quant aux ventes d'immeubles faites soit moyennan une rente viagère au profit du vendeur, soit à charge de servir une rente de cette nature à un tiers, que le droit doit être perçu sur le capital de la rente *évalué par les parties*; que, si cette évaluation n'est point exprimée dans le contrat, le receveur est tenu, avant l'enregistrement, de requérir des parties une déclaration estimative dans la forme prescrite par l'art. 16 L. 22 frimaire an 7. Dans l'un et l'autre cas, cette évaluation peut être attaquée par la voie de l'expertise. »

La Cour de cassation a maintenu sa jurisprudence, le 31 décembre 1872, en décidant : « que les art. 14 et 15 L. 22 frimaire an 7 fixent distinctement le mode de liquidation des valeurs des propriété, usufruit ou jouissance, transférés par des actes ou jugements, selon qu'il s'agit de biens meubles ou de biens immeubles ; que le n° 9 de l'art. 14, relatif à la création et au transport des rentes viagères, est sans application au cas où ces rentes ont été stipulées et constituées comme prix d'une vente immobilière; que leur évaluation, lorsqu'elle n'est pas exprimée dans le contrat, doit alors être faite par une déclaration estimative que les parties sont tenues de fournir dans la forme prescrite par l'art. 16 de ladite loi » (3560 R. P., 2456-3 I. G., S. 73-1-178, D. 73-1-429).

1. SOMMATION. — Une Sol. 7 février 1839 (5723 Roll.) porte que la sommation faite au receveur de percevoir le droit sur le capital au denier 10 de la rente viagère peut être considérée comme remplaçant la déclaration exigée.

2. CAPITAL EXPRIMÉ. — Nul doute, d'ailleurs, que quand le capital de la rente viagère est exprimé dans le contrat de vente, le droit soit exigible sur ce capital, et non pas sur la valeur à déclarer par les parties, alors même que le capital aurait été déterminé pour une affectation hypothécaire donnée par l'acquéreur (Bagnères 27 janv. 1868, 2665 R. P., 19257 J. N.). — V. *Déclaration pour la perception.*

3. USUFRUIT. — Cependant, il a été jugé que l'acte portant abandon de la jouissance d'un immeuble en payement d'une rente viagère doit être considéré comme opérant une cession d'usufruit à titre onéreux passible du droit de 5 fr. 50 cent. pour 100 sur le capital au denier 10 de la rente viagère (Cass. 16 fév. 1831, S. 31-1-73, 1370-8 I. G., 9947 J. E.). — V. 2195.

Mais cette solution ne nous paraît pas pouvoir être maintenue en présence de la jurisprudence précédente. — V. 17495-17553-17585.

**17700. Rente temporaire.** — Quant aux rentes stipulées payables pendant un nombre d'années déterminé, il ne s'y rencontre aucun des caractères aléatoires de la rente viagère proprement dite, et l'importance en est très-facile à déterminer par la simple réunion des annuités exigibles. Dès lors, il semble que le droit est dû sur ce total. On peut se reporter à cet égard à la discussion que nous avons établie au mot *Rente* sur la nature de ces pensions limitées.

**17701. Rente perpétuelle.** — *Quid* dans le cas où le prix de la vente consisterait en une rente perpétuelle? Il a été décidé, par un arrêt de cassation du 17 décembre 1834, que le droit est dû sur le capital au denier 20 de la rente, *quel que soit le prix stipulé pour le remboursement.* — « Attendu que, dans l'espèce particulière, il résultait du contrat du 17 janvier 1831 que la rente perpétuelle qu'il a constituée l'a été sans expression d'aucun capital exigible; qu'en jugeant, dans cette espèce, que le prix stipulé pour le cas d'amortissement de ladite rente ne pouvait, aux termes de l'art. 14 n° 9 L. 22 frimaire an 7, empêcher la capitalisation dans les proportions fixées par ledit article, à raison de vingt fois la rente perpétuelle, puisque cet article porte que cette capitalisation aura lieu quel que soit le prix stipulé pour l'amortissement, le tribunal de Castres, dont le jugement est attaqué, n'a fait qu'une juste application des dispositions dudit article relativement aux amortissements des rentes perpétuelles » (1481 § 13 I. G., 11083 J. E., 8745 J. N., S. 35-1-118).

Il existait déjà, dans le même sens, un arrêt du 19 mai 1834 (8521 J. N., 10928 J. E., S. 34-1-118). Aussi l'Administration, dans son instruction générale ci-dessus citée, a-t-elle prescrit de prendre ces décisions pour règle. On peut consulter dans le même sens un jugement du tribunal de Péronne du 10 juillet 1839 (12403 J. E., 7873 J. N.).

Par application de ces principes, il a été décidé : 1° qu'une vente d'immeubles consentie moyennant deux rentes de 33,000 francs donne ouverture au droit de 5 fr. 50 cent. pour 100 francs sur le capital au denier 20 de ces rentes, alors même qu'il est dit que ces rentes ne pourront être remboursées qu'au denier 33 (Valenciennes 14 mars 1856);

2° Que si une vente est faite à la charge de servir, en l'acquit du vendeur, une rente perpétuelle de 500 francs dont le capital, est-il dit, paraît être au denier 22, le droit n'est dû néanmoins que sur le denier 20 (16623-5 J. E.).

**17702. Rentes sur l'État.** — Lorsqu'une vente est faite pour une somme déterminée qui est ou doit être payée avec une inscription sur le grand-livre de la dette publique, représentant, au cours du jour de la vente, le prix stipulé, le droit ne doit pas être liquidé sur le capital de l'inscription au denier 20, mais seulement sur le prix porté au contrat, parce que les inscriptions ayant un cours public, on ne peut, dans les transactions civiles, leur supposer une valeur plus forte (Dél. 22 prair., 10 therm. an 13, 2095 J. E., D.N. t. 13 p. 414 n° 467).

1. OBLIGATIONS. — Mais si le prix est payable en un certain nombre d'obligations remboursables à prime, le droit est dû sur le total des titres calculés d'après leur valeur de remboursement (Saint-Girons 15 juin 1875).

## ARTICLE 4. — DES CHARGES

### [17703-17737]

**17703. Les charges font partie du prix.** — Nous avons dit, n° 17677, que, sous la dénomination de prix, il faut comprendre tout ce qui, étant déboursé par l'acheteur au sujet de la vente, passe dans les mains du vendeur, soit à titre de prix principal, soit à titre d'intérêts, d'épingles, de pots-de-vin, etc., ou est payé à sa décharge à des tiers.

C'est dans ce sens que l'art. 15 n° 6 L. 22 frimaire an 7 déclare que la valeur de la propriété, de l'usufruit et de la jouissance des immeubles est déterminée, pour la liquidation et le payement du droit proportionnel.... « pour les ventes, adjudications, cessions, rétrocessions, licitations, et tous autres actes civils ou judiciaires portant translation de propriété ou d'usufruit à titre onéreux, *par le prix exprimé, en y ajoutant toutes les charges en capital, ou par une estimation d'experts, dans le cas autorisé par la présente.* »

**17704. — Ce qu'on entend par charges.** — M. l'avocat général Blanche a défini ce qu'il faut entendre par une charge : « Ce que veut la loi, a-t-il dit, c'est que l'impôt porte sur le prix total de la vente. Elle ne se borne pas à atteindre le prix principal, c'est-à-dire la somme payée directement au vendeur; elle ordonne d'ajouter au prix toutes les charges qui peuvent l'augmenter. Ces charges, M. Demante le fait remarquer avec raison, ce sont les obligations imposées à la personne de l'acquéreur, parce qu'avec le prix elles représentent exactement la valeur des fonds (n° 288). Elles comprennent, selon l'expression de M. le premier président Troplong, tous les accessoires quelconques, tous les déboursés qui doivent entrer dans les mains du vendeur en indemnité de ce qu'il livre (*de la Vente* n° 594). Les seules charges qui ne s'ajoutent pas au prix sont celles qui pèsent sur le fonds lui-même, comme les servitudes. La raison en est simple; c'est que ces charges diminuant la valeur de l'immeuble, diminuent par là-même le prix qui la représente » (3545 R. P.)

Nous avons fait déjà une semblable remarque au n° 17677.

« Par charges, dit également un arrêt du 4 ventôse an 10, il ne faut entendre que les charges imposées dans le contrat même, et non celles inhérentes à la chose vendue et qui la suivent dans quelques mains qu'elle passe » (Dalloz n° 448). — V. *Charges*.

**17705. Avoué. — Remise proportionnelle.** — Autrefois, en matière de vente judiciaire, on ajoutait au prix, comme charge, la remise proportionnelle de l'avoué. Mais un arrêt de Cass. du 11 août 1852, que l'Administration a prescrit de prendre pour règle (*V.* 1744), a décidé que cette remise doit rentrer dans les frais particuliers, qui, aux termes de l'art. 1593, sont la dette personnelle de l'acquéreur.

**17706. Centimes additionnels.** — On doit considérer comme une charge susceptible d'être ajoutée au prix pour la perception du droit les frais antérieurs à la vente, notamment ceux que le vendeur a faits pour vendre ou pour mieux vendre. En effet, ces frais sont naturellement une dette du vendeur ; et lorsque l'acquéreur s'oblige à les payer, c'est à la décharge de son vendeur. Mais les frais de la convention ou du contrat et autres postérieurs étant mis par la loi à la charge de l'acquéreur (art. 1593 C. C.), celui-ci, en les acquittant, n'en libère pas le vendeur ; et, dès lors, ils ne font pas partie du prix sur lequel le droit d'enregistrement est assis. Cependant, lorsque ces derniers frais sont fixés à un chiffre qui excède d'une manière notable le taux ordinaire des droits et des frais de vente, on est fondé à penser qu'ils ont été ainsi exagérés pour accroître, par un accord secret, le prix au profit du vendeur et diminuer la matière imposable. Dans ce cas, mais dans ce cas seulement, l'Administration a décidé que l'excédant des frais doit être ajouté au prix pour la perception.

La difficulté est d'apprécier, en fait, si les centimes additionnels imposés à l'acheteur pour les frais du contrat sont l'exacte représentation des frais réels. Mais la solution de cette question dépend nécessairement des circonstances.

Cependant, pour établir une certaine uniformité dans la perception, l'Administration a admis que, dans les ventes par adjudication, les frais à la charge de l'acquéreur pouvaient être fixés à 10 centimes par 100 francs, non compris une somme égale aux suppléments de droits de timbre et d'enregistrement édictés par les lois nouvelles (Sol. 6 juill. 1877, 4761 R. P.); — et elle a prescrit de n'ajouter au prix pour la liquidation de l'impôt, que l'excédant des centimes additionnels ainsi calculés (1150-2 et 1200-21 I. G.). — *V.* 1698-1743-1745 et suiv.

1. VENTES AMIABLES. — On s'est demandé si cette fixation administrative était applicable aux ventes amiables. Si la vente est le résultat des publications faites pour préparer la mise aux enchères, il n'y a aucune raison sérieuse d'écarter la règle ordinaire, puisque le contrat a entraîné les mêmes dépenses que l'adjudication proprement dite, et qu'il n'est véritablement que la réalisation, sous une autre forme, de l'aliénation préparée par la publicité, les démarches et les soins de la mise aux enchères. — Mais il n'en est plus ainsi quand la vente n'est pas le produit de la tentative d'adjudication. L'acheteur ne saurait être tenu ici de payer des frais que l'ancien propriétaire avait exposés pour préparer une vente qui n'a pas abouti ; la taxe ne les mettrait certainement pas à sa charge. Par conséquent, s'il s'oblige à les supporter en vertu d'une clause du contrat, il prend l'engagement d'acquitter une dette personnelle du vendeur, et cette obligation forme une charge à ajouter au prix. En pratique, nous avons toujours vu traiter ainsi les frais d'une tentative précédente d'adjudication lorsqu'ils étaient imposés au second acquéreur. — Mais comme, après tout, la fixation des 10 centimes par 100 francs n'est qu'une appréciation approximative des frais réels, et que ce chiffre peut se trouver atteint, même dans les ventes amiables, quand elles sont de peu d'importance, l'Administration a pu décider, en principe, le 8 mai 1866, que la règle de l'I. G. 1150-2 s'appliquait aux ventes à l'amiable comme aux adjudications proprement dites, et encore bien que leur prélèvement ne soit autorisé par aucun tarif de la chambre des notaires (2318 R. P.).

**17707. Taux facultatif.** — Dans tous les cas, c'est là un taux facultatif qui ne lie ni les parties ni l'Administration elle-même. Et si le montant réel des frais peut être établi, on doit abandonner le principe ordinaire pour prendre ce dernier résultat.

1° Ainsi, si le cahier des charges exprime que les adjudicataires payeront, en sus du prix principal, un certain nombre de centimes par franc, pour frais et honoraires de l'adjudication, et si le taux de ces frais et honoraires ainsi déterminé paraît excessif, l'Administration peut demander qu'il soit réduit, et considérer comme charge augmentant le prix tout ce qui excède l'allocation régulière, ou la somme légalement due pour le coût du procès-verbal (Cass. 10 déc. 1816, 1996 J. N., S. 18-1-4, 1150-2 I. G., 5668 J. E.). — *V.* 1611.

2° Lorsque les frais à la charge du vendeur ont été évalués à 10 pour 100 et qu'il est établi que ces frais ne s'élèvent pas à ce taux, on ne doit déduire du prix exprimé que le *montant réel* de ces frais, attendu que le taux de 10 pour 100 admis par l'Administration ne peut faire règle, puisqu'il n'est qu'un taux d'appréciation, et non un taux légal (Le Havre 30 mars 1849, 14704 J. E.).

Il n'est pas besoin de faire ressortir l'inconvénient qu'il pourrait y avoir à transformer en un taux légal le taux de convention établi par l'Administration, ni de faire remarquer que dans les ventes considérables le taux de 10 pour 100, pour frais et honoraires, est rarement atteint. Il y a, en effet, certains frais accessoires des ventes qui ne sont pas proportionnels au prix, et peuvent être aussi considérables pour de petites ventes que pour des aliénations dont le prix est beaucoup plus élevé.

**17708. Justification. — Taxe.** — La justification des frais réels du contrat résulte de tous documents dont l'appréciation appartient aux préposés du Trésor, sous le contrôle des tribunaux. Mais la taxe du juge est certainement le procédé le plus sûr. Il est certain, à cet égard, que l'Administration, comme tiers intéressé à la fixation des honoraires et frais, peut requérir cette taxe (D. m. j. 23 mai 1809 ; — Cass. 10 déc. 1816, 1996 J. N., S. 18-1-4, 1150-2 I. G., 5668 J. E. ;

— *V.* 1611, 3259, 5668 J.E., 4314 J.N., D.N. t. 6 p. 495 nos 472 et 474. — *Contrôleur* 14117).

« Attendu, porte un jugement de Soissons du 26 décembre 1861, que si, aux termes de l'art. 51 L. 25 ventôse an 11, les honoraires des notaires peuvent être réglés amiablement entre les parties, l'Administration de l'enregistrement, chargée du recouvrement de cette nature d'impôt, est, dans tous les contrats de l'espèce de celui dont s'agit, un véritable tiers ; qu'en cette qualité elle a le droit de contrôler les évaluations de frais et honoraires ainsi fixées par les parties toutes les fois que ces évaluations lui paraissent avoir été faites en fraude des droits du Trésor » (17420 J.E., 17457 J.N.).

Le même droit appartient évidemment aux parties et à l'officier public (1150-2 I.G., Sol. 8 mai 1866, 2318 R.P.). Seulement, est-ce à l'Administration à provoquer cette taxe pour rectifier la perception faite sur la déclaration des parties? ou bien peut-elle faire d'abord sa liquidation d'après les chiffres qu'elle croit raisonnables, sauf aux parties à critiquer cette opération par la taxe? Le D.N. pense que le préposé doit établir d'abord sa perception sur la déclaration des parties et que ce n'est point au notaire à requérir la taxe (D.N. t. 6 p. 495 n° 474, 17457 J.N.). Le tribunal de Soissons a jugé, au contraire, par la décision rapportée ci-dessus, que les redevables devaient acquitter le supplément de droit réclamé, s'ils n'aimaient mieux provoquer la taxe. Mais cette solution ne nous paraît pas suffisamment justifiée. En effet, l'Administration ne peut établir sa perception que sur le prix stipulé au contrat. Or, le prix ostensible de la vente se compose uniquement, dans l'espèce, de la somme à payer au vendeur. Quant aux centimes additionnels, ils représentent, d'après la déclaration des parties, les frais à la charge de l'acheteur; et, pour les faire comprendre dans le prix, il faut que l'Administration prouve la fraude de la déclaration. Jusqu'à ce moment, le droit doit être liquidé d'après la stipulation de l'acte. — *V.* 1611-2.

**17709. Renvoi.** — On trouvera, d'ailleurs, au mot *Adjudication* nos 1611 et suiv., 1744 et suiv., le développement des règles qui s'appliquent au calcul des centimes additionnels et autres frais de vente susceptibles d'être ajoutés au prix.

**17710. Charges éventuelles.** — On s'est demandé quel était le caractère de l'obligation éventuelle ou aléatoire imposée à l'acquéreur pour le cas où un événement futur se produirait. Un jugement a décidé qu'une telle clause ne constituait pas une charge à ajouter actuellement au prix, mais qu'il y avait lieu d'attendre son arrivée pour réclamer un droit complémentaire de vente (Seine 9 juill. 1870, 3382 R.P.). Telle est également la doctrine de l'Administration. — *V.* n° 17690.

Cette appréciation nous paraît inexacte.

La charge existe dès le jour de l'acte, avec le caractère éventuel que les parties lui ont attribué. Elle grève l'acquéreur d'un droit aléatoire qui a son existence juridique certaine et dont la valeur diffère de l'objet promis. C'est l'appréciation de ce droit, de cette chance, dans l'état où elle se trouve au jour du contrat, qui forme la charge à ajouter actuellement au prix. Les contractants le détermineront par une déclaration estimative dans la forme tracée par l'art. 16 L. 22 frimaire an 7, et si l'Administration trouve l'évaluation insuffisante, elle provoquera une expertise. La théorie qui fait de la clause litigieuse une condition suspensive ordinaire se heurte à une foule d'impossibilités juridiques. D'abord, si l'obligation relative au payement du prix est conditionnelle, l'obligation de transmettre la propriété a le même caractère, puisque les deux engagements se correspondent et sont la cause l'un de l'autre. Or, il est certain que la mutation est actuellement réalisée, et qu'elle l'est d'une façon définitive. En second lieu, s'il est vrai que la perception du droit proportionnel soit subordonnée à la réalisation de l'événement prévu, aucun impôt de transmission ne sera exigible, quand, par l'effet de l'aléa, l'acquéreur est affranchi de toute prestation. Enfin, si c'est le résultat de l'événement qui fixe le prix, la vente sera inévitablement placée dans l'alternative ou d'être nulle pour absence de prix, ou d'être rescindable pour cause de lésion de plus de sept douzièmes! On pourrait multiplier ces conséquences. Celles-là suffisent à démontrer que ce qui est incertain ici, ce n'est pas l'engagement même de l'acquéreur, c'est la façon dont il devra l'exécuter. En d'autres termes, le prix de la vente consiste en un aléa conditionnel par essence, comme tous les aléa, mais ayant néanmoins, comme eux aussi, son individualité et sa valeur propres (Marcadé sur l'art. 1272). C'est, d'ailleurs, ce qui a été maintes fois reconnu en matière fiscale.

1° Le sieur Carles avait acheté du sieur Raynaud des immeubles dont la femme du vendeur devait avoir l'usufruit *si elle survivait à son mari.* C'était là une véritable charge, qui avait dû influer sur le prix. Mais elle ne produisait aucun effet actuel et était soumise à la condition suspensive de la survie de la dame Raynaud. N'était-elle, par conséquent, passible d'aucun droit actuel de vente? La Cour de cassation ne l'a pas pensé. Elle a décidé, au contraire, par un arrêt du 24 juin 1811, qu'une telle charge devait, malgré son incertitude, être évaluée par parties et ajoutée immédiatement au prix: « Attendu qu'il était dû un droit quelconque pour la charge éventuelle d'usufruit imposée à l'adjudicataire; que l'évaluation de cette charge n'ayant pas été faite dans l'adjudication, le sieur Carles devait, aux termes de l'art. 16 L. 22 frimaire an 7, suppléer à cette omission avant l'enregistrement par une déclaration estimative certifiée et signée au pied de l'acte, et que cette déclaration n'ayant pas été faite, le tribunal devait l'ordonner, sauf à recourir à la voie de l'expertise s'il fût survenu des difficultés sur la justesse de l'évaluation ainsi faite du prix réel de l'immeuble » (4111 J.E., *P. chr.* 30, 1537-255 I.G.).

Cet arrêt a été transmis comme règle de perception dans l'I. G. 1537 n° 255, qui n'est pas abrogée.

2° Il a été reconnu, par application du même principe, que si une cession de droits successifs est faite à la condition par le cessionnaire de payer à un tiers un legs de 20,000 francs, auquel ce tiers aura droit *s'il se marie et a des enfants*, le droit de vente est dû sur l'évaluation à faire de la valeur de l'aléa. « La charge du payement étant purement éventuelle, et le legs ne devant être jamais exigible si le bénéficiaire ne remplissait pas les conditions prescrites, cette charge est susceptible d'être évaluée par les contractants, sauf à recourir à l'expertise si le prix ainsi fixé paraissait inférieur à la valeur vénale des biens » (Sol. 7 déc. 1831, 10481 J.E.).

3° C'est aussi ce qu'a reconnu plus récemment le tribunal d'Angers en jugeant, le 2 août 1856, que si, outre le prix principal, l'acquéreur d'un immeuble s'oblige à payer au vendeur une rente déterminée dans le cas où il survivrait à un tiers, cette charge conditionnelle doit être évaluée et ajoutée au prix (Seine 12 juin 1812, 4366 J. E.).

**17712. Garantie.** — On ne considère pas comme une charge, dans le sens légal du mot, la clause d'une adjudication portant que s'il n'est pas statué avant cette adjudication sur les prétentions élevées par un tiers relativement à une somme grevant les biens mis en vente, l'adjudication s'en défendra à ses risques. Ce n'est là qu'une stipulation de non garantie (Mende 25 nov. 1857).

**17713. Intérêt.** — Il est tout naturel, dans l'ordre d'idées que nous suivons, que si l'acquéreur est tenu de payer l'intérêt du prix de son acquisition à partir d'une époque antérieure à son adjudication, on doive ajouter au prix principal les intérêts stipulés jusqu'au jour de cette adjudication (Dél. 19 mars 1823, 567 Roll., D. N. t. 13 p. 418 n°489). — Il a été jugé en ce sens que si l'acquéreur dont le prix est délégué à un créancier inscrit est chargé de payer les intérêts de sa créance déléguée échus antérieurement à la vente, ces intérêts constituent une charge à ajouter au prix (Saverne 23 août 1845, 13856 J. E.).

Il n'y a pas à considérer pour cela, comme nous le verrons tout à l'heure en matière de réserve de jouissance, si les intérêts dépassent ou non le terme courant. N'y eût-il qu'un intérêt de 15 jours antérieurs à l'entrée en jouissance, que cet intérêt devrait être ajouté au prix (Sol. 16 août 1854). — *V.* du reste le n° suivant.

1. TAUX LÉGAL. — Dans tous les cas, quoique les intérêts stipulés pour le prix d'une vente d'immeubles excèdent le taux légal, on ne doit pas, pour la perception, considérer l'excédant comme une charge susceptible d'être ajoutée au prix (D. m. f. 28 mess. an 12, 290 § 76 I. G. ; — Dél. 15 fév. 1823 et 20 fév. 1835, 568-4655 Roll.).

**17714. Intérêts réservés. — Annuités.** — D'après la loi du 22 frimaire an 7, le droit est dû sur le prix exprimé au contrat. L'Administration doit donc examiner ce qui constitue ce prix et ce qui l'augmente, mais elle ne peut avoir à tenir compte de ce qui le diminue. Ainsi, par exemple, s'il est convenu que l'acheteur sera dispensé de payer les intérêts du prix pendant un certain temps, cette sorte de bonification, dont profite le vendeur et sans laquelle il n'eut pas sans doute consenti à payer aussi cher, ne saurait être déduite du prix stipulé. Il suffit que le prix existe pour que la perception soit justifiée (Oloron 1er déc. 1842, 13190 J. E. — V. *Contrà* Rennes 8 déc. 1834 et Champ. et Rig. n° 3235).

Ce principe trouve son application dans les cas assez fréquents où il est convenu, sans stipulation d'intérêts, que le prix sera réglé en un certain nombre d'annuités.

Si les parties ont d'abord indiqué quelle somme dans ces annuités correspondait au prix principal, le droit ne saurait être perçu que sur ce chiffre (16925-4 J. E., 3382 R. P.). C'est ce que faisait remarquer M. l'avocat général Reverchon, dans les conclusions qui ont précédé l'arrêt ci-après cité du 2 janvier 1872 : « Qu'aurait-on dû décider si l'acte avait divisé lui-même le prix en deux parties, dont l'une aurait représenté le capital et l'autre les intérêts ? Sans rien préjuger d'une manière absolue à cet égard, nous ne faisons pas difficulté de dire qu'à notre sens, le droit n'aurait dû alors être perçu que sur la première partie, sauf à l'Administration à réclamer une expertise. »

Mais quand le contrat ne renferme aucune indication semblable, le préposé est fondé à considérer la réunion de toutes les annuités comme le prix sujet à l'impôt.

1° Ainsi, si la vente d'une nue-propriété a lieu moyennant un prix payé comptant dont les intérêts seront servis à l'acquéreur par le vendeur jusqu'à l'entrée en jouissance, le droit de vente est dû sur le prix sans aucune déduction pour les intérêts (Cass. 30 avr. 1839, 10365 J. N., 12305 J. E., 1601-19 I. G., S. 39-1-522 ; — Seine 22 fév. 1838, 12000 J. E.).

« Attendu, porte l'arrêt du 30 avril 1839, que les parties contractantes déclarent, dans l'acte même du 24 décembre 1836, que la vente est faite en considération de la valeur en pleine propriété et jouissance de la maison vendue ; qu'elles y fixent le prix de cette pleine propriété et jouissance à la somme de 200,000 francs, dont la totalité est versée entre les mains du sieur Launat, vendeur ; qu'ainsi, le jugement attaqué a pu et dû déclarer que cette somme de 200,000 francs était bien le prix véritable de cette vente ; que, d'ailleurs, si, dans le même acte, le vendeur se soumet à payer l'intérêt de ladite somme jusqu'à ce que l'usufruit de la maison vendue vienne se joindre à la nue-propriété, cette stipulation, relative à l'époque où l'acquéreur entrera en pleine jouissance et au payement anticipé de ce prix, réalisé d'avance par Blain entre les mains de Launat, est étrangère à la fixation du prix ; attendu que, dans de telles circonstances, le jugement attaqué a assigné aux clauses de la vente du 24 décembre 1836 leur véritable caractère, a fait de l'art. 15 n° 6 L. 22 frimaire an 7 une juste application et n'a nullement violé l'art. 16 de la même loi. »

2° De même, lorsqu'une vente est consentie moyennant un prix composé d'un certain nombre d'annuités, le droit proportionnel est exigible sur la réunion de ces annuités sans qu'il y ait lieu d'opérer aucune déduction, sous le prétexte que les intérêts à échoir s'y trouvent compris, et quoique les parties aient évalué à la fin de l'acte, pour la perception du droit d'enregistrement, le capital compris dans ces annuités (Cass. 2 janv. 1872, 3382 R. P., 2434-5 I. G., S. 72-1-40, D. 72-1-89, P. 72-63. — *Conf.* : Seine 1er juin 1867, 2493 R. P., 13299 C.).

« La loi du 22 frimaire an 7, a dit M. l'avocat général Reverchon en concluant dans cette affaire, dit que le droit est dû sur le prix exprimé. Eh bien ! c'est ce qui a été fait dans l'espèce. Le contrat exprime formellement le prix de la vente ; il déclare fixer ce prix à vingt annuités de 6,000 francs chacune, et l'Administration s'est littéralement renfermée dans les termes de la loi. Que cette stricte application d'un texte précis ait dépassé les prévisions du demandeur en cassation, qu'elle soit rigoureuse au cas particulier, nous l'admettons sans peine ; mais, spécialement en matière fiscale, il faut que le juge, administratif ou civil, se conforme et s'assujettisse à ce procédé d'interprétation, qui, en définitive, est la garantie commune des contribuables de l'État, et qui, s'il nuit parfois à l'intérêt privé, lui profite fréquemment, en dehors même de l'intérêt public et général qui en commande l'observation. Mais, dit-on, ce prix, dans l'espèce, ne consistait pas dans les annuités de 6,000 francs, il consistait seulement dans la somme de 55,000 francs à laquelle les contractants avaient évalué ces annuités pour la perception du droit d'enregistrement, comme représentant le capital qu'elles comprenaient. C'est là une erreur complète. L'acte contient deux clauses parfaitement distinctes : la première exprime le prix et le fixe à vingt annuités de 6,000 francs chacune; la seconde déclare évaluer ces annuités à la somme de 55,000 francs, mais *pour la perception du droit d'enregistrement* seulement, et il est évident qu'une telle déclaration, venant après l'expression du prix, ne pouvait lier ni l'Administration ni la justice. »

Peu importe même que la ventilation ait été faite sans indiquer que *c'est pour la perception*, s'il est démontré qu'elle a eu pour but unique de changer la base de la liquidation du droit (Soissons, 13 juin 1877, 4789 R. P.). — Mais il en serait autrement d'une ventilation sérieuse.

3° La vente d'une nue propriété faite à l'usufruitier moyennant un prix payable sans intérêts à l'époque de l'extinction de la jouissance est passible du droit sur la somme stipulée, sans aucune déduction pour les intérêts (Seine, 26 août 1871, 3383 R. P.).

4° Si le prix fixé à 100,000 fr. doit être payé en obligations remboursables à 300 fr. et devant produire 110,000 fr., le droit est dû sur ce dernier chiffre (Saint-Girons, 15 juill. 1875).

V. également *Cession de créances* n° 3698-3, *Rente* n° 14039 et *infrà* n° 17751.

**17715. Amortissement du crédit foncier. — Annuités.** — Lorsque l'acquéreur s'oblige à acquitter, en sus de son prix, les annuités dues au Crédit foncier pour un emprunt fait par le vendeur, l'importance de la charge se compose du capital restant à amortir au jour de l'acte et déterminé par les tableaux officiels du Crédit foncier (Seine, 16 mai 1868, 2731 R. P., 19278 J. N.).

**17716. Contribution. — Entrée en jouissance.** — Lorsque, par le contrat de vente d'un immeuble, l'acquéreur est chargé d'acquitter l'impôt foncier *échu antérieurement* à son entrée en jouissance, cette charge doit être évaluée et ajoutée au prix (Cass. 19 mai 1819, 6525 J. E., 3199 J. N., S. 19-1-402).

« Attendu, porte l'arrêt du 19 mai 1819, que toute charge non déterminée imposée à l'acquéreur doit être ajoutée au principal du contrat de vente et doit être évaluée pour la perception du droit d'enregistrement; attendu que celle portée au contrat dont il s'agit est évidemment de cette nature, et qu'à défaut d'estimation, l'art. 16 de la loi de frimaire an 7 oblige les parties d'y suppléer par une déclaration avant l'enregistrement; que, par conséquent, le jugement attaqué, en ordonnant l'évaluation de la partie de l'impôt dont l'acquéreur était chargé, s'est conformé au texte de la loi. »

Dès lors, quand, dans une vente d'immeubles, il est stipulé que l'acquéreur en aura la jouissance à partir d'une époque antérieure au contrat, à charge de payer, à compter de la même époque, les contributions des biens vendus et les intérêts du prix, on ne doit pas, pour la liquidation des droits d'enregistrement, ajouter au prix exprimé le montant de ces contributions et intérêts (D. N. t. 13 p. 418 n° 490).

Dans une vente du 11 juin, l'acquéreur qui entre en jouissance le 1er août suivant est chargé de payer la contribution, et les intérêts du prix à partir du 1er juillet précédent : ici le payement des intérêts concorde avec celui de la contribution qui échoit par douzième; l'acquéreur ne paye point une dette échue du vendeur : cette disposition ne constitue qu'une réserve de jouissance pour une partie du terme courant; il n'y a rien à ajouter au prix (Sol. 9 mai 1831, 10034 J. E., D. N. t. 13 p. 418 n° 488, Champ. et Rig. t. 4 n° 3224).

Mais on a décidé que si les acquéreurs, quoique n'entrant en jouissance qu'après le décès du vendeur et payant leur prix comptant, acquittent les impôts à compter du jour de l'acte, cette charge doit être évaluée et ajoutée au prix (Sol. 23 juin 1853).

1. ASSURANCE. — La prime de l'assurance est de droit à la charge de l'acquéreur pour tout le temps postérieur à l'entrée en jouissance, puisqu'il doit bénéficier de l'assurance. Il ne faut donc pas l'ajouter.

**17717. Frais de vente qui ne sont pas à la charge de l'acquéreur.** — L'art. 1593 C. C. porte que les frais d'actes et autres accessoires doivent être supportés par l'acheteur. Il faut donc ajouter au prix, comme charge, dans le sens que nous donnons ici à ce mot, tous les frais qui ne peuvent être considérés comme ces frais d'actes et accessoires dont parle l'art. 1593. Un arrêt de la cour d'appel de Pau, en date du 25 juin 1833, a nettement défini ce qu'il faut entendre par *les frais et loyaux coûts* que la loi met à la charge de l'acquéreur.

« Attendu, porte cet arrêt, sur l'insuffisance de la soumission faite par la dame Gassané, quant au prix auquel elle a offert de porter ou faire porter la surenchère, qu'aux termes de l'art. 2185 C. C., cette soumission devait être d'un dixième en sus du prix stipulé dans le contrat; qu'il est à remarquer que cet article parle du prix sans restreindre aucunement le sens de ce mot, tandis que, pour la surenchère du quart admise sur vente par expropriation forcée, l'art. 710 C. proc. dit le quart du *prix principal*, expression qui suppose qu'il peut y avoir aussi un prix accessoire; que dès lors, le mot *prix*, employé par l'art. 2185 précité dans un sens absolu, comprend tous les éléments dont le prix peut se composer principalement et accessoirement; qu'en effet, *le prix est tout ce que reçoit le vendeur en échange de la propriété qu'il donne;* qu'il importe peu qu'il le reçoive à titre de prix ou à tout autre titre, soit directement, soit indirectement; qu'ainsi, des frais qui, sans la convention, n'eussent pas été à la charge de l'acheteur, et qui conséquemment seraient restés à celle du vendeur, doivent être considérés comme faisant partie du prix lorsque l'acheteur, par une des conditions de la vente, s'est obligé de les payer; qu'il y a donc lieu à discerner les frais que la loi met à la charge de l'acheteur de ceux qu'il ne doit qu'en vertu de la convention; que la loi ne met à la charge de l'acquéreur que ceux de son contrat et autres postérieurs; que, si le principe général consacré à cet égard par l'art. 1593 C. C. pouvait laisser quelque doute, il serait levé par la disposition spéciale de l'art. 2188 du même Code; que cet article, en effet, porte que le créancier qui requiert la mise aux enchères doit rembourser à l'acquéreur dépossédé, *au delà du prix*, les frais et loyaux coûts *de son contrat* et des autres actes postérieurs qu'il énumère; qu'il est à remarquer que cet article n'a pas généralisés ainsi que le font plusieurs autres articles du Code qui parlent des frais et loyaux coûts de la vente; mais qu'au contraire, il restreint aux frais et loyaux coûts *du contrat d'ac-*

*quisition*, et autres frais subséquents, ceux qui sont dus au delà du prix; que dès lors tous les frais antérieurs, et notamment *ceux que le vendeur aurait faits pour vendre ou pour mieux vendre*, font partie du prix, si, par une condition de la vente, l'acheteur est tenu de les payer; or il est certain, dans l'espèce, que le sieur Gassané, en donnant à son créancier le droit de faire vendre devant notaire l'immeuble hypothéqué, n'y consentit qu'autant que la vente serait faite aux enchères publiques après commandement, dépôt public d'un cahier des charges, publications et affiches; que ces précautions, que le sieur Gassané crut devoir prendre dans son intérêt, ayant exigé des dépenses, il fut dit dans le cahier des charges qu'indépendamment du prix, l'adjudicataire payerait, pour les frais exposés avant le jour de l'adjudication, 177 fr. 77 cent., somme fixée dont il ne pouvait contester la légitimité ni la quotité; que dès lors, on doit reconnaître que cette charge, imposée à l'acquéreur comme une des conditions de la vente, faisait nécessairement partie d'un prix dont elle était l'accessoire; qu'ainsi, cette somme de 177 fr. 77 cent. ayant dû être ajoutée au prix principal, qui était de 6,700 francs, avec le dixième en sus de ces deux sommes, qui est de 687 fr. 77 cent., la réquisition de la mise aux enchères faite par la dame Gassané aurait dû contenir la soumission de porter le prix à la somme de 7,565 fr. 54 cent. »

Ainsi, tous les frais que le vendeur pourrait avoir faits pour parvenir à la vente devraient être ajoutés au prix s'ils étaient mis à la charge de l'acquéreur. — *V.* 1209.

**17718. Affiches et publications.** — Au nombre des charges d'une vente judiciaire doivent être compris les frais d'affiches et de publications, qui, aux termes des art. 704 et 713 C. proc., doivent être taxés avant l'ouverture des enchères, pour être acquittés par l'adjudicataire *à la décharge du vendeur* (Cass. 11 août 1852, 15494 J.E., 14747 J.N., 1946 § 7 I. G., S. 52-1-714. — *V.* n° 1745). — Dans l'ancien droit déjà, les frais de criées étaient considérés comme une dette acquittée par l'adjudicataire à la décharge du saisissant qui les avait avancés, et passible à ce titre des lods (Coquillet. 2 quest 299, Bosquet t. 2 p. 27, à rapprocher du t. 3 p. 235).

C'est pourquoi le tribunal de Mons a pu décider, le 9 avril 1868, qu'il faut, pour la liquidation du droit de vente, ajouter au prix le montant des frais du jugement de licitation et des frais d'affiches et d'insertions dans les journaux, dont le payement est imposé aux acquéreurs, « ces dépenses constituant, dans la réalité, des charges distinctes des frais de vente proprement dits » (10641 J.E. belge).

**17719. Frais de purge.** — Plusieurs arrêts ont reconnu que les frais de la purge des hypothèques sont à la charge de l'acquéreur et non pas du vendeur (Pau 27 janv. 1855, S. 55-2-515; — Toulouse 24 nov. 1855, S. 56-2-110; — Grenoble 7 janv. 1857, S. 58-560; Duranton t. 26 n° 124, Troplong *Vente* 1-164 et 271, Marcadé art. 1593, Zachariæ, Massé et Vergé § 683 note 13, Roll. de Vill. *Rép.* v° *Vente* n° 203).

D'où l'on a conclu que quand ces frais sont mis à la charge du vendeur, ils doivent être déduits du prix pour la perception, et comme, en ce qui concerne l'évaluation, ces frais ne sont pas proportionnels au prix de la vente, la fixation des centimes additionnels faite par l'I. G. 1150 § 2 n'est pas applicable (16435-3 J.E.).

Mais, dans le dernier état de la jurisprudence, les frais de purge paraissent être considérés comme une dette du vendeur (Toulouse 27 fév. 1856, S. 56-2-329; — Cass. 22 avr. 1856, S. 56-1-849, *Table* de Dalloz v° *Purge* n°s 76 et suiv.). Il y aurait donc lieu de les ajouter au prix s'ils étaient mis à la charge de l'acquéreur.

**17720. Frais à la charge du vendeur.** — Le prix, avons-nous dit au n° 17677, se compose de tout ce que le vendeur doit retirer de la chose qui fait l'objet de la vente, dont les frais et loyaux coûts sont à la charge de l'acquéreur. Si donc, une clause du contrat met ces frais et loyaux coûts à la charge du vendeur, il est évident que son prix de vente sera diminué d'autant. « Ces frais et loyaux coûts, dit la Cour de cassation dans un arrêt du 1er avril 1863 (S. 63-1-240), sont censés pris en considération pour la fixation du prix. Si les vendeurs les supportent, il y a diminution du prix dont ils sont l'accessoire. » D'où la conséquence que le droit de vente ne doit être établi que sur le prix stipulé, diminué des frais et loyaux coûts. C'est ce qui n'a jamais fait difficulté dans la pratique (Cass. 9 pluv. et 25 germ. an 13, D.N. t. 13 p. 414 n° 470, S. 7-2-1247; — Seine 18 mars 1865, 12867 C., 18019 J.E., 1362 Rev., Merlin *Rép.* v° *Enregistrement* § 15).

*Arrêt du 9 pluviôse an 13* : — « Attendu que le prix exprimé au contrat de vente du 9 frimaire an 10 est de 200,000 francs, moins les droits d'enregistrement et d'inscription hypothécaire, droits qui sont fixés par la loi; attendu que le § 3 de l'art. 14 L. 22 frimaire an 7 dit bien que les droits d'enregistrement pour les ventes seront fixés par le prix exprimé et le capital des charges qui peuvent ajouter au prix; mais il ne dit pas qu'ils seront fixés par les charges qui peuvent le diminuer; attendu que, dans le système des demandeurs, le fisc percevrait le droit sur lui-même, sans une disposition précise de la loi. »

*Arrêt du 25 germinal an 13* : — « Attendu qu'une des conditions des charges sur lesquelles l'adjudication des biens de Collet devait se faire portait que l'adjudicataire payerait, à la décharge des vendeurs, les frais de délivrance, d'enregistrement, de la signification de l'adjudication, de la transcription, etc.; que ce fut en conséquence de cette condition et autres portées au cahier des charges que Dinglemare et Bachelier se rendirent adjudicataires, le 16 thermidor an 9, de ces biens, au prix de 600,000 francs; que, dès lors, le prix de cette adjudication n'a consisté qu'en ce qui resterait de la somme de 600,000 francs, après en avoir déduit ou retranché les frais de délivrance, d'enregistrement, de la signification de l'adjudication, de la transcription, etc.; qu'enfin, le droit d'enregistrement ayant été perçu sur la somme entière de 600,000 francs, quoique les frais ci-dessus désignés ne fussent pas à la charge des adjudicataires, aux termes du cahier des charges sur lequel l'adjudication avait eu lieu, le tribunal civil de Mortain, par son jugement du 16 brumaire dernier, n'est contrevenu ni à la loi du 22 frimaire an 7, ni à aucune autre, en ordonnant la restitution de ce qui avait été trop perçu des adjudicataires pour le droit d'enregistrement de l'adjudication. »

*Moyen d'opérer la déduction.* — Mais comment opérer dans cette circonstance pour faire la déduction? L'Administration a décidé, par une Sol. 18 janvier 1833, que le droit devait être assis sur le prix déduction faite du *onzième*. « En supposant, a-t-elle dit, qu'un immeuble soit vendu 10,000 francs, à charge par l'acquéreur d'acquitter tous les frais fixés à 10 pour 100, l'adjudicataire aura à payer à son vendeur 11,000 francs, et cependant les droits d'enregistrement ne seront réglés que sur 10,000 francs, conformément à l'I. G. n° 1150 § 2. Si, au contraire, le même immeuble est vendu 11,000 francs, les frais étant laissés à la charge du vendenr et réglés aussi à 10 pour 100, en faisant déduction du *onzième*, il restera toujours 10,000 francs, somme sur laquelle les droits sont liquidés. »

Cette liquidation est évidemment erronée. Dès que les frais sont portés à un dixième du prix, c'est un dixième et non un onzième qui doit être déduit : ceci n'a pas besoin de démonstration. L'erreur de l'Administration consiste à dire que l'immeuble étant vendu 11,000 francs (les frais à 10 pour 100 étant à la charge du vendeur), il restera net à celui-ci 10,000 francs; pour qu'il en fût ainsi, il faudrait que ces frais fussent fixés par le contrat à 11 pour 100. Le mieux paraît être, comme le pense aussi le J. du not. de demander une évaluation aux parties (n$^{os}$ des 8 avr. et 5 sept. 1868, 2239 et 2277).

1. DROITS D'ENREGISTREMENT. — Quand les droits d'enregistrement seuls sont à la charge du vendeur, voici la règle à suivre pour la liquidation : Si l'acquéreur les payait, il débourserait, par chaque somme de 100 francs, 106 fr. 88 cent., en sorte que si on voulait déterminer ce qu'il paye sur une acquisition de 1,200 francs, on aurait la proposition 100 : 106,88 : : 1,200 : $x$.

Quand les frais sont à la charge du vendeur, on connaît le 4$^e$ terme, et on a :

100 : 106,88 : : $x$ : 1,200, ou, en renversant les termes des rapports, 106,88 : 100 : : 1,200 : $x$; et il y a, pour obtenir le résultat, à multiplier les moyens termes ensemble et à les diviser par l'extrême connu.

Si les frais sont pour moitié à la charge des vendeurs, la proportion est : 103,44 : 100 : : 1,200 : $x$ (1046 R. P.).

2. DATION EN PAYEMENT. — On s'est demandé s'il en devait être de même en matière de dation en payement parce que l'acquéreur recevant l'objet pour libérer le débiteur, ce dernier doit naturellement, selon la règle générale de l'art. 1248 C. C., supporter les frais de sa libération. Nous avons traité cette question au mot *Dation en payement*.

3. QUITTANCE. — On doit entendre par frais de vente ceux faits au moment de cette vente, et non ceux à venir. Aussi le tribunal de Lille a-t-il jugé, le 28 juin 1850 (15241 J. E., 14494 J. N.), que si, dans les frais à supporter par les acquéreurs, évalués à 12 pour 100, 2 pour 100 ont été déclarés applicables aux frais de quittance, ces 2 pour 100 doivent être ajoutés au prix, la quittance n'existant pas au moment de la vente.

Il a été décidé également, dans cet ordre d'idées, que si le vendeur est chargé de payer les frais de la vente et ceux de la quittance du prix, il faut, pour liquider le droit, distraire seulement du montant du prix les frais et droits de la vente, et non ceux de la quittance, qui sont éventuels (Déc. 24 août 1827, 9025 J. E. — *Contrà* D. N. t. 13 p. 415 n° 472).

4. CONTRAT EN MAINS. — Lorsqu'un immeuble est vendu contrat en mains, les frais *de quittance* sont néanmoins à la charge de l'acheteur. Les mots *contrat en mains* indiquent seulement que le vendeur se charge de tous les frais que pourra nécessiter la translation de la propriété. Or, dans ces frais ne sont pas compris ceux de la quittance, si elle est donnée par acte distinct et séparé. Le payement préalable du prix n'est point une condition nécessaire de la transmission (Dalloz v° *Vente* 1105 et 1106; — Paris 30 nov. 1812; — J. du not. 1972. — *Contrà* 1011 Rev.).

**17721. Grosse.** — Dans une affaire où l'on demandait à l'adjudicataire de biens immeubles différents salaires qu'il refusait de payer, la Cour de cassation a rendu, le 5 juillet 1853, un arrêt dans lequel on lit le considérant suivant : « Attendu que le coût de la grosse du procès-verbal d'adjudication n'était pas, dans l'espèce, l'objet des prévisions du jugement qui avait déterminé la mise à prix de l'immeuble, et ajoutait à cette mise à prix ou à ces conditions, contrairement aux dispositions formelles des art. 955, 957 C. proc. et 18 de l'Ord. 10 octobre 1841, qu'une telle obligation n'aurait pu être imposée à l'adjudicataire qu'autant qu'elle aurait figuré parmi les conditions soumises à l'appréciation du tribunal et autorisées par le jugement qui a ordonné la vente; attendu d'ailleurs qu'il n'a été admis en fait par le jugement attaqué, ni par le procès-verbal, que la grosse d'adjudication fût nécessaire au vendeur, ni que celui-ci en ait fait la demande. » Ainsi, dans la pensée de la Cour suprême, il faut considérer comme une addition au prix de vente la valeur de la grosse que l'acquéreur pourrait être tenu de fournir au vendeur par une clause du contrat. On en a conclu, dès lors, que les frais de cette grosse doivent être considérés comme une charge à ajouter au prix.

Cependant, on peut objecter que la grosse est nécessaire au vendeur pour faire transcrire le contrat afin d'arriver à la purge et que tous les frais de cette purge étant à la charge de l'acheteur (*suprà* n° 17719), il est naturel qu'il supporte le coût de la grosse destinée à la transcription (Duranton t. 16 n° 123). La question a été résolue en ce sens par une Sol. 18 novembre 1864, rendue conformément à l'avis émis par le J. du not. le 28 mai 1862, n° 1699.

**17722. Labours et semences. — Fermages.** — Il est stipulé que les semences et labours appartiendront à l'acquéreur de l'immeuble, mais que le prix, estimé par expert, sera payé au fermier. Rien ne doit être ajouté au prix de l'immeuble. S'il est vrai que les labours et semences sont immeubles de leur nature, il l'est aussi que, dans l'espèce, la cession est faite par le fermier qui abandonne sa jouissance, et qu'à son égard les labours et semences sont meubles. Il n'est dû que 2 pour 100 (795 et 6071 J. E.).

Un acte de vente porte que l'acquéreur touchera la totalité du fermage de l'année courante, quoiqu'une partie revient au vendeur, mais que l'acquéreur lui payera 400 francs indépendamment du prix de la vente. Cette clause n'a paru constituer qu'un transport de créance, passible du droit de 1 pour

100. Le vendeur avait droit au fermage jusqu'au jour de la vente; il cède pour 400 francs le prorata qui lui revenait (3974 J. E.).

**17723. Loyers payés d'avance.** — La privation d'un droit équivaut à une charge; elle aggrave le prix. C'est ainsi que si, dans un acte de vente dont le prix porte intérêt du jour de l'acte, le vendeur se réserve les loyers payés d'avance, à valoir sur le dernier terme, on doit ajouter les loyers au prix de la vente.

« La stipulation, dit la jurisprudence, que la somme payée d'avance au vendeur par les locataires sur leurs loyers resterait entre les mains desdits vendeurs, sans répétition contre eux par les acquéreurs et sans diminution du prix principal, était une charge imposée à l'acquéreur et qui devait être ajoutée au prix. Cette somme ayant été touchée d'avance par les vendeurs, lesquels devaient encore recevoir le prix exprimé au contrat, il en résulte que les vendeurs devaient en effet recevoir la somme stipulée, plus les loyers retenus, et que ces deux sommes étaient la véritable valeur de l'immeuble, celle sur laquelle le droit devait être perçu » (Cass. 19 fév. 1845, 12297 J. N., 13703 J. E., 1743-15 I. G., S. 45-1-216; — 16 juin 1847, 14263 J. E., 1796-26 I. G., 13117 J.N., S. 47-1-704; — 30 nov. 1853, 1999-11 I. G., S. 54-1-60, 15768 J. E.; — 25 nov. 1857, 937 R. P., 2118-10 I. G., 16219 J.N., 16650 J.E., 11191 C., 58-1-383; — Seine 24 nov. 1848, 14635 J.E.; — 23 juill. 1851, 15289 J.E., 14528 J. N.; — Nogent-le-Rotrou, 6 déc. 1873).

1. DÉLÉGATION DES LOYERS. — Il est tout naturel de faire l'application de cette règle, lorsque les loyers, ayant été délégués antérieurement à l'acte de vente jusqu'à une époque déterminée, l'acquéreur, dont le prix porte intérêt, ne doit toucher ces loyers qu'après l'expiration du terme fixé par la délégation (Lyon 5 fév. 1839, 12246 J. E.; — Rethel 31 août 1859, 12797 C., 17022 J. E.).

Le tribunal de Nogent-le-Rotrou a donc bien jugé, le 6 décembre 1873, qu'il y a charge susceptible d'être ajoutée au prix quand l'acte impose à l'acquéreur l'obligation de subir pendant un certain temps l'exécution d'un bail dont les fermages à échoir ont été délégués par le vendeur au fermier en payement d'une dette (3974 R. P.).

2. BAIL EMPHYTÉOTIQUE. — Cependant la Cour suprême a reconnu (Cass. 26 nov. 1833 et 14 avr. 1834, 10803 et 10940 J.E., 8290 et 8510 J. N., S. 33-1-867 et 34-1-342) que la vente d'un immeuble grevé d'une emphytéose, avec condition que l'acquéreur n'entrera en jouissance et ne percevra le revenu qu'à l'expiration du bail emphytéotique n'est passible du droit que sur le prix exprimé, bien qu'il soit payé comptant et qu'il y ait privation pour l'acquéreur et de l'intérêt de son prix et de la jouissance de l'immeuble. Mais la raison de cette décision se trouve dans ce fait que la Cour de cassation considère la jouissance emphytéotique comme constituant un démembrement de la propriété.

« Vu, porte l'arrêt du 26 novembre 1833, les art. 4 et 31 L. 22 frimaire an 7; attendu, en droit, qu'aux termes de l'art. 4 L. 22 frimaire an 7, le droit proportionnel est dû pour toute transmission d'usufruit et de jouissance de biens meubles ou immeubles; et que, suivant l'art. 31 de la même loi, ce droit proportionnel doit être acquitté par les nouveaux possesseurs; attendu, en fait, que, par le contrat de vente du 24 janvier 1829, le sieur de Sainte-Croix, usant du droit qui appartient à tout propriétaire de vendre séparément la propriété et l'usufruit de ses immeubles, n'a vendu à Petit-Bergons que la nue-propriété de la maison dont il s'agit; qu'il ne lui a pas transmis l'usufruit et jouissance de ladite maison pendant les quatre-vingt-dix-neuf années du bail que, par contrat passé la veille devant notaire, il en avait consenti au profit du sieur Bony; qu'enfin Petit-Bergons n'est pas devenu le nouveau possesseur desdits usufruit et jouissance. »

**17724. Mur mitoyen.** — On sait que la construction, la réparation et l'entretien des murs mitoyens sont à la charge commune des propriétaires dont ils séparent les héritages. Si donc le vendeur d'un immeuble impose à l'acquéreur la condition de construire un mur sur la limite de l'immeuble vendu et de celui restant au vendeur, avec clause que ce mur sera mitoyen et que le vendeur ne pourra jamais être tenu à faire compte d'aucune portion des frais de construction, la moitié de ces frais doit être ajoutée au prix comme charge.

**17725. Pot-de-vin.** — La somme payée pour pot-de-vin lors du bail à loyer d'une maison est en réalité un payement anticipé des loyers, ce pot-de-vin devant se répartir sur les années du bail proportionnellement à la durée. En conséquence, lorsque, dans l'acte de vente de la maison consenti pendant la durée du bail, le vendeur se réserve la somme reçue à titre de pot-de-vin, cette réserve constitue pour l'acquéreur une charge dont la valeur, déterminée proportionnellement au nombre des années du bail restant à courir, doit être ajoutée au prix de la vente pour la perception du droit d'enregistrement. « Attendu, porte un arrêt de Cass. du 30 novembre 1853 (15112 J.N., 1999 § 11 I. G., S. 54-1-60, 15768 J. E.), que la somme payée pour pot-de-vin lors du bail à loyer dont il s'agit au procès est, en réalité, aux termes du jugement attaqué, un payement anticipé de fermages devant se répartir sur toutes les années du bail proportionnellement à sa durée; attendu qu'il résulte du payement fait d'avance et réservé au vendeur par l'adjudication une privation pour l'acquéreur de partie des revenus qui devaient lui appartenir, et que cette privation de jouissance imposée à l'acquéreur par le contrat de vente constitue réellement une charge devant s'ajouter au prix exprimé, qui eût été plus considérable sans cette réserve; attendu, dès lors, que le jugement attaqué, en décidant que cette stipulation constituait une charge dans le sens de la loi fiscale, loin de violer l'art. 15 n° 6 L. 22 frimaire an 7, ni aucune autre loi, en a fait, au contraire, une juste et saine application. »

On peut consulter, dans le même sens, un jugement du tribunal de la Seine du 11 février 1852 (15403 J.E.).

En matière civile, il a été également décidé que la somme remise au vendeur à titre de pot-de-vin ou d'épingles fait partie du prix (Cass. 10 fév. 1846, S. 1846-1-118; — Paris 24 janv. 1863, S. 63-2-3).

On oppose quelquefois à cette jurisprudence un arrêt du 8 février 1832 qui a refusé d'ajouter le pot-de-vin au prix de la vente et qui a justifié ce refus dans les termes suivants : « Attendu que le sieur Alaine n'a été chargé de payer la somme de 120,000 francs dont il s'agit ni à son vendeur, ni en l'acquit dudit vendeur ; qu'ainsi, sous ce premier rapport, elle ne peut être considérée comme une charge à ajouter au prix exprimé dans le contrat; attendu que la réserve que le sieur de Puille a faite de cette somme de 120,000 francs ne peut pas non plus être considérée comme une charge de la vente, en ce qu'elle aurait imposé au sieur Alaine, ainsi que le prétend la Régie, l'obligation de faire l'abandon d'une partie des fruits civils, dans la jouissance desquels il était dit qu'il entrerait à compter du jour de la vente, puisque cette portion des fruits civils ne lui avait pas été vendue, et que c'est précisément par la même clause dans laquelle était fixée l'entrée en jouissance du sieur Alain, que le vendeur s'était réservé ces 120,000 francs qui en étaient la représentation; attendu, enfin, qu'en supposant que les bois et forêts dont il s'agit eussent été vendus à un prix supérieur aux 635,000 francs énoncés dans l'acte, si le sieur de Puille n'eût pas accepté de la vente la portion d'usufruit qu'il s'est réservée, et qu'on pût conclure de là que les 635,000 francs ne devaient pas représenter la valeur vénale sur laquelle le droit d'enregistrement devait être fixé, le fisc n'en pouvait souffrir aucun préjudice, la Régie étant expressément autorisée, par les art. 15 et 17 L. 22 frimaire an 7, à requérir l'expertise si le prix exprimé dans l'acte, porte l'art. 17, paraît inférieur à la valeur vénale des immeubles vendus à l'époque de l'aliénation : d'où il suit que, cette réserve de la somme de 120,000 francs n'étant ni le supplément du prix exprimé dans l'acte, ni une charge de la vente, et ne pouvant exposer le fisc à aucune perte, la Régie n'avait pas dû exiger du sieur Alaine le payement d'un droit proportionnel sur ces 120,000 francs, représentatifs soit des quatre mille pieds d'ormes vendus par l'acte de bail du 23 mai 1829, soit de la portion de l'usufruit que le vendeur s'était réservé. » (S. 32-1-706, 7664 J.N.).

Mais, dans l'espèce de cet arrêt, il s'agissait de la vente d'une forêt affermée par un bail, et le pot-de-vin réservé par le bailleur était le prix d'une coupe extraordinaire de 4,000 pieds d'arbres que le preneur avait été autorisé à exploiter. Il y avait donc eu mobilisation d'une partie de la forêt, et quand le sol de cette forêt avait été aliéné ultérieurement au profit d'un tiers avec le surplus de la superficie, il n'était plus possible de considérer le pot-de-vin comme représentant une partie de la valeur de l'immeuble — *V.* 17747.

**17726. Ratification.** — Les acheteurs qui ont consenti à traiter avec un porte-fort peuvent exiger la ratification du propriétaire; mais cette ratification, intervenant dans leur intérêt exclusif, nous paraît le complément et l'exécution du contrat d'acquisition. A défaut de stipulation contraire, les frais sont naturellement à leur charge, puisque ce sont des frais de vente. Dès lors la clause par laquelle on affirme cette obligation légale ne modifie pas leur position et ne constitue pas une augmentation du prix. D'un autre côté, il s'agit ici d'une formalité éventuelle à laquelle l'acheteur est libre de ne pas recourir et qui deviendrait inutile, par exemple, si le propriétaire succédait au porte-fort. Il n'y a donc aucune charge actuelle, aucune obligation certaine prise par l'acquéreur, puisqu'il est libre d'exiger ou de ne pas exiger la ratification dont les frais sont mis à sa charge. Un engagement pareil contracté sous une condition potestative de la part de celui qui s'oblige n'a aucune existence réelle. Il ne saurait constituer une charge de nature à être ajoutée au prix.

**17727. Rente.** — En principe, lorsque l'acquéreur est chargé d'acquitter des rentes foncières, le droit doit être perçu tant sur le capital des rentes que sur le prix exprimé (Cass. 13 niv. an 11, 178 I. G., — et 19 prair. an 11, 178 I. G. ; — 9 fruct. an 12, S. 4-1-382, 1831 J.E., — et 7 fév. 1827, 6203 J N., 1210-12 I. G., 8686 J. E.).

« Attendu, porte l'arrêt du 7 février 1827, qu'aux termes de l'art. 15 § 6 L. 22 frimaire an 7, le droit d'enregistrement en matière de ventes d'immeubles doit porter non-seulement sur le prix principal exprimé dans le contrat de vente, mais encore sur les charges imposées à l'acquéreur ; que, dans l'espèce, le tribunal civil de Rouen, en décidant que le demandeur, acquéreur d'une maison située à Rouen, provenue du sieur Gaspard Gouin, laquelle était grevée d'une rente foncière de 500 livres envers un précédent propriétaire s'était obligé à servir cette rente d'après le cahier des charges qui avait précédé la vente judiciaire ; ou, en d'autres termes, que cette rente foncière étant une charge personnelle imposée à ce nouvel acquéreur, n'a fait qu'apprécier, en fait et en droit, les charges et conditions de la vente et du cahier des charges et les autres circonstances du procès. »

En ce sens, il a été jugé que si dans la vente d'une maison on déclare qu'elle est grevée de deux rentes foncières et qu'il soit stipulé que si le créancier intente une action en payement à l'acquéreur, celui-ci sera tenu de se défendre à ses risques et périls, *sans aucun recours contre le vendeur*, le capital de ces rentes doit être ajouté au prix comme charge (Les Andelys 23 mai 1842, 13012-2 J. E.).

De même encore, le jugement qui attribue à un enfant, à la charge par lui de payer les rentes qui le grèvent, un lot d'immeubles qui avait été donné à son frère, par un partage anticipé, et dont celui-ci se trouve évincé par le tribunal, faute de payement des rentes auxquelles il était tenu, donne ouverture au droit de vente sur le capital des charges (Cherbourg 17 janv. 1849, 14827 J. E., 8853 C.).

1. CAPITAL NON INDIQUÉ. — Lorsque, dans une vente d'immeubles, l'acquéreur est chargé d'acquitter, outre le prix, une rente foncière dont le capital n'est pas indiqué, on doit ajouter à ce prix, pour la perception du droit, le capital constitué et non vingt fois la rente (Pont-Audemer 9 mai 1851, Fess. 8833). Cette décision ne peut être suivie, car elle est contraire et aux principes et à la jurisprudence qui a fait l'objet du n° 17701 *suprà*.

**17728. Travaux.** — Lorsque le contrat impose à l'acquéreur l'obligation de faire certains travaux à l'occasion de l'immeuble, cet engagement ne constitue pas toujours une charge de nature à être ajoutée au prix. Si, par exemple, il s'agissait de travaux auxquels le possesseur de l'immeuble fût tenu en vertu d'une loi ou d'un règlement d'administration, comme d'établir des trottoirs, des conduites d'eau, etc., l'obligation de l'acheteur ne serait que la conséquence de son titre de propriétaire ; elle lui incomberait de plein droit sans aucune stipulation ; ce n'est plus dès lors une addition au prix de la vente.

Mais elle deviendrait une charge véritable si rien ne forçait l'acheteur à faire ces dépenses et s'il consentait à les supporter, soit pour en décharger le vendeur qui s'y était personnellement obligé, soit pour satisfaire à son simple désir. (Arbois, 24 mai 1877, 4783 R. P.).

Ainsi, il a été jugé avec raison : 1° que la charge imposée par l'État aux adjudicataires de biens domaniaux destinés à des constructions et à l'ouverture de nouvelles rues, de supporter la dépense d'établissement des chaussées, bordures de trottoirs, lanternes, etc., à raison de leurs façades, doit être ajoutée au prix, lorsqu'ils n'en sont pas tenus de droit à titre de charge municipale (Seine 9 juill. 1856);

2° Que, si l'acquéreur d'un terrain situé à Paris s'est engagé à contribuer à la dépense des travaux d'égouts à faire par la ville, c'est là une charge qui doit être ajoutée au capital de la vente, le jour où il est constant que les travaux s'exécutent, parce que ces travaux ne dérivent ni d'une loi ni d'un règlement d'administration, mais constituent une dépense municipale dont la ville venderesse veut s'exonérer (Seine 5 avr. 1862, 17484 J.N., 425 Rev.; — 25 juill. 1862, 17522 J.N., 12354 C., 17556 J.E., 425 Rev.; — 3 fév. 1865, 2083 R.P.; — *Conf.*: Sirey 1865-2-177 et la note);

3° Il faudrait dire la même chose des travaux de pavage de la voie riveraine du terrain acheté, car les riverains ne sont pas tenus de supporter cette dépense, si la commune ne justifie pas qu'il existe soit un ancien règlement, soit un usage ancien qui les leur impose (Cons. d'Ét. du 8 août 1865, S. 66-2-168);

4° Par application de ces principes, la Cour de cassation a reconnu, le 5 mars 1867, que quand le vendeur d'un terrain se réserve la propriété d'un chemin qui le traverse et se charge de son entretien en imposant aux acheteurs l'obligation de lui payer pour cela une redevance annuelle en sus de leurs prix, cette redevance constitue une charge passible du droit proportionnel (2436 R. P., 2358 § 1er I. G., 18804 J. N., 13240 C., S. 67-1-180, D. 67-1-351, P. 67-412);

5° En matière civile, il a été également reconnu, dans le même ordre d'idées, qu'en cas de vente de la jouissance d'un chemin, c'est au vendeur et non à l'acquéreur qu'incombe, dans le silence de l'acte, l'obligation d'entretenir le chemin (Lyon, 16 juill. 1860, D. 60-2-204).

Nous croyons devoir ajouter néanmoins que le montant de la charge ne serait pas toujours représenté par le capital de la dépense imposée à l'acheteur. En effet, si les travaux profitent à l'immeuble pour en augmenter la valeur, comme quand il s'agit, par exemple, de nivellements destinés à faciliter l'accès d'une maison à une voie publique, l'acheteur retire d'un côté ce qu'il dépense de l'autre : il n'y a réellement charge augmentant le prix que pour l'excédant de la dépense de la plus-value. Cet excédant devrait être évalué dans l'acte conformément à l'art. 16 L. 22 frimaire an 7.

1. BALAYAGE ET ÉCLAIRAGE. — Constitue une charge à ajouter au prix l'obligation imposée à l'acquéreur de payer en l'acquit du vendeur une redevance perpétuelle, stipulée au profit de l'un des précédents propriétaires, pour le balayage et l'éclairage d'une galerie publique (Seine, 20 avr. 1877, 4756 R. P.).

2. MUR MITOYEN. — Si l'acquéreur se charge de construire à ses frais un mur qui sera mitoyen avec le vendeur, il faut ajouter au prix la moitié de la dépense (Sol. belge 25 juin 1877, 13345 J. E. belge).

**17729. Abonnement. — Continuation.** — Il a été jugé que, dans un pareil ordre d'idées, la clause d'un contrat de vente d'immeubles portant que l'acquéreur sera tenu de continuer l'abonnement aux eaux de la ville souscrit par le vendeur et d'en payer la redevance ne constitue pas une charge à ajouter au prix : « On ne saurait assimiler ces redevances à l'impôt foncier, charge imposée au fonds par la loi elle-même et le suivant dans quelques mains qu'il passe, tandis que la redevance est le prix d'une convention librement et occasionnellement consentie entre la ville et le propriétaire qui juge à propos de rechercher la jouissance de ces eaux ; par conséquent, la stipulation portant que l'acquéreur de l'immeuble sera tenu de continuer l'abonnement aux eaux et d'en payer les redevances est une véritable cession de bail indépendante de la vente » (Marseille 13 janv. 1868, 3098 R.P.).

**17730. Remboursement d'avances.** — Lorsqu'il est stipulé, dans le contrat de vente, que l'acquéreur tiendra compte au vendeur des dépenses qu'il avait faites sur les biens aliénés antérieurement à la date de la transmission de propriété, ces dépenses ont le caractère d'un supplément de prix passible du droit de 5 fr. 50 cent. pour 100, et non pas de simples avances de mandataires donnant lieu au droit d'arrêté de compte (Seine 4 août 1866, 2387 R. P.).

**17731. Réparations.** — Si le vendeur, moyennant le prix stipulé, se charge de faire des réparations à l'immeuble vendu, la valeur de ces réparations ne peut être déduite du prix : l'immeuble est censé vendu tout réparé (Cons. d'Ét. 12 fév. 1811, 512 I. G.).

Si c'est l'acquéreur qui s'oblige à faire les réparations alors que les vendeurs doivent conserver la jouissance de l'immeuble, l'avance que lui occasionnera la dépense et dont il ne stipule aucun intérêt lui impose un préjudice dont le montant doit être ajouté au prix (Colmar 4 mai 1837, 930 R.P., 16040 J. E, 11212 C.).

**17732. Porte commune. — Concierge.** — Le propriétaire d'un terrain sur lequel sont diverses constructions le vend à six personnes différentes, avec la condition qu'il y aura une entrée *commune* et un portier *commun*, et que chacun des acquéreurs contribuera, pour une portion qu'il détermine, au payement de ce portier. Si l'un des acquéreurs revend sa part et impose la condition de contribuer au payement du concierge, comme il y était obligé lui-même par son contrat, cette condition n'est point une charge à ajouter au prix (7924 J.E.). Le concierge est, en effet, plutôt l'homme du propriétaire de la maison que le préposé des locataires. C'est le propriétaire qui le choisit et le remplace et le concierge veille surtout à ce que les lieux loués soient garnis de meubles suffisants pour répondre du loyer (9889 J.E.). — V. *Bail.*

**17733. Droit d'usage.** — Si le vendeur d'une forêt a imposé à l'acheteur l'obligation de payer une partie du prix moyennant lequel il a antérieurement acheté les droits d'usage appartenant à une commune, cette obligation constitue une charge passible du droit proportionnel (Mons 22 déc. 1865, 2248 R.P.).

**17734. Indemnité.** — 1. DÉPLACEMENT. — Il a été reconnu que la somme payée au vendeur d'une maison pour indemnité de déplacement ne constitue pas une charge passible du droit de 5 fr. 50 cent. pour 100, mais une indemnité pure et simple sujette au tarif de 50 centimes pour 100 francs. L'acheteur, en effet, éteint une action mobilière et personnelle, tellement que l'indemnité eût été due tout aussi bien à un tiers qui n'aurait été que locataire de la maison vendue. La somme payée n'avait donc aucun rapport direct avec l'immeuble lui-même (Sol. 1er oct. 1859, 1247 R.P., Sol. 5 juin 1867).

2. DÉPRÉCIATION. Il n'en est plus ainsi de l'indemnité payée pour la dépréciation causée par la vente au surplus de la propriété du vendeur. Cette indemnité est due par la raison qu'en dehors de la dépossession matérielle d'une partie de son immeuble, le propriétaire subit encore une perte incorporelle. L'amoindrissement du surplus de l'immeuble en atténue la valeur. La somme payée est donc le prix d'une sorte d'action réelle immobilière, et le droit exigible est celui des ventes ordinaires d'immeubles (Le Mans 12 août 1859, 1249 R.P., 16785 J.N., 11735 C., 17023 J.E.).

**17735. Interdiction d'un droit.** — En matière civile, on a considéré comme une charge la clause par laquelle l'acquéreur d'un immeuble s'interdit d'exploiter certains produits de cet immeuble parce que le vendeur exploite lui-même des produits analogues (Cass. 8 juill. 1851, D. 51-1-188; — Amiens 19 fév. 1851, D. 51-2-109).

**17736. Remise de dette.** — Quand un acheteur fait, dans le contrat même d'acquisition, remise d'une dette à son vendeur, il se peut que cette acceptilation soit indépendante de la vente et n'ait pas pour cause directe la mutation de l'immeuble. — V. *Acceptilation.*

Mais, le plus ordinairement, on y verra un véritable supplément de prix de vente. Ainsi, en matière civile, il a été décidé qu'une remise de l'espèce faite par contre-lettre avait pu, par une interprétation souveraine des circonstances, être considérée comme augmentant le prix de la vente, et, dès lors, la somme à verser aux créanciers inscrits (Cass. 27 nov. 1855, D. 56-1-27).

**17737. Servitude.** — En cas de transmission de l'immeuble à titre onéreux, la servitude n'est pas une charge à ajouter au prix (Sol. 15 mai 1825, 6 sept. 1828 et 11 avr. 1829; — Demante n° 288). V. *Servitude* 15029.

**17737 *bis*. Evaluation.** — Les charges qui ne sont pas estimées dans l'acte doivent être évaluées par une déclaration, et on ne peut pas les arbitrer d'office d'après un acte auquel l'acquéreur est resté étranger (Arbois, 24 mai 1877, 4783 R. P.).

## ARTICLE 5. — RÉSERVE D'USUFRUIT

**[17738-17758]**

**17738. Vendeur.** — « Si l'usufruit est réservé par le vendeur, il sera évalué à la moitié de tout ce qui forme le prix du contrat, et le droit sera perçu sur le total; mais il ne sera dû aucun autre droit pour la réunion de l'usufruit à la propriété » (L. 22 frim. an 7, art. 15 n° 6).

Cette disposition a eu pour but de prévenir la fraude. Il eut été facile aux parties de rédiger le contrat avec la clause de réserve d'usufruit, de détruire par une contre-lettre l'effet de cette clause; puis, au moyen d'une renonciation du vendeur, présentée comme pure et simple, l'acheteur, sans nouveau droit de mutation, aurait eu la pleine propriété du fonds.

Les antécédents historiques de la loi du 22 frimaire an 7 ne laissent aucun doute sur son esprit.

« Si le vendeur, dit Fonmaur (n° 571), outre le prix de la vente, s'est réservé l'usufruit du bien vendu, cette réservation diminue d'autant le prix et la valeur de l'objet de la vente: donc, elle ne donne pas lieu à une augmentation des lods..., parce que c'est un droit réservé par le vendeur sur son bien, et non une charge imposée sur la personne de l'acquéreur. » Puis il ajoute (n° 176): « Si je vous vends successivement, et par deux contrats, l'usufruit et la propriété, les lods sont dus sur le prix des deux ventes... En effet, les lods sont une charge de la vente, il ne doit pas être libre au redevable de les alléger, en la cisaillant et en multipliant les contrats. »

De même, Pocquet de Livonière, après avoir posé qu'en règle « *il n'est point dû de droits féodaux pour ventes d'usufruit* » (*loc. cit. suprà* n° 331), ajoute immédiatement: « Il faut pourtant excepter le cas de la fraude. Par exemple, si quelqu'un vendait à Titius la nue-propriété d'un héritage, s'en réservant l'usufruit, et revendait ensuite au même Titius cet usufruit peu de temps après. »

Enfin Bosquet, dont la doctrine a été reproduite par les lois de 1790 et de l'an 7, enseigne que la jurisprudence des parlements a dû, pour prévenir la fraude, percevoir le droit sur l'usufruit réservé, bien que ce soit là un résultat contraire aux principes (V. *Prix* n° 7).

**17739. Tiers.** — On avait longtemps considéré la disposition de l'art. 15 n° 6 comme applicable à un contrat portant vente du même immeuble à deux personnes, à l'une pour l'usufruit, à l'autre pour la nue-propriété. Indépendamment du droit sur l'usufruit transmis immédiatement à l'un des acquéreurs, on percevait un second droit, d'après l'évaluation prescrite par la disposition ci-dessus, sur ce même usufruit, réservé relativement à l'acquéreur de la nue-propriété, mais dont l'expectative lui était dès lors transmise.

Mais un arrêt de Cass., rendu le 8 janvier 1822, a décidé

qu'en pareil cas le droit perçu sur la totalité ou sur la réunion des prix exprimés atteint la mutation de l'usufruit comme celle de la nue-propriété, et qu'il n'y a pas lieu d'exiger un second droit pour la réunion future de cet usufruit dans la main du propriétaire (S. 24-191, 1205-14 I. G.).

« Attendu, porte cet arrêt, que, suivant l'art. 15 n° 6 L. 22 frimaire an 7, la valeur des immeubles transmis en propriété ou en usufruit est déterminée, pour la liquidation et le payement du droit proportionnel, par le prix exprimé au contrat, en y ajoutant toutes les charges en capital; attendu que, dans ces expressions « toutes les charges, » la loi n'a pas eu en vue la réserve de l'usufruit, laquelle est bien moins une charge de la vente qu'un démembrement de la propriété vendue, démembrement sans lequel la transmission de la jouissance serait une conséquence nécessaire et immédiate de la transmission de la propriété ; attendu, au surplus, que la loi a prévu le cas où il y a réserve d'usufruit par le vendeur et que, par le deuxième alinéa du même numéro dudit art. 15, elle dispose que, dans ce cas, l'usufruit sera évalué à la moitié de tout ce qui forme le prix du contrat, et que le droit sera perçu sur le total. Mais qu'on ne peut appliquer cette disposition au cas où, au lieu de la réserve d'usufruit par le vendeur, il y a, de la part de celui-ci, vente du tout par un seul et même contrat, savoir: de la nue-propriété à un acquéreur, moyennant un prix déterminé, et de l'usufruit à un autre acquéreur, moyennant un autre prix déterminé : 1° parce qu'il est de principe que, dans l'application des lois fiscales, et notamment en matière d'impôts, on ne peut pas étendre d'un cas à l'autre, par voie d'induction ou même d'analogie, la disposition de la loi ; — 2° parce qu'il y a, en effet, pour la détermination de la valeur et l'application du droit d'enregistrement à cette valeur, une différence essentielle entre le cas où la réserve de l'usufruit est faite par le vendeur et celui où le vendeur transmet tout à la fois la nue-propriété à un acquéreur et l'usufruit à un autre ; puisqu'au premier cas, le prix exprimé au contrat n'est pas censé représenter la valeur intégrale de l'immeuble vendu, et que, pour obtenir cette valeur intégrale, il faut y ajouter celle de l'usufruit dont l'expectative est aussi transmise à l'acquéreur avec la nue-propriété, expectative que la loi évalue à la moitié du prix stipulé par le vendeur ; tandis qu'au second cas, le prix exprimé au contrat, et qui se compose du prix stipulé pour la nue-propriété et de celui stipulé pour l'usufruit, représente bien la valeur entière de l'immeuble vendu ; par où le vœu de la loi, qui asseoit le droit proportionnel sur cette valeur, se trouve complétement rempli ; attendu qu'en jugeant, d'après ce principe, dans l'espèce de la cause, que la perception du droit proportionnel faite par le receveur de l'enregistrement au bureau de Thorigny sur le contrat de vente du 7 février 1821 était suffisante, et qu'il n'y avait pas lieu d'accorder à la Régie le supplément de droits réclamé par elle, le jugement attaqué a fait à la clause une juste application des art. 4 et 15 n° 6 L. 22 frimaire an 7. »

Deux arrêts, en date des 20 mars 1826 (S. 27-1-91, 1205-14 I. G.) et 25 novembre 1829 (1307-12 I. G., 9517 J. E.), ont confirmé cette doctrine.

En présence de cette jurisprudence, l'Administration a décidé, dans son I. G. n° 1205 § 4, conformément à une D. m. f. 4 octobre 1826, que la disposition de l'art. 15 de la loi, qui veut qu'on ajoute au prix de la nue-propriété vendue la valeur de l'usufruit réservé, lorsque le prix ou les intérêts du prix de la nue-propriété sont ou doivent être payés au vendeur avant que l'usufruit ait pris fin, ne devra plus être appliquée dans le cas où cet usufruit aura été vendu, par le même acte, à une autre personne. — *V.* 17555.

**17740. Vente d'une nue-propriété dont un tiers a l'usufruit.** — Cette interprétation devait amener, comme conséquence forcée, la suppression de la perception du droit proportionnel, à raison de la valeur de l'usufruit, sur la vente de la nue-propriété lorsque l'usufruit n'est point réservé expressément par le vendeur, et qu'il n'aliène que la nue-propriété d'un bien dont l'usufruit appartient à un tiers.

Par un acte passé devant notaire, le 16 juin 1825, le sieur Macé vendit au sieur Audé la nue-propriété d'une métairie, pour, par l'acquéreur, disposer librement de cette propriété dès le jour de la vente, et entrer en jouissance de l'immeuble à compter du décès du sieur Soulard-Laroche, usufruitier. Cette vente fut faite à la charge par l'acquéreur de payer le droit de mutation par décès, exigible du vendeur comme légataire de cette nue-propriété, et, en outre, moyennant 800 francs de rente viagère, prenant cours du jour du contrat, au profit et sur la tête du vendeur.

Lors de l'enregistrement de cet acte le droit proportionnel de 5 fr. 50 cent. pour 100 fut perçu sur une somme de 8,762 fr. 30 cent., composée tant du capital au denier 10 de la rente viagère que du montant du droit de mutation par décès mis à la charge de l'acquéreur. Mais l'Administration ayant fait réclamer le droit sur la moitié en sus, en représentation de l'usufruit, la Cour rendit, le 3 janvier 1827, un arrêt ainsi conçu :

« Attendu que, d'après la règle générale établie par l'art. 4 L. 22 frimaire an 7, on ne doit, pour la vente soit de la propriété, soit de l'usufruit, que le droit proportionnel particulier à chacune de ces ventes ; que l'*exception* portée en l'art. 15 n° 6 de la même loi est, sous un double rapport, inapplicable à l'espèce : 1° parce qu'en matière fiscale il n'est pas permis de raisonner d'un cas à l'autre ; — 2° parce qu'il n'y a aucune analogie entre le cas prévu par ledit article et celui de la cause ; dans le cas prévu par l'article, c'est la même personne qui, possesseur de la propriété pleine et entière, vend la propriété et s'en réserve l'usufruit, tandis que, dans l'espèce, c'est la propriété nue qui est aliénée, parce que le vendeur n'avait que cette propriété ; attendu que l'usufruit, ainsi séparé de la propriété, ne pouvait, sous aucun rapport, former une des charges spécifiées dans ledit art. 15 n° 6, et qu'en le décidant ainsi le jugement attaqué a fait une juste application de la loi » (S. 27-1-73, 1210-9 I. G., 8647 J. E.).

L'Administration ayant, dans son I. G n° 1220 § 9, prescrit de prendre cet arrêt pour règle, le principe s'est trouvé fixé et n'a plus varié depuis (6024, 6200 et 6809 J. N.).

**17741. Observation.** — Il résulte de ce que l'on a vu dans les précédents numéros que : 1° si la vente d'un immeuble est faite sous réserve de l'usufruit *au profit du* *vendeur*, le droit d'enregistrement doit être perçu sur le prix stipulé, et *moitié en sus* pour la valeur de l'usufruit, conformément à l'art. 15 n° 6 L. 22 frimaire an 7; — 2° que, si l'usufruit appartient à un tiers, ou lui est vendu par le même acte, le droit n'est exigible, en ce qui concerne la vente de la nue-propriété, que sur le prix exprimé (Demante n° 337).

L'Administration, de plus, fait remarquer dans ses I. G. n°s 1205 § 14 et 1210 § 9 *in fine*, que, dans le cas où la moitié en sus n'est pas ajoutée au prix en représentation de l'usufruit, le droit est dû sur la valeur de cet usufruit à l'époque où la consolidation de l'usufruit s'opère à la nue-propriété. Sur ce point, il convient de se référer au mot *Usufruit*, n° 17555.

En résumé, le seul cas où le droit doive être perçu sur le prix stipulé et la moitié en sus est celui où l'usufruit a été réservé par le vendeur.

1. ORIGINES DISTINCTES DE LA NUE-PROPRIÉTÉ ET DE L'USUFRUIT. — Il importe peu que le vendeur ait reçu lui-même de différentes personnes la nue-propriété et l'usufruit de l'immeuble. Dès que la consolidation s'est opérée entre ses mains et qu'il vend la nue-propriété en retenant l'usufruit, l'art. 15 n° 6 trouve son application. Ainsi, quand celui qui a recueilli par succession la nue-propriété d'immeubles dont il possédait déjà l'usufruit vend cette nue-propriété en se réservant l'usufruit, il y a lieu d'augmenter le prix de moitié pour la perception de l'impôt (Sol. belge 3 juill. 1865, 10002 J. E. belge).

**17742. Servitude.** — Au cas de vente d'une servitude dont le prix est payé comptant, il y a lieu, lorsque le vendeur s'est réservé l'usufruit, d'ajouter la moitié du prix stipulé pour la perception du droit d'enregistrement. En effet, la servitude constitue un droit immobilier (1205 § 13 I.G.) pour le propriétaire du fonds dominant. Les mutations qui s'en opèrent sont donc soumises à toutes les règles des mutations d'immeubles; il n'existe aucun motif pour ne pas leur appliquer la règle de l'art. 15 § 6 L. 22 frimaire an 7 quand l'usufruit est réservé par le vendeur (17945 J. E.).

**17743. Évaluation donnée par les parties.** — Afin d'éviter les incertitudes qui existent naturellement pour l'estimation d'un usufruit dont la valeur dépend d'une foule de circonstances toujours diverses, le législateur fiscal a posé en règle, dans plusieurs textes, que cette jouissance a la moitié de la valeur entière de l'objet. C'est là une disposition légale destinée, on l'aperçoit sans peine, à donner à l'impôt une assiette invariable. Par conséquent, ainsi que nous l'avons dit dans nos éditions précédentes, il faut la subir sans la discuter. Il n'appartient pas plus aux préposés qu'aux parties d'aller chercher dans la combinaison des clauses du contrat une preuve que cet usufruit a une valeur moindre ou supérieure. Si le prix paraît insuffisant, l'Administration a le recours de l'expertise pour faire constater la valeur vénale des biens; mais, en dehors de ces deux bases de liquidation, la loi n'en reconnaît point d'autres. — *V.* 8430.

En ce sens, le tribunal de Loudun a jugé, le 27 décembre 1848 (14679 J. E.), que le droit est dû d'après les bases établies par la loi, c'est-à-dire sur moitié du prix en sus, pour représenter l'usufruit réservé, bien que les parties aient déclaré dans l'acte que dans le prix stipulé de 3,400 francs se trouvait comprise la valeur de l'usufruit, fixée à 1,700 francs.

On peut cependant citer comme contraire à ce principe un jugement du tribunal de la Seine, du 26 juillet 1843 (13211 J. E.), qui a décidé que la vente consentie moyennant 10,000 francs, sous réserve d'usufruit au profit du vendeur, avec stipulation que si l'acquéreur veut avoir lui-même l'usufruit, il payera une rente de 1,900 francs au vendeur, est passible du droit non sur 15,000 francs, mais sur le prix stipulé augmenté du capital de la rente viagère. Mais cette décision nous paraît mal rendue. La seconde partie de l'art. 15 n° 6 semble démontrer surabondamment, en effet, que la détermination du prix de l'acquisition future n'exerce aucune influence sur la liquidation actuelle de la transmission. La loi prévoit le cas où l'usufruit réservé par le vendeur sera plus tard acheté par le nu-propriétaire, et elle déclare que ce prix, s'il est supérieur à la valeur déclarée de la jouissance, donnera seulement lieu à un complément de droit lors de la réalisation de l'achat.

**17744. Coupes réservées.** — La réserve d'un certain nombre de coupes dans la vente d'un bois aménagé est de la nature de l'usufruit, et sa valeur doit être ajoutée au prix (Déc. 5 sept. 1818, 6178 J. E., 2699 J. N.). Si l'aménagement est tel qu'une coupe soit faite chaque année, chaque coupe représente le revenu vrai, et l'intérêt du prix doit être ajouté par chaque année réservée. Si les coupes n'ont lieu que pendant un certain nombre d'années, par exemple si elles ont lieu à vingt ans d'âge et qu'il n'y ait que dix coupes dans toute l'étendue du bois, la réserve d'une coupe équivaudra à deux années d'intérêts; sur vingt années de jouissance, l'acquéreur n'aura que les dix-huit vingtièmes du produit.

L'addition au prix a lieu lors même que la réserve n'est que de la coupe d'une année, si le prix est payé comptant ou si, étant payable à terme, l'acquéreur en doit les intérêts à compter du jour de la vente (Dél. 6 avr. 1822).

**17744 *bis*. Mines.** — Constitue une condition de la vente, une simple restriction à la jouissance de l'acquéreur, passible, comme promesse d'indemnité, du droit fixe, la clause d'un acte de vente par laquelle le vendeur se réserve le droit exclusif, pendant douze ans, d'extraire des minerais gisants dans les terrains vendus, en fixant l'indemnité à payer à l'acquéreur pour chaque are de terrain dont l'exploitation de ces minerais nécessitera l'occupation (Namur 19 déc. 1857, 7860 J. E. belge).

**17745. Réserve de jouissance indéfinie.** — Se réserver la jouissance indéfinie de l'immeuble, c'est, au point de vue qui nous occupe, la même chose que s'en réserver l'usufruit. Le droit d'enregistrement est exigible sur le prix augmenté de moitié.

Ainsi, par deux actes notariés du 29 septembre 1824, le sieur Guéry vend aux sieurs Martelet, Fortier, Jacquot fils et Marlier, le fonds de tous les immeubles qui lui appartiennent à Martin-Pré, consistant en prés, champs, étangs, bois, maisons, moulins, scieries, pâquis et pâturages, sous la stipulation suivante : « Le vendeur réserve formellement et expressément la jouissance de la superficie des immeubles aliénés, en quoi qu'elle puisse consister, pour en user et en jouir comme il croira bon être; sauf à donner aux acquéreurs les facilités qui seront reconnues nécessaires pour jouir et profiter du fonds. »

Les deux ventes sont faites moyennant le prix total de 24,000 francs, payable le 26 juillet 1826, avec la rente à partir du 26 juillet 1824. Enfin, les deux actes portent que l'entrée en jouissance des mêmes fonds aura lieu dès le jour du contrat, à l'exception de la maison de ferme et des terres en dépendant, dont la jouissance ne commencera qu'au 23 avril 1825; et il ajoute que les impositions de la totalité des mêmes biens seront à la charge des acquéreurs, à partir du 1er janvier de la même année.

Cette dernière clause ayant paru rendre illusoire la réserve exprimée précédemment au profit du vendeur, le receveur s'abstint d'ajouter au prix exprimé dans les actes moitié en sus à cause de la réserve. Mais une instance s'étant engagée, la Cour de cassation, par un arrêt du 24 juin 1829 (1293 § 11 I. G., 6897 J. N., S. 29-1-260), a cassé un jugement du tribunal de Saint-Dié, qui avait débouté l'Administration de sa demande en payement du demi-droit, pour la valeur de l'usufruit que le vendeur s'était réservé : « Attendu que, de quelques expressions que se soit servi le rédacteur des actes du 29 septembre 1824 dont il s'agit, on ne peut voir dans la réserve de la jouissance de la superficie des bois, étangs, champs et d'autres immeubles dont le fonds est vendu, que la réserve de l'usufruit desdits immeubles au profit du vendeur. » — (V. Proudhon n° 117).

**17746. Habitation réservée.** — La réserve du droit d'habitation par le vendeur constitue-t-elle une cause d'augmentation du prix de la vente? Cette question, décidée affirmativement par le J. E. (12631) et négativement par Champ. et Rig. n° 3590, n'est pas sans difficultés.

Un point qui paraît constant d'abord, c'est que l'on ne saurait étendre au droit d'habitation les textes de la loi du 22 frimaire an 7 sur les réserves d'usufruit. Bien qu'il soit vrai que le droit d'habitation s'établisse et se perde de la même manière que l'usufruit, il n'en résulte cependant pas que l'habitation soit un usufruit et que toute disposition qui règle la nature de ce dernier droit puisse, par elle-même, s'étendre virtuellement au premier. On ne trouve dans la loi fiscale aucune disposition qui décide, ainsi que la loi civile le fait expressément, que certaines règles tracées pour l'usufruit s'étendent à l'usufruit et à l'habitation. A tort l'on invoque l'analogie existant entre l'usufruit et l'habitation, puisqu'il est de principe qu'en matière fiscale on ne peut raisonner d'un cas prévu à un cas imprévu et décider par analogie. C'est ce que nous avons enseigné déjà dans nos éditions précédentes.

Mais faut-il aller jusqu'à dire, avec un arrêt de la Cour de cassation de Belgique, du 28 décembre 1854 : « que la réserve du droit d'habitation ne constitue pas une charge dont la valeur doive être ajoutée au prix exprimé ; qu'en effet, on ne peut entendre par le mot *charges* employé dans la première partie de l'art. 15 n° 6 que les charges personnelles, qui seules augmentent le prix et ajoutent aux obligations de l'acquéreur ; mais que, quant aux charges qui portent sur la chose, elles ne peuvent être considérées comme accroissant le prix de l'immeuble vendu » (311 R. P.).

Après y avoir de nouveau réfléchi, nous n'avons pas pu le penser, et nous avons exposé, dans une dissertation particulière insérée au n° 3319 R. P., les raisons qui nous déterminaient à croire que la réserve totale ou partielle de la jouissance d'un immeuble, à titre d'habitation ou autrement, constitue une véritable charge dans le sens de la loi et doit être ajoutée au prix d'après une évaluation à faire par les parties. Sans rentrer ici dans un controverse qui nécessiterait de longs développements, nous nous bornerons à dire que, d'une part, la stipulation litigieuse ne saurait être assimilée à la réserve par le vendeur d'une partie de l'objet aliéné, puisque l'acquéreur reçoit la certitude d'obtenir un jour la tutelle de la chose ; et que, de l'autre, l'obligation imposée à cet acquéreur de payer une somme convenue alors qu'il ne jouit pas de l'intégralité de l'immeuble lui impose un préjudice semblable à une privation d'intérêts ou de revenus et place la convention, sur ce point, sous l'application de la jurisprudence relative aux loyers payés d'avance.

Cette doctrine a été virtuellement consacrée par un arrêt de la Cour de cassation du 29 mars 1859 (1253 R P., 2160-2 I. G., 17000 J. E., 11512 C.), d'après lequel la réserve partielle du droit d'habitation constitue une charge à ajouter au prix de la vente pour la perception du droit d'après une évaluation des parties.

« Attendu, porte cet arrêt, que le tribunal d'Angoulême s'est appuyé sur des faits et des actes qui lui ont été soumis, et que l'interprétation à laquelle il s'est livré repose sur des indices de dissimulation tellement concluants que la Cour de cassation ne peut que l'adopter; qu'il en résulte que le prix de 30,000 francs exprimé par l'acte du 17 juin 1855 est le véritable prix de la vente; qu'il comprend à la fois la transmission de la propriété du domaine et les charges de la vente, parmi lesquelles se trouve la réserve du droit d'habitation séparée au profit de Moreau, vendeur; qu'ainsi, le supplément de 10,000 francs stipulé dans le second acte ne peut s'appliquer à la cession de ce droit et ne constitue qu'une rectification tardive de la dissimulation comprise dans le premier. »

Elle résulte également d'un jugement du tribunal de Saverne, du 6 mai 1869, portant que : « le droit d'habitation réservé dans un contrat à titre onéreux ne diminue pas, pour les contractants, la valeur de l'immeuble, mais seulement le montant de son prix, et que, pour apprécier sa véritable valeur, il faut ajouter au prix stipulé le droit d'habitation, qui ne doit pas être évalué, comme l'usufruit, à la moitié en sus de ce prix, mais à un chiffre arbitré à défaut de déclaration » (3319 R. P.).

**17747. Bois. — Réserve de superficie.** — C'est surtout en matière de forêts que la réserve d'usufruit peut être facilement dissimulée, sous l'apparence d'une réserve de jouissance plus ou moins temporaire.

En principe, la réserve de la superficie ne constitue pas la réserve de l'usufruit proprement dit, puisqu'elle n'empêche pas l'acquéreur d'entrer en jouissance des arbres non réservés et des autres parties du bois. — C'est pourquoi la Cour de cassation a jugé, le 1er février 1831 (9933 J. E., 7381 J. N., S. 31-1-104), que si, dans la vente du fonds et de la superficie d'un bois de haute futaie aménagé de vingt-quatre coupes, le vendeur se réserve dix coupes, cette réserve ne peut être assimilée à la réserve de l'usufruit de l'immeuble et n'impose aucune privation de jouissance aux acquéreurs, qu'elle n'empêche pas de jouir, dès le moment de la vente, de tout ce qu'ils ont acheté.

« Attendu, porte cet arrêt, que les sieur et dame de Lannoy ont expressément stipulé dans l'acte sous seing privé du 21 juin 1826, contenant la vente du fonds, tréfonds et superficie de la forêt de la Havetière, divisée en vingt-quatre coupes, que dix desdites coupes ne faisaient pas partie de la vente, et que les acquéreurs n'entreraient en jouissance de cette partie du sol de la forêt qu'après l'exploitation desdites coupes ; qu'une semblable réserve des bois existants au jour de la vente pour être exploités une seule fois par les vendeurs, qui auraient pu les vendre également à tous autres que les acquéreurs du fonds, de même qu'ils en ont fait la réserve pour eux-mêmes, ne peut être assimilée à la réserve de l'usufruit de l'immeuble et n'impose aucune privation de jouissance aux acquéreurs ; qu'elle n'empêche pas de jouir, dès le moment de la vente, de tout ce qu'ils ont acheté ; qu'il suit de là qu'en ordonnant la restitution de la somme de 671 fr. 55 cent., indûment perçue par le receveur de l'enregistrement à raison de cette réserve qu'il avait évaluée comme une charge de la vente, le tribunal civil n'a violé ni l'art. 15 L. 22 frimaire an 7, ni aucune autre loi. »

Cependant, c'est là surtout une question d'appréciation. Ainsi, il a été reconnu que l'art. 15 n° 6 L. 22 frimaire an 7 reprendrait son empire si une vente d'immeubles était faite sous la réserve de la superficie des bois existants, sans que le délai dans lequel les coupes seront exploitées fût déterminé. Une pareille vente présenterait tous les caractères d'un usufruit, et le droit devrait dès lors être perçu sur la moitié en sus du prix stipulé, comme si le vendeur s'était réservé l'usufruit (Seine 22 nov. 1838, 12190 J. E. ; — Chaumont 26 juin 1844, 13533-3 J. E.).

Il en serait de même si le vendeur d'une forêt se réservait la série des coupes constituant l'aménagement (Seine 25 mai 1842, 13006 J. E.).

Le tribunal de Chalon-sur-Saône, au contraire, a refusé de voir une réserve ordinaire d'usufruit dans la clause du contrat de vente d'une forêt portant que le vendeur se réserve la superficie, sans indiquer le délai d'exploitation. Mais il a admis que si le prix est payé comptant, la privation d'intérêts subie par l'acheteur constitue une charge susceptible d'être ajoutée au prix (J. 13 juin 1862).

On a décidé de même pour l'obligation imposée aux acquéreurs d'acquitter, à partir du jour de l'acte, les contributions et les frais de garde des cantons de bois où sont les coupes réservées (Sol. 22 juin 1857).

En matière civile, il a été jugé que la vente, sous forme de partage, d'un droit absolu, perpétuel, sur les produits actuels et futurs d'une forêt, avec liberté entière d'en disposer, sauf réserve pour le fonds et le pâturage au profit du vendeur, est un contrat constitutif non d'un simple droit de servitude, d'usage ou d'usufruit, mais d'un droit de superficie attribuant à l'acquéreur la copropriété du sol (Cass. 5 nov. 1866, S. 66-1-441). Si la réserve du vendeur portait sur un droit de cette nature, il est clair qu'aucune addition ne devrait être faite au prix stipulé.

**11748. Réserve de jouissance temporaire.** — Il arrive fréquemment que le vendeur d'un immeuble se réserve la jouissance du bien pendant un certain temps. « Or, il n'est pas très-facile, dit Demolombe, de définir le caractère de ce droit. Nous croyons que c'est à titre de location que le vendeur continue de conserver la possession et la jouissance de la chose, les loyers ou fermages ayant été acquittés par lui à l'avance, au moyen de la diminution qu'il a évidemment faite sur le prix à raison de cette jouissance » (t. 10 n° 230 *bis*). Il n'y a pas à percevoir de droit de bail, puisque la conservation de la jouissance est une condition essentielle de la vente ; mais la diminution que le prix en éprouve constitue, ainsi qu'on vient de le voir, une charge susceptible d'être ajoutée au prix (*Conf.* : 16506-4 J. E.). C'est ce qui a été reconnu dans le numéro précédent au sujet des réserves temporaires de la jouissance d'une forêt.

Une Dél. 12 octobre 1825 a également décidé que quand l'acquéreur paye le prix comptant et ne doit entrer en jouissance qu'après plusieurs années, il y a lieu d'ajouter au prix principal non l'intérêt légal de ce prix pendant la période de temps, mais le montant des revenus dont l'acheteur est privé et dont les parties doivent déclarer la valeur en capital (5626 J. N. — *Conf.* : 3275 J. E.).

Le même principe a été appliqué par la Cour de cassation à la vente portant que l'acquéreur d'un bois moyennant un prix payé comptant n'entrerait en jouissance qu'après l'exploitation de la superficie vendue à un tiers. Il a été décidé le 9 décembre 1872, que la privation des intérêts dont le vendeur était privé constituait une charge à ajouter au prix. « Attendu, porte l'arrêt, que cette privation partielle de jouissance, combinée avec le payement immédiat du prix exprimé, ayant pour résultat, d'une part, de conférer au vendeur l'avantage de jouir simultanément, pendant un certain temps, de la chose vendue et du prix stipulé, et, d'autre part, de priver l'acheteur, contrairement à la nature de la vente, des fruits de la chose qui lui a été vendue, et dont il a payé le prix comptant, constitue non une restriction de la chose vendue, mais une charge véritable qui impose à l'acquéreur un sacrifice au profit du vendeur et dont l'évaluation en capital, qui, au besoin, pourrait se faire par expertise, doit être ajoutée au prix exprimé dans l'acte pour asseoir le droit de mutation » (Cass. 9 déc. 1872, 3545 R. P., 2465-7 I. G., S. 73-39, D. 73 125, P. 73-62). — *V.* Dissert. 4775 R. P.).

On remarquera que, dans cette affaire, l'Administration et la Cour ont déterminé l'importance de la charge par le chiffre des intérêts dont l'acquéreur subissait la privation, et non pas, comme dans la délibération de 1825, par l'évaluation arbitraire du montant des revenus correspondant à ces intérêts. Le même procédé a été sanctionné par une solution de l'administration belge du 4 octobre 1869, qui prescrit de ne pas tenir compte alors de la déclaration des parties au sujet de la valeur de la charge (n° 11129 J. E. belge). Mais il paraît plus conforme aux principes de décider, avec le tribunal de Nantes, le 21 mars 1877, que le montant de la charge doit être évalué par une déclaration (4775 R. P.).

Il a été cependant jugé par un autre arrêt, du 8 février 1832, que la réserve, par le vendeur d'un immeuble, d'une somme stipulée à titre de pot-de-vin, dans un bail antérieur, de l'immeuble dont il a cédé le bénéfice à son acheteur, pour 4,000 pieds d'arbres, que le preneur a été autorisé à couper, ne peut être considérée *ni comme une charge de la vente, ni comme un supplément de prix de vente*, et qu'en conséquence, aucun droit de mutation ne doit être perçu sur la valeur de cette réserve (2388 C., S. 32-1-706, 7664 J.N.). — V. *suprà* n° 17725.

1. TERME COURANT. — Par esprit de mansuétude, une D. m. f. 13 août 1803 (400 § 12 I. G.) a admis que, quand le vendeur se réserve le *terme courant* du fermage ou du loyer, aucune addition ne doit être faite au prix.

Cette décision est fondée sur cette considération que la réserve n'a le plus ordinairement pour but que de prévenir les difficultés de l'attribution entre les parties au prorata du loyer revenant à chacune d'elles. Mais elle n'indique pas ce qu'il faut entendre par terme courant et la matière reste quelque peu livrée à l'interprétation.

Dans un cas où une maison avait été vendue, le 31 décembre 1861, avec stipulation que l'acheteur entrerait en jouissance le 1er mai 1862 et que, sur le prix de 23,000 francs, 10,000 seraient payés comptant, le reste devant l'être à terme avec intérêts depuis l'entrée en jouissance, il a été décidé que la réserve de jouissance comprenait le terme courant et ne devait pas être ajoutée (Sol. 28 avr. 1862).

De même pour une vente du 26 juillet 1861, faite sous la réserve des fermages exigibles jusqu'au 1er octobre suivant (Sol. 13 mars 1862); — ou pour une adjudication remettant à trois mois de l'adjudication l'entrée en jouissance (Sol. 31 oct. 1864, 2016 R.P., 18271 J.N.).

Décidé encore que si une vente d'immeuble, en date du 1er juin, porte que le prix a été payé comptant et que l'entrée en jouissance n'aura lieu que le 1er octobre après l'enlèvement de la récolte par le vendeur, il n'y a aucune charge à ajouter au prix (16761-3 J. E.).

Mais nous n'irions pas jusqu'à dire, avec le J. E. (17326), que la clause par laquelle le vendeur d'une prairie affermée, vendue pour un prix payé comptant, se réserve la jouissance *de onze mois* restant à courir jusqu'à l'échéance du fermage annuel, ne constitue pas une charge susceptible d'être ajoutée au prix, puisqu'elle n'excède pas le terme courant Bien que toute réserve de jouissance doive être considérée comme une charge, nous comprenons que l'on écarte la rigueur du droit lorsqu'il s'agit d'un terme à courte échéance; mais il nous semble que la réserve d'un an de jouissance ou de loyers impose à l'acquéreur une privation trop forte pour qu'elle ne doive pas être considérée comme une charge.

*Biens non loués.* — Comme la décision ministérielle du 13 août 1808 (400 § 12 I. G.) parle de la réserve du *fermage* ou du *loyer*, on avait pensé qu'elle s'appliquait uniquement aux biens loués. Mais il a été reconnu avec raison qu'elle devait s'étendre aussi, par identité de motifs, aux biens non affermés, car l'attribution proportionnelle des fruits naturels présente souvent plus de difficultés que la répartition des fruits civils (Sol. 31 oct. 1864, 2016 R.P., 18271 J.N. — V. *Conf.* : 16761-3 J.E.).

**17749. Expropriation forcée.** — On a vu, au n° 16367, que le débiteur reste propriétaire des biens saisis jusqu'à ce que l'adjudication soit venue le dépouiller. Il résulte de là que bien qu'un immeuble soit vendu sur expropriation, ce n'est pas moins le débiteur saisi qui est le véritable vendeur; aussi, dès l'instant que, dans un acte de vente de cette nature, l'usufruit est réservé au vendeur, on doit ajouter au prix exprimé moitié en sus pour représenter la réserve d'usufruit (Dijon 7 déc. 1835, 9517 J. N., 11433 J. E., 1528 § 18 I. G.).

**17750. Tiers.** — Si le vendeur d'un immeuble réserve l'usufruit au profit d'un tiers, sans le dénommer et sans faire connaître ses droits à cet usufruit, on doit ajouter au prix la valeur de l'usufruit pour établir la perception (Dél. 23 déc. 1834, 11187-3 J. E.).

Il a été décidé de même, pour des considérations de fraude : 1° que la vente, consentie par un mari, d'immeubles à lui propres moyennant 1,800 francs et à la charge par l'acquéreur de n'entrer en jouissance qu'après le décès de la femme du vendeur, au profit de laquelle l'usufruit est réservé, est passible du droit sur 2,700 francs (Sol. 20 avr. 1849);

2° Que la réserve par le vendeur, dans l'acte de vente d'une maison, d'un droit d'habitation au profit de sa mère, non intervenante, doit, jusqu'à l'acceptation de celle-ci, être considérée comme faite au profit du vendeur, et la valeur de ce droit doit être ajoutée au prix, d'après la déclaration estimative; mais il n'y a pas lieu à perception, de ce chef, d'un droit fixe pour donation indirecte.

En effet, tant que la donataire n'aura pas manifesté son intention de profiter de la disposition faite en sa faveur, le droit d'habitation continuera à appartenir au vendeur, qui, jusqu'à l'acceptation de la donation, doit être censé s'être réservé à son profit le droit d'habitation (D. m. f. belge 24 mai 1859, 8359 J. E. belge).

**17751. Privation d'usufruit compensée par l'absence d'intérêts du prix.** — La privation de l'usufruit peut se trouver compensée pour l'acquéreur de telle sorte qu'elle ne constitue plus pour lui une charge. « Si l'acquéreur d'un bien vendu sous réserve d'usufruit, dit Bosquet, ne devait payer le prix convenu qu'après la mort du vendeur, les droits ne seraient dus que sur ce prix. Cette distinction est trop sensible pour qu'elle ait besoin d'être prouvée » (t. 3 p. 531).

Ainsi, il a été délibéré par l'Administration, le 6 novembre 1822 (498 Roll.), que la réserve d'usufruit par le vendeur ne constitue pas une charge à ajouter au prix de la vente du moment que le prix de la vente n'est payable qu'après le décès de l'usufruitier, sans intérêts jusque-là (*Comp.* Cass. 25 nov. 1857, 937 R. P., 2118-10 I. G., 16219 J. N., 16650 J. E., 11191 C., 16918-2 J. E., S. 58-1-383; — Saint-Omer, 11 mai 1877). — V. 17714.

1. TAUX LÉGAL. — On a soutenu, que dans l'hypothèse précédente, si l'intérêt payé au vendeur ne s'élevait pas au taux légal, on devait ajouter une partie du prix pour la réserve de l'usufruit (4526 J. E.). Cette opinion n'est pas fondée, car le revenu des immeubles n'est pas nécessairement de 5 francs pour 100. Nous croyons qu'on ne doit rien ajouter pour la perception du droit de vente, lorsque le vendeur paye

un intérêt à l'acquéreur, quelle que soit sa proportion avec le capital.

2. PARTIE D'INTÉRÊTS. — Si le prix d'une vente d'immeubles faite avec réserve d'usufruit est stipulé payable dans douze ans, les deux premières années exemptes d'intérêts, on doit, pour liquider le droit, ajouter au prix moitié en sus et déduire deux années d'intérêts (Dél. 15 janv. 1823, 573 Roll., 4319 J.N.; — *Conf.* : 7802 J. E.).

Si le vendeur se réserve pendant un certain temps la jouissance de quelques-uns des biens, mais stipule que pour commencer ce défaut de jouissance, l'acquéreur ne payera les intérêts de la totalité du prix qu'au taux de 2 pour 100 au lieu de 5, il n'y a rien à ajouter pour la perception (Sol. belge 20 fév. 1866, 10222 J. E. belge).

3. ABSENCE DE REVENUS. — Il a été reconnu que s'il s'agit d'un immeuble improductif de revenus, comme, par exemple, d'une maison inachevée, la réserve de jouissance pendant un certain temps ne profite pas au vendeur, en sorte que, malgré le payement immédiat du prix, on ne saurait ajouter le montant de la charge résultant de la jouissance (Sol. 6 juin 1857).

**17752. Payement anticipé.** — Quand le vendeur auquel le prix était dû sans intérêts à la fin de l'usufruit, le reçoit néanmoins avant le terme, il faut distinguer. L'usufruit appartient-il toujours au vendeur et la somme payée est-elle moindre que le prix en considération du payement anticipé? c'est un forfait et on ne perçoit que le droit de quittance (8574 J. E.). — Le prix n'est-il pas réduit? Il y a augmentation au prix de vente de toute la somme des intérêts que le prix payé peut produire pendant la durée de l'usufruit, et un droit supplémentaire de vente devient exigible.

**17753. Réserve partielle.** — Lorsque la réserve d'usufruit ne comprend qu'une quotité déterminée des biens vendus, le prix stipulé représente la valeur non-seulement de la nue-propriété, mais encore de la portion d'usufruit non réservée. Pour connaître la valeur de la portion réservée, il faut nécessairement la déterminer par une règle de proportion.

Si la réserve n'est pas d'une quotité quelconque et qu'elle porte sur un seul objet, il faut exiger des parties une déclaration estimative de la réserve pour l'ajouter au prix.

**17754. Privation d'usufruit représentée par une charge.** — Il est d'autres cas où la réserve d'usufruit n'est pas de nature à donner ouverture à la perception sur la moitié du prix en sus; on peut citer pour exemple l'hypothèse où le réservataire s'obligerait à payer une somme en représentation de l'usufruit qu'il conserverait. Une convention accessoire pourrait alors se souder à la convention principale et donner ouverture à un droit particulier.

Ainsi, quand un immeuble est vendu pour 30,000 francs payés comptant, et que le vendeur, en s'en réservant l'usufruit, s'oblige de payer à l'acheteur une rente de 500 francs, l'usufruit réservé n'est pas entier; il est diminué de la rente et il ne faut ajouter au prix que l'excédant (Sol. 11 nov. 1861).

C'est ce que reconnaît en termes généraux une Dél. 15 janvier 1823, portant : « Attendu que l'intérêt du prix d'un immeuble est représentatif de l'usufruit, et que du moment que l'acquéreur conserve le prix réservé, sans être tenu d'en payer l'intérêt, il n'y a plus lieu à y ajouter la moitié en sus pour avoir la valeur entière de l'immeuble, qui se trouve être alors le prix stipulé au contrat » (D. N. t. 13 p. 295 n° 781. — *V.* égal. J. du not. 17 juill. 1869 n° 2357).

Le contraire résulte cependant d'une solution de l'administration belge du 5 octobre 1869, rendue dans un cas où le cahier des charges d'une adjudication publique d'immeubles portait que les acquéreurs n'en auraient la jouissance qu'après le décès des vendeurs, qui s'en réservaient expressément la jouissance jusqu'à cette époque, et que, pour leur tenir lieu de cette jouissance, les acquéreurs toucheraient annuellement des vendeurs 4 pour 100 du prix de vente, payé comptant, desdites parcelles. Il a paru : « que la somme due par les acheteurs constitue le prix de la nue-propriété des terrains, payable immédiatement, et doit être dégagé au moyen d'une déclaration estimative pour recevoir ensuite la majoration de moitié du chef de la réserve d'usufruit (art. 15 dernier alinéa et 16 L. 22 frim. an 7); que le second élément représente les capitaux aliénés moyennant lesquels les vendeurs se sont engagés envers chacun des deux acquéreurs à servir une rente viagère égale à l'intérêt annuel de 4 pour 100 calculé sur lesdites sommes. »

Mais nous n'approuvons pas une interprétation aussi rigoureuse. Ce ne peut être qu'en forçant le sens du contrat qu'on voit dans l'engagement des vendeurs une constitution de rente. On serait aussi fondé, par cette fiction, à y voir un bail à vie.

La vérité est qu'il y a simple réserve d'usufruit, mais que cette charge se trouve amoindrie, pour l'acquéreur, par le payement des intérêts dont le vendeur lui tient compte. Nous pensons donc qu'il est plus conforme à l'esprit de la loi de suivre le mode de perception indiqué par la Dél. 15 janvier 1823 et par la Sol. 11 nov 1861.

**17755. Réserve éventuelle.** — Lorsque la réserve d'usufruit n'est qu'éventuelle, par exemple, lorsqu'il est stipulé que le vendeur et son fils jouiront de l'objet aliéné s'ils survivent à l'acquéreur, ce n'en est pas moins une charge sans laquelle le prix principal eût été supérieur, et on a pensé que dès que, par l'effet de la réserve, il peut arriver que le vendeur jouisse en même temps du prix et du revenu des biens, il y a lieu d'ajouter moitié en sus au prix stipulé (965 J. E.).

Le principe nous paraît exact; mais comme il ne s'agit pas de l'hypothèse prévue dans l'art. 15 n° 6, nous croyons que l'importance de la charge éventuelle ne saurait être évaluée d'office à la moitié du prix; les parties doivent être admises à en faire la déclaration conformément à l'art. 16 de la loi de l'an 7. C'est une observation que nous avons faite déjà au sujet du revenu d'usufruit temporaire.

L'Administration avait décidé, par une Sol. 15 août 1864 (18111 J. E.), qu'il n'y avait aucune addition à faire actuellement et qu'on devrait attendre la réalisation de l'événement pour réclamer le complément du droit sur la moitié du prix. Mais ce principe a été depuis abandonné; l'éventualité de jouissance constitue une charge dont l'évaluation doit être faite par les parties.

**17756. Bail.** — Nous avons vu précédemment que le vendeur qui se réserve l'usufruit temporaire de l'immeuble conserve la jouissance à titre de location; mais que cette réserve, étant une condition de la vente, est dispensée d'un droit particulier (*V.* 17748). Une Dél. 1er septembre 1824 a reconnu, conformément à ce principe, que si, dans la vente de la nue-propriété d'un domaine, le vendeur s'en réserve la jouissance pendant un certain nombre d'années et s'oblige de payer à l'acheteur une somme annuelle pour tenir lieu des intérêts du prix payé comptant, il n'est dû aucun droit de bail (5000 J. N.).

De même, il a été reconnu que quand il est stipulé, dans un contrat de vente, que le vendeur se réserve la jouissance à titre de fermier des biens vendus pendant la vie d'une tierce personne, on ne peut voir dans cette clause un bail à vie sujet au droit de 4 pour 100. C'est une disposition essentiellement dépendante de la vente et ne donnant lieu à aucun droit particulier (Sol. 16 mai 1835, D.N. t. 2 p. 417 n° 20).

Cependant, on conçoit qu'il y a là, après tout, une simple question d'interprétation, car il se peut que le vendeur, après avoir aliéné son immeuble, ait entendu en reprendre la possession à titre de fermier. En ce sens, il a été jugé par le tribunal de Vitré, le 28 février 1845 (13750-5 J.E.), que la réserve d'usufruit faite par les vendeurs (mari et femme) jusqu'au 23 avril qui suivra le décès du survivant, à charge par eux de payer à l'acquéreur une somme nouvelle de 140 francs jusqu'à extinction de cette réserve, constitue un bail à vie passible de 4 pour 100 sur le capital au denier 10 de 140 francs (*Conf.* : Beauvais, 23 déc. 1861, 17424 J. E.; Cass. 15 nov. 1808, Test. Lebeau, v° *Bail à vie* n° 3. *Contrà* D. N. t. 13 p. 295 n° 782).

De même, si dans une vente faite par le père à ses enfants moyennant une somme payable sans intérêts au décès du vendeur, il est stipulé que, pour tenir lieu des intérêts, l'acheteur fournira au vendeur le logement, la nourriture et le bail à vie, cette seconde disposition étant indépendante de la vente, il y a lieu de percevoir le droit de bail à nourriture, indépendamment du droit de vente (17763-3 J. E.). — *V.* 2903.

**17757. Biens indivis.** — Si deux vendeurs, propriétaires par indivis, vendent la nue-propriété d'un immeuble avec condition que l'usufruit se réunira à cette nue-propriété au décès de l'un d'eux, il y a réserve d'usufruit et le droit est dû sur moitié en sus du prix (Seine 22 nov. 1849, 14868 J. E.).

**17758. Retour conventionnel.** — Si le donateur, après avoir donné un immeuble sous réserve d'usufruit, rentre ultérieurement dans sa nue-propriété par suite du décès du donataire, puis vend cette nue-propriété à un tiers, il y a lieu d'ajouter au prix la moitié en sus pour la réserve d'usufruit. Cette réserve, en effet, ne procède pas de la donation antérieure, qui s'est évanouie, et la séparation de l'usufruit qui en résultait a cessé d'exister par la consolidation. Elle procède uniquement de la vente et doit être soumise à la règle ordinaire de l'art. 15 n° 6 L. 22 frimaire an 7 (18792 J. E.).

## SECTION 3. — DE LA CHOSE QUI FAIT L'OBJET DE LA VENTE

[17759-17833]

### ARTICLE PREMIER. — DISPOSITIONS GÉNÉRALES

[17759-17763]

**17759. Règle.** — L'art. 1583 C. C., en exigeant, pour la perfection de la vente, le double consentement des parties sur la chose et sur le prix, indique suffisamment qu'il ne peut y avoir vente sans une chose qui en soit l'objet. Et pour que cette chose existe dans le sens que nous devons attacher ici à ce mot, il faut qu'elle soit déterminée de manière à ne pas faire naître le doute. Tel est le principe qui doit dominer l'application du droit.

**17760. Chose non désignée.** — Par un contrat de mariage du 16 décembre 1823, les père et mère de la demoiselle Bécanne lui ont constitué en dot une somme de 7,600 francs, payable, à des termes, entre les mains des père et mère du futur, chez lesquels il était convenu que les nouveaux époux demeureraient. Venait ensuite cette clause : « Dans le cas de séparation, les père et mère du futur s'obligent de délivrer à ladite Bécanne, leur future bru, pour une valeur égale d'immeubles aux sommes qu'ils auront touchées de sa dot, approximatifs de ceux du futur et de même nature aussi, à dire d'experts, c'est-à-dire que s'ils ont touché 5,000 francs, ils en délivreront pour cette valeur assortis comme ceux du futur ; s'ils ont plus ou moins touché, ils en délivreront plus ou moins. Jusqu'à cette délivrance, ils demeureront garants et responsables de la dot de ladite future épouse qu'ils doivent toucher. »

Le receveur a perçu le droit de vente sur les 7,600 francs. Mais on a demandé la restitution de ce droit en faisant observer que la prétendue vente était, dans tous les cas, subordonnée à des conditions qui rendaient son existence tout à fait éventuelle; qu'en effet, la future pouvait ne point se séparer de ses beaux-père et mère, et qu'aucune partie de la dot pouvait n'avoir été payée au moment où cette séparation aurait lieu; d'ailleurs, il n'y avait point réellement de vente ni de promesse de vente, puisque le consentement des parties n'était point intervenu sur la chose, c'est-à-dire sur la nature, la quantité et la valeur des immeubles à délivrer (art. 1583 et 1589 C. C.). — En conséquence, la restitution du droit a été ordonnée par une Dél. 15 septembre 1824 (4996 J. N.).

De même, la clause d'un contrat de mariage par laquelle le père de la future qui reçoit la dot du futur et s'engage à nourrir les époux, sauf, en cas de séparation, à leur rembourser en immeubles à prendre sur ses propriétés une valeur égale, à dire d'experts, à celle de la somme touchée, ne donne ouverture qu'au droit d'obligation, car les biens à délivrer n'étant point *désignés*, la chose manque pour parfaire la vente (Dél. 29 janv. 1836, 11683 J. E. 9575-7 J. N.).

Enfin, la donation par un père à son fils d'une valeur immobilière non désignée, de la valeur de 6,000 francs, à charge de lui payer 6,000 francs, quoique *constituant une vente déguisée*, passible du droit de 5 fr. 50 cent. pour 100, ne peut être passible que du droit de donation, parce qu'un des éléments essentiels de la vente (*la chose*) manque à cette stipulation (15194-4 J. E.).

**17761. Immeubles non suffisamment désignés.** — Le sieur Ollagnier fait sommation à Ferrier de se trouver dans l'étude d'un notaire indiqué, à l'effet de passer acte authentique de la vente qu'il lui a consentie d'un vignoble, moyennant 3,372 francs. Sur le refus, citation devant le bureau de paix. Ferrier comparut et avoua la vente verbale; mais il prétendit qu'elle n'était pas de la *totalité de son vignoble*, comme l'entendait Ollagnier. Procès-verbal de non conciliation; puis assignation de Ferrier en première instance pour voir dire que la vente serait résiliée, et qu'il serait condamné en 500 francs de dommages-intérêts. L'Administration, en présence de ces actes, décerne une contrainte contre Ollagnier en payement du droit et double droit résultant de cette mutation de propriété. Opposition de la part de ce dernier.

Dans l'intervalle, les parties se sont rapprochées et ont réalisé la vente, moyennant le prix de 4,300 francs. — Malgré cette différence dans les deux prix, l'Administration n'en a pas moins poursuivi le payement des droits et doubles droits dus sur la vente verbale. — Le 8 août 1812, jugement qui rejette la prétention de l'Administration, en ce que, lors de la vente verbale, l'objet n'en était point déterminé d'une manière certaine, et en ce que la vente était soumise à la condition d'être passée en acte authentique.

Pourvoi pour violation des art. 22, 38 L. 22 frimaire an 7, 4 de celle du 27 ventôse an 8, en ce que dès que, par les instances survenues entre les parties et par les aveux par elles faits, l'existence de la vente était une fois établie, rien ne pouvait arrêter l'action de la Régie. La Cour: « Attendu que le tribunal civil de Montbrison, en jugeant, en fait, d'après les pièces produites, que la vente verbale du 26 décembre 1810 n'était point complète, l'objet n'y étant pas déterminé certainement, n'est contrevenu à aucune loi; rejette » (Arr. 6 janv. 1813, *P. chr.* 127).

**17762. Immeubles à déterminer par experts.** — Pierre Carteron devait à Jean, son frère, une somme de 8,000 francs, jusqu'à concurrence de laquelle il lui a cédé des biens immeubles. Cette cession a été faite par un acte sous seing privé du 17 juillet 1827, contenant nomination de deux experts pour estimer les biens. Le procès-verbal d'estimation a été rédigé le 15 août suivant, et, le 10 novembre de la même année, le premier acte a été enregistré, moyennant 5 fr. 50 cent. pour 100. On avait réclamé le double droit, mais il a été considéré que les frères Carteron n'étaient pas, au jour du contrat, d'accord sur la chose, puisqu'ils avaient chargé des tiers de déterminer quels biens le créancier recevrait en payement de sa créance; que c'est seulement le 15 août 1827, date de l'expertise, que les immeubles désignés par les experts sont devenus la propriété de Jean, du consentement de son frère, et, conséquemment, c'est aussi de cette époque qu'a couru le délai de trois mois pour le payement des droits de mutation (Dél. 23 janv. 1829).

**17763. Chose future.** — La vente d'une chose future présente deux modalités distinctes. Si je cède pour une certaine somme mon droit éventuel de recueillir les produits qui pourront naître de tel ou tel bien, je ne vends pas, à proprement dire, les produits eux-mêmes, mais seulement l'espérance de les recueillir. La vente est donc actuelle. — Elle devient conditionnelle, au contraire, si je n'ai cédé que les fruits à naître de telle propriété, le croît de tel animal. Il faut attendre, pour savoir si la transmission s'opère, que les fruits aient pris naissance, et, jusqu'à cette époque, l'effet du contrat est suspendu (Pothier *Vente* 5 et 6, Toullier t. 6 nos 114, 503 et 521, Duranton t. 10 n° 300, Troplong 204 et 205, Duvergier t. 1er n° 226, Zachariæ, Massé et Vergé t. 4 p. 280; — C. Lyon 18 mai 1854, S. 54-2-425). Il en résulte nécessairement que le droit fixe est seul actuellement exigible.

1. MAISON A CONSTRUIRE. — Malgé le sentiment contraire de Dalloz n° 201 et Championnière 1848, on ne saurait ranger dans cette seconde catégorie la vente d'une maison à construire. Pour qu'il y ait condition suspensive, il faut que l'obligation dépende d'un événement *futur* et *incertain* (art. 1166 et 1181 C. C.), et cet événement doit de plus être soustrait au pouvoir de l'une ou de l'autre des parties, car sans cela l'obligation serait nulle (1170 C. C.). Or, dans la vente d'une maison à bâtir, il n'y a pas d'événement incertain, puisque, dès à présent, le vendeur est tenu de construire et qu'il est légalement présumé devoir accomplir sa promesse. D'un autre côté, si l'on considérait le fait matériel de la construction comme un événement futur, il serait à la disposition du débiteur, et le contrat serait par conséquent entaché de nullité.

La vérité est qu'il n'y a pas ici de condition dans le sens juridique du mot, et que les parties entendent traiter actuellement sur un immeuble. Or, à ce point de vue, l'exigibilité du droit de 5 fr. 50 cent. pour 100 nous paraît justifiée. En effet, l'objet de mon acquisition n'est pas le droit actuellement mobilier de forcer le vendeur à construire la maison. Il faut, selon l'expression de Demolombe, le considérer dans son état futur et dans l'individualité distincte que lui donnera sa réalisation, c'est-à-dire dans sa formation en immeuble qu'il est appelé à produire. En d'autres termes, l'objet de la convention, c'est la maison elle-même, que nous regardons comme bâtie. Aussi, de même que la vente des récoltes pendantes par racines donne lieu au droit mobilier, quoique au moment de leur transmission elles soient des immeubles, de même la vente d'un bâtiment à construire motive l'application du taux de 5 fr. 50 cent. pour 100, quoique le droit de l'acheteur soit encore mobilier. La chose a été transmise à l'acheteur pour lui appartenir à l'état d'immeuble; cela suffit à motiver la perception du droit immobilier (V. Demolombe *Dest. des biens* nos 151-172, Duranton 21 n° 6, Championnière 4 n° 3179 et 6 nos 367-368, Martou *des Priviléges et hypot.* n° 955).

Ce principe a été plusieurs fois consacré par la jurisprudence.

Il a été reconnu que la vente d'un bâtiment en construction est passible du droit de 5 fr. 50 cent. pour 100, non-seulement sur le prix applicable aux constructions déjà faites, mais encore sur celui qui se rapporte aux constructions à faire, quand il résulte de l'acte que l'acquéreur a entendu acheter le bâtiment achevé (Seine 21 juill. 1865, 2186 R. P., 12986 C.; — Nantes 23 déc. 1871, 11834 J. E.).

La Cour de cassation a également décidé que quand un bâtiment en construction est échangé dans l'état où il sera après son achèvement, le revenu imposable doit être déterminé eu égard à la situation de l'immeuble à la même époque, et non pas dans son état actuel (Cass. 21 juin 1869, 2938 R. P., 2393-9 I. G., S. 69-1-387, D. 69-1-474, P. 69-949).

« Attendu, porte cet arrêt, qu'aux termes du contrat d'échange intervenu entre Olagnier et Detenre père, le 24 mars 1864, Detenre père s'obligeait à livrer à Olagnier à l'état de complet achèvement et de location immédiate les constructions alors commencées sur les terrains qu'il lui donnait en échange; que cette obligation inconditionnelle et absolue était de nature à produire un plein et entier effet quant à la transmission de la propriété de la chose qu'elle avait en vue et à toutes les conséquences de cette transmission, particulièrement en ce qui touche la perception intégrale du droit s'y référant; qu'on ne peut nier, en effet, que les constructions commencées et celles qui devaient les compléter dans un délai déterminé n'aient, au moment même du contrat, constitué, les unes comme les autres et au même titre, la valeur donnée en échange par Detenre père à Olagnier, et dès lors qu'elles devaient toutes, à défaut de l'énonciation de leur valeur dans l'acte, être de la part des parties l'objet d'une déclaration estimative lors de la présentation de cet acte à la formalité de l'enregistrement; que c'est à tort que, pour suppléer à cette déclaration, point de départ obligé de l'action de la Régie, le tribunal de Meaux a ordonné une expertise dans les termes du droit commun; attendu, en outre, qu'en matière d'enregistrement, le mode d'expertise ne peut être que celui spécialement prévu par les art. 17 et 18 L. 22 frimaire an 7, à l'exclusion de l'expertise de droit commun dont les formalités sont réglées par les art. 302 et suiv. C. proc.; qu'il suit de tout ce qui précède qu'en décidant, d'une part, que la déclaration des défendeurs pour la perception du droit proportionnel d'enregistrement, à raison de l'échange constaté par l'acte notarié du 24 mars 1864, ne devait porter que sur la valeur des constructions commencées en leur état actuel, et non sur leur valeur intégrale au moment où elles seraient livrées à l'état de complet achèvement à Olagnier par Detenre père, ainsi que celui-ci s'y obligeait; et, d'autre part, qu'il serait procédé à l'expertise par lui ordonnée d'après les règles du droit commun, et non selon le mode prévu par les art. 17 et 18 L. 22 frimaire an 7, le tribunal civil de Meaux a formellement violé, sous ce double rapport, les articles de la loi du 22 frimaire an 7 et l'art. 302 C. proc. ci-dessus visés. »

La même solution résultait déjà, au sujet de l'échange, d'un jugement du tribunal de Lyon du 11 mars 1863.

Il en serait autrement, nous le verrons plus loin, si l'obligation de construire avait le caractère d'un marché. — V. 17867.

### ARTICLE 2. — VENTE A LA MESURE

[17764-17771]

**17764.** — La vente à la mesure, prévue par l'art. 1616 C. C., est de nature à faire naître des difficultés qui peuvent se résumer dans cinq hypothèses.

**17765. Vente d'un certain nombre de mesures à prendre dans un champ.** — En premier lieu, la vente peut être non d'un immeuble déterminé, mais d'un certain nombre de mesures à prendre dans tel domaine, dans tel champ, à tant la mesure. Dans ce cas, la propriété n'est transmise qu'après le mesurage, car lorsqu'on vend un certain nombre de mesures à prendre dans un champ; jusqu'au mesurage, il y a incertitude sur l'objet vendu; il est impossible de prétendre que la propriété soit transmise; rien n'a été séparé de la propriété et l'acquéreur ne peut dire d'aucune partie du champ : ceci est à moi. La vente est conditionnelle (Duvergier n° 284, Troplong *Vente* 1-86, Marcadé art. 1585-3, Taulier t. 6 n° 13, Massé *Droit commercial* t. 4 n° 159, Champ. et Rig. n° 1862, Aubry et Rau t. 3 n° 349 note 30; — Cass. 24 mars 1860, S. 61-1-778; — *Contrà* Merlin *Rép.* v° *Vente* § 4 n° 2, Delvincourt *Édit. de* 1819 t. 3 p. 62, Favard v° *Faillite* § 13, Pardessus n° 292, Duranton t. 16 n° 92).

Cette vente, elle est donc réglée, pour la perception, par les principes propres aux ventes conditionnelles, c'est-à-dire que le droit fixe est le seul exigible.

Autrefois déjà, le droit de contrôle ne se percevait pas avant le mesurage, qui devait avoir lieu au plus tard dans les six mois de l'acte (Bosquet v° *Adjud. de bois*).

**17766. Vente sans indication de contenance.** — En second lieu, on peut vendre un champ déterminé sans indication de la contenance totale, et à raison de tant la mesure.

Dans ce cas, le mesurage ne suspend point la transmission de la propriété, qui est acquise à l'acheteur du moment du contrat. En effet, l'objet vendu est certain. Il aura plus ou moins de contenance, mais comme le prix est déterminé à l'avance par mesure, il suffira de l'augmenter ou de le diminuer suivant le nombre de mesures que présentera l'immeuble vendu. Dans tous les cas, la propriété se trouve sur-le-champ transférée à l'acheteur, car il est certain qu'il a le droit de dire : ce champ est à moi dans sa contenance telle quelle que je connaîtrai plus tard. Le droit proportionnel doit donc être perçu.

**17767. Vente à tant la mesure moyennant un prix rond.** — Les art. 1617 et 1618 C. C. supposent la vente d'un immeuble déterminé, moyennant un prix fixé, avec indication de la contenance et à raison de tant la mesure.

Dans cette hypothèse, tout est déterminé, la chose et le prix. Seulement, tout déficit ou tout excédant de contenance doit donner lieu à une diminution ou à une augmentation proportionnelle du prix, puisque chaque mesure correspond à une certaine somme. Mais cette circonstance ne peut faire que la vente ne soit parfaite: aussi donne-t-elle ouverture au droit proportionnel.

**17768. Vente avec prix fixé et avec indication de contenance.** — L'art. 1619 C. C. prévoit le cas de la vente d'un immeuble déterminé, moyennant un prix fixé par le contrat non à raison de tant la mesure, mais avec indication de contenance.

Dans cette vente, l'objet est déterminé : le prix est porté au contrat, la contenance est indiquée. Seulement, et c'est là le trait distinctif de notre hypothèse, la vente n'est pas faite à tant la mesure. Nous n'avons pas besoin d'aborder les questions nombreuses qui peuvent, en droit civil, découler de cette disposition du Code, il suffit pour nous que la vente soit parfaite, — et c'est ce qui est incontestable — pour donner ouverture au droit de vente.

**17769. Vente sans garantie de contenance.** — La cinquième des hypothèses est celle de la vente d'un immeuble déterminé, dans laquelle se trouve exprimée formellement ou tacitement la volonté de n'être tenu à aucune garantie à raison de la contenance indiquée. C'est là ce qu'on peut appeler, avec M. Duvergier n° 283-3, *la vente en bloc*, et cette vente est immédiatement passible du droit proportionnel, car rien n'y est abandonné à une éventualité quelconque; tout est fixe, déterminé, le contrat jouit de sa plus entière perfection.

**17770. Limites à fixer par experts.** — S'il est permis aux parties de laisser à l'arbitrage d'un tiers la détermination du prix d'une vente (1592 C.C.), on doit reconnaître, par analogie, qu'on peut laisser au même arbitrage la fixation des bornes pour déterminer dans un terrain désigné une quantité correspondante au montant du prix stipulé.

En effet, du moment que *l'essence* de la chose est déterminée, laisser incertaine sa contenance, c'est en réalité laisser le prix à l'arbitrage d'un tiers et se trouver dans les termes de l'art. 1592 C.C. (*V.* 17691); car, donner plus ou moins de contenance, la somme totale étant fixée, c'est diminuer ou augmenter le prix de la contenance. Aussi la Cour de cassation a-t-elle reconnu valable une vente qui consistait dans une partie d'un pré jusqu'à concurrence d'une somme de....., laquelle partie devait être déterminée par un expert convenu (6 juill. 1831, 7527 J.N., 10182 J.E.). Une semblable vente donne donc ouverture au droit proportionnel d'enregistrement.

**17771. Restitution. — Supplément de droit.** — Dans toutes les hypothèses ci-dessus, où le droit proportionnel ayant été perçu sur l'acte de vente, il y a lieu néanmoins à mesurage, s'il arrive qu'il y ait lieu à supplément de prix, un supplément de droit est exigible. Réciproquement, s'il y a lieu à une réduction de prix, une restitution proportionnelle des droits perçus doit être faite par l'Administration.

C'est ce que porte formellement une Dél. 11 juin 1833 (11627 J.E.), qui reconnaît de plus que si le prix sur lequel le droit a été perçu est réduit ultérieurement par les parties, il n'y a pas lieu de se prévaloir de la circonstance que l'année de délai accordée par l'art. 1622 serait expirée, si d'ailleurs la demande en restitution a eu lieu dans les deux ans de l'enregistrement du contrat. Voici, d'ailleurs, comment s'exprime l'Administration : « Quant à la prétention motivée sur l'art. 1617 C. C., il suffit de se reporter à l'art. 1619 du même Code pour reconnaître que ce n'est pas dans le seul cas prévu par le premier de ces articles, mais dans tous les autres cas, que la diminution du prix pour moindre mesure peut avoir lieu, à la seule condition que la différence de contenance soit d'un vingtième eu égard à la contenance totale, et cette condition est remplie dans l'espèce. Enfin, l'objection tirée de l'art. 1622 du Code ne peut être opposée par des tiers, et surtout par l'Administration, lorsque les parties conviennent de ne pas s'en prévaloir. »

A plus forte raison doit-il en être ainsi lorsqu'il a été stipulé dans une vente que le moins de mesure donnera lieu à une réduction proportionnelle du prix, et qu'un acte authentique détermine la réduction du prix en raison du moins de mesure reconnu (Dél. 27 fév. 1836, 11474-1 J. E.).

Il n'y a pas, bien entendu, à distinguer si la vente est faite avec l'indication de la contenance à tant la mesure, ou si elle commence par la mesure, selon le cas prévu à l'art. 1619 C. C. Dans les deux cas, la restitution est due (Sol. 13 juill. 1862).

1. GARANTIE DE CONTENANCE. — Mais il n'y a plus remboursement possible si la vente, au lieu d'être faite à la mesure, a lieu avec la simple garantie de contenance. Le contrat renferme alors un prix exprimé qui a tous les caractères d'un prix définitif pour la perception des droits. D'ailleurs, le caractère distinctif d'une vente faite avec garantie de la contenance et d'une vente à tant la mesure est que le vendeur qui garantit la contenance ne peut prétendre à un prix supérieur à celui stipulé, tandis que le prix d'une vente à tant la mesure est susceptible d'augmentation ou de diminution et qu'il n'est définitif à l'égard d'aucune partie. — Aussi doit-on tenir pour certain que la réduction subie par le vendeur à la suite d'un déficit dans la contenance est un événement ultérieur sans influence sur la perception (Sol. 11 mars 1856, 25 fév. 1858, 13 août 1864. — V. 16091 J.E.).

Jugé en ce sens :

1° par le tribunal de Vassy, le 27 février 1852 (14841 J.E., 14735 J.N.), que, lorsque l'acte de vente d'un immeuble contient stipulation de garantie de la contenance indiquée, et qu'une expertise ordonnée en justice a postérieurement constaté un déficit de contenance, le droit d'enregistrement perçu sur l'acte de vente ne doit pas être partiellement restitué, en raison de la réduction du prix résultant de cette expertise;

2° Par le tribunal de Guéret, le 25 avril 1855 (16091 J. E.), que, lorsque le prix d'une vente a été déterminé et que plus tard, par suite de la stipulation de garantie de la contenance, et d'après un arpentage qui a été fait de l'immeuble vendu, le prix de la vente a été réduit, il n'y a pas lieu de restituer le droit perçu sur la somme qui fait l'objet de la réduction.

2. DÉSISTEMENT OU ANNULATION DE LA VENTE. — Quoi qu'il en soit, si l'acquéreur, profitant de la faculté que lui donne l'art. 1618 C. C., de se désister lorsque l'excédant est d'un vingtième au-dessus de la contenance indiquée, venait à se désister, les droits qui auraient été régulièrement perçus sur la vente ne seraient pas restituables. — En ce sens, il a été jugé que la clause portant qu'une vente sera résolue dans le cas où l'acquéreur reconnaîtrait qu'on l'a induit en erreur sur la qualité ou la contenance de l'objet vendu constitue une condition résolutoire et non suspensive : donc, le droit perçu sur cette vente ne peut être restitué, même en vertu de sa résolution judiciaire basée sur cette stipulation (Cass. 23 juill. 1833, 1446 § 11 I. G., S. 33-1-593). — *V.* 11342.

Lorsque, par suite du mesurage d'une propriété rurale, il se trouve une quantité supérieure à celle qu'il avait achetée, l'acquéreur peut renoncer à conserver l'excédant sans qu'il en résulte pour cela une rétrocession au profit du vendeur (Sol. 1er oct. 1825, D.N. t. 11 p. 536 n° 41).

3. ERREUR DE CONTENANCE. — On a jugé qu'il n'en était plus ainsi s'il ne s'agissait pas d'une différence dans la contenance de la propriété vendue, mais d'une erreur provenant de ce que, par exemple, l'acheteur croyait acheter une parcelle qui n'était nullement comprise dans la vente et qu'il s'agit simplement d'une erreur matérielle et de désignation. On a pensé que, dans cette hypothèse, le droit perçu sur la parcelle non réellement vendue devait être restitué et que le remboursement du prix ne donnait lieu qu'au droit fixe de décharge. « Attendu qu'il est manifeste que le contrat de vente du 27 avril 1868 étant entaché d'erreur quant au prix, cette erreur n'a pas pu manquer de se reproduire dans la perception du droit de mutation, puisque ce droit est proportionnel à ce prix ; qu'on peut donc soutenir à bon droit, d'une part, que le droit n'a pas pu être régulièrement perçu sur un contrat irrégulier ; que, d'autre part, les faits qui établissent l'irrégularité de la perception étant authentiquement constatés bien longtemps avant qu'elle ait été opérée, l'acte rectificatif qui n'a fait que mettre en relief ces faits antérieurs, passés inaperçus jusque-là, ne peut être considéré comme un événement postérieur dans le sens de l'art. 60 L. 22 frimaire an 7 ; que, par conséquent, il n'y a pas lieu d'appliquer ici cet art. 60, édicté, d'ailleurs, dans le but de réprimer une fraude qui n'a pas pu exister dans la cause; attendu qu'en recevant les 3,484 fr. 10 cent. qu'ils ont été forcés de restituer, les vendeurs n'ont pas acquis la propriété de cette somme, qui était sans cause dans leurs mains ; que n'en ayant pas acquis la propriété, ils n'ont pas pu la rétrocéder à M. Defrénois, auquel elle n'a pas cessé d'appartenir ; qu'il n'y avait donc pas lieu à la perception d'un droit de quittance, mais bien du simple droit de décharge qui a été perçu » (Beauvais 30 nov. 1870).

Cette décision est exacte en ce qui concerne le droit de quittance; mais elle est erronée à l'égard du droit de vente. Nous le démontrons au n° 17841.

## ARTICLE 3. — VENTE DE MEUBLES ET D'IMMEUBLES

[17772-17803]

**17772. Règle.** — « Lorsqu'un acte translatif de propriété ou d'usufruit comprend des meubles et des immeubles, le droit d'enregistrement est perçu sur la totalité du prix, au taux réglé pour les immeubles, à moins qu'il ne soit stipulé un prix particulier pour les objets mobiliers, et qu'ils ne soient désignés *et* estimés article par article dans le contrat » (L. 22 frim. an 7, art. 9).

1. VÉRITABLE TEXTE DE LA LOI. — Ce texte est celui du *Bulletin des Lois*. Le *Moniteur* du 26 frimaire an 7, n° 86, le reproduit d'une manière différente : « Lorsqu'un acte translatif de propriété ou d'usufruit comprend des meubles et immeubles, le droit d'enregistrement est perçu sur la totalité du prix au taux réglé pour les immeubles, à moins qu'il ne soit stipulé un prix particulier pour les objets mobiliers, et qu'ils ne soient désignés *ou* estimés article par article dans le contrat. » On a soutenu que les deux particules avaient été interverties et qu'il fallait mettre la seconde à la place de la première, afin de lire : « à moins qu'il ne soit stipulé un prix particulier pour les objets mobiliers *ou* qu'ils ne soient détaillés et estimés article par article dans le contrat. » On se fondait, pour cela, sur ce que la disjonctive *ou*, placée entre les mots *désignés* et *estimés*, donnait à la loi un sens inadmissible, en lui faisant dire qu'une estimation détaillée pouvait être remplacée par un simple détail sans estimation ou réciproquement. Mais le tribunal de la Seine a repoussé avec raison cette doctrine, attendu que le *Bulletin des Lois* contient seul le texte officiel de la loi de l'an 7 (21 juill. 1866, 2444 R.P., 1787 Rev.).

2. MOTIF DE LA LOI. — Cette disposition de la loi a eu pour but de mettre des entraves à un genre de fraude qui se serait pratiqué avec la plus grande facilité, celui de reporter sur les meubles une partie du prix afférent aux immeubles, lorsque des meubles et des immeubles sont vendus par le même acte. Elle est empruntée à la législation du centième denier. « A l'égard du droit du centième denier, lit-on dans Bosquet v° *Ventilation*, il est dû sur la totalité du prix stipulé par les contrats, quoiqu'on ait vendu, conjointement avec les immeubles, des meubles, bestiaux et autres objets mobiliers ; à moins qu'il n'en ait été fait une description ou état, et qu'il n'en ait été stipulé un prix particulier par le contrat ; auquel cas le droit de centième denier ne sera payé que sur le pied du prix convenu pour l'immeuble, ou suivant l'estimation qui en sera faite, supposé qu'il parût y avoir de la fraude dans la stipulation du prix desdits immeubles. C'est la disposition d'un arrêt du Conseil du 18 juillet 1713, rendu en règlement. »

3. ACTE JUDICIAIRE. — L'art. 9 s'applique aux actes judiciaires comme aux contrats amiables (Cass. 24 août 1874, 3952 R. P.).

**17773. Convention verbale.** — La règle s'applique aux conventions verbales aussi bien qu'aux conventions écrites. L'art. 9, en effet, de la loi du 22 frimaire an 7 concerne les actes translatifs de propriété; or, nous savons qu'en matière de mutation immobilière, une convention verbale a exactement la même valeur qu'une convention écrite.

Aussi, par un arrêt en date du 25 novembre 1839 (12449 J.E., 5631 C., S. 39-1-981), la Cour de cassation a-t-elle jugé que, dans le cas de mutation verbale d'un immeuble et de meubles faite sans détail estimatif et sans distinction du prix, ainsi que la preuve en résultait des énonciations des parties, le droit était dû à 5 fr. 50 cent. pour 100 sur le prix total (*Contrà* Champ. et Rig. t. 6 n° 374).

« Attendu, porte cet arrêt, qu'aux termes de l'art. 9 L. 22 frimaire an 7, lorsqu'un acte translatif de propriété comprend des meubles et des immeubles, le droit est perçu, sur la totalité du prix, au taux réglé pour les immeubles, si un prix particulier n'a pas été stipulé pour les objets mobiliers et si ces objets ne sont pas désignés et estimés article par article dans le contrat; attendu que le jugement attaqué, en tirant de la déclaration écrite faite par les parties elles-mêmes dans le préambule de l'acte sous seing privé passé entre elles le 1er janvier 1824, la preuve que la vente de l'office de notaire et la vente de divers immeubles avaient été faites moyennant une somme totale de 25,000 francs, sans stipulation d'un prix particulier pour la vente mobilière et sans estimation spéciale de l'objet de cette vente, et en décidant, en conséquence, qu'il y avait lieu de percevoir, sur la totalité du prix, le droit dû pour les ventes d'immeubles, sauf déduction des droits précédemment perçus, loin d'avoir faussement appliqué l'art. 9 L. 22 frimaire an 7, et, par suite, violé les articles précités, a, au contraire, fait de ces articles une juste application. »

Seulement, il faut remarquer que l'application de cet arrêt se restreint au cas où la convention verbale résulte d'une déclaration pouvant faire titre entre les deux parties. Ainsi que le fait remarquer M. Demante, si l'énonciation d'une pareille vente est faite par une seule des parties, dans un acte qui ne fasse pas titre de la vente, par exemple dans un commandement signifié à la requête du vendeur, la ventilation est admissible sans état estimatif (n° 270).

**17774. Étendue de la règle. — Valeur incorporelle.** — D'après un arrêt de la Cour de cassation du 21 octobre 1811, qui a toujours servi de règle de perception (nos 1209 § 1er et 1537 sect. 2 § 52, S. 12-1-220), « la disposition de l'art. 9 n'est applicable qu'aux meubles qui, par leur nature et leur forme extérieure, peuvent être détaillés, désignés et évalués article par article. » — D'un autre côté, la loi parle des objets mobiliers, et ces mots, dans leur sens littéral, désignent le mobilier corporel.

La doctrine s'était crue autorisée à conclure que l'art. 9 ne s'étendait pas aux valeurs incorporelles cédées avec un immeuble.

Elle admettait, dès lors, qu'il n'était nécessaire ni de stipuler un prix particulier dans le contrat pour ces valeurs, ni de les estimer article par article, et que le droit était dû distinctement, d'après une ventilation du prix effectuée par les contractants (Dalloz v° *Enregistrement* n° 2983, Champ. et Rig. n° 3292, G. Demante n° 268). C'est l'opinion que nous avions émise aux nos 8813-14018 *bis* et 14256 des anciennes éditions du *Répertoire général*.

La jurisprudence de la Cour suprême n'a pas confirmé cette interprétation.

La Cour distingue entre les deux conditions imposées par l'art. 9 de la loi de l'an 7.

A l'égard du détail estimatif des objets mobiliers, les arrêts ont reconnu que ce détail n'est pas nécessaire quand les objets ne s'y prêtent pas (Arr. 21 oct. 1811, *V.* 17779); — ou que les circonstances le rendent impossible (Cass. 7 janv. 1839, V. 17775-1). — Et l'Administration a maintes fois appliqué cette jurisprudence. — *V.* 16859.

Mais la Cour a maintenu la nécessité d'un prix particulier quand des immeubles sont cédés avec des valeurs incorporelles, telles qu'un office de notaire (Cass. 25 nov. 1839, S. 39-1-981, 12449 J. E.); — une clientèle commerciale (Cass. 15 avr. 1846, S. 1846-1-396, 1767-13 I. G.); — ou une créance ordinaire de somme d'argent (Cass. 2 août 1853, 1986 § 15 I. G.). — *V.* 17793.

La question lui a été de nouveau proposée et elle a maintenu très-fermement sa jurisprudence.

Dans un cas où il s'agissait de la vente, pour un prix unique, d'immeubles, d'objets mobiliers corporels et de créances, un arrêt du 13 novembre 1872 a décidé qu'à défaut de la stipulation d'un prix particulier pour les créances, le droit était dû sur la totalité de ce prix au taux réglé pour les immeubles (n° 3544 R. P., 2465-2 I. G., S. 73-1-41, D. 73-1-126).

Un autre arrêt du 19 février 1873 reconnaît plus explicitement encore la nécessité d'un prix distinct et d'une désignation explicative pour les objets mobiliers, sans aucune distinction entre les meubles corporels et les meubles incorporels. Par suite, il décide que si un locataire cède à un tiers, moyennant un prix unique, les constructions qu'il a fait élever sur le terrain loué avec le matériel d'exploitation y attaché, son droit au bail et la créance de fermage résultant d'une sous-location en cours, ces droit et créance sont susceptibles d'une désignation spéciale et d'un prix particulier, et à leur défaut le droit de 5 fr. 50 cent. pour 100 est exigible sur la totalité du prix sans que les parties puissent suppléer à ces désignations par des déclarations ultérieures. Les termes de cet arrêt sont décisifs.

« Attendu que la disposition de l'art. 9 L. 22 frimaire an 7 est conçue dans les termes les plus généraux et les plus absolus; qu'elle n'admet, quant à la nécessité d'un prix distinct et d'une désignation explicative pour les objets mobiliers, aucune distinction entre les meubles corporels et les meubles incorporels, l'intérêt d'assurer l'exacte application des tarifs étant de même dans l'un et l'autre cas; qu'en conséquence, la cession dont il s'agit a donné ouverture à la perception d'un droit d'enregistrement sur la totalité du prix, au taux fixé pour les immeubles; que ce droit, qui a sa base légale dans la convention même des parties, a été immédiatement acquis au Trésor par la présentation de l'acte à la formalité, sans qu'il fût au pouvoir d'aucune d'elles d'en modifier l'assiette et la quotité par une déclaration ultérieure » (3575 R. P., 2468-5 I. G., B. C. 24, S. 73-1-137, D. 73-1-449, P. 73-292).

La question peut donc être considérée comme tranchée sur ce point.

**17775. Détail estimatif.** — La Cour est même allée plus loin, dans l'arrêt précédent, que ne le demandait l'Administration. Celle-ci reconnaissait que la condition du détail estimatif n'est pas rigoureuse, et qu'elle admet des tempéraments. L'arrêt du 19 février 1873 met le détail estimatif sur la même ligne que la stipulation d'un prix particulier. Il déclare que cette double obligation est également imposée en termes absolus, et qu'elle doit être également exécutée. Si ce chef de la décision était pris à la lettre, tous les équivalents admis jusqu'à ce jour par l'Administration deviendraient sans objet. Mais telle n'est pas évidemment la portée de l'arrêt. L'obligation de faire le détail estimatif des meubles vendus ne peut pas toujours être exécutée rigoureusement. La loi se heurterait à des impossibilités matérielles auxquelles il faut nécessairement avoir égard. Le détail estimatif des meubles continuera à avoir lieu dans les limites compatibles avec leur nature particulière et avec les circonstances particulières de la cession. — *V.* 17778.

1. SCELLÉS. — Ainsi la Cour a reconnu que quand les scellés sont mis sur les meubles d'une succession, la cession des droits successifs d'un héritier peut avoir lieu sans le détail exigé par l'art. 9 L. 22 frimaire an 7. Un détail estimatif donné après la levée des scellés peut avoir un effet rétractif et ne motiver que la perception du droit de 2 pour 100 (Cass. 7 janv. 1839, 12218 J.E., 10239 J.N., S. 39-1-24).

« Attendu, porte l'arrêt, qu'en cas de vente en bloc d'objets mobiliers et d'objets immobiliers, le droit proportionnel est dû sur la totalité du prix de vente, comme s'il s'agissait uniquement d'objets immobiliers, à moins que les objets mobiliers compris dans la vente n'aient été évalués dans l'acte article par article, auquel cas il n'est perçu sur la partie du prix qui représente ces objets que le droit dû sur les ventes mobilières; attendu que la loi ne distingue pas entre les ventes de droits successifs et les autres ventes; que, dans l'espèce, les objets mobiliers compris dans la vente n'ont pas été évalués dans l'acte, conformément à la loi; que, si l'existence des scellés sur les objets de la succession du sieur Veyssière, au moment de la vente, a pu faire obstacle à l'évaluation actuelle, article par article, des objets mobiliers qui en faisaient partie, il ne s'ensuit pas que l'évaluation ne pût avoir lieu et être produite plus tard; qu'en cet état, le jugement attaqué n'a pas seulement déclaré que le droit proportionnel établi en matière immobilière n'était pas dû sur la totalité du prix de la vente, à défaut d'évaluation, article par article, des objets mobiliers compris dans la vente, au moment où cette évaluation était impossible; mais qu'il a prononcé, d'une manière absolue, que la défenderesse était dispensée de l'acquitter à cause de cette impossibilité temporaire, après qu'elle avait cessé, lors même que, postérieurement à la levée des scellés, l'évaluation requise par la loi et qui seule peut faire jouir les parties de la modération du droit, pouvait être facilement produite; et qu'en ce faisant, le tribunal de Compiègne a violé la loi précitée. »
*V.* 1005.

**17776. Le détail des meubles ne supplée pas à la stipulation du prix.** — Les deux conditions de l'art. 9 L. 22 frimaire an 7 étant rigoureuses, le détail pur et simple des meubles ne dispense pas de la stipulation d'un prix particulier pour ces objets (Cass. 2 août 1853, 1986-15 I.G., 15713 J.E.).

Il a été souvent reconnu néanmoins que quand les meubles sont non-seulement détaillés dans le contrat, mais qu'ils y sont estimés, le total des estimations équivaut à la stipulation d'un prix particulier pour le mobilier, et on s'est fondé, pour le décider ainsi, sur ce que du moment que l'évaluation existe en détail, la distinction dans le prix n'ajoute rien à la garantie de sincérité que l'Administration trouve dans ce détail (Châlons-sur-Marne 20 déc. 1835, D. N. t. 13 p. 426 n° 546; — Coutances 24 juin 1837, 9810 J.N., Sol. 6 oct. 1837; — *Contrà* Dél. 1er oct. 1833, 10733 J.E.).

Mais quelle que soit la valeur de cette dernière considération, il faut reconnaître que le texte de la loi est formel et que la jurisprudence l'interprète avec une très-grande rigueur. Or, il existe un prix particulier pour les meubles, et ce prix n'existe pas quand il y a simplement un détail estimatif des biens. L'art. 9 devrait donc rester sans application. Il n'en serait autrement que si les parties avaient stipulé que le prix à payer sera représenté par le montant exact de cette évaluation.

1. CHARGES. — En principe, la désignation d'un prix particulier et sa répartition entre les meubles et les immeubles s'applique aux charges comme au prix principal. Cependant, il a été jugé que quand, dans une cession de droits successifs mobiliers (détaillés et évalués article par article), et immobiliers, moyennant un prix distinct, des charges sont imposées au cessionnaire, ces charges, à moins d'une désignation et d'une évaluation article par article, doivent s'ajouter au prix des droits immobiliers (Libourne 27 avr. 1847, 14350 J.E.).

**17777. La distinction dans le prix ne peut suppléer au détail article par article.** — De même, l'évaluation partielle ne peut être suppléée par la distinction dans les prix. L'Administration, qui trouve dans l'évaluation par article une garantie contre une attribution frauduleuse du prix, ne rencontre aucune sûreté dans une distinction dans les prix que ne vient pas lui permettre de contôler une évaluation par article.

En ce sens, il a été jugé par le tribunal de Vervins, le 30 novembre 1838, que la vente d'une maison, moyennant 18,000 francs et celle de meubles désignés, mais non estimés article par article, moyennant 3,000 francs est passible du droit de 5 fr. 50 cent. pour 100, comme ne présentant pas les conditions exigées par l'art. 9 L. 22 frimaire an 7.

Décidé de même que quoique le prix affecté aux objets mobiliers soit stipulé distinctement, dès l'instant que des objets mobiliers quelconques sont vendus concurremment avec des immeubles, deux conditions sont nécessaires pour qu'ils ne soient assujettis qu'au droit de 2 francs pour 100 : la première c'est qu'il soit stipulé un prix distinct, la deuxième qu'ils soient détaillés et évalués article par article (Villefranche 10 fév. 1843, 13216-9 J.E.; — Tournon 20 déc. 1849, 14871-11 J.E.).

**17778. Estimation en bloc.** — 1. BESTIAUX. — Il ne faut pas, nous l'avons dit, exagérer le principe que les objets mobiliers doivent être estimés article par article, car il est des cas où ce détail conduirait à des résultats inconciliables avec la pensée évidente de la loi. Ainsi l'Administration avait cru pouvoir décider d'abord qu'il ne suffit pas que, dans un contrat de vente ayant pour objet un domaine et des bestiaux, on ait stipulé un prix particulier pour ceux-ci et déclaré qu'ils ne font point partie du domaine, il faut encore que l'estimation ait été faite tête par tête et non par nature, sans cela le droit d'enregistrement doit être perçu sur le prix particulier des bestiaux au taux réglé pour les ventes d'immeubles (Dél. 15 avr. 1836, 9269 J.N.). Mais nous avons critiqué cette décision dans nos éditions antérieures, et il nous a paru qu'elle était exagérée en exigeant un détail par tête de bétail.

Certainement, lorsque j'aurai évalué 2,000 francs mon troupeau de moutons, j'aurai aussi bien rempli le vœu de la loi que lorsque j'aurai dit que mes cent moutons valent 20 francs la pièce. Car ici encore on serait en droit, dans le système de l'Administration, de me dire que je ne remplis pas le vœu de la loi, puisqu'il est certain que mes cent moutons ne valent pas chacun 20 francs et qu'il y en a que l'on peut coter à 25 francs alors que d'autres ne doivent pas être estimés au-dessus de 15 francs. Il faudrait donc, pour être dans le vrai de ce système, estimer chaque mouton individuellement, ce qui serait tout simplement absurde. Dans notre pensée, le vœu de la loi sera rempli toutes les fois que, dans l'hypothèse proposée, on estimera en bloc, et *par nature*, tout ce qui constituera une agglomération d'individus, comme un troupeau de moutons, ou une bande de dindons. Des jugements ont été rendus dans ce sens par les tribunaux de Bordeaux, le 6 mai 1839, et de Bourg, le 18 février 1840 (D.N. t. 13 p. 429 n° 553).

Le tribunal de Pamiers a même décidé qu'il suffit d'une estimation en bloc pour les étalons reproducteurs vendus avec le haras lui-même, attendu que l'évaluation se rapportant à une même espèce, il est facile d'en faire connaître la valeur par tête, comme le veut l'art. 9 L. 22 frimaire an 7, ce qui suffit pour éviter les fraudes auxquelles la loi a voulu obvier.

Mais cette déduction nous paraît exagérée, car les animaux dont il s'agit sont loin d'avoir une valeur individuelle semblable, et il nous semble qu'il est plus conforme à l'esprit de la loi d'évaluer par tête les animaux qui ne se comptent que par individus, tels que les chevaux de labour, les vaches laitières, etc.

2. VAISSELLE. — On a également reconnu qu'il suffit pour rendre applicable l'art. 9 L. 22 frimaire an 7, que l'estimation ait lieu suivant l'usage dans les circonstances pareilles, c'est-à-dire que les choses qui forment une espèce de tout, comme une batterie de cuisine ou de vaisselle, et dont la valeur augmente plus ou moins suivant leur réunion, soient évaluées non pièce à pièce, mais par lots. — (Alençon 6 déc. 1841, 12903 J.E., Sol. 3 nov. 1858 et 29 juill. 1863).

3. PORCELAINE DE PRIX. — S'il s'agissait d'une vaisselle composée de pièces ayant une valeur intrinsèque individuelle et non collective, la solution ne nous paraîtrait plus applicable.

Si donc nous avions en vue un service composé de pièces dont les unes seraient de vieux Sèvres, les autres de vieux Saxe, celles-ci de Chine, celles-là du Japon, etc., nous pensons qu'une estimation en bloc ne remplirait plus le vœu de la loi.

4. MEUBLES MEUBLANTS. — De même encore, à notre avis, la latitude de faire une évaluation en bloc, pour une certaine nature d'objets mobiliers, ne peut être étendue à des objets mobiliers qui n'ont aucun rapport entre eux, par exemple, aux meubles meublants garnissant une même pièce de maison. Dans ce cas, le droit immobilier est exigible (Mantes 17 nov. 1843, 13382 J.E.).

Il a été décidé, dans ce sens, par une Sol. 27 janvier 1869, que le droit de 5 fr. 50 cent. pour 100 doit être perçu sur le prix d'un mobilier, spécialement d'un mobilier garnissant un hôtel meublé, s'il est vendu avec la maison, encore qu'il soit détaillé article par article, s'il n'est estimé que par chambre et en un seul bloc par chaque chambre.

5. ATELIER. — Même règle lorsque, dans la vente d'une usine, les objets mobiliers sont estimés en bloc par atelier (Nantes 29 août 1840, 12649 J. E.).

6. USINE. — RÉCOLTES. — Lorsque la vente d'un établissement de bains a été faite pour un prix unique, mais décomposé en deux parties, l'une pour l'immeuble et l'autre pour le mobilier, le droit de vente immobilière doit être exigé sur la première et le droit de vente mobilière sur la seconde, bien qu'à l'égard de cette seconde partie les objets aient été estimés par lots et non par pièce (Alençon 6 oct. 1841, 6268 C.; — Bruxelles 29 déc. 1869, 3159 R.P.).

Il en est de même de la vente d'un pressoir et de ses accessoires (Sol. 9 janv. 1858); — et des emblaves de blé, d'avoine etc. comprises dans la vente de la ferme; il suffit d'une estimation par lot d'objets semblables (Sol. 16 déc. 1857).

7. FONDS DE COMMERCE. — La clientèle, l'achalandage et le droit au bail ne font qu'une seule chose non susceptible d'une estimation détaillée (Sol. 14 juin 1876, 4536 R. P.). — V. 17792.

**17779. Le détail estimatif dans l'acte peut être suppléé.** — Bien que la loi semble exiger impérieusement le détail estimatif dans l'acte même, puisqu'elle ne prévoit aucune espèce d'évaluation détaillée, il paraît néanmoins certain que l'on peut admettre des équivalents, du moment qu'ils peuvent, aussi bien que le détail dans l'acte, atteindre le but du législateur, qui est d'écarter la fraude.

On l'a toujours décidé ainsi dans une certaine mesure et nous croyons que, malgré la sévérité des récents arrêts (n° 17774), cette interprétation bienveillante doit être continuée.

1. INVENTAIRE. — En ce sens, l'Administration a décidé que, lorsque la vente a été faite pour un prix distinct, le droit de 2 pour 100 est seul exigible sur les meubles, quoiqu'ils n'aient pas été détaillés article par article, si on se réfère pour ce détail à un inventaire authentique (Dél. 15 janv. 1830, 9536 J.E.; 1320 § 10 I. G.). — C'est ce qui résultait déjà de deux autres Dél. 8 octobre 1823 et 5 juillet 1826 (718 et 1614 Roll.), et ce qu'on peut induire d'un arrêt de Cass. du 5 mai 1817 (6850 J. E., 1209-1 I. G.).

La circonstance que l'estimation de l'inventaire ne concorde pas avec le prix de vente ne paraît pas de nature à arrêter l'application du droit de 2 pour 100. Mais si le prix stipulé dans le contrat pour les objets mobiliers excédait l'estimation de l'inventaire, il faudrait s'arrêter de préférence à l'estimation et liquider le droit de vente immobilière sur tout l'excédant du prix (Sol. 18 août 1853).

Dans tous les cas, il est prudent, suivant le conseil du

J. du not., de faire une nouvelle ventilation article par article dont la somme serait égale au prix de vente (7152).

2. TESTAMENT. — Mais la Cour de cassation a reconnu, le 2 août 1853, que si une cession comprend des droits successifs mobiliers et immobiliers, on ne saurait, alors que l'acte garde le silence sur ce point, éviter l'application de la loi en soutenant que les droits mobiliers sont désignés dans un testament notarié antérieur (1986 § 15 I. G., 15713 J. E.).

3. RENVOI A UN ACTE DE SOCIÉTÉ. — Le droit immobilier est dû sur le prix entier de la cession stipulée dans une liquidation de succession de droits successifs mobiliers non détaillés et immobiliers, encore bien que l'on se réfère à un acte de société qui a établi une mise sociale en argent sur laquelle doivent se prélever les droits mobiliers (Rouen 12 fév. 1845, 13769 J.E.).

4. DÉCLARATION DE SUCCESSION. — Il en est de même s'il n'est stipulé qu'un prix, bien que les objets mobiliers aient été estimés dans une déclaration de succession antérieure (Barbezieux 11 nov. 1844, 12626-4 J.E.).

5. FIXATION PAR JUGEMENT. — Un jugement ayant fixé à 40,000 francs la valeur du mobilier garnissant un château, conformément à un inventaire notarié préexistant, et ordonné l'insertion de cette disposition dans le cahier des charges, le tribunal de Muret a jugé, le 18 avril 1850 (14114 J. N.), que le droit à 2 pour 100 était dû sur la somme de 40,000 francs, bien que le château eût été vendu pour un seul prix.

6. PROCÈS-VERBAL D'EXPERTISE. — Décidé de même que si on attribue à la femme renonçante, pour la couvrir de ses reprises, des meubles et des immeubles détaillés et estimés dans un procès-verbal d'expertise antérieur, le droit de 2 pour 100 est dû sur les meubles (Sol. 12 mars 1861).

7. CAHIER DES CHARGES. — La ventilation peut être contenue dans le cahier des charges dressé avant la vente (Sol. 14 juin 1876, 4536 R. P.).

**17780. État estimatif.** — Il n'est pas douteux que le vœu de la loi est rempli quand la désignation et l'estimation ont été faites dans un acte sous seing privé séparé relaté dans le contrat et présenté en même temps à la formalité de l'enregistrement, car, au moyen de sa référence ou de son annexe, le sous seing privé devient en quelque sorte partie intégrante du contrat lui-même (Sol. 7 avr. 1856).

En ce sens, le tribunal d'Alençon a jugé, le 6 décembre 1841 (12903 J.E.), que, si les meubles ont été détaillés et estimés dans un état estimatif annexé au contrat de vente, et vendus pour un prix distinct, le droit de 2 pour 100 doit seul être perçu sur leur prix, attendu que c'est la même chose que l'estimation soit portée dans le contrat même ou dans un acte qui y est référé, parce que cet état devient alors comme une partie intégrante de l'acte.

La question est plus délicate à l'égard de l'état qui est rédigé après le contrat. M. Demante pense qu'il suffit, pour éviter l'application de l'art. 9, de présenter cet état à l'enregistrement avec le contrat de vente (n° 267); et la même interprétation a prévalu dans deux jugements de Pau, du 20 août 1834 et de Coutances du 24 juin 1837 (4735 et 5358 Roll., 8700 J.N.). — Mais l'Administration n'a pas accepté la jurisprudence précédente. Il a été plusieurs fois reconnu que si la désignation et l'évaluation des meubles avaient eu lieu par un acte passé après le contrat, le droit de 5 fr. 50 cent. pour 100 serait dû sur la totalité du prix (D. m. f. 30 mai 1809, Dél. 5 oct. 1827, 6415 J. N.; — Dél. 18 août 1826, 5885 J.N.; — Dél. 1er oct. 1833 et 8 mars 1838, 10733 et 12009 J. E., 8255 J.N.; — Sol. 14 mars 1861). — Ces décisions sont rigoureuses; cependant elles se justifient par cette considération que rien ne rattachant le second acte au premier, on peut craindre qu'il soit le résultat de la fraude et on est autorisé alors à s'en tenir au texte de l'art. 9 d'après lequel l'estimation détaillée doit se trouver *dans le contrat*.

1. DÉCLARATION. — A plus forte raison devrait-on repousser l'évaluation faite après le contrat par une simple déclaration des parties conformément à l'art. 16 L. 22 frimaire an 7. Il est trop évident ici que la déclaration a pour but unique d'éluder le droit d'enregistrement. La Cour de cassation l'a nettement décidé par son arrêt du 19 février 1873. Il reconnaît que si une cession de créances, de meubles et d'immeubles ne contient pas de désignation spéciale et de prix particulier à l'égard des meubles et de créances le droit de 5 fr. 50 cent. pour 100 est acquis au Trésor, « que ce droit qui a sa base légale dans la convention même des parties, a été immédiatement acquis au Trésor par la présentation de l'acte à la formalité, sans qu'il fût au pouvoir d'aucune d'elles d'en modifier l'assiette et la quotité par une déclaration ultérieure » (3575 R. P., 2468-4 I. G., B. C. 24, S. 73-1-137, D. 73-1-449, P. 73-292). — *V.* 17774.

Il en serait de même de la ventilation faite dans le contrat lui-même, si cette ventilation n'avait lieu que pour régler la perception des droits, toutes réserves faites en ce qui concerne ses effets entre les parties.

**17781. Tableau sans caractère légal.** — Lorsqu'un acte de cession comprend des droits mobiliers et immobiliers, le droit immobilier doit être perçu sur le tout, si l'estimation des meubles n'a pas été faite, article par article, conformément à l'art. 9 L. 22 frimaire an 7. Il ne peut être suppléé à cette estimation par le tableau des meubles et des immeubles, dressé pour l'instruction des parties, et annexé à l'acte de cession, lors même qu'il serait le résultat d'un inventaire authentique, si d'ailleurs les évaluations contenues dans ce tableau sont déclarées n'être d'aucun poids entre les parties (Cass. 5 mai 1817, 6850 J.E., 1209 § 1er I. G.).

**17782. Acte postérieur.** — 1. SENTENCE ARBITRALE. — Lorsque la vente, faite sans distinction de la nature des biens, porte que ces biens seront évalués par experts et qu'au moment de sa présentation à l'enregistremant a été rendue la sentence arbitrale qui détermine ces biens et comprend dans leur évaluation une somme pour dommages-intérêts, le droit à 5 fr. 50 cent. pour 100 est exigible sur le total de l'évaluation, même sur les dommages-intérêts, attendu que les évaluations distinctes données dans la sentence arbitrale ne peuvent suppléer à celles qui manquent dans l'acte de vente (Besançon 27 mars 1848, 14478 J. E.).

C'est l'application de la jurisprudence que nous avons indiquée au numéro précédent.

2. SOCIÉTÉ. — DÉPOT. — De même, si un acte de société soumis à l'approbation du Gouvernement et enregistré pour ce fait au droit fixe provisoire de 2 francs (3 fr.) contient une vente de meubles et d'immeubles sans détail particulier, et qu'au moment où le droit proportionnel est devenu exigible, les parties fassent le dépôt du contrat dans l'étude d'un notaire, en fournissant alors l'évaluation détaillée des meubles, cette déclaration tardive ne saurait écarter l'application du tarif immobilier (Cass. 23 mai 1859, 1181 R.P., 2160 § 5 I. G., 16622 J.N., 11515 C., 16966 J.E., S. 59-1-695).

Cet arrêt porte : « Sur le moyen tiré de la fausse application de l'art. 9 et de la violation de l'art. 16 L. 22 frimaire an 7, en ce que, ayant considéré à tort comme translatif de propriété le projet de statuts du 1er décembre 1855, le jugement attaqué a refusé d'admettre comme régulière la déclaration faite à la date du 2 janvier 1856, contenant une ventilation insuffisante des diverses natures de biens transmis à la société : attendu que les sommes et valeurs sont déterminées dans l'acte du 19 décembre 1855 et fixées à 9,550,000 francs, comme apports mobiliers et immobiliers que les six compagnies fusionnées avaient faits à la nouvelle société ; qu'ainsi cet acte comprenait à la fois des meubles et des immeubles ; que, par conséquent, pour se conformer aux dispositions de la loi, les parties auraient dû déterminer un prix distinct pour les objets mobiliers, avec désignation et estimation des objets mobiliers. »

Il avait été déjà reconnu, dans le même ordre d'idées, que la vente sous seing privé d'immeubles et de meubles, non estimés article par article, est passible du droit de 5 fr. 50 cent. pour 100 sur la totalité du prix, bien que l'acte du dépôt qui en est fait contienne cette estimation (Dél. 18 nov. 1828, 9200 J.E.).

**17783. Restitution.** — Quand les conditions prescrites par l'art. 9 L. 22 frimaire an 7 ne sont pas observées, la perception du droit immobilier est régulière et l'art. 60 L. 22 frimaire an 7 s'oppose à toute restitution, quelles que soient d'ailleurs les justifications ultérieures.

Il a été décidé, en ce sens, qu'à défaut de détail des valeurs abandonnées, le droit de 2 pour 100, régulièrement perçu, n'est pas sujet à restitution par le motif que ces valeurs comprennent des créances dont la cession donne ouverture à un droit moindre (Parthenay 15 fév. 1853, B. 643).

**17784. Brevet de poste.** — La vente, à titre de licitation, moyennant 11,000 francs de divers bâtiments et moyennant 20,200 francs sans détail ni évaluation, d'un brevet de poste, de tous les droits, meubles et chevaux attachés à la poste, donne ouverture au droit de 4 pour 100 sur les deux prix réunis (Autun 22 fév. 1844, 14240 J. E.).

**17785. Carrière.** — Même décision, lorsque, dans la cession d'immeubles, se trouvent compris des valeurs mobilières et le droit d'exploiter une carrière et que ces valeurs et ce droit n'ont été ni détaillés ni évalués article par article (Valenciennes 27 juin 1839, 12330 J. E.).

**17786. Concession et immeuble.** — Lorsque l'État a concédé au propriétaire d'un immeuble le droit de creuser un canal d'irrigation sur une rivière non navigable ni flottable, avec le droit d'exproprier les chemins nécessaires, la vente qui est faite de cette concession cumulativement avec l'immeuble, donne ouverture au droit dû de 2 pour 100, lors même que la double aliénation a eu lieu en faveur d'un même acquéreur et par un seul acte (Seine 7 mars 1857, 875 R.P., 16058 J. N.).

**17787. Constructions.** — Lorsque des constructions élevées sur le terrain d'autrui sont vendues avec les objets mobiliers qu'elles renferment, pour un seul prix et sans détail estimatif, le droit de 5 fr. 50 cent. pour 100 est dû sur la totalité du prix, parce que les constructions étant immeubles en tout état de cause, le droit de 5 fr. 50 cent. pour 100 qui leur était applicable emporte celui de 2 pour 100 exigible sur des valeurs mobilières (Cass. 26 août 1844, 1732 § 14 I. G., 12081 J. N., S. 44-1-788 ; — 15 avr. 1846, 1767 § 13 I. G., 12716 J. N., S. 46-1-396 ; — Seine 25 fév. 1864, 2097 R. P. ; — Cass. 19 avr. 1869, 2899 R. P., 2389-4 I. G., B. C. 86, S. 69-1-325, D. 69-79 ; — Seine 27 déc. 1873). — V. *Construction.*

*Arrêt du* 26 *août* 1844 : « Attendu qu'aux termes de l'art. 9 L. 22 frimaire an 7, lorsqu'un acte translatif de propriété comprend des meubles et des immeubles, le droit d'enregistrement est perçu sur la totalité du prix, au taux réglé pour les immeubles, à moins qu'il ne soit stipulé un prix particulier pour les objets mobiliers et qu'ils ne soient désignés et estimés article par article dans le contrat ; attendu que, dans l'espèce, les objets mis en vente ont été adjugés par un seul prix, que, dès lors, la seule question à examiner est celle de savoir si l'adjudication comprend ou non des immeubles ; attendu qu'aux termes de l'art. 527 C. C. les biens sont meubles par leur nature, ou par la détermination de la loi ; que, suivant l'art. 518 précité, les bâtiments sont immeubles par leur nature ; qu'aucune détermination de la loi ne leur fait perdre ce caractère et ne leur attribue la qualité de meubles, lorsqu'ils ont été construits par un autre pour le propriétaire du sol ; que, d'après l'art. 532 du même code, les matériaux provenant de la démolition d'un édifice, ceux assemblés pour en construire un nouveau, ne sont plus meubles, dès qu'ils ont été employés par l'ouvrier dans une construction ; attendu que c'est l'état actuel de la chose qui détermine la qualité actuelle de meuble ou d'immeuble, et qu'en matière d'enregistrement la quotité des droits ne peut être déterminée que par la nature et la qualité de la chose vendue, au moment où la vente s'est effectuée. »

*Arrêt du* 19 *avril* 1869 : « Attendu, en fait, que par la cession du 24 mars 1864 la ville de Paris a acquis, outre le droit au bail fait par les époux Pachot à Dupré, les 2 et 6 avril 1859, et le bénéfice de la promesse de vente consentie audit bail, les constructions élevées par le locataire sur le terrain du bailleur, ainsi que le matériel de l'usine établie sur le terrain ; attendu que les constructions cédées donnaient à l'acte le caractère d'une transmission immobilière, et que la cession, ayant été faite pour la somme de 70,000 francs, sans aucune stipulation d'un prix particulier pour les objets mobiliers qui pouvaient y être compris, le droit d'enregistrement devait, aux termes de l'art. 9 L. 22 frimaire an 7, être perçus sur la totalité du prix, au taux réglé pour les immeubles. »

1. BAIL. — Si le fermier cède son bail pour le temps restreint à courir et vend au cessionnaire le mobilier garnissant les lieux loués ainsi que les constructions qu'il a élevées, le droit de vente immobilière est exigible sur la totalité du prix stipulé pour ces différentes cessions (Lille 19 juill. 1856). — *V.* aussi pour la cession d'un bail et d'une promesse de vente le mot *Action*.

Il a été jugé que, quand les preneurs cèdent moyennant un prix unique leur droit à une promesse de vente des biens loués et au remboursement de certaines avances dues par le bailleur, le droit de 5 fr. 50 cent. pour 100 est dû sur le tout (Seine 13 janv. 1860, 1431 R. P., 17094 J. E., 11707 C.).

**17788. Droit de place et usufruit.** — La cession d'un droit de place dans un marché, pour quarante-huit ans, et d'un usufruit sur un immeuble contigu, consentie moyennant 4,000 francs, est passible du droit de 5 fr. 50 cent. pour 100 sur le prix total, sans que l'on puisse être admis à faire une ventilation postérieure (Auxerre 28 mars 1846, 13972 J. E.).

**17789. Droits successifs mobiliers et immobiliers.** — La règle de l'art. 9 L. 22 frimaire an 7 s'applique à l'acte de cession de droits successifs mobiliers et immobiliers, aussi bien qu'à toute autre espèce de valeur mobilière et immobilière. C'est là un point que nous avons établi sous le n° 7034.

**17790. Droits litigieux.** — Lorsque, dans une vente d'immeubles, il est stipulé un prix pour le fonds et un autre prix pour droits et répétitions que le vendeur a droit d'exercer contre le propriétaire voisin, on doit percevoir le droit de 5 fr. 50 cent. pour 100 sur la totalité du prix, si l'indemnité a pour objet des droits litigieux relatifs aux servitudes du fonds (Dél. 30 déc. 1828, 9213 J. E.).

**17791. Établissement industriel.** — La cession de partie d'un établissement industriel représenté par des bâtiments, terrains, métiers, marchandises, matières en fabrication, effets en portefeuille, espèces en caisse, est passible du droit de 5 fr. 50 cent. pour 100 sur le prix intégral, s'il n'est stipulé un prix particulier pour les objets mobiliers et s'ils ne sont estimés article par article (Lille 2 juill. 1851, 15256 J. E.; — Cambrai 28 juin 1838, 12108 J. E.).

De même : 1° si des machines servant à l'exploitation d'une usine sont vendues avec celle-ci moyennant un seul prix, le droit immobilier est dû sur le tout, alors même que dans le cahier des charges on a fait des lots de ces objets en leur donnant des évaluations en bloc (Grenoble 11 janv. 1865, 2084 R. P., 1129 Rev.);

2° La vente de marchandises et d'objets de commerce, garnissant une usine aliénée par le même acte, est passible du droit de 5 fr. 50 cent. pour 100 sur la totalité du prix, si les objets mobiliers ne sont pas détaillés et estimés article par article, lors même qu'elle contiendrait un prix distinct pour les meubles (Dél. 25 nov. 1828, 1272 § 18 I. G., 2380 J. E.; — Nantes 29 août 1840, 12649 J. E.);

3° Le droit de vente à 5 fr. 50 cent. pour 100 est exigible sur la totalité du prix stipulé dans un contrat d'acquisition d'une usine et de son outillage, si les objets mobiliers composant l'outillage n'ont été désignés et estimés article par article, ou tout au moins par catégories (Bruxelles 29 déc. 1869, 3159 R. P.).

**17792. Fonds de commerce.** — Un fonds de commerce se compose d'objets mobiliers dont le détail estimatif doit avoir lieu selon la règle ordinaire quand ce fonds est vendu avec l'immeuble où il s'exploite, sans quoi le droit de 5 fr. 50 cent. pour 100 est exigible sur la totalité du prix (Dél. 13 avr. 1822, 18 août 1826 et 9 sept. 1834; — Cass. 13 juill. 1840, 5855 et 10713 J. N., D. N t. 13, V. 517 n° 40, S. 40-1-586, 1634 § 14 I. G., 12562 J. E., V. 279; — Beauvais, 9 juill. 1874). — C'est ce que le tribunal de la Seine a jugé spécialement au sujet de la vente d'un fonds de commerce d'horticulture avec les terres servant à son exploitation (9 mars 1861, 17288 J. E., 11963 C.). — Seulement le fonds de commerce peut être, selon le cas, détaillé par lots d'objets de même nature et non pas par article. Ainsi la vente d'un immeuble et d'un fonds de boutique, faite moyennant 7,000 francs pour l'héritage et 18,000 francs pour le fonds de commerce, n'est passible, outre le droit de 5 fr. 50 cent. pour 100 sur la première somme, que de celui de 2 francs pour 100 sur les 18,000 francs formant le prix du fonds de boutique, quoique les objets qui le composent ne soient pas estimés article par article (Dél. 13 avr. 1822, 315 Roll.). Le fonds de commerce constitue, en effet, une entité juridique qui comporte une estimation unique (Laon, 23 mars 1877, 4724 R. P.).

1. ACHALANDAGE. — On s'est demandé à cet égard si l'achalandage constituait une valeur incorporelle assimilable à une créance ou bien s'il fallait, comme pour le mobilier ordinaire, l'estimer à part.

Ce dernier avis a été adopté par deux Sol. des 6 mai et 29 décembre 1856, et on peut invoquer à son appui un arrêt de Cass. 23 mai 1859, d'après lequel le droit de vente immobilière a été maintenu sur la totalité du prix d'une vente renfermant sans détail des immeubles, l'achalandage et divers objets mobiliers (1181 R. P., 2160 § 5 I. G., 16622 J. N., 11515 C., 16966 J. E., S. 59-1-695. — *V.* 17782. — *V.* cep. Cass. 13 juill. 1840, 1634 § 14 I. G., 12562 J. E., 10713 J. N., S. 40-1-586. — *V.* 279).

On peut ajouter que la cession d'une clientèle donnant lieu au droit sur le prix stipulé, la raison pour laquelle la cession des créances avait paru d'abord exemptée de l'application de l'art. 9 de la loi de l'an 7 n'existe plus, car il y aurait même facilité de fraude qu'à l'égard de la vente des immeubles et d'un mobilier ordinaire.

Cependant le tribunal de Nevers a décidé, le 30 décembre 1856, que si un jugement adjuge un établissement de bains, à charge par l'adjudicataire de payer une somme en sus pour le prix de l'achalandage, il est dû 2 pour 100 sur ce prix, parce que l'achalandage est un droit incorporel mobilier n'ayant pas besoin d'être estimé séparément. — *V.* 17778.

2. DROIT AU BAIL. — Mais lorsque la cession comprend un droit au bail des lieux où s'exploite le commerce, il y a lieu de demander la ventilation du prix applicable à la cession du bail, afin de percevoir seulement le droit de 20 centimes pour 100 (Seine, 23 fév. 1867, 2486 R. P., 18403 J. E., 13246 C.). — V. 17778.

1. RENVOI. — Les fonds de commerce sont actuellement soumis à une législation spéciale que nous indiquons au mot *Mutation*.

**17793. Legs.** — La Cour de cassation a jugé, le 2 août 1853, que si une cession de droits successifs mobilière et immobilière comprend « un legs de 5,000 francs à percevoir *dans* une succession, » l'indication de cette valeur ne dispense pas de la stipulation d'un prix particulier à son égard (1986 § 15 I. G., 15713 J.E.).

Cette décision s'explique d'autant mieux qu'il paraît avoir été, dans la pensée de la Cour, que le legs conférait au bénéficiaire non pas seulement une simple créance sur l'hoirie, mais un droit réel de copropriété ou de prélèvement *dans* les biens héréditaires.

Et c'est ainsi qu'il a été également jugé que lorsqu'un héritier, qui est en même temps légataire par préciput d'un capital à prendre sur la succession, cède tous ses droits successifs à un cohéritier moyennant des prix particuliers pour le legs et pour les autres biens, le droit immobilier n'en est pas moins exigible sur le tout, à défaut d'une désignation détaillée des meubles et immeubles de la succession et d'un prix spécial pour chacun d'eux, parce que le prélegs constitue entre les mains du légataire une copropriété personnelle sur les biens de l'hérédité (Nice 6 janv. 1864, 2347 R.P.).

**17794. Sommes données et non payées.** — Lorsqu'une somme donnée entre-vifs n'a pas été payée au décès du donateur et que le donataire cède ses droits dans la succession moyennant une somme en sus du montant de la donation à lui payer, le droit est dû au taux immobilier, si la succession comprend des meubles et des immeubles et qu'un détail article par article n'ait pas été fait, attendu que la somme non payée ne peut être considérée comme une créance, puisque par l'acceptation de la succession la somme donnée et non payée est restée confondue dans la masse de la succession (Cass. 7 janv. 1850, 13950 J.N., 14887 J.E., 1857 § 2 I.G.).

« Attendu, porte cet arrêt, que l'acte du 9 janvier 1846 ne contient pas deux cessions, l'une d'une créance dotale appartenant à Sanclière, l'autre de droits successifs; qu'il contient simplement le transport des droits et actions revenant à la dame Sanclière dans la succession de son père; que Sanclière ne pouvait avoir dans la succession de Martin père que les droits qui appartenaient à la dame Sanclière, sa femme; attendu que la dame Sanclière, donataire de son père d'une somme de 15,000 francs, n'avait pas, au moment de l'ouverture de la succession, touché les 15,000 francs qui lui avaient été constitués en dot; qu'elle a accepté la succession purement et simplement; attendu que, bien qu'en principe la donation soit irrévocable, les effets de cette donation, lorsqu'elle est faite à un successible, peuvent être modifiés par des événements ultérieurs; que, si le donataire accepte la succession, les objets donnés doivent être rapportés, soit en nature, soit en moins prenant; que, dans l'un comme dans l'autre cas, le donataire remet, soit réellement, soit fictivement, les objets donnés dans la masse de la succession, pour partager le tout avec ses cohéritiers, suivant l'étendue des droits respectifs de chacun; que, si l'héritier donataire n'a pas reçu les objets donnés, il n'a aucun rapport à faire, mais qu'il n'a aucun prélèvement à exercer; que sa position est celle d'un héritier pur et simple habile à prendre une portion de la succession jusqu'à concurrence de sa part héréditaire; que la cession qu'il fait de ses droits ne peut donc être la cession d'une créance qui n'existe plus; qu'elle constitue une cession de droits successifs; que, si la succession est en partie mobilière, en partie immobilière, la cession de droits successifs contient un transport de droits mobiliers et immobiliers, et donne lieu à la perception, sur la totalité du prix, du droit fixé pour les immeubles. »

**17795. Mines et carrières.** — Le droit de 5 fr. 50 cent. pour 100 est exigible sur la totalité du prix lorsque, en même temps que l'immeuble, se trouve concédé 2/16[mes] du tréfonds et 1/16[me] de l'exploitation, le tout cédé moyennant 5,800 francs, avec déclaration que l'immeuble entre pour 150 francs dans le prix (Saint-Étienne 8 janv. 1844, 13432 J.E.).

De même, la vente d'une carrière à plâtre avec les ustensiles et meubles meublants et droit aux fouilles, moyennant un prix déterminé pour le droit aux fouilles et un prix non fixé, mais à déterminer par les experts pour les meubles, donne lieu au tarif de 5 fr. 50 cent. pour 100 sur le tout: « Attendu que les meubles meublants n'ont pas été estimés article par article; qu'ils n'ont pas été l'objet d'une ventilation et qu'ils ont été compris en bloc dans l'estimation de 20,000 francs donnée aux meubles de toute nature » (Seine 21 janv. 1863, 12458 C.).

On objecterait en vain, avec les rédacteurs du *Contrôleur*, que le prix des meubles étant laissé à l'arbitrage des experts, la perception devait demeurer suspendue jusqu'à leur opération. Car ce n'était pas le prix de la transmission qui était indéterminé, mais seulement la ventilation de ce prix, et le défaut de cette ventilation n'empêchait pas le contrat d'être parfait et définitif.

**17796. Moulin sur bateau.** — La vente d'un moulin sur bateau, y compris tous les agrès et meubles, faite moyennant 4,300 francs, et celle d'un immeuble voisin du moulin, passée moyennant 1,500 francs, est passible du droit de 5 fr. 50 cent. pour 100 sur les deux prix réunis (Tournon 18 mars 1846, 13960-5 J.E.).

**17797. Navires.** — L'art. 9 L. 22 frimaire an 7 s'applique aux ventes cumulatives de navires et d'immeubles. — V. *Navire*.

**17797 *bis*. Droit de transmission.** — Il a été jugé que cet article n'est pas applicable à l'acte portant vente pour un prix unique d'immeubles et de valeurs mobilières assujetties au droit de transmission établi par la loi du 23 juin 1857 (Avignon, 27 mars 1877, 4725 R. P.). Mais ce jugement, qui ne nous a pas paru fondé, est déféré à la Cour de cassation.

**17798. Office.** — C'est le droit de 5 fr. 50 cent. pour 100 qui peut seul être perçu, lorsqu'une étude de notaire est vendue, cumulativement avec un immeuble, par le même acte et sans ventilation de prix (Cass. 25 nov. 1839, 12440 J.E., S. 39-1-981). — *V.* 17774.

**17799. Fruits.** — Lorsqu'une cession immobilière comprend des restitutions de fruits depuis longtemps perçus, la désignation détaillée de l'art. 9 ne saurait être rigoureuse. Un arrêt de la Cour de cassation a même décidé, le 21 octobre 1811, que, dans ce cas, ce texte était sans application.

« Attendu, porte l'arrêt, que la disposition de l'art. 9 L. 22 frimaire an 7 n'est applicable qu'aux meubles qui, par leur nature et leur forme extérieure, peuvent être détaillés, désignés et évalués article par article ; qu'il n'en est point ainsi d'une restitution ou cession de fruits de longues années, dont la supputation dépend d'un calcul long, difficile et presque impossible après un certain laps de temps ; que, dans ce cas particulier, la valeur réelle des restitutions résulte de l'estimation donnée à l'immeuble ; attendu que l'immeuble étant porté à sa juste valeur, tout l'excédant du prix stipulé dans le contrat s'applique nécessairement aux arrérages de fruits cédés à l'acquéreur du fonds ; que le seul intérêt de la Régie étant de vérifier si l'estimation donnée au fonds cédé à la dame Duchezel était le véritable, il a été pourvu régulièrement à son intérêt par la disposition du jugement qui l'a autorisée à faire procéder à une expertise, conformément à l'art. 17 L. 22 frimaire an 7 » (1209 I. G., 4333 J. E., *P. chr.* 54).

Sans prendre la doctrine de cet arrêt avec une acception générale, que ne comporterait pas la jurisprudence actuelle, il faut cependant en retenir ceci, qu'il existe des tempéraments nécessaires dans le mode d'application de l'art. 9.

Inutile d'ajouter que si la cession s'applique à des fruits naturels perçus mais existants en nature ou à des fruits pendants par racine, ces fruits constituant dans l'hérédité des objets corporels, il y a nécessité d'une stipulation de prix distincte et d'une estimation article par article.

Ainsi, le droit de 5 fr. 50 cent. pour 100 est dû sur la totalité du prix de la vente d'une ferme et des récoltes, tant sur pied que rentrées, faite moyennant un *prix distinct* pour les récoltes non estimées (Dél. 9 nov. 1815, 5208 J. E. ; — Cass. 19 vend. an 14, D. N. t. 13 p. 430 n° 563). — Mais il n'est pas nécessaire que l'estimation ait lieu parcelle par parcelle, il suffit que les emblaves de blé ou d'avoine et les autres récoltes sur pied soient estimées par lots d'objets semblables (Sol. 16 déc. 1857).

**17800. Plusieurs acquéreurs ou plusieurs vendeurs.** — L'art. 9 L. 22 frimaire ne trouve d'application que quand la vente des meubles ou des immeubles a lieu entre les mêmes personnes. Ainsi, par exemple, lorsqu'il est stipulé, dans les conditions de la vente publique d'une maison, indivise entre plusieurs personnes, que l'adjudicataire, outre son prix d'adjudication, payera à l'un des vendeurs une certaine somme pour les objets mobiliers qui se trouvent dans la salle de cette maison servant de cabaret et qui lui appartiennent exclusivement, il n'y a pas lieu à l'application de l'art. 9 L. 22 frimaire an 7, et le droit doit être liquidé à raison de 4 pour 100 sur le prix de l'immeuble et de 2 pour 100 sur celui des meubles (Déc. belge 22 juill. 1862, 9207 J. E. belge). — V. *Droits successifs*, n° 7037.

**17801. Saisie immobilière.** — Un procès-verbal de saisie immobilière qui contient l'énumération, *mais non l'estimation article par article* de biens meubles vendus cumulativement avec des immeubles, ne peut, bien que relaté dans l'acte de vente, empêcher que le droit de 5 fr. 50 cent. pour 100 soit perçu sur l'intégralité du prix de la vente qui ne présente aucun détail (Clermont-Ferrand 19 nov. 1850, 15094-7. J. E.).

**17802. Sociétés.** — L'apport de meubles et d'immeubles en société tombe-t-il sous l'application de l'art. 9 L. 22 frimaire an 7? — *V.* 15226.

*Quid* de la cession par un associé de sa part dans la société dissoute? — *V.* 15309-2.

**17803. Usufruit.** — L'art. 9 s'applique au cas où la cession consiste en droits successifs mobiliers et en un usufruit sur un immeuble déterminé (Le Havre 5 juill. 1861, 17239 J. N., 12164 C., 17341 J. E., 146 Roll.).

## ARTICLE 4. — IMMEUBLES PAR DESTINATION

[17804-17824]

**17804. Règle.** — Aux termes de l'I. G. 290 n° 26, lorsqu'on vend un bien fonds avec les objets placés pour son exploitation, le droit d'enregistrement est dû à raison de 5 fr. 50 cent. pour 100 sur le prix cumulé du bien qui est immeuble par sa nature et des objets qui, par leur destination, sont de nature immobilière, lors même qu'on les aurait estimés article par article.

**17805. Renvoi.** — Les développements de principe dans lesquels nous sommes entré sous le n° 3086, et les nombreux détails d'espèce que nous avons réunis sous les n°s 16604 et suiv., nous dispensent de nous étendre longuement ici sur la matière des immeubles par destination. Il doit nous suffire, après nous être référé aux numéros que nous venons d'indiquer, de résumer les décisions qui sont spécialement intervenues en matière de vente.

**17806. Question de fraude. — Vente par le même acte.** — En principe, pour que des meubles devenus immeubles par destination reprennent leur qualité de meubles, il est nécessaire qu'ils soient détachés sans fraude de l'immeuble et réellement vendus séparément. Toutes les fois donc que les faits de la cause, appréciés sainement, établissent que la séparation des immeubles par destination n'a pas été effective et que leur vente comme meubles, soit qu'elle ait eu lieu par un acte séparé, soit qu'elle ait été comprise dans l'acte d'aliénation du fonds, n'a été faite d'après un détail estimatif article par article, que pour frauder le droit d'enregistrement, on doit leur appliquer le droit de 5 fr. 50 cent. pour 100.

C'est en se fondant sur une pareille intention de fraude que plusieurs tribunaux ont maintenu le droit immobilier sur la portion du prix s'appliquant, dans une vente d'usine, aux ustensiles et machines cédés avec le fonds en qualité de meubles et d'après une estimation détaillée (Étampes 4 avr. 1846, 14061 J.E. Sedan 30 juill. 1840, 12563 J. E.; — Dél. 13 déc. 1833, 10800 J.E.; — Lodève 6 avr. 1853, 15609 J. E.).

**17807. Vente par actes séparés.** — Il en est de même quoique la vente des bâtiments et des immeubles par destination ait fait l'objet de deux actes séparés, s'il est établi que c'est le résultat d'une manœuvre frauduleuse ou que les immeubles par destination ont conservé leur caractère antérieur.

Ainsi, un arrêt de Cass. du 18 novembre 1848 (14134 J.E., 1786 § 11 I. G., S. 47-1-32.) a reconnu que si la vente de moitié des ustensiles et des machines d'une usine est faite par acte séparé sur lequel a été perçu le droit de 2 pour 100, et que postérieurement, après la vente faite par le même vendeur au même acquéreur, de moitié des bâtiments de l'usine, le tout soit mis en société entre eux pour exploiter l'usine, droit de 5 fr. 50 cent. pour 100, sauf l'imputation des droits perçus, devient exigible sur la première vente des ustensiles. — *V.* dans le même sens Saint-Étienne 26 août 1845, 13936 J.E.).

Dans le même ordre d'idées, le tribunal de Lure a jugé, le 16 juillet 1847 (14343 J. E.), que si les ustensiles et machines d'une usine sont vendus par un acte, et que les bâtiments soient acquis par acte postérieur par le même acquéreur, le droit de 5 fr. 50 cent. pour 100 est dû sur les deux prix, surtout si, par un troisième acte, l'acquéreur a loué le tout sans distinction (Pontoise 8 déc. 1840, 12645-3 J.E., 5964 C.).

**17808. Absence de fraude.** — Mais lorsque la mobilisation des objets est sincère, leur cession, faite simultanément avec celle du fonds dont ils dépendent, donne ouverture au droit de 2 pour 100 s'ils sont estimés article par article et s'il est stipulé à leur égard un prix particulier.

Il a donc pu être décidé que si le propriétaire d'un immeuble, après avoir mobilisé des immeubles par destination, vend la propriété avec ces meubles au même acquéreur, en assignant aux objets mobiliers un prix distinct, article par article, le droit de vente immobilière ne peut être perçu sur ces objets, quand il n'y a pas de fraude, et bien que l'acquéreur les achète pour les rendre à leur première destination (Seine 18 juin 1864, 2017 R. P., 18203 J. N., 1215 Rev.). Dans l'espèce du jugement, la véracité des clauses de la vente a paru démontrée par la circonstance qu'il s'agissait d'une adjudication publique, exclusive, par conséquent, de toute possibilité de concert entre le vendeur et un acquéreur inconnu. Ce motif ne serait pas toujours suffisant, car la mobilisation des immeubles par destination résulte de la seule volonté du propriétaire, et on comprend très-bien qu'il n'est pas invariablement nécessaire, pour démontrer cette intention, d'invoquer la participation d'un tiers.

Le tribunal d'Arras a également refusé, le 15 mars 1861, d'autoriser la perception du droit immobilier sur des marchandises et outils dépendant d'une usine et vendus par acte séparé à l'acheteur de cette usine. « Attendu que si, contrairement à leur nature, des effets mobiliers peuvent devenir immeubles, c'est à la double condition que le propriétaire l'aura voulu et qu'il les *aura placés dans son fonds* ou attachés à ce fonds; que si l'une de ces deux conditions vient à manquer, surtout la *première*, qui est évidemment la plus importante, ces objets ne peuvent pas conserver leur caractère immobilier; attendu, dans tous les cas, que les actes soumis à la formalité de l'enregistrement ne peuvent être interprétés contrairement à leurs termes qu'autant qu'il serait établi qu'ils ont été faits en fraude des droits du Trésor.

On trouvera au n° 17823 d'autres applications de ce principe.

**17809. Toute espèce d'immeubles.** — Les exemples que nous venons de poser se rapportent tous à des usines et à leur outillage, mais la décision s'applique à toute espèce d'immeubles par destinatisn. Ainsi, la solution serait la même pour des bestiaux, charrues, pailles, engrais et autres objets attachés par destination à une ferme, qui se trouveraient frauduleusement évalués article par article, comme valeurs mobilières, dans l'acte de vente de la ferme.

**17810. Ventilation.** — Au surplus, toutes les fois que la fraude se laisse saisir et que des immeubles par destination ont été évalués, article par article, cumulativement avec des meubles, il convient d'en détacher la valeur pour la réunir à celle des immeubles par nature, afin de percevoir le droit de 5 fr. 50 cent. pour 100 sur le tout. — Jugé, en ce sens, par le tribunal de la Seine le 12 juillet 1838 (12176 J.E.), que si dans la vente d'une usine et de ses ustensiles, consentie moyennant un prix, se trouvent énumérés parmi les meubles détaillés et estimés article par article et vendus moyennant un prix distinct, des ustensiles et machines dépendant de l'usine, on est en droit de distraire ces ustensiles et machines de l'estimation des meubles, pour leur appliquer le droit immobilier, encore bien qu'il soit déclaré que les ustensiles et machines sont mobilisés, comme étant devenus inutiles au service de l'usine.

**17811. Bestiaux.** — On a vu, au mot *Biens* et aux n°s 16606 et 16607, quels sont les animaux qu'il faut considérer comme immeubles par destination. Si donc ces animaux qui ont été livrés par le propriétaire à son fermier, pour l'exploitation de ce fonds, sont vendus avec le fonds, le prix qui leur est attribué doit être frappé du droit de 5 fr. 50 cent. pour 100 (Dél. 1er mars 1827 et 20 janv. 1839, 8826 J.E., 252 Roll.); — lors même qu'ils auraient fait l'objet d'une évaluation à part (Dél. 15 avr. 1836, 9269 J.N. — *Contrà* D.N. t. 13 p. 432 n° 572). — *V.* 17815.

**17812. Bains.** — Le tribunal d'Alençon a jugé, le 6 décembre 1841 (12903 J.E.), que si des objets mobiliers servant à l'exploitation d'un établissement de bains sont saisis et vendus avec le domaine où l'établissement est situé, il n'est dû que 2 pour 100 sur la valeur des objets mobiliers, quand ils sont détaillés et estimés article par article.

Cette décision peut être bonne comme décision d'espèce, mais il ne faut pas perdre de vue que s'il s'agissait des ustensiles propres à l'exploitation de l'établissement (*V.* 17820), et que cette exploitation dût continuer après la vente, le droit de 5 fr. 50 cent. pour 100 serait dû sur la valeur de ces ustensiles, alors même qu'ils auraient fait l'objet d'une évaluation à part.

**17813. Boulangerie.** — Une boulangerie ne pouvant être, en général, considérée comme une usine, la vente qui est faite de la maison qui la renferme et de ses ustensiles détaillés et estimés article par article ne donne lieu qu'au droit de 5 fr. 50 cent. pour 100 sur la maison et de 2 pour 100 sur le prix distinct des meubles, à moins que dans les objets mobiliers inventoriés ne s'en trouvent qui soient fixés à perpétuelle demeure.

**17814. Brasserie.** — Lorsqu'une brasserie est vendue avec les bacs, chaudrons, cuves, futailles, ustensiles divers, cheval, voitures de service et harnais, le droit de vente d'immeubles doit être perçu sur le prix de la brasserie comme sur le prix des objets qui étaient nécessaires à son exploitation, quoique ces objets aient été désignés et estimés article par article avec d'autres objets de nature mobilière dans un état annexé au contrat (Auch 27 déc. 1842, 13178-3 J. E.).

Décidé spécialement que les rondelles servant au transport des bières sont immeubles (Lille, 8 déc. 1876, et Douai, 17 mars 1876, 4532 R. P.). — *V.* 3090.

**17815. Cheptel.** — La vente d'immeubles qui comprend un cheptel est passible du droit de 5 fr. 50 cent. pour 100 sur la totalité du prix, bien qu'elle contienne une estimation partielle et distincte de ce cheptel, attendu que d'après le vœu de l'art 524 C. C., les animaux attachés par le propriétaire pour le service et la culture du fonds sont immeubles par destination (Guéret 15 mars 1837, 11756-7 J. E.).

Il en est de même du mobilier agricole (Neufchâteau 19 mars 1875, 4204 R. P.).

**17816. Faillite.** — Lorsqu'une manufacture, dépendant d'une faillite, est vendue pour un seul prix, le droit à 5 fr. 50 cent. pour 100 est dû sur l'intégralité du prix, encore que les machines et ustensiles soient estimés séparément et article par article, et que le procès-verbal d'adjudication contienne une répartition de prix total entre les immeubles *par nature* et les machines et ustensiles. Cette perception est d'autant mieux fondée que l'état des biens s'est trouvé fixé par la faillite du propriétaire et qu'il n'a plus été au pouvoir des créanciers chirographaires de mobiliser les immeubles par destination, ces immeubles étant le gage des créanciers hypothécaires (Sol. 27 mars 1829, 9274 J. E.).

**17817. Glaces.** — Nous nous sommes expliqué, au n° 16630, sur le caractère qui doit être attribué aux glaces dans le nouveau système de décoration des appartements. Si des glaces ont, *en fait*, le caractère d'immeubles par destination, on doit percevoir le même droit que pour la maison, bien qu'elles ne fassent pas corps avec la boiserie.

Cependant, deux Sol. 19 juin 1832 et 16 janvier 1833 (3962 Roll.) ont décidé que lorsqu'une vente de maison garnie de glaces contient le détail, article par article, de ces glaces, et qu'il est stipulé un prix distinct pour ces objets, le droit de mutation ne peut être liquidé qu'à raison de 2 francs pour 100 sur ce prix.

**17818. Imprimerie.** — Les ustensiles propres à une imprimerie ne sont pas immeubles par destination. Ils sont sans relation nécessaire avec le bâtiment, et ils doivent être réputés meubles, lors même qu'ils ont été placés par le propriétaire du fonds (Sol. 12 juin 1857, 928 R. P., 11261 C.). — Cette décision ne s'applique pas, bien entendu, aux machines à vapeur et autres objets de cette importance servant à l'exploitation de l'usine.

**17819. Moulin. — Agrès.** — Lorsqu'à la fin du bail d'un moulin, le propriétaire est condamné à payer au meunier la valeur des agrès, ces agrès se réunissent au moulin et deviennent immeubles par destination, de manière que si le moulin est ensuite vendu, et qu'indépendamment du prix, l'acquéreur soit tenu de payer au meunier la valeur des agrès, *qui lui est encore due*, le droit de vente à 5 fr. 50 cent. pour 100 est exigible sur le tout (Seine 19 nov. 1851, 15430 J. E., 14712 J. N.). — « Les agrès d'un moulin, dit le tribunal de Civray, sont nécessaires pour rendre le bâtiment propre à sa destination et sont incorporés au bâtiment de manière à n'en pouvoir être détachés par le propriétaire : il en résulte que le droit de mutation immobilière est dû sur l'acte portant vente séparée du moulin et des agrès » (18 août 1859, 11693 C.).

**17820. Machine à vapeur. — Société.** — Lorsque l'associé, dont la mise a consisté en bâtiments, vend à la société une machine à vapeur établie dans ces bâtiments, le droit de vente est dû au taux immobilier, surtout si cette machine doit continuer à fonctionner dans ces bâtiments (Seine 28 avr. 1841, 12746 J. E. ; — Cass. 18 août 1842, 13110 J. E., 11437 J. N., S. 42-1-806).

« Attendu, porte l'arrêt du 18 août 1842, que le tribunal de la Seine déclare que l'acte social du 1er décembre 1838 renferme une convention en vertu de laquelle les sieurs Giroud et Chevalier, en leur nom personnel, se sont fait rembourser par la société la valeur d'une machine à vapeur et d'autres immeubles par destination, estimés au prix de 69,700 francs, qui leur sont payés des deniers de la société ; qu'il déclare encore que ladite convention, dans laquelle les sieurs Giroud et Chevalier agissent comme tiers, présentait tous les caractères d'une vente véritable par eux faite à la société, et que les immeubles par destination ainsi vendus ne pouvaient être considérés comme ayant changé de nature par suite de ladite vente, puisque dans les mains de la société, et jusqu'à la liquidation, ils demeuraient unis et incorporés à l'immeuble principal. »

**17821. Saisie immobilière.** — Une Sol. 18 janvier 1831 (7356 J. N.), porte que lorsqu'un domaine a été adjugé sur expropriation forcée, sans y comprendre les meubles réputés immeubles par destination, la vente volontaire de ces meubles faite le surlendemain à l'acquéreur par le saisi ne peut être réputée immobilière, puisqu'il est impossible de supposer que les deux ventes aient été consenties pour atténuer les droits dus sur le prix des meubles. Il nous semble que la doctrine des décisions rappelées au nº 17806 et suiv. est plus sûre que celle de la solution ci-dessus; dans notre hypothèse, en effet, comme dans celle du nº 17806, la réunion dans la même main du fonds et des immeubles par destination qui y sont attachés rend à ceux-ci la nature immobilière qu'ils avaient pu perdre momentanément par leur séparation d'avec le fonds.

**17822. Théâtre.** — Une D. m. f. 4 mars 1806 porte que les machines, décorations, partitions de musique et autres effets mobiliers d'un théâtre, n'étant pas de la même nature que les objets qui, aux termes de l'art. 524 J.N., sont déclarés immeubles par destination, la perception du droit d'enregistrement ne doit avoir lieu sur les effets dont il s'agit qu'à raison des quotités réglées pour les meubles. Mais cette décision ne peut recevoir d'application que dans le cas où, conformément à l'art. 9 L. 22 frimaire an 7, les objets mobiliers seraient estimés article par article dans le contrat; d'ailleurs, elle ne concerne pas les effets que le propriétaire est censé, d'après l'art. 525 C. C., avoir attachés à son fonds à perpétuelle demeure (366 § 12 I. G.).

Cette décision peut se justifier par la doctrine des auteurs qui veulent que les décors d'un théâtre ne puissent jamais constituer que des valeurs mobilières; mais elle ne pourrait être suivie si l'on adoptait le principe posé nº 16624.

**17823. Usine. — Fraude.** — Nous avons vu précédemment déjà (17808) que si la mobilisation des immeubles par destination peut résulter de la simple volonté des parties, du moins faut-il que cette intention soit sérieuse et n'ait pas pour but unique de se soustraire à la perception des droits d'enregistrement.

Ainsi, il a été reconnu, par des arrêts en date des 23 avril 1822 (S. 22-1-410, P. *chr.* 535, 7392 J.E., 4306 J.N.), — et 19 novembre 1823 (S. 24-1-60, 9249 J.E., 4502 J.N.), que la vente faite par actes séparés d'une usine et des agrès et ustensiles n'est passible, en ce qui concerne ces derniers objets, que du droit de 2 pour 100, pour vente de meubles.

La Cour suprême a même été plus loin: elle a décidé, le 23 avril 1833 (1437 § 15 I. G., 8233 J. N., S. 33-1-632), qu'il en est de même lorsque la vente de l'usine et des ustensiles a lieu par le même acte, si la volonté de restituer aux machines et ustensiles leur nature mobilière est exprimée dans l'acte et résulte d'ailleurs de la stipulation d'un prix distinct et d'une estimation détaillée article par article.

Cette dernière circonstance ne serait pas à elle seule décisive si la mobilisation ne résultait pas d'ailleurs d'autres faits probants.

La Cour de cassation a, en effet, reconnu depuis que le matériel et l'outillage d'une forge, étant indispensables à son exploitation, deviennent immeubles par destination et conservent ce caractère quand l'adjudication a eu lieu au profit de l'acquéreur de l'usine. L'estimation de ce matériel article par article et la stipulation d'un prix particulier ne sauraient lui enlever le caractère immobilier qu'il tient de la nature des choses, de la loi et de l'intention manifestée des parties (Cass. 15 déc. 1857, 966 R.P., 2118-1 I.G., 16282 J.N., 11201 C., 16664 J.E., S. 58-1-511).

Toutes les questions semblables reviennent donc à des appréciations de fait. Ainsi que le fait remarquer M. Demante, l'Administration reconnaît que la mobilisation peut avoir lieu par la seule volonté du vendeur, mais elle considère cette volonté comme frauduleuse toutes les fois que les parties n'ont eu d'autre motif que d'atténuer l'impôt, toutes les fois, en un mot, que vraisemblablement le nouveau propriétaire continuera de laisser les objets attachés au fonds (nº 283).

Voici, à titre d'exemple, d'autres décisions rendues sur la matière.

1. MÉTIERS A CARDER ET A FILER. — Les mécaniques à carder et à filer qui sont mises en mouvement par une machine à vapeur dépendante d'une filature sont considérées comme immeubles par destination et sont assujetties au droit de 5 fr. 50 cent. pour 100, alors même qu'elles ont été vendues avec l'usine pour un prix distinct et qu'elles ont été détaillées et évaluées article par article (Cass. 20 juin 1832, 10458 J.E., 1410 § 12 I. G., 7786 J.N., S. 32-1-594, Dél. 28 nov. 1828, 9173 J. E., 1272 § 17 I. G.; — Cass. 8 avr. 1829, 6905 J. N., 1293-12 I. G.). — V. C. Rouen 25 juill. 1873, 4086 R. P.

2. USINE EN ACTIVITÉ. — On ne pourrait évidemment faire l'application de la doctrine des arrêts de 1822, 1823 et 1833 ci-dessus, s'il s'agissait de la vente d'une manufacture en *activité* et affermée avec les machines servant à son exploitation; ces machines devraient être envisagées comme de nature immobilière, malgré la stipulation d'un prix distinct, parce que le vendeur n'a pu leur ôter le caractère d'immeubles par destination (Dél. 13 déc. 1833, 10800 J.E.). —

Ainsi, le droit de 5 fr. 50 cent. pour 100 est dû sur la totalité du prix stipulé dans la vente d'une usine avec les machines, ustensiles et autres objets nécessaires à son exploitation, s'il est reconnu que ces objets sont immeubles par destination, quoiqu'ils aient été détaillés et estimés article par article, et qu'un prix particulier ait été stipulé (Cass. 27 mars 1821, 18 Roll.; — Cass. 25 fév. 1824, 4575 J.N., S. 24-1-200, 1132-13 I. G.; — Seine 30 juill. 1840, 12563 J. E.).

De même encore, le droit de 5 fr. 50 cent. pour 100 est exigible sur les prix réunis de la vente d'une usine et des objets mobiliers qui en dépendaient, faite le même jour par deux actes séparés et par une seule personne au même acquéreur (Pontoise, 8 déc. 1840, 12645 J. E.), — ou faite trois jours après quand les objets n'ont pas changé de destination (Reims, 30 juin 1877, 4830 R. P.).

3. SOCIÉTÉ. — Même décision lorsqu'il s'agit d'ustensiles attachés à une usine mise en société et qui doivent continuer à fonctionner avec l'usine (Cambrai 28 juin 1838, 12108 J. E.). — Jugé encore que la circonstance que les vendeurs d'une usine et du matériel qui en dépend en sont propriétaires, savoir: de l'usine en qualité d'héritiers de leur père, et du matériel comme l'ayant vendu après le décès de ce dernier, que lui-même avait affecté à l'exploitation de l'usine, à une société formée entre eux pour la continuation de cette exploi-

tation, n'emporte pas séparation des deux propriétés, et le droit de 5 fr. 50 cent. pour 100 est exigible sur le prix de la vente du matériel, quoique faite à l'acquéreur de l'usine et constatée par un acte séparé (Le Havre 19 mars 1856, 16248 J. E.).

4. USINE. — PIÈCES DE RECHANGE. — Lorsqu'on vend, avec une usine, tout le matériel servant à son exploitation, ainsi que les approvisionnements et les marchandises en magasin, moyennant des prix distincts, et que le contrat contient une estimation détaillée, article par article, des objets mobiliers compris dans la vente, le droit de 5 fr. 50 cent. pour 100 est-il dû sur le prix particulier des approvisionnements de pièces de rechange? C'est l'emploi actuel de ces objets à la fabrication, a-t-on dit, qui détermine leur caractère immobilier; ils conservent, au contraire, leur nature mobilière tant qu'ils ne servent pas à cet usage. Tenus en magasin à titre d'approvisionnement pour les besoins et les éventualités de l'avenir, ils ne servent pas encore à l'exploitation du fonds. En conséquence, ils sont encore meubles, et la cession qui en est faite ne peut être sujette qu'au droit de 2 pour 100 (J. du not. n° 2095).

Mais cette appréciation manque d'exactitude.

Les machines de rechange sont, comme les machines en cours de service, des éléments indispensables au fonctionnement de l'usine, puisque sans elles ce fonctionnement serait interrompu. Elles contribuent par leur destination même à faire marcher l'établissement. Il y a donc bien là cette condition de dépendance et d'intimité morale dont parlent les auteurs (V. Demolombe t. 9 n° 279) et qui suffit pour conférer le caractère immobilier.

Il a été, par conséquent, décidé avec raison qu'en cas de vente de ces machines avec l'usine, le droit de 5 fr. 50 cent. pour 100 est exigible sur la totalité du prix (Évreux 27 juill. 1873, 3807 R. P.).

**17824. Vases vinaires.** — Le droit de 5 fr. 50 cent. pour 100 est dû sur une vente de foudres et futailles à l'usage d'un *chais* ou fabrique de vin, servant à l'exploitation du vignoble vendu par le même acte, parce que ces objets sont immeubles tant qu'ils restent affectés à cet usage (Cass. 30 mai 1826, 1200 § 18 I. G., 5810 J. N., 8458 J. E.).

### ARTICLE 5. — SOL ET SUPERFICIE

[17825-17835]

**17825. Réunion dans une même main.** — En principe, la réunion, entre les mains du même acquéreur, de la superficie et du fonds d'un bois, n'est point une circonstance suffisante pour donner lieu, par elle-même, au droit de 5 fr. 50 cent. pour 100 sur le prix total, lorsqu'il y a stipulation distincte et séparée, quant à la superficie. Mais cette circonstance peut être de nature à faire supposer l'intention d'éluder, par la division d'un tout aliéné simultanément, le payement du droit de 5 fr. 50 cent. sur une portion du prix.

La Cour de cassation a déclaré, dans un arrêt du 4 avril 1827 (1210 § 13 I. G., 6173 J. N., S. 27-1-440), qu'il appartient au tribunal de première instance d'apprécier, *en fait*, s'il y a eu simulation frauduleuse de deux ventes, lorsqu'il n'en existe qu'une seule et, en cas d'affirmative, d'obliger les parties à payer le droit sur la superficie au taux réglé pour les immeubles.

Des arrêts rendus par la Cour de cassation, les 20 brumaire an 14, 28 mai 1806, 7 septembre 1813, 21 mars 1820, 21 avril 1823 (7577 J. E.), et 17 janvier 1827 (1210 § 13 I. G., 8617 J. E., 4368 et 5981 J. N.), ont rejeté des pourvois relatifs à cette même question, soit parce que l'Administration n'avait articulé ni fait juger, en première instance, aucun fait de dol et de fraude, soit parce que l'appréciation, de la part du tribunal, des circonstances de fraude, a paru justifiée. Cette jurisprudence est approuvée par M. Demolombe t. 9 n° 163.

« Attendu, porte l'arrêt du 21 avril 1823, que, si, d'une part, aux termes de l'art. 521 C. C., la superficie d'une forêt est réputée immeuble tant que dure son adhésion au sol, il est certain, d'autre part, que la vente séparée du sol, avec réserve de la superficie, comme celle de la superficie avec réserve du sol, en détachant fictivement ces objets l'un de l'autre, a pour effet de faire perdre à la superficie sa nature d'immeuble, et de lui imprimer un caractère purement mobilier; que c'est en ce sens, et d'après ce principe, que l'art. 69 § 5 n° 1er L. 22 frimaire an 7 range, dans la classe des ventes mobilières, celles de coupes de bois taillis ou de futaies; attendu, dans l'espèce, que, par l'acte du 2 avril 1809, Flamerand et consorts (héritiers de Balleure), en vendant aux frères Praileur le sol de la forêt de Saint-Georges, se sont expressément réservé la superficie de cette forêt, pour en disposer quand et comme ils jugeraient à propos; que, par l'effet de cette vente, cette superficie n'a plus été dans la main des vendeurs qu'un objet purement mobilier; d'où il suit qu'en appliquant à la vente que ceux-ci ont faite, depuis, de cette superficie aux frères Praileur, les règles relatives aux ventes d'objets mobiliers, lorsque d'ailleurs il a été reconnu, en fait, que les deux ventes ne paraissent pas avoir été simulées, et n'étaient accompagnées d'aucune circonstance qui indiquât l'intention de frauder les droits de la Régie, le jugement attaqué n'a fait qu'une juste application des lois sur la matière. »

On a tenté plusieurs fois, depuis la loi du 22 frimaire an 7, d'empêcher cette espèce de fraude. Le 4 avril 1807 on proposa une loi d'après laquelle les ventes de coupes de taillis ou de futaies donneraient lieu au droit de vente d'immeubles, c'est-à-dire à un supplément de droit, lorsque l'exploitation n'aurait pas eu lieu dans un délai déterminé; et le conseil d'État avait été d'avis d'une disposition portant qu'il serait également dû un supplément, lorsque celui qui aurait acquis la coupe y réunirait le sol avant l'exploitation. Ces projets n'ont pas eu de suite.

**17826. Question de fraude.** — Ainsi, en droit, la vente faite soit à la même personne, soit à deux personnes différentes, soit dans le même acte et par des clauses distinctes, soit par actes séparés du sol et de la superficie d'un bois ne donne ouverture qu'au droit de vente de meubles à 2 pour

100 sur le prix de la superficie. Mais toutes les fois que du rapprochement de diverses circonstances, on peut induire que la superficie n'est pas destinée à être enlevée et que la mise en usage soit de stipulations, soit d'actes séparés, n'a eu lieu que dans l'intention d'éluder la perception d'une partie des droits d'enregistrement, il convient d'appliquer à chacune des stipulations, et même à chacun des deux actes, si chaque vente a fait l'objet d'un acte distinct, le droit de 5 fr. 50 cent. pour 100.

Voici en quels termes M. Demante justifie cette proposition :

« On conçoit, dit-il, la transmission d'une propriété distincte sur les fruits quand le droit de l'acheteur des fruits est limité par le droit du propriétaire du sol. L'acheteur ne peut alors faire la récolte qu'en vertu des clauses du contrat. Mais quand il devient en même temps maître du sol, il fait la récolte sans contrôle ni limitation d'aucune sorte, en vertu de son droit propre, non en vertu d'un droit transmis. Le vendeur a épuisé tout son droit par la transmission de l'immeuble frugifère. Dès ce moment, il ne peut transmettre un droit distinct sur les fruits pour le temps où lui-même ne sera plus propriétaire. En un mot, on ne conçoit pas plus l'établissement sur les fruits d'un droit distinct, concédé à celui qui devient en même temps propriétaire du sol, qu'on ne peut concevoir une servitude appartenant au propriétaire sur son propre fonds. Tel est le principe général. Ce principe, toutefois, pourrait recevoir une limitation dans certaines circonstances. Par exemple, le propriétaire d'un terrain boisé le vend en parcelles et impose à chacun des acquéreurs l'obligation de défricher. L'inexécution du défrichement dans un seul lot pourrait nuire à la culture des autres ; chacun des acquéreurs peut donc être contraint à exécuter le défrichement sur la parcelle dont il est devenu propriétaire. Dans cet exemple, et dans les cas analogues, on peut considérer que la superficie a été acquise d'une façon distincte du sol et en vue de sa mobilisation future. Mais, sauf le discernement des circonstances particulières, on doit tenir en règle que la vente simultanée, moyennant un prix distinct, du sol et de la superficie d'un fonds constitue une simulation frauduleuse. L'opération aboutissant à une transmission de l'immeuble entier, le tarif de la vente immobilière doit être perçu sur la totalité du prix. Cela posé, il ne peut être permis de faire indirectement ce qui, opéré directement, est reconnu illicite. Si donc l'acquisition du fonds précède ou suit de peu de temps l'acquisition de la superficie, les deux actes peuvent être considérés comme *correspectifs*, c'est-à-dire comme ne formant qu'une seule et même opération. De même, l'Administration peut établir par les circonstances de la cause la preuve d'une simulation par interposition de personnes : ainsi il a été décidé par la Cour de cassation que les juges du fait peuvent soumettre au droit de transmission immobilière de 5 fr. 50 cent. pour 100 la vente faite à un fils de la superficie d'une forêt, lorsque le même jour, le sol de cette forêt a été vendu au père, et lorsque, d'ailleurs, aucune époque précise n'a été assignée à la coupe des bois. En un mot, nous pouvons dire avec Fonmaur (n° 814) : « Les entiers droits sont dus si la propriété paraît cisaillée en fraude et par collusion pour acquérir par parties la totalité ; parce que la ruse et l'astuce ne sauraient être plus favorables que la franchise et la simplicité. »

Mais, remarquons-le bien, tout cela est à apprécier par les présomptions *de fait*, abandonnées aux lumières des tribunaux (nos 275 et 276)[1] (Péronne 18 août 1876, 4508 R. P.).

1. EXPLOITATION MISE EN SOCIÉTÉ. — Le droit de 5 fr. 50 cent. pour 100 a été reconnu exigible dans une affaire où le vendeur et l'acquéreur avaient formé une société pour l'exploitation d'arbres à prendre dans le bois vendu, ce qui dénotait que l'intention de l'acquéreur de la superficie n'était pas de l'abattre immédiatement (Seine 6 août 1847, 14309 J. E.).

2. ACQUISITION PAR ACTE SOUS SEING PRIVÉ. — Il en a été de même dans une espèce où l'acquéreur du sol d'une forêt avait acheté, par acte sous seing privé tenu secret, la superficie que s'était réservée le vendeur (Villefranche 13 nov. 1842, 13007 J. E.). Dans cette espèce, l'acte découvert ayant plus de trois mois de date au moment de son enregistrement, le double droit de 5 fr. 50 cent. pour 100 a été reconnu exigible. — V. 17827.

3. CONDITIONS IMPOSÉES. — Si l'acte de vente de la superficie contient la condition imposée à l'acquéreur : 1° de ne prétendre à aucune indemnité à raison de mauvais aménagements de la forêt ; — 2° de supporter les servitudes passives, sauf à profiter des servitudes actives ; — 3° de payer pendant la durée de l'exploitation la moitié des contributions assises sur les parties vendues, conditions qui rentrent essentiellement dans la catégorie des clauses et conditions qu'il est d'usage d'insérer dans les contrats de ventes d'immeubles, et notamment des propriétés boisées, le droit de 5 fr. 50 cent. pour 100 est dû sur le prix (Saint-Dié 18 juin 1853, 15715 J. E. ; — Cass. 12 nov. 1855, 2060 § 7 I. G., 16193 J. E., 15655 J. N., S. 56-1-55).

On a admis une solution semblable à l'égard de la vente d'un bois faite à un acquéreur moyennant deux prix distincts applicables, l'un au sol et devant être remployé, l'autre à la superficie et non sujette au remploi, alors qu'il est dit que l'immeuble est vendu dans son état actuel et que l'acheteur, entrant en jouissance de suite, le prendra comme il se trouve. Les stipulations relatives au remploi n'ont pour but que de régler les droits respectifs des époux vendeurs entre eux (Meaux 5 août 1871, 3488 R. P.). — V. Limoges 18 mars 1874, 4143 R. P.).

4. OBLIGATION. — Dans la vente d'un bois avec réserve de la superficie au profit du vendeur existe un prêt de 15,000 francs fait par l'acquéreur au vendeur. Le tribunal de Vouziers a considéré que ce prêt déguisait le prix de la vente du sol et de la superficie ; il s'est appuyé sur des considérations de fait, sur la simultanéité avec la vente, sur l'éloignement des acquéreurs pour les emprunts et sur la circonstance que le prix exprimé réuni au prêt représentaient exactement la valeur vénale du fonds et de la superficie. Il y avait encore dans cette affaire cette circonstance que l'acquéreur, quelques jours après l'acquisition, avait revendu

1. En Belgique, une loi du 31 mai 1824 dispose que, quand on acquiert entre-vifs la propriété de bois sur pied, et que quand dix-huit mois après on acquiert la propriété du sol avant l'abattage du bois, on doit payer le droit de mutation immobilière sur le sol et la superficie (M. Bastiné n° 132).

une partie des bois en sol et superficie (19 avr. 1860, 1344 R.P., 16970 J.N., 17121 J.E., 11846 C.).

5. FILS DE L'ACHETEUR DU SOL. — Quand la superficie d'un bois a été vendue au fils de l'acquéreur du sol le lendemain du jour de cette acquisition, les tribunaux peuvent décider que le fils n'est qu'une personne interposée et que la transmission entière doit acquitter l'impôt immobilier (Vesoul 11 mai 1864, 1979-7 R.P., 17884 J.E.).

**17827. Mutation secrète.** — 1. DATION D'HYPOTHÈQUE. — Si, après avoir acheté le sol d'une forêt dont le vendeur s'est réservé la superficie, les acquéreurs hypothèquent le sol et la superficie, il y a preuve suffisante que la superficie était comprise dans la vente du sol, et les droits simples et en sus sont exigibles (Wissembourg 28 août 1839, 12366 J.E.).

2. INSCRIPTION AU ROLE. — *A fortiori*, si, outre l'hypothèque donnée, l'acquéreur du sol se fait imposer pour le revenu imposable, sol et superficie, et s'il fait poursuivre en son nom les délits commis dans les bois (Compiègne 18 janv. 1838, 11968 J.E.).

3. CIRCONSTANCES DIVERSES. — Bien que la vente du sol d'un bois porte réserve de la superficie au vendeur, s'il résulte de circonstances qui environnent la cause, et notamment de procès-verbaux faits, et de condamnations obtenues au nom de l'acquéreur pour vol d'arbres, que la superficie a été vendue en même temps que le sol, les droits simples et en sus sont exigibles sur la valeur de la superficie (Belfort 23 déc. 1849, 14886 J.E.).

4. SOULTE DE PARTAGE. — Lorsque, après que la superficie d'un bois a été attribuée au lot d'un héritier, il est établi, soit dans un inventaire, soit dans un acte de liquidation, que le copartageant au lot duquel est échu le sol, a payé une somme de 70,862 francs pour prix des bois et arbres réservés à son copartageant, il y a preuve qu'une soulte de 70,862 francs avait été dissimulée dans l'acte de partage, au moyen de l'attribution supposée, à l'une des parties, de la superficie des bois dépendant du sol attribué à un autre des copartageants, ce qui rend exigible le droit simple et le double droit de mutation immobilière (Meaux 27 nov. 1844, 13615 J.E.; — Cass. 18 août 1845, 12493 J.N., 13842 J.E., 1755 § 12 I.G.).

**17828. Superficie non destinée à être enlevée.** — Il n'est pas toujours nécessaire de recourir à l'apréciation des intentions plus ou moins frauduleuses des parties pour justifier la perception du droit de 5 fr. 50 cent. pour 100. En effet, aux termes de l'art. 521 C.C. les coupes de bois taillis et futaies ne deviennent meubles qu'au fur et à mesure que les arbres sont abattus, et s'il est vrai qu'on ne doit pas prendre à la lettre les art. 520 et 521 C.C., qui veulent que ce soit *le fait* seul de la *séparation du sol* qui constitue la mobilisation des bois taillis ou de futaies mis en coupes réglées, des récoltes pendantes par racines et des fruits des arbres non encore recueillis ; s'il est admis, en doctrine et en jurisprudence, que les fruits peuvent être mobilisés, indépendamment de leur séparation du sol, par la volonté du propriétaire, lorsque, par exemple, il a transporté à autrui le droit de faire la récolte, car alors la séparation des fruits devient un fait indépendant de sa volonté, au moins faut-il que cette séparation du sol soit imminente.

La fiction ne peut exister qu'à cette condition. Aussi ne croyons-nous nullement fondé un arrêt du 24 avril 1827, inséré dans l'I.G. n° 1210 § 13 (S. 27-1-440).

Il s'agissait dans l'espèce d'une vente faite, le 21 octobre 1823, de la superficie d'un bois divisée en six coupes régulières d'année en année, dont la première devait commencer à s'exploiter à partir du 1er mars 1824, pour être terminée le 15 avril suivant, et en continuant ainsi chaque année, jusqu'à l'entière exploitation dudit bois, qui devait être terminée le 15 avril 1830. L'acheteur de la superficie s'étant, le lendemain, rendu acquéreur du sol, la Cour suprême a décidé que le droit de 2 pour 100 était le seul qui fût applicable à la superficie, attendu qu'on ne pouvait établir que « la réunion des deux actes au profit du même acquéreur fût le résultat d'une simulation frauduleuse pratiqué pour échapper à la perception du droit réglé par la loi pour les ventes d'immeubles. »

Posée dans ces termes, la question pouvait très-bien être résolue ainsi que l'a fait la Cour de cassation. C'était une affaire d'appréciation. Mais la solution eût été autre certainement si l'on eût pris en considération cette circonstance que toutes les coupes postérieures à la première étaient destinées à recevoir de leur annexion au sol un développement certain, dont devait profiter l'acquéreur, et que les coupes ne pouvaient recevoir ce développement que parce quelles faisaient partie du sol, ce qui leur imprimait incontestablement un caractère immobilier. C'est ce qu'a jugé le tribunal d'Auxerre, le 18 mai 1850 (14964 J.E.), dans une espèce où la superficie acquise devait être exploitée en vingt ans.

Cependant nous n'irons pas jusqu'à dire, avec le tribunal de la Seine (6 août 1847, 14309 J.E.), que la seule circonstance que les arbres sont encore sur pied au moment de la vente pourrait suffire pour donner à la vente le caractère de transmission immobilière.

1. CHARGE D'ABATTRE NON IMPOSÉE. — Mais nous approuvons un jugement du tribunal de Beauvais, en date du 12 mai 1834 (10957 J.E.), qui a reconnu l'exigibilité du droit de 5 fr. 50 cent. pour 100 sur la vente de la superficie d'un bois, faite à l'acquéreur du sol, par acte antérieur de quelques jours, sans charge d'abattre. « Attendu que le droit de 2 pour 100 établi par le § 5 n° 1er de l'art. 69 L. 22 frimaire an 7 s'applique seulement aux coupes de bois considérées comme valeur mobilière, c'est-à-dire à la vente de la superficie avec charge de l'abattre, et non à celles qui peuvent permettre à l'acquéreur de la conserver sur pied pendant un temps illimité ; qu'en effet, dans les ventes de la dernière espèce, la superficie vendue n'est point mobilisée : d'où il suit qu'elles contiennent une véritable transmission de valeurs immobilières. »

Un jugement du tribunal de Pontarlier, du 19 mai 1841 (12755 J.E.), confirme pleinement celui du tribunal de Beauvais. Il est ainsi conçu : « Attendu que la réunion de la superficie d'un immeuble au fonds restitue à la superficie la qualité d'immeuble, lorsque les coupes, n'étant pas détachées du fonds, se trouvent réunies dans la même main; attendu que le sieur Ravier, déjà acquéreur du fonds, a acheté la superficie sans qu'on lui ait imposé aucun délai pour l'enlèvement de cette superficie : d'où il suit que cet acquéreur demeure entièrement libre de conserver à perpétuité la superficie adhérente au sol; qu'ainsi l'acte du 7 novembre 1839 ne peut être considéré comme la vente d'une coupe de bois, rangée par la loi du 22 frimaire an 7 dans la classe des transmissions de valeurs mobilières, et qu'il s'agit réellement dans la cause d'une vente d'immeubles : d'où il suit que c'est régulièrement que le receveur de l'enregistrement a perçu le droit de 5 fr. 50 pour 100. »

Dans le même ordre d'idées, le tribunal d'Auxerre a jugé, le 24 décembre 1842 (13171-3 J.E.), que lorsqu'une commune autorisée à vendre le sol et la superficie d'un bois a consenti cette vente par le même acte à un seul acquéreur et pour un prix applicable pour partie à la superficie, le droit de 5 fr. 50 cent. pour 100 francs est régulièrement perçu sur la totalité de ce prix : « Attendu que les arbres existant sur le sol d'une forêt sont immeubles tant qu'ils y sont attachés; qu'ils ne perdent fictivement cette qualité que quand ils sont vendus à un acheteur qui doit les abattre dans un délai convenu d'avance avec le propriétaire; que, dans l'espèce, l'acquéreur du sol et des arbres y existant est devenu maître absolu de couper les arbres, quand bon lui semblerait; en sorte que, sous aucun rapport, la superficie du bois n'a pu être considérée à son égard comme chose mobilière. »

On peut encore consulter dans le même sens un jugement du tribunal de Villefranche du 24 décembre 1842 (13007 J.E.); — et un jugement du tribunal de Bourges du 30 mai 1844 (13519-3 J.E.), qui a appliqué le droit de 5 fr. 50 cent. pour 100 à l'achat de peupliers croissant sur un pré, fait, sans charge de les abattre, par l'acquéreur de ce pré.

**17829. Imputation des droits.** — Il va d'ailleurs sans dire que lorsque la vente de la superficie d'un bois doit être considérée comme immobilière par le fait de sa réunion, par un acte postérieur, au sol acquis par le même acheteur, le droit immobilier ne doit être perçu sur les deux prix réunis que déduction faite de celui déjà perçu sur la première vente, considérée comme mobilière. C'est, au surplus, ce qu'a formellement reconnu l'Administration par une délibération du 12 juin 1826 (8503 J.E.).

**17830. Supplément à exiger du notaire.** — La même délibération porte en outre que, dans cette circonstance, le notaire ne peut exiger que l'on s'adresse aux parties pour le supplément dont la première vente est passible, parce qu'il est réputé débiteur personnel. Nous doutons que cette seconde partie de la décision administrative soit exacte, et il nous suffit pour justifier nos doutes de renvoyer au n° 1013.

**17831. Tourbière.** — Les raisons de décider en matière de sol et de superficie d'un bois s'appliquent avec la même force au fonds et à la surface d'un sol tourbeux.

C'est ce qu'a jugé le tribunal d'Amiens, le 6 août 1832 (1422 § 13 I. G., D. N. t. 13 p. 436 n° 592), en ces termes : « Attendu que du rapprochement du bail à faculté de tourber et du contrat de vente du fonds passé entre les mêmes parties devant le même notaire, l'un le 16 août 1831, et l'autre le lendemain, il résulte que la transmission de toute la propriété a été réellement l'objet unique de la convention entre les sieur et dame Varlet et les sieurs Lhomme et Caron; qu'il est évident que cette vente de la propriété, possession et jouissance des pièces de pré dont il s'agit, n'a été opérée par deux actes distincts que pour éluder le droit proportionnel sur la majeure partie du prix de vente, et cela par abus de la disposition de la loi, qui n'a établi que le droit de bail sur les cessions de tourbage, qui cependant emportent presque toute la valeur foncière; que la fraude ressort particulièrement, dans l'espèce, des procurations données par les propriétaires pour la vente pure et simple, de la coïncidence des deux actes, de la corrélation de leurs clauses, de la division du prix du tout en trois payements égaux à faire en trois années, bien que le tourbage ne doive, d'après le bail, avoir lieu qu'en dix années, et aussi de l'hypothèque étendue par le contrat de vente à la garantie du prix de bail. »

Ce principe a été consacré par une Sol. du 11 février 1834 (1458 § 2 I. G.).

**17832. Construction. — Matériaux.** — Dans le même ordre d'idées, il a été reconnu que lorsque, par deux actes séparés du même jour entre les mêmes personnes, on acquiert d'abord la propriété du terrain, et ensuite les matériaux à provenir de la démolition, même à faire dans l'année, de différents bâtiments existant sur ce terrain, l'effet de ces deux actes étant pour l'acquéreur absolument le même que s'il avait acquis le tout par un seul contrat, la seconde acquisition est sujette, comme la première, au droit de 5 fr. 50 cent. pour 100 (Dél. 9 nov. 1835, 11341 J.E.; — Seine 2 août 1838, 12131 J.E.). — V. 5120.

De même encore, l'acquisition, faite par le même contrat, d'un terrain et d'une maison en construction sur ce terrain, moyennant deux prix distincts, dont l'un pour le propriétaire du terrain et l'autre pour le constructeur de la maison, est sujette au droit de 5 fr. 50 cent. pour 100 sur les deux prix réunis, parce qu'une maison construite, ou seulement en construction, est un immeuble et qu'on ne peut l'assimiler à des matériaux assemblés pour construire, qui alors ne seraient que des meubles (Seine 25 mars 1835, 11330 J.E.; — Dél. 7 avr. 1838, 12030 J.E.). — V. 5119-5121.

**17833. Usufruit.** — Il est tout naturel, d'après les principes que nous venons de passer en revue, de décider que la vente faite à l'acquéreur de la nue-propriété d'un bois, par l'usufruitier, de ses droits d'usufruit, sous la dénomination de superficie, moyennant un prix supérieur à la moitié du prix de la nue-propriété, est passible du droit de 5 fr. 50 cent. pour 100 sur la portion de prix qui excède cette moitié (Dél. 23 fév. 1825, 8000 J.E.).

## SECTION 4. — DU CONSENTEMENT

[17834-17837]

**17834. Principe.**—Nous nous sommes déjà expliqué, au mot *Obligation*, sur la nécessité du consentement pour parfaire une obligation quelconque. Il est certain, avons-nous dit, en prenant pour exemple le contrat synallagmatique, pour la formation duquel deux volontés au moins sont nécessaires, que, si l'une de ces deux volontés vient à faire défaut, il pourra bien y avoir offre, projet de contrat, mais il n'y aura pas contrat proprement dit. Or, la loi de l'enregistrement ayant tarifé les contrats alors seulement qu'ils sont formés, mais non lorsqu'ils sont en projet, il en résulte que, toutes les fois qu'un acte sera présenté à la formalité dénué du consentement, le droit de la convention ne pourra être perçu, parce que ce ne sera pas la convention dont l'enregistrement sera requis, mais seulement quelques-uns des éléments nécessaires à sa formation.

**17835. Promesse de vente. — Vente conditionnelle. — Imparfaite.** — Ces observations s'appliquent directement au contrat de vente. On a vu, sous les nos 17653 et suiv., où nous avons parlé des *promesses de vente*, plusieurs exemples de non perception du droit proportionnel par suite d'absence du consentement portant soit sur le contrat de vente en lui-même, soit sur un de ses éléments constitutifs. Les nos 17633 et suiv., où nous parlons des conditions qui peuvent être imposées aux ventes, nous fournissent également des décisions qui appliquent le seul droit fixe à la vente passée sous des conditions qui enlèvent au consentement l'actualité nécessaire à la perception du droit proportionnel. Enfin, le no 730, où nous avons signalé l'effet que doit produire sur la perception l'absence de signature de l'acquéreur, et les numéros suivants consacrés à l'acte *imparfait* en général, nous donnent la mesure de l'influence que doit exercer sur le contrat de vente le consentement des parties.

Aussi pourrions-nous limiter à ces détails antérieurs ce que nous avons à dire sur cette matière; cependant, nous allons réunir ici quelques décisions spéciales afin d'épuiser notre sujet.

**17836. Vente verbale. — Procès-verbal de non-conciliation.** — Corbière assigne Valette, son gendre, devant le juge de paix pour se concilier relativement à une vente d'immeubles que le premier aurait consentie au second. — Le 2 germinal an 12, procès-verbal de non-conciliation qui contient les aveux suivants : Corbière dit qu'il a vendu à Valette une ferme moyennant 34,000 francs, payables à diverses époques. Valette répond qu'effectivement une vente verbale de cette métairie lui a été faite par son beau-père, mais que le prix, loin d'avoir été fixé à 34,000 francs, devait être déterminé par des experts. — Sur la connaissance du procès-verbal, une contrainte est décernée par l'Administration contre Valette en payement des droits de mutation par suite de la vente. — Le 16 ventôse an 13, jugement du tribunal de Castres qui rejette la demande de l'Administration, attendu que les parties n'étant pas d'accord sur le prix, il n'y avait pas vente. — Pourvoi par l'Administration pour violation de l'art. 12 L. 22 frimaire an 7, en ce que les parties ayant signé leurs aveux respectifs contenus dans le procès-verbal de non-conciliation, la vente était dès lors parfaite.

La Cour : « Attendu qu'il résulte du procès-verbal de non-conciliation du 2 germinal an 12, que le vendeur et l'acquéreur n'étaient d'accord ni sur le prix ni sur les conditions de la vente; que le tribunal de Castres ayant jugé qu'il n'était pas constaté que la vente des immeubles dont il s'agit eût été consommée, les juges n'ont pas contrevenu aux lois citées en décidant que l'Administration ne pouvait s'aider, pour l'exercice de sa contrainte, du procès-verbal de non-conciliation du 2 germinal an 12; rejette » (Arr. 24 fruct. an 13).

**17837. Réserves.** — Il a été jugé encore par la Cour de cassation, le 4 février 1839, que, lorsqu'à la suite d'un projet de vente où diverses conditions ont été stipulées et acceptées par le vendeur ou l'acquéreur, mais sans s'entendre toutefois définitivement sur la forme qu'on donnera au contrat pour que la vente reste secrète, et où, du reste, l'acquéreur s'est réservé de donner plus tard son acceptation par lettre-missive, celui-ci écrit en effet qu'il accepte, mais sous réserve expresse des modifications à faire donner à la forme du contrat pour la garantie de ses droits, comme acquéreur, et en prévoyant même le cas où des difficultés s'élèveraient entre lui et son vendeur, on ne peut pas dire que cette acceptation ait eu pour effet de transformer le projet de vente en contrat définitif, encore qu'il y ait accord sur la chose et le prix; par suite, il n'y a pas lieu de percevoir le droit de mutation tant qu'il n'est pas intervenu d'acte définitif (S. 39-1-204, 12256 J.E.).

1. DOUBLE MUTATION. — Une mutation unique ne peut être assujettie à deux droits d'enregistrement. En conséquence, si le vendeur d'un immeuble a réservé à un tiers la faculté de prendre le marché aux mêmes conditions que l'acquéreur dans un certain délai et si, après l'enregistrement de cet acte au droit proportionnel, un arrêt constate que le tiers a accepté en temps utile, cet arrêt ne saurait motiver la perception d'un nouveau droit de mutation : « Attendu que, par l'accomplissement de la condition précitée, la propriété a passé directement de la tête de la dame de Régis sur celle de Bardin, qu'une seule mutation s'est opérée et non pas deux, et que le droit payé à Niort n'a pas dû l'être une seconde fois à Poitiers » (Cass. 4 juin 1866, 2301 R. P., B. 110, D. 66-1 327).

Mais il en est autrement s'il n'est pas établi que l'acquisition est soumise à une condition suspensive. Ainsi, une vente fut consentie au profit de B..., qui déclare agir pour le compte de la ville de Dinan et qui paye de ses deniers personnels. Il est stipulé que la ville ne profiterait de l'acquisition qu'à la charge : 1° de faire construire une salle d'asile sur le terrain ; — 2° de servir à B... une rente viagère qui, à son décès, serait la propriété de la salle d'asile. — La ville ayant accepté, on jugea qu'il y avait deux ventes, l'une à B..., l'autre de B... à la ville, puisque c'est seulement en qualité de propriétaire que B... a pu grever l'abandon qu'il faisait à la ville des charges énoncées dans le contrat (Cass. 5 mai 1857, 897 R. P., S. 57-1-538, 2114-2 I. G.). — V. 11556-3.

## CHAPITRE III. — DE LA NULLITÉ DE LA VENTE BIEN D'AUTRUI

**[17838-17850]**

**17838. Renvoi.** — Ce que nous aurions à dire ici de l'influence que peut exercer sur la perception la nullité de la vente se trouve écrit à l'avance dans notre théorie de la nullité. Aussi, comme les développements spéciaux que nous pourrions ajouter ne donneraient aucune force nouvelle aux arguments que nous avons fait valoir à l'appui de notre thèse, nous nous contentons de renvoyer le lecteur au mot *Nullité*.

Il est cependant une question qui, bien qu'elle se trouve résolue à l'avance par les principes généraux que nous avons alors posés, nous paraît devoir trouver place ici, parce qu'elle a fait l'objet des plus vives controverses et des solutions les plus divergentes : nous voulons parler de la vente du bien d'autrui.

**17839. Le droit proportionnel est exigible sur le contrat de vente.** — En lui-même, le contrat de vente de la chose d'autrui ne saurait transférer à l'acheteur la propriété de l'immeuble ; mais il produit des obligations personnelles dont le vendeur ne peut se dégager, et qui amènent éventuellement au maintien de l'aliénation. Le vendeur, en effet, a promis la délivrance et la garantie. Or, si une circonstance quelconque, en le rendant propriétaire de l'objet cédé, lui permet de tenir sa promesse, la nullité qui affecte la convention disparaît et le contrat se valide. Les effets de la vente offrent alors, avec ceux de l'engagement du porte-fort, une parfaite similitude. A tous les aspects la position des parties est la même ; tellement que, pour expliquer juridiquement la théorie de la loi, il faut admettre que le vendeur du bien d'autrui a virtuellement agi au nom du véritable propriétaire. — Nous avons assayé de mettre cette idée complétement en relief dans un travail particulier inséré au n° 2512 R. P.

Or, s'il est vrai que, dans la théorie de la loi civile, le vendeur du bien d'autrui soit considéré, au regard de l'acquéreur, comme le porte-fort du propriétaire, il en résulte que le contrat joue entre les parties le rôle actuel de la vente. En effet, celui qui consent à traiter avec le représentant officieux du maître de la chose est, dès à présent, engagé comme s'il avait contracté avec ce dernier : la convention se trouve formée, et quand intervient la ratification du maître, elle rétroagit au jour de l'acte, de même que s'il s'agissait d'un mandat exprès.

M. Demante enseigne que, selon la rigueur des principes, le droit de mutation ne devrait être alors perçu que sur le consentement du propriétaire lui-même, parce qu'à cette époque seule s'opère la transmission de la propriété. Mais il faut considérer que le porte-fort s'est valablement engagé au nom du tiers, et surtout que l'acquéreur, en acceptant sa promesse, a voulu devenir immédiatement propriétaire. A son égard, le contrat a donc produit tous ses effets, car le porte-fort n'est que la figure du maître : *vox venditoris*, et il serait dès lors contraire à la nature des choses de retarder à une époque ultérieure la perfection juridique de la vente. Aussi avons-nous enseigné, au n° 15462, que le droit d'enregistrement est immédiatement exigible.

Ces motifs s'appliquent en tous points à la cession du bien d'autrui ; ils justifient parfaitement la perception actuelle de l'impôt proportionnel.

1. *Idem.* — SECOND MOTIF. — Les règles particulières de la législation fiscale confirment d'ailleurs ici les déductions du droit civil. — Le vice dont se trouve affectée la vente du bien d'autrui a un caractère essentiellement relatif, puisqu'il ne saurait être invoqué par le vendeur, qu'il est purgé par la ratification du propriétaire, et qu'il s'évanouit de plein droit par l'arrivée de l'événement qui transmet au vendeur la propriété de la chose. La nullité du contrat n'a donc rien d'absolu ni d'apparent. Le préposé auquel on le soumet n'a pas qualité pour en discuter la valeur ; il agit donc régulièrement en lui appliquant le tarif que sa nature semble comporter.

**17840. Jurisprudence.** — Une Dél. du conseil d'Administration, du 16 octobre 1815, a reconnu le principe dans les termes suivants : « En vain on oppose que, quand la vente est faite par celui qui n'est pas propriétaire, le contrat est vicié d'une nullité radicale, tellement qu'il est nul à l'instant même où il a paru. Les agents de l'enregistrement ne peuvent pas être juges de la validité des actes, et tout ce qui résulte de la nullité radicale d'un contrat de vente, c'est que le jugement qui la prononce n'est sujet qu'au droit fixe » (V. *Restitution*).

La Cour de cassation a statué dans le même sens, le 20 novembre 1844, à propos d'une vente d'immeubles appartenant à un mineur et faite sans les formalités prescrites : « Sur le premier moyen, tiré de l'art. 1599 C. C., Attendu que ce moyen est mal fondé par le motif que la nullité d'un contrat, dont le receveur n'est jamais le juge, ne peut être invoqué devant lui pour refuser le payement du droit que supporte le contrat » (1732 § 15 I. G., S. 45-1-134, 13617 J. E.).

Ainsi, encore, il a été jugé, par le tribunal d'Épinal, le 2 février 1836, que si un immeuble a été vendu deux fois, et qu'après l'enregistrement du second acte l'Administration ait licitement connaissance du premier, les droits proportionnels sont exigibles sur cet acte. — V. *suprà* 11526-4.

**17841. Les droits perçus ne sont pas restituables.** — Si les droits sont régulièrement perçus lors de la présentation de l'acte à la formalité, il s'ensuit nécessairement qu'ils ne deviennent point restituables par l'annulation du contrat. C'est, en effet, un principe constant que les événements postérieurs sont sans influence sur les perceptions légalement accomplies (art. 60 L. 22 frim. an 7), et les ontrats de vente du bien d'autrui tombent, comme les autres, sous son empire.

La jurisprudence a fait l'application de cette règle dans les hypothèses suivantes:

1° Un propriétaire ayant vendu successivement le même immeuble à deux acquéreurs distincts, les actes furent présentés à l'enregistrement et acquittèrent le droit proportionnel de transmission. On réclama le remboursement de celui qui avait été perçu sur le second contrat; mais l'Administration repoussa cette demande, par le motif que les contrats présentaient chacun l'apparence d'une vente parfaite, que le droit perçu avait donc été régulièrement liquidé, et que l'art. 60 de la loi de frimaire s'opposait à toute restitution. Trois délibérations furent rendues dans ce sens les 2 juillet 1817, 17 mars 1819 et 20 octobre 1824. — V. *Restitution*.

2° Quand le propriétaire d'un immeuble a reçu la notification d'une saisie réelle, l'art. 686 C. proc. lui défend de l'aliéner sans le consentement du créancier. S'il contrevient à cette prohibition, la vente peut être annulée. Quoique le vendeur ne soit pas dépouillé du *dominium* de sa chose, il est cependant à peu près dans la position de celui qui cède le bien d'autrui, puisque l'immeuble est indisponible entre ses mains. Or, l'annulation de la vente ne motive pas la restitution des droits perçus sur le contrat. « Ce contrat, dit la Cour suprême, avait tous les caractères d'un acte translatif, et il ne rentre dans aucune des exceptions pour lesquelles le remboursement des droits perçus est autorisé par la loi » (Cass. 17 avr. 1832, 1437 § 4 I.G., S. 33-1-385, 10616 J.E; — Cass. 18 nov. 1863, 1855 R. P., S. 63-1-547, 2288-6 I.G., 17791 J.E.). — *V.* 14543-1.

3° On peut encore, dans cet ordre d'idées, assimiler à la vente du bien d'autrui la cession du même immeuble consentie à deux personnes différentes par le propriétaire et par son porte-fort. Si ce dernier a stipulé que le contrat, pour être valable, serait ratifié par le maître de la chose, la transmission dépend d'une condition suspensive dont l'arrivée seule peut donner lieu à la perception du droit proportionnel. Mais, quand l'acte ne renferme aucune clause semblable, l'impôt devenant régulièrement exigible lors de la présentation à la formalité, ne saurait être restitué à la suite de l'annulation ultérieure du contrat vicieux (Cass. 4 fév. 1839, S. 39-1-205, 12244 J.E.). — *V.* 4962.

4° C'est aussi ce qu'il faut décider pour les ventes du même bien faites par le propriétaire et par son mandataire à deux acquéreurs distincts: « Aucun des droits perçus sur les deux actes, porte un jugement de la Seine du 17 août 1807, dont la doctrine a été confirmée par une Dél. 16 octobre 1815, n'est restituable, quoique l'un des acquéreurs soit évincé, parce que chaque acte ayant tous les caractères d'une véritable vente, l'impôt est régulièrement perçu. » — V. *Restitution*.

5° Décidé également qu'il n'y a pas lieu de restituer le droit de vente perçu lors de l'enregistrement de l'adjudication d'immeubles annulée depuis, sur la demande de l'adjudicataire, pour le motif que les immeubles adjugés font partie du domaine public (La Rochelle 6 mars 1867, 18397 J. E., 3340 R. P.).

6° Cependant, lorsqu'il a été formellement déclaré, dans une vente publique d'immeubles, que si, parmi les biens exposés en vente, il en était qui appartinssent à autrui, et si, néanmoins, ils étaient adjugés, la vente de ces biens serait nulle de plein droit et devrait être envisagée comme n'ayant jamais eu lieu : il y a lieu, par suite, d'opérer la restitution du droit de vente perçu à raison des adjudications de biens d'autrui prononcées, sauf retenues du droit de quittance exigible sur les prix payés comptant (Sol. belge 5 avr. 1872, 11797 J. E. belge).

7° Le tribunal de Beauvais a jugé également, le 30 nov. 1870, que quand il a été compris par erreur, dans un acte de vente, un immeuble dont le vendeur n'était plus propriétaire pour l'avoir aliéné antérieurement, l'acquéreur peut obtenir, en produisant un acte rectificatif, la restitution des droits applicables au prix de l'immeuble vendu par erreur (3667 R. P.). Mais cette décision ne nous a pas paru de nature a prévaloir contre les principes, parce que, d'une part, le droit de la vente du bien d'autrui est régulièrement perçu dans le sens de la loi, et que, de l'autre, il n'est pas permis aux tribunaux d'étendre, par voie d'analogie, les exceptions au principe de l'art. 60 L. 22 frimaire an 7.

**17842. Effets de l'annulation de l'acte avant l'enregistrement.** — Une question beaucoup plus délicate est celle de savoir si l'annulation du contrat avant son enregistrement le dispense du droit proportionnel. La Cour de cassation s'est prononcée pour la négative dans l'espèce suivante. Par acte sous seing privé du 26 avril 1819, non enregistré, A... vendit un domaine à B.., moyennant 10,000 francs. Le 18 mars 1820, intervint un jugement qui constata l'existence de l'écrit et annula la convention comme vente du bien d'autrui. Malgré cette déclaration de nullité, l'Administration réclama le droit proportionnel sur l'acte de 1819, et la Cour se prononça en ces termes : « Les droits applicables à une mutation immobilière sont acquis par le seul fait de l'existence d'un acte revêtu de toutes les formes extérieures propres à constater cette mutation, et leur exigibilité est indépendante des événements ultérieurs pour lesquels l'acte soumis à la formalité peut être annulé. Si l'art. 68 § 3 n° 7 ne soumet qu'au droit fixe les jugements de résolution pour cause de nullité radicale, cette disposition ne peut avoir aucune influence sur la régularité de la perception faite *ou à faire* sur l'acte annulé » (Cass. 12 fév. 1822, S. 22-1-421, 7170 J. E.). — Elle a également jugé, le 27 mars 1830, que, quand une vente d'immeubles, faite contrairement à l'art. 692 C. proc., qui interdit à la partie saisie d'aliéner les biens saisis, est annulée, l'Administration est néanmoins fondée à poursuivre le payement des droits de mutation : « Attendu que le jugement d'annulation ne peut être opposé au Trésor, qui n'était point partie en cause » (1401 § 2 I. G.).

Cette doctrine nous a toujours paru le résultat d'une exagération fiscale contraire aux saines notions du droit. Et nous avons démontré, au mot *Résolution*, que l'annulation judiciaire d'un contrat prononcée, avant le recouvrement des droits anéantissait la créance du Trésor. Nous ne pouvons ici que nous référer à cette dissertation.

**17843. Mutation verbale.** — Dans les développements qui précèdent, on a toujours supposé que la vente résultait d'un contrat écrit révélé à l'Administration. Les principes sont différents quand il s'agit de mutations verbales.

Ordinairement, les mutations immobilières opérées sans écrit sont suffisamment établies, pour la demande du droit, par l'une des présomptions indiquées dans l'art. 12 L. 22 frimaire an 7. Quand le Trésor prouve l'existence d'un de ces actes de propriété, il justifie l'exigibilité de l'impôt, sans avoir à rechercher, en outre, si l'acquéreur est saisi en vertu d'un titre réellement translatif. Mais, pendant que le contrat écrit, si vicieux qu'il soit, doit acquitter l'impôt par cela seul qu'il est tombé licitement aux mains de l'Administration, la convention verbale n'y est soumise qu'à raison de la transmission réelle qu'elle opère; d'où il suit que dans ce dernier cas, le nouveau possesseur apparent peut combattre la demande du Trésor par la preuve contraire, en établissant que le contrat ne lui a conféré aucun droit réel sur l'immeuble et que les actes dont s'empare l'Administration sont le résultat d'une indue possession.

Mais d'où résultera la preuve à opposer aux présomptions de l'art. 12 de la loi de frimaire? On ne saurait l'indiquer *à priori;* car les tribunaux ont, pour l'admettre, un pouvoir discrétionnaire, sans autres limites que les règles de procédure spéciales aux matières d'enregistrement. Ce sera, selon les cas, ou une première vente dont la sincérité n'est point contestable, ou des actes rectificatifs sérieux démontrant l'inanité de la convention verbale, ou enfin des déclarations judiciaires intervenues à cet effet.

La Cour de cassation a jugé, dans cet ordre d'idées, le 6 mai 1822 : « que celui qui a pris possession d'un immeuble à titre de propriétaire ne peut être contraint au payement des droits de mutation s'il est expulsé par un jugement portant que la vente verbale qu'il prétendait avoir été faite en sa faveur n'existe pas. »

En appliquant ces principes à la cession du bien d'autrui, le tribunal de Chartres les a confirmés en ces termes par un jugement du 4 mars 1836, auquel l'Administration a acquiescé le 16 juillet suivant: « quand il existe un acte, on n'a point à examiner si le vendeur était propriétaire, si la transmission a pu s'opérer, ou même si l'immeuble existe, parce que de la seule existence de l'acte résulte l'obligation d'en acquitter les droits dans le délai légal. Mais quand il n'y a pas d'acte, quand la convention est verbale, c'est l'art. 4 de la loi ventôse an 9 qui est applicable. Le jugement qui déclare cette convention nulle n'en a pu reconnaître l'existence : il a, au contraire, déclaré qu'elle n'avait jamais existé comme telle. Par conséquent, C... n'ayant jamais été nouveau possesseur, le droit proportionnel n'est point dû. »

**17844. Jugement constatant l'existence de la vente.** — Le jugement ou l'arrêt qui annule la vente verbale du bien d'autrui écarte donc la demande des droits de mutation secrète. D'un autre côté, il ne donne pas, par lui-même, ouverture au droit de titre exigible, en vertu de l'art. 69 § 2 n° 9 L. 22 frimaire an 7, sur toute condamnation résultant d'une convention verbale; car, loin de recevoir une consécration quelconque dans le jugement et d'y acquérir une existence publique, cette convention y est entièrement annulée. Ce n'est, par conséquent, pas le cas d'invoquer l'art. 69 ni les arrêts qui ont fixé sa portée.

Mais si le tribunal proclamait seulement l'existence du contrat sans en prononcer la nullité, il faudrait percevoir le droit de transmission. En effet, la cession du bien d'autrui n'est pas, ainsi que nous l'avons démontré, tellement nulle qu'elle ne puisse se valider en diverses circonstances. Or, dès l'instant qu'elle se trouve énoncée dans une sentence judiciaire et que les magistrats n'en ont pas déclaré l'annulation, on peut supposer que la vente doit produire ses résultats; et rien ne s'oppose plus dès lors à l'application régulière de l'art. 69 § 2 n° 7 L. 22 frimaire an 7.

**17845. Ratification du propriétaire.** — Il nous reste maintenant à examiner, dans leurs rapports avec la perception, les actes qui interviennent à la suite de la vente du bien d'autrui pour consolider la propriété entre les mains de l'acheteur ou dégager le vendeur de son obligation.

Le moyen le plus naturel et le plus fréquent aussi de valider l'opération est d'obtenir la ratification du véritable propriétaire. Or, il n'est pas difficile d'apprécier le caractère de ce consentement. Puisque l'engagement du vendeur ressemble à celui du porte-fort, il s'ensuit que la ratification du tiers équivaut à la déclaration par laquelle le tiers reconnaîtrait que le porte-fort a réellement agi d'après ses ordres. Un pareil aveu ne produit évidemment aucune transmission nouvelle distincte de celle que le ratifiant s'approprie, et ne saurait dès lors subir que le droit fixe. L'Administration l'a décidé avec raison par plusieurs solutions, parmi lesquelles nous citerons celles des 20 octobre 1824 et 1<sup>er</sup> février 1828 (J. du not. 4028, D. N. t. 10 p. 490 n°<sup>s</sup> 94 et 95) et d'autres plus récentes des 14 sept. 1855 et 1<sup>er</sup> juill. 1862. — V. 1047.

C'est pourquoi il a été reconnu : 1° que si le nu-propriétaire ratifie la vente faite par l'usufruitier et reçoit une certaine somme, le droit de quittance est seulement exigible (Sol. 8 fév. 1828, D. N. t. 12 p. 714 n° 193);

2° Que quand le mineur ratifie, moyennant une somme d'argent, une vente faite indûment par le tuteur qui en a touché le prix, cette somme doit être considérée non comme un supplément de prix, mais comme la représentation du prix de la vente, qui, n'ayant pas été payé valablement, pouvait être exigé une seconde fois. Le droit de quittance est donc seul dû (Seine 17 déc. 1823; — Dél. 17 janv. 1824). — Si, dans un cas pareil, la somme était payable à terme, c'est le droit d'obligation qui deviendrait exigible (Dax 29 juin 1855);

3° Que la transaction par laquelle la femme renonce, moyennant une somme d'argent, à la faculté qui lui appartient de faire annuler la vente de son bien dotal ne donne lieu qu'au droit d'obligation ou de quittance, selon que la somme est due ou payée (Sol. 17 janv. 1850 et 14 nov. 1858).

Il n'y a pas à rechercher pour cela, bien entendu, si la ratification émane de celui auquel la propriété appartenait lors de la vente ou de son successeur. Ce dernier remplace son auteur dans l'exercice des actions qui dépendaient de l'immeuble indûment aliéné, et son consentement ne produit pas d'autres effets (Montbrison 4 avr. 1843; — Dél. 14 nov. 1843, D. N. t. 10 p. 491 n° 103).

**17846. Acquisition par le vendeur.** — L'aliénation du bien d'autrui peut se consolider encore, comme nous l'avons expliqué précédemment, par l'acquisition que le vendeur fait de la propriété. Cette convention opère le déplacement immédiat du *dominium* de l'objet, sans que la transmission se confonde avec celle dont le droit a été précédemment acquitté.

Il n'y a plus ici ni reconnaissance de mandat ni ratification : l'acte prouve, au contraire, que le vendeur n'était ni le porte-fort ni le gérant d'affaires du propriétaire. L'acquisition conserve donc son caractère translatif, et l'impôt devient régulièrement exigible. Nous approuvons l'Administration de l'avoir ainsi décidé par une Sol. 25 janvier 1841 (Dalloz v° *Enreg.* n° 2358).

1. DROIT DE SUCCESSION. — Mais l'acheteur, il faut le remarquer, ne conserve la propriété qu'un instant de raison. L'engagement antérieur qu'il a contracté envers son propre acquéreur l'astreint à transmettre immédiatement l'immeuble à ce dernier, et il n'est besoin pour cela d'aucune stipulation particulière, parce que cette conséquence est un effet légal de la vente du bien d'autrui. On ne pourrait donc pas se fonder sur une pareille acquisition afin de réclamer aux héritiers du vendeur décédé les droits de succession sur les immeubles dont il est devenu propriétaire, et qui n'ont fait sur sa tête qu'une impression fugitive.

**17847. Acquisition par l'acheteur.** — Il y aurait aussi, par les mêmes motifs, mutation sujette aux droits proportionnels si le propriétaire de l'objet mal à propos vendu déclarait formellement le vendre à l'acquéreur. Du moment que le contrat n'a plus le caractère d'une ratification pure et simple, mais affecte la forme et doit produire les effets d'une aliénation ordinaire, il est impossible de le dispenser du droit spécial à sa nature.

Si l'art. 60 L. 22 frimaire an 7 ne prohibait la restitution de l'impôt régulièrement perçu, il y aurait à imputer sur ce nouveau droit proportionnel celui qui a été antérieurement acquitté pour la vente désormais sans suite. Mais ces compensations sont défendues, et l'Administration supérieure pourrait seule, dans un esprit d'équité, modérer à un droit unique l'impôt applicable à une seule mutation. Il n'est pas sans exemple qu'elle ait fait abandonner de semblables créances.

**17848. Action en revendication. — Cession.** — Ce que nous disons de la vente de l'immeuble s'applique-t-il à l'action en revendication du propriétaire? Par conséquent, si ce dernier, au lieu de céder l'immeuble lui-même à l'acheteur, se bornait à renoncer, moyennant un prix, au droit qui lui appartient de provoquer l'annulation du contrat, ce désistement accepté serait-il une mutation immobilière donnant ouverture à l'impôt proportionnel?

L'Administration l'a pensé ainsi dans l'espèce suivante :

Un individu ayant vendu un immeuble qui ne lui appartenait pas et qu'une commune revendiquait, celle-ci s'est désistée de son droit de revendication, moyennant l'obligation qu'a contractée le vendeur de lui payer une somme déterminée. L'Administration, invoquant l'art. 526 C.C., a décidé qu'il y avait lieu d'exiger une déclaration estimative de la valeur des droits cédés par la commune, afin de percevoir sur cette valeur 5 fr. 50 cent. pour 100 (Sol. 25 janv. 1841, 12676 J. E.). Cette interprétation est la conséquence du système que l'on avait d'abord tenté de faire prévaloir au sujet des transactions, en soutenant que dans le cas même où le contrat ne change pas l'état de possession des parties, l'abandon des prétentions d'un des adversaires consenti moyennant une somme d'argent équivaut à la cession d'une action immobilière sujette au droit de 5 fr. 50 cent. pour 100 (Dél. 12 juin 1829). La renonciation du propriétaire à demander l'annulation de la vente n'est, en effet, que le résultat d'une transaction, puisque c'est pour éviter le procès que l'acheteur ou le vendeur consent à payer une somme d'argent. Mais la doctrine de l'Administration sur ce point, condamnée par les tribunaux de Rouen, le 28 novembre 1837, de Cambrai, le 31 août 1842, et de la Seine, le 3 janvier 1850 (1534, 6497 et 8908 C.), est aujourd'hui tout à fait abandonnée (V. 1229 § 11 I. G. et v° *Transaction*).

On considère que l'action n'est pas transmise dans le sens légal du mot, puisqu'elle s'éteint et qu'elle est désormais non avenue. Le seul droit exigible serait donc celui d'obligation ou de quittance.

**17849. Payement de l'indemnité due par le vendeur.** — Le vendeur du bien d'autrui qui ne peut transférer à son acheteur la propriété de la chose est tenu de l'indemniser. De quelque façon qu'il se libère, le contrat ne saurait opérer une rétrocession, puisque l'objet n'a jamais été transmis.

L'annulation de la vente subit alors le droit applicable aux engagements dans lesquels vient se résoudre l'obligation primitive du vendeur. S'il verse une somme d'argent ou s'il promet de la payer à titre de dommages, il y a payement ou promesse d'indemnité passible du droit de 50 centimes pour 100 (Sol. 2 fév. 1836, Dél. 11 juin 1825, D. N. t. 12 p. 717 n° 204).

Ce principe doit se combiner néanmoins avec les règles spéciales de la transaction. Quand c'est à la suite d'un contrat de l'espèce que l'acheteur consent, moyennant une somme d'argent, à abandonner la propriété dont il était investi, il n'est pas légalement établi que les parties soient dans le cas de la vente du bien d'autrui, puisque l'une d'elles le conteste précisément. On devrait alors s'en tenir aux principes généraux des résolutions volontaires, tels que nous les avons exposés dans le chapitre précédent, n° 7. C'est ce que l'Administration a décidé, le 3 mars 1835, dans les circonstances suivantes : Monyret, après avoir vendu un domaine à de Gramont, aliéna encore à des tiers deux parcelles, que le premier acquéreur soutint avoir été comprises dans son acquisition.

Un procès s'étant engagé entre eux et les tiers sur ce point, il intervint une transaction par laquelle les derniers acquéreurs consentirent à considérer leur vente comme non avenue, moyennant le remboursement de la somme qu'ils avaient payée au vendeur. Le droit de rétrocession à 5 fr. 50 cent. pour 100 fut perçu, et l'Administration le maintint, en se fondant sur ce que l'acte contenait une résolution volontaire de contrat de vente et qu'aux termes de deux arrêts de la C. Cass., en date des 30 janvier 1815 et 15 mars 1820, toute résolution volontaire de vente est passible du droit proportionnel, comme emportant rétrocession. — (V. *Résolution*).

Si le vendeur abandonne d'autres immeubles, c'est une dation en payement qui autorise la perception du droit immobilier, ainsi que l'a reconnu en ces termes une Dél. des 18-30 novembre 1836 : « L'action, dit-elle, qui résulte de la vente du bien d'autrui est réglée par d'autres dispositions que celle relative à la garantie de la contenance. Ce sont des dommages-intérêts que peut réclamer l'acquéreur, ce ne sont point d'autres biens en remplacement. Ce remplacement est un acte purement volontaire, un nouveau contrat.

Les règles qui déterminent l'Administration à ne point percevoir un nouveau droit sur la valeur des biens cédés par suite de moins de mesure ne peuvent s'appliquer au cas d'immeubles cédés pour tenir lieu de biens indûment vendus.

Dans ce dernier cas, il s'opère réellement une mutation qui n'a pas été soumise au droit, et on ne peut imputer sur celui qui est dû celui qui a été perçu sur un autre acte » (Dalloz 237-3). — La même solution a été également appliquée par un jugement du tribunal de Liége du 24 février 1866 (2337 R. P.).

Nous avons donc pu enseigner dans nos éditions précédentes que, si, par une transaction à l'effet d'éviter une action en résolution, un mari qui avait vendu un propre de sa femme sans intervention de celle-ci obtient de son acquéreur le désistement de ses droits moyennant la remise d'un bien à lui propre, il s'opère un échange sujet au droit de 2 fr. 50 cent. pour 100.

**17850. Erreur de désignation.** — Il faudrait décider autrement néanmoins s'il était reconnu que le premier contrat ne contient pas une vente véritable du bien d'autrui, mais renferme une simple erreur de désignation dont le second acte opère le redressement. Alors, en effet, c'est l'immeuble indiqué au dernier contrat qui a été véritablement aliéné, et le vendeur n'a jamais pris d'autre engagement que d'en transférer la propriété à l'acheteur. Dès lors, quand il complète le titre de la mutation en rectifiant les erreurs commises dans la rédaction de l'acte primitif, il accomplit simplement son obligation. Le tribunal de Soissons l'a décidé en ce sens le 21 juin 1854, par un jugement dont les motifs ont été approuvés dans une Dél. du 10 octobre suivant : « Attendu qu'il n'est pas exact de dire qu'il y a eu vente de la chose d'autrui; car, pour cela, il faut que le vendeur ait eu cette chose en vue, qu'il ait eu l'intention de la vendre, soit qu'il l'ait fait frauduleusement, soit qu'il l'ait fait de bonne foi. Or, J... n'a pas eu en vue les pièces de la dame A..., mais les siennes. La vérité est qu'il a voulu vendre les pièces qui lui appartenaient ; c'est par une erreur de désignation que celles de la dame A... ont été vendues; l'acte rectificafif ne contient donc pas une nouvelle vente des pièces de J..., mais une reconnaissance de celles réellement vendues. C'est un acte d'exécution tarifé par l'art. 68 § 1er n° 7 de la loi de l'an 7. »

Il a été également jugé par le tribunal de Tournai, le 7 mars 1871, que, lorsque les parties rectifient l'erreur de désignation applicable à des immeubles compris dans une vente antérieure, le second contrat n'est point une vente nouvelle passible du droit proportionnel (3555 R.P.).

## CHAPITRE IV. — DÉLAI DANS LEQUEL DOIT ÊTRE ENREGISTRÉE LA VENTE D'IMMEUBLES. PEINE EN CAS DE RETARD

[17851]

**17851. Renvoi.** — Aux termes de l'art. 22 L. 22 frimaire an 7, les actes qui sont faits sous signature privée et qui portent transmission de propriété ou d'usufruit de biens immeubles doivent être enregistrés dans les trois mois de leur date, à peine du double droit.

Tous les développements que comporte cette disposition législative ayant été donnés sous les nos 11427 et suiv., nous y renvoyons le lecteur.

1. CONDITION SUSPENSIVE. — DROIT EN SUS. — Lorsqu'une vente d'immeubles dûment enregistrée au droit fixe a été faite sous une condition suspensive, le défaut de payement du droit proportionnel dans les 3 mois de la réalisation de la condition donne lieu au droit en sus. — *V.* 4954.

2. LOI DU 23 AOUT 1871. — La loi du 23 août 1871 a édicté quelques dispositions particulières au sujet de l'enregistrement des actes translatifs d'immeubles et des peines de retard. Nous en avons présenté le développement à propos des baux écrits, auxquels ces dispositions sont également applicables. — *V.* aussi *Mutation.*

## CHAPITRE V. — DISPOSITIONS INDÉPENDANTES

[17852-17879]

**17852. Autorisation.** — L'autorisation donnée à sa femme par le mari dans l'acte même de vente afin de l'habiliter à coopérer au contrat est une disposition dépendante affranchie d'un droit particulier (Sol. belge 18 mars 1868, 2844 R.P.).

**17853. Bail à nourriture.** — Lorsque, dans un acte de vente, il est stipulé que si le vendeur veut aller demeurer avec l'acquéreur, celui-ci le recevra, moyennant le payement d'une rente viagère; il n'est dû aucun droit particulier sur cette clause, car, outre que cette obligation est purement éventuelle, elle doit être considérée comme une condition de la vente ; elle n'est qu'un mode de payement des intérêts de la vente se confondant avec la stipulation principale relative au prix (Sol. 26 sept. 1832, 10446 J.E. ; — 13 août 1868, 3001 R.P.).

Fréquemment aussi, il arrive que l'acheteur d'une usine mpose au vendeur l'obligation de prendre chez lui, en compensation de tout ou partie des intérêts du prix, certaines denrées ou produits de la fabrication future. Cette clause donne-t-elle lieu à un droit particulier? Nous avons enseigné l'affirmative au mot *Bail*, et nous nous référons à nos explications.

**17854. Cautionnement.** — Nous avons aussi indiqué, au mot *Cautionnement*, les cas dans lesquels le droit proportionnel de 50 centimes pour 100 est exigible quand le donateur d'un immeuble se joint au donataire pour consentir solidairement à la vente du bien.

1. GARANTIE EN CAS D'ÉVICTION. — Spécialement, si les enfants du vendeur se portent garants envers l'acquéreur pour le remboursement, en cas d'éviction, du prix de la vente et de la valeur des améliorations à faire à l'immeuble dont le chiffre est déterminé, le droit de cautionnement est exigible et sur le prix de la vente et sur la valeur des améliorations estimées (Cass. 17 mai 1841, 10994 J.N., 12764 J.E., 1661 § 3 I. G.; — Dél. 6 déc. 1833, 10794 J.E.). — *V.* 3571-1.

2. COMMAND. — Si l'acquéreur reste solidairement obligé au payement du prix avec le command élu, le droit de cautionnement est exigible. — *V.* 3972 et suiv.

3. CURATEUR. — TUTEUR. — Lorsque, dans un acte d'acquisition, une clause porte que le curateur d'un mineur émancipé se fait fort, au besoin, de l'exécution pleine et entière des obligations contractées par ce mineur, cette clause constitue une garantie mobilière passible du droit de 50 centimes pour 100, attendu que l'intervention du curateur n'a pas pour objet de prêter au mineur l'assistance qui lui est nécessaire dans le cas prévu par l'art. 482 C. C., mais de rendre l'intervenant personnellement passible des obligations contenues dans cet acte, si elles étaient invalidées, dans le cas prévu par l'art. 484 du même Code (Sol. 12 avr. 1821, 6937 J.E., D. N. t. 13 p. 439 n° 608).

Mais si le tuteur, dans l'acte de vente du bien de son pupille, se contente de promettre de faire ratifier la vente à la majorité du mineur, le droit de cautionnement n'est pas exigible; on ne peut voir, en effet, dans la stipulation une obligation personnelle de la part du tuteur, car il se contente de garantir la vente au nom du vendeur, ce qui est de droit et constitue une clause qui est de l'essence du contrat de vente (D. m. f. 12 janv. 1818, 5959 J. E.).

4. PORTE-FORT. — La garantie donnée dans l'acte de vente par celui qui vend ou acquiert, comme se portant fort pour l'acquéreur ou le vendeur, ne donne pas ouverture à un droit particulier de cautionnement. — V. *Cautionnement.*

**17855. Cession de bail.** — La clause d'un contrat de vente portant que l'acquéreur continuera avec la ville le service de l'abonnement des eaux, en payant le prix à la décharge du vendeur, constitue une cession de bail indépendante de la vente et donnant lieu à un droit particulier (Marseille 13 janv. 1888, 3098 R.P.).

**17856. Cession de créances.** — S'il est convenu que l'acheteur touchera la totalité du fermage de l'année courante, dont une partie revient au vendeur, mais qu'il payera au vendeur 400 francs pour cela en sus du prix, cette clause constitue une cession de fermages passible du droit de 1 pour 100 (D. N. t. 13 p. 441 n° 624).

**17857. Clause éventuelle.** — La clause d'un contrat de vente par laquelle le vendeur se réserve le droit d'aller habiter chez l'acquéreur, qui le nourrira moyennant une pension déterminée, ne donne lieu à aucun droit particulier; elle est tout à fait éventuelle (Sol. 26 sept. 1832, 10445 J.E.).

**17858. Compensation.** — La compensation du prix ou d'une partie du prix d'acquisition avec une créance de l'acquéreur sur le vendeur ne donne pas lieu au droit de quittance. C'est un mode de payement. — V. *Compensation*.

**17859. Consentement.** — Le consentement donné par les enfants à la vente que fait leur père à l'un d'eux étant nécessaire pour valider la vente, ne peut être considéré comme une disposition indépendante; dès lors, il ne donne pas ouverture à un droit particulier (Sol. 23 avr. 1830, 9985 J.E., 7282 J.N., D.N. t. 3 p. 668 n° 19).

On a décidé qu'il en était de même : 1° de l'intervention d'un tiers pour renoncer à inquiéter l'acquéreur pour quelque cause que ce soit (Sol. 30 mars 1865); — 2° si l'enfant du vendeur intervient dans l'acte de vente fait par son père à un étranger pour y consentir (16787-1 J.E.).

1. PLURALITÉ. — Le consentement par plusieurs créanciers hypothécaires à l'exécution d'une adjudication d'immeubles faite au profit de plusieurs adjudicataires non solidaires est passible d'autant de droits fixes de 2 francs (3 fr.) qu'il y a de créanciers consentants, sans égard au nombre des adjudicataires (Dél. 28 mars 1843, D. N. t. 2 p. 668 n° 21).

De même du consentement par les créanciers inscrits à la vente amiable des immeubles saisis (Sol. 24 janv. 1870, 19336 J. E.).

**17860. Décharge. — Titre de propriété.** — Le tribunal de la Seine a jugé, le 26 avril 1843 (13361 J.E.), que la décharge donnée par l'acquéreur au vendeur des titres de propriété qui lui sont remis donne ouverture au droit de décharge.

Nous ne pouvons que faire remarquer, au sujet de cette décision, que la question de savoir si le droit de décharge était exigible dans l'espèce n'a fait l'objet d'aucun examen de la part des juges : « En ce qui concerne le droit fixe de 2 francs pour décharge, porte le jugement, attendu que la perception en a été régulièrement opérée. »

Un semblable considérant ne peut évidemment avoir aucun poids pour la solution de la question; aussi n'hésitons-nous pas à dire que la remise des titres de propriété par le vendeur à l'acquéreur est tellement de l'essence du contrat de vente qu'il nous semble impossible de donner une raison plausible pour justifier la perception d'un droit particulier de décharge.

**17861. Déclaration d'origine de deniers.** — Il faut voir une disposition dépendante dans la déclaration d'origine de deniers faite dans un acte quelconque (V. 5907). Ainsi donc, la déclaration dans un acte de vente, par un mari, que le prix qu'il paye provient des deniers dotaux de sa femme n'opère pas un droit particulier (Sol. 15 juin 1830, 10431 J.E.).

**17862. Délégation.** — En ce qui concerne les délégations, cessions ou transports de créances stipulés dans le contrat de vente par l'acquéreur, au profit du vendeur, pour se libérer du prix de la vente, V. *Délégation*.

**17863. Dépôt. — Service d'une rente.** — Un notaire reçoit un acte de vente et en retient le prix, à la charge d'acquitter une rente viagère due par le vendeur et de rendre le capital à l'extinction de cette rente. Cette disposition n'est point un dépôt, puisque le prix de la vente doit porter intérêt et que le vendeur n'est pas libre de le retirer à volonté ; ce n'est pas non plus un séquestre conventionnel, dans le sens de l'art. 1956 C. C., puisque le séquestre suppose toujours une chose *contentieuse*, circonstance qui ne se rencontre pas dans l'espèce. La clause dont il s'agit est, de la part du notaire, au profit du vendeur, une obligation sujette au droit proportionnel. — *V.* 6231.

1. NOVATION. — Lorsque les créanciers opposants, pour empêcher la consignation, consentent que le prix de la vente reste entre les mains de l'acquéreur, sans intérêts, et convertissent ainsi le prix de la vente en dépôt, le droit d'obligation est exigible. — V. *Novation*.

**17864. Donation.** — Lorsque, dans une licitation faite au profit d'un particulier, par son père et ses frères et sœurs, des neuf-dixièmes indivis d'une maison dépendant de la communauté qui a existé entre le père et son épouse, une clause charge l'acquéreur de payer entre les mains du père une rente viagère de 300 francs créée sur sa tête et formant le prix principal de la vente, on ne peut considérer cette clause comme constituant une donation mobilière, parce que le pouvoir de toucher la rente viagère n'est point une donation (D. m. f. 24 août 1821, 151 Roll.).

Si, dans son contexte, un acte contient vente d'un immeuble moyennant 30,000 francs et donation du tiers de cette somme à l'acquéreur, on doit percevoir le droit de vente sur 30,000 francs, et celui de donation mobilière sur 10,000 francs. Il n'est pas permis de décider qu'en résultat il y a mutation moyennant 20,000 francs, et que le droit est dû seulement sur cette somme (Cass. 14 mai 1817, 2275 J. N., 5863 J.E., S. 17-1-278 ; — Dél. 11 mars 1814, D. N. t. 5 p. 96 n° 575 ; — Châlons-sur-Marne, 29 janv. 1873). C'est un point que nous avons établi déjà au n° 17684 et précédemment encore à propos des cessions d'offices ou de droits successifs n^os^ 7058, 7149 et 11789.

**17865. Garantie de jouissance.** — La disposition d'un contrat de vente par laquelle le vendeur garantit à l'acheteur la perception des fermages de l'immeuble actuellement loué et dont cet acquéreur ne doit jouir lui-même qu'à l'expiration de la location ne donne lieu à aucun droit particulier. Cet engagement du vendeur n'est qu'une conséquence de l'obligation de garantie imposée par la loi, et il est ainsi une condition de la vente (Sol. 8 juill. 1867, 2591 R. P., 18422 § 9 J.E., 19136 J.N.).

**17866. Mandat. — Obligation.** — Si le notaire rédacteur est chargé de toucher le prix de la vente et de le conserver entre ses mains pour en payer l'intérêt à l'usufruitier jusqu'à son décès, il y a obligation et non simple mandat, car cette clause est exorbitante du mandat ordinaire, d'après lequel le mandataire doit rendre immédiatement au mandant les sommes qu'il touche, et n'en doit les intérêts que dans le cas où il en aurait, sans droit, fait emploi à son profit (Sarreguemines 26 déc. 1837, 11940 J. E.).

Constitue une disposition indépendante donnant lieu à un droit particulier de 2 francs (3 fr.) sur le procès-verbal d'adjudication la clause du cahier des charges d'une vente publique d'immeubles contenant stipulation que, s'il y a lieu de remplir les formalités de purge, il y sera procédé par les soins du notaire instrumentant, à qui les acquéreurs sont censés donner tous mandats nécessaires et définitifs (Sol. belge 11 avr. 1857, 7652 J. E. belge).

**17866 *bis*. Mainlevée.** — *V.* 11036-4.

**17867. Marché.** — 1. MAISON A CONSTRUIRE. — L'entrepreneur qui s'engage envers moi à construire un bâtiment sur mon terrain ne me transmet certainement aucune propriété immobilière ; l'objet de sa promesse est une simple obligation de faire dont l'inexécution l'expose seulement à des dommages-intérêts. Réduite à ces termes, la convention a le caractère du louage de services ou du marché, et elle donne ouverture au droit de 1 pour 100. Il importe peu que l'entrepreneur ait été propriétaire du terrain destiné aux constructions, et même qu'il me l'ait vendu par l'acte dans lequel il a pris l'obligation de faire les travaux. En droit, ces deux engagements sont différents l'un de l'autre, et ce n'est pas leur simultanéité d'origine qui peut les confondre. L'individualité de ces conventions résultera, la plupart du temps, des termes de l'acte, des époques d'entrée en jouissance, des stipulations différentes sur le payement du prix, et d'autres circonstances semblables ; mais quand elle sera établie, on devra considérer le contrat comme une vente du sol et un marché de constructions à faire, c'est-à-dire percevoir séparément le droit de vente et celui du marché. Le tribunal de Troyes l'a ainsi décidé par un jugement du 10 mai 1843, dans un cas où l'engagement de construire faisait l'objet d'une disposition tout à fait indépendante de la vente du terrain ; et sa décision a été approuvée par une Dél. 19 janvier suivant (12169 J.N. — *V.* dans le même sens Sol. 8 déc. 1832, 3944 Roll. et 10 déc. 1844, D.N. t. 13 p. 441 n° 625, ainsi que l'art. 5135).

Quand la convention a pour objet la vente de la maison considérée comme achevée, c'est le droit de vente immobilière qui est exigible (17763).

Enfin, on a considéré comme renfermant deux dispositions indépendantes, une vente immobilière et un marché pour construction, l'acte portant vente d'une maison nouvellement construite, avec obligation pour le vendeur de la mettre immédiatement en parfait état d'achèvement, propre à être habitée, et moyennant une somme qui comprend le coût des travaux à faire. « Considérant, a dit l'administration belge, que l'acte comporte l'appréciation d'après laquelle il y a eu entre parties : 1° une vente ayant pour objet la maison telle qu'elle existait au jour de l'acte ; — 2° un marché embrassant les travaux restant à faire ; que l'intention des parties de conclure une double convention se révèle spécialement par la circonstance qu'il est stipulé que le vendeur sera soumis envers l'acquéreur à la responsabilité établie par l'art. 1792 C. C. ; que l'engagement de mettre la maison en parfait état d'achèvement ne peut être envisagé comme tenant lieu d'aucune des obligations du vendeur et forme une disposition distincte et indépendante de la vente » (Champ. et Rig. n° 1498, Sol. 27 mars 1874, 12286 J. E. belge).

2. RECOUVREMENT. — Le droit de 1 franc pour 100 comme marché est dû lorsque, dans une adjudication d'immeubles, le notaire est chargé du recouvrement du prix, moyennant une remise convenue (Sol. 8 déc. 1831, 10482 J. E., 17486-2 J. E.) — V. *Adjudication* et *Marché*.

**17868. Nomination d'experts.** — Toute nomination d'experts dans une vente d'immeubles pour estimer l'immeuble vendu et arbitrer la somme que l'acquéreur aura à payer au vendeur ne peut donner lieu à un droit particulier (7265, 7819 J. E.). — *V.* 8383-4.

**17869. Obligation.** — La vente étant tarifée par la loi, il en résulte que le droit auquel le contrat est soumis embrasse l'obligation corrélative d'en payer le prix (V. *Obligation*) ; c'est, au surplus, ce qui résulte formellement de l'art. 10 L. 22 frimaire an 7, lorsque l'obligation de payer le prix se trouve constatée dans l'acte même de vente. — *V.* 541.

1. BILLETS. — Lorsque, dans un contrat de vente, le prix est payé en billets, dont le notaire rédacteur reste dépositaire, le droit proportionnel n'est pas dû à cause de ces billets même souscrits pour les intérêts à échéoir ( Dél. 29 mai 1819, 3127 J. N.), mais on doit exiger un droit fixe pour le dépôt (Dél. 30 nov. 1825, 1187 § 13 I. G. — *V.* 13206.

Cependant, si le notaire est chargé de faire le recouvrement des billets, il y a lieu de percevoir, outre le droit de vente, un droit fixe de 2 francs (3 fr.) pour le dépôt et un droit de 50 centimes pour 100 pour les billets (D. m. f. 13 nov. 1810, 4036 J. E., 714 J. N., D. N. t. 13 p. 440 n° 616).

Quoique, dans une vente dont le prix n'est pas payé comptant, il soit dit que l'acquéreur a souscrit des billets à ordre pour le montant des intérêts, il n'est pas dû de droit sur cette disposition (6416 J. E.).

2. PRIX A TOUCHER PAR LE MARI. — Lorsqu'il est stipulé, dans un contrat de vente d'immeubles propres à la femme, que le prix en sera touché par le mari, commun en biens, lequel affecte différentes propriétés à la garantie de cette somme, il n'y a pas lieu de percevoir, à cause de cette affectation, un droit proportionnel d'obligation, puisqu'en sa qualité d'époux de la venderesse, il a seul droit de recevoir. (392 I. G.) — Ce droit ne serait dû que s'il était bien constant que le mari reçoit le prix à titre d'emprunteur et non comme mandataire (Dél. 19 mai 1815, 5129 J. E.). — *V.* 5786, 11968.

3. COPROPRIÉTAIRE DE LA FEMME. — Mais si partie de la somme touchée appartenait à un tiers comme copropriétaire avec la venderesse, qui était son mandataire, le droit de 1 franc pour 100 serait incontestablement dû sur cette portion de prix (Dél. 11 sept. 1824, 1022 Roll.).

4. FRAIS D'ACTE. — Si le vendeur s'oblige à payer les frais de contrat et l'acquéreur à lui en rembourser le montant dans un délai déterminé avec intérêts à 5 pour 100, il y a obligation passible de 1 pour 100. En effet, les frais de transmission sont à la charge de l'acquéreur ; quand le vendeur les paye sans répétition, il y a diminution du prix ; mais si l'acquéreur s'engage à les restituer, le vendeur devient créancier de son avance, qui forme en réalité un prêt, alors surtout qu'il y a stipulation d'intérêts (Marseille 21 mars 1859, 1197 R. P., 16933 J. E.) — *V.* 17872-1.

**17870. Partage.** — Un droit particulier de partage n'est pas dû lorsque, dans une adjudication d'immeubles, faite devant notaire, les acquéreurs partagent entre eux un lot dont ils se sont rendus conjointement adjudicataires (Dél. 14 avr. 1824, 900 Roll., 4695 J. N. — *V.* 516 n° 153, D. m. f. belge 28 janv. 1860, 8481 J. E. belge) ; — lors même que le partage serait fait inégalement entre les acquéreurs (Dél. 25 août 1826, 5924 J. N.).

Il en serait autrement si des soultes prises en dehors de l'objet acquis et de la masse à partager étaient payables à l'un des copartageants ; dans ce cas, le droit de partage et celui de soulte deviendraient exigibles, indépendamment du droit de vente (Dél. 28 sept. 1827, 1229 § 7 I. G.).

Cette question est plus amplement traitée au n° 12480.

**17871. Pluralité d'acquéreurs.** — Lorsqu'un acte renferme plusieurs ventes, faites par un seul vendeur à plusieurs personnes distinctes sans solidarité, et avec stipulation d'un prix unique, il faut, pour la liquidation du droit, que les parties fournissent la déclaration du prix de chaque acquisition. Bien qu'il n'ait été stipulé qu'un prix unique, il n'en résulte pas que les différentes ventes aient eu lieu conjointement, de manière à ne créer qu'un seul lien de droit entre le vendeur et les acquéreurs ; d'après ce qui est enseigné par Champ. et Rig. (n°s 3152 et 3243), lorsqu'un acte contient plusieurs ventes, chacune d'elles doit être l'objet d'une liquidation séparée ; et pour que cette liquidation soit possible, il est nécessaire que les parties dégagent du prix total la portion applicable à chacune des acquisitions (Sol. belge 11 juin 1864, 9691 J. E. belge).

Mais la vente d'un immeuble indivis entre plusieurs propriétaires, faite moyennant un prix attribué à chaque vendeur dans la proportion de ses droits, donne ouverture au droit de vente sur le prix stipulé, et non sur la part revenant à chaque vendeur, car la division de ce prix est étrangère à l'acquéreur (12542-1 J. E.).

De même lorsque des immeubles appartenant à des propriétaires différents ont été exposés en vente et adjugés simultanément pour un prix unique, il existe une vente unique et il n'y a pas à faire ventiler le prix revenant à chaque vendeur (Sol. belge 20 déc. 1877, 13484 J. E. belge).

**17872. Prix reçu par l'un des vendeurs.** — Après avoir vendu solidairement un immeuble qui leur appartient en commun, l'un des deux vendeurs retire seul le prix : le droit d'obligation n'est pas dû sur la part revenant à l'autre vendeur, attendu que jusqu'à partage l'un des deux vendeurs peut conserver le prix, qui est indivis, sans qu'il y ait dette proprement dite, mais seulement compte à rendre.

Dans le même ordre d'idées, il faut décider que le droit n'est pas exigible sur la clause d'un acte de vente d'un immeuble de communauté, par un père et ses trois enfants, d'après laquelle le père, qui reçoit seul le prix, doit en tenir compte à ses enfants lors de la liquidation à intervenir de la succession de la mère.

Le contraire résulte cependant d'une solution de l'administration belge, du 29 décembre 1863, portant : « qu'une telle clause est étrangère au contrat de vente ; que l'on ne saurait y reconnaître l'exécution d'un mandat dont l'acte ne fait pas mention ; que, soit qu'on l'envisage comme constituant un dépôt de sommes, soit qu'on lui attribue les effets d'une obligation, cette stipulation tombe sous l'application de l'art. 69 § 3 n° 3 L. 22 frimaire an 7, pour la somme excédant les droits des mandataires dans le prix payé. » Mais cette conclusion ne nous paraîtrait acceptable que s'il résultait des termes de la clause que le prix est remis à titre de prêt.

Dans tous les cas, il est impossible de voir dans une stipulation de l'espèce une donation faite au covendeur chargé de recevoir le prix. Le tribunal de Bayeux l'a décidé avec raison au sujet de la clause d'un contrat de vente par laquelle les vendeurs stipulaient que les intérêts du prix seraient versés entre les mains de leur père covendeur : « Il ressort clairement de cette stipulation que les enfants conféraient à leur père le mandat de recevoir pour eux et de centraliser des intérêts dont le payement serait, autrement, devenu très-onéreux par suite de l'éloignement des ayants droit et de la division en huit fractions des intérêts de chaque année ; qu'il a toujours été licite et permis de prendre un tiers présent ou non présent à un contrat comme intermédiaire entre plusieurs parties » (20 juill. 1870, 3244 R. P.).

1. PRIX PAYÉ AU NOTAIRE. — Lorsque les frais de l'acte mis à la charge du vendeur sont payés par l'acquéreur, en déduction du prix, au notaire, *qui en donne quittance*, le droit de quittance est exigible (Limoges 20 juin 1849, 13899 J.N., 8798 C., Champ. et Rig. t. 6 n° 306). — V 17869-4 et *Quittance*.

**17873. Procuration.** — Nous avons émis l'avis, dans nos éditions antérieures, que le droit de procuration ne pouvait pas même être exigé quand l'un des covendeurs est chargé de retirer seul le prix. Cette opinion a été confirmée par une Sol. 12 septembre 1866 (2360 R. P.), d'après laquelle « lorsque l'un des vendeurs d'un immeuble indivis est chargé de toucher la totalité du prix au nom de ses covendeurs, cette clause ne saurait donner lieu à un droit particulier de mandat ; attendu que, d'une part, il existe entre les vendeurs une communauté d'intérêts de nature à justifier la faculté laissée à l'un d'eux de toucher le prix, sauf à en rendre compte si un partage ultérieur ne lui en conférait la propriété (art. 883 C. C.) ; que, d'autre part, la stipulation ne constitue qu'un mode de payement dérivant de l'acte de vente » (*Conf.* : D. N. t. 10 p. 235 n° 49 et t. 13 p. 442 n° 632, — *V.* aussi Cass. 22 nov. 1852, D. 52-1-323 et 18 janv. 1860, D. 60-1-402).

C'est ce qui résulte également d'une solution de l'administration belge du 21 septembre 1867 : « Considérant que le mandat conféré par L... à sa mère a exclusivement trait aux suites immédiates de la vente qu'ils ont solidairement consentie ; que tous les frais de l'acte dans lequel il est contenu, à côté de cette vente, ont été expressément laissés à la charge de l'acquéreur ; qu'il faut admettre que ce dernier n'est pas resté étranger à la constitution du mandat, qui apparaît ainsi dans des conditions d'intime dépendance, d'étroite corrélation avec la conclusion de la vente à laquelle elle doit l'existence ; que, dès lors, ce mandat n'a pas donné ouverture à un droit distinct de celui dont la convention principale est passible » (10572 J. E. belge). — La même doctrine a été appliquée par une D. m. f. belge du 17 novembre 1870, rendue dans un cas où des copropriétaires donnaient mandat à l'un d'eux de recevoir le prix d'une vente aux enchères de meubles faite à leur requête (11387 J. E. belge).

La clause qui charge le notaire rédacteur de toucher le prix constitue un véritable mandat passible du droit de 3 francs ; car cet encaissement ne rentre pas dans les attributions de cet officier public et forme un mandat distinct (C. Paris 20 nov. 1866, S. 67-2-3).

De même si, dans l'acte de vente, les parties remettent au notaire une somme déterminée pour payer tous les frais d'acquisition, il est dû un droit fixe de mandat (Sol. 30 août 1861).

1. PRIX PAYABLE EN L'ÉTUDE. — La simple indication que le prix sera payé en l'étude n'impute pas pouvoir au notaire de le toucher (V. *Mandat* n° 11123). Aucun droit n'est donc exigible.

**17874. Promesse de vente. — Obligation.** — Le prêt d'une somme avec stipulation qu'à défaut de remboursement à l'échéance le prêteur sera propriétaire de tel immeuble donne lieu au droit de 1 pour 100 sur l'obligation et de 3 francs sur la promesse de vente. — *V.* 4927, 11983.

**17875. Quittance.** — Aux termes de l'art. 10 L. 22 frimaire an 7, dans le cas de transmission de biens, la quittance donnée ou l'obligation consentie par le même acte, pour tout ou partie du prix, entre les contractants n'opère pas un droit particulier d'enregistrement.

Pour tout ce qui concerne l'application de cette disposition législative, *V.* 13286 et suiv.

1. FRAIS DE POURSUITES. — Lorsque les frais de poursuites d'une vente devant notaire commis sont payables en déduction du prix et que ces frais sont payés par l'acquéreur entre les mains du notaire rédacteur de l'acte, le droit de quittance est exigible (Limoges 2 juin 1849, 14788 J. E.). — *V.* 17869-4 et *Quittance.*

2. FRAIS D'ACTE. — Si les frais d'une vente dont le prix

est payé comptant ont été laissés à la charge du vendeur, ces frais, bien que déduits du prix pour la liquidation du droit de vente, ne sont pas passibles du droit de quittance. Leur payement au vendeur par l'acquéreur tombe sous l'application de l'art. 10 L. 22 frimaire an 7 (Sol. 29 mai 1845 et 30 avr. 1851).

3. CRÉANCIERS DU VENDEUR. — Il en est de même lorsque la quittance du prix de la vente est donnée par les créanciers du vendeur qui interviennent à l'acte pour recevoir le montant de leurs créances (Lyon 10 août 1841, 12817 J. E.; — Romorantin, 29 mars 1873). La solution devrait être la même si le prix de la vente était payé au précédent vendeur.

L'art. 10, en effet, n'exempte du droit que la quittance entre parties contractantes, et les créanciers, comme le précédent propriétaire, ne peuvent être considérés comme parties contractantes.

**17876. Renonciation à hypothèque.** — Si la femme n'intervient au contrat de vente d'un immeuble propre à son mari que pour renoncer à son hypothèque légale, un droit particulier est exigible sur cette renonciation, car, *n'étant pas covenderesse,* elle n'a pas à garantir la possession de la chose vendue, ce qui fait que sa renonciation est une disposition indépendante de l'acte de vente (Dél. 8 fév. 1833, 10558 J. E. — *Contrà* Dél. 4 juin 1818, 16 janv. 1827, 6093 J. E., 1785 Roll.).

Par application du même principe, il a été décidé que si, lors de la vente par un mari d'un immeuble à lui propre, la femme intervenait pour consentir à la conversion de ses reprises en une rente viagère que l'acquéreur s'engage à lui payer, il est dû, indépendamment du droit de vente, un droit de 2 pour 100 de constitution de rente (Sol. 28 avr. 1864).

Mais si la femme se porte covenderesse solidaire d'un immeuble propre à son mari et que par une clause spéciale du contrat elle déclare renoncer à son hypothèque légale sur l'immeuble vendu, il n'est pas dû de droit particulier à raison de la renonciation.

V. *Mainlevée.*

**17877. Rente viagère. — Constitution.** — Lorsque, par un même acte, l'usufruit d'un immeuble a été vendu à une personne, et que l'acquéreur de l'usufruit s'oblige à payer, sa vie durant, une somme annuelle à l'acquéreur de la nue-propriété, qui, à son tour, s'oblige à payer seul l'intégralité du prix de la vente, cette double obligation forme une disposition indépendante qui donne ouverture au droit de 2 pour 100, comme constitution de rente (Seine 21 fév. 1855, 16199 J. E.; — Cass. 26 juin 1855, 2054 § 10 I. G., 15565 J. N., 16109 J. E. — *V.* cep. Champ. et Rig. t. 6 n° 209).

« Attendu, porte l'arrêt, sur le premier moyen, en droit, que, suivant l'art. 11 L. 22 frimaire an 7, lorsqu'un contrat offre plusieurs dispositions distinctes, indépendantes et ne dérivant pas les unes des autres, il est dû au Trésor, pour chacune de ces dispositions et suivant sa nature, un droit particulier d'enregistrement; attendu, en fait, que la convention spéciale qui, dans l'acte du 20 janvier 1852, a pour objet de régler le mode de payement du prix de la vente en ce qui concerne l'usufruit, constitue une stipulation distincte de la vente, étrangère aux vendeurs et exclusivement relative aux acquéreurs, et rentrant dès lors sous l'application de l'art. 11 L. 22 frimaire an 7; attendu, sur le deuxième moyen, que la convention par laquelle l'acquéreur de l'usufruit s'oblige à payer, sa vie durant, une somme annuelle de 13,500 francs à l'acquéreur de la nue-propriété, qui, de son côté, consent à payer seul aux vendeurs l'intégralité du prix de vente, constitue un contrat de rente viagère *sui generis*, dans lequel se rencontrent les caractères imprimés à ces sortes de contrats par les art. 1709, 1710 et 1768 C. C., à savoir : l'aliénation à fonds perdu de la partie du prix de la vente payée par l'acquéreur de la nue-propriété, applicable à la valeur de l'usufruit, service *incertain* quant à sa durée; et que, pour avoir décidé que cette constitution de rente viagère devait payer un droit de 2 pour 100, le jugement attaqué, loin d'avoir violé la loi, en a fait une juste application. »

**17878. Réserve de jouissance. — Bail.** — S'il est convenu que le vendeur conservera, moyennant un certain prix annuel et pendant une période déterminée, la jouissance de l'immeuble, il y a bail passible du droit de 20 centimes pour 100. — V. *Bail.*

**17879. Réversibilité. — Donation.** — Nous avons examiné, sous les n$^{os}$ 6693 et suiv., l'effet que produit la clause de réversibilité du prix de la vente sur la tête d'un tiers; nous n'avons rien à ajouter aux développements que nous avons donnés à cette question.

1. ASSOCIATIONS. — RÉVERSIONS. — Lorsque plusieurs associés conviennent que les immeubles acquis en commun appartiendront aux survivants, le décès des prémourants donne lieu à une mutation passible du droit à titre onéreux. Tout ce qui concerne cette importante matière a été examiné aux mots *Associations* (n$^{os}$ 2314 et suiv.) et *Sociétés* (n° 15230).

## CHAPITRE VI. — QUESTIONS DIVERSES

[17880-17916]

**17880. Acte de complément.** — Les contrats de vente peuvent être suivis d'actes rectificatifs ayant le caractère de complément et sujets au droit fixe. Nous en avons traité au mot *Acte nul et refait.*

Voici quelques décisions spéciales qui confirment les principes développés à cet endroit.

1. VENTE ANNULÉE. — Lorsque la vente d'un immeuble a été annulée et que le tribunal a laissé aux possesseurs l'option ou de restituer l'immeuble ou de payer une somme déterminée, un nouveau droit proportionnel de mutation n'est pas exigible sur l'acte qui constate le payement de cette somme par les possesseurs évincés, qui restent ainsi propriétaires de l'immeuble, attendu que cet acte n'est que l'exécu-

tion du jugement (Cass. 24 août 1841, 12845 J. E., 11070 J. N., S. 41-1-771).

2. VENTE MAINTENUE. — On ne peut exiger que le droit fixe sur un acte constatant la remise d'une somme fixée par un arrêt de cour d'appel qui a maintenu un acte de vente, à la charge par l'acquéreur de payer à l'héritier du vendeur la somme dont il s'agit (Cass. 24 août 1841, 6394, 6396 Roll.).

3. ACQUISITION EN COMMUN. — CESSION DE JOUISSANCE. — Deux individus ont acquis une maison, par acte notarié, pour en jouir en commun leur vie durant. Ils conviennent ensuite, par un acte sous seing privé, que l'un d'eux aura la jouissance de la totalité de la maison, en payant à l'autre une rente de 1,000 francs. Un jugement du tribunal de la Seine avait décidé que ce second acte n'était que la suite et le complément du premier.

Mais l'Administration a soutenu qu'il était translatif de jouissance d'immeubles. Le pourvoi a été admis par arrêt de la Cour de cassation, le 18 juillet 1825, et le droit a été payé (8324 J. E.).

**17881. Acte à la suite d'un autre.** — Les nombreuses questions qui, en matière de vente, se rattachent à la défense de l'art 23 L. 22 frimaire an 7, d'écrire deux actes à la suite l'un de l'autre, ont été passées en revue sous le mot *Acte écrit à la suite d'un autre*; le lecteur peut donc s'y reporter.

**17882. Acte à double date.** — Du moment qu'un acte de vente qui porte deux dates s'est trouvé parfait à sa première date, il doit être enregistré dans le délai voulu à partir de cette date, sous les peines portées par la loi. Toute la difficulté roule sur le point de savoir quand le contrat a acquis sa perfection; à cet égard nous renvoyons au mot *Acte imparfait*.

**17883. Acte nul et refait.** — L'adjudication d'un immeuble prononcée au profit de celui qui déjà l'avait acquis par contrat volontaire n'est pas passible d'un nouveau droit de mutation, si le prix n'est pas supérieur à celui de l'acte d'aliénation, et lors même que cet acte aurait été annulé par suite d'une saisie antérieure. — Sur ce point, V. *Acte nul et refait*.

**17884. Acte passé en conséquence d'un autre.** — Nous avons épuisé sous ce mot l'examen des difficultés que peuvent faire naître les dispositions législatives qui prescrivent de ne rédiger aucun acte en conséquence d'un autre acte avant que cet acte ait été enregistré, ou sans qu'il soit écrit sur du papier timbré et du timbre prescrit.

**17885. Acte relatif à des biens situés à l'étranger.** — La vente de biens situés à l'étranger ou dans les colonies où l'enregistrement n'est pas établi est soumise à une législation particulière que nous avons indiquée au mot *Acte passé hors du territoire*.

**17886. Acte produit au cours d'instance.** — Si une mutation immobilière ayant plus de trois mois de date est énoncée comme verbale et que le double droit ait été perçu, en vertu des art. 22 et 38 L. 22 frimaire an 7, au moment de son enregistrement postérieur, un second double droit ne sera pas exigible sur le jugement en vertu de l'art. 57 L. 28 avril 1816.

V. *Acte produit en cours d'instance*.

**17887. Action. — Société.** — L'Administration avait pensé, dans le principe, que le bénéfice de l'art. 529, qui veut que les actions dans les sociétés possédant des immeubles soient meubles, ne devait s'appliquer qu'aux associés, et qu'à l'égard des tiers ces actions conservaient un caractère immobilier, d'où la conséquence que leur cession devait être assujettie au droit de 5 fr. 50 cent. pour 100. Mais il n'en est plus ainsi aujourd'hui. A cet égard, V. *Action* et *Société*.

**17888. Alignement. — Indemnité.** — Si les propriétaires riverains d'un terrain destiné au prolongement d'une rue s'obligent à payer au propriétaire de ce terrain une indemnité par suite de l'engagement qu'il prend de livrer ce terrain à la voie publique, il y a mutation immobilière, attendu que l'engagement pris par le propriétaire du terrain doit faire passer le terrain de sa tête sur celle d'un autre (Seine 11 déc. 1834, 11215 J. E.; — Cass. 22 déc. 1835, 11386 J. E., 9121 J. N., 1513 § 8 I. G., 9121 J. E., S. 36-1-212. — *V.* cep. Champ. et Rig. t. 6 n° 338).

**17889. Antichrèse.** — On trouvera, au n° 2196, les différences qui existent entre la vente d'un immeuble et l'antichrèse.

Décidé spécialement que l'acte par lequel l'acquéreur d'un immeuble, pour se libérer des intérêts des sommes dues par son vendeur à des créanciers inscrits, abandonne à ceux-ci la jouissance temporaire de l'immeuble acquis est passible de 2 pour 100 (Seine 24 janv. 1851, 15145 J. E.).

**17890. Bail.** — Le bail emphytéotique et quelques autres baux, fort en usage autrefois et de plus en plus rares aujourd'hui, qui font naître un démembrement de la propriété immobilière sont passibles du droit de 5 fr. 50 cent. pour 100, comme vente. — V. *Bail*.

Si le preneur à bail emphytéotique d'un immeuble acquiert ce même immeuble quelque temps après, le droit de vente doit être perçu sur : 1° la somme payée pour représenter le loyer emphytéotique; — 2° le prix porté en l'acte de vente (Seine 24 mars 1836, 11501 J. E.).

**17891. Communication.** — Nous avons examiné (v° *Communication*), la question de savoir si un employé peut prendre connaissance et demander communication d'un acte sous seing privé, portant vente d'immeubles, trouvé dans l'étude d'un notaire, et nous avons établi des distinctions auxquelles il peut être utile de recourir.

**17892. Concordat.** — Le concordat intervenu entre un failli et ses créanciers par lequel l'un de ces derniers devient cessionnaire de l'actif, à la charge de payer les frais, les créances privilégiées et une partie déterminée des dettes chirographaires et moyennant l'abandon de sa propre créance sur le failli, doit être assujetti au droit de vente sur toute l'étendue de ces charges, sans qu'il y ait lieu de distinguer entre les créances affirmées et celles qui ne le sont pas.

V. *Abandon* et *Faillite*.

**17893. Constructions.** — Sous le mot *Constructions* on trouvera le développement complet de la doctrine administrative et jurisprudentielle et de la théorie qui nous paraît devoir être suivie en cette matière.

**17894. Contre-lettre.** — La loi du 22 frimaire an 7 punit la contre-lettre de la peine du triple droit, par son art. 40, ainsi conçu :

« Toute contre-lettre faite *sous signature privée* qui aurait pour objet *une augmentation du prix* stipulé dans un acte public, ou dans un acte sous signature privée *précédemment enregistré*, est déclarée nulle et de nul effet. Néanmoins, lorsque l'existence en sera constatée, il y aura lieu d'exiger, à titre d'amende, une somme triple du droit qui aurait eu lieu sur les sommes et valeurs ainsi stipulées. »

V. *Contre-lettre*.

**17895. Dot.** — Sur la question de savoir quand le droit de vente est exigible à raison de la dot en immeubles abandonnée au mari, ou à raison des immeubles reçus par lui en remplacement de la dot en argent, V. *Contrat de mariage* et *Donation*.

**17896. Donation verbale réalisée.** — Dans une espèce où un mari avait manifesté l'intention devant notaire de donner à sa femme la propriété de son mobilier et l'usufruit de ses immeubles et était décédé avant la rédaction du testament, l'Administration a décidé que le droit de vente était exigible sur l'acte par lequel les héritiers du mari consentaient à l'exécution de la volonté du défunt, à la charge de la femme de les nourrir et loger, ce qui était considéré comme le prix de la vente.

V. *Donation*.

1. BIENS DONNÉS VENDUS. — Lorsqu'un père, après avoir donné éventuellement à son fils le quart de tous ses biens présents et à venir, lui vend ensuite la totalité de ses biens, le droit de vente est exigible sur la totalité du prix de cette aliénation, sans qu'il y ait lieu de défalquer le tiers pour percevoir sur cette portion le droit de donation, parce que, suivant l'art. 1083 C. C., la donation des biens que le donateur délaissera à son décès n'est irrévocable qu'en ce sens qu'il ne peut plus disposer de ses biens à titre gratuit, si ce n'est pour sommes modiques (Dél. 11 janv. 1826, 1386 Roll.).

**17897. Expertise.** — Au mot *Expertise*, on trouvera tout ce qui se rapporte à ce genre d'opération, qui a lieu toutes les fois que l'Administration, incriminant un acte pour vileté de prix, la partie se refuse à désintéresser le Trésor par une soumission.

**17898. Expropriation pour cause d'utilité publique.** — L'abandon que des particuliers sont quelquefois tenus de faire de leurs propriétés pour cause d'utilité publique est gouverné par des règles particulières que nous avons fait connaître sous le mot *Expropriation pour cause d'utilité publique*.

**17899. Four banal.** — La vente d'un four banal donne lieu au droit non sur la valeur intrinsèque du four, mais sur la valeur réelle résultant de la banalité.

V. *Bail*.

**17900. Jugement.** — Le jugement qui porte condamnation contre un mandataire à payer à ses mandants une somme déterminée pour l'indemniser de la perte qu'il leur a fait éprouver en vendant à vil prix et par un acte secret les immeubles qu'il était chargé d'aliéner donne ouverture au droit simple et au double droit sur la vente révélée, et à celui de 2 pour 100 sur la somme à payer à titre d'indemnité. — V. *Jugement* n° 10625.

**17901. Intervention du donateur.** — Lorsque la donation d'un immeuble n'a pas été transcrite et que, lors de la vente qui en est faite, le donateur se porte vendeur solidaire avec le donataire et déclare intervenir pour se désister de tout droit de propriété, ainsi que de tout privilége et action résolutoire, il n'y a pas lieu de percevoir un droit fixe à raison de cette intervention.

Du moment que la donation n'a pas été transcrite, la donatrice n'était pas complétement dessaisie à l'égard de certains droits des tiers de la propriété des biens donnés ; l'acquéreur a pu, dès lors, pour sa sécurité, exiger l'intervention du donateur covendeur, d'où il suit que cette intervention dérive de la vente et ne peut donner ouverture à un droit particulier. — D'ailleurs, l'arrêt de Cass. 23 avril 1856 (S. 56-1-617, 685 R. P., 16286 J. E.), en refusant d'appliquer l'art. 11 L. 22 frimaire an 7, pour la perception du droit de cautionnement, décide implicitement qu'on ne peut percevoir, en vertu de cet article, un droit fixe d'intervention (Sol... fév. 1866, 18125 J. E.).

**17902. Majorat.** — La propriété des biens constitués en majorat continue, tant que la clause de retour au profit de l'État ne s'est pas réalisée, de reposer sur la tête du titulaire du majorat.

En conséquence, la vente qui en est faite par ce dernier en vertu de l'autorisation du Gouvernement ne peut être considérée comme vente de biens de l'État; le droit d'enregistrement est dû au taux des ventes d'immeubles faites par un particulier. — *V.* 11065.

**17903. Nue-propriété d'immeubles moyennant la nue-propriété d'une somme.** — La vente d'un immeuble grevé de l'usufruit d'un tiers, consentie moyennant une somme que l'acquéreur paye au vendeur, mais dont celui-ci lui servira l'intérêt jusqu'à la cessation de l'usufruit, donne ouverture au droit de 5 fr. 50 cent. pour 100 sur le prix stipulé, attendu que la stipulation du payement de l'intérêt par le vendeur est purement relative à l'époque où l'acquéreur entrera en pleine jouissance et au payement anticipé de ce prix, et se trouve tout à fait étrangère à la fixation dudit prix (Cass. 30 avr. 1839, 10365 J.N., 12305 J.E., 1601 § 19 I.G., S. 39-1-622; — Seine 22 fév. 1838, 12000 J.E.).

Nous avons déjà rencontré l'application du même principe dans des hypothèses à peu près semblables au sujet des intérêts compris dans le prix stipulé (*suprà* 17713).

1. PARTAGE. — Lorsque, dans un partage de communauté, des biens propres du mari sont abandonnés en nue-propriété aux héritiers de la femme jusqu'à concurrence d'une somme déterminée, le droit de 5 fr. 50 cent. pour 100 n'est dû que sur cette somme, bien que la valeur vénale de la *pleine propriété* de ces immeubles soit portée à une valeur supérieure (Seine 7 janv. 1847, 14174 J.E.).

**17904. Partage.** — Lorsque, par acte passé entre deux enfants et leur mère et portant partage de la succession du père, dans laquelle la mère n'a aucun droit, des immeubles sont attribués à celle-ci sans cause apparente et connue, les droits de mutation à 5 fr. 50 cent. pour 100 sont exigibles sur la valeur de ces immeubles (Sarlat 8 avr. 1850, 14937-3 J.E.).

L'acte par lequel il est fait abandon à la veuve usufruitière de toutes les valeurs de la société d'acquêts et de la succession du mari, avec pouvoir de réaliser l'actif et d'acquitter le passif, mais avec dispense de rendre compte, donne ouverture au droit de mutation (Rouen 14 mai 1851, 8830 R. M. Fess.).

**17905. Partage d'ascendants.** — Sous la qualification de partage anticipé, les parties font quelquefois des conventions qui n'ont de ce contrat que le nom et qui présentent de véritables ventes.

Et, réciproquement, sous l'apparence de contrats onéreux se cachent souvent de véritables donations à titre de partage.

Ce sont des points que nous avons examinés au mot *Partage anticipé.*

**17906. Payement des droits.** — En principe, l'Administration a action contre toutes les parties qui ont figuré dans un acte pour le recouvrement de ses droits. — *V.* 1524.

**17907. Prescription.** — C'est à partir de l'enregistrement d'une vente depuis annulée par jugement, comme déguisant une libéralité, que court la prescription biennale de l'art. 61 L. 22 frimaire, contre la demande en restitution des droits perçus, et non à partir du jugement qui a prononcé cette nullité.

V. *Prescription.*

**17908. Ratification.** — Lorsque la ratification se rapporte à une vente qui n'avait été passée que sous la condition qu'elle interviendrait ultérieurement, elle encourt le droit de vente, et non le droit fixe, car elle constitue la réalisation de la condition qui s'était opposée à la perception du droit proportionnel. — *V.* 13593.

Si la ratification est donnée moyennant un supplément de prix, le droit de vente est dû sur ce prix complémentaire. — *V.* 1041 et *Supplément de prix* nos 16997 et suiv.

Cependant, lorsque, pour éviter l'action en délaissement, l'acquéreur d'un immeuble paye une somme au créancier inscrit, ce payement ne constitue pas un supplément de prix : il n'est passible que du droit de 50 centimes pour 100 (Dél. 22 mai 1829, 1293 § 9 I.G.).

**17909. Rectification.** — 1. CONTENANCE. — Si des héritiers qui ont vendu une quantité déterminée d'immeubles comme leur provenant d'une succession n'ont, dans cette succession, que des droits inférieurs à cette quantité, et que pour parfaire les droits de l'acquéreur, ils lui abandonnent, postérieurement à la vente, des biens d'une autre origine, un nouveau droit de mutation est exigible sur ces nouveaux biens abandonnés, attendu que celui perçu lors de la première vente a été définitivement acquis à l'Administration (Saint-Quentin 9 mars 1842, 12955-12 J.E.).

2. CHOSE D'AUTRUI. — REMPLACEMENT. — C'est par application du même principe que l'Administration a décidé, le 30 novembre 1836, que l'acte par lequel, en remplacement de la chose d'autrui, vendue par erreur ou autrement, on cède pour en tenir lieu une chose de même nature, est passible du droit de vente (11666 J.E.).

De même, lorsque les parties reconnaissent qu'il y a eu erreur dans la désignation d'un immeuble vendu par acte enregistré, et qu'elles avaient entendu vendre un autre immeuble, cette déclaration n'autorise pas la restitution du droit proportionnel régulièrement perçu sur le premier contrat.

Elle donne même lieu à un second droit de mutation à titre onéreux (Liége 24 fév. 1866, 2337 R.P.).

Jugé cependant par le tribunal de Soissons, le 21 juin 1854 (15952 J. E.), que, lorsque le vendeur, au lieu de désigner l'immeuble qui lui appartient, a désigné un immeuble de même contenance situé au même lieu et appartenant à un tiers, l'acte par lequel il substitue l'immeuble qui lui appartient à l'immeuble vendu n'est pas soumis à un nouveau droit de vente, encore qu'il soit tenu compte entre les parties de la différence de valeur qui existait entre les deux propriétés.

Mais le tribunal l'a décidé ainsi parce que l'erreur avait porté non sur l'immeuble lui-même, mais simplement sur sa désignation.

3. DÉCLARATION. — On a enseigné que la déclaration qu'un objet non désigné dans une vente a néanmoins été vendu ne donne lieu qu'au droit fixe de 2 francs (3 francs), comme acte de complément, sauf à provoquer l'expertise dans le cas où l'Administration jugerait que le prix stipulé est inférieur à la valeur de tous les objets vendus (D. N. t. 3. p. 401 n° 361). — Mais cette opinion n'est pas admissible. Les droits se liquident d'après les stipulations des actes, et si un immeuble ne se trouve pas compris dans le contrat, on ne peut forcer le Trésor à accepter une déclaration tendant à prouver contre et outre le contenu aux actes. D'ailleurs, on arriverait ainsi à autoriser l'expertise des biens désignés au contrat plus d'un an après l'enregistrement de la vente, ce qui est formellement contraire à la loi.

4. NULLITÉ. — L'acte par lequel celui qui a vendu deux fois le même immeuble par actes enregistrés s'oblige à payer une indemnité au dernier acquéreur ne donne ouverture qu'au droit d'obligation, car il n'y a pas rétrocession, puisque l'immeuble reste en la possession d'un tiers (Sol. 2 fév. 1836, 11412-1 J. E.).

Selon Championnière, il ne serait dû que le droit d'indemnité.

« Si, dans l'espèce, dit-il, l'obligation des dommages-intérêts eût résulté d'un jugement, l'Administration n'eût pas manqué de percevoir 2 pour 100. Par une conséquence naturelle, elle ne devrait exiger que 50 centimes pour 100, puisque la stipulation conventionnelle de dommages-intérêts est ainsi tarifée » (t. 6 n° 242).

V. *Indemnité.*

5. CONVERSION. — Si une donation d'immeubles à titre onéreux est convertie en une vente entre les mêmes parties, moyennant les mêmes charges, et que le droit qui a été perçu soit supérieur à celui exigible sur la vente, aucun droit proportionnel n'est exigible, attendu qu'en définitive il n'y a eu qu'une mutation (Sol. 8 mai 1832, 10360 J. E.).

**17910. Résolution.** — Sous ce mot, nous avons passé en revue toutes les difficultés que peut faire naître la question de savoir quand la résolution d'un contrat de vente opère ou n'opère pas une revente passible du droit de 5 fr. 50 cent. pour 100.

**17911. Restitution.** — C'est au mot *Restitution* qu'il faut recourir pour étudier cette matière en ce qui concerne les droits de vente.

Décidé spécialement que lorsque l'immeuble vendu en totalité n'appartient que pour moitié au vendeur et que l'autre moitié appartient à des tiers dont l'acquéreur se réserve d'obtenir le consentement dans un délai déterminé, et qu'il est justifié que ce consentement n'a pas été donné, le droit perçu sur la moitié dont la transmission n'a pas eu lieu est restituable (Dél. 22 fév. 1825, 8342 J. E.).

**17912. Société.** — Les contrats de société donnent naissance à de nombreuses difficultés en matière de vente. Il serait sans objet d'analyser ici des questions que l'on trouvera traitées sous toutes leurs faces au mot *Société*.

**17913. Supplément de droit.** — Lorsqu'un débiteur cède à un créancier un immeuble pour se libérer de sa dette, dont le montant a été évalué par une déclaration au pied de l'acte, et qu'il ressort de documents certains et authentiques que cette évaluation est insuffisante, il y a lieu de réclamer un supplément de droit sur la somme formant la différence (Guéret 18 juin 1855, 16154 J. E.).

**17914. Transaction.** — La transaction donne souvent lieu à la perception du droit de vente.

V. *Transaction.*

**17915. Usufruit.** — 1. ÉVENTUEL. — Si, après avoir donné un immeuble à sa fille sous réserve d'usufruit pendant sa vie, le père recueille ce même immeuble dans la succession de la donatrice, décédée après avoir institué son mari pour légataire universel, et que celui-ci renonce, au profit de son beau-père, à l'usufruit qu'il devait recueillir de cet immeuble après le décès du père de sa femme, moyennant l'abandon de la nue-propriété d'une somme d'argent, le droit de mutation à 4 pour 100 seulement est exigible sur la moitié de la somme abandonnée, le droit de transcription ne pouvant être perçu, attendu que la propriété de l'usufruit n'a jamais reposé sur la tête du cédant (Reims 18 déc. 1841, 12902 J. E.).

2. RENTE. — L'acte par lequel le légataire de l'usufruit d'imeubles qui y a renoncé, au profit du légataire de la nue-propriété, moyennant une rente viagère, reprend cet usufruit en remplacement de la rente est, comme vente d'un droit mobilier, sujet au droit de 5 et demi pour 100 (Tarbes 26 déc. 1870, Jurisp. du not. n° 14554).

**17916. Usurpation.** — Les arrêtés qui, sur la demande des parties intéressées, confirment ou rectifient des rapports des commissaires chargés de faire la recherche des biens communaux usurpés sont sujets à l'enregistrement dans les vingt jours de leur date et passibles du droit de 5 fr. 50 cent. pour 100 sur la valeur estimative des biens que les détenteurs conservent et auxquels ils n'ont pas droit (D. m. f. 21 août 1820, 3953 J. E.).

Dans le cas où la confirmation et la rectification est pure et simple, ces arrêtés paraissent exempts d'enregistrement et de timbre, comme actes d'administration générale.

V. *Acte administratif.*

## VENTE DE MEUBLES.

DIVISION



**17917. Principes généraux.** — Il nous suffit de rappeler ici, ainsi que nous l'avons déjà dit sous le n° 17600, que les principes généraux relatifs à la vente, se trouvent exposés et développés aux mots *Adjudication* et *Vente d'immeubles*. Nous n'avons donc plus qu'à nous occuper ici de questions de tarif.

### CHAPITRE PREMIER. — TARIF

[17918-17931]

#### SECTION PREMIÈRE. — DROIT DE 2 FRANCS POUR 100

[17918-17925]

**17918. Disposition législative.** — Aux termes de l'art. 69 § 5 n° 1er L. 22 frimaire an 7, sont assujettis au droit de 2 francs pour 100 les adjudications, ventes, reventes, cessions, rétrocessions, marchés, traités et autres actes, soit civils, soit judiciaires, translatifs de propriété, à titre onéreux, de meubles, récoltes de l'année sur pied, coupes de bois taillis et de haute futaie, et autres objets mobiliers généralement quelconques, même les ventes de cette nature faites par l'État.

**17919. Achalandage.** — Une D. m. f. 31 mai 1808 (386 § 10 I.G.) portait que la cession de la pratique d'un avoué ne présentait qu'un abandon ou transport de créances sujet seulement au droit de 1 franc pour 100. Les motifs de cette décision étaient que, d'après l'art. 1582 C.C., on ne doit considérer comme vente que la convention par laquelle l'un s'oblige à livrer une chose, et l'autre à la payer; que l'avoué qui cède sa pratique, ne s'engageant à effectuer la livraison d'aucun objet mobilier, son traité est dépourvu du caractère essentiel qui distingue le contrat de vente.

Mais depuis, il a été reconnu que l'achalandage est une chose mobilière, qui peut se transmettre par tous les modes de transmission, comme toutes les autres choses mobilières incorporelles, et si cette transmission a lieu par vente, le droit est dû aux taux fixé par l'art. 69 § 5 n° 1er L. 22 frimaire an 7. — V. 279.

Lorsqu'on vend en même temps une usine et l'achalandage qui s'y rattache moyennant des prix distincts, il n'est dû que 2 pour 100 sur le prix de l'achalandage, car on ne peut le considérer comme immeuble par destination (Cass. 13 juill. 1840, 10713 J.N., S. 40-1-586, 1634-14 I. G., 12562 J. E.). — V. 17702.

**17920. Action. — Société.** — Les cessions d'actions ou de parts d'intérêts dans les sociétés sont soumises à des règles spéciales dont nous avons présenté le développement au mot *Société*.

**17921. Bail.** — Sur la question très-complexe de savoir quand il y a bail ou vente du produit des carrières, des mines et des tourbières, des coupes de bois, des récoltes, etc., il faut consulter le mot *Bail*, où nous avons épuisé le sujet.

**17922. Constructions.** — Sous le mot *Construction*, on trouvera le développement complet de la doctrine administrative et jurisprudentielle et des règles qui nous paraissent devoir être suivies sur la question de savoir quand la vente de constructions donne ouverture au droit de 2 pour 100 ou à celui de 5 fr. 50 cent. pour 100.

**17923. État.** — La disposition générale de l'art. 69 L. 22 frimaire an 7, qui soumet au droit de 2 pour 100 les ventes des objets mobiliers, s'applique à celle des biens de cette nature qui peuvent être vendus par l'État. — V. 1690.

**16924. Offices.** — Les cessions d'offices sont assujetties à des règles particulières que nous avons fait connaître au mot *Office*.

**17925. Œuvres littéraires. — Traité.** — Le traité contracté entre le directeur d'un journal et un auteur par lequel celui-ci s'oblige, moyennant un prix déterminé, à fournir à la publication du journal un certain nombre de volumes de romans par an, donne ouverture au droit de 2 pour 100 (Seine 10 nov. 1848, 14628 J. E.).

L'acquéreur des œuvres littéraires d'un auteur chargé de les imprimer, qui a pris envers deux libraires l'engagement de leur livrer, pendant trois ans, autant d'exemplaires de ces œuvres qu'ils pourraient en placer dans le commerce a consenti une véritable vente à leur profit et non une simple obligation de faire, se résolvant en dommages-intérêts à défaut d'exécution du marché (Cass. 21 mai 1855, 300 R. P.).

La vente de la gérance d'un journal donne ouverture au droit de 2 francs pour 100 fixé pour les ventes mobilières (Seine 17 déc. 1858, 1232 R. P., 16924 J. E., 11716 C.). Une Dél. 18 août 1826 avait déjà reconnu dans le même sens que la cession d'un droit dans l'entreprise d'un journal était passible du droit de 2 francs pour 100 (D. N. t. 13 p. 516 n° 38).

De même, la cession d'un fonds de commerce de musique, moyennant, outre le matériel cédé, la propriété des ouvrages et manuscrits et le droit de graver, est sujette au droit de 2 francs pour 100 (D. m. f. 18 oct. 1821, 3969 J. N.). — Il en est ainsi encore de la cession du droit d'éditer des œuvres littéraires (Meaux 21 août 1861).

## SECTION 2. — DROIT DE 50 CENTIMES POUR 100

[17926-17928]

**17926. Faillite.** — Aux termes de l'art. 12 L. 24 mai 1834, la vente de meubles *après faillite* n'est assujettie qu'au droit de 50 centimes pour 100, soit qu'elle ait lieu à l'amiable par les syndics eux-mêmes, ou qu'elle soit faite aux enchères par le ministère d'un courtier, d'un commissaire-priseur ou de tout autre officier public; mais la cession des créances est passible du droit de 1 pour 100. — V. *Faillite.*

**17927. Marchandises neuves.** — Les ventes publiques de marchandises neuves faites en gros par les courtiers de commerce dans les cas prévus par l'art. 6 L. 25 juin 1841 ne sont, aux termes de l'art. 74 L. 15 mai 1818, sujettes qu'au droit de 50 centimes pour 100. Il en est de même lorsque ces ventes sont faites, en vertu de l'art. 10 de la première loi, par les commissaires-priseurs, les notaires, huissiers et greffiers, dans les lieux où il n'y a point de courtier de commerce.

Le droit de 50 centimes pour 100 est également applicable, suivant l'art. 12 L. 24 mai 1834, aux ventes de marchandises après faillite et du mobilier des faillis, qui sont l'objet de l'art. 4 L. 25 juin 1841. Dans tous les autres cas, les ventes de marchandises neuves sont passibles du droit de 2 francs pour 100 (1636 I. G.). — V. 1679 et suiv.

**17928. Tabacs.** — Les ventes de tabacs que l'Administration fait au commerce, en vertu d'autorisations ministérielles, ne sont passibles que du droit de 50 centimes pour 100, comme celles faites à la Bourse par les courtiers de commerce (D. m. f. 14 juill. 1820, 940 I. G.). C'est une exception qui doit être restreinte au cas où elle s'applique.

## SECTION 3. — ENREGISTREMENT EN DÉBET. — GRATIS EXEMPTION D'ENREGISTREMENT

[17929-17931]

**17929. Débet. — Assistance judiciaire.** — Lorsque, sur l'exécution d'un jugement du bureau de l'assistance judiciaire, les meubles sont vendus, le procès-verbal pourra être visé pour timbre et enregistré en débet; mais, dans ce cas, le montant de tous les droits en débet et des frais avancés par le Trésor, ainsi que les honoraires et indemnités dus aux officiers ministériels, sera prélevé sur le prix de la vente et remis au receveur pour être distribué aux ayants droit, conformément à l'art. 18 3e alinéa L. 22 janvier 1851, après que le jugement aura acquis l'autorité de la chose jugée.

V. *Assistance judiciaire.*

**17929 *bis*. Gratis. — Contributions.** — En matière de contributions, la disposition de l'art. 6 L. 16 juin 1824 s'applique aux *ventes* des objets saisis comme aux simples exploits, puisque les expressions *tous autres actes* ne souffrent point d'exception, et il n'est dû aucun droit, quel que soit le montant des ventes.

Mais si la cote est au-dessus de 100 francs, le droit proportionnel devient exigible.

V. *Acte judiciaire.*

**17930. Vente d'effets de marins et passagers.** — Les ventes des effets non réclamés des marins et passagers morts en mer, faites par les administrateurs de la marine, sont exemptes du timbre lorsqu'elles n'excèdent pas 10 francs, et doivent être enregistrées *gratis* lorsque le prix est de 100 francs et au-dessous. Quant à celles de ces ventes qui seraient faites en mer ou dans les pays étrangers, les procès-verbaux qui en sont rédigés en papier libre doivent être timbrés à l'extraordinaire ou visés pour timbre si le produit excède 10 francs, et être soumis à l'enregistrement, soit gratuit, soit en payant les droits, lorsque la vente sera au-dessus de 100 francs, dans les vingt jours qui suivront la rentrée des bâtiments dans les ports de France à la fin du voyage.

Ces dispositions s'appliquent aux bâtiments de l'État, du commerce et des armements en courses, pourvu que les ventes soient faites d'office, et non à la requête des particuliers, par les administrateurs et préposés de la marine, ainsi qu'à celles qui auraient lieu en mer et en pays étranger par les officiers des navires de commerce et armés en courses; mais ces derniers officiers n'auraient pas le droit de procéder eux-mêmes aux ventes faites dans les ports de France (D. m. f. 8 germ. an 8, Circ. 1801 *bis*). — Le délai de vingt jours pour l'enregistrement court de la date du procès-verbal, et ces ventes sont faites dans les ports de France (même Circ.).

**17931. Exemption pure et simple.** — 1. MONTS-DE-PIÉTÉ. — Les ventes faites par les monts-de-piété, soit avant, soit après la surannation des objets engagés, sont exemptes des droits d'enregistrement, pourvu qu'elles soient faites conformément au règlement (D. m. f. 4 juin 1811, 4152 J. E.; — 26 mai 1840).

2. POISSONS. — Sont exemptes de l'enregistrement les ventes de poissons de mer, frais, secs ou salés, faites publiquement et aux marchés (D. m. f. 27 juin 1820, 940 § 1er I. G.). — V. *Adjudication.*

## CHAPITRE II. — QUESTIONS DIVERSES

[17932-17963]

**17932. Acte à double date.** — Une vente publique de bois, faite dans les formes prescrites par la loi du 22 pluviôse an 7, signée par le notaire, le vendeur et les témoins, doit produire son effet à l'égard de la perception des droits d'enregistrement, encore que l'acquéreur ayant refusé de la signer, elle ait été annulée d'un commun accord. Sur la question des actes à double date en général, *V.* 738.

**17933. Acte écrit à la suite d'un autre.** — Les nombreuses questions qui, en matière de vente, se rattachent à la défense que fait l'art. 23 L. 22 frimaire an 7 d'écrire deux actes à la suite l'un de l'autre ont été passées en revue sous le mot *Acte écrit à la suite d'un autre.*

**17934. Acte passé en conséquence d'un autre.** — C'est également au mot *Acte passé en conséquence* que nous avons examiné les questions qui, en matière de vente de meubles, peuvent se rattacher à la disposition qui défend de passer un acte en vertu d'un autre acte non enregistré.

**17936. Cession de créances.** — La cession par le vendeur du prix d'une aliénation verbale autorise-t-elle à percevoir le droit de 2 pour 100? — V. *Cession de créances.*

**17935. Charges.** — La cession faite par le concessionnaire d'une carrière du droit d'exploitation de cette carrière, moyennant un pot-de-vin de 1,500 francs et à charge de payer au propriétaire primitif les termes à échoir de la concession, donne ouverture au droit de 2 pour 100 sur ces termes cumulés augmentés du pot-de-vin (Seine 10 mars 1847, 14311-3 J. E.).

**17937. Chemin de fer.** — L'acte par lequel une compagnie cède à un tiers la concession qu'elle avait obtenue du Gouvernement d'établir et d'exploiter un chemin de fer est passible du droit de 2 francs pour 100. La propriété du chemin de fer appartenant à l'État, la compagnie a sur lui un simple droit mobilier de jouissance ou d'exploitation. D'un autre côté, il importe peu que la cession soumise à l'enregistrement ait été approuvée par le Gouvernement ou soit demeurée sans exécution, car l'Administration n'a pas à s'enquérir de la validité des contrats : du moment que la cession a été pure et simple et suivie de la prise de possession légale, le Trésor n'a pas à rechercher si les parties se sont ou non pourvues des autorisations nécessaires (Cass. 15 mai 1861, 1490 R.P., 17134 J.N., 11549 et 12000 C., 17307 J.E., 110 Rev., S. 61-1-888, *arrêt rapporté* n° 4857).

**17938. Compte.** — Si une somme portée en recette dans un compte est le prix de la vente d'un *objet mobilier*, aucun droit particulier n'est exigible, attendu que l'emploi de ce prix, fait par le rendant dans son compte, ne suffit pas pour constituer un contrat de vente qui soit sujet au droit.

Un arrêté de compte, pour fournitures faites, duquel il résulte que celui qui a reçu les fournitures reste débiteur d'une somme fixée donne ouverture au droit de 2 pour 100 sur le reliquat.

V. *Compte.*

**17939. Conciliation.** — Si, dans un procès-verbal de non-conciliation, le débiteur reconnaît avoir acquis des marchandises et que le désaccord qui amène la non-conciliation ne porte que sur le mode de payement du prix, le droit de 2 pour 100 est exigible.

Ainsi, le tribunal de Thionville a jugé, le 6 juin 1836 (11815 J. E.), qu'un procès-verbal de non-conciliation peut, par les aveux des parties, constater une vente ou promesse de vente d'immeubles, de manière à fonder la demande du droit de mutation. — *V.* 4882.

Si l'une des parties se reconnaît débitrice d'une somme déterminée pour livraison de marchandises, le droit de 2 pour 100 est exigible. — *V.* 4881-2.

**17940. Contrat de mariage.** — Les déclarations d'apports dans les contrats de mariage donnent lieu quelquefois à la perception d'un droit de vente de meubles. Il en a été question au mot *Contrat de mariage.*

**17941. Délégation.** — Lorsque l'acquéreur d'un fonds de commerce ou d'une usine est chargé de payer son prix aux créanciers du vendeur, en échange des marchandises qui lui ont été fournies sans titre enregistré, le droit de titre à 2 francs pour 100 est exigible, indépendamment de celui dû pour la vente du fonds de commerce (Avesne 18 avr. 1842, 12997-9 J.E.; — Périgueux 30 août 1845, 14110 J.E.).

**17942. Dot.** — Aucun droit n'est dû sur la clause d'un contrat de mariage portant que le futur époux sera réputé propriétaire de tout le mobilier corporel qui se trouvera dans les lieux que les époux habiteront ; que ce mobilier comprendra les meubles meublants, linge de table et de ménage, porcelaine, argenterie, batterie de cuisine, faisant partie de l'apport de la future épouse, estimé 7,000 francs ; et qu'enfin la future épouse aura à exercer une reprise de pareille somme sur le futur époux ou sur sa succession. — V. *Contrat de Mariage.*

**17943. Eaux.** — Les concessions d'eau donnent-elles lieu au droit de 2 pour 100? — V. *Concession* n° 4855.

**17944. Épaves maritimes.** — La vente faite par un commissaire de marine d'épaves maritimes est passible du droit de 2 pour 100, car on ne peut assimiler des ventes d'épaves à des ventes de navires ou débris de navires, passibles seulement du droit fixe. — *V.* 1675.

**17945. Étranger.** — Les ventes de biens mobiliers situés à l'étranger sont soumises à des dispositions spéciales que nous faisons connaître au mot *Acte passé hors du territoire.*

**17946. Fonds de commerce.** — Les mutations de fonds de commerce ont été spécialement tarifées par la loi du 28 février 1872. Les dispositions qui s'y rapportent sont commentées au mot *Mutation.*

**17947. Jouissance légale.** — L'art. 453 C. C. permet aux père et mère ayant la jouissance légale de conserver les biens meubles échus à leurs enfants, pour les remettre en nature à la fin de la jouissance ou rendre la valeur estimative de ceux qui ont péri. Cette convention n'étant que l'exécution de la loi, ne saurait être considérée comme une acquisition de meubles sujette au droit de 2 pour 100.

C'est ce qui a été, avec raison, reconnu au sujet de la déclaration, contenue et acceptée dans un avis de parents, par laquelle le conjoint survivant, usufruitier de partie de la succession du prédécédé, et ayant la jouissance légale du surplus, à raison de la minorité des héritiers, ses enfants, se charge des valeurs actives, notamment de marchandises constatées par l'inventaire, dont il disposera à son gré, conformément à l'art. 453 C. C., pour les rendre en nature à la fin de son usufruit, sinon payer la valeur de celles qui manqueront (17471 J. E. — *V.* aussi 548 I. G.).

De même, la clause d'un inventaire portant que le mobilier de la communauté est resté en la possession de la veuve, qui en représentera *la valeur*, ne peut être considérée comme une vente, car on ne trouve dans cette clause ni les conditions qui constituent la perfection de la vente, ni les obligations qui en résultent, et la veuve ne peut être considérée comme ayant acquis un mobilier qu'un partage ultérieur peut lui attribuer en totalité, en sa qualité de commune en biens (Dél. 25 janv. 1833, 10586 J. E., D.N. t. 7 p. 170 n° 548).

Mais le droit deviendrait exigible s'il apparaissait que le tuteur légal, pour s'affranchir de la garde et de la restitution future des objets, a entendu se les approprier dès aujourd'hui, moyennant une somme d'argent acceptée par les représentants du mineur.

Ainsi en serait-il s'il était établi qu'un père, qui a eu la jouissance légale des biens de ses enfants, au lieu de remettre en nature les meubles appartenant à l'enfant, les a conservés pour lui-même, moyennant la somme dont il s'est chargé en recette; l'arrêté de compte opérerait l'effet d'une cession à son profit par le mineur devenu majeur, et cette cession donnerait ouverture au droit de 2 pour 100. — V. *Compte.*

De même, lorsqu'il est dit que le père conservera les objets mobiliers et les créances, au moyen de la remise *en numéraire* qu'il fait de ce qui revient à son fils après déduction du passif, il y a cession de créances et vente de meubles si le numéraire compté ne fait pas partie des biens de la succession.

En dehors de ces hypothèses ou des cas analogues, le mineur conserve donc la propriété des meubles, quels qu'ils soient, et si plus tard il intervient au contrat de mariage par lequel son père déclare les céder à sa seconde communauté, son acquiescement produit les effets d'une vente passible du droit ordinaire. Le tribunal de Laon l'a décidé en ce sens le 6 août 1864, au sujet d'un fonds de commerce: «Considérant qu'un fonds de commerce est, de sa nature, un être moral dont l'existence est distincte et indépendante des variations et renouvellements auxquels sont naturellement soumis les objets qui le composent; que le droit de celui qui le possède s'applique non pas à chacune des marchandises en particulier, mais à l'ensemble; que, lors du décès de la dame Fillion, la mineure était propriétaire indivise du fonds dépendant de la communauté d'entre ses père et mère; que rien n'est venu ultérieurement modifier cette situation; que son droit subsistait en entier à l'époque où Fillion contractait une nouvelle union; que ce dernier l'a implicitement reconnu par les termes dans lesquels est conçu l'art. 6 de son contrat de mariage; que, régulière ou non, vente a été faite par Fillion à sa future communauté de la part qui revenait à sa fille; que cette transmission a donné ouverture au droit réclamé par l'Administration » (2122 R. P., 1198 Rev.).

**17948. Marché à terme.** — Les opérations commerciales connues sous le nom de *marchés à terme* ne donnent jamais ouverture qu'à un seul droit de vente, parce qu'il n'y a de livraison que par le premier des vendeurs au dernier des acheteurs, et parce qu'il ne s'opère, en résultat, qu'une seule transmission réelle de marchandises (Sol. 6 juin 1854 et 20 janv. 1857).

**17949. Marché.** — Le marché qui a pour objet la livraison de fournitures ne doit pas être confondu avec la vente proprement dite. — V. *Marché.*

**17950. Marchandises avariées.** — La législation relative aux droits à percevoir sur les marchandises avariées a été présentée au mot *Adjudication.*

**17951. Meubles et créances.** — Si une vente comprend des meubles et des créances, vendus moyennant un seul prix et sans ventilation, on ne peut s'autoriser de l'art. 9 L. 22 frimaire an 7 pour percevoir sur le tout le droit de 2 pour 100, car cet article est spécial aux ventes comprenant des meubles et des immeubles. On doit exiger la déclaration des créances, conformément à l'art. 16 même loi, et percevoir les droits sur chaque nature de biens (Sol. 31 mars 1831, Dél. 5 avr. 1833, 10589, 8063 J. E.; — Sol. 1er déc. 1865).

Il avait été reconnu, dans le même sens, avant la loi du 28 février 1872 sur les ventes de navires, que la vente qui comprend à la fois des meubles et des bateaux ou navires n'est sujette qu'au droit fixe de 2 francs pour 100 sur le prix des meubles et ne donne lieu qu'au droit fixe de 1 franc pour les bateaux ou navires, parce que l'art. 9 L. 22 frimaire an 7 ne concerne que les ventes de meubles et d'immeubles comprises dans un même acte (Dél. 5 mars 1839, 5850 Roll., 10308 J. N.).

**17952. Mines. — Condition résolutoire.** — La cession du droit d'exploiter des mines sous la condition que des experts reconnaîtront l'existence de ces mines est résolutoire et non suspensive. Le droit proportionnel est immédiatement exigible (Cass. 23 juill. 1833, 10699 J. E., 1446 § 11 I. G., S. 33-1-593). — V. *Mines*.

**17953. Navires.** — Les actes et procès-verbaux constatant les ventes de navires, soit totales, soit partielles, sont soumises à une législation spéciale. — V. *Navire*.

**17954. Nom.** — Toute cession qui serait faite à titre onéreux du droit de prendre un nom constituerait une véritable vente de chose mobilière passible de 2 pour 100. — V. 11696.

**17955. Obligation.** — L'obligation causée pour prix de marchandises, même pour prix de comestibles et fournitures d'une consommation de chaque jour, livrées ou à livrer, doit être frappée du droit de 2 pour 100, comme les ventes de meubles. — V. *Obligation*.

1. LINGOTS. — L'obligation souscrite par un bijoutier au profit d'un négociant en matières d'or et d'argent, pour lingots d'or et d'argent et remboursable en argent monnayé, donne ouverture au droit de 2 pour 100. — *V.* 3673-1.

**17956. Octroi.** — On a vu, au n° 1641, que les régisseurs des octrois municipaux peuvent procéder eux-mêmes aux ventes d'objets saisis par leurs préposés, pourvu que la valeur de ces objets n'excède pas 200 francs, que les procès-verbaux soient rédigés par les chefs des préposés des octrois, et à la charge, en outre, de faire enregistrer ces procès-verbaux. — Le droit de ces procès-verbaux est de 2 pour 100, comme pour toutes les ventes des objets mobiliers (D. m. f. 5 nov. 1808, 3067 J. E.).

**17957. Offres réelles.** — En rappelant ici que le tribunal de Marseille a jugé, le 23 novembre 1843 (13450 J. E.), que le droit de 2 pour 100 est exigible sur l'exploit par lequel un acheteur fait offre, quoique non acceptée, d'une somme pour prix de marchandises qui lui ont été livrées par titre enregistré, nous faisons observer que cette décision ne peut être suivie, d'après les motifs que nous avons développés au mot *Obligation*.

**17958. Promesse de vente.** — La promesse de vendre des vins pour une somme déterminée due à l'acheteur, promesse qui ne devra recevoir son exécution qu'autant que le vendeur ne se libérerait pas d'une autre manière, devient pure et simple et passible du droit de 2 pour 100 lorsque le débiteur déclare dans une instance être prêt à faire la livraison (Bordeaux 4 avr. 1855, 16046 J. E.).

**17959. Quittance.** — Lorsqu'une vente de meubles n'a été constatée par aucun acte enregistré, la quittance du prix de la vente est-elle passible du droit de 2 pour 100 ? Cette question a été traitée au mot *Quittance*.

**17960. Réserve d'usufruit.** — Le droit sur une vente de meubles avec réserve d'usufruit par le vendeur doit être assis sur le prix stipulé, sans ajouter la moitié pour la réserve, car cette addition de moitié est spéciale aux ventes d'immeubles (D. m. f. 11 août 1812, Dél. 9 août 1826, 5857 J. N., 4273 et 9739 J. E., Demante n° 342).

Mais, en cas de vente simultanée d'immeubles et de meubles non désignés ni estimés article par article dans le contrat, la transmission est réputée immobilière pour le tout (L. 22 frim. an 7, art. 9) et il faut, dès lors, augmenter de moitié le prix total stipulé au contrat (Sol. belge 27 janv. 1863, 1869 R. P.).

**17961. Secret.** — La cession d'un secret pharmaceutique a paru n'être point une vente de meubles. Le droit n'est que de 1 pour 100 (9405 J. E., 1303-5 I. G.).

Mais si celui qui achète le secret s'oblige à prendre livraison du médicament, il y a vente mobilière passible du droit de 2 pour 100 (Cass. 26 mars 1873, 2468-7 I. G., B. C. 40, S. 73-1-225, P. 73-412).

**17962. Supplément du droit.** — Lorsque, avec la vente d'un fonds de commerce, des marchandises ont été vendues pour un prix à fixer par des experts et que pour leur enregistrement une déclaration a été faite, l'Administration peut demander un supplément de droit si, sur une production à faillite, elle découvre l'expertise qui a porté les marchandises à un prix plus élevé (Évreux 15 avr. 1864, 12947 C., 17992 J. E.).

Le tribunal de Cambrai a jugé de même, le 26 février 1836, que si, dans une vente de meubles dont le prix doit être fixé par experts, la perception est établie sur une déclaration émanée des parties et que le procès-verbal postérieurement dressé par les experts fixe le prix à une valeur supérieure à la déclaration faite, un supplément de droit est exigible (11483-3 J. E.).

**17963. Vente à la mesure.** — Il y a vente à la mesure toutes les fois que le prix est expressément convenu à tant la mesure. Dans ce cas, les frais de mise en état et de livraison sont à la charge du vendeur : ils ne peuvent être déduits du prix de la vente pour la perception; mais on ne saurait non plus les soumettre au droit de marché (Sol. 18 août 1858). — V. *Adjudication*.

## VENTE PUBLIQUE DE MEUBLES.

**17964.** — La règle est que toute espèce de meubles peuvent être vendus publiquement et aux enchères, et il n'y a lieu de s'en écarter que lorsque la loi l'ordonne. — Nous avons traité, sous les nos 1614 et suiv., de tout ce qui concerne la vente publique de meubles ; on peut y recourir.

## VISA POUR TIMBRE.

**17965. Renvoi.** — Tout ce qui concerne le visa pour timbre a été traité v° *Timbre*, nos 17222 et suiv.

## VOIRIE.

**17966.** — Les procès-verbaux en matière de grande voirie sont rédigés par les maires, adjoints, ingénieurs et conducteurs des ponts et chaussées, commissaires de police et gendarmes.

Ces procès-verbaux doivent être visés pour timbre et enregistrés en débet, ainsi que tous les actes de poursuites en matière de grande voirie et les expéditions des arrêtés de condamnation (415 I. G.). — *V.* 17267-2.

Les formules dont les sous-préfets sont autorisés à faire usage pour les expéditions des permissions de voirie pourront être timbrées au bureau du chef-lieu de la sous-préfeture (D. m. f. 5 mai 1860, 2181-2 I. G., 1403 R.P.) — *V.* 1722[1].



PARIS. — IMPRIMERIE TOLMER ET Cie, 43, RUE DU FOUR-SAINT-GERMAIN.